since 2001 　　　　　변호사시험 등 각종 국가고시 대비

2027 대비
전면개정판

민법의 脈
CivilLaw

윤동환 저
김제완 고려대 법학전문대학원 교수 감수

해커스

2027대비 개정판

2027대비 로스쿨 민법의 맥 전면개정판

■ 2027대비 전면개정판의 주요 특징

① 본 저자는 2001년 강의시작과 함께 본서의 교재집필을 위해 연구했고, 2002년 고등고시 최초의 암기장, 2009년 사례집, 2012년 '로스쿨 민법의 맥' 초판 발행과 함께 그 연구를 발전시켜서 2018년판의 경우 전면혁신판으로 출간하여 **선택형⇒ 사례형⇒ 기록형까지 Non-Stop으로 대비할 수 있는 '완성형의 민법기본서'**가 만들어졌다고 자평하고 있습니다.

② 현재 '로스쿨 민법의 맥'이 로스쿨 입학생들의 필독서일 뿐만 아니라 주관식을 포함하는 '국가고시 민법수험서'의 이정표가 될 수 있었던 것은 다양한 직렬의 기출 및 판례의 철저한 분석, 본서로 강의하면서 일년 내내 문장을 다듬고 표현을 정리하는 노력, 그리고 무엇보다 수험생 여러분들의 열정어린 질문들에 대한 답변이 매년 고스란히 본서의 개정작업에 녹아 들어간 이유라고 생각됩니다.

③ 특히 이번 '**전면개정판**'에는 법학전문대학원 협의회 "**표준판례**"를 전면적으로 반영하였고, 국어국문학을 전공한 박민규 변호사의 도움을 받아 **띄어쓰기 및 오탈자 등 국어적으로 맞지 않는 문장을 전면적으로 수정**하였습니다. 그리고 무엇보다 그동안 각종 국가고시에서 출제되지 않은 Out Of Date된 판례들은 과감하게 삭제하고, **최신 유력판례는 [구체적인 예]**를 들어 이해도를 높이고 실제 사례·기록형에 효과적으로 대응할 수 있도록 심혈을 기울였습니다.

④ 물론 해마다 그러하지만 2025년 14회 변호사시험을 비롯한 법학전문대학원 모의고사, 법원행정고시, 법무사 등 올해 다양한 국가고시에서 **기출된 판례들도 심층 분석하여 보충**하였습니다. 참고로 判例는 **2025년 7월 말까지 반영**하였습니다.

2018년 전면혁신판의 머리말을 잘 읽어 보셔서 책의 특징을 잘 숙지하신 후에 기본서로 활용하시기를 부탁드립니다.

2018년 전면혁신판 로스쿨 민법의 맥 머리말

뒤돌아 보니 20대에 시작한 민법 강의가 년수로 벌써 17년째에 접어들고 있습니다. 모든 학원 강사님들의 공통된 고민이겠지만, '**어떻게 하면 효과적이고 제대로 된 공부를 시켜 빠른 시간안에 합격시킬 수 있을까**'에서 출발한 産苦의 결과물인 '민법의 맥'도 이제 10살이 다 되어 갑니다. 10년이면 강산도 변한다고 하듯이 그동안 법조인 양성 시스템은 '로스쿨제도'를 통해 급격히 변화하였습니다. 이러한 제도의 변화는 시험출제경향의 변화로 이어진바, 이에 발맞추기 위해 본 강사도 나름 부단히 노력하였습니다.

2018년판 머리말

 이런 의미에서 이번 '**전면혁신판**'은 그동안의 '민사법 강사'로서의 제 역할을 스스로 중간평가하고 정리하는 또 다른 産苦의 결과물이 될 것 같습니다. 저는 1년 동안 진행되는 강의 내내 기본서에 대한 교정작업을 진행합니다. 하지만 이번 '전면혁신판'의 경우는 그 이름에 걸맞는 작품을 내기 위해 제주도에 내려와서 한달 내내 연구조교와 함께 오롯이 '맥' 개정작업에만 집중하였습니다. 이번 전면혁신판은 다음과 같은 고민과 노력의 결과물임을 소개하고자 합니다.

1. **본서는 다른 국가고시를 위한 '기본서'로도 충분히 활용가능하지만, 원칙적으로 '변호사시험 대비'에 초점을 맞추어 출간되었습니다.** 다만, 변호사시험 기출문제에서 보듯이 법원행정고시와 법무사시험의 경우 문제의 난이도와 형식에 다소의 차이는 있어도, 특히 주관식 사례형의 경우는 놀라울 만큼 유사성을 가집니다. 즉, '**동일한 판례**'를 바탕으로 사실관계가 거의 유사한 형태로 변호사시험, 법원행정고시, 법무사시험에서 동일하게 출제되는 경우를 다수 발견하게 됩니다. 중요한 판례는 어느 시험에서나 출제되기 마련이지만, 중요한 판례를 조합하고 결합하는 것, 즉 사실관계까지 유사한 것은 '법조직역'의 차이점에도 불구하고 위 시험의 '출제위원 구성이 중복'되기 때문입니다.
   따라서 이번 개정판은 법원행정고시와 법무사시험의 '객관식, 주관식' 기출을 전부 분석하여 '**중복적으로 출제되는 판례**'들을 선별하였습니다. 물론 이런 작업이 한 달 안에 이루어질 수는 없습니다. 이는 그동안 4~5년째 준비 중인 '객관식 민법지문의 맥'(가칭), 각 직역별 '주관식 기출의 맥'(가칭)을 이번에 마무리하면서 완결될 수 있습니다.

2. 이런 작업을 통해 수험적으로 중요한 판례와 그렇지 않은 판례들을 선별하는 작업이 보다 선명해졌습니다. 따라서 출제가 거의 중복되지 않은 다소 지엽적인 판례, 그동안 각주에 소개된 '학설 및 판례평석' 내용 중 상당수는 과감하게 삭제하였습니다.
   대신 아직 변호사시험에는 출제되지 않았지만 법전협모의고사, 사법시험, 법원행시, 법무사 객관식에서 중복적으로 출제된 판례들을 보충하였습니다. 하지만 전자의 작업을 과감하게 실행한 덕분에 삭제한 '주관식 사례'부분을 고려하지 않더라도 **판례이론부분의 페이지가 작년판보다 늘지 않았습니다.**

3. 아울러 '전면혁신판'의 가장 큰 특징 중 하나는 **기존의 '판례연구' 중 일부와 그동안 기본서 각편 말미에 소개되던 '주관식 사례' 중 꼭 필요한 중요사례를 골라 '핵심사례'라는 이름으로 총 60개를 본문내용에 흡수 요약, 정리한 것입니다**(참고로 기존에 기본서에 소개된 주관식 사례는 본서의 판례연구와 합쳐서 '민법사례의 맥'으로 조만간 출간될 예정입니다). 본서에 소개되던 주관식 사례는 17년 동안의 모의고사(기출포함) 문제로서 10여년 이상 다듬어진 것이었습니다. 하지만 이를 떼어내는 것은 마치 로켓이 하늘 높이 솟구치기 위해 자기 몸의 일부를 떼어내는 것과 같다고 생각하고 그동안 오랫동안 고민했던 일을 과감히 실행하였습니다.

2018년판 머리말

그 이유는 다음과 같습니다.

첫째, 변호사시험과 같이 선택형과 사례형을 한번에 치르는 시험에서 '막판에 정리할 수 있는 분량'의 '기본서'역할에 충실하기 위해서이고, 둘째, 수험생들은 자신이 응시하는 직역별 '기출사례문제'를 먼저 정복하는 것이 효과적이기 때문입니다. 하지만 민법제도와 판례를 제대로 이해하기 위해 '사례문제'를 함께 공부해야 할 필요성은 있기 때문에 기본서의 흐름에 방해가 되지 않는 한에서 꼭 '필요한 핵심사례'는 본문내용에서 소개하였습니다. 본서의 '**기본적인 특징**'은 '**초판 로스쿨 민법의 맥**' 머리말을 참고하시길 바랍니다. '**세부적인 특징**'과 활용법을 살펴보도록 하겠습니다.

1. 수험생들이 민법의 '맥'을 잡을 수 있도록 각 주제별 서두에 '**요건사실론(주장·항변구조)**' 또는 '**사례쟁점구조**'를 정리해 두었습니다. 이는 '민법 주제별 구조의 틀'을 잡고, 각 주제별로 전형적으로 이루어지는 '사례문제의 틀'을 정리하는데 아주 유용합니다. 본문에 소개된 민법이론이나 판례내용을 공부할 때 예 복습용으로 활용하시면 됩니다.

2. **기출표시**

   본문내용에 파란색으로 기출표시를 해 두어 별도의 별표표시 없이 중요도를 가름할 수 있게 하였습니다. 기출표시는 다음과 같은 내용입니다. **참고로 변호사시험을 제외하고, 다른 국가고시에 출제된 '객관식' 기출표시는 별도로 하지 않았습니다.**

   ✠ 6회 선택형, 6회 사례형, 6회 기록형 ⇒ 각 17년 변호사시험 선택형, 사례형, 기록형 기출
   17사법 ⇒ 17년 사법시험 2차 주관식 기출
   17법행 ⇒ 17년 법원행정고시 2차 주관식 기출
   17법무 ⇒ 17년 법무사시험 2차 주관식 기출
   17행정 ⇒ 17년 5급공채 법무행정고시 2차 주관식 기출
   17입법 ⇒ 17년 5급공채 입법고시 2차 주관식 기출

3. **방 주**

   [A-1], [B-1]과 같이 쟁점별로 옆에 방주를 기재하여 앞으로 조만간 출간될 '객관식 민법지문의 맥'(가칭), 각 직역별 '주관식 기출의 맥'(가칭), 학원모의고사 등에서 '민법의 맥'을 기본서로 제대로 활용할 수 있게 하였습니다. 그리고 맥에서 판례를 소개하고 (대판 2006.11.9, 2004다22971 : A-1.참고) 등으로 표시하여 하나의 판례가 다양한 쟁점을 담고 있는 경우 민법쟁점을 유기적으로 공부할 수 있게끔 하였습니다.

2018년판 머리말

4. 판례설명
   ① '1순위 중요판례'는 원칙적으로 본문내용에 '판시원문'을 가급적 풍부하게 소개하고 [판례검토], [판례정리] 등을 통해 판례의 정확한 의미를 전달하려고 하였고, 무엇보다 1순위 중요판례는 '판례연구'나 '핵심사례' 등을 통해 어떻게 '사례문제화'되는지 소개하였습니다.
   ② '2순위 중요판례'는 원칙적으로 '판결의 요지'만 소개하였습니다.
   ③ '3순위 중요판례'는 원칙적으로 '각주'에 [참고판례] 등으로 소개하였습니다.

5. 판례에 제목붙이기와 결론요약하기
   ① [법정해제권의 포기·배제 특약(적극)] 판례내용…
   ② [해제사유·해제절차 특약(소극)] 판례내용…
   막판에 정리할 수 있는 기본서, 판례의 핵심적인 요약정리를 위해 중요한 판례는 위와 같이 대부분 제목을 붙이고 결론을 요약해서 판례를 설명하였습니다.

6. 각주구성
   ① 판시원문 : 1순위 중요판례는 가급적 '본문내용'에 판시원문을 소개하였으나, 1순위 중요판례 중에서 본문내용에 소개된 판시원문 이외에 추가로 볼 필요가 있는 판시원문이나, 판결요지만 소개된 2순위 중요판례 중에서 판시원문을 읽으면 도움이 되는 경우 각주에 소개하였습니다.
   ② 판례평석 : 주관식 답안지에 쓸 만한 의미있는 [판례검토]는 '본문내용'에, 그렇지는 않지만 판례의 의미를 좀 더 명확하게 이해하는데 도움을 주는 내용은 '각주'에 [판례평석]으로 소개하였습니다.
   ③ 사실관계 : 반드시 알아야 할 중요한 판례의 사실관계는 '본문내용'에서 소개하거나 '판례연구' '핵심사례'로 문제화하였고, 그렇지는 않지만 판례의 의미를 좀 더 명확하게 이해하는데 도움을 주는 사실관계는 '각주'에 [사실관계]로 소개하였습니다.
   ④ 학설 : 주관식 답안지에 쓸 만한 의미있는 학설은 '본문내용'에, 그렇지는 않지만 판례의 의미를 좀 더 명확하게 이해하는데 도움을 주는 학설은 '각주'에 [학설]로 소개하였습니다.

2018년판 머리말

'민법판례는 그 무엇을 상상하던 그 이상의 압도적인 양'이라는 말이 있습니다. 따라서 출제유력한 판례를 선별하여 강약조절하고, 이를 쉬우면서도 체계적으로 설명하는 것이야 말로 '민법 수험서'가 가져야 할 가장 중요한 덕목이 아닐까 싶습니다. 이에 한 걸음 더 다가간 '전면혁신판'이 되었다고 자평하지만, 아직 부족한 점은 많을 것입니다. 앞으로도 수험생 여러분들의 시행착오를 줄일 수 있는 수험서가 될 수 있도록 더욱 치열하게 연구하고 강의하고 집필할 것을 다짐해 봅니다. 본서에 관한 의문이나 질문이 있으신 분은 dhyoon21@hanmail.net 이나 daum 카페 "윤동환 민사법교실"(http://cafe.daum.net/civillawclass)로 의견을 개진해 주시길 바랍니다.

2017년 11월
저자 윤 동 환

초판 머리말

초판 로스쿨 민법의 맥 머리말

법학전문대학원 교육을 통한 새로운 법조인양성체계가 발표된 직후 꾸준히 준비해온 변호사시험 대비 민법기본서가 드디어 빛을 보게 되었다. 최근 2년간은 연수원 자료 등 변호사시험에 적합한 좋은 자료 수집 및 절차법 공부에 집중하였고, 작년 말부터 사법시험용 기본서 '민법의 맥' 개정판 작업과 함께 '로스쿨용 민법의 맥'을 준비했는데 체계적합성과 논리적 무오류성을 갖춘, 무엇보다 수험적합한 문장과 내용을 담은 교재를 만들어 내는 작업은 참으로 쉬운 일이 아니었다. 그래서 결국 처음 약속한 출간날짜를 지키지 못했는데, 특히 시험을 얼마 앞두지 않은 수험생들에게는 미안한 마음을 금할 길이 없다.

하지만 정말 제대로 준비한 만큼 변호사시험, 법무사시험, 법원행시, 법원사무관승진 시험 등 실무위주의 시험에 최적의 기본서가 될 것으로 자부한다.

■ 본서의 특징은 다음과 같다.

Ⅰ. 선택형, 사례형, 기록형까지 단 한권으로 끝낼 수 있는 유일한 교재

변호사시험 기출 및 모의고사 문제를 치밀하게 분석하여 출제될 주제와 판례들을 엄선, 1400여 페이지의 단권화된 기본서로 선택형, 사례형, 기록형 완벽 대비

Ⅱ. 변호사시험 등에 꼭 봐야할 판례의 체계적 정리와 중요 판례의 사례문제화

기존의 방만한 사법시험용 판례를 변호사시험 등에 꼭 필요한 판례들로 정리, 그 중에서 A급 판례는 사례문제화(판례연구, 기본사례, 종합사례)하여 선택형, 사례형, 기록형 시험에 제대로 대비할 수 있게 함.

Ⅲ. 요건사실론, 민사재판실무 등 연수원 교재와 민사소송법 교재를 변호사시험 등에 맞게 '재구성'

요건사실론, 민사재판실무를 변호사시험 등에 맞게 본문내용에 체계적으로 재구성하여 교수 기본서와 연수원 교재를 별도로 보아야 하는 불편함을 없애고, 해당 실체법 쟁점 중 중요 절차법 쟁점을 간략하게 소개하여 실체법과 절차법을 유기적으로 이해할 수 있도록 함.

초판 머리말

Ⅳ. 변호사시험과 동일한 형식과 내용의 사례문제와 사법시험, 변호사시험 기출(모의고사) 사례의 완벽 정리

기존 사법시험용 중요 판례사례를 변호사시험과 동일한 형식과 내용의 사례문제로 모두 대체하였고, 사법연수원 사례, 법무사, 법원행시 등 실무가들이 출제하는 기출문제를 대거 반영하였으며, 별책부록을 통해 역대 중요 사법시험 사례형 기출문제, 변호사시험 기출 및 모의고사 해설을 효과적으로 섭렵할 수 있게 정리함.

Ⅴ. 최근 개정(제정)된 중요 특별법, 2013년 7월 이후 시행될 민법개정안, 2012년 6월까지의 최신 판례반영

특히 출제가 유력한 최신 판례는 판례태도만 소개하지 않고 판례연구 또는 사례문제화하여 판례를 변형한 어떠한 형태의 시험문제라도 제대로 대비할 수 있게 함.

■ 본서의 활용방법은 다음과 같다.

Ⅰ. 선택형 대비 및 민법의 기초실력 배양 작업

선택형 대비 및 민법의 기초실력 배양을 위해서는 '본문'내용에 소개된 '조문'과 '판례' 해설을 중심으로 정독할 필요가 있다(총 600여 페이지 ; 1학년 과정). 따라서 각주에 나온 판례원문 및 판례평석이나, 판례연구, 그리고 사례문제는 이를 위해서는 읽지 않아도 좋다.

Ⅱ. 사례형 대비 및 문제해결능력 배양 작업

사례문제구성은 사법시험에서만 출제될 이론적인 사례는 과감히 제외하고 변호사 시험 등에 출제될 가능성이 높은 '판례변형 사례문제'로 구성하였다. 1단계 기본사례, 2단계 종합사례, 3단계 기출사례(별책부록)로 구성하였으며 특히 종합사례는 사법연수원 사례 및 각종 실무가들이 출제하는 기출문제를 변형하여 변호사시험에 맞게 재구성하였다.

Ⅲ. 기록형 대비 및 쟁점추출능력 배양 작업

각종 등기서류, 등기기록, 계약서 양식과 기록형 작성방법 등의 소개는 각 법학전문대학원에서 충분히 접할 기회가 많아 별도로 소개하지 않았다. 오히려 기록형 대비를 위해서는 보다 본질적으로 해당 분쟁상황을 보면서 민사적으로 유의미한 쟁점을 추출하는 능력이 필요한 바, 이는 특히 본서의 기본사례와 사법시험 기출문제를 통해 연습하는 것이 효과적이라고 판단된다.

감사의 마음

■ 감사의 마음

이번 기본서 작업에도 늘 그렇듯 무엇보다 아내와 두 딸아이의 수고와 희생이 밑알이 되었다. 여름 내내 휴가는커녕 제대로 얼굴 맞대고 놀아주지도 못한 딸아이와 아내에게 미안한 마음이 가장 크다. 또한 변호사 시험 등에 적합한 교재 탄생을 위해 사례문제를 일일이 검토해 주고, 조언을 아끼지 않은 제43기 사법연수원생 류직하님, 답답한 연구실에서 여름을 반납하고 함께 치열하게 고민해준 제53회 사법시험 합격생 김진하님과 서강대학교 법학전문대학원생 이동규님, 그 외에도 합격을 기다리며 바쁜 일정을 나누어 준 양아람님과 홍유한님에게도 다시 한 번 깊은 감사의 말씀을 전하고 싶다.

그리고 이 책의 바탕이 될 수 있는 지적인 깨달음과 열정을 나누어 주신 고려대 김제완 교수님을 비롯하여, 신정운 법무사님, 그리고 온 열정을 다해 최고의 작품을 만들어 주신 정임순 원장님과 류제술님의 세심한 배려가 없었다면 본서가 수험서로서 좋은 모습을 갖추지 못했을 것이다. 마지막으로 늘 격려와 응원을 아끼지 않은 신림교회 여러 교우들에게도 감사의 말씀을 드린다.

아무쪼록 변호사시험, 법무사시험, 법원행시, 법원사무관승진 시험 등 실무위주의 시험을 준비하는 수험생들에게 적지 않은 도움을 줄 수 있기를 간절히 기대하는 마음이다. 앞으로도 본서가 살아있는 수험서가 되도록 부족한 부분들은 꾸준히 보완해 나갈 예정이다.
본서에 관한 의문이나 질문이 있으신 분은 dhyoon21@hanmail.net이나 daum 카페 "윤동환 민법교실"(http://cafe.daum.net/civillawclass)로 의견을 개진해 주길 바란다.

2012년 8월
저자 윤 동 환

공부방법론

■ chapter 1. 학년별 학습전략

Ⅰ. 예비 로스쿨생

　선배들의 조언을 통해 들으신 바와 같이 모든 법과목의 기초이자, **변호사시험의 가장 큰 난제 '민법'을 정복할 필요**가 있습니다. 특히 예비로스쿨생들이 범하는 오류 중 가장 심각한 것은 ① 입학 '후'에 열심히 공부하면 되겠지라는 막연하고 안일한 태도, ② 민법 선행학습 동영상 강의 한 번 들어놓고 자신도 남들이 다하는 민법 선행학습을 했다고 착각하는 태도입니다.

　결론적으로 저는 **로스쿨 3년의 과정 속에 가장 중요한 시점이 입학 전 3개월**이라고 생각합니다. 왜냐하면 여러분들이 입학하고 겪게 될 **로스쿨 생활과 법학공부의 시행착오를 줄일 수 있는 가장 '효과적'인** 시기이기 때문입니다. 극단적으로 말씀드리자면 입학 전 민법 단 한과목만이라도 제대로 정복하고 간다면 여러분들의 로스쿨 생활은 꿀맛이요, 변호사시험(50% 전후의 합격률)은 여러분의 밥이 될 수 있을 것입니다.

　그러나 적지 않은 예비로스쿨생들이 선행학습의 진수와 필요성을 제대로 맛보지 못한채 어영부영 민법 강의한 번 듣고 소중한 입학 전의 시기를 낭비하는 경우가 많습니다. 이런 경우 상당수 학생들이 한학기에 4~5가지 법과목(처음에는 각종 법률용어들이 상당수 '漢字'라는 사실에 당황하고 한글의 경우에도 그 개념이 생소하여 외래어로 다가오곤 합니다)을 동시에 수강하며, 그것도 기본적인 내용은 알고 있다는 전제하에 진행되는 '불친절'하고 '수험적합적이지도' 않은 교수님의 강의를 꾸역꾸역 듣다가 결국 '휴학'의 길로 들어서거나 부랴부랴 학교수업과 병행해서 학원 동영상 강의를 소위 **주제별 잘라듣기**로 수강하곤 합니다.

　이런식으로는 논리학인 법학을 **'통합적이고 체계적'**으로 정리할 수도 없을 뿐만 아니라, 전과목을 4일만에 선택형, 사례형, 기록형까지 모두 치러야하는 변호사시험에 제대로 대응할 수 없습니다.

　그럼 어떻게 해야 '시행착오'를 줄이고, '효과적'으로 로스쿨생활과 변호사시험에 대비할 수 있을까요? 저의 20년 강의 경험에 비추어 예비로스쿨생들을 위한 몇 가지 원칙을 말씀드릴까 합니다. 강의를 효과적으로 활용하는 예습 및 복습방법은 예비 2, 3학년 부분에서 말씀드리겠습니다.

㉠ 딱 1달만이라도 '민법'에 '제대로' 투자하라. 해외여행은 변호사시험 끝나고 가시라!
㉡ 강의만 한 번 듣는 것으로는 심리적 위안밖에 없다. '제대로' 그리고 '효과적'으로 복습하라!
　1달 동안 민법을 2~3회독을 확보하라!
㉢ 강사와의 일대일 상담(답안지 클리닉 등)을 통해 자신의 장단점을 직접적으로 파악하고, 법과목에 대한 예·복습, 단권화 방법, 향후 3년 동안의 개괄적인 스케줄 등을 미리 '기획'하라!

공부방법론

Ⅱ. 예비 2학년, 3학년

　예비 2학년의 경우 이미 시행착오는 어느 정도 충분히 겪은 터라 그동안의 자신의 공부방법에 어떤 문제가 있는지 '대략적'으로는 파악을 하고 있습니다. 제가 예비 2, 3학년에게 듣는 가장 큰 시행착오 또는 후회는 대개 ① 내가 왜 체계적으로 선행학습을 제대로 하지 않았을까? 왜 단권화를 제대로 해 두지 않았을까? 또는 ② 내가 왜 학교(교수님)만 믿고 변호사시험에 대비할 수 있다고 생각했을까? 등입니다.

　하지만 이러한 문제의식에도 불구하고 그 해결방법을 '구체적'으로 가지고 있는 수험생들은 많지 않습니다. 그럼 어떻게 해야 '시행착오'를 줄이고, '효과적'으로 다가오는 졸업시험, 로클럭 시험, 변호사시험에 대비할 수 있을까요?

　관건은 '방학'입니다. 학기 중에는 도저히 자신의 공부스케줄에 따라 체계적으로 특정과목을 정리할 수 있는 여력이 없습니다. 따라서 방학 때 '긴장감'을 가지고 변호사시험을 위한 선행(단권화)을 제대로 한 후 학교수업을 통해 심화학습(재복습)하는 것이 효과적입니다. 로클럭(검찰) 등 학교 학점이 중요한 수험생을 제외하고 결국 학교수업은 부수적이 될 수밖에 없는 것이 변호사시험의 현실임을 직시해야 합니다.

　특히 **예비 2학년, 3학년의 경우 민법 과목과 같이 이미 공부를 해 본 경험이 있는 과목의 경우에는 기본서 정리(단권화 과정)시 기출문제집(선택형 또는 사례형)과 병행하는 것이 효과적입니다.**

Ⅲ. 휴학생, 졸업시험 탈락생

　휴학의 목적은 다양하겠지만 대체적으로는 '**기본기 다지기**'가 가장 큰 목표입니다. 따라서 12월~2월까지 대체적으로 3~5과목 정도를 목표로(기본기 다지기 목적으로 7과목을 3개월 만에 1회독을 목표로 하는 것은 효과적이지 않음) **예비순환을 통해 차분히 기본기를 다진 다음, 4월 중순부터 진행되는 1순환(단권화)을 통해 실전연습과 병행할 필요가 있습니다.**

　특히 졸업시험 탈락생의 경우 조급한 마음을 버리고 '암기장'이나 '문제집' 위주의 빠른 회독수 위주의 공부보다 앞서 휴학생의 예와 마찬가지로 12월~2월까지 대체적으로 3~5과목 정도를 목표로 예비순환을 통해 차분히 기본기를 다질 필요가 있습니다.

공부방법론

■ chapter 2. '단권화'의 의미, 방법론(강의와의 연계, 예습 및 복습방법)

Ⅰ. 단권화의 의미

단권화란 1차적으로는 '책 한권에 모든 것을 정리한다'(처음부터 끝까지 책 한권으로 시험에 대비한다)는 의미이지만, 보다 본질적으로는 '하나의 논리체계 속에서 통합적이고 체계적으로 사고'한다는 의미입니다. 법학은 사람과 사람 사이의 관계를 다루는 사회과학입니다. 즉, 자연과학과 같이 절대적 진리는 있을 수 없고, 가치관이나 사고의 틀을 어떻게 갖추느냐에 따라 논리구조와 결론이 달라질 수 있는 학문입니다.

하지만 우리는 3년 만에 이러한 논리의 틀을 갖추고 결국은 '시험'이라는 관문을 넘어야 하기 때문에(통계상 사법시험 합격생의 법학공부 기간은 평균 9년이라고 하죠), 방만하고 다양한 교재(논문, 강의) 등을 통해서는 이 목표를 이룰 수가 없습니다.

쉽게 얘기해 단권화란 변호사시험에 합격하기 위한 '시행착오'를 줄이는 가장 효과적인 도구라고 할 수 있습니다.

Ⅱ. 단권화 일반론

① 단권화 교재는 **빨리 결정**할수록 좋습니다(한 번 결정한 단권화 교재는 가급적 바꾸지 않는다. 특히 2학년 이후에는 더욱 그러하다). 가능한 1학년때 단권화 교재를 정하고, 늦어도 2학년 여름방학 때까지는 결정하는 것이 좋습니다.
물론 2학년 겨울방학 때에라도 자신에게 적합한 기본서를 바꾸고 남은 1년 동안 4~5회독 할 수 있다면 충분히 단권화 교재를 바꿀 실익은 있습니다.

② 단권화 교재는 가능한 **기본서 위주**로 정하는 것이 좋습니다. 암기장, 문제집 위주는 특수한 경우이고 보통의 수험생의 경우는 한계가 있을 수 밖에 없습니다. 이는 마지막 '최종정리용'으로도 기본서를 볼 수 있으면 최상이라는 의미입니다.

③ 단권화 교재는 **3년 동안 최소 7~8회독을 목표**로 해야 합니다. 1~2학년 동안 최소 2~3회독, 3학년때는 3~5회독 정도를 목표로 해야 합니다. 보통 선택형 대비를 위해 한권의 책을 최소 3~4회독 이상할 필요가 있다고 하고, 사례형 대비를 위해서는 한권의 책을 최소 7~8회독 할 필요가 있다고 합니다. 그만큼 우리에게 주어진 시간은 제한적이고 법학은 논리체계가 복잡하기 때문에 **다양한 책을 여러권 보는 것 보다, 한권의 책을 제대로 소화하는 것이 효과적**입니다.

그러나 민법을 예로 들어 보자면 상당수 학생들이 1학년 때는 해당 교수님의 저서 또는 짜라시, 2학년때 강사저, 3학년때 암기장으로 정리하고 있습니다. 이렇게 해서는 진정한 의미의 단권화가 어려울 뿐만 아니라 합격률 50% 이하의 변호사 시험 하에서는 한계에 부딪칠 수 밖에 없습니다(책을 다양하게 많이 보긴 했는데, 논리체계성과 정확성이 떨어질 수 밖에

공부방법론

없습니다. 1~2번 정도 본 책은 수험적으로는 안 본거나 마찬가지입니다)
물론 교수책, 암기장, 사례집, 문제집을 보지 말라는 뜻이 절대 아닙니다. **본인이 단권화 교재로 선택한 기본서에 논리체계를 단일하게 구조화하고 해당 기본서를 반복 또 반복하라는 의미입니다.**

Ⅲ. 단권화 방법론

① 검증된 기본서 중에서 자신과 맞는 기본서나 강사를 선택합니다.
② 변호사시험 등을 위해 반드시 '선행'을 한다. **학원수업은 가급적 저학년때, 해당과목의 학기가 시작되기 전에 듣는 것이 훨씬 효과적입니다.** '단권화'가 잘 이루어지면 오히려 3학년 때는 반복학습, 자기주도적 학습을 통해 학원수업이 필요 없게 됩니다.
③ 기본기가 부족하고 아직 주제별 강약조절 및 통합적 사고가 부족한 1학년 때 단권화를 완성한다는 것은 어불성설입니다. 학교별로 커리큘럼이 다양하기 때문에 일반화하기 어렵지만 민법과 민사소송법의 경우 2학년 여름방학 정도가 되면 소위 변호사시험을 위한 '단권화'가 완성되어야 합니다. 따라서 **처음부터 단권화를 위한 밑줄이나 기출표시 등을 적극적으로 하는 것은 효과적이지 않습니다.**

Ⅳ. 단권화 방법의 순서(강의와의 연계, 예습 및 복습방법)

① 본인이 선택한 기본서로 진행되는 강의(예비순환 또는 1순환)를 들으며 ⅰ) 기본개념의 정확한 숙지, ⅱ) 변호사시험에 중요한 주제 및 판례에 대한 강약조절, ⅲ) 통합적이고 체계적 사고의 틀을 위한 논리사례구조 배우기가 1차적인 목표입니다.
② **만약 3시간짜리 강의를 들었다면** 그에 해당하는 교재내용을 다시 스스로 곱씹어 고민하면서 읽어봅니다(복습에 최소 2시간 소요, 단 절대 복습을 미루지 않습니다). 처음 해당과목을 공부할 때는 일단 수업시간에 다룬 내용만 공부합니다. 궁금한 점이나 밑줄은 연필로 가볍게 기본서에 표시해 둡니다. 처음 공부할 때부터 책에 필기하는 것에 집중할 필요는 없습니다. 그리고 처음 공부할 때부터 형형색색의 밑줄을 그어 놓아도 2~3회독하면서 별 실익이 없다는 것을 금방 깨닫게 됩니다. 거듭 말씀드리지만 단권화는 2년 이상 진행되어야 하며, 결국 단권화 교재로 7~8회독을 해야 합니다.
③ 만약 예비 2학년이나 3학년과 같이 이미 학교에서 공부한 내용을 학원강의를 통해 단권화한다면 복습할 때 **선택형 기출문제집이나 사례형 기출문제집을 병행**합니다. 즉, 처음 해당과목을 공부하는 경우에는 '기본개념'을 충실히 소화하면서 빨리 '전체적인 논리체계'를 잡는 것이 우선입니다(1회독 때는 속독이 효과적입니다). 이후 2회독부터는 실전연습(선택형, 사례형)이랑 병행하는 것이 효과적입니다(2회독 때부터는 정독하며 자기주도적으로 사고하는 훈련이 중요합니다).

공부방법론

■ chapter 3. 기본서 선택, 선택형 및 사례형 문제집 선택 및 공부방법론

Ⅰ. 기본서 선택(교수저 vs. 강사저)

앞서 설명한 바와 같이 단권화 교재는 가능한 **기본서 위주**로 정하는 것이 좋습니다. 다만 민법의 경우 교수著냐 강사著냐에 대한 고민들이 있는 것 같습니다. 몇 년 전까지만 해도 기본기를 다지기 위해서는 교수著, 실전연습을 위해서는 강사著라는 생각으로 1학년때는 교수著, 2학년 때부터는 강사著를 기본서로 선택하는 경우가 있었습니다. 그러나 교수님 著를 본다고 기본기를 더욱 잘 다질 수 있는 것은 아니고, 사실 기본서로 선택되는 교수님 著는 학계에서는 수험서로 분류되는 교재들입니다. 결국 **단권화된 교재로 3년 동안 7~8회독을 목표로 한다면 처음부터 교수著든 강사著든 한 책을 선택해서 처음부터 단권화 교재로 활용하는 것이 '수험적합적'**입니다. 다만 교수님 著를 선택하는 수험생들은 단권화 과정에서 불편한 점, 예를 들어 기출표시나 주관식 사례문제, 요건사실론 등을 별도로 추가해야 하는 점이 있어 최근에는 처음부터 대부분 처음부터 강사著를 선택하는 경향입니다.

다만 어차피 학교수업시간에는 교수님 著나 교수님 찌라시로 수업을 하기 때문에 강사著를 단권화로 하는 수험생들은 교수님 著 등을 '보충자료'로 적극활용하시면 됩니다. **참고로 '민법의 맥'을 법 공부 처음부터 단권화 교재로 선택하는 수험생들은 예비순환 교재로 활용되는 김준호 교수님 著의 '민법의 기초'를 '보충교재'로 활용하시면 됩니다.** 즉, 시험과 직접적인 관련은 없으나 아주 기본적인 제도나 개념을 숙지하는 부분에 있어 본 책이 도움이 되기 때문입니다.

Ⅱ. 선택형 문제집 선택 및 공부방법론

1. 선택형 정복을 위해 객관식 문제집을 많이 풀어야 하는가?

대체적으로 선택형에 약한 수험생들을 보면 객관식 문제집을 많이 풀지 않아서라기 보다 반복적으로 읽어 나간 단권화된 책이 없기 때문인 경우가 많습니다. 특히 민법의 경우가 그러합니다. 즉, 객관식 문제에 대한 적응력의 문제라기 보다는 중요판례법리가 제대로 숙지되어 있지 못하기 때문인 **경우가 많습니다.** 따라서 선택형 문제에 약하다고 해서 무작정 선택형 문제집을 많이 푼다고 해결될 것은 아닙니다. 즉, 본인의 약점이 ① 선택형 문제에 대한 순발력 등 적응력 부족이라면 모의고사 응시나 선택형 문제집 풀이를 통해 약점을 보완해야 하겠지만 ② 중요판례법리 숙지 및 단권화 과정이 제대로 되어 있지 못한 이유라면 오히려 **'기본서의 반복'을 통해 충분히 판례법리를 충분히 숙지하는데에 집중할 필요**가 있습니다. 느린 것 같아도 궁극적으로는 이 방법이 객관식 점수를 제대로 올릴 수 있는 방법입니다.

공부방법론

2. 선택형 기출문제집을 어떻게 활용해야 하는가?

변호사시험 선택형의 경우 그 역사가 오래되지 않았음에도 기출문제가 반복해서 출제되는 까닭에 다들 기출문제집으로 공부는 하지만 막상 기출문제가 출제됨에도 틀리는 경우가 비일비재합니다. 이는 **기출문제집으로 기출문제를 공부한 것이지 기출된 판례법리를 제대로 공부하지 않은 이유**입니다. 따라서 반복적으로 출제되는 판례들은 가급적 '기본서'를 통해서 충분히 판례법리를 공부할 필요가 있습니다. 이러한 빈출 객관식 판례는 결국 사례형에서도 출제될 가능성이 아주 높기 때문입니다. 결국 **객관식 공부가 동시에 주관식 공부가 되도록 해야** 합니다.

3. OX문제집 vs 5지 선다형 문제집

기본서 단권화 과정 때(최소 2회독 이후 과정)에는 얇은 OX (기출)문제집과 병행하는 것이 효과적이고, 문제에 대한 적응력을 키우기 위해서는 5지 선다형 문제집이 OX문제집 보다는 낫습니다. 선택형의 경우 최우선은 14년치에 해당하는 변호사시험 기출이고, 법전협 모의고사는 필요에 따라 3년치 정도만 풀어보아도 무방합니다. 오히려 최근 3개년 최신판례를 공부하는 것이 선택형에는 더욱 도움이 됩니다.

Ⅲ. 사례형 문제집 선택 및 공부방법론

1. 선택형부터 대비 vs 사례형부터 대비

선택형이 나무라면 사례형은 숲과 같다. 따라서 숲이 없는 나무 없고 나무 없는 숲이 없듯이 선택형과 사례형은 동시에 대비되는 것이 가장 효과적이다.

① 과거 10% 미만의 합격률이던 사법시험의 경우 1차 객관식은 아주 지엽적인 판례들도 다수 출제되었다. 그러나 현행 50% 가까운 변호사시험 선택형의 경우 지엽적인 판례들이 그리 많이 출제되지 않는다. 다만 민법 선택형의 경우 판례를 사례화하여 출제함으로써 '중요판례'의 법리를 얼마나 '정확히' 알고 있느냐를 테스트하고 있다.

② 또한 사법시험 2차 주관식의 경우 쟁점추출형, 법률관계형의 문제를 출제하여 해당 과목 전반을 통합적이고 체계적으로 정리하고 있지 않으면 답안지를 쓸 수 없을 정도였다. 그러나 현행 변호사시험 사례형의 경우 대체적으로 쟁점을 제시해 주기 때문에 판례의 주소만 잘 설정하고 있어도 주관식 답안을 채우는 것이 아주 힘든 작업은 아니다. 결과적으로 특히 변호사시험 '민법'에 있어서는 더욱 선택형과 사례형의 차이가 거의 없기 때문에 항상 **선택형과 사례형을 동시에 대비되도록 공부하는 것이 효과적이다.**

공부방법론

2. 사례형은 자기주도적 학습이 필수적이다.

　선택형은 그나마 단순암기로 어느 정도 정복이 될 수 있으나, 사례형은 구체적인 법적분쟁 상황에서 관련쟁점을 도출하고, 해당 판례를 떠올릴 수 있어야 하므로 자기주도적 학습이 필수적이다. 따라서 사례형 문제집을 풀거나 사례특강을 수강할 때에는 미리 해당 사례문제를 실전과 동일하게 정해진 시간동안 쟁점을 스스로 고민해 보는 작업(**쟁점추출연습**)을 반드시 선행해야만 효과가 있다. 아울러 머리 속에서만 떠올리는 것을 넘어 직접 정해진 시간안에 답안지를 채워나가는 연습을 저학년때부터 꾸준히 해 두는 것이 매우 중요하다.
따라서 해당 전문강사에게 공부초기 꼭 '**답안지 클리닉**'을 신청해서 자신의 공부방법의 장점과 단점을 빨리 파악하고 답안작성요령 및 사례구조의 틀을 잘 숙지하고 있어야 한다.

chapter 4. 2025년 윤동환 강사 '주요강의' 예정(소개 순서는 일정, 횟수, 주교재)

※ 학원 커리큘럼 등을 이유로 강의개설, 일정 및 횟수가 바뀔 수 있습니다. 확정된 강의일정은 '학원시간표'를 통해 최종 공지됩니다.

1. 입문강의 및 기본강의
① 민법 입문강의 : 12월 9일 개강, 총 5회, 민법의 맥 기초(저자)
② 민법 기본강의 : 12월 16일 개강, 총 36회, 민법의 맥(저자)
③ 민법 기본사례특강 : 2월 초일 개강, 총 10회, 민법기본사례의 맥(저자)

2. 1순환(단권화) 암기장 강의
① 민법 1순환 : 변시 합격자발표 직후(4월 중하순) 예정, 총 12회 전후, 민법 암기장(저자)
② 민사소송법 1순환 : 5월 중순 예정, 총 8회 전후, 민사소송법 암기장(저자)

공부방법론

3. 3개년 판례강의

8월 법전협 前 종강예정, 민법 6회 민사소송법 3회 전후, 3개년 민법 판례의 맥(3개년 민사소송법 판례의 맥)

4. 사례특강

여름방학 중 7월 예정, 민법 총 18회 전후, 기출중심 민법사례의 맥(저자)

※ 기출중심 민사소송법의 맥(저자)으로 진행되는 민사소송법 사례강의도 개설될 수 있음

5. 진도별 모의고사

8월 법전협 直後 개강 예정, 민법 12회 민사소송법 7회 전후, 진도별 모의고사 문제와 해설

6. 최종정리 강의

10월 법전협 直後 개강예정, 민법 6회 민사소송법 4회, 민법 및 민사소송법 정지문의 맥(저자)

7. 기타 특강

여름방학 민사소송법 기본강의, 법전협 모의고사 해설 특강, 최신판례 특강, 친족상속법 특강, 민사집행법 특강, 요건사실론 특강, 기록형 특강 등을 준비하고 있습니다.

공부방법론

■ chapter 5. 2025년 윤동환 강사 출간예정 교재(초판 및 2024년 개정판)

아래는 강사가 목표로 하는 출간예정(시기)입니다. 따라서 출간예정일은 경우에 따라 일찍 또는 늦게 출간될 수 있으며, 하드커버의 경우 약 15일전 그 외의 경우는 약 7일전 출간일이 확정공지됩니다.

1. 기본서
민법의 맥(24년 12월 중순 출간예정), 민사소송법의 맥(25년 6월 출간예정), 민사집행법의 맥(초판 출간예정), 민사법 기록의 맥(25년 4월 출간예정)

2. 요약서 등
민법 암기장(25년 2월 출간예정), 민사소송법 암기장(25년 4월 출간예정), 주관식용 핵심 민법의 맥(25년 12월 출간예정), 슬림한 친족상속법의 맥(25년 6월 출간예정)

3. 선택형 기출문제집
핵심 OX 민법의 맥(출간예정), 핵심 OX 민사소송법의 맥(출간예정), 변호사시험 선택형 민법 기출의 맥(25년 2월 출간예정), 변호사시험 선택형 민사소송법 기출의 맥(25년 2월 출간예정), 민법 정지문의 맥(25년 11월 출간예정), 민사소송법 정지문의 맥(25년 11월 출간예정)

4. 사례집
민법 기본사례의 맥(24년 12월 말 출간예정), 기출중심 민법 사례의 맥(25년 3월 출간 예정), 기출중심 민사소송법 사례의 맥(25년 5월 출간 예정), 실전답안 민법 핵심사례의 맥(진도별 모의고사 직후 출간예정), 민사소송법 핵심사례의 맥(진도별 모의고사 직후 출간예정)

5. 판례집
최근 1개년 민사법 판례의 맥(25년 7월 출간예정),
최근 3개년 민법 판례의 맥(25년 7월 출간예정), 최근 3개년 민사소송법 판례의 맥(25년 7월 출간예정)

사례형 문제해결의 실천적 방법론

脈 민법 사례형 문제해결의 실천적 방법론

[Ⅰ] 사례 해결의 일반론

민법사례는 기본적으로 일정한 당사자들이 '무엇'을 요구하거나 청구하는 것을 내용으로 하는 일련의 사건에 의해서 구성되어 있다(그러나 권리의 존재에 대한 주장만이 문제되는 경우도 있다 : 예를 들면 물권적 권리상태의 확인과 형성권 문제). 따라서 사안을 풀이하는데 있어서는 i) 먼저 당사자의 일방이 상대방에 대하여 요구·주장하는 것이 무엇인가를 사안의 면밀한 검토를 통하여 확정하여야 하며, ii) 다음으로 당사자의 요구와 주장(청구)에 대한 법적기초를 검토하면서 그 사안에 해답을 줄 수 있는 (청구권)규범을 확정해야 하고, iii) 끝으로 그 사안을 해당 규범의 구성요건요소에 포섭시키면서 쟁점에 관한 판단을 내려야 한다. 대표적으로 청구권사례의 해결방법에 대해서 구체적 내용들을 살펴보면, ① 사안에 대한 정확한 파악 ② 당사자들의 사실적 요구의 확인 ③ 청구권규범의 탐색 ④ 청구권규범의 경합과 그 검토 ⑤ 청구권규범의 구성요건과 사안의 포섭 ⑥ 부인권 및 항변권의 검토와 사안의 포섭 ⑦ 청구권규범의 효과의 확정이 필요하다.

[Ⅱ] 사례 해결의 단계론(실제 시험장에서)

1. 1단계 : 관찰단계

최대한 자신의 민법지식에 기초한 '**선입견**'을 버리고, 설문내용에 나타난 구체적 사안을 '**법률용어**'로 재구성해 나가며 관찰하는 단계이다. 이 단계에서는 '**질문을 중심으로**' 설문을 반복해서 읽어나가면서 최대한 민법상 문제될 수 있는 쟁점을 머릿속에서 추출한다. 사례훈련 초기에는 머릿속에 떠오르는 쟁점들을 모두 써 보는 훈련을 해 보는 것이 효과적이다.

2. 2단계 : 그림그리기 단계

복잡한 당사자 관계를 간단한 그림을 통해 설문사안을 압축·요약한다. **날짜, 고의·과실 여부, 점유와 등기 상태 등은 꼭 체크해야** 한다. 이 단계에서는 설문에서 제시된 질문과 관련하여 실제 소송에서 '**대립될 수 있는 양 당사자**'를 확정하는 것이 중요하다.

3. 3단계 : 목차구성 단계

설문에서 제시된 질문과 관련하여 목차를 구성하는 단계이다. 최대한 목차는 세분화시키는 것이 바람직하며 목차간 **논리적 연결점**을 잘 찾아 서술해야 한다. 또한 목차는 최대한 사안포섭의 관점에서 **독창성**을 발휘하여야 한다. 민법 실력이 가장 적나라하게 드러나는 단계이며, 가장 많은 훈련이 필요한 부분이다. 다만, 쟁점제시형 문제의 경우 목차구성은 해당질문을 단순하게 또는 세분화하여 목차로 구성하면 된다.

[Ⅲ] 사례문제 답안작성의 세부요령

1. 선입견적인 추상적 법명제를 앞세우지 말고 설문에 나타난 구체적 사정들로부터 하나하나 철저하게 분석할 것

케이스 해결에 있어 가장 치명적인 오류중 하나가 자신이 아는 '듯한' 주제가 나온다고 해서 사안을 자기 나름대로 재해석하는 것이다. 특히 시험 직전에 본 주제들에 대해서는 보다 적극적으로 이러한 오류를 범한다. 선입견을 버려야 한다.

2. 판례의 외워쓰기 차원을 넘어 당해 사안과 관련한 '적용'에 중점을 두고 서술할 것

채점위원들은 설문의 해결과 전혀 관계가 없는 판례나 학설대립의 외워쓰기는 최소한 無益하고 대부분 有害하다고 한다. 그리고 '적용'은 당해 사안이 가지는 법적 의미를 남김없이 그리고 '모순없이' 풀어 나가는 것이어야 한다고 한다. 또한 채점위원들의 한결같은 이야기가 평이한 문제임에도 불구하고 물 흐르는 듯한 답안은 극소수라는 것이다.

3. 목차작성 및 시간배분

답안 작성시 우선 전체적인 체계를 잡고, 이를 토대로 세부 목차를 잡은 다음 본격적으로 답안을 작성하는 것이 유리하다. 그래야만 논점을 빠짐없이 언급할 수 있고, 시간배분도 가능하다. 채점기준표가 항목별로 세분화되어 있으므로 어느 한 항목을 상술한다고 해도 채점위원은 배점기준상의 점수 이상은 줄 수 없는 것이다. 답안을 작성할 때 자신이 채점위원이라고 가정하고, 머릿속에 항목별 배점기준을 염두에 두면서 답안을 작성한다면 큰 도움이 될 수 있을 것이다.

그리고 **일반적으로 논점추출 및 목차구성까지 소요되는 시간은 2시간 기준에 20분 내지 30분이 적합**한데, **다만 문제의 난이도의 경중에 따라 목차구성 시간도 강약을 조절할 필요**가 있다. 난해한 문제일수록 좀 더 시간을 배분할 필요가 있다.

4. CBT 실시에 따른 대응책

과거 악필이나 글씨쓰는 속도가 느려서 불이익을 보는 사례가 많았으나, 이제 CBT(Computer Based Test)시행으로 인해 이러한 불이익은 사실상 없어졌으며, 오히려 글씨가 아닌 오직 실력에 기반한 점수를 받을 수 있게 되어 여러 측면에서 긍정적인 효과가 기대된다.

아울러 손글씨때 보다 훨씬 자유롭게 내용수정이 가능하고, 중간에 문장을 끼워넣기도 쉬워서 이러한 CBT에 장점을 수험생들은 십분활용할 필요가 있다. 또한 과거 100점 기준 132줄 중에 100줄 정도 내용을 채웠다면 CBT에서는 132줄 모두 쓸 수 있는 시간적인 여력이 생겼기 때문에 이에 대한 대비책도 필요하다. 따라서 예컨대 과하게 쓰고 나중에 다시 줄이는 것보다 압축적으로 쓰고 난 후 중간에 추가하는 것이 시간조절에는 효과적이라고 할 수 있다.

사례형 문제해결의 실천적 방법론

[Ⅳ] 고득점을 향한 답안작성 방법론

1. 채점교수님들의 공통적인 지적

① 설문내용을 무의미하게 반복해서 언급하는 경우, 또는 반대로 설문내용을 통상적인 의미로 그대로 받아들이지 않고, 재해석한 후 이를 토대로 논리를 전개해 나가는 경우
② 묻는 질문에 동문서답하는 경우, 또는 출제자의 의도를 정확하게 파악하지 못한 채 설문과 관련한 장황한 지식만 나열하는 경우

2. 고득점을 향한 답안작성 방법론

① 최종적으로 무엇을 묻고 있는지(질문) 반복해서 검토한다. 즉 출제자가 무엇을 묻고자 하는지 출제의도를 빨리 파악한다. 최근에는 논점제시형 문제가 일반화되는 추세이지만 이 경우에도 논점파악이 쉽지 않은 경우가 많았다.
② **질문에서부터 출발**한다. 예를 들어 갑의 주장은 타당한가? 라는 최종적인 질문을 하였다면 갑의 주장이 무엇인지에서 출발해서 갑 주장의 청구권의 근거는 무엇인지? 당해 청구권의 근거가 된 법률관계의 기초는 어떠한지? 등 민법적으로 문제될 수 있는 쟁점들을 하나하나 짚어가며 역순으로 검토한다.
③ "**중요 쟁점**"은 "**빠뜨리지 않고**" 언급해야 해야 한다. 그러나 단순한 **쟁점의 나열을 넘어 쟁점의 강약을 제시해야** 한다. 예를 들어 당해 여러 쟁점들 중에 법률관계를 풀어가는 단초가 되는 쟁점이 무엇인지 정확하게 언급한다.
④ 그리고 이러한 **핵심 쟁점은 단순한 쟁점의 '제시'를 넘어 당해 쟁점의 '본질'(문제점)을 정확히 그리고 간략하게** 언급하는 것이 중요하다. 예를 들어 "재단법인 출연재산의 귀속시기와 관련한 제48조와 제186조의 충돌이 문제된다."라는 쟁점제시 보다 "재단법인 출연재산의 귀속시기와 관련하여 재단법인의 '재산적 기초'에 충실을 기하려는 제48조의 입법취지가 부동산 물권변동에 있어 제186조의 형식주의(거래안전)에 반하는 측면이 있어 문제된다."는 식의 '**문제점이나 판례의 핵심중요단어**'를 서론이나 본문내용에서 현출시키는 노력이 필요하다(**지식의 현출화 작업**)
⑤ 교수님들이 가장 중요하게 여기시는 부분은 바로 "**물 흐르는 듯한 논리적 흐름**"이다. 즉, 중요 쟁점을 빠뜨리지 않고 나열하는 것은 고득점을 위한 필수조건이지만 충분조건은 아니다. 물 흐르는 듯한 논리적 흐름이야 말로 최고 답안을 위한 필요·충분조건이라는 것이 한결같은 채점 교수님들의 지적이다(**지식의 구조화, 체계화 작업**)
⑥ **사안의 해결**은 구체적으로 하여야 하며 단순히 추상적인 검토만 하고 결론을 도출하는 것은 바람직하지 않다. 답안 중에는 자신의 입장이 어떤지 불분명한 것이 있는데 그런 답안은 좋은 인상을 줄 수 없다.

脈 민법 선택형 기출분석 및 실천적 공부방법론

Ⅰ. 제14회 선택형 기출분석

1. 총평 및 앞으로의 출제예상

최근 3년간(12회~14회) 민법 선택형의 난이도가 증가하는 추세에 있는 것으로 파악됩니다. 제14회에서는 숫자 계산에 시간을 오래 투자하여야 하는 문제는 출제되지 않았으나 하나의 지문으로 둘 이상의 판례를 적용하여 해결하여야 하는 지문들의 비중이 늘어났습니다. 즉, 단순 기출지문이 동일·유사하게 출제되는 것이 아니라 기출지문의 법리를 정확하게 이해하고 있음을 바탕으로 사실관계에 적용한 소결론을 내리고, 그것을 바탕으로 또 다른 판례를 활용하여 사실관계에 다시 적용하여야 하는 지문이 많이 출제되었습니다. **정리하자면 법리에 대한 이해와 사안의 적용을 짧은 시간 내에 정확하게 해낼 수 있는 능력을 물어보는 경향을 보였습니다.** 앞으로 단순 판례의 결론만을 암기한다거나 기출지문에 대한 분석 없이 단순 회독만을 높여서는 민법 선택형에서 고득점을 받기는 어려워졌습니다. 따라서 기출문제를 접할 때에는 해당 지문이 동일·유사하게 출제됨을 기대하면서 회독 수를 무작정 늘리기보다는 개념에 대한 이해와 제도의 취지 등을 바탕으로 법리를 정확하게 이해하며 문제를 접근하는 연습이 필요합니다.

2. 제14회 선택형 문항분석(총 35개 문항 중 복합사례형 8개 문항으로 22.8%, 나머지는 판례지문)

	민총	채권법		물권법	친족·상속법	합계
		채권총론	채권각론			
문항수	6	9	6	10	4	35
판례조합형	3	5	1	5	1	15
복합사례형	1	2	1	2	2	8
통합형	2	2	4	3	1	12

선택형 기출분석 및 실천적 공부방법론

Ⅱ. 선택형 출제경향에 부합한 실천적 공부방법론

1. 선택형 정복을 위해 객관식 문제집을 많이 풀어야 하는가?

대체적으로 선택형에 약한 수험생들을 보면 객관식 문제집을 많이 풀지 않아서라기 보다 **기본기 부족 또는 반복적으로 읽어 나간 단권화된 책이 없기 때문**인 경우가 많다. 특히 민법의 경우가 그러하다. 즉, **객관식 문제에 대한 적응력의 문제라기 보다는 중요판례법리가 제대로 숙지되어 있지 못하기 때문**인 경우가 많다. 따라서 선택형 문제에 약하다고 해서 무작정 선택형 문제집을 많이 풀다고 해결될 것은 아니다. 즉, 본인의 약점이 ① 선택형 문제에 대한 순발력 등 적응력 부족이라면 모의고사 응시나 선택형 문제집 풀이를 통해 약점을 보완해야 하겠지만 ② 중요판례법리 숙지 및 단권화 과정이 제대로 되어 있지 못한 이유라면 오히려 '수험적합적인 강의의 도움을 받거나' '기본서나 암기장의 반복'을 통해 판례법리를 충분히 숙지하는데에 집중할 필요가 있다. 느린 것 같아도 궁극적으로는 이 방법이 객관식 점수를 제대로 올릴 수 있는 방법이다.

2. 선택형 기출문제집을 어떻게 활용해야 하는가?

변호사시험 선택형의 경우 그 역사가 오래되지 않았음에도 기출문제가 반복해서 출제되는 까닭에 다들 기출문제집으로 공부는 하지만 막상 기출문제가 출제됨에도 틀리는 경우가 비일비재하다. 이는 **기출문제집으로 기출문제를 공부한 것이지 기출된 판례법리를 제대로 공부하지 않은 이유이다**. 따라서 반복적으로 출제되는 판례들은 가급적 '**기본서나 암기장**'을 통해서 충분히 판례법리를 공부할 필요가 있다. 이러한 빈출 객관식 판례는 결국 사례형에서도 출제될 가능성이 아주 높기 때문이다. 결국 객관식 공부가 주관식 공부가 되도록 해야 한다.

3. OX문제집 vs 5지 선다형 문제집, 사법시험 기출 vs 법전협 기출

기본서 단권화 과정 때(최소 2회독 이후 과정)에는 OX (기출)문제집과 병행하는 것이 효과적이고, 문제에 대한 적응력을 키우기 위해서는 5지 선다형 문제집이 OX문제집 보다는 낫다. 법전협 모의고사의 문제는 지엽적인 지문도 많기 때문에 최근 3~5년치 법전협 모의고사 정도 검토하면 충분하다.

脈 민법 사례형 기출분석 및 실천적 공부방법론

Ⅰ. 제1회~제14회 사례형 기출분석

1. 민법총칙

계약의 당사자 확정(제4회), 의사무능력과 제104조(제2회), 비법인사단의 대표권제한과 단축된 급부(제11회), 사기와 착오 취소가부(제4회), 사기 취소와 불법행위로 인한 손해배상청구권 경합(제7회), 제125조의 표현대리와 대리권 남용(제14회), 일상가사대리와 표현대리(제12회), 유권대리와 표현대리·무권대리행위의 추인(제2회), 무권대리 추인의 소급효제한(제8회), 대표기관 불법행위로 인한 손해배상청구권의 기산점(제11회), 소멸시효와 변론주의(제6회), 하자담보책임의 제척기간과 소멸시효 경합, 제766조의 기산점(제13회), 소멸시효기간 연장합의의 효력(제9회), 소멸시효와 어음채권 행사로 인해 시효중단 여부, 가압류 취소가 시효중단에 미치는 영향, 보증인의 시효이익포기의 효력 등(제3회), 화해권고결정 및 추심금청구와 시효중단의 효력(제11회), 취소소송에서 수익자가 시효원용권자인지 여부(제9회), 연대채무자 1인의 시효이익포기의 효력(제8회), 재판상청구로 인한 시효중단(제9회), 가압류로 인한 시효중단(제8회), 소멸시효 중단사유로서 가압류 및 시효이익 포기의 상대효(제5회)

2. 물권법

토지거래허가와 중간생략등기(제6회), 중간생략등기합의에 따른 법률관계(제2회, 제12회), 도품유실물 특칙(제9회), 취득시효 완성자의 변제와 구상권(제4회), 점유취득시효의 기산점과 점유취득시효완성자의 원소유자에 대한 구제수단(제5회), 취득시효완성에 기한 소유권이전등기청구권(제6회), 무권리자의 처분행위와 등기부 취득시효 완성에 따른 부당이득반환청구(제13회), 공유자 1인의 공유물처분행위의 효력(제9회), 소수지분권자가 다른 소수지분권자에게 공유물의 반환을 청구할 수 있는지 여부(제1회), 소수지분권자가 과반수지분권자에게 공유물의 반환을 청구할 수 있는지 여부(제6회), 구분소유적 공유와 제366조 법정지상권의 성립 여부(제3회), 계약명의신탁과 중간생략형 명의신탁(제1회), 계약명의신탁과 점유취득시효(제14회), 계약명의신탁과 유치권(제2회), 압류의 효력과 유치권(제7회), 계약명의신탁과 부당이득반환(제5회), 중간생략형 명의신탁과 채권자취소권(제4회), 중간생략형 등기명의신탁, 부동산실명법 제4조 3항(제12회), 제366조 법정지상권(제6회), 관습법상 법정지상권(제1회, 제6회, 제7회), 무담보채권에 질권을 설정한 후 그 채권을 담보하기 위해 저당권이 설정된 경우(제12회), 저당물의 제3취득자 보호(제9회), 전세권을 목적으로 한 저당권(제4회), 압류된 전세금반환채권에 대한 전세권저당권자의 전부명령의 효력(제8회), 물상대위권행사로 인한 압류와 제3채무자의 상계권 행사(제8회), 근저당권의 확정과 공동저당에서 이시배당의 경우 배당방법(제9회), 토지저당권자의 일괄경매청구권(제7회), 근저당권의 피담보채무액 범위와 확정(제6회)

사례형 기출분석 및 실천적 공부방법론

3. 채권총론

채무불이행책임(제391조)과 불법행위책임(제756조)의 피용자 비교(제10회), 채권자지체 중 채무자의 경과실에 의한 이행불능(제4회), 수령지체와 대가위험부담(제14회), 대상청구권(제5회), 피보전채권이 금전채권인 경우 예외적으로 채무자의 무자력이 필요없는 채권자대위권(제1회), 채권자대위권을 대위행사할 수 있는지 여부(제1회), 채권자대위에 의한 변제수령권한에 대한 압류 및 전부명령의 효력(제9회), 채권자대위 소송에서 채권자와 제3채무자 사이의 독자적인 사정에 기한 사유(제10회), 채권자대위권의 통지 후 금지되는 처분행위(14회), 채권자취소송과 가액배상(제2회), 채무초과 상태의 채무자가 유일한 재산을 명의신탁한 경우의 사해행위성(제4회), 명의신탁자의 사해행위(제8회), 채권양도계약이 사해행위로 취소된 경우 원상회복방법과 취소의 상대효(제10회), 채권자취소권의 제소기간, 가액반환의 범위(제11회), 채권양도와 혼동(제14회), 채권양도통지의 효과에 관한 제451조 2항(제1회), 채권의 이중양도의 경우 우열문제(제1회·제8회), 이의를 보류하지 않은 승낙에 관한 제451조 1항(제1회), 채권양도와 전부명령 경합시 우열 판단과 가압류의 효력(제3회·제8회), 양도통지 이후 채무자의 양도인에 대한 자동채권의 변제기가 도래하는 경우 상계로 양수인에게 대항할 수 있는지 여부(제4회), 채권양도의 대항요건으로서 승낙의 상대방(제5회), 면책적 채무인수인과 채무자사이의 관계에 기초한 항변(제8회), 사정변경의 원칙을 이유로 한 보증인의 해지권 인정여부 및 주채무의 이행기 연장이 보증인에게 미치는지 여부(제2회), 제3취득자의 연대보증인에 대한 구상권(제3회), 부진정연대채무자 1인에 대한 면제의 효력과 구상권 인정 여부(제6회), 대물변제(제14회), 압류채권자에 대한 사전(제441조)·사후구상권(제341조)을 자동채권으로 한 상계항변 가부(제498조)(제12회), 지급금지명령을 받은 채권을 수동채권으로 하는 상계(제9회), 상계항변과 상계충당(제3회), 보증채권을 자동채권으로 한 상계의 효력(제8회), 유익비상환청구권과 제495조(제11회)

(4) 채권각론

청약과 청약의 유인(제10회), 계약금 해제의 적법여부(제6회), 일부 계약금지급에 따른 효과(제5회), 합의해제(제14회), 종류채권의 특정과 대가위험부담주의(제537조, 제538조)(제4회), 잔금채무불이행에 따른 실권약정(제2회), 사인증여계약의 해제와 철회(제13회), 공동명의로 담보가등기를 마친 경우 예약완결권의 귀속형태(제5회), 임대인의 지위 승계에 따른 임차보증금의 면책적 채무인수와 배당요구 및 우선변제권(제3회), 주택임대차보호법상 대항요건을 갖춘 임차인보다 선순위 근저당권자가 존재하는 상황에서 후순위 근저당권자가 경매신청을 하는 경우 임차권의 대항력 소멸여부(제6회), 임차인의 비용상환청구권 포기(제6회), 임차인의 유익비상환청구권과 전용물소권(제4회), 묵시의 갱신과 임차인의 해지통고(제6회), 이미 발생한 연체차임채권과 임차건물의 양수인(제7회), 차임채권에 압류 및 추심명령이 있는 경우 보증금의 담보적 효력(제7회), 임차권의 양도금지,

담보 목적의 채권양도에서 피담보채무의 변제의 효과(제13회), 임차보증금반환채무의 기한의 이익의 포기, 상계적상의 시기(제13회), 지상물매수청구권, 퇴거청구, 임대차종료 후 임차인의 계속 점유(제10회), 수급인의 담보책임과 불완전이행(제13회), 위임계약(제14회), 횡령한 금전에 의한 채무변제와 부당이득(제7회, 제14회), 불법원인급여(제4회), 자동차손해배상보장법상 손해배상청구권(제6회), 사용자책임의 사무집행관련성(제13회)

(5) 친족상속법

과거 출산 경력의 고지와 혼인의 취소사유(제13회), 낙태와 상속결격 및 상속포기(제3회), 상속포기와 지분의 탄력성(제6회), 상속포기와 무효행위의 전환(제7회), 가분채무가 공동상속된 경우 상속재산 분할의 대상이 되는지 여부 및 채무인수인에 대한 채권자의 이행청구를 묵시적인 채무인수의 승낙으로 볼 것인지(제3회), 상속재산분할협의의 소급효(제9회), 상속재산분할협의의 합의해제와 제3자 보호(제9회)

Ⅱ. 사례형 출제경향에 부합한 실천적 공부방법론

1. 민사법 문제 전반에 관한 소견(21C 법조인 像)

변호사시험 민사법문제의 관건은 "민사법의 기본적 법리에 근거한 쟁점추출 능력 및 문제해결능력"이라고 생각한다. 즉, 이 시대가 요구하는 법조인은 ① 문제되는 분쟁(사실)관계에서 법적으로 무엇이 문제되는지 '순발력' 있게 추려내며(**쟁점추출 능력**), ② 당해 분쟁을 해결할 수 있는 다양한 법적 수단들(민사법제도) 상호간의 관련성(이익형량) 및 가장 효과적인 법적 해결 수단은 무엇인지를 논리적으로 '순발력' 있게 검토할 수 있는 사람이다(**문제해결능력**). 이러한 시대적 요구가 최근 출제경향으로 반영된다고 보여진다.

2. 쟁점(논점) 파악능력 배양

1차적으로는 '정확한' 민사법지식이 필요한 부분이다. 그러나 그것만이 전부는 아니다. 예를 들어 내가 채권자대위권의 요건과 효과를 알고 있다고 해서 사례(분쟁상황)를 보면서 채권자대위권의 어떤 요건, 어떤 효과가 '쟁점이 된다. 안 된다.'를 파악할 수 있는 능력이 저절로 생기는 것은 아니다. 그리고 그것이 '주된 논점이다. 부수적인 논점이다'를 파악할 수 있는 능력은 더더욱 그러하다. 그래서 훈련이 필요한바, **사례문제는 공부초기(1학년, 2학년)부터 적극적으로 풀어보아야 한다.** 먼저 공부초기(1학년, 2학년)에는 기본적이고 전형적인 논리(사례풀이) 구조를 통해 민사법의 중요주제별 논리(사례풀이) 구조를 "내.것.화"해야 한다. 그래서 사례형 민사법문제에서 중요한 주제가 무엇이며, 주제별 논리(사례풀이)의 기본구조가 어떻게 이루어진다는 것을 빨리 간파해야 한다.

사례형 기출분석 및 실천적 공부방법론

3. 쟁점(민사법제도) 상호간 압축적·논리적 목차구성(강약조절 포함) 능력 배양

(1) 서 설

이는 당해 사례의 핵심쟁점이 무엇인지, 각 민사법제도(쟁점)들 상호간의 관련성은 어떻게 되는지를 알고 있는 능력으로 이것은 회독수가 늘어난다고 저절로 해결되는 것도 아니고, 평면적인 민사법지식이 풍부하다고 해결되는 부분도 아니다. 특히 민법은 민총(계약의 성립) ⇒ 채권(계약의 이행) ⇒ 물권(물권변동)이 사실상 하나로 연결된 정치한 논리구조이다. 따라서 민사법의 전반적인 체계나 각 제도 상호간의 관련성에 대한 '**깊이 있고**', '**자발적인**' 사고 훈련, 즉 민사법을 입체적으로 바라볼 수 있는 시각이 없이는 고득점을 획득하기 어려운 과목이다. 따라서 공부초기에는 강사의 도움이 필요하나, 궁극적으로는 본인이 어떻게 공부하느냐의 문제이다.

(2) 일명 '창조적 구슬꿰기' 작업

① 첫째, 하루에 민사법 교과서 100페이지를 목표로 삼았다면 공부시작 전 책을 덮고 오늘 공부할 주제(제도)들에 대해서 '**조문을 중심으로**' 10~20분 정도 '나름대로' 각 제도들의 요건, 효과에 대한 체계도 및 각 제도들 사이의 연관성을 머릿속에서 '그려보는' 것이다. 또는 잠자리에 누워 하루 공부한 내용을 '**조문을 중심으로**' 이렇게 정리하는 것도 유용하다. 이러한 공부방법은 적은 시간으로 체계화 작업뿐만 아니라 암기에 있어서도 탁월한 효과를 낼 수 있다. 이러한 체계화 작업은 화장실 또는 식사 후 tea타임 때에도 가능한 것으로 때와 장소에 구애받지 않는 유용한 공부방법이 될 수 있다.

② 둘째, 본인이 기본강의 시간에 많이 활용하는 방법인데, 100점짜리 **사례문제를 본인이 '직접' '쟁점추출 및 사안의 해결'을 간략하게 써보고(대략 20~30분소요)**, 이를 해설지 또는 스터디멤버들과 비교해 보는 것이다(구체적인 판례내용은 본인이 단권화할 기본서를 통해 정리·암기). 이런 공부방법은 상당수 수험생들이 사례문제집 또는 암기장 하나 잡고서 열심히 외우며 사고를 '경직화'시키고 '전형화'시키고 있을 때 짧은 시간 안에 수많은 사례들을 접하면서 민사법 전반에 대한 '체계화'와 '논리성'을 배양할 수 있는 최적의 공부방법이 될 수 있다. **물론 이러한 방법이 효과를 보려면 본인이 선택한 기본서로 단권화를 병행해야 한다는 점과 이는 사례형 민사법문제에서 어떤 내용이 중요한가를 어느 정도 간파하고 난 다음에 하는 것이 효과적이라는 점**이다.

4. 법조문을 중심으로 한 공부방법

채점위원들이 공통적으로 요구하는 것이다. 답안지에 법조문을 정확히 현출시키는 것은 기본이거니와 또한 법조문을 중심으로 공부하는 것이 왜 필요하고 얼마나 유용한 공부방법인지는 앞서 설명한 바와 같다.

5. 기초개념의 정확한 이해와 암기

법학에 있어 가장 기본일 뿐만 아니라 판례를 정확히 이해하기 위한 단초이다. 우리가 생각하는 것 이상으로 채점위원들이 눈여겨보는 부분이므로 기초개념의 정확한 이해와 암기는 필수적이며, 사례문제 해결의 선결적 과제라 하겠다. 예를 들어 보증채무와 관련한 대부분의 쟁점(판례)는 보증채무의 법적성질(부종성 또는 독립성)에서 문제된다. 상계와 관련한 대부분의 쟁점(판례)는 상계의 '우선변제적 기능', 즉 상계권자의 기대권의 보호정도와 관련해서 문제된다. 그런데, 로스쿨을 다니면서 공부할 때 이러한 기초개념을 소홀히 한 채 단지 판례만 외워서 공부한 수험생들은 결국 변호사시험에서 고생을 할 수밖에 없을 것이다.

6. 단권화 방법

(1) 일반론 - 단권화의 오류

특히 민법의 경우 다른 법과목처럼 "한권의 책에 내가 암기하고 검토할 모든 내용을 압축시켜 놓겠다"라는 생각은 애초에 버리는 것이 바람직하다. 왜냐하면 민법 사례의 경우 후4법과 달리 단순한 형태가 아니라 각 제도 상호간의 다양한 역학관계 속에서 복잡하게 엮여 있기 때문이다. 다만 필요하다면 개념노트나 판례노트를 만들어 필수적으로 암기해야 할 내용을 본인이 스스로 정리해 나가는 것도 방법인데, 다만 이는 시간이 많이 소요되는 작업일 수 있으므로 강사들의 필수암기장을 활용하는 것도 한 방법이다.

(2) 단계별 공부(단권화) 방법론

1) 1단계(1학년)

공부초기에는 **기본서(수험서)를 최우선**으로 민사법 전반을 빠짐없이 공부하되 '중요' 민사법 주제에 대해서는 '**주제별 논리(사례)구조**'를 중심으로 깊이 있게 공부할 필요가 있다. 다만, 평면적인 학설, 판례암기에 머물지 말고 왜 당해 학설이 문제되고, 학설과 판례에 따른 논의의 실익은 무엇이며, 다른 제도와의 상관관계는 어떠한지를 수업을 통해 숙지하고 **논점 파악 및 쟁점연결 연습 등의 자발적 사고**를 통해 이것을 "내.것.화"(내 말로 쓸 수 있어야 한다) 하고 있어야 한다.

2) 2단계(2학년 또는 3학년)

기본서를 중심으로 한 사례풀이를 위한 기초이론 작업 및 주제별 논리(사례)구조의 완성이 '어느 정도' 되었다면 2학년, 3학년 때는 적극적으로 문제해결능력을 향상시키는 것에 중점을 둘 필요가 있다. 즉, 처음에는 전형적인 사례구조를 빨리 익히는 것이 중요하지만 시험문제는 전형적인 사례구조대로 풀리는 것은 아니므로 전형적인 사례구조를 더욱 공고히 하는 반복학습과 함께 다양한 판례문제에 대한 충분한 연습이 필요하다.

즉, 이 때에는 **선택형 및 사례형 문제집을 적극활용하되 기본서(수험서)를 계속 반복, 확인하여 제대로 된 단권화**를 완성해 나가야 한다.

민사법 기록형 분석 및 전략

脈 민사법 기록형 분석 및 전략

1. 전반적인 소장 작성 요령

기록은 가공되지 않은 법적 분쟁의 사실관계를 그대로 보여주고 있다고 보시면 됩니다. 따라서 평소에 법률교과서나 판례로 공부를 하다 시험장에서 막상 이렇게 가공되지 않은 기록을 마주치면 (실무에서의 기록은 비법률적인 사실관계로 가득 차 있습니다) 얼마간은 이 모든 사실관계를 법적으로 구성하는 시간을 어느 정도 소비하여야 될 것입니다. **소장을 작성하는 것은 이러한 가공되지 않은 사실관계 중 법적인 의미가 있는 사실관계를 추출하고 이를 법적인 논리로 가공하여 청구취지와 청구원인으로 표현하는 과정**입니다. 따라서 청구취지만 보면 그러한 법적인 논리가 거의 대부분 드러나게 되어있고, 판례 및 다수설에 부합하는지 아닌지를 판단할 수 있습니다. 따라서 사실관계를 가공하고 소장의 틀을 만들어가는 과정은 꼭 필수적인 과정이며, 이는 시험에 앞서 수많은 기록을 풀어봄으로서 숙련되어야 하는 과정입니다. 따라서 각자에게 맞는 방식이 있겠지만, 한 가지 추천해드리고 싶은 방법은 사실관계를 나누고 쪼개어 보는 것입니다. 흔히들 법률관계를 '분석'해보라고 합니다.

분석(分析)에서의 첫음절인 '분'은 '나눌 분(分)'을 사용하는데, 이는 분석이라는 과정이 나누고 쪼개는 과정에서 시작되기 때문일 것입니다. 기록을 읽고 난 후 각각의 요소별로 나누어서 생각해보시기 바랍니다. 피고별로, 부동산별로 등 등 어떠한 기준으로 나누든 상관없습니다. 이와 같은 사고방식으로 기록이나 사례풀이를 연습하면 필요한 법률요건을 빠짐없이 검토하게 되고 답안을 전개하기가 훨씬 수월해지며 장기적으로는 법적 사고력이 한결 깊어짐을 느끼게 될 것입니다.

이를 위해서는 기록을 속독 및 정독하면서 메모를 해야 하지만, 소장 작성에 관하여는 메모법에 관한 특별한 매뉴얼은 없습니다. 다만 메모지에 기록을 읽으면서 당사자 간의 계약 관계나 청구권원을 기록해 놓는 것은 전체적인 맥락을 살피고, 특히, 채권자대위권이나 채권자취소권과 같은 2명 이상의 당사자가 연관되는 법률관계의 경우 그 요건을 따져보는 데 유용할 것입니다.

2. 공부방법론

(1) 의뢰인의 말을 의심하면서 볼 것

이것은 의뢰인이 전달하는 사실관계를 의심하라는 의미는 아닙니다. [소장 작성 요령]에도 나와 있듯 의뢰인이 이야기한 사실관계는 진실한 것으로 간주합니다. 다만, 그것을 바탕으로 법적인 논리를 재구성하는 것은 법률가인 변호사의 몫입니다. 따라서 의뢰인이 법적인 구제수단에 대하여 그럴 듯한 말을 한다고 하여 그것을 그대로 인정해주면 안됩니다. 소멸시효나 제척기간에 걸리지는 않는지, 각하 사유에 해당하지는 않는지 항상 염두해 두면서 의뢰인의 말을 살펴보시기 바랍니다.

(2) 쓸데없는 문장은 없습니다.

기록이 두껍다고 해서 대충대충 읽어서는 안 됩니다. 하나하나의 문장을 바탕으로 요건사실이 이루어지고 그것이 결론을 달리하기 때문입니다. 기록에 나온 한 문장에서 출제자의 의도를 파악할 수 있는 결정적인 단서를 발견할 수도 있고, 전혀 생각치도 못한 쟁점이 발견될 수도 있습니다. 또한 두 개 이상의 비슷한 사실관계가 나온다면 둘 사이에 차이점을 발견하여 결론이 달라지는 경우도 많으니 유의하시기 바랍니다.

(3) 실체법적 지식의 입체적 이해

단순히 법리를 안다고 해서 기록형 문제가 풀리는 것은 아닙니다. 자신이 아는 민사법 지식이 기록에서는 어떠한 방식으로 현출되는지, 판례에서 이야기하는 일반론이 사건에서 어떠한 방식으로 구체화되는지를 중점적으로 눈여겨보시기 바랍니다. 사해행위취소소송이나, 변제, 상계 등은 판례의 추상적인 법리와 기록간의 괴리가 가장 크게 느껴지는 중요 쟁점들이고 기록형에서 출제하기 쉬운 부분들입니다. 즉, 이러한 쟁점들은 판례의 법리를 안다고 하여서 구체적인 사건해결이 쉽게 이루어지는 영역은 아니라고 할 것입니다. 기록을 풀어보면서 이러한 부분들을 구체적으로 이해해 나가시기 바랍니다.

(4) 실전연습과 메모법 개발

변시에서 민사법 기록형 문제를 대비하는 가장 중요한 요령은 형식적인 부분에서 일단 많은 연습이 되어 실제 시험장에서는 실체법적인 문제에 집중할 수 있는 시간을 최대한 확보하는 것이라 할 것입니다. 그렇지 않으면 지금과 같은 '속도전'에서 살아남을 수 없습니다. 그리고 덧붙이자면 기록에 산개해있는 각종 요건사실들을 자기만의 방식으로 적절히 재구성할 수 있는 메모법을 나름대로 개발하는 것이 중요합니다. 문제의 난이도가 올라갈수록, 정확한 청구원인을 작성하고 싶을수록 메모의 중요성은 더해갈 것입니다.

법원행정고시 기출분석 및 출제예상

脈 법원행정고시 기출분석 및 출제예상

I. 전반적인 출제경향

법원행시는 1차 시험 경쟁률이 무척이나 높은 반면 2차 시험 준비기간은 1차 시험을 치른 후 2개월 밖에 안 되며, 유예제도조차 없습니다. 따라서 1차 시험을 합격하기 위해 객관식 문제에 집중을 하고나면 2차 시험은 1차 시험에 포함되지 않은 과목을 준비하기에도 벅찹니다. 하지만 빈출영역이 명확한 만큼 전략을 잘 짜면 성공확률을 경쟁자보다 훨씬 높일 수 있습니다. 주로 법원실무에서 중요하게 다루는 제도를 종합적으로 물어보는 사례형문제가 출제됩니다. 최근에는 **단문이 출제되지 않고 있으나 사례를 분설하여 출제**하면서 기본서의 해당주제를 목차순서대로 정확하게 이해하는 사람이 고득점을 할 수 있도록 출제하고 있습니다. 부동산분쟁해결, 채권추심절차진행, 경제적 약자보호 등 법원의 핵심 업무영역에 대한 이해가 필요합니다.

II. 과목별 출제예상

1. 민법총칙

민법총칙 전반에서 가장 중요한 주제인 소멸시효가 24년에 보증채무와 함께 전면적으로 출제되었습니다. 민법총칙은 독자적인 출제보다는 물권과 채권문제를 해결하기 위해 알아두어야 하는 분야입니다. 따라서 **① 해제의 법리와 연관되는 토지거래허가구역내의 유동적 무효법리, ② 각종 권리의 행사가능여부와 관련된 소멸시효법리**에 대한 이해가 중요합니다. 최근 5년 이전에는 무권대리에 관한 문제가 종종 출제되었으므로 이에 대한 대비도 하여야 합니다. 반면 표현대리는 복잡하고 정치한 논리학습에는 적합한 주제이나 법원실무에서는 자주 다루는 주제가 아니어서인지 출제가 많지 않습니다. 법원공무원으로서 자기 일에 관심을 갖는 마음자세라면 자연스럽게 출제경향에 맞춘 학습이 이루어지리라 생각합니다.

2. 물권법

최근 5년간 14개 이상의 사례문제가 출제되었고, 배점으로는 255점 이상을 차지하는 가장 중요한 파트입니다. ① 24년에는 말소등기청구의 피고적격과 대상적격, 유치권이 출제되었고, 23년에는 점유취득시효와 종중의 명의신탁, 선의취득이 출제되었으며 22년에는 법정지상권, 21년에는 종중재산의 명의신탁, 20년에는 담보지상권과 저당권 침해에 따른 손해배상청구권이 출제되었습니다. 전통적인 빈출영역이므로 준비를 소홀히 한다면 위험합니다. 경쟁자들은 기계적으로 준비한 답을 쏟아내는데 본인만 평범한 답안을 제출한다면, 다른 문제에서 탁월한 실력을 보여주지 못할 경우 낙오될 수밖에 없습니다.

② 22년에는 법정지상권과 관련된 문제가 종합적으로 출제되었는데, 이런 식으로 한 가지 주제를 집중해서 물어보는 경향이 법원행시의 특징입니다. 토지인도청구와 건물철거청구문제 역시 소유권에 기한 물권적청구권을 이해하기 위한 종합문제라고 할 수 있습니다. 이와 관련하여 저당권과 관련된 일련의 법리를 대비하실 필요가 있습니다. 법원실무에서 가장 주요하게 다루는 분야가 부동산 소유권분쟁과 담보관련 경매절차입니다. 유치권이 중요한 제도여서가 아니라 경매절차의 맥락에서 포인트가 맞춰져서 종합문제로 구성되었다고 보여집니다. 따라서 향후에는 경매절차의 메인이라 할 수 있는 ③ **저당권실행법리를 철저히 대비**할 필요가 있습니다.

3. 채권총론

① **채권자대위권과 채권자취소권**에 관한 문제가 집중되고 있습니다. 최근 5년간 215점의 배점으로 출제된 채권총칙 문제 중에 채권자대위권과 채권자취소권을 묻는 문제의 배점 총계가 115점입니다. 그 중에서도 ② **채권자대위권행사의 통지에 따른 채무자의 처분권 제한 및 제3채무자의 항변권 제한문제**가 반복 출제되고 있습니다. 채권자대위권과 채권자취소권 역시 법원실무에서 중요한 분야입니다. 법원은 모든 분쟁의 종착점이고 민사 분쟁의 핵심은 빌려준 돈을 받아내는 것입니다. 채권추심방법으로 채권자대위권과 채권자취소권이 자주 쓰이기 때문에 법원공무원이 잘 알아야하는 영역인 것입니다. 그런데 채권의 만족을 얻는 간편한 방법으로 선호되는 제도가 상계입니다. ③ **동시이행항변권과의 관계에서 상계의 가부를 묻는 문제**는 한 가지 주제를 집중해서 물어보는 법원행시의 경향과도 어울리며 다시 출제될 확률이 높습니다. 또한 채권추심방법으로 자주 이용되는 ⑤ **물상보증인과 수탁보증인의 구상권이 상계금지효와 함께 출제된 21년의 문제**를 보아 관련하여 변제자대위, 공동저당도 함께 살펴보아야 할 것입니다.

4. 채권각론

① 최근 5년간 출제된 문제가 거의 없습니다. 23년에는 임치물반환청구권의 소멸시효 기산점, 제555조에 따라 부담부증여계약의 특수한 해제가 출제되었습니다. 채권각론의 백미는 해제권행사와 관련된 복잡한 법리입니다. 그러나 법원실무에서 자주 다루는 문제는 서민주거안정의 보루인 임차권입니다. 해제의 법리도 임대차와 관련하여 연체차임과의 관계 속에서 문제가 됩니다. ② **아직 출제되지 않은 주택임대차보호법상의 대항력문제**가 출제 유력합니다. 해제와 관련해서는 계약금해제가 중요하나 법원이 강력한 해제권을 인정하는 제535조의 법리를 소극적으로 적용하므로 ③ **계약금해제를 인정하지 않으려는 법리**를 중심으로 대비를 할 필요가 있습니다.

脈 법무사 기출분석 및 출제예상

Ⅰ. 전반적인 출제경향

법원이 출제기관인 점은 법원행시와 동일합니다. 한 가지 주제를 종합적으로 물어보는 사례형 문제 출제경향 역시 법원행시출제경향과 비슷합니다. 40점에서 50점짜리 지문을 5점에서 8점 정도의 설문으로 쪼개어 물어보는 사례형 문제를 대비해야 합니다. 법무사시험은 법원행시와 달리 1차 시험합격자는 그 다음 회 1차 시험을 면제해 주므로 주관식 대비기간에 비교적 여유가 있습니다. 그 대신 사례위주의 난이도 높은 문제를 대비해야 합니다. **부동산공유관계, 임대차관계, 명의신탁 등 서민경제와 밀접한 관련을 갖는 분야가 빈출영역**이므로 이에 대한 대비가 필요합니다.

Ⅱ. 과목별 출제예상

1. 민법총칙

24년에 제110조 2항의 제3자의 기망에 따른 취소, 23년에 당사자 확정과 관련한 오표시무해의 원칙, 20년에 소멸시효가 출제되었습니다. 소멸시효는 빈출되는 주제인 만큼 향후 소멸시효에 대한 출제에 대비할 필요가 있습니다.

2. 물권법

① 23년에는 점유취득시효, 22년에는 유치권 및 부동산 공유에서 소수지분권자의 소수지분권자에 대한 물권적 청구권, 20년에는 법정지상권에 관한 문제 등 하나의 주제를 여러 설문으로 나누어 물어보는 경향이 있습니다. 주제도 편중되지 않아서 쉽게 향후 출제주제를 예측하기는 어렵습니다. 다만 서민 경제 분야라는 법무사의 업무영역을 고려한 출제경향을 고려할 때, ② **전세권과 가등기담보권의 출제가 유력해** 보입니다.

3. 채권총론

채권총론분야의 문제가 빈출되었습니다. ① 24년에는 보증채권의 양도, 불가분채권관계, 23년에는 부진정연대채무관계, 22년에는 공유물분할청구권과 채권자대위권, 21년에는 채권양도가 출제되었습니다. 채권총론은 물권과 채권각론과 연계하여 출제되는 만큼 문제풀이를 위한 범위에서 책임재산의 보전에 관한 법리를 정확히 이해해야겠습니다.

4. 채권각론

① **주택임대차보호법상의 법리가 집중** 출제되고 있습니다. 최근에는 ② **상가임대차보호법의 적용**을 묻는 내용도 있어 이에 대한 대비가 필요합니다. 나아가 전통적으로 중요한 주제이면서 서민경제안정을 위한 부분으로 ③ **해제와 관련된 제3자보호문제**의 출제를 예상할 필요가 있습니다.

5. 친족상속법

① 23년에는 상속포기와 배우자의 단독상속, 22년에는 상속재산분할심판청구, 21년에는 상속결격 및 상속포기가 출제되었습니다. ② 주로 최신판례의 적용을 묻는 내용이므로 이에 대한 대비가 필요합니다.

계약법을 중심으로 한 민법체계 전반의 재구성

脈 계약법을 중심으로 한 민법체계 전반의 재구성
(권리변동의 시간적 흐름순서인 계약체결단계에서의 하자 ⇒ 계약이행단계에서의 하자 ⇒ 권리(물권)침해까지의 사례풀이구조)

[Ⅰ] 계약의 체결단계에서의 하자 검토

1. 당사자 사이의 계약유형(15가지 전형계약) 및 당사자의 법적지위 확정 …권리근거사실

2. 계약의 성립요건의 하자 검토 …권리방해사실[1]

   법률행위 해석을 통한 당사자·목적(계약 내용)·의사표시의 합치 확정

3. 계약의 유효(효력)요건의 하자 검토 …권리방해사실

   (1) 계약의 유효(효력)요건 검토

   ① 일반적 유효요건으로 ⅰ) 권리능력(태아)·의사능력·행위능력(제한능력자), ⅱ) 계약 내용의 확정·(실현)가능·적법(제105조)·사회적 타당성(제103조·제104조), ⅲ) 의사와 표시의 일치(제107조~제110조), ② 특별 효력요건으로 대리(무권대리⇒표현대리 ; 유권대리⇒대리권남용의 항변)

   (2) 무효·취소에 따른 효과

   1) 부당이득반환(이미 이행한 경우)

   ① 급부청산의 법적근거 ⅰ) 주된 급부인 소유권 또는 대금의 경우(제741조 또는 제213조, 제214조), ⅱ) 부수적 급부인 사용이익 또는 법정이자의 경우(제201조 또는 제748조)

   ② 급부청산의 구체적 행사시(동시이행의 항변권, 유치권)

   2) 손해발생에 따른 손해전보(신뢰이익[2]배상이 문제)[3]

   ① 제535조(유추적용), ② 불법행위책임

---

[1] 이에는 구체적으로 ① 권리장애사실[권리근거규정의 법률효과의 발생을 방해하는 규정의 요건사실을 말한다. 공서양속위반(제103조), 불공정법률행위(제104조), 강행법규위반(제105조), 통정허위표시(제108조) 등 계약의 무효사유를 들 수 있다]·② 권리소멸사실[권리근거규정의 법률효과인 권리가 발생한 다음에 이를 소멸, 종료시키는 규정의 요건사실을 말한다. 취소, 해제 등 계약 자체의 효력을 소멸시키는 사유와 변제, 공탁, 상계, 소멸시효 완성 등 당해 청구권의 소멸을 초래하는 사유를 들 수 있다]·③ 권리행사저지사실[권리근거규정의 법률효과인 권리가 발생한 다음에 그 권리의 행사를 저지 또는 배제하는 규정의 요건사실을 말한다. 동시이행의 항변권(제536조), 유치권에 기한 항변(제320조) 등이 있다]을 들 수 있다.

[2] 여기서의 신뢰이익 손해는 계약의 유효를 믿었음으로 인하여 받은 손해를 의미한다(제535조 참조).

[3] 계약이 무효인 경우(취소된 경우)에는 담보책임이 원칙적으로 문제되지 않으나, 원시적 불능·계약체결상의 과실책임·착오·사기 등과 담보책임의 관계가 문제될 수 있다.

계약법을 중심으로 한 민법체계 전반의 재구성

[Ⅱ] 적법·유효하게 계약이 체결되었다면 계약의 이행단계에서의 하자 검토

1. 채무가 이행된 경우(7가지 채권의 소멸사유 검토) ···권리방해사실

특히 변제, 변제공탁, 상계

2. 채무가 이행되지 않은 경우(채권자의 구제수단을 중심으로) ···권리근거사실

(1) 채무자의 귀책사유가 없는 경우(특히 급부불능의 경우)

쌍무계약시 (대가)위험부담의 문제(제537조, 제538조), 대상청구권 문제

(2) 채무자의 귀책사유가 있는 경우

① (하자)담보책임(신뢰이익[4] 배상)⇒ ② 채무불이행책임(강제이행, 손해배상청구, 계약해제·해지권, 대상청구권)⇒ ③ 담보책임과 채무불이행책임과의 경합여부(결론은 경합 인정) ⇒ ④ 불법행위책임⇒ ⑤ 계약책임과 불법행위책임의 경합 여부(결론은 경합 인정)

3. 계약당사자 이외 제3자에 의한 채권침해의 경우(채권자의 구제수단을 중심으로) ···권리근거사실

채권자대위권, 채권자취소권, 제3자의 채권침해를 이유로 한 불법행위책임 문제

[Ⅲ] 계약의 이행으로 인한 권리(물권)변동 후 권리(물권)침해의 경우

1. 물권자 확정 ···권리근거사실

주로 소유권자 확정에 따른 제213조 또는 제214조(목적물인도청구권, 진정명의회복을 원인으로 한 소유권이전등기청구권, 등기말소청구권, 건물철거청구권 등)

2. 의무자의 '점유할 권리'(제213조 단서) 검토 ···권리방해사실

여기서 '점유할 권리'란 민법상 완전한 권리뿐만 아니라 점유를 정당화할 수 있는 모든 법적 지위를 포함한다. 여기에는 ① 물권법상 권리로서 ⅰ) (법정)지상권, ⅱ) 유치권, ② 채권적 권리로서 ⅰ) 미등기 매수인, ⅱ) 점유취득시효완성자, ⅲ) 임차인, ⅳ) 동시이행항변권, ③ 위 권리가 없을 경우 최후의 보충적 항변수단으로 신의칙(주로 권리남용, 실효의 원칙 등이 문제)을 들 수 있다. 반면 물권적 청구권을 행사하는 소유자에게 대항할 수 없는 채권적 권리는 이에 포함되지 않는다.

3. 물권자 확정에 따른 부수적 이해관계 조정 ···권리근거사실

① 제201조 내지 제203조 또는 제748조와 관련한 점유자와 회복자의 관계⇒ ② 손해발생과 관련한 불법행위책임⇒ ③ 유치권 및 동시이행항변권

---

[4] 여기서의 신뢰이익 손해는 매수인이 권리 또는 물건에 하자가 없다고 신뢰한데 따른 손해를 의미한다(제580조 참조).

목 차

제1편 민법 총칙

제1장 민법 서론 ·· 1
제1절 민법의 법원 ··· 1
제1관 총 설 ·· 1
Ⅰ. 법원의 의의 / 1   Ⅱ. 성문민법 / 1
Ⅲ. 불문민법 / 1
제2관 관습법 ·· 2
Ⅰ. 서 설 / 2   Ⅱ. 관습법 / 2
Ⅲ. 사실인 관습과의 비교 / 4

[핵심사례 A-01] 관습법의 효력 상실(종중 구성원의 자격) / 4

제2장 법률관계와 권리의무 ··· 6
제1절 법률관계 ··· 6
제1관 요건사실과 증명책임 ·· 6
Ⅰ. 요건사실 / 6   Ⅱ. 증명책임 / 7
Ⅲ. 공격방어방법의 배열 / 8
제2관 권리의 경합 ··· 9
Ⅰ. 서 설 / 9   Ⅱ. 청구권의 경합 / 9
Ⅲ. 형성권 등의 경합 / 11
제2절 신의성실의 원칙 ··· 12
제1관 총 설 ·· 12
Ⅰ. 서 설 / 12   Ⅱ. 요 건 / 12
Ⅲ. 효 과 / 12   Ⅳ. 파생 원칙 / 12
Ⅴ. 적용한계 / 12
제2관 권리남용금지의 원칙 ·· 13
Ⅰ. 서 설 / 13   Ⅱ. 요 건 / 13
Ⅲ. 적용범위와 한계 / 15   Ⅳ. 효 과 / 15
Ⅴ. 관련판례 / 16
제3관 실효의 원칙 ·· 18
Ⅰ. 서 설 / 18   Ⅱ. 요 건 / 18
Ⅲ. 적용범위와 한계 / 18   Ⅳ. 효 과 / 19
Ⅴ. 관련판례 / 19

[핵심사례 A-02] 권리남용금지의 원칙, 실효의 원칙 등 / 20

제4관 사정변경의 원칙 ··· 22
Ⅰ. 서 설 / 22
Ⅱ. 일반원칙으로서의 사정변경원칙의 인정 여부 / 22
Ⅲ. 요 건 / 24   Ⅳ. 효 과 / 24
제5관 자기모순금지(금반언)의 원칙 ··· 25
Ⅰ. 서 설 / 25   Ⅱ. 요 건 / 25

Ⅲ. 효 과 / 25　　　　　　　　　Ⅳ. 관련판례 / 25

제3장 권리의 주체 ··· 29
제1절 권리주체 총설 ··· 29
제2절 자연인 ··· 29
제1관 자연인의 권리능력 총설 ··· 29
　　Ⅰ. 의 의 / 29　　　　　　　　Ⅱ. 권리능력의 발생 / 30
　　Ⅲ. 권리능력의 소멸 / 30
제2관 태아의 권리능력 ··· 32
　　Ⅰ. 서 설 / 32
　　Ⅱ. 민법상 태아가 권리능력을 가지는 경우 / 32
　　Ⅲ. 태아의 권리능력 취득시기 / 34
　　[판례연구 A-01] 태아의 권리능력(증여, 사인증여, 유증, 제3자를 위한 계약) / 35
제3관 자연인의 행위능력 ··· 37
　　Ⅰ. 행위능력 총설 / 37　　　　　Ⅱ. 미성년자의 행위능력 / 39
　　Ⅲ. 피성년후견인 / 45　　　　　 Ⅳ. 피한정후견인 / 47
　　Ⅴ. 피특정후견인 / 49
　　Ⅵ. 제한능력자의 상대방 보호 / 50
　　[핵심사례 A-03] 신용카드이용계약 및 신용구매계약에 있어 미성년자의 법률행위 / 53
제4관 부재자 재산관리 ··· 55
　　Ⅰ. 서 설 / 55　　　　　　　　 Ⅱ. 부재자가 재산관리인을 둔 경우 / 55
　　Ⅲ. 부재자가 재산관리인을 두지 않은 경우 / 56
　　[핵심사례 A-04] 부재자재산관리와 관련한 핵심판례 / 58
제5관 실종선고 및 실종선고의 취소 ··· 59
　　Ⅰ. 실종선고 / 59　　　　　　　Ⅱ. 실종선고의 취소 / 62
제3절 법 인 ·· 65
제1관 총 설 ··· 65
　　Ⅰ. 법인제도 / 65　　　　　　　Ⅱ. 법인격의 부인 / 65
　　Ⅲ. 법인의 종류 / 66
제2관 법인의 설립 ··· 66
　　Ⅰ. 총 설 / 66　　　　　　　　Ⅱ. 비영리사단법인의 설립 / 67
　　Ⅲ. 비영리재단법인의 설립 / 67
　　[핵심사례 A-05] 재단법인 설립을 위한 출연행위 / 70
제3관 법인의 능력 ··· 71
　　Ⅰ. 법인의 권리능력 / 71　　　　Ⅱ. 법인의 행위능력 / 72
　　Ⅲ. 법인의 불법행위능력 / 72
제4관 법인의 기관 ··· 75
　　Ⅰ. 이 사 / 75　　　　　　　　Ⅱ. 감 사 / 78
　　Ⅲ. 사원총회 / 78　　　　　　　Ⅳ. 기타 대표기관 / 80
제5관 법인의 소멸 ··· 81
　　Ⅰ. 서 설 / 81　　　　　　　　Ⅱ. 해 산 / 81

목 차

　　　Ⅲ. 청 산 / 82
　제6관 정관의 변경 ·· 83
　　　Ⅰ. 사단법인의 정관변경 / 83　　　Ⅱ. 재단법인의 정관변경 / 83
　제7관 법인의 주소와 감독 ·· 85
　　　Ⅰ. 법인의 주소 / 85　　　　　　Ⅱ. 법인의 감독 / 85
　제8관 대표기관의 행위에 대한 법인의 책임관계 ·· 85
　　　Ⅰ. 문제점 / 85
　　　Ⅱ. 대표기관이 법인의 권리능력과 대표권의 범위 내의 행위를 하였지만 그것이 자기 또는 제3자의 이익을 도모하기 위한 것인 행위인 경우(대표권 남용) / 85
　　　Ⅲ. 대표기관이 법인의 권리능력 내의 행위이지만 자신의 대표권의 범위 외의 행위를 한 경우(대표권의 유월·일탈) / 86
　　　Ⅳ. 부당이득반환책임 / 88
　제9관 권리능력 없는 사단 ·· 90
　　　Ⅰ. 의 의 / 90　　　　　　　　　Ⅱ. 성립요건 / 91
　　　Ⅲ. 법적 지위 / 91
　　　Ⅳ. 판례에 나타난 권리능력 없는 사단의 구체적인 형태 / 95
　　　　핵심사례 A-06　권리능력 없는 사단, 대표권 제한 및 대표권 남용 등 / 99

제4장 권리변동 ·· 101

　제1절 법률행위 총설 ·· 101
　　제1관 법률행위의 요건 ··· 101
　　　Ⅰ. 서 설 / 101　　　　　　　　Ⅱ. 성립요건 / 102
　　　Ⅲ. 효력요건 / 102
　　제2관 법률행위의 해석 ··· 103
　　　Ⅰ. 서 설 / 103　　　　　　　　Ⅱ. 법률행위 해석의 주체와 객체 / 103
　　　Ⅲ. 법률행위 해석의 방법 / 104　Ⅳ. 법률행위 해석의 표준 / 106
　　　Ⅴ. 법률행위의 해석과 착오와의 관계 / 107　Ⅵ. 법률행위 해석의 소송법적 문제 / 107
　　　Ⅶ. 계약당사자의 결정 / 107
　　　　쟁 점 1　계약당사자의 결정 / 107
　　　　핵심사례 A-07　차명대출 / 113

　제2절 법률행위의 목적 ·· 115
　　제1관 법률행위 목적의 확정 ··· 115
　　　Ⅰ. 의 의 / 115　　　　　　　　Ⅱ. 확정성이 없는 경우의 효과 / 115
　　제2관 법률행위 목적의 실현 가능(불능) ··· 115
　　　Ⅰ. 서 설 / 115　　　　　　　　Ⅱ. 불능의 효과 / 116
　　제3관 법률행위 목적의 적법 ··· 117
　　　Ⅰ. 서 설 / 117　　　　　　　　Ⅱ. 강행규정과 단속법규와의 관계 / 117
　　　Ⅲ. 강행규정 위반의 효과 / 119
　　제4관 법률행위 목적의 사회적 타당성 ·· 120
　　제4-1관 선량한 풍속 기타 사회질서 위반행위 ··· 120
　　　Ⅰ. 서 설 / 120　　　　　　　　Ⅱ. 반사회적 법률행위의 요건 / 121

Ⅲ. 반사회적 법률행위의 유형 / 121   Ⅳ. 반사회질서 법률행위의 효과 / 126
   핵심사례 A-08 동기의 불법, 불법원인급여 / 127
 제4-2관 불공정한 법률행위 ·· 128
   Ⅰ. 서 설 / 128   Ⅱ. 요 건 / 128
   Ⅲ. 효 과 / 130   Ⅳ. 적용범위 / 131
제3절 의사표시 ·· 132
 제1관 비진의 표시 ·· 133
   Ⅰ. 서 설 / 133   Ⅱ. 요 건 / 133
   Ⅲ. 효 과 / 134   Ⅳ. 관련문제 / 134
 제2관 통정한 허위의 의사표시 ··· 135
   Ⅰ. 서 설 / 135   Ⅱ. 요 건 / 136
   Ⅲ. 효 과 / 137   Ⅳ. 적용범위 / 142
   판례연구 A-02 "제3자의 권리를 해하지 못한다"와 "선의의 제3자에게 대항하지 못한다"의
               비교 / 142
   핵심사례 A-09 허위의 근저당권설정계약과 제3자 보호 / 143
 제3관 착오에 의한 의사표시 ··· 145
   Ⅰ. 서 설 / 146   Ⅱ. 취소권 발생의 요건 / 147
   쟁 점 2 동기의 착오 / 148
   Ⅲ. 착오의 효력 / 153   Ⅳ. 적용범위 / 153
   Ⅴ. 다른 제도와의 관계 / 154
 제4관 사기 혹은 강박에 의한 의사표시 ··· 155
   Ⅰ. 서 설 / 155   Ⅱ. 사기에 의한 의사표시 / 155
   Ⅲ. 강박에 의한 의사표시 / 156   Ⅳ. 사기·강박에 의한 의사표시의 효과 / 157
   Ⅴ. 적용범위 / 159   Ⅵ. 다른 제도와의 관계 / 159
   핵심사례 A-10 법률행위 내용의 착오와 사기의 경합 / 161
 제5관 의사표시의 효력발생 ··· 162
   Ⅰ. 상대방 있는 의사표시의 효력발생시기 / 162
   Ⅱ. 의사표시의 수령능력 / 164
   Ⅲ. 의사표시의 공시송달 / 164
제4절 법률행위의 대리 ·· 165
 제1관 대리권 총설 ··· 167
   Ⅰ. 대리가 인정되는 범위 / 167   Ⅱ. 사 자(대리와 구별되는 제도) / 167
   핵심사례 A-11 사자와 표현대리 규정의 유추적용 / 168
 제2관 대리권 ··· 169
   Ⅰ. 서 설 / 169   Ⅱ. 대리권의 발생원인 / 170
   핵심사례 A-12 수권행위의 독자성과 유인성(제한능력자인 대리인의 법률행위) / 172
   Ⅲ. 대리권의 범위 / 173   Ⅳ. 대리권의 제한 / 174
   Ⅴ. 대리권의 남용 / 175   Ⅵ. 대리권의 소멸 / 178
 제3관 대리행위 ·· 179
   Ⅰ. 현명주의 / 179   Ⅱ. 대리행위의 하자 / 180

목 차

　　　Ⅲ. 대리인의 능력 / 181
　제4관 대리의 효과 ·· 182
　제5관 복대리 ··· 182
　　　Ⅰ. 서 설 / 182　　　　　　　　Ⅱ. 복대리인의 선임과 책임 / 183
　　　Ⅲ. 복대리의 삼면관계(복대리인의 지위) / 184
　　　Ⅳ. 복대리권의 소멸 / 184
　제6관 표현대리 ·· 185
　　　Ⅰ. 표현대리 총설 / 185
　제6-1관 제125조의 표현대리 ··· 187
　　　Ⅰ. 의 의 / 187　　　　　　　　Ⅱ. 요 건 / 187
　　　Ⅲ. 적용범위 / 188
　제6-2관 제126조의 표현대리 ··· 189
　　　Ⅰ. 의 의 / 189　　　　　　　　Ⅱ. 성립요건 / 189
　　　Ⅲ. 적용범위 / 192　　　　　　　Ⅳ. 법률효과 / 192
　　　　[쟁 점 3] 일상가사대리권과 제126조의 표현대리 / 193
　제6-3관 제129조의 표현대리 ··· 195
　　　Ⅰ. 의 의 / 195　　　　　　　　Ⅱ. 성립요건 / 195
　　　Ⅲ. 적용범위 / 196　　　　　　　Ⅳ. 법률효과 / 196
　　　　[핵심사례 A-13] 복대리와 표현대리 / 196
　제7관 협의의 무권대리 ·· 198
　　　Ⅰ. 서 설 / 198　　　　　　　　Ⅱ. 계약의 무권대리 / 198
　　　Ⅲ. 단독행위의 무권대리 / 203
제5절 법률행위의 무효와 취소 ··· 204
　제1관 법률행위의 무효 ·· 204
　　　Ⅰ. 법률행위의 무효 / 204　　　　Ⅱ. 일부무효 / 204
　　　　[핵심사례 A-14] 일부취소 / 208
　　　Ⅲ. 유동적 무효 / 210
　　　　[핵심사례 A-15] 토지거래허가구역지정이 해제된 경우의 법률관계 / 214
　　　Ⅳ. 무효행위의 전환 / 216　　　　Ⅴ. 무효행위의 추인 / 217
　　　Ⅵ. 무권리자의 처분행위에 대한 권리자의추인 / 218
　　　　[쟁 점 4] 무권리자의 처분행위에 대한 권리자의 추인 / 218
　제2관 법률행위의 취소 ·· 222
　　　Ⅰ. 법률행위의 취소 / 222　　　　Ⅱ. 취소권 / 223
　　　Ⅲ. 취소권의 소멸 / 223
　제3관 법률행위의 무효·취소에 따른 급부의 청산관계 ·· 226
　　　Ⅰ. 문제점 / 226　　　　　　　　Ⅱ. 매도인의 매수인에 대한 권리 / 226
　　　Ⅲ. 매수인의 매도인에 대한 권리 / 227　Ⅳ. 동시이행관계 / 228
　　　Ⅴ. 제한능력을 이유로 취소한 경우의 특칙 / 228
제6절 법률행위의 부관 ·· 229
　제1관 조건부 법률행위 ·· 229

　　　　Ⅰ. 서 설 / 229　　　　　　　　Ⅱ. 조건을 붙일 수 없는 법률행위 / 230
　　　　Ⅲ. 조건의 성취와 불성취 / 230　　Ⅳ. 효 력 / 231
　　제2관 기한부 법률행위 ·· 232
　　　　Ⅰ. 의 의 / 232　　　　　　　　Ⅱ. 기한의 종류 / 232
　　　　Ⅲ. 기한과 친하지 않은 법률행위 / 234　Ⅳ. 효 력 / 234
　　　　Ⅴ. 기한의 이익 / 234
　　제3관 기 간 ··· 236
　　　　Ⅰ. 의 의 / 236　　　　　　　　Ⅱ. 기간의 계산방법 / 236

제5장 소멸시효 ·· 238
　제1절 총 설 ·· 238
　　　　Ⅰ. 서 설 / 239　　　　　　　　Ⅱ. 소멸시효와 유사한 제도 / 239
　제2절 소멸시효의 요건 ·· 242
　　　　Ⅰ. 소멸시효완성의 요건 / 242　　Ⅱ. 대상적격 / 242
　　　　Ⅲ. 기산점 / 242　　　　　　　　Ⅳ. 시효기간 / 247
　제3절 소멸시효의 중단과 정지 ·· 250
　　제1관 소멸시효의 중단 ··· 250
　　　　Ⅰ. 서 설 / 250　　　　　　　　Ⅱ-1. 재판상 청구 / 251
　　　　Ⅱ-2. 재판상 청구 이외의 청구 / 261　Ⅲ. 압류, 가압류 또는 가처분 / 264
　　　　[핵심사례 A-16] 가압류에 의한 중단효력의 존속기간 / 268
　　　　Ⅳ. 승 인 / 269　　　　　　　　Ⅴ. 소멸시효 중단의 효과 / 271
　　제2관 소멸시효의 정지 ··· 272
　　　　Ⅰ. 서 설 / 272　　　　　　　　Ⅱ. 사 유 / 272
　제4절 소멸시효완성의 효과 ·· 273
　　　　Ⅰ. 문제점 / 273　　　　　　　　Ⅱ. 학설 및 판례 / 273
　　　　Ⅲ. 양설의 비교 / 273　　　　　　Ⅳ. 시효완성의 범위 / 274
　　　　Ⅴ. 소멸시효이익의 포기 / 276　　Ⅵ. 소멸시효의 남용 / 279
　　　　[핵심사례 A-17] 응소와 시효중단, 소멸시효의 완성과 포기의 상대효 / 282

제2편 채권총론

제1장 채권법 서론 ·· 285
　　　　Ⅰ. 채 권 / 285　　　　　　　　Ⅱ. 채 무 / 285
　　　　[쟁 점 5] 보호의무 / 285
　　　　Ⅲ. 구별개념 / 286　　　　　　　Ⅳ. 논의대상 / 287
　　　　Ⅴ. 계약상 의무로서 보호의무 인정 여부 / 287
　　　　[판례연구 B-01] 보호의무에 관한 판례의 태도(대부분 강학상 안전배려의무 위반에 해당)/ 288

제2장 채권의 목적 ·· 290

목 차

제1절 총 설 ··· 290
제2절 목적에 의한 채권의 종류 ··· 290
    제1관 특정물채권 ··· 290
        Ⅰ. 의 의 / 290　　　　　　　　　　Ⅱ. 채무자의 선관주의의무 / 290
        Ⅲ. 채무자의 목적물인도의무 / 291
    제2관 종류채권 ··· 292
        Ⅰ. 서 설 / 293　　　　　　　　　　Ⅱ. 특정의 방법 / 294
        Ⅲ. 특정의 효과 / 295
        [핵심사례 B-01] 종류채권의 특정 [채무자(매도인)가 변제제공을 하였으나 채권자(매수인)
        수령지체 중 채무자의 경과실로 목적물을 멸실한 경우] / 296
    제3관 금전채권 ··· 298
        Ⅰ. 의의 및 특수성 / 298　　　　　　Ⅱ. 금전채무 불이행에 관한 특칙 / 298
        [판례연구 B-02] 외화채권의 대용급부권 / 302
    제4관 이자채권 ··· 303
        Ⅰ. 의 의 / 303　　　　　　　　　　Ⅱ. 기본적 이자채권과 지분적 이자채권 / 304
        Ⅲ. 이자의 제한 / 305
    제5관 선택채권 ··· 306
        Ⅰ. 의 의 / 306
        [판례연구 B-03] 선택의 의사표시를 상대방의 동의 없이 철회할 수 있는 경우 / 308

제3장 채권의 효력 ·· 309
        Ⅰ. 대내적 효력 / 309　　　　　　　　Ⅱ. 대외적 효력 / 309
제1절 채무불이행의 유형 및 요건 ·· 309
    제1관 채무불이행의 일반적 요건 ·· 309
        Ⅰ. 채무의 내용에 좇은 이행이 행해지지 않을 것 / 309
        Ⅱ. 채무자의 책임으로 돌릴 수 있는 사유(귀책사유)가 있을 것 / 309
        Ⅲ. 채무자에게 책임능력이 있을 것 / 310
        Ⅳ. 위법할 것 / 310
    제2관 이행보조자의 고의·과실 ·· 310
        Ⅰ. 의 의 / 310　　　　　　　　　　Ⅱ. 이행보조자의 유형과 그 요건 / 311
        Ⅲ. 효 과 / 313
        [핵심사례 B-02] 이행보조자, 임대차종료에 따른 법률관계 / 314
    제3관 이행지체 ··· 316
        Ⅰ. 의 의 / 316　　　　　　　　　　Ⅱ. 요 건 / 316
        Ⅲ. 효 과 / 319　　　　　　　　　　Ⅳ. 이행지체의 종료 / 320
        [쟁 점 6] 동시이행의 항변권 / 320
        [판례연구 B-04] 이행제공과 동시이행의 항변권·이행지체·계약해제 / 325
        [핵심사례 B-03] 동시이행의 항변권의 효과(이행지체 책임, 상계항변) / 331
    제4관 이행불능 ··· 333

Ⅰ. 의 의 / 333　　　　　　　　Ⅱ. 요 건 / 333
　　　Ⅲ. 효 과 / 334
　　　　쟁 점 7　대상청구권 / 337
　　　　핵심사례 B-04　이행불능과 대상청구권, 대가위험부담, 채권침해에 따른 구제수단 / 341
　　제5관 이행거절 ·· 344
　　　Ⅰ. 서 설 / 344
　　　Ⅱ. 채무불이행의 유형으로서 이행거절의 독자성 인정 여부 / 344
　　　Ⅲ. 요건 및 효과 / 345　　　　Ⅳ. 이행거절과 채권자지체 / 347
　　　Ⅴ. 종 료 / 347
　　제6관 불완전이행 ·· 348
　　　Ⅰ. 서 설 / 348　　　　　　　　Ⅱ. 요 건 / 348
　　　Ⅲ. 효 과 / 349
　　　Ⅳ. 불완전이행과 하자담보책임과의 관계 / 350
제2절 채무불이행의 효과 ·· 351
　　제1관 강제이행 ·· 351
　　　Ⅰ. 의 의 / 351
　　　Ⅱ. 민사집행법에 의한 강제집행 과정 개관 / 351
　　　Ⅲ. 강제이행의 순서 / 351　　　Ⅳ. 강제이행과 손해배상의 청구 / 352
　　제2관 손해배상 ·· 353
　　　Ⅰ. 서 설 / 353　　　　　　　　Ⅱ. 손해배상의 방법 / 355
　　　Ⅲ. 손해배상의 범위 / 356　　　Ⅳ. 배상액산정의 시기 / 358
　　　Ⅴ. 손해배상액의 조정 / 359　　Ⅵ. 기 타 / 360
　　　　판례연구 B-05　위법행위(주로 불법행위)에 따른 물건의 멸실·훼손에 따른 손해 / 360
　　　　쟁 점 8　손해배상액의 예정 / 362
　　　　핵심사례 B-05　이행기 전 이행거절, 손해배상액의 예정 / 369
제3절 채권자지체 ·· 371
　　　Ⅰ. 서 설 / 371　　　　　　　　Ⅱ. 채권자지체의 본질 / 371
　　　Ⅲ. 요 건 / 372　　　　　　　　Ⅳ. 효 과 / 372
　　　Ⅴ. 종 료 / 373

제4장 채권의 대외적 효력 ·· 374

제1절 책임재산의 보전 ·· 374
　　　Ⅰ. 책임재산의 보전을 위해 민법이 정하는 제도 / 374
　　　Ⅱ. 채권자대위권과 채권자취소권의 비교 / 374
　　제1관 채권자대위권 ·· 375
　　　Ⅰ. 서 설 / 376　　　　　　　　Ⅱ. 요 건 / 377
　　　　판례연구 B-06　피보전채권이 특정채권인 경우 / 380
　　　Ⅲ. 채권자대위권의 행사 / 383
　　　　핵심사례 B-6a　채권자대위권의 통지 후 채무자의 처분제한과 '피대위채권'에 대한 제3채무자의 항변권 1 / 387

목 차

        [핵심사례 B-6b] 채권자대위권의 통지 후 채무자의 처분제한과 '피대위채권'에 대한 제3채무자의 항변권 2 / 388
    Ⅳ. 채권자대위권 행사의 효과 / 389
        [핵심사례 B-07] 채권양도와 채권자대위권(채무자 무자력 불요사안) / 391
  제2관 채권자취소권 ·· 392
    Ⅰ. 서 설 / 393   Ⅱ. 적법요건 / 394
    Ⅲ. 본안요건 / 396
        [쟁 점 9] 사해행위 / 400
        [판례연구 B-07] 상속재산분할협의 또는 상속포기와 사해행위 / 401
        [판례연구 B-08] '이미' 담보물권이 설정되어 있는 재산의 처분행위와 사해행위
           - 공동저당의 경우 - / 411
    Ⅳ. 채권자취소권의 행사 / 416   Ⅳ. 행사의 효과(상대적 무효설에 따를 때) / 426
        [핵심사례 B-08] 저당권부 부동산 양도행위가 사해행위인 경우 사해행위의 범위와 취소의 범위 / 427
  제2절 제3자에 의한 채권침해 ·· 430
    Ⅰ. 서 설 / 430   Ⅱ. 제3자에 의한 채권침해의 모습 / 430
    Ⅲ. 제3자의 채권침해에 대한 구제 / 431
        [핵심사례 B-09] 이중매매 전반(채권자대위권, 채권자취소권, 제3자의 채권침해) / 434

제5장 수인의 채권자 및 채무자 ·· 439

  제1절 분할채권(채무)관계 ·· 439
    Ⅰ. 의 의(성립) / 439   Ⅱ. 효 력 / 439
  제2절 불가분채권관계 ·· 440
    Ⅰ. 성 립 / 440   Ⅱ. 불가분채권의 효력 / 441
    Ⅲ. 불가분채무의 효력 / 441
  제3절 연대채무 ·· 442
    제1관 연대채무 ·· 442
      Ⅰ. 의의 및 법적성질 / 442   Ⅱ. 성 립 / 442
      Ⅲ. 효 력 / 443
    제2관 부진정연대채무 ·· 446
      Ⅰ. 서 설 / 446   Ⅱ. 부진정연대채무의 발생원인 / 446
      Ⅲ. 효 력 / 447
  제4절 보증채무 ·· 451
    Ⅰ. 서 설 / 453   Ⅱ. 보증채무의 성립 / 454
    Ⅲ. 보증채무의 내용 / 456   Ⅳ. 보증채무의 효력 / 457
        [쟁 점 10] 수탁보증인의 구상권 / 461
        [판례연구 B-09] 압류채권자에 대한 사전(제441조)·사후구상권(제341조)을 자동채권으로 한 상계항변가부(제498조) / 467

제5절 연대보증 ··· 469
  Ⅰ. 서 설 / 469   Ⅱ. 성 립 / 469
  Ⅲ. 효 력 / 469
  [판례연구 B-10] 연대보증인 상호 간의 구상관계 / 472

제6절 계속적 보증 ·· 474
  Ⅰ. 서 설 / 474   Ⅱ. 보증인의 해지권 / 475
  Ⅲ. 보증책임의 한도액 제한 / 476 Ⅳ. 보증채무의 상속성 제한 / 478
  Ⅴ. 보증인 보호를 위한 특별법 / 479

제6장 채권양도와 채무인수 ··· 480

제1절 채권양도 ·· 480
  Ⅰ. 서 설 / 481   Ⅱ. 지명채권의 양도성 / 483
  Ⅲ. 지명채권양도의 대항요건 / 485
  [쟁 점 11] 채무자에 대한 대항요건 / 486
  Ⅳ. 동일한 채권에 대해 양립할 수 없는 법률상의 지위를 취득한 자 상호간의 우열의
    기준 / 496
  [핵심사례 B-10] 이중양도의 법률관계 / 498
  [핵심사례 B-11] 담보목적의 채권양도(채권의 양도담보) / 500
  [핵심사례 B-12] 이의를 유보하지 않은 승낙의 효력 / 501

제2절 채무인수 ·· 503
  Ⅰ. 서 설 / 503   Ⅱ. 면책적 채무인수 / 504
  Ⅲ. 병존적 채무인수 / 505 Ⅳ. 이행인수 / 507
  Ⅴ. 계약인수 / 510
  [핵심사례 B-13] 임대차와 이행인수 / 512

제7장 채권의 소멸 ··· 514

제1절 변 제 ··· 514
 제1관 변제의 제공 ·· 514
  Ⅰ. 의 의 / 514   Ⅱ. 변제제공의 방법 / 514
  Ⅲ. 변제제공의 효과 / 514
 제2관 변제의 당사자 ·· 515
  Ⅰ. 변제자 / 515   Ⅱ. 변제수령자 / 516
  [핵심사례 B-14] 채권의 준점유자에 대한 변제와 인지의 소급효 / 520
 제3관 변제충당 ·· 523
  Ⅰ. 서 설 / 523   Ⅱ. 합의충당 / 524
  Ⅲ. 지정충당(일방행위에 의한 충당)/ 525 Ⅳ. 법정충당 / 526
  [핵심사례 B-15] 상계충당 / 527
 제4관 변제자대위 ·· 529
  Ⅰ. 서 설 / 530   Ⅱ. 요 건 / 531
  Ⅲ. 효 과 / 533   Ⅳ. 행사범위 및 행사방법 / 540

목 차

제2절 대물변제 ·· 540
      Ⅰ. 서 설 / 540   Ⅱ. 요 건 / 541
      Ⅲ. 효 과 / 542   Ⅳ. 대물변제의 예약 / 542

제3절 변제공탁 ·· 543
      Ⅰ. 서 설 / 543   Ⅱ. 요건사실 / 544
      Ⅲ. 변제공탁의 내용 / 546   Ⅳ. 공탁의 절차 / 547
      Ⅴ. 변제공탁의 효과 / 547   Ⅵ. 공탁물의 회수 / 549

제4절 상 계 ·· 551
      Ⅰ. 서 설 / 551   Ⅱ. 상계적상 / 552
      [핵심사례 B-16] 지급금지채권을 수동채권으로 한 상계 / 558
      Ⅲ. 상계의 방법 / 559   Ⅳ. 상계의 효과 / 560
      Ⅴ. 상계권의 남용 / 561

제5절 경 개(更改) ·· 562
      Ⅰ. 서 설 / 562   Ⅱ. 요 건 / 562
      Ⅲ. 효 과 / 563

제6절 혼 동 ·· 563
      Ⅰ. 서 설 / 563   Ⅱ. 효 과 / 564

제7절 전부금·추심금청구 ·· 565
      Ⅰ. 전부금, 추심금 청구 소의 개관 / 566 Ⅱ. 전부금청구 / 567
      Ⅲ. 추심금청구 / 572
      [핵심사례 B-17] 동일한 채권에 대하여 두 개 이상의 채권압류 및 전부명령이 제3채무자에게
                          동시에 송달된 경우 / 573

제3편 채권각론

제1장 계약 총론 ·· 577

제1절 계약의 성립 ·· 577
      Ⅰ. 계약의 공통적인 성립요건으로서의 합의 / 577
      Ⅱ. 청약과 승낙의 합치 / 578   Ⅲ. 계약성립의 특수한 모습 / 581
      Ⅳ. 약관과 약관규제법 / 582
      [판례연구 C-01] 무면허운전 면책조항의 유효성 여부의 판단근거, 일부무효 / 585

제2절 계약체결상의 과실책임 ·· 586
      Ⅰ. 서 설 / 586   Ⅱ. 법적 성질 / 586
      Ⅲ. 유 형 / 587   Ⅳ. 계약교섭의 부당파기 / 589

제2장 계약의 효력 ·· 591

제1절 동시이행의 항변권 ·· 591
제2절 위험부담 ·· 591

　　　　Ⅰ. 서 설 / 591　　　　　　　　　Ⅱ. 채무자 위험부담주의 : 원칙 / 592
　　　　Ⅲ. 채권자 위험부담주의 : 예외 / 593
　　　　[판례연구 C-02] 근로자의 비진의 사직의사와 임금청구 / 595
　　　　[핵심사례 C-01] 수령지체와 (대가)위험부담 / 597

　제3절 제3자를 위한 계약 ·· 598
　　　　Ⅰ. 서 설 / 598　　　　　　　　　Ⅱ. 성립요건 / 599
　　　　Ⅲ. 효 력 / 601
　　　　[핵심사례 C-02] 제3자를 위한 계약 / 604

　제4절 계약의 해제(해지) ·· 605
　　제1관 약정해제권 ·· 605
　　　　Ⅰ. 의 의 / 606　　　　　　　　　Ⅱ. 계약금을 이유로 한 해제의 요건사실 / 606
　　　　Ⅲ. (재)항변 사유 / 608　　　　　　Ⅳ. 효 과 / 610
　　제2관 법정해제권 ·· 610
　　　　Ⅰ. 서 설 / 610　　　　　　　　　Ⅱ. 이행지체를 이유로 한 해제 / 611
　　　　Ⅲ. 이행불능을 이유로 한 해제 / 613
　　　　Ⅳ. 법정해제권의 발생원인으로 논의되는 그 밖의 사항 / 614
　　제3관 해제권의 행사와 해제의 효과 ·· 615
　　　　Ⅰ. 해제권의 행사 / 615　　　　　　Ⅱ. 해제의 효과 / 616
　　　　[판례연구 C-03] 토지매매가 해제된 경우 건물에 대한 이해관계인이 제548조 1항 단서의
　　　　　　　　　　　　제3자에 해당하는지 여부 / 625
　　제4관 합의해제(해제계약) ·· 626
　　　　Ⅰ. 서 설 / 626　　　　　　　　　Ⅱ. 합의해제(해제계약)의 성립 / 626
　　　　Ⅲ. 합의해제(해제계약)의 효력 / 627　Ⅳ. 합의해제(해제계약)의 실효 / 628
　　제5관 해제조건 및 실권특약 ·· 629
　　　　Ⅰ. 의 의 / 629　　　　　　　　　Ⅱ. 판례의 태도 / 629
　　　　[핵심사례 C-03] 계약해제 종합쟁점 / 631

제3장 각종의 계약 ·· 634

　제1절 증 여 ·· 634
　　　　Ⅰ. 증여의 의의 / 634　　　　　　　Ⅱ. 증여의 효력 / 634
　　　　Ⅲ. 특수한 증여 / 637
　　　　[판례연구 C-04] 부담부 증여 / 635

　제2절 매 매 ·· 638
　　제1관 매매의 성립 ·· 638
　　　　Ⅰ. 매매의 예약 / 638　　　　　　　Ⅱ. 계약금 / 641
　　　　[핵심사례 C-04] 예약완결권의 행사기간 및 가등기의 부기등기 / 642
　　제2관 매매의 효력 ·· 643
　　　　Ⅰ. 매도인의 권리이전의무 및 인도의무와 매수인의 대금지급의무 / 643
　　　　Ⅱ. 매도인의 담보책임 / 646

목 차

쟁 점 12 (전부) 타인 권리의 매매 / 647
쟁 점 13 특정물매매에서 목적물에 하자가 있는 경우 / 656
핵심사례 C-05 하자담보책임, 하자확대손해(불완전이행) / 661

제3절 교 환 ··· 667
 Ⅰ. 의의 및 법적 성질 / 667   Ⅱ. 효 력 / 667

제4절 소비대차 ··· 668
 Ⅰ. 의 의 / 669   Ⅱ. 대물변제의 예약 / 669
 Ⅲ. 준소비대차 / 669

제5절 사용대차 ··· 671
 Ⅰ. 의 의 / 671   Ⅱ. 사용대차의 종료 / 671

제6절 임대차 ··· 673
 Ⅰ. 서 설 / 675   Ⅱ. 성 립 / 675
 Ⅲ. 효 력 / 677   Ⅳ. 임차권의 대항력 / 684
 Ⅴ. 임차권의 양도와 임차물의 전대 / 694

 핵심사례 C-06 토지임차권의 대항력, 배신행위론 / 698

 Ⅵ. 임대차보증금 / 699

 판례연구 C-05 시효완성된 연체차임과 보증금반환채무의 상계 또는 공제 / 703
 판례연구 C-06 미등기주택 '대지'의 환가대금에 대한 소액임차인의 우선변제권 인정여부 / 710

 Ⅶ. 임대차의 종료 / 713

 쟁 점 14 임차인의 비용상환청구 및 부속물·지상물 매수청구 / 717

 핵심사례 C-07 임대차 종료에 따른 법률관계, 채권자대위권 / 728

제7절 고 용 ··· 730
 Ⅰ. 의 의 / 730   Ⅱ. 사용자의 안전배려의무 / 730

제8절 도 급 ··· 731
 Ⅰ. 의 의 / 732   Ⅱ. 효 력 / 732
 Ⅲ. 도급에서의 위험부담 / 739   Ⅳ. 도급의 종료 / 741
 Ⅴ. 제작물공급계약 / 741

 판례연구 C-07 도급계약 없이 채무자가 건물을 신축하면서 채권담보목적으로 채권자명의로
 건축허가를 받은 경우 / 743

제9절 여행계약 ··· 745
 Ⅰ. 서 설 / 745   Ⅱ. 여행계약의 효력 / 745
 Ⅲ. 여행계약의 종료 / 746

제10절 현상광고 ··· 747
 Ⅰ. 의 의 / 747   Ⅱ. 법적 성질 / 747
 Ⅲ. 성 립 / 747   Ⅳ. 효 과 / 747
 Ⅴ. 우수현상광고 / 747

제11절 위 임 ··· 748
 Ⅰ. 서 설 / 748   Ⅱ. 효 과 / 748
 Ⅲ. 종 료 / 751

제12절 임 치 ·· 752
　　Ⅰ. 의 의 / 752　　　　　　　　　Ⅱ. 소비임치 / 752
제13절 조 합 ·· 755
　　Ⅰ. 의 의 / 755　　　　　　　　　Ⅱ. 조합의 업무진행 / 756
　　Ⅲ. 조합의 재산관계 / 756　　　　 Ⅳ. 조합원의 변동 / 760
　　Ⅴ. 조합의 해산과 청산 / 762
　　[판례연구 C-08] 조합채무와 조합원 개인의 채무 / 764
제14절 종신정기금 ··· 766
제15절 화 해 ·· 766
　　Ⅰ. 의 의 / 766　　　　　　　　　Ⅱ. 성립요건 / 766
　　Ⅲ. 효 력 / 767
　　[판례연구 C-09] 배상액합의 후의 후발손해에 대한 추가배상청구 가부 / 768

제4장 사무관리 ··· 770
　　Ⅰ. 서 설 / 770　　　　　　　　　Ⅱ. 성립요건 / 770
　　Ⅲ. 효 과 / 772　　　　　　　　　Ⅳ. 준사무관리 / 773

제5장 부당이득 ··· 774
　　Ⅰ. 의 의 / 774　　　　　　　　　Ⅱ. 요 건 / 774
　　Ⅱ-1. 부대청구 및 예상되는 항변 / 779　Ⅲ. 효 과 / 780
　　Ⅳ. 특수부당이득 / 783
　　[쟁 점 15] 불법원인급여 / 785
　　[판례연구 C-10] 불법원인급여의 반환청구 / 789
　　Ⅴ. 다수당사자 사이의 부당이득 / 791

제6장 불법행위책임 ··· 796
　제1절 일반불법행위책임 ·· 796
　제2절 특수한 불법행위 ·· 797
　　제1관 미성년자의 감독의무자의 책임 ·· 797
　　　Ⅰ. 책임능력 / 797
　　　Ⅱ. 책임능력 없는 미성년자의 감독의무자의 책임 / 798
　　　Ⅲ. 책임능력 있는 미성년자의 감독의무자의 책임 / 799
　　제2관 사용자책임 ··· 800
　　　Ⅰ. 서 설 / 800　　　　　　　　Ⅱ. 요 건 / 800
　　　Ⅲ. 책임내용 / 804　　　　　　　 Ⅳ. 다른 책임과의 관계 / 805
　　제3관 공작물책임 ··· 806
　　　Ⅰ. 서 설 / 806　　　　　　　　Ⅱ. 요 건 / 806
　　　Ⅲ. 효 과 / 808
　　　[핵심사례 C-08] 공작물책임, 실화책임법, 보호의무위반 / 809
　　제4관 공동불법행위책임 ··· 810

　　　　Ⅰ. 서 설 / 810　　　　　　　　Ⅱ. 요 건 / 811
　　　　Ⅲ. 효 과 / 813　　　　　　　　Ⅳ. 다른 특수불법행위와의 관계 / 815
　　　　핵심사례 C-09 호의동승 / 816
　제3절 그 밖의 특수한 불법행위(불법행위법의 현대적 문제) ················· 817
　　제1관 자동차운행자의 책임 ······································· 817
　　　　Ⅰ. 서 설 / 817　　　　　　　　Ⅱ. 자동차운행자 책임의 요건 / 817
　　　　Ⅲ. 자동차운행자 책임의 효과 / 818
　　　　Ⅳ. 호의동승으로 인해 손해가 발생한 경우 배상액 감경 인정 여부 / 818
　　제2관 제조물책임 ··· 819
　　　　Ⅰ. 서 설 / 819　　　　　　　　Ⅱ. 제조물책임법의 주요내용 / 819
　　제3관 의료과오에 의한 불법행위책임 ································ 821
　　　　Ⅰ. 서 설 / 821　　　　　　　　Ⅱ. 불법행위책임의 성립 여부 / 822
　　　　Ⅲ. 보론 : 연명치료 중단 / 824
　　제4관 환경오염(공해)에 대한 사법상 구제책 ························· 825
　　　　Ⅰ. 서 설 / 826　　　　　　　　Ⅱ. 사전적 구제수단 / 826
　　　　Ⅲ. 사후적 구제수단 / 828　　　　Ⅳ. 사법적 구제의 한계 / 829
　　제5관 명예훼손 ··· 831
　　　　Ⅰ. 서 설 / 831　　　　　　　　Ⅱ. 구성요건으로서 명예침해 / 831
　　　　Ⅲ. 위법성조각사유로서 진실성과 공공성 / 833
　　　　Ⅳ. 효 과 / 833
　제4절 불법행위의 효과 ··· 836
　　　　Ⅰ. 서 설 / 836　　　　　　　　Ⅱ. 손해배상청구권의 내용 / 837
　　　　Ⅲ. 손해배상청구권의 소멸시효 / 839　Ⅳ. 손해배상액의 조정 / 842
　　　　쟁 점 16 과실상계 / 843

제4편 물권법

제1장 물권법 서론 ·· 851
　제1절 물권의 본질 ··· 851
　　　　Ⅰ. 물권의 의의와 특성 / 851　　　Ⅱ. 일물일권주의(一物一權主義) / 851
　　　　Ⅲ. 물권법정주의 / 852
　제2절 물권의 객체 ··· 855
　　제1관 물 건 ··· 855
　　　　Ⅰ. 물권의 객체 / 855　　　　　　Ⅱ. 집합물 / 856
　　　　핵심사례 D-01 유동집합동산에 대한 양도담보 / 859
　　제2관 주물과 종물 ·· 860
　　　　Ⅰ. 의의 및 제도적 취지 / 860　　Ⅱ. 종물의 요건 / 860
　　　　Ⅲ. 종물의 효과 / 862
　　　　Ⅳ. 주된 권리·종된 권리에의 유추적용 / 864

제3관 원물과 과실 ··· 864
　　Ⅰ. 서 설 / 864　　　　　　　　Ⅱ. 천연과실 / 864
　　Ⅲ. 법정과실 / 865
제3절 물권적 청구권(물권의 효력) ·· 866
　　Ⅰ. 서 설 / 866　　　　　　　　Ⅱ. 성 질 / 866
　　Ⅲ. 물권적 청구권과 소멸시효(의 대상적격) / 867
　　Ⅳ. 발생요건(각 물권적 청구권에서 추가 검토) / 868
　　Ⅴ. 물권적 청구권에 있어서의 비용부담 / 868
　　Ⅵ. 다른 청구권과의 관계 / 868　　Ⅶ. 물권적 청구권의 인정범위 / 869

제2장 물권의 변동 ·· 870

제1절 물권변동 총설 ··· 870
　　Ⅰ. 물권변동과 공시 / 870　　　Ⅱ. 물권변동의 구성요소 / 871
제2절 부동산물권의 변동과 등기 ·· 872
　제1관 부동산 등기 ·· 872
　　Ⅰ. 등기의 의의 / 872　　　　　Ⅱ. 등기의 종류 / 872
　　　쟁 점 17 가등기 / 875
　제2관 등기청구권 ·· 880
　　Ⅰ. 서 설 / 881　　　　　　　　Ⅱ. 등기청구권의 법적 성질 / 881
　　Ⅲ. 등기청구권의 소멸시효 / 882
　　Ⅳ. 진정명의회복을 원인으로 하는 소유권이전등기청구권 / 885
　　Ⅴ. 등기청구권에 대한 (가)압류의 효력 / 887
　　Ⅵ. 등기청구권의 양도 / 888
　제3관 등기신청 ··· 888
　　Ⅰ. 원칙 : 공동신청주의 / 888　　Ⅱ. 예외 : 단독신청 / 888
　제4관 등기의 추정적 효력 ··· 889
　　Ⅰ. 서 설 / 889　　　　　　　　Ⅱ. 추정력의 성질 / 889
　　Ⅲ. 추정력의 범위 / 890　　　　Ⅳ. 추정의 효과 / 891
　　Ⅴ. 추정력의 복멸(번복) / 892　　Ⅵ. 점유의 추정력과의 관계 / 893
　　　판례연구 D-01 등기의 추정적 효력(관련 쟁점정리) / 894
제3절 법률행위에 의한 부동산물권의 변동 ·· 895
　　Ⅰ. 법률행위와 등기 / 895　　　Ⅱ. 등기의 유효요건 / 895
　　　쟁 점 18 중복등기 / 896
　　　판례연구 D-02 멸실회복등기의 중복 / 900
　　Ⅲ. 실체관계에 부합하는 등기 / 901　Ⅳ. 중간생략등기 / 903
　　Ⅴ. 무효등기의 유용 / 908
　　　판례연구 D-03 무효등기의 유용 / 909
　　　판례연구 D-04 청구권 보전을 위한 가등기의 유용, 채권자대위권 / 911

목 차

제4절 법률행위에 의하지 않은 부동산물권변동 ·· 912
      Ⅰ. 서 설 / 912   Ⅱ. 제187조 본문의 적용범위 / 912
      Ⅲ. 제187 단서 / 913

제5절 동산물권의 변동 ·· 914
   제1관 권리자로부터의 취득 ·· 914
      Ⅰ. 의 의 / 914   Ⅱ. 동산물권변동의 요건 / 914
   제2관 무권리자로부터의 취득 : 선의취득 ··· 915
      Ⅰ. 의 의 / 916   Ⅱ. 선의취득의 요건 / 916
      Ⅲ. 선의취득의 효과 / 918   Ⅳ. 도품 및 유실물에 관한 특칙 / 919
      [핵심사례 D-02] 선의취득 등 / 921

제6절 입목등기와 명인방법에 의한 물권변동 ·· 923
      Ⅰ. 서 설 / 923   Ⅱ. 입목등기 / 923
      Ⅲ. 명인방법 / 924

제7절 물권의 소멸 : 혼동 ·· 925
      Ⅰ. 의 의 / 925   Ⅱ. 소유권과 제한물권의 혼동 / 925
      Ⅲ. 혼동이 되지 않는 경우 / 927   Ⅳ. 혼동의 효과 / 928
      [핵심사례 D-03] 명의신탁해지, 가등기와 혼동 / 929

제3장 기본물권 ··· 931

제1절 점유권 ··· 931
   제1관 점유권 일반 ··· 948
      Ⅰ. 의 의 / 931   Ⅱ. 점유의 요건 / 931
      [판례연구 D-05] 토지의 점유자가 누구인지 여부(제213조 피고적격 관련) / 931
      Ⅲ. 점유보조자 / 932   Ⅳ. 간접점유 / 934
   제2관 점유권의 취득과 소멸 ··· 935
      Ⅰ. 점유권의 취득 / 935   Ⅱ. 점유권의 소멸 / 936
   제3관 점유권의 효력 ··· 937
      Ⅰ. 점유의 추정적 효력 / 937   Ⅱ. 점유자와 회복자의 관계 / 937
      Ⅲ. 점유보호청구권 / 937   Ⅳ. 자력구제권 / 939

제2절 소유권 ··· 940
   제1관 부동산 소유권의 범위 ··· 940
      Ⅰ. 토지소유권의 범위 / 940   Ⅱ. 건물의 구분소유 / 941
      Ⅲ. 상린관계 / 948
   제2관 소유권의 취득 ··· 952
      Ⅰ. 부동산 소유권의 점유취득시효 / 952
      [쟁 점 19] 자주점유(소유의 의사) / 955
      [판례연구 D-06] 오상권원, 2차 취득시효기간 중 등기부상 소유명의자가 변경된 경우 2차 취
                    득시효 완성자가 2차 시효완성 당시의 등기부상 소유명의자에게 시효취득을
                    주장할 수 있는지 여부 / 961
      [쟁 점 20] 점유취득시효 완성 후 등기 전의 법률관계 / 965

민법의 脈

　　　핵심사례 D-04　점유취득시효 완성자의 법적지위 / 973
　　Ⅱ. 부동산 소유권의 등기부취득시효 / 975
　　　핵심사례 D-05　등기부취득시효로 인해 소유권을 상실하게 된 원소유자의 구제수단 / 978
　　Ⅲ. 동산 소유권의 취득시효 / 980
　　Ⅳ. 소유권 이외의 재산권의 취득시효 / 980
　　Ⅴ. 무주물의 선점, 유실물의 습득, 매장물의 발견 / 980
　　Ⅵ. 첨 부(添附) / 980
　　　핵심사례 D-06　부합, 종물, 소유권유보부 매매와 동산양도담보 등 / 984
　제3관 소유권에 기한 물권적 청구권 ·· 987
　　Ⅰ. 소유권에 기한 반환청구권 / 987　　Ⅱ. 점유자와 회복자의 관계 / 990
　　Ⅲ. 소유권에 기한 방해제거청구권·방해예방청구권 / 995
　　Ⅳ. 소유권에 기한 부동산인도·철거·퇴거청구 / 996
　　Ⅴ. 각종 등기청구 / 999　　　　　Ⅵ. 동산인도청구 / 1001
　제4관 공동소유 ·· 1002
　　Ⅰ. 공 유 / 1002　　　　　　　　Ⅱ. 합 유 / 1013
　　Ⅲ. 총 유 / 1015　　　　　　　　Ⅳ. 준공동소유 / 1015
　제5관 명의신탁 ·· 1015
　　Ⅰ. 서 설 / 1015
　　Ⅱ. 명의신탁에 관한 종래 판례이론(명의신탁약정이 유효한 경우) / 1016
　　Ⅲ. 상호명의신탁과 구분소유적 공유 / 1019
　　Ⅳ. 공동명의신탁 / 1021
　　Ⅴ. 부동산실명법상의 명의신탁(명의신탁약정이 무효인 경우) / 1023
　　　쟁　점 21　계약명의신탁 / 1026

제4장 용익물권 ·· 1033
　제1절 지상권 ·· 1033
　　Ⅰ. 서 설 / 1033　　　　　　　　Ⅱ. 관습법상 법정지상권 / 1034
　　　핵심사례 D-07　관습법상 법정지상권의 제한 / 1043
　　Ⅲ. 제366조 법정지상권 / 1045
　　　핵심사례 D-08　공동저당의 목적인 기존 건물을 철거하고 신축한 경우 법정지상권의 성립여부/ 1047
　　Ⅳ. 지상권의 존속기간 / 1049　　Ⅴ. 지상권의 효력 / 1050
　　Ⅵ. 특수한 지상권 / 1052
　제2절 지역권 ·· 1055
　제3절 전세권 ·· 1056
　　Ⅰ. 서 설 / 1056　　　　　　　　Ⅱ. 전세권의 취득, 존속기간 및 전세금 / 1057
　　　판례연구 D-07　전세권저당권(제371조), 상계 / 1061
　　Ⅲ. 전세권의 효력 / 1063
　　　판례연구 D-08　전세권을 목적으로 한 저당권 / 1065
　　Ⅳ. 전세권의 소멸 / 1068

목 차

제5장 담보물권 ··· 1069
담보물권에 공통된 성질 ·· 1069
제1절 유치권 ·· 1070
Ⅰ. 서 설 / 1070   Ⅱ. 유치권의 성립요건 / 1070
Ⅲ. 유치권의 효력 / 1075   Ⅳ. 유치권의 소멸 / 1079

핵심사례 D-09 유치목적물이 경매된 경우 유치권의 효력 / 1083

제2절 질 권 ·· 1084
Ⅰ. 서 설 / 1084   Ⅱ. 동산질권 / 1084

핵심사례 D-10 동산질권 / 1085

Ⅲ. 권리질권(특히 채권질권) / 1087

핵심사례 D-11 채권질권 / 1090

제3절 저당권 ··· 1092
제1관 저당권의 성립(저당권의 부종성) ··· 1092
Ⅰ. 성립상 부종성의 인정 여부 / 1092   Ⅱ. 성립상 부종성의 완화 / 1092
제2관 저당권의 효력이 미치는 범위 ··· 1094
Ⅰ. 피담보채권의 범위 / 1094   Ⅱ. 목적물의 범위 / 1094
Ⅲ. 물상대위 / 1096
제3관 저당권의 침해에 대한 구제 ··· 1100
Ⅰ. 저당권의 침해 / 1100   Ⅱ. 각종의 구제방법 / 1101
Ⅱ-1. 저당권등기가 불법말소된 경우 구제수단 / 1102

핵심사례 D-12 저당권의 효력이 미치는 목적물의 범위 및 저당권침해에 대한 구제수단 / 1105

제4관 저당권과 용익권의 관계 ··· 1107
Ⅰ. 의 의 / 1107   Ⅱ. 저당권과 용익권의 우열관계 / 1107
Ⅲ. 법정지상권 / 1107
Ⅳ. 저당토지상의 건물에 대한 일괄경매청구권 / 1107
Ⅴ. 저당부동산의 제3취득자의 보호 / 1109
제5관 저당권의 처분 ·· 1112
Ⅰ. 서 설 / 1112   Ⅱ. 저당권부 채권의 양도 / 1112
Ⅲ. 저당권부 채권의 입질 / 1115
제6관 특수저당권 : 근저당 ··· 1117
Ⅰ. 서 설 / 1117   Ⅱ. 근저당권의 설정 / 1117
Ⅲ. 근저당권의 효력 / 1118   Ⅳ. 근저당권의 변경 / 1123
Ⅴ. 근저당권의 소멸 / 1125   Ⅴ-1. 근저당권설정등기 말소청구 / 1125
Ⅵ. 포괄근저당 / 1127

핵심사례 D-13 제3자 명의의 포괄근저당권, 근저당권의 피담보채권의 확정시기, 일부 변제자 대위 / 1128

제7관 특수저당권 : 공동저당 ··· 1130
Ⅰ. 서 설 / 1130   Ⅱ. 공동저당의 성립 / 1130

Ⅲ. 공동저당권의 효과 / 1130　　　　Ⅳ. 공동근저당 / 1137
　　　Ⅴ. 누적적 근저당권 / 1138

　　핵심사례 D-14 공동저당에서 이시배당과 동시배당 / 1140

　제4절 비전형담보물권 ·· 1141
　　제1관 총 설 ··· 1141
　　　Ⅰ. 서 설 / 1141　　　　　　　　Ⅱ. 가등기담보법의 적용범위 / 1141
　　제2관 가등기담보 ·· 1144
　　　Ⅰ. 서 설 / 1144　　　　　　　　Ⅱ. 가등기담보권의 설정 / 1144
　　　Ⅲ. 가등기담보권의 효력 / 1145　　Ⅳ. 가등기담보권의 실행 / 1146
　　　Ⅴ. 가등기담보권의 소멸 / 1149
　　　Ⅵ. 가등기담보법이 적용되지 않는 경우 / 1149
　　제3관 양도담보 ··· 1150
　　　Ⅰ. 서 설 / 1150　　　　　　　　Ⅱ. 동산 양도담보 / 1150
　　　Ⅲ. 부동산 양도담보 / 1154
　　제4관 소유권유보부 매매 ··· 1157
　　　Ⅰ. 서 설 / 1157　　　　　　　　Ⅱ. 소유권유보의 성립 / 1157
　　　Ⅲ. 소유권유보의 효력 / 1157　　　Ⅳ. 소유권유보의 실행 / 1158
　　　Ⅴ. 소유권유보의 소멸 / 1159
　　제5관 동산담보권과 채권담보권 ··· 1159
　　　Ⅰ. 서 설 / 1159　　　　　　　　Ⅱ. 동산담보권 / 1159
　　　Ⅲ. 채권담보권 / 1161

제5편 친족상속법

제1장 친족법 ·· 1165
　제1절 총 설 ··· 1165
　　　Ⅰ. 친족의 종류 / 1165　　　　　　Ⅱ. 친족의 범위 / 1165
　　　Ⅲ. 가사소송과 가사비송사건, 조정전치주의 등 / 1167
　　　Ⅳ. 가족관계등록부 / 1168
　제2절 가 족 ··· 1169
　　　Ⅰ. 의 의 / 1169　　　　　　　　Ⅱ. 子의 성과 본 / 1169
　제3절 혼 인 ··· 1170
　　제1관 약 혼 ··· 1170
　　　Ⅰ. 의 의 / 1170　　　　　　　　Ⅱ. 성립요건 / 1170
　　　Ⅲ. 효 과 / 1170　　　　　　　　Ⅳ. 약혼의 해제 / 1170
　　　Ⅴ. 약혼해제(파기)에 따른 예물의 반환청구권 / 1171
　　제2관 혼인의 성립 ·· 1172
　　　Ⅰ. 혼인의 의의 / 1172　　　　　　Ⅱ. 혼인의 성립요건 / 1172

목 차

제3관 혼인의 무효, 취소 ·· 1176
    Ⅰ. 혼인의 무효 / 1176   Ⅱ. 혼인의 취소 / 1177
제4관 혼인의 효과 ·· 1181
    Ⅰ. 혼인의 일반적 효력 / 1181   Ⅱ. 혼인의 재산적 효력 / 1185
       쟁 점 22 법정재산제 / 1186
제5관 이 혼 ·· 1192
    Ⅰ. 혼인의 해소 일반론 / 1192   Ⅱ. 협의상 이혼 / 1192
    Ⅲ. 재판상 이혼 / 1194   Ⅳ. 이혼의 효과 / 1197
       쟁 점 23 이혼시 재산분할청구 / 1198
제6관 사실혼 ·· 1209
    Ⅰ. 서 설 / 1209   Ⅱ. 성립요건 / 1209
    Ⅲ. 사실혼의 효과 / 1210   Ⅳ. 사실혼의 해소 / 1211
    Ⅴ. 사실상혼인관계에 관한 존부 확인의 소 / 1212
제4절 부모와 자 ·· 1213
제1관 친생자 ·· 1213
    Ⅰ. 의 의 / 1213   Ⅱ. 혼인 중의 출생자 / 1213
       핵심사례 E-01 친생자 추정과 제한 / 1218
    Ⅲ. 혼인 외의 출생자 / 1218
       쟁 점 24 인지의 소급효에 따른 문제점 / 1221
제2관 양 자 ·· 1225
    Ⅰ. 서 설 / 1225   Ⅱ. 입양의 성립요건 / 1226
    Ⅲ. 허위의 친생자출생신고와 입양 / 1228 Ⅳ. 친양자 / 1231
제3관 부 양 ·· 1235
제4관 친 권 ·· 1236
    Ⅰ. 친권자 / 1236   Ⅱ. 친권의 내용 / 1237
    Ⅲ. 친권의 상실, 일시정지 및 일부제한 / 1239
제5관 후 견 ·· 1241
    Ⅰ. 후견인 / 1241

제2장 상속법 ·· 1246

제1절 상 속 ··· 1246
제1관 총 설 ·· 1246
    Ⅰ. 상속의 의의 / 1246   Ⅱ. 상속의 개시 / 1246
    Ⅲ. 상속비용 / 1246
제2관 상속인 ·· 1247
    Ⅰ. 상속능력 / 1247   Ⅱ. 상속인의 범위와 순위 / 1247
    Ⅲ. 대습상속 / 1247   Ⅳ. 상속결격 / 1251
       핵심사례 E-02 상속회복청구권(제척기간) · 대습상속(동시사망) / 1250
제3관 상속회복청구권 ·· 1253
    Ⅰ. 의 의 / 1253   Ⅱ. 입법취지 / 1253

Ⅲ. 법적 성질 / 1253　　　　　　Ⅳ. 당사자 / 1255
　　　Ⅴ. 상속회복청구권의 행사 / 1256　Ⅵ. 상속회복청구권의 소멸 / 1257
　　　　핵심사례 E-03　상속회복청구권 핵심판례 / 1258
　제4관 상속의 효과 ··· 1260
　　　Ⅰ. 상속재산의 포괄적 승계 / 1260　Ⅱ. 상속재산의 범위 / 1260
　　　Ⅲ. 공동상속 / 1263　　　　　　　Ⅳ. 상속분 / 1266
　　　Ⅴ. 상속재산의 분할 / 1271　　　Ⅵ. 상속의 승인과 포기 / 1279
　　　Ⅶ. 재산의 분리 / 1289　　　　　Ⅷ. 상속재산의 부존재 / 1289
제2절 유언 및 유류분 ·· 1290
　제1관 유 언 ··· 1290
　　　Ⅰ. 서 설 / 1291　　　　　　　　Ⅱ. 유언의 방식 / 1291
　　　Ⅲ. 유언의 일반적 효력 / 1294　　Ⅳ. 유언집행자 / 1295
　　　Ⅴ. 유 증 / 1296
　제2관 유류분 ··· 1298
　　　Ⅰ. 서 설 / 1299　　　　　　　　Ⅱ. 유류분권 / 1299
　　　Ⅲ. 유류분반환청구권 / 1302　　　Ⅳ. 유류분반환청구권의 소멸 / 1307
　　　　핵심사례 E-04　유류분반환청구권 / 1307

제1편

민법 총칙

- 제1장 민법 서론
- 제2장 법률관계와 권리의무
- 제3장 권리의 주체
- 제4장 권리변동
- 제5장 소멸시효

제1장 민법 서론

제1절 민법의 법원

제1관 총 설

Ⅰ. 법원의 의의 [A-1]

1. 개 념

법원(法源)이란 '법의 존재형식'을 의미하는 것으로, 민법의 법원이란 민사분쟁을 해결하는 기준으로서 '민사에 관한 적용법규'를 뜻한다.

2. 제1조의 의미

제1조는 "민사에 관하여 법률에 규정이 없으면 관습법에 의하고 관습법이 없으면 조리에 의한다"라고 하여 민법의 법원으로 인정되는 '범위'와 '적용순서'를 정하고 있다.

Ⅱ. 성문민법 [A-2]

① 형식적 의미의 민법(민법전)외에 민사에 관한 특별법 등을 말한다(광의의 민법). ② 명령과 대법원규칙도 민법의 법원이다. ③ 헌법에 의하여 체결·공포된 조약과 일반적으로 승인된 국제법규는 국내법과 같은 효력을 가지므로(헌법 제6조 1항), 그것이 민사에 관한 것인 경우에는 민법의 법원이 될 수 있다.

Ⅲ. 불문민법 [A-3]

관습법과 조리를 들 수 있다(제1조).

1. 관습법(제2관 관습법 참고)

2. 조리(條理)의 법원성

① 제1조가 법원의 종류로 조리를 열거하고 있는 점에서 判例와 같이 긍정하는 것이 타당하다(대판 2005.7.21. 전합2002다1178).

② 과거에는 '조리'에 부합하였던 법규범이라도 사회관념과 법의식의 변화 등으로 인해 헌법을 최상위 규범으로 하는 전체 법질서에 부합하지 않게 되었다면, 대법원은 전체 법질서에 부합하지 않는 부분을 배제하는 등의 방법으로 그러한 법규범이 현재의 법질서에 합치하도록 하여야 한다(대판 2023.5.11. 전합2018다248626).

[관련판례] ✱ 제사주재자 결정

"2008.11.20. 선고 2007다27670 전원합의체 판결은 피상속인의 유체·유해가 민법 제1008조의3 소정의 제사용 재산에 준해서 제사주재자에게 승계되고, 제사주재자는 우선적으로 공동상속인들 사이의 협의에 의해 정하되, 협의가 이루어지지 않는 경우에는 그 지위를 유지할 수 없는 특별한 사정이 있지 않는 한 장남 또는 장손자 등 남성 상속인이 제사주재자라고 판시하였다. 그러나 공동상속인들 사이에 협의가 이루어지지 않는 경우 제사주재자 결정방법에 관한 2008년 전원합의체 판결의 법리는 더 이상 조리에 부합한다고 보기 어려워 유지될 수 없다. 따라서 공동상속인들 사이에 협의가 이루어지지 않는 경우에는 제사주재자의 지위를 인정할 수 없는 특별한 사정이 있지 않는 한 피상속인의 직계비속 중 남녀, 적서를 불문하고 최근친의 연장자가 제사주재자로 우선한다고 보는 것이 가장 '조리'에 부합한다"(대판 2023.5.11. 전합2018다248626: 표준판례55 : 13회,14회 선택형).

제2관 관습법

I. 서 설 [A-4]

관습법이란 일정한 행위가 반복된 '관행'으로 존재하고, 그 관행을 법규범으로 인식하는 사회의 '법적 확신'에 의하여 '법규범'으로 인정받게 된 것(대판 1983.6.14. 80다3231 참고)으로 민법상 '법원'의 일종이다(제1조).

> ※ **관습법인지가 문제되는 경우**
> 判例에 의하여 확인된 관습법으로는 [긍정] ① 수목의 집단이나 미분리과실에 대한 공시방법인 명인방법(대판 1967.12.18. 66다2382), ② 관습법상의 법정지상권(대판 1965.9.23. 65다1222), ③ 분묘기지권(대판 1967.10.12. 67다1920), ④ 동산의 양도담보(대판 1965.12.21. 65다2027) 등이 있다.
> 그러나 判例는 [부정] ① 관습상의 사도통행권은 인정되지 않으며(대판 2002.2.26. 2001다64165), ② 온천에 관한 권리를 관습법상의 물권이라고 볼 수 없고(대판 1970.5.26. 69다1239), ③ 미등기 무허가건물의 양수인에게는 소유권 내지는 소유권에 준하는 관습상 물권이 존재하지 않는다고 한다(대판 1996.6.14. 94다53006, 대판 1999.3.28. 98다59118 : 14회 선택형). 따라서 미등기 건물매수인은 그 건물의 불법점거자에 대하여 '직접' 자신의 소유권 등에 기하여 인도를 청구할 수도 없다(대판 2007.6.15. 2007다11347 : 9회 선택형). [19법무]

II. 관습법 [A-5]

1. 성립요건

관습이 법으로 되기 위해서는 i) '관행'(반복성)이 존재하고, ii) 관행을 법규범으로 인식하는 '법적 확신'이 있어야 하며, iii) 관행이 '헌법'을 최상위규범으로 하는 전체 법질서에 반하지 아니하는 것으로서 '정당성과 합리성'을 갖출 것을 요한다. 다만 국가의 승인(법원의 판결)은 요건이 아니며, 법원의 판결에서 관습법의 존재 및 내용을 확인해 줄 뿐이다(통설).

2. 효력(성문법과 관습법의 우열)

① 判例는 "主喪이 장자가 되는 가족의례준칙 제13조의 규정과 배치되는 夫가 亡室(亡妻)의 제주가 되는 관습법의 효력을 인정하는 것은 관습법의 제정법에 대한 열후적, 보충적 성격에 비추어 민법 제1조의 취지에 어긋나는 것이다"(대판 1983.6.14. 80다3231)라고 하여 (제1조를 근거로 성문법에 규정이 없는 경우에 관습법이 보충적으로 적용된다고 보는) **보충적 효력설**의 입장이다. 그러나 주의할 것은 상사에 관하여는 상관습이 민법에 우선한다는 점이다(상법 제1조).

② ㉠ 대법원은 민사에 관한 관습법은 법원에 의하여 발견되고 성문의 법률에 반하지 아니하는 경우에 한하여 **보충적인 법원**이 되는 것에 불과하여 관습법이 헌법에 위반되는 경우 법원이 그 관습법의 효력을 부인할 수 있으므로, 결국 관습법은 헌법재판소의 위헌법률심판의 대상이 아니라고 보았으나(대판 2009.5.28. 2007카기134), ㉡ 헌법재판소는 "법률과 같은 효력을 가지는 관습법도 헌법소원심판의 대상이 되고, 단지 형식적 의미의 법률이 아니라는 이유로 그 예외가 될 수는 없다"(헌재 2013.2.28. 2009헌바129 ; 헌재 2016.4.28. 2013헌바396등)고 하여 관습법도 위헌법률심판의 대상이 된다고 보았다.

3. 효력 상실

(1) 요건

앞서 살핀 관습법의 성립요건은 동시에 효력요건이기도 하다. 즉, "ⅰ) 사회의 거듭된 관행으로 생성된 사회생활규범이 관습법으로 승인되었다고 하더라도 ⅱ) 사회 구성원들이 그러한 관행의 법적 구속력에 대하여 확신을 갖지 않게 되었다거나, ⅲ) 사회를 지배하는 기본적 이념이나 사회질서의 변화로 인하여 그러한 관습법을 적용하여야 할 시점에 있어서의 전체 법질서에 부합하지 않게 되었다면 그러한 관습법은 법적 규범으로서의 효력이 부정될 수밖에 없다"(대판 2005.7.21. 전합2002다1178). 이러한 측면에서 법원은 판례변경을 통해 기존 관습법의 효력을 부정할 수 있다.

■ **관습법의 효력요건**

> ✱ **구민법 당시의 관습법상 상속회복청구권**
> "제정 민법이 시행되기 전에 존재하던 관습 중 '상속회복청구권은 상속이 개시된 날부터 20년이 경과하면 소멸한다'는 내용의 관습은 이를 적용하게 되면 20년의 경과 후에 상속권침해가 있을 때에는 침해행위와 동시에 진정상속인은 권리를 잃고 구제를 받을 수 없는 결과가 되므로 소유권은 원래 소멸시효의 적용을 받지 않는다는 권리의 속성에 반할 뿐 아니라 진정상속인으로 하여금 참칭상속인에 의한 재산권침해를 사실상 방어할 수 없게 만드는 결과로 되어 불합리하고, ⅲ)(요건관련) 헌법을 최상위 규범으로 하는 법질서 전체의 이념에도 부합하지 아니하여 정당성이 없으므로, 위 관습에 법적 규범인 관습법으로서의 효력을 인정할 수 없다"(대판 2003.7.24. 전합2001다48781: **표준판례1**).
>
> ✱ **종중 구성원의 자격**
> "종원의 자격을 성년 남자로만 제한하는 종래 관습은 "ⅱ)(요건관련) 사회 구성원들이 가지고 있던 법적 확신은 상당 부분 흔들리거나 약화되어 있고, ⅲ)(요건관련) 무엇보다도 헌법상 남녀평등의 원칙(헌법 제11조 1항, 제36조 1항)을 최상위 규범으로 하는 변화된 우리의 전체 법질서에 부합하지 아니하여 정당성과 합리성이 있다고 할 수 없어 더 이상 법적 효력을 가질 수 없게 되었다"(대판 2005.7.21. 전합2002다1178 : 핵심사례 A-1.참고).

(2) 관습법으로서 효력이 상실된 경우 소급효가 있는지 여부(예외적으로 당해 사건에 소급효 인정)

관습법으로서 효력이 상실된 경우 법적 안정성과 당사자의 신뢰보호를 고려하여 원칙적으로 새로이 성립되는 법률관계에 대하여만 적용된다. 다만, 구체적 사건에 있어서 당사자의 권리구제를 목적으로 하는 사법작용의 본질을 고려하여 당해 사건에 있어서는 소급하여 적용된다(대판 2005.7.21. 전합2002다1178 : 핵심사례 A-1.참고).

(3) 관습법으로서 효력이 상실된 경우 조리에 의한 보충

민사에 관하여 법률에 규정이 없으면 관습법에 의하고 관습법이 없으면 조리에 의하는바(제1조), 判例도 "종중이란 공동선조의 분묘수호와 제사 및 종원 상호간의 친목 등을 목적으로 하여 구성되는 자연발생적인 종족집단이므로, 종중의 이러한 목적과 본질에 비추어 볼 때 공동선조와 성과 본을 같이

하는 후손은 성별의 구별 없이 성년이 되면 당연히 그 구성원이 된다고 보는 것이 '조리'에 합당하다"(대판 2005.7.21. 전합2002다1178 : 핵심사례 A-1.참고)고 한다.

Ⅲ. 사실인 관습과의 비교
[A-6]

1. 사실인 관습

사실인 관습이란 '법적 확신을 얻지 못한 관행'으로 '법률행위 해석의 기준'이 된다(제106조). 즉, 법률행위의 해석기준이 될 수 있는 사실인 관습은 사회의 관행에 의하여 발생한 사회생활규범인 점에서 관습법과 같지만, 사회의 법적 확신이나 인식에 의하여 법적 규범으로서 승인된 정도에 이르지 않았다는 점에서 관습법과 차이가 있다. 사실인 관습이 법률행위의 내용을 확정하는 기준으로 되기 위해서는 ⅰ) 선량한 풍속 기타 사회질서나 강행규정에 어긋나지 않는 관습이 존재하여야 하고, ⅱ) 당사자의 의사가 명확하지 않아야 한다.

2. 관습법과의 관계

(1) 성질 또는 기능

관습법과 사실인 관습은 앞서 살핀 바와 같이 개념적으로 구별되나, 그 성질 또는 기능의 측면에서 구별되는 것인지 문제된다. 이에 대해 判例는 "제1조는 관습법의 법원으로서의 보충적 효력을 인정하는 데 반하여, 제106조는 일반적으로 사적 자치가 인정되는 분야에서의 관습의 법률행위의 해석기준이나 의사보충적 효력을 정한 것이다"(대판 1983.6.14. 80다3231)라고 하여 구별한다.

(2) 증명책임

① 관습법은 법규성이 인정되므로 당사자의 주장·증명을 기다릴 필요없이 법원이 '직권'으로 이를 확정하여야 한다. ② 이에 대해 사실인 관습도 일종의 경험칙에 속하는 것이고 경험칙은 일종의 법칙이므로 법관은 그 유무에 대해 당사자의 주장이나 입증에 구애됨이 없이 '직권'에 의하여 판단할 수 있지만(대판 1976.7.13. 76다983), 관습은 그 존부자체도 명확하지 않을 뿐만 아니라 그 관습이 사회의 법적 확신이나 법적 인식에 의하여 법적 규범으로까지 승인되었는지의 여부를 가리기는 더욱 어려운 일이므로, 법원이 이를 알 수 없는 경우 결국은 '당사자'가 이를 주장·증명할 필요가 있다(대판 1983.6.14. 80다3231).

핵심사례 A-01

관습법의 효력 상실(종중 구성원의 자격) [15사법]   대판 2005.7.21. 전합2002다1178(표준판례2)

乙은 甲종중에 속하는 여성이다. 그러나 甲종중은 종중재산을 분배하기 위하여 종중총회를 소집하면서 乙이 여성이라는 이유로 乙에게 소집통지를 하지 않았다. **甲종중의 총회결의는 유효한가?**

Ⅰ. 문제점

종중재산은 종중원의 '총유'라고 보는 것이 통설 및 判例의 입장인바, 이러한 종중재산의 처분에 관하여는 '종중규약'에 정한 바가 있으면 그에 의하고, 종중규약이 없으면 적법한 '종중총회의 결의'가 있어야 한다(제275조 2항, 제276조 1항)(대판 1994.1.14. 92다28716). 그리고 **일부 종원에게 소집통지를 결여한 채 개최된 종중총회의 결의는 효력이 없으므로**(대판 2007.9.6. 2007다34982)[1] 사안에서는 여성 乙이 甲종중의 종중원인지 문제된다

(만약 '甲종중'이라는 명확한 설시가 없으면 당해 단체가 종중의 성립요건을 갖추었는지 구체적으로 검토해야 한다).

Ⅱ. 종중총회 결의가 유효한지 여부(무효)

1. 종래 관습법에 따른 종중의 구성원 판단
종래 대법원은 "관습상의 단체인 종중을 공동선조의 분묘수호와 제사 및 종원 상호 간의 친목을 목적으로 하여 '공동선조의 후손 중 성년 남자를 종원'으로 하여 구성되는 자연발생적인 종족단체로서 여성은 종중의 구성원이 될 수 없다"고 하였다.

2. 종중 구성원에 대한 관습법의 효력
(1) 관습법의 성립요건 및 효력요건(ⅰ) 관행, ⅱ) 법적확신, ⅲ) 정당성과 합리성)
(2) 종중 구성원의 자격을 성년 남자만으로 제한하는 종래 관습법의 효력(효력상실)
(3) 관습법이 효력상실된 경우 소급효가 있는지 여부(예외적으로 당해 사건에 소급효 인정)

3. 관습법으로서 효력이 없는 경우 종중 구성원의 자격
(1) 조리에 의한 보충(제1조에 따라 민사에 관하여 법률에 규정이 없으면 관습법, 관습법이 없으면 조리에 의한다)
(2) 판 례(종중은 자연발생적인 종족집단이므로 성별의 구별이 없어야 하는 것이 조리에 합당)

Ⅲ. 사안의 해결
종중 구성원의 자격을 성년 남자로 제한하는 종래 관습법은 그 효력을 상실하였고, 따라서 조리(제1조)에 의하여 여성인 乙도 당연히 甲종중의 구성원이 되므로 乙에게 소집통지를 결한 채 이루어진 甲종중의 총회결의는 무효이다. 다만 甲종중재산의 분배는 정관 기타 규약에 달리 정함이 없는 한 종중총회의 결의에 의하여만 처분할 수 있고 이러한 분배결의가 없으면 종원이 종중에 대하여 직접 분배청구를 할 수 없다(대판 2010.9.9. 2007다42310 : 10회 선택형).[2]

Ⅳ. 보론('사적 단체'의 구성원에 대한 평등권 침해 문제)
判例는 "종중 유사단체는 그 목적이나 기능이 고유한 의미의 종중과 별다른 차이가 없지만, 공동선조의 후손 중 일부에 의하여 인위적인 조직행위를 거쳐 성립된 경우에는 사적 임의단체라는 점에서 자연발생적인 종족집단인 고유한 의미의 종중과 그 성질을 달리한다. 그러한 경우에는 사적 자치의 원칙 내지 결사의 자유에 따라 그 구성원의 자격이나 가입조건을 자유롭게 정할 수 있음이 원칙이다(대판 2019.2.14. 2018다264628). 따라서 그러한 종중 유사단체의 회칙이나 규약에서 공동선조의 후손 중 남성만으로 그 구성원을 한정하더라도 특별한 사정이 없는 한 이는 사적 자치의 원칙 내지 결사의 자유의 보장범위에 포함되고, 위 사정만으로 그 회칙이나 규약이 양성평등 원칙을 정한 헌법 제11조 및 민법 제103조를 위반하여 무효라고 볼 수는 없다"(대판 2011.2.24. 2009다17783)고 한다. 결국 종중 유사단체의 경우에는 사적 임의단체로서 기본적으로 사적 자치의 원칙과 결사의 자유가 보장되므로 사적단체의 구성원에 대한 평등권 침해의 문제는 일어나지 않는다.

---

1) [사실관계] 당해 判例는 여성의 종중원 자격과 종중총회에서의 의결권을 제한하는 내용으로 종중규약을 개정하고 종중소유 부동산에 관한 수용보상금을 남성 종중원들에게만 대여하기로 한 종중 임시총회 결의를 무효라고 하였다.
2) "총유물인 종중 토지 매각대금의 분배는 정관 기타 규약에 달리 정함이 없는 한 종중총회의 결의에 의하여만 처분할 수 있고 이러한 분배결의가 없으면 종원이 종중에 대하여 직접 분배청구를 할 수 없다. 따라서 종중 토지 매각대금의 분배에 관한 종중총회의 결의가 무효인 경우, 종원은 그 결의의 무효확인 등을 소구하여 승소판결을 받은 후 새로운 종중총회에서 공정한 내용으로 다시 결의하도록 함으로써 그 권리를 구제받을 수 있을 뿐이고 새로운 종중총회의 결의도 거치지 아니한 채 종전 총회결의가 무효라는 사정만으로 곧바로 종중을 상대로 하여 스스로 공정하다고 주장하는 분배금의 지급을 구할 수는 없다"

제2장 법률관계와 권리의무

제1절 법률관계

제1관 요건사실과 증명책임

Ⅰ. 요건사실

[A-7]

1. 의 의

권리의 발생, 장애, 소멸 등의 각 법률효과가 긍정되는지 여부는 그 **발생요건**[1]에 해당하는 구체적 사실의 유무에 달려 있는바, 이러한 사실을 요건사실이라 한다. 이는 통상 실무에서 간접사실과 대비하여 사용되는 주요사실과 같은 개념이다[2](즉, 간접사실과의 관계가 문제된 경우에 요건사실이라는 용어 대신 주요사실이라는 용어를 사용한다).

이러한 '요건사실론'은 일정한 법률효과(권리의 발생·변경·소멸)를 발생시키는 법률요건을 확정한 뒤에 그에 상당하는 사실에 관한 주장·증명책임의 소재와 당사자가 제출하여야 하는 공격방어방법의 배열(청구원인·항변·재항변 등)을 명확히 함을 목적으로 한다.

2. 요건사실의 종류

(1) 권리근거(발생)사실 : 요건발생사실

권리 또는 법률관계의 발생을 이유 있게 하는 사실을 말한다. 실체법의 규정형식을 기준으로 본문 또는 원칙적 규정은 권리근거규정이고, 단서 또는 예외적 규정은 권리방해규정이 된다.

(2) 권리장애사실 · 권리행사저지사실 · 권리소멸사실 : 요건저지사실

1) 권리장애사실

권리근거규정의 법률효과의 발생을 방해하는 규정의 요건사실을 말한다. 공서양속위반(제103조), 불공정법률행위(제104조), 강행법규위반(제105조), 통정허위표시(제108조) 등이 있다.

2) 권리행사저지사실

권리근거규정의 법률효과인 권리가 발생한 다음에 그 권리의 행사를 저지 또는 배제하는 규정의 요건사실을 말한다. 동시이행의 항변권(제536조), 유치권에 기한 항변(제320조), 기한유예의 항변, 최고·검색의 항변권(제437조) 등이 있다.

---

[1] 실체법에서는 법률효과의 발생요건을 규정하고 있는데, 이러한 발생요건을 강학상 '법률요건 또는 구성요건'이라 한다.

[2] 그러나 민사법학에서는, 일반적으로 실체법의 조문의 법률요건(=구성요건)에 기재되어 있는 유형적 사실이 요건사실이고, 이같이 요건사실에 해당하는 구체적 사실이 주요사실이라고 설명하기도 한다. 즉, 요건사실은 '법적 개념'이며, 주요사실은 '사실적 개념'이라고 본다. 예를 들어 매매계약에서 민법 제563조가 정하는 요건사실은 '재산권이전의 약속'과 '대금지급의 약속'이라는 사실이지만, 주요사실은 '매도인은 O년 O월 O일 매수인에게 무엇을 대금 O원에 매도하였다'라는 사실이다. 주요사실은 이른바, 6하 원칙을 분명하게 한 구체적 사실이다[전병서, 요건사실 중심 분쟁유형별 민사법(3판), p.10]

3) 권리소멸사실

권리근거규정의 법률효과인 권리가 발생한 다음에 이를 소멸, 종료시키는 규정의 요건사실을 말한다. 변제, 대물변제, 공탁, 상계 등 채권소멸원인, 소멸시효완성, 해제, 취소, 제3자에의 권리양도 등이 있다.

3. 요건사실과 간접사실

(1) 요건사실(주요사실)

권리의 발생, 소멸 등 법률효과의 존부 판단에 직접 필요한 사실을 말한다. 법원은 당사자가 주장한 사실관계를 토대로 판단하게 된다.

(2) 간접사실

주요사실의 경위, 내력 등에 관한 사실, 주요사실의 존부를 추인하게 하는 사실을 말한다. 간접사실은 당사자의 주장 유무나 주장내용에 무관하게 법원이 증거에 의하여 자유로이 인정할 수 있다.

(3) 주요사실과 간접사실 구별의 효과

① 간접사실은 당사자 주장 없이도 법원은 증거로 인정이 가능하다. 즉 변론주의가 적용되지 않는다. ② 간접사실의 자백은 법원도 당사자도 구속하지 않으므로 법원은 자백사실과 다른 사실을 인정할 수 있고, 당사자는 상대방의 원용 유무에 불구하고 자유롭게 철회할 수 있다. ③ 유일한 증거가 주요사실일 때에는 증거조사를 거부할 수 없지만 간접사실일 때에는 가능하다. ④ 상고이유나 재심사유인 판단누락(민사소송법 제451조 1항 9호)이 되는 사실은 주요사실에 한하고, 간접사실이나 보조사실은 법원이 판단하지 않아도 판단누락이 아니다. ⑤ 변론주의가 지배하는 민사소송에서는 요건사실은 당사자가 주장한 것에 한하고, 만일 주장이 없다면 그 사실이 증거로 인정된다 하여도 법원으로서는 그 사실을 인정하여 당해 법률효과의 판단의 기초로 삼을 수 없다.

Ⅱ. 증명책임
[A-8]

1. 주장책임

'변론주의'[3]가 지배하는 민사소송에서는 당사자가 주장한 '요건사실'에 한정하여 그 법률효과의 발생 여부를 판단하고, 만일 어떤 요건사실에 대한 주장이 없다면, 그 요건사실이 증거로 인정된다고 하더라도 법원으로서는 그 요건사실을 인정하여 해당 법률효과의 판단의 기초로 삼을 수 없다. 이와 같이 어떤 법률효과의 요건사실이 변론에 나타나지 않은 결과, 이에 기한 유리한 법률효과가 인정되지 않는 당사자의 불이익을 '주장책임'이라고 한다. 이러한 주장책임의 분배는 '통상' 증명책임의 분배에 따른다.

2. 증명책임(입증책임)

'증명책임'이란 변론에 제시된 요건사실이 불분명(증거에 의해 존재하는 것으로도 존재하지 않는 것으로도 확정할 수 없는)하게 됨으로써 당해 법률효과가 발생하지 않는 불이익 내지 위험을 말한다. 증명책임은 이것의 분배기준에 따라 '주장책임'이 정해지므로 당사자의 소송활동의 지표가 되고 나아가 법원의 소송지휘권의 지침 기능을 한다.

---

[3] '변론주의'란, 소송자료, 즉 사실과 증거의 수집·제출을 당사자에게 맡기고, 당사자가 변론에 제출한 소송자료만을 재판의 기초로 삼는 원칙을 말한다. 사적자치의 소송법상 반영이며, 변론주의에 따를 때 진실발견이 오히려 용이하며 절차보장에 의한 공평한 재판이 된다는 데에 이론적 근거를 두고 있다.

3. 증명책임의 분배

(1) 의 의

각각의 법률효과를 규정하고 있는 실체법의 규정은 그 법률효과가 다른 법률효과와의 관계에서 어떠한 작용을 하는가 하는 관점에서 위에서 살펴본 바와 같이 4가지(권리근거규정, 권리장애규정·권리행사저지규정·권리소멸규정)로 분류되는데, 각 당사자는 그 법률효과가 자기에게 유리한 규정의 요건사실에 대하여 증명책임을 진다(법률요건분류설의 입장).

(2) 증명책임분배는 요건사실과 표리일체

예를 들어 매매대금청구소송에서 매매대금지급청구권의 발생을 주장하는 원고는 청구원인으로 매매계약체결사실(권리근거사실)을 증명하여야 하고, 피고는 그 매매계약이 통정허위표시로서 무효라거나(권리장애사실), 그 대금을 이미 지급하였다거나(권리소멸사실), 이행기가 도래하지 않았다(권리행사저지사실) 등의 사실에 대하여 증명책임을 부담한다. 따라서 일반적으로 권리근거사실의 증명책임은 원고에게 있고, 권리장애사실·권리행사저지사실·권리소멸사실의 증명책임은 피고에게 있다.

본문과 단서로 되어 있는 조문에서는 단서에서 제외되는 사실에 대하여 본문에서 인정된 법률효과를 다투는 자에게 증명책임이 있다. 그리고 명문을 결여하고 있는 경우나 명문은 있어도 해석상 명문에 없는 요건이 부가되어 있는 경우에 있어서도 문제가 되는 사실이 법률효과의 발생을 기초 지우는 사실인가, 그 발생의 장애를 기초 지우는 사실인가에 의하여 증명책임의 소재가 정하여진다.

Ⅲ. 공격방어방법의 배열 [A-9]

1. 의 의

원고가 자기의 청구를 이유있게 하기 위하여 제출하는 재판자료를 '공격방법'이라고 하고, 반대로 피고가 원고의 청구를 배척하기 위하여 제출하는 재판자료를 '방어방법'이라고 한다.

2. 청구원인

청구원인이란 원고의 청구를 근거짓는 소송물, 즉 심판의 대상으로 권리의 성립요건(권리근거규정의 요건)에 해당하는 것을 말한다. 원고가 주장·증명책임을 진다.

3. 부 인

원고가 주장하는 요건사실의 존재를 부정하는 내용의 사실상의 주장을 말한다. 이에 대한 증명책임은 부인하는 자의 상대방이 부담한다. 피고가 원고의 주장사실과 '양립 불가능한' 별도의 사실을 들어 부인할 경우 피고는 이 사실에 대하여 증명책임이 없고 원고가 자기의 주장사실에 대하여 증명책임을 진다.

4. 항 변

상대방이 주장하는 요건사실(권리근거사실) 자체는 인정한 다음, 이와 반대효과를 생기게 하는 '양립 가능한' 별개의 요건사실, 즉 권리장애사실·권리행사저지사실·권리소멸사실을 주장함으로써 상대방의 주장을 배척하게 하려는 공격방어방법을 말한다. 이에 대한 증명책임은 항변하는 자(주로 피고) 부담한다.

5. 재항변(재재항변)

재항변(재재항변)은 원칙적으로 청구원인, 항변의 경우에 준해 취급하면 된다. 재항변(재재항변)은 상대방이 '항변(재항변)'으로 주장하는 요건사실 자체는 인정한 다음, 이와 반대효과를 생기게 하는 별개의 요건사실을 주장함으로써 주장을 배척하게 하려는 공격방어방법을 말한다. 증명책임은 항변에 준하여 재항변(재재항변)을 주장하는 자가 부담한다.

공격방법		방어방법
청구원인	⇨	청구원인사실의 부인
항변사실의 부인	⇦	항 변
재항변	⇨	재재항변

제2관 권리의 경합

I. 서 설 [A-10]

1. 의 의

'권리의 경합'이란 하나의 생활사실이 수 개의 법규(권리근거규정)의 요건을 충족하여 동일한 목적을 가지는 수 개의권리가 발생하는 경우를 말한다. 이러한 권리경합은 청구권이 경합하는 경우와 형성권이 경합하는 경우 등 다양한 유형이 존재한다.

2. 구별개념(법조경합)

'법조경합'이란 하나의 생활사실이 수 개의 법규의 요건을 충족하지만, 그 수 개의법규가 특별법과 일반법의 관계에 있거나(가령 공무원의 직무상의 불법행위에 대한 책임에 관한 국가배상법 제2조와 민법 제756조 경합의 경우 전자만 적용 ; 대판 1970.6.30. 70다727), 하나의 법규가 다른 법규와 경합하여 그 효과를 제한하는 경우(가령 목적물의 일부가 계약 당시에 이미 멸실된 경우에 관한 제574조와 제535조 경합의 경우 전자만 적용 ; 대판 2002.4.9. 99다47396)에 전자의 법규만 적용되는 것을 말한다. 즉 이때에는 하나의 법규만 적용되므로 그 법규에 따른 하나의 권리만 발생할 뿐 권리가 경합하지는 않는다.

II. 청구권의 경합 [A-11]

1. 채무불이행책임과 불법행위책임의 경합

(1) 기본적인 태도(청구권경합설 ; 피해자를 두텁게 보호)

"채무불이행책임과 불법행위책임은 각각 요건과 효과를 달리하는 별개의 법률관계에서 발생하는 것이므로 하나의 행위가 계약상 채무불이행의 요건을 충족함과 동시에 불법행위의 요건도 충족하는 경우에는 두 개의 손해배상청구권이 경합하여 발생하고, 권리자는 위 두 개의 손해배상청구권 중 어느 것이든 선택하여 행사할 수 있다(대판 1983.3.22. 전합82다카15 참조).[4]

다만, 동일한 사실관계에서 발생한 손해의 배상을 목적으로 하는 경우에도 채무불이행을 원인으로 하는 배상청구와 불법행위를 원인으로 한 배상청구는 청구원인을 달리하는 별개의 소송물이므로, 법원은 원고가 행사하는 청구권에 관하여 다른 청구권과는 별개로 그 성립요건과 법률효과의 인정 여부를 판단하여야 한다. 계약 위반으로 인한 채무불이행이 성립한다고 하여 그것만으로 바로 불법행위가 성립하는 것은 아니다"(대판 2021.6.24. 2016다210474).

(2) 면책특약, 손해배상액의 예정

① **[면책특약]** 判例는 기본적으로 청구권경합설에 입각하여, 원칙적으로 계약상의 면책특약이 불법행위 책임을 면책시키는 것은 아니라고 본다(대판 1999.7.13. 99다8711). 그러나 계약상의 면책특약을 불법행위 책임에도 적용하기로 당사자 간에 (묵시적) 합의가 있는 때에는 그 적용이 있다고 하면서, 대표적으로 선하증권상에 책임제한의 약정이 있는 경우, 해상운송에서 선하증권의 성질 (즉 증권의 교부로써 운송물의 소유권이 이전되는 것)에 비추어 그러한 묵시적 합의가 있다고 봄이 상당하다고 한다(대판 1983.3.22. 전합 82다카1533; 표준판례409).

② **[손해배상액의 예정]** 判例는 청구권경합설에 따라 "계약 당시 당사자 사이에 손해배상액을 예정하는 내용의 약정이 있는 경우에는 그것은 계약상의 채무불이행으로 인한 손해액에 관한 것이고 이를 그 계약과 관련된 불법행위상의 손해까지 예정한 것이라고는 볼 수 없다"고 한다(대판 1999.1.15. 98다48033). 따라서 이에 따르면 불법행위에 따른 손해에 대해서는 손해배상 예정액과 별도로 손해배상을 청구할 수 있다(상세는 B10-5.참고).

> ■ **[민소법 쟁점] 법조경합, 청구권 경합과 처분권주의**
>
> #### Ⅰ. 청구권경합
> "불법행위를 이유로 손해배상을 청구한 데 대하여 채무불이행을 원인으로 한 손해배상을 인정한 것은 당사자가 신청하지 아니한 사항에 대하여 판결한 것으로서 위법이다"(대판 1963.7.25. 63다241).
>
> #### Ⅱ. 법조경합
> "자동차손해배상보장법의 규정은 민법 제750조의 특별규정이므로 당사자가 주장을 하지 않더라도 민법상의 손해배상의 규정에 우선하여 적용하여야 한다"(대판 1970.11.24. 70다1501).
>
> #### Ⅲ. 권리의 경합과 처분권주의
> 법원은 당사자가 신청하지 아니한 사항에 대하여는 판결하지 못한다(민사소송법 제203조; 처분권주의). 여기서 '신청한 사항'이라 함은 좁게는 '소송물'을 뜻하기 때문에, 원고가 심판을 구한 소송물과 별개의 소송물에 대한 판단을 해서는 안 된다. 判例는 실체법상의 '권리'마다 소송물이 다르다고 보는 구이론의 입장에 있으므로, 신청한 것과 다른 권리를 판단하면 '처분권주의'에 반하여 판결이 위법하다고 한다(위 63다241판결). 그러나 특별법만 적용될 수 있는데 일반법을 주장한 경우에는 명백한 오해로 보고 특별법을 적용할 수 있다고 보므로 특별법을 적용하더라도 처분권주의의 위반이 아니라고 한다(위 70다1501판결).

---

4) "전세권자는 전세물인 가옥을 선량한 관리자의 주의로써 보관할 의무가 있고 계약이 해지되면 전세물을 반환하여야 하는 채무를 지는 것이므로 전세권자의 실화로 인하여 가옥을 소실케 하여 그 반환의무를 이행할 수 없게 된 때에는 과실로 인하여 전세물에 대한 소유권을 침해한 것으로서 불법행위가 되는 동시에 한편으로는 과실로 인하여 채무를 이행할 수 없게 됨으로써 채무불이행이 되는 것이다"(대판 1967.12.5. 67다2251).

2. 채무불이행책임과 부당이득의 경합

① [원칙] 判例는 단순히 채무를 이행하지 아니하였다는 것 자체만으로는 부당이득이 성립할 수 없다고 한다(대판 1978.10.10. 78다1685).

② [예외] 다만 주의의무 위반으로 인하여 채무불이행이 성립함과 동시에 일반적인 부당이득의 요건을 갖춘 때에는 양자가 모두 성립하여 청구권경합으로 될 수 있다. 예를 들어 신용보증기금의 보증채무가 이행청구기간 경과로 면책되었음에도 채권자 甲(주택은행)이 乙신용보증기금으로부터 보증업무를 위탁받아 처리하고 있음을 기화로, 채권자로서의 자신에 대한 보증채무를 이행처리한 경우 乙은 甲에 대하여 선관주의의무 위반에 의한 채무불이행을 이유로 손해배상을 청구할 수도 있고, (급부)부당이득반환청구를 할 수도 있다(대판 2003.6.27. 2002다8538).

3. 불법행위책임과 부당이득의 경합

(1) 양 청구권의 실체법적 관계

1) 사기로 인한 취소의 경우(경합)

"법률행위가 사기에 의한 것으로서 취소되는 경우에 그 법률행위가 동시에 불법행위를 구성하는 때에는 취소의 효과로 생기는 부당이득반환청구권과 불법행위로 인한 손해배상청구권은 경합하여 병존하는 것이므로, 채권자는 어느 것이라도 선택하여 행사할 수 있지만 중첩적으로 행사할 수는 없다"(대판 1993.4.27. 92다56087). [7회 사례형]

2) 토지의 불법점유의 경우(경합)

"피고가 법률상의 근거 없이 원고의 토지를 점유사용하였다면 원고는 피고를 상대로 불법행위를 내세워서 손해배상도 청구할 수 있을 뿐만 아니라 부당이득을 이유로 그 이득금의 반환도 청구할 수 있는 지위에 있다"(대판 1970.9.29. 70다1815).

(2) 양 청구권의 소송법적 관계

"부당이득반환청구권과 불법행위로 인한 손해배상청구권은 실체법상 별개의 청구권으로 존재하고 그 각 청구권에 기초하여 이행을 구하는 소는 소송법적으로도 소송물을 달리하므로, 채권자로서는 어느 하나의 청구권에 관한 소를 제기하여 승소 확정판결을 받았다고 하더라도 아직 채권의 만족을 얻지 못한 경우에는 다른 나머지 청구권에 관한 이행판결을 얻기 위하여 그에 관한 이행의 소를 제기할 수 있다. 그리고 채권자가 먼저 부당이득반환청구의 소를 제기하였을 경우 손해 전부에 대하여 승소판결을 얻을 수 있었을 것임에도 우연히 손해배상청구의 소를 먼저 제기하는 바람에 과실상계 또는 공평의 원칙에 기한 책임제한 등의 법리에 따라 그 승소액이 제한되었다고 하여 그로써 제한된 금액에 대한 부당이득반환청구권의 행사가 허용되지 않는 것도 아니다"(대판 2013.9.13. 2013다45457).

4. 물권적 청구권과 다른 청구권의 경합(D-15.참고)

물권적 청구권과 ① 계약상의 청구권의 경합이나, ② 부당이득반환청구권과의 경합이 주로 문제된다.

Ⅲ. 형성권 등의 경합 [A-12]

① 무효와 취소의 이중효, ② 취소권의 경합, ③ 착오를 이유로 한 취소와 다른 제도와의 경합, ④ 사기를 이유로 한 취소와 다른 제도와의 경합이 주로 문제된다.

제2절 신의성실의 원칙

제1관 총 설

Ⅰ. 서 설 [A-13]

1. 의 의
'신의칙'이란 계약관계와 같이 '일정한 법률관계'에 있는 자는 서로 상대방의 신뢰에 어긋나지 않도록 성실하게 행동해야 한다는 원칙을 말한다(제2조 1항).

2. 법적 성질
신의성실의 원칙은 **강행법규적** 성질을 가지므로 당사자의 주장이 없더라도 법원이 '**직권**'으로 그 위반 여부를 판단할 수 있다(대판 1995.12.22. 94다42129 : 3회 선택형).

Ⅱ. 요 건 [A-14]
신의칙은 요건이 백지로 되어 있는 추상적인 일반조항이다. 따라서 법적 안정성을 파괴할 우려가 있으므로 구체적으로 적용되는 경우를 유형화할 필요가 있다. 즉, 이러한 신의성실의 원칙은 법원의 재판활동으로 구체화된다.

이와 관련하여 判例는 "신의성실의 원칙은 법률관계의 당사자가 상대방의 이익을 배려하여 형평에 어긋나거나, 신의를 저버리는 내용 또는 방법으로 권리를 행사하거나 의무를 이행하여서는 아니된다는 추상적 규범으로서, 신의성실의 원칙에 위배된다는 이유로 그 권리의 행사를 부정하기 위해서는 ⅰ) 상대방에게 신의를 공여하였다거나 객관적으로 보아 상대방이 신의를 가짐이 정당한 상태에 있어야 하고, ⅱ) 이러한 상대방의 신의에 반하여 권리를 행사하는 것이 정의관념에 비추어 용인될 수 없는 정도의 상태에 이르러야 한다"(대판 2011.2.10. 2009다68941)고 한다.

Ⅲ. 효 과 [A-15]
① 신의칙에 반하는 권리행사는 권리남용이 되어 권리행사의 효과가 발생하지 않는다. ② 신의칙에 반하는 의무이행은 의무의 불이행이 되어 채무불이행책임을 진다(제390조).

Ⅳ. 파생 원칙(← 구체적 타당성 확보를 위한 보충적인 법리 : 최후의 항변수단) [A-16]
① 권리남용금지의 원칙(← 권리행사의 자유), ② 실효의 원칙(← 소멸시효, 제척기간), ③ 사정변경의 원칙(← 계약준수의 원칙), ④ 자기모순금지의 원칙(← 합법성의 원칙)

Ⅴ. 적용한계
① 적용가능한 법률규정이 있는 경우에 신의칙을 적용하는 것은 '일반조항으로의 도피'가 되므로 피하여야 한다. ② 신의칙에 의한 '법률의 흠결보충'은 다른 흠결보충수단이 없는 경우에 한하여 최후적으로 행해져야 한다(보충성의 원칙). ③ 신의칙에 의한 '법률의 수정'은 법률을 그대로 적용하게 되면 지극히 부당하게 되는 특수한 경우에만 인정되어야 한다.

제2관 권리남용금지의 원칙…권리행사저지의 항변(청구기각)

쟁점구조

권리남용금지의 원칙(지상물[1]철거청구가 가장 일반적)

Ⅰ. 권리자(토지소유자)의 권리행사의 법적근거 검토
   주로 소유권자 확정에 따른 제213조 또는 제214조

Ⅱ. 의무자(건물소유자)의 점유할 권리(제213조 단서) 검토
   주로 토지의 일부에 대한 취득시효가 쟁점

Ⅲ. 최후의 항변수단으로 권리남용 검토
   ① 객관적 요건 ⇒ ② 주관적 요건

Ⅳ. 권리남용으로 인정되는 경우의 법률관계
   ① 정상적인 권리행사에 따르는 법적 효과의 불발생 ⇒ ② 의무자의 부당이득반환 또는 불법행위책임 성부
   ⇒ ③ 의무자의 점유를 적법하게 하는 방법

Ⅰ. 서 설   [A-17]

권리남용금지의 원칙이라 함은 권리의 행사가 '형식적'으로는 정당한 것처럼 보이더라도 '실질적'으로 권리의 공공성에 반하는 것일 때에는 그 권리 '행사'에 법적 효과를 인정하지 않겠다는 것을 의미한다. 민법은 '권리는 남용하지 못한다'고 규정하고 있다(제2조 2항).

Ⅱ. 요 건   [A-18]

1. 객관적 요건(권리의 존재 및 행사, 실질적인 사회질서 위반)

① 우선 권리가 존재하고 그 권리가 행사되었을 것을 전제로 한다. ② 그리고 권리행사가 그 권리의 정당한 이익을 결여하거나 사회질서에 위반하여야 하는바, 권리행사자의 이익과 그로 인해 침해되는 상대방의 이익과의 현저한 불균형이 있어야 한다. 그러나 그러한 사정만으로는 이를 권리남용이라고 할 수 없다(대판 2006.11.23. 2004다44285). 특히 判例는 토지소유자의 지상물철거청구가 권리남용인지를 판단하는 기준과 관련하여 ⅰ) 지상물 소유자와 토지소유자의 이익형량 ⅱ) 토지소유자의 전략적 행동의 유무, ⅲ) 지상물 소유자의 귀책성 등을 종합적으로 고려한다(이, 전, 귀).

즉 ⅰ) 지상물 철거로 인해 토지 소유자가 얻는 이익보다 '지상물 소유자가 입는 손해가 현저히 큰 것'인지, ⅱ) 지상물이 존재하는 상태에서 토지 이용권에 대한 교섭이나 합의가 성립하지 않은 것이 '토지 소유자의 귀책사유' 때문인지, 즉 토지 소유자의 전략적 행동이 있는지, ⅲ) 지상물 소유자가 지상물을 설치할 당시에 자기에게 토지를 이용할 권원이 없음을 모르고 거기에 '중과실'이 없는지 등을 검토한다.

---

[1] 공공의 이익과 관련성이 있는 학교, 병원, 송전선이 특히 문제된다.

2. 주관적 요건(가해의사의 요부)

(1) 일반론

① 判例는 "주관적으로는 그 목적이 오직 상대방에게 고통을 주고 손해를 입히려는 데 있고, 객관적으로는 사회질서에 위반된 것이어서 권리남용에 해당한다"(대판 1999.9.7. 99다27613 등 ; **표준판례14**)고 판시하여 기본적으로 주관적 요건(가해의사 ; 상대방에게 고통을 주고 손해를 입히려는 의사)을 고려하여 판단하나, 일관된 입장을 보이고 있지는 않다.

[판례검토] 민법이 규정하고 있지도 않는 가해의사를 요건으로 하는 것은 부당하다(통설). 다만 判例가 가해의 의사라는 주관적 요건을 필요로 하는 것은(적은 예외가 있기는 하지만) 토지소유권 행사에 한정되어 있다고 할 수 있다. 이러한 判例의 태도는 '소유권 존중의 원칙'[2]에 비추어 볼 때 타당한 측면도 있다(소유권의 배타성·항구성을 고려).

② 다만 최근에는 "주관적 요건은 권리자의 정당한 이익 결여라는 객관적 사정에 의하여 추인될 수 있다"(대판 2023.3.13. 2022다293999, 대판 1993.5.14. 93다4366 등 ; **표준판례13** : 이 사안에서 判例는 원고가 이 사건 건물철거소송에 이른 사정, 계쟁토지가 0.3㎡에 불과한 점, 피고 건물의 철거에 상당한 비용이 들고 철거 후에도 잔존 2층 건물의 효용이 크게 감소되리라는 점 등에 비추어 원고의 청구가 떳떳한 권리행사라고는 보여지지 않는다고 판단하였다)라고 함으로써 주관적 요건을 완화하는 경향이다.

(2) 권리남용으로 주관적 요건을 요구하지 않는 경우(법제도의 취지를 악용하는 경우)

① [항변권(동시이행항변권)의 남용] "일반적으로 동시이행의 관계가 인정되는 경우에 그러한 항변권을 행사하는 자의 상대방이 그 동시이행의 의무를 이행하기 위하여 과다한 비용이 소요되거나 또는 그 의무의 이행이 실제적으로 어려운 반면 그 의무의 이행으로 인하여 항변권자가 얻는 이득은 별달리 크지 아니하여 동시이행의 항변권의 행사가 주로 자기 채무의 이행만을 회피하기 위한 수단이라고 보여지는 경우에는 그 항변권의 행사는 권리남용으로서 배척되어야 할 것이다"(대판 2001.9.18. 2001다9304).

예를 들어 임차인이 금 326,000원이 소요되는 전기시설의 원상회복을 하지 아니한 채 건물의 명도이행을 제공한 경우, 임대인이 동시이행의 항변권의 행사로서 금 125,226,670원의 임대차보증금 전액의 반환을 거부하는 경우가 이에 해당한다(대판 1999.11.12. 99다34697 : 임차인이 불이행한 원상회복의무가 사소한 부분이고 그로 인한 손해배상액 역시 근소한 금액인 경우).

② [형성권(상계권)의 남용] "甲은 乙백화점의 부도로 인하여 乙이 발행한 약속어음의 가치가 현저하게 하락된 사정을 잘 알면서 오로지 자신이 乙에 대하여 부담하는 임대차보증금반환채무와 상계할 목적으로 乙이 발행한 약속어음 20장을 액면가의 40%에도 미치지 못하는 가격으로 할인·취득하고, 그 약속어음채권을 자동채권으로 하여 상계를 하였다면 甲의 상계권행사는 상계제도의 목적이나 기능을 일탈하는 것이고 법적으로 보호받을 만한 대립하는 채권·채무의 담보적 기능에 대한 정당한 기대가 없는 경우에 해당하여 상계에 관한 권리를 남용하는 것으로서 허용되지 않는다고 함이 상당하고, 상계권 행사를 제한하는 위와 같은 근거에 비추어 볼 때 일반적인 권리남용의 경우에 요구되는 주관적 요건을 필요로 하는 것은 아니다"(대판 2003.4.11. 2002다59481).

③ [담보권(유치권)의 남용] 최근에 判例는 거래당사자가 유치권을 자신의 이익을 위하여 고의적으로 작출하여 유치권의 사실상 최우선순위담보권으로서의 지위를 부당하게 이용함으로써 신의성실의 원칙에 반하는 것으로 평가되는 경우에는 유치권제도의 남용으로서 그 행사는 허용될 수 없다고 한다(대판 2011.12.22. 2011다84298 ; 상세한 내용은 유치권 D-97.참고).

---

[2] 소유권은 개인이 생존하는데 필요한 물질적 기초이기 때문에 강한 보호를 받는다. 따라서 소유자는 그가 소유하는 물건을 누구의 간섭도 받지 않고 사용·수익·처분할 수 있고(제211조), 소유권에 기한 물권적 청구권을 행사할 수 있다(제213조, 214조).

Ⅲ. 적용범위와 한계 [A-19]

1. 적용범위
연혁적으로는 소유권의 제한에 중점을 두었으나 제2조 2항은 일반조항으로서 모든 사권(채권, 형성권, 기타 물권)에 적용되는 것으로 해석된다. 判例도 ① 소권(대판 2002.9.24. 2002재다487), ② 항변권(동시이행항변권)(대판 2001.9.18. 2001다9304), ③ 형성권(상계권)(대판 2003.4.11. 2002다59481)의 남용을 인정하고 있다.

2. 적용한계
권리남용법리는 강제조정·권리명확화·권리축소화 등의 기능을 수행하는바, 그중에서도 특히 강제조정의 기능이 실제에 있어서 매우 중요한 역할을 담당한다. 그러나 권리남용의 인정이유가 **구체적인 타당성을 획득하기 위한 보충적인 법리**라는 점을 감안할 때 민법의 개별규정에 의해 합리적인 결론을 도출할 수 있는 경우에는 그 법리에 의하여야 하고 권리남용의 법리를 처음부터 적용하여서는 안 될 것이다(일반조항에의 도피).

[관련판례] ※ **권리축소화 기능**(원칙적 부정, 예외적 긍정)
"유효하게 성립한 계약상의 책임을 공평의 이념 또는 신의칙과 같은 일반원칙에 의하여 제한하는 것은 사적 자치의 원칙이나 법적 안정성에 대한 중대한 위협이 될 수 있으므로, 채권자가 유효하게 성립한 계약에 따른 급부의 이행을 청구하는 때에 법원이 급부의 일부를 감축하는 것은 원칙적으로 허용되지 않는다"(대판 2016.12.1. 2016다240543). 다만, "적법한 위임사무처리에 관하여 약정된 보수액이 부당하게 과다하여 신의칙에 반하는 경우, 상당하다고 인정되는 범위 내의 보수액만을 청구할 수 있다"(대판 1992.3.31. 91다29804).

Ⅳ. 효 과 [A-20]

1. 정상적인 권리행사에 따르는 법적 효과의 불발생
구체적 효과는 권리의 종류에 따라 달라지게 된다. 예컨대 청구권이라면 법이 이에 조력하지 않아 청구기각의 판결을 받게 되고, 형성권이라면 본래 발생해야 할 법률관계의 변동이 생기지 않을 것이다.

2. 권리의 박탈 여부 및 상대방의 부당이득반환 또는 불법행위책임 성부
권리남용이라고 하더라도 친권상실(제924조) 등과 같은 명문의 규정이 없는 한 원칙적으로 '권리행사가 제한'되는 것이지 '권리 자체가 박탈'되는 것은 아니다. 따라서 권리행사가 남용이라고 하더라도 상대방의 침해로 입은 손해에 대해서는 부당이득반환책임이나 불법행위책임을 물을 수 있다.

① 예를 들어 지상물 철거 청구의 경우 토지소유자의 권리행사가 권리남용이라고 하더라도 상대방인 지상물 소유자에게 토지를 무상으로 사용·수익할 수 있는 권원이 생기는 것이 아니다. 따라서 지상물 소유자는 토지위에 지상물을 소유하는 한 계속해서 차임 상당의 부당이득금을 지급해야 하므로 **토지의 소유자에게 토지에 관한 용익권**(지상권 또는 임차권)의 설정을 청구할 수 있으며 토지소유자는 '신의칙상' 승낙의무가 있다(대판 1992.11.10. 92다20170 참고). 그러나 토지 소유자 또는 지상물 소유자가 각 상대방에게 토지의 매수나 매도를 청구할 수는 없다. 왜냐하면 법적 근거 없이 지상물 소유자에게 일시에 매매대금 전부를 납부해야하는 부담을 지우는 것이나 법적 근거 없이 토지 소유자의 토지처분권을 제한할 수는 없기 때문이다.

② 그리고 상대방의 침해가 불법행위를 구성하는 경우에는 권리자는 손해배상을 청구할 수 있다(제750조).

3. 권리자의 불법행위 책임 성부
위법성이 있으므로 만약 권리남용의 결과 타인에게 손해가 발생한 경우에는 손해배상책임을 질 수도 있다(대판 1964.7.14. 64아4).

V. 관련판례

[A-21]

1. 권리남용을 긍정한 판례

(1) 토지소유권에 기한 건물철거청구(지상물 철거청구의 남용)

判例는 소유권에 기한 물권적 청구권의 행사의 경우 대체적으로 소유권의 배타성·항구성 등에 비추어 권리남용을 인정하는 데에 소극적이다. 그러나 건물철거청구에서 건물모서리 벽면 1m²의 철거를 청구한 경우(대판 1991.6.11. 91다8593), 토지면적이 246m²인데 건축물의 침범부분이 11.6m²에 불과한 경우(대판 1992.7.28. 92다16911), 병원 확장공사를 하면서 대로변에 접한 토지경계를 0.3m²침범한 경우(대판 1993.5.14. 93다4366) 등에서와 같이 타인의 토지를 침범한 건물부분을 철거하더라도 원고에게 별다른 이득이 없는 반면 건물소유자인 피고에게는 막대한 손실이 발생하는 경우에 권리남용이 인정되었다.

(2) 토지소유권에 기한 공로(公路)인도청구 등

"어떤 토지가 그 개설경위를 불문하고 일반 공중의 통행에 공용되는 도로, 즉 공로가 되면 그 부지의 소유권 행사는 제약을 받게 되며, 이는 소유자가 수인하여야만 하는 재산권의 사회적 제약에 해당한다. 따라서 공로 부지의 소유자가 이를 점유·관리하는 지방자치단체를 상대로 공로로 제공된 도로의 철거, 점유 이전 또는 통행금지를 청구하는 것은 법질서상 원칙적으로 허용될 수 없는 '권리남용'이라고 보아야 한다"(대판 2021.10.14. 2021다242154). 이 경우 "특별한 사정이 없는 한 도로 지하 부분에 매설된 시설에 대한 철거 등 청구도 '권리남용'이라고 봄이 상당하다"(대판 2023.9.14. 2023다214108).

> [관련판례] ＊ **통행방해행위 금지청구권**
>
> "불특정 다수인인 일반 공중의 통행에 공용된 도로, 즉 공로(公路)를 통행하고자 하는 자는 그 도로에 관하여 다른 사람이 가지는 권리 등을 침해한다는 등의 특별한 사정이 없는 한, 일상생활상 필요한 범위 내에서 다른 사람들과 같은 방법으로 그 도로를 통행할 자유가 있다. 제3자가 특정인에 대하여만 그 도로의 통행을 방해함으로써 일상생활에 지장을 받게 하는 등의 방법으로 특정인의 통행 자유를 침해하였다면 민법상 불법행위에 해당하고, 침해를 받은 자로서는 방해의 배제나 장래에 생길 방해를 예방하기 위하여 통행방해 행위의 금지를 소구할 수 있다"(대판 2021.10.14. 2021다242154).[3]

(3) 인륜에 반하는 경우

"외국에 이민을 가 있어 주택에 입주하지 않으면 안 될 급박한 사정이 없는 딸이 고령과 지병으로 고통을 겪고 있는 상태에서 달리 마땅한 거처도 없는 아버지와 그를 부양하면서 동거하고 있는 남동생을 상대로 자기 소유 주택의 명도 및 퇴거를 청구하는 행위는 인륜에 반하는 행위로서 권리남용에 해당한다"(대판 1998.6.12. 96다52670)고 하였다.

(4) 실체적 권리관계에 배치되는 확정판결의 집행에 대한 '실체법적' 구제수단

소송당사자가 불법한 수단으로 법원과 상대방을 속여 부정한 내용의 확정판결을 취득한 경우('사위판결 또는 편취판결') 그 구제수단으로 ① 소송법적 구제수단인 추후보완상소(민사소송법 제173조) 또는 재심의 소(민사소송법 제451조 1항)와 ② 집행법적 구제수단인 권리남용을 이유로 하는 청구이의의 소(민사집행법 제44조 2항)가 있다. ③ 실체법상의 구제수단과 관련하여 判例에 따르면 확정판결에 기한 집행이 권리남용에 해당하여 청구이의의 소에 의하여 집행의 배제를 구할 수 있는 정도의 경우

---

[3] [관련판례] A가 자기 소유 빌딩과 B 소유 빌딩 사이의 부지 중 자기 소유 부분에 관하여, B에게 부당이득반환청구와 통행금지청구를 한 경우, A가 해당 부분에 관한 배타적 사용·수익권을 포기한 것으로 인정되지 않는 경우 '부당이득반환청구'는 인용되나, B에 대해서만 선별적·자의적으로 통행을 금지하는 것은 소유권의 행사에 따른 실질적 이익도 없이 단지 상대방의 통행의 자유에 대한 침해라는 고통과 손해만을 가하는 것이 되어 법질서상 원칙적으로 허용될 수 없는 '권리남용'이라고 볼 여지가 크므로, '통행금지청구'는 인용될 수 없다(대판 2023.3.13. 2022다293999).

라면 그러한 판결금 채권에 기초한 다른 권리의 행사, 예를 들어 판결금 채권을 피보전채권으로 하여 채권자취소권을 행사하는 것 등도 허용될 수 없다고 한다(대판 2014.2.21. 2013다75717). 다만 확정판결에 기한 강제집행이 경료된 경우에, 그 확정판결이 취소되지 않은 이상 부당이득의 성립은 부정되며(아래 99다32905판결), 불법행위에 기한 손해배상청구도 예외적으로만 인정된다(아래 95다21808판결).

① [부당이득반환책임] ㉠ "소송당사자가 허위의 주장으로 법원을 기망하고 상대방의 권리를 해할 의사로 상대방의 소송관여를 방해하는 등 부정한 방법으로 실체의 권리관계와 다른 내용의 확정판결을 취득하여 그 판결에 기하여 '강제집행'을 하는 것은 정의에 반하고 사회생활상 도저히 용인될 수 없는 것이어서 권리남용에 해당한다고 할 것이지만, 위 확정판결에 대한 재심의 소가 각하되어 확정되는 등으로 위 확정판결이 취소되지 아니한 이상 위 확정판결에 기한 강제집행으로 취득한 채권을 법률상 원인 없는 이득이라고 하여 반환을 구하는 것은 위 확정판결의 기판력에 저촉되어 허용될 수 없고, 다만 위와 같이 위 확정판결에 기한 강제집행이 권리남용에 해당하는 이상 위 강제집행은 피해자에 대한 관계에서 불법행위를 구성한다"(대판 2001.11.13. 99다32905). ㉡ 그러나 "지급명령에는 기판력이 인정되지 않으므로 실체적 권리관계와 다른 내용으로 지급명령이 확정되고 그 지급명령에 기한 이행으로 금전 등이 교부되었다면 그에 관하여 부당이득이 성립할 수 있다"(대판 2024.4.12. 2023다307741).

② [불법행위책임] "확정판결에 기한 강제집행이 불법행위로 되는 것은 ⅰ) 당사자의 절차적 기본권이 근본적으로 침해된 상태에서 판결이 선고되었거나 ⅱ) 확정판결에 재심사유가 존재하는 등 확정판결의 효력을 존중하는 것이 정의에 반함이 명백하여 이를 묵과할 수 없는 경우로 한정하여야 한다"(대판 1995.12.5. 95다21808). 따라서 "확정판결에 따른 강제집행이 불법행위를 구성하기 위하여는 소송당사자가 상대방의 권리를 해할 의사로 상대방의 소송 관여를 방해하거나 허위의 주장으로 법원을 기망하는 등 부정한 방법으로 실체의 권리관계와 다른 내용의 확정판결을 취득하여 집행을 하는 것과 같은 특별한 사정이 있어야 하고, 그와 같은 사정이 없이 확정판결의 내용이 단순히 실체적 권리관계에 배치되어 부당하고 또한 확정판결에 기한 집행 채권자가 이를 알고 있었다는 것만으로는 그 집행행위가 불법행위를 구성한다고 할 수 없다"(대판 1995.12.5. 95다21808등).

2. 권리남용을 부정한 판례

(1) 송전선철거청구

토지소유자가 토지 상공에 송전선이 설치되어 있는 사정을 알면서 그 토지를 취득한 후 13년이 경과한 때 그 송전선의 철거를 구한 사안에서, "한전의 송전선 설치에 따른 토지이용권 확보나 적절한 보상이 현재까지 없는 점에 비추어 볼 때, 위 청구가 권리남용에 해당하지 않는다"(대판 1996.5.14. 94다54283).

(2) 소멸시효의 남용

"국가에게 국민을 보호할 의무가 있다는 사유만으로 국가가 (피해국민의 국가배상청구권) 소멸시효의 완성을 주장하는 것 자체가 신의성실의 원칙에 반하여 권리남용에 해당한다고 할 수는 없으므로, 국가의 소멸시효 완성 주장이 신의칙에 반하고 권리남용에 해당한다고 하려면 일반 채무자의 소멸시효 완성 주장에서와 같은 '특별한 사정'이 인정되어야 한다(대판 2010.9.9. 2008다15865).

(3) 매매계약 후 19년이 지난 후에 소유권이전등기청구의 소를 제기한 경우

"매매계약 체결 후 부동산의 시가가 등귀하였고, 매수인이 잔대금 지급기일을 경과한 지금까지 매매대금 중 7분의 6에 해당하는 금원을 지급하지 아니한 채 매매계약 후 19년이 지난 후에 소유권이전등기청구의 소를 제기하였다 하더라도 이러한 사유만으로 그 청구가 신의칙에 반하고 권리남용에 해당한다고 볼 수 없다(대판 1992.6.12. 92다12384, 92다912391: 표준판례15).

제3관 실효의 원칙…권리행사저지의 항변(청구기각)

Ⅰ. 서 설
[A-22]

1. 개 념
권리자가 '상당한 기간' 권리를 행사하지 않음에 따라 의무자인 상대방은 더 이상 그 권리가 행사되지 아니할 것으로 '신뢰'하고 있었는데, 후에 이르러 권리자가 새삼 권리를 행사하는 것이 상대방으로서는 '기대불가능'할 때 권리자의 이와 같은 권리 '행사'를 제한하는 원칙이다.

2. 필요성
시효제도나 제척기간의 여러 문제점 즉 ⅰ) 민법상 시효제도가 비교적 장기이고 고정되어 있다는 점, ⅱ) 형성권·항변권에 대해서 기간의 제한이 없는 경우 권리행사의 기간을 제한할 필요가 있다는 점, ⅲ) 조속한 권리관계의 안정이 요구되는 분야가 있다는 점 등에서 필요성이 인정된다.

Ⅱ. 요 건
[A-23]

① 장기간에 걸친 권리의 불행사, 물론 이때 종전 권리자의 권리 불행사에 따른 실효의 원칙은 그 권리를 취득한 새로운 권리자에게 적용되는 것은 아니다(대판 1995.8.25. 94다27069; 핵심사례 A-2.참고 : 3회 선택형). ② 권리자에게 권리행사의 기회가 있었음에도 권리를 행사하지 아니하였을 것(대판 1990.8.28. 90다카9619; 표준판례8).[4] ③ 의무자에게 이제는 권리자가 그 권리를 행사하지 아니할 것으로 믿을 만한 정당한 사유가 있을 것이다. 즉 권리자가 장기간 권리를 행사하지 않았다는 사실만으로는 권리가 실효되는 것은 아니다.

Ⅲ. 적용범위와 한계
[A-24]

실효의 법리는 신의성실의 원칙에 바탕을 둔 파생원칙인 것이므로(대판 2005.7.15. 2003다46963) ① 공법관계 가운데 관리관계는 물론이고 권력관계에도 적용되어야하며(대판 1988.4.27. 87누915), ② 법률관계의 무효확인의 경우처럼 소멸시효의 대상이 되지 않는 것, 소멸시효기간이나 제척기간이 정하여진 권리, 해제권과 같은 형성권(대판 1994.11.25. 94다12234), 민사법 분야뿐만 아니라 '항소권'과 같은 소송법상의 권리(대판 1996.7.30. 94다51840)등에도 그 적용이 있다.

③ 그러나 소유권이나 친권 등과 같은 배타적·항구적 권리에 관해서는 그 권리의 본질과 배치되지 않는 한도에서만 인정될 수 있다(대판 1996.5.14. 94다54283 참고).

---

[4] "권리행사가 이른바 신의칙에 반하는 결과가 되어 허용되지 않는 경우라는 것은 권리자의 주관적인 동기가 고려되지 않는다 하더라도 그에게 권리행사의 기회가 있어서 이를 현실적으로 기대할 수가 있었음에도 불구하고 행사하지 않은 경우에 한하는 것인바, 조건부 징계해임처분을 당한 원고가 퇴직금을 수령하였다 하여 위 조건부 징계해임결의절차에 하자가 있어서 그 결의 자체가 무효라는 것까지 알면서 이를 승인한 것으로 단정하기는 어렵고, 또한 그 후 원고와 같이 조건부 징계해임결의에 따라 사직원을 제출하여 의원면직으로 처리된 사람이 피고를 상대로 제기한 소송이 대법원의 상고기각판결로 피고패소가 확정되자 곧바로 원고가 이 사건 소를 제기한 것이 징계처분일로부터 10년 남짓 기간이 경과된 후인 경우에는 원고의 권리행사의 지체가 그의 단순한 주관적인 동기에 비롯된 것으로 보기 어렵고 상대방인 피고로서도 이제는 원고가 그의 권리를 행사하지 아니할 것이라고 신뢰할 정당한 사유가 있었다고 볼 수 없으니, 원고의 권리행사가 신의성실에 반하여 그 권리가 실효되었다고 단정할 수는 없다"

Ⅳ. 효 과
[A-25]

실효의 요건이 충족되면 권리행사는 권리남용이 되어 허용되지 않으며 반사적 효과로서 상대방은 의무를 면한다. 구체적 효과는 권리남용의 일반적인 효과에 따르므로 권리 자체가 소멸하는 것이 아니라 권리의 행사만을 허용하지 않는다.

Ⅴ. 관련판례

1. 실효의 원칙을 긍정한 판례

(1) 노동관계 분쟁

① 判例는 '고용관계의 존부'를 둘러싼 노동분쟁에서 실효의 원칙을 다른 법률관계에서 보다 더욱 적극적으로 원용하고 있다. 이는 경제적 상황에 능동적으로 대처하여야 하는 사용자 입장에서는 물론, 임금 수입에 의하여 생계를 유지하고 있는 노동자의 입장에서도 '법률관계의 조속한 확정'이 필요하다는 점 때문이다. 즉 "다른 직원이 승소판결을 받음으로써 해고가 무효라는 것을 알았음에도 무려 '2년 4개월'이 경과한 시점에 당해 근로자가 그 무효를 주장하는 것은 실효의 원칙에 비추어 허용될 수 없다"(대판 1992.1.21. 91다30118)고 판단하였다.

② 해고나 징계해고를 당한 근로자가 퇴직금과 해고수당을 아무런 조건의 유보 없이 수령한 것이라면 특별한 사정이 없는 한 그 해고를 유효한 것으로 인정하였다고 보는 것이 상당하고, 상당한 이유 없이 그로부터 장기간이 경과한 뒤에야 해고무효의 확인청구를 하는 것은 신의성실의 원칙상 허용되지 않는다(대판 1992.4.14. 92다1728).

(2) 형성권(해제권)

判例는 해제권(제544조) 등 형성권에 있어서도 실효의 원칙을 인정하고 있는바, "해제의 의사표시가 있은 무렵에, 피고측에서 i) 발생한 해제권을 무려 1년 4개월이나 장기간 행사하지 아니하고 ii) 오히려 위 매매계약이 여전히 유효함을 전제로 위 잔존채무의 이행을 최고함에 따라 위 원고로서는 위 해제권은 더이상 행사되지 아니할 것으로 '신뢰'하였다 할 것이고, 또 위 iii) 매매계약상의 매매대금 자체는 거의 전부가 지급된 점 등을 더하여 보면 위 원고가 그와 같이 신뢰한 데에는 정당한 사유도 있었다고 봄이 상당하다 할 것이므로, 그 후 피고측에서 새삼스럽게 위 해제권을 행사한다는 것은 신의성실의 원칙에 반하여 허용되지 아니한다"(대판 1994.11.25. 94다12234)고 판시하고 있다(그러나 계약해제권이 실효되었더라도 다시 이행청구를 하면서 최고한 후 새로운 해제권에 기하여 해제하는 것은 가능하다).

[판례해설] 행사기간을 정하지 않은 해제권은 10년의 제척기간에 해당하여 장기간 법률관계가 불안하게 되는데, 실효의 법리를 통해 이러한 문제를 해결할 수 있다는 점에서 위 판결은 의미가 있다.

2. 실효의 원칙을 부정한 판례

(1) 소유권에 기한 권리행사

소유권과 같은 배타적·항구적 권리에 관해서는 그 권리의 본질과 배치되지 않는 한도에서만 인정될 수 있다는 점 등을 이유로 判例는 소유권 및 그에 기한 물권적 청구권에 대하여 권리가 실효되었다고 인정한 경우는 사실상 없다(대판 1996.5.14. 94다54283 참고).

① "송전선이 토지 위를 통과하고 있다는 점을 '알고서 토지를 취득하였다고 하여' 취득자가 그 소유 토지에 대한 소유권의 행사가 제한된 상태를 '용인'하였다고 할 수는 없으므로, 그 취득자의 송전선 철거청구나 부당이득반환청구 등의 권리행사가 신의성실의 원칙에 반한다고 할 수 없다"(대판 1995.8.25. 94다27069).

② "토지소유자가 그 점유자에 대하여 부당이득반환청구권을 장기간 적극적으로 행사하지 아니하였다는 사정만으로는 부당이득반환청구권이 이른바 실효의 원칙에 따라 소멸하였다고 볼 수 없다"(대판 2002.1.8. 2001다60019).

(2) 친족법상의 권리

1) 인지청구권

判例는 상속재산에 대한 이해관계를 위해 신분관계를 바로잡을 목적으로 검사를 상대로 인지청구의 소를 제기한 사례에서, 인지청구권(제863조)은 포기할 수 없는 권리라는 이유로 실효의 법리도 적용되지 않는다고 한다(대판 2001.11.27. 2001므1353).

2) 중혼취소권(제810조, 제816조 1호)

중혼의 취소기간에는 특별한 제한이 없다. 다만 判例는 중혼을 하고 장기간 경과한 후에 중혼취소를 구하는 것이 '예외적'으로 권리남용이 될 수 있다고 하였으나, 실효의 법리는 부정하였다(대판 1993.8.24. 92므907 : 상세는 E-14.참고).

핵심사례 A-02

★ 권리남용금지의 원칙, 실효의 원칙 등
대판 1996.5.14. 94다54283

丙은 1967년에 160㎡에 이르는 A토지를 경기도에 증여한 후 1999년 1월에 사망하였다(다만 소유권이전등기는 하지 않았음). 이에 경기도는 위 A토지 중 80㎡를 그가 운영하는 고등학교의 교실 및 정원으로 사용하여 오고 있었다. 그 후 丙의 단독상속인인 乙은 A토지가 증여된 사실을 모른채 甲에게 A토지를 매도하고 1999년 5월 3일에 소유권이전등기를 경료하여 주었다. 그 후 경기도는 2000년경 A토지의 소유자가 변경된 사실을 알면서도 별다른 조치를 취하고 있지 않고 있었고, 2013년 5월 3일 甲은 건물을 건축하려고 A토지를 측량하던 중 80㎡부분에 대한 경기도의 점유사실을 알게 되었다.

(1) 2013년 5월 3일 현재 A토지의 소유권자는 누구인가? (10점)

(2) 만약 A토지의 소유권자가 甲이라면, 甲은 2013년 5월 3일 경기도에게 교실철거청구 및 A토지 80㎡에 대한 토지인도청구와 함께 토지를 반환할 때까지의 차임 상당의 부당이득반환청구를 구하였다. 이 경우 경기도가 제기할 수 있는 실체법상 타당한 항변 등을 서술하시오. (40점)

Ⅰ. A토지의 소유권자 확정 – 설문 (1).의 경우

判例가 판시하는 바와 같이 부동산 이중매매는 '계약자유의 원칙'에 비추어 유효함이 원칙이다. 그러나 제2매수인이 매도인의 배임행위에 적극 가담한 경우에는 '정의관념에 반하는 행위'로서 반사회질서 행위로서 무효가 된다(제103조). 사안의 경우 甲은 乙의 배임행위에 적극 가담한 사정이 보이지 않으므로 乙과 甲의 매매계약은 유효하고, 따라서 A토지에 대한 소유권이전등기를 먼저 경료한 甲이 2013년 5월 3일 A토지의 소유자이다(제186조).

Ⅱ. 甲의 토지인도청구 및 교실철거청구권의 인용여부 – 설문 (2).의 경우

1. 경기도의 취득시효 완성의 항변 가부(소극)

(1) 경기도의 점유취득시효 완성 여부

1) 요건사실(제245조 1항 : 20년간 점유사실)
2) 사안의 경우(구, 징, 계)
분필되지 않은 1필의 '토지의 일부'에 대해서도 i) 그 부분이 다른 부분과 구분되어, ii) 시효취득자의 점유에 속한다는 것을 인식하기에 족한 객관적인 징표(가령, 담장)가 계속하여 존재하면 취득시효가 인정된다(대판 1997.3.11. 96다37428). 그렇다면 다른 사정이 없는 한 경기도는 1987.경에 취득시효가 완성되었다.

(2) 경기도의 甲에 대한 취득시효 주장 가부
경기도는 1987.경에 제245조 1항에 따른 등기청구권을 취득한다. 그러나 취득시효 완성 후인 1999.5.3.에 乙이 당해 토지의 소유권을 甲에게 양도하였으므로 甲이 乙의 배임행위에 적극 가담하였다는 사정이 보이지 않는 이상 '이중양도법리'[5]에 의해 경기도는 취득시효 완성 후 소유권을 취득한 甲에 대하여 점유취득시효의 완성을 주장할 수 없다. 결국 경기도는 A토지 중 80㎡를 점유할 정당한 권원이 없다(제213조 단서).

2. 경기도의 소멸시효 완성의 항변 가부(소극)
判例는 소유권의 절대성과 항구성을 이유로 소유권은 물론(제162조) 소유권에 기한 물권적 청구권도 소멸시효에 걸리지 않는다고 본다(대판 1982.7.27. 80다2968).

3. 경기도의 실효의 항변 가부(소극)

(1) 요 건

(2) 사안의 경우
실효의 원칙은 소유권과 같은 배타적·항구적 권리에 관해서는 그 권리의 본질과 배치되지 않는 한도에서만 인정될 수 있다는 점 등에 비추어 볼 때 甲의 소유권 및 그에 기한 물권적 청구권에 대하여 실효의 법리를 적용하기는 곤란하다(94다54283 등).

4. 경기도의 권리남용의 항변 가부(소극)

(1) 요 건(객관적 요건, 주관적 요건)

(2) 사안의 경우
① 권리남용의 객관적 요건인 i) 지상물 소유자와 토지소유자의 '이익형량'과 관련하여 권리자 甲이 자신 소유의 A토지 160㎡ 중 80㎡를 사용, 수익하지 못한다면 피해가 적다고 할 수 없고, ii) 토지소유자의 '전략적 행동'의 유무와 관련하여 甲은 A토지의 소유권을 취득한지 14년만에 경기도의 점유사실을 알게 되었으며, iii) 지상물 소유자의 '귀책성'과 관련하여 경기도는 A토지의 소유자가 변경된 사실을 알면서도 공법상의 토지수용절차를 밟거나, 그 사용에 대한 손실을 보상한 사실이 전혀 없었다는 점 등을 고려하건대, 권리남용의 객관적 요건을 충족하였다고 보기 어렵다. ② 아울러 권리남용의 주관적 요건인 判例가 요구하는 가해의사도 있다고 보기 어렵다. 따라서 甲의 소유권에 기한 물권적 청구권 행사는 권리남용에 해당한다고 볼 수 없다(94다54283 등 참고).

5. 사안의 해결
甲은 A토지 중 80㎡에 대해 경기도에게 교실철거(제214조) 및 토지인도(제213조)를 청구할 수 있다.

Ⅲ. 甲의 부당이득반환청구 – 설문 (2).의 경우
甲은 경기도의 침해로 입은 임료상당의 손해에 대해서는 부당이득반환 청구를 할 수 있다(제741조). 그런데 경기도는 악의의 점유자이므로 토지사용이익(임료상당)과 이자 및 甲에게 손해가 있으면 손해까지도 반환해야 한다(제201조 2항, 제748조 2항)(대판 2003.11.4. 2001다61869).[6] 다만 이러한 甲의 권리는 채권이므로 10년의 소멸시효에 걸린다(제162조 1항). 따라서 甲은 10년간(2013년 5월 3일~2003년 5월 3일)의 임료상당액을 부당이득으로 청구할 수 있다.

---

5) 시효완성 후 제3자가 등기를 갖춘 경우는 '이중양도의 법리'에 따라 제3자가 설령 악의라 하더라도 그 소유권이전등기가 당연무효가 아닌 한(제3자 명의의 등기가 통정허위표시, 반사회적 행위 등 무효인 법률행위에 터 잡은 경우에는 그 등기 또한 원인무효이기 때문

제4관 사정변경의 원칙…권리소멸의 항변(해제 또는 해지)

I. 서 설 [A-26]

법률행위 성립의 기초가 된 '객관적 사정'이 당사자가 예견하지 못했던 사유로 인해 '현저히 변경'되어, 당초의 내용대로 그 효과를 강제하는 것이 당사자 일방에게 '명백하게 부당'하게 된 경우, 그 내용을 변경된 사정에 맞게 '수정'하거나 그것이 불가능한 경우 그 법률행위를 '해소'시킬 수 있다는 법리이다. 이 원칙의 기초는 독일의 '객관적 행위기초론'이다. 이와 구별하여 '주관적 행위기초론'은 쌍방에 공통하는 동기의 착오의 문제를 해결하는 기초로 이해하는 견해가 있다(A3-2.참고).

II. 일반원칙으로서의 사정변경원칙의 인정 여부 [A-27]

1. 문제점

우리 민법에는 제286조(지료증감청구권), 제628조(차임증감청구권), 제661조(고용계약의 해지) 등 사정변경의 원칙에 기초한 규정이 산재되어 있으나 일반적 규정은 없다. 따라서 개별규정이 없는 경우에도 사정변경의 원칙이 인정될 수 있는가 문제된다.

2. 판 례

(1) 일시적 계약관계의 경우

과거에는 기본적으로 부정설의 입장이었으나(대판 1963.9.12. 63다452) 최근 判例 중에는 "사정변경으로 인한 계약해제는 계약준수 원칙의 예외로서 인정된다"고 하여 사정변경의 원칙의 인정을 전제한 판결이 나와 주목받고 있다(아래 2004다31302 판결: 표준판례4).

① "이른바 사정변경으로 인한 계약해제는, 계약성립 당시 당사자가 예견할 수 없었던 현저한 사정의 변경이 발생하였고 그러한 사정의 변경이 해제권을 취득하는 당사자에게 책임 없는 사유로 생긴 것으로서, 계약내용대로의 구속력을 인정한다면 신의칙에 현저히 반하는 결과가 생기는 경우에 계약준수 원칙의 예외로서 인정되는 것이고, 여기에서 말하는 사정이라 함은 계약의 기초가 되었던 객관적인 사정으로서, 일방당사자의 주관적 또는 개인적인 사정을 의미하는 것은 아니다. 또한, 계약의 성립에 기초가 되지 아니한 사정이 그 후 변경되어 일방당사자가 계약 당시 의도한 계약목적을 달성할 수 없게 됨으로써 손해를 입게 되었다 하더라도 특별한 사정이 없는 한 그 계약내용의 효력을 그대로 유지하는 것이 신의칙에 반한다고 볼 수도 없다"(대판 2007.3.29. 2004다31302).

② "여기에서 말하는 사정이란 당사자들에게 계약 성립의 기초가 된 사정을 가리키고, 당사자들이 계약의 기초로 삼지 않은 사정이나 어느 일방당사자가 변경에 따른 불이익이나 위험을 떠안기로 한 사정은 포함되지 않는다. 경제상황 등의 변동으로 당사자에게 손해가 생기더라도 합리적인 사람의 입장에서 사정변경을 예견할 수 있었다면 사정변경을 이유로 계약을 해제할 수 없다"(대판 2017.6.8. 2016다249557).

"특히 계속적 계약에서는 계약의 체결 시와 이행 시 사이에 간극이 크기 때문에 당사자들이 예상할

에, 점유취득시효 완성자는 그 당시 소유자를 대위하여 위 제3자에게 그 등기의 말소를 구할 수 있다(대판 2002.3.15. 2001다77352,77369 등)], 종전소유자의 소유권이전등기의무가 이행불능으로 되어 점유취득시효 완성자는 그 제3자에 대하여 시효취득을 주장할 수 없다.

6) 判例는 악의의 점유자가 타인 소유물을 권원 없이 점유함으로써 얻은 사용이익을 반환하는 경우 제201조 2항은 제748조 2항의 특칙이 아니어서 악의 수익자가 반환하여야 할 범위는 제748조 2항에 따라 정하여지는 결과 ⅰ) 임료 상당의 부당이득(사용이익) 및 ⅱ) 그에 따른 법정이자와 ⅲ) 위 부당이득 및 이자액에 대한 지연이자의 지급도 청구할 수 있다(제387조 2항 참조)고 한다.

수 없었던 사정변경이 발생할 가능성이 높지만, 이러한 경우에도 계약을 해지하려면 경제상황 등의 변동으로 당사자에게 불이익이 발생했다는 것만으로는 부족하고 위에서 본 요건을 충족하여야 한다"(대판 2021.6.30. 2019다276338).

> ■ ★ **매매계약에서 사정변경의 원칙의 인정을 전제한 판결** [15입법] 대판 2007.3.29. 2004다31302
>
> **사실관계** | A(지방자치단체)는 개발제한구역으로 지정된 그 소유 X토지가 해제되자 이를 공개매각하게 되었고, 위 토지상에 음식점을 건축 운영하려는 B가 1999. 10. 29. 이를 대금 134,000,000원에 낙찰 받아 그 소유권이전등기를 마쳤다. 그런데 위 공개입찰에서는 '매각재산이 공부와 일치하지 않거나 행정상의 제한이 있더라도 A는 책임을 지지 않는다.'는 내용이 공고되었고, 또 이러한 내용이 B와의 매매계약에도 명시된 바 있었다. 그 후 A는 도시계획정비를 하면서 위 토지를 포함한 34필지에 대해 건축개발을 할 수 없는 공공용지로 정하기로 하고, 주민들의 의견을 수렴하는 절차를 거쳐 2002. 4. 29. 공공용지로 결정을 하였다. 이에 B(원고)는 A(피고)를 상대로, 원고에게 책임 없는 사유로 공공용지로 결정되는 사정변경이 발생한 이상 계약내용대로 구속력을 인정한다면 신의칙에 반한다는 것을 이유로, **사정변경을 이유로 계약을 해제**하고 매매대금의 반환을 청구한 것이다.
>
> **사안의 해결** | 위 判例(대판 2007.3.29. 2004다31302)[7]에 따르면 X토지상의 건축가능 여부는 매수인 B가 X토지를 매수하게 된 주관적인 목적에 불과할 뿐 매매계약의 성립에 있어 기초가 되었다고 보기 어렵다 할 것이므로, 매매계약 후 X토지가 공공용지에 편입됨으로써 매수인이 의도한 건축이 불가능하게 되었다 하더라도 이러한 사정변경은 매매계약을 해제할 만한 사정변경에 해당한다고 할 수 없다.

③ [**금전소비대차계약**] "제599조의 입법취지에 비추어 금전소비대차계약이 성립된 이후에 차주의 신용불안이나 재산상태의 현저한 변경이 생겨 장차 대주의 대여금반환청구권 행사가 위태롭게 되는 등 사정변경이 생기고 이로 인하여 당초의 계약내용에 따른 대여의무를 이행케 하는 것이 공평과 신의칙에 반하게 되는 경우에 대주는 대여의무의 이행을 거절할 수 있다"(대판 2021.10.28. 2017다224302).

(2) 계속적 계약관계의 경우

判例는 '신뢰관계'가 중요시되는 계속적 계약의 경우 사정변경을 이유로 '해지권'을 인정하거나 '책임제한'을 인정하고 있다.

① [**계속적 보증계약**(B-84.참고)] ㉠ 회사의 임원이나 직원의 지위에 있기 때문에 회사의 요구로 '부득이' 회사와 제3자 사이의 계속적 거래로 인한 회사의 채무에 대하여 보증인이 된 자가 그 후 회사로부터 퇴사하여 임원이나 직원의 지위를 떠난 때에는 '보증계약 성립 당시의 사정에 현저한 변경'이 생긴 경우에 해당하므로 사정변경을 이유로 보증계약을 해지할 수 있다(대판 1990.2.27. 89다카1381). ㉡ 그러나 사정변경을 이유로 보증계약을 해지할 수 있는 것은 포괄근보증이나 (보증한도액이나 보증기간을 정한) 한정근보증과 같이 채무액이 불확정적이고 계속적인 거래로 인한 채무에 대하여 보증한 경우에 한하고, 회사의 이사로 재직하면서 보증 당시 그 채무가 특정되어 있는 **확정채무에 대하여 보증을 한 후 이사직을 사임하였다 하더라도 사정변경을 이유로 보증계약을 해지할 수 없고**(대판 1996.2.9. 95다27431: 표준판례5), 이러한 경우 그 책임의 범위를 재직 중 발생한 채무만으로 제한할 수도 없다(대판 1997.2.14. 95다31645). ㉢ 아울러 신의칙에 의한 책임의 감경 또한 극히 제한적으로만 인정하고 있다(대판 2004.1.27. 2003다45410).

---

[7] [**판례평석**] 위 판결에 대해서는 다음과 같은 요지의 평석이 있다. 첫째 외부적인 사정으로서 공공용지로의 편입이 계약의 구속력을 배척할 정도의 사정의 변경에 해당하지 않으며, 둘째 공개매각조건에서 행정상의 제한에 대해 A가 책임을 지지 않는다는 것이 합의된 이상 이 내용은 계약준수의 원칙에 따라 지켜져야 하는 것이며, 셋째 계약상의 급부가 이미 완료된 후에 사정이 변경된 경우에는 사정변경의 법리를 적용할 상황이 아니라고 한다[정상현, '매매목적 토지에 발생한 사정의 변경과 계약의 효력', 저스티스(2008년 6월), p.189].

② **[임대차계약]** ㉠ 임대차에서 차임불증액 특약이 있더라도 사정변경에 기한 차임 증액을 긍정하고 있다(대판 1996.11.16. 96다34061 ; 차임불감액특약은 제652조, 제628조에 의해 무효이나 차임불증액특약은 유효하다). ㉡ 최근 判例에 따르면 甲이 주택건설사업을 위한 견본주택 건설을 목적으로 임대인 乙과 토지에 관하여 임대차계약을 체결하면서 임대차계약서에 특약사항으로 위 목적을 명시하였는데, 지방자치단체장으로부터 가설건축물 축조신고 반려통보 등을 받고 위 토지에 견본주택을 건축할 수 없게 되자, 甲이 乙을 상대로 임대차계약의 해지 및 임차보증금 반환을 구한 사안에서, "계약 성립의 기초가 된 사정이 현저히 변경되고, 당사자가 계약의 성립 당시 이를 예견할 수 없었으며, 그로 인하여 계약을 그대로 유지하는 것이 당사자의 이해에 중대한 불균형을 초래하거나 계약을 체결한 목적을 달성할 수 없는 경우에는 계약준수 원칙의 예외로서 사정변경을 이유로 계약을 해제하거나 해지할 수 있다"고 보아 위 임대차계약은 甲의 해지통보로 적법하게 해지되었고, 乙이 甲에게 임대차보증금을 반환할 의무가 있다고 판시하였다(대판 2020.12.10. 2020다254846).

Ⅲ. 요 건 [A-28]

㉠ 법률행위 성립의 '기초'가 된 '객관적 사정'이 ㉡ 당사자가 '예견하지 못했던 사유'(당사자의 귀책사유 없이)로 인해 '현저히 변경'되어, ㉢ 당초의 내용대로 그 효과를 강제하는 것이 당사자 일방에게 '명백하게 부당'하게 될 것을 요건으로 한다.

Ⅳ. 효 과 [A-29]

1. 계약 내용의 수정(1차적 효과)

우선 법률행위의 보충적 해석을 통해 계약내용을 변화된 현실에 맞게 수정해 보아야 한다. 다만 계약 충실의 원칙과 조화를 이루기 위해 계약 내용의 수정은 최소침해적 관점에서 이루어져야 한다. 계약의 수정을 인정할 필요가 있는 경우와 그럴 필요가 없는 경우를 구별하는 것은 계약의 보충적 해석을 통해서만 가능할 것이다.[8]

2. 해제권 또는 해지권의 발생(2차적 효과)

계약의 수정이 불가능하거나 계약의 존속이 피해당사자에게 기대불가능할 때에는 계약을 소멸시킬 수 있는 해제권 또는 해지권이 발생한다. 다만 사정변경에 의한 계약의 해제·해지시에는 최고가 필요치 않고, 민법 제551조의 적용이 배제되어 손해배상의무의 발생은 부정된다.

---

8) 지원림, 민법강의(13판), 2-30

제5관 자기모순금지(금반언)의 원칙···권리행사저지의 항변(청구기각)

I. 서 설 [A-30]

자기모순금지의 원칙은 i) 권리자의 권리행사가 선행하는 행위와 '모순'된 것이어서 ii) 후행행위대로 법률효과를 인정하게 되면 선행행위로 야기된 상대방의 '신뢰'를 해치는 경우에, 권리자의 그 '후행행위'의 효력이 제한되는 원칙이다.

II. 요 건 [A-31]

i) 모순되는 행위와 그에 대한 귀책(고의·과실) 및 ii) 선행행위에 의하여 야기된 상대방의 보호가치 있는 신뢰가 '상관적'으로 고려되어야 한다. 여기서 '상관적으로' 고려한다는 것은 양자 중 어느 하나를 제대로 갖추지 못하였다고 하여 원칙의 적용이 반드시 부정되는 것은 아니고, 그 모순의 정도와 신뢰의 보호가치의 정도를 종합적으로 고려하여야 한다는 의미이다.

III. 효 과 [A-32]

선행행위와 모순되는 후행행위의 효력이 부인된다.

IV. 관련판례

1. 모순행위금지의 원칙의 적용을 긍정한 판례

(1) 묵비 또는 묵인행위

① 경매가 무효임을 알고 있는 권리자가 경매를 방치하다가 후에 경매의 무효를 주장하는 것 등은 신의칙에 반한다(대판 1993.12.24. 93다42603).[9] ② 대항력 있는 임차인이나 전세권자가 권리가 없다고 확인을 해준 후 나중에 권리를 주장하는 것 등은 신의칙에 반한다(대판 1997.6.27. 97다12211).[10] ③ 무상임대차확인서를 작성해준 후 임차보증금 반환과의 동시이행의 항변을 하거나(대판 2016.12.1. 2016다228215),[11] 주택임대차보호법상 대항력을 주장하는 것(대판 2017.4.7. 2016다248431)[12]은 금반언에 반하여 허용될 수 없다.

---

[9] "경매목적이 된 부동산의 소유자가 경매절차가 진행 중인 사실을 알면서도 그 경매의 기초가 된 근저당권 내지 채무명의인 공정증서가 무효임을 주장하여 경매절차를 저지하기 위한 조치를 취하지 않았을 뿐만 아니라, 배당기일에 자신의 배당금을 이의 없이 수령하고 경락인으로부터 이사비용을 받고 부동산을 임의로 명도해 주기까지 하였다면, 그 후 경락인에 대하여 위 근저당권이나 공정증서가 효력이 없음을 이유로 경매절차가 무효라고 주장하여 그 경매목적물에 관한 소유권이전등기의 말소를 청구하는 것은 금반언의 원칙 및 신의칙에 위반되는 것이어서 허용될 수 없다"

[10] "근저당권자가 담보로 제공된 건물에 대한 담보가치를 조사할 당시 대항력을 갖춘 임차인이 그 임대차사실을 부인하고 임차보증금에 대한 권리주장을 않겠다는 내용의 확인서를 작성해 준 경우, 그 후 건물에 대한 경매절차에서 이를 번복하여 대항력 있는 임대차의 존재를 주장함과 아울러 임차보증금의 배당요구를 하는 것은 금반언 및 신의칙에 위반되어 허용될 수 없다"

[11] "근저당권자가 담보로 제공된 건물에 대한 담보가치를 조사할 당시 대항력을 갖춘 임차인이 그 임대차 사실을 부인하고 그 건물에 관하여 임차인으로서의 권리를 주장하지 않겠다는 내용의 무상임대차 확인서를 작성해 주었고, 그 후 개시된 경매절차에 그 무상임대차 확인서가 제출되어 매수인이 그 확인서의 내용을 신뢰하여 매수신청금액을 결정하는 경우와 같이, 임차인이 작성한 무상임대차 확인서에서 비롯된 매수인의 신뢰가 매각절차에 반영되었다고 볼 수 있는 사정이 존재하는 경우에는, 비록 매각물건명세서 등에 위 건물에 대항력 있는 임대차 관계가 존재한다는 취지로 기재되었다고 하더라도 임차인이 제3자인 매수인의 건물인도청구에 대하여 대항력 있는 임대차를 주장하여 임차보증금 반환과의 동시이행의 항변을 하는 것은 금반언 또는 신의성실의 원칙에 반하여 허용될 수 없다"

[12] "주택 경매절차의 매수인이 권리신고 및 배당요구를 한 주택임차인의 배당순위가 1순위 근저당권자보다 우선한다고 신뢰하여 임차보증금 전액이 매각대금에서 배당되어 임차보증금반환채무를 인수하지 않는다는 전제 아래 매수가격을 정하여 낙찰을 받아 주택에 관한 소유권을 취득하였다면, 설령 주택임차인이 1순위 근저당권자에게 무상거주확인서를 작성해 준 사실이 있어 임

[비교판례] "은행직원이 근저당권실행의 경매절차와는 아무런 관련도 없이 행한 담보건물에 대한 임대차 조사에서 임차인이 그 임차사실을 숨겼다고 하더라도 그 후의 경매절차에서 임대차 관계가 분명히 된 이상은 은행이 경매가격을 결정함에 있어서 신뢰를 준 것이라고는 할 수 없는 것이므로, 위와 같이 일시 임대차관계를 숨긴 사실만을 가지고서 은행의 건물명도청구에 대하여 임차인이 주택임대차보호법 제3조 소정의 임차권의 대항력에 기하여 하는 임차보증금 반환과의 동시이행의 항변이 신의성실의 원칙에 반하는 것이라고는 볼 수 없다"(대판 1987.1.20. 86다카1852).

(2) 무권대리인이 본인을 상속한 경우

상대방이 선의·무과실인 경우는 무권대리인이 본인의 상속인 지위에서 추인거절권을 행사하는 것은 금반언의 원칙에 반하나(대판 1994.9.27. 94다20617), 상대방이 악의인 경우는 추인거절권을 행사할 수 있다(대판 1992.4.28. 91다30941 ; 제130조 참조).

(3) 시효제도

취득시효완성 후에 그 사실을 '모르고' 당해 토지에 관하여 어떠한 권리도 주장하지 않기로 하였다면 이는 시효이익의 포기는 아니지만(제184조 1항), 나중에 이에 반하여 시효주장을 하는 것은 특별한 사정이 없는 한 신의칙상 허용되지 않는다(대판 1998.5.22. 96다24101).

(4) 물권적 청구권(판례연구 C-3.참고)

건축업자가 토지를 매수하고 '소유권이전등기를 받기 전'에 토지소유자인 '매도인의 승낙'을 받아 그 토지에 '대규모의 견고한 건물'을 신축하고 이를 제3자에게 분양(양도)한 상태에서 매도인이 건축업자의 채무불이행을 이유로 토지매매계약을 해제한 경우, ① 건물의 제3취득자는 제548조 1항 단서의 제3자에 해당하지 않으며(대판 1991.5.28. 90다카16761), ② 관습법상 법정지상권을 취득하는 것도 아니다(대판 1988.6.28. 87다카2895). ③ 다만 토지소유자인 매도인이 건물양수인을 상대로 건물철거를 주장하는 것(제214조)은 신의칙(권리남용 또는 금반언)에 반한다(대판 2003.4.11. 2003다2154).

2. 모순행위금지의 원칙의 적용을 부정한 판례

① 신의칙의 적용으로 '강행법규의 입법취지를 완전히 몰각시키는 결과'를 가져온다면 신의칙의 적용은 허용되지 않는다. 즉, 강행법규에 위배되어 무효인 계약을 그러한 사정을 알면서도 체결한 자가 나중에 그 계약이 강행법규에 위배되어 무효임을 주장하는 것을 금반언을 이유로 배척한다면(즉 유효하게 된다면) 강행법규가 금지하고자 하는 결과를 방치하게 되어 강행법규의 취지에 어긋나는 문제가 있기 때문에, 대법원은 원칙적으로 이러한 주장도 허용된다고 한다(아래 판례들 참고). 아울러 강행법규 위반에 따른 '손해배상을 청구'하는 것이 강행법규의 입법취지를 몰각시키는 결과를 초래할 경우에는 그러한 청구 역시 허용될 수 없다고 한다(대판 2019.6.13. 2016다20355).

② 사적자치의 영역을 넘어 공공질서를 위하여 공익적 요구를 선행시켜야 할 사안에서는 원칙적으로 **합법성의 원칙은 신의성실의 원칙보다 우월한 것**이므로 신의성실의 원칙은 합법성의 원칙을 희생하여서라도 구체적 신뢰보호의 필요성이 인정되는 경우에 비로소 적용된다고 봄이 상당하다(대판 2000.8.22. 99다62609,62616).

(1) 부동산 거래신고 등에 관한 법률

"강행규정인 (구)국토이용관리법(현재는 '부동산 거래신고 등에 관한 법률'로 변경되었다)에 의한 토지거래허가 없이 토지를 매도한 후 동법 위반을 이유로 무효를 주장하는 것을 신의칙 위반이라는 이유로 허용하

차보증금을 배당받지 못하게 되었다고 하더라도, 그러한 사정을 들어 주택의 인도를 구하는 매수인에게 주택임대차보호법상 대항력을 주장하는 것은 신의칙에 위반되어 허용될 수 없다"

지 않는다면, 투기거래 방지라는 동법의 입법취지를 완전히 몰각시키는 결과가 되므로 특단의 사정이 없는 한 그러한 주장은 금반언에 반하지 않으므로 허용된다"(대판 1993.12.24. 93다44319).

[비교판례 : 농지개혁법] 당해 93다44319판결과 비교되는 판결로 ① "농지의 명의수탁자가 적극적으로 농가이거나 자경의사가 있는 것처럼 하여 그 명의로 소유권이전등기를 마쳤으나, 한편으로 증여세 등의 부과를 면하기 위하여 농가도 아니고 자경의사도 없었음을 들어 '농지개혁법'에 저촉되기 때문에 그 등기가 무효라고 주장한 경우에, 이는 신의성실의 원칙이나 금반언의 원칙에 위배되는 행위로서 법률상 용납될 수 없다"(대판 1990.7.24. 89누8224)고 판시한 판결을 들 수 있다. [판례해설] 즉, 강행법규의 취지와 직접 관계없는 경우에는 무효주장이 신의칙 위반이 될 수 있다. 사안의 경우 증여세를 부담하는 것은 농지개혁법과 직접 관계는 없으므로 무효주장을 하는 것이 신의칙 위반이 된다고 본 사례이다.

② 따라서 判例 중에는 "법인의 농지 소유권 취득을 금지한 '농지개혁법'은 강행규정인바, 甲법인이 乙 소유 농지에 대한 매매계약을 체결할 당시 농지개혁법에 위반하여 농지에 대한 소유권이전등기를 경료할 수 없어 甲법인 명의로 가등기를 경료하고 甲법인이 매매대금을 모두 지급하고 乙과의 관계에서 사실상 소유자로서 행사해 온 경우라도, 불법성을 인식한 甲법인의 귀책성을 고려할 때 甲법인의 신뢰를 합법성의 원칙을 희생하면서까지 보호할 것은 아니라고 하여, 乙이 甲법인을 상대로 가등기말소를 청구하는 것은 신의칙에 위반되지 않는다"고 한다(대판 2014.5.29. 2012다44518).

(2) 제한능력

"미성년자의 법률행위에 법정대리인의 동의를 요하도록 하는 것(제5조)은 강행규정이므로 법정대리인의 동의 없이 신용구매계약을 체결한 미성년자가 나중에 법정대리인의 동의 없음을 이유로 취소하는 것은 금반언에 반하지 않으므로 허용된다"(제5조 2항)(대판 2007.11.16. 2005다71659,71666,71673: 표준판례19 : 7회 선택형). 다만 제17조의 속임수를 쓴 경우는 취소권이 배제된다.

(3) 이해상반행위(상속재산의 분할 E-52.참고)

"원고가 강행법규인 민법 제921조(이해상반행위)에 위배되는 상속재산 분할협의에 참가한 후 이 사건 소송에 이르러 위 사유를 들어 위 상속재산 분할협의가 무효라고 주장하더라도 피고가 위 상속재산 분할협의가 유효하다고 믿은 것은 정당하다고 할 수 없어 그 믿음이 보호되어야 할 가치가 있다고 할 수 없으므로, 원고의 위 무효주장을 모순행위금지의 원칙이나 신의칙에 반하는 것이라고 할 수 없다"(대판 2011.3.10. 2007다17482).

(4) 상속포기

상속의 승인·포기는 상속개시 후에만 가능하다. 따라서 상속의 사전포기는 무효로서, "상속인 중의 1인이 피상속인의 '생존시'에 피상속인에 대하여 상속을 포기하기로 약정하였다고 하더라도, '상속개시 후' 민법이 정하는 절차와 방식(제1019조, 제1041조)에 따라 상속포기를 하지 아니한 이상, 상속개시 후에 자신의 상속권을 주장하는 것은 정당한 권리행사로서 권리남용에 해당하거나 또는 신의칙에 반하는 권리의 행사라고 할 수 없다"(대판 1998.7.24. 98다9021 : 9회 선택형).

(5) 기 타

① "강행법규에 위반하여 무효인 수익보장약정이 투자신탁회사가 먼저 고객에게 제의를 함으로써 체결된 것이라고 하더라도, 이러한 경우에 강행법규를 위반한 투자신탁회사 스스로가 그 약정의 무효를 주장함이 신의칙에 위반되는 권리의 행사라는 이유로 그 주장을 배척한다면, 이는 오히려 강행법규에 의하여 배제하려는 결과를 실현시키는 셈이 되어 입법취지를 완전히 몰각하게 되므로, 달리 특별한 사정이 없는 한 위와 같은 주장이 신의성실의 원칙에 반하는 것이라고 할 수 없다"(대판 1999.3.23. 99다4405). ② "사립학교 경영자가 사립학교법 제28조 2항(학교교육에 직접 사용되는 재산은 매도·담보에 제공할 수 없다)을 위반한 매도나 담보제공이 무효라는 사실을 알고서 매도나 담보제공을 한 후 스스로 그

무효를 주장하더라도 원칙적으로 신의성실의 원칙에 위배되지 않는다. 다만 명목상으로만 학교법인이 직접 사용하는 재산으로 되어 있을 뿐 실제로는 학교 교육에 전혀 사용된 바 없다면 매도나 담보제공을 무효라고 주장하는 것은 법규정의 취지에 반하기 때문에 신의성실의 원칙에 반한다"(대판 2000.6.9. 99다70860: **표준판례**6). ③ "피보험자의 서면동의 없이 체결된 타인의 사망을 보험사고로 하는 생명보험계약의 보험자가 수년간 보험료를 수령하거나 종전에 그 생명보험계약에 따라 입원급여금을 지급한 경우에도 위 생명보험계약의 무효를 주장하는 것이 신의성실의 원칙 등에 위반하지 않는다"(대판 2006.9.22. 2004다56677 : **3회 선택형**).[13] ④ 택시운전근로자들이 이른바 도급제 방식의 근로계약을 체결하였음에도 이후 그 근로계약이 강행규정인 최저임금법에 위반한다고 주장하면서 미지급 최저임금의 지급을 구하는 것은 신의칙에 위배되지 않는다(대판 2018.7.11. 2016다9261).

[비교판례 : 근로기준법] "단체협약 등 노사합의의 내용이 근로기준법의 강행규정을 위반한다고 하여 노사합의의 무효 주장에 대하여 예외 없이 신의칙의 적용이 배제되는 것은 아니다. 따라서 노사합의에서 정기상여금은 그 자체로 통상임금에 해당하지 아니한다고 오인한 나머지 정기상여금을 통상임금 산정 기준에서 제외하기로 합의하고 이를 전제로 임금수준을 정한 경우, 근로자 측이 그러한 약정의 무효를 이유로 하여 추가 법정수당을 청구하는 것은 원칙적으로 신의칙에 반하지 않는다. 그러나 근로자 측이 임금협상 당시 전혀 생각하지 못한 사유를 들어 정기상여금을 통상임금에 가산하고 이를 토대로 추가적인 법정수당의 지급을 구함으로써, 노사가 합의한 임금수준을 훨씬 초과하는 예상외의 이익을 추구하고 그로 말미암아 사용자에게 예측하지 못한 새로운 재정적 부담을 지워 중대한 경영상의 어려움을 초래하거나 기업의 존립을 위태롭게 한다면, 이는 종국적으로 근로자 측에까지 피해가 미치게 되어 노사 어느 쪽에도 도움이 되지 않는 결과를 가져오므로 정의와 형평 관념에 비추어 신의에 현저히 반하고 도저히 용인될 수 없음이 분명하다"(대판 2013.12.18. 전합 2012다89399: **표준판례**7).

따라서 피고에게 예측하지 못한 중대한 경영상의 어려움 등을 초래하지 않는 경우에는 정기상여금을 통상임금에 가산하고 이를 토대로 추가적인 법정수당의 지급을 구하는 청구가 신의칙 위반이 아니라고 본 *判例*도 있고(대판 2021.3.11. 2017다259513 : 금호타이어 사건), 통상임금에서 제외하기로 하는 노사합의가 없는 임금에 대해서는 근로자가 이를 통상임금에 가산하고 이를 토대로 추가적인 법정수당의 지급을 청구하더라도 신의칙에 반한다고 볼 수 없다고 본 *判例*도 있다(대판 2021.6.10. 2017다52712 : 통상임금에서 제외하기로 하는 노사합의가 없는 임금에 대해서는 근로자가 이를 통상임금에 가산하고 이를 토대로 추가적인 법정수당의 지급을 청구하더라도 신의칙에 반한다고 볼 수 없다. 업적연봉 사건).

---

[13] "상법 제731조 제1항에 의하면 타인의 생명보험에서 피보험자가 서면으로 동의의 의사표시를 하여야 하는 시점은 '보험계약 체결시까지'이고, 이는 강행규정으로서 이에 위반한 보험계약은 무효이므로, 타인의 생명보험계약 성립 당시 피보험자의 서면동의가 없다면 그 보험계약은 확정적으로 무효가 되고, 피보험자가 이미 무효가 된 보험계약을 추인하였다고 하더라도 그 보험계약이 유효로 될 수는 없다"

제3장 권리의 주체

제1절 권리주체 총설

권리는 일정한 이익을 누릴 수 있도록 법에 의하여 주어진 힘이므로, 이익의 귀속주체가 필요하다. 법에 의하여 권리를 향유할 수 있는 힘을 부여받은 자를 '권리주체'라고 한다. 민법은 권리주체로 자연인과 법인을 인정하고 있다.

❋ 민법상 능력

	개 념	판단방법	흠결시 효과
권리능력	권리·의무의 주체가 될 수 있는 일반적인 자격	법률규정에 따라 객관적·획일적으로 판단	권리귀속이 불가능 (권리의 부존재)
의사능력	행위의 결과를 인식할 수 있는 정신능력	구체적·개별적으로 판단	무 효
행위능력	단독으로 법률행위를 할 수 있는 능력	법률규정에 따라 객관적·획일적으로 판단	취 소
책임능력	불법행위책임을 변식할 수 있는 능력	구체적·개별적으로 판단 판례는 12-14세 정도 인정	불법행위책임 요건 흠결

- 당사자능력은 소송의 주체(원고·피고)가 될 수 있는 소송상의 권리능력으로서, 민법상의 권리능력에 대응하는 것이다(민사소송법 제51조 참조). 그러나 당사자능력은 권리능력과 반드시 동일하게 볼 수 없으며 그보다는 넓다. 즉 법인이 아닌 사단이나 재단으로서 대표자 또는 관리인이 있으면 사단·재단의 이름으로 당사자가 될 수 있도록 하였다(민사소송법 제52조 : 9회 선택형).
- 소송능력은 소송의 당사자로서 유효하게 소송행위를 할 수 있는 소송상의 행위능력이며, 민법상의 행위능력에 대응되는 것이다(민사소송법 제51조).

제2절 자연인

제1관 자연인의 권리능력 총설

I. 의 의   [A-33]

① '권리능력'이란 권리의 주체가 될 수 있는 '일반적인 지위 또는 자격'을 말한다. 이러한 권리능력을 가지는 자를 권리능력자라고 한다. 권리능력자는 권리를 가질 수 있는 동시에 의무를 부담할 수 있으므로(제3조), 권리능력은 동시에 의무능력이다.

② 사람(자연인)은 생존한 동안 평등하게 권리능력을 가지며(제3조 ; 권리능력 평등의 원칙), **권리능력에 관한 규정은 강행규정**이므로 개인의 의사로서 그 적용을 제한하거나 포기하는 특약은 인정되지 않는다.

> ※ **동물 자체가 위자료청구권의 귀속주체가 될 수 있는지 여부**(소극)
> "민법이나 그 밖의 법률에 동물에 대하여 권리능력을 인정하는 규정이 없고 이를 인정하는 관습법도 존재하지 아니하므로, 동물 자체가 위자료청구권의 귀속주체가 된다고 할 수 없다. 그리고 이는 그 동물이 애완견 등 이른바 반려동물이라고 하더라도 달리 볼 수 없다"(대판 2013.4.25. 2012다118594).

Ⅱ. 권리능력의 발생 [A-34]

① 사람은 생존한 동안 권리와 의무의 주체가 된다(제3조). 따라서 사람이 권리능력을 취득하게 되는 것은 '**출생한 때**'부터이고, 출생의 시기는 출생의 시점을 비교적 명확하게 확정할 수 있는 때인 태아가 모체로부터 전부 노출된 때 출생한 것으로 보는 '**전부노출설**'이 통설이다.
② 사람이 출생하면 '가족관계의 등록 등에 관한 법률'에서 정한 바에 따라 1개월 이내에 신고하여야 한다(동법 제44조 이하). 다만 **출생신고는 보고적 신고로서**(창설적 신고가 아님), 그 신고에 의하여 비로소 권리능력을 취득하는 것은 아니다. 즉 신고가 없어도 이미 출생한 자는 출생과 동시에 당연히 권리능력을 취득한다.

Ⅲ. 권리능력의 소멸 [A-35]

1. 서 설

(1) 사 망

1) 의의 및 사망시기

① 자연인은 사망으로 권리능력을 잃는다(제3조). 즉, 오직 사망만이 권리능력의 소멸사유이며, 실종선고나 인정사망으로 인하여 권리능력이 소멸되는 것은 아니다.
② 통설은 사람의 호흡과 심장의 기능이 영구적으로 정지한 때에 사망한 것으로 본다(심장기능 정지설). 주의할 점은 '장기 등 이식에 관한 법률'에 의하더라도 뇌사는 사망이 아니다. 즉 동법 제17조에 의하면 '뇌사자가 이 법에 의한 장기 등의 적출로 사망한 때에는 뇌사의 원인이 된 질병 또는 행위로 인하여 사망한 것으로 본다'는 취지로 볼 때 뇌사의 시점에 사망한 것으로 보기는 어렵다(다수설).

2) 사망신고

사람이 사망하면 '가족관계의 등록 등에 관한 법률'에서 정한 절차에 따라 사망신고를 하여야 하는데, 이는 출생신고와 마찬가지로 창설적 신고가 아니라 보고적 신고에 불과하다. 따라서 권리능력은 사망신고나 가족관계등록부의 기재에 의하여 소멸하는 것이 아니라 사망이라는 사실에 의하여 소멸한다.

(2) 사망사실 또는 사망시기의 입증곤란에 대비한 제도

사망의 유무 및 시기에 대한 증명 내지 확정이 극히 곤란할 때가 있다. 이러한 경우에 대비하는 제도로서 동시사망의 추정·실종선고·인정사망 등이 있다.

2. 동시사망의 추정

(1) 요 건
2인 이상이 동일한 위난으로 사망한 경우에는 동시에 사망한 것으로 '**추정**'된다(제30조).

(2) 효 과

1) 상속의 문제
수인이 동일한 위난으로 사망한 경우에 제30조에 의하여 상속에 관한 문제가 해결될 수 있다. 즉 동시에 사망한 것으로 추정되는 수인들 사이에서는 상속이 일어나지 않는다(동시존재의 원칙)(7회 선택형). 그러나 대습상속은 일어난다는 점을 유의하여야 한다. 즉, 判例에 따르면 민법 제1001조의 '상속인이 될 직계비속이 상속개시 전에 사망한 경우'에는 '상속인이 될 직계비속이 상속개시와 동시에 사망한 것으로 추정되는 경우'도 포함하는 것으로 합목적적으로 해석함이 상당하다고 한다(대판 2001.3.9. 99다13157 : 핵심사례 E-2.참고).

2) **추정의 번복**
제30조의 추정은 법률상의 추정이므로 수인이 다른 시각에 사망하였다는 점, 즉 반대사실에 대한 증명(본증)에 의하여 번복된다(대판 1998.8.21. 98다8974). 이 경우 추정이 번복되면 상속회복청구의 문제가 발생한다.

3. 실종선고(제5관 참고)

4. 인정사망

(1) 의 의
사망신고는 진단서 또는 검안서가 첨부된 신고서에 의하여야 한다(가족관계의 등록 등에 관한 법률 제84조). 그런데 사망의 확증이 없지만 사망이 확실시되는 경우에도 그러한 요건을 요구하는 것은 적절치 않다. 그래서 시체의 발견 등 사망의 확증은 없으나 수난, 화재나 그 밖의 재난으로 인하여 사망이 확실시되는 경우에, 관공서의 보고에 의하여 가족관계등록부에 사망의 기재를 하여 사망으로 추정하는 제도를 규정하고 있는바, 이를 '인정사망'이라고 한다(동법 제87조).

(2) 실종선고와의 차이점
실종선고는 일정한 요건 하에 사망한 것으로 의제하는 데 비하여, 인정사망은 가족관계등록부에 사망의 기재를 하기 위한 절차적 특례제도이어서 강한 사망추정적인 효과만 인정한다. 따라서 실종선고가 사실에 반하는 때에는 실종선고 취소절차를 밟아야 하나, 인정사망이 사실에 반하는 때에는 그러한 절차 없이 당연히 효력을 잃게 된다. 즉, 인정사망은 반대증거를 제출하여 그 효력을 부인할 수 있다.

제2관 태아의 권리능력 …권리장애의 항변(무효)

I. 서 설
[A-36]

1. 태아의 의의와 보호의 필요성
사람은 출생한 때로부터 권리능력을 가진다(제3조). 따라서 태아는 권리능력을 갖지 못하는 것이 원칙이다. 그러나 이를 획일적으로 적용할 때는 상속이나 손해배상청구 등에서 태아에게 불이익하거나 공평에 반하는 경우가 있게 되므로 태아의 특별한 보호가 필요하다.

2. 태아의 보호를 위한 입법주의
일반주의는 태아의 이익이 문제되는 경우에는 모두 출생한 것으로 보는 것이고, 개별주의는 특히 중요하다고 생각되는 법률관계를 열거하여 이에 대해서만 출생한 것으로 보는 입장이다. 우리 민법은 개별주의를 취하고 있다.

II. 민법상 태아가 권리능력을 가지는 경우
[A-37]

1. 불법행위에 기한 손해배상청구

(1) 적용범위

태아는 손해배상의 청구에 관하여는 이미 출생한 것으로 본다(제762조). 본조는 태아 자신이 불법행위에 의한 피해자가 되는 경우에만 관한 것이다. 따라서 직계존속의 생명침해로 인한 직계존속의 재산상·정신상 손해배상청구권은 태아의 상속능력의 문제로 처리되고(제1000조 3항), 제762조는 ⅰ) 직계존속의 생명침해에 대해 태아 자신이 위자료를 청구하는 경우(제752조)와 ⅱ) 태아 자신이 입은 불법행위에 대해 손해배상을 청구하는 경우(제750조)에 적용된다.

> ✻ **태아에게도 정신적 고통에 대한 손해배상청구권을 인정할 수 있는지 여부**(적극)
> 직계존속의 생명침해에 대해 태아 자신이 위자료를 청구하는 경우(제752조) 태아인 동안에도 태아에게 정신적 고통이 있다고 인정될 수 있는가와 관련하여 判例는 "태아가 피해 당시 정신상 고통에 대한 감수성을 갖추고 있지 않다 하더라도 장래 감수할 것임을 현재 합리적으로 기대할 수 있는 경우에 있어서는 즉시 그 청구를 할 수 있다"(대판 1962.3.15. 61다903)라고 하여 이를 긍정하고 있다. **[10행정]**
> 같은 이유로 父가 상해를 입을 당시 태아가 출생하지 않았더라도 그 뒤에 출생하였다면 父의 부상으로 인하여 입게 될 정신적 고통에 대한 위자료(제751조)를 청구할 수 있다(대판 1993.4.27. 93다4663).

(2) 출생전의 가해에 대한 손해배상청구권의 인정 여부 : 母에 대한 불법행위로 태아가 영향을 받은 경우

가령 임산부에 대한 교통사고, 의사가 임산부에게 잘못된 처치를 한 경우 이는 동시에 태아에 대한 불법행위가 성립한다. 判例도 "(母의) 교통사고의 충격으로 태아가 조산되고 또 그로 인하여 제대로 성장하지 못하고 사망하였다면(살아서 출생한 후 일찍 사망) 위 불법행위는 한편으로 산모에 대한 불법행위인 동시에 한편으로는 태아 자신에 대한 불법행위라고 볼 수 있으므로 따라서 죽은 아이는 생명침해로 인한 재산상 손해배상청구권이 있다"라고 판시하고 있다(대판 1968.3.5. 67다2869).

> **[비교판례]** ✻ **모체와 같이 사망한 태아에게 손해배상청구권을 인정할 수 있는지 여부**(소극)
> "태아가 특정한 권리에 있어서 이미 태어난 것으로 본다는 것은 살아서 출생한 때에 출생시기가 문제의 사건의 시기까지 소급하여 그때에 태아가 출생한 것과 같이 법률상 보아 준다고 해석하여야 상당하므로 그가

모체와 같이 사망하여 출생의 기회를 못 가진 이상 배상청구권을 논할 여지없다"(대판 1976.9.14. 76다1365: 표준판례17).

2. 상 속 [10사법]
태아는 상속순위에 관하여는 이미 출생한 것으로 본다(제1000조 3항). 대습상속(제1001조)과 그것을 준용하는 유류분권(제1118조, 제1001조)의 경우에도 태아의 권리능력이 인정된다.

3. 유 증[1] (단독행위)
유증에 관해서는 상속에서의 태아의 권리능력에 관한 규정이 준용된다(제1064조, 제1000조 3항). 따라서 유언자가 사망할 때 태아였던 자에 대한 유증도 태아가 이후 출생하였다면 유효하다.

4. 사인증여[2] (계약)
이에 관한 명시적인 判例는 없다. 다만 "유증의 효력에 관한 민법 제1078조는 그것이 엄격한 방식을 요하는 단독행위임을 전제로 하는 것이어서 낙성·불요식 계약인 사인증여에는 적용되지 않는다"(대판 1996.4.12. 94다37714,37721)고 판시함으로써 부정설과 동일한 논거를 취한 판시내용이 있다.[3]

[판례검토] 검토하건대, 태아를 이미 출생한 것으로 보는 민법의 개별규정들이 태아측의 적극적인 관여가 없는 경우임에 비추어 볼 때 계약인 사인증여에까지 인정하는 것은 부당하고, 또 유증이나 제3자를 위한 계약에 의해서도 충분히 목적을 달성할 수 있다는 점에서 부정설이 타당하다(통설).

5. 인 지[4] [10사법]
父는 태아를 인지할 수 있으나(제858조), 태아에게도 인지청구권이 인정되는지에 대하여는 학설은 대체로 제858조의 반대해석상 허용되지 않는다는 부정설의 입장이다[다만, 태아가 살아서 출생한 경우 강제인지는 가능하다(제863조, 제864조)]. 따라서 태아 쪽에서 적극적으로 태아의 성장에 필요한 비용을 父에게 청구할 수는 없다.

6. 기타 법률관계에의 유추적용 문제 (태아의 권리능력 확대문제)
判例는 '생전증여'와 관련하여 "태아에 대한 증여에 있어서도 태아의 수증행위가 필요한바, 상속 또는 유증의 경우를 '유추'하여 태아의 수증능력을 인정할 수 없다"고 한다(대판 1982.2.9. 81다534: 표준판례 16). 그러나 判例는 태아를 상해보험의 피보험자로 하는 상해보험계약은 민법 제103조에 위반되지 않는 유효한 계약이라고 한다(대판 2019.3.28. 2016다211224).

[판례검토] 민법이 개별주의를 취하는 이상 판례의 태도는 타당하다(다수설).

---

1) 유언에 의하여 유산의 전부 또는 일부를 무상으로 다른 사람에게 물려주는 '단독행위'로서 유언의 효력은 유언자가 사망한 때 발생한다.
2) 증여자가 사망하면 효력이 발생하는 '무상계약'의 일종이다. 유증은 단독행위라는 점에서 계약인 사인증여와는 구별되지만, 사인행위라는 점에서 사인증여와 유사하므로 유증에 관한 규정이 사인증여에도 준용된다(제562조).
3) [학설] ① 사인증여는 유증의 규정이 준용되므로(제562조) 태아의 권리능력에 관한 규정(제1064조)도 사인증여에 준용되어야 한다는 긍정설과 ② 사인증여는 계약으로서 단독행위인 유증과는 성질상 차이가 있으므로 유증의 규정을 준용할 수는 없다는 부정설이 있다.
4) 인지란 '혼인 외에 출생한 子와 그 父 또는 母 사이에 법률상 친자관계를 형성하는 것'을 말한다.

Ⅲ. 태아의 권리능력 취득시기 [10사법, 10행정, 16입법] [A-38]

1. 문제점

태아는 전술한 바와 같이 일정한 경우에 한해서는 출생한 것으로 보아 권리능력이 인정된다. 그런데 태아가 '이미 출생한 것으로 본다'는 의미가 무엇인지에 관해서는 다음과 같이 견해의 대립이 있다.
주의할 것은 학설 모두 태아가 최소한 살아서 출생하는 것을 공통으로 한다는 점이다. 즉 태아가 사산된 때에는 어느 경우에도 권리능력을 갖지 못하는 것이다.

2. 학 설

① 거래안전 보호에 치중하는 견해로 태아인 동안에는 권리능력이 인정되지 않지만, 태아가 살아서 출생하면 권리능력 취득의 효과가 문제의 사건이 발생한 시기로 소급한다는 **정지조건설**과 ② 태아의 보호에 치중하는 견해로 태아인 동안에도 권리능력이 인정되는 개별적 사항의 범위에서 제한적 권리능력(해제조건설에 따르더라도 태아의 법정대리인의 권한은 현재의 권리관계를 보전하는 범위에 한정된다고 한다)을 가지지만, 사산한 경우에는 권리능력 취득의 효과가 소급하여 소멸한다는 **해제조건설**이 대립한다.

[★ **학설대립의 실익**] 예를 들어 甲은 강도 A를 만나 격투를 벌이던 중 A가 휘두른 칼에 즉사하였고, 甲의 사망 당시 甲의 유족으로는 법률상의 배우자 乙, 친모(親母) 丙, 乙의 뱃속에 태아 丁이 있었다면 **그 후 살아서 출생한 丁이 甲의 상속인이 될 수 있는지와 관련해서 태아 丁은 甲의 처인 乙이 혼인 중에 포태한 자로써 살아서 출생하였으므로 甲의 친생자로 추정되어 어느 견해에 따르더라도 甲의 1순위 상속인이 된다**(제844조, 제1000조 3항, 제1000조 1항 1호). 따라서 乙과 丁이 甲의 공동상속인이 된다(제1003조 1항). 다만 논리전개 과정에서는 차이가 있다. ① 정지조건설에 의하면 丁은 태아로 있는 동안 아직 권리능력을 취득하지 못하므로 그 동안은 甲의 처 乙과 모 丙이 공동상속인이 되나(제1000조 1항 2호, 제1003조 1항), 丁이 살아서 출생하면 甲의 사망시점에 소급하여 상속권을 취득하므로 乙과 丁이 공동상속인이 되고 후순위인 丙은 상속권이 소급적으로 없어진다. ② 그러나 해제조건설에 의하면 태아 丁은 상속순위에 관하여는 이미 출생한 것으로 보므로, 丁은 태아인 상태에서 乙과 공동상속인이 된다. 다만 丁이 사산한 경우에는 甲의 사망시점에 '소급'하여 권리능력을 잃는다. 결국 '태아가 살아 출생하기 전 태아인 동안'에 권리능력취득 여부에 논의의 실익이 있다.

3. 판 례

"특정한 권리에 있어 태아가 권리를 취득한다 하더라도, 현행법상 이를 대행할 기관(법정대리인)이 없어 태아로 있는 동안은 권리능력을 취득할 수 없고, 따라서 살아서 출생할 때에 출생 시기가 문제의 사건의 시기까지 소급하여 그때에 태아가 출생한 것과 같이 법률상 보아준다고 해석하여야 한다"(대판 1976.9.14. 76다1365)고 판시하여 **정지조건설**을 취하고 있다.[5] 따라서 이러한 判例에 따르면 태아인 동안에는 법정대리인인 부(父)나 모(母)가 그 태아의 법정대리인으로서 법률행위를 할 수 없다.

4. 검 토

해제조건설은 **태아의 이익보호**를 그 논거로 하나(태아인 동안에 일정한 권리에 대해 권리능력을 가지므로), 법정대리인의 처분에 의해 오히려 태아에게 불이익을 가져올 수도 있고 그 밖에 사산이나 쌍생아 출산의 경우 해결하기 어려운 문제가 발생할 가능성이 크다. 따라서 정지조건설이 타당하다.[6]

---

5) [**판례평석**] 다만 判例의 논거가 태아인 동안에는 법정대리인을 인정할 수 없어 정지조건설을 취한다는 견해이나, 이는 정지조건설에 따른 결론을 그 논거로 사용하고 있다는 점에서 순환논법의 오류를 범하고 있다는 견해가 있다.
6) [**심화**] 민법은 태아를 위한 법정대리인제도를 두고 있지 않다. 나아가 태아에게 출생자의 법정대리인제도(제911조)를 유추하더라도, 권리관계가 아직 확정된 것은 아니므로, 태아의 법정대리인의 권한은 권리를 보전하기 위하여 필요한 행위에 한정되어야 한다(제118조). 가령 손해배상사건에서 법정대리인이 합의(화해)를 하는 것 또는 법정대리인도 공동상속인 경우에 상속재산의 협의분할 등은 허용되지 않는다. 뿐만 아니라 태아가 부동산을 특정유증 받은 경우에, 태아 명의로 소유권이전등기

판례연구 A-01

■ 태아의 권리능력(증여, 사인증여, 유증, 제3자를 위한 계약)

甲은 그 아들인 A, B, C, D 및 당시 포태 중이던 乙 등 5명에게 X토지를 증여한 후 사망하였다. 그리고 甲이 사망한 뒤 乙이 건강하게 태어났다.

I. 증여에 대한 태아의 수증능력(부정)

乙은 수증능력이 없으므로 X토지의 1/5지분에 대한 지분이전등기청구를 할 수 없다(대판 1982.2.9. 81다534).

II. 사인증여에 대한 태아의 수증능력(부정)

乙은 사인증여에 관한 수증능력도 없다고 보는 것이 타당하므로 X토지의 1/5지분에 대한 지분이전등기청구를 할 수 없다(다수설 ; 대판 1996.4.12. 94다37714,37721 참고).

III. 상속에 의해 태아 乙이 X토지를 상속받을 수 있는지 여부(긍정)

태아는 상속순위에 관하여서는 이미 출생한 것으로 보기 때문에(제1000조 3항), 甲은 공동상속인들이 상속한 재산의 분할방법을 유언으로 정하거나 이를 정할 것을 제3자에게 위탁하는 방법(제1012조)을 통해 X토지를 태아 乙에게 분할될 수 있도록 할 수 있다.

IV. 태아 乙을 수증자로 하여 특정적 유증을 할 수 있는지 여부(긍정)

유언의 효력이 발생한 시점, 즉 유언자인 甲이 사망한 때(제1073조)에 아직 태아 乙이 출생하지 않았다 하더라도, 태아는 유증에 있어서는 이미 출생한 것으로 간주되기 때문에(제1064조, 제1000조 3항), 甲은 제1065조 내지 제1070조의 방식(자필증서의 방식, 녹음에 의한 방식, 공정증서에 의한 방식, 비밀증서에 의한 방식, 구수증서에 의한 방식)을 갖추어 X토지의 소유권을 태아 乙에게 이전하는 것을 내용으로 하는 유언을 할 수 있다.

V. 태아 乙을 수익자로 한 제3자를 위한 계약에 의한 이전가능성(긍정)

제3자를 위한 계약에서 수익자는 특정될 수 있으면 충분하고 반드시 현재 권리능력을 가지고 있어야 하는 것은 아니다(대판 1960.7.21. 59다773). 따라서 甲은 자신을 일방당사자(요약자)로 하고 상속으로 X토지의 소유권을 취득할 지위에 있는 자를 타방당사자(낙약자)로 하여, 장차 태어날 乙에게 X토지의 소유권을 이전해 줄 것을 내용으로 하는 제3자를 위한 계약을 체결할 수 있다. 그리하여 甲이 사망한 후 乙이 출생하면 乙은 '미성년자'이더라도 수익의 의사표시를 '단독'으로 할 수 있다(제5조 1항 단서 ; 단순히 권리만을 얻는 행위).

를 경료할 수 있어야 하는데, 현행의 부동산 등기법에는 그에 관한 규정이 없어서 등기할 방법이 없다. 이상의 점에 비추어 보면, 태아의 보호를 위하여 해제조건설을 취하더라도 별다른 실익이 있는 것으로 보이지 않는다(지원림·제철웅, 민법연습(2판), p.6이하].

사례구조

부모 중 일방이 사고로 즉사한 경우 태아의 가해자에 대한 구제수단(상속 및 불법행위책임)
★ 사례로 쟁점화 될 수 있는 것은 ① 사망자에게 법률상 배우자가 있는 경우, ② 사망자에게 사실혼 상태에 있는 배우자가 있는 경우(태아의 임의인지·강제인지 가부), ③ 상속인 중 일방이 태아의 손해배상청구권에 관해 가해자와 배상액 합의를 하는 경우, ④ 사망자가 생전에 태아에게 특정 재산을 주기로 한 경우(유증·증여·사인증여·제3자를 위한 계약), ⑤ 사망자의 배우자가 태아를 낙태한 경우(상속결격) 등이다.

> 甲은 강도 A를 만나 격투를 벌이던 중 A가 휘두른 칼에 즉사하였고, 甲의 사망 당시 甲의 유족으로는 법률상의 배우자 乙, 친모(親母) 丙, 乙의 뱃속에 태아 丁이 있었다면, 그 후 살아서 출생한 태아 丁의 A에 대한 구제수단은?

I. 피해자(피상속인)의 손해배상청구권 확정(근거⇒주체성⇒범위⇒상속성)
즉사의 경우에도 이른바 '시간적 간격설'[1]에 의해 사망자 본인에게 i) 재산상(적극손해, 소극손해)[2] 및 ii) 정신상 손해배상청구권이 발생

II. 태아(상속인)의 상속 여하
제1000조 3항에 의해 상속능력 인정시 i) 재산상(적극손해, 소극손해) 및 ii) 정신상 손해배상청구권을 상속[3]

III. 태아(상속인) 고유의 손해배상청구권자로서의 권리
제762조에 의해 손해배상청구권의 권리능력 인정시 i) 재산상(적극손해, 소극손해)[4] 및 ii) 정신상 손해배상청구권을 행사할 수 있는지 여부(특히 태아가 정신적 고통을 느낄 수 있는지 여부 : 判例는 긍정)

IV. 상속받은 권리와 고유의 권리의 관계
재산적 손해는 중복·일치,[5] 정신적 손해는 중복 아님[6]

---

1) [관련판례] 피해자가 즉사한 경우에는 권리능력을 즉시 상실하기 때문에 손해배상청구권을 취득할 수 있는 권리주체성이 없는 것은 아닌지 문제되나, 통설·判例(대판 1973.9.25. 73다1100)는 즉사의 경우에도 치명상을 입은 때와 사망한 때와의 사이에는 이론상 또는 실제상 시간적 간격이 존재한다고 보아 즉사의 경우에도 피해자는 치명상을 입음과 동시에 손해배상청구권을 취득한다고 한다(시간적 간격설). 즉, A는 甲에게 불법행위에 기한 손해배상책임을 진다(제750조).

2) [관련판례] 甲의 재산상 손해에는 적극적 손해와 함께 소극적 손해, 즉 일실이익이 인정된다. 적극적 손해의 경우 장례비 등이 이에 해당하고, 아울러 소극손해인 일실이익의 경우 생계비는 당연 공제되나(실무상으로 일실이익을 산정함에 있어서 수입의 1/3정도를 망인의 생계비로 보아 공제하고 있다), 判例는 부양가족의 생계비는 공제하지 않는다(대판 1969.7.22. 69다504).

3) [관련판례] ① 재산상 손해배상청구권은 당연히 상속되나, ② 정신상 손해배상청구권의 경우 i) 일신전속권이라는 이유로 부정하는 견해도 있으나, ii) 判例는 "정신적 손해에 대한 배상(위자료)청구권은 피해자가 이를 포기하거나 면제했다고 볼 수 있는 특별한 사정이 없는 한 생전에 청구의 의사를 표시할 필요없이 원칙적으로 상속되는 것"(대판 1966.10.18. 66다1335)이라고 한다.

4) 살아서 출생한 태아 丁은 甲의 사망으로 인하여 甲에 대한 '부양청구권'(재산상 손해)을 상실하였다. 그러나 앞서 각주 2)에서 검토한 바와 같이 살아서 출생한 태아 丁은 甲의 손해배상청구권을 상속함으로(丁이 권리를 행사하여 A가 배상한 경우) 결국 현실적인 손해는 없다. 따라서 상속인 丁은 부양청구권 상실로 인한 손해배상청구권을 가지지 않는다.

5) 상속인의 '고유한 재산적 권리침해'의 내용 중 피상속인에 대한 부양청구권의 침해의 경우에는 피상속인(피해자)의 재산적 손해배상청구권을 '상속'받음으로써 그 손해가 전보되므로, 양자 중의 일방을 배상받으면 타방은 그 범위 내에서 소멸한다. 특히 判例에 따르면 피상속인(피해자)의 일실이익의 경우 부양가족의 생계비는 공제하지 않으므로 양 권리는 손해의 범위에서 일치한다. 따라서 丁이 일방의 권리를 행사하여 A가 배상한 경우, 다른 권리는 소멸한다.

6) [관련판례] "피해자의 재산상속인이 제752조 소정의 유족인 경우라 하여도 그 유족이 제752조 소정 고유의 위자료청구권과 피해자로부터 상속받은 위자료청구권을 함께 행사할 수 있다고 하여 그것이 부당하다 할 수 없다"(대판 1969.4.15. 69다268 등). 따라서 丁은 A에 대하여 고유의 위자료청구권과 甲으로부터 상속한 위자료청구권을 같이 행사할 수 있다.

제3관 자연인의 행위능력

요건사실론

■ 제한능력자의 법률관계

Ⅰ. **제한능력자가 법정대리인의 동의없이 법률행위를 한 경우**

1. 제한능력자측 '항변' 사유
   제한능력을 이유로 한 취소의 요건사실은 ⅰ) 제한능력자의 재산상 법률행위, ⅱ) 취소권을 가지는 자가 취소의 의사표시를 한 것(제5조 2항, 제10조 1항, 제13조 4항)이다.

2. 상대방측 '재항변' 사유
   취소권의 제한 또는 소멸(주로 ① 제6조, ② 제17조, ③ 제143조, 제144조, ④ 제145조, ⑤ 제146조, ⑥ 신용구매계약의 경우 금반언 검토)

3. 결국 취소가 가능한 경우
   (1) 제한능력자측에서 취소권을 행사한 경우
       ① 제141조 단서, ② 제750조(제17조 속임수 관련), ③ 제536조 또는 제320조(부당이득반환 관련)[7]
   (2) 제한능력자측에서 취소권을 행사하지 않은 경우
       ① 제15조, ② 제16조, ③ 제110조(제17조 속임수 관련), ④ 제109조(제17조 속임수 관련)

Ⅱ. **법정대리인이 대리권의 제한**(제909조 2항, 제921조, 제950조 1항 4호 등)**을 위반하여 법률행위를 한 경우**
   ① 본인의 무권대리의 항변(부인) ⇒ ② 상대방의 표현대리 재항변 ⇒ ③ 본인의 대리권 남용 재재항변 검토

Ⅰ. 행위능력 총설 [A-39]

1. 의사능력…권리장애의 항변(무효)

(1) 의 의

사적 자치의 원칙에 의해 당사자의 '의사'에 일정한 법적 효과를 부여하기 위해서는 '의사능력'을 가지고 있음이 전제되어야 한다(제105조 참조). 즉 의사능력이란 자기가 하는 행위의 의미나 결과를 합리적으로 판단하고 의사를 결정할 수 있는 정신적 능력을 말한다.

(2) 판단기준

민법의 규정이 없어 의사능력의 유무는 '구체적'인 법률행위와 관련하여 '개별적'으로 판단해야 한다(11회 선택형). 이러한 점에서 당사자의 연령 또는 가정법원의 심판 여부에 따라 획일적으로 결정되는 제한능력자 제도와 구별된다. 그리고 判例에 따르면 의사능력이 인정되기 위하여는 그 행위의 일상적인 의미뿐만 아니라 법률적인 의미나 효과에 대하여도 이해할 수 있을 것을 요한다고 한다(대판 2009.1.15. 2008다58367). **[07행정]**

---

[7] 채권(부당이득반환청구권)이 목적물의 반환청구권과 '동일한 법률관계'(취소권 행사)로부터 발생한 경우에도 제320조의 '물건에 관하여 생긴 채권'에 포함된다는 광의설에 따르면 논리적으로는 유치권이 인정될 것이다. 그러나 당해 견련성의 의미를 원칙적으로 채권이 목적물 자체로부터 발생한 경우에 한정하는 협의설에 의하면 유치권이 부정될 것이다.

예를 들어 정신병자, 만취자를 들 수 있고, 만 7세 미만의 자는 대체로 의사능력이 없다. 判例는 지능지수가 58로서 경도의 정신지체 수준에 해당하는 38세의 정신지체 3급 장애인이 2천만 원이 넘는 채무에 대하여 보증계약을 체결한 사안에서, 의사능력이 없다고 하였다. 또한 '지적장애를 가진 사람'이 장애인복지법령에 따라 지적장애인 등록을 하지 않았다거나 등록 기준을 충족하지 못하였다고 해서 반드시 의사능력이 있다고 단정할 수 없다고 한다(대판 2022.5.26. 2019다213344).

(3) 의사무능력의 효과

1) 무 효
의사무능력자의 법률행위의 효과에 대해서는 법률에 규정이 없으나 '무효'로 보는 것이 통설이고 判例이다(대판 2002.10.11. 2001다10113: **표준판례18**).

2) 의사무능력을 이유로 한 무효주장과 금반언
의사무능력자가 사실상의 후견인의 보조를 받아 대출계약을 체결하고 자신 소유의 부동산에 관하여 근저당권을 설정한 경우, "의사무능력자의 특별대리인이 위 대출계약 및 근저당권설정계약의 무효를 주장하는 경우에, 이러한 무효주장이 거래관계에 있는 당사자의 신뢰를 배신하고 정의의 관념에 반하는 예외적인 경우에 해당하지 않는 한(정형적·대량적 거래 : 저자주), 의사무능력자에 의하여 행하여진 법률행위의 무효를 주장하는 것은 금반언에 반하지 않으므로 허용된다"(대판 2006.9.22. 2004다51627)고 한다.

3) 부당이득반환(제141조 단서의 유추적용 여부)
判例는 "제한능력자의 책임을 제한하는 제141조 단서는 부당이득에 있어 수익자의 반환범위를 정한 민법 제748조의 특칙으로서 제한능력자의 보호를 위해 그 선의·악의를 묻지 아니하고 반환범위를 현존 이익에 한정시키려는 데 그 취지가 있으므로, 의사능력의 흠결을 이유로 법률행위가 무효가 되는 경우에도 유추적용되어야 할 것이다"라고 판시하고 있다(대판 2009.1.15. 2008다58367).[8)9)] **[07행정]**

2. 제한능력자 제도의 의의
의사능력 유무는 '개별적'으로 판단해야 하기 때문에 표의자나 상대방에게 불편한 점이 많다. 민법은 이러한 문제점을 해소하기 위해 객관적·획일적으로 행위능력을 제한하는 제한능력자제도를 채택하였다. 여기서 '행위능력'이란 독자적으로 유효하게 법률행위를 할 수 있는 능력을 말한다.

3. 제한능력자 제도의 목적
민법은 제한능력자가 독자적으로 한 법률행위는 원칙적으로 '취소'할 수 있다고 규정하고 있다(제5조 2항, 제10조 1항, 제13조 4항). 즉 유리하다고 생각되면 취소를 하지 않으면 그만이지만, 취소를 하게 되면 소급해서 무효가 되고(제141조), 이것은 모든 사람에 대한 관계에서 무효가 되는 절대적 효력이 있다(제5조 2항, 제10조 1항, 제13조 4항에서는 제107조 이하에서 정한 선의의 제3자 보호규정이 없다)(9회 **선택형**).

---

8) **[사실관계]** 의사무능력자가 자신이 소유하는 부동산에 근저당권을 설정해 주고 금융기관으로부터 금원을 대출받아 이를 제3자에게 대여한 사안에서, 대출로써 받은 이익이 위 제3자에 대한 대여금채권 또는 부당이득반환채권(대여행위 역시 의사무능력을 이유로 무효가 될 여지가 있다)의 형태로 현존하므로, 금융기관은 대출거래약정 등의 무효에 따른 원상회복으로서 위 대출금 자체의 반환을 구할 수는 없더라도 현존 이익인 위 채권의 양도를 구할 수 있다고 본 사례이다.

9) **[판례해설]** 그런데 이 판결에서 문제된 것은 일반적으로 의사능력이 결여되어 있음에도 개정 전 민법에서 한정치산 또는 금치산선고를 받지 않은 자의 행위를 대상으로 한 것이므로 이를 '개별적·구체적으로 판단되어야 하는' 의사능력 결여의 일반에 확장할 것은 아니다[지원림, 민법강의(13판), 2-377]. 즉, 만취상태 등 일시적으로 의사무능력 상태에 빠진 자에게는 적용할 수는 없다.

이 점에서 제한능력자제도는 거래의 안전을 희생시키는 것을 감수하면서 제한능력자 본인을 보호하는 데 그 목적을 두고 있다. 따라서 제한능력제도에 관한 규정은 '**강행규정**'으로서(대판 2007.11.16. 2005다71659 등), 이에 반하는 계약은 효력이 없다(7회,9회,11회 선택형).

4. 제한능력자 제도의 적용범위

민법 제5조 이하에서 정하는 제한능력자 제도는 원칙적으로 '**재산상의 법률행위**'에 한해 적용되는 것이 원칙이다. 가족법상의 법률행위는 본인 의사의 진실성을 존중하여야 하기 때문에 능력을 획일화하는 것은 타당하지 않고, 비록 제한능력자라 하여도 구체적인 경우에 의사능력이 있으면 원칙적으로 가족법상의 행위는 단독으로 할 수 있다고 보아야 한다.

Ⅱ. 미성년자의 행위능력 [A-40]

1. 서 설 [A-40a]

(1) 의 의

개정된 민법(2013.7.1.부터 시행)에 따르면 만 19세로 사람은 성년이 되며 성년에 달하지 않은 자가 미성년자이다(제4조). 연령은 출생일을 산입하여 역(曆)에 따라 계산한다(제158조, 제160조). 예컨대 2000. 2. 2.에 출생한 자는 2019. 2. 1.의 만료(24시)로써 성년이 된다.

(2) 성년의제(미성년자의 혼인)

① 미성년자도 혼인(법률혼만을 의미하고 사실혼은 제외)을 한 때에는 성년자로 본다(제826조의2 ; 성년의제). 따라서 혼인을 한 미성년자는 친권에 복종하지 않을 뿐만 아니라, 성년자와 마찬가지로 행위능력을 취득하고, 민사소송법상 소송능력도 인정된다. 다만, 성년의제로 인정받는 영역은 사법상영역에 한정되므로 공법상 영역(가령 선거권)에서는 여전히 미성년자일 뿐이다.
② 미성년자가 혼인을 하여 일단 성년의제의 효력이 발생한 이후에는 다시 이혼 등을 하더라도 성년의제의 효력은 유지된다. 따라서 혼인이 해소된 이후에도 별도의 법정대리인의 동의 없이 법률행위를 할 수 있다(통설).

2. 미성년자의 행위능력 [A-40b]

(1) 원 칙

1) 법정대리인의 동의필요

미성년자가 법률행위를 함에는 법정대리인의 동의를 얻어야 한다(제5조 1항 본문). 이는 제한능력자인 미성년자를 보호하기 위한 취지가 있는 것이지, 법정대리인이 동의를 하였다고 하여 법정대리인이 대리권을 상실한다는 의미가 아니다. 그리고 **법정대리인의 동의는 묵시적으로도 가능하나**(대판 2000.4.11. 2000다3095 : 미성년자가 법률행위 당시에 법정대리인인 친권자가 동석한 경우 친권자의 묵시적 동의가 있었던 것으로 인정할 수 있다), 미성년자가 동의를 얻지 않고 한 행위는 미성년자 본인 또는 그 법정대리인이 '취소'할 수 있다(제5조 2항, 제140조).

2) 법정대리인의 동의여부에 대한 입증책임

"미성년자가 토지매매행위를 부인하고 있는 이상 미성년자가 그 법정대리인의 동의를 얻었다는 점에 관한 입증책임은 미성년자에게 없고 이를(그 법률행위의 유효를) 주장하는 상대방에게 있다"(대판 1970.2.24. 69다1568). 다만, 미성년자 소유의 토지가 미성년자 명의의 소요문서에 의하여 타에 이전등기된 경우에도 그 등기는 적법하게 경료된 것으로 추정되므로, 이 경우에는 미성년자 측에서 법정대리인의 동의가 없었다는 사실을 증명하여야 한다(대판 1969.2.4. 68다2147 : 등기의 추정력).

3) 동의의 취소

법정대리인은 '미성년자가 법률행위를 하기 전'에 한해서는 그가 한 동의를 취소할 수 있다(제7조). 이러한 취소는 미성년자가 법률행위를 하기 전에만 허용되는 것이므로 본래적 의미의 취소와 달리 **소급효가 없는 철회**에 불과하며, 이미 법률행위를 한 후에는 전에 한 동의를 취소할 수 없고 확정적으로 유효한 것으로 된다.

(2) 예 외

미성년자가 법률행위를 함에는 법정대리인의 동의를 얻어야 한다(제5조 1항 본문). 하지만 민법은 미성년자 보호에 문제가 없는 경우 미성년자가 단독으로 유효한 법률행위를 할 수 있는 경우를 다양하게 인정하고 있다.

1) 단순히 권리만을 얻거나 의무만을 면하는 행위(제5조 1항 단서)

> **제5조(미성년자의 능력)** ① 미성년자가 법률행위를 함에는 법정대리인의 동의를 얻어야 한다. 그러나 권리만을 얻거나 의무만을 면하는 행위는 그러하지 아니하다.

어떤 법률행위가 미성년자에게 이익이 되는가 하는 것은 경제적 관점에서가 아니라 **법적 효과를 기준으로 판단되어야** 한다.

① **[긍정]** 친권자에게 부양료를 청구하는 경우, 부담이 없는 증여를 받는 경우, 제3자를 위한 계약에서 제3자가 수익의 의사표시를 하는 것(제539조 2항)(권리만을 얻는 경우임), **채무면제를 청약하는 것에 대해 이를 승낙하는 경우**(의무만을 면하는 것임)는 미성년자가 단독으로 할 수 있다. 그 외에도 소멸시효 중단을 위한 최고나 채무자를 이행지체에 빠뜨리기 위한 이행청구도 미성년자에게 불이익을 초래할 위험이 없고 권리보호를 위해 필요한 행위이기 때문에 단독으로 할 수 있다.

② **[부정]** 그러나 이익뿐만 아니라 의무도 부담하는 경우, 예컨대 **부담부 증여계약을 체결하는 행위·경제적으로 유리한 매매를 체결하는 행위·상속을 승인하는 행위** 등은 단독으로 하지 못한다. 아울러 사용대차계약(제609조)이나 무이자 소비대차계약(제598조) 등 무상계약의 체결의 경우에도 법률의 규정에 의해 반환의무 등 일정한 의무를 부담하는 경우가 있으므로 단독으로 할 수 없다.

2) 법정대리인이 범위를 정하여 처분을 허락한 재산의 처분행위(제6조)

가) 의 의

법정대리인이 범위를 정하여 처분을 허락한 재산은 제한능력자가 임의로 처분할 수 있다(제6조). 따라서 예컨대 법정대리인으로부터 받은 자신의 용돈을 친구에게 빌려주는 행위는 단독으로 할 수 있다.

나) '범위를 정하여'의 의미

제6조의 '범위'는 '사용목적의 범위'가 아니라 '재산의 범위'라고 보는 것이 타당하다. 따라서 사용목적을 제한하여 처분을 허락하였으나 미성년자가 그 목적에 위반하여 처분한 경우에도 행위의 효력에는 영향이 없다(다수설). 왜냐하면 사용목적은 외부에서 알기 힘든 주관적 요소이므로, 이에 따라 미성년자가 한 행위의 유효 여부를 결정하는 것은 거래안전에 반하기 때문이다.

다) 처분이 허락된 재산의 처분행위로 인한 후속적인 조치를 취하는 경우 **[98사법]**

여기서의 처분은 그러한 처분행위로 인한 후속조치도 포함한다. 예를 들어 미성년자가 처분이 허락된 재산의 범위 내에서 새로 채무를 부담하는 경우(예컨대 용돈의 범위에서 물품을 할부로 구입하기로 한 경우)에도 제6조에 의하여 법정대리인의 동의가 필요없다. 다만 후속조치로 인한 대체물의 가격이 처분이 허락된 재산의 가격을 현저히 초과하는 경우(예를 들어 용돈으로 거액의 복권에 당첨된 때)에는 법정대리인의 허락이 필요하다.

라) 법정대리인의 동의

이는 묵시적으로도 가능한바, 判例에 따르면 이러한 묵시적 동의 유무는 ⅰ) 미성년자의 독자적인 소득의 범위와 ⅱ) 계약의 내용(할부거래여부) 등을 고려한다(아래 2005다71659판결 참고 : 핵심사례 A-3.참고).

① [미성년자가 '신용구매계약'을 취소한 경우] 만 18세가 넘은 미성년자가 월 소득범위 내에서 신용구매계약을 체결한 사안에서, 대법원은 "ⅰ) 미성년자가 신용카드에 의해 신용구매계약을 체결한 경우, 민법이 정한 제한능력자 제도는 이 경우에도 적용되고 예외를 둘 것이 아니다. ⅱ) 민법에서 정하고 있는 제한능력자에 관한 규정은 거래의 안전을 희생하면서까지 제한능력자를 보호하고자 하는 것으로서 강행규정에 속하는 것이므로, 이에 관해 신의칙 위반을 이유로 이를 배척하는 것은 강행규정에 의해 배제하려는 결과를 실현시키는 셈이 되어 허용될 수 없다. ⅲ) 미성년자가 신용카드에 의해 신용구매를 한 경우, 그에 관해 법정대리인의 동의가 있거나 또는 그것이 처분을 허락한 재산의 범위 내에 속하는 경우에는, 미성년자는 위 법률행위를 취소할 수 없다"(대판 2007.11.16. 2005다71659).

② [미성년자가 '신용카드이용계약'을 취소한 경우] "미성년자가 신용카드발행인과 사이에 신용카드 이용계약을 체결하여 신용카드거래를 하다가 신용카드 이용계약을 취소하는 경우 미성년자는 그 행위로 인하여 받은 이익이 현존하는 한도에서 상환할 책임이 있는바, 신용카드 이용계약이 취소됨에도 불구하고 신용카드회원과 해당 가맹점 사이에 체결된 개별적인 매매계약은 특별한 사정이 없는 한 신용카드 이용계약취소와 무관하게 유효하게 존속한다 할 것이고, 신용카드발행인이 가맹점들에 대하여 그 신용카드사용대금을 지급한 것은 신용카드 이용계약과는 별개로 신용카드발행인과 가맹점 사이에 체결된 가맹점 계약에 따른 것으로서 유효하므로, 신용카드발행인의 가맹점에 대한 신용카드이용대금의 지급으로써 신용카드회원은 자신의 가맹점에 대한 매매대금 지급채무를 법률상 원인 없이 면제받는 이익을 얻었으며, 이러한 이익은 금전상의 이득으로서 특별한 사정이 없는 한 현존하는 것으로 추정된다"(대판 2005.4.15. 2003다60297 등 : 13회 선택형)

즉, 判例는 '신용카드이용계약'이 제한능력을 이유로 취소되는 경우, 제한능력자가 반환하여야 할 부당이득반환의 대상은 신용카드가맹점과의 거래계약을 통하여 취득한 물품이 아니라 신용카드사가 가맹점에 대신 지급함으로써 '면제받은 물품대금채무 상당액'[10]이라고 한다.

마) 처분허락의 취소

법정대리인은 '미성년자가 법률행위를 하기 전'에 한해서는 그가 한 처분허락을 취소할 수 있다(제7조). 이러한 취소는 미성년자가 법률행위를 하기 전에만 허용되는 것이므로 본래적 의미의 취소와 달리 소급효가 없는 철회에 불과하며, 이미 법률행위를 한 후에는 전에 한 동의를 취소할 수 없고 확정적으로 유효한 것으로 된다.

3) 영업의 허락을 받은 경우의 그 영업에 관한 행위(제8조 1항)

가) 의 의

미성년자가 법정대리인으로부터 허락을 얻은 특정한 영업에 관하여는 성년자와 동일한 행위능력이 있다(제8조 1항).

---

[10] [판례평석] 위 판결과 같이 '대금상당의 금전'이 아닌 '채무소멸의 이익'을 얻었다고 파악하면 현존이익의 추정이 뒤집히는 경우는 쉽사리 상정할 수 없으며 이는 제141조 단서의 취지(제한능력자의 부당이득반환 의무를 현존이익으로 제한)를 거의 몰각하게 된다.

나) '특정한 영업'의 의미

'특정'한 영업이란 사회관념상 1개로 보여지는 영업의 단위를 말하는 것이다. 따라서 포괄적 영업허락(어떠한 영업을 하여도 좋다든지) 혹은 하나의 영업의 일부만에 대한 허락은 허용되지 않는다.

다) '성년자와 동일한 행위능력'의 의미

허락을 받은 영업에 관하여 미성년자는 성년자와 동일한 행위능력이 있다. 따라서 당해 영업과 관련하여서는 **법정대리인의 대리권도 소멸하고**(3회 선택형). 그 영업에 관한 행위에 대해서는 미성년자에게 '**소송능력**'이 인정된다.[11] 이와 비교하여 제6조의 처분을 허락한 재산의 경우 법정대리권이 소멸하지 않고 미성년자의 소송능력도 인정되지 않는다.

라) 영업허락의 취소 및 제한

법정대리인은 필요하면 제한능력자를 보호하기 위해 영업의 허락을 취소·제한할 수 있다(14회 선택형). 다만, 영업의 취소·제한 모두 실질적으로 철회에 해당하므로 그 효력은 장래를 향하여 발생한다. 그리고 **영업허락의 취소나 제한은 미성년자와 거래한 선의의 제3자에게는 대항하지 못한다**(제8조 2항)(5회 선택형).

4) 기 타

① 대리인은 행위능력자임을 요하지 않는다(제117조). 즉 미성년자는 유효한 대리행위를 할 수 있다.
② 제5조의 규정은 유언에 관하여는 이를 적용하지 아니하므로(제1062조), 만 17세에 달한 자는 단독으로 유언을 할 수 있다(제1061조).
③ 미성년자는 독자적으로 임금을 청구할 수 있고(근로기준법 제68조), 친권자 또는 후견인은 미성년자의 근로계약을 대리할 수 없다(근로기준법 제67조 1항).
④ 제한능력자임을 이유로 한 취소도 단독으로 할 수 있다(제140조).

3. 미성년자 법정대리인의 대리권 제한(위반시 무권대리 ⇒ 제126조의 표현대리)   [A-40c]

(1) 서 설

미성년자의 경우 친권자·후견인 순으로 법정대리인이 된다. 즉 ① 부모는 미성년자인 子의 친권자가 되며, 양자의 경우에는 양부모가 친권자가 된다(제909조 1항). ② 친권자가 없거나 대리권 및 재산관리권을 행사할 수 없을 때에는 후견인이 법정대리인이 된다(제928조, 제938조). 이러한 **법정대리의 경우는 원칙적으로 대리권의 범위에 제한이 없다**(제920조 본문, 제949조 1항). 그러나 일정한 경우에는 미성년자를 보호할 필요가 있다는 점에서 대리권의 행사에 제한을 두고 있다.

[미성년자의 후견인] 미성년자의 후견인은 정하는 방법에 따라 ① 친권을 행사하는 자가 유언으로 지정하는 '지정후견인'(제931조), ② 이러한 자가 없을 경우 미성년자의 친족 기타 이해관계인의 청구에 의하여 가정법원이 선임하는 '선임후견인'(제936조) 등으로 구분되는데, **미성년자의 후견인은 1인으로 한다**(제930조 : 3회,7회 선택형). 개정민법(2013.7.1.시행)에 따르면 그동안 현실적으로 문제가 있는 것으로 지적되어 왔던 종전의 후견인의 법정순위(제932조 등)를 폐지하고, 가정법원이 후견인을 선임하는 것으로 바꾸었다.

---

11) **민사소송법 제51조(당사자능력·소송능력 등에 대한 원칙)** 당사자능력, 소송능력, 소송무능력자의 법정대리와 소송행위에 필요한 권한의 수여는 이 법에 특별한 규정이 없으면 민법, 그 밖의 법률에 따른다.

(2) 공동대리 [10사법]

1) 의 의
미성년자의 친권자인 부모가 혼인 중인 때에는 부모가 공동으로 친권을 행사하여야 한다(제909조 2항, 3항).

2) 공동의 의미(공동성의 법적 성질)
공동대리에서 '공동'의 의미와 관련하여 의사결정의 공동인지, 의사표시의 공동인지가 문제된다. 그러나 공동대리제도의 취지상 일반적으로 전자로 해석된다(통설). 따라서 공동대리인 간에 의사의 합치가 있는 이상, 반드시 전원이 공동으로 의사표시를 할 필요는 없으며 그중 1인에게 의사표시의 실행을 위임할 수 있다.

3) 위반의 효과
친권의 행사가 부모 중 어느 일방의 단독 의사에 기인한 것이라면 이는 무권대리행위가 된다.
① 그러나 민법은 제920조의 2에서 ⅰ) 부모의 일방이 다른 일방의 동의를 얻지 않고 '공동명의'로 子를 대리하였고, ⅱ) 상대방이 '선의'인 경우에는 당해 법률행위가 유효하게 된다고 규정하고 있다 (13회 선택형).
② 따라서 ⅰ) 부모의 일방이 다른 일방의 동의를 얻지 않고 그 '단독명의'로 子를 대리하였고, ⅱ) 상대방이 '선의, 무과실'인 경우에는 제126조의 표현대리에 의해 보호받을 수 있을 뿐이다.

(3) 子의 행위를 목적으로 하는 채무부담행위
子(또는 피후견인)의 행위를 목적으로 하는 채무(고용계약 등)를 부담할 경우에는 子의 동의를 얻어야 법정대리인이 子를 대리할 수 있다(제920조 단서, 제949조 2항). 이에 위반된 법률행위는 무권대리행위가 된다. 그러나 법정대리인은 미성년자의 '근로계약'은 대리할 수 없다(근로기준법 제67조 1항).

(4) 이해상반행위 [11·12사법, 10행정]

> **■ 이해상반행위, 친권남용, 법정대리권을 기본대리권으로 한 제126조의 표현대리 성부**
>
> 미성년자 甲의 단독 친권자인 乙은 자신이 대주주로 있는 丙 주식회사의 채무를 담보하기 위하여 甲 소유의 X부동산을 甲을 대리하여 丁은행에 근저당권을 설정하여 주었다.
>
> ① 친권자(乙)의 근저당권 설정 대리행위가 제921조 1항의 이해상반행위에 해당하는지 여부(형식적 판단설, 실질적 판단설) ⇒ ② 형식적 판단설에 의하는 경우 이해상반행위가 아님(유권대리이므로 친권자의 대리행위가 친권의 남용에 해당하는지 검토) ⇒ ③ 실질적 판단설에 의하는 경우 이해상반행위에 해당(무권대리이므로 법정대리권을 기본대리권으로 한 제126조의 표현대리가 성립하는지 검토)

1) 의 의
친권자와 그 子 사이에 또는 그 친권에 복종하는 수인의 子 사이에 이해가 상반되는 경우에, 친권자는 법원에 그 子 또는 수인의 子 각자의 특별대리인의 선임을 청구하여야 한다(제921조). 이에 위반한 행위는 무권대리가 되어, 본인이 추인하지 않는 한 무효이다(제130조).
한편 미성년자에게 친권자가 없어 후견인이 선임된 경우에도 제921조가 준용된다. 다만 후견감독인이 선임된 경우에는 그가 피후견인(미성년자)을 대리하여 특별대리인의 역할을 수행할 것이므로 특별대리인을 따로 선임할 필요는 없다(제940조의6 3항, 제949조의3)(3회 선택형).

[관련판례] * 특별대리인의 선임심판
"민법 제921조의 특별대리인 제도는 친권의 남용을 방지하고 미성년인 자의 이익을 보호하려는 데 그 취지가 있으므로, **특별대리인은 이해가 상반되는 특정의 법률행위에 관하여 개별적으로 선임되어야 한다**. 따라서 특별대리인선임신청서에는 선임되는 특별대리인이 처리할 법률행위를 특정하여 적시하여야 하고 법원도 그 선임 심판시에 특별대리인이 처리할 법률행위를 특정하여 이를 심판의 주문에 표시하는 것이 원칙이며, 특별대리인에게 미성년자가 하여야 할 법률행위를 무엇이든지 처리할 수 있도록 포괄적으로 권한을 수여하는 심판을 할 수는 없다"(대판 1996.4.9. 96다1139 : 8회,14회 선택형).

2) 제124조와의 관계

동조는 제124조(자기계약 또는 쌍방대리의 금지)의 특칙이다(즉 제124조는 친자관계에는 적용되지 않는다). 따라서 子에게는 이익이 되지만 친권자에게는 아무런 이익이 되지 않는 행위(예를 들어 친권자로부터 子에게로의 증여)는 비록 자기계약에 해당되어도 제921조의 이해상반행위는 아니므로 이런 행위도 유효하다(대판 1981.10.13. 81다649).

3) 이해상반행위의 판단기준

여기서 '이해상반행위'란 친권자에게는 이익이 되고 子에게는 불이익이 되는 경우(제921조 1항) 혹은 子들 간에 있어서 일방에게는 이익이 되고 타방에게는 해가 되는 행위(제921조 2항)를 말한다.

가) 학 설

① 이해상반행위는 오직 그 행위 자체에 대한 외형적 법률효과로만 판단해야 하고, 당해 행위를 하게 된 친권자의 의도나 실질적·경제적 효과는 고려할 것이 아니라는 **형식적 판단설**(다수설), ② 이해상반행위는 행위의 형식뿐 아니라 당해 행위에 이르게 된 친권자의 동기, 경제적 효과까지 고려하여 실질적으로 판단하여야 한다는 **실질적 판단설** 등이 있다.

나) 판 례

判例는 "행위의 객관적 성질상 친권자와 子 사이에 이해의 대립이 생길 우려가 있는 행위를 의미하며 **친권자의 의도**(예컨대 친권자 개인의 이익을 위해 행위된 내용)나 **실질적으로 이해의 대립**(예컨대 결과적으로 미성년자에게 이익이 되었는지 여부)이 생겼는가는 묻지 않는다"(대판 1991.11.26. 91다32466 : 8회 선택형)고 하여 '**형식적 판단설**'의 입장이다.

㉠ [이해상반 긍정] 判例는 i) 미성년자 甲의 母 乙이 자기의 영업자금을 마련하기 위해 丙으로부터 금전을 차용하면서 이를 담보하기 위해 甲을 대리하여 甲소유 부동산을 丙앞으로 저당권을 설정해 준 경우(대판 1971.7.27. 71다1113), ii) 상속재산에 대하여 소유의 범위를 정하는 내용의 공동상속재산 분할협의에서 공동상속인인 친권자가 다른 공동상속인인 미성년자를 대리하여 **상속재산 분할협의를 하는 경우**(대판 1993.4.13. 92다54524 등)[12] : 5회,6회,7회,8회,13회 선택형), iii) 수인의 미성년자와 그 친권자가 **공유물분할의 소의 당사자가 된 경우**(대판 2024.7.11. 2023다301941) 이해상반행위에 해당한다고 한다. [4회 기록형]

㉡ [이해상반 부정] 그러나 判例는 형식적 판단설의 입장에서 미성년자에게 불이익하더라도 '형식적'으로 친권자가 아닌 제3자(또는 성년의 子)에게 이익이 되는 다음과 같은 경우는 이해상반행위가 아니라고 한다. 즉, i) 母 乙이 자기 오빠의 A에 대한 채무를 담보하기 위하여 자신 및 미성년의 子 甲이 공유하는 부동

---

12) "공동상속재산분할협의는 그 행위의 객관적 성질상 상속인 상호간에 이해의 대립이 생길 우려가 있는 행위라고 할 것이므로 공동상속인인 친권자와 미성년인 수인의 자 사이에 상속재산분할협의를 하게 되는 경우에는 미성년자 각자마다 특별대리인을 선임하여 그 각 특별대리인이 각 미성년자인 자를 대리하여 상속재산분할의 협의를 하여야 하고 만약 친권자가 수인의 미성년자의 법정대리인으로서 상속재산분할협의를 한 것이라면 이는 민법 제921조에 위반된 것으로서 이러한 대리행위에 의하여 성립된 상속재산분할협의는 피대리자 전원에 의한 추인이 없는 한 무효이다"

산을 A의 채권자 丙 앞으로 각각 근저당권을 설정해 준 경우(대판 1991.11.26. 91다32466 : **5회,6회 선택형**), ii) 친권자인 母가 자신이 대표이사 겸 대주주로 있는 **주식회사의 채무 보증을 위하여** 자신과 미성년인 子의 공유재산을 담보로 제공한 행위(대판 1996.11.22. 96다10270 : **8회,13회 선택형**), iii) A의 공동상속인이 배우자 乙, 성년의 자 B, 미성년자 甲인 경우 乙이 자신의 **상속을 포기함과 동시에 甲을** 대리하여 甲의 상속을 포기하는 행위(대판 1989.9.12. 88다카28044 : **3회 선택형**) iv) 친권자가 부동산을 그의 子에게 명의신탁하는 행위(대판 1998.4.10. 97다4005), ⅴ) 친권자가 그의 子에게 증여한 행위는(대판 1981.10.13. 81다649) 이해상반행위에 해당하지 않는다고 한다.

다) 검 토

실질적 판단설은 이해상반행위의 범위를 넓게 하여 무권대리행위를 주장하는 미성년자 보호에 유리할 수 있으나, 형식적 판단설에 의하더라도 친권의 남용이론을 주장하여 거래의 안전을 도모하면서도 미성년자를 충분히 보호할 수 있다. 또한 이해상반행위를 판단하는 것은 친권자의 대리권 범위를 결정하며, 특별대리인 선임의 기준이 되는 것으로서 그 명확한 기준을 설정할 필요성이 크다. 따라서 형식적 판단설이 타당하다.

4. 후견인의 대리행위와 후견감독인의 동의 [10사법]　　　　　　　　　　　　　　　　　[A-40d]

(1) 의 의

미성년자에게 친권자가 없어 '후견인'이 법정대리인이 된 경우에는 친권자와는 달리 그 권한에 제한을 받는다. 즉 후견감독인이 선임된 경우에는, 후견인이 'ⅰ) 영업에 관한 행위, ⅱ) 금전을 빌리는 행위, ⅲ) 의무만을 부담하는 행위, ⅳ) 부동산 또는 중요한 재산에 관한 권리의 득실변경을 목적으로 하는 행위, ⅴ) 소송행위, ⅵ) 상속의 승인, 한정승인 또는 포기 및 상속재산의 분할에 관한 협의' 중 어느 하나에 대해 대리를 하거나 동의를 할 때에는, 후견감독인의 동의를 받아야 한다(제950조 1항).

(2) 후견인이 후견감독인의 동의 없이 제950조 1항 각호의 행위를 한 경우의 효과

후견감독인의 동의를 얻지 않은 후견인의 대리행위는 그 실질은 무권대리이지만 민법은 일단 대리행위가 유효함을 전제로 피후견인 또는 후견감독인이 취소할 수 있도록 하고 있다(제950조 3항). 그렇지만 실질은 무권대리의 성질을 갖기 때문에 표현대리 법리가 (유추)적용될 수 있다(대판 1997.6.27. 97다3828).[13]

Ⅲ. 피성년후견인　　　　　　　　　　　　　　　　　　　　　　　　　　　　　　　　　　　　　　　[A-41]

1. 의 의

정신적 제약으로 사무를 처리할 능력이 지속적으로 결여된 사람에 대하여는, 가정법원은 일정한 자의 **청구**(직권으로는 불가능)에 의해 성년후견개시의 심판을 하는데(제9조), 그 심판을 받은 자를 '**피성년후견인**'이라고 한다(참고로 개정 전 제12조는 '심신상실의 상태에 있는 자'로서 법원으로부터 금치산선고를 받은 자를 금치산자라 하였는데, 동 제13조에 따라 그의 법률행위는 언제나 취소할 수 있었다). 종전 한정치산·금치산제도는 정신적 능력의 제약을 이유로 한 것이었는데, 이 점은 기본적으로 성년후견(한정후견)에서도 같다.

---

13) "한정치산자의 후견인이 친족회(개정 민법은 종전의 친족회제도를 폐지하고, 가정법원이 후견감독인을 선임할 수 있는 것으로 바꾸었다)의 동의 없이 피후견인의 부동산을 처분한 경우에도 거래의 상대방이 친족회의 동의가 갖추어진 것이라고 믿을만한 정당한 이유가 있는 때에는, 본인인 한정치산자에게 그 효력이 있고 제950조 2항(현행법 제950조 3항)에 따른 취소권을 행사할 수 없다"

2. 성년후견개시의 요건

(1) 실질적 요건

질병, 장애, 노령, 그 밖의 사유로 인한 정신적 제약으로 사무를 처리할 능력이 '지속적으로 결여'된 사람이어야 한다(제9조 1항). 즉, 신체적 장애만으로는 성년후견이 개시될 수 없다. 참고로 判例에 따르면 피성년후견인이나 피한정후견인이 될 사람의 정신상태를 판단할 만한 다른 충분한 자료가 있는 경우 가정법원은 의사의 감정이 없더라도 성년후견이나 한정후견을 개시할 수 있다고 한다(대결 2021.6.10. 2020스596).

(2) 형식적 요건

① '본인, 배우자, 4촌 이내의 친족, 미성년후견인, 미성년후견감독인, 한정후견인, 한정후견감독인, 특정후견인, 특정후견감독인, 검사 또는 지방자치단체의 장'이 가정법원에 그 청구를 하여야 하며(제9조 1항), 그 심판을 할 때에는 '**본인의 의사를 고려**'하여야 한다(제9조 2항). 즉, 가정법원이 직권으로 절차를 개시할 수는 없다. 그러나 한정후견의 개시를 청구한 사건에서 의사의 감정결과 등에 비추어 성년후견 개시의 요건을 충족하고 **본인도 성년후견의 개시를 희망한다면 법원이 성년후견을 개시할 수 있고**, 성년후견 개시를 청구하고 있더라도 필요하다면 한정후견을 개시할 수 있다(대결 2021.6.10. 2020스596). 즉, 후견심판에서 법원은 청구취지에 기속되지 않는다.

② 성년후견은 후견등기부(가족관계등록부가 아님)에 공시된다(후견등기에 관한 법률 제11조).

3. 피성년후견인의 행위능력

(1) 원칙

피성년후견인의 법률행위는 원칙적으로 언제나 취소할 수 있다(정신적 제약으로 사무를 처리할 능력이 지속적으로 결여되어 있기 때문이다)(제10조 1항). 성년후견인의 동의가 있더라도 취소할 수 있는데, 취소권자는 피성년후견인과 성년후견인이다(제140조).

(2) 예외

① 가정법원이 '취소할 수 없는' 피성년후견인의 법률행위의 범위를 정한 경우에 그 한도에서 예외적으로 행위능력을 가지고(제10조 2항), 일정한 자의 청구에 의해 가정법원이 그 범위를 변경할 수 있다(동조 3항). 그리고 일용품의 구입 등 일상생활에 필요하고 그 대가가 과도하지 아니한 법률행위는 피성년후견인이 단독으로 할 수 있다(제10조 4항)(4회,11회 선택형).

② 한편 피성년후견인의 '**신상**'(피후견인의 프라이버시와 자기결정권이 중요시되는 신체적·정신적 복리에 관한 사항으로 거주, 이전, 주거, 의학적 치료 등)에 관해서는 그의 상태가 허용하는 범위에서 피성년후견인이 단독으로 결정할 수 있고(제947조의2 1항), 가족법상 행위에 관하여 성년후견인의 동의를 얻어 스스로 유효한 법률행위를 할 수 있는 경우가 있으며(제802조, 제808조 2항, 제835조, 제873조, 제902조), 특히 유언은 의사능력이 회복된 때에 한하여 독자적으로 할 수 있다(제1063조).

③ 타인의 대리행위는 의사능력이 갖추어진 경우에 한하여 피성년후견인이 단독으로 할 수 있다(제117조).

4. 법정대리인

(1) 성년후견인의 선임

가정법원의 성년후견개시심판이 있는 경우에는 그 심판을 받은 사람의 성년후견인을 두어야 하고(제

929조), 성년후견인은 피성년후견인의 법정대리인이 된다(제938조 1항). 가정법원은 성년개시심판을 하면서 '직권으로'(과거에는 일정범위의 근친) 성년후견인을 선임하여야 한다(제929조, 제936조 1항).

(2) 성년후견인의 자격 및 인원수

성년후견인은 피성년후견인의 신상과 재산에 관한 모든 사정을 고려하여 '**여러 명**'을 둘 수 있으나(제930조 2항), 미성년후견인의 수는 '**한 명**'으로 제한하고 있다(제930조 1항)(7회,11회,14회 선택형). 성년후견인은 자연인뿐만 아니라 사회복지법인 등의 '**법인**'도 선임될 수 있으나(제930조 3항), 미성년후견의 경우 미성년자의 원만한 인격형성을 위하여 법인은 미성년후견인이 될 수 없고 '**자연인**'에 한한다.

(3) 성년후견인의 권한

1) 원 칙

피성년후견인의 법률행위는 원칙적으로 언제나 취소할 수 있으므로 **성년후견인은 피성년후견인의 법률행위에 대한 동의권을 가지지 않고, 대리권과 취소권을 가질 뿐이다**. 따라서 피성년후견인은 성년후견인의 동의를 받고 한 행위에 대해서도 제한능력을 이유로 취소할 수 있다.

2) 예 외

성년후견인의 대리권은 원칙적으로 포괄적이지만, 가정법원에 의한 제한을 예정하고 있는 것이고(제10조 2항 3항 및 제938조 2항 참조), 피성년후견인의 행위능력이 인정되는 범위에서는 성년후견인의 대리권이 소멸한다고 보아야 할 것이다.
예를 들어 피성년후견인도 자신의 '신상'에 대해서는 그의 상태가 허락하는 범위에서 단독으로 결정하며(제947조의2 1항) 성년후견인의 대리는 허용되지 않는다. 물론 상태가 허락되지 않는다면 가정법원이 정하는 범위 내에서 성년후견인이 피성년후견인의 신상에 관한 결정을 한다(제938조 3항).

(4) 성년후견인의 감독

가정법원은 필요하다고 인정하면 직권으로 또는 일정한 자의 청구에 의하여 성년후견인을 감독할 '성년후견감독인'(과거에는 친족회)을 '선임할 수 있다'(제940조의4 1항). 그 밖에 미성년자의 법정대리인으로서 후견인에 관한 내용은 성년후견인에 대하여도 같다(제940조6 3항, 제949조의3, 제950조).

5. 성년후견의 종료

① 성년후견개시의 원인이 소멸된 경우에는 가정법원은 본인·배우자·4촌 이내의 친족·성년후견인·성년후견감독인·검사 또는 지방자치단체의 장의 청구에 의하여 성년후견종료의 심판을 한다(제11조).
② 가정법원이 피성년후견인에 대하여 한정후견개시의 심판을 할 때에는 종전의 성년후견의 종료 심판을 하여야 한다(제14조의3 제2항).
③ 성년후견종료의 심판은 '**장래에 향하여**' 효력을 가진다. 따라서 그 심판이 있기 전에 행하여진 행위는 여전히 취소할 수 있다.

Ⅳ. 피한정후견인 [A-42]

1. 의 의

정신적 제약으로 **사무를 처리할 능력이 부족한 사람**에 대하여는, 가정법원은 일정한 자의 청구에 의해 한정후견개시의 심판을 하는데(제12조), 그 심판을 받은 자를 '피한정후견인'이라고 한다(참고로 개정 전 제9조는 '심신이 박약하거나 재산의 낭비로 생활을 궁박하게 할 염려가 있는 자'로서 법원으로부터 한정치산선고를 받은 자를 한정치산자라 하였는데, 동 제10조는 그의 행위능력에 대하여 미성년자에 관한 규정을 준용하였다).

2. 한정후견개시의 요건

① 실질적 요건으로 질병, 장애, 노령, 그 밖의 사유로 인한 정신적 제약으로 사무를 처리할 능력이 부족한 사람이어야 한다(제12조 1항). 이 점에서 그 능력이 지속적으로 결여된 상태인 '성년후견'과 구별된다. ② 형식적 요건은 성년후견에서와 같다(제12조 1항, 2항).

3. 피한정후견인의 행위능력

(1) 원 칙

한정후견이 개시되면 피한정후견인의 행위능력이 제한된다. 즉 가정법원은 피한정후견인의 정신적 제약의 상태에 따라 한정후견인의 '동의를 받아야 하는' 행위의 범위를 탄력적으로 정할 수 있다(제13조 1항). 그리고 일정한 자의 청구에 의해 가정법원이 그 범위를 변경할 수도 있다(제13조 2항). 동의가 필요한 행위를 피한정후견인이 단독으로 한 경우 이를 취소할 수 있다(제13조 4항).

(2) 예 외

① 한정후견인의 동의가 필요한 행위에 대하여 한정후견인이 동의하지 않음으로써 피한정후견인의 이익이 침해될 염려가 있을 때에는, 가정법원은 피한정후견인의 청구에 의하여 그 동의에 갈음하는 허가를 할 수 있다(제13조 3항).
② 가정법원이 동의를 요하는 것으로 정한 범위 밖의 행위를 피한정후견인이 독자적으로 할 수 있음은 물론이다. 나아가 타인의 대리행위, 근로계약의 체결과 임금의 청구 등도 피한정후견인이 독자적으로 할 수 있으며, 일용품의 구입 등 일상생활에 필요하고 그 대가가 과도하지 아니한 법률행위는 피한정후견인이 단독으로 할 수 있다(제13조 4항 단서).
③ 피한정후견인의 행위능력 제한은 '가족법상의 행위'에는 미치지 않는다. 다만 피한정후견인의 신상결정 등에 관해서는 제947조의2가 한정후견사무를 정하는 제959조의6에 의하여 준용됨에 따라 피성년후견인과 다르지 않다.

4. 한정후견인의 대리권

① 가정법원의 한정후견개시의 심판이 있는 경우에는 그 심판을 받은 사람의 한정후견인을 두어야 한다(제959조의2). 그런데 민법은 (성년)후견인은 피후견인의 법정대리인이 된다고 정하면서도(제938조 1항), 한정후견인에 대해서는 '가정법원은 한정후견인에게 대리권을 수여하는 심판을 할 수 있다'고 규정하여(제959조의4 1항) 한정후견인을 당연한 법정대리인으로 취급하지 않는다.
② 그 밖에 한정후견인 및 한정후견감독인에 관해서는 성년후견인 및 성년후견감독인에 관해 서술한 내용이 준용된다(제959조의3 2항, 제959조의4 2항, 제959조의5).

5. 한정후견개시의 종료

① 한정후견개시의 원인이 소멸된 경우에는 가정법원은 본인·배우자·4촌 이내의 친족·한정후견인·한정후견감독인·검사 또는 지방자치단체의 장의 청구에 의하여 한정후견종료의 심판을 한다(제14조).
② 가정법원이 피한정후견인에 대하여 성년후견개시의 심판을 할 때에는 종전의 한정후견의 종료 심판을 한다(제14조의3 제1항).
③ 한정후견종료의 심판은 '장래에 향하여' 효력을 가진다. 따라서 그 심판이 있기 전에 행하여진 행위는 여전히 취소할 수 있다.

V. 피특정후견인 [A-43]

1. 의 의
정신적 제약으로 '일시적 후원' 또는 '특정한 사무에 관한 후원'이 필요한 사람에 대하여는, 가정법원은 일정한 자의 청구에 의해 특정후견의 심판을 하는데(제14조의2), 그 심판을 받은 자를 '피특정후견인'이라고 한다.

2. 특정후견의 심판
① 가정법원이 특정후견의 심판을 하려면 '본인, 배우자, 4촌 이내의 친족, 미성년후견인, 미성년후견감독인, 검사 또는 지방자치단체의 장'이 청구를 하여야 하고(제14조의2 1항), 또 본인의 의사에 반해서는 할 수 없다(제14조의2 2항).[14]
② 특정후견은 지속적인 것이 아닌 일시적인 것이거나 특정한 사무에 관한 것이므로, 개시와 종료를 별도로 심판할 필요는 없고, 특정후견의 기간이나 사무의 범위를 정하면 족하다(제14조의2 3항)(12회 선택형). 이후 기간이 지나거나 사무처리의 종결에 의해 특정후견도 자연히 종결한다. 다만 가정법원이 피특정후견인에 대하여 성년후견개시 또는 한정후견개시의 심판을 할 때에는 '예외적'으로 특정후견종료의 심판을 하여야 하는데(제14조의3 1항, 2항), 이는 장래에 향하여 효력을 가진다.

3. 피특정후견인의 행위능력
특정후견의 심판이 있어도 피특정후견인의 행위능력은 제한되지 않는다. 그리고 특정한 법률행위를 위하여 특정후견인이 선임되고 그 범위에서 법정대리권이 부여된 경우(제959조의11 1항)에도 그 법률행위에 관하여 피특정후견인의 행위능력은 제한되지 않는다. 따라서 그러한 행위를 특정후견인의 동의 없이 직접할 수도 있다.

4. 특정후견인의 대리권
① 가정법원은 피특정후견인의 후원을 위하여 필요한 처분을 명할 수 있다(제959조의8). 그러한 것으로 가정법원은 기간이나 범위를 정하여 특정후견인에게 '대리권을 수여'하는 심판을 할 수 있고(제959조의11 1항), 그 범위에서 특정후견인은 대리권을 가질 뿐이다. 한정후견인과 마찬가지로 특정후견인은 피특정후견인의 법정대리인으로 취급되지는 않는다[이에 반해 성년후견인은 피후견인의 법정대리인이 된다(제938조 1항)].
② 특정후견의 심판에 의하여 피특정후견인의 행위능력이 제한되지 않는다고 보아야 하므로, **특정후견인은 취소권 및 동의권을 가지지 않는다**. 가정법원은 필요하다고 인정하면 직권으로 또는 일정한 자의 청구에 의해 특정후견감독인을 선임할 수 있고(제959조의10 1항), 그에 대해서는 성년후견감독인에 대해 서술한 내용이 준용된다(제959조의10 2항, 제959조의12).

---

14) 지속적으로 보호를 받아야 하는 피성년후견인, 피한정후견인에 대하여 특정후견 심판을 청구하는 것은 부적당하여 성년후견인, 한정후견인은 청구권자에 포함되어 있지 않다. 미성년후견인, 미성년후견감독인이 청구권자로 규정되어 있는데, 미성년자는 미성년자로서 보호되는 것은 유지한 채 별도로 특정후견을 이용할 수 있다고 새겨야 할 것이다.

■ 임의후견제도(친족법 제4관 '후견' 참고)

Ⅰ. 의 의

'후견계약'은 질병·장애·노령 그 밖의 사유로 인한 정신적 제약으로 사무를 처리할 능력이 부족한 상황에 있거나 부족하게 될 상황에 대비하여, 자신의 재산관리 및 신상보호에 관한 사무의 전부 또는 일부를 다른 자에게 위탁하고 그 위탁사무에 관하여 대리권을 수여 하는 것을 내용으로 하는 계약을 말한다(제959조의14). 이러한 당사자간의 후견계약에 의하여 행해지는 후견을 '임의후견'이라고 한다.

Ⅱ. 요건 및 효력발생

후견계약은 '공정증서'로 체결하여야 하고, 가정법원이 '임의후견감독인을 선임'한 때부터 효력이 발생한다(제959조의14 2항, 3항). 후견계약에 따라 대리인으로 선임된 자를 '임의후견인'이라 하는데, 그 대리권의 범위는 후견계약에 따라 정해진다. 임의후견인의 대리권 소멸은 등기하지 아니하면 선의의 제3자에게 대항할 수 없다(제959조의19)(11회 선택형). 주의할 것은 이러한 임의후견인 선임을 위한 후견계약은 피후견인의 행위능력에 어떠한 영향도 미치지 않는다는 점이다.

Ⅲ. 법정후견과의 관계

법정후견(성년후견·한정후견·특정후견)은 임의후견에 대하여 보충적이다. 즉, 민법은 후견계약이 등기된 경우에는 사적자치의 원칙에 따라 본인의 의사를 존중하여 후견계약을 우선하도록 하고, 예외적으로 본인의 이익을 위하여 특별히 필요할 때에 한하여 법정후견에 의할 수 있도록 하였다.

① [원칙] 임의후견계약이 체결되어 '등기'되어 있는 경우에는 가정법원은 원칙적으로 법정후견을 개시하지 않는다(제959조의20 1항). 그리고 후견계약의 본인이 법정후견인인 경우에 가정법원은 '임의후견감독인'을 선임함에 있어서 원칙적으로 종전의 법정후견의 종료 심판을 하여, 임의후견의 효력발생과 함께 법정후견을 종료시킨다(제959조의20 2항).

② [예외] 다만 후견계약이 '등기'되어 있더라도 가정법원은 본인의 이익을 위하여 특별히 필요한 경우에 한하여 임의후견인 또는 임의후견감독인의 청구에 의하여 법정후견의 심판을 할 수 있고, 이 경우 후견계약은 효력이 발생하지 않아 종료하게 된다(제959조의20 1항).

이와 관련하여 判例는 '한정후견개시심판 청구가 제기된 후 그 심판이 확정되기 전에 후견계약이 등기된 경우'에도 가정법원은 본인의 이익을 위하여 특별히 필요하다고 인정할 때에는 한정후견개시심판을 할 수 있다고 하며, 이때 본인의 이익을 위하여 특별히 필요한 때란 후견계약에 따른 후견이 본인의 보호에 충분하지 아니하여 법정후견에 의한 보호가 필요하다고 인정되는 경우를 말한다고 한다(대결 2017.6.1. 2017스515). 그리고 제959조의20 제1항 후문에 따라 종료되는 후견계약은 임의후견감독인이 선임된 경우에 한정되지 않는다고 한다(대결 2021.7.15. 2020으547).

Ⅵ. 제한능력자의 상대방 보호

[A-44]

1. 서 설

[A-44a]

(1) 제한능력자 상대방 보호의 필요성

제한능력자의 행위는 취소할 수 있는데 그 취소권은 제한능력자측만이 갖고 있고, 또한 그 행사여부도 자유이므로 상대방의 지위 내지 거래의 안전이 불안정해지는 문제가 발생한다(유동적 유효상태). 또한 취소에 따른 부당이득반환과 관련하여서도, 제한능력자는 선·악의를 불문하고 이익이 현존하는 한도내에서만 반환의무를 부담하므로(제141조 단서), 이 또한 상대방 입장에서는 불리하다. 따라서 이러한 불확정한 상태를 가능한 속히 해소하여 상대방과 제3자를 보호할 수 있는 제도가 필요하게 된다.

(2) 민법의 태도

1) 취소권 일반

민법은 취소할 수 있는 행위 일반에 관한 상대방 보호수단으로서 ① 취소할 수 있는 법률행위의 추인(제143조), ② 취소권의 단기 제척기간(제146조), ③ 법정추인제도를 두고 있다(제145조). 그러나 단기 제척기간인 10년은 비교적 길고, 법정추인의 사유는 예외적이어서 별로 활용되지 못하고 있다.

2) 제한능력자 상대방의 경우 특칙

민법은 사기나 강박을 한 자와는 달리 그에게 책임을 물을 만한 사정이 없는 제한능력자의 상대방을 특별히 보호하기 위해 상대방의 확답을 촉구할 권리, 철회권, 거절권, 속임수에 의한 제한능력자의 취소권 배제를 규정하고 있다(제15조 내지 17조).

2. 상대방의 확답을 촉구할 권리···소극적 권리 [A-44b]

(1) 의 의

상대방이 제한능력자측에 대해 문제의 행위를 취소할 것인지 또는 추인할 것인지 여부의 확답을 물을 수 있는 권리이다(과거 '최고권'이란 표현대신 개정민법은 '확답을 촉구할 권리'라고 표현하고 있다).

(2) 확답을 촉구할 방법과 상대방(제15조 1항 및 2항)

(3) 효 과

① 확답이 있는 경우 촉구를 받은 자가 유예기간 내에 추인 또는 취소의 확답을 한 때 추인 또는 취소의 효과가 생긴다. ② 그러나 확답이 없는 경우는 ㉠ 제한능력자가 능력자로 된 후 유예기간 내에 확답을 '발송'하지 않으면 그 행위를 '추인'한 것으로 본다(제15조 1항)(4회 선택형). ㉡ 법정대리인이 촉구를 받았으나 기간 내에 확답을 '발송'(도달주의 예외)하지 않은 때에는 그 행위를 '추인'한 것으로 본다(제15조 2항). 그러나 특별한 절차를 요하는 행위[15]에 관하여는 '취소'한 것으로 본다(제15조 3항).

3. 상대방의 철회권과 거절권···적극적 권리 [A-44c]

> 제16조 (제한능력자의 상대방의 철회권과 거절권) ① 제한능력자가 맺은 계약은 추인이 있을 때까지 상대방이 그 의사표시를 철회할 수 있다. 다만, 상대방이 계약 당시에 제한능력자임을 알았을 경우에는 그러하지 아니하다. ② 제한능력자의 단독행위는 추인이 있을 때까지 상대방이 거절할 수 있다. ③ 제1항의 철회나 제2항의 거절의 의사표시는 제한능력자에게도 할 수 있다.

(1) 의 의

상대방이 스스로 행위의 효력발생을 부인하여 그 구속으로부터 벗어날 수 있도록 하는 제도이다. 촉구가 1개월 이상의 유예기간을 두어야 할 뿐만 아니라 법률행위의 효력이 제한능력자 쪽에 의하여 확정되는 것과 대조적이다. 또한 철회나 거절의 의사표시는 촉구와 달리 제한능력자에 대하여도 할 수 있다(제16조 3항). 그러나 이러한 철회·거절권의 행사는 제한능력자측의 추인이 있기 전에만 가능하다.

---

15) [**특별한 절차를 요하는 행위**] 제한능력자의 법정대리인으로서 후견인이 일정한 행위, 즉 '영업·금전차용·의무부담·부동산 또는 중요한 재산에 관한 권리의 변동·소송행위·상속의 승인' 등에 대해 동의를 할 때에는 후견감독인이 있으면 그의 동의를 받아야 한다(제950조 1항). 따라서 위와 같은 행위와 관련하여 상대방이 제한능력자의 후견인에게 최고를 한 경우에도, 후견인은 단독으로 추인할 수 없고 후견감독인의 동의를 얻어서 하여야 하는 '특별한 절차'가 필요하다.

(2) **계약의 상대방 철회권**(제16조 1항)(4회 선택형)
(3) **단독행위의 상대방 거절권**(제16조 2항)

※ 확답을 촉구할 권리, 철회권, 거절권 비교

	대 상	행사의 상대방	상대방의 주관적 요건
확답을 촉구할 권리	법률행위	법정대리인 또는 능력자	선, 악 불문
철회권	계약	법정대리인 또는 제한능력자	선의
거절권	단독행위	법정대리인 또는 제한능력자	선, 악 불문

4. 제한능력자의 속임수와 취소권의 배제 [A-44d]

> 제17조 (제한능력자의 속임수) ① 제한능력자가 속임수로써 자기를 능력자로 믿게 한 경우에는 그 행위를 취소할 수 없다. ② 미성년자나 피한정후견인이 속임수로써 법정대리인의 동의가 있는 것으로 믿게 한 경우에도 제1항과 같다.

(1) 의의 및 입법취지

속임수를 쓴 제한능력자의 상대방은 사기를 이유로 하여 의사표시를 취소하거나(제110조), 불법행위를 이유로 하여 손해배상을 청구할 수 있지만(제750조), 이것만으로는 제한능력자의 상대방을 보호하는데 충분치 못하다. 또한 제한능력자에 대한 보호는 보호할 가치가 있는 경우에 한하므로, 속임수 등을 써서 능력자로 믿게 하거나 법정대리인의 동의 있는 것으로 믿게 한 경우에는 제한능력자의 취소권을 배제할 필요가 있다.

(2) 취소권 배제의 요건(속, 오, 인)

1) 능력자 또는 법정대리인의 동의 사칭

능력자임을 믿게 하려고 하였거나(제17조 1항) 또는 법정대리인의 동의가 있는 것으로 믿게 하려고 하였어야 한다(제17조 2항). '피성년후견인'의 법률행위는 원칙적으로 취소할 수 있으므로, 그가 속임수로써 법정대리인의 동의가 있는 것으로 믿게 하더라도 제17조 2항은 적용되지 않는다. 그러나 피성년후견인이 속임수로써 능력자로 믿게 한 때에는 제17조 1항이 적용된다(3회 선택형).

2) 제한능력자의 속임수(속임수의 의미)

가) 판 례[16]

'성년자로 군대에 갔다 왔다'고 말하거나, '자기가 사장이라고 말한 것'만 가지고는 속임수(개정 전 민법은 '사술'이라는 표현을 쓰고 있었다)이라고 할 수 없고(대판 1955.3.31. 4287민상77 ; 대판 1971.12.14. 71다2045: 표준판례20), 생년월일을 허위로 기재한 인감증명을 제시하는 등의 '**적극적인 사기수단**'을 써야 속임수에 해당한다고 판시하여 **협의설**(적극설)의 입장을 취하고 있다(대판 1971.6.22. 71다940 : 5회,13회,14회 선택형).

나) 검 토

이는 결국 능력자라고 오신하고 있는 상대방 앞에서 침묵한 제한능력자나, 단순히 능력자라고 칭한 제한능력자를 보호할 가치 없는 제한능력자라고 볼 수 있는가의 문제이다. 제한능력자제도의 취지상

---

16) [학설] ① 적극적인 기망수단을 사용한 경우에만 속임수에 해당한다는 협의설(적극설)과 ② 침묵 등 부작위를 포함하는 통상의 기망수단으로 오신을 유발하거나 강하게 하는 것도 속임수에 해당한다는 광의설(소극설)의 대립이 있다(다수설).

제한능력자는 자신이 제한능력자라는 사실을 밝힐 의무는 없으므로 이런 사유만으로 보호할 가치 없는 제한능력자라 볼 수는 없다는 점과 제한능력자 보호측면에서 제17조는 가급적 엄격하게 해석하여야 한다는 점에서 협의설(적극설)이 타당하다. 다만 제한능력자의 속임수에 관하여는 그 상대방에게 증명책임이 있다(대판 1971.12.14. 71다2045).

3) 상대방의 오신(誤信)
제한능력자의 속임수에 의하여 상대방이 제한능력자를 능력자로 믿거나 법정대리인의 동의가 있는 것으로 믿었어야 한다. 오신에 대한 상대방의 과실 유무는 문제되지 않는다.

4) 상대방의 오신에 기한 법률행위(인과관계)
제한능력자의 속임수와 상대방의 신뢰 및 법률행위 사이에 인과관계가 있어야 한다. 상대방에게 손해가 발생했을 필요는 없다.

(3) 효 과

1) 확정적 유효
이때 '취소할 수 없다'는 의미는 애초부터 취소권이 발생하지 않아 법률행위가 처음부터 확정적으로 유효라는 뜻이다(다수설). 그렇다면 상대방은 제16조에 정한 철회권 또는 거절권을 갖지 못한다.

2) 사기 또는 착오로 인한 취소 가부
① 속임수가 기망행위에 해당하는 등 제110조의 요건을 충족한다면 제17조와 중첩적으로 적용될 수 있다. ② 그러나 착오의 경우 대부분 동기의 착오에 불과하거나 상대방(표의자)의 중과실이 인정되어 (특히 미성년자인 경우) 착오에 기한 취소가 인정될 가능성은 적다(제109조).

3) 불법행위로 인한 손해배상청구 가부
미성년자가 책임능력이 있다면, 개별적 사안에 따라 상대방은 미성년자에 대해 불법행위로 인한 손해배상을 청구할 수 있다(제750조). 아울러 만약 미성년자가 책임능력이 없다면 경우에 따라서는 법정대리인에게 미성년자를 제대로 감독하지 못한 책임을 물을 수도 있다(제755조).

핵심사례 A-03

★ 신용카드이용계약 및 신용구매계약에 있어 미성년자의 법률행위
대판 2007.11.16. 2005다71659,71666,71673 및 대판 2005.5.15. 2003다60297,80303,60310,60327

부모님의 권유로 아르바이트를 하면서 월 30만 원 정도의 고정수입을 갖고 있는 만 18세의 甲은 부모의 동의 없이 A카드회사 직원이 보는 앞에서 부모님의 이름을 쓰고 동의서를 제출하여 '신용카드이용계약'을 체결하였다. 이후 甲은 신용카드를 이용하여 200만 원 상당의 컴퓨터를 乙가맹점에서 2개월 할부로 '신용구매계약'을 체결하였다(단, 乙은 甲의 법정대리인의 동의가 없었음을 알았으나 취소하지는 않으리라 신뢰했다). 그 후 A카드회사는 가맹점 약정에 따라 乙에게 200만 원을 지급하였다.

(1) 甲의 법정대리인 B는 제5조 2항에 기초하여 '신용카드이용계약'을 취소하고자 한다. 가능한지 검토하고 만약 취소된다면 A가 甲에게 청구할 수 있는 권리와 그 범위를 논하시오. (25점)

(2) 甲은 제5조 2항에 기초하여 '신용구매계약'을 취소하고자 한다. 가능한지 검토하고 만약 취소된다면 乙이 甲에게 청구할 수 있는 권리와 그 범위를 논하시오. (25점)

Ⅰ. A와의 신용카드이용계약 취소 여부 및 그에 따른 부당이득반환 – 설문 (1).의 경우

1. 신용카드이용계약 취소 여부

(1) 문제점(제5조 2항 및 취소권 제한사유)

(2) 취소권의 제한사유 1.(신용카드이용계약이 법정대리인의 묵시적 허락에 의한 재산의 처분인지 여부)

1) 범위를 정하여 처분이 허락된 재산의 처분행위(제6조)

2) 사안의 경우

甲은 비록 법정대리인의 허락을 받아 월 30만 원 정도의 소득을 얻고 있었으나, 이를 두고 포괄적인 처분행위인 카드이용계약체결에 대한 묵시적 허락을 하였다고는 보기 어렵다.

(3) 취소권의 제한사유 2.(甲의 동의서 위조가 취소권 배제사유로서 제17조에 해당하는지 여부)

1) 제17조에 의한 취소권배제의 요건사실(속, 오, 인)

2) A가 법정대리인의 동의가 있는 것으로 오신하였는지 여부

사안은 미성년자가 법정대리인의 동의서를 위조한 사안이므로 학설 대립에 상관없이 제17조 '속임수'의 의미에 포함된다. 그러나 미성년자 甲은 A사 직원이 보는 앞에서 부모님의 이름을 쓰고 동의서를 제출하는 행위를 하였으므로 A사 직원이 법정대리인의 동의가 있는 것으로 '오신'을 하였다고 보기는 어렵다.

(4) 소 결

甲의 법정대리인 B는 취소권을 가지며(제140조), A사와의 신용카드이용계약을 취소할 수 있다(제5조 2항).

2. 신용카드이용계약의 취소에 따라 A가 甲에게 청구할 수 있는 권리와 범위

(1) 문제점(제141조 : 소급적 무효, 현존이익 반환)

(2) 신용카드이용계약의 취소에 따른 부당이득반환(의 대상)

1) 판 례(물품 자체가 아니라 면제받은 물품대금채무 상당액 : 2003다60297)(A-159.참고)(7회, 13회 선택형)

2) 사안의 경우

A카드사는 甲에게 대신 지급한 채무상당액 200만 원을 부당이득으로 반환청구할 수 있다(제141조 단서).

※ 보론 : 신용카드이용계약의 취소에 따른 甲과 乙 사이의 법률관계(신용구매계약)

신용카드 이용계약이 취소됨에도 불구하고 신용카드회원과 해당 가맹점 사이에 체결된 개별적인 신용구매계약 등은 특별한 사정이 없는 한 신용카드 이용계약취소와 무관하게 유효하게 존속한다(대판 2005.4.15. 2003다60297 등). 따라서 매매대금은 乙이 부당이득한 것이 아니며, 甲이 구입한 물품 역시 乙과의 관계에서 부당이득이 아니다. 참고로 신용카드이용계약의 취소는 신용카드회사만을 상대로 해야 하지만, 신용구매계약의 취소는 신용카드회사를 상대로 해도 되고 가맹점을 상대로 해도 가능하다. 즉, 위 2003다60297판결은 신용카드회사를 피고로 한 신용카드이용계약의 취소가 문제된 사안이고, 아래 2005다71659판결은 신용카드회사를 피고로 한 신용구매계약의 취소가 문제된 사안이다.

Ⅱ. 乙과의 신용구매계약 취소 여부 및 그에 따른 부당이득반환 – 설문 (2).의 경우

1. 신용구매계약 취소 여부

(1) 문제점(제5조 2항 및 취소권 제한사유)

(2) 취소권의 제한사유 1.(신용구매계약이 법정대리인의 묵시적 허락에 의한 재산의 처분인지 여부)

제6조의 동의는 묵시적으로도 가능한바, 묵시적 동의 유무는 ⅰ) 미성년자의 독자적인 소득의 범위와 ⅱ) 계약의 내용 등을 고려한다(2005다71659). 甲은 비록 월 30만 원 정도의 소득을 얻고 있었으나, 사안에서 200만 원 상당의 신용구매계약은 2개월 할부계약임을 고려하더라도 甲의 월 소득범위를 벗어나는 것으로 당해 신용구매계약은 제6조의 처분허락을 받은 재산범위 내의 처분행위에 해당한다고 볼 수 없다. 다만 이 경우 일부취

소가 문제될 수 있으나 컴퓨터에 대한 분할가능성 및 당사자의 가정적 의사를 고려하건데 일부취소가 허용되는 사안은 아니다(제137조 유추적용). 따라서 甲은 원칙적으로 乙과의 신용구매계약을 전부 취소할 수 있다.

(3) 취소권의 제한사유 2.(甲이 신용구매계약을 취소하는 것이 금반언을 이유로 제한되는지 여부)
제5조 1항에 위반한 신용구매계약을 미성년자 스스로 취소하는 것을 신의칙(금반언) 위반을 이유로 배척한다면, 제한능력자 보호라는 제한능력자 제도의 입법 취지를 몰각시킬 우려가 있다(2005다71659).

(4) 소 결
甲은 취소권을 가지며(제140조), 乙과의 신용구매계약을 '단독으로' 취소할 수 있다(제5조 2항).

2. 신용구매계약의 취소에 따라 乙이 甲에게 청구할 수 있는 권리와 범위
미성년자 甲은 '현존이익'만 반환하면 되므로(제141조 단서) 사용하던 컴퓨터 자체만을 반환해주면 된다. 그러나 乙은 甲에게 부당이득으로 반환해야 할 것이 없다. 왜냐하면 乙이 받은 매매대금은 A와의 가맹점계약에 따른 것이기 때문에 오히려 A에게 지급해야 하기 때문이다.

[심화] 만약 미성년자 甲측이 신용카드이용계약 및 신용구매계약 모두를 취소한 경우, 甲측은 컴퓨터를 현존이익의 한도에서 반환하고 매매대금 200만 원은 가맹점 乙이 카드회사 A에게 반환해야 한다. 그러나 신용구매계약이 취소되었으므로 매매대금지급 채무가 소급적으로 소멸되어 甲은 '면제받은 물품대금채무 상당액' 200만 원에 대한 반환의무는 없다.

제4관 부재자 재산관리

Ⅰ. 서 설 [A-45]

1. 의 의
'부재자'란 종래의 주소 또는 거소를 떠나서 용이하게 돌아올 가능성이 없어서 그의 재산을 관리하여야 할 필요가 있는 자를 말한다(제22조 참조). 따라서 부재자는 실종선고의 경우와는 달리 반드시 생사불명일 필요는 없다. 아울러 부재자는 성질상 자연인에 한하며 법인은 이에 해당되지 않는다(대결 1953.5.21. 4286민재항7).

[관련판례] "해외유학생이 해외에서의 소재가 분명할 뿐만 아니라 부동산이나 그의 소유재산을 국내에 있는 사람을 통하여 직접 관리하고 있다면 부재자가 아니다"(대판 1960.4.21. 4292민상252).

2. 부재자의 재산관리 개요
부재자제도는 근본적으로 부재자의 재산을 관리하기 위한 것이다. 따라서 부재자가 스스로 재산관리인을 두거나 부재자에게 법정대리인이 있는 경우에, 원칙적으로 법원이 관여할 필요가 없다. 민법도 부재자 자신이 재산관리인을 둔 경우와 그렇지 않은 경우를 나누어, 전자의 경우에 본인의 의사를 존중하여 부득이한 사정이 있어야 가정법원이 관여하도록 하고, 후자의 경우에는 부재자의 재산관리에 가정법원이 전면적으로 관여하도록 하고 있다.

Ⅱ. 부재자가 재산관리인을 둔 경우 [A-46]

1. 원 칙
① 부재자가 선임한 관리인은 부재자로부터 '위임'을 받은 자(수임인)이며 '임의대리인'으로서, 그 권한 등은 부재자와의 계약에 의해 정해진다. 따라서 법원은 원칙적으로 간섭하지 않는다.

② 대리권의 범위는 본인의 수권행위에 의해 결정된다. 따라서 만약 재산관리인에게 **재산처분권까지 위임하였다면** 그 재산관리인은 법원의 허가 없이도 그 재산을 '처분'할 수 있다(대판 1973.7.24. 72다2136). 만약 권한의 범위를 정하지 않았거나 수권행위의 해석을 통하여도 범위가 불분명한 경우에는 제118조에 따라 '보존행위'나 물건이나 권리의 성질을 변하지 아니하는 범위에서 그 '이용 또는 개량'하는 행위는 할 수 있으나, '처분행위'는 할 수 없다.

2. 예 외

(1) 본인의 부재 중 관리인의 권한이 소멸한 때(제22조 1항 2문)

이때에는 처음부터 관리인을 정하지 않은 경우와 같은 조치를 취한다.

(2) 부재자의 생사가 분명하지 아니한 때(제23조)

① 부재자가 정한 관리인을 관리인·이해관계인 또는 검사의 청구에 의하여 법원이 '개임'하는 것이다(제23조). 즉 위임관재인을 선임관재인으로 개임하는 경우이다. 개임된 재산관리인의 지위는 선임된 재산관리인의 지위와 같다.

② 한편 개임하지 않고서 유임시킨 채로 '감독'만 할 수도 있다. 즉 재산의 보존에 관한 처분을 명할 수 있고(제24조 3항), 부재자가 정한 재산관리인이 권한을 넘는 행위를 할 때에는 법원의 허가를 얻어야 한다(제25조 2문).

Ⅲ. 부재자가 재산관리인을 두지 않은 경우　　　　　　　　　　　　　　　　　　[A-47]

1. 재산관리에 필요한 처분의 명령

부재자에게 재산관리인이 없고 법정대리인도 없는 경우에, 가정법원은 이해관계인 또는 검사의 청구가 있으면 재산관리에 필요한 처분을 명하여야 한다(제22조 1항). 재산관리에 필요한 처분으로 재산관리인의 선임과 잔류재산의 매각 등이 있으나, 일반적인 방법은 '재산관리인의 선임'이다.

2. 재산관리인

(1) 지 위

① 법원이 선임한 재산관리인은 부재자의 의사와는 관계없이 선임된 자로서 일종의 '**법정대리인**'이다.
② 재산관리인은 부재자와 재산의 관리에 관해 위임계약을 맺은 것은 아니지만, 그 직무의 성질상 위임의 규정(제681조)이 준용된다. 따라서 재산관리인은 부재자의 이익을 위해 선량한 관리자의 주의로써 그 재산을 관리하여야 한다.

(2) 권 한

재산관리인은 부재자의 재산에 관하여 제118조 소정의 '**관리행위**'(보존행위나 이용·개량행위)를 자유롭게 할 수 있으나, 이를 초과하는 '**처분행위**'를 하기 위하여는 **가정법원의 허가를 받아야 한다**. 부재자의 생사가 분명하지 아니한 경우에 부재자가 정한 재산관리인이 권한을 넘는 행위를 할 때에도 같다(제25조).

1) 보존·이용·개량행위

법원에 의해 선임된 재산관리인은 '보존행위'나 물건이나 권리의 성질을 변하지 아니하는 범위에서 그 '이용 또는 개량'하는 행위는 법원의 허가 심판 없이도 할 수 있다.

2) 처분행위

① 재산의 매각에 관해 허가를 얻은 경우, 그 재산을 담보로 제공할 때에 다시 허가를 얻어야 하는 것은 아니며(대판 1957.3.23. 4289민상677), 부재자로부터 재산처분권까지 위임받은 재산관리인은 그 재산을 처분함에 있어 법원의 허가를 요하는 것은 아니다(대판 1973.7.24. 72다2136).

② 법원의 허가결정은 그 허가를 받은 재산에 대한 장래의 처분행위뿐만 아니라 기왕의 매매를 추인하는 방법으로도 할 수 있다. 따라서 "부재자의 재산관리인에 의한 부재자소유 부동산매각행위의 추인행위가 법원의 허가를 얻기 전이어서 권한없이 행하여진 것이라고 하더라도, 법원의 재산관리인의 초과행위 결정의 효력은 그 허가받은 재산에 대한 장래의 처분행위뿐만 아니라 기왕의 처분행위를 추인하는 행위로도 할 수 있는 것이므로 그 후 법원의 허가를 얻어 소유권이전등기절차를 경료케 한 행위에 의하여 종전에 권한없이 한 처분행위를 추인한 것이라 할 것이다"(대판 2000.12.26. 99다19278).

③ 그러나 법원의 허가를 얻어서 하는 처분행위의 경우에도, 그것은 부재자의 이익을 위해 처분되는 것을 전제로 한다(대결 1976.12.21. 75마551). 즉, 부재자의 재산관리인이 법원의 허가를 얻어 처분행위를 한 때에도 언제나 본인에 대하여 효력이 있는 것은 아니다.

3) 권한 위반의 효과

① 법원의 허가심판은 일종의 수권행위에 해당하므로 재산관리인이 허가 없이 처분행위를 한 때에는 무권대리행위로 무효가 되어 부재자 본인에게 효력이 생기지 않고, 判例에 따르면 허가를 얻었더라도 부재자의 이익과는 무관한 용도로 처분한 경우에는 무권대리가 된다(대결 1976.12.21. 75마551: 표준판례21)고 한다.

② 예컨대 부재자와 아무런 관련이 없는 제3자의 채무를 담보하기 위한 저당권설정행위는 비록 법원의 허가를 얻었더라도 무권대리에 해당하여 무효라고 한다. 다만, 재산관리인은 관리의 면에서는 법정대리권을 가지므로, 그 권한초과의 행위에 대해서는 재산관리인과 거래한 제3자에 대한 관계에서 '권한을 넘은 표현대리'(제126조)가 성립할 수는 있다.

(3) 권리와 의무(제24조, 제26조)

(4) 재산관리의 종료

1) 취소사유

본인 스스로 재산관리를 할 수 있게 된 경우, 부재자가 후에 스스로 재산관리인을 둔 경우 또는 본인의 사망이 분명하게 되거나 실종선고가 있는 경우에, 가정법원은 본인 또는 이해관계인의 청구에 의하여 종전의 처분명령(가령 재산관리인 선임결정)을 취소하여야 한다(제22조 2항). 취소가 없다면 재산관리는 종료하지 않는다.

2) 취소의 효과 - 특히 실종기간이 만료된 뒤 실종선고 전 재산관리인이 한 행위의 효력 -

① "법원에 의하여 일단 부재자의 재산관리인의 선임결정이 있었던 이상, 부재자가 그 이전에 사망하였음이 판명되거나 사망한 것으로 간주되더라도 법원의 별도의 결정에 의하여 선임결정이 취소되지 않는 한 재산관리인의 권한이 소멸되지 않을 뿐만 아니라[따라서 이 경우 재산관리인은 계속하여 권한을 행사할 수 있다], 그 취소의 효력도 장래에 향해서만 미친다"(대판 1970.1.27. 69다719 : 핵심사례 A-4.참고).

② 그러므로 '실종기간이 만료된 뒤 실종선고 전'에 재산관리인이 권한초과행위의 허가를 받고 그 선임결정이 취소되기 전에 재산관리인의 위와 같은 법률행위의 효과는 부재자의 상속인에게 미친다(대판 1991.11.26. 91다11810 : 따라서 재산관리인에 대한 선임결정이 취소되기 전에 재산관리인의 처분행위에 기하여 경료된 등기는 법원의 처분허가 등 모든 절차를 거쳐 적법하게 경료된 것으로 추정된다). 즉 재산관리인이 부재자의 상속인을 대리하여 행위한 것으로 본다.

핵심사례 A-04

■ 부재자재산관리와 관련한 핵심판례

① A가 무권대리인으로 乙과 부재자 甲의 X재산에 대한 매매계약 체결 ⇒ ② B가 부재자재산관리인으로 선임된 후 乙에게 X재산에 대한 처분행위(소유권 이전)⇒ ③ 甲소유 X, Y재산 처분에 대한 법원의 허가⇒ ④ B가 부재자와는 아무런 관련이 없는 자에 대해 Y재산 처분⇒ ⑤ 甲에 대한 실종선고로 부재자 재산관리인 선임결정이 취소된 경우 법률관계는?

I. 처분행위시 재산관리인으로서의 지위 상실 여부

"법원에 의하여 일단 부재자의 재산관리인의 선임결정이 있었던 이상, 부재자가 그 이전에 사망하였음이 판명되거나 사망한 것으로 간주되더라도 법원의 별도의 결정에 의하여 선임결정이 취소되지 않는 한 재산관리인의 권한이 소멸되지 않을 뿐만 아니라, 그 취소의 효력도 장래에 향해서만 미친다"(대판 1970.1.27. 69다719). 따라서 법원의 선임결정 후 당해 결정이 취소될 때까지 B가 재산관리인의 자격에서 행한 처분행위는 일단 자격요건에 있어서의 흠결은 없다.

II. X재산 관련 법률관계

判例는 "법원이 재산관리인의 권한초과행위에 대하여 하는 허가의 결정은 그 허가받은 재산에 대한 장래의 처분행위를 위한 경우뿐만 아니라 과거의 처분행위를 추인하는 행위로도 할 수 있다"(대판 1982.9.14. 80다3063)고 한다. 따라서 사후 법원의 허가를 통해 X재산에 관한 과거의 처분행위에 대한 추인이 이루어졌고, 부재자 재산관리인 선임결정의 취소에 소급효가 부정되므로 부재자 甲은 X재산을 회복할 수 없다.

> **관련판례** "부재자 재산관리인의 부재자 소유 부동산에 대한 매매계약에 관하여 부재자 재산관리인이 권한을 초과하여서 체결한 것으로 법원의 허가를 받지 아니하여 무효라는 이유로 소유권이전등기절차의 이행 청구가 기각되어 확정되었다고 하더라도, 패소판결의 확정 후에 위 권한초과행위에 대하여 법원의 허가를 받게 되면 다시 위 매매계약에 기한 소유권이전등기청구의 소를 제기할 수 있다"(대판 2002.1.11. 2001다41971).

III. Y재산 관련 법률관계

判例에 따르면 "부재자 재산관리인이 법원으로부터 처분행위에 대한 허가를 얻었다 하더라도 그 처분은 '부재자를 위하는 범위'에서 행하여져야 한다"(대결 1976.12.21. 75마551)고 한다.

따라서 判例에 따르면 B가 부재자 甲과는 아무런 관련이 없는 자에 대해 Y재산을 처분한 행위는 '무권대리'가 되어 甲에게 효력이 없다(同 判例). 다만, 재산관리인은 관리의 면에서는 법정대리권을 가지므로 그 권한초과의 행위에 대해서는 재산관리인과 거래한 제3자에 대한 관계에서 '권한을 넘은 표현대리'(제126조)가 성립할 수는 있다. 그러나 判例는 "부재자 재산관리인이 법원의 매각처분허가를 얻었다 하더라도 위와 같이 부재자와 아무런 관계가 없는 남의 채무의 담보만을 위하여 부재자 재산에 근저당권을 설정하는 행위는 보통 있을 수 없는 드문 처사라 할 것이니 통상의 경우 객관적으로 그 행위가 부재자를 위한 처분행위로서 당연하다고는 경험칙상 쉽사리 볼 수 없는 처사라 할 것이므로 달리 그 권한 있는 것으로 믿음에 잘못이 없다고 인정되는 정당한 이유가 있다면 모르거니와 그렇지 않다면 그 권한 있다고 믿음에 있어 선의·무과실이라 할 수 없을 것이다"(同 判例)라고 판시하여 표현대리의 성립을 인정하지 않았다.[17]

---

17) [판례평석] 이론적으로는 부재자 재산관리인을 단순히 법정대리인으로 볼 경우 당해 사안은 표현대리가 아니라 대리권남용의 문제라고 봄이 보다 타당하다. 왜냐하면 통설은 대리행위의 '현명'의 의미를 대리인이 '본인의 이익을 위한 의사'가 있을 것까지 요구하고 있지 않기 때문이다.

제5관 실종선고 및 실종선고의 취소

I. 실종선고

[A-48]

1. 의 의

부재자의 생사불명 상태가 오랫동안 계속되어 사망의 개연성은 크지만 사망의 확증이 없는 경우에 이를 방치하면 이해관계인(배우자·상속인 등)에게 불이익을 준다. 여기서 민법은 일정한 요건 하에 실종선고를 하고, 일정시기를 표준으로 하여 사망한 것과 같은 효과를 발생하게 하고 있다. 이를 '실종선고'제도라고 한다.

2. 실종선고의 요건

(1) 실질적 요건

① 부재자의 '생사 불분명'이 일정기간 계속되어야 하는데, 보통실종(그 '기산점'에 관해 민법은 정하고 있지 않지만, 통설은 부재자의 생존을 증명할 수 있는 최후의 소식이 있었던 때를 기준으로 한다)의 경우에는 5년, 특별실종[18]의 경우에는 1년이다. 생사가 분명하지 않다는 것은 생존의 증명도 사망의 증명도 할 수 없는 상태를 말한다.

② 判例에 따르면 "호적부의 기재사항은 이를 번복할 만한 명백한 반증이 없는 한 진실에 부합하는 것으로 추정되므로, 호적상 이미 사망한 것으로 기재되어 있는 자는 그 호적상 사망기재의 추정력을 뒤집을 수 있는 자료가 없는 한 그 생사가 불분명한 자라고 볼 수 없어 실종선고를 할 수 없다"(대결 1997.11.27. 97스4).

③ 判例에 따르면 제27조 제2항에서 정하는 '사망의 원인이 될 위난'이란 "화재·홍수·지진·화산 폭발 등과 같이 일반적·객관적으로 사람의 생명에 명백한 위험을 야기하여 사망의 결과를 발생시킬 가능성이 현저히 높은 외부적 사태 또는 상황을 가리킨다고 할 것이다. 따라서 甲이 잠수장비를 착용한 채 바다에 입수하였다가 부상하지 아니한 채 행방불명되었다 하더라도, 이는 '사망의 원인이 될 위난'이라고 할 수 없다"(대결 2011.1.31. 2010스165 : 즉 5년의 실종기간의 경과가 필요하다).

(2) 형식적 요건

① 이해관계인 또는 검사에 한해 실종선고를 청구할 수 있으며, 그 기간의 제한은 없다(제27조). 아울러 가정법원이 실종을 선고함에는 반드시 '공시최고'[19]의 절차를 거쳐야 하고, 공시최고 기일(공고종료일로부터 6개월)이 지나도록 그 신고가 없는 때에는 법원은 '반드시' 실종선고를 하여야 한다(제27조 1항).

② 判例에 따르면 "제27조의 실종선고를 청구할 수 있는 이해관계인이라 함은 부재자의 법률상 사망으로 인하여 직접적으로 신분상 또는 경제상의 권리를 취득하거나 의무를 면하게 되는 사람만을 뜻한다. 부재자의 제2순위 상속인에 불과한 자는 부재자에 대한 실종선고의 여부에 따라 상속지분에 차이가 생긴다고 하더라도 이는 부재자의 사망 간주시기에 따른 간접적인 영향에 불과하고 부재자의 실종선고 자체를 원인으로 한 직접적인 결과는 아니므로 부재자에 대한 실종선고를 청구할 이해관계인이 될 수 없다"(대판 1986.10.10. 86스20).

---

[18] 특별실종에는 침몰한 선박 중에 있던 자(선박실종)·추락한 항공기 중에 있던 자(항공기 실종)·전지에 임한 자(전쟁실종)·사망의 원인이 될 위난을 당한 자(위난실종)의 네 가지가 있다. 실종기간은 선박실종과 항공기실종의 경우는 선박의 침몰 또는 항공기의 추락 후, 전쟁실종과 위난실종의 경우는 전쟁종지 후 또는 위난이 종료한 후 각 1년이다(제27조 2항).

[19] 일정한 기간 내에 신고를 하지 않으면 권리를 상실한다고 경고하는 재판상의 절차. 법원의 게시판, 관보(官報) 등에 공고된다.

3. 실종선고의 효과

(1) 사망의 간주

① 실종선고를 받은 자는 사망한 것으로 '간주'된다(제28조). 따라서 사망한 것으로 추정되는 경우와 달리, 실종자의 생존 기타 반대증거를 들어 선고의 효과를 다투지 못하며, 사망의 효과를 저지하려면 실종선고를 '취소'하여야 한다(대판 1995.2.17. 94다52751).

② 判例에 따르면 "실종선고를 받은 자는 실종기간이 만료한 때에 사망한 것으로 간주되는 것이므로, 실종선고로 인하여 실종기간 만료시를 기준으로 하여 상속이 개시된 이상 설사 이후 실종선고가 취소되어야 할 사유가 생겼다고 하더라도 실제로 실종선고가 취소되지 아니하는 한, 임의로 실종기간이 만료하여 사망한 때로 간주되는 시점과는 달리 사망시점을 정하여 이미 개시된 상속을 부정하고 이와 다른 상속관계를 인정할 수는 없다"(대판 1994.9.27. 94다21542).

(2) 사망으로 보는 시기

1) 원 칙

민법은 '실종기간이 만료'(실종선고시가 아님)한 때에 사망한 것으로 본다(제28조). 예컨대 甲이 2000년 1월 1일에 항공기가 추락하면서 실종되고, 그 배우자가 2010년에 실종선고를 청구하여, 2011년에 甲에게 실종선고가 내려진 경우, 甲은 2001년 1월 1일 오후 24시에 사망한 것으로 된다.

2) 예 외

가) 부재자재산관리인의 처분행위

제28조에 의하면 공시최고기간(6개월) 때문에 사망의제 시기가 실종선고 시기보다 필연적으로 앞서게 되어 부재자와 거래한 제3자가 피해를 입는 경우가 생길 수 있다.
따라서 앞서 부재자재산관리에서 살펴본 바와 같이 判例는 거래안전을 고려하여 '실종기간이 만료된 뒤 실종선고 전'에 재산관리인이 권한초과행위의 허가를 받고 그 선임결정이 취소되기 전에 한 재산관리인의 위와 같은 법률행위의 효과는 부재자의 상속인에게 미친다(대판 1991.11.26. 91다11810)고 한다.

나) 소송절차

이미 사망한 자를 피고로 하여 소를 제기하였고 법원이 이를 간과하여 판결을 선고한 경우 원칙적으로 그 판결은 '당연무효'이다(대판 2017.5.17. 2016다274188). 그러나 判例는 소송절차의 안정을 고려하여 실종선고의 효과를 실체법과 달리 실종선고가 확정된 시점에 사망한 것으로 보고 있다(아래 판례 참고).

> ■ [민소법 쟁점] 실종기간이 만료된 실종자를 상대로 제기된 소의 적법 여부 등
>
> ① [소송계속 중 실종선고된 경우] "부재자의 재산관리인에 의하여 소송절차가 진행되던 중 부재자 본인에 대한 실종선고가 확정되면 그 재산관리인으로서의 지위는 종료되는 것이므로 상속인 등에 의한 적법한 소송수계가 있을 때까지는 소송절차가 중단된다"(대판 1987.3.24. 85다카1151). 이 경우 소송절차가 중단되는 시기는 실종기간만료시가 아니라 실종선고 확정시이다(대판 1983.2.22. 82사18).
>
> ② [판결확정 후 실종선고된 경우](실종기간이 만료된 실종자를 상대로 제기된 소) "실종선고의 효력이 발생하기 전에는 실종기간이 만료된 실종자라 하여도 소송상 당사자능력을 상실하는 것은 아니므로 비록 실종자를 당사자로 한 판결이 확정된 후에 실종선고가 확정되어 그 사망간주의 시점이 소 제기 전으로 소급하는 경우에도 위 판결 자체가 소급하여 당사자능력이 없는 사망한 사람을 상대로 한 판결로서 무효가 된다고는 볼 수 없다"(대판 1992.7.14. 92다2455).

③ [추후보완 상소] 다만, "실종자에 대하여 공시송달의 방법으로 소송서류가 송달된 끝에 실종자를 피고로 하는 판결이 확정된 경우에는 실종자의 상속인으로서는 실종선고 확정 후에 실종자의 소송수계인으로서 위 확정판결에 대하여 소송행위의 추완에 의한 상소가 가능하다"(대판 1992.7.14. 92다2455).

④ [소송절차 중단] 한편, "부재자의 재산관리인에 의하여 소송절차가 진행되던 중 부재자 본인에 대한 실종선고가 확정되면 그 재산관리인으로서의 지위는 종료되는 것이므로 상속인 등에 의한 적법한 소송수계가 있을 때까지는 소송절차가 중단된다"(대판 1987.3.24. 85다카1151). 이 경우 소송절차가 중단되는 시기는 실종기간만료시가 아니라 실종선고 확정시이다(대판 1983.2.22. 82사18).

[판례해설] 이 판결은 민사소송법 제233조의 규정상 소송 중 본인이 사망하였음에도 불구하고 부재자 재산관리인이 그에 대한 선임결정 취소가 없었다는 이유로 계속 지위를 보유한다면 중단수계문제가 발생할 수 없어 그와 같이 판시한 것으로 생각된다. 그렇지만 이 판결은 재산관리인이 부재자의 사망을 확인하였더라도 법원에 의하여 재산관리인 선임결정이 취소되지 않는 한, 재산관리인은 계속하여 권한을 행사할 수 있다(대판 1981.7.28. 80다2668)는 판결과 실질적으로 충돌된다. 충돌되는 대법원의 두 태도를 종합하여 조화롭게 해석하자면, '소송 중'에 실종선고가 내려진 경우에는 재산관리인은 그의 지위를 잃으며, 그 외의 경우에는 선임결정의 취소가 없는 한 지위를 보유한다고 이해하여야 한다.[20]

⑤ [소송절차 중단 간과판결] "소송계속 중 어느 일방 당사자의 사망에 의한 소송절차 중단을 간과하고 변론이 종결되어 판결이 선고된 경우에는 그 판결은 소송에 관여할 수 있는 적법한 수계인의 권한을 배제한 결과가 되는 절차상 위법은 있지만 그 판결이 당연무효라 할 수는 없고, 다만 그 판결은 대리인에 의하여 적법하게 대리되지 않았던 경우와 마찬가지로 보아 대리권흠결을 이유로 상소 또는 재심에 의하여 그 취소를 구할 수 있을 뿐이므로, 판결이 선고된 후 적법한 상속인들이 수계신청을 하여 판결을 송달받아 상고하거나 또는 사실상 송달을 받아 상고장을 제출하고 상고심에서 수계절차를 밟은 경우에도 그 수계와 상고는 적법한 것이라고 보아야 하고, 그 상고를 판결이 없는 상태에서 이루어진 상고로 보아 부적법한 것이라고 각하해야 할 것은 아니다"(대판 1995.5.23. 전합94다28444).

(3) 사망의 효과가 생기는 범위

실종선고가 사망의 효과를 발생시키기는 하지만, 사망에서와 같이 권리능력이 종국적·절대적으로 소멸하는 것은 아니다. 그 효과가 생기는 범위는 실종자의 '종래'의 주소(또는 거소)를 중심으로 하는 '사법적' 법률관계에 국한된다. 즉 종래의 주소를 중심으로 한 법률관계만이 문제되는 것이므로, 돌아온 후의 법률관계나, 실종자의 다른 곳에서의 법률관계에 관하여는 사망의 효과가 미치지 않는다. 또한 사법적 법률관계만을 종료시키는 것이므로, 공법상의 법률관계, 예컨대 선거권·피선거권의 유무나 범죄의 성립 등은 실종선고와는 관계없이 결정된다.

(4) 실종선고와 생존추정(의제)여부

1) 실종선고를 받은 경우

실종선고가 있은 경우에 실종자는 실종기간이 만료한 때 사망한 것으로 간주되며, 간주주의를 취하는 취지상 그때까지 그는 생존하는 것으로 '간주'된다고 할 것이다(대판 1977.3.22. 77다81).

2) 실종선고가 없는 경우

① 사람의 생사는 중요한 것이므로 실종기간이 아무리 길더라도 실종선고를 받지 않은 자는 특별한 사정이 없는 한 생존하고 있는 것으로 '추정'되며, 사망의 사실에 대한 증명책임은 이를 주장하는 자가 부담한다. 判例도 같은 취지인바, A는 1951.7.2. 사망하였으며 그의 장남 B는 1970.1.30. 실종선고에 의해 실종기간 만료일인 1950.8.1. 사망한 것으로 된 사안에서, 判例는 "실종선고가 있기까지는 B가 '생

---

20) 송덕수, 신민법강의(7판), A-519

존추정'을 받아 상속권을 주장할 수는 있으나, 후에 실종선고가 있게 되면 실종기간 만료일에 사망한 것으로 간주(소급효)되므로 B는 A의 사망 이전에 사망한 것으로 되어 상속권을 주장할 수 없다"(대판 1982.9.14. 82다144)고 판시하였다.

② 유의할 것은, 실종선고를 받지 않은 모든 경우에 생존이 항상 추정되는 것은 아니고, 시신의 확인은 없더라도 또 실종선고(인정사망)를 받지 않았더라도 경험칙상 사망한 것으로 보아야 하는 경우에는 사망한 것으로 다루어진다는 점이다(대판 1989.1.31. 87다카2954: 표준판례22).

II. 실종선고의 취소 [A-49]

1. 의 의

실종선고의 취소는 '간주주의'를 채택한 우리 민법체계에서 실종선고의 효과를 번복하기 위한 제도이다. 실종자가 생환한 경우 실종선고 취소가 없더라도 당연히 권리능력은 인정되므로 새로운 법률관계를 맺는 데는 실종선고 취소 없이도 가능하나, 이미 상속된 재산을 반환받는 등의 효과를 누리기 위해서는 실종선고 취소가 있어야 한다.

즉, "실종선고로 인하여 실종기간 만료시를 기준으로 하여 상속이 개시된 이상 설사 이후 실종선고가 취소되어야 할 사유가 생겼다고 하더라도 실제로 실종선고가 취소되지 아니하는 한, 임의로 실종기간이 만료하여 사망한 때로 간주되는 시점과는 달리 사망시점을 정하여 이미 개시된 상속을 부정하고 이와 다른 상속관계를 인정할 수는 없다"(대판 1994.9.27. 94다21542).

2. 요 건

(1) 실질적 요건

ⅰ) 실종자가 생존한 사실이나, ⅱ) 실종기간이 만료한 때와 다른 시기에 사망한 사실을 증명하여야 한다(제29조 1항). ⅲ) 그 밖에 명문의 규정은 없지만 실종기간의 기산점 이후 어느 시점에 생존하고 있던 사실의 증명이 있는 경우도 포함한다.

(2) 형식적 요건

본인·이해관계인 또는 검사의 청구가 있어야 한다(제29조 1항). 다만 실종선고의 경우와는 달리 공시최고는 필요하지 않다.

3. 효 과

(1) 원 칙

실종선고의 효과는 소급적으로 무효가 된다. 그러나 소급효를 관철할 경우 실종선고를 신뢰한 잔존자가 불측의 손해를 입을 염려가 있으므로 민법은 아래의 두 가지의 예외를 인정한다.

(2) 예외 1. 실종선고 후 그 취소 전에 '선의'로 한 행위의 효력(제29조 1항 단서)

1) 문제점

실종선고 후 그 취소 전에 선의로 한 행위에 영향을 미치지 않으므로 종전의 법률관계는 회복되지 않는다. '선의'란 실종선고가 사실에 반하는 것, 즉 실종자의 생존 또는 이시(異時) 사망을 알지 못하는 것이다. 거래안전 또는 신분관계의 안정과 실종자의 이익보호라는 두 가지 상반되는 요청 속에서 제29조 1항 단서의 적용요건인 선의자의 범위가 문제된다.

2) 재산행위

가) 단독행위인 경우

단독행위의 경우에는 상대방은 의사표시의 상대방이 아니므로 그 행위자에 관하여만 선의·악의를 결정하면 된다고 본다(다수설). 따라서 상대방의 수령을 요하는 행위라 하더라도 그 행위자가 선의이면 비록 상대방이 악의라 하더라도 그 행위는 유효하다고 보는 것이 타당하다.

나) 계약인 경우

① 실종자의 이익보호를 위해 양 당사자 모두의 선의를 요한다는 **쌍방선의설**(다수설), ② 거래안전 보호를 위해 각 당사자별로 개별적으로 판단해야 한다는 **상대적 효력설**, ③ 상대적 효력설을 기본으로 하되, '일단 선의의 자에게 재산이 귀속되면'(제29조 2항에 의해 상속인은 이에 해당하지 않는다) 제29조 1항 단서가 적용되어 최초의 양수인은 확정적으로 소유권을 취득하고 그 후의 전득자가 악의라도 유효하게 권리를 취득한다는 **절대적 효력설**(전득자 보호설)이 있다.

따라서 어느 견해에 따르든 '실종선고 후 그 취소 전'에 '쌍방이 선의로 한 행위의 효력'은 실종선고의 취소에 의해 영향을 받지 않는다. 주의할 점은 이와 달리 '실종기간 만료 후 선고 전'에 쌍방이 선의로 한 행위의 효력은 실종선고의 취소에 의해 영향을 받는다는 점이다.

[검토] 어느 학설이 보다 타당한가는 가치평가의 문제라 할 수 있는바, 실종자의 이익을 거래안전보다 두텁게 보호하는 것이 실종선고제도의 입법취지에 부합한다 할 것이므로 쌍방선의설이 타당하다.

[특례법] 2012.5.11.부터 시행되는 '남북 주민 사이의 가족관계와 상속 등에 관한 특례법' 제10조 3항은 이에 관한 특칙을 두고 있다. 즉 "남북이산 후 이 법 공포일 전에 실종선고(부재선고에 관한 특별조치법에 따른 부재선고를 포함한다)를 받은 북한주민에 대하여 실종선고의 취소심판이 확정된 경우에는 민법 제29조 제1항 단서에도 불구하고 그 실종선고의 취소는 이 법 공포일 전까지 한 행위와 이 법 공포일부터 실종선고 취소 심판의 확정 전까지 선의로 한 행위의 효력에 영향을 미치지 아니한다"고 규정하여 제3자 보호를 위하여 민법 규정보다 넓은 범위에서 그동안의 거래행위를 유효하게 하는 특례를 두었다.

3) 가족법상의 행위

가족법상의 행위로서 특히 문제가 되는 것은 잔존배우자의 재혼이다. 이 경우 **당사자 쌍방의 선의를 요한다**는 것이 통설적 견해이다. 그래서 당사자 쌍방이 선의이면 후혼이 유효하고 전혼은 부활하지 않는다고 한다. 그러나 재혼 당사자의 쌍방이나 일방이 악의인 경우에는 전혼은 부활하고 후혼은 중혼이 되어, 전혼에는 이혼원인이 생기고(실종자의 배우자가 악의인 경우에는 제840조 1호, 그 상대방만이 악의인 경우에는 동조 6호), 후혼은 혼인취소의 사유에 해당하여 법원에 그 취소를 청구할 수 있는 것으로 해석한다(제810조, 제816조 1호, 제818조).

[특례법] 2012.5.11.부터 시행되는 '남북 주민 사이의 가족관계와 상속 등에 관한 특례법' 제7조 1항은 "정전협정이 체결되기 전에 혼인하여 북한에 배우자를 둔 사람이 그 배우자에 대하여 실종선고를 받고 남한에서 다시 혼인을 한 경우에는 실종선고가 취소되더라도 전혼은 부활하지 않는다. 다만, 혼인 당사자의 일방 또는 쌍방이 실종선고 당시 북한에 있는 배우자의 생존 사실을 알고 있었던 경우에는 전혼이 부활하여 중혼이 성립한다"고 규정하여 통설과 같이 혼인행위의 경우에는 쌍방선의설의 입장에서 입법화되었다.

(3) 예외 2. 실종선고를 '직접원인'으로 재산을 취득한 자의 반환의무(제29조 2항)

1) 요 건

실종선고를 '직접원인'으로 하여 재산을 취득한 자라 함은 상속인, 수유자, 생명보험수익자 등을 가리킨다. 상속인으로부터 상속재산을 매수한 '전득자'는 이에 포함되지 않는다.[21]

2) 효 과

실종선고를 직접원인으로 재산을 취득한 자는 선의인 경우 현존이익을 반환하여야 하고, 악의인 경우 받은 이익에 이자를 가산하여 반환하고 손해가 있으면 배상하여야 한다(제29조 2항).

(4) 제29조 1항 단서와 2항과의 관계

양자는 선택적 관계에 있으므로 실종선고의 취소를 받은 자는 제29조 1항 단서에 의하여 보호되지 않는 전득자에 대해 반환청구를 하든지, 아니면 직접수익자에 대하여만 제29조 2항에 의한 부당이득반환청구를 할 수 있다.

(5) 선의자 내지 거래안전의 보호를 위한 다른 제도와의 관계

제29조 1항 단서는 거래안전의 보호를 위한 다른 제도의 적용을 배척하지 않는다. 따라서 취득시효, 선의취득, 첨부 등의 요건을 갖춘 취득자는 실종선고의 취소에 의하여 영향을 받지 않는다. 그 밖에 실종자의 채무자의 변제가 제470조(채권의 준점유자에 대한 변제)에 의하여 유효로 될 수도 있다.

---

21) 전득자가 악의인 경우에는 보호할 필요가 없고, 전득자가 선의이나 직접취득자가 악의인 경우에는 점유자와 회복자의 관계에 관한 제201조, 제202조, 제203조에 의해 현존이익만을 반환하면 되므로 제29조 2항을 준용한 경우와 동일한 결과가 되어서 굳이 제29조 2항을 준용하여야 할 필요가 없다(통설).

제3절 법 인

제1관 총 설

I. 법인제도

1. 법인의 개념
법인이란 일정한 목적을 위하여 결합된 사람의 단체 또는 일정 목적을 위하여 출연된 재산으로서 법에 의해 권리·의무의 주체가 될 수 있는 자격이 인정된 것을 말한다.

2. 법인제도의 목적
사단 또는 재단에 법인격을 부여하는 데에는 두 가지 목적이 있다. ① '법률관계 처리의 편의'와 ② '책임의 분리'이다. 즉, 단체 자체의 이름으로 재산을 가지고, 부동산의 경우에는 등기를 할 수 있다. 단체에 대한 채권자는 단체의 재산에 대해서만 집행할 수 있고 구성원의 개인재산에 대하여는 할 수 없다.

II. 법인격의 부인

1. 의 의
'법인격부인론'은 법인격이 형해화 또는 남용된 경우 '특정 사안'에 한해 해당 법인의 법인격을 부정하고(법인격을 일반적으로 부인하는 것은 아님), 법인과 실체를 이루는 개인 또는 다른 법인을 동일시하여 그 배후자들에게 책임을 묻고자 하는 이론이다. 실정법상 근거로는 일반적으로 제2조의 신의칙 내지는 권리남용의 금지를 든다(또는 회사의 법인성을 규정한 상법 제169조).

2. 법인격 형해(形骸)론(법인 형식을 이용하는 자와 법인이 실질적으로 동일하여 법인격이 형해화된 경우)
"회사가 외형상으로는 법인의 형식을 갖추고 있으나 법인의 형태를 빌리고 있는 것에 지나지 아니하고 실질적으로는 완전히 그 법인격의 배후에 있는 사람의 개인기업에 불과하거나, 그것이 배후자에 대한 법률적용을 회피하기 위한 수단으로 함부로 이용되는 경우에는, 비록 외견상으로는 회사의 행위라 할지라도 회사와 그 배후자가 별개의 인격체임을 내세워 회사에게만 그로 인한 법적 효과가 귀속됨을 주장하면서 배후자의 책임을 부정하는 것은 신의성실의 원칙에 위배되는 법인격의 남용으로서 심히 정의와 형평에 반하여 허용될 수 없고, 따라서 회사는 물론 그 배후자인 타인에 대하여도 회사의 행위에 관한 책임을 물을 수 있다"(대판 2008.9.11. 2007다90982: 표준판례32).

3. 법인격 남용(濫用)론(법률의 적용을 회피하기 위해 법인격을 남용하는 경우)
"기존회사가 채무를 면탈하기 위하여 기업의 형태·내용이 실질적으로 동일한 신설회사를 설립하였다면, 신설회사의 설립은 기존회사의 채무면탈이라는 위법한 목적 달성을 위하여 회사제도를 남용한 것에 해당한다. 이러한 경우에 기존회사의 채권자에 대하여 위 두 회사가 별개의 법인격을 갖고 있음을 주장하는 것은 신의성실의 원칙상 허용될 수 없으므로, 기존회사의 채권자는 위 두 회사 어느 쪽에 대하여도 채무의 이행을 청구할 수 있다"(대판 2008.8.21. 2006다24438).

4. 기판력과의 관계

判例는 "甲회사와 乙회사가 기업의 형태·내용이 실질적으로 동일하고, 甲회사는 乙회사의 채무를 면탈할 목적으로 설립된 것으로서 甲회사가 乙회사의 채권자에 대하여 乙회사와는 별개의 법인격을 가지는 회사라는 주장을 하는 것이 신의성실의 원칙에 반하거나 법인격을 남용하는 것으로 인정되는 경우에도, 권리관계의 공권적인 확정 및 그 신속·확실한 실현을 도모하기 위하여 절차의 명확·안정을 중시하는 소송절차 및 강제집행절차에 있어서는 그 절차의 성격상 乙회사에 대한 판결의 기판력 및 집행력의 범위를 甲회사에까지 확장하는 것은 허용되지 아니한다"(대판 1995.5.12, 93다44531)고 한다. 따라서 채권자가 乙회사에 대한 채권에 대하여 승소판결을 받았다 하더라도 甲회사의 재산에 대해 강제집행을 하기 위해서는 법인격 부인의 법리를 주장하여 다시 甲을 상대로 제소하여 승소판결을 받아야 한다.

Ⅲ. 법인의 종류

1. 영리법인과 비영리법인

상법상의 법인은 영리법인이고, 민법상의 법인은 비영리법인이다. 전자는 설립등기를 함으로써 성립하는 데 비해(상법 제172조), 후자는 주무관청의 허가를 얻어 설립등기를 함으로써 성립하는 점(민법 제32조·제33조)에서 구별된다.

영리법인은 구성원의 경제적 이익을 도모하는 것, 즉 법인의 이익을 구성원에게 분배하는 것을 목적으로 하는 법인이다. 따라서 구성원이 없는 재단법인은 성질상 영리법인이 될 수 없다.

2. 사단법인과 재단법인

① 일정한 목적을 위하여 결합한 '사람'의 단체(사단)를 실체로 하는 법인을 '사단법인'이라고 하고 ② 일정한 목적을 위하여 바쳐진 '재산'의 단체(재단)를 실체로 하는 법인을 '재단법인'이라고 한다. 사단법인은 단체의 의사에 기하여 자율적으로 활동하는 '자율적 법인'인데, 재단법인은 설립자의 의사에 의하여 타율적으로 구속되는 '타율적 법인'이라는 본질적인 차이가 있다.

제2관 법인의 설립

Ⅰ. 총 설   [A-50]

1. 법인의 성립시기

비영리법인은 설립행위와 주무관청의 허가 및 설립등기라는 요건을 갖춘 때 성립하고, 등기할 때까지는 법인이 아니다(제32조, 제33조).

2. 법인설립에 관한 입법주의

비영리법인의 설립에 관하여 민법은 제31조에서 자유설립주의를 배제하고 **법정주의**(법률규정에 의한 성립)를 채택하고 있어 '관습법'에 의하여서도 설립할 수 없으며, 제32조에서 '허가주의'를 채택하고 있으므로 행정청의 허가가 요구된다.

Ⅱ. 비영리사단법인의 설립

[A-51]

1. 설립의 요건

비영리사단법인의 설립에는 ⅰ) 목적의 비영리성(제32조), ⅱ) 설립행위(정관작성)[1](제40조), ⅲ) 주무관청의 허가(제32조), ⅳ) 설립등기(제33조)의 요건을 갖추어야 한다.

> ※ **사단법인 정관의 해석방법**
> 判例는 사단법인의 정관작성행위는 법률행위에 해당하나 일단 작성된 정관은 계약이 아닌 '자치법규'로서의 성질을 가진다고 보아 그 해석은 법률행위 해석의 방법이 아닌 법규해석의 방법에 따라야 하는 것으로 보았다. 따라서 작성자의 주관이나 해석 당시의 사원의 다수결에 의한 방법으로 자의적으로 해석될 수는 없다고 한다(대판 2000.11.24. 99다12437: 표준판례43).

2. 발기인 조합과 설립 중의 사단법인

(1) 의 의

사단법인이 설립되는 과정은 크게 ① 첫 번째로 법인설립을 준비하기 위한 설립자 상호간의 법률관계가 성립하는 '발기인 조합' 단계이고, ② 두 번째로 정관을 작성하여 법인으로서의 실체를 갖추게 되는 '설립 중의 법인' 단계이며, ③ 마지막으로 설립등기를 함으로써 법인격을 취득하는 단계이다.

(2) 발기인 조합

재단법인의 발기인은 법인설립인가를 받기 위한 준비행위로 재산의 증여를 받을 수 있다(대판 1973.2.28. 72다2344,2345).

설립 중의 회사로서의 실체가 갖추어지기 이전에 발기인이 취득한 권리, 의무는 구체적 사정에 따라 발기인 개인 또는 발기인조합에 귀속되는 것으로서 이들에게 귀속된 권리의무를 설립 후의 회사에 귀속시키기 위하여는 양수나 채무인수 등의 특별한 이전행위가 있어야 한다(대판 1994.1.28. 93다50215).

> [관련판례] "교회가 그 실체를 갖추어 법인 아닌 사단으로 성립한 경우에 교회의 대표자가 교회를 위하여 취득한 권리의무는 교회에 귀속되나, 교회가 아직 실체를 갖추지 못하여 법인 아닌 사단으로 성립하기 전에 설립의 주체인 개인이 취득한 권리의무는 그것이 앞으로 성립할 교회를 위한 것이라 하더라도 바로 법인 아닌 사단인 교회에 귀속될 수는 없고, 또한 설립 중의 회사의 개념과 법적 성격에 비추어, 법인 아닌 사단인 교회가 성립하기 전의 단계에서 설립 중의 회사의 법리를 유추적용할 수는 없다"(대판 2008.2.28. 2007다37394,37400).

(3) 설립 중의 법인

조합의 설립 자체를 위한 비용에 한하여 이후 설립된 법인에게 당연승계가 이루어진다(대판 1965.4.13. 64다1940).

Ⅲ. 비영리재단법인의 설립

[A-52]

1. 설립의 요건

비영리재단법인의 설립에는 ⅰ) 목적의 비영리성(제32조), ⅱ) 설립행위(정관작성 및 재산의 출연)(제43조), ⅲ) 주무관청의 허가(제32조), ⅳ) 설립등기(제33조)의 요건을 갖추어야 한다.

---

1) ① 정관작성에 의한 사단법인의 설립행위는 서면에 의하는 '요식행위'이며, 그 성질은 장래에 성립할 사단에 법인격취득의 효과를 발생시키려는 법률행위이다. ② 설립자 전원이 합동하여 법인설립이라는 공동의 목적에 협력하는 점에서, 이를 단독행위 및 계약과 구별하여 '합동행위'라는 제3의 법률행위의 유형으로 파악한다.

2. 설립행위(정관작성 및 재산의 출연)

(1) 의의 및 성질

① 재단법인의 설립자는 재산을 출연하고, 일정한 사항이 기재된 정관을 작성하여 기명날인하여야 한다(제43조). 정관의 작성 이외에 반드시 '재산을 출연'하여야 하는 점에서, 사단법인의 경우와 다르다.

② 재단법인의 설립행위는 설립자가 일정한 재산을 출연하고 정관을 작성하여야 하는 요식행위이며, 그 성질은 재단의 설립을 목적으로 한 '상대방 없는 단독행위'인 법률행위이다. 수인의 설립자가 재산을 출연하는 경우에는 단독행위의 경합이 된다.

(2) 재산의 출연

① 생전처분으로 재단법인을 설립하는 때에는 '증여'에 관한 규정을 준용하고, 유언으로 재단법인을 설립하는 때에는 '유증'에 관한 규정을 준용한다(제47조).

② 재단법인의 기본재산은 재단법인의 실체를 이루는 것이므로 단지 형식적 소유명의만을 재단법인에게 귀속시키기로 하는 것은 허용되지 않는다. 즉, 判例는 '이미 설립된' 재단법인에 명의신탁하는 것은 가능하지만(대판 1991.5.28. 90다8558), 재단법인 설립과정에서 그 출연자들이 '장래 설립될' 재단법인의 기본재산으로 귀속될 부동산에 관하여 소유명의만을 신탁하는 약정을 한 경우, 이러한 명의신탁계약은 새로 설립된 재단법인에게 효력이 미치지 않는다고 한다(대판 2011.2.10. 2006다65774).[2]

(3) 재단법인설립시 출연재산의 귀속시기(제48조)

> 제48조 (출연재산의 귀속시기) ① 생전처분으로 재단법인을 설립하는 때에는 출연재산은 법인이 성립된 때로부터 법인의 재산이 된다. ② 유언으로 재단법인을 설립하는 때에는 출연재산은 유언의 효력이 발생한 때로부터 법인에 귀속한 것으로 본다.

1) 문제점

① 제48조 1항에 의하면, 출연한 재산은 법인이 성립한 때, 즉 법인설립의 등기를 한 때부터(제33조) 재단법인에 귀속하는 것으로 된다. 제48조 2항에 의하면, 출연한 재산은 유언의 효력이 발생한 때, 즉 유언자가 사망한 때부터(제1073조 1항) 재단법인에 귀속하는 것으로 된다.

② 한편 민법은 법률행위에 의해 권리가 변동되는 경우에는 일정한 공시 내지 형식을 필요로 하는 형식주의를 취한다. 즉 부동산인 경우에는 등기(제186조), 동산인 경우에는 인도(제188조), 지시채권[3]은 배서[4] 및 교부(제508조), 무기명채권(채권자가 표시되지 않은 채권)은 교부(제523조)가 있어야 그 효력이 생기는 것으로 규정한다.

③ 그런데 재단법인의 설립행위, 즉 재산의 출연행위는 '상대방 없는 단독행위'로서, 그것은 법률행위이다. 요컨대 제48조의 규정과 법률행위에 의한 권리변동의 성립요건으로서 공시를 필요로 하는 규정(제186조)간에 충돌이 발생하고, 그래서 제48조를 어떻게 해석할 것인지에 관해 문제된다.[5]

---

2) "재단법인의 기본재산은 재단법인의 실체를 이루는 것이므로, 재단법인 설립을 위한 기본재산의 출연행위에 관하여 그 재산출연자가 소유명의만을 재단법인에 귀속시키고 실질적 소유권은 출연자에게 유보하는 등의 부관을 붙여서 출연하는 것은 재단법인 설립의 취지에 어긋나는 것이어서 관할 관청은 이러한 부관이 붙은 출연재산을 기본재산으로 하는 재단법인의 설립을 허가할 수 없다"

3) [지시채권] 특정인 또는 그가 지시한 자에게 변제하여야 하는 증권적 채권을 말한다. 어음·수표·기명주식은 원칙적으로 지시채권이다.

4) [배서] 어음이나 증권 등의 뒷면에 누구에게 양도한다는 뜻의 글과 함께 서명을 하는 일.

5) [학설] ① 제48조는 재단법인의 '재산적 기초'를 충실히 하기 위한 특별규정이므로, 제48조를 제187조의 '기타 법률의 규정'으

※ **출연행위를 착오를 이유로 취소할 수 있는지 여부**(적극)
'서면에 의한 출연'이더라도 민법 총칙규정에 따라 출연자가 착오에 기한 의사표시라는 이유로 출연의 의사표시를 취소할 수 있고(제555조에서 서면에 의한 증여의 해제를 제한하고 있으나 이는 해제에 있어서만 적용되는 것이고 이와 요건·효과가 다른 민법총칙상의 취소에는 적용이 될 수 없다), 상대방 없는 단독행위인 재단법인에 대한 출연행위라고 하여 달리 볼 것은 아니다. 이 경우 출연자는 재단법인의 성립 여부나 출연된 재산의 '기본재산인 여부와 관계없이' 그 의사표시를 취소할 수 있다(대판 1999.7.9. 98다9045 : 13회 선택형). 즉, 주무관청의 허가가 필요없다(제43조, 제42조 2항 참고).

2) 판 례 [07행정]

① **[생전처분의 경우]** 判例는 "출연자와 법인간에는(대내관계) 등기 없이도 제48조에서 규정하는 때에 법인에 귀속되지만, 법인이 그것을 가지고 제3자에게 '대항'하기 위해서는(대외관계) 제186조의 원칙에 돌아가 그 등기를 필요로 한다"(대판 1979.12.11. 전합78다481: 표준판례46 : 2회,3회 선택형)고 판시하고 있다. 이에 따르면 재단법인 명의의 등기가 경료되기 전이라면, 설립자의 채권자가 그 부동산에 관하여 신청한 강제집행에 대하여 재단법인은 제3자 이의의 소를 제기할 수 없다(제3자이의의 소는 소유권자만이 제기할 수 있기 때문이다)(3회 선택형).
[판례해설] 判例의 경우 구체적 타당성을 기하려 하였으나, 형식주의를 취하고 있는 현행 민법 하에서 **소유권의 상대적 귀속**을 인정한 점(대내관계와 대외관계의 소유권을 다르게 판단)에서 민법의 결단에 위배되는 측면이 있다(전합78다481 소수의견[6]) 및 학계의 통설).

② **[유언의 경우]** "유언으로 재단법인을 설립하는 경우에도 제3자에 대한 관계에서는 출연재산이 부동산인 경우는 그 법인에의 귀속에는 법인의 설립 외에 등기를 필요로 하는 것이므로, 재단법인이 그와 같은 등기를 마치지 아니하였다면 유언자의 상속인의 한 사람으로부터 부동산의 지분을 취득하여 이전등기를 마친 선의의 제3자에 대하여 대항할 수 없다"(대판 1993.9.14. 93다8054: 표준판례47)라고 판시하고 있는바, [판례해설] 이러한 判例는 '악의의 제3자에게는 대항할 수 있다'라는 취지로 해석될 수 있다.

③ **지명채권**(특정인을 채권자로 하는 채권)**의 양도**'에는 당사자의 합의 외에 다른 요건을 필요로 하지 않으므로, 제48조가 정하는 시기에 법인에 귀속한다는 데 문제가 없다(3회 선택형)(제450조의 통지나 승낙은 대항요건에 불과하다).

로 보아서 재단법인 앞으로의 공시가 없어도 제48조가 정하는 시기에 권리가 귀속한다는 법인성립시설(제48조 1항 적용 ; 물권적 귀속설)과(다수설). ② '거래안전'의 보호에 치중하는 견해로서 법인의 성립 또는 설립자의 사망시에 법인에게 출연재산의 이전청구권이 생길 뿐이고, 그것이 현실로 재단법인 앞으로 귀속되는 때는 공시를 한 때라고 보는 이전등기시설(제186조 적용 ; 채권적 귀속설)이 대립한다.

[6] "다수의견은 재단법인의 출연재산이 이탈되는 것을 방지하고자 한 제48조의 입법정신에 정면으로 위배되는 것이며, 물권변동에 관한 현 법제하에서 대내적으로는 의사주의고 대외적으로는 형식주의라는 법에 근거없는 복잡한 제도를 창안하여 재단법인의 성립과 그 기능에 혼란을 야기할 해석이다"

핵심사례 A-05

★ 재단법인 설립을 위한 출연행위

甲은 乙재단법인의 설립을 위하여 자신 소유 X토지를 출연(기부)하였고, 乙재단법인은 설립등기를 마쳤으나 아직 X토지에 대한 이전등기는 경료하지 않았다. 이때 丙이 X토지가 乙재단법인을 위해 기부되었음을 알면서도 甲을 적극적으로 설득하여 甲과 매매계약을 체결한 후 丙 앞으로 소유권이전등기를 경료하였다. X토지의 소유권은 누가 취득하는지 견해에 따른 차이점을 서술하시오.

I. 논점의 정리

제48조 1항의 규정에 의하면 X토지의 소유권은 乙재단법인의 성립시인 '설립등기시'(제33조 참조)에 乙에게 귀속된다. 그런데 한편으로 재단법인 설립을 위한 재산출연행위는 상대방 없는 단독행위로서 법률행위인바, 제186조의 규정에 의하면 사안의 경우 乙재단법인 명의로 소유권이전등기까지 마쳐야 X토지의 소유권이 乙에게 귀속된다. 이처럼 민법상 실체 없는 재단법인의 발생을 방지하려는 제48조의 규정과 거래안전을 고려하는 제186조의 규정이 충돌하는 면이 있어 이의 해석을 두고 학설과 判例가 나뉘어 있다.

II. X토지의 소유권자

1. 재단법인 출연재산의 귀속시기
2. 사안의 경우

(1) 설립등기시로 보는 견해 : 무권리자의 처분행위

설립등기시로 보는 견해에 따르면 X토지의 소유권은 乙재단법인의 성립시인 '설립등기시'(제33조 참조)에 乙에게 귀속된다(제48조 1항). 이때 乙명의로 소유권이전등기를 하였을 필요도 없다. 따라서 출연자(기부자) 甲이 丙에게 X토지에 소유권이전등기를 경료한 것은 '무권리자의 처분행위'로써 乙재단법인이 추인하지 않는 한 丙은 X토지에 대한 소유권을 취득할 수 없다.

(2) 등기 완료시로 보는 견해에 따른 경우 : 이중양도법리

등기 완료시로 보는 견해에 따르면 乙재단법인의 성립 후에도 乙재단법인 앞으로 등기가 이루어지지 않았다면 X토지의 소유권은 여전히 甲에게 있는 것이 된다. 따라서 甲이 丙과 매매계약을 체결한 것은 '부동산의 이중매매'와 동일한 경우로써 '계약자유의 원칙'에 비추어 유효함이 원칙이다. 그러나 丙이 사안과 같이 甲의 배임행위에 적극 가담한 경우에는 반사회질서 행위로서 무효가 된다(제103조).
따라서 丙명의 등기는 물권행위의 유인성에 따라 무효인 것이 원칙이나 제746조의 불법원인급여에 해당하여 甲은 丙명의 등기를 말소청구할 수 없다. 그렇다면 반사적으로 丙이 X토지의 소유권을 취득할 수 있으나, 判例에 따르면 반사회적인 이중매매의 경우에 제1매수인은 매도인을 대위하여 제2매수인에 대해 등기의 말소를 청구할 수 있다고 하므로 乙은 甲을 대위하여 丙명의 등기를 말소함으로써 X토지에 대한 소유권을 취득할 수 있다(제404조).

(3) 판례에 따른 경우

判例에 따르면 X토지는 甲과 乙 사이에서는 乙재단법인이 성립하는 때 乙에게 귀속하지만, 乙이 제3자 丙에게 소유권을 주장(대항)하려면 등기가 필요한바, 丙이 등기를 경료받았다면 원칙적으로 丙이 X토지의 소유권자가 될 수 있다. 다만 사안과 같이 甲과 丙사이의 매매계약이 제103조 위반이라면 이하의 내용은 등기완료시로 보는 견해와 동일하다. 다만 설립등기시 乙이 甲에게 갖는 소유권이전등기청구권은 등기완료시설과 같이 채권적 청구권으로 보는 것이 아니라 判例는 물권적 청구권으로 판단한다.

제3관 법인의 능력

I. 법인의 권리능력
[A-53]

1. 의 의

> 제34조 (법인의 권리능력) 법인은 법률의 규정에 좇아 정관으로 정한 목적의 범위내에서 권리와 의무의 주체가 된다.

법인의 권리능력은 제34조에 의해 '법률의 규정'과 '정관상 목적'에 의한 제한을 받는다. 또한 법문에는 없지만 법인은 '성질'상의 제한도 받는다고 해석된다(통설).

2. 권리능력의 제한

(1) 성질에 의한 제한

① 자연인을 전제로 하는 권리, 즉 생명권·상속권(다만 포괄유증을 받음으로써 동일한 효과를 거둘 수 있다. 즉 법인도 유증은 받을 수 있다.)·육체상의 자유권·사람의 신체적 특징에 관한 초상권(대판 2021.4.29. 2020다227455) 등은 법인이 가질 수 없다.

② 그러나 재산권·명예권·성명권 등은 가질 수 있는바, 법인에게 법인의 목적사업 수행에 영향을 미칠 정도로 **법인의 사회적 명성, 신용**을 훼손하여 법인의 사회적 평가가 침해된 경우에는 그 법인에 대하여 불법행위를 구성하며(대판 1996.6.28. 96다12696), 이 경우 그 법인은 상대방에 대하여 불법행위로 인한 손해배상과 함께 명예 회복에 적당한 처분(사죄광고는 포함되지 않음)을 청구할 수 있다(대판 1997.10.24. 96다17851). 또한 비법인사단도 '**인격권의 주체**'가 되므로 명칭에 관한 권리를 가질 수 있고, 자신의 명칭이 타인에 의해 함부로 사용되지 않도록 보호받을 수 있다(대판 2022.11.17. 2018다249995).

(2) 법률에 의한 제한

현행법상 일반적으로 법인의 권리능력을 제한하는 법률은 없으며, 다만 제81조(청산법인)와 같이 개별적인 제한이 있을 뿐이다. 따라서 "청산절차에 관한 규정은 소위 강행규정이라고 해석되므로 만일 그 청산법인이나 그 청산인이 청산법인의 목적범위 외의 행위를 한 때는 무효라 아니할 수 없다"(대판 1980.4.8. 79다2036).

(3) 정관에 의한 제한

1) 제34조의 의미에 대한 해석론

① '대표권제한설'도 있으나, ② 제34조의 표제가 문언상 '권리능력'이라고 명시되어 있는 점에서 현행법의 해석론으로는 '**권리능력제한설**'(통설, 대판 1974.11.26. 74다310: **표준판례24**)이 타당하다. 이에 따르면 정관상의 목적 설정에 의해 법인의 권리능력이 제한되고, 이 범위에서 행위능력을 가지며, 그 목적을 넘은 경우에는 법인에 대한 관계에서 '**확정적 무효**'가 된다. 따라서 법인에게 계약상의 책임은 생기지 않는다. 그러나 법인의 불법행위책임(제35조 1항), 부당이득반환의무(제741조)는 문제될 수 있다.

2) 제34조의 '목적범위'에 대한 해석론

判例는 "목적을 수행하는 데 있어서 직접·간접으로 필요한 행위는 모두 포함한다"고 하며(대판 1991.11.22. 91다8821 등). "목적수행에 필요한지 여부도 행위의 객관적 성질에 따라 추상적으로 판단할 것이지 행위자의 주관적, 구체적 의사에 따라 판단할 것은 아니다"(대판 1987.9.8. 86다카1349)라고 판시하고 있다. 따라서 대표기관의 주관적, 구체적 의사가 '대표권남용'의 의사였다고 하더라도 행위의 객관적, 추상적 성질이 법인의 목적수행에 필요한 행위라면 정관에서 정한 목적의 범위에 해당한다.

Ⅱ. 법인의 행위능력 [A-54]

① 제34조가 법인의 권리능력을 제한한다는 권리능력제한설에 따르면 동조는 동시에 법인의 행위능력을 제한하는 것으로 이해된다. 따라서 이러한 제한을 넘는 대표기관의 행위는 법인의 행위가 아니라, 대표기관 개인의 행위일 뿐이다.

② **'적법한 대표권'**을 가진 자와 맺은 법률행위의 효과는 대표자 개인이 아니라 본인인 법인에 귀속하고, 마찬가지로 그러한 법률행위상의 의무를 위반하여 발생한 채무불이행으로 인한 손해배상책임도 대표기관 개인이 아닌 법인만이 책임의 귀속주체가 되는 것이 원칙이다(대판 2019.5.30. 2017다53265 : 12회 선택형).

Ⅲ. 법인의 불법행위능력 [A-55]

> 제35조 (법인의 불법행위능력) ① 법인은 이사 기타 대표자가 그 직무에 관하여 타인에게 가한 손해를 배상할 책임이 있다. 이사 기타 대표자는 이로 인하여 자기의 손해배상책임을 면하지 못한다. ② 법인의 목적범위 외의 행위로 인하여 타인에게 손해를 가한 때에는 그 사항의 의결에 찬성하거나 그 의결을 집행한 사원, 이사 및 기타 대표자가 연대하여 배상하여야 한다.

1. 제756조, 상법 제210조와의 관계

① 제35조는 법인 자체의 책임인데 반해 제756조는 타인의 행위에 대한 책임이라는 점에서 책임구조를 달리하므로, 법인의 불법행위책임이 성립하는 경우에는 사용자책임은 성립하지 않는다(통설. 대판 1978.3.14. 78다132)(**법조경합**). 그러나 '법인의 대표기관이 아닌 피용자'의 사무집행과 관련하여 타인에게 손해를 가한 때에는 제756조가 적용될 수 있다(대판 2009.11.26. 2009다57033: 표준판례27).

② 또한 상법 제210조에 따르면 '회사를 대표하는 사원이 그 업무집행으로 인하여 타인에게 손해를 가한 때에는 회사는 그 사원과 연대하여 배상할 책임이 있다.' 고 규정하고 있다. 따라서 영리법인인 회사의 경우에는 민법 제35조에 앞서 상법 제210조가 문제된다.

2. 법인의 불법행위의 성립요건(대, 직, 불)

(1) 대표기관의 행위

① 이사(제57조)(12회 선택형)·임시이사(제63조)(12회 선택형)·직무대행자(제60조의2)·특별대리인(제64조)·청산인(제82조) 등이 그 대표기관이다. 따라서 이사에 의해 선임된 특정행위에 대한 대리인(제62조), 지배인, 사원총회, 감사 등은 대표기관에 해당하지 않는다.

② 여기서 '법인의 대표자'에는 그 명칭이나 직위 여하, 또는 대표자로 등기되었는지 여부를 불문하고 당해 법인을 실질적으로 운영하면서 **법인을 사실상 대표하여 법인의 사무를 집행하는 사람을 포함한다**(대판 2011.4.28. 2008다15438: 표준판례28 : A는 등기부상 대표자이지만, A가 대표자로서의 제62조에 위반하여 모든 권한을 B에게 일임하여 B가 실질적으로 법인의 대표자로서의 사무를 집행한 사안에서, B를 위 대표자에 해당하는 것으로 보았다)(3회 선택형). 아울러 **'대표권이 없는 이사'**는 법인의 기관이기는 하지만 대표기관은 아니기 때문에 그들의 행위로 인하여 법인의 불법행위가 성립하지 않는다(대판 2005.12.23. 2003다30159).

(2) 직무에 관하여(직무관련성)

1) 직무관련성의 의미(外形理論)

① 통설·判例는 행위의 외형을 기준으로 직무관련성 여부를 판단한다. 즉 '직무에 관한 행위'인지 여부는 주관적·구체적으로 판단할 것이 아니라 객관적·추상적으로 판단하여야 하며, 여기에는 외형상 대표기관의 직무집행행위라고 볼 수 있는 행위 및 직무집행행위와 사회관념상의 관련성(견련성)을 가지는 행위를 포함한다.

② 구체적으로 判例는 외형상 법인의 직무행위라고 인정할 수 있는 것이라면, 대표자 개인의 사리를 도모하기 위한 것이었거나(대표권남용) 또는 법령의 규정에 위배된 것이었다(강행규정 위반) 하더라도 직무에 관한 행위에 해당한다고 한다(대판 2004.2.27. 2003다15280 : 3회 선택형).

> [심화] 제35조 1항은 법인의 대표기관의 불법행위에 대해 법인에게 책임을 부담시키기 위한 규정이어서, 원칙적으로 유효한 대표기관의 법률행위에 적용되지 않는다. '유효한 대표기관의 법률행위'의 경우에는 그 행위의 효과가 바로 법인에게 귀속되므로 제35조의 법인의 불법행위책임을 논할 필요가 없다. 그러나 대표기관의 법률행위이더라도 '무효사유', 즉 강행규정 위반, 법인의 목적범위 밖(제34조) 또는 대표권의 범위 유월(협의의 무권대표), 대표권남용 등의 사유로 인하여 그 효과가 법인에게 미치지 못하고 그로 인하여 타인에게 손해가 발생하였다면, 제35조 1항의 법인의 불법행위책임이 문제될 수 있다. 따라서 사례문제에서 대표기관의 부정한 행위의 효과가 법인에 귀속되는지를 먼저 검토하여 그것이 인정된다면 법인의 불법행위책임을 인정할 필요가 없다. 반면 그것이 부정되면 비로소 '외형이론'을 기초로 법인의 불법행위책임을 물을 수 있으며(대판 1987.11.10. 87다카473), 외형이론에 의해서도 법인의 책임이 성립되지 않는다면 이는 상대방의 부담이 될 것이고, 경우에 따라서는 제35조 2항에 따라 기관 개인의 불법행위책임이 성립할 수 있다.

2) 외형이론의 적용배제요건

'직무에 관하여'의 범위를 확장하는 것은 거래의 안전을 도모하기 위한 것이므로, 대표기관의 행위가 실질적으로 직무집행에 관한 것이 아니라는 점에 대하여 상대방이 '선의'이고 '중대한 과실'이 없어야 한다(대판 2003.7.25. 2002다27088). 따라서 상대방이 '경과실'로 인하여 몰랐을 경우 상대방은 법인에 대하여 불법행위책임을 물을 수는 있지만, 과실상계(제396조, 제763조)를 함으로써 양자의 이익을 보호할 수 있을 것이다. [16행정]

> [관련판례] "중대한 과실이라 함은 거의 고의에 가까운 정도의 주의를 결여하고, 공평의 관점에서 상대방을 구태여 보호할 필요가 없다고 봄이 상당하다고 인정되는 상태를 말한다"(대판 2003.7.25. 2002다27088).

(3) 불법행위의 일반적 요건

① 법인이 불법행위책임을 지기 위해서는 이사 기타 대표자의 행위가 일반불법행위의 성립요건(제750조)을 충족시켜야 한다. 즉 대표기관 개인에게 책임능력이 있어야 하고, 고의 또는 과실이 있어야 하며, 가해행위가 위법하여야 하고, '피해자가 손해'를 입어야 한다.

② 특히 '피해자의 손해' 요건과 관련하여 대법원은 대표기관의 임무해태(횡령) 등의 잘못으로 1차적으로 법인이 손해를 입고, 그 결과 사원의 경제적 이익이 침해되는 손해를 '간접적인 손해'라고 하면서, 이때 그 사원은 법인이 배상책임을 부담하는 타인의 범주에 해당하지 않는 것으로 보았다(대판 1999.7.27. 99다19384 : 표준판례29). 이는 사단법인에서 그 피해가 법인과 그 구성원인 사원에게 공통되는 점에서 타당하다.

3. 불법행위의 효과

(1) 법인의 배상책임

법인은 피해자에게 손해를 배상해야 한다(제35조 1항 전단).

(2) 기관 개인의 책임

1) 법인의 불법행위가 성립하는 경우

가) 대표기관의 책임

① 법인이 배상책임을 지는 경우에도 대표기관은 자기의 손해배상책임을 면하지 못한다(제35조 1항 후단). 이 경우 법인의 책임과 기관의 책임은 부진정연대채무의 관계에 있게 된다. ② 기관은 선량한 관리자의 주의로 그 의무를 행하여야 하므로(제61조), 법인이 피해자에게 손해를 배상한 경우에는 기관 개인에 대하여 구상권을 행사할 수 있다(제65조).

[관련판례] "재단법인 정관에서 일상적 사무를 처리하기 위해 사무총장, 사무국장 등의 명칭으로 상근 임원을 따로 두고 있는 경우, 비상근 또는 업무집행을 직접 담당하지 아니하는 이사도 단지 이사회에 상정된 의안에 대하여 찬부의 의사표시를 하는 데에 그치지 않고 상근 임원의 전반적인 업무집행을 감시할 의무가 있는 것이므로, 상근 임원의 업무집행이 위법하다고 의심할 만한 사유가 있음에도 불구하고 감시의무를 위반하여 이를 방치한 때에는 이로 말미암아 재단법인이 입은 손해에 대하여 배상책임을 면할 수 없다"(대판 2016.8.18. 2016다200088).

나) 사원 등의 책임

判例는 "사원총회, 대의원 총회, 이사회의 의결은 원칙적으로 법인의 내부행위에 불과하므로 특별한 사정이 없는 한 그 사항의 의결에 찬성하였다는 이유만으로 제3자의 채권을 침해한다거나 대표자의 행위에 가공 또는 방조한 자로서 제3자에 대하여 불법행위책임을 부담한다고 할 수는 없고, 대표자와 공동으로 불법행위를 저질렀거나 이에 가담하였다고 볼 만한 사정이 있을 때 제3자에 대하여 위 대표자와 연대하여 손해배상책임을 진다"(대판 2009.1.30. 2006다37465: **표준판례30**)고 한다.

2) 법인의 불법행위가 성립하지 않는 경우

① 법인의 목적범위 외의 행위[7]로 인하여 타인에게 손해를 가한 때에는 법인의 불법행위책임이 인정되지 않고, 기관 개인만이 제750조에 의해 불법행위책임을 진다. ② 다만 민법은 피해자 보호를 위해 의사에 찬성하거나 그 의결을 집행한 사원·이사 및 기타 대표자는 그들 사이에 공동불법행위의 성립 여부를 불문하고 연대하여 배상하게 하고 있다(제35조 2항).

[관련판례] "노동조합의 간부들이 불법쟁의행위를 주도한 경우에 이러한 간부들의 행위는 조합의 집행기관으로서의 행위라 할 것이므로, 이 경우 **민법 제35조 1항의 유추적용**에 의하여 노동조합은 그 불법쟁의행위로 인하여 사용자가 입은 손해를 배상할 책임이 있다"(대판 1994.3.25. 93다32828,32835).

---

[7] **[심화]** '법률에서 정한 목적범위 외의 행위'일 경우 判例는 법인의 불법행위 책임을 부정하였다(대판 1964.12.29. 64다1321 ; 구농업협동조합에서 군농업협동조합이 영위할 수 있는 사업으로 신용사업을 명시하면서 다만 필요한 자금 조달은 농업협동조합중앙회로 한정하였음에도 조합장이 개인으로부터 돈을 빌려 대여한 경우 이러한 행위는 군농업협동조합 목적범위 외의 행위로 보아 군농업협동조합의 불법행위책임을 부정한 사례). 다만 '법인의 정관으로 정한 목적 외의 행위'도 같이 취급할 것인지에 대해서 명시적인 判例는 없으나, 학설은 일반적으로 정관에서 정한 목적 범위를 넘는 경우에도 직무관련성이 인정될 수 있고 법인의 불법행위책임이 성립할 수 있다고 한다(이주홍, 민법주해 1권, p.494 ; 홍일표, 민법주해 1권, p.598).

제4관 법인의 기관

I. 이사
[A-56]

1. 의의

(1) 상설적 필요기관

이사는 대외적으로 법인을 대표(대표기관)하고, 대내적으로 법인의 업무를 집행하는(업무집행기관) 기관으로서 사단법인, 재단법인 모두의 '상설적 필요기관'이다(12회 선택형). 그 수에는 제한이 없으므로(제57조, 제58조) 정관에서 임의로 정할 수 있다(제40조, 제43조). 다만 자연인만이 이사가 될 수 있다.

(2) 이사의 임면

이사의 '임면(任免)'에 관한 규정은 사단법인이나 재단법인이나 정관의 필요적 기재사항이다(제40조 5호·제43조). 이사 선임행위의 성질은 법인과 이사 간의 일종의 '위임계약'이므로 정관에 특별한 정함이 없으면 위임의 규정이 적용된다. 마찬가지로 해임·퇴임도 정관에 의할 것이나, 규정이 없으면 위임의 규정이 적용된다(제127조, 제689조).

▎이사의 임면에 관한 판례들

❋ 임기만료된 이사에게 후임 이사의 선임시까지의 업무수행권이 인정되는지 여부(한정 적극)

㉠ "민법상 법인의 이사 전원 또는 그 일부의 ⅰ) 임기가 만료되었거나 사임하였음에도 불구하고 ⅱ) 그 후임 이사의 선임이 없거나 ⅲ) 또는 그 후임 이사의 선임이 있었다고 하더라도 그 선임결의가 무효이고, 남아 있는 다른 이사만으로는 정상적인 법인의 활동을 할 수 없는 경우, 임기 만료되거나 사임한 구 이사로 하여금 법인의 업무를 수행케 함이 부적당하다고 인정할 만한 특별한 사정이 없는 때에는, 구 이사는 후임 이사가 선임될 때까지 민법 제691조의 규정을 유추하여 '종전'의 직무를 수행할 수 있다"(대판 2010.6.24. 2010다2107 등). ㉡ 따라서 "이사 중 일부의 임기가 만료되었더라도 아직 임기가 만료되지 아니한 다른 이사들로 정상적인 활동을 할 수 있는 경우에는 임기만료된 이사로 하여금 이사로서 직무를 행사하게 할 필요가 없고, 이러한 경우에는 임기만료로서 당연히 퇴임하며, 법인의 정상적인 활동이 가능한지는 이사의 임기만료 시를 기준으로 판단하여야 하지 그 이후의 사정까지 고려할 수는 없다"(대결 2014.1.17. 2013마1801). ㉢ "사임한 대표자의 직무수행권은 법인이 '정상적인 활동을 중단하게 되는 처지를 피하기 위하여 보충적으로 인정'되는 것이다"(대판 2003.3.14. 2001다7599). ㉣ 따라서 별다른 급박한 사정도 없이 임기만료 전의 현임 이사를 해임하고 그 후임자를 선임하기 위한 이사 및 평의원 연석회의를 스스로 소집하고 이를 제안하는 것과 같은 일은 임기 만료된 이사장에게 수행케 함은 부적당한 임무에 해당한다(대판 1982.3.9. 81다614: **표준판례50**).

❋ 법인 이사의 사임의 의사표시의 법적성질 및 철회가부

㉠ "법인의 이사는 법인에 대한 일방적인 사임의 의사표시에 의하여 법률관계를 종료시킬 수 있고(상대방 있는 단독행위), 그 의사표시가 수령권한 있는 기관에 도달됨으로써 효력을 발생하는 것이며, 법인의 승낙이 있어야만 효력이 있는 것은 아니다"(대판 1992.7.24. 92다749 : 14회 선택형). ㉡ 한편 이 경우, "그 의사표시가 효력을 발생한 이후에는 임의로 이를 철회할 수 없다"(대판 1993.9.14. 93다28799). ㉢ 따라서 법인이 정관에 이사 사임의 의사표시의 효력발생시기에 관하여 특별한 규정을 둔 경우, "이사가 사임의 의사표시를 하였더라도 정관에 따라 사임의 효력이 발생하기 전에는 그 사임의사를 자유롭게 철회할 수 있다"(대판 2008.9.25. 2007다17109).

* **법인이 정당한 이유 없이도 이사를 해임할 수 있는지 여부**(적극) **이사에 대한 해임사유를 '정관'에 정한 경우의 법적성질**

  ㉠ "법인과 이사의 법률관계는 신뢰를 기초로 한 위임 유사의 관계이고, 위임계약은 원래 해지의 자유가 인정되어 쌍방 누구나 정당한 이유 없이도 언제든지 해지할 수 있는 것이어서, 제689조 1항에 따라 법인은 이사의 임기 만료 전에도 이사를 해임할 수 있으나, 불리한 시기에 부득이한 사유 없이 해지한 경우에 한하여 제689조 2항에 따라 상대방에게 그로 인한 손해배상책임을 질 뿐이다"(대결 2014.1.17. 2013마1801). ㉡ 다만, "제689조는 임의규정이므로 법인이 정관으로 이사의 해임사유 및 절차 등에 관해 별도의 규정을 두는 것은 가능하다. 이 경우 그 규정은 법인과 이사와의 관계를 명확히 함은 물론 이사의 신분을 보장하는 의미도 아울러 가지고 있어 이를 단순히 주의적 규정으로 볼 수는 없고, 따라서 법인으로서는 이사의 중대한 의무위반 또는 정상적인 사무집행 불능 등의 특별한 사정이 없는 이상, 정관에서 정하지 아니한 사유로 이사를 해임할 수는 없다"(대판 2013.11.28. 2011다41741 : 8회 선택형).

* **법인이 정관으로 이사의 해임사유를 정한 경우, 그 해임사유로 인하여 법인과 이사 사이의 신뢰관계가 더 이상 유지되기 어려울 정도에 이르러야 하는지 여부**(소극)

  "법인이 정관에서 이사의 해임사유와 절차를 정하였고 그 해임사유가 실제로 발생하였다면, 법인은 이를 이유로 정관에서 정한 절차에 따라 이사를 해임할 수 있다. 이때 정관에서 정한 해임사유가 발생하였다는 요건 외에 이로 인하여 법인과 이사 사이의 신뢰관계가 더 이상 유지되기 어려울 정도에 이르러야 한다는 요건이 추가로 충족되어야 법인이 비로소 이사를 해임할 수 있는 것은 아니다"(대판 2024.1.4. 2023다263537 : 14회 선택형).

(3) 등기사항

이사의 성명·주소는 설립등기사항이다(제49조 2항). 참고로 '설립등기'가 법인격을 취득하기 위한 성립요건인 데 비해(제33조), 그 밖의 등기는(제50조 분사무소설치·제51조 사무소이전·제52조 등기사항의 변경·제85조 해산) 제3자에 대한 대항요건이다(제54조 1항).

(4) 의무와 책임

이사는 선량한 관리자의 주의로 그 직무를 행하여야 한다(제61조). 이사가 임무를 해태한 때에는 그 이사는 법인에 대하여 연대하여 손해배상의 책임이 있다(제65조).

2. 대외적 권한

(1) 대표권

이사는 법인의 사무에 관하여 각자 법인을 대표하며(제59조 1항 ; 각자대표의 원칙), 법인의 대표에 관하여는 대리에 관한 규정을 준용한다(제59조 2항). 따라서 제59조 2항 등에 비추어 **법인의 적법한 대표권을 가진 자가 하는 법률행위는 그 성립상 효과뿐만 아니라 위반의 효과인 채무불이행책임까지 법인에게 귀속될 뿐이고**(12회 선택형), 특별한 사정이 없는 한 법인이 당사자인 법률행위에 관하여 대표기관 개인이 손해배상책임을 지려면 민법 제750조에 따른 불법행위책임 등이 별도로 성립하여야 한다(대판 2019.6.3. 2017다53265).

(2) 대표권의 제한 (위반시 무권대표 ⇒ 제126조의 표현대리)

1) 정관에 의한 제한(제7관 참고)

① 민법은 '이사의 대표권에 대한 제한은 정관에 기재하여야 효력이 있다'(제41조)고 하여 정관의 기재를 효력요건으로, ② '이사의 대표권 제한은 이를 등기하지 않으면 제3자에게 대항하지 못한다'(제60조)고 하여 등기를 대항요건으로 하고 있다.

2) 사원총회의 의결에 의한 제한(제59조 1항 단서)

사단법인의 경우 이사의 대표권은 사원총회의 의결에 의하여도 제한할 수 있다(제59조 1항 단서). 그러나 그 경우에도 대표권 자체를 박탈하는 것은 허용되지 않는다.

3) 이익상반의 경우(제64조)

법인과 이사의 이익상반행위에 대하여는 대표권이 없으며, '특별대리인'이 법인을 대표한다(제64조)(8회,12회,14회 선택형). 이사가 제64조를 위반하여 법인을 대표한 경우에, 그 행위는 무권대표행위로서 법인에 대하여 효력이 없다. 다만 표현대리가 성립할 여지는 있다.

4) 복임권의 제한(제62조)

이사는 원칙적으로 자신이 스스로 대표권을 행사하여야 한다. 다만, 정관 또는 사원총회의 결의로 금지하지 않은 사항에 한하여 타인으로 하여금 '특정의 행위'를 대리하게 할 수 있다(제62조). 이와 같이 선임된 대리인은 **법인의 기관은 아니지만**(따라서 이러한 대리인이 법인의 직무집행에 관하여 불법행위를 한 경우 제756조의 사용자책임이 문제되지 제35조가 문제되지 않는다), 법인의 대리인이므로 그 대리행위의 효과는 법인에 귀속한다.

제62조에 따라 이사의 '**포괄적인 복임권**'은 없다. 만약 대표자가 타인에게 업무를 포괄적으로 위임한 경우 그 포괄적 수임인이 법인의 사무를 행하더라도 이는 제62조에 위반된 것이어서 그 효력이 법인에는 미치지 아니한다(대판 2011.4.28. 2008다15438 : 3회 선택형).

3. 대내적 권한

이사는 정관의 규정 및 총회의 의결에 따라 모든 내부적 사무를 집행할 권한이 있으며(제58조 1항), 이사가 여럿인 경우에는 그 과반수로써 결정한다(제58조 2항). 그러나 이는 대내적인 제한일 뿐이며, 대외적으로는 각자대표가 원칙이므로(제59조 1항), 이사가 과반수의 결의 없이 단독으로 대외적인 대표행위를 하였더라도 유효하고, 다만 그 이사는 법인에게 채무불이행책임이나 불법행위책임을 진다.

■ 이사의 사무집행에 관한 판례

㉠ "민법 제74조는 사단법인과 어느 사원과의 관계사항을 의결하는 경우 그 사원은 의결권이 없다고 규정하고 있으므로, 제74조의 유추해석상 민법상 법인의 이사회에서 법인과 어느 이사와의 관계사항을 의결하는 경우에는 그 이사는 의결권이 없다. 이때 의결권이 없다는 의미는 상법 제368조 4항, 제371조 2항의 유추해석상 이해관계 있는 이사는 이사회에서 의결권을 행사할 수는 없으나 의사정족수 산정의 기초가 되는 이사의 수에는 포함되고, 다만 결의 성립에 필요한 출석이사에는 산입되지 아니한다"(대판 2009.4.9. 2008다1521).

㉡ "민법상 법인의 필수기관이 아닌 이사회는 이사가 사무집행권한에 의해 소집하는 것이므로, 과반수에 미치지 못하는 이사는 특별한 사정이 없는 한 민법 제58조 2항에 반하여 이사회를 소집할 수 없다. 반면 과반수에 미치지 못하는 이사가 정관의 특별한 규정에 근거하여 이사회를 소집하거나 과반수의 이사가 제58조 2항에 근거하여 이사회를 소집하는 경우에는 법원의 허가를 받을 필요 없이 본래적 사무집행권에 기초하여 이사회를 소집할 수 있다. 법원은 민법상 법인의 이사회 소집을 허가할 법률상 근거가 없고, 다만 이사회 결의의 효력에 관하여 다툼이 발생하면 소집절차의 적법 여부를 판단할 수 있을 뿐이다"(대판 2017.12.1. 2017그661).

㉢ "민법상 법인의 이사회의 결의에 부존재 혹은 무효 등 하자가 있는 경우 법률에 별도의 규정이 없으므로 이해관계인은 언제든지 또 어떤 방법에 의하든지 그 무효를 주장할 수 있다"(대판 2003.4.25. 2000다60197).

Ⅱ. 감 사
[A-57a]

주식회사에서는 감사가 필요적 상설기관이지만(상법 제409조 1항), 민법상의 법인에서는 임의기관으로 되어 있다(14회 선택형). 따라서 감사의 성명과 주소는 정관의 필요적 기재사항은 아니다.

감사는 법인의 감독기관으로서 ① 법인의 재산상황의 감사, ② 이사의 업무집행상황의 감독, ③ 법인의 재산상황 또는 이사의 업무집행상황을 감사한 결과 부정·불비한 점의 발견시 총회 또는 주무관청에 보고, ④ 그 보고를 위하여 필요한 경우 총회의 소집 등을 할 수 있다(제67조).

Ⅲ. 사원총회
[A-57b]

1. 의 의

사단법인에는 의사결정기관으로서 사원총회가 있다. 사원총회는 전사원으로 구성되는 의결기관이며 반드시 두어야 하는 필요기관으로서 정관에 의해서도 폐지할 수 없다.

2. 사원총회의 권한

사원총회는 정관으로 이사 또는 기타 임원에게 위임한 사항을 제외한 법인의 모든 사무에 대해 이를 결의할 권한이 있다(제68조). 특히 '**정관의 변경**'(제42조) 및 '**임의해산**'(제77조 2항)은 총회의 법정전권사항으로서 정관에 의하여도 다른 기관의 권한으로 하지 못한다. 다만 총회의 권한에도 일정한 '한계'가 있다. 즉 소수사원권(제70조 2항)과 사원의 결의권(제73조)과 같은 고유권은 총회의 결의에 의하여도 박탈할 수 없다.

判例도 "정관에서 임시총회 소집 권한을 가지는 사원의 정수를 '총사원의 1/2 이상'으로 정하거나, 소집 절차 중 '회의의 목적사항 제시' 요건을 구체화하는 등 절차적 요건을 보다 구체화하거나 명확히 하는 것 이외에 사실상 소수사원으로 하여금 총회 소집 권한을 행사하는 것을 어렵게 하거나 그 부담을 과도하게 가중시키는 임시총회 소집 요건 또는 절차적 요건을 부과하는 것은 원칙적으로 무효라고 보아야 한다"(대결 2023.8.18. 2023그608)고 한다.

> ※ **법원의 허가를 얻어 '임시총회'를 소집할 수 있도록 규정한 제70조 3항을 '이사회' 소집에 유추적용할 수 있는지 여부(소극)**
> ㉠ "민법 제70조 3항은 사단법인의 최고의결기관인 사원총회의 구성원들이 사원권에 기초하여 일정한 요건을 갖추어 최고의결기관의 의사를 결정하기 위한 회의의 개최를 요구하였는데도 집행기관인 이사가 절차를 밟지 아니하는 경우에 법원이 후견적 지위에서 소수사원의 임시총회 소집권을 인정한 법률의 취지를 실효성 있게 보장하기 위한 규정이다. 따라서 위 규정을 구성과 운영의 원리가 다르고 법원이 후견적 지위에서 관여하여야 할 필요성을 달리하는 민법상 법인의 집행기관인 이사회 소집에 유추적용할 수 없다"(대결 2017.12.1. 2017그661).
> ㉡ 따라서 "종중원들이 종중 재산의 관리 또는 처분 등을 위하여 종중의 규약에 따른 적법한 소집권자 또는 일반 관례에 따른 종중총회의 소집권자인 종중의 연고항존자에게 필요한 종중의 임시총회 소집을 요구하였음에도 그 소집권자가 정당한 이유 없이 이에 응하지 아니하는 경우에는 차석 또는 발기인이 소집권자를 대신하여 그 총회를 소집할 수 있는 것이고, 반드시 민법 제70조를 준용하여 감사가 총회를 소집하거나 종원이 법원의 허가를 얻어 총회를 소집하여야 하는 것은 아니다"(대판 2011.2.10. 2010다83199,83205).

3. 사원총회의 소집

총회의 소집은 총회일 1주일 전에 그 회의의 목적사항을 기재한 통지를 발송하는 방식으로 하여야 한다(제71조). 따라서 서면통지가 원칙이다. 그리고 그 통지에는 '발신주의'를 취한다.

예를 들어 총회예정일이 2021. 3. 15. 오전 10시라면, 늦어도 2021. 3. 8. 오전 0시까지는 사원들에게 소집통지를 발송해야 한다("빼기7, 0시"로 외울 것).

> * **총회의 소집권자가 총회의 소집을 철회·취소하는 경우 반드시 총회의 소집과 동일한 방식으로 통지하여야 하는지 여부(소극)**
> "사원총회의 소집권자가 총회의 소집을 철회·취소하는 경우에는 반드시 총회의 소집과 동일한 방식으로 그 철회·취소를 총회 구성원들에게 통지하여야 할 필요는 없고, 총회 구성원들에게 소집의 철회·취소결정이 있었음이 알려질 수 있는 적절한 조치가 취하여지는 것으로써 충분히 그 소집 철회·취소의 효력이 발생한다"(대판 2007.4.12. 2006다77593 : 6회 선택형).
>
> * **전화로 한 총회소집통지에 의해 소집된 총회결의의 효력(유효)**
> "총회소집통지를 서면에 의하지 아니하고 전화로 하였다는 경미한 하자만으로는 총회의 결의를 무효라고 할 수 없다"(대판 1987.5.12. 86다카2705).
>
> * **민법상 사단법인에서 법률이나 정관에 정함이 없는데도 소집·개최 절차 없이 서면만으로 총회결의를 한 경우, 그 결의에 중대한 하자가 있는지 여부(원칙적 적극)**
> "민법상 사단법인의 총회 결의는 소집·개최 절차가 이루어진 총회에 사원들이 참석하여 결의하는 것을 원칙적인 방법으로 한다고 보아야 한다. 총회의 소집·개최 절차를 진행하지 않은 채 목적사항을 서면통지하고 그에 대한 단순한 찬반투표만을 서면으로 받아 다수를 얻는 쪽으로 의사를 결정하는 방식으로 이루어지는 서면결의는 총회에 참석하여 목적사항을 적극적으로 토론하고 결의함으로써 사단법인 사무 운영에 자신의 의사를 반영하도록 하는 사원권의 행사를 제한할 수 있다. 따라서 민법상 사단법인에서 법률이나 정관에 정함이 없는데도 소집·개최 절차 없이 서면만으로 총회결의를 한 경우에는 특별한 사정이 없는 한 그 결의에 중대한 하자가 있다고 보아야 한다"(대판 2024.6.27. 2023다254984).

4. 사원총회의 결의

(1) 결의사항

① 총회는 '정관에 다른 규정이 없으면' 통지한 사항에 관하여만 결의할 수 있다(제72조).
② "법인격을 전제로 하지 아니하는 민법 규정들은 원칙적으로 법인 아닌 사단의 경우에도 유추적용되므로, 법인 아닌 사단의 총회에서 회의 소집 통지에 목적 사항으로 기재하지 않은 사항에 관하여 결의한 때에는 구성원 전원이 회의에 참석하여 그 사항에 의하여 의결한 경우가 아닌 한 그 결의는 원칙적으로 무효다"(대판 2015.2.16. 2011다101155 : 12회 선택형).

(2) 결의권

① '정관에 다른 규정이 없는 한', 각 사원의 결의권은 평등으로 하며, 이 결의권은 서면이나 대리인을 통해 행사할 수 있다(제73조). 그 경우 당해 사원은 출석한 것으로 한다(제75조 2항).
② 사단법인과 어느 사원과의 관계사항을 의결하는 경우에는, 그 사원은 결의권이 없다(제74조). '관계사항'이란, 어느 사원이 사원인 지위와 관계없이 개인적으로 갖는 이해관계에 관한 사항을 말한다.
③ "민법 제74조는 사단법인과 어느 사원과의 관계사항을 의결하는 경우 그 사원은 의결권이 없다고 규정하고 있으므로, 민법 제74조의 유추해석상 민법상 법인의 이사회에서 법인과 어느 이사와의 관계사항을 의결하는 경우에는 그 이사는 의결권이 없다. 이때 의결권이 없다는 의미는 이해관계 있는 이사는 이사회에서 의결권을 행사할 수는 없으나 의사정족수 산정의 기초가 되는 이사의 수에는 포함되고, 다만 결의 성립에 필요한 출석이사에는 산입되지 아니한다고 풀이함이 상당하다"(대판 2009.4.9. 2008다1521).

(3) 결의방법

① 총회의 결의는 민법 또는 정관에 다른 규정이 없으면 사원 과반수의 출석과 출석사원의 결의권의 과반수로써 한다(제75조 1항). 서면이나 대리인을 통해 결의권을 행사한 경우에는 출석한 것으로 한다(제75조 2항).

② 정관에 다른 규정이 없는 한, '정관변경'은 총사원의 3분의 2 이상, '임의해산'은 총사원의 4분의 3 이상의 동의가 있어야 한다(제42조 1항·제78조)(12회 선택형).

5. 사원권

"사단법인의 사원의 지위는 양도 또는 상속할 수 없다고 규정한 민법 제56조의 규정은 강행규정이라고 할 수 없으므로, 비법인사단에서도 사원의 지위는 규약이나 관행에 의하여 양도 또는 상속될 수 있다"(대판 1997.9.26. 95다6205: 표준판례52).

Ⅳ. 기타 대표기관

1. 임시이사

(1) 선임요건

① 이사가 없거나 결원이 있는 경우에 이로 인하여 손해가 생길 염려 있는 때에는 법원은 이해관계인이나 검사의 청구에 의하여 임시이사를 선임하여야 한다(제63조)(12회 선택형).
민법 제63조에서 임시이사 선임의 요건으로 정하고 있는 '이사가 없거나 결원이 있는 경우'라 함은 이사가 전혀 없거나 정관에서 정한 인원수에 부족이 있는 경우를 말하고, '이로 인하여 손해가 생길 염려가 있는 때'라 함은 통상의 이사선임절차에 따라 이사가 선임되기를 기다릴 때에 법인이나 제3자에게 손해가 생길 우려가 있는 것을 의미한다(대결 2009.11.19. 전합2008마699).

② 임시이사의 선임은 손해의 방지를 위하여 긴급한 경우에 한해 인정된다. 한편, 대표권이 있는 이사가 해임·퇴임 등의 사유로 없게 된 때에는 다른 이사 중에서 새로 대표이사를 선임하면 되므로 본조의 적용은 없다(대판 1957.7.22. 4290민재항50).

(2) 권한 및 취소·변경

제63조에 의하여 법원이 선임한 임시이사는 원칙적으로 **정식이사와 동일한 권한을** 가진다(대판 2013.6.13. 2012다40332).

2. 특별대리인

(1) 이익상반행위

법인과 이사의 이익이 상반하는 사항에 관하여는 이사는 대표권이 없다(12회 선택형). 이 경우에는 전조의 규정에 의하여 특별대리인을 선임하여야 한다(제64조).

"제64조에서 말하는 법인과 이사의 이익이 상반하는 사항은 법인과 이사가 **직접 거래의 상대방이 되는 경우뿐** 아니라, 이사의 개인적 이익과 법인의 이익이 충돌하고 이사에게 선량한 관리자로서의 의무 이행을 기대할 수 없는 사항은 모두 포함한다고 할 것이고, 이 사건과 같이 형식상 전혀 별개의 법인 대표를 겸하고 있는 자가 양쪽 법인을 대표하여 계약을 체결하는 경우는 쌍방대리로서 특별한 사정이 없는 이상 이사의 개인적 이익과 법인의 이익이 충돌할 염려가 있는 경우에 해당한다"(대판 2013.11.28. 2010다91831).

(2) 위반의 효과

본조에 위반하여 이사가 대표행위를 한때에는 그것은 무권대리가 된다.

3. 직무대행자

(1) 지 위

이사의 선임행위에 흠이 있어 직무집행정지의 가처분이 내려진 경우, 그에 이은 조치로 법원이 당사자의 신청에 의해 가처분으로 선임하는 자가 직무대행자이다(제52조의2).

(2) 권 한(8회, 14회 선택형)

① 직무대행자는 법인의 **통상사무에 속하는 행위만을 할 수 있다**. 통상사무가 아닌 행위도 할 수 있기 위해서는, 가처분명령에서 이를 허용하거나 또는 법원의 허가를 얻어야 한다. ② 다만, 직무대행자가 이에 위반한 행위를 한 경우에도 법인은 선의의 제3자에 대하여는 책임을 진다(제60조의2).

제5관 법인의 소멸

I. 서 설

법인의 소멸이란 법인이 권리능력을 상실하는 것을 말하며, 자연인의 사망에 해당하는 것이다. 그런데 법인에는 자연인에서와 같은 상속제도가 없으므로, 법인의 소멸은 일정한 절차를 거쳐 단계적으로 이루어진다. ① 먼저 '해산'에 의해 법인의 본래의 활동을 정지하고, ② 이어서 재산을 정리하는 '청산'의 단계로 들어간다. 법인이 소멸하는 시점은 청산이 종료한 때이다.

II. 해 산

1. 사단법인 및 재단법인의 공통된 해산사유

법인은 존립기간의 만료, 법인의 목적의 달성 또는 달성의 불능 기타 정관에 정한 해산사유의 발생, 파산 또는 설립허가의 취소[8]로 '해산'한다(제77조).

2. 사단법인 고유의 해산사유

① 사원이 1명도 없게 된 때에는 사단법인은 해산한다(제77조 2항). 判例는 "법인 아닌 사단에 대하여는 사단법인에 관한 민법규정 가운데서 법인격을 전제로 하는 것을 제외하고는 이를 유추적용하여야 할 것인바, 사단법인에 있어서는 사원이 없게 된다고 하더라도 이는 해산사유가 될 뿐 막바로 권리능력이 소멸하는 것이 아니므로 **법인 아닌 사단에 있어서도 구성원이 없게 되었다 하여 막바로 그 사단이 소멸하여 소송상의 당사자능력을 상실하였다고 할 수는 없고 청산사무가 완료되어야 비로소 그 당사자능력이 소멸하는 것이다**"(대판 1992.10.9. 92다23087)라고 판시하고 있다.

② 사단법인은 총회의 결의에 의해 해산하며(제77조 2항), 이를 임의해산이라고 한다. 이것은 사원총회의 전권사항이고, 정관에 의해서도 달리 정할 수 없다. 해산결의에는 정관에 다른 규정이 없으면 총사원 4분의 3 이상의 동의가 있어야 한다(제78조)(12회 선택형).

---

8) 법인이 ① 목적 이외의 사업을 하거나, ② 설립허가의 조건에 위반하거나, ③ 공익을 해하는 행위를 한때에는, 주무관청은 그 설립허가를 취소할 수 있다(제38조).

Ⅲ. 청 산

1. 의 의

청산이란 해산한 법인이 잔무를 처리하고 재산을 정리하여 완전히 소멸할 때까지의 절차를 말한다. 이러한 청산절차는 제3자의 이해관계에 중대한 영향을 미치기 때문에 모두 '**강행규정**'이며(대판 1995.2.10. 94다13473), 정관에서 달리 정하더라도 그것은 무효이다.

2. 청산법인의 능력

① 해산한 법인은 청산법인이 되고 '**청산의 목적범위 내**'에서만 권리를 갖고 의무를 부담하므로(제81조), 청산이라는 목적을 변경하거나 해산 전의 본래의 적극적인 사업을 행하는 것은 청산법인의 권리능력의 범위를 벗어나는 것이 된다.

② "청산절차에 관한 규정은 소위 강행규정이므로 만일 그 청산법인이나 그 청산인이 청산법인의 목적범위 외의 행위를 한 때는 무효이다"(대판 1980.4.8. 79다2036: 표준판례54).

3. 청산법인의 기관

① 청산법인은 해산 전의 법인과 동일성이 유지되므로 해산 전의 기관, 즉 사원총회·감사 등의 기관은 그대로 존속하고 이사는 청산인이 된다.

② 법인이 해산한 때에는 정관에서 청산인이 될 자를 정하지 않고 또 총회의 결의도 없으면 해산 당시의 **이사가 청산인이 된다**(제82조). 이와 관련하여 判例는 "회사가 해산한 경우 합병 또는 파산의 경우 외에는 정관에 다른 규정이 있거나 주주총회에서 따로 **청산인을 선임하지 아니하였다면 이사가 당연히 청산인이 되고** 이사가 임기만료 되면 새로운 이사를 선임할 수 있다 할 것이므로 청산법인의 주주총회에서 청산인을 선임하지 아니하고 이사를 선임하였다 하여 그 선임결의가 그 자체로서 무효가 된다고 볼 수 없다"(대판 1989.9.12. 87다카2691)고 한다.

③ "사립학교법은 학교법인의 이사회에서 임원의 임면에 관한 사항을 심의·의결하도록 한다. 그런데 학교법인은 해산한 경우 청산의 목적범위 내에서 권리·의무의 주체가 되고, 그 청산인은 학교법인의 사무집행기관이자 대표기관으로서 이사에 갈음하여 청산의 목적범위 내에 있는 학교법인의 모든 사무를 처리할 권한을 가진다(사립학교법 제42조 제1항, 민법 제87조 참조). 따라서 학교법인이 해산하여 청산인이 선임된 후에는 법원 또는 청산인회에 청산인을 해임할 권한이 있을 뿐, **해산하기 전의 이사들로 구성된 이사회에는 특별한 사정이 없는 한 청산인을 해임할 권한이 없다**"(대판 2024.3.28. 2023다252209,252216).

4. 청산사무(청산인의 직무권한)

① 해산의 등기와 신고(제85조, 제86조), ② 현존사무의 종결(제87조 1항 1호), ③ 채권의 추심(제87조 1항 2호), ④ 채무의 변제(제87조 1항 2호), ⑤ 잔여재산은 정관으로 지정한 자에게 귀속한다(제80조 1항). 그 지정은 직접적인 지정뿐만 아니라, 이사회의 결의에 의해 잔여재산을 처분하도록 하는 간접적인 지정, 즉 지정하는 방법을 정한 경우도 포함한다(대판 1995.2.10. 94다13473). 이에 위반하여 한 잔여재산의 처분행위는 무효이다(대판 1980.4.8. 79다2036). ⑥ 파산신청(제93조), ⑦ 청산종결등기와 신고의무가 있다.

법인이 소멸하는 시점은 해산등기나 청산종결등기시가 아니라 '**청산사무가 종료한 때**'이다. 그러므로 청산종결의 등기가 되었더라도 청산사무가 종결되지 않은 때에는 그 한도에서는 청산법인으로 존속한다(대판 1995.2.10. 94다13473). 다만, 설립등기 이외의 등기는 모두 대항요건에 해당하므로(제54조), 해산등기를 하지 않았다면 제3자에게 해산사실로 대항할 수 없다(대판 1984.9.25. 84다카493).

제6관 정관의 변경

Ⅰ. 사단법인의 정관변경 [A-58]

1. 의 의

정관의 변경이란 법인이 그 동일성을 유지하면서 조직을 변경하는 것을 말한다. 사단법인은 자율적 법인이므로 그 법인의 '동일성을 유지하는 범위'에서 원칙적으로 정관변경이 가능하다. 가령 비영리의 목적을 영리의 목적으로 변경하는 경우와 같이 동일성을 해치거나 사단법인의 본질에 반하는 정관변경은 허용되지 않는다.

2. 사원총회의 결의

정관의 변경에는 그 정수에 관해 정관에 다른 규정이 없는 한, **총사원 3분의 2 이상의 동의가 있어야 한다**(제42조 1항). ① 사단법인에서 정관변경은 사원총회의 전권사항이다. 따라서 정관에서 이사회의 결의로써 정관변경을 할 수 있다고 정하더라도 그것은 무효이다. ② 그러나 정관에 그 정관을 변경할 수 없다고 규정하고 있더라도 모든 사원의 동의가 있으면 정관을 변경할 수 있다(2회 선택형).

3. 주무관청의 허가

정관의 변경은 주무관청의 허가를 얻지 않으면 그 효력이 없다(제42조)(12회 선택형).

Ⅱ. 재단법인의 정관변경 [A-59]

1. 정관변경 가부

(1) 원 칙

재단법인은 설립자의 의사에 의하여 타율적으로 구속되는 법인이므로 원칙적으로 정관변경이 불가능하다.

(2) 예 외

그러나 i) 설립자가 정관 속에서 그 정관의 변경방법을 정하고 있는 경우(제45조 1항), ii) 재단법인의 목적달성을 위하여 필요한 때에는 명칭 또는 사무소의 소재지를 변경할 수 있으며(제45조 2항), iii) 재단법인의 목적을 달성할 수 없는 때에는 설립자나 이사는 주무관청의 허가를 얻어 설립의 취지를 참작하여 목적 기타 정관의 규정도 변경할 수 있다(제46조).

2. 주무관청의 허가

재단법인의 정관의 변경은 사단법인의 정관변경과 마찬가지로 주무관청의 허가를 얻지 아니하면 그 효력이 없다(제45조 3항, 제42조 2항)(12회 선택형). 判例는 "제45조와 제46조에서 말하는 재단법인의 정관변경의 '허가'는 법률상의 표현이 허가로 되어 있기는 하나, 그 성질에 있어 법률행위의 효력을 보충해 주는 것이지 일반적 금지를 해제하는 것이 아니므로, **법적 성격은 '인가'로 보아야 한다**"고 한다(대판 1996.5.16. 전합95누4810: 표준판례44). 이에 따르면 그 불허가처분에 대해서는 행정소송으로 다툴 수 있다.

3. 기본재산의 처분·편입과 정관의 변경

(1) 의 의

① 재단법인을 설립하기 위해 출연한 '기본재산'은 재단법인의 실체를 이루며, 이러한 '기본재산의 처분'은 정관의 필요적 기재사항이다(제43조). 그러나 재단법인의 기본재산이 아닌 재산의 매각은 정관의 변경을 초래하는 것이 아니므로 주무관청의 허가를 필요로 하는 것이 아니다(대판 1967.12.19. 67다1337).
② 재단법인의 기본재산 처분에 대한 주무관청의 허가는 반드시 사전에 받아야 하는 것이 아니라 이를 처분할 때까지 받으면 족하므로, 소유권이전등기청구소송의 경우에는 늦어도 사실심변론종결시까지 허가를 받아야 한다"(대판 1974.4.23. 73다544 ; 대판 1998.7.24. 96다27988 : 학교법인이 감독청의 허가 없이 기본재산에 관한 매매계약을 체결한 경우, 매수인은 감독청의 허가를 조건으로 소유권이전등기를 청구할 수 있다).

(2) 기본재산의 처분행위인지 문제되는 경우

1) 저당권·전세권설정행위(원칙적 소극)

기본재산에 관한 '저당권 설정행위'는 이에 해당하지 않으므로 주무관청의 허가가 필요 없다(대결 2018.7.20. 2017마1565). 다만 정관에 '기본재산은 담보설정 등을 할 수 없으나 주무관청의 허가·승인을 받은 경우에는 이를 할 수 있다'고 정해진 경우에는, 기본재산에 관하여 근저당권을 설정하기 위하여 정관규정에 따라 주무관청의 허가·승인을 받아야 하고, 다만 그와 같이 설정된 근저당권을 실행하여 기본재산을 매각할 때에는 주무관청의 허가를 다시 받을 필요가 없다(대결 2019.2.28. 2018마800). 아울러 전세권을 기본재산으로 하는 정관변경을 하면서 주무관청의 허가를 얻은 경우에도 전세권소멸통고에 대해서 다시 별도로 주무관청의 허가를 받을 필요가 없다(대판 2021.5.7. 2020다289828).

2) 경매절차에 의한 매각(적극)

경매절차에 의한 기본재산의 매각(기본재산에 대한 강제집행실시)도 기본재산의 처분행위이므로 주무관청의 허가가 필요하다. 다만 주무관청의 허가는 반드시 사전에 얻어야 하는 것은 아니므로, 재단법인의 정관변경에 대한 주무관청의 허가는 경매개시요건은 아니고 경락인의 소유권취득에 관한 요건이다(대결 2018.7.20. 2017마1565).

3) 명의신탁해지에 따른 원상회복(적극)

'이미 설립된' 재단법인에 명의신탁하여 기본재산으로 편입된 재산에 관하여 주무장관의 허가 없이 신탁해지만으로 반환을 구할 수 있는지 여부와 관련하여 判例는 "일단 주무장관의 허가를 얻어 기본재산에 편입하여 정관 기재사항의 일부가 된 경우에는 비록 그것이 명의신탁관계에 있었던 것이라 하더라도 이것을 처분(반환)하는 것은 정관의 변경을 초래하는 점에 있어서는 다를 바 없으므로 주무장관의 허가 없이 이를 이전등기할 수는 없다"(대판 1991.5.28. 90다8558 : 표준판례45)고 하여 **명의신탁해지에 따른 원상회복도 기본재산의 처분에 해당한다**고 한다.

4) 기 타

기본재산을 수동채권으로 상계하거나(대판 1998.12.11. 97다9970), 추가로 **기본재산에 '편입'시키거나**(대판 1982.9.28. 82다카499), 명의신탁해지에 따른 원상회복(위 90다8558판결) 등과 같은 기본재산의 증감도 모두 정관의 변경사항이 되므로 주무관청의 허가를 얻어야 그 효력이 생긴다.

(3) 위반의 효과

재단법인의 '기본재산의 처분행위'는 정관의 변경을 초래하는 것이므로 주무관청의 허가를 얻어야 그 효력이 생기고(제45조 3항), 그 허가 없이 한 **처분행위는 무효**가 된다(대판 1991.5.28. 90다8558 : 2회 선택형). 그리고 주무관청의 허가 없는 기본재산의 처분을 금하는 법의 취지상 **채권계약으로서도 그 효력이 없다**(대판 1974.6.11. 73다1975).

제7관 법인의 주소와 감독

Ⅰ. 법인의 주소

법인의 주소는 그 주된 사무소의 소재지에 있는 것으로 한다(제36조).

Ⅱ. 법인의 감독

1. 사무감독

법인의 설립에는 주무관청의 허가를 얻어야 하므로(제32조), 법인설립 후에도 법인의 사무는 주무관청이 검사·감독한다(제37조).

2. 해산·청산의 감독

'해산·청산'은 법원이 검사·감독한다(제95조).

제8관 대표기관의 행위에 대한 법인의 책임관계

Ⅰ. 문제점   [A-60]

i) 법인의 권리능력 내에서 ii) 그리고 대표권의 범위 내에서 행한 대표기관의 행위는 제59조 2항에 의해 법인에게 그 효력이 귀속한다. 그리고 그 책임의 실질은 법률행위(계약)책임이다. 문제는 위의 범위를 일탈한 대표기관의 행위의 경우 법인의 책임인바, ① 권리능력과 대표권의 범위 내의 행위이지만 사익을 도모하기 위한 행위인 경우, ② 권리능력 내의 행위이지만 대표권의 범위 외의 행위를 한 경우에 각각 법인의 계약책임(표현대리책임), 불법행위책임, 부당이득반환책임이 문제된다.

Ⅱ. 대표기관이 법인의 권리능력과 대표권의 범위 내의 행위를 하였지만 그것이 자기 또는 제3자의 이익을 도모하기 위한 것인 행위인 경우(대표권 남용)   [A-62]

1. 문제점

대표권남용이론은 유권대표에 의한 것이든 표현대표에 의한 것이든 일단 법인에게 법률행위 책임이 귀속되는 것으로 평가될 때 비로소 법인 측의 항변으로서 검토할 필요가 있다는 점을 유의해야 한다.

2. 법률행위(계약)책임

제59조 2항에 의해 대리권남용에 관한 이론이 그대로 적용된다. 다만 判例의 경우 대리권남용과 같이 대체로 제107조 1항 단서 유추적용설과 그 견해를 같이 하나(대판 2004.3.26. 2003다34045 : 12회 선택형), 주식회사의 대표이사의 대표권남용에 대해서는 신의칙설에 따라 판단한 것도 있다. 다만 후자의 경우 상대방에게 중대한 과실이 있는 경우에도 회사는 책임을 면할 수 없다고 설시하고 있다(대판 1987.10.13. 86다카1522 ; 대판 2016.8.24. 2016다222453). 즉 신의칙위반 여부의 기준을 상대방의 악의에 한정해서 판단하고 있다.

3. 불법행위책임(제3관 법인의 능력 참고)

대표권남용이론은 법률행위의 효력과 관련된 문제로서 불법행위책임과는 별개의 문제이다. 즉 대표권남용이론에 의해 법인에게 법률효과가 귀속되지 않더라도 일정한 요건을 충족한다면 제35조 1항의 불법행위책임은 성립할 수 있다. 물론 법인에게 법률효과가 귀속된다면 다른 요건은 제쳐두고라도 손해발생이라는 요건이 갖추어지지 않아 불법행위에 기한 손해배상책임은 발생하지 않는다.

Ⅲ. 대표기관이 법인의 권리능력 내의 행위이지만 자신의 대표권의 범위 외의 행위를 한 경우(대표권의 유월·일탈)[9]   [A-63]

1. 법령에서 규정된 절차를 위반한 경우   [A-63a]

(1) 문제점

법인의 대표기관이 법령에서 규정된 절차를 위반하여 대표행위를 한 경우 법인이 계약상 이행책임을 부담하는지, 제35조의 불법행위책임을 부담하는지 문제된다. 이는 주로 법률규정의 성질이 **강행규정 중 효력규정**에 해당하는 경우에 문제된다.

(2) 판 례 [16행정]

判例는 "사립학교법인인 피고가 감독청의 허가를 받지 않고 원고로부터 금원을 차용한 행위는 감독청의 허가를 받지 아니하여 **강행규정인 사립학교법 제28조**[10] **위반으로 무효라고 할 것이나**, 객관적으로나 외형적으로 보아 그 법인의 목적범위와 관련된 직무집행행위라고 인정되므로 그로 인하여 원고에게 손해를 입혔다면 피고 법인이 이를 배상해야 할 책임이 있다"(대판 1987.4.28. 86다카2534)라고 판시하여 사립학교법 제28조를 법률행위의 효력발생요건으로 보고 있으며, "이사회의 심의·결정 없이 이사장이 한 학교법인의 기본재산 처분행위에 관하여는 제126조의 표현대리에 관한 규정이 적용되지 아니한다"(대판 1983.12.27. 83다548)고 하여 표현대리책임의 성립을 부정한다.

[판례해설] 정리하자면, 判例는 특별법에 의해서 설립된 법인의 경우에 법인 구성원들의 이익이 거래상대방의 이익보다 중요하다고 하여, **특별법이 정하고 있는 일정한 제한규정을 특별효력 발생요건으로 본다**. 따라서 이에 위반된 대표행위를 확정적 무효로 보아 표현대리책임으로 다루지 않고 제35조의 불법행위책임의 성립만을 인정하고 있다.

(3) 검 토

일정한 절차를 요구하는 강행규정 중 효력규정은 **법인의 보호**라는 측면에서 법이 요구하는 것이므로 이는 법률이 요구하는 특별한 유효요건이라고 이해하는 것이 옳다. 따라서 이러한 절차를 거치지 않은 대표행위는 결코 유효한 대표행위라고 볼 수 없고 그 결과 부당이득반환 또는 불법행위의 문제만 남는다(다수설 ; 제35조 적용설).

---

9) 우리의 많은 문헌들은 '대표기관이 권한을 남용해서 부정한 대표행위를 한 경우'에 제35조와 제126조의 관계를 논하고 이에 관하여는 제126조 적용설, 제126조 우선적용설, 선택적 적용설, 제35조 적용설 등의 학설이 대립하고 있다. 그런데 이 문제가 구체적으로 어떠한 경우에 문제되는 것인지에 대하여 학자들마다 다르게 설명하고 불분명하여 매우 혼란스러운 상황이다 [송덕수, 신민법강의(7판), A-587 등 참고]. 그리고 그 실천적 의미도 그다지 크지 않아 시험답안에 이러한 논의까지 해 줄 필요는 없다고 생각한다. 따라서 본서에서는 그에 관한 논의를 생략하였다.

10) **사립학교법 제28조 ①항** 「학교법인이 그 기본재산을 매도·증여·교환 또는 용도변경하거나 담보에 제공하고자 할 때 또는 의무의 부담이나 권리의 포기를 하고자 할 때에는 관할청의 허가를 받아야 한다.」 判例에 따르면 사립학교법 제28조에 따라 학교법인이 용도변경이나 의무부담을 내용으로 하는 계약을 체결한 경우 반드시 계약 전에 관할청의 허가를 받아야만 하는 것은 아니고 '계약 후'라도 관할청의 허가를 받으면 유효하게 될 수 있다고 한다(대판 2022.1.27. 2019다289815).

> ※ **학교법인의 금전채권자가 학교법인을 대위하여 관할청에 기본재산의 처분허가신청을 할 수 있는지 여부**(소극)
> 사립학교법 제28조 제1항의 규정 취지 및 학교법인 기본재산에 대한 처분허가신청권의 법적 성격에 비추어 볼 때, 학교법인의 금전채권자는 학교법인을 대위하여 관할청에 기본재산의 처분허가신청을 할 수 없다고 보는 것이 타당하다(대판 2011.12.8. 2011다14357).
>
> ※ **무효인 명의신탁과 사립학교법상 관할청의 허가필요 여부**(소극)
> 명의신탁자가 학교법인의 기본재산으로 등기되어 있는 부동산에 관하여 부동산 실권리자명의 등기에 관한 법률에서 정한 유예기간 내에 실명등기 등을 하지 않아 종전의 명의신탁약정 및 그에 따른 물권변동이 무효가 되었음을 이유로 등기 말소 또는 진정명의회복을 원인으로 한 소유권이전등기절차이행을 구하는 경우, 사립학교법 제28조 제1항에서 정한 관할청 허가가 필요하다고 할 수 없다(대판 2013.8.22. 2013다31403).

2. 정관에서 규정된 절차를 위반한 경우(핵심사례 A-6.참고) [A-63b]

가령 정관에서 '공동대표'로 정한 경우에 이를 위반하여 단독으로 대표행위를 한 경우 또는 대표자가 법인의 채무를 부담하는 계약을 함에 있어서 '이사회의 결의'를 거쳐 주무관청의 인가를 받도록 정한 정관의 규정을 위반하여 이사회의 결의나 주무관청의 인가를 받지 않은 경우를 들 수 있다.

(1) 문제점

민법은 '이사의 대표권에 대한 제한은 정관에 기재하여야 효력이 있다'(제41조)고 하여 **정관의 기재를 효력요건**으로 하고 있고, '이사의 대표권제한은 이를 등기하지 않으면 제3자에게 대항하지 못한다'(제49조 2항 9호, 제60조)고 하여 **등기를 대항요건**으로 하고 있다. 여기에서 대표권이 정관에 의하여 제한되는 경우에 법인의 대표기관이 이러한 제한을 위반하여 대표행위를 한 경우 법인이 계약상 이행책임을 부담하는지, 제35조의 불법행위책임을 부담하는지 문제된다.

(2) 정관에 규정된 대표권제한의 성질

일반적으로 정관에서 정하고 있는 이사회 결의 요건 등은 대표기관의 대표권을 '대외적'으로 제한하는 효력이 있는 것으로 본다. 判例 역시 "재단법인의 대표자가 그 법인의 채무를 부담하는 계약을 함에 있어서 이사회의 결의를 거쳐 노회와 설립자의 승인을 얻고 주무관청의 인가를 받도록 정관에 규정되어 있다면 그와 같은 규정은 법인 대표권의 제한에 관한 규정에 해당한다"(대판 1992.2.14. 91다24564: 표준판례48 : 7회 선택형)고 판시하고 있다.

(3) 법률행위(계약)책임

1) 정관에 규정된 대표권 제한을 위배한 경우의 효력

대표기관이 정관에 규정된 대표권 제한을 위배한 경우는 원칙적으로 무권대표행위가 된다. 따라서 제126조의 표현대리의 성립이 문제된다. 그러나 이는 정관에 규정된 대표권 제한이 등기된 경우이고, 등기되지 않은 경우에는 제60조에 의하여 제3자에게 대항할 수 없으므로 유권대표행위가 되어 법인은 상대방에게 계약상 이행책임을 져야 한다.

2) 제60조의 제3자의 범위

判例는 "등기가 되어 있지 않는 한, 악의의 제3자에게도 대항할 수 없다"(대판 1992.2.14. 91다24564: 표준판례48 : 7회,8회,9회 선택형)고 한다. [판례검토] 제60조는 제3자의 범위에 대해 제한을 가하고 있지 않을 뿐만 아니라(즉, 우리 민법은 제3자와 선의의 제3자를 명확히 구분한다), 등기제도의 일률적 처리를 통한 법률관계의 간명화의 필요성에 비추어 볼 때 判例의 태도는 타당하다.

> ※ **영리법인인 회사의 정관 등에서 이사회 결의를 거치도록 대표이사의 대표권을 제한한 경우**
> "일정한 대외적 거래행위에 관하여 이사회 결의를 거치도록 대표이사의 권한을 제한한 경우에도 이사회 결의는 회사의 내부적 의사결정절차에 불과하고, 특별한 사정이 없는 한 거래 상대방으로서는 회사의 대표자가 거래에 필요한 회사의 내부절차를 마쳤을 것으로 신뢰하였다고 보는 것이 경험칙에 부합한다. 따라서 회사 정관이나 이사회 규정 등에서 이사회 결의를 거치도록 대표이사의 대표권을 제한한 경우(이하 '내부적 제한'이라 한다)에도 선의의 제3자는 상법 제209조 2항에 따라 보호된다. 거래행위의 상대방인 제3자가 상법 제209조 제2항에 따라 보호받기 위하여 선의 이외에 무과실까지 필요하지는 않지만, '중대한 과실'이 있는 경우에는 제3자의 신뢰를 보호할 만한 가치가 없다고 보아 거래행위가 무효라고 해석함이 타당하다. 이와 달리 대표이사가 이사회 결의를 거쳐야 할 대외적 거래행위에 관하여 이를 거치지 않은 경우에 거래 상대방인 제3자가 보호받기 위해서는 선의 이외에 무과실이 필요하다고 본 판결들은 이 판결의 견해에 배치되는 범위에서 모두 변경하기로 한다"(대판 2021.2.18. 전합2015다45451).

(4) 불법행위책임

정관에 의한 대표권제한 일탈행위가 외관상 직무집행의 외형을 가지는 행위로 볼 수 있는 경우에는 직무관련성이 인정되어 법인의 불법행위책임이 인정된다(다수설).

Ⅳ. 부당이득반환책임 [A-64]

1. 발생요건 및 판단기준

무효인 법률행위를 원인으로 법인이 직접 이익을 얻은 경우에는 법인의 부당이득반환의무가 생길 수 있다. 이러한 의무가 생기기 위해서는 법인에게 이득이 있었다고 할 수 있어야 하고, 이를 위해서는 목적 외의 행위에 의한 급여행위로서 목적물의 점유권 내지 소유권(화폐의 경우)을 취득하였음이 인정되지 않으면 안 된다.

이와 관련하여 判例는 무효인 법률행위에 기해 법인의 송금계좌로 대여금이 송금되는 순간 법인은 부당이득을 하였다고 인정되기 때문에, 나중에 대표기관이 위 돈을 무단으로 인출하여 처의 사업자금으로 활용하였다고 하더라도 법인의 부당이득반환의무에 영향을 미치지 않는다(대판 2002.2.5. 2001다66369)고 한다. 이때 부당이득반환의 범위는 대표자를 기준으로 결정된다(제59조 2항, 제116조).

2. 불법행위책임과 부당이득반환책임의 관계 [7회 사례형, 09행정]

무효인 법률행위의 거래 상대방은 양자를 '선택'하여 행사할 수 있으나, '중첩'적으로 행사할 수는 없다. 가령 부당이득을 반환받은 한도에서는 손해배상의 범위가 감축된다(대판 1993.4.27. 92다56087). 그러나 부당이득반환책임의 경우에는 불법행위책임과는 달리 과실상계가 참작되지 않기 때문에, 경우에 따라서 거래 상대방으로서는 부당이득반환청구가 보다 효과적인 구제수단이 될 수 있다.

> [관련판례] "부당이득반환청구권과 불법행위로 인한 손해배상청구권 중 어느 하나에 관한 소를 제기하여 승소 확정판결을 받았으나 채권의 만족을 얻지 못한 경우 나머지 청구권에 관한 소를 제기할 수 있으나, 손해배상청구의 소를 먼저 제기하는 바람에 과실상계에 기한 책임재산에 따라 그 승소액이 제한된 경우 인정받지 못한 부분에 대한 부당이득반환청구권의 행사가 허용되지 않는 것도 아니다"(대판 2013.9.13. 2013다45457)

쟁점구조

대표기관의 행위에 대한 법인의 거래상대방에 대한 책임여하[11]

Ⅰ. **계약책임** : 제59조 2항에 따라 대리법리 적용

1. 권리(행위)능력 내인지 여부(제34조)
   행위자의 주관적, 구체적 의사가 아닌 행위의 객관적 성질에 따라 추상적으로 판단
2. 강행규정(사립학교법 제28조)위반여부, 무권리자 처분행위(제276조 1항) 등
   위반시 확정적 무효이므로 표현대리의 법리를 적용할 여지가 없음
3. 대표권 범위 내인지 여부(제41조, 제60조)
   대표권 제한의 '효력요건'인 정관기재(제41조) 및 '대항요건'인 등기기재(제60조) 위반 여부
4-1. 대표권 범위 내이면 대표권남용 해당여부(제107조 1항 단서 유추적용)
   대표권남용이론은 유권대표에 의한 것이든 표현대리에 의한 것이든 일단 법인에게 법률행위 책임이 귀속되는 것으로 평가될 때 비로소 법인 측의 항변으로서 검토할 필요
4-2. 대표권 범위 밖이면 표현대리책임 인정여부(제126조)

Ⅱ. **법인의 불법행위책임** : 주로 강행규정 위반 또는 대표권남용으로 무효가 되는 경우 검토
   제35조 1항 1문 요건 검토(특히 직무관련성 관련 외형이론 및 외형이론의 제한) ⇒ ② 구체적 손해배상책임의 범위(특히 과실상계)

Ⅲ. **법인의 부당이득반환책임** : 주로 강행규정 위반 또는 대표권남용으로 무효가 되는 경우 검토
   선·악 판단은 대표기관이 기준(제748조 2항), 강행법규 위반시 불법원인급여 해당여부

Ⅳ. **불법행위책임과 부당이득반환책임과의 관계**
   피해자는 '선택적'으로 행사할 수 있으나(청구권 경합), '중첩적'으로 행사할 수 없다. 다만 과실상계와 관련하여 부당이득반환책임이 피해자에게 일반적으로 '유리'

---

11) 따라서, 대표기관의 거래상대방에 대한 책임 및 대표기관의 법인에 대한 책임은 추가적인 논의를 요한다.

제9관 권리능력 없는 사단

쟁점구조

권리능력 없는 사단의 법률관계 [11회 사례형, 15사법]　　　대판 2007.4.19. 전합2004다60072

> 사단의 실체를 가진 甲조합의 조합장 乙이 丙과 채무보증계약을 체결하면서 조합규약(정관)에서 정한 조합 임원회의 결의 등 절차를 거치지 않은 경우, 그 보증계약의 효력은?

Ⅰ. 甲조합의 법적 성격
　　　① 비법인사단과 조합의 구별 ⇒ ② 비법인사단의 법적 규율 일반
Ⅱ. 乙의 채무보증행위가 甲의 권리능력(정관의 목적범위) 내의 행위인지 여부(적극 : 제34조 유추적용)
Ⅲ. 丙과의 채무보증계약이 총유물의 관리·처분행위인지 여부(소극 : 제276조 1항).
Ⅳ. 조합규약(정관)에서 정한 대표권제한을 위반한 경우의 효과
　　　① 대표권 제한과 관련한 제41조와 제60조 규정의 권리능력 없는 사단 甲에의 적용여부 ⇒ ② 제126조의 표현대리법리 검토 ⇒ ③ 경우에 따라서는 대표권남용법리 검토

Ⅰ. 의의
[A-65]

1. 개념 및 존재이유

권리능력 없는 사단이란 사단으로서의 실체는 가지고 있지만, 주무관청의 허가를 얻지 못하거나 또는 설립등기를 마치지 않아 법인격을 갖지 못한 조직형태를 말한다. 이를 비법인사단이라고도 하는데 주무관청의 복잡한 규제를 받지 않기 위해 등기를 하지 않는 소규모 사단이 대부분이다.

> **＊ 권리능력 없는 재단**
> '권리능력 없는 재단'은 주무관청의 허가 및 설립등기는 없는 형태로 자선기금, 장학재단(육영회) 등을 들 수 있다. 비법인사단에서와 마찬가지로 재단법인에 관한 규정 중 법인격을 전제로 하는 것을 제외한 나머지 규정들은 유추적용된다. 특히 '재산의 귀속관계'와 관련하여 비법인재단에게 등기능력이 인정됨으로써, 등기를 필요로 하는 부동산에 관한 권리는 직접 비법인재단의 '단독소유'에 속한다 (부동산등기규칙 제56조 참조).

2. 구별개념

(1) 사단법인

비법인사단은 사단법인과 실질상의 차이는 없으나, 사단법인은 주무관청의 허가를 거쳐 설립등기를 마친 법인격을 갖춘 사단이라는 점에서 비법인사단과 다르다.

(2) 조 합(2인이상이 상호출자하여 공동사업을 경영할 것을 약정한 계약관계)

조합은 비법인사단과 같이 법인격이 없는 사람들의 결합체이지만, 그 단체성의 정도에 있어서 사단과 차이가 있다. ① 비법인사단의 경우 구성원의 개성이 상실되고 단체를 위하여 행동하는 특별한

기관을 통해 활동하며 법률효과도 정관 등에 의해 총유 등 단체에게 발생하나, ② 조합의 경우에는 조합원 개개인의 개성이 유지되고 재산도 합유로 구성원에게 귀속되며 채무도 조합원 전원이 공동으로 부담한다. 判例도 조합과 비법인사단과의 구별은 명칭에 구애됨이 없이 일반적으로 그 단체성의 강약을 기준으로 판단해야 한다고 판시하고 있다(대판 1992.7.10. 92다2431 등: **표준판례35**). 가령 농업협동조합 등은 조합의 명칭을 사용하나 그 성질은 특별법에 의한 법인이며, 재건축조합 등도 조합이 아니라 권리능력 없는 사단이다(대판 2001.5.29. 2000다10246 ; 당해 판결이후 재건축조합은 도시 및 주거환경정비법 제18조 1항에 의해 법인화되었다).

> ■ [민소법 쟁점] 조합과 비법인사단의 당사자능력
>
> Ⅰ. 비법인사단
> 법인이 아닌 사단으로서 대표자 또는 관리인이 있는 경우에는 민사소송에 있어서 당사자능력이 있다(민사소송법 제52조 : 9회 선택형). 判例는 비법인사단의 총유재산에 관한 소송은 사단 자체의 명의로 소송할 수 있는 외에 그 구성원 전원이 당사자로 나서서 소송을 할 수 있으며, 이때의 소송관계는 '필수적 공동소송'이 된다고 하였다(대판 1995.9.5. 95다21303). 제276조에 의하면 '총유물의 관리 및 처분은 사원총회의 결의에 의한다'라고 하여, 총유재산관리처분권을 구성원에게 공동귀속시키고 있기 때문이다.
>
> Ⅱ. 조 합
> 법인 아닌 사단보다 단체성이 더 약한 민법상의 조합의 경우에는 당사자능력이 없다는 것이 다수설, 判例[원호대상자 광주목공조합(대판 1991.6.25. 88다카6358) ; 부도회사의 채권자단(대판 1999.4.23. 99다4504 : 1회 선택형)]의 태도이다. 그렇다면 조합이 소송을 진행하기 위해서는 조합원 전원이 당사자로 나서서 공동으로 소송하여야 하는 '필수적 공동소송'의 방법을 사용해야 하는데, 이때의 복잡하고 불편한 점은 조합원 중에서 '선정당사자'를 뽑아 그를 내세우는 방법 등을 사용한다면 제거될 것이다.

Ⅱ. 성립요건 [A-66]

1. 사단으로서의 실체적 요건 구비(사, 다, 변, 주)

判例는 "ⅰ) 어떤 단체가 고유의 목적을 가지고 사단적 성격을 가지는 규약을 만들어 이에 근거하여 의사결정기관 및 집행기관인 대표자를 두는 등의 조직을 갖추고 있고, ⅱ) 기관의 의결이나 업무집행방법이 다수결의 원칙에 의하여 행하여지며, ⅲ) 구성원의 가입, 탈퇴 등으로 인한 변경에 관계없이 단체 그 자체가 존속되고, ⅳ) 그 조직에 의하여 대표의 방법, 총회나 이사회 등의 운영, 자본의 구성, 재산의 관리 기타 단체로서의 주요사항이 확정되어 있는 경우에는 비법인사단으로서의 실체를 가진다"(대판 1999.4.23. 99다4504 등)고 한다. 다만, 종중과 같이 특별한 조직행위 없이도 자연적으로 성립하는 경우는 예외이다.

2. 주무관청의 허가 및 설립등기 등 형식적 요건 불구비

Ⅲ. 법적 지위 [A-67]

1. 사단법인에 관한 규정의 유추적용 [A-67a]

(1) 일반론

민법은 권리능력 없는 사단의 법적 지위에 관한 규정을 두고 있지 않지만, 권리능력 없는 사단은 법인등기를 하지 않았을 뿐 법인의 실질을 갖고 있는 것이다. 따라서 사단법인에 관한 규정 중에서 법인격을 전제로 하는 것(법인등기 등)을 제외하고는 법인격 없는 사단에 유추적용해야 한다(대판 1992.10.9. 92다23087).

구체적으로 判例는 법인의 권리능력(제34조)(대판 2010.5.27. 2006다72109), 법인의 불법행위능력(제35조)(대판 2008.1.8. 2005다34711), 사원총회 결의방법(제73조 2항, 제75조 2항), 포괄위임금지 규정(제62조)(대판 2011.4.28. 2008다15438 : 11회 선택형), 대표자의 업무집행(제40조, 제58조, 제68조), 청산인 선임(제82조)(대판 2003.11.14. 2001다32687), 사원권의 양도·상속금지 규정(제56조), 임시이사의 선임(제63조)(대판 2009.11.19. 전합2008마699: 표준판례38 : 1회,12회 선택형) 등이 유추적용된다고 한다.

(2) 비법인사단에서 정관에 의한 이사의 대표권 제한의 문제(제60조 vs 제126조) [11회 사례형, 15사법]

1) 제60조(대표권 제한) 규정의 비법인사단에의 적용여부

判例는 이사의 대표권 제한에 관한 제41조는 권리능력 없는 사단에 유추적용될 수 있으나, 제60조는 성질상 권리능력 없는 사단에 적용될 수 없다고 한다(대판 2003.7.23. 2002다64780 : 7회,12회 선택형).

2) 제126조의 표현대리 성립여부

대표권 제한을 위반한 대표기관의 행위는 무권대행위로서 제126조의 표현대리의 성립여부가 문제된다(제59조 2항의 유추적용). 이에 대해 判例는 "임원회의의 결의 등을 거치도록 한 규약은 대표권을 제한하는 규정에 해당하는 것이므로, 거래 상대방이 그와 같은 대표권 제한 및 그 위반 사실을 알았거나 과실로 인하여 이를 알지 못한 때에는 그 거래행위가 무효로 된다고 봄이 상당하며, 이 경우 그 거래 상대방이 대표권 제한 및 그 위반 사실을 알았거나 알지 못한 데에 과실이 있다는 사정은 그 거래의 무효를 주장하는 측이 이를 주장·입증하여야 한다"(대판 2007.4.19. 전합2004다60072,60089: 표준판례37 : 2회,6회,7회,9회,12회 선택형)고 판시하고 있다(반대의견은 위 규약을 제275조 2항 소정의 '정관 기타 계약'이라고 전제하였다).

[판례해설] 判例가 거래 상대방의 악의·과실을 문제삼은 것은 법인 대표에 준용되는(제59조 2항) 대리규정 가운데 제126조를 준용한 것으로 보인다. 다만, 제126조의 표현대리의 정당한 사유의 증명책임은 '상대방'에게 있다고 판시한 내용과(대판 1968.6.18. 68다694) 모순되나, 제60조가 적용되는 법인의 경우 선·악 불문하고 거래상대방을 보호하는 것과의 균형상 타당하다고 판단된다.

2. 대외적 법률관계에서의 지위
[A-67b]

(1) 소송상 당사자 능력 및 등기능력

① 법인이 아닌 사단으로서 대표자 또는 관리인이 있는 경우에는 민사소송에 있어서 당사자능력이 있다(민사소송법 제52조)(5회, 9회 선택형). ② 또한 부동산 등기법은 권리능력 없는 사단에 등기능력을 부여하여 권리능력 없는 사단의 재산귀속을 공시할 수 있는 길을 열어두고 있다(동법 제26조 1항)(5회,9회 선택형).

(2) 권리능력(행위능력) 및 불법행위능력

사단의 권리능력(행위능력)(제34조)·대표기관의 권한과 그 대표의 형식·대표기관의 불법행위로 인한 사단의 배상책임(제35조)의 규정은 비법인사단에게도 유추적용된다(통설, 제35조와 관련한 아래 2002다27088판결 : 1회,9회 선택형). 判例도 종중의 점유에 의한 시효취득을 인정하고(대판 1970.2.10. 69다2013), 종중의 사회적 평가(명예권)가 저하된 것에 대해 불법행위로 인한 손해배상청구권을 인정한다(대판 1990.2.27. 89다카12775).

> ※ 비법인사단의 대표자의 행위가 대표자 개인의 사리를 도모하기 위한 것이었거나 법령의 규정에 위배된 경우, 민법 제35조 제1항의 직무에 관한 행위에 해당하는지 여부(한정적극) ★
> "주택조합과 같은 비법인사단의 대표자가 직무에 관하여 타인에게 손해를 가한 경우 그 사단은 민법 제35조 제1항의 유추적용에 의하여 그 손해를 배상할 책임이 있으며, 비법인사단의 대표자의 행위가 대표자 개인의 사리를 도모하기 위한 것이었거나 혹은 법령의 규정에 위배된 것이었다 하더라도 외관상, 객관적으로 직무에 관한 행위라고 인정할 수 있는 것이라면 민법 제35조 1항의 직무에 관한 행위에 해당한다"(대판 2003.7.25. 2002다27088 : 1회,9회,11회 선택형).

3. 재산귀속관계(총유관계) [A-67c]

(1) 총유물의 관리 및 처분

1) 민법규정

권리능력 없는 사단의 재산소유는 '**총유**'로 하며(제275조 1항), 총유물의 관리 및 처분은 정관 기타 규약에 정한 바가 없으면 '**사원총회**'의 결의에 의한다(제275조 2항, 제276조 1항). 그리고 각 구성원들은 사용·수익만을 할 수 있다(제276조 2항). 즉 공유나 합유와 달리 구성원의 지분권이 없다.

2) 총유물의 관리·처분의 개념 [11회 사례형, 15사법]

가) 판 례

判例의 다수의견은 "총유물의 관리 및 처분이라 함은 총유물 그 자체에 관한 이용·개량행위나 법률적·사실적 처분행위를 의미하는 것이므로, [보증계약과 같은] 단순한 채무부담행위는 총유물의 관리·처분행위라고 볼 수 없다"고 한다(대판 2007.4.19. 전합2004다60072,60089 : 3회,5회,6회,7회,8회,9회,11회 선택형).

[판례검토] 判例의 반대의견[12]에 따르면 총회결의를 거치지 아니한 채무부담행위는 상대방의 선의 여부에 관계없이 무효가 되어 선의·무과실의 거래상대방도 보호받지 못하는 결과가 된다. 따라서 비법인사단을 보호하여야 할 공익적 필요성이 있는 경우가 아니라면 거래안전상 다수의견이 타당하다.

나) 총유물의 관리·처분에 해당하는 경우

① [**매매계약**] "비법인사단이 총유물에 관한 매매계약을 체결하는 행위는 총유물 그 자체의 처분이 따르는 채무부담행위로서 총유물의 처분행위에 해당하나, 그 매매계약에 의하여 부담하고 있는 채무의 존재를 인식하고 있다는 뜻을 표시하는 데 불과한 소멸시효 중단사유로서의 승인은 총유물 그 자체의 관리·처분이 따르는 행위가 아니어서 총유물의 관리·처분행위라고 볼 수 없다"(대판 2009.11.26. 2009다64383).

② [**임대차계약**] "총유물의 처분이라 함은 '총유물을 양도하거나 그 위에 물권을 설정하는 등의 행위'를 말하므로, 그에 이르지 않은 단순히 '총유물의 사용권을 타인에게 부여하거나 임대하는 행위'는 원칙적으로 총유물의 처분이 아닌 관리행위에 해당한다고 보아야 한다"(대판 2012.10.25. 2010다56586).

다) 총유물의 관리·처분에 해당하지 않는 경우

① [**설계용역계약**] "총유물의 관리 및 처분행위라 함은 총유물 그 자체에 관한 법률적·사실적 처분행위와 이용, 개량행위를 말하는 것으로서 재건축조합이 재건축사업의 시행을 위하여 설계용역계약을 체결하는 것은 단순한 채무부담행위에 불과하여 총유물 그 자체에 대한 관리 및 처분행위라고 볼 수 없다"(대판 2003.7.22. 2002다6478).

---

12) [반대의견] "보증계약의 경우 채무의 변제기가 도래하면 비법인사단은 자신이 보유하고 있는 현금이나 총유물을 처분하여 그 채무를 만족시켜야 하므로 총유물의 관리·처분을 수반하지 않는 금전채무 부담행위는 생각하기 어려우므로, 금전채무 부담행위는 총유물의 관리·처분에 관한 법리가 적용된다"

② **[채무승인]** "비법인사단이 총유물에 관한 매매계약을 체결하는 행위는 총유물 그 자체의 처분이 따르는 채무부담행위로서 총유물의 처분행위에 해당하나, 그 매매계약에 의하여 부담하고 있는 채무의 존재를 인식하고 있다는 뜻을 표시하는 데 불과한 소멸시효 중단사유로서의 승인(제168조 3호)은 총유물 그 자체의 관리·처분이 따르는 행위가 아니어서 총유물의 관리·처분행위라고 볼 수 없다"(대판 2009.11.26. 2009다64383 : **11회 선택형**)

③ **[중개수수료 약정]** "종중이 그 소유 토지의 매매를 중개한 중개업자에게 중개수수료를 지급하기로 약정을 체결하는 행위는 총유물 관리·처분행위에 해당하지 않는다"(대판 2012.4.12. 2011다107900).

3) 사원총회의 결의를 결한 총유물의 관리·처분

判例에 따르면 "비법인사단인 교회의 대표자는 총유물인 교회 재산의 처분에 관하여 교인총회의 결의를 거치지 아니하고는 이를 대표하여 행할 권한이 없다. 그리고 교회의 대표자가 권한 없이 행한 교회 재산의 처분행위에 대하여는 민법 제126조의 표현대리에 관한 규정이 준용되지 아니한다"(대판 2009.2.12. 2006다23312 등)고 한다. **[15입법]**

즉, 判例는 비법인사단의 대표자가 사원총회 결의 없이 총유물을 처분하는 행위는 **법령상 처음부터 대표권이 없으므로**, 대표자의 독자적 처분은 '**확정적 무효**'이고(대판 2001.5.29. 2000다10246)(**10회 선택형**), 이에는 제126조의 규정이 적용될 여지도 없다고 보아 상대방이 선의였는지 여부는 문제되지 않는다는 입장이다(대판 2003.7.11. 2001다73626)(**11회 선택형**).

(2) 보존행위

총유의 경우에는 공유나 합유의 경우처럼 보존행위는 구성원 각자가 할 수 있다(제265조 단서, 제272조)는 규정이 없으므로 보존행위를 함에도 제276조 1항에 따른 사원총회의 결의를 거치거나 정관이 정하는 바에 따른 절차(제275조 2항 참조)를 거쳐야 한다(대판 2014.2.13. 2012다112299).

> **❋ 총유재산에 관한 소송 ★**
>
> ① **[당사자적격]** 특히 총유재산에 관한 소송행위와 관련(당사자적격의 문제)하여 判例는 "총유재산에 관한 소송은 법인 아닌 사단이 그 명의로 사원총회의 결의를 거쳐 하거나(민사소송법 제52조 참조) 또는 그 구성원 전원이 당사자가 되어 필수적 공동소송의 형태로 할 수 있을 뿐 총회의 결의를 거치더라도 (설령 대표자라도)구성원 개인이 할 수는 없다"(대판 2005.9.15. 전합2004다44971 : **2회,3회,8회 선택형**)고 판시하고 있다. 그럼에도 불구하고 비법인사단의 대표자 개인이 총유재산의 보존행위로서 소를 제기한 때에는 법원은 당사자적격 흠결을 이유로 부적법 각하하여야 한다.
>
> ② **[채권자대위소송]** "그러나 이러한 절차는 비법인사단의 대표자가 비법인사단 명의로 총유재산에 관한 소를 제기하는 경우에 비법인사단의 의사결정과 특별수권을 위하여 필요한 내부적인 절차이다. 따라서 비법인사단이 총유재산에 관한 권리를 행사하지 아니하고 있어 비법인사단의 채권자가 채권자대위권에 기하여 비법인사단의 총유재산에 관한 권리를 대위행사하는 경우에는 (채권자대위권은 그 권리행사에 채무자의 동의를 필요로 하는 것은 아니므로) 사원총회의 결의 등 비법인사단의 내부적인 의사결정절차를 거칠 필요가 없다"(대판 2014.9.25. 2014다211336 : **6회 선택형**)
>
> ③ **[채권자대위소송(권리불행사 요건)]** "비법인사단이 사원총회의 결의 없이 제기한 소는 소제기에 관한 특별수권(민법 제276조 1항)을 결하여 부적법하고, 그 경우 소제기에 관한 비법인사단의 의사결정이 있었다고 할 수 없다. 따라서 비법인사단인 채무자 명의로 제3채무자를 상대로 한 소가 제기되었으나 사원총회의 결의 없이 총유재산에 관한 소가 제기되었다는 이유로 '각하판결'을 받고 그 판결이 확정된 경우에는 채무자가 스스로 제3채무자에 대한 권리를 행사한 것으로 볼 수 없다"(대판 2018.10.25. 2018다210539: **표준판례432 : 9회,10회,11회 선택형**).

(3) 단체의 채무와 사원의 책임

권리능력 없는 사단이 대외적으로 부담한 채무에 관해서는 사단 자체의 재산이 집행대상이 되고, 구성원인 사원은 개인적인 책임을 지지 않는다. 따라서 判例도 "구 주택건설촉진법에 따라 설립된 주택조합은 그 성질이 '비법인사단'이므로 사업을 수행하면서 부담하게 된 채무를 조합의 재산으로 변제할 수 없게 된 경우, 조합원이 곧바로 조합에 대해 지분 비율에 따른 분담금 채무를 부담하지 않는다"고 한다(대판 2021.12.30. 2017다203299).

(4) 사원의 권리

각 구성원들은 사용·수익만을 할 수 있다(제276조 2항). 즉 공유나 합유와 달리 구성원의 지분권이 없다. 또한 비법인사단의 구성원의 지위를 상실하게 되면 그 총유재산에 대하여는 권리를 주장할 수 없다(제277조).

① 判例는 "비법인사단인 어촌계의 구성원은 총유재산에 대하여 특정된 지분을 가지고 있는 것이 아니라 사단의 구성원이라는 지위에서 총유재산의 관리 및 처분에 참여하고 있는 것에 불과하고, 그 신분을 상실하면 총유재산에 대하여 아무런 권리를 주장할 수 없는 것이므로, 비록 그가 어촌계의 계원으로 있을 당시 어촌계가 취득한 보상금이라 하더라도 그 분배결의 당시 계원의 신분을 상실하였다면 그 결의의 효력을 다툴 법률상의 이해관계가 없다"(대판 2000.5.12. 99다71931)고 하였다.

② 한편 判例는 ㉠ "고유의 의미의 종중의 경우에는 종중이 종중원의 자격을 박탈한다든지 종중원이 종중을 탈퇴할 수 없는 것이어서 공동선조의 후손들은 종중을 양분하는 것과 같은 **종중분열**을 할 수 없는 것이고, 따라서 한 개의 종중이 내분으로 인하여 사실상 2개로 분파된 상태에서 별도의 종중총회가 개최되어 종중대표자로 선임된 자는 그 분파의 대표자일 뿐 종중의 대표자로 볼 수는 없다"(대판 1998.2.27. 97도1993)고 하나, ㉡ "법인 아닌 사단의 구성원 중 일부가 탈퇴하여 새로운 법인 아닌 사단을 설립하는 경우에 종전의 법인 아닌 사단에 남아 있는 구성원들이 자신들이 총유의 형태로 소유하고 있는 재산을 새로이 설립된 법인 아닌 사단의 구성원들에게 양도하거나, 법인 아닌 사단이 해산한 후 그 구성원들이 나뉘어 여러 개의 법인 아닌 사단들을 설립하는 경우에 해산되기 전의 법인 아닌 사단의 구성원들이 자신들이 총유의 형태로 소유하고 있던 재산을 새로이 설립된 법인 아닌 사단들의 구성원들에게 양도하는 것은 허용된다"(대판 2008.1.31. 2005다60871)고 하여 사원의 권리를 인정한다.

Ⅳ. 판례에 나타난 권리능력 없는 사단의 구체적인 형태 [A-68]

1. 교 회

(1) 법적성격

교회의 법적 성질에 관하여 判例는 개별 지교회만을 법적 생활단위, 즉 소속 교단과 독립된 '권리능력 없는 사단'으로 인정하고, 교단은 종교적 내부관계에 있어서 지교회의 상급단체에 지나지 않는다고 본다(대판 1967.12.18. 67다2202).

(2) 교회의 분열을 인정할 수 있는지 여부

교회의 분열이란 종교적 신념 등 원인여하를 불문하고 다수의 교인들이 종전의 교회에서 탈퇴하여 '동일성·계속성'을 인정할 수 없는 새로운 교회를 구성하는 것을 말한다. 이와 관련하여 과거 判例는 교회의 분열을 인정하였으나 전원합의체 판결은 "우리 민법이 사단법인에 있어서 구성원의 탈퇴나 해산은 인정하지만, 사단법인의 구성원들이 2개의 법인으로 나뉘어 각각 독립한 법인으로 존속하면서 종전 사단법인에게 귀속되었던 재산을 소유하는 방식의 사단법인의 분열은 인정하지 않기 때문에" 법인 아닌 사단인 교회의 경우에도 분열을 인정할 수 없다는 입장으로 변경되었다(대판 2006.4.20. 전합 2004다37775: 표준판례42 : 5회 선택형).

(3) 집단적 탈퇴자의 법적지위

변경된 判例는 교회의 분열을 인정하지 않는 바탕에서 "일부 교인들이 교회를 탈퇴하여 그 교회 교인으로서의 지위를 상실하게 되면 탈퇴가 개별적인 것이든 집단적인 것이든 이와 더불어 종전 교회의 총유 재산의 관리처분에 관한 의결에 참가할 수 있는 지위나 그 재산에 대한 사용·수익권을 상실하고, 종전 교회는 잔존 교인들을 구성원으로 하여 **실체의 동일성을 유지하면서 존속하며 종전 교회의 재산은 그 교회에 소속된 잔존 교인들의 총유로 귀속됨이 원칙이다**"(대판 2006.4.20. 전합2004다 37775: 표준판례42)고 하여 탈퇴한 교인들의 종전교회 재산의 사용·수익권을 원천적으로 부정하고 있다.[13]

(4) 소속 교단의 탈퇴·변경

'소속 교단의 탈퇴·변경'이란 교회의 '동일성'을 유지한 채로 지교회가 그 소속 교단에서 탈퇴하거나 소속 교단을 변경하는 것을 말하는 것으로 이것이 허용된다는 데에는 다툼이 없지만 그 요건이 문제된다. 이와 관련하여 과거 判例는 교인 전원의 의사에 의하여만 가능하다고 하였으나, 변경된 判例는 "**소속 교단에서의 탈퇴 내지 소속 교단의 변경은 사단법인 정관변경에 준하여 의결권을 가진 교인 2/3 이상의 찬성에 의한 결의를 필요로 하고**(제42조 1항 본문의 유추적용, 제78조의 유추적용에 따른 3/4이상의 찬성이 필요한 '해산'사유가 아님), 다만 정수에 관하여 지교회의 규약에 다른 규정을 두고 있는 때에는 특별한 사정이 없는 한 그 규정에 의한 결의가 필요하며(제42조 1항 단서 유추적용), 그 결의요건을 갖추어 소속 교단을 탈퇴하거나 다른 교단으로 변경한 경우에 종전 교회의 실체는 이와 같이 교단을 탈퇴한 교회로서 존속하고 종전 교회 재산은 위 탈퇴한 교회 소속 교인들의 총유로 귀속된다"(대판 2023.11.2. 2023다259316 ; 대판 2006.4.20. 전합2004다37775: 표준판례42 : 1회 선택형)고 한다.

■ 교회의 교인들이 집단적으로 탈퇴한 경우의 법률문제 　　　대판 2006.4.20. 전합2004다37775
사실관계 ｜ 내부적인 사정으로 A교단에 소속되어 있던 X교회의 일부교인들(이하 '乙'이라 한다)은 특별한 결의 절차 없이 종전 A교단 및 X교회를 탈퇴하고 Y교회라는 새로운 이름으로 B교단에 가입하였다. 그런데 탈퇴한 乙의 인원이 종전 X교회 세례교인의 2/3이상이어서 종전교회 건물을 배타적으로 사용하자, 남은 교인들(이하 '甲'이라 한다)이 乙을 상대로 교회건물의 명도를 청구하였다. **甲의 청구가 정당한지 판단하라.**
사안의 해결 ｜ 변경된 判例(대판 2006.4.20. 전합2004다37775)의 태도에 따라 비록 탈퇴한 乙이 종전 X교회 결의권자의 2/3에 이른다 하여도 적법한 소집절차에 따른 결의가 없는 이상 종전 X교회의 재산에 대한 권리를 보유할 수 없다고 할 것이다. 따라서 甲의 청구는 정당하다.

---

13) [과거판례] 종전 判例는 교회의 분열을 인정하면서 교회는 권리능력 없는 사단이므로 교회가 분열된 경우라도 교회 재산은 특별한 정함이 없는 이상 분열 당시의 교인들 전원의 총유에 속한다고 한다(대판 1993.1.19. 전합91다1226).

2. 종 중 [15사법, 15입법]

(1) 의의 및 설립

① 종중이란 공동선조의 후손들에 의하여 선조의 분묘수호 및 봉제사와 후손 상호 간의 친목을 목적으로 형성되는 '자연발생적인 종족단체'로서 선조의 사망과 동시에 후손에 의하여 성립하는 것이며, 종중의 규약이나 관습에 따라 선출된 대표자 등에 의하여 대표되는 정도로 조직을 갖추고 지속적인 활동을 하고 있다면 비법인사단으로서의 단체성이 인정된다(대판 1994.9.30. 93다27703). 이러한 종중은 관습상 당연히 성립하는 것으로 **조직행위를 요하지 않으며**(대판 2002.6.28. 2001다5296), **대표자 선임이나 성문의 규약을 요구하지도 않는다**(대판 1997.11.14. 96다25715).

② 이미 성립된 종중의 공동선조의 후손 중의 한 사람을 공동선조로 하여 또 하나의 종중이 성립될 수도 있다(대판 1972.9.12. 72다1090). 그리고 종중이 자연발생적 종족집단이기는 하나 종래 관습법에서도 입양된 양자가 양부가 속한 종중의 종원이 되는 등 종중 구성원의 변동이 허용되었으므로, 민법 제781조 제6항에 따라 자녀의 복리를 위하여 자녀의 성과 본을 변경할 필요가 있어 자녀의 성과 본이 모의 성과 본으로 변경되었을 경우, 성년인 그 자녀는 모가 속한 종중의 공동선조와 성과 본을 같이 하는 후손으로서 당연히 종중의 구성원이 된다(대판 2022.5.26. 2017다260940 : 표준판례40).

[비교판례] ✻ **비법인사단의 당사자능력**(단, 대, 변, 종) [3회 기록형]
"비법인사단이 민사소송에서 당사자능력(민사소송법 제52조)을 가지려면 일정한 정도로 조직을 갖추고 지속적인 활동을 하는 단체성이 있어야 하고 또한 그 대표자가 있어야 하므로, 자연발생적으로 성립하는 고유한 의미의 종중이라도 그와 같은 비법인사단의 요건을 갖추어야 당사자능력이 인정되고 이는 소송요건에 관한 것으로서 사실심의 변론종결시를 기준으로 판단하여야 한다"(대판 2013.1.10. 2011다64607 : 4회,7회 선택형)

(2) 구성원

공동선조와 성과 본을 같이 하는 후손은 성년이 되면 남녀를 불문하고 의사와 관계없이 당연히 구성원이 된다(핵심사례 A-1.참고). 따라서 종중도 종원을 축출할 수 없다(대판 1983.2.8. 80다1194).

(3) 종중총회

1) 소집권자

'종중의 대표자'는 문중규약에 규정이 있으면 그에 따르고 없으면 일반관습에 의하는데, 문중원 중 항렬이 가장 높고 나이가 많은 사람이 문장이 되어 종중원을 소집하고, 출석자의 과반수 결의로 대표자를 선출하는 것이 일반관습이라 한다(대판 1983.12.13. 83다119).

2) 소집통지

① 소집통지의 방법은 반드시 직접 서면으로 하여야만 하는 것은 아니고 구두 또는 전화로 하여도 되고 다른 종중원이나 세대주를 통하여 하여도 무방하나(대판 2000.2.25. 99다20155), 총회의 소집은 1주간 전에 그 회의의 목적사항을 기재한 통지를 발하고 기타 정관에 정한 방법에 의하여야 하는바(제71조), 제71조의 법정 유예기간 규정에 위반하여 소집한 종중총회 결의는 무효이다(대판 1995.11.7. 94다7669).

② 종중이 매년 정해진 날짜의 시제에 특별한 '소집절차' 없이 정기적으로 총회를 열어 종중 재산관리에 관하여 결의를 하여 왔다면 위 결의는 종중의 관례에 따른 것으로서 유효한 것으로 보아야 할 것이고(대판 2011.9.8. 2011다34743), 이는 종중 유사의 단체에도 적용된다(대판 2014.2.13. 2012다98843). 그러나 **종중의 규약이나 관례가 없는 한 일부 종원에 대한 소집통지를 결여한 채 개최된 종중총회의 결의는 효력이 없고**(대판 2007.3.29. 2006다74273), 이는 그 결의가 통지 가능한 종원 중 과반수의 찬성을 얻은 것이라 하여 달리 볼 수 없다(대판 1994.6.14. 93다45015).

③ 물론 소집통지를 받지 아니한 종원이 다른 방법에 의하여 이를 알게 된 경우에는 그 종원이 종중총회에 참석하지 않았다고 하더라도 그 종중총회의 결의를 무효라고 할 수 없고(대판 2010.12.9. 2010다77583), 소집절차에 하자가 있어 그 효력을 인정할 수 없는 종중총회의 결의라도 후에 적법하게 소집된 종중총회에서 이를 추인하면 처음부터 유효로 된다(대판 1996.6.14. 96다2729).

3) 결의방법

종중총회의 결의방법에 있어 종중규약에 다른 규정이 없는 이상 종원은 서면이나 대리인으로 결의권을 행사할 수 있으므로 일부 종원이 총회에 직접 출석하지 아니하고 다른 출석 종원에 대한 위임장 제출방식에 의하여 종중의 대표자 선임 등에 관한 결의권을 행사하는 것도 허용된다(대판 2000.2.25. 99다20155).

(4) 재산관계

① 종중재산은 종중원의 총유라고 보는 것이 통설 및 判例의 입장이다(대판 1996.8.20. 96다18656). 이러한 종중재산의 처분에 관하여는 '종중규약'에 정한 바가 있으면 그에 의하고, 종중규약이 없으면 적법한 '종중총회의 결의'가 있어야 한다(대판 1994.1.14. 92다28716 : 10회 선택형). 따라서 종중총회의 결의가 무효라면, 처분권한 없이 처분한 경우에 해당하므로 표현대리가 적용될 여지도 없다.

② "총유물인 종중 토지 매각대금의 분배는 정관 기타 규약에 달리 정함이 없는 한 종중총회의 결의에 의하여만 처분할 수 있고 이러한 분배결의가 없으면 종원이 종중에 대하여 직접 분배청구를 할 수 없다. 따라서 종전 총회결의가 무효라는 사정만으로 곧바로 종중을 상대로 하여 스스로 공정하다고 주장하는 분배금의 지급을 구할 수는 없다"(대판 2010.9.9. 2007다42310,42327 : 10회 선택형).

③ "비법인사단인 종중의 토지 매각대금은 종원의 총유에 속하고, 그 매각대금의 분배는 총유물의 처분에 해당하므로, 정관 기타 규약에 달리 정함이 없는 한 종중총회의 결의에 의하여 그 매각대금을 분배할 수 있고, 그 분배 비율, 방법, 내용 역시 결의에 의하여 자율적으로 결정할 수 있다. 그러나 종중의 성격에 비추어, 종중재산의 분배에 관한 종중총회의 결의 내용이 현저하게 불공정하거나 선량한 풍속 기타 사회질서에 반하는 경우 또는 종원의 고유하고 기본적인 권리의 본질적인 내용을 침해하는 경우 그 결의는 무효이다"(대판 2010.9.9. 2007다42310,42327: 표준판례41).

(5) 종중규약의 자율성

判例에 따르면 자연발생적인 종족단체라는 종중의 성격과 법적 성질에 비추어 보면, 종중에 대하여는 가급적 그 **독자성과 자율성을 존중**해 주는 것이 바람직하고, 따라서 원칙적으로 종중규약은 종원이 가지는 고유하고 기본적인 권리의 본질적인 내용을 침해하는 등 종중의 본질이나 설립 목적에 크게 위배되지 않는 한 그 유효성을 인정하여야 한다(대판 2008.10.9. 2005다30566: 표준판례39). 그러나 종중규약 중 '종중 회장은 종손으로 한다.'는 조항은 선량한 풍속 기타 사회질서에 반할 뿐만 아니라 종원이 가지는 고유하고 기본적인 권리의 본질적인 내용을 침해하는 것으로서 종중의 본질이나 설립 목적에 크게 위배되어 무효이다(대판 2024.12.24. 2024다274398).

3. 종중 유사단체

(1) 법적성격

① 공동선조의 후손들 중 특정지역 거주자나 특정 범위 내의 자들만으로 구성된 '고유한 의미의 종중'은 있을 수 없고(대판 1999.8.24. 99다14228 : 10회 선택형). 이는 '종중 유사의 단체'로 그 자체로 비법인사단이 될 수는 있다(대판 2007.6.29. 2005다69908). 예컨대 회원 자격이 함양박씨의 후손뿐만 아니라 그 배우자까지 포함하고 있다면 이는 '종중유사단체'이다(대판 2020.11.26. 2020다255900).

② 종중 유사의 비법인사단은 종중과 마찬가지로 "반드시 총회를 열어 성문화된 규약을 만들고 정식의 조직체계를 갖추어야만 비로소 단체로서 성립하는 것이 아니고, 실질적으로 공동의 목적을 달성하기 위하여 공동의 재산을 형성하고 일을 주도하는 사람을 중심으로 계속적으로 사회적인 활동을 하여 온 경우에는, 이미 그 무렵부터 단체로서의 실체가 존재한다고 하여야 한다"(대판 1996.3.12. 94다5640).

(2) 남성만으로 구성원을 한정하는 성별제한 허용(적극 : 핵심사례 A-1.참고)

(3) 재산의 귀속

"종중 유사의 권리능력 없는 사단의 경우 계속적으로 공동의 일을 수행하여 오던 일단의 사람들이 어느 시점에 이르러 비로소 창립총회를 열어 조직체로서의 실체를 갖추었다면, 그 실체로서의 조직을 갖추기 이전부터 행한 행위나 또는 그때까지 형성한 재산은 다른 특별한 사정이 없는 한, 모두 이 사회적 실체로서의 조직에게 귀속된다"(대판 2019.2.14. 2018다264628).

4. 기 타

① **자연부락**이 그 부락주민을 구성원으로 하여 고유목적을 가지고 의사결정기관과 집행기관인 대표자를 두어 독자적인 활동을 하는 사회조직체라면 법인 아닌 사단으로서의 권리능력이 있다(대판 2008.1.31. 2005다60871). 따라서 **동·리회**는 비법인사단으로서 독립하여 재산을 소유할 수 없고 그 재산은 주민 전체의 총유에 속하는 것이며, 사후에 행정구역인 리가 면·군의 소속기관이 되었더라도 그 재산은 면·군의 재산으로 이전되는 것이 아니라고 한다(대판 1990.6.26. 90다카8692).

② **채권단의 청산위원회**는 비법인사단으로 인정했으나(대판 1968.7.16. 68다736), **부도난 회사의 채권자들이 조직한 채권단은 비법인사단으로서의 실체를 갖추지 못한 것으로 판단했다**(대판 1999.4.23. 99다4504 : 1회 선택형).

③ 공동주택의 입주자가 구성한 '**입주자대표회의**'는 의사결정기관과 대표자의 정함이 있는 단체로서의 조직을 갖춘 비법인사단으로서 당사자능력이 있다고 판시하고 있고(대판 1991.4.23. 91다4478), '**집합건물 관리단**'(집합건물의 소유 및 관리에 관한 법률 제23조) 또한 마찬가지이다(대판 1991.4.23. 91다78).

④ 조직의 내부기관이나 시설은 비법인사단이 아니다. 가령 외국법인 국내지점(대판 1982.10.12. 80누495), 대한불교조계종 총무원(대판 1967.7.4. 67다549) 등은 권리능력 없는 사단이 아니다. 그러나 사단법인의 하부조직의 하나라 하더라도 스스로 단체로서의 실체를 갖추고 독자적인 활동을 하고 있다면 사단법인과는 별개의 독립된 비법인사단으로 볼 수 있다(대판 2009.1.30. 2006다60908).

핵심사례 A-06

★ 권리능력 없는 사단, 대표권 제한 및 대표권 남용 등 대판 2007.4.19. 전합2004다60072,60089

비법인사단 甲의 대표자 乙은 자신이 사용할 목적으로, 丙은행으로부터는 甲의 운영자금 명목으로 1억 원을 대출을 받았다. 그러나 甲의 정관에는 대표자가 甲의 채무를 부담하는 계약을 체결할 때에는 임원회 결의를 거치도록 되어 있는데, 乙은 임원회 및 사원총회 결의 등 내부적으로 아무런 절차를 밟지 않았다. 한편 丙은행은 그러한 정관규정 및 乙이 임원회 결의를 밟지 않은 사실을 몰랐고 모르는데 과실이 없었다. 다만, 丙은 당해 대출이 甲의 운영자금에 실제로 사용될 내용인지 확인하지 않은 과실(30%)이 있었다. 위 대출계약의 이행기가 도래하자 丙은행은 甲을 상대로 대여금의 반환을 청구하고 있다. **丙의 청구가 인용될 수 있는지 검토하라.** (30점)

Ⅰ. 결 론(청구기각)

Ⅱ. 논 거

1. 丙의 甲에 대한 대여금청구 가부

(1) 乙의 차용행위가 甲의 목적범위 내의 행위인지 여부

비법인사단 甲도 정관으로 정한 목적의 범위 내에서 권리와 의무의 주체가 된다(제34조의 유추적용). 사안의 경우 乙이 '甲의 운영자금조달 명목'으로 금원을 차용한바, 학설대립에 상관없이 甲의 목적범위에 포함된다.

(2) 丙과의 금전소비대차계약이 총유물의 관리·처분행위인지 여부

1) **총유물의 관리·처분**(총유물 그 자체에 관한 이용·개량행위나 법률적·사실적 처분행위)

2) **사안의 경우**

丙과의 소비대차계약은 단순한 채무부담행위이기 때문에 총유물의 관리·처분행위라고 할 수 없어 제276조 1항의 위반으로 무효는 아니나, 다만 정관에 의한 대표권 제한의 위반행위로 인한 효력유무가 문제된다.

(3) 정관에서 정한 임원회 결의를 거치지 않은 乙의 대표행위의 효력

1) **제41조, 제60조 규정의 비법인사단 甲에의 적용여부**(제41조는 유추○, 제60조는 유추×)

2) **제126조의 표현대리 성립여부**(상대방이 대표권제한 및 그 위반사실에 대해 악의 또는 과실이 없다면 유효)

丙은 乙의 대표권제한 및 그 위반 사실에 대해 선의·무과실이었으므로 甲은 원칙적으로 계약책임을 져야 한다.

2. 乙의 대표권남용 행위에 대한 효력

(1) 판 례(제107조 1항 단서 유추적용설)

(2) 검토 및 사안의 경우

丙은 당해 대출이 甲의 운영자금에 실제로 사용될 내용인지 확인하지 않은 과실이 있었으므로 제107조 1항 단서의 유추적용에 의해 甲은 소비대차계약의 무효를 주장할 수 있다.

※ **보 론**(丙의 甲에 대한 청구기각에 따른 구제수단)

① 乙은 자신의 이익을 도모하기 위한 목적이 있었으나, '외형상'으로는 甲의 운영자금 명목이었으므로 甲은 丙에게 제35조 1항 1문의 불법행위책임을 진다. 다만, 丙에게도 경과실(30%)이 있었으므로 '과실상계'로서 참작된다. ② 아울러 계약의 무효에 따른 부당이득이 문제되는바, 이는 乙을 기준으로 하여 결정된다(제59조 2항, 제116조). 사안에서 乙은 악의이므로 甲은 제748조 2항에 따른 부당이득반환의무를 부담한다.
①과 ②는 선택적 경합의 관계에 있는바, 과실상계를 고려할 때 丙은 ②를 청구하는 것이 보다 유리하다.

제4장 권리 변동

제1절 법률행위 총설

권리는 발생·변경·소멸하는데, 이것들을 통틀어서 '권리의 변동'이라고 한다. 이러한 권리의 변동은 일정한 원인에 따른 결과로서 발생한다. 이 권리변동의 원인이 되는 것을 '법률요건'이라고 하고, 그 결과로서 생기는 권리변동을 '법률효과'라고 한다. 그런데 이러한 권리변동은 '법률규정'(예를 들어 불법행위)에 의해 발생하기도 하지만 사법상의 대원칙인 '사적자치의 원칙'(내 권리변동은 내 '의사'대로 한다)에 따라 당사자의 자유로운 의사에 의해 변동되는 것이 일반적이다. 그래서 당사자의 '의사표시'에 의하여 행하는 모든 행위를 아우르는 개념으로 만들어진 것이 '법률행위'라는 개념이다. 즉, **법률행위란 의사표시를 불가결의 요소로 하는 사법상의 법률요건이며, 의사표시란 일정한 법률효과의 발생을 목적으로 하는 의사의 표시행위로서, 법률행위의 본질적 구성부분이다.**

민법에서 당사자가 원하는 대로 '법률효과'가 발생하는 '법률요건'은 오직 '법률행위'밖에 없다.

[구별개념] * 준법률행위(準法律行爲)
준법률행위는 의사표시와 함께 적법행위에 속하는 법률사실이며, 그것은 의사의 통지·관념의 통지 등으로 나누어진다. ① '**의사의 통지**'는 자기의 의사를 타인에게 통지하는 행위이다. 그런데 여기의 의사는 직접 법률효과에 향하여져 있는 것이 아닌 점에서 의사표시와 다르다. 즉, 의사의 통지에 대하여는 (모든 준법률행위에 관하여 그렇듯이) 행위자의 의사를 묻지 않고 민법이 독자적인 평가에 의하여 법률효과를 부여하고 있다. 각종 최고(제15조, 제131조)가 그 예이다. ② '**관념의 통지**'는 어떤 사실(특히 과거 또는 장래의 사실)을 알리는 행위이며, 사실의 통지라고도 한다. 채권양도의 통지(제450조 1항), 채무의 승인(제168조 3호)이 그 예이다.

제1관 법률행위의 요건

I. 서 설

[A-69]

1. 성립요건과 효력요건

법률행위가 그 효과를 발생하려면 먼저 법률행위로서 '성립'하여야 하고(성립요건), 성립된 법률행위가 '유효'한 것이어야 한다(유효요건 또는 효력요건).

2. 구별의 실익

(1) 추인, 전환, 일부무효 등

법률행위의 성립요건은 법률행위의 성립·불성립의 문제이다. 성립요건을 갖추지 못한 경우 무효·취소는 문제되지 않으며, 따라서 무효행위의 추인이나 전환, 일부무효는 문제될 여지가 없다.

(2) 증명책임

민법상 법률행위의 성립요건은 민사소송에서 권리근거규정으로 나타나는바, 이에 대한 주장·증명책임은 효력을 주장하는 자가 지고, 민법상 효력발생요건은 민사소송에서 항변인 권리방해규정으로 나타나는바, 이에 대한 주장·증명책임은 무효·취소를 주장하는 자가 진다. 예컨대, 의사무능력을 이유로 법률행위의 무효를 주장하는 측은 그에 대하여 증명책임을 부담한다(대판 2022.12.1. 2022다261237).

Ⅱ. 성립요건 [A-70]

1. 의의 및 종류

성립요건은 법률행위의 존재가 인정되기 위하여 필요한 최소한의 형식적인 요건이다. 이러한 성립요건에는 ① 모든 법률행위에 공통적으로 요구되는 '**일반성립요건**'으로, ⅰ) 법률행위의 주체로서 '당사자', ⅱ) 법률행위의 내용으로서 '목적', ⅲ) 법률행위의 불가결한 요소로서 '의사표시'가 있어야 한다. ② 그리고 개별적인 법률행위에 대하여 특별히 요구되는 '**특별성립요건**'으로, 법률의 규정 또는 당사자 간의 약정에 의해 요구될 수도 있다(예컨대 가족법상의 법률행위의 성립에 필요한 각종 신고).

2. 권리근거규정의 요건사실

법률행위의 성립요건은 민사소송에서 원고의 청구권 규범으로 권리근거규정에 해당한다. 권리근거규정에 대한 민법규정은 ① 채권각론에서 ⅰ) 약정채권(15가지 전형계약 중 특히 매매를 원인으로 한 소유권이전등기청구, 대여금청구, 임대차보증금 반환청구, 임대차목적물 반환청구, 도급계약 관련 청구), ⅱ) 법정채권(부당이득반환청구, 불법행위에 기한 손해배상청구 소송)이 있으며, ② 채권총론에서 ⅰ) 채무불이행으로 인한 손해배상청구, ⅱ) 채권자대위권, ⅲ) 채권자취소권, ⅳ) 보증채무 이행청구, ⅴ) 구상금청구 ⅵ) 채권양도에 따른 양수금청구, ③ 물권법에서 ⅰ) 소유권에 기한 부동산인도·철거·퇴거청구, ⅱ) 소유권에 기한 소유권이전등기 말소청구, ⅲ) 동산인도청구, ⅳ) 진정명의회복을 원인으로 한 소유권이전등기청구, ⅴ) 취득시효완성을 원인으로 한 소유권이전등기청구, ⅵ) 근저당권설정등기 말소청구, ⅶ) 법정지상권에 기한 청구, ⅷ) 명의신탁에 기한 청구, ⅸ) 가등기담보권실행에 기한 본등기청구, 양도담보권 실행으로 인한 청구 등이 있다.

Ⅲ. 효력요건 [A-71]

1. 의의 및 종류

이미 성립한 법률행위가 법률상 효력을 발생하는 데에 필요한 요건을 말한다. 이러한 효력요건에는 ① 모든 법률행위에 대하여 공통적으로 요구되는 '**일반효력요건**'으로, ⅰ) 당사자가 능력(권리능력·의사능력·행위능력)을 갖출 것, ⅱ) 목적이 확정성·실현가능성·적법성·사회적 타당성을 갖출 것, ⅲ) 의사와 표시가 일치하고 의사표시에 하자가 없을 것을 요구한다. ② 그리고 개별적인 법률행위에 대하여 특별히 요구되는 '**특별효력요건**'으로, 대부분 법률에 규정되어 있으나 당사자 간의 약정에 의하여 요구될 수도 있다(예컨대 대리행위에 있어서 대리권의 존재, 조건부·기한부 법률행위에서의 조건·기한의 성취).

2. 권리방해규정의 요건사실

법률행위의 효력발생요건은 민사소송에서 피고의 항변, 즉 권리방해규정으로 나타난다. 이에는 ① 민법총칙에서 ⅰ) 당사자(권리능력, 의사능력, 행위능력), 목적(확정성, 가능성, 적법성, 사회적 타당성), ⅲ) 의사표시의 흠결(비진의표시, 통정허위표시, 착오, 사기·강박), ⅳ) 조건·기한, ⅴ) 소멸시효 ② 채권각론에서 계약총론(해제, 동시이행의 항변권 등), ③ 채권총론에서 채권 소멸사유(변제, 상계 등) ④ 물권법에서는 제213조 단서의 점유할 권리(ⅰ) 물권적 권리로서 법정지상권, 유치권, ⅱ) 채권적 권리로서 미등기 매수인, 점유취득시효완성자, 임차인, 동시이행항변권, ⅲ) 위 권리가 없을 경우 최후의 보충적 항변수단으로 권리남용, 실효의 원칙) 등의 항변이 있다.

제2관 법률행위의 해석

I. 서 설 [A-72]

1. 의 의

법률행위의 해석이란 불명확한 **법률행위의 내용을 확정**하는 것을 말한다. 법률행위의 내용은 그 요소인 의사표시에 의해 결정되는 것이므로 법률행위의 해석은 결국 의사표시의 해석으로 귀결된다. 이러한 법률행위의 해석은 법률의 내용을 파악하는 '법률의 해석'과 구별된다.

2. 법률행위 해석의 기능

① 법률행위의 해석은 '의사표시가 존재하는지 여부'를 확정하는 기능을 한다. ② 또한 의사표시의 내용을 명백히 함으로써 '계약(법률행위)이 성립'하였는지(숨은 불합의가 존재하는지)여부를 정하는데 있어 선결사항으로 기능하기도 한다. ③ 그리고 '법률행위의 유효성' 여부를 판단하는데 있어서도 선결적 기능을 한다. 왜냐하면 법률행위의 유효성 여부에 대한 판단을 하기 위해서는 법률행위의 내용이 확정되어야 하기 때문이다.

II. 법률행위 해석의 주체와 객체 [A-73]

1. 주 체

법률행위 해석의 주체는 궁극적으로 법원(판사)이다. 이러한 법관의 해석권은 당사자의 특약에 의하여 침해될 수 없다(대판 1974.9.24. 74다1057).

2. 객 체(대 상)

법률행위 해석의 기본목표는 당사자의 '의사'(진의)를 밝히는데 있다. 그러나 그것은 당사자의 내심의 의사를 탐구하자는 것은 아니며, 그 의사의 객관적인 표현이라고 볼 수 있는 '표시행위'를 대상으로 하여 그에 부여된 객관적 의미를 밝히는 작업이라고 보아야 한다(다수설 : 이른바 표시주의).[1] 判例의 주류도 같은 입장인 것으로 보인다(아래 2000다40858판결 등).

> ❋ **법률행위 해석의 객체(대상)**
> "법률행위의 해석은 당사자의 내심의 의사가 어떤지에 관계없이 그 문언의 내용에 의하여 당사자가 그 표시행위에 부여한 객관적 의미를 합리적으로 해석하여야 하는 것이고"(대판 2001.3.23. 2000다40858 : 6회 선택형). "의사표시 해석에 있어서 당사자의 진정한 의사를 알 수 없다면, 의사표시의 요소가 되는 것은 표시행위로부터 추단되는 효과의사, 즉 표시상의 효과의사이고 표의자가 가지고 있던 내심적 효과의사가 아니므로, 당사자의 내심의 의사보다는 외부로 표시된 행위에 의하여 추단된 의사를 가지고 해석함이 상당하다(대판 2002.6.28. 2002다23482).

---

[1] 즉 표시주의를 취하는 다수설적인 학설은 법률행위 해석의 대상에 관하여 '표시상의 효과의사'를 탐구하는 반면, 의사주의 입장에서는 '내심의 효과의사'를 탐구한다는 점에서 차이를 보인다.

Ⅲ. 법률행위 해석의 방법 [A-74]

1. 의 의 [A-74a]

① '상대방 없는 의사표시'에서는 상대방에 대한 신뢰보호의 문제가 없으므로 표의자의 진정한 의사를 탐구하는 쪽으로 해석되어야 한다. ② 이에 대해 '상대방 있는 의사표시'에서는 표시를 신뢰한 상대방의 이익이 문제되므로 일정한 방법에 의한 해석이 요청된다. 그러한 해석방법으로 자연적 해석, 규범적 해석, 보충적 해석의 3가지가 인정된다.

2. 자연적 해석 [A-74b]

(1) 의 의

표현의 문자적·언어적 의미에 구속되지 않고 표의자의 진의, 즉 '내심의 효과의사'를 밝히는 것이다.

(2) 적용영역

① 유언과 같이 표의자의 이익만 중시되는(자기결정적 효력이 문제되는) 상대방 없는 단독행위, ② 의사표시의 당사자가 표시를 사실상 같은 의미로 이해한 경우, 즉 표의자의 잘못된 표시에도 불구하고 상대방이 표의자의 진의를 올바르게 파악하였을 때에는, 자연적 해석방법이 적용되어 표의자의 진의에 따른 법률효과가 주어지게 된다(誤表示 無害의 原則 ; falsa demonstratio non nocet).

(3) 판 례(계, 형, 쌍, 진) [23법무]

① **[쌍방 공통하는 지번의 착오]** 甲이 국가 소유인 X토지를 불하받는 과정에서 서로 간의 착오로 인접한 국가 소유의 Y토지로 잘못 표기하여 매매계약이 체결된 사안에서, "계약의 해석에 있어서는 형식적인 문구에만 얽매여서는 아니되고 쌍방 당사자의 진정한 의사가 무엇인가를 탐구하여야 하는 것이므로, 계약서에 그 목적물을 X토지가 아닌 Y토지로 표시하였다 하여도, 위 X토지에 관하여 이를 매매의 목적물로 한다는 쌍방 당사자의 의사합치가 있은 이상, 위 매매계약은 X토지에 관하여 '성립'한 것으로 보아야 한다"(대판 1993.10.26. 93다2629: 표준판례61 : 6회,11회,13회 선택형)고 보아 '착오'를 이유로 취소할 수 없고, 매매목적물인 X토지가 아닌 Y토지에 이루어진 매수인 명의의 소유권이전등기는 원인무효라고 한다.

② **[쌍방 공통하는 계약상 지위의 착오]** 그리고 이러한 법리는 계약 당사자들이 오류를 인지하지 못한 채 당사자들의 합치된 의사와 달리 착오로 계약상 지위가 잘못 기재된 계약서에 그대로 기명날인이나 서명을 한 경우에도 동일하게 적용된다고 한다(대판 2018.7.26. 2016다242334).[2]

[판례검토] 위 判例는 자연적 해석을 법률행위 해석의 한 방법으로 받아들인 최초의 판결이다. 검토하건대 표시는 표의자의 의사를 외부에 표현하는 수단이므로, 설사 표시가 잘못되었다고 하더라도 그 표시의 의미에 대해 당사자 간에 의사의 합치가 있다고 한다면 표시 본래의 목적은 달성된 것이므로 그 의사에 따른 효과가 주어져야 한다. 따라서 判例의 태도는 타당하다.[3]

---

[2] [사실관계] 甲이 乙 주식회사로부터 신주인수권부사채를 인수하기로 하고, 그에 따라 乙 회사가 甲에게 부담하는 채무를 담보하기 위하여 丙 등은 연대보증을 하고 丁 등은 근질권을 설정해 주었는데, 乙 회사가 甲에게 사채원금 지급기한의 유예를 요청하자, 甲과 乙 회사가 기존의 변제기한을 유예하고 이율을 변경하는 내용의 합의서를 작성하면서 丙 등은 근질권설정자로 丁 등은 연대보증인으로 기명날인한 사안에서, 합의서에 따른 합의는 작성 당사자 모두 인수계약에서 정한 지위를 그대로 유지하면서 기존의 변제기한과 이율에 관한 사항만 변경하는 내용으로 유효하게 성립하였다고 판단한 사례

[3] [판례평석] 그러나 이러한 判例의 태도에 대해서는 법률행위 해석의 대상이 '표시행위에 부여한 객관적 의미'를 밝히는 작업이라고 본 기존의 判例(2000다40858, 2002다23482 등)에 의한다면 표시행위의 의미는 명확하게 Y토지에 대한 매매계약의 성립이라고 볼 수밖에 없다. 따라서 매매계약이 X토지에 관하여 성립하였다고 인정하기 위해서는 해석의 대상은 표의자의 내심의 효과의사, 즉 진의를 밝히는 것이라고 보는 의사주의 입장에 따라야 한다는 견해가 있다[지원림, 민법강의(13판), 2-221].

이처럼 잘못 표시를 하였더라도 자연적 해석에 의해 당사자 의사의 합치가 인정되는 이상, 착오에 의한 취소는 발생할 여지가 없다(오표시 무해의 원칙).

3. 규범적 해석 [A-74c]

(1) 의 의
내심적 효과의사와 표시행위가 일치하지 않는 경우에 표시행위의 객관적 의미 혹은 '상대방'이 그 표시에 부여한 의미를 탐구하는 해석방법이다.

(2) 적용영역
계약이나 상대방 있는 단독행위처럼 상대방의 신뢰를 보호하여야 할 법률행위의 경우에 적용된다. 이러한 경우라도 상대방의 신뢰가 정당한 경우에만 보호되므로 상대방이 표의자의 진의를 이해했거나 이해가 가능했을 경우에는 자연적 해석에 의하게 된다.

(3) 판 례
채권자가 일부변제를 받으면서 '총완결'이라고 써 준 사안에서, 그것으로 모든 결제가 끝난 것으로 해석하는 것이 '영수증 작성자'(채권자)의 의사에 부합한다고 보았으며(대판 1969.7.8. 69다563), '최대한 노력하겠다'는 문언을 기재한 경우는, 법적으로는 부담할 수 없지만 사정이 허락하는 한 그 이행을 하여 주겠다는 취지로 해석함이 상당하다고 보았다(대판 1994.3.25. 93다32668: 표준판례60).

4. 보충적 해석 [A-74d]

(1) 의 의
법률행위의 내용에 '틈'이 있는 경우 이를 보충하는 해석방법이다. 법률행위, 특히 계약에서 당사자가 약정하지 않은 사항에 관하여 분쟁이 생기는 수가 흔히 있다. 이러한 분쟁은 1차적으로 (사실인) 관습에 의하여 보충되고, (사실인) 관습이 없는 경우에는 임의규정에 의한다(제106조). 그러나 임의규정도 없거나 임의규정에 의하여 보충될 수 없는 때에 비로소 보충적인 해석을 통해 당사자의 의사표시가 확정된다.

(2) 적용영역
보충적 해석은 자연적 해석과 규범적 해석에 의하여 법률행위의 성립이 인정된 후에 비로소 문제된다. 모든 법률행위에 적용되나 주로 쌍방의 공통하는 동기의 착오, 일부무효(제137조), 무효행위의 전환(제138조)에서 문제된다.

(3) 보충적 해석의 방법
보충적 해석이 탐구하는 것은 실제의 의사가 아니고 '가정적 의사'이다. 즉 법관은 만약 당사자들이 고려하지 않았던 사정을 고려하였다면 당사자들이 계약시에 어떻게 의욕하였을 것인가를 살펴야 한다. 이에는 특히 신의성실의 원칙 및 거래관행이 중요한 해석 자료로 된다.

(4) 보충적 해석의 한계
보충적 해석은 사적 자치 및 신의성실의 원칙의 존중 하에서 행하여져야 하며, 그것이 법관에게 자유로운 법창조의 권능을 부여하는 것은 아니다. 따라서 보충적인 해석에서는 당사자의 의사와 계약의 내용으로부터 생기는 한계가 고려되지 않으면 안 된다(대판 2010.7.15. 2009다50308 등: 표준판례76). 따라서 법률행위가 불성립한 것을 보충적 해석에 의하여 성립시키거나, 성립된 계약을 무효로 하는 것은 불가능하다. 또한 보충적 해석은 의사의 보충일 뿐 의사의 수정이 아니므로 사정변경의 원칙과는 구별된다.

Ⅳ. 법률행위 해석의 표준 [A-75]

1. 법률행위의 기초사정
당사자가 기도한 목적, 법률행위가 행하여진 시간과 장소, 당사자 간의 관계, 표의자의 특별한 어법 등이 이에 해당한다(대판 2001.3.23. 2000다40858 참고).

2. 사실인 관습
당사자의 의사가 명확하지 않을 때, 강행규정에 반하지 않는 임의규정과 다른 관습이 있을 경우에는 그 사실인 관습이 법률행위 해석의 기준이 된다(제106조).

3. 신의성실의 원칙(특히 예문해석)
① 신의성실의 원칙을 법률행위 해석의 기준으로 하는 명문의 규정은 없으나 우리 민법에 있어서도 법률행위 해석의 기준으로 인정해야 한다는 것이 통설이다.

> **[관련판례]** 복수의 임대차계약서 중 어느 서면에 따라 계약 내용을 정할 것인지 여부에 관하여 判例는 "하나의 법률관계를 둘러싸고 각기 다른 내용을 정한 여러 개의 계약서가 순차로 작성되어 있는 경우 당사자가 그러한 계약서에 따른 법률관계나 우열관계를 명확하게 정하고 있다면 그와 같은 내용대로 효력이 발생한다. 그러나 여러 개의 계약서에 따른 법률관계 등이 명확히 정해져 있지 않다면 각각의 계약서에 정해져 있는 내용 중 서로 양립할 수 없는 부분에 관해서는 **원칙적으로 나중에 작성된 계약서에서 정한 대로 계약 내용이 변경되었다고 해석하는 것이 합리적이다**"(대판 2020.12.30. 2017다17603).

② 이와 관련해 判例가 발전시킨 '예문해석'이 문제되는바, '예문해석'이란 계약서로 관용되는 서식에 경제적 강자에게 일방적으로 유리한 조항이 인쇄·삽입되어 있는 경우 그러한 조항을 예문, 즉 단순한 예로서 늘어놓은 문언이라고 보아 당사자를 구속하는 힘이 없다고 보는 것으로 判例가 발전시킨 해석원칙이다.

(1) 원 칙
법률행위가 문서(계약서·합의서·각서 등)에 의해 이루어진 경우(소위 처분문서 ; 증명하고자 하는 법률적 행위(처분)가 그 문서 자체에 의하여 이루어지는 경우의 문서)에는 원칙적으로 그 기재내용대로 법률행위의 존재를 인정한다. 즉, 예문이라고 할 수 없다고 한다. 이것은 서식이나 약관의 경우에도 마찬가지이다 (대판 1966.10.4. 66다1479 ; 대판 1970.12.29. 70다2449 : **6회 선택형**).

(2) 예 외(예문해석)
① 합의 당시 예측하지 못한 중대한 결과가 발생한 경우, 그에 대해서는 합의의 효력이 미치지 않는 것으로 해석한다(대판 1972.8.22. 72다983 : '화해계약' 판례연구 C-9.참고). ② 은행에서 사용하는 약관, 즉 '근저당권설정계약서'에 의한 계약체결에 관해서는 특히 判例가 많은데, 이 경우에도 그 기재대로 효력을 발생하는 것이 원칙이지만, 그 기재가 부동문자로 되어 있는 점에서, **거래관행 등에 비추어 일정한 범위의 채무만을 담보하는 것으로 보아야 할 특별한 사정이 인정되는 경우에는 그 계약서의 기재를 예문에 불과한 것으로 보아 그 구속력을 배제하는 해석을 한다**(대판 1990.7.10. 89다카12152 ; 대판 2003.3.14. 2003다2109 : 포괄근저당의 유효성 D-125.참고).

Ⅴ. 법률행위의 해석과 착오와의 관계 [A-76]

1. 자연적 해석과 착오(소극)
자연적 해석에서는 표의자가 의욕한 대로 법률효과가 주어지므로 표의자가 표시와 진의의 불일치를 이유로 자기의 의사표시를 무효화할 근거가 없다(誤表示 無害의 原則 ; falsa demonstratio non nocet).

2. 규범적 해석과 착오(적극)
표시행위의 객관적 의미 혹은 상대방이 그 표시에 부여한 의미를 탐구하는 해석방법이 규범적 해석이므로 그렇게 탐구된 의미가 표의자의 진정한 의사와 어긋나는 결과를 가져올 수 있고, 따라서 착오의 문제가 발생할 수 있다. 다만 착오에 의한 의사표시의 취소문제는 법률행위의 '성립'을 전제로 해서만 논의될 수 있는 것이므로, 만약 계약의 경우에 규범적 해석에 의해서도 합치를 인정할 수 없는 때에는 계약은 (숨은) 불합의가 되어 성립하지 못하고, 따라서 착오에 의한 취소문제도 생길 여지가 없다.

3. 보충적 해석과 착오(소극)
보충적 해석에서는 양 당사자의 진의가 아닌 당사자의 가정적 의사가 중시되므로 계약 유지가 우선한다는 점에서 착오에 의한 취소를 부정하는 것이 타당하다(다수설).

Ⅵ. 법률행위 해석의 소송법적 문제 [민소법 쟁점] [A-77]
"의사표시와 관련하여, 당사자에 의하여 무엇이 표시되었는가 하는 점과 그것으로써 의도하려는 목적을 확정하는 것은 사실인정의 문제이고, 인정된 사실을 토대로 그것이 가지는 법률적 의미를 탐구 확정하는 것은 이른바 의사표시의 해석으로서, 이는 사실인정과는 구별되는 법률적 판단의 영역에 속하는 것이다"(대판 2011.1.13, 2010다69940).

Ⅶ. 계약당사자의 결정(아래 쟁점 1. 참고) [A-78]

[쟁점 01] 계약당사자의 결정 ▼

Ⅰ. 타인의 명의를 사용한 법률행위 [A2-1]

쟁점구조

■ **타인명의를 사용한 법률행위**(행위자가 자신을 위한 법률행위를 하면서 타인명의를 임의로 사용한 경우)

Ⅰ. 행위자와 상대방이 일치하여 법률행위 당사자를 '행위자'로 생각한 경우 법률행위의 효력
　이때 명의인의 표시는 잘못된 표시(오표시무해)에 불과하여 아무런 효력이 없게 된다. 따라서 법률행위의 효과는 당연히 행위자에게 귀속하며, 대리법리의 적용은 문제되지 않는다. 또한 명의인은 추인(제130조)에 의하여 법률효과를 자기에게 귀속시킬 수도 없다.

Ⅱ. 상대방이 법률행위 당사자를 '명의인'으로 생각한 경우 법률행위의 효력
　① 법률행위 해석을 통한 당사자 확정(규범적 해석) ⇒ ② 무권대리(제135조 등)(유추)적용 ⇒ ③ 표현대리(제126조 등)(유추)적용 ⇒ ④ 대리권남용의 문제

1. 개념 및 구별개념

타인의 명의를 사용한 법률행위란 법률행위자가 타인 명의를 언급하고 자신이 마치 그 명의인인 것처럼 행동하는 것을 말한다. 타인의 명의를 사용한 법률행위는 현명이 없다는 점에서 보통의 대리행위와 다르고, 또 자신의 이름으로 하는 통상의 법률행위와도 다르다.

2. 계약당사자 확정의 기준 : 성립요건

타인의 명의를 사용하여 행한 법률행위의 경우에 대해 최근의 판결[4]들은 "누가 그 계약의 당사자인가를 먼저 확정하여야 할 것"이라고 보아 **법률행위 해석을 통한 당사자 확정의 문제**로 보고 있다.

① 즉, 먼저 '**자연적 해석**'을 통하여 행위자와 상대방의 의사가 '**일치**'한 경우에는 그 일치하는 의사대로 행위자 또는 명의자의 행위로 확정한다.

> [관련판례] ㉠ "일방 당사자가 대리인을 통하여 계약을 체결하는 경우에 있어서 계약의 상대방이 대리인을 통하여 본인과 사이에 계약을 체결하려는 데 의사가 '일치'하였다면 대리인의 대리권 존부 문제와는 무관하게 상대방과 본인이 그 계약의 당사자라고 할 것이다"(대판 2009.12.10. 2009다27513). ㉡ "부가가치세법에 따른 고유번호나 소득세법에 따른 납세번호를 부여받지 않은 **비법인 단체의 경우** 그 대표자가 단체를 계약의 당사자로 할 의사를 밝히면서 대표자인 자신의 실명으로 예금계약 등 금융거래계약을 체결하고, 금융기관이 그 사람이 비법인 단체의 대표자인 것과 그의 실명을 확인하였다면, 특별한 사정이 없는 한 당사자 사이에 단체를 계약의 당사자로 하는 의사가 '일치'되었다고 할 수 있어 금융거래계약의 당사자는 비법인 단체라고 보아야 한다"(대판 2020.12.10. 2019다267204: 표준판례65).

② 만약 그러한 일치하는 의사를 확정할 수 없는 경우에는 '**규범적 해석**'을 통하여 '**상대방**'이 행위자의 표시를 어떻게 이해했어야 하는가에 따라 당사자가 결정되어야 한다고 한다[5](대판 1995.9.29. 94다4912 등 : **6회 선택형**). **[4회 사례형, 09법무, 12행정]** 이는 그 타인이 허무인인 경우에도 마찬가지라고 한다(대판 2012.10.11. 2011다12842[6]).

[판례검토] 타인의 명의를 사용한 법률행위의 경우 '효력요건'의 검토(명의신탁의 유효성이나 대리행위의 유효성)에 앞서 '성립요건'과 관련하여 당사자가 누구인지를 법률행위의 해석을 통해 확정해야 하는 바, 판례의 태도가 타당하다.

3. 계약명의자가 당사자로 확정되는 경우 : 효력요건

(1) 구체적인 예

① 행위자와 상대방이 일치하여 법률행위 당사자를 '명의자'로 생각한 경우(자연적 해석)와 ② ⅰ) 행위가 서면이나 전보로 행하여진 경우, ⅱ) **신용행위**(금전소비대차)나 계속적 거래행위, ⅲ) 전화로

---

4) **[과거 判例]** 종래 대법원은 과거에 타인의 명의로 임야를 사정받거나(대판 1971.5.24. 71다512 등), 또는 타인 명의로 부동산을 매수한 경우(대판 1989.11.14. 88다카19033) 등에 명의신탁을 인정하였다(이들 경우에는 아마도 행위자와 명의인 사이에 명의신탁에 관한 합의가 존재하고 있었을 것이다). 또한 여러 사정을 종합하여 대리행위로 인정되는 한 대리의 성립을 긍정하고 있었다.

5) **[수험 Tip]** 자연적 해석은 행위자와 상대방의 일치하는 '진의'가 있는지를 확인해야 하는 작업이므로 실제 소송에서 이러한 마음속 진의가 증명되기는 쉽지 않다. 따라서 판례상으로는 대부분 규범적 해석에 따라 판단하고 있다. 즉, 수험적으로는 사례문제의 사실관계에서 '일치하는 진의'가 있었다는 표현이 없는 이상 상대방 입장에서 규범적 해석으로 당사자를 확정하면 된다(이 경우 규범적 해석에 따르면 대부분 명의자가 당사자가 된다).

6) **[사실관계]** 甲이 허무인 乙 명의의 자동차운전면허증과 인장을 위조한 후 이를 이용하여 증권회사인 丙 주식회사에 乙 명의로 증권위탁계좌를 개설한 경우, 判例는 甲과 丙 회사 사이에 '명의자인 乙'을 계약당사자로 한 계좌 개설계약이 체결되었다고 할 수 있다고 한다. 다만 계약당사자인 乙이 허무인인 이상 丙 회사와 乙 사이에서도 유효한 계좌 개설계약이 성립하였다고 볼 수 없으므로 위 계좌에 입고된 주식은 이해관계인들 사이에서 부당이득반환 등의 법리에 따라 청산될 수 있을 뿐이라고 한다.

이웃사람 이름으로 음식을 주문한 경우, iv) 매매계약, 보험계약, 분양계약과 같이 계약당사자의 명의가 중요시되는 거래에서는 규범적 해석에 의해 '명의자'가 당사자로 확정된다.

(2) 구체적 법률관계

법률행위 해석에 의하여 계약명의자가 당사자로 확정되는 경우 대리에 관한 규정이 (유추)적용될 수 있다.[7]

1) 행위자에게 대리권이 있거나 명의사용을 허락받은 경우

이 경우에는 일반적으로 행위자에게 대리의사가 있고, 判例는 현명의 경우 반드시 대리인임을 표시하여 행위하여야 하는 것은 아니고 '본인명의'로도 할 수 있다고 하므로(대판 1963.5.9. 63다67), 결국 유권대리의 법률관계로 처리된다. 따라서 제114조에 의하여 명의인이 권리를 취득하고 의무를 부담한다.

> [관련판례] 甲이 부동산을 금융기관에 담보로 제공함에 있어 乙에게 그에 관한 대리권을 주었다면 乙이 금융기관과 근저당권설정계약을 체결하면서 대리관계를 표시함이 없이 마치 자신이 甲 본인인 양 행세하였다 하더라도 위 근저당권설정계약은 대리인인 위 乙이 그의 권한범위 안에서 한 것인 이상 그 효력은 본인인 甲에게 미친다(대판 1987.6.23. 86다카1411).

2) 행위자에게 대리권이 없거나 타인명의를 무단으로 모용한 경우

① [무권대리] 이 경우에는 일반적으로 행위자에게 대리의사가 없고, 현명도 있다고 할 수 없지만 타인의 이름으로 법률행위를 하였다는 점에서 무권대리 규정이 유추적용된다. 따라서 거래상대방과 명의인 사이에 성립한 계약은 원칙적으로 무효가 되고, 행위자는 거래상대방에 대하여 무권대리인의 책임이나 불법행위책임을 질 수 있다(제135조 유추적용, 제750조).

② [표현대리] 한편 표현대리의 성립 여부와 관련해서 判例는 "사술을 써서 대리행위의 표시를 하지 아니하고 단지 본인의 성명을 모용하여 자기가 마치 본인인 것처럼 상대방을 기망하여 본인 명의로 직접 법률행위를 한 경우에는 특별한 사정이 없는 한 제126조의 표현대리는 성립될 수 없지만, i) 본인을 모용한 사람에게 본인을 대리할 '기본대리권'이 있었고, ii) 상대방으로서는 위 모용자(행위자)가 본인(명의자) 자신으로서 본인의 권한을 행사하는 것으로 믿은 데 '정당한 이유'가 인정된다면 표현대리의 법리가 유추적용되어 본인에게 그 효력이 미친다"(대판 1993.2.23. 92다52436)고 한다.

> ✱ **특별한 사정을 인정하여 명의자의 표현대리 책임을 인정한 사례**
> 실제로는 위 '특별한 사정'을 인정하여 명의자의 표현대리 책임을 인정한 사례가 많다. 대표적으로 判例는 ① ★ 본인으로부터 아파트에 관한 임대 등 일체의 관리권한을 위임받아 본인으로 가장하여 아파트를 임대한 바 있는 대리인이 다시 자신을 본인으로 가장하여 임차인에게 아파트를 매도한 경우(대판 1993.2.23. 92다52436), ② 대리인이 본인으로부터 받은 본인의 주민등록증, 인감증명서, 인감도장 및 등기권리증을 사용하여 본인임을 가장하여 본인 명의로 근저당설정등기를 마친 경우(대판 1988.2.9. 87다카273 : 본인성명모용). 각각 권한을 넘은 표현대리의 법리를 유추적용하여 본인에 대하여 그 행위의 효력이 미치는 것으로 보았다. ③ 또한 "다른 사람이 본인을 위하여 한다는 대리문구를 어음 상에 기재하지 않고 직접 본인 명의로 기명날인을 하여 어음행위를 하는 이른바 기관 방식 또는 서명대리 방식의 어음행위가 권한 없는 자에 의하여 행하여졌다면 이는 어음행위의 무권대리가 아니라 어음의 위조에 해당하는 것이기는 하나, 그 경우에도 i) 제3자가 어음행위를 실제로 한 자에게 그와 같은 어음행위를 할 수 있는 권한이 있다고 믿을 만한 사유가 있고, ii) 본인에게 책임을 질 만한 사유가 있는 때에는 대리 방식에 의한 어음행위의 경우와 마찬가지로 민법상의 표현대리 규정을 유추적용하여 본인에게 그 책임을 물을 수 있다"(대판 2000.3.23. 99다50385 : 7회 선택형)[8]

---

7) 직접 적용되든 유추적용되든 결과에서는 차이가 없으나, 개념상의 혼란방지(대리행위 vs. 대행행위)를 위해 수험적으로는 유추적용으로 검토하는 것이 타당하다고 보인다. 判例 또한 유추적용의 문제로 파악하고 있다(대판 2002.6.28. 2001다49814 등).

> ※ 특별한 사정을 부정하여 명의자의 표현대리 책임을 부정한 사례
> 判例는 처가 제3자를 남편으로 가장(주민등록증에 제3자의 사진을 붙인 다음 남편인 것처럼 가장)시켜 관련 서류를 위조하여 남편 소유의 부동산을 담보로 금원을 대출받은 경우, 제3자가 남편으로부터 어떠한 기본대리권도 받은 적이 없다는 이유로 남편에 대한 제126조 소정의 표현대리책임을 부정하였다(대판 2002.6.28. 2001다49814 : 표준판례110).

4. 계약행위자가 당사자로 확정되는 경우 : 효력요건

(1) 구체적인 예

① 행위자와 상대방이 일치하여 법률행위 당사자를 '행위자'로 생각한 경우(자연적 해석)와 ② ⅰ) 고용·임대차(특히 임차인 ; 아래 74다165판결)·조합계약처럼 계약 당사자의 인적 성질이 대단히 중요한 의미를 가지는 계약에 있어서, 상대방이 직접 대화를 하고 그것만을 기초로 하여 계약을 체결한 경우이거나, ⅱ) 호텔숙박계약과 같은 대량거래·현금거래·신속거래의 경우처럼 행위자의 이름이 법률행위의 상대방에게 아무런 의미도 없는 때에는 규범적 해석에 의해 '행위자'가 당사자로 확정된다.

> ※ 임대차계약에서 '임차인' 확정
> "甲이 임대차계약을 체결함에 있어서 임차인 명의를 乙명의로 하기는 하였으나 甲이 乙인것 같이 행세하여 계약을 체결함으로써 상대방은 甲과 乙이 동일인인 것으로 알고 계약을 맺게 되었다면 설사 甲이 乙을 위하여 하는 의사로서 위 계약을 체결하였다 하더라도 위 계약의 효력은 乙에게 미치지 않는다"(대판 1974.6.11. 74다165).

(2) 구체적 법률관계

이때 명의인의 표시는 잘못된 표시(falsa demonstratio)에 불과하여 아무런 효력이 없게 된다. 따라서 법률행위의 효과는 당연히 행위자에게 귀속하며, 대리법리의 적용은 문제되지 않는다. 또한 명의인은 추인(제130조 유추적용)에 의하여 법률효과를 자기에게 귀속시킬 수도 없다.

Ⅱ. 구체적 검토 [A2-2]

1. 허수아비행위 [A2-2a]

가령 甲이 乙로부터 농지를 매수하려고 하는데 농지취득자격이 없어서 그 자격이 있는 丙과 합의하여 甲이 丙을 허수아비로 내세워 丙이 직접 乙과 농지에 관한 매매계약을 체결한 경우를 들 수 있다. 이 경우 甲이 실질적으로 매매대금을 부담하더라도 이는 甲과 丙 사이의 명의신탁약정(계약명의신탁)에 불과하고 乙과의 관계에서는 의사의 합치가 없는 이상 丙을 매매계약의 매수인으로 보아야 한다. 왜냐하면 매매계약은 당사자의 명의가 중요시되는 거래이기 때문이다.

2. 명의신탁(쟁점 21.참고) [4회 사례형 등] [A2-2b]

부동산 명의신탁에 있어서도 계약 당사자의 확정 문제는 결국 법률행위의 해석문제이다. 따라서 법률행위해석(자연적, 규범적 해석)을 통해 '명의수탁자'가 계약의 당사자로 결정되는 경우에는 '계약명의신탁'에 해당할 것이지만, '명의신탁자'가 계약의 당사자로 결정되는 경우에는 '3자간 등기명의신탁'에 해

---

8) [사실관계] 채무자가 물상보증인으로부터 근저당권설정에 관한 대리권만을 위임받은 후 그의 승낙 없이 채무 전액에 대한 연대보증의 취지로 채권자에게 물상보증인 명의의 약속어음을 발행해 준 경우, 채권자가 채무자에게 위와 같은 어음행위를 할 수 있는 권한이 있다고 믿을 만한 정당한 사유가 없다고 한 사례.

당할 것이다. 따라서 비록 명의수탁자의 명의로 계약을 체결하였다고 하여도 명의신탁자를 계약의 당사자로 할 것에 관하여 계약상대방과 사실상 의사의 일치가 있는 경우에는 '명의신탁자'가 계약당사자로 결정될 것이므로 결국 '3자간 등기명의신탁'이 된다(대판 2010.10.23. 2010다52799 ; 자연적 해석).

3. 타인명의 예금계약과 예금주의 결정 [A2-2c]

예금계약의 당사자가 누가 되는지는 법률행위의 해석의 문제이다. 判例는 ① 과거 금융실명제가 시행되기 전에는 명의여하에 불구하고 은행에 실제로 예입한 행위자(출연자)를 당사자로 보았다(대판 1987.10.28. 87다카946). ② 그러나 현행 금융실명거래 및 비밀보장에 관한 법률 제3조 1항에 따르면 '금융기관은 거래자의 실지명의에 의하여 금융거래를 하여야 한다'고 규정하고 있어 判例는 아래와 같이 당사자를 확정하고 있다.

참고로 判例는 금융실명제하에서 타인 명의의 예금을 하는 경우 금융기관과의 예금계약은 유효하다고 본다(대판 2001.12.28. 2001다17565). 나아가 예금명의신탁약정을 한 경우 그 명의신탁약정도 유효로 본다(대판 2001.1.5. 2000다49091).

(1) 원 칙(명의자)

금융기관으로서는 원칙적으로 주민등록증을 통하여 실명확인을 한 예금명의자를 거래자로 보아 그와 예금계약을 체결할 의도라고 보아야 한다고 하여 **명의자를 예금계약의 당사자로 본다**(대판 1996.4.23. 95다55986). 그리고 예금명의자 본인이 금융기관에 출석하여 예금계약을 체결한 경우뿐 아니라 예금명의자의 위임에 의하여 자금 출연자 등의 제3자가 대리인으로서 예금계약을 체결한 경우에도 마찬가지로 예금명의자가 예금계약의 당사자로 된다고 한다(대판 2009.3.19. 전합2008다45828: **표준판례**64 : 5회 선택형).

(2) 예 외(출연자)

다만 출연자와 금융기관 사이에 예금명의인이 아닌 출연자에게 예금반환채권을 귀속시키기로 하는 특약이 있는 경우에는 출연자를 예금계약의 당사자로 본다. ① 그러한 특약에 대해 종전 判例는 명시적 약정 외에 묵시적 약정으로도 가능하다고 보았으나(대판 1998.11.13. 97다53359), ② 근래에는 이를 변경하여 예금명의자가 아닌 출연자 등을 예금계약의 당사자라고 볼 수 있으려면 예금명의자의 예금반환청구권을 배제하고 출연자 등과 예금계약을 체결하여 출연자 등에게 예금반환청구권을 귀속시키겠다는 **명확한 의사의 합치가 있는 극히 예외적인 경우로 제한되어야 한다**고 하며, 이러한 법리는 부부인 경우라도 마찬가지라고 하면서 甲이 실질적으로 자신이 마련한 금전을 배우자인 乙을 대리하여 금융기관과 乙의 실명확인 절차를 거쳐 乙명의로 A은행과 예금계약을 체결한 경우 실질적인 출연자가 甲이고 거래인감도 甲의 것이며 비밀번호의 등록·관리를 甲이 하였다는 등의 사정이 있더라도 그것만으로 예금명의자 乙이 아닌 출연자 甲을 예금계약의 당사자로 하기로 하는 A은행과 甲 간의 약정이 체결되었다고 볼 수는 없다고 판단하였다(대판 2009.3.19. 전합2008다45828 : 2회 선택형).

4. 차명대출 [10사법] [A2-2d]

(1) 문제점

借名貸出이란 금융기관으로부터 대출을 받음에 있어서 법령상 또는 사실상의 장애(동일인 대출액 한도 초과 또는 신용불량자)로 인하여 자신의 명의로 대출을 받을 수 없는 사람이 다른 사람의 승낙을 얻어 다른 사람의 이름으로(타인 명의의 법률행위) 또는 다른 사람을 내세워(허수아비행위) 대출을 받는 경우에, 배후에 감추어진 실질대출자의 입장에서 부르는 대출유형을 일컫는 명칭으로 통용되고 있다. 이때 선결적으로 명의대여자와 명의차용자 중 누가 대출계약의 주채무자인지 문제된다.

(2) 명의대여자가 당사자로 되는 경우

1) 구체적인 예

① 명의대여자와 은행이 일치하여 명의대여자가 법률적 책임을 진다는 의사를 가진 경우에는 '자연적 해석'에 의해, ② 명의대여자는 법률적 책임을 질 의사가 없으나 은행은 명의대여자에게 법률적 책임을 지울 의사가 있었던 경우에는 '규범적 해석'에 의해 명의대여자가 당사자가 된다.

2) 비진의표시로 무효인지 여부

① 법률상 또는 사실상의 장애로 자기 명의로 대출받을 수 없는 자를 위하여 대출금채무자로서의 명의를 빌려준 자에게 그와 같은 채무부담의 의사가 없다고 할 수 없으므로 그 의사표시를 비진의표시에 해당한다고 볼 수 없다(대판 1996.9.10. 96다18182: 표준판례78). ② 설사 비진의표시로 인정하더라도 비진의임을 상대방이 알았거나 알 수 있었어야 그 의사표시가 무효로 된다. 그러나 여기서 말하는 '진의'는 채무부담이라는 법률상의 효과를 받지 않겠다는 의사를 의미하므로, 대출금을 타인이 사용한다는 것을 채권자가 아는 것만으로는 진의를 알았거나 알 수 있었다고 볼 수는 없다(대판 1997.7.25. 97다8403 등).

3) 통정허위표시로 무효인지 여부

원칙적으로는 차명대출의 경우 통정허위표시로 볼 수 없으나(대판 1998.9.4. 98다17909 : 7회 선택형), 判例는 예외를 인정하고 있다. 이 경우는 아래 (3)에서 검토하기로 한다.

4) 명의대여자의 구상의무

가) 다른 연대보증인 또는 물상보증인이 은행에 대출금을 변제한 경우

㉠ 주채무자로서 구상의무(원칙적 부정, 예외적 긍정) : " i) 금융기관으로부터 대출을 받음에 있어 제3자(명의대여자, 형식적 주채무자)가 자신의 명의를 사용하도록 한 경우에는 그가 채권자인 금융기관에 대하여 주채무자로서의 책임을 지는지 여부와 관계없이 내부관계에서는 실질상의 주채무자가 아닌 한 연대보증책임을 이행한 연대보증인에 대하여 당연히 주채무자로서의 구상의무를 부담한다고 할 수는 없고, ii) 그 연대보증인이 제3자가 실질적 주채무자라고 믿고 보증을 하였거나 보증책임을 이행하였고, 그와 같이 믿은 데 제3자에게 귀책사유가 있어 제3자에게 그 책임을 부담시키는 것이 구체적으로 타당하다고 보이는 경우 등에 한하여 제3자가 연대보증인에 대하여 주채무자로서의 전액 구상의무를 부담하며, 이는 물상보증의 경우에도 마찬가지이다"(대판 2008.4.24. 2007다75648).

㉡ 공동연대보증인으로서의 구상의무(제448조 2항)(원칙적 긍정, 예외적 부정) : " i) 형식상의 주채무자(명의대여자) 실질상의 주채무자(명의차용자)를 연대보증한 것으로 인정할 수 있는 경우 또는 형식상의 주채무자와 연대보증인 사이의 내부관계에서 실질상의 주채무자의 채무의 상환을 각기 연대보증한다는 취지의 양해가 묵시적으로나마 있었던 경우(判例는 명의대여자에게는 최소한 연대보증의사가 있다고 한다)에는 형식상의 주채무자는 연대보증인에 대하여 공동보증인 간의 구상권 행사 법리에 따른 구상의무를 부담하지만, ii) 형식상의 주채무자와 연대보증인 사이에서 채무의 보증책임 또는 이행책임을 연대보증인만이 부담하며 형식상의 주채무자는 이를 부담하지 않기로 하는 특약이나 그러한 취지의 명시적 내지 묵시적 양해가 있는 경우라면, 형식상의 주채무자는 연대보증인에 대하여 구상의무를 부담하지 않는다"(대판 2008.4.24. 2007다75648). 이는 물상보증의 경우에도 마찬가지이다(대판 2014.4.30. 2013다80429).

[판례정리] 判例는 다른 연대(물상)보증인이 은행에 대출금을 변제한 경우 '명의대여자'는 i) 내부관계에서는 실질상의 주채무자가 아닌 한 연대보증책임을 이행한 연대보증인에 대하여 주채무자로서의 구상의무를 부담한다고 할 수 없으나, ii) 최소한 연대보증인으로서의 구상의무는 부담할 의사가 있다고 한다. iii) 다만 연대보증인이 명의대여자가 실질적 주채무자라고 믿고 보증책임을 이행하였고, 그와 같이 믿은 데에 명의대여자에게 귀책사유가 있는 경우에는 주채무자로서 전액 구상의무가 있다고 본다.

나) 형식상 연대보증인 또는 물상보증인이 된 명의차용자가 대출금을 변제한 경우
ⅰ) 이때 명의차용자는 명의대여자에게 구상권을 행사할 수 없다(대판 1994.6.10. 94다2701). ⅱ) 반대로 명의대여자가 은행에 대출금을 변제한 경우에는 명의차용자에게 구상권을 행사할 수 있다.

(3) 명의차용자가 당사자로 되는 경우(핵심사례 A-7.참고)

1) 구체적인 예

명의대여자와 은행이 일치하여 명의대여자가 법률적인 책임을 지지 않는다는 의사를 가진 경우에는 자연적 해석에 의해 명의차용자가 당사자가 된다. 다만, 判例에 따르면 상대방이 대출명의를 명의대여자로 할 뿐 명의대여자에게 책임을 지우지 않는다는 '양해'를 하고 대출을 한 경우라면 명의대여자를 당사자로 한 의사표시는 통정허위표시로 무효가 되어 명의대여자가 책임을 면할 수 있으며(대판 1999.3.12. 98다48989 ; 통정허위표시를 긍정한 판례들은 '금융기관이 명의대여자에 대하여 기초적인 신용조사를 제대로 하지 않았다는 점'을 통정허위표시를 인정하기 위한 중요한 근거로 들고 있다), 이 경우 실제 채무자인 명의차용자가 채무자가 되어 상대방에게 책임을 진다고 한다(대판 1996.8.23. 96다18076: **표준판례**79 : 7회 선택형).
[판례해설] 이러한 判例의 결론은 자연적 해석의 결과라고 할 수 있다. 즉 이론상으로는 이 경우 통정허위표시로서 무효라고 판단(항변)하기 전에 명의대여자는 계약당사자가 아니라고 판단(부인)하는 것이 타당하다(물론 判例가 통정허위표시라고 판단한 것은 명의대여자가 그러한 취지의 항변을 했기 때문이다).[9]

2) 명의대여자의 책임

이때 명의를 빌려준 점에 대해 명의대여자에게 보증책임을 지울 수 있느냐가 문제되나 判例는 주채무자를 위하여 보증인이 될 의사가 있었다는 등의 특별한 사정이 없는 한 보증의 의사가 있는 것으로 볼 수는 없다고 한다(대판 1996.8.23. 96다18076: **표준판례**79).

핵심사례 A-07

★ 차명대출
대판 2004.1.15. 2002다31537

甲은 乙상호신용금고에서 3억 원을 대출받았다. 그런데 당해 3억 원의 대출은 甲이 아닌 A의 필요(동일인대출한도 초과)에 의하여 체결된 것으로, 乙이 대출명의를 甲으로 할 뿐 甲에게 법적 책임을 지우지 않는다는 양해를 하고 대출을 한 경우이다. 그러나 이후 乙은 파산하였고 이에 관계법령에 따라 한국자산관리공사(이하 丙이라고 한다)에게 乙의 위 3억 원의 대출금 채권을 양도하고 이를 甲에게 통지하였다. 그 후 丙이 甲을 상대로 채무이행을 구하고 있다(단, 甲은 乙에 대해 채권양도 통지 전에 이미 변제기에 도달한 4,000만 원의 채권이 있었다).
丙의 청구가 인용가능한지 예상되는 丙의 주장과 甲의 항변 등을 중심으로 검토하시오. (30점)

Ⅰ. 결 론

丙의 甲에 대한 3억 원의 양수금청구에 대해 甲은 통정허위표시를 이유로 丙에게 대항할 수 없으나(제108조 2항), 4천만 원을 자동채권으로 한 상계항변은 가능하다(제451조 2항, 제492조). 따라서 丙의 청구는 일부인용될 것이다.

---

9) [판례평석] 그러나 금융기관의 '양해'란 단순히 상대방의 사정을 이해한다는 의미 정도일 것이므로, 이를 가리켜 통정허위표시의 요건인 '합의'라고 하기는 어렵다는 견해도 있다[윤진수, '차명대출을 둘러싼 법률문제(下)', 법조(제56권 1호), p.211].
10) ★ 判例와 같이 명의대여자(甲)와 은행(乙) 사이의 대출계약을 통정허위표시로서 무효라고 이론 구성하게 되면 위 대출금채

Ⅱ. 丙의 甲에 대한 양수금청구 '주장'의 당부

丙은 ⅰ) 乙이 甲에게 돈을 대여해 준 사실(양수채권의 발생원인사실), ⅱ) 乙이 丙에게 3억 원의 대출금 채권을 양도한 사실(ⅰ)의 채권의 취득원인사실 ; 채권양도계약), ⅲ) 乙이 甲에게 양도통지를 한 사실(채무자에 대한 대항요건)을 증명하여(대판 1990.11.27. 90다카27662) 甲을 상대로 3억 원의 채무이행을 청구할 수 있다.

Ⅲ. 민법 제451조 2항에 따른 통정허위표시를 이유로 한 甲의 무효의 '항변' 가부

1. 문제점

채권의 양도에 의해 양도인에 대한 채무자의 지위가 달라질 것은 아니므로, 채무자는 그 '통지를 받은 때까지' 양도인에 대하여 생긴 사유로써 양수인에게 대항할 수 있는바(제451조 2항), 사안의 경우 甲의 '차명대출'이 통정허위표시로 무효인 것은 아닌지 문제된다.

2. 판례

判例는 원칙적으로는 차명대출의 경우에도 통정허위표시로 볼 수 없다고 한다. 그러나 사안과 같이 乙이 대출명의를 甲으로 할 뿐 甲에게 법적 책임을 지우지 않는다는 '양해'를 하고 대출을 한 경우라면 甲을 당사자로 한 의사표시는 통정허위표시로 무효가 되어 甲이 책임을 면할 수 있다고 한다. 判例는 이 경우 실제 채무자 A가 채무자가 되어 乙에게 책임을 진다고 한다.

3. 검토 및 사안의 경우

사실 이론상으로는 이 경우 통정허위표시로서 무효라고 판단하기 전에 명의대여자(甲)는 계약당사자가 아니라고 판단하는 것이 타당하다. 그러나 判例가 통정허위표시라고 판단한 것은 명의대여자가 그러한 취지의 항변을 했기 때문이다. 결국 어느 견해에 따르든 실제 채무자인 A가 원칙적으로 계약책임을 져야 한다.

Ⅳ. 제108조 2항에 따른 丙의 '재항변' 가부

1. 丙이 제108조 2항의 선의의 '제3자'에 해당하는지 여부

(1) 선의의 제3자의 의미

통정허위표시의 무효는 선의의 제3자에게 대항하지 못한다(제108조 2항). 이때 '제3자'란 허위표시의 당사자와 그 포괄승계인 이외의 자로서 통정허위표시를 기초로 하여 새로운 법률상 이해관계를 맺었는지 여부에 따라 실질적으로 파악하여야 한다. 또한 이때 '선의'란 의사표시가 허위표시임을 모르는 것을 말한다. 判例에 따르면 제3자는 선의로 추정되므로 제3자가 악의라는 사실은 그것을 주장하는 자가 입증해야 한다.

(2) 사안의 경우

대법원은 통정허위표시에 의하여 금융기관과의 사이에 대출명의인이 된 자는 제108조 2항에 의해 그 금융기관으로부터 그 채권을 양수한 한국자산관리공사에 대하여 대출계약의 무효를 주장할 수 없다고 한다(대판 2004.1.15. 2002다31537).[10] 따라서 사안의 경우 가장채권의 양수인 丙에 대해서는 가장채무자 甲이 대항하지 못한다.

2. 제451조 2항의 적용 여부

사안과 같이 가장채권이 양도된 경우 제451조 2항이 적용된다면, 가장채무자 甲은 양도인(乙)에 대한 항변사유(가장채권이어서 무효라는 것)로써 양수인 丙에게 대항할 수 있게 된다. 그러나 제108조 2항이 적용되는 경우 가장채권의 양수인에 대해서는 가장채무자가 대항하지 못하고 채권양수인에게 채무를 이행하여야 하기 때문에 결국 제108조 2항이 적용될 사안에서는 제451조 2항의 적용은 배제된다고 보는 것이 타당하다.[11]

Ⅴ. 제451조 2항에 따른 乙에 대한 채권(4,000만 원)을 자동채권으로 한 甲의 상계의 '재재항변' 가부

甲이 변제기에 도달한 乙에 대한 4,000만 원의 채권을 변제받지 못하였다면 甲은 이를 자동채권으로 양수인 丙에게 상계의 항변으로 대항할 수 있다(제451조 2항, 제492조). 이 경우에는 제108조 2항과 충돌되는 부분이 없어 제451조 2항이 적용될 수 있다.

▶ [쟁점 01]

제2절 법률행위의 목적

법률행위의 목적(법률행위의 내용)이란 '법률행위를 하는 자가 그 법률행위에 의해 발생시키려고 하는 법률효과'를 말한다. 법률행위가 유효하기 위해서는 목적의 확정성·실현가능성·적법성·사회적 타당성의 요건을 전부 충족해야 한다.

제1관 법률행위 목적의 확정…권리장애의 항변(무효)

I. 의 의 [A-79]

'법률행위의 해석'을 거쳐 그 내용을 확정할 수 있어야만 한다. 다만 목적의 확정은 법률행위의 성립 당시에 확정될 필요는 없고 목적이 실현된 시점까지 확정될 수 있으면 된다. 즉 判例는 "매매 목적물과 대금은 반드시 그 계약 체결 당시에 구체적으로 확정하여야 하는 것은 아니고 이를 사후에라도 구체적으로 확정할 수 있는 방법과 기준이 정하여져 있으면 족하다"(대판 1996.4.26. 94다34432: 표준판례 69)고 한다.

II. 확정성이 없는 경우의 효과 [A-80]

법률행위의 해석에 의해서도 내용을 확정할 수 없는 경우에는 그 법률행위는 '무효'가 된다는 것이 일반적인 견해이다. 다만 判例는 매매계약의 본질적인 부분을 이루는 매매대금이나 매매목적물에 관하여 확정성이 없는 경우는 계약의 '불성립'으로 본다(매매예약에서 본계약의 요소가 되는 내용이 불확정적인 경우 대판 1993.5.27. 93다4908 ; 매매목적물의 표시가 너무나 추상적인 경우 대판 1997.1.24. 96다26176).

제2관 법률행위 목적의 실현 가능(불능)…권리장애의 항변(무효)

I. 서 설 [A-81]

1. 불능의 판단기준

법률행위의 목적은 '실현가능한 것'이어야 하는바, '불능' 여부는 사회통념에 의하여 정하여진다. 즉 채무의 이행이 불가능하다는 것은 "ⅰ) 절대적·물리적으로 불가능한 경우만이 아니라 ⅱ) 사회생활상 경험칙이나 거래상의 관념에 비추어 볼 때 채권자가 채무자의 이행의 실현을 기대할 수 없는 경우도 포함한다(가령 한강에 가라앉은 반지를 찾아주기로 하는 약정). ⅲ) 이는 채무를 이행하는 행위가 법률

권의 양수인(丙)은 제108조 2항이 정한 제3자에 해당하여 보호를 받을 수 있지만, 계약의 당사자 확정의 문제로 접근하게 되면 그 해결이 쉽지 않다. 즉, 사안과 같이 乙상호신용금고가 대출명의를 甲으로 할 뿐 甲에게 법적 책임을 지우지 않는다는 '양해'를 하고 대출을 한 경우라면 오히려 '자연적 해석'에 의해 당해 대출계약의 당사자는 A와 乙이 되어야 할 것이기 때문이다. 생각건대 사안을 당사자확정의 문제로 보아 처음부터 대출계약의 당사자를 A와 乙로 보더라도, 명의대여자(甲) 는 스스로 자기가 마치 대출계약의 주채무자인 것과 같은 허위의 외관을 만들었기 때문에 제108조 2항을 유추적용하여 선의의 제3자(丙)를 보호하는 것이 타당하다.

11) 지원림, 민법강의(13판), 2-243a

로 금지되어 그 행위의 실현이 법률상 불가능한 경우에도 마찬가지이다"(대판 2017.8.29. 2016다212524 ; 대판 2017.10.12. 2016다9643 : 사안은 1필지의 토지 중 일부를 특정하여 매매하였으나, 그 부분이 건축법에 따라 분할이 제한된 경우). iv) 그리고 불능은 '확정적'이어야 한다. 일시적으로 불능이더라도 장차 가능하게 될 가망이 있다면 불능이 아니다.

2. 불능의 유형

① 법률행위 성립 당시에 이미 법률행위의 목적이 불능인 원시적 불능, 법률행위 성립당시에는 가능하였지만 이행 전에 불능으로 된 후발적 불능, ② 누구도 법률행위의 목적을 실현할 수 없는 객관적 불능, 당해 채무자만 실현할 수 없는 주관적 불능, ③ 법률행위의 목적이 전부 불능인 전부불능, 그 일부만이 불능인 일부불능으로 나눌 수 있다.

3. 민법의 태도

민법은 원시적 불능은 원칙적으로 '**무효**'를 전제로 이에 대한 손해배상은 계약체결상의 과실책임(제535조)이나 담보책임(제570조 이하)을 통해, **후발적 불능은 '유효'를 전제로** 채무불이행책임(제390조)이나 위험부담(제537조, 제538조)을 통해 규율하고 있다. 따라서 건물에 관한 매매계약 체결 후 그 건물이 전부 소실(후발적 불능)되었다고 하더라도 그 계약은 유효하다. 그러나 이에 따르면 불능의 시점이 계약 당시인지 아니면 그 이후인지 하는 우연한 사정에 의해 유·무효가 달라진다는 문제점이 있다.

II. 불능의 효과 [A-82]

1. 원시적 불능의 효과

(1) 원시적·객관적·전부불능

이 경우 법률행위는 **무효**이므로(통설, 제535조 1항 참조),[1] 만일 그 계약이 유효임을 믿고 교부한 급부가 있다면 이는 부당이득으로 반환청구를 할 수 있다(제741조). 또한 채무자가 그 불능을 알았거나 알 수 있었을 때에는 상대방이 계약을 유효로 믿었기 때문에 받은 손해(신뢰이익)를 배상하여야 한다(제535조 1항).

(2) 원시적·객관적·일부불능

이 경우 법률행위는 **유효**하게 성립하고, 다만 유상계약의 채무자는 그 일부불능 부분에 대하여 담보책임을 진다(제574조, 제580조). 이는 일부무효규정(제137조)에 대한 특칙이 된다. 따라서 일부 무효임을 들어 이와 별도로 일반 부당이득반환청구를 하거나 그 부분의 원시적 불능을 이유로 민법 제535조가 규정하는 계약체결상의 과실에 따른 책임의 이행을 구할 수 없다"(법조경합 : 대판 2002.4.9. 99다47396 : C-7b, C-36 라) 참고).

(3) 원시적·주관적 불능

이 경우 법률행위는 **유효**하게 성립하고, 다만 채무자는 그 권리를 취득하여 이전할 의무를 질뿐이다(제569조). 이때 채무자가 권리를 취득하여 이전할 수 없을 경우, 전부가 타인의 권리일 경우에는 제570조에 의하여, 일부가 타인의 권리일 경우에는 제572조에 의하여 담보책임을 부담하게 된다.

---

[1] 제535조 1항은 '목적이 불능한 계약을 체결할 때에 … 상대방이 그 계약의 유효를 믿었음으로 인하여 받은'이라고 규정하고 있는바, 이는 급부가 불능인 계약을 체결한 경우 그 계약은 무효임을 전제로 하고 있는 것이다. 여기서 말하는 '불능'이란 '원시적·객관적·전부 불능'만을 의미한다.

2. 후발적 불능의 효과

후발적 불능은 채무자의 귀책사유가 있는지 여부에 따라, ① 귀책사유가 있는 경우에는 채무불이행책임으로서 손해배상과 해제권이 발생하고(제390조, 제546조), 특히 이때의 손해배상은 채무의 이행을 전제로 한 이행이익을 지향하게 된다. ② 귀책사유가 없는 때에는 그것이 쌍무계약인 경우 위험부담주의가 적용되어(제537조) 채무자의 채무가 소멸함에 따라 상대방의 채무도 소멸한다. ①, ②의 경우 공통적으로 대상청구권이 문제될 수 있다.

제3관 법률행위 목적의 적법···권리장애의 항변(무효)

I. 서 설
[A-83]

민법상 '선량한 풍속 기타 사회질서'에 관한 규정을 강행규정이라 하고, 그렇지 않은 규정을 임의규정이라고 한다(통설). 강행규정에 반하는 법률행위는 무효이므로(제105조 참조), 법률행위의 목적이 적법하다는 것은 강행규정에 반하지 않는다는 의미이다.

II. 강행규정과 단속법규와의 관계
[A-84]

1. 단속법규

'행정법규' 중에서 일정한 거래행위를 금지 또는 제한하고 그 위반에 대해 형벌이나 행정상의 불이익을 주는 규정을 '단속법규(금지법규)'라고 한다.

2. 강행규정과 단속법규의 관계

① 단속법규는 공법규정으로서 사법규정인 강행규정과 다르다는 별개설이 있으나, ② 비록 행정적인 목적에 의한 것일지라도 사법상의 법률관계에 관한 것이면 실질적인 민법에 해당하며, 단속법규도 개인의 의사에 의해 배제할 수 없다는 점에서 강행규정에 속한다고 보는 포함설이 타당하다. 문제는 개인이 그 단속법규에서 정하고 있는 금지 내지 제한을 위반하여 다른 개인과 거래를 하였을 경우에 그 효력 여하이다. 이하에서 검토하기로 한다.

3. 효력규정과 단속규정과의 구별

(1) 고려요소

단속법규는 일반적 기준은 없으나, 당해 법규가 규제하려고 하는 것이 행위 자체를 금지하려고 하는지 아니면 어떤 행위의 효력의 발생을 금지하려고 하는지를 고려해서 일반적으로 전자의 경우에는 단속규정, 후자의 경우에는 효력규정으로 본다. 아울러 사법상의 효력을 부인하는 경우의 거래의 안전, 당해행위에 대한 사회적 비난의 정도 등을 고려하는데 이러한 요소들을 종합 판단해서 **무효로 해야 되면 효력규정, 유효로 해야 되면 단속규정**이 된다(대판 2010.12.23. 2008다75119 참고).

다만 최근 判例 중에는 당사자가 '통정'하여 '단속규정'을 위반하는 법률행위를 한 경우 제103조에 해당하여 무효라고 판시한 것이 있다(대판 2022.7.14. 2021다281999,282008).

(2) 판 례

判例는 효력규정을 '강행법규'라고도 부르고, 양자를 혼용해서 쓰고 있다.

1) 단속규정으로 본 경우 : 유효인 경우

① '부동산등기 특별조치법'상의 중간생략등기 금지위반(대판 1995.12.26. 94다44675 ; 대판 1993.1.26. 92다39112), ② (구)상호신용금고법상 동일인 대출액 한도규정 위반(대판 1996.8.23. 96다18076), ③ 증권거래법상 일임매매제한규정[2]을 위반한 일임매매약정은 사법상으로는 유효하며, 묵시적인 의사표시에 의한 포괄적인 매매일임도 유효하다(대판 2002.3.29. 2001다49128 ; 대판 2019.6.13. 2018다258562). ④ 주택건설촉진법에 위반하여 주택을 전매한 경우에도 그 계약이 무효로 되지는 않는다고 한다(대판 1992.2.25. 91다44544 ; 대판 1993.1.26. 92다39112). ⑤ 금융실명제하에서 타인 명의의 예금을 하는 경우 금융기관과의 예금계약은 유효하다고 본다(대판 2001.12.28. 2001다17565). 나아가 예금명의신탁약정을 한 경우 그 명의신탁약정도 유효로 본다(대판 2001.1.5. 2000다49091). ⑥ 개업공인중개사 등이 중개의뢰인과 직접 거래를 하는 행위를 금지하는 '공인중개사법' 제33조 제6호는 단속규정이다(대판 2017.2.3. 2016다259677).

[⑥비교판례] ㉠ 부동산중개수수료의 한계를 정한 '부동산중개업법' 규정들은 부동산중개의 수수료 약정 중 소정의 한도액을 초과하는 부분에 대한 사법상의 효력을 제한함으로써 국민생활의 편의를 증진하고자 함에 그 목적이 있는 것이므로 이른바 '강행법규'에 속하는 것으로서 한도를 초과하는 수수료약정은 그 한도를 초과하는 범위 내에서 무효이다(대판 2007.12.20. 전합2005다32159: 표준판례67 : 일부무효). ㉡ 공인중개사 자격이 없는 자가 중개사무소 개설등록을 하지 아니한 채 부동산중개업을 하면서 체결한 중개수수료 지급약정의 효력에 관해, 대법원은 이에 관련되는 '부동산중개업법'을 강행법규로 보아, 이를 무효로 하였다(대판 2010.12.23. 2008다75119). 다만 공인중개사 자격이 없는 자가 우연한 기회에 단 1회 타인 간의 거래행위를 중개한 경우와 같이 '중개를 업으로 한' 것이 아니라면, 그에 따른 중개수수료 지급약정이 강행법규에 위배되어 무효라고 할 것은 아니라고 한다(다만 그 약정이 부당하게 과다하여 신의칙 등에 반한다고 볼 만한 사정이 있는 경우에는 그에 따른 감액된 보수액만을 청구할 수 있다고 한다 : 대판 2012.6.14. 2010다86525).

2) 효력규정으로 본 경우 : 무효인 경우

① 퇴직금청구권을 미리 포기하는 것은 강행법규인 '근로기준법', 근로자퇴직급여 보장법에 위반되어 무효이다. 그러나 근로자가 퇴직하여 더 이상 근로관계에 있지 않은 상황에서 퇴직금청구권을 포기하기로 하는 약정의 효력은 유효이다(대판 2018.7.12. 2018다21821). ② '사립학교법'상 학교법인이 채무부담행위를 함에 있어 관할청의 허가를 요하는 규정(제28조 1항)을 위반하여 허가 없이 행한 금전차입행위는 무효이다(대판 1974.5.28. 74다244). ③ (구)'국토이용관리법'(현재는 '부동산 거래신고 등에 관한 법률'로 변경되었다)에 따라 토지거래허가를 요하는 경우 허가를 받지 못하면 부동산 매매계약은 무효이다. 단 '유동적 무효'이다(대판 1991.12.24. 전합90다12243: 표준판례117 : 핵심사례 A-15. D-3.참고). ④ 부동산 실권리자 명의 등기에 관한 법률 제4조 1항에 따르면 부동산명의신탁약정은 원칙적으로 무효이므로 이 또한 효력규정이다(대판 2003.11.27. 2003다41722). ⑤ 증권회사 또는 그 임·직원의 부당권유행위를 금지하는 증권거래법상 손실보전약정(투자수익보장약정)금지규정에 위반한 투자수익보장약정은 무효이다(대판 1996.8.23. 94다38199). **[13입법]** 이 경우 그 손실보전약정이 유효함을 전제로 일정기간동안 법적 조치 등을 취하지 않기로 하는 약정도 무효이다(대판 2003.1.24. 2001다2129). 그러나 투자수익보장약정이 무효라고 하여 주식매매거래계좌설정약정이나 일임매매약정까지 무효가 된다고 할 수는 없다(대판 1996.8.23. 94다38199).

[⑤비교판례] "증권회사 및 그 임직원과 고객 사이가 아닌 사인(私人)들 사이에 이루어진 수익보장약정에 대하여 구 증권거래법상 수익보장금지 원칙을 곧바로 유추적용하기는 어렵고, 그 사법적 효력을 부인할 근거도 찾기 어렵다"(대판 2010.7.22. 2009다40547).

---

[2] 유가증권 매매의 위탁을 받은 경우 그 수량, 가격, 매매의 시기에 한하여 일임받아 거래할 수 있을 뿐 유가증권의 종류나 종목, 매매의 구분과 방법은 고객의 결정이 있어야 한다(동법 제107조).

⑥ 공익법인이 기본재산의 처분행위를 함에 있어 주무관청의 허가를 요하는 규정(공익법인의 설립·운영에 관한 법률 제11조 3항)을 위반하여 허가 없이 행한 기본재산 처분행위는 무효이다(대판 2005.6.9. 2005다11046). ⑦ 의사와 의사 아닌 자가 각 그 재산을 출자하여 함께 병원을 개설한 후 그것을 운영하여 얻은 수입을 동등한 비율로 배분하기로 하는 내용의 약정은 강행법규인 의료법 제30조 2항 위반으로 무효이다(대판 2003.9.23. 2003두1493). ⑧ 변호사 아닌 자의 법률상담 등의 행위를 금지하는 변호사법 제109조 1호도 강행법규로서 같은 법조에서 규정하고 있는 이익취득을 목적으로 하는 법률행위는 그 자체가 반사회적 성질을 띠게 되어 사법적 효력도 부정된다(대판 2014.7.24. 2013다28728). ⑨ 세무사와 세무사 자격이 없는 사람 사이에 이루어진 세무대리의 동업 및 이익분배 약정은 강행규정에 위반되어 무효이다(대판 2015.4.9. 2013다35788).

Ⅲ. 강행규정 위반의 효과 [A-85]

1. 직접적 위반의 효과 [A-85a]

(1) 무 효

① 강행규정을 위반한 법률행위는 무효이다. 이에 따른 무효는 '절대적'이고 '확정적'이어서, 선의의 제3자에게도 대항할 수 있고, 당사자의 추인에 의하여 유효로 될 수도 없다(대판 2006.9.22. 2004다56677). 다만 전득자는 독자적인 보호규정, 예컨대 선의취득 또는 취득시효의 요건을 갖춘 때에는 이에 의하여 권리를 취득하는 것이 가능하다.

② 또한 判例는 대리인이 강행규정에 위반되는 법률행위를 한 경우 표현대리를 적용할 수도 없다고 본다(대판 1996.8.23. 94다38199). **[13입법]**

③ 그리고 判例는 신의칙(금반언)의 적용으로 '강행법규의 입법취지를 완전히 몰각시키는 결과'를 가져온다면 신의칙은 적용되지 않는다고 본다(핵심사례 A-15.참고 : 일부만이 강행규정에 위반하는 경우와 관련해서는 A-147.참고).

(2) 무효에 따른 반환청구

① **[부당이득반환청구(적극)]** 강행규정 위반으로 무효인 경우 이행이 있기 전이라면 이행할 필요가 없고, 이미 이행이 있었다면 이행한 것은 부당이득에 해당하므로 그 반환을 청구할 수 있다(제741조).

② **[별개의 반환약정에 기한 반환청구 가부(소극)]** 무효인 약정에 기하여 급부의 이행을 청구하는 것은 허용되지 않고, 이행을 구하는 급부의 내용을 새로운 약정의 형식을 통해 정리하거나 일부를 가감하였다 하더라도 무효인 약정이 유효함을 전제로 한 이상 그 급부의 이행 청구가 허용되지 않음은 마찬가지이다(대판 2011.1.13. 2010다67890). 예를 들어 매도인이 선의인 계약명의신탁 사안(부동산실명법 제4조 2항 단서 참조)에서 명의신탁약정이 부동산실명법에 위배되어 무효이면(부동산실명법 제4조 1항), 명의신탁자는 명의수탁자를 상대로 명의신탁약정에 기하여 명의신탁 부동산 자체의 반환을 구할 수 없음은 물론이고(제공한 매수대금을 부당이득으로 반환 청구할 수는 있다). 나아가 명의신탁약정이 유효함을 전제로 하는 별개의 반환약정에 기하여도 명의신탁 부동산 자체의 반환을 구할 수 없다(대판 2006.11.9. 2006다35117).

③ **[불법원인급여(소극)]** 判例에 의하면 "설사 법률의 금지함(강행규정)에 위반한 경우라 할지라도 그것이 선량한 풍속 기타 사회질서에 위반하지 않는 경우에는 제746조의 불법에 해당하지 않는다"고 보아 반환청구를 할 수 있다고 한다(대판 1983.11.22. 83다430).

2. 간접적 위반의 효과(탈법행위) [A-85b]

(1) 의 의

'탈법행위'란 강행규정에 직접 위반하지는 않지만 강행규정이 금지하고 있는 실질적 내용을 다른 수단으로 달성하려는 행위를 뜻한다. 다만, 법률이 금지하는 것을 회피수단을 써서 달성하고자 하는 모든 행위가 탈법행위는 아니며, 그 가운데 무효로 되는 행위만 '탈법행위'에 해당한다.

(2) 판 례

동산양도담보는 제185조(물권법정주의), 제332조(질권의 점유개정의 금지), 제339조(유질계약의 금지) 규정을 잠탈하는 탈법행위라는 견해가 있었으나, 判例는 일찍부터 동산저당의 필요성과 이에 대한 사회적 수요에 부응하여 양도담보의 유효성을 인정하여 왔다(대판 1999.9.7. 98다47283). 따라서 동산양도담보는 탈법행위가 아니다.

제4관 법률행위 목적의 사회적 타당성…권리장애의 항변(무효)

제4-1관 선량한 풍속 기타 사회질서 위반행위

I. 서 설 [A-86]

1. 개 념

우리 민법은 선량한 풍속 기타 사회질서에 위반한 사항을 내용으로 하는 법률행위는 무효로 하는바(제103조), 선량한 풍속이란 '사회의 일반적인 도덕관념, 즉 모든 국민이 지켜야 할 최소한의 도덕률'을 뜻하며, 사회질서란 '국가사회의 공공질서 내지 일반적 이익'을 말한다. 다만 선량한 풍속도 사회질서의 일종으로 사회질서가 상위개념으로서 중심개념이 된다(다수설).

2. 적법성(강행법규)과의 관계

① 강행규정은 선량한 풍속 기타 사회질서를 법률로 구체화한 것이므로 양자는 동일하다는 견해도 있으나, ② 개별 강행규정에 위반되지 않더라도 일반규정인 제103조에 위반되는 경우도 있을 수 있으므로 '구별설'이 타당하다. 이는 주로 제746조(불법원인급여)와 관련하여 문제되는데, 判例도 개별 강행규정에 위반하더라도 항상 제103조 위반이 되는 것은 아니라고 보아 구별설과 동일한 입장이다(아래 2003다41722판결 참고).

[관련판례] "부동산실명법이 규정하는 명의신탁약정은 그 자체로 선량한 풍속 기타 사회질서에 위반하는 경우에 해당한다고 단정할 수 없을 뿐만 아니라, 위 법률이 비록 부동산등기제도를 악용한 투기·탈세·탈법행위 등 반사회적 행위를 방지하는 것 등을 목적으로 제정되었다고 하더라도, 무효인 명의신탁약정에 기하여 타인 명의의 등기가 마쳐졌다는 이유만으로 그것이 당연히 불법원인급여에 해당한다고 볼 수 없다"(대판 2003.11.27. 2003다41722). 이러한 법리는 농지법에 따른 제한을 회피하고자 명의신탁을 한 경우에도 마찬가지이다(대판 2019.6.20. 2013다218156).

Ⅱ. 반사회적 법률행위의 요건 [A-87]

1. 객관적 요건 [07·11행정]

법률행위의 내용이 선량한 풍속 기타 사회질서에 반하는 것이어야 한다. 이와 관련하여 判例는 "제103조에 의하여 무효로 되는 '법률행위'는 ① 법률행위의 내용이 선량한 풍속 기타 사회질서에 위반되는 경우뿐만 아니라, ② 그 내용 자체는 반사회질서적인 것이 아니라고 하여도 ⅰ) 법률적으로 이를 강제하거나(혼인하지 않기로 하고, 위반시 위약금을 지급하기로 하는 약정 등 자유로워야 할 법률행위를 법률적으로 강제하는 것), ⅱ) 법률행위에 반사회질서적인 조건(제151조 참조) 또는 ⅲ) 금전적인 대가가 결부됨으로써 반사회질서적 성질을 띠게 되는 경우 및 ⅳ) 표시되거나 상대방에게 알려진 법률행위의 동기가 반사회질서적인 경우를 포함한다"(대판 2001.2.9. 99다38613[3] : 4회 선택형)고 판시한 바 있다.

2. 주관적 요건

법률행위의 내용이 선량한 풍속 기타 사회질서에 반한다는 것까지 인식할 필요는 없으나, 적어도 선량한 풍속 기타 사회질서에 위반한다고 판단케 하는 '기초사정'을 인식하여야 한다.

3. 반사회성을 판단하는 시점

원칙적으로 '법률행위시'를 기준으로 한다. 다만 법률행위시에는 유효하였으나 그 후 사정변경으로 사회질서 위반으로 된 결과 그 이행의 요구가 신의칙에 위반되는 때에는 그 이행을 거절할 수 있다(대판 2001.11.9. 2001다44987).

Ⅲ. 반사회적 법률행위의 유형 [A-88]

1. 정의 관념에 반하는 행위 [A-88a]

(1) 형법상 범죄로 되는 행위를 목적으로 하는 계약처럼 '법률행위 자체'가 정의 관념에 반하는 행위

① [범죄목적] 형법상 범죄로 되는 행위를 목적으로 하는 계약이 전형적인 것이며, 이에 한하지 않고 이에 준하는 부정행위를 하는 계약도 정의에 반하는 계약으로 무효가 된다. ㉠ 보험계약자가 다수의 보험계약을 통하여 보험금을 부정취득할 목적으로 보험계약을 체결한 경우, 이러한 보험계약은 선량한 풍속 기타 사회질서에 위반하여 무효이고(대판 2009.5.28. 2009다12115), 보험계약자가 위와 같은 목적으로 보험계약을 체결하였는지는 직접적인 증거가 없더라도 보험계약자의 직업, 재산상태 등 제반 사정에 기해 추인할 수 있다(대판 2018.9.13. 2016다255125). ㉡ 반사회적 행위에 의하여 조성된 재산인 이른바 비자금을 소극적으로 은닉하기 위하여 임치(보관)한 것이 사회질서에 반하는 법률행위로 볼 수 없다(대판 2001.4.10. 2000다49343).

② [세금·강제집행 면탈 목적] 그러나 범죄행위에 해당한다고 하여 모두 반사회적 법률행위에 해당하는 것은 아니다. 예컨대 세금포탈, 강제집행 면탈 목적인 경우에 그 자체로 반사회적 법률행위에 해당하는 것은 아니다.
㉠ 즉, 양도소득세의 일부를 회피할 '목적'으로 매매계약서에 실제로 거래한 가액을 매매대금으로 기재하지 아니하고 그보다 낮은 금액을 매매대금으로 기재한 경우(대판 2007.6.14. 2007다3285 : 12회 선택형),

---

[3] [사실관계] "전통사찰의 주지직을 거액의 금품을 대가로 양도·양수하기로 하는 약정이 있음을 알고도 이를 묵인 혹은 방조한 상태에서 한 종교법인의 주지임명행위는 그 임명행위 자체가 선량한 풍속 기타 사회질서에 반한다고 할 수는 없고, 법률적으로 이를 강제하거나, 법률행위에 반사회질서적인 조건이나 금전적 대가가 결부됨으로써 반사회질서적 성질을 띠게 되는 경우 또는 표시되거나 상대방에게 알려진 법률행위의 동기가 반사회질서적인 경우에도 해당한다고 보기도 어렵다"

ⓒ 강제집행을 면할 '목적'으로 부동산에 허위의 근저당권설정등기를 마치거나(대판 2004.5.28. 2003다70041 : 다만 제108조 1항에 해당하여 무효). **[09행정]** ⓒ 양도소득세를 회피할 '목적'으로 부동산을 명의신탁한 것이라 하더라도 그러한 이유 때문에 반사회적 법률행위로서 위 명의신탁이 무효라고 할 수 없다(대판 1991.9.13. 96다16334,16341 : 다만 부동산실명법 제4조 1항에 해당하여 무효).

(2) 원래는 사회통념상 정당한 행위임에도 불구하고 그에 대한 '대가가 결합'함으로써 정의 관념에 반하는 행위

① **[성공보수약정]** ㉠ 判例는 '형사사건의 성공보수약정'은 수사·재판의 결과를 금전적인 대가와 결부시킴으로써, 변호사 직무의 공공성을 저해하고, 사법제도에 대한 신뢰를 현저히 떨어뜨릴 위험이 있으므로, 선량한 풍속 기타 사회질서에 위배된다고 하나(대판 2015.7.23. 전합2015다200111: **표준판례72**). ㉡ 민사사건은 대립하는 당사자 사이의 사법상 권리 또는 법률관계에 관한 쟁송으로서 형사사건과 달리 그 결과가 승소와 패소 등으로 나누어지므로 사적 자치의 원칙이나 계약자유의 원칙에 비추어 보더라도 '민사사건의 성공보수약정'이 허용됨에 아무런 문제가 없다고 한다. 다만 약정된 보수액이 부당하게 과다한 경우에는 예외적으로 상당한 범위 내의 보수액만을 청구할 수 있다고 판시하고 있다(대판 2009.7.9. 2009다21249, 대판 2018.5.17. 전합2016다3583 : 다만 이러한 보수 청구의 제한은 어디까지나 계약자유의 원칙에 대한 예외를 인정하는 것이므로, 법원은 그에 관한 합리적인 근거를 명확히 밝혀야 한다).

② **[증언약정]** ㉠ 타인의 소송에서 사실을 증언하는 증인이 그 증언을 조건으로 그 소송의 일방 당사자 등으로부터 '통상적으로 용인'될 수 있는 수준을 넘어서는 대가를 제공받기로 하는 약정은 무효이며(대판 2010.7.29. 2009다56283), ㉡ '대가제공의 내용에 기존 채무의 변제를 위한 부분이 포함'되어 있더라도, 전체적으로 통상 용인될 수 있는 수준을 넘는 급부를 하기로 한 것이라면, 당해 약정은 기존 채무를 제외한 부분만이 아니라 '전부'가 제103조 위반으로 무효이다(대판 2016.10.27. 2016다25140). ㉢ 다만 정당행위에 의하여 이익을 얻게 되는 자가 감사의 뜻으로 금전적 대가를 지급하는 것은 사회에서 흔히 있는 일이므로 이를 일률적으로 반사회적 행위로 볼 수는 없다. 그러나 '허위진술의 대가에 관한 약정'이라면 그 급부의 상당성 여부를 판단할 필요 없이 제103조에 위반된다(대판 2001.4.24. 2000다71999).

③ **[종중임원에 대한 증여]** 대법원은 "종중임원 丙 등이 종중재산의 회복에 기여한 부분이 있다고 하더라도 이는 선관주의의무를 부담하는 종중의 임원으로서 당연히 해야 할 업무를 수행한 것에 지나지 않으므로 이들에게 실비를 변상하거나 합리적인 범위 내에서 보수를 지급하는 외에 이를 벗어나 회복한 종중재산의 상당 부분을 丙 등에게 분배하는 위 증여결의는 내용이 현저하게 불공정하거나 사회적 타당성을 결하여 무효"(대판 2017.10.26. 2017다231249 : **10회 선택형**)라고 판시하였다.

(3) '반사회질서적인 조건'이 결부됨으로써 반사회질서적 성질을 갖게 되는 경우

① **[긍정]** '위임계약'이 행정청의 허가 등을 목적으로 하는 신청행위를 대상으로 하는 경우에 수임인이 허가를 얻기 위하여 공무원의 직무 관련 사항에 관하여 특별한 청탁을 하면서 '뇌물공여 등 로비를 하는 자금이 보수액에 포함'되어 있다면 위임계약은 반사회질서적인 조건이 결부됨으로써 제103조에 따라 무효이고(제151조 1항 참조), 이 경우 수임인이 청구할 수 있는 보수액의 범위는 여러 사정을 고려할 때 약정보수액이 부당하게 과다하여 신의칙에 반한다고 볼 만한 특별한 사정이 있는 때에는 예외적으로 상당하다고 인정되는 범위 내의 보수액만을 청구할 수 있다(대판 2016.2.18. 2015다35560).

② **[부정]** 그러나 매매계약에서 매도인에게 부과될 공과금을 매수인이 책임진다는 취지의 특약을 하였다 하더라도 이는 공과금이 부과되는 경우 그 부담을 누가 할 것인가에 관한 약정으로서 그 자체가 '불법조건'이라고 할 수 없고 이것만 가지고 사회질서에 반한다고 단정하기도 어렵다(대판 1993.5.25. 93다296).

(4) 우월한 지위를 이용한 과도한 불이익

① [긍정] ㉠ 법률행위 목적의 불법의 한 경우로서 당사자의 일방이 그의 독점적 지위 내지 우월한 지위를 악용하여 자기는 부당한 이득을 얻고 상대방에게는 과도한 반대급부 또는 기타의 부당한 부담을 과하는 법률행위는 반사회적인 것으로서 무효이고(대판 1996.4.26. 94다34432: 표준판례69). ㉡ 의무의 강제에 의하여 얻어지는 채권자의 이익에 비해 약정된 '위약벌'이 과도하게 무거울 때에는 그 일부 또는 전부가 공서양속에 반하여 무효로 된다(대판 2015.12.10. 2014다14511 : 계약이행의 대가인 58억 원의 3배 가까이 되는 146억 원을 위약벌로 정한 사안에서 제103조 위반으로 무효라고 판단한 사안).

② [부정] 그러나 농성기간 중의 행위에 대하여 근로자들에게 민·형사상의 책임이나 신분상 불이익처분 등 일체의 책임을 묻지 않기로 노사간에 '면책합의'를 한 경우, 判例는 위 면책합의가 압력 등에 의하여 궁지에 몰린 회사가 어쩔 수 없이 응한 것이라고 하여도 그것이 민법 제104조 소정의 불공정한 법률행위로서 무효라고 봄은 별문제로 하고 민법 제103조 소정의 반사회질서행위라고 보기는 어렵다고 판시하였다(대판 1992.7.28. 92다14786). 왜냐하면 면책합의는 회사의 근로자들에 대한 민·형사상 책임추궁이나 고용계약상의 불이익처분을 하지 않겠다는 취지이지 회사에게 권한이 없는 법률상 책임의 면제를 약속한 취지는 아니기 때문이다.

(5) 부동산 이중매매 (핵심사례 B-9.참고) [11·13사법, 10법무, 5회 사례형]

부동산 이중매매는 '계약자유(자유경쟁)의 원칙'에 비추어 유효함이 원칙이다. 그러나 제2매수인이 매도인의 '배임행위에 적극 가담(권유)'한 경우에는 '정의관념'에 반하므로 반사회질서 행위로서 무효이다(대판 1994.3.11. 93다55289: 표준판례71 관련 : 4회 선택형). 따라서 제2매수인이 단순악의인 사정만으로는 이중매매가 제103조 위반으로 무효라고 볼 수 없다.

여기서 '적극 가담'이란 목적물이 제1양수인에게 양도된 사실을 제2양수인이 안다는 것만으로 부족하고, 적어도 양도인의 배임행위에 공모 내지 협력하거나 양도사실을 알면서 제2양도행위를 요청하거나 유도하여 계약에 이르게 하는 정도가 되어야 한다(대판 1994.3.11. 93다55289).

> ※ **부동산 이중매매 이외에 판례가 취하는 '배임행위에 대한 적극가담'의 법리 ★**
> ① [제1매매 후 증여] 아버지가 그 소유 부동산을 원고에게 매도하여 원고로부터 등기독촉을 받고 있는 사정을 알면서 아버지로부터 위 부동산을 증여받은 경우(대판 1982.2.9. 81다1134), ② [명의신탁해지 후 매매] 수탁자가 단순히 등기명의만 수탁받았을 뿐 그 부동산을 처분할 권한이 없는 줄을 잘 알면서 수탁자에게 실질소유자 몰래 수탁재산을 불법 처분하도록 유도한 경우(대판 1992.3.1. 92다1148), ③ [점유취득시효 완성 후 매매] 부동산에 관한 취득시효가 완성된 후 부동산소유자에게 취득시효를 주장하였는데 소유자가 제3자에게 처분하고 제3자가 이에 적극 가담한 경우(대판 1993.2.9. 92다47892), ④ [제1매매 후 저당권설정] 이미 매도된 부동산임을 알면서도 금원을 대여하고 그 담보로 저당권설정을 해 줄 것을 요청 내지 유도하는 경우(대판 1997.7.25. 97다362), ⑤ [제1매매 후 강제경매신청] 제2매수인이 매도인에 대해 채권이 있는 것처럼 거짓으로 꾸며 가장채권에 기한 채무명의를 만들고 그에 따른 강제경매절차에서 제2매수인이 경락취득하는 방법을 취한 경우(대판 1985.11.26. 85다카1580), ⑥ [제1매매 후 상속재산분할협의] 공동상속인 중의 1인이 상속부동산을 타인에게 매도한 후 등기 전에 다른 상속인이 매도인의 배임행위에 적극가담하는 형태로 상속재산을 협의분할하여 받은 경우, 상속재산 협의분할 중 그 매도인의 법정상속분에 관한 부분은 반사회적 법률행위로서 무효라고 한다(제137조 단서의 일부무효 ; 대판 1996.4.26. 95다54426,54433). ⑦ [이중의 임대차] 부동산 이중매매의 법리는 이중으로 임대차계약을 체결한 경우에도 적용된다(대판 2013.6.27. 2011다5813).

2. 인륜에 반하는 행위 [A-88b]

(1) 혼인질서나 가족질서에 반하는 계약

① [긍정] 일부일처제(제810조 참조)에 반하는 법률행위는 무효이다. 즉 첩계약은 처의 동의 유무에 관계없이 무효일 뿐만 아니라 본처에 대하여 불법행위가 성립한다 [대판 1967.10.6. 67다1134 : 다만 본처가 기왕의 부첩관계에 대하여 용서한 때에는 그것이 손해배상청구권의 포기라고 해석되는 한 유효하다(대판 1998.4.10. 96므1434)] 아울러 부첩관계의 종료를 해제조건으로 하는 증여계약은 그 조건만이 무효인 것이 아니라 증여계약 자체가 무효이다(대판 1966.6.21. 66다530)(제151조 1항).
또한 친권자변경의 대가로 위자료를 지급하면서, 친권자를 재변경할 경우 위자료의 두 배를 지급하기로 하는 등 친권자변경청구권을 제한하는 내용의 약정은 제103조에 위반하여 무효이다(대판 2019.11.28. 2015다225776[4]).

② [부정] 그러나 첩에게 재산을 증여하는 것이 불륜관계의 계속을 위해서가 아니라 첩계약을 '종료'시키면서 첩의 생존을 유지하고 출생한 자녀의 양육을 보장하기 위한 것인 때에는 유효하다(대판 1980.6.24. 80다458).

(2) 윤락행위와 관련한 약정

① 윤락행위를 목적으로 술을 파는 업소가 종업원에게 지급하였던 선불금에 따른 채권은 제103조 위반으로 무효이며, 이미 지급한 것은 불법원인급여에 해당하여 업주는 선불금의 반환을 청구할 수 없다(대판 2004.9.3. 2004다27488,27495 : 2회 선택형). ② 나아가 성매매의 직접적 대가로서 제공한 경제적 이익뿐만 아니라 성매매를 전제하고 지급하였거나 성매매와 관련성이 있는 경제적 이익이면 모두 불법원인급여에 해당하여 반환을 청구할 수 없다고 보아야 한다(대판 2013.6.14. 2011다65174). ③ 또한 윤락영업을 위한 금전차용에 대해 윤락행위자가 보증을 한 경우 채권자가 그 사정을 알고 있는 한 그 보증계약도 제103조 위반으로 무효로 될 수 있다(대판 2009.9.10. 2009다37251).

3. 개인의 자유를 극도로 제한하는 행위 [A-88c]

① [긍정] 절대로 이혼하지 않겠다는 내용의 각서(대판 1969.8.19. 69므18), 영업의 자유나 거래활동을 극도로 제한하는 행위는 무효이다. 아울러 '단체협약'이 민법 제103조의 적용대상에서 제외될 수는 없으므로 단체협약의 내용이 선량한 풍속 기타 사회질서에 위배된다면 그 법률적 효력은 배제되어야 한다(대판 2020.8.27. 2016다248998).

② [부정] 그러나 ㉠ 해외파견된 근로자가 귀국일로부터 일정기간 소속회사에 근무하여야 한다는 사규나 약정은 민법 제103조 또는 제104조에 위반된다고 할 수 없고, 일정기간 근무하지 않으면 해외파견 소요경비를 배상한다는 사규나 약정은 근로계약기간이 아니라 경비반환채무의 면제기간을 정한 것이므로 근로기준법 제21조에 위배하는 것도 아니다(대판 1982.6.22. 82다카90). ㉡ 부정행위를 용서받는 대가로 손해를 배상함과 아울러 가정에 충실하겠다는 서약의 취지에서 처에게 부동산을 양도하되, 부부관계가 유지되는 동안에는 처가 임의로 처분할 수 없다는 제한을 붙인 약정은 선량한 풍속 기타 사회질서에 위반되는 것이라고 볼 수 없다(대판 1992.10.27. 92므204,211).

---

[4] "친권자가 정하여졌더라도 자의 복리를 위하여 필요하다고 인정되는 경우 가정법원은 자의 4촌 이내 친족의 청구에 의하여 친권자를 변경할 수 있다(민법 제909조 제6항 참조). 그와 같이 자의 4촌 이내 친족이 가정법원에 친권자 변경을 청구하는 것은 미성년인 자의 복리를 위한 것이므로, 그러한 청구권을 포기하거나 제한하는 내용의 약정은 민법 제103조의 선량한 풍속 기타 사회질서에 반하는 것이어서 사법상 효력을 인정할 수 없다"

4. 생존의 기초가 되는 재산의 처분행위 [A-88d]

사찰이 그 존립에 필요 불가결한 재산인 임야를 증여하는 행위(대판 1976.4.13. 75다2234), 장차 취득하게 될 전 재산을 양도한다는 계약은 무효이다.

5. 지나치게 사행적인 행위 [A-88e]

도박자금에 제공할 '목적'으로(동기의 불법) 금전을 대여하는 계약(대판 1959.7.16. 4291민상260), 도박으로 인한 채무의 변제로 토지를 양도하는 계약(대판 1959.10.15. 4291민상262) 등은 무효이다.

■ **도박채무의 변제를 위하여 채무자로부터 부동산의 처분을 위임받은 채권자가 그 부동산을 제3자에게 매도한 경우(유효)** 대판 1995.7.14. 94다40147

판례의 태도 │ "도박채무의 변제를 위하여(동기의 불법) 채무자 甲으로부터 부동산의 처분을 위임받은 채권자 乙이 그 부동산을 제3자 丙에게 매도한 경우, ㉠ 도박채무 부담행위 및 ㉡ 그 변제약정이 제103조의 선량한 풍속 기타 사회질서에 위반되어 무효라 하더라도, 그 무효는 변제약정의 이행행위에 해당하는 위 부동산을 제3자에게 처분한 대금으로 도박채무의 변제에 충당한 부분에 한정되고, ㉢ 위 변제약정의 이행행위에 직접 해당하지 아니하는 부동산 처분에 관한 대리권을 도박 채권자에게 수여한 행위나(수권행위) ㉣ 위임계약까지 무효라고 볼 수는 없으므로, 위와 같은 사정을 알지 못하는 거래 상대방인 제3자 丙이 도박 채무자 甲으로부터 그 대리인인 도박채권자 乙을 통하여 위 부동산을 매수한 행위까지 무효가 된다고 할 수는 없다"

사안의 해결 │ ① 甲은 乙에 대한 차용금채무를 변제하기 위한 자금 마련을 위하여 위 토지를 스스로 제3자에게 매도할 수 있고 한편으로 乙에게 이를 위임할 수도 있는바 이는 적법행위이다. 따라서 甲의 乙에 대한 수권행위 자체가 제103조에 위반되는 것은 아니다. 즉, 甲과 乙 사이의 약정 중 제103조에 위반되는 것은 처분대가로 乙의 대여금채권의 변제에 충당하기로 한 약정뿐이므로(제137조 단서),[5] 乙이 甲을 대리하여 丙과 체결한 매매계약은 유효하다. ② 이에 따라 乙은 甲의 수임인 지위에서 위임사무의 처리로써 丙에게 위 토지를 매도한 것이기 때문에 그 대금을 위임인 甲에게 반환할 의무가 있다(제684조 1항). 이는 乙과의 유효한 위임계약에 따른 권리이기 때문에 불법원인급여의 반환을 청구하는 것이 아니다.

6. 법률행위의 성립과정에서 강박이라는 불법적 방법이 사용된 경우

判例는 강박행위는 그것 자체가 사회질서에 반할지라도 법률행위가 제110조에 의하여 취소될 수 있을 뿐 원칙적으로 제103조에 해당하여 무효로 되지는 않는다고 한다(대판 1993.7.16. 92다41528,92다41535).

7. 법률행위의 동기가 불법적인 경우 [A-88f]

(1) 문제점

동기는 의사표시의 구성요소가 아니므로 원칙적으로 제103조의 '법률행위의 내용'에 해당하지 않는다. 그러나 동기는 효과의사를 결정하는 이유라는 점에서 법률행위의 내용과 전혀 무관하다고 할 수 없어 어떤 경우에 동기의 불법이 법률행위의 효력에 영향을 미치는지 문제된다.

(2) 판 례

종래 대법원은 동기가 법률행위의 내용이 되어야 한다는 동기표시설의 태도를 취하였다. 그러나 최근에는 "표시되거나 상대방에게 알려진 법률행위의 동기가 반사회질서적인 경우를 포함한다"고 판시하고 있다(대판 2001.2.9. 99다38613 : 4회 선택형). **[07 · 11행정]**

---

5) 지원림, 민법강의(13판), 2-218 참고 ; 즉 지원림 교수님은 당해 判例를 일부무효의 법리로 설명하신다.

[판례검토] 생각건대, 거래의 안전과 제103조의 취지를 종합적으로 고려할 때, 동기가 표시되거나 상대방에게 알려진 경우에 제103조를 적용하는 判例가 타당하다.[6] 주의할 것은 상대방 없는 단독행위의 경우 그 동기가 사회질서에 반하는 때에는 언제나 무효이며(통설), 상대방 있는 단독행위에 있어서도 동기의 불법을 상대방이 인식했는지 묻지 않고 무효라고 본다. 단독행위에서는 상대방 보호의 필요성이 크지 않기 때문이다.

Ⅳ. 반사회질서 법률행위의 효과
[A-89]

1. 무효

① 사회질서에 위반된 법률행위는 무효이다(제103조). 이에 따른 무효는 '절대적'이고 '확정적'이어서 당사자의 추인에 의하여 유효로 될 수 없고(대판 1973.5.22. 72다2249), 선의의 제3자에게도 대항할 수 있다.

② 이러한 법률행위의 무효는 이를 주장할 이익이 있는 자는 누구든지 무효를 주장할 수 있다. 따라서 예컨대 반사회질서 법률행위를 원인으로 하여 부동산에 관한 소유권이전등기를 마쳤다 하더라도 그 등기는 원인무효로서 말소될 운명에 있으므로 등기명의자가 소유권에 기한 물권적 청구권을 행사하는 경우에, 그 권리행사의 상대방은(계약당사자 이외의 제3자도) 위와 같은 법률행위의 무효를 항변으로서 주장할 수 있다(대판 2016.3.24. 2015다11281: 표준판례73).

> ※ **반사회적 법률행위에 따른 무효와 해지·취소의 경합여부**(적극)
> "보험계약자가 다수의 보험계약을 통하여 보험금을 부정취득할 목적으로 보험계약을 체결한 경우 보험계약은 민법 제103조의 선량한 풍속 기타 사회질서에 반하여 무효이다. 보험계약을 체결하면서 중요한 사항에 관한 보험계약자의 고지의무 위반이 사기에 해당하는 경우에는 보험자는 상법의 규정에 의하여 계약을 해지할 수 있음은 물론 보험계약에서 정한 취소권 규정이나 민법의 일반원칙에 따라 보험계약을 취소할 수 있다. 따라서 보험금을 부정취득할 목적으로 다수의 보험계약이 체결된 경우에 민법 제103조 위반으로 인한 보험계약의 무효와 고지의무 위반을 이유로 한 보험계약의 해지나 취소는 그 요건이나 효과가 다르지만, 개별적인 사안에서 각각의 요건을 모두 충족한다면 위와 같은 구제수단이 병존적으로 인정되고, 이 경우 보험자는 보험계약의 무효, 해지 또는 취소를 선택적으로 주장할 수 있다"
> (대판 2017.4.7. 2014다234827: 표준판례70).

2. 부당이득반환(쟁점 15. 참고)

① 사회질서에 위반된 법률행위의 결과 상대방에게 부동산 소유권이전등기를 한 경우 이는 제746조의 불법원인급여에 해당하여 반환청구가 허용되지 않으며, 그 결과 '반사적 효과'로서 상대방에게 그 소유권이 귀속된다(대판 1979.11.13. 전합79다483). 따라서 급여한 물건의 소유권이 여전히 자기에게 있다고 하여 소유권에 기한 반환청구도 할 수 없다(대판 1979.11.13. 전합79다483). **[4회 사례형, 11행정]**

② 그러나 주의할 것은 그렇다고 불법원인급여를 받은 상대방이 제3자에게 소유권에 기한 물권적 청구권을 행사할 수 있는 것은 아니다. 만약 甲이 乙회사 직원의 배임행위에 적극가담하여 그에게 별도의 대가제공을 약속하면서 원래 공매대상이었던 乙회사 소유 X건물을 저렴하게 매수하고 甲명의로 소유권이전등기를 마쳤다면(제103조 위반) 그 후 甲이 X건물을 매매계약 전부터 사용하고 있는 불법점유자 丙을

---

6) [학설] ① 동기가 표시된 경우에 한하여 동기가 법률행위의 내용이 되므로 법률행위가 무효가 된다는 <u>동기표시설(다수설)</u>, ② 불법동기를 표시한 경우뿐만 아니라 표시하지 않았더라도 동기가 알려져 상대방이 그 불법동기의 실현에 가담한 경우에는 법률행위가 무효가 된다는 <u>인식설</u>, ③ 동기가 표시된 경우는 물론 표시되지 않았다 하더라도 상대방이 그 동기를 알았거나 알 수 있었을 때 그 법률행위는 무효라고 보는 <u>인식가능성설</u>, ③ 당사자가 불법동기에 관여한 정도나 양당사자의 이익형량 등을 고려하여 판단하는 <u>비교형량설(종합판단설)</u> 등이 있다.

상대로 소유권에 기해 X건물의 인도를 구하는 소를 제기하더라도 이는 인용될 수 없다(대판 2016.3.24. 2015다11281: 표준판례73 : C18-3.참고).

3. 제3자 보호

예외적으로 권리자가 부실등기를 알면서 방치한 경우에는 민법 제108조 2항 유추적용이 가능하나(대판 1991.12.27. 91다3208), 예를 들어 이중매매계약이 제103조에 해당하여 '절대적 무효'인 경우, 당해 부동산을 제2매수인으로부터 다시 취득한 제3자는 설사 제2매수인이 당해 부동산의 소유권을 유효하게 취득한 것으로 믿었더라도 이중매매계약이 유효하다고 주장할 수 없다(대판 1996.10.25. 96다29151). 다만 전득자는 독자적인 보호규정, 예컨대 선의취득(제249조) 또는 취득시효(제245조)의 요건을 갖춘 때에는 이에 의하여 권리를 취득하는 것이 가능하다.

핵심사례 A-08

★ 동기의 불법, 불법원인급여   대판 1997.10.24. 95다49530

甲은 도박장을 차리고 乙을 고용하여 사기도박을 하고 있었다. 이러한 사실을 모르는 丙은 乙과 도박을 하다가 도박자금이 떨어지자 같은 날 甲으로부터 3천만 원을 도박자금명목으로 차용하였다. **甲이 丙에게 차용금 3천만 원의 반환을 청구하였다. 甲의 청구근거와 이에 대한 丙의 가능한 항변과 그 법적근거를 설명하라. (20점)**

1. 甲의 소비대차계약에 기한 대여금 반환청구에 대한 丙의 무효 항변

(1) 甲의 청구의 근거(제598조)

(2) 丙의 제103조에 기한 무효 항변

1) 금전소비대차계약의 동기가 불법한 경우

판례는 "표시되거나 상대방에게 알려진 법률행위의 동기가 반사회질서적인 경우를 포함한다"고 판시하고 있는바(대판 2001.2.9. 99다38613), 거래의 안전과 제103조의 취지를 종합적으로 고려할 때, 판례의 태도가 타당하다.

2) 사안의 경우

사안에서 甲과 丙간의 금전소비대차계약의 동기는 '도박자금 사용'이라는 '불법동기'이며, 甲은 도박장을 운영하는 사람으로서 대여 당시에 丙이 도박 자금에 사용할 목적으로 돈을 빌린다는 사실을 알았다고 보아야 한다. 따라서 丙의 민법 제103조 위반 이유로 한 무효항변은 이유 있으므로 甲의 丙에 대한 소비대차계약상의 반환청구는 불가하다.

2. 甲의 丙에 대한 부당이득반환 청구에 대한 丙의 불법원인급여 항변

(1) 甲의 청구의 근거(제741조)

(2) 丙의 제746조에 기한 불법원인급여 항변

불법의 원인으로 인하여 재산을 급여하거나 노무를 제공한 때에는 그 이익의 반환을 청구하지 못한다(제746조 본문). 판례는 제746조의 '불법'을 제103조의 선량한 풍속 기타 사회질서 위반과 동일한 의미로 본다(대판 1983.11.22. 83다430). 다만, 불법원인이 수익자에게만 있는 때에는 예외적으로 급부한 것의 반환을 청구할 수 있는데(동조 단서), 판례는 이를 완화하여 '불법성비교론'에 따라 수익자의 불법성이 급여자의 불법성보다 현저히 크다면 제746조 본문의 적용을 배제하고, 급여자의 반환청구를 허용한다(대판 1997.10.24. 95다49530)[7]

사안의 경우 3천만 원의 급여는 도박자금 명목이어서 제103조의 위반이므로 甲이 丙에게 3천만 원을 급부한 것은 불법원인급여에 해당한다. 한편 判例의 '불법성비교론'에 의하더라도 사기도박을 한 甲에게 불법성이 현저히 큰 경우이므로 甲은 丙에 대해 부당이득 반환청구를 할 수 없다.

3. 사안의 해결
甲의 소비대차계약(제598조) 및 부당이득에 기한 반환청구(제741조)에 대하여 丙은 각 청구에 대해 제103조 및 제746조 본문의 불법원인급여를 주장하여 반환을 거절할 수 있다.

제4-2관 불공정한 법률행위

I. 서 설
[A-90]

1. 의 의
상대방으로 하여금 자기의 급부에 비하여 현저하게 균형을 잃은 반대급부를 하게 함으로써 부당한 재산적 이익을 얻는 행위를 불공정한 법률행위 또는 폭리행위라 하며, 제104조는 이러한 행위의 효력을 부정하고 있다. 다만 제104조는 사적자치의 원칙에 대한 제한원리이므로 '공경매'에는 적용되지 않는다(대결 1980.3.21. 80마77 : 1회 선택형).

2. 제103조와의 관계
통설과 判例는 제104조가 제103조의 예시에 지나지 않는 것으로 해석한다. 따라서 제104조의 요건을 완전히 갖추지 못한 법률행위라도 제103조에 의해 무효로 될 수 있다.

예컨대 判例에 따르면 행정기관에 진정서를 제출하여 상대방을 궁지에 빠뜨린 다음 이를 취하하는 조건으로 거액의 급부를 제공받기로 하는 '조건부 증여계약'을 체결한 경우, 반대급부가 없어 제104조를 논할 수 없지만 이는 '반사회질서적인 조건 또는 금전적 대가'가 결부됨으로써 제103조의 반사회적 법률행위에 해당한다(대판 2000.2.11. 99다56833 참고).

II. 요 건
[A-91]

1. 객관적 요건

(1) 급부와 반대급부 간의 현저한 불균형
判例는 급부와 반대급부 사이에 2배 정도의 불균형이 있는 정도로는 현저한 불균형으로 인정하지 않는 등 제104조를 적용함에 있어 신중한 태도를 보이고 있다.

그리고 어떠한 법률행위가 불공정한 법률행위에 해당하는지는 법률행위시를 기준으로 판단하여야 한다. 따라서 "계약 체결 당시를 기준으로 전체적인 계약 내용에 따른 권리의무관계를 종합적으로 고려한 결과 불공정한 것이 아니라면, 사후에 외부적 환경의 급격한 변화에 따라 계약당사자 일방에게 큰 손실이 발생하고 상대방에게는 그에 상응하는 큰 이익이 발생할 수 있는 구조라고 하여 그 계약이

---

7) "급여자가 수익자에 대한 도박 채무의 변제를 위하여 급여자의 주택을 수익자에게 양도하기로 한 것이지만 내기바둑에의 계획적인 유인, 내기바둑에서의 사기적 행태, 도박자금 대여 및 회수 과정에서의 폭리성과 갈취성 등에서 드러나는 수익자의 불법성의 정도가 내기바둑에의 수동적인 가담, 도박 채무의 누증으로 인한 도박의 지속, 도박 채무 변제를 위한 유일한 재산인 주택의 양도 등으로 인한 급여자의 불법성보다 훨씬 크다고 보아 급여자로서는 그 주택의 반환을 구할 수 있다"

당연히 불공정한 계약에 해당한다고 말할 수 없다"(대판 2013.9.26. 전합2011다53683 ; 대판 2013.9.26. 전합 2013다26746 ; 대판 2013.9.26. 전합2012다13637 : 사정변경의 원칙에 의한 해지권 등 문제).

(2) 피해자의 궁박·경솔·무경험

① '궁박'이란 벗어날 길이 없는 어려운 상태를 말하며, 경제적인 어려움에 한정되지 않고 신체적·정신적 어려움도 포함(대판 1996.6.14. 94다46374)되며 일시적인 경우도 해당된다. '경솔'이란 특정행위를 하기로 의사를 결정할 때에 그 행위의 결과에 대해서 보통인이 기울이는 주의를 하지 않는 심적상태를 의미한다. '무경험'이란 어느 특정 영역에 있어서의 경험부족이 아니라 거래일반에 대한 경험부족을 뜻한다(대판 2002.10.22. 2002다38927: 표준판례74). [10행정]

② 피해자의 궁박·경솔·무경험은 모두 갖추어져야 하는 요건이 아니고 어느 하나만 갖추어져도 충분하다(대판 1993.10.12. 93다19924).

③ 또한 피해자의 대리인에 의한 법률행위의 경우 법률행위시를 기준으로 경솔·무경험은 대리인을 기준으로 하여야 하고, 궁박은 본인을 기준으로 하여야 한다(대판 1972.4.25. 71다2255 : 1회, 13회 선택형).

> ✱ **급부와 반대급부 사이에 현저한 불균형이 있는지를 판단하는 기준**
> "급부와 반대급부 사이에 현저한 불균형이 있는지는 단순히 시가와의 차액 또는 시가와의 배율로 판단할 수 있는 것은 아니고, 구체적·개별적 사안에서 일반인의 사회통념에 따라 결정하여야 한다. 여기에서 급부와 반대급부는 해당 법률행위에서 정한 급부와 반대급부를 의미하므로, 궁박 때문에 법률행위를 하였다고 주장하는 당사자가 그 법률행위의 결과 제3자와의 계약관계에서 입었을 불이익을 면하게 되었더라도, 특별한 사정이 없는 한 이러한 불이익의 면제를 곧바로 해당 법률행위에서 정한 상대방의 급부로 평가해서는 안 된다"(대판 2024.3.12. 2023다301712).
> [판례검토] 이를 상대방의 급부로 평가한다면, 당사자가 그 불이익을 입는 것보다 해당 법률행위에서 정한 반대급부를 이행하는 것이 경제적으로 유리하다고 보아 그 법률행위를 한 대부분의 경우에 그 불이익을 포함한 급부의 객관적 가치가 반대급부의 객관적 가치를 초과하여, 그 이유만으로 당사자의 궁박 여부와 관계없이 법률행위의 불공정성이 부정되는 부당한 결과가 발생할 수 있기 때문이다.
>
> ✱ **당사자가 자초한 불이익을 '궁박'으로 평가할 수 있는지 여부**
> "당사자가 계약을 지키지 않는 경우 얻을 이익이 이로 인해 입을 불이익보다 크다고 판단하여, 그 불이익의 발생을 예측하면서도 이를 감수할 생각으로 계약에 반하는 행위를 함으로써 계약 상대방과의 관계에서 그가 주장하는 급박한 곤궁 상태에 이르렀다면, 이와 같이 그가 자초한 상태를 민법 제104조의 궁박이라고 인정하는 것은 엄격하고 신중하게 이루어져야 한다"(대판 2024.3.12. 2023다301712).

2. 주관적 요건 [04법행]

判例는 "피해당사자가 궁박·경솔 또는 무경험의 상태에 있었다고 하더라도 그 상대방 당사자에게 피해당사자의 사정을 알면서 이를 이용하려는 의사, 즉 폭리행위의 악의가 없었다면 불공정한 법률행위는 성립하지 않는다"(대판 1986.12.23. 86다카563: 표준판례75)고 판시함으로써 원칙적으로 폭리자의 의도(악의)를 요구하고 있다. 다만 判例는 알고 있을 것, 편승할 것, 인식하고 있을 것 등 다양한 표현을 쓰고 있다.

3. 증명책임

법률행위가 현저하게 공평을 잃었다고 해서 곧 그것이 궁박·경솔 또는 무경험에 기인한 것으로 추정되지는 않으므로, 무효를 주장하는 자가 주관적·객관적 요건 모두를 주장·입증하여야 한다(대판 1970.11.24. 70다2065). 또한 객관적 요건이 존재한다고 하여 당연히 주관적 요건의 존재가 추정되지는 않는다는 것이 통설과 判例(대판 1969.12.30. 69다1873 등)의 기본적인 태도이다. 다만 대법원 판시내용 중에는 객관적 요건에 비중을 두면서 이를 통해(간접사실 등을 통해) 주관적 요건을 추인하려는 태도를 보인 것들이 적지 않다(아래 91다40351판결 등).

> **＊ 폭리자의 악의를 추정한 판례**
> 대판 1992.2.25. 91다40351은 목적물의 매매대금이 시가의 15%, 감정가의 30%에도 미치지 못하는 점에 중점을 두고, 이로부터 경솔 또는 무경험의 상태에서 계약을 체결한 것으로 추인된다고 보았고(물론 고령이고 농촌에서 농사만을 지은 점도 고려되었다), 계약금으로 매매대금의 1/3이상을 지급하고 그 다음날 중도금을 지급한 것은 부동산매매에서 상당히 이례적인 것인 점에서, 즉 피해자측의 해제를 봉쇄하려는 의도가 엿보인다는 점에서, 폭리자의 악의가 추인(추정)된다고 보았다.

Ⅲ. 효 과 [A-92]

1. 무 효

(1) 절대적 무효

불공정한 법률행위는 절대적, 확정적 무효이다(제104조). 따라서 목적부동산이 제3자에게 이전된 경우에 제3자가 선의라 하여도 그 소유권을 취득하지 못하고(대판 1963.11.7. 63다479 : 9회 선택형), 추인에 의해서도 그 법률행위가 유효로 될 수 없다(대판 1994.6.24. 94다10900 : 1회, 12회 선택형).

(2) 무효행위전환의 법리

判例는 매매대금의 과다로 말미암아 불공정한 법률행위에 해당하는 매매계약에 대해서, 선행하는 조정절차에서 제시된 금액을 기준으로 당사자의 '가정적 의사'를 추론하여 그 매매대금을 '적정한 금액'으로 감액하여 매매계약의 유효성을 인정하였다. 즉, 제104조에 해당하여 무효인 경우에도 제138조(무효행위의 전환)가 적용될 수 있다고 한다(대판 2010.7.15. 2009다50308: 표준판례76 : 6회,10회,11회 선택형).[8]

(3) 부제소합의 [민소법 쟁점]

매매계약과 같은 쌍무계약이 급부와 반대급부와의 불균형으로 말미암아 민법 제104조에서 정하는 '불공정한 법률행위'에 해당하여 무효라고 한다면, 그 계약으로 인하여 불이익을 입는 당사자로 하여금 위와 같은 불공정성을 소송 등 사법적 구제수단을 통하여 주장하지 못하도록 하는 부제소합의 역시 다른 특별한 사정이 없는 한 무효이다(대판 2010.7.15. 2009다50308: 표준판례76 : 1회,2회,8회 선택형).

2. 부당이득반환 [04법행]

아직 이행이 없었다면 이행할 필요가 없다. 그런데 이미 이행을 한 경우에 불공정한 법률행위 또한 반사회적 법률행위의 일종이므로 제746조(불법원인급여)가 적용된다. 다만 불법의 원인이 폭리행위자

---

[8] "매매계약이 약정된 매매대금의 과다로 말미암아 민법 제104조에서 정하는 '불공정한 법률행위'에 해당하여 무효인 경우에도 무효행위의 전환에 관한 민법 제138조가 적용될 수 있다. 따라서 당사자 쌍방이 위와 같은 무효를 알았더라면 대금을 다른 액으로 정하여 매매계약에 합의하였을 것이라고 예외적으로 인정되는 경우에는, 그 대금액을 내용으로 하는 매매계약이 유효하게 성립한다고 할 것이다. 이때 당사자의 의사는 매매계약이 무효임을 계약 당시에 알았다면 의욕하였을 가정적(假定的) 효과의사로서, 당사자 본인이 계약 체결시와 같은 구체적 사정 아래 있다고 상정하는 경우에 거래관행을 고려하여 신의성실의 원칙에 비추어 결단하였을 바를 의미한다. 이와 같이 여기서는 어디까지나 당해 사건의 제반 사정 아래서 각각의 당사자가 결단하였을 바가 탐구되어야 하는 것이므로, 계약 당시의 시가와 같은 객관적 지표는 그러한 가정적 의사의 인정에 있어서 하나의 참고자료로 삼을 수는 있을지언정 그것이 일응의 기준이 된다고도 쉽사리 말할 수 없다. 이와 같이 가정적 의사에 기한 계약의 성립 여부 및 그 내용을 발굴·구성하여 제시하게 되는 법원으로서는 그 '가정적 의사'를 함부로 추단하여 당사자가 의욕하지 아니하는 법률효과를 그에게 또는 그들에게 계약의 이름으로 불합리하게 강요하는 것이 되지 아니하도록 신중을 기하여야 한다."

에게만 있으므로 상대방, 즉 피해자는 제746조 단서에 의해 이행한 것의 반환을 청구할 수 있는데 반해, 폭리행위자는 제746조 본문에 의해 자기가 이행한 것의 반환을 청구할 수 없다(다수설).

Ⅳ. 적용범위

[A-93]

1. 단독행위에의 적용 여부(적극)

구속된 남편을 구하기 위하여 궁박한 상태에서 '채권을 포기하는 행위'(단독행위)는 불공정한 법률행위에 해당한다고 판시한 바 있다(대판 1975.5.13. 75다92). **[판례검토]** 단독행위에서도 그 결과 재산상태에 객관적으로 납득하기 어려운 불이익이 생기는 경우가 발생할 수 있으므로 判例가 타당하다(다수설).

2. 무상행위에의 적용 여부(원칙적 소극)

① **[원칙]** 判例는 "기부행위(증여계약)와 같이 아무런 대가관계 없이 일방이 상대방에게 일방적인 급부를 하는 법률행위는 그 공정성 여부를 논의할 수 있는 성질의 법률행위가 아니다"(대판 2000.2.11. 99다56833 : 1회, 12회 선택형)라고 판시함으로써 편무·무상계약은 '원칙적'으로 제104조가 적용되지 않는다는 입장이다.

② **[예외]** 그러나 외형상 당사자 일방이 상대방에게 일방적인 급부를 하는 경우라 하더라도 그 이면에 실질적인 반대급부가 있으면 제104조가 적용될 수 있다. 물론 그 반대급부는 '대가적인 재산상 이익'으로 평가될 수 있는 것이어야 한다. 따라서 判例는 ㉠ 상간자(相姦者)에 대하여 간통으로 인한 위자료청구권을 포기하는 대신에 그로부터 일정한 돈을 받기로 한 경우에는 제104조가 적용될 수 있지만(대판 1997.3.25. 96다47951), ㉡ 제3자로서 진정한 것을 취하하는 대가로 피진정인에게서 일정한 돈을 받기로 한 경우에는 '진정이나 그 취하는 국민으로서 가지는 청원권의 행사 및 그 철회에 해당하여 성질상 대가적 재산적 이익'으로 평가될 수 없으므로 제104조가 적용될 수 없다(대판 2000.2.11. 99다56833)고 한다.

제3절 의사표시

요건사실론

의사표시에 관한 항변…권리장애의 항변(무효 또는 취소)

Ⅰ. 비진의표시로서 무효라는 항변

1. 요건사실(의, 표, 알, 알)

비진의표시로서 무효가 되기 위해서는 ⅰ) 의사표시의 존재, ⅱ) 표시와 진의의 불일치, ⅲ) 표의자가 그러한 사실을 알고 있을 것, ⅳ) 상대방이 진의 아님을 알거나 알 수 있었을 것을 요한다(제107조 1항 단서).

2. 재항변

당사자와 그의 포괄승계인 이외의 자로서, 비진의표시에 의하여 외형상 형성된 법률관계를 토대로 실질적으로 새로운 법률상 이해관계를 맺은 자라는 사실(제107조 2항)

Ⅱ. 통정허위표시로서 무효라는 항변

1. 요건사실(의, 표, 알, 통)

통정허위표시로서 무효가 되기 위해서는 ⅰ) 의사표시의 존재, ⅱ) 표시와 진의의 불일치, ⅲ) 표의자가 그러한 사실을 알고 있을 것, ⅳ) 상대방과의 통정이 있을 것을 요한다(제108조 1항).

2. 재항변(제108조 2항)

Ⅲ. 착오에 의한 의사표시로서 취소한다는 항변

1. 요건사실(착, 중, 중)

착오를 이유로 취소를 주장하기 위해서는 ⅰ) 법률행위 내용의 착오, ⅱ) 중요부분에 관한 착오, ⅲ) 취소의 의사표시 및 그 도달사실을 증명해야 한다(제109조 1항). 이에 대해 표의자에게 중대한 과실이 없을 것은 상대방측의 (재)항변 사유이다(제109조 1항 단서).

2. 재항변

① 표의자에게 중대한 과실이 있다는 사실(제109조 1항 단서), ② 당사자와 그의 포괄승계인 이외의 자로서, 착오에 의한 의사표시에 의하여 외형상 형성된 법률관계를 토대로 실질적으로 새로운 법률상 이해관계를 맺은 자라는 사실(제109조 2항), ③ 취소권 소멸사실(제143조, 제145조, 제146조).

Ⅳ. 사기 또는 강박에 의한 의사표시로서 취소한다는 항변

1. 요건사실(고, 기, 위, 인 ; 고, 강, 위, 인)

사기(강박)에 의한 의사표시가 성립하기 위해서는 ⅰ) 사기자(강박자)의 2단의 고의, ⅱ) 기망행위(강박행위) ⅲ) 기망행위(강박행위)의 위법성, ⅳ) 기망행위(강박행위)와 착오(공포심) 사이에 그리고 착오(공포심)와 의사표시 사이에 인과관계가 존재하여야 한다. 이에 기해 취소를 주장하기 위해서는 취소의 의사표시 및 그 도달사실, 그리고 제3자의 사기의 경우 상대방이 알거나 알 수 있었던 사실을 증명해야 한다(제110조 1항 또는 2항).

2. 재항변

① 당사자와 그의 포괄승계인 이외의 자로서, 사기 또는 강박에 의한 의사표시에 의하여 외형상 형성된 법률관계를 토대로 실질적으로 새로운 법률상 이해관계를 맺은 자라는 사실(제110조 3항), ② 취소권 소멸사실(제143조, 제145조, 제146조).

제1관 비진의 표시 …권리장애의 항변(무효)

Ⅰ. 서 설
[A-94]

> 제107조 (진의 아닌 의사표시) ① 의사표시는 표의자가 진의 아님을 알고한 것이라도 그 효력이 있다. 그러나 상대방이 표의자의 진의 아님을 알았거나 이를 알 수 있었을 경우에는 무효로 한다. ② 전항의 의사표시의 무효는 선의의 제3자에게 대항하지 못한다.

'비진의표시'란 표시행위의 의미가 표의자의 진의와 다르다는 것, 즉 의사와 표시의 불일치를 표의자 스스로 알면서 하는 의사표시를 말한다. 상대방과의 통정이 없다는 점에서 허위표시와 구별되며, 표시가 진의와 다름을 표의자가 알고 있다는 점에서 착오와 구별된다.

Ⅱ. 요 건(의, 표, 알)
[A-95]

진의 아닌 의사표시로 되기 위하여는, ① 의사표시가 존재하여야 하고, ② 표시와 진의가 일치하지 않아야 하며, ③ 표의자가 그러한 사실을 알고 있어야 한다.

1. 의사표시의 존재

진의 아닌 의사표시로 되기 위하여 우선 일정한 효과의사를 추단할 만한 행위가 있어야 한다. 따라서 법률효과의 발생을 의욕하지 않는 것이 분명한 경우(연극배우의 대사)에는 문제되지 않는다. 그러나 상대방 또는 제3자가 진의 아님을 이해하리라는 기대 하에 하는 의사표시, 즉 농담도 하나의 의사표시임에 주의하여야 한다(통설).

2. 표시와 진의의 불일치 [15행정]

① 표시행위의 의미에 대응하는 표의자의 효과의사, 즉 '진의'가 존재하지 않아야 한다. '진의'의 의미와 관련하여 判例에 따르면 "특정한 내용의 의사표시를 하고자 하는 표의자의 생각을 말하는 것이지 표의자가 진정으로 마음속에서 바라는 사항을 뜻하는 것은 아니(다)"(대판 2004.4.25. 99다34475)라고 한다(13회 선택형).

② 그러므로, 표의자가 의사표시의 내용을 진정으로 마음속에서 바라지는 아니하였다고 하더라도 당시의 상황에서는 그것을 최선이라고 판단하여 그 의사표시를 하였을 경우에는 이를 내심의 효과의사가 결여된 진의 아닌 의사표시라고 할 수 없다(대판 2004.4.25. 99다34475).

따라서 ㉠ "비록 재산을 강제로 뺏긴다는 것이 표의자의 본심으로 잠재되어 있었다 하여도 표의자가 강박에 의하여서나마 증여를 하기로 하고 그에 따른 증여의 의사표시를 한 이상 증여의 내심의 효과의사가 결여된 것이라고 할 수는 없다"(대판 1993.7.16. 92다41528 : 13회 선택형). ㉡ 또한 "영수증의 작성경위가 그렇게 기재하지 않으면 돈을 주지 않겠다고 하기에 궁박한 사정 아래서 우선 돈을 받기 위해 거짓 기재한 것이라 해도 그것 자체만으로 '총완결'이라는 의사표시가 당연무효가 되는 것은 아니다"(대판 1969.7.8. 69다563).

3. 표의자가 그러한 사실을 알고 있을 것

진의 아닌 의사표시를 하게 된 이유나 동기는 불문한다. 따라서 상대방이 진의가 아님을 이해하리라는 기대를 갖고 한 의사표시도 비진의 의사표시가 될 수 있다.

Ⅲ. 효 과 [A-96]

1. 원 칙

비진의표시는 원칙적으로 표시된 대로 효력을 발생한다(제107조 제1항 본문). 따라서 표의자는 원칙적으로 의사표시의 무효를 상대방에게 주장할 수 없다.

2. 예 외

(1) 상대방에 대한 효과

상대방이 표의자의 진의 아님을 알았거나 알 수 있었을 경우에는 비진의표시는 무효이다(제107조 제1항 단서). 어떠한 의사표시가 비진의 의사표시로서 무효라고 주장하는 경우에 그 입증책임은 그 주장자에게 있다(대판 1992.5.22. 92다2295). 따라서 비진의표시에 해당한다는 점 및 상대방이 알았거나 알 수 있었다는 점 모두 표의자가 증명하여야 한다.

(2) 제3자에 대한 효과…재항변 사유

비진의표시가 예외적으로 무효로 되는 경우에도 그 무효는 선의의 제3자에게 대항하지 못한다(제107조 2항). 선의이면 충분하고 무과실까지 요구되지는 않는다. 당해 조항은 등기에 공신력을 부여하지 않는 우리 민법체계에서는 사실상 등기에 공신력을 부여하는 기능을 한다. '제3자'·'선의'·'대항할 수 없다' 등의 의미에 관하여는 허위표시에서 살피기로 한다.

3. 적용범위

(1) 준법률행위, 신분행위, 공법행위 등

① 제107조는 준법률행위에 관하여도 원칙적으로 유추적용된다. ② 그러나 당사자의 진의가 절대적으로 존중되는 가족법상의 행위(비진의표시는 항상 무효 : 의사주의), **공법상**(대판 2000.11.14. 99두5481 등)·소송법상 의사표시 및 거래의 안전이 중시되는 주식인수의 청약(상법 제302조 3항) 등에 대하여는 제107조가 적용되지 않는다(비진의표시는 항상 유효 : 표시주의).

(2) 제107조 1항 단서의 유추적용

제107조 1항 단서는 형평에 부합하는 규정이므로 이해관계가 유사한 경우에 이를 유추적용함으로써 그 적용범위를 확대하는 것이 바람직하다는 것이 判例와 학설의 태도이다. 특히 대표권남용 및 대리권남용의 사례에서 동 조항이 유추적용되고 있다.

(3) 강행법규에 위반한 계약

계약체결의 요건을 규정하고 있는 강행법규에 위반한 계약은 무효이므로 그 경우에 계약상대방이 선의·무과실이더라도 민법 제107조의 비진의표시의 법리 또는 표현대리 법리가 적용될 여지는 없다(대판 2016.5.12. 2013다49381).

Ⅳ. 관련문제 [A-97]

1. 차명대출(쟁점 1.참고)

2. 근로자의 비진의 사직의사(판례연구 C-2.참고)

(1) **근로자의 사직의사를 '무효'로 본 판례** : 사용자의 지시 또는 강요가 있는 경우

㉠ 근로자가 '회사의 경영방침에 따라' 사직원을 제출하고 회사가 이를 받아 들여 퇴직처리를 하였다가 즉시 재입사하는 형식을 취함으로써 근로자가 계속 근무하였다면 그 사직원 제출은 근로자가 퇴직을 할 의사 없이 퇴직의사를 표시한 것으로서 비진의 의사표시에 해당하고, 회사 또한 그와 같은 진의 아님을 알고 있었다고 봄이 상당하다 할 것이므로 위 사직원 제출과 퇴직처리에 따른 퇴직의 효과는 생기지 아니한다(대판 1988.5.10. 87다카2578). ㉡ 근로자들이 의원면직의 형식을 빌렸을 뿐 실제로는 '사용자의 지시'에 따라 진의 아닌 사직의 의사표시를 하였고 사용자가 이러한 사정을 알면서 위 사직의 의사표시를 수리하였다면 위 사직의 의사표시는 제107조에 해당하여 무효라 할 것이고 사용자가 그중 일부만을 선별수리하여 이들을 의원면직처리한 것은 정당한 이유나 정당한 절차를 거치지 아니한 해고조치로서 근로기준법 제27조 등의 강행법규에 위배되어 당연무효이다(대판 1992.5.26. 92다3670).

(2) **근로자의 사직의사를 '유효'로 본 판례** : 진정으로 바란 것은 아니라고 할지라도 스스로

㉠ 물의를 일으킨 사립대학교 조교수가 사직의 의사가 없으면서도 사태수습의 방안으로 '스스로' 사직서를 낸 경우처럼 사용자측의 지시 내지 강요가 없었던 때에는, 그것은 비진의표시이지만 학교법인이 그 사정을 알았거나 알 수 있었다고 볼 수 없다는 이유로 그 표시대로 사직의 효과가 생기는 것으로 본다 (대판 1980.10.14. 79다2168) ㉡ '공무원'이 사직의 의사표시를 하여 의원면직처분을 하는 경우, 비록 사직원제출자의 내심의 의사가 사직할 뜻이 아니었다고 하더라도 진의 아닌 의사표시에 관한 민법 제107조는 공법행위에는 준용되지 아니하므로 그 의사가 외부에 표시된 이상 그 의사는 표시된 대로 효력을 발생한다(대판 1997.12.12. 97누13962). ㉢ 명예퇴직을 신청한다는 내용의 사직원을 제출한 것은 진정으로 마음속에서 명예퇴직을 바란 것은 아니라고 할지라도 그 당시 상황에서 명예퇴직을 하는 것이 '최선이라고 판단하여 스스로의 의사'에 기하여 사직원을 제출한 것이라고 봄이 상당하다(대판 2003.4.25. 2002다11458).

제2관 통정한 허위의 의사표시 …권리장애의 항변(무효)

Ⅰ. 서 설 [A-98]

> 제108조 (통정한 허위의 의사표시) ① 상대방과 통정한 허위의 의사표시는 무효로 한다. ② 전항의 의사표시의 무효는 선의의 제3자에게 대항하지 못한다.

1. 개 념

'허위표시' 혹은 '통정허위표시'란 표의자가 진의 아닌 허위의 의사표시를 하면서 그에 관하여 상대방과의 사이에 합의가 있는 경우를 말한다. 허위표시를 요소로 하는 법률행위를 가리켜 '가장행위'(假裝行爲) 라고 한다.

2. 구별개념

(1) 은닉행위

① 당사자가 가장행위를 하는 목적 내지 형태로 크게 보아, 단순히 일정한 외관을 작출하기 위한 경우와 어떤 내용을 은폐하기 위한 경우의 2가지가 있을 수 있다. 이 중 후자와 같이 가장행위 속에 실제로 다른 행위를 할 의사가 감추어진 경우(가령 증여를 매매로 가장한 경우)에, 그 감추어진 행위를 은닉행위라고 한다.

② 그런데 은닉행위의 효력에 대하여는 그 행위 자체에 관한 규정(즉 증여에 관한 규정)이 적용되어야 할 것이다(자연적 해석). 따라서 가장행위인 매매가 무효이더라도, 은닉행위인 증여는 유효이고, 서면에 의하지 않았다면 제555조에 의해 해제될 수 있을 뿐이다(대판 1991.9.10. 91다6160).[1]

(2) 신탁행위, 명의신탁

① 신탁행위는 법률행위의 하나로서 일정한 '경제상의 목적'을 위해 '권리이전'의 형태를 취하는 점에 그 특색이 있다. 양도담보나 추심을 위한 채권양도가 이러한 구성을 취한다. 여기서는 그 경제상의 목적, 즉 담보나 추심을 위해 권리를 이전한다는 점에 대해 당사자 간에 진정한 합의가 있다는 점에서 허위표시가 아니다.

② ㉠ '대내적'으로는 신탁자가 권리를 보유하여 목적물을 관리·수익하면서, '대외적'으로 그에 관한 등기는 수탁자의 명의로 경료해 두는 것을 명의신탁이라고 하며(대판 1965.5.18. 65다312), 判例에 의해 발전된 개념이다. ㉡ 명의신탁에 관해서는 통정허위표시로서 무효라는 견해도 있으나, 명의신탁에도 신탁행위에 준하는 경제적 목적이 있고 이를 달성하기 위한 법적 효과를 의욕하는 것이기 때문에, 대내적 신탁관계상의 채권적 의무를 부담하는 것과는 별개로 명의신탁 자체는 유효하다고 보는 유효설이 타당하다(다수설). 判例도 명의신탁이 통정허위표시가 아님을 전제로 그 유효성을 인정하고 있고, 내부적 소유권은 신탁자에게 있으나 외부적 소유권은 수탁자에게 이전된다고 보고 있다(대판 1994.2.8. 92다31675). 그런데 1995년 부동산실명법을 제정하면서 '명의신탁약정은 무효로 한다'고 규정한 결과(동법 제4조 1항), 위와 같은 견해의 대립은 그 실익이 없게 되었다.

Ⅱ. 요 건(의, 표, 알, 통) [A-99]

통정허위표시가 되기 위해서는 ① 의사표시의 존재, ② 표시와 의사의 불일치, ③ 표의자가 표시와 의사의 불일치를 알고 있을 것, ④ 상대방과의 '통정'이 있을 것을 요한다.

1. 의사표시의 존재

허위표시가 인정되려면 우선 의사표시가 있어야 한다. 허위표시는 제3자를 속이기 위한 목적으로 행하여지는 것이 대부분이므로 증서의 작성이나 등기·등록과 같은 외형을 수반하는 경우가 많다.

2. 표시와 의사의 불일치

표시 즉 의사표시의 외관으로부터 추단되는 효과의사가 당사자 사이에 존재하지 않아야 한다. 그런데 증서에 기재된 일부 내용이 사실과 다르더라도 그러한 기재행위가 자신의 의욕에 의해 이루어졌다면 이는 허위표시는 아니라고 보아야 한다(대판 1989.9.12. 88다카34117 참고).

3. 표의자가 진의와 표시의 불일치를 알고 있을 것

---

1) "서면에 의한 증여란 증여계약 당사자 간에 있어서 증여자가 자기의 재산을 상대방에게 준다는 증여의사가 문서를 통하여 확실히 알 수 있는 정도로 서면에 나타낸 증여를 말하는 것으로서 비록 서면 자체는 매매계약서, 매도증서로 되어 있어 매매를 가장하여 증여의 증서를 작성한 것이라고 하더라도 증여에 이른 경위를 아울러 고려할 때 그 서면이 바로 증여의사를 표시한 서면이라고 인정되면 이는 민법 제555조에서 말하는 서면에 해당한다"

4. 상대방과의 '통정'이 있을 것

(1) '통정'의 의미

여기서 '통정'이란 진의가 없는 의사표시의 외형만을 서로 짜고 일치시키는 것을 말하는 것으로 상대방과의 '합의'를 의미하고, 상대방이 단순히 이를 '인식'하고 있는 것만으로는 부족하다(대판 2003.4.8. 2002다38675).

(2) 통정의 추정

이 요건은 무효를 주장하는 자가 증명해야 하는데, 실제로 이를 증명하기가 쉽지 않아서 간접사실 · 보조사실에 의하여 추정되는 것이 보통이다. 判例는 장인과 사위 사이의 농지매매(대판 1965.5.31. 65다623), 부부 간의 부동산매매도 특단의 사정이 없는 한 허위표시로 추정된다고 한다(대판 1978.4.25. 78다226).

Ⅲ. 효 과 [A-100]

1. 당사자 사이의 효과 [A-100a]

(1) 무 효

허위표시는 당사자 사이에서는 언제나 무효이다(제108조 1항). 따라서 통정허위표시에 해당하는 매매계약에 따라 목적물을 인도받았다고 하더라도 매수인은 그 소유권을 취득할 수 없고, 당사자 사이에는 그 의사표시에 따른 권리의무가 발생하지 않는다. 이러한 경우 원칙적으로 누구든지 그 무효를 주장할 수 있다(대판 2003.3.28. 2002다72125: **표준판례84**).

[관련판례] ㉠ "채권자가 주택임대차보호법 제3조 1항의 대항력을 취득하는 방법으로 기존 채권을 우선변제 받을 목적으로 주택임대차계약의 형식을 빌려 기존 채권을 임대차보증금으로 하기로 하고 주택의 인도와 주민등록을 마침으로써 주택임대차로서의 대항력을 취득한 것처럼 외관을 만들었을 뿐 실제 주택을 주거용으로 사용 · 수익할 목적을 갖지 아니 한 계약은 주택임대차계약으로서는 통정허위표시에 해당되어 무효라고 할 것이므로 이에 주택임대차보호법이 정하고 있는 대항력을 부여할 수는 없다"(대판 2002.3.12. 2000다24184,24191). ㉡ "허위의 근저당권에 대하여 배당이 이루어진 경우, 통정한 허위의 의사표시는 당사자 사이에서는 물론 제3자에 대하여도 무효이고 다만, 선의의 제3자에 대하여만 이를 대항하지 못한다고 할 것이므로, 배당채권자는 채권자취소의 소로써 통정허위표시를 취소하지 않았다 하더라도 그 무효를 주장하여 그에 기한 채권의 존부, 범위, 순위에 관한 배당이의의 소를 제기할 수 있다"(대판 2001.5.8. 2000다9611).

(2) 불법원인급여(제746조)와의 관계

① 예를 들어 "강제집행을 면할 목적으로 부동산에 허위의 근저당설정등기를 경료하는 행위는 제103조 위반의 반사회적 행위라고 할 수 없다"(대판 2004.5.28. 2003다70041). 따라서 가장행위에 의하여 급부한 당사자는 부당이득 또는 소유권에 기하여 물권적 청구권을 청구할 수 있으며, 허위표시 자체가 제746조의 '불법'은 아니기 때문에 제746조는 적용되지 않는다(대판 2004.5.28. 2003다70041 : **1회 선택형**).

② (통정한 허위의 의사표시로서) 무효인 법률행위는 그 법률행위가 성립한 당초부터 당연히 효력이 발생하지 않는 것이므로, 무효인 법률행위에 따른 법률효과를 침해하는 것처럼 보이는 위법행위나 채무불이행이 있다고 하여도 법률효과의 침해에 따른 손해는 없는 것이므로 그 손해배상을 청구할 수는 없다(대판 2003.3.28. 2002다72125: **표준판례84**).

(3) 채권자취소권(제406조)과의 관계 [09행정]

통설 및 判例(대판 1984.7.24. 84다카68)는 허위표시도 제406조(채권자취소권)의 '법률행위'에 해당하는 것으로 해석한다(1회,2회,6회 선택형). 왜냐하면 무효와 취소의 '이중효'[2]의 이론적 측면뿐만 아니라 통정허위표시의 경우에는 사해행위의 전형적 방법으로 쓰이고 있다는 현실적인 측면과 통정허위표시의 경우 제3자의 보호법리(제108조 2항)에 의해 채무자의 재산이 일탈될 가능성이 있어 채권자가 사해행위를 주장하여 그 취소를 구할 실익이 있기 때문이다.

[심화] 채권자취소소송(제406조)에서도 선의의 수익자 및 전득자는 보호되지만, 제108조에서의 선의와 그 대상을 달리한다. 즉 전득자가 제108조 2항의 선의의 제3자일지라도(즉, 허위표시임을 알지 못한 경우) 제406조 1항의 악의자(사해의 사실을 아는 경우)가 될 수 있으므로 통정허위표시라도 채권자취소권을 행사할 실익이 있다. 아울러 전득자가 존재하지 않는 경우에도 채권자취소소송을 제기하는 경우에는 채권자가 채무자의 악의만 입증하면 수익자의 악의가 추정되기 때문에, 채무자와 수익자의 통정을 입증해야 하는 채권자대위소송을 제기하는 경우에 비해 증명책임상 더 유리한 측면도 있다(물론 이는 채권자대위소송이 가능한 경우에 그러하다).

2. 제3자에 대한 관계
[A-100b]

(1) 제108조 2항…재항변 사유

허위표시의 무효는 선의의 제3자에게 대항하지 못한다(제108조 2항). 허위표시의 외관을 신뢰한 제3자의 이익을 보호하기 위한 것이다. 민법과 같이 등기의 공신력이 인정되지 않는 법제에서는 제108조 2항은 부동산의 거래에 있어서 사실상 등기에 공신력을 인정하는 것이 되어 중요한 의의를 가진다.

(2) 제3자

1) 일반론

가) 의 미

일반적으로 제3자란 당사자와 그의 포괄승계인 이외의 자를 말하지만, 허위표시를 기초로 하여 별개의 법률원인에 의하여 고유한 법률상의 이익을 갖는 법률관계에 들어간 자를 보호한다는 취지에 따라, 제108조 제2항의 제3자는 당사자 및 포괄승계인 이외의 자로서 '허위표시에 의하여 외형상 형성된 법률관계를 토대로 i) 실질적으로 ii) 새로운 iii) 법률상 이해관계를 맺은 자'로 한정된다는 것이 통설과 判例의 입장이다(실, 새, 법)(대판 2003.3.28. 2002다72125: 표준판례84). 물론 이러한 제3자와 다시 새로이 법률상 이해관계를 맺은 자도 포함된다(대판 2021.12.30. 2020다257999).

나) 범 위

제3자로부터의 전득자는 제3자가 선의라면 전득자는 선·악을 불문하고 보호되는바, 이는 제108조 2항이 문제되는 것은 아니다[선의의 제3자의 개입에 의하여 허위표시의 하자는 치유되었다고 보아야 한다(엄폐물의 법칙)]. 반면 제3자가 악의이고 전득자가 선의인 경우에는 제108조 2항에 의하여 전득자가 보호될 수 있다(대판 2013.2.15. 2012다49292: 표준판례82 : 11회 선택형).

[사실관계] 甲이 乙의 임차보증금반환채권을 담보하기 위하여 통정허위표시로 乙에게 전세권설정등기를 마친 후 丙이 이러한 사정을 알면서도 乙에 대한 채권을 담보하기 위하여 위 전세권에 대하여 전세권근저당권설정등기를 마쳤는데(제371조 참조), 그 후 丁이 丙의 전세권근저당권부 채권을 가압류하고 압류명령을

---

[2] 무효와 취소의 '이중효'란 무효와 취소는 논리필연적으로 구분되는 것은 아니며, 무효와 취소는 법률효과를 뒷받침하는 근거로서 결국은 입법정책의 문제에 속한다고 할 수 있으며, 무효인 행위라도 법적으로 '無'는 아니다. 따라서 무효인 법률행위도 취소의 대상의 된다는 이론이다.

받은 사안에서, 丁이 통정허위표시에 관하여 선의라면 비록 丙이 악의라 하더라도 허위표시자는 그에 대하여 전세권이 통정허위표시에 의한 것이라는 이유로 대항할 수 없다고 본 사례(7회,11회 선택형)

2) 제3자에 해당하는 경우

① 가장양수인으로부터 목적부동산을 양수한 자(대판 1996.4.26. 94다12074: 표준판례81)가 제3자의 전형적인 예이다. 이와 관련하여 가장양도인으로부터의 양수인과 가장양수인으로부터의 양수인의 우열이 문제되는 사안에서 判例는 "가장양수인으로부터의 양수인이 가장매매로 인한 가등기 및 이에 대한 본등기의 원인이 된 각 의사표시가 허위임을 알지 못하였다면, 가장양도인으로부터의 양수인은 이러한 선의의 제3자에게 허위표시의 무효를 주장할 수 없고, 따라서 가장양수인으로부터의 양수인 명의의 소유권이전등기는 유효하다"(대판 1996.4.26. 94다12074: 표준판례81 : 1회 선택형)고 한다.
[판례검토] 가장양도인으로부터의 양수인은 새로운 법률관계를 맺은 것이 가장매매를 기초로 한 것이 아닐 뿐만 아니라, 이미 가등기가 등재되어 있어 가등기에 기한 본등기시 자신의 등기가 말소될 위험을 부담하고 권리를 취득하였을 것이라는 점에서 判例의 태도가 타당하다.

② 가장양수인으로부터 저당권을 설정받은 자도 제3자에 해당한다. 이와 관련하여 대법원은 전세권설정계약이 없으면서도 임대차계약에 기한 임차보증금 반환채권을 담보할 목적으로 또는 금융기관으로부터 자금을 융통할 목적으로 임차인과 임대인이 합의하여 임차인 명의로 전세권설정등기를 마친 경우, 그 전세권설정은 통정허위표시에 해당하여 무효이나 i) 그 전세권에 근저당권을 설정한 채권자(대판 2008.3.13. 2006다58912)(제371조 참조), ii) 그 전세권부채권을 가압류한 채권자(대판 2010.3.25. 2009다35743 ; D-94.참고, 7회,8회,10회 선택형)에 대하여는 무효를 주장할 수 없다고 한다.

[관련판례] "위와 같이 통정허위표시인 전세권에 대하여 근저당권이 설정된 경우, 근저당권자도 제108조 2항의 제3자에 해당하므로, 임대인은 선의의 근저당권자에게 위 전세권설정계약이 통정허위표시로서 무효라고 주장할 수 없다"고 한다. 위 사안에서 "전세권설정자(A)는 전세권자(B)에 대하여는 전세권설정계약이 무효라고 주장할 수 있더라도, 그러한 사정을 알지 못한 채 위 전세권에 대하여 근저당권을 설정한 근저당권자(C)에 대하여는 위 전세권설정계약의 무효를 주장할 수 없어, 위 전세권설정계약과 양립할 수 없는 위 임대차계약에 의하여 발생한 A의 B에 대한 연체차임, 관리비, 손해배상 등의 채권을 주장할 수 없으므로(제315조 참조), 결국 A는 위 각 채권으로서 C가 물상대위권의 행사로서 압류·추심한 전세금반환채권과 상계할 수도 없다"(대판 2008.3.13. 2006다29372,29389 : 5회 선택형)고 한다. [17사법] 그러나 만약 C가 악의라면 A는 전세권의 무효를 주장할 수 있으므로, 임차권의 효력을 주장할 수 있어 A의 B에 대한 임대차에 기한 채권을 가지고 상계할 수 있다(대판 2004.6.25. 2003다46260,53879 : 상세한 내용은 D-94c.참고).

③ 대법원은 채무자와 허위표시에 기초한 채무에 대해 보증을 한 자가 보증채무를 이행하여 채무자에 대해 구상권을 취득한 경우, 그 구상권 취득에는 보증채무의 부종성으로 인하여 주채무가 유효하게 존재할 것이 필요하므로, 결국 그 보증인은 채무자의 채권자에 대한 채무부담행위라는 허위표시에 기초하여 구상권 취득에 관한 법률상 이해관계를 가지게 되었다고 보아야 하므로 제3자에 해당한다고 한다(대판 2000.7.6. 99다51258: 표준판례80 : 3회 선택형 ; 다만, 보증채무부담행위 그 자체만으로는 제108조 2항의 제3자에 해당하지 않는다). 그러나 가장채무의 보증인이 선의이지만 '중과실'로 가장채권자에게 보증채무를 이행한 사안에서, 보증인은 가장채무자(통정허위표시의 당사자)에게는 구상권을 행사할 수 있지만,[3] 선의의 구상보증인들(통정허위표시의 무효를 주장하는 다른 제3자)에게까지 구상보증채무의 이행을 구하는 것은 권리남용에 해당하여 허용되지 않는다고 한다(위 99다51258의 재상고심 판결).

---

[3] 보증인이 변제를 함에 있어 '과실'(사안에서는 중과실)이 있는 경우에는 주채무자에 대한 구상권이 발생하지 않으나(제441조 1항), 통정허위표시의 경우 스스로 주채무가 성립한 것과 같은 외관을 창출한 주채무자가 나중에 구상권을 행사하는 보증인에 대하여 보증인의 과실을 이유로 구상책임을 면하려고 하는 것은 '금반언'에 해당되어 허용될 수 없다.

④ 대법원은 "가장소비대차의 대주가 파산한 경우의 파산관재인은 파산자와는 독립한 지위에서 파산채권자 전체의 공동의 이익을 위하여 직무를 행하게 됨을 이유로 제3자에 해당한다"고 보고 있다(대판 2005.5.12. 2004다68366 : 10회 선택형).[4] 그리고 "파산관재인[5]의 선의는 추정되고, 다만 파산관재인 개인의 선의·악의를 기준으로 할 수는 없고 총파산채권자 중 1인이라도 선의이면 파산관재인은 선의로 다루어진다"고 하는데, 이는 만일 파산관재인 개인을 기준으로 선의 여부를 판단하게 되는 경우 파산관재인이 누가 되는가에 따라 가장채권이 파산재단에 속하는지 여부가 달라지게 되는 불합리가 생기기 때문이다(대판 2006.11.10. 2004다10299: 표준판례83 : 1회,2회,3회,7회 선택형). 이러한 법리는 제110조 3항의 제3자에 대한 판단에서도 마찬가지이다(대판 2010.4.29. 2009다96083 : 8회 선택형).[6]

⑤ 가장매매에 기한 대금채권의 양수인 기타 가장채권의 양수인도 제3자에 해당한다고 할 것이다(대판 2011.4.28. 2010다10035). 이와 관련하여 대법원은 통정허위표시에 의하여 금융기관과의 사이에 대출명의인이 된 자는(차명대출 사안) 제108조 2항에 의해 그 금융기관으로부터 그 채권을 양수한 한국자산관리공사에 대하여 대출계약의 무효를 주장할 수 없다고 한다. 다만 이와 달리 구 상호신용금고법에 따라 '계약이전'(계약인수 사안)을 받은 금융기관은 제3자에 해당하지 않는다고 하였다(대판 2004.1.15. 2002다31537 ; 핵심사례 A-7.참고 : 3회 선택형) [18입법]

⑥ 대법원은 ㉠ "통정한 허위표시에 의하여 외형상 형성된 법률관계로 생긴 채권을 가압류한 경우, 그 가압류권자는 허위표시에 기초하여 새로운 법률상 이해관계를 가지게 되므로 제108조 2항의 제3자에 해당한다"(대판 2004.5.28. 2003다70041 : 2회,7회 선택형)고 한다. ㉡ 그러나 '피담보채권을 성립시키는 기본계약이 부존재'(근저당권설정계약과 기본계약은 별개이고 근저당권 설정등기시 '근저당권설정계약'만 등기될 뿐 '기본계약'은 등기조차 되지 않으므로 근저당권설정등기가 되어 있다고 해서 그 피담보채권을 발생시키는 기본계약의 성립이 추정되지는 않는다)하는 경우 '가압류결정의 무효'를 이유로 당해 가압류권자는 등기상 이해관계 있는 제3자로서 근저당권의 말소에 대한 승낙의 의사표시를 할 의무가 있다(부동산등기법 제57조 1항)고 한다(대판 2004.5.28. 2003다70041 : 핵심사례 A-9.참고 : 7회 선택형).
즉, 判例는 '피담보채권의 성립 및 근저당권설정계약 양자 모두에 통정허위표시가 존재하는 경우'에는 채권가압류권자는 제108조 2항에서 말하는 제3자에 해당하나, '법률행위의 외형조차 없는 경우'에는 제108조 2항이 적용될 수 없다는 입장이다. 신뢰의 대상 자체가 결여되어있기 때문이다.

⑦ 채권의 가장양도에서 채무자는 ㉠ 채권의 양도인이 채무자에게 채무의 이행을 청구할 때 선의의 채무자는 채권 양수인에게 변제하여야 함을 이유로 거절할 수 없다. 이 경우 채무자는 가장양도에 터 잡아 새로운 이해관계를 맺은 바가 없기 때문이다(대판 1983.1.18. 82다594 : 3회 선택형 ; 이 판결은 채무자가 가장양수인에게 지급하지 않고 있는 동안에 양도가 허위표시에 기한 것임이 밝혀진 경우를 전제로 하고 있음을 주의해야 한다).

[사실관계] 甲이 자신의 丙에 대한 채권을 乙에게 가장양도하였는데, 丙의 변제 이전에 甲의 채권자인 丁이 위 채권에 대해 전부명령을 받았다면 丙이 선의라도 丁에게 변제를 거절할 수 없다.

---

[4] "파산자가 파산선고시에 가진 재산은 파산재단을 구성하고, 그 파산재단을 관리·처분할 권리는 파산관재인에게 속하므로, <u>파산관재인은 파산자의 포괄승계인과 같은 지위를 가지게 되지만</u>, 파산이 선고되면 파산채권자는 파산절차에 의하지 아니하고는 파산채권을 행사할 수 없고, 파산관재인이 파산채권자 전체의 공동의 이익을 위하여 선량한 관리자의 주의로써 그 직무를 행하므로, 파산관재인은 파산선고에 따라 파산자와 독립하여 그 재산에 관하여 이해관계를 가지게 된 제3자로서의 지위도 가진다"(대판 2003.6.24. 2002다48214).
[5] 법원에 의해 선임되어 파산 재단의 관리 및 처분, 파산 채권의 조사와 확정, 재단 채권의 변제 등 파산 절차상의 중심적 활동을 행하는 공공 기관
[6] "특별한 사정이 없는 한 <u>파산관재인은</u> 사기에 의한 의사표시에 따라 외형상 형성된 법률관계를 토대로 실질적으로 새로운 법률상 이해관계를 가지게 된 민법 제110조 제3항의 제3자에 해당한다고 보아야 할 것이고, 파산채권자 모두가 악의로 되지 않는 한 파산관재인은 선의의 제3자라고 할 수밖에 없을 것이다"

ⓛ 그러나 채권의 가장양도인이 채무자에게 채무의 이행을 청구하였는데 채무자는 이미 채권의 양도가 유효한 것으로 믿고 채권 양수인에게 채무를 이행해 버린 경우, 채무자는 채권의 가장양도에 터 잡아 '채무의 변제'라는 새로운 이해관계를 맺었기 때문에 제3자에 해당하는 것으로 보아야 한다(다수설). 따라서 채무자는 이를 이유로 변제를 거절할 수 있다. 물론 채무자는 그 밖에 제452조 1항에 의한 항변, 채권의 준점유자에 대한 변제(제470조) 항변 등을 할 수도 있다.

[비교판례] ★ 가장양도된 채권에 대하여 그 양수인의 채권자가 채권압류 및 '추심명령'을 받은 경우에는 단순히 추심권을 취득한 자에 불과한 것이 아니라, 허위의 양도계약을 기초로 실질적으로 새로운 법률상 이해관계를 맺은 제3자에 해당한다고 한다(대판 2014.4.10. 2013다59753 ; 9회,10회,12회,13회 선택형).

3) 제3자에 해당하지 않는 경우

① [**계약상 지위인수**] 앞서 2) ⑤에서 살핀 바와 같이 가장채권의 양도인으로부터 개별채권이 아닌 '계약이전'(계약인수)을 받은 금융기관은 제3자에 해당하지 않는다(대판 2004.1.15. 2002다31537).

② [**채권의 가장양도에서 기존 채무자**] 앞서 2) ⑦에서 살핀 바와 같이 채권의 가장양도에서 채무자는 채권의 양도인이 채무자에게 채무의 이행을 청구할 때 선의의 채무자는 채권 양수인에게 변제하여야 함을 이유로 거절할 수 없다. 이와 관련하여 判例는 동일한 취지로 "퇴직금 채무자는 원채권자인 소외(甲)이 소외(乙)에게 퇴직금채권을 양도했다고 하더라도 그 퇴직금을 양수인에게 지급하지 않고 있는 동안에 위 양도계약이 허위표시란 것이 밝혀진 이상 위 허위표시의 선의의 제3자임을 내세워 진정한 퇴직금전부채권자에게 그 지급을 거절할 수 없다"고 한다(대판 1983.1.18. 82다594).

③ [**형식상으로만 가장양수인으로부터 가등기를 경료한 자**] A가 B로부터 금전을 차용하고 그 담보로 A의 부동산에 가등기를 하기로 약정하였는데, 채권자들의 강제집행을 우려하여 C에게 가장양도하고 이를 B 앞으로 가등기를 해 준 경우, B는 형식상은 가장양수인(C)으로부터 가등기를 한 것이지만 실질적으로 새로운 법률원인에 의한 것이 아니므로 제3자에 해당하지 않는다. 다만 B의 가등기는 실체관계에 부합하는 것으로서, C 앞으로의 소유권등기가 허위표시임을 B가 알았건 몰랐건 간에, 실제의 소유자인 A는 B에 대한 채무를 이행하지 않고서는 B 명의의 가등기의 말소를 구할 수 없다 (즉 B가 보호받는 것은 제108조의 선의의 제3자 보호와는 별개의 것이다 ; 대판 1982.5.25. 80다1403 ; 3회,7회 선택형).

④ [**가등기에 대한 통정 철회 후 임의로 본등기한 자로부터의 매수인**] X토지의 소유자 A는 이를 관리하기 위해 B와 '통정'하여 B에게 매매예약을 원인으로 한 소유권이전등기청구권 가등기를 마쳐주었고, B는 A가 부재한 동안 본등기 이행소송을 제기한 후 공시송달로써 승소판결을 받았다. 그 후 A는 적법한 추완항소[7]를 통해 항소심에서 가등기가 통정허위표시로 무효라는 이유로 승소하였다. 그러나 B는 항소심 판결선고 전에 이미 본등기를 마쳤었고, 선의의 C에게 소유권이전등기까지 마쳐준 상태였다. 이에 判例는 제108조 2항의 '제3자'에 해당하는지는 형식이 아닌 실질적으로 판단해야 한다고 하면서 A와 B의 통정허위표시는 A의 추완항소를 통해 '실질적으로 철회'되었으므로 외관(가등기)가 제거되지 않고 잔존하더라도 이를 기초로 한 본등기는 원인무효의 등기가 된다는 점을 확인하였다(대판 2020.1.30. 2019다280375: 표준판례85).[8] 즉, C는 제108조 2항의 제3자라고 볼 수 없어 A는 C에게 소유권이전등기의 말소를 청구할 수 있다.

---

[7] [**민사소송법 제173조 ①항**] 당사자가 책임질 수 없는 사유(공시송달 등의 사유)로 말미암아 불변기간(제396조 항소 제기기간 2주 등)을 지킬 수 없었던 경우에는 그 사유가 없어진 날부터 2주 이내에 게을리 한 소송행위를 보완할 수 있다.

[8] "통정한 허위의 의사표시에 기하여 허위 가등기가 설정된 후 그 원인이 된 통정허위표시가 당사자 간에 철회되었으나 그 외관인 허위 가등기가 미처 제거되지 않고 잔존하는 동안에 가등기 명의인이 임의로 소유권이전의 본등기를 마친 것이라면, 위 본등기를 토대로 다시 소유권이전등기를 마친 자는 제108조 제2항의 '제3자'에 해당하지 않는다"

(3) 제3자의 선의

'선의'란 의사표시가 허위표시임을 모르는 것을 말한다. 무과실은 요건이 아니다(대판 2004.5.28. 2003다70041 : 10회 선택형). 제3자는 선의로 추정되므로 제3자가 악의라는 사실은 그것을 주장하는 자가 입증해야 한다(대판 1970.9.29. 70다466 : 1회 선택형). 악의 여부의 판단시기는 '법률상 새로운 이해관계가 생겼을 때'이다.

(4) 선의의 제3자에게 '대항하지 못한다'

① '대항하지 못한다'는 것은 허위표시의 무효를 주장할 수 없다는 뜻으로, 선의의 제3자에게 대항하지 못하는 자는 '당사자 및 포괄승계인'에 한정되지 않고, 그 누구도 허위표시의 무효를 대항하지 못한다(대판 1996.4.26. 94다12074 등 : 10회 선택형).

② 다만 통정허위표시의 당사자가 아닌 다른 선의의 이해관계인은 허위의 외관작출에 관여하지 않았으므로, 判例에 따르면 통정허위표시의 선의의 제3자에게 '중과실'이 있는 경우에는 이러한 제3자가 통정허위표시의 당사자가 아닌 다른 선의의 이해관계인에게 계약의 유효를 주장하는 것은 권리남용에 해당하여 허용되지 않는다고 한다(대판 2006.3.10. 2002다1321).

판례연구 A-02

■ "제3자의 권리를 해하지 못한다"와 "선의의 제3자에게 대항하지 못한다"의 비교

"제3자의 권리를 해하지 못한다"고 규정한 제548조 1항 단서, 제1015조 단서, 제133조 단서 등과 "선의의 제3자에게 대항하지 못한다"고 규정한 제107조 2항, 제108조 2항, 제109조 2항, 제110조 3항 등과의 비교문제

1. 제3자가 등기, 인도 등으로 완전한 권리를 취득한 자이어야 하는지 여부

제108조 2항 등의 제3자는 '무효'(또는 취소)인 의사표시를 바탕으로 새로운 이해관계를 가지면 되나, 제548조 1항 단서의 제3자는 '완전히 유효'한 계약을 바탕으로 새로운 이해관계를 가져야 하므로 거래당사자와 제3자와의 이익형량 차원에서 제3자는 등기, 인도 등으로 완전한 권리를 취득한 자이어야 한다(대판 2003.1.24. 2000다22850). 따라서 가장채권의 양수인, 가장채권의 (가)압류권자는 제108조 2항에 의해 보호를 받을 수 있으나(대판 2004.5.28. 2003다70041), 채권의 양수인, 채권의 (가)압류권자는 제548조 1항 단서에 의해 보호를 받을 수 없다(대판 2000.4.11. 99다51685 ; 상세한 내용은 C-23.참고 : 1회 선택형). [16법행]

2. 제3자가 선의이어야 하는지 여부

이는 조문에 의해 명백한바, 제108조 2항 등의 경우 처음부터 의사표시에 무효나 취소사유가 있어서 제3자가 이해관계를 맺을 당시부터 그러한 사유 있음을 알 수도 있어 제3자의 선·악을 구별할 수 있으나, 해제 등에서는 처음부터 완전히 유효한 계약이 체결되어 있어 제3자는 계약이 해제될 것인가를 알 수가 없어 선의 여부를 논하기 어려운 면이 있어 제548조 1항 단서 등에서는 제3자의 선·악을 불문한다. 그러나 해제의 의사표시가 있은 후라도 그 등기 등을 말소하지 않은 동안 새로운 권리를 취득하게 된 제3자의 경우에는 계약이 해제되었다는 사실을 알 수도 있어, 제3자는 해제사실을 모르고 '선의'로 취득한 경우에만 보호를 받는다는 것이 判例의 태도이다(대판 1996.11.15. 94다35343).

Ⅳ. 적용범위

[A-101]

1. 신분행위

본인의 의사가 절대적으로 존중되는 가족법상의 행위에 대하여는 제108조가 적용되지 않는다. 예를 들어 가장의 혼인신고나 입양신고는 제815조 제1호와 제883조 제1호에 의하여 각 무효로 된다. 다만, 예외적으로 상속재산분할의 협의(제1013조), 상속의 포기(제1041조) 등 재산관계와 밀접한 신분행위에는 본조의 적용을 긍정하여야 할 것이다.

2. 제108조 2항의 유추적용(주로 무권리자 처분행위에서 문제) [13행정]

判例는 "예외적으로 권리자가 부실등기(위조등기는 이에 해당하나 절대적 무효사유인 제103조 위반 등기는 유추적용 부정 : 대판 1996.10.25. 96다29151 참고)를 알면서 방치한 경우에는 민법 제108조 2항 유추적용이 가능하다"(아래 91다3208 참조)고 하여 제한적으로 긍정한다.

[판례검토] 등기의 공신력을 인정하지 않는 현행 민법 제도하에서 부동산 물권변동의 거래안전을 위해 예외적·제한적으로 제108조 2항을 유추적용하는 것은 가능하다. 따라서 判例가 판시하는 바와 같이 본인에게 통정에 준하는 귀책사유가 있는 경우(가령 부실등기를 알면서 방치한 경우)에는 유추적용이 가능하다.

[관련판례] "乙이 甲으로부터 부동산에 관한 담보권설정의 대리권만 수여받고도 그 부동산에 관하여 자기 앞으로 소유권이전등기를 하고 이어서 丙에게 그 소유권이전등기를 경료한 경우, 丙은 乙을 甲의 대리인으로 믿고서 위 등기의 원인행위를 한 것도 아니고, 甲도 乙 명의의 소유권이전등기가 경료된 데 대하여 이를 통정·용인하였거나 이를 알면서 방치하였다고 볼 수 없다면 이에 민법 제126조나 제108조 제2항을 유추할 수는 없다"(대판 1991.12.27. 91다3208).

핵심사례 A-09

★ 허위의 근저당권설정계약과 제3자 보호
대판 2004.5.28. 2003다70041

X토지의 소유권자인 B는 그의 처인 A와의 혼인 생활 중 불화가 있어 A가 이혼 및 재산분할청구 소송을 제기하려고 하자, 그의 누나인 甲과 상의하여 실제로는 B가 甲에 대하여 채무를 부담하고 있지 않음에도 불구하고 A의 강제집행을 면할 목적으로 채권자 甲, 채무자 B, 채권최고액 1억 원을 내용으로 하는 근저당권설정계약서를 작성하고 甲 명의로 근저당권설정등기를 하였다. 그런데 B와 甲은 채권을 발생시키는 행위는 따로 하지 않았다. 그 후 甲은 乙에게 위 근저당권설정계약서를 제시하면서 금전을 빌려달라고 요청하여, 乙은 甲에게 3,200만 원을 빌려준 다음, 곧바로 甲의 B에 대한 위 근저당권설정등기의 피담보채권 금 3,200만 원 부분에 대하여 저당권부채권 가압류 결정을 받았고, 그에 기하여 X토지에 관하여 근저당권부채권 가압류 기입등기를 마쳤다. 이에 B는 甲에 대해서는 위 甲 명의 근저당권설정등기가 원인 없이 경료되었음을 이유로 甲 명의 근저당권설정등기의 말소등기절차의 이행을 구하고, 乙에 대해서는 甲을 근저당권자로 한 근저당권설정등기의 말소등기에 관하여 승낙의 의사표시를 하라는 청구의 소를 제기하였다. **B의 청구에 대한 결론을 그 논거와 함께 서술하시오. (25점)**

I. 결론

B의 甲과 乙에 대한 청구는 인용가능하다. 법원은 "원고 B에게, 피고 甲은 별지목록기재 부동산에 관하여 ○○ 지방법원 등기국 ○. ○. ○. 접수 제 ○ 호를 마친 근저당권설정등기의 말소등기절차를 이행하고, 피고 乙은 위 근저당권설정등기의 말소등기에 대하여 승낙의 의사표시를 하라"는 판결을 선고해야 한다.

II. 논 거

1. B의 甲에 대한 근저당권설정등기 말소등기청구에 관하여

(1) 문제점

소유권에 기한 근저당권설정등기 말소청구의 요건은 i) 원고의 소유, ii) 피고의 근저당권설정등기 경료, iii) 근저당권의 소멸이다(제214조). 문제는 iii) 근저당권의 소멸여부인바, 근저당권의 소멸원인으로는 변제 등과 같이 피담보채무가 후발적으로 소멸한 경우뿐만 아니라, 피담보채무를 발생시키는 법률행위가 성립하지 않았거나 무효, 취소된 경우와 같이 원시적으로 발생하지 않는 경우도 포함한다.

(2) B와 甲 사이의 근저당권설정계약이 성립하고 유효한지 여부

1) 성립 여부
B와 甲은 비록 실제로 채권을 담보하기 위한 것은 아닐지라도 근저당권을 설정하는데 합의하고 있다. 따라서 B와 甲 사이의 '근저당권설정계약'은 성립하였다.

2) 유효 여부
① 강제집행을 면할 목적으로 부동산에 허위의 근저당권설정등기를 경료하는 행위는 判例와 같이 제103조의 선량한 풍속 기타 사회질서에 위반한 사항을 내용으로 하는 법률행위로 볼 수 없다(대판 2004.5.28. 2003다70041).
② B는 채권자 A가 B 자신 소유의 X부동산을 강제집행하는 것을 면탈하기 위해 甲과 통정하여 근저당권설정계약서를 작성하였으므로, 이는 제108조 1항에 해당하여 무효이다(대판 2004.5.28. 2003다70041).

(3) 근저당권의 성립에 근저당권설정행위와 별도로 근저당권의 피담보채권을 성립시키는 행위가 필요한지 여부

1) 판 례
"근저당권은 그 담보할 채무의 최고액만을 정하고, 채무의 확정을 장래에 보류하여 설정하는 저당권으로서, 계속적인 거래관계로부터 발생하는 다수의 불특정채권을 장래의 결산기에서 일정한 한도까지 담보하기 위한 목적으로 설정되는 담보권이므로 근저당권설정행위와는 별도로 근저당권의 피담보채권을 성립시키는 법률행위가 있어야 한다"(대판 2004.5.28. 2003다70041 : 7회 선택형)

2) 검토 및 사안의 경우
근저당권은 피담보채권에 부종하는 성질이 완화되어 있어서 설정 당시 피담보채권이 존재하지 않거나 피담보채권이 0이 되어도 소멸하지 않으나, 적어도 피담보채권의 발생기초가 되는 계속적 계약관계, 즉 기본계약은 존재할 것이 필요하다. 따라서 B와 甲 사이의 근저당권설정계약이 통정허위표시로 무효이므로 甲의 근저당권이 성립할 수 없을 뿐만 아니라, 기본계약이 존재하지 않아서도 甲의 근저당권은 성립하지 못한다. 그렇다면 甲의 근저당권설정등기는 무효이다. 결국 B는 甲 명의 근저당권설정등기의 말소등기절차의 이행을 구할 수 있다. 물론 통정허위표시에 의한 무효는 불법원인급여라고 볼 수도 없다(대판 2004.5.28. 2003다70041).

2. B의 乙에 대한 근저당권설정등기의 말소등기에 관하여 승낙의 의사표시를 하라는 청구에 관하여

(1) 근저당권의 피담보채권이 부존재하는 경우, 그 채권에 대한 가압류명령의 효력
判例가 판시하는 바와 같이 "근저당권이 있는 채권이 가압류되는 경우, 근저당권설정등기에 부기등기의 방법으로 그 피담보채권의 가압류사실을 기입등기하는 목적은 근저당권의 피담보채권이 가압류되면 담보물권의 수반성에 의하여 종된 권리인 근저당권에도 가압류의 효력이 미치게 되어 피담보채권의 가압류를 공시하기 위한 것이므로, 만일 근저당권의 피담보채권이 존재하지 않는다면 그 가압류명령은 무효"(대판 2004.5.28. 2003다70041)라고 할 것이다. 그러므로 乙의 가압류등기도 원칙적으로 무효이다.

(2) 이해관계 있는 제3자가 있는 경우의 등기말소 절차
등기의 말소를 신청하는 경우에 그 말소에 대하여 등기상 이해관계 있는 제3자가 있을 때에는 제3자의 승낙이 있어야 한다(부동산 등기법 제57조 1항). 동조에서 말하는 '등기상 이해관계 있는 제3자'란, 말소등기를 함으로써 손해를 입을 우려가 있는 등기상의 권리자로서 그 손해를 입을 우려가 있다는 것이 등기부 기재에 의해 형식적으로 인정되는 자이고, 제3자가 승낙의무를 부담하는지 여부는 말소등기권리자에 대해 승낙을 하여야 할 '실체법상 의무가 있는지 여부'에 의해 결정된다(대판 2007.4.27. 2005다43753).

사안에서 甲명의 근저당권설정등기는 그에 대응하는 근저당권설정계약이 무효이고, 또 기본계약도 존재하지 않아서 무효이다. 그리고 가압류 결정도 무효이어서 그에 기한 근저당권채권 가압류 기입등기도 효력이 없다. 따라서 乙이 다른 이유로 보호받지 못한다면, 乙은 B의 근저당권설정등기의 말소등기에 관하여 승낙의 의사표시를 할 의무가 있게 된다.

> **관련판례** 만약 甲이 乙을 상대로 가압류기입등기를 말소할 것을 청구하였다면 '가압류기입등기'는 등기관이 직권말소하게 되므로, '소의 이익'이 없음을 이유로 각하하여야 한다(대판 1996.5.31. 94다27205등).

(3) 乙의 보호여부

1) 판 례

대법원은 ㉠ "통정한 허위표시에 의하여 외형상 형성된 법률관계로 생긴 채권을 가압류한 경우, 그 가압류권자는 허위표시에 기초하여 새로운 법률상 이해관계를 가지게 되므로 제108조 2항의 제3자에 해당한다"(대판 2004.5.28. 2003다70041 ; 2회,7회 선택형)고 한다. ㉡ 그러나 '피담보채권을 성립시키는 기본계약이 부존재'(근저당권설정계약과 기본계약은 별개이고 근저당권 설정등기시 '근저당권설정계약'만 등기될 뿐 '기본계약'은 등기조차 되지 않으므로 근저당권설정등기가 되어 있다고 해서 그 피담보채권을 발생시키는 기본계약의 성립이 추정되지는 않는다)하는 경우 '가압류결정의 무효'를 이유로 당해 가압류권자는 등기상 이해관계 있는 제3자로서 근저당권의 말소에 대한 승낙의 의사표시를 할 의무가 있다(부동산등기법 제57조 1항)고 한다(대판 2004.5.28. 2003다70041 ; 7회 선택형). 즉, 判例는 '피담보채권의 성립 및 근저당권설정계약 양자 모두에 통정허위표시가 존재하는 경우'에는 채권가압류권자는 제108조 2항에서 말하는 제3자에 해당하나, '법률행위의 외형조차 없는 경우'에는 제108조 2항이 적용될 수 없다는 입장이다.

2) 검토 및 사안의 경우

법률행위(사안의 경우는 기본계약)의 외형조차 없는 경우에는 신뢰의 대상 자체가 결여되어 있기 때문에 결국 보호할 필요가 없다고 봄이 타당하다.[9] 따라서 B는 乙에게 甲을 근저당권자로 한 근저당권설정등기의 말소등기에 관하여 승낙의 의사표시를 하라고 청구할 수 있다.

제3관 착오에 의한 의사표시 … 권리소멸의 항변(취소)

쟁점구조

■ 동기가 상대방으로부터 제공되었으나 상대방도 착오에 빠진 경우(표의자와 상대방의 법률관계)

Ⅰ. 하자담보책임에 따른 해제 또는 손해배상청구 가부

　착오와 담보책임이 동시에 문제되는 경우 최근 判例(대판 2018.9.13. 2015다78703)는 경합을 인정

Ⅱ. 착오를 이유로 한 취소가부(적극)

1. 착오의 종류(결론은 법률행위 내용의 착오가 아닌 동기의 착오)
2. 쌍방이 공통된 동기의 착오를 일으킨 경우(결론은 보충적 해석에 의한 계약의 수정불가)
3. 동기가 상대방으로부터 제공되거나 유발된 경우(결론은 제109조에 의한 취소가능)

Ⅲ. 사기를 이유로 한 취소 가부

Ⅲ-1. 착오와 사기의 경합(착오취소와 사기취소의 요건을 모두 충족하는 경우)

Ⅳ. 취소권 행사의 효과

1. 부당이득반환
　① 부당이득반환(제201조 또는 제748조) ⇒ ② 동시이행의 항변권(판례)
2. 표의자의 경과실 착오 취소시 상대방에 대한 신뢰이익 배상책임 인정 여부(소극)
　判例에 따르면 취소자의 손해배상책임(제750조)을 부정하는 것이 타당

---

9) 노재호, 민법교안 10판, p121 참고

> 甲은 공장을 짓기 위한 임야를 매수할 목적으로 乙소유의 X임야가 적합하다고 생각되어 교섭을 시작하였다. 그런데 X임야가 도시계획상 공원구역에 포함되어 있어 공장신축이 불가능하자, 소유자 乙은 비용을 들여 관계공무원에게 공원구역 해제 여부를 문의하였더니 곧 공원구역에서 해제되어 공장신축이 가능할 것이라는 답변을 듣고 이를 甲에게 고지하였다. 이에 甲은 공장신축이 가능하다는 乙의 말만 믿고 乙에게 위 임야에 공장을 짓는 것이 가능하다는 점을 계약서에 특별히 기재하자고 하였으나 乙은 이를 거절하였고, 이에 따라 매매대금도 통상의 임야와 같은 가격인 1억 원으로 결정하였다. 그 후 甲 앞으로의 소유권이전등기와 매매대금의 지급을 완료하였다. 그러나 예상과는 달리 X임야는 공원구역에서 해제되지 않았다(단, 이와 관련하여 甲과 乙은 모두 경과실이 있었다고 가정한다). 甲은 이에 따라 착오와 사기를 이유로 위 매매계약을 취소하고 매매대금 1억 원 및 乙이 받은 날로부터 이 사건 소장부본 송달일까지는 (민법 제397조의 민사법정이율인)연 5%의, 소장부본 송달일 다음날부터 완제일까지는 (소송촉진 등에 관한 특례법 제3조 1항에서 정한) 연 12%의 비율에 의한 금원을 지급하라는 내용의 소를 제기하였다.
> **甲의 청구에 대한 결론**[청구인용, 청구일부인용(구체적인 인용범위 포함), 청구기각]을 서술하시오. (30점)
>
> 법원은 甲의 乙에 대한 청구에 대하여 '피고 乙은 원고 甲에게 100,000,000을 반환하라.'는 일부승소판결을 하여야 한다. 즉 소송에서 乙이 동시이행항변권을 행사하지 않는 한, 법원은 이를 고려하여 상환이행판결을 할 수 없다(대판 1990.11.27. 90다카25222).

I. 서 설

[A-102]

1. 민법의 태도

> **제109조(착오로 인한 의사표시)** ① 의사표시는 법률행위의 내용의 중요부분에 착오가 있는 때에는 취소할 수 있다. 그러나 그 착오가 표의자의 중대한 과실로 인한 때에는 취소하지 못한다. ② 전항의 의사표시의 취소는 선의의 제3자에게 대항하지 못한다.

현행 민법은 표의자가 착오를 이유로 의사표시를 취소할 수 있도록 하되, 그 요건을 제한한다(제109조 1항). 즉 법률행위의 중요부분에 착오가 있고, 또 그 착오에 중과실이 없어야 한다. 이러한 착오규정은 '임의규정'으로 당사자의 합의로 착오로 인한 의사표시 취소에 관한 민법 제109조 제1항의 적용을 배제할 수 있다(대판 2016.4.15. 2013다97694).

2. 착오의 개념

착오의 개념에 대해 학설이 대립하나 이러한 학설대립의 원인은 제109조의 '법률행위 내용'의 착오에 동기의 착오를 포함하여 이해할 것인가와 관련된 것이므로 뒤에서 검토하기로 한다.

① 판례는 일반적으로 착오를 의사표시의 내용과 내심의 의사가 일치하지 않는 것을 표시자가 모르는 것이라고 한다(대판 1985.4.23. 84다카890). 특히 판례는 '장래의 불확실한 사실자체'에 관한 것이라도 착오에 해당한다고 한다(대판 1994.6.10. 93다24810: 표준판례87 : 장래에 부과될 양도소득세 등의 세액에 관한 착오).

② 이와 달리 단순히 '장래의 미필적 사실의 발생에 대한 기대나 예상'이 빗나간 것에 불과한 것은 착오라고 할 수 없다고 한다(대판 2020.5.14. 2016다12175등: 표준판례88). 예컨대 매매계약 당시 장차 도시계획이 변경되어 호텔 등의 신축에 대한 인·허가를 받을 수 있을 것이라고 생각하였으나 그 후 생각대로 되지 않은 경우, 이는 법률행위 당시를 기준으로 장래의 미필적 사실의 발생에 대한 기대나 예상이 빗나간 것에 불과할 뿐 착오라고 할 수는 없다고 한다(대판 2007.8.23. 2006다15755). 다만 어떠한 인식이 장래에 있을

어떤 사항에 대한 단순한 예측이나 기대에 머무르는 것이 아니라 그 예측이나 기대의 근거가 되는 현재 사정에 대한 인식을 포함하고 있고 그 인식이 실제로 있는 사실과 일치하지 않는다면 이를 착오로 다룰 수 있다(대판 2024.8.1. 2024다206760). [19법행]

3. 착오의 유형
① 내심적 효과의사를 기준으로 할 때 표시행위를 잘못하는 표시상의 착오, ② 표의자가 표시행위 자체에는 착오가 없었으나 표시행위 자체의 의미를 잘못 이해하는 내용(의미)의 착오, ③ 법률행위에 관계되는 사람 또는 물건의 성질(성상)에 관한 착오, ④ 동기의 착오를 들 수 있다.

> ※ 착오의 종류
> ① [표시상의 착오] 청약서에 300달러라고 표기하려고 생각하고 있었는데, 30달러라고 잘못 표기한 경우
> ② [내용(의미)의 착오] 미화 300달러와 홍콩 300달러의 가치가 같다고 오해하여 미화 300달러를 홍콩 300달러라고 표시한 경우, 보증인이 신원보증 서류로 알고 서명날인을 하였는데 실제로는 연대보증 서류이었던 경우(대판 2005.5.27. 2004다43824 : 표준판례93 ; 핵심사례 A-10.참고 : 7회 선택형). 물상보증인이 근저당권설정계약에서 채무자의 동일성에 대하여 착오를 일으킨 경우(대판 1995.12.22. 95다37087).
> ③ [성질(성상)에 관한 착오] 사람의 성질은 연령, 성별과 같은 신체적·정신적 성질뿐만 아니라 전문지식, 자산과 같은 법적·사실적 관계 및 가족관계와 같은 주변적 상황도 포함한다. 물건의 성질도 재료, 진품성 등 물건이 가지고 있는 자연적 속성뿐만 아니라 건축관련법규에 의한 토지의 건축가능성과 같이 그 물건의 사용가능성 또는 가치에 영향을 미치는 사실적 또는 법률적 관계도 포함한다. 성질의 착오는 동일성의 착오와 **구별된다**(동일성의 착오는 법률행위 내용의 착오에 해당한다). 동일성의 착오는 법률행위에 관계하는 사람 또는 물건 자체가 표의자가 생각한 것과 다른 데 반해, 성질의 착오는 동일성은 갖지만 그 성질이 표의자가 생각한 것과 다른 점에서 차이가 있다. 이러한 성질의 착오는 일반적으로 동기의 착오에 해당함을 전제로 하여 법률행위의 내용의 중요부분이 될 수 있는지 여부의 문제로 다뤄진다.

Ⅱ. 취소권 발생의 요건(착, 중, 중) [A-103]

착오를 이유로 의사표시를 취소하는 자(표의자)는 ① 법률행위의 내용에 착오가 있었다는 사실과 함께 ② 그 착오가 의사표시에 결정적인 영향을 미쳤다는 점, 즉 만약 그 착오가 없었더라면 의사표시를 하지 않았을 것이라는 점을 증명하여야 한다(대판 2008.1.17. 2007다74188 : 10회 선택형). ③ 이에 반해 표의자에게 중대한 과실이 있을 것은 상대방측의 (재)항변 사유이므로 표의자의 상대방이 입증해야 한다(제109조 1항 단서)(대판 2005.5.12. 2005다6228).

1. 의사표시에서 착오의 존재(법률행위 내용의 착오)
의사표시가 존재하고, 그 의사표시를 함에 있어서 표의자의 착오가 있어야 한다. 착오는 법률행위의 해석을 통해 법률행위가 유효하게 성립한 것을 전제로 하여 의사와 표시가 일치하지 않는 경우로서 문제되는 것이다. 따라서 비록 외형상 의사와 표시의 불일치가 있더라도 '**자연적 해석**'의 결과 일치하는 것으로 되는 때에는 착오는 성립하지 않는다(오표시 무해의 원칙). 또 합의가 있다고 볼 수 없어 계약이 성립하지 않거나, 법률행위가 무효인 경우에도 착오가 성립할 여지는 없다. 그리고 대리인이 의사표시를 한 경우 착오의 존재여부는 '**대리인**'을 기준으로 판단한다(제116조 참조).

[쟁점 02] 동기의 착오

Ⅰ. 당사자 일방의 동기의 착오
[A3-1]

1. 문제점

동기의 착오란 표시상의 효과의사에 대응하는 내심의 효과의사 자체는 존재하지만(효과의사=표시행위), 내심의 의사를 결정하도록 한 동기 또는 연유가 인식사실과 일치하지 않는 경우를 말한다. 이러한 동기는 법률행위 내용 그 자체는 아니지만, 효과의사를 결정하는 이유라는 점에서 법률행위의 내용과 전혀 무관하다고 할 수 없어 제109조의 착오에 동기의 착오를 포함시킬 것인가가 문제된다.

2. 판 례[10] [4회 사례형, 9회 기록형 등]

① "동기를 당해 의사표시의 내용으로 삼을 것을 상대방에게 표시하고, 제109조의 나머지 요건까지 충족하였다면 그 착오를 이유로 계약을 취소할 수 있다"고 보아 **기본적으로 동기표시설의 입장이다**(대판 2000.5.12. 2000다12259 등 : 10회 선택형). 다만, 의사표시의 해석상 그 동기가 법률행위의 내용으로 되어 있다고 인정되면 충분하고, 당사자들 사이에 별도로 그 동기를 의사표시의 내용으로 삼기로 하는 '합의'까지 이루어질 필요는 없다고 한다(13회 선택형)[11]

② 그러나 동기가 상대방으로부터 제공되거나 유발된 경우 判例는 동기의 표시 여부를 묻지 않고 대부분 법률행위의 중요부분을 인정하여 취소를 인정한다(대판 1996.7.26. 94다25964 등 : 2회 선택형).

> **※ 상대방에 의해 유발되거나 제공된 동기의 착오**
> ① 귀속재산이 아닌데도 공무원이 귀속재산이라고 하여 토지소유자가 토지를 국가에 증여한 사안(대판 1978.7.11. 78다719), ② 공무원의 법령오해로 인해 토지소유자가 토지를 국가에 증여한 사안(대판 1990.7.10. 90다카7460 : 일부취소 참고), ③ 매매대상에 포함되었다는 시 공무원의 말을 믿고 매매계약을 체결한 사안(대판 1991.3.27. 90다카27740), ④ 채무자가 과거 연체가 없었다는 채권자의 진술을 믿고 신용보증기금이 신용보증을 선 사안(대판 1992.2.25. 91다38419)에서 判例는 법률행위의 중요부분을 인정하여 취소를 인정하였다.

3. 검 토

표의자의 이익과 상대방의 이익을 함께 고려하는 동기표시설이 타당하다. 왜냐하면 착오의 대부분은 동기의 착오이기 때문에 동기의 착오를 제109조의 적용대상에서 무조건 제외하는 것은 구체적 타당성에 반하고, 반면에 동기의 착오를 이유로 한 취소권을 넓게 인정하면 상대방의 법적 지위가 너무 불안정해지기 때문이다. 아울러 동기가 상대방으로부터 제공되거나 유발된 경우 취소의 요건을 완화한 判例의 태도는 표의자의 (동기)착오를 유발한 상대방의 보호가치가 부정(감소)된다는 점에

---

10) [학설] ① 동기가 표시되거나 상대방이 알고 있는 경우에 한해 제109조가 적용될 수 있다는 <u>동기표시설(다수설)</u>, ② 동기가 표시되었는지 여부와 관계없이 제109조가 적용될 수 있다는 <u>동기포함설</u>, ③ 거래에 있어서 중요한 사람 또는 물건의 성질 및 이에 준하는 착오만 제109조가 유추적용될 수 있다는 <u>유추적용설</u>, ④ 동기의 착오는 제109조가 적용될 수 없다는 <u>동기배제설</u>이 있다.

11) [관련판례] 매매대상 토지 중 20~30평 정도만 도로에 편입될 것이라는 중개인의 말을 믿고 주택 신축을 위하여 토지를 매수하였고, 그와 같은 사정이 계약체결과정에서 현출되어 매도인도 이를 알고 있었는데, 실제로는 전체 면적의 약 30%에 해당하는 197평이 도로에 편입된 사안에서, 그러한 동기는 법률행위의 착오를 이룬다고 하여 착오에 의한 매매계약의 취소를 인정하였다(대판 2000.5.12. 2000다12259). 결국 법률행위의 해석에 의해 당사자가 그 동기를 하나의 전제로 삼고 법률행위를 했느냐 하는 것을 기준으로 하는 것이 判例의 기본적인 태도라고 볼 수 있다.

서 타당하다. 그리고 동기의 착오 유발이 상대방의 고의에 기한 경우 사기취소와의 경합이 문제될 수 있다.

Ⅱ. 당사자 쌍방의 공통하는 동기의 착오 [A3-2]

1. 문제점
당사자 일방만이 아닌 상대방까지 착오에 빠진 경우에도 제109조가 그대로 적용되는지는 의문이다. 왜냐하면 쌍방이 일치하여 착오에 빠진 경우에는 계약내용을 개별적인 관계에 맞게 '수정'하는 것이 당사자의 의사나 이익에 부합하는 때가 많은가 하면, 계약의 구속력으로부터 전혀 벗어나지 못하게 하는 것이 부당한 경우도 있는데, 그러한 경우에는 제109조가 예정한 경우가 아니어서 기존의 동기의 착오에 관한 이론을 그대로 적용하기는 어렵다고 보아야 하기 때문이다.

[주의] ① 당사자 쌍방이 착오한 내용이 상이하다면 제109조를 적용하여 해결하면 족하고 이 경우에는 취소권의 경합이 문제된다. ② 또한 당사자 쌍방이 공통하는 표시·내용상의 착오를 일으킨 경우에는 당사자의 진의가 일치하므로 자연적 해석에 의하여 표시된 대로, 이해한 내용대로 계약이 성립되므로 이 경우에는 착오가 문제되지 않는다고 해야 한다.

2. 판 례
判例의 경우 최근에 명시적으로 '보충적 해석'에 의한 수정가능성을 인정하였으나, 실제로 대부분의 判例에서는 의사표시가 법률행위의 중요부분일 경우 취소를 인정하여 왔다. 즉, 대법원은 **계약취소에 앞서 당사자의 의사를 보충하여 계약을 해석할 것을 요구하고 있는바, 여기서 '보충되는 당사자의 의사'란 "당사자의 실제 의사 또는 주관적 의사가 아니라 계약의 목적, 거래관행, 적용법규, 신의칙 등에 비추어 객관적으로 추인되는 정당한 이익조정 의사(가정적 의사)를 말한다**"(아래 2005다13288판결 : **6회 선택형**)고 한다.

[사실관계] ① 매매에 따른 양도소득세를 매수인이 부담하기로 하고 그 세액을 매수인이 계산하여 따로 지급하였는데(그 과정에서 전문회계사 및 세무공무원에 의한 세액 계산 및 확인과정이 있어 매도인이 이를 믿고 합의한 사안) 후에 **양도소득세가 더 부과된 사안**에서, "매도인이 그와 같이 착오를 일으키게 된 계기를 제공한 원인이 매수인에게 있을 뿐만 아니라 매수인도 그 세액에 관하여 동일한 착오에 빠져 있었다면, 매도인의 착오는 매매계약의 중요부분에 관한 것에 해당하여 착오를 이유로 취소할 수 있다"(대판 1994.6.10. 93다24810: **표준판례87**)고 하였으며, ② 甲이 국가 소유 대지 위에 건물을 신축하여 국가에 기부채납하는 대신 위 대지 및 건물을 일정기간 무상 사용하기로 약정하였는데, 그 후 기부채납한 건물에 대해 甲 앞으로 1억 원 상당의 부가가치세가 부과되었는데, 甲이나 국가나 기부채납이 부가가치세 과세대상인 것은 알지 못한 사안에서, "계약 당사자 쌍방이 계약의 전제나 기초가 되는 사항에 관하여 같은 내용으로 착오를 하고 이로 인하여 그에 관한 구체적 약정을 하지 아니하였다면, 당사자가 그러한 착오가 없을 때에 약정하였을 것으로 보이는 내용으로 당사자의 의사를 보충하여 계약을 해석할 수 있다"(대판 2006.11.23. 2005다13288: **표준판례66**)고 하면서, 다만 부가가치세의 부담에 관한 별도의 약정이 없을 경우에 관행이나 계약내용 등을 고려할 때 부가가치세를 국가가 부담하기로 하는 의사가 있다고 단정할 수는 없다고 하여 국가에 대하여 부가가치세 부담을 명한 원심판결을 파기하였다(동일 취지에 대판 2023.8.18. 2019다200126).

3. 검 토
먼저 법률행위의 보충적 해석을 통해 당사자 쌍방에게 공통하는 동기의 착오가 없었더라면 당사자들이 합의하였을 내용으로 계약을 수정해 보고, 이것이 불가능한 경우에는 애초의 계약에 의해 불이익을 입은 자가 민법 제109조의 요건 하에 의사표시를 취소할 수 있다고 보는 判例가 타당하다.

▶ [쟁점 02]

2. 법률행위 내용의 중요부분에 착오가 있을 것

(1) 판단기준

① 이에 대한 판단은 判例에 따르면 이른바 '이중적 기준설'에 따라 행하여진다(대판 2003.4.11. 2002다70884 등). [15법행] ㉠ 우선 표의자가 그러한 착오가 없었더라면 그 의사표시를 하지 않았으리라고 생각될 정도로 중요한 것이어야 한다(주관적 현저성). ㉡ 다음으로, 일반인도 표의자의 입장에 섰더라면 그러한 의사표시를 하지 않았으리라고 생각될 정도로 중요한 것이어야 한다(객관적 현저성).

② 다만 최근에는 객관적 표준만을 제시하는 판결도 보인다(대판 2006.12.7. 2006다41457). 즉 착오로 인하여 **표의자가 경제적 불이익을 입은 것이 아니라면, 이를 법률행위 내용의 중요부분의 착오라 할 수 없다**고 하였는데, 이는 객관적 현저성이 결여되었음을 의미하는 것으로 보인다.

> ✱ **경제적 불이익**
> ㉠ 양도소득세에 관한 법률의 내용에 착오를 일으켜 토지를 매도하였지만 그 후 법률의 개정으로 불이익이 소멸된 경우(대판 1995.3.24. 94다44620: 표준판례95)[그러나 '**법률에 관한 착오**'(양도소득세가 부과될 것인데도 부과되지 아니하는 것으로 오인)라도 그것이 법률행위의 내용의 중요부분에 관한 것인 때(경제적 불이익이 인정되는 경우)에는 착오를 이유로 취소할 수 있다(대판 1981.11.10. 80다2475)], ㉡ 기부채납한 시설물의 부지에 대한 소유권의 귀속에 착오가 있었지만 표의자가 그 시설물을 약정대로 사용하는 데에 사실상 아무런 문제가 없는 경우(대판 1999.2.23. 98다47924), ㉢ 기술신용보증기금이 심사대상기업의 사업장에 가압류되어 있었음에도 이를 모르고 보증을 하였으나 그 가압류가 피보전권리 없이 부당하게 발령된 것으로 밝혀진 경우에(대판 1998.9.22. 98다23706), 각각 착오가 있었다고 하여 그로 인하여 **표의자가 무슨 경제적 불이익을 입은 것도 아니라는 이유로 중요부분의 착오에 해당하지 않는다**고 보았다.

(2) 중요부분의 착오에 관한 판례의 유형화

1) 사람에 관한 착오

가) 동일성에 관한 착오

근저당권설정계약상 채무자의 동일성에 관한 물상보증인의 착오(대판 1995.12.22. 95다37087), 보증계약상 주채무자의 동일성에 관한 보증인의 착오(대판 1993.10.22. 93다14912: 표준판례90)와 같이 그 사람이 누구인지를 중시하는 법률행위에서는 중요부분의 착오가 될 수 있다.

> [관련판례] "근저당권설정계약 또는 보증계약을 맺음에 있어서 채무자가 누구인가에 관한 착오는 중요부분에 관한 착오라고 볼 것이나, 근저당권설정자 또는 보증인이 그 계약서에 나타난 채무자가 마음속으로 채무자라고 본 사람의 이름을 빌린 것에 불과하여 계약당시에 위 두 사람이 같은 사람이 아닌 것을 알았더라도 그 계약을 맺을 것이라고 보여지는 등 특별한 사정이 있는 경우에는 형식상 사람의 동일성에 관한 착오가 있는 것처럼 보이더라도 이를 가지고 법률행위의 중요부분에 관한 착오라고는 볼 수 없다"(대판 1986.8.19. 86다카448).

나) 성질에 관한 착오

① [보증계약] 실무상 많이 문제되는 것은 보증계약에서 주채무자의 신용상태에 관한 착오인바, 보증제도는 본질적으로 주채무자의 무자력으로 인한 채권자의 위험을 인수하는 것이므로 원칙적으로 보증계약에서 '**채무자의 신용 유무**' 또는 '**다른 담보의 존재**'에 관한 착오는 보증계약의 중요부분의 착오라고 할 수 없다. 따라서 보증인이 주채무자의 변제자력 또는 다른 담보가치에 관하여 착오하였더라도(동기의 착오), 보증의 의사표시를 취소할 수 없다(대판 1998.7.24. 97다35276 참고).

> [관련판례] "주채무자의 차용금반환채무를 보증할 의사로 공정증서에 연대보증인으로 서명·날인하였으나 그 공정증서가 주채무자의 기존의 구상금채무 등에 관한 준소비대차계약의 공정증서이었던 경우, 소비대차계약과 준소비대차계약의 법률효과는 동일하므로 공정증서가 연대보증인의 의사와 다른 법률효과를 발생시키는 내

용의 서면이라고 할 수 없어 표시와 의사의 불일치가 객관적으로 현저한 경우에 해당하지 않을 뿐만 아니라, 연대보증인은 주채무자가 채권자에게 부담하는 차용금반환채무를 연대보증할 의사가 있었던 이상 착오로 인하여 경제적인 불이익을 입었거나 장차 불이익을 당할 염려도 없으므로 위와 같은 착오는 연대보증계약의 중요 부분의 착오가 아니다"(대판 2006.12.7. 2006다41457).

그러나 ㉠ 신용보증기금에 의한 신용보증을 하는 데 기업의 신용유무는 중요부분의 착오이며(대판 2005.5.12. 2005다6228 ; 주류적 판례와 다른 취지의 판결로 대판 1987.11.10. 87다카192), ㉡ 채권자가 주채무자의 신용상태에 대한 보증인의 착오를 유발하였다면 착오를 이유로 취소할 수도 있다(대판 1989.1.17. 87다카1271 참고). 그리고 앞서 살핀 바와 같이 '주채무자의 동일성이나 주채무의 내용'에 관한 착오는 보증계약의 중요부분의 착오이다.

② [**소유권 귀속의 착오**] 타인의 소유일지라도 매매의 목적이 될 수 있는 것이므로(제569조 참조), 매매목적물의 소유권에 관한 착오는 중요부분의 착오가 아니다(대판 1959.9.24. 4290민상627). 같은 취지로 임대차에서 목적물이 임대인의 소유일 것이 요건은 아니므로(제618조 참조), 임대인의 소유일 것을 계약의 내용으로 삼지 않은 한 중요부분에 착오가 있다고 할 수 없다(대판 1975.1.28. 74다2069).

2) 법률행위의 객체에 관한 착오
가) 동일성에 관한 착오

부동산중개업자가 매매목적인 점포를 다른 점포로 잘못 소개하여 매수인이 오인한 것은 법률행위 내용의 중요부분의 착오에 해당하며, 중과실도 부정된다(대판 1997.11.28. 97다32772,32789 : 표준판례91).

나) 성질에 관한 착오

① [**법령상의 제한 등에 관한 착오**] 일정한 사용목적을 위하여 토지를 매입하였는데 법령상의 제한으로 인하여 그 토지를 의도한 목적대로 사용할 수 없게 된 경우에, 그러한 목적은 동기를 이룰 뿐이어서 매수인의 착오는 동기의 착오에 불과하다(대판 1990.5.22. 90다카7026).

② [**보험계약의 중요사항에 관한 착오**] "보험회사(보험모집종사자)가 설명의무를 위반하여 고객이 보험계약의 중요사항에 관하여 제대로 이해하지 못한 채 착오에 빠져 보험계약을 체결한 경우, 그러한 착오가 동기의 착오에 불과하다고 하더라도 착오가 없었더라면 보험계약을 체결하지 않았거나 적어도 동일한 내용으로 보험계약을 체결하지 않았을 것이 명백하다면, 이러한 착오는 보험계약의 내용의 중요부분에 관한 것이므로 이를 이유로 보험계약을 취소할 수 있다"(대판 2018.4.12. 2017다229536: 표준판례89 : 9회 선택형).

③ [**토지의 현황·경계에 관한 착오**] 토지의 현황과 경계에 착오가 있어 계약을 체결하기 전에 이를 알았다면 계약의 목적을 달성할 수 없음이 명백하여 계약을 체결하지 않았을 것으로 평가할 수 있을 경우에 계약의 중요부분에 관한 착오가 인정된다(대판 2020.3.26. 2019다288232 : 11회 선택형). ㉠ 토지 1,389평을 전부 경작할 수 있는 농지인 줄 알고 매수하고 소유권이전등기를 하였으나 측량 결과 약 600평이 하천을 이루고 있는 경우(대판 1968.3.26. 67다2160), ㉡ 인접 대지의 경계선이 자신의 대지의 경계선과 일치하는 것으로 잘못 알고 그 경계선에 담장을 설치하기로 합의한 경우(대판 1989.7.25. 88다카9364), ㉢ 약 325평의 토지를 매수하면서 '그 토지에 인접한 매실나무 밭 바로 앞부분 약 80평이 포함되고 인접한 도로 부분 약 40평이 포함되지 않는다'고 토지의 경계를 잘못 인식한 경우(대판 2020.3.26. 2019다288232), ㉣ 매매대상 토지 중 20~30평 정도만 도로에 편입될 것이라는 중개인의 말을 믿고 주택 신축을 위하여 토지를 매수하였고, 그와 같은 사정이 계약체결과정에서 현출되어 매도인도 이를 알고 있었는데, 실제로는 전체 면적의 약 30%에 해당하는 197평이 도로에 편입된 경우(대판 2000.5.12. 2000다12259). 각각 '**법률행위 내용의 중요부분의 착오**'에 해당하는 것으로 보아 취소를 인정하였다.

④ [**매매목적물의 수량이나 면적의 부족**] ㉠ 수량지정매매인 경우에는 담보책임에 관한 규정(제574조)이 착오취소의 특칙규정이라고 할 수 있어 담보책임이 성립하는 범위 내에서는 착오취소 규정이 적용되지 않는다. ㉡ 그러나 **수량지정매매가 아닌 경우**, 예컨대 '특정된 토지 전부'를 매수하였으나 표시된 '지적이 실제면적보다 적은 경우'라도 그 매매계약의 중요부분에 착오가 있다고 할 수 없으며(대판 1969.5.13. 69다196), 설령 매수인이 그 목적물의 면적이 계약서에 표시된 면적이 있는 것으로 오신을 하였더라도 이는 동기의 착오로 될 수는 있을 뿐(대판 1956.2.23. 4288민상559), 그 차이가 근소한 때에는 법률행위의 중요부분에 관한 착오라고 할 수 없다(대판 1984.4.10. 83다카1328,1329). 다만 그 면적차이가 현저하게 큰 때에는 중요부분에 관한 착오가 될 수 있다(통설). 이와 별개로 만약 경계를 착오한 경우(공부상의 경계와 다른 것을 경계라고 오신한 경우)에는 '법률행위내용의 중요부분의 착오'로 취소할 수 있다(대판 1993.9.28. 93다31634,31641 : **표준판례92**).

⑤ [**시가의 착오**] 매매거래에 있어서 매도인이 매도당시 목적물의 시가를 몰라서 대금과 시가에 간격이 생겨도 이는 의사결정의 연유(동기)의 착오에 불과하다(대판 1992.10.23. 92다29337). **[19법행]** 이것은 매수인이 목적물의 시가를 모르고 매수하는 경우에도 같다(대판 1985.4.23. 84다카890). 다만 **매매목적물의 시가는 중요부분의 착오가 아니나**(대판 1984.4.10. 81다239), **시가차이가 현저한 경우 중요부분의 착오가 될 수 있고, 이때에는 '일부취소'가 가능하다**(대판 1998.2.10. 97다44737 : **표준판례122** : 일부취소 참고).

3. 표의자에게 '중대한 과실'이 없을 것···재항변 사유

(1) 의 의 [15법행]

표의자에게 중대한 과실이 인정되는 경우에는 원칙적으로 착오를 이유로 취소할 수 없다(제109조 1항 단서).

'중대한 과실'이란 표의자의 직업, 행위의 종류, 목적 등에 비추어 당해 행위에 일반적으로 요구되는 **주의를 현저하게 결여한 것을 말한다**(대판 2000.5.12. 2000다12259). 중대한 과실의 유무는 구체적 사실관계에서 보통인이 베풀어야 할 주의를 표준으로 객관적으로 판단되어야 하나(추상적 경과실), 표의자의 직업 등 개인사정이 당해 거래에 영향을 주는 경우(예금거래에서 은행원의 착오)에는 그것도 고려하여야 한다.

(2) 판례에 나타난 '중대한 과실'

① [**중과실 긍정**] 공장을 경영하는 자가 새로운 공장을 설립할 목적으로 토지를 매수함에 있어 토지상에 공장을 건축할 수 있는지 여부를 관할 관청에 알아보지 아니한 경우(대판 1993.6.29. 92다38881), 신용보증기금의 신용보증서를 담보로 금융채권자금을 대출해 준 금융기관이 위 대출자금이 모두 상환되지 않았음에도 착오로 신용보증기금에게 신용보증서 담보설정 해지를 통지한 경우(대판 2000.5.12. 99다64995)에는 중대한 과실이 있으므로 취소할 수 없다.

② [**중과실 부정**] 골동품도자기 매매계약을 체결함에 있어 매수인이 전문적 감정인의 감정을 거치지 아니한 채 매매계약을 체결한 경우(대판 1997.8.22. 96다26657 : 고려청자로 알고 매수한 도자기가 진품이 아닌 것으로 밝혀진 사례), **토지매매에서 매수인이 매매목적물과 지적도와의 일치를 미리 확인하지 않은 경우**(대판 2020.3.26. 2019다288232 : 사안에서는 매도인의 잘못된 설명으로 인해 매수인의 착오가 유발된 측면도 고려되었다), 건축사 자격이 없이 건축연구소를 개설한 건축학 교수와 재건축아파트 설계용역계약을 체결한 재건축조합이 상대방의 건축사 자격 유무를 조사하지 아니하여 그의 무자격을 알지 못한 경우(대판 2003.4.11. 2002다70884)에는 중대한 과실이 없다고 한다.

(3) 예 외(상대방이 표의자의 착오를 알면서 이용한 경우)

상대방이 표의자의 착오를 알면서 이를 이용한 경우에, 표의자에게 중대한 과실이 있더라도 표의자는 그 의사표시를 취소할 수 있다(대판 1955.11.10. 4288민상321 ; 대판 2014.11.27. 2013다49794: 표준판례94 : 5회,7회,9회 선택형). 제109조 1항 단서가 상대방의 이익을 보호하기 위한 것이지만 이러한 경우에는 상대방의 보호가치가 부정되므로 그 규정의 적용이 배제되어야 하고, 또한 상대방이 표의자의 중대한 과실을 원용하여 표의자의 취소권을 부인하는 것은 신의칙에 반하기 때문이다.

> [사실관계] 미래에셋증권의 직원이 거래 당일 개장 전인 08:50경 이 사건 계약의 매수주문을 입력하면서 주문가격란에 0.80원을 입력하여야 함에도 80원으로 잘못 입력하였는데, 상대방은 그것이 주문자의 착오로 인한 것임을 충분히 알 수 있었음에도 이를 이용하여 다른 사람들보다 먼저 매매계약을 체결한 사안이다.

Ⅲ. 착오의 효력 [A-104]

1. 취소권의 발생

착오에 의한 의사표시는 취소할 수 있고(제109조 1항), 취소되면 처음부터 무효로 된다(제141조).

2. 제3자에 대한 관계…재항변 사유

착오로 인한 법률행위의 취소는 선의의 제3자에게 대항할 수 없다(제109조 2항). '제3자'·'선의'·'대항할 수 없다' 등의 의미에 관하여는 허위표시에서 살핀 바와 같다. 특히 여기서 말하는 제3자에는 단순히 착오로 인한 의사표시의 취소가 있기 전에 새로운 이해관계를 맺은 제3자뿐만 아니라 법률행위 취소 이후라도 '말소등기'가 행하여진 시점을 기준으로 하여 그때까지 취소의 의사표시가 있었음을 알지 못하는 제3자도 포함된다고 해석된다(통설). 判例는 비록 착오로 인한 취소의 경우에 관한 것은 아니지만, 사기에 의한 취소의 경우 대항할 수 없는 제3자에 취소된 사실을 모르는 자도 포함시키고 있다(대판 1975.12.23. 75다533).

3. 경과실[12] 표의자의 상대방에 대한 신뢰이익[13] 배상책임

判例는 전문건설공제조합이 경과실로 인하여 착오에 빠져 계약보증서를 발급하고 그 착오를 이유로 보증계약을 취소하자 상대방(채권자)이 제750조의 불법행위로 인한 손해배상을 청구한 사안에서 "ⅰ) (경)과실로 인하여 착오에 빠져 계약을 체결한 것과, ⅱ) 그 착오를 이유로 계약을 취소한 것 모두 '위법'하다고는 할 수 없다"(대판 1997.8.22. 97다13023 : 5회,7회,9회 선택형)고 하여 불법행위 책임을 부정한다.

Ⅳ. 적용범위 [A-105]

1. 상대방 없는 단독행위

判例는 재단법인의 설립행위는 상대방 없는 단독행위인데 설립자가 착오를 이유로 출연의 의사표시를 취소할 수 있다고 한다(대판 1999.7.9. 98다9045 : 13회 선택형).

2. 화해계약(제733조 : C-75 참고).

---

12) 표의자가 과실 없이 착오에 빠진 경우에도 신뢰이익배상 의무를 인정하는 것은 과실책임의 원칙에 어긋나기 때문에, 명문의 규정이 없는 우리 민법의 경우에는 표의자가 '경과실'을 이유로 법률행위를 취소하는 경우에만 문제된다.

13) [신뢰이익 손해] 예를 들어 부동산의 매수인이 매매계약이 유효한 것으로 믿고 부동산 중개수수료 및 부동산에 관한 소유권이전등기에 필요한 비용을 지출하였는데 나중에 매도인이 착오를 이유로 취소해 버리면 매수인은 위 중개 수수료 및 소유권이전등기에 필요한 비용 상당의 손해를 입게 된다.

3. 가족법상 행위

본인의 의사가 절대적으로 존중되는 가족법상의 행위에 대하여는 제109조가 적용되지 않는다. 예를 들어 착오에 기한 혼인이나 입양은 제816조 2호와 제884조 2호가 적용된다.

4. 소송행위

절차안정이 요구되는 소송행위에는 제109조가 적용되지 않으므로 소송행위를 착오를 이유로 취소하지 못한다. 따라서 判例는 '소를 취하한 경우'(대판 1971.7.27. 71다941 : 재판외에서 행하는 당사자의 소취하합의는 사법계약인 반면 소취하는 소송행위이다), **소송상 화해**(대판 1979.5.15. 78다1094 : 재판 외에서 행하는 화해계약은 사법계약인 반면 소송상 화해는 소송행위이다), **상소포기**(대판 1980.4.4. 80모11) 등의 경우에 그러한 행위에 착오가 있더라도 이를 이유로 취소할 수 없다고 한다.

> [비교판례] '소취하합의'가 민법상의 화해계약에 해당하는 경우에는 당사자는 착오를 이유로 취소하지 못하고 다만 화해 당사자의 자격 또는 화해의 목적인 분쟁 이외의 사항에 착오가 있는 때에 한하여 이를 취소할 수 있으나(제733조 단서), 민법상의 화해계약에 이르지 않은 법률행위에 해당하는 경우에는 민법 제109조에 따라 법률행위의 내용의 중요 부분에 착오가 있는 때에 취소할 수 있다(대판 2020.10.15. 2020다227523,227530).

V. 다른 제도와의 관계   [A-106]

1. 법률행위 해석(A-76.참고)

2. 사기에 의한 의사표시의 취소(제110조)와의 경합 여부(A-112.참고)

3. 해제와의 경합 여부

判例는 '매도인이' 매수인의 중도금 지급 채무불이행을 이유로 매매계약을 적법하게 해제한 후에도(소급적 소멸), '매수인이' 착오를 이유로 취소권을 행사하여 매매계약 전체를 무효로 돌릴 수 있다고 판시하여 경합을 인정한다(대판 1996.12.6. 95다24982 : 2회,9회,11회 선택형). 왜냐하면 무효와 취소의 '이중효'의 이론적 측면뿐만 아니라 이를 인정할 경우 매수인으로서는 계약해제의 효과로서 발생하는 손해배상책임을 지는 불이익(제548조·제551조)을 피할 수 있는 실익도 있기 때문이다.

4. 담보책임과의 경합 여부

(1) **매수인이 착오에 빠진 경우**(제580조와 제109조 경합긍정)

判例는 "착오로 인한 취소 제도와 매도인의 하자담보책임 제도는 취지가 서로 다르고, 요건과 효과도 구별된다. 따라서 매매계약 내용의 중요 부분에 착오가 있는 경우 매수인은 매도인의 하자담보책임이 성립하는지와 상관없이 착오를 이유로 매매계약을 취소할 수 있다"(대판 2018.9.13. 2015다78703: 표준판례96)고 판시하여 제580조(물건의 하자담보책임)와 제109조의 경합을 처음으로 명시적으로 인정하였다. 따라서 이러한 判例에 따르면 설령 하자를 안 날로부터 6개월이 지났더라도(제582조), 제146조의 제척기간이 지나지 않았다면 착오를 이유로 취소할 수 있다(C16-4.참고).

(2) **매도인이 착오에 빠진 경우**(경합부정, 제570조·제571조 담보책임만 인정 : C15-4.참고)

제4관 사기 혹은 강박에 의한 의사표시 …권리소멸의 항변(취소)

Ⅰ. 서 설 [A-107]

> 제110조 (사기, 강박에 의한 의사표시) ① 사기나 강박에 의한 의사표시는 취소할 수 있다. ② 상대방 있는 의사표시에 관하여 제3자가 사기나 강박을 행한 경우에는 상대방이 그 사실을 알았거나 알 수 있었을 경우에 한하여 그 의사표시를 취소할 수 있다. ③ 전2항의 의사표시의 취소는 선의의 제3자에게 대항하지 못한다.

사기 혹은 강박에 의하여 행하여진 의사표시는 의사와 표시의 불일치가 존재하는 경우는 아니지만 의사의 형성과정에 하자, 즉 타인의 부당한 간섭이 존재하는 경우이다.

Ⅱ. 사기에 의한 의사표시 [A-108]

1. 의 의

"사기에 의한 의사표시란 타인의 기망행위로 말미암아 착오에 빠지게 된 결과 어떠한 의사표시를 하게 되는 경우이므로 거기에는 의사와 표시의 불일치가 있을 수 없고, 단지 의사의 형성과정 즉 의사표시의 동기에 착오가 있는 것에 불과하며, 이 점에서 고유한 의미의 착오에 의한 의사표시와 구분된다"(대판 2005.5.27. 2004다43824 ; 핵심사례 A-10.참고 : 7회 선택형).

2. 요 건(고, 기, 위, 인)

(1) 사기자의 고의

사기자에게 표의자를 기망하여 착오에 빠지게 하려는 고의와, 그 착오에 기하여 표의자로 하여금 의사표시를 하게 하려는 고의가 있어야 한다(2단의 고의). 따라서 상대방도 '과실'에 기초하여 기망행위를 하였고 그에 속아 표의자가 의사표시를 한 경우 표의자는 사기를 이유로 취소할 수는 없다. 피기망자에게 손해를 가할 의사는 성립요건이 아니다.

(2) 기망행위(사기)

기망행위란 표의자(피기망자)로 하여금 사실과 다른 그릇된 관념을 가지게 하거나 이를 강화 또는 유지하려는 모든 행위를 말한다. 적극적으로 허위의 사실을 날조하는 것뿐만 아니라, 소극적으로 진실한 사실을 숨기는 것도 기망행위이다. 다만 부작위에 의한 기망은 고지 또는 설명의무가 전제되어야 한다. 判例에 따르면 고지의무의 대상이 되는 것은 직접적인 법령의 규정뿐 아니라 널리 계약상·관습상 또는 조리상 일반원칙에 의하여도 인정될 수 있다고 한다(아래 2005다5812 ; 2004다48515 등).

> ※ **신의칙상 고지의무가 없는 경우**
> 判例에 따르면 ① 부동산 분양계약에 있어서 분양자가 수분양자의 전매이익에 영향을 미칠 가능성이 있는 사항들에 관하여 분양자가 가지는 정보를 밝혀야 할 신의칙상의 의무는 없다고 하며(대판 2010.2.25. 2009다86000), ② 상대방이 고지의무의 대상이 되는 사실을 이미 알고 있거나 스스로 이를 확인할 의무가 있는 경우 또는 거래 관행상 상대방이 당연히 알고 있을 것으로 예상되는 경우 등에는 고지의무가 없다고 한다(대판 2014.7.24. 2013다97076).

> **※ 신의칙상 고지의무가 있는 경우 ★**
> 判例에 따르면 ① "우리 사회의 통념상으로는 공동묘지가 주거환경과 친한 시설이 아니어서 분양계약의 체결 여부 및 가격에 상당한 영향을 미치는 요인일 뿐만 아니라, 대규모 공동묘지 가까이에서 조망할 수 있는 곳에 아파트단지가 들어선다는 것은 통상 예상하기 어렵다는 점을 감안할 때, 아파트 분양자는 아파트단지 인근에 공동묘지가 조성되어 있는 사실을 수분양자에게 고지할 신의칙상의 의무가 있다"(대판 2007.6.1. 2005다5812,5829,5836)고 하며 ② 같은 취지의 것으로, 아파트 분양자는 아파트 단지 인근에 쓰레기 매립장이 건설예정인 사실을 분양계약자에게 고지할 신의칙상 의무가 있다고 한다(대판 2006.10.12. 2004다48515). 따라서 이 경우 분양자가 그 고지를 하지 않은 경우 부작위에 의한 기망행위에 해당하여 수분양자는 분양계약을 취소하고 분양대금의 반환을 구할 수도 있고, 사기에 의한 불법행위를 이유로 손해배상을 청구할 수도 있다고 한다.

(3) 기망행위의 위법성

사회생활에 있어서는 타인의 부지와 착오를 이용하는 것이 어느 정도는 허용되어야 하므로, 기망행위가 거래상 요구되는 신의성실의 원칙에 반하는 것일 때 비로소 위법한 기망행위라고 할 수 있다. 判例는 ① 선전광고에서 다소의 과장된 허위가 수반되거나(대판 2009.4.23.2009다1313: 표준판례97), 매매계약(대판 2014.4.10. 2012다54997)[14] 또는 **교환계약**(대판 2002.9.4. 2000다54406,54413)에서의 시가에 대한 묵비의 경우 위법성을 부정하였으나, ② 백화점의 이른바 변칙세일광고, 즉 상품의 판매가격을 실제보다 높이 책정한 후 이 가격을 기준으로 할인가격을 정하여 실제는 상품의 정상가격으로 판매한 사안에서, 이러한 변칙세일은 물품구매동기에서 중요한 요소인 가격조건에 관하여 기망이 이루어진 것으로서 그 사술의 정도가 사회적으로 용인될 수 있는 상술의 정도를 넘어선 위법한 것으로 판결하였다(대판 1993.8.13. 92다52665).

(4) 인과관계

기망행위와 착오 사이에 그리고 착오와 의사표시 사이에 인과관계가 존재하여야 한다. 그런데 여기의 인과관계는 주관적인 것으로 족하다.

Ⅲ. 강박에 의한 의사표시

[A-109]

1. 의 의

강박에 의한 의사표시라 함은 타인의 강박행위로 인하여 공포심에 빠져서 한 의사표시를 말한다.

2. 요 건(고, 강, 위, 인)

(1) 강박자의 고의

표의자에게 공포심을 일으키려는 고의와, 그 공포심에 기해 의사표시를 하게 하려는 고의가 있어야 한다(2단의 고의). 따라서 강박행위는 강박자의 고의에 의해서만 성립하고, 과실에 의해서는 성립하지 않는다.

---

14) "일반적으로 매매거래에서 매수인은 목적물을 염가로 구입할 것을 희망하고 매도인은 목적물을 고가로 처분하기를 희망하는 이해상반의 지위에 있으며, 각자가 자신의 지식과 경험을 이용하여 최대한으로 자신의 이익을 도모할 것으로 예상되기 때문에, 당사자 일방이 알고 있는 정보를 상대방에게 사실대로 고지하여야 할 신의칙상 의무가 인정된다고 볼만한 **특별한 사정**이 없는 한, 매수인이 목적물의 시가를 묵비하여 매도인에게 고지하지 아니하거나 혹은 시가보다 낮은 가액을 시가라고 고지하였다 하더라도, 상대방의 의사결정에 불법적인 간섭을 하였다고 볼 수 없으므로 불법행위가 성립한다고 볼 수 없다"(다만 사안의 경우 시가의 착오는 동기의 착오에 해당하나, 判例는 예외는 있지만 시가의 착오는 일반적으로 중요부분의 착오가 아니라고 한다 : A-103.참고).

(2) 강박행위

공포심을 일으키게 하는 것이면 아무런 제한이 없다. 그러나 어떤 해악의 고지가 아니라 단지 각서에 서명·날인할 것을 강력히 요구하는 행위는 강박행위가 아니며(대판 1979.1.16. 78다1968), 형사상 적법절차의 고지 역시 강박행위가 되지 않는다(대판 1972.11.14. 72다1127).

다만 강박의 정도가 극심하여 표의자의 의사결정의 자유가 박탈될 정도인 경우(절대적 강박)에는 의사 자체가 없는 것이 되어 '무효'이다(대판 2002.12.10. 2002다56031 등).

(3) 강박행위의 위법성

강박행위의 위법성은 피강박자의 의사표시와 관련해서 문제되어야 한다. 또한 위법성의 유무는 강박에 의하여 달성하려고 한 목적(목적이 적법한지 아닌지)과 그 수단인 강박행위(강박의 수단이 그 자체로서 허용된 행위인지 아닌지)의 양자를 상관적으로 고찰하여 강박자의 행위 내지 용태 전체로서의 위법성 유무를 판단하여야 한다.

즉, 判例도 "강박에 의한 의사표시라고 하려면 상대방이 불법으로 어떤 해악을 고지함으로 말미암아 공포를 느끼고 의사표시를 한 것이어야 하는바, 여기서 어떤 해악을 고지하는 강박행위가 위법하다고 하기 위하여는, 강박행위 당시의 거래관념과 제반 사정에 비추어 ⅰ) **해악의 고지로써 추구하는 이익이 정당하지 아니하거나**(예컨대 다른 사람으로부터 개발이 예상되는 그 소유의 토지를 헐값에 매수하기 위하여 그 사람의 토지와 관련한 탈세 사실을 신고하겠다고 위협하는 경우), ⅱ) 강박의 수단으로 상대방에게 고지하는 해악의 내용이 법질서에 위배되는 경우(예컨대 죽여버리겠다고 위협하는 경우), ⅲ) 어떤 해악의 고지가 거래관념상 그 해악의 고지로써 추구하는 이익의 달성을 위한 수단으로 부적당한 경우(범죄행위를 한 자를 고소 또는 고발하겠다고 위협하였는데 범죄행위와 추구된 목적이 전혀 관계가 없는 경우. 예컨대 채권자가 채무자에게 채무를 이행하지 않으면 과거에 우연히 목격한 적이 있는 교통사고 사실을 경찰에 신고하겠다고 위협하는 경우) 등에 해당하여야 한다"(대판 2000.3.23. 99다64049 등)라고 판시하고 있다.

[관련판례] "일반적으로 부정행위에 대한 고소, 고발은 그것이 부정한 이익을 목적으로 하는 것이 아닌 때에는 정당한 권리행사가 되어 위법하다고 할 수 없으나, 부정한 이익의 취득을 목적으로 하는 경우에는 위법한 강박행위가 되는 경우가 있고 목적이 정당하다 하더라도 행위나 수단 등이 부당한 때에는 위법성이 있는 경우가 있을 수 있다"(대판 1992.12.24. 92다25120: **표준판례101**). 즉, 목적과 수단이 모두 정당해야 위법성이 부정될 수 있다.

(4) 인과관계

강박행위와 공포 및 공포와 의사표시 사이에 각각 인과관계가 있어야 한다. 이때의 인과관계 역시 주관적인 것에 지나지 않아도 상관없다(대판 2003.5.13. 2002다73708).

Ⅳ. 사기·강박에 의한 의사표시의 효과 [A-110]

1. 취소권의 발생

(1) 상대방의 사기·강박의 경우

표의자는 그의 의사표시를 취소할 수 있다(제110조 1항).

(2) 제3자의 사기·강박이 있은 경우

표의자는 상대방이 그 사실을 알았거나 알 수 있었을 경우에 한하여 그 의사표시를 취소할 수 있다(제110조 제2항)(13회 선택형)

(3) 제110조 2항의 '제3자'의 범위 [4회·7회 사례형, 07사법]

1) 문제점

제110조 2항의 제3자의 범위를 확정하는 문제는 사기·강박을 당한 표의자와 사기·강박에 가담하지 아니한 의사표시 수령자의 '이익형량'의 문제이다. 따라서 '**상대방 없는 의사표시**'(유증, 소유권의 포기 등)에 관하여 제3자가 사기를 행한 경우 보호받아야 할 상대방이 없으므로 제110조 2항이 아니라 제110조 1항에 따라 표의자는 그 의사표시를 취소할 수 있다.

2) 판 례

判例는 "제110조 2항에서 정한 제3자에 해당되지 아니한다고 볼 수 있는 자란 '그 의사표시에 관한 상대방의 대리인 등 상대방과 동일시 할 수 있는 자' 만을 의미하고(제116조 참조), 단순히 상대방의 피용자이거나 상대방이 사용자책임을 져야 할 관계에 있는 피용자에 지나지 않는 자는 상대방과 동일시할 수는 없어 이 규정에서 말하는 제3자에 해당한다고 보아야 한다"고 판시하고 있다(2회,4회,14회 선택형). 구체적으로 ㉠ 회사의 '대리권 없는 기획실 과장'의 사기가 문제된 경우에는 제3자성을 인정하였고(대판 1998.1.23. 96다41496: 표준판례98), ㉡ '상법상 지배인에 해당하는 은행의 출장소장'의 사기가 문제된 경우에는 제3자성을 부정하였다(대판 1999.2.23. 98다60828). ㉢ 만약 기망행위를 한 자가 피용자 겸 대리인인 경우에도 제3자의 사기가 아니므로 제110조 1항이 적용된다.

2. 취소의 효과

(1) 소급적 무효

사기·강박에 의한 의사표시가 취소되면, 그 의사표시를 요소로 하는 법률행위가 소급적으로 무효로 된다(제141조). 다만 최근 判例 중에는 소급효를 제한하여 근로계약이 사기에 의한 것으로 취소되면 이미 제공된 근로자의 노무를 기초로 형성된 취소 이전의 법률관계까지 효력을 잃는 것은 아니라고 하여 '장래효'를 인정하기도 한다(대판 2017.12.22. 2013다25194,25200 : 11회 선택형).

(2) 제3자에 대한 관계

1) 선의의 제3자에 대한 취소효과의 제한

사기 혹은 강박을 이유로 한 의사표시의 취소는 선의의 제3자에게 대항하지 못한다(제110조 3항). 이 규정의 의의, 선의, 제3자, 대항하지 못한다는 것은 허위표시의 경우와 같다.

즉, "사기를 이유로 한 법률행위의 취소로써 대항할 수 없는 제110조 제3항 소정의 제3자라 함은 사기에 의한 의사표시의 당사자 및 포괄승계인 이외의 자로서 **사기에 의한 의사표시를 기초로 하여 새로운 법률원인으로써 이해관계를 맺은 자를 의미한다**"(대판 1997.12.26. 96다44860 ; 대판 2010.4.29. 2009다96083)[15]: 9회 선택형). 다만, 부동산의 양도계약이 사기에 의한 의사표시에 해당하는 경우에 있어서는 공시방법인 소유권이전등기를 '마친' 기망행위자와 사이에 새로운 법률원인을 맺어 이해관계를 갖게 된 자만이 민법 제110조 제3항 소정의 제3자에 해당한다고 볼 수는 없다(대판 1997.12.26. 96다44860).

2) '제3자'의 범위

제110조 3항의 제3자는 원칙적으로 '취소의 의사표시가 있기 전에' 이해관계를 맺은 자를 의미한다. 그런데 외부에서는 의사표시가 취소할 수 있는 것인지, 취소되었는지도 잘 알 수가 없기 때문에 判例는 **취소 후 말소등기 전에 이해관계를 맺은 선의의 제3자도 보호된다**고 한다(대판 1975.12.23. 75다533).

---

[15] "파산관재인은 사기에 의한 의사표시에 따라 외형상 형성된 법률관계를 토대로 실질적으로 새로운 법률상 이해관계를 가진 제110조 제3항의 제3자에 해당하고, 파산채권자 모두가 악의로 되지 않는 한 파산관재인은 선의의 제3자이다"

V. 적용범위 [A-111]

① '화해계약'은 화해당사자의 자격 또는 화해의 목적인 분쟁 이외의 사항에 착오가 있는 경우를 제외하고는 착오를 이유로 취소하지 못하지만(제733조), 화해계약이 사기로 인하여 이루어진 경우에는 화해의 목적인 분쟁에 관한 사항에 착오가 있는 때에도 민법 제110조에 따라 이를 취소할 수 있다고 할 것이다(대판 2008.9.11. 2008다15278).
② '가족법상의 법률행위'에는 본조는 적용이 없으며, 따로 가족법에서 특칙을 정하고 있다(제816조, 제823조, 제884조 참조).
③ '정형적인 거래행위'에서는 본조의 적용이 부정되는 수가 있다. 상법(제320조)에 회사성립 후의 주식인수에 관해 이러한 취지의 규정이 있다.
④ '소송행위'에도 특별한 사정이 없는 한 민법상의 법률행위에 관한 규정은 적용이 없는 것이므로 소송행위가 강박에 의하여 이루어진 것임을 이유로 취소할 수는 없다(대판 1997.10.10. 96다35484).

VI. 다른 제도와의 관계 [A-112]

1. 제103조, 제104조와의 관계

判例는 강박행위는 그것 자체가 사회질서에 반할지라도 법률행위가 제110조에 의하여 취소될 수 있을 뿐 원칙적으로 제103조 또는 제104조에 의하여 무효로 되지는 않는다고 한다(대판 1996.12.23. 95다40038[16]: 표준판례100).

2. 착오와의 관계 (핵심사례 A-10.참고)

① [경합긍정] 判例는 타인의 기망행위에 의하여 '동기의 착오'가 발생한 때에는 사기와 착오의 경합을 인정한다(대판 1969.6.24. 68다1749). [18법무]
② [경합부정] 그러나 타인의 기망행위에 의하여 '표시상의 착오'가 발생한 경우에는 사기를 이유로 취소할 수 없고, 착오를 이유로만 취소할 수 있다고 한다. 즉, "사기에 의한 의사표시란 타인의 기망행위로 말미암아 착오에 빠지게 된 결과 어떠한 의사표시를 하게 되는 경우이므로 거기에는 의사와 표시의 불일치가 있을 수 없고, 단지 의사의 형성과정 즉 의사표시의 동기에 착오가 있는 것에 불과하며, 이 점에서 고유한 의미의 착오에 의한 의사표시와 구분되는데, 제3자의 기망행위에 의하여 신원보증서류에 서명날인한다는 착각에 빠진 상태로 연대보증의 서면에 서명날인한 경우 이른바 표시상의 착오에 해당하므로, 상대방이 그러한 제3자의 기망행위 사실을 알았거나 알 수 있었을 경우가 아닌 한 의사표시자가 취소권을 행사할 수 없다는 제110조 2항의 규정을 적용할 것이 아니라, 착오에 의한 의사표시에 관한 법리만을 적용하여 취소권 행사의 가부를 가려야 한다"(대판 2005.5.27. 2004다43824 : 5회,7회 선택형)고 한다. [판례검토] 의사와 표시가 일치하는 동기의 착오도 착오를 이유로 취소할 수 있다는 점에서 사기에 의한 의사표시의 범위를 의사와 표시가 일치하는 경우로 한정할 근거가 없고, 사기를 당한 표의자를 보호하는 측면에서도 경합을 인정하는 것이 타당하다(통설).

---

16) "국가기관이 헌법상 보장된 국민의 기본권을 침해하는 위헌적인 공권력을 행사한 결과 국민이 그 공권력의 행사에 외포되어 자유롭지 못한 의사표시를 하였다고 하더라도 그 의사표시의 효력은 의사표시의 하자에 관한 민법의 일반원리에 의하여 판단되어야 하고, 그 강박행위의 주체가 국가 공권력이고 그 공권력 행사의 내용이 기본권을 침해하는 것이라고 하여 그 강박에 의한 의사표시가 항상 반사회성을 띠게 되어 당연히 무효로 된다고는 볼 수 없다. 나아가 의사표시가 강박에 의한 것이어서 당연무효라는 주장 속에 강박에 의한 의사표시이므로 취소한다는 주장이 당연히 포함되어 있다고는 볼 수 없다"

3. 담보책임과의 관계(제570조와 경합인정)

판례는 "민법 제569조가 타인의 권리의 매매를 유효로 규정한 것은 선의의 매수인의 신뢰이익을 보호하기 위하여 규정한 것이므로 매수인이 매도인의 기망에 의하여 타인의 물건을 매도인의 것으로 잘못 알고 매수한다는 의사표시를 한 것이고 만일 **타인의 물건인 줄 알았더라면 매수하지 아니하였을 사정이 있는 경우**에는 매수인은 민법 제110조에 의하여 매수의 의사표시를 취소할 수 있다"(대판 1973.10.23. 73다268)고 한다(C15-4. 참고).

4. 불법행위책임과의 관계

제110조는 취소권을 주어서 계약의 구속에서 해방시키는 제도이고 제750조는 피해자에게 손해를 배상시키는 제도라는 점에서 양자는 고유한 목적을 갖는 별개의 제도이므로, 사기·강박이 불법행위의 요건을 갖춘 때에는 채권자는 양자를 '**선택적**'으로 행사할 수 있다(**청구권 경합**)(대판 2018.6.15. 2016다212272).[17] 이 때 피해자가 가해자를 상대로 손해배상청구를 하기 위하여 반드시 해당계약을 취소할 필요는 없다(대판 1998.3.10. 97다55829).

① 다만, **법률행위를 취소**하여 부당이득반환을 받은 때에는 그 반환받은 범위 내에서는 손해가 회복되므로 그 반환받은 범위 내에서는 손해배상청구권을 '**중첩적**'으로 행사할 수 없다(대판 1993.4.27. 92다56087). **[7회 사례형, 09행정]**

② 그러나 **법률행위를 취소하지 않은 경우**에도 불법행위를 원인으로 한 손해배상청구권은 가지나(**2회 선택형**), 그 손해액을 계산함에 있어서는 피기망자(피강박자)가 법률행위의 효력으로써 보유하게 된 급부의 가액을 공제하여야 할 것이다(대판 1980.2.26. 79다1746).

예컨대 A가 B를 기망하여 B에게 시가 7,000만 원의 X부동산을 1억 원에 매도한 경우, B는 위 매매를 취소하지 않고도 A에게 불법행위를 원인으로 3,000만 원의 손해배상을 청구할 수 있다. 아울러 **부동산의 시가가 그 뒤 상승하여 매수가격을 상회하게 되었다면 B에게 손해가 발생하지 않았다고 할 수 있는가**에 대해 대법원은 "불법행위로 인한 재산상 손해는 위법한 가해행위로 인하여 발생한 재산상 불이익, 즉 그 위법행위가 없었더라면 존재하였을 재산상태와 그 위법행위가 가해진 현재의 재산상태의 차이를 말하는 것이며, 그 손해액은 원칙적으로 불법행위시를 기준으로 산정하여야 한다"(대판 2010.4.29. 2009다91828: **표준판례99**)고 판시하고 있으므로 이에 따르면 위 부동산의 시가가 그 뒤 상승하여 매수가격을 상회하게 되었다고 하여 B에게 손해가 발생하지 않았다고 할 수 없다.

---

[17] "기망에 의한 손해배상책임이 성립하기 위해서는 거래당사자 중 일방에 의한 고의적인 기망행위가 있고 이로 말미암아 상대방이 착오에 빠져 그러한 기망행위가 없었더라면 사회통념상 하지 않았을 것이라고 인정되는 법률행위를 하여야 한다"

핵심사례 A-10

★ 법률행위 내용의 착오와 사기의 경합
대판 2005.5.27. 2004다43824(표준판례93)

> 甲은 乙에게 돈을 빌리려고 하는데, 乙은 채무의 담보로 연대보증인을 세울 것을 요구하였다. 이에 甲은 연대보증서류임을 속이고, 직장 동료인 丙에게 자신의 아들이 乙의 회사에 취직하였는데 乙이 신원보증서를 요구하므로 신원보증을 부탁한다며, 연대보증서류를 교부하였고, 일반 사무직에 대한 신원보증이므로 대수롭지 않게 생각한 丙은 甲의 아들에 대한 신원보증서류로 알고 연대보증인란에 서명날인하였다(즉, 丙에게는 경과실이 있다고 전제한다). 그 후 甲이 채무를 이행하지 않자 채권자 乙은 丙에게 보증채무의 이행을 구하고 있다. 이에 丙은 연대보증계약을 체결한 일이 없다고 주장하였고, 설령 그렇지 않더라도 착오 및 사기를 이유로 취소한다고 주장하면서 乙의 연대보증채무의 이행청구를 거절하고 있다. **丙의 주장은 타당한가?** (30점)

I. 결 론

채권자 乙의 연대보증채무의 이행청구에 대한 ① 丙의 연대보증계약 '불성립'의 항변(부인)은 타당하지 않고, ② 丙이 사기를 이유로 연대보증계약을 취소한 것도 상대방 乙이 제3자인 주채무자 甲의 사기에 대해 악의 또는 과실이 있다고 할 수 없어 타당하지 않다(제110조 2항 참조). ③ 그러나 丙이 착오를 이유로 乙과의 연대보증계약을 취소한 것은 타당하다(제109조 1항).

II. 논 거

1. 丙의 연대보증계약 불성립의 항변(부인) 가부(소극)

丙은 연대보증계약을 체결할 의사가 없었던 것으로 보이나, 丙은 대출계약서의 연대보증인란에 서명·날인하였기 때문에 일반적으로 상대방인 乙은 丙에게 甲의 금전채무를 연대보증하려는 의사가 있다고 이해하였을 것이다. 즉, 사안에서는 丙의 연대보증의사에 관해 甲과 丙사이에 일치하는 의사가 있다고 할 수 없으므로 丙의 의사는 자연적 해석방법이 아닌 규범적 해석 방법에 의해 연대보증의사가 있었던 것으로 해석된다. 따라서 일단 乙과 丙 사이에는 甲의 금전채무에 대한 연대보증계약이 유효하게 '성립'하였으므로 丙이 연대보증계약을 체결한 일이 없다고 주장한 것은 타당하지 않다.

2. 丙의 착오취소의 항변 가부

(1) 법률행위 내용의 착오

丙은 연대보증서류를 신원보증서류로 알고 연대보증인란에 서명·날인하였으므로, 사안과 같이 문서를 잘못 읽고 서명·날인을 한 때에는 **법률행위 내용의 착오**[18]에 해당한다. 따라서 사안은 동기의 착오가 아닌 의사표시(법률행위내용)에서의 착오가 존재하는 경우이다.

(2) 중요부분에 착오가 있을 것

(3) 표의자에게 중대한 과실이 없을 것

(4) 소 결

丙이 착오를 이유로 乙과의 연대보증계약을 취소한 것은 타당하다(제109조 1항).

3. 丙의 사기취소의 항변 가부

(1) 착오취소와 사기취소의 경합(판례는 부정, 통설은 긍정)

(2) 사기 취소 가부

1) 사기에 의한 의사표시인지 여부(적극)

2) 취소권의 발생 여부

보증계약은 주계약과는 별개의 독립된 계약으로서, 보증계약의 당사자는 보증인(丙)과 채권자(乙)이므로 주채무자(甲)를 채권자(乙)와 '동일시할 수 있는 자'로 볼 수 없다. 따라서 주채무자 甲은 제110조 2항의 제3자에 해당한다. 그렇다면 丙은 乙이 甲의 사기를 알았거나 알 수 있었을 경우에 한하여 甲의 사기를 이유로 위 연대보증계약을 취소할 수 있다(제110조 2항). 그러나 사안의 경우 특별한 사정이 없는 한 丙이 乙은행의 악의 또는 과실을 증명하기는 어려워 보인다. 따라서 丙이 사기를 이유로 乙과의 연대보증계약을 취소한 것은 타당하지 않다(제110조 2항 참조).

쟁점구조

■ 의사와 표시의 불일치 및 하자 종합쟁점

A는 B소유의 X토지 주변에 대단위 관광단지가 조성될 것이라는 허위정보를 입수하고, 이를 모르는 B로부터 그 토지를 싸게 매수하려고 하였다. 그런데 B가 이를 거절하자 A는 B에게 X토지의 매각을 거절하면 B의 부동산과 관련한 탈세사실을 신고하겠다고 하였다. 그리하여 B는 어쩔 수 없이 A의 요구대로 X토지를 A에게 시가의 1/2에 매도하고 소유권이전등기도 해 주었다.

I. 무효사유

① 제103조·제104조에 의한 무효 여부[ⅰ) 제110조와 제103조·제104조의 관계 → ⅱ) 제104조에 의한 무효 여부(×) → ⅲ) 제103조에 의한 무효 여부(×)] ⇒ ② 절대적 강박에 의한 무효 여부(×) ⇒ ③ 비진의표시에 의한 무효 여부(제107조 진의의 의미)(×)

Ⅱ. 취소사유

① 제110조 강박을 이유로 한 취소 가부(강박의 위법성)(O) ⇒ ② 제109조 착오를 이유로 한 취소 가부(동기의 착오)(×) ⇒ ③ 제110조 1항 사기를 이유로 한 취소 가부(부작위에 의한 기망행위)(×)

제5관 의사표시의 효력발생

I. 상대방 있는 의사표시의 효력발생시기(제111조) [A-113]

1. 의 의

① 상대방 있는 의사표시의 효력이 언제 발생하느냐 하는 것은, 가령 의사표시의 부도달(不到達) 또는 연착의 경우에 표의자와 상대방 중 누가 그에 따른 위험을 부담할 것인가와 관련하여 실천적인 의미를 가진다. ② 상대방 없는 의사표시에서는 의사표시를 수령할 특정의 상대방이 없기 때문에 '표시행위가 완료'된 때에 효력을 발생하게 되며(표백주의), 특별한 문제가 없다.

---

18) 서명·날인의 착오의 경우 ① 문서를 전혀 읽지 않고 서명·날인을 한 때에는 그 문서의 내용대로 효력이 발생하는 것을 수용하려는 것으로 볼 수 있기 때문에 착오에 해당하지 않는다. ② 그러나 문서를 잘못 읽은 경우에는 의미상의 착오에 해당한다. ③ 또 다른 문서로 알고 서명·날인을 한 때에는 표시상의 착오로서 역시 취소사유에 해당한다[김준호, 민법강의(16판), p.287].

2. 도달주의

(1) 민법의 태도

민법은 상대방 있는 의사표시는 그 통지가 상대방에 도달한 때로부터 그 효력이 생긴다고 하여 '도달주의'를 채택하고 있다(제111조 1항). 다만 도달주의의 원칙을 정한 제111조는 임의규정이다. 따라서 당사자의 약정에 의하여 의사표시의 효력발생시기를 달리 정할 수 있다.

(2) 도달의 개념

'도달'이란 상대방의 지배권 내에 들어가 사회통념상 일반적으로 알 수 있는 상태에 이른 것을 말하고, 상대방이 현실적으로 수령하였거나 내용을 알았을 것까지 요하지는 않는다(대판 1997.11.25. 97다31281). 이는 채권양도의 통지와 같은 준법률행위의 도달의 경우에도 마찬가지이다(대판 1983.8.23. 83다카439).

[구체적 예] 예컨대 ① [도달긍정] 편지가 우편수신함에 투입되어 있거나, 동거하는 가족 등에게 교부된 때에는 도달된 것으로 본다. ② [도달부정] 그러나 ㉠ 슬그머니 수령자의 주머니 속에 넣거나, 쉽게 발견될 수 없는 상태로 문서를 삽입한 상품을 송부한 경우, ㉡ 채권양도통지서가 들어 있는 우편물을 채무자의 가정부가 수령한 직후에 그 집에 거주하고 있던 채권양도인이 그 우편물을 바로 회수해 간 경우, "그 우편물의 내용이 무엇이었는지를 가정부가 알고 있었다는 등의 특별한 사정이 없는 이상, 그 통지는 사회관념상 채무자가 그 통지의 내용을 알 수 있는 객관적 상태에 놓여졌던 것이라고 볼 수 없어 '도달'되었다고 볼 수 없다"(대판 1983.8.23. 83다카439).

(3) 수령거절의 경우

도달주의의 취지상 상대방이 정당한 사유 없이 통지의 수령을 거절한 경우에는, 상대방이 그 통지의 내용을 알 수 있는 '객관적 상태에 놓여 있는 때'에 의사표시의 효력이 생기는 것으로 보아야 한다(대판 2008.6.12. 2008다19973: 표준판례102).

같은 취지에서 상대방이 부당하게 등기취급 우편물의 수취를 거부함으로써 우편물의 내용을 알 수 있는 '객관적 상태의 형성을 방해'한 경우, 그러한 상태가 형성되지 아니하였다는 사정만으로 발송인의 의사표시 효력을 부정할 수는 없다. 이 경우 의사표시의 효력 발생 시기는 수취 거부 시이며, 우편물의 수취 거부가 신의성실의 원칙에 반하는지 판단하는 방법 및 우편물의 수취를 거부한 것에 정당한 사유가 있는지에 관한 증명책임의 소재는 수취 거부를 한 상대방에게 있다(대판 2020.8.20. 2019두34630).

(4) 증명책임

도달에 대한 증명책임은 그 도달을 주장하는 자에게 있다. 判例는 ㉠ '내용증명(배달증명) 등 등기취급'으로 발송한 때에는 반송되지 않는 한 도달된 것으로 추정되지만(대판 1997.2.25. 96다38322), ㉡ '보통우편'으로 발송한 때에는 비록 반송된 사실이 없더라도 우편제도상 도달된 것으로 추정할 수 없다고 한다(대판 2002.7.26. 2000다25002). 즉, "우편물이 수취인 가구의 우편함에 투입되었다고 하더라도 분실 등을 이유로 그 우편물이 수취인의 수중에 들어가지 않을 가능성이 적지 않게 존재하는 현실에 비추어, 아파트 경비원이 집배원으로부터 우편물을 수령한 후 이를 우편함에 넣어 둔 사실만으로 수취인이 그 우편물을 수취하였다고 추단할 수 없다"(대판 2006.3.24. 2005다66411).

(5) 도달주의의 효과

① [철회불가] 의사표시는 상대방에게 도달한 때에 그 효력이 생기므로, 발송 후라도 도달 전에는 그 의사표시를 '철회'할 수 있다. 따라서 의사표시가 도달된 이후에는 상대방이 이를 알기 전이라도 표의자가 이를 '철회'하지 못하고(제527조), 그 철회의 의사표시는 늦어도 먼저 발송한 의사표시와 동시에 도달하여야 한다.

② **[불착, 연착]** 의사표시의 불착(不着)·연착(延着)은 모두 표의자의 불이익으로 돌아간다.
③ **[발신 후 사정변경]** 표의자가 그 통지를 '발신'한 후 사망하거나 제한능력자가 되어도 의사표시의 효력에 영향을 미치지 아니한다(제111조 2항). 가령 승낙의 의사표시를 발신한 후 승낙자가 사망하였는데, 그 의사표시가 승낙기간 내에 청약자에게 도달하였다면, 계약은 유효하게 성립하고, 승낙자의 상속인이 계약상의 권리·의무를 상속한다. 그러나 반대로 표의자의 상대방이 도달 전에 사망한 경우에는 그의 상속인이 이를 승계할 성질의 것이냐에 의해 결정하여야 하고, 상대방이 행위능력을 상실한 때에는 의사표시의 수령능력의 문제로 된다.

(6) 예외적 발신주의(무, 사, 채, 격, 제한)

① **[최고에 대한 확답]** 제한능력자의 상대방의 최고에 대한 제한능력자측의 확답(제15조), 무권대리인의 상대방의 최고에 대한 본인의 확답(제131조), 채무인수에서 채무자의 최고에 대한 채권자의 확답(제455조)에서는, 일정한 기간 내에 그 확답을 '발송'하지 않으면 일정한 효과가 발생한다(10회 선택형).
② **[총회소집의 통지]** 사원총회의 소집은 1주간 전에 그 통지를 '발송'하여야 한다(제71조). 예를 들어 총회예정일이 2019. 3. 15. 오전 10시라면, 늦어도 2019. 3. 8. 오전 0시까지는 사원들에게 소집통지를 발송해야 한다("빼기 7, 0시"로 외울 것).
③ **[격지자 간의 계약]** 격지자 간의 계약은 '승낙'의 통지를 '발송'한 때에 성립한다(제531조). 유의할 것은 격지자와 대화자의 구별은 거리적·장소적 관념이 아니라 시간적 관념이라는 점이다.

Ⅱ. 의사표시의 수령능력(제112조) [A-114a]

민법은 제한능력자를 수령제한능력자로 하고 있다. 그러나 제한능력자가 예외적으로 행위능력을 가지는 경우에는 수령능력도 인정된다.
① 의사표시의 상대방이 이를 받은 때에 제한능력자인 경우에는 의사표시자는 그 의사표시로써 '대항'할 수 없다(제112조 본문). 표의자가 의사표시의 도달, 즉 효력의 발생을 주장할 수 없다는 것이므로 제한능력자가 그 도달을 주장하는 것은 무방하다. ② 상대방이 제한능력자이더라도, 그의 법정대리인이 의사표시가 도달한 사실을 안 후에는 그 효력을 주장할 수 있다(제112조 단서). 다만 그 효력 발생시기는 법정대리인이 그 도달을 안 때부터이고, 도달한 때로 소급하는 것은 아니다.

Ⅲ. 의사표시의 공시송달(제113조) [A-114b]

표의자가 '과실 없이' 상대방을 알지 못하거나 상대방의 소재를 알지 못하는 경우에는 민사소송법 공시송달 규정에 의하여 의사표시의 효력을 발생시킬 수 있다(제113조). 공시송달에 의한 의사표시는 그 사유를 게재한 날로부터 2주일을 경과하면 그 효력이 생긴다. 다만 동일 당사자에 대한 그 후의 공시송달은 게시한 다음날부터 그 효력이 생긴다(민사소송법 제196조 1항).

제4절 법률행위의 대리

요건사실론

대리의 법률관계[1]

I. 의 의

원고가 채무자의 대리인에게 대여하였다고 주장하는 경우 사안에 따라 유권대리, 표현대리, 무권대리 추인 등의 주장이 제기될 수 있는바, 이들 청구는 소송물은 동일하나 별개의 공격방법에 해당하고, 대개는 위 순서에 따라 주장의 당부가 판단된다.

II. 상대방이 본인을 피고로 한 경우

1. 유권대리

(1) 본인에게 책임을 묻기 위한 요건사실

유권대리의 요건사실은 ⅰ) 원고와 대리인이 계약을 체결한 사실(법률행위의 존재), ⅱ) 그때 대리인이 본인(피고)을 위하여 하는 것을 나타낸 것(현명), ⅲ) 본인(피고)이 대리인에게 위 계약체결에 대한 대리권을 수여한 것(대리권의 발생원인사실)이다. 예를 들어 "ⅰ) 원고 A는 2010.10.1. 소외 乙에게 10,000,000원을 이자 연 5%, 변제기 2010. 12. 31.로 정하여 대여하였다. ⅱ) 乙은 위 ⅰ)때, 피고 甲을 위하여 하는 것을 나타냈다. ⅲ) 피고 甲은 乙에게, ⅰ)에 앞서, ⅰ)의 대리권을 수여하였다. 따라서 원고 A는 피고 甲에게, 위 소비대차계약에 기해 ……원의 지급을 구한다."는 형태가 될 것이다.

(2) 예상되는 항변

① 대리권남용의 항변, ② 무효, 취소 등의 항변. 그러나 무권대리(대리권을 수여한 적이 없다. 자기계약·쌍방대리금지 위반, 공동대리 위반)라는 주장은 항변이 아닌 부인에 해당한다.

2. 표현대리

(1) 제125조의 표현대리

1) 요건사실(표, 내, 상)

ⅰ) 대리권 수여의 표시, ⅱ) 표시된 대리권의 범위 내에서 한 행위, ⅲ) 표시의 통지를 받은 상대방과의 대리행위

2) 예상되는 항변

① 대리권 없음을 상대방이 알거나 알 수 있었던 사실(제125조 단서 ; 判例), ② 대리권남용의 항변

(2) 제126조의 표현대리

1) 요건사실(기, 넘, 정)

ⅰ) 기본대리권의 존재, ⅱ) 권한을 넘은 표현대리행위의 존재, ⅲ) 상대방의 정당한 이유가 있을 것

2) 예상되는 항변

대리권남용의 항변

(3) 제129조의 표현대리

1) 요건사실(소, 내, 선)

ⅰ) 존재하였던 대리권의 소멸, ⅱ) 대리인이 권한 내의 행위를 할 것, ⅲ) 상대방의 선의·무과실(判例)

2) 예상되는 항변

대리권남용의 항변

Ⅲ. 상대방이 대리인을 피고로 한 경우

1. 제135조 무권대리인의 책임의 요건사실

상대방이 무권대리인에게 제135조에 따른 계약이행의 책임을 묻고자 한다면, 그 청구원인(요건사실)은 ⅰ) 원고와 대리인(피고)이 계약을 체결한 사실(법률행위의 존재), ⅱ) 그때 대리인(피고)이 본인을 위하여 하는 것을 나타낸 것(현명), ⅲ) 원고가 이행을 선택하는 의사표시를 한 것이다. 예를 들어 "ⅰ) 원고 A는 2010. 10. 1. 피고 乙에게 10,000,000원을 이자 연 5%, 변제기 2010.12.31.로 정하여 대여하였다. ⅱ) 피고 乙은 위 ⅰ)때, 甲을 위하여 하는 것을 나타냈다. ⅲ) 따라서 원고 A는 피고 乙에게, 무권대리인에 대한 이행청구로 위 소비대차계약에 기해 ······원의 지급을 구한다."는 형태가 될 것이다.

2. 예상되는 항변

이에 대해 피고는 ⅰ) 대리권의 수여, ⅱ) 추인, ⅲ) 대리권 없는 것에 대하여 악의 또는 과실 있는 선의, ⅳ) 제한능력의 항변을 할 수 있다.

Ⅳ. 상대방이 본인과 대리인 쌍방을 피고로 하는 경우

상대방이 본인과 대리인 쌍방을 피고로 소를 제기한 때에는, 공동소송인 가운데 일부에 대한 청구가 다른 공동소송인에 대한 청구와 '법률상 양립할 수 없는 경우'에 해당하여 주관적 예비적 병합[2]의 형태가 될 것이다(민사소송법 제70조).

즉 대리권 수여라는 동일한 사실의 존부를 전제로 하여 서로 모순되는 법률효과가 문제되는 경우로, 이러한 소송형태에 의해 상대방은 본인과의 관계에서는 대리권 수여가 인정되지 않고, 대리인과의 관계에서는 대리권 수여가 인정되는 사태가 생기는 것을 방지할 수 있다. 일반적으로 주위적 피고에 대한 청구취지는 '피고 甲은 원고에게 ···하라.'는 형태가 될 것이고 예비적 피고에 대한 청구취지는 '피고 乙은 원고에게 ···하라.'는 형태가 될 것이다.

Ⅴ. 기 타

원고는 무권대리, 피고는 표현대리 내지 무권대리의 추인을 주장하는 경우가 있을 수 있다. 즉 원고 소유의 부동산에 관하여 소외인의 무권대리 행위에 의한 절차상 부적법한 피고 명의의 소유권이전등기가 경료되었는데, 이에 대하여 피고가 표현대리의 성립 또는 무권대리의 추인을 항변으로 주장할 수 있다(반면 피고가 유권대리를 주장하는 것은 항변이 아니라 부인에 불과한데 등기의 추정력 때문이다).

| 쟁점구조 |

■ 상대방이 본인을 피고로 한 경우

A. ① 본인의 무권대리 항변(부인) 검토⇒ ② 상대방의 표현대리 재항변 검토⇒ ③ 본인의 대리권 남용 재재항변 검토[3]

B. ① 상대방의 유권대리 인정시⇒ ② 본인의 대리권 남용의 재항변 검토[4]

---

1) 전병서, 요건사실 중심 분쟁유형별 민사법(제3판), p.284이하 참고 ; 사법연수원, 요건사실론(2015판), p.16~17 참고
2) 주관적 예비적 병합은 공동소송인들 사이에 각 청구가 양립할 수 없고 그 청구들 사이에 순위가 정해져 있는 병합이다. 이에 반해 주관적 선택적 병합은 공동소송인들 사이에 각 청구가 양립할 수 없고 그 청구들 사이에 순위가 정해져 있지 않는 병합이다.
3) 표현대리의 성립요건으로서 '선의 · 무과실'의 인식 대상은 '대리권의 존재(범위 · 존속)'임에 반해서 대리권 남용이론에서 악의 또는 과실의 인식 대상은 '대리인의 대리권남용 의사'여서 양자의 인식 대상이 다르기 때문에 표현대리가 성립하는 경우에도 대리권남용이 있을 수 있다는 견해가 유력하다(대판 1987.7.7. 86다카1004: 표준판례104).
4) 표현대리는 무권대리의 일종이기 때문에 여기에는 다시 표현대리 성립여부를 검토하지 않는다.

제1관 대리권 총설

대리란 타인(대리인)이 본인의 이름으로 의사표시를 하거나 의사표시를 수령함으로써 그 법률효과가 직접 본인에게 귀속되도록 하는 제도를 말한다. 이처럼 대리제도는 대리인이 의사표시를 하거나 수령하지만 그가 행한 법률행위의 효과는 표의자 아닌 다른 사람에게 직접 귀속된다는 점에서 '법률행위의 효과가 법률행위를 한 자에게 귀속된다'는 원칙에 대한 중대한 예외를 이룬다.

Ⅰ. 대리가 인정되는 범위 [A-115]

① 대리는 사적 자치와 관련되는 제도이므로, 원칙적으로 의사표시를 요소로 하는 '법률행위'에 한해 인정된다(제114조). 그러나 준법률행위 중에서 '의사의 통지'(최고)와 '관념의 통지'(채권양도통지, 채무승인 등)에 관하여는 의사표시에 관한 규정이 유추적용되므로 **대리도 가능하다**(대판 1997.6.27. 95다40977).
② 그러나 사실행위나 불법행위에 대해서는 대리가 허용되지 않는다. 그리고 혼인, 유언 등 가족법상 법률행위도 일반적으로 대리가 허용되지 않는다.

Ⅱ. 사 자(대리와 구별되는 제도) [A-116]

1. 의 의

사자(使者)란 본인이 결정한 내심적 의사를 '표시'하거나 '전달'함으로써 표시행위의 완성에 협력하는 자를 말한다. 이에는 전달기관으로서의 사자와 표시기관으로서의 사자가 있다.

2. 대리와의 차이점

① 사자는 본인이 효과의사를 결정하나, 대리는 대리인 자신이 효과의사를 결정한다는 점에서 본질적인 차이가 있다. ② 대리는 원칙적으로 의사표시를 요소로 하는 법률행위에서 인정되나, 사자는 사실행위 완성에 협력할 뿐이므로 원칙적으로 사실행위에서 인정된다. ③ 사자는 본인이 효과의사를 결정하므로 본인은 행위능력자이어야 하나, 사자는 권리능력으로 족하다(의사능력마저 없어도 무방하다). 그러나 대리는 대리인이 효과의사를 결정하므로 본인은 제한능력자라도 되나, 대리인의 의사능력은 필요하다. 다만 대리의 경우 법률효과가 본인에게 귀속된다는 점에서 대리인도 행위능력자일 필요가 없다(제117조). ③ 의사표시의 하자유무를 대리에서는 대리인을 표준으로 하고(제116조 1항), 사자에서는 본인을 표준으로 한다.

3. 대리규정의 유추적용 가부

(1) 사자가 선의인 경우

① 전달기관으로서의 사자가 의사표시를 잘못 전달하였다면 착오가 아니라(제109조) '의사표시의 부도달'이 문제된다. ② 반면 표시기관으로서의 사자가 본인의 의사표시를 잘못 전달한 경우 이는 '표시상의 착오'로 제109조의 요건을 충족한다면 본인이 취소할 수 있다(제109조).
그러나 사자가 아니라 대리인이 본인의 의사와 달리 표시한 경우에는, 대리인의 의사표시만이 그 기준이 되므로(제116조 참조), 설사 본인의 의사와 다르더라도 착오가 문제되지는 않는다.

(2) 사자가 악의인 경우

1) 문제점
사자가 본인의 의사를 전달하지 아니하고 '의도적으로' 자기 자신의 의사표시를 하는 경우(예컨대 보증인이 1,000만 원의 채무를 보증하겠다는 효과의사를 갖고 주채무자에게 그 전달을 위임하였는데, 주채무자가 보증인의 대리인으로 1억 원의 채무를 보증하는 것으로 보증계약서를 작성한 경우)에는 원칙적으로 본인에게 효력이 없다. 다만 상대방을 보호하기 위해 표현대리 규정이 유추적용될 수 있는지가 문제된다.

2) 판례
判例는 "제126조의 표현대리 규정은 일반적인 권리외관 이론에 그 기초를 두고 있는 것이므로 **사실행위를 하는 사자에게도 유추적용할 수 있다**"는 입장이다(대판 1962.2.8. 61다192 : 아래 핵심사례 A-11. 참고).
[판례검토] 본인은 사자를 이용하여 자신의 법적인 활동 영역을 넓혔기 때문에 그로 인한 위험을 부담하는 것이 타당하고, 상대방의 입장에서 볼 때 사자와 대리를 구별하기란 실제로 어렵다는 점 등에서 유추적용을 긍정하는 判例의 태도가 타당하다(통설).

핵심사례 A-11

■ 사자와 표현대리 규정의 유추적용
대판 1962.2.8. 61다192 참고

A는 자신 소유의 X토지에 대해 B와 1억 원에 매매계약을 체결하였다. 이후 A는 X토지에 관한 등기권리증, 인감증명서 및 성명과 내용이 백지인 백지위임장을 친구 C에게 교부하면서 B에 대한 이전등기를 부탁하자 C도 흔쾌히 승낙하였다. 그러나 C는 백지위임장을 임의로 기재하여 D에게 자신이 A로부터 X토지에 대한 매도를 부탁받았다고 하면서 이에 대해 선의, 무과실의 D와 매매계약을 체결하고 소유권이전등기를 경료해 주었다. 이에 A는 D에게 소유권에 기한 소유권이전등기 말소를 청구하고 있다. 위 경우에 각 당사자의 실체법상 주장, 항변 사유들을 고려하여 A 청구의 **결론**[청구인용, 청구일부인용, 청구기각]을 논거와 함께 서술하시오.

Ⅰ. 결론
D는 제126조의 유추적용을 통해 X토지의 소유권을 취득하므로 A의 청구는 기각되어야 한다.

Ⅱ. 논거

1. 문제점(소유권에 기한 소유권이전등기 말소청구의 요건사실)
소유권에 기한 소유권이전등기 말소청구의 요건사실은 i) 원고의 소유, ii) 피고의 소유권이전등기 경료, iii) 등기의 원인무효이다(제214조). 사안의 경우 특히 iii)과 관련하여 일단 피고 D명의의 등기가 경료된 이상, 등기는 적법하게 이루어진 것으로 법률상 추정되므로 원인무효임을 이유로 등기의 말소를 구하는 원고 A는 그 반대사실, 즉 D명의 등기원인의 무효사실 또는 등기절차의 위법사실까지 주장·증명하여야 한다(A-117.참고). 사안에서는 채권행위의 하자와 관련하여 과연 D와의 매매계약이 무권대리행위로서 무효인지 문제된다.

2. A의 무권대리 '주장'의 타당성
(1) 사자와 대리인의 구별(효과의사 결정의 주체)

(2) 사안의 경우
A는 매매계약과 관련한 '효과의사'인 목적물(X토지), 당사자(B), 매매대금(1억 원)을 결정한 후 이에 대한 '등기절차이행'이라는 사실행위를 C에게 부탁한 것이다. 따라서 C는 '표시기관으로서의 사자'에 해당한다. 다만

A는 D와의 매매계약에 대해서는 C에게 사자 또는 대리권한을 부여한 적이 없으므로 A와 D사이의 매매계약은 무권대리행위에 해당한다.

3. D의 표현대리 '항변'의 타당성
(1) 사자의 경우 대리규정의 유추적용 여부(적극)
(2) 제126조의 표현대리의 성립여부(기, 넘, 정)
1) 백지위임장의 교부
수권행위로써 백지위임장이 교부되면 ① '성명백지'의 경우 백지위임장 작성자의 의도와는 달리 그 위임장이 전전 유통되어 대리인의 성명이 보충되었다면 제125조 표현대리가, ② '내용백지'의 경우 대리인이 본인으로부터 부탁받지 않은 사항을 보충하였다면 제126조의 표현대리가 성립할 수 있다.
다만 사안에서는 비록 '성명백지'였지만 백지위임장 작성자의 의도와는 달리 그 위임장이 전전 유통되어 대리인의 성명이 보충된 경우가 아니므로 제125조의 표현대리는 특별히 문제되지 않는다.
2) 사안의 경우
ⅰ) 등기경료에 관한 권한을 기본대리권으로 볼 수 있고(유추적용), ⅱ) C는 B에게 등기를 경료해야 하나 D에게 등기를 경료하였으므로 기본대리권을 넘은 대리행위를 하였으며, ⅲ) 상대방 D는 선의, 무과실이므로 제126조의 표현대리의 유추적용을 통해 X토지에 대한 소유권을 취득하였다.

제2관 대리권(본인과 대리인 사이의 관계)

Ⅰ. 서 설 [A-117]

1. 의 의
대리권이란 타인이 본인의 이름으로 의사표시를 하거나(능동대리) 의사표시를 받음으로써(수동대리) 직접 본인에게 법률효과를 귀속시킬 수 있는 타인의 본인에 대한 법률상의 지위 또는 자격을 말한다. 즉 대리권은 대리 '권리'가 아니라 대리 '권한'이다.

2. 증명책임 [민소법 쟁점]
① [일반적인 경우] 일반적으로 대리권이 있다는 점에 대한 입증책임은 그 대리행위의 효과를 주장하는 자에게 있다. 따라서 대리행위의 상대방이 본인에게 계약의 이행을 청구하는 경우에는 상대방이 대리인에게 대리권이 있음을 입증하여야 하고(대판 1994.2.22. 93다42047 : 13회 선택형), 본인은 대리권 수여를 부정하고 대리인은 대리행위의 효과를 주장하는 경우에는 대리인이 자신에게 대리권이 있다는 것을 입증하여야 한다(대판 2008.9.25. 2008다42195).

② [등기된 부동산의 경우] 그러나 부동산거래의 대리행위에서 등기가 있는 경우에는 '등기의 추정력'에 의해 그 등기의 무효를 주장하는 자가 대리인에게 대리권 없음을 입증하여야 한다(대판 1993.10.12. 93다18914 : 7회 선택형). 예를 들어 乙이 甲의 대리인이라 칭하여 甲소유의 토지를 丙에게 매도하여 丙명의의 소유권이전등기가 경료된 후, 甲이 丙을 상대로 丙명의의 위 소유권이전등기가 원인무효임을 이유로 그 말소를 구한 소송을 제기한 경우, 대리행위의 효과를 주장하는 자는 丙이나, 丙은 현등기명의인이고 등기의 추정력은 전등기명의인에게까지 미치므로, 등기가 적법절차에 의해 이루어졌다는 추정을 깨려면 등기의 무효를 주장하는 甲이 乙에게 대리권이 없음을 입증하여야 한다.

Ⅱ. 대리권의 발생원인

[A-118]

1. 법정대리권의 발생원인

법정대리권은 본인의 의사와는 관계없이 법률의 규정에 의해 직접 발생한다. 그 유형으로는 ① 본인과 일정한 신분관계에 있는 자가 당연히 대리인이 되는 경우로서, 일상가사대리권이 있는 부부(제827조)·친권자(제911조, 제920조) 등이 있고, ② 일정한 자의 지정으로 대리인이 되는 경우로서, 지정후견인(제931조)·지정유언집행자(제1093조, 제1094조) 등이 있으며, ③ 법원에 의해 선임된 자가 대리인이 되는 경우로서, 부재자재산관리인(제22조, 제23조)·(미성년·성년·한정)후견인(제932조, 제936조, 제959조의3)·상속재산관리인(제1023조, 제1040조, 제1044조, 제1047조, 제1053조)·유언집행자(제1096조) 등이 있다.

2. 임의대리권의 발생원인

(1) 수권행위의 의의

임의대리권은 본인이 대리인에게 대리권을 수여하여야 발생하는바, 본인이 대리인에게 대리권을 수여하는 행위를 '수권행위'라고 한다. 判例에 따르면 "수권행위는 불요식의 행위로서 명시적인 의사표시에 의함이 없이 묵시적인 의사표시에 의하여 할 수도 있으며, 어떤 사람이 대리인의 외양을 가지고 행위하는 것을 본인이 알면서도 이의를 하지 아니하고 방임하는 등 사실상의 용태에 의하여 대리권의 수여가 추단되는 경우도 있다"(대판 2016.5.26. 2016다203315: 표준판례103)고 한다.

(2) 수권행위의 법적 성질

① '수권행위의 법적성질'은 수권행위에 대리인이 될 자의 승낙이 필요한지, 대리인의 의사표시에 하자가 있는 경우 수권행위에 영향을 미치는지 등과 관련이 있다. 이와 관련하여 ㉠ 위임과 유사한 '계약'으로 보는 견해도 있으나, ㉡ 수권행위는 대리인에게 일정한 지위 또는 자격을 부여하는 것에 불과하고 어떤 권리나 의무를 부여하는 것이 아닌 점[따라서 민법은 '대리인은 행위능력자임을 요하지 않는다'고 규정하고 있다(제117조)] 등을 고려할 때 '상대방 있는 단독행위'로 보는 것이 타당하다(대판 1997.12.12. 95다20775). 따라서 수권행위에 대리인의 승낙은 필요치 않다.

② 아울러 수권행위는 상대방 있는 단독행위이므로 상대방인 대리인 측의 사정에 영향을 받지 않는다. 그러므로 예를 들어 본인의 사기로 대리인이 수권행위를 '승낙'하더라도 대리인이 '수권행위'를 취소할 수 있는 것은 아니다(다만, 대리인인 수임인이 '위임계약'을 사기를 이유로 취소할 수는 있다). 그러나 대리인의 사기로 본인이 수권행위를 한 경우 본인은 사기를 이유로 수권행위를 취소할 수 있다.

(3) 수권행위의 독자성 인정 여부(적극)

① ㉠ 대리권은 원인된 법률관계(대표적으로 위임계약)에 의하여 직접 발생하며 이와 별도로 수권행위의 개념을 인정할 필요가 없다는 견해(부정설)도 있지만, ㉡ 대리가 항상 원인된 법률관계를 전제로 하는 것이 아닐 뿐만 아니라, 대리의 '원인된 법률관계'라는 제128조의 문언에 비추어 대리는 원인된 법률관계(기초적 내부관계)로부터 독립된 별개의 제도로 이해되어야 한다. 그러나 보통은 원인된 법률관계가 있고 그에 기한 의무를 이행하게 하기 위하여 수권행위가 행하여진다. 예를 들면 A가 B에게 그의 집을 팔아 달라고 위임하면서 매매에 관한 대리권을 수여하는 경우가 그렇다.

② 判例도 "위임과 대리권수여는 별개의 독립된 행위로서, 위임은 위임자와 수임자 간의 내부적인 채권·채무관계를 말하고, 대리권은 대리인의 행위의 효과가 본인에게 미치는 대외적 자격을 말하는 것"(대판 1962.5.24. 4294민상251)[5]이라고 하여 **독자성을 긍정**하고 있다.

---

[5] "부동산을 매각하는 일을 해 주기로 위임계약을 체결한 경우 위임계약은 위임인과 수임인 간의 내부적 관계만을 규정할 뿐

(4) 수권행위의 유인성(有因性) 인정 여부(적극)

원인된 법률관계가 종료하면 수권행위가 철회되지 않았더라도 임의대리권도 그때부터 소멸한다(제128조 전문). 문제는 원인된 법률관계가 무효·취소되어 실효되면, (그 자체로는 흠 없는) 수권행위도 실효되는지 문제된다.

이와 관련하여 ㉠ 수권행위의 독자성을 이유로 그 영향을 받지 않는다는 '무인설'도 있으나, ㉡ 제128조 전문 및 당사자의 의사를 고려할 때 '유인설'이 타당하다. 이 경우 소급효가 있는지 여부가 문제되나, 소급효를 인정하는 입장에 의하면 상대방은 표현대리의 법리에 의하여 보호받을 수 있다.

(5) 방식

수권행위는 보통 위임장을 작성·교부하는 방식으로 행하여진다. 수권행위로써 백지위임장이 교부되면 ① '성명백지'의 경우 백지위임장 작성자의 의도와는 달리 그 위임장이 전전 유통되어 대리인의 성명이 보충되었다면 제125조 표현대리가, ② '내용백지'의 경우 대리인이 본인으로부터 부탁받지 않은 사항을 보충하였다면 제126조의 표현대리가 성립할 수 있다.

예컨대 A가 B에게 1억 원을 차용할 것을 부탁하면서 수임인 및 위임사항이 백지로 된 위임장을 교부하였는데, B가 다시 C에게 위 위임장을 교부하여 C가 A를 대리하여 D로부터 돈을 빌린 경우, C는 A를 대리할 권한이 없기 때문에 C의 대리행위는 무권대리행위가 된다. 이때 C가 1억 원 범위 내에서 차용했으면 제125조, 1억 원을 초과해서 차용했으면 제126조가 중첩적으로 적용된다.

(6) 수권행위의 하자

① 수권행위의 하자는 '본인'을 기준으로 제107조 이하의 규정에 따라 규율된다. 수권행위가 무효, 취소된 경우 그 수권행위에 기초한 대리행위는 소급적으로 무권대리행위가 되나, 상대방은 표현대리 또는 제3자 보호규정(제109조 2항 등)이 있는 경우 그에 의해 보호될 것이다.

② 그 외의 경우, 예컨대 '본인이 수권행위를 제한능력을 이유로 취소한 경우 또는 수권행위가 선량한 풍속 기타 사회질서에 위반되어 무효인 경우(대판 1995.7.14. 94다40147 : A-88e.참고)[6]에는 선의의 제3자에게도 대항할 수 있기 때문에 비록 무권대리행위라고 하더라도 표현대리의 법리(제129조 또는 제125조)는 적용되지 않는다고 보는 것이 타당하다. 즉 제한능력자 보호라는 민법의 근본적 결단 또는 제103조의 취지에 비추어 대리행위의 상대방은 불이익을 감수할 수밖에 없다고 할 것이다.[7]

(7) 수권행위의 철회

본인은 내부적 법률관계가 종료하기 전이라도 수권행위를 철회할 수 있으며(제128조 후단), 이로써 임의대리권은 소멸한다.

제3자와 법률행위를 할 수 있는 대리권이 수임인에게 당연히 발생하는 것은 아니며, 반대로 위임과 대리권이 모두 존재하는 경우 위임종료사유가 존재하는 경우에 그 사유를 상대방에게 통지하거나 상대방이 안 때가 아니면 위임종료로서 상대방에게 대항하지 못하나(제692조), 그와 무관하게 위임종료사유에 의해 대리권은 소멸한다(제128조 전문)"

[6] "도박채무 부담행위 및 그 변제약정이 반사회질서 위반으로 무효라 하더라도, 그 무효는 변제약정의 이행행위에 해당하는 위 부동산을 제3자에게 처분한 대금으로 도박채무의 변제에 충당한 부분에 한정되고, 부동산 처분에 관한 대리권을 도박 채권자에게 수여한 행위 부분까지 무효라고 볼 수는 없으므로, 위와 같은 사정을 알지 못하는 거래 상대방인 제3자가 도박 채무자로부터 그 대리인인 도박 채권자를 통하여 위 부동산을 매수한 행위까지 무효가 된다고 할 수는 없다"

[7] 지원림, 민법강의(13판), 2-294d

핵심사례 A-12

■ 수권행위의 독자성과 유인성(제한능력자인 대리인의 법률행위) 대판 1962.5.24. 4294민상251 참고

> 甲은 벤처기업을 운영하며 丙상호신용금고를 주거래은행으로 하여 예금거래를 해 오고 있었다. 甲은 18세의 직원 乙이 미성년자인지 알고서도 乙에게 은행 업무에 관한 포괄적인 위임장을 교부하여 은행 거래를 전담하여 맡기고 있었다(위임계약). 단, 이러한 행위에 대해 乙의 법정대리인의 동의는 없었다.
> (1) 乙은 제한능력을 이유로 위임계약이나 수권행위를 취소할 수 있는가? (15점)
> (2) 甲은 제한능력을 이유로 위임계약을 철회할 수 있는가? (10점)
> (3) 甲은 대리인 乙이 제한능력자임을 이유로 丙과의 예금계약을 취소할 수 있는지 검토하고, 만일 설문 (1), (2)에 따라 제한능력을 이유로 위임계약이 실효된다면 甲과 丙의 예금계약의 효력은 어떠한가? (20점)

Ⅰ. 乙이 제한능력을 이유로 위임계약이나 수권행위를 취소할 수 있는지 여부 - 설문 (1).의 경우

1. 乙이 제한능력을 이유로 위임계약을 취소할 수 있는지 여부(적극)

甲과 乙 사이의 위임계약은 법정대리인의 동의 없이 미성년자가 단독으로 할 수 있는 행위에 해당되지 않으므로, 법정대리인의 동의가 필요하다(제5조 1항). 그런데, 乙은 법정대리인의 동의를 얻지 아니하였으므로 甲과 乙 사이의 위임계약은 乙이 단독으로 취소할 수 있다(제5조 2항, 제140조).

2. 乙이 제한능력을 이유로 수권행위를 취소할 수 있는지 여부(소극)

수권행위를 '상대방 있는 단독행위'라고 보면 乙은 甲의 의사표시(수권행위)를 단순히 수령하는 지위에 있게 된다. 따라서 의사표시를 수령하는 乙의 의사표시는 필요로 하지 않으므로 乙의 행위능력 유무를 불문하고 乙은 수권행위를 취소하지 못한다.

Ⅱ. 甲이 제한능력을 이유로 위임계약을 철회할 수 있는지 여부(소극) - 설문 (2).의 경우

甲은 위임계약에 있어 제한능력자 乙의 상대방으로서의 지위를 가지고 있다. 따라서 사안과 같이 제한능력자의 상대방인 甲이 악의인 경우에는 위임계약을 乙측의 추인이 있기 전이라도 乙의 제한능력을 이유로 '철회'할 수는 없다(제16조). 다만 甲은 악의라도 乙측에게 추인 여부의 확답을 촉구할 수는 있고(제15조), 乙에 대한 단독행위인 수권행위를 장래에 향하여 '철회'하는 것은 乙이 제한능력자이냐와 상관없이 인정된다.

Ⅲ. 甲의 예금계약 취소 가부 및 위임계약의 실효에 따른 예금계약의 효력 - 설문 (3).의 경우

1. 본인 甲이 대리인 乙의 제한능력을 이유로 한 예금계약을 취소할 수 있는지 여부

사안의 경우 甲은 대리인 乙의 제한능력을 이유로 대리행위(丙과의 예금거래)를 취소할 수 없다(제117조).

> **주의** 제117조는 본인과 상대방 간의 관계를 규율하는 것이고 본인과 대리인 간의 관계를 규율하는 것은 아니다. 즉, 제117조는 대리인이 제한능력자라는 점을 들어 본인이 그의 대리행위를 취소하지 못한다는 의미를 가질 뿐이며, 제한능력자인 대리인과 본인 사이의 내부적 관계에는 아무런 영향을 미치지 않는다.

2. 제한능력을 이유로 위임계약이 실효되는 경우 甲과 丙의 예금계약의 효력 여하

(1) 위임계약의 철회·취소가 수권행위에 미치는 영향

1) 수권행위의 독자성 인정 여부(적극)

2) 수권행위의 유인성 인정 여부(적극)

3) 사안의 경우

수권행위는 위임계약과는 독립된 별개의 제도로서 독자성이 인정되나, 甲과 乙 간의 위임계약이 철회·취소되어 실효되면, 수권행위도 그 영향을 받아 효력을 잃는다(제128조 참조).

(2) 甲·乙 간의 위임계약이 철회·취소된 경우 예금계약의 효력

이 경우 수권행위도 그 영향을 받아 효력을 잃는다(제128조). 다만 ① 유인설을 취하더라도 거래의 안전상 이미 행하여진 대리행위는 유효한 것으로 해석하는 견해도 있으나, ② 수권행위가 무효, 취소된 경우 그 수권행위에 기초한 대리행위는 소급적으로 무권대리행위로 되나, 상대방은 표현대리 또는 제3자 보호규정(제109조 2항 등)이 있는 경우에 그에 의하여 보호될 것이다. 따라서 사안에서 甲·乙 간의 위임계약이 철회·취소된 경우 丙이 선의, 무과실이라면 제129조의 표현대리에 의해 보호될 수도 있다.

Ⅲ. 대리권의 범위

[A-119]

1. 법정대리권의 범위

법정대리권의 범위에 관하여는 각종의 법정대리인에 관하여 규정이 있으므로, 이들 법규의 해석으로 그 범위가 결정된다.

2. 임의대리권의 범위

(1) 원 칙

임의대리권의 범위는 수권행위에 의해 정해진다. 따라서 그 구체적인 범위는 '수권행위의 해석'을 통해 결정된다.

① **[긍정]** ㉠ 判例는 임의대리권은 그 권한에 부수하여 상대방의 의사표시를 수령하는 이른바 수령대리권을 포함하고, ㉡ 매매계약체결의 대리권을 수여받은 대리인은 중도금과 잔금을 수령할 권한을 가지며(대판 1994.2.8. 93다39379 : 2회,4회,5회,9회,12회,13회 선택형), ㉢ 매매계약의 체결과 이행에 관하여 '포괄적'으로 대리권을 수여받은 대리인은 상대방에 대해 약정된 매매대금 지급기일을 연기하여 줄 권한도 가진다고 한다(대판 1992.4.14. 91다43107 : 2회,12회 선택형).

② **[부정]** 그러나 ㉠ 대여금의 영수권한만을 위임받은 대리인이 그 대여금 채무의 일부를 면제하기 위하여는 본인의 특별수권이 필요하고(대판 1981.6.23. 80다3221), ㉡ 예금계약의 체결을 위임받은 자가 가지는 대리권에 당연히 그 예금을 담보로 하여 대출을 받거나 이를 처분할 수 있는 대리권이 포함되어 있는 것은 아니라고 할 것이며(대판 1995.8.22. 94다39365), ㉢ 특별한 사정이 없는 한 본인을 대리하여 금전소비대차 내지 그를 위한 담보권설정계약을 체결할 권한을 수여받은 대리인에게 본래의 계약관계를 '해제'(취소)할 대리권까지 있다고 볼 수는 없다(대판 1993.1.15. 92다39365 ; 대판 2008.6.12. 2008다11276 : 6회,12회,14회 선택형).

(2) 대리권의 범위가 명백하지 않은 경우

① 대리권이 있기는 하지만 수권행위의 해석을 통해서도 그 범위를 명백히 정할 수 없는 경우에 그 대리인은 보존행위(제118조 1호)[8]와 '물건이나 권리의 성질을 변하지 아니하는 범위'에서 이용행위·개량행위(제118조 2호)[9]만을 할 수 있다. 따라서 예금을 주식으로 바꾸거나, 은행예금을 찾아 개인에게 빌려주는 것은 할 수 없다. 아울러 대리권의 범위가 명백하거나 표현대리가 성립할 때에는 제118조는 적용되지 않는다(대판 1964.12.8. 64다968 참조).

---

8) **[구체적 예]** 재산의 가치를 현상 그대로 유지하는 행위로서, 대리인은 보존행위를 무제한으로 할 수 있다(제118조 1호). 가옥의 수선·소멸시효의 중단·미등기부동산의 등기신청·기한이 도래한 채무의 변제·부패하기 쉬운 물건의 처분 등이 이에 속한다.

9) **[구체적 예]** 이용행위란 재산의 수익을 올리는 행위로서, 물건을 임대하거나 금전을 이자부로 대여하는 것이 이에 속한다. 개량행위란 사용가치 또는 교환가치를 증가시키는 행위로서, 무이자의 금전대여를 이자부로 하는 경우와 같다.

② 이때 제118조가 규정하는 행위에 해당하는지 여부는 본인에게 이익이 되는지 여부와는 상관없이 문제된 행위의 성질 자체에 의해서 판단하여야 한다. 따라서 물건이나 권리의 성질을 변하게 한 이용 또는 개량행위는 본인에게 이익이 되더라도 그것은 무권대리가 된다. 따라서 본인이 그 효과를 받으려면 따로 추인을 하여야 한다(제130조).

Ⅳ. 대리권의 제한   [A-120]

1. 자기계약·쌍방대리의 금지   [A-120a]

(1) 원칙적 금지

① '자기계약'이란 대리인이 본인을 대리하면서 자기 자신이 상대방이 되어 계약을 맺는 것이고, ② '쌍방대리'란 동일인이 쌍방의 대리인이 되어 대리행위를 하는 것이다. 이러한 자기계약 또는 쌍방대리는 본인의 보호를 위해 금지되며(제124조), 이에 위반한 행위는 무권대리행위로서 '유동적 무효'가 된다(14회 선택형).

> [관련판례] "법률사무소 소속 변호사들이 상대방의 관계에 있는 당사자 쌍방으로부터 각자 수임을 받은 경우에도 '쌍방대리'에 해당하여 변호사법 제31조 제1항 제1호에 따라 원칙적으로 수임이 제한된다. 변호사가 변호사법 제31조 제1항 제1호에 따른 수임제한 규정을 위반한 경우에는 민법 제124조가 적용됨에 따라 원칙적으로 허용되지 않는 무권대리행위에 해당한다"(대판 2024.1.4. 2023다225580).

(2) 자기계약·쌍방대리가 허용되는 경우

① 본인이 자기계약 또는 쌍방대리를 '허락'하는 경우에 대리행위는 유효하다(제124조 본문). 이때 본인에게 대리행위의 목적인 법률관계에 관하여 처분권한이 있어야 함은 물론이다.
判例는 대주와 차주가 사채알선업자에게 쌍방을 대리하여 금전 소비대차계약을 체결하도록 승낙한 경우, 특별한 사정이 없는 한 차주의 변제를 수령할 권한도 사채알선업자에게 인정된다고 한다(대판 1997.7.8. 97다12273 : 6회 선택형).

② ㉠ 이미 확정되어 있는 법률관계를 단순히 결제하는 데 불과하고, 새로운 이해관계를 창설하는 것이 아닌 '채무의 이행'에 관하여는 자기계약 또는 쌍방대리가 허용된다(제124조 단서). 예컨대 법무사가 등기권리자와 등기의무자 쌍방을 대리하여 등기를 신청하는 경우가 그러하다. 상계나 채무면제도 채무이행에 준하는 것이므로 자기계약·쌍방대리가 허용된다. ㉡ 다만 채무의 이행이라도 새로운 이해관계를 생기게 하는 대물변제(제466조)나 경개(제500조) 또는 기한이 도래하지 않은 채무의 이행의 경우에는 자기계약 또는 쌍방대리가 허용되지 않는다.

> [관련판례] "해산한 법인이 해산시 잔여재산이 지정한 자에게 귀속한다는 정관 규정에 따라 구체적으로 확정된 잔여재산이전의무의 이행으로서 잔여재산인 토지를 그 귀속권리자에게 이전하는 것은 '채무의 이행'에 불과하므로 그 귀속권리자의 대표자를 겸하고 있던 해산한 법인의 대표청산인에 의하여 잔여재산 토지에 관한 소유권이전등기가 그 귀속권리자에게 경료되었다고 하더라도 이는 쌍방대리금지 원칙에 반하지 않는다"(대판 2000.12.8. 98두5279).

(3) 위반의 효과

제124조에 위반한 대리행위는 절대적 무효로 되는 것이 아니라 무권대리행위로 되며, 따라서 본인은 이를 추인할 수 있다(제130조). 判例는 부동산 입찰절차에서 동일물건에 관하여 이해관계가 다른 2인 이상의 대리인이 된 경우에는 그 대리인이 한 입찰은 원칙적으로 무효라고 한다(대결 2004.2.13. 2003마44 : 2회 선택형).

(4) 적용범위

① 자기계약·쌍방대리의 금지는 임의대리와 법정대리에 모두 적용된다. 그리고 제124조는 자기계약과 쌍방대리만을 금지하고 있기 때문에 그 밖에 대리인과 본인 사이에 '사실상 이해충돌'이 발생할 수 있는 경우에도 제124조는 적용되지 않고, 이때에는 대리권 남용이론에 의해 해결해야 할 것이다.

② 아울러 ㉠ 친권자의 이해상반행위(제921조), ㉡ 법인대표에서 이익상반행위(제64조)의 경우에는 제124조가 적용되지 않는다. 예를 들어 법정대리인인 친권자가 부동산을 매수하여 이를 그 子에게 증여하는 행위는 미성년자인 子에게 이익만을 주는 행위이므로 친권자와 자 사이의 이해상반행위에 속하지 아니하고, 또 자기계약이지만 유효하다(대판 1981.10.13. 81다649).

2. 공동대리 (A-40C.참고) [A-120b]

(1) 의의 및 취지

① 대리인이 수인인 때에는 각자가 본인을 대리한다(제119조 본문). 즉 '각자대리'가 원칙이다. 추정되는 본인의 의사와 거래의 편의를 고려한 규정이다.

② 그러나 법률(예컨대, 친권의 부모 공동행사 ; 제909조 2항) 또는 수권행위에서 달리 정한 때, 즉 수인의 대리인이 공동으로만 대리할 수 있는 것으로 정한 때에는 공동으로만 대리하여야 한다. 공동대리를 설정하는 취지는 대리인들로 하여금 상호견제하에 의사결정을 신중히 함으로써 본인을 보호하고자 함에 있다.

(2) '공동'의 의미

공동대리에서 '공동'의 의미와 관련하여 ① 의사결정의 공동인지, ② 의사표시의 공동인지가 문제되나, 공동대리제도의 취지상 일반적으로 전자로 해석된다. 따라서 공동대리인 간에 의사의 합치가 있는 이상, 반드시 전원이 공동으로 의사표시를 할 필요는 없으며 그중 1인에게 의사표시의 실행을 위임할 수 있다.

(3) 위반의 효과

공동대리에 위반한 대리행위는 무권대리행위가 된다. 다만 본인의 추인이 있으면 유효로 되고, 나아가 제126조의 표현대리가 성립할 여지가 많을 것이다.

(4) 적용범위

수동대리에서도 공동으로 상대방의 의사표시를 수령하여야 하는지 문제된다. 이와 관련하여 반대설도 있지만 일반적으로 상대방의 보호와 거래상의 편의라는 점에서 각 대리인이 단독으로 수령할 수 있는 것으로 해석된다.

Ⅴ. 대리권의 남용 [04사법, 16행정] ···상대방에 대한 본인의 최후의 항변(무효) [A-121]

1. 의 의

대리권의 남용이란 대리인이 '형식적'으로는 대리권의 범위 내에서 한 행위이지만(보다 정확하게는 대리인이 한 대리행위의 효과가 유권대리든 표현대리든 일단 본인에게 귀속하지만) '실질적'으로는 자기 또는 제3자의 이익을 도모하기 위하여 대리행위를 하는 경우를 말한다. 이러한 '대리권 남용이론'은 상대방이 본인에게 책임을 묻는 것에 대해 본인의 상대방에 대한 최후의 항변수단으로 기능한다.

2. 대리권남용의 법률구성

(1) 문제점

대리행위의 현명주의는 대리인이 '본인의 이익을 위한 의사'가 있을 것까지 요구하고 있지 않기 때문에 대리권이 남용된 경우라도 일단 본인에게 법률효과가 귀속된다(제114조). 그러나 이는 본인에게 가혹할 수 있기 때문에, 본인의 항변수단으로 당해 대리행위의 효과가 본인에게 귀속될 수 없다고 이론구성할 수 있는지 문제된다.

(2) 학설 및 판례

대리권 남용의 법률구성으로는 ① 제107조 1항 단서 유추적용설(非眞意表示說), ② 권리남용설(信義則說), ③ 무권대리설(代理權否認說)이 있으며, 判例는 대체로 대리인의 진의가 사익 도모에 있다는 것을 상대방이 알았거나 알 수 있었을 경우에는 제107조 1항 단서를 유추하여 '무효'로 보아야 한다는 제107조 1항 단서 유추적용설[10])과 그 견해를 같이 하나(대판 1987.11.10. 86다카371 : 9회 선택형), 주식회사의 대표이사의 '대표권남용'에 대해서는 대리권 남용 행위 자체는 '유효'하지만, 상대방이 '악의'로 취득한 권리를 행사하는 것은 신의칙상 허용되지 않는다고 판단한 것도 있다(대판 1987.10.13. 86다카1522 ; 2016.8.24. 2016다222453).

> [관련판례] "진의 아닌 의사표시가 대리인에 의하여 이루어지고 그 대리인의 진의가 본인의 이익이나 의사에 반하여 자기 또는 제3자의 이익을 위한 배임적인 것임을 그 상대방이 알았거나 알 수 있었을 경우에는 민법 제107조 제1항 단서의 유추해석상 그 대리인의 행위는 본인의 대리행위로 성립할 수 없다 하겠으므로 본인은 대리인의 행위에 대하여 아무런 책임이 없다"(대판 1987.7.7. 86다카1004: 표준판례104).

(3) 검 토

대리권의 범위 내에서 행한 법률행위를 무권대리의 문제로 처리하는 것은 적절치 못하고(무권대리설에 대한 비판), 상대방이 경과실인 경우에는 거래의 안전도 중요하지만 대리인의 배임적 행위로부터 본인을 보호하는 것이 더 중요하므로(권리남용설에 대한 비판), 제107조 1항 단서 유추적용설이 가장 무리가 없는 것으로 보인다.

3. 법정대리에 적용할 수 있는지 여부 [09 · 10 · 11사법]

(1) 제107조 1항 단서의 유추적용

친권자의 친권행사도 일종의 법정대리권의 행사인 이상 대리권 남용이론이 동일하게 적용되어야 하며, 단지 친권의 상실제도(제924조 이하)가 있다는 특수성이 있을 뿐이다. 判例도 "법정대리인인 친권자의 대리행위가 객관적으로 볼 때 미성년자 본인에게는 경제적인 손실만을 초래하는 반면, 친권자나 제3자에게는 경제적인 이익을 가져오는 행위이고, 그 행위의 상대방이 이러한 사실을 알았거나 알 수 있었을 때에는, 민법 제107조 제1항 단서의 규정을 유추적용하여 그 행위의 효과는 자(子)에게는 미치지 않는다고 해석함이 상당하다"(대판 2011.12.22. 2011다64669[11]): 7회 선택형)고 하여, 친권의 남용에도

---

10) [학설] 구체적으로 ① 대리인의 진의가 사익 도모에 있다는 것을 상대방이 알았거나 알 수 있었을 경우에는 제107조 1항 단서를 유추하여 '무효'로 보아야 한다는 제107조 1항 단서 유추적용설(非眞意表示說), ② 대리권 남용 행위 자체는 '유효'하지만, 상대방이 악의 또는 중과실(권리남용설 중 다수설)로 취득한 권리를 행사하는 것은 신의칙 또는 권리남용금지의 원칙상 허용되지 않는다는 권리남용설(信義則說), ③ 대리권에는 '본인의 이익을 위하여 행사되어야 한다'는 내재적 제한이 있는 것으로 보고, 대리권 남용행위는 무권대리행위이므로 상대방이 대리권 남용에 대해 악의 또는 정당한 이유 없이 알지 못한 경우에는 표현대리도 성립하지 않아 '무권대리'가 된다는 무권대리설(代理權否認說)의 대립이 있다.

11) [사실관계] "미성년자 甲 소유의 부동산에 대해 법정대리인 乙이 자신의 유흥비를 마련하기 위해 시세보다 훨씬 저렴한 가격으로 甲을 대리하여 丙과 매매계약을 체결한 경우, 丙이 그러한 사정을 알았거나 알 수 있었다면 그 매매계약의 효력은

임의대리권의 남용에 관한 논의를 적용할 수 있음을 분명히 하였다. 다만 과거 判例는 친권의 행사에는 넓은 재량이 인정되므로 최종적으로 친권의 남용 여부를 판단할 때 신중한 태도를 보였다(아래 비교판례).

[비교판례] 判例는 ① "미성년자의 (단독)친권자인 母가 미성년자에게는 오로지 불이익만을 주는데도 자기 오빠의 사업을 위하여 미성년자 소유의 부동산을 제3자에게 담보로 제공하였고(형식적 판단설인 判例에 따르면 이는 제921조의 이해상반행위에 해당하지 않는다), 제3자도 그와 같은 사정을 잘 알고 있었다고 하더라도, 그와 같은 사실만으로 母의 근저당권 설정행위가 바로 친권을 남용한 경우에 해당한다고는 볼 수 없다"(대판 1991.11.26. 91다32466 : 5회, 6회 선택형)라고 판단하거나, ② 친권자(망인의 처)가 미성년자인 딸과 공동으로 상속받은 토지를 망인의 형에게 증여한 사안에서, 친권자의 처분행위가 친권의 남용에 해당하기 위해서는 "그것이 사실상 자(子)의 이익을 무시하고 친권자 본인 혹은 제3자의 이익을 도모하는 것만을 목적으로 하여 이루어졌다고 하는 등 친권자에게 자(子)를 대리할 권한을 수여한 법의 취지에 현저히 반한다고 인정되는 사정이 존재하여야 한다"(대판 2009.1.30. 2008다73731)고 하여 그 요건을 엄격히 하였고, 그에 따라 위 증여행위는 망인 명의의 토지가 명의신탁된 것이었을 가능성이 있다는 점 등을 고려할 때 친권의 남용에 해당하지 않는다고 하였다.

(2) 제107조 2항의 유추적용 [14회 사례형]

아울러 최근 判例는 친권남용의 경우 제107조 1항 단서뿐만 아니라 제107조 2항의 규정(선의 제3자 보호 규정)도 유추적용될 수 있다는 입장이다. 즉, "법정대리인인 친권자의 대리행위가 객관적으로 볼 때 미성년자 본인에게는 경제적인 손실만을 초래하는 반면, 친권자나 제3자에게는 경제적인 이익을 가져오는 행위이고 행위의 상대방이 이러한 사실을 알았거나 알 수 있었을 때에는 민법 제107조 제1항 단서의 규정을 유추적용하여 행위의 효과가 자(子)에게는 미치지 않는다고 해석함이 타당하나, 그에 따라 외형상 형성된 법률관계를 기초로 하여 새로운 법률상 이해관계를 맺은 선의의 제3자에 대하여는 같은 조 제2항의 규정을 유추적용하여 누구도 그와 같은 사정을 들어 대항할 수 없으며, 제3자가 악의라는 사실에 관한 주장·증명책임은 무효를 주장하는 자에게 있다"(대판 2018.4.26. 2016다3201 : 12회 선택형).

4. 본인이 대리권남용의 항변을 할 수 있는 경우의 법률관계

(1) 대리행위의 효력

본인에게 대리행위의 법률효과가 귀속되지 않는다. 다만, 상대방은 대리인에게 불법행위책임을 물을 수 있고, 대리인과 사용관계가 있는 본인에게 사용자책임을 물을 수도 있다(그러나 상대방은 대리인의 대리행위가 사무집행에 해당하지 않는다는 사실을 알았거나 중대한 과실로 알지 못한 경우 사용자책임을 물을 수 없다).

(2) 표현대리의 성립 여부

대리인의 대리권남용이 인정되어 본인에게 대리행위의 법률효과가 귀속되지 못하는 경우에 상대방은 다시 표현대리의 성립을 주장할 수 없다. 왜냐하면 대리권남용은 본인의 보호를 위해 그 효과가 본인에게 귀속하는 것을 부인할 뿐이고, 형식상으로는 유효한 대리권에 기한 행위를 전제로 하므로 대리권 없는 행위를 전제로 하는 표현대리를 검토하는 것은 그 전제에 있어서 모순되기 때문이다.

(3) 대리인의 책임

1) 본인에 대한 책임

대리행위가 대리권남용에 해당하는 경우 대리인은 본인에게 원인된 법률관계에 기한 채무불이행책임(예, 제681조) 또는 불법행위책임(제750조)을 질 수 있다.

甲에게 미치지 않는다"

2) 상대방에 대한 책임

대리권남용이론 중 제107조 1항 단서 유추적용설에 따르면 대리행위는 '확정적으로 무효'로 되기 때문에 무권대리에 적용되는 제135조는 적용되지 않는다. 따라서 대리인은 상대방에게 제135조에 따른 책임은 지지 않으나(설령 동조의 적용이 있다고 하더라도 상대방이 '대리권한에 대해' 과실이 있다면 제135조 2항에 따라 무권대리인에게 책임을 물을 수 없다), 제750조에 따른 책임을 질 수 있다. 이때 상대방에게 과실이 있다면 과실상계(제396조, 제763조)가 될 것이다.

5. 표현대리 성립시 대리권 남용 주장 가부 [14회 사례형]

대리인이 '대리권 없이' 대리행위를 하였지만 표현대리가 성립된 경우, 본인이 다시 표현대리인이 자신 또는 제3자의 이익을 위하여 법률행위를 하였음을 이유로 대리권남용의 항변을 할 수 있는지 여부가 문제된다.

견해의 대립은 있으나 표현대리의 성립요건으로서 '선의·무과실'의 인식 대상은 '대리권의 존재(범위·존속)'임에 반해서 대리권남용이론에서 악의 또는 과실의 인식 대상은 '대리인의 대리권남용 의사'여서 양자의 인식 대상이 다르기 때문에 표현대리가 성립하는 경우에도 대리권남용이 성립할 수 있다는 견해가 타당하다(아래 86다카1004 참고).

> [관련판례] 대법원은 소위 '명성사건'에서 제126조의 표현대리가 성립한 경우에도 대리권 남용의 이론을 적용한 바 있다. 즉 "이 사건 이 예금계약이 위 지점장 대리인 위 김동겸과 원고 사이에 이루어졌고 또 위 김동겸이 당좌담당대리여서 예금업무에 관하여는 피고은행을 대리할 권한이 없다고 하더라도 상대방인 원고로서는 위 김동겸에게 그와 같은 권한이 있는 것으로 믿는데에 정당한 이유가 있다고 보여지므로 위 예금계약은 일응 피고은행에게 그 효력이 있는 것(제126조의 표현대리 성립)으로 보여지겠지만, 위 김동겸이가 한 대리행위가 본인인 피고은행의 의사나 이익에 반하여 예금의 형식을 빌어 사채를 끌어 모아 위 김철호의 사업자금을 마련함으로써 자기와 위 김철호의 이익을 도모하려는 것이고, 원고가 위 김동겸의 예금계약의사가 진의 아님을 알았거나 이를 알 수 있었다면, 위 김동겸이가 한 이 사건 예금계약은 피고은행의 대리행위로 성립할 수 없으므로 피고은행은 이에 대하여 아무런 책임이 없게 된다(대리권남용의 항변 인정)"(대판 1987.7.7. 86다카1004: 표준판례104).

6. 대표권의 남용

법인의 대표에 관하여는 대리에 관한 규정을 준용하므로(제59조 2항) 대표권남용의 경우에도 대리권남용의 법리가 적용된다(대판 1988.8.9. 86다카1858: 표준판례49). 다만 대표권남용이론에 의해 법인에게 법률효과가 귀속되지 않더라도, 상대방은 법인에게 제35조 1항의 불법행위책임을 물을 수 있다. 물론 判例에 따르면 상대방이 법인에게 불법행위책임을 묻기 위해서는, 대표기관의 행위가 직무집행에 관한 것이 아니라는 점에 대하여 상대방이 '선의'이고 '중대한 과실'이 없어야 한다.

Ⅵ. 대리권의 소멸 [A-122]

1. 임의대리권, 법정대리권에 공통된 소멸 사유(제127조)

① 본인의 사망, ② 대리인의 사망, 성년후견의 개시, 파산
따라서 본인의 성년후견의 개시와 파산, 대리인의 한정후견의 개시는 대리권 소멸사유가 아니다(13회 선택형).

2. 임의대리에 특유한 소멸사유(제128조)

① 원인된 법률관계의 종료, ② 수권행위의 철회

제3관 대리행위

Ⅰ. 현명주의 [10사법]   [A-123]

1. 의의 및 취지

① 대리인이 그 권한 내에서 한 의사표시가 직접 본인에게 그 효력이 생기려면 '본인을 위한 것임을 표시'하여야 한다(제114조 1항). 즉 대리인의 대리행위시 법률행위의 귀속주체가 본인임을 표시하는 현명을 요구하는 것을 '현명주의'라고 한다. 이는 법률행위의 당사자를 명확히 밝혀 법적 안정성을 도모하기 위함이다. 다만 여기서 '본인을 위한다는 것'은 본인에게 법률효과를 귀속시키려는 의사를 의미하고, 본인의 이익을 위해서라는 뜻은 아니다.

② 수동대리에서는 상대방 쪽에서 본인에 대한 의사표시임을 표시하여야 한다(제114조 2항).

2. 현명의 방식

(1) 원 칙('甲 대리인 乙'로 표시)

① '甲 대리인 乙'이라고 표시하는 것이 보통이지만, 반드시 그러한 형식을 갖추어야만 하는 것은 아니다. 당해 법률행위의 경위와 제반사정에 비추어 본인, 대리인, 대리관계를 알 수 있도록 하면 된다. 이때, 본인의 표시와 관련하여 특히 문제가 된다. 즉, 묵시적으로도 가능하다.

② 일방 당사자가 대리인을 통하여 계약을 체결하는 경우에 있어서 계약의 상대방이 대리인을 통하여 본인과 사이에 계약을 체결하려는 데 '의사가 일치'하였다면(자연적 해석) 대리인의 대리권 존부 문제와는 무관하게 상대방과 본인이 그 계약의 당사자라고 할 것이다(대판 2022.12.16. 2022다245129).

(2) 본인의 표시

1) 대리인임을 밝혔으나 본인의 성명은 유보한 경우('대리인 乙'로 표시) [10사법]

예를 들어 '매매위임장'을 제시하고 매매계약을 체결하면서 매매계약서에 대리인의 이름만을 기재하더라도, 그것은 소유자를 대리하여 매매계약을 체결한 것으로 보아야 한다(제115조 단서 ; 대판 1982.5.25. 81다1349,81다카1209).

2) 서명대리 또는 대행방식에 의한 경우('甲'으로 표시)

判例는 반드시 대리인임을 표시하여 행위하여야 하는 것은 아니고 '본인명의'로도 할 수 있다는 입장이다(대판 1963.5.9. 63다67).

즉 대리인이 본인으로부터 대리권을 수여받아 마치 본인인 것처럼 행세하여 상대방과 법률행위를 한 경우 이는 결국 법률행위 해석을 통한 당사자 확정의 문제라고 하겠다. 따라서 행위자의 개성이 특히 의미를 갖는 경우가 아니라면 통상 명의자인 본인이 법률행위의 당사자가 되고 이때 대리인의 행위는 유권대리가 되어 그 효과가 본인에게 귀속한다(대판 1987.6.23. 86다카1411 : A2-1.참고).

> **[관련판례]** 甲이 부동산을 금융기관에 담보로 제공함에 있어 乙에게 그에 관한 대리권을 주었다면 乙이 금융기관과 근저당권설정계약을 체결하면서 대리관계를 표시함이 없이 마치 자신이 甲 본인인 양 행세하였다 하더라도 위 근저당권설정계약은 대리인인 위 乙이 그의 권한범위 안에서 한 것인 이상 그 효력은 본인인 甲에게 미친다(대판 1987.6.23. 86다카1411).

3. 현명하지 않은 경우의 효과('乙'로 표시)

(1) 원 칙
대리인이 본인을 위한 것임을 표시하지 아니한 경우(대리인의 성명만이 표시된 경우)에는 그 의사표시는 자기(대리인)를 위한 것으로 본다(제115조 본문).

(2) 예 외
① 그러나 상대방이 대리인으로서 한 것임을 알았거나 알 수 있었을 때에는 본인에 대하여 효력이 발생한다(제115조 단서)(5회, 12회 선택형). 이와 관련하여 判例는 채권양도의 경우 채권양도통지는 본래 채권양도인이 채무자에게 하여야 하나(제450조 1항), 채권양수인도 양도인을 '대리'하여 양도통지를 할 수 있는데, 이때 양수인이 양도인을 대리하여 통지를 하면서 현명을 하지 않은 경우에도 같은 법리를 적용한다(대판 2004.2.13. 2003다43490). 즉, 현명은 묵시적으로도 할 수 있다.
② 다만 상대방이 대리관계를 알았거나 알 수 있었더라도 대리행위의 효력이 인정되기 위해서는 대리인에게 대리권이 있어야 한다(대판 2008.2.14. 2007다77569).

4. 현명주의의 예외
① 수동대리의 경우에는 대리인이 현명하여 수령하는 것은 불필요하므로 제115조는 적용이 없어 상대방이 본인에 대한 의사표시임을 표시해야 한다. ② 상행위의 경우에는 당사자의 개성이 중시되지 않기 때문에 현명주의 적용이 없다(상법 제48조).

[관련판례] "민법상 조합의 경우 법인격이 없어 조합 자체가 본인이 될 수 없으므로, 이른바 조합대리에 있어서는 본인에 해당하는 모든 조합원을 위한 것임을 표시하여야 하나, 반드시 조합원 전원의 성명을 제시할 필요는 없고, 상대방이 알 수 있을 정도로 조합을 표시하는 것으로 충분하다"(대판 2009.1.30. 2008다79340).

Ⅱ. 대리행위의 하자   [A-124]

1. 원 칙
의사표시의 효력이 의사의 흠결, 사기, 강박 또는 어느 사정을 알았거나 과실로 알지 못한 것으로 인하여 영향을 받을 경우에 그 사실의 유무는 대리인을 표준으로 하여 결정한다(제116조 1항)(4회, 6회 선택형). 그러나 대리행위의 하자로부터 생기는 효과(무효·취소)는 본인에게 귀속한다.

① '부동산의 이중매매'에서 제2매수인의 대리인이 매도인의 배임행위에 적극가담한 경우, 본인이 그러한 사정을 몰랐거나 반사회성을 야기한 것이 아니라고 할지라도 그 매매계약은 제103조 위반으로 무효가 된다(대판 1998.2.27. 97다45532: 표준판례105 : 14회 선택형).
② 대리인의 '비진의표시'는 표시된 대로 효력을 발생한다. 그러나 상대방이 비진의표시임을 알았거나 알 수 있었을 때에는 무효이다(제107조 1항).
③ 대리인과 상대방이 '허위표시'를 한 경우에는 본인의 선의·악의에 상관없이 허위표시는 무효이다(제108조 1항). 이 경우 본인은 선의의 제3자에 해당하지 않는다(제108조 2항).
④ 대리행위에 '착오'가 있는지 또는 표의자(대리인)에게 중대한 과실이 있는지의 여부는 대리인을 기준으로 판단한다(제116조 1항). 따라서 대리인의 표시 내용과 본인의 의사가 불일치하는 경우에도 본인은 착오를 이유로 의사표시를 취소하지 못한다. 그러나 대리행위의 취소권은 본인에게 있다. 다만 대리인은 본인의 취소권의 행사를 수권받아 그 의사표시를 대리할 수 있다.

⑤ 判例에 따르면 ㉠ 대리인이 사기나 강박을 당하지 않는 한 본인이 사기나 강박을 당했더라도 본인은 대리행위를 취소할 수 없다고 한다(제116조 1항). ㉡ 그러나 대리인의 사기나 강박에 의하여 상대방이 의사표시를 한 경우에 상대방은 본인이 그 사실을 알았는지 여부를 묻지 않고 제110조 1항에 의하여 취소할 수 있다(대리인은 제110조 2항에서 정하는 '제3자'가 아니다 : 14회 선택형).

2. 예 외

① '특정한' 법률행위를 위임한 경우에 대리인이 '본인의 지시'에 좇아 그 행위를 한 때에는 본인은 자기가 안 사정 또는 과실로 인하여 알지 못한 사정에 관하여 대리인의 부지(不知)를 주장하지 못한다(제116조 2항).

② [인식의 귀속 문제] 이는 법인의 경우에도 마찬가지인바, 법인의 대표자가 어떠한 사정에 관하여 악의이거나 과실이 있으면 법인이 악의이거나 과실이 있는 것으로 다루어진다(제59조 2항, 제116조 1항). 이는 대표자가 법인에 대한 관계에서 배임적 행위를 하는 경우에도 마찬가지이다. 예컨대 대표자가 법인을 대표하여 무효인 법률행위를 하고 급부를 수령한 경우, 대표자가 악의이면 법인은 악의의 수익자(제748조 2항)에 해당한다(대판 2005.12.23. 2003다30159).[12]

Ⅲ. 대리인의 능력
[A-125]

1. 대리인의 행위능력

대리인은 대리행위를 하여야 하므로 권리능력과 의사능력은 있어야 하나, 대리행위의 경우 그 법률효과가 본인에게 귀속되므로 대리인은 행위능력자임을 요하지 않는다(제117조). 따라서 본인은 미성년자인 대리인이 체결한 계약을 대리인이 미성년자임을 이유로 취소할 수 없다.

2. 수권행위의 문제

제117조는 본인과 상대방간의 관계를 규율하는 것이고 본인과 대리인간의 관계를 규율하는 것은 아니다. 따라서 본인은 상대방에게 대리인이 제한능력자임을 이유로 대리행위의 취소를 주장할 수 없으나(제117조), 본인과 대리인 사이의 관계, 즉 '수권행위'와 '원인된 법률관계'(대표적으로 위임계약)에서의 대리인의 행위능력 문제는 제117조가 적용되지 않고 수권행위의 법적 성질 혹은 원인된 법률관계(위임계약)의 법리에 의한다.[13]

따라서 원인된 법률관계는 미성년자인 대리인이 제한능력을 이유로 취소할 수 있다.

---

12) "법인이 피해자인 경우 법인의 업무에 관하여 일체의 재판상 또는 재판 외의 행위를 할 권한이 있는 법률상 대리인이 가해자인 피용자의 행위가 사용자의 사무집행행위에 해당하지 않음을 안 때에는 피해자인 법인이 이를 알았다고 보아야 하고, 이러한 법리는 그 법률상 대리인이 본인인 법인에 대한 관계에서 이른바 배임적 대리행위를 하는 경우에도 마찬가지라고 할 것이다"

13) [심화] ① 수권행위는 상대방 있는 단독행위이므로 본인의 수권행위를 '대리인'이 자신의 제한능력을 이유로 취소할 수 없으나, ② 본인과 대리인 간의 위임계약과 같은 원인된 법률관계는 행위능력에 관한 일반원칙의 적용을 받으므로 '대리인'이 자신의 제한능력을 이유로 취소가능하다(제140조). ③ 그리고 원인된 법률관계가 제한능력을 이유로 취소되면 수권행위도 취소된다(유인설).

제4관 대리의 효과 (본인·상대방사이의 관계)

대리인이 한 의사표시의 효과는 모두 '직접' 본인에게 생기는바, 대리인이 한 의사표시가 직접 본인에게 그 효력이 생기려면 ⅰ) 대리권의 범위 내에서, ⅱ) 본인을 위한 것임을 표시하여야 한다(제114조). 이때 직접 본인에게 귀속하는 것은, 당사자가 원한 바의 효과뿐만 아니라 손해배상청구권이나 취소권 등도 본인에게 귀속된다.

예를 들어 "계약이 적법한 대리인에 의하여 체결된 경우에 대리인은 다른 특별한 사정이 없는 한 본인을 위하여 계약상 급부를 변제로서 수령할 권한도 가진다. 그리고 대리인이 그 권한에 기하여 계약상 급부를 수령한 경우에, 그 법률효과는 계약 자체에서와 마찬가지로 직접 본인에게 귀속되고 대리인에게 돌아가지 아니한다(13회 선택형). 따라서 계약상 채무의 불이행을 이유로 계약이 상대방 당사자에 의하여 유효하게 해제되었다면, 해제로 인한 원상회복의무는 대리인이 아니라 계약의 당사자인 본인이 부담한다. 이는 본인이 대리인으로부터 그 수령한 급부를 현실적으로 인도받지 못하였다거나 해제의 원인이 된 계약상 채무의 불이행에 관하여 대리인에게 책임 있는 사유가 있다고 하여도 다른 특별한 사정이 없는 한 마찬가지라고 할 것이다(대판 2011.8.18. 2011다30871). 반면 대리인은 대리행위에 따른 권리를 취득하지도, 의무를 부담하지도 않는다.

제5관 복대리

Ⅰ. 서 설

[A-126]

1. 의 의

복대리인은 '대리인이 그의 권한 내의 행위'를 하게 하기 위하여 '대리인 자신의 이름'으로 선임한 '본인의 대리인'이다. 여기서 대리인이 복대리인을 선임할 수 있는 권한을 '복임권'이라 하고, 그 선임행위를 '복임행위'라고 한다.

2. 법적성질

① 복대리인은 대리인이고, 또 대리인의 대리인이 아닌 '본인의 대리인'이다(제123조 1항). 따라서 복대리인도 스스로 의사를 결정하여 표시할 수 있으며, 대리인의 단순한 사자가 아니다.
② 복대리인은 '대리인'이 자신의 권한 및 이름으로 '선임'한 자이다. 따라서 복대리인 선임행위는 '수권행위'이지 대리행위가 아니며, 대리인의 선임행위가 필요하므로 복대리인은 언제나 임의대리인이다.
③ 대리인이 복대리인을 선임하더라도 대리인의 대리권은 소멸하는 것이 아니라 존속한다. 그래서 복임행위는 대리권의 '병존적 설정행위'라고 보는 것이 통설적 견해이다.
④ 복대리인은 대리인의 지휘·감독을 받을 뿐만 아니라, 복대리인의 대리권은 대리인의 대리권에 의존하므로 대리인의 대리권이 소멸하면 복대리인의 대리권도 소멸한다. 그리고 복대리인의 대리권의 범위는 대리인의 대리권 범위 내이면 족하고 일치할 필요는 없다.

Ⅱ. 복대리인의 선임과 책임

[A-127]

	임의 대리인	법정 대리인
복임권	① 원칙부정 ② 본인의 승낙, 부득이한 사유가 있는 때	언제든지 가능
책임	① 선임 감독상 과실에 대해서만 책임 ② 본인이 복대리인 지명한 경우는 불성실 등 통지를 태만한 때에만 책임	① 모든 책임 부담 ② 단, 부득이하게 선임한 경우는 선임 감독상의 과실만 책임

1. 임의대리인의 복임권

(1) 범위

① 임의대리인은 본인의 승낙이 있거나 또는 부득이한 사유가 있는 때에 한하여 예외적으로 복임권을 가질 뿐이다(제120조)(4회, 12회 선택형). 따라서 원칙적으로 임의대리인에게는 복임권이 없으므로 임의로 복대리인을 선임할 경우 그 선임행위는 효력이 없다. 왜냐하면 임의대리인은 본인의 신임을 받는 자이며 언제든지 사임할 수 있는 자이기 때문이다.

② 다만 判例는 "대리의 목적인 법률행위의 성질상 대리인 자신에 의한 처리가 필요하지 아니한 경우(예를 들어 단순업무 : 저자주)에는 본인이 복대리 금지의 의사를 명시하지 아니하는 한 복대리인의 선임에 관하여 묵시적인 승낙이 있는 것으로 보는 것이 타당하다"(대판 1996.1.26. 94다30690)라고 판시함으로써 복대리의 인정에 관대한 태도를 취하고 있다.

> [묵시적 승낙 판례] ㉠ [긍정] 判例는 "채권자를 특정하지 아니한 채 부동산을 담보로 제공하여 금원을 차용해 줄 것을 위임한 자의 의사에는 복대리인 선임에 관한 승낙이 포함되어 있다"(대판 1993.8.27. 93다21156)고 해석한다. ㉡ [부정] 그러나 **오피스텔의 분양업무**(대판 1996.1.26. 94다30690)나 **아파트의 분양업무**(대판 1999.9.3. 97다56099)는 그 성질상 분양 위임을 받은 수임인의 능력에 따라 그 분양사업의 성공 여부가 결정되는 사무로서, 본인의 명시적인 승낙 없이는 복대리인의 선임이 허용되지 아니하는 경우로 보아야 한다고 한다.

(2) 책임

임의대리인이 '본인의 승낙'이나 '부득이한 사유'로 복대리인을 선임한 때에는 본인에 대하여 그 선임 및 감독에 대해서 책임을 져야 한다(제121조 1항). 그러나 본인의 지명에 따라서 복대리인을 선임한 경우에는 책임이 경감된다. 즉 그 부적임 또는 불성실함을 알고 본인에 대한 통지나 그 해임을 게을리한 때에 한해서 책임을 진다(제121조 2항).

2. 법정대리인의 복임권

(1) 범위

법정대리인은 언제든지 복임권이 있다(제122조 본문).

(2) 책임

법정대리인은 복대리인의 행위에 대해서는 자신에게 선임 및 감독상의 과실이 있든 없든 전적인 책임(무과실책임)을 져야 한다(제122조 본문). 단 부득이한 사유로 복대리인을 선임한 경우에는 임의대리인의 책임과 같은 범위로 책임이 경감된다(제122조 단서, 제121조 1항).

3. 복대리인의 권한 및 복임권 인정 여부

복대리인은 본인이나 제3자에 대하여 대리인과 동일한 권리의무가 있다(제123조 2항). 아울러 복대리인이 다시 복대리인을 선임해야 할 실제적인 필요성도 있기 때문에 복대리인의 복임권을 긍정하는 견해가 일반적이다. 다만 복대리인은 임의대리인이기 때문에 본인의 승낙이 있거나 부득이한 사유가 있는 경우에만 다시 복대리인을 선임할 수 있다.

Ⅲ. 복대리의 삼면관계(복대리인의 지위) [A-128]

1. 대리인에 대한 관계

복대리인은 대리인의 복임권에 기하여 선임된 자이므로 대리인의 감독을 받을 뿐 아니라 대리인의 대리권의 존재 및 범위에 의존한다. 따라서 대리인의 대리권보다 그 범위가 넓을 수 없고 대리권이 소멸하면 복대리권도 소멸한다. 다만 복대리인이 선임된 경우에도 대리인의 대리권은 존속한다(각자 대리).

2. 상대방에 대한 관계

복대리인은 본인의 대리인이므로(제123조 1항) 직접 본인의 이름으로 대리하고, 제115조, 제116조, 제117조의 적용을 받는다. 임의대리인이 제120조를 위반한 복임행위는 무효이며, 그 복대리인이 한 대리행위는 무권대리행위이다(표현대리의 법리의 적용 여부는 각 표현대리 참고).

3. 본인에 대한 관계

복대리인은 본인의 대리인이지만 대리인에 의해 선임된 자이므로 이론상으로는 본인과의 사이에 본인의 대리인이라는 사실 외에는 어떠한 내부관계도 발생하지 않는다. 그러나 민법 제123조 2항은 편의상 본인과 복대리인 사이에도 본인과 대리인 사이에 있어서와 마찬가지의 내부관계가 생기는 것으로 의제하고 있다. 따라서 예컨대 대리인이 수임인인 경우에 복대리인도 본인에 대해서 수임인으로서의 권리의무를 지게 된다.

Ⅳ. 복대리권의 소멸 [A-129]

복대리권은 ① 본인에 대한 대리권이므로 대리권 일반의 소멸사유(제127조)에 의하여, ② 대리인·복대리인 간의 수권관계 소멸에 의하여, ③ 대리인의 대리권(모권)의 소멸에 의하여 소멸한다.

제6관 표현대리

Ⅰ. 표현대리 총설 [A-130]

1. 표현대리의 개념

표현대리란, ⅰ) 대리인에게 대리권이 없음에도 불구하고, ⅱ) 마치 그것이 있는 것과 같은 외관이 존재하고, ⅲ) 본인이 그러한 외관의 형성에 관여하였다든가 그 밖에 본인이 책임져야 할 사정이 있는 경우에, 그 무권대리행위에 대하여 본인에게 책임을 지우는 제도이다.

2. 표현대리의 성립

① 표현대리가 성립하기 위해서는 ㉠ 대리인에게 대리권이 없음에도 불구하고 있는 것과 같은 '외관'이 존재하여야 하고, 이와 같은 외관의 형성에 관해 '본인에게 책임'을 물을 만한 사정이 존재하여야 한다. ㉡ 그리고 상대방이 대리권의 외관을 믿은 것에 대해 보호할 만한 가치가 있어야 한다. 민법이 **상대방의 '선의·무과실'**(제125조·제129조) 혹은 '정당한 이유'(제126조)를 요구하는 것은 그러한 표현이다.

② 표현대리가 성립하기 위해서는 '**표현대리행위 자체는 유효**'한 것을 전제로 한다. 따라서 강행규정에 위배되어 확정적·절대적 무효인 경우에는 상대방이 선의·무과실이라 하더라도 표현대리법리가 적용될 여지가 없다. 예컨대, 判例는 "증권회사 또는 그 임직원의 부당권유행위를 금지하는 증권거래법은 강행법규로서 이에 위배되는 주식거래에 관한 투자수익보장 약정은 무효이고, 그 약정이 **강행법규에 위반되어 무효인 이상**, 증권회사의 지점장에게 그와 같은 약정을 체결할 권한이 수여되었는지 여부에 불구하고 표현대리의 법리가 준용될 여지가 없다"고 한다(대판 1996.8.23. 94다38199).

3. 표현대리의 유형

표현대리에 관하여 민법은 ① 대리권수여의 표시에 의한 표현대리(제125조), ② 권한을 넘은 표현대리(제126조), ③ 대리권 소멸 후의 표현대리(제129조) 세 가지를 규정하고 있다. 判例는 민법이 규정한 유형 이외의 표현대리를 인정하지 않는다(대판 1955.7.7. 4287민상366).

4. 표현대리의 근거

표현대리제도는 대리제도의 신뢰유지와 거래의 안전보호에 존재이유가 있다. 判例도 '일반적인 권리외관이론'(예를 들어 선의취득, 취득시효제도 등)에 기초를 두고 있다고 한다(대판 1998.5.29. 97다55317).

5. 표현대리의 본질(무권대리인가 유권대리인가) [2회 사례형]

① 표현대리는 외관을 신뢰한 선의·무과실의 제3자를 보호하고 거래의 안전을 보장하며, 대리제도의 신용을 유지하기 위한 제도로서 무권대리의 일종이다(통설). 判例도 "표현대리가 성립된다고 하여 무권대리의 성질이 유권대리로 전환되는 것은 아니므로, 양자의 구성요건 해당사실 즉 주요사실은 서로 다르다고 볼 수밖에 없다. 그러므로 유권대리에 관한 주장 가운데 무권대리에 속하는 표현대리의 주장이 포함되어 있다고 볼 수 없다"(대판 1983.12.13. 83다카1489: **표준판례113 : 1회 선택형**)고 판시하여 표현대리가 무권대리임을 분명히 밝혔다. 따라서 당사자가 유권대리에 관한 주장만 한 경우, 법원은 표현대리의 성립여부에 관한 판단을 할 수 없다.

[민소법 쟁점] '주요사실'은 당사자가 변론에서 주장하여야 하며, 당사자에 의하여 주장되지 않은 사실은 법원은 판결의 기초로 삼을 수 없다(변론주의). 유권대리사실이든 표현대리사실이든 모두 주장이 필요한 주요사실이다.

② 그리고 判例는 상대방이 표현대리의 세 가지 유형별로 따로 이를 적시하여 주장할 것을 요구하지는 않는다. 즉 상대방이 표현대리를 주장하더라도 그것이 이를테면 제125조 내지 제126조에 관련되는 것인 때에는 어느 한쪽의 요건에 해당하지 않더라도 다른 쪽의 요건을 갖춘 경우에는 그것에 대한 주장도 포함한 것으로 보아 그것도 같이 심리하여야 한다(대판 1987.3.24. 86다카1348).

6. 표현대리와 (협의의) 무권대리의 관계

(1) 학설 검토

표현대리가 성립할 경우 무권대리에 관한 제130조 내지 제135조의 규정을 적용할 것인가와 관련하여 ① **전부적용설**(표현대리를 무권대리의 특수형태로 보아 전부 적용된다는 견해)과, ② **적용부정설**(표현대리를 유권대리의 일종으로 보아 전부 적용되지 않는다는 견해)이 있으나, ③ 표현대리는 (광의의) 무권대리의 일종이나 표현대리의 성립으로 상대방은 소기의 목적을 달성할 수 있으므로 무권대리인의 상대방에 대한 책임규정인 제135조만은 적용되지 않는다는 **부분적용설**이 타당하다(다수설 ; 대법원은 앞서 검토한 바와 같이 표현대리가 무권대리임을 분명히 밝혔다. 그러나 구체적으로 전부적용설을 따를 것인지 부분적용설을 따를 것인지에 대한 判例는 보이지 않는다).

(2) 부분적용설에 따른 효과

부분적용설에 따르면 표현대리가 성립하는 경우라도 상대방이 이를 주장하지 않는 동안에는 무권대리로서의 성격을 가지므로 본인은 추인할 수 있고(제130조), 상대방은 본인에게 추인 여부의 확답을 최고할 수 있고(제131조), 상대방은 대리권 없는 자가 한 계약을 본인이 추인하기 전에 철회할 수 있다(제134조). 그러나 상대방은 무권대리인에게 계약의 이행 또는 손해배상을 청구할 수 없다.

7. 표현대리의 적용범위

① 절차안정이 요청되는 '소송행위'에는 민법상의 표현대리 규정이 적용 또는 준용될 수 없는바, 判例도 공정증서가 채무명의로서 집행력을 가질 수 있도록 하는 '집행인낙 표시'(대판 1994.2.22. 93다42047), 이행지체가 있으면 즉시 강제집행을 하여도 이의가 없다는 '강제집행 수락의사표시'(대판 1983.2.8. 81다카621)는 소송행위라 할 것이므로 민법상의 표현대리규정이 적용 또는 유추적용될 수는 없다고 한다.
② '공법상 행위'에도 원칙적으로 표현대리는 적용될 수 없다. 다만, 지방자치단체가 사경제의 주체로서 법률행위를 하였을 때에는 표현대리에 관한 법리가 적용된다고 한다(대판 1961.12.28. 4294민상204). 또한 判例는 공법상의 대리권도 기본대리권이 될 수 있으므로 등기신청의 대리권을 가지고 있는 자가 대물변제를 한 경우에도 제126조의 표현대리의 성립을 인정한다(대판 1965.3.30. 65다44).

8. 표현대리의 효과

(1) 본인의 표현대리행위에 대한 책임

본인은 표현대리행위에 대해 그 효과를 받는다. 判例는 "표현대리가 성립하는 경우에 그 본인은 표현대리행위에 의하여 전적인 책임을 져야 하고, 상대방에게 과실이 있다고 하더라도 과실상계의 법리를 유추적용하여 본인의 책임을 경감할 수 없다"고 한다(대판 1996.7.12. 95다49554).

(2) 상대방의 표현대리의 주장

표현대리는 상대방이 이를 주장한 경우에 비로소 문제가 된다. 상대방이 주장하지 않는데 본인이 이를 주장할 수는 없다. 표현대리는 어디까지나 상대방의 보호 내지 거래안전을 위하여 본인을 구속하는 제도이기 때문이다.

제6-1관 제125조의 표현대리

I. 의 의 [A-131]

> 제125조(대리권수여의 표시에 의한 표현대리) 제3자에 대하여 타인에게 대리권을 수여함을 표시한 자는 그 대리권의 범위 내에서 행한 그 타인과 그 제3자간의 법률행위에 대하여 책임이 있다. 그러나 제3자가 대리권 없음을 알았거나 알 수 있었을 때에는 그러하지 아니하다.

즉 제125조는 본인이 타인에게 대리권을 실제로는 주지 않았으나 주었다고 표시함으로써 '성립의 외관'이 존재하는 경우에 관한 것이다.

II. 요 건 (표, 내, 상, 선) [A-132]

1. 대리권 수여의 표시

(1) 수권표시의 법적 성질

제125조의 대리권 수여의 표시는 수권행위 그 자체는 아니고 수권행위가 있었다는 뜻의 '관념의 통지'로 볼 수 있다(다수설). 判例도 "제125조의 표현대리는 본인과 대리행위를 한 자 사이의 기본적인 법률관계의 성질이나 그 효력의 유무와는 관계없이 어떤 자가 본인을 대리하여 제3자와 법률행위를 함에 있어 본인이 그 자에게 대리권을 수여하였다는 표시를 제3자에게 한 경우에 성립한다"(대판 2007.8.23. 2007다23425)고 하여 명확하지는 않으나 관념의 통지로 보고 있는 듯하다.

(2) 수권표시의 방법

'표시'의 방법에는 제한이 없다. 위임장 작성이 보통이지만, 구두 또는 묵시적 방법도 무방하다. 또 불특정 다수인에게도 할 수 있으며, 대리인을 통해서도 할 수 있다.

1) 명의대여(명의사용을 허락 또는 묵인한 경우)

본인이 다른 사람에게 자기 명의를 사용하여 법률행위를 할 것을 허락한 경우에는 보통 대리권(엄밀히는 대행권)을 수여한 것으로 해석된다. 그리고 설령 본인의 의사가 대리권을 수여하고자 하는 것이 아니었다 하더라도 이는 제125조의 '표시'에 해당한다. 이와 관련해 判例는 "본인에 의한 대리권 수여의 표시는 반드시 대리권 또는 대리인이라는 말을 사용하여야 하는 것이 아니라 사회통념상 대리권을 추단할 수 있는 직함이나 명칭 등의 사용을 승낙 또는 묵인한 경우에도 대리권 수여의 표시가 있은 것으로 볼 수 있다"(대판 1998.6.12. 97다53762 : 7회 선택형)고 한다. [14회 사례형]

2) 백지위임장의 교부

① 백지위임장의 교부는 포괄적인 묵시적 수권행위에 해당되어 원칙적으로 '유권대리'라는 견해도 있으나, ② 백지위임장 작성자의 의도와는 달리 그 위임장이 전전 유통되어 대리인의 성명이 보충된 경우에는 **제125조의 '표시'가 있는 것으로 이해하는 것이 타당하다**(다수설 : 그러나 '내용백지'의 경우 대리인이 본인으로부터 부탁받지 않은 사항을 보충하였다면 제126조의 표현대리가 성립할 수 있다)[A-118. 2.(5) 참고].

3) 사실행위

사실행위 등을 하게 하는 것은 대리권수여의 표시가 될 수 없다. 判例도 중개인에게 오피스텔 분양에 대해 중개를 부탁하고 수수료 지급을 약속한 것은 사실행위에 지나지 않기 때문에 제125조의 대리권수여의 표시가 아니라고 한다(대판 1997.3.25. 96다51271: **표준판례106**).

[관련판례] 判例는 "금융기관의 직원이 고객관리차원에서 장기간 동안 고객의 예금을 파출수납의 방법으로 입금 및 인출하여 오던 중 고객으로부터 예금인출 요구를 받지 않았음에도 불구하고 인출을 요구받아 파출업무를 수행하는 것처럼 가장하여 금융기관의 영업부 직원에게 구두로 출금을 요구하여 돈을 받은 후 고객 몰래 인장을 찍어 둔 인출청구서에 고객의 서명을 위조하여 위 영업부 직원에게 교부하는 방법으로 여러 차례에 걸쳐 금원을 인출한 경우, 파출수납의 방법에 의한 예금 입·출금은 금융기관 직원 자신의 직무를 수행하는 것에 불과하고, 고객이 직원에게 예금 입·출금과 관련한 대리권을 수여하였다거나 그 수여의 의사를 표시한 것으로 볼 수는 없다"(대판 2001.2.9. 99다48801)고 하였다. 이 사례에서는 제125조와 제126조의 표현대리를 인정하지 않았으므로 금융기관은 출금행위의 유효성을 주장할 수 없고 따라서 예금 전액을 반환해 주어야 한다. 이 경우 예금주가 인장관리를 소홀히 한 점과 입·출금 확인을 하지 않은 과실을 근거로 과실상계를 할 수도 없다고 보았다(9회 선택형). 이는 불법행위나 채무불이행을 이유로 한 손해배상청구가 아니라 예금계약에 따른 본래의 급부의 이행을 청구(예금반환청구)하는 것이므로 과실상계를 적용할 수 없다고 본 것이다.

2. 표시된 대리권의 범위 내에서 한 행위

제125조는 '그 대리권의 범위 내'에서 한 행위에 대해 본인이 그 책임을 지는 것으로 정한다. 따라서 수여된 대리권의 범위를 초과한 경우, 그 부분에 대하여는 중첩적으로 제126조의 표현대리가 문제된다.

3. 표시의 통지를 받은 상대방과의 대리행위

대리권의 수여를 불특정 다수인에게 표시한 경우에는 불특정 다수인이 보호될 수 있지만, 특정인에게 표시한 경우에는 표시를 통지받은 상대방만이 보호된다. 따라서 후자의 경우 그러한 통지가 있음을 우연히 알게 된 제3자와의 사이에 대리행위가 행하여졌더라도 제125조의 적용은 없다.

4. 상대방의 善의·無과실···요건사실이 아닌 (본인의) 항변사유

상대방은 대리권 없음을 알지 못하고 또 알지 못하는 데 과실이 없어야 한다. 判例는 저당권설정계약 당시 본인의 인감증명서와 인감도장만을 소지하였을 뿐 대리인으로서 통상 제시될 것이 기대되는 등기권리증을 소지하지 않은 사안에서 상대방의 과실을 인정하였다(대판 1984.11.13. 84다카204). 상대방의 악의·과실의 증명책임은 본인에게 있다는 것이 통설적 견해이다. 왜냐하면 표현대리제도는 상대방의 신뢰보호를 그 근거로 하기 때문이다. 상대방의 과실 유무는 무권대리행위 당시의 제반 사정을 객관적으로 판단하여 결정하여야 한다(대판 1974.7.9. 73다1804).

Ⅲ. 적용범위

[A-133]

1. 법정대리(소극)

'대리권을 수여'한다는 본조의 문언상 본조는 임의대리에 한하며 법정대리에는 그 적용이 없다. 判例 중에도 호적(가족관계등록부)상으로만 친권자로 되어 있는 자가 미성년자의 법정대리인으로서 '소송위임'에 관하여 대리행위를 한 사안에서, 그 행위를 대리권 흠결로 보아 무효로 보면서도 제125조의 표현대리의 적용을 부정한 것이 있다(대판 1955.5.12. 4287민상208).[14]

2. 복대리(적극)

복대리에 관해서도 제125조는 적용된다. 判例도 복임권이 없는 (임의)대리인이 복대리인을 선임하여 그 복대리인이 본인의 이름으로 대리행위를 한 경우 복대리인 선임행위가 대리권수여의 표시에 해당하는 것으로 보아 제125조의 표현대리를 적용하고 있다(대판 1979.11.27. 79다1193).

---

14) [판례평석] 제125조는 본인이 자기의 의사로 대리권을 수여했다는 표시를 하는 것을 예정한 것이므로 본인의 의사와 관계없이 인정되는 법정대리에는 적용될 여지가 없다고 보는 것이 타당하다(다수설). 다만 이 判例에 대해서는 본래 소송대리에는 표현대리를 적용할 수 없으므로 判例가 반드시 부정설이라고 단정할 수 없다는 평가도 있다.

제6-2관 제126조의 표현대리

Ⅰ. 의 의 [A-135]

> 제126조(권한을 넘은 표현대리) 대리인이 그 권한 외의 법률행위를 한 경우에 제3자가 그 권한이 있다고 믿을 만한 정당한 이유가 있는 때에는 본인은 그 행위에 대하여 책임이 있다.

즉 제126조는 대리권의 범위를 넘었으나 그 범위 내의 것으로 믿을 만한 대리권 '범위의 외관'이 존재하는 경우에 관한 것이다.

Ⅱ. 성립요건(기, 넘, 정) [A-136]

1. 기본대리권의 존재 [A-136a]

대리인이 일정한 범위의 대리권, 즉 기본대리권을 가지고 있어야 한다. 원칙적으로 전혀 대리권이 없는 자의 행위에는 표현대리가 성립하지 않는다(대판 1984.10.10. 84다카780). '기본대리권'과 관련하여 해석상 문제되는 것으로 다음의 것이 있다.

(1) 인장을 보관시키는 것

① 判例는 단순히 타인에게 '인장'을 보관시킨 것이나 '인감증명서'만의 교부는 처분에 관한 기본대리권이 주어졌다고 보지 않는다. 예컨대 부동산을 관리시키면서 그 인감도장을 보관시킨 사실이 있다고 하여 처분권한을 수여하였다 할 수 없으므로 표현대리가 성립될 수 없다(대판 1973.6.5. 72다2617 ; 대판 1978.10.10. 78다75).

② 그러나 예컨대 보증을 하는 것을 위임하면서 '인감도장과 인감증명서'를 교부하였는데, 이를 이용하여 본인 부동산에 저당권을 설정한 경우와 같이 특정행위에 사용하도록 하기 위해 인장을 보관시킨 것은 기본대리권의 수여가 있는 것으로 본다(대판 1994.11.8. 94다29560).

(2) 사실행위

① 判例는 "증권회사로부터 위임받은 고객의 유치, 투자상담 및 권유, 위탁매매약정실적의 제고 등의 업무는 사실행위에 불과하므로 이를 기본대리권으로 하여서는 권한초과의 표현대리가 성립할 수 없다"(대판 1992.5.26. 91다32190)고 판시하여 사실행위에 대한 권한수여는 기본대리권이 될 수 없다고 한다(다만 회사의 사용자책임은 인정하였다).

② 그러나 과거 判例 중에는 사실행위를 위한 使者인 경우에도 기본대리권의 존재를 긍정한 것이 있다(대판 1962.2.8. 61다192). [판례해설] 이러한 判例의 태도는 모순되는 것이 아니라, 사실행위를 위한 使者의 경우에는 상대방의 입장에서 볼 때 사자인지 아니면 대리인인지를 구별하는 것이 어려워 제126조의 표현대리를 인정해야 할 필요성이 훨씬 크기 때문에 예외를 인정한 것이다.

(3) 표현대리권(표현대리의 중첩적용 문제)

제125조 또는 제129조의 표현대리가 성립할 수 있다면 그에 기하여 대리권이 존재하는 것처럼 다루어지므로, 표현대리제도의 취지에 비추어 볼 때 제125조 또는 제129조의 범위를 넘는 때에는 제126조가 중첩적으로 적용된다고 보는 것이 타당하다(대판 2008.1.31. 2007다74713: **표준판례108**[15]: 1회 선택형).

---

[15] "민법 제126조에서 말하는 권한을 넘은 표현대리는 현재에 대리권을 가진 자가 그 권한을 넘은 경우에 성립하는 것이지, 현재에 아무런 대리권도 가지지 아니한 자가 본인을 위하여 한 어떤 대리행위가 과거에 이미 가졌던 대리권을 넘은 경우

(4) (임의)대리인이 임의로 선임한(무효인 복임행위에 기한) **복대리인이 권한 외의 대리행위를 한 경우**
判例는 "대리인이 사자 내지 임의로 선임한 복대리인을 통하여 권한 외의 법률행위를 한 경우, 상대방이 그 행위자를 대리권을 가진 대리인으로 믿었고 또한 그렇게 믿는 데에 정당한 이유가 있는 때에는, 복대리인 선임권이 없는 대리인에 의하여 선임된 복대리인의 권한도 기본대리권이 될 수 있을 뿐만 아니라, 그 행위자가 사자라고 하더라도 대리행위의 주체가 되는 대리인이 별도로 있고 그들에게 본인으로부터 기본대리권이 수여된 이상, 제126조를 적용함에 있어서 기본대리권의 흠결 문제는 생기지 않는다"(대판 1998.3.27, 97다48982 : 1회,6회,7회 선택형)고 한다. 즉, 判例는 대리인이 임의로 선임한 복대리인을 통하여 권한 외의 법률행위를 한 경우 제126조의 표현대리가 성립할 수 있다는 입장이다.

[판례검토] 이 경우 논리적으로는 복대리인은 기본대리권이 없어 제126조의 표현대리는 성립할 수 없을 것으로 생각되지만, 표현대리법리가 거래안전을 위한 권리외관이론에 기초하고 있는 점과 원대리인이 직접 권한을 넘어 행위한 경우와 복대리인을 통하여 권한을 넘어 행위한 경우를 달리 취급할 합리적인 이유가 없다는 점에 비추어 判例의 태도가 타당하다.

[심화] 위 判例사안은 甲이 乙에게 은행에서 대출을 받아달라는 부탁과 함께 그의 인감도장과 인감증명서 등을 교부하였는데(원대리권 수여), 乙이 丙으로부터 연대보증인을 구해 달라는 부탁을 받고 '임의로' 丙에게 甲의 인감도장과 인감증명서 등을 교부하여(복대리권 수여), 丙이 甲을 대리하여 자신의 丁에 대한 채무를 연대보증한 경우에 제126조의 표현대리를 적용한 예이다. 이에 대해 만약 丙을 乙의 사자(使者)로 본다면 丙의 행위는 乙자신의 행위로 볼 수 있으므로 乙에게 대리권이 있는 한 제126조의 기본대리권이 존재하는 것이 분명하다. 그러나 丙을 복대리인으로 본다면 乙에게 복임권이 없는 경우이므로 丙에게도 처음부터 대리권이 발생하지 않았다고 보아야 하는데, 그럼에도 불구하고 判例는 기본대리권의 흠결문제가 생기지 않는다고 보았다. 이에 대해서는 대리인 乙의 대리권을 복대리인 丙의 기본대리권으로 본 것인지 아니면 복임권이 없는 대리인이 선임한 복대리인의 대리행위에 대해 제125조의 표현대리를 적용하는 것을 전제로 이 표현대리권을 기본대리권으로 하여 제126조의 표현대리를 적용한 것인지 명백하지 않다. 그러나 복대리인도 본인의 대리인임을 고려하면 후자로 이해하는 것이 설득력이 있어 보인다.

(5) 부부 간의 일상가사대리권(쟁점 3.참고)

2. 권한을 넘은 표현대리행위의 존재 [A-136b]

(1) 대리인의 대리행위

제126조가 적용되기 위하여는 대리인의 대리행위가 있어야 하고, 대리행위로 인정될 만한 것이 없다면, 비록 상대방의 신뢰가 있더라도, 제126조가 적용될 여지는 없다. 즉, 본인을 위한다는 의사를 명시 혹은 묵시적으로 표시하거나 대리의사를 가지고 권한 외의 행위를 하는 경우에 성립한다.

① **[무권리자의 처분행위]** 따라서 관리에 관한 대리권한을 가진 대리인이 자기 명의로 원인무효의 등기를 한 후 이를 제3자에게 매도하는 경우에는 "계약의 당사자는 대리인과 제3자로서 그 대리인이 본인의 대리인으로서 그러한 계약을 하였다고는 볼 수 없으므로 **제126조의 표현대리가 적용될 여지가 없다**"(대판 1972.5.23, 71다2365 등). **[13행정]**

[관련판례] "乙이 甲으로부터 부동산에 관한 담보권설정의 대리권만 수여받고도 그 부동산에 관하여 자기 앞으로 소유권이전등기를 하고 이어서 丙에게 그 소유권이전등기를 경료한 경우, 丙은 乙을 甲의 대리인으로 믿고서 위 등기의 원인행위를 한 것도 아니고, 甲도 乙 명의의 소유권이전등기가 경료된 데 대하여 이를 통정·용인하였거나 이를 알면서 방치하였다고 볼 수 없다면 이에 민법 제126조나 제108조 제2항을 유추할 수는 없다"(대판 1991.12.27, 91다3208).

에까지 성립하는 것은 아니라고 할 것이고, 한편 과거에 가졌던 대리권이 소멸되어 민법 제129조에 의하여 표현대리로 인정되는 경우에 그 표현대리의 권한을 넘는 대리행위가 있을 때에는 민법 제126조에 의한 표현대리가 성립할 수 있다"

② **[타인명의를 사용한 법률행위]** 그러나 대리인이 현명하지 않은 채 본인인 것처럼 가장하여 월권행위를 한 경우에, 判例는 원칙적으로 현명을 요구하지만, 특별한 사정이 있으면 현명이 없더라도 제126조의 유추적용을 긍정한다(대판 1993.2.23. 92다52436 ; A2-1.참고).

[관련판례] "사술을 써서 대리행위의 표시를 하지 아니하고 단지 본인의 성명을 모용하여 자기가 마치 본인인 것처럼 상대방을 기망하여 본인 명의로 직접 법률행위를 한 경우에는 특별한 사정이 있는 경우에 한하여 민법 제126조의 표현대리의 법리를 유추적용할 수 있다. 여기서 특별한 사정이란 i) 본인을 모용한 사람에게 본인을 대리할 '기본대리권'이 있었고, ii) 상대방으로서는 위 모용자가 본인 자신으로서 본인의 권한을 행사하는 것으로 믿은 데 '정당한 사유'가 있었던 사정을 의미한다"(대판 1993.2.23. 92다52436).

(2) 상대방의 범위

표현대리에 관한 규정에 의해 보호받을 수 있는 상대방은 '대리인과 직접 법률행위를 한 자'에 한정된다. 그로부터 전득한 자는 이에 해당하지 않는다(대판 1994.5.27. 93다21521). 이러한 법리는 어음·수표행위와 같이 거래안전이 매우 요구되는 거래의 경우에서도 마찬가지이다(대판 1997.11.28. 96다21751).

(3) 월권행위

기본대리권이 권한을 벗어난 행위와 같은 종류의 대리권이거나 비슷한 것일 필요는 없다(대판 1978.3.28. 78다282). 그리고 그 행위가 대리권과 아무런 관계가 없어도 무방하다(대판 1963.11.21. 63다418). 다만 '정당한 이유'의 판정에 영향을 줄 수는 있다.

3. 정당한 이유의 존재   [A-136c]

(1) 정당한 이유의 의미 및 판단시기

判例는 표현대리는 대리행위당시에 대리권이 존재한다고 믿은 선의의 제3자를 보호하기 위한 것이므로 i) '무권대리행위시'를 기준으로(대판 2018.7.24. 2017다2472[16] : 표준판례107 · 14회 선택형), ii) 정당한 이유의 의미를 '상대방이 대리권이 있다고 믿은 데 과실이 없는 것', 즉 선의·무과실로 해석한다(대판 1989.4.11. 88다카13219 : 1회 선택형). **[10입법, 22법행]** 또한 이는 계약 성립 당시의 제반사정을 객관적으로 판단하여 결정하여야 하고 표현대리인의 주관적 사정을 고려하지 말아야 한다(대판 1989.4.11. 88다카13219).

(2) 정당한 이유의 증명책임

判例는 상대방에게 정당한 이유의 증명책임이 있다고 하는바(대판 1968.6.18. 68다694), 검토하건대 다른 표현대리에 비해서 외관에 대한 상대방의 신뢰가치의 정도가 낮고 또 제126조의 법문상 표현대리를 주장하는 상대방에게 증명책임을 지우는 判例의 태도는 타당하다(다수설).

(3) 상대방의 조사·확인의무의 문제[17]

제126조에서의 대리권 외관의 신뢰가치는 제125조와 제129조의 경우보다 낮다. 대리인이 어떤 범위에서 대리권이 있다고 하여 (그 범위를 넘은) 현재의 대리행위에 대하여도 대리권이 있다고 믿는 것이 당연하지는 않기 때문이다. 즉 제125조는 대리권을 수여하였다고 표시한 그 대리권의 범위에서, 제129조는 소멸하기 전에 가지고 있었던 대리권의 범위 안에서 행위를 하는 데 반해, 제126조는 대리권

---

16) "표현대리의 효과를 주장하려면 상대방이 자칭 대리인에게 대리권이 있다고 믿고 그와 같이 믿는데 정당한 이유가 있을 것을 요건으로 하는 것인바, 여기의 정당한 이유의 존부는 자칭 대리인의 대리행위가 행하여 질 때에 존재하는 제반사정을 객관적으로 관찰하여 판단하여야 하는 것이지 당해 법률행위가 이루어지고 난 훨씬 뒤의 사정을 고려하여 그 존부를 결정해야 하는 것은 아니므로, 무권대리인이 매매계약 후 그 이행단계에서야 비로소 본인의 인감증명과 위임장을 상대방에게 교부한 사정만으로는 상대방이 무권대리인에게 그 권한이 있다고 믿을 만한 정당한 이유가 있었다고 단정할 수 없다"

17) 이하 지원림, 민법강의(13판), 2-333b 참고

의 범위를 넘어서 행위를 하기 때문이다. 따라서 제126조의 정당한 이유, 특히 무과실을 판단함에 필요한 것으로 '본인과 상대방 사이의 이익조정'을 위한 상대방에 대한 조사·확인의무의 부과 문제가 있다.

> ※ **상대방의 조사·확인의무를 인정한 경우와 부정한 경우**
> ① **[인정]** 判例는 무권대리행위가 비정상적이거나 이례적인 경우(대판 1995.9.26. 95다23743), 구체적으로 ⅰ) 후견인으로부터 제한능력자 소유의 부동산을 매수하는 경우(대판 1997.6.27. 97다3828), ⅱ) 대리권 수여 여부를 본인에게 쉽게 확인할 수 있는 경우(대판 1992.11.27. 92다31842) **[12행정]** ⅲ) 상대방이 금융기관인 경우(대판 1990.1.23. 88다카3250)에 그 권한 유무나 본인의 의사를 조사·확인할 의무를 인정하였다(정당한 이유를 인정하는데 엄격).
> ② **[부정]** 그러나 判例는 ⅰ) 당해 대리행위에 필요한 일체의 서류를 소지하고 있는 경우(대판 1997.7.8. 97다9895), ⅱ) 특히 보증보험연대보증에서 본인 발급의 인감증명서가 구비된 경우(대판 2002.3.26. 2002다2478 ; 그러나 이와는 달리 私人간의 일반보증의 경우에 判例는 타인의 채무에 대한 보증행위는 그 성질상 아무런 반대급부 없이 오직 일방적으로 불이익만을 입는 것인 점에 비추어 사회통념상 이례에 속하므로, 대리인이 '보증계약에 필요한 인감도장, 인감증명서를 모두 소지하고 있더라도' 본인의 보증의사를 확인하지 않았다면 정당한 이유가 긍정되지 않는다는 입장이다 ; 대판 1998.7.10. 98다18988 등 참고), ⅲ) 동종의 거래가 반복된 경우(대판 1989.5.23. 88다카22626)에는 조사·확인의무를 부정하였다. **[15행정]**

Ⅲ. 적용범위
[A-137]

1. 다른 표현대리유형과의 중첩 적용 가부(기본대리권에서 검토)

2. 복대리(기본대리권에서 검토)

3. 제한능력자를 위한 법정대리에 제126조의 표현대리가 성립할 수 있는지 여부(적극)

권한을 넘은 표현대리 규정은 거래의 안전을 도모하여 거래상대방의 이익을 보호하려는 데에 그 취지가 있으므로 임의대리뿐만 아니라 **법정대리에도 적용된다.** 이와 관련하여 判例는 "한정치산자의 후견인이 친족회(개정 민법은 종전의 친족회제도를 폐지하고, 가정법원이 사안에 따라 후견감독인을 선임할 수 있는 것으로 바꾸었다)의 동의 없이 피후견인의 부동산을 처분한 경우(제950조 1항 4호 참조)에도 거래의 상대방이 친족회의 동의가 갖추어진 것이라고 믿을만한 정당한 이유가 있는 때에는, 본인인 한정치산자에게 그 효력이 있고 제950조 2항(현행법 제950조 3항)에 따른 취소권을 행사할 수 없다"(대판 1997.6.27. 97다3828 ; 다만 이 判例에서는 친족회의 동의 여부를 확인하지 않은 잘못을 물어 상대방의 과실을 인정하였다)고 판시하여 긍정설을 취하고 있다.

[판례검토] 제한능력자의 보호가 중대한 법익이나, 상대방의 신뢰 역시 보호필요성이 있으므로 **제126조를 (유추)적용**(제950조 3항 참조)하되 '정당한 이유'를 엄격히 검토함으로써 대립하는 이익을 조정할 수 있다. 따라서 判例의 태도가 타당하다(다수설).

Ⅳ. 법률효과
[A-138]

본인은 무권대리인의 대리행위에 대하여 책임이 있다(제126조).

[쟁점 03] 일상가사대리권과 제126조의 표현대리 [09·15사법]

Ⅰ. 일상가사대리권 [A4-1]

1. 의 의
부부는 일상의 가사에 관하여 서로 대리권이 있으며(제827조 1항), 부부의 일방이 일상가사에 관하여 제3자와 법률행위를 한 때에는 다른 일방은 이에 대하여 연대책임을 진다(제832조). 여기서 일상가사라 함은 부부가 가정공동생활을 영위함에 있어서 필요로 하는 통상의 사무를 말한다(대판 1997.11.28. 97다31229).

2. 일상가사의 범위(쟁점 22.참고)

3. 일상가사채무의 연대책임(쟁점 22.참고)

Ⅱ. 일상가사대리권을 기본대리권으로 한 제126조 표현대리의 인정 여부 [A4-2]

1. 문제점
만일 부부 일방의 법률행위가 일상가사대리권의 범위를 벗어난 경우 그 부부 일방의 법률행위는 다른 일방에 대하여 무권대리행위가 된다. 이때 거래의 상대방이 표현대리의 성립을 주장할 수 있는지, 즉 일상가사대리권이 제126조의 기본대리권에 포함되는지 여부가 문제된다.

2. 판 례 [12회 사례형]
① 대법원은 부부가 일상가사의 범위를 벗어난 사항에 대한 대리행위를 한 경우 일상가사대리권을 기본대리권으로 하여 제126조의 표현대리를 직접적용한다(대판 1968.11.26. 68다1727,1728 : 1회 선택형). 이는 사실혼관계의 부부의 경우에도 마찬가지이다(대판 1980.12.23. 80다2077).

② 그러나 대법원은 '부부별산제의 취지'에 비추어 제126조의 요건인 정당한 이유의 유무를 판단함에 있어 엄격하게 판단하는바, 부부일방이 배우자 소유 부동산에 관하여 매매 등의 '처분행위'를 한 경우에 제126조의 표현대리가 인정되려면 배우자에게 일상가사대리권(법정대리권)이 있었다는 것만이 아니라 상대방이 그 배우자에게 그 행위에 관한 대리의 권한을 주었다(임의대리권)고 믿었음을 정당화할 만한 '객관적 사정'이 있어야 한다고 본다(대판 1998.7.10. 98다18988 등).

[판례검토] 표현대리를 넓게 인정했을 때 발생할 수 있는 부부의 재산적 독립보장의 문제(부부별산제 : 제830조)는 '정당한 이유'에 대한 엄격한 판단을 통해 충분히 달성할 수 있다는 점 등에서 判例가 타당하다.[18]

---

[18] [학설] ① 일상가사대리권을 법정대리권으로 보아 제126조의 표현대리의 적용을 인정하는 제126조 직접적용설과 ② 직접적용설은 부부 일방의 책임확장을 가져오고, 이로 인하여 부부 일방은 예상치 못한 손해를 입게 될 가능성이 있으며, 이는 부부별산제의 원칙에 반함을 근거로 개별적·구체적인 일상가사의 범위와 일반적·추상적인 일상가사의 범위가 일치하지 않는 경우에(개별적·구체적 일상가사의 범위가 일반적·추상적 일상가사의 범위보다 좁은 경우) 제126조를 유추적용하자는 제126조 유추적용설로 나뉜다.

3. 판례에 나타난 제126조에 있어서 정당한 이유

(1) 원 칙

判例는 남편이 아내에게 '부동산처분의 대리권'을 주는 것(대판 1969.6.24. 69다633)이나 '타인의 채무를 보증함에 필요한 대리권'을 주는 것(대판 1998.7.10. 98다18988) 또는 '처가 남편이 부담하는 사업상의 거액(2억 원)의 채무를 남편과 연대하여 부담하기 위하여 남편에게 채권자와의 채무부담약정에 관한 대리권을 수여하는 것'(대판 1997.4.8. 96다54942: 표준판례109)은 사회통념상 이례에 속한다고 한다.

그리고 부부관계인 경우에는 부부의 일방이 거래에 필요한 서류를 가지고 있더라도, 이와 같은 서류의 입수가 용이하다는 것을 이유로 원칙적으로 정당한 이유를 인정하지 않는다(대판 1981.8.25. 80다3204).

(2) 예 외

그러나 본인과 대리인이 부부관계인 경우에도, 처분행위가 아닌 채무부담행위(담보설정행위)인 경우에는 비교적 용이하게 정당한 이유를 인정한다(대판 1981.6.23. 80다609).[19] 그리하여 '부동산 처분행위'에 대한 부부간 일상가사대리에 있어서 제126조의 표현대리는 다음과 같은 경우에 한정하여 인정하고 있다. ① 夫가 장기간 외국 또는 지방에 체류하여 살림 일체를 맡긴 경우(대판 1982.9.28. 82다카177), ② 夫가 정신병원에 입원하여 처가 부동산을 매각하여 입원비·생활비 등에 충당한 경우(대판 1970.10.30. 70다1812), ③ 처가 남편의 인감도장 등을 가지고 있었고 처의 인척을 통해 부부 사이가 원만하며 남편이 처를 통해 금전을 차용하고자 한다는 말을 듣고 돈을 빌려주고 담보권을 설정한 경우(대판 1981.6.23. 80다609) 등이 있다.

4. 효 과

(1) 부부일방의 행위가 일상가사 범위 내인 경우

부부일방의 행위가 일상가사의 범위 내에 속하는 경우, 부부는 연대책임을 진다(제832조 본문). 다만 이미 제3자에 대해서 다른 일방의 책임 없음을 명시한 때에는 연대책임을 지지 않는다(제832조 단서).

(2) 부부일방의 행위가 일상가사 범위를 넘는 경우

부부일방의 행위가 일상가사의 범위를 넘는 경우 그 일방의 행위는 타방에 대하여 무권대리행위가 된다. 그러나 제126조 등 표현대리가 성립한다면 당해 대리행위의 효과는 타방에게 귀속된다. 이때 부부공동생활은 일체성을 이루기 때문에 제832조(가사채무의 연대책임)는 표현대리가 성립하는 경우에도 중첩 적용되며, 따라서 이 경우도 부부는 상대방에 대하여 연대책임을 지게 된다.

7. 일상가사대리규정의 적용범위 및 적용배제

判例는 사실혼 부부 사이에도 일상가사대리권을 인정하고 있지만, 내연의 처인 경우에는 원칙적으로 이를 부정한다(대판 1984.6.26. 81다524). 부부의 일상가사에 대한 연대책임은 부부공동생활의 원만한 유지와 운영을 위하여 요청되는 대외적 책임이므로 부부재산계약으로 배제할 수 없다.

▶ [쟁점 03]

---

19) [관련판례] 즉 다년간 처와 별거하고 있는 남편이 자기의 인장과 부동산에 관한 권리증을 처에게 보관시켰는데 처가 이를 이용하여 '담보로 제공'한 사안에서는, 남편이 처에게 위와 같은 서류 등을 장기간 보관시킨 것은 어떤 대리권을 수여한 것으로 봄이 타당하다고 하고, 이에 기초하여 제126조에 의한 표현대리를 인정하기도 한다(대판 1968.8.30. 68다1051 ; 대판 1982.9.28. 82다카177).

제6-3관 제129조의 표현대리

I. 의 의 [A-139]

> 제129조(대리권소멸후의 표현대리) 대리권의 소멸은 선의의 제3자에게 대항하지 못한다. 그러나 제3자가 과실로 인하여 그 사실을 알지 못한 때에는 그러하지 아니하다.

즉 제129조의 표현대리는 이전에 대리권을 가졌다는 점에 기인하여 현재도 대리권이 있다고 믿은 대리권 '존속의 외관'이 존재하는 경우에 관한 것이다.

> ※ 제692조, 제470조(제471조)와 제129조의 관계
> "위임종료의 사유는 이를 상대방에게 통지하거나 상대방이 이를 안 때가 아니면 이로써 상대방에게 대항하지 못한다"는 제692조는 제129조와 같이 제3자를 보호하기 위한 규정이 아니며, 단지 위임종료의 사유(예를 들어 제690조의 위임인 또는 수임인의 사망에 따른 종료)가 있더라도 상대방(위임인 또는 수임인)이 선의·무과실이라면 위임자와 수임자 사이에 위임관계에 의한 권리관계가 존속한다는 취지에 불과하다. 물론 그와 무관하게 위임종료사유에 의해 대리권은 소멸한다(제128조 전문)(대판 1962.5.24. 4294민상251 참고).
> 나아가 채권의 준점유자에 대한 변제(제470조)나 영수증소지인에 대한 변제(제471조)는 변제자가 선의·무과실이라면 변제로서의 효력을 가진다. 그런데 가령 점원이 해고된 후 상점의 청구서나 영수증을 가지고 고객으로부터 수금하였다면 제129조와 위 조문들은 경합할 것인바, 고객은 제129조에 의하여 또는 제470조나 제471조의 요건을 증명하여 변제의 효력을 주장할 수 있다.

II. 성립요건(소, 내, 선) [A-140]

1. 존재하였던 대리권의 소멸

대리인이 과거에 대리권을 가지고 있었다가 소멸한 경우이어야 하므로 처음부터 전혀 대리권이 없었던 경우나 수권행위가 무효인 경우에는 '원칙적'으로 제129조가 적용될 수 없다(예외로 III. 제129조의 적용범위 2. 참고). 특히 수권행위가 철회·취소된 경우뿐만 아니라 원인된 법률관계가 소멸한 경우에도 대리권은 소멸하기 때문에 제129조의 표현대리가 적용될 수 있다.

2. 대리인이 권한 내의 행위를 할 것

대리행위를 할 당시에 대리권은 이미 소멸하였지만 대리행위는 과거에 갖고 있던 대리권의 범위 내에서 이루어져야 한다. 따라서 무권대리행위가 소멸된 대리권의 내용과 다른 경우에는 제129조와 제126조가 중첩적으로 적용된다(대판 1971.12.21. 71다2024).

3. 상대방의 선의·무과실

상대방은 대리행위의 직접 상대방만을 가리키는데, 상대방은 대리인이 과거에 대리권을 가지고 있었기 때문에 현재에도 역시 대리권이 '존속'한다고 믿고, 그렇게 믿은데 과실이 없어야 한다. 이에 대한 증명책임에 관해 ① 종래 다수설은 상대방의 악의 또는 과실을 본인이 입증해야 한다고 하나, ② 제129조의 법문상(선의를 본문에, 과실을 단서에 정한 것) 선의는 상대방이 입증해야 하고 상대방에게 과실이 있다는 점은 본인이 입증해야 함이 타당하다(이에 관한 명시적인 판례는 없다).[20]

---

[20] '判例(대판 1983.12.13. 전합83다카1489)는 표현대리를 주장하는 자에게 무과실의 증명책임이 있다고 한 원심판결은 위법하지 않다고 판단한 것으로 보아 표현대리를 주장하는 상대방에게 무과실의 증명책임을 지우는 듯하다'고 보는 견해도 있다(지원림).

Ⅲ. 적용범위 [A-141]

1. 법정대리
법정대리에 대해서도 제129조가 적용된다는 것이 다수설이고 判例이다. 예를 들어 대법원은 친권자가 미성년자의 재산관리를 해왔는데, 미성년자가 성년이 된 이후에 그 子의 재산을 처분한 사안에서 제129조의 성립을 긍정하였다(대판 1975.1.28. 74다1199).

2. 대리인이 대리권소멸 후 선임한(무효인 복임행위에 기한) 복대리인이 대리행위를 한 경우
判例는 "대리인이 대리권 소멸 후 복대리인을 선임하여 대리행위를 시킨 경우에도, 표현대리의 법리는 거래의 안전을 위하여 일반적인 권리외관 이론에 그 기초를 두고 있는 것인 점에 비추어 볼 때 제129조에 의한 표현대리가 성립할 수 있다"(대판 1998.5.29. 97다55317 아래 핵심사례 A-13.참고 : 6회 선택형)고 한다. [판례검토] 이 경우 논리적으로는 복대리인은 처음부터 대리권이 없어 제129조의 표현대리는 성립할 수 없을 것처럼 생각되지만, 표현대리법리가 거래안전을 위한 권리외관이론에 기초하고 있는 점과 원대리인이 대리권이 소멸한 후 직접 대리행위를 한 경우와 복대리인을 통하여 대리행위한 경우를 달리 취급할 합리적인 이유가 없다는 점에 비추어 判例의 태도가 타당하다.

3. 상법상 주식회사의 대표이사가 퇴임하고 퇴임등기까지 된 경우(적용 부정)
"상법에 의하여 등기할 사항은 이를 등기하지 아니하면 선의의 제3자에게 대항하지 못하나, 이를 등기한 경우에는 제3자가 등기된 사실을 알지 못한 데에 정당한 사유가 없는 한 선의의 제3자에게도 대항할 수 있는 점(상법 제37조) 등에 비추어, 대표이사의 퇴임등기가 된 경우에 대하여 민법 제129조의 적용 내지 유추적용이 있다고 한다면 상업등기에 공시력을 인정한 의의가 상실될 것이어서, 이 경우에는 민법 제129조의 적용 또는 유추적용을 부정할 것이다"(대판 2009.12.24. 2009다60244)(7회 선택형).

Ⅳ. 법률효과 [A-142]
본인은 무권대리인의 대리행위에 대하여 책임이 있다(제129조).

핵심사례 A-13

★ 복대리와 표현대리 　　대판 1998.5.29. 97다55317(표준판례111) 및 대판 1987.9.8. 86다카754(표준판례114)

甲은 1994.6.20. 乙에게 자기의 X부동산을 담보로 2,000만 원의 차용을 부탁하면서 담보설정용 인감증명서, 등기필증, 인감인장을 교부하였다. 乙은 1994.7.20. 대출대행을 전문적으로 하는 丙에게 2,000만 원의 대출건에 대한 복임행위를 하였는데, 丙은 甲의 대리인 자격으로 丁은행으로부터 1억 원을 대출받으면서 그 담보로 丁은행 앞으로 X부동산에 근저당권을 설정해 주었다. 그런데 甲은 乙이 丙에게 복임행위를 하기 이전인 1994.7.1. 사망하였다. 그 후 丁은행이 변제기 도래 후 대출금의 변제를 받기 위해 X부동산에 대해 경매를 신청하자, 甲의 유일한 상속인 戊는 위 근저당권설정계약이 무효라고 주장하며 그 설정등기의 말소를 청구하고 있다(다만, 丁은행은 甲의 사망을 모르는 것에는 과실이 없었으나, 丙의 대리권한의 범위와 관련해서는 과실이 있었다고 가정한다).

위 경우에 각 당사자의 실체법상 주장, 항변 사유들을 고려하여 戊 청구의 결론[청구인용, 청구일부인용, 청구기각]을 논거와 함께 서술하시오. (30점)

Ⅰ. 결론

2,000만 원의 범위내에서는 위 근저당권설정계약이 甲에게 그 효력을 미치게 되는바, 甲의 유일한 상속인 戊는 2,000만 원을 변제를 하기 전에는 담보물권의 불가분성(제370조, 제321조)에 의해 丁에게 위 근저당권설정등기의 말소를 청구할 수 없다(청구기각).

Ⅱ. 논 거

1. 문제점(저당권설정등기 말소청구의 요건사실 제214조)

2. 戊의 무권대리 '주장'의 타당성

(1) 임의대리인 乙의 복임권(제120조)

본인 甲의 명시적인 승낙이나 부득이한 사유가 보이지 않으나, 대출업무에 대해 보다 전문적인 丙에게 복임행위를 하는 것은 본인 甲에게 불리하지 않으므로 甲의 묵시적인 승낙이 있었다고 봄이 타당하다.

(2) 임의대리인 乙의 대리권한

대리인 乙이 丙을 선임하기 전에 본인인 甲이 사망하였으므로, 乙은 그 권한을 잃은 이후에 복대리인을 선임한 것이 된다. 따라서 이러한 복임행위는 무효로서 丙은 처음부터 대리권을 갖지 못하였다(제127조). 그러므로 丙의 1억 원 대출 및 근저당권설정행위는 '무권대리'이다.

3. 丁의 표현대리 '항변'의 타당성

(1) 대리권 소멸 후의 표현대리 성립 여부

1) 제129조 표현대리의 성립요건(소, 내, 선)
2) 존재하였던 대리권의 소멸(대리인이 대리권소멸 후 선임한 복대리인이 대리행위를 한 경우도 포함)
3) 상대방의 선의·무과실(丁은행은 甲의 사망을 모르는 것에 무과실)
4) 대리인이 (과거대리)권한 내의 행위를 할 것
5) 소 결

복대리인 丙의 대리권한의 범위인 2,000만 원 대출부분에 대해서는 제129조의 표현대리가 성립하나, 그 대리권한의 범위를 초과하는 부분인 8,000만 원 대출부분에 대해서는 제126조의 표현대리를 검토해 보아야 한다.

(2) 권한을 넘는 표현대리 성립 여부

1) 제126조 표현대리의 성립요건(기, 넘, 정)
2) 기본대리권의 존재(제129조의 범위를 넘는 때에는 제126조가 중첩적으로 적용)
3) 정당한 이유의 의미 및 판단시기(선의·무과실, 무권대리행위시 기준)
4) 소 결

丁은행은 丙의 대리권한의 범위와 관련해서는 과실이 있었기 때문에 丙의 대리권한(2,000만 원 대출)을 넘는 8,000만 원 대출에 대해서는 제126조의 표현대리가 성립하지 않는다.

4. 근저당권 설정계약의 효력범위

(1) 일부무효가 되기 위한 요건(제137조 단서)

(2) 사안의 경우(일, 분, 가)

ⅰ) 대출행위의 일체성과 분할가능성이 인정되며, ⅱ) 甲에게는 무효부분인 8,000만 원에 대한 대출이 없었더라도 최소한 2,000만 원에 대한 대출은 하였을 것이라는 가정적 의사가 인정되고 丁은행 또한 1억 원을 대출해준 정황으로 보아 2,000만 원에 대한 대출은 해주었을 것이므로 위 소비대차계약 및 근저당권설정계약은 그 2,000만 원에 대하여는 본인인 甲에게 그 효력을 미치는 유효한 것이다(대판 1987.9.8. 86다카754참고).

제7관 협의의 무권대리

Ⅰ. 서 설 [A-143]

협의의 무권대리란 무권대리인이 대리권 없이 대리행위를 한 경우에 표현대리가 성립하지 않는 경우를 말한다. 협의의 무권대리는 그 대리행위가 계약이냐 단독행위냐에 따라 효과에 차이가 있으므로 경우를 나누어 검토하기로 한다.

Ⅱ. 계약의 무권대리 [A-144]

1. 본인과 상대방 사이의 효과 [A-144a]

(1) 유동적 무효

대리권 없는 자가 타인의 대리인으로 한 계약은 본인이 이를 추인하지 아니하면 본인에 대하여 효력이 없다(제130조). 따라서 본조는 무권대리를 확정적으로 무효로 하지 않고 본인이 추인 또는 추인 거절을 하는 것에 따라 본인에 대한 효력 유무를 결정한다(유동적 무효).

(2) 본인의 추인권 [2회 사례형, 11사법]

1) 법적 성질

무권대리행위에 대한 본인의 추인은 유동적 무효상태의 행위에 대하여 그 행위의 효과를 자기에게 직접 발생케 하는 것을 목적으로 하는 단독행위로서, 계약이 아니고 사후의 대리권 수여는 아니며, 형성권의 일종이다(제130조)(대판 1990.4.27. 89다카2100). 따라서 무권대리인 또는 상대방의 동의나 승낙을 요하지 않는다(대판 1982.1.26. 81다카549).

2) 방 법

가) 묵시적 추인 [12회 사례형, 6회 기록형]

무권대리행위의 추인은 ⅰ) 무권대리행위가 있음을 알고 ⅱ) 그 행위의 효과를 자기에게 귀속시키도록 하는 단독행위로서 묵시적인 방법으로도 할 수 있으므로, 본인이 그 행위로 처하게 된 법적 지위를 충분히 이해하고 그럼에도 진의에 기하여 그 행위의 결과가 자기에게 귀속된다는 것을 승인한 것으로 볼 만한 사정이 있는 경우에는 묵시적으로 추인한 것으로 볼 수 있다(대판 2011.2.10. 2010다83199,83205).[21]

① **[긍정]** ㉠ 매매계약을 체결한 무권대리인으로부터 '본인이 매매대금의 전부 또는 일부를 받은 경우'(대판 1963.4.11. 63다64), ㉡ 무권대리인이 매도한 부동산을 '본인이 명도'하여 주고 8년간이나 이의를 제기하지 않은 경우(대판 1968.11.19. 68다1795,1796), ㉢ 무권대리인이 차용한 금원의 변제기일에 채권자가 본인에게 그 변제를 독촉하자 '본인이 그 유예를 요청'한 경우(대판 1973.1.30. 72다2309,2310), ㉣ 무권대리인이 임대차계약을 체결한 것에 대해 본인이 무권대리인에게 차임의 일부를 지급한 경우(대판 1984.12.11. 83다카1531), ㉤ 무권대리인이 상호신용금고로부터 대출받은 사실을 본인이 알고도 3년이 지나도록 아무런 이의를 제기하지 않고, 그동안 지급의 연기를 구하고 채무의 일부를 변제한 경우(대판 1991.1.25. 90다카26812) 등이 그러하다.

---

21) "이 사건 종중의 종원들이 이 사건 매매계약 체결 사실을 알고 있는 상태에서 이 사건 매매계약이 유효함을 전제로 그 대금을 종원들에게 분배하기로 하는 결의를 하였고, 이에 따라 실제로 분배까지 이루어졌다면, 이 사건 종중은 적어도 묵시적으로나마 종중재산 처분에 관한 종전 결의 및 이 사건 매매계약을 추인하였다고 보아야 할 것이다"

② **[부정]** ㉠ 무권대리행위에 대해 본인이 '장기간 이의'를 제기하지 아니하고 '방치'한 것만으로는 묵시적 추인이 있다고 할 수 없다고 한다(대판 1990.3.27. 88다카181). ㉡ "무권대리행위가 범죄가 되는 경우에 대하여 그 사실을 알고도 장기간 '형사고소'를 하지 아니하였다 하더라도 그 사실만으로 묵시적인 추인이 있었다고 할 수는 없는바, 권한 없이 기명날인을 대행하는 방식에 의하여 약속어음을 위조한 경우에 피위조자가 이를 묵시적으로 추인하였다고 인정하려면 추인의 의사가 표시되었다고 볼 만한 사유가 있어야 한다"(대판 1998.2.10. 97다31113). ㉢ "당사자가 변론기일에 불출석하여 매매사실에 관하여 '의제자백'(자백간주)[22]한 것으로 간주되었다 하여도 그로써 그 당사자가 소외인의 무권대리매매를 추인한 것이라고 볼 수 없다"(대판 1982.7.13. 81다648).

나) 일부추인

① **[긍정]** '일부추인'은 원칙적으로 허용되지 않지만 예외적으로 상대방의 동의가 있으면 허용된다고 할 것이다(대판 1982.1.26. 81다카549 : 8회 선택형). 마찬가지로 그 내용을 변경하여 추인을 하였을 경우에도 상대방의 동의를 얻어야 허용된다(대판 1982.1.26. 81다카549 : 14회 선택형).

② **[부정]** 그러나 "무권대리인이 행한 소송행위의 추인은 특별한 사정이 없는 한 소송행위의 전체를 대상으로 하여야 하고, 그중 일부의 '소송행위'만을 추인하는 것은 절차안정을 고려해 상대방의 동의유무와 상관없이 허용되지 아니한다"(대판 2008.8.21. 2007다79480).

3) **상대방** [16사법]

추인의 의사표시는 무권대리인, 무권대리 행위의 직접의 상대방 및 그 무권대리 행위로 인한 권리 또는 법률관계의 승계인에 대하여도 할 수 있다(대판 1981.4.14. 80다2314 : 2회,3회,11회 선택형).
다만 무권대리인에 대해 한 경우에는 상대방이 추인이 있었던 사실을 알지 못한 때에는 그에 대해 추인의 효과를 주장하지 못한다(제132조). 따라서 그 사실을 상대방이 모른 경우에는, 그때까지 상대방은 무권대리인과 맺은 계약을 철회할 수 있고(제134조)(3회 선택형), 또 무권대리인에 대한 추인이 있었음을 주장할 수도 있다(대판 1981.4.14. 80다2314).

4) **효 과** [16사법, 13법행]

가) 원 칙

추인으로 무권대리행위는 '소급'하여 확정적으로 유효하게 된다(제133조 본문).

나) 예 외

① '본인과 상대방 사이의 계약'으로 다른 의사표시가 있으면 소급효가 배제된다(제133조 본문).

② 추인의 소급효는 '제3자의 권리'를 해하지 못하는바(제133조 단서)(4회 선택형), 이때 소급효가 제한되는 것은 무권대리행위의 상대방이 취득한 권리와 제3자가 취득한 권리가 모두 배타적 효력을 가지는 경우에 한한다(대판 1963.4.18. 62다223)(9회 선택형). 따라서 물권변동에 있어서는 등기 또는 인도(제186조, 제188조), 채권양도에 있어서는 확정일자 있는 통지나 승낙을 먼저 갖추는 자(제450조 2항)가 우선한다.

[심화] ㉠ '무권대리의 상대방과 제3자가 취득한 권리가 모두 배타적 효력이 있는 경우', 제133조 단서가 적용된다. 예컨대 본인 甲의 무권대리인 乙이 甲소유의 주택을 丙에게 매도하고 소유권이전등기를 해준 후, 甲이 위 주택을 제3자 丁에게 임대하고 丁이 대항력을 갖춘 경우, 甲이 乙의 무권대리행위를 추인하더라도 丁의 임차권에는 영향을 주지 못한다. ㉡ 그러나 '제3자가 취득한 권리만이 배타적 효력을 가지는 경우', 예컨대 본인 甲의 무권대리인 乙이 甲 소유의 건물을 丙에게 매도하는 계약을 체결한 후, 甲이 위 건물을 제3자 丁에게 매도하고 丁 앞으로 소유권이전등기가 된 경우에는 甲이 乙의 무권대리행위를 추인하더라도 그것은 丙과의

---

22) 민사 소송법에서 당사자가 상대편이 주장한 사실에 대하여 반박하지 않거나 당사자 중 한쪽이 정해진 날에 출석하지 않은 경우에, 그 사실을 자백한 것으로 인정하는 일

매매계약을 유효로 할 뿐이고, 丙이 소유권을 취득하기 위해서는 그 등기를 하여야 하므로(제186조), 이미 丁 앞으로 소유권이전등기가 된 때에는 丁이 甲의 추인에 의해 피해를 보는 일은 생기지 않는다(甲은 丙에 대해 건물소유권이전채무의 이행불능에 따른 손해배상책임을 질 뿐이다). ⓒ '**상대방 및 제3자가 취득한 권리가 모두 배타적 효력이 없는 경우**', 예컨대 위의 예에서 丁이 아직 소유권이전등기를 하지 않은 때에는 丙과 丁 중 누가 먼저 등기를 하는지에 따라 우열이 정해지므로, 丁이 甲의 추인에 의해 피해를 본다고는 할 수 없다[곽윤직·김재형, 민법총칙(8판), p365]. **[16사법, 8회 사례형]**

③ '**대리권 혹은 대표권 없는 자에 의해 이루어진 소송행위에 대한 추인**'에 대해서는 민사소송법에서 소급효만 규정하고 있으므로(동법 제60조, 제97조), 소급효를 제한하는 민법 제133조 단서는 적용되지 않는다(아래 관련판례 91다25383판결 참고).

[관련판례] "종중을 대표할 권한 없는 자가 종중을 대표하여 한 소송행위는 그 효력이 없으나 나중에 종중이 총회결의에 따라 위 소송행위를 추인하면 그 행위시로 소급하여 유효하게 되며(민사소송법 제60조, 제97조) 이 경우 민법 제133조 단서의 규정은 무권대리행위에 대한 추인의 경우에 있어 배타적 권리를 취득한 제3자에 대하여 그 추인의 소급효를 제한하고 있는 것으로서 위와 같은 하자있는 소송행위에 대한 추인의 경우에는 적용될 여지가 없는 것이다"(대판 1991.11.8. 91다25383 : **3회 선택형**).

(3) 본인의 추인거절권

본인은 추인을 거절할 수 있으며, 거절방법은 추인의 경우와 같다(제132조). 추인을 거절하면 무권대리행위는 확정적으로 무효로 된다.

(4) 무권대리와 상속

1) 문제점

상속에 의해 무권대리인의 지위와 본인의 지위가 동일인에게 귀속되는 경우, 무권대리행위가 지위의 혼동에 의해 유효하게 되는지 아니면 본인의 지위에서 추인(거절)이 가능한지 문제된다. 특히 '**무권대리인이 본인을 상속하는 경우**' 문제된다.

[참고] '본인이 무권대리인을 상속한 경우' 다수설인 병존설에 따르면 본인이 추인을 거절해도 금반언에 반하지 않으므로 추인을 거절할 수 있다. 그러나 추인을 거절하면 무권대리인으로서의 이행 또는 손해배상책임을 부담하게 되므로(제135조), 추인을 거절할 실익이 별로 없다.

2) 학 설

① 상속으로 인해 무권대리인이 본인의 지위를 갖게 되어 양 **지위의 혼동**으로 무권대리행위는 당연히 유효하게 되고, 본인의 지위에서 추인을 거절하지 못한다는 '**당연유효설**'과 ② 양 **지위는 병존**하지만 추인거절은 '**신의칙**' 위반으로 불가능하다고 보는 '**병존설**'(비당연유효설) 등으로 나뉜다.

3) 판 례

判例는 병존설을 전제로 하여, **상대방이 선의·무과실인 경우**는 무권대리인이 본인의 상속인 지위에서 추인거절권을 행사하는 것은 금반언의 원칙에 반한다고 하였으나(대판 1994.9.27. 94다20617: **표준판례11**), 상대방이 악의인 경우는 추인거절권을 행사할 수 있다고 한다(대판 1992.4.28. 91다30941).

[관련판례] 甲이 대리권 없이 乙소유 부동산을 丙에게 매도하고 丙은 丁에게 매도하여 그 소유권이전등기가 되었는데, 그 후 乙이 사망하여 그의 父 甲이 상속을 한 사안에서, 判例는 "본래 甲은 乙의 무권대리인으로서 丙에게 부동산에 대한 소유권이전등기를 이행할 의무를 지므로(제135조 1항), 따라서 상속을 통해 그러한 의무를 이행하는 것이 가능하게 된 甲이 자신의 매매행위가 무권대리행위여서 무효라고 주장하여 丙과 丁명의의 등기의 말소를 청구하거나 부동산의 점유로 인한 부당이득금의 반환을 구하는 것은 금반언의 원칙이나 신의칙에 반하여 허용되지 않는다"고 한다(대판 1994.9.27. 94다20617).

4) 검 토

당연유효설은 무권대리행위를 하지 않은 다른 공동상속인의 정당한 '추인거절권'을 부정하는 점에서나, 상대방의 철회권 행사(제134조)와 손해배상 또는 이행책임(제135조)을 물을 이익 등을 허용하지 않고 있다는 점에서 부당하다. 따라서 병존설이 타당하다. 다만 상대방이 선의·무과실인 경우에는 무권대리인이 어차피 제135조의 책임을 져야 하지만, 그렇지 않은 경우에는 무권대리인이 제135조의 책임을 지지 않으므로 후자의 경우 상대방이 상속이라는 우연한 사정에 의하여 뜻밖의 이익을 얻는 부당한 결과가 생길 수 있으므로 判例의 태도가 타당하다.

■ 타인 권리의 의무부담행위와 상속

무권리자가 권리자를 상속한 경우 | 예를 들어 甲의 외아들인 乙은 甲 몰래 甲소유 X토지에 관하여 자기 앞으로 소유권이전등기를 경료한 직후 丙에게 X토지를 매도하기로 하는 계약을 체결하고, 소유권이전등기를 경료하여 주었다. 그 후 甲이 사망하였다(甲에게는 乙외에 다른 상속인이 없었다). 그렇다면 乙은 상속으로 인해 甲 소유의 부동산을 취득하게 된다(제1005조). 소유자가 된 乙은 이제 매수인(丙)에게 소유권이전등기의무를 이행할 수 있는 지위에 있게 되었으므로, 丙에 대한 소유권이전채무를 이행할 수 있게 되었다(대판 1966.4.6. 66다267 : "선대의 재산을 타인(매수인)에게 매도한 후 매도인이 그 재산을 상속받으면 매수인에게 그 계약의 이행으로서 그 재산권을 이전하여 줄 의무가 있다"). 그러나 매수인(丙) 명의로 소유권이전등기가 이미 경료되었기 때문에, 乙이 다시 소유권이전등기를 경료해 줄 필요는 없다. 따라서 丙명의의 소유권등기는 이 시점에서는 실체관계에 부합하는 등기로 인정될 수 있다.

권리자가 무권리자를 상속한 경우 | "채권자가 채무자 소유의 부동산에 대하여 강제경매신청을 하여 자녀들 명의로 이를 경락받았다면 그 소유자는 경락인인 자녀들이라 할 것이므로, 채권자가 그 후 채무자와 채권액의 일부를 지급받고 자녀들 명의의 소유권이전등기를 말소하여 주기로 합의하였다 하더라도 이는 일종의 '타인의 권리의 처분행위'(강학상 타인권리의 매매, 즉 의무부담행위를 의미한다)에 해당하여 비록 양자 사이에서 위 합의는 유효하고 채권자는 자녀들로부터 위 부동산을 취득하여 채무자에게 그 소유권이전등기를 마쳐주어야 할 의무를 부담하지만 자녀들은 원래 부동산의 소유자로서 타인의 권리에 대한 계약을 체결한 채무자에 대하여 그 이행에 관한 아무런 의무가 없고 이행을 거절할 수 있는 자유가 있었던 것이므로, 채권자의 사망으로 인하여 자녀들이 상속지분에 따라 채권자의 의무를 상속하게 되었다고 하더라도 그들은 신의칙에 반하는 것으로 인정할 만한 '특별한 사정이 없는 한' 원칙적으로 위 합의에 따른 의무의 이행을 거절할 수 있다"(대판 2001.9.25. 99다19698).

(5) 상대방에 대한 효과

1) 최고권

무권대리행위의 상대방은 상당한 기간을 정하여 추인 여부를 확답할 것을 본인에게 최고할 수 있다. 상대방의 선·악은 불문한다. 그 기간 내에 확답을 '발송'하지 않은 경우에는 추인을 거절한 것으로 본다(제131조)(제15조와 비교).

2) 철회권

① 최고와는 달리 무권대리인임을 알지 못한 선의의 상대방은 본인이 추인하고 있지 않은 동안에 철회가 가능하다(제134조). 따라서 악의의 상대방에게도 인정되는 최고권과는 구별된다.
② 한편 判例는 제134조에서 정한 상대방의 철회권은 '선의의 상대방을 보호하기 위하여 상대방에게 부여된 권리'로서, 상대방이 유효한 철회를 하면 무권대리행위는 '확정적으로 무효'가 되어 그 후에는 본인이 무권대리행위를 추인할 수 없다고 한다(대판 2017.6.29. 2017다213838: 표준판례115 : 14회 선택형). 한편 상대방이 대리인에게 대리권이 없음을 알았다는 점에 대한 주장·입증책임은 철회의 효과를 다투는 본인에게 있다(대판 2017.6.29. 2017다213838: 표준판례115 : 11회 선택형).

## 2. 상대방과 (무권)대리인 사이의 효과 [11사법]						[A-144b]

> 제135조 (무권대리인의 상대방에 대한 책임) ① 다른 자의 대리인으로서 계약을 맺은 자가 그 대리권을 증명하지 못하고 또 본인의 추인을 받지 못한 경우에는 그는 상대방의 선택에 따라 계약을 이행할 책임 또는 손해를 배상할 책임이 있다. ② 대리인으로서 계약을 맺은 자에게 대리권이 없다는 사실을 상대방이 알았거나 알 수 있었을 때 또는 대리인으로서 계약을 맺은 사람이 제한능력자일 때에는 제1항을 적용하지 아니한다.

(1) 무권대리인의 책임(대, 표, 선, 행, 철)

ⅰ) 대리인이 대리권을 증명할 수 없을 것(증명책임은 무권대리인에게 있다 ; 대판 1962.4.12. 61다1021), ⅱ) 상대방이 무권대리인에게 대리권이 없음을 알지 못하고(선의), 또한 알지 못하는 데 과실이 없을 것(증명책임은 무권대리인에게 있다 ; 대판 2018.6.28. 2018다210775: 표준판례116), ⅲ) 본인의 추인이 없거나[23] 표현대리가 성립하지 않을 것(다수설), ⅳ) 상대방이 아직 철회권을 행사하고 있지 않을 것, ⅴ) 무권대리인이 행위능력자일 것의 요건이 필요하다(제135조).

(2) 책임의 성질(무과실책임)

"제135조에 따른 무권대리인의 상대방에 대한 책임은 무과실책임으로서 대리권의 흠결에 관하여 대리인에게 과실 등의 귀책사유가 있어야만 인정되는 것이 아니고, 무권대리행위가 제3자의 기망이나 문서위조 등 위법행위로 야기되었다고 하더라도 책임은 부정되지 아니한다"(대판 2014.2.27. 2013다213038 : 9회, 10회, 11회 선택형).

[사실관계] 甲은 A를 사칭하는 X로부터 대리권을 수여받아 선의, 무과실의 乙에게 A소유 토지에 관하여 근저당권설정등기를 마쳐주었다. 그런데 실제 A가 나타나 乙을 상대로 근저당권설정등기가 무효라는 이유로 말소청구소송을 제기하여 승소판결을 받음으로써 乙이 손해를 입게 되었다. 어차피 X가 甲의 개입 없이 직접 A를 사칭하여 乙과 근저당권설정계약을 체결하였어도 乙은 피해를 볼 수밖에 없었을 것이므로, 甲에게 별도의 과실이 없다면 乙은 甲을 상대로 민법 제135조 1항에 의한 무권대리인의 책임을 묻지 못하는지 문제된 사안이다.

☞ 위 判例에 따르면 제135조의 규정에 따른 무권대리인의 상대방에 대한 책임은 무과실책임으로서 대리권의 흠결에 관하여 대리인에게 과실 등의 귀책사유가 있어야만 인정되는 것이 아니므로, 甲의 무권대리행위가 제3자 X의 기망 등 위법행위로 야기되었더라도 甲이 A에게(규범적 해석에 따라 위임계약의 당사자는 A와 甲이다) 사기를 이유로 위임계약을 취소(제110조 2항)하거나 甲이 X에게 사기를 이유로 불법행위책임(제750조)을 묻는 것은 별론으로 乙에 대한 제135조 책임이 부정되는 것은 아니다. 참고로 사안의 경우 본인 A는 대리권 수여를 표시한 적도 없고(제125조), 기본대리권이 甲에게 있지도 않으며(제126조), 甲의 대리권한이 있다가 소멸한 적도 없으므로(제129조) 즉, 본인 A가 甲의 무권대리행위에 대해 책임져야 할 사정이 전혀 없으므로 비록 상대방 乙이 선의, 무과실이지만 표현대리가 성립하지 않는다.[24] 따라서 甲이 한 대리행위는 표현대리가 성립하지 않은 '협의의 무권대리행위'로서 근저당권설정행위는 본인 A가 추인하지 않는 한 무효이다.

---

23) "무권대리인이 본인 소유의 부동산에 대해 제3자와 매매계약을 체결하였는데, 후에 본인이 이를 타인에게 매도하고 타인 명의로 소유권이전등기가 마쳐진 때에도 이에 해당하는 것으로 볼 것이다"(대판 1965.8.24. 64다1156).

24) 표현대리란 ⅰ) 대리인에게 대리권이 없음에도 불구하고, ⅱ) 마치 있는 것과 같은 외관이 존재하고, ⅲ) 본인이 책임져야 할 사정이 있는 경우에 그 무권대리행위에 대하여 본인에게 책임을 지우는 것을 말한다.

(3) 책임의 내용

1) 계약상 채무 또는 손해배상책임

'상대방의 선택'에 좇아 이행 또는 손해배상의 책임을 진다(제135조 1항 ; 선택채권)(10회,14회 선택형). "이때 상대방이 계약의 이행을 선택한 경우 무권대리인은 마치 자신이 계약의 당사자가 된 것처럼 계약에서 정한 채무를 이행할 책임을 지는 것이다. 따라서 위 계약에서 채무불이행에 대비하여 손해배상액의 예정에 관한 조항을 둔 때에는 무권대리인은 조항에서 정한 바에 따라 산정한 손해액을 지급하여야 한다. 이 경우에도 손해배상액의 예정에 관한 제398조가 적용됨은 물론이다"(대판 2018.6.28. 2018다210775 : 표준판례116 : 9회,11회 선택형). 아울러 제135조에서의 손해배상은 이행에 갈음하는 손해의 배상이라는 점에서 이행이익의 배상이다(통설).

2) 소멸시효 [15행정]

계약이행 또는 손해배상청구권의 소멸시효는 그 '선택권을 행사할 수 있는 때'(선택권을 행사한 때가 아님)로부터 진행하고(제166조 1항)(12회,14회 선택형), 이는 대리권의 증명 또는 본인의 추인을 얻지 못한 때를 의미한다(대판 1965.8.24. 64다1156: 표준판례394). 그리고 그 시효기간은 무권대리행위가 유권대리라면 상대방이 본인에게 가졌을 청구권의 성질에 따라 정해진다.

3. 본인과 (무권)대리인 사이의 효과 [A-144c]

① '본인의 추인이 없으면' 본인과 대리인 사이에는 원칙적으로 아무런 효과도 생기지 않는다. 다만 원인된 법률관계에 기해 채무불이행책임이나 일반원칙에 의하여 불법행위(제750조)나 부당이득(제741조)이 문제될 수 있다.

② 그러나 '본인이 추인하면' 사무관리가 성립한다. 따라서 대리인은 그 행위로 취득한 물건이나 권리를 본인에게 이전하여야 하고(제738조, 제684조), 대리인은 본인에게 비용상환청구를 할 수 있다(제739조). 그 밖에 일반원칙에 의하여 불법행위(제750조)나 부당이득(제741조)이 문제될 수 있다. 이와 관련하여 判例는 피용자가 권한 없이 사용자를 대리하여 한 법률행위가 상대방에 대한 관계에서 기망에 의한 불법행위에 해당하여 사용자가 손해배상책임(제756조)을 지는 경우에, 사용자가 피용자의 무권대리행위를 추인하였다고 하더라도 그것만으로는 이미 성립된 사용자책임이 소멸되는 것이라고 볼 수 없다고 한다(대판 2009.6.11. 2008다79500).

Ⅲ. 단독행위의 무권대리 [A-145]

1. 상대방 없는 단독행위

소유권의 포기·재단법인의 설립행위와 같은 상대방 없는 단독행위의 무권대리는 언제나 무효이며, 본인의 추인이 있더라도 아무런 효력이 생기지 않는다.

2. 상대방 있는 단독행위

계약의 해제·채무의 면제와 같은 상대방 있는 단독행위는 원칙적으로 무효이다. 다만 다음의 경우에는 예외이다. 즉, ① '능동대리의 경우' 상대방이 대리권 없는 행위에 동의한 경우나, 그 '대리권을 다투지 아니한 경우'에는 계약에서와 마찬가지의 효과가 생긴다(제136조 전문). ② '수동대리의 경우' 상대방이 무권대리인의 '동의를 얻어' 행위를 한 경우에 한하여 계약에서와 마찬가지의 효과가 생긴다(제136조 후문).

제5절 법률행위의 무효와 취소

제1관 법률행위의 무효

Ⅰ. 법률행위의 무효 [A-146]

1. 의 의

법률행위의 무효란 법률행위가 성립한 때부터 법률상 당연히 그 효력이 없는 것으로 확정된 것을 말한다.

① 법률행위의 무효는 법률행위가 성립된 것을 전제로 하며, 법률행위의 불성립의 경우에는 법률행위의 무효에 관한 일반규정이 적용될 여지가 없다.

② 무효인 법률행위는 그 법률행위가 성립한 당초부터 당연히 효력이 발생하지 않는 것이므로, 무효인 법률행위에 따른 법률효과를 침해하는 것처럼 보이는 위법행위나 채무불이행이 있다고 하여도 법률효과의 침해에 따른 손해는 없는 것이므로 그 손해배상을 청구할 수는 없다(대판 2003.3.28. 2002다72125: 표준판례84). 다만 불법행위에 기한 손해배상청구권은 유효, 무효를 불문하므로 무효인 법률행위에도 성립할 수 있다.

2. 무효의 종류

(1) 절대적 무효와 상대적 무효

① 법률행위를 한 당사자 외에 제3자에 대한 관계에서도 무효인 것을 '절대적 무효'라고 하는데, 의사무능력자의 법률행위·강행법규에 위반하는 법률행위(제105조)·반사회질서의 법률행위(제104조, 제103조)가 이에 속한다.

② 법률행위의 당사자간에는 무효이지만 선의의 제3자에 대하여는 그 무효를 주장할 수 없는 것을 '상대적 무효'라고 하는데, (상대방이 알았거나 알 수 있었던) 진의 아닌 의사표시 또는 허위표시는 당사자간에는 무효이지만, 이 무효로써 선의의 제3자에게 대항하지 못하는 것이 그러하다(제107조 1항 단서·제108조 2항).

(2) 전부무효와 일부무효(이하 검토)

(3) 확정적 무효와 유동적 무효(이하 검토)

Ⅱ. 일부무효 [A-147]

> 제137조 (일부무효) 법률행위의 일부분이 무효인 때에는 그 전부를 무효로 한다. 그러나 그 무효부분이 없더라도 법률행위를 하였을 것이라고 인정될 때에는 나머지 부분은 무효가 되지 아니한다.

1. 일부무효가 되기 위한 요건(일, 분, 가) [A-147a]

민법상 일부무효는 전부무효가 원칙이다(제137조 본문). 그러나 예외적으로 일부무효가 되기 위해서는 ⅰ) 법률행위의 일체성과 분할가능성(또는 특정성)[1]이 인정되어야 하고, ⅱ) 당사자들이 그 무효부분이 없더라도 법률행위를 하였을 것이라는 가정적 의사가 인정되어야 한다(제137조 단서).

(1) 일체로서 법률행위

하나의 법률행위가 있어야 한다. 예를 들어 복수의 법률행위가 동시에 행하여졌다면 법률행위의 일체성을 인정할 수 있다. 그러나 법률행위가 일체인지 여부는 무엇보다도 법률행위 당사자의 의사에 의하여 판단되어야 한다.

나아가 복수의 법률행위가 상호 밀접한 관련성을 가지는 경우(금전소비대차와 저당권설정계약 또는 보증계약)에도 일체성이 인정된다. 즉, 여러 개의 계약이 체결된 경우에 그 계약 전부가 경제적, 사실적으로 일체로서 행하여져서 하나의 계약인 것과 같은 관계에 있는 경우에도 적용된다(대판 2022.3.17. 2020다288375).

[주의] ① [부종성과의 구별] 예를 들어 저당권설정계약이나 보증계약이 금전소비대차와 일체로 체결된 경우 전자만 무효인 경우 후자가 무효인지 여부는 '일부무효'의 문제이지만, 후자가 무효인 경우 전자가 무효인지 여부는 '부종성'의 문제이다. ② [종된 행위와의 구별] 또한 보증금(권리금)계약만 무효인 경우 임대차계약이 무효인지 여부는 '일부무효'의 문제이지만(대판 2013.5.9. 2012다115120 : C-49쪽.참고), 후자가 무효인 경우 전자가 무효인지 여부는 '주물·종물이론의 유추적용'의 문제이다(제100조 2항의 유추적용).

(2) 법률행위의 가분성(분할가능성)

일체로서 법률행위가 가분적이어야 한다. 여기서 가분성 내지 분할가능성이란 무효부분이 없더라도 나머지 부분이 독립한 법률행위로 존재할 수 있는 경우를 의미한다.

(3) 당사자들이 그 무효부분이 없더라도 법률행위를 하였을 것

법률행위 당시를 기준으로 당사자들이 추구하는 목적 등을 고려하여 당사자가 일부무효인 사정을 알았더라면 어떤 합의를 하였을 것인지 당사자들의 '가정적 의사'에 의하여 판단한다. 결국 일부무효는 '보충적 해석'이 적용되는 경우이다.

2. 일부무효 법리의 적용범위 [A-147b]

(1) 개별 규정

법률에서 일부무효의 효과를 개별적으로 정하는 것이 있는데(민법 제385조 1항, 근로기준법 제20조, 약관의 규제에 관한 법률 제16조, 이자제한법 제2조 3항), 이 경우에는 본조가 적용되지 않는다. 대표적으로 금전대차에 관한 계약상의 최고이자율은 연 25%를 초과하지 아니하는 범위 안에서 대통령령으로 정하는데(제2조 1항), 그에 따라 연 20%를 최고이자율로 정하였다(개정 시행령 21.7.7.시행). 이 최고한도를 초과하는 부분은 제2조 3항에 따라 무효로 한다(일부무효).

(2) 강행법규와의 관계

일부만이 강행규정에 위반하는 경우 判例는 "제137조는 임의규정으로서 원칙적으로 사적자치의 원칙이 지배하는 영역에서 적용되므로 i) 법률이 별도로 일부무효의 효과를 규정하는 경우에는 이에 의하고, ii) 그러한 규정이 없다면 원칙적으로 제137조가 적용될 것이나, 나머지 부분을 무효로 한다면 당해 효력규정의 취지에 명백히 반하는 결과가 초래되는 경우에는 나머지 부분까지 무효가 된다고 할 수는 없다"(대판 2010.7.22. 2010다23425: 표준판례118)고 한다. [15법행, 12법무]

따라서 判例는 "상호신용금고의 담보제공약정이 효력규정인 구 상호신용금고법 제18조의2 제4호에 위반하여 무효라고 하더라도, 그와 일체로 이루어진 대출약정까지 무효로 된다고는 할 수 없다"(대판 2004.6.11. 2003다1601)고 한다.

---

1) "법률행위가 분할될 수 없거나 무효인 일부분을 제외한 나머지 목적물이 특정될 수 없다면 민법 제137조는 적용될 여지가 없다"(대판 2024.7.11. 2024다211762).

3. 일부무효인지 전부무효인지가 문제되는 경우

① **[토지매매와 건물매매 : 전부무효]** '부동산 거래신고 등에 관한 법률'(구 국토이용관리법)상의 허가대상 토지와 그 지상의 건물에 대해 매매계약을 체결하였으나, 아직 그 허가를 받지 못한 경우 매수인 甲이 매도인 乙을 상대로 토지거래 허가신청절차의 이행을 구하고, 한편 국토계획법의 적용을 받지 않는 건물에 대해 소유권이전등기절차의 이행을 청구한 사안에서, "일반적으로 토지와 그 지상의 건물은 법률적인 운명을 같이하는 것이 거래의 관행이고 당사자의 의사나 경제의 관념에도 합치되는 것이므로, 토지에 관한 당국의 거래허가가 없으면 건물만이라도 매매하였을 것이라고 볼 수 있는 '특별한 사정이 인정되는 경우에 한하여' 토지에 대한 매매거래허가가 있기 전에 건물만의 소유권이전등기를 할 수 있고, 그렇지 않는 경우에는 토지에 대한 거래허가가 있어 그 매매계약의 전부가 유효한 것으로 확정된 후에 토지와 함께 이전등기를 할 수 있는 것"(대판 1992.10.13. 92다16836)이라고 하여 **원칙적으로 전부무효임을 확인하였다.**[2]

② **[금전소비대차계약과 담보권설정계약 : 일부무효]** 저당권 등의 말소청구와 관련하여 判例는 "채권담보의 목적으로 소유권이전등기를 한 경우에는 그 채권의 일부가 무효라고 하더라도 나머지 채권은 유효하다"고 보아 일부무효를 인정하였고, "나머지 채권이 유효한 이상 채무자는 그 채무를 변제함이 없이 말소등기절차를 구할 수 없다"(대판 1970.9.17. 70다1250)고 하는바, [판례해설] 이는 담보물권의 불가분성(제370조, 제321조)[3]에 비추어 타당하다.

③ **[변호사에 대한 보수 약정 : 일부무효]** 법무법인이 상속인들과의 사이에 체결한 상속재산회복을 위한 ⅰ) 위임약정 및 ⅱ) 보수약정 중에서 ⅱ) 보수약정이 부재자의 재산관리인을 통하지 아니하여 무효가 된 사안에서, 양 당사자는 위 보수약정이 무효로 된다고 하더라도 위임계약을 체결, 유지하려는 '가정적 의사'가 있었다고 볼 여지가 있고, 변호사에게 계쟁 사건의 처리를 위임하는 경우에 그 보수 지급 및 수액에 관하여 명시적인 약정을 아니하였더라도 무보수로 한다는 등 특별한 사정이 없는 한 응분의 보수를 지급할 묵시의 약정이 있는 것으로 봄이 상당하다는 이유로, 응분의 보수를 지급할 묵시적 약정이 있는 것으로 볼 수 있다고 하였다(대판 2024.4.4. 2023다298670).

4. 일부취소

[A-147c]

(1) 허용 여부

민법상 명문의 규정은 없으나 일부무효의 법리에 관한 제137조를 법률행위의 일부취소에 관하여도 유추적용할 수 있다(통설·判例).

(2) 허용요건

1) 법률행위의 존재

어떤 목적(물)에 대한 법률행위가 존재하여야 한다. 따라서 判例에 따르면 매매계약 체결시 토지의 일정부분을 매매 대상에서 제외시키는 특약을 한 경우, 그 특약만을 취소할 수는 없다고 한다. 왜냐하면 이는 매매계약의 대상 토지를 특정하여 그 일정부분에 대하여는 매매계약이 체결되지 않았음

---

[2] [판례해설] 사안에서 건물에 대해서만 소유권이전등기를 허용하게 되면 건물 소유자는 관습법상 법정지상권을 취득할 가능성이 높다. 따라서 이를 허용할 경우 토지거래허가의 대상에 '지상권'도 포함시키고 있는 부동산 거래신고 등에 관한 법률(제11조 1항)의 취지를 몰각시키는 결과가 되어 부당하므로, 判例의 태도는 이런 점을 고려한 것으로 타당하다(김상용, 민사판례평석 (1), p.133)

[3] 담보물권은 채권 전부의 변제를 받을 때까지 목적물 전부에 그 권리를 행사할 수 있는데, 이를 '불가분성'이라고 한다(제321조 참조). 목적물이 수 개의 물건인 경우에는 그 전부가 채권 전부를 담보할 뿐 아니라 그 각각의 물건도 채권 전부를 담보하게 된다.

을 분명히 한 것으로 그 부분에 대한 어떠한 법률행위가 이루어진 것으로는 볼 수 없기 때문이다(대판 1999.3.26. 98다56607).

2) 일부무효의 요건 유추적용

민법상 일부취소의 규정이 없으므로 일부무효의 법리에 따라 그 요건을 추출해야 한다. 따라서 判例가 판시하는 바와 같이 하나의 법률행위의 일부분에만 취소사유가 있다고 하더라도 i) 그 법률행위가 **가분적이거나** 그 목적물의 일부가 **특정**될 수 있다면, ii) 그 나머지 부분이라도 이를 유지하려는 당사자의 **가정적 의사**가 인정되는 경우 그 **일부만의 취소도 가능하다**(아래 2002다21509판결). [**24법무**]

[**관련판례**] "피고와 원고 사이에 체결된 이 사건 연대보증계약이 박찬현의 기망행위에 의하여 체결되어 적법하게 취소되었다고 할 것이나 이 사건 연대보증계약에 따른 보증책임이 금전채무로서 채무의 성격상 가분적이고, 원고에게 보증한도를 금 30,000,000원으로 하는 보증의사가 있었던 이상 원고의 이 사건 연대보증계약의 취소는 금 30,000,000원을 초과하는 범위 내에서만 그 효력이 생긴다"(대판 2002.9.10. 2002다21509)

(3) 일부취소권자의 선택가능성

취소권자에게 선택가능성을 무한히 주는 것은 상대방의 지위가 불안정해 질 수 있다.

① 따라서 일부취소의 요건을 갖춘 경우 취소권자는 전부취소를 할 수 없고 i) 일부취소를 하거나, ii) 취소권의 불행사·추인 등으로 법률행위 전부를 유효로 할 수 있을 뿐이다(대판 1990.7.10. 90다카7460).

② 만약 일부취소의 요건이 갖추어지지 않은 경우 취소권자는 그 일부만을 취소할 수 없다. 다만 법률행위 전부를 취소할 수 있는지에 관하여 判例는 법률행위의 일부분에만 있는 취소 사유가 전체 법률행위에 있어 '중요성'을 가지고 있는지에 따라 판단한다(대판 2002.9.4. 2002다18435 참고).

(4) 일부취소인지 전부취소인지 문제되는 경우

① [**금전소비대차계약과 담보권설정계약 : 전부취소**] 甲이 지능이 박약한 乙을 꾀어 돈을 빌려주어 유흥비로 쓰게 하고 실제 준 돈의 두 배 가량을 채권최고액으로 하여 자기 처인 丙 앞으로 근저당권을 설정한 사안에서, 判例는 "근저당권설정계약은 독자적으로 존재하는 것이 아니라 금전소비대차계약과 결합하여 그 전체가 일체로서 행하여진 것이므로, 甲의 기망을 이유로 한 乙의 근저당권설정계약 취소의 의사표시는 법률행위의 일부무효이론과 궤를 같이 하는 법률행위의 일부취소의 법리에 따라 소비대차계약을 포함한 전체에 대하여 취소의 효력이 있다"(대판 1994.9.9. 93다31191)고 판시하였다. 나아가 判例는 취소의 결과 발생한 丙의 근저당권설정등기말소의무와 乙의 부당이득반환의무는 동시이행관계에 있다고 보았다(11회 선택형).

② [**권리금계약과 임대차계약 : 전부취소**] 점포 임차권의 양수인 甲이 양도인 乙의 기망행위(매출액을 적극적으로 과장)를 이유로 乙과 체결한 권리금계약을 각 취소(해제)한다고 주장한 사안에서, "이 사건 임차권양도계약과 권리금계약[4]의 체결 경위, 계약 내용 등을 참작할 때, 이 사건 권리금계약은 임차권양도계약과 결합하여 그 전체가 경제적, 사실적으로 일체로서 행하여진 것으로 보아야 하고, 어느 하나의 존재 없이는 당사자가 다른 하나를 의욕하지 않았을 것으로 보이므로, 권리금계약 부분만 따로 떼어 이를 취소할 수는 없다. 따라서 원심으로서는 **권리금계약에 취소사유가 있다고 판단한 경우라면 마땅히 임차권양도계약까지도 취소하였어야 한다**"[대판 2013.5.9. 2012다115120 ; 전부취소를 긍정한 사안(제137조 본문 유추적용)]고 판시하였다.

---

[4] 권리금은 '임대차 목적물인 상가건물에서 영업을 하는 자 또는 영업을 하려는 자가 영업시설·비품, 거래처, 신용, 영업상의 노하우, 상가건물의 위치에 따른 영업상의 이점 등 유형·무형의 재산적 가치의 양도 또는 이용대가로서 임대인, 임차인에게 보증금과 차임 이외에 지급하는 금전 등의 대가를 말한다'(상가건물 임대차보호법 제10조의3).

③ [**목적물 일부를 매매대상에서 제외특약 : 일부취소 불가**] "매매계약 체결시 토지의 일정 부분을 매매대상에서 제외시키는 특약을 한 경우, 이는 매매계약의 대상 토지를 특정하여 그 일정 부분에 대하여는 매매계약이 체결되지 않았음을 분명히 한 것으로써 그 부분에 대한 어떠한 법률행위가 이루어진 것으로는 볼 수 없으므로, 그 특약만을 기망에 의한 법률행위로서 취소할 수는 없다"(대판 1999.3.26. 98다56607)고 하였다. [판례해설] 이는 법률행위 일부취소의 요건으로서 어떤 목적 혹은 목적물에 대한 법률행위가 존재함을 그 전제로 한다는 것을 밝힌 것으로서 중요한 의미를 가지는 판결이다.

④ [**시가착오 : 일부취소**] 대법원은 토지의 매매가를 감정기관의 착오로 가격을 지나치게 높게 초과해서 청구한 경우, 정당한 감정가 보다 '초과된 부분'만의 착오취소(제109조)를 긍정하였다(대판 1998.2.10. 97다44737 ; 아래 핵심사례 A-14.참고).[5]

⑤ [**기부채납[6] 대상착오 : 일부취소**] 甲시는 도시계획결정에 따라 A구역을 공원지역으로 지정하자, A구역에 X토지를 소유한 乙은 공원에 휴게소를 설치 및 운영할 목적으로 관계공무원에게 문의하였고, 관계공무원이 X토지 전부와 휴게소 건물을 市에 기부채납(증여)하면 설치 및 운영을 허가해 줄 수 있다고 하여 X토지 전부와 휴게소 건물을 甲시에 기부채납하였다. 그러나 실제로는 X토지 전부가 아니라 휴게소 부지·건물만 기부채납하면 되는 경우이었다. 이 경우 乙의 착오는 동기의 착오로 甲으로부터 유발된 경우인바, 判例에 따르면 착오를 이유로 취소할 수 있다. 다만 甲은 휴게소부지 및 건물을 제외한 나머지 X토지에 대해서만 일부취소할 수 있다고 하였다(대판 1990.7.10. 90다카7460 ; A3-1.참고).

핵심사례 A-14

일부취소
대판 1998.2.10. 97다44737: 표준판례122

甲市는 乙소유 X토지를 '공공용지의 취득 및 손실보상에 관한 특례법'에 따라 협의매수를 하게 되었는데, X토지의 대금액을 결정하기 위해 甲은 위 특례법에 따라 A와 B 두 감정기관에 감정을 의뢰한 결과, m²당 A는 76,000원으로, B는 74,000원으로 평가하였고, 이에 甲은 그 평균가액인 75,000원을 기준으로 삼으면서 그 사실을 乙에게 서면으로 통지하였고, 계약서에도 그 내역을 그대로 명시하였다. 그 후 甲과 乙 사이에 위 금액을 기준으로 협의매수가 성립되어 매매계약이 체결되고, 그에 따라 甲은 乙에게 그 해당금액을 매매대금으로 지급하였다. 그런데 X토지가 자연녹지 개발제한구역에 속한 것임을 뒤늦게 알게 된 A와 B는 m²당 41,000원과 40,000원으로 각각 다시 평가하여 이를 甲에게 통지하였고, 이에 甲은 乙에게 그러한 사정을 통지하면서, 이미 지급한 매매대금 중 정정된 두 감정가격의 산술평균치인 m²당 40,500원을 기준으로 계산한 금액을 초과하는 금액(m²당 34,500원)의 반환을 청구하였다.
甲市의 청구에 대한 결론[소각하, 청구인용, 청구기각]**을 그 논거와 함께 서술하시오. (20점)**

I. 결 론
법원은 甲市의 일부 부당이득반환청구에 대해 인용판결을 하여야 한다.

---

[5] "매매대금은 매매계약의 중요 부분인 목적물의 성질에 대응하는 것이기는 하나 분량적으로 가분적인 데다가 시장경제하에서 가격은 늘 변동하는 것이어서, 설사 매매대금액 결정에 있어서 착오로 인하여 다소간의 차이가 나더라도 보통은 중요 부분의 착오로 되지 않는다. 그러나 이 사건은 <u>정당한 평가액을 기준으로 무려 85%나 과다하게 평가된 경우로서 그 가격 차이의 정도가 현저할 뿐만 아니라…(이하생략)</u>"

[6] 기부채납(寄附採納)이란 사업자가 사업부지의 일부를 국가나 자치단체에 무상으로 제공하는 것을 말한다. 기부채납된 땅은 도로·공원 등 공공시설 용지로 쓰인다. 기부채납에는 대개 층수·용적률 완화 등의 인센티브가 주어진다.

Ⅱ. 논 거

1. 甲이 착오를 이유로 취소할 수 있는지 여부(적극)

(1) 문제점(착오취소의 요건사실)

(2) 법률행위 내용의 착오에 동기의 착오를 포함시킬지 여부

甲은 두 감정기관의 평가액을 근거로 착오에 빠져 매수가액을 정하였고 이는 목적물의 시가에 관한 착오로서 동기의 착오에 해당한다. 判例는 "동기를 당해 의사표시의 내용으로 삼을 것을 상대방에게 표시한 경우 그 착오를 이유로 계약을 취소할 수 있다"고 보아 기본적으로 동기표시설의 입장인바, 표의자의 이익과 상대방의 이익을 함께 고려하는 '동기표시설'이 타당하다.

사안에서 甲은 乙에 대한 협의매수 요청시 서면으로 위와 같은 매수가액의 결정방법을 통지하였고, 이를 매매계약서에 표시함으로써 동기를 의사표시의 내용으로 삼았다고 볼 수 있다.

(3) 법률행위의 내용의 중요부분에 대한 착오일 것

시가에 관한 착오는 일반적으로 중요 부분의 착오가 아니다. 그러나 사안에서는 정당한 평가액을 기준으로 85%나 과다하게 평가된 경우로서 그 가격 차이의 정도가 현저하다는 점에서 중요부분의 착오라고 보는 것이 타당하다(대판 1998.2.10. 97다44737).

(4) 표의자에게 중대한 과실이 없을 것

전문적 감정인을 신뢰한 비전문가 甲에게 중대한 과실이 있다고는 할 수 없다. 따라서 결국 甲은 착오를 이유로 매매계약을 취소할 수 있다(제109조 1항).

2. 일부취소가 인정되는지 여부(적극)

(1) 문제점

甲이 m²당 75,000원의 매매대금 중 34,500원의 부분만 일부취소할 수 있는지 문제된다.

(2) 허용여부 및 허용요건(제137조 유추적용)

(3) 사안의 경우

사안에서 ⅰ) 甲과 乙 사이에는 X토지에 대한 하나의 매매계약이 성립하였고, ⅱ) 초과매매대금에 관한 합의는 분할가능하며, ⅲ) 초과매매대금을 제외한 적정한 감정평가액에 의한 X토지의 협의매수를 유지하려는 당사자의 가정적 의사도 인정된다. 따라서 甲은 m²당 75,000원의 매매대금 중 34,500원의 부분만 일부취소하고 그에 관한 부당이득반환을 청구할 수 있다(대판 1998.2.10. 97다44737).[7]

※ 보 론

1. 甲이 乙에게 담보책임을 물을 수 있는지 여부(소극)

① X토지가 '통상적'으로 갖추어야 할 성질 또는 상태에 미달한 경우라고 할 수 없고(객관적 하자설), ② X토지가 당사자 사이에 '합의'된 성질 또는 상태에 미달한 경우라고도 할 수 없어(주관적 하자설) 어느 견해에 따르더라도 담보책임이 문제되지는 않는다.

2. 甲과 乙 쌍방이 공통된 동기의 착오를 일으킨 경우인지 여부(소극)

乙이 甲의 청약을 승낙한 동기는 甲의 청약의 동기인 감정기관의 평가에 대한 신뢰가 아니라, 甲이 청약에서 제시한 가격이 본인의 기대에 부합하고 목적물과 가격의 등가성이 인정된다고 판단하여 승낙한 것이다(甲市가 협의매수를 제의해 오더라도 乙이 그 매수제의에 응할 의무가 있는 것은 아니다). 따라서 사안의 경우는 쌍방의 공통된 동기의 착오가 아니므로 '계약의 수정'이 문제되는 경우는 아니다. 결국 사안에서는 甲이 동기의 착오를 이유로 취소할 수 있는지가 문제될 뿐이다.

---

7) [판례평석] 일부취소의 첫 번째 요건인 '그 법률행위가 가분적이거나 그 목적물의 일부가 특정될 수 있어야 한다'와 관련하여 쌍무계약의 경우에는 쌍방의 급부가 모두 서로 상응하여 가분적이어야 한다. 따라서 목적물과 대금이 서로 등가적으로 상응

Ⅲ. 유동적 무효 [6회 사례형, 17사법, 11법행, 15입법]   [A-148]

1. 서 설

(1) 개 념

'유동적 무효'란 법률행위의 효력이 현재는 무효이나 추후 허가(또는 추인)에 의해 소급하여 유효한 것으로 될 여지가 있는 유동적인 상태를 말한다.

이와 구별하여 ① '유동적 유효'란 일단 유효이나 후에 효력이 부정될 수 있는 상태를 말한다. 취소할 수 있는 법률행위, 종기부 법률행위, 해제조건부 법률행위 등이 이에 해당한다. ② '확정적 무효'란 법률행위의 무효는 확정적으로 또 계속적으로 효력이 발생하지 않으며, 후에 추인을 하더라도 효력이 생기지 않는다(제139조 본문).

(2) 유동적 무효의 예

민법의 규정상 그 법적 근거로는 무권대리의 추인에 관한 규정(제130조 이하), 정지조건부 법률행위의 효력(제147조 1항) 및 시기부 법률행위의 효력에 관한 규정(제152조 1항)을 들 수 있다.

(3) 판 례

(구)국토이용관리법(현재는 '부동산 거래신고 등에 관한 법률'로 변경되었다)은 투기를 방지하기 위해 허가구역 내의 토지에 대해 '대가를 받고 소유권을 이전하는 계약'(유상계약)에 대해서는 시장 등의 허가를 받아야 하고, 그 허가를 받지 아니하고 체결한 계약은 무효로 정하고 있다(부동산 거래신고 등에 관한 법률 제11조 1항, 6항). 이에 대해 判例는 '유동적 무효'의 법리를 전개하고 있는바, 이하에서는 이러한 判例의 태도를 중심으로 살펴보고자 한다.

2. 토지거래허가 없이 체결한 계약의 효력

(1) 유동적 무효인 경우

① 토지거래 허가규정은 효력규정이며 (구)국토이용관리법의 입법목적의 달성을 위해 허가없이 체결한 매매계약은 채권계약도 무효라는 견해가 있다(절대적 무효설 ; 대법원 소수의견). ② 그러나 허가를 전제로 한 토지거래의 경우에는 투기거래에 대한 위험이 없다 할 것이므로 "허가가 있기 전에는 채권계약 자체도 무효이지만 허가를 받을 것을 전제로 한 계약은 유동적 무효로 보아 허가가 있으면 소급적으로 유효한 계약이 된다"(대판 1991.12.24. 전합90다12243: 표준판례117)고 보는 判例의 태도가 타당하다(유동적 무효설). 따라서 허가 후에 새로이 거래계약을 체결할 필요는 없다.

(2) 처음부터 확정적 무효인 경우

① 규제지역에서 토지거래허가를 받기 전의 거래계약이 처음부터 허가를 '배제'하거나 '잠탈'하는 내용의 계약일 경우 처음부터 확정적 무효(절대적 무효 아님)로서 유효로 될 여지가 없다(대판 1991.12.24. 전합90다12243: 표준판례117). 따라서 허가받을 의사 없이 처음부터 허가를 배제하거나 잠탈할 목적으로 '중간생략등기'의

하여 이루어진 매매에서 대금은 금전이므로 가분적이라고 하여 그 상응하는 목적물(토지)은 그대로 둔 채 그 초과 지급된 대금의 일부만을 반환받는 데에 일부취소의 법리가 적용될 수는 없다[김준호, 민법판례강의(220선), p.186]. 또한 일부취소의 두 번째 요건인 '그 나머지 부분이라도 이를 유지하려는 당사자의 가정적 의사가 인정되는 경우이어야 한다'와 관련해서도 매도인의 경우 초과된 감정가의 매수제의에 응한 사실이 있다고 하여 정당한 감정가의 매수제의에도 응할 것이라고 단정할 수는 없다[김천수, '가격의 착오와 일부취소', 민사법학(17호), p.131~132]. 따라서 <u>오히려 사안의 경우 일부취소는 인정되지 않고 매수인은 일단 이미 성립한 매매계약을 전부 취소를 하고</u>(지급하였던 매매대금 전부에 대해서는 부당이득반환청구권을 가지게 된다). <u>만약 토지를 매수하고 싶다면 다시 매도인과 가격협상을 해서 매매계약을 체결해야 할 것이다.</u>

합의 아래 전매차익을 얻을 목적으로 전전매매한 경우 그 각각의 매매계약은 모두 '처음부터 확정적으로 무효'이고, 전득자는 중간자의 토지거래허가신청절차 협력청구권을 대위행사할 수도 없다(대판 1996.6.28. 96다3982).[8]

[비교판례] 判例에 따르면 토지거래허가구역 내의 토지가 토지거래허가 없이 최초 매도인으로부터 중간자, 최종매수인에게 순차로 매도되었다면 i) 각 매매계약의 당사자는 각각의 매매계약에 관하여 토지거래허가를 받아야 하며, ii) '중간생략등기의 합의'가 있었다고 하여 최초의 매도인과 최종 매수인 사이에 매매계약이 체결되었다고 볼 수 없고, 최종 매수인이 자신과 최초 매도인을 당사자로 하는 토지거래허가를 받았더라도 이는 적법한 허가없이 경료된 등기로서 '(유동적) 무효'라고 본다(대판 1997.3.14. 96다22464 ; 중간생략등기가 있다고 무조건 처음부터 확정적 무효는 아니고, 허가를 배제하거나 잠탈할 목적이 있어야 한다).

② 다만 그 후 해당 토지가 토지거래계약 허가구역의 지정에서 해제되고, 매매계약 당사자들이 기존 매매계약이 무효임을 알면서 이를 추인하였다면 민법 제139조 단서에 따라 무효였던 기존 매매계약은 추인한 때로부터 새로운 법률행위로서 유효하게 된다고 보아야 한다(대판 2024.10.31. 2024다255328).

3. 유동적 무효상태에서의 당사자간 법률관계

(1) 소유권이전등기의무와 대금지급의무의 존부(소극)

① 허가받기 전의 유동적 무효상태에서는 채권적 효력도 전혀 발생하지 아니하여 계약의 이행청구를 할 수 없어 매수인의 대금지급의무나 매도인의 소유권이전등기의무가 없다(전합90다12243: 표준판례117). 따라서 허가를 받기 전의 상태에서 상대방의 거래계약상 채무불이행을 이유로 거래계약을 해제하거나 그로 인한 손해배상을 청구할 수도 없다(대판 1997.7.25. 97다4357 : 2회,5회,12회 선택형).

② 그러나 당사자 사이에 '별개의 약정'으로 매매 잔금이 그 지급기일에 지급되지 아니하는 경우 매매계약을 자동적으로 해제하기로 약정하는 것은 가능하다(대판 2010.7.22. 2010다1456).

(2) 허가조건부 소유권이전등기청구 가부(소극)

① 判例는 허가가 있기까지 채권계약의 효력이 발생하지 아니하므로 허가가 있을 것을 조건으로 한 장래이행의 소(민사소송법 제251조)로서의 소유권이전등기청구는 할 수 없다고 한다(대판 1991.12.24. 전합90다12243: 표준판례117).[9]

② 또한 이행청구를 허용하지 않는 취지에 비추어 볼 때 그 매매계약에 기한 소유권이전등기청구권 또는 토지거래계약에 관한 허가를 받을 것을 조건으로 한 소유권이전등기청구권을 피보전권리로 한 부동산처분금지가처분신청 또한 허용되지 않는다고 한다(대결 2010.8.26. 2010마818).

(3) 토지거래허가신청절차 이행청구(적극) 및 그 불이행에 대한 손해배상청구의 가부(적극)

① 유동적 무효상태의 계약당사자는 그 계약이 효력 있는 것으로 완성될 수 있도록 서로 '협력할 의무'를 부담하므로 계약당사자들은 공동으로 관할관청의 허가를 신청할 의무가 있고, 상대방은 협력의무의 이행을 소송으로 구할 이익이 있다(대판 1991.12.24. 전합90다12243: 표준판례117 : 5회,6회,11회 선택형).

---

8) "국토이용관리법에 의하여 허가를 받아야 하는 토지거래계약이 처음부터 허가를 배제하거나 잠탈하는 내용의 계약인 경우에는 허가 여부를 기다릴 것도 없이 확정적으로 무효로서 유효화될 여지가 없는바, 토지거래허가구역 내의 토지가 거래허가를 받거나 소유권이전등기를 경료할 의사 없이 중간생략등기의 합의 아래 전매차익을 얻을 목적으로 소유자 갑으로부터 부동산중개업자인 을, 병을 거쳐 정에게 전전매매한 경우, 그 각각의 매매계약은 모두 확정적으로 무효로서 유효화될 여지가 없고, 각 매수인이 각 매도인에 대하여 토지거래허가 신청절차 협력의무의 이행청구권을 가지고 있다고 할 수 없으며, 따라서 정이 이들을 순차 대위하여 갑에 대한 토지거래허가 신청절차 협력의무의 이행청구권을 대위행사할 수도 없다"

9) [판례검토] 이를 허용하게 되면 그 청구권을 제3자에게 양도할 수 있고(제149조), 중간거래자가 허가를 피할 수 있게 되어 법이 추구하는 투기거래 방지의 목적을 이룰 수 없게 된다는 점에서 判例가 타당하다.

② 한편 이러한 협력의무 불이행시 상대방은 손해배상을 청구할 수 있다(대판 1995.4.28. 93다26397 ; 신의칙상 의무이므로 법적 근거는 제750조). 그러나 유동적 무효의 상태에 있는 거래계약의 당사자는 상대방이 그 거래계약의 효력이 완성되도록 협력할 의무를 이행하지 아니하였음을 들어 일방적으로 유동적 무효의 상태에 있는 거래계약 자체를 해제할 수 없다(대판 1999.6.17. 전합98다40459).

③ 그리고 토지거래허가구역에 있는 토지의 매수인은 **채권보전의 필요성이 있다면**(채권자대위권의 행사가 채무자의 자유로운 재산관리행위에 대한 부당한 간섭이 된다는 등의 특별한 사정이 있는 경우에는 보전의 필요성을 인정할 수 없다)토지거래허가 신청절차의 협력의무 이행청구권을 보전하기 위하여 매도인의 권리를 대위하여 행사할 수 있다(대판 2013.5.23. 2010다50014 등).

④ 또한 "매도인의 토지거래계약허가 신청절차에 협력할 의무와 토지거래허가를 받으면 매매계약 내용에 따라 매수인이 이행하여야 할 매매대금 지급의무나 이에 부수하여 매수인이 부담하기로 특약한 양도소득세 상당 금원의 지급의무 사이에는 상호 이행상의 견련성이 있다고 할 수 없으므로, 매도인으로서는 그러한 의무이행의 제공이 있을 때까지 그 협력의무의 이행을 거절할 수 있는 것은 아니다"(대판 1996.10.25. 96다23825).

(4) 부당이득반환청구의 가부(원칙적 소극)

매수인이 지급한 계약금은 그 계약이 유동적 무효상태로 있는 한 이를 부당이득으로 반환을 구할 수 없고, 유동적 무효상태가 확정적으로 무효로 되었을 때 비로소 부당이득으로 그 반환을 구할 수 있다(대판 1993.7.27. 91다33766).

(5) 계약금 또는 손해배상의 약정(원칙적 적극)

계약금을 받은 매도인은 유동적 무효인 상태에서도 제565조에 따라 계약금의 배액을 상환하고 적법하게 계약을 해제할 수 있으나(9회 선택형), 당연히 제565조에 따라 당사자 일방이 '이행에 착수하기 전'에만 허용된다(대판 1997.6.27. 97다9369). 그리고 당사자는 상대방에게 일정한 손해액을 배상하기로 하는 약정을 유효하게 할 수 있다(대판 1997.2.28. 96다49933).[10]

> ※ **유동적 무효상태에서 '이행에 착수하기 전'의 의미**
> ① "허가구역으로 지정된 구역 안에 위치한 토지에 관하여 매매계약이 체결된 경우 당사자는 그 매매계약이 효력이 있는 것으로 완성될 수 있도록 서로 '협력할 의무'가 있지만, 이러한 의무는 그 매매계약의 효력으로서 발생하는 매도인의 재산권이전의무나 매수인의 대금지급의무와는 달리 '신의칙상의 의무'에 해당하는 것이어서 당사자 쌍방이 위 협력의무에 기초해 토지거래허가신청을 하고 이에 따라 관할관청으로부터 그 허가를 받았다 하더라도, 아직 그 단계에서는 당사자 쌍방 모두 매매계약의 효력으로서 발생하는 의무를 이행하였거나 이행에 착수하였다고 할 수 없다"(대판 2009.4.23. 2008다62427 : 5회 선택형), [18법무] ② "매수인이 매도인의 (토지거래허가 협력)의무이행을 촉구하였거나 매도인이 그 (토지거래허가 협력)의무 이행을 거절함에 대하여 의무이행을 구하는 소송을 제기하여 1심에서 승소판결을 받은 것만으로는 매수인이 그 계약의 이행에 착수하였다고 할 수 없고, 또한 매도인이 계약금의 배액을 상환하고 매매계약을 해제하는 것을 신의칙에 반하는 것이라고 할 수 없다"(대판 1997.6.27. 97다9369 : 9회 선택형). [6회 사례형]

---

10) "토지거래허가 구역 내의 토지에 관한 매매계약을 체결함에 있어서 토지거래허가를 받을 수 없는 경우 이외에 당사자 일방의 계약 위반으로 인한 손해배상액의 약정에 있어서 계약위반이라 함은 당사자 일방이 협력의무를 이행하지 아니하거나 매매계약을 일방적으로 철회하여 그 매매계약이 확정적으로 무효가 된 경우를 포함하는 것으로 봄이 상당하다"

(6) 계약상 지위인수

① 매도인과 매수인 및 제3자 사이에 매수인의 지위를 이전받기로 한 합의는 매도인과 매수인 사이의 매매계약에 대한 관할 관청의 허가가 있어야 효력이 발생하고, 그 허가가 없는 이상 그 세 당사자 사이의 합의만으로 유동적 무효상태의 매매계약의 매수인 지위가 제3자에게 이전하여 제3자가 매도인에 대하여 직접 토지거래허가신청절차 협력의무의 이행을 구할 수는 없다(대판 1996.7.26. 96다7762). 제3자의 매수인 지위 인수를 허용하면 사실상 허가 전의 토지에 대한 거래를 용인하는 것이 되기 때문이다.

② 따라서 이와는 달리 제3자가 허가를 받기 전의 토지 매매계약상 매도인 지위를 인수하는 경우에는, 토지거래허가제도가 투기적 거래를 방지하고자 하는 데에 입법취지가 있는 점에 비추어, 애초의 매매계약에 대해 관할 관청의 허가가 있어야만 그 인수계약의 효력이 생기는 것은 아니다(대판 2013.12.26. 2012다1863).

(7) 규제구역 내의 토지와 건물을 '일괄'하여 매매한 경우에 건물만에 대한 소유권이전등기청구의 가부

判例는 "일반적으로 토지와 그 지상의 건물은 법률적인 운명을 같이하는 것이 거래의 관행이고 당사자의 의사나 경제의 관념에도 합치되는 것이다. 그러므로 토지에 관한 당국의 거래허가가 없으면 건물만이라도 매매하였을 것이라고 볼 수 있는 특별한 사정이 인정되는 경우에 한하여 토지에 대한 매매거래허가가 있기 전에 건물만의 소유권이전등기를 할 수 있다"(대판 1992.10.13. 92다16836)라고 하여 원칙적으로 전부무효임을 확인하였다.

4. 토지거래계약이 사후적으로 확정적 무효로 되는 경우

거래계약이 확정적으로 무효가 된 경우에는 거래계약이 확정적으로 무효로 됨에 있어서 귀책사유가 있는 자라고 하더라도 그 계약의 무효를 주장할 수 있다(대판 1997.7.25. 97다4357,4364).

① [사후적 확정적 무효 긍정] ㉠ 관할 관청의 불허가 처분이 있는 때[대판 1993.7.27. 91다33766 : 다만 당사자 일방이 임의적으로 거래허가신청을 하였다가 불허가 받았다는 사실만으로는 당해 거래계약이 확정적으로 무효가 되는 것은 아니다(대판 1997.11.11. 97다36965)]. ㉡ 당사자 '일방'이 유동적 무효의 무효·취소 사유를 주장하여 거래허가신청협력에 대한 거절의사를 명백히 한 때(대판 1997.11.14. 97다36118 : 유동적 무효 상태에 있는 거래계약에 관하여도 사기 또는 강박에 의한 계약의 취소를 주장할 수 있다 : 5회 선택형). ㉢ 당사자 '쌍방'이 허가신청을 하지 아니하기로 의사표시를 명백히 한 경우(대판 1993.7.27. 91다33766). ㉣ 거래계약상 일방의 채무가 이행불능임이 명백하고 나아가 그 상대방이 거래계약의 존속을 더 이상 바라지 않고 있는 경우(대판 2010.8.19. 2010다31860,31877)에는 확정적으로 무효가 된다. ㉤ 만약 토지거래허가가 나지 아니한 상태에서 당해 토지에 관한 경매절차가 개시되어 제3자에게 소유권이 이전되었다면, 위 토지거래계약에 기한 소유권이전의무는 특별한 사정이 없는 한 이행불능 상태에 이르렀다고 보아야 하고, 이로써 유동적 무효 상태에 있던 위 토지거래계약은 '확정적으로 무효'가 된다(대판 2011.6.24. 2011다11009). [17사법] 따라서 토지거래허가 없이 체결된 매매예약에 기하여 소유권이전청구권 보전을 위한 가등기가 경료되어 있는 상태에서 당해 토지가 제3자에게 낙찰되어 소유권이 이전된 경우에는 그 후 그 가등기에 기한 본등기까지 경료되었더라도 이는 효력이 없는 무효의 등기라 할 것이다(유동적 무효 아님 : 대판 2013.2.14. 2012다89900).

② [사후적 확정적 무효 부정] 그러나 ㉠ 토지거래허가구역 내 토지에 관한 매매계약 체결 당시 일정한 기간 안에 토지거래허가를 받기로 약정한 경우, 그 약정기간이 경과하였다는 사정만으로 곧바로 매매계약이 확정적으로 무효가 되는 것은 아니라고 한다(대판 2009.4.23. 2008다50615 : 5회 선택형). ㉡ 토지거래허가를 받지 아니하여 유동적 무효의 상태에 있는 매매계약이라고 하더라도 일단 토지거래허가신청을 하여 불허가되었다면 특별한 사정이 없는 한 불허가된 때로부터 그 매매계약은 확정적으로 무

효가 되지만, 그 불허가의 취지가 미비된 요건의 보정을 명하는 데에 있고 그러한 흠결된 요건을 보정하는 것이 객관적으로 불가능하지도 아니한 경우라면 그 불허가로 인하여 매매계약이 확정적으로 무효가 되는 것은 아니다(대판 2010.2.11. 2008다88795,88801). ⓒ "거래허가신청이 불허가되어 거래계약이 확정적으로 무효가 되었다고 하기 위하여는 거래허가신청이 국토이용관리법 제21조의3 제1항, 같은법 시행령 제24조 제1항에서 규정한 적법한 절차(당사자가 협력하여 공동으로 신청하거나 당사자 일방이 이에 응하지 아니할 때에는 그 협력을 명하는 판결을 얻어서 하여야 한다)를 거쳐 이루어진 신청에 한한다 할 것이므로, 당사자 일방이 임의적으로 거래허가신청을 하였다가 불허가받았다 하더라도 그 불허가로 인하여 거래계약이 확정적으로 무효가 되는 것은 아니다"(대판 1997.9.12. 97다6971).

5. 토지거래계약이 사후적으로 확정적 유효로 되는 경우 [12사법, 11법행]

① 토지거래허가를 최종적으로 받은 경우, ② 토지거래허가구역 지정을 해제하였거나, 허가구역지정기간이 만료되었음에도 허가구역 재지정을 하지 않은 경우(대판 1999.6.17. 전합98다40459 : 12회 선택형), 허가구역 해제 후 재지정된 경우(대판 2002.5.14. 2002다12635),[11] **判例는 처음부터 허가를 잠탈하거나 배제하여 확정적으로 무효가 된 경우를 제외하고는 더 이상 허가를 받을 필요 없이 확정적으로 유효라고 보았다**(대판 2019.1.31. 2017다228618).

핵심사례 A-15

■ ★ 토지거래허가구역지정이 해제된 경우의 법률관계   대판 1999.6.17. 전합98다40459 등

> 甲은 X토지가 토지거래허가구역으로 지정되자 乙과 X토지에 대한 매매계약을 체결하면서 토지거래허가를 잠탈하기 위하여 증여를 원인으로 소유권이전등기를 해 주었다. 그 후 X토지는 토지거래허가구역지정이 해제되었고, 이에 乙은 丙과 매매계약을 체결하면서 매매대금을 받고 소유권이전등기를 경료해 주었다. 그리고 丙은 X토지 위에 건물을 신축하였다.
> 甲은 乙과의 매매계약이 토지거래허가가 없었음을 이유로 무효를 주장하면서 丙에게 진정명의회복을 원인으로 하는 소유권이전등기 및 건물철거를 주장하고 있다. 타당한가? (35점)

Ⅰ. 甲의 丙에 대한 진정명의회복을 원인으로 하는 소유권이전등기청구 가부

1. 문제점

2. 진정명의회복을 원인으로 하는 소유권이전등기청구권의 인정여부

(1) 인정여부(등기경제를 이유로 판례와 통설은 긍정)

(2) 인정요건(제214조)

3. 통정허위표시로서 무효인지 여부

甲과 乙은 토지거래허가를 잠탈하기 위해 매매를 증여로 가장하였으므로, '가장행위'인 증여계약은 제108조에 해당하여 무효이나 '은닉행위'인 매매계약은 그 행위 자체에 관한 규정이 적용되어야 한다.[12]

---

11) "토지거래허가구역으로 지정된 토지에 관하여 매매계약이 체결될 당시 관할행정청의 토지거래허가를 받지 아니하였다 하더라도, 그 계약이 처음부터 토지거래허가를 배제하거나 잠탈하는 내용의 것으로서 확정적으로 무효라고 볼 수 없는 이상 그 후 토지거래허가구역지정이 해제된 때는 그 계약은 더 이상 관할행정청으로부터 토지거래허가를 받을 필요가 없이 확정적으로 유효로 되고, 일단 유효로 된 이상 그 후 그 토지가 토지거래허가구역으로 재지정되었다 하여 다시 토지거래허가를 받아야 되는 것은 아니다"

4. 토지거래허가를 '잠탈'하기 위하여 행해진 소유권이전등기가 나중에 지정해제가 된 경우의 효력

(1) 판 례

(2) 검토 및 사안의 경우

사안과 같이 매매계약을 체결하면서 토지거래허가를 '잠탈'하기 위하여 증여를 원인으로 소유권이전등기를 한 경우에는 나중에 허가구역지정이 해제되더라도 '처음부터 유효로 될 여지가 없이 확정적으로 무효'이므로, 이에 터잡은 乙, 丙명의의 소유권이전등기 역시 원인이 없게 되어 무효라고 보아야 한다.

5. 甲이 무효를 주장하는 것이 신의칙(자기모순금지의 원칙)에 반하는지 여부

(1) 판 례

"동조를 위반한 자의 무효주장을 신의칙위배의 권리행사라는 이유로 이를 배척한다면, 투기거래계약의 효력발생을 금지하려는 국토이용관리법(현재는 '부동산 거래신고 등에 관한 법률'로 변경되었다)의 입법취지를 완전히 몰각시키는 결과가 되므로 특단의 사정이 없는 한 그러한 주장이 신의성실의 원칙에 반한다고는 할 수 없다"(대판 1993.12.24. 93다44319).

(2) 검토 및 사안의 경우

甲의 무효주장은 모순행위금지 원칙의 한계에 해당하는 것으로 허용된다.

6. 甲의 소유권이전등기청구가 불법원인급여에 해당하는지 여부

(1) 소유권에 기한 방해배제청구와 불법원인급여

判例는 "제746조는 사회적 타당성이 없는 행위(제103조)를 한 사람은 복구를 그 형식 여하에 불구하고 인정하지 않겠다는 이상을 표현한 것이므로, 물건의 소유권이 여전히 자기에게 있다고 하여 소유권에 기한 물권적 청구권도 행사할 수 없다"(대판 1979.11.13. 전합79다483)고 한다.

(2) 제746조의 '불법'의 의미(동일개념설)

(3) 사안의 경우

비록 乙명의의 소유권이전등기가 강행법규인 '부동산 거래신고 등에 관한 법률'에 위반되어 무효이지만 이는 선량한 풍속 기타 사회질서에 위반되는 행위라고는 볼 수 없으므로, 제746조의 불법원인급여에 해당된다고는 할 수 없다. 따라서 甲의 丙에 대한 소유권이전등기청구는 정당하다(제214조).

Ⅱ. 甲의 丙에 대한 건물철거청구 가부

1. 문제점

2. 丙의 관습법상 법정지상권의 인정여부

(1) 관습법상 법정지상권의 성립요건(처동, 매, 특)

(2) 판 례

"관습상의 법정지상권의 성립 요건인 해당 토지와 건물의 소유권의 동일인에의 귀속과 그 후의 각기 다른 사람에의 귀속은 법의 보호를 받을 수 있는 권리변동으로 인한 것이어야 하므로, 원래 동일인에게의 소유권 귀속이 원인무효로 이루어졌다가 그 뒤 그 원인무효임이 밝혀져 그 등기가 말소됨으로써 그 건물과 토지의 소유자가 달라지게 된 경우에는 관습상의 법정지상권을 허용할 수 없다"(대판 1999.3.26. 98다64189).

(3) 검토 및 사안의 경우

丙은 甲의 X토지 위의 건물철거 주장에 대항할 수 없다. 특별히 甲의 건물철거 주장이 권리남용에 해당한다고 볼 수도 없다. 따라서 甲의 丙에 대한 주장은 타당하다(제214조).

---

12) [주의] 甲과 乙의 증여계약이 통정허위표시로써 무효라도 丙이 제108조 2항의 보호되는 제3자라고 할 수는 없다. 왜냐하면 甲은 강행규정 위반을 이유로 '매매의 무효'를 주장하고 있을 뿐만 아니라, 은닉행위인 매매는 확정적·절대적 무효이므로 이런 경우까지 제3자를 보호하는 것은 '부동산 거래신고 등에 관한 법률'의 취지에 반한다.

Ⅳ. 무효행위의 전환 [A-149]

1. 의 의

무효인 법률행위가 다른 법률행위의 요건을 구비하고 당사자가 그 무효를 알았더라면 다른 법률행위를 하는 것을 의욕하였으리라고 인정될 때에는 다른 법률행위로서 효력을 가진다(제138조). 무효행위의 전환은 일부무효의 특수한 형태로서(다수설), 제137조의 양적 일부 무효에 대비되는 질적 일부 무효로 보아야 할 것이다.

2. 요 건(무, 전, 다)

(1) 일단 성립한 법률행위가 무효일 것

무효행위의 전환은 일단 성립한 법률행위가 무효인 경우에 비로소 문제되므로, 법률행위가 성립하지 않은 경우에는 문제될 여지가 없다.

(2) 전환의사의 존재

당사자가 그 무효를 알았더라면 다른 법률행위를 하는 것을 의욕하였으리라는 '가정적 (효과)의사'가 인정되어야 한다. 이러한 전환의 의사는 전환의 시점이 아니라 행위의 시점이 기준이 되고, 이러한 가정적 (효과)의사는 "당사자가 법률행위 당시와 같은 구체적 사정 아래 있다고 상정하는 경우에 거래관행을 고려하여 신의성실의 원칙에 비추어 결단하였을 바를 의미하고(대판 2010.7.15. 2009다50308: 표준판례76), 이는 그 결과가 한쪽 당사자에게 일방적인 불이익을 주거나 거래관념과 형평에 반하는 것이어서는 안 된다"(대판 2016.11.18. 전합2013다42236 ; 대판 2022.5.26. 2016다255361).

(3) 다른 법률행위의 요건을 갖출 것

① 判例는 혼인 외의 출생자를 혼인 중의 출생자로 출생신고를 한 경우 그 신고는 친생자 출생신고로서는 무효이지만 '인지(認知)신고'로서는 효력이 있다고 한다(대판 1971.11.15. 71다1983 ; 가족관계의 등록 등에 관한 법률 제57조 : 1회 선택형).

② 타인의 子를 자기의 子로서 출생신고한 경우에도, 당사자 사이에 친생자관계를 창설하려는 명백한 의사가 있고 기타 입양의 성립요건이 모두 구비된 때에는 '입양'의 효력은 있다고 한다(대판 1977.7.26. 전합77다492).

③ 상속인 중 일부의 상속포기가 무효인 경우(제1019조의 기간 도과 후 신고)에 '상속재산의 협의분할'로 전환되어 그 효력이 인정될 수 있다고 한다(대판 1989.9.12. 88누9305 : 2회 선택형).

④ 매매대금의 과다로 말미암아 '불공정한 법률행위'에 해당하는 매매계약에 대해서, 선행하는 조정절차에서 제시된 금액을 기준으로 당사자의 가정적 의사를 추론하여 그 매매대금을 '적정한 금액'으로 감액하여 매매계약의 유효성을 인정하였다(대판 2010.7.15. 2009다50308: 표준판례76, 119 : A-92.참고).

⑤ 법률행위가 '강행법규에 위반되어 무효'가 되는 경우에 그 법률행위가 다른 법률행위의 요건을 구비하고 당사자 쌍방이 위와 같은 무효를 알았더라면 다른 법률행위를 하는 것을 의욕하였으리라고 인정될 때에는 제138조에 따라 다른 법률행위로서 효력을 가진다고 한다(대판 2022.5.26. 2016다255361 : 대판 2016.11.18. 전합2013다42236: 표준판례120).

3. 효 과

위 요건들이 갖추어지면 무효인 법률행위는 '다른' 법률행위로서의 효력을 발생한다. 즉, 무효인 법률행위가 새롭게 유효로 되는 것은 아니다.

V. 무효행위의 추인 [A-150]

1. 의 의
무효인 법률행위는 추인하여도 그 효력이 생기지 아니한다. 그러나 당사자가 그 무효임을 알고 추인한 때에는 새로운 법률행위로 본다(제139조).

2. 요 건(무, 알, 새)

(1) 무효인 법률행위의 존재
일단 성립한 법률행위가 무효이어야 한다.

(2) 무효임을 알고 추인
추인은 의사표시이므로 법률행위가 무효임을 알고 하여야 하는데, 이에 대한 증명책임은 새로운 법률행위의 성립을 주장하는 자에게 있다(대판 1992.5.12. 91다26546). 무효로 된 '계약'을 추인할 때는 쌍방의 합의를 요한다.

(3) 추인시에 새로운 법률행위로서 유효요건 구비
① 추인은 무효사유가 종료된 후에 하여야 하고(대판 1997.12.12. 95다38240: 표준판례123), 추인시에 새로운 법률행위로서 유효요건을 갖추어야 한다. 따라서 새로운 법률행위가 요식행위이면 그 요식성을 갖추어야 한다.
② 그러나 사회질서에 반하는 법률행위(제103조·제104조)나 강행규정 위반(제105조)의 경우와 같은 '절대적 무효'의 경우에는 추인에 의하여 유효로 될 수 없다(대판 2002.3.15. 2001다77352 : 3회, 8회 선택형). 예를 들어 "취득시효 완성 후 경료된 제103조 위반의 무효인 제3자 명의의 등기에 대하여 시효완성 당시의 소유자가 무효행위를 추인하여도 그 제3자 명의의 등기는 그 소유자의 불법행위에 제3자가 적극 가담하여 경료된 것으로서 사회질서에 반하여 무효이다"(위 2001다77352판결 : 8회 선택형).

3. 방 식

(1) 묵시적 추인
① [긍정] 判例는 만 15세가 된 후 망인(亡人)과 자신 사이에 입양이 무효임을 알면서도 망인이 사망할 때까지 아무런 이의를 하지 않고 망인을 친부모처럼 극진히 섬겼다면 묵시적으로 '입양'을 추인한 것으로 보았다(제869조 참조)(대판 1977.7.26. 전합77다492 : 2013년 7월 1일부터는 양자가 될 사람이 만 '13세 미만'인 경우에는 법정대리인이 그를 갈음하여 입양을 승낙한다). 다만 判例는 무효인 신고행위에 상응하는 신분관계가 실질적으로 형성되어 있지 않은 경우에는 추인의 의사표시만으로 그 무효행위의 효력을 인정할 수 없다고 한다(대판 2004.11.11. 2004므1484).
② [부정] 判例는 ㉠ 일방적 혼인신고 후 혼인의 실체 없이 육체관계를 맺고 출산하였다 하여 무효인 혼인을 추인한 것으로 볼 수는 없다고 하였고(대판 1993.4.19. 93므430), ㉡ 당사자가 이전의 법률행위가 존재함을 알고 그 유효함을 전제로 하여 이에 터 잡은 후속행위를 하였다고 해서 그것만으로 이전의 법률행위를 묵시적으로 추인하였다고 단정할 수는 없고, 묵시적 추인을 인정하기 위해서는 이전의 법률행위가 무효임을 알거나 적어도 무효임을 의심하면서도 그 행위의 효과를 자기에게 귀속시키도록 하는 의사로 후속행위를 하였음이 인정되어야 한다(대판 2014.3.27. 2012다106607 : 9회 선택형)고 한다.

(2) 일부추인
判例는 "이른바 집합채권의 양도가 양도금지특약을 위반하여 무효인 경우 채무자는 일부 개별 채권을 특정하여 추인하는 것이 가능하다"고 보아 일부 추인을 긍정한다. 즉 "당사자의 양도금지의 의사표시로써 채권은 양도성을 상실하며, 양도금지의 특약에 위반해서 채권을 제3자에게 양도한 경우에 악의 또는 중과실의 채권양수인에 대하여는 채권이전의 효과가 생기지 아니하나, 악의 또는 중과실로 채권양수를 받은 후 채무자가 그 양도에 대하여 승낙을 한 때에는 채무자의 사후승낙에 의하여 무효인 채권양도행위가 추인되어 유효하게 되며, 이 경우 다른 약정이 없는 한 소급효가 인정되지 않고 양도의 효과는 승낙 시부터 발생한다고 할 것이다. 이른바 집합채권의 양도가 양도금지특약에 위반해서 무효인 경우, 채무자는 일부 개별채권을 특정하여 추인하는 것이 가능하다"(대판 2009.10.29. 2009다47685 : 10회 선택형).

4. 효 과

(1) 원칙적 장래효

추인에는 원칙적으로 '소급효가 없다'. 즉 추인한 때부터 새로운 법률행위를 한 것으로 간주될 뿐이다(제139조). 判例는 무효인 채권양도를 추인한 경우에도 소급효가 없다고 하며(대판 2000.4.7. 99다52817), 무효인 가등기를 유효한 등기로 전용키로 한 약정도 그때부터 유효하고 이로써 가등기가 소급하여 유효한 등기로 전환될 수 없다고 한다(대판 1992.5.12. 91다26546 : 2회 선택형).

(2) 예외적 소급효

당사자의 합의에 의하여 당사자 간에 있어서만 소급하여 행위시로부터 유효하였던 것으로 다룰 수 있는 '채권적·소급적 추인'이 인정된다(통설). 한편 判例는 입양 등의 '신분행위의 경우'에 대체행위로서의 유효요건을 갖추지 못하여 무효행위의 전환이 인정되지 않더라도(제138조 참조), 그 내용에 맞는 신분관계가 실질적으로 형성되어 당사자 쌍방이 이의 없이 그 신분관계를 계속하여 왔다면 '소급적' 추인을 인정한다(대판 2000.6.9. 99므1633,1640 : 2회 선택형).

Ⅵ. 무권리자의 처분행위에 대한 권리자의 추인 [A-151]

[쟁점 04] 무권리자의 처분행위에 대한 권리자의 추인 ▼

Ⅰ. 무권리자 처분행위의 의의 [A5-1]

타인의 권리를 처분할 권한이 없는 자가 타인의 권리를 자신의 이름으로 처분하는 것을 '무권리자 처분행위'라 한다. 이는 권리의 '처분'과 관련된 개념으로서 타인의 권리에 관하여 자신의 이름으로 '의무를 부담'하는 것과는 구별된다(제569조 참조). 그리고 이는 타인의 권리를 '자신의 이름'으로 처분하는 것이기 때문에 '무권대리행위'와도 구별된다.

Ⅱ. 무권리자 처분행위의 효력 및 거래상대방 보호 [A5-2]

1. 효 력

처분행위(직접적으로 권리의 변동을 생기게 하는 행위로 물권행위)는 처분권한이 있는 자가 해야만 효력이 있기 때문에, 처분권한이 없는 자가 한 처분행위(물권행위)는 상대방이 공시방법(등기 또는 점유)을 갖추었다고 하더라도 원칙적으로 효력이 없다. 즉 '어느 누구도 자기가 가지는 것 이상의 권리를 타인에게 줄 수 없다'는 로마법상의 원칙은 근대민법의 원칙으로 유지되고 있기 때문이다.

그러나 참고로 채권행위의 경우에는 이행기까지 권리를 취득하여 이행을 하면 되므로, 우리 민법은 타인 권리의 매매도 유효하다는 입장이다(제569조 참조).

2. 거래상대방 보호

무권리자의 처분행위로 무효가 된 경우 거래상대방의 보호가 문제되는바, ① 동산의 경우에는 제249조의 선의취득이 가능하다. ② 그러나 부동산의 경우에는 보호규정이 없어 문제된다. 이에 判例는 i) 무권리자의 처분행위에 대해서 표현대리가 적용될 여지가 없다고 하나, ii) 예외적으로 권리자가 부실등기를 알면서 방치한 경우에는 제108조 2항의 유추적용이 가능하다고 한다(대판 1991.12.27. 91다3208 등 : A-136b 참고).[13]

Ⅲ. 무권리자 처분행위에 대한 권리자의 추인 [A5-3]

1. 의의 및 법적 성질

타인재산을 처분할 권한이 없는 자가 계약의 당사자로서 이를 처분한 경우 무권리자 처분행위에 대한 권리자의 추인을 말한다. 이러한 추인은 권리자가 무권리자에게 사후에 자기의 권리에 대한 처분권을 부여하는 것으로서 그 법적 성질은 '사후적 권한부여'의 의사표시라고 할 수 있다.[14]

2. 법적 근거 [9회 사례형, 13행정]

종래 判例는 무권대리의 추인으로 이론구성하는 입장이었으나(대판 1981.1.13. 79다2151), 최근에 判例는 "무권리자가 타인의 권리를 자기의 이름으로 또는 자기의 권리로 처분한 경우에, 권리자는 후일 이를 추인함으로써 그 처분행위를 인정할 수 있고, 특별한 사정이 없는 한 이로써 권리자 본인에게 위 처분행위의 효력이 발생함은 사적자치의 원칙에 비추어 당연하고"(대판 2001.11.9. 2001다44291)라고 판시함으로써 무권리자 처분행위에 대한 추인의 근거를 사적자치의 원리에서 구하고 있다.

3. 추인의 방법 [9회 사례형, 13행정]

추인은 명시적으로뿐만 아니라 묵시적인 방법으로도 가능하며 그 의사표시는 무권리자나 그 상대방 어느 쪽에 하여도 무방하다(대판 2001.11.9. 2001다44291)(제132조와 구별).

4. 추인의 대상

추인의 대상은 처분행위임이 원칙이나, 무권리자 처분행위에 대한 추인을 인정하는 근거가 사적자치에 있는 이상 반드시 처분행위에 한정할 것은 아니다. 判例도 채권자 아닌 제3자의 변제수령행위에 대해 채권자가 추인하면 변제로 채무는 소멸한다고 한다(대판 1966.10.21. 66다1596).

---

13) "乙이 甲으로부터 부동산에 관한 담보권설정의 대리권만 수여받고도 그 부동산에 관하여 자기 앞으로 소유권이전등기를 하고 이어서 丙에게 그 소유권이전등기를 경료한 경우, 丙은 乙을 甲의 대리인으로 믿고서 위 등기의 원인행위를 한 것도 아니고, 甲도 乙 명의의 소유권이전등기가 경료된 데 대하여 이를 통정·용인하였거나 이를 알면서 방치하였다고 볼 수 없다면 이에 민법 제126조나 제108조 제2항을 유추할 수는 없다"

14) [구별개념] 이는 ① 무권리자의 '처분행위'를 추인하는 점에서 무권리자의 '의무부담행위'(채권행위)를 추인하는 것과는 구별된다. 전자에 대해서는 그 유효성이 일반적으로 긍정되지만 후자에 대해서는 무권리자와 거래한 상대방이 법률행위의 당사자가 누구인지에 대하여 갖는 이익을 보호하기 위해 허용되지 않는다고 보는 것이 일반적이다. ② '무권리자'의 처분행위를 추인하는 점에서 '무권대리인'의 처분행위를 추인하는 것과는 구별된다. 전자의 경우 권리자는 처분행위의 당사자가 아니지만 후자의 경우에는 권리자가 처분행위의 당사자가 되기 때문이다. ③ 무권리자의 처분행위도 무효이지만 '무효행위의 추인'과는 구별된다. 제139조가 규정하는 무효행위의 추인은 무효행위의 당사자가 추인하는 것이지만, 무권리자 처분행위의 추인은 처분행위의 당사자가 아닌 권리자가 추인하는 것이기 때문이다.

5. 추인의 효과

(1) 권리자와 상대방 사이의 법률관계(물권적 효과의 귀속)

무권리자의 처분행위에 대해 권리자가 추인을 한 경우 그 처분의 효력은 권리자에게 미치는데(대판 2001.11.9. 2001다44291 등), 그 의미는 권리자와 상대방 사이에 직접 권리·의무가 발생하는 일은 없고, 권리자는 단지 목적인 권리 그 자체를 포기함에 그친다는 것을 뜻한다.

(2) 권리자와 무권리자 사이의 법률관계

1) 부당이득반환청구권(적극)

권리자가 무권리자의 처분행위를 추인하더라도 이는 원래 무효이었던 처분행위를 유효하게 하여 처분행위의 상대방으로 하여금 권리를 취득하게 하는 것일 뿐, 무권리자가 권리자에 대하여 처분을 통해 받은 이익을 보유할 정당한 권원까지 부여한다고 볼 수는 없다. 따라서 권리자는 무권리자를 상대로 부당이득반환청구권을 행사할 수 있다. 이 경우 권리자의 손해는 추인 당시의 목적물의 시가 상당액이고, 무권리자의 이득은 처분대가 상당액이라고 할 것인바, **권리자는 자기의 손해를 한도로 하여 무권리자가 받은 이득의 반환을 청구할 수 있다**(대판 2022.6.30. 2020다210686,210693 : 8회 선택형). **[13행정]**

> [비교판례] "무권리자가 소유자 있는 부동산에 관하여 원인 없이 등기를 마치고 제3자에게 매도하여 등기를 마쳐준 후 제3자의 등기부취득시효가 완성된 경우, 원소유자가 무권리자를 상대로 하여 제3자로부터 받은 매매대금에 관한 부당이득반환을 구할 수는 없다"(대판 2022.12.29. 2019다272275). 왜냐하면 원소유자의 소유권 상실의 손해는 제245조 2항에 따른 물권변동의 효과일 뿐 무권리자와 제3자가 체결한 매매계약의 효력과는 직접 관계가 없기 때문이다(손해와 이득 사이에 상당인과관계 결여).

2) 불법행위로 인한 손해배상청구권(소극)

권리자는 무권리자에 대하여 불법행위를 원인으로 하여 권리의 상실에 대한 손해배상을 청구할 수는 없다. 권리자가 권리를 잃은 것은 자신이 무권리자의 처분행위를 추인함으로 인한 것이기 때문이다.

3) 준사무관리(불법사무관리)로 인한 청구권

가) 문제점

부당이득이든 불법행위이든 반환범위는 본인의 '손해'를 한도로 하나(제741조, 제750조), 사무관리의 경우에는 사무관리자가 얻은 이득 '전부'를 권리자에게 반환하여야 한다(제738조, 제684조 1항). 따라서 만약 무권리자가 얻은 이득이 권리자의 손해보다 큰 경우, 이러한 특별수익을 반환케 하기 위한 이론으로 '준사무관리[15]'의 인정 여부가 문제된다.

나) 학설 및 판례 검토

① 위법한 관리자의 책임경감은 부당하므로 긍정해야 한다는 **준사무관리 긍정설**도 있으나, ② 특수한 재능과 기회의 덕분으로 합리적으로 예기된 것 이상의 이득을 얻었다면, 그것은 반환시키지 않는 것이 오히려 공평에 합당하다는 점에서 **준사무관리 부정설이 타당하다**. 다만, 궁극적으로는 특허법(제128조)이나 저작권법(제93조) 등과 같이 입법적으로 해결하는 것이 바람직할 것이다. ③ 이와 관련해 判例는 "사무를 처리한 자에게 타인을 위하여 처리한다는 관리의사가 없는 경우에는 사무관리가 성립될 수 없다"(대판 1995.9.15. 94다59943 : 8회 선택형)고 판시하고 있을 뿐 준사무관리의 인정 여부에 대해서는 구체적인 판단을 하고 있지 않다.

---

[15] '준사무관리'란 타인의 사무를 자기를 위한 의사로 관리하는 것, 즉 주관적 요건이 결여된 경우이다. 이러한 준사무관리에는 ① 타인의 사무를 자기의 사무로 오신하여 처리한 '오신사무관리'와 ② 관리자가 타인의 사무라는 사실을 알면서도 그것을 자기의 것으로 하겠다는 의사로 처리한 '무단(불법)사무관리'가 있다.

(3) 무권리자와 상대방 사이의 법률관계(소급효)

判例에 따르면 "권리자가 무권리자의 처분을 추인하면 무권대리에 대해 본인이 추인을 한 경우와 당사자들 사이의 이익상황이 유사하므로, 무권대리의 추인에 관한 제130조, 제133조 등을 권리자의 추인에 유추적용할 수 있다. 따라서 무권리자의 처분이 계약으로 이루어진 경우에 권리자가 이를 추인하면 원칙적으로 그 계약의 효과가 계약을 체결했을 때에 '소급'하여 권리자에게 귀속된다고 보아야 한다" (대판 2017.6.8. 2017다3499: 표준판례121 : 9회,10회,14회 선택형)고 한다.

쟁점구조

★ 무권리자의 부동산 처분행위(타인권리매매)에 따른 쟁점

甲은 평소에 자신 소유의 X토지에 대한 관리를 부탁하며 등기권리증 및 자신의 인감도장을 乙에게 맡겨두었는데, 乙은 이를 기화로 관계서류를 위조하여 X토지에 대해 자기 앞으로 소유권이전등기를 마치고 시가 2억 원인 위 부동산을 이러한 사정을 모르는 丙에게 2억 5,000만 원에 매도하고, 매매대금을 지급받음과 동시에 위 부동산에 대한 소유권이전등기를 경료하여 주고 위 부동산을 인도하여 주었다. 그 후 甲은 丙명의로 소유권이전등기가 경료된 것을 발견하였다.

Ⅰ. 부동산에 대한 소유권자 확정
 1. 매매계약의 효력(유효 ; 제569조)
 2. 무권리자와 상대방 사이의 처분행위의 효력
 (1) 무권리자의 처분행위로서 무효
 (2) 취득시효(날짜가 있는 경우)
 (3) 제108조 2항의 유추적용(부실등기가 있는 경우)
 (4) 제126조의 표현대리의 유추적용(무권리자가 대리인인 경우)

Ⅱ. 권리자가 무권리자의 처분행위를 추인할 수 있는지 여부 및 법적 근거
 1. 추인의 법적 근거(사적자치의 원칙)
 2. 추인의 방법(무권리자 또는 상대방) 및 대상(처분행위)

Ⅲ. 권리자가 추인한 경우의 법률관계 : 진정한 권리자가 권리를 잃은 경우
 1. 권리자와 상대방 사이의 법률관계(물권적 효과의 귀속)
 2. 권리자와 무권리자 사이의 법률관계 ★
 (1) 불법행위에 따른 손해배상청구권(제750조)

 (2) 부당이득반환청구권(제748조 2항)
 (3) 물권적 청구권의 이행불능에 따른 손해배상청구권(제390조)
 (4) 물권적 청구권의 이행불능에 따른 대상청구권
 3. 무권리자와 상대방 사이의 법률관계(소급효 : 제130조, 제133조 유추 적용)

Ⅳ. 권리자가 추인하지 않은 경우의 법률관계 : 진정한 권리자가 권리를 회복한 경우
 1. 권리자와 상대방 사이의 법률관계(점유자와 회복자 관계)
 2. 상대방과 무권리자 사이의 법률관계 ★
 (1) 타인권리매매로 인한 담보책임(제570조)
 (2) 채무불이행(이행불능)으로 인한 책임
  1) 이행불능에 따른 전보배상책임(제390조)
  2) 계약해제권(제546조, 제548조, 제551조)
 (3) 불법행위로 인한 손해배상청구(제750조)
 (4) 사기를 이유로 한 취소권(제110조)
 (5) 착오를 이유로 한 취소권(제109조)
 3. 무권리자와 권리자 사이의 법률관계(제390조, 제750조)

▶ [쟁점 04]

제2관 법률행위의 취소

I. 법률행위의 취소
[A-152]

1. 의 의
일단 유효하게 성립된 **법률행위**를 제한능력 또는 의사표시의 결함(착오·사기·강박)을 이유로 행위시에 소급하여 소멸케 하는 특정인(취소권자)의 의사표시이다.

2. 취소의 종류
① 민법 제140조 이하의 규정이 적용되는 협의의 취소는 원칙적으로 제한능력이나 착오·사기·강박에 의한 의사표시에 기하는 것에 한한다. ② 민법 제140조 이하의 규정이 적용되지 않는 광의의 취소는 ㉠ 재판 또는 행정처분의 취소(제11조, 제14조 등), ㉡ 완전히 유효한 법률행위의 취소(제8조 2항, 제406조 등), ㉢ 가족법상 법률행위의 취소(제978조) 등을 말한다.

3. 구별개념
취소는 ① 법률행위의 효과가 발생하기 '전'에 그 효력을 저지하는 철회와 ② 유효하게 성립한 '계약'의 효력을 소멸시키는 해제와 구별된다.

4. 무효와 취소의 경합(이중효)
무효와 취소는 논리필연적으로 구분되는 것은 아니며, 무효와 취소는 법률효과를 뒷받침하는 근거로서 결국은 입법정책의 문제에 속한다고 할 수 있으며, 무효인 행위라도 법적으로 '無'는 아니다. 따라서 무효인 법률행위도 취소의 대상의 된다(통설 및 判例). 문제는 취소에 따른 실익이다.

(1) 의사무능력과 제한능력의 경합

예를 들어 의사무능력자인 미성년자가 법정대리인의 동의없이 계약을 체결한 경우, 제한능력을 이유로 취소할 수 있다고 하면 현존이익 반환의 특칙(제141조 단서)이 적용되는 '실익'이 있다. 다만 의사무능력을 이유로 무효가 되는 경우에도 제141조 단서가 유추적용된다는 判例(대판 2009.1.15. 2008다58367 : A-39.참고)에 따르면 이러한 실익은 거의 없다.

(2) 해제와 취소의 경합

判例(대판 1996.12.6. 95다24982 : A-106.참고)에 따르면 매도인이 매수인의 채무불이행을 이유로 매매계약을 적법하게 해제한 후, 매수인이 착오를 이유로 취소권을 행사하여 매매계약 전체를 무효로 돌릴 수 있다고 하여 경합을 인정한다. 이 경우 매수인은 채무불이행의 효과로서 발생하는 손해배상책임을 지는 불이익(제551조)을 피할 수 있는 '실익'이 있다.

(3) 통정허위표시와 채권자취소권의 경합

통설과 判例(대판 1996.12.6. 95다24982 : A-100a.참고)는 통정허위표시도 채권자취소권(제406조)의 대상이 될 수 있다고 한다. 이 경우 제3자가 허위표시에 관해 선의이더라도(제108조 2항) 사해의 의사가 있는 경우에는 채권자는 제3자를 상대로 채권자취소권을 행사할 수 있는 '실익'이 있다.

Ⅱ. 취소권 [A-153]

1. 취소권자
① 제한능력자는 '단독으로' 법률행위를 취소할 수 있다. ② 착오로 인하거나 사기·강박에 의하여 의사표시를 한 자, ③ 발생한 **취소권의 행사를 수여받은** 임의대리인이나, 법정대리인도 취소권자이다. ④ 포괄승계인(상속)이나 취소할 수 있는 행위에 의하여 취득한 권리의 특정승계인도 취소권자이다 (제140조).

2. 취소의 방법
① 취소권은 형성권이므로 단독의 일방적 의사표시에 의한다. 상대방이 확정되어 있는 경우에는 상대방에 대한 의사표시로써 한다(제142조). 그러므로 상대방이 그 권리를 제3자에게 양도한 경우 취소의 의사표시는 제3자가 아닌 원래의 상대방에게 하여야 한다(6회 선택형).
② 그리고 判例는 "취소의 의사표시란 반드시 명시적이어야 하는 것은 아니고, 취소자가 그 착오를 이유로 자신의 법률행위의 효력을 처음부터 배제하려고 한다는 의사가 드러나면 족한 것이며, 취소원인의 진술 없이도 취소의 의사표시는 유효한 것이므로, 신원보증서류에 서명날인하는 것으로 잘못 알고 이행보증보험약정서를 읽어보지 않은 채 서명날인한 것일 뿐 연대보증약정을 한 사실이 없다는 주장은 위 연대보증약정을 착오를 이유로 취소한다는 취지로 볼 수 있다"(대판 2005.5.27. 2004다43824)고 하여, **법률행위의 취소를 당연한 전제로 한 소송상의 이행청구나 이행거절에는 취소의 의사표시가 포함되어 있다고 본다**(11회 선택형).

Ⅲ. 취소권의 소멸···(재)항변사유 [A-154]

1. 취소권의 소멸원인 일반
취소권은 취소권의 행사·포기·추인·법정추인 및 기간의 경과로 소멸한다.

2. 취소할 수 있는 법률행위의 추인 [A-154a]

(1) 의 의
취소할 수 있는 법률행위를 취소하지 않겠다는 확정적인 의사표시, 즉 취소권의 포기이다(제143조, 제144조). 따라서 더 이상 취소할 수 없고 '확정적으로 유효'로 된다(6회 선택형).

(2) 추인의 요건(취, 소, 알)
취소할 수 있는 법률행위를 추인하기 위한 요건은 ⅰ) 제140조가 규정하는 취소권자가, ⅱ) 취소원인이 소멸한 후에, ⅲ) 취소할 수 있는 것임을 알고 취소하지 않겠다는 의사표시를 해야 한다.

1) 추인권자
제140조가 규정하는 취소권자와 같다. 여러 명의 추인권자 중 1인의 추인으로 다른 추인권자의 추인권은 소멸한다.

2) 취소원인의 소멸
추인은 취소원인이 소멸한 후에 하여야 한다. 즉, 제한능력자는 능력자가 된 뒤, 착오, 사기·강박으로 의사표시를 한 자는 비정상적인 상태에서 벗어난 뒤에 해야 한다. 다만 법정대리인은 언제나 추인할 수 있다(제144조 2항).

3) 추인권자의 인식
추인은 그 행위가 취소할 수 있는 것임을 알고 하여야 한다(대판 1997.5.30. 97다2986).

(3) 추인의 방법
취소와 동일하게 추인은 취소할 수 있는 법률행위의 상대방에 대한 의사표시로 한다(제142조, 제143조 2항). 묵시적 추인이 가능하나, 判例에 따르면 개정 전 민법상 "한정치산자가 '횡령죄의 고소를 취소한다'는 고소취소장을 제출하였다고 하더라도 한정치산선고가 취소되지 않은 이상 추인할 수 있는 행위능력이 없을 뿐만 아니라, 고소취소는 수사기관 또는 법원에 대한 의사표시이므로 사법상 법률행위의 취소권을 포기한 것으로 보기 어렵다"고 한다(대판 1997.6.27. 97다3828).

(4) 추인의 효과
추인이 있으면 그 후로는 취소할 수 없고 그 법률행위는 완전히 유효한 것으로 확정된다(제143조 1항).

(5) 관련문제 : 취소된 법률행위의 추인
判例는 취소한 법률행위는 무효인 법률행위의 추인의 요건과 효력으로서 추인할 수는 있는바, 무효(취소)원인이 소멸한 후에 하여야 그 효력이 있다고 한다(아래 95다38240 판결 ; 제139조 : 2회,6회,9회 선택형).

> *** 취소 후 추인의 성격 및 효력**
> 강박에 의한 의사표시를 이유로 취소한 후 다시 이를 추인할 수 있는지에 관해, 判例는 "취소한 법률행위는 처음부터 무효인 것으로 간주되므로, 취소할 수 있는 법률행위가 일단 취소된 이상 그 후에는 취소할 수 있는 법률행위의 추인에 의하여 이미 취소되어 무효인 것으로 간주된 당초의 의사표시를 다시 확정적으로 유효하게 할 수는 없고(9회,11회 선택형), 다만 무효인 법률행위의 추인의 요건과 효력으로서 추인할 수는 있으나, 무효행위의 추인은 그 무효원인이 소멸한 후에 하여야 그 효력이 있으므로, 강박에 의한 의사표시임을 이유로 일단 유효하게 취소되어 당초의 의사표시가 무효로 된 후에 추인한 경우, 그 추인이 효력을 가지기 위하여는 그 무효원인이 소멸한 후일 것을 요한다고 할 것인데, 그 무효원인이란 바로 위 의사표시의 취소사유라 할 것이므로 결국 무효원인이 소멸한 후란 것은 당초의 의사표시의 성립과정에 존재하였던 취소의 원인이 종료된 후, 즉 강박상태에서 벗어난 후라고 보아야 한다"(대판 1997.12.12. 95다38240: **표준판례123** : 2회,6회,9회 선택형)고 한다.

3. 법정추인 [A-154b]

(1) 의 의
취소할 수 있는 법률행위에 관하여 일정한 사유가 있는 때에 취소권자의 의사여하를 불문하고 법률상 당연히 추인한 것으로 간주하는 것을 말한다(제145조). 법정추인은 제146조와 더불어 '취소할 수 있는 법률행위의 상대방'을 보호하고 '거래의 안전'을 유지하기 위한 제도로서 추인의 일종이라기보다는 취소권 배제의 한 태양이라고 할 수 있다.

(2) 요 건(소, 이, 사)
법정추인이 되기 위한 요건은 i) 원칙적으로 취소원인이 소멸한 후에, ii) 이의를 보류하지 않고, iii) 법정추인의 사유가 있어야 한다. 통상의 추인과 달리 취소권자가 취소할 수 있는 것임을 알아야 하는 것이 아니며, 추인의 의사가 있어야 할 필요도 없다(제145조).

1) 법정추인의 사유(제145조)
① 전부나 일부의 이행(상대방으로부터 이행을 수령한 경우도 포함된다), ② 이행의 청구(이행의 청구를 받는 것은 포함되지 않는다), ③ 경개(제500조 참조, 취소권자가 채권자인지 채무자인지를 불문한다), ④ 담보의 제공(취소권자가 채무자로서 제공하거나 채권자로서 제공받는 경우를 포함한다), ⑤ 취소할 수 있는 행위로 취득한 권리의 전부나 일부의 양도(상대방이 양도한 경우는 포함되지 않는다), ⑥ 강제집행(취소권자가 채권자로서 집행하거나 채무자로서 집행을 받는 경우를 포함한다).

2) 취소원인의 종료
위 사유는 추인할 수 있은 후, 즉 취소원인이 종료한 후에 하여야 한다(제145조 본문).

3) 이의의 보류
이의를 보류한 때에는 명시적으로 추인하지 않겠다는 것이므로 법정추인의 사유가 있어도 법정추인이 되지 않는다(제145조 단서). 예컨대 취소할 수 있는 법률행위에 의해 부담한 채무에 대해 강제집행을 면하기 위해 일단 변제를 하면서 그것이 추인은 아니라고 표시하였다면 법정추인은 발생하지 않는다.

4) 추인의 의사 여부
통상의 추인과 달리 취소권자가 취소할 수 있는 것임을 알아야 하는 것이 아니며, 추인의 의사가 있어야 할 필요도 없다.

(3) 효 과
법정추인이 있으면 다시 취소할 수 없고 그 법률행위는 완전히 유효한 것으로 확정된다.

4. 기간의 경과 [A-154c]

(1) 민법의 규정
취소권은 추인할 수 있는 날로부터 3년 내에, 법률행위를 한 날로부터 10년 내에 행사하여야 한다(제146조). 여기서 '추인할 수 있는 날'이란, 취소의 원인이 종료되고 또 취소권행사에 관한 법률상의 장애가 없어져서 취소권자가 취소의 대상인 법률행위를 추인할 수도 있고 취소할 수도 있는 상태가 된 때를 가리킨다(대판 1998.11.27. 98다7421). 통설·判例(대판 1996.9.20. 96다25371)는 일치하여 제146조가 규정하는 기간을 '제척기간'이라고 본다. 어느 것이든 먼저 경과하는 때에 취소권은 소멸한다.

(2) 취소에 따른 부당이득반환청구권의 권리행사기간
위 기간 내에 취소권을 행사하면 부당이득반환청구권이 생기는바(제741조 이하), 그 청구권은 언제까지 행사하여야 하는지와 관련하여 ① 법률관계를 조속히 확정하려는 제척기간의 취지상 취소권행사의 결과로 생기는 부당이득반환청구권도 위 기간 내에 행사해야 한다는 견해가 있으나(종래 다수설), ② 일단 취소권을 행사한 이상 법률관계는 확정되어 위와 같은 문제는 발생하지 않는다고 할 것이므로, 취소에 따른 부당이득반환청구권은 취소권을 행사한 때부터 별개의 '소멸시효'에 걸린다고 보는 것이 타당하다. ③ 判例는 취소권에 관한 것은 없고, 다만 형성권인 환매권[16]에 관하여, 환매권의 행사로 발생한 소유권이전등기청구권은 환매권을 행사한 때로부터 일반채권과 같이 10년의 소멸시효가 진행된다고 판시한 바 있다(대판 1991.2.22. 90다13420).

---

[16] '환매권(還買權)'이란 원소유자가 매도하였거나 수용당한 재물을 다시 매수할 수 있는 권리를 말한다. 형성권이므로 환매의 의사표시를 함으로써 매매계약이 성립하게 된다. 그리고 매매계약의 법률효과로서 환매권자는 사업시행자에 대하여 소유권 이전등기청구권을 갖게 된다.

제3관 법률행위의 무효·취소에 따른 급부의 청산관계

Ⅰ. 문제점 [A-155]

甲과 乙 사이에 토지매매계약이 성립되고 이행되어, 매수인 乙은 이전등기를 마치고 이를 점유·사용하고 있었고 매도인 甲은 매매대금을 수령하였다. 그 후 甲이 토지매매계약을 적법하게 취소하였다면 그에 따른 주된 급부인 토지와 매매대금의 반환은 어떻게 해야 하는지, 부수적 급부인 토지의 사용이익과 대금의 이자는 어떻게 해야 하는지, 반환의무의 법적 성질을 살펴보고 그에 따른 구체적 범위를 검토하기로 한다.

Ⅱ. 매도인의 매수인에 대한 권리 [A-156]

1. 주된 급부의 반환(목적물의 반환 및 소유권이전등기의 말소청구)

법률행위가 무효 또는 취소된 경우 매도인은 ㉠ 급부부당이득반환청구권(제741조 ; 점유 자체 또는 등기 자체도 '이득'으로 인정)과 ㉡ 소유권에 기한 물권적 청구권(제213조, 제214조)을 근거로 토지의 반환 및 소유권이전등기의 말소등기청구를 할 수 있다.

2. 부수적 급부의 반환(사용이익 반환)[13회 기록형]

> 제748조(수익자의 반환범위) ① 선의의 수익자는 그 받은 이익이 현존한 한도에서 전조의 책임이 있다. ② 악의의 수익자는 그 받은 이익에 이자를 붙여 반환하고 손해가 있으면 이를 배상하여야 한다.
>
> 제201조(점유자와 과실) ① 선의의 점유자는 점유물의 과실을 취득한다. ② 악의의 점유자는 수취한 과실을 반환하여야 하며 소비하였거나 과실로 인하여 훼손 또는 수취하지 못한 경우에는 그 과실의 대가를 보상하여야 한다.

(1) 선의의 점유자(매수인) [17사법, 10행정, 15입법, 7회 기록형]

다수설, 判例는 점유를 전제로 한 부당이득(청구권자에게 물권적 청구권이 존재하는 경우)에 있어서는 제201조 1항이 제748조 1항의 특칙으로 적용된다고 한다(점유부당이득론 ; 대판 2003.11.14. 2001다61869). 즉, 선의의 점유자는 점유물의 과실을 취득하는데(제201조 1항), 여기서 '선의'란 과실수취권을 포함하는 본권(소유권·지상권·전세권·임차권)을 가지고 있다고 적극적으로 오신하는 점유자를 가리키며(대판 1992.12.24. 92다22114), 다만 그와 같은 오신을 함에는 오신할 만한 '정당한 근거'가 있는 것(무과실)을 의미한다(대판 1996.1.26. 95다44290). 아울러 '과실'에는 물건의 사용이익이 포함된다. 따라서 선의·무과실의 매수인은 사용이익을 반환할 의무가 없다.

(2) 악의의 점유자(매수인) [17사법]

判例에 따르면 악의의 점유자가 타인 소유물을 권원 없이 점유함으로써 얻은 사용이익을 반환하는 경우 제201조 2항은 제748조 2항의 특칙이 아니므로 악의 수익자가 반환하여야 할 범위는 제748조 2항에 따라 정하여지는 결과 ⅰ) 임료 상당의 부당이익(사용이익) 및 ⅱ) 그에 따른 법정이자와 ⅲ) 위 부당이득 및 이자액에 대한 지연이자의 지급도 청구할 수 있다(제387조 2항 참조)고 한다(대판 2003.11.4. 2001다61869 : 4회,11회 선택형).[17]

---

17) "타인 소유물을 권원 없이 점유함으로써 얻은 사용이익을 반환하는 경우 민법은 선의 점유자를 보호하기 위하여 제201조 1항을 두어 선의 점유자에게 과실수취권을 인정함에 대하여, 이러한 보호의 필요성이 없는 악의 점유자에 관하여는 제201조 2항을 두어 과실수취권이 인정되지 않는다는 취지를 규정하는 것으로 해석되는바, 따라서 악의 수익자가 반환하여야 할

Ⅲ. 매수인의 매도인에 대한 권리 [A-157]

1. 주된 급부의 반환(매매대금 반환)

금전의 경우 점유가 있는 곳에 소유권이 있다는 법리에 의하여, 매매계약이 실효되어도 이미 지급한 매매대금의 소유권이 매수인에게 귀속되지 않는다. 따라서 매수인은 소유권에 기한 물권적 청구권을 행사할 수 없고, 오직 급부부당이득을 이유로 매매대금의 반환청구를 할 수 있을 뿐이다.

2. 부수적 급부의 반환(법정이자 또는 운용이익의 반환)

(1) 선의의 매도인

앞서 검토한 점유부당이득론의 형식논리에 따르자면 선의의 매수인은 제201조 1항이 적용되어 임료 상당의 사용이익을 반환할 필요가 없으나, 선의의 매도인은 제748조 1항이 적용되어 매매대금의 법정이자까지 반환해야 된다(현존이익에는 과실이 포함되기 때문이다).[18] 그러나 이와 같은 결론은 쌍무·유상계약에서의 당사자의 공평성에 문제가 있을 수 있다.

따라서 判例는 "쌍무계약이 취소된 경우 선의의 매수인에게 제201조가 적용되어 과실취득권이 인정되는 이상 선의의 매도인에게도 제587조의 유추적용에 의하여 대금의 운용이익 내지 법정이자의 반환을 부정함이 형평에 맞다"(대판 1993.5.14. 92다45025 : 8회 선택형)고 판시하여 계약당사자 사이에 발생할 수 있는 불공평을 제거하기 위하여 제587조(계약법)의 유추적용을 인정하고 있다.

(2) 악의의 매도인

1) 법정이자

"계약무효의 경우 각 당사자가 상대방에 대하여 부담하는 반환의무는 성질상 부당이득반환의무로서 악의의 수익자는 그 받은 이익에 법정이자를 붙여 반환하여야 하므로(제748조 제2항), 매매계약이 무효로 되는 때에는 매도인이 악의의 수익자인 경우 특별한 사정이 없는 한 매도인은 반환할 매매대금에 대하여 민법이 정한 연 5%의 법정이율에 의한 이자를 붙여 반환하여야 한다. 그리고 위와 같은 법정이자의 지급은 부당이득반환의 성질을 가지는 것이지 반환의무의 이행지체로 인한 손해배상이 아니므로, 매도인의 매매대금 반환의무와 매수인의 소유권이전등기 말소등기절차 이행의무가 동시이행의 관계에 있는지 여부와는 관계가 없다"(대판 2017.3.9. 2016다47478 : 10회 선택형). [9회 기록형]

2) 운용이익

수익자가 자신의 노력 등으로 부당이득한 재산을 이용하여 남긴 이른바 운용이익도 그것이 사회통념상 수익자의 행위가 개입되지 아니하였더라도 부당이득된 재산으로부터 손실자가 당연히 취득하였으리라고 생각되는 범위 내의 것이 아닌 한 수익자가 반환하여야 할 이득의 범위에서 공제되어야 한다"(대판 1995.5.12. 94다25551). 다만 매매계약이 무효인 경우에 매도인이 매매대금으로 받은 금전을 '정기예금에 예치하여 얻은 이자'를 통상 취득하였으리라고 생각되는 범위 내의 이익으로 보아, 반환해야 할 이득의 범위에 포함되는 것으로 판단한 것도 있다(대판 2008.1.18. 2005다34711).

---

18) 범위는 제748조 2항에 따라 정하여지는 결과 그는 받은 이익에 이자를 붙여 반환하여야 한다. 위 조문에서 규정하는 이자는 당해 침해행위가 없었더라면 원고가 위 임료로부터 통상 얻었을 법정이자 상당액을 말하는 것이므로, 악의 수익자는 위 이자의 이행지체로 인한 지연손해금도 지급하여야 할 것이다. 즉, 악의 점유자는 과실을 반환하여야 한다고만 규정한 민법 제201조 2항이, 민법 제748조 2항에 의한 악의 수익자의 이자지급의무까지 배제하는 취지는 아니기 때문에, 악의 수익자의 부당이득금 반환범위에 있어서 민법 제201조 2항이 민법 제748조 2항의 특칙이라거나 우선적으로 적용되는 관계를 이루는 것은 아니다"

지원림, 민법강의(13판), 5-256

> ※ 계약해제의 경우
> 判例는 계약해제에 따른 '원상회복'에 관한 제548조의 규정은 부당이득에 관한 특칙이라고 본다(대판 1998.12.23. 98다43157). 그러므로 해제의 경우 반환범위에 대해서는 제548조가 적용될 뿐 부당이득에 관한 제748조가 적용되는 것이 아니며 원물반환의 경우라도 제201조 등이 적용되는 것도 아니다. 따라서 매도인은 제548조 2항에 의하여 반환할 금전에 그 받은 날로부터 이자를 가하여 반환해야 하며 매수인도 역시 반환할 물건의 사용이익을 반환해야 한다고 본다(제548조 2항의 유추해석)(8회,11회 선택형).

Ⅳ. 동시이행관계 [A-158]

判例는 민법 제549조의 취지 및 공평, 신의칙을 근거로 매도인의 반환의무와 매수인의 반환의무는 동시이행관계에 있다고 한다(대판 1993.5.14. 92다45025 : 10회 선택형).

Ⅴ. 제한능력을 이유로 취소한 경우의 특칙 [A-159]

제한능력자는 그 행위로 인하여 받은 이익이 현존하는 한도에서 상환할 책임이 있다(제141조 단서)(4회 선택형). 여기서 현존하는 한도라 함은 제한능력자가 취소되는 행위에 의하여 얻은 이익이 원형대로 또는 그 형태를 바꾸어서 남아 있는 한도라는 뜻이다. 예를 들어 유흥비에 지출한 경우 현존이익이 없다고 보나, 생활비·학비 등 '필요한 비용'을 지출한 때에는 다른 비용의 지출을 면한 것이므로 현존하는 것으로 된다(지출절약의 법리).

判例는 신용카드이용계약이 제한능력을 이유로 취소되는 경우, 제한능력자가 반환하여야 할 부당이득반환의 대상은 신용카드가맹점과의 거래계약을 통하여 취득한 물품이 아니라 신용카드사가 가맹점에 대신 지급함으로써 '면제받은 물품대금채무 상당액'이고, 그와 같은 이익은 금전상의 이익으로 다른 특별한 사정이 없는 한 현존하고 있는 것으로 '추정'된다고 한다(대판 2005.4.15. 2003다60297 등 : 7회 선택형).

제6절 법률행위의 부관

제1관 조건부 법률행위

I. 서 설

1. 의 의

① '조건'이란 법률행위의 효력의 발생 또는 소멸을 '장래의 불확실한 사실의 성부(成否)'에 의존케 하는 법률행위의 부관[1]이다. 이러한 조건이 붙은 법률행위를 조건부 법률행위라고 한다. 조건은 법률행위의 특별효력요건이며, 당사자가 임의로 정한 것이어야 한다.

② 조건은 법률행위의 부관으로서 당해 법률행위를 구성하는 의사표시의 일체적인 내용을 이루는 것이므로, "의사표시의 일반원칙에 따라 조건의사와 그 표시가 필요하며, 그것이 표시되지 않으면 법률행위의 동기에 불과하다"(대판 2015.10.29. 2015다219504: 표준판례124 : 4회,10회,13회 선택형). 다만, "조건을 붙이고자 하는 의사의 표시는 묵시적 약정으로도 할 수 있다"(대판 2018.6.28. 2016다221368).

[조건을 정할 것으로 볼 수 없는 경우] 甲과 乙이 빌라 분양을 甲이 대행하고 수수료를 받기로 하는 내용의 분양전속계약을 체결하면서, 특약사항으로 '분양계약기간 완료 후 미분양 물건은 甲이 모두 인수하는 조건으로 한다'라고 정한 사안에서, 判例는 위 특약사항은 甲이 분양계약기간 만료 후 미분양 세대를 인수할 의무를 부담한다는 계약의 내용을 정한 것에 불과하고, 이와 달리 계약의 효력발생이 좌우되게 하려는 법률행위의 부관으로서 조건을 정한 것이라고 보기 어렵다고 판시하였다(대판 2020.7.9. 2020다202821).

2. 종 류

(1) 정지조건 · 해제조건

법률행위의 효력을 그 성취에 의하여 '발생'하게 하는 조건을 정지조건이라고 하고, 이미 발생한 법률행위의 효력을 그 성취에 의하여 '소멸'하게 하는 조건을 해제조건이라고 한다.

(2) 가장조건

① 법정조건, ② 불법조건(제151조 1항), ③ 기성조건(제151조 2항), ④ 불능조건(제151조 3항)은 엄밀한 의미의 조건이 아니다.

① 법률이 요구하는 요건인 '법정조건'은 법률행위의 부관으로서의 조건이 아니다.

② 불법조건이란 조건이 '선량한 풍속 기타 사회질서에 반하는' 경우를 말한다. 불법조건이 붙어 있는 법률행위는 그 조건은 물론 법률행위 자체도 무효이다(제151조 1항). 따라서 부첩관계의 종료를 해제조건으로 부동산을 증여한 경우 위 해제조건은 부첩관계의 종료를 방해하는 것으로 선량한 풍속 기타 사회질서에 위반하여 무효이고, 따라서 증여계약 자체도 무효가 된다(대판 1996.6.21. 66다530).

③ 기성조건이 정지조건이면 조건없는 법률행위가 되지만 기성조건이 해제조건이면 그 법률행위는 무효이다(제151조 2항)(기.해.무).

④ 불능조건이 해제조건이면 조건 없는 법률행위가 되지만, 불능조건이 정지조건이면 그 법률행위는 무효이다(제151조 3항)(불.정.무)(12회 선택형).

---
[1] 법률행위의 '부관'(附款)이란 법률행위의 효과의 발생 또는 소멸에 관하여 이를 제한하기 위하여 당해 법률행위의 내용으로서 부가되는 약관을 가리킨다. 이러한 법률행위의 부관에는 조건 · 기한 · 부담의 세 가지가 있다. 그런데 민법은 이들 가운데 조건과 기한에 관하여만 일반적 규정을 두고 있다.

Ⅱ. 조건을 붙일 수 없는 법률행위 [A-161]

1. 그 효과가 확정적으로 발생할 것이 요구되는 경우

① 어음·수표행위는 객관적 획일성이 요구되므로 조건을 붙일 수 없음이 원칙이며(다만 어음보증에 조건을 붙이는 것은 어음거래의 안정성을 해치지 않으므로 허용한다 ; 대판 1986.9.9. 84다카2310), ② 신분행위도 법률행위 즉시 효과가 발생해야 하므로 원칙적으로 조건을 붙일 수 없다(다만 조건이 공서양속에 반하지 않는 경우에는 허용된다).

2. 조건을 붙이면 상대방의 지위를 현저하게 불리하게 하는 경우

단독행위의 경우 ① 상대방의 동의, ② 상대방에게 이익만을 주는 경우(채무면제·유증), ③ 상대방이 결정할 수 있는 사실을 조건으로 한 경우(예컨대 이행지체에 빠진 상대방에게 일정한 기간을 정하여 채무의 이행을 최고하면서 그 기간 내에 이행하지 않을 경우 계약을 해제한다는 정지조건부 계약해제의 의사표시 ; 대판 1970.9.29. 70다1508)가 아닌 한 원칙적으로 조건을 붙일 수 없다.

3. 효 과

"조건부 법률행위에 있어 조건의 내용 자체가 불법적인 것이어서 무효일 경우 또는 조건을 붙이는 것이 허용되지 아니하는 법률행위에 조건을 붙인 경우 그 조건만을 분리하여 무효로 할 수는 없고 그 법률행위 전부가 무효로 된다"(대결 2005.11.8. 2005마541: **표준판례**127).

Ⅲ. 조건의 성취와 불성취 [A-162]

1. 증명책임

① 법률행위가 조건의 성취시 그 효력이 발생하는 정지조건부 법률행위에 해당한다는 사실은, 즉 조건의 '존재' 사실은 그 법률행위로 인한 법률효과의 발생을 저지하는 사유로서, 그 법률효과의 발생을 다투는 자에게 그 입증책임이 있다(대판 1993.9.28. 93다20832 : 4회,13회 선택형). ② 이에 대해 그 조건이 '성취'되었다는 사실은 그 효력을 주장하는 자에게 그 입증책임이 있다(대판 1983.4.12. 81다카692 ; 대판 1984.9.25. 84다카967[2]). 예컨대 甲이 그 소유 자동차를 정지조건부로 乙에게 증여한 경우, 乙은 증여의 성립을 이유로 甲에게 자동차의 인도를 청구할 수 있고, 甲이 이를 거절하기 위해서는 조건의 존재를 입증하여야 하며, 乙은 조건의 성취를 입증하여야 자동차의 인도를 청구할 수 있다.

2. 조건의 성취와 불성취 의제

(1) 의 의

① 조건의 성취로 인하여 불이익을 받을 당사자가 신의성실에 반하여 조건의 성취를 방해한 때에는 상대방은 그 조건이 성취한 것으로 주장할 수 있다(제150조 1항). ② 조건의 성취로 인하여 이익을 받을 당사자가 신의성실에 반하여 조건을 성취시킨 때에는 상대방은 그 조건이 성취하지 아니한 것으로 주장할 수 있다(제150조 2항).

(2) 요 건

判例는 조건성취의 방해에 대해 고의뿐만 아니라 '과실'에 의한 경우도 포함된다고 하고(대판 1998.12.22. 98다42356 : 4회 선택형), 제150조 제1항은 계약 당사자 사이에서 정당하게 기대되는 '협력'을

---

[2] "원고가 피고에게 증여를 원인으로 부동산의 소유권이전등기를 청구할 때 피고가 항변으로 '위 증여계약에 정지조건이 붙어 있음'을 주장, 증명하면 원고가 재항변으로 '그 정지조건의 성취'를 주장, 증명하여야 한다"

신의성실에 반하여 거부함으로써 계약에서 정한 사항을 이행할 수 없게 된 경우에 유추적용될 수 있다고 한다(대판 2021.1.14. 2018다223054). 또한 여기서 말하는 '조건의 성취를 방해한 때'란 사회통념상 일방 당사자의 방해행위가 없었더라면 조건이 성취되었을 것으로 볼 수 있음에도 방해행위로 인하여 조건이 성취되지 못한 정도에 이르러야 하고, 방해행위가 없었더라도 '조건의 성취가능성이 현저히 낮은 경우'까지 포함되는 것은 아니라고 한다(대판 2022.12.29. 2022다266645 : 13회 선택형).

(3) 효 과

1) 조건성취 또는 불성취의 주장

상대방은 그 조건이 성취되거나 성취되지 않은 것으로 주장할 수 있다(제150조 1항·2항). 이 경우 조건이 성취된 것으로 의제되는 시점은 신의성실에 반하는 행위가 있었던 시점이 아니라 '신의성실에 반하는 행위가 없었더라면 조건이 성취되었으리라고 추산되는 시점'이라고 한다(대판 1998.12.22. 98다42356 : 4회 선택형).

2) 손해배상의 청구

상대방은 조건의 성취 및 불성취를 주장하거나 손해배상청구권을 선택적으로 행사할 수 있다(제148조).

Ⅳ. 효 력 [A-163]

1. 조건성취 전의 효력

(1) 조건부 권리의 보호

조건의 성취 전이라도 당사자 일방은 조건의 성취로 일정한 이익을 받을 기대를 갖는데(기대권), 민법은 이러한 '조건부권리'를 보호하는 규정을 두고 있다.

(2) 소극적 보호

1) 손해배상책임

> 제148조(조건부권리의 침해금지) 조건있는 법률행위의 당사자는 조건의 성부가 미정한 동안에 조건의 성취로 인하여 생길 상대방의 이익을 해하지 못한다.

제148조에 따라 당사자 일방이 조건부 권리를 침해하는 행위를 한 경우 상대방은 손해배상을 청구할 수 있다. 이때 상대방은 제150조에 의한 조건의 (불)성취를 '선택적'으로 주장할 수 있다. 손해배상을 받으면 조건(불)성취의 목적은 달성되는 것이고, 조건(불)성취를 주장하면 손해는 없는 것으로 되기 때문이다. 손해배상의 성질에 관하여는 ① 불법행위(조건부 권리의 침해)라고 보는 견해도 있으나, ② 조건부 법률행위가 있은 때부터 채권관계는 성립되기 때문에 채무불이행책임(조건부 권리를 침해하지 않을 신의칙상 주의의무)으로 보는 견해가 타당하다(다수설). 만약 제3자가 조건부 권리를 침해하는 경우에는 물론 불법행위(제750조)가 성립할 수 있다(이설 없음 ; 제3자가 조건부 권리의 존재를 과실 없이 모른 경우에는 그 성립이 부정된다).

2) 처분행위의 무효(이른바 중간처분무효의 법리)[3]

'의무자'가 조건부 권리를 침해하는 '처분행위'(물권행위 등)를 한 경우에 그 처분행위의 효력이 어떻게 되는지가 문제된다. 判例(대판 1992.5.22. 92다5584: 표준판례126)와 통설에 따르면 그러한 처분행위는 조건부 권

---

[3] 조건부 권리를 침해하는 처분행위의 효력은 조건이 성취되기 전에는 유효하지만, 나중에 조건이 성취된 경우 조건부 권리를 침해하는 처분행위는 조건성취에 따른 효력과 모순되는 범위에서는 그 효력이 상실된다는 법리이다.

리를 침해하는 범위에서 무효이다 이렇게 새겨도 제3자를 해치지는 않는바, 제3자에 대한 관계에서는 조건부 권리가 (가)등기[4]되어야 무효를 주장할 수 있기 때문이다(동산의 경우에는 선의취득이 인정된다). 그리고 위의 효과(손해배상책임·처분행위의 무효)는 조건의 성취 여부가 결정될 때까지는 조건부로 발생한다고 해석하여야 한다.

> [관련판례] "해제조건부증여로 인한 부동산소유권이전등기를 마쳤다 하더라도 그 해제조건이 성취되면 그 소유권은 증여자에게 복귀한다고 할 것이고, 이 경우 당사자간에 별단의 의사표시가 없는 한 그 조건성취의 효과는 소급하지 아니하나, 조건성취 전에 수증자가 한 처분행위는 조건성취의 효과를 제한하는 한도 내에서는 무효라고 할 것이고, 다만 그 조건이 등기되어 있지 않는 한 그 처분행위로 인하여 권리를 취득한 제3자에게 위 무효를 대항할 수 없다"(대판 1992.5.22. 92다5584: **표준판례**126 : 13회 선택형).

(3) 적극적 보호

조건부 권리의무는 일반규정에 따라 이를 처분·상속·보존·담보로 할 수 있다(제149조).

2. 조건성취 후의 효력

① 정지조건부 법률행위는 조건이 성취한 때로부터 효력이 생기고(제147조 1항), ② 해제조건부 법률행위는 조건이 성취된 때로부터 효력을 잃는다(제147조 2항). ③ 이러한 **조건성취의 효과는 원칙적으로 소급하지 않으나**, 당사자가 조건성취의 효력을 그 성취 전에 소급하게 할 의사를 표시한 때에는 그 의사에 의한다(제147조 3항). 다만, 제3자의 권리를 해하지 못한다(통설).

제2관 기한부 법률행위

I. 의 의

[A-164]

'기한'이란 법률행위의 효력의 발생 또는 소멸을 '장래의 확실한 사실의 성부(成否)'에 의존케 하는 법률행위의 부관이다. 한편 '법률행위 부관으로서 기한'(제152조, 제154조, 제428조 2항)과 '채무의 이행에 붙은 기한'(제153조, 제468조, 제387조)은 개념상 구별되어야 한다. 시기부 법률행위에서는 아직 채권이 발생하지 않은 것임에 비하여, 채무의 이행에 기한이 붙은 법률행위에서는 이미 채권은 발생하였으나 그 이행기가 아직 도래하지 않은 것이다.

II. 기한의 종류

1. 시기와 종기

법률행위의 효력의 발생 또는 채무이행의 시기를 위 사실에 의존케 하는 기한이 '시기'이고(제152조 1항), 법률행위의 효력의 소멸을 위 사실에 의존케 하는 기한이 '종기'이다(제152조 2항).

2. 확정기한과 불확정기한

발생하는 시기가 확정되어 있는 기한을 '확정기한'이라 하고, 확정되어 있지 않은 것을 '불확정기한'이라고 한다.

---

4) [**부동산등기법 제88조(가등기의 대상)**] 가등기는 제3조 각 호의 어느 하나에 해당하는 권리의 설정, 이전, 변경 또는 소멸의 청구권을 보전하려는 때에 한다. 그 청구권이 시기부 또는 정지조건부일 경우나 그 밖에 장래에 확정될 것인 경우에도 같다.
[**부동산등기법 제54조(권리소멸약정의 등기)**] 등기원인에 권리의 소멸에 관한 약정이 있을 경우 신청인은 그 약정에 관한 등기를 신청할 수 있다.

3. 구별개념 : 조건과 불확정기한

(1) 구별기준

장래의 일정한 사실의 발생 여부가 불확실한 경우가 '조건'이고, 발생이 확실한 경우가 '기한'이다. 그러나 '불확정기한'은 조건과 구별하는 것이 쉽지 않으므로 법률행위의 해석에 의하여 결정한다. 判例에 따르면 " ㉠ 부관이 붙은 법률행위에 있어서 부관에 표시된 사실이 발생하지 않으면 채무를 이행하지 아니하여도 된다고 보는 것이 상당한 경우에는 '**조건**'으로 보아야 하고, ㉡ 표시된 사실이 발생한 때에는 물론이고 반대로 발생하지 아니하는 것이 확정된 때에도 그 채무를 이행하여야 한다고 보는 것이 상당한 경우에는 표시된 사실의 발생여부가 확정되는 것을 '**불확정기한**'으로 정한 것으로 보아야 한다"(대판 2003.8.19. 2003다24215 : 7회, 12회 선택형)고 한다.

> [불확정기한의 변제기 도래여부] 判例는 "이미 부담하고 있는 채무의 변제에 관하여 일정한 사실이 부관으로 붙여진 경우에는 특별한 사정이 없는 한 그것은 변제기를 유예한 것으로서 그 사실이 발생한 때 또는 발생하지 아니하는 것으로 확정된 때에 기한이 도래한다"(대판 2003.8.19. 2003다24215)고 한다. 判例는 이 경우(불확정기한) "부관으로 정한 사실의 실현이 주로 채무를 변제하는 사람의 성의나 노력에 따라 좌우되고, 채권자가 사실의 실현에 영향을 줄 수 없는 경우에는 사실이 발생하는 때는 물론이고 사실의 발생이 불가능한 것으로 확정되지는 않았더라도 합리적인 기간 내에 사실이 발생하지 않는 때에도 채무의 이행기한은 도래한다"(대판 2018.4.24. 2017다205127)고 본다. **[23법행]**

(2) 조건으로 본 경우

소송 진행 중 원고가 피고로부터 물품대금 해당 금액을 지급받으면, 소를 취하하고 어떠한 이의도 제기하지 않기로 하면서 '위 모든 합의사항의 이행은 원고가 피고로부터 돈을 모두 지급받은 후 그 효력이 발생한다'고 합의한 사안에서 대법원은 장래 발생 여부가 불확실한 사실로서 조건으로 볼 여지가 있고, 이 사건 합의가 화해계약의 성격을 가진다고 하여 달리 볼 이유가 없다고 판단하였다(대판 2018.6.28. 2018다201702: 표준판례125).

(3) 불확정 기한으로 본 경우

① 대법원은 "임대차계약이 해지된 후 보증금 반환에 관하여 '타인에게 임대가 되면 임차보증금을 반환하겠다'는 약정을 했는데 1년 5개월이 지나도록 임대가 되지 않고 타인의 창고로 이용되고 있는 경우 이는 **불확정기한부 법률행위이다**"(대판 1989.6.27. 88다카10579)고 한다. 즉 당해 판결은 위 약정을 영원히 반환하지 않을 수도 있다는 취지가 아니라 일시적으로 연기한다는 의미로 파악하여 불확정기한을 정한 것으로 보았다. 따라서 불확정기한부 법률행위에서는 그 정한 사실발생이 불가능한 경우로 판단되면, 이행기가 도래한 것으로 보기 때문에 그 즉시 보증금반환청구가 가능하다.

> [비교판례] 그러나 대법원은 토지임대차에서 그 임대기한을 '그 토지를 임차인에게 매도할 때까지'로 약정한 사안에서, 그 기한이 도래할지 여부가 불확실한 것이므로 이는 기한을 정한 것이라 할 수 없고, 따라서 그 임대차계약은 기간의 약정이 없는 것으로 보았다(결국 당사자는 제635조에 의해 언제든지 계약해지의 통고를 할 수 있다 : 대판 1974.5.14. 73다631).

② "도급계약의 당사자들이 '수급인이 공급한 목적물을 도급인이 검사하여 합격하면, 도급인은 수급인에게 보수를 지급한다.'고 정한 경우 도급인의 수급인에 대한 보수지급의무와 동시이행관계(제665조 1항)에 있는 수급인의 목적물 인도의무를 확인한 것에 불과하고 '검사 합격'은 법률행위의 효력 발생을 좌우하는 조건이 아니라 **보수지급시기에 관한 불확정기한이다**"(대판 2019.9.10. 2017다272486,272493 : 따라서 수급인이 도급계약에서 정한 일을 완성한 다음 검사에 합격한 때 또는 검사 합격이 불가능한 것으로 확정된 때 보수지급청구권의 기한이 도래한다)고 하였다.

Ⅲ. 기한과 친하지 않은 법률행위
[A-165]

① 신분행위는 법률행위 즉시 효과가 발생해야 하므로 시기를 붙일 수 없다. ② 어음·수표행위에 조건은 붙일 수 없지만 시기를 붙이는 것은 허용된다(왜냐하면 시기를 붙여도 법률관계를 불확실하게 하지 않기 때문이다). ③ 취소·추인과 같은 소급효가 있는 법률행위에는 시기를 붙이면 소급효가 무의미해지기 때문에 시기를 붙이지 못한다.

Ⅳ. 효 력
[A-166]

1. 기한도래 전의 효력

조건부 권리가 보호를 받는 만큼 기한부 권리도 보호를 받아야 한다. 따라서 기한부 권리에도 조건부 권리의 침해금지 및 처분 등에 관한 규정(제148조, 제149조)을 준용한다(제154조).

2. 기한도래 후의 효력

① 시기 있는 법률행위는 기한이 도래한 때로부터 그 효력이 생기고, ② 종기 있는 법률행위는 기한이 도래한 때로부터 그 효력을 잃는다(제152조). 그리고 기한도래의 효과는 기한 도래시부터 생기며 절대로 소급효가 없다. 당사자가 소급효의 특약을 하여도 마찬가지이다. 기한에 소급효를 인정하면 기한이 무의미해지기 때문이다.

Ⅴ. 기한의 이익
[A-167]

1. 의 의

'기한의 이익'이란 기한이 도래하지 않음으로써 그동안 당사자가 받는 이익을 말하는 것으로 기한은 채무자의 이익을 위한 것으로 추정한다(제153조 1항)(4회 선택형).

예컨대 ① 채무자만이 이익을 갖는 경우로는 무이자 소비대차에서의 차주이고, ② 채권자만이 이익을 갖는 경우로는 무상임치에서의 임치인이고, ③ 쌍방이 이익을 갖는 경우로는 이자 있는 정기예금에서의 예금주와 은행이다.

2. 기한이익의 포기

기한의 이익은 포기할 수 있다. 그러나 상대방의 이익을 해하지 못한다(제153조 2항). 따라서 이자부 소비대차에서는 '이행기'까지의 이자를 지급하여 기한 전에 반환할 수 있다(제468조). 예컨대, 甲이 乙로부터 금전을 차용하면서 이자를 월 2%로 하고 변제기를 1년 후로 약정하였는데 甲이 8개월 후에 차용금을 반환하는 경우, 甲은 원금과 8개월분 이자 외에 乙이 입은 손해로서 변제기까지의 4개월분 이자를 배상하여야 하는데, 이를 4개월 앞서 지급하는 것이므로 그에 따른 중간이자를 공제하여야 한다. 물론 이는 '임의규정'이므로 민법 규정들과 다른 약정을 할 수 있다(대판 2023.4.13. 2021다305338).

> ※ **임대인의 보증반환채무에 대한 기한의 이익포기 [13회 사례형]**
> "임대인의 임대차보증금반환채무는 장래에 실현되거나 도래할 것이 확실한 임대차계약의 종료시점에 이행기에 도달하는 것이 원칙이나, 임대인은 임대차계약 존속 중 기한의 이익을 포기하고 임대차보증금반환채권을 수동채권으로 하여 상계할 수 있고, 임대차 존속 중 임대인이 상계의 의사표시를 한 경우 임대차보증금반환채무에 관한 '기한의 이익'을 포기한 것으로 볼 수 있다"(대판 2017.3.15. 2015다252501 : 14회 선택형)

다만 포기의 효과는 상대적이기 때문에 연대채무자 중의 1인이 기한의 이익을 포기해도 그 효력은 다른 연대채무자에게 미치지 않고(제423조), 보증채무에 있어서 주채무자의 이익의 포기는 보증인에게 효력이 미치지 않는다(제433조 2항)(7회 선택형).

3. 기한의 이익의 상실

(1) 법정 기한이익 상실 사유

민법은 채무자가 담보를 손상·감소·멸실케 한 경우 등과 같이 **채무자를 더 이상 신용할 수 없는 경우**에 채무자의 기한의 이익을 상실시킴으로써 채무자가 기한 전의 이행청구를 거절하지 못하도록 하고 있다(제388조 각호의 1).[5] 다만, "기한의 이익의 상실에 관한 민법 제388조는 임의규정이므로 당사자 사이에 위 규정과 다른 내용의 약정이 있는 경우에는 그 약정에 따라 기한의 이익의 상실 여부를 판단하여야 한다"(대판 2001.10.12. 99다56192 : 8회 선택형).

(2) 기한이익 상실 특약(주로 동산 할부거래, 소유권유보부 매매에서 문제)

1) 정지조건부 기한이익 상실 약정

일정한 사유가 발생하면 곧바로 채무자의 기한의 이익이 상실되어 채무의 이행기가 도래하는 약정이다.

2) 형성권적 기한이익 상실 약정

일정한 사유가 발생하면 곧바로 채무자의 기한의 이익이 상실되는 것이 아니라, 채권자가 기한이익 상실의 의사표시를 해야만 채무자의 기한의 이익이 상실되어 채무의 이행기가 도래하는 약정이다.

3) 구별 기준

예를 들어 '채무자가 약정한 이행의무(할부금채무)를 한 번이라도 지체하였을 때에는 기한의 이익을 잃고, 즉시 채무금 전액을 변제할 것'을 특약한 경우 "기한이익 상실의 특약이 위의 양자 중 어느 것에 해당하느냐는 당사자의 의사해석의 문제이지만 일반적으로 기한이익 상실의 특약이 채권자를 위하여 둔 것인 점에 비추어 명백히 정지조건부 기한이익 상실의 특약이라고 볼 만한 특별한 사정이 없는 이상 형성권적 기한이익 상실의 특약으로 추정하는 것이 타당하다"(대판 2002.9.4. 2002다28340: **표준판례128**[6] : 7회,8회,12회 선택형).

(3) 효 과

1) 법정 기한이익 상실 사유가 발생한 경우

채무자는 '기한의 이익을 주장하지 못한다'(제388조). 따라서 채권자는 그의 선택에 따라 이행을 청구할 수도 있고 또는 채무자의 이행을 거절하여 기한까지의 이자를 청구할 수도 있다. 그러나 기한 도래를 의제하는 것이 아니므로 당연히 이행지체가 되는 것은 아니며 청구가 있어야 이행지체가 된다(제387조 2항 참조).

---

[5] ① 채무자가 담보를 손상하거나 감소·멸실하게 한 때(제388조 1호), ② 채무자가 담보제공의무를 이행하지 않은 때(제388조 2호), ③ 채무자가 파산 선고를 받은 때(채무자 회생 및 파산에 관한 법률 제425조)

[6] [판례해설] 기한의 이익은 채무자의 이익으로 추정되지만(제153조 1항) 실제 거래계에서는 이자부 금전소비대차와 같이 채권자와 채무자 모두에게 기한의 이익이 있는 경우가 일반적이다. 즉, 이 경우 채권자에게도 변제기(기한) 도래 전까지 이자를 받을 수 있는 기한의 이익이 있다. 따라서 정지조건부 기한이익 상실의 특약과 같이 즉시 이행기가 도래되는 것보다 채권자가 즉시 나머지 할부금을 청구할 지 아니면 할부기한 동안 이자를 받을지 선택할 수 있는 형성권적 기한이익 상실약정이 채권자에게 유리하다.

2) 기한이익 상실 약정이 있는 경우

가) 정지조건부 기한이익 상실 약정

① **[이행지체책임]** 정지조건부 기한이익 상실약정을 하였을 경우에는 기한이익 상실사유가 발생함과 동시에 이행기 도래의 효과가 발생하고, 채무자는 특별한 사정이 없는 한 그때부터 이행지체의 상태에 놓이게 된다(대판 1999.7.9. 99다15184 ; 2회,8회 선택형).

② **[소멸시효의 기산점]** 따라서 채권의 소멸시효도 그때부터 진행된다.

나) 형성권적 기한이익 상실 약정

① **[이행지체책임]** 일정한 사유가 발생한 것만으로 곧바로 기한의 도래가 의제되지는 않고, 채권자가 기한이익 상실의 의사표시를 한 때 비로소 기한의 도래가 의제된다. 그 구체적 효과는 법정기한이익 상실사유가 발생한 경우와 같다.

② **[소멸시효의 기산점]** 判例는 "이른바 형성권적 기한이익 상실의 특약이 있는 경우에는 그 특약은 채권자의 이익을 위한 것으로서 기한이익의 상실 사유가 발생하였다고 하더라도 채권자가 나머지 전액을 일시에 청구할 것인가 또는 종래대로 할부변제를 청구할 것인가를 자유로이 선택할 수 있으므로, 이와 같은 기한이익 상실의 특약이 있는 할부채무에 있어서는 1회의 불이행이 있더라도 각 할부금에 대해 그 각 변제기의 도래시마다 그때부터 순차로 소멸시효가 진행하고 채권자가 특히 **잔존 채무 전액의 변제를 구하는 취지의 의사를 표시한 경우에 한하여 전액에 대하여 그때부터 소멸시효가 진행하는 것이다**"(대판 2002.9.4. 2002다28340: 표준판례128 : 8회 선택형)고 한다.[7]

(4) 효과의 제한

포기와 마찬가지로 기한의 이익의 상실로 인해 다른 사람의 이익을 해하지 못한다. 즉 연대채무자 중 1인의 기한이익의 상실은 다른 연대채무자에 영향이 없고(제423조), 주채무자의 기한이익 상실은 보증인에게 영향이 없다(제433조 2항).

제3관 기 간

I. 의 의

기간이란 어느 시점에서 다른 시점까지 계속된 시간을 말한다. 민법에서 정한 기간의 계산방법은 사법관계뿐만 아니라 공법관계에도 통칙적으로 적용된다. 다만 당사자의 특약으로 기간의 계산방법을 달리 정할 수 있다(대판 2007.8.23. 2006다62942)(임의규정성).

II. 기간의 계산방법

1. 기간을 시, 분, 초로 정한 때

기간을 시, 분, 초로 정한 때에는 즉시로부터 기산한다(제156조). 예를 들어 4월 1일 오전 9시부터 10시간은 4월 1일 오후 7시이다.

---

[7] **[판례평석]** 소멸시효는 권리를 행사할 수 있는 때로부터 진행한다(제166조 1항)고 규정하고 있는 점에 비추어 보면, 기한이익 상실 사유가 발생하면 채권자는 곧바로 나머지 전액의 지급을 청구할 수 있으므로 그때로부터 나머지 전액에 대한 소멸시효가 진행한다고 보는 것이 타당하다(양창수, 민법주해(제9권), p.147등 다수견해).

2. 기간을 일, 주, 월 또는 연으로 정한 때

(1) 기산점

1) 원 칙(초일불산입의 원칙)
기간을 일·주·월·년으로 정한 때에는 기간의 '초일'은 산입하지 않는다(제157조 본문).

2) 예 외
다음의 두 경우에는 초일을 산입한다. 즉, ① 기간이 오전 0시로부터 시작하는 때이다(제157조 단서). ② 연령의 계산에는 출생일을 산입한다(제158조).

(2) 만료점

1) 말일의 종료
① 기간을 일·주·월·년으로 정한 때에는, 기간 말일의 '종료'로 기간이 만료한다(제159조). 따라서 예컨대 2010. 3. 12. 17시에 금전을 대여하면서 그 계약 기간을 2년으로 한 경우, 그 기간은 2012. 3. 12. 17시가 아니라 24시에 만료한다.
② 정년이 53세라 함은 특별한 사정이 없는 한, 만 53세에 달하는 날을 말하는 것이지 만 53세가 만료되는 날을 의미하지 아니한다(대판 1973.6.12. 71다2669).

2) 말일의 계산
① 기간을 '주·월 또는 년'으로 정한 때에는 이를 일로 환산하지 않고 역에 의하여 계산한다(제160조 1항).
② 주·월 또는 년의 도중에서부터 기산하는 때에는 최후의 주·월 또는 년에서 그 기산일에 해당한 날의 전일로 기간이 만료한다(제160조 2항). 예를 들어 2월 28일 오후 3시부터 1개월 후의 말일은 3월 1일이 기산일이 되고 그로부터 1개월 후인 4월 1일의 전일의 만료, 즉 3월 31일 24시가 된다.
③ 월 또는 년으로 정한 경우에 최종의 월에 해당일이 없는 때에는 그 월의 말일로 기간이 만료한다(제160조 3항). 예를 들어 1월 30일 오후 3시부터 1개월 후의 말일은 2월 31일이 되지만, 2월에는 31일이 없으므로 2월 말이 된다.
④ 기간의 말일이 토요일 또는 공휴일에 해당한 때에는 그 다음날로 만료한다(제161조). 그러나 기간의 '초일'이 공휴일인 경우에는 그 적용이 없으며(대판 1982.2.23. 81누204), 공휴일이 기간 도중에 있는 때에도 마찬가지이다(즉 공휴일이 기간 도중에 있는 것은 기간의 계산과는 무관하다). 또 공휴일에는 국경일 및 일요일뿐만 아니라 임시공휴일도 포함된다(대판 1964.5.26. 63다958).
예를 들어 甲은 乙로부터 2009년 2월 13일 14시에 카메라를 구입하면서 매매대금은 4개월 내에 지급하기로 하였다면(2009년 6월 13일은 토요일임), 甲은 2009년 6월 15일 24시(자정)까지 그 대금을 완납해야 한다. 즉, 원칙은 6월 13일 24시까지 지급해야 하지만 6월 13일이 토요일이고 14일이 공휴일이므로 15일 24시까지 대금을 완납하면 된다.

3. 기간의 역산
민법상 기간의 계산방법은 일정한 기산일로부터 소급하여 과거에 역산되는 기간에도 적용된다(대판 1989.4.11. 87다카2901).

제5장 소멸시효

제1절 총 설

소송구조

■ 의무자의 소멸시효 완성의 항변

Ⅰ. 의무자의 소멸시효 완성의 항변

예를 들어 대여금채권의 시효소멸을 주장하기 위해서는 ⅰ) 대주가 특정시점에서 당해 권리를 행사할 수 있었던 사실(기산점), ⅱ) 그때로부터 소멸시효기간이 도과한 사실(시효기간)을 주장·증명하면 족하고, 원용권자가 상대방에게 시효원용의 의사표시를 한 사실을 증명할 필요는 없다. 다만, 시효소멸의 이익을 받을 자가 실제 소송에 있어서 그 이익을 받겠다는 항변을 하지 않는 이상 그 의사에 반하여 재판할 수 없음은 변론주의 원칙상 당연하다(대판 1979.2.13. 78다2157: 표준판례160). 한편, "채권자가 동일한 목적을 달성하기 위하여 복수의 채권을 가지고 있더라도 선택에 따라 어느 하나의 채권만을 행사하는 것이 명백한 경우라면 채무자의 소멸시효 완성의 항변은 채권자가 행사하는 당해 채권에 대한 항변으로 봄이 타당하다"(대판 2013.2.15. 2012다68217).

1. 권리를 행사할 수 있음에도 불행사할 것(기산점) [20법무, 24법행]

특정시점에서 당해 권리를 행사할 수 있었던 사실은 소멸시효의 기산점에 관한 사실로서 '주요사실'이므로 '당사자'가 주장하지 않은 때를 기산점으로 하여 소멸시효의 완성을 인정하게 되면 변론주의 원칙에 위배된다(대판 1995.8.25. 94다35886 : 1회·2회 선택형).

2. 권리불행사의 상태가 일정기간 계속될 것(시효기간) [20법무, 24법행]

민법 제162조 내지 제165조는 각종 채권의 소멸시효에 관하여 규정하고 있는데, 문제된 채권의 소멸시효기간에 관한 근거사실은 당사자가 주장·증명하여야 하는 것이지만, 어떤 시효기간의 적용을 받는가에 관한 당사자의 주장은 '법률상의 견해'에 불과하므로 법원은 이에 구속되지 않는다(대판 1997.9.13. 77다832 ; 대판 2006.11.10. 2005다35516 : 1회 선택형).

Ⅱ. 권리자의 소멸시효 관련 재항변 등(중, 포, 남)

1. 시효중단(제168조 각호)

시효소멸의 항변에 대하여 원고는 제168조 소정의 사유를 들어 '시효중단'의 재항변을 할 수 있다. 그리고 원고의 이러한 시효중단의 재항변에 대하여 피고는 제170조 내지 제176조에서 규정하고 있는 시효중단의 효력이 없는 경우에 관한 사실을 주장하며 '재재항변'을 할 수 있다. 대표적으로 의무자는 소송의 각하, 기각 또는 취하된 사실(재판상의 청구의 시효중단 효력상실사유 : 제170조 1항), 압류·가압류·가처분이 권리자의 청구에 의하여 또는 법률의 규정에 따르지 아니함으로 인하여 취소된 사실(제175조), 승인이 '관리능력'이나 '관리권한'이 없는 자에 의한 것(제177조)임을 이유로 재재항변을 할 수 있다.

2. 소멸시효의 이익포기(제184조 1항의 반대해석)

시효소멸의 항변에 대하여 원고는 채무자가 '소멸시효의 이익을 포기'하였음을 주장할 수 있다. 시효이익의 포기는 시효완성의 사실을 알면서 하는 것이어야 하는데, 과거 '채무자가 시효완성 후 채무를 승인한 경우에는 시효완성의 사실을 알고 그 이익을 포기한 것으로 추정된다'는 판례의 법리는 경험칙에 반하고, 채무승인과 시효이익 포기는 서로 구별되어야 하는 개념임에 비추어 더 이상 타당하지 않다고 한다(대판 2025.7.24. 전합2023다240299).

3. 소멸시효의 남용(제2조 2항)

최후의 재항변사유로서 원고는 채무자가 '소멸시효완성의 남용'을 하고 있다고 주장할 수 있다. 다만, 소멸시효의 남용은 소멸시효 제도에 대한 예외적인 제한에 그쳐야 하므로 "채권자는 그러한 사정이 있는 때부터 '시효정지'의 경우에 준해 단기간 내에 권리를 행사하여야만 채무자의 소멸시효의 항변을 저지할 수 있다"(대판 2013.5.16. 전합2012다202819). 따라서 권리자의 소멸시효의 남용재항변에 대해 의무자는 시효정지기간(6개월)의 경과사실로써 재재항변을 할 수 있다.

I. 서 설 [A-168]

1. 의 의

소멸시효란 권리자가 권리행사를 할 수 있음에도 불구하고 일정기간동안 권리불행사의 상태가 계속된 경우에 그 권리를 소멸하게 하는 제도이다.

2. 시효제도의 존재이유 및 법적성질

① 대법원과 헌법재판소는 소멸시효제도의 존재이유로서 ㉠ 법적 안정성의 확보, ㉡ 입증곤란의 구제, ㉢ 권리행사의 태만에 대한 제재를 들고 있다(헌재 2010.4.29. 2009헌바120, 대판 1993.3.18. 98다32175).

② 시효에 관한 규정들은 원칙적으로 편면적 강행규정에 해당한다(제184조 2항). 따라서 채무자에게 불리한 변경은 무효이나, 채무자에게 유리한 변경은 허용된다.

[심화] 시효제도는 법적 안정성 등을 위한 불가피한 사권의 제한 내지 희생일 뿐만 아니라, 경우에 따라서는 의무자가 의무를 이행하지 않는 수단으로 악용될 소지도 없지 않다. 그래서 判例는 대체로 소멸시효를 인정하는 데 엄격하다(이 점은 취득시효의 경우에도 마찬가지이다. 즉 判例는 그 요건인 '소유의 의사'를 엄격하게 해석하여 그 성립을 쉽게 인정하지 않는다). 즉 소멸시효에 걸리지 않는 경우를 확대하고, 시효중단의 사유를 확대하며, 소멸시효의 기산점을 권리자측에 유리하게 해석하고, 시효이익의 포기를 엄격하게 해석하지 않는 것이 그러하다. 한편 소멸시효가 완성하였더라도 소송에서는 이를 주장한 때에 비로소 고려된다는 것도 같은 범주에 있는 것인데, 判例는 여기서 더 나아가 권리의 소멸에 의해 직접 이익을 받는 사람(직접수익자)에 한해 소멸시효를 원용할 수 있는 것으로 제한할 뿐 아니라, 소멸시효를 원용할 수 있는 경우에도 그러한 원용이 신의칙에 반하는 때에는 권리남용에 해당하여 허용되지 않는다는 태도를 보인다(김준호, 민법강의).

II. 소멸시효와 유사한 제도 [A-169]

1. 실효의 원칙(신의칙 참고)

2. 제척기간(除斥期間)

(1) 의 의

제척기간이란 법률에서 정한 일정한 권리의 행사기간을 말한다. 제척기간 내에 권리를 행사하지 않으면 그 권리는 당연히 소멸한다. 제척기간을 두는 이유는 일정한 권리에 대해 행사기간을 정해 그 법률관계를 조속히 확정하려는 것에 있고, 주로 형성권에서 문제가 된다.

(2) 제척기간의 권리행사 방법

원칙적으로 제척기간 내에 반드시 소를 제기하는 방법으로 권리를 재판상 행사해야 할 필요 없이 재판 외에서 의사표시를 하는 방법으로도 권리를 행사할 수 있다(대판 1993.7.27. 92다52795 등: 표준판례 129). 결국, 제척기간 중에는 출소(出訴)기간에 해당하지 않는 것도 있고, 출소기간에 해당하는 경우도 있다.

1) 형성권

① **[기간경과]** 제척기간은 주로 형성권행사에서 인정되는바, 채권자취소권과 같은 형성소권의 제척기간은 '제소기간'으로 경과시 '소각하'사유, 취소권(제146조)·매매예약완결권(제564조)과 같은 형성권의 제척기간은 '재판 외 행사기간'으로 경과시 '청구기각'사유가 된다.

② **[재판상 행사한 경우]** 判例는 ㉠ "해지권을 재판상 행사하는 경우에는 그 소장 부본이 피고에게 도달할 때에 비로소 해지권 행사의 효력이 발생한다 할 것이어서, 해지의 의사표시가 담긴 소장 부본이 제척기간 내에 피고에게 송달되어야만 해지권자가 제척기간 내에 적법하게 해지권을 행사하였다고 할 것이고, 그 소장이 제척기간 내에 법원에 접수되었다고 하여 달리 볼 것은 아니다"(대판 2000.1.28. 99다50712)라고 하며, ㉡ "취소의 의사표시가 담긴 반소장 부본이 제척기간 내에 송달되어야만 취소권자가 제척기간 내에 적법하게 취소권을 행사였다고 할 것이다"(대판 2008.9.11. 2008다27301,27318)고 판시하였다.

2) 청구권

① **[제소기간]** 判例는 ㉠ "상속회복의 소(제999조)는 상속권의 침해를 안 날로부터 3년, 상속개시된 날로부터 10년 내에 제기하도록 제척기간을 정하고 있는바, 이 기간은 제소기간으로 볼 것이다"(대판 1993.2.26. 92다3083)라고 하며, ㉡ **점유보호청구권**(제204조 3항, 제205조 2항·3항)의 제척기간도 제소기간(대판 2002.4.26. 2001다8097,8103: 표준판례131)[1]으로 본다.

② **[재판외 행사기간]** 判例는 ㉠ 하자담보책임에 따른 권리의 제척기간(제582조 등)은 재판 외 행사기간이라고 한다(대판 2000.6.9. 2000다15371). 그리고 判例에 따르면 하자담보책임에 따른 손해배상청구권과 관련하여 **채권양도의 통지는** 양도인이 채권이 양도되었다는 사실을 채무자에게 알리는 것에 그치는 행위이므로(관념의 통지), 채권양도통지에 채권양도의 사실을 알리는 것 외에 이행을 청구하는 뜻이 별도로 덧붙여지는 등 특별한 사정이 없는 한, 그것만으로 제척기간 준수에 필요한 권리의 재판외 행사에 해당한다고 할 수 없다고 한다(대판 2012.3.22. 전합 2010다28840: 표준판례130 : 7회 선택형). ㉡ "가등기담보 등에 관한 법률 제11조[2]의 내용과 제척기간 제도의 본질에 비추어 보면, 채무자 등이 제척기간이 경과하기 전에 피담보채무를 변제하지 아니한 채 또는 변제를 조건으로 담보목적으로 마친 소유권이전등기의 말소를 청구하더라도 제척기간 준수에 필요한 권리의 행사에 해당한다고 볼 수 없으므로, 채무자 등의 위 말소청구권은 제척기간의 경과로 확정적으로 소멸한다"(대판 2014.8.20. 2012다47074)[3]고 한다.

(3) 소멸시효와의 관계

1) 소멸시효와의 구별기준

어느 권리를 소멸시효의 대상으로 할지 아니면 제척기간으로 할지는 입법정책에 속하는 것인데, 법

---

1) "민법 제204조 3항과 제205조 2항에 의하면, 점유를 침탈당하거나 방해를 받은 자의 침탈자 또는 방해자에 대한 청구권은 그 점유를 침탈당한 날 또는 점유의 '방해행위'(방해상태가 아님)가 종료된 날로부터 1년 내에 행사하여야 하는 것으로 규정되어 있는데, 여기에서 점유의 침탈 또는 방해의 상태가 일정한 기간을 지나게 되면 그대로 사회의 평온한 상태가 되고 이를 복구하는 것이 오히려 평화질서의 교란으로 볼 수 있게 되므로 일정한 기간을 지난 후에는 원상회복을 허용하지 않는 것이 점유제도의 이상에 맞고 여기에 점유의 회수 또는 방해제거 등 청구권에 단기의 제척기간을 두는 이유가 있는 점 등에 비추어 볼 때, 위의 제척기간은 재판 외에서 권리행사하는 것으로 족한 기간이 아니라 반드시 그 기간 내에 소를 제기하여야 하는 이른바 출소기간으로 해석함이 상당하다"

2) **[가등기담보 등에 관한 법률 제11조(채무자등의 말소청구권)]** 「채무자등은 청산금채권을 변제받을 때까지 그 채무액(반환할 때까지의 이자와 손해금을 포함한다)을 채권자에게 지급하고 그 채권담보의 목적으로 마친 소유권이전등기의 말소를 청구할 수 있다. 다만, 그 채무의 변제기가 지난 때부터 10년이 지나거나 선의의 제3자가 소유권을 취득한 경우에는 그러하지 아니하다.」

3) 다만, "가등기담보법 제11조 단서에 정한 제척기간이 경과함으로써 채무자 등의 말소청구권이 소멸하고 이로써 채권자가 담보목적부동산의 소유권을 확정적으로 취득한 때에는 채권자는 가등기담보법 제4조에 따라 산정한 청산금을 채무자 등에게 지급할 의무가 있고, 채무자 등은 채권자에게 그 지급을 청구할 수 있다"(대판 2018.6.15. 2018다215947).

조문에서 소멸시효는 '소멸시효가 완성한다, 시효로 인하여 소멸한다'고 표현하는 데 비해(제162조, 제766조 1항), 제척기간은 '행사하여야 한다'고 표현하고(제146조, 제406조 2항), 이를 가지고 원칙적으로 양자를 구별한다는 것이 통설이다.

2) 소멸시효와의 차이점

① 소멸시효의 기산점은 '권리를 행사할 수 있을 때'부터이지만(제166조 1항), 제척기간은 그 기간의 경과 자체만으로 곧 권리소멸의 효과를 가져오게 하는 것이므로 그 기간 진행의 기산점은 특별한 사정이 없는 한 원칙적으로 '권리가 발생한 때'이다(대판 1995.11.10. 94다22682,22699: 표준판례132). ② 소멸시효는 그 기산일에 '소급'하여 효력이 생기지만(제167조), 제척기간에서는 기간이 경과한 때로부터 장래에 대하여 소멸하므로 소급효가 없다. ③ 소멸시효는 '중단'될 수 있지만, 제척기간은 그렇지 않다(대판 2003.1.10. 2000다26425). ④ 소멸시효와 제척기간은 당사자약정으로 그 기간을 연장할 수 없다는 점은 같으나, 소멸시효는 '단축·경감'할 수 있고(제184조 2항), 제척기간은 단축·경감할 수 없다는 점에서 다르다. ⑤ 소멸시효에서는 '변론주의'[4]의 원칙상 당사자의 주장이 있어야 법원이 이를 판단하게 되지만, 제척기간에서는 기간의 경과에 의한 권리의 소멸이 절대적인 것이므로 소송에서 당사자가 이를 주장하지 않더라도 법원이 '직권'으로 판단하여야 한다(대판 1996.9.20. 96다25371). ⑥ 소멸시효이익은 완성 후 '포기'할 수 있지만(제184조 1항의 반대해석), 제척기간은 그렇지 않다.

> **[비교판례]** "상법 제814조 1항[5]에서 정한 제척기간은 당사자들이 합의하여 제척기간을 연장할 수 있도록 하였다는 점에서 일반적인 제척기간과는 구별되는 특성이 있다. 따라서 상법 제814조 1항에서 정한 제척기간이 지난 뒤에 그 기간 경과의 이익을 받는 당사자가 기간이 지난 사실을 알면서도 기간 경과로 인한 법적 이익을 받지 않겠다는 의사를 명확히 표시한 경우, 민법 제184조 제1항을 유추적용하여 제척기간 경과로 인한 권리소멸의 이익을 포기한 것으로 인정할 수 있다"(대판 2022.6.9. 2017다247848).

3) 소멸시효와의 중첩적용 가부

判例에 따르면 하자담보책임에 기한 매수인의 손해배상청구권은 매수인이 그 사실을 안 때부터 6월의 제척기간(제582조)에 걸리는 동시에 매수인이 매매의 '목적물을 인도받은 때부터' 10년의 소멸시효(제162조 1항)에도 걸린다고 한다(대판 2011.10.13. 2011다10266).[6] **[13회 사례형]**

[판례검토] 제척기간과 소멸시효는 제도의 취지가 서로 다르기 때문에 하나의 권리에 대하여 제척기간과 소멸시효가 중복적으로 적용될 수 있으므로 判例의 태도는 타당하다.

> **[관련판례]** "수급인의 담보책임에 기한 하자보수에 갈음하는 손해배상청구권에 대하여는 민법 제670조 또는 제671조의 제척기간이 적용되고, 이는 법률관계의 조속한 안정을 도모하고자 하는 데에 취지가 있다. 그런데 이러한 도급인의 손해배상청구권에 대하여는 권리의 내용·성질 및 취지에 비추어 민법 제162조 제1항의 채권 소멸시효의 규정 또는 도급계약이 상행위에 해당하는 경우에는 상법 제64조의 상사시효의 규정이 적용되고, 민법 제670조 또는 제671조의 제척기간 규정으로 인하여 위 각 소멸시효 규정의 적용이 배제된다고 볼 수 없다"(대판 2012.11.15. 2011다56491).

---

4) 민사 소송에서 소송의 해결이나 심리 자료의 수집을 법원의 직권으로 하지 아니하고 당사자에게 맡기는 주의
5) **[상법 제814조 1항]** "운송인의 송하인 또는 수하인에 대한 채권 및 채무는 그 청구원인의 여하에 불구하고 운송인이 수하인에게 운송물을 인도한 날 또는 인도할 날부터 1년 이내에 재판상 청구가 없으면 소멸한다. 다만 이 기간은 당사자의 합의에 의하여 연장할 수 있다"
6) **[사실관계]** 甲이 乙 등에게서 부동산을 매수하여 소유권이전등기를 마쳤는데 위 부동산을 순차 매수한 丙이 부동산 지하에 매립되어 있는 폐기물을 처리한 후 甲을 상대로 처리비용 상당의 손해배상청구소송을 제기하였고, 甲이 丙에게 위 판결에 따라 손해배상금을 지급한 후 乙 등을 상대로 하자담보책임에 기한 손해배상으로서 丙에게 기지급한 돈의 배상을 구한 사안에서, 甲의 하자담보에 기한 손해배상청구권은 甲이 乙 등에게서 부동산을 인도받았을 것으로 보이는 소유권이전등기일로부터 소멸시효가 진행하는데, 甲이 그로부터 10년이 경과한 후 소를 제기하였으므로, 甲의 하자담보책임에 기한 손해배상청구권은 이미 소멸시효 완성으로 소멸되었다고 한 사례.

제2절 소멸시효의 요건 …권리소멸의 항변

Ⅰ. 소멸시효완성의 요건(대, 행, 기) [A-170]

시효로 인하여 권리가 소멸하려면, ⅰ) 소멸시효의 대상이 될 수 있는 권리일 것(대상적격), ⅱ) 권리를 행사할 수 있음에도 불행사할 것(기산점), ⅲ) 권리불행사의 상태가 일정기간 계속될 것을 요한다(시효기간).

Ⅱ. 대상적격(소멸시효의 대상이 될 수 있는 권리일 것) [A-171]

1. 소멸시효의 대상이 되는 권리

민법은 채권이 소멸시효의 대상임을 규정하는 외에 소유권을 제외한 재산권이 소멸시효의 대상임을 밝히고 있다(제162조). 조세의 부과권도 소멸시효의 대상이 된다(대판 1984.12.26. 전합84누572). 그 외에 지상권·지역권 등의 용익물권이 소멸시효의 대상이 된다. 참고로 전세권은 그 존속기간이 10년을 넘지 못하므로(제312조 1항), 20년의 소멸시효(제162조 2항)에 걸리는 일은 없다.

2. 소멸시효의 대상이 되지 않는 권리

(1) 소유권

소유권은 그 '절대성 내지 항구성'의 성질에 따라 소멸시효에 걸리지 않는다(제162조 참조). 다만 타인이 취득시효로 인해 소유권을 취득함으로써 소유권을 잃을 수는 있지만, 이것은 소멸시효가 적용되어서가 아니라 취득시효의 효과 때문이다.

(2) 점유권 및 유치권

점유를 그 권리취득의 요건으로 하는 점유권 및 유치권은 소멸시효의 대상이 아니다.

(3) 담보물권

담보물권(유치권·질권·저당권)은 채권을 담보하기 위해 존재하는 것이므로, 피담보채권의 소멸로써 담보물권이 소멸할 뿐이고(부종성, 제369조 참조), 피담보채권이 존속하는데 담보물권만이 독립하여 소멸시효에 걸리지는 않는다.

3. 소멸시효의 대상 여부가 문제되는 것

취소권의 경우에도 그것이 무효임을 확인하는 성질의 것인 때에는 시효로 소멸하지 않는다(대판 1989.4.11. 87다카131). 또한 "공유물분할청구권은 공유관계에서 수반되는 형성권이므로 공유관계가 존속하는 한 그 분할청구권만이 독립하여 시효소멸될 수 없다"(대판 1981.3.24. 80다1888 : **7회 선택형**). 등기청구권 및 물권적 청구권의 소멸시효 대상여부에 대하여는 물권법에서 검토하기로 한다.

Ⅲ. 기산점(권리를 행사할 수 있음에도 불행사할 것) [A-172]

1. '권리를 행사할 수 있는 때'의 의미

(1) 원 칙(법률상 장애의 부존재)

① 소멸시효는 '권리를 행사할 수 있는 때'로부터 진행한다(제166조 1항). 이때 '권리를 행사할 수 있는 때'란 권리를 행사하는 데 있어 '법률상의 장애'가 없음을 말한다(이행기의 미도래·정지조건의 불성취 등).

따라서 '사실상의 장애', 즉 권리자의 개인적 사정이나 권리자가 권리의 존재를 모르거나, 모르는데 과실이 없다고 하여도 이러한 사유는 시효의 진행을 막지 못한다(대판 2006.4.27, 2006다1381). 사실상의 장애를 인정하게 되면 소멸시효의 기산점이 불명확하게 되어 법적 안정성의 면에서 문제가 있기 때문이다(대판 1984.12.26, 전합84누572).

② 判例는 "부동산경매절차에서 채무자에 대한 송달이 '공시송달'[1]의 방법으로 이루어짐으로써 채무자가 경매진행 사실 및 잉여금의 존재에 관하여 사실상 알지 못하였다고 하더라도 공탁금 수령에 대한 권리의 소멸시효기간이 진행한다"(대결 2024.4.30, 2023그887)고 보아 공시송달을 '사실상의 장애'로 보았으나, "건물에 관한 소유권이전등기청구권에 있어서 그 목적물인 건물이 완공되지 아니하여 이를 행사할 수 없었다는 사유는 법률상의 장애사유에 해당한다"(대판 2007.8.23, 2007다28024,28031)고 한다.

(2) 예 외

권리자가 권리의 발생 여부를 알기 어려운 객관적 사정이 있고 권리자가 과실 없이 알지 못하는 경우에도 위의 원칙을 관철하면 정의와 형평의 이념에 반할 뿐만 아니라 소멸시효제도의 존재이유에 부합된다고 할 수 없기 때문에 判例는 일정한 경우에 예외를 인정한다(아래 관련판례 참고).

> **[관련판례]** ① "보험금청구권은 원칙적으로 보험사고가 발생한 사실을 알았는지 여부를 묻지 않고 보험사고가 발생한 때부터 소멸시효가 진행하나(대판 2015.3.26, 2012다25432 등), 보험사고가 발생하였는지 여부가 객관적으로 분명하지 아니하여 객관적으로 보아 보험사고가 발생한 사실을 확인할 수 없는 사정이 있는 경우에는 보험금청구권자가 보험사고의 발생을 알았거나 알 수 있었던 때로부터 소멸시효가 진행한다"(대판 2001.4.27, 2000다31168: **표준판례139**). ② "법인의 이사회결의가 부존재함에 따라 발생하는 제3자의 부당이득반환청구권처럼 법인이나 회사의 내부적인 법률관계가 개입되어 있어 청구권자가 권리의 발생 여부를 객관적으로 알기 어려운 상황에 있고 청구권자가 과실 없이 이를 알지 못한 경우에는 이사회결의부존재확인판결의 확정과 같이 객관적으로 청구권의 발생을 알 수 있게 된 때로부터 소멸시효가 진행된다고 보는 것이 타당하다"(대판 2003.4.8, 2002다64957,64964: **표준판례140**).

2. 각종 권리에서 기산점

		소멸시효 기산점	이행기	이행지체 기산점
확정기한부 채무		기한이 도래한 **당일**	기한이 도래한 **당일**	기한이 도래한 **다음날** (제387조 1항 1문)
불확정기한부 채무		기한으로 정한 사실이 발생한 때 또는 발생하지 아니하는 것으로 확정된 때	기한으로 정한 사실이 발생한 때 또는 발생하지 아니하는 것으로 확정된 때	채무자가 기한이 **도래함을 안 다음날** (제387조 1항 2문)
기한의 정함이 없는 채무	원칙	채권성립 **당일**	채권성립 **당일**	이행청구를 받은 **다음날** (제387조 2항)
	불법행위 책임	손해 및 가해자를 안 날(3년), 불법행위를 한 날(10년)	불법행위성립 **당일**	불법행위성립 **당일**
	기한없는 소비대차	최고를 할 수 있는 때 (계약성립일)로부터 **상당기간이 경과한 때**	최고 후 **상당기간이 경과한 때**	최고 후 **상당기간이 경과한 다음날**

---

1) [민법 제113조(의사표시의 공시송달)] 표의자가 '과실 없이' 상대방을 알지 못하거나 상대방의 소재를 알지 못하는 경우에는 민사소송법 공시송달 규정에 의하여 의사표시의 효력을 발생시킬 수 있다

(1) 기한을 정한 채권

① '확정기한부 채권'은 그 기한이 도래한 때부터 소멸시효가 진행한다.
② '불확정기한부 채권'은 기한이 객관적으로 도래한 때부터 소멸시효가 진행하며(기한의 이익 상실 관련 A-167.참고), 채권자가 기한의 도래를 알았는지 여부, 그에 대한 과실유무는 묻지 않는다.[2)]
③ 기한이 있는 채권의 이행기가 도래한 후 채권자와 채무자가 기한을 유예하기로 합의한 경우, 소멸시효는 변경된 이행기가 도래한 때로부터 진행하고, 이와 같은 기한 유예의 합의는 묵시적으로도 가능하다(대판 2017.4.13. 2016다274904).
④ 동시이행의 항변권이 붙어 있는 채권의 경우에 이행기 도래 후에 반대급부를 제공하면 언제라도 권리를 행사할 수 있으므로 **이행기부터 소멸시효가 진행한다**(4회,5회,6회,9회,10회 선택형). 判例도 "부동산에 대한 매매대금 채권이 소유권이전등기청구권과 동시이행의 관계에 있다고 할지라도 매도인은 매매대금의 지급기일 이후 언제라도 그 대금의 지급을 청구할 수 있는 것이며, 다만 매수인은 매도인으로부터 그 이전등기에 관한 이행의 제공을 받기까지 그 지급을 거절할 수 있는데 지나지 아니하므로 **매매대금 청구권은 반대급부의 제공이 없더라도 그 지급기일 이후 시효의 진행에 걸린다**"(대판 1991.3.22. 90다9797 : 14회 선택형)고 한다.

> [비교판례] 주택임대차보호법에 따른 임대차에서 임차인이 임대차 종료 후 동시이행항변권을 근거로 임차 목적물을 계속 점유하고 있는 경우, 보증금반환채권에 대한 소멸시효가 진행하지 않는다(대판 2020.7.9. 2016다244224,244231).

(2) 기한을 정하지 않은 채권

기한을 정하지 않은 채권은 그 채권 성립(발생)시부터 시효가 진행한다. 그러나 최고 후 상당한 기간이 경과한 후에 청구할 수 있는 채권(제603조 2항)은 최고를 할 수 있는 때로부터 상당기간이 경과한 때 시효가 진행한다.

(3) 정지조건부 채권

조건이 성취된 때로부터 시효가 진행한다(제147조 참조)(9회 선택형).

(4) 부작위를 목적으로 하는 채권

부작위 의무를 위반한 때로부터 진행한다(제166조 2항)(12회 선택형). 즉, 채권이 성립한 때부터 진행하는 것이 아니라는 점을 주의할 필요가 있다.

(5) 선택채권

선택채권은 선택권을 행사할 수 있을 때부터 진행된다(행사한 때가 아님 ; 대판 2000.5.12. 98다23195 : 14회 선택형).

(6) 채무불이행으로 인한 손해배상청구권

1) 시효기간

채무불이행으로 인한 손해배상채권(제394조)은 본래의 채권이 확장된 것이거나 본래의 채권의 내용이 '금전채권'으로 변경된 것이므로 본래의 **채권과 '동일성'** 을 가진다. 따라서 채무불이행으로 인한 손해배상청구권의 시효기간은 원채권의 시효기간에 따르고(대판 2010.9.9. 2010다28031), 본래의 채권이 시효로 소멸한 때에는 손해배상채권도 함께 소멸한다(대판 2018.2.28. 2016다45779 : 13회 선택형).

---

2) [비교] 한편, '불확정기한부 채무'는 채무자가 기한이 도래함을 안 때로부터 지체책임이 있다(제387조 1항 2문 : 13회 선택형). 채권자의 최고가 있으면 채무자가 기한의 도래를 알지 못하더라도 그 최고를 받은 때부터 지체책임이 있다.

2) 기산점

문제는 그 기산점인데, ① 그 '동일성'이 유지되므로 본래의 채권을 행사할 수 있는 때로부터 진행한다는 견해가 있으나, ② 判例가 판시하는 바와 같이 손해배상청구권은 채무불이행시에 비로소 발생한 것인 만큼 '**채무불이행시**'부터 소멸시효가 진행한다는 견해가 타당하다(대판 1990.11.9. 90다카22513). 다만 채무불이행으로 인한 손해배상청구권은 '**현실적으로 손해가 발생한 때**' 성립하고, 현실적으로 손해가 발생하였는지 여부는 사회통념에 비추어 객관적이고 합리적으로 판단하여야 한다(대판 2020.6.11. 2020다201156). 예를 들어 '이행인수계약 불이행에 따른 손해배상채권'의 소멸시효 기산점은 인수의무를 불이행한 때가 아니라 채무자가 이자 등을 지급함으로써 손해가 현실적으로 발생한 때이다(대판 2021.11.25. 2020다294516: 표준판례531 : B-95a. 참고).

가) 이행불능으로 인한 손해배상청구권

특히 判例는 이행불능으로 인한 전보배상청구권의 경우 ㉠ [**이행불능시**] '이행불능시'(= 채무불이행시)를 기준으로 기산점을 정한다. ㉡ [**패소확정시**] 다만, 이때 상대방에 대한 등기가 무효임에도 그로부터의 전득자가 그 부동산을 등기부시효취득한 경우, 무효를 이유로 한 상대방의 등기말소의무가 이행불능이 되는 시점은 전득자를 상대로 한(말소청구소송 또는 진정명의회복을 위한 소유권이전등기청구) 소송에서의 패소판결 확정시이며, 시효취득시가 아니다(대판 2005.9.15. 2005다29474). 같은 취지에서, "매도인(甲) 및 매수인(乙) 명의의 매매부동산에 대한 소유권이전등기의 말소의무가 원소유자(丙)의 말소등기절차이행 청구소송에서 확정되었다면 매도인(甲)의 이행불능으로 인한 손해배상액의 산정은 그 패소확정시를 기준으로 하여야 하고, 동 등기의 말소시를 기준으로 할 것이 아니다"(대판 1981.6.9. 80다417 : 7회 선택형)고 판시한 判例도 있다.[3]

나) 계속적 거래계약에 따른 외상대금채권

"계속적 물품공급계약에 기하여 발생한 외상대금채권은 특별한 사정이 없는 한 개별 거래로 인한 각 외상대금채권이 발생한 때로부터 개별적으로 소멸시효가 진행하는 것이지 거래종료일부터 외상대금채권 총액에 대하여 한꺼번에 소멸시효가 기산한다고 할 수 없다"(대판 2007.1.25. 2006다68940).

[**소멸시효의 중단**] "각 개별 거래시마다 서로 기왕의 미변제 외상대금에 대하여 확인하거나 확인된 대금의 일부를 변제하는 등의 행위가 없었다면, 새로이 동종 물품을 주문하고 공급받았다는 사실만으로는 기왕의 미변제 채무를 승인한 것으로 볼 수 없다"(대판 2007.1.25. 2006다68940).

다) 하자보수에 갈음한 손해배상청구권

"집합건물의 하자보수에 갈음한 손해배상청구권의 소멸시효기간은 각 하자가 발생한 시점부터 별도로 진행한다"(대판 2009.2.26. 2007다83908).

(7) 불법행위로 인한 손해배상청구권

① 불법행위로 인한 손해배상청구권은 피해자나 그 법정대리인이 그 '**손해 및 가해자를 안 날**'로부터 3년, '**불법행위를 한 날**'로부터 10년간 행사하지 아니하면 시효로 인하여 소멸한다(제766조 1항, 2항).

② 불법행위의 피해자가 미성년자로 행위능력이 제한된 자인 경우에는 그 법정대리인이 손해 및 가해자를 알아야 소멸시효가 진행한다(대판 2010.2.11. 2009다79897). 다만 미성년자가 성폭력, 성추행, 성희롱, 그 밖의 성적 침해를 당한 경우에 이로 인한 손해배상청구권의 소멸시효는 그가 성년이 될 때까지는 진행되지 아니한다(제766조 3항)(14회 선택형 : 2020.10.20. 신설).

---

[3] [사실관계] 丙소유 토지에 대해 등기서류를 위조한 甲이 乙에게 토지를 매도한 후 丙이 甲을 상대로 말소등기청구소송을 제기하여 甲이 패소한 경우 甲의 乙에 대한 이전등기의무는 등기말소시가 아니라 패소확정시라는 判例. 즉 甲이 丙에게 패소시 甲의 乙에 대한 채무가 이행불능에 빠진다.

③ 또한 判例는 "불법행위로 인한 손해배상청구권은 통상의 경우 상해의 피해자는 상해를 입었을 때 그 손해를 알았다고 보아야 할 것이지만, 그 후 후유증 등으로 인하여 불법행위 당시에는 전혀 예견할 수 없었던 새로운 손해가 발생하였다거나 예상 외로 손해가 확대된 경우에 있어서는 그러한 사유가 판명된 때에 새로이 발생 또는 확대된 손해를 알았다고 보아야 할 것이고, 이와 같이 새로이 발생 또는 확대된 손해 부분에 대하여는 그러한 '사유가 판명된 때'로부터 민법 제766조 제1항에 의한 소멸시효기간이 진행된다"고 한다(대판 2001.9.4. 2001다9496 : 12회 선택형).

(8) 대상청구권

① [원칙] 대상청구권은 원칙적으로 매매 목적물의 수용 또는 국유화로 인하여 매도인의 소유권이전등기의무가 '이행불능 되었을 때' 매수인이 그 권리를 행사할 수 있다고 보아야 할 것이므로 그때부터 소멸시효가 진행하는 것이 원칙이다(대판 2002.2.8. 99다23901 ; 대판 2018.11.15. 2018다248244). ② [예외] 그러나 국유화가 된 사유의 특수성과 법규의 미비 등으로 그 보상금의 지급을 구할 수 있는 방법이나 절차가 없다가 상당한 기간이 지난 뒤에야 보상금청구의 방법과 절차가 마련된 경우라면, 대상청구권자로서는 그 보상금청구의 방법이 마련되기 전에는 대상청구권을 행사하는 것이 불가능하였던 것이고, 따라서 이러한 경우에는 보상금을 청구할 수 있는 방법이 마련된 시점부터 대상청구권에 대한 소멸시효가 진행하는 것으로 봄이 상당하다(대판 2002.2.8. 99다23901 : 13회 선택형).

(9) 부당이득반환청구권

부당이득반환청구권은 부당이득의 날로부터, ㉠ 무효인 경우 급부시부터 부당이득반환청구권의 소멸시효가 진행한다(대판 2005.1.27. 2004다50143 : 12회,14회 선택형). ㉡ 그러나 취소할 수 있는 경우 취소시부터 소멸시효가 진행한다(다수설). 즉 취소권 행사는 제척기간에 해당하나(제146조), 부당이득반환청구권은 소멸시효에 해당한다.

(10) 구상권

보증인의 주채무자에 대한 사후구상권과 사전구상권(제442조 참조)은 그 발생원인을 서로 달리하는 별개의 독립된 권리라 할 것이므로 그 소멸시효는 각각 그 권리가 발생되어 이를 행사할 수 있는 때부터 각별로 진행한다(대판 1981.10.6. 80다2699). 즉 사전구상권은 구상의 요건이 충족된 때, 사후구상권은 보증인이 채권자에게 보증채무를 이행한 때부터 진행한다. 그리고 공동불법행위자의 구상권은 피해자에게 현실로 손해배상금을 지급한 때로부터 진행한다(아래 관련판례 96다3791 참조).

> [관련판례] "피해자에게 손해배상을 한 공동불법행위자의 다른 공동불법행위자에 대한 구상권은 피해자의 다른 공동불법행위자에 대한 손해배상채권과는 그 발생 원인과 법적 성질을 달리하는 별개의 독립된 권리이므로, 공동불법행위자가 다른 공동불법행위자에 대한 구상권을 취득한 이후에 피해자의 그 다른 공동불법행위자에 대한 손해배상채권이 시효로 소멸되었다고 하여 그러한 사정만으로 이미 취득한 구상권이 소멸된다고 할 수 없다. 공동불법행위자의 다른 공동불법행위자에 대한 구상권의 소멸시효는 그 구상권이 발생한 시점, 즉 구상권자가 공동면책행위를 한 때로부터 기산하여야 할 것이고, 그 기간도 일반 채권과 같이 10년으로 보아야 한다"(대판 1996.3.26. 96다3791).

(11) 위임 또는 임치계약

① [변호사의 성공보수청구권] "민법 제686조 2항에 의하면 수임인은 위임사무를 완료하여야 보수를 청구할 수 있다. 따라서 소송위임계약으로 성공보수를 약정하였을 경우 심급대리의 원칙에 따라 수임한 소송사무가 종료하는 시기인 해당 심급의 판결을 송달받은 때로부터 그 소멸시효기간이 진행되나, 당사자 사이에 보수금의 지급시기에 관한 특약이 있다면 그에 따라 보수채권을 행사할 수 있는 때로부터 소멸시효가 진행한다고 보아야 한다"(대판 2023.2.2. 2022다276307).

② [**수임인 명의로 취득한 권리에 관한 위임인의 이전청구권**] "민법 제684조 제2항에 의하면 수임인이 위임인을 위하여 자기의 명의로 취득한 권리는 위임인에게 이전하여야 한다고 규정하고 있는데, 이때 그 이전 시기는 당사자 간에 특약이 있거나 위임의 본뜻에 반하는 경우 등과 같은 특별한 사정이 없는 한 '위임계약이 종료된 때'이다. 따라서 위임사무로 수임인 명의로 취득한 권리에 관한 위임인의 이전청구권의 소멸시효는 위임계약이 종료된 때부터 진행하게 된다"(대판 2022.9.7. 2022다217117).

③ [**임치계약 해지에 따른 임치물 반환청구권**] "임치계약 해지에 따른 임치물 반환청구는 임치계약 성립시부터 당연히 예정된 것이고, 임치계약에서 임치인은 언제든지 계약을 해지하고 임치물의 반환을 구할 수 있는 것이므로(제698조, 제699조), 특별한 사정이 없는 한 임치물 반환청구권의 소멸시효는 임치계약이 성립하여 임치물이 수치인에게 인도된 때부터 진행하는 것이지, 임치인이 임치계약을 해지한 때부터 진행한다고 볼 수 없다"(대판 2022.8.19. 2020다220140: 표준판례134).[**23법행**]

Ⅳ. 시효기간 (권리불행사의 상태가 일정기간 계속될 것)   [A-173]

1. 채 권

(1) 일반채권

보통 채권의 소멸시효기간은 10년이다(제162조 1항).

(2) 상사채권 [상법 쟁점]

1) 일방적 상행위, 보조적 상행위

상행위로 생긴 채권의 소멸시효기간은 5년이다(상법 제64조 본문). 다만, 다른 법령에 5년보다 단기의 시효의 규정이 있는 때에는 그 규정에 의한다(상법 제64조 단서). 이는 당사자 일방에 대하여만 상행위에 해당하는 행위로 인한 채권에도 적용되고(대판 2006.4.27. 2006다1381), **상인이 영업을 위하여 하는 보조적 상행위도 적용된다**(대판 2000.8.2. 2000다19922).

참고로 '회사가 한 행위'는 그 영업을 위하여 한 것으로 추정되고, 회사가 그 영업을 위하여 하는 행위는 상행위로 보아야 한다. 따라서 이와 같은 추정을 번복하기 위해서는 회사의 행위가 영업을 위하여 한 것이 아니라는 사실을 주장하는 사람이 이를 증명할 책임이 있다(대판 2024.3.12. 2021다309927).

① [**5년**] ㉠ 예컨대 여관을 경영하던 甲이 여관을 신축하기 위하여 친구 乙로부터 돈을 빌린 경우 이 대여금채권은 상사채권에 해당하여 5년의 소멸시효에 걸린다. ㉡ 또한 判例는 "기부자가 상인인 경우 지방자치단체와 그 기부자 사이에 체결된 기부채납 약정은 상인이 영업을 위하여 한 '보조적 상행위'에 해당하므로, 그러한 기부채납 약정에 근거한 채권에는 5년의 상사 소멸시효기간이 적용된다"(대판 2022.4.28. 2019다272053)고 한다.

② [**10년**] 그러나 ㉠ "사용자가 상인으로서 영업을 위하여 근로자와 체결하는 근로계약이 보조적 상행위에 해당하더라도 사용자가 근로계약에 수반되는 신의칙상의 부수적 의무인 보호의무를 위반하여 근로자에게 손해를 입힘으로써 발생한 근로자의 손해배상청구와 관련된 법률관계는 근로자의 생명, 신체, 건강 침해 등으로 인한 손해의 전보에 관한 것으로서 그 성질상 정형적이고 신속하게 해결할 필요가 있다고 보기 어렵다. 따라서 근로계약상 보호의무 위반에 따른 **근로자의 손해배상청구권**은 특별한 사정이 없는 한 10년의 민사 소멸시효기간이 적용된다"(대판 2021.8.19. 2018다270876). ㉡ 이는 반대로 근로자의 근로계약상의 주의의무 위반으로 인한 **사용자의 손해배상청구권도** 위와 동일한 취지에서 10년의 민사 소멸시효기간이 적용된다(대판 2005.11.10. 2004다22742). ㉢ 그리고 공동불법행위자 중 1인의

보험자가 피해자에게 손해배상을 한 후 피보험자가 다른 공동불법행위자의 보험자에 대하여 갖는 구상금채권(이는 소멸시효 5년의 상사채권)을 보험자대위(상법 제682조)에 따라 취득하여 행사하는 경우 그 소멸시효기간은 일반채권과 동일하게 10년의 소멸시효기간이 적용되고, 그 기산점은 구상권이 발생한 시점, 즉 구상권자가 현실로 피해자에게 손해배상금을 지급한 때이다(대판 2024.9.27. 2024다249729).

2) 손해배상청구권, 원상회복청구권

① **[5년]** 예를 들어 은행이 그 영업행위로서 한 대출금에 대한 변제기 이후의 지연손해금과 같이 상행위로 인해 생긴 채무불이행으로 인한 손해배상청구권은 원칙적으로 상사시효가 적용된다(대판 1979.11.13. 79다1453).

② **[5년]** 상행위인 계약의 해제로 인한 원상회복청구권 또한 상사시효가 적용된다(대판 1993.9.14. 93다21569).

3) 부당이득반환청구권

상행위인 계약의 무효로 인한 부당이득반환청구권은 제741조의 부당이득 규정에 따라 발생한 것으로서 특별한 사정이 없는 한 제162조 1항이 정하는 10년의 민사 소멸시효기간이 적용된다. 다만 부당이득반환청구권이 상행위인 계약에 기초하여 이루어진 급부 자체의 반환을 구하는 것으로서 법률관계를 상거래 관계와 같은 정도로 신속하게 해결할 필요성이 있는 경우 등에는 상법 제64조가 정하는 5년의 상사 소멸시효기간이 적용되거나 유추적용된다(대판 2021.7.22. 전합2019다277812). 그리고 이러한 법리는 상행위인 계약의 불성립으로 인한 부당이득반환청구권에도 그대로 적용된다(대판 2021.9.9. 2020다299122).

① **[10년]** 그리하여 ㉠ 예컨대 '상사계약의 만료에 따른 부당이득반환채권'은 상거래 관계에서와 같이 신속하게 해결할 필요성이 있는 것이 아니므로 특별한 사정이 없는 한 10년의 민사소멸시효가 적용된다고 한다(대판 2012.5.10. 2012다4633). ㉡ 이익의 배당이나 중간배당도 회사가 획득한 이익을 내부적으로 주주에게 분배하는 행위로서 회사가 영업으로 또는 영업을 위하여 하는 상행위가 아니므로 배당금지급청구권은 상법 제64조가 적용되는 상행위로 인한 채권이라고 볼 수 없고, 위법배당에 따른 부당이득반환청구권 역시 근본적으로 상행위에 기초하여 발생한 것이라고 볼 수 없으므로 10년의 민사소멸시효에 걸린다(대판 2021.6.24. 2020다208621 : 11회 선택형).

② **[5년]** 반면, ㉠ 보험계약이 선량한 풍속 기타 사회질서에 반하여 무효인 경우 보험회사가 보험계약자 등을 상대로 이미 지급한 보험금의 반환을 구하는 청구권은 5년의 상사 소멸시효기간이 적용된다(대판 2021.7.22. 전합2019다277812). ㉡ 또한 입원치료의 필요성이 없는데도 그 필요성을 가장하여 보험금을 받은 경우, 보험회사가 보험수익자를 상대로 이미 지급한 보험금의 반환을 구하는 부당이득반환청구권은 5년의 상사 소멸시효기간이 적용된다(대판 2021.8.19. 2019다269354).

(3) 3년의 단기소멸시효(제163조)

1) 이자·부양료·급료·사용료 그 밖의 1년 이내의 기간으로 정한 금전 또는 물건의 지급을 목적으로 한 채권(제163조 1호)

① '1년 이내의 기간으로 정한 채권'이란 1년 이내의 정기로 지급되는 채권(정기급부 채권, 대표적으로 월차임채권)을 의미하는 것이지 변제기가 1년 이내인 채권을 말하는 것이 아니다. 따라서 이자채권이더라도 1년 이내의 정기로 지급하기로 한 것이 아니면 3년의 시효에 걸리지 않는다(대판 1996.9.20. 96다25302). 또 1년 이내의 정기로 이자를 받기로 한 경우에도, 그 원본채무의 연체가 있는 경우의 그 **지연배상금**은 손해배상금이지 이자가 아니므로 본조의 적용이 없고 원본채권의 소멸시효기간과 같다고 보아야 한다(대판 1989.2.28. 88다카214 : 7회 선택형).

② 判例는 1개월 단위로 지급되는 집합건물의 관리비채권(대판 2007.2.22. 2005다65821), 해외로부터 지급받은 저작권 사용료를 6개월마다 정산하여 지급하기로 한 경우(대판 2018.2.28. 2016다45779) 1호에 해당한다고 본다.

[비교판례] 건설업을 하는 甲 주식회사가 공사에 투입한 인원이 공사 기간 중에 리조트의 객실과 식당을 사용한 데에 대한 사용료를 乙에게 '매월 말' 지급하기로 약정하였는데, 숙박료와 음식료로 구성되어 있는 위 리조트 사용료 채권의 소멸시효기간은 判例에 따르면 제164조 제1호에 정한 '숙박료 및 음식료 채권'으로 1년이지, 제163조 제1호의 '사용료 기타 1년 이내의 기간으로 정한 금전의 지급을 목적으로 한 채권'으로서 3년이 아니라고 한다(대판 2020.2.13. 2019다271012).

2) 의사 등의 치료 등에 관한 채권(제163조 2호)

예컨대 치료비채권이 이에 해당하는바, 判例는 장기간 입원치료를 받는 경우 소멸시효의 진행은 퇴원 시가 아니라 원칙적으로 그 개개의 진료가 종료될 때마다 각각의 당해 진료에 필요한 비용의 이행기가 도래하여 그에 대한 소멸시효가 진행된다고 한다(대판 2001.11.9. 2001다52568).

3) 도급받은 자 등의 공사에 관한 채권(제163조 3호)

이는 수급인이 도급인에 대하여 갖는 공사에 관한 채권을 말하는 것으로(대판 1963.4.18. 63다92 : 4회 선택형), 공사대금채권(수급인의 보수청구권)뿐만 아니라 그 공사에 부수되는 채권, 예를 들어 수급인의 비용상환청구권, 수급인의 제666조의 저당권설정청구권(대판 2016.10.27. 2014다211978 : 13회 선택형), 도급인의 공사협력의무(대판 2010.11.25. 2010다56685)⁴⁾도 포함된다.

[비교판례] 그러나 공동수급체 구성원들 상호 간의 정산금 채권이나(대판 2013.2.28. 2011다79838), 도급인이 수급인에 대해 갖는 권리(하자보수에 갈음하는 손해배상채권 등)는 이에 해당하지 않는다. 예를 들어 "건설공사에 관한 도급계약이 상행위에 해당하는 경우 그 도급계약에 근거한 수급인의 하자담보책임은 상법 제64조 본문에 의하여 원칙적으로 5년의 소멸시효에 걸리고, 그 소멸시효기간은 민법 제166조 제1항에 따라 그 권리를 행사할 수 있는 때인 하자가 발생한 시점부터 진행하는 것이 원칙이나, 그 하자가 건물의 인도 당시부터 이미 존재하고 있는 경우에는 이와 관련한 하자보수를 갈음하는 손해배상채권의 소멸시효기간은 건물을 인도한 날부터 진행한다"(대판 2021.8.12. 2021다210195).

4) 변호사, 변리사, 공증인, 공인회계사 및 법무사의 직무에 관한 채권(제163조 5호)

이는 세무사 등 유사한 직무를 수행하는 다른 자격사의 직무에 관한 채권에 대하여 유추적용되지는 않으며, 세무사를 상법 제4조 또는 제5조 제1항이 규정하는 상인이라고 볼 수는 없으므로 세무사의 직무에 관한 채권의 소멸시효기간은 10년이다(대판 2022.8.25. 2021다311111).

5) 생산자·상인이 판매한 생산물 및 상품의 대가(제163조 6호) [9회 사례형]

① 3년의 단기소멸시효가 적용되는 민법 제163조 제6호 소정의 '상인이 판매한 상품의 대가'란 상품의 매매로 인한 대금 그 자체의 채권만을 말하는 것으로서, 상품의 공급 자체와 등가성 있는 청구권에 한한다(대판 1996.1.23. 95다39854).

② 전기·도시가스요금 등이 이에 해당한다. 이러한 채권은 본래 상행위로 인한 것이어서 5년의 소멸시효가 적용되어야 하나(상법 제64조 본문), 본호의 3년의 소멸시효는 상법 제64조 단서의 '다른 법령에 이보다 단기의 시효의 규정이 있는 때'에 해당하여 본호가 우선하여 적용되는 것이다(10회 선택형).

---

4) "주된 채무인 공사대금채무가 시효로 소멸하였다는 도급인의 주장에는 종된 채무인 위 공사 협력의무의 시효소멸 주장도 들어 있는 것으로 볼 수 있다"

(4) 1년의 시효에 걸리는 채권(제164조)

① 여관 등의 숙박료 등의 채권(제164조 1호), ② 동산의 사용료채권(제164조 2호)[부동산의 사용료채권은 3년의 시효에 걸린다(제163조 1호)] ③ 노역인(간병인의 채권 등)·연예인의 임금채권 및 그에 공급한 물건의 대금채권(제164조 3호), ④ 선생 등의 학생 등에 대한 교육 등의 채권(수업료)(제164조 4호)이 이에 해당한다.

判例에 따르면 민법 제164조 소정의 1년의 단기소멸시효는 그 각호에서 개별적으로 정하여진 채권의 채권자가 그 채권의 발생원인이 된 계약에 기하여 상대방에 대하여 부담하는 반대채무에는 적용되지 않는다고 한다. 따라서 그 채권의 상대방이 그 계약에 기하여 가지는 반대채권은 원칙으로 돌아가 제162조 1항 소정의 10년의 소멸시효에 걸린다고 한다(대판 2013.11.14. 2013다65178).

2. 그 밖의 재산권의 소멸시효기간

채권과 소유권을 제외한 그 밖의 재산권(지상권·지역권 등)의 소멸시효기간은 20년이다(제162조 2항).

제3절 소멸시효의 중단과 정지

소멸시효의 진행을 방해하는 사유를 '시효의 장애'라 하고, 여기에는 '시효의 중단'과 '시효의 정지' 두 가지가 있다. 시효가 중단되면 중단까지 진행한 시효기간은 산입하지 아니하고 중단사유가 종료한 때로부터 새로 시효가 진행하지만, 시효의 정지는 단지 일정기간 동안만 시효의 진행을 잠시 멈추게 하는 점에서 차이가 있다.

제1관 소멸시효의 중단···권리자의 재항변사유

Ⅰ. 서 설
[A-174]

1. 의 의

소멸시효의 '중단'이란 소멸시효의 진행 중에 권리불행사라는 소멸시효의 기초가 되는 사실을 깨뜨리는 사정(권리의 행사로 볼 수 있는 사실)이 발생한 경우, 이미 경과한 시효기간의 효력은 소멸되고 중단사유가 종료한 때로부터 다시 소멸시효의 기간을 진행하게 하는 제도를 말한다(이는 취득시효의 중단에도 준용된다; 제247조 2항). 이는 일단 진행된 시효기간을 그대로 유효하게 인정하는 소멸시효의 '정지'와 구별된다.

2. 시효중단 사유

민법은 소멸시효의 중단사유로 ① 청구, ② 압류 또는 가압류·가처분, ③ 승인을 들고 있고(제168조), '청구'에 해당하는 것으로 다시 재판상의 청구(제170조)·파산절차참가(제171조)·지급명령(제172조)·화해를 위한 소환(제173조)·임의출석(제173조)·최고(제174조)의 6가지를 들고 있다.

3. 주장·증명책임

소멸시효로 인하여 이익을 받을 자가 시효소멸 항변을 하면, 소멸시효 완성을 저지하려는 자가 시효중단 재항변을 하여야 한다. 주장책임의 정도는 취득시효가 중단되었다는 명시적인 주장을 필요로 하는 것이 아니라 중단사유에 속하는 사실만 주장하면 된다(대판 1997.4.25. 96다46484).

Ⅱ-1. 재판상 청구 [A-175]

> 제170조 (재판상의 청구와 시효중단) ① 재판상의 청구는 소송의 각하, 기각 또는 취하의 경우에는 시효중단의 효력이 없다. ② 전항의 경우에 6월내에 재판상의 청구, 파산절차참가, 압류 또는 가압류, 가처분을 한 때에는 시효는 최초의 재판상청구로 인하여 중단된 것으로 본다.

1. 의 의 [A-175a]

① 재판상 청구란 자기 권리를 재판상 주장하는 것을 말한다. 재판상의 청구가 시효중단의 사유가 되려면 그 청구가 채권자 또는 그 채권을 행사할 권능을 가진 자에 의하여 이루어져야 하고(대판 2014.6.26. 2013다45716), 민사소송이기만 하면, 그것이 본소이든 반소이든, 이행·형성·확인의 소이든, 재심의 소(대판 1996.9.24. 96다11334)이든 이를 묻지 않는다.

[소의 이익] "확정된 승소판결에는 기판력이 있으므로, 승소 확정판결을 받은 당사자가 그 상대방을 상대로 다시 승소 확정판결의 전소(전소)와 동일한 청구의 소를 제기하는 경우 그 후소(후소)는 권리보호의 이익이 없어 부적법하다. 하지만 예외적으로 확정판결에 의한 채권의 소멸시효기간인 10년의 경과가 임박한 경우에는 그 시효중단을 위한 소는 소의 이익이 있다"(대판 2018.7.19. 전합2018다22008: 표준판례145).

② 그 밖에 권리자가 이행의 소를 대신하여 재판기관의 공권적인 법률판단을 구하는 '지급명령의 신청' 도 포함된다(대판 2011.11.10. 2011다54686 ; 제172조의 '지급명령'과 구별할 것). 주의할 것은 예를 들어 甲이 乙을 상대로 불법행위에 따른 손해배상금의 지급을 구하는 지급명령을 신청하였다가 '각하'되자 그로부터 6개월 내에 손해배상청구의 소를 제기한 경우 소를 제기한 날이 아니라 당초 지급명령의 신청이 있었던 때에 중단되었다고 보아야 한다는 것이 判例의 입장이다(위 2011다54686판결).

③ "민법 제170조의 재판상 청구가 그 소송의 각하 등으로 시효중단의 효력이 없는 경우 최고로서의 효력이 있는데, 그 최고로서의 효력이 지속되는 중 민법 제174조의 시효중단 조치를 한 경우 시효중단 효력은 당초의 소 제기시부터 계속 유지되고 있다고 보아야 한다"(대판 2022.4.28. 2020다251403).

[구체적 예] A는 2013.7.1. B에게 5천만 원을 대여하면서 변제기는 2014.7.1.로 약정하였다. 그러나 B는 변제기가 도래하였음에도 A에게 대여금을 변제하지 않았다. 이에 A는 2024.6.1. B를 상대로 대여금 청구의 '소를 제기'하였으나, 2024.9.15. 소각하 판결이 선고되었다. 한편 A는 2024.8.1. B의 C은행 예금채권에 대하여 '압류명령을 신청'하여 2024.8.20. 압류명령이 발령되었다. A는 2025.6.1. B를 상대로 소송요건을 갖추어 다시 대여금청구의 소를 제기하였다. 이에 대해 B는 'A의 대여금채권은 변제기로부터 10년이 경과하여 이미 소멸시효가 완성되었다'고 항변하였다.

☞ ① 재판상 청구가 각하된 경우 '최고'의 효력이 있어 시효중단이 될 수 있다(제170조 1항). ② 최고효력 유지기간(2024.6.1.~2024.9.15.) 중 '압류'를 한 경우 그 시효중단의 효력은 당초의 소제기시(2024.6.1.)로 소급하여 시효중단의 효력이 유지된다(제170조 2항).

2. 구체적인 예

[A-175b]

(1) 형사소송이나 행정소송

① 형사소송은 국가형벌권의 행사가 목적이므로, 피해자가 가해자를 고소하였거나 그 고소에 기하여 형사재판이 개시되었어도 시효중단사유가 되지 못한다. 다만 判例는 소송촉진 등에 관한 특례법의 '배상명령신청'은 시효중단사유인 재판상의 청구에 해당한다고 한다(대판 1999.3.12. 98다18124).

② 한편, 위법한 행정처분의 취소·변경을 구하는 행정소송은 사권을 행사하는 것으로 볼 수 없으므로 시효중단사유가 되지 못한다. 다만 기본적 법률관계에 관한 확인청구는 그 법률관계로부터 생기는 개개의 권리의 행사도 포함한 것으로 볼 수 있으므로 判例는 오납한 조세에 대한 부당이득반환청구권을 실현하기 위한 수단이 되는 '과세처분의 취소 또는 무효확인을 구하는 소'는 비록 행정소송일지라도 그것은 (민사상) 부당이득반환청구권에 관한 재판상 청구에 해당한다고 한다(대판 1992.3.31. 전합91다32053: **표준판례148** : 기산점과 관련해서도 당해 判例는 취소·무효 판결이 확정됨으로써 비로소 무효로 되는 것은 아니므로 '오납시'부터 그 반환청구권의 소멸시효가 진행한다고 보았다).

> [비교판례] ※ 국유재산의 무단점유자에 대한 변상금 부과·징수권과 부당이득반환청구권
> "국유재산법 제72조 1항, 제73조 2항에 의한 변상금 부과·징수권은 민사상 부당이득반환청구권과 법적 성질을 달리하므로, 국가는 무단점유자를 상대로 변상금 부과·징수권의 행사와 별도로 국유재산의 소유자로서 민사상 부당이득반환청구의 소를 제기할 수 있다. 그리고 이러한 법리는 국유재산법 제42조 1항, 국유재산법 시행령 제38조 3항에 의하여 국유재산 중 일반재산의 관리·처분에 관한 사무를 위탁받은 원고의 경우에도 마찬가지로 적용된다(대판 2014.7.16. 전합2011다76402). 나아가 위와 같이 변상금 부과·징수권이 민사상 부당이득반환청구권과 법적 성질을 달리하는 별개의 권리인 이상 원고가 변상금 부과·징수권을 행사하였다 하더라도 이로써 민사상 부당이득반환청구권의 소멸시효가 중단된다고 할 수 없다"(대판 2014.9.4. 2013다3576).

(2) 확인소송

"시효중단을 위한 후소로서 이행소송 외에 전소 판결로 확정된 채권의 시효를 중단시키기 위한 조치, 즉 '재판상의 청구'가 있다는 점에 대하여만 확인을 구하는 형태의 '새로운 방식의 확인소송'이 허용되고, 채권자는 두 가지 형태의 소송 중 자신의 상황과 필요에 보다 적합한 것을 선택하여 제기할 수 있다고 보아야 한다"(대판 2018.10.18. 전합2015다232316: 표준판례146).

(3) 복수의 채권 간 소멸시효 중단의 법리(원칙적 부정)

"채권자가 동일한 목적을 달성하기 위하여 복수의 채권을 갖고 있는 경우, 채권자로서는 그 선택에 따라 권리를 행사할 수 있되, 그중 어느 하나의 청구를 한 것만으로는 다른 채권 그 자체를 행사한 것으로 볼 수는 없으므로, 특별한 사정이 없는 한 그 다른 채권에 대한 소멸시효 중단의 효력은 없다(대판 2014.6.26. 2013다45716).

따라서 ① 공동불법행위자에 대한 구상금 청구의 소 제기로 사무관리로 인한 비용상환청구권의 소멸시효가 중단될 수 없고(대판 2001.3.23. 2001다6145), ② 부당이득반환청구의 소 제기로 채무불이행으로 인한 손해배상청구권의 소멸시효가 중단될 수 없으며(대판 2011.2.10. 2010다81285), ③ 보험자대위에 기한 손해배상청구의 소를 제기하였더라도 양수금 청구의 소멸시효가 중단될 수는 없다(대판 2014.6.26. 2013다45716)"(대판 2020.3.26. 2018다221867).[1]

---

1) "이 사건에서 원고는 소장에서 피고 등의 공동불법행위로 인한 손해배상청구를 하였다가 환송 후 원심에서 비로소 예금청구를 선택적 청구로 추가하였다. 원고는 그 주장의 5억 원 상당 채권의 목적을 달성하기 위하여 불법행위 손해배상청구권과 예금청구권 중 선택에 따라 권리를 행사할 수 있으나, 원고가 피고를 상대로 손해배상청구의 소를 제기하였다고 하여 이로써 예금채권을 행사한 것으로 볼 수는 없으므로, 원고의 피고에 대한 예금채권 청구의 소멸시효가 중단될 수는 없다고 할 것이다"

3. 응소와 시효중단 [A-175C]

(1) 문제점

소멸시효의 중단사유인 '청구' 중 제170조 1항의 '재판상 청구'에 상대방이 제기한 소송(대표적으로 채무자가 제기한 채무부존재확인의 소)에서 '응소'하여 자신의 권리를 주장하는 것도 포함되는지 문제된다.

(2) 응소가 재판상 청구에 포함되는지 여부

判例는 응소행위로서 상대방의 청구를 적극적으로 다투면서 자신의 권리를 주장하는 것은 ⅰ) 자신이 권리 위에 잠자는 자가 아님을 표명한 것이고, ⅱ) (권리불행사라는) 계속된 사실상태와 상용할 수 없는 다른 사정이 발생한 때로 보아야 할 것임을 이유로 긍정설의 입장이다(대판 1993.12.21. 전합92다47861: 표준판례149).

[판례검토] 제170조 1항의 재판상 청구를 소를 제기한 경우만으로 제한하여 해석할 필요성이 없으므로 응소도 시효중단사유로 봄이 타당하다. 다만 명문의 규정을 두는 것이 타당하다.

(3) 요 건(채, 주, 승)

채권자가 ⅰ) 채무자가 제기한 소송에서, ⅱ) 응소하여 적극적으로 권리를 주장하여, ⅲ) 승소한 경우는 제170조 1항의 '재판상 청구'에 해당하여 소멸시효가 중단된다.

1) 채무자가 제기한 소송일 것

채무자가 제기한 소송에서 채권자가 응소하여 적극적으로 자신의 권리를 주장하는 경우이어야 한다. 따라서 담보물의 제3취득자나 물상보증인 등 시효를 원용할 수 있는 지위에 있으나 직접 의무를 부담하지 아니하는 자가 제기한 소송에서의 응소행위는 권리자의 의무자에 대한 재판상 청구에 준하는 행위에 해당한다고 볼 수 없다(대판 2007.1.11. 2006다33364 등 : 3회·5회·9회·13회 선택형). **[06법행]**

[판례검토] 물상보증인(담보물의 제3취득자)이 제기한 소송에서 채권자가 적극적으로 응소행위를 하였다 하더라도 이는 '채무 없는' 물상보증인(담보물의 제3취득자)에게 재판상 청구를 한 것으로 볼 수 있을 뿐, 채무자에게 재판상 청구를 한 것은 아니므로 判例가 양자를 구별하는 것은 합리적이다.

2) 응소하여 적극적으로 권리를 주장할 것

判例는 채무자(점유자)가 제기한 소송에서 채권자(소유자)가 응소한 경우에도 적극적으로 자신의 권리(소유권)를 주장하지 않고 다른 주장을 하여 채무자의 청구가 기각된 경우에는 (소유권에 관한) 권리행사가 있다고 볼 수 없어 (취득)시효가 중단되지 아니한다고 한다(대판 1997.12.12. 97다30288).[2]

3) 승소할 것 : 원고패소판결

(4) 효 과

1) 응소한 자(피고)가 승소한 경우

가) 시효중단 시기

응소행위로 인한 시효중단의 효력은 원고의 소제기시가 아니라 피고가 현실적으로 권리를 행사하여 응소한 때에 발생하며(대판 2005.12.23. 2005다59383), 답변서(준비서면)를 법원에 제출하여 법원이 상대방에게 송달하는 경우에는, 답변서(준비서면)가 법원에 제출된 때 시효가 중단된다.

---

[2] "점유자가 소유자를 상대로 소유권이전등기 청구소송을 제기하면서 그 청구원인으로 '취득시효 완성'이 아닌 '매매'를 주장함에 대하여, 소유자가 이에 응소하여 원고 청구기각의 판결을 구하면서 원고의 주장 사실을 부인하는 경우에는, 이는 원고 주장의 매매 사실을 부인하여 원고에게 그 매매로 인한 소유권이전등기청구권이 없음을 주장함에 불과한 것이고 소유자가 자신의 소유권을 적극적으로 주장한 것이라 볼 수 없으므로 시효중단사유의 하나인 재판상의 청구에 해당한다고 할 수 없다"

나) 새로운 시효의 진행

'판결이 확정된 때'로부터 새롭게 소멸시효가 진행되며(제178조 2항), 단기의 소멸시효에 해당되는 채권은 10년으로 연장된다(제165조 1항).

2) 응소한 자(피고)가 패소한 경우

권리가 존재하지 않는다는 이유로 패소한 경우에는 시효가 중단될 여지가 없다(대판 1997.11.11. 96다28196).

3) 원고가 제기한 소가 각하 또는 취하된 경우

피고의 권리주장이 소의 각하나 취하 등에 의해 전혀 판단되지 않은 경우에는 제170조 2항을 유추하여 6월 내에 다른 강력한 시효중단조치를 취하면 응소시에 소급하여 시효중단의 효력이 발생한다(대판 2010.8.26. 2008다42416,42423: 표준판례150 : 사안은 피고의 응소 후 원고의 소가 각하되었으나 6개월 내에 피고가 원고에게 반소를 제기한 사안이다).

(5) 주장책임 [민소법 쟁점]

判例에 따르면 '변론주의' 원칙상 시효중단의 효과를 원하는 피고로서는 소송에서 응소행위로써 시효가 중단되었다고 주장해야 한다고 한다. 즉 시효중단사실은 주장이 필요한 '주요사실'이다. 따라서 피고의 응소행위가 있었다는 사정만으로 당연히 시효중단의 효력이 발생한다고 할 수는 없다(대판 1997.2.28. 96다26190).

다만 이러한 시효중단의 주장은 반드시 응소시에 할 필요는 없고 소멸시효기간이 만료된 후라도 사실심 변론종결 전에는 언제든지 할 수 있다(대판 2010.8.26. 2008다42416,42423: 표준판례150 : 9회 선택형).

4. 재판상 청구에 따른 시효중단의 (물적) 범위 [A-175d]

재판상 청구에 의한 시효중단의 범위에 관해, 통설·判例는 소송물 그 자체에 국한하지 않고 재판상 청구를 통해 권리를 행사한 것으로 볼 수 있는 경우에까지 이를 확대한다(권리행사설). 즉, 시효중단사유인 재판상 청구를 기판력이 미치는 범위와 일치하여 고찰할 필요는 없다.

(1) 기본적 법률관계에 관한 청구와 그에 포함되는 권리

① 기본적 법률관계에 관한 확인청구의 소의 제기는 그 법률관계로부터 생기는 개개의 권리에 대한 소멸시효의 중단사유가 된다(대판 2011.7.14. 2011다19737: 표준판례147). ㉠ 예컨대, 파면처분무효확인의 소(또는 고용관계존재확인의 소)는 파면 후의 임금채권에 대한 재판상 청구에 해당하여 시효중단의 효력이 있다(대판 1978.4.11. 77다2509). 반대로 소유권의 취득시효를 중단시키는 재판상 청구에는 소유권확인청구는 물론, 소유권의 존재를 전제로 하는 다른 권리주장도 포함한다(소유물반환청구·등기말소청구·손해배상청구 등)(대판 1979.7.10. 79다569).

㉡ 또한 그 권리가 발생한 기본적 법률관계를 기초로 하여 소의 형식으로 주장하는 경우 또는 그 권리를 기초로 하거나 그것을 포함하여 형성된 후속 법률관계에 관한 청구를 하는 경우에도 그로써 권리실행의 의사를 표명한 것으로 볼 수 있을 때에는 이에 포함되고, 시효중단 사유인 재판상 청구를 기판력이 미치는 범위와 일치하여 고찰할 필요가 없다(대판 2023.11.9. 2023마6582). 따라서 유치권확인청구 소송에서 피담보채권인 각 공사대금채권의 존재에 관한 주장이 있었고, 피고들이 그 채권의 존부에 관하여 다투어 이에 대한 실질적 심리가 이루어진 것으로 보이는 이상 그에 대한 각하판결이 확정되기 전까지는 **피담보채권에 관한 재판상의 청구에 준하여 피담보채권에 대한 소멸시효 중단의 효력을 생기게 한다**(대판 2024.10.31. 2024다241152).

② 저당권이 설정되어 있더라도 저당권의 피담보채권이 시효중단되는 것은 아니다. 마찬가지로 채권자가 담보목적의 가등기를 취득한 후 그 목적토지를 인도받아 점유하더라도 담보가등기의 피담보채권의 소멸시효가 중단되는 것은 아니다(대판 2007.3.15. 2006다12701).

> [비교판례] "담보가등기를 경료한 부동산을 인도받아 점유하더라도 담보가등기의 피담보채권의 소멸시효가 중단되는 것은 아니지만, 채무의 일부를 변제하는 경우에는 채무 전부에 관하여 시효중단의 효력이 발생하는 것이므로(제168조 3호), 채무자가 채권자에게 담보가등기를 경료하고 부동산을 인도하여 준 다음 피담보채권에 대한 이자 또는 지연손해금의 지급에 갈음하여 채권자로 하여금 부동산을 사용수익할 수 있도록 한 경우라면, 채권자가 부동산을 사용수익하는 동안에는 채무자가 계속하여 이자 또는 지연손해금을 채권자에게 변제하고 있는 것으로 볼 수 있으므로 피담보채권의 소멸시효가 중단된다고 보아야 한다"(대판 2009.11.12. 2009다51028 : 6회, 7회 선택형). **[06법행]**

다만, 근저당권설정등기청구권의 행사는 그 피담보채권이 될 금전채권의 실현을 목적으로 하는 것으로 근저당권설정등기청구의 소에는 그 피담보채권에 관한 주장이 당연히 포함되어 있으므로, 근저당권설정등기청구의 소의 제기는 그 피담보채권의 재판상의 청구에 해당한다(대판 2004.2.13. 2002다7213: 표준판례151 : 14회 선택형).

> [관련판례] "근저당권설정약정에 기한 근저당권설정등기청구권은 그 피담보채권과는 별개의 청구권이므로 시효기간 또한 독자적으로 진행되며 그 시효기간의 경과로써 피담보채권과 별개로 소멸한다"(위 2002다7213).

③ 그러나 이러한 관계가 없는 것, 예컨대 '청구권의 경합'처럼 동일한 사실관계로부터 독립된 두 개의 권리가 발생한 경우, 그중 하나의 권리에 기한 소의 제기는 다른 권리에는 시효중단의 효력을 미치지 못한다(대판 2001.3.23. 2001다6145).

(2) 원인채권과 어음(수표)금채권의 청구 [상법 쟁점]

1) 원인채권의 행사로 어음채권에 대한 시효가 중단되는지 여부(소극)

"원인채권의 지급을 확보하기 위한 방법으로 어음이 수수된 경우에 원인채권과 어음채권은 별개로서 채권자는 그 선택에 따라 권리를 행사할 수 있고, 원인채권에 기하여 청구를 한 것만으로는 어음채권 그 자체를 행사한 것으로 볼 수 없어 어음채권의 소멸시효를 중단시키지 못한다"(대판 1967.4.25. 67다75 ; 대판 1994.12.2. 93다59922 : 10회 선택형).

2) 어음채권의 행사로 원인채권의 시효가 중단되는지 여부(적극) [2회 기록형, 3회 사례형, 06법행]

"원인채권의 지급을 확보하기 위한 방법으로 어음이 수수된 경우, 이러한 어음은 경제적으로 동일한 급부를 위하여 원인채권의 지급수단으로 수수된 것으로서 그 어음채권의 행사는 원인채권을 실현하기 위한 것일 뿐만 아니라, 원인채권의 소멸시효는 어음금청구소송에서 채무자의 인적항변사유에 해당하는 관계로 채권자가 어음채권의 소멸시효를 중단하여 두어도 채무자의 인적항변에 따라 그 권리를 실현할 수 없게 되는 불합리한 결과가 발생하게 되므로, **채권자가 어음채권에 기하여 청구를 하는 반대의 경우에는 원인채권의 소멸시효를 중단시키는 효력이 있고, 이러한 법리는 어음채권을 피보전권리로 하여 채무자의 재산을 가압류함으로써 그 권리를 행사한 경우에도 마찬가지로 적용된다**"(대판 1961.11.9. 4293민상748 ; 대판 1999.6.11. 99다16378: 표준판례152 : 14회 선택형).

3) 어음채권의 소멸시효가 완성된 경우에도 원인채권에 대한 시효가 중단되는지 여부(소극)

"이미 시효로 소멸한 어음채권을 피보전권리로 하여 가압류결정을 받은 경우에는, 이를 어음채권 내지는 원인채권을 실현하기 위한 권리행사로 볼 수 없으므로, 그 원인채권의 소멸시효를 중단시키는 효력을 인정할 수 없다"(대판 2007.9.20. 2006다68902).

4) 만기가 기재된 백지 약속어음[3]의 소지인이 백지 부분을 보충하지 않고 어음금을 청구한 경우 [3회 사례형]
"만기는 기재되어 있으나 지급지, 지급을 받을 자 등과 같은 어음요건이 백지인 약속어음의 소지인이 그 백지 부분을 보충하지 않은 상태에서 어음금을 청구하는 것은 어음상의 청구권에 관하여 잠자는 자가 아님을 객관적으로 표명한 것이고 그 청구로써 어음상의 청구권에 관한 소멸시효는 중단된다. 이 경우 백지에 대한 보충권은 그 행사에 의하여 어음상의 청구권을 완성시키는 것에 불과하여 그 보충권이 어음상의 청구권과 별개로 독립하여 시효에 의하여 소멸한다고 볼 것은 아니므로 어음상의 청구권이 시효중단에 의하여 소멸하지 않고 존속하고 있는 한 이를 행사할 수 있다"(대판 2010.5.20. 전합2009다48312).

(3) 일부청구 [민소법 쟁점]

① 일부의 청구(특히 일부를 특정하고 일부청구임을 명시하여 청구한 경우)는 나머지 부분에 대한 시효중단의 효력이 없다는 것이 判例의 기본적인 입장이다(대판 1967.5.23. 67다529).

② 그러나 비록 일부만을 청구한 경우에도 그 취지로 보아 채권 전부에 관하여 판결을 구하는 것으로 해석되는 경우(묵시적 일부청구)(대판 1992.4.10. 91다43695 : 12회 선택형) 또는 소장에서 청구의 대상으로 삼은 채권 중 일부만을 청구하면서 소송의 진행경과에 따라 장차 청구금액을 확장할 뜻을 표시하고 해당 소송이 종료될 때까지 실제로 청구금액을 확장한 경우(대판 2023.10.12. 2020다210860,210877)에는 그 전부에 대해 시효중단의 효력이 발생한다.

③ 다만, "소장에서 청구의 대상으로 삼은 채권 중 일부만을 청구하면서 소송의 진행경과에 따라 장차 청구금액을 확장할 뜻을 표시하였더라도 그 후 채권의 특정 부분을 청구범위에서 명시적으로 제외하였다면, 그 부분에 대하여는 애초부터 소의 제기가 없었던 것과 마찬가지이므로 재판상 청구로 인한 시효중단의 효력이 발생하지 않는다"(대판 2021.6.10. 2018다44114). 또한 "소장에서 청구의 대상으로 삼은 채권 중 일부만을 청구하면서 소송의 진행경과에 따라 장차 청구금액을 확장할 뜻을 표시하였으나 당해 소송이 종료될 때까지 실제로 청구금액을 확장하지 않은 경우에는 소송의 경과에 비추어 볼 때 채권 전부에 관하여 판결을 구한 것으로 볼 수 없으므로, 나머지 부분에 대하여는 재판상 청구로 인한 시효중단의 효력이 발생하지 아니한다. 그러나 이와 같은 경우에도 소를 제기하면서 장차 청구금액을 확장할 뜻을 표시한 채권자로서는 장래에 나머지 부분을 청구할 의사를 가지고 있는 것이 일반적이라고 할 것이므로, 특별한 사정이 없는 한 당해 소송이 계속 중인 동안에는 나머지 부분에 대하여 권리를 행사하겠다는 의사가 표명되어 '최고'에 의해 권리를 행사하고 있는 상태가 지속되고 있는 것으로 보아야 하고, 채권자는 '당해 소송이 종료된 때'부터 6월 내에 민법 제174조에서 정한 조치를 취함으로써 나머지 부분에 대한 소멸시효를 중단시킬 수 있다"(대판 2020.2.6. 2019다223723: 표준판례144 : 10회,13회,14회 선택형). [11회 기록형]

[구체적 예] 丁에 대해 각 2억 원의 집행채권을 가지고 있는 추심채권자 甲과 乙이 丁에 대해 2억 원의 채무(피압류채권)를 지고 있는 제3채무자인 丙을 상대로 추심금 청구의 소(선행소송)를 제기하면서, 각자 채권액 비율로 안분한 1억 원의 추심금만 청구하였는데, 甲의 청구는 인용되고 乙의 청구가 기각되자, 甲이 선행소송에서 기각된 나머지 피압류채권 부분(선행소송에서 乙의 청구금액에 해당하는 부분) 1억 원에 대하여 소멸시효기간 도과 후 재차 추심금 청구의 소(후행소송)를 제기한 경우, 甲이 선행소송에서 잔부 채권 1억 원까지 권리행사를 하였다고 볼 여지가 있더라도, 실제 잔부 채권을 청구하지는 않은 이상 잔부 채권까지 재판상청구로서의 시효중단 효력이 미치지 않고, 다만 선행소송 계속 중 잔부 채권에 '최고'로서의 효력이 지속될 수 있을 뿐이므로, 선행소송 종료 후 6월 내에 소멸시효를 중단시켰다는 등 특별한 사정이 없다면 잔부 채권은 후행소송의 소 제기 전에 소멸시효가 완성되었다고 보아야 한다(대판 2022.5.26. 2020다206625).

---

[3] 백지어음이란 후일 타인으로 하여금 보충시킬 의도로 일부러 일부 어음요건을 흠결시켜 발행한 미완성의 어음을 말한다. 어음은 엄격한 요식증권성을 가지므로 어음요건이 하나라도 누락된 때에는 원칙적으로 어음으로서 효력은 없다(어음법 제2조).

(4) 채권자대위소송

① **[피대위채권]** 채권자가 채무자를 대위하여 피대위채권을 대위행사한 경우(제404조), 채권자대위권 행사의 효과는 채무자에게 귀속되는 것이므로 채권자대위소송의 제기로 인한 소멸시효의 중단의 효과 역시 채무자에게 생긴다(대판 2011.10.13. 2010다80930: 표준판례152). 즉 피대위채권이 시효중단됨은 물론이다(14회 선택형).

② **[피보전채권]** 한편 피보전채권은 '원칙적'으로 소멸시효가 중단되지 않으나, 채권자대위권행사의 사실을 채권자가 채무자에게 통지한 때에는 채무자는 자기의 권리를 처분하지 못하는바(제405조 2항), 이는 곧 압류의 효과가 생기는 것과 마찬가지이기 때문에 압류에 의한 시효중단 또는 적어도 최고로서의 효력은 인정하여야 한다.

③ **[대위채권자가 피대위채권을 양수한 경우]** 그리고 원고가 채권자대위권에 기해 청구를 하다가 당해 피대위채권 자체를 양수하여 양수금청구로 소를 변경한 사안에서, 判例는 이는 청구원인의 교환적 변경으로서 채권자대위권에 기한 구 청구는 취하된 것으로 보아야 하나, 양소의 소송물이 동일한 점, 시효중단의 효력은 특정승계인에게도 미치는 점(제169조), 원고를 '권리 위에 잠자는 자'로 볼 수 없는 점 등에 비추어 볼 때, 당초의 채권자대위소송으로 인한 시효중단의 효력이 소멸하지 않는다고 한다(대판 2010.6.24. 2010다17284: 표준판례435 : 3회,10회,13회,14회 선택형).

(5) 채권자취소소송

채권자취소소송의 경우 상대적 무효설의 입장에 따르면 채무자는 피고적격이 없다고 할 것이므로 채권자취소소송에 의하여 피보전채권에 대하여는 소멸시효가 중단되지 않는다.

5. 재판상 청구에 의한 시효중단의 효과 [A-175e]

(1) 시효중단의 효력발생시기

재판상 청구에 의한 시효중단의 효과는 소를 제기한 때, 즉 '소장을 법원에 제출한 때'에 발생한다(민사소송법 제265조·제248조)(피고에의 소장부본 송달과는 무관하다. 즉 소송계속은 소장부본 송달시를 기준으로 발생하나, 기간준수나 소멸시효중단은 소제기시를 기준으로 판단한다). 이는 법원의 소장부본송달 지연으로 인해 시효완성 또는 기간도과의 불이익이 발생하는 것을 방지하기 위한 것이다.

(2) 효과의 소멸 및 부활

재판상의 청구가 있더라도 소의 각하·기각 또는 취하가 있으면 시효중단의 효력이 없다(제170조 1항). 다만 그동안 계속해서 최고한 것으로 볼 수 있기 때문에(이른바 재판상의 최고) 이 경우 6개월 내에 재판상의 청구·파산절차참가·압류·가압류·가처분을 한 때에는, 시효는 최초의 재판상 청구로 인하여 중단된 것으로 본다(제170조 2항).

① **[채권자대위소송에서 피보전권리의 부존재를 이유로 각하된 경우(적극)]** 채권자대위의 소가 피보전권리의 부존재를 이유로 각하된 경우에도 그때부터 6월 이내에 채무자가 제3채무자를 상대로 피대위권리에 관한 재판상 청구 등을 하면 시효는 최초의 재판상 청구로 인하여 중단되는지와 관련하여 이 경우 최초의 재판상 청구는 당초부터 무권리자에 의한 청구이므로 제170조가 적용되지 않는다고 해석할 여지가 있다. 그러나 대법원은 채권자대위권 행사의 효과는 채무자에게 귀속되는 것이므로 채권자대위소송의 제기로 인한 소멸시효 중단의 효과 역시 채무자에게 생긴다는 이유를 들어 제170조의 적용을 긍정하고 있다(대판 2011.10.13. 2010다80930: 표준판례153).[4]

---

4) **[사실관계]** 사안은 채권자 甲이 채무자 乙을 대위하여 丙을 상대로 부동산에 관하여 부당이득반환을 원인으로 한 소유권이전

② **[추심채무자의 제3채무자에 대한 소각하 후 6개월 내에 추심채권자가 추심의 소를 제기한 경우**(적극)**]**
"㉠ (채무자의 소제기에 의한 시효중단의 효력이 추심채권자에게 미치는지 여부) 채무자의 제3채무자에 대한 금전채권에 대하여 압류 및 추심명령이 있더라도, 이는 추심채권자에게 피압류채권을 추심할 권능만을 부여하는 것이고, 이로 인하여 채무자가 제3채무자에게 가지는 채권이 추심채권자에게 이전되거나 귀속되는 것은 아니다(따라서 추심채권자는 제169조 소정의 '승계인'에 해당한다고 볼 수는 없다).[5] 따라서 채무자가 제3채무자를 상대로 금전채권의 이행을 구하는 소를 제기한 후 채권자가 위 금전채권에 대하여 압류 및 추심명령을 받아 제3채무자를 상대로 추심의 소를 제기한 경우, **채무자가 권리주체의 지위에서 한 시효중단의 효력은 집행법원의 수권에 따라 피압류채권에 대한 추심권능을 부여받아 일종의 추심기관으로서 그 채권을 추심하는 추심채권자에게도 미친다.**
㉡ (채무자의 재판상 청구에 따른 시효중단의 효력이 추심채권자의 추심소송에 유지되기 위한 요건) 그러므로 민법 제170조에 따라 채무자가 제3채무자를 상대로 제기한 금전채권의 이행소송이 압류 및 추심명령으로 인한 당사자적격의 상실로 각하되더라도, 위 이행소송의 계속 중에 피압류채권에 대하여 채무자에 갈음하여 당사자적격을 취득한 추심채권자가 위 각하판결이 확정된 날로부터 6개월 내에 제3채무자를 상대로 추심의 소를 제기하였다면, 채무자가 제기한 재판상 청구로 인하여 발생한 시효중단의 효력은 추심채권자의 추심소송에서도 그대로 유지된다"(대판 2019.7.25. 2019다212945). **[11회 사례형]** 다만 최근 압류·추심명령이 있는 경우에도 채무자가 피압류채권에 관한 이행의 소를 제기할 '**당사자적격**'을 상실하지 않는다는 판례(대판 2025.10.23. 전합2021다252977)에 따르면 향후 해당 판례도 변경될 가능성이 크다.

[구체적 예] 2020. 3. 4. 소멸시효가 완성되는 대여금채권에 대해 甲이 乙을 상대로 2020. 2. 11. 위 대여금의 지급을 구하는 소를 제기하였고, 甲의 채권자 丙은 적법하게 甲의 乙에 대한 위 대여금 채권에 관한 채권압류 및 추심명령신청을 하여, 2020. 3. 20. 乙에게 위 추심명령이 송달되었다. 丙은 甲의 乙에 대한 소송의 변론기일이 계속 진행 중인 상태에서 2020. 5. 1. 乙을 상대로 추심금 청구의 소를 제기하였다. 그 후 甲은 2020. 5. 10. 乙에 대한 위 대여금 청구의 소를 취하하였고, 乙도 같은 날 소취하에 동의하였다. ☞ 추심채무자 甲이 2020. 5. 10. 소를 '취하'하였으나 그 전에 이미 추심채권자 丙이 제3채무자 乙을 상대로 추심의 '소'를 제기하였으므로, 이는 위 判例에 따르면 제170조 2항의 6개월 내에 소를 제기한 것에 해당한다. 이에 따라 최초에 甲이 2020. 2. 11. 재판상 청구를 한 때로 소급하여 시효중단의 효과가 유지된다. 따라서 법원은 丙의 청구를 인용하여야 한다(2020년 2차 법전협 모의고사 사례형).

③ **[사망한 자를 피고로 하여 제기된 소**(소극)**]** 이미 사망한 자를 피고로 하여 제기된 소에 대해서 법원이 이를 간과하고 판결을 하여 결국 무효인 판결인 경우에는 민법 제170조 2항이 적용되지 않는다(대판 2014.2.27. 2013다94312 : **13회 선택형**).

등기절차 이행을 구하는 소를 제기하였다가 피보전권리가 인정되지 않는다는 이유로 소각하 판결을 선고받아 확정되었고, 그로부터 3개월 남짓 경과한 후에 다른 채권자 丁이 乙을 대위하여 丙을 상대로 같은 내용의 소를 제기하였다가 乙과 사이에 피보전권리가 존재하지 않는다는 취지의 조정이 성립되었는데(이 사건 관련 조정의 조정조항 및 그 청구원인 등에 비추어 위 관련 조정에서 이루어진 법률관계의 존부에 관한 판단은 당해 채권자대위소송에서 피보전권리로 주장된 丁과 乙사이의 동업자금 채권이 소멸하여 존재하지 않는다는 것에 한정되었고, 이 사건 각 부동산과 관련된 乙의 丙에 대한 부당이득반환을 원인으로 한 소유권이전등기청구권의 존부에 대하여는 판단이 이루어지지 않았으므로, 戊가 乙을 대위하여 丙을 상대로 이 사건 각 부동산에 관하여 부당이득반환을 원인으로 한 소유권이전등기절차의 이행을 구하는 이 사건 소송은 위 관련 조정의 기판력에 저촉되지 않는다), 또 다른 채권자인 戊가 조정 성립일로부터 10여 일이 경과한 후에 乙을 대위하여 丙을 상대로 같은 내용의 소를 다시 제기한 사안에서, 채무자 乙의 丙에 대한 위 부동산에 관한 부당이득반환을 원인으로 한 소유권이전등기청구권의 소멸시효는 甲, 丁, 戊의 순차적인 채권자대위소송에 따라 최초의 재판상 청구인 甲의 채권자대위소송 제기로 중단되었다고 본 원심판단을 정당하다고 한 사례이다.

5) **[판례평석]** 제169조의 시효중단의 효력이 미치는 '승계인'이라 함은 "시효중단에 관여한 당사자로부터 중단의 효과를 받는 권리를 그 중단효과 발생 이후에 승계한 자"를 의미한다(대판 1994.6.24. 94다7737). 그런데 대상판결이 판시한 바와 같이 "채무자가 제3채무자에게 가지는 채권이 추심채권자에게 이전되거나 귀속되는 것은 아니"므로, 추심채권자가 제169조 소정의 '승계인'에 해당한다고 볼 수는 없다(법무법인(유) 율촌, 최윤아, 2019.9.2. 법무리포트).

(3) 효과가 미치는 범위

이러한 효과는 당사자 외에 승계인(특정승계인, 포괄승계인)에게도 인정된다(제169조 참조).

1) 채권양도의 대항요건을 갖추지 못한 상태에서 '채권양도인'이 채무자를 상대로 소를 제기한 경우

이 경우 시효중단이 되는데 "그 소송 중에 채무자가 채권양도의 효력을 인정하는 등의 사정으로 인하여 채권양도인의 청구가 기각된 경우 시효중단의 효력이 없어지나, 이 경우에도 채권양수인이 그로부터 6월 내에 채무자를 상대로 재판상의 청구 등을 하면 채권양도인이 최초의 재판상 청구를 한 때부터 시효가 중단된다"(제169조, 제170조 2항)(대판 2009.2.12. 2008두20109 : 3회, 9회, 13회, 14회 선택형). **[5회 사례형]**

2) 채권양도의 대항요건을 갖추지 못한 상태에서 '채권양수인'이 채무자를 상대로 소를 제기한 경우

채권양수인이 소멸시효기간이 경과하기 전에 채무자를 상대로 소를 제기하였는데, 채권양도사실의 채무자에 대한 통지는 소멸시효기간이 경과한 후에 이루어진 경우, 위 채권의 소멸시효가 중단되는지 여부가 문제되는바, 判例는 "채권양도에 의하여 채권은 그 동일성을 잃지 않고 양도인으로부터 양수인에게 이전되며, 이러한 법리는 채권양도의 대항요건을 갖추지 못하였다고 하더라도 마찬가지인 점 등에서 비록 '대항요건을 갖추지 못하여' 채무자에게 대항하지 못한다고 하더라도 '채권의 양수인'이 채무자를 상대로 재판상의 청구를 하였다면 이는 소멸시효 중단사유인 재판상의 청구에 해당한다"(대판 2005.11.10. 2005다41818 : 표준판례512 : 4회, 9회, 11회 선택형)고 한다.[6]

3) 승계인의 소송인수(민사소송법 제82조)와 시효중단 [민소법 쟁점] [9회 사례형]

"소송목적인 권리를 양도한 원고는 법원이 소송인수 결정을 한 후 피고의 승낙을 받아 소송에서 탈퇴할 수 있는데(민사소송법 제82조 제3항, 제80조), 그 후 법원이 인수참가인의 청구의 당부에 관하여 심리한 결과 인수참가인의 청구를 기각하거나 소를 각하하는 판결을 선고하여 그 판결이 확정된 경우에는 원고가 제기한 최초의 재판상 청구로 인한 시효중단의 효력은 소멸한다. 다만 소송탈퇴는 소취하와는 그 성질이 다르며, 탈퇴 후 잔존하는 소송에서 내린 판결은 탈퇴자에 대하여도 그 효력이 미친다(민사소송법 제82조 제3항, 제80조 단서). 이에 비추어 보면 인수참가인의 소송목적 양수 효력이 부정되어 인수참가인에 대한 청구기각 또는 소각하 판결이 확정된 날부터 6개월 내에 탈퇴한 원고가 다시 탈퇴 전과 같은 재판상의 청구 등을 한 때에는, 탈퇴 전에 원고가 제기한 재판상의 청구로 인하여 발생한 시효중단의 효력은 그대로 유지된다"(대판 2017.7.18. 2016다35789 : 12회, 13회 선택형).[7]

4) 연대채무자 또는 부진정연대채무자

① 判例에 따르면 "부진정연대채무에서 채무자 1인에 대한 재판상 청구 또는 채무자 1인이 행한 채무의 승인 등 소멸시효의 중단사유나 시효이익의 포기는 다른 채무자에게 효력을 미치지 않는다"(대판 2017.9.12. 2017다865)고 하는바, 시효중단의 효과는 당사자 외에 승계인에게만 미치기 때문이며(제169조 참조), 시효이익의 포기 또한 상대적인 효과만 있기 때문이다(대판 1995.7.11. 95다12446 등).

---

[6] **[판례평석]** 소멸시효는 가급적 엄격하게 적용하는 것이 요청되고, 시효중단의 사유를 확대하는 것은 그 일환인 점에서, 위 판결은 이러한 맥락에서 시효중단의 효력을 인정한 것으로 이해하여야 할 것으로 본다(김준호, 민법강의(제18판), p.1182 참고).

[7] **[사실관계]** 원고가 피고를 상대로 약정금의 지급을 구하며 제기한 전소에서 원고의 소송인수 신청에 따라 1심 법원이 2011. 9. 30. 甲을 원고 인수참가인으로 하여 소송인수 결정을 하였고, 이에 따라 원고가 같은 날 피고의 승낙을 얻어 전소에서 탈퇴한 후 甲이 소송을 계속 수행하다가 전소의 1심 법원이 2012. 6. 8. 인수참가인의 소를 각하하는 판결을 선고하였으며, 2013. 5. 23. 항소가 기각된 후 대법원이 2014. 10. 27. '무효의 채권양도를 원인으로 하는 甲의 청구는 기각되었어야 함에도 항소심이 甲의 소가 부적법하다고 판단한 것은 잘못이나 불이익변경금지의 원칙상 청구기각판결을 선고할 수는 없다'고 판단하여 상고기각판결을 함으로써 전소 판결이 확정되었으나, 그 확정된 날부터 6개월 이내인 2015. 1. 19. 원고가 피고를 상대로 다시 동일한 약정금의 지급을 구하는 후소를 제기한 사안에서, 원고가 전소를 제기함으로써 발생한 시효중단의 효력은 위와 같은 확정판결에도 불구하고 그대로 유지된다고 판단한 사례

[관련판례] "영업양도인의 영업으로 인한 채무와 상호를 속용하는 영업양수인의 상법 제42조 제1항에 따른 채무는 부진정연대의 관계에 있다. 따라서 채권자가 영업양도인을 상대로 소를 제기하여 확정판결을 받아 소멸시효가 중단되거나 소멸시효 기간이 연장된 뒤 영업양도가 이루어졌다면 그와 같은 소멸시효 중단이나 소멸시효 연장의 효과는 상호를 속용하는 영업양수인에게 미치지만, 채권자가 영업양도가 이루어진 뒤 영업양도인을 상대로 소를 제기하여 확정판결을 받았다면 영업양도인에 대한 관계에서 소멸시효가 중단되거나 소멸시효 기간이 연장된다고 하더라도 그와 같은 소멸시효 중단이나 소멸시효 연장의 효과는 상호를 속용하는 영업양수인에게 미치지 않는다"(대판 2024.5.30. 2021다258463).

② 그러나 연대채무의 경우에는 어느 연대채무자에 대한 '이행청구'(재판상 청구, 최고 등)는 다른 연대채무자에게도 효력이 있다'(제416조)는 규정이 있으므로 제169조는 적용되지 않는다.

(4) 판결 등에 의해 확정된 채권

1) 단기의 소멸시효에 해당한 것

① 판결에 의하여 확정된 채권은 '단기의 소멸시효에 해당한 것'이라도 그 소멸시효는 10년으로 한다(제165조 1항). 단, 본조는 단기의 소멸시효에 걸리는 것이라도 확정판결을 받은 권리의 소멸시효는 10년으로 한다는 뜻일 뿐, 10년보다 장기의 소멸시효를 10년으로 단축한다거나, 소멸시효의 대상이 아닌 권리가 확정판결을 받음으로써 10년의 소멸시효에 걸린다는 뜻이 아니다(대판 1981.3.24. 80다1888,1889 : **7회 선택형**).

② 파산절차에 의하여 확정된 채권 및 재판상의 화해, 조정, 인낙조서 기타 판결과 동일한 효력이 있는 것에 의하여 확정된 채권도 전항과 같다(제165조 2항)(지급명령도 포함).[8]

③ 전 2항의 규정은 판결확정 당시에 변제기가 도래하지 아니한 채권에 적용하지 아니한다(제165조 3항). 따라서 소송비용상환청구권은 소송비용부담의 재판에 해당하는 판결 확정시 발생하여 그때부터 소멸시효가 진행하지만, 제165조 3항에 따라 제165조 1항에서 정한 10년의 소멸시효는 적용되지 않는다(대결 2021.7.29. 2019마6152 : 국가재정법 제96조 1항에 따라 5년).

2) 주채무의 소멸시효기간의 연장이 보증채무에 대하여도 미치는지 여부

判例는 연장부정설의 입장인바, 그 근거로는 " i) 판결의 확정으로 인해 소멸시효기간이 연장되는 효과는 판결의 당사자인 채권자와 주채무자 사이에 발생하는 효력에 관한 것이고, ii) 보증채무가 주채무에 부종한다 하더라도 양자는 별개의 채무이고, 제440조의 의미는 '보증채무의 부종성'에 기인한 것이라기보다는 '채권자보호를 위한 특별규정'으로서, 보증인에 대한 별도의 시효중단조치가 불필요함을 의미하는 것일 뿐 중단된 이후의 시효기간까지도 당연히 보증인에게 효력이 미친다는 취지는 아니라는 것"을 들고 있다(대판 1986.11.25. 86다카1569 : **3회, 10회 선택형**). **[12법무]**

[**주채무의 시효연장 후 보증계약을 체결한 경우**] "보증채무는 주채무와는 별개의 독립한 채무이므로 보증채무와 주채무의 소멸시효기간은 채무의 성질에 따라 각각 별개로 정해진다. 그리고 주채무자에 대한 확정판결에 의하여 민법 제163조 각 호의 단기소멸시효에 해당하는 주채무의 소멸시효기간이 10년으로 연장된 상태에서 주채무를 보증한 경우, 특별한 사정이 없는 한 보증채무에 대하여는 민법 제163조 각 호의 단기소멸시효가 적용될 여지가 없고, 성질에 따라 보증인에 대한 채권이 민사채권인 경우에는 10년, 상사채권인 경우에는 5년의 소멸시효기간이 적용된다"(대판 2014.6.12. 2011다76105 : **14회 선택형**).

---

8) [관련판례] 제165조 2항 소정의 '판결과 동일한 효력이 있는 것'이란 기판력(실체적 확정력)을 가지는 것을 의미하는바, 2002년 개정 민사소송법 제474조에 따르면 '지급명령에 대해 이의신청 등이 없어 지급명령이 확정된 때에는 확정판결과 같은 효력이 있다'고 정하였다. 따라서 지급명령이 확정되면 10년의 시효기간으로 연장된다(대판 2009.9.24. 2009다39530).
그러나 "공증인가 합동법률사무소에 의하여 작성한 약속어음 공정증서는 집행력은 있으나 확정판결과 같은 기판력은 없다. 그러므로 이 약속어음채권이 제165조 제2항 소정의 채권으로서 10년의 소멸시효에 걸린다고 할 수 없다"(대판 1992.4.14. 92다169).

3) 주채무의 소멸시효기간의 연장이 담보물권에 대하여도 미치는지 여부

㉠ "담보목적물의 제3취득자 또는 물상보증인은 채권자에게 채무자의 채무와는 '별개의 독립된 채무를 부담하는 것이 아니라 단지 채무자의 채무를 변제할 책임을 부담'한다. 따라서 채권에 관하여 소멸시효가 중단되거나 소멸시효기간이 제165조에 따라 연장되더라도 그 효과가 그대로 미친다"(대판 2009.9.24. 2009다39530 : 2회, 9회 선택형). ㉡ 동일한 취지에서 "유치권이 성립된 부동산의 매수인은 피담보채권의 소멸시효가 완성되면 시효로 인하여 채무가 소멸되는 결과 직접적인 이익을 받는 자에 해당하므로 소멸시효의 완성을 원용할 수 있는 지위에 있다고 할 것이나, 매수인은 유치권자에게 채무자의 채무와는 별개의 독립된 채무를 부담하는 것이 아니라 단지 채무자의 채무를 변제할 책임을 부담하는 점 등에 비추어 보면, 유치권의 피담보채권의 소멸시효기간이 확정판결 등에 의하여 10년으로 연장된 경우 매수인은 그 채권의 소멸시효기간이 연장된 효과를 부정하고 종전의 단기소멸시효기간을 원용할 수는 없다"(대판 2009.9.24. 2009다39530).

4) 보증채무의 시효중단이 주채무에 대하여도 미치는지 여부(소극) [5회 사례형, 18·24법행]

채권자가 보증인을 상대로 재판상 청구를 하여 승소한 경우, 보증채무는 소멸시효가 중단되지만(제170조) 주채무의 시효는 중단되지 않는다(상대효). 이후 주채무의 소멸시효가 먼저 완성되면 보증채무 그 자체의 소멸시효가 완성되지 않았다 하더라도 '부종성'의 원칙에 따라 함께 소멸된다(대판 2002.5.14. 2000다62476 : 1회, 6회, 8회 선택형).

Ⅱ-2. 재판상 청구 이외의 청구

1. 파산절차참가(제171조)

파산절차참가는 채권자가 이를 취소하거나 그 청구가 각하된 때에는 시효중단의 효력이 없다(제171조).

2. 지급명령(제172조)

금전 그 밖의 대체물이나 유가증권의 일정한 수량의 지급을 목적으로 하는 청구에 대하여 채권자의 신청에 따라 민사소송법상의 '독촉절차'에서 법원은 채무자를 심문하지 아니한 채 간이·신속하게 이행에 관한 명령으로 '지급명령'을 할 수 있다(민사소송법 제462조). '지급명령'이 있으면 '지급명령신청서'를 관할법원에 제출한 때 시효중단의 효력이 생긴다(통설).

① [이의신청이 있는 경우 등] 채무자가 지급명령에 대해 적법한 '이의신청'을 하면 지급명령을 신청한 때에 소를 제기한 것으로 보므로(민사소송법 제472조 2항), 시효중단의 효력이 유지된다. 그리고 "지급명령 사건이 채무자의 이의신청으로 소송으로 이행되는 경우에 그 지급명령에 의한 시효중단의 효과는 소송으로 이행된 때가 아니라 지급명령을 신청한 때에 발생한다"(대판 2015.2.12. 2014다228440 : 9회 선택형). 이는 '법원의 직권에 의한 결정'으로 소송절차에 회부된 경우에도 동일하게 시효중단의 효과는 소송으로 이행된 때가 아니라 지급명령을 신청한 때에 발생한다(대판 2025.5.15. 2024다317783)(민사소송법 제472조 1항 참조).

② [이의신청이 없는 경우 등] 그러나 지급명령에 대한 이의신청이 없거나, 이의신청을 취하하거나 또는 각하결정이 확정된 때에는, 지급명령은 확정판결과 동일한 효력이 있으므로(민사소송법 제474조)(다만 기판력이 인정되는 것은 아니다). 그 후에는 시효기간이 10년으로 연장된다(제165조).

③ 비록 제172조는 '지급명령은 채권자가 법정기간 내에 가집행신청이 없으면 시효중단의 효력이 없다'고 규정하고 있으나, 민사소송법의 지급명령에서 가집행신청 제도를 삭제하였으므로 이 규정은 무의미해졌고, 따라서 가집행신청과는 무관하게 시효중단의 효력이 발생한다. [06법행]

3. 화해를 위한 소환, 임의출석(제173조)

4. 최고(제174조)

> **제174조(최고와 시효중단)** 최고는 6월내에 재판상의 청구, 파산절차참가, 화해를 위한 소환, 임의출석, 압류 또는 가압류, 가처분을 하지 아니하면 시효중단의 효력이 없다.

(1) 의 의

1) 최고(催告)의 임시적 수단성

최고는 권리자가 '재판 외'에서 의무자에게 의무의 이행을 청구하는 것으로 6월 내에 재판상의 청구, 파산절차참가, 화해를 위한 소환, 임의출석, 압류 또는 가압류, 가처분을 하지 아니하면 시효중단의 효력이 없다(제174조). 시효완성에 즈음하여 실질적으로 시효기간을 6개월 연장하는 효과를 가져온다. 그런데 여기에 '지급명령의 신청'이 빠진 것은 입법상의 잘못이라는 것이 통설이다.

2) 최고에 대한 보완조치로 '승인' [14회 기록형]

① 判例에 따르면 '승인'을 청구나 압류와 나란히 확정적 시효중단사유로 규정한 점(제168조)이나 시효완성 후 승인이 언제나 시효이익의 포기는 아닌 점 등을 근거로 민법 제174조를 '채무의 승인'(일부변제)에도 '유추적용'하여 최고에 대한 보완조치로 볼 수 있다고 한다(대판 2022.7.28. 2020다46663).

> [구체적 예] 상인인 A는 2019.3.10. B에게 5천만 원을 대여하면서 변제기는 2020.3.10.로 약정하였으나, B는 변제기가 도래하였음에도 A에게 대여금을 변제하지 않았다. 이에 A는 2025.2.10. B에게 '대여금채권을 C에게 양도하였으니 C에게 변제하시기 바랍니다. 아울러 위 대여금을 즉시 C(성명, 전화번호)에게 변제하여 주시기 바랍니다'라는 내용증명우편을 발송하였고, B는 2025.2.15. 수령하였다. 그 후 2025.4.10. C에게 '경제적으로 어려운 상황이지만 조금씩이라도 갚겠다'며 대여금 중 5백만 원을 변제하였다. C는 2025.5.10. B를 상대로 나머지 대여금 4천 5백만 원의 지급을 구하는 소를 제기하였다. 이에 대해 B는 'C의 대여금채권은 변제기로부터 5년이 경과하여 이미 소멸시효가 완성되었다'고 항변하였다.
> ☞ ① 채권양도 통지(관념의 통지)는 시효중단의 효력이 없으나 이행을 청구하는 뜻이 별도로 덧붙여졌으므로 최고(제174조)에 해당한다(대판 2012.3.22. 전합 2010다28840. ② '일부변제'는 채무의 전부승인에 해당하고(제168조 3호), ③ 채무승인은 제174조가 유추적용되므로 최고시(2025.2.15.)로 소급하여 시효가 중단된다.

② 또한 判例에 따르면 제440조는 채권자보호와 담보확보를 위한 정책적 특별규정으로서 중단사유를 제한하지 않으므로 주채무자에 대한 중단사유가 무엇이든 보증인에게 중단의 효력이 생기며, 주채무자에게 최고 후 주채무자가 6개월내에 승인하면 주채무자에게 최고 도달시에 보증인도 시효가 중단된다고 하며, 이는 제433조 2항과는 무관하다고 한다(대판 2022.7.28. 2020다46663).

(2) 효과발생시점

1) 일반적인 최고

① "민법 제174조가 시효중단 사유로 규정하고 있는 최고를 여러 번 거듭하다가 재판상 청구 등을 한 경우에 ⅰ) 시효중단의 효력은 항상 최초의 최고 시에 발생하는 것이 아니라 재판상 청구 등을 한 시점을 기준으로 하여 이로부터 소급하여 6월 이내에 한 최고 시에 발생하고, ⅱ) 민법 제170조의 해석상 재판상의 청구는 그 소송이 취하된 경우에는 그로부터 6월 내에 다시 재판상의 청구를 하지 않는 한 시효중단의 효력이 없고 다만 재판 외의 최고의 효력만을 갖게 된다. ⅲ) 이러한 법리는 그 소가 각하된 경우에도 마찬가지로 적용된다"(대판 2019.3.14. 2018두56435). **[20법무]**

② 채무이행을 최고받은 채무자가 그 이행의무의 존부 등에 대하여 조사해 볼 필요가 있다는 이유로 채권자에 대해 그 이행의 유예를 구한 경우에는, 채권자가 그 회답을 받을 때까지는 **최고의 효력이 계속된다**고 보아야 하고, 따라서 제174조 소정의 6개월의 기간은 채권자가 채무자로부터 회답을 받은 때로부터 기산된다(대판 1995.5.12. 94다24336 등 : 1회 선택형).

2) 최고로서 경매신청, 압류 또는 가압류

① 채권자가 연대채무자 1인의 소유 부동산에 대하여 **경매신청을 한 경우에 '최고'로서의 효력이 있다.** 한편 이 최고는 다른 연대채무자에게도 효력이 있으므로(제416조), 채권자가 6개월 내에 '다른 연대채무자'를 상대로 재판상 청구 등을 한 때에는 그 '다른 연대채무자'에 대한 채권의 소멸시효가 중단되지만, 이로 인하여 중단된 시효는 위 경매절차가 종료된 때가 아니라 재판이 확정된 때부터 새로 진행된다. 그리고 연대채무자 1인의 소유 부동산이 경매개시결정에 따라 압류된 경우, '다른 연대채무자'에게는 시효중단의 효력이 없다(제169조 참조)(대판 2001.8.21. 2001다22840: 표준판례478 : 4회,7회,13회 선택형) [12회 기록형]

② 채권자가 채무자의 제3채무자에 대한 채권을 압류 또는 가압류한 경우 채권자의 채무자에 대한 채권은 압류에 따른 시효중단의 효력이 확정적으로 발생하나, 이와 달리 **압류의 대상인 채무자의 제3채무자에 대한 채권은 확정적 시효중단이 되는 것은 아니고** 다만 채권자가 채무자의 제3채무자에 대한 채권에 관한 압류 및 추심명령을 받아 그 결정이 제3채무자에게 송달이 되었다면 채무자의 제3채무자에 대한 채권은 '최고'로서의 효력에 의해 시효중단이 된다(대판 2003.5.13. 2003다16238: 표준판례154 : 9회,11회,13회 선택형). [20법무]

예를 들어 甲이 乙의 丙에 대한 채권을 압류·추심한 경우 甲의 乙에 대한 채권(피보전채권)은 압류명령 '신청시'에 시효중단되나(중단사유 중 제168조 2호 압류), 乙의 丙에 대한 채권(피압류채권)은 丙에게 압류·추심명령이 '송달된 때' 시효중단된다(중단사유 중 제174조 최고)[9]

3) 최고로서 소송고지

소송고지는 소송 계속 중에 그 소송에 참가할 이해관계가 있는 제3자에 대해 소송계속 사실을 통지하는 것으로서, 재판은 피고지자에게도 그 효력이 미친다(민사소송법 제84조 내지 제86조, 제77조). 한편 채권자대위권을 재판상 행사하는 경우에는 소송고지를 하여야 할 의무가 있기도 하다(제405조). 최고로서 소송고지와 관련하여 判例는 "㉠ 소송고지의 요건이 갖추어진 경우에 그 소송고지서에 고지자가 피고지자에 대하여 채무의 이행을 청구하는 의사가 표명되어 있으면 **제174조 소정의 최고로서의 효력이 인정된다.** ㉡ 소송고지에 의한 최고는 보통의 최고와는 달리 법원의 행위를 통하여 이루어지는 것이므로, 만일 법원이 소송고지서의 송달사무를 우연한 사정으로 지체하는 바람에 소송고지서의 송달 전에 시효가 완성된다면 고지자가 예상치 못한 불이익을 입게 되는 점을 고려하면, 민사소송법 제265조를 유추적용하여 당사자가 소송고지서를 법원에 제출한 때에 시효중단의 효력이 발생한다. ㉢ 당해 소송이 계속 중인 동안은 최고에 의하여 권리를 행사하고 있는 상태가 지속되고 있는 것으로서, 민법 제174조에 규정된 6개월의 기간은 당해 소송이 종료된 때로부터 기산하여야 한다"(즉, 소송고지서를 제출한 때가 아니라, 그 재판이 확정된 때로부터 6개월 내에 재판상 청구 등을 하면 시효중단의 효력이 유지된다)(대판 2015.5.14. 2014다16494 ; 대판 2009.7.9. 2009다14340[10])고 판시하고 있다(3회 선택형).

---

[9] 압류 및 가압류의 효력은 제3채무자에게 압류 및 가압류명령이 '송달'되면 발생하나, 그로인한 시효중단 효력은 압류 및 가압류명령의 '신청시'로 소급하여 발생한다(대판 2017.4.7. 2016다35451). 민사집행법 제227조 3항, 제291조 참조

[10] [사실관계] 교통사고 피해자인 甲이 보험회사 丙을 상대로 제기한 손해배상청구의 소에서 소송계속 중, 甲은 교통사고 가해자인 乙을 상대로 丙이 부담하는 책임보험의 한도액을 초과하는 손해에 대하여 이를 청구할 권리가 있다는 취지의 소송고지신청을 하였고 그 소송고지서가 乙에게 송달된 사안이었다.

Ⅲ. 압류, 가압류 또는 가처분(제175조, 제176조) [A-176]

압류는 금전채권의 실행을 확보하기 위하여 집행기관의 확정판결 기타 집행권원(채무명의)에 의거하여 채무자의 재산처분을 금지하는 강제집행의 첫 단계이다(민사집행법 제83조·제188조·제223조). 가압류(민사집행법 제276조 이하)와 가처분(민사집행법 제300조)이란 강제집행이 불가능하거나 곤란하게 될 염려가 있는 경우에 강제집행을 보전하기 위해 취해지는 수단을 말한다.

1. 의 의 [A-176a]

① 소멸시효는 압류, 가압류 또는 가처분으로 인하여 중단되는바(제168조 2호), 判例에 따르면 이러한 가압류 등은 '집행'이 되는 것을 전제로 민사소송법 제265조(재판상 청구의 경우 소제기시 시효중단)를 유추적용하여 재판상 청구의 '소제기'와 유사하게 '집행을 신청한 때'에 소급하여 시효중단의 효력이 발생한다고 한다(대판 2017.4.7. 2016다35451: 표준판례155 : 9회,10회 선택형). **[3회·5회·8회 사례형, 10법행]**

② 한편 '집행력 있는 집행권원 정본'[11]을 가진 채권자가 직접 압류를 하지 않고 집행절차에서의 '배당요구'를 한 경우에도 이러한 배당요구는 집행권원에 기하여 능동적으로 그 권리를 실현하려고 하는 점에서는 강제경매의 신청과 동일하다고 할 수 있으므로 압류에 준하여 시효중단의 효과가 발생한다(대판 2022.5.12. 2021다280026: 표준판례158 : 일반적인 '배당요구'는 집행법원에 대한 것으로 시효중단의 효력이 없다).

③ 아울러 첫 경매개시결정등기 전에 등기되었고 매각으로 소멸하는 저당권을 가진 채권자가 다른 채권자의 신청에 의하여 개시된 경매절차에서 채권신고를 한 경우 그 '채권신고'도 압류에 준하여(제174조의 최고가 아님) 시효중단의 효력이 생긴다(대판 2010.9.9. 2010다28031 : 2회 선택형). 다만 소멸시효 중단의 효력이 있는 채권신고는 부동산에 대한 이중경매신청이 가능한 시점인 매각대금이 완납되어 목적물의 소유권이 매수인에게 이전될 때까지 이루어져야 하고, 그 시한이 지난 후 이루어지는 채권계산서 제출 등의 행위는 압류에 준하는 시효중단 효력을 가진다고 할 수 없다(대판 2025.5.15. 2023다290416).

2. 요 건(집, 유, 취, 리) [A-176b]

가압류 등으로 시효가 중단되기 위해서는 ⅰ) 가압류 등이 집행될 것, ⅱ) 유효할 것, ⅲ) 취소되지 않을 것, ⅳ) 시효이익을 받을 자에게 할 것을 요한다(제175조, 제176조).

(1) 가압류 등이 집행될 것 [A-176b1]

① 집행의 신청이 있었어도 채무자의 주소불명 등으로 '집행에 착수하지 못한 때'에는 시효중단의 효과가 소급적으로 소멸된다(대판 2010.10.14. 2010다53273). **[8회 사례형]**

② 그리고, '집행에 착수한 이상'(압류할 물건 등이 없어서) 집행불능상태가 된 경우에도 집행을 신청한 때 시효중단의 효력은 인정된다(대판 2001.7.27. 2001두3365). 또한 이 경우에는 '집행절차가 종료된 때'부터 시효가 새로이 진행된다[(대판 2011.5.13. 2011다10044: 표준판례157 ; 이와 비교하여 실제로 집행이 된 경우는 가압류집행보전의 효력이 존속하는 동안은 시효중단의 효력이 계속된다(대판 2000.4.25. 2000다11102: 표준판례156 등 : 핵심사례 A-16.참고)].

③ 또한 "㉠ 장래의 예금채권에 대한 가압류결정 정본이 제3채무자에게 송달되었을 때에 채무자의 제3채무자에 대한 예금계좌가 개설되어 있지 않는 등 피압류채권의 발생의 기초가 되는 법률관계가 없는 경우

---

11) 집행권원(구 민사소송법상 '채무명의')은 '사법상 이행청구권의 존재 및 범위를 표시'함과 동시에 이에 대하여 강제집행을 통한 '집행력'을 인정한 '공정증서'를 말한다. 대표적으로 확정된 종국판결(민사집행법 제24조), 가압류·가처분명령(동법 제291조, 제301조) 등이 있다. 이러한 집행권원에 집행력이 현존하는 사실과 집행력의 주관적·객관적 범위를 공증하기 위해 집행문 부여기관(대표적으로 집행법원)이 집행권원 정본 끝에 예를 들어 "이 판결정본은 피고 …에 대한 강제집행을 실시하기 위하여 원고 …에게 내어준다"라고 적는 공증문언을 '집행문'이라 한다. 이러한 집행문이 붙은 집행권원의 정본을 '집행력 있는 정본(집행정본)'이라 한다.

에는, 그러한 채권가압류는 피압류채권이 존재하지 않으므로 가압류로서 집행보전의 효력은 없다.[12] ⓛ 그러나 채권자가 채무자의 제3채무자에 대한 채권을 가압류할 당시 그 피압류채권이 부존재하는 경우에도 집행채권에 대한 권리 행사로 볼 수 있어 특별한 사정이 없는 한 가압류집행으로써 그 집행채권의 소멸시효는 중단된다. ⓒ 다만 가압류결정 정본이 제3채무자에게 송달될 당시 피압류채권 발생의 기초가 되는 법률관계가 없어 가압류의 대상이 되는 피압류채권이 존재하지 않는 경우에는 가압류의 집행보전 효력이 없으므로, 특별한 사정이 없는 한 가압류결정의 송달로써 개시된 집행절차는 곧바로 종료되고, 이로써 시효중단사유도 종료되어 집행채권의 소멸시효는 그때부터 새로이 진행한다(대판 2023.12.14. 2022다210093). ⓔ 이는 가까운 장래에 피압류채권이 발생할 것이 상당한 정도로 기대된다고 보기 어려워 장래의 채권에 대한 압류가 효력이 없는 경우에도 마찬가지이다"(대판 2025.5.15. 2024다310980).

■ **(유체동산[13]에 대한)가압류 집행절차에 착수하지 않은 경우 시효중단 효력 여부(소극) [8회 사례형]**

사실관계 | 임차인 甲이 임대인 乙에 대하여 임대차계약기간 만료일로부터 10년이 경과한 시점에 임대차보증금반환을 구하는 소를 제기한 사안에서, 乙의 甲에 대한 임대차보증금반환채무는 시효로 소멸하였고 甲이 乙소유의 '유체동산'에 대한 가압류결정을 받은 사실만으로는 가압류 집행보전의 효력이 존속하지 않는 한 시효가 중단되지 않는다고 한 사례이다.

판례의 태도 | "민법 제168조에서 가압류를 시효중단사유로 정하고 있는 것은 가압류에 의하여 채권자가 권리를 행사하였다고 할 수 있기 때문인데 가압류에 의한 집행보전의 효력이 존속하는 동안은 가압류채권자에 의한 권리행사가 계속되고 있다고 보아야 할 것이므로 가압류에 의한 시효중단의 효력은 가압류 집행보전의 효력이 존속하는 동안은 계속된다. 따라서 유체동산에 대한 가압류결정을 '집행'한 경우 가압류에 의한 시효중단 효력은 가압류 집행보전의 효력이 존속하는 동안 계속된다. 그러나 유체동산에 대한 가압류 집행절차에 착수하지 않은 경우에는 시효중단 효력이 없고(필자주 : 유체동산에 대한 집행착수시기는 집행관이 압수·수색에 나가는 경우이며, 부동산에 대한 집행착수시기는 가압류명령의 등기부기입을 등기관에게 촉탁하여 집행할 때이다)집행절차를 개시하였으나(필자주 : 집행착수가 있음을 의미) 가압류할 동산이 없기 때문에 집행불능이 된 경우에는 '집행절차가 종료된 때'로부터 시효가 새로이 진행된다"(대판 2011.5.13. 2011다10044: 표준판례157).

※ 가압류집행절차는 ⅰ) 가압류신청(집행신청)→ ⅱ) 가압류결정(집행개시)→ ⅲ) 가압류착수(집행착수 또는 집행절차개시)이다.

(2) 가압류 등이 유효할 것 [A-176b2]

① 가압류 등은 유효한 것이어야 하므로, 이미 사망한 자를 피신청인으로 한 가압류신청에 따른 가압류결정(당연 무효의 가압류)은 이에 해당하지 않는다(대판 2006.8.24. 2004다26287).

[소멸시효남용] 이후 소멸시효가 완성되어 상속채무를 부담하게 된 상속인이 소멸시효완성의 주장을 하는 것이 권리남용인지와 관련하여 判例는 "상속채무를 부담하게 된 상속인의 행위가 단순히 피상속인에 대한 사망신고 및 상속부동산에 대한 상속등기를 게을리 함으로써 채권자로 하여금 사망한 피상속인을 피신청인으로 하여 상속부동산에 대하여 당연무효의 가압류를 하도록 방치하고, 그 가압류에 대하여 이의를 제기하지 않거나 피상속인의 사망 사실을 채권자에게 알리지 않은 정도에 그치고, 그 외 달리 채권자의 권리행사를 저지하고 방해할 만한 행위에 나아간 바 없다면 위와 같은 소극적인

---

12) "압류명령의 송달 이후에 채무자의 계좌에 입금될 예금채권도 그 발생의 기초가 되는 법률관계가 존재하여 현재 그 권리의 특정이 가능하고 가까운 장래에 예금채권이 발생할 것이 상당한 정도로 기대된다고 볼 만한 예금계좌가 개설되어 있는 경우 등에는 압류의 대상이 될 수 있다"(대판 2023.12.14. 2022다210093 등)
13) 민사집행법에서는 민법에서의 동산을 '유체동산'이라고 표현하는바, 동산에 채권 및 다른 재산권을 합쳐 넓은 의미로 사용한다.

행위만을 문제 삼아 상속인의 소멸시효 완성 주장이 신의성실의 원칙에 반하여 권리남용으로서 허용될 수 없다고 볼 것은 아니다"(대판 2006.8.24. 2004다26287)고 한다.

② 한편 "체납처분으로서의 압류는 행정처분이므로 설령 하자가 있다고 하더라도 그 하자가 중대·명백하여 압류를 당연무효로 볼 수 없는 이상, 그러한 하자의 존재만으로 압류로 인한 시효중단의 효력을 부인할 수는 없다"(대판 2024.5.30. 2021다301688).

(3) 가압류 등이 취소되지 않을 것   [A-176b3]

압류, 가압류 및 가처분이 ① 권리자의 청구에 의하여 또는 ② 법률의 규정에 따르지 않음으로 인하여 취소된 경우에는 시효중단의 효력이 소급적으로 소멸한다(제175조).

1) 권리자의 청구에 의하여 취소된 경우

'권리자의 청구에 의하여 취소된 경우'라 함은 채권자가 권리행사의 의사가 없음을 객관적으로 표명하는 행위를 말한다.

㉠ [경매신청취하, 집행취소] 예를 들어 민사집행법 제93조 1항에 '경매신청이 취하되면 압류의 효력은 소멸된다'고 규정하고 있으므로 '경매신청을 취하'하는 경우도 특별한 사정이 없는 한 압류로 인한 소멸시효 중단의 효력이 소급적으로 소멸한다. 이는 가압류 등을 명한 결정 자체가 취소된 경우뿐만 아니라 그 집행만이 취소된 경우(집행취소신청 이외에 집행해제신청도 포함되는바, 이러한 권리자의 집행취소신청은 집행기관이 이미 실시한 집행처분의 효력을 상실시키는데, 이는 기왕의 집행을 무효화하는 것이 아니라 장래에 향하여 소멸된다)에도 적용된다(대판 2010.10.14. 2010다53273). [3회 사례형]

㉡ [압류명령과 추심명령의 동시신청시] 한편 금전채권에 대한 압류명령과 그 현금화 방법인 추심명령을 동시에 신청하더라도 압류명령과 추심명령은 별개로서 그 적부는 각각 판단하여야 하고, 그 신청의 취하 역시 별도로 판단하여야 한다. 채권자는 추심명령에 따라 얻은 권리를 포기할 수 있지만(민사집행법 제240조 1항) 추심권의 포기는 압류의 효력에는 영향을 미치지 않으므로, 추심권의 포기만으로는 압류로 인한 소멸시효 중단의 효력은 상실되지 아니하고 압류명령의 신청을 취하하면 비로소 소멸시효 중단의 효력이 소급하여 상실된다(대판 2014.11.13. 2010다63591).

2) 법률의 규정에 따르지 아니함으로 인하여 취소된 경우

'법률의 규정에 따르지 아니함으로 인하여 취소된 경우'라 함은 처음부터 적법한 권리행사가 있었다고 볼 수 없는 경우를 의미한다.

㉠ 판례에 따르면 법률의 규정에 따른 적법한 가압류가 있었으나 제소기간의 도과(채무자의 제소명령신청에 의하여 채권자가 법원으로부터 제소명령을 받게 되면 일정한 기간 내에 본안소송을 제기하여야 한다)로 인하여 가압류가 취소된 경우나(대판 2011.1.13. 2010다88019 ; 8회 선택형), 압류가 있었으나 이후 남을 가망이 없는 경우의 경매취소를 규정한 민사집행법 제102조 2항에 따라 경매절차가 취소된 것은 제175조에 해당하는 것은 아니어서 위 경우의 소멸시효 중단의 효력은 소멸하지 않는다(대판 2015.2.26. 2014다228778).

㉡ 제170조 2항이 압류, 가압류 또는 가처분이 취소된 경우에도 유추적용될 수 있는지 문제되는바, 이는 그동안 계속적인 최고가 있는 것으로 볼 수 있는지에 의하여 개별적으로 판단해야 할 것이다. 대법원은 저당권으로서 첫 경매개시결정등기 전에 등기되었고 매각으로 소멸하는 것을 가진 채권자가 다른 채권자의 신청에 의하여 개시된 경매절차에서 '채권신고'를 하였는데 그 뒤 그 경매신청이 취하되어 채권신고에 의한 시효중단의 효과가 소멸한 사안에서, "이러한 채권신고에 채무자에 대하여 채무의 이행을 청구하는 의사가 직접적으로 표명되어 있다고 보기 어렵고 채무자에 대한 통지 절차도 구비되어 있지 않으므로 별도로 소멸시효 중단 사유인 최고의 효력은 인정되지 않고, 경매신청이 취하된 후 6월내에 위

와 같은 채권신고를 한 채권자가 소제기 등의 재판상의 청구를 하였다고 하더라도 제170조 제2항에 의하여 소멸시효 중단의 효력이 유지된다고 할 수 없다"(대판 2010.9.9. 2010다28031)고 판시한 바 있다.

(4) 가압류 등이 시효이익을 받을 자에게 할 것

① 시효완성의 이익을 받을 자(채무자)가 아니라 제3자(물상보증인 또는 저당부동산의 제3취득자 등)에 대해 압류 등을 한 경우에는, 그 자(채무자)에 대하여 통지한 때에 시효중단의 효력이 발생한다(제176조). 예컨대 "직접점유자를 상대로 점유이전금지가처분을 한 뜻을 간접점유자에게 통지한 바가 없다면 가처분은 간접점유자에 대하여 시효중단의 효력을 발생할 수 없다"(대판 1992.10.27. 91다41064).

   [비교판례] 주채무자에 대한 시효중단은 보증인에 대하여 그 효력이 있다(제440조). 따라서 시효중단사유가 주채무자에 대한 압류·가압류 및 가처분이라고 하더라도 이를 보증인에게 통지하여야 비로소 시효중단의 효력이 발생하는 것은 아니다(대판 2005.10.27. 2005다35554: **표준판례**489).

② 이 통지는 반드시 채권자 본인이 하여야 하는 것은 아니고, 경매법원이 경매절차의 이해관계인인 채무자에게 경매개시결정 등의 통지서를 송달하는 방법으로 할 수도 있는데, 후자의 경우 채무자가 압류의 사실을 알 수 있도록 하기 위해 그 송달은 우편송달(발송송달)이나 공시송달의 방법이 아닌 '교부송달'의 방법에 의하여야 한다(대판 1990.1.12. 89다카4946).

   [비교판례] "채권자가 채권보전을 위하여 채무자의 제3채무자에 대한 채권을 가압류한 경우 채무자에게 그 가압류 사실이 통지되지 않더라도 채권자의 채권에 대하여 소멸시효 중단의 효력이 발생한다고 봄이 상당하다"(대판 2019.5.16. 2016다8589 : **14회 선택형**).

3. 효 과 [A-176c]

(1) 시효중단 효과의 발생시기 및 새로운 시효진행 시기

앞서 검토한 바와 같이 압류, 가압류 또는 가처분이 '집행되면' 그 '집행을 신청한 때'에 소급하여 시효중단의 효력이 발생하고, '집행절차종료시'로부터 다시 시효가 진행된다. 만약, 집행채권의 소멸시효가 채무자의 채권에 대한 압류로 중단된 후, 그 '피압류채권이 기본계약관계의 해지·실효 또는 소멸시효 완성 등으로 소멸'하면 시효중단사유가 종료한 것으로 보아야 하고, 집행채권의 소멸시효는 그때부터 다시 진행한다(대판 2017.4.28. 2016다239840 : **8회 선택형**).

   [관련판례] "채무자가 아닌 제3자가 채무자의 동산을 점유하고 있는 경우, 동산에 관한 인도청구권을 가압류 하는 방법으로 가압류집행을 할 수 있고, 이 경우 가압류 효력의 발생시기는 '가압류명령이 제3자에게 송달된 때'이나, 가압류로 인한 소멸시효 중단의 효력은 '가압류 신청시'에 소급하여 발생한다"(대판 2017.4.7. 2016다35451: **표준판례**155 : **9회 선택형**). [**8회 사례형**]

(2) 시효중단의 효과가 지속되는 기간

특히 '가압류'의 경우가 문제되는바, 判例는 ㉠ 가압류에 의한 시효중단의 효력은 가압류의 집행보전의 효력이 존속하는 동안은 '계속'(가압류등기가 말소되지 않고 남아 있는 동안)되는 것이고(**계속설**)(대판 2013.11.14. 2013다18622), ㉡ 가압류의 피보전채권에 관하여 본안의 승소판결이 확정되었다고 하더라도 가압류에 의한 시효중단의 효력이 이에 '흡수'되어 소멸된다고 할 수는 없다고 한다(**비흡수설**)(대판 2000.4.25. 2000다11102 : 아래 핵심사례 A-16.참고).

(3) 시효중단의 효과가 미치는 범위

① 判例는 채권자가 1개의 채권 중 일부에 대하여 가압류·압류를 하였는데 채권의 일부만 소멸시효가 중단되고 나머지 부분은 이미 시효로 소멸한 경우, 가압류·압류의 효력이 시효로 소멸하지 않고 잔존하는 채권 부분에 계속 미친다고 한다(대판 2016.3.24. 2014다13280,13297).

② 또한 判例는 채권자가 '가분채권의 일부분을 피보전권리'인 청구채권으로 주장하여 채무자 소유의 재산에 대하여 가압류를 한 경우에는 그 청구채권 부분에만 시효중단의 효력이 있으므로 **가압류 청구금액으로 채권의 원금만이 기재되어 있다면 가압류채권자가 가압류채무자에 대하여 원본채권 외에 그에 부대하는 이자 또는 지연손해금 채권을 가지고 있다고 하더라도 청구금액에 포함되지 않은 부대채권에 대하여는 시효중단의 효력이 발생할 수 없다**고 한다(대판 2024.10.25. 2024다233212).

핵심사례 A-16

★ 가압류에 의한 중단효력의 존속기간[14] 대판 2000.4.25. 2000다11102(표준판례156)

甲은 乙에 대해 대여금청구권이 있다는 이유로 乙소유 대지에 대해 가압류신청을 하였고, 1982.2.6. 법원은 위 부동산에 대해 가압류결정을 하고 그에 기해 가압류등기가 경료되었다. 甲은 본안소송으로 대여금청구의 소를 제기하여, 1982.4.28. 승소판결이 확정되었다. 甲은 1985.10.3. 사망하였고, 협의분할에 의한 재산상속에 의하여 그의 처인 丙이 甲의 재산상 지위를 승계하였다. 1999년에 이르러 乙은 甲에 대한 대여금채무는 위 판결이 확정된 때로부터 10년의 기간이 경과하여 시효로 소멸되었다는 이유로, 즉 가압류에 의한 피보전권리가 소멸되었다는 이유로 丙을 상대로 가압류결정의 취소를 청구하였다. 乙의 청구는 인용가능한가? (20점)

Ⅰ. 가압류의 집행보전의 효력이 존속하는 동안 가압류에 의한 시효중단의 효력이 계속되는지(적극)

1. 판 례 [3회 기록형]

"제168조에서 가압류를 시효중단사유로 정하고 있는 것은 가압류에 의하여 채권자가 권리를 행사하였다고 할 수 있기 때문인데 가압류에 의한 집행보전의 효력이 존속하는 동안은 가압류채권자에 의한 권리행사가 계속되고 있다고 보아야 할 것이므로 가압류에 의한 시효중단의 효력은 가압류의 집행보전의 효력이 존속하는 동안(가압류등기가 말소되지 않고 남아 있는 동안)은 계속된다"(대판 2000.4.25. 2000다11102 : 11회 선택형).

2. 검 토

판결에 따르면, 가압류가 되어 있는 한 그 피보전권리는 영원히 시효로 소멸하지 않는 것으로 된다(계속설). 그러나 재판상 청구의 경우 재판이 확정된 때로부터 새로 시효가 진행하는바, 장래의 집행보전을 목적으로 하는 가압류가 재판상 청구보다 더욱 강력한 시효중단효를 갖게 되어 부당하다. 따라서 가압류에 의한 시효중단의 효력은 '가압류집행절차가 종결된 때' 종료되고,[15] 그 이후부터는 새로이 시효가 진행하고 채권자로서는 적당한 시기에 지급명령이나 재판상 청구 등 별도의 조치를 취하면 될 것이다(비계속설).

Ⅱ. 가압류의 피보전채권에 관하여 본안의 승소판결이 확정된 경우, 가압류에 의한 시효중단의 효력이 소멸되는지 여부(소극)

1. 판 례

"민법 제168조에서 가압류와 재판상의 청구를 별도의 시효중단사유로 규정하고 있는데 비추어 보면, 가압류의 피보전채권에 관하여 본안의 승소판결이 확정되었다고 하더라도 가압류에 의한 시효중단의 효력이 이에 흡수되어 소멸된다고 할 수 없다"(대판 2000.4.25. 2000다11102)(비흡수설).

2. 검토 및 사안의 경우

위 판결에 따르면 재판상 청구가 확정되었느냐를 묻지 않고 가압류등기가 계속되어 있는 한 시효가 계속 중단되는 결과가 되므로 이는 타당하다고 할 수 없다. 甲의 乙에 대한 대여금채권은 1982.4.28. 승소판결이 확정된 때로부터 10년이 경과한 1992.4.28 24:00에 소멸시효가 완성되었다고 판단하는 것이 타당하다. 따라서 乙의 청구는 인용가능하다. 그러나 판례에 따르면 乙의 청구는 기각될 것이다.

Ⅳ. 승 인(제177조) [A-177]

1. 의 의

승인은 시효이익을 받을 당사자인 채무자가 소멸시효의 완성으로 권리를 상실하게 될 자에 대하여 그 권리가 존재함을 인식하고 있다는 뜻을 표시하는 '관념의 통지'를 말하고, 여기에 어떠한 효과의 사가 필요한 것은 아니다(대판 2023.8.18. 2022다301906)(의사표시인 시효이익의 포기사유로서의 시효 완성 후의 승인과 구별).

2. 요 건

(1) 승인을 할 수 있는 자

① 승인을 할 수 있는 자는 **시효이익을 받을 채무자** 또는 그 대리인이다. 따라서 '**면책적 채무인수**'는 시효중단사유 중 승인에 해당하나, '**이행인수인**'이 채권자에 대하여 채무자의 채무를 승인하더라도 시효중단 사유가 되는 채무승인의 효력은 발생하지 않는다(대판 2016.10.27. 2015다239744 : **8회,11회 선택형**).

② 그리고 승인은 단지 권리의 존재를 인정하는 것에 불과하기 때문에 상대방의 권리에 관한 처분의 능력이나 권한 있음을 요하지 아니한다(제177조)(**2회 선택형**). 따라서 가령 처분권한 없는 부재자재산관리인(제25조)도 유효하게 승인할 수 있다. 그러나 그 반대해석상 '**관리능력**'이나 '**관리권한**'은 있어야 하므로 제한능력자는 법정대리인의 동의가 없는 한 단독으로 유효하게 승인할 수 없다.

(2) 승인의 상대방

승인은 소멸시효의 완성으로 권리를 상실하게 될 자(또는 그 대리인)에 대해 하여야 한다. 따라서 채무자가 2번 저당권을 설정하였다고 하더라도 1번 저당권자에게 그 피담보채무를 승인한 것으로 볼 수는 없다. 또한 判例에 따르면 피의자가 검사로부터 신문을 받는 과정에서 자신의 채무를 승인하는 진술을 하였더라도, 그것은 시효중단의 효과를 가져오는 승인이 되지는 못한다고 한다(대판 1999.3.12. 98다18124).

(3) 승인의 방법

1) 묵시적 승인

승인은 특별한 방식을 필요로 하지 않는다. 이 중 '묵시적 승인'은 채무자가 그 채무의 존재 및 액수에 대하여 인식하고 있음을 전제로 하여 그 표시를 대하는 상대방으로 하여금 채무자가 그 채무를 인식하고 있음을 그 표시를 통하여 추단하게 할 수 있는 방법으로 행하여지면 족하다(대판 2006.9.22. 2006다22852,22869 등). **[10법행]**

① **[긍정]** 判例는 ㉠ 채무자가 이자를 지급하거나, '**일부변제**'를 하고(대판 1980.5.13. 78다1790 : 채무전부에 관한 시효중단), 담보를 제공하는 것은 **묵시적 승인**을 한 것으로 본다(대판 1996.1.23. 95다39854 : 물론 담보가 설정되어 있다고 해서 시효중단의 효과가 계속되는 것은 아니다). ㉡ 또한 채무자가 기한의 유예를 요청하는 것, 채무를 인수하는 것, 그리고 상계의 의사표시를 하는 것은 수동채권에 관한 한 승인을 한 것이라고 볼 것이다. 예컨대 시효완성 전에 채무의 '**일부를 상계**'한 경우 채무 전부에 관하여 시효중단의 효력이 발생한다(대판 2022.5.26. 2021다271732).

---

14) 양창수, '부동산가압류의 시효중단효의 종료시기', 민법연구(제6권), p.499~529
15) 학자들은 가압류로 인한 시효중단의 효력은 '가압류절차가 종료될 때'까지 계속된다고만 설명하고 있고, 구체적인 시점이 가압류집행절차종료시인지(부동산 가압류의 경우 가압류명령에 기한 가압류등기가 행하여지고 위 명령이 채무자에게 고지된 때), 가압류에 기한 본집행이 종료한 때인지는 밝히고 있지 않다(다만 양창수, 김준호 교수님은 전자의 입장이고, 윤진수 교수님은 후자의 입장이다).

② **[부정]** 그러나 判例는 ㉠ 취득시효와 관련하여(제247조 2항 참조) 점유자가 소송계속 중 분쟁해결을 위한 방편으로 소유자에게 토지를 매수하겠다고 제안한 것만으로는 소유권의 승인으로 볼 수 없다고 하고(대판 1981.7.14. 81다64), ㉡ 채무의 존부 및 범위에 관하여 채무자가 다투고 있는 상태에서 채무자가 일단 형사처벌을 면하거나 경감할 목적으로 채권자가 요구하는 '합의금 중 일부를 공탁'하였다면, 채무자가 위 공탁에 의하여 당시 그 공탁금을 초과하는 채무가 존재함을 인식하고 있다는 뜻을 채권자에게 표시한 것이라고 보기는 어렵고, 따라서 채무자가 위 공탁에 의하여 공탁금을 넘는 채무를 묵시적으로 승인한 것이라고 볼 수도 없다(대판 2015.4.9. 2014다85216)고 한다.

2) 채무자 인식의 정도

승인은 시효의 이익을 받는 이가 상대방의 권리 등의 존재를 인정하는 일방적 행위로서, 그 권리의 원인·내용이나 범위 등에 관한 구체적 사항을 확인하여야 하는 것은 아니고, 그에 있어서 **'채무자가 권리 등의 법적 성질'까지 알고 있거나 '권리 등의 발생원인을 특정'하여야 할 필요는 없다**(대판 2012.10.25. 2012다45566 등).

(4) 승인의 시기

승인은 시효이익을 받을 당사자인 채무자가 그 권리의 존재를 인식하고 있다는 뜻을 표시함으로써 성립하는 것이므로, 이는 소멸시효의 진행이 개시된 이후에만 가능하고, 그 이전에 승인을 하더라도 시효가 중단되지는 않는다. 또한 현존하지 아니하는 장래의 채권을 미리 승인하는 것은 채무자가 그 권리의 존재를 인식하고서 한 것이라고 볼 수 없어 허용되지 않는다(대판 2001.11.9. 2001다52568 : 11회 선택형). 한편 승인은 시효완성 전에 하는 것이고, **시효완성 후의 승인은 소멸시효이익의 포기**(제184조 1항)로 다루어진다.

3. 승인에 의한 시효중단의 효력발생시기

승인의 효력은 그 통지가 상대방에게 도달한 때에 생긴다(대판 1995.9.29. 95다30178).

4. 주장·증명책임

승인이 있었다는 사실에 관하여는 이를 주장하는 자(채권자)가 주장, 증명해야 한다. 한편 判例는 원고가 소장에서 '피고들이 지연손해금의 일부를 변제하였으니 나머지 지연손해금의 지급을 구한다'는 주장을 한 것만으로는 이를 '일부변제가 있었으니 소멸시효 중단사유에 해당하는 채무의 승인이 있었다'는 취지로 주장한 것으로 볼 수 없다고 한다(대판 1978.12.26. 전합78다1417).

V. 소멸시효 중단의 효과

[A-178]

1. 기본적 효과

(1) 시효기간의 불산입

시효가 중단되면 중단까지 경과한 시효기간은 이를 산입하지 않는다(제178조 1항 전문).

(2) 중단 후의 소멸시효의 기산점

시효가 중단된 때에는, '중단사유가 종료한 때'부터 소멸시효가 새로 진행한다(제178조 1항 후문). 따라서 재판상 청구의 경우에는 재판이 확정된 때부터(제178조 2항), 압류·가압류·가처분은 그 절차가 종료한 때부터(가압류는 위 2000다11102판결 참고), 승인은 그 통지가 상대방에게 도달한 때부터 소멸시효가 새로이 진행한다.

2. 시효중단의 인적 범위

(1) 원 칙

시효중단은 당사자 및 그 승계인 간에만 효력이 있다(제169조).

1) **당사자**

당사자는 중단에 관여한 직접의 당사자만을 말하는 것이고, 시효의 대상인 권리의 당사자를 말하는 것이 아니다. 예컨대, 손해배상청구권을 공동상속한 자 중 1인이 자기의 상속분을 행사하여 승소판결을 얻었더라도 다른 공동상속인의 상속분에까지 중단의 효력이 미치는 것은 아니며(대판 1967.1.24. 66다2279), **공유자의 1인이 보존행위로서 한 재판상 청구로 인한 취득시효 중단의 효력은 다른 공유자에게는 미치지 않는다**(제247조 2항, 제169조 참조)(대판 1999.8.20. 99다15146[16] : **9회 선택형**).

2) **승계인**

승계인은 시효중단에 관여한 당사자로부터 중단의 효과를 받는 권리를 그 중단 효과 발생 이후에 승계한 자를 가리키며(대판 1998.6.12. 96다26961), 특정승계인·포괄승계인을 포함한다. 즉 그 '승계'는 중단사유가 발생한 이후에 이루어져야 하고, 중단사유 발생 이전의 승계인은 포함되지 않는다.

[관련판례] "집합건물의 관리를 위임받은 甲주식회사가 구분소유자 乙을 상대로 관리비 지급을 구하는 소를 제기하여 승소판결을 받음으로써 乙의 체납관리비 납부의무의 소멸시효가 중단되었는데, 그 후 丙이 임의경매절차에서 위 구분소유권을 취득한 경우, 丙은 乙로부터 시효중단의 효과를 받는 체납관리비 납부의무를 그 중단 효과 발생 이후에 승계한 자에 해당하여, 민법 제169조에 의해 시효중단의 효력은 丙에게도 미친다"(대판 2015.5.28. 2014다81474).

(2) 예 외

① 물상보증인의 재산에 대해 압류를 한 경우에 이를 채무자에게 통지하면 채무자에 대해서도 시효가 중단되며(제176조), ② 요역지가 수인의 공유인 경우에 그 1인에 의한 지역권의 소멸시효의 중단 또는 정지는 다른 공유자에 대하여도 효력이 있고(제296조), ③ 어느 연대채무자에 대한 이행청구는 다른 연대채무자에게도 효력이 있으며(제416조)(따라서 시효중단의 효력을 같이 받는다), ④ 주채무자에 대한 시효의 중단은 보증인에게도 미친다(제440조).

---

[16] "부동산 공유자 중의 한 사람은 당해 부동산에 관하여 제3자 명의로 원인무효의 소유권이전등기가 경료되어 있는 경우 공유물에 관한 보존행위로서 그 제3자에 대하여 그 등기 전부의 말소를 구할 수 있으나, 공유자의 한 사람이 공유물의 보존행위로서 그 공유물의 일부 지분에 관하여서만 재판상 청구를 하였으면 그로 인한 시효중단의 효력은 그 공유자와 그 청구한 소송물에 한하여 발생한다"

제2관 소멸시효의 정지···권리자의 재항변사유

I. 서설 [A-179]

1. 의의 및 구별

소멸시효가 완성될 당시에 권리행사가 곤란한 사정이 있을 경우 시효완성을 일시적으로 연기시키는 제도를 말한다. 소멸시효의 정지는 진행된 시효기간을 유효하게 인정하나, 소멸시효의 중단은 진행된 시효기간을 없었던 것으로 하고 다시 시효기간이 진행된다는 점에서 구별된다.

2. 종류

시효정지제도는 ① 정지 사유가 어느 때 있던지 묻지 않고 시효기간에 산입하지 않는 '시효정지'와 ② 시효완성에 거의 이르러서 정지사유가 존재하는 경우에 시효완성을 일정기간 유예하는 '시효완성의 정지' 두 가지 유형이 있으나 민법은 후자만을 인정한다.

II. 사유 [A-180]

1. 제한능력자를 위한 정지

(1) 제한능력자의 제3자에 대한 권리

소멸시효의 기간만료 전 6월 내에 제한능력자의 법정대리인이 없는 경우에 그가 능력자로 되거나 법정대리인이 취임한 때부터 6월 내에는 시효가 완성되지 않는다(제179조). 재산을 관리하는 아버지, 어머니 또는 후견인에 대한 제한능력자의 권리는 그가 능력자가 되거나 후임 법정대리인이 취임한 때부터 6개월 내에는 소멸시효가 완성되지 아니한다(제180조 1항). 제한능력자는 독자적으로 시효를 중단시키는 행위를 하여 자기 재산을 보호할 수 없기 때문이다.

判例는 교통사고로 인하여 '심신상실'의 상태에 빠진 자의 보험금청구권의 소멸시효에 관하여 "제179조는 금치산선고(현행법상 피성년후견인)를 받은 자를 보호하는 규정이므로 그 선고를 받지 않은 자(의사무능력자)에게 유추적용을 할 수 없다"(대판 2010.5.27. 2009다44327)고 하였다. 이러한 判例의 태도는 의사무능력자의 경우에도 제141조 단서의 유추적용을 인정하는 입장과 차이를 보인다(대판 2009.1.15. 2008다58367).

(2) 제한능력자의 재산관리자에 대한 권리(제180조 1항)

2. 혼인관계의 종료에 의한 정지(제180조 2항)

3. 상속재산에 관한 정지(제181조)

"민법 제181조에 의하면 상속재산에 속한 권리는 상속인의 확정, 관리인의 선임 또는 파산선고가 있는 때로부터 6월 내에는 소멸시효가 완성하지 않는다고 정하고 있는데, 여기서 **상속인의 확정**은 상속인의 존부 불명 내지 소재나 생사불명인 경우에 상속인이 확정된 경우뿐만 아니라 상속의 포기, 단순승인, 한정승인 등 여부가 확정되지 아니하다가 상속의 승인에 의하여 상속의 효과가 확정된 경우까지 포함한다"(대판 2023.12.14. 2023다248903).

4. 사변에 의한 정지(제182조)

제4절 소멸시효완성의 효과

I. 문제점 [A-181]

민법은 소멸시효의 효과에 관하여 단지 '소멸시효가 완성한다'고만 규정하여(제162조 이하) 그 '완성한다'는 것이 어떠한 효과의 발생을 의미하는 것인지 명문으로 밝히고 있지 않다. 따라서 소멸시효완성의 구체적 효과에 관해서는 논란의 여지가 있다.

II. 학설 및 판례 [A-182]

1. 학설

① 소멸시효의 완성으로 권리가 당연히 소멸한다는 **절대적 소멸설**(다수설)[1]과 ② 소멸시효의 완성으로 권리가 당연히 소멸하지는 않고, 다만 시효의 이익을 받을 자에게 권리의 소멸을 주장할 권리(원용권)가 생길 뿐이라는 **상대적 소멸설**[2]의 대립이 있다.

2. 판례

判例는 ㉠ 당사자의 원용이 없어도 시효완성의 사실로서 채무는 당연히 소멸하는 것이라고 하고, 다만 소송에서는 '변론주의의 원칙상 소송당사자가 소멸시효가 완성되었음을 주장하지 아니하면 법원이 이를 고려할 수 없다'고 판시하여 기본적으로 절대적 소멸설의 입장인 듯하다(대판 1979.2.13. 78다2157: 표준판례160: 14회 선택형). ㉡ 다만 소멸시효의 이익을 받겠다고 항변할 수 있는 자는 권리의 소멸에 의하여 '직접 이익을 받는 자'에 한정된다고 판시하고 있는바, 이는 절대적 소멸설에 의해서는 설명이 어려운 부분이 있다(왜냐하면 절대적 소멸설에 따르면 '누구나' 소멸시효의 완성을 주장할 수 있어야 하기 때문이다).

3. 검토

물권이 시효소멸한 경우 상대적 소멸설에 의하면 상대적 물권관계가 발생하게 된다는 점, 민법의 제정과정에서 상대적 소멸설에 입각한 원용규정을 삭제한 점, 권리관계의 명확성 등을 고려할 때 절대적 소멸설이 타당하다.

III. 양설의 비교 (결론에 있어 차이는 없다) [A-183]

1. 소송수행상의 차이점

① 상대적 소멸설은 당사자의 원용이 없는 한 법원은 직권으로 시효를 고려하지 못한다고 한다. ② 절대적 소멸설은 민사소송법이 '변론주의'를 취하고 있으므로 소멸시효의 이익을 받을 자가 그 사실을 주장한 때에 비로소 고려되는 것으로 구성한다.

2. 시효완성 후 채무자의 변제 [07사법]

① 상대적 소멸설에 의하면 채무자가 시효완성의 사실을 알았는지 묻지 않고 원용이 없는 동안은

---

1) [논거] 절대적 소멸설은 i) 현행 민법이 구민법과는 달리 시효의 원용에 관한 규정을 삭제한 점, ii) 시효로 권리가 소멸한다고 표현한 민법 제369조, 제766조 1항, 부칙 제8조 1항을 그 근거로 든다.

2) [논거] 상대적 소멸설은 절대적 소멸설을 취하게 되면 i) 당사자가 소멸시효의 이익을 받기를 원하지 않는 경우에도 그 의사를 존중하지 않는 것이 되어 부당하고, ii) 시효이익의 포기를 설명할 수 없다는 점(절대적 소멸설에 의하면 권리가 소멸하는 것으로 확정되므로 포기의 대상이 없게 된다)을 그 이유로 든다.

채권은 소멸하지 않은 것으로 다루어지므로 유효한 채무의 변제가 된다. ② 절대적 소멸설에 의하면 ⅰ) 채무자가 시효완성의 사실을 알고 변제한 때에는 시효이익의 포기(제184조 1항) 내지는 악의의 비채변제(제742조)가 되어 그 반환을 청구하지 못한다고 한다. ⅱ) 채무자가 시효완성의 사실을 모르고 변제한 때에는 제744조의 도의관념에 적합한 비채변제에 해당하여 그 반환을 청구하지 못한다고 한다.

3. 시효이익의 포기

① 상대적 소멸설은 이를 '원용권의 포기'로 보고 따라서 권리는 시효로 소멸하지 않는 것으로 확정된다고 한다. ② 절대적 소멸설에 의하면 이를 설명하는데 어려움이 있긴 하나, "소멸시효의 완성으로 인한 법적인 이익을 받지 않겠다고 하는 의사표시"(대판 2013.2.28. 2011다21556: **표준판례169** ; 다만 소멸시효 완성의 효과를 의식한 판시라고 보이지는 않는다)이며 그에 따라 소멸시효의 효과가 생기지 않는 것으로 구성한다.

Ⅳ. 시효완성의 범위

[A-184]

1. 시적 범위(소급효)

① 소멸시효는 그 '기산일에 소급'하여 소멸한다(제167조). 따라서 소멸시효로 채무를 면하게 되는 자는 기산일 이후의 이자 등을 지급할 의무가 없고, 채무불이행에 따른 해제의 의사표시 당시에 이미 채무불이행의 대상이 되는 본래 채권이 시효가 완성되어 소멸하였다면, 채권자는 채무불이행 시점이 본래 채권의 시효 완성 전인지 후인지를 불문하고 그 채무불이행을 이유로 한 해제권 및 이에 기한 원상회복청구권, 위약금청구권도 행사할 수 없다(대판 2022.9.29. 2019다204593; 대판 2023.5.18. 2020다8432). **[23법행]**
② 다만 시효로 소멸하는 채권이 그 소멸시효가 완성하기 전에 상계할 수 있었던 것이라면 채권자는 상계할 수 있다(제495조)(14회 선택형). 이는 (매도인이나 수급인의 담보책임을 기초로 한 손해배상채권의) 제척기간이 지났으나, 제척기간이 지나기 전 상대방의 채권과 상계할 수 있었던 경우에도 마찬가지이다(대판 2019.3.14. 2018다255648 : 9회,10회,11회 선택형)

2. 물적 범위(종된 권리도 소멸)

주된 권리의 소멸시효가 완성한 때에는 종속된 권리에 그 효력이 미친다(제183조). 본조의 실제적 의의는 주된 권리는 소멸시효가 완성하였으나 종된 권리는 아직 완성하지 않은 경우에 나타난다.

① **[원본채권과 이자채권**(적극)**]** 예컨대, 원본채권이 시효로 소멸하면 이자채권의 시효기간이 남아 있다고 하더라도 시효로 소멸한다는 점이다. 그러므로 기산일 이후의 이자를 지급할 필요가 없다. 다만 判例는 하나의 금전채권의 원금 중 일부가 변제된 후 나머지 원금에 대하여 소멸시효가 완성된 경우, 소멸시효 완성의 효력은 소멸시효가 완성된 원금 부분으로부터 그 완성 전에 발생한 이자(또는 지연손해금)에는 미치나, 변제로 소멸한 원금 부분으로부터 그 변제 전에 발생한 이자(또는 지연손해금)에는 미치지 않는다고 한다(대판 2008.3.14. 2006다2940[3] : 8회 선택형).

---

[3] "이자 또는 지연손해금은 주된 채권인 원본의 존재를 전제로 그에 대응하여 일정한 비율로 발생하는 종된 권리인데, 하나의 금전채권의 원금 중 일부가 변제된 후 나머지 원금에 대하여 소멸시효가 완성된 경우, 가분채권인 금전채권의 성질상 변제로 소멸한 원금 부분과 소멸시효 완성으로 소멸한 원금 부분을 구분하는 것이 가능하고, 이 경우 원금에 종속된 권리인 이자 또는 지연손해금 역시 변제로 소멸한 원금 부분에서 발생한 것과 시효완성으로 소멸된 원금 부분에서 발생한 것으로 구분하는 것이 가능하므로, 소멸시효 완성의 효력은 소멸시효가 완성된 원금 부분으로부터 그 완성 전에 발생한 이자 또는 지연손해금에는 미치나, 변제로 소멸한 원금 부분으로부터 그 변제 전에 발생한 이자 또는 지연손해금에는 미치지 않는다"

② [**본래채권과 손해배상채권**(적극)] "채무불이행으로 인한 손해배상채권은 본래의 채권이 확장된 것이거나 본래의 채권의 내용이 변경된 것이므로 본래의 채권과 동일성을 가진다. 따라서 **본래의 채권이 시효로 소멸한 때에는 손해배상채권도 함께 소멸한다**"(대판 2018.2.28. 2016다45779 : 13회 선택형).

　　[비교판례] "채무불이행으로 인한 손해배상청구권에 대한 소멸시효 항변이 불법행위로 인한 손해배상청구권에 대한 소멸시효 항변을 포함한 것으로 볼 수는 없다"(대판 1998.5.29. 96다51110).

③ [**피담보채권과 저당권**(적극)] 저당권에 관해서는 별도의 규정이 있어, 저당권으로 담보한 채권이 시효의 완성 기타 사유로 인하여 소멸한 때에는 저당권도 소멸한다(제369조).

④ [**손해배상청구권과 구상권**(소극)] 判例는 공동불법행위자의 구상권은 피해자의 손해배상청구권에 종된 권리가 아니라고 하여 시효소멸을 인정하지 않았다(대판 1997.12.23. 97다42830: 표준판례484[4] : 4회,6회,7회,9회 선택형).

⑤ [**본래채권과 계약해제로 인한 원상회복청구권 및 위약금청구권**(적극)] "계약해제 의사표시 당시에 본래채권이 시효의 완성으로 소멸하였다면 그 해제권 및 이에 근거한 원상회복청구권과 위약금청구권도 행사할 수 없거나 소멸한다"(대판 2023.5.18. 2020다8432 : 14회 선택형).

3. 인적 범위(소멸시효 완성을 주장할 수 있는 자의 범위)

判例는 소멸시효의 완성을 원용할 수 있는 자는 권리의 소멸에 의하여 직접 이익을 받는 자에 한정된다고 한다(대판 1995.7.11. 95다12446). [판례검토] 이러한 判例의 태도에 대해서는 상대적 소멸설의 내용인 '시효원용권자의 범위'라는 시각을 버리지 못한 태도라는 비판이 있으나, 判例는 소멸시효제도를 합리적으로 제한하여 구체적 타당성을 기하려 한 것으로, 이해관계인들 사이의 형평을 고려하여 원용권자의 범위를 제한하였다는 점에서 타당하다.

(1) 직접수익자에 해당하는 경우

判例는 ① 채무자(연대보증인) 뿐만 아니라 ② 물상보증인(대판 2004.1.16. 2003다30890 : 14회 선택형), ③ 담보물의 제3취득자(대판 1995.7.11. 95다12446 : 5회,7회 선택형)는 채권자에 대하여 물적 유한책임을 지고 있어 그 피담보채권의 소멸에 의해 직접 이익을 받는 관계에 있으므로 소멸시효의 완성을 주장할 수 있다고 한다(즉 피담보채무의 부존재 또는 소멸을 이유로 저당권설정등기의 말소를 청구할 수 있다). [9회 기록형] ④ 그리고 사해행위취소소송의 상대방이 된 '사해행위의 수익자'는, 사해행위가 취소되면 사해행위에 의해 얻은 이익을 상실하고 사해행위취소권을 행사하는 채권자의 채권이 소멸하면 그와 같은 이익의 상실을 면하는 지위에 있으므로, 피보전채권의 소멸에 의해 직접 이익을 받는 자에 해당한다고 한다(대판 2007.11.29. 2007다54849: 표준판례165 : 4회,7회,11회,13회 선택형). [9회 사례형] ⑤ 집합건물의 전유부분만을 매수한 제3자가 분양자를 상대로 대지지분에 관한 소유권이전등기절차를 구하고 분양자는 이에 대하여 수분양자의 분양대금 미지급을 이유로 한 동시이행항변을 한 사안에서, 그 분양대금채권의 소멸 여부는 대지사용권에 결부된 동시이행의 부담을 면할 수 있는 매수인에게도 직접 영향을 미친다고 보아야 하므로 매수인은 분양대금채권의 소멸시효 완성을 주장할 수 있는 시효로 인한 채무 소멸로 직접 이익을 받는 자에 해당한다고 한다(대판 2023.9.21. 2022다270613).

---

[4] "공동불법행위자의 다른 공동불법행위자에 대한 구상권은 피해자의 다른 공동불법행위자에 대한 손해배상채권과는 그 발생원인 및 성질을 달리하는 별개의 권리이고, 연대채무에 있어서 소멸시효의 절대적 효력에 관한 민법 제421조의 규정은 공동불법행위자 상호간의 부진정연대채무에 대하여는 그 적용이 없으므로, 공동불법행위자 중 1인의 손해배상채무가 시효로 소멸한 후에 다른 공동불법행위자 1인이 피해자에게 자기의 부담 부분을 넘는 손해를 배상하였을 경우에도, 그 공동불법행위자는 다른 공동불법행위자에게 구상권을 행사할 수 있다" 같은 이유로 "공동불법행위자가 다른 공동불법행위자에 대한 구상권을 취득한 이후에 피해자의 그 다른 공동불법행위자에 대한 손해배상채권이 시효로 소멸되었다고 하여 그러한 사정만으로 이미 취득한 구상권이 소멸된다고 할 수 없다"(대판 1996.3.26. 96다3791)

[관련판례] 그 외에도 매매계약 후 소유권이전청구권 보전의 가등기가 된 부동산을 취득한 제3자(대판 1991.3.12. 90다카27570 ; 본등기청구권의 소멸시효를 주장할 수 있다), 유치권이 성립된 부동산의 매수인(대판 2009.9.24. 2009다39530 ; 피담보채권의 소멸시효를 주장할 수 있다), 공탁금출급청구권이 시효로 소멸한 경우에 공탁자에게 공탁금회수청구권이 인정되지 않는 때에 있어서 국가(대판 2007.3.30. 2005다11312 ; 기업자가 하는 손실보상금의 공탁에 있어서 공탁금출급청구권의 소멸시효가 완성된 경우, 기업자는 이를 원용할 수 없다는 취지의 판결이다).

(2) 직접수익자에 해당하지 않는 경우

1) 채무자에 대한 일반채권자

判例는 '채무자에 대한 일반채권자'는 자기의 채권을 보전하기 위하여 필요한 한도 내에서 채무자를 대위하여 소멸시효 주장을 할 수 있을 뿐 채권자의 지위에서 독자적으로 (다른 채권자의 채무자에 대한 채권에 대해) 소멸시효의 완성을 주장할 수 없다고 한다(대판 1997.12.26. 97다22676 : 6회,14회 선택형).

이러한 判例에 따르면 대위 원용이 허용되나, ㉠ 채무자가 시효이익을 '적극적으로' 포기한 때에는 '채무자에 대한 일반채권자'는 '다른 채권자의 채무자에 대한 채권'에 대해 소멸시효를 원용할 수 없게 된다(대판 1979.6.26. 79다407: 표준판례162). ㉡ 그러나 소멸시효가 완성된 채무를 피담보채무로 하는 근저당권이 실행되어 채무자 소유의 부동산이 경락되고 대금이 배당되어 채무의 '일부 변제'에 충당될 때까지 채무자가 이의를 제기하지 아니한 경우 채무자가 시효의 이익을 '묵시적으로' 포기한 것으로 볼 수 있기는 하나, 다만 이때 '채무자의 다른 채권자가 이의를 제기'하고 채무자를 대위하여 소멸시효 완성의 주장을 원용하는 경우에는 判例는 시효의 이익을 묵시적으로 포기한 것으로 볼 수 없다고 한다(대판 2017.7.11. 2014다32458: 표준판례170).

[관련판례] "물상보증인은 피담보채권에 대한 소멸시효의 완성을 주장할 수 있고, 물상보증인의 채권자도 물상보증인을 '대위'하여 피담보채권의 시효소멸을 주장할 수 있다"(대판 2018.11.9. 2018다38782).

2) 채권자대위권의 행사에서 제3채무자

判例는 '채권자대위권의 행사에서 제3채무자'는 채무자가 채권자에 대하여 가지는 항변으로 대항할 수 없을 뿐더러 시효이익을 직접 받는 자에도 해당하지 않는다는 이유로 채권자의 채권이 시효로 소멸하였다고 주장할 수 없다고 한다(대판 20009.9.10. 2009다34160: 표준판례433 : 1회,9회,10회 선택형). 다만 채무자가 이미 소멸시효를 원용한 경우에는 피보전채권이 소멸하게 되므로 제3채무자가 그 '효과'를 원용하여 피보전채권의 부존재를 주장하는 것은 허용된다(대판 2008.1.31. 2007다64471: 표준판례164).

3) 후순위 담보권자

"후순위 담보권자는 선순위 담보권의 피담보채권이 소멸하면 담보권의 순위가 상승하고 이에 따라 피담보채권에 대한 배당액이 증가할 수 있지만, 이러한 배당액 증가에 대한 기대는 담보권의 순위 상승에 따른 반사적 이익에 지나지 않는다. 후순위 담보권자는 선순위 담보권의 피담보채권 소멸로 직접 이익을 받는 자에 해당하지 않아 선순위 담보권의 피담보채권에 관한 소멸시효가 완성되었다고 주장할 수 없다"(대판 2021.2.25. 2016다232597: 표준판례163 : 13회 선택형).

V. 소멸시효이익의 포기 ···권리자의 재항변사유   [A-185]

1. 소멸시효 완성전의 포기

① 소멸시효의 이익은 시효기간이 완성하기 전에 미리 포기하지 못한다(제184조 1항). 시효제도는 공익적 제도이므로 개인의 의사로 미리 배척하게 하는 것은 부당하고, 또 채권자가 채무자의 궁박을

이용하여 미리 소멸시효의 이익을 포기하게 할 염려가 있기 때문이다. ② 따라서 그런 염려가 없는 시효기간을 단축하거나 시효요건을 경감하는 특약은 유효하다(제184조 2항). **[9회 사례형]** 이는 강행규정이다.

2. 소멸시효 완성후의 포기

(1) 포기의 유효성 및 법적 성질

소멸시효가 완성된 후에 그 이익을 포기하는 것은 허용된다(제184조 1항의 반대해석). 왜냐하면 시효가 완성된 후에는 채무자의 궁박을 이용할 염려가 없을 뿐만 아니라, 이를 인정하는 것이 당사자의 의사를 존중하는 결과로 되기 때문이다. 포기의 법적 성질은 상대방 있는 단독행위이다.

(2) 요 건

① 소멸시효완성 후의 포기는 ㉠ 처분능력과 처분권한을 갖춘 자가 ㉡ 시효완성 사실을 알고, ㉢ 권리를 잃을 자에게 '시효이익을 포기하는 의사표시'로 할 수 있다. 특히 ㉢ 요건과 관련하여 '시효완성 후 채무승인'이 문제되는바, 시효이익의 포기에는 '효과의사'가 필요하므로, '관념의 통지'로 효과의사가 필요하지 않는 시효중단사유로서의 승인과 다르며, 따라서 채무승인만으로 언제나 시효이익의 포기가 되는 것은 아니다.

② 대표적으로 "소송에서의 상계항변은 소송상의 공격방어방법으로 피고의 금전지급의무가 인정되는 경우 자동채권으로 상계를 한다는 예비적 항변의 성격을 갖는데, 따라서 상계항변이 먼저 이루어지고 그 후 대여금채권의 소멸을 주장하는 소멸시효항변이 있었던 경우에는, 상계항변 당시 채무자인 피고에게 수동채권인 대여금채권의 '시효이익을 포기하려는 효과의사'가 있었다고 단정할 수 없다"(대판 2013.2.28. 2011다21556: 표준판례169 ; 2013.7.25. 2011다56187,56194 : 6회 선택형)고 한다.

1) 포기자

시효이익의 포기는 '처분행위'이므로 처분능력과 처분권한이 있어야 한다. 즉, "시효완성의 이익 포기의 의사표시를 할 수 있는 자는 시효완성의 이익을 받을 당사자 또는 그 대리인에 한정되고, 그 밖의 제3자가 시효완성의 이익 포기의 의사표시를 하였다 하더라도 이는 시효완성의 이익을 받을 자에 대한 관계에서 아무 효력이 없다"(대판 2014.1.23. 2013다64793 : 시효이익의 포기는 대리인도 할 수 있다). **[22법행]**

2) 상대방

소멸시효의 완성으로 권리를 잃을 지위에 있는 자에게 하여야 한다.

3) 방 식

포기는 명시적이든 묵시적이든 상관이 없다. 다만 소멸시효이익의 포기사유로서 '묵시적 승인'은 적어도 채무자가 채권자에 대하여 부담하는 채무의 존재에 대한 인식의 의사를 표시함으로써 성립한다(대판 2008.7.24. 2008다25299). 判例에 따르면 소멸시효완성 후의 ① 변제기한의 유예요청(대판 1965.12.28. 65다2133), ② 일부변제(채무전부 승인) 등이 이에 해당한다(대판 2001.6.12. 2001다3580).

4) 시효완성 사실을 알고서 포기할 것 [6·9회 기록형]

① 시효이익의 포기는 '의사표시'이므로 시효완성의 사실을 알고서 하여야 한다. 최근 대법원은 '채무자가 시효완성 후 채무를 승인한 경우에는 시효완성의 사실을 알고 그 이익을 포기한 것으로 추정된다'는 법리(대판 1967.2.7. 66다2173 등)를 폐기하였는바, 그 이유는 ㉠ 시효가 지났다고 해서 당연히 그 사실을 알고 있었을 것이라 보기 어렵고, 알고 있었더라도 그 '이익'을 포기했다는 추정은 '경험칙'에 어긋

나며, ⓒ '관념의 통지'에 불과한 시효중단사유로서의 '채무승인'과 처분행위, 즉 '의사표시(효과의사)'에 해당하는 시효이익의 포기는 '법적성질'이 구별되어야 하며, ⓒ 단순 변제만으로 불리한 법적 추정이 생기는 구조는 '법적 안정성'과 채무자에게 부당한 부담을 전가하는 것으로 '공정성'에 어긋난다고 보았다(대판 2025.7.24. 전합2023다240299).

② 결국 소멸시효 완성 후 일부변제 등이 시효이익의 포기인지를 판단하기 위해서는 i) 일부 변제의 동기 및 자발성, ii) 변제액과 전체 채무액의 비율, iii) 소멸시효가 얼마나 지났는지, iv) 변제 당시와 이후의 당사자 언동, v) 당사자의 거래경험 및 관계의 성격과 같은 사정들을 종합적으로 고려해야 한다고 밝혔다. 즉, 단순히 돈을 일부 갚았다는 사정만으로는 부족하고, 그 변제가 시효완성을 인식하고도 '이익을 포기하겠다'는 명확한 의사표시에 해당하는지를 정밀하게 입증해야 한다는 취지이다.

[관련판례] 아울러 시효완성 사실을 모르고 기한유예 요청을 한 경우 시효이익의 포기는 되지 않으나, 判例에 따르면 기한유예요청을 하고 다시 시효완성을 원용하는 것은 신의칙(금반언)에 의해 인정되지 않는다고 한다(대판 1998.5.22. 96다24101 ; 취득시효 사안이나 소멸시효에도 동일하게 적용가능).

> ✳ 소멸시효가 완성된 채무의 일부변제 ★
> 과거 判例는 채무의 '일부'를 변제하는 경우도 그 채무 '전부'에 대한 시효이익을 포기한 것으로 보았다. 그러나 최근 '시효이익 포기의 경우 악의 추정법리'를 폐기(위 전합2023다240299)한 만큼 아래 判例가 유지되기는 어려울 것으로 판단된다.
> ㉠ [계속적 거래에서 발생한 수 개의 채무 중 일부변제] "동일 당사자 간에 계속적인 거래로 인하여 같은 종류를 목적으로 하는 수 개의 채무 중 채무자가 어느 채무를 특정하지 않고 그 일부의 변제를 한 때에도 잔존채무에 대해 시효이익을 포기한 것으로 보지만, 그 채무가 별개로 성립되어 독립성을 갖고 있는 경우에는 일률적으로 그렇게만 해석할 수는 없다"(8회 선택형).
> ㉡ [일부배당에 대한 이의제기를 하지 않은 경우] "채권자의 담보권실행에 의한 일부의 배당에 대해 채무자가 이의제기를 하지 않은 경우에도 일부변제와 같은 효력을 인정하여, 채무자는 시효완성의 사실을 알고 그 채무를 묵시적으로 승인하여 시효의 이익을 포기한 것으로 보아야 한다"(대판 2001.6.12. 2001다3580 : 11회 선택형).
> ㉢ [이자채무의 시효소멸과 일부변제] "원금채무는 소멸시효가 완성되지 않았으나 이자채무의 소멸시효가 완성된 상태에서 채무자가 채무를 일부 변제한 경우, 원금채무를 승인하고 이자채무의 시효이익을 포기한 것으로 추정되므로, 채무자의 변제가 채무 전체를 소멸시키지 못하고 당사자가 변제에 충당할 채무를 지정하지 아니한 때에는 제479조, 제477조에 따른 법정변제충당의 순서에 따라 충당되어야 한다"(대판 2013.5.23. 2013다12464 : 8회 선택형).
> ☞ 기존 판례에 따르면 다른 사정이 없다면 일부변제한 것으로는 원본에 앞서 이자에 먼저 충당하며, 이행기가 도래한 이자 중에는 이행기가 먼저 도래한 순서에 따라 충당될 것이어서(제477조 3호 참조) 결국 먼저 시효로 소멸한 이자에 우선충당하게 될 것이다.

(3) 효 과

1) 시적 범위

포기의 효과는 그 의사표시가 상대방에게 도달하는 때에 발생하며, 시효이익을 포기하면 소멸시효의 완성을 주장하지 못하고, 포기한 때부터 시효가 새로 진행한다(대판 2009.7.9. 2009다14340).

2) 인적 범위

가) 원칙 : 시효이익 포기의 상대효 [5회 사례형, 9회 기록형]

포기의 효과는 상대적이어서 포기할 수 있는 자가 다수인 경우에 1인의 포기는 다른 사람에게 영향을 미치지 않는다. 判例도 직접 이익을 받는 자의 시효원용권은 채무자의 시효원용권에 기초한 것이 아닌 독자적인 것이라고 하여 채무자의 시효이익의 포기는 다른 직접수익자의 시효원용권에 영향을 미치지 않는다고 한다(대판 1995.7.11. 95다12446). 따라서 주채무자의 소멸시효이익의 포기는 보증인(대판 1991.1.29. 89다카1114: 표준판례167 : 7회 선택형), 저당부동산의 제3취득자(대판 2010.3.11. 2009다100098 : 담보가등기가 경료된 부동산을 양수한 자도 마찬가지라는 것에 대판 1995.7.11. 95다12446: 표준판례161), 물상보증인(대판 2018.11.9. 2018다38782), 연대보증인(제433조 2항)(대판 1995.7.11. 95다12446 : 2회,6회,7회 선택형) 등에 영향을 미치지 않는다.

나) 예외 : 시효이익 포기의 상대효 제한법리

그러나 判例는 시효이익을 이미 포기한 자와의 법률관계를 통하여 비로소 시효이익을 원용할 이해관계를 형성한 자(판례사안은 피담보채권의 소멸시효가 완성된 후 채무자가 저당권을 설정한 후 이를 취득한 담보물의 제3취득자)는 이미 이루어진 시효이익 포기의 효력을 부정할 수는 없다고 한다(아래 2015다200227판결).

[사실관계] A는 1992년 B로부터 5천만 원을 차용하면서 그 담보로 A 소유 부동산에 대해 B 앞으로 제1근저당권을 설정해 주었다. 그 후 (이 채권의 소멸시효기간 10년이 지난 때인) 2004년에 A는 위 차용금채무의 이자를 3천만 원으로 확정하고, 이를 담보하기 위해 위 부동산에 대해 B 앞으로 제2근저당권을 설정해 주었다. 2013년에 C는 A로부터 위 부동산을 매수하여 소유권을 취득한 후, B를 상대로 근저당권의 피담보채권이 소멸시효로 인해 소멸하였다는 것을 이유로 제1, 제2근저당권의 말소를 청구한 것이다. 이에 대해 判例는 A가 B 앞으로 제2근저당권을 설정해 준 것은 소멸시효의 이익을 포기한 것으로 볼 수 있는데(단, 최근 전합2023다240299를 통해 '시효이익 포기의 경우 악의 추정법리'를 폐기), 이 효력은 C에게도 미쳐 C는 독자적으로 소멸시효를 주장할 수 없는 것으로 보았다(대판 2015.6.11. 2015다200227: 표준판례168 : 6회 선택형).

3) 물적 범위

判例는 채무자가 채무 중 일부를 변제하면 전부에 대하여 시효이익을 포기한 것으로 본다. 그렇지만 (가분)채무 일부에 대한 소멸시효 이익의 포기가 불가능한 것은 아니다(대판 2012.5.10. 2011다109500: 표준판례436).[5]

Ⅵ. 소멸시효의 남용(시효완성전; 불행장, 시효완성후; 신부)…권리자의 재항변사유 [A-186]

1. 소멸시효 남용의 요건

判例는 "채무자의 소멸시효에 기한 항변권의 행사도 우리 민법의 대원칙인 신의성실의 원칙과 권리남용금지의 원칙의 지배를 받는 것이어서, ⅰ) 채무자가 시효완성 전에 채권자의 권리행사나 시효중단을 불가능 또는 현저히 곤란하게 하였거나, ⅱ) 그러한 조치가 불필요하다고 믿게 하는 행동을 하였거나, ⅲ) 객관적으로 채권자가 권리를 행사할 수 없는 (사실상의) 장애사유가 있었거나, ⅳ) 또는 일단 시효완성 후에 채무자가 시효를 원용하지 아니할 것 같은 태도를 보여 권리자로 하여금 그와 같이 신뢰하게 하였거나, ⅴ) 채권자보호의 필요성이 크고, 같은 조건의 다른 채권자가 채무의 변제를 수령하는 등의 사정이 있어 채무이행의 거절을 인정함이 현저히 부당하거나 불공평하게 되는 등의 '특별한 사정'이 있는 경우에는 채무자가 소멸시효의 완성을 주장하는 것이 신의성실의 원칙에 반하여 권리남용으로서 허용될 수 없다"(대판 2002.10.25. 2002다32332 : 8회 선택형)고 한다.

[심화] 여기서 ⅰ), ⅱ), ⅳ)는 채무자의 행위가 금반언의 원칙 내지는 모순행위금지의 원칙에 해당하여 신의칙에 반하는 행위로 평가될 수 있는 것이다. 특히 ⅳ)는 많은 경우 시효이익의 포기로 평가되는 수가 있

---

5) [사실관계] 경매절차에서 채무자인 甲 주식회사가 소멸시효가 완성된 근저당권부 채권을 가진 乙이 배당받는 데 대하여 이의를 제기하지 않은 사안에서, 甲 회사의 다른 채권자인 丙이 甲 회사를 대위하여 이의를 제기한 부분을 제외한 나머지 채권에 대하여는 甲 회사가 시효이익을 포기한 것으로 보아야 하므로, 그 부분 배당액과 관련하여 乙이 부당이득을 취득한 것이 아니라고 본 사안이다.

고, 따라서 시효의 남용이 문제되는 것은 그에 이르지 않는 경우이다. 그리고 iii)의 유형은 신중하게 적용하여야 한다. 왜냐하면 채권자가 사실상 권리의 존재나 권리행사 가능성을 알지 못하였고 알지 못함에 과실이 없다고 하여도 이러한 사유는 법률상 장애사유에 해당하지 않아 소멸시효가 진행하는 것이 '원칙'이므로(다만 권리자가 권리의 발생 여부를 알기 어려운 객관적 사정이 있고 권리자가 과실 없이 알지 못하는 경우에도 위의 원칙을 관철하면 정의와 형평의 이념에 반할 뿐만 아니라 소멸시효제도의 존재이유에 부합된다고 할 수 없기 때문에 判例(대판 2001.4.27. 2000다31168: 표준판례139 ; 대판 2003.4.8. 2002다64957,64964: 표준판례140)는 일정한 경우에 예외를 인정한다), 이 유형을 쉽게 인정하게 되면 소멸시효의 기산점에 관한 기존의 법리가 그 의미를 상실하게 될 것이기 때문이다(대판 2010.9.9. 2008다15865: 표준판례166). 즉, 判例는 '사실상의 장애'에 대해서는 원칙적으로 시효의 진행을 인정하되 그 후에 소멸시효가 완성되는 경우의 시효주장에 대해서는 권리남용으로 처리하는 것이 기본적인 태도이다(김준호, 민법강의).

2. 소멸시효 남용의 한계

判例는 "국가에게 국민을 보호할 의무가 있다는 사유만으로 국가가 소멸시효의 완성을 주장하는 것 자체가 신의성실의 원칙에 반하여 권리남용에 해당한다고 할 수는 없으므로, 국가의 소멸시효 완성 주장이 신의칙에 반하고 권리남용에 해당한다고 하려면 일반 채무자의 소멸시효 완성 주장에서와 같은 특별한 사정이 인정되어야 할 것이고, 또한 그와 같은 일반적 원칙을 적용하여 법이 두고 있는 구체적인 제도의 운용을 배제하는 것은 법해석에 있어 또 하나의 대원칙인 법적 안정성을 해할 위험이 있으므로 그 적용에는 신중을 기하여야 한다"(대판 2005.5.13. 2004다71881)고 한다.

3. 소멸시효 남용의 효과

(1) 일반론

소멸시효 주장이 권리남용에 해당하여 허용되지 않는 경우에는 소멸시효가 처음부터 다시 진행하는 것은 아니고 권리자는 '신의성실의 원칙에 위배되는 사정이 없어진 때부터 상당한 기간 내'에 권리를 행사하여야 한다(8회 선택형).

이와 관련하여 최근 전원합의체 판결은 채무자가 소멸시효의 이익을 원용하지 않을 것 같은 신뢰를 부여한 사안에서(위 소멸시효 남용의 경우 중 iv) 경우), 소멸시효의 남용은 소멸시효 제도에 대한 예외적인 제한에 그쳐야 한다는 이유로 "채권자는 그러한 사정이 있는 때부터 '시효정지'의 경우에 준해 단기간 내에 권리를 행사하여야만 채무자의 소멸시효의 항변을 저지할 수 있다"(대판 2013.5.16. 전합2012다202819 ; 대판 2013.8.22. 2013다200568)고 보았다. 그러므로 소멸시효의 항변을 저지할 수 있는 권리행사의 '상당한 기간'은 일반적으로 시효정지의 경우에 준해 '6개월'의 기간 내에 권리를 행사하여야 한다. 다만 개별 사건에서 매우 특수한 사정이 있어 그 기간을 연장하여 인정하는 것이 부득이한 경우에도, 예를 들어 불법행위로 인한 손해배상청구의 경우 그 기간은 아무리 길어도 제766조 1항이 규정한 단기소멸시효 기간인 3년을 넘을 수는 없다고 하였다(대판 2013.5.16. 전합2012다202819).

(2) 구체적인 예

① [국가배상청구권의 소멸시효 주장이 남용인 경우 공무원에 대한 구상권 행사가부(원칙적 소극)] "공무원의 불법행위로 손해를 입은 피해자의 국가배상청구권의 소멸시효 기간이 지났으나 국가가 소멸시효 완성을 주장하는 것이 신의성실의 원칙에 반하는 권리남용으로 허용될 수 없어 배상책임을 이행한 경우에는, 그 소멸시효 완성 주장이 권리남용에 해당하게 된 원인행위와 관련하여 해당 공무원이 그 원인이 되는 행위를 적극적으로 주도하였다는 등의 특별한 사정이 없는 한, 국가가 해당 공무원에게 국가배상법 제2조 제2항에 따라 구상권을 행사하는 것은 신의칙상 허용되지 않는다"(대판 2016.6.9. 2015다200258).

② [계약명의신탁자의 수탁자에 대한 부당이득반환청구권의 소멸시효주장이 남용인지 여부(소극)] 判例는 부동산실명법 시행 전에 甲 교회가 담임목사인 乙의 명의로 소위 계약명의신탁을 체결하여 선의의 매도인으로부터 건물을 매수하여 乙 명의로 등기한 후에, 甲 교회가 실명등기를 하지 않고 부동산실명법에서 정한 유예기간을 경과한 후 乙을 상대로 토지의 부당이득반환을 구하자 乙이 소멸시효 항변을 한 경우, 甲 교회가 권리를 행사할 수 없는 장애사유가 소멸된 때(乙이 甲교회의 담임 목사직에서 은퇴한 시점)로부터 민법상 '시효정지기간'이 훨씬 지나 乙에게 부당이득반환을 구하는 소를 제기하였다면, 특별한 사정이 없는 한 乙의 소멸시효 항변은 권리남용이라고 볼 수 없다고 한다(대판 2013.12.26. 2011다90194).

③ [재심무죄판결에 따른 국가배상청구권의 소멸시효주장이 남용인 경우 권리자의 권리행사 기간] "수사기관의 위법행위로 수집된 증거에 기초하여 유죄의 확정판결까지 받았으나 재심무죄판결이 확정된 후 국가를 상대로 손해배상을 청구하는 경우, 재심절차에서 무죄판결이 확정될 때까지는 채권자가 손해배상청구를 할 것을 기대할 수 없는 사실상의 장애사유가 있었다. 따라서 채무자인 국가의 소멸시효 완성의 항변은 신의성실의 원칙에 반하는 권리남용으로 허용될 수 없다. 다만 채권자는 특별한 사정이 없는 한 그러한 장애가 해소된 재심무죄판결 확정일로부터 민법상 시효정지의 경우에 준하는 6개월의 기간 내에 권리를 행사하여야 한다. 그리고 채권자가 재심무죄판결 확정일로부터 6개월 내에 손해배상청구의 소를 제기하지는 아니하였더라도 그 기간 내에 형사보상법에 따른 형사보상청구를 한 경우에는 소멸시효의 항변을 저지할 수 있는 권리행사의 '상당한 기간'은 이를 연장할 특수한 사정이 있다고 할 것이고, 그때는 형사보상결정 확정일로부터 6개월 내에 손해배상청구의 소를 제기하면 상당한 기간 내에 권리를 행사한 것으로 볼 수 있다. 다만 이 경우에도 그 기간은 권리행사의 사실상의 장애사유가 객관적으로 소멸된 재심무죄판결 확정일로부터 3년을 넘을 수는 없다"(대판 2013.12.12. 2013다201844).[6]

④ [상속인이 피상속인과 자신을 공동원고로 하여 소를 제기한 경우] 判例는 소제기 당시 이미 사망한 당사자와 상속인이 공동원고로 표시된 손해배상청구의 소가 제기된 경우, 이미 사망한 당사자 명의로 제기된 소 부분은 부적법하여 각하되어야 하므로, 상속인이 소의 제기로써 자기 고유의 손해배상청구권뿐 아니라 이미 사망한 당사자의 손해배상청구권에 대한 자신의 상속분에 대해서까지 함께 권리를 행사한 것으로 볼 수는 없다고 보았다(대판 2015.8.13. 2015다209002).[7]

⑤ [일제 강제동원 피해자들이 일본 기업을 상대로 불법행위로 인한 위자료 지급을 구하는 사건] "채권자에게 권리의 행사를 기대할 수 없는 객관적인 사실상의 장애사유가 있었던 경우에도 대법원이 이에 관하여 채권자의 권리행사가 가능하다는 법률적 판단을 내렸다면 특별한 사정이 없는 한 그 시점 이후에는 그러한 장애사유가 해소되었다고 볼 수 있다"(대판 2023.12.21. 2018다303653).[8]

---

[6] [관련판례] 수사과정에서 불법구금이나 고문을 당한 사람이 공판절차에서 유죄 확정판결을 받고 수사관들을 직권남용, 감금 등 혐의로 고소하였으나 검찰에서 '혐의 없음' 결정을 받은 경우, 재심절차에서 무죄판결이 확정될 때까지는 국가를 상대로 불법구금이나 고문을 원인으로 한 손해배상청구를 할 것을 기대할 수 없는 장애사유가 있었다고 보아야 한다(대판 2019.1.31. 2016다258148). 고문 피해자의 국가배상 청구권의 기산점이 재심무죄 확정일이라고 한 사례.

[7] [사실관계] 피해자 甲의 유족인 배우자 乙과 子 丙이 공동원고로 표시되어 국가를 상대로 손해배상청구를 한 사안으로 신뢰부여일인 과거사진상규명위원회의 진상규명일로부터 3년 이내에 소를 제기하였지만, 소제기 당시 乙은 이미 사망하였으므로 乙의 손해배상청구부분은 각하되고, 진상규명일로부터 3년이 지난 후 丙이 乙의 손해배상청구권을 상속하였음을 이유로 청구금액을 추가하기 위한 청구취지 변경신청서를 제출한 경우, 이미 상속분에 대한 시효가 완성되었다고 본 사례.

[8] [사실관계] 대법원은 2018. 10. 30. 선고한 2013다61381 전원합의체 판결을 통해 일본 정부의 한반도에 대한 불법적인 식민지배 및 침략전쟁의 수행과 직결된 일본 기업의 반인도적인 불법행위를 전제로 하는 강제동원 피해자의 일본 기업에 대한 위자료청구권은 청구권협정의 적용 대상에 포함되지 않는다는 법적 견해를 최종적으로 명확하게 밝혔고, 위 전원합의체 판결 선고로 비로소 대한민국 내에서 강제동원 피해자들의 사법적 구제가능성이 확실하게 되었다고 볼 수 있으므로, 강제동원 피해자 또는 그 상속인들에게는 위 전원합의체 판결이 선고될 때까지는 미쓰비시중공업 주식회사를 상대로 객관적으로 권리를 사실상 행사할 수 없는 장애사유가 있었다고 봄이 타당하다고 한 사례

핵심사례 A-17

★ 응소와 시효중단, 소멸시효의 완성과 포기의 상대효 [9회 기록형]
대판 1996.1.23. 95다39854 ; 대판 2007.1.11. 2006다33364 ; 대판 1995.7.11. 95다12446

甲은 1990. 3. 5. 乙에게 1억 원을 변제기를 2개월 후로 하여 대여해 주었고, 이를 위해 丙은 채무자 乙의 부탁으로 자신 소유의 X건물에 저당권 설정등기를 경료해 주었고, 丁 역시 채무자 乙의 부탁으로 甲과 연대보증계약을 체결하였다. 그 후 1990. 7. 5. 丙은 甲을 상대로 위 대여금채무를 乙이 변제하였음을 이유로 저당권설정등기의 말소를 청구함에 따라, 甲은 1990. 7. 15. 이에 적극적으로 응소하여 위 대여금채권을 변제받은 바 없으므로 이를 위한 저당권설정등기는 유효하다는 내용의 답변서를 제출한 결과 丙은 패소하고 이 판결은 1991. 3. 5. 확정되었다. 그 후 乙은 2000. 8. 5. 甲에게 소멸시효가 완성되는 등 어떤 사유가 있더라도 전액 변제하겠다면서 일단 2천만 원을 변제하였다. 그러나 그 후 乙이 잠적하자 甲은 2001. 3. 4. 丁에게 보증채무의 이행을 청구하였다. **이때 丁은 소멸시효가 완성되었음을 이유로 항변할 수 있는가? (25점)**

I. 결 론

甲의 乙에 대한 대여금 채권은 2000. 5. 5. 24:00가 되면 소멸시효가 완성되는바(제166조 1항, 제162조 1항), 채무 없는 물상보증인 丙이 제기한 소송에 채권자 甲이 응소하여 승소한 당해 사안의 경우에도 이는 시효중단 사유인 '재판상 청구'가 아니다(제170조 1항). 다만, 시효완성 후 乙은 소멸시효가 완성되는 등 어떤 사유가 있더라도 전액 변제하겠다면서 일부변제한바, 이는 어느 견해에 따르든 '시효이익의 포기'이나(제184조 1항의 반대해석), 이러한 시효이익의 포기는 '상대적'이어서 연대보증인 丁에게는 미치지 않는다(제433조 2항). 따라서 丁은 시효이익을 원용할 수 있는 '직접 이익을 받는 자'에 해당하므로, '보증채무'자체 뿐만 아니라, 주채무가 시효로 소멸하였으므로 보증채무도 '부종성'에 따라 소멸되었다고 주장할 수 있다.

II. 논 거

1. 甲의 乙에 대한 대여금채권의 소멸시효 완성 여부
2. 甲의 응소에 따른 승소로 시효가 중단되었는지 여부
(1) 응소가 재판상 청구에 포함되는지 여부(적극)
(2) 물상보증인 丙이 제기한 소송에서 응소하는 것도 재판상 청구에 해당하는지 여부(소극)
3. 시효완성 후 채무자 乙의 일부변제에 따른 효과
(1) 甲의 乙에 대한 대여금채권의 소멸시효 완성에 따른 효과(절대적 소멸설 vs 상대적 소멸설)
(2) 시효완성 후 채무자 乙의 일부변제에 따른 효과
  사안의 경우 乙은 소멸시효가 완성되는 등 어떤 사유가 있더라도 전액 변제하겠다면서 일부변제하였으므로 이는 어느 견해에 따르든 시효이익의 포기라고 할 수 있다(제184조 1항의 반대해석).
4. 乙이 시효이익을 포기한 경우 丁이 소멸시효 완성을 원용할 수 있는지 여부
(1) 주채무자 乙의 시효이익 포기가 연대보증인 丁에게도 미치는지 여부(소극 : 시효이익 포기의 상대효)
(2) 연대보증인 丁이 소멸시효 완성을 주장할 수 있는지 여부(적극 : 직접 이익을 받을 자에 해당)

제2편

채권총론

- 제1장 채권법 서론
- 제2장 채권의 목적
- 제3장 채권의 효력
- 제4장 채권의 대외적 효력
- 제5장 수인의 채권자 및 채무자
- 제6장 채권양도와 채무인수
- 제7장 채권의 소멸

제1장 채권법 서론

Ⅰ. 채 권 [B-1]

채권이란 특정인(채권자)이 다른 특정인(채무자)에 대하여 특정의 행위(급부)를 청구할 수 있는 권리를 말한다.

Ⅱ. 채 무 [B-2]

1. 의 의

채무란 채무자가 채권자에게 일정한 행위(급부)를 하여야 할 의무를 말한다. 이러한 채무에는 법률행위가 예정하고 있는 본래의 의무(계약의 유형을 결정하는 의무)로서 '주된 급부의무'와, 이를 제대로 이행하기 위해 요청되는 '부수적 의무'가 있다.

2. 주된 급부의무와 부수적 의무의 구별

(1) 구별실익

부수적 의무를 위반한 이행은 불완전이행이 되며, 이때 손해배상청구는 가능하나 **부수적 의무 불이행을 이유로 한 계약해제는 원칙적으로 허용되지 않는다**(대결 1997.4.7. 97마575: 표준판례395). 그 외에 쌍무계약의 경우 주된 급부의무에 대해서는 동시이행의 관계에 있으나, 부수적 의무에 대해서는 동시이행의 항변을 할 수 없다(대판 1976.10.12. 73다584).

(2) 구별기준

계약상의 의무 가운데 주된 채무와 부수적 채무를 구별함에 있어서는 급부의 독립된 가치와는 관계 없이 계약을 체결할 때 표명되었거나 그 당시 상황으로 보아 분명하게 객관적으로 나타난 당사자의 합리적 의사에 의하여 결정하되, 계약의 내용·목적·불이행의 결과 등의 여러 사정을 고려하여야 한다(대결 1997.4.7. 97마575: 표준판례395).[1]

3. 보호의무(아래 쟁점 5.참고)

[쟁점 05] 보호의무 ▼

Ⅰ. 개 념 [B7-1]

보호의무란 채권자와 채무자가 일정한 '사회적 접촉'(예를 들어, 계약체결의 준비단계) 또는 **특별결합관계**에 들어서면 채권관계의 실현과정에서 채무자가 채권자의 생명이나 신체 또는 재산 기타 '이행이익과 무관한' 일체의 다른 법익(이른바 완전성 이익)을 침해하지 아니할 의무를 말한다.

이러한 보호의무를 인정하게 되면 채무의 발생 시기가 앞당겨지고 그 내용이 확대되는 효과가 생긴다. 이로써 채무불이행책임의 영역이 확대된다.

---

[1] [사실관계] 상가의 일부 층을 먼저 분양하면서 그 수분양자에게 장차 나머지 상가의 분양에 있어 상가 내 기존 업종과 중복되지 않는 업종을 지정하여 기존 수분양자의 영업권을 보호하겠다고 약정한 경우, 그 약정에 기한 영업권 보호 채무를 분양계약의 주된 채무로 본 사례이다.

Ⅱ. 인정실익(채무불이행책임과 불법행위책임의 차이) [B7-2]

보호의무를 채무에 포함시키게 되면 그 위반시 채무불이행을 물을 수 있게 되나, 이를 부정하는 견해에 의하면 불법행위책임이 문제될 뿐이다. 따라서 이를 인정하는 견해에 의하면 ① 면책가능성이 있는 사용자의 배상책임에 관한 규정(제756조) 대신 면책가능성이 없는 이행보조자의 과실에 대한 규정(제391조)을 적용할 수 있다는 점, ② 증명책임에서 불법행위책임은 피해자가 가해자의 고의·과실을 입증해야 하나(제750조), 계약책임은 채무자가 자신의 과실이 없음을 입증하여야 한다는 점(제390조 단서), ③ 소멸시효도 일반적으로 계약책임이 불법행위책임보다 장기라는 점(제162조 1항, 제766조) 등에서 계약책임을 묻는 것이 불법행위책임을 묻는 것 보다 '피해자(채권자)'에게 더 유리하다고 한다.

Ⅲ. 구별개념 [B7-3]

1. 급부의무와의 구별

① 급부의무는 '이행이익'의 취득을 목적으로 하는 반면, ② 보호의무는 이행이익을 초과하는 또는 그와 별도의 부가적 손해로부터 채권자의 완전성이익 보호를 목적으로 한다.

2. 안전배려의무와의 구별

① 보호의무는 채무자가 '주된 급부를 실현하는 과정'에서 채권자의 신체·생명 등 다른 일체의 법익을 침해하지 말아야 할 '일반적인 불가침의무'에 해당한다.

② 그러나 안전배려의무란 '주된 급부의 실현은 아니지만' 채무자가 제공하는 장소 또는 설비가 채권자의 신체에 접촉하게 됨에 따라 그 신체의 안전을 배려해야 한다는 특별한 '계약상의 의무'로서 신의칙상 요구되는 '부수적 의무'에 해당하므로 이에 따른 의무위반은 원칙적으로 채무불이행책임이 성립한다. 예컨대 근로·고용계약(대판 2000.5.16. 99다47129), 숙박계약(대판 1994.1.28. 93다43590), 학교·체육시설 등의 운영자 또는 공연의 주최자 등에서 안전배려의무가 주로 문제된다.

다만, 判例는 안전배려의무위반에 대해 불법행위책임을 인정한 경우도 있는바(대판 2019.1.31. 2017다203596),[2] 안전배려의무라는 용어가 일관된 모습을 가지고 사용되는 것은 아니다.[3]

> [관련판례] "사법인인 학교법인과 학생의 재학관계는 사법상 계약에 따른 법률관계에 해당한다. 학교법인은 학생의 생명, 신체, 건강 등의 안전을 확보하기 위하여 교육장소의 물적 환경을 정비하여야 하고, 학생이 교육을 받는 과정에서 위험 발생의 우려가 있을 때에는 미리 위험을 제거할 수단을 마련하는 등 합리적 조치를 하여야 한다. 학교법인이 안전배려의무를 위반하여 학생의 생명, 신체, 건강 등을 침해하여 손해를 입힌 때에는 '불완전이행'으로서 채무불이행으로 인한 손해배상책임을 부담한다"(대판 2018.12.28. 2016다33196).[4]

---

[2] "운동경기에 참가하는 자는 자신의 행동으로 인해 다른 경기자 등이 다칠 수도 있으므로, 경기규칙을 준수하면서 다른 경기자 등의 생명이나 신체의 안전을 확보하여야 할 신의칙상 주의의무인 안전배려의무가 있다. 다만 그 행위가 사회적 상당성의 범위를 벗어나지 않았다면 이에 대하여 (불법행위에 따른) 손해배상책임을 물을 수 없다"
[3] 유영석, '안전배려의무(Fursorgepflicht), 재산법연구(2002), p.20
[4] "구체적으로 손해배상책임을 인정하기 위해서는, 문제가 된 사고와 재학계약에 따른 교육활동 사이에 직접 또는 간접적으로 관련성이 인정되어야 하고, 학교법인이 설립한 학교의 학교장이나 교사가 사고를 교육활동에서 통상 발생할 수 있다고 예견하였거나 예견할 수 있었음에도 사고 위험을 미리 제거하기 위하여 필요한 조치를 다하지 못하였다고 평가할 수 있어야 한다"

Ⅳ. 논의대상   [B7-4]

1. 불완전이행

계약의 이행단계에서 보호의무를 위반한 경우(예컨대 판매한 가구를 집안에 들여놓다가 매수인의 다른 가구를 훼손한 경우) 불완전이행책임으로 다루어야 할지 불법행위책임으로 다루어야 할지 문제된다(제390조 vs 제750조). 判例에 따르면 계약을 둘러싼 법률관계에서도 '자기책임의 원칙'상 일방 당사자가 상대방 당사자에게 손실이 발생하지 아니하도록 하는 등 상대방 당사자의 이익을 보호하거나 배려할 일반적인 의무를 원칙적으로 부담하는 것은 아니라고 한다(대판 2014.8.21. 전합2010다92438 : **12회 선택형**).[5] 따라서 카지노사업자인 乙회사 직원이 카지노사업자의 영업제한규정 중 1회 베팅한도를 제한하는 규정을 위반하였더라도, 1회 베팅한도를 초과하여 카지노를 이용한 甲에 대한 보호의무를 위반하였다고 볼 수 없어 사용자책임(제756조)을 지지 않는다고 한다.

2. 계약체결상 과실책임

계약체결을 위한 준비단계에서 상대방의 신체·재산에 손해를 준 경우(예컨대 바나나 껍질 사건) 계약체결상의 과실책임으로 다루어야 할지 불법행위책임으로 다루어야 할지 문제된다(제535조 유추적용 vs 제750조 : 이는 계약체결상의 과실책임의 법적 성질론 C-5.와 관련된다).

3. 제3자 보호효 있는 계약

계약당사자는 아니지만 계약관계에 기한 보호의무의 이행에 직접 이해관계를 가지는 제3자에게 손해가 발생한 경우(예컨대 甲이 乙에게 집수리를 맡겼는데, 乙이 수리 도중에 공구를 떨어뜨려 방 안에 있던 甲의 부인 丙을 다치게 한 경우 乙의 丙에 대한 책임) 채무불이행책임으로 다루어야 할지 불법행위책임으로 다루어야 할지 문제된다(제390조 vs 제750조).

> **[구별]** 제3자 보호효 있는 계약은 제3자를 위한 계약과는 다르다. 제3자를 위한 계약은 계약의 당사자가 아닌 제3자에게 직접 권리를 취득시키는 것이므로, 제3자가 낙약자에게 직접 급부청구권을 갖는다. 그러나 제3자 보호효 있는 계약은 제3자가 직접 급부청구권을 갖는 것은 아니고, 채무자의 보호의무에 기하여 보호의무 위반으로 인한 손해배상을 받을 수 있을 뿐이다.

Ⅴ. 계약상 의무로서 보호의무 인정 여부   [B7-5]

1. 학 설

① 일반불법행위책임을 묻는 것보다 피해자 구제에 유리하다는 점을 이유로 채무불이행책임으로 처리되는 채무의 범위에 급부의무와 관련 없는 보호의무를 포함시키는 **보호의무 편입설**(다수설)과, ② 보호의무를 채무의 범주에 포함시키게 되면 채무자가 부담하는 의무의 정도가 지나치게 확대되고 나아가 불법행위책임과의 경계가 모호해진다는 점을 이유로 부정하는 **보호의무 배제설**로 나뉜다.

---

[5] "카지노사업자가 카지노 운영과 관련하여 공익상 포괄적인 영업 규제를 받고 있더라도 특별한 사정이 없는 한 이를 근거로 함부로 카지노이용자의 이익을 위한 카지노사업자의 보호의무 내지 배려의무를 인정할 것은 아니다. 카지노사업자로서는 정해진 게임 규칙을 지키고 게임 진행에 필요한 서비스를 제공하면서 관련 법령에 따라 카지노를 운영하기만 하면 될 뿐, 관련 법령에 분명한 근거가 없는 한 카지노사업자에게 자신과 게임의 승패를 겨루어 재산상 이익을 얻으려 애쓰는 카지노이용자의 이익을 자신의 이익보다 우선하거나 카지노이용자가 카지노 게임으로 지나친 재산상 손실을 입지 아니하도록 보호할 의무가 있다고 보기는 어렵다"

2. 판례

대법원은 '신의칙상의 부수의무'로서 계약상대방의 생명·신체·건강·재산 등을 해치는 일이 없도록 필요한 조치를 강구하여야 할 '보호의무'의 개념을 인정하고 있다. 그러나 '계약상의 의무'로서 보호의무를 인정하는지 여부는 명확하지 않다. 가령 일시사용을 위한 임대차의 숙박계약에서 숙박업자의 보호의무, 근로계약에서 사용자의 보호의무 위반 등을 이유로 채무불이행책임을 성립시킨다는 것도 있지만, 일반적으로는 보호의무 위반으로 인하여 불법행위가 성립한다는 입장으로 보인다.

[판례해설] 判例가 '보호의무배제설'의 입장에 가깝다고 판단하는 이유는 ① 위 判例에서 언급하는 소위 '보호의무'는 '부수적 의무'의 일종인 '안전배려의무'라고 할 것이므로 보호의무의 개념에는 포함되지 않는다고 보는 것이 타당하며, ② 判例는 계약체결 과정에서 보호의무를 위반한 경우 불법행위로 다룬 것이 많기 때문이다(아래 판례연구 B-1.참고).

3. 검토

소위 '보호의무론'은 불법행위책임에 대해서도 일반조항을 두고 있지 않던 독일민법에서 피해자 구제의 공백을 메우기 위하여 논의된 내용이다. 따라서 불법행위와 관련하여 일반규정(제750조)을 두고 있는 우리 민법에서는 보호의무를 채무의 내용으로 보는 것은 인정실익도 적으면서(실무상 사용자의 면책은 사실상 이루어지고 있지 않으며, 과실의 추정은 급부의무의 불이행에 따른 통상손해에 한정함이 타당하다) 채무불이행책임과 불법행위책임의 체계를 혼란시키는 결과를 초래한다. 따라서 보호의무배제설이 타당하다.

판례연구 B-01

■ 보호의무에 관한 판례의 태도(대부분 강학상 안전배려의무 위반에 해당)

Ⅰ. 보호의무 위반에 대해 채무불이행책임을 인정한 사례

1. 숙박업자의 투숙객에 대한 보호의무

"공중접객업인 숙박업을 경영하는 자(일시사용을 위한 임대차)는 고객의 안전을 배려하여야 할 '보호의무'를 부담하며 이러한 의무는 숙박계약의 특수성을 고려한 '신의칙상의 부수의무'로서 이를 위반한 경우 불완전이행으로 인한 채무불이행책임을 부담한다. 이 경우 피해자로서는 구체적 보호의무의 존재와 그 위반 사실을 주장·입증하여야 하며 숙박업자로서는 통상의 채무불이행에 있어서와 마찬가지로 그 채무불이행에 관하여 자기에게 과실이 없음을 주장·입증하지 못하는 한 그 책임을 면할 수는 없다"(대판 2000.11.24. 2000다38718,38725: 표준판례10 : 12회 선택형).

[비교판례] "통상의 임대차관계에 있어서 임대인의 임차인에 대한 의무는 특별한 사정이 없는 한 단순히 임차인에게 임대목적물을 제공하여 임차인으로 하여금 이를 사용·수익하게 함에 그치는 것이고, 더 나아가 임차인의 안전을 배려하여 주거나 도난을 방지하는 등의 보호의무까지 부담한다고 볼 수 없다"(대판 1999.7.9. 99다10004).

2. 여행업자의 여행객에 대한 보호의무 [C-58.이하 참고]

① "여행업자는 기획여행계약의 상대방인 여행자에 대하여 '기획여행계약상의 부수의무'로서, 여행자의 생명·신체·재산 등의 안전을 확보하기 위하여, 여행목적지·여행일정·여행행정·여행서비스기관의 선택 등에 관하여 미리 충분히 조사·검토하여 전문업자로서의 합리적인 판단을 하고, 또한 그 계약 내용의 실시에 관하여 조우할지 모르는 위험을 미리 제거할 수단을 강구하거나 또는 여행자에게 그 뜻을 고지하여 여행자 스스로 그 위험을 수용할지 여부에 관하여 선택의 기회를 주는 등의 합리적 조치를 취할 '신의칙상의 주의

의무'를 진다"(대판 1998.11.24. 98다25061 : 12회 선택형). ② 다만 "여행 실시 도중 위와 같은 안전배려의무 위반을 이유로 기획여행업자에게 손해배상책임을 인정하기 위해서는, 문제가 된 사고와 기획여행업자의 여행계약상 채무이행 사이에 직접 또는 간접적으로 관련성이 있고, 그 사고 위험이 여행과 관련 없이 일상생활에서 발생할 수 있는 것이 아니어야 하며, 기획여행업자가 그 사고 발생을 예견하였거나 예견할 수 있었음에도 그러한 사고 위험을 미리 제거하기 위하여 필요한 조치를 다하지 못하였다고 평가할 수 있어야 한다"(대판 2017.12.13. 2016다6293).[6]

3. 병원의 입원환자에 대한 보호의무

"병원은 입원환자의 휴대품 등의 도난을 방지함에 필요한 적절한 조치를 강구하여 줄 '신의칙상의 보호의무'가 있으므로, 이를 소홀히 하여 입원환자와는 아무런 관련이 없는 자가 입원환자의 병실에 무단출입하여 입원환자의 휴대품 등을 절취하였다면 병원은 그로 인한 손해배상책임을 면하지 못한다"(대판 2003.4.11. 2002다63275 : 12회 선택형). 아울러 입원환자에게 귀중품 등 물건보관에 관한 주의를 촉구하면서 도난시에는 병원이 책임질 수 없다고 설명을 한 것만으로는 병원의 과실에 의한 손해배상책임까지 면제되는 것은 아니라고 하였다.

4. 사용자의 피용자에 대한 보호의무 [C-52.참고] [23법무]

① "사용자는 근로계약에 수반되는 '신의칙상의 부수적 의무'로서 피용자가 노무를 제공하는 과정에서 생명, 신체, 건강을 해치는 일이 없도록 인적·물적 환경을 정비하는 등 필요한 조치를 강구하여야 할 '보호의무'를 진다"(대판 2000.5.16. 99다47129). 다만 사용자의 피용자에 대한 보호의무는 업무관련성 및 예견가능성이 인정되는 범위에 한정된다(대판 2006.9.28. 2004다44506). ② 그러나 사용자의 피용자에 대한 보호의무 위반에 대해서 불법행위로 다룬 것들이 있다(대판 2000.3.10. 99다60115).[7]

Ⅱ. 보호의무 위반에 대해 불법행위책임을 인정한 사례

1. 증권회사 직원의 고객에 대한 보호의무 [13입법]

대법원은 "증권회사의 임직원이 고객에게 투자를 권유할 때에는 고객이 합리적인 투자판단과 의사결정을 할 수 있도록 '고객을 보호할 의무'를 부담하고, 따라서 유가증권의 가치에 중대한 영향을 미치는 중요정보는 고객에게 제공하고 설명할 의무'를 부담한다"(대판 2003.1.24. 2001다2129 ; 대판 2006.6.29. 2005다49799)고 하여, 증권회사 직원이 자신만이 알고 있으나 밝힐 수는 없는 확실한 투자정보가 있다면서 고객으로 하여금 주식을 대량으로 매수하도록 유도하고, 그 후 거듭된 매도요청에도 불구하고 손실을 보전해 주겠다는 각서까지 써 주면서 이를 거부한 것은 불법행위를 구성한다고 보았다.

2. 계약교섭 단계에서의 신뢰침해(계약교섭의 부당파기) [10행정]

"어느 일방이 교섭단계에서 계약이 확실하게 체결되리라는 정당한 기대 내지 신뢰를 부여하여 상대방이 그 신뢰에 따라 행동하였음에도 상당한 이유 없이 계약의 체결을 거부하여 손해를 입혔다면 이는 신의성실의 원칙에 비추어 볼 때 계약자유원칙의 한계를 넘는 위법한 행위로서 **불법행위를 구성한다**"(대판 2003.4.11. 2001다53059 ; 보호의무를 직접 언급한 것은 아니다).

▶ [쟁점 05]

---

[6] [사실관계] 기획여행계약의 여행자가 자유시간인 야간에 숙소인 이 사건 호텔 인근 해변에서 물놀이하였으며, 기획여행업자의 국외여행 인솔자가 이를 발견하여 "바닷가는 위험하니 빨리 나오라."라고 말하고 그 현장을 떠났는데, 그 여행자가 다른 여행자와 함께 계속 물놀이하다가 익사하여 그 유족인 원고들이 기획여행업자인 피고를 상대로 손해배상을 청구한 사안에서, 피고가 여행자들의 의사와 관련하여 기획여행계약의 여행주최자로서 안전배려의무를 위반하였다고 단정하기는 어렵다고 판단하였다.

[7] "근로계약에 수반되는 신의칙상의 부수적인 의무로서 근로자에 대한 보호의무를 부담하는 사용자에게 근로자가 입은 신체상의 재해에 대하여 민법 제750조 소정의 불법행위책임을 지우기 위하여는 사용자에게 당해 근로로 인하여 근로자의 신체상의 재해가 발생할 수 있음을 알았거나 알 수 있었음에도 불구하고 그 회피를 위한 별다른 안전조치를 취하지 않은 과실이 있음이 인정되어야 하고, 위와 같은 과실의 존재는 손해배상을 청구하는 근로자에게 그 입증책임이 있다"

제2장 채권의 목적

제1절 총 설

채권은 채권자가 채무자에게 일정한 행위를 청구하는 것을 내용으로 하는 권리이므로, '채권의 목적'은 '채무자의 행위'로 귀결된다. 채권의 목적은 '채권의 목적물'과 개념상 다르다. 후자는 채무자의 (이행)행위의 객체를 의미한다. 이러한 채권의 목적이 되는 채무자의 행위를 가리켜 강학상 '급부'라고 하고, 이 급부의무를 채무라고 한다. 그런데 민법은 급부라는 용어를 사용하지 않고, 개별적으로 '행위'(제380조, 제385조 1항), '지급'(제376조, 제377조), '이행'(제375조, 제385조, 제539조), '급여'(제466조, 제746조), '변제'(제742조, 제743조) 등으로 표현한다.

제2절 목적에 의한 채권의 종류

제1관 특정물채권

Ⅰ. 의 의
[B-3]

특정물채권은 '특정물의 인도'를 목적으로 하는 채권으로서(제374조), 종류물의 인도를 목적으로 하는 종류채권과 대비된다. 그러나 종류채권도 특정이 된 후에는 그때부터는 특정물채권으로 다루어진다(제375조 2항 참조).

Ⅱ. 채무자의 선관주의의무
[B-4]

> 제374조 (특정물인도채무자의 선관의무) 특정물의 인도가 채권의 목적인 때에는 채무자는 그 물건을 인도하기까지 선량한 관리자의 주의로 보존하여야 한다.

1. 의 의

특정물채권의 채무자는 '**특정물인도채무가 성립한 때**'부터 '**특정물을 인도할 때**'(이행기까지가 아님)까지 선량한 관리자의 주의로 '**보존**'(보관에 한하는 것은 아니다)하여야 한다(제374조). 이는 독자적인 성격을 갖는 의무는 아니고, 특정물 인도의무가 '이행불능'이 되거나 '불완전하게 이행'된 경우에 그에 관한 채무자의 과실을 판단하는 기준이 된다(통설). 즉, 이 주의를 위반하게 되면 채무자에게 '추상적 과실'이 있는 것이 되고, 채무불이행에서의 '과실'(제390조)은 이를 가리킨다.

> [참고] 채무자의 '과실'은 채무자 개인의 주관적인 능력을 기준으로 하는 것이 아니라, 그 채무의 이행과 관련하여 평균적인 채무자를 기준으로 한다. 이를 '추상적 과실'이라고 하는바, 민법상 '선량한 관리자의 주의'라고 표현하는 것이 그러하다. 반면 채무자 개인의 주관적인 능력을 기준으로 하는 것을 '구체적 과실'이라고 하는바, 민법상 '자기재산과 동일한 정도의 주의'(제695조 참조)라고 표현하는 것이 그러하다.

2. 의무부담의 존속기간 및 증명책임

여기서 '목적물을 인도하기까지'의 의미는 '이행기'까지가 아니라 **채무자가 '실제로' 물건을 인도할 때까지**를 뜻한다(통설). 그러나 이행기가 지난 후에는 이행지체로 채무자의 책임이 가중되거나(제392조) 채권자지체로 채무자의 책임이 감경되므로(제401조), 이행기 이후 실제로 인도할 때까지의 사이에 채무자가 선관주의의무를 부담하는 것은 이행지체나 채권자지체가 성립하지 않는 경우로서, ⅰ) 이행기에 이행하지 않은 것이 불가항력에 기한 경우이거나(제390조 단서) ⅱ) 채무자에게 유치권이나 동시이행의 항변권과 같이 이행의 지연을 정당화하는 사유가 존재하는 경우에 국한된다. 그리고 이러한 선관주의의무를 다하였는지의 증명책임은 '**채무자**'가 부담한다(아래 91다22605,22612).

> ✽ **선관주의의무의 증명책임**(=채무자)
> 判例는 "임대차 종료 후 임차인의 임차목적물 명도의무와 임대인의 연체차임 기타 명도시까지 발생한 손해배상금 등을 공제하고 남은 임대보증금반환 채무와는 동시이행의 관계에 있는 것이어서 임차인은 이를 지급받을 때까지 동시이행의 항변권에 기하여 목적물을 유치하면서 명도를 거절할 권리가 있는 것이나, 임차인은 임차목적물을 명도할 때까지는 선량한 관리자의 주의로 이를 보존할 의무가 있어, 이러한 주의의무를 위반하여 임대목적물이 멸실, 훼손된 경우에는 그에 대한 손해를 배상할 채무가 발생하며, 임대목적물이 멸실, 훼손된 경우 임차인이 그 책임을 면하려면 그 임차건물의 보존에 관하여 선량한 관리자의 주의의무를 다하였음을 입증하여야 할 것이다"(대판 1991.10.25. 91다22605,22612 등)라고 판시함으로써 기본적으로 선관주의의무에 대한 증명책임은 채무자가 지는 것으로 본다(임대차 [C-50] 참고).

Ⅲ. 채무자의 목적물인도의무 [B-5]

> **제462조 (특정물의 현상인도)** 특정물의 인도가 채권의 목적인 때에는 채무자는 이행기의 현상대로 그 물건을 인도하여야 한다.

1. 현상인도의무

채무자는 특정물을 선량한 관리자의 주의를 기울여 보존하다가, 그 목적물을 인도하여야 할 때(이행기)의 현상 그대로 인도하여야 한다(제462조).

2. 제462조의 의미

(1) 문제점

앞서 검토한 바와 같이 특정물이 존재하는 한, 훼손 여부 또는 이행기의 전후에 관계없이 채무자는 언제나 현상인도의무를 부담한다. 그렇다면 흠 있는 특정물을 인도한 경우(급부불능에 준하지 않은 일부멸실·훼손의 경우)[1]에도 현상인도로 채무를 완전히 이행한 것으로 볼 것인지 아니면 불완전이행으로 채무불이행책임을 지는지 문제된다.

(2) 학 설

학설은 '특정물도그마이론'을 긍정하는 견해(①설, ②설)와 부정하는 견해(③설, ④설)로 대별될 수 있다. ① 선관주의의무를 다하였다면 일부멸실·훼손된 물건을 인도하더라도 유효한 변제제공이 된다는 견해[2]와 ② 선관주의의무를 다하였는지 여부와 상관없이 일부멸실·훼손된 물건을 인도하더라도 유

---

1) 목적물의 멸실 등 급부불능에 준하는 사정이 있는 경우에는 인도할 특정물이 존재하지 않으므로 특정물의 인도의무 자체가 소멸한다. 특정물채권에서 인도의 목적물은 특정되어 있어서 다른 물건을 대신 인도할 수 없기 때문이다.

효한 변제제공이 된다는 견해,[3] ③ 선관주의의무를 다하였다면 법적 동일성을 잃을 정도에 이르지 않은 일부멸실·훼손된 물건의 인도는 유효한 변제제공이 된다는 견해,[4] ④ 일부멸실·훼손된 물건을 인도하는 것은 언제나 채무 내용에 좇은 이행이 되지 못하지만, 채권자는 그러한 물건이라도 인도를 청구할 수 있다는 견해 등이 있다(앞의 학설과는 달리 제462조를 채무자가 아니라 채권자를 위한 규정으로 본다).[5]

(3) 검 토

특정물채무라 하더라도 채무자는 일부멸실·훼손이 없는 완전한 특정물을 인도할 의무를 부담한다고 보는 것이 당사자의 의사에 부합한다. 따라서 ④설이 타당하다.

3. 목적물의 인도장소

채무의 성질 또는 당사자의 의사표시로 변제장소를 정하지 아니한 때에는 특정물의 인도는 채권 성립 당시에 그 물건이 있던 장소에서 하여야 한다(제467조 1항)(5회 선택형).

4. 과실의 귀속

채무자가 과실수취권을 가지는 경우 ① '이행기' 이전에는 채무자가 소유자이기 때문에 채무자에게 귀속하나, ② '이행기' 이후에는 원칙적으로 채권자에게 귀속하지만, 매매의 경우 채무자(매도인)가 아직 매매대금을 받지 못하였다면 채무자에게 귀속한다(제587조, 제567조).

제2관 종류채권

| 쟁점구조 |

■ 쌍무계약에서 채무자가 채무를 변제제공(제460조)하였으나 채권자가 현실수령하지 않은 상태의 법률효과

Ⅰ. 채무자측
종류채권의 특정 관련(제375조 2항), 이행지체 책임 면제(제461조), 변제공탁에 따른 채무 소멸(제487조).

Ⅱ. 채권자측
채권자지체 발생(제400조),[6] 동시이행항변권 소멸(제536조)에 따라 자신의 채무에 대한 이행지체 발생

---

2) 곽윤직, 김상용, 김학동, 정기웅 ; 이에 따르면 채권자는 훼손된 물건에 대한 수령을 거절할 수 없고(따라서 채권자가 이를 수령하지 않으면 채권자지체가 성립한다), 채무자가 선관주의의무를 위반한 경우는 채무불이행책임만을 물을 수 있을 뿐이라고 한다.
3) 송덕수, 신민법강의(7판), C-87 ; 이에 따르면 ①설은 제374조의 선관주의의무를 제462조의 현상인도의 전제로 보는 점이 적절하지 않다고 한다. 그리하여 선관주의의무를 다하지 못한 경우에도(손해배상책임을 지는 것은 별도로 하고) 목적물은 현상으로 인도하여야 하고 또 그것으로 충분하다고 새겨야 한다고 한다.
4) 김용한, 김주수, 김형배, 이은영 ; 이는 '법적 동일성'을 유지하고 있는 경우에 한하여 ①설과 같이 해석하고 그렇지 못한 경우에는 급부불능에 준하여 처리하는 견해이다. 그러나 ①설도 계약의 목적, 거래관행 등을 고려할 때 일부멸실·훼손된 특정물을 도저히 당초 채권의 목적물로 볼 수 없어서 그러한 물건을 인도하더라도 채권의 목적을 달성할 수 없는 경우(법적 동일성이 인정되지 아니하는 경우)에까지 위와 같이 해석하는 것은 아니기 때문에(즉 이 경우에는 급부불능에 준하여 처리한다) ①설과 ③설 사이에 실질적인 차이는 없다.
5) 양창수, 민법주해(제9권), p.231

■ **종류채권의 특정** [채무자(매도인)가 변제제공을 하였으나 채권자(매수인) 수령지체 중 채무자의 경과실로 목적물을 멸실한 경우] (급, 선, 대) [4회 사례형]

Ⅰ. 매도인의 목적물인도채무(소극)
① 채무의 성질 확정(종류채권인지 특정물채권인지 여부) ⇒ ② 종류채권이라면 종류채권의 특정 시기와 방법(제375조 2항 해석론) ⇒ ③ 특정물 채권으로 변경에 따른 목적물인도청구권의 존부[급부(물건)위험 이전[7]]

Ⅱ. 매도인의 채무불이행책임의 성부(소극)
선관주의의무 위반 여부 확정[제374조, 제392조(이행지체), 제401조(채권자지체)]

Ⅲ. 매수인의 대금지급의무(적극)
대가 위험부담의 문제(특히 제538조 1항 2문 해석론)[8]

Ⅰ. 서 설

[B-6]

1. 종류채권의 개념 및 구별기준

① 일정한 종류에 속하는 물건의 일정량의 인도를 목적으로 하는 (불특정물)채권이다. 종류채권은 특정물채권과 달리 목적물의 개성이 중시되지 않기 때문에, 종류물인지 여부(개성의 중시 여부)는 거래의 일반관념에 의하여 객관적으로 정해지는 것이 아니라, **당사자의 의사**를 표준으로 하여 정하여 진다.

② 예를 들어 ㉠ 수임인이 위임사무를 처리함에 있어 받은 물건으로 위임인에게 인도할 목적물은 그것이 대체물이더라도 당사자 사이에서는 특정된 물건과 같은 것으로 보아야 한다(대판 1962.12.16. 67다1525: 표준판례388).[9] ㉡ 判例 중에는 **특정회사의 주식을 명의신탁한 경우**, 주식은 주주가 출자자로서 회사에 대하여 가지는 지분으로써 동일 회사의 동일 종류 주식 상호간에는 그 개성이 중요하지 아니한 점 등을 이유로 명의신탁해지에 따른 반환채무는 종류채무라고 보았다(대판 2015.2.26. 2014다37040).[10]

2. 제한(한정)종류채권

종류 이외에 다시 일정한 제한을 두어서 일정량의 물건의 인도를 약정하는 경우를 '제한(한정)종류채권'이라고 한다. 예를 들어 쌀 100가마가 있는 A창고에 보관 중인 쌀 10가마를 매수하기로 한 경우, 100가마 중에서 10가마라는 점에서는 종류채권이지만, 그것은 A창고에 있는 것을 한도로 한다는 점에서 '제한종류채권'이다(대판 1994.8.26. 93다20191참조).[11] 이는 특히 '선택채권'과 구별해야 한다(B-14.참고).

---

6) 다만 判例는 채권자가 미리 수령을 확고하게 거절한 경우에는 채무자는 구두제공조차 하지 않더라도 채무불이행책임을 면하나(대판 1995.4.28. 94다16083), 대가위험을 상대방에게 이전시키기 위해서는(제538조 1항 후문) 채무자의 변제제공(현실제공이나 구두제공)이 필요하다고 한다(대판 2004.3.12. 2001다79013: **표준판례546**).

7) 특정된 물건이 그 후 어떤 사정으로 滅失한 경우에는, 채무자는 다른 종류물로 다시 이행하여야 할 의무(조달의무)를 지지는 않으며 그 인도의무를 면한다.

8) 특정이 되어도 <u>대가위험</u>은 여전히 채무자에게 남아 있지만(제537조), 특정 후에 채권자 지체가 발생하면 대가의 위험은 채권자에게 이전되므로(제538조), 특정은 대가위험을 이전시키기 위한 전제조건이 된다.

9) [유사판례] "임치계약상 수취인이 반환할 목적물은 당사자 사이에 특약이 없는 한 수취한 물건 그 자체이고 그 물건이 전부 멸실된 때에는 임치물 반환채무는 이행불능이 되는 것이고 임치한 물건이 대체물인 경우라도 그와 동종 동량의 물건을 인도할 의무가 없다"(대판 1976.11.9. 76다1932).

10) [사실관계] A가 B로부터 X주식회사 주식을 매수한 다음 이를 B에게 명의신탁하였는데, B가 위 주식을 타인에게 매도한 후 A가 B와의 명의신탁을 해지하였다면, B의 A에 대한 주식반환의무는 특정물채무가 아니라 종류채무에 해당하므로 B가 A주식을 취득하여 반환할 수 없는 등의 특별한 사정이 없는 한, B가 보유하는 주식이 제3자에게 매도되어 B가 이를 보유하고 있지 않다는 사정만으로는 B의 주식반환의무가 이행불능이 되었다고 할 수 없다고 하였다.

3. 특정의 의의 및 필요성

종류채권의 특정이란 종류와 수량에 의해 정해진 급부목적물을 구체적으로 확정하는 것을 말한다. 이러한 특정은 이행을 위한 전제로써 필요할 뿐만 아니라 채무자가 지는 '조달의무'의 부담을 덜어주고, '급부위험'을 채권자에게 이전시키는 효과를 발생시킨다.

Ⅱ. 특정의 방법

[B-7]

> 제375조 (종류채권) ②항 채무자가 이행에 필요한 행위를 완료하거나 채권자의 동의를 얻어 이행할 물건을 지정한 때에는 그때로부터 그 물건을 채권의 목적물로 한다.

1. 채무자가 '이행에 필요한 행위를 완료' 함으로써 행하는 특정

'이행에 필요한 행위'의 의미는 채무의 종류에 따라 아래와 같이 달라진다. 전체적으로 개관하자면 변제의 제공(제460조)에 의해 종류채권이 특정된다. 그러나 구두제공의 경우 변제의 준비를 완료하고 그 수령을 최고하면 변제의 제공은 되나(지체책임 면제), 특정이 되기 위해서는 변제준비를 완료하는 것 외에 목적물을 분리하는 것이 필요하다.

(1) 지참채무의 경우

채무의 원칙적인 형태이다(제467조 2항). 지참채무는 채권자의 주소에서 현실의 제공을 한 때(제460조 본문), 즉 목적물이 채권자의 주소에 도달하고 채권자가 언제든지 수령할 수 있는 상태에 놓여진 때에 특정된다. 다만 채권자가 미리 수령을 거절한 때에는 구두제공과 함께 목적물을 분리·지정한 때 특정된다(제460조 단서 참고).

(2) 추심채무의 경우

채무의 이행에 채권자의 추심행위를 필요로 하므로 이때에는 구두의 제공, 즉 변제준비의 완료(목적물을 분리하여 채권자가 수령할 수 있는 상태)를 통지하고 그 수령을 최고하는 것으로 특정이 된다(제460조 단서 참고).

(3) 송부채무의 경우

종래 통설에 따르면 송부채무는 '채권자 또는 채무자의 주소 이외의 제3지'에 목적물을 송부하여야 하는 채무를 말한다. 이러한 통설에 따르면 ① 제3의 장소가 채무의 본래의 변제장소인 때에는 그 제3의 장소에서 현실의 제공을 한 때에 특정되나, ② 제3의 장소가 채무의 본래의 이행장소가 아니고 채무자의 호의로 제3지에 송부하는 경우에는 발송시에 특정된다고 한다.

2. 계약에 의한 특정 (지정권자에 의한 특정)

당사자의 약정에 의해 당사자의 일방 또는 제3자가 지정권을 행사하여 목적물을 특정할 수 있다. '채권자의 동의를 얻어 이행할 물건을 지정'하는 채무자의 행위에 의한 특정(제375조 2항) 역시 계약에 의한 특정에 해당한다.

---

11) [사실관계] "보유주식 일정량을 담보로 제공하기로 한 담보제공약정은 특정한 '주권'에 대한 담보약정이 아니라 기명의 '주식'에 관한 담보약정이고 다만 그 담보약정의 이행으로서 약정한 기명주식을 표창하는 주권을 인도할 의무가 있는 것인데, 주식은 동가성이 있고 상법 등의 규정에 따른 소각, 변환, 병합 등 변화가능성이 있으며 담보약정에 이르게 된 경위 등에 비추어 볼 때, 담보약정 후 주권의 이행제공 전에 갖고 있던 주식에 대한 처분이나 새로운 주식의 취득이 있더라도 약정된 수의 기명주식을 표창하는 주권만 인도하면 되고 인도할 주권의 특정은 쌍방 어느 쪽에서도 할 수 있는 것으로서 담보약정에 기한 채권은 일종의 제한종류채권이다"

> **■ 제한종류채권의 특정** 　　　　　　　　　　　　　　　　대판 2003.3.28. 2000다24856
>
> **사실관계** ㅣ A는 B와 맺은 계약에 기하여 甲토지, 乙토지 및 丙토지 중 7,000평을 B에게 소유권을 이전하여 주기로 하였다. 그런데 채무자 A는 채권자 B의 여러 차례에 걸친 최고에도 불구하고 계약상 이행할 토지의 지정을 회피하였다. **채권자 B는 면적 7,000평에 들어맞는 甲토지를 지정하여 계약상 이행하기로 되어 있는 7,000평을 甲토지로 특정할 수 있는가?**
>
> **B채권의 종류** ㅣ 判例에 따르면 A가 B에게 그 개성과 관계없이 7,000평을 이전하기로 한 경우로서 제한종류채권에 해당한다(대판 2003.3.28. 2000다24856).[12]
>
> **B의 지정권행사 가부** ㅣ 지정권자인 채무자 A가 지정권을 행사하지 않는 경우에 선택채권에 관한 제381조를 유추적용하여 채권자 B가 지정권을 행사할 수 있는지와 관련하여, 判例(대판 2009.1.30. 2006다37465)[13]에 따르면 사안과 같은 제한종류채권(재고채권)에 있어서 채무자가 이행에 필요한 행위를 하지 않거나 지정권자로 된 채무자가 이행할 물건을 지정하지 않은 경우에는 **제381조를 준용**(유추적용)하여 지정권이 채권자에게 이전한다고 한다. 이러한 判例에 따르면 **채권자 B는 7,000평을 甲토지로 특정할 수 있다.**[14]

Ⅲ. 특정의 효과 (급, 선, 대, 변)　　　　　　　　　　　　　　　　　　　　　　　　　[B-8]

1. 특정물채권으로의 전환 [4회 사례형]

종류채권의 목적물이 특정되면 그때부터 그 특정된 물건이 채권의 목적물이 된다(제375조 2항). 즉 종류채권은 목적물의 특정으로 그 동일성을 해함이 없이 특정물채권으로 변한다(다수설).

(1) 급부(물건)위험 이전 여부

목적물의 특정으로 급부(물건)의 위험이 채권자에게 이전한다. 따라서 특정된 물건이 그 후 어떤 사정으로 滅失한 경우에는, 채무자는 다른 종류물로 다시 이행하여야 할 의무(조달의무)를 지지는 않으며 그 인도의무를 면한다(6회 선택형). 다만 물건의 멸실에 대하여 채무자에게 책임이 있는 경우(제374조), 그가 손해배상책임을 질 수는 있지만 이는 급부위험과 별개의 문제이다.

(2) 선관주의의무

특정물채권의 채무자는 특정물을 인도할 때까지 선량한 관리자의 주의로 보존하여야 한다(제374조). 물론 이러한 선관주의 의무는 가중되는 경우(제392조)도 있고, 경감되는 경우(제401조)도 있다.

2. 대가위험 이전 여부 [4회 사례형]

특정이 되어도 대가위험은 여전히 채무자에게 남아 있다(제537조). 다만, 특정 후에 채권자 지체가

---

[12] [판례평석] 이에 대해 토지는 같은 면적이라도 위치에 따라 차이가 있으므로 사안의 경우 처음부터 선택채권으로 보고 선택권의 이전법리를 적용하였어야 한다는 비판이 있다(송덕수, 신민법강의(7판), C-100).

[13] "ⅰ) 제한종류채권에 있어 급부목적물의 특정은, 원칙적으로 종류채권의 급부목적물의 특정에 관한 민법 제375조 2항이 적용되므로, 채무자가 이행에 필요한 행위를 완료하거나 채권자의 동의를 얻어 이행할 물건을 지정한 때에는 그 물건이 채권의 목적물이 되는 것이나, ⅱ) 당사자 사이에 지정권의 부여 및 지정의 방법에 관한 합의가 없고, 채무자가 이행에 필요한 행위를 하지 아니하거나 지정권자로 된 채무자가 이행할 물건을 지정하지 아니하는 경우에는, 선택채권의 선택권 이전에 관한 민법 제381조를 준용하여 채권의 기한이 도래한 후 채권자가 상당한 기간을 정하여 지정권이 있는 채무자에게 그 지정을 최고하여도 채무자가 이행할 물건을 지정하지 아니하면 지정권이 채권자에게 이전한다"

[14] [학설] 통설은 종류채권에 있어서는 종류물의 개성은 중요시되지 않고 또 지정권은 선택채권에 있어서의 선택권과 달리 목적물을 특정하는 것 이상의 의미를 지니고 있지 않기 때문에 그러한 경우에는 종류채권의 성질상 지정권이 부여되지 않은 때처럼 채무자가 이행에 필요한 행위를 완료하였을 때 특정이 된다고 한다. 따라서 통설에 따르면 채권자 B는 7,000평을 甲토지로 특정할 수 없다.

발생하면 대가의 위험은 채무자로부터 채권자에게 이전되므로(제538조) 특정은 대가위험을 이전시키기 위한 전제조건이 된다.

3. 채무자의 변경권한 인정 여부

통설은 목적물의 개성에 중점을 두지 않는 종류채권의 성질 및 신의칙을 이유로, 특정 이후에 목적물이 멸실된 경우에도 채무자가 동종·동량의 다른 물건을 인도할 수 있는 변경권이 인정된다고 한다(통설). 이 경우 채무자는 채권자에게 반대급부를 청구할 수 있게 된다(계약관계가 유효하게 존속한다). 그러나 채권자의 반대의사가 있거나 채권자에게 불이익을 주는 경우에는 인정되지 않는다.

4. 하자 있는 목적물을 제공한 경우 [C-36h.참고]

① 하자 있는 목적물의 제공은 채무의 내용에 좇은 이행의 제공이라고 할 수 없으므로, 이때에는 특정의 효과가 발생하지 않는다. 따라서 채권자가 본래부터 갖는 완전물인도청구권은 채무자의 특정을 위한 행위에도 불구하고 그대로 인정된다(즉 채권자는 하자 없는 다른 물건을 청구할 수 있다). ② 그러나 채권자가 수령하면 특정이 되며 이 경우 채무자에게 귀책사유가 있다면 채무불이행책임이 발생함과 동시에 (무과실책임인) 제581조의 종류물의 하자담보책임도 발생하여(즉 제581조 1항의 '특정된 목적물'은 '제공된 목적물'로 이해되어야 한다), 매수인이 선의·무과실이면 계약해제 또는 손해배상을 청구하거나 하자 없는 물건을 청구할 수 있다.

핵심사례 B-01

■ 종류채권의 특정 [채무자(매도인)가 변제제공을 하였으나 채권자(매수인) 수령지체 중 채무자의 경과실로 목적물을 멸실한 경우] [4회 사례형 유사]

과일가게를 경영하는 A는 B로부터 2004.1.2. 오후 3시에 B의 집으로 사과 1박스를 배달해 달라는 주문을 받고 승낙하였다. 그런데, 약속대로 A가 B에게 사과를 배달하러 갔으나 B는 외출 중이었다. 사실 B는 외출 후 약속시간까지 돌아오려고 하였으나 B의 과실 없이 차가 고장나서 약속시간까지 돌아올 수 없었던 것이다. 한편 A는 B의 집이 자물쇠로 잠겨 있고, 핸드폰으로 B에게 연락을 시도하였으나 연락이 되지 않아 배달을 할 수 없었다. 이에 A는 사과를 다시 가지고 돌아오던 중, **경과실로 C와 충돌하여 사과가 모두 못쓰게 되었다.**

1. B는 A가 새로운 사과 1박스를 인도한다면 그와 동시에 물품대금을 지급하겠다고 한다. 타당한가? (15점)
2. 또는, B는 A가 사과 1박스를 인도하지 않음으로써 발생한 손해배상금을 지급한다면 그와 동시에 물품대금을 지급하겠다고 한다. 타당한가?(15점)
3. B는 A의 사과 1박스 인도의무는 이행이 불가능하게 되었으므로 물품대금을 지급할 의무가 없다고 한다. 타당한가? (10점)

Ⅰ. A의 사과인도채무의 존부(소극)

1. A의 채무의 성질(거래의 일반관념이 아니라 당사자의 의사를 표준)

A의 채무는 사과 한 상자를 인도하는 것으로 사안에서 B가 특정 사과 상자를 지정한 것으로 보이지 않으므로 불특정한 사과 한 상자를 인도하면 족한 '종류채무'이다.

2. A의 채무의 특정 여부(지참채무: 제460조 본문에 따른 현실의 제공)

A의 채무는 B의 집에 배달해 주기로 한 것이므로 지참채무라고 할 수 있다. 지참채무의 경우는 채권자의

주소에서 '현실의 제공'을 한 때(제460조 본문), 즉 목적물이 채권자의 주소에 도달하고 채권자가 언제든지 수령할 수 있는 상태에 놓여진 때에 특정된다(제375조 2항). 사안의 경우 매도인 A가 이행기에 매수인 B의 집에 도착하여 B가 언제든지 수령할 수 있는 상태에 있었기 때문에 비록 B가 현실로 수령하지 못했다 하더라도 '이행에 필요한 행위'를 완료했다. 그러므로 A의 사과인도채무는 특정되었다.

3. A의 채무의 특정의 효과(A의 사과인도채무의 존부)

(1) 종류채무의 특정의 효과(급, 선, 대, 변)

(2) 사안의 검토

채무자 A의 '종류채무'는 특정에 의해 특정물채권이 되었고(제375조 2항), A는 사과 인도시까지 선량한 관리자의 주의로 보관해야 하는 의무를 진다(제374조). 다른 한편 사과라는 급부(물건)의 위험은 채권자 B에게 이전하고 채무자 A는 이행기의 현상대로 물건을 인도하면 된다(제462조). 그런데, 사안에서 그 특정된 사과가 파손된 것이므로 A의 의무는 급부불능이 되었고 이러한 급부위험은 채권자 B가 부담하게 되므로 A는 특정된 사과 인도채무를 면하게 되고 B가 A에게 다른 사과의 인도를 구할 수는 없다. 따라서 B에게 동시이행의 항변권이 성립할 여지가 없으므로 B의 주장은 타당하지 않다.

Ⅱ. A의 채무불이행책임의 성부(소극)

1. 문제점

B가 급부위험을 부담하여 다른 사과의 인도를 구할 수는 없다고 해도 사과 파손의 과정에 A의 경과실이 개입되어 있기에 B가 A에게 채무불이행에 기한 손해배상청구를 할 수 있는지 문제된다.

2. 이행불능에 기한 채무불이행책임의 성립요건(후, 불, 귀, 위)

사안의 경우 채권성립 후 이행불능이 되었고 채무자인 A에게 과실이 인정되므로 A는 채무불이행책임을 져야 할 것으로 보인다. 다만, A의 급부는 B의 수령행위라는 채권자의 일정한 협력행위가 있어야 변제의 결과를 가져올 수 있는 것이므로 수령지체가 성립한다면 채무자의 책임이 경감되므로 수령지체인지 여부가 문제된다(제401조).

3. B의 채권자지체 성부

(1) 문제점(수협, 이, 거불)

채권자지체가 성립하기 위해서는 ⅰ) 채무의 이행에 채권자의 수령 또는 협력이 필요할 것, ⅱ) 채무의 내용에 좇은 이행의 제공이 있을 것, ⅲ) 채권자의 수령거절 또는 수령불능이 있을 것(제400조)을 요한다. 사안에서 ⅰ), ⅱ) 요건은 충족하지만 ⅲ) 요건에서 채권자 B의 귀책사유를 필요로 하는가에 따라 B의 채권자지체 성부가 결정되므로 이에 관한 학설의 입장을 보기로 한다.

(2) 학설(① 채무불이행책임설, ② 법정책임설) 및 판례(법정책임설의 입장에서 채권자지체를 이유로 한 해제권 부정)

(3) 검토 및 사안의 경우

따라서 법정책임설(다수설)에 의할 경우 B의 귀책사유는 그 요건은 아니므로 약속시간까지 돌아올 수 없었던 것에 B의 과실이 없더라도 B는 채권자지체책임을 진다.

4. 소 결

A는 경과실로 자신의 채무를 이행불능에 빠지게 했으나 이는 B의 채권자지체 중에 발생한 사유이므로 제401조에 따라 채무불이행책임을 부담하지 않는다. 따라서 B의 주장은 타당하지 않다.

Ⅲ. B의 매매대금지급의무의 존부(적극)

A채무의 이행불능은 B의 수령지체 중에 A의 경과실로 발생한 것이므로 제401조에 의해 A의 책임은 인정되지 않는다. 또한, 사과의 파손으로 인한 이행불능에 B의 귀책사유도 없으므로 '제538조 1항 2문의 수령지체 중의 당사자 쌍방의 책임 없는 사유'에 의한 채권자의 대가위험부담의 법리가 적용되어 A는 채권자 B에게 매매대금의 지급을 청구할 수 있다. 따라서 B의 주장은 타당하지 않다.

제3관 금전채권

I. 의의 및 특수성 [B-9]

금전채권은 일정액의 금전의 지급(인도)을 목적으로 하는 채권이다. 금전채권에서는 금전 자체의 개성보다는 그것이 가지는 일정한 가치에 중점을 두는 점에 그 특색이 있고, 그래서 '금액채권'으로서 의미를 가진다. 그러므로 금전채권에서는 특약이 없는 한 채무자는 그 선택에 따라 각종의 통화로 변제할 수 있는 것이 원칙이다. 금전채권도 일종의 종류채권이지만 여기서는 목적물의 '특정'이란 것이 없으며, 또 금전 자체가 전부 멸실되는 경우가 없어 이행불능이 생기는 일도 없다.

그리고 만약 채권의 목적이 어느 종류의 통화로 지급할 것인 경우에 그 통화가 변제기에 강제통용력을 잃은 때에는 채무자는 다른 통화로 변제하여야 한다(제376조).

II. 금전채무 불이행에 관한 특칙 [B-10]

> 제397조 (금전채무불이행에 대한 특칙) ① 금전채무불이행의 손해배상액은 법정이율에 의한다. 그러나 법령의 제한에 위반하지 아니한 약정이율이 있으면 그 이율에 의한다. ② 전항의 손해배상에 관하여는 채권자는 손해의 증명을 요하지 아니하고 채무자는 과실 없음을 항변하지 못한다.

1. 요건에 관한 특칙

(1) 증명책임

일반적으로 손해배상을 구하는 채권자가 손해의 발생 및 그 액을 증명하여야 하지만(제390조), 금전채무 불이행의 경우에 그 증명이 곤란할 뿐만 아니라 금전은 일정한 과실을 발생시키는 것이 보통이므로 채권자가 손해의 발생과 손해액을 증명할 필요는 없다(제397조 2항 전단). 그러나 '주장책임'은 여전히 채권자에게 있다(대판 2000.2.11. 99다49644: 표준판례389).

(2) 귀책사유

일반적으로 채무자는 자신의 귀책사유에 기한 것이 아닌 채무불이행에 대하여 책임을 지지 않지만(제390조 단서), 금전채무의 채무자는 채무불이행이 자신에게 책임 없는 사유로 인한 것임을 증명하더라도 책임을 면할 수 없다(제397조 2항 후단). 다만 민법이 과실과 별도로 불가항력이라는 용어를 사용하는 점(제314조 참조)에 비추어 채무자가 불가항력으로 인하여 이행지체에 빠진 경우에는 면책을 인정하는 것이 타당하다(반대견해 있음).

2. 효과에 관한 특칙

(1) 원 칙

금전채무불이행에 의한 손해배상액은 실제 손해액이 얼마인가에 관계없이, 법정이율(민법에 정한 연 5%, 상법에 정한 연 6%, 소송촉진 등에 관한 특례법에 정한 연 12%)에 의해 정해진다(제397조 1항 본문). "금전채무에 관하여 이자약정이 없어서 이자청구를 전혀 할 수 없는 경우에도 채무자의 이행지체로 인한 지연손해금은 법정이율에 의하여 청구할 수 있다"(대판 2009.12.24. 2009다85342: 표준판례390 : 14회 선택형).[15]

---

15) [관련판례] "형사보상금지급청구권은 그 성질상 국가에 대한 일반 금전채권과 다르지 않다. 따라서 확정된 형사보상금의 지급청구가 있음에도 그 지급을 지체한 경우 금전채무를 불이행한 것으로 보아, 국가는 청구인에게 미지급 보상금에 대한 지급 청구일 다음날부터(관계 법령에서 기한을 정하고 있지 않으므로 제387조 2항이 적용) 민법 제397조에 따라 지연손해금을

> *** 채권자가 법정이율 또는 약정이율에 따라 산정된 액을 초과하는 손해를 실제로 입은 경우**
> 대법원은 "매도인이 매수인으로부터 매매대금을 약정된 기일에 지급받지 못한 결과 제3자로부터 부동산을 매수하고 그 잔대금을 지급하지 못하여 그 계약금을 몰수당함으로써 손해를 입었다고 하더라도 이는 특별한 사정으로 인한 손해이므로 매수인이 이를 알았거나 알 수 있었던 경우에만 그 손해를 배상할 책임이 있다"(대판 1991.10.11. 91다25369)고 한다.[16]

(2) 예 외

1) 약정이율(약정이자)이 있는 경우

가) 법정이율보다 높은 약정이율이 있는 경우

금전채무에 대해서 약정이율(약정이자)을 정한 것이 있는 때에는 그 약정이율이 법령의 제한에 위반되지 않는 한 채무불이행시에 지연배상금 산정의 기준이 된다(제397조 1항 단서). 즉, "소비대차에서 '변제기 후의 이자약정이 없는 경우' 특별한 의사표시가 없는 한 변제기가 지난 후에도 당초의 '약정이자'를 지급하기로 한 것으로 보는 것이 '당사자의 의사'이므로"(대판 1981.9.8. 80다2649) **[3회 사례형]** 변제기가 경과하여 채무불이행이 성립한 이후에는 약정이자의 이율은 지연배상금(지연이자) 산정을 위한 이율로 적용된다.

> [주의] 금전채무불이행에 의한 손해배상액은 원칙적으로 법정이율에 의해 산정되는 데서 이를 '지연이자'라고 일컫는데, 그 성질은 이행기 이후에 금전채권이 변제될 때까지의 그 지연기간 동안의 손해배상이며, 원본에 대한 이행기까지의 사용대가인 '(약정)이자'와는 다르다(대판 2000.7.28. 99다38637 참고).

나) 법정이율보다 낮은 약정이율이 있는 경우 [20법행]

① 判例는 '약정이율'이 법정이율보다 낮은 경우에는 '지연손해금'은 약정이율이 아니라 법정이율에 의하여 정해야 한다고 명백히 밝히고 있다(대판 2009.12.24. 2009다85342: 표준판례390 : **8회 선택형**). 이러한 법리는 계약해제시 반환할 금전에 가산할 이자(제548조 2항)에 관하여도 적용된다(대판 2013.4.26. 2011다50509 : **2회 선택형**). [판례검토] 금전채무불이행에 관한 당사자 사이의 별도의 약정(지연손해금률)이 없는 경우 최소한 법정이율은 지급받도록 하는 것이 본조의 입법 취지이므로 判例의 태도가 타당하다.

② 또한 判例는 "당사자 일방이 금전소비대차가 있음을 주장하면서 약정이율에 따른 이자의 지급을 구하는 경우, 대여금채권의 변제기 이후의 기간에 대해서는 약정이율에 따른 지연손해금을 구하는 것으로 보아야 하고, 여기에는 약정이율이 인정되지 않는다고 하더라도(법정이율보다 낮은 약정이율이 있는 경우) 법정이율에 의한 지연손해금을 구하는 취지가 포함되어 있다고 볼 수 있다"(대판 2017.9.26. 2017다22407)고 한다.

2) 법률에 특별한 규정이 있는 경우(제685조 · 제705조 · 제958조)

3) 지연손해금 약정이 있는 경우

약정이율이 채무불이행시의 지연배상금 산정의 기준으로 적용되는 것은 별도의 지연손해금 약정이 없는 때에 한하므로, 당사자간에 금전채무불이행에 대비하여 손해배상액 산정을 위한 이율(지연손해금률) 등을 정한 때에는 그러한 약정에 따르며(예를 들어 제398조의 손해배상액의 예정), '약정이율'(약정이자)에 의할 것이 아니다. 따라서 이러한 지연손해금 약정이 법정이율보다 낮더라도 약정에 따른 지연손해금률이 적용된다(대판 2013.4.26. 2011다50509 : 상세한 내용은 [C-23c] 참고).

가산하여 지급하여야 한다"(대판 2017.5.30. 2015다223411).
16) **[판례평석]** 그러나 금전채무의 이행지체가 있을 경우 법령 또는 당사자 간의 합의로 별도의 정함이 없으면 제397조의 손해배상만을 청구할 수 있다. 따라서 判例의 태도는 타당하지 않다(다수설).

3. 이자채무나 지연배상금채무 자체에 대한 이행지체책임

(1) 이자채무의 이행지체

"이미 발생한 이자에 관하여 채무자가 이행을 지체한 경우에는 그 이자에 대한 지연손해금을 청구할 수 있다"(대판 1996.9.20. 96다25302).

(2) 금전채무의 지연배상금채무에 대한 지체책임

"금전채무의 지연손해금채무는 금전채무의 이행지체로 인한 손해배상채무로서 이행기의 정함이 없는 채무에 해당하므로, 채무자는 확정된 지연손해금채무에 대하여 채권자로부터 이행청구를 받은 때(정확히는 이행청구를 받은 다음날)부터 지체책임을 부담하게 된다"(대판 2004.7.9. 2004다11582).

[구체적 예] 가령, 금전채무의 이행기가 1월 20일인데 이를 이행하지 않고 있던 중 채권자가 5월 1일에 이행청구를 하면 1월 20일부터 금전채무 원본의 지연이자가 발생하게 되고, 그 지연이자는 이행기의 정함이 없는 채무에 해당하므로 이행청구를 받은 날인 5월 1일(실제로는 그 이행의 청구를 받은 다음날인 5월 2일) 그 지연이자에 대한 지체책임을 다시 부담하게 된다.

[관련판례] 원금뿐만 아니라 지연손해금에 대해서도 압류·추심명령이 내려진 경우 추심금 소송에서 채무자는 위 압류된 지연손해금에 대해서도 다시 지연손해금을 부담하고, 이 경우 채무자가 금전채무의 확정된 지연손해금채무에 대하여 지체책임을 부담하는 시기는 이행청구를 받은 때부터이다(대판 2021.5.7. 2018다259213).

4. 소송촉진 등에 관한 특례법

> **소송촉진 등에 관한 특례법 제3조 제1항** 「금전채무의 전부 또는 일부의 이행을 명하는 판결(심판을 포함한다. 이하 같다)을 선고할 경우, 금전채무 불이행으로 인한 손해배상액 산정의 기준이 되는 법정이율은 그 금전채무의 이행을 구하는 소장(訴狀) 또는 이에 준하는 서면(書面)이 채무자에게 송달된 날의 다음 날부터는 연 100분의 40 이내의 범위에서 '은행법'에 따른 은행이 적용하는 연체금리 등 경제 여건을 고려하여 대통령령으로 정하는 이율에 따른다. 다만, '민사소송법' 제251조에 규정된 소(訴)에 해당하는 경우에는 그러하지 아니하다」
>
> **소송촉진 등에 관한 특례법 제3조 제2항** 「채무자에게 그 이행의무가 있음을 선언하는 사실심(事實審) 판결이 선고되기 전까지 채무자가 그 이행의무의 존재 여부나 범위에 관하여 항쟁(抗爭)하는 것이 타당하다고 인정되는 경우에는 그 타당한 범위에서 제1항을 적용하지 아니한다」
>
> **소송촉진 등에 관한 특례법 제3조제1항 본문의 법정이율에 관한 규정** 「소송촉진 등에 관한 특례법 제3조 제1항 본문에서 "대통령령으로 정하는 이율"이란 연 100분의 12를 말한다(시행일 2019.6.1.)」

> 부칙 〈2019.5.21 제29768호〉
> 제1조(시행일) 이 영은 2019년 6월 1일부터 시행한다.
> 제2조(경과조치) ①항 이 영 시행 당시 법원에 계속 중인 사건으로서 제1심의 변론이 종결된 사건에 대한 법정이율은 이 영의 개정규정에도 불구하고 종전의 규정에 따른다. ②항 이 영 시행 당시 법원에 계속 중인 사건으로서 제1심의 변론이 종결되지 아니한 사건에 대한 법정이율은 2019년 5월 31일까지 발생한 분에 대해서는 종전의 규정에 따르고, 2019년 6월 1일 이후 발생하는 분에 대해서는 이 영의 개정규정에 따른다.

(1) 2019.6.1.부터 연 12%

금전채무불이행에 의한 손해배상은 원칙적으로 법정이율에 의해 산정되는데, 그 이율이 너무 적어서 채무자가 금전채무의 이행을 지연하는 사례가 많아 이를 방지하고자 소송촉진 등에 관한 특례법이 특칙을 마련하고 있다(동법 제1조 참조). 즉 채권자가 금전채무의 이행을 구하는 '소'를 제기하여 그 전부 또는 일부의 이행을 명하는 판결을 선고할 경우, 금전채무 불이행으로 인한 손해배상액 산정의 기준이 되는 법정이율은 그 금전채무의 이행을 구하는 '소장이 채무자에게 송달된 다음 날'로부터 '연 12%'로 규정하고 있다.

(2) 이혼으로 인한 재산분할로서 금전채무(소극)

"이혼으로 인한 재산분할청구권(제839조의2·제843조)은 이혼이 성립한 때에 이혼을 한 당사자의 일방이 다른 일방에 대하여 재산분할을 청구할 수 있는 권리로서 협의 또는 심판에 의하여 비로소 그 구체적 내용이 정해지게 되므로, 당사자가 이혼이 성립하기 전에 이혼소송과 병합하여 재산분할의 청구를 하고 법원이 이혼과 동시에 재산분할로서 금전의 지급을 명하는 판결을 하는 경우, 그 금전채무에 관하여는 그 판결이 확정된 다음날(이혼성립 다음날이 아님)부터 이행지체책임(연 5%의 법정이율)을 지게 되고(9회 선택형), 이러한 소는 장래의 이행을 청구하는 소에 해당하여 소송촉진 등에 관한 특례법 제3조 1항 단서에 의해 동법 소정의 법정이율은 적용되지 않는다"(대판 2014.9.4. 2012므1656).

(3) 사해행위 취소에 따른 가액배상채무(소극)

사해행위 취소로 인한 가액배상 지급의무는 그 전제가 되는 사해행위 취소라는 형성판결이 확정될 때 비로소 발생하므로 판결확정 전에는 지체책임이 발생하지 않고, 따라서 판결확정일까지의 지연손해금은 인정되지 않는다. 그리고 "가액배상의무는 사해행위의 취소를 명하는 판결이 확정된 때에 비로소 발생하므로 그 판결이 확정된 다음날부터 이행지체 책임을 지게 되고, 따라서 소송촉진 등에 관한 특례법 소정의 이율은 적용되지 않고 민법 소정의 법정이율이 적용된다"(대판 2009.1.15. 2007다61618 : 13회 선택형).[17]

(4) 원본에 관하여 이행판결을 선고하지 않는 경우(소극)

「소송촉진 등에 관한 특례법」 제3조의 입법취지상 금전채무 원본의 이행청구가 소송물일 때 그 이행을 명하면서 동시에 그에 덧붙는 지연손해금에 관하여 적용되는 규정임을 알 수 있다. 그러므로 당해 사건에서 지연손해금 발생의 원인이 된 원본에 관하여 이행판결을 선고하지 않는 경우에는 소송촉진법 제3조에 따른 법정이율을 적용할 수 없다"(대판 2022.3.11. 2021다232331).

예컨대, ㉠ 원본은 소를 취하하고 지연손해금에 대하여만 지연손해금을 청구하는 경우(대판 2022.3.11. 2021다232331), ㉡ 채무이행의 소가 제기된 후 원본채무를 변제하여 이제 그 채무의 이행지체로 인한 지연손해의 배상만이 남게 된 경우(대판 2010.9.30. 2010다50922)에는 소송촉진법 제3조에 따른 법정이율을 적용할 수 없다.

(5) 동법 제3조 제2항의 '채무자가 그 이행의무의 존재 여부나 범위에 관하여 항쟁하는 것이 타당하다고 인정되는 경우'

이는 그 이행의무의 존부나 범위에 관하여 항쟁하는 채무자의 주장이 타당한 근거가 있는 것으로 인정되는 때를 가리킨다. 따라서 ① 제1심이 인용한 청구액을 항소심이 그대로 유지한 경우, 특별한 사정이

---

[17] 아울러 사해행위청구에서 가액배상의 청구는 사해행위취소의 효과발생을 전제로 하는 이행청구로 그 이행기의 도래가 판결확정 이후임이 명백하여 확정 전에는 집행할 수 없으므로 가집행의 선고를 붙이지 않는다(사법연수원, 민사재판실무Ⅱ).

없는 한 피고가 항소심 절차에서 위 인용금액에 대하여 이행의무의 존재 여부와 범위를 다툰 것은 타당하다고 볼 수 없으나(대판 2022.4.28. 2022다200768), ② 원고의 청구를 인용한 제1심판결에 대하여 피고가 항소를 제기하여 환송 전 원심에서는 피고의 항소가 받아들여져 원고 패소판결이 선고되었다가 이에 대하여 원고가 상고한 결과 환송 전 원심판결이 파기되어 그 환송 후 원심에서 제1심판결과 같이 원고의 청구를 인용하는 판결이 선고된 경우에는, 피고의 주장이 환송 전 원심에 의하여 받아들여진 적이 있을 정도였으므로 적어도 그 판결이 파기되기 전까지는 피고가 이행의무의 존부나 범위에 관하여 항쟁함이 상당한 근거가 있다(대판 2024.6.13. 2024다225723 ; 대판 2024.6.27. 2024다219629).

판례연구 B-02

■ 외화채권의 대용급부권[18]
대판 1991.3.12. 전합90다2147 등(표준판례393)

甲은 그 소유 원양어선에 대해 乙보험회사와 보험금을 미화 385,000달러로 하는 손해보험계약을 체결하였다. 그런데 위 어선이 산호초에 좌초되어 乙은 상법상 1985.3.26.에 위 보험금을 지급하게 되었다. 乙이 보험금의 지급을 미루자, 甲은 위 보험금을 한화로 바꿔 위 변제기(1985.3.26.) 당시의 환율인 1달러 당 864.89원을 곱하여 332,982,650원을 청구하는 소를 제기하였는데, 이 소송의 진행 중 변론종결일 당시의 환율은 1달러 당 695.90원으로 하락하였다.
① 甲의 청구에 대해 법원은 어느 통화로 얼마를 인용하여야 하는가? ② 또 甲은 어느 때부터 지연배상을 청구할 수 있고, ③ 그 밖에 환차손으로 인한 손해배상을 청구할 수 있는가? (15점)

Ⅰ. 채권자 甲에게 외화채권의 대용급부권이 인정되는지 여부

외화채권이란 다른 나라 통화, 즉 외화로 지급하기로 된 금전채권을 말한다. 이러한 외화채권에서는 특약이 없는 한 채무자는 그 선택에 따라서 그 외국의 각종의 통화로 변제할 수 있고(제377조 1항), 채권액을 외국의 통화로 지급하기로 합의한 때에도 '채무자'는 역시 우리나라의 통화로 변제할 수도 있다(제378조). 이를 '대용급부권'(代用給付權)이라 하는데, 공평의 관념상 또 화폐거래가 자유롭게 유통되는 성질상 채권자에게도 대용급부청구권을 인정하는 것이 타당하다(대판 1991.3.12. 전합90다2147).

Ⅱ. 외화채권의 환산시기

判例에 따르면 제376조와 제377조 2항은 '변제기'라고 표현하고 있는데 비해 제378조는 '지급할 때'라고 달리 표현하고 있어, 이것은 변제기(이행기)가 아닌 채무자가 현실로 지급하는 때를 의미한다고 하며, 다만 채권자가 대용권을 '재판상 청구'하는 경우에는, 채무자가 현실로 이행할 때에 가장 가까운 '사실심변론종결일'의 환율을 환산시기로 본다(同 判例).[19] 그리고 제1심 이행판결에 대하여 채무자만이 불복·항소한 경우, 항소심은 속심이므로 채무자가 항소이유로 삼거나 심리 과정에서 내세운 주장이 이유 없다고 하더라도 법원으로서는 '항소심 변론종결 당시'의 외국환시세를 기준으로 채권액을 다시 환산해 본 후 불이익변경금지 원칙에 반하지 않는 한 채무자의 항소를 일부 인용하여야 한다(대판 2007.4.12. 2006다72765 : 5회,14회 선택형).

> **참고판례** ∗ **채무자가 대용권을 행사한 경우**
> 과거判例는 변제기(이행기)를 환산시기로 삼았지만, 제378조의 문언에 충실하게 '채무자가 현실로 이행할 때'로 견해를 바꾸었다(전합90다2147 : 5회 선택형). 그래서 우리나라 통화로써 외화채권에 변제충당할 때도 현실로 '변제충당할 당시'의 외환시세에 의해 환산하여야 하는 것으로 보았다(대판 2000.6.9. 99다56512 : 5회,14회 선택형). 또 집행법원이 경매절차에서 외화채권자에 대하여 배당을 할 때에도 '배당기일 당시'의 외환시세를 우리나라 통화로 환산하는 기준으로 삼아야 한다고 한다(대판 2011.4.14. 2010다103642 : 5회 선택형).

Ⅲ. 사안의 해결

채권자 甲은 우리나라 통화로의 대용급부청구를 할 수 있고, 소로써 그 청구를 하였으므로 법원은 사실심변론종결일 당시의 환율을 기준으로 하여 우리나라 통화로 지급을 명하여야 한다(385,000×695.90=267,921,500원). 그러나 이것은 미화를 우리나라 통화로 환산하는 기준에 불과한 것이고 본래의 외화채권의 변제기는 1985. 3. 26.부터이므로, 이때부터 지연배상책임을 지는 것은 별개이다. 이 경우는 미화 385,000달러를 기준으로 지체된 기간에 법정이율을 곱하여 계산된 미화가 지연배상액이 되고, 이를 원화로 환산하는 경우에는 위 判例의 법리가 통용된다고 할 것이다. 한편 금전채무의 불이행에 의한 손해배상은 특별한 정함이 없는 한 법정이율에 의해 산정되므로(제397조 1항), 甲은 환율의 변동에 따른 환차손을 입었더라도 따로 손해배상을 청구할 수는 없다.

제4관 이자채권

Ⅰ. 의 의
[B-11]

1. 개 념

이자란 '금전 기타 대체물의 사용의 대가로서 원본액과 사용기간에 비례하여 지급되는 금전 기타의 대체물'을 말한다. 이자는 원본채권의 이행기까지의 사용대가로서 법정과실(제101조 2항)의 일종이므로, 주식의 배당금과 같이 사용대가가 아닌 것, 이행기가 지난후의 이행지체에 따른 지연이자(지연손해배상)는 이자가 아니다.

2. 발생원인

이자는 당사자 사이에 약정이 있거나, 법률에 정함이 있는 때(제425조 2항·제548조 2항·제587조·제600조·제685조·제688조 1항·제748조 2항)에 발생한다. 따라서 금전소비대차에서도 당사자 간에 이자에 관한 약정이 없는 때에는, 채무자는 이자를 지급할 의무가 없고 원금만을 반환하면 된다. 다만 상인 간의 금전소비대차에서는 그러한 특약이 없다고 하더라도 대주는 연 6푼의 법정이자를 청구할 수 있다(상법 제55조 1항·제54조).

■ 선이자[20]
대판 2012.10.11. 2012다55198

사실관계 | A는 2021. 8. 1. 甲으로부터 사업자금 1억 원을 이자는 월 5%, 변제기는 6개월 후로 정하여 차용하고 6개월분 선이자 3천만 원을 공제한 7천만 원을 수령하였다. 2021. 8. 1.자 소비대차에서 정한 변제기에 甲이 받을 수 있는 금액은 얼마인가? (22년 10월 법전협 모의고사 사례형)

적용법리 | 소비대차에서 약정된 원본액에서 이자를 미리 공제하고 그 잔액만을 차주에게 교부하는 경우, 이렇게 미리 공제한 이자를 '선이자'라고 하는데, 이러한 약정도 법률 또는 선량한 풍속 기타 사회질서에 위반되지 않는 한 유효하다. 다만 ① 이자제한법에 따르면, 이자제한법에 위반한 대여금 약정의

---

18) 김준호, 민법강의(21판), p.1019 ; 김민중, 민법판례연구(제2증보판), p.285~287 참고
19) [검토] ① 이행기설도 있으나, ② 본래 금전채권에서 채권자는 채무자로부터 현실로 변제를 받을 때까지 화폐가치의 변동에 따른 이해를 받는 것이므로, 외화채권의 경우에도 그 환산시기를 현실의 이행시로 보는 현실이행시설이 타당하다(다수설).

전부가 무효가 아니라 상한이율을 초과한 이자 부분만 무효이고 무효인 초과이자를 이미 지급한 경우 지급한 초과이자 부분은 원본에 충당한다. ② 이자제한법상 대여원금은 선이자를 사전 공제하였더라도 실제 수령한 금액을 원본으로 하여 이 원본에 대하여 최고이자율에 따라 계산한 금액을 초과하는 부분은 약정 원본에 충당한 것으로 본다(동법 제3조, 대판 2012.10.11. 2012다55198 : 12회 선택형).

사안의 해결 | 수령 원금 7,000만 원에 대한 대여일 2021.8.1.부터 변제기까지 6개월간 이자제한법상 제한최고이자율 연 20%에 따른 적법한 이자는 7백만 원(=7천만 원×0.2×1/2)이고, 선이자 3,000만 원 중 이를 초과한 2,300만 원은 약정 원본 1억 원에 충당된다. 따라서 7,700만 원이 변제기의 대여원금이다.

추가 쟁점 | "금전을 대여한 채권자가 고의 또는 과실로 이자제한법을 위반하여 최고이자율을 초과하는 이자를 받아 채무자에게 손해를 입힌 경우에는 특별한 사정이 없는 한 민법 제750조에 따라 불법행위가 성립한다고 보아야 한다. 최고이자율을 초과하여 지급된 이자는 이자제한법 제2조 제4항에 따라 원본에 충당되므로, 이와 같이 충당하여 원본이 소멸하고도 남아 있는 초과 지급액은 이자제한법 위반 행위로 인한 손해라고 볼 수 있다. 부당이득반환청구권과 불법행위로 인한 손해배상청구권은 서로 별개의 청구권으로서, 제한 초과이자에 대하여 부당이득반환청구권이 있다고 해서 그것만으로 불법행위의 성립이 방해되지 않는다"(대판 2021.2.25. 2020다230239 : 12회,13회 선택형).

Ⅱ. 기본적 이자채권과 지분적 이자채권

[B-12]

1. 의 의

기본적 이자채권이란 추상적 이율에 의한 이자채권을 말하고, 지분적 이자채권이란 기본적인 이자채권에 기해 매기마다 발생된, 일정액의 이자를 청구할 수 있는 권리를 말한다. 예컨대 100만 원의 원금에 대하여 연 2할의 이율로 매월 이자를 지급하기로 약정하는 경우, ① 채무자는 연 2할의 이자를 지급해야 할 '기본적 이자채무'를 지고, ② 이 채무의 이행으로써 변제기에 도래한 매월의 이자를 지급해야 하는 '지분적 이자채무'를 부담하게 된다.

2. 차이점

(1) 기본적 이자채권 : 발생할 이자채권

기본적 이자채권은 그 발생·소멸·처분에서 원본채권과 운명을 같이한다(부종성, 수반성 등). 즉 원본채권이 없이는 발생할 수 없고, 원본채권이 소멸하면 같이 소멸하며, 원본채권의 양도 등 처분은 기본적 이자채권의 처분을 수반하는 것을 원칙으로 한다.

(2) 지분적 이자채권 : 이미 발생한 이자채권

지분적 이자채권은 원본채권과 분리하여 양도할 수 있고, 원본채권과는 별도로 변제할 수 있으며, 또 (1년 이내의 기간으로 정한) 이자채권은 따로 3년의 시효(제163조 1호)에 걸리는 등 강한 독립성이 있다.

[주의] 원본채권의 소멸시효가 지분적인 이자채권의 소멸시효에 앞서 완성되면, 비록 이자채권 자체의 소멸시효는 완성되지 않았더라도 이자채권이 소멸한다. 예를 들어 원본채권을 10년간 행사하지 않아서 소멸시효가 완성되면(제162조 1항), 7년이 경과한 후 발생한 지분적 이자채권은 아직 3년(제163조 1호)이 경과하지 않았더라도 소멸한다. 왜냐하면 제183조에 의해 주된 권리(원본채권)의 소멸시효가 완성되면 종속된 권리(지분적 이자채권)에 그 효력이 미치기 때문이다(대판 2008.3.14. 2006다2940 참고 : 8회 선택형).

---

20) **이자제한법 제3조(이자의 사전공제)** 「선이자를 사전공제한 경우에는 그 공제액이 채무자가 실제 수령한 금액을 원본으로 하여 제2조 제1항에서 정한 최고이자율에 따라 계산한 금액을 초과하는 때에는 그 초과부분은 원본에 충당한 것으로 본다.」

원본채권이 양도되더라도 이미 변제기에 도달한 지분적 이자채권이 당연히 같이 양도되는 것은 아니다(대판 1989.3.28. 88다카12803). 그리고 원본채권이 변제·상계 등으로 소멸하더라도 이미 발생한 지분적 이자채권은 그대로 존속한다. 그러나 채권자가 만족을 얻는 입장에서 보면 지분적 이자채권도 원본채권의 확장의 성질을 가지는 것이므로, 원본채권의 담보는 원칙적으로 지분적 이자채권에도 미친다.

Ⅲ. 이자의 제한 [B-13]

1. 대부업법이나 이자제한법이 없는 상황에서 고율의 이자약정의 규제

이자제한법이 폐지(1998.1.13.)된 후 대부업법이 제정(2002.10.26.부터 시행), 이자제한법이 신규제정(2007.6.29.부터 시행)되기 전에 이루어진 고율의 이자약정은 민법 제103조 또는 제104조를 통해 규율되었다. 이와 관련하여 제103조 또는 제104조 위반행위에 기하여 이루어진 초과이자(일부무효의 경우)의 반환청구권 인정여부가 문제된바, 判例는 채무자가 이자제한법상의 제한이율을 초과하여 지급한 이자에 대해서는 반환을 청구할 수 없다(대판 1994.8.26. 94다20952)는 입장이었으나 이른바 '불법성비교론'을 적용하여 반환청구할 수 있다는 입장으로 변경하였다(대판 2007.2.15. 전합2004다50426: 표준판례391).[21]

2. 대부업의 등록 및 금융이용자 보호에 관한 법률(02년 제정, 개정법 21.7.7.시행)

동법 제8조 및 시행령 제5조에 의하여 대부업의 등록을 한 대부업자가 개인 또는 소규모의 법인에게 대부하는 경우에, 대부금의 이자율은 현재 연 20%를 초과할 수 없다(개정 시행령 21.7.7.시행). 이를 초과하는 부분에 대한 이자계약은 무효이며, 채무자는 초과부분에 대한 이자를 지급한 경우에 그 반환을 청구할 수 있다.

3. 이자제한법(07년 신규제정, 개정법 21.7.7.시행)

(1) 이자의 최고한도

① '금전대차'[금전을 이전받는 상대방이 이전받은 금전의 원금 전액 반환을 보장하는 약정을 하지 않았다면 이는 금전소비대차계약이라고 할 수 없어 이자제한법이 적용될 여지가 없다(대판 2024.11.14. 2023다272289)]에 관한 계약상의 최고이자율은 연 25%를 초과하지 아니하는 범위 안에서 대통령령으로 정하는데(제2조 1항), 그에 따라 연 20%를 최고이자율로 정하였다(개정 시행령 21.7.7.시행). 이 최고한도를 초과하는 부분은 무효로 한다(제2조 3항). 아울러 이자에 대하여 다시 이자를 지급하기로 하는 '복리약정'도 제2조 1항에서 정한 최고이자율을 초과하는 부분에 해당하는 금액에 대하여는 무효로 한다(제5조)(12회 선택형). 다만 부칙 제2조에서 개정법 시행 후 최초로 계약을 체결하거나 갱신하는 분부터 적용한다는 규정을 두었다. [2회 기록형] 따라서 이러한 제한초과의 이자를 자동채권으로 하여 상계를 하더라도 그 효력이 없고(대판 1963.11.21. 63다429), 그 초과이자를 기초로 하여 준소비대차계약 또는 경개계약을 체결하더라도 그 효력이 없다(대판 1998.10.13. 98다17046 ; 대판 2015.1.15. 2014다223506).

② 채무자가 최고이자율을 초과하는 이자를 임의로 지급한 경우에는 초과 지급된 이자 상당 금액은 원본에 충당하고, 원본이 소멸한 때에는 그 반환을 청구할 수 있다(제2조 4항).

③ 대차원금이 10만 원 미만인 대차의 이자에 관하여는 이자의 최고한도를 적용하지 않는다(제2조 5항).

---

[21] "대주가 사회통념상 허용되는 한도를 초과하는 이율의 이자를 약정하여 지급받은 것은 그의 우월한 지위를 이용하여 부당한 이득을 얻고 차주에게는 과도한 반대급부 또는 기타의 부당한 부담을 지우는 것으로서 그 불법의 원인이 수익자인 대주에게만 있거나 또는 적어도 대주의 불법성이 차주의 불법성에 비하여 현저히 크다고 할 것이어서 차주는 그 이자의 반환을 청구할 수 있다고 봄이 상당하다"

(2) 이자의 사전공제

이자를 사전 공제한 경우에는, 그 공제액이 채무자가 실제 수령한 금액을 원본으로 하여 최고이자율에 따라 계산한 금액을 초과하는 때에는, 그 초과부분은 원본에 충당한 것으로 본다(제3조).

(3) 간주이자

예금, 할인금, 수수료, 공제금, 체당금, 그 밖의 명칭에 불구하고 금전의 대차와 관련하여 채권자가 받은 것은 이를 이자로 본다(제4조 1항). 그리고 채무자가 금전대차와 관련하여 금전지급의무를 부담하기로 약정한 경우에도 그것이 원래 채권자가 부담하여야 할 성질의 것인 때에는 이를 이자로 본다(제4조 2항). 예컨대 금전대차와 관련하여 채권자에게 부과될 이자소득세를 채무자가 부담하기로 약정하는 경우가 그러하다(대판 1992.10.13. 91다37270).

(4) 적용범위

다른 법률에 의하여 인가·허가·등록을 마친 금융업 및 대부업에는 이 법을 적용하지 아니하나(제7조), 미등록대부업자가 대부를 하는 경우에는 등록을 유도하기 위해 이자율 제한에 대해서는 이자제한법을 적용하여 이자제한법에 따른 제한이율을 적용한다(대부업법 제11조 1항, 대판 2009.6.11. 2009다12399). 한편 "이자제한법의 최고이자율 제한에 관한 규정은 금전대차에 관한 계약상의 이자에 관하여 적용될 뿐, 계약을 위반한 사람을 제재하고 계약의 이행을 간접적으로 강제하기 위하여 정한 위약벌의 경우에는 적용될 수 없다"(대판 2017.11.29. 2016다259769 : 9회,12회 선택형).

제5관 선택채권

I. 의 의

[B-14]

1. 개 념

'선택채권'이란 수 개의 서로 다른 급부 가운데에 선택에 의해 어느 급부가 채권의 목적으로 정해지는 채권이다. 이에 반해 '제한(한정)종류채권'이란 급부하여야 할 물건이 일정한 한정된 양의 종류물 중에서 제공되기로 약정되어 있는 채권이다.

2. (제한)종류채권과의 차이점 및 구별기준

선택채권은 그 급부가 서로 다른 개성을 가지고 있고 또 선택권자가 선택권을 행사한 때에 채권의 목적으로 확정되는 점에서, 종류에 속하는 물건이 모두 같은 가치를 가지고 그 범위가 개별적으로 예정되어 있지 않으며 특정의 방법을 달리 하는 종류채권과는 다르다.

예컨대 A 소유 농장 내에 있는 사슴 100마리 중 10마리를 매매의 목적으로 한 경우, '당사자의 의사'가 사슴에 우열이 있어 이를 중시한 것으로 볼 때에는, 그것은 제한종류채권이 아니라 선택채권이 된다. 결국 법률행위 해석에 의하여 당사자의 의사에 따라 구별된다.

[관련판례] * 토지소유자가 1필의 토지 중 일정 면적의 소유권을 상대방에게 양도하기로 하는 계약
"상대방이 토지소유자에 대하여 구체적으로 어떠한 내용의 권리를 가지는지는 원칙적으로 당해 계약의 해석문제이지만, 위치와 형상이 중요시되는 토지의 특성 등을 감안하여 볼 때 특별한 사정이 없는 한 위치가 특정된 일정 면적의 토지 소유권을 양도받을 수 있는 권리를 가지는 것으로 보아야 하고, 따라서 위와 같은 계약에서 양도받을 토지 위치가 확정되지 아니하였다면 상대방이 토지소유자에게 가지는 채권은 제380조에서 정한 선택채권에 해당한다"(대판 2011.6.30. 2010다16090).

3. 급부불능에 의한 선택채권의 특정

선택권을 행사하기 '前'에 불능(원시적·후발적 불능)이 된 경우(선택권을 행사한 후에 그 선택된 급부가 후발적으로 불능이 되면 잔존급부로 특정되는 것은 아니다. 이는 이행불능의 문제이다), 원칙적으로 목적물은 잔존급부로 특정되며(제385조 1항), 다만 예외적으로 후발적 불능의 경우로서 선택권 없는 자의 과실로 불능이 된 때에는 잔존급부로 특정되지 않는다(제385조 2항).

따라서 ① 채권자가 선택권자인 경우 그는 채무자의 과실로 불능으로 된 급부를 선택하여 채무자에게 책임 있는 이행불능을 이유로 손해배상을 청구할 수 있고, ② 채무자가 선택권자인 경우 그는 채권자의 과실로 불능으로 된 급부를 선택하여 채무자에게 책임 없는 이행불능을 이유로 채무를 면할 수 있다(제538조). 이 경우 불능이 아닌 급부를 선택하는 것도 가능함은 물론이다. 한편 급부불능에 의해 잔존급부로 특정되는 경우에는 소급효가 없으며, 이 점은 선택권 행사에 의한 특정과 다르다(제386조 참조).

> **■ 선택채권의 행사에 따른 효과**　　　　　　　　　　　　　　2015년 2차 법전협 모의고사 선택형 유사
>
> **사실관계 |** 화랑운영자 甲은 2009. 7. 1. 유명도예가의 작품인 A도자기와 B도자기 중 어느 하나를 乙에게 300만 원에 매도하기로 하였다. 계약 당일에 계약금 30만 원이 지급되었고, 선택권은 乙이 2009. 7. 20.까지 행사하고, 甲은 乙이 선택한 도자기를 2009. 7. 25. 인도함과 동시에 잔금을 지급받기로 약정하였다.
>
> **상황 1. |** 2009. 7. 10. 선택권을 행사하기 전에 화랑을 다시 방문한 乙이 과실로 A도자기를 파손한 경우, 급부의 목적물은 B도자기로 특정되며 甲은 乙에게 A도자기 파손에 대한 불법행위책임을 물을 수 있다.
>
> ☞ 선택권자 乙의 과실로 급부가 후발적 불능으로 된 때에는 채권은 잔존하는 급부에 존재하고, 만일에 잔존하는 급부가 하나뿐이면 채권은 그 급부에 특정된다(제385조). 이 경우 후발적 불능이 선택권자의 과실에 의한 것이므로 그는 불법행위책임(제750조)을 지게 된다.
>
> **상황 2. |** 2009. 7. 7. 甲이 丙에게 B도자기를 매도하고 2009. 7. 24. 까지 인도하기로 하였다면, 乙이 2009. 7. 20. B도자기를 선택하였더라도, B도자기에 대한 甲과 丙, 甲과 乙간의 매매계약은 각각 유효하다.
>
> ☞ 선택권의 효력은 그 채권이 발생한 때에 소급하나, 제3자의 권리를 해하지 못한다(제386조 단서). 다만 여기의 제3자 보호규정은 물권변동에 관한 의사주의를 취하던 구민법을 그대로 답습한 것으로서 형식주의를 취하는 현행 민법에서는 제3자의 권리를 해하는 경우가 있을 수 없으므로 무의미한 규정이다(통설). 왜냐하면 위의 사례와 같이 甲이 丙과 B도자기에 대해 매매계약을 체결하였으나 아직 인도하지 않고 있는 경우에는 乙이 B도자기를 선택하더라도 제3자 丙과 乙은 유효한 매매계약에 기한 채권자로서 서로 우열이 없으며(즉 먼저 인도를 받는 자가 소유권을 취득하게 되고, 타방은 이행불능책임을 물을 수 있음), 만약 제3자 丙이 이미 인도를 받은 경우에는 물권자로서 채권자인 乙보다 우선하기 때문이다.
>
> **상황 3. |** 2009. 7. 19. 乙이 A도자기에 대한 선택권을 행사하였는데, 2009. 7. 25. 甲의 직원 丁이 화랑의 차량을 이용하여 A도자기를 乙에게 인도하기 위하여 乙의 주소지로 가던 중에 丁의 과실에 따른 교통사고로 인하여 A도자기가 완전히 파손되었다. 이 경우 乙의 위 선택권 행사에 의하여 2009. 7. 1. A도자기에 대한 매매계약이 이미 성립한 것으로 된다.
>
> ☞ 선택권의 효력은 그 채권이 발생한 때에 소급한다(제386조 본문). 따라서 선택권자가 A도자기를 선택하면 처음부터 A도자기에 대한 매매계약이 체결된 것으로 되어 A도자기에 대한 특정물채권으로 된다.

판례연구 B-03

■ 선택의 의사표시를 상대방의 동의 없이 철회할 수 있는 경우[22]
대판 1972.7.11. 70다877

> 甲은 乙에게 위임계약에 따른 보수로써 甲소유 X, Y토지 중에서 乙의 선택에 의하여 494평을 양도하기로 하였다. 乙이 甲소유 토지 중 특정한 위치의 X토지를 선택하자, 甲은 X토지를 제3자에게 양도하였다. 이에 乙이 甲소유 Y토지를 선택하고 그 소유권이전등기를 청구하자, 甲은 乙이 일단 선택의 의사표시를 한 후에는 상대방(甲)의 동의가 없으면 철회할 수 없다고 주장하며 이행하기를 거절하였다. 甲의 거절은 타당한가? (15점)

I. 乙채권이 제한종류채권인지 선택채권인지 여부

1. 개념

2. 차이점 및 구별기준

3. 사안의 경우

만일 당사자가 오직 '일정한 범위'에 중점을 두고 있을 뿐이고 토지의 개성에 의미를 두지 않으면 제한종류채권으로 되고, '토지의 개성'에 중점을 두는 때에는 선택채권으로 된다.

사안은 甲소유 토지 중 乙의 선택에 의하여 494평을 인도하기로 한 경우이므로, 甲소유의 토지가 같은 종류물이라고 하더라도 그 위치에 따라 각각 그 가치가 다르고, 또한 개별적 가치의 중요성을 고려하여 乙에게 선택권을 준 경우라고 할 수 있으므로 乙의 채권은 선택채권이라고 보아야 한다(대상 판결은 분명한 근거를 밝히고 있지 않으나, 乙의 채권을 선택채권으로 보고 아래의 논의를 전개하고 있다. 참고로 이미 기술한 대판 2003.3.28. 2000다24856 판례에서는 제한종류채권으로 보는 등 判例의 태도가 일관되지 못한 점이 있다).

II. 乙이 선택의 의사표시를 상대방 甲의 동의 없이 철회할 수 있는지 여부

1. 선택의 의사표시의 철회

채권자나 채무자가 선택하는 경우에는 그 선택은 상대방에 대한 의사표시로 한다(제382조 1항). 그리고 선택의 효력은 소급효가 있으므로(제386조), 선택의 의사표시가 상대방에게 도달하면 채권이 발생한 때에 소급하여 선택한 급부로 채권의 목적이 특정되는 효력이 발생한다.

따라서 효력이 발생한 이후에는 상대방에게 불측의 손해를 입게 할 염려가 있으므로 더 이상 임의로 철회할 수 없다는 점은 명백하다. 다만 민법은 '선택의 의사표시는 상대방의 동의가 없으면 철회하지 못한다'는 주의적 규정을 두고 있다(제382조 2항).

2. 선택의 의사표시를 상대방의 동의 없이 철회할 수 있는 경우

(1) 판 례

判例는 "선택권자가 선택의 의사표시를 한 뒤라도 상대방의 방해행위 등으로 선택의 목적을 달성할 수 없는 경우와 같이 특별한 사정이 있으면 상대방의 동의 없이도 그 의사표시를 철회하고 새로운 선택을 할 수 있다"(대판 1972.7.11. 70다877)고 한다.

(2) 검토 및 사안의 경우

제382조 2항의 취지가 상대방에게 불측의 손해를 방지하기 위한 것인만큼, 상대방의 방해행위 등으로 선택의 목적을 달성할 수 없는 경우에는 철회를 인정하더라도 무방하다. 사안에서 甲은 乙이 선택한 X토지를 제3자에게 양도하는 방해행위를 하여, 乙이 선택의 목적을 달성할 수 없도록 한 '특별한 사정'이 존재한다. 따라서 乙은 X토지에 대한 선택의 의사표시를 철회하고, 다시 Y토지에 대한 새로운 선택의 의사표시를 하여 Y토지에 대한 소유권이전등기를 청구할 수 있다. 결국 甲의 거절은 부당하다.

---

[22] 김민중, 민법판례연구(제2증보판), p.279~281 참고

제3장　채권의 효력

Ⅰ. 대내적 효력　　　　　　　　　　　　　　　　　　　　　　　　　　　　　　　[B-15]

1. 채권자의 채무자에 대한 효력

(1) 기본적 효력(청구력·급부보유력·강제력)

(2) 채무불이행과 그 구제

2. 채무자의 채권자에 대한 효력(채권자지체)

Ⅱ. 대외적 효력　　　　　　　　　　　　　　　　　　　　　　　　　　　　　　　[B-16]

1. 책임재산의 보전(채권자대위권·채권자취소권)

2. 제3자에 의한 채권침해

제1절 채무불이행의 유형 및 요건

제1관 채무불이행의 일반적 요건

Ⅰ. 채무의 내용에 좇은 이행이 행해지지 않을 것　　　　　　　　　　　　　　　[B-17]

Ⅱ. 채무자의 책임으로 돌릴 수 있는 사유(귀책사유)가 있을 것　　　　　　　　[B-18]

> ※ **잘못된 법률적 판단을 통한 채무이행의 거부와 채무불이행에 대한 귀책사유**(적극)
> "채무자가 자신에게 채무가 없다고 믿었고 그렇게 믿은 데 정당한 사유가 있는 경우에는 채무불이행에 고의나 과실이 없는 때에 해당한다고 할 수 있다. 그러나 채무자가 채무의 발생원인 내지 존재에 관한 법률적인 판단을 통하여 자신의 채무가 없다고 믿고 채무의 이행을 거부한 채 소송을 통하여 이를 다투었다고 하더라도, 채무자의 그러한 법률적 판단이 잘못된 것이라면 특별한 사정이 없는 한 채무불이행에 관하여 채무자에게 고의나 과실이 없다고는 할 수 없다"(대판 2013.12.26. 2011다85352: 표준판례405).
>
> ※ **계약 당시 예견할 수 있었던 장애사유의 불고지**(고지의무 위반)**와 채무불이행에 대한 귀책사유**(적극)
> "계약당사자 일방이 자신이 부담하는 계약상 채무를 이행하는 데 장애가 될 수 있는 사유를 계약을 체결할 당시에 알았거나 예견할 수 있었음에도 이를 상대방에게 고지하지 아니한 경우에는, 비록 그 사유로 말미암아 후에 채무불이행이 되는 것 자체에 대하여는 그에게 어떠한 잘못이 없다고 하더라도, 상대방이 그 장애사유를 인식하고 이에 관한 위험을 인수하여 계약을 체결하였다거나 채무불이행이 상대방의 책임 있는 사유로 인한 것으로 평가되어야 하는 등의 특별한 사정이 없는 한, 그 채무가 불이행된 것에 대하여 귀책사유가 없다고 할 수 없다. 그것이 계약의 원만한 실현과 관련하여 각각의 당사자가 부담하여야 할 위험을 적절하게 분배한다는 계약법의 기본적 요구에 부합한다"(대판 2011.8.25. 2011다43778).

Ⅲ. 채무자에게 책임능력이 있을 것 [B-19]

Ⅳ. 위법할 것 [B-20]

判例는 "채무불이행에 있어서 확정된 채무의 내용에 좇은 이행이 행하여지지 아니하였다면 그 자체가 바로 위법한 것으로 평가되는 것이고, 다만 그 이행하지 아니한 것이 위법성을 조각할 만한 행위에 해당하게 되는 특별한 사정이 있는 때에는 채무불이행이 성립하지 않는 경우도 있을 수 있다"(대판 2002.12.27. 2000다47361)고 판시하여 원칙적으로 의무위반이 인정되는 이상 위법성 유무를 따질 필요가 없다는 입장이다.[1]

[사실관계] 2000다47361판례 사안은 강박에 의하여 원고에게 부동산에 관한 증여의 의사표시를 한 피고가 그 취소권을 행사하지 않은 채 그 부동산을 제3자에게 이중양도하고 취소권의 제척기간마저 도과하여 버린 후 그 이중양도계약에 기하여 제3자에게 부동산에 관한 소유권이전등기를 경료하여 줌으로써 원고에 대한 증여계약상의 소유권이전등기의무를 이행불능케 한 경우, 피고의 원고에 대한 증여계약 자체에 대한 채무불이행이 성립하고, 피고의 위와 같은 이중양도행위가 사회상규에 위배되지 않는 정당행위 등에 해당하여 위법성이 조각된다고 볼 수 없다고 한 사례이다.

제2관 이행보조자의 고의·과실

| 쟁점구조 |

■ 이행보조자가 채무를 이행하지 않은 경우

① 제3자의 지위 확정(이행보조자인지 여부 검토 : 특히 수급인과 택배회사인 경우 문제)⇒ ② 채무자 책임(채불, 불책)⇒ ③ 이행보조자 책임[ⅰ) 채권자에 대한 책임(불책, 채무자와 부진정연대채무), ⅱ) 채무자에 대한 책임(채불, 구상책임)]

Ⅰ. 의 의 [B-21]

제391조 (이행보조자의 고의, 과실) 채무자의 법정대리인이 채무자를 위하여 이행하거나 채무자가 타인을 사용하여 이행하는 경우에는 법정대리인 또는 피용자의 고의나 과실은 채무자의 고의나 과실로 본다.

이행보조자라 함은 ⅰ) 채무자의 '법정대리인'과 ⅱ) 채무자가 타인을 사용하여 이행하는 경우의 그 '피용자'를 의미한다(제391조). 이러한 이행보조자의 채무이행에 있어서 이행보조자의 고의나 과실은 채무자의 고의나 과실로 본다(제391조). 채무자가 이행보조자를 통하여 그의 행위영역을 확대했다면 그로 인한 위험도 채무자가 부담하는 것이 '공평의 이념'에 부합하기 때문이다.

---

1) [판례검토] 불법행위책임과 달리 채무불이행책임은 누구나 지켜야 할 일반적인 법명령의 위반(위법성)에 앞서 (특별결합관계인) 채권관계로부터 발생하는 특별한 의무가 위반된 것이므로 그러한 의무위반이 인정되는 이상 원칙적으로 위법성의 유무를 따질 필요가 없다. 다만, 위법성을 조각할 만한 특별한 사정(동시이행의 항변권, 유치권)이 있는 때에는 채무불이행이 성립하지 않는 경우도 있다(양창수, 민법주해(9), p.113 ; 지원림, 민법강의(13판), 4-188].

Ⅱ. 이행보조자의 유형과 그 요건

[B-22]

1. 법정대리인

친권자·후견인·법원에 의해 선임된 재산관리인뿐만 아니라, 일상가사대리권을 가지는 부부·유언집행자·파산관재인 등도 포함된다. 한편 법인의 대표기관의 유책적인 불이행은 법인 자체의 채무불이행을 결과지우므로 제391조가 적용될 여지는 없다.

2. 피용자

(1) 의 의 [4회 사례형, 7회 사례형, 13회 사례형]

여기서 '피용자'라 함은 "ⅰ) 채무자의 의사관여 아래서 ⅱ) 채무자가 하여야 할 이행행위에 속하는 활동을 하는 사람"을 말한다(대판 1999.4.13. 98다51077). 이는 사실상의 관계로서 충분하며 고용과 같은 법률관계가 존재해야 하는 것은 아니다.

(2) 지시·감독관계의 요부 [03사법, 15행정]

1) 판 례

① 判例는 "채무자의 의사관여 아래 그 채무의 이행행위에 속하는 활동을 하는 사람이면 족하고, 반드시 채무자의 지시·감독을 받는 관계에 있어야 하는 것은 아니므로, 채무자에 대하여 종속적인가 독립적인 지위에 있는가는 문제되지 않는다"(대판 1999.4.13. 98다51077,51084 : 핵심사례 B-2.참고)고 한다.

따라서 "임대인이 임차인과의 임대차계약상의 약정에 따라 제3자에게 도급을 주어 임대차목적 시설물을 수선한 경우에는 그 수급인도 임대인에 대하여 종속적인지 여부를 불문하고 이행보조자로서의 피용자라고 보아야 하고, 이러한 수급인이 시설물 수선 공사 등을 하던 중 수급인의 과실로 인하여 화재가 발생한 경우에는 임대인은 민법 제391조에 따라 위 화재발생에 귀책사유가 있다 할 것이어서 임차인에 대한 채무불이행상의 손해배상책임이 있다"(대판 2002.7.12. 2001다44338: 표준판례406. 6회 선택형)고 한다.

　　[비교판례] "사용자책임(제756조)이 성립하려면 사용자와 불법행위자 사이에 사용관계, 즉 사용자가 불법행위자를 실질적으로 지휘·감독하는 관계에 있어야 한다"(대판 1999.10.12. 98다62671). [13행정]

② "또한 이행보조자가 채무자와 계약 그 밖의 법률관계가 있어야 하는 것이 아니다. 제3자가 단순히 호의(好意)로 행위를 한 경우에도 그것이 채무자의 용인 아래 이루어지는 것이면 제3자는 이행보조자에 해당한다. 이행보조자의 활동이 일시적인지 계속적인지도 문제 되지 않는다"(대판 2018.2.13. 2017다275447).

2) 검 토

비록 채무자가 지시 또는 감독 등을 할 수 없는 경우에도 채무자가 자신의 의사로 그러한 자를 통해 채무를 이행한 이상 그러한 자의 행위에 대해 책임을 지는 것이 '공평의 이념'에 부합한다.

(3) 이행행위에 속하는 활동(이행행위와의 관련성)

① 이행보조자의 행위 중 채무이행과 관련된 행위에 대해서만 채무자에게 책임이 발생한다. 이행행위와의 관련성은 이행행위 그 자체보다는 넓게 해석된다. 이에 대해 判例는 **이행보조자의 행위가 채무자의 이행의무와 객관적·외형적 관련성을 가지고 있어야 한다**고 함으로써 이른바 사용자책임에서의 외형이론을 적용하려는 태도를 보인다(대판 2008.2.15. 2005다69458).

② 그러나 보조자의 행위가 단순히 '이러한 행위의 기회에 즈음하여' 범하여진 것에 불과하다면 채무자는 채무불이행책임은 지지 않는다(지붕수리 보조자가 나오면서 시계를 훔친 경우). 다만, 실질적으로 지휘·감독하는 관계에 있다면 사용자책임이 문제될 수는 있다(제756조).

(4) 이행보조자의 고의·과실의 존재

채무자가 제391조에 의한 책임을 지기 위해서는 이행보조자에게 고의나 과실이 있어야 한다. 그러나 이행보조자의 과실판단의 기준은 이행보조자 자신이 아니라 채무자를 기준으로 한다(통설). 따라서 이행보조자 개인능력으로는 최선을 다했어도 채무자의 주의의무의 기준에 미달하면 채무자의 과실은 존재하는 것이 된다. 반대로 채권자지체 등으로 인해 채무자의 주의의무가 경감되는 경우(제401조)에는 이행보조자의 주의의무도 경감된다.

3. 이행보조자의 이행보조자(간접적 이행보조자, 복보조자) [15행정, 7회·13회 사례형]

判例에 따르면 이행보조자가 채무 이행을 위하여 다시 타인을 사용하는 경우, 즉 복이행보조자(간접적 이행보조자)의 경우에도 '채무자'가 이를 승낙하였거나 적어도 묵시적으로 동의한 경우에는 채무자의 복이행보조자(간접적 이행보조자)의 고의·과실에 관하여 제391조에 의하여 책임을 부담한다고 한다(대판 2011.5.26. 2011다1330).

4. 이행대행자

(1) 의 의

채무자에 갈음하여 '독립적'으로 채무의 전부 또는 일부를 이행하는 자이다. 통설은 이행보조자를 협의의 이행보조자와 이행대행자로 구분하나, 判例는 이러한 구별에 소극적이다.

(2) 이행대행자의 유형

① 이행대행자의 사용이 원칙적으로 허용되지 않는 경우(고용, 위임, 임치), ② 채권자의 승낙을 조건으로 이행대행자의 사용이 허용되는 경우[제657조 2항(고용), 제682조 2항(위임), 제701조(임치)], ③ 명문의 규정은 없지만 특약이나 급부의 성질상 이행대행자의 사용이 허용되는 경우(도급계약 : 대판 2002.4.12. 2001다82545,82552 : 5회 선택형)가 있다.

(3) 이행대행자의 유형에서 이행보조자로 취급되는 경우

①의 경우는 대행자의 사용 자체가 채무불이행이고, ②의 경우는 원칙적으로 채무자는 대행자의 선임·감독에 과실이 있는 경우에만 책임을 지게 되므로(제121조 1항, 제682조 2항) 결국 제391조가 적용되는 것은 ③의 경우만이다.

5. 이용보조자(利用補助者)

(1) 의 의

이용보조자란 목적물의 사용·수익권을 가지는 채무자가 목적물을 이용할 때 그 이용을 보조하는 자로서 예컨대 임차인의 가족 등이 이에 해당한다. 이용보조자는 단순히 '채무'만을 지는 것이 아니라 '권리' 역시 행사하는 지위에 있다는 점에서 이행보조자와 구별되는 특성을 갖고 있다.

(2) 임대인의 동의를 얻어 임차목적물을 전대한 경우 '전차인'이 임차인의 이행보조자인지 여부

제630조 1항에서 규정하고 있는 전차인의 보관의무는 임대인을 보호하기 위한 것일 뿐이고, 전대차에서 임대인의 동의는 대부분 임차인의 이익을 위하여 행하여지는 것으로서 임차인의 의무를 면제하는 것을 전제한다고 볼 수 없다. 그리고 무엇보다 임차인으로서는 그 동의를 통하여 자신의 이익영역을 확장하였는데, 동의를 이유로 자신의 책임의 축소까지 달성하는 것은 형평에 맞지 않다.[2]

---

2) 양창수, 민법주해(제9권) p.421 [학설] ① 전차인이 임차물을 보관하는 것은 동시에 임차인을 위해 그 보관의무를 이행하는

따라서 이때 전차인은 임차인에게 선임·감독상의 과실이 있는 때에 한해서가 아니라 전적인 책임을 지는 이행보조자라고 할 것이다.

[비교] 그러나 임대인의 '동의 없이' 전대를 한 경우, 전차인의 과실로 목적물이 멸실한 때에는 임대인은 임대차계약을 해지할 수 있고(제629조 2항), 해지한 때에는 임차인은 목적물을 반환하여야 하는데 그것이 불능이므로, 임차인은 그 반환에 갈음하여 손해배상책임을 진다.

Ⅲ. 효 과 [B-23]

1. 채무자의 책임

이행보조자의 고의·과실은 채무자의 고의·과실로 간주되어 채무자가 채무불이행책임을 지게 된다(제391조). 경우에 따라서는 이행보조자의 행위에 대하여 채무자가 사용자책임을 져야 할 때도 있다(제756조). 이 경우에는 채권자 보호를 위해 채무불이행책임과의 경합을 인정하는 것이 타당하다.

2. 이행보조자의 책임

(1) 채권자와의 관계

이행보조자는 채권관계의 당사자가 아니므로 채권자에 대한 관계에서는 채무불이행책임을 지지 않는다. 다만 불법행위책임을 질 수는 있다(대판 1990.8.28. 90다카10343 : 제3자의 채권침해). 이 경우 채무자가 채권자에 대해서 지는 책임과는 동일한 사실관계에 기한 것으로 부진정연대채무의 관계에 있다(대판 1994.11.11. 94다22446).

(2) 채무자와의 관계

양자 간의 계약 등을 기초로 그 위반에 따른 책임을 질 수 있다.

(3) 구상책임

채무자와 이행보조자의 행위가 부진정연대채무관계에 있을 경우, 채무자의 출연으로 이행보조자의 불법행위책임도 소멸한다면 채무자는 이행보조자에게 구상권을 행사할 수 있다. 다만 判例의 구상권제한의 법리가 이에도 유추적용될 수 있을 것이다(상세는 C-91.참고).

것이라 할 수 있어 전차인을 이행보조자로 보는 긍정설과 ② 임대인의 동의가 있는 경우에도 전차인은 제630조 1항에 의해 독립적으로 직접 임대인에 대하여 채무자로서의 보관의무를 지기 때문에, 전차인을 이행대행자로 보면서 임차인에게 선임·감독상의 과실이 있는 때에 한해 그 책임을 지는 것으로 보는 부정설이 있다.

핵심사례 B-02

★ 이행보조자, 임대차종료에 따른 법률관계 대판 1999.4.13. 98다51077,51084

甲은 乙 소유 메추리농장을 계약 종료시 임차 당시의 상태로 반환하기로 약정하고 이를 임차하여 운영하여 왔다. 한편 乙은 甲과 사이에 계분이송기를 시설해 주기로 약정하고, 丙에게 도급을 주어 丙이 이를 설치하는 과정에서 乙의 지시·감독 없이 丙의 과실로 화재가 발생하여 메추리농장과 甲소유 메추리 전부가 전소하였다.
1. 甲은 乙에게 어떤 책임을 물을 수 있는가? (20점)
2. 甲과 乙의 丙에 대한 구제수단은? (10점)

I. 乙의 甲에 대한 책임 – 설문 1.의 경우

1. 乙의 甲에 대한 채무불이행책임

(1) 甲과 乙 사이의 임대차계약의 종료 여부 및 그에 따른 乙의 의무

甲·乙 사이의 임대차계약은 목적물(메추리농장)의 사용·수익과 그 반환에 목적을 두는데(제618조 참조), 그 목적물이 멸실한 것이므로, 그 멸실에 누구의 귀책사유가 있든 이를 묻지 않고 위 임대차계약은 급부불능으로 당연히 종료한다. 따라서 임차인 甲은 불능 이후에는 차임지급의무를 부담하지 않고, 목적물 멸실에 따른 귀책사유가 없으므로 목적물반환채무의 이행불능을 원인으로 하는 손해배상의무도 없다. 그러나 임대인 乙은 목적물을 사용·수익케 할 의무(제623조)가 이행불능되었으므로 채무불이행책임을 지는지 문제된다.

(2) 乙의 甲에 대한 이행불능책임

1) 문제점

이행불능책임이 성립하기 위해서는 ⅰ) 채권관계 성립 이후에 이행이 불능으로 되었을 것, ⅱ) 채무자의 귀책사유가 있을 것, ⅲ) 위법할 것을 요한다(제390조). 사안의 경우는 특히 ⅱ)요건이 문제되는바, 앞서 살펴본 乙의 채무와 관련하여 丙의 법적 지위가 '이행보조자'인지 문제된다. 즉, 이행보조자의 고의·과실은 채무자의 고의·과실로 인정되므로(제391조), 임차목적물 멸실과 관련하여 과실있는 丙이 乙의 이행보조자인 경우에는 乙은 甲에게 이행불능책임을 져야 한다.

2) 丙이 乙의 이행보조자인지 여부

가) 판 례

이행보조자라 함은 채무자의 '법정대리인'과 채무자가 타인을 사용하여 이행하는 경우의 그 '피용자'를 의미한다(제391조). 여기에서의 '피용자'에 대해 判例는 "채무자의 의사관여 아래 그 채무의 이행행위에 속하는 활동을 하는 사람이면 족하고, 반드시 채무자의 지시·감독을 받는 관계에 있어야 하는 것은 아니므로, 채무자에 대하여 종속적인가 독립적인 지위에 있는가는 문제되지 않는다"(대판 1999.4.13. 98다51077,51084)고 한다.

나) 검토 및 사안의 경우

제391조의 경우 채무자 책임의 근거가 선임·감독상의 책임에 기인한 것이 아니라 이행보조자를 통해 스스로 이익을 얻고 있다는 데 있으므로 判例의 태도는 타당하다. 사안에서 乙은 甲과의 임대차계약에서 계분이송기를 시설해 주기로 약정하였다. 그리고 그 시설은 누가 하든 무방한 것이므로, 乙이 丙에게 도급을 주어 丙으로 하여금 그 시설을 하게 한 것은 乙의 의사관여하에 이루어진 것으로서, 丙은 乙의 위 수선의무의 이행에 관해서는 이행보조자에 해당한다(제391조 ; 대판 1999.4.13. 98다51077,51084).

3) 소 결

따라서 甲은 乙을 상대로 채무불이행책임, 즉 乙의 과실로 메추리농장이 멸실되어 甲이 그 목적물을 사용·수익하지 못하게 되어 입은 손해에 대해 배상을 청구할 수 있다(제623조, 제390조). 그리고 채무불이행책임에는 실화책임법이 적용되지 않는다(실화책임법 제1조[3] ; 대판 1999.4.13. 98다51077,51084). 손해배상의 범위와 관련해서는 위 메추리 농장은 영업용 시설이라 할 것인바, 甲은 그것을 대신할 다른 목적물을 마련하기 위하여 합리적으로 필요한 기간 동안 위 메추리 농장을 사용·수익하지 못함으로 인한 휴업손해의 배상을 청구할 수 있다(대판 2006.1.27. 2005다16591).

2. 乙의 甲에 대한 불법행위책임

(1) 제756조의 불법행위책임
독립적인 지위에서 일의 완성의무를 지는 수급인은 원칙적으로 제756조의 피용자라고 할 수 없다. 다만 도급인이 수급인에 대하여 특정한 행위를 지휘하거나 특정한 사업을 도급시키는 경우와 같은 이른바 노무도급의 경우에 있어서는 도급인이라고 하더라도 민법 제756조가 규정하고 있는 사용자책임의 요건으로서의 사용관계가 인정된다(대판 2005.11.10. 2004다37676). 사안의 경우는 이러한 사유가 보이지 않으므로 乙은 甲에 대해 제756조에 따른 사용자책임을 지지 않는다.

(2) 제757조 단서의 불법행위책임
앞서 살펴본 바와 같이 원칙적으로 도급인은 수급인이 그 일에 관하여 제3자에게 가한 손해를 배상할 책임이 없다(제757조 본문). 그러나 도급 또는 지시에 관하여 도급인에게 중대한 과실이 있는 때에는 그러하지 아니하다(제757조 단서). 사안의 경우는 이러한 사유가 보이지 않으므로 乙은 甲에 대해 제757조 단서에 따른 도급인책임을 지지 않는다.

II. 甲과 乙의 丙에 대한 구제수단 - 설문 2.의 경우

1. 甲의 丙에 대한 구제수단

(1) 메추리농장 사용불능에 대한 甲의 丙에 대한 구제수단
이행보조자 丙은 임대차계약의 당사자는 아니므로, 甲은 丙에게 채무불이행책임을 물을 수는 없다. 다만 제3자에 의한 채권침해로 인한 불법행위를 이유로 손해배상을 청구할 수 있는지는 문제될 수 있으나, 제750조의 '위법성' 요건과 관련하여 제3자가 채권의 존재를 알면서 '고의'로 목적물을 멸실·훼손케 할 것이 필요하다. 사안에서 丙은 위 메추리 농장이 甲의 채권(임차권)의 목적인 것은 알았겠지만 그것을 과실로 멸실케 하였을 뿐이므로 甲은 丙에게 불법행위책임을 물을 수 없다.

(2) 메추리 멸실에 대한 甲의 丙에 대한 구제수단
丙은 甲소유 메추리를 과실로 멸실케 하였으므로 甲은 丙에게 불법행위책임을 물을 수 있다(제750조).

2. 메추리농장 멸실에 대한 乙의 丙에 대한 구제수단
丙은 乙과의 도급계약에 의해 일을 수행하는 과정에서 그 과실로 '확대손해'를 발생시킨 것이므로, 乙은 丙을 상대로 채무불이행으로 인한 손해배상을 청구할 수 있다(제390조). 한편 丙은 과실로 乙의 소유권을 침해하였으므로 乙은 丙에게 불법행위를 이유로 그 시가 상당의 손해배상을 청구할 수도 있다(제750조).

---

3) '이 법은 실화의 특수성을 고려하여 실화자에게 중대한 과실이 없는 경우 그 손해배상액의 경감에 관한 민법 제765조의 특례를 정함을 목적으로 한다'

제3관 이행지체

I. 의 의
[B-24]

① 이행지체가 성립하기 위해서는 ⅰ) 채무가 이행기에 있고, ⅱ) 그 이행이 가능함에도 불구하고 이행을 지체할 것, ⅲ) 채무자의 귀책사유가 있을 것, ⅳ) 위법할 것을 요한다. ② 이행지체의 효과로는 ⅰ) 강제이행청구권(제389조), ⅱ) 손해배상청구권(지연배상, 전보배상), ⅲ) 책임의 가중(제392조), ⅳ) 계약해제권(제544조) 등이 발생한다.

II. 요 건 (이, 가, 귀, 위)
[B-25]

1. 이행기의 도래

(1) 확정기한부 채무

1) 원 칙

① 채무이행의 확정한 기한이 있는 경우에는 채무자는 그 기한이 도래한 때로부터 지체책임이 있다(제387조 1항 1문). 기한이 도래한 때란 기한이 도래한 다음날을 의미한다(대판 1988.11.8. 88다3253). ② 기한이 유예가 되면 유예일까지는 지체가 되지 않는다. 특히 '변제기 전'에 '대금지급을 위하여' 어음 등을 발행하면서 어음의 지급기일이 이행기보다 뒤로 된 경우 이는 원인채무의 변제기를 유예하는 효과가 있다(대판 1999.8.24. 99다24508). 그러나 특별한 사정이 없는 한 채무자가 기존채무의 이행기에 채무를 변제하지 아니하여 채무불이행 상태에 빠진 다음에 기존채무의 지급을 위하여 어음이 발행된 경우까지 그와 동일하게 볼 수는 없다(대판 2000.7.28. 2000다16367).

> [관련판례] "제387조 제1항 전문은 채무이행의 확정한 기한이 있는 경우에는 채무자는 기한이 도래한 때로부터 지체책임이 있다고 규정하고 있는바, 채무자가 선이행의무의 확정기한인 이행기를 지나면 바로 이행지체에 빠진다 할 것이고, 이처럼 일단 이행지체에 빠진 이상 그 후 채권자가 채무의 일부를 수령하였다고 하여 이행지체의 효과가 없어지고 기한의 정함이 없는 채무로 된다고 볼 수 없다"(대판 1992.10.27. 91다483).

2) 예 외

① 채권자가 채무자에게 이행을 최고할 필요는 없으나 추심채무나 채권자의 협력이 필요한 경우에는 최고가 필요하며, ② 지시채권·무기명채권은 증서를 제시하여 이행을 청구해야 한다(제517조, 제524조, 제526조). ③ 쌍무계약에 의한 채무의 이행에서는 당사자 간에 동시이행의 항변권이 인정되므로(제536조), 상대방으로부터 이행의 제공을 받으면서 자기의 채무를 이행하지 않는 경우에 이행지체가 된다. 한편, 당사자 쌍방이 모두 변제의 제공을 하지 않고서 이행기를 경과한 때에는, 그 이후 쌍방의 채무는 기한의 정함이 없는 채무로서 동시이행의 관계에 있게 되며, 당사자 중 일방이 자기의 채무이행을 제공하고 상대방에 대하여 그 채무의 이행을 최고함으로써 비로소 상대방은 이행지체에 놓이게 된다(대판 1980.8.26. 80다1037).

> [관련판례] * 동시이행관계에 있더라도 이행지체가 발생하는 경우
> 채무이행을 확보하기 위해 어음을 교부한 경우 원인채무의 이행과 어음의 반환은 동시이행관계이나(대판 2010.7.29. 2009다69692[4] : 8회 선택형). 어음을 반환하지 않는 것은 원인채무의 지급을 거절할 수 있는 사유

---

[4] "채무자의 원인채무와 채권자의 어음반환의무가 대가적인 견련관계에 있지는 않지만, 만일 채무자가 무조건 원인채무를 이행하여야 한다면 채무자는 이로써 어음소지인에게 대항할 수 없는 결과 이중변제의 위험에 빠지기 때문에 원인채무에게 동시이행항변권을 준 것이다. 따라서 어음상 권리가 시효완성으로 소멸하여 채무자에게 이중지급의 위험이 없고 채무자가 다른 어

일 뿐이므로 원인채무의 이행기를 도과하면 원칙적으로 이행지체책임을 진다(대판 1999.7.9. 98다47542,47559 : 5회 선택형). 단, 어음반환과 동시이행을 주장하는 경우에는 원인채무의 이행지체가 정당화될 수 있다(대판 1993.11.9. 93다11203,11210 : 8회 선택형).
[판례정리] 判例는 원인채무의 변제와 어음이나 수표의 반환에 대해 동시이행관계를 인정하면서도 '당연효'를 인정하지 않고, 채무자가 동시이행의 항변권을 행사하여 원인채무의 지급을 거절하는 경우에만 지체책임을 면한다고 본다.

(2) 불확정기한부 채무

채무이행에 불확정한 기한이 있는 경우에는 채무자는 기한이 도래함을 안 때로부터(구체적으로는 그 다음날부터) 지체책임이 있다(제387조 1항 2문)(8회,13회 선택형). 채권자의 최고가 있으면 채무자가 기한의 도래를 알지 못하더라도 그 최고를 받은 때로부터(구체적으로는 그 다음날부터) 지체책임이 있다.

[관련판례] "당사자가 불확정한 사실이 발생한 때를 이행기한으로 정한 경우에는 그 사실이 발생한 때는 물론 그 사실의 발생이 불가능하게 된 때에도 이행기한은 도래한 것으로 보아야 한다"(대판 2002.3.29. 2001다41766 : 2회,7회,10회,13회 선택형).

(3) 기한의 정함이 없는 채무

1) 원 칙

채무이행의 기한이 없는 경우에는 채무자는 이행청구를 받은 때로부터(구체적으로는 그 다음날부터) 지체책임이 있다(제387조 2항).

2) 예 외

① 반환시기의 약정이 없는 소비대차에서는, 대주는 상당한 기간을 정하여 반환을 최고하여야 한다(제603조 2항). 따라서 그 상당기간이 경과한 때부터 이행지체가 된다. [7회 기록형]

② 불법행위로 인한 손해배상채무는 그 성립과 동시에(그 당일부터) 또 채권자의 청구 없이도 당연히 이행지체가 된다는 것이 判例이다(대판 1975.5.27. 74다1393 : 2회 선택형). [판례검토] 피해자가 입은 손해를 남김없이 배상케 하자는 원상회복의 이념에 비추어 볼 때 判例의 태도는 타당하다(통설).
다만 위자료청구권에 대해서는 불법행위시부터 사실심 변론종결시까지 장기간이 경과하고 통화가치 등에 상당한 변동이 생긴 경우에는 예외적으로 사실심 변론종결일부터 지연손해금이 발생한다고 한다(대판 2011.1.27. 2010다6680 ; 대판 2011.7.21. 전합2011재다199).

> ※ 기한의 정함이 없는 채무
> ① "금전채무의 지연손해금채무는 금전채무의 이행지체로 인한 손해배상채무(지연이자)로서 이행기의 정함이 없는 채무에 해당하므로, 채무자는 확정된 지연손해금채무에 대하여 채권자로부터 이행청구를 받은 때로부터 지체책임을 부담하게 된다"(대판 2004.7.9. 2004다11582 : 2회 선택형).
> ② 동시이행항변권이 인정되는 경우 당사자 쌍방이 모두 변제의 제공을 하지 않고서 이행기를 경과한 때에는 어느 쪽도 책임을 지지 않으며, 그 후에는 '기한의 정함이 없는 채무'로서 존속한다(대판 1980.8.26. 80다1037).
> ③ "부당이득반환의무는 이행기한의 정함이 없는 채무이므로 그 채무자는 이행청구를 받은 때에 비로소 지체책임을 진다"(대판 2010.1.28. 2009다24187,24194). "타인의 토지를 점유함으로 인한 부당이득반환채무는 이행의 기한이 없는 채무로서 이행청구를 받은 때로부터 지체책임이 있다"(대판 2008.2.1. 2007다8914).

음상 채무자에 대하여 권리를 행사할 수도 없는 경우에는 채권자의 원인채권 행사에 대하여 채무자에게 어음상환의 동시이행항변을 인정할 필요가 없으므로 결국 채무자의 동시이행항변권은 부인된다"

④ "지명채권이 양도된 경우 채무자에 대한 대항요건이 갖추어질 때까지 채권양수인은 채무자에게 대항할 수 없으므로, 이행기의 정함이 없는 채권을 양수한 채권양수인이 채무자를 상대로 그 이행을 구하는 소를 제기하고 소송 계속 중 채무자에 대한 채권양도통지가 이루어진 경우에는 특별한 사정이 없는 한 채무자는 채권양도통지가 도달된 다음 날부터(이행의 소를 제기한 때가 아님) 이행지체의 책임을 진다"(대판 2014.4.10. 2012다29557 : 5회,7회,10회,11회 선택형).

⑤ "기한을 정하지 않은 채무에 정지조건이 있는 경우, 정지조건이 객관적으로 성취되고 그 후에 채권자가 이행을 청구하면 바로 지체책임이 발생한다. 조건과 기한은 하나의 법률행위에 독립적으로 작용하는 부관이므로, '조건의 성취'는 '기한이 없는 채무에서 이행기의 도래'와는 별개의 문제이기 때문이다. 그리고 청구금액이 확정되지 아니하였다는 이유만으로 채무자가 지체책임을 면할 수는 없다. 청구권은 이미 발생하였고 가액이 아직 확정되지 아니한 것일 뿐이므로, 지연손해금 발생의 전제가 되는 원본 채권이 부존재한다고 말할 수는 없기 때문이다"(대판 2018.7.20. 2015다207044).

⑥ "추심명령은 압류채권자에게 채무자의 제3채무자에 대한 채권을 추심할 권능을 수여함에 그치고, 제3채무자로 하여금 압류채권자에게 압류된 채권액 상당을 지급할 것을 명하거나 그 지급 기한을 정하는 것이 아니므로, 제3채무자가 압류채권자에게 압류된 채권액 상당에 관하여 지체책임을 지는 것은 집행법원으로부터 추심명령을 송달받은 때부터가 아니라 추심명령이 발령된 후 압류채권자로부터 추심금 청구를 받은 다음날부터라고 하여야 한다"(대판 2012.10.25. 2010다47117 : 9회 선택형).

⑦ "유류분반환청구권의 행사로 인하여 생기는 원물반환의무 또는 가액반환의무는 이행기한의 정함이 없는 채무이므로, 반환의무자는 그 의무에 대한 이행청구를 받은 때에 비로소 지체책임을 진다"(대판 2013.3.14. 2010다42624).

⑧ "신원보증인의 채무는 피보증인의 불법행위로 인한 손해배상채무 그 자체가 아니고 신원보증계약에 기하여 발생한 채무로서 이행기의 정함이 없는 채무이므로 채권자로부터 이행청구를 받지 않으면 지체의 책임이 생기지 않는다"(대판 2009.11.26. 2009다59671 : 13회 선택형).

⑨ "상법 제399조 제1항에 따라 주식회사의 이사가 회사에 대한 임무를 게을리하여 발생한 손해배상책임은 위임관계로 인한 채무불이행책임이다. 따라서 주식회사의 이사가 회사에 대하여 위 조항에 따라 손해배상채무를 부담하는 경우 특별한 사정이 없는 한 이행청구를 받은 때부터 지체책임을 진다"(대판 2021.5.7. 2018다275888).

(4) 기한의 이익을 상실한 채무(A-167.참고)

2. 채무의 이행이 아직 가능할 것

채무이행이 가능함에도 불구하고 이행하지 않고 있어야 한다. 채무자의 귀책사유로 이행기가 경과된 후 급부가 불가능하게 된 때에는 이행불능으로 취급한다. 따라서 **이행지체 중에 이행불능이 발생하면 이행지체는 종료되고, 채권자는 이 시점**(이행지체 후 불능 전)**까지 발생한 지연배상과 그 이후의 이행불능으로 인한 전보배상을 청구할 수 있다.** 이때 목적물의 가액이 배상됨으로써 채권자의 모든 손해가 전보되는 것이 아닌가 하는 의문이 있을 수 있지만, 그 배상에 이행기 도과 후 불능시까지 사이의 목적물의 사용이익이 포함되어 있지 않으므로 그렇게 볼 것은 아니다.

3. 채무자의 귀책사유···채무자의 항변사유

채무자가 책임질 수 없는 사유로 의무 이행이 지연되었다면 해당 기간만큼은 지체상금의 발생기간에서 공제되어야 한다(대판 2016.12.15. 2014다14429,14436).

4. 위법성…채무자의 항변사유

(1) 동시이행의 항변권, 유치권

이행기에 불이행을 정당화하는 사유(동시이행의 항변권, 채무자의 유치권)가 있다면 이행지체로 되지 않는다.

(2) 채무의 이행을 금지하는 보전처분이 있는 경우

채권이 가압류(아래 전합93다951판결 : 2회,5회 선택형) [08행정] 또는 가처분된 경우(대판 2010.2.25. 2009다22778)에도 이행기가 도래하면 제3채무자는 이행하여야 하고, 그렇지 않으면 이행지체의 책임을 진다.

> ∗ '금전채권'의 가압류와 제3채무자의 이행지체책임과 변제공탁(B-112.참고)
> "ⅰ) 채권의 가압류는 제3채무자에 대하여 채무자에게 지급하는 것을 금지하는 데 그칠 뿐 채무 그 자체를 면하게 하는 것이 아니고, 가압류가 있다 하여도 그 채권의 이행기가 도래한 때에는 제3채무자는 그 지체책임을 면할 수 없다고 보아야 할 것이다. ⅱ) 이 경우 가압류에 불구하고 제3채무자가 채무자에게 변제를 한 때에는 나중에 채권자에게 이중으로 변제하여야 할 위험을 부담하게 되므로 제3채무자로서는 민법 제487조의 규정에 의하여 공탁을 함으로써(실무상 가압류의 경우는 현행 민사집행법상의 집행공탁으로 사실상 통일 : 저자 주)이중변제의 위험에서 벗어나고 이행지체의 책임도 면할 수 있다고 보아야 할 것이다. 제3채무자가 이와 같이 채권의 가압류를 이유로 변제공탁을 한 때에는 그 가압류의 효력은 채무자의 공탁금출급청구권에 대하여 존속한다고 할 것이므로 그로 인하여 가압류 채권자에게 어떤 불이익이 있다고도 할 수 없다"(대판 1994.12.13. 전합93다951: 표준판례399).

Ⅲ. 효 과(강, 가, 손, 해) [B-26]

1. 강제이행청구권(제389조)

채무자의 귀책사유를 요하지 않는다.

2. 손해배상청구권

(1) 원 칙(지연배상)

강제이행과 함께 채무자에게 손해배상(지연배상)을 청구할 수 있다(제390조, 손해배상을 청구하기 위해서는 채무자의 귀책사유가 필요하다). 채무자는 본래의 급부와 함께 지연배상도 아울러 제공해야만 채무내용에 좇은 이행제공이 된다.

① 목적물의 인도의무의 이행지체의 경우 지연배상은 그 목적물을 사용·수익함으로써 얻을 수 있었던 이익, 즉 물건의 임료 상당액이 통상손해로서 지연손해의 내용이 될 것이다(대판 1995.2.10. 94다44774, 44781). ② 금전채무의 이행지체의 경우에는 법정이율에 의하여 지연손해금을 산정하나, 약정이율이 있다면 그것이 법령의 규정에 위반하지 않는 한 그 이율에 의하여 지연손해금을 산정한다(제397조 1항).

(2) 예 외(전보배상)

채권자가 상당한 기간을 정하여 이행을 최고하여도 그 기간 내에 이행하지 아니하거나, 지체 후의 이행이 채권자에게 이익이 없는 때에는, 채권자는 수령을 거절하고 이행에 갈음한 손해배상(전보배상)을 청구할 수 있다(제395조). 다만 채무자가 미리 이행거절의 의사를 표시한 때에는 이행의 최고 없이도 전보배상을 청구할 수 있다.

3. 책임의 가중

채무자는 자기에게 과실이 없는 경우에도 그 이행지체 중에 생긴 손해를 배상하여야 한다. 그러나 채무자가 이행기에 이행하여도 손해를 면할 수 없는 경우에는 그러하지 아니하다(제392조). 본조가 적용되기 위해서는 i) 이행지체가 있어야 하고, ii) **이행지체 중에 채무자의 '과실 없이' 손해가 발생하여야 하며**(만일 이행지체 후 채무자의 과실로 이행불능이 발생한 경우에는 이행불능의 법리에 따라 처리되고 특별히 본조가 적용될 여지가 없다. 따라서 이에 해당하는 경우는 '채무자의 과실 없는 급부불능'을 들 수 있다. 즉 이행지체는 더 이상 문제가 되지 않으며, 불완전이행도 그 자체 채무자의 과실이 인정되기 때문에 그 적용이 없다), iii) 제때에 이행되어 급부가 채권자의 수중에 놓여졌다면 그러한 손해가 발생하지 않았을 것이어야 한다. 예를 들어 이행지체 중에 목적물을 도난당한 때에는 그 책임을 지게 되지만, 임차인이 목적물의 반환을 지체하던 중 옆집의 화재로 연소된 경우에는 제때에 반환을 하였더라도 피할 수 없는 것이므로 그에 대해서는 책임을 부담하지 않는다. 그 증명책임은 채무자가 부담한다(대판 1962.5.24. 62다175).

4. 계약해제권(제544조 : 채권각론 참고)

Ⅳ. 이행지체의 종료 [B-27]

이행지체는 채권이 소멸한 때, 채권자가 지체책임을 면제한 때, 채무자가 지연배상과 '함께' 이행을 제공한 때(제461조. 다만 채권자가 영구적 불수령의 의사를 표시한 경우에는 구두제공조차 없어도 된다), 이행지체 후에 이행불능으로 된 때에 종료한다.

[쟁점 06] 동시이행의 항변권

Ⅰ. 서 설 [B8-1]

> 제536조 (동시이행의 항변권) ① 쌍무계약의 당사자 일방은 상대방이 그 채무이행을 제공할 때 까지 자기의 채무이행을 거절할 수 있다. 그러나 상대방의 채무가 변제기에 있지 아니하는 때에는 그러하지 아니하다. ② 당사자 일방이 상대방에게 먼저 이행하여야 할 경우에 상대방의 이행이 곤란할 현저한 사유가 있는 때에는 전항 본문과 같다.

1. 의 의

쌍무계약의 당사자의 일방은 상대방이 그 채무의 이행을 제공할 때까지는 자기의 채무의 이행을 거절할 수 있는 권리를 가지는바, 이를 동시이행의 항변권이라 한다(제536조). 쌍무계약에서 당사자의 채무는 상호 의존관계에 있으므로, 그 '이행'의 면에서도 상환으로 이행하는 것이 '당사자의 의사'와 '공평'에 부합하기 때문이다. 이는 임의규정이므로, 항변권을 포기할 수 있다(대판 1999.3.12. 97다37825,37869).

2. 법적 성질

동시이행의 항변권의 법적 성질에 대해서는 다툼이 있는바, 그 본질이 연기적 항변권으로서 아래의 요건을 갖추면 발생하지만 항변권 일반의 법리에 따라 당사자가 항변권을 행사해야만 법원이 이를 고려할 수 있다고 보는 것이 타당하다. 다만 당사자가 항변권을 행사하지 않더라도 항변권이 존재하는 것만으로 일정한 실체법상 효과가 발생하기도 한다(당연효, 존재효).

[비교] 유치권은 제3자에 대해서도 주장할 수 있는(대세효) 물권인 반면, 동시이행항변권은 계약의 당사자 간에만 주장할 수 있는 채권적인 것이다. 양자는 각각의 성립요건만 구비하면 병존가능하다.

Ⅱ. 요 건(동대, 변, 이) [B8-2]

동시이행의 항변권이 성립하기 위해서는 ⅰ) 동일한 쌍무계약에 의한 대가적 채무가 존재할 것, ⅱ) 적어도 상대방의 채무가 변제기에 있을 것, ⅲ) 상대방이 이행 또는 이행의 제공을 하고 있지 않을 것이 필요하다(제536조).

1. 동일한 쌍무계약에 의한 대가적 채무의 존재 [B8-2a]

동시이행의 항변권이 인정되기 위해서는 원칙적으로 동일한 쌍무계약에 의해 당사자 쌍방이 대가적 의미를 가지는 채무를 부담하고 있어야 한다.

(1) 동일한 계약상의 의무

① 동시이행은 원칙적으로 동일한 쌍무계약에서 발생한 의무에서 인정되고, 본래의 계약상의 의무가 아니라 별도의 특약에 의한 의무는 원칙적으로 동시이행이 아니다. 가령 "임대차계약 해제에 따른 임차인의 임대차계약의 이행으로 이루어진 목적물 인도의 원상회복의무와 임대인이 임차인에게 건물을 사용수익하게 할 의무를 불이행한 데 대하여 손해배상을 하기로 한 각서에 기하여 발생된 약정지연손해배상의무는 하나의 임대차계약에서 이루어진 계약이행의 원상회복관계에 있지 않고 그 발생원인을 달리하고 있어 특별한 사정이 없는 한 양자 사이에 이행상의 견련관계는 없으므로 임차인의 동시이행의 항변은 배척되어야"하며(대판 1990.12.26. 90다카25383), "공사도급계약상 도급인의 지체상금채권과 수급인의 공사대금채권은 특별한 사정이 없는 한 동시이행의 관계에 있다고 할 수 없다"(대판 2015.8.27. 2013다81224,81231 : 14회 선택형).

다만 하나의 계약에서 특약한 것을 함께 이행할 필요가 있는 때에는 동시이행관계에 있다. 가령 "부동산 매매계약에 있어 매수인이 부가가치세를 부담하기로 약정한 경우, 부가가치세를 매매대금과 별도로 지급하기로 했다는 등의 특별한 사정이 없는 한 부가가치세를 포함한 매매대금 전부와 부동산의 소유권이전등기의무가 동시이행의 관계에 있다"(대판 2006.2.24. 2005다58656).

② 서로 이행의 상대방을 달리하는 경우에는 동시이행의 항변권은 인정되지 않는다. 가령, "근저당권실행을 위한 경매가 무효로 되어 채권자(=근저당권자)가 채무자를 대위하여 낙찰자에 대한 소유권이전등기 말소청구권을 행사하는 경우, 낙찰자가 부담하는 소유권이전등기말소의무는 채무자에 대한 것인 반면, 낙찰자의 배당금 반환청구권은 실제 배당금을 수령한 채권자에 대한 채권이므로, 양자는 동시이행의 관계에 있지 않다"(대판 2006.9.22. 2006다24049 : 13회 선택형).

(2) 대가적인 의미가 있을 것(상환성)

① 상환성은 원칙적으로 주된 급부의무 상호 간에만 인정되고, 부수적 의무의 경우에는 당사자가 특별히 그 부수의무의 이행을 반대급부의 조건으로 삼은 경우나 그 부수의무의 이행이 상대방에게 중요한 의의가 있는 것일 때에 인정된다(대판 1976.10.12. 73다584).

② 쌍무계약에서 서로 대가관계에 있는 당사자 쌍방의 의무는 원칙적으로 동시이행의 관계에 있고, 나아가 하나의 계약으로 둘 이상의 민법상의 전형계약을 포괄하는 내용의 계약을 체결한 경우에 당사자 일방의 여러 의무가 포괄하여 상대방의 여러 의무와 대가관계에 있다고 인정되면, 이러한 당사자 일방의 여러 의무와 상대방의 여러 의무는 동시이행의 관계에 있다(대판 2011.2.10. 2010다77385: **표준판례 404**).

> **❋ 부동산 매매에서의 대가적 의무 ★**
> 부동산의 매매에서 매도인은 권리이전의무를 매수인은 대금지급의무를 진다(제568조 1항).
> ㉠ 매도인의 '소유권이전등기의무 및 인도의무'와 매수인의 '잔대금 지급의무'는 동시이행의 관계에 있는 것이 원칙이라고 한다(대판 1991.9.10. 91다6368).
> ㉡ 이 경우 매도인의 '소유권이전등기의무'는 제한이나 부담이 없는 완전한 소유권이전등기를 해 주는 것을 의미한다. 따라서 매매목적 부동산에 지상권이 설정되어 있고 가압류등기가 되어 있는 경우에는, 비록 매매가액에 비하여 소액인 금원의 변제로써 언제든지 말소할 수 있는 것이라 할지라도 매도인은 그와 같은 등기를 말소하여야 한다(대판 1991.9.10. 91다6368 등). **[08행정]** 같은 취지에서, 말소되지 않은 근저당권등기가 남아 있는 부동산을 매매하는 경우, 매도인의 소유권이전등기의무에는 근저당권설정등기말소의무도 포함된다(대판 1979.11.13. 79다1562 : 1회 선택형). **[8회 기록형]**
> > **비교판례** 저당권설정이 된 경우 채무변제가 선이행의무이며, 채무변제와 저당권등기말소는 동시이행관계가 아니다(대판 1966.2.15. 65다2431). **[1회 기록형]**
> ㉢ 매수인이 매도인을 상대로 매매목적 부동산 중 일부에 대해서만 소유권이전등기의무의 이행을 구하고 있는 경우에도 매도인은 특별한 사정이 없는 한 그 매매잔대금 전부에 대하여 동시이행의 항변권을 행사할 수 있다(대판 2006.2.23. 2005다53187).

(3) 동일성의 유지

① 동시이행관계는 쌍무계약의 당사자 사이에 한하여 인정되는 것은 아니며, 채권이 양도되거나 채무가 인수되더라도 동일성이 인정되는 한 동시이행관계는 존속한다. 마찬가지로 '**전부명령**'에 의해 (임차보증금반환청구)채권이 타인에게 이전된 때에도 동시이행관계는 유지되며(대판 1989.10.27. 89다카4298), 채권이 '**압류**'된 때에도 마찬가지이다(대판 2001.3.9. 2000다73490).
② 한 쪽의 채무가 급부불능으로 인해 소멸하면 동시이행의 항변권도 소멸한다. 그러나 채무자의 귀책사유로 인해 이행불능이 된 때에는 그 채무는 손해배상채무로 바뀌지만 그 동일성은 유지되므로 동시이행의 항변권도 존속한다(대판 2000.2.25. 97다30066 : 9회 선택형).

2. 적어도 상대방의 채무가 변제기에 있을 것 [B8-2b]

(1) 원 칙

상대방의 채무는 아직 변제기에 있지 않고 자기의 채무만 변제기에 있는 당사자는 동시이행의 항변권이 없다(제536조 1항 단서).

(2) 예 외

1) 불안의 항변권

제536조 2항은 선이행의무를 지고 있는 당사자가 '**상대방의 이행이 곤란한 현저한 사유**'가 있는 때에는 자기의 채무이행을 거절할 수 있다고 규정하고 있는바, 그러한 경우란 ⅰ) 선이행채무를 지게 된 채권자가 계약성립 후 채무자의 신용불안이나 재산상태의 악화 등의 사정으로 반대급부를 이행받을 수 없는 사정변경이 생기고(다만 신용불안이나 재산상태 악화와 같이 채권자측에 발생한 객관적·일반적 사정만이 이에 해당한다고 제한적으로 해석할 이유는 없다), ⅱ) 이로 인하여 당초의 계약내용에 따른 선이행의무를 이행케 하는 것이 공평과 신의칙에 반하게 되는 경우를 말한다(대판 2002.11.26. 2001다833).

> ✽ **불안의 항변권을 인정한 판례**
> ① **[매도인의 소유권이전의무에 대한 불안의 항변권 : 대금거절의 항변권(제588조)과 불안의 항변권(제536조 2항)의 경합]** ㉠ "매매계약을 맺은 후에야 등기부상 매매목적물이 매도인의 소유가 아닌 것이 발견되었다면, 매수인은 제588조에 의하여 중도금의 지급을 거절할 수 있고, 또는 계약에서의 형평의 원칙이나 신의칙에 비추어 선이행의무에 해당하는 중도금지급의무라 하더라도 그 지급을 거절할 수 있다"(대판 1974.6.11. 73다1632). ㉡ "건설회사의 신용불안이나 재산상태의 악화 등은 제536조 2항의 건설회사의 의무이행이 곤란할 현저한 사유가 있는 때 또는 제588조의 매매의 목적물에 대하여 권리를 주장하는 자가 있는 경우에 매수인이 매수한 권리의 전부나 일부를 잃을 염려가 있는 때에 해당하여, 아파트 수분양자는 건설회사가 그 의무이행을 제공하거나 매수한 권리를 잃을 염려가 없어질 때까지 자기의 선이행의무인 중도금지급의무의 이행을 거절할 수 있다"(대판 2006.10.26. 2004다24106,24113).
> ② **[일정기간마다 대금을 지급하는 계약에서의 불안의 항변권]** "도급계약에서 일정기간마다 이미 행하여진 공사부분에 대하여 그 대가를 지급하기로 약정되어 있는데도(기성공사금지급), 도급인이 정당한 이유 없이 이를 지급하지 않아 수급인으로 하여금 당초의 계약내용에 따른 선이행의무의 이행을 요구하는 것이 공평에 반하게 되었다면, 비록 도급인에게 신용불안 등과 같은 사정이 없다고 하여도 수급인은 제536조 2항에 의하여 계속공사의무의 이행을 거절할 수 있다"(대판 2012.3.29. 2011다93025).

2) 선이행의무의 이행지체 중 상대방 채무의 변제기가 도래한 경우 [3회 사례형]

동시이행 항변권의 성립 여부는 이행청구가 행하여진 때를 표준으로 하면 족하므로, 매수인이 선이행하여야 할 중도금 지급을 하지 아니한 채 잔대금지급기일을 경과한 경우에는 매수인의 ⅰ) 중도금 및 ⅱ) 이에 대한 지급일 다음날부터 잔대금지급일까지의 지연손해금과 ⅲ) 잔대금의 지급채무는 매도인의 소유권이전등기의무와 '특별한 사정'이 없는 한 동시이행관계에 있다. 따라서 매수인은 잔금지급일 이후부터는 중도금을 지급하지 아니한 데 따른 이행지체의 책임을 부담하지 않는다(대판 1991.3.27. 90다19930 : 1회, 3회 선택형).

[비교판례] ✽ 선이행해야 할 중도금 지급의무가 계약상의 잔금지급기일을 도과한 경우, 매수인의 중도금 지급의무와 매도인의 소유권이전등기서류 제공의무가 동시이행의 관계에 있다고 볼 수 없는 특별한 사정이 인정된 경우
"매도인이 매수인으로부터 중도금을 지급받아 원매도인에게 매매잔대금을 지급하지 아니하고서는 토지의 소유권이전등기서류를 갖추어 매수인에게 제공하기 어려운 특별한 사정이 있었고, 매수인도 그러한 사정을 알고 매매계약을 체결하였던 경우, 매도인의 소유권이전등기절차 서류의 제공의무는 매수인의 중도금 지급이 선행되었을 때에 매수인의 잔대금의 지급과 동시에 이를 이행하기로 약정한 것이라고 할 것이므로, 매수인의 중도금 지급의무는 당초 계약상의 잔금지급기일을 도과하였다고 하여도 매도인의 소유권이전등기서류의 제공과 동시이행의 관계에 있다고 할 수 없다"(대판 1997.4.11. 96다31109: 표준판례86).

3. 상대방이 이행 또는 이행의 제공을 하고 있지 않을 것 …동시이행 항변에 대한 재항변

(1) 원 칙   [B8-2c]

제536조 1항은 상대방이 '그 채무이행을 제공할 때까지' 당사자 일방이 자기의 채무이행을 거절할 수 있는 것으로 규정한다. 따라서 상대방이 이미 이행을 하였거나, 이행의 제공이 계속되고 있는 때에는 동시이행의 항변권은 인정되지 않는다. 증명책임의 경우, 예를 들어 매수인의 소유권이전등기청구에 대하여 매도인이 잔대금 지급의 동시이행항변을 한 경우 매수인이 그 항변을 배제하려면 잔대금을 지급하였거나 이행의 제공을 하였음을 입증하여야 한다(대판 2013.4.11. 2012다65294)고 한다.

(2) 일부이행·불완전이행

1) 상대방의 반대채무가 '불가분적'인 경우

채무자는 자기의 채무가 가분적이든 불가분적이든 '채무전부'에 관하여 동시이행의 항변권을 행사할 수 있다. 예컨대 도급에서 수급인의 완성된 목적물의 인도와 도급인의 보수의 지급은 동시이행의 관계에 있고(제665조 1항), 수급인의 완성물 인도의무는 불가분이기 때문에, 완성물에 하자가 있다면 도급인은 수급인으로부터 하자의 보수를 받기까지 수급인에게 공사대금 전부의 지급을 거절할 수 있는 것이 원칙이다. 다만 대법원은 예외적으로 "미지급 공사대금에 비해 하자보수비 등이 매우 적은 편이고 하자보수공사가 완성되어도 공사대금이 지급될 여부가 불확실한 경우, 도급인이 하자보수청구권을 행사하여 동시이행의 항변을 할 수 있는 기성공사대금의 범위는 하자 및 손해에 상응하는 금액으로 한정하는 것이 공평과 신의칙에 부합한다"(대판 2001.9.18. 2001다9304)고 판시한 바 있다(C-54.참고).

2) 상대방의 반대채무가 '가분적'인 경우

가) 채무자의 채무가 불가분적인 경우

채무자는 '채무 전부'에 대하여 동시이행의 항변권을 행사할 수 있다. 예컨대 매도인은 매매대금 전액의 이행(제공)을 받기까지는 매수인에게 매매목적물의 소유권 이전 및 인도를 거절할 수 있다.

나) 채무자의 채무가 가분적인 경우

채무자는 상대방의 반대채무에 상응하는 자신의 채무에 관하여만 동시이행의 항변권을 갖는다.

① ㉠ [도급] 도급인의 수급인에 대한 보수지급의무(100)와 수급인의 도급인에 대한 하자보수에 갈음하는 손해배상의무(30)는 동시이행관계에 있는데(제667조 3항), 도급인은 그에 상응하는 범위(30)에서만 보수의 지급을 거절할 수 있다(대판 1990.5.22. 90다카230) ㉡ [임대차] 마찬가지로 임대차에서 임대인의 (사용·수익에 필요한 상태로의) 목적물의 제공과 임차인의 차임 지급은 대가적 관계에 있는데(제618조), 수선의무 있는 임대인이 수선을 하지 않는 때에는(제623조 참조) 임차인은 그에 상응하는 범위에서만 차임의 지급을 거절할 수 있다(대판 1989.6.13. 88다카13332).

② [근저당권이 설정된 매매] 判例는 저당권과 같은 담보권을 주장하는 자가 있는 경우 대금거절의 항변(제588조) 및 동시이행의 항변(제536조) 모두를 인정한다. 즉, 근저당권이 설정되어 있는 부동산 매매계약의 경우 매도인의 소유권이전의무 외에 근저당권말소의무도 매수인의 대금지급의무와 동시이행관계에 있는데(대판 1991.11.26. 91다23103 : 8회 선택형), 이 경우 매수인은 근저당권설정등기가 말소되지 않았음을 이유로 매매대금 전액의 지급을 거절할 수 있는 것은 아니고, **매수인이 근저당권의 피담보채무액을 확인하여 이를 알고 있는 경우에는 확인된 피담보채무액, 그렇지 않은 경우에는 근저당권의 채권최고액에 상당하는 금액에 한하여 그 지급을 거절할 수 있다**(대판 1996.5.10. 96다6554).[5] **[25법무]**

3) 계속적·회귀적 급부의무

쌍방의 급부가 일정한 기간 회귀적 또는 계속적 가분급부를 목적으로 하는 경우에 일방이 어떤 시기의 채무를 이행하지 않으면, 상대방은 그 후 이에 상응하는 범위에서 자기의 채무이행을 거절할 수 있다. 즉. 判例는 계속적 물품공급계약에서 이미 공급된 물품의 대금 중 일부를 지급받지 못한 경우, 물품공급자는 그 대금의 지급을 받을 때까지 장래의 공급을 거절할 수 있다고 한다(대판 1970.3.10. 69다2076).

---

[5] [관련판례] "구 도시정비법 제47조에 따른 현금청산에서 토지 등 소유자가 토지 등에 관한 소유권이전등기 및 인도를 마쳤으나 근저당권설정등기를 말소하지 아니한 경우, 재건축조합은 말소되지 아니한 근저당권의 채권최고액의 범위 내에서 확정된 피담보채무액에 해당하는 청산금에 대하여만 동시이행의 항변권에 기초하여 지급을 거절할 수 있다고 보는 것이 공평의 관념과 신의칙에 부합한다. 이와 달리 토지 등 소유자가 소유권이전등기 및 인도를 마친 때에도 근저당권설정등기가 말소되지 아니하였다면 재건축조합이 청산금 전부에 대하여 근저당권설정등기말소와의 동시이행을 주장하여 지급을 거절할 수 있다는 취지로 판시한 대법원 2009. 9. 10. 선고 2009다32850,32867 판결 등은 변경하기로 한다"(대판 2015.11.19. 전합2012다114776)

(3) 수령지체(아래 판례연구 B-4.참고)

판례연구 B-04

★ 이행제공과 동시이행의 항변권·이행지체·계약해제

甲은 乙과 2005년 6월 1일 자신의 가옥을 1억 원에 乙에게 매도하기로 하고 계약금 1,000만 원은 당일에 지급하고 중도금 4,000만 원은 동년 6월 30일에 지급하고 잔금은 동년 7월 31일에 甲으로부터 가옥의 소유권이전등기에 필요한 서류를 받음과 동시에 지급하기로 하는 매매계약을 체결하였다. 그런데 乙은 계약당일에 계약금을 지급하였으나 자신이 예상한 금전 융통의 길이 막혀 중도금 및 잔금은 지급하지 못하고 있으며, 한편 甲은 2005년 7월 31일 가옥의 소유권이전등기에 필요한 서류를 가지고 약속장소인 법무사 사무실을 찾아 갔는데 乙이 잔금을 준비하지 못했음을 알고 그대로 돌아와야 했다.

1. 甲은 2005년 8월 20일 위 매매계약을 원인으로 乙에게 중도금 및 잔대금의 지급을 구하는 소를 제기하였다. 이 경우 乙은 동시이행의 항변권을 행사할 수 있는지 검토하라. (10점)
2. 甲은 2005년 8월 20일 乙이 중도금 및 잔대금지급채무를 지체하고 있음을 이유로 손해배상청구를 한다. 甲의 청구는 타당한지 검토하라. (10점)
3. 甲은 2005년 8월 1일 乙에게 동년 8월 15일까지 중도금 및 잔금의 지급을 최고하였고, 그 기간 동안 법무사 사무실에 가옥의 소유권이전등기에 필요한 서류를 준비하여 두었다. 그럼에도 불구하고 乙이 이행을 하지 않자 甲은 2005년 8월 20일 乙에게 위 매매계약을 해제한다는 의사표시를 하였다. 이 경우 甲과 乙의 매매계약이 해제되었는지 검토하라. (10점)

I. 乙의 동시이행항변권 행사가 가능한지 여부 - 설문 1.의 경우

1. 문제점(수령지체자가 동시이행의 항변권을 행사할 수 있는지 여부)
설문 1.의 경우 이행의 제공이 있었음에도 자기 채무를 이행하지 않음으로써 수령지체에 빠진 자가 그 후 상대방이 자기 채무의 이행의 제공을 다시 하지 않고 이행을 청구한 경우에 동시이행의 항변권을 가지는지 문제된다.

2. 판 례
① 判例는 "동시이행의 항변권을 소멸시키려면 한 번 이행의 제공이 있었다는 사실만으로는 불충분하고 이행의 제공이 계속되어야 한다"고 보아 **계속적 이행제공설**의 입장이다(대판 1993.8.24. 92다56490 등).
② 다만 **이행제공의 정도**와 관련해서는 이행의 제공을 엄격하게 요구하면, 불성실한 상대 당사자에게 구실을 주게 될 수도 있기 때문에 그 요건을 완화하는바, "이행장소에 소유권이전등기 서류 및 열쇠 등을 '준비'하여 두고 매수인에게 그 뜻을 통지하고 신의칙상 요구되는 상당한 시간 간격을 두고 거듭 수령을 최고(구두제공)하면 된다"(대판 2001.5.8. 2000다6053: **표준판례**544).

3. 검토 및 사안의 경우
한 번의 수령지체를 이유로 그 항변권을 상실시켜 버리면, 그 후 그 일방이 무자력이 된 경우에 상대방은 반대급부를 받지 못하면서도 자신의 채무만을 이행하여야 하는 점에서 공평에 반하기 때문에 判例의 태도가 타당하다(통설). 사안의 경우 비록 乙은 甲의 한 번의 이행제공으로 수령지체에 빠졌으나 쌍방채무의 변제기가 도래하여 甲이 자신의 채무를 이행제공하지 않고 청구하는 경우 乙은 동시이행항변권을 행사할 수 있다.

II. 甲의 손해배상청구의 타당성 여부 - 설문 2.의 경우

1. 문제점(동시이행의 항변권과 지체책임)

설문 2.의 경우 쌍무계약에서 자신의 채무에 대한 1회의 이행제공이 있고 이를 상대방이 수령하지 않아 수령지체가 발생하는 경우 상대방은 동시에 이행지체에도 빠지게 된다. 이 경우 이행을 제공한 자가 상대방의 이행지체를 주장하여 채무불이행책임을 묻기 위해서는 그 이행제공이 계속되어야 하는지 문제된다.

2. 판례[6]

① "쌍무계약의 당사자 일방이 먼저 한 번 현실의 제공을 하고, 상대방을 수령지체에 빠지게 하였다고 하더라도 그 이행의 제공이 계속되지 않는 경우는 과거에 이행의 제공이 있었다는 사실만으로 상대방이 가지는 동시이행의 항변권이 소멸하는 것은 아니므로, 일시적으로 당사자 일방의 의무의 이행 제공이 있었으나 곧 그 이행의 제공이 중지되어 더 이상 그 제공이 계속되지 아니하는 기간 동안에는 상대방의 의무가 이행지체 상태에 빠졌다고 할 수는 없다고 할 것이고, 따라서 그 이행의 제공이 중지된 이후에 상대방의 의무가 이행지체되었음을 전제로 하는 손해배상청구도 할 수 없는 것이다"(대판 1995.3.14. 94다26646 : 2회, 7회 선택형)고 판시하여 '계속적 이행제공설'의 입장이다.

② 다만 이행제공의 정도와 관련해서는 이행의 제공을 엄격하게 요구하면, 불성실한 상대 당사자에게 구실을 주게 될 수도 있기 때문에 그 요건을 완화하는바, "이행장소에 소유권이전등기 서류 및 열쇠 등을 '준비'하여 두고 매수인에게 그 뜻을 통지하고 신의칙상 요구되는 상당한 시간 간격을 두고 거듭 수령을 최고(구두제공)하면 된다"(대판 2001.5.8. 2000다6053).

> [비교판례] ※ 판례상 계속적 이행제공이 없더라도 지연배상을 청구할 수 있는 경우
> 判例는 ① 도급인의 보수채무의 이행지체를 원인으로 한 지연배상을 구하는 경우(대판 2002.10.25. 2002다43370)나 ② 임차인의 목적물반환채무의 이행지체를 원인으로 한 지연배상을 구하는 경우(대판 1998.5.29. 98다6497)에는 채권자의 반대채무(수급인의 목적물반환의무, 임대인의 보증금반환의무)의 변제 또는 변제제공이 있으면 그것으로 충분하고 '이행제공의 계속'을 요구하지 않는다.[7]

3. 검토 및 사안의 경우

일시적 이행제공으로 상대방을 이행지체에 빠뜨린 경우에도 이행제공을 중지하면 상대방이 가진 동시이행항변권이 소멸한다고 볼 수는 없으므로 그때부터는 위법성이 없게 되어 이행지체책임이 성립하지 않는다. 따라서 이행지체책임을 묻기 위해서는 계속적 이행제공이 필요하다.

사안의 경우 甲은 2005년 7월 31일 자신의 반대급부를 제공한 이후에는 구두제공조차 없었다. 따라서 2005년 8월 1일부터 20일까지 甲이 乙에게 이행지체책임을 이유로 손해배상을 청구한 것은 타당하지 않다. 물론 매수인 乙은 7월 1일부터 7월 31일까지의 중도금 지체책임은 진다(대판 1991.3.27. 90다19930).

> [쟁점정리] ※ 甲이 乙의 동시이행항변권을 깨고 중도금·잔대금 및 잔대금에 대한 지연이자를 받기 위한 조치
> 매도인 甲이 매수인 乙이 갖고 있는 동시이행항변권을 깨고 중도금·잔대금 및 잔대금에 대한 지연이자를 받기 위해서는 '자신의 의무를 이행하거나 적어도 이행제공을 하여야' 하는데, 매수인의 대금지급의무와 동시이행관계에 있는 매도인의 의무는 '소유권이전' 및 '목적물의 인도'이다. 따라서 甲은 소유권이전에 필요한 등기서류를 乙에게 교부하거나 적어도 언제든지 현실의 제공을 할 수 있는 정도로 등기절차에 필요한 일체의 서류준비를 완료하고 그 수령을 최고해야 하며(대판 1992.9.22. 91다25703), 아울러 매매목적 건물을 비우고 그 열쇠 등도 교부하여야 한다. 또한 이러한 제공은 계속되어야 하는바, 다만 判例에 따르면 이행장소에 소유권이전등기 서류 및 열쇠 등을 '준비'하여 두고 매수인에게 그 뜻을 통지하고 신의칙상 요구되는 상당한 시간 간격을 두고 거듭 수령을 최고(구두제공)하면 된다(대판 2001.5.8. 2000다6053).

Ⅲ. 甲의 매매계약 해제가 유효한지 여부 – 설문 3.의 경우

1. 문제점(해제권 행사요건으로서 상당한 기간 내에 이행제공 정도)

동시이행관계에 있는 계약을 '이행지체'를 이유로 해제하기 위해서는 이행의 제공을 하여 상대방을 이행지체에 빠뜨린 후[(이 경우는 한 번의 이행제공으로 족하나, "상대방의 행위를 필요로 할 때에는 언제든지 현실로 이행을 할 수 있는 준비를 완료하고 그 뜻을 상대방에게 통지하여 수령을 최고하여야만 상대방을 이행지체에 빠지게 할 수 있고, 단순히 이행의 준비태세를 갖추고 있는 것만으로는 부족하다"(대판 1987.1.20. 85다카2197 등)],

상당기간이 경과하여야 하는데(제544조), 그 상당기간이 경과할 때까지 이행의 제공을 계속해야 하는지 문제된다(최고기간이 경과한 후에는 해제권이 발생하므로 그 이후에는 그러한 이행의 제공이나 준비상태가 필요없다).

2. 판 례
"쌍무계약의 일방당사자가 이행기에 한 번 이행제공을 하여서 상대방을 이행지체에 빠지게 한 경우, 신의성실의 원칙상 이행을 최고하는 일방당사자로서는 그 **채무이행의 제공을 계속할 필요는 없다** 하더라도 상대방이 최고기간 내에 이행 또는 이행제공을 하면 계약해제권은 소멸되므로 상대방의 이행을 수령하고 자신의 채무를 이행할 수 있는 정도의 준비가 되어 있으면 된다"(대판 1982.6.22. 81다카1283,1284 ; 그런데 이러한 사례들은 대부분 처음에 정한 확정기한에 이행의 제공을 한 사례들이다). **[13법행]**

3. 검토 및 사안의 경우
계약의 목적을 달성하기 위한 기회를 부여한다(이행불능의 경우에서와 달리 이행지체의 경우에는 아직 이행이 가능하기 때문이다)는 최고제도의 취지상 계속적 이행제공이냐, 일시적 이행제공이냐는 형식논리에 얽매일 필요없이 채권자는 최고기간 동안 채무자의 이행을 수령하고 자신의 반대채무를 이행할 수 있는 정도의 준비만 하고 있으면 충분하다고 본다.[8] 사안의 경우 甲은 乙이 이행지체에 빠진 후 상당한 기간을 정하여 이행을 최고하였으며, 그 기간 내에 가옥에 대한 소유권이전등기서류를 준비해 놓은 점으로 보아 甲의 해제의 의사표시는 유효하다. 따라서 甲과 乙의 매매계약은 해제되었다.

Ⅲ. 비쌍무계약에서의 동시이행항변권(동시이행관계의 확장)   [B8-3]

1. 의 의
判例는 당사자 쌍방이 부담하는 각 채무가 고유의 대가관계에 있는 쌍무계약상의 채무가 아니더라도 구체적 계약관계에서 당사자 쌍방이 부담하는 채무 사이에 대가적인 의미가 있어 '이행상 견련관계'를 인정하여야 할 사정이 있는 경우에는 동시이행의 항변권을 인정한다. 다만 **동시이행관계를 확장함에는 적어도 양 채무가 '동일한 법률요건'으로부터 발생될 것을** 요한다(대판 2000.10.27. 2000다36118). 그리고, 비쌍무계약에 있어서 동시이행의 항변권을 인정하는 경우에도 그 구체적인 내용은 각각의 취지에 따라 개별적으로 정하여야 하고 일률적으로 쌍무계약을 전제로 하는 동시이행의 항변권의 내용(특히 이행지체의 문제)을 그대로 적용해서는 안 된다고 할 것이다.

2. 명문규정에 의해 인정되는 경우
① 전세권이 소멸한 때에 전세권자의 목적물인도 및 전세권설정등기말소의무와 전세권설정자의 전세금반환의무(제317조)(1회 선택형), ② 계약해제에 따른 쌍방의 원상회복(제549조), 다만 그 효과와

---

6) **[판례평석]** 이에 대해 상대방을 이행지체에 빠지게 하여 채무불이행책임을 묻기 위해서는 한 번 이행제공으로 족하다고 할 것이며, 지체가 성립한 후에는 상대방에게 이행제공을 계속할 필요가 없다는 <u>일시적 이행제공설</u>은(양창수, 김상용, 지원림, 송덕수, 윤진수, 남효순)은 ⅰ) 이행지체에 빠진 채무자에게 동시이행의 항변권을 인정하는 것은 어디까지나 양 급부간의 견련성을 유지하는 것이 공평하다는 취지에서 나온 것이지, 나아가 지체자의 지체책임까지도 면하게 하는 취지는 아니라는 점과, ⅱ) 지체자가 이행지체를 면하려면 적극적으로 자기의 급부를 이행제공해야 하지(제461조), 채권자에게 이행제공의 계속을 요구할 것은 아니라고 한다.
7) **[판례평석]** <u>判例가 '매매계약'의 경우 지연배상청구권의 요건으로 '이행제공의 계속'을 요구하는 이유는 제587조를 고려한 취지로 보인다</u>. 그러나 도급계약의 경우 통상적으로 수급인이 '과실'을 취득할 수 없고, 임대차기간이 만료하면 임차인은 더 이상 목적물을 사용수익할 수 없다. 바로 이러한 이유 때문에 여기에는 제587조를 적용 또는 유추적용할 이유가 없고, 그 결과 '이행제공의 계속'을 지연배상청구권의 요건으로 삼지 않은 것이라고 볼 것이다(지원림·제철웅, 민법연습(3판), p.806~810).
8) **[논의의 실익]** 어느 견해에 의하더라도 채권자는 이행의 최고기간 동안 자신의 반대채무를 이행할 준비를 하고 있어야 하기 때문에 논의의 실익은 적다. 굳이 논리적인 차이점을 검토하자면 계속적 이행제공설에 의하면 채권자는 이행최고와 함께 '<u>자기 채무의 구두제공</u>'을 하여야 하나, 일회적 이행제공설에 의하면 채권자는 이행최고만 하면 된다. 그러나 계속적 이행제공설에 따른 구두제공의 경우에도 한 번 수령을 최고하고 변제준비를 계속하고 있으면 그 효과는 상당한 기간 동안 계속된다.

관련하여 判例는 "제548조 2항은 원상회복의 범위에 속하는 것이며 일종의 부당이득반환의 성질을 가지는 것이고 반환의무의 이행지체로 인한 것이 아니므로, 매도인이 반환하여야 할 매매대금에 대하여는 그 받은 날로부터 민법 소정의 법정이율인 연 5푼의 비율에 의한 법정이자를 부가하여 지급하여야 한다"(대판 2000.6.9. 2000다9123 : 6회,9회,11회 선택형)라고 판시하고 있다. ③ 부담부증여에서 부담의 이행과 증여의 이행(제561조), ④ 매도인의 담보책임으로서 계약을 해제한 경우의 쌍방의 원상회복의무(제583조), ⑤ 도급에서 완성된 목적물에 하자가 있는 경우에 '담보책임에 따른' 손해배상을 할 수급인의 의무와 도급인의 보수지급의무 사이(제667조 3항), ⑥ 종신정기금계약의 해제에 따른 쌍방의 원상회복(제728조), ⑦ 가등기담보 실행의 경우에 채권자의 청산금지급의무와 채무자의 목적부동산에 대한 본등기 및 인도의무(가등기담보 등에 관한 법률 제4조 3항).

3. 해석상 인정되는 경우

(1) 원래의 채무의 변형이나 확대

1) 원래의 채무의 변형

부동산양수인이 목적물에 존재하는 담보물권의 피담보채무를 인수하였으나 인수채무를 이행하지 않아 양도인이 이를 이행한 경우, 양수인의 양도인에 대한 구상의무는 양수인의 대가지급의무의 변형이므로 이는 양도인의 소유권이전의무와 동시이행관계에 있다(대판 2007.6.14. 2007다3285).

2) 원래의 채무의 확대 [09입법]

도급에서 '하자확대손해'로 인한 수급인의 도급인에 대한 '채무불이행에 따른' 손해배상의무는 도급인의 수급인에 대한 공사대금지급의무와 동시이행관계에 있다(대판 2005.11.10. 2004다37676 : 8회 선택형).

(2) 기존의 법률관계의 해소

① 임대차계약이 만료된 경우에 임차인이 임차물을 인도할 의무와 임대인이 보증금 중 연체차임 등 당해 임대차에 관하여 위 '인도시'까지(임대차 종료시까지가 아님) 생긴 모든 채무를 청산한 나머지를 반환할 의무(대판 1977.9.28. 전합77다1241), [2회·4회·8회 기록형] ② 계약이 무효 또는 취소된 경우에 당사자 상호 간의 부당이득반환의무(대판 1996.6.14. 95다54693), ③ 구분소유적 공유관계가 해소되는 경우에 공유지분권자 상호 간의 지분이전등기의무(대판 2008.6.26. 2004다32992), ④ **계약해제시 원상회복의무 뿐만 아니라 손해배상의무 사이**(제549조, 제551조 참조, 대판 1992.4.28. 91다29972 : 8회 선택형)는 동시이행관계에 있다.

> ※ 계약해제에 따른 원상회복의무 관련 동시이행관계를 부정한 판례(④관련)
> ㉠ [매매대금채권의 일부양도 후 매매해제] 判例는 매매대금채권의 '일부'가 양도되어 그 양수인이 대금을 수령한 후 매매계약이 해제된 경우 그 양수인의 대금반환의무는 매수인의 목적물반환의무와 동시이행관계에 있지 않다고 한다(대판 2003.1.24. 2000다22850 ; 핵심사례 C-3.참고).
> ㉡ [매매목적물 처분금지가처분등기 후 계약해제] 判例는 "부동산에 관한 매매계약을 체결한 후 매수인 앞으로 소유권이전등기를 마치기 전에 매수인으로부터 그 부동산을 다시 매수한 제3자의 처분금지 가처분신청으로 매매목적부동산에 관하여 가처분등기가 이루어진 상태에서 매도인과 매수인 사이의 매매계약이 해제된 경우, 매도인만이 가처분이의 등을 신청할 수 있을 뿐 매수인은 가처분의 당사자가 아니어서 가처분이의 등에 의하여 가처분등기를 말소할 수 있는 법률상의 지위에 있지 않고, 제3자가 한 가처분을 매도인의 매수인에 대한 소유권이전등기의무의 일부이행으로 평가할 수 없어 그 가처분등기를 말소하는 것이 매매계약 해제에 따른 매수인의 원상회복의무에 포함된다고 보기도 어려우므로, 위와 같은 가처분등기의 말소와 매도인의 대금반환의무는 동시이행의 관계에 있다고 할 수 없다"(대판 2009.7.9. 2009다18526 : 3회,10회 선택형)고 한다.

4. 기타 동시이행 관계가 문제되는 경우

(1) 채무변제와 담보권 말소

저당권설정이 된 경우 채무변제가 선이행의무이며, 채무변제와 저당권등기말소는 동시이행관계가 아니다(대판 1966.2.15. 65다2431).

[민소법 쟁점] 피담보채무의 완제에 의한 소멸을 주장하면서 무조건의 등기말소청구를 한 경우에, 심리 결과 저당채무가 아직 일부 남아 있는 것이 판명된 경우, 判例는 설사 원고가 그 채무를 변제한다고 하더라도 피고가 그 액수 등을 다투면서 말소등기절차에 협력하지 않을 사정이 있을 때에는, 원고의 반대 의사표시가 없는 한 원고의 청구를 전부 기각할 것이 아니라 원고의 나머지 채무의 지급을 조건으로 한 선이행판결을 하여야 한다는 입장이다(대판 1981.9.22. 80다2270 등). **[2회 사례형]**

(2) 주택임대차보호법 제3조의3에 따른 임차권등기명령에 의한 임차권등기의 말소의무와 임대차보증금의 반환의무

동시이행관계가 아니라 보증금반환이 선이행의무라는 것이 判例이다(대판 2005.6.9. 2005다4529 : C-47. 참고)(2회,4회,8회 선택형).

(3) 변제와 채권증서반환

채권증서(차용증 등)의 반환은 채무변제와 동시이행관계가 아니다(대판 2005.8.19. 2003다22042). 이와 달리 변제와 영수증교부는 동시이행관계이다(제474조 참조). 한편 채권증서 반환청구권은 채권 전부를 변제한 경우에 인정되는 것이고(대판 2005.8.19. 2003다22042), 영수증교부는 일부변제의 경우에도 허용된다는 점에서 다르다.

Ⅳ. 효 력
[B8-4]

1. 존재의 효과(존재효, 당연효)

동시이행의 항변권이 존재하는 것만으로 아래의 이행지체저지효, 상계금지효 등이 발생하기 때문에 이행지체책임을 묻거나 상계를 하기 위해서는 반대채무를 이행 또는 이행제공하였다는 사실까지 아울러 주장·증명하여야 한다.

(1) 이행지체 저지효

동시이행의 항변권을 가지는 채무자는 자신의 채무를 이행하지 않는 것이 정당한 것으로 인정되기 때문에, 비록 이행기에 이행을 하지 않더라도 이행지체가 되지 않는다(제390조 단서)(14회 선택형). 이행지체책임의 면책의 효력은 그 항변권을 행사·원용하지 않아도 발생한다(대판 1998.3.13. 97다54604, 54601: 표준판례400 : 11회 선택형).

(2) 상계금지효

1) 원 칙

동시이행의 항변권이 붙어 있는 채권은 이를 '자동채권'으로 하여 상계하지 못한다. 이를 허용하면 상대방은 이유 없이 동시이행의 항변권을 잃기 때문이다(대판 2002.8.23. 2002다25242 : 1회 선택형). 따라서 수동채권은 가능하다. **[19법무]**

2) 예 외

다만 자동채권과 수동채권이 서로 동시이행관계에 있는 경우에는 '양 채무를 현실적으로 이행하여야 할 필요성이 없는 한' 동시이행의 항변권이 붙어 있는 채권을 자동채권으로 하는 상계도 허용된다(대판

2006.7.28. 2004다54633 : 14회 선택형). [08행정] 상계를 허용함으로써 오히려 당사자 사이의 채무 변제를 용이하게 처리할 수 있기 때문이다. 그래서 금전채무 상호 간에 동시이행관계가 있는 경우에는 일반적으로 상계가 허용되며, 判例는 도급인이 손해배상청구권을 자동채권으로 하고 그와 동시이행관계에 있는 수급인의 공사대금채권(제667조 3항)을 수동채권으로 하여 상계할 수 있음을 전제로 한다(대판 1996.7.12. 96다7250,7267 : 14회 선택형).

2. 행사의 효과

(1) 이행거절 권능 [08행정]

동시이행의 항변권은 상대방의 채무이행이 있기까지 자신의 채무이행을 거절할 수 있는 권리로서, 이행거절 권능이 주어지는데 그 중심적 효력이 있다. 다만 항변권이기 때문에, 이를 주장하는 때에 한해 그 효력이 발생한다. 즉 주장이 없는 경우에는 상대방의 청구권은 그대로 효력을 발생하며(비록 상대방이 채무의 이행을 제공하지 않더라도), 법원도 주장이 없는 한 항변권의 존재를 고려할 필요 없이 상대방의 청구를 인용하여야(단순이행판결)한다(대판 1990.11.27. 90다카25222 : 3회 선택형).

(2) 소송상의 효력 [13법행]

동시이행의 항변권은 상대방의 청구를 전적으로 부인하는 것이 아니라, 상대방이 이행을 제공할 때까지 이행을 거절할 수 있는 것에 지나지 않기 때문에, 피고는 원고의 이행과 상환으로 이행하여야 한다고 판결(일부승소판결 : 상환급부판결)하여야 한다(통설). 이 판결에 기하여 강제집행을 함에 있어서 원고의 반대급부 이행은 집행문 부여의 요건이 아니라 집행개시의 요건이다(민사집행법 제41조). 원고가 단순이행청구를 하고 있는데 피고의 동시이행의 항변 또는 유치권항변을 하는 항변이 이유 있을 때에 원고가 반대의 의사표시를 하지 않는 한 원고청구기각이 아니라, 원고의 채무이행을 받음과 상환으로 피고의 채무이행을 명하는 판결을 하여야 한다(대판 1979.10.10. 79다1508). 이러한 판결은 원고의 신청취지를 벗어난다고 할 수 없으며, 따라서 '**처분권주의**'(민사소송법 제203조)에 위반되지 아니한다.

3. 기타의 효과

(1) 권리행사의 적법

① 동시이행의 항변권에 기한 점유는 적법점유로 된다. 따라서 불법행위에 따른 손해배상책임을 지지 않는다(제750조).

② 그러나 동시이행 관계인 경우에도 부당이득은 성립할 수 있다(제741조). 왜냐하면 유치권, 동시이행 항변권에 따른 인도거절능은 '점유'를 정당화시켜줄 뿐 점유에 따른 '사용이익의 보유'를 정당화시켜주지는 않으므로 점유·사용에 따른 부당이득은 성립하기 때문이다. 다만 이러한 경우에도 '실질적인 이득'이 있어야 부당이득반환의무를 진다(대판 1998.7.10. 98다15545).

③ 그리고 동시이행관계에 있더라도 소멸시효는 진행한다(대판 1991.3.22. 90다9797 : 4회,5회,6회,14회 선택형).

[관련판례] ※ **동시이행 관계인 경우 부당이득의 성립**(주로 임대차가 종료된 경우에 문제)

"매매계약이 무효로 되는 때에는 매도인이 악의의 수익자인 경우 특별한 사정이 없는 한 매도인은 반환할 매매대금에 대하여 민법이 정한 연 5%의 법정이율에 의한 이자를 붙여 반환하여야 한다(제748조 2항). 그리고 위와 같은 법정이자의 지급은 부당이득반환의 성질을 가지는 것이지 반환의무의 이행지체로 인한 손해배상이 아니므로, 매도인의 매매대금 반환의무와 매수인의 소유권이전등기 말소등기절차 이행의무가 **동시이행의 관계에 있는지 여부와는 관계가 없다**"(대판 2017.3.9. 2016다47478).

(2) 동시이행 항변권과 권리남용

동시이행의 항변권을 주로 '자기 채무의 이행을 회피하기 위한 수단'으로 이용하는 경우 그러한 항변권의 행사는 권리남용으로 될 수 있다.

구체적으로 判例는 ㉠ 미지급 공사대금에 비해 하자보수비 등이 매우 적은 편이고 하자보수공사가 완성되어도 공사대금이 지급될지 여부가 불확실한 경우, 도급인이 하자보수청구권을 행사하여 동시이행의 항변을 할 수 있는 기성공사대금의 범위는 하자 및 손해에 상응하는 금액으로 한정하는 것이 공평과 신의칙에 부합한다고 한다(대판 2001.9.18. 2001다9304). ㉡ 임차인이 금 326,000원이 소요되는 전기시설의 원상회복을 하지 아니한 채 건물의 명도이행을 제공한 경우, 임대인이 동시이행의 항변권의 행사로서 금 125,226,670원의 임대차보증금 전체의 반환을 거부할 수 없다고 한다(대판 1999.11.12. 99다34697 : 임차인이 불이행한 원상회복의무가 사소한 부분이고 그로 인한 손해배상액 역시 근소한 금액인 경우).

핵심사례 B-03

★ 동시이행의 항변권의 효과(이행지체 책임, 상계항변) [사법연수원]

甲은 2005. 7. 1. 乙에게 甲 소유의 A부동산을 대금 1억 원에 매도하면서 계약 당일 계약금 1,000만 원을 지급받고, 중도금 4,000만 원은 2005. 8. 1. 잔금 5,000만 원은 2005. 9. 1. 소유권이전등기절차의 이행과 동시에 지급받되 만약 乙이 위 각 대금의 지급을 연체하면 연체일부터 월 1%의 비율에 의한 지연손해금을 가산하여 지급받기로 약정하였다. 그런데 乙은 甲에게 계약금과 중도금은 위 약정대로 지급하였으나, 잔금은 잔금지급기일이 지나도록 지급하지 아니하였고, 甲도 잔금지급기일이 지난 현재까지 소유권이전등기서류를 준비하지 못하고 있다.

그리하여 甲은 법원에 乙을 상대로 잔금 5,000만 원 및 이에 대한 잔금지급기일 다음 날인 2005. 9. 2.부터 다 갚는 날까지 월 1%의 비율에 의한 지연손해금의 지급을 청구하였다.

1. 위 사례에서 법원이 인용하여야 할 금액은 얼마(지연손해금이 인용되면 지연손해금을 포함하여 기재)인지 쓰고, 그 논거를 쓰시오(단, 乙은 소송 중 동시이행항변권을 원용하지 않았음을 전제로 할 것, 변론주의는 논외로 할 것). (15점)

2. 위 사례와 관련하여 乙은 2005. 3. 1. 甲에게 금 2,000만 원을 변제기 2005. 9. 1.로 정하여 대여(이자 약정 없음)하였다고 가정할 경우, 乙이 위 소송의 진행 중에 乙의 위 대여금채권으로 원고의 위 매매잔대금 5,000만 원의 채권을 대등액에서 상계한다고 주장할 경우, 상계항변의 당부에 대한 결론을 쓰고, 그 논거를 쓰시오. (10점)

Ⅰ. 설문 1.에 대하여

1. 법원이 인용하여야 할 금액

법원은 甲의 청구 중 잔금 5,000만 원에 대해서만 인용하고, 나머지 지연손해금 청구에 대해서는 기각하여야 한다(청구 일부인용).

2. 논거 – 동시이행의 항변권 존재의 효력(이행지체 책임의 면제)

(1) 동시이행의 항변권이 성립하는지 여부(동대, 변, 이)

사안의 경우, 甲의 A부동산에 대한 소유권이전등기의무와 乙의 금 5,000만 원의 잔금지급의무는 2005. 7. 1. 매매계약으로부터 발생한 주된 채무 상호간의 관계에 있고(제536조, 제569조), 매매잔금지급기일인 2005. 9. 1.이 지나도록 乙은 잔금을 지급하지 않고 甲은 소유권이전등기서류를 준비하지 못한 상태에서 甲이 이 사건 소를 제기한 것이므로 쌍방의 채무 모두 변제기가 도과하였으며, 한편 甲이 자신의 의무인 소유권이전등기의무의 이행 또는 이행의 제공 없이 이 사건 소를 제기하였다는 점에서, 乙은 동시이행의 항변권을 취득한다. 判例도, 부동산의 매매에서 매도인의 '소유권이전등기의무 및 인도의무'와 매수인의 '잔대금 지급의무'는, 어느 일방의 이행 또는 이행의 제공이 없는 한, 동시이행의 관계에 있는 것이 원칙이라고 하였다(대판 1991.9.10. 91다6368).

(2) 존재의 효과(존재효, 당연효)

따라서 사안에서 비록 乙의 잔금 5,000만 원 지급채무의 변제기가 도래하였더라도, 甲이 소유권이전등기서류를 이행 제공하지 않는 한, 乙은 동시이행의 항변권의 존재 그 자체의 효과에 의해 잔금에 대한 이행지체 책임이 면제되므로, 그에 따른 지연손해금을 지급할 의무를 부담하지는 않는다.

(3) 행사의 효과

피고 乙은 동시이행의 항변권을 소송상 행사한 바 없으므로 법원은 상환이행판결을 명할 수는 없고, 원고의 청구를 인용하는 판결을 하여야 한다. 다만, 甲의 청구에 대해 법원이 인용할 수 있는 금액은 이미 변제기가 도래한 잔금 5,000만 원에 국한되고, 그 잔금의 변제기 다음날인 2005. 9. 2.부터 다 갚는 날까지 월 1%의 지연손해금에 대해서는, 피고 乙의 동시이행의 항변권의 행사가 없다 하더라도 인용할 수는 없다.

Ⅱ. 설문 2.에 대하여

1. 상계항변의 당부

乙의 상계항변은 정당하고, 자동채권인 2,000만 원 전부 상계로 소멸되므로 수동채권도 3,000만 원만 존속한다.

2. 논거-수동채권에 동시이행의 항변권이 붙어 있는 경우 상계 가부

(1) 상계가 유효하기 위한 요건(대, 동, 변, 허, 현 : 제492조)

사안의 경우, 금 2,000만 원의 대여금채권(자동채권)은 乙이 甲에 대해 가지는 채권이고, 금 5,000만 원의 잔대금채권(수동채권)은 甲이 乙에 대해 가지는 채권이므로 양 채권이 대립하고 있고, 양 채권 모두 금전채권이므로 동종의 목적을 가진 것임에는 의문이 없다. 또한 양 채권의 변제기는 모두 2005. 9. 1.인데, 乙의 상계항변은 甲이 乙의 잔대금 지급채무의 이행지체를 이유로 제기한 소송 계속 중에 주장되었다는 점에서 쌍방의 채권이 모두 변제기에 있는 것도 분명하다.

(2) 상계금지효

① 동시이행의 항변권이 붙어 있는 채권은 이를 '자동채권'으로 하여 상계하지 못한다. 이를 허용하면 상대방은 이유 없이 동시이행의 항변권을 잃기 때문이다. 그렇다면 甲의 잔대금채권(수동채권)에는 乙에 대한 소유권이전등기의무가 동시이행의 관계에 있다는 점에서 상계가 가능한지 문제되나, '수동채권'에 항변권이 붙어 있는 경우에는 채무자가 이를 포기하고 상계하는 것은 무방하므로, iv)의 요건도 충족된다. 또한 이러한 상계적상의 상태는 乙이 상계항변을 제출할 당시까지 계속되고 있었으므로, 결국 乙의 상계항변은 그 요건을 모두 충족하였으므로 정당하다고 할 것이다.

② 한편, 상계의 의사표시를 하면, 각 채무는 상계적상일에 소급하여 대등액에 관하여 소멸하므로(제493조 2항), 사안의 경우 자동채권과 수동채권의 변제기가 모두 도래한 때인 2005. 9. 1.(상계적상일)에 자동채권 2,000만 원 전부에 대해 상계의 효과가 발생한다. 따라서 이자 약정이 없는 乙의 대여금채권은 변제기인 2005. 9. 1.에 금 2,000만 원 전부 소멸하고, 甲의 잔대금 채권도 그 변제기인 2005. 9. 1.에 대등액에 관해 소멸하므로, 결국 3,000만 원만 남게 된다.[9]

▶ [쟁점 06]

---

9) 乙의 대여금채권은 이자의 약정이 없으므로 변제기에 대여원금만 상계에 제공하면 되고, 甲의 잔대금채권도 계약해제에 따른 원상회복채권이 아니므로 제548조 2항이 적용되지 않아 그 받은 날부터 이자를 가산하여 계산할 필요가 없다. 또한 사안에서는 상계적상일이 잔대금채권의 변제기와 일치하므로 검토할 필요가 없지만, 만약 잔대금지급기일이 상계적상일보다 빠른 경우에는 잔대금지급기일부터 상계적상일까지의 이자의 계산이 필요한, 사안처럼 잔대금지급 채무자에게 동시이행의 항변권이 인정되는 경우에는 잔대금지급의 지체에 따른 책임(지연배상)이 발생하지 않으므로, 역시 잔대금 원금만으로 상계를 하면 된다.

제4관 이행불능

I. 의 의 [B-28]

① 이행불능이 성립하기 위해서는 ⅰ) 채권관계 성립 이후에 이행이 불능으로 되었을 것, ⅱ) 채무자의 귀책사유가 있을 것, ⅲ) 위법할 것을 요한다. ② 이행불능의 효과로는 ⅰ) 손해배상청구권(전보배상), ⅱ) 계약해제권(제546조), ⅲ) 대상청구권 등이 발생한다.

Ⅱ. 요 건(후불, 귀, 위) [B-29]

1. 후발적 불능

채무의 이행이 불능이라는 것은 단순히 절대적·물리적으로 불능인 경우가 아니라 사회생활에 있어서의 경험법칙 또는 거래상의 관념에 비추어 볼 때 채권자가 채무자의 이행의 실현을 기대할 수 없는 경우를 말한다(대판 2003.1.24. 2000다22850 : 12회 선택형). 즉, **사실상 불능뿐만 아니라 법률상 불능도 포함**한다. 이러한 불능의 판단은 원칙적으로 이행기를 기준으로 하나 이행기 이전에도 급부의 불능이 확정적이면 이행불능의 문제가 발생할 수 있다. 이하에서는 문제되는 부분을 살펴본다.

> [심화] 원시적 불능인 경우에는 계약이 처음부터 무효이다. 그리고 타인의 권리에 대한 매매(제569조)처럼 원시적·주관적 불능은 무효는 아니지만 그 자체가 이행불능은 아니다. 다만 매도인이 타인의 권리를 취득하여 이전할 수 없게 된 것에 그의 귀책사유가 있는 경우에는(예컨대 매도인이 매매대금을 지급하지 않아 그 타인이 매도인과의 계약을 해제하고 다른 제3자에게 매도한 경우), 장래 이행불능이 성립할 수 있다. 判例도 매매나 증여의 대상인 권리가 타인에게 귀속되어 있다는 이유만으로 채무자의 계약에 따른 이행이 불능이라고 할 수 없다고 하면서, 특히 채권자가 굳이 채무의 본래 내용대로의 이행을 구하고 있는 경우에는 쉽사리 채무의 이행이 불능으로 되었다고 보아서는 아니 된다고 한다(대판 2016.5.12. 2016다200729 : 12회 선택형).

(1) 부동산의 이중양도

① 매매목적물에 관하여 이중으로 제3자와 매매계약을 체결하였다는 사실만 가지고는 매매계약이 법률상 이행불능이라고 할 수 없으나(대판 1995.6.30. 94다32207 : 12회 선택형), ② 부동산을 이중매도하고 매도인이 그중 1인에게 먼저 소유권명의를 이전하여 준 경우에는, 유효한 명의신탁관계처럼 소유권의 회복이 가능하여 다른 1인에게 이전등기해 줄 수 있는 **특별한 사정이 없는 한**(대판 2010.4.29. 2009다99129 : 특별한 사정에 대한 입증책임은 매도인에게 있다), 다른 1인에 대한 소유권이전등기의무는 이행불능상태에 있다 할 것이다(대판 1965.7.27. 65다947). ③ 그러나 소유권이전등기의무자가 그 부동산에 제3자 명의로 가등기를 마쳐 주었다 하여도, 가등기는 본등기의 순위보전의 효력을 가지는 것에 불과하고 또한 그 소유권이전등기의무자의 처분권한이 상실되는 것도 아니므로, 그 가등기만으로는 소유권이전등기의무가 이행불능된다고 할 수 없다(대판 1993.9.14. 93다12268). 단, 가등기에 기한 본등기가 경료되면 이행불능으로 된다.

> [관련판례] ㉠ "부동산소유권이전등기 의무자가 사망하여 이를 상속한 제3자가 그 명의로 소유권이전등기를 경료하였다고 할지라도 상속한 소유권이전등기의무가 이행불능이 되었다고는 볼 수 없다"(대판 1984.4.10. 83다카1222). ㉡ "부동산의 매도인이 목적물에 대하여 제3자에게 지상권을 설정해 주고 등기를 마치고 또 저당권을 설정하고 등기를 마친 경우에는 매도인의 채무는 이행불능이 된다"(대판 1974.5.28. 73다1133)

(2) 가압류집행·처분금지가처분집행

매매계약 성립 후 매도인의 채권자가 목적물을 가압류(대판 1992.12.22. 92다28518)하거나 처분금지가처분(대판 2002.12.27. 2000다47361 : 9회,12회 선택형)을 하였더라도, 이는 단지 그에 저촉되는 범위 내에서 집행채권자에게 대항할 수 없는 효과가 있다는 것일 뿐(상대적 처분금지효), 그것에 의하여 곧바로 부동산 위에 어떤 지배관계가 생겨서 매도인(채무자)이 그 부동산을 임의로 타에 처분하는 행위자체를 금지하는 것은 아니므로, 매도인이 이를 말소하여 완전한 소유권을 이전할 수 있다면, 매도인의 소유권이전의무가 이행불능이 되었다고 할 수 없다. 그러나 매도인이 '무자력'인 경우에는 이행불능이 될 수 있다(아래 무자력 관련판례 ⓒ 참고).

> ※ **무자력 관련 판례**
> ⓐ "부동산소유권이전등기 의무자가 그 부동산상에 가등기를 경료한 경우 가등기는 본등기의 순위보전의 효력을 가지는 것에 불과하고 또한 그 소유권이전등기 의무자의 처분권한이 상실되지도 아니하므로 그 가등기만으로는 소유권이전등기의무가 이행불능이 된다고 할 수 없다. 그러나 부동산소유권이전등기 의무자가 그 부동산에 관하여 제3자 앞으로 비록 채무담보를 위하여 소유권이전등기를 경료하였다고 할지라도 '그 의무자가 채무를 변제할 자력이 없는 경우'에는 특단의 사정이 없는 한 그 소유권이전등기의무는 이행불능이 된다"(대판 1991.7.26. 91다8104 : 9회 선택형).
> ⓑ "피고는 이 사건 분양 부분을 포함한 이 사건 건물에 설정된 채권최고액 70억 원의 근저당권설정등기와 수 개의 가압류 또는 압류등기를 모두 말소하여 소유권이전등기절차를 이행할 수 없는 무자력의 상태에 있으므로, 분양계약은 피고의 원고에 대한 분양 부분에 관한 소유권이전등기의무가 이행불능임을 이유로 한 원고의 해제통고에 의하여 적법하게 해제되었다"(대판 2003.1.24. 2000다22850).
> ⓒ "甲이 택지를 조성하여 乙에게 분양하였고 乙이 미등기 상태로 丙에게 전매한 뒤 乙의 채권자들이 乙의 甲에 대한 위 택지에 관한 소유권이전등기청구권을 가압류한 경우 乙에게 위 가압류를 해제할 자력이 없다면, 甲에게서 乙로의 소유권이전등기가 불가능하고 결국 乙에게서 丙으로의 소유권이전등기도 불가능하므로, 乙의 丙에 대한 소유권이전의무는 사회통념상 이행불능이 되었다"(대판 2006.6.16. 2005다39211: 표준판례401).

(3) **임대인의 소유권 상실**(채각 임대차 C-45. 참고)

2. 채무자의 귀책사유…채무자의 항변사유

3. 위법성…채무자의 항변사유

Ⅲ. 효 과(손, 해, 대) [B-30]

1. 손해배상청구권(전보배상)

일부불능의 경우에는 '목적의 달성'이 가능하면 잔존가능급부의 청구와 더불어 불능급부에 대한 손해배상을 함께 청구할 수 있고, 목적달성이 불가능하다면 전부가 불능이다(대판 1995.7.25. 95다5929 ; 2회 선택형). 따라서 判例에 따르면 상가 내 특정 점포의 분양계약에서 분양자가 수분양자들에 대하여 부담하는 분양 '점포'에 관한 소유권이전의무와 상가 총면적 중 분양 점포면적에 해당하는 비율의 '대지 지분'에 관한 소유권이전등기의무 중 분양 점포에 관한 소유권이전등기의무의 이행이 불능에 이르렀더라면 그 대지 지분에 관한 소유권이전의무의 이행이 가능하더라도 이는 **계약의 목적달성이 불가능한 경우에 해당**[10]하여 분양계약상의 의무는 전부불능이 된다고 한다(위 95다5929판례사안).

---
10) [판결이유] 왜냐하면 "토지와 그 지상건물을 매매한 경우 토지와 그 지상의 건물은 법률적인 운명을 같이 하게 되는 것이 거래의 관행이고 당사자의 의사에도 합치하는 것이고, 특히 장래에 건축될 집합건물인 상가 내의 특정점포의 분양계약에 있어서 분양자가 부담하는 분양점포에 대한 소유권이전등기의무와 그 점포면적에 비례하는 대지 지분에 대한 소유권이전등기의무는 불가분의 관계에 있어, 전자의 이행이 불능에 이르렀다면 후자의 의무의 이행이 가능하다고 하더라도 그 이행만으로는 매수인이 분양계약 당시 원했던 계약의 목적을 달성할 수는 없는 것"이기 때문이다.

■ 물권적 청구권의 이행불능으로 인한 전보배상청구가 인정되는지 여부(소극)
대판 2012.5.17. 전합2010다28604

사실관계 | 甲소유의 X부동산에 관하여 乙 앞으로 원인무효의 소유권 보존등기가 이루어지고 이러한 보존등기에 터잡아 丙 앞으로 이전등기가 이루어진 사안에서, 甲이 乙을 상대로 위 소유권보존등기의 말소등기 청구를, 丙을 상대로 위 소유권이전등기의 말소등기를 각각 청구하였으나, X토지에 관한 丙명의의 소유권이전등기가 경료된 날로부터 10년이 경과하여 丙의 등기부취득시효가 완성되었다. 甲은 乙에게 위 말소등기절차 이행의무의 이행불능을 이유로 손해배상을 청구할 수 있는가? (핵심사례 D-5.참고)

판례의 다수의견 | "소유자가 자신의 소유권에 기하여 실체관계에 부합하지 아니하는 등기의 명의인을 상대로 그 등기말소나 진정명의회복 등을 청구하는 경우에, 그 권리는 물권적 청구권으로서의 방해배제청구권(제214조)의 성질을 가진다. 그러므로 소유자가 그 후에 소유권을 상실함으로써 이제 등기말소 등을 청구할 수 없게 되었다면, 이를 위와 같은 청구권의 실현이 객관적으로 불능이 되었다고 파악하여 등기말소 등 의무자에 대하여 그 권리의 이행불능을 이유로 민법 제390조상의 손해배상청구권을 가진다고 말할 수 없다. 위 법규정에서 정하는 채무불이행을 이유로 하는 손해배상청구권은 계약 또는 법률에 기하여 이미 성립하여 있는 채권관계에서 본래의 채권이 동일성을 유지하면서 그 내용이 확장되거나 변경된 것으로서 발생한다. 그러나 위와 같은 등기말소청구권 등의 물권적 청구권은 그 권리자인 소유자가 소유권을 상실하면 이제 그 발생의 기반이 아예 없게 되어 더 이상 그 존재 자체가 인정되지 아니하는 것이다. 이러한 법리는 선행소송에서 소유권보존등기의 말소등기청구가 확정되었다고 하더라도 그 청구권의 법적 성질이 채권적 청구권으로 바뀌지 아니하므로 마찬가지이다"(대판 2012.5.17. 전합2010다28604 : 7회, 9회 선택형)

판례의 별개의견 | "청구권이 발생한 기초가 되는 권리가 채권인지 아니면 물권인지와 무관하게 이미 성립한 청구권에 대하여는 그 이행불능으로 인한 전보배상을 인정하는 것이 법리적으로 불가능하지 아니하며, 이를 허용할 것인지는 법률정책적인 결단이므로, 이미 대법원에서 이를 허용하여 채권에 못지않게 물권을 보호하는 견해를 취한 것은 구체적 타당성 면에서 옳고, 확정판결을 거쳐 기판력이 발생되어 있는 경우에는 더욱 그러하다고 보인다. 따라서 선행소송에서 본래적 급부의무인 소유권보존등기 말소등기절차를 이행할 의무가 현존함이 확정된 경우, 그 이행불능 또는 집행불능에 따른 전보배상책임을 인정하는 것이 가능하다."

판례의 검토 | 물권적 청구권은 애초부터 급부의 청구를 중심적 내용으로 하여 '사람과 사람과의 관계'를 규율하는 채권과는 그 기본적 지향을 달리한다. 그러므로 물권적 청구권은 소유자가 그의 소유권을 상실하는 경우에는 이미 이를 인정할 필요가 바로 없게 되어 소멸하는 것이고, 이는 방해가 종료되거나 물건이 멸실하거나 물건의 소유권이 제3자에게 이전되어 종전의 소유자가 그 소유권을 상실하는 등의 이른바 상대적 소멸의 경우에도 동일하다. 따라서 부동산의 소유자가 부실의 소유권등기명의인을 상대로 소유권에 기하여 그 등기의 말소를 청구할 수 있는 권리(방해배제청구권)를 가지고 있었다고 하더라도, 그가 더 이상 소유권을 가지지 못하게 되었다면, 그로써 바로 그의 위와 같은 등기말소청구권은 소멸한다. 이와 같이 소유권의 상실로 등기말소청구권이 소멸하는 것은 등기말소의무가 '이행불능'이 된 것이 아니라 그 의무의 기초가 상실되어 아예 없어진 것이다. 따라서 채무의 이행불능을 이유로 하는 손해배상채무(제390조) 등의 채무불이행책임은 물권적 청구권의 (물권적) 성질에 반하므로, 그 한도에서 민법 제390조는 물권적 청구권에 준용될 수 없다(양창수 대법관의 보충의견). 그러므로 사안에서 甲은 乙에게 위 말소등기절차 이행의무의 이행불능을 이유로 손해배상을 청구할 수 없다.

다만 주의할 것은 물권적 청구권이 소멸한다고 하여 모든 법률관계가 종료되는 것은 아니다. 즉 물권적 청구권은 장래에 향하여 방해원인의 제거 자체를 목표로 하는바, 방해에 따른 사후적 교정은 불법행위에 기한 손해배상(대판 2008.6.12. 2007다36445 등) 또는 부당이득에 의한다(핵심사례 D-5.참고).

비교판례 | 당해 대판 2012.5.17. 전합2010다28604판결은 "소유권이전등기 말소등기의무의 이행불능으로 인한 전보배상청구권의 소멸시효는 말소등기의무가 이행불능 상태에 돌아간 때로부터 진행되고, 소유권이전등기 말소등기의무가 이행불능이 됨으로 말미암아 그 권리자가 입는 손해액은 원칙적으로 그

이행불능이 될 당시의 목적물의 시가 상당액이다. 또한, 피고가 원고를 강박하여 그에 따른 하자 있는 의사표시에 의하여 부동산에 관한 소유권이전등기를 마친 다음 타인에게 매도하여 소유권이전등기를 경료하여 준 경우, 그 소유권이전등기는 소송 기타 방법에 따라 말소 환원 여부가 결정될 특별한 사정이 있으므로 피고의 원고에 대한 소유권이전등기의무는 아직 이행불능이 되었다고 할 수 없으나, 원고가 등기명의인을 상대로 제기한 소유권이전등기 말소청구소송 또는 진정명의회복을 위한 소유권이전등기청구소송이 패소확정되면 그때에 피고의 목적 부동산에 대한 소유권이전등기 말소등기의무는 이행불능 상태에 이른다고 할 것이고, 위 등기 말소청구소송 등에서 등기명의인의 등기부 취득시효가 인용된 결과 원고가 패소하였다고 하더라도 등기부 취득시효 완성 당시에 이행불능 상태에 이른다고 볼 것은 아니다"(대판 2005.9.15. 2005다29474)라는 판결은 변경하지 않았는데, [판례해설] 그 이유는 이 사건에서 원고가 피고에 대하여 갖는 소유권이전등기 말소청구권은 채권적 청구권(부당이득반환청구권)과 물권적 청구권(소유권에 기한 방해배제청구권)의 성질을 함께 갖고 있기 때문인 것으로 보인다. 앞선 전원합의 판결이 무권리자가 임의로 자신 명의의 소유권보존등기를 마친 사안인 것과 달리 위 판결은 소유권자의 처분행위로 인해 후에 말소의 대상이 되는 소유권이전등기가 마쳐진 사안이라는 점에서 그 소유권이전등기에 원인행위가 있다는 차이가 있다.[11]

2. 계약해제권

이행불능의 경우에는 계약을 해제하기 위해 최고할 필요가 없고(제546조), 동시이행관계에 있다고 하더라도 이행의 제공을 할 필요도 없다(대판 2003.1.24. 2000다22850).

3. 대상청구권(아래 쟁점 7.참고)

4. 손해배상자의 대위

채권자가 그 채권의 목적인 물건 또는 권리의 '가액전부'를 손해배상으로 받은 때에는 채무자는 그 물건 또는 권리에 관하여 당연히 채권자를 대위한다(제399조)(4회 선택형). 예컨대 수치인이 임치물을 도난당한 경우에 그 물건의 가액을 임치인에게 배상하면, 수치인은 그 물건의 소유권을 당연히 취득한다. 본조는 불법행위로 인한 손해배상의 경우에도 준용된다(제763조).

(1) 요건

① 채권의 목적인 물건이나 권리의 '가액 전부'를 배상해 준 경우에 한하여 인정되며, 일부만 배상한 경우에는 일부대위도 발생하지 않는다(제483조의 변제자대위는 일부대위가 허용된다). ② 배상자대위는 손해배상이 전보배상의 성격을 갖는 경우에 한정하여 허용되며, 지연배상에서는 대위가 허용되지 않는다.

(2) 효과

채권의 목적인 물건 또는 권리가 법률상 당연히, 즉 그 이전에 필요한 민법상의 요건(등기·인도 또는 채권양도의 통지·승낙 등)을 갖출 필요없이 채권자로부터 배상자에게 이전한다(대판 1977.7.12. 76다408).

---

11) 지원림, '물권적 방해배제청구의 이행불능과 전보배상', 법률신문 제4038호

[쟁점 07] 대상청구권 [15사법, 5회 사례형]

쟁점구조

■ 대상청구권이 핵심쟁점인 경우(채권자의 효과적인 구제수단인 경우)의 쟁점구조[12]

Ⅰ. 인정 여부(제한적 인정설 vs. 일반적 인정설)

Ⅱ. 인정요건(급, 후, 대, 반)

Ⅲ. 효과
1. 행사방법(채권적 청구권)
2. 행사범위(대상청구권의 범위가 채권자가 급부불능으로 인하여 받은 손해의 한도로 제한되는지 여부)
3. 명문의 규정과의 관계
(1) 제392조와의 관계(이행지체 중 채무자의 귀책사유 없이 후발적 불능이 된 경우)
(2) 제537조, 제538조와의 관계(채무자의 귀책사유 없이 후발적 불능이 된 경우)
(3) 제390조와의 관계(채무자의 귀책사유로 후발적 불능이 된 경우)

Ⅰ. 의 의 [B9-1]

'대상청구권'이란 ⅰ) 급부가 후발적으로 불능이 된 경우, ⅱ) 그 급부불능을 발생케 한 것과 동일한 원인에 의하여, ⅲ) 채무자가 이행의 목적물에 갈음하는 이익(代償)을 취득한 경우에, 채권자가 채무자에게 그 이익을 청구할 수 있는 권리이다.

Ⅱ. 우리 민법상 대상청구권의 인정 여부 [B9-2]

1. 문제점

이행불능의 효과로써 대상청구권을 명문으로 규정한 독일이나 프랑스와는 달리 우리 민법은 이에 대해 규정하고 있지 않아 우리 민법상 대상청구권이 인정되는지가 문제된다.

2. 학 설

① 민법에는 대위법리 내지는 대상법리가 곳곳에 존재하고 있는바(제399조, 제480조, 제1083조 등) 이는 명문의 규정이 없는 사항에도 적용될 수 있는 일반법원칙이라고 할 수 있고, 급부가 불능이 된 경우에도 이러한 원칙을 적용하여 대상청구권을 인정하는 것이 '공평'에 맞다는 '일반적 인정설'(다수설)과 ② 법률의 규정없는 청구권이므로 다른 법제도, 예컨대 제3자의 채권침해, 채권자대위권, 위험부담 등에 의해서도 합리적으로 해결되지 않은 경우에만 '권리의 정당한 귀속의 법리'를 기초로 예외적으로 대상청구권을 인정할 수 있다는 '제한적 인정설'로 나뉜다.

---

12) ★ 채권자(매수인)의 구제수단으로 명문의 규정이 없는 판례법리인 대상청구권과 명문의 규정인 ① 채무자에 대한 구제수단으로 제537조(제538조), 제390조 등과 ② 제3자에 대한 구제수단으로 채권자대위권·채권자취소권, 제3자의 채권침해를 이유로 한 불법행위책임을 잘 비교하는 것이 핵심쟁점이다.

3. 판 례

① **[매매목적 토지가 강제수용(긍정)]** 判例는 '토지매매계약' 성립 후 그 토지가 '강제수용'됨으로써 채무자의 소유권이전의무가 이행불능이 된 사안에서 "우리 민법은 이행불능의 효과로서 채권자의 전보배상청구권과 계약해제권 외에 별도로 대상청구권을 규정하고 있지 않으나 해석상 이를 부정할 이유가 없다"(대판 1992.5.12. 92다4581 : 12회 선택형)고 하여 대상청구권을 정면에서 긍정하였다. 즉 判例는 위험부담의 법리에 의하여 해결할 수 있는 토지 수용 사안에서도 매수인의 대상청구권을 인정하고 있기 때문에 일반적 인정설에 따르는 것으로 보인다.

② **[취득시효완성 토지가 협의수용(제한적 긍정)]** 다만 判例는 '취득시효'가 완성된 토지가 '협의수용'[13]됨으로써 취득시효 완성을 원인으로 하는 소유권이전등기의무가 이행불능이 된 경우에, 대상청구권을 행사하기 위한 요건으로 "수용으로 인한 불능 전에 시효완성으로 인한 권리주장 또는 등기청구권의 행사가 있었어야 한다"(대판 1996.12.10. 94다43825)고 하여 제한적인 해석을 하고 있다.**[23법행]**

③ **[토지거래 미허가 상태에서 협의수용(부정)]** 그리고 判例는 "토지거래허가를 받지 않은 상태에서 매매계약의 목적물인 토지가 협의수용된 경우에는 객관적으로 허가가 날 수 없음이 분명해져 확정적으로 무효가 된 경우이므로, 특별한 사정이 없는 한 대상청구권은 발생하지 않는다"고 한다(대판 2008.10.23. 2008다54877).

4. 검 토

채무자가 원래의 급부에 갈음하여 이익을 얻고 있어서 채권자가 그것과 교환으로 자신의 반대채무를 원래대로 이행할 의사가 있다고 한다면 이를 부정할 이유가 없다. 또한 그것이 원래의 '당사자 의사'를 일관성 있게 관철하는 길이라는 점에서 볼 때도 마찬가지라고 하겠다. 따라서 이러한 **채권관계의 연장효**를 고려해 볼 때 대상청구권을 일반적으로 인정함이 타당하다.

Ⅲ. 요 건(급, 후, 대, 반) [B9-3]

대상청구권이 성립하기 위해서는 ⅰ) 물건·권리의 급부를 목적으로 하는 채권일 것, ⅱ) 급부의 후발적 불능이 있을 것, ⅲ) 이행의 목적물에 갈음하는 이익(代償)을 취득할 것(인과관계) 등의 요건이 필요하다. ⅳ) 아울러 判例에 따르면 쌍무계약의 경우에는 채권자의 상대방(채무자)에 대한 반대급부 이행가능성이 있어야 한다고 한다.

1. 물건 또는 권리의 (주는)급부를 목적으로 하는 (특정물)채무가 존재하여야 한다.

대상청구권은 원칙적으로 '모든' 채권적 청구권에 적용될 수 있으며, 청구권의 법적 기초는 중요하지 않다.

> [심화] ㉠ 작위와 부작위는 대상청구권의 객체가 아니다. 따라서 도급계약에는 대상청구권이 적용되지 않는다. ㉡ 대상청구권은 개별적 물권 또는 권리가 의무지워질 것을 요건으로 한다. 따라서 종류채권의 경우에 특정에 의하여 특정물채권으로 되지 않는 한 대상청구권이 인정되지 않는다.

---

13) ★ 위 ①의 92다4581判例와 달리 94다43825判例는 '공공용지의 취득 및 손실보상에 관한 특례'에 따른 것으로 수용보상금의 성질은 매매의 성질을 가진다고 보는 것이 일반적이다. 따라서 매도인(채무자)이 위 특례법에 의해 제3자에게 그 토지를 협의매도한 것은 부동산의 이중양도에 다름없는 것이고, 이 경우 그 이중양도에 따른 '매매대금'(보상금)에 대해 대상청구권을 행사할 수 있는지 문제된 사안이다.

■ **물권적 청구권을 기초로 대상청구권이 인정되는지 여부**(소극)　　대판 2003.11.14. 2003다35482

사실관계ㅣ 원고 소유 부동산에 관하여 피고 명의의 원인 무효의 소유권이전등기가 마쳐진 상태에서 피고가 1981.12.15. A에게 위 부동산을 매도하고 1982.1.30. 그 소유권이전등기를 마쳐 주었는데 1992.1.30. A의 등기부취득시효가 완성되자, 원고가 '대상청구권'을 행사하여 피고에게 피고가 A로부터 받은 매매대금의 반환을 청구하였다(추가적인 쟁점은 핵심사례 D-5.참고).

판례의 태도ㅣ 判例는 물권적 청구권이 이행불능된 경우에도 대상청구권이 인정될 수 있음을 전제로, 원고의 피고에 대한 소유권이전등기말소청구권이 불능이 된 것은 A의 등기부취득시효가 완성되었기 때문인 반면 피고가 받은 매매대금은 피고와 A사이의 매매계약에 의한 것이어서 '급부를 불가능하게 하는 사정'과 피고가 취득한 '대신하는 이익' 사이에 상당인과관계가 존재한다고 할 수 없다는 이유로 원고의 청구를 기각하였다(대판 2003.11.14. 2003다35482).

판례의 검토ㅣ 일반적으로 물권적 청구권의 불능으로 인하여 '대신하는 이익'이 존재하는 경우에는 그 '대신하는 이익'은 원래부터 물권자에게 귀속하기 때문에 만일 다른 사람이 그 '대신하는 이익'을 수령하였다면 부당이득이 성립한다(침해부당이득). 따라서 이 경우에는 **부당이득법리 또는 불법행위법리**(대판 2008.6.12. 2007다36445)에 의하여 해결하여야지 대상청구권을 인정할 것은 아니다.[14]

2. 채무이행의 후발적 불능이 있어야 한다.

급부가 원시적으로 불능인 경우에는 채무 자체가 성립하지 않으며, 따라서 대상청구권이 문제될 여지가 없다. 즉, 대상청구권은 채무이행의 후발적 불능이 있어야 한다. 그러나 그 불능에 대하여 채무자에게 귀책사유가 있는지 여부는 불문하고, 채권자의 책임있는 사유로 인한 경우도 마찬가지이다.

3. 급부불능으로 말미암아 채무자가 원래의 급부에 갈음하는 이익, 즉 대상을 얻어야 한다(인과관계의 존재).

① 불능을 발생케 한 사정과 대상과의 사이에 '상당한 인과관계'가 있어야 한다[예컨대 급부목적물로부터 얻은 이익으로서 손해배상금, 수용보상금, 화재보험금(대판 2016.10.27. 2013다7769[15]), 채무자가 목적물을 제3자에게 매도하여 얻은 매매대금]. ② 그리고 급부가 불능하게 된 객체(예컨대 소유권이전등기청구권 등)와 채무자가 그에 관하여 대상을 취득한 객체(예컨대 보상금청구권 등) 사이에 '동일성'이 존재하여야 한다. 따라서 채무자가 '소유권'을 상실하여 취득한 대상은 채권자가 '소유권 이전을 목적으로 하는 채권'을 가진 경우에만 대상청구권의 목적이 될 수 있고, 가령 임차권과 같은 이용권만을 목적으로 하는 채권으로는 채무자가 소유권을 상실하여 취득한 대상의 이전을 청구할 수 없다.

4. 쌍무계약의 경우 반대급부의 이행가능성 여부(특히 교환계약에서 문제됨)

A와 B는 A소유 임야와 B소유 대지에 대해 '교환계약'을 맺었는데, 그 후 한국토지개발공사가 (구) '공공용지의 취득 및 손실보상에 관한 특례법'에 의해 A의 임야를 협의매수하고 보상금으로 1억 원,

---

14) 물권적 청구권인 말소등기청구권의 이행불능을 원인으로 한 전보배상청구권을 부정한 대법원 2012.5.17. 전합2010다28604 전원합의체 판결에서 다수의견에 대한 양창수 대법관의 보충의견도 "물권적 청구권에 대하여는 채무불이행책임의 한 모습으로서의 이행불능에 관하여 대법원 1992.5.12. 92다4581 판결 등 이래 인정되어 온 것과 같은 실체법적인 대상청구권은 이행불능을 이유로 하는 전보배상청구권이 부인되어야 하는 것과 마찬가지의 이유로 부인되어야 한다고 생각한다"고 하였다.

15) [학설] 보험계약이라는 별도의 행위로 인하여 발생한 것이므로 대상이라고 할 수 없다는 견해도 있으나(이태재), 보험금청구권은 보험계약과 아울러 보험사고가 있어야 발생하는 것이므로, 이행불능과의 사이에 인과관계를 부정할 수 없고 단지 계약이 개재되었다고 하여 대상성이 부인되는 것은 아니다(양창수, 송덕수).

또 B의 대지를 협의매수하고 보상금으로 1억 6,000만 원을 각 지급하였다. 이에 A가 B를 상대로 대상청구권을 행사하면서 위 보상금의 차액인 6,000만 원의 반환을 청구한 사안에서 判例는 "당사자 일방이 대상청구권을 행사하려면 상대방에 대하여 반대급부를 이행할 의무가 있는바, 이 경우 당사자 일방의 반대급부도 그 전부가 이행불능이 되거나 그 일부가 이행불능이 되고 나머지 잔부의 이행만으로는 상대방의 계약목적을 달성할 수 없는 등 상대방에게 아무런 이익이 되지 않는다고 인정되는 때에는, 상대방이 당사자 일방의 대상청구를 거부하는 것이 신의칙에 반한다고 볼 만한 특별한 사정이 없는 한, 당사자 일방은 상대방에 대하여 대상청구권을 행사할 수 없다"(대판 1996.6.25. 95다6601: 표준판례402)고 판시하고 있다.[16]

5. 급부불능 전 권리주장 요부

判例는 취득시효가 완성된 토지가 협의수용됨으로써 취득시효 완성을 원인으로 하는 소유권이전등기의무가 이행불능이 된 경우에, 대상청구권을 행사하기 위한 요건으로 "수용으로 인한 불능 전에 시효완성으로 인한 권리주장 또는 등기청구권의 행사가 있었어야 한다"(대판 1996.12.10. 94다43825)라고 한다.[17]

Ⅳ. 효 과

[B9-4]

1. 채권적 청구권(행사방법)

대상청구권은 채권적인 청구권이다. 따라서 대상청구권의 요건이 갖추어졌다고 하여 대체이익이 직접 이전되지는 않는다. 결국 대상청구권의 행사는 ① 채권자가 채무자에 대하여 그가 지급받은 보상금의 반환을 구하거나, ② 채무자로부터 보상청구권을 양도받아 보상금을 지급받는 식으로 행사하여야 한다. 대상청구권은 채무자의 이행이 불능한 시점부터 10년의 소멸시효에 걸린다(대판 2002.2.8. 99다23901: 2회 선택형)(상세는 [A-172]. 참고).

[관련판례] 判例는 "대상청구권의 행사로서 그 토지의 소유자가 토지의 대가로서 지급받은 수용보상금의 반환을 청구할 수 있다고 하더라도, 시효취득자가 직접 토지의 소유자를 상대로 공탁된 토지수용보상금의 수령권자가 자신이라는 '확인'을 구할 수는 없다"(대판 1995.7.28. 95다2074 : 13회 선택형)고 하며, 다만 "어떤 사유로 채권자가 직접 자신의 명의로 대상청구의 대상이 되는 보상금을 지급받았다 하더라도 이로써 채무자에 대한 관계에서 바로 부당이득이 되는 것은 아니며"(대판 2002.2.8. 99다23901), 채권자는 대상청구권을 행사한 것이라고 볼 수 있다고 한다(대판 2008.6.12. 2005두5956).

2. 대상청구권의 행사범위가 채권자 손해의 한도로 제한되는지 여부(행사범위)

(1) 학 설

① '위법한' 채무자의 행위로 인한 이익은 채무자에게 남아 있지 않고 채권자에게 돌아가야 하므로, 대상청구권의 범위를 제한하지 않아야 한다는 무제한설과 ② 채권자가 실제 손해보다 더 많은 이익

---

16) [판례검토] 대상청구권은 채권자에게 부여된 권리이고 채무자가 대상의 수령을 강요할 수는 없는 것이어서, 判例사안에서 A가 대상청구권을 행사하는 것은, B로 하여금 A가 얻게 된 대상의 수령을 강요하는 것이 될 뿐 아니라, A 자신이 그의 귀책사유로 대상의 결과를 만든 점에서 신의칙에도 반하게 된다. 다만 A에게 귀책사유 없이 이행불능이 되면서 A가 대상을 얻은 경우에는 그 결론은 달라질 수 있다(유남석, '쌍무계약 당사자 쌍방의 대가적 채무가 모두 이행불능이 된 경우 대상청구권 행사의 가부', 대법원판례해설 제26호, p.120~121)

17) [판례검토] 당해 判例는 손해배상청구권의 성립요건(귀책사유 필요)과 대상청구권의 성립요건(귀책사유 불필요)을 혼동한 것이라는 비판이 있으나(엄동섭, '대상청구권의 제한', 법률신문, 1997년 6월 2일자, p.14 ; 송덕수, 취득시효와 대상청구권, 저스티스, 1997년 6월, p.254), 시효완성사실에 대해 선의·무과실인 소유자의 처분을 적법하다고 판단하는 한, 특별한 사정이 없다면 적법한 행위로 빚어진 결과를 시정할 필요성이 없다는 점에서 判例의 태도가 타당하다(지원림·제철웅, 민법연습 제2판, p.332).

을 얻는 것은 '손해배상법의 기본원칙'에 반하고, 우리 민법상 부당이득반환이 손실자의 손실에 한정되는 것과의 균형상 채권자의 손해를 한도로 해야 한다는 제한설이 있다. 다만 제한설에 따르면 이행불능에 채무자에게 귀책사유가 있는 경우에는 전보배상청구권과 별도로 대상청구권을 인정하는 실익이 적다고 할 수 있다.

(2) 판 례

대법원은 매매의 목적물이 화재로 소실됨에 따른 화재보험금에 대해 매수인의 대상청구권을 인정하면서 화재보험금 전부에 대해 대상청구권을 행사할 수 있는 것이지 '매매대금 상당액의 한도 내로 그 범위가 제한된다고 할 수 없다'고 판시하여 무제한설에 가까운 입장(매수인의 손해는 화재로 소실될 당시의 목적물의 시가상당액이다)을 밝혔다(대판 2016.10.27. 2013다7769 : 9회,12회 선택형).

3. 제390조 손해배상청구권과의 관계

이행불능이 채무자의 '책임 있는' 사유로 인한 경우에 채권자는 대상청구권과 손해배상청구권을 모두 가지게 된다. 그러나 어느 하나를 선택함으로써 당연히 타방의 권리가 소멸하는 것은 아니고 선택한 권리가 다 만족될 때까지는 소멸하지 않는다. 즉, 채권자가 대상청구권을 행사하여 대상을 수령하는 경우에, 손해배상액은 수령한 이익의 가치만큼 감소된다(손익상계의 법리). 반면 채무자는 채권자에게 대상을 양도할 용의를 표시함으로써 손해배상의무를 면할 수 없다.

4. 제537조(제538조) 대가위험부담과의 관계

대상청구권은 채권자의 권리이지 의무가 아니므로, 쌍무계약에 기한 채무가 채무자에게 '책임 없는' 사유로 소멸한 경우에, 채권자는 제537조에 의하여 자신의 채무를 면할 수도 있고, 대상청구권을 행사할 수도 있다. 다만 이 경우 채권자가 대상청구권을 행사한 경우에는 채권자는 그 한도에서 자신의 반대급부를 이행하여야 한다(2회 선택형 ; 그러나 제한적 긍정설에 의하면 이러한 경우에는 대상청구권은 인정되지 않고, 명문의 규정인 제537조가 적용되어 채권자는 자신의 반대급부를 이행할 필요가 없게 된다).

이때 대상의 가액이 원래의 급부의 가액보다 적은 경우에는 채권자의 반대채무도 그에 비례하여 감축된다(제572조 참조). 예를 들어 甲이 1억 원의 가치를 가진 건물을 乙에게 8,000만 원에 매도한 후, 그 건물이 제3자의 과실로 멸실되어 甲이 5,000만 원의 보험금청구권을 갖게 된 경우, 乙이 甲에게 대상청구권을 행사하면 甲은 乙에게 합의된 매매대금의 절반인 4,000만 원만 청구할 수 있게 된다.[18]

핵심사례 B-04

★ 이행불능과 대상청구권, 대가위험부담, 채권침해에 따른 구제수단[19]

甲은 1999.4.10. 자신이 소유하고 있는 고려시대의 도자기를 乙에게 금 1,000만 원에 매각하기로 하는 계약을 체결하였다. 그러면서 甲은 乙로부터 금 100만 원을 계약금으로 받았고 그것은 매매대금으로 충당하기로 합의하였다. 그리고 나머지 대금 900만 원은 1999.5.10.에 도자기를 인도하면서 받기로 하였다. 그러나 甲과 乙은 모두 5.10.에 이행을 하지 않았고 그러한 상태가 지속되었다. 그러던 중에 甲의 친구인 丙이 5.15.에 甲의 집에 놀러왔고, 평소 도자기에 관심이 많던 丙은 그날 甲의 도자기를 구경하다가 잘못하여 그것을 그만 깨뜨리고 말았다. 丙은 甲, 乙 사이의 거래에 관하여는 전혀 알지 못했다. 그리고 멸실 당시의 도자기 시가는 금 1,200만 원이다.

---

18) 송덕수, 신민법강의(8판), D-125

1. 이 경우 甲·丙 사이에서 발생할 수 있는 민사적 법률관계를 논하시오. (5점)
2. 이 경우 甲·乙 사이에서 발생할 수 있는 민사적 법률관계를 논하시오. (30점)
3. 이 경우 乙·丙 사이에서 발생할 수 있는 민사적 법률관계를 논하시오. (15점)

Ⅰ. 甲·丙 사이의 법률관계

丙은 甲소유의 도자기를 구경하다가 잘못하여 깨뜨리고 말았기 때문에 과실에 의한 소유권 침해라는 위법한 행위가 있었다. 따라서 甲은 丙에 대해 불법행위에 기한 손해배상청구권을 갖는다(제750조). 이때 손해배상의 범위는 도자기가 멸실된 당시의 시가인 1,200만 원이 통상손해가 된다.

Ⅱ. 甲·乙 사이의 법률관계

1. 甲의 소유권이전의무 및 목적물인도의무의 존속 여부(소멸)

특정물채무에 있어서 급부(물건)의 위험은 매매계약시부터 채권자(매수인)에게 이전된다. 따라서 매매계약 체결 후 고려시대 도자기가 멸실되었으므로 甲의 도자기에 대한 소유권이전의무 및 목적물인도의무는 소멸한다.

2. 甲의 채무불이행 책임(소극)

(1) 문제점

이행기 이후 실제로 인도할 때까지의 사이에 채무자가 선관주의의무(제374조)를 부담하는 것은 이행지체(제392조)나 채권자지체(제401조)가 성립하지 않는 경우이다. 사안의 경우 甲의 도자기인도채무의 이행기는 5.10.이고 도자기는 5.15.에 멸실되었으므로 甲의 인도채무가 이행지체 중에 이행불능이 된 경우에 해당하여 甲의 책임이 가중되는 경우는 아닌지 문제된다(제392조 본문 참조).

(2) 甲의 이행지체 성립 여부

1) 이행지체 책임이 성립하기 위한 요건(이, 가, 귀, 위)

위법성의 요건과 관련하여 위법성조각사유로 甲에게 동시이행의 항변권이 존재하는지 문제된다.

2) 사안의 경우

甲과 乙은 '쌍무계약'인 도자기매매계약을 체결한바, 두 사람의 채무 모두 이행기(5.10)가 도래하여 기한의 정함이 없는 채무로서 동시이행의 관계에 놓이게 되었다(대판 1992.10.27. 91다32022). 이러한 상태에서 甲이나 乙 모두 최소한 이행의 제공도 하지 않고 있으므로 각자 상대방의 청구를 거절할 수 있는 동시이행의 항변권을 가지게 되었는바, 동시이행의 항변권은 그 존재만으로도 이행지체의 성립을 저지시킨다(존재효). 따라서 甲은 제392조 본문에 의해 책임이 가중되지 않고 여전히 제374조의 선관주의의무를 질 뿐이다.

(3) 甲의 채무불이행으로 인한 손해배상채무

甲은 특정물인도채무자로서 목적물을 '현실로' 인도하기까지 선량한 관리자의 주의로 보존할 의무를 진다(제374조). 그러나 목적물을 멸실한 丙은 甲의 목적물이전의무의 이행을 위한 이행보조자가 아닌 법률상 단순한 제3자에 불과한 자로서 제391조가 적용되지 않는다. 따라서 甲의 도자기인도채무는 그의 귀책사유 없이 종국적으로 소멸되었다고 할 것이므로 손해배상채무도 부담하지 않는다.

3. 乙의 대금지급의무의 존속 여부(소극)

(1) 문제점(대가위험부담의 문제)

(2) 사안의 경우

도자기에 관한 채권자인 乙 역시 甲과 마찬가지로 이행지체책임을 지지 아니하며 甲의 이행의 제공이 없었던 이상 채권자지체가 성립할 여지도 없으므로, 甲의 급부불능에 대하여 귀책사유가 없다. 따라서 제537조의 채무자위험부담주의가 적용되므로, 甲은 자신의 채무도 면하지만 상대방인 乙에 대하여 매매대금의 지급을 청구하지도 못한다.

4. 乙의 대상청구권 인정문제

(1) 문제점

(2) 인정 여부(일반적 인정설)

(3) 인정요건(급, 후, 대, 반)

(4) 효 과

1) 채권적 청구권

2) 대상청구권의 범위가 채권자가 급부불능으로 인하여 받은 손해의 한도로 제한되는지 여부(무제한설 : 판례)

甲이 취득한 대상금액과 乙이 입은 손해액이 1,200만 원으로 동일하므로 논의의 실익은 없으나, 어느 견해에 따르든 乙은 대상청구권을 행사하는 것이 유리하다.

3) 채권자 乙의 반대급부(위험부담과의 관계)

대상청구권의 행사 여부는 乙의 자유이다. ① 그러나 乙이 대상청구권을 행사하지 않는다면 제537조가 적용되어 매매계약이 소급적으로 무효가 되므로 乙은 甲에게 이미 지급한 계약금 100만 원을 부당이득으로서 반환청구할 수 있을 뿐이다. ② 따라서 乙은 대상청구권을 행사하지 않을 이유가 없는바, 만약 乙이 대상청구권을 행사한다면 乙은 그 한도에서(1,200만 원) 자신의 반대급부(매매대금 1,000만 원 중 나머지 대금 900만 원)를 이행하면 되므로 실질적으로 200만 원 상당의 이익이 남게 된다.[20]

Ⅲ. 乙·丙 사이의 법률관계

1. 乙의 채권자대위권의 행사 가부

설령 사안에서 채권자대위권의 요건(제404조)을 갖추었더라도 대상청구권을 인정하는 이상 실익은 없다.

2. 丙의 채권침해로 인한 손해배상청구권의 인정 여부(소극)

(1) 丙의 행위가 제3자에 의한 채권침해에 해당하는지 여부(급부침해)

(2) 丙의 불법행위책임 인정 여부

1) 제3자의 채권침해와 불법행위

물권과는 달리 채권은 일반적으로 공시방법을 갖추고 있지 않으므로, 제3자가 그 채권의 존재를 알지 못한 경우에는 그에게 과실이 있다고 할 수 없다. 따라서 사실상 고의에 의한 경우에 한정된다.

2) 사안의 경우

丙은 乙의 채권이 존재한다는 사실을 모르고 있었으므로 제3자 채권침해를 이유로 한 불법행위책임은 지지 않는다. 다만 乙이 대상청구권을 행사하여 甲의 丙에 대한 손해배상청구권이 乙에게 이전된 경우에는 乙은 丙에 대하여 손해배상청구권을 행사할 수 있다.

▶ [쟁점 07]

---

19) ★ 송덕수, 신민법사례연습(2판), 사례 54번
20) ★ 그러나 대상청구권의 인정 여부와 관련한 제한적 긍정설에 의하면 이러한 경우에는 대상청구권은 인정되지 않고, 명문의 규정인 제537조(채무자위험부담주의)가 적용되어 채권자는 자신의 반대급부를 이행할 필요가 없게 된다.

제5관 이행거절

쟁점구조

■ 이행거절, 채권자지체
쌍무계약에서는 채무자의 지위가 동시에 채권자의 지위이기 때문에 채권자지체책임과 채무자의 채무불이행책임은 동전의 양면과 같다. 따라서 쌍무계약에서 채권자의 자기 채무에 대한 이행거절은, 동시에 채무자의 채무에 대한 수령거절(채권자지체)을 의미한다는 것을 유의해야 한다.

> 甲은 X토지 소유자 乙과 X토지를 매수하기로 하는 계약을 체결하고 계약금을 지급한 후, 보름 후 중도금을 지급하고 1달 후 잔대금과 상환으로 소유권이전등기에 필요한 제반서류를 넘겨받기로 약정하였다. 그런데 乙은 아무런 이유 없이 중도금의 수령을 여러 차례 거절하였다(=영구적 불수령). 甲의 구제수단은?

Ⅰ. 채권자(乙)의 채권자지체 성립 여부 측면
① 채무자(甲)의 변제제공 여부(제460조) ⇒ ② 변제제공의 효과(제461조, 변제공탁(제487조), 채권자지체 : 특히 채권자지체 성부) ⇒ ③ 채권자(乙)지체에 따른 효과(제401조 내지 제403조, 계약해제권 인정 여부)

Ⅱ. 채무자(乙)의 이행기(잔금지급 기일) 前 이행거절 성립 여부 측면
① 채무불이행의 유형으로서 이행거절의 독자성 인정 여부(신의칙) ⇒ ② 채무자(乙)의 행위가 이행거절로 인정될 수 있는지 여부 검토(진지하고 종국적인 거절의 의사가 있는지 여부) ⇒ ③ 이행거절의 효과(계약해제권, 전보배상청구권, 강제이행청구권)

Ⅰ. 서 설   [B-31]

이행거절이란 채무자가 채무의 '이행이 가능'함에도 이를 행할 의사가 없음을 채권자에 대하여 **진지하고 종국적으로** 표시하여 객관적으로 보아 채권자로 하여금 채무자의 임의의 이행을 더 이상 기대할 수 없게 하는 상태를 말한다. 이러한 이행거절은 이행이 가능하다는 점에서 '이행불능'과 구별되며, 이행기 전의 이행거절의 경우는 이행기가 도래하지 않았다는 점에서 '이행지체'와 구별되며, 채무이행이 없다는 점에서 '불완전이행'과도 구별된다.

이행거절은 그 이행거절의 의사를 어느 때에 표시하였느냐에 따라 '이행기 전의 이행거절'과 '이행기 후의 이행거절'로 나눌 수 있는데, 양자는 그 법적 근거를 달리하고, 채무불이행의 독자적인 유형으로서 논의가 모아지는 것은 주로 전자에 관해서이다.

Ⅱ. 채무불이행의 유형으로서 이행거절의 독자성 인정 여부   [B-32]

① 이행지체의 하부유형으로 파악하면 충분하므로 '제544조 단서[21]를 유추적용'하여 채권자의 최고 없이도 계약을 해제할 수 있다는 '독자성 부정설'도 있으나, ② 민법은 채무불이행에 대한 일반조항(제390조)을 두고 있다는 점에서 채무불이행의 유형을 이행지체·이행불능·불완전이행으로 한정할 필요가 없다는 점, 그리고 이행거절은 다른 채무불이행의 유형과는 요건과 효과가 구별된다는 점 등에서 독자적인 채무불이행의 유형으로 인정할 실익이 있다는 '독자성 긍정설'이 타당하다.

---
21) 계약해제와 관련하여 채무자가 미리 이행하지 아니할 의사를 표시한 경우에는 최고를 요하지 않는바(제544조 단서), 여기서 '미리'의 의미에 관해서는 동조가 이행지체를 전제로 하는 규정인 점에서, '이행기 도래 후 최고기간 경과 전'의 뜻으로 새겨야 하는 것으로 본다(김형배, 채권각론, p.262)

判例의 경우 이행거절에 대해 채무불이행의 독립된 유형으로 적극적으로 언급하지 않고 또 그 법적 근거를 명확하게 밝히지는 않았지만, 判例[22]의 법리전개는 긍정설과 일맥상통한다.

Ⅲ. 요건 및 효과   [B-33]

1. 요 건(이, 거, 귀, 위)

(1) 이행이 가능할 것

(2) 진지하고 종국적인 이행거절의 의사일 것

번의(번복)가능성이 없어야 한다. 이러한 거절의사의 표명 여부는 계약이행에 관한 당사자의 행동과 계약 전후의 구체적 사정 등을 살펴서 판단하여야 한다(대판 1991.11.26. 91다23103). 다만 '이행거절'로 인한 계약해제의 경우에는 상대방의 최고 및 동시이행관계에 있는 자기 채무의 이행제공을 요하지 아니하여 이행지체시의 계약해제와 비교할 때 계약해제의 요건이 완화되어 있는바, **명시적으로 이행거절의사를 표명하는 경우 외에 계약 당시나 계약 후의 여러 사정을 종합하여 묵시적 이행거절의사를 인정하기 위하여는 그 거절의사가 정황상 분명하게 인정되어야 한다**(대판 2011.2.10. 2010다77385: 표준판례404).[23]

> **❋ 판례가 이행거절로 인정한 경우**
> ① 채무자가 근거없이 계약의 불성립이나 무효 등을 주장하는 경우(대판 1976.11.9. 76다2218), ② 채무자가 오히려 채권자가 계약을 위반하였다고 근거 없이 주장하거나, 나아가 이를 이유로 계약을 해제하는 등의 조치에 나아가는 경우(대판 1990.3.9. 89다카29), ③ ★ **채권자가 제공하는 반대채무의 이행을 반복적으로 수령하지 않는 경우**(=영구적 불수령, 즉 수령지체 사안)(대판 1981.11.24. 81다633 ; 대판 1993.6.25. 93다11821)[24] : 2회 · 7회 선택형)등을 들 수 있다.

> **❋ 판례가 이행거절로 인정하지 않은 경우**
> ① 매수인이 수차 매매잔대금 지급의 연기를 요청하였다는 것만으로 채무를 이행하지 아니할 의사를 명백히 한 것으로 볼 수는 없고(대판 1990.11.13. 90다카23882), ② 피고가 임대차계약상 특약사항으로 정한 난방공사 방식에 관해 다른 제안을 했었던 원고에게 원래 특약사항대로 이행할 의사가 있는지 묻는 문자를 보낸 후 답변이 없자 당일 곧바로 특약사항의 이행거절을 이유로 계약 해제통보를 한 사안에서, 判例는 원고가 이행거절의 의사를 표시했다고 볼 수 없다고 보았다(대판 2021.7.15. 2018다214210).

---

22) "채무자가 채무를 이행하지 아니할 의사를 명백히 표시한 경우에 채권자는 신의성실의 원칙상 이행기 전이라도 이행의 최고 없이 채무자의 이행거절을 이유로 계약을 해제하거나 채무자를 상대로 손해배상을 청구할 수 있지만, 이러한 이행거절이라는 채무불이행이 인정되기 위해서는 채무를 이행하지 아니할 채무자의 명백한 의사표시가 위법한 것으로 평가되어야 한다"(대판 2015.2.12. 2014다227225).

23) [사실관계] 사안은 甲이 乙로부터 토지와 건물의 소유권을 이전받는 대가로 토지에 설정된 근저당권의 피담보채무 등을 인수하기로 약정을 하였으나, 乙이 토지에 관하여 丙 명의로 소유권이전등기청구권가등기를 경료한 채 위 약정에 따른 소유권이전등기를 지체하자 甲이 토지에 관한 가압류를 신청한 사안에서, 甲과 乙 사이에 약정을 해제하기로 하는 합의가 성립하였다거나 甲에게 계약을 실현할 의사가 없거나 계약을 포기할 의사가 있다고 볼 수 없고, 또한 가압류신청 전후의 여러 사정을 감안하면 가압류신청서를 제출한 사실만으로 甲의 이행거절의사가 명백하고 종국적으로 표시되었다고 단정하기도 어려우므로, 위 약정이 합의해제되었다거나 甲의 이행거절로 해제되었다고 볼 수 없다고 한 사례이다.

24) ★ "피고들(=매도인)은 중도금의 수령을 여러차례 거절한 데다가 이 사건 매매계약을 이행할 의사가 없음이 분명한데, 만약 원고(=매수인)가 피고들의 중도금 수령거절과 계약이행의 의사가 없음을 이유로 이 사건 매매계약을 해제할 수 없다고 해석한다면, 원고로서는 중도금을 공탁한 후 잔대금 지급기일까지 기다렸다가 잔대금의 이행제공을 하고 피고들이 자기들 의무인 소유권이전등기의무의 이행제공을 하지 아니한 때에야 비로소 위 계약을 해제할 수 있다는 결론에 이르게 되는바, 어차피 피고들이 위 소유권이전등기의무의 이행을 제공하지 아니할 것이 분명한 이 사건에서, 원고에게 위와 같은 방법을 취하라고 요구하는 것은 불필요한 절차를 밟고 또다른 손해를 입도록 강요하는 게 되어 오히려 신의성실에 어긋

(3) 채무자의 귀책성이 있을 것

이행거절이 되려면 채무를 이행하지 아니할 의사가 명백히 표시되어야 하므로 '과실'에 의한 이행거절은 성립할 수 없다.

(4) 이행거절이 위법할 것…채무자의 항변사유

이행거절이라는 채무불이행이 인정되기 위해서는 채무를 이행하지 아니할 채무자의 명백한 의사표시가 위법한 것으로 평가되어야 한다(대판 2015.2.12. 2014다227225). 따라서 일방의 이행제공이 있을 때까지 자기 채무의 이행을 정당하게 이행거절할 수 있는 '동시이행항변권과 구별'되어야 한다.

2. 효 과(강, 전, 해)

(1) 강제이행청구권

이행거절은 채무자 스스로에 의하여 초래된 이행장애라는 점에서 원칙적으로 '강제이행'의 방법에 의하여 제거될 수 있다. 이 점에서 이행불능과 본질적인 차이가 있다. 이때 채권자는 전보배상청구권과 선택적으로 행사할 수 있다. 다만 강제이행청구권을 선택한 경우에는 장래이행의 소가 아닌 이상 '이행기를 기다려' 행사하여야 한다.

(2) 전보배상청구권

1) 인정 여부

이행이 가능하더라도 채무자가 미리 이행하지 아니할 의사를 명백히 표시한 경우에는 이행최고를 하는 것이 무의미하므로 '이행기 전'이라도 '이행의 최고를 할 필요 없이' 바로 전보배상을 청구할 수 있다(대판 2005.8.19. 2004다53173).

2) 배상액 산정의 기준시점

判例는 채무자가 이행거절의 의사를 명백히 표시하여 최고 없이 계약의 해제나 손해배상을 청구할 수 있는 경우에는 이행거절 당시의 급부목적물의 시가를 표준으로 해야 한다(대판 2007.9.20. 2005다63337 : 6회 선택형)고 한다.

(3) 계약해제권

① 이행거절의 경우 이행하지 않을 것이 명백하므로 그 이행을 요구하는 것은 무의미하다. 따라서 '이행기 전 이행거절'의 경우 이행기의 도래여부와 관계없이 '신의칙상 최고 없이도' 계약을 해제할 수 있다(대판 2005.8.19. 2004다53173 : 7회 선택형)(이러한 점이 이행지체의 계약해제와 관련한 '제544조 본문'과 구별된다).

② '이행기 후 이행거절'의 경우, 즉 당사자 쌍방의 채무가 그 이행기를 모두 도과한 후 일방의 이행거절이 있으면 '신의칙상 자기 채무의 이행제공이나 최고 없이도' 계약을 해제할 수 있다(대판 2011.2.10. 2010다77385: 표준판례404). 여기서 '자기 채무의 이행제공이나 최고 없이'란 상대방을 이행지체에 빠뜨릴 필요가 없다는 것으로 구체적으로 쌍무계약에 있어 상대방의 동시이행의 항변권을 깨뜨리기 위해 자기 채무의 이행제공을 할 필요가 없다는 뜻이다(대판 1993.6.25. 93다11821 참고)(이러한 점이 이행지체의 계약해제와 관련한 '제544조 단서'와 구별된다). **[6회 기록형]**

③ 그러나 이행거절이 아닌 한 단순히 채무불이행이 예상되는 것만으로는 이행기의 도래 전에는 계약해제를 할 수 없다(대판 1982.12.14. 82다카861).

나는 결과를 초래할 뿐이라고 여겨지므로 원고(=매수인)는 '<u>신의성실의 원칙</u>'상 소유권이전등기의무 이행기일까지 기다릴 필요 없이 이를 이유로 매매계약을 해제할 수 있다"

Ⅳ. 이행거절과 채권자지체(핵심사례 C-1.참고) [B-34]

1. 문제점

쌍무계약에서 채권자의 자기 채무에 대한 이행거절은 동시에 채무자의 채무에 대한 영구적 불수령(채권자 지체)을 의미할 수도 있다. 그런데 이런 경우 변제제공의 효과(지체책임 면책, 공탁, 동시이행의 항변 저지 등)가 발생하기 위해서는 채무자의 구두제공조차 필요하지 않은데(대판 1995.4.28. 94다16083), 채권자지체의 성립에서도 마찬가지인가 하는 점이 문제된다. 즉 진지하고 종국적인 수령거절이 있으면 제400조의 '이행의 제공'으로도 볼 수 있지 않는지 문제된다(만약 이를 인정한다면 제538조 1항 2문이 적용될 수 있다).

2. 판 례

判例는 채권자가 미리 수령을 확고하게 거절한 경우에는 채무자는 '구두제공조차' 하지 않더라도 채무불이행책임을 면하나(제460조·제461조), 대가위험을 상대방에게 이전시키기 위해서는(제538조 1항 후문) 채무자의 변제제공(현실제공이나 구두제공)이 필요하다고 한다(대판 2004.3.12. 2001다79013: **표준판례**546 : 3회 선택형).[25]

3. 검 토

만일 이행제공을 하지 않더라도 대가위험이 이전된다고 해석하면, 대가위험의 이전이라는 매우 중대한 효과가 '채권자가 변제를 받지 아니할 의사가 확고한 경우'라는 불명확한 요건에 좌우되게 되어 법적 안정성을 해칠 우려가 있다. 또한, 제460조의 변제제공은 변제자의 지체책임을 면하게 하는 것임에 반해, 채권자지체(제400조)는 채권자에게 일정한 불이익을 부과하는 것이므로 양자의 처리를 동일하게 할 필요가 없고 후자의 경우 최소한 구두제공을 하게 하는 것이 공평하므로 判例의 태도가 타당하다.[26]

Ⅴ. 종 료 [B-35]

① 채권관계가 소멸하거나 계약을 해제한 경우, ② 채무자에 대하여 전보배상청구권이나 강제이행청구권을 행사한 경우 이행거절은 종료한다. ③ 이행거절의 특유한 종료사유로 이행거절의사의 '철회'(번복)를 들 수 있다. 이는 명시적으로 또는 추단적 행태에 의하여 묵시적으로도 행하여 질 수 있다. ⅰ) 단지 화해하자고 말한 것만 가지고는 이행거절의사를 철회한 것으로 보기 어려우나(대판 1991.3.27. 90다8374), ⅱ) 채무자가 이행제공을 하였다면 이는 거절의사 '철회'의 표현이라 할 것이어서 채권자는 이행최고나 자기 채무의 이행제공 없이는 그 계약을 해제할 수 없다(대판 2003.2.26. 2000다40995). 다만, 이행거절로 인한 전보배상청구권은 그 철회에 영향을 받지 않는다고 할 것이다.

---

25) ★ "민법 제400조 소정의 채권자지체가 성립하기 위해서는 민법 제460조 소정의 채무자의 변제 제공이 있어야 하고, 변제제공은 원칙적으로 현실 제공으로 하여야 하며 다만, 채권자가 미리 변제받기를 거절하거나 채무의 이행에 채권자의 행위를 요하는 경우에는 구두의 제공으로 하더라도 무방하고, 채권자가 변제를 받지 아니할 의사가 확고한 경우(이른바, 채권자의 영구적 불수령)에는 구두의 제공을 한다는 것조차 무의미하므로 그러한 경우에는 구두의 제공조차 필요 없다고 할 것이지만, 그러한 구두의 제공조차 필요 없는 경우라고 하더라도, 이는 그로써 채무자가 채무불이행책임을 면한다는 것에 불과하고, 민법 제538조 1항 2문 소정의 '채권자의 수령지체 중에 당사자 쌍방의 책임 없는 사유로 이행할 수 없게 된 때'에 해당하기 위해서는 현실제공이나 구두 제공이 필요하다. 다만, 그 제공의 정도는 그 시기와 구체적인 상황에 따라 신의성실의 원칙에 어긋나지 않게 합리적으로 정하여야 한다. 이 사건에서 원고의 수령거절의 의사가 확고하여 이른바, 채권자의 영구적 불수령에 해당한다고 하더라도, 채무자인 피고는 원고를 수령지체에 빠지게 하기 위하여 소유권이전등기에 필요한 서류 등을 준비하여 두고 원고에게 그 서류들을 수령하여 갈 것을 최고하는 구두 제공을 하였어야 할 다"(대판 2004.3.12. 2001다79013).

26) 노재호, 민법교안(8판), p.1056 ; 지원림·제철웅, 민법연습(2판), p533

제6관 불완전이행 [13회 사례형]

I. 서 설
[B-36]

채무자가 채무의 이행행위를 하였으나, 그것이 채무의 내용에 좇은 완전한 이행이 아니라 불완전한 이행이어서 채권자에게 손해가 발생한 경우를 불완전이행이라 한다.[27] 그리고 민법이 채무불이행의 유형으로 이행지체와 이행불능을 예정하고 있지만, 제390조에서 채무불이행을 포괄적으로 규정하고 있으므로 동조를 불완전이행의 근거로 볼 수 있다(통설).

II. 요 건 (이, 불, 귀, 위)
[B-37]

불완전이행이 성립하기 위해서는 i) 이행행위의 존재, ii) 이행행위가 불완전할 것, iii) 채무자의 귀책사유가 있을 것, iv) 위법할 것을 요한다.

1. 이행행위의 존재

2. 이행행위가 불완전할 것 : 주로 확대손해 문제

(1) 급부의무의 위반

1) 주는 채무

① 일부지체·일부불능·수량부족의 경우는 이행지체 또는 이행불능의 유형에 속하는 것으로 특별히 불완전이행이라고 할 필요는 없을 것이다. 다만 수량지정 매매(수량이 계약체결 당시부터 부족한 경우)의 경우 담보책임 규정이 적용될 수 있다(제574조). ② 질적인 하자의 경우는 일반적으로 담보책임으로 다루면 되나(제580조), 하자가 계약체결 후 매도인의 선관주의의무 위반의 결과로 발생한 것이라면 불완전이행이 될 수 있다.

2) 하는 채무

① 일정한 결과를 실현하여야 할 의무(**결과채무**, 예컨대 도급에 있어서 일을 완성시켜야 하는 수급인 채무)를 위반하여 채무자가 불완전한 결과를 실현시킨 때에는 불완전이행이 성립한다. ② 일정한 결과를 얻기 위하여 최선의 조치를 하여야 할 의무(**수단채무**, 예컨대 의료계약에서 의사의 진료채무 : 14회 선택형)를 위반한 경우는 대부분 불완전이행이 성립한다.

(2) 부수적 의무의 위반(B-2.참고)

이러한 부수적 의무(안전배려의무, 설명의무 또는 고지의무)위반의 경우도 불완전이행이 성립한다. 다만 불완전이행의 효과로는 추완청구권이나 손해배상청구권이 인정되나, 해제권은 인정되지 않는다.

(3) 보호의무의 위반

① 보호의무편입설은 채무의 범주에 보호의무가 포함되는 것을 전제로 이러한 보호의무 위반의 경우에도 불완전이행이 성립한다고 보고 불법행위책임과의 경합을 인정한다. ② 그러나 보호의무는 이행이익과는 상관없이 상대방의 신체·재산을 침해하지 않도록 배려할 의무로서 불법행위책임의 문제로 다루는 것이 타당하다(보호의무배제설).

---

[27] 불완전이행의 유형 중에서 채무자의 불완전한 이행행위로 인하여 확대손해 또는 부가적 손해가 발생한 경우를 '적극적 채권침해'로 보는 견해도 있으나, 다수설적인 입장은 양자를 동일한 의미로 이해하는바, 불완전이행에서는 이행은 이루어졌으나 그것이 완전하지 않은 점에서 이를 '적극적 채권침해'라고 한다.

3. **채무자의 귀책사유**···채무자의 항변사유

4. **위법할 것**···채무자의 항변사유

5. **증명책임**

증명책임과 관련해서는 이행불능과 이행지체에 준하여 채권자는 불완전이행사실과 그로 인하여 손해가 발생한 사실을 주장, 입증하여야 하고 채무자는 불완전이행에 대한 귀책사유가 없음을 입증하여야 한다(대판 2000.11.24. 2000다38718: **표준판례10**).

Ⅲ. 효 과
[B-38]

1. 완전이행 또는 추완이 가능한 경우

(1) 완전이행청구권 또는 추완청구권

① 완전한 이행이 가능하다면 **완전이행청구권**이 발생한다(완전물급부 ; 예컨대 사과를 주문했는데 썩은 사과가 배달되었으면 새로운 사과로 배달해 줄 것을 청구할 수 있다). ② 완전한 급부가 아니더라도 불완전한 급부 자체의 추완이 가능하고, 또 추완으로써 완전급부를 하는 것이 제반 사정에 비추어 적법한 채무이행이 되는 경우에는 채권자에게 **추완청구권**이 인정된다(하자보수 ; 예컨대 인도된 자동차의 열쇠가 고장이면, 그 열쇠부분을 교체하면 충분하다). 또한 채무자에게도 추완이행권이 인정된다. 이 경우 채권자가 추완이행의 수령을 거절하면 오히려 채권자가 수령지체책임을 진다(예컨대 위 예에서 매수인이 새로운 자동차를 요구하면서 열쇠 부분만의 교체를 거부하는 경우).

(2) 손해배상청구권

완전이행청구나 추완청구시 이행지체에 대한 손해배상을 청구할 수 있다(이행기 경과 후 완전이행이나 추완이 되기까지의 지연배상). 그리고 확대손해가 발생한 경우에는 확대손해에 대한 배상도 청구할 수 있다(다만, 대부분 특별손해에 해당할 것이다).

(3) 계약해제권

위의 청구권을 상당한 기간을 정해 최고하고 그 이행이 없는 경우에는 계약을 해제할 수 있다(제544조 유추적용).

2. 완전이행이나 추완이 불가능하거나 채권자에게 이익이 없는 경우

(1) 손해배상청구권

이행불능에 대한 전보배상청구와 확대손해에 대한 배상청구를 할 수 있다.

(2) 계약해제권

최고 없이 바로 계약을 해제할 수 있다(제546조 유추적용).

Ⅳ. 불완전이행과 하자담보책임과의 관계 [B-39]

1. 경합여부

담보책임은 채무불이행책임과는 그 요건과 효과가 다른 별개의 제도로서 매수인을 보호하기 위한 또 하나의 구제수단으로 보아야 할 것이다(경합긍정설). 따라서 양 책임은 중첩적으로 병존한다고 할 것이다.

2. 판 례

① 判例는 "매도인이 성토작업을 기화로 다량의 폐기물을 은밀히 매립하고 그 위에 토사를 덮은 다음 도시계획사업을 시행하는 공공사업시행자와 사이에서 정상적인 토지임을 전제로 협의취득절차를 진행하여 이를 매도함으로써 매수자로 하여금 그 토지의 폐기물처리비용 상당의 손해를 입게 하였다면 매도인은 이른바 불완전이행으로서 채무불이행으로 인한 손해배상책임을 부담하고, 이는 하자 있는 토지의 매매로 인한 민법 제580조 소정의 하자담보책임과 경합적으로 인정된다고 할 것이다"(대판 2004.7.22. 2002다51586: 표준판례385 ; 핵심사례 C-5. 참고)(11회 선택형)라고 판시하여 매매의 목적인 특정물에 원시적인 하자가 있는 경우에도 불완전급부로 인한 채무불이행책임이 성립할 수 있음을 명확히 하였다.

② 또한 判例는 "매매의 목적물에 하자가 있는 경우 매도인의 하자담보책임과 채무불이행책임은 별개의 권원에 의하여 경합적으로 인정된다. 이 경우 특별한 사정이 없는 한 하자를 보수하기 위한 비용은 매도인의 하자담보책임과 채무불이행책임에서 말하는 손해에 해당한다. 따라서 매매 목적물인 토지에 폐기물이 매립되어 있고 매수인이 폐기물을 처리하기 위해 비용이 발생한다면 매수인은 그 비용을 민법 제390조에 따라 채무불이행으로 인한 손해배상으로 청구할 수도 있고, 민법 제580조 제1항에 따라 하자담보책임으로 인한 손해배상으로 청구할 수도 있다"(대판 2021.4.8. 2017다202050 : 12회 선택형)고 하여 담보책임과 채무불이행책임은 중첩적으로 병존한다고 판시하였다.

③ 참고로 判例는 "피고들이 이러한 오염토양 정화의무를 이행하지 않음에 따라 원고들로서는 이 사건 토지소유권을 완전하게 행사하기 위하여 원고들의 비용으로 오염토양을 정화할 수밖에 없게 되었다고 볼 수 있다. 이런 상황이라면 사회통념상 오염토양 정화비용 상당의 손해가 원고들에게 현실적으로 발생한 것으로 볼 수 있다"(대판 2021.3.11. 2017다179,186)고 하여 오염토양 정화비용을 지출하지 않은 상태에서도 오염토양 정화비용 상당의 손해배상을 청구 할 수 있다고 판시하였다.

제2절 채무불이행의 효과

제1관 강제이행[1]

I. 의 의

채무자가 채무의 이행이 가능함에도 이행하지 않는 때에는, 채권자는 확정판결 등 집행권원에 기해 그 강제이행을 구함으로써 채권의 만족을 얻게 된다. 이를 '강제이행'이라 하고, 집행의 측면에서는 '강제집행'이라고 한다.

II. 민사집행법에 의한 강제집행 과정 개관

강제이행은 개괄적으로 다음의 과정을 거친다. ① 먼저 '확정된 종국판결' 등(민사집행법 제24조)과 같이 채권자가 채무자에 대해 가지는 급부청구권의 존재와 내용이 공적으로 증명되어야 하는데, 이를 '**집행권원**'이라고 한다(과거 '채무명의'라 하였다). ② 이러한 판결정본에 제1심 법원의 법원사무관이 "원고가 피고에 대한 강제집행을 실시하기 위해 이 정본을 내어준다"는 문구, 즉 '집행문'을 덧붙여 적는다. 이를 '**집행력 있는 정본**'이라고 한다(동법 제28조, 제29조). ③ 채권자가 집행력 있는 정본을 첨부하여 강제집행을 신청하면 집행기관이 강제집행을 실시하게 되는데, 집행기관으로는 ㉠ '**집행관**'(물건의 인도집행 담당 : 동법 제257조, 제258조), ㉡ 지방법원('**집행법원**')(부동산에 대한 강제집행 담당 : 동법 제79조), ㉢ 제1심 법원('**수소법원**')(대체집행과 간접강제 담당 : 동법 제260조, 제261조)의 세 가지가 있으며, 강제집행의 방법에 따라 그 관할을 달리한다.

III. 강제이행의 순서

민법 제389조와 민사집행법(제61조 내지 제263조)은 채무의 내용에 따라 여러 가지 강제이행의 방법을 정하고 있는데, 다음과 같은 순서로 강제이행을 허용해야 한다(통설).

> 제389조 (강제이행) ①항 채무자가 임의로 채무를 이행하지 아니한 때에는 채권자는 그 '강제이행'을 법원에 청구할 수 있다. 그러나 채무의 성질이 '강제이행'을 하지 못할 것인 때에는 그러하지 아니하다. ②항 전항의 채무가 법률행위를 목적으로 한 때에는 채무자의 의사표시에 갈음할 재판을 청구할 수 있고 채무자의 일신에 전속하지 아니한 작위를 목적으로 한 때에는 채무자의 비용으로 제3자에게 이를 하게 할 것을 법원에 청구할 수 있다. ③항 그 채무가 부작위를 목적으로 한 경우에 채무자가 이에 위반한 때에는 채무자의 비용으로써 그 위반한 것을 제각하고 장래에 대한 적당한 처분을 법원에 청구할 수 있다. ④ 전3항의 규정은 손해배상의 청구에 영향을 미치지 아니한다.

1. 직접강제

채무자의 협력 없이 집행기관의 행위를 통해 집행권원의 내용을 실현하는 집행방법을 말한다(제389조 1항의 강제이행). '**금전채무 및 물건의 인도채무**'는 직접강제에 의한다. 직접강제는 채무자에 의한 행위를 필요로 하는 '하는 채무'에는 인정되지 않으며(제389조 1항 단서 소정의 '채무의 성질이 강제이행을 하지 못할 것인 때'란 직접강제가 허용되지 않는 '하는 채무'를 말한다), 직접강제가 가능한 채무에는 대체집행 또는 간접강제는 허용되지 않는다.

---

[1] 이하 김준호, 민법강의(21판), p.1089 ; 지원림, 민법원론, 4144이하

2. 대체집행

채무자로부터 집행에 관한 비용을 추심하고 이로써 제3자로 하여금 의무의 내용을 실현하게 하는 집행방법을 말한다(제389조 2항 후단). '하는 채무'로서 채무자 이외의 자가 하더라도 무방한 '대체적 작위채무'는 '대체집행'에 의한다. 건물의 철거·단순한 노무의 제공·물품의 운송 등이 그러하다. 대체집행이 가능한 경우에는 이 방법만이 허용되고 간접강제는 인정되지 않는다.

3. 간접강제

간접강제란 채무자만이 할 수 있는 일신전속적 채무, 즉 '**부대체적 작위채무**'에 대해서 벌금이나 손해배상의 지급을 명하는 등의 수단(이 손해배상은 강제수단으로서의 손해배상이며, 실손해의 전보를 목적으로 하는 통상의 손해배상과는 다르다)에 의하여 채무자에게 심리적 압박을 가함으로써 채무자로 하여금 급부내용을 실현하게 하는 방법이다(민사집행법 제261조). 증권에 서명할 의무, 주식에 명의개서를 할 의무, 감정(출연·집필), 계산보고, 재산목록의 작성의무, 정정보도문의 게재의무(대결 1986.3.11. 86마24 참조) 등에 한하여 간접강제를 할 수 있다.

[**부대체적 작위채무 중 간접강제가 허용되지 않는 경우**] '부대체적 작위채무'라고 하더라도 간접강제가 허용되지 않는 것들이 있다. 즉, ① 채무자의 의사만으로는 실현될 수 없는 채무, 예컨대 채무이행을 위해 과다한 비용이나 특수한 설비 또는 제3자의 협력을 필요로 하는 경우, ② 창작활동을 목적으로 하는 채무처럼 자유의사를 강제하면 채무의 내용에 좇은 급부를 제대로 실현할 수 없는 채무, ③ 부부의 동거의무처럼 채무자의 자유의사를 강제하는 것이 인격존중의 이상에 반하는 채무 등이 그러하다. 이들 경우에는 채무불이행으로 인한 손해배상을 청구하거나 이혼 등의 다른 구제방법에 의할 수밖에 없다.

4. 의사표시의무의 강제

'채무자가 의사표시를 하여야 할 의무'는 부대체적 작위채무에 속하는 것이지만, 이때는 '대용판결'(법원이 판결로서 그 의사표시를 한 것으로 간주하는 방법)의 방법에 의한다(제389조 2항 전단, 민사집행법 제263조). 즉, 이 경우에는 간접강제가 허용되지 않는다. 등기신청, 채권양도 통지의무, 승낙의 의사표시를 하여야 할 의무, 토지거래허가신청 등에 인정된다. 유의할 것은, 이 방법은 의사표시를 한 것으로 의제하는 데 그치는 것이므로, 법률효과의 발생을 위해 다른 요건(제450조에 따른 통지, 제186조에 따른 등기 등)이 필요한 때에는 이를 별도로 갖추어야 한다.

5. 부작위채무의 경우

'채무가 부작위를 목적으로 한 경우'에 채무자가 이에 위반한 때에는 채무자의 비용으로써 그 위반한 것을 제각하고 장래에 대한 적당한 처분을 법원에 청구할 수 있다(제389조 3항). 구체적 방법은 ㉠ 부작위채무를 위반하여 발생한 결과의 제거에 대해서는 '대체집행'이 인정되고, ㉡ 부작위 채무의 계속적 위반이 있는 경우에는 '간접강제'가 인정된다.

Ⅳ. 강제이행과 손해배상의 청구

강제이행은 손해배상의 청구에 영향을 미치지 아니한다(제389조 4항). 강제이행은 본래의 채무의 이행을 강제하는 것이고, 채무불이행으로 인한 손해배상은 이와는 별개의 것이기 때문이다.

제2관 손해배상

I. 서설 [B-40]

1. 손해의 개념

손해의 개념에 대해서 통설은 위법행위가 없었다면 존재하였을 이익과 위법행위가 있은 후의 현재의 이익의 차이라고 하고(차액설=추상적 손해설), 判例도 차액설의 입장이다(대판 1998.7.10. 96다38971). **[14입법]**

2. 손해의 종류

(1) 재산적 손해·비재산적 손해

1) 재산적 손해

재산적 손해란 재산적 법익에 관하여 생긴 손해를 말하는바, 이에는 적극적 손해와 소극적 손해가 있다(대판 1976.10.12. 76다1313[2] : 이른바 손해3분설). **[14입법]** ㉠ 가령 특정물인도채권에서 목적물의 멸실, 치료비의 부담 등 기존 재산의 멸실 또는 감소가 '적극적 손해(나타난 손해)'이고, ㉡ 장래에 얻을 수 있었던 이익을 얻지 못한 것이 '소극적 손해(일실逸失 이익 : 놓쳐버린 손해)'이다.

> **[관련판례]** 간첩 누명을 쓴 어머니 때문에 자녀 등이 다니던 직장에서 사실상 퇴출당하고 이후 정상적인 사회생활을 하기 어려운 피해를 입었다면 국가는 자녀들의 일실수입 손해까지 배상하여야 한다(대판 2018.7.20. 2016다220099).

2) 비재산적 손해

채무불이행에서는 위자료에 관한 규정이 없다. 따라서 불법행위시 위자료배상에 관한 규정인 제751조와 제752조를 채무불이행의 경우에도 유추적용할 수 있는지 문제되는바, ① 학설은 대체로 채무불이행과 불법행위는 동일한 제도적 기능을 가지고 있어서 정신적 손해에 대하여 양자를 달리 취급하여야 할 이유가 없기 때문에 이를 긍정한다. ② 判例의 경우 제751조에 대하여는 사실상 유추적용을 인정하면서 침해법익이 재산적인 것인 경우, 그로 인한 정신적 고통은 일반적으로 그 재산적인 것에 대한 손해배상이 이루어짐으로써 회복된다고 보며, 그렇지 않은 경우는 피해자에게만 있는 특별한 사정으로서, 이때는 채무자의 예견가능성을 전제로 하여 정신적 고통에 대한 손해배상책임이 인정된다고 한다(제393조 2항)(아래 판례참고). 반면에 **채무불이행으로 인한 유족의 위자료청구권 인정 여부에 대해서는 계약의 당사자가 아니라는 이유로 제752조의 유추적용을 부정한다**(대판 2000.11.24. 2000다38718).[3]

■ **채무불이행으로 인한 비재산적 손해(특별손해)**

① "건물신축 도급계약에서 수급인이 신축한 건물에 하자가 있어 도급인이 받은 정신적 고통은 하자가 보수되거나 이에 갈음하여 손해배상이 이루어짐으로써 회복되는 것이 보통이고, 이것만으로는 회복될 수 없는 정신적 고통을 입었다는 특별한 사정이 있고 수급인이 이에 대한 예견가능성이 있는 때에 한해 위자료를 인정할 수 있다"(대판 1996.6.11. 95다12798 : **12회 선택형**). ② 임대인의 채무불이행으로 인하여 임

---

[2] "불법행위로 신체의 상해를 입었기 때문에 가해자에게 대하여 손해배상을 청구할 경우 그 소송물인 손해는 통상의 치료비 따위와 같은 적극적 재산상 손해와 일실수익 상실에 따르는 소극적 재산상 손해 및 정신적 고통에 따르는 정신적 손해의 3가지로 나누어진다"

[3] "숙박업자가 숙박계약상의 고객 보호의무를 다하지 못하여 투숙객이 사망한 경우, 숙박계약의 당사자가 아닌 그 투숙객의 근친자가 그 사고로 인하여 정신적 고통을 받았다 하더라도 숙박업자의 그 망인에 대한 숙박계약상의 채무불이행을 이유로 위자료를 청구할 수는 없다"

차인이 임차의 목적을 달성할 수 없는 경우(대판 1994.12.13. 93다59779), 위임계약에서 수임인의 채무불이행으로 인해 손해가 발생한 경우(대판 1996.12.10. 96다36289) 등도 그러하다.

> [비교판례] ※ 진료계약상 채무불이행책임에서 정신적 손해(=통상손해)
> 判例는 진료계약상 채무불이행책임에서 정신적 손해는 통상손해라고 한다. 즉, 의료과실에 따른 불법행위책임은 소멸시효가 완성되었고, 원심이 채무불이행책임에 따라 재산상 손해와 위자료를 인정한 사안에서, 병원은 기존 대법원 판례를 들어 채무불이행책임에 따른 정신적 손해는 특별손해라고 주장하였으나, 병원이 내세우는 판례는 모두 재산적 법익이 침해된 사안으로서, 대법원은 진료계약상 주의의무 위반으로 환자의 생명이나 신체 등의 법익이 침해된 경우 그로 인하여 환자가 입는 정신적 고통은 '통상손해'라고 한다(대판 2018.11.15. 2016다244491).

(2) 이행이익·신뢰이익[4]

1) 의 의

손해의 내용을 이루는 '침해이익'에 따른 손해의 분류로서 이행이익과 신뢰이익의 개념은 제535조에 그 법적 근거를 둔다. 이는 '손해배상의 범위'와는 별개의 문제이므로, 손해가 배상범위에 포함되는지 여부는 제393조에 따라 다시 결정된다.

> [심화] ※ 이행이익과 신뢰이익 판단시 주의할 점
> 이행이익의 손해가 반드시 신뢰이익손해보다 큰 것은 아니다(손해의 크기와는 무관한 구분이다). 그리고 어떠한 손해가 이행이익손해에 해당하는 한편 신뢰이익손해에도 해당하는 경우가 있을 수 있다. 예컨대 새 자동차인 것으로 생각하고 시가인 1,000만 원을 주고 자동차를 구입하였는데 실제로는 시가 700만 원 상당의 중고자동차였던 경우, 여기서 생긴 300만 원의 손해는 이행이익손해인 한편 하자가 없다고 믿음으로 인하여 입게 된 신뢰이익손해에도 해당한다.

2) 이행이익의 손해

가) 개 념

채무자가 채무를 이행하였더라면 채권자가 얻었을 이익을 이행이익 또는 적극적 이익이라고 하는데, '채무불이행'으로 채권자가 이러한 이익을 얻지 못한 손해를 이행이익의 손해라고 한다(이행이익의 손해=이행이 있었더라면 존재하였을 채권자의 상태 - 현재의 상태).

예컨대 매도인이 채무를 제대로 이행하였을 경우에 매수인이 가지는 목적물의 가격상승 또는 전매의 이익,[5] 목적물을 이용하여 얻을 이익, 목적물을 얻음으로 말미암아 다른 목적물을 구입하지 않아도 되는 이익 등을 말한다. 그러나 채무가 제대로 이행되었더라도 어차피 지출하였을 '비용'(예컨대 계약비용, 이행준비비용 등)은 포함되지 않는다.

나) 이행이익손해의 배상이 인정되는 경우

① 채무불이행책임에서 지연배상 또는 전보배상이 이행이익손해의 배상에 속한다. ② 그 외 타인권리의 매매로 인한 담보책임의 경우, 제570조의 손해배상의 본질이 채무불이행책임임에 비추어 이행이익손해의 배상으로 보아야 할 것이며(대판 1967.5.18. 전합66다2618), 종류매매에 관한 하자담보책임(제581조)에서도 불완전이행, 즉 채무불이행책임의 성격을 갖기 때문에 이행이익의 배상을 인정하는 것이 타당하다(대판 1989.11.14. 89다카15298).

---

4) 지원림, 민법주해 채권(2), p.474이하 ; 노재호, 민법교안(8판), p.416이하 참고
5) **구체적 예** 가령 A가 B로부터 매수한 부동산을 2,000만 원의 전매이익을 얻고 팔 수 있었다면, 2,000만 원이 이행이익이다. 만일 B가 매매계약상의 의무를 이행하지 않았기 때문에 A가 2,000만 원의 전매이익을 얻지 못하였다면, 제393조에 따라 A는 B에게 2,000만 원의 이행이익의 손해의 배상을 청구할 수 있다.

3) 신뢰이익의 손해

가) 개 념

당사자가 '일정한 사태에 대한 신뢰'에 기하여 행한 재산적 결정이 그대로 적절한 것이 됨에 관한 이익의 상실을 의미하며, 그 구체적인 의미는 신뢰이익손해의 배상이 인정되는 유형에 따라 다소 다르다.

나) '계약의 유효를 믿음'으로 인하여 입게 된 손해(계약의 무효·취소 : 상세는 C-7.참고)

계약의 유효를 믿고 지출한 비용 또는 다른 기회를 포기함으로써 입은 손해를 의미하는바, ⅰ) 계약비용(제473조에 따라 변제비용은 원칙적으로 채무자가 부담한다)과 ⅱ) 계약의 준비를 위한 비용(가령 감정이나 견적, 매매대금의 차용, 운송수단의 준비 등에 따른) 및 ⅲ) 기대이익[6] 등을 들 수 있다.

우리 민법에서는 ① 원시적 불능으로 계약이 무효인 경우(제535조), ② 그 밖에 계약이 무효인 경우(제535조의 유추적용 vs 제750조), ③ 경과실로 착오에 빠진 자가 착오를 이유로 계약을 취소한 경우(제535조의 유추적용 vs 제750조)에 문제된다. 다만 이 경우 신뢰이익손해의 배상은 이행이익을 넘지 못한다. 계약이 유효하여 채무가 제대로 이행된 경우보다 더 나은 상태에 놓여서는 안되기 때문이다(과잉배상금지, 제535조 1항 단서).

다) '계약의 이행을 믿고' 지출한 비용(계약의 해제 : 상세는 C-23e.참고)

채무불이행을 이유로 계약이 해제된 경우에는 이행이익손해의 배상이 원칙이지만, 채권자는 이에 '갈음'하여 '계약의 이행을 믿고 지출한 비용'(판례는 이를 신뢰이익이라 표현한다)의 배상을 청구할 수 있다(제551조). 다만 신뢰이익은 과잉배상금지의 원칙에 비추어 이행이익의 범위를 초과할 수 없다(대판 2002.6.11. 2002다2539: 표준판례414).

라) '계약의 체결을 믿음'으로 인하여 입게 된 손해(계약교섭의 부당파기 : 상세는 C14-1.이하)

'계약교섭의 부당파기'의 경우 계약의 체결을 믿고 지출한 비용 또는 다른 기회를 포기함으로써 입은 손해의 배상을 청구할 수 있다(제535조의 유추적용 vs 제750조). 그리고 계약교섭의 파기로 인한 불법행위가 인격적 법익을 침해함으로써 상대방에게 정신적 고통을 초래하였다고 인정되는 경우라면 그러한 정신적 고통에 대한 손해에 대하여는 별도로 배상을 구할 수 있다(제751조, 대판 2003.4.11. 2001다53059).

마) '목적물에 하자가 없다고 믿음'으로 인하여 입게 된 손해(하자담보책임 : 상세는 C16-3, 핵심사례 C-5.참고)

'하자담보책임'에서는 목적물에 하자가 없다고 믿고 지급한 대금 중 하자에 상응하는 부분에 대한 손해배상을 청구할 수 있다(제580조 등).

Ⅱ. 손해배상의 방법 [B-41]

1. 금전배상주의

우리 민법은 다른 의사표시가 없으면 손해는 금전(원칙적으로 우리나라 통화)으로 배상한다고 하여 금전

---

[6] 기대이익은 일방이 상대방에게 급부하여야 할 의무를 부담한다고 믿었기 때문에 얻지 못한 이익, 즉 그 일방이 <u>계약 존속시 그의 급부로서 얻을 수 있었을 가격과 계약의 실효 후 그의 급부로 얻을 수 있는 가격의 차이</u>를 의미한다. 이러한 기대이익은 계약이 존속하였다면 기대이익을 얻을 수 있었을 것이라는 점 또는 취소자의 급부의 시장가격이 자기 급부의 시장가격보다 높다는 점을 증명하는 경우에만 배상청구가 가능하다. 그런데 <u>신뢰이익의 배상청구권자가 이미 자신의 급부를 이행하였다면 손해배상청구권은 기급부된 것의 반환을 포함하며, 이 한도에서 (그 밖의 경우에 적용되는) 부당이득반환청구권의 한계(제748조 참조)가 손해배상청구권에 적용되지 않는다고 할 것이다</u>[지원림, 민법강의(13판), 4-194].

배상을 원칙으로 하나(제394조, 제763조), 예외적으로 ① 당사자가 다른 의사표시를 한 때(제394조 ; 채권자와 채무자의 합의가 필요하다) ② 법률에서 달리 정하고 있는 때(제764조 ; 명예훼손의 경우에는 법원은 명예회복에 적당한 처분을 명할 수 있다)에는 원상회복이 가능하다.

2. 당사자 합의나 명문규정이 없는 경우에도 원상회복이 인정되는지 여부(주로 부동산 이중매매에서 문제, 핵심사례 B-9.참고) [08·11·13사법, 07행정]

(1) 판 례
判例는 "법률에 다른 규정이 있거나 당사자가 다른 의사표시를 하는 등 특별한 사정이 없는 이상 불법행위자에 대하여 원상회복청구는 할 수 없다"(대판 1997.3.28. 96다10638)고 한다.

(2) 검 토
① 금전배상주의는 편의를 위한 경우로 원상회복이 보다 형평에 타당하다면 가능하다고 보는 견해[7]도 있으나, ② 입법론은 별론으로 하더라도 현행법(제394조, 제763조)의 해석상 다른 의사표시가 없으면 부정하는 견해가 타당하다(통설).

3. 손해배상금의 지급방법

일시금배상과 정기금배상의 두 종류가 있다. 기본적으로 손해배상을 청구하는 경우에 정기금지급을 구할 것인가, 일시금 지급을 구할 것인가는 당사자가 임의로 선택할 수 있는 것이며, 정기금 지급을 명할 것인가의 여부는 법원의 자유재량에 속한다(대판 1991.1.25. 90다카27587).

민법은 제751조 2항에서 '신체·자유·명예에 대한 불법행위를 이유로 위자료를 청구'하는 경우에 '법원은 전항의 손해배상을 정기금채무로 지급할 것을 명할 수 있고, 그 이행을 확보하기 위하여 상당한 담보의 제공을 명할 수 있다'라고 규정하여 예외적으로 정기금배상을 인정하고 있다. 그러나 判例는 그 외에도 불법행위로 인한 상해의 후유장애로 인하여 장래에 계속적으로 '치료비나 개호비' 등의 치료비용이 필요한 경우 정기금배상을 명할 수 있음을 인정한다(대판 1994.1.25. 93다51874 등).[8] 다만 判例는 가급적 생존가능기간을 확정함으로써 피해자가 원하는 일시금배상 쪽으로 유도하려는 경향을 보이고 있지만, 이것은 별개의 문제이다.

Ⅲ. 손해배상의 범위 [B-42]

1. 손해배상범위의 결정기준

통설 및 判例는 배상하여야 할 손해의 범위는 채무불이행과 인과관계에 있는 손해라고 보고, 공평한 손해분담이라는 이상에 따라 책임원인과 결과 사이에 경험칙상 상당한 조건관계가 있는 경우로 배상범위를 한정하는 **상당인과관계설**의 입장인바, 상당성의 판단기준에 대하여는 '채무불이행 당시에 평균인이 알 수 있었던 사정과 채무자가 특별히 알고 있었던 사정을 판단기초로 한다'는 절충적 상당인과관계설이 타당하다(통설).

---

[7] 윤진수, '손해배상의 방법으로서의 원상회복-민법개정안을 계기로 하여-', p.17~23
[8] "불법행위로 입은 상해의 후유장애로 인하여 장래에 계속적으로 치료비나 개호비 등을 지출하여야 할 손해를 입은 피해자가, 그 손해의 배상을 정기금에 의한 지급과 일시금에 의한 지급 중 어느 방식에 의하여 청구할 것인지는 원칙적으로 손해배상청구권자인 그 자신이 임의로 선택할 수 있는 것이나, 다만 식물인간 등의 경우와 같이 그 후유장애의 계속기간이나 잔존여명이 단축된 정도 등을 확정하기 곤란하여 일시금지급방식에 의한 손해의 배상이 사회정의와 형평의 이념에 비추어 현저하게 불합리한 결과를 초래할 우려가 있다고 인정될 때에는, 손해배상청구권자가 일시금에 의한 지급을 청구하였더라도 법원이 재량에 따라 정기금에 의한 지급을 명하는 판결을 할 수 있다"

[관련판례] "도급인이 그가 분양한 아파트의 하자와 관련하여 구분소유자들로부터 손해배상청구를 당하여 그 하자에 대한 손해배상금 및 이에 대한 지연손해금을 지급한 경우, 그 지연손해금은 도급인이 자신의 채무의 이행을 지체함에 따라 발생한 것에 불과하므로 특별한 사정이 없는 한 수급인의 도급계약상의 채무불이행과 '상당인과관계'가 있는 손해라고 볼 수는 없다. 이러한 경우 도급인으로서는 구분소유자들의 손해배상청구와 상관없이 수급인을 상대로 위 하자에 대한 손해배상금(원금)의 지급을 청구하여 그 이행지체에 따른 지연손해금을 청구할 수 있을 뿐이다"(대판 2013.11.28. 2011다67323).

2. 민법 제393조의 해석

절충적 상당인과관계설에 따르면 1항은 상당인과관계의 원칙을 선언한 것이며, 2항은 절충설의 입장에서 고찰의 대상으로 삼은 사정의 범위를 규정한 것이라고 한다.

> 제393조 (손해배상의 범위) ① 채무불이행으로 인한 손해배상은 통상의 손해를 그 한도로 한다. ② 특별한 사정으로 인한 손해는 채무자가 그 사정을 알았거나 알 수 있었을 때에 한하여 배상의 책임이 있다.

(1) 제393조 1항(통상손해)

제393조 1항의 '통상손해'란 특별한 사정이 없는 한 그 종류의 채무불이행이 있으면 사회일반의 거래관념 또는 사회일반의 경험칙에 비추어 통상 발생하는 것으로 생각되는 범위의 손해를 말한다(대판 2019.4.3. 2018다286550). 일률적으로 말할 수는 없지만, ㉠ 타인 소유의 토지를 법률상 권원 없이 점유한 때에는 점유토지의 임료 상당액(대판 1994.6.28. 93다51539)[이때 손해의 유무는 가해자의 '점유 여부'가 아니라 '사용권능'의 침해여부에 있다(대판 2012.1.27. 2011다74949)], ㉡ 임차인이 임차물을 멸실한 때에는 그 임차물의 시가, 매도인의 이행이 불가능하게 된 경우에 이행불능 당시의 시가 상당액(대판 1967.11.21. 67다2157 등: 표준판례 415 ; 지연이자 상당액을 포함하며 이중매매로 인한 이행불능의 경우와 같이 이미 매수인이 매매대금을 지급하였다면 이행불능 당시의 시가 상당액에서 매매대금을 공제한 금액 : 12회 선택형), ㉢ 임차물반환채무의 이행지체의 경우에는 지연된 기간 동안의 차임, 금전채무의 이행지체에서는 지연된 기간 동안의 이자에 상당하는 금액(대판 2006.4.13. 2005다75897[9] : 1회 선택형), ㉣ 불법행위로 영업을 중단한 경우 영업을 중단하지 않았으면 얻었을 순이익과 이와 별도로 영업 중단과 상관없이 불가피하게 지출해야 하는 비용(대판 2018.9.13. 2016다35802)이 각각 통상손해에 해당한다.

[관련판례] "금융기관 임직원이 동일인 신용대출한도를 초과하여 대출할 경우 담보를 취득하도록 정하고 있는 여신업무에 관한 규정을 위반하여 아무런 담보를 취득하지 않은 채 신용대출한도를 초과하여 대출한 경우, 이러한 금융기관 임직원의 채무불이행으로 인하여 금융기관이 입은 통상손해는 임직원이 규정을 준수하여 적정한 담보를 취득하고 대출하였더라면 회수할 수 있었을 미회수 대출원리금이고, 특별한 사정이 없는 한 이러한 통상손해의 범위에는 약정이율에 의한 대출금 이자와 약정연체이율에 의한 지연이자가 포함된다"(대판 2012.4.12. 2010다75945).

(2) 제393조 2항(특별손해)

제393조 2항의 '특별한 사정으로 인한 손해'는 당사자들의 개별적, 구체적 사정에 따른 손해를 말한다(대판 2019.4.3. 2018다286550 : 12회 선택형). 특별손해의 예로 ㉠ 매도인의 이행불능으로 인한 전보배상에서 등귀가격(騰貴價格)(대판 1996.6.14. 94다61359,61366), ㉡ 이행이익을 초과하는 확대손해(대판 2004.7.22. 2002다51586: 표준판례385), ㉢ 대체행위에 따른 추가비용부담 및 전매이익의 상실(대판 1967.5.30. 67다466: 표준판례

---

9) "매수인의 잔금지급 지체로 인하여 계약을 해제하지 아니한 매도인이 지체된 기간 동안 입은 손해 중 그 미지급 잔금에 대한 법정이율에 따른 이자 상당의 금액은 통상손해라고 할 것이지만, 그 사이에 매매대상 토지의 개별공시지가가 급등하여 매도인의 양도소득세 부담이 늘었다고 하더라도 그 손해는 사회일반의 관념상 매매계약에서의 잔금지급의 이행지체의 경우 통상 발생하는 것으로 생각되는 범위의 통상손해라고 할 수는 없고, 이는 특별한 사정에 의하여 발생한 손해에 해당한다"

411 ; 즉 判例는 매수인이 상인이어서 전매할 것이라는 점을 매도인이 안 경우에도 그 전매차익을 통상손해로 보지 않고 특별손해로 보면서, 다만 채무자의 예견가능성을 이유로 배상책임을 긍정한다), ㉣ **채무불이행으로 인한 정신적 손해**(대판 1993.11.9. 93다19115), **불법행위로 인한 재산권이 침해된 경우의 정신적 손해**[(대판 1988.3.22. 87다카1096 : **4회 선택형**), 재산권 침해가 아닌 경우는 정신적 손해가 통상손해인 경우도 있다(대판 2009.7.23. 2006다81325)], ㉤ **간접손해**(대판 1996.1.26. 94다5472, 대판 2008.6.26. 2006다84874) 등을 들 수 있다.

[**간접손해**] 간접적 손해는 법익침해로 인하여 피해자의 다른 법익에 발생한 결과적 손해를 말하는바, 判例는 '차량운전자가 전신주에 충돌하여 전선이 절단되어 전기공급이 중단됨으로 인한 공장의 영업상의 손실'(간접손해)을 특별손해로 보았고(대판 1996.1.26. 94다5472), 불법행위의 손해배상에 관하여도 "토지에 대한 부당한 가압류의 집행으로 그 지상에 건물을 신축하는 내용의 공사도급계약이 해제됨으로 인한 손해는 특별손해이므로, 가압류채권자가 토지에 대한 가압류집행이 그 지상 건물 공사도급계약의 해제사유가 된다는 특별한 사정을 알았거나 알 수 있었을 때에 한하여 배상의 책임이 있다"(대판 2008.6.26. 2006다84874)고 하였다.

1) 특별한 사정에 대한 예견가능성

특별한 사정으로 인한 손해는 채무자가 그 사정을 알았거나 알 수 있었을 때에 한하여 배상의 책임이 있다(제393조 2항). 이때 알았거나 알 수 있었던 것의 대상은 손해의 원인이 된 '특별한 사정'이지 '손해' 자체는 아니다(대판 1994.11.11. 94다22446). 특별손해에 따른 손해배상의 범위는 그 발생된 손해 전부가 아니라 그러한 특별한 사정하에서 통상 생기는 손해를 그 한도로 한다.

2) 특별한 사정에 대한 예견가능성의 판단시기

① '계약체결시'라는 견해가 있으나, ② 계약체결시에는 채무자가 특별사정의 존재를 몰랐다고 하더라도 이행기 전에 그 사정을 알면서 스스로 채무불이행을 초래한 경우에는, 채무자에게 책임원인이 있는 것이므로 '채무불이행시설'이 타당하다(대판 1985.9.10. 84다카1532 : **표준판례413**).

3) 증명책임

특별한 사정의 존재 및 채무자의 예견가능성에 대해서는 채권자가 증명책임을 부담한다(**6회 선택형**).

Ⅳ. 배상액산정의 시기 (전보배상의 경우만 문제) [B-43]

1. 문제점

손해를 금전으로 평가할 때 확정된 손해(예를 들어 소유권을 취득하지 못하는 손해)를 '어느 시점'에서 금전으로 환산할 것인가 문제된다. 이하의 학설의 차이는 배상청구권 발생시점과 사실심변론종결시점 사이의 목적물의 가격변동을 통상손해로 볼 것인가 특별손해로 볼 것인가에 있다.

2. 판 례

① '이행불능'을 원인으로 한 전보배상청구의 경우는 이행불능 당시의 시가를 기준으로 한다고 한다(대판 1996.6.14. 94다61359,61366). ② '이행지체 중의 전보배상청구'(제395조)의 경우 사실심변론종결 당시의 시가를 표준으로 하여야 한다는 判例도 있으나(대판 1969.5.13. 68다1726), 일반적으로 본래의 의무이행을 최고하였던 상당한 기간이 경과한 당시의 시가를 표준으로 한다고 하여 **책임원인발생시설**의 입장이다(대판 1967.6.13. 67다1842 ; 대판 2007.9.20. 2005다63337) ③ 최근 '이행거절'로 인한 채무불이행에서의 손해액 산정은, 채무자가 이행거절의 의사를 명백히 표시하여 최고 없이 계약의 해제나 손해배상을 청구할 수 있는 경우에는 이행거절 당시의 급부목적물의 시가를 표준으로 해야 한다고 본다(대판 2007.9.20. 2005다63337 : **6회 선택형**). 따라서 判例는 전체적으로 '책임원인발생시설'의 입장에 있다.

3. 검 토

사실심변론종결시설[10]은 채권자를 두텁게 보호하는 반면, **책임원인발생시설**[11]은 책임원인 발생 후의 가격변동을 특별손해로 보아 채무자의 예견가능성을 요구하므로 채무자에게 불측의 손해를 부담시키지 않는 장점이 있다. 그런데 민법이 통상손해와 특별손해를 구별하고 있는 이상 책임원인발생시설에 따르는 것이 타당하다고 본다.

V. 손해배상액의 조정   [B-44]

1. 과실상계(제396조, 제763조)(쟁점 16. 참고)

2. 금전채권의 불이행에 관한 특칙(제397조)

3. 손익상계(손익공제)

(1) 의 의

채무불이행이 채권자에게 손해를 생기게 하는 동시에 이익을 가져다 준 경우에 손해를 산정함에 있어서 이 이익을 공제하는 것이다. 민법에는 규정이 없지만 실손해의 배상이라는 관점에서 당연한 것으로 인정된다. 이러한 손익상계는 그 사유가 존재하는 때에는 **공평의 관념상 당사자의 주장을 기다리지 아니하고 법원이 손해를 산정함에 있어서 이를 공제하여야 한다**(대판 2002.5.10. 2000다37296,37302).

(2) 공제될 이익의 범위

判例는 채무불이행과 상당인과관계에 있는 이익에 한한다고 한다. 즉 손해배상책임의 원인이 되는 행위로 인하여 피해자가 새로운 이득을 얻었고, 그 이득과 손해배상책임의 원인행위 사이에 상당인과관계가 있어야 한다고 한다(대판 2005.10.28. 2003다69638).

① [보험금 등] 채무불이행과 무관한 이익 또는 별개의 계약 등에 의하여 얻은 이익은 공제의 대상이 되지 않는다. 가령 보험계약상의 이익(대판 2015.1.22. 전합2014다46211)[12]이나 노무채무를 면하였기 때문에 다른 계약으로부터 받은 임금, 조위금(대판 1971.7.27. 71다1158)[13]은 공제의 대상이 되지 않는다. 다만 피해자가 아니라 가해자가 체결한 보험계약에 기한 보험금(가령 손해배상책임보험)은 손해배상의 성격을 가지므로 당연히 손해액의 산정에 고려되어야 한다.

② [잔존물의 가치(부정)] 목적물이 훼손되어 수리가 불가능한 경우에, 목적물의 시가만큼의 손해를 입고 잔존물의 가치만큼 이득을 얻어 이를 손익상계하여야 하는가가 문제된다. 대법원은 멸실된 물건의 잔존물은 불법행위로 인하여 얻은 것이 아니기 때문에 잔존물 가치는 손익공제의 대상이 되지 않고

---

10) 손해배상의 이상을 채권자로 하여금 손해가 없었던 상태로 돌리려는 데 있다고 보고 손해배상채권 발생시에 확정되는 것은 손해만이고 그 평가는 변론종결시를 기준으로 해야한다는 견해이다.
11) 손해배상의 이상은 실손해의 전보 외에 손해분담의 공평에도 있는 것이라고 하여 손해배상청구권이 발생한 시점을 기준으로 해야 한다는 견해이다.
12) "손해보험의 보험사고에 관하여 동시에 불법행위나 채무불이행에 기한 손해배상책임을 지는 제3자가 있어 피보험자가 그를 상대로 손해배상청구를 하는 경우에, 피보험자가 손해보험계약에 따라 보험자로부터 수령한 보험금은 보험계약자가 스스로 보험사고의 발생에 대비하여 그때까지 보험자에게 납입한 보험료의 대가적 성질을 지니는 것으로서 제3자의 손해배상책임과는 별개의 것이므로 이를 그의 손해배상책임액에서 공제할 것이 아니다"
13) "가해자가 피해자의 가족에게 지급한 조위금은 위자료의 일부라고 볼 수 없으므로 이를 가해자가 지급하여 할 위자료의 액에서 공제하여할 할 것이라고는 할 수 없고 위 사실은 다만 위자료의 수액을 산정함에 있어서 참작하여야 할 사정에 해당한다"

(따라서 상당인과관계가 있는지를 판단할 필요도 없다). 손해산정 자체에서 공제하여야 할 것이라고 본다(대판 1991.8.27. 91다17894). 즉 손해배상채무발생 당시의 목적물의 시가에 그 당시의 잔존물의 시가를 공제한 만큼 손해가 발생한다는 것이다.

③ **[위법한 이익(부정)]** 이사가 회사의 업무를 집행하면서 고의·과실로 법령을 위반한 경우, 법령 위반 행위로 인하여 회사에 발생한 이득을 손익상계의 대상으로 삼을 수 없다(대판 2025.6.26. 2024다316391).

(3) 과실상계와의 순서

과실상계를 한 후에 손익상계를 한다는 것이 확고한 判例이다(대판 1990.5.8. 89다카29129 : 2회,5회 선택형). 손익상계는 손해와의 상쇄를 통해 행하여지므로 손해가 먼저 확정되어야 하는데, 이를 확정하려면 과실상계를 통해 피해자가 분담할 부분을 제외하여야 하고, 또 과실상계는 손해배상책임의 존부와도 관련되는 것이기 때문이다(상세한 내용은 C19-3.참고).

Ⅵ. 기 타

[B-45]

1. 손해배상액의 예정(아래 쟁점 8.참고)

2. 중간이익의 공제

판례연구 B-05

★ 위법행위(주로 불법행위)에 따른 물건의 멸실·훼손에 따른 손해[14]

Ⅰ. 수리비 혹은 교환가치의 감소액(적극손해 관련)

1. 수리가 가능한 경우

위법행위로 인하여 물건이 '훼손'되었을 때 수리가 가능한 경우에는 ㉠ '수리비'가 통상의 손해이나, ㉡ 다만 '수리비가 과다하여 목적물의 시가를 상회'한다면 형평의 원칙상 그 손해액은 멸실에 준하여 그 목적물의 교환가치 범위 내로 제한되어야 한다고 본다(대판 1994.10.14. 94다3964 : 11회,12회 선택형). ㉢ 또한 '수리로 인하여 훼손 전보다 건물의 교환가치가 증가'하는 경우에는 그 수리비에서 교환가치 증가분을 공제한 금액이 그 손해이다(대판 2004.2.27. 2002다39456).

2. 수리가 불가능한 경우

① 위법행위로 인하여 물건이 '훼손'되었을 때 수리가 불가능한 경우에는 ㉠ '교환가치의 감소액'이 통상손해이고, ㉡ 수리를 한 후에도 일부 수리가 불가능한 부분이 남아있는 경우에는 '수리비 외에 수리불능으로 인한 교환가치의 감소도 통상의 손해에 해당한다(대판 2017.5.17. 2016다248806: 표준판례412). ② 수리가 불가능할만큼 물건이 '멸실'된 경우에는 그 당시의 시가 상당액, 즉 교환가치가 통상손해에 해당한다.

> **참고판례** ※ 불법행위로 건물이 철거된 경우 통상손해의 범위 [12사법]
>
> 토지소유자가 건물소유자에게 건물철거를 구할 권리(제214조)가 있다고 하더라도 법적 절차를 따르지 않고 임의로 철거한 것은 건물소유자의 소유권을 침해하는 위법한 행위이다. 따라서 건물소유자는 토지소유자에 대해 불법행위를 원인으로 손해배상청구를 할 수 있다(제750조). 다만 손해배상의 범위에 대해서는 判例는 "기성부분의 소유자인 수급인이 제3자의 불법행위로 기성부분에 대한 소유권을 상실하기는 하였으나 부지 소유자에게 대항할 권원이 없어서 조만간 손해배상 없이 이를 자진철거하거나 강제로 철거당할 운명이었다면 불법철거로 인한 손해는 기성부분의 교환가격이나 투자비용이라고 할 수 없고, 기성부분이 적법히 철거될 때까지 당분간 부지를 불법점유한 채 기성부분을 사실상 사용할 수 있는 이익, 철거 후 기성부분의 폐자재를 회수할 수 있는 이익의 침해로 인한 손해에 한정된다"고 한다(대판 1991.3.26. 91다14116).

Ⅱ. 휴업손해(수리기간 또는 대체물 구매기간 동안의 사용·수익의 상실이라는 손해)(소극손해 관련)

1. 교환가치와 별도의 휴업손해 청구가능 여부(적극)

(1) 판 례

종전의 判例는 (불법행위의 사안이기는 하지만) 물건이 멸실되거나 훼손된 경우, 그 '수리가 가능한지 여부'에 따라 '휴업손해'에 대한 배상 여부를 달리 판단하여 왔다. 즉 ① 수리가 가능할만큼 물건이 '일부 훼손'된 경우에는 인정하였으나(대판 1972.12.12. 72다1820), ② 수리가 불가능할만큼 물건이 '멸실'된 경우에는 장차 그 물건을 사용 수익할 수 있었을 이익(휴업손해)은 그 시가가 교환가격에 포함되므로 따로 청구할 수 없다고 하였으나(대판 1990.10.16. 90다카20210), 전원합의체판결로써 위 ②의 判例를 변경하면서 "(불법행위로) 영업용 물건이 멸실된 경우, 이를 대체할 다른 물건을 마련하기 위하여 필요한 합리적인 기간 동안 그 물건을 이용하여 영업을 계속하였다면 얻을 수 있었던 이익, 즉 휴업손해는 그에 대한 증명이 가능한 한 통상의 손해로서 그 교환가치와는 별도로 배상하여야 한다"며, 멸실과 훼손의 경우 모두 교환가치와는 별도로 휴업손해를 청구할 수 있다고 한다(대판 2004.3.18. 전합2001다82507 : 12회 선택형).[15]

(2) 검 토

① 교환가치와 별도로 휴업손해를 배상하면 이중배상이 될 수 있으며, 사용이익은 목적물의 과실에 준하므로 휴업손해는 전보배상의 이자에 의하여 전보된다는 견해도 있으나, ② 목적물의 멸실에 의한 교환가치 상실에 따른 손해는 적극손해인데, 휴업손해는 장래 얻을 수 있었던 수익의 상실로서 소극손해에 해당하므로 양자는 별개의 손해로 보는 것이 타당하다(다수설).

2. 휴업손해 손해산정기간

① 수리가 가능할 정도로 '훼손'되었을 경우에는 휴업손해의 산정기간은 통상 '수리를 위하여 필요한 합리적인 기간'이 된다(대판 1998.6.12. 96다27469). ② 그러나 수리가 불가능할 정도로 '훼손'되었거나, '멸실'된 경우는 '대체물을 마련하기 위하여 필요한 합리적인 기간'(실제 대체물을 마련하는데 소요된 기간이 아님)이 된다(대판 2004.3.18. 전합2001다82507).

3. 휴업손해 손해산정기준

휴업손해의 산정은 일반적으로 그 영업용 물건을 계속 사용하였을 경우 얻을 수 있었던 '영업이익'을 기준으로 하겠지만, 判例는 피해자가 대체물을 현실로 사용·수익하거나 또는 멸실목적물을 임대하는 것이 가능하였다면 '차임상당액'을 기준으로 휴업손해를 산정할 수 있다는 입장이다(대판 2004.4.9. 2001다66314 ; 대판 2004.3.25. 2003다20909,20916).

> **관련판례** ※ **임대차에서의 휴업손해**
> "임대인의 방해행위로 임차인의 임대차 목적물에 대한 임차권에 기한 사용·수익이 사회통념상 불가능하게 됨으로써 임대인의 귀책사유에 의하여 임대인으로서의 의무가 이행불능이 되어 임대차계약이 종료되었다고 보는 경우, 임차인으로서는 임대인에 대하여 그 임대차보증금 반환청구권을 행사할 수 있고 그 이후의 차임 지급의무를 면하는 한편, 그 임대차 목적물을 대신할 다른 목적물을 마련하기 위하여 합리적으로 필요한 기간 동안 그 목적물을 이용하여 영업을 계속하였더라면 얻을 수 있었던 이익, 즉 휴업손해를 그에 대한 증명이 가능한 한 통상의 손해로서 배상을 받을 수 있을 뿐이며(그 밖에 다른 대체건물로 이전하는 데에 필요한 부동산 중개료, 이사비용 등은 별론으로 한다), 그 목적물의 임대차기간 만료시까지 그 목적물을 사용·수익할 수 없음으로 인한 일실수입 손해는 이를 별도의 손해로서 그 배상을 청구할 수 없다"(대판 2006.1.27. 2005다16591,16607).

---

14) 지원림·제철웅, 민법연습(2판), p.548~549 ; 지원림, 민법강의(13판), 4-206 ; 김준호, 민법강의(18판), p.1091~1092
15) 이때 휴업손해를 통상손해로 본 것은 그 목적물이 영업용 물건이라는 점에 대해 일반적으로 인식될 수 있다는 것을 전제로 한 것으로 보인다. 아울러 '비영업용 물건멸실의 경우' 휴업손해는 종래 判例가 비영업용 물건의 '일부 훼손'의 경우에 수리기간 동안의 사용이익 배상을 인정하는 것(위 ① 判例)과의 균형상 비영업용 물건의 멸실의 경우에도 교환가치의 배상 외에 별도로 사용이익의 배상을 인정할 수 있을 것이다.

[쟁점 08] 손해배상액의 예정

쟁점구조

손해배상액의 예정(특히 채무액에 대한 손해배상액 예정 총액이 30%이상인 경우)

Ⅰ. 계약위반 여부 확정

Ⅱ. 특약내용의 확정
1. 손해배상액 예정과 위약벌의 구별
2. 손해배상액 예정으로서의 계약금
3. 손해배상액 예정의 추정(제398조 4항)

Ⅲ. 면책사유 여하
1. 손해배상액 예정의 유효여부
(1) 제103조·제104조 위반 여부

(2) 일방적 손해배상액 예정이 가능한지 여부
2. 예정배상액 청구의 행사요건
(1) 손해발생 요부
(2) 채무자의 귀책사유 요부

Ⅳ. 감액사유 여하
1. 제398조 2항에 의한 감액 여부[원칙으로서의 계약자유(법원불간섭)의 원칙과 예외로서의 배상액 감액 인정여부)]
2. 제396조(과실상계)에 의한 감액 여부

Ⅰ. 서설

[B10-1]

> 제398조 (배상액의 예정) ① 당사자는 채무불이행에 관한 손해배상액을 예정할 수 있다. ② 손해배상의 예정액이 부당히 과다한 경우에는 법원은 적당히 감액할 수 있다. ③ 손해배상액의 예정은 이행의 청구나 계약의 해제에 영향을 미치지 아니한다(4회 선택형). ④ 위약금의 약정은 손해배상액의 예정으로 추정한다(7회 선택형). ⑤ 당사자가 금전이 아닌 것으로써 손해의 배상에 충당할 것을 예정한 경우에도 전4항의 규정을 준용한다(4회 선택형).

1. 의의

① 손해배상액의 예정이란 채무불이행의 경우에 채무자가 지급하여야 할 손해배상액을 당사자 사이의 계약으로 '미리' 정하여 두는 것을 말한다(제398조 1항). 이는 채무불이행을 정지조건으로 하는 '조건부 계약'이며 기본채권관계에 '종된 계약'이다(2회 선택형). 따라서 채권양도의 경우 배상액 예정에 따른 권리·의무도 함께 이전하며, 원채무에 부착되어 있는 물적 담보나 인적담보는 예정된 배상액의 지급을 담보한다. 또한 주된 계약이 무효이거나 취소되는 경우에는 손해배상액의 예정도 효력을 상실한다.

② 그러나 제398조 1항 및 3항의 취지상 계약당사자가 채무불이행으로 인한 전보배상에 관하여 손해배상액을 예정한 경우에 채권자가 채무불이행을 이유로 계약을 해제하거나 해지하더라도 원칙적으로 손해배상액의 예정은 실효되지 않고 전보배상에 관하여 특별한 사정이 없는 한 손해배상액의 예정에 따라 그 배상액을 정해야 한다(대판 2022.4.14. 2019다292736 : 12회 선택형).

2. 제 한

손해배상액의 예정이 채무자에게 가혹한 경우 제한되는 경우가 있다. ① 반사회질서(제103조), 폭리행위(제104조)로 무효가 될 수 있고, ② 제398조 2항에 의해 법원이 감액할 수 있으며, ③ 근로기준법 제20조는 근로계약불이행에 대한 손해배상액의 예정을 금지하고, ④ 약관규제법 제8조는 고객에게 부당히 과중한 경우는 무효로 하여 경제적 약자를 보호하고 있다.

> ✻ 손해배상액의 예정으로 본 판례 ★
> 판례는 ① **[도급계약에서의 지체상금 약정]** 도급계약 등을 체결함에 있어 수급인이 이행기에 채무를 이행하지 아니하는 경우에 대비하여 '지체상금 약정'을 하는 경우(대판 1989.7.25. 88다카6273등) ② **[도급계약에서의 하자보수보증금약정]** 공사도급계약서 또는 그 계약내용에 편입된 약관에 수급인이 하자담보책임 기간 중 도급인으로부터 하자보수요구를 받고 이에 불응한 경우 하자보수보증금은 도급인에게 귀속한다는 조항(대판 2002.7.12. 2000다17810), ③ **[계약해제시 중도금 등의 포기약정]** 매수인이 잔금을 지급하지 못하자 그 지급기일을 연기해 주면서 그 연기된 날까지 잔금을 지급하지 아니하면 매매계약을 해제하여 무효로 하고 아울러 매도인에게 이미 지급한 계약금 및 중도금에 대한 반환청구권을 포기 내지 상실키로 약정을 한 경우(대판 1995.12.12. 95다40076), ④ **[계약해제시 이행보증금 몰취특약]** '매수인들의 책임 있는 사유에 의하여 양해각서가 해제되는 경우에 매수인들이 납부한 이행보증금 및 그 발생이자는 매도인들에게 귀속된다.'고 정하면서, 매매가 결렬된 경우에 이행보증금 몰취를 유일한 구제수단으로 규정하면서 별도의 손해배상을 청구할 수 없다고 규정되어 있는 경우(대판 2016.7.14. 2012다65973),[16] ⑤ **[지연손해금 비율에 대한 특약]** 금전채무에 관하여 이행지체에 대비한 지연손해금 비율을 약정한 경우(대판 2000.7.28. 99다38637 : 10회,11회 선택형)에 손해배상액을 예정한 것으로 본다.

Ⅱ. 요 건

[B10-2]

1. 손해배상액 예정의 성립요건(유효요건)

ⅰ) 채권이 존재할 것, ⅱ) 채무불이행 발생 전에 체결할 것(채무불이행 이후에 체결된 것은 배상액 합의로서 무명계약이나 화해계약에 해당), ⅲ) 선량한 풍속 기타 사회질서에 반하지 않을 것, ⅳ) 배상액예정의 방법은 금전 이외의 것으로도 가능하다(제398조 5항).

2. 예정된 손해배상액 청구요건

(1) 채무불이행이 있을 것

채권자가 배상액 예정의 대상이 되는 채무불이행 사실을 주장·증명해야 한다.

> [관련판례] ✻ 부동산 매매계약에서 매수인이 한 위약금 약정의 효력이 발생하기 위한 요건
> "쌍무계약에서 쌍방의 채무가 동시이행 관계에 있는 경우 일방의 채무의 이행기가 도래하더라도 상대방 채무의 이행제공이 있을 때까지는 그 채무를 이행하지 않아도 이행지체의 책임을 지지 않으므로, 부동산 매매계약에 있어서 '매수인이 매도인에게 중도금 또는 잔금을 정해진 기한까지 이행하지 않으면 이미 지급한 중도금 또는 잔금의 전부 내지 일부를 포기한 것으로 본다'는 내용의 위약금 약정을 한 경우라도 매수인이 중도금 또는 잔금의 지급을 매도인의 반대의무보다 선이행하기로 약정하는 등의 특별한 사정이 없는 이상 매수인이 중도금

---

16) [판결이유] "이 사건 양해각서에는 이행보증금 몰취를 유일한 구제수단으로 규정하면서 별도의 손해배상을 청구할 수 없다고 규정되어 있고, 이 사건 양해각서의 협의 과정에서 甲측은 최종계약을 체결하는 위험에 대한 합리적 판단을 하지 못한 채 이러한 계약체결의무를 부담함은 물론, 이에 덧붙여 종전의 거래조건을 전제로 하였던 이행보증금 몰취 약정까지 그대로 하게 된 것으로 보이는 사정 등을 종합적으로 고려하여 볼 때, 명시적인 문언에도 불구하고 손해배상액의 예정으로 보아야 하고…"

또는 잔금지급의무를 다하지 않는 것 외에 매도인으로서도 소유권이전등기에 필요한 서류 등을 매수인에게 이행제공하여 매수인으로 하여금 이행지체 상태에 이르게 하여야 비로소 그 위약금 약정의 효력이 발생한다고 보아야 할 것이다(대판 2009.1.30. 2007다10337).

(2) 손해발생의 요부

① 채무자가 채권자에게 아무런 손해가 발생하지 않았음을 증명하면 예정액 지급의무를 면한다는 견해도 있지만, ② '손해배상에 관한 법률관계의 간이화'라는 취지를 고려할 때 채무자가 손해가 발생하지 않았음을 입증하더라도 채권자는 예정액을 청구할 수 있다고 보는 것이 타당하다(다수설). ③ 判例도 채무불이행으로 인한 손해배상액의 예정이 있는 경우에는 채권자는 채무불이행 사실만 증명하면 손해의 발생 및 그 액을 증명하지 아니하고 예정배상액을 청구할 수 있다고 한다(대판 2000.12.8. 2000다50350 등 : 1회,7회 선택형).

(3) 채무자의 귀책사유의 요부

1) 판 례

判例는 "채무자는 채권자와 채무불이행에 있어 채무자의 귀책사유를 묻지 아니한다는 약정을 하지 아니한 이상 자신의 귀책사유가 없음을 주장·입증함으로써 예정배상액의 지급책임을 면할 수 있다. 그리고 채무자의 귀책사유를 묻지 않기로 하는 약정의 존재는 엄격하게 제한하여 인정하여야 한다"(대판 2007.12.27. 2006다9408: 표준판례420 ; 1회,2회,7회,9회 선택형)고 판시하고 있다.

[관련판례] 종래 判例도 손해배상액의 예정으로서의 성격을 갖는 건축도급계약에서의 지체상금의 지급의무와 관련하여 "수급인에게 책임질 수 없는 사유로 인하여 공사가 지연될 경우에는 그 기간만큼 공제되어야 한다"(대판 1989.7.25. 88다카6273[17] : 3회 선택형)고 하거나 "천재지변이나 이에 준하는 경제사정의 급격한 변동 등 불가항력으로 인하여 목적물의 준공이 지연된 경우에는 수급인은 지체상금을 지급할 의무가 없다"(대판 2002.9.4. 2001다1386)고 한바 있다. 다만 2001다1386판결에서는 IMF 사태 및 그로 인한 건축자재 수급의 차질이라는 사정을 위와 같은 불가항력적인 면책사유로 파악하지는 않았다.[18]

2) 검 토

① 손해배상액 예정을 하는 당사자의 일반적인 의사는 귀책사유의 유무를 포함하여 손해배상에 관한 일체의 분쟁을 피하려는데 있기 때문에 귀책사유는 불요하다는 입장이 있으나(불요설), ② 오히려 당사자의 의사는 '손해의 발생 및 그 액수'에 관하여만 다툼을 피하려고 한다고 보는 것이 합리적이고, '과실책임주의'의 원칙상 귀책사유가 필요하다는 判例의 태도는 타당하다(필요설). 다만 금전채무 불이행의 경우에는 제397조에 따라 귀책사유의 유무가 문제되지 않는다.

---

[17] " i) 건물신축의 도급계약은 그 건물의 준공이라는 일의 완성을 목적으로 하는 계약으로서 그 지체상금에 관한 약정은 수급인이 이와 같은 일의 완성을 지체한데 대한 손해배상액의 예정이므로 수급인이 약정된 기간내에 그 일을 완성하여 도급인에게 인도하지 않는 한 특별한 사정이 있는 경우를 제외하고는 지체상금을 지급할 의무가 있고, 약정된 기일 이전에 그 공사의 일부만을 완료한 후 공사가 중단된 상태에서 약정기일을 넘기고 그 후에 도급인이 계약을 해제함으로써 일을 완성하지 못한 것이라고 하여 지체상금에 관한 약정이 적용되지 않는다고 할 수는 없다. ii) 전항의 경우 지체상금발생의 시기는 특별한 사정이 없는 한 약정준공일이나 그 종기는 수급인이나 도급인이 건물을 준공할 때까지 무한히 계속되는 것이라고 할 수 없고 수급인이 공사를 중단하거나 기타 해제사유가 있어 도급인이 이를 해제할 수 있었을 때(실제로 해제한 때가 아니고)부터 도급인이 다른 업자에게 의뢰하여 같은 건물을 완성할 수 있었던 시점까지로 제한되어야 하고 또 수급인이 책임질 수 없는 사유로 인하여 공사가 지연된 경우에는 그 기간만큼 공제되어야 하며, 그렇게 하여 산정된 지체상금액이 부당히 과다하다고 인정되는 경우에는 법원이 민법 제398조 제2항에 의하여 적당히 감액할 수 있다"
[18] 대한건설업협회가 작성한 민간건설공사 표준도급계약서에서는 수급인의 책임없는 사유로 천재지변, 전쟁, 항만봉쇄, 전염병 방역을 위한 출입제한 등을 예시하고 있어 위와 같은 사유는 이에 해당한다고 보기 어렵고, 실무에서도 대체로 위와 같은 사유만으로는 수급인에게 귀책사유가 없는 것으로 보지는 않고 대신 이러한 사정을 지체상금의 감액비율을 결정하는데 고려하고 있다.

Ⅲ. 효 과

[B10-3]

1. 예정액의 청구

(1) 원칙과 예외

① [**원칙**] 채권자는 실제로 발생한 손해액이 예정액보다 많다는 것을 입증하더라도 그의 증액을 청구하지 못하고, 채무자는 채권자의 실제손해가 예정액보다 적다는 것을 입증하더라도 감액을 요구하지 못한다(대판 2008.11.13. 2008다46906 : 9회 선택형). 그리고 判例는 특약이 없는 한 예정배상액에는 **통상손해와 특별손해가 모두 포함**되는 것으로 본다(대판 1988.9.27. 86다카2375,2376 : 표준판례421 : 1회,7회 선택형).

② [**예외**] ㉠ 判例는 예외적으로 도급에서 하자보수보증금은 특수한 손해배상액의 예정의 성질을 가진다고 보아 예정액을 초과하는 손해에 대하여 초과액 상당의 손해배상을 받을 수 있다는 입장이다(대판 2002.7.12. 2000다17810).[19] ㉡ 공사도급계약을 체결하면서 지체상금약정과 별도로 손해배상약정을 한 경우, 부실공사와 같은 불완전급부 등으로 발생한 손해에 대하여 위 손해배상약정에 기하여 별도로 그 배상을 청구할 수 있으며, 이 경우 손해배상의 범위는 지체상금약정에 기한 지체상금액을 초과할 수 있다(대판 2010.1.28. 2009다41137,41144).

(2) 과실상계 가부

判例는 "채무불이행으로 인한 손해의 발생 및 확대에 채권자에게도 과실이 있다고 하여도 제398조 2항에 따라 채권자의 과실을 비롯하여 채무자가 계약을 위반한 경위 등 제반사정을 참작하여 손해배상 예정액을 감액할 수는 있을지언정 채권자의 과실을 들어 과실상계를 할 수는 없다"고 한다(대판 2016.6.10. 2014다200763 : 1회,2회,9회 선택형).[20]

2. 배상액의 증감

(1) 예정배상액의 감액

1) 의의 및 취지

손해배상의 예정액이 부당히 과다한 경우에는 법원은 '**직권으로**' 적당히 감액할 수 있다(제398조 2항)(대판 2002.12.24. 2000다54536 : 6회,8회 선택형 ; 단, 지체상금이 부당하게 과다하다고 인정되지 아니하는 경우에는 이에 대하여 당사자의 주장이 없다면 법원이 직권으로 지체상금이 부당하게 과다하지 않다는 것을 판단할 필요까지는 없다고 한다). 근대법의 '**계약자유의 원칙**'에 따른다면 법원이 예정액의 증감을 할 수는 없다고 하여야 할 것이다. 그러나 이 원칙을 절대시한다면 채무자를 부당히 압박할 수 있으므로, 손해배상예정액의 감액제도는 국가가 계약 당사자들 사이의 '**실질적 불평등**'을 제거하고 공정을 보장하기 위하여 계약의 내용에 간섭한다는 데에 그 취지가 있다(대판 1993.4.23. 92다41719).

다만 손해배상액 예정이 없더라도 채무자가 당연히 지급의무를 부담하여 채권자가 받을 수 있던 금액보다 적은 금액으로 감액하는 것은 손해배상액 예정에 관한 약정 자체를 전면 부인하는 것과 같은 결과가 되기 때문에 감액의 한계를 벗어나는 것이다(대판 2023.8.18. 2022다227619 : 14회 선택형).

---

19) "공사도급계약서 또는 그 계약내용에 편입된 약관에 수급인이 하자담보책임 기간 중 도급인으로부터 하자보수요구를 받고 이에 불응한 경우 하자보수보증금은 도급인에게 귀속한다는 조항이 있을 때 <u>이 하자보수보증금은 특별한 사정이 없는 한 손해배상액의 예정으로 볼 것이고, 다만 하자보수보증금의 특성상 실손해가 하자보수보증금을 초과하는 경우에는 그 초과액의 손해배상을 구할 수 있다는 명시규정이 없다고 하더라도 도급인은 수급인의 하자보수의무 불이행을 이유로 하자보수보증금의 몰취 외에 그 실손해를 입증하여 수급인으로부터 그 초과액 상당의 손해배상을 받을 수도 있는 특수한 손해배상액의 예정으로 봄이 상당하다</u>".

20) [**판례평석**] 채권자가 자기의 책임을 타인에게 전가할 수는 없는 것이고 법원에 의한 감액을 인정하는 취지에 비추어 과실상계를 적용해야 한다고 본다(다수설).

2) 재량감액의 요건

① **[유효한 약정일 것]** ㉠ 손해배상액의 예정이 제103조, 제104조에 해당되거나 각종 특별법에 해당되어 무효인 경우에는 직권감액을 적용할 수 없다. 즉 제398조 2항은 손해배상액의 예정 자체는 유효한 것을 전제로 한다.

㉡ 이와 관련하여 判例는 "약관의 규제에 관한 법률에 의하여 약관조항이 무효인 경우, 그것이 유효함을 전제로 민법 제398조 2항을 적용하여 적당한 한도로 손해배상액을 감액하거나, 과중한 손해배상의무를 부담시키는 부분을 감액한 나머지 부분만으로 그 효력을 유지시킬 수는 없다"(대판 2009.8.20. 2009다20475,20482)고 한다.

② **[참작사유]** ㉠ 判例는 손해배상예정액의 감액에 있어서 참작할 사유에 관하여 일정한 기준을 제시하고 있다(지, 목, 내, 동, 비, 크, 모든 사정). 즉, 여기서 '**부당히 과다한 경우**'라 함은 ⅰ) 채권자와 채무자의 각 **지위**,[21] ⅱ) 계약의 목적 및 내용, ⅲ) 손해배상액을 예정한 **동기**, ⅳ) 채무액에 대한 예정액의 **비율**, ⅴ) 예상손해의 **크기**, ⅵ) 그 당시의 거래관행 등 모든 사정을 참작하여 일반 사회관념에 비추어 그 예정액의 지급이 '**경제적 약자의 지위**'에 있는 채무자에게 부당한 압박을 가하여 공정성을 잃는 결과를 초래한다고 인정되는 경우를 뜻하는 것으로 보아야 한다(대판 2021.11.25. 2017다8876[22] : **14회 선택형**).

㉡ 단지 예정액 자체가 크다든가 계약체결시부터 계약해제시까지의 시간적 간격이 짧다(3일)든가 하는 사유만으로는 부족하며(대판 2014.7.24. 2014다209227), 실제 발생할 것으로 예상되는 손해액의 크기를 참작하여 손해배상액의 예정액이 부당하게 과다한지 여부 내지 그에 대한 적당한 감액의 범위를 판단함에 있어서는 '실제의 손해액을 구체적으로 심리·확정할 필요는 없으나', 기록상 실제의 손해액 또는 예상 손해액을 알 수 있는 경우에는 이를 그 예정액과 대비하여 볼 필요가 있다(대판 2010.7.15. 2010다10382).

③ **[판단기준]** ㉠ 과다 여부 및 감액의 범위에 관한 판단기준시기에 관해, 判例는 법원이 구체적으로 그 판단을 하는 때, 즉 사실심의 변론종결 당시를 기준으로 한다(대판 2000.12.8. 2000다35771 : **1회 선택형**). 이때 감액사유에 대한 사실인정이나 그 비율을 정하는 것은 형평의 원칙에 비추어 현저히 불합리하다고 인정되지 않는 한 '사실심의 전권에 속하는 사항'이다(대판 2017.5.30. 2016다275402 등 : **14회 선택형**).

㉡ 공사수급인의 연대보증인이 부담하는 지체상금 지급의무는 주채무자인 공사수급인이 지급하여야 할 지체상금의 범위에 부종하는 것이므로, 이른바 손해배상액의 예정으로서 지체상금액이 과다한지 여부는 주채무자인 공사수급인을 기준으로 판단하여야 할 것이지 연대보증인을 중심으로 판단할 것은 아니다(대판 2005.8.19. 2002다59764).

④ **[판단대상 및 적용범위]** ㉠ 판단의 대상은 배상비율 자체를 말하는 것이 아니라 비율에 따라 계산한 예정배상액의 총액을 의미한다(대판 2000.7.28. 99다38637 : **7회,14회 선택형**).

㉡ 그리고 손해배상액의 예정이 대상채무를 달리한다면 별도로 판단할 것이다(대판 2000.7.28. 99다38637). 같은 취지에서 채무불이행에 대한 손해배상액 예정이 불법행위의 경우에도 적용된다고 할 수 없다. 判例도 "계약 당시 당사자 사이에 손해배상액을 예정하는 내용의 약정이 있는 경우에는 그것은 계약상의 채무불이행으로 인한 손해액에 관한 것이고 이를 그 계약과 관련된 불법행위상의 손해까지 예정한 것이라고는 볼 수 없다"(대판 1999.1.15. 98다48033 : **6회 선택형**)고 한다.

---

21) **[관련판례]** "공사수급인의 연대보증인이 부담하는 지체상금 지급의무는 주채무자인 공사수급인이 지급하여야 할 지체상금의 범위에 부종하는 것이므로, 이른바 손해배상액의 예정으로서 지체상금액이 과다한지 여부는 주채무자인 공사수급인을 기준으로 판단하여야 할 것이지 연대보증인을 중심으로 판단할 것은 아니다"(대판 2005.8.19. 2002다59764).

22) **[사실관계]** 甲 주식회사가 乙 외국회사로부터 낙농장비 등을 국내에 독점적으로 수입·판매하기로 하는 계약을 체결하면서 '계약 위반 시 그 당사자는 상대방이 그러한 위반으로 입은 손해액의 10배를 배상할 책임이 있다.'고 정한 사안에서, 손해배상 예정액이 손해액의 10배에 해당하는 금액이라 할지라도 일반 사회관념에 비추어 예정액의 지급이 경제적 약자의 지위에 있는 채무자에게 부당한 압박을 가하여 공정성을 잃는 결과를 초래하는 경우라고 단정하기 어렵다고 판단하였다.

3) 재량감액의 효과

법원이 손해배상의 예정액이 부당하게 과다하다고 하여 감액을 한 경우에 손해배상액의 예정에 관한 약정 중 감액에 해당하는 부분은 처음부터 무효라고 할 것이다(대판 2004.12.10. 2002다73852 : 2회 선택형). 따라서 이미 급부한 부분은 반환청구가 가능하다.

(2) 예정배상액의 증액

사적자치의 원칙에 비추어 명문규정이 없는 한 법원의 개입은 허용되지 않으므로 증액은 부정된다.

3. 이행청구·계약해제 등 다른 구제수단과의 관계

손해배상액의 예정은 이행의 청구나 계약의 해제에 영향을 미치지 않는다(제398조 3항)(7회 선택형). 따라서 "계약당사자가 채무불이행으로 인한 전보배상에 관하여 손해배상액을 예정한 경우에 채권자가 채무불이행을 이유로 계약을 해제하거나 해지하더라도 원칙적으로 손해배상의 예정은 실효되지 않고, 전보배상에 관하여 특별한 사정이 없는 한 손해배상액의 예정에 따라 배상액을 정해야 한다. 다만 위와 같은 손해배상액의 예정이 계약의 유지를 전제로 정해진 약정이라는 등의 사정이 있는 경우에 채무불이행을 이유로 계약을 해제하거나 해지하면 손해배상액의 예정도 실효될 수 있다"(대판 2022.4.14. 2019다292736 : 12회 선택형).

Ⅳ. 위약금·계약금·위약벌 [B10-4]

1. 위약금의 배상예정액으로의 추정

① '위약금'이란 채무불이행의 경우에 채무자가 채권자에게 지급할 것으로 약속한 금전인데 위약금은 위약벌이거나 손해배상액의 예정이다. 이는 구체적 사건에서 개별적으로 판단할 의사해석의 문제이나, 위약금은 손해배상액의 예정으로 추정된다(제398조 4항)(7회 선택형).

② 그러나 判例에 따르면 하나의 계약에 채무불이행으로 인한 손해의 배상에 관하여 손해배상예정에 관한 조항이 따로 있다거나 실손해의 배상을 전제로 하는 조항이 있고 그와 '별도로 위약금 조항을 두고 있어서' 위약금 조항을 손해배상액의 예정으로 해석하게 되면 이중배상이 이루어지는 등의 사정이 있을 때에는 위약금은 위약벌로 보아야 한다"(대판 2016.7.14. 2013다82944,82951)고 한다.[23]

2. 배상액의 예정으로서의 계약금 [11사법]

(1) 계약금

계약금이란 계약을 맺을 때 당사자 일방이 상대방에게 교부하는 금전 기타 유가물로서 이미 상대방에게 교부되어 있다는 점에서 단순한 배상액의 예정 또는 위약금 약속과 다르다. 계약금은 기본적으로 證約金으로서의 성질을 가지며, 당사자 간에 다른 약정이 없는 한 계약금은 해제권 유보를 위한 해약금으로 추정된다(제565조).

(2) 위약 관련 특약

① 判例는 '위약시에는 교부자는 그것을 몰수당하고 교부받은 자는 그 배액을 상환한다'는 채무불이행과 관련한 위약특약이 있는 경우, 判例는 "특별한 사정이 없는 한 그 계약금은 민법 제565조가 규정하

---

[23] [비교판례] "위약금은 제398조 제4항에 의하여 손해배상액의 예정으로 추정되므로 위약금이 위약벌로 해석되기 위하여는 특별한 사정이 주장·입증되어야 하는바, 도급계약서에 계약보증금 외에 지체상금도 규정되어 있다는 점만을 이유로 하여 계약보증금을 위약벌로 보기는 어렵다"(대판 2000.12.8. 2000다35771).

는 해약금으로서의 성질과 아울러 제398조 1항의 손해배상액의 예정의 성질도 가진다"고 판시하였다(대판 1992.5.12. 91다2151 : 3회 선택형).
② 그러나 계약금을 위약금으로 하는 특약이 없는 경우, 계약금을 손해배상액의 예정으로 볼 수는 없고(대판 1979.4.24. 79다217: 표준판례422), 따라서 당사자 일방의 귀책사유로 인하여 해제되었다 하더라도 상대방은 계약불이행으로 입은 실제 손해만을 배상받을 수 있을 뿐 계약금이 위약금으로서 상대방에게 당연히 귀속되는 것은 아니라고 한다(대판 2010.4.29. 2007다24930).

3. 손해배상액의 예정과 위약벌

(1) 양자의 차이

위약벌은 당사자 사이에 의무이행을 확보하기 위하여 의무부담자에게 압력을 가하기 위한 수단으로 약정되는 '사적 제재(私的 制裁)'로서 채무불이행이 있으면 채무자는 손해의 유무를 묻지 않고 또 실제 손해가 있으면 위약벌 외에 이 손해도 배상하여야 한다는 점에서 손해배상액의 예정과 구별되는 것이다. 또 이 경우에는 배상액의 예정에 관한 규정이 적용되지 않고, 따라서 **법원이 감액하지도 못한다**(대판 2002.4.23. 2000다56973 : 2회,9회 선택형). 다만, 그 의무의 강제에 의하여 얻어지는 채권자의 이익에 비해 약정된 벌이 과도하게 무거울 때에는 그 일부 또는 전부가 공서양속에 반하여 무효로 된다(대판 2013.12.16. 2013다36257: 표준판례424: 대판 2015.12.10. 2014다14511 : 계약이행의 대가인 58억 원의 3배 가까이 되는 146억 원을 위약벌로 정한 사안에서 제103조 위반으로 무효라고 판단한 사안).
참고로 判例는 "위약금이 손해배상액의 예정과 위약벌의 성질을 함께 가지는 것으로 볼 수 있는 경우, 특별한 사정이 없는 한 제398조 제2항에 따라 **위약금 전체 금액을 기준으로 감액을 할 수 있다**"(대판 2020.11.12. 2017다275270: 표준판례423)고 한다.

(2) 양자의 구별

종국적으로는 '당사자의 의사해석'의 문제이나, 민법은 위약금의 약정을 손해배상액의 예정으로 추정한다(제398조 4항)(7회 선택형). 이와 관련해 判例는 양자의 구별방법에 관해 뚜렷한 기준을 제시하고 있지는 않으나, 최근에는 위약벌을 극히 제한적으로 인정하려는 추세이다(대판 2005.11.10. 2004다40597 등). [판례검토] 당사자의 의사를 가급적 배상액의 예정쪽으로 해석하고, 이를 토대로 그 금액이 부당히 과다한 때에는 제398조 2항을 근거로 법원이 이를 감액할 수 있도록 함으로써 당사자 간의 계약의 공정성, 특히 손해배상의 공정을 실현할 수 있다는 점에서 判例의 태도는 타당하다.

V. 적용범위 등   [B10-5]

1. 불법행위에 대해서도 손해배상액의 예정이 가능한지 여부

① [원칙적 불포함] 불법행위는 원래 특별한 법률관계가 없는 자들 사이에서 문제되고, 발생하는 손해의 예측이 곤란하므로 제398조는 불법행위책임에 준용되지 않는다(제763조 참조). 즉, 判例는 청구권경합설에 따라 "계약 당시 당사자 사이에 손해배상액을 예정하는 내용의 약정이 있는 경우에는 그것은 계약상의 채무불이행으로 인한 손해액에 관한 것이고 이를 그 계약과 관련된 불법행위상의 손해까지 예정한 것이라고는 볼 수 없다"고 한다(대판 1999.1.15. 98다48033).[24] 따라서 이에 따르면 불법행위에 따른 손해에 대해서는 손해배상 예정액과 별도로 손해배상을 청구할 수 있다.

---

24) [사실관계] 토지매매계약이 매수인의 잔대금지급채무의 불이행을 이유로 해제된 다음 매도인이 매수인 등을 상대로 위 토지 상의 건물철거 및 대지인도의 소를 제기하여 승소판결을 받고 그 판결이 확정되었음에도 매수인 등이 이를 이행하지 아니하여 매도인이 위 토지를 사용·수익하지 못하게 됨으로써 입은 차임 상당의 손해는 위 매매계약이 해제된 후의 별도의 불법행위를 원인으로 하는 것으로서 계약 당시 수수된 손해배상예정액으로 전보되는 것이 아니라고 한 사례.

② **[예외적 포함]** 다만, "계약과 관련하여 손해배상액을 예정한 채무불이행과 별도의 행위를 원인으로 손해가 발생하여 불법행위 또는 부당이득이 성립한 경우 그 손해는 예정액에서 제외되지만, 계약 당시 채무불이행으로 인한 손해로 예정한 것이라면 특별한 사정이 없는 한 손해를 발생시킨 원인행위의 법적 성격과 상관없이 그 손해는 예정액에 포함되므로 예정액과 별도로 배상 또는 반환을 청구할 수 없다"(대판 2018.12.27. 2016다274270,274287)고 한다.

2. 위약금의 약정과 타인의 권리매매에 있어서의 담보책임

매매 당사자가 모두 매매목적물이 타인의 소유인 사실을 모르고 계약을 체결한 경우 위약금의 약정은 타인의 권리매매에 있어서의 담보책임까지 예상하여 그 배상액을 예정한 것이라고 볼 수 없다(대판 1977.9.13. 76다1699)**(14회 선택형)**.

3. 일방적 손해배상액 예정이 가능한지 여부 [11사법]

손해배상액 예정이 일방적 손해배상액 예정이라는 이유만으로 그 효력을 부정할 수는 없다(대판 2000.9.22. 99다53759, 53766). 다만 당사자들이 특별히 일방의 채무불이행에 대하여만 손해배상액 예정을 한 것이기 때문에 특별한 사정이 없는 한 이를 타방의 채무불이행의 경우에까지 유추적용할 수는 없다. 따라서 타방의 채무불이행의 경우에는 일반 원칙에 따라 손해배상액을 산정하여야 한다(대판 1996.6.14. 95다11429).[25]

| 핵심사례 B-05 |

★ 이행기 전 이행거절, 손해배상액의 예정 [11사법]

> 甲은 2020. 5. 12. A에게 자기 소유의 X토지를 10억 원에 매도하면서 계약 당일 계약금으로 1억 원, 2020. 6. 12. 중도금 4억 원, 2020. 7. 12. 잔금 5억 원을 지급받고, 잔금 수령과 동시에 소유권이전등기에 필요한 서류를 교부하여 주기로 하였다. 아울러 A가 각 기일에 대금을 지급하지 못하는 경우에는 甲이 계약금을 몰취하기로 약정하였다. 甲은 위 계약 당일 계약금 1억 원을 수령하였으나 2020. 5. 말경 주변 지역의 개발호재로 X토지의 가격이 다소 상승하자 A에게 터무니 없는 대금의 인상을 요청하였다.
> 甲은 2020. 6. 20. A에게 X토지의 대금을 15억 원으로 인상해 주지 않으면 X토지를 매도할 의사가 없음을 분명히 하였다. 이에 A는 2020. 6. 30. 甲에게 위 매매계약의 해제를 통보하고, 이미 지급한 계약금 1억 원, 중도금 4억 원, 위약금 1억 원 및 위 각 금원에 대한 지연손해금을 구하는 소를 제기하였다. A의 위 각 청구에 대한 결론을 논거와 함께 서술하시오. (30점)

Ⅰ. 결 론

甲의 대금인상 요청은 이행거절로 볼 수 있어 비록 이행기 전이라도 A의 계약 해제는 적법하다. 해제의 효과로서 A의 甲에 대한 계약금 1억 원 및 중도금 4억 원과 이에 대한 이자·지연손해금 청구는 인정될 수

---

25) "임차인이 보증금의 잔액을 지정된 기일까지 납부하지 않을 때에는 임대인은 계약을 해제하고 계약금조로 1차 불입한 보증금을 반환하지 아니한다고 기재되어 있을 뿐, 임대인이 계약을 위반할 경우에 관하여는 아무런 기재가 없음이 분명하므로, 문언의 객관적 의미에 비추어 볼 때 <u>임대인의 채무불이행이 있는 경우에는 임차인이 그로 인한 손해를 구체적으로 입증하여 배상받을 수 있음은 별론으로 하고, 특별히 손해배상액의 예정으로서의 위약금 약정은 두지 않은 것이라고 인정하여야 할 것이지</u>, 임차인에 대한 위약금 약정이 있다는 이유만으로 달리 특별한 사정에 대한 설시도 없이 임대인에게도 위약금의 약정이 있는 것이라고 단정할 수는 없다"

있지만(청구인용), 위약금 1억 원 및 이에 대한 지연손해금 청구 부분은 A가 자기가 입은 실손해를 입증하여 청구할 수 있음은 별론으로 하고 부정될 것이다(청구기각).

Ⅱ. 논 거

1. A의 해제권 행사가 적법한지 여부

(1) 문제점(해제권 발생원인)

(2) 甲의 이행거절이 있었는지 여부

1) 채무불이행의 유형으로서 이행거절의 독자성 인정 여부(독자성 긍정설)

2) 이행거절의 성립여부

가) 이행거절의 성립요건(이, 거, 귀, 위)

나) 사안의 경우

ⅰ) 甲의 소유권이전등기의무가 불가능한 사정은 보이지 않으며, ⅱ) 甲의 이행거절은 소유권이전등기의무라는 주된 급부에 대한 것인 점, ⅲ) 甲이 15억 원으로의 대금인상에 A가 응하지 않으면 X토지를 매도할 의사가 없음을 표시한 것은 자신의 채무에 대한 명백하고 종국적인 이행거절 의사로 볼 수 있고, ⅳ) 터무니 없는 가격인상을 요구한 점에서 위법성 또한 인정되는 점에서 甲의 행위는 이행거절이 성립한다.

(3) 이행거절로 인한 A의 해제가 적법한지 여부 및 효과

A는 甲의 이행기 전 이행거절에 대하여 자기 채무의 '이행제공이나 최고 없이'도 유효하게 계약을 해제할 수 있고(대판 1993.6.25. 93다11821), 나아가 손해가 있다면 '이행거절시'를 기준으로 손해배상을 청구할 수도 있다(대판 2007.9.20. 2005다63337).

2. 계약금, 중도금, 위약금 및 그 지연손해금 청구에 대한 당부

(1) 계약금·중도금 및 그 지연손해금 청구에 대한 판단

甲의 이행거절로 인한 A의 계약해제는 적법하므로 甲과 A는 각 원상회복의무와 손해배상의무를 진다(제548조, 제551조). 사안에서 甲은 아직 아무런 이행도 하지 않았고, A의 귀책사유는 보이지 않으므로 A는 원상회복의무와 손해배상의무를 부담하지 않는다. 결국 甲만이 A에게 원상회복의무와 손해배상의무를 부담하므로 甲·A사이에 동시이행관계는 성립하지 않는다(제549조, 제551조 참조 ; 91다29972).

따라서 A는 甲에게 이미 지급한 계약금 1억 원, 중도금 4억 원의 반환 및 이를 받은 날(계약금은 5. 12.부터 중도금은 6. 12.부터)로부터의 법정이자(연 5%)와 이를 반환청구한 날로부터의 지연손해금을 청구할 수 있다(제548조 2항). 나아가 사안에서는 A가 이미 기지급금의 반환청구소송을 제기하였다고 하였으므로 소장 송달 익일부터는 연 12%의 지연손해금을 청구할 수 있다.

(2) 위약금 및 그 지연손해금 청구에 대한 판단

1) 甲과 A 간의 위약금 약정의 성질(손해배상액의 예정으로 추정)

甲과 A 간에 계약위반시 제재수단을 약정한 것의 법적 성질이 문제되는데, 민법은 이러한 위약금의 약정을 손해배상액의 예정으로 추정한다(제398조 4항). 따라서 사안에서 甲과 A간에 계약위반시 적용할 약정은 손해배상액의 예정으로 추정된다. 다만 채권자 甲이 A와의 약정을 '위약벌'로서 입증을 하게 되면 甲은 당해 약정에 의한 금액 이외에 별도로 손해배상을 청구할 수 있다.

2) A에 대한 일방적 손해배상액 예정의 유효성(유효) 및 甲에게의 유추적용 여부(소극)

손해배상액 예정이 일방적 손해배상액 예정이라는 이유만으로 그 효력을 부정할 수는 없다(대판 2000.9.22. 99다53759,53766). 다만 당사자들이 특별히 일방의 채무불이행에 대하여만 손해배상액 예정을 한 것이기 때문에 특별한 사정이 없는 한 이를 타방의 채무불이행의 경우에까지 유추적용할 수는 없다. 따라서 타방의 채무불이행의 경우에는 일반 원칙에 따라 손해배상액을 산정하여야 한다(대판 1996.6.14. 95다11429).

▶ [쟁점 08]

제3절 채권자지체

I. 서 설 [B-46]

> 제400조 (채권자지체) 채권자가 이행을 받을 수 없거나 받지 아니한 때에는 이행의 제공 있는 때로부터 지체책임이 있다.

채무의 내용에 좇은 이행의 완료를 위해 '채권자의 협력'을 필요로 하는 경우에, 채권자가 협력을 하지 않아 이행이 완료되지 못한 상태에 놓이는 것을 채권자지체 또는 수령지체라고 한다(제400조). 민법은 채권자지체의 경우 채권자에게 일정한 불이익을 규정함으로써(제401조 내지 제403조) 채무의 이행에서 채무자와 채권자의 역할에 따른 이익조정을 꾀하고 있다.

II. 채권자지체의 본질 [8회 기록형] [B-47]

1. 문제점
채권자지체의 법적 성질에 따라 **채권자지체의 요건과 효과가 달라지므로** 법적 성질이 문제된다.

2. 학 설
학설은 크게 ① 채권·채무관계를 양당사자가 공동목적의 달성을 위해 협력하여야 하는 공동체관계로 파악하여, 그 일환으로 협력의무를 '채무'로 평가하는 **채무불이행책임설**(종래 다수설 ; 따라서 요건으로 채권자의 귀책사유가 필요하고, 그 효과로는 제401조 내지 제403조, 제538조 이외에 손해배상청구권과 계약해제권을 인정한다), ② 채권자는 '권리'를 가질 뿐이라는 전제하에 민법에 규정된 채권자지체책임은 채무자가 변제의 제공을 한 경우에 이익형평의 원칙에 따라 협력지연에 따른 불이익을 채권자가 부담하도록 법률이 정한 것으로 보는 **법정책임설**(최근 다수설 ; 따라서 요건으로 채권자의 귀책사유가 필요치 않고, 그 효과로는 제401조 내지 제403조와 제538조의 효과만이 인정된다)로 나누어진다.

3. 판 례
判例는 "채권자지체가 성립하는 경우 그 효과로서 원칙적으로 채권자에게 민법 규정에 따른 일정한 책임이 인정되는 것 외에, **채무자가 채권자에 대하여 일반적인 채무불이행책임과 마찬가지로 손해배상이나 계약 해제를 주장할 수는 없다**"(대판 2021.10.28. 2019다293036: 표준판례425)고 하여 법정책임설의 입장을 명확히 하였다. 물론 "채권자에게 계약상 의무로서 수령(협력)의무가 인정되는 경우, 그 수령(협력)의무가 이행되지 않으면 계약 목적을 달성할 수 없거나 채무자에게 계약의 유지를 더 이상 기대할 수 없다고 볼 수 있는 때에는 채무자는 수령의무나 협력의무 위반을 이유로 계약을 해제할 수 있다"(대판 2021.10.28. 2019다293036 : 12회 선택형)고 하였으나, 이는 채권자지체의 법적 성질과는 무관하다.

4. 검 토
채무불이행책임설에 의하면 채권자의 귀책사유가 없는 경우에는 제401조 내지 제403조의 효과가 발생하지 않으므로 채무자는 채권자의 불수령으로 인한 비용을 부담하여야 하는 결과가 되어 부당하다. 아울러 **채권의 행사는 채권자의 권리이지 의무라고 볼 수 없다는 점**, 채권자의 귀책사유 있음을 요하지 않는 것이 채무자의 보호 및 당사자 간의 공평한 이익조정에 적합하다는 점에서 법정책임설이 타당하다. 다만 법정책임설에 의하더라도 당사자 사이에 특약 또는 신의칙에 의하여 채권자에게 수취의무가 인정되는 경우가 있을 수 있으나(예컨대 등기인수청구권), 이는 채권자지체의 본질론과는 무관하다.

> **✽ 등기인수(수취)청구권**(상세는 D-21.참고)
> 判例는 "등기의무자가 자기 명의로 있어서는 안 될 등기가 자기 명의로 있음으로 인하여 사회생활상 또는 법상 불이익을 입을 우려가 있는 경우에는 소의 방법으로 등기권리자를 상대로 등기를 인수받아 갈 것을 구하고 그 판결을 받아 등기를 강제로 실현할 수 있다"(대판 2001.2.9. 2000다60708)고 하여 부동산의 매수인에게 등기수취의무가 있음을 인정하고 있다.

Ⅲ. 요 건(수협, 이, 거불) [B-48]

채권자지체가 성립하기 위해서는 ⅰ) 채무의 이행에 채권자의 수령 또는 협력이 필요할 것, ⅱ) 채무의 내용에 좇은 이행의 제공이 있을 것, ⅲ) 채권자의 수령거절 또는 수령불능이 있을 것(제400조)을 요한다.

1. 채무의 이행에 채권자의 '수령'(인도채무의 경우) 또는 '협력'(행위채무의 경우)이 필요할 것

채무자의 이행만으로 변제의 결과를 가져올 수 있는 것, 예컨대 부작위채무, 의사표시를 하여야 할 채무 등에는 채권자지체가 성립할 여지가 없다.

2. 채무의 내용에 좇은 이행의 제공이 있을 것

채무자가 이행의 제공을 하더라도 그것이 채무의 내용에 좇은 것이 아닌 때에는 채권자는 그 수령을 거절할 수 있으므로, 채권자지체는 성립하지 않는다.

3. 채권자의 수령거부 또는 수령불능이 있을 것

(1) 급부불능과의 구별문제

급부불능과 수령불능(채권자 지체)의 구별이 곤란한 경우 이의 구별기준이 문제된다. 양자의 구별은 채권자지체에 있어서는 채권자가 채권자지체책임을 지게 되는 데 반하여, 급부불능의 경우에는 채무자가 그의 채무를 면하게 됨과 동시에 쌍무계약의 경우 반대급부청구권도 상실할 수 있다(제537조)는 점에서 중요하다. 통설은 급부를 불능케 한 장애가 어느 쪽의 영향범위에서 발생하였는지를 기준으로 채무자 쪽이면 이행불능, 채권자 쪽이면 수령불능으로 본다(영역설).

(2) 이행거절과 채권자지체(B-34.참고)

4. 채권자 귀책사유의 요부

채무불이행책임설에서는 이를 요건으로 보지만 법정책임설에서는 불요하다고 본다.

Ⅳ. 효 과 [B-49]

1. 변제제공의 효과…채권자지체의 소극적 효과

① 변제의 제공은 그때로부터 채무불이행(이행지체)[1]의 '책임'을 면하게 한다(제461조).[2] 따라서 채무자에

---

1) 제461조는 '변제제공은 그때로부터 채무불이행의 책임을 면하게 한다'라고 규정하고 있지만, ① '변제제공 후 이행불능'이 발생한 경우에는 (급부의 위험이 채권자에게 이전되어) 채무가 소멸하거나 또는 (제401조 규정에 따라 채무자의 고의 또는 중과실이 있는 경우) 손해배상의무로 변하게 되므로 이 한도에서는 제461조가 적용될 여지가 없다. ② 그리고 변제제공이 있은 후에도 채무자는 여전히 채무를 부담하므로 나중에 채무자가 이를 새로이 이행함에 있어서 가령 불완전이행이 있다거나 부수의무의 위반이 있는 경우에도 이로 인한 채무불이행의 책임을 지지 않는다고는 볼 수 없을 것이다(양창수, '민법 제401조와 제

게는 채무불이행을 전제로 하는 책임, 즉 손해배상·위약금·담보권의 실행·계약의 해제 등이 발생하지 않는다. 그러나 채무는 소멸되지 않았으므로 본래의 채무는 그대로 존속한다.
② 다만 '금전 또는 물건의 인도채무'에 한해서는 '변제공탁'을 함으로써 **채무 자체를 면하는 방법**이 마련되어 있다(제487조).
③ 쌍무계약의 경우 채무자가 이행의 제공을 하면 **채권자는 반대채무의 이행지체에 빠진다**(동시이행항변권의 소멸). 다만 判例에 따르면 과거에 한 번 이행의 제공이 있었다는 사실만으로 상대방이 가진 동시이행의 항변권이 소멸한다고 할 수 없어, 채권자지체에 빠진 채권자도 채무자의 변제의 제공이 없어지면 동시이행의 항변을 할 수 있는 것이므로 그때부터 자신의 반대급부의무의 이행지체책임을 면한다고 한다(대판 1999.7.9. 98다13754,13761).

2. 채권자지체책임 ⋯ 채권자지체의 적극적 효과

(1) 선관주의의무의 경감

채권자지체 중에는 채무자는 고의 또는 중대한 과실이 없으면 불이행으로 인한 모든 책임이 없다(제401조)(4회 선택형). 이는 채무자의 이행지체 중에는 무과실이라도 책임을 지는 것(제392조)과 균형을 이룬다. 여기서의 책임은 급부 자체의 '불능'에 관한 것이다(통설). 따라서 채권자지체 중 급부가 채무자의 경과실에 기하여 불능으로 된 경우에, 채무자는 이행불능책임을 면한다.

(2) 이자의 정지 및 증가비용의 부담

채권자지체가 성립하면, 이자 있는 채권의 채무자는 이자를 지급할 필요가 없다(제402조)(4회 선택형). 또한 채권자지체로 인하여 급부할 목적물의 보관비용이나 변제비용이 증가된 경우에, 그 증가액을 채권자가 부담한다(제403조).

(3) 쌍무계약에 있어서 대가위험의 이전 [4회 사례형]

쌍무계약에서 채권자지체 중에 당사자 쌍방에게 책임 없는 사유로 채무자의 급부가 불능으로 된 경우에, 채무자의 급부의무는 소멸하지만 채권자의 반대급부의무는 소멸하지 않는다(제538조 1항 2문)(6회 선택형). 즉 채권자지체의 성립과 동시에 대가위험은 채권자에게 이전한다. 다만 判例에 의하면 채권자의 영구적 불수령(이행거절)의 경우에 그것만으로 곧바로 대가위험이 이전되지 않고, 채무자의 변제제공이 있어야만 비로소 대가위험이 이전된다고 한다(대판 2004.3.12. 2001다79013: 표준판례546).

(4) 손해배상청구권과 계약해제권

채무불이행책임설에서는 채권자지체의 효과로서 계약해제권 및 손해배상청구권을 긍정하나, 법정책임설에서는 부정하는바, 최근 判例는 부정하는 입장을 명확히 하였다(대판 2021.10.28. 2019다293036)

V. 종료 [B-50]

① 채권이 소멸한 때, ② 채무자가 채권자에 대하여 지체를 면제한 때, ③ 채권자지체 중에 채무자의 고의·중과실로 이행불능이 된 때(다수설), ④ 채권자가 수령에 필요한 준비를 하고 또한 지체 중의 모든 효과를 승인하여 수령의 의사표시를 한 때 종료한다.

461조의 경계획정', 민법연구 제1권, p.366)
2) 변제제공 후의 이행불능에 대해서는 제401조가 적용되고, 변제제공 후 채무자가 이행을 하였는데 그것이 불완전한 경우에는 그에 따른 책임을 부담한다.

제4장 채권의 대외적 효력

제1절 책임재산의 보전

I. 책임재산의 보전을 위해 민법이 정하는 제도[1]

채권·채무는 그 내용이 다양하지만, 그 불이행의 경우에는 어느 것이나 금전에 의한 손해배상책임이 발생하는 점에서(제394조), 모든 채권은 결국은 금전채권으로 귀결된다. 그리고 이것은, 채무자가 임의로 변제하지 않는 경우, 강제집행을 통해 채무자의 일반재산을 강제로 환가하여 그 대금에서 채권의 변제에 충당하는 방법을 취하게 된다. 이 점에서 채무자의 일반재산은 모든 채권의 만족을 담보하는 수단이 되는 셈이고, 이를 강학상 '**책임재산**'이라고 한다.

이러한 책임재산은 모든 채권자의 이익을 위하여 그것이 부당하게 감소하는 것을 방지할 필요가 있다. 그런데 채권자는 채무자의 재산을 직접 지배할 권리는 없으므로, 또 채무자는 그 소유재산에 대한 처분의 자유를 가지므로, 그것은 채무자가 재산의 감소행위로 인해 채권자의 채권을 변제하지 못할 무자력(無資力)상태에 놓일 때에 한해 채권자가 간섭할 수 있는 것을 원칙으로 한다. 그러한 간섭에는 두 가지가 있는데, 하나는 채무자가 제3자에 대한 권리를 (소극적으로) 행사하지 않는 경우에 채권자가 채권에 기해 채권자의 이름으로 채무자의 권리를 대신 행사하는 것인데, 이것이 '채권자대위권'이다(제404조, 제405조). 다른 하나는 채무자가 (적극적으로) 자신의 재산을 감소시키는 행위를 한 경우에 채권자가 채권에 기해 채권자의 이름으로 그 행위를 취소하고 그 재산을 강제집행의 수단으로써 형식상 채무자 명의로 복귀시키는 것인데, 이것이 '채권자취소권'이다(제406조, 제407조).

II. 채권자대위권과 채권자취소권의 비교[2]

	채권자대위권	채권자취소권
기 능	책임재산보전 외에 특정채권 보전	책임재산보전에만 충실
행 사	재판외에서도 가능	재판상 행사해야
채무자의 무자력	무자력 요구(예외 있음)	무자력 요구
피보전채권의 이행기도래	이행기의 도래 필요(예외 있음)	이행기의 도래 불요
피보전채권의 성립시기	먼저 성립 불요	먼저 성립 필요(예외 있음)
특정채권보전을 위해 행사	가능	불가능
피보전채권이 담보로 보전되어 있는 경우	행사가능(보충성 불요)(다수설)	물적 담보는 부족분에 한하여 허용(통설, 判例)
채무자의 행위	권리불행사	사해행위
행사의 상대방	제3채무자	수익자나 전득자(채무자 X)
권리주체	채권자의 권리	채권자의 권리
행사의 효과	채무자에게 귀속	채무자에게 귀속하는 것 아님(상대적 무효설)
판결의 기판력	채무자에게 통지 또는 채무자가 안 경우 채무자에게 미침(判例)	채무자에게 미치지 않는다.
채권자의 직접수령	가능(判例)	가능(상대적 무효설에 의함)(判例)

---
[1] 김준호, 민법강의(21판) p.1139
[2] 권순한, 민법요해 II(6전정판), p.242

제1관 채권자대위권

쟁점구조

■ 채권자대위권에 관한 사례 쟁점구조

I. 요건 충족 여부

1. ★ 법적성질(제3자 법정소송담당)

2. 채권자대위권의 요건(원고의 주장 : 보, 필, 불, 대)
   채권자대위권의 요건으로는 ⅰ) 피보전채권의 존재, ⅱ) 채권보전의 필요성, ⅲ) 채무자의 권리불행사, ⅳ) 피대위권리의 존재를 요구한다(제404조). ⅰ), ⅱ), ⅲ)은 당사자적격에 관계되는 소송요건사실로서 흠결시에는 부적법 각하, ⅳ)의 흠결의 경우는 본안판단으로서 청구기각판결(법정소송담당설)

(1) 피보전채권의 존재…당사자적격 요소(흠결시 소각하)

1) 피보전채권의 존재

2) 피보전채권의 이행기 도래(예외 : 법원의 허가, 보존행위)

(2) 채권보전의 필요성…당사자적격 요소(흠결시 소각하)

1) 금전채권인 경우

① 원칙(무자력 필요)

② 예외(무자력 불요)
   ㉠ 피보전채권과 피대위권리가 밀접하게 관련되어 있고, ㉡ 채권자대위권을 행사하지 않으면 피보전채권을 유효·적절하게 행사할 수 없는 경우

2) 특정채권인 경우
   ① 피보전채권이 등기청구권인 경우, ② 피보전채권이 인도청구권인 경우, ③ 피보전채권이 물권적 청구권인 경우

(3) 채무자의 권리불행사…당사자적격 요소(흠결시 소각하)

(4) 피대위권리의 존재…소송물(흠결시 청구기각)
   ① 채무자의 행사상 일신전속권, ② 압류하지 못하는 권리는 채권자대위권의 목적으로 될 수 없음

II. 채권자대위권의 행사

1. 행사의 방법…제3자 소송담당 중 법정소송담당

(1) 원 칙(채권자의 이름으로 채무자에게 이행청구)

(2) 예 외(채권자에게 직접청구 가능한 경우)
   ① 동산인도 청구나 금전지급 청구와 같이 수령을 요하는 경우, ② 등기말소청구와 같이 이행의 상대방이 별다른 의미를 갖지 못하는 경우, ③ 불법점유자에게 부동산 인도를 대위청구하는 경우

2. 행사의 범위(피보전채권의 범위내)

3. 대위권 행사의 통지(제405조)

(1) 채무자의 처분권의 제한
   채권 자체나 채권발생의 기초가 되는 법률관계에 대한 처분행위(합의해제) 금지

(2) 제3채무자의 채권자에 대한 항변권
  1) 피보전채권
      ㉠ 원칙적으로 불가능하나, ㉡ 피보전권리의 무효, 변제 등의 사유는 가능
  2) 피대위채권
      ㉠ 원칙적으로 가능하나, ㉡ 대위권 행사 통지 후 채무자의 처분으로 인하여 생긴 피대위권리에 대한 항변 사유는 불가능

Ⅲ. 채권자대위권 행사의 효과

1. 효과의 귀속주체(채무자)

2. 소멸시효의 중단
   원칙적으로 피대위채권이 중단되나, 예외적으로 피보전채권에 대한 최고(소송고지)로서의 효력은 인정

3. 법정위임관계(제681조, 제688조 참조)

4. 대위소송과 중복된 소제기 금지

5. 대위소송에 의한 판결의 효력
   채무자가 어떠한 사유로든 채권자대위소송이 제기된 사실을 안 경우 기판력 발생

Ⅰ. 서 설 [B-53]

> 제404조 (채권자대위권) ① 채권자는 자기의 채권을 보전하기 위하여 채무자의 권리를 행사할 수 있다. 그러나 일신에 전속한 권리는 그러하지 아니하다. ② 채권자는 그 채권의 기한이 도래하기 전에는 법원의 허가없이 전항의 권리를 행사하지 못한다. 그러나 보전행위는 그러하지 아니하다.

1. 의 의

'채권자대위권'이란 채권자가 자기의 채권을 보전(保全)하기 위하여 채권자의 이름으로 채무자가 제3채무자에 대해 가지는 권리를 대신 행사할 수 있는 권리를 말한다(제404조).

[심화] 채권자대위권은 ① '강제집행을 보완'하는 기능을 한다. 즉 강제집행을 하려면 집행권원이 있어야 하는 등 절차가 복잡하다(민사집행법 제24조·제56조). 따라서 피대위채권이 소멸시효가 완성될 무렵에 있는 경우처럼 급속을 요하는 경우에는 집행권원을 요하지 않고, 요건·절차가 간단한 채권자대위권을 행사하는 것이 편리하다. 그 밖에 강제집행을 할 수 없는 영역에 이를 행사할 수 있는 장점이 있다. 그 외에 ② **채무자의 무자력이 필요없는 특정채권**(특정물 채권이 아님)의 보전을 위해서도 활용된다는 점에서 의의가 있다.

2. 법적 성질

① 채권자대위권은 소송법상의 권리가 아니고 '실체법상의 권리'이며, ② 구체적으로는 채권자가 채무자의 재산권 내지 거래관계에 간섭할 수 있는 일종의 '법정재산관리권'이라고 보는 것이 통설과 判例이다. [민소법 쟁점] 채권자대위소송은 민법이 권리주체인 채무자와 병행하여 채권자에게 소송수행권을 부여한 결과 채무자를 대위하여 소송수행권을 가지는 '제3자 법정소송담당'(병행형)의 한 예로 본다(통설, 判例). 이 견해에 의하면 소송물은 채무자의 권리(피대위권리)의 존부가 된다.

Ⅱ. 요 건(보, 필, 불, 대) [B-54]

채권자대위권의 요건으로는 ⅰ) 피보전채권의 존재, ⅱ) 채권보전의 필요성, ⅲ) 채무자의 권리불행사, ⅳ) 피대위권리의 존재를 요구한다(제404조). 법정소송담당설에 의할 경우 ⅰ), ⅱ), ⅲ)은 당사자적격에 관계되는 소송요건사실로서 흠결시에는 부적법 각하, ⅳ)의 흠결의 경우는 본안판단으로서 청구기각판결을 하여야 한다고 한다.

1. 피보전채권의 존재…당사자적격 요소(흠결시 소각하)

(1) 피보전채권의 존재

이러한 피보전채권이 없으면 채권자대위의 소는 부적법하여 각하된다(대판 1990.12.11. 88다카4727).

① 채권의 종류는 묻지 않으며, 금전채권 뿐만 아니라 특정채권도 인정되며, 채권적 청구권 뿐만 아니라 判例에 따르면 물권적 청구권도 포함된다(대판 2006.1.27. 2005다39013: 표준판례429 : 11회 선택형). 그리고 금전채권인 '조세채권'도 포함되므로 국가도 조세채권의 보전을 위하여 납세의무자의 제3자에 대한 채권을 대위하여 행사할 수 있다(대판 2019.4.11. 2017다269862).

② 피대위채권보다 먼저 성립되어 있을 필요도 없다. 그러나 이러한 **피보전채권은 그 범위 및 내용 등이 구체적으로 정해져야 한다**. 예컨대 "이혼으로 인한 재산분할청구권은 협의 또는 심판에 의하여 그 구체적 내용이 형성되기까지는 그 범위 및 내용이 불명확·불확정하기 때문에 구체적으로 권리가 발생하였다고 할 수 없으므로 이를 보전하기 위하여 채권자대위권을 행사할 수 없다"(대판 1999.4.9. 98다58016 : 5회,7회 선택형). **[25법무]** 그러나 채권자취소권은 입법적으로 가능하게 되었다(제839조의3 참조).

③ 피보전채권은 '제3채무자'에게 대항할 수 있는 것이어야 하는 것은 아니지만(대판 2000.6.9. 98다18155 : 7회 선택형), 피보전채권에 대해 '채무자'에게 대항할 수 없는 채권자는 채무자의 권리를 대위행사할 수 없다. 예를 들어 "임대인의 동의 없는 임차권 양도의 경우 양수인은 자신의 피보전채권을 임대인에게 대항할 수 없으므로(제629조 1항), 임차권의 양수인(채권자)은 임대인(채무자)의 권한을 대위행사할 수 없다"(대판 1985.2.8. 84다카188).

(2) 피보전채권의 이행기 도래

채무자의 기한의 이익의 보호를 위해 원칙적으로 피보전채권의 이행기 도래가 요건이다. 그러나 채권의 이행기 전이라도 ① '법원의 허가'가 있거나(재판상 대위 : 제404조 2항 본문), ② 시효중단(채무자의 채권이 시효로 소멸하려 할 때)·보존등기와 같은 '보존행위'(제404조 2항 단서)의 경우에는 대위권을 행사할 수 있다.

(3) 채권자가 채무자를 상대로 한 '피보전채권'에 관한 소송에서 판결이 확정된 경우 [민소법 쟁점]

1) 피보전채권에 관한 소송에서 '승소판결 확정'후 대위소송을 제기한 경우

① **[원칙]** 만약 채권자가 먼저 채무자를 상대로 제기한 소송에서 '승소'한 후 제3채무자를 상대로 대위소송을 제기하였다면 제3채무자는 그 청구권의 존재를 다툴 수 없다(대판 2003.4.11. 2003다1250 ; 대판 2007.5.10. 2006다82700,82717 등 : 8회 선택형). 즉, "일반적으로 채권자대위권을 행사하는 경우, 채권자가 채무자를 상대로 그 보전되는 청구권에 기한 이행청구의 소를 제기하여 승소판결을 선고받고 확정되었다면, 특별한 사정이 없는 한 그 청구권의 발생원인이 되는 사실관계가 제3채무자와의 관계에서도 증명되었다고 볼 수 있다"(대판 1995.2.10. 94다39369). 물론 이는 소송물도 다르고 당사자도 다르므로 대위소송 자체가 기판력에 저촉되는 사안은 아니다.

② **[예외]** 그러나 대법원은 "채권자가 채무자에게 가지는 청구권(피보전채권)의 취득이 강행법규에 위반되어 무효라고 볼 수 있는 경우 등에는 확정판결에도 불구하고 채권자대위소송의 제3채무자와의 관계에서는 피보전권리가 존재하지 아니한다"(대판 2015.9.24. 2014다74919 : 9회 선택형)고 한다.

최근 대법원은 위 판결에서 더 나아가 "위와 같은 경우 확정판결 또는 그와 효력이 있는 재판상 화해조서 등이 재심이나 준재심으로 취소되지 아니하여 채권자와 채무자 사이에서는 그 판결이나 화해가 무효라는 주장을 할 수 없더라도, 제3채무자가 채권자대위소송에서 피보전권리가 존재하지 않는다고 다툴 수 있다"(대판 2019.1.31. 2017다228618: **표준판례426**)[3]고 판시하였다.

2) 피보전채권에 관한 소송에서 '패소판결 확정'후 대위소송을 제기한 경우 [4회 사례형]

판례는 "채권자가 채무자를 상대로 소유권이전등기절차이행의 소를 제기하여 패소의 확정판결을 받게 되면 채권자는 채무자의 제3자에 대한 권리를 행사하는 채권자대위소송에서 그 확정판결의 기판력으로 말미암아 더 이상 채무자에 대하여 동일한 청구원인으로 소유권이전등기청구를 할 수 없으므로 그러한 권리를 보전하기 위한 채권자대위소송은 그 요건을 갖추지 못하여 부적법하다"(대판 2003.5.13. 2002다64148 ; 대판 2002.5.10. 2000다55171)고 판시하였다(4회,5회 선택형).

즉, 판례는 채권자가 채무자를 상대로 한 소송에서 이미 패소판결이 확정된 경우에는 '피보전채권에 대한 보전의 필요성'이 없어 당사자적격의 흠결로 소를 각하하여야 한다는 입장이다. 물론 이는 소송물도 다르고 당사자도 다르므로 대위소송 자체가 기판력에 저촉되는 사안은 아니다.

2. 채권보전의 필요성 … 당사자적격 요소(흠결시 소각하)

"채권자 대위권의 행사요건으로 보전의 필요성이 인정되기 위하여는 ㉠ 우선 '적극적 요건'으로서 채권자가 채권자대위권을 행사하지 않으면 피보전채권의 완전한 만족을 얻을 수 없게 될 위험의 존재가 인정되어야 하고, 나아가 채권자대위권을 행사하는 것이 그러한 위험을 제거하여 피보전채권의 현실적 이행을 유효·적절하게 확보하여 주어야 하며, ㉡ 다음으로 '소극적 요건'으로서 채권자대위권의 행사가 채무자의 자유로운 재산관리행위에 대한 부당한 간섭이 된다는 사정이 없어야 한다"(대판 2022.8.25. 전합2019다229202: **표준판례431**).

(1) 금전채권인 경우

1) 원 칙

원칙적으로 채무자가 무자력이어야 한다(대판 1969.7.29. 69다835: **표준판례427**). 이는 총채권자의 이익을 위한 것이라는 제도 본래의 취지에 비추어 당연한 요건으로 사실심변론종결시를 기준으로 하여 판단한다(대판 1976.7.13. 75다1086).

> **[관련판례]** ✽ **채무자의 무자력 여부 판단 : 적극재산에 청구권보전의 가등기가 경료되어 있는 경우**
>
> "채권자대위의 요건으로서의 무자력이란 채무자의 변제자력이 없음을 뜻하는 것이고, 특히 임의변제를 기대할 수 없는 경우에는 강제집행을 통한 변제가 고려되어야 하므로, 소극재산이든 적극재산이든 위와 같은 목적에 부합할 수 있는 재산인지 여부가 변제자력 유무 판단의 중요한 고려요소가 되어야 한다. 따라서 채무자의 적극재산인 부동산에 이미 제3자 명의로 소유권이전청구권보전의 가등기가 경료되어 있는 경우에는, 위 가등기가 가등기담보 등에 관한 법률에 정한 담보가등기로서 강제집행을 통한 매각이 가능하다는 등의 특

---

[3] **[사실관계]** 판례는 '원고 甲의 乙에 대한 피보전권리가 재판상 조정에 의한 것이라고 하더라도 그 내용이 강행법규 위반으로 무효인 이상(토지거래허가를 배제·잠탈할 목적), 위 조정의 당사자가 아닌 피고 丁에 대한 관계에서 원고 甲의 乙에 대한 소유권이전등기청구권이 존재한다고 볼 수는 없고, 이는 위 조정조서가 준재심절차에 의하여 취소되지 아니하여 그 당사자인 원고 甲과 乙 사이에서는 위 소유권이전등기청구권이 존재한다고 하더라도 마찬가지다'라고 하여 채권자대위의 소를 직권으로 각하한 사례이다.

별한 사정이 없는 한, 위 부동산은 실질적으로 재산적 가치가 없어 적극재산을 산정함에 있어서 이를 제외하여야 한다"(대판 2009.2.26. 2008다76556).

[구체적 예] 이러한 判例에 따르면 1억 원 상당의 금전채권을 가진 甲이 乙의 권리를 대위행사하려고 할 때, 乙이 유일한 재산으로 시가 10억 원 상당의 X건물을 소유하고 있었으며, 그 건물에는 제3자 A의 소유권이전등기청구권의 보전을 위한 가등기가 존재한다면, 乙은 무자력이라고 볼 수 있어 甲은 원칙적으로 채권자대위권을 행사할 수 있다.

2) 예 외

그러나 ㉠ 피보전채권과 피대위권리가 밀접하게 관련되어 있고, ㉡ 채권자대위권을 행사하지 않으면 피보전채권을 유효·적절하게 행사할 수 없는 경우에는 무자력을 요하지 않는다. 즉, 이런 경우에는 채권자대위권의 행사가 채무자의 자유로운 재산관리행위에 대한 부당한 간섭이 된다는 등의 특별한 사정이 없는 한, 채권자는 채무자의 권리를 대위하여 행사할 수 있다(대판 2001.5.8. 99다38699 등).

① **[임대차보증금반환채권의 양도]** 判例에 따르면 임차보증금반환채권의 양수인이 임대인의 임차인에 대한 임차목적물 인도청구권을 대위행사하는 경우 "채권자가 자기 채권을 보전하기 위하여 채무자의 권리를 행사하려면 채무자의 무자력을 요건으로 하는 것이 통상이지만 이 사건의 경우와 같이 채권자가 양수한 임차보증금의 이행을 청구하기 위하여 임차인의 가옥명도가 선이행되어야 할 필요가 있어서 그 명도를 구하는 경우에는 그 채권의 보전과 채무자인 임대인의 자력 유무는 관계가 없는 일이므로 무자력을 요건으로 한다고 할 수 없다"(대판 1989.4.25. 88다카4253 : 표준판례430 : 핵심사례 B-7.참고)고 한다. **[1회 사례형, 4회 기록형, 08법행]**

② **[수임인의 대변제청구권]** 判例에 따르면 수임인이 가지는 민법 제688조 2항 소정의 대변제청구권은 통상의 금전채권과는 다른 목적을 갖는 것이므로, 수임인이 이 대변제청구권을 보전하기 위하여 채무자인 위임인의 채권을 대위 행사하는 경우에는 채무자의 무자력을 요건으로 하지 않는다고 한다 (대판 2002.1.25. 2001다52506 : 3회,7회 선택형).

③ **[명의신탁 해지로 인한 소유권이전등기청구권의 이행불능을 원인으로 하는 손해배상청구권]**
判例에 따르면 B가 A로부터 받은 부동산을 C의 강박에 의하여 C에게 증여하고 소유권이전등기를 마쳐준 뒤 C가 다시 선의의 D에게 이를 매도하고 소유권이전등기를 마쳐주자, A가 B에 대한 손해배상청구권(명의신탁 해지로 인한 소유권이전등기청구권의 이행불능을 원인)을 보전하기 위하여 B의 C에 대한 손해배상청구권(강박 취소로 인한 소유권이전등기말소등기청구권의 이행불능을 원인)을 대위행사한 사안에서 B의 무자력은 요구되지 않는다고 한다(대판 2006.1.27. 2005다39013 : 표준판례429 : 7회 선택형).

④ **[분양대금 반환채권]** 判例에 따르면 분양계약을 해제한 수분양자가 분양대금 반환채권을 보전하기 위하여 분양자를 대위하여 그로부터 분양수입금 등 자금의 관리를 위탁받은 수탁자를 상대로 '사업비 지출 요청권'을 대위행사하는 경우 분양자의 무자력은 필요없다고 한다(대판 2014.12.11. 2013다71784)

3) '금전채권자'가 채무자를 대위해서 '부동산에 관한' 공유물분할청구권을 행사할 수 있는지 여부 [22법무]

判例에 따르면 공유물분할청구권도 채권자대위권의 목적이 될 수 있으나, "채권자가 자신의 '금전채권'을 보전하기 위하여 채무자를 대위하여 **부동산에 관한** 공유물분할청구권을 행사하는 것은, 책임재산의 보전과 직접적인 관련이 없어 채권의 현실적 이행을 유효·적절하게 확보하기 위하여 필요하다고 보기 어렵고 채무자의 자유로운 재산관리행위에 대한 부당한 간섭이 되므로 보전의 필요성을 인정할 수 없다. 또한 특정 분할방법을 전제하고 있지 않는 공유물분할청구권의 성격 등에 비추어 볼 때 그 대위행사를 허용하면 여러 법적 문제들이 발생한다. 따라서 극히 예외적인 경우가 아니라면 금전채권자는 부동산에 관한 공유물분할청구권을 대위행사할 수 없다고 보아야 한다. 이는 채무자의 공유지분이 다른 공유자들의 공유지분과 함께 근저당권을 공동으로 담보하고 있고, 근저당권의 피담보채권이 채무자의 공유지분 가치를 초과하여 채무자의 공유지분만을 경매하면 남을 가망이 없어 민사집행법 제102조에 따라 경매절차가 취소될 수밖에 없는 반면, 공유물분할의 방법으로 공유부동산 전부를 경매하면 민법 제368조 제1항에 따라 각 공유지분의 경매대가에 비례해서 공동근저당권의 피담보채권을 분담하게 되어 채무자의 공유지분 경매대가에서 근저당권의 피담보채권 분담액을 변제하고 남을 가망이 있는 경우에도 마찬가지이다"(대판 2020.5.21. 전합2018다879: **표준판례428** : 채무초과인 채무자의 책임재산으로 아파트의 공유지분이 있으나, 공유지분에 대한 강제집행이 근저당권 등 선순위 권리로 인하여 곤란하게 되자, 금전채권자인 원고가 채무자를 대위하여 아파트에 관한 공유물분할을 청구한 사안)[4]라고 한다(11회 선택형).

(2) 특정채권인 경우 [2회,3회,4회,5회,7회,8회 기록형, 13법행]

채무자의 제3자에 대한 특정의 채권을 행사함으로써 채권자의 채무자에 대한 특정의 채권을 보전할 수 있는 경우에는 피보전채권과 피대위채권이 그 이행에서 서로 관련되어 있어서 채권보전의 필요성은 충족되고 채무자의 무자력은 요구되지 않는다(대판 1992.10.27. 91다483).

대표적으로 判例는 ① 채권이 '등기청구권'인 경우, ② 채권이 '인도청구권'인 경우 이를 인정하고 있으나, 최근에 判例는 두 경우에 그치지 않고 채권자대위권의 전용범위의 확대를 인정하고 있다(판례연구 B-6.참고).

판례연구 B-06

■ ★ 피보전채권이 특정채권인 경우

Ⅰ. 피보전채권이 등기청구권인 경우

예컨대 ① 甲에서 乙로 부동산이 매도되고, 乙이 그 등기를 하지 않은 채 丙에게 부동산을 매도하였는데, 3자 간에 중간생략등기의 합의가 없는 경우, 丙은 乙에 대한 소유권이전등기청구권을 보전하기 위해 乙을 대위하여 甲에 대해 소유권이전등기를 乙에게 해 줄 것을 청구할 수 있다(대판 1969.10.28. 69다1351). 乙 앞으로 소유권등기가 되지 않는 한 丙은 자신의 명의로 소유권등기를 받을 수 없기 때문에, 이때에도 乙의 무자력을 문제삼는 것은 丙의 구제에 불충분하다. ② 같은 취지에서, 점유취득시효가 완성된 토지를 취득한 매수인이 원토지소유자에 대해 시효취득자의 소유권이전등기청구권을 대위행사하는 경우(대판 1992.2.25. 91다9312), ③ 매수인이 등기명의가 남아있는 매도인을 대위하여 제3자 명의의 원인무효등기를 말소청구거나(대판 1965.2.16. 64다1630), [16법무] ④ 반사회적 부동산 이중매매의 경우에 제1매수인이 매도인을 대위하여 제2매수인 명의의 소유권등기의 말소를 청구하는 경우에도 그러하다(대판 1983.4.26. 83다카57 : 1회 선택형). 참고로 소로써 등기청구권을 대위행사한 때에는 판결의 확정시 채권자가 단독으로 등기신청을 할 수 있다(부동산 등기법 29조).

Ⅱ. 피보전채권이 인도청구권인 경우

예컨대 ① 점유하고 있지 않은 토지임차인은 그 임차권을 보전하기 위해 그 토지상의 불법점유자에 대해 토지소유자를 대위하여 그 지상물의 철거를 청구할 수 있다(대판 1962.1.25. 4294민상607). ② 같은 취지에서, 원고가 미등기건물을 매수하였으나 소유권이전등기를 하지 못한 경우, 위 건물의 소유권을 원시취득한 매도인을 대위하여 불법점유자에 대해 명도청구를 할 수 있고, 이때 원고는 불법점유자에 대해 직접 자기에게 명도할 것을 청구할 수도 있다(대판 1980.7.8. 79다1928).

---

[4] "이와 달리 공유물에 근저당권 등 선순위 권리가 있어 남을 가망이 없다는 이유로 민사집행법 제102조에 따라 공유지분에 대한 경매절차가 취소된 경우에는 공유자의 금전채권자는 자신의 채권을 보전하기 위하여 공유자의 공유물분할청구권을 대위행사할 수 있다는 취지로 판단한 대판 2015.12.10. 2013다56297은 이 판결의 견해에 배치되는 범위에서 이를 변경하기로 한다"

Ⅲ. 피보전채권이 물권적 청구권인 경우

최근에 대법원은 "물권적 청구권에 대하여도 채권자대위권에 관한 제404조의 규정과 위와 같은 법리가 적용될 수 있다"(대판 2007.5.10. 2006다82700,82717)고 하면서, 토지소유권에 근거하여 그 토지상 건물의 임차인들을 상대로 건물에서의 '퇴거'를 청구할 수 있었더라도, 퇴거청구와 건물의 임대인을 대위하여 임차인들에게 임대차계약의 해지를 통고하고 건물의 인도를 구하는 청구는 그 요건과 효과를 달리하는 것이므로, 위와 같은 퇴거청구를 할 수 있었다는 사정이 채권자대위권의 행사요건인 채권보전의 필요성을 부정할 사유가 될 수 없다고 하였다.

[판례평석] 그러나 채권자대위권은 제404조에서 규정하고 있듯이 채권자의 '채권'을 보전하기 위해 마련된 제도이고, 물권은 지배권으로서 그 침해가 있으면 제3자에 대해 직접 물권적 청구권을 행사하면 되므로, 굳이 채권자대위권이라는 우회로를 통할 필요가 없다는 점에서 判例의 태도는 문제점이 있다.[5]

3. 채무자의 권리불행사···당사자적격 요소(흠결시 소각하)

명문규정은 없지만 채권자대위권은 채무자가 그 권리를 행사하지 아니할 때 한해 허용된다. 채무자가 반대의사를 표명한 경우에도 대위행사는 가능하다(대판 1963.11.21. 63다634). 다만 채무자가 권리를 행사하는 이상 그 방법이나 결과를 묻지 않고 채권자대위는 허용되지 않는다. 따라서 설사 채무자가 부적당한 소송으로 패소한 때에도 채권자의 대위권은 인정되지 않는다(대판 1993.3.26. 92다32876 : **1회 선택형**).

4. 피대위권리의 존재···소송물(흠결시 청구기각)

(1) 채권자대위권의 목적으로 되는 권리

채무자의 책임재산의 보전과 관련이 있는 재산권(채권의 공동담보에 적합한 채무자의 권리)은 그 종류를 묻지 않고 채권자대위권의 목적으로 될 수 있다. 채권적 청구권에 한하지 않으며, 등기청구권 · 형성권 · 물권적 청구권(대판 1966.9.27. 66다1334) · 공유물분할청구권(대판 2020.5.21. 전합2018다879 : **표준판례 428**) · 채권자대위권(대판 1992.7.14. 92다527) **[1회 사례형, 7회 기록형]** · 채권자취소권(아래 2000다73049판결) · 조합의 탈퇴권(대결 2007.11.30. 2005마1130 ; 판례연구 C-8.참고)[6] 등도 포함된다.

> ※ **채권자취소권의 대위행사**
> "채권자취소권도 채권자가 채무자를 대위하여 행사하는 것이 가능하다고 할 것인바, 민법 제404조 소정의 채권자대위권은 채권자가 자신의 채권을 보전하기 위하여 채무자의 권리를 자신의 이름으로 행사할 수 있는 권리라 할 것이므로, 채권자가 채무자의 채권자취소권을 대위행사하는 경우, 제소기간은 대위의 목적으로 되는 권리의 채권자인 채무자를 기준으로 하여 그 준수 여부를 가려야 할 것이고(즉 대위권을 행사하는 채권자를 기준으로 할 것이 아니다). 따라서 채무자가 취소원인을 안 날로부터 1년, 법률행위가 있은 날로부터 5년 내라면 채권자는 채권자대위권의 행사로서 채권자취소의 소를 제기할 수 있다" (대판 2001.12.27. 2000다73049 : **5회,7회,13회 선택형**).

---

5) 김준호, 민법강의(18판), p.1125
6) "민법상 조합원은 조합의 존속기간이 정해져 있는 경우 등을 제외하고는 원칙적으로 언제든지 조합에서 탈퇴할 수 있고(민법 제716조 참조), 조합원이 탈퇴하면 그 당시의 조합재산상태에 따라 다른 조합원과 사이에 지분의 계산을 하여 지분환급청구권을 가지게 되는바(민법 제719조 참조), 조합원이 조합을 탈퇴할 권리는 그 성질상 조합계약의 해지권으로서 그의 일반재산을 구성하는 재산권의 일종이라 할 것이고 채권자대위가 허용되지 않는 일신전속적 권리라고는 할 수 없다"

(2) 채권자대위권의 목적으로 되지 않는 권리

1) 채무자의 행사상 일신전속권

권리자 자신이 권리를 행사할 것인지 여부를 결정하여야 비로소 그 권리행사가 의미를 가지게 되는 종류의 권리(행사상의 일신전속권)[7]는 대위의 목적으로 되지 못한다(제404조 1항 단서).

① 가족법상의 권리는 일정한 친족상의 신분과 결부된 점에서 행사상의 일신전속성이 있어 채권자대위권의 대상이 될 수 없다.

㉠ **[대위불가]** 判例는 "후견인이 민법 제950조 1항 각호의 행위를 하면서 친족회(개정 민법은 종전의 친족회 제도를 폐지하고, 가정법원이 사안에 따라 후견감독인을 선임할 수 있는 것으로 바꾸었다)의 동의를 얻지 아니한 경우, 2항(현행 제950조 3항)의 규정에 의하여 피후견인 또는 친족회가 그 **후견인의 행위를 취소할 수 있는 권리**(취소권)는 행사상의 일신전속권이므로 채권자대위권의 목적이 될 수 없다"(대판 1996.5.31. 94다35985)고 한다.

㉡ **[대위불가]** 그리고 判例는 "**유류분반환청구권**은 그 행사 여부가 유류분권리자의 인격적 이익을 위하여 그의 자유로운 의사결정에 전적으로 맡겨진 권리로서 행사상의 일신전속성을 가진다고 보아야 하므로, 유류분권리자에게 그 권리행사의 확정적 의사가 있다고 인정되는 경우가 아니라면 채권자대위권의 목적이 될 수 없다"(대판 2010.5.27. 2009다93992 : 4회 선택형)고 한다.

㉢ **[대위불가]** '**이혼으로 인한 재산분할청구권**'은 그 행사 여부가 청구인의 인격적 이익을 위하여 그의 자유로운 의사결정에 전적으로 맡겨진 권리로서 행사상의 일신전속성을 가지므로, 채권자대위권의 목적이 될 수 없고 파산재단에도 속하지 않는다고 보아야 한다(대결 2022.7.28. 2022스613 : 14회 선택형).

㉣ **[대위가능]** 상속인의 한정승인 또는 상속포기가 없는 동안(승인·포기의 기간 내)에 채권자가 **상속등기 신청행위**를 대위행사할 수 있는지와 관련하여 判例는 긍정하는바, "상속인 자신이 한정승인 또는 포기를 할 수 있는 기간내에 상속등기를 한때에는 상속의 단순승인으로 인정된 경우가 있을 것이나, 상속등기가 상속재산에 대한 처분행위라고 볼 수 없으니 만큼 채권자가 상속인을 대위하여 상속등기를 하였다 하여 단순승인의 효력을 발생시킬 수 없고 상속인의 한정승인 또는 포기할 수 있는 권한에는 아무런 영향도 미치는 것이 아니므로 채권자의 대위권행사에 의한 상속등기를 거부할 수 없다"(대결 1964.4.3. 63마54)고 한다.

② 그리고 권리의 행사가 채무자의 자유의사에 맡겨져 있는 권리(예컨대 계약의 청약과 승낙·제3자를 위한 계약에서 수익의 의사표시·채권양도의 통지 등)도 채권자대위권의 대상이 될 수 없다. 그러나 判例는 **임대인의 임대차계약 해지권**은 오로지 임대인의 의사에 행사의 자유가 맡겨져 있는 행사상의 일신전속권에 해당하는 것으로 볼 수 없다(대판 2007.5.10. 2006다82700,82717)고 한다.

③ 실체법상의 권리를 주장하는 형식으로서의 **소송상 권리**(각종 소의 제기, 강제집행신청, 청구이의의 소, 제3자 이의의 소, 가압류·가처분명령의 취소신청 등)는 원칙적으로 대위행사 할 수 있으나, 채무자가 소를 제기하여 권리를 행사한 상태에서는 **개별적 소송행위에 대한 권리**(공격방어방법의 제출, 상소제기, 재심의 소제기, 집행방법 또는 가압류결정에 대한 이의신청 등)는 **대위행사할 수 없다**(대판 2012.12.27. 2012다75239)(7회 선택형).

2) 압류하지 못하는 권리

명문규정이 없지만 채권의 공동담보로 되지 못하는 압류금지채권[법령에 규정된 부양료·급여채권의 2분의 1에 해당하는 금액(민사집행법 제246조), 근로자가 보상을 받을 권리(근로기준법 제89조), 생명·신체의 침해로 인해 국가로부터 배상을 받을 권리(국가배상법 4조)]도 대위행사할 수 없다(통설).

---

[7] 일신전속권에는 '귀속상의 일신전속권'(양도되거나 상속될 수 없는 권리)과 '행사상 일신전속권'(권리자 자신에 의해서만 행사될 수 있는 권리)의 두 가지가 있다.

Ⅲ. 채권자대위권의 행사 [B-55]

1. 행사의 방법 … 제3자 소송담당 중 법정소송담당 [B-55a]

(1) 원 칙

채권자대위권의 요건이 구비되면 채권자는 '자기의 이름으로' 채무자의 권리를 행사할 수 있다. 채권자대위권은 채무자의 권리를 채권자가 대위행사하는 것이므로, 그 내용은 제3채무자에 대해 채무자에게 일정한 급부행위를 하라고 청구하는 것이 원칙이다(대판 1966.9.27. 66다1149).

> ※ **채권자가 채권양도를 구할 수 있는 채무자의 권리를 직접 자신에게 채권양도절차를 이행하도록 제3채무자에게 청구할 수 있는지 여부(소극) ★**
>
> "채무자가 제3채무자에게 채권의 양도를 구할 수 있는 권리를 가지고 있고, 채권자가 채무자의 위 권리를 대위행사하는 경우에는 채권자의 직접 청구를 인정할 예외적인 사유가 없으므로, 원칙으로 돌아가 채권자는 제3채무자에 대하여 채무자에게 채권양도절차를 이행하도록 청구하여야 하고, 직접 자신에게 채권양도절차를 이행하도록 청구할 수 없다. 만약 제3채무자가 직접 채권자에게 채권을 양도하는 절차를 이행하도록 하면 그 채권은 채권자에게 이전된다고 볼 수밖에 없어 **대위행사의 효과가 채무자가 아닌 채권자에게 귀속하게 되기 때문이다**"(대판 2024.3.12. 2023다301682 : 14회 선택형).
>
> **[청구취지 기재례]** 피고(제3채무자, 양도인)는 000원의 000채권을 **(소외)000에게**(채무자, 양수인) 양도한다는 취지의 의사표시를 하고, **(소외)000에게** 위 채권을 양도하였다는 취지의 통지를 하라.[8]

(2) 예 외

1) 피대위채권이 '금전채권'인 경우

채무자의 '금전채권'을 대위행사하는 경우 채무자에게 그 지급의무를 이행하도록 청구할 수도 있지만, 직접 대위채권자 자신에게 이행하도록 청구할 수도 있다. 채권자대위권을 행사하는 '채권자'에게 변제수령의 권한을 인정하더라도 그것이 채권자 평등의 원칙에 어긋난다거나 제3채무자를 이중변제의 위험에 빠뜨리게 하는 것이라고 할 수 없기 때문이다(대판 2005.4.15. 2004다70024). 그리고 이 경우 채권자가 수령한 것은 채무자에게 인도하여야 하지만(위임에 준하는 법정채권관계), 그것이 채권자의 채무자에 대한 채권과 동종의 것이고 또 상계적상에 있는 것인 때에는 상계를 함으로써 **사실상 우선변제를 받을 수 있다**(이는 결과적으로 집행권원 없는 집행을 의미한다).

2) 피대위채권이 '등기청구권'인 경우

① 채무자의 '이전등기청구권'을 대위행사하는 경우에는 채무자 앞으로의 이행만을 청구할 수 있다(대판 1966.7.26. 66다8892).

② 그러나 '등기말소청구권'을 대위행사하는 경우와 같이 이행의 상대방이 별다른 의미를 갖지 못하는 경우에는 채권자에게 이행할 것을 청구할 수도 있다(대판 1962.1.11. 4294민상195 등 : 1회 선택형)(청구취지에서 '제3채무자는 채권자에게 이행하라'라고 기재한다).

3) 피대위채권이 '인도청구권'인 경우

① '피보전채권이 특정채권'인 경우에는 대위권을 행사하는 채권자로 하여금 목적부동산에 대한 점유를 취득 또는 회복하게 하려는 데 목적이 있으므로 직접 채권자에게 인도하도록 하여도 무방하다. 예컨대 "원고가 미등기 건물을 매수하였으나 소유권이전등기를 하지 못한 경우에는 위 건물의 소유권을 원시

---

8) 소송당사자가 아니면 주소로 특정하는 점과 '누구에게'가 두 번(양수인과 채무자) 사용된다는 점을 주의한다. 최근에는 '소외'라는 표현을 잘 쓰지 않는다.

취득한 매도인을 대위하여 불법점유자에 대하여 인도청구를 할 수 있고 이때 원고는 불법점유자에 대하여 직접 자기에게 인도할 것을 청구할 수도 있다"(대판 1980.7.8. 79다1928 : 14회 선택형). **[24법행]**

② 반면에 '피보전채권이 금전채권'인 경우에는 금전채권의 실현에 장애가 되는 상태를 제거하는 것이 목적이므로 채무자에게 인도할 것을 청구하여야 한다. 예컨대 "임대차보증금채권을 양수한 채권자가 그 이행을 임대인에게 청구하기 위해서는 임차인의 건물 인도가 선이행되어야 할 필요가 있는데, 임대인이 임차인에 대하여 인도 청구를 해태하고 있다면, 양수 채권자인 원고로서는 임대인을 대위하여 임차인으로 하여금 '임대인'에게 그 건물을 인도할 것을 청구할 수 있다"(대판 1989.4.25. 88다카4253,4260). **[1회 사례형, 08법행]**

2. 행사의 범위 [B-55b]

(1) 질적 범위

채권보전을 위하여 필요·최소한의 범위 내에서 행사할 수 있는데, 관리행위는 허용되나, 채무면제와 권리포기와 같은 처분행위는 허용되지 않음이 원칙이다. 단 책임재산의 유지·보전이라는 대위권의 목적에 적합할 때에는 상계권이나 취소권, 해제권과 같은 처분적 효력이 있는 형성권의 대위행사는 가능하다고 본다(다수설).

(2) 양적 범위

대위할 수 있는 채권의 범위가 피보전채권의 범위 내로 한정되는지 여부에 대해 다툼이 있는데, 적어도 피대위채권이 불가분이거나 급부의 목적물이 불가분이라면 그 가액이 피보전채권을 초과하더라도 문제되지 않는다고 할 것이다(통설).

> ※ **공동매수인 또는 공유자의 1인이 행사할 수 있는 채권자대위권의 범위**(피보전채권의 범위)
> ① "부동산을 공동매수한 채권자가 채무자에 대한 소유권이전등기청구권을 피보전채권으로 하여 제3채무자를 상대로 채무자의 제3채무자에 대한 소유권이전등기청구권을 대위행사하는 경우, 위 채권자는 공동매수인 중 1인에 불과하므로 그의 매수지분 범위 내에서만 대위행사할 수 있고, 그 지분을 초과하는 부분에 대해서는 채무자를 대위할 보전의 필요성이 없다"(대판 2010.11.11. 2010다43597). 동일한 취지의 판시내용으로 ② "A 소유의 부동산을 시효취득한 B의 공동상속인이 A에 대한 소유권이전등기청구권을 보전하기 위해 A의 C에 대한 소유권이전등기말소청구권을 대위행사하는 경우, 그 공동상속인은 자신의 지분 범위 내에서만 대위행사할 수 있고, 그 지분을 초과하는 부분에 대해서는 채무자를 대위할 보전의 필요성이 없다"(대판 2014.10.27. 2013다25217 : 9회,11회 선택형). **[4회 기록형]**

3. 대위권 행사의 통지 [B-55c]

(1) 채무자의 처분권 제한

채권자가 보존행위 이외의 권리를 행사한 때에는 채무자에게 이를 통지하여야 하고(제405조 1항), 채무자가 그 통지를 받은 후에는 그 권리를 '처분'하여도 채권자에게 대항하지 못한다(제405조 2항). 그리고 통지는 없었지만 채무자가 대위권행사 사실을 안 때에도 통지가 있었던 때와 마찬가지의 효과가 발생한다(대판 2003.1.10. 2000다27343 : 3회 선택형).

채무자의 어떠한 행위가 금지되는 처분행위에 해당하는지 여부는 '채권자대위권의 실효성 확보'라는 측면(제405조의 취지) 외에도 '제3채무자의 정당한 이익'(제3채무자 입장에서는 채무자가 직접 권리를 행사하는 경우에 비하여 채권자가 대위권을 행사한 경우에 자신의 법적 지위가 더 불리해져서는 안 되기 때문)을 개별행위마다 함께 고려하여 판단하여야 한다.

> **※ 채권자대위권 행사와 채권압류 및 전부명령의 경합 ★ [9회 사례형]**
> 甲은 乙에 대해 금전채권이 있고 乙은 丙에 대해 금전채권이 있는데, 甲이 丙을 상대로 채권자대위소송을 제기하여, 제1심 법원으로부터 '丙은 피대위채권을 甲에게 지급하라'는 판결이 선고되었고, 乙은 이 법원에 증인으로 출석하여 甲이 채권자대위권을 행사한 사실을 알고 있었다.
> 이러한 상태에서, 乙의 채권자 A가 위 피대위채권, 즉 乙이 丙에게 갖는 채권에 대해 채권압류 및 전부명령을 받았는데, 判例는 아래 ㉠㉡의 이유를 들어 '압류는 유효하나, 전부명령'은 무효라고 판단하였다. 그러나 甲의 채권자 B가 甲이 丙으로부터 지급받을 피대위채권에 대해 채권압류 및 전부명령을 받았는데, 判例는 아래 ㉢의 이유를 들어 '압류 및 전부명령' 모두 무효라고 보았다.
> 즉, 判例에 따르면 ㉠ 채권자대위소송에서 제3채무자로 하여금 직접 대위채권자에게 금전의 지급을 명하는 판결이 확정된 경우에도, 대위채권자는 채무자를 대위하여 피대위채권에 대한 변제를 수령하게 될 뿐 자신의 채권에 대한 변제로서 수령하게 되는 것이 아니므로 피대위채권이 변제 등으로 소멸하기 전에 '채무자의 다른 채권자'가 피대위채권을 '압류·가압류'할 수 있다. ㉡ 그러나 대위채권자가 채무자에게 대위권 행사사실을 통지하거나 채무자가 이를 알게 된 후에 '채무자의 다른 채권자'가 피대위채권을 '전부명령'을 받을 수 있다고 한다면 전부명령을 받은 '채무자의 다른 채권자'가 대위채권자를 배제하고 전속적인 만족을 얻는 결과가 되어, 채권자대위권의 실질적 효과를 확보하고자 하는 민법 제405조 제2항의 취지에 반하게 된다. 따라서 이러한 상태에서의 '전부명령'은 무효이다(즉, '채무자의 다른 채권자'의 전부명령은 무효이나 압류는 유효하다 : 13회,14회 선택형). ㉢ 한편 대위채권자의 제3채무자에 대한 추심권능 내지 변제수령권능은 그 자체로서 독립적으로 처분하여 환가할 수 있는 것이 아니어서 압류할 수 없는 성질의 것이므로 '대위채권자의 채권자'가 '대위채권자가 제3채무자로부터 채권자대위소송 판결에 따라 지급받을 채권'에 대하여 받은 '압류 및 전부명령' 모두 무효이다(대판 2016.8.29. 2015다236547: 표준판례439 : 8회,13회 선택형).
> 다만, 이행소송의 경우 당사자적격은 주장 자체로 판단되어야 한다는 것이 判例의 입장이므로, 위와 같이 전부명령이 무효인 경우에도 '전부금 청구'에 대해 소 각하 판결을 할 것이 아니라, 청구기각 판결을 하여야 한다는 점을 주의해야 한다. 즉, 결과적으로 甲의 丙에 대한 위 채권자대위소송이 '기각'되는 것이 아니라 다른 채권자 A나 B의 전부금 청구의 소가 '기각'된다(13회 선택형).

1) 금지되는 처분행위

① 여기서 말하는 금지되는 처분행위에는 **'채권 자체'**에 대한 처분행위[예컨대 채무자의 제3자에 대한 권리를 소멸시키는 행위(대판 1975.12.23. 73다1086),[9] **[13법행]** 제3자에 대한 채권을 양도하는 행위, 소제기 등 권리의 행사(대판 1962.5.24. 4294민상251), **시효이익의 포기**(대판 2010.10.28. 2010다58377)] 뿐만 아니라 ② **'채권 발생의 기초가 되는 법률관계에 대한 처분행위'**[예컨대 채권발생원인이 된 기본계약의 합의해제(대판 1996.4.12. 95다54167 ; 핵심사례 B-6b.참고)]도 포함된다. **[16법행]**

2) 금지되는 처분행위가 아닌 경우

① 통지 등이 있는 경우에는 처분행위가 금지될 뿐 관리·보존행위까지 금지되는 것은 아니므로 **통지 후에도 제3채무자의 변제**(예컨대 채무자 명의로의 소유권이전등기)**가 금지되는 것은 아니다**(대판 1991.4.12. 90다9407 ; 핵심사례 B-6.참고 : 1회,3회,5회,14회 선택형). **[7회 기록]** ② 그리고 채무를 불이행함으로써 제3채무자로 하여금 채권의 발생원인이 된 기본계약을 해제하게 하거나(법정해제) 자동해제약정에 따라 그 기본계약이 실효되도록 한 경우도 제405조 제2항에서 말하는 '처분'에 해당한다고 할 수 없다(대판 2012.5.17. 전합2011다87235 : 표준판례438 ; 핵심사례 B-6.참고 : 4회,6회,7회,8회,10회 선택형). **[14회 사례형, 24법행]** ③ 또한 '제3채무자가 신청한 지급명령에 채무자가 이의를 제기하지 않은 것'이 대위채권자가 행사하고 있는 권리의 처분이라고 볼 수 없다(대판 2007.9.6. 2007다34134).

---

9) "채권자가 채무자와 제3채무자 사이의 무효인 매매계약에 의하여 마쳐진 소유권이전등기의 말소등기청구권을 대위행사하여 소를 제기한 후에 채무자가 무효인 매매계약을 추인하거나, 말소등기청구권을 포기할 수 없다"

(2) 제3채무자의 채권자에 대한 항변권

1) 피보전채권(원칙적 불가, 예외적 가능)

① 원칙적으로 제3채무자는 채무자가 채권자에 대하여 가지는 항변권(소멸시효의 완성의 주장, 취소권, 해제권 등 그 권리의 행사가 채무자의 의사에 달려있는 항변을 말한다)이나 형성권 등과 같이 권리자에 의한 행사를 필요로 하는 사유를 들어 채권자의 채무자에 대한 권리(피보전권리)가 인정되는지 여부를 다툴 수 없다(대판 2004.2.12. 2001다10151 : 1회,3회 선택형).

② 그러나 **채권자의 채무자에 대한 권리의 발생원인이 된 법률행위가 무효라거나 위 권리가 변제 등으로 소멸하였다는 등의 사실을 주장하여 채권자의 채무자에 대한 권리가 인정되는지 여부를 다투는 것은 가능하고**, 이 경우 법원은 제3채무자의 주장을 고려하여 채권자의 채무자에 대한 권리가 인정되는지 여부에 관하여 직권으로 심리 · 판단하여야 한다(대판 2015.9.10. 2013다55300: **표준판례437** : 10회,13회 선택형).

> ✻ **소멸시효 완성을 주장할 수 있는 직접수익자에 해당하지 않는 경우**(A-184.참고)
> '채권자대위권의 행사에서 제3채무자'는 채무자가 채권자에 대하여 가지는 항변으로 대항할 수 없을 뿐더러 시효이익을 직접 받는 자에도 해당하지 않는다는 이유로 채권자의 채권이 시효로 소멸하였다고 주장할 수 없다고 한다(대판 1998.12.8. 97다31472 : 1회,9회,10회,13회 선택형). 다만 채무자가 이미 소멸시효를 원용한 경우에는 피보전채권이 소멸하게 되므로 제3채무자가 그 '효과'를 원용하여 피보전채권의 부존재를 주장하는 것은 허용된다(대판 2008.1.31. 2007다64471).
>
> ✻ **[비교판례] 소멸시효 완성을 주장할 수 있는 직접수익자에 해당하는 경우**(A-184.참고)
> 사해행위취소소송의 상대방이 된 '사해행위의 수익자'는, 사해행위가 취소되면 사해행위에 의해 얻은 이익을 상실하고 사해행위취소권을 행사하는 채권자의 채권이 소멸하면 그와 같은 이익의 상실을 면하는 지위에 있으므로, 피보전채권의 소멸에 의해 직접 이익을 받는 자에 해당한다고 한다(대판 2007.11.29. 2007다54849 : 4회 선택형). **[9회 사례형]**

2) 피대위채권(원칙적 가능, 예외적 불가)

① 원칙적으로 채권자는 채무자의 권리를 행사하는 것이므로 대위권 행사의 통지가 있기 전에 제3채무자는 채무자에 대하여 가지는 모든 항변(피대위권리에 대한 항변)으로 채권자에게 대항할 수 있다(대판 2009.5.28. 2009다4787 : 6회 선택형).

② 그러나 제405조에 따른 통지 후에는 채무자의 '처분권'이 제한되므로, 통지 후에 채무자가 한 피대위권리에 관한 처분행위에 기하여 제3채무자가 취득한 항변사유로는 채권자에게 대항할 수 없다.

> ✻ **채권자와 제3채무자 사이의 독자적인 사정에 기한 사유**(피대위채권의 범위 D-37.참고)
> 채권자가 무효인 소유권이전등기청구권 가등기의 유용 합의에 따라 부동산 소유자인 채무자로부터 그 가등기 이전의 부기등기를 마친 제3채무자를 상대로 채무자를 대위하여 가등기의 말소를 구한 사안에서, 判例는 "**채권자는 제3채무자에 대하여 채무자가 주장할 수 있는 범위 내에서 주장할 수 있을 뿐, 자기와 제3채무자 사이의 독자적인 사정에 기한 사유를 주장할 수는 없다**"(대판 2020.7.9. 2020다223781: **표준판례434** : 4회,8회,14회 선택형)고 판시하여 채권자가 그 부기등기 전에 부동산을 가압류한 사실을 주장하는 것은 채무자가 아닌 채권자 자신이 제3채무자에 대하여 가지는 사유에 관한 것이어서 허용되지 않는다고 하였다. **[10회 사례형, 15법행, 16법무]**

| 핵심사례 B-6a |

■ ★ 채권자대위권의 통지 후 채무자의 처분제한과 '피대위채권'에 대한 제3채무자의 항변권 1.

> 甲의 금전채권자 A는 무자력 甲을 대위하여 甲의 채권자인 근저당권자 B에게 근저당권의 피담보채무가 시효소멸하였다고 주장하면서 근저당권등기의 말소를 구하였다(피담보채무의 시효소멸은 증명되었다고 전제한다). 이에 甲은 A의 대위행사 사실을 알면서도 B에게 '피담보채권이 존재함을 확인한다'는 채무승인서를 작성해 주었다.
> 이에 따른 B의 항변을 고려하여 법원의 판단(각하, 청구기각, 청구인용)을 검토하시오. (20점)

1. 문제점

A의 채권자대위소송의 요건을 검토하건대, 적법요건으로 i) A의 피보전채권인 금전채권이 존재하고, ii) 채권보전의 필요성으로 채무자 甲은 무자력이며, iii) 채무자 甲은 시효가 완성되었음에도 근저당권등기의 말소청구권 행사하고 있지 않다. 본안요건으로 iv) B의 채권이 시효가 완성되었으므로 피대위권리로서 甲의 B에 대한 근저당권 등기말소청구권이 존재한다(제404조). 다만, 甲이 A의 대위행사 사실을 알면서도 B에게 '피담보채권이 존재함을 확인한다'는 채무승인서를 작성해 주었으므로 이의 '법적의미'를 살펴보고, 이를 이유로 제3채무자 B가 채권자 A에게 대항할 수 있는지 '제3채무자의 항변권'이 문제된다.

2. 시효완성 후 채무자 甲의 채무승인서 작성의 법적의미

소멸시효완성 후의 포기는 i) 처분능력과 처분권한을 갖춘 자가 ii) 시효완성 사실을 알고, iii) 권리를 잃을 자에게 '시효이익을 포기하는 의사표시'로 할 수 있다(제184조 1항의 반대해석). 따라서 사안에서 채무자 甲은 A의 대위행사 사실을 알면서도(피담보채무의 시효소멸을 알면서도) 채권자 B에게 '피담보채권이 존재함을 확인한다'는 채무승인서를 작성해 주었으므로 이는 유효한 '소멸시효이익의 포기'가 될 수 있다.

3. 대위권 행사의 통지와 채무자의 처분권 제한

채권자가 보존행위 이외의 권리를 행사한 때에는 채무자에게 이를 통지하여야 하고(제405조 1항), 채무자가 그 통지를 받은 후에는 그 권리를 '처분'하여도 채권자에게 대항하지 못한다(제405조 2항). 그리고 통지는 없었지만 채무자가 대위권행사 사실을 안 때에도 통지가 있었던 때와 마찬가지의 효과가 발생한다(대판 2003.1.10. 2000다27343).

따라서 사안에서 채무자 甲이 A의 대위행사 사실을 알면서도 소멸시효의 이익을 포기한 것도 '처분'행위에 해당하므로 이를 이유로 채무자 甲은 채권자 A에게 대항하지 못한다(대판 2010.10.28. 2010다58377).

4. 채권자대위 소송에서 제3채무자의 채권자에 대한 항변권

(1) 피대위채권에 대한 항변(원칙적 가능, 예외적 불가)

① 원칙적으로 채권자는 채무자의 권리를 행사하는 것이므로 대위권 행사의 통지가 있기 전에 제3채무자는 채무자에 대하여 가지는 모든 항변(피대위권리에 대한 항변)으로 채권자에게 대항할 수 있다(대판 2009.5.28. 2009다4787). ② 그러나 제405조에 따른 통지 후에는 채무자의 '처분권'이 제한되므로, 통지 후에 채무자가 한 피대위권리에 관한 처분행위에 기하여 제3채무자가 취득한 항변사유로는 채권자에게 대항할 수 없다.

(2) 사안의 경우

채무자 甲이 A의 대위행사 사실을 알면서도 소멸시효의 이익을 포기한 '처분행위'를 하였으므로, 채무자 甲뿐만 아니라 제3채무자 B도 채무자 甲의 시효이익포기를 이유로 채권자 A에게 대항할 수 없다(대판 2018.11.9. 2015다75308).

5. 사안의 해결

제3채무자 B가 채무자 甲의 시효이익포기를 이유로 항변하더라도 채권자 A에게 대항할 수 없으므로 법원은 A의 대위청구를 인용해야 한다.

핵심사례 B-6b

★ 채권자대위권의 통지 후 채무자의 처분제한과 '피대위채권'에 대한 제3채무자의 항변권 2.

어느 부동산이 丙 → 乙 → 甲으로 차례로 매도되었는데(등기는 아직 丙에게 있다), 甲이 乙을 대위하여 丙소유의 부동산에 관하여 처분금지가처분을 하였다.
(1) 乙에게 그 사실이 통지된 이후에 乙과 丙이 위 매매를 합의해제하였다. 그 후 甲은 乙을 대위하여 丙에게 위 부동산에 관한 소유권이전등기를 청구할 수 있는가? (10점)
(2) 乙에게 그 사실이 통지된 이후에 乙은 채무를 불이행하여 丙과의 계약이 법정해제되도록 하였다. 그 후 甲은 乙을 대위하여 丙에게 위 부동산에 관한 소유권이전등기를 청구할 수 있는가? (10점)
(3) 乙에게 그 사실이 통지된 이후에 丙이 乙에게 위 부동산에 관한 소유권이전등기를 마쳐주었다. 丙은 이로써 甲에게 대항할 수 있는가? (10점)

I. 채권자대위권 행사사실이 통지된 후에 '채무자와 제3채무자가 합의해제한 것'이 제405조 2항의 '처분'에 해당하는지 여부(적극) [14회 사례형, 16법행]

"채권자가 채무자를 대위하여 제3채무자의 부동산에 대한 처분금지가처분을 신청하여 처분금지가처분 결정을 받은 경우, 이는 그 부동산에 관한 소유권이전등기청구권을 보전하기 위한 것이므로 피보전권리인 소유권이전등기청구권을 행사한 것과 같이 볼 수 있어, 채무자가 그러한 채권자대위권의 행사 사실을 알게 된 이후에 그 부동산에 대한 매매계약을 합의해제함으로써 채권자대위권의 객체인 그 부동산의 소유권이전등기청구권을 소멸시켰다 하더라도 이로써 채권자에게 대항할 수 없다"(대판 1996.4.12. 95다54167 : 1회,3회,6회,11회 선택형).

II. 채권자대위권 행사사실이 통지된 후에 '채무자가 채무를 불이행하여 계약이 해제되도록 한 것'이 제405조 2항의 '처분'에 해당하는지 여부(소극)

종래 判例는 乙에게 그 사실이 통지된 이후에 乙이 의도적으로 이행을 지체하여 丙과 乙과의 매매계약을 적법하게 해제한 경우에 제405조 2항에 의하여 丙은 甲에게 乙과의 위 매매가 해제되었다는 항변을 할 수 없다고 하였다(대판 2003.1.10. 2000다27343).
그러나 최근 전원합의체 판결로 위 판결을 변경하여 丙은 甲에게 乙과의 위 매매가 해제되었다는 항변을 할 수 있다고 한다. 즉, "i) 채무자의 채무불이행 사실 자체만으로는 권리변동의 효력이 발생하지 않아 이를 채무자가 제3채무자에 대하여 가지는 채권을 소멸시키는 적극적인 행위로 파악할 수 없는 점, ii) 법정해제는 채무자의 객관적 채무불이행에 대한 제3채무자의 정당한 법적 대응인 점 등을 고려할 때 채무자가 자신의 채무불이행을 이유로 매매계약이 해제되도록 한 것을 두고 민법 제405조 제2항에서 말하는 '처분'에 해당한다고 할 수 없다. 따라서 채무자가 채권자대위권행사의 통지를 받은 후에 채무를 불이행함으로써 통지 전에 체결된 약정에 따라 매매계약이 자동적으로 해제되거나, 채권자대위권행사의 통지를 받은 후에 채무자의 채무불이행을 이유로 제3채무자가 매매계약을 해제한 경우 제3채무자는 계약해제로써 대위권을 행사하는 채권자에게 대항할 수 있다. 다만 형식적으로는 채무자의 채무불이행을 이유로 한 계약해제인 것처럼 보이지만 실질적으로는 채무자와 제3채무자 사이의 합의에 따라 계약을 해제한 것으로 볼 수 있거나, 채무자와 제3채무자가 단지 대위채권자에게 대항할 수 있도록 채무자의 채무불이행을 이유로 하는 계약해제인 것처럼 외관을 갖춘 것이라는 등의 특별한 사정이 있는 경우에는 채무자가 피대위채권을 처분한 것으로 보아 제3채무자는 계약해제로써 대위권을 행사하는 채권자에게 대항할 수 없다"(대판 2012.5.17. 전합2011다87235 : 4회,6회,7회,8회 선택형).

※ 주의할 것은 甲은 위 (1),(2).의 어느 경우라도 제548조 1항 단서에 의해 보호되지는 않는다는 점이다.[10]

III. 채권자대위권 행사사실이 통지된 후에 '채무자가 제3채무자의 채무이행을 수령한 것'이 제405조 2항의 '처분'에 해당하는지 여부(소극)

乙에게 그 사실이 통지된 이후에 丙이 乙에게 위 부동산에 관한 소유권이전등기를 마쳐주었다면, 判例에 따르면 제405조 2항에서 금지하는 '처분'에 '변제의 수령'은 포함되지 않기 때문에 이는 유효하다고 한다(대판 1991.4.12. 90다9407). 따라서 丙은 이로써 甲에게 대항할 수 있다.

> [심화] 참고로 위 90다9407판례는 "부동산의 전득자(채권자 : 甲)가 양수인 겸 전매인(채무자 : 乙)에 대한 소유권이전등기청구권을 보전하기 위하여 양수인(乙)을 대위하여 양도인(제3채무자 : 丙)을 상대로 처분금지가처분을 한 경우 '가처분에 따른'(채권자대위권이 아님) 피보전권리는 양수인(乙)의 양도인(丙)에 대한 소유권이전등기청구권일 뿐, 전득자(甲)의 양수인(乙)에 대한 소유권이전등기청구권까지 포함되는 것은 아니고, 그 가처분결정에서 제3자에 대한 처분을 금지하였다 하여도 그 제3자 중에는 양수인(乙)은 포함되지 아니하므로 그 가처분 후에 양수인(乙)이 양도인(丙)으로부터 넘겨받은 소유권이전등기는 위 가처분의 효력에 위배되지 아니하여 유효하다"고 판시하였다. [7회 기록형]
>
> [비교판례] 만약 위 사례와 달리 부동산이 丙→乙→甲→A로 차례로 매도되었고 A가 甲과 乙을 순차 대위하여 丙 소유의 부동산에 관하여 처분금지가처분을 하였다면, 丙이 甲에게 등기를 이전한 것은 위 가처분에 위반된다. 즉, "그 처분금지가처분은 A의 甲에 대한 소유권이전등기청구권을 보전하기 위하여 甲 및 乙을 순차 대위하여 丙이 乙 이외의 자에게 그 소유권의 이전 등 처분행위를 못하게 하는 데 그 목적이 있는 것으로서, 그 피보전권리는 실질적 가처분채권자인 乙의 丙에 대한 소유권이전등기청구권이고 甲의 乙에 대한 소유권이전등기청구권이나 A의 甲에 대한 소유권이전등기청구권까지 포함하는 것은 아니므로, 위 처분금지가처분 이후에 가처분채무자인 丙으로부터 甲 앞으로 경료된 소유권이전등기는 비록 그 등기가 가처분채권자인 A에 대하여 소유권이전등기의무를 부담하고 있는 자에게로의 처분이라 하여도 위 처분금지가처분의 효력에 위배되어 가처분채권자인 A에게 대항할 수 없고, 따라서 A의 말소신청에 따라 처분금지가처분의 본안에 관한 확정판결에 기하여 甲 명의의 소유권이전등기를 말소한 것은 적법하다"(대판 1998.2.13. 97다47897)는 判例와 구별하여야 한다.

Ⅳ. 채권자대위권 행사의 효과 [B-56]

1. 효과의 귀속주체

채권자대위권은 채권자가 채무자의 권리를 행사하는 것이므로, 그 행사의 효과는 직접 '채무자'에게 귀속하고 총채권자를 위한 공동담보가 된다.

2. 소멸시효의 중단

① 채권자가 채무자를 대위하여 피대위채권을 대위행사한 경우(제404조), 피대위채권이 시효중단됨은 물론이다. ② 한편 채권자대위권행사의 사실을 채권자가 채무자에게 통지한 때에는 채무자는 자기의 권리를 처분하지 못하는바(제405조 2항), 이는 곧 압류의 효과가 생기는 것과 마찬가지이기 때문에 피보전채권에 압류에 의한 시효중단 또는 적어도 최고로서의 효력은 인정해야 한다.

3. 법정위임관계

① 채권자와 채무자 사이에는 일종의 '법정위임관계'가 성립한다. 따라서 채권자는 채무자의 권리를 행사하는 데 선관의무를 지며(제681조 참조), 그 일환으로 채무자에게 대위권행사의 사실을 통지하여야 하고(제405조 1항), 이를 위반하여 채무자에게 손해를 입힌 때에는 배상책임을 진다. 한편 채권자가 대위권을 행사하는 과정에서 비용을 지출한 때에는 **제688조**(수임인의 비용상환청구권)를 유추적용하여 그 상환을 구할 수 있다(대결 1996.8.21. 96그8 : 5회 선택형).

---

10) 제548조 1항 단서의 제3자의 범위와 관련하여 判例는 "그 해제된 계약으로부터 생긴 법률효과를 기초로 하여 '해제 전'에 새로운 이해관계를 가졌을 뿐 아니라 등기·인도 등으로 완전한 권리를 취득한 자"를 말한다고 한다.
[비교판례] 매수인이 소유권이전등기를 받은 후 매수인의 금전채권자가 그 부동산을 가압류하거나 압류한 경우에는 계약이 해제되더라도 채권자는 보호받는 제3자에 해당한다고 한다(대판 2000.1.14. 99다40937).

② 그리고 "채권자에 의한 채무자 권리의 대위행사의 직접적인 내용이 제3자의 법적 지위를 보전·유지하는 것이 되는 경우에는, 채권자는 자신의 채무자가 아닌 제3자에 대하여도 '사무관리'에 기하여 비용의 상환을 청구할 수 있다"[대판 2013.8.22. 2013다30882 ; 채권자가 자신의 채권을 보전하기 위하여 채무자가 다른 상속인과 공동으로 상속받은 부동산에 관하여 공동상속등기를 대위신청하여 등기가 행하여진 경우, 채권자가 채무자가 아닌 제3자(다른 공동상속인)에 대하여 사무관리에 기하여 등기에 소요된 비용의 상환을 청구할 수 있다고 본 사례](6회 선택형)

4. 대위소송과 중복된 소제기 금지 [민소법 쟁점]

민사소송법 제259조는 '법원에 계속되어 있는 사건에 대하여 당사자는 다시 소를 제기하지 못한다'라고 정하여 중복제소를 금지하고 있는데, 채권자대위소송과 관련하여 判例는 ① 대위 소송 중 채무자 소송(대판 1992.5.22. 91다41187 : 6회 선택형), ② 채무자소송 중 대위소송(대판 1981.7.7. 80다2751), ③ 대위소송 중 다른 채권자 대위소송(대판 1994.2.8. 93다53092 : 7회 선택형) 어느 경우나 민사소송법 제218조 3항 및 법정소송담당설에 따라 채무자의 선, 악을 불문하고 중복소제기 금지에 해당한다고 한다.

5. 대위소송에 의한 판결의 효력 [민소법 쟁점]

判例는 채무자가 어떠한 사유로든 채권자대위소송이 제기된 사실을 알았다면 기판력은 채무자에게 미친다고 한다(대판 1975.5.13. 74다1664 : 1회,6회 선택형). 다만 이때 채무자에게도 기판력이 미친다는 의미는 채권자대위소송의 소송물인 피대위채권의 존부에 관하여 채무자에게도 기판력이 인정된다는 것이고, 채권자대위소송의 소송요건인 피보전채권의 존부에 관하여 당해 소송의 당사자가 아닌 채무자에게 기판력이 인정된다는 것은 아니다. 따라서 채권자가 채권자대위권을 행사하는 방법으로 제3채무자를 상대로 소송을 제기하였다가 채무자를 대위할 피보전채권이 인정되지 않는다는 이유로 소각하 판결을 받아 확정된 경우 그 판결의 기판력이 채권자가 채무자를 상대로 피보전채권의 이행을 구하는 소송에 미치는 것은 아니다(대판 2014.1.23. 2011다108095 : 11회 선택형).

6. 대위소송의 승소판결확정 후 피대위채권에 대한 제3자의 보전처분 [민사집행법 쟁점]

① "집행채권자의 채권자가 집행권원에 표시된 집행채권을 압류 또는 가압류, 처분금지가처분을 한 경우에는 압류 등의 효력으로 집행채권자의 추심, 양도 등의 처분행위와 채무자의 변제가 금지되고 이에 위반되는 행위는 집행채권자의 채권자에게 대항할 수 없게 되므로 집행기관은 압류 등이 해제되지 않는 한 집행할 수 없으니 이는 집행장애사유에 해당한다. 다만 채권압류명령은 비록 강제집행절차에 나아간 것이기는 하나 채권추심명령이나 채권전부명령과는 달리 집행채권의 현금화나 만족적 단계에 이르지 아니하는 보전적 처분으로서 집행채권을 압류한 채권자를 해하는 것이 아니기 때문에 집행채권에 대한 압류의 효력에 반하는 것은 아니므로, 집행채권에 대한 압류는 집행채권자가 채무자를 상대로 한 채권압류명령에는 집행장애사유가 될 수 없다"(대판 2016.9.28. 2016다205915).

② "채권자가 자기의 금전채권을 보전하기 위하여 채무자의 금전채권을 대위행사하는 경우 제3채무자로 하여금 채무자에게 지급의무를 이행하도록 청구할 수도 있지만, 직접 대위채권자 자신에게 이행하도록 청구할 수도 있는데, 채권자대위소송에서 제3채무자로 하여금 직접 대위채권자에게 금전의 지급을 명하는 판결이 확정되더라도, 대위의 목적인 권리, 즉 채무자의 제3채무자에 대한 피대위채권이 판결의 집행채권으로서 존재하는 것이고 대위채권자는 채무자를 대위하여 피대위채권에 대한 변제를 수령하게 될 뿐 자신의 채권에 대한 변제로서 수령하게 되는 것이 아니므로, 피대위채권이 변제 등으로 소멸하기 전이라면 채무자의 다른 채권자는 이에 대하여 압류 또는 가압류, 처분금지가처분을 할 수 있다. 그리고 이러한 경우에는 집행채권자의 채권자가 집행권원에 표시된 집행채권을 압류 또는 가압류, 처분금지가처분을 한 경우에 관한 법리가 그대로 적용된다"(대판 2016.9.28. 2016다205915).

핵심사례 B-07

★ 채권양도와 채권자대위권(채무자 무자력 불요사안) [1회 사례형]   대판 1989.4.25. 88다카4253,4260

甲은 乙에게 자신 소유의 X건물을 2000.6.1.부터 2002.5.31.까지 임차보증금 1억 원, 차임 월 100만 원으로 정하여 임대하여 주었다. 한편, 乙은 사업을 경영하던 중 사업자금이 필요하여 丙으로부터 금 1억 원을 차용하였는데, 이 돈을 갚지 못하게 되어 이에 대한 담보로 2001.6.1. 丙에게 甲에 대하여 가지고 있는 임차보증금반환채권을 양도하여 주고, 같은 날 甲에 대하여 내용증명우편으로 이를 통지하여 다음날 甲이 이를 수령하였다. 그런데, 특별한 사정없이 2002.7.1. 현재까지도 乙은 여전히 X건물에 거주하고 있다. 丙은 乙로부터 위 금전채권을 변제 받지 못하자 담보조로 취득한 위 임대차보증금반환채권을 실행하여 자신의 甲에 대한 금전채권의 만족을 구하려고 한다.
丙이 취할 수 있는 법적구제수단은? (30점)

Ⅰ. 丙의 甲에 대한 양수금청구 소송

1. 丙의 甲에 대한 임대차보증금 양수금 청구원인

2. 甲의 항변

(1) 장래채권인 임대차보증금반환채권의 양도는 효력이 없다는 항변(소극 : 제449조 1항 단서)

判例는 장래 발생할 채권이라도 '현재 그 권리의 특정이 가능'하고 '가까운 장래에 발생할 것임이 상당한 정도로 기대'되는 경우에는 채권양도의 대상이 될 수 있다(대판 1997.7.25. 95다21624)고 한다. 따라서 乙이 甲에 대한 임차보증금반환채권을 임대차 종료 전에 丙에게 양도한 것은 유효하다(제449조 1항 단서 참조).

(2) 乙과의 임대차계약이 묵시적으로 갱신되었으므로 임대차계약이 종료되지 않았다는 항변(소극 : 제451조 2항)

사안의 경우 묵시의 갱신(제639조 1항)에 해당하는 것으로 보이나, 判例는 "임차보증금반환채권이 양도(통지)된 이후에 이루어진 양 당사자 사이에 계약의 갱신 등에 관하여 (묵시적)합의가 있었다고 하여도 그 합의의 효과는 임차보증금반환채권의 양수인에 대하여는 미칠 수 없다"(대판 1989.4.25. 88다카4253,4260)고 한다. 제451조 2항의 반대해석상 判例가 타당한바, 丙은 임대차계약의 종료를 이유로 甲에게 임차보증금반환채권을 행사할 수 있다.

(3) 乙에 대한 동시이행항변으로 丙에게 항변할 수 있는지 여부(적극 : 제451조 2항)

"임대차계약이 만료된 경우에 임차인이 임차물을 인도할 의무와 임대인이 보증금 중 연체차임 등 당해 임대차에 관하여 위 '인도시까지' 생긴 모든 채무를 청산한 나머지를 반환할 의무 사이에는 동시이행 관계에 있다"(대판 1977.9.28. 전합77다1241). 따라서 이 경우 임대인(채무자) 甲은 양수인 丙의 임차보증금반환청구에 대하여 양도인 乙의 X건물반환과 동시이행의 항변으로 丙에게 대항할 수 있다(제451조 2항). 왜냐하면 이 때 동시이행항변권 자체는 임대차가 종료한 때 즉 위 채권양도 통지 뒤에 생긴 것이지만, 그 발생의 기초가 되는 법률관계인 임대차계약은 통지 전에 이미 존재하고 있었기 때문이다(B13-1b.참고).

Ⅱ. 丙의 乙에 대한 채권자대위 소송(丙이 '甲이 乙에 대하여 가지는 임차목적물반환청구권'의 대위행사)

1. 문제점

丙이 甲에 대해 갖고 있는 보증금반환채권을 보전하기 위해 甲을 대위하여 乙에게 건물인도청구를 한 후 甲에 대해 건물인도를 받음과 동시에 자신에게 임차보증금을 지급할 것을 청구할 수 있는지 문제된다.

2. 채권자대위권에 의한 임차목적물반환청구권 행사 가부(보. 필. 불. 대)

(1) 판 례

"임차보증금반환채권을 양수한 채권자가 그 이행을 청구하기 위하여 임차인의 가옥명도가 선 이행되어야 할 필요가 있어서 그 명도를 구하는 경우에는 그 채권의 보전과 채무자인 임대인의 자력유무는 관계가 없는 일이므로 무자력을 요건으로 한다고 할 수 없다"(대판 1989.4.25. 88다카4253,4260)고 한다.

(2) 검토 및 사안의 경우

결국 丙은 甲과 乙을 공동피고로 하여 우선 乙에게는 甲을 대위하여 건물을 임대인 甲에게 명도할 것을 청구하고, 甲에게는 건물을 인도받음과 동시에 자신에게 임차보증금을 반환할 것을 청구함으로써 양수채권의 만족을 구할 수 있다.

> **관련쟁점** ❋ 채권양도의 부수의무를 이유로 丙이 직접 乙에게 임차목적물을 甲에게 인도할 것을 청구할 수 있는지 여부(소극)
>
> 丙은 임대차계약의 당사자가 아닐 뿐만 아니라, 임차보증금반환채권을 양도한 임차인 乙은 양수인 丙에 대해 채권양도의 원인행위에 기한 신의칙상 부수의무로서 임대차계약이 종료하면 임대인에게 임차목적물을 곧바로 인도할 의무를 부담하는 것도 아니므로(다수설), 직접 乙에 대하여 甲에게 인도할 것을 청구하는 것은 허용되지 않는다.

제2관 채권자취소권

쟁점구조

■ 채권자취소의 소를 제기한 경우 전형적 목차구조

Ⅰ. 적법요건(피, 제, 대)…흠결시 소각하

① '상대적 무효설'에 따르면 악의인 수익자 혹은 전득자만이 피고가 되며(피고적격), 채무자는 피고적격이 없다. ② 채권자가 취소원인을 안 날로부터 1년, 법률행위 있은 날로부터 5년 내에 제기하여야 하고(제406조 2항 : 제소기간). ③ 채무자와 수익자 사이의 법률행위만이 취소의 대상이 된다(대상적격).

Ⅱ. 본안요건(보, 사, 사)…흠결시 청구기각

채권자취소권의 요건으로서 ① 객관적 요건으로는 ⅰ) (금전)채권이 사해행위 이전에 발생하여야 하고(피보전채권), ⅱ) 채권자를 해하는 재산권을 목적으로 하는 법률행위가 있어야 하며(사해행위), ② 주관적 요건으로는 채무자 및 수익자(또는 전득자)의 사해의사가 있어야 한다(제406조).

Ⅲ. 취소권행사의 효과

1. 원상회복의 방법

원칙적으로 원물반환, 예외적 가액반환(① 원물반환이 불가능하거나, ② 현저히 곤란한 경우)

(1) 저당권부 부동산이 사해행위로 양도된 후 수익자의 변제에 의하여 저당권이 소멸한 경우(가액반환)

(2) 저당권을 설정하는 행위가 사해행위인 경우, 그 저당권이 실행되어 매각된 경우(가액반환)[11]

(3) 사해행위인 매매예약에 기하여 수익자 앞으로 가등기를 마친 후 전득자 앞으로 가등기 이전의 부기등기를 마치고 가등기에 기한 본등기까지 마친 경우, '수익자'를 상대로 한 사해행위 취소의 경우(가액반환)

(4) 선의의 전득자가 저당권을 취득한 경우(원물반환과 가액반환 선택적 행사가능)

2. 취소의 범위

원칙적으로 사해행위당시 채권자의 채권액, 예외적 전부취소가능(① 다른 채권자가 배당요구를 할 것이 명백한 사정이 있는 경우, ② 목적물이 불가분인 경우)

I. 서 설

[B-57]

> **제406조 (채권자취소권)** ① 채무자가 채권자를 해함을 알고 재산권을 목적으로 한 법률행위를 한 때에는 채권자는 그 취소 및 원상회복을 법원에 청구할 수 있다. 그러나 그 행위로 인하여 이익을 받은 자나 전득한 자가 그 행위 또는 전득당시에 채권자를 해함을 알지 못한 경우에는 그러하지 아니하다. ② 전항의 소는 채권자가 취소원인을 안 날로부터 1년, 법률행위 있은 날로부터 5년내에 제기하여야 한다.
> **제407조 (채권자취소의 효력)** 전조의 규정에 의한 취소와 원상회복은 모든 채권자의 이익을 위하여 그 효력이 있다.

1. 의 의

'채권자취소권'이란 채무자가 채권자를 해함을 알면서 자기의 일반 재산을 감소시키는 법률행위(사해행위)를 한 경우에, 채권자가 그 법률행위를 취소하고 재산을 원상으로 회복하는 것을 내용으로 하는 실체법상의 권리를 말한다(제406조 1항). 채권자대위권과 더불어 채무자의 책임재산의 보전을 위해 채권자에게 부여된 권리이다. 책임재산을 보전하는 절차법상의 방법으로 집행보전절차로서의 압류·가압류 또는 처분금지가처분제도도 있으나, 이들은 책임재산의 현상유지에 기여할 뿐이어서 이미 일탈된 재산을 회복함에 적절하지 못하다.

2. 성 질

(1) 법적 성질

현행법상 채권자취소권은 채무자의 사해행위를 '취소'하고(형성의 소) 아울러 채무자의 일반재산으로부터 일탈된 재산의 '원상회복'(이행의 소)을 구하는 권리이다(절충설 또는 병합설).

(2) 취소의 효과

채권자취소권의 행사는 '거래안전'의 영향이 크므로 취소권 행사의 효과는 수익자나 전득자로부터 일탈재산의 반환을 청구하는데 필요한 범위에서만, 즉 채권자와 그들에 대한 상대적 관계에서만 발생한다고 보는 **상대적 무효설**[12]이 통설·判例의 견해로 타당하다. 이 견해에 따르면 악의인 수익자 혹은 전득자만이 피고가 되며, 채무자는 피고적격이 없다(대판 2004.8.30. 2004다21923 : 3회,6회 선택형).

> **[피고적격 관련판례]** 判例는 채권자가 사해행위의 수익자 또는 전득자에 대하여 회생절차가 개시되더라도 관리인을 상대로 사해행위의 취소 및 그에 따른 원물반환을 구하는 사해행위취소의 소를 제기할 수 있다고 한다(대판 2014.9.4. 2014다36771).[13]

---

11) **[비교판례]** '원물반환'으로 근저당권설정등기의 말소를 명하는 판결확정 후 저당권실행경매절차를 통하여 수익자가 배당금을 수령한 경우에는 가액반환이 불가능한 대신 '대상청구권' 가능(대판 2012.6.28. 2010다71431)(10회, 13회 선택형).

12) **[상대적 무효설의 문제점]** 다만 상대적 무효설에 따르면 ① 채무자 명의로 적법·유효한 부동산 소유권의 등기가 회복된 경우에도 채무자는 소유권을 행사할 수 없는, 처분권한이 없게 되는데, 물권법정주의의 취지상 이러한 소유권을 인정할 수 있는가이다. 다시 말해 강제집행의 수단으로서 소유명의만을 갖는 상태를 어떻게 설명할 수 있는가? ② 채권자와 채무자 사이에서는 사해행위취소의 효과가 발생하지 않는데 채권자가 어떻게 채무자에게 원상회복된 재산에 대하여 강제집행을 할 수 있는가? ③ 민법 제407조에 따르면 채권자취소권을 행사하지 않은 다른 채권자도 채무자에게 원상회복된 재산에 대하여 강제집행을 하거나 그 재산에 대한 강제경매절차에서 배당요구를 할 수 있는데, 이를 어떻게 설명할 것인가? 등의 문제에 명쾌한 답을 내리기 어려운 문제가 있다.

13) **[판례해설]** 채무자 회생 및 파산에 관한 법률 제70조(환취권)는, '회생절차개시는 채무자에게 속하지 아니하는 재산을 채무자로부터 환취하는 권리에 영향을 미치지 아니한다.'고 규정하는데, 수익자 또는 전득자에 대하여 회생절차가 개시된 경우, 채무자의 채권자가 사해행위의 취소와 함께 회생채무자로부터 사해행위의 목적인 재산 그 자체의 반환을 청구하는 것이 환취권의 행사에 해당하는지에 관해, 대법원은 이를 긍정한다(위 2014다36771판결).

Ⅱ. 적법요건(피, 제, 대)…흠결시 소각하 [B-57a]

채권자취소권의 적법요건으로 ⅰ) 피고적격, ⅱ) 제소기간, ⅲ) 대상적격을 갖출 것이 요구된다.

1. 피고적격

'상대적 무효설'에 따르면 악의인 수익자 혹은 전득자만이 피고가 되며, 채무자는 피고적격이 없다.

2. 제소기간

채권자취소의 소는 채권자가 취소원인을 안 날로부터 1년, 법률행위 있은 날로부터 5년 내에 제기하여야 한다(제406조 2항). 이 기간은 제척기간이고, 따라서 법원이 직권으로 그 기간 준수 여부를 심리하여야 한다(대판 2001.2.27. 2000다44348 ; 대판 2009.3.26. 2007다63102는 제척기간의 도과에 대한 증명책임은 채권자취소소송의 상대방에게 있다고 하였다 : 13회 선택형).

(1) 법률행위가 있은 날

'법률행위가 있은 날'이란 사해행위에 해당하는 법률행위가 실제로 이루어진 날을 의미한다(대판 2002.7.26. 2001다73138,73145). 그런데 이를 판정하기 곤란한 경우 등에는 처분문서에 기초한 것으로 보이는 '등기부상 등기원인일자'(등기가 된 일자가 아님)를 중심으로 그러한 사해행위가 실제로 이루어졌는지 여부를 판정할수 밖에 없다(대판 2010.2.25. 2007다28819).

(2) 채권자가 취소원인을 안 날

1) 일반론

① [의미] 여기서 '취소원인을 안 날'이라 함은 단순히 채무자의 법률행위가 있었다는 사실을 아는 것만으로는 부족하고 그 법률행위가 채권자를 해하는 행위라는 것, 즉 그에 의하여 채권의 공동담보에 부족이 생기거나 이미 부족상태에 있는 공동담보가 한층 더 부족하게 되어 채권을 완전하게 만족시킬 수 없게 된다는 것까지 알아야 하며, 나아가 '채무자'에게 사해의 의사가 있었다는 사실까지 알 것을 요한다(대판 2003.7.11. 2003다19435). [2회·3회 사례형]

[관련판례] ㉠ [채권양도의 경우] 만약 "사해행위가 있은 후 채권자가 취소원인을 알면서 피보전채권을 양도하고 양수인이 그 채권을 보전하기 위하여 채권자취소권을 행사하는 경우에는, 채권의 양도인이 취소원인을 안 날을 기준으로 제척기간 도과 여부를 판단하여야 한다"(대판 2018.4.10. 2016다272311 : 판시내용에 따르면 양도인이 취소원인을 모른 경우에는 제척기간 도과여부는 양수인을 기준으로 판단된다는 취지로 이해될 여지가 있다 : 13회 선택형).㉡ [사해행위 이후 피보전채권이 발생하는 경우] 채권자가 '취소원인을 안 날'이란 채권자취소권의 피보전채권이 성립하는 시점과 관계없이 '채권자가 취소원인을 안 날'이라고 보아야 하고, 이는 채권자취소권의 피보전채권이 피고인에 대하여 추징을 명한 형사판결이 확정됨으로써 비로소 현실적으로 성립하게 되는 경우에도 마찬가지이다(대판 2022.5.26. 2021다288020).

② [사해의사 추정] 구체적으로는 사해행위의 객관적 사실을 알았다고 하여 취소의 원인을 알았다고 추정할 수는 없으나(대판 2006.7.4. 2004다61280), 예를 들어 채무자가 유일한 재산인 부동산을 매각하여 소비하기 쉬운 금전으로 바꾸는 경우에는 채무자의 사해의사는 추정되므로, 채무자가 유일한 재산인 부동산을 매도한 경우 그러한 사실을 채권자가 알게 된 때에 채권자가 채무자에게 당해 부동산 외에는 별다른 재산이 없다는 사실을 알고 있었다면 그때 채권자는 채무자가 채권자를 해함을 알면서 사해행위를 한 사실을 알게 되었다고 보아야 한다(대판 1999.4.9. 99다2515). 즉 채무자의 악의가 사실상 추정되는 경우에는 이에 대한 구체적인 인식은 필요 없다(대판 2000.9.29. 2000다3262).

③ [전득자의 사해의사] 한편, '전득자'를 상대로 채권자취소권을 행사하는 경우에는 수익자의 선·악에 상관없이 전득자가 전득행위 당시 채무자와 수익자 사이의 법률행위의 사해성을 인식하였는지 여부

만이 문제가 될 뿐이지, 수익자와 전득자 사이의 전득행위가 다시 채권자를 해하는 행위로서 사해행위의 요건을 갖추어야 하는 것은 아니다(대판 2012.8.17. 2010다87672 : 8회,11회 선택형).

2) 사해행위 취소의 소와 원상회복청구의 소

① **[피고가 동일한 경우]** 채권자는 사해행위의 취소와 원상회복의 청구를 동시에 할 수도 있고(대판 1980.7.22. 80다795), 또는 사해행위의 취소만을 먼저 청구한 다음 원상회복을 나중에 청구할 수도 있으며, 이 경우 사해행위의 취소가 제406조 2항 소정의 기간 안에 제기되었다면 원상회복의 청구는 그 기간이 지난 뒤에도 할 수 있다(대판 2001.9.4. 2001다14108 : 5회,8회 선택형).

② **[피고가 다른 경우]** 그러나 '수익자'를 상대로 사해행위 '취소의 소'를 제기한 다음 기간이 지난 뒤에 '전득자'에 대하여 '원상회복을 구하는 소'를 추가한 경우에는 그렇지 않다. 수익자에 대한 소와 전득자에 대한 소는 별개이기 때문에 채권자는 기간 내에 전득자를 상대로 사해행위 취소를 구하는 소를 제기하였어야 한다. 결국 후자의 경우 전득자에 대하여는 취소를 구하는 소가 적법하게 제기되지 않았기 때문에(기판력의 주관적 범위), 전득자에 대하여 원상회복을 구하는 소는 그 자체로 이유 없게 된다(대판 2005.6.9. 2004다17535 ; 매수인 수익자가 소유권이전등기를 마친 다음 전득자 앞으로 매매예약에 기하여 가등기를 마쳐 준 사안 : 3회 선택형). **[3회·11회 사례형]** 이는 기존 전득자 명의의 등기가 말소된 후 다시 새로운 전득자 명의의 등기가 경료되어 새로운 전득자에 대한 관계에서 채무자와 수익자 사이의 사해행위를 취소하는 청구를 하는 경우에도 마찬가지이다(대판 2014.2.13. 2012다204013).

[구체적 예] 금전채권자 甲은 2012. 12. 1. 채무자 乙의 X아파트 증여행위가 사해행위임을 알게 된 후 1년 안에 수익자 丙을 상대로 채권자취소 및 원상회복 소송을 제기하여 승소판결이 확정되었으나, 수익자 丙이 위 소송의 변론종결 전인 2012. 12. 10. 악의의 戊에게 X아파트를 매도하고 소유권이전등기를 경료해 주었다(戊는 민사소송법 제218조 1항의 '변론종결 후 승계인'이 아니므로 丙에 대한 채권자취소소송의 기판력이 미치지 않는다). 이에 甲은 2013. 12. 9. 戊를 상대로 다시 乙과 丙 사이의 증여계약을 취소하고 戊 명의 등기의 말소를 구하는 소를 제기하였다면, 이는 제소기간 1년의 도과로 甲의 소는 '각하'될 것이다(3회 선택형).

(3) 구체적인 경우

1) 사해행위인 매매예약(제564조)을 원인으로 가등기가 마쳐진 뒤 본계약인 매매계약(제568조)을 원인으로 가등기에 기한 본등기가 마쳐진 경우 [11회 사례형]

사해행위인 매매예약을 원인으로 가등기가 마쳐진 뒤 본계약인 매매계약을 원인으로 가등기에 기한 본등기가 마쳐진 경우, "가등기의 등기원인인 법률행위와 본등기의 등기원인인 법률행위가 명백히 다른 것이 아닌 한, 가등기 및 본등기의 원인행위에 대한 사해행위 취소 등 청구의 제척기간의 기산일은 '가등기'의 원인행위(즉 본등기의 원인행위인 '매매계약'이 아닌 가등기의 원인행위인 '매매예약')가 사해행위임을 안 때이다"(대판 2006.12.21. 2004다24960)[즉, 사안에서 사해행위 요건의 구비여부는 가등기의 원인인 매매예약당시를 기준으로 판단하여야 한다(대판 2014.3.27. 2013다1518 : 4회,8회 선택형)]. 따라서 채권자가 가등기의 원인행위가 사해행위임을 안 때로부터 1년 내에 가등기의 원인행위에 대하여 취소의 소를 제기하였다면, 본등기의 원인행위에 대한 취소 청구는 그 원인행위에 대한 제척기간이 경과한 후 제기하더라도 적법하다.

2) 친족간의 부양료청구권의 침해를 이유로 채권자취소권을 행사하는 경우

친족간의 부양료청구권의 침해를 이유로 채권자취소권을 행사하는 경우의 제척기간은 부양료청구권이 구체적인 권리로서 성립한 시기가 아니라 민법 제406조 제2항이 정한 '취소원인을 안 날' 또는 '법률행위가 있은 날'로부터 진행한다(대판 2015.1.29. 2013다79870 : 10회 선택형).

3) 법인의 대표자가 법인에 대해 불법행위를 한 경우

"법인의 대표자가 법인에 대해 불법행위를 한 경우에는, 법인과 그 대표자의 이익은 상반되므로, 채권자취소권을 행사하는 경우의 제척기간의 기산점인 '취소원인을 안 날'을 판단함에 있어서는, 불법행위를 한 법인의 대표자를 기준으로 해서는 안 되고, **법인의 이익을 정당하게 보전할 다른 대표자나 임원을 기준으로 해서 이들이 취소원인을 안 날을 기산점으로 삼아야 한다**"(대판 2015.1.15. 2013다50435).

3. 대상적격

취소의 대상은 **채무자와 수익자 사이의 법률행위**이지 수익자와 전득자의 법률행위가 아니다(대판 2004.8.30. 2004다21923).

[관련판례] "채권자가 수익자 및 전득자를 공동피고로 삼아 채권자취소의 소를 제기하면서 청구취지로 '채무자와 수익자 사이의 사해행위 취소청구'를 구하는 취지임을 명시하였다면, 전득자에 대한 관계에 있어서 채무자와 수익자 사이의 사해행위를 취소하는 청구도 이에 포함되어 있다고 할 것이므로, 그 취소를 구하는 취지를 수익자에 대한 청구취지와 전득자에 대한 청구취지로 분리하여 각각 기재하지 아니하였다고 하더라도 그 취소를 구하는 취지가 수익자에 대한 청구에 한정되는 것이라고 볼 수는 없다"(대판 2021.2.4. 2018다271909: 표준판례440).

Ⅲ. 본안요건(보, 사, 사)…흠결시 청구기각 [B-58]

채권자취소권의 요건으로서 ① 객관적 요건으로는 ⅰ) (금전)채권이 사해행위 이전에 발생하여야 하고(피보전채권), ⅱ) 채권자를 해하는 재산권을 목적으로 하는 법률행위가 있어야 하며(사해행위), ② 주관적 요건으로는 채무자 및 수익자(또는 전득자)의 사해의사가 있어야 한다(제406조).

1. 피보전채권…본안요건(흠결시 청구기각) [B-58a]

(1) 문제점

채권자취소권을 행사하기 위해서는 채권자의 채권(피보전채권)이 존재하여야 한다. 그런데 피보전채권이 존재하더라도 그 내용이 어떠한 것이어야 하는가, 피보전채권의 성립시기가 언제이어야 하는가 등이 문제된다.

(2) 피보전채권의 내용

1) 금전채권

채권자취소권은 책임재산을 보전하기 위한 것이고 그 행사의 효과는 '모든 채권자의 이익을 위하여' 효력이 있으므로(제407조), 채권자취소권의 피보전채권은 원칙적으로 금전채권이어야 한다.

다만 "채권자취소권 행사는 채무 이행을 구하는 것이 아니라 총채권자를 위하여 채무자의 자력 감소를 방지하고, 일탈된 채무자의 책임재산을 회수하여 채권의 실효성을 확보하는 데 목적이 있으므로, 피보전채권이 사해행위 이전에 성립되어 있는 이상 그 액수나 범위가 구체적으로 확정되지 않은 경우라고 하더라도 채권자취소권의 피보전채권이 된다"(대판 2018.6.28. 2016다1045 : 12회 선택형).

2) 특정채권

가) 문제점

예컨대 A가 B와 매매계약을 체결한 후에 C에게 다시 매매하고 소유권을 이전하여 준 경우, B가 A에 대해 가지는 '소유권이전등기청구권(특정채권)을 보전하기 위하여' 채권자취소권을 행사할 수 있는지 문제된다.

나) 학설 및 판례 검토

민법 제407조에 따라 '특정채권 자체'의 보전을 위한 경우에는 채권자취소권을 행사할 수 없다(통설).

判例도 "채권자취소권을 특정물에 대한 소유권이전등기청구권을 보전하기 위하여 행사하는 것은 허용되지 않으므로, 부동산의 제1양수인은 자신의 '소유권이전등기청구권' 보전을 위하여 양도인과 제3자 사이에서 이루어진 이중양도행위에 대하여 채권자취소권을 행사할 수 없다"(대판 1999.4.27. 98다56690; **표준판례**441 : 1회, 4회, 5회, 8회 선택형)고 한다. [10법무]

3) 피보전채권에 담보가 설정되어 있는 경우

가) 인적 담보

인적담보로부터는 우선변제를 받는다는 보장이 없기 때문에 채권자는 인적담보가 있는지에 관계없이 채권의 전액에 대하여 채권자취소권을 행사할 수 있다.

나) 물적 담보

① 채권자취소권에 의하여 보호될 수 있는 채권은 '책임재산의 감소로 피해를 입을 수 있는 일반채권'이어야 한다. 따라서 만약 피보전채권을 위해 담보권이 설정되어 있다면, 담보제공자가 누구인가를 불문(채무자 또는 제3자 소유의 부동산에 대한 저당권)하고 '그 담보물로부터 우선변제받을 금액'을 공제한 나머지 채권액에 대하여만 채권자취소권이 인정된다(대판 2002.4.12. 2000다63912; **표준판례**442). 이에 대한 증명책임은 '채권자'에게 있고, 이때 우선변제받을 금액은 처분행위(사해행위) 당시의 담보목적물의 시가를 기준(사후에 환가된 가액을 기준으로 하는 것이 아님)으로 산정하는 것이 옳다(대판 2002.11.8. 2002다41589 ; 대판 2014.9.4. 2013다60661 : 12회 선택형).

② 이때 취소채권자가 '담보물로부터 우선변제받을 금액'은 사해행위 당시를 기준으로 담보물의 가액에서 취소채권자에 앞서는 선순위 담보물권자가 변제받을 금액을 먼저 공제한 다음 산정하여야 한다. 따라서 예컨대, 사해행위 당시 채무자에 대하여 근로기준법 등에 따라 최우선변제권을 갖는 임금채권자가 존재하는 경우 '물적 담보자인 취소채권자'가 그 담보물로부터 우선변제 받을 금액은 사해행위 당시를 기준으로 담보물의 가액에서 우선변제권 있는 임금채권액(이, 고, 현)[14]을 먼저 공제한 다음 산정하여야 하고, 취소채권자는 그 채권액에서 위와 같이 산정된 '담보물로부터 우선변제받을 금액'을 공제한 나머지 채권액에 대하여만 채권자취소권이 인정된다(대판 2021.11.25. 2016다263355).

4) 이혼시 재산분할청구권

종래 재산분할청구권이 구체적으로 확정되기 전에 재산분할청구권을 피보전권리로 하는 사해행위취소권이 인정되는지 여부에 대하여 다툼이 있었으나, 현행 개정법에서 부부의 일방이 상대방 배우자의 재산분할청구권 행사를 해함을 알고 사해행위를 한 때에는 상대방 배우자가 그 취소 및 원상회복을 법원에 청구할 수 있도록 재산분할청구권을 보전하기 위한 사해행위취소권을 인정하고 있다(제839조의3, 제843조). 재산 명의자가 아닌 배우자의 부부재산에 대한 잠재적 권리 보호가 강화될 것으로 기대되고 있다.

5) 정지조건부채권

判例는 "채권자취소권 행사는 채무 이행을 구하는 것이 아니라 총채권자를 위하여 채무자의 자력 감소를 방지하는 데 목적이 있는 점과 민법이 제148조, 제149조에서 조건부권리의 보호에 관한 규정을 두고 있는 점을 종합해 볼 때, 취소채권자의 채권이 정지조건부채권이라 하더라도 **장래에 정지조**

---

14) "사해행위 당시 최우선변제권을 갖는 임금채권이 이미 성립되어 있고, 임금채권자가 우선변제권 있는 임금채권에 기하여 취소채권자의 담보물에 관하여 압류나 가압류 등기를 마치는 등 가까운 장래에 우선변제권을 행사하리라는 점에 대한 고도의 개연성이 있으며, 실제로 가까운 장래에 임금채권자가 그 담보물에 관하여 우선변제권을 행사하여 그 개연성이 현실화된 경우에는, 사해행위 당시 담보물로부터 우선변제를 받을 수 없는 일반채권이 발생할 고도의 개연성이 가까운 장래에 현실화된 것이므로 그 일반채권도 채권자취소권을 행사할 수 있는 피보전채권이 될 수 있다"

건이 성취되기 어려울 것으로 보이는 등 특별한 사정이 없는 한, 이를 피보전채권으로 하여 채권자취소권을 행사할 수 있다"(대판 2011.12.8. 2011다55542: 표준판례443)고 한다. 즉, 사해행위 당시에 정지조건이 성취되지 않았다고 하더라도 정지조건부채권을 피보전권리로 하여 채권자취소권을 행사할 수 있다고 보았다.

(3) 피보전채권의 성립시기

1) 원 칙

채권자취소권의 피보전채권은 채권자대위권의 경우와는 달리 사해행위를 목적으로 하는 원인행위 이전에 발생되어 있어야 하는 것이 원칙이다(대판 1962.11.15. 62다634). 피보전채권의 성립시기를 이처럼 제한하는 이유는 ① 사해행위 당시에 존재하지 않았던 채권은 사해행위에 의하여 침해된다고 볼 수 없으며(객관설), ② 일반적으로 사해행위 당시에 성립하지 않은 채권에 대해서는 채무자의 사해의사를 인정할 수 없기 때문이다(주관설).

아울러 사해행위 이전에 이미 발생한 채권이면 이행기의 도래를 요건으로 하지 않는다. 또한 채권자의 채권이 사해행위 이전에 성립되어 있는 이상 그 채권이 양도된 경우에도 채권은 동일성을 잃지 않으므로 양수인은 채권자취소권을 행사할 수 있다(채권양도의 대항요건을 사해행위 이후에 갖추었더라도 상관없다 ; 대판 2006.6.29. 2004다5822).

2) 예 외(기, 고, 현)

判例는 "채권자취소권에 의하여 보호될 수 있는 채권은 원칙적으로 사해행위라고 볼 수 있는 행위가 행하여지기 전에 발생한 것임을 요하나, ⅰ) 사해행위 당시에 이미 채권 성립에 기초가 되는 법률관계가 발생되어 있고, ⅱ) 가까운 장래에 그 법률관계에 기하여 채권이 성립되리라는 점에 대한 고도의 개연성이 있으며, ⅲ) 실제로 가까운 장래에 그 개연성이 현실화되어 채권이 성립된 경우에는 그 채권도 채권자취소권의 피보전채권이 될 수 있다"(대판 1999.11.12. 99다29916 등)고 한다.

[판례검토] 장래의 채권의 경우에도 채권자를 위하여 책임재산을 보전할 필요가 있고 또 일정한 경우 채무자에게 채권자를 해한다는 점에 대한 인식이 있었다고 볼 수 있어, 채권자취소권 제도의 취지에 부합한다는 점(대판 2002.11.8. 2002다42957판시내용)에서 判例의 태도는 타당하다.

3) 부동산 이중매매의 경우 피보전채권의 성립시기

가) 문제점

앞서 검토한 부동산 이중매매에서 B의 A에 대한 '소유권이전채무의 이행불능에 따라 B가 A에 대해 가지는 손해배상청구권(금전채권)을 보전하기 위하여' B가 A와 C 사이의 매매계약을 사해행위를 이유로 취소할 수 있는지 문제된다. 이것이 문제되는 이유는 B의 A에 대한 손해배상청구권은 사해행위인 제2매매계약 이후에 발생한 것이기 때문이다.

나) 판 례 [10법무]

"사해행위라고 주장하는 이 사건 부동산에 관한 매매 당시 아직 위 손해배상채권이 발생하지 아니하였고, 그 채권 성립에 관한 고도의 개연성 또한 없어 원고는 피고에 대한 '손해배상채권'을 피보전채권으로 하여 채권자취소권을 행사할 수 없다"(대판 1999.4.27. 98다56690: 표준판례441 : 1회,4회,5회,8회,12회 선택형)고 한다.

다) 검 토

① 손해배상청구권의 기초는 사해행위 이전에 발생했다고 보아 채권자취소권의 대상이 된다는 견해도 있으나, ② 제1매수인이 매도인에게 가지는 손해배상청구권은 매도인이 이중양도하면서 그 이후

에 비로소 발생한 것으로 보아야 하므로 判例의 태도가 타당하다. 주의할 점은 채권자취소권의 행사를 인정하더라도, 제1매수인은 매도인에게 원상회복된 부동산에 대하여 위 손해배상채권을 집행권원으로 하여 강제집행을 할 수 있을 뿐, 다시 매도인에게 제1매매를 원인으로 한 소유권이전등기를 청구할 수는 없다. 따라서 위와 같은 채권자취소권의 행사는 제1매수인이 당해 부동산에 관한 소유권을 취득할 수 있는 방법으로는 실효성이 없다.

> ※ **채권성립의 기초가 되는 법률관계** ★
> ① [**주채무자의 사해행위 후에 발생한 보증인의 사후구상권 : 긍정**] 判例는 ㉠ 변제기가 도래하면 수탁보증인에게는 사전구상권이 발생하므로(제442조 1항 4호) 주채무자가 변제기 도래 후에 사해행위를 한 경우 수탁보증인은 '사전구상권을 피보전채권'으로 채권자취소권을 행사할 수 있을 뿐만 아니라, ㉡ 변제기가 도래한 후에 보증인이 보증채무를 이행하여 사후구상권이 발생하기 전에(제441조, 제444조) 주채무자가 사해행위를 한 경우에도 이미 '채권성립의 기초가 되는 법률관계(보증계약)'가 발생되어 있고 다른 요건도 충족하므로 '사후구상권을 피보전채권'으로 채권자취소권을 행사할 수도 있다고 본다(대판 1995.11.28. 95다27905).
>
> [심화] 만약 '변제기 전에' 주채무자가 사해행위를 한 경우에는 변제자대위의 법리 즉, 나중에 보증인이 변제하면 보증인은 제482조 1항에 의해 채권자의 채권 및 그 담보에 관한 권리를 행사할 수 있는 바, 채권자의 채권자취소권을 '대위행사'할 수 있다(제404조). 이 경우 보증인의 채권자대위권의 피보전채권은 변제자대위권인바, 채권자대위권을 행사할 당시에는 보증인이 이미 변제했기 때문에 변제자대위권이 있다. 채권자대위권에서 피보전채권은 피대위채권(채권자취소권)보다 먼저 성립해 있을 필요가 없다.
>
> ② [**구상보증인의 사해행위 후에 발생한 보증인의 구상보증채권 : 긍정**] 判例는 주채무자의 재산상태가 악화되어 주채무자가 변제기에 주채무를 변제못할 것으로 예상되자, 구상보증인이 '주채무의 변제기 전'에 자기의 유일한 재산을 그의 처에게 증여하였고, 그 뒤 실제로 주채무자가 주채무를 변제하지 못하여 보증인이 대신 변제한 경우, 보증인의 구상보증인에 대한 구상보증채권(피보전채권)이 비록 사해행위 이후에 생겼지만 이미 '채권성립의 기초가 되는 법률관계(구상보증계약)'가 발생되어 있고 다른 요건도 충족하므로 보증인은 이를 피보전채권으로 하여 구상보증인의 위 증여에 대하여 채권자취소권을 행사할 수 있다고 하였다(대판 1997.10.28. 97다34334).
>
> ③ [**채무자의 사해행위 후에 발생한 신용카드회사의 신용카드대금채권 : 부정**] 判例는 채무자가 채권자와 신용카드가입계약을 체결하고 신용카드를 발급받았으나 자신의 유일한 부동산을 매도한 후에 비로소 신용카드를 사용하기 시작하여 신용카드대금을 연체하게 된 사안에서는, 신용카드를 사용함으로써 비로소 채권이 성립하는 것이므로, 단순히 신용카드가입계약만으로 '채권성립의 기초가 되는 법률관계'에 해당하는 것으로는 보지 않았다. 그래서 위 신용카드대금채권은 사해행위 이후에 발생한 채권에 불과하여 사해행위의 피보전채권이 될 수 없다고 하였다(대판 2004.11.12. 2004다40955 : 2회 선택형).
>
> ④ "여기에서의 '채권성립의 기초가 되는 법률관계'는 당사자 사이의 약정에 의한 법률관계에 한정되는 것이 아니고, 채권성립의 개연성이 있는 준법률관계나 사실관계 등을 널리 포함하며, 따라서 당사자 사이에 채권 발생을 목적으로 하는 계약의 교섭이 상당히 진행되어 그 계약체결의 개연성이 고도로 높아진 단계도 여기에 포함되는 것으로 보아야 한다"(대판 2002.11.8. 2002다42957)

(4) **피보전채권이 흠결된 경우의 효과 및 피보전채권의 변경** [민소법 쟁점]

1) **피보전채권이 흠결된 경우의 효과** [9회 사례형]

채권자취소권의 피보전채권이 흠결된 경우에는 채권자취소권이 발생하지 않은 것이 되어 원고의 청구는 이유 없게 된다. 따라서 법원은 원고의 청구를 '기각'하게 된다(대판 1993.2.12. 92다25151 : 3회 선택형 ; 이에 비해 채권자대위권에서 피보전채권이 존재하지 않으면 '소각하' 판결을 한다).

2) 사해행위취소소송 계속 중 피보전채권의 변경

채권자가 사해행위의 취소를 구하면서 그 보전하고자 하는 채권을 추가하거나 교환하는 것은 그 사해행위취소권을 이유 있게 하는 공격방법에 관한 주장을 변경하는 것일 뿐이지 소송물 또는 청구 자체를 변경하는 것이 아니므로, '소의 변경'이라고 할 수 없다(대판 2003.5.27, 2001다13532 : 13회 선택형). 따라서 피보전채권을 교환적으로 변경하였다고 하더라도 제척기간의 준수 여부는 최초에 소를 제기할 때를 기준으로 판단하여야지 피보전채권을 변경하는 서면을 법원에 제출한 때를 기준으로 하여서는 아니 된다(11회 선택형).

3) 사해행위취소소송 승소확정 후 피보전채권이 소멸된 경우

"채권자취소소송에서 피보전채권의 존재가 인정되어 사해행위 취소 및 원상회복을 명하는 판결이 확정되었다고 하더라도, 그에 기하여 재산이나 가액의 회복을 마치기 전에 피보전채권이 소멸하여 채권자가 더 이상 채무자의 책임재산에 대하여 강제집행을 할 수 없게 되었다면, 이는 위 판결의 집행력을 배제하는 적법한 청구이의 이유가 된다"(대판 2017.10.26, 2015다224469 : 14회 선택형).

2. 사해행위의 존재 … 본안요건(흠결시 청구기각) [B-58b]

[쟁점 09] 사해행위

Ⅰ. '채무자'의 행위

전득자가 존재하는 경우 수익자와 전득자 사이의 법률행위는 사해행위취소의 대상이 되지 않는다(대판 2004.8.30, 2004다21923 : 4회,8회 선택형). 한편 判例에 따르면 '부동산 실권리자명의 등기에 관한 법률'의 시행 후에 부동산 소유자가 등기명의를 수탁자에게 이전하는 이른바 양자간 명의신탁에서, 신탁부동산에 관하여 채무자인 신탁자가 '실질적 당사자'(신탁자가 직접 자신의 명의 또는 수탁자의 명의로 제3자와 매매계약을 체결하는 등)가 되어 법률행위를 하는 경우 이러한 신탁자의 법률행위가 사해행위에 해당할 수 있다고 보고, 이 경우 사해행위의 대상은 '신탁자'와 제3자 사이의 법률행위가 될 것이고, 원상회복은 제3자가 '수탁자'에게 말소등기절차를 이행하는 방법에 의할 것이라고 한다(대판 2012.10.25, 2011다107382). **[8회 사례형]**

Ⅱ. '재산권'을 목적으로 한 행위

가족법상의 행위에 관해서 判例는 정당한 범위내의 처분행위는 허용하면서 예외적으로 사해행위가 되는 경우를 분명히 밝힌 바 있다.

1. 제839조의2 이혼에 따른 재산분할약정(원칙적 부정, 예외적 긍정)

判例는 "이혼에 따른 재산분할은 혼인 중 쌍방의 협력으로 형성된 공동재산의 청산이라는 성격에 상대방에 대한 부양적 성격이 가미된 제도임에 비추어(청산 및 부양설 : 저자주) 재산분할이 제839조의2 제2항의 규정 취지에 따른 상당한 정도를 벗어나는 과대한 것이라고 인정할 만한 특별한 사정이 없는 한, 사해행위로서 취소되어야 할 것은 아니고, 다만 상당한 정도를 벗어나는 초과부분에 대하여는 적법한 재산분할이라고 할 수 없기 때문에 이는 사해행위에 해당하여 취소의 대상으로 될 수 있을 것이나, 이 경우에도 취소되는 범위는 그 상당한 정도를 초과하는 부분에 한정하여야 하고(일부사해행위 : 저자주), 위와 같이 상당한 정도를 벗어나는 과대한 재산분할이라고 볼 만한 특별한 사정이 있다는 점에 관한 입증책임은 채권자에게 있다"(대판 2000.9.29, 2000다25569 : 4회 선택형)고 한다. **[11입법]**

※ **구체화되지 않은 재산분할청구권의 포기가 사해행위가 될 수 있는지 여부**(소극)
"이혼으로 인한 재산분할청구권은 이혼을 한 당사자의 일방이 다른 일방에 대하여 재산분할을 청구할 수 있는 권리로서 이혼이 성립한 때에 그 법적 효과로서 비로소 발생하는 것일 뿐만 아니라, 협의 또는 심판에 의하여 구체적 내용이 형성되기까지는 그 범위 및 내용이 불명확·불확정하기 때문에 구체적으로 권리가 발생하였다고 할 수 없으므로 협의 또는 심판에 의하여 구체화되지 않은 재산분할청구권은 채무자의 책임재산에 해당하지 아니하고, 이를 포기하는 행위 또한 채권자취소권의 대상이 될 수 없다"
(대판 2013.10.11. 2013다7936 : 4회, 11회 선택형). [25법무]

2. 제1012조 이하 상속재산의 분할협의(원칙적 긍정, 예외적 제한 ; 아래 판례연구 B-7.참고)

3. 제1041조 이하 상속포기(부정 ; 아래 판례연구 B-7.참고)

4. 제1074조 유증의 포기
"유증을 받을 자는 유언자의 사망 후에 언제든지 유증을 승인 또는 포기할 수 있고, 그 효력은 유언자가 사망한 때에 소급하여 발생하므로(민법 제1074조), 채무초과 상태에 있는 채무자라도 자유롭게 유증을 받을 것을 포기할 수 있다. 또한 채무자의 유증 포기가 직접적으로 채무자의 일반재산을 감소시켜 채무자의 재산을 유증 이전의 상태보다 악화시킨다고 볼 수도 없다. 따라서 유증을 받을 자가 이를 포기하는 것은 사해행위 취소의 대상이 되지 않는다"(대판 2019.1.17. 2018다260855 : 9회 선택형).

판례연구 B-07

★ 상속재산분할협의 또는 상속포기와 사해행위 [16사법 1차, 11입법]

피상속인인 乙은 시가 3억 원 상당의 아파트와 현금 8,000만 원을 남기고 사망하였다. 乙의 상속인은 A를 포함하여 5명의 자녀가 있다. A는 甲에 대하여 1억 원의 채무를 부담하고 있으며, 다른 재산은 없다.
1. A가 아파트에 대한 지분을 포기하는 대신, 현금 8,000만 원을 상속하는 것으로 재산분할을 하였다면, 그 재산분할은 甲에 대한 관계에서 사해행위에 해당하는가? (10점)
2. A가 법원에 상속포기신고를 함으로써 아무런 재산도 상속받지 않았다면, 그 상속포기는 甲에 대한 관계에서 사해행위에 해당하는가? (10점)
3. A가 乙의 생전에 乙로부터 이미 2억 원을 사업자금으로 증여받았고 위 자금이 특별수익으로 인정될 경우, A가 상속재산분할협의과정에서 상속분을 포기한다면 그 재산분할은 甲에 대한 관계에서 사해행위에 해당하는가? (10점)

I. 설문 1.의 경우

1. 판 례

"이미 채무초과 상태에 있는 채무자가 상속재산의 분할협의를 하면서 유일한 상속재산인 부동산에 관하여는 자신의 상속분을 포기하고 대신 소비하기 쉬운 현금을 지급받기로 하였다면, 이러한 행위는 실질적으로 채무자가 자기의 유일한 재산인 부동산을 매각하여 소비하기 쉬운 금전으로 바꾸는 것과 다르지 아니하여 특별한 사정이 없는 한 채권자에 대하여 사해행위가 된다고 할 것이며, 이와 같은 금전의 성격에 비추어 상속재산 중에 위 부동산 외에 현금이 다소 있다 하여도 마찬가지로 보아야 할 것이다"(대판 2008.3.13. 2007다73765)

2. 검토 및 사안의 경우

상속재산의 분할협의는 성질상 재산권을 목적으로 하는 법률행위이므로 사해행위가 될 수 있고, 한편 채무자가 자기의 유일한 재산인 부동산을 매각하여 소비하기 쉬운 금전으로 바꾸는 행위는 특별한 사정이 없는 한 채권자에 대하여 사해행위가 되는 것이므로 判例의 태도가 타당하다.

설문에서 상속재산에는 아파트 외에도 현금 8000만 원이 있으나 채무자 A가 부동산인 아파트에 대한 지분을 포기하고 소비하기 쉬운 현금을 상속받는 것은 判例에 따르면 사해행위에 해당한다.

Ⅱ. 설문 2.의 경우

1. 판 례

判例는 "상속의 포기는 비록 포기자의 재산에 영향을 미치는 바가 없지 아니하나 상속인으로서의 지위 자체를 소멸하게 하는 행위로서 순전한 재산법적 행위와 같이 볼 것이 아니다. 오히려 상속의 포기는 1차적으로 피상속인 또는 후순위상속인을 포함하여 다른 상속인 등과의 인격적 관계를 전체적으로 판단하여 행하여지는 '인적 결단'으로서의 성질을 가진다"(대판 2011.6.9. 2011다29307: 표준판례450 : 9회,10회 선택형)고 보아 상속의 포기는 사해행위취소의 대상이 되지 못한다고 한다.

2. 검토 및 사안의 경우

상속의 포기는 신분행위이지 재산상의 법률행위라고 보기는 곤란하며, 상속포기의 본질은 상속인의 개인의사의 자유를 보장하고 상속인을 보호하기 위하여 만들어진 것이라는 점(대판 2005.1.14. 2003다38573,38580), 상속포기를 취소할 수 있다고 하면 상속재산을 신속하고 확정적으로 안정시키고자 하는 우리 민법의 태도(제1019조)에도 배치된다는 점에서 부정하는 것이 타당하다. 따라서 설문에서 A가 법원에 상속포기신고를 함으로써 아무런 재산도 상속받지 않았더라도 甲은 A의 상속포기가 사해행위임을 이유로 취소할 수 없다.

Ⅲ. 설문 3.의 경우

1. 판 례

判例에 따르면 "상속재산의 분할협의는 상속이 개시되어 공동상속인 사이에 잠정적 공유가 된 상속재산에 대하여 그 전부 또는 일부를 각 상속인의 단독소유로 하거나 새로운 공유관계로 이행시킴으로써 상속재산의 귀속을 확정시키는 것으로 그 성질상 재산권을 목적으로 하는 법률행위이므로 사해행위취소권 행사의 대상이 될 수 있다. 다만, 상속재산의 분할협의를 하면서 상속재산에 관한 권리포기는 구체적 상속분에 미달하는 과소한 부분에 한하여 사해행위가 되므로(일부사해행위 : 저자주), 사해행위로서 취소되는 범위는 그 미달하는 부분에 한정하여야 한다. 여기서 구체적 상속분이 법정상속분과 다르다는 사정은 채무자가 주장·입증하여야 할 것이다"고 하였다(대판 2001.2.9. 2000다51797: 표준판례449 : 5회,8회 선택형).

2. 검토 및 사안의 경우

상속재산의 분할협의는 상속재산의 귀속을 확정시키는 것으로 그 성질상 재산권을 목적으로 하는 법률행위이므로 원칙적으로 사해행위취소권 행사의 대상이 될 수 있다. 다만 상속재산분할협의가 사해행위에 해당하기 위해서는 분할협의의 결과 채무자의 상속분이 '구체적 상속분'에 미달하는 경우여야 한다. 여기서 상속분이란 각 공동상속인이 소극재산을 포함한 포괄적인 상속재산에 대하여 가지는 권리, 의무의 비율을 말하는데(제1007조), 공동상속인 중에 피상속인으로부터 증여 또는 유증을 받은 자가 있는 경우 그 재산가액을 공제한 나머지 상속분에 달하지 못하는 부분에 대해서만 상속을 받게 된다(제1008조). 이러한 증여나 유증을 특별수익이라 하는데, 각 상속인의 상속재산분배액은 "(현존상속재산가액 + 생전증여의 가액) × 법정상속분 - 특별수익"이고, 소극재산은 상속재산에 포함시키지 않는다.

따라서 설문의 경우 A는 2억 원의 특별수익이 있으므로 A의 구체적 상속분은 (시가 3억 원 상당의 아파트+현금 8000만 원+생전증여액 2억) × 법정상속분 1/5(제1009조 1항, 제1000조 1항 1호)으로서 1억 1600만 원이 된다. 따라서 A는 이미 2억의 특별수익을 얻었으므로 더 이상 상속받을 것이 없어 협의분할과정에서 상속지분을 포기하더라도 사해행위라고 할 수 없다.

Ⅲ. 채권자를 해하는 법률행위(사해행위)일 것

1. '법률행위'일 것

(1) 일반론

① 여기서 법률행위는 넓게 해석되어 계약뿐만 아니라 단독행위(예컨대 소멸시효이익의 포기 ; 대결 2013.5.31. 2012마712), **채권행위**[영업양도계약도 채권자취소권 행사의 대상이 될 수 있다(대판 2015.12.10. 2013다84162)] 뿐만 아니라 **물권행위도 포함된다**[대판 1975.4.8. 74다1700 ; 가령 부동산매매의 경우, 사해행위는 등기를 완성한 때에 완성되지만(그 전까지는 채무자의 책임재산으로 존재하는 것이므로) 이 경우 취소의 대상이 되는 것은 매매계약이 되고, 그 등기말소는 매매계약의 취소에 따른 원상회복으로 처리된다]. 최근에는 건축 중인 건물 외에 별다른 재산이 없는 채무자가 수익자에게 책임재산인 해당 건물을 양도하기 위해 수익자 앞으로 '건축주명의를 변경해주기로 한 약정'도 사해행위가 될 수 있다고 한다(대판 2017.4.27. 2016다279206).

② **관념의 통지**(채권양도의 통지, 시효중단 사유인 채무의 승인)나 **의사의 통지**(예컨대 이행의 최고)와 같은 준법률행위도 취소의 대상이 될 수 있다. 다만 채권양도의 통지를 취소하는 경우 그 외에 채권양도행위 자체를 취소하여야 채권자취소권의 목적이 달성될 것이다. 이때 채권양도행위가 사해행위에 해당하지 않는 경우에 양도통지가 따로 채권자취소권 행사의 대상이 될 수는 없다(대판 2012.8.30. 2011다32785,32792).[15]

(2) 무효, 해제, 해지된 법률행위

법률행위는 반드시 유효하여야만 하는 것은 아니다. 통정허위표시로서 무효인 법률행위도 채권자취소권의 대상이 될 수 있다(대판 1984.7.24. 84다카68 : 1회,2회,6회 선택형). 한편, 채권자가 채무자의 부동산에 관한 사해행위를 이유로 수익자를 상대로 사해행위취소를 청구하는 경우에 그 법률행위가 해제 또는 해지되어 원래의 재산상태로 이미 복귀되었다면, 그 채권자취소소송은 특별한 사정이 없는 한 '권리보호의 이익'이 없다(대판 2008.3.27. 2007다85157 ; 이에 대한 예외로 대판 2013.5.9. 2011다75232[16]).

2. '사해행위'의 일반적인 판단기준

(1) 일반론

1) 사해행위 개념 및 판단시점

① 채권자를 해한다 함은 채무자의 재산행위로 그의 일반재산이 감소하여 '채권의 공동담보에 부족'이 생기게 되는 것, 즉 채무초과상태에 이르거나 이미 이른 채무초과상태가 심화되어야 한다(즉, 채무자의 무자력). 채무자의 법률행위가 사해행위가 되는지는 **처분행위 당시를 기준**으로 판단하여야 한다. 따라서 행위 당시에 무자력이 아닌 이상 후에 무자력으로 되었더라도 사해행위로 되는 것은 아니다. 다만 행위시에 무자력인 경우에도 채무자가 후에 자력을 회복한 때에는 취소권을 인정할 필요가 없으므로, **무자력은 사실심변론종결시까지 유지되어야** 한다(이 경우 그러한 사정변경이 있다는 사실은 채권자취소소송의 상대방이 증

---

15) [사실관계] 乙이 丙에게 임대차보증금반환채권을 양도하고 임대인에게 그 통지를 하였는데, '양도 후 통지 전'에 乙에 대하여 대여금채권을 갖게 된 甲이 '양도통지'가 사해행위라고 주장하며 丙을 상대로 채권자취소권을 행사한 사안에서, 위 임대차보증금반환채권은 乙과 丙 사이의 채권양도계약으로 이미 丙에게 이전되는 효력이 발생한 것이니, 이는 그 이후에 피보전권리를 취득한 甲에 대한 관계에서는 채권자취소권에 의하여 보전할 책임재산에 포함되지 않는 것이고, 결국 위 채권양도행위가 사해행위에 해당하지 않는 이상 그 이후에 이루어진 채권양도 통지만이 채권자취소의 대상이 될 수는 없다고 한 사례.

16) "채무자가 선순위 근저당권이 설정되어 있는 상태에서 그 부동산을 제3자에게 양도한 후 선순위 근저당권설정계약을 해지하고 근저당권설정등기를 말소한 경우에, 비록 근저당권설정계약이 이미 해지되었지만 그것이 사해행위에 해당하는지 여부에 따라 후행 양도계약 당시 당해 부동산의 잔존가치가 피담보채무액을 초과하는지 여부가 달라지게 되고 그 결과 후행 양도계약에 대한 사해취소청구가 받아들여지는지 여부 및 반환범위가 달라지게 되는 때에는 이미 해지된 근저당권설정계약이라 하더라도 그에 대한 사해행위취소청구를 할 수 있는 권리보호의 이익이 있다"

명하여야 한다 ; 대판 2007.11.29. 2007다54849 참고 : 5회,11회,13회 선택형) [15법행]

[관련판례] 判例는 '처분행위' 당시를 사해행위의 판단기준으로 ㉠ **정지조건부 처분행위** 재산처분행위가 정지조건부인 경우라 하더라도 사해행위 판단의 기준시점은 '조건성취시'가 아닌 정지조건부 처분행위시이며 (대판 2013.6.28. 2013다8564), ㉡ **집합채권의 양도예약** 채무자 甲이 자신의 채무를 담보하기 위하여 현재 보유하고 있거나 장래에 보유하게 될 채권을 일괄하여 특정채권자 乙에게 양도하기로 하는 '집합채권의 양도예약(양도담보의 예약으로 추정)을 체결한 다음 乙의 예약완결권의 행사에 기하여 당해 채권이 양도된 경우, 다른 채권자에 대한 관계에서 사해행위 여부를 판단하는 기준시점은 특정채권자 乙이 '예약완결권을 행사'할 때가 아니라 양도담보 예약시를 기준으로 판단해야 한다고 한다(대판 2016.7.14. 2014다233268).

② ㉠ 判例에 따르면 가등기에 기하여 본등기가 경료된 경우 가등기의 원인인 법률행위와 본등기의 원인인 법률행위가 명백히 '다른 것이 아닌 한' 사해행위 요건의 구비 여부는 가등기의 원인된 법률행위 당시를 기준으로 하여 판단하여야 한다(대판 2001.7.27. 2000다73377 ; 5회 선택형) [15법행]

㉡ 그러나 가등기와 본등기의 원인인 법률행위가 '다르다면' 사해행위 요건의 구비 여부는 본등기의 원인인 법률행위를 기준으로 판단해야 하고 제척기간의 기산일도 본등기의 원인인 법률행위가 사해행위임을 안 때라고 보아야 한다(대판 2021.9.30. 2019다266409: 표준판례455456). 예컨대 乙의 채무자인 甲이 자신의 유일한 재산인 X부동산에 관해 丙과 2004. 8. 30. 매매예약을 체결하고 소유권이전등기청구권 보전을 위한 가등기를 했으나 2014. 9. 30 丁과 새로운 매매계약을 체결하면서 종전 가등기를 유용하기로 합의하고 가등기에 기해 본등기를 했다면, 사해행위 요건과 제척기간은 甲과 丙의 종전 매매예약이 아니라 甲과 丁의 새로운 매매계약을 기준으로 판단하여야 한다.

③ 채무자가 연속하여 수 개의 재산처분행위를 한 경우에는, 그 행위들을 하나의 행위로 보아야 할 특별한 사정이 없는 한, 일련의 행위를 일괄하여 그 전체의 사해성 여부를 판단할 것이 아니라 각 행위마다 그로 인하여 무자력이 초래되었는지 여부에 따라 사해성 여부를 판단하여야 한다(대판 2001.4.27. 2000다69026 ; 대판 2014.3.27. 2012다34740).

(2) 무자력 판단기준으로 소극재산과 적극재산의 산정

① **[일반론]** "사해행위취소의 요건으로서의 무자력이란 채무자의 변제자력이 없음을 뜻하는 것이고 특히 임의 변제를 기대할 수 없는 경우에는 강제집행을 통한 변제가 고려되어야 하므로, 소극재산이든 적극재산이든 위와 같은 목적에 부합할 수 있는 재산인지 여부가 변제자력 유무 판단의 중요한 고려요소가 되어야 하는데, ㉠ 채무자의 '소극재산'은 실질적으로 변제의무를 지는 채무를 기준으로 하여야 할 것이므로 처분행위 당시에 가집행선고 있는 판결상의 채무가 존재하고 있었다고 하더라도 그것이 나중에 상급심의 판결에 의하여 감액된 경우에는 그 감액된 판결상의 채무만이 소극재산이라 할 것이고, 한편 ㉡ 채무자의 '적극재산'을 산정함에 있어서는 다른 특별한 사정이 없는 한 실질적으로 재산적 가치가 없어 채권의 공동담보로서의 역할을 할 수 없는 재산은 제외하여야 할 것이고, 특히 그 재산이 채권인 경우에는 그것이 용이하게 변제를 받을 수 있는 것인지 여부를 합리적으로 판정하여 그것이 긍정되는 경우에 한하여 적극재산에 포함시켜야 한다"(대판 2006.2.10. 2004다2564).[17]

---

17) **[관련판례]** ㉠ 재산이 '채권'인 경우에는 그것이 용이하게 변제를 받을 수 있는 확실성이 있는 것인지 여부를 합리적으로 판정하여 그것이 긍정되는 경우에 한하여 적극재산에 포함시켜야 한다(그 채권이 용이하게 변제를 받을 수 있는 확실성이 없는 등 실질적으로 재산적 가치가 없어 채권의 공동담보로서의 역할을 할 수 없는 재산에 해당한다는 점에 대한 주장·증명책임 역시 취소채권자가 부담한다). ㉡ 한편, 채무자가 일부 채권자에게 채무를 이행하기 위해 재산을 처분한 경우, 책임재산 산정시 처분한 재산가액 만큼 적극재산에서 제외하고, 동시에 이행된 채무 가액만큼 소극재산에서도 제외해야 한다. 이러한 산정방법에 따라 채무자의 책임재산이 감소했는지 여부를 판단하고, 그 결과 다른 채권자들의 공동담보가 부족해졌다면 사해행위에 **해당할 수 있다**(다만, 채무자의 재산처분행위가 사해행위에 해당함을 주장하는 '채권자'가 채무자의 무자력 또는 채무초과 상태가 초래되었다는 사실에 관한 증명책임을 부담한다)(대판 2023.10.8. 2023다237804).

② [**구체적 예**] 따라서 ㉠ 채무자가 사해행위 당시 보유하고 있었던 '**수표**'는 적극재산에 포함시켜야 하나(대판 2014.4.1. 2013다217481), ㉡ '**압류금지재산**'은 공동담보가 될 수 없으므로 이를 적극재산에 포함시켜서는 아니되고(대판 2005.1.28. 2004다58963), ㉢ '**임차인의 보증금반환채권**'은 장차 임대차관계가 종료되는 등으로 그 권리가 실제로 성립하는 때에 선순위권리의 존재 또는 임차인의 차임지급의무 불이행 등으로 임차인이 이를 현실적으로 반환받을 가능성이 없거나 제한되는 것으로 합리적으로 예측되는 등의 특별한 사정이 없는 한 이를 '애초의 보증금액 상당의 가치대로 적극재산에 포함'된다(대판 2013.4.26. 2012다118334).

3. '사해행위'의 구체적인 경우

(1) 상당한 대가를 받고 유일한 재산을 매각하는 행위(원칙적 적극) [2회 사례형, 3·8·13회 기록형]

① 判例는 채무자가 유일한 재산인 부동산을 매각하여 소비하기 쉬운 금전으로 바꾸는 행위는 '정당한 변제를 위한 상당한 매각이 아닌 한' 원칙적으로 사해행위에 해당한다고 한다. 즉, "채무자가 유일한 재산인 부동산을 매각하여 소비하기 쉬운 금전으로 바꾸는 행위는 원칙적으로 사해행위가 되지만, ⅰ) 부동산의 매각 목적이 채무의 변제 또는 변제자력을 얻기 위한 것이고, ⅱ) 대금이 부당한 염가가 아니며, ⅲ) 실제 이를 채권자에 대한 변제에 사용하거나 변제자력을 유지하고 있는 경우에는, ⅳ) 채무자가 일부 채권자와 통모하여 다른 채권자를 해할 의사를 가지고 변제를 하는 등의 특별한 사정이 없는 한, 사해행위에 해당한다고 볼 수 없다"(대판 1966.10.4. 66다1535 ; 대판 2015.10.29. 2013다83992). 이러한 법리는 유일한 재산으로서 영업재산과 영업권이 유기적으로 결합된 일체로서 영업을 양도하는 경우에도 마찬가지로 적용된다(대판 2021.10.28. 2018다223023: **표준판례446**).

아울러 判例는 채무자가 경매 진행중인 부동산을 대금지급기일이 임박하여 최소한 경매보다는 나은 조건으로 처분한 경우에는 사해행위가 인정되지 않는다고 한다(대판 1995.6.9. 94다32580).

[**주의**] 참고로 判例에 의하면 염가매각의 경우(예컨대 시가 1억 원의 부동산을 5,000만 원에 매도)에도 매매계약 전부가 사해행위가 되는 것이지, 나머지 5,000만 원 부분만 사해행위가 되는 것은 아니다.

② "채무자가 채무가 재산을 초과하는 상태에서 채권자 중 한 사람과 통모하여, 그 채권자만 우선적으로 채권의 만족을 얻도록 할 의도로, 채무자 소유의 부동산을 그 채권자에게 매각하고 위 매매대금 채권과 그 채권자의 채무자에 대한 채권을 상계하는 약정을 하였다면, 가사 매매가격이 상당한 가격이거나 상당한 가격을 초과한다고 할지라도, 채무자의 매각행위는 다른 채권자를 해할 의사로 한 법률행위에 해당한다"고 한다(대판 1994.6.14. 94다2961,2978).

(2) 채무 초과 상태에 있는 채무자가 채권자 중 1인에게 '변제'한 행위(원칙적 소극)

① "채무자가 특히 일부의 채권자와 '**통모**'하여 다른 채권자를 해할 의사를 가지고 변제를 한 경우를 제외하고는 원칙적으로 사해행위가 되는 것은 아니라고 할 것이다. 왜냐하면 채권자가 채무의 변제를 구하는 것은 그의 당연한 권리행사로서 다른 채권자가 존재한다는 이유로 이것이 방해받아서는 아니되고, 채무자도 채무의 본지에 따라 채무를 이행할 의무를 부담하고 있어 다른 채권자가 있는 경우라도 그 채무 이행을 거절하지는 못하기 때문이다"(대판 2001.4.10. 2000다66034).

② 마찬가지로 채무자의 재산에 대한 경매절차에서 평등하게 배당받기 위해 집행권원을 필요로 하는 채권자의 요구에 따라 채무자가 그 채권에 대한 기존채무의 변제를 위하여 소비대차계약을 체결하고 '강제집행을 승낙하는 취지가 기재된 공정증서를 작성'하여 준 행위도 사해행위에 해당되지 않는다(대판 2015.10.29. 2012다14975).

(3) 채무초과 상태에 있는 채무자가 채권자 중 1인에게 '대물변제'한 경우(원칙적 적극)

① **[원칙]** 判例에 따르면 "채무초과의 상태에 있는 채무자가 적극재산을 채권자 중 일부에게 대물변제조로 양도하는 행위는 채무자가 특정 채권자에게 채무 본지에 따른 변제를 하는 경우와는 달리 원칙적으로 다른 채권자들에 대한 관계에서 사해행위가 될 수 있다"(대판 2010.9.30. 2007다2718: 표준판례445)고 한다. 위와 같은 법리는 적극재산을 대물변제로 양도하는 것이 아니라 **채무의 변제를 위하여 또는 그 담보로 양도하는 경우에는 더욱 그러하다**"(대판 2011.3.10. 2010다52416). 위와 같이 대물변제나 담보조로 제공된 재산이 채무자의 유일한 재산이 아니라거나 그 가치가 채권액에 미달한다고 하여도 마찬가지이다(대판 2022.1.14. 2018다295103). **[23법행]**

② **[예외]** 그러나 ㉠ 대물변제로 인해 변제자력이 없게 되더라도 '그 당시 대물변제 목적물이 상당한 가격으로 평가되었을 때'(대판 1981.7.7. 80다2613), ㉡ '기존 금전채무의 변제에 갈음하여 다른 금전채권을 양도'하였는데, 채무자가 일부의 채권자와 통모하여 다른 채권자를 해할 의사가 없는 경우(대판 2004.5.28. 2003다60822), ㉢ '우선변제권 있는 채권자에 대한 대물변제'의 제공행위는 특별한 사정이 없는 한 다른 채권자들의 이익을 해한다고 볼 수 없어 사해행위가 되지 않는다(대판 2008.2.14. 2006다33357 : 2회 선택형). **[12회 기록형, 10법행, 08법무]**

[판례해설] 判例에 따르면 변제는 원칙적으로 사해행위가 부정되며, 예외적으로 특정채권자와 통모하여 변제한 경우 사해행위성을 인정하고 있는바, '사실행위인 변제'와 달리 대물변제는 채무자와 특정채권자와의 '계약'이므로 통모하여 변제한 것과 마찬가지로 볼 수 있기 때문이다.

(4) 채무초과 상태에 있는 채무자가 채권자 중 1인에게 '물적 담보를 제공'한 경우(원칙적 적극)

1) 일반론

어느 특정 채권자에 대한 담보제공행위가 사해행위가 되기 위하여는 ⅰ) 채무자가 이미 채무초과 상태에 있을 것과 ⅱ) 그 채권자에게만 다른 채권자에 비하여 우선변제를 받을 수 있도록 하여 다른 일반 채권자의 공동담보를 감소시키는 결과를 초래할 것을 요건으로 한다(대판 2000.4.25. 99다55656). 따라서 원칙적으로 채무초과 상태에 있는 채무자가 그 소유의 유일한 부동산을 수인의 채권자 중 특정채권자에게 채권담보로 제공하는 행위는 특별한 사정이 없는 한 다른 채권자들에 대한 관계에서 사해행위에 해당한다(대판 2006.4.14. 2006다5710: 표준판례451). 그리고 이는 특정채권자로부터 차용한 금원의 사용처에 따라 사해행위의 범위가 달라지는 것은 아니다(대판 2007.10.11. 2007다45364).

> **[관련판례]** * 자신의 부동산에 근저당권을 설정함으로써 물상보증인이 되는 행위
> "채무자가 제3자의 채무를 담보하기 위하여 자신의 부동산에 근저당권을 설정함으로써 물상보증인이 되는 행위는 부동산의 담보가치만큼 채무자의 일반 채권자들을 위한 책임재산에 감소를 가져오는 것이므로, 물상담보로 제공된 부동산의 가액에서 다른 채권자가 가지는 피담보채권액을 채권최고액의 범위 내에서 공제한 잔액만을 채무자의 적극재산으로 평가하여야 하고, 그로 인하여 채무자의 책임재산이 부족하게 되거나 상태가 심화되었다면 사해행위가 성립한다"(대판 2015.6.11. 2014다237192).

2) 사업을 계속 추진하기 위해 부득이 특정채권자에게 담보를 제공하고 '신규자금을 추가로 융통'한 경우

"자금난으로 사업을 계속 추진하기 어려운 상황에 처한 채무자가 자금을 융통하여 사업을 계속 추진하는 것이 채무 변제력을 갖게 되는 최선의 방법이라고 생각하고 **자금을 융통하기 위하여 부득이 부동산을 특정 채권자에게 담보로 제공하고 그로부터 신규자금을 추가로 융통**받았다면 특별한 사정이 없는 한 채무자의 담보권 설정행위는 사해행위에 해당하지 않으며, 다만 사업의 계속 추진과는 아무런 관계가 없는 기존 채무를 아울러 피담보채무 범위에 포함시켰다면, 그 부분에 한하여 사해행위에 해당할 여지는 있다"(대판 2002.3.29. 2000다25842). 이러한 법리는 "연대보증채무자가 주채무자의 경제적 회생

을 위하여 자신 소유의 부동산을 주채무자의 특정 채권자에게 담보로 제공하고 그로부터 물품을 공급받아 사업을 계속하게 한 경우에도 마찬가지라고 할 것이다"(대판 2012.2.23. 2011다88832).

그리고 判例는 "비록 채무자가 사업의 갱생이나 계속 추진의 의도였다 하더라도 신규자금의 융통 없이 단지 기존채무의 이행을 유예받기 위하여 자신의 채권자 중 한 사람에게 담보를 제공하는 행위는 다른 특별한 사정이 없는 한 다른 채권자들에 대한 관계에서는 사해행위에 해당한다고 보아야 한다"(대판 2010.4.2. 2009다104564)고 한다.

3) 제3자로부터 자금을 차용하여 부동산 매수 후 해당 부동산을 차용금채무에 대한 담보로 제공한 경우

"채무자가 제3자로부터 자금을 차용하여 부동산을 매수하고 해당 부동산을 차용금채무에 대한 담보로 제공하거나, 채무자가 제3자로부터 부동산을 매수하여 매매대금을 지급하기 전에 소유권이전등기를 마치고 해당 부동산을 매매대금채무에 대한 담보로 제공한 경우와 같이 기존 채권자들의 공동담보가 감소되었다고 볼 수 없는 경우에는 담보제공행위를 사해행위라고 할 수 없다. 나아가 부동산매수행위와 담보제공행위가 한꺼번에 이루어지지 않고 단기간 내에 순차로 이루어졌다고 하더라도 담보제공행위만을 분리하여 사해행위에 해당한다고 하여서도 아니 된다"(대판 2017.9.21. 2017다237186: 표준판례452).

4) 채무자가 채무초과 상태에서 유일한 재산인 주택에 대하여 주택임대차보호법 제8조 소정의 '임차권을 설정'해 준 행위(적극)

"주택임대차보호법 제8조의 소액보증금 최우선변제권은 임차목적 주택에 대하여 저당권에 의하여 담보된 채권, 조세 등에 우선하여 변제받을 수 있는 일종의 법정담보물권을 부여한 것이므로, 채무자가 채무초과상태에서 채무자 소유의 유일한 주택에 대하여 위 법조 소정의 임차권을 설정해 준 행위는 채무초과상태에서의 담보제공행위로서 채무자의 총재산의 감소를 초래하는 행위가 되는 것이고, 따라서 그 임차권설정행위는 사해행위취소의 대상이 된다"(대판 2005.5.13. 2003다50771).

5) 채무자가 일반채권자들을 위한 공동담보가 부족한 상태에서 책임재산의 주요부분을 구성하는 부동산에 관하여 제3자에게 우선변제권이 있는 '전세권을 설정'해 준 행위(적극)

"채무자가 일반채권자들을 위한 공동담보가 부족한 상태에서 책임재산의 주요부분을 구성하는 부동산에 관하여 제3자에게 우선변제권이 있는 전세권을 설정해 주고 전세금을 취득함으로써 부동산의 담보가치 일부를 은닉 또는 소비하기 쉽게 현금화하여 그 공동담보 부족상태를 실질적으로 심화시킨 점 등에 비추어 보면, 전세권설정계약은 채권자를 해하는 사해행위에 해당한다"(대판 2010.7.15. 2007다21245).

6) 수급인의 저당권설정청구권(제666조) 행사에 따라 도급인이 저당권을 설정하는 행위(원칙적 소극)

"수급인이 사실상 목적물로부터 공사대금을 우선적으로 변제받을 수 있도록 하기 위해 수급인의 저당권설정청구권을 규정한 제666조의 취지상, 그리고 이러한 수급인의 지위가 목적물에 대하여 유치권을 행사하는 지위보다 더 강화되는 것은 아니어서 도급인의 일반 채권자들에게 부당하게 불리해지는 것도 아닌 점 등에 비추어, 신축건물의 도급인이 제666조가 정한 수급인의 저당권설정청구권의 행사에 따라 공사대금채무의 담보로 그 건물에 저당권을 설정하는 행위는 특별한 사정이 없는 한 사해행위에 해당하지 아니한다"(대판 2021.5.27. 2017다225268: 표준판례454 : 5회,11회 선택형). [17행정] 이러한 법리는 신축건물의 수급인으로부터 공사대금채권을 양수받은 자의 저당권설정청구에 따라 도급인이 신축건물에 저당권을 설정하는 경우에도 마찬가지이다(대판 2018.11.29. 2015다19827: 9회 선택형). [19법무]

7) 기존의 담보를 말소하고 새로운 담보를 설정한 경우(소극)

"저당권이 설정되어 있는 목적물의 경우 목적물 중에서 일반채권자들의 공동담보에 제공되는 책임재산은 피담보채권액을 공제한 나머지 부분만이므로, 수익자가 채무초과 상태에 있는 채무자의 부

동산에 관하여 설정된 선순위 근저당권의 피담보채무를 변제하여 근저당권설정등기를 말소하는 대신 동일한 금액을 피담보채무로 하는 새로운 근저당권설정등기를 설정하는 것은 **채무자의 공동담보를 부족하게 하는 것이라고 볼 수 없어 사해행위가 성립하지 아니한다**"(대판 2012.1.12. 2010다64792). 이러한 법리는 담보가등기에도 마찬가지이다(대판 2003.7.11. 2003다19435).

8) 채권자가 먼저 가압류한 목적물에 대한 채무자의 저당권설정행위

① **[채권자의 가압류등기 후 '채무자' 자신이 부담하는 채무를 위해 근저당권설정등기가 마쳐진 경우]** 선순위가압류권자와 저당권자 사이에는 채권액에 비례한 평등배당을 받게 되므로(대결 1994.11.29. 94마417[18] : 6회,8회 선택형), "가압류채권자는 채무자의 근저당권설정행위로 인하여 아무런 불이익을 입지 않으므로 채권자취소권을 행사할 수 없다. 그러나 채권자의 실제 채권액이 가압류 채권금액보다 많은 경우 그 초과하는 부분에 관하여는 가압류의 효력이 미치지 아니하여 그 범위 내에서는 채무자의 처분행위가 채권자들의 공동담보를 감소시키는 사해행위가 되므로 그 부분 채권을 피보전채권으로 삼아 채권자취소권을 행사할 수 있다"(대판 2008.2.28. 2007다77446).

② **[채권자의 가압류등기 후 '제3자'가 부담하는 채무를 위해 근저당권설정등기가 마쳐진 경우]** "채권자가 이미 자기 채권의 보전을 위하여 가압류를 한 바 있는 부동산을 채무자가 제3자가 부담하는 채무의 담보로 제공하여 근저당권을 설정하여 줌으로써 물상보증을 한 경우에는 일반채권자들이 만족을 얻는 물적 기초가 되는 책임재산이 새로이 감소된다. 따라서 비록 당해 부동산의 환가대금으로부터는 가압류채권자가 위와 같이 근저당권을 설정받은 근저당권자와 평등하게 배당을 받을 수 있다고 하더라도, 일반적으로 그 배당으로부터 가압류채권의 충분한 만족을 얻는다는 보장이 없고 가압류채권자는 여전히 다른 책임재산을 공취할 권리를 가지는 이상, 원래 위 가압류채권을 포함한 일반채권들의 만족을 담보하는 책임재산 전체를 놓고 보면 위와 같은 물상보증으로 책임재산이 부족하게 되거나 그 상태가 악화되는 경우에는 역시 가압류채권자도 자기 채권의 충분한 만족을 얻지 못하게 되는 불이익을 받는다. 그러므로 위와 같은 가압류채권자라고 하여도 채무자의 물상보증으로 인한 근저당권 설정행위에 대하여 채권자취소권을 행사할 수 있다(대판 2010.1.28. 2009다90047).

(5) '이미' 담보물권이 설정되어 있는 재산의 처분행위 ★

1) 사해행위의 범위 [12사법]

① **[피담보채권액을 공제한 나머지]** "채무자가 양도한 목적물에 담보권이 설정되어 있는 경우라면 그 목적물 중에서 일반채권자들의 공동담보에 제공되는 책임재산은 피담보채권액을 공제한 나머지 부분만이라 할 것이고, 그 피담보채권이 목적물의 가격을 초과하고 있는 때에는 당해 목적물의 양도는 사해행위에 해당한다고 할 수 없는바, 여기서 피담보채권액이라 함은 근저당권의 경우에 채권최고액이 아니라 실제로 이미 발생하여 있는 채권금액이다"(대판 2001.10.9. 2000다42618 : 1회,3회,11회 선택형). **[2회 · 8회 · 11회 사례형]** 이는 채권자들 중에 그 채무자에 대하여 임금채권, 경매 등의 환가절차에서 저당권에 의하여 담보되는 채권보다 우선하여 배당을 받을 수 있는 채권자가 있는 경우에도 마찬가지이므로, 피담보채권액이 그 재산의 가액을 초과하는 재산의 양도행위가 저당권의 피담보채권보다 우선하여 배당받을 수 있는 채권자에 대한 관계에서는 사해행위가 된다고 할 수 없다(대판 2008.2.14. 2006다33357). **[10법행]**

---

18) "부동산에 대하여 가압류등기가 먼저 되고 나서 근저당권설정등기가 마쳐진 경우에 그 근저당권등기는 가압류에 의한 처분금지의 효력 때문에 그 집행보전의 목적을 달성하는 데 필요한 범위 안에서 가압류채권자에 대한 관계에서만 상대적으로 무효이다. 이 경우 가압류채권자와 근저당권자 및 근저당권설정등기 후 강제경매신청을 한 압류채권자 사이의 배당관계에 있어서, 근저당권자는 선순위 가압류채권자에 대하여는 우선변제권을 주장할 수 없으므로 1차로 채권액에 따른 안분비례에 의하여 평등배당을 받은 다음, 후순위 경매신청압류채권자에 대하여는 우선변제권이 인정되므로 경매신청압류채권자가 받을 배당액으로부터 자기의 채권액을 만족시킬 때까지 이를 흡수하여 배당받을 수 있다"

✱ **동일한 법리가 적용되는 경우 : 선행하는 우선변제권 있는 채권**(임대차보증금반환채권 등)**이 있는 경우**
㉠ "건물의 공유자가 공동으로 건물을 임대하고 임차보증금을 수령한 경우 특별한 사정이 없는 한 그 임대는 각자 공유지분을 임대한 것이 아니라 임대목적물을 다수의 당사자로서 공동으로 임대한 것이고 임차보증금 반환채무는 성질상 불가분채무에 해당한다. 임차인이 공유자 전원으로부터 상가건물을 임차하고 상가건물 임대차보호법 제3조 제1항에서 정한 대항요건을 갖추어 임차보증금에 관하여 우선변제를 받을 수 있는 권리를 가진 경우에, 상가건물의 공유자 중 1인인 채무자가 처분한 지분 중에 일반채권자들의 공동담보에 제공되는 책임재산은 우선변제권이 있는 임차보증금 반환채권 '전액'을 공제한 나머지 부분이다"(대판 2017.5.30. 2017다205073 : 표준판례474).
이러한 법리는 전세목적물의 소유권 중 일부 지분이 이전되어 전세목적물의 공유자들이 불가분채무인 전세금 반환의무를 부담하게 된 이후 그 공유자 중 1인이 자신의 지분을 처분함으로써 사해행위가 문제되는 경우에도 마찬가지로 적용된다(대판 2025.4.15. 2024다312566).

㉡ "채무자가 수익자에게 양도한 부동산에 관하여 일반채권에 대하여 우선변제권이 있는 조세채권 등에 기초한 압류등기가 마쳐져 있는 경우에는 그 부동산 중에서 일반채권자의 공동담보에 제공되는 책임재산을 산정할 때 위 조세채권액 등을 공제하여야 한다"(대판 2023.9.21. 2023다249739).

✱ **동일한 법리가 적용되지 않는 경우 : 선행하는 가압류등기가 있는 경우, 사해행위 이후 우선변제권이 있는 채권이 있는 경우**
㉠ [**사해행위 이후 우선변제권이 있는 채권이 있는 경우**(우선변제권이 있는 채권 비공제)] "사해행위 이전에 임대차계약이 체결되었고 임차인에게 임차보증금에 대해 우선변제권이 있다면, 부동산 가액 중 임차보증금에 해당하는 부분이 일반 채권자의 공동담보에 제공되었다고 볼 수 없으므로 수익자가 반환할 부동산 가액에서 우선변제권 있는 임차보증금 반환채권액을 공제하여야 한다. 그러나 부동산에 관한 사해행위 이후에 비로소 채무자가 부동산을 임대한 경우에는 그 임차보증금을 가액반환의 범위에서 공제할 이유가 없다. 이러한 경우에는 부동산 가액 중 임차보증금에 해당하는 부분도 일반 채권자의 공동담보에 제공되어 있음이 분명하기 때문이다"(대판 2018.9.13. 2018다215756 : **9회 선택형**).
같은 취지로 "사해행위 후 그 목적물에 관하여 선의의 제3자가 저당권을 취득하였음을 이유로 가액배상을 명하는 경우에는 사해행위 당시 일반 채권자들의 공동담보로 되어 있었던 **부동산 가액 전부의 배상을 명하여야 할 것이고, 그 가액에서 제3자가 취득한 저당권의 피담보채권액을 공제할 것은 아니다**"(대판 2003.12.12. 2003다40286). [**06사법 · 2회 사례형, 3회 기록형**] 이는 "채무자의 부동산에 관하여 증여 등 사해행위로 수익자에게 그 소유권이 이전된 후 경매의 실행으로 배당절차가 진행된 경우에도 마찬가지로, 그 부동산 가액 중 수익자의 채권자가 배당절차에 참여하여 취득한 배당액 상당은 사해행위 당시 채무자의 일반 채권자들의 공동담보였으므로 가액배상 등 원상회복의 범위에서 공제하여 산정할 것은 아니고, 수익자의 채권자가 채무자의 일반채권자에 해당하는 지위를 겸하고 있다고 하여 달리 볼 것도 아니다"(대판 2023.6.29. 2022다244928 : **14회 선택형**).

㉡ [**선행하는 가압류등기가 있는 경우**(피보전채권액 비공제)] "사해행위 당시 부동산이 가압류되어 있다는 사정은 채권자 평등의 원칙상 채권자의 공동담보로서 그 부동산의 가치에 아무런 영향을 미치지 아니하므로, 가압류가 된 여부나 그 청구채권액의 다과에 관계없이 그 부동산 전부에 대하여 사해행위가 성립하고, 따라서 사해행위 후 수익자 또는 전득자가 그 가압류 청구채권을 변제하거나 채권액 상당을 해방공탁하여 가압류를 해제시키거나 또는 그 집행을 취소시켰다 하더라도, 법원이 사해행위를 취소하면서 원상회복으로 원물반환 대신 가액배상을 명하여야 하거나, 다른 사정으로 가액배상을 명하는 경우에도 그 변제액을 공제할 것은 아니다"(대판 2003.2.11. 2002다37474). [**11회 선택형, 16법무**]

② [**피담보채권액을 일부변제한 경우**] ㉠ "채무자가 근저당권이 설정된 부동산을 처분하면서 매매대금으로 그 부동산에 대해서 다른 채권자에 우선하여 변제를 받을 수 있는 지위에 있는 근저당권자의 피담보채권액 중 일부를 변제하고 근저당권을 말소한 경우라면 특별한 사정이 없는 한 부동산 처분행위를 사해행위로 볼 수 없다"(대판 2018.4.24. 2017다287891). ㉡ 한편, "저당권의 피담보채권액이 목적물의 가액

을 초과하였더라도 채무자가 목적물을 양도하기에 앞서 자신의 출재로 '피담보채무의 일부를 변제하여 잔존 피담보채권액이 목적물의 가액을 초과하지 않게 되었다면' 이러한 목적물의 양도로 그 목적물의 가액에서 잔존 피담보채권액을 공제한 잔액의 범위 내에서 사해행위가 성립하는 것이고, 이는 채무자의 출재에 의한 피담보채무의 일부 변제가 양도계약 체결 후 이에 따른 소유권이전등기 등이 마쳐지는 과정에서 이루어진 경우에도 마찬가지로 보아야 한다"(대판 2017.1.12. 2016다208792)

2) 선순위담보권 설정이 사해행위인 경우

'선순위담보권'이 존재하는 상태에서 '후순위담보권 설정'행위를 하는 경우, 선순위담보권 설정 자체가 사해행위로 되어 취소의 대상이 되는 때에는 그 후순위담보권 설정행위가 사해행위가 되는지를 판단함에 있어서는 선순위담보권의 피담보채권액을 담보물의 가액에서 공제할 것이 아니다(대판 2007.7.26. 2007다23081). 마찬가지 법리로 '선순위담보권'이 존재하는 상태에서 '제3자에게 양도'행위를 하는 경우 그 선순위 담보권을 설정한 원인행위가 사해행위로 인정될 경우에는 그 담보권의 피담보채무는 '후행 양도행위'가 사해행위에 해당하는지 여부를 판단함에 있어 공제대상인 피담보채무 금액에 포함되어서는 아니된다(대판 2013.5.9. 2011다75232).[19)20)]

> ■ [비교판례] 다른 채권자에 의해 선순위담보권 설정이 사해행위를 이유로 취소된 경우 당해 부동산 매각행위의 사해행위성 판단기준
>
> 판시원문 | "사해행위의 취소는 취소소송의 당사자 사이에서 상대적으로 취소의 효력이 있는 것으로 당사자 이외의 제3자는 다른 특별한 사정이 없는 이상 취소로 인하여 그 법률관계에 영향을 받지 아니한다(상대적 효력설). 저당권설정행위 등이 사해행위에 해당하여 채권자가 저당권설정자를 상대로 제기한 사해행위 취소소송에서 채권자의 청구를 인용하는 판결이 선고되었다고 하더라도 이러한 사해행위 취소 판결의 효력은 해당 부동산의 소유권을 이전받은 자에게 미치지 아니하므로, 저당권이 설정되어 있는 부동산이 사해행위로 양도된 경우 부동산의 가액에서 저당권의 피담보채무액을 공제한 잔액의 한도에서 그 양도행위를 사해행위로 취소하고 가액의 배상을 구할 수 있다는 법리(대판 2016.1.14. 2015다235353)는 저당권설정행위 등이 사해행위로 인정되어 취소된 때에도 마찬가지로 적용된다"(대판 2018.6.28. 2018다214319: 표준판례468).
>
> 판례해설 | 채무자 甲소유의 X부동산에 관하여 乙명의의 근저당권이 설정되어 있었는데, 피고 丙이 甲으로부터 재산분할협의를 원인으로(사해행위) X부동산의 소유권을 취득한 다음 이를 丁에게 매도하였고, 이러한 매도과정에서 변제를 이유로 乙명의의 근저당권이 말소되었다. 그런데 이미 '甲의 다른 채권자 B'가 乙명의의 저당권설정행위가 사해행위에 해당한다고 주장하여 그 취소 및 가액배상을 청구하여 승소판결을 받았지만(判例에 따르면 저당권설정행위가 사해행위에 해당하는 경우 변제 등으로 저당권등기가 말소되더라도 그 취소 및 가액배상을 구할 수 있다) 위 승소판결의 효력은 '상대적'이므로 '甲의 채권자 A'가 채무자 甲과 피고 丙 사이의 재산분할협의를 사해행위로 삼아 그 취소를 구하는 이 사건에서는 乙의 저당권이 존재하는 것으로 보고 부동산 가액에서 그 저당권의 피담보채무액을 공제한 잔액의 한도에서 재산분할협의를 취소하고 가액배상을 명해야 한다고 본 것이다.
> 그러나 만약 사안에서 A가 乙명의의 저당권설정행위가 사해행위라고 주장하고 그것이 받아들여진다면 A가 甲과 丙 사이의 재산분할협의가 사해행위임을 이유로 취소할 때 乙명의의 피담보채무액을 공제해서는 안된다는 것이 대판 2013.5.9. 2011다75232의 입장이다.

---

19) [권리보호이익 관련] 대판 2008.3.27. 2007다85157; 대판 2013.5.9. 2011다75232. p.403 (2) 무효, 해제, 해지된 법률행위 참고

20) [사실관계] 채무자 甲소유의 X부동산에 관하여 乙명의의 근저당권이 설정되어 있었는데, 피고 丙이 甲으로부터 매매를 원인으로 X부동산의 소유권을 취득한 다음 같은 날 위 근저당권설정등기는 근저당권설정계약해지를 이유로 말소되었다. 이에 甲의 채권자 A는 甲과 丙의 매매계약이 사해행위라고 주장하며 채권자취소소송을 제기하였으나, 법원은 위 X부동산에 설정된 저당권의 피담보채권의 합산액이 위 부동산의 시가를 초과하므로 위 매매계약을 사해행위로 볼 수 없다는 이유로 채권자취소소송을 기각하였다. 이에 A는 위 근저당권설정계약 자체가 사해행위임을 이유로 취소를 구하였다.

3) 공동저당의 경우(판례연구 B-8.참고)

판례연구 B-08

> ■ ★ '이미' 담보물권이 설정되어 있는 재산의 처분행위와 사해행위 −공동저당의 경우−
>
> 채무자 甲이 기존의 다른 채권자 A에게 자신의 채무를 담보하기 위해 채무자 소유의 X부동산(가액 6,000만 원), Y부동산(가액 4,000만 원)에 공동저당권을 설정해 주었다(피담보채권액 3,000만 원). 아래 상황에서 **甲의 일반채권자 B에 대한 관계에서 사해행위의 범위는?**(단. 각 행위는 사해행위에 해당하고, 목적물의 가액은 사해행위시와 사실심변론종결일 사이에 변화가 없다고 전제한다). (30점)
> 1. 공동저당권이 설정된 채무자 소유의 수 개의 부동산 중 일부 부동산을 처분한 경우
> 2. 공동저당이 설정된 수 개의 부동산 전부가 하나의 계약으로 일괄 양도된 경우
> 3. 공동저당 부동산 중 일부가 채무자 아닌 제3자 소유인 경우(만약 Y부동산이 물상보증인 또는 제3취득자 소유인데 X부동산을 처분한 경우)

Ⅰ. '이미' 담보물권이 설정되어 있는 재산의 처분행위의 경우 '원칙적'인 사해행위의 범위

"채무자가 양도한 목적물에 담보권이 설정되어 있는 경우라면 그 목적물 중에서 일반채권자들의 공동담보에 제공되는 책임재산은 피담보채권액을 공제한 나머지 부분만이라 할 것이고, 그 피담보채권이 목적물의 가격을 초과하고 있는 때에는 당해 목적물의 양도는 사해행위에 해당한다고 할 수 없는바, 여기서 피담보채권액이라 함은 근저당권의 경우에 채권최고액이 아니라 실제로 이미 발생하여 있는 채권금액이다"(대판 2001.10.9. 2000다42618).

Ⅱ. 공동저당권이 설정된 채무자 소유의 수 개의 부동산 중 일부 부동산을 처분한 경우 − 설문 1.

判例는 "공동저당권이 설정되어 있는 수 개의 부동산 중 일부가 양도된 경우에 있어서의 그 피담보채권액은 특별한 사정이 없는 한 민법 제368조의 규정 취지에 비추어 공동저당권의 목적으로 된 각 부동산의 가액에 비례하여 공동저당권의 피담보채권액을 안분한 금액이라고 보아야 한다"(대판 2003.11.13. 2003다39989 : 7회,14회 선택형)고 한다. [08법무]

☞ 이에 따르면 만약 채무자 甲이 ① X부동산을 처분한 행위가 사해행위라면 저당채무 3,000만 원 가운데 X부동산의 안분액 1,800만 원(3,000×3/5)을 공제한 나머지 가액 4,200만 원(6,000−1,800)의 범위 내에서 사해행위가 되고, ② 만약 Y부동산을 처분한 행위가 사해행위라면 안분액 1,200만 원(3,000×2/5)을 공제한 나머지 가액 2,800만 원(4,000−1,200)의 범위에서 사해행위가 된다.

Ⅲ. 공동저당이 설정된 수 개의 부동산 전부가 하나의 계약으로 일괄 양도된 경우 − 설문 2.

判例는 "사해행위의 목적 부동산 전부가 하나의 계약으로 동일인에게 일괄 양도된 경우에는 사해행위로 되는 매매계약이 공동저당 부동산의 일부를 목적으로 할 때처럼 그 부동산 가액에서 공제하여야 할 피담보채권액의 산정이 문제되지 아니하므로 특별한 사정이 없는 한 그 취소에 따른 배상액의 산정은 목적 부동산 전체의 가액에서 공동저당권의 피담보채권 총액을 공제하는 방식으로 함이 그 취소 채권자의 의사에도 부합하는 상당한 방법이라 할 것이다"(대판 2005.5.27. 2004다67806 : 14회 선택형)고 한다.

☞ 이에 따르면 만약 채무자 甲이 X부동산과 Y부동산을 하나의 계약으로 일괄 처분한 행위가 사해행위라면 사해행위의 범위(=채무자의 책임재산)는 총 1억 원(X부동산의 가액 + Y부동산의 가액)에서 우선변제권이 보장된 A의 피담보채권액인 3,000만 원을 공제한 7,000만 원이 된다.

> **관련판례** ※ 공동저당이 설정된 부동산 전부를 일괄양도한 행위가 사해행위이나 일부만 취소하는 경우
>
> "공동저당권이 설정된 수 개의 부동산 전부의 매매계약이 사해행위에 해당하고 사해행위의 목적 부동산 전부가 하나의 계약으로 동일인에게 일괄 양도된 경우 특별한 사정이 없는 한 목적물 '전부를 사해행위로

취소'하는 경우와 그중 '일부를 개별적으로 취소하는 경우' 사이에 그 취소에 따른 배상액 산정기준이 달라져야 할 이유가 없으므로, 사해행위인 매매계약의 목적물 중 일부 목적물만을 사해행위로 취소하는 경우 그 일부 목적물의 사실심 변론종결 당시 가액에서 공제되어야 할 피담보채권액은 공동저당권의 피담보채권총액을 사실심 변론종결 당시를 기준으로 한 공동저당 목적물의 가액에 비례하여 안분한 금액이라고 보아야 한다"(대판 2014.6.26. 2012다77891)

☞ 사안에서 채무자 甲이 X부동산과 Y부동산을 하나의 계약으로 일괄처분한 행위가 사해행위인 경우 '각 부동산의 가액이 사해행위시와 사실심변론종결일 사이에 변화가 없다면' 채권자 B가 ① 'X부동산을 처분한 행위만을 사해행위로 취소하는 경우' X부동산의 사실심 변론종결 당시 가액에서 공제되어야 할 피담보채권액은 저당채무 3,000만 원 가운데 X부동산의 안분액 1,800만 원(3,000×3/5)이고, ② 'Y부동산을 처분한 행위만을 사해행위로 취소하는 경우' Y부동산의 사실심 변론종결 당시 가액에서 공제되어야 할 피담보채권액은 저당채무 3,000만 원 가운데 Y부동산의 안분액 1,200만 원(3,000×2/5)이다.

Ⅳ. 공동저당 부동산 중 일부가 채무자 아닌 제3자 소유인 경우(만약 Y부동산이 물상보증인 또는 제3취득자 소유인데 X부동산을 처분한 경우) – 설문 3.

판례는 "제3자[물상보증인(대판 2013.7.18. 전합2012다5643 : 표준판례453 : 7회,13회,14회 선택형) 또는 제3취득자(대판 2010.12.23. 2008다25671)]가 제481조, 제482조의 규정에 정한 변제자대위 등에 의하여 채무자 소유의 부동산에 대하여 저당권을 행사할 수 있는 지위에 있는 경우라면 채무자 소유의 부동산에 관한 피담보채권액은 공동저당권의 피담보채권액 전액으로 보아야 한다. 이러한 법리는 하나의 공유부동산 중 일부 지분이 채무자 소유이고, 다른 일부 지분이 물상보증인 소유인 경우에도 마찬가지로 적용된다"(대판 2021.11.11. 2021다258777)고 한다.

☞ 이에 따르면 만약 Y부동산이 물상보증인 또는 제3취득자 소유이어서 이러한 제3자가 저당채무를 대위변제하여 채무자 소유 X부동산에 변제자대위를 할 수 있게 될 것이라면, 채무자 甲이 자신 소유의 X부동산을 처분한 행위에서(사해행위임을 전제), 사해행위의 범위는 X부동산의 가액 6,000만 원에서 1,800만 원이 아닌[저당채무 3,000만 원 가운데 X부동산의 안분액 1,800만 원(3,000×3/5)] 피담보채권액 전액인 3,000만 원을 공제한 3,000만 원이 된다. [19법행]

[관련판례] ※ 채무자와 물상보증인이 공동으로 저당권을 설정한 경우 채무자 소유 부동산의 '책임재산으로서의 가치'

"채권자취소의 대상인 사해행위에 해당하는지 여부를 판단함에 있어 채무자 소유의 재산이 다른 채권자의 채권에 물상담보로 제공되어 있다면, 물상담보로 제공된 부분은 채무자의 일반 채권자들을 위한 채무자의 책임재산이라고 할 수 없으므로, 그 물상담보에 제공된 재산의 가액에서 다른 채권자가 가지는 피담보채권액을 공제한 잔액만을 채무자의 적극재산으로 평가하여야 한다(대판 2012.1.12. 2010다64792 참조). 이때 수 개의 부동산에 공동저당권이 설정되어 있는 경우 그 책임재산을 산정함에 있어 각 부동산이 부담하는 피담보채권액은 특별한 사정이 없는 한 민법 제368조의 규정 취지에 비추어 공동저당권의 목적으로 된 각 부동산의 가액에 비례하여 공동저당권의 피담보채권액을 안분한 금액이라고 보아야 한다. 그러나 그 수 개의 부동산 중 일부는 채무자의 소유이고 다른 일부는 물상보증인의 소유인 경우에는, 물상보증인이 민법 제481조, 제482조의 규정에 따른 변제자대위에 의하여 채무자 소유의 부동산에 대하여 저당권을 행사할 수 있는 지위에 있는 점 등을 고려할 때, 그 물상보증인이 채무자에 대하여 구상권을 행사할 수 없는 특별한 사정이 없는 한 채무자 소유의 부동산이 부담하는 피담보채권액은 채무자 소유 부동산의 가액을 한도로 한 공동저당권의 피담보채권액 전액이고, 물상보증인 소유의 부동산이 부담하는 피담보채권액은 공동저당권의 피담보채권액에서 위와 같은 채무자 소유의 부동산이 부담하는 피담보채권액을 제외한 나머지라고 봄이 상당하다. 이러한 법리는 하나의 공유부동산 중 일부 지분이 채무자의 소유이고, 다른 일부 지분이 물상보증인의 소유인 경우에도 마찬가지로 적용된다(대판 2013.7.18. 전합2012다5643참조 : 13회 선택형)"(대판 2016.8.18. 2013다90402).

☞ 사안에서 X부동산의 소유자는 채무자 甲이고, Y부동산은 A의 채권(3천만 원)을 위해 담보를 제공한 물상보증인 소유인 경우, '채무자 甲의 책임재산'(=사해행위의 범위)은 X부동산의 가액 6천만 원에서 공동저당권의 피담보채권액을 안분한 금액 1,800만 원(3,000×3/5)을 공제한 금액이 아니라 공동저당권의 피담보채권액 전액인 3천만 원을 공제한 금액이다(6천만 원 - 3천만 원 = 3천만 원).

(6)-1 '**매도인이 선의**'인 계약명의신탁에서 명의수탁자 명의로 소유권이전등기가 마친 경우

1) 명의수탁자가 위 부동산을 명의신탁자 또는 그가 지정하는 자에게 양도하는 행위가 '**수탁자**'의 일반채권자들을 해하는 사해행위가 되는지 여부(적극) [14회 기록형, 15 · 23법무]

"명의수탁자가 취득한 부동산은 채무자인 명의수탁자의 일반 채권자들의 공동담보에 제공되는 책임재산이 되고, 명의신탁자는 명의수탁자에 대한 관계에서 금전채권자(부당이득반환채권)[21] 중 한 명에 지나지 않으므로, 명의수탁자의 재산이 채무의 전부를 변제하기에 부족한 경우 명의수탁자가 위 부동산을 명의신탁자 또는 그가 지정하는 자에게 양도하는 행위는 특별한 사정이 없는 한 '명의수탁자'의 다른 채권자의 이익을 해하는 것으로서 다른 채권자들에 대한 관계에서 사해행위가 된다"(대판 2008.9.25. 2007다74874 : 1회, 9회 선택형).

[관련판례] * **아파트분양권의 명의수탁자가 명의신탁자의 남편에게 아파트분양권을 이전한 경우**(적극)
"아파트의 수분양자가 타인과의 사이에 대내적으로는 자신이 수분양권을 계속 보유하기로 하되 수분양자 명의만을 그 타인의 명의로 하는 내용의 명의신탁약정을 맺으면서 분양계약의 수분양자로서의 지위를 포괄적으로 이전하는 내용의 계약인수약정을 체결하고 이에 대하여 위 명의신탁약정의 존재를 모르는 분양자가 동의 내지 승낙을 한 경우, 이는 이른바 계약명의신탁 관계에서 명의수탁자가 당초 명의신탁약정의 존재를 모르는 분양자와 사이에 분양계약을 체결한 경우와 다를 바 없으므로, 위 분양계약인수약정은 유효하다(부동산실명법 제4조 2항 단서 참조). 따라서 그 후 명의수탁자가 명의신탁자의 남편에게 위 수분양자로서의 지위를 다시 이전한 경우, 위 수분양권은 명의수탁자의 책임재산에 귀속되었다가 명의신탁자의 남편에게 이전된 것이므로, (명의수탁자의 일반채권자들을 해하는) 사해행위가 성립한다"(대판 2015.12.23. 2012다202932)

2) 명의신탁자가 실질적인 당사자가 되어 위 부동산을 제3자에게 처분한 행위가 '**신탁자**'의 일반채권자들을 해하는 사해행위가 되는지 여부(소극) [09 · 15법무, 13입법]

"신탁자가 수탁자에 대하여 부당이득반환채권만을 가지는 경우에는 그 부동산은 신탁자의 일반채권자들의 공동담보에 제공되는 책임재산이라고 볼 수 없고, 신탁자가 위 부동산에 관하여 제3자와 매매계약을 체결하는 등 신탁자가 실질적인 당사자가 되어 처분행위를 하고 소유권이전등기를 마쳐주었다고 하더라도 그로써 신탁자의 책임재산에 감소를 초래한 것이라고 할 수 없으므로, 이를 들어 신탁자의 일반채권자들을 해하는 사해행위라고 할 수 없다"(대판 2013.9.12. 2011다89903 : 13회 선택형).

(6)-2 **유효인 양자간 명의신탁**(신탁자가 유효한 명의신탁약정을 해지함을 전제로 신탁된 부동산을 제3자에게 직접 처분하면서 수탁자에게서 곧바로 제3자 앞으로 중간생략이전등기를 마쳐 준 경우 : 적극)

"유효한 명의신탁관계가 종료된 경우 신탁자의 수탁자에 대한 소유권이전등기청구권은 신탁자의 일반채권자들에게 공동담보로 제공되는 책임재산이 된다. 그런데 신탁자가 유효한 명의신탁약정을 해지함을 전제로 신탁된 부동산을 제3자에게 직접 처분하면서 수탁자 및 제3자와의 합의 아래 중간등기를 생략하고 수탁자에게서 곧바로 제3자 앞으로 소유권이전등기를 마쳐 준 경우 이로 인하여 신탁자의 책임재산인 수탁자에 대한 소유권이전등기청구권이 소멸하게 되므로, 이로써 신탁자가 무자력이 되거나 심화되고 신탁자도 그러한 사실을 인식하고 있었다면 이러한 신탁자의 법률행위는 신탁자의 일반채권자들을 해하는 행위로서 사해행위에 해당한다"(대판 2016.7.29. 2015다56086: 표준판례447 : 13회 선택형).

[비교판례 : 사해행위 부정] 그러나 ① 부동산의 유효한 명의수탁자가 신탁계약에 기한 반환의무의 이행으로서 신탁부동산의 소유권을 이전하는 행위는 기존채무의 이행으로서 사해행위를 구성하지 아니한다(대판 2007.4.26. 2006다79704). 그리고 ② 부동산에 관하여 부동산 실권리자 명의등기에 관한 법률 제4조 제2항 본문이

---

21) "명의신탁자와 명의수탁자 사이의 명의신탁 약정의 무효에도 불구하고 부동산 실권리자명의 등기에 관한 법률 제4조 2항 단서에 의하여 그 명의수탁자는 당해 부동산의 완전한 소유권을 취득하게 되고, 다만 명의신탁자에 대하여 그로부터 제공받은 매수자금 상당액의 부당이득반환의무를 부담하게 되는바…"

적용되어 명의수탁자인 채무자 명의의 소유권이전등기가 무효인 경우에는 그 부동산은 채무자의 소유가 아니기 때문에 이를 채무자의 일반 채권자들의 공동담보에 공하여지는 책임재산이라고 볼 수 없고, 채무자가 위 부동산에 관하여 제3자와 근저당권설정계약을 체결하고 나아가 그에게 근저당권설정등기를 마쳐주었다 하더라도 그로써 채무자의 책임재산에 감소를 초래한 것이라고 할 수 없어 이를 들어 채무자의 일반 채권자들을 해하는 사해행위라고 볼 수 없다(대판 2000.3.10. 99다55069). 이는 채무자가 위 부동산에 관하여 제3자와 매매계약을 체결하고 그에게 소유권이전등기를 마쳐준 경우에도 마찬가지이다(대판 2008.9.25. 2008다41635).

(6)-3 무효인 양자간 명의신탁(신탁자가 처분한 경우 신탁자의 채권자에 대한 사해행위성립 하나 수탁자가 처분한 경우 수탁자의 채권자에 대한 사해행위 불성립)

"부동산에 관하여 부동산 실권리자명의 등기에 관한 법률 제4조 제2항 본문이 적용되어 명의수탁자인 채무자 명의의 소유권이전등기가 무효인 경우 그 부동산은 여전히 신탁자의 소유로서 신탁자의 일반채권자들의 공동담보에 제공되는 책임재산이 된다. 따라서 채무자인 신탁자가 직접 자신의 명의 또는 수탁자의 명의로 제3자와 매매계약을 체결하는 등 신탁자가 실질적 당사자가 되어 법률행위를 한다면 이는 신탁자의 일반채권자들을 해하는 행위로서 사해행위에 해당할 수 있다"(대판 2012.10.25. 2011다107375). "반면 채무자인 수탁자가 수탁부동산을 처분한다면 수탁부동산은 채무자의 소유가 아니므로 이를 수탁자의 일반 채권자들을 해하는 사해행위라고 할 수 없다"(대판 2012.8.23. 2012다45184).

(6)-4 무효인 중간생략 명의신탁(채무자가 채무초과상태에서 매수한 부동산의 등기명의를 아들에게 신탁하는 경우 : 적극)

채무자가 채무초과상태에서 매수한 부동산의 등기명의를 아들에게 신탁하고 이에 따라 소유권이전등기를 마친 사안에서, 判例는 "위 (중간생략형)명의신탁약정은 공동담보인 금전을 출연하여 그 대가(부동산)을 매수하고도 그의 공동담보재산으로 편입시키지 않은 것이 되어 사해행위에 해당하고, 채권자가 수익자 및 전득자를 상대로 소유권이전등기의 말소를 구하고 매도인을 상대로 채무자를 대위하여 소유권이전등기절차의 이행을 구할 수 있다"(대판 2004.3.25. 2002다69358)고 하였다.[22] **[4회 사례형]**

(7) 연대보증인의 사해행위

연대보증인이 그의 유일한 재산을 증여하였다면 주채무자가 채무를 변제할 자력이 있는 경우에도 채권자에게 우선변제권이 확보되어 있는 경우가 아닌 이상, 그 증여는 사해행위에 해당한다(대판 2003.7.8. 2003다13246). 이는 특정한 채권에 대한 공동 연대보증인 중 1인이 다른 공동 연대보증인에게 재산을 증여한 경우도 마찬가지이다(대판 2009.3.26. 2007다63102).

(8) 채권양도 또는 채권양도의 '통지' [10회 사례형]

① 사해행위 취소소송의 변론종결 전에 수익자가 제3채무자로부터 양도채권의 추심을 완료하였으면 수익자에 대하여 가액배상으로서 '수령한 금전의 지급'을 청구해야 한다. 그러나 "채무자의 수익자에 대한 채권양도가 사해행위로 취소되는 경우, 수익자가 제3채무자에게서 아직 채권을 추심하지 아니한 때에는, 채권자는 사해행위취소에 따른 원상회복으로서 수익자가 제3채무자에게 채권양도가 취소되었다는 취지의 통지를 하도록 청구할 수 있다. 그런데 사해행위의 취소는 채권자와 수익자의 관계에서 상대적으로 채무자와 수익자 사이의 법률행위를 무효로 하는 데에 그치고, 채무자와 수익자 사이의 법률관

---

22) **[판례해설]** 부동산실명법은 중간생략 명의신탁에서 매도인과 명의신탁자 사이의 매매계약의 효력을 부정하는 규정을 두고 있지 아니하므로 그들 사이의 매매계약은 유효한 것으로 되어, 명의신탁자는 매도인에 대하여 매매계약에 기한 소유권이전등기를 청구할 수 있고, 그 소유권이전등기청구권을 보전하기 위해 매도인을 대위하여 수탁자 명의의 등기의 말소를 구할 수 있다(대판 2002.3.15. 2001다61654). 하지만 이러한 청구권이 인정된다고 하여 신탁자가 매매대금을 그대로 보유할 때와 비교하여 채무초과상태를 심화시킨다는 점에는 의문이 없다. 따라서 이러한 청구권이 인정되어도 신탁자(채무자)와 수탁자(수익자)사이에 명의신탁의 사해행위성이 부정되는 것은 아니다.

계에는 영향을 미치지 아니한다. 따라서 채무자의 수익자에 대한 채권양도가 사해행위로 취소되고, 그에 따른 원상회복으로서 제3채무자에게 채권양도가 취소되었다는 취지의 통지가 이루어지더라도, 채권자와 수익자의 관계에서 채권이 채무자의 책임재산으로 취급될 뿐, 채무자가 직접 채권을 취득하여 권리자로 되는 것은 아니므로, 채권자는 채무자를 대위하여 제3채무자에게 채권에 관한 지급을 청구할 수 없다"(대판 2015.11.17. 2012다2743: 표준판례469 : 8회 선택형).

[구체적 예] 예를 들어 채무자 甲이 乙에 대한 채권을 丙에게 양도하고 채권양도의 통지를 한 경우, 甲의 금전채권자 A에 의해 위 채권양도가 사해행위로서 적법하게 취소되더라도, '채권자 취소권의 상대효'로 인해 피대위권리가 없으므로 A는 乙을 상대로 甲을 대위하여 채무의 이행을 청구할 수 없다(2017년 3차 법전협 모의고사 사례형).

② "압류 및 추심명령 당시 피압류채권이 이미 대항요건을 갖추어 양도되어 그 명령이 효력이 없는 것이 되었다면, 그 후의 사해행위취소소송에서 채권양도계약이 취소되어 채권이 원채권자에게 복귀하였다고 하더라도 이미 무효로 된 압류 및 추심명령이 다시 유효로 되는 것은 아니다"(대판 2020.10.15. 2019다235702) **[13회 기록형]**

③ "채권양도의 경우 권리이전의 효과는 원칙적으로 당사자 사이의 양도계약 체결과 동시에 발생하며 채무자에 대한 통지 등은 채무자를 보호하기 위한 대항요건일 뿐이므로, 채권양도행위가 사해행위에 해당하지 않는 경우에 양도통지가 따로 채권자취소권 행사의 대상이 될 수는 없다"(대판 2012.8.30. 2011다32785,32792).

(9) 무자력 상태의 채무자가 '소송절차'를 통해 수익자에게 자신의 책임재산을 이전하는 행위(적극)
"무자력 상태의 채무자가 '소송절차'를 통해 수익자에게 자신의 책임재산을 이전하기로 하여, 수익자가 제기한 소송에서 채무자가 자백하는 등의 방법으로 패소판결이 확정되고, 이에 따라 수익자 앞으로 책임재산에 대한 소유권이전등기 등이 마쳐진 경우, 채무자와 수익자 사이의 이전합의는 채무자의 일반채권자들을 해하는 사해행위가 될 수 있다. 이때 사해행위취소로 인한 원상회복은 채무자와 수익자 사이의 위 '확정판결의 기판력'에 저촉되지 않는다"(대판 2017.4.7. 2016다204783: 표준판례470[23]) : 7회,11회 선택형).

▶ [쟁점 09]

3. 사해행위에 해당하는 범위 [B-58c]

(1) 채무자의 재산상의 법률행위가 전체로서 사해행위가 되는 경우(⇒ 전부취소 또는 일부취소)

목적물 전체가 채무자의 책임재산인 경우에는 법률행위 전체가 사해행위에 해당한다. 예컨대 5,000만 원의 채무를 부담하고 있는 채무자가 시가 1억 원 상당의 유일한 재산을 증여한 경우, 5,000만 원의 범위에서만 사해행위가 성립하는 것이 아니다. 재산 전체가 일반채권자들의 공동담보에 속해 있었기 때문에 증여계약 전체가 사해행위에 해당하고, 다만 취소의 범위가 문제될 뿐이다.

(2) 법률행위 중 일부가 사해행위에 해당하는 경우(⇒ 일부취소)

목적물 일부가 채무자의 책임재산에 속하지 않는 경우에는 책임재산의 범위에 속하는 부분에 한하여 사해행위로 취소할 수 있다. 예를 들어 ① '이혼에 따른 재산분할약정'이 상당성을 초과한 경우에는 재산분할로서 상당한 범위를 넘는 부분에 관하여만 사해행위가 성립하고(대판 2000.9.29. 2000다25569:

---

[23] **[판례해설]** "왜냐하면 채권자가 사해행위의 취소와 함께 수익자 또는 전득자로부터 책임재산의 회복을 명하는 사해행위취소의 판결을 받은 경우 수익자 또는 전득자가 채권자에 대하여 사해행위의 취소로 인한 원상회복 의무를 부담하게 될 뿐, 채권자와 채무자 사이에서 취소로 인한 법률관계가 형성되는 것은 아니기 때문이다"

표준판례448), [11입법] ② '다른 사람의 저당권이 설정되어 있는 부동산이 사해행위로 양도된 경우' 그 저당권에 의하여 우선변제권이 확보된 부분을 제외한 나머지 부분에 관하여만 사해행위가 성립하며(대판 2001.10.9. 2000다42618 : 1회,3회,12회 선택형), ③ '채무자가 사해행위에 의하여 비로소 채무초과상태에 이르게 되었는데 그 사해행위가 가분적인 경우'에는 소극재산이 적극재산을 넘게 되는 부분에 한하여 사해행위가 성립한다(대판 2010.8.19. 2010다36209). 예를 들어 소극재산 1억 원, 적극재산 2억 원인 채무자 甲이 새롭게 乙의 丙에 대한 2억 원의 채무를 연대보증하여 소극재산 3억 원, 적극재산 2억 원이 된 경우, 甲의 丙에 대한 2억 원의 연대보증 중 소극재산이 적극재산을 넘게 되는 1억 원 부분에 한하여 사해행위가 성립하는 것이다. 따라서 위 ①②③의 경우 **채권자는 그 부분**(사해행위가 성립하는 범위)**만을 자기의 채권액을 한도로 취소할 수 있다.**

4. 사해의사 …본안요건(흠결시 청구기각) [B-58c]

(1) 채무자의 악의 [8회 사례형]

① 채무자가 사해행위 당시에 그것에 의하여 채권자를 해하게 됨을 알고 있었어야 한다(제406조 1항 본문). "사해의사란 채무자가 법률행위를 함에 있어 그 채권자를 해함을 안다는 것이다. 여기서 '안다'고 함은 **의도나 의욕을 의미하는 것이 아니라 단순한 인식으로 충분하다.** 결국 사해의사란 공동담보 부족에 의하여 채권자가 채권변제를 받기 어렵게 될 위험이 생긴다는 사실을 인식하는 것이며, 이러한 인식은 일반 채권자에 대한 관계에서 있으면 족하고, 특정의 채권자를 해한다는 인식이 있어야 하는 것은 아니다"(대판 2009.3.26. 2007다63102 : 11회 선택형). 아울러 "연대보증인에게 부동산의 매도행위 당시 사해의 의사가 있었는지 여부는 연대보증인이 자신의 자산상태가 채권자에 대한 연대보증채무를 담보하는 데 부족이 생기게 되리라는 것을 인식하였는가 하는 점에 의하여 판단하여야 하고, 연대보증인이 주채무자의 자산상태가 채무를 담보하는 데 부족이 생기게 되리라는 것까지 인식하였어야만 사해의 의사를 인정할 수 있는 것은 아니다"(대판 1998.4.14. 97다54420 : **표준판례**455).

② 이러한 채무자의 악의의 증명책임은 채권자에게 있다. 다만 채무자가 그의 유일한 재산을 증여하거나 매도한 경우에는 이로써 채권자들의 공동담보에 부족이 생길 것이라는 사실을 알았다고 봄이 상당하다(사실상 추정)(대판 1997.5.9. 96다2606).

(2) 수익자 또는 전득자의 악의 [09행정, 3회 8회 기록형]

수익자 또는 전득자는 그 이익을 받는 행위 또는 전득의 당시에 채권자를 해하게 됨을 알고 있었어야 한다(제406조 1항 단서). 증명책임과 관련하여 判例는 "사해행위취소소송에 있어서 채무자의 악의의 점에 대하여는 그 취소를 주장하는 채권자에게 입증책임이 있으나 수익자 또는 전득자가 악의라는 점에 관하여는 입증책임이 채권자에게 있는 것이 아니고 수익자 또는 전득자 자신에게 선의라는 사실을 입증할 책임이 있다"고 한다(대판 1997.5.23. 95다51908 ; 1회,2회,5회 선택형).

Ⅳ. 채권자취소권의 행사 [B-59]

1. 행사의 방법 [B-59a]

채권자취소권은 채권자가 수익자 또는 전득자를 피고로 하여 자기의 이름으로 '**소로써**'만 행사할 수 있다(제406조). 즉, '소송상의 공격방어방법'으로 주장할 수 없다(대판 1993.1.26. 92다11008).

이러한 채권자에는 채권의 양수인도 포함된다. 즉, 채권자(채권양도인)의 채권이 사해행위 이전에 성립한 이상 사해행위 이후에 채권양도되었다고 하더라도 채권양수인은 채권자취소권을 행사할 수 있다(대판 2012.2.9. 2011다77146).

(1) 수익자와 전득자가 모두 악의인 경우
① 수익자를 상대방으로 하여 가액반환을 청구할 수도 있고, 전득자를 상대방으로 하여 원물반환을 청구할 수도 있다.
② 사해행위의 목적물이 부동산인 경우에 원상회복(원물반환)으로서 말소등기를 청구하는 경우에는 전득자를 상대로 소를 제기한 후에 다시 수익자를 상대로 소를 제기해야 하는 불편이 따른다. 따라서 전득자를 상대방으로 하여 이전등기를 청구하는 것이 허용되어야 한다(대판 2000.2.25. 99다53704 : 판례사안은 수익자만 있는 사안이었지만, 판례취지상 전득자를 상대로도 허용, 8회 선택형).

(2) 수익자가 악의이고 전득자가 선의인 경우
① 전득자가 소유권을 취득한 경우에는 수익자를 상대로 가액반환을 청구할 수밖에 없다.
② 부동산의 소유권이 악의의 수익자에게 이전된 후 '선의의 전득자가 저당권'을 취득한 경우에도 채권자는 수익자를 상대로 가액반환을 청구하는 것이 원칙이다. 채권자는 수익자에게 진정명의회복을 원인으로 하는 소유권이전등기를 청구할 수 있으나, 이 경우 채무자에게로 소유권이 회복되더라도 전득자의 저당권은 존속하기 때문에, 이를 사해행위 이전의 상태로 '원상회복'되었다고 평가할 수는 없기 때문이다. 그러나 채권자가 스스로 위험이나 불이익을 감수하면서 원물반환을 구하는 것까지 허용되지 아니하는 것으로 볼 것은 아니고, 그 경우 채권자는 원상회복 방법으로 가액배상 대신 수익자 명의의 등기의 말소를 구하거나(부동산 등기법 제57조 1항 참조) 수익자를 상대로 채무자 앞으로 직접 소유권이전등기절차를 이행할 것을 구할 수 있다(대판 2001.2.9. 2000다57139 : 1회,6회,13회 선택형). 수익자가 가액반환의무를 이행할 자력이 없거나, 저당권의 피담보채권액이 소액인 경우에는 이전등기 형식의 원물반환을 구하는 것이 훨씬 효과적일 것이다.

(3) 수익자가 선의이고 전득자가 악의인 경우
채권자는 전득자를 상대방으로 하여 원상회복으로서 채무자에게 직접 '이전등기'절차를 이행할 것을 청구할 수 있다. 만일 소유권이전등기의 '말소'를 청구하는 경우에는 그에 따라 등기 명의가 수익자에게 복귀하게 되는데, 채권자는 선의인 수익자를 상대로는 채권자취소권을 행사할 수 없게 되어 결국 채무자 앞으로 소유 명의를 돌려놓을 수 없기 때문이다.

2. 취소의 범위(실제로는 대부분 예외에 해당) [B-59b]

(1) 원 칙
취소의 범위는 취소권을 행사하는 채권자의 채권액을 표준으로 한다. 그 채권액은 사해행위 당시를 표준으로 한다. 다만 지연손해금 및 법정이자는 원본채권의 당연한 확장으로서 채권성립일부터 사실심 변론종결일까지 발생한 것도 피보전채권액에 포함된다(대판 2003.7.11. 2003다19572 : 12회 선택형).

(2) 예 외
① '다른 채권자가 배당요구를 할 것이 명백한 사정이 있는 경우'에는 취소채권자의 채권액을 넘어서까지도 취소를 구할 수 있다. 여기서 '다른 채권자가 배당요구를 할 것이 명백한 경우'란 다른 채권자들이 채권자단을 구성하고 있는 등의 사정이 있는 경우를 말한다(대판 1997.9.9. 97다10964).
② '목적물이 불가분인 경우', 예컨대 대지와 지상건물을 일체로 매도한 경우에는 그 가액이 채권액을 초과하더라도 그 전부에 대한 취소를 허용한다. 이 경우 목적물의 불가분성은 거래의 실정을 고려하여 사회경제적 단일성이 있는지를 기준으로 판단한다(대판 1975.2.25. 74다2114 : 7회 선택형).[24]

[주의] 그러나 위 예외들은 사실상 원물반환의 경우에만 해당된다. 왜냐하면 가액반환을 하는 경우 채권자가 지급받은 가액배상금에 대해 다른 채권자들이 배당요구를 할 수 없으므로(현행법상 위 지급받은 가액배상금을 분배하는 방법이나 절차 등에 관한 아무런 규정이 없다), 이때에는 취소채권자는 자신의 채권액을 초과하여 가액배상을 구할 수 없기 때문이다(대판 2008.11.13. 2006다1442).

3. 원상회복의 방법   [B-59c]

(1) 원 칙

원상회복은 원칙적으로 그 '목적물의 반환'(원물반환)을 청구하여야 한다. 목적물이 부동산인 경우에는 등기명의를 채무자에게 환원시키는 방법으로 말소등기 또는 진정명의회복을 원인으로 한 소유권이전등기의 형식으로 가능하다(대판 2000.2.25. 99다53704 : 8회 선택형).

그리고 근저당권설정계약의 일부가 사해행위인 경우(다른 사람의 저당권이 설정되어 있는 부동산에 사해행위로 후순위저당권이 설정된 경우)에 判例는 불완전한 원물반환으로서 '근저당권변경등기'에 의한다고 한다(대판 2006.12.7. 2006다43620: 표준판례459).[25]

① [사해행위 취소로 인한 원상회복으로 소유권이전등기의 말소를 명하는 판결을 받았으나 말소등기를 마치지 않은 경우] "채권자가 수익자를 상대로 사해행위 취소 및 원상회복으로 소유권이전등기의 말소를 명하는 판결을 받았으나 말소등기를 마치지 않은 경우, 채권자취소권의 상대적 효력에 따라 소송당사자가 아닌 다른 채권자는 채무자를 대위하여 말소등기를 신청할 수 없으나, '민법 제407조 등의 취지'에 비추어 다른 채권자가 사해행위취소판결에 따라 사해행위가 취소되었다는 사정을 들어 수익자를 상대로 다시 소유권이전등기의 말소를 청구하면 수익자는 말소등기를 해 줄 수밖에 없다.[26]
따라서 결국 소송당사자가 아닌 다른 채권자가 위 판결에 따라 채무자를 대위하여 마친 말소등기는 실체관계에 부합하는 등기로서 유효하다"(대판 2015.11.17. 2013다84995: 표준판례466 : 8회,11회 선택형).

② [사해행위 취소로 그 등기명의를 회복한 부동산을 '채무자'가 제3자에게 처분한 경우] "이는 '무권리자의 처분행위'에 해당하므로 제3자에게 마쳐진 등기는 원인무효로서 '취소채권자나 제407조에 따라 사해행위 취소와 원상회복의 효력을 받는 채권자'는 강제집행을 위하여 그 등기의 말소를 청구할 수 있다"(대판 2017.3.9. 2015다217980 : 7회,14회 선택형). [8회 사례형, 20법무]

③ [사해행위 취소로 인한 원상회복으로 부동산을 반환하는 경우 그 사용이익의 반환여부(소극)] "부동산에 관한 법률행위가 사해행위에 해당하여 취소 및 반환을 구하는 경우 채무자의 **책임재산은 당해 부동산뿐이므로** 수익자 또는 전득자가 사해행위 이후 그 부동산을 직접 사용하거나 제3자에게 임대하였다고 하더라도 수익자 등이 원상회복으로서 당해 부동산을 반환하는 이외 그 사용이익이나 임료상당액을 반환해야 하는 것은 아니다"(대판 2008.12.11. 2007다69162: 표준판례461).

---

24) [판례해설] "이건에 있어서는 대지와 건물이 동일인의 소유이므로 대지의 가격만으로도 채권자의 채권액보다 다액이라 하여 대지와 건물 중 그 일방만을 취소하게 되면 건물의 소유자와 대지의 소유자가 다르게 되어 그 가격과 효용을 현저히 감소시킬 것이므로 이 건의 경우에는 경제적인 이유로 불가분의 관계에 있다하여 이를 전부 취소함이 정당하다"

25) [사실관계] 선순위 근저당권 설정 후에 채무초과인 상태로 '사해행위'인 최고액 20억 원의 후순위 근저당권 설정하면서 받은 대여금 중 일부로 선순위 근저당권의 피담보채무 4억을 변제하여 선순위 근저당권을 말소시킨 경우, 16억 부분만 일부 사해행위에 해당하므로 원상회복은 '가액배상'이 아닌 후순위 근저당권등기의 최고액 20억 원을 4억 원으로 변경하는 근저당권변경등기의 방법으로 원상회복을 하면 되는 것으로 보았다.

26) [판례평석] "그동안의 판례·통설은 사해행위취소판결의 효력은 소송당사자 사이에서만 미친다고 하여 형성판결의 대세효나 기판력의 확장을 인정하지 않아 왔고, 특히 어느 한 채권자가 사해행위취소 및 원상회복판결을 받아 확정되었다는 것만으로는 다른 채권자가 동일한 청구가 권리보호의 이익이 없게 되는 것은 아니라는 것이 확립된 판례인데, 대상판결은 이러한 판례·통설과 양립하기 어려워 보인다"(김송, '사해행위취소의 효력과 민법 제407조의 법적 성격', 법학논문집 제41집 제1호 참조).

④ [공유지분에 관하여 담보가등기를 설정하였다가 공유물분할로 단독소유가 된 부동산에 '전사(轉寫)'된 담보가등기에 관하여 채권자취소권을 행사하는 방법] "공유물분할은 형식적으로는 공유자 상호 간의 지분의 교환 또는 매매이나 실질적으로는 공유물에 분산되어 있는 지분을 분할로 인하여 취득하는 특정 부분에 집중시켜 소유형태를 변경한 것에 불과하다. 그러므로 공유지분에 관하여 담보가등기를 설정하였다가 공유물분할로 단독소유가 된 부동산에 전사된 담보가등기에 관하여 사해행위를 이유로 채권자취소권을 행사할 경우에는 특별한 사정이 없는 한 공유지분에 대한 담보가등기 설정 당시를 기준으로 사해행위에 해당하는지를 판단하여야 한다. 한편 공유물분할 이후 당초 공유지분에 담보가등기를 설정한 공유자의 단독소유로 귀속된 부동산에 종전의 담보가등기를 대체하는 새로운 담보가등기를 설정하고 다른 공유자의 소유로 분할된 부동산에 전사된 담보가등기는 모두 말소한 경우에 담보권설정자에 대한 채권자가 채권자취소권을 행사할 때에는 공유물분할 자체가 불공정하게 이루어져 사해행위에 해당한다는 등 특별한 사정이 없는 한 공유물분할이 되어 단독소유로 된 부동산에 설정된 담보가등기 설정계약의 취소와 담보가등기의 말소를 구하는 방법으로 할 수 있다"(대판 2016.5.27. 2014다230894: 표준판례458).[27]

(2) 예 외 [12사법, 08법무]

1) 가액반환을 하여야 하는 경우

ⅰ) 원물반환이 불가능하거나, ⅱ) 현저히 곤란한 경우에는 예외적으로 원물반환에 갈음하여 가액반환이 허용된다. 가액상환을 하여야 하는 경우란 사회생활상 경험법칙 또는 거래상의 관념에 비추어 원물반환을 기대할 수 없는 경우를 말한다.

① ['저당권부 부동산이 사해행위로 양도'된 후 수익자(양수인)의 변제에 의하여 저당권이 소멸한 경우]

가) 전부 변제된 경우 [2회·11회 사례형]

判例는 "사해행위를 취소하여 그 부동산의 자체의 회복을 명하는 것은(말소되었던 저당권까지 회복되는 것은 아님 : 저자주) 당초 일반채권자들의 공동담보로 되어 있지 아니하던 부분까지 회복을 명하는 것이 되어 공평에 반하는 결과가 되므로, 그 부동산의 가액에서 저당권의 피담보채무액을 공제한 잔액의 한도에서 사해행위를 취소하고 그 가액의 배상을 구할 수 있을 뿐"(대판 1999.9.7. 98다41490)이라고 한다. 이때 사해행위시와 사실심변론종결시 피담보채무액의 변동이 있는 경우 공제되어야 할 피담보채무액의 산정과 관련하여 判例는 사해행위 이후에 피담보채권액이 늘었으면 '채권최고액의 한도 내에서' 이를 모두 공제하여야 하고, 피담보채권액이 줄었으면 '사해행위 당시의 피담보채권액'을 공제해야 한다고 한다(대판 2005.10.14. 2003다60891 : 12회,13회 선택형).[28]

[관련판례] 이러한 법리는 ㉠ 주택임대차보호법이 정한 대항요건 및 확정일자를 갖춘 (소액)임차인이 있는 부동산에 관하여 사해행위가 이루어진 후 수익자가 우선변제권 있는 임대차보증금 반환채무를 이행한 경우(대판 2013.4.11. 2012다107198 등), [13회 기록형] ㉡ 유치권이 설정되어 있는 부동산이 사해행위로 양도된 후 수익자의 변제에 의하여 유치권이 소멸한 경우(대판 2013.4.11. 2013다1105)에도 동일하게 적용된다.

---

27) [판례해설] 사해행위 여부는 제1담보계약 설정 당시를 기준으로 판단하되, 제1담보계약은 이미 해제되었고 제2담보계약은 제1담보계약을 대체한 것에 불과하여 실질적으로 동일하므로 취소 대상인 사해행위는 제2담보계약이고, 원상회복도 제2담보계약에 따른 등기 말소를 구해야 한다는 취지의 판례이다.

28) "ⅰ) 피담보채무액을 공제함에 있어 사실심 변론종결 당시의 피담보채무액이 사해행위 당시의 그것보다 현실적으로 증대되어 남아있는 경우에는 근저당권의 채권최고액의 범위 내에서 이를 모두 공제하여야 할 것이나, ⅱ) 그와 반대로 수익자에 의하여 피담보채무의 일부가 대위변제되어 사실심 변론종결 당시의 피담보채무액이 사해행위 당시의 그것보다 줄어들게 되었더라도 채무자를 위하여 변제한 자는 변제자대위의 법리에 따라 채권최고액의 범위 내에서 채권자의 근저당권을 행사할 수 있는 것이어서 위와 같이 공제된 금액에서 대위변제된 금원을 또 다시 공제할 것은 아니라고 할 것이다"

나) 일부 변제된 경우 [3회 기록형]

㉠ "사해행위의 목적인 부동산에 수 개의 저당권이 설정되어 있다가 사해행위 후 그중 일부 저당권만이 말소된 경우에도 사해행위의 취소에 따른 원상회복은 가액배상의 방법에 의할 수밖에 없을 것이고, 그 경우 배상하여야 할 가액은 사해행위 취소시인 '사실심 변론종결시'를 기준으로 하여 그 부동산의 가액에서 말소된 저당권의 피담보채권액과 말소되지 아니한 저당권의 피담보채권액을 모두 공제하여 산정하여야 한다"(대판 1998.2.13. 97다6711)고 한다.

㉡ 그러나 수익자에 의해 일부 저당권이 말소된 경우가 아니라 '근저당권의 피담보채무액이 일부 대위변제된 경우'는 그 대위변제에 의하여 근저당권이 말소되거나 근저당권의 피담보채무액이 감소하여 확정되는 등의 사정이 없는 한, (계속적 거래가 가능하므로 그 근저당권으로 부담하는 잠재적인 채무는 여전히 채권최고액 전액이라고 할 수밖에 없으므로) 대위변제에 의하여 피담보채무가 종국적으로 감소하였다고 할 수도 없으므로 가액반환이 아니라 원물반환에 의하여야 한다(대판 2002.12.6. 2002다39715).

② ['저당권부 채권이 사해행위로 양도'된 후 사해행위가 채권자에 의하여 취소되기 전에 이미 수익자가 배당금을 현실로 지급받은 경우]

이 경우 判例는 "수익자가 경매절차에서 채무자와의 사해행위로 취득한 근저당권부 채권에 기하여 배당에 참가하여 배당표는 확정되었으나 채권자의 배당금지급금지가처분 등으로 인하여 배당금을 현실적으로 지급받지 못한 경우와 달리, 채권자는 원상회복방법으로 수익자 또는 전득자를 상대로 배당 또는 변제로 수령한 금원 중 자신의 채권액 상당의 지급을 가액배상의 방법으로 청구할 수 있다 할 것이나, 채권에 대한 압류가 경합하여 제3채무자가 금전채권을 집행공탁한 경우 비록 제3채무자의 채무가 소멸되는 것이기는 하지만, 제3채무자의 채권자는 현실적으로 채권을 추심한 것이 아니라 공탁금출급청구권을 취득한 것에 불과하고 압류의 효력이 채무자의 공탁금출급청구권에 대하여 존속하게 되는 것이므로 사해행위의 취소에 따른 원상회복은 금전지급에 의한 가액배상이 아니라 공탁금출급청구권을 채권자에게 양도하는 방법으로 하여야 한다"(대판 2004.6.25. 2004다9398 : 4회 선택형)고 한다.

③ ['저당권을 설정하는 행위가 사해행위'인 경우, 그 저당권이 실행되어 매각된 경우]

근저당권설정계약을 사해행위로서 취소한 경우, 원상회복의 방법은 ⅰ) 근저당권설정등기가 말소되지 않고 있는 때에는 근저당권설정등기말소라는 방법으로, ⅱ) 근저당권 실행으로 근저당권설정등기가 말소되었으나 수익자인 근저당권자가 배당금을 수령하지 못한 때에는 배당금지급청구권의 양도라는 방법으로, ⅲ) 수익자인 근저당권자가 배당금을 수령한 경우에는 수령한 배당금의 지급을 구하는 '가액배상의 방법'을 취한다(아래판결 참고).

㉠ "채무자와 수익자 사이의 근저당권설정계약이 사해행위인 이상 그로 인한 근저당권설정등기가 경락으로 인하여 말소되었다고 하더라도 수익자로 하여금 근저당권자로서의 배당을 받도록 하는 것은 민법 제406조 제1항의 취지에 반하므로, 수익자에게 그와 같은 부당한 이득을 보유시키지 않기 위하여 그 근저당권설정등기로 인하여 해를 입게 되는 채권자는 근저당권설정계약의 취소를 구할 이익이 있다"(대판 1997.10.10. 97다8687 : 8회 선택형).

㉡ 이 경우 判例는 "근저당권설정계약을 사해행위로서 취소하는 경우 경매절차가 진행되어 타인이 소유권을 취득하고 근저당권설정등기가 말소되었다면 원물반환이 불가능하므로 가액배상의 방법으로 원상회복을 명할 것인바, 이미 배당이 종료되어 수익자가 배당금을 수령한 경우에는 수익자로 하여금 배당금을 반환하도록 명하여야한다"(대판 2011.2.10. 2010다90708 : 아래 비교판례와 비교)고 한다. 그러나 "배당표가 확정되었으나 채권자의 배당금지급금지가처분으로 인하여 수익자가 배당금을 현실적으로 지급받지 못한 경우에는 배당금지급채권의 양도와 그 채권양도의 통지를 명한다(대판 2023.6.29. 2022다244928 참고).

만약 채권자가 배당기일에 출석하여 수익자의 배당 부분에 대하여 이의를 하였다면 그 채권자는 사해행위취소의 소를 제기함과 아울러 그 원상회복의 방법으로 배당이의의 소를 제기할 수 있다"(대판 2018.4.10. 2016다272311).

[비교판례] ※ **원물반환으로 근저당권설정등기의 말소를 명하는 판결확정 후 해당 부동산이 관련 경매사건에서 담보권 실행을 위한 경매절차를 통하여 수익자가 배당금을 수령한 경우**(대상청구권 인정)
　判例는 신용보증기금이 甲 주식회사를 상대로 제기한 사해행위취소소송에서 원물반환으로 근저당권설정등기의 말소를 구하여 승소판결이 확정되었는데, 그 후 해당 부동산이 관련 경매사건에서 담보권 실행을 위한 경매절차를 통하여 제3자에게 매각된 사안에서, "위와 같이 부동산이 담보권 실행을 위한 경매절차에 의하여 매각됨으로써 확정판결에 기한 甲 회사의 근저당권설정등기 말소등기절차의무가 이행불능된 경우, 신용보증기금은 대상청구권 행사로서 甲 회사가 말소될 근저당권설정등기에 기한 근저당권자로서 지급받은 배당금의 반환을 청구할 수 있다"(대판 2012.6.28. 2010다71431 : 표준판례403 : **13회 선택형**)고 판시하였다.

[판례해설] 위 2010다90708의 경우 수익자가 배당금을 수령한 이후 취소채권자에게 가액배상을 명하는 판결이 확정된 사례이다. 이 경우 부당이득반환을 원인으로 수익자에게 배당금반환을 명하는 판결을 선고하면 된다. 반면, 비교판례(2010다71431)의 경우는 원물반환을 명하는 판결 확정 후 경매가 진행되어 수익자가 배당금을 수령한 사례이다. 이 경우 취소채권자에게 부당이득반환의 법리가 적용된다는 보장이 없다. 또한, 다시 가액반환을 청구하는 소를 제기하는 것도 기판력에 저촉되어 권리보호이익이 없어 허용되지 않는다(대판 2006.12.7. 2004다54978). 대신 비교판례는 취소채권자가 수익자에게 대상청구권을 행사하는 것은 가능하다고 판시하였다.

④ [**사해행위인 매매예약에 기하여 수익자 앞으로 가등기를 마친 후 전득자 앞으로 가등기 이전의 부기등기를 마치고 가등기에 기한 본등기까지 마친 경우**] [**16법무**]
　이 경우 判例는 "채권자는 수익자를 상대로 사해행위인 매매예약의 취소를 청구할 수 있고, 부기등기의 결과 가등기 및 본등기에 대한 **말소청구소송에서 수익자의 피고적격이 부정되더라도**, 위 부기등기는 사해행위인 매매예약에 기초한 수익자의 권리의 이전을 나타내는 것으로서 부기등기에 의하여 수익자로서의 지위가 소멸하지는 아니하므로 수익자는 부기등기로 인한 가등기말소의무의 불능에 대한 **원상회복으로서 가액배상을 할 의무를 진다**"(대판 2015.5.21. 전합2012다952 : 표준판례465 : 가등기에 의한 권리의 양도인(수익자)은 가등기말소등기청구 소송의 상대방이 될 수 없고 본등기의 명의인도 아니므로 가액배상의무를 부담하지 않는다는 종전판결을 변경 : **7회, 11회 선택형**)고 한다.

[비교판례] 부기등기가 없는 사안에서는 수익자에게 가등기 및 본등기에 대한 말소청구소송의 피고적격이 인정되므로 가액배상이 이루어져야 하는 것이 아니다. 즉, "소유권이전등기청구권보전을 위한 가등기가 사해행위로서 이루어진 경우 그 매매예약을 취소하고 원상회복으로서 가등기를 말소하면 족한 것이고, 가등기 후에 저당권이 말소되었다거나 그 피담보채무가 일부 변제된 점 또는 그 가등기가 사실상 담보가등기라는 점 등은 그와 같은 원상회복의 방법에 아무런 영향을 주지 않는다"(대판 2003.7.11. 2003다19435). [**8회 기록형**]

⑤ [**선의의 전득자가 저당권을 취득한 경우 : 원물반환과 가액반환의 선택**]
　이 경우 判例는 "채권자는 수익자를 상대로 원물반환 대신 그 가액 상당의 배상을 구할 수도 있다고 할 것이나, 그렇다고 하여 채권자가 스스로 위험이나 불이익을 감수하면서 원물반환을 구하는 것까지 허용되지 아니하는 것으로 볼 것은 아니고, 그 경우 채권자는 원상회복 방법으로 가액배상 대신 수익자 명의의 등기의 말소를 구하거나 수익자를 상대로 채무자 앞으로 직접 소유권이전등기절차를 이행할 것을 구할 수 있다"(대판 2001.2.9. 2000다57139 : **1회, 6회, 13회 선택형**)고 한다. [**3회 기록형**]

⑥ [**수익자의 대체물 인도의무에 대한 강제집행이 불가능하거나 현저히 곤란하다고 평가할 수 있는 경우 : 전보배상**]
㉠ 甲은 丙에 대하여 10억 원의 대여금채권을 가지고 있다. 丙은 위 대여금채권에 기한 강제집행을 회피하기 위하여 상장회사 丁의 주식(10만 주)을 乙에게 매각하였다. 甲은 乙을 상대로 '위 주식에 대한

매매계약을 10억 원의 범위 내에서 취소하고 丙에게 10억 원 상당의 주식을 양도하라'는 내용으로 채권자취소소송을 제기하였고 승소판결을 받아 확정되었다. 한편 변론종결당시에 乙은 매수 한 주식을 丁에게 모두 매도하여 보유하고 있지 않았다. 이후 甲은 위 판결에 따라 乙에게 10억 원 상당의 주식을 양도하라고 최고하였으나, 乙은 주식을 보유하지 있지 않은 데다가 자력이 부족하여 이를 이행하지 않았다. 이에 甲은 乙을 상대로 i) 주위적으로 이행불능으로 인한 대상청구권의 행사로 주식 가액인 10억 원을 청구하고, ii) 예비적으로 이행지체로 인한 전보배상으로 10억 원을 청구하는 소를 제기하였었고, 乙은 i) 대체물은 이행불능이 인정될 수 없으므로 주위적 청구는 기각되어야 하고, ii) 전보배상은 실질적으로 가액배상청구이므로 권리보호이익이 없어 각하되어야 한다고 항변하다(대판 2024.2.15. 2019다238640 사실관계 유사)(25년 1차 법전협 모의 사례형)

ⓛ 검토하건대, i) 대체물양도의무는 이행불능을 상정할 수 없으므로 민법상 대상청구의 요건을 충족하지 못한다. 따라서 乙의 항변은 타당하므로 甲의 주위적 청구는 기각되어야 한다. ii) 判例에 따르면 "수익자가 사해행위취소 소송의 확정판결에 따른 원상회복으로 대체물인도의무를 이행하지 않았다는 이유만으로 취소채권자가 수익자를 상대로 이행지체로 인한 전보배상(제395조)을 구할 수는 없다. 다만 수익자가 대체물 인도의무에 대한 강제집행이 불가능하거나 현저히 곤란하다고 평가할 수 있는 경우에는 전보배상을 구할 수 있다"(대판 2024.2.15. 2019다238640). 사안에서 예비적 청구는 원물반환의무의 이행지체로 인한 전보배상을 의미하는데, 이는 가액배상의 청구가 아니므로 乙의 항변은 부당[29]하다. 乙은 주식을 보유하지 않고 자력이 부족하므로 대체물양도의무에 대한 강제집행이 불가능한 경우에 해당하여 예비적 청구는 인용되어야 한다.

3) 가액반환을 판단하는 기준과 범위

가액상환에서 가액은 '사해행위가 성립하는 범위 내'에서 '사실심변론종결시'(사해행위시가 아님)를 기준으로 하여 산정된다(대판 2001.12.27. 2001다33734 : 6회, 12회 선택형). 가액배상은 ㉠ 채권자의 피보전채권액(사해행위 당시를 기준으로 하되 사실심변론종결시까지의 이자나 지연손해금은 포함)과 ㉡ 목적물의 공동담보가액(책임재산=사해행위의 범위) 중 적은 금액을 한도로 이루어진다.[30]

그리고 가액반환을 하는 경우 채권자가 지급받은 가액배상금에 대해 다른 채권자들이 배당요구를 할 수 없으므로(현행법상 위 지급받은 가액배상금을 분배하는 방법이나 절차 등에 관한 아무런 규정이 없다), **취소채권자는 자신의 채권액을 초과하여 가액배상을 구할 수 없다**(대판 2008.11.13. 2006다1442 : 3회 선택형). [09행정]

4) 가액반환을 행사하는 방법

① [직접청구가부] 사해행위취소로 가액반환을 하는 경우 취소채권자는 직접 자기에게 가액배상금을 지급할 것을 청구할 수 있다(대판 1998.5.15. 97다58316 ; "가액배상의 경우 그 이행의 상대방은 채권자이어야 한다"는 대판 2008.4.24. 2007다84352판결도 있다). 실무상 취소채권자가 가액반환을 구하는 경우에는 예외 없이

---

29) "사해행위취소에 따른 원상회복의무 불이행을 이유로 한 민법 제395조에 따른 전보배상청구는 민법 제406조 제1항에 따른 원상회복청구의 일환으로 이루어지는 가액배상청구와 소송물을 달리하기는 하나, 본래 채무자에게 이루어져야 할 원물반환에 갈음하여 취소채권자에게 금전을 지급하라는 내용의 청구라는 점, 이러한 청구를 쉽게 허용할 경우 원물반환 원칙이나 채권자평등 원칙이 약화될 우려가 있다는 점에서는 가액배상청구와 공통된다. 그러므로 이러한 전보배상청구는 가액배상과 마찬가지로 일정한 요건 아래에서만 제한적으로 허용될 필요가 있다"(대판 2024.2.15. 2019다238640)

30) 사해행위의 취소와 원상회복이 병합하여 청구되는 일반적인 경우 실무는 사해행위의 취소범위에 앞서 원상회복방법에 관하여 살펴 본 다음 사해행위취소범위와 가액배상의 범위를 동일한 기준 하에 한꺼번에 판단함으로써 사해행위취소범위와 가액배상 범위를 일치시키고 있다[사법연수원, 요건사실론(2022년), p.136].

[가액반환 청구취지 기재례] "1. 피고와 소외 채무자 사이에 별지 목록 기재 부동산에 관하여 2020. 5. 15. 체결된 매매계약을 100,000,000원의 한도 내에서 취소한다. 2. 피고는 원고에게 100,000,000원 및 이에 대한 이 판결 확정일 다음날부터 다 갚는 날까지 연 5%의 비율로 계산한 돈을 지급하라"

직접 자기에게 지급할 것을 청구하고 있다. 이때 상대방이 돈을 채무자에게 주었다고 하더라도 그 금액 상당을 가액반환의 범위에서 공제할 것은 아니다(대판 2013.4.11. 2012다211).[31]

② [**상계가부**] 취소채권자는 가액을 반환받은 다음 이를 채무자에게 반환하여야 하나, 한편 채무자에 대하여 채권을 가지고 있으므로 상계적상에 있는 한 **상계할 수 있다**. 이로써 취소채권자는 사실상 우선변제를 받을 수 있다.

[관련판례] "사해행위의 취소와 원상회복은 모든 채권자의 이익을 위하여 그 효력이 있으므로(제407조), 채권자취소권의 행사로 채무자에게 회복된 재산에 대하여 취소채권자가 우선변제권을 가지는 것이 아니라 다른 채권자도 총채권액 중 자기의 채권에 해당하는 안분액을 변제받을 수 있는 것이지만, 이는 채권의 공동담보로 회복된 채무자의 책임재산으로부터 민사집행법 등의 법률상 절차를 거쳐 다른 채권자도 안분액을 지급받을 수 있다는 것을 의미하는 것일 뿐, 다른 채권자가 이러한 법률상 절차를 거치지 아니하고 취소채권자를 상대로 하여 안분액의 지급을 직접 구할 수 있는 권리를 취득한다거나, 취소채권자에게 인도받은 재산 또는 가액배상금에 대한 분배의무가 인정된다고 볼 수는 없다. 가액배상금을 수령한 취소채권자가 이러한 분배의무를 부담하지 아니함으로 인하여 사실상 우선변제를 받는 불공평한 결과를 초래하는 경우가 생기더라도, 이러한 불공평은 채무자에 대한 파산절차 등 도산절차를 통하여 시정하거나 가액배상금의 분배절차에 관한 별도의 법률 규정을 마련하여 개선하는 것은 별론으로 하고, 현행 채권자취소 관련 규정의 해석으로는 불가피하다"(대판 2008.6.12. 2007다37837: 표준판례460).

③ [**지체책임**] "가액배상의무는 사해행위의 취소를 명하는 판결이 확정된 때에 비로소 발생하므로 그 '판결이 확정된 다음날'부터 이행지체 책임을 지게 되고, 따라서 소송촉진 등에 관한 특례법 소정의 이율은 적용되지 않고 민법 소정의 법정이율이 적용된다"(대판 2009.1.15. 2007다61618 : **13회 선택형**). 그리고 사해행위청구에서 가액배상의 청구는 사해행위취소의 효과발생을 전제로 하는 이행청구로 그 이행기의 도래가 판결확정 이후임이 명백하여 확정 전에는 집행할 수 없으므로 가집행의 선고를 붙이지 않는다.

4. 중복소송 등 소송법적 문제 [민소법 쟁점]

(1) 각 채권자가 동시 또는 이시에 채권자취소소송 제기

1) 중복소송에 해당하는지 여부(소극)

채권자취소권은 채권자대위권과는 달리 채권자 개개인에게 부여된 고유의 권리이므로, 비록 채무자의 같은 법률행위를 대상으로 각각 채권자취소권을 행사하더라도 소송물이 달라 중복제소(민사소송법 제259조)[32]에 해당하지 않는다(대판 2003.7.11. 2003다19558 ; 대판 2005.11.25. 2005다51457 : **3회,8회 선택형**).

[비교판례] ※ **한 명의 채권자가 피보전권리를 달리하여 채권자취소권을 이중으로 행사하는 경우**
위 2005다51457와 달리 어느 한 채권자가 보전하고자 하는 채권을 달리 하여 동일한 법률행위의 취소 및 원상회복을 구하는 채권자취소의 소를 이중으로 제기하는 경우에는 전소와 후소는 소송물이 동일하다고 보아야 한다(대판 2012.7.5. 2010다80503). 피보전채권은 사해행위취소권과 원상회복청구권을 이유 있게 하는 공격방법에 해당하기 때문이다.

2) 가액배상 방법

① [**각 채권자는 피보전채권액 '전액'반환청구 가능**] "여러 명의 채권자가 사해행위취소 및 원상회복청구의 소를 제기하여 여러 개의 소송이 계속중인 경우에는 각 소송에서 채권자의 청구에 따라 사해행위의 취소 및 원상회복을 명하는 판결을 선고하여야 하고, 수익자(전득자를 포함)가 가액배상을 하여야

---

31) "채무자가 강제집행을 회피할 목적으로 자기의 사실상 유일한 재산을 제3자에게 무상으로 양도한 행위는 다른 (파산)채권자들과의 관계에서 사해행위가 되고, 그 제3자가 양수채권을 추심하여 그 돈을 채무자에게 주었다고 하더라도 그 금액 상당을 원상회복이나 가액반환의 범위에서 공제할 것은 아니다"
32) **제259조(중복된 소제기의 금지)** 법원에 계속되어 있는 사건에 대하여 당사자는 다시 소를 제기하지 못한다.

할 경우에도 수익자가 반환하여야 할 가액을 채권자의 채권액에 비례하여 채권자별로 안분한 범위 내에서 반환을 명할 것이 아니라, 수익자가 반환하여야 할 가액 범위 내에서 각 채권자의 피보전채권액 전액의 반환을 명하여야 한다"(대판 2005.11.25. 2005다51457 : 3회 선택형). "이와 같은 법리는 여러 명의 채권자들이 제기한 각 사해행위취소 및 원상회복청구의 소가 민사소송법 제141조에 의하여 병합되어 하나의 소송절차에서 심판을 받는 경우에도 마찬가지이다"(대판 2008.6.12. 2008다8690).

② [**이중지급의 위험은 청구이의의 소를 통해**] "이와 같이 여러 개의 소송에서 수익자가 배상하여야 할 가액 전액의 반환을 명하는 판결이 선고되어 확정될 경우 수익자는 이중으로 가액을 반환하게 될 위험에 처할 수 있을 것이나, 수익자가 어느 채권자에게 자신이 배상할 가액의 일부 또는 전부를 반환한 때에는 그 범위 내에서 다른 채권자에 대하여 '청구이의 등의 방법'으로 이중지급을 거부할 수 있을 것이다"(대판 2005.11.25. 2005다51457).

③ [**이중지급의 위험 판단기준은 다액으로 산정된 공동담보가액**] "이때 각 사해행위취소 판결에서 산정한 공동담보가액의 액수가 서로 달라 수익자에게 이중지급의 위험이 발생하는지를 판단하는 기준이 되는 공동담보가액은, 그중 다액의 공동담보가액이 이를 산정한 사해행위취소소송의 사실심 변론종결 당시의 객관적인 사실관계와 명백히 다르고 해당 소송에서의 공동담보가액의 산정 경위 등에 비추어 그 가액을 그대로 인정하는 것이 심히 부당하다고 보이는 등의 특별한 사정이 없는 한 그 다액에 해당하는 금액이라고 보는 것이 채권자취소권의 취지 및 채권자취소소송에서 변론주의 원칙 등에 부합한다. 따라서 수익자가 어느 채권자에게 자신이 배상할 가액의 일부 또는 전부를 반환한 때에는 다른 채권자에 대하여 각 사해행위취소 판결에서 가장 다액으로 산정된 공동담보가액에서 자신이 반환한 가액을 공제한 금액을 초과하는 범위에서 청구이의의 방법으로 집행권원의 집행력의 배제를 구할 수 있을 뿐이다"(대판 2022.8.11. 2018다202774).

[**사실관계**] 채권자 甲, 乙이 수익자 丁을 상대로 2022. 3. 1. 체결된 채무자 丙과 丁 사이의 X토지(시가 2억 원이고, 피담보채무 1억 원의 저당권이 기존에 설정되어 있었으나 丁이 같은 달 2. 소유권이전등기 후 변제하여 당일 저당권말소 시킴) 매매계약에 대하여 사해행위취소 및 가액반환을 구하는 소를 각각 제기하였는데, 모두 승소하여 위 매매계약은 취소되었고 甲은 1억 원, 乙은 8,000만 원의 가액반환판결을 받아 확정되었다. 丁은 판결확정 후 甲에게 9,000만 원을 지급하고서 甲으로부터는 남은 금액에 대해 집행하지 않겠다는 각서를 받았다(23년 법전협 모의 3차 선택형).
☞ 乙이 8,000만 원의 확정판결로 丁의 재산에 대해 집행할 경우 丁은 가장 다액으로 산정된 공동담보가액인 1억 원에서 자신이 반환한 가액 9천만 원을 공제한 금액인 1천만 원을 초과하는 범위에서 청구이의의 방법(제3자이의의 소 아님)으로 집행권원의 집행력의 배제를 구할 수 있을 뿐이다. 또한 甲의 집행포기의 효력은 乙에게 미치지 않으므로 丁은 乙에게 1천만 원을 지급하여야 한다.

(2) 어느 채권자가 승소확정판결에 따라 재산의 회복을 마친 후에는 다른 채권자는 취소소송제기 불가(중첩되는 범위 내에서 권리보호이익이 없음)

어느 한 채권자가 동일한 사해행위에 관하여 채권자취소 및 원상회복청구를 하여 승소판결을 받아 그 판결이 확정되었다는 것만으로 그 후에 제기된 다른 채권자의 동일한 청구가 권리보호의 이익이 없어지게 되는 것은 아니고, 그에 기하여 재산이나 가액의 회복을 마친 경우에 비로소 다른 채권자의 채권자취소 및 원상회복청구는 그와 중첩되는 범위 내에서 권리보호의 이익이 없게 된다(대판 2003.7.11. 2003다19558 ; 대판 2005.3.24. 2004다65367 ; 대판 2005.11.25. 2005다51457 : 2회,13회 선택형).

(3) 선행소송에 따른 가액반환 종료 후 동일 부동산에 대한 증가된 시가 상당의 가액배상을 구하는 후행소송(권리보호의 이익이 없음)

동일한 사해행위에 관한 취소소송이 중첩된 경우, 선행 소송에서 확정판결로 처분부동산의 감정 평가에 따른 가액반환이 이루어진 이상 후행 소송에서 부동산의 시가를 다시 감정한 결과 위 확정판결에서 인정한 시가보다 평가액이 증가되었다 하더라도, 그 증가된 부분을 위 확정판결에서 인정한 부분과 중첩되지 않는 부분으로 보아 이에 대하여 다시 가액배상을 명할 수는 없다(대판 2005.3.24. 2004다65367).

(4) 원물반환을 구하는 선행소송 확정 후 원물반환의 목적달성 불능으로 다시 가액배상을 구하는 후행소송(권리보호의 이익이 없음)

① 사해행위 후 목적물에 관하여 제3자가 저당권이나 지상권 등의 권리를 취득한 경우에는 수익자가 목적물을 저당권 등의 제한이 없는 상태로 회복하여 이전하여 줄 수 있다는 등의 특별한 사정이 없는 한, 채권자는 원상회복 방법으로 수익자를 상대로 가액 상당의 배상을 구할 수도 있고, 채무자 앞으로 직접 소유권이전등기절차를 이행할 것을 구할 수도 있다. 이 경우 원상회복청구권은 사실심 변론종결 당시의 채권자의 선택에 따라 원물반환과 가액배상 중 어느 하나로 확정되며, 채권자가 일단 사해행위 취소 및 원상회복으로서 원물반환 청구를 하여 승소 판결이 확정되었다면, 그 후 어떠한 사유로 원물반환의 목적을 달성할 수 없게 되었다고 하더라도 다시 원상회복청구권을 행사하여 가액배상을 청구할 수는 없으므로 그 청구는 권리보호의 이익이 없어 허용되지 않는다(대판 2006.12.7. 2004다54978 : 8회,10회 선택형). 원물반환으로서 채무자 앞으로 직접 소유권이전등기절차를 이행할 것을 청구하는 경우도 마찬가지로 허용되지 않는다(대판 2018.12.28. 2017다265815 : 14회 선택형).

즉, 전소에서 승소한 당사자가 원상회복방법만을 달리하여 제기하는 후소는 동일한 소송물을 대상으로 한 것이므로, 전소 승소 확정판결의 기판력이 미쳐 권리보호의 이익이 없게 된다.

② 다만, 대법원은 원물반환으로 근저당권설정등기의 말소를 명하는 판결확정 후 해당 부동산이 관련 경매사건에서 담보권 실행을 위한 경매절차를 통하여 수익자가 배당금을 수령한 경우, 취소채권자의 대상청구권을 인정한바(대판 2012.6.28. 2010다71431) : 13회 선택형, 기판력에 저촉되지 않으면서도 대상청구권이론을 통하여 원물반환청구소송에서 승소한 사해행위취소 채권자가 구제받을 수 있는 통로를 마련하였다.

(5) 피보전채권의 추가 또는 교환(소송물 또는 청구 자체의 변경 아님)

채권자가 사해행위의 취소를 청구하면서 그 보전하고자 하는 채권을 추가하거나 교환하는 것은 그 사해행위취소권을 이유 있게 하는 공격방법에 관한 주장을 변경하는 것일 뿐이지 소송물 또는 청구 자체를 변경하는 것이 아니므로 소의 변경이라 할 수 없다(대판 2003.2.27. 2001다13532 13회 선택형).

(6) 수익자의 이중집행의 위험성 및 구제방법

가액배상의 경우 자신이 배상할 가액의 일부 또는 전부를 반환한 때에는 수익자는 그 범위 내에서 다른 채권자에 대해 청구이의의 소를 제기할 수 있다.

(7) 원물반환을 구하는 경우 법원이 청구취지 변경 없이 가액배상을 명할 수 있는지 여부

견해가 대립하나, 判例는 특히 저당권 등이 설정된 부동산에 관하여 사해행위가 이루어진 다음 그 저당권 등이 말소된 경우, 원물반환청구 중에는 가액배상을 구하는 취지도 포함된 것으로 판단한다.

저당권이 설정되어 있는 부동산이 사해행위로 이전된 경우에 그 사해행위는 부동산의 가액에서 저당권의 피담보채권액을 공제한 잔액의 범위 내에서만 성립한다고 보아야 하므로, 사해행위 후 변제 등에 의하여 저당권설정등기가 말소된 경우 그 부동산의 가액에서 저당권의 피담보채무액을 공제한 잔액의 한도에서 사해행위를 취소하고 그 가액의 배상을 구할 수 있을 뿐이고, 특별한 사정이 없는 한 변제자가 누구인지에 따라 그 방법을 달리한다고 볼 수는 없는 것이며, 사해행위인 계약 전부의 취소와 부동산 자체의 반환을 구하는 청구취지 속에는 위와 같이 일부취소를 하여야 할 경우 그 일부취소와 가액배상을 구하는 취지도 포함되어 있다고 볼 수 있으므로 청구취지의 변경이 없더라도 바로 가액반환을 명할 수 있다(대판 2001.6.12. 99다20612 : 13회 선택형).

V. 행사의 효과(상대적 무효설에 따를 때)   [B-60]

1. 채무자에 대한 효과

취소채권자의 사해행위취소 및 원상회복청구에 의하여 채무자에게로 회복된 재산은 취소채권자 및 다른 채권자에 대한 관계에서 채무자의 책임재산으로 취급될 뿐 채무자가 직접 그 재산에 대하여 어떤 권리를 취득하는 것은 아니다(대판 2010.10.28. 2010후1435 등). **[13회 기록형]** 회복된 재산으로부터 채권자가 만족을 받고 남은 잉여는 채무자에게 반환되는 것이 아니라 사해행위취소청구를 받아 그 재산을 반환하였던 상대방에게 반환하여야 한다.

2. 채권자에 대한 효과

취소채권자는 우선변제를 받지 못하고 강제집행절차에서 평등분배를 받게 된다(대판 2005.8.25. 2005다14595 : 1회 선택형)(제407조 참조). 다만 앞서 검토한 바와 같이 가액반환의 경우 사실상 우선변제를 받을 수 있는 방법이 있다.

3. 수익자·전득자에 대한 효과

(1) 수익자 또는 전득자의 구제수단

1) 일반적인 경우

수익자(전득자)는 그 재산의 명의를 채무자 앞으로 회복시킬 의무를 진다. 그러나 이것은 채권자의 강제집행을 위한 수단에 지나지 않고 채무자와의 관계에서 그 권리는 여전히 수익자(전득자)에게 속하는 것이므로, 채권자가 강제집행을 하여 만족을 얻은 부분에 대해 수익자(전득자)는 채무자에 대해 '부당이득반환'을 청구할 수 있다. 그러나 이와 같은 부당이득반환채권은 사해행위 이후에 발생한 채권이므로 수익자 등은 제407조의 채권자에 해당하지 않는다. 따라서 원상회복된 채무자의 재산에 대한 강제집행절차에서 배당을 요구할 권리가 없다(대판 2015.10.29. 2012다14975 : 8회 선택형).

> **[관련판례]** * **채권자취소권에 따른 강제집행을 통해 다른 공동채무자의 채무가 소멸되는 경우**
> "채무자의 책임재산이 위와 같이 원상회복되어 그로부터 채권자가 채권의 만족을 얻음으로써 채무자의 다른 공동채무자도 자신의 채무가 소멸하는 이익을 얻을 수 있다. 이러한 경우에 공동채무의 법적 성격이나 내용에 따라 채무자와 다른 공동채무자 사이에 구상관계가 성립하는 것은 별론으로 하고 공동채무자가 수익자나 전득자에게 직접 부당이득반환채무를 부담하는 것은 아니다. 따라서 채무자의 공동채무자가 수익자나 전득자의 가액배상의무를 대위변제한 경우에도 특별한 사정이 없는 한 수익자나 전득자에게 구상할 수 있다"(대판 2017.9.26. 2015다38910: 표준판례467).

2) 수익자도 채권자 중 1인인 경우(예컨대 채권자 중 1인에 대한 근저당권 설정, 대물변제) **[14회 기록형]**

① **[배당요구권](적극)** 이 경우 사해행위의 상대방인 수익자는 그의 채권이 사해행위 당시에 그대로 존재하고 있었거나(담보제공의 경우) 또는 사해행위가 취소되면서 그의 채권이 부활하게 되는 결과 본래의 채권자로서의 지위를 회복하게 되는 것이므로(대물변제의 경우), 다른 채권자와 함께 제407조의 채권자에 해당한다. 따라서 원상회복된 채무자의 재산에 대한 강제집행절차에서 배당을 요구할 권리가 있다(대판 2003.6.27. 2003다15907).

② **[상계권](소극)** ㉠ 그러나 채권자의 가액반환 청구에 대하여 수익자는 채무자에 대한 원래의 채권 또는 장차 안분배당받을 채권으로 상계할 수 없다(대판 2001.2.27. 2000다44348 ; 대판 2001.6.1. 99다63183 : 12회, 13회 선택형). 만약 이를 인용하면 자신의 채권에 대하여 변제를 받은 수익자를 보호하고 다른 채권자의 이익을 무시하는 결과가 되어 채권자취소권 제도의 취지에 반하게 되기 때문이다. ㉡ 하지만 수익자가 채권자취소권을 행사하는 '채권자에 대해 가지는 별개의 다른 채권'을 집행하기 위하여 그에 대한 집행권원

을 가지고 채권자의 수익자에 대한 가액배상채권을 압류하고 전부명령을 받는 것은 허용된다. 나아가 상계가 금지되는 채권이라고 하더라도 압류금지채권에 해당하지 않는 한 강제집행에 의한 전부명령의 대상이 될 수 있다(대결 2017.8.21. 2017마499: 표준판례462 : 12회,13회 선택형).

(2) 수익자에 대한 기존의 채권자가 채권확보를 위해 가압류 등을 한 경우 사해행위취소의 효력이 미치는지 여부

사해행위의 취소는 취소소송의 당사자 사이에서 상대적으로 취소의 효력이 있는 것으로, 수익자에 대한 기존의 채권자가 채권확보를 위해 목적부동산에 (가)압류를 한 경우에도 이에 대하여는 채권자와 수익자 사이의 사해행위취소의 효력이 미치지 않는다(대판 1990.10.30. 89다카35421 등: 표준판례464).

(3) 수익자가 사해행위취소 소송의 확정판결에 따른 원상회복으로 대체물 인도의무를 이행하지 않은 경우, 취소채권자가 제395조에 따라 이행지체로 인한 전보배상을 구할 수 있는지 여부

"수익자가 사해행위취소 소송의 확정판결에 따른 원상회복으로 대체물 인도의무를 이행하지 않았다는 이유만으로 취소채권자가 수익자를 상대로 민법 제395조에 따라 이행지체로 인한 전보배상을 구할 수는 없다. 다만 수익자의 대체물 인도의무에 대한 강제집행이 불가능하거나 현저히 곤란하다고 평가할 수 있는 경우에는 전보배상을 구할 수 있다"(대판 2024.2.15. 2019다238640).

핵심사례 B-08

★ 저당권부 부동산 양도행위가 사해행위인 경우 사해행위의 범위와 취소의 범위 [사법연수원]

甲은 A에게 ① 2003. 1. 금 4,000만 원을 대여하였고, ② 2003. 2. 금 1억 2,000만 원을 대여하였다. 2003. 1.자 채권에 대하여는 A소유의 X부동산이 담보로 제공되어 채권액 4,000만 원의 저당권이 설정되었고, 2003. 2.자 채권에 대하여는 B 소유의 Y부동산이 담보로 제공되어 채권액 1억 2,000만 원의 저당권이 설정되었다. 한편, 乙도 2002. 12. A에게 금 4,500만 원을 대여하였다. A는 2003. 3. 자신의 채권자 丙에게 채무의 지급에 갈음하여 유일한 재산인 X부동산을 양도하기로 하는 매매계약을 체결하였고, 같은 날 丙 명의의 소유권이전등기가 경료되었다. 丙은 2003. 4. A의 甲에 대한 2003. 1.자 채무 4,000만 원을 변제하고 X부동산에 설정된 저당권등기를 말소하였다. 甲과 乙은 각각 2003. 5. 丙을 상대로 2003. 3.자 매매계약을 취소하고 원상회복을 구하는 사해행위취소 소송을 제기하였다(X부동산 및 Y부동산의 시가는 각 1억 원과 5,000만 원으로 변동이 없다고 가정한다. 이자는 고려하지 말 것).

1. 2003.3.자 매매계약이 甲과 乙에 대한 관계에서 사해행위에 해당하는지 검토하고 만약 사해행위에 해당한다면 그 범위는 어떠한가? (20점)
2. 만약 채권자취소권의 요건을 모두 갖추었다면 이 경우에 원상회복의 방법과 범위는? (20점)

Ⅰ. 2003. 3.자 매매계약이 甲과 乙에 대한 관계에서 사해행위에 해당하는지 여부 – 설문 1.의 경우

1. 사해행위의 일반적인 판단기준

채권자를 해한다 함은 채무자의 재산행위로 그의 일반재산이 감소하여 '채권의 공동담보에 부족'이 생기게 되는 것, 즉 채무초과상태에 이르거나 이미 이른 채무초과상태가 심화되어야 한다(즉, 채무자의 무자력). 이는 처분행위 당시를 기준으로 판단하여야 하고, 채무자의 무자력은 사실심변론종결시까지 유지되어야 한다.

2. 대물변제의 사해행위성(원칙적 적극)

"채무초과의 상태에 있는 채무자가 적극재산을 채권자 중 일부에게 대물변제조로 양도하는 행위는 채무자가 특정 채권자에게 채무 본지에 따른 변제를 하는 경우와는 달리 원칙적으로 다른 채권자들에 대한 관계에서 사해행위가 될 수 있다"(대판 2010.9.30. 2007다2718).

3. 채무자가 양도한 부동산에 이미 담보물권이 설정되어 있는 경우(피담보채권액을 공제한 나머지 부분만)

判例에 따르면 "채무자가 양도한 목적물에 담보권이 설정되어 있는 경우라면 그 목적물 중에서 일반채권자들의 공동담보에 제공되는 책임재산은 피담보채권액을 공제한 나머지 부분만이라 할 것이고, 그 피담보채권이 목적물의 가격을 초과하고 있는 때에는 당해 목적물의 양도는 사해행위에 해당한다고 할 수 없는바, 여기서 피담보채권액이라 함은 근저당권의 경우에 채권최고액이 아니라 실제로 이미 발생하여 있는 채권금액이다"(대판 2003.11.13. 2003다39989 등)라고 한다.

4. 사안의 경우

① 甲의 2003. 1.자 채권은 저당권이 설정되어 있고 저당권의 목적물인 X부동산의 가액(1억 원)이 피담보채권액(4,000만 원)을 초과하므로 이 범위 내에서는 2003. 3.자 매매계약이 사해행위에 해당하지 않는다. ② 반면, 甲의 2003. 2.자 채권 역시 저당권이 설정되어 있으나, 저당권의 목적물인 Y부동산의 가액(5,000만 원)이 피담보채권액(1억 2,000만 원)에 미치지 못하므로 甲의 2003. 2.자 채권 중 Y부동산의 가액을 초과하는 7,000만 원 부분[피담보채권액 1억 2,000만 원-Y부동산의 시가 5,000만 원)]에 관해서는 甲은 일반채권자이다. ③ 乙 또한 2012. 12. A에게 4,500만 원을 대여한 일반채권자이다. 일반채권자의 관계에서 보면 2003. 3.자 매매계약 당시 적극재산(공동담보)의 가액은 6,000만 원(X부동산 시가 1억-피담보채권액 4,000만 원)이고 소극재산의 가액은 1억 1,500만 원(7,000만 원+4,500만 원)이므로 소극재산이 적극재산을 초과한 상태이었다.

결국, 2003. 3.자 매매계약은 이미 채무초과상태에 있는 A가 자신의 유일한 재산인 X부동산을 대물변제한 행위로써 甲과 乙과의 관계에서 사해행위에 해당하며, 이러한 사해행위는 '일부 사해행위'로써 그 범위는 일반채권자의 공동담보의 목적이 되는 채무자 A의 책임재산의 범위인 6천만 원이 된다.

Ⅱ. 원상회복의 방법과 범위 - 설문 2.의 경우

1. 원상회복의 방법

(1) 원 칙(원물반환)

원상회복은 원칙적으로 그 목적물의 반환을 청구하여야 한다.

(2) 예 외

ⅰ) 원물반환이 불가능하거나, ⅱ) 현저히 곤란한 경우에는 예외적으로 원물반환에 갈음하여 가액반환이 허용된다. 저당권이 설정되어 있는 부동산에 관하여 사해행위가 이루어진 경우에 그 사해행위는 부동산의 가액에서 저당권의 피담보채권액을 공제한 잔액의 범위 내에서만 성립한다고 보아야 하므로, 사해행위 후 변제 등에 의하여 저당권설정등기가 말소된 경우, 사해행위를 취소하여 그 부동산의 자체의 회복을 명하는 것은 당초 일반채권자들의 공동담보로 되어 있지 아니하던 부분까지 회복을 명하는 것이 되어 공평에 반하는 결과가 되므로, 그 부동산의 가액에서 저당권의 피담보채무액을 공제한 잔액의 한도에서 사해행위를 취소하고 그 가액의 배상을 구할 수 있을 뿐이고, 그와 같은 가액 산정은 사실심 변론종결시를 기준으로 하여야 한다(대판 1999.9.7. 98다41490). 따라서, 사안의 경우 역시 가액의 배상을 구하여야 한다.

2. 취소(원상회복)의 범위

가액반환을 하는 경우 채권자가 지급받은 가액배상금에 대해 다른 채권자들이 배당요구를 할 수 없으므로(현행법상 위 지급받은 가액배상금을 분배하는 방법이나 절차 등에 관한 아무런 규정이 없다), 이때에는 취소채권자는 자신의 채권액을 초과하여 가액배상을 구할 수 없다(대판 2008.11.13. 2006다1442). 다만 사해행위 이후 사실심 변론종결시까지 발생한 이자나 지연손해금이 포함된다(대판 2003.7.11. 2003다19572).

그렇다면, 사해행위 취소 범위는 사해행위가 성립한 범위(부동산의 가액에서 저당권의 피담보채권액을 공제한

잔액의 범위)내에서 다시 각 취소채권자의 채권액을 한도로 하여 취소할 수 있다.[33]
이 사안의 경우에 보면, 사해행위가 성립한 범위인 6,000만 원(=X부동산의 시가 1억 원-피담보채권 4,000만 원) 내에서 다시 i) 甲은 일반채권액 7,000만 원(=피담보채권액 1억 2,000만 원-Y부동산 시가 5,000만 원)을 한도로 ii) 乙은 일반채권액 4,500만 원을 한도로 취소할 수 있는바, 결국 甲은 6,000만 원까지, 乙은 4,500만 원까지 가액반환을 구할 수 있다.
이때 법원은 수익자가 반환하여야 할 가액을 채권자의 채권액에 비례하여 채권자별로 안분한 범위 내에서 반환을 명할 것이 아니라, 수익자가 반환하여야 할 가액 범위 내에서 각 채권자의 피보전채권액 전액의 반환을 명하여야 한다(대판 2008.4.24. 2007다84352). 물론 예를 들어 乙이 먼저 채권자취소의 소를 제기하여 4,500만 원의 가액반환을 받았다면 甲은 1,500만 원만 가액반환을 받을 수 있을 것이다(대판 2003.7.11. 2003다19558).

---

33) ★ 좀 더 구체적으로 살피자면, 가액상환에서 가액은 '사해행위가 성립하는 범위 내'에서 사실심변론종결시를 기준으로 하여 산정되는바(대판 2001.12.27. 2001다33734), 이때 가액배상은 i) 채권자의 피보전채권액(甲은 7천만 원, 乙은 4천 5백만 원), ii) 목적물의 공동담보가액(=사해행위의 범위 6천만 원), iii) 수익자・전득자가 취득한 이익(수익자 丙은 1억 원의 X부동산을 취득하고 4천만 원을 변제하였으므로 이익은 6천만 원) 중 가장 적은 금액을 한도로 이루어진다. 그래서 사해행위의 취소와 원상회복이 병합하여 청구되는 일반적인 경우 실무는 사해행위의 취소범위에 앞서 원상회복방법에 관하여 살펴 본 다음 사해행위취소범위와 가액배상의 범위를 동일한 기준 하에 한꺼번에 판단함으로써 사해행위취소범위와 가액배상의 범위를 일치시키고 있다[사법연수원. 요건사실론(2014년). p.135].

제2절 제3자에 의한 채권침해

Ⅰ. 서 설
[B-62]

채권은 '상대권'으로서 채무자에게 일정한 급부를 청구하는 것을 내용으로 하는 권리이므로, 원칙적으로 채무자에 의해 침해되는 것을 예상하고 있고 이는 채무불이행의 문제로 다루어진다. 그렇다면 채권이 제3자에 의해서는 침해될 수 없는지, 가능하다면 그 구제는 어떠한 방법으로 이루어지는지 문제된다.

Ⅱ. 제3자에 의한 채권침해의 모습
[B-63]

1. 채권의 귀속자체를 침해한 경우

제3자가 직접 채권을 처분 또는 행사하여 채권자로 하여금 그 채권 자체를 상실케 한 경우가 이에 해당한다. 이에는 타인의 무기명채권증서를 훼손한 경우, **채권의 준점유자**(제470조) 또는 영수증소지자(제471조)로서 유효한 변제를 받은 경우 등이 있다.

2. 채권의 목적인 급부를 침해한 경우

(1) 급부의 침해로 채권이 소멸한 경우

특정물 채권에서 제3자가 목적물을 멸실케 하거나, 작위채무에서 채무자를 위법한 수단으로 구금함으로써 채무자에게 책임 없는 이행불능으로 채권을 소멸시킨 경우가 이에 해당한다. 이 경우 채권자는 제3자에 대해 불법행위책임을 물을 수 있고, 채무자가 제3자에 대하여 갖는 손해배상청구권을 대상청구할 수도 있다.

(2) 급부의 침해로 채권이 소멸하지 않은 경우

제3자가 채무자와 공모하여 채권의 목적물을 파괴한 경우가 이에 해당한다. 이때 채권은 손해배상청구권으로 변하여 존속하지만, 그것이 채권 본래의 내용은 아니라는 점에서 제3자의 채권침해를 긍정한다. 이 경우 채무자의 채무불이행채무와 제3자의 불법행위채무는 '부진정연대채무'의 관계에 있다.

3. 제3자가 채무자와 공모하여 책임재산을 감소시킨 경우

제3자가 채무자와 공모하여 정당한 거래행위에 의하지 않고 채무자의 일반재산을 감소시키는 행위는 채권의 실질적 가치를 감소시키므로 위법성이 인정될 수 있다. 이때 채권자 보호수단으로 채권자취소권이 동시에 문제될 수 있다. 이 경우 통설·判例는 통정 허위표시로 무효인 법률행위(제108조)도 채권자취소권의 대상이 된다고 본다(대판 1963.11.28. 63다493). 그러나 정당한 거래행위로 인해 책임재산이 감소한 경우는 위법성이 없으므로 채권자취소권으로만 해결해야 한다(이 경우에도 사해행위는 인정될 수 있기 때문이다).

> **[비교판례]** "제3자에 의한 채권침해가 불법행위를 구성할 수 있다 함은 시인되지만 제3자의 채권침해가 반드시 언제나 불법행위가 되는 것은 아니고 채권침해의 태양에 따라 그 성립여부를 구체적으로 검토하여 정하여야 할 문제이다. 본건의 경우 피고들의 소외인의 돈을 가로챈 사실행위로는 채권자인 원고의 동 소외인에 대한 채권이 소멸된 것이 아니고 소외인의 책임재산이 감소되었을 뿐으로서 원고는 간접적 손해를 본데 불과하므로 불법행위가 성립된다고 하기 어렵다"(대판 1975.5.13. 73다1244: **표준판례407**).

4. 소 결

제3자에 의한 채권침해는 채권자체를 상실하거나 급부를 침해함으로써 채권의 '실질적 가치'를 침해하는 경우로 한정된다.

Ⅲ. 제3자의 채권침해에 대한 구제 [B-64]

1. 불법행위책임 [B-64a]

"제3자의 채권침해가 언제나 불법행위가 되는 것은 아니고, 채권침해의 태양에 따라 그 성립여부를 구체적으로 검토하여야 한다"(대판 2001.5.8. 99다38699). 특히 고의·과실과 위법성이 문제된다.

(1) 고의·과실

물권과는 달리 채권은 일반적으로 공시방법을 갖추고 있지 않으므로, 제3자가 그 채권의 존재를 알지 못한 경우에는 그에게 과실이 있다고 할 수 없다. 따라서 사실상 고의에 의한 경우에 한정된다.

(2) 위법성

제3자의 채권침해의 경우 위법성을 쉽게 인정하면 채권의 상대성의 원칙에 반하므로, 침해의 의도나 태양 등에 비추어 예외적·한정적으로 신중하게 인정하여야 한다(대판 2003.3.14. 2000다32437 등).

1) 귀속침해

절대권 침해와 다를 바 없으므로 곧바로 위법성이 인정된다.

2) 급부침해

가) 독립한 경제주체 간의 경쟁적 계약관계(공, 기, 해) [09·16행정]

判例는 "독립한 경제주체 간의 경쟁적 계약관계에 있어서는 단순히 제3자가 채무자와 채권자 간의 계약내용을 알면서 채무자와 채권자 간에 체결된 계약에 위반되는 내용의 계약을 체결한 것만으로는 제3자의 고의·과실 및 위법성을 인정하기에 부족하고, ⅰ) 제3자가 채무자와 적극 공모하였다거나 또는 ⅱ) 제3자가 기망·협박 등 사회상규에 반하는 수단을 사용하거나 ⅲ) 채권자를 해할 의사로 채무자와 계약을 체결하였다는 등의 특별한 사정이 있는 경우에 한하여 제3자의 고의·과실 및 위법성을 인정하여야 한다"(대판 2001.5.8. 99다38699)고 한다.

나) 특정물채권에서 제3자가 목적물을 멸실·훼손케 한 경우

제3자가 채권의 존재를 '알면서 고의로' 목적물을 멸실·훼손케 한 경우에 한하여 채권 침해의 위법성을 인정하는 것이 타당하다. 따라서 제3자가 채권의 존재를 알고 있었지만 과실로 목적물을 멸실·훼손케 한 경우에는 위법성이 인정되지 않는다.

다) 계약체결 방해행위 및 계약이행 방해행위

① 判例는 제3자가 위법한 행위로 다른 사람 사이의 계약체결을 방해하거나 계약의 갱신을 하지 못하게 하여 그 다른 사람의 정당한 법률상 이익이 침해된 경우에도 불법행위가 성립한다고 한다(대판 2007.5.11. 2004다11162). ② 특정 연예인 공연에 대한 반대운동이 공연기획사에 대한 불법행위가 되는지에 관하여 判例는 일반적인 공연반대운동부분에 대해서는 위법성을 부정하였으나, 구체적인 계약을 체결한 것에 대해 계약의 이행을 할 수 없도록 압력을 행사한 부분에 대해서는 불법행위가 성립한다고 한다(마이클 잭슨 공연반대운동 사건 ; 대판 2001.7.13. 98다51091).

라) 계약상의 지위침해

判例는 계약에 의해 독점적인 권리를 가지고 있는 자에 대해 그러한 점을 '알면서' 독점권을 침해하는 결과로 되는 행위를 한 것에 대해서는 불법행위의 성립을 인정한다(대판 2006.9.8. 2004다55230). 즉 개별 채권을 침해한 것이 아니라 계약침해(계약상의 지위를 침해)에 대해서도 불법행위의 성립을 인정한다.

3) 제3자가 채무자와 공모하여 책임재산을 감소시킨 경우

강제집행면탈 목적을 가진 채무자가 제3자와 명의신탁약정을 맺고 채무자 소유의 부동산에 관하여 제3자 앞으로 소유권이전등기를 경료한 경우 判例는 "그 제3자의 행위가 채권자에 대하여 불법행위를 구성한다고 하기 위하여는 단순히 채무자 재산의 감소행위에 관여하였다는 것만으로는 부족하고 제3자가 채무자에 대한 채권자의 존재 및 그 채권의 침해사실을 알면서 채무자와 적극 공모하였다거나 채권행사를 방해할 의도로 사회상규에 반하는 부정한 수단을 사용하였다는 등 채권침해의 고의·과실 및 위법성이 인정되는 경우라야만 할 것"(대판 2007.9.6. 2005다25021)이라고 한다.

(3) 손해액의 산정

"제3자가 채무자의 재산을 은닉하는 방법으로 채권자의 채권을 침해하는 불법행위를 한 경우, 그 손해는 '불법행위 시를 기준'으로 제3자의 채권침해가 없었다면 채권자가 채무자로부터 회수할 수 있었던 채권금액 상당이다. 이때의 회수 가능성은 불법행위 시에 존재하는 채무자의 책임재산 가액과 채무자가 부담하는 채무의 액수를 비교하는 방법으로 판단할 수 있다. 불법행위 당시에 이미 이행기가 도래한 채무는 채권자가 종국적으로 권리를 행사하지 아니할 것이 확실하다는 특별한 사정이 없는 한 비교대상이 되는 채무자 부담의 채무에 포함된다. 양자를 비교한 결과 채무자가 다액의 채무를 부담하고 있었던 사정 등으로 제3자의 채권침해가 없었더라도 채권자가 채무자로부터 일정 금액 이상으로는 채권을 회수할 가능성이 없었다면, 일정 금액을 초과하는 손해와 제3자의 채권침해행위 사이에는 상당인과관계를 인정할 수 없다(대판 2019.5.10. 2017다239311 ; 대판 2022.5.26. 2017다229338[1])."

2. 채권에 기한 방해배제청구권 : 제214조 유추적용 [B-64b]

(1) 문제점

제3자에 의한 채권침해상태가 계속 반복되는 경우에는 손해배상만으로는 충분한 구제가 되지 않으므로, 채권에 기한 방해배제청구가 가능한지 여부 및 특히 인정범위에 관하여 견해가 나누어진다.

(2) 방해배제청구권이 인정되는 채권의 범위

1) 판 례

① 判例는 채권자가 침해자에 대하여 직접 토지의 인도를 구한 경우(대판 1981.6.23. 80다1362[2])와 침해한 시설의 철거 등을 구한 경우(대판 2001.5.8. 99다38699: 표준판례408), 그 권리가 채권적 권리에 불과하여 대세적인 효력이 없다는 이유로 이들 청구를 부정하였다.

② 그러나 '임차권이 대항력을 갖춘 경우'에 임차권에 기한 방해배제청구권을 인정하고(대판 2002.2.26. 99다67079),[3] '상가분양에서 업종제한을 한 경우'와 같이 채권계약에 따른 권리라도 그것이 특별히 독점적 이

---

1) [사실관계] 제3자 甲이 丙에 대해 채무를 지고 있는 乙에게 자신 명의의 계좌를 제공하여 乙로 하여금 자금을 입금하도록 함으로써 책임재산을 감소케 한 행위는 丙의 채권을 침해하는 불법행위에 해당하고, 이때 손해배상액은 불법행위 당시를 기준으로 산정해야 하며, 불법행위 성립 이후에 발생한 乙의 파산선고 등의 사정은 손해배상액 산정에 영향을 미치지 못한다.
2) "원고가 소외인으로부터 매수한 본건 토지의 일시경작권은 채권적인 권리에 불과하여 대세적인 효력이 없으므로 원고가 동 일시경작권을 매수하였다는 사유만으로 곧 제3자인 피고에게 직접 본건 토지의 인도를 청구할 수 없다"
3) "등기된 임차권에는 용익권적 권능 외에 임차보증금반환채권에 대한 담보권적 권능이 있고, 임대차기간이 종료되면 용익권

익을 보장하기 위한 것인 때에는 일정한 요건 하에 독점적 이익을 침해하는 (계약의 당사자 아닌) 제3자에게 그 행위의 중지를 청구할 수 있는 효력(예컨대 영업금지가처분)을 인정한다(아래 2006마164,165판결 등).

> ※ **'상가분양에서의 업종제한'**(2회 선택형)
> 업종을 지정하여 상가를 분양한 경우, 判例는 "지정업종에 대한 경업금지의무는 수분양자들에게만 적용되는 것이 아니라 분양회사에게도 적용되어 분양회사 역시 상가활성화를 저해하지 않는 범위 내에서만 다른 수분양자들의 업종변경을 승인할 의무가 있을 뿐 그 개점을 자유롭게 승인할 수 없고"(대판 2005.7.14. 2004다67011), "수분양자가 경업금지의 약정을 위배하는 경우에는 그 분양계약을 해제하는 등의 조치를 취함으로써 그 기존 점포의 상인들의 영업권이 실질적으로 보호되도록 최선을 다하여야 할 의무를 부담한다"(대판 1995.9.5. 94다30867)고 한다.
> 또한 "건축회사가 상가를 건축하여 점포별로 업종을 정하여 분양한 후에 점포에 관한 수분양자의 지위를 양수한 자 또는 그 점포를 임차한 자는 특별한 사정이 없는 한 상가의 점포 입점자들에 대한 관계에서 상호 묵시적으로 분양계약에서 약정한 업종제한 등의 의무를 수인하기로 동의하였다고 봄이 상당하므로, 상호간의 업종제한에 관한 약정을 준수할 의무가 있다고 보아야 하고, 따라서 점포 수분양자의 지위를 양수한 자 등이 분양계약 등에 정하여진 업종제한약정을 위반할 경우, 이로 인하여 영업상의 이익을 침해당할 처지에 있는 자는 침해배제를 위하여 동종업종의 영업금지를 청구할 권리가 있다"(대결 2006.7.4. 2006마164,165)고 한다.

2) 검 토

공시방법이 없는 일반적 채권에 대해 채권의 보호를 강조하여 방해배제를 인정하면 거래안전에 반하여 부당하다. 따라서 제3자에 대하여 대항력이 인정되는 채권(제621조 2항, 제622조 1항, 주택임대차보호법 제3조, 상가건물임대차보호법 제3조) 또는 독점권이 부여된 채권에 대해서만 방해배제청구권(또는 금지청구권)을 인정하는 하는 것이 타당하다.

(3) 방해배제청구권의 내용

공시방법을 갖춘 채권이라 하더라도 물권과 동일시 할 수는 없으므로, 채권에 기한 방해배제청구권이 인정되는 경우에도 방해제거 및 방해예방에 한하고 목적물반환청구는 인정되지 않는다(다수설, 대판 1981.6.23. 80다1362 등).

(4) 제3자에 의한 부동산임차권 침해의 경우의 임차인 구제방법

1) 점유보호청구권

임차인이 부동산을 점유하고 있는 경우에 인정된다(제204조, 제205조).

2) 채권자대위권

임차인은 소유자인 임대인이 갖는 물권적 청구권(제213조 · 제214조, 제207조 · 제205조)을 대위행사 할 수 있다.

3) 부동산임차권에 기한 방해배제청구권

부동산임차권이 대항력을 갖춘 경우(제621조 2항, 주택 임대차보호법 제3조)에 한하여 인정된다.

적 권능은 임차권등기의 말소등기 없이도 곧바로 소멸하나 담보권적 권능은 곧바로 소멸하지 않는다고 할 것이어서, 임차권자는 임대차기간이 종료한 후에도 임차보증금을 반환받기까지는 임대인이나 그 승계인에 대하여 임차권등기의 말소를 거부할 수 있다고 할 것이고, 따라서 임차권등기가 원인 없이 말소된 때에는 그 방해를 배제하기 위한 청구를 할 수 있다"

핵심사례 B-09

★ 이중매매 전반(채권자대위권, 채권자취소권, 제3자의 채권침해)

【기초적 사실관계】

X토지가 유일한 재산인 甲은 당해 X토지의 가격이 연일 떨어지자, 위 X토지를 처분하고 다른 곳에 투자하는 것이 좋겠다는 공인중개사 A의 권유에 따라 X토지를 매물로 공인중개소에 내놓았다. 그 후 당해 X토지를 매입하겠다는 乙이 등장하여, 甲과 乙은 당해 X토지에 대하여 2003. 12. 5. 매매대금 6억 원으로 하는 매매계약을 체결하였다. 계약내용에 따르면 계약금으로 매매계약 당일에 6,000만 원을 지급하고, 2003. 12. 30. 중도금으로 2억 4,000만 원을, 2004. 1. 20. 잔금지급일에 乙이 3억 원을 지급함과 동시에 甲은 X토지에 관하여 이전등기 및 인도를 하기로 약정하였다. 그런데 X토지의 가격이 급등하려는 조짐이 보이자, 甲은 마음이 흔들렸고, 공인중개사 A는 당해 X토지를 비싸게 사고 싶어하는 사람이 많다고 하며 그중 丙에게 팔라고 부추겼다. 2004. 1. 10. 甲은 丙이 매매대금으로 10억 원을 당장 지급하겠다는 말에 乙에게서 중도금까지 지급받은 사실을 무시하고 丙과 매매계약을 체결하였고, 당일 10억 원을 지급받음과 동시에 2004. 1. 15. 丙에게 바로 이전등기 및 인도를 해주었다. 2004. 1. 15. 위 X토지의 시가는 9억 원에 달한다.

1. 甲과 丙의 매매계약의 유효한지 검토하고, 만약 유효하다면 그에 따르는 乙의 甲에 대한 구제수단은 어떤 것이 있는지 검토하고, 그에 따른 구체적 법률관계를 서술하시오. (25점)

【변형된 사실관계】

2. 만일 중개사 A가 아닌 丙이 甲에게 자신에게 그 X토지를 매도하라고 계속 부추긴 경우라면, 乙이 위 X토지의 소유권을 취득할 수 있는 법적수단은 어떠한 것이 있는지 검토하시오. (25점) (단, 관련 소송요건은 별도로 검토하지 말 것)

I. 이중매매가 유효인 경우 제1매수인의 구제수단 - 설문 1.의 경우

1. 甲과 丙의 매매계약의 유효 여부(형식주의 원칙과 자유경쟁의 원리)

判例는 단지 이중매매라는 것만으로는 정의에 반한다고 보기 어렵기 때문에 다른 사람에게 팔린 사정을 알고 다시 팔라고 한 사정이 있을 뿐이라면 무효로 할 수 없다(대판 1977.4.12. 75다1780)고 한다. 결국 사안에서 A가 甲에게 매도를 적극 권유한 경우라도, 丙이 단순악의일 뿐이라면 甲과 丙의 매매계약은 유효하며, 乙은 채권자로서 甲에게 권리를 주장할 수 있을 뿐이다.

2. 乙의 구제수단

(1) 甲의 채무불이행(이행불능)책임

1) 이행불능에 따른 전보배상책임

이행불능이 성립하기 위해서는 ⅰ) 채권관계 성립 이후에 이행이 불능으로 되었을 것, ⅱ) 채무자의 귀책사유가 있을 것, ⅲ) 위법할 것을 요한다.

사안의 경우 甲의 고의에 의한 이중매매에 따라 제2매수인 丙이 소유권을 취득한 결과 매도인 甲의 제1매수인 乙에 대한 소유권이전의무는 이행불능상태에 빠지게 되었다(대판 1965.7.27. 65다947). 따라서 乙은 손해배상청구(제390조)가 가능하다. 그 성질은 전보배상이며, 배상액 산정 시기는 이행불능이 발생한 때 (제2매수인 丙에게 이전등기를 마친 때)를 기준으로 하고, 그 이후 시가앙등으로 인한 손해는 특별손해에 해당한다(대판 1967.7.4. 67다836). 따라서 乙은 甲에게 불능 당시의 시가 상당액인 9억 원을 손해배상으로 청구할 수 있다.

2) 계약해제권(제546조)

매도인 甲의 이행불능으로 인하여 매수인 乙은 최고 없이 계약을 해제할 수 있으며(제546조), 해제로 인하여 매도인 甲과 매수인 乙은 원상회복의무를 진다(제548조). 또한 해제는 손해배상청구에 영향을 미치지 않으므로(제551조), 결국 甲은 계약금 6,000만 원 및 중도금 2억 4,000만 원과 각각 그 받은 날로부터 이자를 붙여서 반환해야 하고(제548조 2항) 그 외 원상회복을 통해 전보하지 못한 손해가 있으면 추가적으로 손해배상도 해야 한다. 따라서 乙은 매매계약을 해제하더라도 시가 9억 원에서 매매대금 상당액인 6억 원을 제외한 3억 원 상당액을 손해배상으로 받을 수 있다(제551조).

(2) 乙의 대상청구권

1) 문제점 / 2) 인정 여부(일반적 인정설) / 3) 인정요건(급. 후. 대. 반)

4) 효 과

가) 채권적 청구권

나) 대상청구권의 범위가 채권자가 이행불능으로 인하여 받은 손해의 한도로 제한되는지 여부(무제한설 : 판례)

무제한설에 따르면 乙은 매매대금 10억 원에 대하여 제한 없이 대상청구권을 취득하게 되므로, 결국 乙은 甲에게 매매대금 6억 원을 지급하고 10억 원에 대한 대상청구권을 행사할 수 있다. 따라서 대상청구권을 행사하는 경우 채권자 乙은 실질적으로 4억 원의 이익을 얻게 될 것이다. 이는 채무불이행에 따른 손해배상액(3억 원)을 청구하는 것보다는 효과적인 구제수단이 된다.

다) 손해배상청구권과의 관계

이행불능이 채무자 甲의 '책임 있는' 사유로 인한 경우이므로 채권자 乙은 대상청구권과 손해배상청구권을 모두 갖는다. 그러나 어느 하나를 선택함으로써 당연히 타방의 권리가 소멸하는 것은 아니고 선택한 권리가 다 만족될 때까지는 소멸하지 않는다.

(3) 甲의 불법행위책임

매도인 甲은 중도금까지 수령한 단계이므로 형법상 배임죄가 성립하는 경우로서 불법행위책임이 성립한다(제750조). 피해자보호를 위해 채무불이행책임과는 경합한다.

Ⅱ. 이중매매가 무효인 경우 제1매수인의 소유권취득방안 – 설문 2.의 경우

1. 결 론(채권자대위권)

2. 乙이 X부동산의 소유권을 취득할 수 있는 방법

(1) 甲과 丙의 매매계약의 무효 여부(배임행위 적극가담)

甲과 丙의 매매계약은 설문 1.과 달리 제3자 A가 아닌 계약당사자인 丙이 甲의 매도사정을 알고도 자신에게 다시 매도할 것을 부추긴 경우에 해당한다. 이와 같은 丙의 행위는 단순한 악의를 넘어 적극적으로 甲의 배임행위에 가담한 것으로서 반사회적인 법률행위(제103조)에 해당하여 무효이다(대판 1994.3.11. 93다55289).

(2) 채권자대위권 행사 가부(적극)

1) 채권자대위권의 행사요건(보. 필. 불. 대)

2) 피대위권리의 존재 여부

가) 문제점

甲과 丙의 매매계약이 제103조 위반으로 무효인 경우 제746조의 불법원인급여에 해당하여 이러한 피대위권리가 존재하지 않는 것은 아닌지 문제된다.

나) 불법원인급여와의 관계에 관한 견해의 대립

대체로 매도인의 반환청구를 인정하고 있으나, 그 근거에 대해서는 ① 불법성비교론, ② 선량한 풍속위반한 정설, ③ 법질서 자기모순금지의 원칙에 의한 이론 등이 있다. 判例는 "반사회적인 이중매매의 경우에 제1매수인은 매도인을 대위하여 제2매수인에 대해 등기의 말소를 청구할 수 있다"(대판 1983.4.26. 83다카57)고 하였다. 그러나 구체적인 논거는 제시하지 않았다.

다) 검 토

3) 사안의 경우 [23법무]

결국 乙은 甲에 대한 이전등기청구권을 피보전권리로 하여 甲의 丙에 대한 말소등기청구권을 대위행사할 수 있다. 그리고 말소등기청구와 함께 甲에게는 유효한 매매계약에 따라 소유권이전등기청구권을 행사하여 위 부동산에 대한 소유권을 취득할 수 있을 것이다.[4] 그러나 乙이 丙에게 직접 자신에게 이전등기를 청구(진정명의의 회복을 위한 소유권이전등기청구)하는 것은 허용되지 않는다(대판 2003.5.13. 2002다64148).

(3) 채권자취소권 행사 가부(소극)

1) 채권자취소권의 행사요건(보, 사, 사)

2) 무효인 제2매매가 채권자취소의 대상이 되는지 여부(적극 : 무효와 취소의 이중효)

3) 상당한 가격에 의한 부동산 매각행위와 사해행위의 성부(判例는 적극 : 소비하기 쉬운 금전으로 바꾸는 행위)

4) 제1매수인 乙의 피보전채권의 성립 여부(소극)

가) 소유권이전등기청구권의 보전을 위한 채권자취소권 행사 가부(소극 : 제407조)

나) 채무불이행(이행지체)에 대한 손해배상청구권[5]의 보전을 위한 채권자취소권 행사 가부(소극)

제1매수인이 매도인에게 가지는 손해배상청구권은 매도인이 이중양도하면서 그 이후에 비로소 발생한 것으로 보아야 하므로 채권자취소권은 행사할 수 없다(대판 1999.4.27. 98다56690).[6]

(4) 불법행위로 인한 원상회복청구권 인정 여부(소극)

1) 제3자의 채권침해에 해당하는지 여부(급부침해)

2) 불법행위책임 성립 여부(공, 기, 해)

제2매수인 丙은 매도인 甲의 배임행위에 적극 가담하여 제103조 위반으로 매매행위가 무효에 이르렀기 때문에 고의 및 위법성이 인정되어 불법행위로 인한 손해배상책임을 진다(제750조).

3) 손해배상으로 원상회복을 구할 수 있는지 여부[7](判例는 소극 : 제763조, 제394조)

※ 무효인 이중매매에서 전득자 보호방안

이에 대해서는 제108조 2항의 유추적용설,[8] 물권행위의 무인성론에 의한 보호설 등이 주장되고 있으나, 判例에 따르면 제103조 위반으로 무효가 되면 이는 '절대적 무효'이므로 그 무효인 당사자로부터 목적물을 전득한 제3자도 보호받지 못한다고 한다(대판 2008.3.27. 2007다82875). 다만 취득시효(제245조) 등을 통해 예외적으로 취득할 수 있다는 점에 대해서는 이견이 없다.

---

4) ★ 그러나 제1매수인이 매도인을 대위하여 제2매수인의 등기를 말소할 수 있다고 할 경우에도, 양도인과 제2양수인이 법을 악용할 능력이 있다면 제2양수인이 양도인을 상대로 소유권이전등기절차이행청구의 소를 제기하고 양도인은 이를 다투지 않음으로써 제2양수인 승소의 확정판결을 얻어 소유권이전등기를 넘겨가는 것도 얼마든지 생각할 수 있다. 이 경우 양도인 자신이 위 소유권이전등기의 말소를 청구하는 것이 확정판결의 기판력에 저촉되어 허용될 수 없음은 물론이고, 제1양수인이 양도인을 대위하여 그와 같은 청구를 하는 것 또한 기판력에 저촉된다고 보지 않을 수 없다(대판 1975.8.19. 74다2229). 결국 제1매수인이 채권자대위권을 행사하여 제2매수인으로부터 토지 소유권을 회복하는 방법은 기판력에 저촉되는 경우에는 그 실효성이 적다(윤진수, 부동산의 이중양도와 원상회복, 민사법학 6호, p.170).

5) ★ ① 제2매매가 반사회적 법률행위여서 무효인 경우, 제1매수인은 채권자대위권의 행사로써 제2매수인 명의의 소유권등기를 말소하고, 이를 다시 자기 앞으로 이전하게 할 수 있기 때문에, 매도인의 제1매수인에 대한 채무는 사회통념에 비추어 보면 아직 이행불능된 것이 아니다(따라서 대상청구권도 행사할 수 없다). 다만 제2매수인이 기판력 있는 판결에 의해 소유권이전등기를 한 경우에는 제1매수인이 채권자대위권을 행사하여 제2매수인의 등기를 말소할 수 없으므로 매도인의 제1매수인에 대한 이전등기의무는 이행불능이다(지원림ㆍ제철웅, 민법연습(2판). p.121~p.122 참고).

6) ★ 설령 채권자취소권의 행사를 인정하더라도, 제1매수인은 매도인에게 원상회복된 부동산에 대하여 위 손해배상채권을 집행권원으로 하여 강제집행을 할 수 있을 뿐, 다시 매도인에게 제1매매를 원인으로 한 소유권이전등기를 청구할 수는 없다. 즉 채권자가 회복된 재산으로부터 우선변제를 받을 권리는 없다(제407조). 따라서 위와 같은 채권자취소권의 행사는 제1매수인이 당해 부동산에 관한 소유권을 취득할 수 있는 방법으로는 실효성이 없다고 할 것이다.

7) ★ 그러나 긍정설에 따르더라도 제1매수인 乙이 제2매수인 丙에게 직접 위 토지에 관한 소유권이전등기를 청구할 수는 없다.

제4장 채권의 대외적 효력 **437**

| 쟁점구조 |

■ **이중매매가 유효한 경우의 법률관계(제2매수인이 선의 또는 단순악의인 경우)**

Ⅰ. 제2매수인과의 매매계약의 유효여부 및 소유권자의 확정

1. 제2매수인과의 매매계약의 유효여부 :

(1) 형식주의 원칙과 자유경쟁의 원리

(2) 사안의 경우

2. 소유권자의 확정(등기를 갖춘 제2매수인)

Ⅱ. 제1매수인의 구제수단

1. 채무자(매도인)에 대한 구제수단

(1) 약정해제권 인정 여부(제565조)

(2) 채무불이행(이행불능)책임

 1) 이행불능에 따른 전보배상책임(제390조)

 2) 계약해제권(제546조)

(3) 대상청구권

(4) 불법행위책임(제750조)

2. 제2매수인에 대한 구제수단

(1) 채권자대위권 행사 가부(제404조)

(2) 채권자취소권 행사 가부(제406조)

 1) 소유권이전등기청구권의 보전을 위한 채권자취소권 행사 가부

 2) 채무불이행에 대한 손해배상청구권의 보전을 위한 채권자취소권 행사 가부

(3) 제3자의 채권침해를 이유로 한 불법행위책임과 그 효과로서 원상회복청구권 인정여부(제750조, 제763조, 제394조)

왜냐하면 불법행위가 있기 전의 상태는 乙이 甲에게 소유권이전등기청구권을 갖고 있는 것이었는데, 만일 원상회복으로서 乙이 丙에게 직접 소유권이전등기를 청구할 수 있다고 해석한다면 원상회복의 결과가 불법행위가 있기 전의 상태보다 더 나아지게 되어 乙에게 일종의 과잉배상을 해주는 셈이 되기 때문이다.

8) 예외적으로 권리자가 부실등기를 알면서 방치한 경우에는 민법 제108조 2항 유추적용이 가능하다는 견해(대판 1991.12.27. 91다3208)에 의하더라도 제2매매로 인한 등기는 사회질서 위반으로 인한 '절대적 무효'이지 부실등기라고는 할 수 없고, 이러한 절대적 무효를 다른 제3자에게 주장할 수 없다고 한다면 이는 두 번째 매도행위를 사회질서 위반으로 보는 것 자체에 문제점이 있다는 비판이 있다(윤진수).

쟁점구조

■ 이중매매가 무효인 경우의 법률관계(제2매수인이 매도인의 배임행위에 적극 가담한 경우)

Ⅰ. 제1매수인이 부동산의 소유권을 취득할 수 있는 방법

1. 제2매수인과의 매매계약의 무효 여부

2. 채권자대위권 행사 가부(제404조)

(1) 채권자대위권의 행사요건(보, 필, 불, 대)

(2) 피대위권리의 존재 여부(제746조와의 관계)

(3) 사안의 경우

3. 채권자취소권 행사 가부(제406조)

(1) 채권자취소권의 행사요건(보, 사, 사)

(2) 무효인 제2매매가 채권자취소권의 대상이 되는지 여부

(3) 상당한 가격에 의한 부동산 매각행위와 사해행위의 성부

(4) 제1매수인의 피보전채권의 성립 여부

 1) 소유권이전등기청구권의 보전을 위한 채권자취소권 행사 가부

 2) 채무불이행에 대한 손해배상청구권의 보전을 위한 채권자취소권 행사 가부

4. 제3자의 채권침해를 이유로 한 불법행위책임과 그 효과로서 원상회복청구권 인정여부(제750조, 제763조, 제394조)

 1) 제3자의 채권침해에 해당하는지 여부

 2) 불법행위책임 성립 여부(공, 기, 해)(제750조)

 3) 손해배상으로 원상회복을 구할 수 있는지 여부(제763조, 제394조)

Ⅱ. 전득자 보호방안

1. 부동산 소유권 취득방안

(1) 제108조 제2항 유추적용론

(2) 부동산 취득시효 완성여부(제245조)

2. 제2매수인에 대한 구제수단

(1) 타인권리매매로 인한 담보책임(제570조)

(2) 채무불이행(이행불능) 책임

 1) 이행불능에 따른 전보배상책임(제390조)

 2) 계약해제권(제546조)

(3) 불법행위로 인한 손해배상청구(제750조)

(4) 사기를 이유로 한 취소권(제110조)

(5) 착오를 이유로 한 취소권(제109조)

제5장 수인의 채권자 및 채무자

제1절 분할채권(채무)관계

I. 의 의(성립)   [B-65]

ⅰ) 하나의 가분적 급부에 관하여, ⅱ) 채권자 또는 채무자가 다수이며, ⅲ) 특별한 의사표시가 없으면 분할채권(채무)관계가 성립한다(제408조). 분할채권(채무)관계는 민법상 다수당사자의 채권(채무)관계의 원칙적인 모습이다. 判例도 "민법상 다수당사자의 채권관계는 원칙적으로 분할채권관계이고, 채권의 성질상 또는 당사자의 약정에 기하여 특히 불가분으로 하는 경우에 한하여 불가분채권관계로 된다"(대판 1992.10.27. 90다13628)고 한다.

1. 분할채권이 성립하는 경우

① 2인의 공동매수인 각자가 그 1/2 지분권에 기해 가지는 소유권이전등기청구권(대판 1981.4.15. 79다14 : 표준판례471), ② 공유물에 대한 제3자의 불법행위 내지는 부당이득에 의한 손해배상청구권 또는 부당이득반환청구권에 대해 공유자 각자가 그 지분비율에 따라 가지는 권리가 이에 해당한다(대판 1979.1.30. 78다2088 : 14회 선택형).

2. 분할채무가 성립하는 경우

① 금전소비대차에서 수인의 채무자가 각자 일정한 돈을 빌리는 경우(대판 1985.4.23. 84다카2159), ② 공동불법행위자 사이의 관계에서는, "공동불법행위자 중 1인에 대하여 구상의무를 부담하는 다른 공동불법행위자가 수인인 경우에는 특별한 사정이 없는 이상 그들의 구상권자에 대한 채무는 이를 부진정연대채무로 보아야 할 근거는 없으며, 오히려 다수당사자 사이의 분할채무의 원칙이 적용되어 각자의 부담부분에 따른 분할채무로 봄이 상당하다"고 한다(대판 2002.9.27. 2002다15917 : 표준판례483 : 5회,9회 선택형), [14행정]
③ 여러 명의 공유자가 그 목적물을 매도한 경우 그들은 각 지분을 매도한 것으로 봄이 상당하기 때문에 매매가 무효인 경우 부당이득반환채무는 분할채무로 봄이 원칙이나(대판 1993.8.14. 91다41316 : 표준판례472), 예외적으로 불가분채무로 해석되는 경우도 있다(대판 1997.5.16. 97다7356). ④ 민법은 상속인이 수인인 때에는 상속재산은 그 '공유'로 하는 것으로 정한다(제1006조). 判例는 "금전채무와 같이 급부의 내용이 가분인 채무가 공동상속된 경우, 이는 상속개시와 동시에 당연히 법정상속분에 따라 공동상속인에게 귀속하는 것이므로 상속재산 분할의 대상이 될 여지가 없다"고 한다(대판 1997.6.24. 97다8809 : 3회,5회,8회,9회 선택형). [13사법, 3회 사례형, 8회 기록형]

Ⅱ. 효 력   [B-66]

1. 대외적 효력

각 채권자 또는 각 채무자는 균등한 비율로 권리가 있고 의무를 부담한다(제408조, 채권·채무의 독립성). 분할채권과 분할채무는 채권과 채무의 관점에서 보면 독립한 것이지만, 이것이 하나의 계약에 의해 발생한 경우에는 계약 전체의 관점에서 다루어야 할 필요가 있다. 따라서 ① 동시이행항변권은 이행상 견련성 확보를 위해 일부 채무자의 불이행이 있는 경우에도 전부에 대한 이행거절이 가능하며, ② 해제권의 경우 제547조의 불가분성의 원칙이 적용되어 전원으로부터 전원에 대해 계약해제를 해야 한다(통설).

2. 1인에게 생긴 사유의 효력

분할채권관계에서 각 채권과 각 채무는 독립된 것이기 때문에, 한 사람의 채권자 또는 채무자에 대하여 생긴 사유는 다른 채권자나 채무자에게 영향을 미치지 않는다.

3. 대내적 효력

① 특별한 약정이 없는 한 균등한 비율로 권리와 의무를 부담하므로, 채권자나 채무자 사이에서 분급이나 구상의 관계는 원칙적으로 발생하지 않는다.

② 다만 예컨대 분할채무 관계에 있는 공동불법행위자들 중 1인이 자신의 부담 부분을 초과하여 구상에 응하였고 그로 인하여 다른 공동불법행위자가 자신의 출연 없이 채무를 면하게 되는 경우, 구상에 응한 공동불법행위자는 그 다른 공동불법행위자의 부담 부분 내에서 자신의 부담 부분을 초과하여 변제한 금액에 관하여 구상권을 취득한다. 물론 공동불법행위자가 다른 공동불법행위자와의 공동 면책이 아니라 '자신의 권리를 방어하기 위하여 지출한 소송비용'(구상금 청구 소송과 관련하여 지출한 변호사보수나 소송비용상환액)은 다른 공동불법행위자에 대하여 구상하는 것이 허용되지 않는다(대판 2023.6.29. 2022다309474).

제2절 불가분채권관계

I. 성 립 [B-67]

채권의 목적이 성질상 불가분이거나, 또는 가분인 경우에도 당사자의 의사표시로 불가분인 것으로 한 때에 불가분채권이 된다(제409조 본문). 불가분채권관계에는 불가분채권과 불가분채무의 두 가지가 있다.

1. 불가분채무

급부의 성질상 불가분채무로 해석되는 경우로는 判例에 따르면 ① 건물을 공유자가 공동으로 건물을 임대하고 보증금을 수령한 경우 특별한 사정이 없는 한 그 임대는 각자 공유지분을 임대한 것이 아니고 임대목적물을 다수의 당사자로서 공동으로 임대한 것이고 그 보증금반환채무는 성질상 불가분채무에 해당된다고 한다(대판 1998.12.8. 98다43137). **[10회 기록형, 25법무]** 따라서 임대인 지위를 공동상속한 상속인들이 임차인에 대하여 부담하는 임차보증금 반환채무의 성질 역시 불가분채무에 해당한다(대판 2021.1.28. 2015다59801). ② 또한 수인이 공동으로 법률상 원인 없이 타인의 재산을 사용한 경우의 부당이득반환채무는 불가분적 이득의 상환으로서 불가분채무이며 불가분채무는 각 채무자가 채무 전부를 이행할 의무가 있으며, 1인의 채무이행으로 다른 채무자도 그 의무를 면하게 된다고 하였다(대판 2001.12.11. 2000다13948: 표준판례475 : 5회,8회,9회 선택형). ③ 그리고 '부동산 공유자들의 매매계약 해제에 따른 계약금반환채무'는 불가분채무라고 한다(대판 2020.7.9. 2020다208195: 표준판례476). **[24법무]**

2. 불가분채권

임차목적물을 사용, 수익할 수 있는 권리 등 임대차계약에 있어서 임차인의 지위는 성질상 불가분인 점, 공동임대인의 보증금 반환의무는 성질상 불가분채무이므로 **공동임차인의 임차보증금 반환채권도 불가분채권으로 봄이 상당하다**(대판 2023.3.30. 2021다264253).

Ⅱ. 불가분채권의 효력
[B-68]

1. 대외적 효력

각 채권자는 모든 채권자를 위하여 이행을 청구할 수 있고, 채무자는 모든 채권자를 위하여 각 채권자에게 이행할 수 있다(제409조 후문).

2. 1인에게 생긴 사유의 효력

(1) 절대적 효력있는 사유

각 채권자는 모든 채권자를 위하여 이행을 청구할 수 있고, 채무자는 모든 채권자를 위하여 각 채권자에게 이행할 수 있으므로(제409조 후문), 이 **청구와 이행**의 한도에서는 다른 채권자에게도 그 효력이 미친다(제410조 1항 전문). 즉 1인의 채권자의 청구에 의한 시효중단·이행지체의 효과나, 채무자가 1인의 채권자에 대해 한 변제·변제의 제공·채권자지체의 효과는 모두 다른 채권자에게도 발생한다.

(2) 상대적 효력있는 사유

청구와 이행에 따른 효과 이외의 사유는 다른 채권자에게 그 효력이 없다(제410조 1항 후문). 따라서 예컨대, 공동임차인 중 1인에 대한 채권자가 임대차보증금반환채권 일부에 대하여 압류 및 전부명령을 받은 경우 그 압류 및 전부명령의 효력은 나머지 공동임차인들에게 미치지 않는다(대판 2023.3.30. 2021다264253 : 14회 선택형).
다만 경개나 면제가 있는 경우에 채무전부의 이행을 받은 다른 채권자는 그 1인이 권리를 잃지 아니하였으면 그에게 분급할 이익을 채무자에게 상환하여야 한다(제410조 2항)(9회 선택형).

3. 대내적 효력

채권 전부의 변제를 받은 채권자는 다른 채권자에게 내부관계의 비율에 따라 그의 이익을 분급하여야 하고, 그 비율은 특별한 약정이 없는 한 균등한 것으로 추정된다.

Ⅲ. 불가분채무의 효력
[B-69]

1. 대외적 효력

연대채무에 관한 규정이 준용된다. 따라서 채권자는 어느 불가분채무자에 대하여 또는 동시나 순차로 모든 불가분채무자에 대하여 채무의 '전부'의 이행을 청구할 수 있고(제411조, 제414조), 채무자 1인이 전부를 이행한 때에는 다른 채무자도 채무를 면한다(제411조, 제413조). 유의할 것은 연대채무에 관한 제414조는 채권자가 채무의 '일부'의 이행을 청구할 수 있는 것으로 정하고 있지만, 불가분채무에서는 그 성질상 일부청구는 허용되지 않는다는 점이다.

2. 1인에게 생긴 사유의 효력

연대채무에 관한 규정이 준용되지 않고 불가분채권에 관한 제410조가 준용된다.

3. 대내적 효력

① 불가분채무자 상호 간의 관계에 관하여는 연대채무의 규정(제424조 내지 제427조)을 준용한다(제411조). 즉, "연대채무자가 변제 기타 자기의 출재로 공동면책을 얻은 때 다른 연대채무자의 부담부분에 대하여 구상권을 행사할 수 있고 이때 부담부분은 균등한 것으로 추정된다(제425조 1항, 제424조)(11회 선택형).

② 그러나 연대채무자 사이에 부담부분에 관한 특약이 있거나 특약이 없더라도 채무의 부담과 관련하여 각 채무자의 수익비율이 다르다면 그 특약 또는 비율에 따라 부담부분이 결정된다"(대판 2014.8.26. 2013다49404,49411 참조). "이러한 법리는 민법 제411조에 따라 연대채무자의 부담부분과 구상권에 관한 규정이 준용되는 불가분채무자가 변제 기타 자기의 출재로 공동면책을 얻은 때 다른 불가분채무자를 상대로 구상권을 행사하는 경우에도 마찬가지로 적용된다. 불가분채무자 사이에 부담부분에 관한 특약이 있거나 특약이 없더라도 채무자의 수익비율이 다르다면 그 특약 또는 비율에 따라 부담부분이 결정된다. 따라서 불가분채무자가 변제 등으로 공동면책을 얻은 때 다른 채무자의 부담부분에 대하여 구상할 수 있다" (대판 2020.7.9. 2020다208195: 표준판례476). [24법무]

제3절 연대채무

제1관 연대채무

Ⅰ. 의의 및 법적성질   [B-70]

수인의 채무자가 채무 전부를 각자 이행할 의무가 있고 채무자 1인의 이행으로 다른 채무자도 그 의무를 면하게 되는 때에는 그 채무는 '연대채무'로 한다(제413조). '연대채무'는 채무자의 수만큼 복수의 채무가 존재하는 것으로 본다(복수성). 또한 연대채무는 채무자간에 연대관계가 존재하지만 각자의 채무는 독립되어있다(독립성). 따라서 어느 연대채무자에 대한 법률행위의 무효나 취소의 원인은 다른 연대채무자의 채무에 영향을 미치지 아니한다(제415조)(9회 선택형).

Ⅱ. 성 립   [B-71]

1. 법률행위에 의한 성립

당사자간에 연대의 약정이 있는 경우에 연대채무가 성립한다.

2. 법률의 규정에 의한 성립

① 사용대차 또는 임대차에서 발생하는 채무에서 공동차주 또는 공동임차인의 연대채무(제616조, 제654조), ② 수인이 그 1인 또는 전원에게 상행위가 되는 행위로 인하여 채무를 부담한 때의 연대책임(상법 제57조 1항), ③ 일상가사로 인한 채무에 대한 부부의 연대책임(제832조, 다만 이는 부부공동체의 성질에 기인하는 것이라는 점에서 연대채무에 관한 제413조이하의 규정이 그대로 적용되기는 어렵다).

Ⅲ. 효력

[B-72]

1. 대외적 효력

채권자는 어느 연대채무자에 대하여 또는 동시나 순차로 모든 연대채무자에 대하여 채무의 전부나 일부의 이행을 청구할 수 있고(제414조), 채무자 1인이 그 전부나 일부를 이행한 때에는 다른 채무자도 채무를 면하게 된다(제413조).

2. 1인에게 생긴 사유의 효력

(1) 절대적 효력이 있는 사유

1) 일체형

채권에 만족을 주는 사유인 변제, 대물변제, 공탁(제413조), 상계(제418조 1항)(11회 선택형), 변제제공 및 이에 따른 수령지체의 효과(제413조, 제422조), 이행청구(제416조) 및 이에 따른 이행지체(11회 선택형) 및 소멸시효 중단의 효력, 경개(제417조)

2) 부담부분형(당해 채무자의 부담부분에 한하여 절대적 효력)(면, 상, 혼, 소)

면제(제419조), 혼동(제420조), 소멸시효의 완성(제421조), 다른 연대채무자에 의한 상계(제418조 2항 ; 반대채권을 가진 연대채무자가 상계를 하지 않는 때에는 다른 연대채무자가 그의 부담부분 한도에서 상계할 수 있다 : 11회 선택형)

[면제관련 심화 ①] 예컨대 乙, 丙이 甲에 대하여 1,000만 원의 연대채무를 부담하고 있는데(부담부분은 균등), 甲이 乙에 대해 그 채무를 전부 면제해 준 경우, 丙의 채무는 500만 원만큼 소멸한다. 이를 '부담부분의 절대적 면제'라고 한다. 한편 제419조는 임의규정이기 때문에 甲이 乙에 대해 그 채무를 전부 면제해 주면서도 丙에 대해서는 채무 전액인 1,000만 원을 청구할 것을 유보하는 것도 가능하다(대판 1992.9.25. 91다37553). 이를 '부담부분의 상대적 면제'라고 한다. 이러한 '연대채무의 면제'와 구별할 것으로 '연대의 면제'가 있는데, 이는 채권자가 어느 연대채무자에 대하여 전부급부청구권을 포기하고 그 부담부분에 한하여 청구하겠다는 취지의 의사표시를 말한다(제427조 2항 참조). 그런데 모든 채무자에 대하여 연대의 면제를 하면(절대적 연대의 면제) 연대채무는 수 개의 분할채무로 바뀌는 반면, 연대채무자 1인에 대하여 연대의 면제를 하면(상대적 연대의 면제) 그 채무자만이 연대채무관계에서 빠져나가 자기 부담부분에 대해서만 채무를 진다.

3) 연대채무자 중 1인에 대한 채무 일부면제의 효력 [10회 기록형]

일부면제의 효력에 관하여 判例는 "민법 제419조는 '어느 연대채무자에 대한 채무면제는 그 채무자의 부담부분에 한하여 다른 연대채무자의 이익을 위하여 효력이 있다.'라고 정하여 면제의 절대적 효력을 인정한다. 이는 당사자들 사이에 구상의 순환을 피하여 구상에 관한 법률관계를 간략히 하려는 데 취지가 있는바, 채권자가 연대채무자 중 1인에 대하여 채무를 일부 면제하는 경우에도 그와 같은 취지는 존중되어야 한다. 따라서 연대채무자 중 1인에 대한 채무의 일부 면제에 상대적 효력만 있다고 볼 특별한 사정이 없는 한 일부 면제의 경우에도 면제된 부담부분에 한하여 면제의 절대적 효력이 인정된다고 보아야 한다.

구체적으로 ㉠ 연대채무자 중 1인이 채무 일부를 면제받는 경우에 그 연대채무자가 지급해야 할 잔존 채무액이 부담부분을 초과하는 경우에는 그 연대채무자의 부담부분이 감소한 것은 아니므로 다른 연대채무자의 채무에도 영향을 주지 않아 다른 연대채무자는 채무 전액을 부담하여야 한다. ㉡ 반대로 일부 면제에 의한 피면제자의 잔존 채무액이 부담부분보다 적은 경우에는 차액(부담부분 - 잔존 채무액)만큼 피면제자의 부담부분이 감소하였으므로, 차액의 범위에서 면제의 절대적 효력이 발생하여 다른 연대채무자의 채무도 차액만큼 감소한다"(대판 2019.8.14. 2019다216435: 표준판례480 : 13회 선택형)고 판시하였다. 즉, 자신의 부담부분보다 많은 금액을 변제한 채무자에 대하여 잔여 채무를 면제하였을 경우 그 면제는 나머지 연대채무자들의 채무에도 영향을 미치지 않지만, 자신의 부담부분보다 적은 금액을 변제한 채무자에 대하여 잔여 채무를 면제하였을 경우 그 면제는 나머지 연대채무자들의 채무에도 영향을 미치게 된다.

[면제관련 심화 ②] 예컨대 乙, 丙이 甲에 대하여 1,000만 원의 연대채무를 부담하고 있는데(부담부분은 균등), 乙로부터 300만 원을 지급받은 甲이 나머지 700만 원을 면제한 경우, 判例에 따르면, 일부면제 후 잔존 채무와 피면제자의 부담부분을 비교하여 후자가 전자를 초과하는 경우에만 그 차액만큼 절대효가 발생(즉, 피면제자의 부담부분이 감소하고, 그만큼 다른 연대채무자의 채무액이 감소)한다는 입장이다. 즉, 700만 원의 일부면제 후의 잔액(300만 원)이 乙의 부담부분(500만 원)보다 작기 때문에 그 차액(200만 원)만큼 乙의 부담부분이 감소하고(결국 乙의 부담부분 300만 원), 丙도 200만 원만큼 공동면책된다. 결국 丙은 잔존 채무 500만 원[=1,000만 원-200만 원(절대효)-300만 원(乙의 변제금액)]을 甲에게 이행하여야 한다.

(2) 상대적 효력이 있는 사유(제423조)

이행청구 이외의 시효중단사유(압류·가압류·가처분), 연대채무자의 채무불이행책임(단, 이행청구에 의한 이행지체는 절대적 효력), 채권양도에 있어서의 대항요건, 확정판결의 기판력 등

[관련판례] 채권자가 연대채무자 1인의 소유 부동산에 대하여 경매신청을 한 경우에 이는 최고로서의 효력이 있다. 한편 이 최고는 다른 연대채무자에게도 효력이 있으므로(제416조), 채권자가 6개월 내에 '다른 연대채무자'를 상대로 재판상 청구 등을 한 때에는 그 '다른 연대채무자'에 대한 채권의 소멸시효가 중단되지만,[1] 이로 인하여 중단된 시효는 위 경매절차가 종료된 때가 아니라 재판이 확정된 때부터 새로 진행된다. 그리고 연대채무자 1인의 소유 부동산이 경매개시결정에 따라 압류된 경우, '다른 연대채무자'에게는 시효중단의 효력이 없다(제169조 참조)(대판 2001.8.21. 2001다22840 : 4회,13회 선택형). [12회 기록형]

3. 대내적 효력

(1) 구상권의 성립요건

어느 연대채무자가 ⅰ) 변제 기타 자기의 출재로 ⅱ) 공동면책이 된 때에는 ⅲ) 다른 연대채무자의 부담부분에 대하여 구상권을 행사할 수 있다(제425조 1항)(7회 선택형). 공동면책이 있기 전의 사전구상권은 인정되지 않으며, 면제나 시효완성과 같이 출재가 없는 경우에는 구상권이 발생하지 않는다. 부담부분은 먼저 당사자의 특약 또는 연대채무를 부담함으로써 얻는 이익의 비율에 의하되(대판 2014.8.20. 2012다97420 : 7회 선택형), 이러한 기준을 통하여도 부담부분이 결정되지 않는 경우에는 균등한 것으로 추정한다(제424조)(11회 선택형).

① [자신의 부담부분 이하의 출재도 구상가능] 한편 공동면책이 있기만 하면 되고 그 범위가 출재를 한 연대채무자의 부담부분 이상일 필요가 없다(통설). 공평을 위한 것이다[공동보증인간의 구상권이나(제448조) 및 부진정연대채무자간의 구상권(대판 1997.12.12. 96다50896)에서는 '자기의 부담부분'을 넘어야 하지만, 주관적 공동관계가 존재하는 연대채무에서도 그렇게 볼 것은 아니다]. 따라서 공동면책이 있기만 하면 출재한 액에 관하여 부담부분의 비율에 따라 구상할 수 있다(11회 선택형). 예를 들어 A·B·C가 D에 대하여 300만 원의 연대채무를 부담하고 그들의 부담부분이 균등한 경우에, A가 D에게 60만 원을 변제하였다면 A는 B와 C에게 20만 원(=60만 원×1/3)씩 구상할 수 있다.

---

[1] [판례평석] 최고에 의한 시효중단의 효력도 모든 채무자에게 미치지만(제416조), 그 효력이 지속되기 위해서는 채무자 중 누군가에 대하여 제174조 소정의 요건이 갖추어져야 한다. 그런데 判例는 재판상 청구의 상대방에 대해서만 그 효력이 지속하는 듯한 판시를 하였지만(위 2001다22840판결), 그 재판상 청구 역시 이행청구로서 절대적 효력을 가지므로(제416조) 다른 채무자에 대해서도 효력이 지속된다고 할 것이다[지원림, 민법강의(13판), 4-277].

② [**부담부분의 의미**] 연대채무자 사이의 구상권 행사에 있어서 '부담부분'이란 연대채무자가 그 내부관계에서 출재를 분담하기로 한 비율을 말한다. 그 결과 判例가 판시하는 바와 같이 "변제 기타 자기의 출재로 일부 공동면책되게 한 연대채무자는 역시 변제 기타 자기의 출재로 일부 공동면책되게 한 다른 연대채무자를 상대로 하여서도 자신의 공동면책액 중 다른 연대채무자의 분담비율에 해당하는 금액이 다른 연대채무자의 공동면책액 중 자신의 분담비율에 해당하는 금액을 초과한다면 그 범위에서 여전히 구상권을 행사할 수 있다고 보아야 한다"(대판 2013.11.14. 2013다46023: 표준판례481 : 7회 선택형). 예를 들어 위 ①의 예에서 A가 D에게 60만 원을 변제하였다면 A는 B와 C에게 20만 원씩 구상할 수 있는데, B도 30만 원을 변제하였으면 A는 B에게 10만 원[(20만 원-10만 원(=30만 원×1/3)]을 구상할 수 있다.

(2) 구상권의 범위

구상권은 출재액과 공동면책액 중 적은 쪽을 기준으로 하며, 면책된 날 이후의 법정이자 및 피할 수 없는 비용 기타의 손해배상을 포함한다(제425조 2항).

(3) 구상권의 제한(제426조)

1) 사전통지를 게을리 한 때

어느 연대채무자가 다른 연대채무자에게 통지하지 아니하고 변제 기타 자기의 출재로 공동면책이 된 경우에 다른 연대채무자가 채권자에게 대항할 수 있는 사유가 있었을 때에는 그 부담부분에 한하여 이 사유로 면책행위를 한 연대채무자에게 대항할 수 있고 그 대항사유가 상계인 때에는 상계로 소멸할 채권은 그 연대채무자에게 이전된다(제426조 1항).

2) 사후통지를 게을리 한 때

어느 연대채무자가 변제 기타 자기의 출재로 공동면책되었음을 다른 연대채무자에게 통지하지 아니한 경우에 다른 연대채무자가 선의로 채권자에게 변제 기타 유상의 면책행위를 한 때에는 그 연대채무자는 자기의 면책행위의 유효를 주장할 수 있다(제426조 2항). 따라서 선의의 제2의 면책행위자는 제1의 면책행위자의 구상을 거부할 수 있을 뿐만 아니라 제1의 면책 행위자에게 구상권을 행사할 수도 있다.

3) 사후통지를 게을리 하고 있는 상태에서 사전통지 없이 면책행위를 한 경우

이에 관한 명시적인 判例는 없다. 다만, 判例는 보증채무에 있어서 이와 동일한 법리가 적용될 수 있는 경우(즉 주채무자가 사후통지를 하지 않은 동안에 보증인이 사전통지를 하지 않고 변제한 경우)에 대하여 일반원칙에 따라 먼저 이루어진 변제가 유효하다고 한다(대판 1997.10.10. 95다46265: 표준판례495).

[**검토**] 검토하건대, 제426조는 사전의 통지나 사후의 통지의 어느 한쪽만을 게을리한 경우에만 적용되는 것이므로 사전·사후통지 모두가 없는 경우에는 민법규정이 흠결되어 있으므로 일반원칙에 따라 먼저 이루어진 변제가 유효하다(다수설).

(4) 구상권의 확장(상환무자력자가 있는 경우 구상권자의 보호)

1) 구상권의 양적 확장

연대채무자 중에 상환할 자력이 없는 자가 있는 때에는, 그 채무자의 부담부분은 구상권자 및 다른 자력이 있는 채무자가 그 부담부분에 비례하여 분담한다(제427조 1항 본문). 예컨대 甲·乙·丙이 균등한 부담부분으로 A에 대해 90만 원의 연대채무를 부담하는 경우 甲이 90만 원을 변제하고 乙·丙에 대하여 각각 30만 원씩 구상하려는데 丙이 무자력인 때에는, 丙의 부담부분 30만 원은 甲과 乙이 각자의 부담부분에 비례하여, 즉 15만 원씩 부담한다(결국 甲은 乙에 대해 45만 원을 구상하게 된다). 그러나 구상권자에게 과실이 있는 때(예컨대 甲이 구상시기를 놓쳤기 때문에 丙이 무자력으로 된 경우)에는 다른 연대채무자에 대하여 분담을 청구하지 못한다(제427조 1항 단서).

2) 구상권의 인적 확장

상환할 자력이 없는 채무자의 부담부분을 분담할 다른 채무자가 채권자로부터 '연대의 면제'를 받은 때에는, 그 채무자가 분담할 부분은 채권자의 부담으로 한다(제427조 2항)(7회 선택형). 위 예에서 乙이 채권자로부터 연대의 면제를 받은 경우(따라서 乙의 채무액이 부담부분인 30만 원으로 되는 것), 乙이 분담할 15만 원은 채권자가 부담한다(그 결과, 甲은 乙에 대해 30만 원, 채권자 A에 대해 15만 원을 구상하게 된다).

(5) 구상권자의 대위

연대채무자는 변제할 정당한 이익이 있는 자이므로, 변제에 의하여 당연히 채권자를 대위한다(제481조).

제2관 부진정연대채무

I. 서 설
[B-73]

1. 의 의

서로 별개의 원인으로 발생한 독립된 채무이지만 동일한 경제적 목적을 가진 채무를 말한다. 수인의 채무자가 동일한 내용의 급부에 대해서 각자 독립해서 전부를 급부할 의무를 부담하고, 채무자 가운데 1인이 변제를 하면 전부의 채무자가 채무를 면하는 다수 당사자의 채권관계인 점에서는 연대채무와 마찬가지이지만 법정의 연대채무에 속하지 아니하는 채무를 의미한다.

2. 연대채무와의 구별

1인의 급부로 공동면책된다는 점에서는 동일하다. 그러나 ① 연대채무의 경우 채무자 사이에 주관적인 공동관계가 존재하지만, 부진정연대채무의 공동성은 우발적, 객관적인 것에 지나지 않는다. ② 부진정연대채무의 경우 채권을 만족시키는 사유를 제외하고는 절대적 효력이 없어 연대채무에 비하여 '채권의 담보적 효력'이 강화된다. ③ 연대채무자 사이에는 명문으로 구상관계가 인정되나, 부진정연대채무는 원칙적으로 부담부분이 없어 구상권이 발생하지 않는다.

II. 부진정연대채무의 발생원인
[B-74]

判例는 "채무자가 부담하는 채무불이행으로 인한 손해배상채무와 제3자가 부담하는 불법행위로 인한 손해배상채무의 원인이 '동일한 사실관계'에 기한 경우에는 하나의 동일한 급부에 관하여 수인의 채무자가 각자 독립해서 그 전부를 급부하여야 할 의무를 부담하는 경우로서 부진정연대채무관계에 있다"(대판 2006.9.8. 2004다55230)고 판시하고 있다. [11법무, 14입법]

[구체적 예] ① [계약에 수반하여 발생하는 채무] i) 임무를 해태한 이사의 연대책임(제65조), ii) 점유매개관계에 의한 직접점유자와 간접점유자가 있는 경우 그 물건에 대한 점유·사용으로 인한 부당이득의 반환의무(대판 2012.9.27. 2011다76747), [6회 기록형] iii) 설계용역계약상의 채무불이행으로 인한 손해배상채무와 공사도급계약상의 채무불이행으로 인한 손해배상채무(대판 2015.2.26. 2012다89320), ② [계약상 채무와 불법행위로 인한 손해배상채무의 경합] i) 타인의 주택을 소실케 한 경우에 실화자의 불법행위에 의한 손해배상의무와 보험회사의 보험금지급의무, ii) 금융기관이 회사 임직원의 대규모 분식회계로 인하여 회사의 재무구조를 잘못 파악하고 회사에 대출을 해 준 경우 회사의 금융기관에 대한 대출금채무와 회사 임직원의 분식회계 행위로 인한 금융기관에 대한 손해배상채무(대판 2008.1.18. 2005다65579), ③ [채무불이행책임과 불법행위책임의 경합] i) 이행보조자의 고의·과실로 인하여 목적물이 멸실·훼손된 경우 채무자의 채무불이행으로

인한 손해배상채무와 이행보조자의 불법행위(제3자의 채권침해)로 인한 손해배상채무(대판 2008.1.18. 2005다65579), ii) 임치물을 도난당한 경우에 수치인의 채무불이행에 의한 손해배상의무와 도둑의 불법행위에 의한 손해배상의무, iii) 화재 발생 우려가 많은 작업을 하던 중 화재가 발생하여 피용자가 사망한 경우 공사수급인의 건물의 점유자로서의 공작물책임과 사용자의 보호의무위반에 의한 피용자에 대한 채무불이행책임(대판 1999.2.23. 97다12082), ④ **[불법행위로 인한 손해배상채무의 경합]** ⅰ) 법인의 불법행위책임과 대표기관 개인의 배상책임(제35조 1항), ⅱ) 법인의 목적범위 외의 행위로 타인에게 손해를 가한 경우의 대표기관 등의 책임(제35조 2항), ⅲ) 피용자의 불법행위로 인한 배상의무와 사용자(및 대리감독자)의 배상의무(제750조, 제756조), ⅳ) 책임무능력자의 불법행위에 대한 감독의무자와 대리감독자의 배상의무(제755조), ⅴ) 동물의 가해행위에 대한 점유자와 보관자의 배상의무(제759조), ⅵ) 공동불법행위자의 배상의무(제760조)

Ⅲ. 효력 [B-75]

1. 대외적 효력 [B-75a]

연대채무와 같이 채권자는 채무자들 가운데 1인에 대하여 채무의 전부나 일부의 이행을 청구하거나 또는 모든 채무자에 대하여 동시에 또는 순차로 채무의 전부나 일부를 청구할 수 있다(제414조 유추).

2. 1인에게 생긴 사유의 효력 [B-75b]

(1) 원 칙

광범위한 절대적 효력이 인정되는 연대채무와 달리 채권을 만족시키는 사유인 변제, 대물변제, 공탁에 있어서만 절대적 효력이 인정된다. 다만, 상계에 관하여는 견해의 대립이 있다.

> ✻ **부진정연대채무에서 상대적 효력을 가지는 사유**
> 연대채무에서 절대적 효력이 있는 것, 즉 면제(제419조 참조, 대판 2006.1.27. 2005다19378 : **2회,5회,8회 선택형**) **[11법무, 14행정, 09입법]** · 소멸시효의 완성(제421조 참조, 대판 2010.12.23. 2010다52225 : **2회,4회,11회 선택형**) · 소멸시효의 중단(대판 2011.4.4. 2010다91866 : **9회,11회 선택형**) 등은 부진정연대채무에서는 상대적 효력이 있을 뿐이다. 그리고 이러한 부진정연대채무자 상호 간의 상대적 효력 사유로는 다른 부진정연대채무자의 구상금청구에 대한 유효한 항변이 될 수 없다.

(2) 상계의 경우 [11법무, 16행정]

1) 판 례

종래 判例의 기본적 입장은 상계의 상대적 효력만 인정하였으나, 전원합의체 판결을 통해 "부진정연대채무자 중 1인이 자신의 채권자에 대한 반대채권으로 상계를 한 경우에도 채권은 변제, 대물변제, 또는 공탁이 행하여진 경우와 동일하게 현실적으로 만족을 얻어 그 목적을 달성하는 것이므로, 그 상계로 인한 채무소멸의 효력은 소멸한 채무 전액에 관하여 다른 부진정연대채무자에 대하여도 미친다고 보아야 한다. 이는 부진정연대채무자 중 1인이 채권자와 상계계약을 체결한 경우에도 마찬가지이다. 나아가 이러한 법리는 채권자가 상계 내지 상계계약이 이루어질 당시 다른 부진정연대채무자의 존재를 알았는지 여부에 의하여 좌우되지 아니한다"(대판 2010.9.16. 전합2008다97218: **표준판례479** ; **1회,2회,4회,5회,7회,11회,14회 선택형**)고 하여 상계의 절대적 효력을 인정하였다.

2) 검 토

부진정연대채무가 인정되는 취지 등에 비추어 **채권자**(주로 불법행위 피해자)**의 보호**를 위해서 상계의 상대적 효력만을 인정해야 한다는 견해(대법원의 반대의견)도 타당한 측면이 있다. 그러나 채무자 중의 1인이 상계를 하게 되면 채권자의 수동채권과 아울러 채무자의 자동채권도 소멸하는데, 그러한 채권의 상실을 현실적인 출연이 아니라고 볼 수는 없고, 이는 채권의 만족을 가져오는 사유이다. 따라서 判例의 태도가 타당하다(제418조 1항의 유추적용). 그러나 부진정연대채무자 사이에는 고유한 의미의 부담부분이 존재하지 않으므로 이를 전제로 한 제418조 2항은 유추적용되지 않는다(대판 1994.5.27. 93다21521: 표준판례485).

(3) 부진정연대채무자의 일부변제

1) 불법행위자들의 손해배상 채무액이 동일한 경우

불법행위자 1인이 그 손해액의 일부를 변제하면 절대적 효력으로 인하여 다른 불법행위자의 채무도 변제금 전액에 해당하는 부분이 소멸한다.

2) 불법행위자의 피해자에 대한 과실비율이 달라 배상할 손해액의 범위가 달라지는 경우 [23법무]

누가 채무를 변제하였느냐에 따라 소멸되는 채무의 범위가 달라진다.[2]

① [**소액의 채무자가 일부변제한 경우**] 적은 손해액을 배상할 의무가 있는 자가 손해액의 일부를 변제한 경우에는 많은 손해액을 배상할 의무 있는 자의 채무 중 그 변제금 '전액'에 해당하는 부분이 소멸한다. 나아가 "부진정연대채무자 중 소액의 채무자가 자신의 채무 중 일부를 변제한 경우, 변제된 금액은 소액 채무자가 다액 채무자와 공동으로 부담하는 부분에 관하여 민법의 '변제충당'의 일반원칙에 따라 지연손해금, 원본의 순서로 변제에 충당되고 이로써 공동 부담 부분의 채무 중 지연손해금과 일부 원금채무가 변제로 소멸하게 된다"(대판 2024.3.12. 2019다29013, 29020, 29037, 29044)

② [**다액의 채무자가 일부변제한 경우**] 많은 손해액을 배상할 의무가 있는 자가 손해액의 일부를 변제한 경우, ㉠ 종래 判例는 ⅰ) 사용자 및 피용자의 부진정연대책임의 경우에는 '과실비율설'(공동부담부분은 변제액 중 채무자의 과실비율에 상응하는 만큼 소멸한다는 견해)에 따라 판단하고(대판 1995.7.14. 94다19600), ⅱ) 계약책임자(손해배상책임이 아닌 채무 그 자체) 및 불법행위자의 부진정연대책임의 경우에는 '외측설'에 따라 판단하였으나(대판 2000.3.14. 99다67376[3]; 2010.2.25. 2009다87621),

㉡ 최근에는 전원합의체 판결을 통해 '외측설'(단독부담부분이 먼저 소멸하고 변제액 중 남은 부분이 있는 경우 그만큼 공동부담부분도 소멸한다는 견해)로 입장을 통일하였다. 즉, "금액이 다른 채무가 서로 부진정연대 관계에 있을 때 다액채무자가 일부 변제를 하는 경우 변제로 인하여 먼저 소멸하는 부분은 당사자의 의사와 채무 전액의 지급을 확실히 확보하려는 부진정연대채무 제도의 취지에 비추어 볼 때 다액채무자가 단독으로 채무를 부담하는 부분으로 보아야 한다. 이러한 법리는 사용자의 손해배상액이 피해자의 과실을 참작하여 과실상계를 한 결과 타인에게 직접 손해를 가한 피용자 자신의 손해배상액과 달라졌는데 다액채무자인 피용자가 손해배상액의 일부를 변제한 경우에 적용되고, 공동불법행위자들의 피해자에 대한 과실비율이 달라 손해배상액이 달라졌는데 다액채무자인 공동불법행위자가 손해배상액의 일부를 변제한 경우에도 적용된다"(대판 2018.3.22. 전합2012다74236: 표준판례482 : 8회 선택형)라고 판시하였다.

---

[2] ★ [관련판례] ① 통상 공동불법행위의 경우 과실상계를 함에 있어서는 피해자에 대한 공동불법행위자 전원의 과실과 피해자의 공동불법행위자 전원에 대한 과실을 '전체적'으로 평가하여야 하고 공동불법행위자 간의 과실의 경중이나 구상권 행사의 가능 여부 등은 고려할 여지가 없다(대판 1991.5.10. 90다14423 : 전체적 평가설). ② 그러나 이에 대한 예외로서 "피해자의 부주의를 이용하여 고의로 불법행위를 저지른 자(피용자)가 바로 그 피해자의 부주의를 이유로 자신의 책임을 감하여 달라고 주장하는 것은 허용될 수 없으나, 이는 그러한 사유가 있는 자에게 과실상계의 주장을 허용하는 것이 신의칙에 반하기 때문이므로, 불법행위자 중의 일부에게 그러한 사유가 있다고 하여 그러한 사유가 없는 다른 불법행위자(사용자)까지도 과실상계의 주장을 할 수 없다고 해석할 것은 아니다"(대판 2007.6.14. 2005다32999 : 개별적 평가설).

[3] [구체적 예] 외측설에 따라 판단한 判例에 따르면 甲이 乙로부터 1억 원을 대출받는 과정에서, 丙의 피용자가 아무런 권한도 없이 각종 서류를 위조하여 마치 丙이 위 대금금채무를 연대보증하는 것처럼 꾸민 사안에서(乙의 과실비율 30%), 그 후 甲이 乙에게 대출금 변제조로 4,000만 원을 일부변제한 경우, 이러한 변제의 효과는 甲이 단독으로 부담하는 부분(3,000)이 우선 소멸하고 변제액 중 남은 1,000만 원만이 丙의 채무를 소멸시키는 효과가 있다고 한다. 따라서 乙은 향후 甲에게는 6,000만 원(1억 원-4,000만 원), 丙에게는 6,000만 원(7,000만 원-1,000만 원)을 추가로 청구할 수 있게 된다.

[구체적 예] 예를 들어 피해자 A에게 피용자 甲은 1억 원의 채무를 부담하고, 사용자 乙은 A에 대한 관계에서는 A가 20%의 과실이 있어서(乙은 80% 과실) 과실상계를 한 결과 8,000만 원의 채무만을 부담하는 경우, 여기서 ① **[소액의 채무자가 일부변제한 경우]** 乙이 A에게 5,000만 원을 변제하면 전액에 대해서 甲에게 효력을 미치므로 甲은 5,000만 원, 乙은 3,000만 원의 채무를 부담하게 된다.
② **[다액의 채무자가 일부변제한 경우]** 이에 반하여 甲이 A에게 5,000만 원의 채무를 변제한 때에는 ㉠ 과거 과실비율설에 따르면 乙에 대해서는 과실부담부분만큼 그 효력이 미치므로 5,000만 원 중에서 80%인 4,000만 원에 대해서만 채무가 소멸하게 된다. 따라서 A에게 甲은 5,000만 원, 乙은 4,000만 원을 부담하게 된다. ㉡ 그러나 바뀐 외측설에 따르면 甲이 단독으로 부담하는 부분(2,000만 원)이 우선 소멸하고, 변제액 중 남은 3,000만 원만이 乙의 채무를 소멸시키는 효과가 있다고 한다. 따라서 A에게 甲은 5,000만 원, 乙은 5,000만 원을 부담하게 된다. 결국 피해자 A의 입장에서는 과실비율설보다 외측설이 더 유리하다.

3. 대내적 효력   [B-75c]

(1) 구상권의 인정 여부

① 부진정연대채무자 간에 부담부분과 구상권이 있는지가 문제되는바, 判例는 이제까지 대체로 구상을 인정하지 않고(대판 1975.12.23. 75다1193), 공동불법행위의 경우에만 형평의 관점에서 공동불법행위자 간에 그 '과실의 비율'에 따른 부담부분이 있는 것으로 보아 구상을 인정해 왔다(대판 1997.12.12. 96다50896). 그런데 최근에는 부진정연대채무 일반의 경우 구상권을 인정하는 태도를 보이고 있다.

즉 "부진정연대채무의 관계에 있는 복수의 책임주체 내부관계에 있어서는 형평의 원칙상 일정한 부담부분이 있을 수 있으며, 그 부담부분은 각자의 고의 및 과실의 정도에 따라 정하여지는 것으로서, 부진정연대채무자 중 1인이 자기의 부담부분 이상을 변제하여 공동의 면책을 얻게 하였을 때에는 다른 부진정연대채무자에게 그 부담부분의 비율에 따라 구상권을 행사할 수 있다"(대판 2006.1.27. 2005다19378 : A의 경비용역계약상 채무불이행으로 인한 손해배상채무와 B의 절도라는 불법행위로 인한 손해배상채무는 부진정연대의 관계에 있고, A와 B의 고의·과실, 위법성의 정도, 인과관계 등을 고려해 A의 부담부분을 20%, B의 부담부분을 80%로 인정한 사안)고 판시하고 있다. **[11법무, 09입법]**

② 그리고 判例는 "어느 부진정연대채무자를 위하여 보증인이 된 자가 채무를 이행한 경우에는 다른 부진정연대채무자에 대하여도 직접 구상권을 취득하게 되고, 그와 같은 구상권을 확보하기 위하여 채권자를 대위하여 채권자의 다른 부진정연대채무자에 대한 채권 및 그 담보에 관한 권리를 구상권의 범위 내에서 행사할 수 있다"(대판 2010.5.27. 2009다85861 : 4회,12회 선택형)고 한다. 즉, 연대·불가분채무의 보증인의 구상권에 관한 제447조가 부진정연대채무의 경우에도 유추적용된다.

[구체적 예] 예를 들어 甲, 乙, 丙이 공동의 불법행위로 丁에게 9,000만 원의 부진정연대채무를 부담하고 있고 과실비율이 균등한 경우, 만약 甲의 보증인 戊가 6,000만 원을 丁에게 변제하였다면 戊는 甲의 부담부분인 3,000만 원을 넘는 3,000만 원에 대해서 乙과 丙에 대해 각 1,500만 원의 구상권(분할채권)을 취득한다 (12회 선택형).[4]

(2) 구상권의 제한

判例는 일정한 경우에는 손해의 공평한 분담이라는 견지에서 신의칙상 상당하다고 인정되는 한도 내에서만 구상권을 행사하도록 제한할 수도 있다(대판 2001.1.19. 2000다33607)라고 판시함으로써 제756조와 관련한 사용자의 피용자에 대한 구상권제한에 관한 논의를 일반화하고 있어 주목된다.

---

[4] 判例에 따르면 연대채무와는 달리 자기 부담부분을 넘은(초과) 면책행위를 해야 다른 부진정연대채무자에게 구상권을 행사할 수 있고(대판 1997.12.12. 96다50896), 아울러 공동불법행위자 중 1인에 대하여 구상의무를 부담하는 다른 공동불법행위자가 수인인 경우에는 특별한 사정이 없는 이상 그들의 구상권자에 대한 채무는 각자의 부담 부분에 따른 '분할채무'로 보기 때문이다(대판 2002.9.27. 2002다15917).

(3) 구상권의 행사요건

① 연대채무와는 달리 '주관적 공동관계가 없어' 서로 독립적 채무를 부담하므로 자기 부담부분을 넘은 (초과) 면책행위를 해야 구상권을 행사할 수 있다(대판 1997.12.12. 96다50896 : 1회,5회 선택형). **[11법무]**

② 또한 부진정연대채무에는 제426조가 유추적용되지 않는다고 보아, 구상요건으로서 채무자 상호간에 공동면책에 대한 사전·사후의 통지의무가 없다고 보았다(대판 1998.6.26. 98다5777: 표준판례486). **[09입법]** 따라서 언제나 먼저 변제한 것이 유효하다.

(4) 구상권의 내용

이에 대해서는 연대채무의 규정(제425조 2항)이 유추적용될 수 있으므로 면책된 날 이후의 법정이자 및 피할 수 없는 비용 기타 손해배상도 구상할 수 있다(대판 1997.4.8. 96다54232).

> **✱ 부진정연대채무간의 구상권 행사범위**(사용자의 다른 공동불법행위자에 대한 구상권)
> 예컨대 甲과 乙이 과실에 의한 공동불법행위로 丙에게 손해를 가하였는데, 丙이 입은 손해액은 3,000만 원이다. 그리고 甲과 乙의 부담부분의 비율은 2:1이고, 甲과 乙에 대한 丙의 과실비율은 20%이며, 丁은 甲의 사용자로서 사용자책임을 부담한다. 그렇다면 사안은 과실에 의한 공동불법행위(제760조 제1항)로서 채권자 丙의 과실비율이 20%이므로 과실상계 규정(제396조)에 따라 甲, 乙, 丁은 총 2,400만 원의 손해배상채무에 대해 부진정연대채무관계에 있다. 이때 내부적 부담부분은 가해자인 甲과 乙의 과실비율에 따라 각 1,600만 원(2,400×2/3), 800만 원(2,400×1/3)이고, 丁은 甲의 사용자이므로 피용자 甲과 동일하게 1,600만 원이다. 따라서 만약 丁이 피해자 丙에게 손해배상액 전액인 2,400만 원을 변제하였다면 丁은 다른 부진정연대채무자 乙에 대하여 乙의 부담부분인 800만 원에 대해 구상권을 행사할 수 있으나, 丁의 부담부분(1,600만 원)에 미달한 1,200만 원을 변제한 경우에는 다른 부진정연대채무자에게 구상권을 행사할 수 없다(대판 1997.12.12. 96다50896참고).
>
> > **관련판례** "피용자와 제3자가 공동불법행위로 피해자에게 손해를 가하여 그 손해배상채무를 부담하는 경우에 피용자와 제3자는 공동불법행위자로서 서로 부진정연대관계에 있고, 한편 사용자의 손해배상책임은 피용자의 배상책임에 대한 대체적 책임이어서 사용자도 제3자와 부진정연대관계에 있다고 보아야 하므로, 사용자가 피용자와 제3자의 책임비율에 의하여 정해진 피용자의 부담부분을 초과하여 피해자에게 손해를 배상한 경우에는 사용자는 제3자에 대하여도 구상권을 행사할 수 있으며, 그 구상의 범위는 제3자의 부담부분에 국한된다고 보는 것이 타당하다"(대판 1992.6.23. 전합91다33070 : 1회,4회 선택형). **[6회 사례형]**

(5) 수인의 구상의무자간 상호관계

① **[원칙적 분할채무]** 공동불법행위자 중 1인에 대하여 구상의무를 부담하는 다른 공동불법행위자가 수인인 경우에는 특별한 사정이 없는 이상 그들의 구상권자에 대한 채무는 각자의 부담 부분에 따른 '분할채무'로 본다(대판 2002.9.27. 2002다15917: 표준판례483 : 5회,9회,11회,12회 선택형). **[14행정]** 따라서 각자의 내부적 부담부분의 범위 내에서만 구상의무를 부담한다.

② **[예외적 부진정연대채무]** 그러나 구상권자인 공동불법행위자측에 과실이 없는 경우(운전자에게 과실이 없는 경우에도 자배법상 운행자책임이 성립할 수 있다), 즉 내부적인 부담 부분이 전혀 없는 경우에는 이와 달리 그에 대한 수인의 구상의무 사이의 관계를 '부진정연대관계'로 봄이 상당하다고 한다(대판 2005.10.13. 2003다24147 : 2회,6회,7회,8회,11회,13회 선택형).

제4절 보증채무

요건사실론

■ 보증채무 이행청구[1]

Ⅰ. 소송물

보증채무의 이행을 구하는 소송에서의 소송물은 '보증채무이행청구권'이다. 보증인은 특약이 없는 한 주채무자의 이자 및 지연손해금지급채무까지 보증하는 것이므로(제429조 1항), 채권자가 원금 외에 이자 및 지연손해금의 지급을 청구하는 경우에도 단일한 보증계약에 기한 것인 이상 그 소송물은 그 보증계약으로부터 발생하는 하나의 보증채무이행청구권이라고 할 수 있다.

Ⅱ. 청구취지

일반적으로 청구취지는 '피고는 원고에게 2억 원 및 이에 대하여 2020. 3. 10.부터 이 사건 소장 부본 송달일까지는 연 5%의, 그 다음날부터 다 갚는 날까지는 연 12%의 각 비율에 의한 금원을 지급하라.'는 형태가 될 것이다.[2] 한편, 주채무자에 대하여 대여금의 반환을 구하면서 이와 함께 (단순)보증인에게 보증채무의 이행을 구하는 소송유형의 경우에는 '피고들은 공동하여 원고에게 …지급하라.'와 같이 각 피고 사이의 중첩관계의 표시로 '공동하여'라는 문구를 사용한다(불가분채무나 부진정연대채무의 경우에도 마찬가지이다). 그러나 연대보증의 경우라면 '피고들은 연대하여 원고에게 …지급하라.'는 형태가 되어야 한다. 만약 '피고들은 원고에게 …지급하라.'는 형태로 청구취지를 작성한다면, 민법 제408조의 분할채무의 원칙 때문에 청구금액을 피고들 별로 균분한 금액의 지급을 구하는 표시가 된다.

Ⅲ. 청구원인

보증채무의 이행을 청구하는 경우의 요건사실은 ⅰ) 주채무의 발생원인사실, ⅱ) 채권자와 보증인 사이에 주채무를 보증하는 취지의 보증계약이 체결된 사실(보증계약의 체결), ⅲ) 연대의 특약 그 밖에 보증을 연대보증으로 하는 사실이다. ⅰ)의 경우 보증채무는 주채무 없이는 존재할 수 없으므로(보증채무의 부종성) 우선 주채무의 발생원인사실이 주장·증명되어야 한다. ⅲ)의 경우 단순보증이 아닌 연대보증에 있어서는 ⅲ)의 사실을 원고가 주장·증명하여야 한다. 그러나 단순히 보증채무의 이행을 구하는 경우에는 피고의 최고·검색의 항변이 있는 경우에 비로소 원고는 이에 대한 '재항변'으로 해당 보증이 연대보증인 사실을 주장하면 된다.

Ⅳ. 예상되는 항변

1. 주채무와 관련된 항변

보증채무는 주채무에 부종하므로 주채무에 관한 공격방어방법은 보증채무에 관하여도 공격방어방법이 된다.

(1) 주채무의 소멸시효

주채무가 소멸시효 완성으로 소멸된 경우에는 보증채무도 부종성에 따라 당연히 소멸되므로, 보증인인 피고로서는 주채무의 시효소멸을 항변으로서 주장할 수 있다(제433조 1항). 한편, 보증채무에 대한 소멸시효가 중단되었다고 하더라도 이로써 주채무에 대한 소멸시효가 중단되는 것은 아니고, 주채무가 소멸시효 완성으로 소멸된 경우에는 보증채무도 그 채무 자체의 시효중단에 불구하고 부종성에 따라 당연히 소멸된다(대판 2002.5.14. 2000다62476 : 1회,6회,8회 선택형). [5회 사례형, 18법행] 따라서 채권자가 재항변으로 소멸시효의 중단을 주장하기 위해서는 주채무에 대한 시효중단을 주장하여야 하고(제440조), 보증채무자체에 대한 시효중단을 주장하는 것은 주채무의 시효소멸을 막을 수 없어 주장 자체로 이유 없는 것이 된다. 그리고 시효이익의 포기는 상대적 효력을 생기게 하는 것에 지나지 않으므로(제433조 2항), 주채무자가 시효이익을 포기한 것은 채권자의 재항변이 되지 않는다.

(2) 주채무자의 채권과 상계

보증인은 자신의 채권자에 대한 채권으로 상계할 수 있음은 물론, 주채무자의 채권자에 대한 채권으로도 상계할 수 있다(제434조).

2. 보증채무에 특유한 항변

(1) 최고·검색의 항변권

보증인은 i) 주채무자의 변제자력이 있는 사실과 ii) 그 집행이 용이한 사실을 증명하여 먼저 주채무자에게 청구할 것과 그 재산에 대하여 집행할 것을 항변할 수 있고(제437조), 이에 대하여 채권자로서는 주채무자에 대하여 이미 권리행사를 하였던 사실이나 당해 보증이 연대보증인 사실을 들어 '재항변'할 수 있다.

(2) 이행거절권

보증인은 주채무자가 채권자에 대하여 취소권 또는 해제권 등이 있는 동안은 이행거절권을 행사할 수 있는데(제435조), 위 최고·검색의 항변권이나 이행거절권은 모두 연기적 항변권으로 항변권자가 이를 행사하는 의사표시를 하여야만 법원이 고려하게 되는 '권리항변'[3]으로서의 성격을 가진다.

요건사실론

■ 구상금 청구[4]

I. 소송물

보증위탁계약(부탁 있는 보증의 경우)의 경우는 위임계약에 기한 사무처리비용상환청구권(제688조)이 소송물이고, 부탁 없는 보증의 경우는 사무관리에 기한 비용상환청구권이 소송물이다.

II. 청구취지

구상금청구소송에서 청구취지는 '피고는 원고에게 2억 원 및 이에 대하여 2020. 3. 10.부터 이 사건 소장 부본 송달일까지는 연 5%의, 그 다음날부터 다 갚는 날까지는 연 12%의 각 비율에 의한 금원을 지급하라.'는 형태로 금전의 지급을 구하는 청구의 경우와 다르지 않다.

III. 청구원인

구상금을 청구하는 경우의 요건사실은 i) 보증관계 등이 성립한 사실, ii) 대위변제한 사실(그 밖에 채무소멸행위)이다. 특히 i)의 경우를 구체적으로 살펴보면 ① 다른 연대채무자에게 구상하는 경우는 연대하여 금전을 차용한 사실, ② 주채무자에게 구상하는 경우는 피고의 금전차용사실(주채무의 발생원인 사실)과 원고의 연대보증사실, ③ 다른 연대보증인에게 구상하는 경우는 주채무자의 금전차용사실과 원고·피고의 연대보증사실, ④ 다른 공동불법행위자에게 구상하는 경우는 원고·피고의 공동불법행위사실을 들 수 있다.

IV. 예상되는 항변

① 사전통지결여의 항변(제445조 1항), ② 사후통지결여의 항변(제445조 2항), ③ 사정변경을 이유로 한 보증인의 보증해지의 항변 등을 들 수 있다.

---

1) 이하 사법연수원, 요건사실론(2012년판), p.70~73 ; 전병서, 요건사실 중심 분쟁유형별 민사법(제3판), p.176~177 참고
2) <u>이자약정이 없는 경우라도</u>, 변제기 다음날부터 소장 부본 송달일까지는 (민법 제379조의 민사법정이율인) 연 5%의, 그 다음날부터 완제일까지는 (소송촉진 등에 관한 특례법 제3조 1항에서 정한) 연 12%의 각 비율에 의한 '<u>지연손해금</u>'을 구할 수 있다.
3) 권리항변의 경우에는 권리발생의 기초가 되는 객관적 사실만이 아니라 권리를 행사한다는 취지의 당사자의 의사표시가 요구되므로 법원은 그 의사표시가 없는 한 권리항변사실에 관한 상대방의 불리한 주장이 있어도 이를 판결의 기초로 할 수 없으며, 이러한 점에서 주장공통의 원칙에 대한 예외로서의 의미를 갖는다. 유치권이나 동시이행의 항변권 등이 이에 속한다[사법연수원, 요건사실론(2012년판), p.44].
4) 전병서, 요건사실 중심 분쟁유형별 민사법(제3판), p.191 참고

I. 서 설

[B-76]

1. 의 의

> 제428조 (보증채무의 내용) ① 보증인은 주채무자가 이행하지 아니하는 채무를 이행할 의무가 있다. ② 보증은 장래의 채무에 대하여도 할 수 있다.

보증채무란 주된 채무와 동일한 내용의 급부를 행할 것을 내용으로 하여 주채무자가 급부를 이행하지 않은 때에 보증인이 이를 이행하여야 하는 채무를 말한다(제428조 1항). 보증인은 (보증)채무도 있고 책임도 있으나, 예를 들어 물상보증인은 채무는 없고 책임만 있다.

2. 법적 성질(동, 부, 독, 보)

(1) 독립성

보증채무는 채권자와 보증인 사이의 보증계약에 의하여 성립하며, 주채무와는 별개의 독립한 채무이다. 따라서 소멸시효기간은 따로 결정되며, 보증채무에 관해 따로 위약금 기타 손해배상액을 예정할 수 있고(제429조 2항)(7회 선택형), 보증채무 자체의 이행지체로 인한 지연손해금은 보증한도액과는 별도로 부담하며 주채무에 관하여 약정된 연체이율이 당연히 여기에 적용되는 것은 아니다(대판 2003.6.13, 2001다29803: 표준판례491 : 3회,4회,9회,13회 선택형). **[2회 기록형]**

(2) 내용의 동일성

하나의 급부에 대해 주채무와 보증채무가 있는 것이므로, 보증채무는 주채무와 동일한 내용의 급부를 목적으로 하게 된다(제428조 1항). 따라서 주채무는 보증인도 이행할 수 있는 '대체적 급부'이어야 하는 것이 원칙이다. 한편 매도인의 부동산소유권이전의무와 같은 '부대체적 급부'를 목적으로 하는 채무를 보증한 때에는, 주채무의 불이행으로 인한 (즉 정지조건부로) 금전손해배상채무를 보증한 것으로 보아야 한다(통설).

> [관련판례] "보증인이 보증채무를 이행함에 따라 주채무자가 보증인에 대하여 부담하게 될 구상금채무를 연대 보증하는 경우, 연대보증인은 특별한 사정이 없으면 주채무자와 같은 내용의 채무를 부담한다"(대판 2014.3.27, 2012다6769 : 9회 선택형)

(3) 부종성

보증채무는 주채무의 이행을 담보하는 것을 목적으로 하는 점에서 그 성립·존속·내용에 있어서 주채무와 주종관계에 있다.

1) 성립 및 존속상의 부종성

보증채무의 성립 및 소멸은 주채무와 그 운명을 같이한다. 따라서 주채무가 무효·취소에 의하여 소멸된 때에는 보증채무도 소멸한다(대판 2004.12.24, 2004다20265). 다만 종래 민법은 취소의 원인(예컨대 제한능력)이 있는 채무를 보증한 자가 보증계약 당시 그 원인의 존재를 알았던 경우에, 취소가 있으면 주채무와 동일한 내용의 독립채무를 부담한 것으로 보았다(제436조).[5] 이는 보증이 아니라 일종의 손해담보계약이다. 그러나 당해 제436조는 개정민법(2016.2.4.시행)에 의해 삭제되었다(7회 선택형).

---

[5] '주채무의 불이행'의 경우, 채무자에게 귀책사유가 있는 때에는 보증인은 위 동조가 없더라도 그 손해배상채무를 보증하는 것이 되며, 한편 채무자에게 귀책사유가 없는 때에는 보증인도 그 책임을 질 이유가 없다는 점에서, 동조에 의한 독립채무는 발생하지 않는 것으로 보아야 한다(통설).

2) 내용상의 부종성(제430조, 제433조, 제434조, 제435조)

"보증계약이 성립한 후에 보증인이 알지도 못하는 사이에 주채무의 목적이나 형태가 변경되었다면, 그 변경으로 인하여 '주채무의 실질적 동일성이 상실된 경우'에는 당초의 주채무는 경개로 인하여 소멸하였다고 보아야 할 것이므로 보증채무도 당연히 소멸하겠지만, 그 변경으로 인하여 '주채무의 실질적 동일성이 상실되지 아니하고 동시에 주채무의 부담 내용이 축소·감경된 것에 불과한 경우'에는 보증인은 그와 같이 축소·감경된 주채무의 내용에 따라 보증책임을 진다"(대판 2001.3.23. 2001다628).

3) 이전상의 부종성(수반성)

① 주채무자에 대한 채권이 이전하면 보증인에 대한 채권도 당연히 함께 이전한다. 이 경우 주채무자에 대해 채권양도의 대항요건(제450조)을 갖추면 보증인에 대하여도 그 효력이 미친다(대판 1976.4.13. 75다1100). 즉, 별도로 보증채권에 관하여 대항요건을 갖출 필요는 없다. 한편 주채무자에 대한 채권만을 이전하기로 하는 특약은 유효하고, 이 경우 보증채무는 소멸한다. 그러나 보증인에 대한 채권만을 이전하기로 하는 특약은 보증채무의 부종성에 반하므로 무효이다(대판 2002.9.10. 2002다21509 : 14회 선택형). **[24법무]**

② 주채무가 면책적으로 인수되면 보증인이 그에 동의하지 않는 한 보증채무는 소멸한다(제459조).

(4) 보충성

보증인은 주채무자가 이행하지 아니하는 채무를 이행할 의무를 지기 때문에(제428조 1항), 주채무자가 1차적으로 이행의무를 지고 그 이행이 없을 때에 보증인은 2차적으로 이행의무를 부담하는 보충성을 가진다. 보증인의 최고·검색의 항변권(제437조)은 보충성에 기인한다.

Ⅱ. 보증채무의 성립 [B-77]

1. 보증계약의 체결

채권자와 보증인이다. 주채무자는 보증계약의 당사자가 아니다. 보증의사의 존재는 이를 엄격하게 제한하여 인정하여야 한다(대판 2000.5.30. 2000다2566).

2. 보증의 방식

통상적으로 보증계약이 무상으로 또 계획 없이 체결되는 점에서, 사전에 보증계약의 진지성(책임부담의 인식)과 신중성을 확보하기 위해, 개정민법(2016.2.4.시행)은 보증계약이 보증인의 명시적인 의사에 의해서만 성립하는 것으로 정하였다. 즉, ① 보증은 그 의사가 보증인의 기명날인 또는 서명이 있는 서면으로 표시되어야 효력이 발생한다. 다만, 보증의 의사가 전자적 형태로 표시된 경우에는 효력이 없다(제428조의2 1항)(8회 선택형). ② 보증채무를 보증인에게 불리하게 변경하는 경우에도 동일한 방식을 취하여야 한다(제428조의2 2항). ③ 위와 같은 방식을 취하지 않은 것은 무효이다. 그러나 보증인이 보증채무를 이행한 경우에는 그 한도에서 제1항과 제2항에 따른 방식의 하자를 이유로 보증의 무효를 주장할 수 없다(제428조의2 3항).

> [관련판례] "민법 제428조의2 제1항 전문은 '보증은 그 의사가 보증인의 기명날인 또는 서명이 있는 서면으로 표시되어야 효력이 발생한다.'라고 규정하고 있는데, '보증인의 서명'은 원칙적으로 보증인이 직접 자신의 이름을 쓰는 것을 의미하므로 타인이 보증인의 이름을 대신 쓰는 것은 이에 해당하지 않지만, '보증인의 기명날인'은 타인이 이를 대행하는 방법으로 하여도 무방하다"(대판 2019.3.14. 2018다282473 : 9회, 10회 선택형).

3. 보증채무의 성립에 관한 요건

(1) 주채무에 관한 요건

보증채무는 주채무의 이행을 담보하는 것이므로(제428조 1항), 보증채무가 성립하기 위해서는 먼저 주채무가 유효하게 성립하여 존재하여야 한다(부종성). 그러나 장래의 채무 또는 정지조건부 채무에 대해서도 보증이 성립할 수 있다(제428조 2항). 즉 주채무 발생의 원인이 되는 기본계약이 반드시 보증계약보다 먼저 체결되어야만 하는 것은 아니고, 보증계약 체결 당시 보증의 대상이 될 주채무의 발생원인과 그 내용이 어느 정도 확정되어 있다면 장래의 채무에 대해서도 유효하게 보증계약을 체결할 수 있다(대판 2006.6.27. 2005다50041). 이러한 경우에 주채무가 성립한 때 보증채무가 발생한다(즉 주채무 없이 보증채무가 성립하는 것은 아니고, 보증계약이 미리 체결되었을 뿐이므로 부종성에 반하지 않는다). 그리고 장래의 채무에는 '장래의 불특정채무'도 포함된다고 할 것이다(포괄근보증의 유효성).

(2) 보증인에 관한 요건

보증인이 될 수 있는 자격에 관해서는 원칙적으로 아무런 제한이 없다. 그러나 채무자가 보증인을 세울 의무가 있는 경우 보증인은 행위능력 및 변제자력이 있어야 한다(제431조 1항). 다만 이 경우에도 행위능력 또는 변제자력 없는 보증인이 체결한 보증계약이 불성립하거나 당연무효인 것은 아니고, 채권자는 보증인의 변경을 청구할 수 있을 뿐이다(제431조 2항). 그러나 채권자가 보증인을 지명한 경우에는 제431조 1항 및 동조 2항의 규정을 적용하지 아니한다(제431조 3항).

(3) 채권자의 정보제공의무와 통지의무 등

1) 종래 판례

종래 判例는 "보증제도는 본질적으로 주채무자의 무자력으로 인한 채권자의 위험을 인수하는 것이므로, 보증인이 주채무자의 자력을 조사한 후 보증계약을 체결할지 여부를 스스로 결정하여야 하고, 채권자가 보증인에게 채무자의 신용상태를 고지하여야 할 신의칙상의 의무는 인정되지 않는다"고 한다(대판 2002.7.12. 99다68652 등). 그러나 이러한 판례는 아래 개정민법에 의해 사실상 폐기되었다.

[비교판례] "보증제도는 본질적으로 주채무자의 무자력에 따른 채권자의 위험을 인수하는 것이다. 이러한 사정을 고려하면 물상보증인이 주채무자의 자력에 대하여 조사한 다음 계약을 체결할 것인지 여부를 스스로 결정해야 하고, 채권자가 물상보증인에게 주채무자의 신용 상태를 고지할 신의칙상 의무는 존재하지 않는다"(대판 2020.10.15. 2017다254051).

2) 개정민법(2016.2.4.시행 ; 보증인 보호를 위한 특별법 제5조 참조)

> 제436조의2(채권자의 정보제공의무와 통지의무 등) ① 채권자는 '보증계약을 체결할 때' 보증계약의 체결 여부 또는 그 내용에 영향을 미칠 수 있는 주채무자의 채무 관련 신용정보를 보유하고 있거나 알고 있는 경우에는 보증인에게 그 정보를 알려야 한다. 보증계약을 갱신할 때에도 또한 같다.
> ② 채권자는 '보증계약을 체결한 후'에 다음 각 호의 어느 하나에 해당하는 사유가 있는 경우에는 지체 없이 보증인에게 그 사실을 알려야 한다.
>   1. 주채무자가 원본, 이자, 위약금, 손해배상 또는 그 밖에 주채무에 종속한 채무를 3개월 이상 이행하지 아니하는 경우
>   2. 주채무자가 이행기에 이행할 수 없음을 미리 안 경우
>   3. 주채무자의 채무 관련 신용정보에 중대한 변화가 생겼음을 알게 된 경우
> ③ 채권자는 보증인의 청구가 있으면 주채무의 내용 및 그 이행 여부를 알려야 한다.
> ④ 채권자가 제1항부터 제3항까지의 규정에 따른 의무를 위반하여 보증인에게 손해를 입힌 경우에는 법원은 그 내용과 정도 등을 고려하여 보증채무를 감경하거나 면제할 수 있다.

Ⅲ. 보증채무의 내용

[B-78]

1. 목적 및 형태상의 부종성

보증인의 부담이 주채무의 목적이나 형태보다 중한 때에는 주채무의 한도로 감축한다(제430조).

(1) 주채무의 변제기 연장 [2회 사례형]

① 判例는 보증계약체결 후 채권자가 보증인의 승낙 없이 주채무자에게 '변제기를 연장'해 준 경우에 그것이 반드시 보증인의 책임을 가중하는 것은 아니므로 '원칙적'으로 보증인에게도 그 효력이 미치며(대판 1996.2.23. 95다49141 : 6회,10회 선택형), 따라서 '채무가 특정되어 있는 확정채무'에 대한 물상보증인이나 연대보증인은 그 채무의 이행기가 연장되고 그가 거기에 동의한 바 없더라도 물상보증인으로서의 책임이나 연대보증인으로서의 채무에 영향을 받지 않는다고 한다(대판 2002.6.14. 2002다14853 : 2회 선택형).

[비교] 그러나, 주채무의 변제기 연장으로 보증채무의 책임이 가중되는 경우라면 보증인은 책임이 없다. 예를 들어 ㉠ 사전구상권을 행사하는 경우에 있어서만큼은 변제기의 연장이 보증인에게 불리하므로 성립 당시에 정해진 변제기가 경과하면 주채무자는 보증인의 사전구상권 행사에 대항할 수 없으며(제442조 2항), ㉡ 수탁보증인이 본래의 변제기가 도래한 후 과실 없이 변제 기타의 출재로 주채무를 소멸하게 한 후 이를 주채무자에게 통지하였다면, 제445조 1항에 의하여 주채무자는 위 통지를 받은 후 채권자와 사이에 이루어진 변제기 연장에 관한 합의로서 사후구상권을 행사하는 수탁보증인에게 대항할 수 없다(대판 2007.4.26. 2006다22715).

[참고판례] '보증채무 책임의 가중'과 관련하여 判例는 "채무자의 채무불이행시의 손해배상의 범위에 관하여 채무자와 채권자 사이의 합의로 보증인의 관여 없이 그 손해배상 예정액이 결정되었다면, 보증인으로서는 위 합의로 결정된 손해배상 예정액이 채무불이행으로 인하여 채무자가 부담할 손해배상 책임의 범위를 초과하지 아니한 한도 내에서만 보증책임이 있다"(대판 1996.2.9. 94다38250)고 판시하였다.

② 그렇지만 당사자 사이에 '보증인의 동의'를 얻어 피보증채무의 이행기가 연장된 경우에 한하여 피보증채무를 계속하여 보증하겠다는 취지의 특별한 약정이 있다면 그 약정에 따라야 한다(대판 2007.6.14. 2005다9326 등). 그리고 '보증기간을 정한 경우'에는 주채무의 변제기가 연장되더라도 보증기간이 연장되는 것은 아니다(대판 2006.4.28. 2004다16976).

(2) 임대차보증금반환채무의 보증

"보증인이 임대인의 임대차보증금반환채무를 보증한 후에 임대인과 임차인 간에 임대차계약과 관계없는 다른 채권으로써 연체차임을 상계하기로 약정하는 것은 보증인에게 불리한 것으로서(연체차임은 보증금에서 공제되어야 할 것이고 그에 따라 보증채무의 범위는 줄어들 것이므로), 보증인에 대하여는 그 효력을 주장할 수 없다"(대판 1999.3.26. 98다22918,22925).

2. 보증채무의 범위

① 보증채무의 범위는 주채무에 대한 부종성을 토대로 보증계약에 의해 구체적으로 정해지지만, 계약에서 특별한 정함이 없는 경우 보증채무는 주채무 이외에 이자·위약금·손해배상(주채무의 불이행에 기한 것. 이와는 달리 보증채무의 이행지체로 인한 지연배상은 보증채무와 별도로 부담한다)·기타 주채무에 종속한 채무도 담보한다(제429조 1항). ② 그리고 보증인은 그 보증채무에 관한 위약금 기타 손해배상액을 예정할 수 있다(제429조 2항).

[관련판례] "일반적으로 계속적 거래의 도중에 매수인을 위하여 보증의 범위와 기간의 정함이 없이 보증인이 된 자(근보증: 저자주)는 특별한 사정이 없는 한 계약일 이후에 발생되는 채무뿐 아니라 계약일 현재 이미 발생된 채무도 보증하는 것으로 보는 것이 상당하다"(대판 1995.9.15. 94다41485).

■ **계약해제로 인한 원상회복의무 및 손해배상의무에 관해서도 보증채무를 부담하는지 여부**(적극)

사실관계 | 甲이 그 소유 자동차를 대금 2,000만 원에 乙에게 매도하는 매매계약을 체결하고, 甲의 이 자동차 소유권이전채무에 대해 丙이 보증을 한 후, 甲이 乙로부터 계약금과 중도금으로 1,000만 원을 받은 후 위 자동차를 A에게 이중으로 양도하여, A 명의로 소유권이전등록을 마쳤다면, **乙은 甲과의 매매계약을 해제하고 원상회복의무로서 보증인 丙에게** (甲에게 지급한) **계약금 및 중도금 1,000만 원의 반환을 청구할 수 있는가?**

판례의 태도 및 검토 | 계약해제의 효과에 관한 직접효과설을 이론적으로 관철하면 계약해제로 인한 원상회복의무 및 손해배상의무는 원래의 채무와 동일성이 없다고 보아야 하기 때문에 보증인이 이들 의무에 관하여는 보증책임을 지지 않는다고 해야 할 것이다(반면 청산관계설에 따르면 이들 의무는 원래채무의 변형으로서 원래의 채무와 동일성이 유지되기 때문에 보증인은 당연히 이들 의무에 관하여도 보증책임을 진다).

그러나 보증채무의 범위는 보증계약의 해석에 달려 있다고 할 것인바, 보증인의 통상적인 의사는 이들 의무에 관하여도 보증책임을 부담하겠다는 취지라고 봄이 상당하므로 해제의 효과에 관한 어느 학설에 의하더라도 이들 채무도 보증채무의 범위에 포함된다고 할 것이다(대판 1972.5.9. 71다1474). 특히 判例는 법정해제의 경우뿐만 아니라 합의해제의 경우에도 보증인에게 그 원상회복의무에 대한 보증채무를 긍정한다(대판 1967.9.16. 67다1482).

> **관련판례** ※ **주계약이 해제된 경우 보증인이 채권자에게 부당이득반환을 청구할 수 있는지**(적극)
> "보증채무는 주채무와 동일한 내용의 급부를 목적으로 함이 원칙이지만 주채무와는 별개 독립의 채무이고, 한편 보증채무자가 주채무를 소멸시키는 행위는 주채무의 존재를 전제로 하므로, 보증인의 출연행위 당시에는 주채무가 유효하게 존속하고 있었다 하더라도 그 후 주계약이 해제되어 소급적으로 소멸하는 경우에는 보증인은 변제를 수령한 채권자를 상대로 이미 이행한 급부를 부당이득으로 반환청구할 수 있다"(대판 2004.12.24. 2004다20265).

Ⅳ. 보증채무의 효력 [B-79]

1. 대외적 효력

(1) 채권자의 권리

채권자는 변제기가 도래하면 주채무자와 보증인에게 동시에 또는 순차로 채무의 이행을 청구할 수 있다. 주채무자의 자산으로 충분한 별도의 담보가 되어 있더라도 당연히 보증인의 책임이 면책되는 것은 아니고(대판 1986.5.27. 86다154), 주채무자가 이행을 하지 않는 것이 보증인에 대한 청구의 요건이 되는 것도 아니다. 다만 채권자가 보증인에게 먼저 채무의 이행을 청구하면 보증인은 보충성에 기한 항변권(제437조)을 가질 뿐이다.

(2) 보증인의 권리

1) 부종성에 기한 권리

가) 주채무자 항변권의 행사

보증인은 주채무자의 항변(예컨대 주채무의 부존재, 소멸, 소멸시효의 완성)으로 채권자에게 대항할 수 있다. 그리고 주채무자의 항변포기는 보증인에게 효력이 없다(제433조).

문제는 보증인이 자신의 보증채무에 관하여 시효의 이익을 포기하고 나서 주채무의 시효소멸을 이유로 보증채무의 소멸을 주장할 수 있는가 하는 점이다. 이에 관해 判例는 "주채무의 시효소멸에도 불구하고 보증채무를 이행하겠다는 의사를 표시한 경우 등과 같이 '**부종성**'을 부정하여야 할 다른 특별한 사정이 없는 한 보증인은 여전히 주채무의 시효소멸을 이유로 보증채무의 소멸을 주장할 수 있다고 보아야 한다"(대판 2012.7.12, 2010다51192: 표준판례492: 8회,10회 선택형)고 한다.[6] **[3회 사례형, 5회 기록형]**

[사실관계] 甲이 주채무자 乙의 채권자 丙에 대한 채무를 연대보증하였는데, 乙의 주채무가 소멸시효 완성으로 소멸한 상태에서 丙이 甲의 보증채무에 기초하여 甲소유 부동산에 관한 강제경매를 신청하여 경매절차에서 배당금을 수령하는 것에 대하여 甲이 아무런 이의를 제기하지 않았더라도 위와 같은 이유로 甲의 丙에 대한 연대보증채무에 대한 부존재확인청구를 인용한 사안이다.

다만 判例는 "보증채무의 부종성을 부정하여야 할 특별한 사정이 있는 경우에는 예외적으로 보증인은 주채무의 시효소멸을 이유로 보증채무의 소멸을 주장할 수 없으나, **특별한 사정을 인정하여 보증채무의 본질적인 속성에 해당하는 부종성을 부정하려면 보증인이 주채무의 시효소멸에도 불구하고 보증채무를 이행하겠다는 의사를 표시하거나 채권자와 그러한 내용의 약정을 하였어야 하고, 단지 보증인이 주채무의 시효소멸에 원인을 제공하였다는 것만으로는 보증채무의 부종성을 부정할 수 없다**"(대판 2018.5.15, 2016다211620)고 판시하였다.

나) **주채무자 상계권의 행사**

① 보증인은 주채무자의 채권에 의한 상계로 채권자에게 대항할 수 있다(제434조)(1회,5회 선택형). 즉 보증인은 주채무자의 상계권을 직접 행사할 수 있다. ② 이는 보증인을 보호하고 법률관계를 간편하게 처리하기 위하여 인정된 것으로서, 반대로 '채권자가 주채무자에 대하여 상계적상에 있는 자동채권'을 상계하지 않았다고 하여 이를 이유로 보증채무자가 보증한 채무의 이행을 거부할 수 없으며, 나아가 보증채무자의 책임이 면책되는 것도 아니다(대판 2018.9.13, 2015다209347).

다) **채무이행의 거절**

주채무자가 채권자에 대하여 취소권 또는 해제권이나 해지권이 있는 동안은 보증인은 채권자에 대하여 채무의 이행을 거절할 수 있다(제435조). 그러나 상계권의 경우와는 달리 보증인이 직접 이 권리들을 행사할 수는 없다.

2) **보충성에 기한 권리**

최고·검색의 항변권이 인정되나(제437조, 제438조) 실무상 보증은 거의 연대보증이기 때문에 이는 사실상 사문화되어 있다.

2. 주채무자 또는 보증인에게 생긴 사유의 효력

(1) 주채무자에게 생긴 사유의 효력

주채무자에게 생긴 사유는 보증채무의 부종성으로 인해 원칙적으로 보증인에게 그 효력이 미친다(절대효).

1) **주채무의 소멸**

주채무가 소멸하면 소멸사유 여하를 불문하고 보증채무도 소멸한다(부종성). 그러나 주채무자가 사망하고 상속인이 한정승인을 한 경우와 같이 '채무'가 아니라 '책임'이 경감되었을 뿐이라면, 보증인은 원래의 보증채무를 부담한다.

---

[6] **[판례평석]** ① 원용을 허용한다면 결과적으로 선행행위와 모순되는 행위를 허용하게 되어 신의칙에 반하므로, 보증인의 보증채무에 관한 시효이익의 포기에는 원칙적으로 주채무에 관한 시효이익의 포기가 포함된다는 견해와 ② 주채무가 소멸하였음에도 보증인이 이를 주장하지 못한다고 하는 것은 '보증채무의 부종성'의 성질에 반하므로 判例의 입장이 타당하다는 견해가 있다.

2) 주채무에 대한 시효중단

주채무자에 대한 시효의 중단은 보증인에 대하여 그 효력이 있다(제440조)(11회 선택형). 시효의 중단은 당사자 및 그 승계인간에만 효력이 있으므로(제169조), 본조는 이에 대한 예외를 규정한 것인데, 判例에 따르면 이는 '보증채무의 부종성' 때문이 아니라 주채무와 별도로 보증채무가 시효로 소멸하는 것을 막아 '채권자를 보호'하기 위한 것이라고 한다. 따라서 주채무에 관한 시효기간 연장의 효과(제165조)까지 보증채무에 미치는 것은 아니라고 한다(대판 1986.11.25. 86다카1569 : 3회 선택형).

주채무의 시효의 중단을 가져오는 사유에는 아무런 제한이 없으며, 특히 그 시효중단사유가 압류, 가압류 및 가처분이라고 하더라도 이를 보증인에게 통지하여야 시효중단의 효력이 발생하는 것은 아니다(제176조 참조)(대판 2005.10.27. 2005다35554,35561: **표준판례489** : 8회,10회 선택형).

3) 채권양도와 채무인수

① 채권자가 주채무자에 대한 채권을 양도하는 때에는 보증인의 동의를 요하지 않으며(대판 2001.10.26. 2001다61435), 채권자가 채권양도의 주채무자에게 통지하면 보증인에 대해서는 따로 통지하지 않더라도 보증인에게 대항할 수 있다(대판 1976.4.13. 75다1100). ② 주채무가 면책적으로 인수되면 보증인이 이에 동의하지 않는 한 보증채무는 소멸한다(제459조).

(2) 보증인에게 생긴 사유의 효력 [5회 사례형, 12법무, 18법행]

보증인에게 생긴 사유는 주채무자에게 그 효력이 없다(상대적 효력). 예컨대 "보증인에 대해 시효중단 사유가 있더라도 주채무의 소멸시효가 중단되지는 않는다. 이 경우 주채무가 소멸시효 완성으로 소멸된 경우에는, 보증채무 자체의 시효중단에 불구하고 보증채무는 부종성에 따라 당연히 소멸한다"(대판 2002.5.14. 2000다62476 : 1회,6회,8회 선택형). 다만 변제(대물변제·공탁·상계를 포함)처럼 채권을 만족시키는 사유는 주채무자에게도 그 효력이 미친다(절대적 효력).

3. 대내적 효력

(1) 수탁보증인의 구상권(제441조, 제442조 ; 쟁점 10.참고)

(2) 부탁없는 보증인의 구상권

주채무자의 부탁없이 보증인이 된 자가 변제 기타 자기의 출재로 주채무를 소멸하게 한 때에는 주채무자는 그 당시에(보증의무 이행당시) 이익을 받은 한도에서 배상하여야 한다(제444조 1항). 주채무자의 의사에 반하여 보증인이 된 자가 변제 기타 자기의 출재로 주채무를 소멸하게 한 때에는 주채무자는 (구상청구를 당한 때의) 현존이익의 한도에서 배상하여야 한다(동조 2항). 전항의 경우에 주채무자가 구상한 날 이전에 상계원인이 있음을 주장한 때에는 그 상계로 소멸할 채권은 보증인에게 이전된다(동조 3항).

(3) 복수의 주채무자가 있는 경우의 구상권(변제자대위권)

예컨대 채권자 甲이 있고, 연대채무자 乙·丙·丁이 甲에게 1억 2천만 원의 채무를 부담하고 있다(乙·丙·丁의 부담부분은 균등함). 보증인 戊가 있다고 하자.

1) 복수의 주채무자 중 1인만을 위하여 보증인이 된 경우(제447조)

가) 보증인 戊가 丁만을 위하여 보증을 하고, 戊가 甲에게 1억 2천만 원 전액을 변제한 경우

어느 연대채무자를 위하여 보증인이 된 자는 다른 연대채무자에 대하여 그 부담부분에 한하여 구상권이 있으므로(제447조), 戊가 甲에게 1억 2천만 원 전액을 변제한 경우에 戊는 乙·丙에게도 각각 4천만 원씩 직접 구상할 수 있다.

[관련판례] 제447조는 부진정연대채무의 경우에도 유추적용된다. 따라서 判例는 "어느 공동불법행위자를 위하여 보증인이 된 사람이 피보증인을 위하여 손해배상채무를 변제한 경우, 그 보증인은 피보증인이 아닌 다른 공동불법행위자에 대하여 그 부담 부분에 한하여 구상권을 행사할 수 있고, 이러한 법리는 어느 공동불법행위자를 위하여 그가 위 손해배상채무를 변제한 보증인에 대하여 부담하는 구상채무를 보증한 구상보증인이 피보증인을 위하여 그 구상채무를 변제한 경우에도 마찬가지여서 그 구상보증인은 피보증인이 아닌 다른 공동불법행위자에 대하여 그 부담 부분에 한하여 구상권을 행사할 수 있다"(대판 2008.7.24. 2007다37530 : 14회 선택형)고 판시하였다.

나) 보증인 戊가 丁만을 위하여 보증을 하고, 乙이 甲에게 1억 2천만 원 전액을 변제한 경우

判例는 "구상권에 관하여 규정한 민법 제425조 제1항의 규정에 의한 구상권 행사의 상대방은 공동면책이 된 다른 연대채무자에 한하는 것이며 다른 연대채무자가 그 채권자에게 부담하는 채무를 연대보증한 연대보증인은 그 연대채무자와 연대하여 채권자에게 채무를 변제할 책임을 지는데 불과하고 채무를 변제한 연대채무자에게까지 그 연대보증한 연대채무자의 부담부분에 관한 채무를 변제할 책임을 부담하는 것은 아니라고 할 것이다"(대판 1991.10.22. 90다20244)고 한다. 즉, 判例에 따르면 乙은 丙·丁에게는 구상권을 행사할 수 있지만, 戊에게는 구상권을 행사할 수 없다. 다만 乙은 변제에 의해 채권자(甲)의 권리를 대위하므로(제481조, 제482조), 이에 기해 丁에 대한 구상권의 범위에서 보증인 戊에게 보증채무의 이행을 청구할 수는 있다.

2) 복수의 주채무자 전원을 위하여 보증인이 된 경우

가) 보증인 戊가 乙·丙·丁 모두를 위하여 보증을 하고, 乙이 甲에게 1억 2천만 원 전액을 변제한 경우

判例는 "연대채무자가 수인이 있는 경우에 이들 모두를 위한 연대보증인은 보증채무의 이행으로 한 출연액 전부에 대하여 어느 연대채무자에게나 구상권을 가지는 것이므로, 이와 반대로 연대채무자들 중 어느 1인이 자신의 내부부담부분을 넘어 채무를 변제함으로써 채권자의 그 다른 연대채무자에 대한 원채권을 행사하는 경우에도 그 자신의 연대보증인도 겸한 다른 연대채무자의 연대보증인에 대하여는 대위할 수 없다"(대판 1992.5.12. 91다3062)고 한다. 즉, 判例에 따르면 戊는 (변제를 한) 乙 자신의 보증인도 겸하고 있으므로, 이 경우 乙은 戊가 丙과 丁의 보증인이라는 이유로 戊에 대하여 채권자(甲)의 권리를 대위할 수는 없다고 한다.

나) 戊가 乙의 부탁으로 乙·丙·丁 모두를 위하여 보증인이 아닌 물상보증인으로서 담보물을 제공한 경우

判例는 "민법 제447조는 어느 연대채무자나 어느 불가분채무자를 위하여 보증인이 된 자의 다른 연대채무자나 다른 불가분채무자에 대한 구상권에 관한 규정에 불과하므로 연대채무자 모두를 위하여 물상보증인이 된 자가 그 연대채무자의 1인에 대하여 구상권을 행사하는 경우에는 적용될 여지가 없다"(대판 1990.11.13. 90다카26065)고 한다. 즉, 判例에 따르면 연대채무자 乙·丙·丁의 채권자 甲에 대한 채무를 담보할 목적으로 자기 소유의 부동산에 관하여 근저당권을 설정하였다가 그 실행으로 인하여 위 부동산의 소유권을 상실하게 된 물상보증인 戊는 채무자 乙·丙·丁에 대한 구상권이 있고, 다만 연대채무자 丙과 丁의 부탁 없이 물상보증인이 된 경우이므로 丙과 丁은 그 당시에 이익을 받은 한도 내에서 물상보증인에게 이를 구상하여 줄 의무가 있다(제341조, 제444조 1항).

[쟁점 10] 수탁보증인의 구상권

I. 수탁보증인의 사후구상권

[B12-1]

1. 의 의

보증인은 보증채무를 부담하나, 주채무자와의 관계에서는 타인의 채무를 변제한 것이므로 보증채무를 이행한 보증인은 주채무자에게 구상을 할 수 있다. 수탁보증인의 사후구상권에 관한 제441조의 규정은 수임인의 비용상환청구권에 관한 제688조의 특별규정이다.

2. 요 건

ⅰ) 주채무자의 부탁으로 보증인이 된 자가 ⅱ) 과실 없이 ⅲ) 변제 기타의 출재로 ⅳ) 주채무를 소멸하게 한 때에는 주채무자에 대하여 구상권이 있다(제441조 1항).

(1) 주채무자의 부탁으로 보증인이 되었을 것

보증인이 주채무자의 부탁을 받아 보증인이 된 경우 양자는 위임관계에 있고 이러한 보증 위임의 의사표시는 묵시적으로도 이루어질 수 있다(대판 2017.7.18. 2017다206922).

[관련판례] "채권자와 보증인 사이에 보증인이 주채무를 중첩적으로 인수하기로 약정하였다 하더라도 특별한 사정이 없는 한 보증인은 주채무자에 대한 관계에서는 종전의 보증인의 지위를 그대로 유지한다고 봄이 상당하므로, 채무인수로 인하여 보증인과 주채무자 사이의 주채무에 관련된 구상관계가 달라지는 것은 아니다"(대판 2003.11.14. 2003다37730).

(2) 과실 없이

보증인이 주채무자의 항변권을 행사하지 않거나(제433조 1항), 주채무자가 채권자에 대하여 취소권 또는 해제권을 가지고 있는 동안에 면책행위를 한 경우(제435조)에는 과실이 있는 것으로 본다. 수탁보증인의 출재에 '과실'이 존재한다면 그와 인과관계가 있는 범위에서는 구상권이 발생하지 않는다(대판 2024.10.25. 2024다252305).

(3) 변제 기타의 출재로

보증인의 재산상의 출재를 요건으로 하기 때문에 보증인이 채권자에게 간청하여 주채무를 면제받게 한 경우에는 출재가 없어 구상권은 발생하지 않는다. 또한 이때 수탁보증인이 반드시 주채무의 변제기가 도래한 후에 변제 등의 면책행위를 할 것이 요구되지 않는다. 오히려 당사자의 특별한 의사표시가 없으면 변제기 전이라도 채무자는 변제할 수 있으므로(제468조), 주채무에 관하여 이해관계 있는 제3자인 수탁보증인도 변제기 전에 변제할 수 있다고 보아야 한다(제469조 참조). 다만 그 경우 수탁보증인으로서는 주채무의 변제기가 도래할 때까지 주채무자에 대하여 사후구상권을 행사할 수 없을 뿐이다(대판 2024.10.25. 2024다252305).

(4) 주채무를 소멸하게 한 때

보증채무자가 주채무를 소멸시키는 행위는 주채무의 존재를 전제로 하므로, 보증인의 출연행위 당시 주채무가 성립되지 아니하였거나 타인의 면책행위로 이미 소멸된 경우에는 비채변제가 되어 채권자와의 사이에 부당이득반환의 문제를 남길 뿐, 주채무자에 대한 구상권은 발생하지 않는다(대판 2004.2.13. 2003다43858).

3. 범 위

구상권의 범위는 출재한 연대채무자의 구상권의 범위에 관한 규정이 준용된다(제441조 2항). 따라서 주채무를 한도로 한 출재액 이외에, 면책된 날 이후의 법정이자 및 피할 수 없는 비용과 손해배상을 포함한다(제425조 2항).(12회 선택형).

4. 구상권의 제한(통지의무)

(1) 통지의무의 존재

주채무자는 '수탁보증인'에 한하여 '사후통지'만 하면 된다(이는 주채무자가 위임인으로서 부담하는 신의칙상 부수의무에 해당한다). 그러나 보증인은 수탁·비수탁보증인을 불문하고 주채무자에 대해 사전·사후통지의무가 있다.

(2) 보증인이 면책통지를 하지 않은 경우

1) 사전통지의무

① 보증인이 주채무자에게 통지하지 아니하고 변제 기타 자기의 출재로 주채무를 소멸하게 한 경우에, 주채무자가 채권자에게 대항할 수 있는 사유(동시이행의 항변권·소멸시효의 완성 등)가 있었을 때에는 이 사유로 보증인에게 대항할 수 있다(제445조 1항 전문)(7회 선택형). ② 특히 그 대항사유가 상계인 때에는 상계로 소멸할 채권은 보증인에게 이전된다(제445조 1항 후문). 가령 보증인 甲이 주채무자 乙에게 통지를 하지 아니하고 채권자 丙에게 변제하고 乙에게 구상하는 경우, 乙은 이 구상에 대하여 丙에 대하여 가지는 채권으로써 상계할 수 있고, 乙이 상계에 쓴 丙에 대한 채권은 甲에게 이전된다.

2) 사후통지의무

보증인이 변제 기타 자기의 출재로 면책되었음을 주채무자에게 통지하지 아니한 경우에, 주채무자가 선의로 채권자에게 변제 기타 유상의 면책행위를 한 때에는 주채무자는 자기의 면책행위의 유효를 주장할 수 있다(제445조 2항). 따라서 보증인은 주채무자에게 구상권을 행사하지 못하고, 이중으로 변제를 받은 채권자를 상대로 부당이득의 반환을 청구할 수 있을 뿐이다(제748조 2항).

(3) 주채무자가 면책통지를 하지 않은 경우

주채무자가 자기의 행위로 면책하였음을 그 부탁으로 보증인이 된 자에게 통지하지 아니한 경우에, 보증인이 선의로 채권자에게 변제 기타 유상의 면책행위를 한 때에는 보증인은 자기의 면책행위의 유효를 주장할 수 있다(제446조 ; 다만 이는 보증인이 사전통지를 한 경우에 한한다). 따라서 보증인은 주채무자에게 구상권을 행사할 수 있고, 주채무자는 이중으로 변제를 받은 채권자를 상대로 부당이득의 반환을 청구할 수 있을 뿐이다(제748조 2항).

(4) 주채무자가 (수탁보증인에게) 사후통지를 하지 아니하고 (수탁)보증인이 사전통지를 하지 않은 경우

判例는 "제446조의 규정은 제445조 1항의 규정을 전제로 하는 것이어서 제445조 1항의 사전 통지를 하지 아니한 수탁보증인까지 보호하는 취지의 규정은 아니므로, 수탁보증에 있어서 주채무자가 면책행위를 하고도 그 사실을 보증인에게 (사후)통지하지 아니하고 있던 중에(=제446조에 해당) 보증인도 사전 통지를 하지 아니한 채 이중의 면책행위를 한 경우(=제445조 1항에 해당)에는 보증인은 주채무자에 대하여 제446조에 의하여 자기의 면책행위의 유효를 주장할 수 없다. 따라서 이 경우에는 이중변제의 기본 원칙으로 돌아가 먼저 이루어진 주채무자의 면책행위가 유효하고 나중에 이루어진 보증인의 면책행위는 무효로 보아야 한다"(대판 1997.10.10. 95다46265: 표준판례495 : 3회,6회 선택형)고 판시하고 있다.

따라서 수탁보증인은 제446조에 기하여 주채무자에게 구상권을 행사하지 못하고, 이중으로 변제를 받은 채권자를 상대로 부당이득의 반환을 청구할 수 있을 뿐이다(제748조 2항).

[비교] 보증인이 먼저 변제를 하고 그 통지를 하지 않은 상태에서 주채무자가 나중에 선의로 이중의 면책행위를 한 때에는 (주채무자에게는 사전통지의무가 없으므로) 제445조 2항에 의해 주채무자의 면책이 유효한 것으로 된다.

5. 구상권과 변제자대위

보증인은 변제할 정당한 이익이 있는 자로서 그 변제로 당연히 채권자를 대위한다(제481조). 따라서 보증인은 그 '구상권의 범위'에서 채권자가 가지는 채권 및 담보에 관한 권리를 행사할 수 있다(제482조). 구상권과 변제자대위에 의해 이전된 권리는 별개의 권리이다.

Ⅱ. 수탁보증인의 사전구상권 [B12-2]

1. 발생사유

사후구상이 원칙이지만, 예외적으로 ㉠ 보증인이 과실 없이 채권자에게 변제하라는 재판을 받은 경우, ㉡ 주채무자가 파산선고를 받았으나 채권자가 파산재단에 가입하지 않은 경우, ㉢ 채무의 이행기가 불확실하고 그 최장기도 확정할 수 없는데 보증계약 후 5년이 경과한 경우 또는 ㉣ 주채무의 이행기가 도래한 경우에, 수탁보증인이 미리, 즉 사전(변제 기타 출재 전)에 구상할 수 있다(제442조 1항 각호). 특히 주채무의 이행기가 도래한 경우에, 보증계약 후 채권자가 주채무의 이행기를 연기하여 주었더라도 '본래의 이행기'가 도래하면 수탁보증인이 (사전)구상을 할 수 있다(제442조 2항).

2. 사전구상의 범위 : 구상 당시까지의 채무전액

사전구상은 장래의 변제를 위하여 자금의 제공을 청구하는 것이므로 ⅰ) '면책에 필요한 비용 그 자체'인 주채무인 원금과 사전구상에 응할 때까지 이미 발생한 약정이자와 기한 후의 지연손해금, 피할 수 없는 비용 기타의 손해액이 포함될 뿐이고, ⅱ) '면책비용에 대한 법정이자'나 주채무인 원금에 대한 장래 도래할 이행기까지의 이자, 수탁보증인이 아직 지출하지 아니한 금원에 대한 지연손해금은 사전구상권의 범위에 포함될 수 없다(대판 2004.7.9. 2003다46758: 표준판례494등 : 7회,12회 선택형). [21법행]

[구체적 예] 예를 들어 주채무자인 甲의 부탁을 받은 乙은 채권자 丙에 대해 주채무금액 5,000만 원에 관한 보증을 한 후 주채무의 변제기한인 2022. 8. 31.이 도래하고 甲이 변제를 하지 않아 2022. 9. 30.자로 약정이자 1,000만 원, 지연손해금 50만 원이 발생하게 되면 乙은 甲에게 원금 5,000만 원과 구상당시인 2022. 9. 30.까지의 약정이자 1,000만 원 및 지연손해금 50만 원을 합한 6,050만 원의 사전구상금액을 청구할 수 있다(12회 선택형).

[관련판례] "보증인이 보증채무를 이행함에 따라 주채무자가 보증인에 대하여 부담하게 될 구상금채무를 근보증하면서, 면책원금외에 면책일 이후의 법정이자나 피할 수 없는 비용 등까지 담보하기 위하여 근보증한도액을 면책원금에 해당하는 보증인의 보증한도액보다 높은 금액으로 정했다고 하더라도, 보증인이 사전구상권을 행사할 수 있는 금액은 근보증한도액이 아닌 보증인의 보증한도액으로 한정된다"(대판 2005.11.25. 2004다66834,66841). [21법행]

3. 사전구상권에 대한 주채무자의 보호방안

(1) 면책·담보제공청구권(제443조 전단), 공탁 등에 의한 사전구상의무의 면책(제443조 후단)

사전구상금은 주채무자에 대하여 수임인의 지위에 있는 수탁보증인이 위탁사무의 처리를 위하여 선급받은 비용의 성질을 가지는 것이므로 보증인은 이를 선량한 관리자의 주의로서 위탁사무인 주채무자의 면책에 사용하여야 할 의무가 있다(대판 2002.11.26. 2001다833).
따라서 ① 사전구상에 응한 주채무자는 자기를 면책하게 하거나 자기에게 담보를 제공할 것을 보증인에게 청구(담보제공청구권)할 수 있고(제443조 전단), ② 아니면 배상할 금액을 공탁하거나 '담보를 제공'하거나 보증인을 면책하게 함으로써 사전구상의무를 면할 수 있다(제443조 후단).

[관련판례] "수탁보증인이 사전구상권의 행사에 의하여 주채무자로부터 사전구상금을 수령한 경우, 주채무자에 대한 수임인의 지위에서 선량한 관리자의 주의로써 위탁사무인 주채무자의 면책에 사용할 의무가 있으므로 수탁보증인이 주채무자로부터 수령한 사전구상금을 주채무자의 면책에 사용하지 않았다면 주채무자에 대하여 채무불이행임을 진다고 할 것이지만, 수탁보증인이 주채무자로부터 사전구상금을 수령하였다고 하여 채권자에게 위 금원에 대한 인도청구권이 발생하는 것은 아닐 뿐만 아니라, 수탁보증인이 주채무자로부터 수령한 사전구상금을 주채무자의 면책을 위하여 사용하지 않는다고 하더라도 채권자에 대하여 여전히 보증채무를 부담하고 있는 이상, 수탁보증인이 주채무자로부터 수령한 사전구상금을 주채무자의 면책을 위하여 사용하지 않음으로써 채권자에 대하여 부당이득이 된다고 할 수는 없다"(대판 2005.7.14. 2004다6948).

(2) 제536조 2항(불안의 항변권)의 유추적용에 의한 사전구상권 행사의 제한

"구상권자에 대하여 파산이 선고된 후에 사전구상권을 행사하는 경우에는, 구상금채무의 보증인이 사전구상에 응하더라도 특별한 사정이 없는 한 구상권자가 이를 전부 주채무자의 면책을 위하여 사용하는 것은 파산절차의 제약상 기대하기 어려우므로, 파산절차에도 불구하고 구상금이 전액 주채무자의 면책을 위하여 사용될 것이라는 점이 확인되기 전에는 구상금채무의 보증인은 신의칙과 공평의 원칙에 터잡아 제536조 제2항을 유추적용하여 사전구상에 대한 보증채무의 이행을 거절할 수 있다"(대판 2002.11.26. 2001다833).

(3) 상계의 제한 등

1) **원 칙** [21법행]

앞서 살핀 바와 같이 주채무자는 보증인으로 하여금 자기에게 담보를 제공하게 할 것을 청구할 수 있는바, 담보를 제공받을 때까지 보증인에 대하여 사전구상의무의 이행을 거절할 수 있다(제443조 전단). 즉, 수탁보증인이 주채무자에 대하여 가지는 제442조의 사전구상권에는 제443조의 담보제공청구권이 항변권으로 부착되어 있는 만큼 이를 '자동채권'으로 하는 상계는 원칙적으로 허용될 수 없다(대판 2019.2.14. 2017다274703 : 표준판례496). 예를 들어 주채무자(회사)가 보증인(은행)에게 예금의 반환을 청구하는 경우 수탁보증인은 주채무자에 대한 사전구상권(제442조)으로 주채무자의 보증인에 대한 예금채권과 상계할 수 없다. 만일 상계를 허용한다면 주채무자의 위와 같은 항변권 행사의 기회를 박탈하는 결과가 되기 때문이다(대판 2001.11.13. 2001다55222,55239). 따라서 **사전구상권을 수동채권으로 한 상계는 가능하다.**

2) **예 외**

① 다만 제443조는 임의규정으로서 주채무자가 사전에 담보제공청구권의 항변권을 포기한 경우에는 보증인은 사전구상권을 자동채권으로 하여 주채무자에 대한 채무와 상계할 수 있으며(대판 2004.5.28. 2001다81245 : 8회,10회,13회 선택형). ② 채권압류명령을 받은 제3채무자이자 보증채무자인 사람이 압류 이후 보증채무를 변제함으로써 담보제공청구의 항변권을 소멸시킨 다음, 압류채무자에 대하여 압류 이전에 취득한 사전구상권으로 일정한 요건[7]하에 피압류채권과 상계할 수 있다(대판 2019.2.14. 2017다274703 : 아래 판례연구 B-9.참고).

---

[7] "다만 제3채무자가 압류채무자에 대한 사전구상권을 가지고 있는 경우에 상계로써 압류채권자에게 대항하기 위해서는, ㉠ 압류의 효력 발생 당시 사전구상권에 부착된 담보제공청구의 항변권이 소멸하여 사전구상권과 피압류채권이 상계적상에 있거나, ㉡ 압류 당시 여전히 사전구상권에 담보제공청구의 항변권이 부착되어 있는 경우에는 제3채무자의 면책행위 등으로 인해 위 항변권을 소멸시켜 사전구상권을 통한 상계가 가능하게 된 때가 피압류채권의 변제기보다 먼저 도래하여야 한다"

Ⅲ. 사전구상권과 사후구상권의 관계 [21법행]   [B12-3]

사전구상권과 사후구상권은 발생원인을 달리하고 법적 성질도 달리하는 '별개의 독립된 권리'이다. 따라서 判例에 따르면 사후구상권이 발생한 이후에도 사전구상권은 소멸하지 아니하고 병존하며, 다만 목적달성으로 일방이 소멸하면 타방도 소멸하는 관계에 있을 뿐이라고 본다(대판 2019.2.14. 2017다274703: 표준판례496). 또한 判例는 사후구상권의 소멸시효는 사전구상권이 발생하였는지 여부에 관계없이 사후구상권 그 자체가 발생하여 이를 행사할 수 있는 때로부터 진행한다고 한다(대판 1992.9.25. 91다37553).

Ⅳ. 물상보증인의 구상권

1. 물상보증인의 의의 및 보증인과의 차이점

물상보증인이란 '타인의 채무를 담보하기 위하여 자기의 물건 위에 저당권 등 담보물권을 설정한 자'를 말한다.

① 물상보증인은 담보로 제공한 물건의 한도에서 '책임'을 부담할 뿐이며, 채권자에게 '채무'를 부담하지는 않는다(물적 유한책임). 따라서 채무자가 채무를 이행하지 않을 경우 채권자는 물상보증인이 제공한 물건을 경매하여 우선변제를 받을 수는 있어도 물상보증인에 대하여 채무이행을 청구는 할 수 없다. 이 점에서 '채무와 책임'을 동시에 부담하는 보증인과 구별된다(인적 무한책임).

② 다만 물상보증인이나 보증인이나 채권자가 채권의 만족을 얻지 못하면 채권자로부터 강제집행을 받게 되거나 또는 채무자에 대한 자기의 권리를 잃게 되는 지위에 있기 때문에 '제469조 2항의 이해관계 있는 제3자'로서 채무자의 의사에 반하더라도 채무를 변제할 수 있다. 다만 물상보증인의 변제는 타인 채무의 변제이나, 보증인의 변제는 자기 채무의 변제이면서 동시에 타인 채무의 변제라는 점에서 다르다.

2. 사후구상권

(1) 주채무자에 대한 구상권

1) 구상권의 근거

물상보증인이 변제 등을 하거나 채권자가 물상보증인 소유의 담보물에 권리를 실행하여 만족을 얻는 경우 물상보증인은 '주채무자'에 대해서 구상권을 갖는다(제370조, 제341조, 제441조 내지 제444조).

2) 물상보증인의 구상권 취득의 요건(면책적 채무인수의 경우)

"타인의 채무를 담보하기 위하여 그 소유의 부동산에 저당권을 설정한 물상보증인이 타인의 채무를 변제하거나 저당권의 실행으로 저당물의 소유권을 잃은 때에는 채무자에 대하여 구상권을 취득한다(민법 제370조, 제341조). 그런데 구상권 취득의 요건인 '채무의 변제'라 함은 채무의 내용인 급부가 실현되고 이로써 채권이 그 목적을 달성하여 소멸하는 것을 의미하므로, 기존 채무가 동일성을 유지하면서 인수 당시의 상태로 종래의 채무자로부터 인수인에게 이전할 뿐 기존 채무를 소멸시키는 효력이 없는 면책적 채무인수는 설령 이로 인하여 기존 채무자가 채무를 면한다고 하더라도 이를 가리켜 채무가 변제된 경우에 해당한다고 할 수 없다. 따라서 채무인수의 대가로 기존 채무자가 물상보증인에게 어떤 급부를 하기로 약정하였다는 등의 사정이 없는 한 물상보증인이 기존 채무자의 채무를 면책적으로 인수하였다는 것만으로 물상보증인이 기존 채무자에 대하여 구상권 등의 권리를 가진다고 할 수 없다"(대판 2019.2.14. 2017다274703 : 판례연구 B-9. 참고 : 14회 선택형). [21법행]

3) 물상보증인의 구상권 인정범위(담보권의 실행으로 인하여 담보물의 소유권을 잃은 경우)

"물상보증인은 '그 채무를 변제'한 경우 외에 '담보권의 실행으로 인하여 담보물의 소유권을 잃은 때'에도 채무자에 대한 구상권이 있다(제341조). 물상보증인이 담보권의 실행으로 타인의 채무를 담보하기 위하여 제공한 부동산의 소유권을 잃은 경우 물상보증인이 채무자에게 구상할 수 있는 범위는 특별한 사정이 없는 한 담보권의 실행으로 부동산의 소유권을 잃게 된 때, 즉 매수인이 매각대금을 다 낸 때의 부동산 시가를 기준으로 하여야 하고, 매각대금을 기준으로 할 것이 아니다"(대판 2018.4.10. 2017다283028).[8]

4) 물상보증인의 구상권의 소멸시효 기간

물상보증인 구상권의 소멸시효 기간은 判例에 따르면 '물상보증위탁계약의 법적 성질과 관계없이 민법에 의하여 인정된 별개의 독립한 권리'이고, 그 소멸시효에 있어서는 민법상 일반채권에 관한 규정이 적용되어 10년이라고 한다(대판 2001.4.24. 2001다6237).[9]

(2) 공동보증인에 대한 구상권 [3회 사례형]

물상보증인이 '주채무자'에 대해서 구상권을 행사하는 것 이외에 '보증인'에 대해서도 구상권을 행사할 수 있는지 규정이 없어 문제된다(보증인은 '채무가 없는' 물상보증인에게 구상권을 행사할 수 있는 여지가 없다). 검토하건대, 주채무자에게만 구상이 가능하다고 하면 주채무자의 무자력 위험을 부담하게 되므로 공동보증인 사이의 구상관계에 관한 제448조를 유추적용해야 한다는 견해가 타당하다. 다만 제448조 2항, 제425조 2항이 유추적용되지 않고, 그들 사이에 계약관계가 없으면 구상관계는 제448조 1항, 제444조에 따라 처리되어야 한다고 생각된다.[10] 왜냐하면 물상보증인과 연대보증인 사이에 다른 계약이 없다면 물상보증인은 구상채무가 아닌 구상책임만 부담한다고 해야 할 것이기 때문이다.

3. 사전구상권 인정 여부(소극)

"민법 제341조는 타인의 채무를 담보하기 위한 저당권설정자가 그 채무를 변제하거나 저당권의 실행으로 인하여 저당물의 소유권을 잃은 때에 채무자에 대하여 구상권을 취득한다고 규정하여 물상보증인의 구상권 발생 요건을 보증인의 경우와 달리 규정하고 있는 점, 물상보증인은 담보물로서 물적 유한책임만을 부담할 뿐 채권자에 대하여 채무를 부담하는 것이 아닌 점 등을 종합하면, 원칙적으로 수탁보증인의 사전구상권에 관한 민법 제442조는 물상보증인에게 적용되지 아니하고 물상보증인은 사전구상권을 행사할 수 없다"(대판 2009.7.23. 2009다19802,19819). [21법행]

---

8) [판례해설] "경매절차에서 유찰 등의 사유로 소유권 상실 당시의 시가에 비하여 낮은 가격으로 매각되는 경우가 있는데, 이 경우 소유권 상실로 인한 부동산 시가와 매각대금의 차액에 해당하는 손해는 채무자가 채무를 변제하지 못한 데 따른 담보권의 실행으로 물상보증인에게 발생한 손해이므로, 이를 채무자에게 구상할 수 있어야 하기 때문이다"

9) "물상보증은 채무자 아닌 사람이 채무자를 위하여 담보물권을 설정하는 행위이고 채무자를 대신해서 채무를 이행하는 사무의 처리를 위탁받는 것이 아니므로, 물상보증인이 변제 등에 의하여 채무자를 면책시키는 것은 위임사무의 처리가 아니고 법적 의미에서는 의무 없이 채무자를 위하여 사무를 관리한 것에 유사하다. 따라서 물상보증인의 채무자에 대한 구상권은 그들 사이의 물상보증위탁계약의 법적 성질과 관계없이 민법에 의하여 인정된 별개의 독립한 권리이고, 그 소멸시효에 있어서는 민법상 일반채권에 관한 규정이 적용된다."
☞ 즉, 물상보증계약이 상행위인 경우, 그로부터 파생된 물상보증인의 구상금 채권 역시 상행위로 인한 것으로 상사채권이 되어 5년의 상사시효에 해당한다고 볼 수도 있으나, 判例는 '물상보증인의 구상채권은 독립된 별개의 권리'라는 이유로 일반 민사채권으로서 10년의 소멸시효에 걸리는 것으로 본다.

10) 지원림, 민법강의(12판), 4-296

4. 물상보증인으로부터 목적부동산을 취득한 제3취득자의 구상권(B-104.참고)

① 제3취득자가 담보부동산에 설정된 근저당권의 피담보채무의 이행을 인수한 경우, 그것은 결국 자기의 채무를 변제하는 것이 되어 채무자에 대한 구상권이 발생하지 않을 뿐 아니라, 그 이행인수는 매매당사자 사이의 내부적인 계약에 불과하여 이로써 물상보증인의 책임이 소멸하는 것은 아니므로, 따라서 담보부동산에 대한 담보권이 실행된 경우에도 제3취득자가 아닌 '원래의 물상보증인'이 채무자에 대해 구상권을 가진다(대판 1997.5.30. 97다1556).

② 이에 대해 제3취득자가 피담보채무를 공제하지 않고 매매대금 전부를 지급한 경우에는, 그 후 담보권실행으로 목적물의 소유권을 잃은 때에는 제3취득자는 물상보증인과 유사한 지위에 있으므로, 이러한 제3취득자에게도 물상보증인의 구상권에 관한 규정이 유추적용된다(대판 2014.12.24. 2012다49285 : 12회 선택형).

판례연구 B-09

★압류채권자에 대한 사전(제441조)·사후구상권(제341조)을 자동채권으로 한 상계항변가부(제498조)
[12회 사례형] 대판 2019.2.14. 2017다274703(표준판례496)

甲은 2015. 11. 19. 乙의 丙에 대한 부당이득반환채권(2013. 12. 27.발생)에 대하여 채권압류 및 추심명령을 받았고, 이 사건 추심명령이 2015. 11. 23. 丙에게 송달되었다. 이에 甲이 丙에게 적법하게 추심금(부당이득반환채권)을 청구하자 丙은 다음과 같은 항변을 하였다. 丙의 ①②③④ 항변이 타당한지 법적근거와 함께 검토하라. 단, 이하의 사실관계는 증명이 된 것으로 전제한다. (30점)
丙은 乙의 다른 채권자 A에 대한 금전채무에 대해 연대보증인과 물상보증인의 지위를 겸하는 자로서, ① 2013. 4. 19. 乙의 A에 대한 채무의 이행기가 도래함으로써 乙의 부탁을 받은 연대보증인과 물상보증인의 지위에서 乙에게 사전구상권을 취득하였다(이에 대해 乙은 제443조의 담보제공청구권의 행사를 고려 중이다). ② 나아가 2015. 5. 6.에는 자신의 부동산에 설정된 A명의의 근저당권 피담보채무를 면책적으로 인수하였으므로 물상보증인 지위에서 乙에게 사후구상권도 취득하였고, ③ 2016. 9. 29. A에게 채무의 일부를 변제함으로써 이에 대한 사후구상권도 취득하였다. 그리고 이러한 사후구상권의 취득으로 인하여 기존의 사전구상권이 소멸하는 것도 아니다. ④ 따라서 乙에 대한 사전·사후구상권으로 乙의 이 사건 부당이득반환채권(추심금)과 상계한다고 항변하였다.

I. 丙 항변의 타당성과 법적근거

1. 사전구상권 취득 여부

(1) 수탁연대보증인 지위에서의 사전구상권 취득여부와 주채무자의 항변

사후구상이 원칙이지만, 예외적으로 주채무의 이행기가 도래한 경우에, '수탁보증인'이 미리, 즉 사전(변제 기타 출재 전)에 구상할 수 있다(제442조 1항 4호). 다만 사전구상에 응한 주채무자는 자기를 면책하게 하거나 자기에게 담보를 제공할 것을 보증인에게 청구(담보제공청구권)할 수 있고, 아니면 배상할 금액을 공탁하거나 '담보를 제공'하거나 보증인을 면책하게 함으로써 사전구상의무를 면할 수 있다(제443조).

(2) 수탁물상보증인 지위에서의 사전구상권 취득여부

물상보증인은 물적 유한책임만을 부담할 뿐 채권자에 대하여 채무를 부담하는 것이 아닌 점 등을 고려하면, 물상보증인은 사전구상권을 행사할 수 없다(제370조, 제341조)(대판 2009.7.23. 2009다19802,19819).

2. 면책적 채무인수를 통한 사후구상권 취득여부

判例와 같이 구상권 취득의 요건인 '채무의 변제'라 함은 급부가 실현되고 이로써 채권이 그 목적을 달성하여 소멸해야 하므로, 채무가 동일성을 유지하면서 종래의 채무자로부터 인수인에게 이전할 뿐 기존 채무를 소멸시키는 효력이 없는 '면책적 채무인수'는 이에 해당하지 않는다(대판 2019.2.14. 2017다274703).

따라서 사안에서 채무인수의 대가로 기존 채무자 乙이 물상보증인 丙에게 어떤 급부를 하기로 약정하였다는 등의 사정이 없는 한 물상보증인 丙이 기존 채무자 乙의 채무를 면책적으로 인수하였다는 것만으로 물상보증인 丙이 기존 채무자 乙에 대하여 구상권 등의 권리를 가진다고 할 수 없다.

3. 일부변제를 통한 사후구상권 취득여부 및 사전구상권과의 관계

丙은 수탁연대보증인 또는 수탁물상보증인의 지위에서 채무를 일부 변제하였으므로 乙에게 사후구상권을 취득한다(제441조, 제341조, 제370조). 아울러 사전구상권과 사후구상권은 별개의 독립된 권리이므로, 사후구상권이 발생한 이후에도 사전구상권은 소멸하지 아니하고 병존한다(대판 2019.2.14. 2017다274703).

4. 주채무자 乙에 대한 사전·사후구상권으로 추심금채권과 상계할 수 있는지 여부

(1) 주채무자 乙에 대한 '사후구상권'을 자동채권으로 하는 상계가 허용되는지 여부

지급을 금지하는 명령(압류 또는 가압류된 채권)을 받은 제3채무자는 그 후에 취득한 채권에 의한 상계로 그 명령을 신청한 채권자에게 대항하지 못하는바(제498조), 사안에서 丙은 2016. 9. 29.에 사후구상권을 취득하였고, 이는 압류의 효력발생일(2015.11.23.) 이후에 취득한 채권이므로 다른 '특별한 사정[11]'이 없는 한' 사후구상권을 자동채권으로 압류채권자인 甲에게 상계로 대항할 수 없다.

(2) 주채무자 乙에 대한 '사전구상권'을 자동채권으로 하는 상계가 허용되는지 여부

1) 원 칙

判例가 판시하는 바와 같이 "항변권이 붙어 있는 채권을 자동채권으로 하여 다른 채무(수동채권)와의 상계를 허용한다면 상계자 일방의 의사표시에 의하여 상대방의 항변권 행사의 기회를 상실시키는 결과가 되므로 그러한 상계는 허용될 수 없고, 특히 수탁보증인이 주채무자에 대하여 가지는 민법 제442조의 사전구상권에는 민법 제443조의 담보제공청구권이 항변권으로 부착되어 있는 만큼 이를 자동채권으로 하는 상계는 원칙적으로 허용될 수 없다"(대판 2019.2.14. 2017다274703).

2) 예 외

判例에 따르면 "채권압류명령을 받은 제3채무자가 압류채무자에 대한 반대채권을 가지고 있는 경우에 상계로써 압류채권자에게 대항하기 위하여는, ㉠ 압류의 효력 발생 당시에 대립하는 양 채권이 상계적상에 있거나, ㉡ 그 당시 반대채권(자동채권)의 변제기가 도래하지 아니한 경우에는 그것이 피압류채권(수동채권)의 변제기와 동시에 또는 그보다 먼저 도래하여야 한다"고 한다. 이러한 법리는 채권압류명령을 받은 제3채무자이자 보증채무자인 사람이 압류 이후 보증채무를 변제함으로써 담보제공청구의 항변권을 소멸시킨 다음, 압류채무자에 대하여 압류 이전에 취득한 사전구상권으로 피압류채권과 상계하려는 경우에도 적용된다고 봄이 타당하다(대판 2019.2.14. 2017다274703).[12]

3) 사안의 경우

연대보증인 丙이 피담보채무를 일부변제 하여 주채무자 乙을 면책케 한 2016. 9. 29에 비로소 乙의 담보제공청구의 항변권은 그 부분에 한하여 소멸한다(제443조). 따라서 ㉠ 압류의 효력 발생일인 2015. 11. 23. 당시에는 사전구상권에 부착된 담보제공청구의 항변권이 소멸하지 않았다. ㉡ 그리고 사안의 경우 피압류채권인 부당이득금반환채권은 변제기의 정함이 없는 채권이므로, 성립함과 동시에 변제기에 도달하는바(대판 2019.2.14. 2017다274703), 그 변제기는 2013. 12. 27.이라 할 것이다. 그런데 丙이 乙의 담보제공청구 항변권을 소멸시켜 상계가 가능하게 된 시점은 2016. 9. 29.이므로 피압류채권의 변제기보다 나중에 도래한다. 결국 丙의 상계항변은 부당하다.

Ⅱ. 사안의 해결

丙은 수탁연대보증인으로서 乙에게 사전구상권을 취득하였고(제442조 1항 4호), 일부변제로 사후구상권을 취득하였으나(제441조, 제341조, 제370조) 후자는 제498조에 의해 압류채권자 甲에게 상계로 대항할 수 없고, 전자 또한 甲의 권리를 침해하는 것이 되어 甲에게 상계로 대항할 수 없다.

---

11) **[특별한 사정]** 判例는 그 채권이 (가)압류의 효력발생[(가)압류 명령이 제3채무자에게 송달된 때] 이후에 발생한 것이더라도 그 기초가 되는 원인이 가압류 이전에 이미 성립하여 존재하고 있는 경우에는, 본조 소정의 '가압류 이후에 취득한 채

제5절 연대보증

Ⅰ. 서 설
[B-80]

1. 의 의
연대보증이란 보증인이 주채무자와 연대하여 채무를 부담하는 것을 말한다. 연대보증은 채권자와의 관계에서는 주채무자와 연대하여 채무를 부담하지만, 그 본질은 보증이므로 주채무자와의 내부적 관계에서는 부담부분이 영(0)이다.

2. 특 징
① 연대보증에는 보충성이 인정되지 않으므로 연대보증인은 최고·검색의 항변권을 갖지 못한다(제437조 단서)(6회 선택형), ② 연대보증인이 수인 있는 경우에도 공동보증에서의 분별의 이익(제439조)을 갖지 못하고, 각자 주채무 전액을 지급하여야 한다(제448조 2항 참조). ③ 그러나 연대보증은 본질이 보증이므로 주채무에 부종한다.

3. 구별개념
보증연대는 수인의 보증인(보증연대는 개념상 수인의 보증인을 전제하지만, 연대보증은 그렇지 않다)이 상호연대를 하여 보증채무를 지는 것, 즉 각자 주채무 전액을 지급할 책임을 지는 보증채무이다(제448조 2항 참조). 보증연대는 수인의 보증인 사이에 분별의 이익만을 포기하는 것이기 때문에 보충성은 여전히 인정되지만, 연대보증은 분별의 이익뿐만 아니라 보충성도 인정되지 않는다.

Ⅱ. 성 립
[B-81]

① 당사자 사이의 특약에 의한 성립이나(보증인과 채권자 간의 연대의 특약), ② 법률의 규정에 의한 성립(상사보증 : 상법 제57조 2항)[1]등이 있다.

Ⅲ. 효 력
[B-82]

1. 대외적 효력
① 연대보증에는 '보충성'이 없으므로 채권자의 청구에 대해 최고·검색의 항변권이 없다(제437조 단서)(6회 선택형). ② 다만 '부종성'은 있으므로 주채무자가 채권자에 대하여 가지는 각종 항변권은 주장할 수 있다. ③ 연대보증인이 수인 있어도 분별의 이익은 없다(대판 2009.6.25. 2007다70155: 표준판례497).

권'에 해당하지 않아 상계할 수 있다고 한다(대판 2001.3.27. 2000다43819: 표준판례571). 즉 동시이행관계에 있는 반대채권의 성립이 압류명령 송달 후라고 하더라도 이 경우에는 상계가 허용된다. 동시이행관계인 경우에는 처음부터 채권발생의 기초관계가 존재하고 있어 상계를 할 수 있다는 기대가 존재하는 것이므로 제3채무자의 이러한 상계에 대한 기대 또는 신뢰는 존중되어야 할 것이기 때문이다.

12) "결국 제3채무자가 압류채무자에 대한 사전구상권을 가지고 있는 경우에 상계로써 압류채권자에게 대항하기 위해서는, ㉠ 압류의 효력 발생 당시 사전구상권에 부착된 담보제공청구의 항변권이 소멸하여 사전구상권과 피압류채권이 상계적상에 있거나, ㉡ 압류 당시 여전히 사전구상권에 담보제공청구의 항변권이 부착되어 있는 경우에는 제3채무자의 면책행위 등으로 인해 위 항변권을 소멸시켜 사전구상권을 통한 상계가 가능하게 된 때가 피압류채권의 변제기보다 먼저 도래하여야 한다"(대판 2019.2.14. 2017다274703).

1) '보증인이 있는 경우에 그 보증이 상행위이거나 주채무가 상행위로 인한 것인 때에는 주채무자와 보증인은 연대하여 변제할 책임이 있다'(상법 제57조 2항).

2. 주채무자 또는 연대보증인에 관하여 생긴 사유의 효력

(1) 주채무자에 관하여 생긴 사유의 효력

부종성의 결과 주채무자에 관하여 생긴 사유는 모두 연대보증인에게 효력이 미친다.

(2) 연대보증인에 관하여 생긴 사유의 효력

변제, 대물변제, 경개, 상계 등 채권의 목적을 달성하는 사유를 제외하고는 주채무자에 대하여 효력이 없다. 예를 들어 ① 채권자가 연대보증인의 1인에게 '면제'를 하면 주채무가 소멸하거나 감축되는 것이 아니므로, 이 경우 연대보증인 간에 연대의 특약(보증연대)이 없는 한[2] 다른 연대보증인의 채무가 감축되지 않는다(대판 1992.9.25. 91다37553). ② 연대보증은 보증이므로 주채무가 시효중단되면 연대보증채무도 당연히 시효중단되나(제440조), 연대보증채무에 대한 소멸시효가 중단되었다고 하더라도 이로써 주채무에 대한 소멸시효가 중단되는 것은 아니다. 다만, 주채무가 소멸시효 완성으로 소멸된 경우에는 연대보증채무도 그 채무 자체의 시효중단에 불구하고 부종성에 따라 당연히 소멸된다(대판 1994.1.11. 93다21477 : 4회 선택형).

3. 대내적 효력

(1) 주채무자에 대한 구상

보통의 보증의 경우와 동일하므로 제441조 이하에 의한다.

(2) 연대보증인 상호 간의 구상권 행사(판례연구 B-10. 참고) [10·12사법]

연대보증인이 여럿인 경우 그중 1인이 '자기의 부담부분을 넘은 변제'를 하여 '공동면책'이 된 때에는 다른 보증인들에게 그들의 부담부분에 대하여 구상권을 행사할 수 있다(제448조 2항, 제425조). 다만 判例에 따르면 "다른 연대보증인 가운데 이미 자기의 부담부분을 변제한 사람에 대하여는 구상을 할 수 없으므로 그를 제외하고 아직 자기의 부담부분을 변제하지 아니한 사람에 대하여만 구상권을 행사하여야 한다"(대판 1993.5.27. 93다4656 : 12회 선택형)고 한다.

> [구체적 예] 예를 들어 甲은 주채무자, 戊는 채권자인 상황에서 乙, 丙, 丁이 戊에 대해 주채무금액 9,000만 원에 관한 연대보증을 하였고 그 비율이 균등한 경우, 丙이 3,000만 원을 戊에게 변제한 후 丁이 6,000만 원을 戊에게 변제하였다면 丙은 자기부담부분인 3,000만 원을 변제했으므로 乙과 丁에게 구상권을 행사할 수 없고, 丁은 자신의 부담부분을 넘는 3,000만 원에 대해 아직 자기의 부담부분을 변제하지 아니한 乙에 대해서만 3,0000만 원을 구상할 수 있다(12회 선택형).

(3) 주채무자의 구상채무와 다른 연대보증인들의 구상채무의 관계[3]

判例는 "주채무자의 구상금 일부 변제는 특별한 사정이 없는 한 대위변제를 한 연대보증인의 부담 부분에 상응하는 주채무자의 구상채무를 먼저 감소시키고 이 부분 구상채무가 전부 소멸되기 전까지는 다른 연대보증인들이 부담하는 구상채무의 범위에는 아무런 영향을 미치지 않는다고 보아야 한다. 그러나 주채무자의 구상금 일부 변제 금액이 대위변제를 한 연대보증인의 부담 부분을 넘는 경우에는 그 넘는 변제 금액은 주채무자의 구상채무를 감소시킴과 동시에 다른 연대보증인들의 구상채무도 각자의 부담비율에 상응하여 감소시킨다"(대판 2010.9.30. 2009다46873 : '외측설'에 따른 판시내용)고 한다.

---

[2] 수인의 연대보증인 간에 연대관계가 있다면(=보증연대의 특약이 있는 경우) 연대채무 규정이 적용되지만, 보증연대의 특약을 하지 않은 경우 연대보증인 1인에게 생긴 사유는 다른 연대보증인에게 효력을 미치지 않는다(통설).

[3] 공동연대보증인 중 1인이 자기의 부담부분을 넘는 출재를 한 경우, 주채무자에 대한 구상권과 다른 연대보증인에 대한 구상권은 '병존'하고, 주채무자의 구상채무와 다른 연대보증인들의 구상채무는 '부진정연대'의 관계에 있는 것으로 이해되고 있다.

[구체적 예] 예를 들어 주채무 600만 원, 연대보증인 甲, 乙, 丙(각 전액 보증, 내부적 부담부분 각 200만 원)인 상태에서 甲이 주채무 600만 원을 전액 대위변제하면 甲은 주채무자에 대하여는 600만 원의, 다른 연대보증인들인 乙, 丙에 대하여는 각 200만 원의 구상금채권을 갖게 되는데, ① 만약 甲이 주채무자에게 200만 원을 변제받았다면 위 判例에 따르면 주채무자가 변제한 200만 원은 甲의 부담부분(200만 원)에 상응하는 주채무자의 구상채무에 먼저 충당되므로, 다른 연대보증인들인 乙, 丙이 각 부담하는 구상채무의 범위에는 아무런 영향을 미치지 못한다. 따라서 甲은 乙, 丙에게 여전히 각 200만 원의 구상금채권을 갖는다.
② 만약 甲이 주채무자에게 400만 원을 변제받았다면 위 判例에 따르면 주채무자가 변제한 400만 원은 甲의 부담부분(200만 원)에 상응하는 주채무자의 구상채무 부분에 먼저 충당되고, 나머지 200만 원이 다른 연대보증인들인 乙, 丙이 각 부담하는 구상채무에 상응하는 주채무자의 구상채무 부분에 분담비율에 따라 충당되므로, 乙, 丙이 부담하는 구상채무는 각 100만 원씩 소멸하게 된다. 따라서 甲은 乙, 丙에게 각 100만 원(200만 원-100만 원)의 구상금채권을 갖는다.

(4) 일부보증에서 공동보증인 상호 간의 구상권 행사

① 判例는 연대보증인이 수인인 공동보증인 상호 간의 구상권을 규정한 제448조 2항은 제425조 1항을 준용하도록 되어 있으므로 공동보증인이 구상권을 행사하기 위하여는 다른 공동보증인을 위하여 채무를 소멸 또는 감소시키는 '공동면책'이 있어야 함은 연대채무의 경우와 동일하다. 일부보증을 한 경우 이러한 '공동면책'의 의미에 대해 判例는 연대보증인 중 1인이 변제로 주채무를 감소시켰다고 하더라도 주채무의 남은 금액이 다른 연대보증인의 책임한도를 초과하고 있다면 그 다른 연대보증인으로서는 그 한도금액 전부에 대한 보증책임이 그대로 남아 있어 위의 채무변제로 면책된 부분이 전혀 없게 된다고 한다(대판 2002.3.15. 2001다59071). 결국 判例에 따르면 일부보증인의 보증한도 내의 주채무가 남아 있는 경우에는 그 일부보증인에게 구상권을 행사할 수 없다.

[구체적 예] 예를 들어 3,000만 원의 채무에 대해 甲은 채무전부를 연대보증했으나, 乙은 2,000만 원의 한도 내에서 연대보증을 하였다. ① 만약 甲이 1,000만 원을 변제했다면 잔존채무가 2,000만 원이므로 乙은 여전히 나머지 2,000만 원에 대하여 보증채무를 부담하므로 甲과 乙이 공동면책된 부분이 없어 甲은 乙에게 구상권을 행사할 수 없다. ② 만약 甲이 2,000만 원을 변제했다면 잔존채무가 1,000만 원이므로 甲과 乙은 1,000만 원 범위에서 공동면책되므로 甲은 乙에게 구상할 수 있다. 다만 그 구체적 범위와 관련하여 일부보증인들 사이의 부담부분의 비율은 보증한도액의 비율에 따라 결정되므로(대판 2005.3.11. 2004다42104), 3,000만 원의 채무에 대해 甲과 乙은 각각 내부적 부담부분이 3:2의 비율 즉 3/5, 2/5의 비율에 의하므로 각각 1,800만 원과 1,200만 원의 비율로 부담부분이 정해진다. 따라서 甲이 채권자에게 1,800만 원을 초과하여 변제했을 때 그 초과부분에 대해 乙에게 구상할 수 있고, 甲이 채권자에게 2,000만 원을 변제하면 乙에게 200만 원을 구상할 수 있다(반대로 乙이 2,000만 원을 변제하면 甲에게 800만 원을 구상할 수 있다).

② 判例는 "연대보증인이 주채무자의 채무 중 일정 범위에 대하여 보증을 한 경우에 주채무자가 일부변제를 하면, 특별한 사정이 없는 한 일부변제금은 주채무자의 채무 전부를 대상으로 변제충당의 일반원칙에 따라 충당되고, 연대보증인은 변제충당 후 남은 주채무자의 채무 중 보증한 범위 내의 것에 대하여 보증책임을 부담한다"(대판 2016.8.25. 2016다2840)고 한다.

[사실관계] 위 判例에 따르면 채권자인 甲이 주채무자 乙의 채무 중 원금 전부와 이에 대한 이자 및 지연손해금의 일부에 대하여만 연대보증을 한 丙에 대하여 연대보증채무의 이행을 구한 경우, 주채무자 乙의 일부변제금은 이자 또는 지연손해금 전부에 우선 충당되고 나머지가 원금에 충당되는 것이지 丙에 대한 관계에서라도 이자 또는 지연손해금 일부에만 우선 충당되고 나머지가 원금에 충당되는 것이 아니다.

판례연구 B-10

★ 연대보증인 상호 간의 구상관계
대판 2009.6.25. 2007다70155 등(표준판례497)

[상황 1] 채무자 A의 채권자 B에 대한 6,000만 원의 채무에 대해서 甲, 乙, 丙이 각각 독립적으로 채무 전액에 대하여 연대보증을 하였고 그들 보증인 상호 간에 연대의 특약(보증연대)은 없었다.
(1) 甲, 乙, 丙 간에 내부적 부담부분에 관한 특약이 없는 경우, 甲이 B에게 2,000만 원만 변제한 때에 甲이 乙이나 丙에게 구상할 수 있는가? 또한 A에게 구상할 수 있는가? (10점)
(2) 채무자 A가 B에게 1,500만 원을 변제한 후 甲이 B에게 2,000만 원을 변제하였고, 乙이 1,500만 원을 변제한 경우 甲은 乙 또는 丙에게 구상할 수 있는가? (10점)

[상황 2] 채무자 A의 채권자 B에 대한 1,500만 원의 채무에 대해서 甲, 乙, 丙이 각각 독립적으로 채무 전액에 대하여 연대보증을 하였고 그들 보증인 상호 간에 연대의 특약(보증연대)은 없었다. 甲이 500만 원, 채무자 A가 300만 원, 乙이 500만 원, 丙이 200만 원 차례로 변제한 경우 甲, 乙, 丙 간의 구상관계는? (10점)

[상황 1] 의 경우

Ⅰ. 연대보증인 甲, 乙, 丙이 분별의 이익을 갖는지 여부(소극)

"수인의 보증인이 있는 경우에는 그 사이에 분별의 이익이 있는 것이 원칙이지만(제439조), 그 수인이 연대보증인일 때에는 각자가 별개의 법률행위로 보증인이 되었고 또한 보증인 상호 간에 연대의 특약(보증연대)이 없었더라도 채권자에 대하여는 분별의 이익을 갖지 못하고 각자의 채무의 전액을 변제하여야 한다"(대판 2009.6.25. 2007다70155).

Ⅱ. 설문 (1).의 경우

1. 판 례

"연대보증인들 상호 간의 내부관계에 있어서는 주채무에 대하여 출재를 분담하는 일정한 금액을 의미하는 부담부분이 있고, 그 부담부분의 비율, 즉 분담비율에 관하여는 그들 사이에 특약이 있으면 당연히 그에 따르되 그 특약이 없는 한 각자 평등한 비율로 부담을 지게 된다. 그러므로 연대보증인 가운데 한 사람이 **자기의 부담부분을 초과하여 변제하였을 때에는 다른 연대보증인에 대하여 구상을 할 수 있다**"(대판 1993.5.27. 93다4656)(제448조 2항).

2. 사안의 경우

부담부분에 관한 특약이 없는 한 甲은 내부적 부담부분이 2,000만 원이므로, 2,000만 원만 변제한 경우 자신의 부담부분을 초과변제한 것이 아니어서 다른 연대보증인 乙이나 丙에게는 구상할 수 없다. 다만 부담부분의 제한은 주채무자에 대한 관계에서 적용되는 것은 아니므로 이 경우에도 주채무자 A에게는 구상할 수 있다(제441조 또는 제444조).

Ⅲ. 설문 (2).의 경우

1. 판 례

연대보증인 가운데 한 사람이 '자기의 부담부분을 초과'하여 변제하였을 때에는 다른 연대보증인에 대하여 구상을 할 수 있는데(제448조 2항), 다만 다른 연대보증인 가운데 이미 자기의 부담부분을 변제한 사람에 대하여는 구상을 할 수 없으므로 그를 제외하고 아직 자기의 부담부분을 변제하지 아니한 사람에 대하여만 구상권을 행사하여야 한다(대판 1993.5.27. 93다4656). 연대채무자의 구상요건과 다른바, 공동보증의 법리에 따른 것이다. 다만 '아직 자기의 부담부분을 변제하지 아니한 자'를 어느 시점을 기준으로 판단해야 하는지에 관하여는 ① 과거

'구상청구시설'[4)]에 따른 판시내용도 있으나(대판 1988.10.25. 86다카1729), ② 연대보증인 가운데 한 사람이 자기의 부담부분을 초과하여 변제하면 그 즉시 아직 자기의 부담부분을 변제하지 않은 다른 연대보증인에 대하여 구상권이 발생하는바, "이미 자기의 부담부분을 변제함으로써 구상권 행사의 대상에서 제외되는 다른 연대보증인인지 여부는 구상의 기초가 되는 변제 당시에 그 연대보증인의 부담부분을 기준으로 판단하여야 한다"(대판 2009.6.25. 2007다70155 ; 대판 2024.10.25. 2024다232066, 2024다232073)는 '변제시설'에 따른 判例가 타당하다.

2. 사안의 경우

사안의 경우 부담비율에 관하여 당사자 사이의 특약이 있다는 점을 발견할 수 없으므로 甲, 乙, 丙 사이의 부담비율은 균등한 것으로 추정된다. 따라서 최근 判例의 태도인 변제시설에 따르면 甲이 B에게 2,000만 원을 변제할 당시 각 부담부분이 1,500만 원(4,500×1/3)이므로 甲은 乙과 丙에게 각 250만 원씩 구상청구가 가능하다. 그러나 구상청구시설에 따르면 甲이 구상권을 청구할 당시 乙은 이미 1,500만 원을 변제하였으므로 甲은 乙에게 구상할 수 없고, 丙에 대해서만 500만 원의 구상청구가 가능하다.

[상황 2]의 경우

1. 판례

"ⅰ) 연대보증인 가운데 한 사람이 자기의 부담부분을 초과하여 변제하여 다른 연대보증인에 대하여 구상을 하는 경우의 부담부분은 수인의 연대보증이 성립할 당시 주채무액에 분담비율을 적용하여 산출된 금액으로 일단 정하여지지만, 그 후 주채무자의 변제 등으로 주채무가 소멸하면 부종성에 따라 각 연대보증인의 부담부분이 그 소멸액만큼 분담비율에 따라 감소하고 또한 연대보증인의 변제가 있으면 '당해 연대보증인'의 부담부분이 그 변제액만큼 감소하게 된다(주채무자에게 생긴 사유와 달리 연대보증인 1인에게 생긴 사유는 보증연대의 특약을 하지 않은 이상 다른 연대보증인에게 효력을 미치지 않는다 : 필자주). ⅱ) 그러므로 자기의 부담부분을 초과한 변제를 함으로써 그 초과 변제액에 대하여 다른 연대보증인을 상대로 구상권을 행사할 수 있는 연대보증인인지 여부는 '당해 변제시를 기준'으로 판단하되, 구체적으로는 우선 그때까지 발생·증가하였던 주채무의 총액에 분담비율을 적용하여 당해 연대보증인의 부담부분 총액을 산출하고 그 전에 앞서 본 바와 같은 사유 등으로 감소한 그의 부담부분이 있다면 이를 위 부담부분 총액에서 공제하는 방법으로 당해 연대보증인의 부담부분을 확정한 다음 당해 변제액이 위 확정된 부담부분을 초과하는지 여부에 따라 판단하여야 한다. 한편, 이미 자기의 부담부분을 변제함으로써 위와 같은 구상권 행사의 대상에서 제외되는 다른 연대보증인인지 여부도 원칙적으로 '구상의 기초가 되는 변제 당시'에 위와 같은 방법에 의하여 확정되는 그 연대보증인의 부담부분을 기준으로 판단하여야 한다"(대판 2009.6.25. 2007다70155)

2. 사안의 경우

변제된 순서에 따라 판단하면 ① 최초 甲, 乙, 丙의 부담부분은 각 500만 원이었으나, ② 甲의 500만 원 변제로 인해 甲은 0원, 乙은 500만 원, 丙도 500만 원의 부담부분을 갖게 되는바, 甲은 자기의 부담부분을 넘는 변제를 하지 못하였으므로 乙이나 丙을 상대로 구상할 수 없다. ③ 그러나 그 후 주채무자 A의 300만 원 변제로 인해 부종성에 따라 甲, 乙, 丙의 부담부분이 주채무 소멸액만큼 분담비율에 따라 감소하므로 甲은 -100만 원, 乙은 400만 원, 丙도 400만 원의 부담부분을 갖게 되는바, 결국 이로써 甲이 앞서 500만 원을 변제한 것이 자기의 부담부분을 넘는 100만 원의 변제를 한 것이 되어 변제시설에 따를 때 乙과 丙을 상대로 각 50만 원씩을 구상할 수 있다(구상청구시설에 따르면 丙을 상대로만 100만 원을 구상할 수 있다). ④ 그 후 乙의 500만 원의 변제에 따라 甲은 -100만 원, 乙도 -100만 원, 丙은 400만 원의 부담부분을 갖게 되는바, 乙은 자기의 부담부분을 넘은 100만 원에 대하여 아직 자기의 부담부분을 변제하지 못한 丙에게 구상할 수 있다. ⑤ 그 후 丙의 200만 원 변제에 따라 甲은 -100만 원, 乙도 -100만 원, 丙은 200만 원의 부담부분을 갖게 되는 바 丙은 자기의 부담부분을 넘는 변제를 하지 못하였으므로 甲이나 乙을 상대로 구상할 수 없다.

---

4) 대판 1988.10.25. 86다카1729판결은 연대보증인 甲이 자기의 부담부분을 넘는 변제를 하고 다른 연대보증인 중 1인인 乙에 대하여 구상청구를 하기 전에 乙이 채권자에게 자기의 부담부분을 넘는 채무를 변제한 사안에서, 乙이 이미 자기의 부담부분을 넘는 채무를 변제하였다는 이유로 甲의 乙에 대한 구상청구를 배척하였는바, 이는 '구상청구시설'에 따른 것으로 이해되어 왔다.

제6절 계속적 보증

쟁점구조

계속적 보증에 있어서 보증인 보호

Ⅰ. 보증계약의 유형 확정 및 계속적 보증 계약의 유효성 검토
보증채무의 성립상 부종성(제428조 2항)과 관련하여 주로 포괄근보증 계약의 유효성 여부가 문제

Ⅱ. 계속적 보증인의 보호 방법
① 민법상 보호수단 검토(보증채무의 부종성, 보충성이 반영된 규정) ⇒ ② 원칙으로서의 계약의 구속력(계약준수의 원칙)과 예외로서 判例상 인정되는 ⅰ) 해지권 인정, ⅱ) 책임제한, ⅲ) 상속성 제한 검토

Ⅰ. 서 설

[B-83]

1. 계속적 보증의 개념

'계속적 보증'이란 계속적 채권관계(당좌대월계약·계속적 공급계약·고용계약·임대차계약 등)로부터 발생하는 현재와 장래의 불특정한 채무에 관한 보증을 말하며, 이에는 신원보증, 신용보증 및 임대차의 보증이 포함된다.[1] 실무에서는 이를 '근보증'이라고도 하는데, 이 중에서 보증대상(주채무의 범위) 혹은 보증기간이나 보증한도액이 확정되지 않은 경우를 '포괄근보증'(또는 좁은 의미의 계속적 보증)이라 한다.[2]

2. 계속적 보증의 유효성

(1) 문제점

보증은 장래의 채무에 대해서도 할 수 있고(제428조 2항), 이때에는 장래에 주채무가 확정되는 것을 조건으로 하여 보증채무가 성립[3]하는 점에서 보증채무의 부종성은 그대로 유지된다. 따라서 계속적 보증의 경우에도 장래에 주채무가 확정될 수 있다면 특별히 문제될 것이 없고, 그래서 判例도 유효성을 긍정한다(대판 1976.8.24. 76다1178). 다만 주채무의 범위 혹은 보증기간이나 보증한도액이 확정되지 않은 포괄근보증의 경우 그 유효 여부가 다투어지고 있다.

(2) 판 례

判例는 장래의 채무에 대한 보증에 있어서 그 한도액의 정함이 없다 하여 그 계약이 당연히 무효로 되거나 공서양속에 위반된다고 할 수는 없다고 하여 포괄근보증이라는 이유로 계약 자체의 효력을 부인하지는 않고 있다(대판 1976.8.24. 76다1178 ; 대판 1987.4.28. 86다2033).

---

1) 신원보증의 경우에 신원보증법을 통하여 입법화되었고, 임대차의 보증에서는 임대차계약의 내용이 한정적이기 때문에 계속적 보증에 특유한 책임범위의 문제가 발생하지 않는다. 따라서 이하에서는 신용보증에 대해서만 검토한다.
2) [관련판례] 따라서 근보증이란 '장래 일정한 사유에 의하여 확정될 주채무'에 대하여 보증채무를 부담하는 것을 말한다. 判例도 "당좌대출에 대한 신용보증은 보증기관이 거래기간 동안에는 약정된 한도액의 범위 안에서 증감·변동하는 대출원리금에 대하여 보증책임을 지지 아니하고 정해진 사유로 인한 거래 종료시 보증채무가 확정되는 근보증에 해당한다"(대판 1998.6.26. 98다11826).
3) [관련판례] 判例는 계속적 거래관계에 있어서 '근보증의 성립시점'에 관해 그 보증의 의사표시 당시를 기준으로 하여야 할 것이고, 주채무가 실질적으로 발생하여 구체적인 보증채무가 발생한 때를 기준으로 할 것은 아니라고 한다(대판 2002.7.9. 99다73159).

(3) 검토 및 개정민법

극도의 포괄근보증은 보증채무의 부종성에 반할 소지가 있고 보증인에게도 가혹하므로 무효라고 볼 소지도 있다. 그러나 만일 이러한 보증계약의 효력을 전면적으로 부정한다면 채권자에게도 불측의 손해를 줄 수 있다는 점에서 그 유효성은 인정하되 당사자의 의사해석이나 거래관행, 신의칙 등으로 책임범위나 기간을 제한하여 보증인의 보호를 모색하는 것이 타당하다.

이와 관련하여 개정민법(2016.2.4.시행)에 따르면 보증은 불확정한 다수의 채무에 대해서도 할 수 있다고 하며, 이 경우 보증하는 채무의 최고액을 **서면으로 특정하여야** 한다고 한다. 다만 채무의 최고액을 제428조의2 제1항에 따른 서면으로 특정하지 아니한 보증계약은 효력이 없다고 규정하고 있다(제428조의 3)(보증인보호를 위한 특별법 제6조 참조).

[관련판례] "민법 제428조의3 제1항, 제2항 및 그 입법취지에 비추어 볼 때, 불특정한 다수의 채무에 대하여 보증하는 경우 보증채무의 최고액이 서면으로 특정되어 보증계약이 유효하다고 하기 위해서는, 보증인의 보증의사가 표시된 서면에 보증채무의 최고액이 명시적으로 기재되어 있어야 하고, 보증채무의 최고액이 명시적으로 기재되어 있지 않더라도 그 서면 자체로 보아 보증채무의 최고액이 얼마인지를 객관적으로 알 수 있는 등 보증채무의 최고액이 명시적으로 기재되어 있는 경우와 동일시할 수 있을 정도의 구체적인 기재가 필요하다"(대판 2019.3.14. 2018다282473).

3. 계속적 보증의 특질과 보증인 보호의 필요성

계속적 보증은 일반보증의 이타성, 무상성, 정의성(情誼性), 경솔성 외에도 고도의 미필성, 책임의 불확정성·광범성·영속성 등과 같은 특질을 갖고 있다. 이와 같은 특질로 말미암아 계속적 보증의 경우에는 보통의 보증보다 보증인을 보호할 필요성이 크다. 그리하여 일반보증인에게 인정되는 권리(제433조 내지 제435조, 제437조) 외에 보증인의 해지권, 보증책임의 한도액 제한, 보증채무의 상속성 제한 등이 계속적 보증에서의 보증인을 보호하기 위한 방법으로 논의되고 있다.

4. 계속적 보증채무의 확정시점과 보증책임의 범위

判例는 "계속적 채권관계에서 발생하는 주계약상의 불확정 채무에 대하여 보증한 경우의 보증채무는 통상적으로는 주계약상의 채무가 확정된 때에 이와 함께 확정되는 것이지만, 채권자와 주채무자와 사이에서는 주계약상의 거래기간이 연장되었으나 보증인과 사이에서 보증기간이 연장되지 아니함으로써 보증계약관계가 종료된 때에는, 보증계약 종료시에 보증채무가 확정되므로 보증인은 그 당시의 주계약상의 채무에 대하여는 보증책임을 지나, 그 후의 채무에 대하여는 보증계약 종료 후의 채무이므로 보증책임을 지지 않는다"(대판 1999.8.24. 99다25481: 14회 선택형)고 한다.

II. 보증인의 해지권 [B-84]

1. 문제점

계속적 보증은 개별채무의 발생·증감이 보증인의 의사와 무관하게 결정되며, 당사자 간의 신뢰관계에 크게 좌우되므로 사정변경에 의한 해지권을 인정하여야 할 필요성이 크다.

2. 판 례

기간을 정하지 않은 계속적 보증계약이라고 하여 상당한 기간이 경과하였다는 사정만으로 바로 그 해지권이 발생한다고 할 수 없다는 입장이다(대판 2001.11.27. 99다8353).

(1) 해지권을 인정한 경우

회사의 임원이나 직원의 지위에 있기 때문에 회사의 요구로 '부득이' 회사와 제3자 사이의 계속적 거래로 인한 회사의 채무에 대하여 보증인이 된 자가 그 후 회사로부터 퇴사하여 임원이나 직원의 지위를 떠난 때에는 '보증계약 성립 당시의 사정에 현저한 변경'이 생긴 경우에 해당하므로 사정변경을 이유로 보증계약을 해지할 수 있다(대판 1990.2.27. 89다카1381).

이는 보증보험 한도거래 약정에 따라 보험계약자인 회사가 보험자에게 부담하게 될 불확정한 구상채무를 보증한 경우에도 마찬가지이다(대판 2018.3.27. 2015다12130).

(2) 해지권을 부정한 경우

㉠ 사정변경을 이유로 보증계약을 해지할 수 있는 것은 포괄근보증이나 (보증한도액이나 보증기간을 정한) 한정근보증과 같이 채무액이 불확정적이고 계속적인 거래로 인한 채무에 대하여 보증한 경우에 한하고, 회사의 이사로 재직하면서 보증 당시 그 채무가 특정되어 있는 **확정채무에 대하여 보증을 한 후 이사직을 사임하였다 하더라도 사정변경을 이유로 보증계약을 해지할 수 없고**(대판 1994.12.27. 94다46008), **[2회 사례형]** 이러한 경우 그 책임의 범위를 재직 중 발생한 채무만으로 제한할 수도 없다고 한다(대판 1997.2.14. 95다31645). ㉡ 단순한 고용직 이사가 아니라 회사의 대주주로서 이사로 취임한 자가 이사직을 사임함과 동시에 다시 감사로 취임하여 재직하면서 주주의 지위는 계속 보유한 경우에도 사정변경을 이유로 보증계약을 해지할 수 없다고 한다(대판 1995.4.25. 94다37073).

3. 해지권 행사의 방법

해지권 행사의 방법은 채권자에 대한 해지의 의사표시로 한다. 따라서 채권자가 연대보증인의 '퇴사' 사실을 알고 있어도 연대보증인의 채권자에 대한 해지의 의사표시 없이 보증계약이 당연히 해지되는 것은 아니다. 다만 해지권 행사가 반드시 서면으로 이루어져야 하는 것은 아니고 상대방이 인식할 수 있는 방법이면 족하다(대판 1996.10.29. 95다17533: 표준판례500).

4. 해지의 효과

보증계약이 해지되면 장래를 향하여 그 효력을 상실한다. 따라서 보증인은 해지 이전에 발생한 보증채무에 대하여는 채권자의 채무면제 등 특별한 사정이 없는 한 그 책임을 면할 수 없다. 다만 해지의 효력발생시기가 구체적으로 언제인가와 관련하여 해지권일원론에 의하면 구체적인 경우에 신의칙에 따라 개별적으로 판단할 것이지만, 원칙적으로 채권자가 그 이익을 보호하기 위하여 필요한 조치를 취하는데 소요되는 기간을 기준으로 결정할 것이라고 한다. 대법원도 역시 사정변경에 의한 해지를 인정하면서 그 효과는 해지의 의사표시가 도달된 날로부터 15일 후에 발생한다고 판단한 바 있다(대판 2001.11.27. 99다8353).

Ⅲ. 보증책임의 한도액 제한 [B-85]

1. 보증한도액의 의미

① "보증계약의 한도액이나 계속적 거래의 한도액이 정하여져 있는 경우(한정근보증) 보증인은 그 한도액의 범위 내에서만 책임을 진다. 그때 그 한도액이 주채무의 원금만을 기준으로 하는지 여부는 당사자의 특약의 해석에 의하여 정하여지나, **특별한 사정이 없는 한 보증한도의 범위 안에서 확정된 주채무 및 그 이자, 위약금, 손해배상 기타 주채무에 종속한 채무를 모두 포함한다고 해석하여야 한다**"(대판 1995.6.30. 94다40444: 표준판례498 : 3회 선택형).

② 다만 "보증한도액을 정한 근보증에서, 보증채무는 주채무와는 별개의 채무이기 때문에 보증채무 자체의 이행지체로 인한 지연손해금은 보증한도액과는 별도로 부담하고, 이 경우 보증채무의 연체이율에 관하여 특별한 약정이 없는 경우라면 그 거래행위의 성질에 따라 상법 또는 민법에서 정한 법정이율에 따라야 하며, 주채무에 관하여 약정된 연체이율이 당연히 여기에 적용되는 것은 아니지만, 특별한 약정이 있다면 이에 따라야 한다"(대판 2000.4.11. 99다12123 : 10회 선택형).

2. 판례에 의한 한도액 제한의 유형

(1) 당사자의 의사

보증책임의 한도액이나 보증기간에 관하여 아무런 정함이 없는 경우에는 보증인은 원칙적으로 변제기에 있는 주채무 전액에 관하여 보증책임을 부담하는 것이나, 그 보증을 하게 된 동기와 목적, 피담보채무의 내용, 거래의 관행 등 제반 사정에 비추어 당사자의 의사가 계약문언과는 달리 일정한 범위의 거래의 보증에 국한시키는 것이었다고 인정할 수 있는 경우에는 그 보증책임의 범위를 '당사자의 의사'에 따라 제한하여 새겨야 한다(대판 1994.6.24. 94다10337).

(2) 신의칙에 반하는 경우의 책임제한

1) 계속적 보증의 경우(예상, 알, 통, 규모)

계속적 보증계약에서 보증인은 변제기에 있는 주채무 전액에 대하여 책임을 지는 것이 원칙이고, 다만 보증 당시 주채무의 액수를 보증인이 예상하였거나 예상할 수 있었을 경우에는 그 예상 범위로 보증책임을 제한할 수 있다 할 것이나, ⅰ) 보증인이 부담할 주채무의 액수가 보증인이 보증 당시 예상했던 범위를 훨씬 상회하고, ⅱ) 채권자가 주채무자의 자산상태가 현저히 악화된 사실을 익히 알면서도(중대한 과실로 알지 못한 경우도 같다), ⅲ) 이를 모르는 보증인에게 아무런 통보 없이, ⅳ) 고의로 거래규모를 확대하여 주채무가 과다 발생하는 등 신의칙에 반하는 사정(소위 채권담보기능의 남용)이 인정되는 경우에 보증인의 책임을 합리적 범위내로 제한할 수 있다고 한다(대판 1995.12.22. 94다42129).

2) 특정채무를 보증하는 일반보증의 경우

"특정채무를 보증하는 일반보증의 경우는 일단 유효하게 성립된 보증계약에 따른 책임을 신의칙과 같은 일반원칙에 의하여 제한하는 것은 자칫 잘못하면 사적 자치의 원칙이나 법적 안정성에 대한 중대한 위협이 될 수 있으므로 신중을 기하여 극히 예외적으로 인정하여야 한다"(대판 2004.1.27. 2003다45410).

(3) 이사직을 사임한 보증인의 책임한도가 재직 중에 생긴 채무의 한도로 한정되는 경우

ⅰ) 그가 이사의 지위 때문에 '부득이' 연대보증을 하게 되었고, ⅱ) 또 회사의 거래상대방이 거래할 때마다 그 거래당시에 회사에 재직하고 있던 이사 등의 연대보증을 '새로이' 받아오는 등의 '특별한 사정'이 없는 한, 이사직을 그만둔 다음이나 그 해지의 의사표시가 있기 전에 이미 대출된 금원에 대해서는 보증책임을 면할 수 없다고 한다(대판 1996.10.29. 95다17533: 표준판례500).

(4) 물상보증이 병존한 경우의 보증인의 책임제한

1) 판 례

判例는 "계속적인 거래관계로부터 장래 발생하는 불특정채무를 보증하는 근보증을 하고 아울러 그 불특정채무를 담보하기 위하여 동일인이 근저당권설정등기를 하여 물상보증도 하였을 경우, 이 근저당권의 피담보채무와 근보증에 의하여 담보되는 주채무가 별개의 채무가 아니면 그와는 달리 근저당권에 의하여 담보되는 채권이 위 근보증에 의하여도 담보되는 것인가의 문제는 계약 당사자의 의사해석 문제이다"(대판 2005.4.29. 2005다3137: 표준판례488)라고 하면서,

① "동일한 사람이 동일 채권의 담보를 위하여 연대보증계약과 근저당권설정계약을 체결한 경우라 하더라도, 연대보증책임의 범위가 근저당권의 채권최고액의 범위 내로 제한되기 위하여는 이를 인정할 만한 **특별한 사정**(예컨대 양자가 동일한 채무를 담보하기 위한 것이고 보증계약과 물상보증계약을 동시에 함께 체결하는 등의 사정이 있는 경우)**의 존재가 입증되어야 한다**"(대판 1993.7.13. 93다17980 등)고 본 判例가 있는가 하면,

② "계속적인 신용거래 관계로부터 장래 발생할 불특정 채무를 보증하기 위해 이른바 보증한도액을 정하여 근보증을 하고 아울러 그 불특정 채무를 담보하기 위하여 동일인이 근저당권설정등기를 하여 물상보증도 한 경우에, 근보증약정과 근저당권설정계약은 별개의 계약으로서 원칙적으로 그 성립과 소멸이 따로 다루어져야 할 것이나, 근보증의 주채무와 근저당권의 피담보채무가 동일한 채무인 이상 근보증과 근저당권은 특별한 사정이 없는 한 동일한 채무를 담보하기 위한 중첩적인 담보로서 근저당권의 실행으로 변제를 받은 금액은 근보증의 보증한도액에서 공제되어야 한다"(대판 2004.7.9. 2003다27160)고 본 判例도 있다.

[관련판례] * 물상보증과 연대보증의 피담보채무의 중첩성이 인정될 경우, 근저당권의 소멸시 연대보증계약도 해지된 것으로 볼 것인지 여부(적극)

"물상보증과 연대보증의 피담보채무의 중첩성이 인정될 경우, 특히 근저당권이 담보하는 피담보채무와 연대보증계약상의 주채무가 동일한 것으로 보아야 할 경우에 달리 특별한 사정이 없는 한 근저당권의 소멸과 동시에 연대보증계약도 해지되어 장래에 향하여 그 효력을 상실한다고 봄이 상당하므로 연대보증인은 위 해지 이전에 발생한 보증채무에 대하여는 연대보증계약을 해지하였다고 하더라도 면제 등의 특별한 사정이 없는 한 그 책임을 면할 수는 없다"(대판 1997.11.14. 97다34808: 표준판례490).

2) 검 토

검토하건대, 계약당사자의 의사가 동일한 법률적 취급을 받으려는 것인지 불분명한 경우에는 연대보증계약과 근저당권설정계약은 원칙적으로 별개의 계약이므로 보증책임의 범위도 독자적으로 정해져야 하는 것이 원칙이며, 예외적으로 예컨대 양자가 동일한 채무를 담보하기 위한 것이고 **보증계약과 물상보증계약을 동시에 함께 체결하는 등의 특별한 사정**이 있는 경우에는 보증책임의 범위는 근저당권의 채권최고액의 범위 또는 담보부동산의 가액 범위 내로 제한될 수 있다고 보는 것이 타당하다. 이런 측면에서 위 2003다27160판결의 경우는 근저당권을 설정받고 그와 별도로 근보증을 하도록 하는 채권자의 의사는 채권의 만족을 보다 확실하게 하려는 것이라는 점에 비추어 타당하지 않다.[4]

Ⅳ. 보증채무의 상속성 제한 [B-86]

계속적 보증의 경우에는, 주채무자와 보증인 사이의 깊은 신뢰관계 내지 정의관계를 기초로 하고 있는데 반해 주채무자와 보증인의 상속인 사이에는 이러한 신뢰관계가 존재하지 않는 것이 보통이므로 반드시 그 상속성을 인정할 필요는 없을 것이다.

따라서 보증기간이나 보증한도액이 정해져 있지 않은 경우에는 그 상속성이 부정되어야 할 것이지만 보증기간이나 보증한도액이 정해져 있는 경우에는 그 상속성을 인정해도 좋을 것이다. 그래서 判例는 보증한도액을 정한 '한정근보증'의 경우에는, 특별한 사정이 없는 한 상속인이 보증인의 지위를 승계하는 것으로 해석한다. 다만 상속이 개시되기 전에 이미 그 보증채무가 구체화된 경우에는 상속인에게 상속되는 것은 당연하다(대판 2001.6.12. 2000다47187).[5]

---

4) 양창수·김형석, '권리의 보전과 담보'(민법 Ⅲ), p.420~421
5) "보증한도액이 정해진 계속적 보증계약의 경우 보증인이 사망하였다 하더라도 보증계약이 당연히 종료되는 것은 아니고 특별한 사정이 없는 한 상속인들이 보증인의 지위를 승계한다고 보아야 할 것이나, 보증기간과 보증한도액의 정함이 없는 계속적 보증계약의 경우에는 보증인이 사망하면 보증인의 지위가 상속인에게 상속된다고 할 수 없고 다만, 기왕에 발생된 보증채

V. 보증인 보호를 위한 특별법 [B-87]

보증에 관하여 민법에 대한 특례를 규정함으로써 대가 없이 '호의로 이루어지는 보증'으로 인한 보증인의 경제적·정신적 피해를 방지하고, 금전채무에 대한 합리적인 보증계약 관행을 확립함으로써 신용사회 정착에 이바지함을 목적(동법 제1조)으로 보증인 보호를 위한 특별법이 제정되어 2008년 9월 22일부터 시행(동법 제3조부터 제8조까지 및 제11조는 이 법 시행 후 최초로 체결하거나 기간을 갱신하는 보증계약부터 적용한다 ; 동법 부칙)되고 있다. 이 법의 중요한 내용은 다음과 같다.

1. 적용범위

그 형식이나 명칭에 관계없이 채무자가 채권자에 대한 금전채무를 이행하지 않은 경우에 보증인이 그 채무를 이행하기로 하는 채권자와 보증인 사이의 계약에 적용되지만, 호의보증으로 보기 어려운 무한책임사원·회사를 실질적으로 지배하는 자 등은 보호대상에서 제외된다(동법 제2조 1호, 2호). 아울러 타인의 채무에 대하여 담보물의 한도 내에서 책임을 지는 물상보증의 경우에는 동법이 적용되지 않는다(대판 2015.3.26. 2014다83142 ; 동법 제2조 1호, 2호 참조 : 9회 선택형).

2. 보증의 방식(동법 제3조 삭제 ; 2016.2.4.시행 민법 부칙 제5조)

민법상의 보증이 낙성계약인 것과 달리 동법은 서면주의를 채택하였다. 우선 보증은 보증인의 기명날인 또는 서명이 있는 서면으로 표시되어야 그 효력이 발생하고, 보증인의 채무를 불리하게 변경하는 경우에도 같다(동법 제3조. 다만 보증인이 보증채무를 이행한 경우에는 그 한도에서 이러한 방식의 결여를 이유로 무효를 주장할 수 없다. 동조 3항). 나아가 근보증에서도 그 보증하는 채무의 최고액을 서면으로 특정하여야 하고, 서면요건을 결여하면 보증계약은 무효이다(동법 제6조).

3. 보증채무 최고액의 특정

보증계약을 체결하거나 갱신할 때 보증채무의 최고액을 특정하여야 한다(동법 제4조). 그런데 여기서의 최고액은 주채무에 대한 이자를 포함한다고 할 것이다(대판 1999.3.23. 98다64639 참조).

4. 근보증

근보증의 경우 '주채무를 발생시키는 범위'를 특정한 계속적 거래계약이나 그 밖의 일정한 종류의 거래로부터 발생하는 채무 또는 특정 원인에 기하여 계속적으로 발생하는 채무로 함으로써 어느 정도로 한정을 하고 있다(동법 제5조).

5. 보증기간

기간의 약정이 없는 보증의 보증기간을 3년으로 제한하고, 보증기간의 갱신에서도 같도록 하는 등 보증인의 변제책임이 무한정 확대되는 것을 방지하고자 한다(동법 제7조). 그리고 보증계약 체결 후 채권자가 보증인의 승낙 없이 채무자에 대하여 변제기를 연장하여 준 경우에 채권자나 채무자는 보증인에게 그 사실을 알려야 하고, 이 경우 보증인은 즉시 보증채무를 이행할 수 있다(동조 4항). 다만 判例는 "보증인보호법 제7조 제1항의 취지는 보증채무의 범위를 특정하여 보증인을 보호하는 것이다. 따라서 이 규정에서 정한 '보증기간'은 특별한 사정이 없는 한 보증인이 보증책임을 부담하는 주채무의 발생기간이라고 해석함이 타당하고, 보증채무의 존속기간을 의미한다고 볼 수 없다"(대판 2020.7.23. 2018다42231)고 판시하여, 제7조 1항에서 정한 3년의 보증기간이 지났다고 해서 보증인의 보증책임이 소멸한다고 볼 수 없다고 하였다.

무만이 상속된다"

제6장 채권양도와 채무인수

제1절 채권양도

요건사실론

■ 양수채권 청구소송

Ⅰ. 소송물

제3자로부터 채권을 양수한 원고가 채무자를 피고로 하여 해당 채권의 채권자로 그 급부의 실현을 구하는 소송이므로 그 소송물은 해당 양수채권의 목적인 '급부를 구하는 청구권'이다. 예를 들어 甲과 乙 사이에 체결된 금전소비대차계약에 기한 대여금반환채권을 A가 甲으로부터 양수한 것으로 A가 乙에게 양수채권을 청구하는 경우의 소송물은 '甲과 乙 사이의 금전소비대차계약에 기한 대여금반환청구권'이다. 양수인이 채권의 귀속주체가 된 경로, 원인은 소송물을 특정하기 위한 요소가 되지 않는다. 부대하여 지연손해금의 지급을 청구할 수 있는 것은 물론이다.

Ⅱ. 청구취지

예를 들어 양수채권이 대여금반환채권인 경우 일반적으로 청구취지는 '피고는 원고에게 10,000,000원 및 이에 대하여 2020. 10. 1.부터 이 사건 소장부본 송달일까지는 연 5%의, 그 다음날부터 완제일까지는 연 12%의 각 비율에 의한 금원을 지급하라.'는 형태가 될 것이다.

Ⅲ. 청구원인

양수금청구의 요건사실은 i) 양수채권의 발생원인사실(甲이 피고에게 돈을 대여해 준 사실), ii) i)의 채권의 취득원인사실(채권양도계약 ; 甲이 원고에게 대여금채권을 양도한 사실), iii) 채무자에 대한 대항요건(甲이 피고에게 양도통지를 하였거나 피고가 승낙한 사실)이다. 즉 양도인의 채무자에 대한 채권양도 통지사실 또는 채무자의 승낙 사실은 양수인에게 증명책임이 있다(대판 1990.11.27. 90다카27662).

Ⅳ. 예상되는 항변

1. **채무자가 양수인에게 항변**

(1) 제449조 1항 단서 또는 제449조 2항(특히 양도금지특약에 대해 양수인에게 악의 또는 중과실 있음을 채무자가 주장, 증명해야)

(2) 제451조 2항 [특히 판례상 양도인에 대한 대항사유(해제, 동시이행의 항변권, 상계적상)가 통지 이후에 발생했지만 통지 전에 기초되는 법률관계가 성립된 경우도 포함]

2. **양수인이 채무자에게 재항변**(제451조 1항에 따른 채무자의 이의를 보류하지 않은 승낙)

3. **채무자가 양수인에게 재재항변**(제451조 1항의 채무자가 양도인에게 대항할 수 있는 사유에 대해 양수인에게 악의 또는 중과실 있음을 채무자가 주장, 증명해야)

※ 양도인이 채무자에게 채권행사시 채무자의 양도인에 대한 항변(제452조 1항)

(제452조의 '양도가 무효'인 사유에는 취소, 해제도 포함)

I. 서 설

[B-88]

1. 개 념

채권양도란 i) 채권의 '동일성'을 유지하면서 ii) 채권자가 '법률행위'에 의하여 iii) '채권'을 새로운 채권자에게 이전하는 종래의 채권자(양도인)와 새로운 채권자(양수인) 사이의 계약을 말한다.

(1) 채권의 동일성 유지

① 채권양도는 채권의 '동일성'이 유지되므로 그 채권에 종된 권리(변제기 미도래의 이자채권, 위약금채권, 보증채권, 동시이행항변권 등)도 당연히(양도행위 없이) 이전된다. 다만, 채권양도는 '계약인수(채권자의 지위 양도)'와는 구별되므로 채권자의 지위에 기하여 인정되는 취소권·해제권 등은 채권양도가 있더라도 여전히 '양도인'이 행사할 수 있다.

② [보증채무] 보증채무는 주채무에 대한 부종성 또는 수반성이 있어서 주채무자에 대한 채권이 이전되면 당사자 사이에 별도의 특약이 없는 한 보증인에 대한 채권도 함께 이전하고(그러나 이미 변제기가 도래한 지분적 이자채권과 같이 이미 독립성을 취득한 권리는 다른 의사표시가 없는 한 양수인에게 이전되지 않는다), 이 경우 채권양도의 대항요건도 주채권의 이전에 관하여 구비하면 족하고, **별도로 보증채권에 관하여 대항요건을 갖출 필요는 없다**(대판 2002.9.10. 2002다21509 : 3회,4회,8회 선택형). [12회 기록형, 24법무]

③ [담보물권] 그러나 그 채권에 담보물권이 있는 경우에는 채권의 양도 외에 그 담보물권의 이전에 필요한 요건(유치권과 질권의 경우 점유의 이전, 저당권의 경우 등기)을 따로 갖추어야 한다.

(2) 법률행위에 의한 채권의 이전

채권양도는 '법률행위'에 의한 채권의 이전이라는 점에서 법률의 규정에 의한 채권의 이전(제399조의 손해배상자의 대위, 제481조의 변제자대위 등)이나 재판에 의한 채권의 이전(강제집행의 일환으로 내리는 민사집행법 제229조의 전부명령)과 구별된다.

2. 법적 성질

(1) 처분행위

① 지명채권의 양도란 채권의 귀속주체가 법률행위에 의하여 변경되는 것으로서 이른바 '준물권행위 내지 처분행위'의 성질을 가지므로, 그것이 유효하기 위하여는 양도인이 그 채권을 처분할 수 있는 권한을 가지고 있어야 한다. 처분권한 없는 자가 지명채권을 양도한 경우 특별한 사정이 없는 한 채권양도로서 효력을 가질 수 없으므로 양수인은 그 채권을 취득하지 못한다(대판 2016.7.14. 2015다46119: 표준판례524).

② [무권리자의 처분행위(채권양도)] 따라서 "양도인이 지명채권을 제1양수인에게 1차로 양도한 다음(담보목적의 경우도 신탁적 양도설에 따라 마찬가지) 제1양수인이 확정일자 있는 증서에 의한 대항요건을 갖추었다면 채권이 제1양수인에게 이전하고 양도인은 채권에 대한 처분권한을 상실하므로, 그 후 양도인이 동일한 채권을 제2양수인에게 양도하였더라도 제2양수인은 채권을 취득할 수 없다. 또한 제2차 양도계약 후 양도인과 제1양수인이 제1차 양도계약을 합의해지한 다음 제1양수인이 그 사실을 채무자에게 통지함으로써 채권이 다시 양도인에게 귀속하게 되었더라도 양도인이 처분권한 없이 한 제2차 양도계약이 채권양도로서 유효하게 될 수는 없으므로, 그로 인하여 제2양수인이 당연히 채권을 취득하게 된다고 볼 수는 없다"(대판 2016.7.14. 2015다46119: 표준판례524 : 11회,13회 선택형) [8회 기록형]

[사실관계] 위 2015다46119판결에 따르면 임차인 甲이 다른 채무를 담보하기 위하여 임대인 乙에 대한 임차보증금반환채권을 丙에게 양도하고 2012.10.24.자 확정일자 있는 증서로 乙에게 통지하여 2012.10.26. 乙에게 도달한 경우, 이미 甲은 당해 채권에 대한 처분권한을 상실하였으므로 그 후 甲이 동일한 채권을 丁에

게 양도하고 2013.4.25.자 확정일자 있는 증서로 乙에게 통지하여 2013.4.27. 乙에게 도달한 경우라도 丁은 채권을 취득할 수 없다고 하며, 이는 만약 2013.5.30. 甲과 丙이 당해 양도계약을 적법하게 합의해지한 다음 丙이 그 사실을 乙에게 통지함으로써 채권이 다시 甲에게 귀속하게 되었더라도 그로 인하여 丁이 채권을 취득하는 것은 아니라고 한다.

(2) 원인행위(의무부담행위, 채권행위)와의 관계

① 채권양도는 처분행위에 속하므로, 의무부담행위(원인행위, 채권행위 ; 채권의 매매나 증여계약, 변제, 대물변제, 담보목적 등)와 구별된다. 그런데 대부분 의무부담행위가 채권양도의 기초로 되어 있고, 많은 경우에 채권양도는 이러한 의무부담행위와 동시에 이루어진다(예컨대 채권의 매매에는 채권의 양도도 포함된 것이고 따로 채권양도계약을 맺지는 않는다. 다만 매매 당시 양도할 채권이 특정되지 않은 때에는 나중에 따로 채권양도계약을 맺어야 할 경우도 있을 수 있다).

② 그러나 **채권양도와 의무부담행위는 개념상 구별되어야** 한다(아래 2010다100711). 여기서 물권행위와 마찬가지로 채권양도의 유인성 여부가 문제되는바, 통설은 거래의 안전을 중시하여야 하는 증권적 채권의 양도(지시 · 무기명채권 등)는 무인성을 인정하는 반면, **지명채권의 양도는 채권양도와 원인행위가 하나의 행위로 함께 이루어지는 것이 보통이므로 당사자의 의사를 고려하여 무인성이 인정되지 않는다고** 본다(즉 그 원인행위가 무효, 취소 등으로 실효되면 채권양도도 무효로 된다)(아래2010다100711판결 참고).

③ 주의할 점은 **채권양도의 유인성은 채권양도계약을 중심으로 하여 그 당사자**(양도인과 양수인) **사이에서 발생하는 문제라는 점이다.** 즉 양수인과 채무자와의 관계에서는 그 직접적인 적용이 없다. 채권은 그 동일성을 유지하면서 양수인에게 이전하는 것이므로, 채무자는 양도인(채권자)에 대해 가지는 그 채권에 관한 항변사유로써 양수인에게 대항할 수 있을 뿐이다(제451조 참조).

따라서 判例는 **담보목적의 채권양도**(채권의 양도담보)와 관련하여 "채권양도가 다른 채무의 담보조로 이루어졌으며 또한 그 채무가 변제되었다고 하더라도, 이는 채권양도인과 양수인 간의 문제일 뿐이고, 양도채권의 채무자는 채권양도 · 양수인 간의 채무소멸 여하에 관계없이 양도된 채무를 양수인에게 변제하여야 하는 것이므로, 설령 그 피담보채무가 변제로 소멸되었다고 하더라도 양도채권의 채무자로서는 이를 이유로 채권양수인의 양수금청구를 거절할 수 없다"(대판 1999.11.26. 99다23093: **표준판례**505 : 핵심사례 B–11.참고)고 한다. **[13회 사례형]**

■ 채권양도에서 독자성과 무인성 문제   대판 2011.3.24. 2010다100711

사실관계 | 원심은 당해 채권양도는 A주식회사가 건축하여 분양한 아파트의 세대별 실평수 부족 또는 시공상 하자 등의 문제를 해결하기 위하여 원고들이 아파트의 소유자 또는 입주자 등 중에서 일정한 사람들로써 구성된 피고에게 관련 권한을 위탁하기로 하여 A주식회사에 대한 원고들의 하자보수청구권 · 손해배상청구권 등을 양도한 것으로서(즉, **채권자가 채권의 추심을 위임하고 채권을 양도한 경우**) "위임계약과 이에 따른 채권양도계약은 전체로 보아 위임의 성질을 가진다"고 보고, 따라서 원고들은 제689조 1항에 따라 이들 계약을 모두 해지할 수 있다고 판단하였다.

판례의 태도 | "ⅰ) 처분행위(준물권행위)로서의 '**채권양도계약**'과 채권양도의 의무를 발생시키는 것을 내용으로 하는 '**양도의무계약**'은 실제거래에서는 한꺼번에 일체로 행하여지는 경우가 적지 않으나, 그 법적 파악에 있어서는 **구별되어야 하는 별개의 독립한 행위**이다. ⅱ) 그러므로 양도의무계약에 관한 민법상의 임의 규정은 채권양도계약에는 적용되지 않는다. 즉 채권양도계약에 위임의 규정을 바로 적용하여 그에 의해 채권양도계약을 해지할 수는 없다. ⅲ) 원인행위인 위임을 해지한 경우, (그것은 채권양도계약에도 효력을 미쳐) 채권은 양도인에게 복귀한다. 이 경우 양수인은 위임계약의 해지로 인하여 양도인에 대하여 부담하는 원상회복의무(이는 계약의 효력불발생에서의 원상회복의무 일반과 마찬가지로 부당이득반환의무의 성질을 가진다)의 한 내용으로 채무자에게 이를 통지할 의무를 부담한다"(대판 2011.3.24. 2010다100711 : **2회 선택형**).

사안의 해결 | 대법원은 원심이 채권양도계약에 채권계약의 일종인 위임의 효과에 관한 위 법규정을 바로 적용하여 그에 의하여 채권양도계약을 해지할 수 있다고 본 것은 잘못이라고 할 것이나, 위임계약이 원심 판시와 같은 사유로 적법하게 해지됨으로써 양수인인 피고가 채권 귀속의 원상회복이라는 의미에서 '채권양도의 해지'를 채무자인 A주식회사에 대하여 통지할 의무를 부담한다고 판단한 결론에 있어서는 정당하다고 판시하였다.

Ⅱ. 지명채권의 양도성 [B-89]

제449조 (채권의 양도성) ① 채권은 양도할 수 있다. 그러나 채권의 성질이 양도를 허용하지 아니하는 때에는 그러하지 아니하다. ② 채권은 당사자가 반대의 의사를 표시한 경우에는 양도하지 못한다. 그러나 그 의사표시로써 선의의 제3자에게 대항하지 못한다.

1. 원 칙

지명채권이란 채권자가 특정되어 있는 채권을 말하며, 그 성립·양도를 위해서 채권증서의 작성·교부를 필요로 하지 않는다. 즉, 낙성불요식의 계약이며 양도통지와 승낙도 대항요건일 뿐 성립요건이 아니다. 이러한 지명채권은 원칙적으로 양도할 수 있다(제449조 1항 본문).

2. 예 외

(1) 채권의 성질이 양도를 허용하지 않는 경우(제449조 1항 단서) [B-89a]

① 채권자가 변경되면 급부내용이 전혀 달라지는 채권(부작위채권), ② 채권자가 변경되면 채권의 행사방법에 큰 차이가 생기는 채권(제610조 2항·제629조 1항·제657조 1항 참조), ③ 특정의 채권자와의 사이에서 결제되어야 할 채권(상호계산에 산입된 채권), ④ 주된 채권에 종된 채권(보증채권은 주채권과 분리해서 따로 양도할 수 없다)(14회 선택형)등이 이에 해당한다. 논란의 여지가 있는 채권은 아래와 같다.

1) 장래채권의 양도

가) 문제점

장래채권의 양도란 장래채권을 현재 확정적으로 양도하는 것을 말한다(대표적으로 임대차존속 중 임대차보증금반환채권의 양도 : 핵심사례 C-7.참고). 법률행위에 있어서 대상의 현존은 처분행위의 성립요건이 아니라 효력발생요건에 불과하기 때문에 일반적으로 장래의 권리를 현재 처분하는 것은 허용되나, 어떠한 요건 하에 그 처분을 허용할 것인지 문제된다.

[심화] 이러한 장래채권의 양도는 장래채권의 귀속주체가 현재 확정적으로 변경되는 것이기 때문에, 장래채권을 일정한 사유발생을 정지조건으로 하여 양도하는 것(대판 2002.8.23. 2001다69122 참고)[1]과는 구별하여야 한다. 조건부 채권양도의 경우에는 합의 직후 채무자에게 통지하더라도 대항요건을 갖춘 것으로 되지 않는다. 이는 채권양도의 효력이 생기기 전에 한 통지(사전통지)로서 원칙적으로 무효이기 때문이다. 그래서 조건이 성취된 뒤에 통지하여야 하고, 그때 대항요건을 갖춘 것이 된다. 반면에 확정적 채권양도의 경우에는 곧바로 채권양도의 효력이 생기기 때문에(즉 곧바로 채권의 귀속주체가 변경된다) 그 직후 채무자에게 통지

---

[1] "전세권은 전세금을 지급하고 타인의 부동산을 그 용도에 따라 사용·수익하는 권리로서 전세금의 지급이 없으면 전세권은 성립하지 아니하는 등으로 전세금은 전세권과 분리될 수 없는 요소일 뿐 아니라, 전세권에 있어서는 그 설정행위에서 금지하지 아니하는 한 전세권자는 전세권 자체를 처분하여 전세금으로 지출한 자본을 회수할 수 있도록 되어 있으므로 전세권이 존속하는 동안은 전세권을 존속시키기로 하면서 전세금반환채권만을 전세권과 분리하여 확정적으로 양도하는 것은 허용되지 않는 것이며, 다만 전세권 존속 중에는 장래에 그 전세권이 소멸하는 경우에 전세금 반환채권이 발생하는 것을 조건으로 그 장래의 조건부 채권을 양도할 수 있을 뿐이다"

하여 대항요건을 갖출 수 있다. 통지 시점에 채권이 아직 발생하지 않은 경우에도 마찬가지이다. 거래의 실제에서 장래채권의 양도가 이루어지는 경우는 ① 장래의 급료채권, 장래의 차임채권, 아직 공사가 완성되지 아니한 상태에서의 공사대금채권의 양도(대판 1996.7.30. 95다7932), ② 임대차보증금반환채권, 계약해제시 발생하는 원상회복채권의 양도(대판 1997.7.25. 95다21624), ③ 집합채권의 포괄적 양도(대부분의 경우 장래채권이 포함), 예컨대 카드회사의 이용대금채권 양도, 리스회사의 이용료채권 양도 등 ④ 소유권유보거래에서 유보목적물이 정당한 영업범위 내에서 제3자에게 처분되었을 때 그로부터 발생하는 채권에도 당연히 소유권 유보의 효력이 미치도록 하는 이른바 '연장된 소유권유보'가 약정된 경우 등이 있다

나) 판 례 [1회 사례형]

判例는 "장래의 채권도 양도 당시 i) 기본적 채권관계가 어느 정도 확정되어 있어 그 권리의 특정이 가능하고, ii) 가까운 장래에 발생할 것임이 상당한 정도 기대되는 경우에는 이를 양도할 수 있다"(대판 1996.7.30. 95다7932)고 하고, "채권양도에 있어 사회통념상 양도 목적 채권을 다른 채권과 구별하여 그 동일성을 인식할 수 있을 정도이면 그 채권은 특정된 것으로 보아야 할 것이고, 채권양도 당시 양도 목적, 채권액이 확정되지 아니하였다 하더라도 채무의 이행기까지 이를 확정할 수 있는 기준이 설정되어 있다면 그 채권의 양도는 유효한 것으로 보아야 한다"(대판 1997.7.25. 95다21624)고 한다. 참고로 이러한 법리는 장래의 채권에 대한 채권압류 및 전부명령이 유효하기 위한 요건으로도 통용되고 있다(대판 2002.11.8. 2002다7527 : 즉 판례는 장래 채권의 압류·전부 문제와 장래 채권의 양도 문제를 동일선상에서 이해하고 있다).

[임대차종료 전 보증금반환채권의 양도] 임대차보증금반환채권은 임대차기간이 종료해야 비로소 발생하며 그 액수도 임차목적물을 반환할 때까지의 임대차와 관련된 모든 손해를 공제한 것이 되므로, '임대차보증금반환채권은 불확정한 장래의 채권'으로 그 성질상 양도가 제한되는 것은 아닌지가 문제된다. 그러나 위 判例의 요건에 비추어 보면 i) 임대차보증금반환채권은 임대차계약의 종료시에 임차목적물을 반환할 때까지 임대차에 관해 생긴 임대인의 손해를 공제하고 발생하므로 그 발생의 기초가 특정되어 있고, ii) 거래 실정상 임대차보증금반환채권은 임차인이 가지는 중요한 재산이기 때문에 임차인이 이러한 투하자본을 활용하는 것을 막아서는 안 될 것이며, iii) 임차보증금의 수액이 불확정하다는 사정은 그 양수인이 이를 감수했다고 보아야 할 것이므로 임대차보증금반환채권은 임대기간 중 자유롭게 양도할 수 있다고 할 것이다(통설).

2) 전세금반환채권의 분리양도 가능성(D-95.참고)

3) 매매에 기한 소유권이전등기청구권(D-36.참고)

(2) 당사자가 양도금지특약을 한 경우(제449조 2항 본문)   [B-89b]

당사자, 즉 채권자와 채무자의 양도금지의 의사표시에 의하여 채권은 그 양도성을 상실한다. 그러나 양도금지의 특약은 선의의 제3자에게 대항할 수 없다(제449조 2항 단서).

1) 제449조 2항 단서의 선의의 제3자의 범위

① 제449조 2항 단서의 선의의 제3자의 범위에 관하여 判例는 선의의 양수인이 보호받기 위해서는 선의이며, 중과실이 없어야 한다고 하며, 양수인의 악의 또는 중과실에 대한 증명책임은 채권양도금지특약으로 채권양수인에게 대항하려는 자(채무자)가 부담한다고 한다(대판 2003.1.24. 2000다5336, 5343: 표준판례507 대판 2019.12.19. 전합2016다24284: 표준판례508 : 3회,5회,8회,10회,11회,12회 선택형). [21법무] 그리고 채권증서에 양도금지의 기재가 있는 경우에 그것만으로는 양수인의 악의나 중과실을 추단할 수 없다고 한다(대판 2000.4.25. 99다67482).[2]

---

2) [관련판례] 그러나 "은행거래에서 발생하는 채권인 예금채권에 관한 법률관계는 일반거래약관에 의하여 규율되어 은행은 일반거래약관인 예금거래기본약관에 각종의 예금채권에 대하여 그 양도를 제한하는 내용의 규정을 둠으로써 예금채권의 양도를 제한하고 있는 사실은 적어도 은행거래의 경험이 있는 자에 대하여는 널리 알려진 사항에 속한다 할 것이므로, 은행거래의 경험이 있는 자가 예금채권을 양수한 경우 특별한 사정이 없는 한 예금채권에 대하여는 양도제한의 특약이 있음을 알았다고 할 것이고, 그렇지 않다 하더라도 알지 못한 데에 중대한 과실이 있다고 보아야 한다"(대판 2003.12.12. 2003다44370 : 2회 선택형).

[판례검토] 채권은 양도할 수 있는 것이 원칙임에 비추어 무과실까지 요구하는 것은 타당하지 않고, 중과실은 악의와 동일하게 다루어도 무방하기 때문에 判例의 태도가 타당하다.

② 악의의 양수인으로부터 다시 선의로 양수한 전득자도 위 조항에서의 선의의 제3자에 해당한다. 또한 이러한 선의의 양수인으로부터 다시 채권을 양수한 전득자는 선의·악의를 불문하고 채권을 유효하게 취득한다(엄폐물의 법칙 ; 대판 2015.4.9. 2012다118020 : 표준판례509 : 5회,9회,10회,13회 선택형). **[12회 기록형, 18입법, 21법무]**

2) 양도금지특약에 위반된 양도에 대하여 채무자가 사후에 승낙한 경우(무효행위의 추인)

判例에 따르면 양도금지특약에 위반한 채권의 양도는 원래 무효이지만 채무자의 '승낙'으로 '추인'이 되므로 '장래에 향하여' 채권양도의 효력이 발생한다(제139조 참조)(대판 2000.4.7. 99다52817). 즉, 이러한 사후승낙은 양도금지특약에 대한 물권적 효과설에 따르면 무효행위의 추인이고, 무효행위의 추인은 새로운 법률행위로 보므로(제139조 단서) 소급효가 발생하지 않는다.

3) 양도금지특약이 있는 채권을 압류할 수 있는지 여부(적극) [09사법]

양도금지특약이 있는 채권이라도 개인의 의사표시로써 압류금지재산을 만들어내는 것은 채권자를 해하는 것이 되어 부당하기 때문에, '악의'의 채권자라도 압류 및 전부명령에 의해 채권을 취득할 수 있다(대판 2003.12.11. 2001다3771 : 표준판례506 : 8회,10회,14회 선택형). 나아가 전부채권자로부터 다시 그 채권을 양수한 자가 그 특약의 존재를 알았거나 중대한 과실로 알지 못하였다고 하더라도 제3채무자는 위 특약을 근거로 채권양도의 무효를 주장할 수 없다(엄폐물의 법칙)(대판 2003.12.11. 2001다3771 : 표준판례 506 : 7회,11회 선택형).

(3) 법률이 양도를 금지하고 있는 경우 [B-89c]

① 채권자 자신에게만 변제하게 할 필요가 있는 채권에 대해서는 법률에서 명문으로 그 양도를 금지하고 있다. 민법상 약혼해제로 인한 위자료청구권(제806조 3항)·이혼으로 인한 위자료청구권(제843조)·파양으로 인한 위자료청구권(제908조)·부양청구권(제979조) 등이 그러하다. '**법률에 의해 양도가 금지되는 채권**'은 이를 압류하지 못하고, 압류(및 전부명령)하더라도 그것은 무효이다.

② 그러나 반대로 '**법률에서 압류가 금지되는 채권**'으로 정하였더라도(민사집행법 제246조), 그것이 채권자의 의사에 의해 스스로 처분(양도)하는 것까지 금지하는 것은 아니므로 그 양도는 유효하다(대판 1990.2.13. 88다카8132). 종래 임금채권의 양도성이 문제되었는데, 임금채권의 양도를 직접 금지하는 법규가 없기 때문에 양도는 가능하다는 것이 判例의 입장이다. 그러나 임금의 직접지급 원칙(근로기준법 제43조 1항) 때문에 그 지급은 양도인에게 하여야 한다(대판 1998.12.13. 전합87다카2803). **[21법무]**

Ⅲ. 지명채권양도의 대항요건 [B-90]

1. 의 의

지명채권의 양도는 양도인과 양수인 사이의 '채권양도계약'에 의해 성립한다. 따라서 채권양도에 관여하지 않는 채무자와 제3자는 채권양도의 사실을 알지 못하기 때문에 불측의 손해를 입는 경우가 있다. 이에 대한 보호방법으로 민법은 '대항요건주의'를 취하고 있는바, "채권양도는 처분행위로서 양도계약만으로써 채권 자체가 동일성을 유지하면서 양도인으로부터 양수인에게 바로 이전하지만"(대판 1999.4.15. 97도666), 이를 채무자 또는 제3자에게 '대항'하기 위해서는 통지 또는 승낙을 요구한다(제450조).[3]

---

3) **[관련판례]** 채권양도 후 대항요건을 갖추기 전에 채권양도인은 채무자의 제3채무자에 대한 채권에 대하여 채권가압류 등의 보전조치를 취할 수 있고, 이러한 채권가압류에 기하여 채권양도인이 배당절차에서 배당을 받은 경우 배당은 유효하다(대판

2. 제450조의 규정의 취지 및 성격

① 채무자에 대한 대항요건으로 통지, 승낙을 요구하는 취지(제450조 1항)는 채무자의 이중변제를 막기 위한 양수인의 '채권행사의 요건'에 관한 것이고, ② 제3자에 대한 대항요건으로 확정일자를 추가적으로 요구(제450조 2항)하는 취지는 예컨대 채권의 이중양도에서 누구를 채권자로 할 것인지를 정하는 '채권귀속의 기준'에 관한 것이다. 즉 채권의 이중양도의 경우 채권자와 채무자가 통모하여 채권양도의 일자를 소급함으로써 제3자의 권리를 해하는 것을 방지하려는데 그 취지가 있다.

따라서 전자의 경우는 채무자의 이익을 보호하는 데에 목적이 있으므로 임의규정으로서 채권자와의 특약으로 대항요건이 필요 없는 것으로 정할 수 있으나(대판 1987.3.24. 86다카908), 후자는 채권의 귀속을 정하는 것으로서 강행규정에 속한다.

3. 채무자에 대한 대항요건 (제450조 1항) [B-90a]

> 제450조 (지명채권양도의 대항요건) ① 지명채권의 양도는 양도인이 채무자에게 통지하거나 채무자가 승낙하지 아니하면 채무자 기타 제3자에게 대항하지 못한다. ② 전항의 통지나 승낙은 확정일자 있는 증서에 의하지 아니하면 채무자이외의 제3자에게 대항하지 못한다.

[쟁점 11] 채무자에 대한 대항요건 ▼

I. 채무자에 대한 통지 [B13-1]

1. 통지의 법적 성질

통지란 채권양도의 사실을 알리는 행위로서 그 법적 성질은 '관념의 통지'이며, 채무자에게 도달한 때 그 효력이 생긴다.

2. 당사자 [B13-1a]

통지는 '양도인'이 채무자에 대해 해야 하고, 양수인에 의한 통지는 그 효력이 생기지 않는다. 따라서 양수인은 양도인을 '대위'하여도 통지하지 못하나(제404조 참조), **양도인으로부터 통지의 대리권을 수여받아 양수인이 '대리행위'로서 통지하는 것은 무방하다**(아래 2003다43490). 통지는 채무자에게 하므로 채권자가 연대채무자에 대한 채권을 양도하는 경우에는 연대채무자 전원에 대해 통지하여야 한다. 그러나 보증채무의 경우에는 '부종성'의 성질상 채권자가 채권양도의 주채무자에게 통지하면 보증인에 대해서는 따로 통지하지 않더라도 보증인에게 대항할 수 있다(대판 2002.9.10. 2002다21509 : 3회,4회,8회,13회 선택형).
[12회 기록형, 12법무, 21법행]

> [관련판례] ❋ 대리인에 의한 채권양도통지의 한계
> ① 대법원은 양수인이 양도인으로부터 위임을 받아 양도인의 대리인임을 표시하지 아니하고 양수인 자기 명의로 양도통지를 하였으나, ⅰ) 채권양도통지서 자체에 양수받은 채권의 내용이 기재되어 있고, ⅱ) 채권양도양수계약서가 위 통지서에 별도의 문서로 첨부되어 있으며, ⅲ) 채무자로서는 양수인에게 채권양도통지 권한이 위임되었는지 여부를 용이하게 알 수 있었다는 사정 등을 종합하여 제115조 단서에 의한 묵시적 현명이 있었다고 보아 "채권양수인 명의의 채권양도 통지가 유효하다"고 판단하였다(대판 2004.2.14. 2003다43490: 표준판례510).

2019.5.16. 2016다8589).

② 다만 최근 대법원은 "특히 양수인에 의하여 행하여진 채권양도의 통지를 대리권의 '묵시적' 수여의 인정 및 현명원칙의 예외를 정하는 민법 제115조 단서의 적용이라는 이중의 우회로를 통하여 유효한 양도통지로 가공하여 탈바꿈시키는 것은 법의 왜곡으로서 경계하여야 한다"(대판 2011.2.24. 2010다96911: 표준판례511)고 판시하고 있다.

[판례검토] 묵시적 현명에 따른 대리통지를 유효하다고 보기 위해서는 양도인이 한 채권양도의 통지만이 대항요건으로서의 효력을 가지게 한 뜻이 훼손되지 아니하도록 엄격히 해석될 필요가 있다.

3. 시 기

채권양도가 있기 전에 미리 하는 '사전통지'는 채무자로 하여금 양도의 시기를 확정할 수 없는 불안한 상태에 놓이게 하므로 원칙적으로 허용될 수 없다(대판 2000.4.11. 2000다2627: 표준판례525). 다만, 이는 채무자를 보호하기 위하여 요구되는 것이므로 사전통지가 있더라도 채무자에게 법적으로 아무런 불안정한 상황이 발생하지 않는 경우에까지 그 효력을 부인할 것은 아니라 할 것이다(대판 2010.2.11. 2009다90740: 표준판례526 : 채권양도인의 확정일자부 채권양도통지와 채무자의 확정일자부 채권양도승낙이 모두 있은 후에 채권양도계약이 체결된 사안에서, 실제로 채권양도계약이 체결된 날 위 채권양도의 제3자에 대한 대항력이 발생한다고 본 사례).

4. 통지의 도달

채권양도의 통지는 채무자에게 도달됨으로써 효력이 발생하는 것이고, 여기서 도달은 보다 탄력적인 개념으로서 민사소송법상의 송달에서와 같은 엄격함은 요구되지 아니하므로 민사소송법상의 송달에 관한 규정에서 송달장소로 정하는 채무자의 주소·거소·영업소 또는 사무소 등에 해당하지 아니하는 장소에서라도 채무자가 사회통념상 그 통지의 내용을 알 수 있는 객관적 상태에 놓여졌다고 인정됨으로써 족하다(대판 2010.4.15. 2010다57 : 7회 선택형).

5. 통지의 철회

양수인의 동의가 없으면 양도인은 채권양도의 통지를 철회하지 못한다(제452조 2항).

6. 통지의 효과   [B13-1b]

(1) 제451조 2항

① [통지 전에 생긴 사유] 채권의 양도에 의해 양도인에 대한 채무자의 지위가 달라질 것은 아니므로, 채무자는 그 '통지를 받은 때까지' 양도인에 대하여 생긴 사유(채무의 불성립·무효·취소·동시이행의 항변·기한의 유예·채권의 소멸 등)로써 양수인에게 대항할 수 있다(제451조 2항).[4]

② [기초되는 법률관계가 통지 전에 이미 존재한 경우] 다만, 대항사유 자체는 통지 뒤에 생겼더라도 그 '사유 발생의 기초가 되는 법률관계'가 통지 전에 이미 존재하였다면 이는 '계약 자체에 처음부터 내재하는 고유한 위험'이라고 볼 수 있으므로 그 대항사유로써 양수인에게 대항할 수 있다(14회 선택형).

그러나 통지를 받은 후부터는 양수인만이 채권자로 되므로, '통지 이후'에 양도인에 대하여 생긴 사유로는 양수인에게 대항하지 못한다. 그래서 判例는 임차보증금반환채권의 양도 통지 후 임대차계약의 갱신이나 연장에 관한 합의는 양수인에게 그 효력이 없다고 한다(대판 1989.4.25. 88다카4253 : 4회,8회 선택형 : 핵심사례 B-7.참고). [1회 사례형, 08법행] 왜냐하면 임대차계약의 합의갱신 등은 채권양도 통지 후에 발생한 '새로운' 계약이라고 볼 수 있으므로, 계약 자체에 처음부터 내재하는 고유한 위험이라고 볼 수 없기 때문이다.

---

4) [관련판례] 判例는 기존채무의 지급을 위해 수표를 교부받은 채권자가 그 수표와 분리하여 기존 원인채권만을 양도한 경우, 채무자는 수표금이 지급되었다는 사유로써 기존채무의 소멸을 양수인에게 주장할 수 있다고 한다(대판 2003.5.30. 2003다13512).

1) **대금채권이 양도되어 양도통지를 받은 후에 채권양도의 기초가 되는 계약(매매계약)이 채권양도인의 채무불이행으로 해제된 경우**(핵심사례 C-3.참고)

㉠ 채권의 양수인은 제548조 1항 단서가 정한 제3자에 해당하지 않으므로 채무자는 해제로서 양수인에게 대항할 수 있다. ㉡ 양도인의 채무불이행 및 그에 따른 채무자의 해제권 행사라는 사정이 양도 통지 이후에 발생하였다 하더라도 채권양도의 기초가 되는 계약이 일방의 채무불이행으로 해제될 수 있다는 것은 계약 자체에 내재하는 고유한 위험이고, 그 해제권 발생의 기초가 되는 계약은 통지 전에 이미 성립하였기 때문에 이는 제451조 2항의 양도통지를 받기 전에 생긴 사유에 해당한다. 따라서 채무자는 해제로써 양수인에게 대항할 수 있으므로 채무자가 양수인에게 이미 지급한 급부가 있다면 원상회복으로 반환을 청구할 수 있다(대판 2003.1.24. 2000다22850 참고 ; C-23c 참고 : **6회,10회 선택형**).

[비교판례] 제548조 제1항 단서에서 규정하는 제3자라 함은 그 해제된 계약으로부터 생긴 법률적 효과를 기초로 하여 새로운 이해관계를 가졌을 뿐 아니라 등기·인도 등으로 완전한 권리를 취득한 자를 지칭하는 것이고, 계약상의 채권을 양도받은 양수인은 특별한 사정이 없는 이상 이에 포함되지 않는다. 아파트 분양신청권이 전전매매된 후 최초의 매매 당사자가 계약을 '합의해제'한 경우, 그 분양신청권을 전전매수한 자는 설사 그가 백지 매도증서, 위임장 등 제반 서류를 소지하고 있다 하더라도 완전한 권리를 취득한 것이라고 할 수 없고, 또한 매매계약을 합의해제한 다음 이를 회수하지 아니하였다고 하여 그에 대하여 매매계약의 해제를 주장할 수 없는 것은 아니라고 한 사례(대판 1996.4.12. 95다49882: **표준판례516** : 채무불이행에 의한 해제가 아닌 합의해제인 경우에는 계약자체에 내재하는 고유한 위험이 아니므로 제451조 제2항의 양도통지를 받기 전에 발생한 사유에 해당하지 않는다는 점에 의의가 있는 판결).

2) **임차보증금반환채권이 양도되어 양도통지를 받은 후 임대차가 종료한 경우**(핵심사례 B-7.참고)

이 경우 임대인(채무자)은 양수인의 임차보증금반환청구에 대하여 양도인의 목적물반환과 동시이행의 항변으로 양수인에게 대항할 수 있다(제451조 2항). 왜냐하면 이때 동시이행항변권 자체는 임대차가 종료한 때 즉 위 채권양도 통지 뒤에 생긴 것이지만, 그 발생의 기초가 되는 법률관계인 임대차계약은 통지 전에 이미 존재하고 있었기 때문이다. [**1회 사례형**]

3) **통지 이후 채무자의 양도인에 대한 자동채권의 변제기가 도래하는 경우 상계로 양수인에게 대항할 수 있는지 여부**(핵심사례 B-12.참고)

가) 문제점

통지의 당시에 채무자가 양도인에 대한 반대채권(자동채권)을 가지고 있었으나 아직 변제기 미도래로 상계적상에 있지 않았는데, 통지 후에 자동채권의 변제기가 도래한 경우에 채무자가 상계로써 양수인에게 대항할 수 있는지 즉 이 경우 채무자의 상계권이 제451조 2항의 양도통지를 받기 전에 생긴 사유에 해당하는지 문제된다.

나) 판 례 [**1회·4회 사례형**]

'승낙'의 경우와 관련하여 判例는 "채권양도에 있어서 채무자가 양도인에게 이의를 보류하지 아니하고 승낙을 하였다는 사정이 없거나 또는 이의를 보류하지 아니하고 승낙을 하였더라도 양수인이 악의 또는 중과실의 경우에 해당하는 한, 채무자의 승낙 당시까지 양도인에 대하여 생긴 사유로써 양수인에게 대항할 수 있다고 할 것인데, 승낙 당시 이미 상계를 할 수 있는 원인이 있었던 경우에는 아직 상계적상에 있지 아니하였다 하더라도 그 후에 상계적상이 생기면 채무자는 양수인에 대하여 상계로 대항할 수 있다"(대판 1999.8.20. 99다18039: **표준판례513**)고 판시하고 있는데, 判例사안은 자동채권의 변제기가 수동채권의 변제기보다 앞선 사안이어서 정확히 어떠한 입장인지는 분명하지 않다.[5)6)]

---

5) [학설] ① 채무자가 관여할 수 없는 채권양도에 의하여 채무자의 법적 지위가 달라져서는 안 된다는 점, 즉 통지를 대항요건으로 하는 채권양도에 의하여 채무자를 통지 이전보다 불이익한 지위에 놓아서는 안 되기 때문에 이때에도 아무런 제한 없이

다) 검 토
① 채무자가 상계를 통해 달성하고자 하는 우선변제적 효과에 대한 합리적 기대와 양수인에게 예기치 못한 상계항변으로 인한 채권상실의 위험을 적절히 조화한다는 측면에서 채무자의 양도인에 대한 반대채권(자동채권)의 변제기가 양도채권(수동채권)의 변제기보다 나중에 도래하는 경우에는 채무자의 상계항변이 허용되지 않는다고 할 것이다(제한설 또는 변제기선도래설).
② 한편, 양도통지가 있은 후에 채무자가 반대채권을 취득하였다면, 양수인에 대하여 상계를 가지고 대항할 수 없음은 당연하다(대판 1984.9.11. 83다카2288). **[1회 사례형]** 그러나 주의할 것은 채무자의 채권양도인에 대한 자동채권이 발생하는 기초가 되는 원인이 양도 전에 이미 성립하여 존재하고 자동채권이 수동채권인 양도채권과 동시이행의 관계에 있는 경우에는, 예외적으로 '양도통지가 채무자에게 도달하여 채권양도의 대항요건이 갖추어진 후에 자동채권이 발생하였다고 하더라도' 채무자는 동시이행의 항변권을 주장할 수 있고, 따라서 그 채권에 의한 상계로 양수인에게 대항할 수 있다는 점이다(대판 2015.4.9. 2014다80945; 표준판례514).

4) **보증금반환채권이 양도된 경우 양도 통지 후에 생긴 임차인의 채무도 공제 대상에 포함되는지 여부**
判例(대판 1988.1.19. 87다카1315)[7]가 판시하는 바와 같이 임대인(채무자)과 양수인의 이익형량을 고려할 때 임대차보증금반환채권의 양수인은 그 채권이 불확정한 채권이라는 사정을 감수하고 양수받은 것이라는 점(임차인의 채무는 보증금에서 공제되는 것이 처음부터 예정되어 있다)[8]에서 비록 양도 통지 후에 생긴 임차인의 채무라 하더라도 임차보증금에서 공제할 수 있다고 해석하는 것이 타당하다(제451조 2항 참조)(판례연구 C-7.참고).

(2) **양도통지와 금반언**
양도인이 채무자에게 채권양도를 통지한 경우에, 실제로 양도가 없었거나 무효이더라도 선의의 채무자는 양수인에게 대항할 수 있는 사유로써 양도인에게 대항할 수 있다(제452조 1항).

채무자는 양수인에게 상계로 대항할 수 있다고 하는 무제한설(종래 다수설)과 ② 양도된 채권(수동채권)의 변제기가 채무자의 양도인에 대한 채권(자동채권)보다 앞서는 경우까지 채무자의 상계에 의한 대항을 인정하는 것은 양수인의 이익을 해한다는 이유에서 반대채권(자동채권)의 변제기가 먼저 도래하는 경우에 한하여 상계할 수 있다는 제한설이 대립한다.

6) **[참고판례]** 다만 채권압류명령을 받은 제3채무자가 압류채무자에게 반대채권을 가지고 있는 경우, 상계로써 압류채권자에게 대항하기 위한 요건(민법 제498조)과 관련하여 최근 전원합의체 판결로 제한설(변제기선도래설)의 입장을 분명히 하였다.
"민법 제498조 규정의 취지, 상계제도의 목적 및 기능, 채무자의 채권이 압류된 경우 관련 당사자들의 이익상황 등에 비추어 보면, 채권압류명령 또는 채권가압류명령을 받은 제3채무자가 압류채무자에 대한 반대채권을 가지고 있는 경우에 상계로써 압류채권자에게 대항하기 위하여는, 압류의 효력 발생 당시에 대립하는 양 채권이 상계적상에 있거나, 그 당시 반대채권(자동채권)의 변제기가 도래하지 아니한 경우에는 그것이 피압류채권(수동채권)의 변제기와 동시에 또는 그보다 먼저 도래하여야 한다" (대판 2012.2.16. 전합2011다45521).

7) 임대차보증금은 임대차계약이 종료된 후 임차인이 목적물을 인도할 때까지 발생하는 차임 및 기타 임차인의 채무를 담보하는 것으로서 그 피담보채무액은 임대차관계의 종료 후 목적물이 반환될 때에 특별한 사정이 없는 한 별도의 의사표시 없이 임대차보증금에서 당연히 공제된다(대판 2007.8.23. 2007다21856,21863).

8) 임차보증금이 전부명령에 의해 타인에게 이전될 때에도 임차인의 임대차상의 채무가 공제된다. 임차인의 채무는 보증금에서 공제되는 것이 처음부터 예정되어 있었기 때문이다(대판 1988.1.19. 87다카1315). 마찬가지로 차임채권에 관하여 압류 및 추심명령이 있는 경우에도 임대차종료시까지 추심되지 않은 차임은 보증금에서 당연히 공제된다(대판 2004.12.23. 2004다56554).

■ 채권양도의 통지 후 채권양도가 무효·취소·해제·합의 해제된 경우

1. 채권양도가 처음부터 무효인 경우 [B13-1c]

(1) 채권양수인이 채무자에게 이행을 청구하는 경우

채권양도가 처음부터 무효인 경우에는 채권양도인이 채무자에 대한 관계에서 여전히 채권자이다(제450조의 대항요건은 적용되지 않는다). 따라서 채권양도인이 채권양수인의 동의를 얻어 철회(제452조 2항)하기 전에도 채무자는 채권양도의 무효를 이유로 채권양수인의 청구를 거절할 수 있다.

(2) 채무자가 채권양수인에게 이미 이행한 경우

① '선의'인 채무자는 양수인에게 대항할 수 있는 사유로 양도인에게 대항할 수 있다(제452조 1항). 따라서 채무자가 채권양도의 무효를 모르고 양수인에게 이행하였다면, 이로써 양도인에게 대항할 수 있다. ② 이와 별도로 채권양도의 무효에 관하여 선의의 제3자 보호규정이 있는 경우(제108조 2항 등)에는 채무자가 채권양수인에게 이행함으로써 '채무의 변제'라는 실질적으로 새로운 이해관계를 맺은 제3자로 평가될 수 있으므로 그 규정에 의하여 보호받을 수도 있다. ③ 그 외에 채권의 준점유자에 대한 변제(제470조)를 통해서도 보호받을 가능성이 있다(제108조 2항 관련 A-100b.참고).

2. 채권양도가 사후적으로 취소·해제·합의해제된 경우 [B13-1d]

(1) 채권양수인이 채무자에게 이행을 청구하는 경우

1) 판례

判例는 지명채권의 양도통지를 한 후 양도계약이 '해제'된 경우, 채권양도인이 해제를 이유로 다시 원래의 채무자에 대하여 양도채권으로 대항하려면, ㉠ 채권양도인이 채권양수인의 동의를 받아 양도통지를 철회하거나(제452조 2항 참조 : 대판 1978.6.13. 78다468: **표준판례519**)[9] ㉡ 채권양수인이 채무자에게 위와 같은 해제 사실을 통지하여야 한다고 한다(대판 1993.8.27. 93다17379: **표준판례518**)[10] **(2회,4회,6회 선택형)**.

[채권질권설정계약의 해지] 아울러 判例(제349조의 2항에 의하여 지명채권을 목적으로 한 질권설정의 경우에도 제451조가 준용된 사안)에 따르면 "양수인(채권질권자)이 채무자(제3채무자)에게 채권양도계약의 해지 사실을 통지하였다면 설사 아직 해지가 되지 아니하였다고 하더라도, 선의인 채무자(제3채무자)는 해지 통지 수령 후 양도인(채권질권설정자)에게 대항할 수 있는 사유로 양수인(채권질권자)에게 대항할 수 있고, 위와 같은 해지 통지가 있었다면 그 해지 사실은 추정되며, 해지 통지를 믿은 채무자(제3채무자)의 선의 또한 추정된다고 볼 것이어서 채무자(제3채무자)가 악의라는 점은 그 선의를 다투는 양수인(채권질권자)이 증명할 책임이 있다"고 한다(대판 2014.4.10. 2013다76192 : **8회 선택형**).[11][12]

---

[9] "제452조 2항에 채권양도의 통지는 양수인의 동의가 없으면 철회하지 못한다고 규정되어 있으므로 채권양도인과 양수인과의 채권양도 계약이 해제되었고 채권양도인이 채무자에게 양도철회통지를 하였다고 하더라도 채무자는 이것을 채권양수인에게 대항할 수는 없다"

[10] "지명채권의 양도통지를 한 후 그 양도계약이 해제된 경우에, 양도인이 그 해제를 이유로 다시 원래의 채무자에 대하여 양도채권으로 대항하려면 양수인이 채무자에게 위와 같은 해제사실을 통지하여야 한다"

[11] [학설] ① 채권양도가 취소(해제)된 경우에는 채권양도 당사자 사이에서는 곧바로 채권양도인이 채권을 회복하지만, 채무자와의 관계에서는 채권양수인에게서 채권양도인에게 다시 채권이 이전되는 것이므로 '채권양수인'에 의한 취소통지가 이루어져야 채권양도인이 채무자에게 채권을 행사할 수 있고 그 전에는 채권양수인이 여전히 채권자로 다루어진다는 견해 **[제450조의 대항요건이 적용된다는 견해(통설)** : 이에 따르면 채권양수인이 취소(해제)의 통지를 하기 전에도 이러한 사정을 알고 있는 채무자는 채권양도의 소급적 무효를 이유로 채권양수인의 청구를 거절할 수 '없다'고 본다]와 ② 채권양도의 취소(해제)는 결코 채권의 새로운 양도가 아니므로 채무자에 대한 관계에서도 곧바로 채권양도인이 채권을 회복한다는 견해**[제450조의 대항요건이 적용되지 않는다는 견해**(송덕수, '채권양도가 해제된 경우에 있어서 채무자의 보호', 민사판례연구 제27권, p.230~231) : 이에 따르면 채권양

[심화] 그리고 判例는 해제시 양수인의 동의를 얻어 통지가 철회되지 않는 한 채무자는 양수인에 대항할 수 없다고 한다. 즉 "제452조 2항에 채권양도의 통지는 양수인의 동의가 없으면 철회하지 못한다고 규정되어 있으므로 채권양도인과 양수인과의 채권양도 계약이 해제되었고 채권양도인이 채무자에게 양도철회통지를 하였다고 하더라도 채무자는 이것을 채권양수인에게 대항할 수는 없다"(대판 1978.6.13. 78다468)고 판시하고 있다. 구체적으로 A가 B에 대한 임차보증금반환채권을 C에게 양도한 후, A가 C의 양도계약상의 원인행위의 의무위반을 이유로 양도계약을 해제하고, A가 이 해제사실을 B에게 통지하였는데, C가 자신의 동의가 없어 자신에게는 그 효력이 없다는 것을 이유로 B에게 양수금의 지급을 청구한 사안에서, 判例는 위와 같은 이유로 C의 청구를 인용하였다(대판 1978.6.13. 78다468). 따라서 이 경우 C가 끝내 동의를 거절하면, B는 C에게 양수금을 지급하고, A는 C를 상대로 부당이득반환을 청구하여 구제받을 수 밖에 없다.

(2) 채무자가 채권양수인에게 이미 이행한 경우

1) 제452조 1항의 적용 여부

제452조 1항이 양도하지 않은 경우와 무효인 경우만을 규정하고 있는 것을 보면 동조항의 '무효인 경우'는 원칙적으로 특정한 의사표시(해제·취소)가 없이도 당연히 무효인 경우만을 가리키는 것으로 보아야 한다. 그러나 해제(취소)에 의하여 불측의 손해를 입을 수 있는 채무자를 보호할 필요성이 있으므로 이 경우에도 제452조 1항이 유추적용된다(대판 2012.11.29. 2011다17953). 따라서 判例는 대항요건이 갖추어질 때까지 양도계약의 '해제' 등을 알지 못한 선의인 채무자는 해제 등의 통지가 있은 다음에도 채권양수인에 대한 반대채권에 의한 상계로써 채권양도인에게 대항할 수 있다고 보았다(대판 2012.11.29. 2011다17953: 표준판례517).

2) 제470조 적용 여부

① 제452조가 있으므로 이 경우에는 제470조를 적용할 것이 아니라는 견해가 있으나, ② 채무자가 제452조와 제470조 중 어느 규정을 통해 보호받을지 여부는 그의 선택에 달려있다고 할 것이므로 채권양도가 취소(해제)된 경우에 채권의 양수인도 '채권의 준점유자'가 될 수 있다(다수설). ③ 判例도 비록 채권양도가 아니라 전부명령에 관한 것이지만, 채권압류 및 전부명령이 '무효'인 경우 채무자가 전부채권자에 대한 변제에 관하여 채권의 준점유자에 대한 변제로 본다(아래 96다44747판결 참고; 당해 판례 사안은 취소, 해제된 경우가 아닌 무효인 경우이다).

[관련판례] "무효인 채권압류 및 전부명령을 받은 자에 대한 변제라도 그 채권자가 피전부채권에 관하여 무권리자라는 사실을 알지 못하거나 과실 없이 그러한 사실을 알지 못하고 변제한 때에는 그 변제는 채권의 준점유자에 대한 변제로서 유효하다"(대판 1997.3.11. 96다44747: 표준판례520 : 9회 선택형). [7회 기록형]

다만 채권양도가 취소(해제)된 경우 제450조의 대항요건이 필요하다는 통설적 견해에 따른다면 채권양수인에 의한 취소(해제) 통지가 이루어지기 전에는 채무자와의 관계에서는 양수인이 채권자로 다루어지므로, 채무자가 양수인에게 변제한 것은 채권의 준점유자에 대한 변제가 아니라 적법한 변제수령권자에 대한 변제가 아니냐는 문제점이 있다.

수인이 취소(해제)의 통지를 하기 전에도 이러한 사정을 알고 있는 채무자는 채권양도의 소급적 무효를 이유로 채권양수인의 청구를 거절할 수 '있다'고 본다].
12) [검토] 이론적으로 채권양도가 취소된 경우는 소급적 무효에 따라, 해제된 경우는 직접효과설 및 물권적 효과설에 따라 채권은 양도인에게 복귀한다. 따라서 채권양도가 처음부터 무효인 경우와 동일하게 제450조의 대항요건은 필요없다. 그리고 실질적으로 채권양수인의 통지를 기대할 수도 없다(특히 93다17379판결 사안과 같이 양수인의 채무불이행을 이유로 해제 등이 된 때에는 양수인이 해제사실을 통지하지 않을 가능성이 더욱 크다).

Ⅱ. 채무자의 승낙
[B13-2]

1. 승낙의 법적 성질

승낙은 채권양도의 사실을 알고 있음을 알리는 '관념의 통지'로 계약의 성립을 위한 승낙에서와 달리 채무자가 채권양도를 알았다거나 기껏해야 양해한다는 의미를 가질 뿐이다. 그리고 통지에서와 달리 이의를 유보할 수 있을 뿐만 아니라 조건을 붙여서 할 수도 있다(대판 2011.6.30. 2011다8614 등). 그러나 채권양도를 승낙한 채무자가 양수인에게 채권의 성립이나 소멸에 영향을 주는 사정에 관하여 고지할 신의칙상 주의의무를 부담하는 것은 아니다(대판 2015.12.24. 2014다49241 : 따라서 채무자는 양수인에게 불법행위책임을 부담하지 않는다).

2. 당사자

채무자가 양수인 또는 양도인 어느 쪽에 대해 하더라도 무방하고(대판 1986.2.25. 85다카1529 : 6회 선택형), 채무자의 대리인에 의하여도 가능하다(대판 2013.6.28. 2011다83110 : 7회 선택형).

3. 시 기

채무자에 대한 대항요건은 채무자를 보호하려는 데 있으므로, 채무자가 이를 포기하는 것, 즉 채권양도가 있기 전에 채무자가 그 양도를 미리 승낙하는 것은 사전통지와는 달리 허용된다.

4. 승낙의 효과

(1) 이의를 보류한 승낙의 경우

이의를 보류한 승낙에 관해 민법은 규정하고 있지 않지만, 이는 채무자가 양도인에 대해 주장할 수 있는 항변을 보류하고 승낙을 하는 것으로서, 그 효력은 양도인이 통지를 한 경우와 같다. 따라서 채무자는 그로써 양수인에게 대항할 수 있다.

(2) 이의를 보류하지 않은 승낙의 경우 [09사법, 07법무]

1) 의의 및 취지

채무자가 이의를 보류하지 않은 승낙을 한 경우에는 채무자는 양도인에게 대항할 수 있는 사유로 양수인에게 대항할 수 없다(제451조 1항 본문). 채무자가 이의를 보류하지 않은 승낙을 하는 경우에는 양수인은 보통 아무런 항변이 존재하지 않는다고 신뢰하는 것이 보통이므로, '채무자의 승낙에 공신력'을 주어 양수인의 신뢰를 보호하고 채권양도의 안전을 보장하기 위한 것이다(대판 2002.3.29. 2000다13887).

2) 양수인이 보호받기 위한 요건 [1회 사례형]

본 규정의 취지상 악의의 양수인 등은 보호할 필요가 없다(통설). 이때 양수인이 보호받기 위해서, 判例는 양수인이 악의 또는 중과실이 아니어야 한다고 한다(대판 2002.3.29. 2000다13887 : 13회 선택형).

3) 배제되는 항변사유의 내용

① 여기서 '양도인에게 대항할 수 있는 사유'란 채권의 성립·존속·행사를 저지·배척하는 사유는 물론, 변제 등에 의한 채무소멸의 사유, 나아가 불법목적에 의하여 발생된 채권의 항변사유(제103조 위반으로 무효라는 항변)도 포함한다(대판 1962.4.4. 4294민상1296 : 핵심사례 B-12. 참고). [14행정]

② 그러나 민법은 채권의 귀속에 관한 우열을 오로지 확정일자 있는 증서에 의한 통지 또는 승낙의 유무와 그 선후로써만 결정하도록 규정하고 있으므로 위 규정의 '양도인에게 대항할 수 있는 사유'에 채권

의 귀속(채권이 이미 타인에게 양도되었다는 사실)은 이에 포함되지 아니한다(대판 1994.4.29. 93다35551: 표준판례 521). 따라서 예를 들어 甲이 乙에 대한 채권을 丙에게 양도하고 그 사실을 확정일자 있는 증서에 의하여 乙에게 통지한 후에 다시 이러한 사정을 전혀 모르는 丁에게 위 채권을 양도하였는데 이때 乙이 아무런 이의를 유보하지 아니하고 승낙을 한 경우, 丁이 乙에게 양수금의 지급을 청구하면 乙은 이미 그 채권은 丙에게 양도되었음을 항변할 수 있고, 丁이 이에 대하여 乙이 이의를 유보하지 않은 승낙을 하였다는 재항변을 하더라도 이는 받아들여지지 않는다.

4) 항변을 할 수 없는 자의 범위

항변절단의 효과는 채무자와 양수인 사이에서만 발생하고, 제3자(보증인, 물상보증인, 담보물의 제3취득자 등)의 권리에는 아무런 영향을 미치지 않는다.

이와 관련하여 저당권부 채권양도에서 피담보채권의 부존재 또는 변제에 의하여 저당권이 부존재하였거나 소멸하였던 경우에, 채권양도에 대하여 **채무자가 이의를 유보하지 않은 채 승낙**하면 채권양도에 관하여는 공신력이 인정되는 반면(제451조 1항), 부동산등기에 관하여는 공신력이 인정되지 않는다. 이런 경우 무효인 저당권이 당연히 부활하여 양수인에게 이전되는가 하는 것이 문제되는바, 만약 저당권의 부활을 인정한다면 무효인 저당권이전등기에 공신력을 인정하는 결과로 되어 부당하므로, 채무자의 이의 없는 승낙에 의하여 저당권이 부활하지 않으며, 양수인은 저당권 없는 채권을 취득한다(통설). 다만, 채무자의 승낙이 등기유용의 합의에 기한 것인 때에는, 이해관계 있는 제3자가 없는 한 저당권은 부활한다.

5) 항변상실에 따른 불이익의 조정

이의를 보류하지 않은 승낙에 의한 채무자의 항변상실로 인하여 결과적으로 양도인에게 부당이득이 될 수 있으므로 항변상실로 인한 채무자의 불이익은 양도인과의 관계에서 조정되어야 한다. 따라서 채무자가 그의 채무를 소멸시키기 위하여 이미 양도인에게 급여한 것이 있으면 이를 회수할 수 있고, 또 양도인에 대하여 부담한 채무가 있는 때에는 그것이 성립되지 않음을 주장할 수 있다(제451조 1항 단서).

▶ [쟁점 11]

4. 제3자에 대한 대항요건(제450조 2항) [B-90b]

지명채권 양도의 통지나 승낙은 확정일자 있는 증서에 의하지 아니하면 채무자 이외의 제3자에게 대항하지 못한다(제450조 2항). 즉, 양수인은 채무자에게는 확정일자 있는 증서에 의하지 않은 통지나 승낙의 경우에도 대항할 수 있다. 그러나 양수인은 제3자에 대한 대항요건을 구비하기 위해 **채권자(양도인)에게 채권양도통지절차의 이행을 청구할 수 있다**(대판 2022.10.27. 2017다243143).[13]

(1) 제3자의 범위

① **[긍정]** '제3자'는 그 채권에 관하여 양수인의 지위와 양립할 수 없는 법률상의 지위를 취득한 자를 말한다. 예컨대 채권의 이중양수인, 채권의 질권자, 채권을 압류 또는 가압류한 양도인의 채권자, 채권의 양도인이 파산한 경우의 파산채권자 등이 이에 해당한다.

② **[부정]** 그러나 ㉠ 채권양도에 의해 간접적으로 영향을 받는데 지나지 않는 '**채무자의 채권자**'는 제3자에 해당하지 않으며, 이들에 대해서는 확정일자 있는 증서에 의하지 않더라도 대항할 수 있다. 判例도 "선순위의 근저당권부채권을 양수한 채권자보다 후순위의 근저당권자(채무자의 채권자)는 채권양도의 대항요건을 갖추지 아니한 경우 대항할 수 없는 제3자에 포함되지 않는다"고 한다(대판 2005.6.23. 2004다29279: 표준판례522 : **6회,10회,11회 선택형**). 따라서 선순위 근저당권부 채권의 양수인이 근저당권 이전의 부기등기를 마쳤다면, 채권양도의 대항요건을 갖추지 아니하였더라도, 후순위 근저당권자에게 채권양도로 대항할 수 있다(즉, 저당목적물의 배당순위에서 선순위의 근저당권부 채권의 양수인이 후순위저당권자에 앞선다). ㉡ 또한 지명채권 '**양수인이 양도되는 채권의 채무자**'여서 양도된 채권이 제507조 본문에 따라 혼동에 의하여 소멸한 경우에는 후에 채권에 관한 압류 또는 가압류결정이 제3채무자에게 송달되더라도 채권압류 또는 가압류결정은 존재하지 아니하는 채권에 대한 것으로서 무효이고, 압류 또는 가압류채권자는 제450조 2항에서 정한 제3자에 해당하지 아니한다(대판 2022.1.13. 2019다272855 : **13회 선택형**). **[14회 사례형]**

(2) 확정일자 있는 증서에 의한 통지 승낙

1) 개 념

'확정일자'란 증서에 대하여 그 작성한 일자에 관한 완전한 증거가 될 수 있는 것으로 법률상 인정되는 일자를 말한다(대판 1988.4.12. 87다카2429). 통지나 승낙을 확정일자 있는 증서로 하라는 것은 통지행위나 승낙행위 자체를 확정일자 있는 증서로 하여야 하며, 통지나 승낙이 있었음을 확정일자 있는 증서로 증명하라는 것이 아니다.

2) 구체적 예

① **[긍정]** 여기서 '확정일자 있는 증서'란 위와 같은 일자가 있는 것으로서 **민법 부칙 제3조 소정의 증서**를 말한다. 공정증서가 대표적인 예(대판 1986.12.9. 86다카858)이고, 실제로는 내용증명우편이 널리 활용된다. 또한 확정일자가 기재된 판결서, 즉 확정판결이나(대판 1999.3.26. 97다30622), 법원이 강제집행의 일환으로 하는 전부명령이나 그 전제가 되는 가압류 또는 압류의 명령이 기재된 일자있는 서면도 공무소가 그 권한에 기하여 작성한 것으로서 그 자체가 확정일자 있는 증서라고 할 수 있다. 그리고 判例는 확정일자 있는 증서의 경우라면 **구체적인 날짜가 공란이라 하더라도 당사자가 그 일자를 임의로 기**

---

13) **[청구취지]** "피고는 소외 윤동환[주소 : 서울 서초구 명달로 4길 30 102동 1203호]에게, 별지 목록 기재 채권을 2023. 7. 25. 원고에게 양도하였다는 취지의 통지를 하라"
☞ 만약 양도인이 채권양도의 의사표시조차 하지 아니하는 때에는 "피고는 별지 목록 기재 채권에 관하여, 원고에게 채권양도의 의사표시를 하고, 소외 윤동환에게 그 취지의 통지를 하라"는 청구를 하여야 한다.

재할 수 없으므로 늦어도 당해 연월의 말일에는 확정일자가 구비된 것으로 볼 수 있고(대판 2011.7.14. 2009다49469), 확정일자 없는 증서에 의한 양도통지 후에 그 증서에 확정일자를 얻은 경우, 그 일자 이후에는 제3자에 대한 대항력을 취득하고, 원본이 아닌 '사본'에 확정일자를 갖추었다 하더라도 대항력을 취득한다고 한다(대판 2006.9.14. 2005다45537).

② [부정] 반면 통지일자가 아니라 통지의 도달에 관하여 행하는 '배달증명'은 해당하지 않는다(대판 1988.4.12. 87다카2429). 채무자에 대한 채권양도 통지와는 무관하게 별도의 양도증서에 확정일자를 받은 경우에도 그 채권양도로써 제3자에게 대항할 수 없다(대판 2002.4.9. 2001다80815).

(3) 대항하지 못한다

'대항하지 못한다'는 것은 채권이 존재하고 그 채권 위에 양립할 수 없는 권리가 존재하는 경우를 전제로 하는 것이다. 따라서 채무자가 이미 양수인에게 변제한 후에는(단순한 통지에 의한 경우에도), 제2양수인이 확정일자 있는 증서에 의한 통지를 이유로 그 변제를 청구하더라도 대항력의 문제는 발생할 여지가 없고, 이미 한 변제는 유효하다.

判例도 "제450조 2항이 정하는 지명채권 양도의 제3자에 대한 대항요건은 양도된 채권이 존속하는 동안에 그 채권에 관하여 양수인의 지위와 양립할 수 없는 법률상의 지위를 취득한 제3자가 있는 경우에 적용되므로"(아래 2014다52933판결), "양도된 채권이 이미 변제 등으로 소멸한 경우에는, 그 후에 그 채권에 관한 채권압류 및 추심명령이 송달되더라도 그 채권압류 및 추심명령은 존재하지 아니하는 채권에 대한 것으로서 무효이고, 위와 같은 대항요건의 문제는 발생될 여지가 없다"(대판 2003.10.24. 2003다37426 : 3회 선택형)고 한다.

> **■ 임대차보증금반환채권에 대한 가압류명령 前에 적법하게 일부변제된 경우 가압류명령의 효력**
> 대판 2017.1.25. 2014다52933
>
> **사실관계** | 甲이 乙로부터 아파트를 임차하기로 하는 임대차계약을 체결한 후 임대차계약기간 중 제3자인 丙(甲의 배우자)이 乙과 위 아파트에 관하여 임대차보증금(1억 8천만 원에서 3천만 원 감액)과 월 차임(증액)을 달리하는 임대차계약서를 작성하고(계약인수),[14] 감액된 보증금 3천만 원은 乙이 '丙에게' 반환하였다. 그 후에 丁이 甲을 채무자, 乙을 제3채무자로 하여 甲이 乙에 대하여 가지는 감액 前 임대차보증금 반환채권 '전액'(1억 8천만 원)에 관하여 채권가압류결정을 받았다.
>
> **판례의 태도** | "제450조 2항이 정하는 지명채권 양도의 제3자에 대한 대항요건은 양도된 채권이 존속하는 동안에 그 채권에 관하여 양수인의 지위와 양립할 수 없는 법률상의 지위를 취득한 제3자가 있는 경우에 적용되므로 채권가압류명령 등이 이루어지기에 앞서 임대차계약의 종료 등을 원인으로 한 변제, 상계, 정산합의 등에 의하여 임대차보증금 반환채권이 이미 소멸하였다면 채권가압류명령은 존재하지 아니하는 채권에 대한 것으로서 효력이 없고, 위와 같은 대항요건의 문제는 발생할 여지가 없다"(대판 2017.1.25. 2014다52933)
>
> **사안의 해결** | 위 判例에 따르면 "甲은 기존 임대차계약상의 권리의무를 포괄적으로 丙에게 양도하고 아울러 기존 임대차보증금 반환채권을 양도하면서 丙의 명의로 乙과 임대차계약서를 작성한 것으로 보아야 하고, 기존 임대차보증금 반환채권에 관한 채권가압류결정에 앞서 반환된 3천만 원의 범위 내에서는 기존 임대차 보증금반환채권이 소멸되었으나, 나머지 1억 5천만 원의 기존 임대차 보증금반환채권에 관하여는, 이 사건 채권가압류결정에 앞서 확정일자 있는 증서에 의하여 이 사건 임대차계약서가 작성되거나 기존 임대차보증금 반환채권의 양도에 대한 통지·승낙이 있었다는 사정이 없는 한 채권가압류결정을 받은 丁에 대하여 기존 임대차보증금 반환채권의 양도 사실을 가지고 대항할 수 없다"고 한다.
>
> ☞ 결국 사안의 경우 '이미 변제된 3천만 원'에 대해서는 존재하지 않는 채권에 대한 것으로 가압류 결정은 효력이 없고, 대항요건의 문제는 발생할 여지가 없다. 따라서 '나머지 1억 5천만 원'에 대해서만 가압류 결정이 효력이 있다.

Ⅳ. 동일한 채권에 대해 양립할 수 없는 법률상의 지위를 취득한 자 상호 간의 우열의 기준(이중양도의 경우를 중심으로 검토) [B-91]

1. 제1양도, 제2양도 중 하나만이 확정일자 있는 증서에 의한 대항력을 갖춘 경우 [B-91a]

확정일자 있는 통지·승낙을 갖춘 양수인만이 채무자 및 다른 이중 양수인과의 관계에서 채권자임을 주장할 수 있다. 따라서 확정일자 있는 증서에 의한 통지가 그 일자 및 도달시기에 있어서 단순통지된 양도보다 늦은 경우도 마찬가지이다(대판 1972.1.31. 71다2697). **[13사법]**

2. 제1양도, 제2양도 모두 단순한 대항요건만 갖춘 경우 [B-91b]

判例는 먼저 대항요건을 갖춘자가 우선한다고 본다(대판 1972.12.28. 71다2048). 생각건대, 이 경우 양수인 중 누구도 우선적 지위를 주장할 수 있는 법적 근거가 없으므로 먼저 통지나 승낙을 갖춘 자가 채권을 취득한다고 본다(다수설).

3. 제1양수인, 제2양수인 모두 확정일자 있는 증서에 의한 대항력을 갖춘 경우(핵심사례 B-10.)
[1회·3회·8회 사례형, 07법무, 18입법] [B-91c]

(1) 이중양도의 우열기준

1) 학 설

학설은 ① 확정일자의 선후를 기준으로 하는 견해(확정일자설)와 ② 확정일자 있는 통지의 도달시기의 선후를 기준으로 하는 견해(도달시설)로 대립된다.

2) 판 례

判例는 채권양수인과 동일채권에 대하여 가압류명령을 집행한 자 사이의 우열은 확정일자 있는 채권양도통지와 가압류결정정본의 제3채무자(채권양도의 경우 채무자)에 대한 도달의 선후에 의하여 결정하여야 한다고 보아 **도달시를 기준으로 우열을 결정한다**(대판 1994.4.26. 전합93다24223 : 표준판례523 : 1회,9회 선택형). 동일한 취지로 判例는 채권이 양도되고 대항력(확정일자)을 구비한 상태에서 그 양도된 채권을 양도인의 채권자들이 압류, 추심명령을 하게 되면 이미 채권은 양수인에게 이전되었으므로(피압류채권은 이미 존재하지 않는 것과 같다) 이러한 압류, 추심은 무효라고 한다(대판 2010.10.28. 2010다57213,57220 : 1회,12회,14회 선택형).

3) 검 토

제450조 1항이 원칙규정이고 2항은 1항의 실효성을 살리기 위한 부수적 규정이라는 점을 고려할 때 채무자의 인식, 즉 확정일자 있는 통지가 도달한 일자에 중점을 두는 것이 본조의 취지에 합당한 해석이라고 보여 진다. 즉 민법이 채권양도의 통지·승낙을 확정일자 있는 증서에 의하도록 하는 이유는 채권양도의 일자를 명확하게 함으로써 채권자와 채무자가 통모하여 양도의 일자를 소급하여 제3자의 권리를 해치는 것을 방지하는 데 있는 만큼 모두 확정일자 있는 증서에 의한 통지가 있었다면 이러한 목적은 달성했다고 본다.

---

14) "임대차보증금 반환채권을 양도하는 경우에 확정일자 있는 증서로 이를 채무자에게 통지하거나 채무자가 확정일자 있는 증서로 이를 승낙하지 아니한 이상 그 양도로써 채무자 이외의 제3자에게 대항할 수 없으며(민법 제450조 참조), 이러한 법리는 임대차계약상의 지위를 양도하는 등 임대차계약상의 권리의무를 포괄적으로 양도하는 경우에 그 권리의무의 내용을 이루고 있는 임대차보증금 반환채권의 양도 부분에 관하여도 마찬가지로 적용된다"(同判例)

(2) 확정일자 있는 통지가 동시에 도달한 경우의 법률관계(도달시설에 의할 경우)

확정일자설을 취한다면 확정일자가 동일한 경우에 마찬가지의 문제가 생긴다.

1) 동시도달

두 개의 통지가 같은 날짜에 도달한 경우에는 동시도달로 '추정'된다(전합93다24223 : 6회,9회 선택형).

2) 각 양수인과 채무자 간의 법률관계(각 양수인의 채무자에 대한 채권청구의 가부)

가) 판례

종래에는 청구불가설의 입장이었으나 전합93다24223판결에서 "제1·2 양수인 모두 채무자에 대해 완전한 대항력을 갖추었으므로 양수인 각자는 채무자에게 그 채권 전액에 대해 이행청구를 하고 그 변제를 받을 수 있다"고 판시하여 **전액청구를 긍정**하였다.

나) 검토

전액청구를 긍정함이 타당한데, 동순위 양수인 상호 간에 주관적 공동관계가 존재하지 않으므로 부진정연대채권 관계로 파악함이 타당하다고 본다. 한편 다른 채권자가 그 송달의 선후에 관하여 다시 문제를 제기하는 경우에는 제3채무자는 이중지급의 위험이 있을 수 있으므로, 동시에 송달된 경우에도 제3채무자는 송달의 선후가 불명한 경우에 준하여 채권자를 알 수 없다는 이유로 '**변제공탁**'(제487조 2문)을 할 수 있다(전합93다24223: 표준판례523 : 9회,13회 선택형).[15]

3) 양수인 간의 법률관계(전액청구설에 의하는 경우)(양수인 간의 내부적인 정산의무의 유무)

가) 분배청구권 인정 여부

전액청구설 중에서도 부진정연대채권설을 취한다면 구상관계가 인정되기 어려워 분배청구권을 부정하는 견해도 있지만, 정책적으로 부당이득반환청구권을 의제하여 분배청구권을 인정함이 타당하다.

나) 분배비율

평균비율설도 있으나, 判例는 "확정일자 있는 통지가 동시에 도달한 경우에 양수채권액과 가압류 또는 압류된 채권액의 합계액이 제3채무자에 대한 채권액을 '**초과**'할 때에는, 그들 상호 간에는 법률상의 지위가 대등하므로 '**공평의 원칙**'상 각 채권액에 안분하여 이를 내부적으로 다시 정산할 의무가 있다"(전합93다24223: 표준판례523 : 6회,7회 선택형)고 하여 **양수채권액 안분설**의 입장이다.

| 쟁점구조 |

■ **제1양수인, 제2양수인 모두 확정일자 있는 증서에 대한 대항력을 갖추었으나 확정일자 있는 통지가 채무자에게 동일한 날짜에 도착하여 어느 것이 먼저 도착했는지 알 수 없는 경우**

① 지명채권의 성질 확정 및 양도성 검토(제449조) ⇒ ② 지명채권양도의 채무자에 대한 대항요건(제450조 1항의 해석론) ⇒ ③ 지명채권양도의 제3자에 대한 대항요건(제450조 2항의 해석론) ⇒ ④ 양수인 상호 간의 우열 판단(결론은 도달시설로) ⇒ ⑤ 양수인 간에 우열이 없는 경우의 법률관계[ⅰ) 각 양수인의 채무자에 대한 청구 가능 여부(결론은 전액청구 가능) ⇒ ⅱ) 각 양수인 상호 간의 분배청구권 및 분배비율(결론은 양수채권액에 따른 안분)] (이하 전합93다24223)

---

15) 이 경우 가압류의 효력은 공탁금출급청구권에 존속한다(대판 1994.12.13. 93다951). 따라서 이 공탁금출급청구권에 대해 채권양수인과 가압류채권자가 각자의 채권액에 비례하여 그 권리를 행사할 수 있고(다만 가압류채권자는 후에 압류 및 전부명령을 받는 것을 전제로 하여 집행을 할 수 있다). 이를 통해 채권양수인이 전부 지급받은 후에 가압류채권자에게 정산하지 않게 되는 문제도 해소할 수 있다.

핵심사례 B-10

★ 이중양도의 법률관계 [1회·3회 사례형, 07법무, 18입법]　　대판 1994.4.26. 전합93다24223

> A는 2002.12.2. 자신이 B에 대하여 가지고 있는 600만 원의 물품대금채권을 C에게 양도하고, 12월 3일 내용증명우편으로 위 양도사실을 B에게 통지하여 그 통지가 12월 4일 B에게 도달하였다. 한편 A의 채권자인 D는 A가 B에 대하여 가지고 있는 채권 중 300만 원에 대하여 법원에 채권가압류신청을 하여 2002.12.3.字 가압류결정정본이 12월 4일 B에게 송달되었다. 그 후 B는 D로부터 이행청구를 받고 2002.12.9. D에게 300만 원을 지급하였다. 현재는 2003.12.21.이다.
> 이 경우의 B의 D에 대한 변제의 효과를 중심으로 C가 D에게 분배를 청구할 수 있는지, 가능하다면 얼마나 분배청구권을 행사할 수 있는지 검토하라. (30점)

Ⅰ. 논점의 정리

Ⅱ. 대여금 채권의 양도가능성 및 채권양도의 제3자에 대한 대항요건

사안에서 내용증명우편의 일자 및 가압류결정정본은 '확정일자'에 해당한다(제450조 2항). 따라서 C와 D는 채무자 및 제3자에 대한 대항요건을 모두 갖추었다. 다만 문제는 양자 간의 우열을 무엇을 기준으로 결정할 것인지, 만일 순위가 같을 경우에는 어떻게 처리할 것인지 여부이다.

Ⅲ. C와 D 사이의 우열관계(대항요건의 경합시 우열의 결정기준)

1. 판 례(도달시설)

2. 검토 및 사안의 경우

判例는 사안과 같이 두 개의 통지가 같은 날짜에 도달한 경우에는 동시도달로 추정된다고 한다(전합93다24223). 따라서 설문상 다른 자료가 없으므로 동시도달로 추정된다.

Ⅳ. 동시도달시 채무자 B의 변제의 효과

1. 판 례(전액청구 긍정설)

2. 검토 및 사안의 경우

전액청구를 긍정함이 타당한데, 동순위 양수인 상호 간에 주관적 공동관계가 존재하지 않으므로 부진정연대채권관계로 보는 것이 타당하다. 이에 따르면 B는 C와 D 누구에게든 변제할 수 있고 이로써 다른 양수인에게 대항가능하다. 다만 다른 채권자가 그 송달의 선후에 관하여 다시 문제를 제기하는 경우에는 제3채무자는 이중지급의 위험이 있을 수 있으므로, 동시에 송달된 경우에도 제3채무자는 송달의 선후가 불명한 경우에 준하여 채권자를 알 수 없다는 이유로 '변제공탁'(제487조)을 할 수 있다(전합93다24223).

결국 B가 D에게 300만 원을 변제한 것은 유효하고 B는 D뿐만 아니라 부진정연대채권관계에 있는 C에 대하여도 300만 원의 범위에서 면책된다. 따라서 C는 B에게 남은 300만 원을 청구할 수 있다.

Ⅴ. C와 D 간의 관계

1. 분배청구권 인정여부(적극)

2. 분배비율(양수채권액 안분설)

따라서 B가 변제한 300만 원을 C와 D의 채권비율인 2 : 1의 비율로 나누어 가져야 한다. 따라서 D는 B로부터 변제받은 300만 원 중 200만 원을 C에게 급부하여야 한다.

4. 제3자에 의해 가압류된 채권이 양도된 경우 [B-91d]

(1) 양도가능성

"㉠ 가압류된 채권도 이를 양도하는 데 아무런 제한이 없다 할 것이나, 다만 가압류된 채권을 양수받은 양수인은 그러한 가압류에 의하여 권리가 제한된 상태의 채권을 양수받는다고 보아야 할 것이고, 이는 채권을 양도받았으나 확정일자 있는 양도통지나 승낙에 의한 대항요건을 갖추지 아니하는 사이에 양도된 채권이 가압류된 경우에도 동일하다. ㉡ 또한 채권가압류의 처분금지의 효력은 본안소송에서 가압류채권자가 승소하여 채무명의를 얻는 등으로 피보전권리의 존재가 확정되는 것을 조건으로 하여 발생하는 것이므로 채권가압류결정의 채권자가 본안소송에서 승소하는 등으로 채무명의를 취득하는 경우에는 가압류에 의하여 권리가 제한된 상태의 채권을 양수받는 양수인에 대한 채권양도는 무효가 된다"(대판 2002.4.26. 2001다59033 : 6회,12회 선택형). **[20법무]**

> [비교판례] ✽ 확정일자에 의한 채권양도 후 이루어진 (가)압류
> ① "채무자가 압류 또는 가압류의 대상인 채권을 양도하고 확정일자 있는 통지 등에 의한 채권양도의 대항요건을 갖추었다면, 그 후 채무자의 다른 채권자가 양도된 채권에 대하여 압류 또는 가압류를 하더라도 압류 또는 가압류 당시에 피압류채권은 이미 존재하지 않는 것과 같아 압류 또는 가압류로서의 효력이 없다"(대판 2022.1.27. 2017다256378). ② "사해행위취소소송에서 위 채권양도계약이 취소되어 채권이 원채권자에게 복귀한 경우에도, '상대적 무효설'에 따라 무효인 위 채권압류명령 등이 다시 유효로 되지는 않는다"(대판 2022.12.1. 2022다247521 : 14회 선택형).

(2) 가압류 상태에서 양수인의 이행청구 가부

"일반적으로 채권에 대한 가압류가 있더라도 이는 채무자가 제3채무자로부터 현실로 급부를 추심하는 것만을 금지하는 것일 뿐 채무자는 제3채무자를 상대로 그 이행을 구하는 소송을 제기할 수 있고, 법원은 가압류가 되어 있음을 이유로 이를 배척할 수는 없는 것이 원칙"(대판 2002.4.26. 2001다59033)[16]이므로, 가압류된 금전채권의 양수인이 양수금의 이행을 청구한 경우 가압류가 되어 있다는 이유로 배척되지는 않는다(6회 선택형). **[1회 기록형]**

(3) 제3자가 집행권원을 얻어 가압류에 기한 압류·전부명령을 받은 경우

가압류에 기하여 압류·전부명령이 내려져 확정된 경우에는 가압류결정이 제3채무자(양도대상인 채권의 채무자)에게 송달된 때를 기준으로 전부명령과 채권양도의 우열이 결정되므로, **채권의 양수인은 전부명령을 받은 채권자에게 채권양도로 대항할 수 없다.** 따라서 금전채권이 가압류된 후 그 채권의 양도가 이루어지고 채권양수인이 양수금 이행청구를 하였는데 위 가압류를 본압류로 전이하는 채권압류 및 전부명령이 있고 피고가 이를 항변으로 삼게되면 위 양수금 청구는 이유 없어 '기각'된다.[17]

(4) 제3자가 집행권원을 얻어 가압류에 기한 압류·추심명령을 받은 경우

가압류에 기하여 압류·추심명령이 내려진 경우에는 가압류결정이 제3채무자(양도대상인 채권의 채무자)에게 송달된 때를 기준으로 추심명령과 채권양도의 우열이 결정되므로, **채권의 양수인은 추심명령**

---

[16] "왜냐하면 채무자로서는 제3채무자에 대한 그의 채권이 가압류되어 있다 하더라도 채무명의를 취득할 필요가 있고 또는 시효를 중단할 필요도 있는 경우도 있을 것이며, 또한 소송 계속 중에 가압류가 행하여진 경우에 이를 이유로 청구가 배척된다면 장차 가압류가 취소된 후 다시 소를 제기하여야 하는 불편함이 있는데 반하여 제3채무자로서는 이행을 명하는 판결이 있더라도 장차 집행단계에서 이를 저지하면 될 것이기 때문이다. 채권가압류의 처분금지의 효력은 본안소송에서 가압류채권자가 승소하여 채무명의를 얻는 등으로 피보전권리의 존재가 확정되는 것을 조건으로 하여 발생하는 것이므로, 채권가압류결정의 채권자가 본안소송에서 승소하는 등으로 채무 명의를 취득하는 경우에는 가압류에 의하여 권리가 제한된 상태의 채권을 양수받는 양수인에 대한 채권양도는 무효가 된다"(同 判例).

[17] 노재호, 민법교안(10판), p.649

의 제한을 받는다. 일반적으로 채권에 대한 압류·추심명령이 있으면 제3채무자에 대한 이행의 소는 추심채권자만이 제기할 수 있고 채무자는 피압류채권에 대한 이행의 소를 제기할 당사자적격을 상실하므로, 금전채권이 가압류된 후 그 채권의 양도가 이루어지고 채권양수인이 양수금 이행청구를 하였는데 위 가압류를 본압류로 전이하는 채권압류 및 추심명령이 있게 되면 위 양수금 청구의 소는 **당사자적격의 흠결로 부적법 '각하'**된다(대판 2000.4.11. 99다23888). 다만 최근 압류·추심명령이 있는 경우에도 채무자가 피압류채권에 관한 이행의 소를 제기할 '당사자적격'을 상실하지 않는다는 판례(대판 2025.10.23. 전합2021다252977)에 따르면 향후 해당 판례도 변경될 가능성이 크다.

핵심사례 B-11

■ 담보목적의 채권양도(채권의 양도담보) 대판 1999.11.26. 99다23093 : 표준판례505

甲은 乙소유 상가건물을 임차보증금 8,000만 원에 임차하면서, 그중 3,600만 원을 丙에게 양도하고 그 사실을 乙에게 통지하였다(단, 甲은 丙에게 차용금채무를 이미 부담하고 있었다). 그 후 甲은 丙에 대한 차용금채무를 변제하였다. 임대차 종료 후 丙이 乙에게 양수금 3,600만 원의 지급을 청구하자, 乙은 甲의 丙에 대한 변제로 양수채권이 소멸하였다는 이유로 그 지급을 거절하였다. 乙의 거절은 정당한가? (20점)

Ⅰ. 기존채무와 관련하여 채권이 양도된 경우 채권양도의 종류

甲이 丙에게 부담하고 있던 기존의 채무와 관련하여 채권이 양도된 경우에 대물변제가 성립하는지 아니면 채권양도담보가 성립하는지 문제된다. 이는 당사자의 법률행위해석 문제이나 금전채무와 관련하여 채권이 양도된 경우 이는 채무변제를 위한 담보 또는 변제의 방법으로 양도되는 것으로 추정할 것이지 채무변제에 갈음한 것으로 볼 것은 아니어서, 채권양도만 있으면 바로 원래의 채권이 소멸한다고 볼 수는 없다(대판 1995.9.15. 95다13371 : 표준판례559 : 5회 선택형). 따라서 특별한 사정이 없는 한 甲은 丙에 대한 채무의 담보로써 임차보증금반환채권의 일부를 丙에게 양도(양도담보)한 것으로 추정된다.

Ⅱ. 담보목적의 채권양도(채권의 양도담보)의 법적 성질

判例는 담보목적의 채권양도(채권의 양도담보)의 성질을 '신탁적 양도'로 본다. 따라서 양도인과 양수인 사이에서는 담보목적이지만 채무자 등 제3자와의 관계에서는 양수인이 채권자의 지위를 취득하여 채권을 행사할 수 있고 채권의 처분을 할 수 있다.

Ⅲ. 양도인(甲)과 양수인(丙) 사이의 관계

사안에서 채권양도의 원인관계는 채무의 담보에 있는 것인데 그 채무가 변제로 소멸하였으므로, 그 담보의 목적으로 이루어진 채권양도는 당연히 실효되고, 따라서 甲·丙 사이에서 丙은 채권을 취득하지 못하게 된다.

Ⅳ. 채권양도의 원인관계에 기한 채권소멸이 채무자에게 미치는지 여부(소극)

1. 문제점

채권양도의 원인관계에 기한 丙의 채권소멸이 채무자(乙)에게도 당연히 영향을 미치는가, 즉 乙이 丙에게 양수금의 지급을 거절할 수 있는지 문제된다. 민법은 채무자가 양도인에 대한 항변사유로써 양수인에게 대항할 수 있다고는 정하지만(제451조 2항), 양도인이 양수인에 대해 가지는 항변사유를 채무자가 원용할 수 있는 것으로는 정하고 있지 않다.

2. 채권양도의 유인성과의 관련성

이는 채권양도의 유인성으로 해결될 수 있는 것도 아니다. 유인성에 따라 원인행위상의 채권이 소멸되어 채권양도가 실효되었더라도 이로써 채무자가 양수인에게 대항할 수 있느냐는 별개의 문제이다. 즉 채권양도의 독자성과 무인성은 채권양도계약을 중심으로 하여 그 당사자(양도인과 양수인) 사이에서 발생하는 문제이지 양수인과 채무자와의 관계에서는 직접적인 적용이 없다.

3. 사안의 해결

甲과 乙 간의 계약과 甲과 丙 사이의 (채권양도)계약은 계약의 당사자가 다른 별개의 계약이므로, 乙은 甲의 丙에 대한 항변사유를 원용할 수는 없다(채권의 양도담보의 법적 성질). 判例도 "채권양도가 다른 채무의 담보조로 이루어졌으며 또한 그 채무가 변제되었다고 하더라도, 이는 채권양도인과 양수인 간의 문제일 뿐이고, 양도채권의 채무자는 채권양도·양수인 간의 채무소멸 여하에 관계없이 양도된 채무를 양수인에게 변제하여야 하는 것이므로, 설령 그 피담보채무가 변제로 소멸되었다고 하더라도 양도채권의 채무자로서는 이를 이유로 채권양수인의 양수금청구를 거절할 수 없다"(대판 1999.11.26. 99다23093 : 9회,11회 선택형)고 하였다. 따라서 채무자(乙)는 양수인(丙)에게 양수금을 지급하여야 한다. 양도인으로서는 이러한 결과를 피하기 위해 양수인의 동의를 얻어 양도통지를 철회하거나(제452조 2항), 이중변제를 받은 丙에 대해 부당이득반환청구를 하는 수밖에 없다. 참고로 채권담보계약의 종료에 따른 원상회복의 한 내용으로 丙은 양수채권이 소멸한 사실을 乙에게 통지할 의무를 부담한다(대판 2011.3.24. 2010다100711 : 2회 선택형).

※ 보론 : 채무변제에 '갈음하여' 다른 채권을 양도하기로 한 경우

"채무자가 채권자에게 채무변제에 '갈음하여' 다른 채권을 양도하기로 한 경우에는 특별한 사정이 없는 한 채권양도의 요건을 갖추어 대체급부가 이루어짐으로써 원래의 채무는 소멸하는 것이고 그 양수한 채권의 변제까지 이루어져야만 원래의 채무가 소멸한다고 할 것은 아니다. 이 경우 대체급부로서 채권을 양도한 양도인은 양도 당시 양도대상인 채권의 존재에 대해서는 담보책임을 지지만 당사자 사이에 별도의 약정이 있다는 등 특별한 사정이 없는 한 그 채무자의 변제자력까지 담보하는 것은 아니다"(제579조 참조 ; 대판 2013.5.9. 2012다40998) [21법무]

핵심사례 B-12

★ 이의를 유보하지 않은 승낙의 효력 대판 1962.4.4. 4294민상1296; 대판 1999.8.20. 99다18039(표준판례513)

乙은 부모님이 병원에 입원하여 급하게 돈이 필요하다는 친구 甲의 부탁을 받고 2006.1.20. 1,000만 원을 3개월 뒤에 돌려받기로 하고 빌려주었다. 그러나 甲은 의도대로 乙에게 빌린 돈으로 불법 도박장을 개장하였고, 乙은 우연히 甲이 경영하는 도박장에 놀러왔다가 도박에 빠져 급기야 2006.2.1. 2개월만 빌려 쓰기로 하고 도박자금으로 3,000만 원을 甲에게 빌렸다.
그 후 甲은 丙에 대한 채무변제를 위하여 2006.2.10. 위 3,000만 원의 반환채권을 丙에게 양도하고 乙은 다음날 '이의를 보류하지 않고 승낙'을 하였다(단, 丙은 甲의 채권이 도박자금과 관련한 채권임은 몰랐으나, 乙이 甲에게 반대채권을 가지고 있음은 알고 있었다고 가정한다).
2006.4.23. 丙이 乙에게 이행을 청구한다면 이에 대한 乙의 실체법상 타당한 항변수단을 검토하라. (30점)

I. 丙의 乙에 대한 양수금청구

II. 丙의 양수금청구에 대한 乙의 항변수단

1. 문제점

丙의 청구에 대한 乙의 항변수단으로는 ① 乙이 이의를 보류하지 않은 승낙을 한 경우 도박채권으로서 무효(제103조)라는 '절대적 무효' 주장의 항변이 절단되어 무효를 주장할 수 없는 것인지(제451조 1항 본문),

② 그리고 乙이 甲에 대하여 가진 1,000만 원의 반대채권으로 상계항변을 할 수 없는지, 즉 사안과 같이 채권양도시(2006.2.10.)에는 자동채권의 이행기(2006.4.20.)가 아직 도래하지 않았으나 양수인 丙이 이행청구를 한 시점(2006.4.23.)에서는 이행기가 도래한 경우 상계할 수 있는지 문제된다.

2. 무효 항변

(1) 양수금채권(금전소비대차계약)의 유효성

종래 대법원은 불법동기가 표시되어야 한다는 동기표시설의 입장이었다. 다만 최근에는 "표시되거나 상대방에게 알려진 법률행위의 동기가 반사회질서적인 경우를 포함한다"(대판 2001.2.9. 99다38613)고 한다. 이에 따르면 사안에서 ① 甲이 乙에게 1,000만 원을 빌린 행위(소비대차계약)는 그 동기를 상대방 乙이 몰랐으므로 제103조 위반으로 무효라고 볼 수 없다. ② 그러나 乙이 甲에게 3,000만 원을 빌린 행위(소비대차계약)는 도박장 경영자인 甲이 도박자금을 위해 돈을 빌린다는 것을 알았으므로 이러한 대여행위는 제103조 위반으로 무효이다.

(2) 이의를 보류하지 않은 승낙의 효력

1) 규정의 취지(제451조 1항 : 채무자의 승낙에 공신력)

2) 양수인이 보호받기 위한 요건

判例는 양수인이 악의 또는 중과실이 아니어야 보호받는다고 한다(대판 2002.3.29. 2000다13887).

3) 배제되는 항변사유의 내용

여기서 '양도인에게 대항할 수 있는 사유'란 채권의 성립·존속·행사를 저지·배척하는 사유는 물론, 변제 등에 의한 채무소멸의 사유, 나아가 불법목적에 의하여 발생된 채권의 항변사유(제103조 위반으로 무효라는 항변)도 포함한다(대판 1962.4.4. 4294민상1296)

(3) 사안의 경우

丙은 甲의 채권이 도박자금과 관련한 채권임은 몰랐으므로 判例에 따르면 丙에게 중과실이 없는 한 '도박채권으로 무효'라는 제103조 위반의 절대적 무효인 경우와 같이 공익적 요청이 강한 경우에도 채무자 乙이 이의를 보류하지 않고 승낙하였다면 항변이 절단되어 丙에게 무효를 주장할 수 없다.

3. 상계 항변

(1) 문제점

乙이 이의의 보류 없이 승낙했으므로, 승낙 당시 이미 乙이 甲에게 상계할 수 있는 반대채권(1,000만 원)을 취득하고 있었던 경우에도 상계로 양수인에게 대항할 수 없다. 그런데 제451조 2항의 취지에 따르면 채무자의 이의보류 없는 승낙이 있더라도 사안과 같이 양수인 丙이 악의(乙이 甲에게 반대채권을 가지고 있음은 알고 있었다)인 경우에는 보호될 수 없으므로 상계항변이 가능할 수 있다.

(2) 승낙 이후 채무자의 자동채권의 변제기가 도래하는 경우 상계로 양수인에게 대항할 수 있는지 여부

채무자의 보호를 위하여 반대채권으로 상계할 수 있다고 할 것이지만, 양수인으로서는 예기치 못한 상계항변으로 인하여 채권을 잃게 될 위험이 있으므로 상계의 항변은 가능한 한 제한적으로 허용되어야 한다. 그렇다면 반대채권(자동채권)의 변제기가 양도채권(수동채권)의 변제기보다 나중에 도래하는 경우에는 채무자의 상계항변이 허용되지 않는다고 할 것이다(대판 1999.8.20. 99다18039 : 변제기선도래설).

(3) 사안의 경우

따라서 비록 채무자 乙은 甲에 대한 반대채권(자동채권)을 양도채권(수동채권)에 대한 승낙 이전부터 가지고 있었지만, 자동채권의 변제기(2006.4.20.)가 수동채권의 변제기(2006.4.1.)보다 나중에 도래하는 경우이므로 乙의 상계항변은 허용되지 않는다.

제2절 채무인수

I. 서 설
[B-92]

1. 의 의

채무인수란 채무의 동일성을 유지하면서 채무를 인수인에게 이전시키는 계약이다. 채무인수에는 ① 채무가 그 동일성을 유지하면서 종래의 채무자로부터 제3자인 인수인에게 이전하는 것을 목적으로 하는 면책적 채무인수와 ② 종전채무자가 계속 채무를 부담하면서 인수인이 함께 채무를 부담하는 병존적 채무인수가 있다.

[구별] 면책적 채무인수는 채무의 동일성이 유지된다는 점에서, 변경된 채무 간에 동일성이 인정되지 않은 '채무자 변경에 의한 경개'와 구별된다.

2. 면책적 채무인수와 병존적 채무인수의 구별

이는 당사자 의사해석의 문제이나, 명확하지 않은 경우에는 채권자 보호를 위해 원칙적으로 병존적인 것으로 해석해야 한다(대판 1988.5.24. 87다카3104).

3. 법적 성질

(1) 면책적 채무인수의 법적 성질

인수계약의 당사자에 따라 달라진다. 채권자와 인수인 사이의 계약 또는 채권자·채무자·인수인 사이의 3면 계약에 의한 채무인수는 처분행위와 의무부담행위의 결합이라고 보는 것이 일반적이다. 채무자와 인수인 사이의 계약의 경우에는 채권자의 승낙이 있어야 인수계약의 효력이 생긴다는 점에서, 채무인수계약은 채권행위로서의 성질을 가지는 것이고, 채권자의 승낙을 준물권행위로 해석함이 일반적이다.

(2) 병존적 채무인수의 법적 성질

채무의 이전이 없으므로 처분행위가 아니며, 단순한 의무부담행위로서의 성질을 가진다. 특히 채무자와 인수인 사이의 계약에 의한 경우는 일종의 제3자를 위한 계약에 해당한다.

4. 채무인수의 독자성과 무인성 [8회 사례형]

학설의 대립은 있으나 일반적으로 채무인수는 채무의 이전 자체를 목적으로 하는 계약으로서, 채무인수를 하게 된 원인된 법률관계와는 구별되는 '독자성'을 가지며, 또 양자는 그 당사자가 다른 별개의 법률행위이므로, **채무인수는 원인된 법률관계로부터 영향을 받지 않는 '무인성'**을 가진다고 본다. 예컨대 A소유 토지를 B가 매수하면서 B가 그 대금의 지급에 갈음하여 A가 C에 대해 부담하는 채무를 면책적으로 인수하기로 C와 채무인수계약을 맺은 경우, 그 후 위 매매계약이 무효·취소되더라도, 그것은 A·B 사이에서만 문제가 되는 것이고 B·C사이의 채무인수계약에는 아무런 영향을 주지 못한다. 따라서 C는 B에게 채무의 이행을 청구할 수 있다.

[8회 사례형 사실관계] 丙이 乙로부터 기계를 1억 원에 매수하는 매매계약을 체결하면서 乙이 甲에게 부담하는 1억 원의 대여금채무를 甲의 (묵시적)승낙을 받아 면책적으로 인수한 경우, 채무인수인 丙은 전채무자 乙에게 가진 동시이행의 항변권(원인된 법률관계에 따른 항변)으로 채권자 甲에게 대항할 수 없다(**채무인수의 무인성**). 그러나 주의할 것은 전채무자 乙이 채권자 甲에게 대항할 수 있는 사유로는 채무인수인 丙이 甲에게 대항할 수 있다는 점이다(제458조)(**채무인수의 동일성**).

Ⅱ. 면책적 채무인수 [B-93]

1. 요 건

(1) 채무의 이전성

채무가 존재하며 이전성이 있을 것을 요건으로 한다. 다만 채무의 성질에 의하여(제453조 1항 단서) 또는 당사자의 의사표시에 의하여(제449조 2항 유추적용) 인수가 제한 될 수 있다.

(2) 채무인수계약의 당사자

1) **채권자·채무자·제3자 사이의 3면 계약**

'채권자·채무자·제3자 사이의 3면 계약'은 계약자유의 원칙상 당연히 인정된다.

2) **채권자와 인수인 사이의 채무인수계약**

'채권자와 인수인 사이의 채무인수계약'의 경우에는 채무인수로 인하여 채무자가 채무를 면하는 이익을 얻게 되므로 채무자의 동의나 수익의 의사표시를 요하지 않는다. 다만 이해관계 없는 제3자는 채무자의 의사에 반하여 채무인수를 할 수 없다(제453조 2항).

3) **채무자와 인수인 사이의 채무인수계약**

① **[채권자의 승낙]** '채무자와 인수인 사이의 채무인수계약'의 경우에는 '채권자의 승낙'이 있어야 효력이 발생하는데(제454조), 채무자의 변경에 의한 책임재산의 감소를 막기 위한 취지이다. 이러한 승낙은 묵시적으로도 가능한바, 채권자가 직접 채무인수인에 대하여 인수채무금의 지급을 청구하였다면 그 지급청구로써 묵시적으로 채무인수를 승낙한 것으로 보아야 한다(대판 1989.11.14. 88다카29962). **[8회 사례형, 21법무]**
㉠ '채권자가 승낙을 거절하면' 인수인은 채무자에 대하여 채권자에게 변제할 의무를 부담하는 것으로 봄이 상당할 것이다(이행인수). 아울러 채권자가 승낙을 거절하면 그 이후에는 채권자가 다시 승낙하여도 채무인수로서의 효력이 생기지 않는다(대판 1998.11.24. 98다33765: 표준판례528 : 6회,7회,10회 선택형). ㉡ 반대로 '채권자가 승낙하면' 그 뒤에 '채무인수인'이 위 채무인수계약을 적법하게 취소하려면 채권자의 승낙이 있다든가 채권자가 위 계약을 승낙할 때에 채무인수인의 취소권유보를 승낙하였다든가의 특수한 사정이 있어야 한다(대판 1962.5.17. 62다161).

② **[승낙여부의 최고]** 제3자나 채무자는 상당한 기간을 정하여 승낙여부의 확답을 채권자에게 최고할 수 있고(제455조 1항), 채권자가 그 기간 내에 확답을 발송하지 아니한 때에는 거절한 것으로 본다(제455조 2항).

③ **[채무인수의 철회, 변경]** 제3자와 채무자간의 계약에 의한 채무인수는 채권자의 승낙이 있을 때까지 당사자는 이를 철회하거나 변경할 수 있다(제456조).

2. 효 과

(1) 채무의 이전

채권자의 채무인수에 대한 승낙은 다른 의사표시가 없으면 채무를 인수한 때에 소급하여 그 효력이 생긴다(제457조 본문). 채무인수인에게 채무가 이전하여 인수인이 종래의 채무자에 갈음하여 채무자로 되고 그에 따라 종전 채무자는 채무를 면한다. 그러나 제3자의 권리를 침해하지 못한다(제457조 단서).

(2) 항변권의 이전

종된 권리나 항변권은 채무인수인에게도 여전히 인정된다. 따라서 인수인은 '전채무자의 대항할 수 있는 사유'로 채권자에게 대항할 수 있다(제458조)(7회 선택형). 그러나 전채무자가 계약당사자로서 갖는 권리(취소권, 해제권 등)나 전채무자의 상계권으로는 채권자에게 대항할 수 없다.

그리고 채무인수계약은 구 채무자의 채무의 동일성을 유지하면서 신 채무자가 이를 부담하는 것이므로 특별한 의사표시가 없으면 **채무인수자의 구 채무자에 대한 항변사유로서는 채권자에게 대항할 수는 없다고 해석된다**(대판 1966.11.29. 66다1861).

(3) 보증 기타 담보의 이전 여부

① ㉠ 전채무자의 채무에 대한 보증이나 '제3자'가 제공한 담보는 채무인수로 인하여 소멸하나, 보증인이나 제3자가 채무인수에 '동의'한 경우에는 그러하지 아니하다(제459조)(2회 선택형). 채무자의 변경으로 인해 채무자의 자력에 변화가 생김으로써 보증인이나 물상보증인에게 불이익이 발생할 우려가 있기 때문이다. 이 경우 **물상보증인이 채무인수에 동의함으로써 소멸하지 아니하는 담보는 당연히 기존의 담보와 동일한 내용을 갖는 것이다**(대판 1996.10.11. 96다27476). ㉡ 채무자가 제공한 담보는 인수계약이 채권자와 인수인 사이에 체결된 경우에만 담보가 소멸하고, 그 밖의 경우에는 채무자인 담보제공자가 채무인수에 동의한 것으로 보아 담보는 존속한다고 보는 것이 일반적이다(제459조 단서 유추적용)(2회 선택형). ② 유치권 등 법정담보물권은 피담보채무가 인수되더라도 존속한다.

> [관련판례] 대법원은 A는 D은행으로부터 그 소유의 이 사건 상가를 담보로 대출을 받고, B는 위 대출원리금을 연대보증하였는데, 상가에 대한 임의경매 절차에서 C가 낙찰을 받으면서, 매매대금 지급을 갈음해서 D 은행의 승낙을 얻어 A의 D 은행에 대한 대출금 채무를 배당받을 채권액 범위에서 인수한 경우, 이는 '면책적 채무인수'에 해당하므로, A의 D 은행에 대한 위 대출금 채무 중 배당액 부분은 소멸하고, 연대보증인 B가 채무인수에 동의하였다고 볼 수 없어 연대보증채무 중 배당액 부분도 함께 소멸하였다고 판단하였다(대판 2018.5.30. 2017다241901).

(4) 소멸시효의 중단

면책적 채무인수는 시효중단사유 중 승인에 해당한다(제168조 3호). 따라서 소멸시효가 중단되고 채무인수일로부터 소멸시효가 새로이 진행된다. 이 경우 인수채무의 소멸시효기간은 기존의 채무의 소멸시효기간과 동일하다(대판 1999.7.9. 99다12376).

> [비교판례] * '이행인수인'의 승인이 소멸시효 중단사유에 해당하는지 여부(소극)
> "소멸시효 중단사유인 채무의 승인은 시효이익을 받을 당사자나 대리인만 할 수 있으므로 이행인수인이 채권자에 대하여 채무자의 채무를 승인하더라도 다른 특별한 사정이 없는 한 시효중단 사유가 되는 채무승인의 효력은 발생하지 않는다"(대판 2016.10.27. 2015다239744 : 8회 선택형).

Ⅲ. 병존적 채무인수 [B-94]

1. 요 건

(1) 채무의 이전성

병존적 채무인수의 경우 면책적 채무인수와 같은 채무의 이전이 없으므로 반드시 채무의 이전성을 요하는 것은 아니다. 다만 부대체적, 전속적 채무는 성질상 불가능하다.

(2) 채무인수계약의 당사자

① 채권자·채무자·제3자 사이의 3면 계약은 계약자유의 원칙상 당연히 인정된다. ② 채무자와 인수인 사이의 인수계약으로도 가능하며, 이 경우 제3자를 위한 계약이 된다. 따라서 채권자의 수익의 의사표시를 필요로 한다(제539조 2항). 채권자가 인수인에 대하여 청구 기타 채권자로서의 권리를 행사하면 그것이 곧 수익의 의사표시가 된다. 이 경우 채권자의 수익의 의사표시는 그 계약의 '성립요건이나 효력발생요건'이 아니라 채권자가 인수인에 대하여 채권을 취득하기 위한 요건이다(대판 2013.9.13. 2011다56033 : 11회 선택형).[1] ③ 채권자와 인수인 사이의 계약으로 하는 경우 채무자의 채무에 대한 담보로서의 기능을 한다는 점에서 채무자의 의사에 반하여도 인수가 가능하다(대판 1988.11.22. 87다카1836 : 6회, 12회 선택형).

2. 효 과

(1) 종전 채무자와 동일한 내용의 채무부담

인수인은 종전 채무자와 동일한 내용의 채무를 부담한다. 따라서 종래의 채무자가 그 채무관계에 있어 가졌던 모든 항변사유로 채권자에게 대항할 수 있다. 기존 채무에 있는 담보나 보증은 존속하고 채무의 소멸시효기간도 종전 채무자와 동일한 소멸시효기간이 적용된다.

(2) 채무자의 채무와 인수인의 채무와의 관계 [9회 기록형]

判例는 "중첩적 채무인수에서 채무자의 부탁 없이 채권자와의 계약으로 채무를 인수하는 것은 매우 드문 일이므로 채무자와 인수인은 원칙적으로 주관적 공동관계가 있는 연대채무관계에 있고, 인수인이 채무자의 부탁을 받지 아니하여 주관적 공동관계가 없는 경우에는 부진정연대관계에 있는 것으로 보아야 한다"(대판 2009.8.20. 2009다32409: 표준판례529 : 6회,7회,11회,13회 선택형)고 한다.

[판례검토] 검토하건대, 구체적 사정을 고려한 判例의 태도는 타당하다.

> [관련판례] "중첩적 채무인수인이 채권자에 대한 손해배상채권을 자동채권으로 하여 채권자의 자신에 대한 그 채권에 대하여 대등액에서 상계의 의사표시를 하였다면, 연대채무자 1인이 한 상계의 절대적 효력을 규정하고 있는 민법 제418조 제1항의 규정에 의하여, 다른 연대채무자인 원채무자의 채권자에 대한 채무도 상계에 의하여 소멸되었다고 보아야 한다"(대판 1997.4.22. 96다56443 : 7회 선택형).

(3) 구상관계

채무자와 인수인 사이에서는 개별적으로 내부적 관계에 따라서 구상권이 발생할 수 있다.

---

[1] [사실관계] "채무자와 인수인의 합의에 의한 중첩적 채무인수의 경우 채권자가 수익을 받지 않겠다는 의사표시를 하였다면 채권자는 인수인에 대하여 채권을 취득하지 못하고, 특별한 사정이 없는 한 사후에 이를 번복하고 다시 수익의 의사표시를 할 수는 없다고 할 것이지만, 인수인이 채권자에게 중첩적 채무인수라는 취지를 알리지 아니한 채 채무인수에 대한 승낙 여부만을 최고하여 채권자가 인수인으로부터 최고받은 채무인수가 채무자에 대한 채권을 상실하게 하는 면책적 채무인 것으로 잘못 알고 면책적 채무인수를 승낙하지 아니한다는 취지의 의사표시를 한 경우에는, 이는 중첩적 채무인수에 대하여 수익 거절의 의사표시를 한 것이라고 볼 수 없으므로, 채권자는 그 후 중첩적 채무인수 계약이 유효하게 존속하고 있는 한 수익의 의사표시를 하여 인수인에 대한 채권을 취득할 수 있다"

Ⅳ. 이행인수 [B-95]

1. 의 의
인수인이 채무자의 채무를 이행할 것을 약정하는 채무자와 인수인 사이의 계약을 말한다.

2. 병존적 채무인수와의 구별 [16사법]
인수계약의 당사자인 채무자와 인수인에게 채권자로 하여금 직접 인수인에 대한 채권을 취득케 하고자 할 의사가 있었다면 이는 제3자를 위한 계약으로서 병존적 채무인수가 될 것이나, 그렇지 않은 때에는 이행인수로 될 뿐이다(대판 1997.10.24. 97다28698 : 12회 선택형).

예를 들어 "부동산을 매매하면서 매도인과 매수인 사이에 중도금 및 잔금은 매도인의 채권자에게 직접 지급하기로 약정한 경우, 그 약정은 매도인의 채권자로 하여금 매수인에 대하여 그 중도금 및 잔금에 대한 직접청구권을 행사할 권리를 취득케 하는 제3자를 위한 계약에 해당하고 동시에 매수인이 매도인의 그 제3자에 대한 채무를 인수하는 병존적 채무인수에도 해당한다"(대판 1997.10.24. 97다28698).

3. 요 건
인수계약의 당사자는 '채무자와 인수인'이고, 이행인수의 목적이 되는 채무는 성질상 제3자의 이행이 허용되거나, 당사자가 제3자의 이행에 관하여 반대하는 의사표시를 하지 않은 경우여야 한다. 채무자와 인수인 간에만 효력이 있는 약정이므로 채권자의 승낙은 불필요하다(대판 2010.9.30. 2009다65942).

4. 효 과

(1) 채무자와 인수인 사이의 관계
채무자는 인수인에 대하여 채권자에게 이행할 것을 청구할 수 있고, 인수인이 이를 위반하면 채무불이행책임을 부담한다.

(2) 채권자와 인수인 사이의 관계 [15법무]
① 인수인은 채무자와의 관계에서 이행의무를 부담하며 채권자에게 직접 채무를 부담하지는 않는다. 따라서 채권자도 인수인에게 이행을 청구할 권리는 없다(인수인은 채권자에 대한 관계에서 채무자의 이행보조자로 다루어진다). 다만 채무자의 인수인에 대한 청구권은 그 성질상 재산권의 일종으로서 일신전속적 권리라고 할 수는 없으므로, 채권자는 '채권자대위권'에 의하여 채무자의 인수인에 대한 청구권을 대위행사할 수는 있다(대판 2009.6.11. 2008다75072 : 6회,8회,9회 선택형). ② 그리고 이행인수에 의해서는 채권자가 인수인에게 새로운 이해관계를 취득하는 것이 아니므로 예를 들어 이행인수계약이 사기를 이유로 취소되는 경우 채권자는 선의의 제3자로 보호받을 수는 없다(대판 2005.1.13. 2004다54756).

5. 부동산의 매수인이 매매대금의 지급에 갈음하여 그 부동산에 대한 매도인의 채무를 인수한 경우의 법률관계 [B-95a]

(1) 면책적 채무인수인지 이행인수인지 여부
"부동산의 매수인이 매매목적물에 관한 채무(피담보채무, 대항력이 없는 임대차에서 임대보증금반환채무 등)를 인수하는 한편 그 채무액을 매매대금에서 공제하기로 약정한 경우, 그 인수는 특별한 사정이 없는 한 매도인을 면책시키는 채무인수가 아니라 이행인수로 보아야 하고, 면책적 채무인수로 보기 위하여는 이에 대한 채권자의 승낙이 있어야 한다"(대판 1995.8.11. 94다58599 : 4회,10회 선택형). 判例는 이 경우 채권자의 묵시적인 승낙을 인정할 경험칙 내지 거래의 관행은 없다고 한다(대판 1990.1.25. 88다카29467).

> ※ **부동산의 매수인이 매매목적물에 관한 임대차보증금 반환채무 등을 인수하는 한편 그 채무액을 매매대금에서 공제하기로 약정한 경우**(원칙적 이행인수 : 핵심사례 B-13.참고) [15법무]
> 判例에 따르면 "주택의 임차인이 제3자에 대한 대항력을 갖추기 전에 임차주택의 소유권이 양도된 경우 양수인은 임대차보증금 반환채무를 면책적으로 채무인수하였다고 볼 수 없고 이행인수한 것이라고 보아야 하며, 면책적 채무인수로 보기 위해서는 이에 대한 채권자, 즉 임차인의 승낙이 있어야 한다. 이때 승낙은 묵시적으로도 가능하나, '임차인이 경매절차에서 임차보증금을 회수할 가능성이 없는 이상, 임차인의 배당요구만으로 묵시적 승낙의 의사표시를 한 것으로 볼 수는 없다"고 한다(대판 2008.9.11. 2008다39663 ; 대판 2015.5.29. 2012다84370 : 6회,10회,12회 선택형).

[**병존적 채무인수가 되는 경우**] 判例는 인수의 대상으로 된 채무의 책임을 구성하는 권리관계도 함께 양도한 경우이거나 인수인이 그 채무부담에 상응하는 대가를 얻을 때에는, 원칙적으로 이행인수가 아닌 병존적 채무인수로 보아야 한다고 한다(대판 2008.3.13. 2007다54627). 즉 임대아파트를 매도인으로부터 매수하면서 임차보증금반환채무와 은행대출금채무를 인수하는 대신 매매대금에서 그 금액을 공제하고 그리고 매도인의 임대사업자의 지위를 승계한 사안에서, 병존적 채무인수로 보았다(대판 2010.5.13. 2009다105222).

(2) 매수인의 의무

判例는 "특별한 사정이 없는 한 매수인은 인수한 채무를 현실적으로 변제할 의무는 없고, 매수인이 매매대금에서 그 채무액을 공제한 나머지를 지급함으로써 잔금지급의무를 다한 것이고, 또한 이 약정의 내용은 매도인과 매수인과의 계약으로 매수인이 매도인의 채무를 변제하기로 하는 것으로서 매수인은 제3자의 지위에서 매도인에 대하여만 그의 채무를 변제할 의무를 부담함에 그친다"고 한다(대판 2002.5.10. 2000다18578 : 4회,8회 선택형).[2] 그리고 매수인은 인수채무의 이행시기 등에 관하여 다른 약정이 없는 한, 그 인수채무가 가지는 본래의 내용에 따라 이행하면 족하다고 한다(대판 1998.10.27. 98다25184).

(3) 매수인이 인수채무를 이행한 경우의 효과

매수인은 이행인수 약정에 따라 매도인의 채권자에게 이행한 것이므로 매도인에게 구상할 수 없고, 따라서 변제자대위도 일어나지 않는다.

(4) 매수인이 인수채무를 불이행한 경우의 효과

1) 매도인의 해제 가부

① 전술한 바와 같이 判例에 따르면 매수인은 매매대금에서 인수채무액을 공제한 나머지를 지급함으로써 잔금지급의무를 다한 것으로 보아야 하므로, 매수인이 인수채무를 변제하지 않았다고 하여도 매도인이 계약을 해제할 수는 없다(대판 1993.6.29. 93다19108). 이는 인수한 피담보채무의 이자를 지급하지 아니한 경우에도 같다(대판 1998.10.27. 98다25184 : 4회 선택형). [15법무] 다만 "매수인이 인수채무를 이행하지 아니함으로써 매매대금의 일부를 지급하지 아니한 것과 동일하다고 평가할 수 있는 '특별한 사유'가 있을 때에 한하여 매도인의 계약해제권이 발생한다"고 한다(대판 1993.2.12. 92다23193: 표준판례530).

② 이때 특별한 사유에 대해 判例는 "매수인이 인수채무를 이행하지 않음에 따라 i) 매매목적물인 부동산이나 공동담보로 제공된 다른 부동산에 설정된 담보권의 실행으로 임의경매절차가 개시되었다거나 개시될 염려가 있고, ii) 또한 매도인 측이 이를 막기 위하여 부득이 피담보채무를 변제할 필요성이 있는 경우"라고 한다(대판 1998.10.27. 98다25184).[3] 다만 구체적 사안에서 대체로 判例는 '매도인이

---

2) [판례평석] 이에 대해 매수인이 장차 그 인수채무를 변제하지 않는 것을 해제조건으로 하여, 매수인이 매매대금에서 그 채무액을 공제한 나머지를 지급함으로써 잔대금 지급의무를 다한 것으로 된다고 해석함이 타당하다는 유력한 견해도 있다(김창종, '이행인수의 법률관계', 이철원 교수 정년기념논문집, p.393).

자기의 出捐으로 매수인이 인수한 채무를 대신 변제한 경우'에만 계약해제권의 발생을 인정하는 입장을 취하고 있다.[4]

[관련판례] 한편 判例는, 매도인이 근저당채무를 변제하고 매수인에 대하여 그 변제액만큼의 매매대금의 지급을 구하는 경우에 그 인수채무를 변제한 사실은 매도인이 이를 입증하여야 한다고 한다(대판 1994.5.13. 94다2190). 한편, 매도인이 매매 목적물을 제3자 앞으로 근저당권을 설정해 주고서 그로부터 차용한 금원으로 종전의 근저당채무를 변제한 경우, 새로운 근저당권이 설정됨으로써 결과적으로 근저당채무를 변제하지 않는 것과 같게 되므로, 전술한 바와 같은 법률관계는 생기지 않고, 따라서 그 나머지 매매대금을 지급한 매수인은 매도인을 상대로 소유권이전등기를 청구할 수 있다(대판 1993.2.12. 92다23193: **표준판례530**).

③ 그런데 이 경우 해제권은 매수인의 대금채무 지체를 이유로 한 해제권의 성격을 갖기 때문에 해제권이 발생하기 위해서는 제544조의 요건이 충족되어야 한다. 따라서 매도인은 자기의 반대채무(소유권이전등기의무 등)의 이행 또는 이행제공을 하여야 한다(대판 1993.2.12. 92다23193: **표준판례530**).

2) 매도인의 손해배상청구권

이행인수계약의 불이행으로 인한 손해배상의 범위는 원칙적으로 채무자가 채무의 내용에 따른 이행을 하지 않음으로써 생긴 통상의 손해를 한도로 한다. 매수인이 인수하기로 한 근저당권의 피담보채무를 변제하지 않아 원리금이 늘어났다면 그 원리금이 매수인의 이행인수계약 불이행으로 인한 통상의 손해액이 된다(대판 2021.11.25. 2020다294516: **표준판례531**).

[소멸시효] ★ 채무불이행으로 채권자가 제3자에 대해 채무를 부담하게 된 경우 채권자가 채무자에게 제3자에 대한 채무액과 같은 금액을 손해배상금으로 청구하기 위해서는 채무의 부담이 현실적·확정적이어서 실제로 변제해야 할 성질의 것이어야 한다. 따라서 이행인수인(丁)이 중도금 지급기일에 인수의무를 이행하지 않았다는 사정만으로 곧바로 매도인(丙)에게 손해가 현실적으로 발생하였다고 볼 수는 없고, 채무자(甲)가 이자 등을 지급한 때 매도인(丙)에 대하여 채무불이행에 따른 손해배상청구권을 갖게 되며, 그때 매도인(丙)에게 이행인수인(丁)의 이행인수계약 불이행에 따른 손해가 현실적으로 발생하였다고 볼 수 있으므로, 이때부터 소멸시효가 진행된다(대판 2021.11.25. 2020다294516).[5]

3) 매도인이 인수채무를 변제한 경우 : 동시이행관계 [25법무]

"부동산매매계약과 함께 이행인수계약이 이루어진 경우, 매수인이 인수한 채무는 매매대금지급채무에 갈음한 것으로서 매도인이 매수인의 인수채무불이행으로 말미암아 또는 임의로 인수채무를 대신 변제하였다면, 그로 인한 손해배상채무 또는 구상채무는 인수채무의 변형으로서 매매대금지급채무에 갈음한 것의 변형이므로 매수인의 손해배상채무 또는 구상채무와 매도인의 소유권이전등기의무는 대가적 의미가 있어 이행상 견련관계에 있으므로, 양자는 동시이행의 관계에 있다"(대판 2004.7.9. 2004다13083 : **4회 선택형**).

---

3) [관련판례] 따라서 "임의경매절차가 개시되었다거나 개시될 염려가 있다고 볼 만한 사정이 없고, 더욱이 위 매매목적 부동산에 관하여 매수인 명의의 소유권이전등기가 이미 경료된데다가 그 경제적 가치가 위 대출금채무를 담보하기에 충분한 이상 매도인으로서는 임의경매를 막기 위하여 부득이 위 대출금채무의 이자를 변제할 만한 실제적인 필요성이 있었다고도 보기 어려우므로, 그러한 사유만으로 매도인이 위 매매계약을 해제할 수는 없다"(대판 1998.10.27. 98다25184)고 한다.

4) [판례평석] 매매대금을 지급하는 방법의 일환으로 인수채무액 만큼 매매대금에서 공제하는 것이므로, 그 인수채무를 변제기에 지급하지 않으면 결국 이는 매매대금을 지급하지 않은 것(이행지체)과 동일하게 보아야 하므로(즉 해제조건의 성취), 제544조의 규정에 따라 해제할 수 있다고 해야지 判例처럼 매도인이 그 채무를 직접 자신의 출연으로 변제한 경우에만 그 매매계약을 해제할 수 있다고 하는 것은 매도인에게 일방적으로 불리한 해석이라는 비판이 유력하다[김창종, 위 전게논문, p.394].

5) [사실관계] 判例는 甲 소유의 부동산에 채무자를 甲, 근저당권자를 乙로 하는 근저당권설정등기가 마쳐진 상태에서, 丙이 丁에게 위 부동산을 매도하는 내용의 매매계약을 체결하면서 위 근저당권이 담보하는 甲의 대출금채무를 丁이 승계하는 대신 중도금의 전부나 일부로 대체하기로 하였고, 그 후 丙이 甲과 체결한 약정에 따라 위 부동산에 관하여 자기 앞으로 소유권이전등기를 한 다음 丁 앞으로 매매계약에 따른 소유권이전등기를 하였는데, 丁이 대출금채무에 대한 인수의무를 이행하지 않아 甲이 대금채 이자 등을 지급하는 손해를 입게 되자, 甲이 丁을 상대로 丙을 대위하여 채권자대위에 따른 손해배상청구를 제기한다면, 이행인수인 丁이 인수의무를 불이행한 때가 아니라 甲이 이자 등을 지급한 때 丙의 丁에 대한 손해배상청구권이 발생하고 소멸시효가 진행된다고 한다.

4) **저당권실행의 경매로 '매수인'이 소유권을 상실한 경우 : 제576조의 담보책임**(소극)

담보책임 규정은 임의규정이므로 면제나 포기의 약정이 가능한바, "매도인과 매수인 사이에 '채무인수' 또는 '이행인수'에 관한 약정이 있으면 담보책임의 면제나 포기의 약정으로 해석되므로 매수인이 매매목적물에 관한 근저당권의 피담보채무 중 일부만을 인수한 경우 매도인으로서는 자신이 부담하는 피담보채무를 모두 이행한 이상 매수인이 인수한 부분을 이행하지 않음으로써 근저당권이 실행되어 매수인이 취득한 소유권을 잃게 되더라도 제576조 소정의 담보책임을 부담하게 되는 것은 아니다"(대판 2002.9.4. 2002다11151).

5) **저당권실행의 경매로 '매도인'이 소유권을 상실한 경우 : 대가위험부담**(제538조 1항 1문)

"매수인이 매매목적물에 관한 근저당권의 피담보채무에 관하여 그 이행을 인수한 경우, 채권자에 대한 관계에서는 매도인이 여전히 채무를 부담한다고 하더라도, 매도인과 매수인 사이에서는 매수인에게 위 피담보채무를 변제할 책임이 있다고 할 것이므로, 매수인이 그 변제를 게을리 하여 근저당권이 실행됨으로써 매도인이 매매목적물에 관한 소유권을 상실하였다면, 특별한 사정이 없는 한, 이는 매수인(제538조 1항 1문에서의 채권자)에게 책임 있는 사유로 인하여 소유권이전등기의무가 이행불능으로 된 경우에 해당하고, 거기에 매도인의 과실이 있다고 할 수는 없다"(대판 2009.5.14. 2009다5193).

따라서 이때에는 채무자위험부담에 대한 예외로서 채권자(매수인)가 위험을 부담하게 되어 매도인은 소유권이전의무를 면하고 매수인에 대해 인수채무액을 제외한 나머지 매매대금을 청구할 수 있게 된다(제538조 1항 1문). 다만 그 경매절차에서 저당권자 기타 채권자들이 배당하고 남은 금액을 매도인이 소유자로서 배당을 받아 이익을 얻은 때에는 이를 매수인에게 반환하거나 매수인의 매매대금채무액에서 공제하여야 할 것이다(제538조 2항).

V. 계약인수 [B-96]

1. 의 의

계약인수란 계약 또는 법률의 규정에 의하여 당사자 일방이 계약관계로부터 탈퇴하고 대신 제3자가 계약관계의 당사자로 들어서게 되는 것을 말한다. 계약인수는 계약자유의 원칙에 기하여 인정되며, 법률의 규정(주택임대차보호법 제3조 4항)에 의해서도 계약인수가 일어날 수 있다.

2. 채권양도, 채무인수와의 구별

계약인수는 탈퇴하는 계약당사자가 가지고 있던 계약관계상 모든 권리·의무를 계약인수인이 인수하는 점에서 개개의 채권을 이전하는 '채권양도'나 개개의 채무를 이전하는 '채무인수'와 구별된다.

3. 요 건

(1) 계약상 지위의 이전성

계약상 지위의 이전이 인정되기 위하여는 우선 계약상의 당사자의 지위가 채권·채무와 함께 제3자에게 이전될 수 있어야 한다.

(2) 당사자의 합의 [15법무]

계약 당사자로서의 지위 승계를 목적으로 하는 계약인수는 3면계약으로 이루어지는 것이 통상적이나 관계 당사자 중 2인이 합의하고 나머지 당사자가 이에 동의 내지 승낙하는 방법으로도 가능하다(대판 1996.2.27. 95다21662). 다만 判例는 임대차에서 임대인이 목적물을 양도하면서 '임대인의 지위'를 양도하는 경우 임대인과 양수인의 합의만으로도 가능하다고 보고(대결 1988.9.2. 98마100)[6] 임차인에게 임대차승계에 대한 '이의권'(대판 2002.9.4. 2001다64615)·'해지권'(대결 1998.9.2. 98마100)을 인정한다.

4. 효과

계약인수가 적법하게 이루어지면, 원래의 계약당사자는 계약관계에서 탈퇴하고 인수인이 계약당사자의 지위(계약에 따른 채권이나 채무뿐만 아니라 계약관계에 기한 취소권이나 해제권 등도 포함하는 포괄적인 지위)를 가지며, 계약인수 후에는 특별한 사정이 없는 한 잔류당사자와 양도인 사이에는 계약관계가 존재하지 않으며 그에 따른 채권·채무관계도 소멸한다(대판 2007.9.6. 2007다31990).

(1) 이미 발생한 채무의 승계

① 이미 발생한 채무의 승계에 관하여 判例는 "계약당사자 중 일방이 상대방 및 제3자와 3면 계약을 체결하거나 상대방의 승낙을 얻어 계약상 당사자로서의 지위를 포괄적으로 제3자에게 이전하는 경우 이를 양수한 제3자는 양도인의 계약상 지위를 승계함으로써 종래 계약에서 이미 발생한 채권·채무도 모두 이전받게 된다"(대판 2011.6.23. 전합2007다63089)고 한다.[7]

[비교판례] "대항력을 갖춘 임차인이 있는 건물의 양수인이 임대인의 지위를 승계하면(주택임대차보호법 제3조 4항. 계약인수), 양수인은 임차인에게 임대보증금반환의무를 부담하고 임차인은 양수인에게 차임지급의무를 부담한다(면책적 채무인수). 그러나 임차건물의 소유권이 이전되기 전에 '이미 발생한 연체 차임이나 관리비' 등은 별도의 채권양도절차가 없는 한 원칙적으로 양수인에게 이전되지 않고 구임대인만이 임차인에게 청구할 수 있다"(대판 2017.3.22. 2016다218874). **[7회 사례형]**

② 다만, 계약상 지위를 전제로 한 권리관계만 이전될 뿐이므로 **불법행위에 기한 손해배상청구권은 별도의 채권양도절차 없이 제3자에게 당연히 이전되는 것은 아니다**(대판 2015.7.23. 2012다15336 : **14회 선택형**).

[비교판례] "영업양도에 수반된 근로계약인수의 효과가 인정될 경우, 근로계약에 기초하여 기 발생한 영업양도인의 근로자에 대한 손해배상채권에 관한 영업양수인의 승계취득에 개별 채권양도의 대항요건을 별도로 갖추어야 하는 것은 아니다"(대판 2020.12.10. 2020다245958: 표준판례533 : **12회,14회 선택형**).

(2) 채권에 대한 압류 및 추심명령 후 계약인수

"채권의 압류는 제3채무자에 대하여 채무자에게 지급 금지를 명하는 것이므로 채무자는 채권을 소멸 또는 감소시키는 등의 행위를 할 수 없고 그와 같은 행위로 채권자에게 대항할 수 없는 것이지만, 채권의 발생원인인 법률관계에 대한 채무자의 처분까지도 구속하는 효력은 없다(대판 1991.11.12. 91다29736). 그런데 계약 당사자로서의 지위 승계를 목적으로 하는 계약인수의 경우에는 양도인이 계약관계에서 탈퇴하는 까닭에 양도인과 상대방 당사자 사이의 계약관계가 소멸하지만(대판 2007.9.6. 2007다31990), 양도인이 계약관계에 기하여 가지던 권리의무가 동일성을 유지한 채 양수인에게 그대로 승계된다. 따라서 양도인의 제3채무자에 대한 채권이 압류된 후 그 채권의 발생원인인 계약의 당사자 지위를 이전하는 계약인수가 이루어진 경우 양수인은 압류에 의하여 권리가 제한된 상태의 채권을 이전받게 되므로, 제3채무자는 계약인수에 의하여 그와 양도인 사이의 계약관계가 소멸하였음을 내세워 압류채권자에 대항할 수 없다"(대판 2015.5.14. 2012다41359 : **14회 선택형**).

---

6) 임차권의 양도(제629조 1항)에 대해서는 임차인의 지위양도 즉 계약인수로 보는 견해가 있으나(지원림), 다수설은 임차권 양도는 준물권행위로서의 채권양도의 일종으로 보며, 判例도 채권양도의 법리를 적용한다. 즉 "임대인의 동의를 받지 아니하고 임차권을 양도한 계약도 이로써 임대인에게 대항할 수 없을 뿐 임차인과 양수인 사이에는 유효한 것이고 이 경우 임차인은 양수인을 위하여 임대인의 동의를 받아 줄 의무가 있다"(대판 1986.2.25. 85다카1812)고 한다.

7) [판례평석] 일반적으로는 判例의 태도가 타당하나, 특히 계속적 계약관계(위 2016다218874 비교판례와 같은 임대차계약)에서 계약인수 이전에 이미 발생하였으나 탈퇴 당사자가 이행하지 않고 있는 채무(가령, 미이행된 임료채무) 및 그로 인한 손해배상채무는 일반적으로 여전히 탈퇴당사자가 부담하며, 계약인수인에게 승계되지 않는다고 보는 것이 타당하다는 견해가 있다 [지원림, 민법강의(13판), 4-321 ; 양창수·권영준 공저, 권리의 변동과 구제(민법 II), p.218]

핵심사례 B-13

★ 임대차와 이행인수 [15법무]   대판 1998.11.24. 98다33765(표준판례528) ; 1998.10.27. 98다25184

乙은 건물 소유를 목적으로 甲으로부터 X토지를 임차한 후 그 지상에 Y건물을 신축하였다. 乙이 Y건물의 소유권보존등기를 미루고 있는 동안에, 甲은 丁에게 X토지를 매도하고 그 소유권이전등기까지 마쳐주었다. 甲과 丁은 위 매매계약의 체결과정에서 乙의 반대에도 불구하고 X토지에 관한 甲의 임차보증금반환채무를 丁이 인수하는 한편으로, 그 채무액을 매매대금에서 공제하기로 합의하였다.

1. 사정이 위와 같다면, X토지의 임대차가 기간만료로 종료한 경우 乙은 직접 丁을 상대로 위 임차보증금반환채무의 이행을 청구할 수 있는가? 그 결론과 그에 따른 논거를 쓰시오. (20점)
2. 丁이 X토지에 설정된 A은행의 근저당권 피담보채무도 함께 인수하면서 그 채무액도 매매대금에서 공제하기로 합의하였는데, 그럼에도 丁이 인수한 피담보채무의 이자를 납부하지 않는 경우에, 甲은 위 이자 미납을 이유로 매매계약을 해제할 수 있는가? 그 결론과 그에 따른 논거를 쓰시오. (20점)

I. 문제 1.의 해결

1. 결 론

乙은 직접 丁을 상대로 위 임차보증금반환채무의 이행을 청구할 수 없다.

2. 논 거

(1) 丁의 임대인의 지위 승계 여부

민법 제622조 제1항은 건물을 소유하는 토지임차인의 보호를 위하여 건물의 등기로써 토지임대차등기에 갈음하는 효력을 부여하는 것일 뿐이므로, 임차인이 그 지상건물을 등기하기 전에 제3자가 그 토지에 관하여 물권취득의 등기를 한 때에는 임차인이 그 지상건물을 등기하더라도 그 제3자에 대하여 임대차의 효력이 생기지 않는다(대판 2003.2.28. 2000다65082). 사안의 경우 토지임차인 乙은 Y건물의 소유권보존등기를 경료하지 않아 차지권의 대항력을 취득하지 못하였으므로 X토지의 신 소유자인 丁은 임대차 계약상의 임대인의 지위를 승계하지 않는다. 만약 그 후 乙이 건물의 소유권보존등기를 경료하였더라도 마찬가지이다. 따라서 丁은 乙에 대하여 임대차 계약상의 보증금반환채무를 부담하지 않는다.

(2) 甲의 임차보증금반환채무를 丁이 인수하고 그 채무액을 매매대금에서 공제하기로 한 합의의 해석

1) 채무인수인지 이행인수인지 여부

判例는 "부동산의 매수인이 매매 목적물에 관한 임대차보증금 반환채무 등을 인수하는 한편, 그 채무액을 매매대금에서 공제하기로 약정한 경우, 그 인수는 특별한 사정이 없는 이상 매도인을 면책시키는 면책적 채무인수가 아니라 이행인수로 보아야 하고, 면책적 채무인수로 보기 위하여는 이에 대한 채권자 즉, 임차인의 승낙이 있어야 한다"(대판 2001.4.27. 2000다69026)고 한다. 또한 "채무자와 인수인 사이의 계약에 의한 (면책적)채무인수에 대하여 채권자는 명시적인 방법뿐만 아니라 묵시적인 방법으로도 승낙을 할 수 있는 것인데, 채권자가 직접 채무인수인에 대하여 인수채무금의 지급을 청구하였다면 그 지급청구로써 묵시적으로 채무인수를 승낙한 것으로 보아야 한다(대판 1989.11.14. 88다카29962). 그러나 채권자가 일단 승낙을 거절하면 그 이후에는 채권자가 다시 승낙하여도 채무인수로서 효력이 생기지 않는다"(대판 1998.11.24. 98다33765)고 한다.

2) 사안의 경우

判例의 기준은 당사자의 의사를 충실히 반영하였다는 점에서 타당하며, 이에 의할 때 甲과 丁간의 합의는 채권자 乙로 하여금 丁에 대한 채권을 직접 취득케 할 의사가 있었다고 보기는 힘들며, 채권자인 임차인 乙의 반대가 있으므로 법률행위의 해석상 특별한 사정이 없으면 면책적 또는 병존적 채무인수가 아니라 이행인수라 할 것이다. 그리고 乙이 이미 위 보증금반환채무 인수에 대하여 반대함으로써 승낙을 거절한 이상 그 뒤 乙이 丁에게 직접 위 보증금반환채무의 지급을 청구함으로써 묵시적으로 채무인수를 승낙한 것으로 간주되는 행위가 있다 하더라도 그로써 다시 면책적 채무인수의 효과가 생길 수도 없다.

(3) 이행인수의 경우 채권자가 직접 인수인에 대하여 채무이행을 청구할 수 있는지 여부

인수인은 채무자와의 관계에서 이행의무를 부담하며 채권자에게 직접 채무를 부담하지는 않는다. 따라서 채권자도 인수인에게 이행을 청구할 권리는 없다(인수인은 채권자에 대한 관계에서 채무자의 이행보조자로 다루어진다). 다만 判例가 판시하는 바와 같이 채무자의 인수인에 대한 청구권은 그 성질상 재산권의 일종으로서 일신전속적 권리라고 할 수는 없으므로, 채권자는 채권자대위권에 의하여 채무자의 인수인에 대한 청구권을 대위행사할 수 있다(대판 2009.6.11. 2008다75072).

따라서 사안에서 X토지의 임대차가 기간만료로 종료한 경우 乙은 이행인수인에 지나지 않는 丁을 상대로 직접 위 임차보증금반환채무의 이행을 청구할 수 없다. 즉, 乙은 원래의 임대인 甲을 상대로 보증금반환청구를 하여야 하고, 이 경우 이를 보전하기 위하여 丁을 상대로 채권자대위권을 행사하는 것은 가능하다.

Ⅱ. 문제 2.의 해결

1. 결론

甲은 위 이자 미납을 이유로 매매계약을 해제할 수 없다.

2. 논거

(1) 부동산의 매수인이 매매대금의 지급에 갈음하여 그 부동산에 대한 매도인의 채무를 인수한 경우의 법률관계

1) 丁의 법적지위

사안의 경우 문제 1.에서와 마찬가지로 丁의 채무인수에 대해 채권자 A은행이 승낙하였다는 사정이 제시되지 않은바, 원칙적으로 丁은 X토지에 설정된 A은행의 근저당권 피담보채무에 대한 이행인수인에 해당한다.

2) 매수인 丁의 의무

判例에 따르면 "특별한 사정이 없는 한 매수인은 인수한 채무를 현실적으로 변제할 의무는 없고, 매수인이 매매대금에서 그 채무액을 공제한 나머지를 지급함으로써 잔금지급의무를 다한 것으로 보아야 하고"(대판 2002.5.10. 2000다18578), 매수인은 인수채무의 이행시기 등에 관하여 다른 약정이 없는 한, 그 인수채무가 가지는 본래의 내용에 따라 이행하면 족하다고 한다(대판 1998.10.27. 98다25184).

3) 매수인이 인수채무를 불이행한 경우의 효과 - 매도인의 해제 가부

判例에 따르면 매수인은 매매대금에서 인수채무액을 공제한 나머지를 지급함으로써 잔금지급의무를 다한 것이므로, 매수인이 인수채무를 변제하지 않았다고 하여도 매도인이 계약을 해제할 수는 없다(대판 1993.6.29. 93다19108). 이는 인수한 피담보채무의 이자를 지급하지 아니한 경우에도 같다(대판 1998.10.27. 98다25184). 다만 "매수인이 인수채무를 이행하지 아니함으로써 매매대금의 일부를 지급하지 아니한 것과 동일하다고 평가할 수 있는 '특별한 사유'가 있을 때에 한하여 매도인의 계약해제권이 발생한다"(대판 1993.2.12. 92다23193).

(2) 사안의 경우

甲과 丁 사이에는 위 매매계약 체결과정에서 A은행의 근저당권 피담보채무를 丁이 인수하는 한편, 그 채무액을 매매대금에서 공제하기로 하는 이행인수의 합의를 하였다는 점에서, 丁은 위 인수채무금을 제외한 나머지 매매대금만 지급하면 위 매매계약에 따른 매매대금 지급의무를 다한 것이 된다. 그런데 甲이 위 이행인수 합의 후 바로 丁에게 X토지에 대한 소유권이전등기를 마쳐주었다는 점에서, 丁은 위 인수채무금을 제외한 나머지 매매대금은 모두 지급하였거나 또는 더 이상 지급할 것이 없는 것으로 보인다. 따라서 비록 그 뒤 丁이 위 인수채무금의 이자를 납부하지 않았더라도 그것만으로는 丁이 위 매매대금의 일부를 지급하지 않은 것과 동일하다고 평가할 수 있는 특별한 사유가 있다고 볼 수 없으므로, 甲은 위 이자 미납을 이유로 위 매매계약을 해제할 수 없다.

제7장 채권의 소멸

제1절 변제

채권의 소멸원인으로서 '변제'는 채무의 내용인 급부가 실현됨으로써 채권이 만족을 얻어 소멸하는 것을 말한다. 변제는 급부행위(이행행위)에 의하여 급부가 '실현'되는 것을 의미하며 급부행위(이행행위) 자체와는 구별된다. 통설은 변제를 법률행위가 아닌 '준법률행위'라고 보고 있다. 이러한 준법률행위설에 의하면 변제는 법률행위가 아니므로 변제의 성립을 위하여 변제자에게 변제의사가 있을 것을 요구하지 않으며, 급부행위의 내용이 사실행위인 한 제한능력자라도 단독으로 그것을 유효하게 할 수 있고, 다만 급부행위가 법률행위인 때에는 변제에 대하여 법률행위에 관한 규정을 적용하거나 유추적용할 수 있다고 한다.

제1관 변제의 제공

Ⅰ. 의 의

'변제의 제공'이란 채무자가 급부의 실현에 필요한 준비를 다하고 채권자의 협력을 구하는 것을 말한다. '이행의 제공'이라고도 한다.

Ⅱ. 변제제공의 방법

> 제460조 (변제제공의 방법) 변제는 채무내용에 좇은 현실제공으로 이를 하여야 한다. 그러나 채권자가 미리 변제 받기를 거절하거나 채무의 이행에 채권자의 행위를 요하는 경우에는 변제준비의 완료를 통지하고 그 수령을 최고하면 된다.

1. 현실제공(상세한 내용은 B-7.참고)

채무자가 채무내용에 좇은 급부를 제공하면서도 채권자가 그 급부를 즉시 수령하기 어려운 장애요인을 형성·유지한 경우, 현실제공이 있다고 할 수 없다(대판 2012.10.11. 2011다17403).

2. 구두제공

변제를 수령하지 않을 의사가 명백하여 전의 수령거절의사를 번의할 가능성이 보이지 않는 경우에는 변제제공을 아니 하더라도 채권자에게 채무불이행의 책임이 없다(대판 1976.11.9. 76다2218). 따라서 이 경우 동시이행의 항변권은 상실되어 상대 당사자에 대한 자신의 채권을 행사할 수 있고(대판 2012.10.25. 2010다89050), 상대방의 '이행지체'(실질적으로는 이행거절)를 이유로 계약을 해제할 수 있다(대판 1995.4.28. 94다16083).

Ⅲ. 변제제공의 효과

변제의 제공은 그때로부터 채무불이행의 책임을 면하게 한다(제461조)(상세한 내용은 B-49.참고).

제2관 변제의 당사자

Ⅰ. 변제자
[B-97]

1. 채무자
채무의 변제는 원칙적으로 채무자뿐만 아니라 제3자도 할 수 있고, 채무의 성질상 반드시 변제자 본인의 행위에 의해서만 가능한 것이 아닌 이상 제3자를 이행보조자 내지 이행대행자로 사용하여 대위변제할 수도 있다(대판 2001.6.15. 99다13515).

2. 제3자의 변제
(1) 의 의

1) 개 념

채무의 변제는 제3자도 할 수 있다(제469조 1항 본문)[제3자의 변제에는 변제뿐만 아니라 '대물변제·공탁'도 포함된다. 다만 제3자의 상계에 대해서는 判例는 부정하는 입장이다(대판 2011.4.28. 2010다101394)] 이 경우 제3자가 '자기 이름으로' 그러나 '타인(채무자)의 채무'를 이행하려는 의사[1]로 급부를 하여야 제3자의 변제로 된다. 제3자의 변제가 허용되는 경우에, 제3자가 변제제공을 하면 채권자는 그것을 수령하여야 하고, 그 수령을 거절하면 채권자지체가 성립할 수 있다.

2) 구별개념

제3자의 변제는 타인의 채무를 변제하는 것이다. 따라서 자기채무의 변제인 면책적 채무인수, 병존적 채무인수와 구별되며, 자기채무의 변제를 포함하는 '단축급부'와도 구별되어야 한다. 그러나 이행인수의 경우 인수인은 채무자에 대한 관계에서만 인수채무를 이행할 의무를 부담할 뿐 채권자에 대한 관계에서는 채무자는 아니므로 이행인수인의 변제는 제3자의 변제에 해당한다.

(2) 제3자 변제의 제한

1) 채무의 성질 또는 당사자의 의사표시에 의한 제한(제469조 1항 단서)

2) 법률의 규정에 의한 제한(제657조 2항, 제682조 1항, 제701조, 제707조)

3) 이해관계 없는 제3자가 채무자의 의사에 반하여 변제하는 경우(제469조 2항)

① [이해관계 있는 제3자] 제469조 2항의 이해관계 있는 제3자란 변제를 하지 않으면 채권자로부터 집행을 받게 되거나 또는 채무자에 대한 자기의 권리를 잃게 되는 지위에 있기 때문에 변제함으로써 당연히 대위의 보호를 받아야 할 '법률상 이익'을 가지는 자를 말하고, 단지 사실상의 이해관계를 가진 자는 제외된다. 예를 들어 判例는 물상대위를 통해 우선변제를 받을 지위를 가진 후순위 담보권자(대표적으로 공동저당에서 물상보증인 소유 부동산의 후순위저당권자)는 선순위 담보권자의 피담보채무를 변제할 제469조 2항의 '이해관계 있는 제3자'가 아니라고 한다(아래 2008마109판결: 표준판례534 : B-104.참고).

---

1) [관련판례] "제3자가 타인의 채무를 변제하여 그 채무를 소멸시키기 위하여는 제3자가 타인의 채무를 변제한다는 의사를 가지고 있었음을 요건으로 하고 이러한 의사는 타인의 채무변제임을 나타내는 변제지정을 통하여 표시되어야 할 것이지만, 채권자가 변제를 수령하면서 제3자가 타인의 채무를 변제하는 것이라는 사실을 인식하였다면 타인의 채무변제라는 지정이 있었다고 볼 수 있다"(대판 2010.2.11. 2009다71558).

[관련판례] ※ **물상대위를 통해 우선변제를 받을 지위를 가진 후순위 담보권자**
당해 판결은 공동저당의 목적인 물상보증인 소유의 부동산에 후순위로 채권담보를 목적으로 소유권이전청구권가등기가 설정되어 있는데 그 부동산에 대하여 먼저 경매가 실행되어 공동저당권자가 매각대금 전액을 배당받고 채무의 일부가 남은 사안에서, "물상보증인은 주채무자 소유의 부동산에 대한 채권자의 선순위근저당권을 '대위취득'(제481조, 제482조 1항)하고, 위 가등기권리자는 위 선순위근저당권에 대하여 '물상대위'(제370조, 제342조)함으로써 우선하여 변제를 받을 수 있다고 할 것이고, 위 가등기권리자가 주채무자 소유의 부동산에 대하여 직접 경매신청을 하기 위하여 위 채무 잔액을 변제하려고 한다는 취지의 주장은 채권자로부터 집행을 받게 되거나 또는 채무자에 대한 자기의 권리를 잃게 되는 지위에 있기 때문이 아닌 사실상의 이해관계에 지나지 않는다고 할 것이다"(대결 2009.5.28. 2008마109)라는 이유로, 즉 물상대위를 통하여 우선변제를 받을 수 있는 위 가등기권리자는 채무자의 의사에 반하여 그 채무 잔액을 대위변제하거나 변제공탁할 수 있는 제469조 2항의 '이해관계 있는 제3자' 또는 제481조의 '변제할 정당한 이익이 있는 자'에 해당하지 않는다고 판단하였다.

② [**채무자의 의사**] 제3자의 변제는 그 자체가 채무자를 위하여 유익한 것이므로, 반증이 없는 한 채무자에게 유익하고 또한 그 의사에 반하지 아니한 것으로 인정하여야 할 것이다(대판 1961.11.9. 4293민상729). 즉, 증명책임은 '채무자의 의사에 반하였음을 주장하는자'가 부담한다. 나아가 이해관계없는 제3자의 대위변제가 채무자의 의사에 반하는지의 여부를 가림에 있어서 채무자의 의사는 제3자가 변제할 당시의 객관적인 제반사정에 비추어 명확하게 인식될 수 있는 것이어야 하며 함부로 채무자의 반대의사를 추정함으로써 제3자의 변제효과를 무효화시키는 일은 피하여야 한다(대판 1988.10.24. 87다카1644: 표준판례535).

(3) 제3자 변제의 효과

제3자의 변제가 유효한 때에는 채권은 소멸한다. 그러나 제3자가 채무자에 대해 그 변제에 관해 구상권을 가지는 때에는 채권자의 채무자에 대한 채권과 담보권은 변제자에게 이전된다(변제자대위 참고).

Ⅱ. 변제수령자 [B-98]

1. 채권자

채권자가 원칙적으로 변제수령권한을 갖는다. 그러나 채권이 압류·가압류된 경우, 채권이 질권의 목적인 경우, 채권자가 파산한 경우에는 채권자에게 변제수령권한이 없고, 압류·가압류채권자, 질권자, 파산관재인이 변제수령권한을 갖는다(9회 선택형).

> ※ **금전채권의 가압류와 소유권이전등기청구권의 가압류의 차이점** ★
> 판결절차는 분쟁의 관념적 해결절차로서 강제집행절차와는 별도로 독자적인 존재 의의를 갖는 것으로서 집행권원의 보유는 피고에 대한 심리적 압박이 되어 장래 집행이 가능하게 될 수도 있으므로 '소의 이익'이 인정된다.
>
> ① [**가압류된 '금전채권'에 대한 이행청구**] [1회 사례형]
> 가압류된 금전채권에 대한 이행청구도 소의 이익이 있다. 즉, "채권가압류가 된 경우, 제3채무자는 채무자에 대하여 채무의 지급을 하여서는 안되고, 채무자는 추심, 양도 등의 처분행위를 하여서는 안되지만,[2] 이는 이와 같은 변제나 처분행위를 하였을 때에 이를 가압류채권자에게 대항할 수 없다는 것이며, 채무자가 제3채무자를 상대로 이행의 소를 제기하여 채무명의를 얻더라도 이에 기하여 제3채무자에 대하여 강제집행을 할 수는 없다고 볼 수 있을 뿐이고 그 채무명의(집행권원)를 얻는 것까지 금하는 것은 아니라고 할 것이다"(대판 1989.11.24. 88다카25038 ; 대판 2002.4.26. 2001다59033)(4회,6회,12회 선택형)고 판시하고 있다(원고전부승소). 이때 제3채무자의 구제수단으로 민사집행법(제248조 1항 및 제291조) 규정에 따른 집행공탁제도가 있다(대판 1994.12.13. 전합93다951참고).[3]

② **[가압류·가처분된 '소유권이전등기청구권'에 대한 이행청구] [1회 사례형, 20법무]**
가압류·가처분된 소유권이전등기청구권에 대한 이행청구(대판 1992.11.10. 전합92다4680)도 소의 이익이 있다. 다만, 대법원은 "소유권이전등기청구권에 대한 압류나 가압류가 있더라도 채무자는 제3채무자를 상대로 그 이행을 구하는 소송을 제기할 수 있고 법원은 가압류가 되어 있음을 이유로 이를 배척할 수는 없는 것이지만, 소유권이전등기를 명하는 판결(민법 제389조 2항)은 의사의 진술을 명하는 판결로서 이것이 확정되면 채무자는 일방적으로 이전등기를 신청할 수 있고 제3채무자는 이를 저지할 방법이 없게 되므로(소유권이전등기를 명하는 판결의 경우 별도의 집행단계가 존재하지 않고, 집행공탁의 공탁물은 금전에 한정되기 때문에 제3채무자는 채무를 면할 방법이 없다) 위와 같이 볼 수는 없고 이와 같은 경우에는 '가압류의 해제'를 조건으로 하지 않는 한 법원은 이를 인용하여서는 안된다"(대판 1999.2.9. 98다42615 ; 대판 1992.11.10. 전합92다4680 등)(8회,12회 선택형)고 판시하고 있다(원고일부승소). 다만, 변론주의원칙상 제3채무자가 소유권이전등기청구권이 가압류된 사실을 주장하는 등의 사정이 있어야 위와 같은 해제조건부 인용 판결이 가능하다.

2. 표현수령권자

변제수령권한은 없지만 마치 수령권한이 있는 것처럼 보이는 표현수령권자에 대한 변제에 관해, 민법은 변제의 안전을 보호하기 위하여 일정한 요건하에 그 변제를 유효한 것으로 인정한다. 다음의 세 경우가 그러하다.

(1) 채권의 준점유자

채권의 준점유자에 대한 변제는 변제자가 선의이며 과실 없는 때에 한하여 효력이 있다(제470조).

1) 채권의 준점유자 여부가 문제되는 경우

가) 위조된 영수증 등을 소지한 자에 대한 변제

제471조의 영수증은 진정한 영수증만을 의미하므로 위조된 영수증소지자는 제470조의 채권의 준점유자에는 해당한다고 본다(통설. 대판 1963.10.10. 63다384).

나) 채권자의 대리인이라고 하면서 채권을 행사하는 자

제470조는 선의·무과실의 변제자를 보호하자는 데에 그 취지가 있으므로 채권의 준점유자에는 채권자의 '대리인'이라고 하면서 채권을 행사하는 자도 포함된다(대판 2004.4.23. 2004다5389: **표준판례536**). 물론 이 경우 표현대리에 관한 규정도 적용될 수 있다. 하지만 진정한 채권자의 귀책사유가 없는 경우(기본대리권을 수여하지도, 대리권 수여 표시도 하지도 않은 경우)에는 비록 변제자가 선의·무과실이라 하더라도 제125조, 제126조, 제129조 어느 조항에도 해당하지 않아 표현대리가 성립하지 않는 경우가 있어 선의·무과실의 변제자를 보호하는데 표현대리의 법리만으로는 부족하다.

다) 예금통장과 인장의 소지자

원칙적으로는 "예금명의자가 아니고 예금통장도 소지하지 않은 예금행위자에 불과한 자는 금융실명

---

2) **[채권이 (가)압류 된 경우]** 예컨대 A의 B에 대한 금전채권을 A의 채권자 C가 압류 (또는 가압류)한 때에는, 법원은 제3채무자(B)에게 채무자(A)에 대한 지급을 금지하고 채무자에게 채권의 처분과 영수를 금지하여야 하므로(민사집행법 제227조·제296조 3항), B의 A에 대한 변제는 C에 대해서는 무효이다. C가 위 압류에 기초하여 추심명령 또는 전부명령을 얻은 때에는 B는 C에게 변제하여야 한다(민사집행법 229조). B가 이중변제를 한 때에는 A에 대해 부당이득의 반환을 청구할 수 있다.

3) " i) 채권의 가압류는 제3채무자에 대하여 채무자에게 지급하는 것을 금지하는 데 그칠 뿐 채무 그 자체를 면하게 하는 것이 아니고, 가압류가 있다 하여도 그 채권의 이행기가 도래한 때에는 제3채무자는 그 지체책임을 면할 수 없다고 보아야 할 것이다. ii) 이 경우 가압류에 불구하고 제3채무자가 채무자에게 변제를 한 때에는 나중에 채권자에게 이중으로 변제하여야 할 위험을 부담하게 되므로 제3채무자로서는 민법 제487조의 규정에 의하여 공탁을 함으로써(실무상 가압류의 경우는 현행 민사집행법상의 집행공탁으로 사실상 통일 ; 저자 주)이중변제의 위험에서 벗어나고 이행지체의 책임도 면할 수 있다고 보아야 할 것이다"

제가 시행된 후에는 극히 예외적인 특별한 사정이 인정되지 않는 한 예금채권을 준점유하는 자에 해당될 수가 없다"(대판 2002.6.14. 2000다38992). 그러나 금융실명제가 시행된 이후에도 判例는 예금통장과 인장을 절취하여 예금지급을 청구한 자가 예금통장과 신고된 인장을 사용하였고 비밀번호까지 알고 있었다면 채권의 준점유자에 해당한다고 보았다(대판 2007.10.25. 2006다44791).

라) 표현상속인(핵심사례 B-14. 참고)

"혼인 외의 子의 생부가 사망한 경우, 혼인 외의 출생자는 인지청구의 소를 제기하였다고 하더라도 그 인지판결이 확정되기 전에는 상속인으로서의 권리를 행사할 수 없고, 그러한 인지판결이 확정되기 전의 정당한 상속인이 채무자에 대하여 소를 제기하고 나아가 승소판결까지 받았다면, 채무자로서는 그 상속인이 장래 혼인 외의 子에 대한 인지판결이 확정됨으로 인하여 소급하여 상속인으로서의 지위를 상실하게 될 수 있음을 들어 그 권리행사를 거부할 수 없으므로, 표현상속인에 대한 채무자의 변제는 특별한 사정이 없는 한 채권의 준점유자에 대한 변제로서 적법하다"(대판 1995.1.24. 93다32200).

마) 채권양도가 무효, 취소된 경우에 채무자의 양수인에 대한 변제(채권양도 쟁점 11. 참고)

바) 대출금을 대위변제한 신용보증기관이 구상금을 청구하는 경우

"대출금 신청에 대하여 금융기관이 대출금을 지급하는 것은 대출계약에 따른 금융기관의 채무를 이행하는 것이므로 대출금을 지급하는 행위에도 민법 제470조의 채권의 준점유자에 대한 변제 규정이 적용될 수 있다"(대판 2020.12.24. 2016다259851).

사) 채권압류가 경합된 경우에 제3채무자가 선의 무과실로 한 전부채권자에 대한 변제의 효력

"채권압류가 경합된 경우에 그 압류채권자 중의 한 사람이 전부명령을 얻은 경우 그 전부명령은 무효이지만 제3채무자가 선의·무과실로 그 전부 채권자에게 전부금을 변제하였다면 이는 채권의 준점유자에 대한 변제로서 유효하므로 제3채무자의 채무자에 대한 채무는 소멸되고 제3채무자는 압류채권자에 대하여 2중 변제의 의무를 부담하지 아니하며 전부채권자에 대하여 전부명령의 무효를 주장하여 부당이득반환청구도 할 수 없다"(대판 1980.9.30. 78다1292: 표준판례537, 대판 1995.4.7. 94다59868).

아) 효력규정인 강행법규에 위반되는 계약을 체결한 자가 그 약정의 효력이 부인된다는 사실을 알지 못한 경우

"효력규정인 강행법규에 위반되는 계약을 체결한 자가 그 약정의 효력이 부인된다는 사실을 알지 못한 탓에 그 약정에 따라 변제수령권을 갖는 것처럼 외관을 갖게 된 자에게 변제를 한 경우에는, 특별한 사정이 없는 한 그 변제자가 채권의 준점유자에게 변제수령권이 있는 것으로 오해한 것은 법률적인 검토를 제대로 하지 않은 과실에 기인한 것이라고 할 것이다"(대판 2004.6.11. 2003다1601).

2) 변제자의 선의·무과실

"채권의 준점유자에 대한 변제가 유효하기 위한 요건으로서의 '선의'라 함은 준점유자에게 변제수령의 권한이 없음을 알지 못하는 것뿐만 아니라 적극적으로 진정한 권리자라고 믿었음을 요하는 것이고(적극적 오신 : 12회 선택형), '무과실'이란 그렇게 믿는 데에 과실이 없음을 의미한다"(대판 1999.4.27. 98다61593). 또한 제470조의 규정형식상 변제의 유효를 주장하는 채무자가 자신의 선의·무과실을 증명하여야 하며(대판 2004.6.11. 2003다1601), 선의·무과실은 변제시를 기준으로 판단한다.

3) 효 과

가) 채무자와 진정한 채권자 사이의 관계

진정한 채권자는 채무자에게 채무의 이행을 청구하지 못한다. 채권의 준점유자에 대한 변제로 채무가 소멸되었기 때문이다.

나) 진정한 채권자와 채권의 준점유자 사이의 관계

진정한 채권자는 변제를 받은 채권의 준점유자에게 ⅰ) (침해)부당이득반환청구 또는 ⅱ) 제3자의 채권침해를 이유로 한 불법행위책임(제750조)을 물을 수 있다. 후자의 경우에는 전자와 달리 채권의 준점유자에게 고의 또는 과실이 있어야 한다.

다) 변제자와 채권의 준점유자의 관계

변제자가 제470조에 의한 보호를 포기하고 채권의 준점유자에게 이미 지급한 급부의 반환을 청구할 수 있는지와 관련하여 ① 제470조는 변제자의 항변권을 정한 규정이며, 채무자는 준점유자에 대하여 변제한 것의 반환을 청구할 수 있다는 견해(상대적 효력설)가 있으나, ② 이에 의하면 법률관계가 복잡하며, 제470조는 '변제를 가지고 채권자에게 대항할 수 있다'고 규정하는 것이 아니라 변제가 '효력이 있다'고 규정하고 있으므로 채권의 준점유자에 대한 변제의 효과를 절대적·확정적으로 보는 견해가 타당하다(절대적 효력설 : 다수설 및 判例 아래 78다1292참고).

이와 관련하여 判例는 "채권압류가 경합된 경우에 그 압류채권자 중의 한 사람이 전부명령을 얻은 경우 그 전부명령은 무효이지만 제3채무자가 선의·무과실로 그 전부 채권자에게 전부금을 변제하였다면 이는 **채권의 준점유자에 대한 변제로서 유효하므로** 제3채무자의 채무자에 대한 채무는 소멸되고 제3채무자는 압류채권자에 대하여 2중 변제의 의무를 부담하지 아니하며 전부채권자에 대하여 전부명령의 무효를 주장하여 **부당이득반환청구도 할 수 없다**"(대판 1980.9.30. 78다1292)고 한다.

> ※ **채권의 준점유자에 대한 변제가 악의 또는 과실이 있는 경우**
> 이때의 변제는 무효로 되어 진정한 채권자의 채권은 소멸하지 않으므로 채무자는 진정한 채권자에게 변제를 하여야 하며, 채무자의 기존의 변제는 '비채변제'가 되므로 원칙적으로 변제수령자에게 변제한 것을 부당이득으로 반환청구할 수 있게 된다. 判例도 채권압류 경합의 경우에 같은 법리를 적용한다(대판 1980.9.30. 78다1292: 표준판례537[4]: 1회 선택형). 물론 '악의의 비채변제'의 경우에는 제742조에 따라 부당이득반환을 청구할 수 없다.

---

4) ★ "ⅰ) 채권압류가 경합된 경우에 그 압류채권자 중의 한 사람이 전부명령을 얻은 경우 그 전부명령은 무효이지만 제3채무자가 선의·무과실로 그 전부 채권자에게 전부금을 변제하였다면 이는 채권의 준점유자에 대한 변제로서 유효하므로 제3채무자의 채무자에 대한 채무는 소멸되고 제3채무자는 압류채권자에 대하여 2중 변제의 의무를 부담하지 아니하며 전부채권자에 대하여 전부명령의 무효를 주장하여 부당이득반환청구도 할 수 없다. ⅱ) 이 경우에 경합압류채권자는 전부채권자에 대하여 자기가 배당받아야 할 금액범위 안에서 부당이득반환청구를 할 수 있고 제3채무자가 압류채권자에게 그 배당받아야 할 금액을 대위 변제하였다면 이는 이해관계 없는 제3자의 변제로서 그 대위변제자는 변제자의 임의대위권 밖에 행사할 수 없을 것이다. ⅲ) 그러나 제3채무자가 위 전부금을 변제함에 있어서 선의·무과실이 아니었다면 제3채무자가 전부채권자에게 한 전부금의 변제는 효력이 없는 것이라고 할 것이고, 또 그것이 경합압류채권자에 대하여 불법행위가 될 수 있는 것이니 제3채무자는 경합압류채권자에 대하여 그로 인한 손해를 배상할 의무가 있는 것이라고 할 것이고 이때에 제3채무자의 피용자(그 사람의 과실로 인하여 제3채무자에게 위와 같은 배상책임을 발생하게 한 자)가 위의 손해금을 경합압류채권자에게 배상하였다면 이는 이해관계 있는 제3자의 변제가 될 것이니 그 변제자(제3채무자의 피용자)는 변제자의 법정대위권에 의거하여 제3채무자를 대위하여 피고에 대하여 부당이득금의 반환을 구할 수 있는 것으로 풀이하여야 할 것이다"

[사실관계] 甲은 乙에게 1억 원, 丙에게 1억 원의 채무를 각각 부담하고 있었다. 또한 甲은 A에게 1억 원의 채권을 가지고 있었는데, 乙은 甲이 채무를 이행하지 않자, 자신의 채권액 1억 원 전액에 기하여 甲의 A에 대한 채권에 대해 압류를 하였다. 그리고 丙도 자신의 채권액 1억 원 전액에 기하여 甲의 A에 대한 채권을 압류하였다. 이처럼 乙과 丙의 압류가 경합된 상태에서 丙이 전부명령을 얻었고, A는 전부채권자 丙에게 1억 원 전액을 지급하였다. ☞ 위 判例에 따르면 A가 丙에게 선의·무과실로 전부금을 변제한 것이라면 A의 채무는 소멸한다. 그리고 이 소멸의 효과는 '확정적'이기 때문에 A가 무효를 주장하며 丙에게 부당이득반환을 청구할 수는 없다. 이때 乙은 丙에게 부당이득반환을 청구할 수 있지만, 그 금액은 1억 원 전액이 아니라, 자신이 배당받아야 할 금액범위(5천만 원) 만큼이다. 이 경우 丙이 부담하는 부당이득반환채무를 A가 대신 변제하였더라도 이해관계 없는 제3자의 변제로서 임의대위만 가능하다(제480조).

(2) 영수증소지자

영수증을 소지한 자에 대한 변제는 그 소지자가 변제를 받을 권한이 없는 경우에도 효력이 있다. 그러나 변제자가 그 권한 없음을 알았거나 알 수 있었을 경우에는 그러하지 아니하다(제471조).

(3) 증권적 채권 증서의 소지인(제518조, 제524조, 제525조)

3. 기타 권한 없는 자에 대한 변제(제472조)

"민법 제472조는 불필요한 연쇄적 부당이득반환의 법률관계가 형성되는 것을 피하기 위하여 변제받을 권한 없는 자에 대한 변제의 경우에도 그로 인하여 채권자가 이익을 받은 한도에서 효력이 있다고 규정하고 있다. 여기에서 '채권자가 이익을 받은' 경우란 ㉠ 변제수령자가 채권자에게 변제로 받은 급부를 전달한 경우는 물론이고, 그렇지 않더라도 무권한자의 변제수령을 채권자가 사후에 추인한 때와 같이 무권한자의 변제수령을 채권자의 이익으로 돌릴 만한 실질적 관련성이 인정되는 경우도 포함되며(대판 2012.10.25. 2010다32214 : 5회 선택형), ㉡ 변제수령자가 변제로 받은 급부를 가지고 채권자의 자신에 대한 채무의 변제에 충당하거나 채권자의 제3자에 대한 채무를 대신 변제함으로써 채권자의 기존 채무를 소멸시키는 등 채권자에게 실질적인 이익이 생긴 경우를 포함하나, ㉢ 변제수령자가 변제로 받은 급부를 가지고 자신이나 제3자의 채권자에 대한 채무를 변제함으로써 채권자의 기존 채권을 소멸시킨 경우에는 채권자에게 실질적인 이익이 생겼다고 할 수 없으므로 민법 제472조에 의한 변제의 효력을 인정할 수 없다"(대판 2014.10.15. 2013다17117[5]).

핵심사례 B-14

채권의 준점유자에 대한 변제와 인지의 소급효 　　대판 1995.1.24. 93다32200

직장에서 퇴근하던 A는 졸음운전을 하던 B의 자가용에 치여 즉사하였다. 그 후 A의 사망당시 가족관계등록부상 유일한 상속인이었던 A의 母인 E는 B로부터 1억 2,000만 원의 배상(E자신의 위자료 2,000만 원 + 위 사고로 A가 입은 재산적·정신적 손해 1억)을 받으면서 추가적인 손해배상청구는 하지 않기로 합의하였다. 그러나 A가 실제로 입은 재산적·정신적 손해는 1억 5,000만 원이었다.
한편 사망하기 전 A는 편모 E의 반대로 결혼을 할 수 없어 혼인신고를 하지는 않았던 C와의 사이에서 D를 출산한 상태였다(A의 사망당시 D는 만 21세).
그 후 D는 검사를 상대로 인지청구의 소를 제기하여 D의 승소로 확정되었으며, 이에 따라 D는 A의 B에 대한 손해배상청구권을 자신이 단독으로 상속하였음을 이유로 B를 상대로 A가 입은 재산적·정신적 손해 합계 1억 5,000만 원의 지급을 구하는 소를 제기하였다.
이 경우 D의 청구의 결론[청구인용, 청구일부인용(구체적인 인용범위 포함), 청구기각] 및 그에 이르게 된 D와 B가 주장할 수 있는 모든 법적수단과 그 타당성 여부를 논하시오. (단, D의 고유한 손해배상청구권과 손해배상금에 대한 지연손해금은 논외로 한다). (50점)

---

[5] [사실관계] A는 B은행에 예금채권을 갖고 있는데, 변제수령권한이 없는 甲이 그 예금계좌에서 금전 인출을 요구하여 B은행은 이를 甲에게 지급하였다(B은행에 민법 제470조에 의한 채권의 준점유자에 대한 변제는 인정되지 않은 것으로 보인다). 그런데 甲은 A에 대해 금전채무가 있었는데, 그래서 위 인출된 돈을 A 명의의 다른 예금계좌에 입금을 하였다. 여기서 B은행이 비록 변제수령권한이 없는 甲에게 A 명의의 예금을 지급하였다고 하더라도 민법 제472조에 의해 그 변제가 유효한 것으로 되는 것인지, 그래서 A가 B은행에 대해 가지는 예금채권이 그 변제로 소멸하는 것인지 여부가 다투어진 사안에서, 대법원은 위와 같은 이유로써 A가 B은행에 가지는 예금채권은 (B은행의 변제로써) 소멸하지 않은 것으로 보았다.

Ⅰ. 결 론

B와 E 사이의 위 손해배상액 합의의 효력(5,000만 원 면제부분)은 제860조 단서에 따라 정당한 상속인 D에게도 미치고, B가 E에게 1억 원을 변제한 것은 제470조에 의해 유효하다. 따라서 법원은 A의 상속인 D의 B에 대한 청구에 대해 기각하여야 한다.

Ⅱ. A의 B에 대한 손해배상청구권

1. 즉사자 A의 권리주체성(적극)

즉사의 경우에도 치명상을 입은 때와 사망한 때와의 사이에는 이론상 또는 실제상 시간적 간격이 존재한다고 할 수 있기 때문에, 통설·判例와 같이 즉사의 경우에도 피해자는 치명상을 입음과 동시에 손해배상청구권을 취득한다고 보아야 한다(시간적 간격설).

2. A의 B에 대한 손해배상청구권의 발생(적극)

(1) 자동차배상보장법 제3조에 의한 손해배상청구권(운, 인, 다, 사, 면)

자동차배상보장법의 손해배상책임이 인정되기 위해서는 ⅰ) 자기를 위하여 자동차를 운행하는 자(운행자)가 ⅱ) 그 운행으로 인하여, ⅲ) 다른 사람을, ⅳ) 사망하게 하거나 부상하게 하고, ⅴ) 면책사유가 없을 것을 요한다(동법 제3조).

(2) 사안의 경우

B는 자가용을 가지고 운행하던 중 사고가 났으므로 운행을 지배하고 운행이익을 향수하는 '운행자'이며, A는 운행자와 과실 있는 운전자 이외의 자이므로 타인에 해당하며, 면책사유도 인정하기 어렵다. 따라서 A는 B에 대하여 자동차배상보장법 제3조에 의한 손해배상청구권을 취득한다.

3. A의 B에 대한 손해배상청구권의 내용

(1) 재산상 손해배상청구권

甲의 재산상 손해에는 적극적 손해와 함께 소극적 손해, 즉 일실이익이 인정된다. 아울러 일실이익의 경우 생계비는 당연 공제되나 判例는 부양가족의 생계비는 공제하지 않는다(대판 1969.7.22. 69다504).

(2) 위자료청구권

즉사의 경우에도 소위 시간적 간격설에 따를 때 순간적이나마 피해자로서 정신적 고통을 느끼는 순간이 있다고 보아, 즉사자도 정신적 손해배상청구권을 갖는다고 본다(대판 1973.9.25. 73다1100).

4. 상속성 여부(적극)

① 재산상 손해배상청구권은 당연히 상속되나, ② 정신상 손해배상청구권의 경우 ⅰ) 일신전속권이라는 이유로 부정하는 견해도 있으나, ⅱ) 경험칙상 사망자는 자신이 살았더라면 위자료청구권을 행사했을 것이기 때문에, 判例와 같이 "정신적 손해에 대한 배상(위자료)청구권은 피해자가 이를 포기하거나 면제했다고 볼 수 있는 특별한 사정이 없는 한 생전에 청구의 의사를 표시할 필요없이 원칙적으로 상속되는 것"(대판 1966.10.18. 66다1335)이라고 보아야 한다.

Ⅲ. 인지된 D가 상속인의 지위에서 손해배상청구권을 행사할 수 있는지 여부(적극)

1. 문제점

강제인지의 경우에는 인지판결이 확정된 때에 그 효력이 생기며, 그 효력은 출생시에 소급한다. 그러므로 A의 혼외자 D는 출생한 때로부터 상속권을 갖는다(제860조 본문). 그러나 인지의 소급효는 제3자가 이미 취득한 권리를 해하지 못하므로(제860조 단서), 만일 후순위상속인 E가 제860조 단서의 제3자에 해당되어 그의 상속권이 보호된다면 D의 상속권은 보호받지 못하게 된다. 따라서 후순위상속인 E가 제860조 단서의 제3자에 해당되는지 문제된다.

2. 피인지자 D보다 후순위 상속인 E가 제860조 단서의 제3자에 해당하는지 여부(소극)

판례는 "혼인 외의 출생자가 父의 사망 후에 인지의 소에 의하여 출생자로 인지받은 후 피인지자보다 후순위상속인인 피상속인의 직계존속 또는 형제자매 등은 피인지자의 출현과 함께 자신이 취득한 상속권을 소급적으로 잃게 되는 것으로 보아야 하고, 그것에 민법 제860조 단서의 규정에 따라 인지의 소급효 제한에 의하여 보호받게 되는 제3자의 기득권에 포함된다고 볼 수 없다"(대판 1993.3.12. 92다48512)고 판시하고 있다.

3. 검토 및 사안의 경우

따라서 사안의 경우 사후인지에 의하여 E는 소급하여 상속권을 상실하며, D가 단독상속인이 되었으므로 D는 B에 대하여 A의 손해배상청구권을 행사할 수 있다.

Ⅳ. B가 D에 대하여 대항할 수 있는 법적 수단

1. 손해배상액 합의의 항변(5,000만 원 면제 부분)

(1) 문제점

원칙적으로 정당한 상속인 아닌 E가 A의 B에 대한 손해배상청구권에 관하여 B와 한 위 손해배상액 합의는 정당한 상속인인 D에게 그 효력이 미치지 않는다. 그러나 예외적으로 B가 제860조 단서의 제3자가 되어 보호받는 것은 아닌지 문제된다.

(2) B가 제860조 단서의 제3자에 해당하는지 여부(판례는 소극)

판례에 따르면 "B는 상속재산인 위 망인(A)의 손해배상채권의 처분에 의하여 '의무를 면제'받은 자이지 제860조 단서에 의해 보호되는 '권리를 취득한 자'로 볼 수 없다"(대판 1993.3.12. 92다48512)고 한다.

(3) 검토 및 사안의 경우

대법원의 위와 같은 해석은 제860조 단서의 문언의 형식적 의미에만 집착한 것으로서 타당하지 않다고 생각한다. 왜냐하면 제860조 단서에서 말하는 '제3자가 취득한 권리'는 실질적으로 파악하여 제3자가 의무를 면한 경우까지 포함한다고 해석하는 것이 그 입법취지에 부합하기 때문이다. 따라서 B와 E 사이의 위 손해배상액 합의의 효력은 제860조 단서에 따라 정당한 상속인 D에게도 미친다.

> [관련판례] B와 E 사이의 위 손해배상액 합의가 '제470조의 유추적용'에 의하여 유효가 될 수는 없는지도 문제될 수 있으나, 민법 제470조는 채권의 준점유자에 대한 선의·무과실의 '변제'의 효력을 인정한 것에 불과하기 때문에 나아가 위 조항을 근거로 채권의 준점유자와의 '손해배상액 합의'의 효력까지 인정할 수는 없다. 판례도 "변제수령행위가 아닌 손해배상채권의 포기에 관하여는 채권의 준점유자에 대한 변제의 법리가 준용될 수 없다"고 판시하고 있다(대판 1995.3.17. 93다32996).

2. 변제의 항변(1억 원 변제 부분)

(1) 문제점

채권의 준점유자에 대한 변제는 변제자가 선의이며 과실없는 때에 한하여 효력이 있다(제470조). 사안에서 B는 E에게 손해배상금 1억 5,000만 원 중에서 1억 원을 변제하였는데 이러한 변제가 채권의 준점유자에 대한 변제에 해당하여 유효하다는 주장을 D에게 할 수 있는지 문제된다.

(2) 표현상속인 E에 대한 변제가 유효한지 여부(적극)

판례는 "표현상속인에 대한 채무자의 변제는 특별한 사정이 없는 한, 채무자가 표현상속인이 정당한 권리자라고 믿은 데에 과실이 있다 할 수 없으므로, 채권의 준점유자에 대한 변제로서 적법한 것이다"(대판 1995.1.24. 93다32200)라고 판시하고 있다.

(3) 검토 및 사안의 경우

ⅰ) E는 표현상속인으로서 '채권의 준점유자'에 해당하며 ⅱ) 위 변제 당시 아직 D가 인지되지 않아 A의 가족관계등록부에는 그 母인 E만이 기재되어 있었기 때문에, B는 E가 A의 정당한 상속인이라고 믿었고 그와 같이 믿은 데에 대하여 과실이 있다고 보기도 어렵다. 따라서 B가 E에게 1억 원을 변제한 것은 채권자 아닌 자에 대한 변제임에도 불구하고 제470조에 의해 유효하다.

제3관 변제충당

요건사실론

변제와 변제충당 항변구조

Ⅰ. 변제항변

피고(채무자)가 항변사유로서 변제를 주장하기 위해서는 ⅰ) 피고 또는 제3자가 원고(채권자)에게 채무의 내용에 따른 이행을 한 것, ⅱ) 위 이행이 그 채무에 대하여 이루어진 것을 주장·증명하면 된다.

Ⅱ. 변제충당의 재항변 및 재재항변

① 이에 대해 원고는 ⅰ) 피고가 원고에 대하여 이와 별개의 동종의 채무를 부담하고 있는 사실, ⅱ) 피고가 지급한 급부가 총 채무를 소멸시키기에 부족한 사실, ⅲ) 피고가 제공한 급부의 전부 또는 일부가 합의충당, 지정충당, 법정충당 등의 방식에 의하여 다른 채무에 충당된 사실을 주장하며 변제충당의 '재항변'을 할 수 있다. ② 그럴 경우 피고로서는 원고가 주장하는 동종 채무의 발생원인이 무효사유에 해당하여 그 채무가 아예 발생하지 않았다는 사실(권리장애사유), 급부 이전에 이미 변제하여 소멸한 사실(권리소멸사유) 등을 주장하며 '재재항변'을 할 수 있다.

ⅰ), ⅱ)의 요건사실이 증명되면 일단 변제충당의 문제로 들어가게 되는데, 민법 제477조에서 규정하고 있는 안분비례에 의한 법정충당 이상으로 자신에게 유리한 변제충당의 효과를 주장하기 위해서는 그에 해당하는 사실을 주장·증명할 책임을 부담한다(대판 1994.2.22. 93다49338 : 10회 선택형).

Ⅰ. 서 설

[B-99]

1. 개 념

'변제충당'이란 ① 동일한 채권자에 대하여 같은 종류를 목적으로 한 '수 개의 채무'(예컨대 수 개의 독립된 금전채무)를 지는 경우(제476조 1항), 또는 ② '1개의 채무의 변제에 수 개의 급여'(예컨대 임대차에서 수개월 분의 차임)를 해야 할 경우(제478조)에 변제의 제공이 그 채무 전부를 소멸하게 하지 못하는 때에, 그중 어느 채무의 변제에 충당할 것인가를 정하는 것이다.

한편, "동일 당사자 사이에 수 개의 채권관계가 성립되어 있는 경우 채무자가 특정채무를 지정하여 변제를 한 때에는 그 특정채무에 대한 변제의 효과가 인정된다. 이때 그 변제액수가 지정한 특정채무의 액수를 초과하더라도, 초과액수 상당의 채권이 부당이득관계에 따라 다른 채권에 대한 상계의 자동채권이 될 수 있음은 별론으로 하고, 당사자 사이에 다른 채권의 변제에 충당하거나 공제의 대상으로 삼기로 하는 합의가 있는 등 특별한 사정이 없는 한 **초과액수가 다른 채권의 변제에 당연 충당된다거나 공제의 대상이 된다고 볼 수는 없다**"(대판 2021.1.14. 2020다261776: 표준판례543).

> [주의] 甲이 乙에 대하여 100만 원의 대여금채무와 200만 원의 매매대금채무를 지고 있는데, 甲이 乙에게 100만 원은 초과하나 300만 원에는 미달하는 대금을 변제하는 경우이거나 100만 원에 미달하는 '일부변제'를 채권자가 수령한때(일부변제는 채무의 내용에 좇은 변제가 아니기 때문에 채권자는 그 수령을 거절할 수 있고, 따라서 채권자가 이를 수령하지 않는 한 변제충당의 문제도 발생하지 않는다).

2. 변제충당 순서 일반

변제충당의 순서는 ① 일차적으로 당사자 사이의 자유로운 합의에 의하여 정할 수 있으나(합의충당), ② 당사자 사이의 계약이 없는 경우에는 당사자 일방의 지정에 의하여(지정충당 : 제476조), ③ 그리고 당사자 일방의 지정도 없는 경우에는 법정충당(제477조)에 의하여 결정되는 것이 원칙이다.

3. 변제충당의 적용범위

(1) 변제 이외의 채무소멸원인

변제충당은 변제뿐 아니라 공탁, 상계 등 그 밖의 채무소멸원인에도 마찬가지로 적용된다. 특히 상계와 관련해서는 명문의 규정이 있다(상계충당 : 제499조).

(2) 강제집행·담보권실행경매

강제경매(대판 1991.7.23. 90다18678) 또는 담보권실행경매(대판 1996.5.10. 95다55504 : **2회,6회,7회,9회,10회 선택형**)에서는 채권자, 채무자 외에 다수의 이해관계인이 있을 수 있기 때문에 획일적으로 가장 공평·타당한 충당방법인 제477조의 규정에 의한 법정변제충당의 방법에 따라 충당을 하여야 한다.

Ⅱ. 합의충당(계약에 의한 충당) [B-100]

1. 유효성 및 제한

민법은 계약에 의한 변제충당에 관해 정하고 있지는 않지만, 변제자와 변제수령자 사이의 계약에 의해 충당방법을 정하는 때에는 그 방법이 어떤 것이든 유효하다. 따라서 계약에 의한 충당은 제479조(비용·이자·원본에 대한 변제충당의 순서), 제476조(지정변제충당) 및 제477조(법정변제충당)에 우선하여 적용된다(대판 1999.11.26. 98다27517 등 : **8회,14회 선택형**). 다만 앞서 검토한 바와 같이 경매에 의한 매각대금의 변제충당의 경우에는 합의충당이 제한된다.

2. 합의충당 방법, 효과

① 채권자와 채무자의 '합의'로 변제가 채권자에 대한 모든 채무를 소멸시키기에 부족한 때에는 채권자가 적당하다고 인정하는 순서와 방법에 의하여 충당하기로 한 것이라면, 채권자가 그 약정에 터 잡아 스스로 적당하다고 인정하는 순서와 방법에 좇아 변제충당을 한 이상 변제자에 대한 의사표시와 관계없이 충당의 효력이 있다(대판 2012.4.13. 2010다1180 : **7회,9회 선택형**).

② 한편 이러한 약정이 있는데도, 채무자가 변제를 하면서 약정과 달리 특정 채무의 변제에 충당한다고 지정하더라도, 그에 대해 채권자가 동의하지 않는 한, 그 지정은 효력이 없어 채무자가 지정한 채무가 변제되어 소멸하는 것은 아니다(대판 1999.11.26. 98다27517 : **2회,8회 선택형**). [12법무]

■ **기존의 '법정충당'을 배제하고 다시 '합의충당'할 수 있는지 여부**(원칙적 적극)

사실관계 | 채무자 乙의 채권자 甲에 대한 채무로서 보증인이 있는 X채무와 없는 Y채무가 있는데, 충당의 합의나 지정이 없어 乙이 변제조로 지급한 돈이 이행기가 먼저 도래한 Y채무에 **법정변제충당되어 Y채무가 모두 소멸된 후에도 甲과 乙은 다시 위 돈을 X채무에 충당하는 것으로 약정할 수 있는가?**

판례의 태도 | "변제자(채무자)와 변제수령자(채권자)는 변제로 소멸한 채무에 관한 보증인 등 이해관계 있는 제3자의 이익을 해하지 않는 이상 이미 급부를 마친 뒤에도 기존의 충당방법을 배제하고 제공된 급부를 어느 채무에 어떤 방법으로 다시 충당할 것인가를 약정할 수 있다"(대판 2013.9.12. 2012다118044 : **7회,14회 선택형**).

사안의 해결 | ① [**선행 법정변제충당의 정당성**] 주채무자가 변제할 때' 보증인이 있는 채무와 보증인이 없는 채무 사이에는 변제이익의 차이가 없고(왜냐하면 보증인이 있는 채무도 구상의무의 존재로 인해 결국 자기의 채무이기 때문이다), 변제이익이 같을 경우에는 제477조 3호에 의해 변제금은 이행기가 먼저 도래한 채무나 먼저 도래할 채무의 변제에 충당하여야 한다. 따라서 乙의 甲에 대한 채무로서 보증인이 있는 X채무와 없는 Y채무가 있는데, 충당의 합의나 지정이 없는 경우 乙이 변제조로 지급한 돈이 이행기가 먼저 도래한 Y채무에 법정변제충당한 것은 정당하다.

② [후행 합의충당의 정당성] 위 판례에 따르면 제477조 3호에 의해 법정충당된 경우에 소멸한 채무는 보증인이 없는 Y채무이므로 다시 합의충당하더라도 보증인 등 이해관계 있는 제3자의 이익을 해하지 않으므로 甲과 乙은 다시 위 돈을 X채무에 충당하는 것으로 약정할 수 있다.

Ⅲ. 지정충당(일방행위에 의한 충당) [B-101]

1. 지정권자

(1) 1차적 지정권자

1차적 지정권자는 '변제자'이다. 즉 변제자는 변제를 할 때 변제수령자에 대한 의사표시로 변제에 충당할 채무를 지정할 수 있다(제476조 1항 및 3항, 제478조). 변제자의 충당지정에 대하여는 변제수령자의 동의는 필요하지 않으며, 수령자가 변제자의 지정에 대하여 이의를 제출하지도 못한다.

(2) 2차적 지정권자

변제자가 지정권을 행사하지 않은 때에는 2차적으로 '변제받는 자'가 그 당시(변제제공 수령 후 지체없이) 변제자에 대한 의사표시로써 변제의 충당을 할 수 있다(제476조 2항 본문 및 3항, 제478조). 그러나 변제자가 즉시 이의를 한 때에는 변제수령자의 지정은 효력을 잃고(제476조 2항 단서), 법정충당의 방법에 따라 변제충당이 이루어진다.

2. 지정충당의 제한

(1) 비용, 이자 및 원본

① 채무자가 1개 또는 수 개의 채무의 비용 및 이자를 지급할 경우에 변제자가 그 전부를 소멸하게 하지 못한 급여를 한 때에는 (총)비용, (총)이자(지연이자도 포함된다), (총)원본의 순서로 변제에 충당하여야 한다(제479조 1항)(2회,8회,11회 선택형). **[7회 기록형, 07법행]** 따라서 변제자 일방의 지정충당이 있더라도 이는 인정되지 않고(대판 1990.11.9. 90다카7262 : 5회,6회,9회 선택형), 그 지정은 민법 제479조 제1항에 반하여 채권자에 대하여 효력이 없으므로, 채권자는 그 수령을 거절할 수 있다(대판 2005.8.19. 2003다22042 : 6회 선택형).

② 물론 당사자 쌍방이 제479조와 다른 특별한 합의를 하거나 또는 당사자의 일방적인 지정에 대하여 상대방이 지체없이 이의를 제기하지 아니함으로써 **묵시적인 합의(충당)**가 이루어졌다고 보여지는 경우에는 그렇지 않다(대판 2002.5.10. 2002다12871,12888 : 표준판례539 : 6회,9회,10회 선택형). 이러한 합의가 있는지는 이를 주장하는 자가 증명할 책임이 있다(대판 2020.1.30. 2018다204787 등 참조).

> **[관련판례]** * **1심판결 선고 이후 지급한 돈의 법적 성격과 변제충당방법**
> 判例는 교통사고 피해자가 가해차량 보험사를 상대로 손해배상을 청구한 사건에서 "가집행이 붙은 제1심 판결 선고 이후 채무자가 제1심 판결에 기한 강제집행을 피하기 위해 돈을 지급한 경우 그에 따라 확정적으로 변제의 효과가 발생하는 것이 아니므로 채무자가 항소심에서 위와 같이 돈을 지급한 사실을 주장하더라도 항소심 법원은 그러한 사유를 참작하지 않고 청구의 당부를 판단해야 한다"(대판 2020.1.30. 2018다204787)[6]고 하여 대법원은 1심판결 선고 이후 피고가 지급한 1억 원은 제479조에 따라 지연손해금에 우선 충당되어야한다는 이유로 손해배상금 원금에 충당한 원심을 파기하였다.

---

6) 제479조 2항은 '전항의 경우에 제477조의 규정을 준용한다'고 규정하고 있는데, 제477조의 문언상 제477조는 '당사자가 변제에 충당할 채무를 지정하지 아니한 때'에 적용되기 때문이다.

(2) 비용 상호간, 이자 상호간, 원본 상호간

비용 상호간, 이자 상호간, 원본 상호간에는 제477조의 법정변제충당의 규정이 적용된다(제479조 2항). 또한 비용 상호간, 이자 상호간, 원본 상호 간에는 지정의 효력이 미친다고 봄이 타당하다(제479조 2항 참조). 예컨대 채무자가 원금 100만 원, 이자 및 지연손해금 30만 원의 A채무와 원금 100만 원, 이자 및 지연손해금 50만 원의 B채무를 부담하고 있던 중 200만 원을 변제하면서 B채무의 변제에 충당할 것을 지정한 경우, 이는 B채무의 이자 및 지연손해금 50만 원, A채무의 이자 및 지연손해금 30만 원, B채무의 원금 100만 원, A채무의 원금 중 20만 원에 차례로 충당되어, 채무자의 채무는 A채무의 원금 80만 원만 남게 된다.

> **[관련판례]** ❋ **채무자들이 공동으로 부담하는 부분과 공동으로 부담하지 않는 부분이 생긴 경우**
> "여러 명의 연대채무자 또는 연대보증인에 대하여 따로따로 소송이 제기되는 등으로 그 판결에 의하여 확정된 채무원본이나 지연손해금의 금액과 이율 등이 서로 달라지게 되어 원금이나 지연손해금에 채무자들이 공동으로 부담하는 부분과 공동으로 부담하지 않는 부분이 생긴 경우에 어느 채무자가 채무 일부를 변제한 때에는 그 변제자가 부담하는 채무 중 공동으로 부담하지 않는 부분의 채무 변제에 우선 충당되고 그 다음 공동 부담 부분의 채무 변제에 충당된다"(대판 2013.3.14. 2012다85281: 표준판례477).

Ⅳ. 법정충당 [B-102]

1. 법정충당의 요건

① 변제자에 의한 지정도 변제수령자에 의한 지정도 없는 경우 또는 변제수령자가 지정하였으나 변제자가 즉시 이의를 제기한 경우에 그리고 비용, 이자 및 원본 사이에서는 법정순서에 따라 변제에 충당된다(제477조, 제479조 2항)(8회,11회 선택형). 법정충당 순서는 변제자의 이익을 고려하여 규정된 것이며, 이때 법정변제충당의 순서는 채무자의 '변제제공 당시'를 기준으로 정하여야 한다(대판 2015.11.26. 2014다71712) : 10회 선택형.

② 당사자가 변제에 충당할 채무를 지정하지 아니한 경우, 변제충당의 방법은 법정변제충당에 의하며, 순위가 동일한 채무에 관하여 안분비례에 의한 법정변제충당보다 자신에게 유리한 변제충당의 지정 또는 합의가 있었다거나 당해 채무가 법정변제충당의 우선순위에 있었다는 사실은 이를 주장하는 사람에게 주장·증명책임이 인정된다(대판 2021.10.28. 2021다247937,247951,247968).

2. 충당순서

(1) 이행기가 도래한 채무(제477조 1호)

채무 중에 이행기가 도래한 것과 도래하지 않은 것이 있으면 먼저 이행기가 도래한 채무의 변제에 충당한다(제477조 1호). 이행기 도래 여부는 이행기의 유예가 있는 채무에 대하여는 유예기까지 이행기가 도래하지 않은 것과 같게 보아야 한다(대판 1999.8.24. 99다22281,22298 : 2회 선택형).

(2) 변제이익이 많은 채무(제477조 2호)

채무의 전부의 이행기가 도래하였거나 또는 도래하지 않은 때에는 먼저 채무자에게 변제이익이 많은 채무의 변제에 충당한다(제477조 2호). '변제이익'의 판단에 관한 判例를 살펴보자면 다음과 같다.

1) 이자 유무 내지 이율에 차이가 있는 경우

이자부채무가 무이자채무보다[이자의 약정 있는 금전채무가 이자의 약정 없는 약속어음금채무보다 변제이익이 많다(대판 1971.11.23. 71다1560)] **고이율의 채무가 저이율의 채무보다 변제이익이 많다**(11회 선택형). [8회 기록형]

2) 주채무자가 보증채무 혹은 연대채무를 같이 부담하고 있는 경우 [12법무]

변제자가 타인의 채무에 대한 '보증인으로서 부담하는 보증채무'(연대보증채무도 포함)는 주채무에 부종하기 때문에 '변제자 자신의 채무'에 비하여 변제이익이 적고, '연대채무'는 '단순채무'에 비하여 채권자로부터 바로 전액청구를 받을 가능성이 낮기 때문에 변제이익이 적다(대판 1999.7.9. 98다55543 ; 대판 2002.7.12. 99다68652: 표준판례542 : 9회 선택형). 따라서 '변제자 자신의 주채무에 우선충당'되어야 한다.

3) 주채무자의 수 개의 채무 사이에 인적·물적 담보에 차이가 있는 경우

① '주채무자가 변제할 때' 보증인이 있는 채무와 보증인이 없는 채무 사이에는 변제 이익의 차이가 없고, 따라서 보증기간 중의 채무와 보증기간 종료 후의 채무 사이에서도 변제이익의 점에서 차이가 없다(대판 2021.1.28. 2019다207141: 표준판례502 : 11회 선택형). 마찬가지로 '주채무자가 변제할 때' 물상보증인이 제공한 물적 담보가 있는 채무와 그러한 담보가 없는 채무 사이에도 변제이익의 점에서 차이가 없다(대판 2014.4.30. 2013다8250: 표준판례541 : 4회,6회,10회 선택형). [7회 기록형] 왜냐하면 (물상)보증인이 있는 채무도 구상의무의 존재로 인해 결국 자기의 채무이기 때문이다. 따라서 (주)채무자가 변제한 금원은 이행기가 먼저 도래한 채무부터 (법정변제)충당하여야 한다(제477조 3호)(대판 1999.8.24. 99다26481: 표준판례 540 : 4회 선택형).

[관련판례] '주채무자가 변제자'인 경우에는, 담보로 제3자가 발행 또는 배서한 약속어음이 교부된 채무와 다른 채무 사이에 변제이익에서 차이가 없으나, 담보로 주채무자 자신이 발행 또는 배서한 어음으로 교부된 채무는 다른 채무보다 변제이익이 많다(대판 1999.8.24. 99다22281,22298 : 4회,6회 선택형). 보험에 가입되어 있는 채무와 그렇지 않은 채무 사이에 변제이익의 점에서 차이가 없다(대판 2000.11.10. 2000다29769).

② 반면에 '주채무자가 아닌 자가 변제할 때' 인적·물적 담보가 있는 채무에 우선적으로 변제충당해야 한다. 왜냐하면 채무자 아닌 제3자가 변제하는 경우에는 '변제자대위'에 의해 채권자가 갖고 있던 인적·물적 담보가 이전되는 이익이 있기 때문이다. 判例도 '주채무자 이외의 자가 변제자'인 경우에는 변제자가 발행 또는 배서한 어음에 의하여 담보되는 채무가 다른 채무보다 변제이익이 많다고 한다(대판 1999.8.24. 99다22281,22298).

(3) 이행기가 먼저 도래하거나 도래할 채무(제477조 3호)

채무자에 대해 변제이익이 같으면 이행기가 먼저 도래한 채무나 또는 먼저 도래할 채무의 변제에 충당한다(제477조 3호).

(4) 이행기가 동시에 도래하고 변제이익이 같은 경우(제477조 4호)

이상의 기준에 의해 변제충당의 선후가 정해지지 않을 경우 각 채무는 그 채무액에 비례하여 충당한다(제477조 4호).

핵심사례 B-15

★ 상계충당 [사법연수원] [6회 기록형]

甲은 乙에 대하여 ① 2002. 3. 1.자 5,000만 원 대여금채권(이자 월 1%, 변제기 2002. 4. 30.)과 ② 2002. 4. 1.자 4,000만 원 대여금채권(이자 월 2%, 변제기 2002. 5. 31.)을 갖고 있다. 한편, 乙은 이행기인 2002. 6. 30. 상인인 甲에게 TV 등 4,000만 원 상당의 물품을 판매하고 그 날 즉시 인도하였으나, 甲은 그 대금을 지급하지 않고 있다. 2002. 7. 27. 甲의 채권자인 A는 甲의 위 2002. 4. 1.자 대여

> 금채권 4,000만 원 중 원금 3,000만 원에 대하여 채권가압류 결정을 받았고, 제3채무자인 乙에게 2002. 7. 31. 송달되어 확정되었다. 2002. 9. 1. 甲은 乙에 대하여 위 대여금 반환 청구의 소를 제기하였고, 그 소장부본은 2002. 9. 10. 乙에게 송달되었다.
> 乙은 2002. 9. 30. 쌍방이 출석한 법정에서, ⅰ) A에 의하여 가압류된 부분의 청구에 응할 수 없고, ⅱ) 설령 그러하지 않더라도 위 물품대금채권으로 상계하겠다고 항변하였다.
> 1. 乙의 각 항변이 이유 있는지 설명하시오. (15점)
> 2. 甲의 청구 중 인용되는 부분은 얼마인지 설명하시오. (15점)

Ⅰ. 乙의 각 항변에 대한 판단 – 문제 1.의 경우

1. 가압류된 금전채권의 이행을 청구할 수 있는지 여부

判例에 따르면 ① 채권이 가압류가 된 경우, 채무자가 제3채무자를 상대로 이행의 소를 제기하여 채무명의를 얻더라도 이에 기하여 제3채무자에 대하여 강제집행을 할 수는 없다는 것뿐이고, 그 채무명의(집행권원)를 얻는 것까지 금하는 것은 아니며(대판 1989.11.24. 88다카25038), ② 채권의 가압류는 제3채무자에 대하여 채무자에게 지급하는 것을 금지하는데 그칠 뿐 채무 그 자체를 면하게 하는 것이 아니고, 가압류가 있다 하여도 그 채권의 이행기가 도래한 때에는 제3채무자는 그 지체책임을 면할 수 없다(대판 1994.12.13. 전합93다951).

따라서 법원도 그 이행을 명하는 판결을 할 수 있다. 다만 가압류가 취소되기 전에는 집행할 수 없을 뿐이다. 따라서 乙의 첫 번째 항변은 이유 없다.

2. 수동채권이 가압류된 경우 상계할 수 있는지 여부

가압류결정이 송달되기 전에 상계적상에 있었거나, 그렇지 않다 하더라도 判例(대판 2012.2.16. 전합2011다45521)가 판시하는 바와 같이 자동채권의 변제기가 수동채권의 변제기보다 먼저 또는 동시에 도달하는 관계에 있는 등 상계에 대한 기대가 합리적이었던 경우에는 장차 상계적상이 될 때 상계할 수 있고, 이로써 가압류채권자에게 대항할 수 있다(제498조 참조). 사안의 경우, 乙의 자동채권의 변제기는 2002. 6. 30.이고, 이때 상계적상에 있었는데, 가압류결정은 2002. 7. 31. 송달되었으므로, 乙은 위 물품대금채권을 자동채권으로 상계할 수 있다. 따라서 乙의 두 번째 항변은 이유 있다.

Ⅱ. 甲의 청구 중 인용되는 범위 – 문제 2.의 경우

1. 상계의 소급효

상계의 의사표시를 하면, 각 채무는 상계적상일에 소급하여 대등액에 관하여 소멸한다(제493조 2항). 사안의 경우 상계적상일은 자동채권과 수동채권의 변제기가 모두 도래한 때인 2002. 6. 30.이다.

2. 상계충당의 문제

자동채권으로 수동채권을 전부 소멸시키기에 부족한 때에는 변제충당의 문제가 생긴다(제499조). 사안의 경우, 상계적상일 기준으로 ① 수동채권은 3. 1.자 대여금 원금 5,000만 원, 이자 100만 원, 지연손해금 100만 원, 4. 1.자 대여금 원금 4,000만 원, 이자 160만 원, 지연손해금 80만 원이고, ② 자동채권은 물품대금 4,000만 원인바, 상계충당의 문제가 생긴다.

3. 계 산

사안의 경우 합의충당 또는 지정충당이 없으므로 법정변제충당한다(제477조). 두 개의 수동채권 모두 이행기가 도래하였는데, 4. 1.자 대여금채권의 이율이 더 높으므로 변제이익이 더 많다고 할 것이다(제477조 2호). 이에 따라 계산하면, 위 4,000만 원은 ① 4. 1.자 대여금에 대한 이자 및 지연손해금 240만 원, ② 3. 1.자 대여금에 대한 이자 및 지연손해금 200만 원, ③ 4. 1.자 대여금 원금 중 3,560만 원에 차례로 충당된다(제479조, 제477조). 그렇다면 4. 1.자 대여금 중 원금 440만 원, 3. 1.자 대여금 원금 5,000만 원이 남는다.

4. 甲의 청구 중 인용되는 범위

① 3. 1.자 대여금 원금 5,000만 원 및 이에 대하여 상계적상일 다음날인 2002. 7. 1.부터 판결선고일까지는 약정이율인 월 1%, 판결선고일부터 다 갚는 날까지는 연 20%(2019. 6. 1.부터는 연 12%)의 각 비율에 의한 지연손해금과(소송촉진 등에 관한 특례법 제3조 2항),[7] ② 4. 1.자 대여금 원금 중 440만 원 및 이에 대하여 상계적상일 다음날인 2002. 7. 1.부터 다 갚는 날까지 약정이율인 월 2%(소촉법보다 높은 지연이율의 경우 소촉법이 적용될 여지가 없다)의 비율에 의한 지연손해금 청구에 대해 인용가능할 것이다.

제4관 변제자대위

쟁점구조

변제자대위권의 논리(사례)구조(★ 채권자 아닌 변제자가 채권자의 채권 및 담보권을 행사하는 경우)

Ⅰ. 제3자 변제의 법적근거

제469조 2항의 이해관계 있는 제3자, 제364조의 담보물의 제3취득자(소유권, 지상권, 전세권)

Ⅱ. 구상권의 법적근거 : 변제 기타 자신의 출재 + 채무자의 채무를 소멸하고 채권의 만족

① 명문의 규정(연대채무자 제425조, 수탁보증인 제441조나 제442조, 물상보증인 제370조와 제341조, 이행인수 등이 없는 주채무자로부터의 담보물의 제3취득자 제576조 2항 등) ⇒ ② 채무자의 부탁이 있는 경우(제688조) ⇒ ③ 채무자의 부탁이 없는 경우(사무관리 제739조 → 부당이득 제741조)

Ⅲ. 채권자 아닌 변제자가 채권자의 채권 및 담보권을 행사

1. 변제자대위권의 법적근거 : 변제할 정당한 이익이 있는지 여부(= 제469조 2항의 이해관계 있는 제3자)

① 제480조(임의대위)[8], ② 제481조(법정대위)

2. 변제자대위권의 인정범위 : 제482조 1항

채권자의 채권 및 담보에 관한 권리가 제450조의 대항요건, 제186조의 부기등기 없이 법률규정에 따라 당연히 변제자에게 이전(단, 근저당권은 확정 전에는 수반성이 없음)

3. 다른 법정대위권자와의 충돌 : 제482조 2항 각호 ★

① 제482조 2항 각호에서의 제3취득자는 채무자로부터의 제3취득자로 제한, 물상보증인으로부터의 제3취득자는 물상보증인과 동일하게 취급(제한설), ② 물상보증인은 원칙적으로 보증인과 동일하게 취급(제482조 2항 5호, 제341조 참조)

---

7) **제3조(법정이율) ②항** 채무자에게 그 이행의무가 있음을 선언하는 사실심(事實審) 판결이 선고되기 전까지 채무자가 그 이행의무의 존재 여부나 범위에 관하여 항쟁(抗爭)하는 것이 타당하다고 인정되는 경우에는 그 타당한 범위에서 제1항(현행 연 12%)을 적용하지 아니한다.

8) [대표적인 예] 물상대위를 통해 우선변제를 받을 지위를 가진 (공동저당의 목적인 물상보증인 소유 부동산의) 후순위 담보권자는 채무의 의사에 반하여 그 채무 잔액을 대위변제하거나 변제공탁할 수 있는 제469조 2항의 '이해관계 있는 제3자' 또는 제481조의 '변제할 정당한 이익이 있는 자'에 해당하지 않는다(대결 2009.5.28. 2008마109). 따라서 이러한 자가 변제하는 경우에는 법정대위가 아닌 '임의대위'

I. 서 설

[B-103]

> 제480조 (변제자의 임의대위) ① 채무자를 위하여 변제한 자는 변제와 동시에 채권자의 승낙을 얻어 채권자를 대위할 수 있다.
> 제481조 (변제자의 법정대위) 변제할 정당한 이익이 있는 자는 변제로 당연히 채권자를 대위한다.
> 제482조 (변제자대위의 효과, 대위자간의 관계) ① 전2조의 규정에 의하여 채권자를 대위한 자는 자기의 권리에 의하여 구상할 수 있는 범위에서 채권 및 그 담보에 관한 권리를 행사할 수 있다.

1. 의 의

변제자대위(辨濟者代位)란 '제3자 또는 공동채무자' 등(통상 '대위변제자'라 일컫는다)이 '변제 또는 담보권 실행' 등으로 채권자에게 만족을 준 경우 대위변제자는 채무자에 대하여 구상권을 취득하게 되는데, 이 경우 변제 등으로 소멸하게 될 채권자의 채권 및 담보권을 대위변제자에게 이전시킴으로써(채권이전설)[9] 대위변제자의 구상을 용이하게 하는 제도를 말한다. 변제로 인한 대위, 대위변제라고도 한다. 따라서 대위에 의한 원채권 및 담보권의 행사 범위는 구상권의 범위로 한정된다(대판 2005.10.13. 2003다24147).

2. 구별개념

이러한 변제자대위는 대위변제자의 구상권 확보를 목적으로 하는 제도이며, 법률의 규정에 의한 권리의 이전인 점에서 법률행위에 의한 채권의 이전인 '**채권양도**'와 구별되며, 원권리자의 권리행사가 금지된다는 점에서 피대위권리의 주체인 채무자도 권리를 행사할 수 있는 '**채권자대위권**'과 구별된다.

3. 구상권과의 관계

변제자는 채무자에 대한 고유의 구상권과 대위에 의한 채권자의 채권, 두 개의 청구권을 가지게 된다(채권이전설). 따라서 '**청구권의 경합**'이 생기게 되며, 변제한 제3자가 그중 어느 한 권리의 행사에 의하여 목적을 달성하면 다른 권리도 소멸한다.[10] 구상권과 변제자대위권은 그 원본, 변제기, 이자, 지연손해금의 유무 등에 있어서 그 내용이 다른 별개의 권리이다(대판 2022.4.28. 2019다200843).[11] **[13회 기록형]** ① 따라서 가령 대위변제자와 채무자 사이에 구상금에 관한 지연손해금 약정이 있더라도 이 약정은 구상금을 청구하는 경우에 적용될 뿐, 변제자대위권을 행사하는 경우에는 적용될 수 없고(대판 2009.2.26. 2005다32418 : 10회 선택형). ② 대위변제자와 채권자 간에 맺은 채권자와 채무자의 거래 계속 중에는 대위권을 행사하지 않기로 하는 '대위권불행사의 특약'은 구상권에 기한 청구에는 영향이 없다(대판 1997.5.30. 97다1556).

---

9) **[법적성질]** 변제자대위란 ① 채권을 이전받는 것이 아니라 채권자의 채권을 변제자의 이름으로 대위행사할 권한을 가지는 데 불과하다는 '대위행사설'이 있으나, ② 제3자의 변제로 인해 채권은 법률의 규정에 의해 변제자에게 이전하고, 채권자와 채무자 사이에서는 상대적으로 소멸한다는 '채권이전설'이 타당하다(통설).

10) **[관련판례]** "물상보증인이 채무자의 채무를 변제한 경우, 그는 제370조에 의하여 준용되는 제341조에 의하여 채무자에 대하여 구상권을 가짐과 동시에 제481조에 의하여 당연히 채권자를 대위하고, 위 구상권과 변제자 대위권은 내용이 다른 별개의 권리로서, 물상보증인은 고유의 구상권을 행사하든 대위하여 채권자의 권리를 행사하든 자유이며, 다만 채권자를 대위하는 경우에는 제482조 제1항에 의하여 고유의 구상권의 범위에서 채권 및 그 담보에 관한 권리를 행사할 수 있는 것이어서, 변제자 대위권은 고유의 구상권의 효력을 확보하는 역할을 한다"(대판 1997.5.30. 97다1556: **표준판례**549). **[19법행]**

11) "구상권과 변제자대위권은 내용이 전혀 다른 별개의 권리이다. 이는 보험자가 제3자의 행위로 인하여 발생한 손해에 관하여 보험금을 지급한 경우에 그 지급금의 한도에서 피보험자 등의 제3자에 대한 권리를 그대로 취득함을 규정한 상법 제682조의 '보험자대위권'에 있어서도 마찬가지이다"

Ⅱ. 요건

[B-104]

1. 변제 기타로 채권자에게 만족을 줄 것(면책행위)

변제자가 '자기의 출재와 명의'로 채권자에게 만족을 주어 채무자의 채무를 면하게 하였어야 한다. 채권의 일부에 대해 변제 등을 한 경우에도 그 일부의 범위에서는 대위변제가 성립한다(제483조). 한편 변제뿐만 아니라, 공탁 기타 출재로 채무자의 채무를 면하게 한 것도 포함된다(제486조).

2. 변제자가 채무자에 대해 구상권을 가질 것

대위변제는 변제자의 구상권을 확보하는 데 있는 것이기 때문이다. 구상권의 발생근거에는 제한이 없으므로, ① 불가분채무자(제411조)·연대채무자(제425조 이하)·보증인(제441조 내지 제448조)·물상보증인(제370조, 제341조, 제441조 내지 제448조)·담보물의 제3취득자(아래 심화 참고) 등 개별적 규정이 있는 경우와 ② 제3자가 채무자의 부탁으로 채무자를 위하여 변제하는 경우의 위임사무처리비용의 상환청구권(제688조), ③ 부탁 없이 변제한 자는 ⅰ) 제3자가 사무관리에 의하여 채무자를 위하여 변제하는 경우의 사무관리비용의 상환청구권(제739조)(대판 2022.3.17. 2021다276539), ⅱ) 사무관리의 요건이 충족되지 않으면 **부당이득법에 따른 반환청구권**(제748조, 보증채무에 관한 제444조도 같은 취지의 것이다) 등을 모두 포함한다. **[13회 기록형]**

> ⁂ **담보물의 제3취득자의 구상권 법적근거**[12]
>
> 물상보증인과 달리 명문의 규정은 없으나 제3취득자가 채권자에게 스스로 변제하거나 또는 담보물의 소유권을 잃은 때에는, 자신의 출재로 채무를 소멸하였으므로, 제3취득자에게 채무자에 대한 구상권이 당연히 발생한다고 해석된다. 그런데 제3취득자와 채무자 사이의 구체적인 구상관계의 내용은 아래에서 살피는 바와 같이 채무자와 제3취득자 사이의 내부관계에 의해서 정해진다.
>
> (1) 채무자로부터 저당목적물을 취득한 경우
>
> ⅰ) 채무자로부터 저당목적물을 취득할 때에 제3취득자가 채무인수 또는 이행인수까지 한 경우에는, 제3취득자는 채무자에 대하여 면책의무를 지고 있으므로, 제3취득자가 변제하더라도 구상권은 발생하지 않는다. ⅱ) 한편 채무자로부터 저당목적물을 취득할 때에 채무인수 또는 이행인수를 하지 않은 경우에는, 제3취득자의 변제가 채무자의 부탁을 받은 때에는 제688조(위임사무처리비용의 상환청구권)규정에 따라, 채무자의 부탁을 받지 않은 때에는 **제576조 2항**(저당권, 전세권의 행사와 매도인의 담보책임)규정에 따라 각각 구상권을 취득한다.
>
> (2) 물상보증인으로부터 저당목적물을 취득한 경우
>
> ⅰ) 제3취득자가 담보부동산에 설정된 근저당권의 피담보채무의 이행을 인수한 경우, 그것은 결국 자기의 채무를 변제하는 것이 되어 채무자에 대한 구상권이 발생하지 않을 뿐 아니라, 그 이행인수는 매매당사자 사이의 내부적인 계약에 불과하여 이로써 물상보증인의 책임이 소멸하는 것은 아니므로, 따라서 담보부동산에 대한 담보권이 실행된 경우에도 제3취득자가 아닌 원래의 물상보증인이 채무자에 대해 구상권을 가진다(대판 1997.5.30. 97다1556). ⅱ) 이에 대해 제3취득자가 피담보채무를 공제하지 않고 매매대금 전부를 지급한 경우에는, 그 후 담보권실행으로 목적물의 소유권을 잃은 때에는 제3취득자는 물상보증인과 유사한 지위에 있으므로, 이러한 제3취득자에게도 **물상보증인의 구상권에 관한 규정이 유추적용**된다(대판 1997.7.25. 97다8403 ; 대판 2014. 12.24. 2012다49285 : **12회 선택형**). **[3회 사례형]**

---

12) 이상태, '저당부동산을 취득한 제3취득자의 지위에 관한 연구', 일감법학(제1권), p.162~163 참고

3. 채권자의 승낙이 있거나 변제할 정당한 이익이 있을 것

(1) 임의대위

> **제480조 (변제자의 임의대위)** ① 채무자를 위하여 변제한 자는 변제와 '동시에' 채권자의 '승낙'을 얻어 채권자를 대위할 수 있다. ② 전항의 경우에 제450조 내지 제452조(채권양도)의 규정을 준용한다.

① 변제할 정당한 이익이 없는 자는 변제와 '동시에' 채권자의 '승낙'을 얻어야 채권자를 대위할 수 있다. 권리의 이전은 법률규정에 의하여 당연히 일어나되, 임의대위에 있어서 그것이 가능하려면 승낙의 의사표시도 있어야 하는 것이다. 채권자는 정당한 이유 없이 승낙을 거절할 수 없으며, 변제를 수령한 채권자는 승낙한 것으로 추정된다(통설).

② 임의대위에 의해 채권이 변제자에게 이전되는 점에서 사실상 채권양도의 경우와 유사하므로, 제480조 2항은 임의대위에 대하여 지명채권양도의 대항요건에 관한 규정(제450조 내지 제452조)을 준용하고 있다. 따라서 임의대위에 있어서는 변제자가 제3자에게 대항하기 위하여는 확정일자 있는 증서에 의한 대위의 (채무자에 대한) '통지'나 (채무자의) '승낙'이 필요한 것이지만, 이 경우 제3자라 함은 대위변제의 목적인 그 채권 자체에 관하여 대위변제자와 양립할 수 없는 법률상 지위에 있는 자만을 의미한다(대판 1996.2.23. 94다21160).[13]

(2) 법정대위

> **제481조 (변제자의 법정대위)** 변제할 정당한 이익이 있는 자는 변제로 당연히 채권자를 대위한다.

변제할 정당한 이익이 있는 자란 변제하지 않으면 채권자로부터 집행을 받거나, 자기의 권리를 잃게 되는 지위에 있는 자로서 '법률상의 이해관계'를 가지는 자를 말한다(대판 1990.4.10. 89다카24834). 가령, 불가분채무자·연대채무자·(연대)보증인·물상보증인·담보물의 제3취득자 등이 있다.

① [**후순위담보권자**]의 경우, 예를 들어 후순위 전세권자는 선순위 저당권으로 인하여 용익물권으로서의 전세권 자체를 상실하기 때문에 선순위 저당권을 변제할 정당한 이익이 있는 자이나, 물상대위를 통해 우선변제를 받을 지위를 가진 후순위 담보권자는 대위의 보호를 받아야 할 '법률상 이익'을 가지지 않고 단지 사실상의 이해관계를 가진 자로 제481조의 '변제할 정당한 이익이 있는 자'가 아니다 (대결 2009.5.28. 2008마109 : 제3자의 변제 B-97.참고)

② [**구상권이 있는 이행인수인**]의 경우, 채무자와의 이행인수약정에 따라 채권자에게 채무를 이행하기로 약정하였음에도 불구하고 이를 이행하지 아니하는 경우에는 채무자에 대하여 채무불이행의 책임을 지게 되어 특별한 법적 불이익을 입게 될 지위에 있다고 할 것이므로 이행인수인은 그 변제를 할 정당한 이익이 있다(대결 2012.7.16. 2009마461[14] : 8회 선택형).

③ [**채무자의 일반채권자**]의 경우, 담보권자의 권리실행으로 변제를 받지 못하게 될 우려가 있는 경우(예컨대 담보물이 부당하게 싼 가격으로 처분되는 때)에는 이에 해당한다(통설). 判例도 매도인이 부동산을 매도

---

13) "임금채권에 대하여 아무런 관련이 없는 사용자에 대한 근저당권부 채권자는 임금채권의 대위변제자가 대항요건을 갖추어야 할 제3자에 해당된다고 할 수 없으므로, 변제로 인한 임의대위자의 사용자에 대한 대위의 통지가 적법하게 된 이상 근저당채권자가 신청한 경매절차에서 경매개시결정으로 인한 압류의 효력이 발생한 날보다 그 대위 통지 일자가 늦다고 하더라도 대위에 영향이 없다"

14) [사실관계] 국내에서 선박대리점업을 영위하는 甲 주식회사가 선박 용선자인 미국 법인을 乙회사와 체결한 선박대리점계약에서 선박의 입·출항시 발생하는 항비 등 비용을 乙회사가 부담하되 甲 회사가 乙회사를 대신하여 채권자에게 우선 지급하기로 약정한 사안

하고 그 등기 전에 제3자에게 양도담보로 제공한 경우에 매수인은 매도인에 대한 소유권이전등기청구권을 위해 제3자의 채권을 변제할 정당한 이익이 있다고 한다(대판 1971.10.22. 71다1888).

Ⅲ. 효 과
[B-105]

1. 대위자·채무자 사이의 효과
[B-105a]

> 제482조 (변제자대위의 효과, 대위자간의 관계) ① 전2조의 규정에 의하여 채권자를 대위한 자는 자기의 권리에 의하여 구상할 수 있는 범위에서 채권 및 그 담보에 관한 권리를 행사할 수 있다.

(1) 전부변제의 경우(제482조 1항)

① 변제자대위의 요건을 갖추는 것을 전제로, '구상권의 범위 내'에서 채권자가 가졌던 '채권' 및 '채권의 담보에 관한 권리'가 (법정대위든 임의대위든) 법률상 대위자에게 당연히 이전된다. 제482조 1항에서 '권리를 행사할 수 있다'는 것은 법률상 당연히 권리가 이전된다는 의미이다(통설. 판례).

㉠ 예컨대 채권자의 저당권은 등기 없이도 대위자에게 당연히 이전된다(대판 2011.6.10. 2011다9013 등 ; 다만 이와 별개로 대위자는 채권자에게 저당권이전의 부기등기를 청구할 수 있다). **[11입법]** ㉡ 한편 채권자가 판결 등의 집행권원이 있는 때에는 대위자는 승계집행문을 부여받아 강제집행을 행사할 수 있다(민사집행법 제31조)(대판 2007.4.27. 2005다64033).[15] ㉢ 다만 대위할 범위에 관하여 종래 채권자가 배당요구 없이도 당연히 배당받을 수 있었던 경우에는 대위변제자는 따로 배당요구를 하지 않아도 배당을 받을 수 있다(대판 2021.2.25. 2016다232597: **표준판례550**)

[변제자대위로 이전되는 채권과 담보권] ㉠ 이전되는 '채권'에는 이행청구권·손해배상청구권·채권자대위권 및 채권자취소권은 포함되나, 채권자가 계약당사자의 지위에서 가지는 취소권·해제권 등은 대위자에게 이전되지 않는다(제483조 2항 참조). ㉡ 한편 이전되는 '담보권'에는 인적담보와 물적담보는 물론 채권자와 채무자 사이에 채무의 이행을 확보하기 위한 특약이 있는 경우에 그 특약에 기하여 채권자가 가지게 되는 권리를 포함하나(대판 1997.11.14. 95다11009), 변제자대위로 계약당사자의 지위가 이전되는 것은 아니므로 채권자와 일부 대위변제자 사이의 약정에 지나지 아니하는 '우선회수특약'(변제의 순위에 관한 별도약정)이 '채권 및 그 담보에 관한 권리'에 포함되는 것은 아니다(대판 2010.4.8. 2009다80460). "그렇지만 '우선회수특약'은 일부 대위변제 후의 잔존 채권 변제 및 그 담보권 행사의 순위를 정한 약정으로서 그 일부 대위에 부수하여 이루어진 약정이라 할 수 있고, 일부 대위변제자는 자신을 다시 대위하는 보증채무 변제자를 위하여 제484조 및 제485조에 따라 채권 및 그 담보권 행사에 협조하고 이에 관한 권리를 보존할 의무를 진다는 사정 등에 비추어 보면, 일부 대위변제자로서는 그 보증채무 변제자가 대위로 이전 받은 담보에 관한 권리 행사 등과 관련하여 채권자 등을 상대로 '우선회수특약'에 따른 권리를 주장할 수 있도록 그 권리의 승계 등에 관한 절차를 해 주어야 할 의무를 지고, 이를 위반함으로 인해 그 보증채무 변제자가 채권자 등에 대하여 그 권리를 주장할 수 없게 되어 손해를 입은 경우에는 그에 대한 손해배상책임을 진다"(대판 2017.7.18. 2015다206973).

② 변제자가 채권자의 권리를 대위하는 것이므로 채무자는 법정대위의 경우에는 변제를 한 때에, 임의대위의 경우에는 통지 또는 승낙이 있기까지 채권자에 대한 항변사유로써 대위자에게 대항할 수 있다.

(2) 일부변제의 경우(제483조 1항) **[12사법]**

제483조 (일부의 대위) ①항 채권의 일부에 대하여 대위변제가 있는 때에는 대위자는 그 변제한 가액에 비례하여 채권자와 함께 그 권리를 행사한다. 그 의미에 대해 견해가 대립한다.

---

15) **[관련판례]** "채권자가 채무자의 재산에 대해 가압류결정을 받은 경우, 채권자를 대위하는 변제자는 채권자의 승계인으로서, 가압류의 집행이 되기 전이라면 승계집행문을 부여 받아 가압류의 집행을 할 수 있고, 가압류의 집행이 된 후에는 승계집행문을 부여 받지 않더라도 가압류에 의한 보전의 이익을 자신을 위하여 주장할 수 있다"(대판 1993.7.13. 92다33251).

1) '채권자와 함께 행사'의 의미

① 변제자에게 이전된 담보권을 대위자가 대위의 범위에서 단독으로 행사할 수 있다는 **단독행사설**도 있으나, ② 채권자의 의사를 고려하고 또 담보물권의 불가분성의 원칙에 의해, 변제자는 채권자가 담보권을 행사하는 경우에만 채권자와 함께 그 권리를 행사할 수 있다는 **공동행사설**이 타당하다(통설).

2) '변제한 가액에 비례하여 행사'의 의미

① [**채권자 우선변제권이 있는 경우**] 특히 경매대금이 잔존 피담보채무와 제3변제자의 구상채권을 전액 변제하기에 부족한 경우에 누구에게 우선권이 있는지 문제되는바, 이에 대하여 ① 명문의 해석과 대위자와 채권자가 평등한 입장에 선다고 보아 안분하여야 한다는 **안분설**도 있으나, ② 대위변제제도는 구상권을 보호하려는 것뿐이므로 채권자를 해하면서까지 변제자를 보호할 필요가 없고, 그 일부대위의 효력이 채권자가 갖는 '담보물권의 불가분성'을 해칠 수도 없으므로 **채권자우선설**이 타당하다(대판 1988.9.27. 88다카1797[16]: 표준판례551). : 1회,3회,4회,10회,13회 선택형.

[**관련판례**] "수인이 시기를 달리하여 채권의 일부씩을 대위변제한 경우 그들은 각 일부 대위변제자로서 그 변제한 가액에 비례하여 근저당권을 준공유하고 있다고 보아야 하고, 그 근저당권을 실행하여 배당함에 있어서는 다른 특별한 사정이 없는 한 각 변제채권액에 비례하여 안분 배당하여야 한다"(대판 2006.2.10. 2004다2762).

② [**채권자 우선변제권이 없는 경우**] 다만 보증인이 대위권이 아닌 구상권(채권)을 행사하는 경우에는 대위권자보다 채권자가 우선변제를 받는다는 것이 적용되지 않는다(대판 1995.3.3. 94다33514). 그리고 일부 대위변제자와 채권자 사이에 변제의 순위에 관하여 따로 약정(우선회수특약이라 한다)을 한 경우에는 그 약정에 따라 변제의 순위가 정해진다(대판 2005.7.28. 2005다19958). 다만 이 경우에 채권자와 다른 일부 대위변제자들 사이에 동일한 내용의 약정이 있는 등 특별한 사정이 없는 한 약정의 효력은 약정 당사자에게만 미치므로, 약정 당사자가 아닌 다른 일부 대위변제자가 대위변제액에 비례하여 안분 배당받을 권리를 침해할 수는 없다(대판 2011.6.10. 2011다9013).[17] [**11입법**]

[**구체적 예**] 예를 들어 甲은 乙에 대해 3억 원의 채권을 가지고 있고, 이 채권을 피담보채권으로 하여 乙소유 X부동산에 저당권을 가지고 있고, 乙의 채무에 대해 보증인 丙 및 丁이 있다. 丙이 1억 원을 甲에게 변제하면서 나중에 X부동산의 배당절차에서 丙에게 우선순위를 보장하기로 합의를 하였다. 만약 이후 丁이 1억 원을 변제하고, X부동산의 경매대가가 2억 5천만 원인 경우 ☞ 위 2011다9013판결(각주 참고)에 따르면 먼저 배당금액을 甲 1억 원, 丙 7,500만 원, 丁 7,500만 원으로 확정한 이후, 甲과 丙사이에서 약정내용을 반영하여 배당액을 조정하여 甲 7,500만 원 丙 1억 원으로 배당하여야 한다. 丁의 배당금액에는 영향이 없다.

(3) 해지 및 해제권의 행사(제483조 2항)

해지·해제권은 계약당사자의 지위에 수반하는 권리이므로, 해지·해제권은 채권자만이 가지며 대위의 목적이 되지 않는다. 민법은 일부대위에 대해서만 이를 규정하고 있으나, 전부대위의 경우에도 마찬가지이다(통설).

---

[16] "변제할 정당한 이익이 있는 자가 채무자를 위하여 채권의 일부를 대위변제할 경우에 대위변제자는 변제한 가액의 범위 내에서 종래 채권자가 가지고 있던 채권 및 담보에 관한 권리를 취득하게 되고 따라서 채권자가 부동산에 대하여 저당권을 가지고 있는 경우에는 채권자는 대위변제자에게 일부 대위변제에 따른 저당권의 일부이전의 부기등기를 경료해 주어야 할 의무가 있다 할 것이나 이 경우에도 채권자는 일부 대위변제자에 대하여 우선변제권을 가지고 있다"

[17] "따라서 경매법원으로서는 ⅰ) 채권자와 일부 대위변제자들 전부 사이에 변제 순위나 배당금 충당에 관하여 동일한 내용의 약정이 있으면 약정 내용에 따라 배당하고, ⅱ) 채권자와 어느 일부 대위변제자 사이에만 그와 같은 약정이 있는 경우에는 먼저 원칙적인 배당방법에 따라 채권자의 근저당권 채권최고액 범위 내에서 채권자에게 그의 잔존 채권액을 우선 배당하고, 나머지 한도액을 일부 대위변제자들에게 각 대위변제액에 비례하여 안분 배당하는 방법으로 배당할 금액을 정한 다음, 약정 당사자인 채권자와 일부 대위변제자 사이에서 약정 내용을 반영하여 배당액을 조정하는 방법으로 배당을 하여야 한다"

2. 법정대위자 상호 간의 효과(제482조 2항)   [B-105b]

🔹 제482조 2항의 해석의 기본틀은 ① 채무자로부터의 제3취득자와 물상보증인으로부터의 제3취득자를 구별하여야 하고(제한설), ② 물상보증인은 원칙적으로 보증인과 동일하게 취급해야 한다는 점이다.

(1) 규정의 취지

본 규정은 법정대위자가 여럿 있는 경우에는 먼저 대위변제를 하거나 경매를 통한 채무상환을 한 자가 부당하게 이익을 얻거나 대위가 계속 반복되는 것을 방지하고 대위관계를 공평하게 처리하기 위하여 미리 법정대위자들 사이의 대위의 순서와 분담비율을 정해놓은 것이다. 한편, 제482조 2항은 임의규정이므로 법정대위자 사이에 이와 다른 내용의 특약을 하는 것은 원칙적으로 유효하다.

(2) 보증인과 담보목적물의 제3취득자와의 관계(1호, 2호)

1) 보증인과 제3취득자의 대위 여부

① 보증인은 '미리' 전세권이나 저당권의 등기에 대위를 부기하면 담보목적물의 제3취득자에 대하여 채권자를 대위할 수 있으나, 제3취득자는 보증인에 대하여 채권자를 대위하지 못한다(제482조 2항 1호, 2호). 이 규정에서 '제3자'는 전세권이나 저당권의 목적이 된 부동산에 대해 소유권·지상권·지역권·전세권 등을 취득한 자를 가리킨다. 그런데 判例는 선순위저당권등기가 말소된 후 그 부동산에 새로 저당권등기를 한 사람도 포함하고 있다(대판 2011.8.18. 2011다30666,30673).

② 제482조 2항에서 말하는 제3취득자(제3자)는 물상보증인 소유 아닌 채무자 소유의 담보재산에 소유권 등을 취득한 제3자만을 의미한다(제한설). 즉, 채무자는 종국적인 책임을 지는 자이기 때문에 '채무자로부터의 제3취득자'는 이를 감수하고서 소유권을 취득하였다고 보아야 하지만, 물상보증인은 자기 손실의 전부 또는 일부를 채무자, 다른 보증인(물상보증인)에게 전가할 수 있는 지위에 있었기 때문에 '물상보증인으로부터의 제3취득자'에게도 '물상보증인'정도의 지위를 인정하는 것이 타당하기 때문이다.

2) 부기등기의 시기

① 이때 보증인이 '미리' 대위의 부기등기를 하여야 하는데, 이는 보증인의 변제로 저당권 등이 소멸한 것으로 믿고 목적부동산에 대하여 권리를 취득한 제3취득자의 예측하지 못한 손해로부터 보호하기 위한 것이다. 그러므로 보증인이 변제하기 전이라면 제3자에게 불측의 손해를 가할 위험은 없으므로 부기등기의 표준이 되는 시점은 判例가 판시하는 바와 같이 '보증인의 변제 후 제3취득자의 등기 전'이라는 견해가 타당하다(대판 1990.11.9. 90다카10305: 표준판례556).

② 따라서 제3취득자가 전세물이나 저당물의 권리를 취득한 후에 변제한 보증인은 대위의 부기등기 없이도 항상 제3자에게 대위할 수 있다(대판 2020.10.15. 2019다222041: 표준판례552 : 14회 선택형). 이 경우 제3취득자는 등기부상 저당권 등의 존재를 알고 권리를 취득하였으므로, 나중에 보증인이 대위하더라도 예측하지 못한 손해를 입을 염려가 없기 때문이다.

3) 1호의 '제3자'와 2호의 '제3취득자'에 후순위 근저당권자가 포함되는지 여부(소극)

① "저당부동산에 대하여 후순위 근저당권을 취득한 제3자는 민법 제364조에서 정한 저당권소멸청구권을 행사할 수 있는 제3취득자에 해당하지 아니하고(대판 2006.1.26. 2005다17341), 달리 선순위 근저당권의 실행으로부터 그의 이익을 보호하는 규정이 없으므로 변제자대위와 관련해서 후순위 근저당권자보다 보증인을 더 보호할 이유가 없으며, 나아가 선순위 근저당권의 피담보채무에 대하여 직접 보증책임을 지는 보증인과 달리 선순위 근저당권의 피담보채무에 대한 직접 변제책임을 지지 않는 후순위 근저당권자는 보증인에 대하여 채권자를 대위할 수 있다고 봄이 타당하므로, 민법 제482조 제2항 '제2호의 제3취득자'에 후순위 근저당권자는 포함되지 아니한다"(대판 2013.2.15. 2012다48855: 표준판례554).

② "후순위 근저당권자는 통상 자신의 이익을 위하여 선순위 근저당권의 담보가치를 초과하는 담보가치만을 파악하여 담보권을 취득한 자에 불과하므로 변제자대위와 관련해서 후순위 근저당권자를 보증인보다 더 보호할 이유도 없다. 이러한 사정들과 민법 제482조 제2항 제1호와 제2호가 상호작용하에 법정대위자 중 보증인과 제3취득자의 이해관계를 조절하는 규정인 점 등을 종합하여 보면, 보증인은 미리 저당권의 등기에 그 대위를 부기하지 않고서도 저당물에 후순위 근저당권을 취득한 제3자에 대하여 채권자를 대위할 수 있다고 할 것이므로 민법 제482조 제2항 '제1호의 제3자'에 후순위 근저당권자는 포함되지 않는다"(대판 2013.2.15. 2012다48855: 표준판례554 : 3회 선택형).

[구체적 예] 예를 들어 甲은 乙에게 1억 원을 대여하면서 乙 소유인 X 토지에 관하여 근저당권을 설정받았고, 丙은 乙의 부탁을 받고 乙의 위 채무를 보증하였다. 변제기가 도래하였음에도 乙이 채무를 변제하지 않자, 丙이 보증채무를 모두 변제하였다. 그 후 丙이 X 토지상의 근저당권에 관하여 자신의 명의로 부기등기를 경료하지 않고 있는 사이에 乙은 다시 丁으로부터 금원을 차용하고 丁에게 제2순위 근저당권을 설정하여 주었다. X 토지가 경매되는 경우 위 判例에 따르면 丙이 변제사실을 증명하여 배당요구하면 부기등기 없이도 丙은 丁보다 우선하여 배당받을 수 있다.

(3) 물상보증인과 담보목적물의 제3취득자와의 관계(조문 없음)

1) 제1호와 제2호의 '보증인'에 '물상보증인'이 포함되는지 여부(유추적용 긍정)

물상보증인의 채무자에 대한 구상권에 보증인의 구상권 규정을 준용하는 점과(제370조, 제341조), 물상보증인과 보증인 간에는 법정대위에 있어서 대등한 지위가 인정되는 점(제482조 2항 5호) 등을 고려할 때 물상보증인은 제3취득자에 대하여 대위할 수 있다.

2) 물상보증인과 채무자로부터 담보목적물을 취득한 제3자와의 관계

"㉠ 물상보증인이 채무를 변제하거나 담보권의 실행으로 소유권을 잃은 때에는 보증채무를 이행한 보증인과 마찬가지로 채무자로부터 담보부동산을 취득한 제3자에 대하여 구상권의 범위 내에서 출재한 전액에 관하여 채권자를 대위할 수 있는 반면, ㉡ 채무자로부터 담보부동산을 취득한 제3자는 채무를 변제하거나 담보권의 실행으로 소유권을 잃더라도 물상보증인에 대하여 채권자를 대위할 수 없다"(대판 2014.12.18. 전합2011다50233: 표준판례553 : 10회,14회 선택형).[18]

[판례검토] 만일 과거 判例(대판 1974.12.10. 74다1419)와 같이 물상보증인의 지위를 보증인과 다르게 보아서 물상보증인과 채무자로부터 담보부동산을 취득한 제3자 상호 간에는 '각 부동산의 가액에 비례'하여 채권자를 대위할 수 있다고 한다면, 본래 채무자에 대하여 출재한 전액에 관하여 대위할 수 있었던 물상보증인은 채무자가 담보부동산의 소유권을 제3자에게 이전하였다는 우연한 사정으로 이제는 각 부동산의 가액에 비례하여서만 대위하게 되는 반면, 당초 채무 전액에 대한 담보권의 부담을 각오하고 채무자로부터 담보부동산을 취득한 제3자는 그 범위에서 뜻하지 않은 이득을 얻게 되어 부당하므로 바뀐 전원합의체 판결의 태도는 타당하다(전합2011다50233판시내용).

3) 물상보증인과 물상보증인으로부터 담보목적물을 취득한 제3자와의 관계

"제482조 제2항 제5호 단서에서 대위의 부기등기에 관한 제1호의 규정을 준용하도록 규정한 취지는 자기의 재산을 타인의 채무의 담보로 제공한 '물상보증인이 수인'일 때 그중 일부의 물상보증인이 채무의 변제로 다른 물상보증인에 대하여 채권자를 대위하게 될 경우에 미리 대위의 부기등기를 하여 두지 아니하면 채무를 변제한 뒤에 그 저당물을 취득한 제3취득자에 대하여 채권자를 대위할 수 없도록 하려는 것이라고 해석되므로 자신들 소유의 부동산을 채무자의 채무의 담보로 제공한 물상보

---

18) "이와 달리 담보부동산을 매수한 제3취득자는 물상보증인에 대하여 각 부동산의 가액에 비례하여 채권자를 대위할 수 있다고 한 대법원 1974. 12. 10. 선고 74다1419 판결은 이 판결의 견해에 배치되는 범위 내에서 이를 변경하기로 한다"

증인들이 채무를 변제한 뒤 다른 물상보증인 소유부동산에 설정된 근저당권설정등기에 관하여 대위의 부기등기를 하여 두지 아니하고 있는 동안에 제3취득자가 위 부동산을 취득하였다면, 대위변제한 물상보증인들은 제3취득자에 대하여 채권자를 대위할 수 없다"(대판 1990.11.9. 90다카10305: 표준판례556 : 14회 선택형).

[판례검토] 보증인의 경우는 제482조 2항 1호에 의해 규율되므로, 제482조 2항 5호 단서의 '이 경우'란 '5호 본문'의 보증인이 아니라 '5호 단서'의 물상보증인이 수인일 때 그중 일부의 물상보증인이 다른 물상보증인에 대하여 대위할 경우에 미리 대위의 부기등기를 하여야만 그 저당물을 취득한 제3취득자에 대하여 대위를 할 수 있다는 의미로 해석하는 判例의 입장이 타당하다.

(4) 제3취득자 상호 간의 관계(3호)

제3취득자 중 1인은 '각 부동산의 가액'에 비례하여 다른 제3취득자에 대하여 채권자를 대위한다(제482조 2항 3호).

(5) 물상보증인 상호 간의 관계(4호)

물상보증인 중 1인은 '각 부동산의 가액'에 비례하여 다른 물상보증인에 대하여 채권자를 대위한다(제482조 2항 4호). 한편, 물상보증인은 물적 유한책임을 질 뿐 채무를 지는 자가 아니므로, 연대채무자나 공동보증인의 경우와 달리 물상보증인 사이에 직접적인 구상관계는 인정되지 않는다.

> [관련판례] "수인의 물상보증인 또는 그로부터 담보의 목적이 된 부동산에 관한 소유권 등을 취득한 제3취득자 중 1인이 채무를 변제하거나 담보권의 실행으로 소유권을 잃은 때에는 다른 물상보증인 또는 그로부터 담보의 목적이 된 부동산에 관한 소유권을 취득한 제3취득자에 대하여 구상권의 범위 내에서 채권자를 대위하여 채권 및 그 담보에 관한 권리를 행사할 수 있고, 이때에도 특별한 사정이 없는 한 그 행사는 물상보증인 상호 간의 대위를 규정한 민법 제482조 제2항 제3호 및 제4호에 따라 각 부동산의 가액에 비례한다고 봄이 타당하다"(대판 2024.7.31. 2023다266420).

(6) 보증인과 물상보증인 사이의 관계(5호)

보증인과 물상보증인 상호 간에 있어서는 그 인원수에 비례하여 채권자를 대위한다. 이때 물상보증인이 수인인 경우는 보증인의 부담부분을 제외하고 그 잔액에 대하여 각 재산의 가액에 비례하여 대위의 범위가 정해진다[한편 보증인이 수인인 경우에 보증인 각자는 공동보증인 상호간의 구상에 관한 제448조에 따른 범위 내에서 대위할 수 있고, (물상)보증인이 구상권을 행사하기 위해서는 자기의 부담부분을 초과하는 출연이 있어야 한다(아래 2007다61113,61120판결 참고)](5회 선택형). 이 경우 그 재산이 부동산인 때에는 보증인은 미리 대위의 부기등기를 하여야 한다(제482조 2항 5호).

> [구체적 예] 예컨대 1,000만 원의 채권에 대하여 A와 B가 보증인이 되고, C가 시가 600만 원 상당의 부동산을, D가 시가 400만 원 상당의 부동산을 저당물로 각 제공한 경우에, 보증인 A와 B의 부담부분 500만 원 [1,000만 원−(1,000÷4×2). 각 250만 원]을 제외한 잔액 500만 원 [1,000만 원÷4(A,B,C,D)×2(C,D)]이 물상보증인 C와 D의 부담부분으로 되는데, 이 500만 원은 다시 C와 D가 그들의 저당부동산의 가액에 비례하여 나누어 부담하게 된다. 즉 500만 원 중 C가 300만 원, D가 200만 원을 각 부담하게 된다. 가령 A가 전부 변제하였다면, 그는 B에 대하여 250만 원, C에 대하여 300만 원, D에 대하여 200만 원의 범위 내에서 채권자를 대위한다.

■ **보증인과 물상보증인의 지위를 겸하는 자가 포함되어 있는 경우** 대판 2010.6.10. 2007다61113,61120 [19법행]

| 사실관계 | 예를 들어 주채무 금액이 3,000만 원인데 보증인 A, B, 물상보증인 B(담보재산가액 1,500만 원), C(담보재산 가액 1,500만 원)가 있는 경우, **변제자대위의 분담액은 각각 얼마인가?**

판례의 태도 | 이에 대하여 1인설(단일자격설, 이는 다시 보증인설, 물상보증인설, 선택설로 나뉜다)과 2인설 등 견해가 나뉘는데, 대법원은 "제5호 본문에 관한 이러한 규정 취지[19]는 동일한 채무에 대하여 보증인 또는 물상보증인이 여럿 있고, 이 중에서 보증인과 물상보증인의 지위를 겸하는 자가 포함되어 있는 경우에도 동일하게 참작되어야 하므로, 위와 같은 경우 제482조 제2항 제4호, 제5호 전문에 의한 대위비율은 보증인과 물상보증인의 지위를 겸하는 자도 1인으로 보아 산정함이 상당하다"고 판시하였다(대판 2010.6.10. 2007다61113,61120 ; 당해 판결은 물상보증인 1명, 연대보증인 겸 물상보증인 3명인 사안에서 중첩적 지위를 가진 3명을 각 연대보증인 1인으로 보아 변제자대위의 분담비율을 1:1:1:1로 산정하였다).

> **비교판례** 근보증의 주채무와 근저당권의 피담보채무가 동일한 경우에 근보증과 근저당권의 관계를 중첩적인 것으로 볼 것인지 누적적인 것으로 볼 것인지와 관련해서는 본서 B-85. (4) 물상보증이 병존한 경우의 보증인의 책임제한 참고. 判例의 입장은 원칙적으로 누적적인 것으로 본다.

검토 및 사안의 경우 | 생각건대 보증인과 물상보증인의 지위를 겸하는 자는 채권자에 대한 관계에서 채권확보의 확실성을 높여주는 것일 뿐, 다른 담보제공자에 대한 관계에서 두 몫의 부담을 지겠다는 취지는 아님이 분명하다(단일자격설). 그리고 보증인 겸 물상보증인은 그의 총재산을 일반담보로 제공하는 외에 그중 일부의 특정재산을 특별담보로 제공한 것이라고 볼 것이므로 다른 담보제공자에 대한 관계에서 변제자대위의 분담비율을 정할 때에는 보증인으로 보는 것이 합리적이다(보증인설). 따라서 判例의 입장이 타당하다. 이에 따르면 위 사안의 경우 B는 보증인 1인으로 취급되므로 변제자대위의 분담비율은 1:1:1이 되고 그 분담액은 A, B, C 각 1,000만 원이 된다. 다만 B의 물상보증인으로서의 책임이 없어지는 것은 아니므로 가령 A가 3,000만 원을 전액 변제한 경우 A는 B에 대하여 1,000만 원의 한도에서 보증채권과 저당권을 각각 대위하여 행사할 수 있다.

그리고 보증인과 물상보증인이 여럿 있는 경우 어느 누구라도 각자의 부담부분(여러 보증인과 물상보증인 사이에서는 그중 어느 1인에 의하여 주채무 전액이 상환되었을 것을 전제로 하여 그 주채무 전액에 민법 제482조 제2항 제5호에서 정한 대위비율을 곱하여 산정한 금액이 각자가 대위관계에서 분담하여야 할 부담 부분이다)을 넘는 대위변제 등을 하지 않으면 다른 보증인과 물상보증인을 상대로 채권자의 권리를 대위할 수 없다(대판 2010.6.10. 2007다61113,61120).

(7) 연대채무자 상호간 또는 보증인 상호 간의 관계

이러한 경우에는 각각 특별규정(제425조, 제447조, 제448조)에 의하여 구상의 범위가 정하여진다. 따라서 대위도 그 범위 안에서 일어난다.

判例는 연대채무자가 수인이 있는 경우에 이들 모두를 위한 연대보증인은 보증채무의 이행으로 한 출연액 전부에 대하여 어느 연대채무자에게나 구상권을 가지는 것이므로, 이와 반대로 연대채무자들 중 어느 1인이 자신의 내부부담부분을 넘어 채무를 변제함으로써 채권자의 그 다른 연대채무자에 대한 원채권을 행사하는 경우에도 그 자신의 연대보증인도 겸한 다른 연대채무자의 연대보증인에 대하여는 대위할 수 없다고 하였다(대판 1992.5.12. 91다3062 : 구체적인 예는 [B-79] (3) 복수의 주채무자가 있는 경우의 구상권 참고).

---

[19] "민법 제482조 제2항 제4호, 제5호가 물상보증인 상호간에는 재산의 가액에 비례하여 부담 부분을 정하도록 하면서, 보증인과 물상보증인 상호간에는 보증인의 총 재산의 가액이나 자력 여부, 물상보증인이 담보로 제공한 재산의 가액 등을 일체 고려하지 아니한 채 형식적으로 인원수에 비례하여 평등하게 대위비율을 결정하도록 규정한 것은, 인적 무한책임을 부담하는 보증인과 물적 유한책임을 부담하는 물상보증인 사이에는 보증인 상호간이나 물상보증인 상호간과 같이 상호 이해조정을 위한 합리적인 기준을 정하는 것이 곤란하고, 당사자 간의 특약이 있다는 등의 특별한 사정이 없는 한 오히려 인원수에 따라 대위비율을 정하는 것이 공평하고 법률관계를 간명하게 처리할 수 있어 합리적이며 그것이 대위자의 통상의 의사 내지 기대에 부합하기 때문이다"

3. 대위자·채권자 사이의 효과 [B-105c]

(1) 채권자의 채권증서·담보물 교부의무(제484조)

(2) 채권자의 담보보존의무(제485조)

1) 의 의

① 법정대위자가 있는 경우에 채권자의 고의나 과실로 담보가 상실되거나 감소된 경우에는, 대위할 자는 그 담보의 상실 또는 감소로 인하여 상환을 받을 수 없는 한도에서 책임을 면한다(제485조). 이는 법정대위권자로 하여금 구상의 실효를 거둘 수 있도록 하기 위하여 채권자에게 담보의 보존을 간접적으로 강제하는 취지이며, 임의규정이다. 따라서 법정대위권자로서는 채권자와의 특약으로서 위 규정에 의한 면책이익을 포기하거나 면책의 사유와 범위를 제한 내지 축소할 수 있다(대판 1987.4.14. 86다카520 ; 즉, 담보보존의무 면책특약은 유효하다).

② 그러나 채권자가 자신의 채권이나 담보권을 성실하게 행사하여야 할 의무를 부담한다고 할 수는 없기 때문에 특단의 사정이 없는 한 채권자가 자신의 채권이나 담보권을 행사하지 않거나 포기하였다고 하여 이를 불법행위에 해당한다고 할 수는 없다(대판 2005.11.25. 2004다66834,66841).

2) 요 건

① ⅰ) 법정대위의 가능성이 있는 자의 존재, ⅱ) 담보의 상실 또는 감소, ⅲ) 채권자[장래 대위로 인하여 채권자로 되는 자(예를 들어 변제로 공동면책시켜 구상권을 가지는 연대보증인)도 포함된다(대판 2012.6.14. 2010다 11651)]의 고의 또는 과실(담보의 상실·감소에 대한 고의·과실을 의미하며, 법정대위자의 존부에 관한 고의·과실을 의미하는 것은 아니다), ⅳ) 담보의 상실 또는 감소와 상환 받을 수 없게 된 것 사이의 인과관계가 있을 것을 요한다.

② [담보의 상실 또는 감소] 제485조의 담보라 함은 주된 채무를 담보하기 위한 인적 담보 또는 물적 담보를 말하며(일반적인 책임재산은 포함되지 않는다), 담보의 상실 또는 감소의 전형적 예는 채권자가 인적 담보인 보증인의 채무를 면제해 주거나 물적 담보인 담보물권을 포기하거나 순위를 불리하게 변경하거나 담보물을 훼손하거나 반환하는 행위 등을 들 수 있다(대판 2000.12.12. 99다13669).

구체적으로 判例는 ㉠ 채권자가 저당권을 포기한 경우(대판 2000.12.8. 2000다51339: **표준판례538**), ㉡ 채권자가 일부 대위변제자에게 그가 대위변제한 비율을 넘어 근저당권 전부를 이전하여 준 경우(대판 1996.12.6. 96다35774 : 다른 보증인은 그의 보증채무를 이행함으로써 채권자에 대한 법정대위권자로서 근저당권을 실행하여 배당받을 수 있었던 금액의 한도에서 보증의 책임을 면한다)(**9회 선택형**), ㉢ 약속어음소지인이 소구권을 상실시킨 경우(대판 2003.1.24. 2003다37937: **표준판례499**), ㉣ 주채무자가 가등기담보권설정 약정을 이행하지 않고 있음에도 채권자가 가등기담보권자로서의 지위를 확보하기 위하여 필요한 조치를 취하지 않은 사이에 당해 부동산이 제3자에 의해 압류 또는 가압류된 경우(대판 2009.10.29. 2009다60527)가 이에 해당한다.

3) 효 과

① [상환을 받을 수 없게 된 한도에서 면책] 대위할 자는 담보의 상실 또는 감소로 인하여 '상환을 받을 수 없게 된 한도'에서 그 책임을 면하며, 이때 면책범위의 결정시기는 담보권을 실행하거나 또는 실행할 수 있었던 때를 표준으로 한다는 유력한 견해가 있으나 判例는 '담보의 상실 또는 감소의 시기'를 표준으로 한다(대판 2001.10.9. 2001다36283). 따라서 법정대위의 전제가 되는 보증 등의 시점 이전에 이미 소멸한 채권자의 담보에 대해서는 민법 제485조가 적용되지 않는다(대판 2014.10.15. 2013다91788).

② **[불법행위책임]** 채권자가 제3자에 대하여 자신의 담보권을 성실하게 보존·행사하여야 할 의무를 부담하는 '특별한 사정'이 인정되는 경우에는 채권자의 담보권의 포기 행위가 불법행위에 해당할 수 있다(대판 2022.12.29. 2017다261882).[20]

(3) 채권자의 부당이득반환의무(제483조 2항)

일부 대위변제시 채권자가 계약을 채무불이행을 이유로 해제한 경우에 채권자는 대위자에게 그가 변제한 가액과 이자를 상환하여야 한다.

Ⅳ. 행사범위 및 행사방법

[B-106]

앞서 검토한 바와 같이 대위권을 구상권의 존재와 무관하게 또는 그 범위를 벗어나서 독립하여 행사하는 것은 인정되지 않는다.

일반적으로 대위변제자는 변제자대위권을 통해 취득한 담보권을 구상권의 범위 내에서 실행하여 우선변제를 받을 수 있으며, 담보권 실행으로도 만족받지 못한 잔존 구상액은 일반 채권자의 지위에서 강제집행하여 다른 채권자와 안분배당 받을 수 있다.

제2절 대물변제

Ⅰ. 서 설

[B-107]

1. 의 의

대물변제란 채무자가 부담하는 원래의 급부에 갈음하여 다른 급부를 현실적으로 함으로써 채권을 소멸시키는 변제자와 채권자 사이의 '계약'을 말하며(다수설), 변제와 동일한 효력을 가진다(제466조). 이는 채권자의 '승낙'을 요하고 '급부 결과가 실현된 것'을 전제로 하는 점에서 그 특색이 있다.

> **[구별]** 대물변제는 합의 외에 현실의 급부가 있어야 성립하며(요물계약), 이행의 문제를 남기지 않는다(대물변제가 됨과 동시에 채무소멸). 그러나 '경개'는 합의만으로 구채무가 소멸하고 신채무가 성립하며(낙성계약), 신채무의 이행문제를 남긴다. 단 경개계약은 신채무를 발생시키는 것으로 그 효력이 발생하며 경개계약 자체의 이행문제는 남기지 않는다는 점을 주의해야 한다.

2. 법적 성질 [14회 사례형]

다수설과 判例(대판 1987.10.26. 86다카1755 등)는 대물변제를 특히 유상계약 및 요물계약으로 새긴다. 즉 ⅰ) 채권자의 승낙을 요하므로 '계약'이며, ⅱ) 다른 급부에 의하여 원래의 채무를 소멸시킨다는 점에서 '유상계약'이고, ⅲ) 그 성립을 위하여 채권자와 채무자 간의 합의 외에 원래의 채무에 갈음하는 다른 급부를 현실적으로 하여야 하므로 **요물계약**이라고 한다(계약설).

---

20) **[특별한 사정]** 甲과 乙이 각 1/2 지분을 소유하고 있는 토지에 관하여 乙이 丙으로부터 대출받으면서 丙을 근저당권자로, 채무자를 乙로 하는 공동근저당권을 설정하였는데, 위 토지 중 甲 지분에만 경매절차가 개시되어 제3자가 매각대금을 완납하자(제368조 2항의 이시배당), 丙은 乙 지분에 관한 근저당권설정등기를 말소해주었고, 이후 개시된 배당절차에서 丙이 채권액 전부를 배당받은 경우, <u>채권자인 丙이 甲에 대하여 자신의 담보권을 성실하게 보존·행사하여야 할 의무를 부담함에도</u> 곧 변제자대위의 대상이 될 채무자에 대한 근저당권설정등기를 말소하여 줌으로써 저당권을 포기한 행위는 민법 제750조에 정한 불법행위에 해당한다.

Ⅱ. 요건
[B-108]

1. 채권이 존재할 것

대물변제는 본래의 채무이행에 갈음하여 다른 급여를 하는 것이므로, 기존의 채권이 존재하는 것을 전제로 한다. 채권이 존재하지 않거나 무효·취소된 경우에는 대물변제도 무효가 되며, 그 급부는 비채변제가 된다(대판 1991.11.12. 91다9503: 표준판례558 : 9회 선택형). 이러한 법리는 그 대물변제가 가집행선고에 기한 강제집행을 면하기 위하여 이루어졌으나 그 후 가집행선고가 실효되고 본래의 채무가 존재하지 않음이 밝혀진 경우에도 마찬가지로 적용된다(대판 1993.4.23. 92다19163).

> ※ **본래의 채무가 존재하지 않는 경우**
> 예를 들어 甲이 乙에 대한 채무의 변제에 갈음하여(甲과 乙의 합의에 따라) 乙의 채권자 丙에게(乙과 丙의 합의에 따라) 乙의 丙에 대한 채무변제에 갈음하는 부동산소유권이전을 해 주었으나 甲의 乙에 대한 채무가 부존재하는 경우, ① 甲의 乙에 대한 대물변제는 무효이며, 따라서 비채변제로서 반환청구가 가능한바(제742조 반대해석), '물권행위의 유인성'에 따라 甲은 丙에게 소유권에 기한 물권적 청구권으로서 방해배제청구권(등기말소)을 행사할 수 있다(대판 1991.11.12. 91다9503참고). ② 乙의 丙에 대한 대물변제는 현실급부(유효한 소유권이전등기)가 없었으므로 乙의 丙에 대한 채무도 소멸하지 않고 존속한다(대판 1977.6.7. 77다369참고).

2. 본래의 채무이행에 '갈음'하여 다른 급부를 현실적으로 행할 것

다른 급부의 종류에는 제한이 없고, 본래의 급부와 가치가 같아야 하는 것도 아니다. 그러나 양도가 금지된 것이어서는 안 된다(대판 1965.7.6. 65다563). 대물변제의 경우에는 설령 그 시가가 그 채무의 원리금을 초과한다고 하더라도 민법 제607조, 제608조가 적용되지 아니한다(대판 1992.2.22. 91다25574). **[7회 기록형]** 이는 담보목적으로 미리 대물변제의 '예약'을 한 것이 아니기 때문이다. 그러나 제104조의 불공정한 법률행위로 될 수는 있을 것이다(대판 1963.11.7. 63다479).

(1) 변제의 결과를 실현하는 것

다른 급여는 '변제의 결과를 실현하는 것'이어야 한다. 다른 급부가 등기나 등록을 요하는 경우에 그것까지 경료하여야 한다(대판 1995.9.15. 95다13371: 표준판례559).

(2) 본래의 채무이행에 갈음하는 것

다른 급여는 '본래의 채무이행에 갈음하는 것'이어야 한다. 즉 본래의 채무의 변제의 수단으로서가 아니라, 본래의 채무를 이행하는 것, 즉 채무소멸의 결과를 가져오는 것이어야 한다.

1) 금전채무와 관련하여 어음·수표가 교부된 경우

이는 그 지급이 확실하지 않은 점에서 변제에 갈음(대물변제)하는 것이 아니라 '지급을 위하여' 또는 '담보를 위하여' 교부된 것으로 추정하여야 한다(통설, 대판 1996.11.8. 95다25060). 따라서 기존의 금전채무는 소멸하는 것이 아니라 존속하며, 아울러 어음·수표금채무도 병존한다. 그러나 은행이 발행·배서한 '자기앞 수표'의 교부는 현금과 같이 거래되고 있으므로 '변제에 갈음하여' 교부된 것으로 추정된다.

2) 금전채무와 관련하여 채권이 양도된 경우

이는 채무변제를 위한 담보 또는 변제의 방법으로 양도되는 것으로 추정할 것이지 채무변제에 갈음한 것으로 볼 것은 아니어서, 채권양도만 있으면 바로 원래의 채권이 소멸한다고 볼 수는 없다(대판 1995.9.15. 95다13371: 표준판례559 : 5회 선택형).

3) 금전채무와 관련하여 부동산이 양도된 경우

대물변제는 본래 채무의 이행에 갈음하여 다른 급여를 현실적으로 하는 때에 성립하는 계약이므로, 다른 급여가 부동산의 소유권이전인 경우 등기를 완료하면 대물변제가 성립되어 기존채무가 소멸한다. 한편 대물변제도 유상계약이므로 목적물에 하자가 있을 경우 매도인의 담보책임에 관한 민법 조항이 준용된다(대판 2023.2.2. 2022다276789).

3. 채권자의 승낙이 있을 것

채무자가 본래의 급부에 갈음하여 다른 급여를 하는 것에 관해 채권자의 승낙이 있어야 한다. 채권자는 다른 급부를 수령할 의무가 없기 때문이다.

Ⅲ. 효 과　　　　　　　　　　　　　　　　　　　　　　　　　　　　　　　　　　　　[B-109]

1. 채권의 소멸

대물변제는 변제와 같은 효력을 가진다(제466조). 따라서 본래의 채권과 그 채권을 담보하는 담보권은 소멸한다.

2. 목적물에 하자가 있는 경우

① 종래의 통설은 대물변제를 유상계약으로 보아 매도인의 담보책임에 관한 규정이 준용되는 것으로 해석하지만, ② 대물변제는 본래의 급부와 동일성을 유지하므로, 대물변제의 유상·무상은 '본래의 급부의 성질'에 따라 결정하여야 할 것이다.

Ⅳ. 대물변제의 예약　　　　　　　　　　　　　　　　　　　　　　　　　　　　　　[B-110]

1. 의 의

대물변제의 예약은 채권자와 채무자가 본래의 급부에 갈음하여 대물변제를 할 것을 '이행기 전에 미리' 약정하는 것을 말한다. 이러한 대물변제의 예약은 일종의 변칙적인 담보제도로서 채권담보를 위해 많이 행해지고 있다. 그런데 대물변제도 변제기 전에 하는 것이 허용되고 또 계약인 점에서, 양자의 구별이 명확하지는 않다.[1]

2. 법적 성질

判例는 '담보목적'인 경우에는 대물변제예약이라고 하는 경향이 있다. 즉 대물변제약정이 원래의 급부의 존속을 전제하면서 장래 그에 갈음하여 채권자에게 다른 급부를 할 것을 미리 약속하는 것이라면 이는 대물변제의 예약이며, 이를 일종의 담보제도로 파악하여 약한 의미의 양도담보로 이해한다 (대판 1991.12.24. 91다11223).[2]

---

[1] 당사자가 의도한 목적을 가지고 구별하는 것이 타당하다. 즉 대물변제는 본래의 채무이행에 갈음하는 것, 즉 '변제의 목적'을 가지고 한 때에 적용되는 것으로 보아야 한다. 이에 대해 대물변제의 예약은 변제의 목적보다는 본래의 채무에 대한 '담보의 목적'으로써 기능한다고 보는 것이 맞다. 예컨대 A가 B로부터 5,000만 원을 차용하면서 A가 변제기에 변제를 못하는 때에는 A 소유 부동산의 소유권을 위 금전채권의 변제에 갈음하여 급부할 것을 미리 약정하는 것이 대물변제의 예약의 전형인데, 이때 당사자 간의 의사는 장차 5,000만 원의 금전에 대신하여 다른 급부를 할 수 있는 것으로 미리 정하자는 것이 아니라, 채무자가 채무를 이행하지 않으면 다른 급부를 이전받겠다는 것, 즉 이를 통해 금전채권을 담보하려는데 있는 것이다. 따라서 대물변제의 예약에 관하여는 특별한 사정이 없는 한 대물변제의 법리가 아닌 '담보'의 법리를 적용하여야 할 것이다(김준호, 민법강의(18판), p.1259).

[2] 즉 判例는 "재산권을 이전하기로 한 당사자 간의 약정이 담보목적이 아니라 대물변제의 의사로 한 것이라 하더라도 위 약정

[관련판례] "채권자에 대하여 금전채무를 부담하는 채무자가 채권자에게 그 금전채무와 관련하여 다른 급부를 하기로 약정한 경우, 그 약정을 언제나 기존 금전채무를 소멸시키고 다른 채무를 성립시키는 약정이라고 단정할 수는 없다. 기존 금전채무를 존속시키면서 당사자의 일방 또는 쌍방에게 기존 급부와 다른 급부를 하거나 요구할 수 있는 권능을 부여하는 등 그 약정이 기존 금전채무의 존속을 전제로 하는 약정일 가능성도 배제하기 어렵다"(대판 2018.11.15. 2018다28273).

3. (준)소비대차로 인한 차용금채무에 관하여 대물변제예약을 한 경우

① 判例는 그 재산의 예약 당시의 가액이 차용액 및 이에 붙인 이자의 합산액을 초과하는 경우에는 제607조 및 제608조의 적용을 받게 되어 무효로 되지만, 담보의 목적으로 부동산에 대하여 신탁적으로 소유권을 이전한 부분까지 당연무효로 되는 것은 아니라고 하여 이른바 '정산형 양도담보'로 전환·존속하는 것으로 이론구성하고 있다(즉 목적물의 가액에서 차용액 및 이자를 공제한 나머지는 채무자에게 반환되어야 한다). ② 그리고 이에 터 잡아 채권자 앞으로 가등기 또는 소유권이전등기가 마쳐진 경우, 가등기담보권 또는 양도담보권의 효력 및 실행 방법 등에 관하여는 가등기담보법이 적용된다(가등기담보법 제1조).

4. 효 과

대물변제의 예약에는 담보의 법리가 적용된다. 우선 채권자는 채무자에 대해 본래의 급부를 청구하거나 또는 대물변제예약에 기초하여 다른 급부를 청구할 수 있다. 한편 채권자가 담보를 실행하여 피담보채권을 회수한 나머지를 채무자에게 정산하기까지는 채무자는 본래의 채무를 변제함으로써 담보를 소멸시킬 수 있다.

제3절 변제공탁

I. 서 설
[B-111]

> 제487조 (변제공탁의 요건, 효과) 채권자가 변제를 받지 아니하거나 받을 수 없는 때에는 변제자는 채권자를 위하여 변제의 목적물을 공탁하여 그 채무를 면할 수 있다. 변제자가 과실없이 채권자를 알 수 없는 경우에도 같다.

1. 의 의

① 채무자가 금전 기타의 재산의 급부를 목적으로 하는 채무를 부담하는 경우에 채권자가 변제를 받지 아니하거나 받을 수 없는 때 또는 채무자가 과실 없이 채권자를 알 수 없는 때 채무자가 채권자를 위하여 변제의 목적물을 공탁하여 그 채무를 면할 수 있는 제도(제487조)이다.

을 함에 있어 약정 후 3년 이내에 채무자가 그간의 원리금을 지급하면 채권자는 목적물을 채무자에게 되돌려 주기로 하는 약정도 함께 하였다면, 이는 결국 대물변제의 예약이라고 봄이 상당하며 그 약정 당시의 가액이 원리금을 초과하므로 대물변제의 예약 자체는 무효이고 다만 양도담보로서의 효력만 인정하여야 한다"고 한다.
그리고 '기존채무의 변경의 약정'인 것인 때에는 대물변제계약이라고 표현하는 것이 많다. 그러나 대물변제약정(계약)과 대물변제예약을 엄격히 구별하지는 않는 듯하다(대판 1987.10.26. 86다카1755참고). 다만 判例는 대물변제예약의 경우 일방예약으로 파악하여 예약완결권을 발생시키는 것으로 파악한다(대판 1997.6.27. 97다12488참고: **표준판례560**).

② "변제공탁의 목적인 채무는 현존하는 확정채무여야 하지만, 그 의미는 장래의 채무나 불확정채무는 원칙적으로 변제공탁의 목적이 되지 못한다는 것일 뿐, 채무자에 대한 각 채권자의 채권이 동일한 채권이어야 한다는 의미는 아니다"(대판 2014.12.24. 2014다207245,207252 : 12회 선택형)

③ 공탁은 반드시 법령에 근거하여야 하고 당사자가 임의로 할 수 없는 것이므로, 금전채권의 채무자가 공탁의 방법에 의한 채무의 지급을 약속하더라도 채권자가 채무자에게 이러한 약정에 기하여 공탁할 것을 청구하는 것은 허용되지 않는다. 그리고 이러한 법리는 채무자에게 민사집행법 제248조에서 정한 집행공탁의 요건이 갖추어져 있는 경우라도 다르지 않다(대판 2014.11.13. 2012다52526).

[심화] 공탁은 여러 목적으로 행하여진다. 즉 입질채권(入質債權)의 변제기가 질권자의 채권의 변제기보다 먼저 도래한 경우에 질권자는 제3채무자에 대하여 그 변제금액의 공탁을 청구할 수 있고(제353조 3항), 매매목적물의 보관과 관련하여 이용되기도 하며(상법 제70조), 강제집행의 목적물을 공탁하여 그 목적물의 관리와 교부를 공탁절차에 따르게 할 목적으로 행하여지기도 한다(집행공탁)(민사집행법 제248조). 그러나 민법 제487조 이하에서 정하는 공탁은 채권의 소멸원인으로서의 '변제공탁'을 의미한다.

2. 법적 성질[1]

判例는 "변제공탁은 공탁공무원의 수탁처분과 공탁물보관자의 공탁물수령으로 그 효력이 발생하여 채무소멸의 효과를 가져오는 것이고 채권자에 대한 공탁통지나 채권자의 수익의 의사표시가 있는 때에 공탁의 효력이 생기는 것이 아니다"(대결 1972.5.15. 72마401)고 하여 **기본적으로 공법관계설의 입장이다**. 따라서 공탁관의 처분에 대하여 불복이 있는 때에는 공탁법이 정한 바에 따라 이의신청과 항고를 할 수 있고, 공탁관에 대하여 공탁법이 정한 절차에 의하여 공탁금지급청구를 하지 아니하고 직접 민사소송으로써 국가를 상대로 공탁금지급청구를 할 수는 없다(대판 2013.7.25. 2012다204815).[2]

II. 요건사실

[B-112]

변제공탁의 요건사실은 ⅰ) 공탁원인사실(수령거절, 채권자가 변제를 수령할 수 없는 것, 채무자가 채권자를 확지할 수 없는 것), ⅱ) 채무자가 변제를 위해 공탁을 한 것, ⅲ) 공탁이 채무의 본지에 따른 것(주로 일부공탁의 문제)이다.

1. 공탁원인의 존재

(1) 채권자가 변제를 받지 아니하는 경우(수령거절)

변제자가 '적법한 변제제공'을 하였는데도 채권자가 이를 수령하지 않을 때에는 '**채권자의 귀책사유를 묻지 않고**' 변제자는 변제공탁을 할 수 있다(통설). 다만 채권자의 태도로 보아 채무자가 설사 채무의 이행제공을 하였더라도 그 수령을 거절하였을 것이 명백한 경우(영구적 불수령=이행거절)에는 채무자는 이행의 제공을 하지 않고 바로 '변제공탁'할 수 있다(대판 1994.8.26. 93다42276: 표준판례561 : 12회 선택형). 그러나 채권자가 미리 수령을 거절한 경우에도 채권자지체에 빠뜨려 채권자가 '대가위험'을 부담하도록 하기 위해서는(제538조 1항 2문) 변제제공(현실제공이나 구두제공)이 필요하다(대판 2004.3.12. 2001다79013).

---

[1] [논의의 실익] 공탁의 법적 성질을 어떻게 새기느냐에 따라 ① 공탁물출급청구가 거부된 경우 민사소송으로 다룰 수 있는가, ② 공탁물출급청구권의 소멸시효는 몇 년인가에 대한 결론이 달라지는데, 소멸시효와 관련해서는 개정(2009.12.29.)된 공탁법에서 공탁금 및 동 이자의 출급 및 회수청구권의 소멸시효를 그 권리를 행사할 수 있는 때부터 10년으로 규정하고 있어 명문의 규정으로 해결하였다.

[2] [검토] 변제공탁의 경우에 공탁에 부여된 기본적인 기능은 변제의 대용수단이지만, 국가의 관여 하에 이루어지므로 이를 사법관계로 파악하는 것은 적절하지 않고, 채권자를 위한 공법상의 임치관계로 파악하는 것이 타당하다(공탁법은 공탁공무원의 처분에 대한 이의신청 등에 대한 항고를 규정하고 있는바, 이는 공탁관계가 공법관계임을 전제로 하고 있다).

(2) 채권자가 변제를 받을 수 없는 경우(수령불능) [10사법]

채권자의 수령불능의 경우에도 상술한 수령거절과 동일하게 해석한다. 이와 관련하여 종래에 채권이 (가)압류되었으나 압류의 경합이 없는 경우에 제3채무자가 법률상의 수령불능을 이유로 변제공탁을 할 수 있는지 문제가 있었고 민사집행법 시행 전에는 채권 가압류가 있는 경우 제3채무자는 집행공탁을 할 수 없었으므로, 判例는 이러한 경우 제3채무자는 민법 제487조에 의한 변제공탁을 할 수 있다고 하여 제3채무자의 불이익을 최소화하고 있었다(대판 1994.12.13. 전합93다951). 그러나 이 문제를 근본적으로 해결하기 위해서 최근에 제정된 민사집행법은 채권 가압류의 경우에도 권리공탁(집행공탁)할 수 있도록 명문규정을 두어 입법적으로 해결하였다(민사집행법 제291조, 제248조 1항).

[관련판례] "변제공탁사유와 집행공탁사유가 함께 발생한 경우 채무자는 혼합공탁을 할 수 있다. 혼합공탁은 변제공탁에 관련된 새로운 채권자에 대해서는 변제공탁으로서 효력이 있고 집행공탁에 관련된 압류채권자 등에 대해서는 집행공탁으로서 효력이 있으며, 이 경우에도 적법한 공탁으로 채무자의 채무는 소멸한다"(대판 2018.10.12. 2017다221501 : 6회 선택형).

(3) 변제자가 과실 없이 채권자를 알 수 없는 경우일 것

객관적으로 채권자 또는 변제수령권자가 존재하고 있으나, 채무자가 선량한 관리자의 주의를 다하여도 채권자가 누구인지 알 수 없는 경우를 말한다(대판 2005.5.26. 2003다12311 : 12회 선택형).

그러나 우리 공탁제도상 채권자가 특정되거나 적어도 채권자가 상대적으로나마 특정되는 '상대적 불확지(不確知)'의 공탁만이 허용될 수 있는 것이고, 채권자가 누구인지 전혀 알 수 없는 '절대적 불확지'의 공탁은 허용되지 않는 것이 원칙이다. 다만 구 토지수용법(제61조 2항 2호)은 절대적 불확지의 공탁을 허용하는 규정을 두고 있지만, 이것은 수용의 성질을 고려하여 편의상 정한 예외적인 것이다(대판 1997.10.16. 96다11747).

[관련판례] ✽ 제487조 전단의 공탁사유(수령불능)와 후단의 공탁사유(상대적 불확지)

"공탁은 공탁자가 자기의 책임과 판단 하에 하는 것으로서 공탁자는 누구에게 변제하여야 할 것인지를 판단하여 그에 따라 변제공탁이나 집행공탁 또는 혼합공탁을 선택하여 할 수 있을 뿐만 아니라, 변제공탁을 함에 있어서도 민법 제487조 전단과 후단 중 어느 사유를 공탁원인사실로 할 것인지를 선택하여 할 수 있는바, 변제공탁이 민법 제487조 전단의 '수령불능을 원인으로 한 변제공탁'인지, 같은 조 후단의 '상대적 불확지 변제공탁'인지 아니면 두 가지 성격을 모두 가지고 있는지 여부는 공탁서의 '법령조항'란의 기재와 '공탁원인사실'란의 기재 등에 비추어 객관적으로 판단해야 한다"(대판 2008.10.23. 2007다35596).

> ✽ **변제자가 과실 없이 채권자를 알 수 없는 경우**
> ① 채권이 양도되었다는 등의 사유로 제3채무자가 종전의 채권자와 새로운 채권자 중 누구에게 변제하여야 하는지 과실 없이 알 수 없는 경우 제3채무자로서는 변제공탁을 할 수 있다(대판 2005.5.26. 2003다12311). 또한 양도금지의 특약이 붙은 **채권이 양도된 경우**에 양수인의 악의 또는 중과실에 관한 증명책임은 채무자가 부담하지만(제449조 2항 단서 참조), 그러한 경우에도 채무자로서는 양수인의 선의 등의 여부를 알 수 없어 과연 채권이 적법하게 양도된 것인지에 관하여 의문이 제기될 여지가 충분히 있으므로 변제공탁을 할 수 있다(대판 2000.12.22. 2000다55904 : 표준판례563).
> ② 채권이 이중양도되고 확정일자 있는 증서에 의한 통지 등이 채무자에게 동시에 도달된 경우 제3채무자는 이중지급의 위험이 있을 수 있으므로, 송달의 선후가 불명한 경우에 준하여 채권자를 알 수 없다는 이유로 변제공탁을 할 수 있다(대판 1994.4.26. 전합93다24223).
> ③ 채권자가 사망하고 과실없이 그 상속인을 알 수 없는 경우 피공탁자를 망인의 상속인으로 할 수 있으며(대판 2014.4.24. 2012다40592), **가분채권이 공동상속되면** 상속분에 따른 분할채권이 된다는 것을 전제로 채무자가 채권자의 상속인들의 각 상속분을 알기 어려운 사정이 있는 경우 변제공탁을 할 수 있다(대판 1991.5.28. 91다3055).

2. 공탁의 당사자

공탁의 당사자는 공탁자와 공탁소이다. 채권자는 당사자가 아니고 그 효과를 받는 제3자에 지나지 않는다. 제3자의 변제가 허용되는 경우에는 제3자에 의한 공탁도 가능하다. 채권자의 수익의 의사표시는 필요하지 않다.

예를 들어 "매수인이 매도인을 대리하여 매매대금을 수령할 권한을 가진 자에게 잔대금의 수령을 최고하고 그 자를 공탁물수령자로 지정하여 한 변제공탁은 매도인에 대한 잔대금 지급의 효력이 있다"(대판 2012.3.15. 2011다77849).

3. 공탁의 목적물

(1) 목적물의 범위

주는 채무에 한하며, 동산, 유가증권, 물품이 공탁의 목적물이 된다. 그러나 부동산을 공탁의 목적물로 할 수 있는가에 관하여는 이를 부인하는 견해도 있으나, 변제공탁의 목적물을 제한하는 규정이 없는 민법의 해석으로는 긍정하는 것이 타당하다(다수설). 判例는 부동산에 대해서 다룬 것은 없으나, 등기에 대해서는 공탁적합성을 부정하고 다만 등기인수청구권을 인정한다(대판 2001.2.9. 2000다60708 : 채권자지체 참고).

(2) 자조매각금의 공탁

변제의 목적물이 공탁에 적당하지 아니하거나 멸실 또는 훼손될 염려가 있거나 공탁에 과다한 비용을 요하는 경우에는 변제자는 법원의 허가를 얻어 그 물건을 경매하거나 시가로 방매하여 대금을 공탁할 수 있다(제490조).

Ⅲ. 변제공탁의 내용

[B-113]

공탁은 채무의 이행지가 공탁소로 바뀐 것 이외에는 아무런 변동이 없다. 따라서 변제자는 본래의 채무의 내용대로 공탁을 하여야 한다.

1. 일부공탁의 경우

"변제공탁이 유효하려면 채무 전부에 대한 변제의 제공 및 채무 전액에 대한 공탁이 있어야 하고, 채무 전액이 아닌 일부에 대한 공탁은 그 부족액이 아주 근소하다는 등의 특별한 사정이 있는 경우를 제외하고는 채권자가 이를 수락하지 않는 한 그 공탁 부분에 관하여서도 채무소멸의 효과가 발생하지 않는다"(대판 1998.10.13. 98다17046 : 5회 선택형).

그러나 **채권자가 공탁금을 채권의 일부에 충당한다는 유보의 의사표시**를 하고 이를 수령한 때에는 그 공탁금은 채권의 일부의 변제에 충당되고, 그 경우 유보의 의사표시는 반드시 명시적으로 하여야 하는 것은 아니다(대판 2009.10.29. 2008다51359). 다만 채무자가 채무 전액의 변제임을 밝히고 채권자가 채권의 일부로서 수령한다는 유보 없이 공탁물을 수령한 경우에는 채권 전액에 대한 변제공탁으로서의 효력을 인정함이 상당하다(대판 1983.6.28. 83다카88).

2. 조건부 공탁의 경우

채무자가 채권자에 대하여 동시이행의 항변권을 가지는 때에는 채권자의 반대급부의 제공을 공탁물 수령의 조건으로 할 수 있으나(제491조 참조), 그 채권에 붙일 수 없는 조건을 붙여서 한 공탁은 채권자가 승낙하지 않는 한 조건뿐만 아니라 공탁 자체가 무효가 된다(대판 1970.9.22. 70다1061).

예컨대, "채무담보를 위하여 근저당권설정등기, 가등기 등이 경료되어 있는 경우 그 채무의 변제의무는 그 등기의 말소의무보다 선행되는 것이며, 채무의 변제와 그 등기말소절차의 이행을 교환적으로 구할 수 없으므로, 그 등기의 각 말소등기절차이행에 소요되는 일체의 서류를 교부할 것을 반대급부로 하여 한 변제공탁은 채무의 본지에 따른 것이라 할 수 없다"(대판 1991.4.12. 90다9872 : 7회 선택형).

Ⅳ. 공탁의 절차 [B-114]

공탁자는 공탁서를 제출하고 공탁물을 공탁물보관자에게 납입한 후, 지체없이 채권자에게 공탁의 통지를 하여야 한다(제488조 3항). 그러나 이 통지는 실제로는 공탁공무원이 하고 있으며(공탁사무처리규칙 제27조), 공탁통지는 공탁의 유효요건이 아니어서 통지가 없어도 채무는 소멸된다(대판 1976.3.9. 75다1200).

Ⅴ. 변제공탁의 효과 [B-115]

1. 채무의 소멸 등

공탁에 의하여 채무는 소멸한다(제487조). 한편 공탁에 의해 채무가 소멸하므로 그 채무를 담보하는 저당권·보증채무 등도 소멸하며, 이자채무도 소멸한다(다만 채권자는 공탁금에 대하여는 대법원규칙이 정하는 바에 의하여 이자를 지급받을 수 있다).

(1) 효과의 발생시기

변제공탁이 적법한 경우에는 채권자가 공탁물 출급청구를 하였는지의 여부와는 관계없이 그 공탁을 한 때에 변제의 효력이 발생하고(대판 2002.12.6. 2001다2846 : 12회 선택형), 그 후 공탁물 출급청구권에 대하여 가압류 집행이 되더라도 변제의 효력에 영향을 미치지 아니한다(대판 2011.12.13. 2011다11580 : 12회 선택형).
즉, 공탁공무원의 수탁처분과 공탁물보관자의 공탁물수령으로 공탁의 효력이 발생하며, 채권자에 대한 공탁통지나 채권자의 수익의 의사표시가 있는 때에 공탁의 효력이 생기는 것은 아니다(대결 1972.5.15. 72마401).

(2) 공탁물회수와의 관계

1) 학설 및 판례

공탁이 행해진 이후에도 변제자는 원칙적으로 공탁물을 회수할 수 있고(제489조 1항 1문) 공탁물의 회수가 있으면 공탁하지 아니한 것으로 본다(같은 항 2문). 이러한 공탁물회수와 공탁으로 인한 변제의 효과발생 사이의 관계에 대하여 ① 공탁에 의하여 채권은 소멸하지만 공탁자가 공탁물을 회수하면 공탁시에 소급해서 채무소멸의 효과가 발생하지 않는 것으로 봐야 한다는 '해제조건설'(다수설)과 ② 변제공탁에 의한 채무의 소멸은 회수권의 소멸을 정지조건으로 하지만 채무소멸의 효과는 공탁을 한 때에 소급한다는 '정지조건설'이 대립하고 있다. ③ 대법원은 해제조건설을 취하고 있다(대판 1967.11.28. 67다2120 ; 대판 1981.2.10. 80다77). **[07법무]**

> [관련판례] "변제공탁이 적법한 경우에는 채권자가 공탁물 출급청구를 하였는지 여부와는 관계없이 공탁을 한 때에 변제의 효력이 발생하나(12회 선택형), 변제공탁자가 공탁물 회수권의 행사에 의하여 공탁물을 회수한 경우에는 공탁하지 아니한 것으로 보아 채권소멸의 효력은 소급하여 없어진다(해제조건설 : 저자주). 이와 같이 채권소멸의 효력을 소급적으로 소멸시키는 공탁물의 회수에는 공탁자에 의하여 이루어진 경우뿐만 아니라, 제3자가 공탁자에게 대하여 가지는 별도 채권의 집행권원으로써 공탁자의 공탁물 회수청구권에 대하여 압류 및 추심명령을 받아 그 집행으로 공탁물을 회수한 경우도 포함된다"(대판 2014.5.29. 2013다212295)

2) 검 토

민법 제487조가 '공탁으로 채무를 면한다'고 규정되어 있는 점, 정지조건설에 따르는 경우 채무자가 공탁을 하였음에도 불구하고 채권자가 채무이행을 요구하면 여전히 채무는 존속하므로 이에 따라야 하는 불합리성이 있다는 점에서 '해제조건설'이 보다 타당하다.

2. 채권자의 공탁물출급청구권

(1) 공탁물의 수령과 상환급부의무

공탁에 의하여 채권자는 공탁소에 대하여 공탁물출급청구권을 취득하며, 이를 행사함으로써 공탁물을 수령할 수 있다. 이러한 출급청구권의 성질·범위는 본래의 급부청구권과 동일하다. 따라서 본래의 급부청구권에 선이행·동시이행의 항변권이 부착된 경우에는 이를 이행하여야 한다(제491조).

[관련판례] "채무자가 과실 없이 채권자를 알 수 없는 경우에는 변제의 목적물을 공탁하면 채무를 면하고(민법 제487조 후단), 채권자는 공탁소에 대하여 공탁금출급청구권을 가지게 된다. 이때 피공탁자가 된 채권자가 가지는 공탁금출급청구권은 채무자에 대한 본래의 채권을 갈음하는 권리이므로, 그 귀속 주체와 권리 범위는 본래의 채권이 성립한 법률관계에 따라 정해진다. 따라서 채무자가 누가 진정한 채권자인지를 알 수 없어 상대적 불확지의 변제공탁을 하여 피공탁자 중 1인이 다른 피공탁자들을 상대로 자기에게 공탁금출급청구권이 있다는 확인을 구한 경우에, 피공탁자들 사이에서 누가 진정한 채권자로서 공탁금출급청구권을 가지는지는 피공탁자들과 공탁자인 채무자 사이의 법률관계에서 누가 본래의 채권을 행사할 수 있는 진정한 채권자인지를 기준으로 판단하여야 한다"(대판 2017.5.17. 2016다270049).

(2) 이의의 유보

1) 이의유보의 허용 여부, 상대방, 방식

민법에 명문으로 규정하고 있지는 않으나 공탁물출급청구를 함에 있어 '공탁원인을 받아들이지 않겠다'는 의사표시로써 실무상, 그리고 判例에 의해서 인정되고 있다. 이는 공탁공무원 외에 공탁자에 대하여서도 이의유보를 할 수 있으며(대판 1983.7.12. 전합82누199), 判例는 묵시적인 이의유보가 가능하다고 한다(대판 1989.7.25. 88다카11053). 따라서 채권자가 일부변제의 공탁금을 수령하면서 동시에 그 공탁금을 초과한 부분에 대해 강제경매를 신청한 경우에는 묵시적인 이의유보가 있다고 한다.

2) 이의유보 없는 공탁물 수령의 효과

무효인 공탁이라도 상대방이 이의유보 없이 수령하면 이로써 공탁자가 주장하는 바의 공탁원인을 수락하는 것이 되어 공탁의 하자가 치유된다(대판 1980.8.26. 80다629).

3. 공탁물의 소유권이전

(1) 금전 기타 소비물인 경우

공탁물이 금전 기타 소비물인 경우에는 공탁에 의하여 소비임치가 성립하므로(제702조), 공탁소가 공탁물의 소유권을 취득하고, 채권자가 공탁소로부터 동종·동질·동량의 물건을 수령한 때에 그 소유권을 취득한다.

(2) 특정물인 경우

이때에는 공탁소로 하여금 소유권을 취득하게 할 필요가 없으므로, 변제자가 공탁을 한 때에 소유권이전의 청약이 있는 것으로 보고 채권자가 인도청구를 한 때에 그 승낙이 있는 것으로 하여 물권적 합의가 성립한 것으로 보며, 그에 따라 동산인 경우에는 인도를, 부동산인 경우에는 등기를 함으로써 소유권을 취득한다(통설).

Ⅵ. 공탁물의 회수

[B-116]

1. 문제점

거래계에서 변제자의 공탁물회수청구권은 채권자가 다수인 경우 특정 채권자(피공탁자)가 공탁물 수령에 의해 먼저 변제받을 가능성(선행주의)을 깨기 위해, 채무자의 다른 일반채권자가 이러한 청구권을 압류 및 전부받아 그 집행으로 공탁물을 회수하는 데 주로 이용된다. 따라서 공탁물회수청구권의 해석에 있어서는 변제자의 채권자들 사이에 이해관계를 고려할 필요가 있다.

2. 민법상의 회수(제489조)

> 제489조 (공탁물의 회수) ① 채권자가 공탁을 승인하거나 공탁소에 대하여 공탁물을 받기를 통고하거나 공탁유효의 판결이 확정되기까지는 변제자는 공탁물을 회수할 수 있다. 이 경우에는 공탁하지 아니한 것으로 본다. ② 전항의 규정은 질권 또는 저당권이 공탁으로 인하여 소멸할 때에는 적용하지 아니한다.

(1) 공탁물회수청구권

공탁자는 일정한 사유가 있는 경우에 공탁소에 대하여 공탁물의 회수를 청구할 수 있는 권리가 있는 바, 이러한 권리를 공탁물회수청구권이라 한다. 이는 지명채권의 성질을 갖는다.

1) 법적 성질

① 일종의 형성권이며, 재산적 가치가 있으므로 양도할 수 있고, 일신전속권이 아니기 때문에 상속의 대상이 된다. 그리고 양도·입질의 임의처분은 물론 압류·가압류·가처분, **전부·추심명령** 등 집행의 대상이 될 수 있음과 동시에 채권자대위의 목적도 될 수 있다. 제3자가 공탁자의 공탁물회수청구권을 압류 및 전부받아 그 집행으로 공탁물을 회수할 수도 있다(대판 1981.2.10. 80다77). **[07법무]** 나아가 判例는 부적법한 변제공탁으로 변제의 효력이 발생하지 않았다고 하더라도, 피공탁자는 이를 수락하여 공탁물 출급청구를 하는 대신 공탁자에 대한 다른 채권에 기하여 공탁자의 공탁물 회수청구권에 대하여 압류 및 추심명령을 받아 그 집행으로 공탁물을 회수할 수 있다고 한다(대결 2020.5.22. 2018마5697).
② 한편 공탁물 출급청구권과 공탁물 회수청구권은 서로 독립된 별개의 청구권이므로 설령 공탁물 출급청구권에 대한 압류 등이 있었다고 하더라도 이는 공탁물 회수청구권에 대하여 아무런 영향을 미치지 않는다(대결 2020.5.22. 2018마5697 : 12회 선택형).

2) 효 과

회수한 경우에는 공탁하지 아니한 것으로 본다(제489조 1항 2문)(그 의미에 대해서는 해제조건설). 공탁물을 회수한 때란 공탁소에 대해 회수의 의사표시를 한 때를 의미한다.

(2) 회수가 허용되지 않는 경우

회수를 함으로써 채권자나 제3자에게 불이익을 주는 다음과 같은 경우에는 회수할 수 없다.

1) 채권자가 공탁을 승인하거나, 공탁소에 대하여 공탁물을 받기를 통고한 때(제489조 1항)

2) 공탁유효의 판결이 확정된 때(제489조 1항)

3) 질권 또는 저당권이 공탁으로 인하여 소멸한 때(제489조 2항)

질권 또는 저당권이 공탁으로 인하여 소멸한 경우에는 변제자가 공탁물을 회수하면 공탁은 없었던 것으로 되어 질권과 저당권도 처음부터 소멸하지 않았던 것이 되나, 이렇게 되면 '공탁 후 공탁물을 회수하기 전'에 새롭게 저당권 등을 취득한 자는 회수로 인하여 후순위저당권자로 되는 등 제3자에게 뜻밖의 손해를 입힐 염려가 있게 되므로 이를 고려하여 회수권 자체를 부정한 것이다.

가) 공동채무자 또는 보증인의 채무가 소멸한 경우(인적 담보의 경우)

어느 채무자의 공탁으로 공동채무(불가분채무·연대채무) 또는 보증채무가 소멸한 경우에 이들은 기본적으로 채무자이기 때문에 보호의 대상이 되는 '제3자'에 포함될 수 없다. 따라서 이들의 채무가 공탁으로 소멸한 경우에는 변제자는 공탁물을 회수할 수 있고, 변제자가 회수하면 이들의 채무는 부활한다.

나) 가등기담보권이나 양도담보권이 소멸한 경우 [07법무]

判例는 이 조항을 좁게 해석하여 질권, 저당권 이외의 '가등기담보권', '양도담보권'이 소멸하는 경우에는 공탁물회수청구권을 인정하고 있다(대판 1982.7.27. 81다495 : 단 이 判例는 가등기담보 등에 관한 법률이 시행되기 전의 것이다). [판례평석] 그러나 가등기담보권과 양도담보권은 가등기담보법에 의해 저당권과 유사한 지위를 갖는다는 점에서 이를 배제할 합리적인 이유가 없으므로 제489조 2항이 유추적용되어야 한다는 견해가 있다.

다) 수용에 따른 손실보상금의 공탁의 경우

법률의 규정에 의한 강제적인 공탁이어서 공탁금을 회수할 수 없다(대판 2007.3.30. 2005다11312 참조). 그리고 判例는 기업자가 토지수용법의 규정에 따라 적법하게 보상금을 공탁하는 등의 수용절차를 마친 이상 수용 목적물의 소유권을 원시적으로 적법하게 취득하므로 그 후에 부적법하게 공탁금이 회수된 사정만으로 종전의 공탁의 효력이 무효로 되는 것은 아니라고 한다(대판 1997.9.26. 97다24290).

3. 공탁법상의 회수

공탁법은 민법 제489조에 의해 공탁물을 회수할 수 있는 경우 이외에 ① 착오로 공탁을 하거나, ② 공탁원인이 소멸한 때에 공탁물을 회수할 수 있는 것으로 규정한다(공탁법 제8조 2항). 이 경우 이미 공탁물을 수령한 자에 대해서는 공탁자는 부당이득반환을 청구할 수 있다(아래 2008다34668 판결 참고).

> ※ 피공탁자의 공탁물출급청구권이 없는 경우와 이에 대한 전부명령의 효력
> "공탁자가 착오로 공탁한 때 또는 공탁의 원인이 소멸한 때에는 공탁자가 공탁물을 회수할 수 있을 뿐 피공탁자의 공탁물출급청구권은 존재하지 않으므로, 이러한 경우 공탁자가 공탁물을 회수하기 전에 위 공탁물출급청구권에 대한 전부명령을 받아 공탁물을 수령한 자는 법률상 원인 없이 공탁물을 수령한 것이 되어 공탁자에 대하여 부당이득반환의무를 부담한다"(대판 2008.9.25. 2008다34668).

제4절 상 계

요건사실론

■ 상계의 항변 및 재항변

Ⅰ. 피고의 상계항변

상계의 요건사실은 ⅰ) 자동채권의 발생원인사실, ⅱ) 자동채권과 수동채권이 상계적상에 있는 사실, ⅲ) 수동채권(청구채권)에 대하여 피고가 원고에게 상계의 의사표시를 한 사실이다. 상계는 소급효가 있으므로(제493조 2항) 상계가 있으면 상계적상이 생긴 시점 이후는 수동채권에 대한 이자 및 지연손해금은 발생되지 않는다. 결국 상계의 항변은 수동채권의 원본에 대한 항변이 될 뿐 아니라 상계적상이 생긴 이후의 이자 및 지연손해금에 대한 항변도 된다.

Ⅱ. 원고의 재항변

① 채무가 성질상 상계가 허용되지 않는다는 주장(제492조 1항 단서 : 예를 들어 동시이행항변권이 붙은 채권의 상계금지, 사해행위 취소에 따른 가액반환채권을 수동채권으로 하는 상계금지), ② 상계금지특약이 있었다는 사실(제492조 2항 본문), ③ 상계의 의사표시에 조건 또는 기한이 붙어 있다는 것(제493조 1항 후문), ④ 자동채권의 시효소멸사실, ⑤ 상계권의 남용 사실 등은 상계의 항변에 대한 재항변이 된다.

Ⅲ. 피고의 재재항변

① 상계금지특약에 대한 재재항변(제492조 2항 단서 : 상계금지특약으로써 선의의 제3자에게는 대항하지 못한다)(11회 선택형), ② 자동채권 시효소멸에 대한 재재항변(제495조 : 소멸시효가 완성된 채권이 그 완성전에 상계할 수 있었던 것이면 그 채권자는 상계할 수 있다)

쟁점구조

■ 상계항변 논리(사례)구조

Ⅰ. 상계적상(제492조)

상계의 요건 중 특히 자동채권의 변제기 도래 여부 및 상계가 허용되는 채권인지 파악(수동채권의 제한인 제496조, 제498조와 자동채권의 제한인 제536조, 제443조 검토)

Ⅱ. 상계의 소급효(제493조 2항)

상계가 허용되는 채권이라면 '상계적상일' 찾은 후 상계적상일까지의 자동채권과 수동채권의 금액을 확정한다.

Ⅲ. 상계충당(제499조)

마지막으로 금액이 적은 채권을 금액이 큰 채권의 이자, 원본 순으로 충당하여 남은 금액을 계산한다(상계충당).

Ⅰ. 서 설

[B-117]

1. 의 의

상계란 채권자와 채무자가 서로 동종의 채권·채무를 갖는 경우에, 그 채권·채무를 대등액에서 소멸시키는 당사자의 일방적 의사표시를 말한다(제492조 1항).

2. 기 능

① 수동채권이 소멸하는 측면에서 '간이한 변제수단'으로서 기능하며(자동채권으로 수동채권을 대물변제하는 것과 유사하다), ② 자동채권의 변제가 확보되는 측면에서 '담보적 기능'을 한다(자동채권의 만족을 위하여 수동채권에 대하여 강제집행하는 것과 유사하다).

3. 상계계약과의 구별

계약자유의 원칙상 상계계약은 유효하며, 단독행위인 상계와 구별된다. 상계의 요건이나 상계의 제한에 관한 규정이 있더라도 이는 상계계약에는 적용되지 않으므로 이때에도 상계계약은 가능하다.

Ⅱ. **상계적상**(상계의 요건 ; 대, 동, 변, 허, 현) [B-118]

> **제492조 (상계의 요건)** ① 쌍방이 서로 같은 종류를 목적으로 한 채무를 부담한 경우에 그 쌍방의 채무의 이행기가 도래한 때에는 각 채무자는 대등액에 관하여 상계할 수 있다. 그러나 채무의 성질이 상계를 허용하지 아니할 때에는 그러하지 아니하다. ② 전항의 규정은 당사자가 다른 의사를 표시한 경우에는 적용하지 아니한다. 그러나 그 의사표시로써 선의의 제3자에게 대항하지 못한다.

상계가 유효하기 위해서는 양 채권이 상계적상에 있어야 하는바, i) 채권이 대립하고 있을 것, ii) 대립하는 채권이 동일한 종류일 것, iii) 적어도 자동채권의 변제기가 도래할 것, iv) 상계가 허용되지 않는 채권이 아닐 것을 요한다. v) 이러한 상계적상은 원칙적으로 상계의 의사표시가 행하여지는 당시에 현존하여야 한다(제492조).

1. 채권이 대립하고 있을 것 [B-118a]

(1) 자동채권

① **[원칙]** 자동채권은 상계자(채무자)가 피상계자(채권자)에 대해 가지는 채권이어야 한다. 즉, 법률의 규정 등 특별한 사정이 없는 한 자동채권으로 될 수 있는 채권은 상계자가 상대방에 대하여 가지는 채권이어야 하고 제3자가 상대방에 대하여 가지는 채권으로는 상계할 수 없다. ㉠ 따라서 압류채권자가 채무자의 제3채무자에 대한 채권을 압류한 경우 이를 자동채권으로 하여 제3채무자의 압류채권자에 대한 채권과 상계할 수는 없고, 이는 피압류채권에 대하여 이중압류, 배분요구 등이 없더라도 마찬가지이다(대판 2022.12.16. 2022다218271) ㉡ 또한 상속채권자가 피상속인에 대하여는 채권을 보유하면서 상속인에 대하여는 채무를 부담하는 경우, 상속이 개시되면 위 채권 및 채무가 모두 상속인에게 귀속되어 상계적상이 생기지만, 상속인이 한정승인을 하면 상속이 개시된 때부터 민법 제1031조에 따라 피상속인의 상속재산과 상속인의 고유재산이 분리되는 결과가 발생하므로, **상속채권자의 피상속인에 대한 채권과 상속인에 대한 채무 사이의 상계는 제3자의 상계에 해당하여 허용될 수 없다**(대판 2022.10.27. 2022다254154,254161).

> **[관련판례]** "당사자 사이에 상계적상이 있는 채권이 병존하고 있는 경우에는 이를 상계할 수 있는 것이 원칙이고, 이러한 상계의 대상이 되는 채권은 상대방과 사이에서 직접 발생한 채권에 한하는 것이 아니라, 제3자로부터 양수 등을 원인으로 하여 취득한 채권도 포함한다"(대판 2003.4.11. 2002다59481).
> 또한 "국가는 확정된 벌금채권을 자동채권으로 하여 사인(私人)의 국가에 대한 부당이득반환채권과 상계할 수 있다"(대판 2004.4.27. 2003다37891).

② **[예외]** 그러나 이 원칙에는 예외가 있다. ㉠ '제3자의 채권'으로 상계할 수 있는 경우를 제418조 2항과 제434조가 규정하고 있고, ㉡ '제3자에 대한 채권'으로 상계할 수 있는 경우를 제451조 2항, 제426조 1항, 제445조 1항이 규정하고 있다. 그리고 소멸시효가 완성된 채권이 그 완성 전에 상계할 수 있었던 것이면 그 채권자는 상계할 수 있다(제495조)(14회 선택형).

[관련판례] "당사자 사이에 상계적상이 있는 채권이 병존하고 있는 경우에는 이를 상계할 수 있는 것이 원칙이고, 이러한 상계의 대상이 되는 채권은 상대방과 사이에서 직접 발생한 채권에 한하는 것이 아니라, 제3자로부터 양수 등을 원인으로 하여 취득한 채권도 포함한다"(대판 2003.4.11. 2002다59481). 또한 "국가는 확정된 벌금채권을 자동채권으로 하여 사인(私人)의 국가에 대한 부당이득반환채권과 상계할 수 있다"(대판 2004.4.27. 2003다37891).

(2) 수동채권

수동채권은 피상계자(채권자)가 상계자(채무자)에 대해 가지는 채권이어야 한다.

■ **상대방이 제3자에 대하여 가지는 채권을 수동채권으로 하여 상계할 수 있는지 여부 ★**

사실관계 | 원고는 근저당권에 기한 임의경매절차에서 A소유의 아파트를 매각 받아 매각대금을 완납함으로써 그 소유권을 취득하였다. 피고는 원래 위 아파트의 '후순위' 임차인이었는데, 그 임차권이 매각으로 소멸하였음에도 임대인 A에 대한 유익비상환청구권에 기한 유치권을 주장하며 원고가 위 아파트의 소유권을 취득한 이후에도 위 아파트를 계속 점유·사용하였다. 이에 원고가 피고를 상대로 소유권에 기하여 위 아파트의 인도를 청구하자, 피고는 위 유치권 항변을 하였고, 이에 대하여 원고는 다시 피고에 대한 부당이득반환채권으로 피고의 A에 대한 유익비상환청구권과 상계한다고 주장하였다.

판례의 태도 | 判例는 "수동채권으로 될 수 있는 채권은 상대방이 상계자에 대하여 가지는 채권이어야 하고, 상대방이 제3자에 대하여 가지는 채권과는 상계할 수 없다고 보아야 한다. 그렇지 않고 만약 상대방이 제3자에 대하여 가지는 채권을 수동채권으로 하여 상계할 수 있다고 한다면, 이는 상계의 당사자가 아닌 상대방과 제3자 사이의 채권채무관계에서 상대방이 제3자에게서 채무의 본지에 따른 현실급부를 받을 이익을 침해하게 될 뿐 아니라, 상대방의 채권자들 사이에서 상계자만 독점적인 만족을 얻게 되는 불합리한 결과를 초래하게 되므로, 상계의 담보적 기능과 관련하여 법적으로 보호받을 수 있는 당사자의 합리적 기대가 이러한 경우에까지 미친다고 볼 수는 없다"(대판 2011.4.28. 2010다101394: 표준판례564 : 1회,8회,12회 선택형)고 한다.

검토 및 사안의 해결 | 이 경우 상계를 허용한다면 채권자의 자산상태가 악화된 경우 상계를 하는 제3자만이 만족을 누리는 결과가 되어 '채권자평등원칙'에 위배된다는 점에 비추어 제3자에 의한 변제(대물변제, 공탁)와 달리 상계는 부정하는 것이 타당하다(다수설). 따라서 원고의 상계주장은 인용되지 않는다.

2. 대립하는 채권이 동일한 종류일 것 [B-118b]

대립하는 채권이 금전채권 등 동종의 목적을 가진 것이어야 하며, 따라서 상계를 할 수 있는 것은 종류채권에 한한다.[1] 채권액이 동일할 필요는 없으며, 양 채권의 이행지가 다르더라도 상계할 수 있다(제494조).

3. 적어도 자동채권의 변제기가 도래할 것 [B-118c]

① 쌍방이 서로 같은 종류를 목적으로 한 채무를 부담한 경우 쌍방 '채무의 이행기가 도래한 때'에는 각 채무자는 대등액에 관하여 상계할 수 있다(제492조 제1항). 이때 '**채무의 이행기가 도래한 때**'는 채권자가 채무자에게 이행의 청구를 할 수 있는 시기가 도래하였음을 의미하고 채무자가 이행지체에 빠지는 시기를 말하는 것이 아니다(대판 2021.5.7. 2018다25946: 표준판례565). **[24법행]**

② 자동채권은 반드시 이행기에 있어야 한다. 그렇지 않으면 상대방은 이유 없이 기한의 이익을 잃게 되기 때문이다. 그러나 수동채권은 채무자가 기한의 이익을 포기할 수 있으므로(제153조 2항), 이행기 도래 전이라도 이를 포기하고 상계할 수 있다(5회 선택형).

---

1) **[관련판례]** "소송비용상환청구권은 소송에서 패소하였다는 사실을 요건으로 소송상 발생하는 실체적 권리이기는 하나 그 성질은 사법상의 청구권이며 상계의 수동채권으로 될 수 있다"(대판 1994.5.13. 94다9856).

[관련판례] "임대인의 임대차보증금반환채무는 장래에 실현되거나 도래할 것이 확실한 임대차계약의 종료시점에 이행기에 도달하는 것이 원칙이나, 임대인은 임대차계약 존속 중 기한의 이익을 포기하고 임대차보증금반환채권을 수동채권으로 하여 상계할 수 있고, 임대차 존속 중 임대인이 상계의 의사표시를 한 경우 임대차보증금반환채무에 관한 '기한의 이익'을 포기한 것으로 볼 수 있다"(대판 2017.3.15. 2015다252501 : **14회 선택형**) **[17행정, 13회 사례형]**

4. 상계가 허용되지 않는 채권이 아닐 것 [B-118d]

(1) 당사자의 의사표시에 의한 상계금지

당사자가 반대의 의사표시를 한 때에는 상계를 할 수 없다(제492조 2항 본문). 그러나 그 의사표시로써 선의의 제3자에게 대항하지 못한다(동항 단서).

(2) 채무의 성질에 의한 상계금지(제492조 1항 단서)

부작위채무나 하는 채무는 현실적으로 이행을 하여야 채권의 목적을 달성할 수 있으므로 성질상 상계가 허용되지 않는다. 자동채권에 항변권이 붙어 있는 경우에도 마찬가지이다. 상계를 허용하면 상대방은 이유 없이 항변권을 상실하기 때문이다. 그러나 수동채권에 항변권이 붙어 있는 경우에는 채무자가 이를 포기하고 상계하는 것은 무방하다. 문제되는 것은 다음과 같다.

1) **동시이행항변권**(제536조, 쟁점 6.참고)
2) **담보제공청구권**(제443조, 쟁점 10.참고)

(3) 법률의 규정에 의한 상계금지

1) **고의에 의한 불법행위채권을 수동채권으로 하는 상계의 금지**(제496조) [B-118d1]

> **제496조 (불법행위채권을 수동채권으로 하는 상계의 금지)** 채무가 고의의 불법행위로 인한 것인 때에는 그 채무자는 상계로 채권자에게 대항하지 못한다.

가) 취 지

고의에 의한 불법행위의 발생을 방지함과 아울러 고의의 불법행위로 인한 피해자에게 현실의 변제를 받게 하려는 데 있다(대판 2002.1.25. 2001다5250). 따라서 피해자가 손해배상채권을 '자동채권'으로 하여 상계하는 것은 무방하다(**5회 선택형**).

나) 적용범위 **[12사법]**

① 본조를 중과실의 불법행위에 의한 손해배상채무에까지 유추 또는 확대적용할 필요성은 없다고 한다(대판 1994.8.12. 93다52808: 표준판례568 : **8회 선택형**). 아울러 만약 '과실'에 따른 불법행위채무자가 채권자에 대하여 가지는 반대채권으로 상계항변을 하는 경우에는 判例에 따르면 책임제한(예컨대 과실상계)을 한 후의 손해배상액과 상계하여야 한다고 한다(대판 2015.3.20. 2012다107662).

② 피용자의 고의의 불법행위로 인해 사용자책임이 성립하는 경우, 사용자는 자신의 고의의 불법행위가 아니라는 이유로 제496조의 적용을 면할 수는 없다고 한다(대판 2006.10.26. 2004다63019 : **1회,8회,9회 선택형**).[2] **[23법무]**

---

[2] "민법 제756조에 의한 사용자의 손해배상책임은 피용자의 배상책임에 대한 대체적 책임이고, 같은 조 제1항에서 사용자가 피용자의 선임 및 그 사무감독에 상당한 주의를 한 때 또는 상당한 주의를 하여도 손해가 있을 경우에는 책임을 면할 수 있도록 규정함으로써 사용자책임에서 사용자의 과실은 직접의 가해행위가 아닌 피용자의 선임·감독에 관련된 것으로 해석되는 점에 비추어 볼 때, 피용자의 고의의 불법행위로 인하여 사용자책임이 성립하는 경우에 민법 제496조의 적용을 배제하여야 할 이유가 없으므로"

[판례검토] 피용자의 고의의 불법행위를 사용자의 것으로 볼 수 있는지에 대해 의문을 제기하는 견해도 있으나, 사용자가 부담하는 손해배상채무는 피용자의 배상책임에 대한 대체적 책임으로 현실적인 변제를 강제할 필요가 있고, 그럼으로써 불법행위의 유발을 방지할 수 있다는 측면을 고려한 것으로 판단된다. 주의할 것은, 법인은 기관의 고의의 불법행위에 기한 손해배상채권(제35조 1항)과 법인의 피해자에 대한 채권을 상계할 수 없다는 것에는 이견이 없다는 점이다.

[비교판례] ㉠ "사용자가 피용자의 과실에 의한 불법행위로 인한 사용자책임을 부담하는 경우와 마찬가지로 피용자의 고의에 의한 불법행위로 인하여 사용자책임을 부담하는 경우에도 피해자에게 그 손해의 발생과 확대에 기여한 과실이 있다면 사용자책임의 범위를 정함에 있어서 이러한 피해자의 과실을 고려하여 그 책임을 제한할 수 있다"(대판 2002.12.26, 2000다56952 : 7회,9회 선택형).

㉡ "피해자의 부주의를 이용하여 고의로 불법행위를 저지른 자(피용자)가 바로 그 피해자의 부주의를 이유로 자신의 책임을 감하여 달라고 주장하는 것은 허용될 수 없으나, 이는 그러한 사유가 있는 자에게 과실상계의 주장을 허용하는 것이 신의칙에 반하기 때문이므로, 불법행위자 중의 일부에게 그러한 사유가 있다고 하여 그러한 사유가 없는 다른 불법행위자(사용자)까지도 과실상계의 주장을 할 수 없다고 해석할 것은 아니다"(대판 2007.6.14, 2005다32999 : 1회,3회,6회,8회,9회 선택형) [10입법]

③ '부당이득'의 원인이 고의의 불법행위였다면 불법행위로 인한 손해배상채권을 청구하는 경우와 다를 바 없다 할 것이어서, 부당이득의 경우에도 제496조를 유추적용함이 타당하다고 한다(대판 2002.1.25, 2001다52506). 아울러 고의에 의한 행위가 불법행위를 구성함과 동시에 채무불이행을 구성하여 불법행위로 인한 손해배상채권과 채무불이행으로 인한 손해배상채권이 경합하는 경우에도 제496조가 유추적용되어, 고의의 채무불이행으로 인한 손해배상채권을 수동채권으로 하는 상계를 한 경우에도 채무자가 그 상계로 채권자에게 대항할 수 없다고 한다(대판 2017.2.15, 2014다19776,19783 : 11회 선택형).

[비교판례] "상대방의 기망행위로 소비대차계약을 체결한 자가 불법행위로 인한 손해배상청구를 하지 아니하고 계약상 채권에 따른 대여금 및 이자 등의 지급을 구하는 경우에는 민법 제496조가 유추적용될 수 없다고 보아야 한다. 계약상 채권은 상대방의 기망행위가 아니라 쌍방 사이의 계약에 기초하여 발생하는 권리이고, 그 급부의 이행으로 지향하는 경제적 이익이 불법행위로 인한 손해배상채권과 동일하여 양자가 경합하는 관계에 있다고 보기도 어려우며, 달리 제496조가 정한 상계 금지의 취지에 비추어 계약상 채권이 실질적으로 고의의 불법행위로 인한 채권과 마찬가지라고 평가할 만한 사정도 없기 때문이다"(대판 2024.8.1, 2024다204696).

④ 쌍방의 고의로 인한 손해배상청구권에도 상계금지가 적용되므로 상계할 수 없다고 한다(대판 1994.2.25, 93다38444: 표준판례567).

⑤ 그러나 고의의 불법행위로 인한 손해배상채권의 채무자는 그 채권을 수동채권으로 한 상계로 채권자에게 대항하지 못하고(제496조), 그 결과 채권이 양도된 경우에 양수인에게도 상계로 대항할 수 없게 되나(제451조 2항 참조), 채권양도가 사해행위에 해당하는 경우 불법행위로 인한 손해배상채권의 채무자가 채권양도인에 대한 별도의 채권자 지위에서 채권양수인에게 채권자취소권을 행사하여 채권양도의 취소를 구함과 아울러 취소에 따른 원상회복 방법으로 직접 자신 앞으로 가액배상의 지급을 구하는 것 자체는 제496조에 반하지 않으므로 허용된다(대판 2011.6.10, 2011다8980,8997: 10회 선택형).

2) **압류금지채권**(부양청구권, 급료·임금청구권 등)을 **수동채권으로 하는 상계금지**(제497조) [B-118d2]

> 제497조 (압류금지채권을 수동채권으로 하는 상계의 금지) 채권이 압류하지 못할 것인 때에는 그 채무자는 상계로 채권자에게 대항하지 못한다.

가) 취 지

이는 채권자와 그의 가족의 최소한의 생존을 보장해 주려는 압류금지의 취지를 관철하여 상대방으로 하여금 현실의 변제를 받게 하려는 취지이다.

나) 임금채권

① [**원칙적 금지**] 근로자의 임금채권의 경우에 압류가능한 부분(퇴직금 그 밖에 이와 비슷한 성질을 가진 급여채권의 2분의 1에 해당하는 금액 ; 민사집행법 제246조 1항 5호)에 대해서도 **임금 전액지급의 원칙**(근로기준법 제42조) 때문에 사용자가 근로자의 급료나 퇴직금 등 임금채권을 수동채권으로 하여 사용자의 근로자에 대한 다른 채권으로 상계할 수 없다. 예컨대, 사용자는 근로자의 퇴직금채권에 대하여 그가 근로자에 대하여 가지고 있는 불법행위를 원인으로 하는 채권으로 상계할 수는 없다(대판 1976.9.28. 75다1768).

② [**예외적 허용**] ⅰ) 근로자의 동의를 얻은 경우(대판 2001.10.23. 2001다25184 : 표준판례569), ⅱ) 계산의 착오 등으로 임금을 초과 지급한 경우(대판 1995.12.21. 전합94다26721), ⅲ) 회사가 이사에 대한 채권자로서의 지위를 겸하는 경우에, 이사의 보수청구권과 퇴직연금 채권 중 이사의 직무수행에 비하여 합리적이라고 인정되는 범위를 벗어난 부분(대판 2018.5.30. 2015다51968), ⅳ) 사용자가 근로자에게 이미 퇴직금 명목의 금원을 지급하였으나 그것이 퇴직금 지급으로서의 효력이 없어 사용자가 같은 금원 상당의 부당이득반환채권을 갖게 된 경우(대판 2010.5.20. 전합2007다90760 : 13회 선택형)에는 예외적으로 사용자가 근로자의 급료나 퇴직금 등 임금채권을 수동채권으로 하여 사용자의 근로자에 대한 다른 채권으로 상계할 수 있다.

3) 지급금지채권(압류 또는 가압류된 채권)을 수동채권으로 하는 상계 [B-118d3]

> 제498조 (지급금지채권을 수동채권으로 하는 상계의 금지) 지급을 금지하는 명령을 받은 제3채무자는 그 후에 취득한 채권에 의한 상계로 그 명령을 신청한 채권자에게 대항하지 못한다.

가) (가)압류의 효력발생 前 '취득'한 자동채권으로 제3채무자의 (가)압류채권자에 대한 상계항변 : 원칙

수동채권이 지급금지채권(압류 또는 가압류된 채권)일 때 제3채무자 '압류 前에 취득'한 채권에 대해서는 일정한 경우 상계가 허용된다(제498조의 반대해석). 이 경우 압류 이후에 상계의 의사표시를 하는 것은 허용되지만 압류 당시에 상계할 상대방 채무의 변제기가 도래해야 하는지와 관련하여 判例는 제3채무자가 상계를 통해 달성하고자 하는 우선변제적 효과에 대한 합리적 기대와 압류채권자의 집행에 대한 정당한 기대를 적절히 조화한다는 측면에서, "㉠ 압류의 효력 발생 당시에 대립하는 양 채권이 상계적상에 있거나, ㉡ 그 당시에 제3채무자가 채무자에 대해 갖는 자동채권의 변제기가 아직 도래하지 않았더라도 압류채권자가 그 이행을 청구할 수 있는 때, 즉 피압류채권인 수동채권의 변제기가 도래한 때에 자동채권의 변제기가 동시에 도래하거나 또는 그 전에 도래한 때에는 상계할 수 있다"(대판 2012.2.16. 전합2011다45521 : 3회,4회,5회,9회,14회 선택형)는 변제기선도래설[3]의 입장이다(핵심사례 B-16.참고).

[**관련판례**] 이러한 법리는 채권압류명령을 받은 제3채무자이자 보증채무자가 압류 이후 보증채무를 변제함으로써 담보제공청구의 항변권(제443조)을 소멸시킨 다음, 압류 채무자에 대하여 압류 이전에 취득한 사전구상권으로 피압류채권과 상계하려는 경우에도 적용된다(대판 2019.2.14. 2017다274703 ; 판례연구 B-9.참고).

---

3) [**학설**] ① 압류시에 상대방 채무의 변제기가 도래하여 상계적상에 있는 경우에 한하여 상계를 허용할 것이라는 <u>상계적상설</u>(과거判例 : 대판 1973.11.13. 전합72다518), ② 압류전에 자동채권이 취득된 것이면 압류시의 상계적상여부, 양채권의 변제기 도래의 선후에 불구하고 상계를 긍정하는 <u>무제한설</u>, ③ 압류 당시 양채권이 모두 그 변제기에 도달하지 않은 경우에도, 자동채권의 변제기가 수동채권의 그것과 동시에 혹은 그보다 먼저 도달하는 경우에는 상계를 인정하는 <u>변제기선도래설</u>(제한설. 다수설)이 있다.

나) (가)압류의 효력발생 後 '취득'한 자동채권으로 제3채무자의 (가)압류채권자에 대한 상계항변 : 예외

그러나 判例는 그 채권이 (가)압류의 효력발생[(가)압류 명령이 제3채무자에게 송달된 때] 이후에 발생한 것이더라도 그 기초가 되는 원인이 가압류 이전에 이미 성립하여 존재하고 있는 경우에는, 본조 소정의 '가압류 이후에 취득한 채권'에 해당하지 않아 상계할 수 있다고 한다(아래 2000다43819 판결 참고 : 8회 선택형).
즉 동시이행관계에 있는 반대채권의 성립이 압류명령 송달 후라고 하더라도 이 경우에는 상계가 허용된다. 동시이행관계인 경우에는 처음부터 채권발생의 기초관계가 존재하고 있어 상계를 할 수 있다는 기대가 존재하는 것이므로 제3채무자의 이러한 '상계에 대한 기대 또는 신뢰'는 존중되어야 할 것이기 때문이다. [14법행, 9회 사례형]

[관련판례] 判例는 공사도급계약의 도급인이 자신 소유의 토지에 근저당권을 설정하여 수급인으로 하여금 공사에 필요한 자금을 대출받도록 한 사안에서, "수급인의 근저당권 말소의무는 도급인의 공사대금채무와 이행상 견련관계가 인정되어 서로 동시이행관계에 있고, 나아가 도급인이 대출금 등을 대위변제함으로써 수급인이 지게 된 구상금채무도 근저당권 말소의무의 변형물로서 도급인의 공사대금채무와 동시이행관계에 있다"고 보면서 "금전채권에 대한 압류 및 전부명령이 있는 때에는 압류된 채권은 동일성을 유지한 채로 압류채무자로부터 압류채권자에게 이전되고, 제3채무자는 채권이 압류되기 전에 압류채무자에게 대항할 수 있는 사유로서 압류채권자에게 대항할 수 있는 것이므로, 제3채무자의 압류채무자에 대한 자동채권이 수동채권인 피압류채권과 동시이행의 관계에 있는 경우에는, 압류명령이 제3채무자에게 송달되어 압류의 효력이 생긴 후에 자동채권이 발생하였다고 하더라도 제3채무자는 동시이행의 항변권을 주장할 수 있다. 이 경우에 자동채권이 발생한 기초가 되는 원인은 수동채권이 압류되기 전에 이미 성립하여 존재하고 있었던 것이므로, 그 자동채권은 민법 제498조의 '지급을 금지하는 명령을 받은 제3채무자가 그 후에 취득한 채권'에 해당하지 않는다고 봄이 상당하고, 제3채무자는 그 자동채권에 의한 상계로 압류채권자에게 대항할 수 있다"(대판 2010.3.25. 2007다35152 : 13회 선택형)고 판시하였다. [21법행]

* **제3채무자의 압류채무자에 대한 채권**(소유권이전등기청구권, 구상금채권)**이 피압류채권**(매매대금채권)**과 동시이행관계에 있는 경우**

"금전채권에 대한 가압류로부터 본압류로 전이하는 압류 및 추심명령이 있는 때에는 제3채무자는 채권이 가압류되기 전에 압류채무자에게 대항할 수 있는 사유로써 압류채권자에게 대항할 수 있으므로, 제3채무자의 압류채무자에 대한 자동채권(구상금채권)이 수동채권인 피압류채권(매매대금채권)과 동시이행의 관계에 있는 경우에는, 그 가압류명령이 제3채무자에게 송달되어 가압류의 효력이 생긴 후에 자동채권(구상금채권)이 발생하였다고 하더라도 제3채무자는 동시이행의 항변권을 주장할 수 있고, 따라서 그 상계로써 압류채권자에게 대항할 수 있다. 이 경우에 자동채권 발생의 기초가 되는 원인은 수동채권이 가압류되기 전에 이미 성립하여 존재하고 있었으므로, 그 자동채권은 제498조 소정의 '지급을 금지하는 명령을 받은 제3채무자가 그 후에 취득한 채권'에 해당하지 아니한다"(대판 2001.3.27. 2000다43819: 표준판례571 : 8회 선택형). [9회 사례형, 14법행]

[사실관계] 부동산 매수인의 매매잔대금 지급의무와 매도인의 가압류등기말소의무가 동시이행관계에 있었는데, 위 가압류에 기한 강제경매절차가 진행되자 매수인이 그 채권액을 변제공탁한 것이다. 이 경우 매도인은 매수인에 대해 대위변제로 인한 구상채무를 부담하게 되고, 이 구상채무는 가압류등기 말소의무의 변형으로서 종전의 매수인의 잔대금지급의무와 동시이행의 관계를 유지하므로, 매수인(제3채무자)의 위 구상금채권이 가압류 이후에 발생한 것이더라도 그 기초가 되는 원인은 가압류 이전에 성립하고 있었다는 이유로, 매수인은 매매잔대금채무를 구상금채권과 상계할 수 있다고 보았다.

핵심사례 B-16

★ 지급금지채권을 수동채권으로 한 상계(제498조) 대판 2012.2.16. 전합2011다45521 등

甲은 1998.12.20. 乙에 대한 3,000만 원의 손해배상채권의 보전을 위하여 乙이 丙에 대하여 가진 2,000만 원의 대여금채권(대여일은 1998.6.1.이고 이자약정은 없었다)에 대하여 가압류신청을 하고, 위 가압류결정은 1998.12.23. 丙에게 송달됨으로 인하여 지급금지명령의 효력이 발생하게 되었다. 그 후 甲은 채권압류 및 전부명령을 신청하여 1999.3.10. 위 가압류를 본압류로 전이(轉移)함과 동시에 위 압류채권에 대한 전부명령을 받았고, 그 전부명령은 1999.3.12. 乙 및 丙에게 송달되었으며 그 무렵 확정되었다. 甲이 1999.3.25. 丙을 상대로 위 법원에 2,000만 원을 지급하라는 전부금청구소송을 제기하였다. 한편 丙은 1998.12.21. 乙에 대하여 4,000만 원의 약정금 채권을 취득하여 가지고 있었다. 이 경우 乙의 丙에 대한 채권의 변제기가 1999.6.1.이고, 丙의 乙에 대한 채권의 변제기가 1999.4.1.이었는데 丙이 위 소송진행 중인 1999.4.7. 법정에서 위 약정금채권을 자동채권으로 위 2,000만 원 대여금채권과 대등액에서 상계한다고 항변을 하였다.
위 상계항변은 인용될 수 있는가? (20점)

I. 상계적상 여부(대, 동, 변, 허, 현)

丙이 상계하고자 하는 자동채권은 乙에 대한 4,000만 원의 약정금채권이고, 상계를 당하는 수동채권은 乙의 丙에 대한 2,000만 원의 대여금채권이므로, 약정금채권과 대여금채권은 서로 대립하고 둘 다 금전채권으로서 채권의 목적이 동종이고 성질상 상계가 가능하다는 것은 명백하다. 다만 가압류 당시 자동채권의 변제기가 도래하지 않은 점과 수동채권이 지급금지채권이라는 점에서 문제되므로 이하에서 검토하기로 한다.

II. 지급금지채권을 수동채권으로 하는 상계

1. 문제점

乙의 丙에 대한 채권의 가압류결정은 1998.12.23. 丙에게 송달됨으로써 효력을 발생하여 지급금지채권이 되었는바, 제498조의 반대해석상 지급금지명령을 받기 전인 1998.12.21.에 제3채무자 丙이 채무자 乙에 대해 반대채권을 가지고 있는 경우에는 상계가 허용될 수 있다. 다만 이 경우 자동채권도 그 명령을 받기 전에 이행기가 도래해 있어야 하는지가 문제된다. 즉 제3채무자가 가졌던 상계에 대한 기대권은 담보권에 유사한 권리로서, 압류에 불구하고 보호받아야 하므로 결국 이는 집행채권자를 보호할지 반대로 상계자의 상계에 대한 기대를 보호할지와 관련한 이익형량에 관한 문제이다. 다만 수동채권은 제3채무자가 기한의 이익을 포기하고 미리 변제할 수 있으므로 특별히 문제되지 않는다.

2. 판 례

"㉠ 압류의 효력 발생 당시에 대립하는 양 채권이 상계적상에 있거나, ㉡ 그 당시에 제3채무자가 채무자에 대해 갖는 자동채권의 변제기가 아직 도래하지 않았더라도 압류채권자가 그 이행을 청구할 수 있는 때, 즉 피압류채권인 수동채권의 변제기가 도래한 때에 자동채권의 변제기가 동시에 도래하거나 또는 그 전에 도래한 때에는 제3채무자의 상계에 관한 기대는 보호되어야 한다는 점에서 상계할 수 있다"(대판 2012.2.16. 전합 2011다45521 : 3회,4회,5회,9회 선택형).

3. 검토 및 사안의 경우

丙의 乙에 대한 자동채권의 변제기는 1999.4.1.이므로 상계의 의사표시를 한 1999.4.7.에는 이미 변제기가 도래하였다. 또한 수동채권의 변제기는 1999.6.1이므로 자동채권의 변제기가 수동채권의 변제기보다 먼저 도달하였다. 따라서 변제기선도래설(제한설)에 의할 때 丙의 상계항변은 인용될 수 있다.

4) 수동채권이 질권이 설정된 채권인 경우

질권의 목적이 된 채권에 대해서는 질권자가 직접 청구할 수 있고(제353조 1항), 설정자는 그 채권을 처분할 수 없는 점에서(제352조), 제498조가 유추적용된다(통설). 따라서 질권설정의 통지를 받은 제3채무자는 그 통지 이후에 취득한 채권에 의한 상계로 질권자에게 대항하지 못한다.

5. 상계적상의 현존

상계의 대상인 채권은 현존하여야 한다. 따라서 쌍방의 채권이 존재하여 상계적상에 있었는데, 그 하나의 채무가 소멸하거나 존재하지 않는 경우에는(그것이 수동채권이건 자동채권이건) 이를 기초로 한 상계는 할 수 없다(대판 1979.8.28. 79다1077). 다만 앞서 검토한 바와 같이 소멸시효가 완성된 채권이라도 그 소멸시효 완성 전에 상계할 수 있었던 것이면 그 채권자는 소멸시효 완성 후에도 상계할 수 있다(제495조).

Ⅲ. 상계의 방법   [B-119]

1. 일방적 의사표시

상계에는 의사표시가 필요하다(대판 2000.9.8. 99다6524). 상계적상이 존재하고 상계자가 상대방에게 상계의 의사표시를 하였을 때 상계의 효과가 발생한다. 따라서 상계는 단독행위이다(제492조 1항). 한편 상계의 의사표시는 일방적으로 철회할 수는 없는 것이지만, 상계의 의사표시 후에 상계자와 상대방이 상계가 없었던 것으로 하기로 한 약정은 제3자에게 손해를 미치지 않는 한 계약자유의 원칙상 유효하다(대판 1995.6.16. 95다11146). 아울러 判例에 따르면 **피고의 소송상 상계항변에 대하여 원고가 소송상 상계의 재항변을 하는 것은 허용되지 않는다**고 한다(대판 2014.6.12. 2013다95964 : 11회 선택형). **[민소법 쟁점]**

■ **채권의 일부양도의 경우, 채무자의 양도인에 대한 채권을 자동채권으로 하는 상계의 방법★**

사실관계 │ 甲건설은 乙교회에 대해 공사잔대금채권 6억 원이 있고, 乙은 위 공사의 하자로 인해 甲에 대해 1억 원의 손해배상채권이 있는데, 甲은 乙에 대한 위 채권 중 3억 원의 채권을 丙에게 양도하고 甲이 통지하였다. 여기서 乙이 甲에 대한 1억 원의 채권을 가지고 상계하는 경우, 먼저 甲에 대해 상계하여야 하는가? 또 丙에 대해 상계할 때에는 그 비율(즉, 3억 원 × 1억/ 6억= 5,000만 원)에 따라 상계할 수 있는가?

판례의 태도 │ "채권의 일부양도가 이루어지면 특별한 사정이 없는 한 각 분할된 부분에 대하여 독립한 분할 채권이 성립하므로, 그 채권에 대하여 양도인에 대한 반대채권으로 상계하고자 하는 채무자로서는 양도인을 비롯한 각 분할채권자 중 어느 누구도 상계의 상대방으로 지정하여 상계할 수 있고, 그러한 채무자의 상계의사표시를 수령한 분할채권자는 제3자에 대한 대항요건을 갖춘 양수인이라 하더라도 양도인 또는 다른 양수인에 귀속된 부분에 대하여 먼저 상계되어야 한다거나 각 분할채권액의 채권 총액에 대한 비율에 따라 상계되어야 한다는 이의를 할 수 없다"(대판 2002.2.8. 2000다50596: 표준판례572 : 1회,4회 선택형).
이는 '채권의 일부 전부명령'이 있는 경우에도 마찬가지이다. 즉 判例는 "가분적인 금전채권의 일부에 대한 전부명령이 있을 경우 특별한 사정이 없는 한 분할채권이 성립하고 제3채무자로서는 상계 대상에 대한 선택권이 있다"고 한다(대판 2010.3.25. 2007다35152 : 10회,13회 선택형). **[14법행]**

사안의 해결 │ 判例는 위와 같은 이유로 乙은 甲에 대한 1억 원의 채권 전부를 丙이 乙에 대해 가지는 양수금채권(3억 원)과 상계할 수 있는 것으로 보았다.

2. 조건이나 기한의 불허

상계는 단독행위이므로, '조건'을 붙이는 것은 상대방의 지위를 불안하게 하기 때문에 허용되지 않는다. 한편 상계는 소급효를 갖기 때문에(제493조 2항), 그 도래한 때부터 효력이 생기는 '기한'(제152조)은 이를 붙이지 못한다(제493조 1항 2문).

Ⅳ. 상계의 효과

[B-120]

1. 양 채권이 대등액에서 소멸

상계에 의해 당사자 쌍방의 채권은 그 대등액에서 소멸한다(제493조 2항). 상계자에게 상계적상에 있는 수동채권이 수개이고 자동채권으로 그 수 개의 수동채권을 모두 소멸시킬 수 없는 경우에는 변제의 충당에 관한 규정이 준용된다(상계충당, 제499조).

따라서 여러 개의 자동채권이 있고 수동채권의 원리금이 자동채권의 원리금 합계에 미치지 못하는 경우에는 우선 자동채권의 '채권자'(수동채권의 채무자)가 상계의 대상이 되는 자동채권을 지정할 수 있고, 다음으로 자동채권의 '채무자'(수동채권의 채권자)가 이를 지정할 수 있으며, 양 당사자가 모두 지정하지 아니한 때에는 법정변제충당의 방법으로 상계충당이 이루어지게 된다(대판 2013.2.28. 2012다94155). 물론 변제충당에 관한 규정은 임의규정이므로, 상계충당의 경우에도 당사자의 약정에 달리 정할 수 있다(대판 2015.6.11. 2012다10386)(**7회 선택형**).

2. 상계의 소급효

(1) 상계적상시로 소급

상계의 의사표시가 있으면 '각 채무가 상계할 수 있는 때'에 소멸한 것으로 본다(제493조 2항). 따라서 상계적상 이후에는 이자는 발생하지 않고 이행지체도 발생하지 않는다(물론 수동채권의 금액이 자동채권의 금액보다 큰 경우는 상계충당이 적용되어, 상계적상 시점을 기준으로 상계되고 남은 수동채권 잔액의 지연이자 등이 발생될 수 있다). 다만 상계에 소급효가 인정되더라도 상계표시 전에 이미 실현된 사실(변제, 해제 등)을 뒤엎을 수는 없다.

그리고 위 조항에서 '각 채무가 상계할 수 있는 때'란 ㉠ 양 채권이 모두 변제기가 도래한 경우와 ㉡ 수동채권의 변제기가 도래하지 아니하였다고 하더라도 기한의 이익을 포기할 수 있는 경우를 포함하는바(대판 2011.7.28. 2010다70018 : **5회 선택형**), 아래에서 구체적으로 검토하기로 한다.

(2) 구체적 검토

1) 자동채권과 수동채권의 변제기가 모두 도래한 후에 상계의 의사표시를 한 경우

자동채권과 수동채권의 변제기가 모두 도래한 후에 상계의 의사표시를 한 경우에 상계적상일은 양 채권의 변제기가 모두 도래한 때이다(그 이전에 이미 이행기가 도래한 채무에 대해서는 상계적상시까지 지체책임이 발생한다)(**11회 선택형**). 따라서 상계적상 시점 이전에 수동채권의 변제기가 이미 도래하여 지체가 발생한 경우에는, 상계적상 시점까지의 수동채권의 약정이자 및 지연손해금을 계산한 다음 자동채권으로써 먼저 수동채권의 약정이자 및 지연손해금을 소각하고 잔액을 가지고 원본을 소각하여야 한다(대판 2005.7.8. 2005다8125).

2) 자동채권의 변제기가 도래한 후 수동채권의 변제기가 도래하기 전에 상계의 의사표시를 한 경우

자동채권의 변제기가 도래한 후 수동채권의 변제기가 도래하기 전에 상계의 의사표시를 한 경우에 상계적상일은 자동채권의 변제기가 도래한 때 또는 상계의 의사표시를 한 때 중 의사표시를 한 자의 의사해석의 문제이다. 여기서 주의할 것은 수동채권에 관하여는 그 '변제기'까지의 이자를 계상하여야 할 때가 있다는 점이다(예컨대 수동채권이 이자부 대여금채권인 경우, 제468조 참조).[4] **[13회 사례형]**

3) 채권이 양도(또는 전부)된 경우

① **[채권의 대립성]** '채권이 양도된 후 양수인이 양수금채권을 자동채권으로 하여 상계하거나 채무자가 양수인에 대한 채권을 자동채권으로 하여 상계하는 경우'에는 상계의 요건 중 '채권의 대립성' 때문에 최소한 채권양도의 대항요건이 갖추어진 이후에야 비로소 상계가 가능하다(따라서 그 이전에 자동채권과 수동채권의 변제기가 모두 도래한 경우에도 상계적상일은 양 채권의 변제기가 도래한 날이 아니라 채권양도의 대항요건이 갖추어진 날이 된다). 이와 관련하여 判例도 채권양수인이 양수채권을 자동채권으로 하여 그 채무자가 채권양수인에 대해 가지고 있던 기존 채권과 상계한 경우, 채권양수인은 채권양도의 대항요건이 갖추어진 때 비로소 자동채권을 행사할 수 있으므로 채권양도 전에 이미 양 채권의 변제기가 도래하였다고 하더라도 상계의 효력은 변제기로 소급하는 것이 아니라 채권양도의 대항요건이 갖추어진 시점으로 소급한다고 한다(대판 2022.6.30. 2022다200089 : **13회,14회 선택형**).

② **[채권의 동일성]** 그러나 '양수금 청구에 대하여 채무자가 양도인에 대한 채권을 자동채권으로 하여 상계하는 경우'(제451조 2항 참조)에는 그렇지 않다. 이 경우에는 채권양도로 인하여 채무자의 법적 지위가 달라져서는 안 된다는 법 원리에 따라 자동채권과 수동채권의 변제기가 모두 도래한 뒤 채권양도의 대항요건이 갖추어졌다면 양 채권의 변제기가 모두 도래한 날이 상계적상일이 된다(물론 대항요건을 갖추기 전에 채무자가 자동채권을 취득한 것을 전제로 한다). 이와 관련하여 判例는 채무자가 채권양도 통지를 받은 경우 채무자는 그때까지 양도인에 대하여 생긴 사유로써 양수인에게 대항할 수 있고(제451조 2항), 당시 이미 상계할 수 있는 원인이 있었던 경우에는 아직 상계적상에 있지 않더라도 그 후에 상계적상에 이르면 채무자는 양수인에 대하여 상계로 대항할 수 있다고 한다(대판 2019.6.27. 2017다222962).

V. 상계권의 남용

[B-121]

甲은 乙백화점의 부도로 인하여 乙이 발행한 약속어음의 가치가 현저하게 하락된 사정을 잘 알면서 오로지 자신이 乙에 대하여 부담하는 임대차보증금반환채무와 상계할 목적으로 乙이 발행한 약속어음 20장을 액면가의 40%에도 미치지 못하는 가격으로 할인·취득하고, 그 약속어음채권을 자동채권으로 하여 상계를 하였다면 甲의 상계권행사는 상계제도의 목적이나 기능을 일탈하는 것이고 법적으로 보호받을 만한 대립하는 채권·채무의 담보적 기능에 대한 정당한 기대가 없는 경우에 해당하여 상계에 관한 권리를 남용하는 것으로서 허용되지 않는다고 함이 상당하고, 상계권 행사를 제한하는 위와 같은 근거에 비추어 볼 때 일반적인 권리남용의 경우에 요구되는 주관적 요건을 필요로 하는 것은 아니다(대판 2003.4.11. 2002다59481).

---

[4] 자동채권에 변제기 정함이 있는 경우에는 수동채권의 기한 도래 또는 기한이익을 상실해야 상계가 가능하다. 즉 자동채권의 변제기만 도래한 상태에서 상계를 한 경우, ㉠ 수동채권의 변제기가 이미 도래한 경우 상계 가능하고, 이때는 늦게 변제기가 도래한 시점이 기준시가 되고, ㉡ 수동채권의 변제기가 아직 도래하지 않은 경우라도 상계항변하고자 하는 자가 수동채권의 기한의 이익을 포기할 수 있고, 상계의 의사표시에 기한 이익 포기의 의사표시도 포함되어 있다고 보기 때문에 수동채권의 변제기가 도래하기 전이라도 자동채권의 변제기만 도래하면 상계를 하는 것이 가능하다. 이 경우 상계 적성시는 '다른 의사표시가 없는 한 자동채권의 이행기'가 된다. 다만 상계하면서 기한의 이익을 포기하는 시기를 지정하는 것도 가능하다고 볼 것이므로 그 경우에는 그 지정된 시기를 기준으로 할 것이다(민법주해 XI 채권(4), p.397).

제5절 경 개(更改)

I. 서 설
[B-124]

1. 의 의

채무의 중요한 요소(채무내용, 채무자, 채권자)를 변경함으로써 신채무를 성립시키는 동시에 구채무를 소멸케하는 계약을 말한다(제500조). 구채무와 신채무 사이에 동일성이 없다는 점이 가장 큰 특징이다. 기존채무와 관련하여 새로운 약정을 체결한 경우 그러한 약정이 경개에 해당하는지 아니면 단순히 기존채무의 변제기나 변제방법 등을 변경한 것인지는 당사자의 의사에 의하여 결정되고, 만약 당사자의 의사가 명백하지 않을 때에는 의사해석의 문제로 귀착된다(대판 2019.10.23. 2012다46170).

2. 구별개념

(1) 채권양도, 채무인수

신채무와 구채무의 동일성이 상실되는 점에서 동일성이 유지되는 채권양도, 채무인수와 구별된다. 기존 채권이 제3자에게 이전된 경우에 당사자의 의사가 명백하지 않은 때에는 경개가 아닌 채권양도로 보아야 한다(대판 1996.7.9. 96다16612).

(2) 준소비대차 [10사법]

준소비대차는 기존채무를 소멸케 하고 신채무를 성립시키는 계약인 점에 있어서는 경개와 동일하지만, 준소비대차에 있어서는 원칙적으로 기존채무와 신채무 사이에 '동일성'이 인정된다는 점에서 차이가 있다(제605조). 당사자의 의사가 **명확하지 않은 경우** 경개로 보게 되면 채권자는 기존채권의 담보를 잃고 채무자는 항변권을 잃게 되어 모두에게 불리하게 되므로, **준소비대차로 보아야 한다**(대판 2003.9.26. 2002다31803,31810).

II. 요 건
[B-125]

1. 소멸할 구채무의 존재

구채무가 존재하지 않거나 무효라면 경개는 무효이며, 따라서 신채무도 성립하지 않는다. 다만 제503조에 의하여 채권양도에 관한 제451조 1항이 채권자의 교체에 의한 경개에 준용되므로, 채무자가 이의를 보류하지 않고 경개를 승낙한 경우에 그는 구채권자에 대하여 대항할 수 있었던 사유로써 신채권자에게 대항할 수 없게 된다. 이러한 경우에는 예외적으로 구채무가 존재하지 않거나 무효이더라도 신채무가 성립한다.

2. 신채무의 성립

신채무가 강행규정 또는 선량한 풍속이나 사회질서의 위반 또는 원시적 불능 등으로 인하여 성립하지 않거나, 성립된 채무가 취소로 소멸한 때에는 구채무가 소멸하지 않는다(제504조)(7회 선택형). 마찬가지로 경개가 조건부로 이루어진 때에는 그 조건의 성취 여부에 의하여 구채무의 소멸과 신채무의 성립 여부가 정해진다(아래 2005다31316판결 참고).

> [관련판례] 判例는 이미 확정적으로 취득한 폐기물 소각처리시설 관련 권리를 포기하는 대신 상대방이 수주할 수 있는지 여부가 분명하지 않은 매립장 복원공사를 장차 그 상대방으로부터 하도급받기로 하는 내용의 약정을 체결한 사안에서, 위 약정은 상대방이 위 복원공사를 수주하지 못할 것을 해제조건으로 한 경개

계약이라고 해석함이 상당하므로, 상대방이 위 복원공사를 수주하지 못하는 것으로 확정되면 위 약정은 효력을 잃게 되어 신채무인 위 복원공사의 하도급 채무는 성립하지 아니하고, 구채무인 소각처리시설 관련 채무도 소멸하지 않는다고 한다(대판 2007.11.15. 2005다31316).

3. 채무의 중요부분의 변경

채무의 중요부분을 변경하는 것이 필요하며(제500조), '채권의 목적ㆍ채무자ㆍ채권자'의 변경이 이에 속한다(제500조ㆍ제501조ㆍ제502조 참조).

Ⅲ. 효 과
[B-126]

1. 구채무의 소멸

경개에 의하여 구채무는 소멸하므로(제500조), 구채무에 종속된 권리, 예컨대 **담보권ㆍ보증채무 등도 소멸한다**. 그러나 경개의 당사자는 특약으로 구채무의 담보를 '그 목적의 한도'에서 이를 신채무의 담보로 할 수 있다(제505조 본문)(이 경우 존속하는 담보는 종전과 동일한 효력을 갖는 담보로 존속한다)(대판 2002.10.11. 2001다7445). 다만, 제3자가 제공한 담보는 그의 승낙을 얻어야 한다(제505조 단서).

2. 신채무의 성립

경개에 의하여 신채무가 성립한다. 이것은 구채무와는 별개의 것이므로 구채무에 있던 항변권은 신채무에 수반되지 않는다. 그런데 민법은 채권자변경으로 인한 경개에 관해 제451조의 규정을 준용하고 있으므로, 채무자는 이의를 보류하고 경개계약을 맺음으로써 구채무에 대한 항변사유를 신채권자에게 대항할 수 있다.

3. 경개계약의 해제

경개는 하나의 계약으로 구채무의 소멸과 신채무의 성립을 동시에 가져오는 것이어서, 일종의 처분행위에 속하고 따로 이행의 문제를 남기지 않기 때문에, 경개에 의하여 성립된 신채무의 불이행을 이유로 경개계약을 해제할 수는 없다. 단, 별도의 특약이 있거나, 당사자 간의 합의해제는 가능하다(대판 2003.2.11. 2002다62333).

제6절 혼 동

Ⅰ. 서 설
[B-127]

1. 의 의

채권과 채무가 동일한 주체에 귀속하는 것을 '혼동'이라 한다. 이때 채권(채무)은 소멸한다. 자기가 자기에 대해 채권을 보유하고 자기에게 이행을 청구한다는 것은 무의미하기 때문에, 채권ㆍ채무의 소멸을 인정함으로써 그 후의 권리의무관계를 간소화하려는 데 그 목적이 있다(대판 1995.5.12. 93다48373).

2. 구별개념

'채권의 혼동'은 '물권의 혼동'(제191조)과 그 취지를 같이한다. 다만 전자는 서로 대립하는 채권과 채무가 동일 주체에게 귀속하는 것인 데 반해, 물권의 혼동은 동일한 물건에 대한 소유권 또는 제한물권과 이를 목적으로 하는 다른 제한물권이 동일인에게 귀속하는 것인 점에서 서로 다르다.

II. 효 과 [B-128]

1. 원 칙

혼동이 생기면 그 사실만으로 채권은 자동적으로 소멸한다(제507조 본문). 따라서 그에 종속하는 권리(담보·보증 등)와 그에 대응하는 채무도 소멸한다.

2. 예 외

다음의 경우에는 혼동이 있더라도 채권은 소멸하지 않는다.

(1) 채권이 제3자의 권리의 목적인 때(제507조)

예컨대 채권의 압류 후에 혼동이 생긴 때가 그러하다. 관련 判例는 아래와 같다.

① "자동차운행 중 사고로 인하여 자동차손해배상보장법 제3조에 의한 손해배상채권과 채무가 상속으로 동일인에게 귀속하더라도, 교통사고의 피해자에게 책임보험 혜택을 부여하여 이를 보호하여야 할 사회적 필요성은 동일하고, 책임보험의 보험자가 혼동이라는 우연한 사정에 의하여 자신의 책임을 면할 합리적인 이유가 없다는 점 등을 고려할 때, 가해자가 피해자의 상속인이 되는 등 특별한 경우를 제외하고는, 피해자의 보험자에 대한 직접청구권의 전제가 되는 위 법 제3조에 의한 피해자의 운행자에 대한 손해배상청구권은 상속에 의한 혼동에 의하여 소멸되지 않는다"(대판 1995.5.12. 93다48373 등).

② " ⅰ) 상속포기는 자기를 위하여 개시된 상속의 효력을 상속개시시로 소급하여 확정적으로 소멸시키는 제도로서 피해자의 사망으로 상속이 개시되어 가해자가 피해자의 자신에 대한 손해배상청구권을 상속함으로써 그 손해배상청구권과 이를 전제로 하는 자동차손해배상보장법 제9조 제1항에 의한 보험자에 대한 직접청구권이 소멸하였다고 할지라도 가해자가 적법하게 상속을 포기하면 그 소급효로 인하여 위 손해배상청구권과 직접청구권은 소급하여 소멸하지 않았던 것으로 되어 다른 상속인에게 귀속되고, 그 결과 '가해자가 피해자의 상속인이 되는 등 특별한 경우'에 해당하지 않게 되므로 위 손해배상청구권과 이를 전제로 하는 직접청구권은 소멸하지 않는다. ⅱ) "상속포기는 상속의 효과로서 당연승계제도를 채택한 우리 민법하에서 상속인을 보호하기 위하여 마련된 제도로서 상속포기로 인하여 당해 상속인에게 발생하였던 포괄적인 권리의무의 승계의 효력을 소멸시키는 결과 만약 상속포기를 하지 아니하였더라면 혼동으로 소멸하였을 개별적인 권리가 소멸하지 않는 효과가 발생하였더라도 이는 상속포기로 인한 부수적 결과에 불과한 것이어서 이를 이유로 신의칙 등 일반조항을 들어 전체적인 상속포기의 효력을 부정하는 것은 상당하지 아니하다"(대판 2004.1.14. 2003다38573,38580).

(2) 상속인이 한정승인을 하거나 재산분리명령이 있는 때(제1031조, 제1050조)

이때에는 피상속인에 대한 상속인의 재산상 권리의무는 소멸하지 않는다(제1031조). 한정승인은 상속인의 재산과 피상속인의 재산을 분리하는 제도이기 때문이다(반면 상속인이 단순승인을 한 때에는 제한 없이 피상속인의 권리의무를 승계하므로, 상속인의 피상속인에 대한 재산상 권리의무는 혼동으로 인하여 소멸한다). 따라서 상속인이 피상속인에 대해 채권을 가질 때에는 다른 상속채권자와 함께 그 권리를 행사할 수 있고, 상속인이 피상속인에 대해 채무를 부담할 때에는 상속채권자로부터 집행을 받을 수 있다. 이러한 내용은 재산분리명령이 있는 때에도 같다(제1050조).

제7절 전부금·추심금청구

* **가압류명령·추심명령·전부명령의 비교**
  채권자 A가 채무자 B의 제3채무자 C에 대한 채권에 대하여 각각 가압류명령·추심명령·전부명령을 받아 확정된 후, B가 C에 대해 채무이행의 소를 제기한 경우의 법률관계

① **[가압류명령 : 소제기 적법]** 가압류된 금전채권에 대한 이행청구도 소의 이익이 있다. 즉, "채권가압류가 된 경우, 제3채무자는 채무자에 대하여 채무의 지급을 하여서는 안되고, 채무자는 추심, 양도 등의 처분행위를 하여서는 안되지만, 이는 이와 같은 변제나 처분행위를 하였을 때에 이를 가압류채권자에게 대항할 수 없다는 것이며, 채무자가 제3채무자를 상대로 이행의 소를 제기하여 채무명의를 얻더라도 이에 기하여 제3채무자에 대하여 강제집행을 할 수는 없다고 볼 수 있을 뿐이고 그 채무명의(집행권원)를 얻는 것까지 금하는 것은 아니라고 할 것이다"(대판 1989.11.24. 88다카25038 ; 대판 2002.4.26. 2001다59033[1])(4회, 6회 선택형). 이때 제3채무자의 구제수단으로 민사집행법(제248조 1항 및 제291조) 규정에 따른 집행공탁제도가 있다(대판 1994.12.13. 전합93다951참고).[2]

② **[추심명령[3] : 원고적격이 없으므로 부적법각하]** 추심명령이 있는 때 압류채권자는 대위절차 없이 압류채권을 추심할 수 있다(민사집행법 제229조 2항). 따라서 判例는 "채권에 대한 압류 및 추심명령이 있으면 제3채무자에 대한 이행의 소는 추심채권자만이 제기할 수 있고 채무자는 피압류채권에 대한 이행소송을 제기할 당사자적격을 상실한다"(대판 2000.4.11. 99다23888)고 판시하였다. 즉, 금전채권이 압류·추심된 경우에는 갈음형 제3자 소송담당이 인정되므로 제3채무자(C)에 대한 이행의 소는 추심채권자(A)만이 제기할 수 있고, 집행채무자(B)는 피압류채권에 대한 이행의 소를 제기할 당사자적격을 상실하게 되므로(6회 선택형), 이는 소각하의 '본안전 항변'사유이다(4회 선택형). 그러나 최근 압류·추심명령이 있는 경우에도 채무자가 피압류채권에 관한 이행의 소를 제기할 '당사자적격'을 상실하지 않는다고 판례가 변경되었다(대판 2025.10.23. 전합2021다252977).[4]

③ **[전부명령[5] : 소제기는 적법하나 청구기각]** 전부명령이 있는 때 압류된 채권은 지급에 갈음하여 압류채권자에게 이전된다(민사집행법 제229조 3항). 따라서 전부채권자(A)는 추심채권과는 달리 자신의 권리를 행사하는 것이므로 갈음형 제3자 소송담당이 아니어서, 전부채무자(B)의 소송수행권은 유지된다. 그리고 이행의 소는 주장자체로 원고적격을 가지기 때문에 전부채무자(B)의 제3채무자(C)에 대한 소제기는 적법하다. 다만, 전부채무자(B)의 제3채무자(C)에 대한 이행청구소송은 실체법상의 이행청구권이 상실되었으므로(집행채권이 B에게서 A로 이전됨), 이는 본안에서 기각되어야할 '본안에 관한 항변'사유에 해당한다(4회 선택형).

---

1) "왜냐하면 채무자로서는 제3채무자에 대한 그의 채권이 가압류되어 있다 하더라도 채무명의를 취득할 필요가 있고 또는 시효를 중단할 필요도 있는 경우도 있을 것이며, 또한 소송 계속 중에 가압류가 행하여진 경우에 이를 이유로 청구가 배척된다면 장차 가압류가 취소된 후 다시 소를 제기하여야 하는 불편함이 있는데 반하여 제3채무자로서는 이행을 명하는 판결이 있더라도 장차 집행단계에서 이를 저지하면 될 것이기 때문이다. 채권가압류의 처분금지의 효력은 본안소송에서 가압류채권자가 승소하여 채무명의를 얻는 등으로 피보전권리의 존재가 확정되는 것을 조건으로 하여 발생하는 것이므로, 채권가압류결정의 채권자가 본안소송에서 승소하는 등으로 채무 명의를 취득하는 경우에는 가압류에 의하여 권리가 제한된 상태의 채권을 양수받는 양수인에 대한 채권양도는 무효가 된다"(同 判例)

2) " i) 채권의 가압류는 제3채무자에 대하여 채무자에게 지급하는 것을 금지하는 데 그칠 뿐 채무 그 자체를 면하게 하는 것이 아니고, 가압류가 있다 하여도 그 채권의 이행기가 도래한 때에는 제3채무자는 그 지체책임을 면할 수 없다고 보아야 할 것이다. ii) 이 경우 가압류에 불구하고 제3채무자가 채무자에게 변제를 한 때에는 나중에 채권자에게 이중으로 변제하여야 할 위험을 부담하게 되므로 제3채무자로서는 민법 제487조의 규정에 의하여 공탁을 함으로써(실무상 가압류의 경우는 현행 민사집행법상의 집행공탁으로 사실상 통일 ; 저자 주)이중변제의 위험에서 벗어나고 이행지체의 책임도 면할 수 있다고 보아야 할 것이다"

3) 압류 및 '추심명령'의 효력발생시기는 제3채무자에 대한 송달일이고(민사집행법 제227조 3항, 제229조 4항), 제3채무자에게 송달된 이상 채무자에게 송달되지 않았다 하더라도 효력발생에는 아무런 영향이 없다.

4) **[판례논거]** ① '추심명령'은 '전부명령'과 달리 추심채권자에게 추심할 권능만을 부여할 뿐, 채권 자체가 이전되는 것은 아니

I. 전부금, 추심금 청구 소의 개관 [B-129]

1. 압류명령신청

민사집행절차에서 채권자는 채무자가 가지는 부동산이나 동산과 같은 물건뿐만 아니라 채무자가 제3채무자에 대하여 가지는 금전채권 등 채권도 집행의 객체로 삼을 수가 있는데, 이러한 금전에 대한 강제집행을 위해서는 채권자는 우선 법원에 채무자의 제3채무자에 대한 채권(압류된 채권의 귀속 주체를 집행채무자라고 하며, 압류된 채권의 채무자를 제3채무자라고 한다)을 압류하여 달라는 압류명령 신청을 하게 되고 법원은 이에 따라 요건이 갖추어진 경우 압류명령을 발하게 된다(민사집행법 제227조)(물론 대개의 경우 압류 추심명령, 압류 전부명령 등으로 동시에 신청하므로 실제 명령도 동시에 발령된다). 압류명령에는 채무자의 제3채무자에 대한 채권을 압류한다는 압류선언 외에 제3채무자에 대해서는 집행채무자에 대한 지급을 금지[6]하고, 집행채무자에 대해서는 채권의 처분과 영수를 금지하여야 한다(동조 제1항).

2. 추심·전부명령신청

이렇게 압류된 금전채권을 현금화하기 위해서는 압류채권자는 다시 추심명령이나 전부명령을 신청하여야 하고(민사집행법 제229조 1항), 이렇게 현금화한 금전채권은 다시 변제절차로 진행되게 되는데, 현금화 후 배당에 참가한 채권자가 없는 경우에는 집행채권자의 채권에 충당되나 배당에 참가한 채권자가 있는 경우에는 배당절차(민사집행법 제252조 이하)가 실시된다(금전채권집행의 기본 구조는 [압류⇒현금화(추심, 전부, 특별현금화)절차⇒배당(변제)절차]라는 점은 숙지하고 있어야 한다). 다만, 전부명령의 경우에는 후술하듯 확정되게 되면 전부채권자만이 독점적인 만족을 받으며 집행절차가 종료 된다는 점에서 더 이상 변제절차가 진행될 여지가 없다.[7] 이러한 점에서 전부명령은 채권자평등주의를 취하고 있는 우리 강제집행법상의 예외가 된다.

3. 추심·전부명령의 법적성질

한편 추심명령이 있게 되면 추심채권자는 대위절차 없이 압류채권을 직접 추심할 수 있는 권능을 갖게 되나(민사집행법 제229조 2항), 전부명령을 받게 되면 압류된 채권은 지급에 갈음하여 집행채무자로부터 집행채권자로 이전하게 되고(동조 3항) 그 대신 집행채권자의 집행채권은 소멸됨으로써 채무자의 채무변제에 갈음하게 된다(민사집행법 제231조).

고 채무자는 여전히 채권자로서 소송상 이익을 가지므로 명확한 법률적 근거없이 '당사자적격'을 박탈하는 것은 채무자의 재판청구권을 과도하게 제한할 수 있다. ② 아울러 종전 판례는 채무자가 소송 중 추심명령을 받으면 소송이 각하되고, 추심명령이 취하되면 다시 채무자가 소를 제기해야 하는 소송의 반복과 지연 문제를 야기한 바, 바뀐 판례에 따르면 분쟁의 일회적 해결과 소송경제를 도모할 수 있다. ③ 또한 채무자가 승소하더라도 압류 및 추심명령이 유효한 한 채무자는 실제로 채권을 추심하거나 수령할 수 없으므로 추심채권자의 추심 권능이 침해되지 않으며, 오히려 채무자가 확보한 승소 판결을 통해 추심 채권자가 '승계집행문'을 받아 더 쉽게 강제집행할 수 있게 되어 추심채권자에게도 이익이 된다.

5) 압류 및 '전부명령'의 효력발생시기는 추심명령의 경우와 달리 채무자와 제3채무자에게 모두 송달되어야 하고, 그 후 즉시항고가 제기되지 않거나 즉시항고가 기각되는 등으로 전부명령이 확정됨으로써 비로소 효력이 발생하며, 확정된 전부명령의 효력발생시기는 제3채무자에 대한 송달일로 소급한다(민사집행법 제227조 2항, 제229조 4항 및 7항 제231조).

6) 이 부분이 채권 압류의 본질적인 효력으로서 이에 대한 기재가 없으면 압류명령 자체가 무효가 된다. 그리고 제3채무자에 대한 송달이 이루어지지 않아도 압류의 효력이 발생하지 않는다. 이는 채무자에 대한 송달이 없는 경우와는 다르다.

7) 추심명령의 경우 채권자가 추심한 경우 추심한 채권액을 법원에 신고하여야 하고(민사집행법 제236조 1항) 추심 신고 전에 다른 압류 가압류 또는 배당 요구가 있었을 때에는 추심한 금전 전액을 바로 공탁하고 그 사유를 법원에 신고하면(민사집행법 제236조 2항) 집행법원의 배당절차가 개시된다. 즉 추심권자의 독점적 지위나 우선권이 인정되지 않는다. 이러한 점에서 추심권자는 집행채권의 범위를 넘어선 추심이 충분히 가능하고, 추심결과 집행채권의 변제에 충당하고 남으면 이는 채무자에게 지급하여야 한다.

따라서 ⅰ) 추심명령의 경우에는 전부명령과 달리 압류된 채권의 채권자의 지위에 변동을 가져오는 것은 아니고 채무자가 여전히 피압류채권의 채권자로 남아 있고 다만 추심권능만을 압류채권자가 획득하는 것이므로(따라서 추심권자는 추심권을 행사하여 실제로 변제를 받은 한도 내에서 집행채권이 소멸하게 된다) 민법상의 채권자대위권과 유사한 기능을 한다고 볼 수 있으나, ⅱ) 전부명령은 압류된 채권을 압류채권자에게 이전시킴으로써 채권의 평가, 환가, 추심 등의 절차를 생략한 채 바로 변제효를 부여함으로써 집행을 종료시키는 것이므로 이는 민법상의 채권양도와 같이 피압류채권의 채권자의 지위 변동을 가져오는 제도라고 볼 수 있다. 다만 전부명령에 의한 채권의 이전과 채권양도계약에 의한 채권의 이전 사이의 유사점은 권리이전부분이나 대상적격에 국한한 것으로 양 제도는 본질적으로 다른 제도이므로 이에 대한 명확한 준별이 필요하다.

[차이점] 그 외에도 후술하듯 ㉠ 압류가 경합된 경우도 추심명령을 할 수 있으나, 전부명령은 압류경합시 발령되면 무효라는 점, ㉡ 추심명령은 전부명령과 달리 금전채권만에 한하여 대상적격이 국한되지 않는 점, ㉢ 전부명령은 추심명령과 달리 채무자에 대한 송달도 전부명령의 효력발생요건인 점 등에서도 양 제도는 차이가 있다. 또한 추심명령은 전부명령처럼 채권자가 독점적인 만족을 얻을 수는 없지만 다른 한편으로는 제3채무자가 무자력인 경우의 위험을 채권자가 부담하는 것은 아니고 그 허용되는 범위가 전부명령보다 넓으므로 채권에 대한 강제집행에 있어 기본적인 현금화 방법으로 작동하게 된다. 물론 금전채권의 현금화 방법으로 전부명령과 추심명령 중 어느 것을 이용할 것인지는 원칙적으로 압류채권자의 선택에 달려 있다. 다만 **전부명령은 변제갈음효 및 채권의 이전효가 있으므로 전부명령을 받은 후 추심명령을 신청하거나 양자를 동시에 신청할 수는 없으나, 반대로 추심명령을 받은 후 다시 전부명령을 신청하는 것은 가능하다.**

[실무경향] 특히 전부명령(轉付命令)은 압류한 금전채권을 권면액(券面額)으로 집행채권과 집행비용청구권의 변제에 갈음하여 압류채권자에게 이전하는 집행법원의 명령이다. 전부명령으로 압류채권자는 만족을 얻으므로 위험부담은 추후 채권자에게 이전된다. 전부명령의 경우는 다른 채권자의 배당가입(配當加入)을 허용하지 않고 압류채권자는 우선적으로 변제를 받으므로 한국에서는 추심명령보다 많이 이용되는 경향이 있다. 다만 금전 이외의 유체물의 인도청구를 목적으로 하는 채권이나 당사자간에 양도금지의 특약 있는 채권(민법 제449조) 등은 전부명령을 발하는 데 적당치 않고 이미 압류가 경합된 채권이나 이미 배당요구가 있는 채권도 배당평등주의를 해치므로 불가능하다. 전부명령이 발해지면 채권자는 압류채권의 주체가 되므로 담보도 채권자에게 이전되고 제3채무자는 압류채권자의 채무자로 되며 항변사유(抗辯事由)로써 대항할 수 있게 된다. 압류채권자 이외의 제3자는 전부명령 후에는 배당요구를 할 수 없다. 전부명령은 추심명령보다 허용 범위가 약간 제한되기는 하지만 이를 고려하지 않는다면 금전채권의 현금화방법으로서 전부명령과 추심명령 중 어느 것을 선택할 것인가는 원칙적으로 압류채권자의 의사에 달려있다. 그러나 전부명령의 경우에는 다른 채권자가 배당요구를 할 수 없어 압류채권자가 독점적 만족을 받을 수 있는 이점이 있는 반면 제3채무자가 무자력인 때에는 전혀 만족을 받을 수 없게 되는 위험을 부담하게 되고, 추심명령의 경우에는 그와 반대의 상황이 된다. 실무에서는 제3채무자의 자력이 확실할 때에는 전부명령을 신청하는 경우가 많다.

Ⅱ. 전부금청구

[B-130]

1. 청구원인(요건사실)

전부금청구의 청구원인은 ⅰ) 피전부채권의 존재, ⅱ) 전부명령, ⅲ) 제3채무자에 대한 송달 및 확정이다.

(1) 피전부채권의 존재

1) 피전부채권의 요건(금전채권, 권면액, 양도가능)

피전부채권의 존재사실과 관련하여 원고는 피전부채권의 발생사실만 주장·증명하면 되고, 권리장애·소멸·저지 사실은 피고가 항변으로 주장하여야 한다(가령 피전부채권이 매매대금채권이면 집행채무자가 제3채무자인 피고에게 매매 목적물을 매도한 사실만 주장 입증하면 된다). 다만 피전부채권이 되기 위해서는 ㉠**금전채권**(비금전채권에 대해서는 전부명령을 할 수 없음)으로 ㉡ **권면액**(채권의 목적으로 표시되어있는 금전의 일정액)을 가지고 ⓒ 양도가 가능(피전부채권은 압류된 채권이어야 하므로 양도할 수 없는 채권은 압류의 대상이 되지 아니하므로 전부명령을 할 수 없음)해야 한다(민사집행법 제246조).

2) 장래의 채권 및 입증책임

단 채권 압류 및 전부명령이 제3채무자에게 송달될 당시 반드시 피압류 및 전부채권이 현실적으로 존재하고 있어야 하는 것은 아니고, 조건부채권이나 기한부채권 등 장래의 채권이라도 채권 발생의 기초가 확정되어 있어 특정이 가능할 뿐 아니라 권면액이 있고, 가까운 장래에 채권이 발생할 것이 상당한 정도로 기대되는 경우에는 채권압류 및 전부명령의 대상이 될 수 있다(대판 2010.4.29. 2007다24930). 장래 채권의 실제 발생이나 조건 성취로 인한 조건부 채권의 발생 사실 역시 전부채권자의 입증책임에 속한다(따라서 장래채권의 불발생이나 조건 미성취에 대하여 전부금소송의 피고인 제3채무자가 소송상 주장을 하더라도 이는 항변이 아닌 부인에 불과하다). 피전부채권이 존재하지 않는 경우에는 전부명령은 무효이고, 집행채권 소멸의 효력이 발생하지 않으므로(민사집행법 제231조 단서) 전부채권자는 이를 입증하여 다시 집행력 있는 정본을 부여받아 강제집행을 할 수 있다.

(2) 전부명령

집행력 있는 집행권원에 기하여 채권압류 및 전부명령이 적법하게 이루어진 이상 피압류채권은 집행채권의 범위 내에서 당연히 집행채권자에게 이전한다고 할 것이어서 그 집행채권이 소멸하였거나 실제 채무액을 초과하더라도 그 채권압류 및 전부명령에는 아무런 영향이 없으므로(대판 2004.5.28. 2004다70024) 확정된 전부명령의 유효여부는 집행채권의 소멸 등과는 그다지 상관이 없다. 따라서 후술하듯 집행채권이 부존재하거나 소멸되었다는 주장은 유효한 항변이 될 수 없다(즉, 집행채권은 요건사실도 항변사실도 아니다). 이는 집행채무자, 즉 원래의 채권자가 청구이의의 소, 부당이득반환청구 등으로 대응할 사유일 뿐이기 때문이다. 한편 전부명령이 발령되었거나 확정되었다는 사실만으로 피전부채권의 소멸시효가 중단되지 아니한다.

(3) 제3채무자에 대한 송달

전부명령이 있게 되면 압류된 채권은 집행채권액과 집행비용을 한도로 하여 동일성을 가진 채로 채무자로부터 집행채권자에게 이전하고(권리이전효), 집행채권은 전부된 채권의 권면액의 범위 내에서 당연히 소멸한다(변제효). 이와 같은 전부명령의 실체적 효력은 전부명령이 확정되면 제3채무자 송달시로 소급하여 발생하므로(민사집행법 제231조), 확정된 전부명령에 의하여 전부채권자가 취득하는 채권은 전부명령이 제3채무자에게 송달된 시점이 기준이 된다. 조건부 채권의 경우에도 조건이 성취된 시점이 아니라 제3채무자에게 송달된 시점을 기준으로 전부명령의 실체적 효력이 발생한다(대결 1999.4.28. 99그21, 대판 2002.7.12. 99다68652 참고).

[권리이전효] "가분적인 금전채권의 일부에 대한 전부명령이 있을 경우 원칙적으로 분할채권이 성립하고 제3채무자로서는 상계 대상에 대한 선택권이 있다"(대판 2010.3.25. 2007다35152 : 10회,13회 선택형). [14법행]

[심화] 조건부채권의 경우 전부명령의 대상적격, 압류경합의 판단시점, 전부명령의 효력발생시기, 채권자들의 권리행사 방법 등이 문제가 된다. ㉠ 압류경합의 판단시기는 전부명령의 효력발생일, 즉 제3채무자 송달시이고(대판 1995.9.26. 95다4681), ㉡ 전부명령의 변제효 발생시기에 대해서는 송달설, 조건성취설, 절충설 등이 있으나 최근 주류의 判例는 절충설에 입각하고 있다(대판 2002.7.12. 99다68652)[8] 따라서 제3채무자에게

---

8) "전부명령이 확정되면 피압류채권은 제3채무자에게 송달된 때에 소급하여 집행채권의 범위 안에서 당연히 전부채권자에게 이전하고 동시에 집행채권 소멸의 효력이 발생하는 것으로, 이 점은 피압류채권이 그 존부 및 범위를 불확실하게 하는 요소를 내포하고 있는 장래의 채권인 경우에도 마찬가지라고 할 것이나, 장래의 채권에 대한 전부명령이 확정된 후에 그 피압류채권의 전부 또는 일부가 존재하지 아니한 것으로 밝혀졌다면 민사소송법 제564조 단서(현행 민사집행법 제231조 단서)에 의하여 그 부분에 대한 전부명령의 실체적 효력은 소급하여 실효된다"

송달된 시점을 기준으로 전부명령의 실체적 효력(특히 집행채권 소멸의 효과)이 발생하고 다만, 그 후 전부된 조건부 채권이 일부가 부존재 하는 것으로 확정되었다면 그 부존재 하는 부분에 대한 전부명령은 민사집행법 제231조 단서에 의해 그 부분에 대해서만 집행채권 소멸의 효과가 소급적으로 실효된다. 제3채무자에 대하여 송달된 이후 그 채권의 일부가 부존재 하는 대표적인 조건부 채권으로서는 임대차보증금반환채권이 있다. ⓒ 그리고 채권자들의 권리행사 방법에 대해서는 피전부채권이 장래의 채권이나 조건부 채권 등이어서 나중에 구체적으로 확정된 채권액이 전부명령의 제3채무자 송달시보다 감소함으로써 모든 압류채권자들을 만족시킬 수가 없는 경우에는 각 전부채권자는 확정된 피압류채권액의 범위 안에서는 자신의 전부금액 전액의 지급을 제3채무자에게 요구할 수 있고, 제3채무자로서도 전부채권자 중 누구에게라도 그 채무를 변제하면 다른 채권자에 대한 관계에서도 유효하게 면책되며, 제3채무자는 이중지급을 이유로 변제공탁을 할 수 있다(대판 1998.8.21. 98다15439).[9]

(4) 전부명령의 확정(=채무자에 대한 송달)

전부명령은 확정되어야 효력을 가지는데(민사집행법 제229조), 전부명령은 즉시항고권자인 채무자에게 송달되지 않으면 확정될 수 없으므로, 전부명령 확정의 전제 사실로서 채무자에 대한 송달 사실도 주장·증명되어야 한다. 다만 대부분 다툼없는 사실로 정리된다. 확정을 요건으로 하는 이유는 전부명령에 따라 전부채권자에게 권리이전효와 변제효가 발생하고 이는 유의미한 실체적 효력이기 때문에 당사자간의 법률관계를 명확히 할 필요가 있기 때문이다.

2. 피고의 항변

목차는 피고의 항변이지만 실제로는 어떤 것이 유효한 항변으로 작동하고 어떤 것은 법률상의 주장에 불과한지를 정확히 구별해 내는 것이 가장 중요하다. 유효하지 않은 법률상의 주장을 걸러내어 소장을 작성해야 하기 때문이다.

(1) 피전부채권에 관하여

전부명령에 의하여 피전부채권은 동일성을 유지한 채로 집행채무자로부터 집행채권자에게 이전되므로(민사집행법 제229조 3항), 제3채무자인 피고는 채권압류 전에 피전부채권자에 대하여 가지고 있었던 항변사유를 가지고 전부채권자에게 대항할 수 있다.

1) 피전부채권이 소멸한 경우

전부명령이 송달되기 전에 피고가 이미 채무자에게 변제하였거나 채무자로부터 채무면제를 받는 등으로 피전부채권이 이미 소멸한 경우, 피전부채권이 전부명령 송달 전에 제3자에게 이미 양도된 경우(대판 1994.4.26. 93다24223),[10] **전부명령이 송달된 이후라도**(전부명령이 송달된 이후라도 가능한 항변이라는 점에 주의를 요한다) 피고의 취소·해제(대판 2006.1.26. 2003다29456) 등에 의하여 피전부채권이 소급하여 소멸한 경우 등은 유효한 항변사유가 된다. 또 피전부채권이 매매대금채권인 경우에는 제3채무자인 매수인으로서는 목적물의 인도 및 소유권이전과 동시이행을 주장할 수도 있다.

---

9) "장래의 불확정채권에 대하여 수 개의 전부명령이 존재하고, 그 후 확정된 피압류채권액이 각 전부금액의 합계액에 미달하는 경우에도 각 전부명령이 그 송달 당시 압류의 경합이 없어 유효한 이상 각 전부채권자는 확정된 피압류채권액의 범위 안에서 자신의 전부금액 전액의 지급을 제3채무자에 대하여 구할 수 있고, 제3채무자로서는 전부채권자 중 누구에게라도 그 채무를 변제하면 다른 채권자에 대한 관계에서도 유효하게 면책되며, 한편 제3채무자는 이중지급의 위험이 있을 수 있으므로 민법 제487조 후단을 유추적용하여 채권자를 알 수 없다는 이유로 변제공탁을 함으로써 법률관계의 불안으로부터 벗어날 수 있다"

10) 이를 선행 채권양도의 항변이라고 한다. 이 경우 선행권 양도의 항변이 유효하기 위해서는 채무자가 제3채무자에게 확정일자 있는 증서에 의한 양도통지를 하고 그 통지가 전부명령의 전제가 된 압류명령의 송달 이전에 제3채무자에게 도달한 사실까지 주장 입증하여야지, 그렇지 않으면 제3채무자는 전부채권자에게 대항할 수 없게 된다(대판 1994.4.26. 전합93다24223). 다만 제3채무자가 채권양수인에게 채무변제를 한 이후에 전부명령이 송달된 경우에는 피전부채권은 이미 소멸된 상태라는 점에서 대항요건의 문제는 발생하지 않는다(추심명령도 마찬가지이다. 대판 2003.10.24. 2003다37426).

[2003다29456판결과 구별] (가)압류가 되었다고 해도 피압류채권의 발생원인인 기본적인 법률관계를 변경 소멸시키는 행위(계약의 취소·해제·해지) 등은 원칙적으로 자유롭게 할 수 있는데(대판 2001.6.1. 98다17930[11]: 9회, 14회 선택형), 이는 채권자 대위권의 행사로 인한 채무자의 처분제한(민법 제405조 2항)에 채무자와 제3채무자 사이의 합의해제를 포함시키는 判例의 태도와는 차이가 있음을 주의하여야 한다.

2) 임차보증금 반환채권의 경우

임차보증금 반환채권은 연체차임, 차임 상당의 부당이득 채권, 손해배상채권 등 임차보증금으로써 담보되는 임대인의 채권이 발생하는 것을 해제조건으로 하여 발생하는 것이므로, 임차보증금 반환채권에 대한 전부명령은 임대인의 채권을 공제한 잔액에 관하여서만 유효하다. 따라서 제3채무자인 임대인으로서는 연체차임, 손해배상채권 등의 발생사실을 주장·증명하여 해당금액의 공제를 주장할 수 있다(대판 1989.4.25. 88다카4253,4260). [08법행] 이러한 임대차보증금에 내재된 조건으로 인하여 연체차임 등을 공제한 결과 임차보증금이 한푼도 남지 않는 결과가 초래될 수 있으므로 전부채권자는 전부받은 임차보증금반환채권을 피보전채권으로 삼아 임대인을 대위하여 임차인에게 임차목적물의 반환을 청구할 수 있고, 이 경우는 임대인의 무자력을 요하지 아니한다(대판 1989.4.25. 88다카4253,4260). 따라서 임차보증금반환채권을 전부받은 원고로서는 임대인 및 임차인을 공동피고로 하여 임대인에게는 전부명령을 원인으로 보증금의 지급을, 임차인에게는 임대인을 대위하여 임대목적물의 인도를 구하게 된다. 만일 임대인이 임차인과 사이에 전부명령의 송달 전에 이미 임대차기간을 연장하거나 임대차계약을 갱신하기로 명시적 또는 묵시적 합의를 하였다면 이러한 사유도 전부채권자에 대항할 수 있는 항변사유가 된다.

3) 양도금지의 특약이 있는 채권의 경우

피전부채권이 양도금지의 특약이 있는 채권이더라도 전부명령에 의하여 전부되는 데에는 지장이 없고, 양도금지의 특약이 있는 사실에 관하여 집행채권자가 선의인가 악의인가는 전부명령의 효력에 영향을 미치지 못하는 것이므로(대판 2002.8.27. 2011다71699 : 8회 선택형). 제3채무자인 피고가 채무자와 사이에 피전부채권에 관하여 양도금지의 특약을 체결하였고, 원고가 그 사실을 알고 있었다고 주장하더라도 이는 유효한 항변이 될 수 없다. 나아가 전부채권자로부터 다시 그 채권을 양수한 자가 그 특약의 존재를 알았거나 중대한 과실로 알지 못하였다고 하더라도 제3채무자는 위 특약을 근거로 삼아 채권양도의 무효를 주장할 수 없다(엄폐물의 법칙)(대판 2003.12.11. 2001다3771: 표준판례506 : 7회 선택형).

(2) 전부명령에 관하여(압류의 경합)

① 피고는 제3채무자인 자신에게 전부명령이 송달될 당시[압류의 경합 여부는 제3채무자 송달시를 기준으로 하고, 피전부채권이 장래의 채권, 조건부 채권이라도 압류의 경합 여부는 제3채무자 송달시를 기준으로 한다(대판 1995.9.26. 95다4681)] (가)압류의 경합 또는 배당요구가 있었음을 주장하며 전부명령의 효력을 다툴 수 있다. 아울러 (가)압류의 경합으로 인하여 무효로 된 전부명령은 그 이후 경합 상태에서 벗어났다고 하여 다시금 되살아나 그 효력을 발생하는 것은 아님에 유의하여야 한다(대판 2001.10.12. 2000다19373). [13회 기록형]

같은 채권에 대하여 중복하여 압류 등이 있었더라도 그 효력이 그 채권의 일부에 국한되고, 이를 합산하여도 피압류채권의 채권액에 미치지 아니할 때는 압류의 경합이 있다고 할 수 없으므로(대판

---

11) "채권에 대한 가압류는 제3채무자에 대하여 채무자에게의 지급 금지를 명하는 것이므로 채권을 소멸 또는 감소시키는 등의 행위는 할 수 없고 그와 같은 행위로 채권자에게 대항할 수 없는 것이지만, 채권의 발생원인인 법률관계에 대한 채무자의 처분까지도 구속하는 효력은 없다 할 것이므로 채무자와 제3채무자가 아무런 합리적 이유 없이 채권의 소멸만을 목적으로 계약관계를 합의해제한다는 등의 특별한 경우를 제외하고는, 제3채무자는 채권에 대한 가압류가 있은 후라고 하더라도 채권의 발생원인인 법률관계를 합의해제하고 이로 인하여 가압류채권이 소멸되었다는 사유를 들어 가압류채권자에 대항할 수 있다"

2002.7.26. 2001다68839). 그러한 경우 피고는 총 압류액이 피압류채권의 채권액을 초과하는 사실까지 증명하여야 한다.
② 다만, 동일한 채권에 관하여 확정일자 있는 채권양도통지와 두 개 이상의 채권압류 및 전부명령 정본이 동시에 송달된 경우 채권의 양도는 채권에 대한 압류명령과는 그 성질이 다르므로 당해 전부명령이 채권의 압류가 경합된 상태에서 발령된 것으로서 무효인지의 여부를 판단함에 있어서 압류액에 채권양도의 대상이 된 금액을 합산하여 피압류채권액과 비교하거나 피압류채권액에서 채권양도의 대상이 된 부분을 공제하고 나머지 부분만을 압류액의 합계와 비교할 것은 아니다(대판 2002.7.26. 2001다68839 ; 핵심사례 B-17.참고). 즉, 채권양도된 부분은 압류의 경합판단에서 제외된다는 의미이다. 이는 채권양도와 압류의 관계는 우열관계의 문제일 뿐 압류의 효력 판단 문제는 아니기 때문이다.
외견상 압류의 경합이 있더라도 선행한 압류가 당연무효인 경우에는 당해 전부명령이 압류가 경합된 상태에서 발령된 것이 아니므로, 원고는 재항변으로 선행한 압류신청 당시 채무자가 이미 사망한 사실을 주장하며 선행압류의 당연무효를 주장할 수 있다. 그러나 집행절차에서 제3채무자는 집행당사자가 아니라 이해관계인일 뿐이므로, 압류신청 당시 제3채무자가 이미 사망하였다 하더라도 이는 경정결정에 의하여 시정될 수 있는 것이고, 압류명령이 당연무효로 되는 것은 아니다(대판 1998.2.13. 95다15667).
③ 한편 원고와 채무자 사이의 집행채권의 부존재 또는 소멸은 전부명령의 효력에 영향이 없으므로, 집행채권의 부존재·소멸을 주장하는 것은 유효한 항변이 되지 못한다.

(3) 상계(이하 B-118 ; 핵심사례 B-16.참고)
① 전부명령은 압류명령을 전제로 발령되는 것이므로, 압류명령에 의하여 압류된 채권, 즉 민법 제498조의 지급금지채권을 대상으로 하는 것이고, 따라서 제3채무자로서는 압류명령 송달 후(가압류에서 본압류로 이전된 경우에는 가압류명령 송달 후) 취득한 채무자에 대한 채권을 자동채권으로 하여 피전부채권과의 상계를 주장할 수 없다.
나아가, 압류명령 송달 전에 이미 취득한 채무자에 대한 채권인 경우에도 양 채권이 상계적상에 있거나 자동채권이 변제기에 달하여 있지 않은 경우에는 그것이 수동채권의 변제기와 동시에 또는 그보다 먼저 변제기에 도달하는 경우에만 상계할 수 있으므로(대판 1987.7.7. 86다카2762 ; 대판 2012.2.16. 전합 2011다45521: 표준판례570 : 13회 선택형), 채무자에 대한 채권을 자동채권으로 하여 피전부채권과의 상계를 주장하기 위해서는 피고가 압류명령의 송달 전에 자동채권이 발생한 사실과 더불어 위와 같은 변제기에 관한 사실까지 증명하여야만 한다.
② 다만, 이와 같이 자동채권, 즉 채무자에 대한 채권은 압류명령 송달 당시에 적어도 발생은 하고 있어야 함이 원칙이나, 자동채권으로 삼으려는 채무자에 대한 채권이 그때까지 아직 발생되어 있지 않았더라도 그 발생과 동시에 수동채권과 동시이행관계에 놓이는 경우에는 자동채권의 발생기초가 되는 원인이 수동채권의 압류 이전부터 이미 성립하여 존재하고 있었다고 할 것이므로, 그러한 채권은 자동채권이 될 수 있다(대판 1993.9.28. 92다55794 ; 대판 2011.3.27. 2000다43819 : 8회 선택형). 이러한 경우 자동채권은 발생과 동시에 수동채권과 상계적상상태에 있게 되므로, 피고로서는 자동채권의 발생사실과 자동채권이 수동채권과 동시이행관계에 있는 사실만 주장·증명하면 된다. 참고로 가압류 또는 전부명령 이후 발생한 이자채권 중 지분적 이자채권은 '그 후 취득한 채권'이 아니라 상계가 가능하고, 압류 및 전부명령 송달 후 발생한 이자채권은 그 발생기초가 되는 원인이 수동채권의 압류 이전부터 이미 성립하여 존재하고 있었다고 볼 것이다(대판 1993.9.28. 92다55794).

Ⅲ. 추심금청구

1. 청구원인(요건사실)

추심금청구의 요건사실은 ⅰ) 추심채권[12]의 존재, ⅱ) 추심명령, ⅲ) 제3채무자에 대한 송달사실이다. 뒤의 두 요건은 원고적격의 문제, 즉 실체적 권리의 내용이 아닌 절차의 적법성의 문제이므로 소송요건에 해당한다. 하지만 실무상 대개 청구원인에서 다른 추심채권의 존재와 함께 적시하고 있다.

(1) 추심채권의 존재

원고가 추심채권의 존재사실을 증명하기 위해서 추심채권의 발생사실만 증명하면 충분하다는 점은 전부금청구에서와 같다. 추심명령은 유효하게 압류된 채권에 대하여는 언제나 발할 수 있으므로, 그 채권이 권면액이 있는 금전채권이어야 할 필요도 없다. 전부명령에서와 마찬가지로 집행채권은 요건사실도 항변사실도 아니다. 즉 집행채권의 존재가 요건사실이라거나 부존재 또는 소멸이 항변사유가 되지 않고, 이는 집행채무자가 채권자를 상대로 청구이의의 소를 제기할 사유에 불과하다.

(2) 추심명령

전부채권이 피압류채권을 집행채무자로부터 집행채권자에게로 이전시키는 것과는 달리 추심명령이 있게 되면 실체법상의 청구권은 집행채무자에게 있으면서[13] 추심채권자에게 추심할 권능만을 부여하는 제3자 법정소송담당의 관계에 있게 된다.[14] 이 경우 그 추심권의 범위는 추심명령에서 특별히 한정하지 아니한 이상 피압류채권의 전액에 미치고, 종된 권리인 이자 및 지연손해금에도 미치나 당초 압류대상으로 삼지 않은 압류의 효력 발생 전에 이미 발생한 이자 등에는 미치지 아니한다.

압류가 경합되거나 배당요구가 있는 경우 추심채권자는 집행법원의 수권에 따라 일종의 추심기관으로서 압류나 배당에 참가한 모든 채권자를 위하여 제3채무자로부터 추심하는 것이므로 같은 채권에 관하여 추심명령이 여러 번 발부되더라도 그 사이에는 순위의 우열이 없다. 따라서 (가)압류나 추심명령이 경합하여도 추심명령은 유효하고, 추심권능도 피압류채권 전액에 미친다. [9회 기록형]

(3) 제3채무자에 대한 송달

추심명령은 제3채무자에게 송달된 때 효력이 발생하므로(이 점에서 전부명령이 확정된 때 제3채무자로 송달시로 소급하여 효력을 갖는 것과는 다르다), 채무자에 대한 송달사실과 추심명령의 확정사실은 추심금청구의 청구원인이 아니다(앞서 본 전부명령에서는 전부명령의 확정은 요건사실인 점과 차이가 있다).

---

12) 집행채권자의 집행채무자에 대한 채권을 집행채권, 집행채무자의 제3채무자에 대한 채권을 추심채권이라고 하므로, 추심채권은 피압류채권을 의미한다.

13) [관련판례] 채무자의 피압류채권에 대한 실체법상 채권자로서의 지위는 그래도 유지된다는 점을 주의하여야 한다. 따라서 채무자는 제3채무자에 대하여 피압류채권에 기하여 그 동시이행을 구하는 항변권을 상실하지 않는다(대판 2001.3.9. 2000다73490). 이는 전부명령과 달리 추심명령으로 인해 채무자가 제3채무자에 대해 가지는 채권이 추심채권자에게 이전되거나 귀속되는 것은 아니기 때문이다.

14) [관련판례] 따라서 제3채무자에 대한 이행의 소는 추심채권자만이 제기할 수 있고 채무자는 피압류채권에 대한 이행소송을 제기할 당사자 적격을 상실한다. 다만 채무자의 이행소송 계속 중에 추심채권자가 압류 및 추심명령의 신청의 취하 등에 따라 추심권능을 상실하게 되면 채무자는 탄력적으로 당사자 적격을 회복한다(대판 2010.11.25. 2010다64877). 한편 채권자는 현금화절차가 끝나기 전까지 압류명령의 신청을 취하할 수 있고, 이 경우 채권자의 추심권도 당연히 소멸하게 되며 - 추심금 청구소송을 제기하여 확정판결을 받은 경우라도 - 그 집행에 의한 변제를 받기 전에 압류명령의 신청을 취하하여 추심권이 소멸하면 추심권능과 소송수행권이 모두 채무자에게 복귀한다(대판 2009.11.12. 2009다48879).

2. 피고의 항변

(1) 추심채권에 관하여

제3채무자는 채무자에 대하여 주장할 수 있는 실체법상의 모든 항변으로 추심채권자에게 대항할 수 있으므로, 압류명령 송달 전에 채무자에게 변제하는 등으로 추심채권을 소멸시켰다고 항변할 수 있다. 判例 또한 "추심명령의 채무자가 제3채무자에 대하여 가지는 이 사건 매매계약에 관한 해제권 및 그에 근거한 원상회복청구권과 위약금청구권이 소멸하였다(본래채권의 시효완성)는 취지의 항변은 타당하다"(대판 2023.5.18. 2020다8432)는 입장이다.

나아가 정당한 추심권자에게 변제하면 그 효력은 압류 경합 관계에 있는 모든 채권자에게 미치므로, 정당한 추심권자에게 추심채무를 변제한 사실을 주장·증명하면, 그 변제시점이 압류명령 송달 후이더라도 원고의 청구에 대항할 수 있다.

제3채무자는 압류명령을 송달받기 전에 취득한 채무자에 대한 채권으로 추심채권과 상계할 수 있고(다만, 앞서 본 바와 같이 양 채권이 상계적상에 있거나 자동채권이 변제기에 달하여 있지 않은 경우에는 그것이 수동채권의 변제기와 동시에 또는 그보다 먼저 변제기에 도달하는 경우에 한하여 가능하다), 이 경우 상계의 의사표시는 추심채권자나 채무자의 어느 쪽에 대하여 하더라도 무방하다.

> [채권압류의 처분금지효력의 상대성] 압류의 처분금지적 효력은 절대적인 것은 아니고, 채무자의 처분행위 또는 제3채무자의 변제로서 처분 또는 변제 '전'에 집행 절차에 참가한 압류채권자나 배당요구채권자에게 대항하지 못한다는 의미에서 상대적 효력만을 가지는 것이라고 본다(대판 2003.5.30. 2001다10748 : 개별상대효설 **9회 선택형**). 예를 들어 甲이 乙의 丙에 대한 금전채권을 압류하여 그 압류명령이 丙에게 송달된 후 丙이 乙에게 채무를 일부 변제하고 그 후에 乙의 다른 채권자인 丁이 위 금전채권을 압류하여 그 압류명령이 丙에게 송달된 경우, 丙의 乙에 대한 위 채무 변제는 丁에 대해서는 유효하다.
>
> 따라서 압류 후에 피압류채권이 제3자에게 양도된 경우 채권양도는 압류채무자의 다른 채권자 등에 대한 관계에서는 유효하다. 그리고 채권양도 행위가 사해행위로 인정되어 취소 판결이 확정된 경우에도 취소의 효과는 사해행위 이전에 이미 채권을 압류한 다른 채권자에게는 미치지 아니한다(대판 2015.5.14. 2014다12072 : **5회 선택형**).

(2) 추심명령에 관하여 [9회 기록형]

제3채무자가 추심명령에 관하여 즉시항고를 하여 추심명령이 취소되었다거나, 추심채권자가 추심명령 신청을 취하하였다고 주장하는 것은 원고의 추심권한을 다투는 것이므로 본안 전 항변이 된다. 집행채권의 부존재나 소멸은 집행채무자가 청구이의의 소에서 주장할 사유이지 추심의 소에서 제3채무자가 이를 항변으로 주장하여 채무의 변제를 거절할 수는 없다(대판 1994.11.11. 94다34012 : **14회 선택형**).

┃핵심사례 B-17┃

■ 동일한 채권에 대하여 두 개 이상의 채권압류 및 전부명령이 제3채무자에게 동시에 송달된 경우

[사법연수원]   대판 2002.7.26. 2001다68839

> A가 피고에 대하여 가지고 있는 1억 원의 임대차보증금 반환채권에 대하여, 甲은 A에 대한 대여금채권에 기하여 위 임대차보증금 반환채권 중 6,000만 원에 관하여 압류 및 전부명령을 받았고, 乙은 A에 대한 물품대금채권에 기하여 위 임대차보증금 반환채권 중 3,000만 원에 관하여 압류 및 전부명령을 받았으며, 丙은 A로부터 위 임대차보증금 반환채권 중 4,000만 원을 양도받았는데, 甲의 압류 및 전부명령, 乙의 압류 및 전부명령, A와 丙 사이의 채권양도에 관한 A 명의의 확정일자 있는 양도통지가 모두 같은 날 피고에게 송달되었다.
> 이 경우 甲의 압류 및 전부명령이 유효한지 여부 및 그 이유를 설명하시오. (20점)

Ⅰ. 甲의 압류 및 전부명령이 유효한지 여부

甲과 乙의 각 채권압류명령의 압류액을 합한 금액(9,000만 원)이 피압류채권액(1억 원)을 초과하지 않으므로, 甲의 채권압류 및 전부명령은 유효하다.

Ⅱ. 이 유

1. 판 례

① "동일한 채권에 대하여 두 개 이상의 채권압류 및 전부명령이 발령되어 제3채무자에게 동시에 송달된 경우 당해 전부명령이 채권압류가 경합된 상태에서 발령된 것으로서 무효인지의 여부는 그 각 채권압류명령의 압류액을 합한 금액이 피압류채권액을 초과하는지를 기준으로 판단하여야 하므로 전자가 후자를 초과하는 경우에는 당해 전부명령은 모두 채권의 압류가 경합된 상태에서 발령된 것으로서 무효로 될 것이지만 그렇지 않은 경우에는 채권의 압류가 경합된 경우에 해당하지 아니하여 당해 전부명령은 모두 유효하게 된다고 할 것이며, 그때 동일한 채권에 관하여 확정일자 있는 채권양도통지가 그 각 채권압류 및 전부명령 정본과 함께 제3채무자에게 동시에 송달되어 채권양수인과 전부채권자들 상호간에 우열이 없게 되는 경우에도 마찬가지라고 할 것이다"(대판 2002.7.26. 2001다68839).

② "동일한 채권에 관하여 확정일자 있는 채권양도통지와 두 개 이상의 채권압류 및 전부명령 정본이 동시에 송달된 경우 채권의 양도는 채권에 대한 압류명령과는 그 성질이 다르므로 당해 전부명령이 채권의 압류가 경합된 상태에서 발령된 것으로서 무효인지의 여부를 판단함에 있어 압류액에 채권양도의 대상이 된 금액을 합산하여 피압류채권액과 비교하거나, 피압류채권액에서 채권양도의 대상이 된 금액 부분을 공제하고 나머지 부분만을 압류액의 합계와 비교할 것은 아니다"(대판 2002.7.26. 2001다68839).

[판례정리] 判例는 동일한 채권에 대하여 두 개 이상의 채권압류 및 전부명령이 발령되어 제3채무자에게 동시송달된 경우 그 각 채권압류명령의 압류액을 합한 금액이 피압류채권액을 초과하는지를 기준으로 무효여부를 판단하는데, 이는 압류경합을 형식적으로 판단하지 않고 실질적으로 파악하고 있는 것이다. 한편 채권양도통지는 채권에 대한 압류명령과는 그 성질이 다르므로 채권양도의 대상이 된 금액을 고려하여 채권압류의 경합여부를 판단할 것은 아니다.

2. 검토 및 사안의 경우

① 사안의 경우, 甲의 압류 및 전부명령이 채권압류가 경합된 상태에서 발령된 것으로서 무효인지 여부를 판단하기 위해서는, 甲과 乙의 압류액을 합한 금액(9,000만 원)이 피압류채권액(1억 원의 임대차보증금 반환채권)을 초과하는지를 기준으로 판단하여야 한다. 따라서 甲의 압류 및 전부명령은 乙의 압류 및 전부명령과 동시에 제3채무자인 피고에게 송달되었다는 점에서 원칙적으로 압류가 경합된 상태에서 발령된 것으로 볼 수 있지만, 甲과 乙의 압류액을 합한 금액이 피압류채권액인 1억 원의 임대차보증금 반환채권액을 초과하지 않으므로 실질적으로 압류가 경합되지 않은 상태에서 발령된 것이라고 할 것이다. 따라서 甲의 압류 및 전부명령은 원칙적으로 유효한 것으로 보인다.

② 한편, 사안에서는 A의 1억 원의 임대차보증금 반환채권에 대한 甲과 乙의 압류 및 전부명령과 동일한 A의 1억 원의 임대차보증금 반환채권 중 4,000만 원에 대한 A명의의 확정일자 있는 채권양도통지(양수인 丙)가 모두 제3채무자(피고)에게 동시에 송달되어 甲, 乙, 丙 사이의 우열을 판단할 수 없는 상태이긴 하지만, 채권양도통지는 채권에 대한 압류명령과는 그 성질이 다르므로 채권양도의 대상이 된 금액을 고려하여 채권압류의 경합 여부를 판단할 것은 아니다. 따라서 甲과 乙의 압류액(9,000만 원)에 채권양도의 대상이 된 금액(4,000만 원)을 합산(1억 3,000만 원)하여 피압류채권액(1억 원)과 비교하거나, 피압류채권액(1억 원)에서 채권양도의 대상이 된 금액(4,000만 원)을 공제하고 나머지 부분(6,000만 원)만을 압류액의 합계(9,000만 원)와 비교할 것은 아니므로, 甲의 채권압류 및 전부명령은 실질적으로 압류가 경합되지 않은 상태에서 발령된 것으로서 유효하다.

제3편

채권각론

- 제1장 계약 총론
- 제2장 계약의 효력
- 제3장 각종의 계약
- 제4장 사무관리
- 제5장 부당이득
- 제6장 불법행위책임

제1장 계약 총론

제1절 계약의 성립

Ⅰ. 계약의 공통적인 성립요건으로서의 합의 [C-1]

1. 합 의

계약이 성립하기 위해서는 공통적으로 당사자 간에 서로 대립하는 의사표시의 합치가 있어야 한다. 이 합의가 성립하기 위해서는 주관적 합치와 객관적 합치가 있어야 한다.

(1) 주관적 합치

주관적 합치란 당사자의 의사표시가 서로 상대방에 대한 것이어서 상대방이 누구이냐에 관하여 불일치가 없는 것, 즉 '당사자의 합치'를 의미한다. 주관적 합치는 주로 실질적인 계약당사자와 명목상의 계약당사자가 서로 다른 경우에 당사자 확정과 관련하여 문제된다.

(2) 객관적 합치

객관적 합치란 의사표시가 내용적으로 일치하는 것, 즉 '내용의 합치'를 의미한다. 이러한 의사의 합치는 당해 계약의 내용을 이루는 모든 사항에 관하여 있어야 하는 것은 아니나, 그 '본질적 사항'이나 '중요 사항'에 관하여는 구체적으로 의사의 합치가 있거나 적어도 장래 구체적으로 특정할 수 있는 기준과 방법 등에 관한 합의는 있어야 한다(대판 2001.3.23. 2000다51650: 표준판례574). 그러나 계약내용의 중요한 점(본질적인 사항)이 아니더라도 특히 당사자가 그것에 중대한 의의를 두고 계약성립의 요건으로 할 의사를 표시한 때에는 이에 관하여 합치가 있어야 계약이 적법·유효하게 '성립'한다(대판 2003.4.11. 2001다53059). 한편 당사자가 의사의 합치가 이루어져야 한다고 표시한 사항에 대하여 합의가 이루어지지 않은 경우에는 원칙적으로 계약은 '성립'하지 않은 것으로 보는 것이 타당하다(대판 2017.5.30. 2015다34437).

> **✳ 매매의 목적물과 대금의 특정**
> "매매계약에 있어 매매목적물과 대금은 반드시 그 계약체결 당시에 구체적으로 특정되어 있을 필요는 없고 이를 사후라도 구체적으로 특정할 수 있는 방법과 기준이 정하여져 있으면 족하다. 매매계약에 있어서의 목적물 및 대금은 특별한 사정이 없는 한 그 계약체결 당시에 약정하였던 목적물 및 그 대금이어야 하고, 사후에 특정되는 목적물이나 대금은 계약체결 당시에 예정하였거나 사후기준을 정하였을 경우에 한하여 그 기준이 된다"(대판 1986.2.11. 84다카2454).
>
> **✳ 처분문서가 있는 경우**
> "계약의 성립을 위한 의사표시의 '객관적 합치' 여부를 판단함에 있어, 처분문서인 계약서가 있는 경우에는 특별한 사정이 없는 한 계약서에 기재된 대로의 의사표시의 존재 및 내용을 인정하여야 하고, 계약을 체결함에 있어 당해 계약으로 인한 법률효과에 관하여 제대로 알지 못하였다 하더라도 이는 계약체결에 관한 의사표시의 착오의 문제가 될 뿐이다"(대판 2009.4.23. 2008다96291,96307)

2. 불합의

객관적·주관적 합치가 없으면 계약은 성립하지 않는다. 이를 '불합의'라고 하는데, 여기에는 '의식적 불합의'와 '무의식적 불합의'(숨은 불합의)가 있다. 불합의는 착오와 구별되는바, 불합의는 두 개의 의사표시가 합치하지 않는 것인데 반해, 착오는 한 개의 의사표시에서 의사와 표시가 불일치한 것이다. 따라서 불합의가 있으면 계약이 불성립하므로 착오는 더 이상 문제될 여지가 없다. 그러므로 계약에서는 착오의 여부보다 합의냐 불합의냐의 여부를 먼저 검토해야 한다.

Ⅱ. 청약과 승낙의 합치 [C-2]

1. 청 약 [C-2a]

(1) 의 의 [10회 사례형]

청약은 일방이 타방에게 일정한 내용의 계약을 체결할 것을 제의하는 상대방 있는 의사표시이다. 이러한 청약은 그에 대응하는 승낙만 있으면 곧 계약이 성립하는 '확정적 의사표시'이므로 타인으로 하여금 자기에게 청약을 하게 하려는 '청약의 유인'과는 구별된다.

예를 들어 '광고'는 일반적으로 청약의 유인에 불과하나, 그 내용이 명확하고 광고주가 계약에 구속되려는 의사가 명백하다면 청약으로 보아야 할 것이다(대판 2018.2.13. 2017다275447). 그리고 광고 이후의 거래과정에서 상대방이 광고의 내용을 전제로 청약을 한 경우에는 광고의 내용이 청약에 포함될 것이다(즉, 분양광고가 분양광고 당시에 청약의 유인에 불과하였다고 하더라도 그 후의 사정을 고려하여 광고의 내용이 계약의 내용으로 될 수 있을 것이다 ; 아래 2005다5812,5829,5836 판결 참조).[1]

> ※ **아파트 분양광고의 성질**
> 상가나 아파트의 분양광고는 일반적으로 청약의 유인으로서의 성질을 갖는다(대판 2001.5.29. 99다55601,55618).[2] ① 판례는, '선분양·후시공' 방식으로 분양되는 아파트의 경우, 분양광고 중 아파트의 외형·재질·구조 및 실내장식 등에 관한 사항은 특별한 사정이 없는 한 묵시적 합의에 의해 분양계약의 내용을 이루는 것으로 보았다(대판 2007.6.1. 2005다5812,5829,5836: 표준판례575). ② 반면 '선시공·후분양'이 이루어진 아파트의 경우에는 완공된 아파트를 보고 분양계약 체결 여부를 결정하게 될 것이어서, 준공 전에 한 분양광고는 원칙적으로 분양계약의 내용을 이루지 않는 것으로 보았다(대판 2014.11.13. 2012다29601).

(2) 요 건

① 청약의 상대방은 특정인인 것이 보통이나, 불특정다수인에 대한 청약도 유효하다(예컨대 자동판매기의 설치, 신문광고에 의한 청약, 버스의 정류장에의 정차 등). ② 청약에는 상대방 및 계약의 중요한 점이 모두 확정되어 있거나 확정될 수 있는 기준이 포함되어야 한다(대판 2003.4.11. 2001다53059: 표준판례573). 즉 상대방이 승낙의 의사표시만 하면 곧바로 계약이 성립할 수 있어야 한다.

---

1) 김재형, '분양광고와 계약', 민사판례연구 제31집(2009), p.418
2) [사실관계] 위 판결은 용도가 특정된 상가를 분양하면서 그곳에 첨단 오락타운을 조성·운영하고 전문경영인에 의한 위탁경영을 통해 분양계약자들에게 일정액 이상의 수익을 보장한다는 광고를 하고, 그러나 체결된 분양계약서에는 이러한 내용이 기재되지 않은 사안에서, 위와 같은 광고는 청약의 유인에 불과할 뿐 상가분양계약의 내용으로 되었다고 볼 수 없어, 분양회사는 분양계약자에 대해 분양광고상의 의무를 부담하지 않는다고 하였다. 한편 다소의 과장광고가 상거래상 시인되는 점에 비추어 기망성도 없는 것으로 보았다.

(3) 효 과

1) 효력발생시기

청약은 상대방 있는 의사표시이므로, 상대방에게 '도달'한 때로부터 그 효력이 생긴다(제111조 1항). 따라서 청약의 의사표시가 상대방에게 도달하기 전까지는 철회할 수 있다. 아울러 '청약자'가 그 통지를 발송한 후 사망하거나 행위능력을 상실하여도 청약의 효력에는 영향이 없다(제111조 2항).

2) 청약의 구속력

가) 의 의

청약이 그 효력을 발생한 때에는 청약자가 임의로 철회하지 못하는데(제527조 : 청약의 구속력), 청약을 신뢰하여 계약체결을 위한 준비를 하고 있을지 모르는 상대방을 보호하기 위해서다.

나) 구속력의 배제

① 계약의 청약을 철회하더라도 상대방에게 부당한 손해를 줄 염려가 없는 경우에는 청약의 구속력은 배제된다. 그러한 것으로 통설은 청약자가 처음부터 철회를 유보한 경우와 승낙기간을 정하지 않은 대화자 사이의 청약을 든다.

② 한편, 判例는 사직원제출이 '근로계약 해지의 청약'으로 되는 때에는 상대방에게 도달 후에도 승낙이 있기 전에는 일정한 요건 하에 이를 철회하는 것을 인정하나, 일방적인 사직의 의사표시는 '근로계약의 해지통고(단독행위)'로 보고 그 의사표시의 도달 후에는 철회를 허용하지 않는다(아래 91다43138판결). 특히 명예퇴직의 신청은 근로관계의 합의해지의 청약이므로 그 합의가 성립하기 전에는 신청을 철회할 수 있으나, 명예퇴직의 합의 후에는 신청을 철회할 수 없다고 한다(대판 2003.4.25. 2002다11458). **[판례검토]** 이러한 判例의 전체적인 태도는 근로자(피용자)를 위한 특별한 배려로 타당하다고 판단된다.[3]

> **■ 근로자의 사직의사 철회**   대판 1992.4.10. 91다43138
>
> **사실관계** | 甲은 乙학교법인이 설치 운영하는 A고등학교의 교원인데, 질병을 이유로 甲은 2008.12.11. 사직원을 제출하였고, 다만 의료보험과 봉급을 지급받을 수 있도록 2009.2.20.까지 교원신분을 유지하여 달라고 하면서, 사직원의 작성일자를 2009.2.20.자로 기재하였다. 그러나 후에 질병이 치료가 되자 甲은 다시 근무를 희망했으나 乙이 사직원을 근거로 甲을 의원면직한 경우 의원면직처분은 유효한가?
>
> **판례의 태도** | "근로자가 일방적 해약의 고지방법에 따른 임의사직이 아니라 사직원을 제출하는 것은 '근로계약관계의 합의해지를 청약'한 경우에 해당한다. 그리고 다시 근무할 것을 희망하는 의사를 밝힌 것은 종전의 '사직의 의사표시를 철회'한 것으로 보아야 할 것인바, 합의해지의 청약에 대하여 학교측의 내부적인 승낙의사가 형성되기 전에 철회를 허용하는 것이 학교측에 대한 불측의 손해를 주게 되는 등 신의칙에 반한다고 인정되는 특별한 사정이 없는 한 적법하게 그 철회의 효력이 생긴 것이라고 보아야 한다. 따라서 학교측이 위 교사의 사직의사의 철회 이후에 비로소 종전의 사직원에 기하여 위 교사를 의원면직처분한 것은 무효이다"(대판 1992.4.10. 91다43138: **표준판례**576).

3) 청약의 존속기간(승낙적격)

승낙의 기간을 정한 계약의 청약은 청약자가 그 기간 내에 승낙의 통지를 받지 못한 때에는 그 효력을 잃는다(제528조 1항). 승낙의 기간을 정하지 아니한 계약의 청약은 청약자가 상당한 기간 내에 승낙의 통지를 받지 못한 때에는 그 효력을 잃는다(제529조).

---

[3] 송덕수, 신민법강의(8판), D-64 ; 지원림, 민법강의(13판), 5-27

2. 승낙 [C-2b]

(1) 의 의

승낙은 청약에 대응하여 계약을 성립시킬 목적으로 청약자에 대해 행하는 수령자의 의사표시로, 청약의 상대방에게 청약을 받아들일 것인지 여부에 관하여 '회답할 의무'가 있는 것은 아니므로 청약자가 미리 정한 기간 내에 이의를 하지 아니하면 승낙한 것으로 간주한다는 뜻을 청약시 표시하였다고 하더라도 이는 상대방을 구속하지 아니한다. 따라서 그 기간이 경과하면 청약이 실효하게 되어 계약은 불성립이 된다. 다만 그 기간은 경우에 따라 단지 승낙기간을 정하는 의미를 가질 수 있어서 그 기간내에 승낙을 한 경우에 한하여는 계약이 성립할 수는 있다(대판 1999.1.29. 98다48903).

(2) 요 건

청약과 달리 불특정 다수인에 대한 승낙은 있을 수 없고, 승낙은 특정의 청약자에 대해 하여야 한다. 승낙자가 청약에 대하여 조건을 붙이거나 변경을 가하여 승낙한 때에는 그 청약의 거절과 동시에 새로 청약한 것으로 본다(제534조). 따라서 이러한 경우에는 원래의 청약자가 승낙하여야 비로소 계약이 성립한다.

> **✻ 청약에 대해 변경을 가한 승낙**
> "매매계약 당사자 중 매도인이 매수인에게 매매계약을 합의해제할 것을 청약하였다고 할지라도, 매수인이 그 청약에 대하여 조건을 붙이거나 변경을 가하여 승낙한 때에는 민법 제534조의 규정에 비추어 보면 그 청약의 거절과 동시에 새로 청약한 것으로 보게 되는 것이고, 그로 인하여 종전의 매도인의 청약은 실효된다"(대판 2002.4.12. 2000다17834).

(3) 효 과

1) 승낙기간을 정한 경우

청약자가 승낙기간을 정한 경우, 승낙의 통지가 그 기간 내에 청약자에게 도달하여야 계약이 성립한다(제528조 1항). 승낙의 통지가 승낙기간 후에 도달하였지만, 보통 그 기간 내에 도달할 수 있는 날짜로 발송된 때에는, 청약자는 지체없이 승낙자에게 연착의 통지를 하여야 한다(제528조 2항 본문). 청약자가 연착의 통지를 하지 아니한 때에는 승낙의 통지는 연착되지 아니한 것으로 본다(제528조 3항). 따라서 계약은 성립한 것으로 된다.

[구체적 예] 서울에 사는 甲은 대구에 사는 乙에게 2000. 4. 1. 편지로 X건물을 3억 원에 팔겠다고 제의하며 2000. 4. 20.까지 응답하여 줄 것을 요구하였다. 甲의 편지는 2000. 4. 4. 乙에게 도착하였다. 이에 乙은 그 제의를 받아들이겠다는 편지를 써서 2000. 4. 8. 甲에게 송부하였다. 그런데 우체국 사정으로 그 편지가 2000. 4. 25. 甲에게 도착하였다. 그러나 甲은 乙에게 연착의 통지를 하지 않았다(2015년 3차 법전협 선택형).
☞ 2000. 4. 8.에 송부한 乙의 승낙 편지는 보통 '승낙기간'인 4. 20.까지 도달할 수 있다고 보아야 한다. 甲의 청약이 乙에게 도달한 소요일수(3일)를 고려하면 더욱 그렇다. 그러나 甲은 미리 지연의 통지를 하지도 않았고 또 연착 후에 지체없이 연착의 통지도 하지 않은바, 乙의 승낙 통지는 연착되지 않은 것으로 본다(제528조 3항). 그리고 민법은 격지자 사이의 '계약의 성립'의 경우 도달주의 원칙에 대한 예외로 '발신주의'를 취하고 있는바(제531조), 甲과 乙의 매매계약의 성립시기는 乙의 승낙통지가 발송된 때인 2000. 4. 8.이다.

2) 승낙기간을 정하지 않은 경우

승낙의 기간을 정하지 아니한 계약의 청약은 청약자가 상당한 기간 내에 승낙의 통지를 받지 못한 때에는 그 효력을 잃는다(제529조). 유의할 것은, 이 경우에는 승낙기간을 정한 때와는 달리 청약자의 연착의 통지에 관한 규정이 없다. 따라서 상당기간이 지난 뒤에 도달한 승낙으로는 계약은 성립할 수 없다.

3) 연착된 승낙의 효력

제528조 1항 및 제529조에 의해 연착된 승낙은 계약을 성립시킬 수 없다. 그런데 제530조는 계약을 가급적 성립시키기 위해, 청약자가 그 연착된 승낙을 새 청약으로 볼 수 있는 것으로 정한다. 따라서 청약자는 그 연착된 승낙에 대해 승낙을 함으로써 계약을 성립시킬 수 있다.

3. 계약의 성립시기   [C-2c]

청약에 대한 승낙을 함으로써 계약이 성립한다. 따라서 계약의 성립시기는 곧 승낙의 효력발생시기이다.

(1) 격지자 간의 계약성립시기

격지자간의 계약은 승낙의 통지를 '발송'한 때에 '성립'한다(제531조).

이와 관련하여 제528조 1항과 제529조는 도달주의를 취하고 있는 반면 제531조에서는 격지자 간의 계약은 발신주의를 규정하고 있어 양 조항의 관계가 문제되나, 어느 견해[1]에 의하더라도 승낙적격이 있는 동안 승낙이 도달하면 계약은 승낙을 '발송'한 때 성립하고, 반대로 승낙이 도달하지 않으면 계약은 성립하지 않는다.

(2) 대화자간의 계약성립시기

대화자와 격지자의 구별은 거리적 개념이 아니라, 시간적 개념이다. 가령 멀리 떨어진 상대방에 대한 전화에 의한 의사표시는 대화자 간의 의사표시라고 할 것이다. 대화자간의 계약성립시기에 관한 이에 관한 명문규정은 없으나, 의사표시의 일반원칙인 승낙의 의사표시가 청약자에게 도달한 때 계약이 성립한다고 할 것이다.

Ⅲ. 계약성립의 특수한 모습   [C-3]

1. 의사실현에 의한 계약성립

(1) 의 의

청약자의 의사표시나 관습에 의하여 승낙의 통지가 필요하지 아니한 경우에는 계약은 승낙의 의사표시로 인정되는 '사실'이 있는 때에 성립한다(제532조). 이는 승낙의 통지가 필요하지 않은 경우에 어느 때에 계약이 성립한 것인지에 관해 당사자 간에 다툼이 있을 수 있어, 이를 해결하기 위한 것이다.

[구체적 예] 예컨대 서점에서 신간서적을 보내오면 그 중에서 필요한 책을 사기로 하고서 보내 온 책에 이름을 적는 것, 청약한 목적물의 제작을 시작하는 것, 청약과 동시에 보내 온 물건을 소비하거나 사용하는 것, 유료주차장에 차를 주차시키는 것, 슈퍼마켓에서 물건을 바구니에 넣는 것, 버스나 택시에 승차하는 것 등은 대체로 이에 해당한다고 볼 수 있다.

> ※ **예금계약의 성립**
> "예금계약은 예금자가 예금의 의사를 표시하면서 금융기관에 돈을 제공하고 금융기관이 그 의사에 따라 그 돈을 받아 확인을 하면 그로써 성립하며, 금융기관의 직원이 그 받은 돈을 금융기관에 실제로 입금하였는지 여부는 예금계약의 성립에는 아무런 영향을 미치지 아니한다"(대판 2005.12.23. 2003다30159 : 2회 선택형).

---

1) [학설] ① 승낙적격이 있는 동안 승낙이 도달하면 승낙을 발송한 때 소급하여 계약이 성립한다는 '정지조건설'과 ② 승낙적격이 있는 동안 승낙이 도달하지 아니할 것을 해제조건으로 하여 승낙을 발송한 때에 계약이 성립한다는 '해제조건설'(다수설)이 대립한다.

(2) 구별개념

1) 묵시적 승낙

묵시적 승낙에 의한 계약은 그것이 청약자에게 도달하여야 성립하는 반면, 의사실현에 의한 계약은 승낙의 의사표시로 인정되는 사실이 있으면 성립하고 청약자에게 도달하여야 할 필요가 없다.

2) 사실적 계약관계론

사실적 계약관계론은 일정한 경우 의사의 합치가 없거나, 하자가 있는데도 계약의 유효한 성립을 인정하는 이론인 반면, 의사실현에 의한 계약은 의사합치에 근거하여 계약의 성립을 인정한다..

2. 교차청약에 의한 계약성립

당사자 간에 동일한 내용의 청약이 상호교차된 경우에는 양청약이 상대방에게 '도달'한 때에 계약이 '성립'한다(제533조).

IV. 약관과 약관규제법 [95사법] [C-4]

1. 의 의

약관이란 그 명칭이나 형태 또는 범위에 상관없이 계약의 한쪽 당사자가 '여러 명의 상대방'과 계약을 체결하기 위하여 일정한 형식으로 '미리' 마련한 계약의 내용을 말한다(약관의 규제에 관한 법률 제2조 1호). 즉 약관은 i) 계약의 일방당사자에 의해 미리 마련되어야 한다. ii) 다수의 상대방과 계약을 체결하기 위한 것이어야 한다. iii) 계약의 내용이 되는 것이어야 하며 명칭, 형태, 범위는 불문한다. 따라서 구체적인 계약에서의 '개별적 합의' 등은 그 형태에 관계없이 약관에 해당한다고 할 수 없다(대판 2002.10.11. 2002다39807).

이러한 약관은 대량거래의 신속한 처리라는 순기능을 가지나, 계약의 자유를 제한하거나 공정한 거래를 침해하는 역기능도 가지고 있어 법적 규제를 가할 필요성이 있다.

2. 약관의 계약에의 편입

(1) 약관의 구속력의 근거

약관이 당사자 사이에서 구속력을 갖는 근거가 무엇인가에 대해서는 ① 약관을 독자적인 법규범으로 보는 **규범설**이 있으나, ② 判例의 입장인 '**계약설**'이 타당하다(통설). 즉 判例는 "보통보험약관이 계약당사자에 대하여 구속력을 갖는 것은 그 자체가 법규범 또는 법규범적 성질을 가진 약관이기 때문이 아니라, 보험계약 당사자 사이에서 계약내용에 포함시키기로 합의하였기 때문"이라고 하고(대판 1985.11.26. 84다카2543), "은행거래약관도 다른 일반거래약관과 마찬가지로 그 본질은 계약의 초안, 즉 예문에 불과하므로 그것이 계약당사자에 대하여 구속력을 가지려면 계약당사자 사이에서 계약내용에 포함시키기로 하는 합의가 있어야 할 것"이라고 한다(대판 1992.7.28. 91다5624).

(2) 약관의 계약에의 편입 요건

1) 계약편입의 합의

약관이 계약의 내용으로 되기 위해서는 편입에 관한 당사자 간의 합의가 있어야 한다. 이때의 합의는 약관을 전제로서 계약내용으로 편입한다는 포괄적인 합의를 말한다. 判例도 일관하여 당사자 사이에 보험계약서가 작성된 경우에는 계약자가 그 보험약관의 내용을 알지 못하는 때에도 그 약관의 구속력을 배제할 수 없는 것이 원칙이라고 한다(대판 1985.11.26. 84다카2543 외 다수).

2) 명시・설명의무

가) 의 의

사업자는 계약체결에 있어서 고객에게 약관의 내용을 계약의 종류에 따라 일반적으로 예상되는 방법으로 '명시'하고(동법 제3조 2항), '약관'에 정하여져 있는 '중요한 내용'을 고객이 이해할 수 있도록 '설명'하여야 한다(동법 제3조 3항). 여기서 '중요한 내용'이란 당해 고객의 이해관계에 중요한 영향을 미치는 것으로서, 사회통념상 당해 사항을 알았는지가 계약의 체결에 영향을 미칠 수 있는 사항을 말한다(대판 1995.12.12. 95다11344).

나) 예 외(충, 예, 부)

이는 判例상 인정되고 있는 것인데, **실무상 아주 중요한 기준이다.**
① 고객이 그 내용을 충분히 잘 알고 있는 경우, ② 그 내용이 거래상 일반적이고 공통된 것이어서 고객이 별도의 설명 없이도 충분히 예상할 수 있었던 사항, ③ 당사자 사이의 약정의 취지를 명백히 하기 위한 확인적 규정이거나, 해당 거래계약에 당연히 적용되는 법령에 정하여진 것을 약관에 그대로 기재하거나 부연하는 정도에 불과한 사항이 그러하다. 그리고 이 경우 그러한 사실은 사업자가 입증하여야 한다(대판 2001.7.27. 99다55533 외 다수의 判例).

다) 위반의 효과

학설의 대립이 있으나, 사업자가 약관을 명시・설명하고 상대방이 그 약관에 따라 계약을 체결하는 데 동의한 경우에 비로소 계약에 편입된다고 본다. 따라서 사업자가 명시의무 및 설명의무를 위반하여 계약을 체결한 때에는 당해 약관을 계약의 내용으로 주장할 수 없다(동법 제3조 4항). 그러나 고객은 그 사항을 계약의 내용으로 주장할 수 있다.

따라서 "보험자가 보험약관의 명시・설명의무에 위반하여 보험계약을 체결한 때에는 그 약관의 내용을 보험계약의 내용으로 주장할 수 없다 할 것이므로, 보험계약자나 그 대리인이 그 약관에 규정된 고지의무를 위반하였다 하더라도 이를 이유로 보험계약을 해지할 수는 없다"(대판 1998.4.10. 97다47255).

3. 약관의 해석기준

약관의 본질을 계약으로 보는 한 약관의 해석은 계약 내지 법률행위의 해석방법에 의하게 된다. 그러나 약관은 일반의 계약과 달리 구체적 합의 없이 불특정 다수당사자를 상대방으로 하는 계약을 위한 것이므로 그 해석에 있어서도 일반 계약과는 다른 독특한 원리가 적용된다.

(1) 신의성실의 원칙

약관은 경제적 강자인 사업자에 의해 일방적으로 작성된 것이라는 점에서 다른 어떤 경우보다 신의성실의 원칙이 강조되고 있다(동법 제5조 1항 전단).

(2) 객관적・통일적 해석의 원칙

약관은 고객에 따라 다르게 해석되어서는 안된다(동법 제5조 1항 후단). 즉, "보통거래약관의 내용은 약관 내용이 명백하지 못하거나 의심스러운 때 고객보호의 측면에서 고객에게 유리하게, 약관작성자에게 불리하게 제한해석하는 경우 이외에는 개개 계약체결자의 의사나 구체적인 사정을 고려함이 없이 **평균적 고객의 이해가능성을 기준으로 하여 객관적・획일적으로 해석함이 원칙이다**"(대판 2007.2.22. 2006다72093 등).

(3) 작성자불리의 원칙

약관의 뜻이 명백하지 아니한 경우에는 고객에게 유리하게 해석되어야 한다(동법 제5조 2항). 그러나 "약관의 목적과 취지를 고려하여 공정하고 합리적으로, 그리고 평균적 고객의 이해가능성을 기준으로 객관적이고 획일적으로 해석한 결과 약관 조항이 일의적으로 해석된다면 약관 조항을 고객에게 유리하게 해석할 여지가 없다"(대판 2018.10.25. 2014다232784).

(4) 개별약정 우선의 원칙

약관에서 정하고 있는 사항에 관하여 사업자와 고객이 약관의 내용과 다르게 합의한 사항이 있을 때에는 그 합의 사항은 약관보다 우선한다(동법 제4조).

(5) 수정해석(효력유지적 축소해석)

약관에 정해진 권리의 제한은 좁게 해석되어야 하며, 특히 면책조항, 하자담보책임제한조항이나 보험계약상의 제한조항 등은 좁게 해석되어야 한다(아래 판례연구 C-1.참고).

> ※ **수정해석을 부정한 경우**
> 약관규제법에 의하여 손해배상액 예정에 관한 약관조항이 무효인 경우, 그 약관에 민법 제398조 2항은 적용할 수 없다. 약관조항이 무효인 이상 그것이 유효함을 전제로 한 제398조 2항을 적용할 수는 없기 때문이다. 따라서 제398조 2항에 의하여 손해배상예정액을 감액하고 나머지 부분만으로 그 효력을 유지시킬 수는 없다(대판 2009.8.20. 2009다20475,20482 ; 대판 1996.9.10. 96다19758).

4. 약관의 내용통제

법원의 사후적 약관통제는 다음 세 단계를 거쳐 이루어진다. 첫째 약관규제법의 적용범위에 드는가를 검토하고, 둘째 약관이 계약에 편입되었는가를 검토하며, 마지막으로 약관의 불공정성을 검토한다.

(1) 의 의

약관규제법상의 약관으로서 당사자에 의해 '계약에 편입된 약관조항'은 불공정조항으로 판단될 때 무효가 된다. 그 불공정성 여부의 판단기준으로서 약관규제법은 일반원칙으로서 신의성실의 원칙을 규정하고 있는바(동법 제6조), ① 고객에 대하여 부당하게 불리한 조항(1호), ② 고객이 계약의 거래형태 등 제반사정에 비추어 예상하기 어려운 조항(기습조항 또는 의외조항)(2호), ③ 계약의 목적을 달성할 수 없을 정도로 계약에 따르는 본질적 권리를 제한하는 조항(3호)이 그것이다.

아울러 제7조 내지 제14조에서 개별적인 무효사유를 규정하고 있다. 즉 개별사유에 해당하지 않더라도 일반조항인 제6조에 위반해 불공정하다고 판단되면 무효이다.

(2) 내용통제의 효과

약관의 전부 또는 일부의 조항이 제6조부터 제14조까지의 규정에 따라 무효인 경우 계약은 나머지 부분만으로 유효하게 존속한다(일부무효의 원칙). 다만, 유효한 부분만으로는 계약의 목적 달성이 불가능하거나 그 유효한 부분이 한쪽 당사자에게 부당하게 불리한 경우에는 그 계약은 무효로 한다(동법 제16조).

판례연구 C-01

무면허운전 면책조항의 유효성 여부의 판단근거, 일부무효 대판 1991.12.24. 전합90다카23899(표준판례578)

A가 그의 트럭에 열쇠를 꽂아 둔 채 도로에 정차시켜 놓은 사이에 자동차 운전면허가 없는 甲이 이를 무단으로 운전하다가 乙을 치어 乙이 사망하였다. A는 乙의 유족에게 그 손해를 배상한 후에 이미 체결된 자동차 종합보험계약에 따라 B보험회사에 위 배상금에 대한 보험금을 청구하였는데, B는 자동차종합보험 보통약관의 규정('자동차의 운전자가 무면허운전을 하였을 때에 생긴 사고로 인한 손해에 대하여는 회사가 보상하지 아니한다')을 근거로 보험금지급책임이 없다고 항변하였다. B의 항변은 이유가 있는가? (20점)

Ⅰ. 무면허운전 면책조항이 불공정조항에 해당하는지 여부

1. 약관의 내용통제

약관규제법상의 약관으로서 당사자에 의해 '계약에 편입된 약관조항'은 불공정조항으로 판단될 때 무효가 된다. 그 불공정성 여부의 판단기준으로서 약관규제법은 일반원칙으로서 신의성실의 원칙을 규정하고(동법 제6조), 제7조 내지 제14조에서 개별적인 무효사유를 규정하고 있다. 즉 개별사유에 해당하지 않더라도 일반조항인 제6조에 위반해 불공정하다고 판단되면 무효이다.

2. 판 례

보험약관이 보험사업자에 의해 일방적으로 작성되고 보험계약자로서는 그 구체적 내용을 검토할 기회 없이 보험계약이 체결되는 과정에 비추어 볼 때, 자동차보유자의 지배·관리가 전혀 미치지 못하는 무단운전자의 운전면허 소지 여부에 대해서까지 그 책임을 고객에게 이전시키는 것은 보험계약자의 정당한 이익과 합리적인 기대에 어긋나는 것으로서, 약관규제법 제6조와 제7조에 의거 불공정조항에 해당하여 무효가 된다고 판단하였다 (대판 1991.12.24. 전합90다카23899).

Ⅱ. 위 약관이 불공정조항일 경우 무효가 되는 범위 및 수정해석 가부

1. 일부무효의 원칙

약관의 전부 또는 일부의 조항이 제6조부터 제14조까지의 규정에 따라 무효인 경우 계약은 나머지 부분만으로 유효하게 존속한다(일부무효의 원칙). 다만, 유효한 부분만으로는 계약의 목적 달성이 불가능하거나 그 유효한 부분이 한쪽 당사자에게 부당하게 불리한 경우에는 그 계약은 무효로 한다(동법 제16조).

2. 효력유지적 축소해석(수정해석)

약관에 정해진 권리의 제한은 좁게 해석되어야 하며, 특히 면책조항, 하자담보책임제한조항이나 보험계약상의 제한조항 등은 좁게 해석되어야 한다.

3. 판 례

본 약관에서 정한 무면허운전 면책조항이 불공정조항으로서 일률적으로 무효가 되는 것은 아니다. 즉, 보험계약자의 지배·관리가 미치지 않는 경우에만 그 적용을 배제하고 그 밖의 경우에는 그 적용을 긍정하면서, 이와 같이 수정된 범위 내에서 유효한 조항으로 유지된다고 판단하였다(대판 1991.12.24. 전합90다카23899).

4. 검토 및 사안의 경우

보통거래약관의 작성이 아무리 사적자치의 영역에 속하는 것이라고 하여도 위와 같은 행위원칙에 반하는 약관조항은 사적자치의 한계를 벗어나는 것으로서 법원에 의한 내용통제 즉 수정해석의 대상이 되는 것은 당연하며, 이러한 수정해석은 조항 전체가 무효사유에 해당하는 경우뿐만 아니라 조항 일부가 무효사유에 해당하고 그 무효부분을 추출배제하여 잔존부분만으로 유효하게 존속시킬 수 있는 경우에도 가능하다. 사안에서는 A가 甲에 대해 자동차의 운전에 대해 통제할 수 있는 위치에 있지 않으므로, B보험회사가 약관상의 무면허운전 면책조항을 근거로 면책을 주장하는 것은 허용될 수 없다.

제2절 계약체결상의 과실책임

I. 서 설 [C-5]

1. 개 념

계약체결을 위한 준비단계 또는 계약의 성립과정에서 당사자 일방이 그에게 책임 있는 사유로 상대방에게 손해를 준 때에 이를 배상해야 할 책임이다.

2. 연혁 및 전개과정

계약체결상의 과실책임은 원래 계약책임과 불법행위책임에 대해서 일반조항을 두고 있지 않던 독일민법에서 피해자 구제의 공백을 메우기 위하여 활발하게 논의되었고, 독일의 학설과 判例는 그 적용범위를 점점 확대하여 나갔는데, 이러한 확대에는 이른바 '보호의무론'이 큰 역할을 담당하였다. 우리 민법의 경우 계약이 원시적 불능으로 인하여 무효인 경우에 관하여 이 책임을 인정하지만(제535조), 학설(보호의무 편입설)은 일반적으로 여기서 더 나아가 계약 체결의 준비단계 또는 계약이 좌절된 경우에도 계약체결상의 과실책임을 인정한다.

II. 법적 성질 [C-6]

1. 논의의 실익

법적 성질을 어떻게 보느냐에 따라 이행보조자 또는 피용자의 고의·과실에 관한 제391조 또는 제756조의 적용 여부, 증명책임의 부담자, 배상청구권의 존속기간 등이 다르게 된다.

2. 판 례

判例는 제535조 이외의 경우에 계약체결상의 과실책임을 인정한 예가 없다. 특히 학설상 계약체결상 과실책임의 유형에 속하는 ① 계약교섭이 부당하게 파기된 경우(아래 C14-1.참고)와 ② 계약이 무효가 된 경우(대판 1996.8.23. 94다38199[1]등 ; 판례연구 B-1.참고)에 이를 '**불법행위규정**'에 의하여 해결하고 있다.

3. 검 토

① 전통적으로 사법의 체계는 계약이 성립한 때를 기준으로 그 이전단계는 불법행위책임에 관한 규정에 의해, 그 이후단계는 계약책임에 관한 규정에 의해 규율한다. 따라서 계약체결을 위한 준비단계 또는 계약의 성립과정에서의 책임은 불법행위책임에 의해 해결해야 함이 원칙이다.

② 그럼에도 불구하고 계약체결상의 과실책임을 계약책임으로 구성하려는 이유는 피해자 구제의 실익 때문인데, i) 우리 민법은 독일의 '개별적 성립요건주의'와 달리 일반적인 성립요건을 인정하고 있다는 점(제750조), ii) 불법행위의 증명책임이 중간책임, 무과실책임 등의 영역이 넓어져 채무불이행책임의 증명책임과 거의 차이가 없다는 점, iii) 判例가 사용자 배상책임에서 면책을 허용한 경우가 없다는 점 등에서 불법행위책임을 묻는 것이 피해자에게 반드시 불리한 것은 아니다.

따라서 지나치게 계약책임의 영역을 넓혀 책임체계의 혼란을 가져올 필요가 없으며, 이런 관점에서 본다면 계약체결상의 과실책임은 기본적으로 불법행위책임에 속한다고 하겠다.

---

[1] 증권회사 직원이 투자수익보장약정을 하면서 위험성이 큰 상품에 투자할 것을 적극 권유한 것이 고객에 대한 '보호의무'를 저버려 위법성을 띤 행위인 것으로 평가될 수 있는 경우에 한하여 '불법행위책임'이 된다고 판시하고 있다

Ⅲ. 유 형 [C-7]

1. 계약체결의 준비단계의 경우 [C-7a]

① 계약교섭단계에서 상대방의 신체, 소유권 등을 침해한 경우(보호의무 참고), ② 계약교섭의 부당한 파기로 인하여 상대방이 손해를 입은 경우(계약교섭의 부당파기 참고)에 계약체결상의 과실책임이 문제된다.

2. 계약이 무효·취소된 경우 [C-7b]

(1) 원시적 불능으로 무효인 경우(제535조)

> 제535조 (계약체결상의 과실) ① 목적이 불능한 계약을 체결할 때에 그 불능을 알았거나 알 수 있었을 자는 상대방이 그 계약의 유효를 믿었음으로 인하여 받은 손해를 배상하여야 한다. 그러나 그 배상액은 계약이 유효함으로 인하여 생길 이익액을 넘지 못한다. ② 전항의 규정은 상대방이 그 불능을 알았거나 알 수 있었을 경우에는 적용하지 아니한다.

1) 요 건(외, 원, 악, 손, 선)

민법은 계약이 원시적 불능으로 인하여 무효인 경우에는 계약체결상의 과실책임을 인정하고 있다(제535조). 그 요건으로는 ⅰ) **외**견상 계약체결행위가 있었을 것, ⅱ) 계약의 목적이 **원**시적·객관적·전부 불능일 것[매매 기타의 유상계약에 있어서는 계약 내용의 전부가 원시적·주관적 불능이더라도 무효가 아닌 담보책임의 문제이며(제570조, 제571조), 일부가 원시적 불능이더라도 역시 담보책임(제574조, 제580조)으로 처리되므로 제535조는 적용되지 않는다], ⅲ) 계약체결 행위시 불능의 급부채무자의 **악**의·과실이 있었을 것(제535조의 악의나 과실의 대상은 불능 '원인'에 대한 악의나 과실이 아니라 불능 '사실'에 대한 것이다), ⅳ) 계약의 무효로 인하여 상대방이 **손**해를 입었을 것, ⅴ) 계약 체결시 상대방은 **선**의·무과실일 것을 요한다.

[관련판례] "계약 체결 후에 채무의 이행이 불가능하게 된 경우에는 채권자가 이행을 청구하지 못하고 채무불이행을 이유로 손해배상을 청구하거나 계약을 해제할 수 있다. 그러나 계약 당시에 이미 채무의 이행이 불가능했다면 특별한 사정이 없는 한 채권자가 이행을 구하는 것은 허용되지 않고, 민법 제535조에서 정한 계약체결상의 과실책임을 추궁하는 등으로 권리를 구제받을 수밖에 없다. 채무의 이행이 불가능하다는 것은 절대적·물리적으로 불가능한 경우만이 아니라 사회생활상 경험칙이나 거래상의 관념에 비추어 볼 때 채권자가 채무자의 이행의 실현을 기대할 수 없는 경우도 포함한다. 이는 채무를 이행하는 행위가 법률로 금지되어 그 행위의 실현이 법률상 불가능한 경우에도 마찬가지이다"(대판 2017.8.29. 2016다212524)

2) 효 과 [08입법]

계약체결상의 과실책임이 성립하면 과실자는 "상대방이 그 계약의 유효를 믿었음으로 인하여 받은 손해"(제535조 1항 1문 후단) 즉 소위 신뢰이익의 손해를 배상해야 한다. 이러한 신뢰이익의 손해로는 ⅰ) 계약비용(제566조 참조), ⅱ) 계약의 준비를 위한 비용과 ⅲ) 기대이익 등을 들 수 있다. 한편 이러한 신뢰이익 손해의 배상은 이행이익의 손해를 초과하지 못하는바(제535조 1항 단서), 이행이익의 손해란 채무자가 채무를 이행하지 않았기 때문에 채권자가 입은 손해를 말한다(B-40.참고).

(2) 문제되는 경우

1) 의사의 불합치로 계약이 성립하지 아니한 경우(제535조 적용 부정)

"계약이 의사의 불합치로 성립하지 아니한 경우 그로 인하여 손해를 입은 당사자가 상대방에게 부당이득반환청구 또는 불법행위로 인한 손해배상청구를 할 수 있는지는 별론으로 하고, 상대방이 계약이 성립되지 아니할 수 있다는 것을 알았거나 알 수 있었음을 이유로 민법 제535조를 유추적용하여 계약체결상의 과실로 인한 손해배상청구를 할 수는 없다"(대판 2017.11.14. 2015다10929: 표준판례579).

2) 착오를 이유로 계약이 취소된 경우(제535조 적용 부정)

독일 민법에는 착오를 이유로 취소를 한 자의 배상책임규정이 있으나 우리 민법에는 이러한 규정이 없어 인정 여부가 문제된다. 이에 대해 判例는 제750조의 요건을 검토하기는 했으나 배상책임을 인정하지 않았다(대판 1997.8.22. 97다13023 : 7회,9회 선택형). 다만 학설은 제535조를 유추하여 경과실이 있는 표의자가 착오를 이유로 취소한 경우에 신뢰이익의 배상책임을 인정하자는 것이 다수설이다(A-104.참고).

3) 부동산매매계약에 있어 실제면적이 계약면적에 미달된 경우(제535조 적용 부정)

"부동산매매계약에 있어서 실제면적이 계약면적에 미달하는 경우에는 ⅰ) 그 매매가 수량지정매매에 해당할 때에 한하여 제574조, 제572조에 의한 대금감액청구권을 행사할 수 있고, ⅱ) 그 매매계약이 그 미달 부분만큼 일부무효임을 들어 이와 별도로 일반 부당이득반환청구를 하거나 그 부분의 원시적 불능을 이유로 제535조가 규정하는 계약체결상의 과실에 따른 책임의 이행을 구할 수 없다"(대판 2002.4.9. 99다47396 : C-36c.참고).

4) 자기 소유의 물건을 취득하기로 하는 계약(제535조 적용 부정)

判例는 외형적인 경계를 기준으로 하여 인접토지에 관한 교환계약이 이루어졌으나 그 경계가 실제의 경계와 일치하지 않음으로써 그중 일방이 제공받기로 한 토지가 자신의 토지임이 밝혀진 경우에는, 토지의 경계(소유권 귀속)에 관한 착오로서 중요부분의 착오라고 한다(대판 1993.9.28. 93다31634,31641). 즉, 判例는 자기 소유물건을 취득하기로 하는 계약을 원시적 불능으로 보지 않아 제535조(전부불능)나 제574조(일부불능)에 의하지 않고, 제109조에 의한 착오취소의 가능성만 인정하고 있다(C-36c.참고).

3. 계약이 유효하게 성립하였으나 계약 체결 전 설명의무(고지의무)를 위반한 경우 [C-7c]

(1) 문제점

계약이 유효하게 성립하였으나, 계약체결시 필요한 '고지의무'나 '설명의무'를 다하지 아니하여 상대방에게 손해가 발생한 경우에도 계약체결상 과실책임을 인정할 수 있는지가 문제된다.

주의할 것은 계약체결 후의 이행과정에서 설명의무(고지의무)위반의 경우에는 계약체결상의 과실책임의 문제는 아니고 부수의무 불이행의 문제로서 일반적으로 채무불이행책임으로 다룬다는 것이다.

(2) 판 례

계약체결 과정에서 고지의무나 설명의무 또는 정보제공의무의 대상이 계약체결 여부에 영향을 미치는 중요한 사항에 관한 것인 때에는 이를 위반한 경우 '자기결정권의 침해'라는 독자적인 권리침해의 면이 있으므로 불법행위로 다룰 수 있고, 계약체결 과정에서 급부의 대상인 '목적물에 관한 정보제공의무를 위반'하면 이는 급부의 완전성에 관한 것이므로 채무불이행으로 다룰 수 있겠다.

1) 불법행위로 다룬 사례

계약체결 여부에 영향을 미칠 정도로 중요한 사항에 대해서는 고지의무를 인정하고, 이러한 고지의무의 대상이 되는 것은 직접적인 법령의 규정뿐 아니라 널리 계약상·관습상 또는 조리상의 일반원칙에 의하여도 인정될 수 있다고 한다. 이러한 고지의무를 위반한 경우 부작위에 의한 기망이 되어 취소할 수 있으며, 이러한 사기행위는 불법행위가 된다고 한다(대판 2007.6.1. 2005다5812,5829,5836 등 : A-108). 그 외에 의료계약을 체결함에 있어서 설명의무 위반의 경우 判例는 불법행위책임으로 다룬다(C-108).

2) 채무불이행책임이나 담보책임으로 다룬 사례

계약체결 과정에서 목적물의 품질이나 하자 등에 관련한 정보제공의무를 위반한 것에 대해서는 부수의무 위반으로 인한 불완전이행책임으로 다루고 있는 듯하다.

Ⅳ. 계약교섭의 부당파기 [C14-1]

1. 문제점
계약자유의 원칙은 계약을 체결하지 않을 자유를 포함하므로 계약교섭 단계에서 계약이 체결되지 않았더라도 상대방에게 책임을 질 필요가 없는 것이 원칙이다. 그러나 계약교섭이 장기간에 걸쳐 이루어지고 상대방에게 계약이 확실하게 체결되리라는 정당한 신뢰를 부여하였다면, 계약의 교섭을 중도에 부당하게 파기한 자에 대하여 비록 계약체결을 강제할 수는 없더라도 최소한 손해배상책임을 인정할 필요는 있다. 문제는 이를 법적으로 어떻게 구성할 것이며, 구체적인 손해배상책임의 범위는 어디까지인지 여부이다.

참고로 계약교섭이 부당하게 파기된 경우 계약체결을 위한 강제수단으로 청약의 구속력(제527조)[2], 예약(제567조, 제564조)[3], 우수현상광고[4](제678조) 등이 문제된다.

2. 책임의 법적 성질 및 손해배상의무 발생의 법적 근거
判例는 "어느 일방이 교섭단계에서 계약이 확실하게 체결되리라는 정당한 기대 내지 신뢰를 부여하여 상대방이 그 신뢰에 따라 행동하였음에도 상당한 이유 없이 계약의 체결을 거부하여 손해를 입혔다면, 이는 신의성실의 원칙에 비추어 볼 때 '계약자유 원칙'의 한계를 넘는 '위법한 행위'로서 불법행위를 **구성한다**"(대판 2001.6.15. 99다40418 등: 표준판례580)고 보아 불법행위책임으로 구성하고 있다.

3. 손해배상책임의 요건(신, 행, 정)
특히 제750조의 위법성의 판단이 관건인바, 이는 계약을 파기하는 자의 계약체결 자유의 원칙과 상대방의 계약체결에 대한 신뢰 사이의 이익형량의 문제이다. 이와 관련하여 判例는 계약교섭의 부당파기로 인한 손해배상의 요건으로 위법성 판단과 관련하여 ⅰ) 어느 일방이 계약의 교섭단계에서 상대방에게 계약이 확실하게 체결되리라는 **정당한 기대 내지 신뢰**를 부여하였을 것, ⅱ) 상대방이 그 신뢰에 따라 일정한 재산적 지출을 하거나 다른 재산적 이익을 얻을 수 있는 기회를 포기하는 등의 **행동**을 하였을 것, ⅲ) **정당한 이유 없이** 계약의 체결을 거부할 것을 내용으로 하고 있다(대판 2001.6.15. 99다40418 등: 표준판례580).

4. 손해배상의 범위

(1) 신뢰손해에 한정
判例는 "그러한 불법행위로 인한 손해는 일방이 신의에 반하여 상당한 이유 없이 계약교섭을 파기함으로써 계약체결을 신뢰한 상대방이 입게 된 상당인과관계 있는 손해로서 계약이 유효하게 체결된다고 믿었던 것에 의하여 입었던 손해 즉 '신뢰손해'에 한정된다"(대판 2003.4.11. 2001다53059)고 한다. 따라서 손해배상의 범위는 예상하였던 계약이 체결되었다면 얻을 수 있었던 이익을 넘지 못한다고 해석해야 한다(민법 제535조 1항 단서의 유추적용).

---

[2] 청약은 그에 대응하는 승낙만 있으면 곧 계약이 성립하는 '확정적 의사표시'이므로 타인으로 하여금 자기에게 청약을 하게 하려는 '청약의 유인'과는 구별된다.
[3] 예약완결권을 행사하면 본계약인 매매가 성립하므로, 본계약의 본질적 내용이 확정되어 있거나 확정될 수 있어야 한다(대판 1993.5.27. 93다4908,4915,4922).
[4] 광고자가 계약체결을 불이행하면 당선자는 채무불이행에 의한 손해배상을 청구할 수 있다. 그 손해배상은 이행이익의 배상을 내용으로 한다(대판 2002.1.25. 99다63169).

(2) 신뢰손해의 내용 [10행정]

判例는 "신뢰손해란 예컨대 그 계약의 성립을 기대하고 지출한 계약준비비용과 같이 그러한 신뢰가 없었더라면 통상 지출하지 아니하였을 비용 상당의 손해라고 할 것이며, 아직 '계약체결에 대한 확고한 신뢰가 부여'되기 이전 상태에서 계약교섭의 당사자가 계약체결이 좌절되더라도 어쩔 수 없다고 생각하고 지출한 비용, 예컨대 경쟁입찰에 참가하기 위하여 지출한 제안서, 견적서 작성비용 등은 여기에 포함되지 않는다"(대판 2003.4.11. 2001다53059)고 한다.

(3) 이행을 위하여 지출한 비용 상당의 손해

다만 '계약성립을 기대하고 이행을 위하여 지출한 비용 상당의 손해'의 경우 만일 이행의 착수가 상대방의 적극적인 요구에 따른 것이고, 위와 같은 이행에 들인 비용의 지급에 관하여 이미 계약교섭이 진행되고 있었다는 등의 특별한 사정이 있는 경우에는 손해배상의 범위에 포함될 수 있다고 한다(대판 2004.5.28. 2002다32301).

(4) 위자료청구권 [10행정]

한편 "그 침해행위와 피해법익의 유형에 따라서는 계약교섭의 파기로 인한 불법행위가 인격적 법익을 침해함으로써 상대방에게 정신적 고통을 초래하였다고 인정되는 경우라면 그러한 **정신적 고통에 대한 손해에 대하여는 별도로 배상을 구할 수 있다고 할 것이다**"(대판 2003.4.11. 2001다53059)라고 판시함으로써 정신적 손해 배상도 인정하고 있다(제751조).

■ 계약교섭의 부당파기와 관련한 최초의 대법원 판례   대판 1993.9.10. 92다42897

사실관계 | A대학은 그 대학장의 명의로 경력직 사무직원의 공채공고를 내고, 공개시험을 통해 B를 포함한 9명의 응시자를 최종합격자로 결정하고 그들에게 합격통지를 하면서, 1989. 5. 10.자로 발령하겠으니 구비서류를 제출하라는 통지를 하였고, B는 그 서류를 제출하였다. 그런데 A는 위 9명 중 일부만 발령을 내고 B에 대해서는 발령을 내지 않았다. 이에 B가 A에게 문의를 하자, A는 곧 발령을 내겠다고 하는 등 여러번 발령을 미루어 오다가, 1990. 5. 28. 학교재정상 B를 직원으로 채용할 수 없다고 최종통지를 하였다. B의 A에 대한 구제수단은?

판례에 따른 해결 | 대법원은 "B는 A가 자신을 직원으로 채용할 수 없다고 통지할 때까지 A의 임용만 기다리면서 다른 일에 종사하지 못하였는바, 이는 A가 여러 사정을 참작하여 채용할 직원의 수를 헤아리고 그에 따라 적정한 수의 합격자 발표와 직원채용 통지를 하여야 함에도 이를 게을리한 데 있는 것이므로, A는 불법행위자로서 B가 최종합격자 통지와 계속된 발령약속을 신뢰하여 A의 직원으로 채용되기를 기대하면서 다른 취직의 기회를 포기함으로써 입은 손해를 배상할 책임이 있다"(대판 1993.9.10. 92다42897)고 판시하면서 A에 대하여 B의 발령통지를 받은 날로부터 채용 불가 통지를 받은 날까지 도시일용노임을 기초로 한 일실수입 손해(과실상계 40%) 및 위자료 100만 원의 배상을 명한 원심판결이 옳다고 하였다.

판례 해설 | 사안은 '계약성립이 좌절'된 경우인데, 判例는 다수설인 견해와는 달리 계약체결상 과실책임으로 구성하지 않고 제750조의 불법행위에 문의하면서, A의 계약을 체결하지 않을 자유와 B의 신뢰보호가 충돌하는 상황에서 후자에 더 비중을 두어 불법행위의 성립을 긍정하였다.

제2장 계약의 효력

제1절 동시이행의 항변권(쟁점 6.참고)

제2절 위험부담

I. 서설
[C-8]

1. 위험의 개념
'위험'이란 당사자 쌍방의 책임 없는 사유로 급부가 불능이 된 경우에 발생한 불이익을 말한다. 여기에는 '급부(물건)의 위험'과 '대가의 위험'이 있다.

2. 급부(물건)의 위험
'급부(물건)의 위험'이란 '물건이 멸실됨으로써 이를 인도받지 못하는 불이익'을 말한다.

① '특정물 인도채무'(대체적으로 부동산 매매에서 많다)의 경우 계약체결 후 특정물이 멸실되면 채권자(매수인)는 채무자(매도인)에게 그 특정물의 인도를 청구하지 못하는데 이를 '급부(물건)의 위험이 채무자(매도인)에게서 채권자(매수인)에게 이전되었다'라고 한다. 따라서 **급부위험이 채무자에게서 채권자에게 이전되는 시기는 '계약체결시'이다**(제462조 참조).

② 그러나 '종류물 인도채무'(대체적으로 동산 매매에서 많다)의 경우 계약체결 후 '특정'되기 전에 물건이 멸실되더라도 채권자(매수인)는 여전히 채무자(매도인)에게 같은 종류의 물건의 인도를 청구할 수 있으나, '특정' 이후 물건이 멸실되면 이미 매매목적물은 특정되었으므로 채권자(매수인)는 채무자(매도인)에게 같은 종류의 물건의 인도를 청구하지 못하는데 이를 '급부(물건)의 위험이 채무자(매도인)에게서 채권자(매수인)에게 이전되었다'라고 한다. 따라서 **급부의 위험이 채무자에게서 채권자에게 이전되는 시기는 '종류물의 특정시'이다**(제375조 2항 참조).

3. 대가의 위험
'대가위험'이란 쌍무계약에서 물건의 멸실로 인하여 물건을 인도받지 못함으로써 그 '반대급부인 대가를 받지 못하는 불이익'을 말한다.

민법에서 정하는 대가위험은 '쌍무계약'에서 당사자 일방의 채무가 '당사자 쌍방의 책임 없는 사유'로 '후발적 불능'이 된 경우를 요건으로 하고, 채무자(매도인)가 채권자(매수인)에게 반대급부(대금지급)를 청구하지 못하는 '채무자위험부담주의'를 채택하고 있다(제537조). 다만 위험부담에 관한 제537조와 제538조는 임의규정이다(대판 2005.2.18. 2003두3734). 따라서 당사자의 특약으로 법률의 규정과 달리 정할 수 있다.

Ⅱ. 채무자 위험부담주의 : 원칙 [C-9]

🔖 사례형 문제에서 '대가위험부담'은 쌍무계약에서 어느 일방의 채무(본래 급부, 손해배상채무 등 일체의 채무)가 완전히 소멸된 경우 타방의 채무의 존부에 관한 문제로 출제된다.

1. 의 의

쌍무계약의 당사자 일방의 채무가 당사자 쌍방의 책임없는 사유로 이행할 수 없게 된 때에는 채무자는 상대방의 이행을 청구하지 못한다(제537조).

2. 요 건

(1) 쌍무계약에서의 상환적 채무의 존재

양 당사자의 채무 사이에 대가적 견련관계가 인정되는 경우이어야 한다.

(2) 일방채무의 후발적 불능

원시적 불능의 경우에는 '성립상의 견련성'의 문제로 다루어져 (채권자의) 채무도 당연히 성립하지 않게 되며, 다만 일정한 요건하에 계약체결상의 과실책임(제535조)이 문제될 뿐이다.

특히 임대차와 같은 '계속적 계약'에서 급부불능이 종국적 이행불능에 해당하는 이상 계약의 존속 여부는 민법 제537조의 적용 여부에 영향을 미치지 않는다. 따라서 코로나 사태에 따른 국가의 건물폐쇄조치로 인해 임대인의 임대차 목적물에 대한 사용을 사용·수익케 할 의무가 불가능하였다면 임차인은 사용·수익이 불가능한 기간 동안에 해당하는 이미 지급한 차임의 반환을 부당이득으로 구할 수 있다(대판 2025.5.1. 2024다293580).

(3) 쌍방당사자의 귀책사유의 부존재

채무자의 책임 있는 사유로 이행불능이 된 경우에는 그 채무의 내용이 손해배상채무로 바뀌지만 종전 채무와 동일성이 유지되는 점에서 위험부담은 문제되지 않는다.

3. 효 과

(1) 반대급부청구권의 소멸

채무자는 급부를 면하는 대신 반대급부(대가)를 청구할 수도 없다(제537조). 쌍방의 급부의무가 소멸하므로 이미 이행한 것에 대해서는 '부당이득의 법리'가 적용된다(제741조).

따라서 判例는 매매 목적물이 경매절차에서 매각됨으로써 당사자 쌍방의 귀책사유 없이 이행불능에 이르러 매매계약이 종료된 사안에서, "위험부담의 법리에 따라 매도인은 이미 지급받은 계약금을 반환하여야 하고 매수인은 목적물을 점유·사용함으로써 취득한 임료 상당의 부당이득을 반환할 의무가 있다"고 하였다(대판 2009.5.28. 2008다98655,98662: 표준판례596 : 2회,11회 선택형).

(2) 일부불능의 경우

이때에는 채무자는 불능의 범위에서 채무를 면하고, 상대방의 반대급부의무도 불능부분에 상응하는 만큼 소멸하나, 반대급부의무가 불가분이거나 가분이라도 나머지 부분만으로는 목적달성을 할 수 없는 경우에는 전부불능과 동일하게 반대급부의무도 소멸한다.

따라서 判例는 "임의경매절차가 진행되어 그 매각허가결정이 확정되었는데 그 매각대금 지급기일이 지정되기 전에 그 매각목적물에 대한 소유자 내지 채무자 또는 그 매수인의 책임으로 돌릴 수 없는 사유로 말미암아 그 매각목적물의 일부가 멸실되었고, 그 매수인이 나머지 부분이라도 매수할 의사가 있어서 경매법원에 대하여 그 매각대금의 감액신청을 하여 왔을 때에는 경매법원으로서는 민법상의 쌍무계약에 있어서의 위험부담 내지 하자담보책임의 이론을 적용하여 그 감액결정을 허용하는 것이 상당하다"(대결 2004.12.24. 2003마1665)고 한다.

(3) 대상청구권의 인정

채무자가 급부불능을 원인으로 급부에 갈음하는 이익을 취득한 경우에 채권자는 그 대상을 청구하고 자기의 반대급부를 이행할 수 있다(일반적 인정설). 물론 채권자는 대상청구권을 행사하지 않고 반대급부의 소멸을 주장할 수도 있다.

> **■ 대가위험부담(제537조)과 대상청구권 ★**　　　　　　　　2014년 3차 법전협 모의고사 사례형
>
> **사실관계** | A는 2013. 10. 1. 자신이 소유하는 X주택을 B에게 1억 원에 팔기로 계약을 체결하고, 계약 당시 B로부터 계약금 1,000만 원을 받았다. 그리고 2013. 11. 1. X주택의 소유권이전등기에 필요한 서류를 B에게 교부함과 동시에 잔금 9,000만 원을 받기로 하였다. B는 A에게 잔금지급기일은 연장하여 줄 것을 요청하였고, 이에 따라 A는 잔금기일을 2014. 8. 1.까지 연기하여 주었는데 그 사이에 X주택이 강제수용되어 그 보상금은 1억 5,000만 원으로 정해졌다. **A와 B사이의 법률관계를 설명하라.**
>
> **판례에 따른 해결** | 대상청구권의 행사 여부는 B의 자유이다. ① B가 대상청구권을 행사하지 않는다면 제537조가 적용되어 매매계약이 소급적으로 무효가 되므로 B는 A에게 이미 지급한 계약금 1,000만 원을 부당이득으로서 반환청구할 수 있을 뿐이다(대판 2009.5.28. 2008다98655,98662: 표준판례596). ② 반면 B가 대상청구권을 행사한다면 B는 자신의 반대급부인 잔금 9,000만 원을 지급해야 하며, 결국 무제한설(B는 수용보상금 1억 5,000만 원 전부에 대해서 대상청구권을 행사할 수 있다는 견해 : 대판 2016.10.27. 2013다7769참고)에 따르면 B는 제537조를 선택하는 것보다 실질적으로 5,000만 원의 이익이 생긴다.

Ⅲ. 채권자 위험부담주의 : 예외
[C-10]

1. 의 의

쌍무계약의 당사자 일방의 채무가 '채권자의 책임 있는 사유'로 또는 '채권자의 수령지체 중에 당사자 쌍방의 책임 없는 사유'로 이행할 수 없게 된 때에는 채무자는 상대방의 이행을 청구할 수 있다(제538조 1항).

2. 요 건

(1) 쌍무계약에서의 상환적 채무의 존재

(2) 일방채무의 후발적 불능

(3) 채권자의 책임 있는 사유로 이행할 수 없게 되었을 것(제538조 1항 1문)

1) 채권자에게 책임있는 사유

제538조 1항 1문의 채권자에게 '책임 있는 사유'란 일반적인 귀책사유, 즉 채무자에게 요구되는 주의의무위반인 고의나 과실이 아니라 채무자의 급부가 불능으로 된 데에 대하여 원인이 된 채권자의 모든 유책적인 계약위반적 행태를 의미한다. 判例도 "채권자의 어떤 작위나 부작위가 채무자의 이행의 실현을 방해하고 그 작위나 부작위는 채권자가 이를 피할 수 있었다는 점에서 신의칙상 비난받을 수 있는 경우를 의미한다"(대판 2004.3.12. 2001다79013[1] : 핵심사례 C-1.참고)고 한다.

---
1) "매수인이 자신의 잔대금 지급채무를 이행하지 아니할 의사를 명백히 표시하여 매도인으로부터 소유권이전등기의무의 이행

2) 구체적 예 : 판례

예컨대 ㉠ 사용자의 위법·무효인 해고처분에 의하여 근로자가 근로제공의무를 이행할 수 없게 된 경우(대판 2001.1.19. 2000다51919,51926 등 ; 판례연구 C-2.참고), ㉡ 영상물제작·공급계약에서 도급인이 영상물을 제작하는데 필요한 협력을 거부함으로써 수급인이 독자적으로 제작하여 납품한 영상물이 도급인의 의도에 부합하지 않게 됨으로써 결과적으로 도급인의 의도에 부합하는 영상물을 기한 내에 제작하여 납품하여야 할 수급인의 채무가 이행불능으로 된 경우(대판 1996.7.9. 96다14364),[2]) ㉢ 아파트 수분양자에게 중도금을 대출한 은행이 수분양자가 그 대출금 이자의 지급 및 후취담보약정의 이행 등을 하지 않자 위 대출채무의 연대보증인인 분양회사로부터 그 회사 명의로 소유권보존등기가 되어 있던 분양아파트에 대하여 근저당권을 설정받아 결국 그 근저당권을 실행함으로써 제3자가 그 아파트의 소유권을 취득한 경우(대판 2011.1.27. 2010다25698), ㉣ 매수인이 매매목적물에 설정된 저당권의 피담보채무를 '이행인수'한 경우 매수인이 그 담보채무를 불이행하여 저당권실행의 경매로 인해 매도인이 소유권을 상실한 때(아래 2009다5193판결) 등을 들 수 있다.

> **■ 이행인수, 대가위험부담**(제538조 1항 1문, 제538조 2항) ★
>
> **사실관계** | B는 H에게 자신 소유의 X주택을 1억 5,000만 원에 팔기로 계약을 체결하고 계약금과 중도금 합계 5,000만 원은 지급받았으나, 잔금 1억 원 중 5,000만 원은 H가 그 지급에 갈음하여 X주택에 관한 근저당권의 피담보채무인 B의 I은행에 대한 대출금채무의 '이행을 인수'하기로 하였다. 그러나 H는 약속한 날짜에 대출금을 전혀 지급하지 못하였다. 결국 I은행이 근저당권실행을 위한 경매를 신청하였고, 그 경매절차에서 J가 X주택을 8,000만 원에 매수하여 매각대금을 납입하였다(2014년 3차 · 2015년 3차 법전협 모의고사 사례형).
>
> **판례에 따른 해결** | 사안의 경우 H가 이행인수 약정을 이행하지 않아 저당권에 기한 경매가 실행되었으므로 H에게 이행불능에 대한 귀책사유가 있다. 따라서 H가 대가위험을 부담하게 되어 B는 소유권이전의무를 면하고 계약금과 중도금을 반환할 필요가 없음은 물론, 나머지 매매대금을 청구할 수 있게 된다(제538조 1항 1문). 다만 그 경매절차에서 B가 X주택 소유권이전의무를 면함으로써 얻은 이익인 경매대금 8,000만 원(왜냐하면 경매대금 8천만 원에서 먼저 근저당권자인 I은행에 5천만 원이 배당됨으로써 B는 I은행에 대한 5천만 원의 채무소멸의 이익을 얻고, 남은 3천만 원은 B에게 배당되는 결과 B가 3천만 원의 이익도 얻기 때문이다)은 H에게 상환되어야 한다(제538조 2항)(대판 2009.5.14. 2009다5193: **표준판례**600).

(4) 채권자지체 중에 당사자 쌍방의 책임 없는 사유로 이행불능되었을 것(제538조 1항 2문)

1) 제400조와의 관계(핵심사례 C-1.참고) [14회 사례형]

判例는 채권자가 미리 수령을 확고하게 거절한 경우에는 채무자는 '구두제공조차' 하지 않더라도 채무불이행책임을 면하나(제460조 · 제461조), 대가위험을 상대방에게 이전시키기 위해서는(제538조 1항 후문) 채무자의 변제제공(현실제공이나 구두제공)이 필요하다고 한다(대판 2004.3.12. 2001다79013 : 3회 선택형).

2) 제401조와의 관계(핵심사례 B-1.참고) [4회 사례형]

수령지체 중 당사자 쌍방의 무과실로 이행할 수 없게 된 경우는 이에 해당하나, 제401조가 수령지체 중에는 채무자의 중과실이나 고의가 없으면 불이행으로 인한 모든 책임을 면한다고 규정하고 있어

제공이 있더라도 그 수령을 거절할 의사가 명백하지만, 이 사건 부동산의 소유권이전등기의무가 토지수용으로 인하여 이행불능이 된 것은 국가가 토지를 수용하였기 때문이지 채권자가 수령거절의 의사표시를 명백히 한 것과는 직접적인 관계가 없으므로 '채권자의 책임 있는 사유'로 인한 것이 아니다"

2) 이는 계약상의 협력의무의 이행을 거부한 채권자인 도급인의 귀책사유로 인한 것이므로 수급인은 약정대금 전부의 지급을 청구할 수 있다(제538조 1항 1문).

채무자의 경과실이 있는 경우에도 제538조 1항 2문의 '수령지체 중에 당사자 쌍방의 책임 없는 사유로 이행할 수 없게 된 때'에 해당하는지 문제된다. 이에 대해서는 判例가 존재하지 않으나, 제401조의 의미는 채권자지체 중의 채권자의 귀책사유의 범위를 정한 것으로 볼 수 있으므로 채무자의 경과실은 채무자의 책임 없는 사유로 보는 것이 민법의 체계적·통일적 해석상 타당하다(다수설).

3. 효 과

(1) 채무자의 반대급부청구권
채무자는 자신의 급부의무를 면하면서 채권자에게는 본래의 반대급부를 청구할 수 있다(제538조 1항).

(2) 채무자의 이익상환의무
채무자는 자기의 채무를 면함으로써 이익[채무를 면한 것과 인과관계에 있는 이익이어야 한다(대판 1993.5.25. 92다31125; **표준판례**(599)]을 얻은 때에는 이를 채권자에게 상환하여야 한다(제538조 2항, 손익상계의 사상). 예를 들어 判例는 "사용자의 귀책사유로 해고된 근로자가 해고기간 중에 다른 직장에 취직하여 지급받은 임금(중간수입)은 제538조 2항에 의해 이를 공제하여야 한다"(대판 1993.11.9. 93다37915 ; 판례연구 C-2. 참고)고 한다.

판례연구 C-02

■ 근로자의 비진의 사직의사와 임금청구   대판 2001.1.19. 2000다51919,51926 등

근로자 甲은 乙회사의 경영사정이 어려워지자 乙회사의 방침(지시)에 따라 일괄사직서를 제출했는데, 乙회사가 사직서를 수리하여 의원면직(依願免職)의 형식으로 근로계약이 종료하게 되었다. 그 후 甲은 의원면직의 무효(취소)를 주장하고, 그동안의 임금 상당액의 지급을 요구하였다.
甲의 주장은 타당한가? (20점)

Ⅰ. 甲의 사직서 제출이 비진의표시인지 여부

1. 비진의표시에서 진의의 의미
判例에 따르면 "특정한 내용의 의사표시를 하고자 하는 표의자의 생각을 말하는 것이지 표의자가 진정으로 마음속에서 바라는 사항을 뜻하는 것은 아니(다)"(대판 2004.4.25. 99다34475)라고 판시하고 있다.
따라서 근로자가 스스로 사직서를 낸 경우[3] 예컨대, 判例는 "명예퇴직을 신청한다는 내용의 사직원을 제출한 것은 진정으로 마음속에서 명예퇴직을 바란 것은 아니라고 할지라도 그 당시 상황에서 명예퇴직을 하는 것이 최선이라고 판단하여 스스로의 의사에 기하여 사직원을 제출한 것이라고 봄이 상당하다"(대판 2003.4.25. 2002다11458)고 보아, 이를 내심의 효과의사가 결여된 진의 아닌 의사표시라고 할 수 없다고 한다.

2. 사용자의 '지시 내지 강요'에 의하여 근로자가 사직서를 낸 경우

(1) 판 례
"근로자들이 의원면직의 형식을 빌렸을 뿐 실제로는 사용자의 지시에 따라 진의 아닌 사직의 의사표시를 하였고 사용자가 이러한 사정을 알면서 위 사직의 의사표시를 수리하였다면 위 사직의 의사표시는 민법 제107조에 해당하여 무효라 할 것이고 사용자가 사직의 의사 없는 근로자로 하여금 어쩔 수 없이 사직서를 작성 제출케 하여 그중 일부만을 선별수리하여 이들을 의원면직처리한 것은 정당한 이유나 정당한 절차를 거치지 아니한 해고조치로서 근로기준법의 강행법규에 위배되어 당연무효이다"(대판 1992.5.26. 92다3670 등).

(2) 검토 및 사안의 경우

사용자의 '지시나 강요'에 의해 근로자가 사직서를 낸 경우에 그 사직의 의사표시는 비진의표시에 해당하고, 또 그 사정을 사용자도 안 것으로 보는 것이 합리적이므로 判例의 태도는 타당하다. 사안의 경우 乙회사의 방침(지시)에 따른 일괄사표이므로 甲의 사직서 제출은 비진의표시에 해당하고, 乙회사는 이를 안 것으로 판단되므로 이러한 사직서 제출은 무효이다(제107조 1항 단서). 아울러 甲의 사직서에 근거한 乙회사의 의원면직은 해고에 해당하며, 해고의 정당한 사유가 없는 한 이는 부당해고가 되어 해고무효로 된다(대판 1992.5.26. 92다3670). 따라서 甲의 의원면직의 무효주장은 타당하다.

Ⅱ. 甲의 사직서 제출이 강박에 의한 의사표시인지 여부

判例는 사용자의 '지시 내지 강요'에 의하여 근로자가 사직서를 낸 경우에 이와 같은 사정만으로는 그 사직의 의사표시를 강박에 의한 의사표시로까지 구성하지는 않는다.

Ⅲ. 甲의 임금청구 가부

1. 채권자위험부담주의(제538조 1항 전문)

근로제공과 관련한 甲의 급부불능은 채권자 乙의 부당해고로 인한 것이므로 제538조 1항 1문의 '채권자에게 책임 있는 사유'로 인한 불능이다. 따라서 甲은 원칙적으로 부당해고가 없었더라면, 계속 근로하였을 경우의 임금 상당액의 지급을 청구할 수 있다(대판 1995.11.21. 94다45753,45760 등).

> **관련판례** 그러나 사용자의 근로자에 대한 해고가 무효이더라도, 해고기간 중 근로자가 징역형을 선고받아 구속되어 있는 경우에는 근로자가 근로의 제공을 할 수 없는 처지였으므로 구속기간 동안의 임금을 청구할 수는 없다(대판 1995.1.24. 94다40987). 그리고 해고된 근로자가 그 후 쟁의행위에 참가하였거나 쟁의행위 중 해고가 된 경우에 그 해고가 무효라고 하더라도 만일 해당 근로자가 해고가 없었어도 쟁의행위에 참가하여 근로를 제공하지 않았을 것임이 명백한 경우라면 이 역시 취업이 사실상 불가능한 상태가 발생한 경우에 준하여 해당 근로자는 쟁의행위 기간 중의 임금을 청구할 수 없다고 봄이 타당하다. 다만 해당 근로자에 대한 무효인 해고가 직접적 원인이 되어 쟁의행위가 발생한 경우 등 쟁의행위 기간 중 근로를 제공하지 못한 것 역시 사용자에게 귀책사유가 있다고 볼 수 있는 특별한 사정이 있는 경우에는 여전히 임금청구를 할 수 있다고 보아야 한다(대판 2012.9.27. 2010다99279).

2. 이익상환(제538조 2항)

해고기간 중에 다른 직장에 취업하여 지급받은 임금(중간수입)은 제538조 2항에 의해 이를 공제하여야 하지만, 근로자가 지급받을 수 있는 임금액 중 근로기준법 제38조 소정의 휴업수당의 범위 내의 금액은 중간수입으로 공제할 수 없고, 휴업수당을 초과하는 금액만을 중간수입으로 공제하여야 한다(대판 1993.11.9. 93다37915).

※ 보론 : 불법행위를 이유로 한 임금 상당의 손해배상청구

만약 위 사안이 불법행위로 평가될 수 있는 부당해고의 경우라면 甲은 제538조 1항에 따라 부당해고 기간 중 임금의 지급을 구하거나 '선택적'으로 해고가 불법행위에 해당함을 이유로 임금 상당의 손해배상을 구할 수 있다(대판 2011.3.10. 2010다13282).

---

3) [근로자가 스스로 사직서를 낸 경우] "근로자가 사직서를 작성하여 사용자에게 제출한 경우에, 특별한 사정이 없는 한 그 사직서는 사용자와의 근로계약관계를 해지하는 의사표시를 담고 있는 것이고, 따라서 당사자 사이의 근로계약관계는 사용자가 그 사직서 제출에 따른 사직의 의사표시를 수락하여 합의해지(의원면직)가 성립[가령 희망퇴직제 실시에 따라 근로자가 회사에 대하여 사직서를 제출하고 회사가 이를 수리하여 면직한 경우(대판 2003.4.11. 2002다60528)] 하거나, 민법 제660조 소정의 일정기간의 경과로 그 사직서 제출에 따른 해지의 효력이 발생함으로써 종료된다고 할 것이고, 이러한 경우에 사용자의 근로자에 대한 근로계약관계의 소멸통지는 관념의 통지에 불과하여 이를 근로기준법상의 해고라고 할 수 없다"(대판 1996.7.30. 95누7765).

핵심사례 C-01

★ 수령지체와 (대가)위험부담 [14회 사례형] 　　　　대판 2004.3.12. 2001다79013

乙은 1997.10.17. 甲으로부터 甲소유의 X토지를 대금 13억 원에 매수하되, 계약금 1억 3,000만 원은 계약 당일에, 1차 중도금 3억 원은 1997.11.10.에, 2차 중도금 2억 원은 1998.1.15.에, 잔금 6억 7,000만 원은 1998.4.20.에 소유권이전등기에 필요한 서류를 교부받는 것과 상환으로 각 지급하기로 하는 매매계약을 체결하였다. 그리고 乙은 계약 당일에 계약금 1억 3,000만 원을, 1997.11.10.에 1차 중도금 3억 원을 지급하였다. 그러나 乙이 매매계약에 따라 선이행의무가 있는 2차 중도금 2억 원의 지급일이 되었어도 이행을 지체하자 甲은 1998.2.28.까지 2차 중도금을 지급할 것을 최고하였다. 그러나 乙은 계약당시 합의되지 않은 조건을 들먹이며 그 조건의 성취가 불가능하다는 등의 이유로 甲에게 매매계약의 실효를 주장하면서 계약금과 1차 중도금 합계 금 4억 3,000만 원의 반환을 요구하였다. 이에 甲은 중도금의 지급을 거듭 최고하고, 乙은 기지급금의 반환을 거듭 요구하였다. 그러던 중 잔금지급일인 1998.4.20.을 도과한 후인 1998.5.20. 甲은 다시 한 번 서면으로 중도금 및 이에 대한 지연손해금, 잔금의 지급을 최고하였으나(당시 甲은 소유권이전등기에 필요한 서류를 전혀 준비해 두고 있지 않았다) 乙은 아무런 응답도 없었다. 그러던 중 X부동산이 2001.4.13. 한국토지공사에 의해 적법하게 강제수용되어 甲은 수용보상금으로 5억 원을 지급받았다.
이에 甲은 민법 제538조 1항 1문 또는 2문에 따라 乙의 나머지 대금지급의무는 여전히 존재한다고 주장하며 8억 7,000만 원 상당액의 이행을 청구하였다. 甲의 청구는 인용가능한가? (20점)

I. 결 론

甲의 청구는 인용될 수 없다. 사안은 제537조의 채무자위험부담주의에 의해 甲은 乙에 대하여 매매대금의 지급을 청구하지 못하고, 오히려 甲은 乙로부터 받은 계약금 및 1차 중도금 합계 4억 3,000만 원을 부당이득으로 반환하여야 한다.

II. 논 거

1. 甲의 소유권이전등기의무의 존속 여부(소극)

특정물채무에 있어서 '급부(물건)의 위험'은 매매계약시부터 채권자(매수인)에게 이전된다. 따라서 매매계약 체결 후 X토지는 한국토지공사에 수용되어 급부불능이 되었으므로 甲의 소유권이전등기의무는 소멸하였다.

2. 乙의 대금지급의무의 존속 여부(소극)

(1) 甲의 소유권이전의무가 乙의 책임 있는 사유로 이행불능된 것인지 여부(제538조 1항 1문)

1) 제538조 1항 1문의 채권자에게 '책임 있는 사유'의 의미

"채권자의 어떤 작위나 부작위가 채무자의 이행의 실현을 방해하고 그 작위나 부작위는 채권자가 이를 피할 수 있었다는 점에서 신의칙상 비난받을 수 있는 경우를 의미한다"(대판 2004.3.12. 2001다79013).

2) 乙의 이행거절이 반대채권자로서의 책임 있는 사유에 해당하는지 여부

甲의 소유권이전의무가 이행불능된 것은 토지가 수용되었기 때문이지, 乙의 이행거절과는 직접적인 관계가 없다고 할 것이다. 결국 乙의 책임 있는 사유로 甲의 소유권이전의무가 이행불능되었다고 볼 수 없다.

(2) 甲의 소유권이전의무가 乙의 '수령지체' 중에 당사자 쌍방의 '책임 없는' 사유로 이행불능된 것인지 여부(제538조 1항 2문 : 이하 B-33.참고)

1) 문제점

쌍무계약에서 채권자의 자기 채무에 대한 이행거절은 동시에 채무자의 채무에 대한 영구적 불수령(채권자 지체)을 의미할 수도 있다. 그런데 이런 경우 변제제공의 효과(지체책임 면책, 공탁, 동시이행의 항변 저지 등)가 발생하

기 위해서는 채무자의 구두제공조차 필요하지 않은데(대판 1995.4.28. 94다16083), 채권자지체의 성립에서도 마찬가지인가 하는 점이 문제된다. 즉 진지하고 종국적인 수령거절이 있으면 제400조의 '이행의 제공'으로도 볼 수 있지 않는지 문제된다(만약 이를 인정한다면 제538조 1항 2문이 적용될 수 있다).

2) 판 례
判例는 채권자가 미리 수령을 확고하게 거절한 경우에는 채무자는 구두제공조차 하지 않더라도 채무불이행책임을 면하나(제460조·제461조), 대가위험을 상대방에게 이전시키기 위해서는(제538조 1항 후문) 채무자의 변제제공(현실제공이나 구두제공)이 필요하다고 한다(대판 2004.3.12. 2001다79013).

3) 검토 및 사안의 경우
비록 乙이 소유권이전등기에 필요한 서류에 대한 수령거절의 의사가 확고하였으나 토지가 수용된 날인 2001.4.13. 이전에 소유권이전의무의 이행에 관한 현실제공 또는 구두제공을 하지 않았기 때문에, 이 사건 토지의 수용으로 인한 대가위험은 乙에게 이전되지 않고 여전히 甲이 부담하게 된다. 따라서 甲의 소유권이전의무가 乙의 수령지체 중에 당사자 쌍방의 귀책사유 없이 이행불능 되었다고 볼 수 없다. 그러므로 X토지의 수용으로 인한 대가위험은 乙에게 이전되지 않고 여전히 甲이 부담한다.

제3절 제3자를 위한 계약

I. 서 설

[C-11]

제539조 (제3자를 위한 계약) ① 계약에 의하여 당사자일방이 제3자에게 이행할 것을 약정한 때에는 그 제3자는 채무자에게 직접 그 이행을 청구할 수 있다. ② 전항의 경우에 제3자의 권리는 그 제3자가 채무자에 대하여 계약의 이익을 받을 의사를 표시한 때에 생긴다.

1. 의 의

① 제3자를 위한 계약이란 계약으로부터 발생하는 권리를 계약당사자 이외의 제3자에게 직접 귀속시키는 것을 내용으로 하는 계약을 말한다(제539조 1항). 다만 당사자의 계약으로 제3자에게 채권의 취득을 강제할 수는 없는 것이므로, 민법은 제3자가 채무자에 대해 수익의 의사를 표시하여야 채권을 취득하는 것으로 정한다(제539조 2항).

② 제3자가 채권을 취득하는 것은 '**채권양도**'의 방식에 의해서도 가능하지만, '제3자를 위한 계약'을 통해서도 이룰 수가 있다. 특히 장래의 급부이고 또한 급부하여야 할 의무가 채권자의 사망 후에 생기는 경우에는 제3자를 위한 계약을 이용하는 것이 대단히 편리하다. 예컨대 父가 생명보험계약을 체결하면서 보험사고 발생시에 보험금을 그의 子에게 지급하도록 보험회사와 약정하는 것이 그러하다. 父가 사망한 경우 그는 권리능력을 잃어 보험금을 청구할 수 없다는 점에서 이 제도의 유용성은 절대적이다. 상법에서 규정하는 '타인을 위한 보험'이 이에 속한다(상법 제639조).

③ '조건부 제3자를 위한 계약'이 가능한지에 관하여, 判例에 따르면, "주택분양보증은 구 주택건설촉진법(2003.5.29. 주택법으로 전문 개정되기 전의 것) 제33조의 사업계획승인을 얻은 자가 분양계약상의 주택공급의무를 이행할 수 없게 되는 경우 주택사업공제조합이 수분양자가 이미 납부한 계약금 및 중도금의 환급 또는 주택의 분양에 대하여 이행책임을 부담하기로 하는 **조건부 제3자를 위한 계약**인데, 제3자 지위에 있는 수분양자는 수익의 의사표시에 의하여 권리를 취득함과 동시에 의무를 부담할 수 있고, 제3자를 위한 계약의 수익의 의사표시는 명시적으로뿐만 아니라 **묵시적으로도 할 수 있다**"(대판 2006.5.25. 2003다452670: 표준판례604).

2. 구별개념

(1) 부진정한 제3자를 위한 계약

부진정한 제3자를 위한 계약이란 제3자가 직접 그 계약당사자 일방에 대해 권리를 취득하지는 않으며 단지 급부수령권한만을 가지는 경우를 말한다. 즉 계약당사자 일방의 급부의무의 내용이 그 급부를 상대방이 아니라 제3자에게 하도록 되어 있는데 불과한 경우를 가리키는 것으로 예를 들어 화환을 친구에게 선물로 보내는 경우를 들 수 있다. 그러나 결국 (진정한) **제3자를 위한 계약에 해당하는지의 여부는 계약해석의 결과 당사자들이 제3자에게 직접 권리를 취득케 하려는 것으로 인정되는지의 여부에 달려 있다**(대판 2006.9.14. 2004다18804).

(2) 제3자 보호효 있는 계약

제3자를 위한 계약은 계약의 당사자가 아닌 제3자에게 직접 권리를 취득시키는 것이므로, 제3자가 낙약자에게 직접 급부청구권을 갖는다. 그러나 제3자 보호효 있는 계약은 제3자가 직접 급부청구권을 갖는 것은 아니고, 채무자의 보호의무에 기하여 보호의무 위반으로 인한 손해배상을 받을 수 있을 뿐이다. 제3자 보호효 있는 계약에 관하여 우리 判例가 정식으로 문제삼은 적은 없다.

[심화] 건물소유자가 건물에 대해 용역경비계약을 체결하였는데 그 건물에 거주하는 당사자의 처가 타인들과 건물에서 모임을 갖는 도중 강도가 들어 그 처와 타인들이 금품을 강취당한 사안에서, 判例는 일시 방문한 타인들은 위 계약의 수익자에 포함되지 않으나 계약당사자의 처는 수익자의 범위에 포함된다고 보아 그 범위 내에서 이 용역경비계약을 '제3자를 위한 계약'으로 본다(대판 1993.8.27. 92다23339; **표준판례**606).

[판례평석] 해당 判例에 대해서는 용역경비계약의 당사자는 아니지만 계약에 따른 보호대상이 되는 제3자가 피해를 입은 경우 용역경비업체에 대해 손해배상을 청구할 수는 있으나, 그 근거와 관련하여 제3자는 직접 용역경비업체에 대해 본래의 계약상의 이행청구를 할 수는 없다고 할 것이므로 이를 오히려 제3자 보호효 있는 계약으로 보는 것이 타당하다는 견해도 있다[송덕수, 신민법강의(8판), D-152].

(3) 제3자를 위한 계약에서 제3자와 채권양도에 있어 양수인의 차이점

채권양도에 있어서 양수인은 제3자를 위한 계약의 제3자와 비슷하다. 이들은 모두 채권을 취득하기 때문이다. 그러나 채권양도와 제3자를 위한 계약은 차이가 있다. ① 우선 채권양도의 경우에 양수인이 취득하는 채권은 이미 존재해 있는 것이다. 양수인은 지금까지의 채권자인 양도인으로부터 기존의 채권을 그대로 승계한다. 그에 비하여 제3자를 위한 계약의 경우에 제3자는 (수익의 의사표시에 의하여) 기존의 것이 아닌 새로운 채권을 제3자를 위한 계약으로부터 직접 취득하게 된다. ② 그리고 **채권양도에 있어서는 양수인만이 채권자이고 양도인은 아무런 권리도 갖지 못하는 데 비하여**(채권양도는 채권이전의 처분행위이므로), 제3자를 위한 계약에 있어서는 (불분명한 때에는) 요약자도 제3자에의 급부를 청구할 권리를 갖는다. ③ 또한 채권양도의 경우에는 양도인이 채권관계에서 완전히 벗어나는 데 비하여, 제3자를 위한 계약의 경우에는 3자 사이에 법률관계가 존재한다.

Ⅱ. 성립요건

[C-12]

1. 요약자와 낙약자 간에 유효한 계약의 성립

채권자(요약자)와 채무자(낙약자) 사이에 유효한 계약이 성립하여야 한다. 기본관계를 이루는 계약이 무효인 경우에, 수익자는 불법행위 또는 채무불이행에 따른 손해배상을 청구할 수 없다(대판 1966.6.21. 66다674).

2. 제3자 약관의 존재

(1) 제3자가 취득하는 권리의 내용

요약자와 낙약자 간의 계약의 내용으로, 제3자에게 직접적으로 권리를 취득시키려는 제3자 약관이 포함되어 있어야 한다.

① 제3자를 위한 계약은 제3자에게 권리를 수여하는 동시에 제3자에게 일정한 부담하에 권리를 부여하는 것(부담부권리의 부여)도 가능하다(대판 1965.11.9. 65다1620).

② [**채무면제계약**] 낙약자가 제3자에 대하여 가지는 채권에 관하여 채무를 면제하는 계약도 제3자를 위한 계약에 준하는 것으로 이에 의해 채무면제의 효과가 발생한다. 즉, 채무자(A)가 채권자(B)에게 부담하게 될 채무에 대해 C(보증인)가 이를 보증하기로 B와 보증계약을 체결하면서, A의 C에 대한 사전구상채무(바꾸어 말해 C가 A에 대해 가질 사전구상권)를 면제하기로 약정한 경우 判例는 "계약의 당사자가 제3자에 대하여 가진 채권에 관하여 그 채무를 면제하는 계약도 제3자를 위한 계약에 준하는 것으로서 유효하다"(대판 2004.9.3. 2002다73405: 표준판례603)고 하고, A가 수익의 의사표시를 함으로써 A의 사전구상채무는 채무면제의 효력이 생긴다고 한다.

③ 제3자에게 직접 물권을 취득케 하는 것도 사적자치가 허용되는 범위에서 그 유효성이 인정된다(통설 ; 다만 제186조와의 관계상 등기는 제3자가 직접 하여야 한다).

(2) 구체적인 경우

1) 제3자를 위한 계약에 해당하는 경우

㉠ '타인을 위한 보험'은 전술한 바와 같이 제3자를 위한 계약에 속한다(상법 제639조). ㉡ '변제를 위한 공탁'은 사법적인 측면에서는 변제자와 공탁소간의 임치계약에서 공탁물에 대한 출급청구권을 채권자에게 부여하기로 약정한 것으로 볼 수 있어 제3자를 위한 계약에 속한다. ㉢ 또한 채무자와 인수인간에 맺는 '병존적 채무인수'는 채권자에게 인수인에 대한 채권을 새로 부여한다는 점에서 제3자를 위한 계약에 속한다는 것이 통설 및 判例이다(대판 1989.4.25. 87다카2443).

2) 제3자를 위한 계약에 해당하지 않는 경우

㉠ '면책적 채무인수'는 종전의 채무가 동일성을 유지하면서 채무자로부터 인수인에게 이전되는 것에 불과하고 채권자가 새로운 채권을 취득하는 것이 아니므로 제3자를 위한 계약이 아니다. ㉡ '이행인수'는 채무자와 인수인 간의 계약으로 인수인이 채무자에 대한 관계에서만 내부적으로 채무자의 채무를 이행할 것을 약정하는 것으로서, 채권자가 직접 인수인에 대해 채권을 취득하는 것이 아니므로 제3자를 위한 계약이 아니다. 제3자를 위한 계약과 이행인수의 구별기준은 제3자 또는 채권자에게 (계약당사자 일방 또는 인수인에 대해) **직접 채권을 취득하게 하려는 의사가 계약당사자에게 있는지**에 달려 있다(대판 1997.10.24. 97다28698: 표준판례601).

3. 제3자의 특정

제3자는 계약 성립시에 특정 가능성이 있는 한 현존·특정되지 않아도 무방하므로, 태아나 설립 중의 법인 등도 제3자가 될 수 있다(대판 1960.7.21. 4292민상773: 표준판례602). 그러나 수익의 의사표시를 할 때에는 권리능력을 가지고 현존·특정되어야 한다.

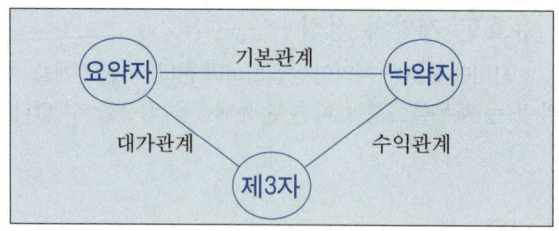

Ⅲ. 효 력

[C-13]

1. 기본관계(보상관계)

요약자와 낙약자 사이의 관계를 의미한다. 이는 제3자를 위한 계약의 내용을 이루므로 기본관계의 하자나 흠결은 계약의 효력에 영향을 미치고(6회 선택형), 낙약자는 기본관계상의 항변으로 수익자에게 대항할 수 있다(제542조).

(1) 낙약자의 요약자에 대한 권리

① 낙약자는 요약자에게 기본관계 또는 제3자를 위한 계약에 따른 채권을 갖는다.

② [원상회복의 당사자] '요약자가 채무를 불이행'하면 낙약자는 계약을 해제할 수 있다. 그리고 그 전에 제3자가 수익의 의사표시를 하였더라도 '제541조에도 불구'하고 이로써 수익자에게 대항할 수 있다(즉, 제541조는 요약자나 낙약자가 계약당사자의 지위에서 취소권이나 해제권 등을 행사하는 것과는 관계가 없다). 다만 낙약자가 수익자에게 급부 후 계약을 해제(취소)한 경우 수익자에게 원상회복(부당이득반환)을 청구할 수 있는지 문제된다(핵심사례 C-2.참고 ; C-85d.참고).

1) 이미 이행한 것이 금전의 지급인 경우 [18법무]

判例는 낙약자가 수익자에게 이미 이행한 것이 '금전의 지급'인 경우, "제3자를 위한 계약관계에서 낙약자와 요약자 사이의 법률관계(이른바 기본관계)를 이루는 계약이 해제된 경우, 그 계약관계의 청산은 계약의 당사자인 낙약자와 요약자 사이에 이루어져야 하므로, 특별한 사정이 없는 한, 낙약자가 이미 제3자에게 급부한 것이 있더라도 낙약자는 계약해제에 기한 원상회복 또는 부당이득을 원인으로 제3자를 상대로 그 반환을 구할 수 없다"(대판 2005.7.22. 2005다7566,7573; 표준판례605 ; 기본관계가 무효 또는 취소된 경우에도 마찬가지이다. 대판 2010.8.19. 2010다31860,31877 참고)고 판시하였다(6회,8회 선택형).

[판례검토] 제3자를 위한 계약에 따른 낙약자의 수익자에 대한 급부는, 낙약자의 요약자에 대한 급부, 요약자의 수익자에 대한 급부의 단축급부의 실질을 갖는다. 즉 낙약자가 수익자에게 급부하더라도 이는 실질적으로 요약자에 대한 급부로 보아야 한다. 따라서 기본관계가 해제되는 경우 그 청산은 낙약자와 요약자 사이에 이루어져야 하므로 判例의 입장이 타당하다(통설).

2) 이미 이행한 것이 물건(특히 등기)의 지급인 경우

이미 이행한 것이 동산 또는 부동산의 소유권 이전이면 '물권행위의 유인성'에 의하여 소유권변동이 소급적으로 무효가 되므로 낙약자가 소유권을 회복한다. 따라서 낙약자는 수익자에게 직접 그 반환 또는 말소등기를 할 수 있다.

(2) 요약자의 낙약자에 대한 권리

① 요약자는 낙약자에 대하여 수익자에게 이행할 것을 청구할 수 있으므로, '낙약자가 수익자에 대한 채무를 불이행'하여 요약자에게 손해가 발생하면 요약자는 낙약자에게 손해배상을 청구할 수 있다.

② [요약자의 해제권] 요약자는 계약당사자로서 취소권·해제권 등을 갖는다. 이와 관련하여 제3자의 권리가 생긴 후에 요약자가 계약을 해제하기 위해서는 수익자의 동의가 필요한지 문제되는바, 判例는 "요약자가 낙약자에게 반대급부 의무를 부담하고 있는 경우에 이러한 해제권을 허용치 아니함은 부당한 결과를 가져온다 할 것이므로 낙약자의 귀책사유로 인한 이행불능 또는 이행지체가 있을 때에는 요약자는 제3자의 동의 없이 계약당사자로서 계약을 해제할 수 있다"(대판 1970.2.24. 69다1410,1411: 표준판례609 : 3회,6회 선택형)고 한다. [18법무] [판례검토] 생각건대, 요약자가 제3자에게 권리를 취득시키기 위해서는 그 자신도 채무를 부담하는 것이 보통이므로, 낙약자의 채무불이행이 있는 경우에 계약을 해제하여 자기의 채무를 면하는 것을 금할 이유가 없다는 점에서 判例의 태도는 타당하다.

2. 대가관계(원인관계)

요약자와 수익자의 관계를 '대가관계'라 한다. 이러한 제3자를 위한 계약의 체결 원인이 된 요약자와 제3자(수익자) 사이의 법률관계(이른바 대가관계)의 효력(무효, 취소, 해제)은 제3자를 위한 계약 자체는 물론 그에 기한 요약자와 낙약자 사이의 법률관계(이른바 기본관계)의 성립이나 효력에 영향을 미치지 아니한다(다만 요약자는 수익자에게 부당이득반환청구를 할 수 있을 뿐이다).

따라서 낙약자는 요약자와 제3자(수익자) 사이의 대가관계에 기한 항변으로 제3자(수익자)에게 대항하지 못하고, 요약자도 대가관계의 부존재나 효력 상실을 이유로 자신이 기본관계에 기하여 낙약자에게 부담하는 채무의 이행을 거부할 수 없다(대판 2003.12.11. 2003다49771 : 표준판례607 : 8회 선택형).

> **[2003다49771 사실관계]** ✻ 대가관계가 무효·취소·해제된 경우
> 甲은 乙과 자기 소유의 X부동산과 乙 소유의 Y부동산을 교환하기로 약정(기본관계)한 뒤 곧이어 丙과 그 Y부동산을 丙 소유의 Z부동산과 교환하기로 약정(대가관계)하였다. 그리고 甲이 乙에게 요청하여 乙이 직접 丙에게 그 Y부동산에 관한 소유권이전등기를 마쳐 주기로 하였고(제3자를 위한 계약), 이에 따라 乙과 丙이 그 Y부동산에 관하여 직접 분양계약을 체결하였다(수익의 의사표시). 그런데 그 후 丙의 甲에 대한 Z부동산 소유권이전의무가 丙의 귀책사유로 이행불능이 되어 甲이 丙과의 교환계약을 적법하게 해제하였다.
> ☞ 위 判例에 따르면 i) 낙약자(乙)는 요약자(甲)와 수익자(丙)사이의 법률관계에 기한 항변(계약해제)으로 수익자(丙)에게 대항하지 못하고, ii) 요약자(甲)도 대가관계의 부존재나 효력의 상실을 이유로 자신이 기본관계에 기하여 낙약자(乙)에게 부담하는 채무(X부동산에 대한 소유권이전의무)의 이행을 거부할 수 없다. iii) 또한 수익자(丙)의 낙약자(乙)에 대한 계약상의 권리(Y부동산에 대한 소유권이전청구권)가 당연히 소멸하거나 iv) 낙약자(乙)가 요약자(甲)와의 계약에 따라 요약자(甲)에게 직접 Y부동산에 대한 소유권을 이전할 의무가 부활한다고는 볼 수 없다.

3. 수익관계(급부관계)

낙약자와 수익자의 관계로, 수익자가 낙약자에게 급부청구권을 갖는 관계이다.

(1) 제3자의 권리취득

1) 수익의 의사표시

① 예외적으로 관행이나 계약의 목적에 비추어 수익의 의사표시를 요하지 않고 수익자의 권리취득을 인정해야 하는 경우가 있으나[제3자를 위한 보험계약이나 제3자를 수익자로 한 신탁, 공탁(공탁을 제3자를 위한 임치계약으로 보는 견해에 따를 때) 등의 경우], 원칙적으로 제3자의 권리는 제3자가 낙약자에 대하여 계약의 이익을 받을 의사를 표시한 때 생긴다(제539조 2항). 즉 수익의 의사표시에 의하여 수익자는 계약상의 권리를 확정적으로 취득한다. 이러한 수익의 의사표시는 제3자를 위한 계약의 성립요건이나 효력발생요건이 아니고 수익자가 권리를 취득하기 위한 요건이다.

② 그러므로 "제3자를 위한 계약에서, 제3자가 민법 제539조 제2항에 따라 수익의 의사표시를 함으로써 제3자에게 권리가 확정적으로 귀속된 경우에는, 요약자와 낙약자의 합의에 의하여 제3자의 권리를 변경·소멸시킬 수 있음을 미리 유보하였거나 제3자의 동의가 있는 경우가 아니면 계약의 당사자인 요약자와 낙약자는 제3자의 권리를 변경·소멸시키지 못하고(제541조), 만일 계약의 당사자가 제3자의 권리를 임의로 변경·소멸시키는 행위를 한 경우 이는 제3자에 대하여 효력이 없다"(대판 2022.1.14. 2021다271183 : 표준판례608). 다만, 제541조는 요약자나 낙약자가 계약당사자의 지위에서 취소권이나 해제권 등을 행사하는 것과는 관계가 없다.

2) 수익의 의사표시의 내용

수익의 의사표시는 낙약자에게 해야 하며, 낙약자가 수익자에게 상당기간을 정하여 수익할 것인가의 여부에 대한 확답을 최고하였으나 그 기간 내에 확답을 받지 못한 경우 수익을 거절한 것으로 본다(제540조). 이러한 수익의 의사표시는 재산적 색채가 강하므로 일신전속권은 아니어서 상속·양도·채권자대위권의 대상이 된다(통설).

(2) 낙약자의 항변

① 낙약자는 '기본관계에 기한 항변'(동시이행의 항변권, 제3자를 위한 계약의 무효, 취소, 해제 등)으로 수익자에게 대항할 수 있다(제542조). 이때 수익자가 민법상의 제3자 보호규정(제107조 2항 내지 제110조 3항, 제548조 1항 단서 등)에서 말하는 제3자에 해당하느냐와 관련하여 ㉠ 기존에 判例는 제3자를 위한 계약이 '대금지급'과 관련한 경우는 "제3자를 위한 계약에서의 제3자가 계약해제시 보호되는 민법 제548조 1항 단서의 제3자에 해당하지 않음은 물론"(대판 2005.7.22. 2005다7566: 표준판례605)이라는 입장이었고, 통설도 수익의 의사표시를 한 것만으로는 실질적으로 새로운 이해관계를 맺은 것으로 볼 수 없다는 입장이었다. ㉡ 그러나 제3자를 위한 계약이 '물건의 인도'와 관련한 경우에는 최근 判例는 "제3자를 위한 계약에서도 낙약자와 요약자 사이의 법률관계(기본관계)에 기초하여 수익자가 요약자와 원인관계(대가관계)를 맺음으로써 해제 전에 새로운 이해관계를 갖고 그에 따라 등기, 인도 등을 마쳐 권리를 취득하였다면, 수익자는 제548조 1항 단서에서 말하는 계약해제의 소급효가 제한되는 제3자에 해당한다"(대판 2021.8.19. 2018다244976: 표준판례628)[1]고 판시하고 있다.[2]

② 낙약자는 대가관계에 기한 항변으로 수익자에게 대항하지 못한다.

> [심화] 주의할 것은, 당해 제542조의 낙약자의 '항변'은 요약자와 낙약자 사이의 계약(제539조의 제3자를 위한 계약)에서 기인하는 것에 한한다는 점이다. 따라서 그 계약 이외의 원인에 의하여 낙약자가 요약자에게만 대항할 수 있는 항변으로는 제3자에게 대항하지 못한다. 예컨대 낙약자는 요약자에 대한 반대채권을 가지고 제3자의 자신에 대한 급부청구권과 상계하지는 못한다('채권양도'의 방식에서는 채권은 동일성을 유지하면서 양수인에게 이전하므로, 채무자는 종전의 채권자에 대한 채권으로써 양수인에 대한 채무와 상계할 수 있고, 이 점은 제3자를 위한 계약의 경우와는 다르다). 또 수익의 의사표시로써 제3자의 권리가 확정된 이후에는, 그 후 요약자와 낙약자 사이의 계약에 의해 생긴 사유를 가지고 제3자에게 대항하지 못한다(제541조).

(3) 낙약자가 채무를 불이행한 경우

제3자를 위한 계약의 당사자가 아닌 수익자는 계약의 해제권이나 해제를 원인으로 한 원상회복청구권이 있다고 볼 수 없다. 그러나 제3자를 위한 계약에 있어서 수익의 의사표시를 한 수익자는 낙약자에게 직접 그 이행을 청구할 수 있을 뿐만 아니라, 요약자가 계약을 해제한 경우에는 낙약자에게 자기가 입은 손해의 배상을 청구할 수 있다(대판 1994.8.12. 92다41559 : 수익자가 완성된 목적물의 하자로 인하여 손해를 입었다면 낙약자인 수급인은 그 손해를 배상할 의무가 있다는 判例 : 3회, 6회 선택형).

---

1) [사실관계] 원고(낙약자)가 제3자를 위한 계약인 이 사건 함포납품계약에 따라 피고 승계인수인(수익자; 담당관서 방위사업청)에 함포를 인도한 다음 위 계약이 요약자의 대금미지급을 이유로 해제되었다고 주장하면서 방위사업청을 상대로 인도한 함포의 반환을 구한 사건에서, 방위사업청이 민법 제548조 1항 단서에 따라 계약해제의 소급효가 제한되는 제3자에 해당하므로 원고가 소유권에 기한 물권적 청구권을 행사하여 인도한 함포의 반환을 구할 수 없다고 판단하여 상고기각한 사례

2) [판례평석] 결론적으로 대상판결은 일응의 인상과 달리 종래 판결과 모순되지 않는다. 원칙적으로 수익자는 계약당사자가 아니므로 해제 시에도 원상회복과 부당이득반환청구의 직접적 상대방이 되지 않는다. 따라서 특별한 이유가 없는 한 제3자에 해당하는지조차 판단할 이유가 없다(종래 판결의 태도). 수익자라는 이유만으로 곧바로 제3자가 되는 것도 아니지만, 제3자에 해당하지 않는다고 하더라도 원상회복으로서 부당이득반환의 직접 의무가 없기 때문이다. 다만 채무자가 원상회복의 일환으로 물권적 청구권을 행사하면 수익자가 그 상대방이 될 가능성은 있다. 이때 수익자가 제3자에 해당하는지 판단할 필요가 있고, 만일 제3자가 아니라면 물권적 청구권에 의한 반환 가능성도 열려 있다고 할 것이다(황승종 변호사, 법조신문 21년 10월 25일자).

핵심사례 C-02

★ 제3자를 위한 계약
대판 2005.7.22. 2005다7566,7573(표준판례605)

> 甲은 乙에게 X부동산을 1억 원에 매도하고 대금으로 8,000만 원을 수령하였다. 한편 甲으로부터 X부동산을 매수한 乙은 다시 丙에게 X부동산을 1억 5,000만 원에 매도하였다. 乙과 丙은 甲에게 X부동산의 소유권이전등기를 乙이 아닌 丙에게 해 줄 것을 부탁하고, 甲의 승낙을 얻었다. 丙이 乙의 지시에 의하여 甲에게 2,000만 원을 지급하고, 乙에게 나머지 대금 1억 3,000만 원을 지급한 뒤, 甲이 丙에게 소유권이전등기를 마쳐주었으나, 乙과 丙사이의 매매계약이 사기를 이유로 취소된 경우 甲, 乙, 丙의 민사적 법률관계는? (20점) (위 사안을 乙과 甲이 丙을 수익자로 하는 제3자를 위한 계약을 한 경우로 볼 것, 금전에 대해서도 제3자를 위한 계약으로 볼 것)

Ⅰ. 甲과 丙 사이의 법률관계

1. 丙 등기의 효력(유효)

요약자 乙과 수익자 丙의 대가관계는 제3자를 위한 계약의 내용이 아니므로 계약의 성립이나 효력에 영향이 없다(대판 2003.12.11. 2003다49771). 따라서 대가관계가 무효·취소·해제된 경우 제3자를 위한 계약에는 영향이 없고, 요약자는 수익자에게 부당이득반환청구를 할 수 있을 뿐이다. 따라서 丙 명의의 소유권이전등기는 유효하므로 甲은 丙을 상대로 말소등기청구를 할 수 없다.

2. 丙이 甲에게 이미 지급한 2,000만 원의 반환을 청구할 수 있는지 여부(소극)

(1) 판 례

判例는 낙약자가 수익자에게 이미 이행한 것이 '금전의 지급'인 경우, "제3자를 위한 계약관계에서 낙약자와 요약자 사이의 법률관계(이른바 기본관계)를 이루는 계약이 해제된 경우, 그 계약관계의 청산은 계약의 당사자인 낙약자와 요약자 사이에 이루어져야 하므로, 특별한 사정이 없는 한, 낙약자가 이미 제3자에게 급부한 것이 있더라도 낙약자는 계약해제에 기한 원상회복 또는 부당이득을 원인으로 제3자를 상대로 그 반환을 구할 수 없다"(대판 2005.7.22. 2005다7566,7573)고 판시하였다.

(2) 검토 및 사안의 경우

丙이 甲에게 직접 대금을 지급한 것은 乙에 대한 채무의 이행으로서 한 것이기 때문에 乙과 丙 사이의 계약이 취소된 경우 부당이득의 반환은 乙과 丙 사이에서 이루어져야 한다. 따라서 丙은 위 2,000만 원도 계약상대방인 乙에게 부당이득으로 반환청구하여야 한다. 즉 丙은 1억 5,000만 원 전부에 관하여 계약상대방인 乙에게 부당이득을 이유로 그 반환을 청구하여야 한다.

Ⅱ. 甲과 乙 사이의 법률관계

대가관계인 乙과 丙 사이의 매매계약이 취소되었다는 사정만으로 丙의 甲에 대한 수익자로서의 권리에 영향을 미치지 않기 때문에, 丙의 등기는 유효하고 甲과 乙 사이의 매매계약에는 영향이 없다(대판 2003.12.11. 2003다49771).

Ⅲ. 乙과 丙 사이의 법률관계

丙의 수익자로서의 권리는 대가관계인 乙과 丙 사이의 매매계약이 그 법률상 원인이 되었는바, 그것이 취소되었기 때문에 丙의 甲에 대한 소유권이전등기청구권은 乙과의 관계에서는 법률상 원인이 없게 되었다. 따라서 乙은 부당이득을 원인으로 丙으로부터 그 청구권을 양도받은 후 甲에게 직접 그 청구권을 행사할 수 있을 것이다. 그러나 사안의 경우 丙앞으로 소유권이전등기가 되었기 때문에 乙은 丙을 상대로 부당이득을 원인으로 소유권이전등기를 청구하여야 한다.

제4절 계약의 해제(해지)

'계약의 해제'란 채무불이행 등 일정한 사유가 있는 때에 당사자 일방의 의사표시에 의하여 유효하게 성립한 계약의 효력을 소급적으로 소멸시키는 것을 말한다. 이에 반해 '계약의 해지'란 계속적 계약관계에서 당사자 일방의 의사표시에 의하여 유효하게 성립한 계약의 효력을 장래에 향하여 소멸시키는 것을 말한다.

쟁점구조

■ 계약해제에 따른 법률관계

Ⅰ. 계약이 적법·유효하게 해제되었는지 여부 검토
① 해제권 발생 사유(ⅰ) 약정해제권(제565조 계약금 관련), ⅱ) 법정해제권(채무불이행, 담보책임), ⅲ) 사정변경원칙을 이유로 한 해제권, ⅳ) 채권자지체를 이유로 한 해제권), ② 합의해제(특히 묵시적 합의해제)

Ⅱ. 계약해제에 따른 법률관계(소, 원, 손, 동)

1. 제3자와의 관계(소급적 소멸)
제548조 1항 단서의 제3자 보호

2. 당사자 간의 관계(소급적 소멸)
① 원상회복의무(제548조 2항), ② 손해배상의무(제551조 ; 신뢰이익·이행이익), ③ 각 의무 상호간 동시이행관계(제549조)

제1관 약정해제권

요건사실론

■ 약정해제권(특히 계약금)의 항변

약정해제권 중 계약금을 이유로 해제를 하려면 ⅰ) (매매)계약체결시 계약금을 교부한 사실, ⅱ) 계약해제의 목적으로 계약금 배액을 현실제공한 사실(매도인의 경우) 또는 계약금 반환청구권 포기의 의사표시를 한 사실(매수인의 경우), ⅲ) (매매)계약 해제의 의사표시를 한 사실을 주장·증명하면 된다(제565조).
이에 대해 약정해제의 효력을 다투는 원고로서는 계약금을 해약금으로 하지 않기로 약정한 사실, 또는 당사자 일방이 해제의 의사표시가 있기 전에 이행에 착수한 사실 등을 주장하며 '재항변'할 수 있다. 이행기의 약정이 있더라도 당사자가 이행기 전에는 착수하지 아니하기로 하는 특약을 하는 등의 특별한 사정이 없는 한 이행기 전에도 이행에 착수할 수 있으므로, 이행기 전에 착수하였다는 사실은 이행착수의 재항변에 대한 유효한 '재재항변'이 될 수 없다.

I. 의 의   [C-14]

계약에 의해 당사자는 일정한 경우에 해제권이 발생하는 것으로 미리 약정할 수 있고, 그 해제권을 당사자 일방이나 쌍방에게 유보시킬 수 있다(제543조 1항). 민법상 약정해제권을 유보한 것으로 추정되는 것이 있다. 즉 매매에서 계약금을 교부한 때에는, 당사자 간에 다른 약정이 없는 한, 당사자의 일방이 이행에 착수할 때까지 교부자는 이를 포기하고 수령자는 그 배액을 상환하여 매매계약을 해제할 수 있다(제565조).

II. 계약금을 이유로 한 해제의 요건사실   [C-15]

계약금에 기한 해제권을 행사하기 위해서는 i) 계약금이 전부 교부되어야 하고(대판 2008.3.13. 2007다73611), ii) 제565조의 해약권을 배제하는 다른 약정이 없어야 하며(대판 2009.4.23. 2008다50615), iii) 당사자 일방이 이행에 착수할 때까지 iv) 교부자는 계약금을 포기하고 수령자는 그 배액을 상환하여 매매계약을 해제할 수 있다(제565조 1항). 이하에서는 요건사실을 중심으로 살펴보도록 하겠다.

1. 계약체결시 계약금을 교부한 사실

(1) 계약금이 교부된 경우

① 계약금이 교부된 때에는 민법은 당사자 간에 다른 약정이 없는 한, 당사자의 일방이 이행에 착수할 때까지 교부자는 이를 포기하고 수령자는 그 배액을 상환하여 계약을 해제할 수 있는 '약정해제권'을 보유한 것으로 추정한다(제565조 1항).

② "가계약금에 관하여 해약금 약정이 있었다고 인정하기 위해서는 약정의 내용, 계약이 이루어지게 된 동기 및 경위, 당사자가 계약에 의하여 달성하려고 하는 목적과 진정한 의사, 거래의 관행 등에 비추어 정식으로 계약을 체결하기 전까지 교부자는 이를 포기하고, 수령자는 그 배액을 상환하여 계약을 체결하지 않기로 약정하였음이 **명백하게 인정되어야 한다**"(대판 2022.9.29. 2022다247187).[1)]

(2) 계약금이 위약금의 성질을 갖는 경우

계약금이 '위약시 계약금 몰수, 배액 상환이라는 특약'에 의해 위약금으로 인정되는 경우, 判例는 이 특약을 제565조 1항의 '다른 약정'에 해당하여 해약금의 성질을 배제하는 것이 아니라, **위약금과 해약금이 병존**하는 것으로 보았다(대판 1992.5.12. 91다2151: 표준판례635).

[판례검토] 계약금을 해약금으로 인정하는 것이 일반적인 법감정이라는 점, 위약금 약정이 계약서에 부동문자로 기재되어 있는 경우가 많다는 점 등을 고려할 때 위약금 약정이 있다는 이유만으로 제565조의 적용을 배제할 수는 없다(통설).

(3) 계약금이 일부만 지급된 경우 [12사법, 5회 사례형]

■ **계약금이 일부만 지급된 경우의 제565조에 따른 계약해제**   2016년 변호사시험 제2문

사실관계 | 甲은 자신 소유의 Y토지를 乙에게 5억 원에 매도하면서 '계약금 5천만 원은 계약 당일 지급하고' 중도금과 잔대금을 각 약속한 날짜에 지급하기로 하였으나, 乙은 계약체결 당일 계약금 중 2천만

---

1) [사실관계] 임차인이 임대차계약에 관한 교섭단계에서 임대인에게 가계약금 300만 원을 지급하였다가 개인사정으로 임대차계약 체결을 중단한 후 가계약금의 반환을 구하자, 임대인이 위 가계약금이 해약금에 해당하므로 몰취되어야 한다고 주장하더라도, 당사자 사이에 가계약금을 해약금으로 하는 약정이 있었음이 명백히 인정되지 아니하는 한 임차인이 스스로 계약 체결을 포기하더라도 가계약금이 임대인에게 몰취되는 것으로 볼 수는 없다.

> 원만을 지급하였다. 이후 甲은 乙에게 2천만 원의 배액인 4천만 원을 제공하면서 계약해제의 의사표시를 하였다. **이 경우 甲의 계약해제는 적법한 것인지에 대한 결론과 그 논거를 서술하시오.**
>
> 판례에 따른 해결 | 乙은 甲에게 계약금 5,000만 원을 지급하기로 약정하였음에도 불구하고 그 일부인 2,000만 원만을 지급하였다. 따라서 계약금의 잔금인 3,000만 원을 지급하지 않는 한 계약금계약은 성립하지 않고, 甲은 Y토지 매매계약을 임의로 해약금에 기하여 해제할 수 없다(제565조). 설령 가능하다고 하더라도 약정된 계약금 5천만 원의 두배를 지급하지 않는 한[사안에서는 추가적으로 3천만 원] 甲의 계약해제는 적법할 수 없다.

1) '계약금계약'의 법적 성질

계약금계약은 금전 등의 교부를 요건으로 하는 요물계약이고, 매매 기타의 계약에 종된 계약이다.

2) 계약금 지급약정만 한 단계에서 제565조 1항의 계약해제권이 발생하는지 여부 [19법행]

① 계약금계약은 '요물(要物)계약'으로 금전 기타 유가물의 교부를 요건으로 하므로, 단지 계약금을 지급하기로 약정만 한 단계에서는 아직 계약금으로서의 효력, 즉 제565조 규정에 의해 계약해제를 할 수 있는 권리는 발생하지 않는다. 따라서 교부자가 계약금의 잔금 또는 전부를 지급하지 아니하는 한 계약금계약은 '성립'하지 아니하므로 당사자가 임의로 주계약을 해제할 수는 없다(대판 2008.3.13. 2007다73611 : 8회 선택형). 다만 매도인 측이 계약을 임의로 해제하고자 한다면 계약금 전부를 받은 뒤 제565조 1항에 따라 계약금의 배액을 상환하고 계약을 해제할 수 있을 것이다.

② 아울러 "계약금의 일부만 지급된 경우 매도인(수령자)이 매매계약을 해제할 수 있다고 하더라도 해약금의 기준이 되는 금원은 '실제 교부받은 계약금'이 아니라 '약정 계약금'이다"(대판 2015.4.23. 2014다231378 : 10회,12회 선택형).

[주의] 계약금계약이 요물계약일 뿐 매매계약이 요물계약인 것은 아니므로 매매계약을 할 때 계약금을 교부하여야 매매계약이 성립한다는 의미는 아니다. 따라서 계약금이 교부되지 않으면 계약금계약으로서의 효력의 하나인 해약금으로서의 효력을 인정할 수 없다는 것일 뿐, 매매계약 자체가 구속력이 없는 것은 아니므로 계약금이 교부되지 않았다고 해서 임의로 매매계약을 해제할 수 있는 것은 아니다.

3) 계약금계약의 불이행과 계약해제

계약금계약도 하나의 계약이므로 지급하기로 약정한 계약금을 지급하지 않은 경우 계약금계약을 해제할 수 있고, 나아가 위 약정이 없었더라면 주계약을 체결하지 않았을 것이라는 사정이 인정된다면 주계약도 해제할 수 있다(위 2007다73611판결).

2. 계약해제의 목적으로 계약금 배액을 현실제공한 사실(매도인의 경우) 또는 계약금 반환청구권 포기의 의사표시를 한 사실(매수인의 경우) [6회 사례형, 16법행]

'교부자'가 해제의 의사표시를 하는 경우에는 당연히 계약금 포기의 효력이 생기지만, '수령자'가 해제의 의사표시를 하는 경우에는 반드시 계약금을 '현실로 제공'하여야 한다(대판 1966.7.5. 66다736). 이 경우 그 배액의 이행의 제공으로 족하고, 상대방이 이를 수령하지 않는다고 하여 공탁까지 할 필요는 없다(대판 1981.10.27. 80다2784).

다만 매도인이 계약을 해제하기 위하여 계약금의 배액을 공탁하는 경우에는 공탁원인사실에 계약해제의 의사가 포함되어 있다고 할 것이므로, 상대방에게 공탁통지가 도달한 때에 계약해제 의사표시가 있었다고 보는 것이 타당하다(대판 1993.1.19. 92다31323: 표준판례636).

3. 해제의 의사표시를 한 사실

Ⅲ. (재)항변 사유 [C-16]

1. 계약금을 해약금으로 하지 않기로 약정한 사실

2. 당사자 일방이 해제의 의사표시가 있기 전에 이행에 착수한 사실

(1) **당사자 일방**

아직 상대방은 이행에 착수하지 않았지만 스스로는 이미 이행에 착수한 당사자가 계약을 해제할 수 있는지와 관련하여 判例는 "제565조 1항의 '당사자의 일방'은, 매매 쌍방 중 어느 일방을 지칭하는 것이고 '상대방'으로 국한되지 않는다(대판 2000.2.11. 99다62074)고 하여 스스로 이미 이행에 착수한 당사자도 역시 계약을 해제하지 못한다고 한다.

[판례검토] 일방의 이행의 착수로 상대방은 이행에 착수한 당사자가 해제권을 포기한 것으로 보며, 그 후의 해제는 상대방에게 불측의 손해를 주게 되므로 判例의 태도는 타당하다(통설).

(2) **이행에 착수할 때까지**

1) **의 미**

이행에 착수한다는 것은 객관적으로 외부에서 인식할 수 있는 정도로 채무의 이행행위의 일부를 하거나 또는 이행을 하기 위하여 필요한 전제행위를 하는 경우를 말한다. 따라서 단순히 이행의 준비를 하는 것만으로는 부족하고, 그렇다고 반드시 계약내용에 들어맞는 이행제공의 정도에까지 이르러야 하는 것은 아니다(통설, 判例).

> ※ **이행의 착수에 관한 구체적 사례**
> ① [이행의 착수 긍정예] ㉠ 判例는 중도금의 제공은 급부의 일부를 실현하는 것으로서 이행의 착수에 해당한다고 하며(대판 1993.7.27. 93다11968) [16법행, 10법무, 08행정] ㉡ 매매계약 당시 매수인이 중도금 일부의 지급에 갈음하여 매도인에게 제3자에 대한 대여금채권을 양도하기로 약정하고 그 자리에 제3자도 참석한 경우, 매수인은 매매계약과 함께 채무의 일부 이행에 착수하였으므로 매도인은 제565조 1항에 정한 해제권을 행사할 수 없다고 한다(대판 2006.11.24. 2005다39594).
> ② [이행의 착수 부정예] ㉠ 判例는 매도인이 매수인에 대하여 매매계약의 이행을 최고하고 매매잔대금의 지급을 구하는 소를 제기한 것만으로는 이행에 착수하였다고 볼 수 없고(대판 2008.10.23. 2007다72274,72281) [6회 사례형, 16법행] ㉡ 토지거래허가구역 내 토지에 관하여 매매계약을 체결하고 계약금만 주고받은 상태에서 토지거래허가를 받은 경우, 아직 그 단계에서는 당사자 쌍방 모두 매매계약의 효력으로서 발생하는 의무를 이행하였거나 이행에 착수하였다고 할 수 없어 매도인은 제565조 1항에 정한 해제권을 행사할 수 있다고 한다(대판 2009.4.23. 2008다62427 ; A-147.참고)(5회 선택형)

2) **이행기 전 이행의 착수** [6회 사례형, 11사법, 16법행, 15입법]

① [원칙적 가능] 判例는 "제565조가 해제권 행사의 시기를 당사자의 일방이 이행에 착수할 때까지로 제한한 것은 당사자의 일방이 이미 이행에 착수한 때에는 그 당사자는 그에 필요한 비용을 지출하였을 것이고, 또 그 당사자는 계약이 이행될 것으로 기대하고 있는데 만일 이러한 단계에서 상대방으로부터 계약이 해제된다면 예측하지 못한 손해를 입게 될 우려가 있으므로 이를 방지하고자 함에 있고, 이행기의 약정이 있는 경우라 하더라도 당사자가 채무의 이행기 전에는 착수하지 아니하기로 하는 특약을 하는 등 '특별한 사정이 없는 한' 이행기 전에 이행에 착수할 수 있다"고 판시하면서, "매매계약의 체결 이후 시가 상승이 예상되자 매도인이 매매대금의 증액요청을 하였고, 매수인은 이에 대하여 확답하지 않고 중

도금을 이행기 전에 제공한 경우, 시가 상승만으로 매매계약의 기초적 사실관계가 변경되었다고 볼 수 없고, 이행기 전의 이행의 착수가 허용되어서는 안 될 만한 불가피한 사정이 있는 것도 아니므로 그 이후 매도인이 계약금의 배액을 제공하여 해제권을 행사할 수는 없다"(대판 2006.2.10. 2004다11599 ; 2회 선택형)고 한다.

② [예외적 불가능] 여기서 특별한 사정이란 예컨대 중도금지급기일이 매도인을 위하여서도 기한의 이익이 있는 때를 말한다. 즉, 判例에 따르면 "매도인이 제565조에 의하여 계약금의 배액을 제공하고 계약을 해제하고자 하는 경우에 이 해약금의 제공이 적법하지 못하였다면 해제권을 보유하고 있는 기간 안에 적법한 제공을 한 때에 계약이 해제된다고 볼 것이고, 매도인이 매수인에게 계약을 해제하겠다는 의사표시를 하고 일정한 기한까지 해약금의 수령을 최고하였다면, 중도금 등 지급기일은 매도인을 위하여서도 기한의 이익이 있는 것이므로 매수인은 매도인의 의사에 반하여 이행할 수 없다"(대판 1997.6.27. 97다9369 ; 아래 92다31323판결)고 한다.

■ **이행기 전 이행의 착수**(예외적 불가능 사안) [16법행]　　대판 1993.1.19. 92다31323(표준판례636)

사실관계 | 甲은 2014.9.25. 乙에게 자신 소유인 A주택을 8억 원에 매도하면서, 계약금 8천만 원은 당일에, 중도금 4억 2천만 원은 2014.10.25.에 잔금 3억 원은 2014.11.25.에 지급받기로 하고, 주택의 인도 및 소유권이전등기절차는 위 잔대금의 지급과 동시에 이행하기로 하였다. 그런데 '계약금 지급 후 중도금지급기일 전'에 A주택의 가격이 10억 원으로 급등하자 乙은 2014.10.5. 甲을 상대로 A 주택에 관한 소유권이전등기청구의 소를 관할법원에 제기하였다. 이에 甲은 2014.10.15. 乙에게 계약금의 배액인 1억 6천만 원을 같은 달 20일까지 수령할 것과 그 기간을 넘기면 공탁하겠다는 통지를 하면서 乙과의 위 매매계약을 해제한다는 의사표시를 하여 같은 달 17일에 도달하게 하였다. 한편 乙은 자신은 이미 소송도 제기했고, 매도인의 일방적 해제는 부당하다며 같은 달 20일 甲에게 중도금 4억 2천만 원을 제공하였으나, 甲이 수령거절하는 바람에 당일 관할공탁소에 甲을 피공탁자로 하는 변제공탁을 하였다. 甲 또한 2014.10.20. 乙을 만난 자리에서 乙에게 1억 5천만 원을 제공하였으나 乙이 강하게 항의하면서 수령을 거절하기에 그 다음날인 21일에 관할공탁소에 위 1억 6천만 원을 변제공탁하였다. 이 경우 甲의 계약해제가 인정될 수 있는가?

판례에 따른 해결 | i) 乙이 2014.10.5. 甲을 상대로 A 주택 소유권이전등기청구의 소를 제기한 것만으로는 이행의 착수로 볼 수 없다(대판 2008.10.23. 2007다72274,72281). ii) 甲이 2014.10.15. 乙에게 계약금 배액의 수령할 것과 기한 도과시 이를 공탁할 것을 통지한 것[2]이 계약금 해제의 요건으로서 '계약금 배액의 현실제공'으로 볼 수 없으므로 이 통지만으로 계약금을 이유로 한 해제의 효과가 발생하지 않는다. iii) 다만, 이로써 매도인 甲 역시 중도금 지급기일에 대해 기한의 이익을 가지므로 매수인 乙이 이행기 전에 이행에 착수할 수 없는 특별한 사정이 인정된다. 따라서 乙이 중도금 지급기일 도래 전인 2014.10.20.에 甲을 피공탁자로 하여 중도금 상당액을 변제공탁하였더라도 이는 甲의 계약금을 이유로 한 해제에 영향을 미칠 수 없다. iv) 甲이 2014.10.21.에 계약금 배액을 변제공탁함으로써 계약금 배액의 현실제공 및 해제의 의사표시가 인정되므로 이때 제565조 1항의 해제의 효과가 발생한다(대판 1993.1.19. 92다31323).[3]

---

2) 원심(서울고등법원 1992.6.16. 선고 91나48500 판결)에서는 이를 계약금 배액의 제공으로 보지 않았다. 대법원(대판 1993.1.19. 92다31323)은 이에 관해 의문을 제기하면서도 부적법한 해약금의 제공이라는 전제하에서 판시하였다.
3) "매도인이 제565조에 의하여 계약을 해제하고자 하는 경우에는 계약금의 배액을 제공하고 하여야 할 것이나, 이 해약금의 제공이 적법하지 못하다면 해제권을 보유하고 있는 기간 안에 적법한 제공을 한 때에 계약이 해제된다고 볼 것이고, 또 매도인이 계약을 해제하기 위하여 계약금의 배액을 공탁하는 경우에는 그 공탁원인사실에 계약해제의 의사가 포함되어 있다고 할 것이므로, 상대방에게 그 공탁통지가 도달한 때에는 계약해제 의사표시가 있었다고 보는 것이 옳을 것이다"

Ⅳ. 효 과

[C-17]

계약을 소급적으로 소멸시키지만, 이행의 착수 전에만 가능하므로 원상회복의무는 인정될 여지가 없다. **채무불이행을 이유로 한 해제가 아니므로 손해배상청구권도 인정되지 않는다**(제565조 2항)(대판 1983.1.18. 81다89, 90: 표준판례615).

> [관련판례] "계약 상대방의 채무불이행을 이유로 한 계약의 해지 또는 해제는 손해배상의 청구에 영향을 미치지 아니하지만(제551조), 다른 특별한 사정이 없는 한 그 손해배상책임 역시 채무불이행으로 인한 손해배상책임과 다를 것이 없으므로, 상대방에게 고의 또는 과실이 없을 때에는 배상책임을 지지 아니한다(제390조). 이는 상대방의 채무불이행과 상관없이 일정한 사유가 발생하면 계약을 해지 또는 해제할 수 있도록 하는 약정해지·해제권을 유보한 경우에도 마찬가지이고 그것이 자기책임의 원칙에 부합한다"(대판 2016.4.15. 2015다59115: 표준판례623 : 11회 선택형)

제2관 법정해제권

요건사실론

■ 이행지체를 이유로 한 계약해제의 항변

원고가 피고에게 (매매)계약에 따른 의무이행을 청구할 때 피고(채권자)가 원고(채무자)의 이행지체를 이유로 한 (매매)계약의 해제를 항변으로 주장할 경우에는 ⅰ) 원고가 채무의 이행을 지체한 사실, ⅱ) 원고에게 상당한 기간을 정하여 이행을 최고한 사실, ⅲ) 원고가 상당기간 내에 이행 또는 이행의 제공을 하지 않은 사실, ⅳ) 해제의 의사표시를 한 사실을 주장·증명하여야 한다(제544조). 이에 대하여 해제의 효과를 다투는 상대방은 자신의 귀책사유(고의, 과실)의 부존재에 대한 주장·증명책임을 진다(대판 1984.11.24. 80다177). 즉, 예를 들어 해제의 효과를 다투는 원고로서는 채무불이행에 대하여 귀책사유가 없다는 '재항변'을 할 수 있다. 그런데 채권의 가압류는 제3채무자에 대하여 채무자에게 지급하는 것을 금지하는데 그칠 뿐 채무 그 자체를 면하게 하는 것이 아니고, 가압류가 있다 하여도 그 채권의 이행기가 도래한 때에는 제3채무자는 그 지체책임을 면할 수 없으므로 유효한 '재항변'이 되지 않는다(대판 1994.12.13. 93다951).

■ 이행불능을 이유로 한 계약해제의 항변

원고가 피고에게 (매매)계약에 따른 의무이행을 청구할 때 피고가 원고의 이행불능을 이유로 한 (매매)계약의 해제를 항변으로 주장할 경우에는 ⅰ) 원고의 채무이행이 불가능한 사실, ⅱ) 해제의 의사표시를 한 사실을 주장·증명하여야 한다(제546조). 여기서 '채무자의 귀책사유 없음'이 해제의 항변에 대한 '재항변'이 되고, '이행불능이 이행지체 중에 생긴 사실'은 피고가 주장·증명하여야 할 '재재항변'이다(제392조 참고).

Ⅰ. 서 설

[C-18]

당사자 간에 해제권이 발생하는 경우를 약정한 경우에도, '법정해제권의 포기 또는 배제'를 따로 약정하지 않은 이상, 그것이 채무불이행을 이유로 한 법정해제권의 발생에 어떤 영향을 주는 것은 아니다(대판 1990.3.27. 89다카14110). 한편 **해제에 관한 규정은 임의규정**이므로 채무불이행이 있더라도 법정해제권의 발생을 배제하기로 하는 합의는 유효하지만, 그러한 약정은 (비록 손해배상의 청구가 보장된다고 하더라도) 그 자체로서 채무불이행을 용인하는 결과가 되므로, 계약당사자의 합의에 따라 명시적으로 법정해제권을 배제하기로 약정하였다고 볼 수 있는 경우가 아닌 이상 '**엄격하게 제한해석**'하여야 한다(대판 2006.11.9. 2004다22971).

Ⅱ. 이행지체를 이유로 한 해제

[C-19]

> 제544조 (이행지체와 해제) 당사자 일방이 그 채무를 이행하지 아니하는 때에는 상대방은 상당한 기간을 정하여 그 이행을 최고하고 그 기간 내에 이행하지 아니한 때에는 계약을 해제할 수 있다. 그러나 채무자가 미리 이행하지 아니할 의사를 표시한 경우에는 최고를 요하지 아니한다.

1. 요건사실

(1) 채무자가 채무의 이행을 지체한 사실

해제권의 발생은 채무불이행의 일종인 이행지체의 효과이므로, 이행지체의 요건을 충족해야 한다. 즉 이행지체가 성립하기 위해서는 ⅰ) 채무가 이행기에 있고, ⅱ) 그 이행이 가능함에도 불구하고 이행을 지체할 것, ⅲ) 채무자의 귀책사유가 있을 것, ⅳ) 위법할 것을 요한다.

1) 채무자가 동시이행의 항변권을 가지는 경우

① 判例는 동시이행관계인 경우 해제권을 취득하기 위한 이행의 제공(즉 해제권의 발생요건으로 상대방을 이행지체에 빠지게 하기 위한 이행의 제공)은 한 번의 제공으로 족하고 계속적 제공을 할 필요는 없다고 한다. 다만 "상대방의 행위를 필요로 할 때에는 언제든지 현실로 이행을 할 수 있는 준비를 완료하고 그 뜻을 상대방에게 통지하여 그 수령을 최고하여야만 상대방으로 하여금 이행지체에 빠지게 할 수 있고, 단순히 이행의 준비태세를 갖추고 있는 것만으로는 부족하다"(대판 1987.1.20. 85다카2197 등). 즉, 이 경우 이행의 제공은 원칙적으로 완전한 것이어야 한다.

② 다만 쌍무계약에서 당사자의 채무에 관하여 이행의 제공을 엄격하게 요구하면 불성실한 상대 당사자에게 구실을 주게 될 수도 있으므로 당사자가 하여야 할 제공의 정도는 그 시기와 구체적인 상황에 따라 신의성실의 원칙에 어긋나지 않게 합리적으로 정하여야 한다. 따라서 매수인이 잔대금의 지급 준비가 되어 있지 아니하여 등기서류의 수령 준비를 하지 않은 경우 등에는 매도인도 그에 상응한 이행의 준비를 하면 족하고(대판 2012.11.29. 2012다65867),[4] 반대로 매도인이 계약의 이행에 비협조적인 태도를 취하면서 잔금 지급일까지 부동산 매매계약에서 정한 매도인의 의무를 이행하지 못하여 잔금을 수령할 준비를 하지 않은 경우에는 매수인도 그에 상응한 이행의 준비를 하면 족하다(대판 2024.9.13. 2024다237757).[5]

[심화] 주의할 것은, 채권자로서는 채무자를 이행지체에 빠지게 하기 위하여 자신이 이행의 제공을 하여야 할 뿐만 아니라, 뒤에서 검토하는 바와 같이 더 나아가 상당한 기간을 정하여 이행을 최고하는 동안에도 제공을 하여야 한다는 점이다(다만 각각의 경우 이행의 제공의 정도는 다른바, 후자의 이행제공은 이행지체를 위한 것과 달리 엄격하게 새길 필요가 없다. 즉 후자의 경우 '자신의 반대채무를 이행할 준비'가 되어있으면 족하다).[6]

2) 일부지체

명문의 규정이 없는 한 일부무효의 법리에 의하여야 한다. 즉 가분적인 채무의 일부지체에서 그 부족분 때문에 계약의 목적을 달성할 수 없다면 계약 전부를 해제할 수 있으나, 다만 지체되지 않은

---

[4] [사실관계] 연장된 기일까지도 잔금 지급을 준비하지 못한 매수인 乙의 약정의무 불이행 정도에 비추어 매도인 甲이 비록 연장된 기일까지 부동산 매도용 인감증명서를 발급받지 않고 있었다고 하더라도 이는 언제라도 발급받아 교부할 수 있는 것이므로 乙에게 소유권이전등기의무에 관한 이행 제공을 마쳤다고 보아야 한다.

[5] [사실관계] 연장된 기일까지도 약속된 공사를 완료하지 못한 매도인 甲의 의무 불이행의 정도와 의무 이행 의사 및 계약 이행 경과 등에 비추어 매수인 乙이 잔금 지급기일 무렵 자신의 예금 계좌에 잔금을 넘는 돈을 보유하여 잔금 지급의무를 이행할 수 있는 준비를 하고 갑에게 그 통지와 수령을 최고함으로써 잔금 지급의무에 관한 이행의 제공을 하였다고 보아야 한다.

[6] 송덕수, 신민법강의(8판), D-168, D-176.

부분만이라도 계약을 체결했으리라고 인정되는 때에는 지체된 부분만 해제할 수 있다고 할 것이다(대판 1992.4.14. 91다43527 참고). 그러나 불이행한 부분이 아주 적은 때에는 신의칙상 그 부분에 관하여도 해제할 수 없다고 할 것이다(대판 1971.3.31. 71다352,353,354).

(2) 채무자에게 상당한 기간을 정하여 이행을 최고한 사실

1) 최고의 의미

① 채권자가 채무자에 대하여 채무의 이행을 촉구하는 것을 뜻하며, 제387조 2항의 '이행의 청구'와 같은 의미로 이해된다(통설). 따라서 기한이 정하여져 있지 않은 채무에 있어서 채무자를 지체에 빠뜨리기 위하여 이행청구를 한 경우에 해제를 위하여 다시 최고를 할 필요는 없다.

② 채권자가 채무자의 급부불이행 사정을 들어 계약을 해제하겠다는 통지를 한 때에는 그 급부의 수령을 거부하는 취지가 포함되어 있지 아니하는 한 그로써 '이행의 최고'를 하였다고 볼 수 있으며(10회 선택형), 그로부터 상당한 기간이 경과하도록 이행되지 아니하였다면 채권자는 계약을 해제할 수 있다. 다만 동시이행관계에 있는 반대급부의무를 지고 있는 채권자는 채무자의 변제의 제공이 없음을 이유로 계약해제를 하기 위하여는 스스로의 채무의 변제제공을 하여야 한다(대판 2022.10.27. 2022다238053: 표준판례616).

③ 채권자가 적시한 채무에 대하여 채무자가 계약의 내용으로서 인식할 수 있는 동일성이 존재하여야 한다. 그러므로 '과다최고'의 경우에는 채무의 동일성이 인정되는 한, 본래 급부의 범위 내에서 최고의 효력이 인정된다. 다만, 과다한 정도가 현저하고 채권자가 청구한 금액을 제공하지 않으면 그것을 수령하지 않을 것이라는 의사가 분명한 경우에는 그 최고는 부적법하고, 이러한 최고에 터잡은 계약해제는 그 효력이 없다(대판 1994.5.10. 93다47615 : 2회 선택형). [25법무] 또한 '과소최고'의 경우에 있어서도 채무의 동일성이 인정된다면 최고로서의 효력을 가지나, 그로 인한 해제는 최고에서 표시된 범위에서만 인정된다.

2) 상당한 기간의 지정

① 상당한 기간은 채무자가 이행을 준비하고 이행을 하는 데 필요한 기간이며, 채무자의 여행·질병 등의 주관적인 사정은 고려되지 않는다(다수설). 채권자가 정한 기간이 '상당한 기간'보다 짧은 경우에도 최고는 유효하며, 다만 '상당한 기간'이 경과한 뒤에 해제권이 생긴다고 새겨야 한다(대판 1979.9.25. 79다1135)(10회 선택형).

② 마찬가지로 상당기간을 정하지 않고서 최고를 한 경우에도 상당한 기간이 경과하면 해제권이 발생한다(대판 1990.3.27. 89다카14110 : 5회 선택형). 예컨대, 채무자의 급부불이행 사정을 들어 계약을 해제하겠다는 통지를 한 때에는 특별히 그 급부의 수령을 거부하는 취지가 포함되어 있지 아니하는 한 그로써 이행의 최고가 있었다고 볼 수 있으며, 그로부터 상당한 기간이 경과하도록 이행되지 아니하였다면 채권자는 계약을 해제할 수 있다(대판 2021.7.8. 2020다290804).

3) 해제권 행사요건으로서 상당한 기간 내에 이행제공 정도

통설 및 判例(대판 1982.6.22. 81다카1283,1284)는 쌍무계약의 경우 채권자 또한 최고기간 동안 '자신의 반대채무를 이행할 준비'를 하고 있어야 한다고 한다(판례연구 B-4.참고). [13법행]

4) 최고가 필요하지 않은 경우

① [정기행위] 계약의 성질 또는 당사자의 의사표시에 의하여 일정한 시일 또는 일정한 기간내에 이행하지 아니하면 계약의 목적을 달성할 수 없을 경우(정기행위)에 당사자일방이 그 시기에 이행하지 아니한 때에는 상대방은 '최고'를 하지 아니하고 계약을 해제할 수 있다(제545조)(10회 선택형).

② **[이행거절]** 채무자가 미리 이행하지 아니할 의사를 표시한 경우에는 '최고'를 하지 아니하고 계약을 해제할 수 있다(제544조 단서).[7] 여기서 '미리'의 의미는 제544조가 이행지체를 전제로 하는 규정인 점에서, '이행기 도래 후 최고 전'의 뜻으로 새겨야 한다(따라서 '이행기 전의 이행거절'의 경우 해제의 법적 근거가 문제되는바, 이에 관하여는 채총 이행거절 참고).

③ **[無최고해제약정]** 당사자가 최고를 하지 않고도 해제할 수 있다는 특약(다만 약관에 의하여 사업자의 최고 요건을 경감하는 것은 약관규제법 제9조에 의해 무효이다)을 한 경우에는 이행지체 후 상당한 기간의 최고 없이 해제권이 즉시 발생한다(아래 제5관 해제조건 및 실권조항 참고).

(3) 채무자가 상당기간 내에 이행 또는 이행의 제공을 하지 않은 사실

① 채무자는 변제의 제공으로 채무불이행의 책임을 면하고 변제의 제공은 채무내용에 좇은 현실제공으로 하여야 하는데(제460조, 제461조), '금전채무의 현실제공'은 특별한 사정이 없는 한 채권자가 급부를 즉시 수령할 수 있는 상태에 있어야만 인정될 수 있다(대판 2022.10.27. 2022다238053).

② 최고기간이 지나도록 채무자가 이행을 하지 않으면 해제권이 발생하지만, 최고를 요하지 않는 경우에는 이행지체가 있으면 곧바로 해제권이 발생한다. 그러나 해제권이 발생할 뿐이고, 그에 의하여 당연히 계약이 해소되는 것은 아니므로, 해제권을 행사하기 전에 채무자가 이행 또는 이행제공을 하면(지체로 인하여 손해가 생긴 경우에는 그 손해도 아울러 배상하면서) 해제권은 소멸한다.

다만 '이행의 최고를 한 채무의 액수에 대해 불확정적인 부분이 있는 경우'와 같이 이행하지 않는 것에 정당한 사유가 있는 경우에는 '신의칙상' 해제권을 행사하는 것이 제한될 수 있다(대판 2013.6.27. 2013다14880).

(4) 채권자가 해제의 의사표시를 한 사실

2. (재)항변 사유

해제의 효과를 다투는 상대방은 자신의 귀책사유(고의, 과실)의 부존재에 대한 주장·증명책임을 진다(대판 1984.11.24. 80다177). 즉, 예를 들어 해제의 효과를 다투는 채무자로서는 채무불이행에 대하여 귀책사유가 없다는 '(재)항변'을 할 수 있다. 그런데 채권의 가압류는 제3채무자에 대하여 채무자에게 지급하는 것을 금지하는데 그칠 뿐 채무 그 자체를 면하게 하는 것이 아니고, 가압류가 있다 하여도 그 채권의 이행기가 도래한 때에는 제3채무자는 지체책임을 면할 수 없으므로 유효한 '(재)항변'이 되지 않는다(대판 1994.12.13. 93다951). **[20법무]**

Ⅲ. 이행불능을 이유로 한 해제
[C-20]

채무자에게 책임 있는 사유로 이행이 불능하게 된 때에는 채권자는 계약을 해제할 수 있다(제546조). 채무자에게 책임없는 사유로 이행이 불능하게 된 경우에는 채권자에게 유책사유가 있든 없든 위험부담의 문제(제537조·제538조)로 되며, 이행불능을 이유로 한 해제는 인정되지 않는다(대판 2002.4.26. 2000다50497).

해제권 발생의 요건은 채무불이행으로서의 이행불능의 성립으로 충분하고, 보통의 이행지체에서와 달리 최고는 필요하지 않다. 그리고 채무자의 채무가 상대방의 채무와 동시이행관계에 있다고 하더라도 그 이행의 제공을 할 필요도 없다(대판 2003.1.24. 2000다22850 ; 핵심사례 C-3 참고). 일부불능의 경우에는 전술한 일부지체의 경우와 동일한 법리에 의한다.

---

[7] **[관련판례]** "쌍무계약인 부동산 매매계약에 있어 매수인이 이행기일을 도과한 후에 이르러 매도인에 대하여 계약상 의무 없는 과다한 채무의 이행을 요구하고 있는 경우에는 매도인으로서는 매수인이 이미 자신의 채무를 이행할 의사가 없음을 표시한 것으로 보고 자기 채무의 이행제공이나 최고 없이도 계약을 해제할 수 있다"(대판 1992.9.14. 92다9463).

[관련판례] ＊ 일부불능을 이유로 한 해제
A가 B에게 사전 분양한 체비지의 면적은 3만평인데 그 후 확정된 체비지가 16,820평으로 된 사안에서, 判例는, "계약의 일부의 이행이 불능인 경우에는 이행이 가능한 나머지 부분만의 이행으로 계약의 목적을 달성할 수 없을 경우에만 계약 전부의 해제가 가능하다"(대판 1996.2.9. 94다57817)고 한다. 따라서 일부 이행불능의 경우에 나머지 부분만으로 계약의 목적을 달성할 수 있는 때에는 그 일부불능 부분에 대한 일부해제도 가능하다고 한다(대판 1996.12.10. 94다56098).

Ⅳ. 법정해제권의 발생원인으로 논의되는 그 밖의 사항 [C-21]

1. 문제점

민법에서 규정하고 있는 법정해제권의 발생원인은 위에서 설명한 이행지체와 이행불능의 두 가지 뿐이다. 그런데 이것 외에도 법정해제권의 발생원인으로 다음과 같은 것들이 논의되고 있다.

2. 불완전이행에 의한 해제권의 발생

채무불이행의 유형으로서 불완전이행을 인정(제390조 참조)하는 것이 통설이고, 따라서 이를 이유로도 법정해제권이 발생하는 것으로 해석된다. 즉 불완전한 것에 대한 추완이 가능한 경우에는 이행지체에 준해(제544조 유추적용), 불가능한 경우에는 이행불능에 준해 해제할 수 있다고 한다(제546조 유추적용). 이때 계약 전체를 해제할 것인지 아니면 그 불완전한 일부에 대해서만 해제를 할 것인지는 전술한 일부지체의 경우와 동일한 법리에 의한다.

3. 부수의무 또는 보호의무

계약관계를 해제할 수 있는 채무불이행이 있다고 하기 위해서는 **계약의 목적달성에 필요불가결한 급부에 대한 불이행이 있어야 한다.** 따라서 부수적 의무의 불이행만으로는 원칙적으로 그 요건이 갖추어졌다고 볼 수 없다(대결 1997.4.7. 97마575 ; 대판 2022.6.16. 2022다203804).
또한 소위 '보호의무' 위반의 경우에도 원칙적으로 같다. 다만 외관상 부수의무(보호의무)이더라도 실질적으로 그것을 불이행함으로써 계약의 목적을 달성할 수 없게 된다면, 그 불이행이 해제권을 발생시킬 수도 있다.

4. 채권자지체에 의한 해제권의 발생(채총 채권자지체 참고)

5. 사정변경의 원칙에 의한 해제권의 발생(민총 사정변경의 원칙 참고)

6. 담보책임에 의한 해제권의 발생(채각 담보책임 참고)

제3관 해제권의 행사와 해제의 효과

I. 해제권의 행사 [C-22]

1. 해제의 의사표시

(1) 행사의 자유

해제권이 발생한 경우에도, 이를 행사할 것인지 여부는 해제권자의 자유이다. 따라서 채권자는 계약을 해제하지 않고 자신의 의무를 부담하면서 채무자에게 채무의 이행을 청구할 수 있다.

(2) 행사의 방법

① 해제권을 행사하는 경우에는 상대방에 대한 의사표시로써 한다(제543조 1항).

② [조건·기한] 해제의 의사표시에는 조건 또는 기한을 붙이지 못한다. 해제는 단독행위이므로 조건을 붙이면 상대방을 일방적으로 불리한 지위에 놓이게 할 염려가 있고, 해제에는 소급효가 있기 때문에 기한을 붙이는 것이 무의미하기 때문이다. 따라서 조건을 붙이더라도 문제가 없는 경우에는 허용된다. 예컨대 최고를 하면서 최고기간 내에 이행하지 않으면 당연히 해제된 것으로 본다고 한 것은, 최고기간 내의 불이행을 정지조건으로 하여 해제의 의사표시를 한 것으로 볼 수 있지만, 이 경우는 상대방을 특별히 불리하게 하는 것이 아니므로 유효하다는 것이 통설 및 判例이다(대판 1981.4.14. 80다2381: 표준판례612). [6회 기록형] 그 결과 채무이행 없이 그 기간이 경과하면 해제의 의사표시 없이 곧바로 해제의 효과가 발생하게 된다. 다만 동시이행관계에 있는 때에는 이행의 제공을 하면서 조건부 해제의 의사표시를 하여야 채무불이행시 해제의 효과가 발생하게 된다(대판 1996.11.26. 96다35590,35606).

> [비교] 이는 '실권조항'과 비슷하나, 약관은 합의에 의하여 약정한 것인 데 비하여 '정지조건부 해제'는 일방적으로 최고를 하면서 덧붙인 것인 점에서 차이가 있다.

(3) 철회의 제한

해제의 의사표시가 그 효력을 발생한 이후에는 이를 철회하지 못한다(제543조 2항). 다만, 해제의 의사표시에 관하여 제한능력, 착오, 사기 강박 등의 하자가 있는 경우 및 해제의 상대방의 승낙이 있는 경우에는 철회가 가능하다.

2. 해제권의 불가분성

당사자의 일방 또는 쌍방이 수인인 경우에는 계약의 해지나 해제는 그 전원으로부터 또는 전원에 대하여 하여야 한다(제547조 1항).

① [공동임대인] 따라서 예를 들어 "여러 사람이 공동임대인으로서 임차인과 하나의 임대차계약을 체결한 경우에는 민법 제547조 1항의 적용을 배제하는 특약이 있다는 등의 특별한 사정이 없는 한 **공동임대인 전원의 해지의 의사표시에 따라 임대차계약 전부를 해지하여야 한다**. 이러한 법리는 임대차계약의 체결 당시부터 공동임대인이었던 경우뿐만 아니라 임대차목적물 중 일부가 양도되어 그에 관한 임대인의 지위가 승계됨으로써 공동임대인으로 되는 경우에도 마찬가지로 적용된다"(대판 2015.10.29. 2012다5537 : 6회 선택형).

② [해제권의 준공유] 수인의 당사자가 해제권을 준공유하는 경우 해제의 의사표시는 전원이 하여야 하지만, 그 결정은 반드시 전원의 의사가 합치되어야 하는 것은 아니다. 예컨대 건물의 공유자들이 임대차계약을 체결하였다가 해지하려는 경우, 임대차계약의 해지는 공유건물의 '관리행위'에 해당하기 때문에 지분의 과반수로 결정할 수 있다(제265조 본문).

③ **[매매계약의 일방 당사자가 사망하여 여러 명의 상속인이 있는 경우]** "민법 제547조 1항에 따라 매매계약의 일방 당사자가 사망하였고 그에게 여러 명의 상속인이 있는 경우에 그 상속인들이 위 계약을 해제하려면, 상대방과 사이에 다른 내용의 특약이 있다는 등의 특별한 사정이 없는 한, 상속인들 전원이 해제의 의사표시를 하여야 한다"(대판 2013.11.28. 2013다22812).

④ **[공유물 매도인, 공동명의수탁자]** 그러나 위 규정은 '하나의 계약에 있어' 일방 또는 쌍방의 당사자가 수인인 경우에 적용된다. ㉠ 따라서 判例는 "하나의 부동산을 수인이 공유하는 경우 각 공유자는 각 그 소유의 지분을 자유로이 처분할 수 있으므로(제263조), 공유자 전원이 공유물에 대한 각 그 소유지분 전부를 형식상 하나의 매매계약에 의하여 동일한 매수인에게 매도하는 경우라도 당사자들의 의사표시에 의하여 각 지분에 관한 소유권이전의무, 대금지급의무를 불가분으로 하는 특별한 사정이 없는 한 실질상 각 공유지분별로 별개의 매매계약이 성립되었다고 할 것이고, 일부 공유자가 매수인의 매매대금지급의무불이행을 원인으로 한 그 공유지분에 대한 매매계약을 해제하는 것은 가능하다"(대판 1995.3.28. 94다59745: 표준판례916)고 한다. ㉡ 그 외에도 공동명의수탁의 경우 공동수탁자 사이의 관계를 공유로 보면서 명의신탁자가 일부 수탁자에 대해서만 명의신탁계약의 해지를 하는 것을 인정한다(대판 1979.5.22. 73다467).

Ⅱ. 해제의 효과
[C-23]

> 제548조 (해제의 효과, 원상회복의무) ① 당사자 일방이 계약을 해제한 때에는 각 당사자는 그 상대방에 대하여 원상회복의 의무가 있다. 그러나 제3자의 권리를 해하지 못한다. ② 전항의 경우에 반환할 금전에는 그 받은 날로부터 이자를 가하여야 한다.

1. 해제의 효과에 관한 이론구성
[C-23a]

해제의 효과에 관하여는 ① 계약관계의 소급적 소멸로 이론구성하는 **직접효과설**과 ② 청산목적의 채권관계로의 변형으로 파악하는 **청산관계설**의 대립이 있다. 그러나 해지의 장래효에 관한 제550조는 해제의 소급효를 전제하였다고 보아야 하고, 현행법이 제548조 1항 단서를 신설한 취지에 비추어 이를 불필요한 규정으로 이해할 것은 아니라는 점에서 현행법의 해석론으로는 직접효과설이 타당하다. ③ 判例도 직접효과설의 입장이다(대판 1977.5.24. 75다1394: 표준판례176).

[관련판례] "계속적 계약에 해당하는 계약의 효력을 소멸시킬 때에는 다른 특별한 사정이 없는 한 소멸에 따른 효과를 장래에 향하여 발생시키는 민법 제550조의 '해지'만 가능할 뿐 민법 제548조에서 정한 '해제'를 할 수는 없다"(대판 2022.3.11. 2020다297430).

2. 소급효
[C-23b]

(1) 계약의 소급적 실효

계약을 해제하면 계약은 소급하여 그 효력을 잃는다. 따라서 당사자는 계약의 구속으로부터 해방되며, 이행하지 않은 채무는 이행할 필요가 없고, 이미 이행된 급부는 서로 원상회복을 하여야 한다.

(2) 계약해제가 물권관계에 미치는 영향

1) 문제점

해제권 행사 전에 계약의 이행으로 등기 또는 인도를 갖추어 물권이 이전되었을 때, 해제로 인하여 그 물권이 등기 또는 인도 없이도 당연히 복귀하는지 문제된다.

2) 학설 및 판례 검토

① 물권행위의 무인성을 인정하는 입장으로 '채권적 효과설'도 있으나, ② 제548조 1항 단서는 해제의 소급효를 물권관계에까지 인정하고 또 그것에 의하여 제3자가 피해를 입을 수 있다는 전제에 있으므로 '물권적 효과설'이 타당하다. ③ 判例도 "우리의 법제가 물권행위의 독자성과 무인성을 인정하고 있지 않는 점과 제548조 1항 단서가 거래안전을 위한 특별규정이란 점을 생각할 때 계약이 해제되면 그 계약의 이행으로 변동이 생겼던 물권은 당연히 그 계약이 없었던 원상태로 복귀한다 할 것이다"(대판 1977.5.24. 75다1394)라고 판시하여 **직접효과설**, 그 중에서도 **물권적 효과설**을 취하고 있다.

■ 원상회복청구권의 법적성질에 따른 차이점(채권적 청구권 vs 물권적 청구권)

소멸시효 | 判例는 "합의해제에 따른 매도인의 원상회복청구권은 소유권에 기한 물권적 청구권이라 할 것이고, 따라서 이는 소멸시효의 대상이 아니다"(대판 1982.7.27. 80다2968: 표준판례173 ; 11회 선택형)라고 한다. 그러나 청산관계설에 따르면 '채권적 청구권'에 해당하여 10년의 소멸시효에 걸린다(제162조 1항).

청구권 보전의 가등기 | 물권적 청구권을 보전하기 위한 가등기는 인정될 수 없다(부동산 등기법 제88조 참고). 判例도 '매매계약해제를 원인으로 한 원상회복청구권'은 ㉠ '물권적 청구권'이므로(물권적 효과설) 이를 보전하기 위한 가등기를 할 수 없지만, ㉡ 계약당사자 사이에 계약이 해제되면 매수인은 매도인에게 소유권이전등기를 하여 주기로 하는 '약정'이 있는 경우에는 매도인은 그 약정에 기하여 매수인에 대하여 소유권이전등기절차의 이행을 청구할 수 있고, 이는 '채권적 청구권'이므로 이러한 청구권은 가등기에 의하여 보전될 수 있다(대판 1982.11.23. 81다카1110: 표준판례629 ; 핵심사례 D-3.참고)고 한다.

3. 원상회복의무   [C-23c]

(1) 의 의

계약이 해제된 경우 해제의 소급효로 인해 계약의 당사자는 원상회복의무로서 자신이 수령한 것을 이익의 현존 여부, 선·악을 불문하고 '받은 급부 전체'를 상대방에게 반환하여야 한다(제548조 1항). 즉 이러한 원상회복의무에 관한 제548조 1항은 일반부당이득반환의 범위에 관한 제748조의 특칙이다(대판 1998.12.23. 98다43175).

(2) 당사자

1) 대금채권이 양도되어 양도통지를 받은 후에 채권양도의 기초가 되는 계약(매매계약)이 채권양도인의 채무불이행으로 해제된 경우

예를 들어 A가 B에게 상가를 분양하고 B가 상가를 명도받은 후 A가 그 대금채권을 C에게 양도하여 양수인 C가 B로부터 분양대금의 '일부'를 받았으나, A와 B의 분양계약이 A의 이행불능을 이유로 해제된 경우, C는 ㉠ 해제에 따른 제548조 1항 단서의 제3자로서 보호받을 수 없고, ㉡ 제451조 2항의 반대해석에 따라 보호받을 수도 없고(해제는 채권양도 통지이후에 발생하였으나, 해제권 발생의 기초가 되는 계약은 통지 전에 이미 성립하였기 때문에 이는 제451조 2항의 양도통지를 받기 전에 생긴 사유에 해당한다), ㉢ A의 B에 대한 해제에 따른 동시이행항변권(제549조)을 원용할 수도 없어 자신이 받은 분양대금을 B에게 원상회복으로 반환해야 한다(대판 2003.1.24. 2000다22850[8] : 3회,6회 선택형 ; 핵심사례 C-3, B13-1b.참고).

---

[8] 判例에 따르면 C는 분양계약상의 매도인의 지위를 양도받은 것이 아니라 분양대금 미수금채권을 양도받았을 뿐이고, 계약해제로 인하여 C는 B가 지급한 분양대금 중 '일부'만을 B에게 반환할 의무를 부담하고 있다고 보고, 위와 같은 의무는 B가 계약해제로 인하여 분양계약의 당사자인 A에게 부담하는 이 사건 분양 부분의 명도의무와 동시이행관계에 있다고 볼 수 없다고 한다.

2) 지시삼각관계(제3자를 위한 계약)에서의 반환청구권자

① **[지시삼각관계]** 예를 들어 甲이 乙에게 부동산을 매도하고 乙이 이를 丙에게 매도한 후 丙이 매매대금을 '乙의 지시에 따라' 직접 甲에게 지급하였는데, 乙과 丙의 계약이 해제된 경우 丙은 甲에게 매매대금을 부당이득으로 반환청구할 수 없고, 乙에게 계약해제에 따른 원상회복을 청구해야한다(乙과 丙 사이의 매매계약이 무효·취소된 경우에도 丙은 乙에게 부당이득반환을 청구할 수 있을 뿐이다(대판 2008.9.11. 2006다46278 : 4회,6회,8회 선택형)]. **[11회 사례형, 17사법]** 왜냐하면, 丙이 甲에 대하여 직접 부당이득반환청구를 할 수 있다고 보면, 자기 책임하에 체결된 계약에 따른 위험부담을 제3자 甲에게 전가 시키는 것이 되어 계약법의 기본원리에 반하는 결과를 초래할 뿐만 아니라 수익자인 제3자 甲이 계약 상대방 乙에 대하여 가지는 항변권 등을 침해하게 되어 부당하기 때문이다(대판 2003.12.26. 2001다46730 ; 이는 전용물소권을 부정하는 것과 같은 이치이다 : 1회,3회,10회 선택형).

② **[제3자를 위한 계약]** 이는 제3자를 위한 계약관계에서 낙약자와 요약자 사이의 법률관계(이른바 기본관계)를 이루는 계약이 해제된 경우에도 마찬가지인바, 계약관계의 청산은 계약의 당사자인 낙약자와 요약자 사이에 이루어져야 하므로, 특별한 사정이 없는 한, 낙약자가 이미 제3자에게 급부한 것이 있더라도 낙약자는 계약해제에 기한 원상회복 또는 부당이득을 원인으로 제3자를 상대로 그 반환을 구할 수 없다"(대판 2005.7.22. 2005다7566,7573; 표준판례605 : 3회,8회,10회 선택형 ; 핵심사례 C-2.참고).

3) 계약이 적법한 대리인에 의하여 체결되었는데 상대방 당사자가 계약상 채무불이행을 이유로 계약을 해제한 경우

"채무불이행을 이유로 계약이 상대방 당사자에 의하여 유효하게 해제되었다면, 해제로 인한 원상회복의무는 대리인이 아니라 계약의 당사자인 본인이 부담한다. 이는 본인이 대리인으로부터 그 수령한 급부를 현실적으로 인도받지 못하였다거나 해제의 원인이 된 계약상 채무의 불이행에 관하여 대리인에게 책임 있는 사유가 있다고 하여도 다른 특별한 사정이 없는 한 마찬가지이다"(대판 2011.8.18. 2011다30871 : 6회 선택형).

(3) 반환범위

1) 원칙적 원물반환, 예외적 가액반환

수령한 원물을 반환하는 것이 원칙이나, 원물반환이 불가능한 때에는 예외적으로 그 가격(가액)을 반환하여야 한다(대판 1990.3.9. 88다카131866). **[가액산정의 기준시점]** 과 관련하여 判例는 "매도인으로부터 매매 목적물의 소유권을 이전받은 매수인이 매도인의 계약해제 이전에 제3자에게 목적물을 처분하여 계약해제에 따른 원물반환이 불가능하게 된 경우(제3자가 제548조 1항 단서에 의해 소유권을 취득한 사안), '계약해제 당시'가 아니라 '원상회복의무가 이행불능이 된 당시'(대판 1998.5.12. 96다47913), 즉 처분 당시의 목적물의 대가 (또는 그 시가 상당액) 및 이에 대하여 그 이득일부터의 법정이자를 가산한 금액이 된다"고 한다(대판 2013.12.12. 2013다14675 : 9회 선택형).

2) 과실 및 사용이익의 반환

가) 원상회복의무로서 '금전'의 반환

계약이 해제된 경우 금전을 수령한 자는 그 '**수령한 날**'(해제한 날이 아님)부터 이자를 가산하여 반환하여야 한다(제548조 2항). 이는 수령한 금전으로부터 실제로 이자를 수취하였는가와 무관하게 인정된다.

[구체적 예] 甲과 乙은 甲소유 X토지에 대한 매매계약을 1억 원에 체결한바, 乙은 계약금 1천만 원과 중도금 4천만 원은 약속한 날짜에 제대로 지급하여 특약에 따라 중도금 지급기일부터 乙이 X토지를 사용하고 있었다. 그러나 甲의 X토지에 관한 등기서류 교부와 동시에 지급하기로 한 잔금 5천만 원에 대한 지급을 乙이 지체함으로써 甲은 적법하게 乙과의 매매계약을 이행지체를 이유로 해제하였다.

☞ 判例에 따르면 계약해제시 원상회복의무(제549조) 뿐만 아니라 손해배상의무 사이(제551조)에도 동시이행관계에 있으므로(대판 1992.4.28. 91다29972 : 8회 선택형), 상대방으로부터 이행의 제공(원상회복)을 받으면서 자기의 채무(원상회복)를 이행하지 않는 경우에 이행지체가 된다. 즉, 당사자 쌍방이 모두 변제의 제공을 하지 않고서 이행기를 경과한 때에는, 그 이후 쌍방의 채무는 기한의 정함이 없는 채무로서 동시이행의 관계에 있게 되며, 당사자 중 일방이 자기의 채무이행을 제공하고 상대방에 대하여 그 채무의 이행을 최고함으로써 비로소 상대방은 이행지체에 놓이게 된다(제387조 2항)(대판 1980.8.26. 80다1037).

① 이자의 성격

"당사자 일방이 계약을 해제한 때에는 각 당사자는 상대방에 대하여 원상회복의무가 있고, 이 경우 반환할 금전에는 받은 날로부터 이자를 가산하여 지급하여야 한다. 여기서 가산되는 이자는 원상회복의 범위에 속하는 것으로서 일종의 부당이득반환의 성질을 가지는 것이고 반환의무의 이행지체로 인한 지연손해금이 아니다. 따라서 당사자 사이에 그 이자에 관하여 특별한 약정이 있으면 그 약정이율이 우선 적용되고 약정이율이 없으면 민사 또는 상사 법정이율이 적용된다"(대판 2013.4.26. 2011다50509: 표준판례621 : 6회, 9회, 11회, 13회 선택형).

또한 "소송촉진법 제3조 제1항은 금전채무의 전부 또는 일부의 이행을 명하는 판결을 선고할 경우에 있어서 금전채무불이행으로 인한 손해배상액 산정의 기준이 되는 법정이율에 관한 특별규정이므로, 위 이자(이는 부당이득의 성질이지 지연손해금이 아니므로 : 저자주)에는 소송촉진법 제3조 제1항에 의한 이율을 적용할 수 없다"(대판 2024.8.1. 2024다226504).

② 원상회복의무가 이행지체에 빠진 경우

해제로 인한 원상회복의무는 '이행기의 정함이 없는 채무'이므로 그 반환청구를 받은 때부터(그 다음 날) 이행지체가 성립하는데, "원상회복의무가 이행지체에 빠진 이후의 기간에 대해서는 부당이득반환의무로서의 이자가 아니라 반환채무에 대한 지연손해금이 발생하게 되므로 거기에는 지연손해금률이 적용되어야 한다. 그 지연손해금률에 관하여도 당사자 사이에 별도의 약정이 있으면 그에 따라야 할 것이고, 설사 그것이 법정이율보다 낮다 하더라도 마찬가지이다"(대판 2013.4.26. 2011다50509).

[구체적 예] 만약 위 사안에서 甲과 乙 사이에 계약해제시에 반환할 금전에 가산할 이자에 관하여 연 1%의 약정이율과 월 0.1%(연 1.2%)의 지연이율이 있었다면, 乙이 X토지에 관한 원상회복(손해배상 포함)을 이행하며 甲에게 최고하는 경우 甲은 계약금 및 중도금의 원상회복에 대해 乙의 원상회복 전까지는 연 1%의 약정이율을, 원상회복 이후부터는 월 0.1%의 비율에 의한 지연이자를 지급해야 한다.

③ 계약해제시 반환할 금전에 가산할 이자에 관하여 당사자 사이에 약정이 있는 경우

"계약해제시 반환할 금전에 가산할 이자에 관하여 당사자 사이에 약정이 있는 경우에는 특별한 사정이 없는 한 이행지체로 인한 지연손해금도 그 약정이율에 의하기로 하였다고 보는 것이 당사자의 의사에 부합한다(제397조 1항 참조). 다만 그 약정이율이 법정이율보다 낮은 경우에는 약정이율에 의하지 아니하고 법정이율에 의한 지연손해금을 청구할 수 있다고 봄이 타당하다"(대판 2013.4.26. 2011다50509: 표준판례621 : 6회 선택형).

[구체적 예] 만약 위 사안에서 甲과 乙 사이에 계약해제시에 반환할 금전에 가산할 이자에 관하여 월 0.4%(연 4.8%)의 약정이율만이 있었다면, 乙이 X토지에 관한 원상회복(손해배상 포함)을 이행하며 甲에게 최고하는 경우 甲은 계약금 및 중도금의 원상회복에 대해 乙의 원상회복 전까지는 월 0.4%의 약정이율을, 원상회복 이후부터는 연 5%의 비율에 의한 지연이자를 지급해야 한다.

④ 계약해제로 인한 금전반환의무와 소송촉진 등에 관한 특례법 제3조 1항의 적용여부

소송촉진 등에 관한 특례법 제3조 1항은 금전채무의 전부 또는 일부의 이행을 명하는 판결을 선고할 경우에 있어서 '금전채무불이행으로 인한 손해배상액 산정의 기준이 되는 법정이율에 관한 특별규정'이다. ㉠ 따라서 원상회복을 구하는 소송에서 원고가 승소하였더라도 원고와 피고의 원상회복의무

가 동시이행관계에 있는 경우에는 피고의 금전반환의무가 이행지체에 있는 것이 아니므로 민법 제548조 2항에 의하여 그 받은 날로부터 민법이 정한 법정이율은 연 5%의 비율에 의한 법정이자를 부가할 수는 있지만, '금전채무불이행'으로 인한 손해배상액 산정의 특별규정인 소송촉진 등에 관한 특례법은 적용되지 않는다(대판 2003.7.22. 2001다76298: 표준판례622).

ⓒ 그러나 원상회복의무에 있어 **동시이행관계가 부정되는 경우**(예를 들어 계약을 해제하는 임차인은 임차목적물을 인도받은 바 없어 임차목적물 반환의무를 부담하지 않고 임대인만 보증금반환의무를 부담함)[9]에는 해제에 따른 원상회복으로서 금전의 반환을 구하는 소송이 제기된 경우 반환의무의 지체가 성립하므로 이 경우에는 소송촉진 등에 관한 특례법이 적용된다(대판 2003.7.22. 2001다76298: 표준판례622).[10]

나) 원상회복의무로서 '물건'의 반환

㉠ 제548조 2항의 '금전'의 경우와 균형상 반환할 물건에는 그 '받은 날'부터 '임료상당의 사용이익'을 가산하여 반환하여야 한다(제548조 2항 유추해석)(5회 선택형). ⓒ 이때 매매목적물을 통해 영업을 하였더라도 원상회복으로 반환해야 할 부당이득은 '영업이익'이 아닌 '임료상당의 사용이익'이어야 한다(대판 2021.7.8. 2020다290804). ⓒ 그리고 判例는 "매매계약의 해제로 인하여 매수인이 반환하여야 할 목적물의 사용이익을 산정함에 있어서 매수인의 영업수완 등 노력으로 인한 이른바 운용이익이 포함된 것으로 볼 여지가 있는 경우 이러한 운용이익은 사회통념상 매수인의 행위가 개입되지 아니하였더라도 그 목적물로부터 매도인이 당연히 취득하였으리라고 생각되는 범위 내의 것이 아닌 한 매수인이 반환하여야 할 사용이익의 범위에서 공제하여야 한다"(대판 2006.9.8. 2006다26328,26335 : 6회 선택형)고 한다.

다) 과실상계의 적용가부(소극)

"계약의 해제로 인한 원상회복청구권에 대하여 해제자가 해제의 원인이 된 채무불이행에 관하여 '원인'의 일부를 제공하였다는 등의 사유를 내세워 신의칙 또는 공평의 원칙에 기하여 일반적으로 손해배상에 있어서의 과실상계에 준하여 권리의 내용이 제한될 수 있다고 하는 것은 허용되어서는 아니 된다"(대판 2014.3.13. 2013다34143: 표준판례620 : 9회,11회 선택형).

4. 손해배상 [C-23d]

(1) 해제와 이행이익의 배상 : 원칙

계약해제의 효과는 손해배상의 청구에 영향을 미치지 않는다(제551조). 여기에서 말하는 손해배상은 채무불이행으로 인한 손해배상이고, 따라서 채무자의 고의 또는 과실을 요하며(대판 2016.4.15. 2015다59115: 표준판례623), 그 범위도 원칙적으로 '이행이익'의 배상이다(통설 및 判例). 즉 해제로 인하여 기이행된 급부를 반환함으로써 이루어지는 원상회복만으로 계약이 해제될 때까지 당사자 일방이 입은 손해가 제거되는 것은 아니므로, 실질적 공평의 관점에서 법이 해제와 손해배상의 양립을 인정하는 것이다. 따라서 이때 이행이익 상당액이란 원상회복을 통해 전보되지 못한 추가적인 손해를 의미한다.

[심화] 예컨대 토지의 매매계약이 매수인에게 책임 있는 사유로 해제된 경우 손해배상액은 원칙적으로 그 계약이 해제되지 아니하고 이행된 경우에 매도인이 얻게 되는 경제적 이익과 계약이 해제된 경우에 매도인

---

9) 判例는 신축중인 건물의 임대차계약이 건축 중단으로 인해 해제된 사안에서 "계약해제로 인한 원상회복의무의 이행으로 금전의 반환을 구하는 소송이 제기된 경우 채무자는 그 소장을 송달받은 다음날부터 반환의무의 이행지체로 인한 지체책임을 지게 되므로 그와 같이 원상회복의무의 이행으로 금전의 반환을 명하는 판결을 선고할 경우에는 금전채무불이행으로 인한 손해배상액 산정의 기준이 되는 법정이율에 관한 특별규정인 소송촉진 등에 관한 특례법 제3조 제1항에 의한 이율을 적용하여야 한다(대판 2003.7.22. 2001다76298)고 판시하였다.

10) 여기서 법정이자와 지연손해금을 중복하여 청구할 수 있는가의 문제가 제기될 수 있는데, 법정이자와 지연손해금은 경제적 목적이 동일하므로 중복하여 청구할 수 없다. 즉 소장부본송달 다음 날부터 법정이자 연 5%와 소촉법 소정의 지연손해금 연 12%를 합한 17%를 청구할 수는 없다. 선택적으로만 청구가 가능하다

에게 남아있는 경제적 이익의 차액이다(대판 2011.11.30. 2001다16432). 그리고 채무불이행으로 인하여 채권자가 대체거래를 한 경우에는 그 대체거래비용이 산정기준이 될 것이고, 그렇지 않은 경우에는 목적물의 시가가 기준이 될 것이다. 그리하여 判例는 매매계약이 해제된 후에 매도인이 제3자에게 그 매매목적물을 다시 매도한 경우에는 제3자에의 매도가격이 시가에 비추어 현저하게 저렴하게 책정된 것이라는 등의 특별한 사정이 없는 한, '매도인이 당초의 매매계약에 의하여 취득할 것으로 예상되었던 매매대금과 제3자와 사이의 매매계약에 의하여 취득하게 되는 매매대금과의 차액'에 '당초의 매매대금의 취득예정 시기로부터 후의 매매대금의 취득시기까지의 기간 동안의 당초의 매매대금에 대한 법정이율에 의한 이자 상당액'을 합한 금액이 손해배상액이라고 한다(대판 2011.11.30. 2001다16432). 마찬가지로 매수인이 매도인의 채무불이행으로 인하여 제3자로부터 동종의 물품을 매수하여야 하는 경우에는 그 매매대금과 그 매매에 소요되는 통상적인 비용이 손해배상의 범위에 포함될 것이다(대판 1997.11.11. 97다26982).

(2) 해제와 신뢰이익의 배상 : 예외

대법원은 제551조에 따른 손해배상은 원칙적으로 채무불이행으로 인한 '이행이익' 손해배상이나, '선택적'으로 계약의 이행을 믿고 지출한 비용인 '신뢰이익'의 배상을 청구할 수 있고, 다만 과잉금지의 원칙상 이는 이행이익의 범위를 초과할 수는 없다고 한다. 또한 신뢰이익의 배상도 '통상손해'와 '특별손해'로 구분하여, 후자의 경우에는 상대방이 그러한 지출을 알았거나 알 수 있었어야만 그 배상을 청구할 수 있다고 한다(아래 2002다2539[11])판결 : 5회 선택형).

[구체적 예] 예를 들어 건물을 신축할 목적으로 (아직 매매대금을 완불하지 않은 토지의 미등기) 매수인이 설계비 또는 공사계약금을 지출하였다가 토지매매계약이 해제됨으로 말미암아 이를 회수하지 못하는 손해는 '신뢰이익' 손해이지만, 이는 특별한 사정으로 인한 '특별손해'에 해당한다(대판 1996.2.13. 95다47619 : 핵심사례 C-3.참고 : 1회 선택형).

[판례검토] 생각건대, 제551조가 정한 책임을 채무불이행책임이라고만 한정하는 것은 옳지 않고, 계약의 소급적 무효로 인한 신뢰책임의 성격도 갖는다고 볼 수 있다는 점에서, 判例는 구체적 타당성이 있다고 본다. 다만, 이행이익과 신뢰이익은 양립할 수 없으므로 채권자는 이행이익 배상을 청구하거나 그에 갈음하여 신뢰이익 배상을 청구할 수 있을 뿐이다. 그리고 신뢰이익은 이행이익의 범위를 초과할 수 없으므로 논리적으로는 신뢰이익에 대한 손해배상 청구의 실익은 크게 없으나, 실제 소송에서는 이행이익의 입증이 곤란한 경우가 적지 않으므로 비교적 입증이 용이한 계약의 이행을 믿고 지출한 '비용'의 배상이라도 받으려는 경우에 그 실익이 있다(대판 2016.4.15. 2015다59115 판시내용).

* **이행이익손해가 인정되지 않는 경우 신뢰이익 배상청구 가능여부**(소극)

    앞서 살핀 바와 같이 判例는 "채권자가 계약의 이행으로 얻을 수 있는 이익이 인정되지 않는 경우라면, 채권자에게 배상해야 할 손해가 발생하였다고 볼 수 없으므로, 지출비용의 배상을 청구할 수 없다"고 하여 주택조합원 모집업무를 위탁하는 분양대행계약을 체결하면서 일정 숫자 이상의 조합원을 모집한 경우에 한하여 분양대행수수료를 지급하기로 약정한 사안에서, 분양률이 저조하여 '이행이익'에 해당하는 분양대행수수료의 지급을 청구할 수 없다면 '지출비용의 배상'(신뢰이익)도 구할 수 없다고 하였다(대판 2017.2.15. 2015다235766: 표준판례624).

---

11) [판시원문] "채무불이행을 이유로 계약해제와 아울러 손해배상을 청구하는 경우에 그 계약이행으로 인하여 채권자가 얻을 이익 즉 이행이익의 배상을 구하는 것이 원칙이지만, '그에 갈음하여' 그 계약이 이행되리라고 믿고 채권자가 지출한 비용 즉 신뢰이익의 배상을 구할 수도 있다고 할 것이고, 그 신뢰이익 중 계약의 체결과 이행을 위하여 통상적으로 지출되는 비용은 통상의 손해로서 상대방이 알았거나 알 수 있었는지의 여부와는 관계없이 그 배상을 구할 수 있고, 이를 초과하여 지출되는 비용은 특별한 사정으로 인한 손해로서 상대방이 이를 알았거나 알 수 있었던 경우에 한하여 그 배상을 구할 수 있다고 할 것이고, 다만 그 신뢰이익은 과잉배상금지의 원칙에 비추어 이행이익의 범위를 초과할 수 없다"

5. 제3자의 보호 [C-23e]

(1) 제3자의 범위

1) 해제의 의사표시 전 [6회 기록형, 9회 사례형, 16법행]

① 계약해제로 인한 원상회복의무는 제3자의 권리를 해하지 못한다(제548조 1항 단서). 이때 제3자의 범위와 관련하여 判例는 ㉠ "그 해제된 계약으로부터 생긴 법률효과를 기초로 하여 '해제 전'에 새로운 이해관계를 가졌을 뿐 아니라 등기·인도 등으로 완전한 권리를 취득한 자"를 말한다고 한다(대판 2002.10.11. 2002다33502). 따라서 예를 들어 무허가건물관리대장에 소유자로 등재된 자는 이에 해당하지 않는다(대판 2014.2.13. 2011다64782)[12] **[16사법]** ㉡ 또한 "계약당사자의 일방이 계약을 해제한 경우 그 계약의 해제 전에 그 해제와 양립되지 아니하는 법률관계를 가진 제3자에 대하여는 계약의 해제에 따른 법률효과를 주장할 수 없고, 이는 제3자가 그 계약의 해제 전에 계약이 해제될 가능성이 있다는 것을 알았거나 알 수 있었다 하더라도 달라지지 아니한다"(대판 2010.12.23. 2008다57746).

[판례검토] 제548조 1항 단서의 제3자는 '완전히 유효'한 계약을 바탕으로 새로운 이해관계를 가지는 자이므로 해제 당사자와의 이익형량상 등기, 인도 등으로 완전한 권리를 취득한 자이어야 한다는 判例의 태도는 타당하다.

② 이러한 법리는 법정해제의 경우뿐만 아니라 합의해제의 경우에도 마찬가지이다. 예컨대 상속재산분할협의를 한 후 그 분할협의를 합의해제한 경우 제3자가 보호받기 위해서도 등기·인도 등으로 완전한 권리를 취득하는 요건을 갖추어야 한다(대판 2004.7.8. 2002다73203).

2) 해제의 의사표시 후

判例는 '해제의 의사표시가 있은 후라도 그 등기 등을 말소하지 않은 동안' 새로운 권리를 취득하게 된 '선의'의 제3자도 포함된다고 한다(대판 1985.4.9. 84다카130,131 : 3회,14회 선택형). 이 경우 제3자가 악의라는 사실의 주장, 증명책임은 계약해제를 주장하는 자에게 있다(대판 2005.6.9. 2005다6341: 표준판례611).

[판례검토] 해제를 한 후에도 그 해제의 사실을 모른 제3자는 보호할 필요가 있는 점에서 判例의 태도는 타당하다.

(2) 구체적 검토

1) '소유권을 취득한' 매수인으로부터 물권 또는 대항력 있는 권리를 취득한 자(원칙적 적극)

① **[소유권을 취득한 매수인으로부터 대항력 있는 임차권을 취득한 자(적극)]** 判例는 소유권을 취득하였다가 계약해제로 인하여 소유권을 상실하게 된 임대인으로부터 그 계약이 해제되기 전에 주택을 임차받아 주택의 인도와 주민등록을 마침으로써 주택임대차보호법상의 대항요건을 갖춘 임차인은 등기된 임차권자와 마찬가지로 제3자에 해당된다고 한다(대판 1996.8.20. 96다17653 : 1회,8회 선택형).

이 경우 소유권을 회복한 매도인은 임대인의 지위를 승계하고, 임대차보증금반환채무도 면책적으로 인수한다. 다만 계약해제 후 임차권의 부담 있는 소유권을 회복한 매도인은 제548조의 원상회복의 내용으로서 매수인에 대해 계약해제로 인한 원상회복청구로서 매수인이 보유하고 있는 임차보증금 상당액의 반환을 청구할 수 있다. 이는 원상회복이 가능하지 않기 때문에 이루어지는 가액상환이라고 할 것이다(제548조, 제747조 1항).

---

[12] "무허가건물관리대장은 해당 건물에 관한 관리의 편의를 위하여 작성된 것일 뿐 권리관계를 공시할 목적으로 작성된 것이 아니므로 무허가건물관리대장에 소유자로 등재되었다는 사실만으로는 무허가건물에 관한 소유권 기타의 권리를 취득하는 효력이 없다"

② **[소유권을 취득한 매수인의 채권자가 매매목적물을 (가)압류한 경우**(적극)**]** 判例는 매수인이 소유권이전등기를 받은 후 매수인의 금전채권자가 그 부동산을 가압류하거나 압류한 경우에는 계약이 해제되더라도 채권자는 보호받는 제3자에 해당한다고 한다(대판 2000.1.14. 99다40937: 표준판례627 : 8회 선택형).[13]

[비교판례] ※ 부동산 처분금지가처분등기 기입 후 가압류가 집행된 상태에서 '가처분채권자'(매도인)가 부동산 매매계약을 해제한 경우, '가압류채권자'(매수인의 채권자)의 제548조 1항 단서 '제3자' 해당여부(소극)
"부동산에 대하여 가압류등기가 된 경우에, 그 가압류채무자(매수인)의 전 소유자(매도인)가 위의 가압류 집행에 앞서 같은 부동산에 대하여 소유권이전등기의 말소청구권을 보전하기 위한 처분금지가처분등기를 경료한 다음, 채무자를 상대로 매매계약의 해제를 주장하면서 소유권이전등기 말소소송을 제기한 결과 승소판결을 받아 확정되기에 이르렀다면, 위와 같은 가압류는 결국 말소될 수밖에 없고(동일한 부동산에 대한 가압류와 가처분의 효력 순위는 그 집행 순서에 따라 정해진다), 따라서 이러한 경우 가압류채권자(매수인의 채권자)는 제548조 제1항 단서에서 말하는 제3자로 볼 수 없다"(대판 2005.1.14. 2003다33004)고 한다. **[09법무]**

☞ 즉, 判例는 매도인 乙이 잔금기일 전에 매수인 甲에게 이 사건 아파트에 관한 소유권이전등기를 마쳐주었는데, 매수인 甲이 약정 잔금지급기일까지 잔금을 지급하지 아니하자 장차 이 사건 분양계약이 해제될 경우 乙이 취득하게 될 甲에 대한 소유권이전등기 말소등기청구권을 보전하기 위하여 이 사건 아파트에 관하여 부동산 처분금지가처분신청을 하여 그 집행이 완료되었고, 그 후에 매수인 甲의 채권자인 丁이 이 사건 아파트에 관하여 부동산가압류를 집행한 경우라면, 잔금지체를 이유로 이 사건 분양계약을 적법하게 해제한 매도인 乙에 대한 관계에서 丁은 제548조 제1항 단서의 제3자에 해당하지 않는다고 한다.

③ 매수인과 매매예약을 체결한 후 그에 기한 소유권이전청구권 보전을 위한 가등기를 마친 사람도 제548조 1항 단서에서 말하는 제3자에 포함된다(대판 2014.12.11. 2013다14569 : 9회,11회 선택형).

※ **제548조 1항 단서에 의한 제3자와 가등기에 기해 본등기를 한 자의 충돌**(가등기권자 우선)
判例는 "가등기는 본등기의 순위를 보전하는 효력이 있어 후일 가등기에 기한 본등기가 마쳐진 때에는 본등기의 순위가 가등기한때를 소급함으로써 가등기후 본등기 전에 이루어진 중간처분은 실효되는 것이므로 매매계약 해제시 원상회복 방법으로 매도인에게 소유권이전등기를 하기로 하는 약정에 따른 청구권을 보전하기 위한 가등기가 된 경우에도 그 가등기 후 본등기 전에 된 제3자 명의의 소유권이전등기는 후일 가등기에 기한 본등기가 마쳐지면 말소를 면할 수 없다 할 것인바, 위와 같은 가등기의 경료 후에 매매계약 당사자가 아닌 제3자가 취득한 권리는 이미 이루어진 가등기에 의하여 보전된 청구권에 기한 본등기가 마쳐지면 실효될 가능성을 띤 상태에서 취득한 권리라고 할 것이고 그 제3자의 지위는 가등기에 의하여 순위가 보전된 매도인의 권리보다 앞설 수는 없다 할 것이며 또 위와 같이 매매계약 당사자 사이의 약정에 의하여 생긴 매도인의 소유권이전등기청구권은 계약해제의 소급효 그 자체에 의하여 생긴 것이 아니므로 그 등기청구권의 실현과 계약해제의 소급효 제한에 관한 민법 제548조 제1항 단서의 규정과는 직접적으로 관련이 없는 것이다"(대판 1982.11.23. 81다카1110: 표준판례629)고 판시하여 **가등기에 기한 본등기의 보호를 우선**하고 있다.
☞ **[사실관계]** 매도인 甲이 자신 소유의 토지를 매도하기로 하는 계약을 체결한 후 잔대금 미지급 상태에서 매수인 乙에게 소유권이전등기를 해 주면서 장차 매수인의 채무불이행으로 인하여 해제시 토지를 원상회복해 주기로 약정하고, 이를 위해 매도인 甲 앞으로 소유권이전등기청구권(채권적 청구권) 보전의 가등기를 하였다. 그 후 토지매수인 乙이 건물을 신축하고 제3자 丙에게 토지와 건물에 대한 소유권이전등기를 경료해 준 후, 매수인 乙이 잔대금지급의무를 불이행하자 甲은 이를 이유로 토지매매계약을 해제하고 가등기에 기한 본등기를 경료한 경우, 결국 제3자 丙은 제548조 1항 단서에 의해 보호받을 수 없다고 하였다(위 81다카1110판결). 참고로 이때 丙은 乙에게 제570조가 아닌 제576조에 의한 담보책임을 물을 수 있다(대판 1992.10.27. 92다21784 : C-36e.참고)

---

[13] "해제된 계약에 의하여 채무자의 책임재산이 된 계약의 목적물을 가압류한 가압류채권자는 그 가압류에 의하여 당해 목적물에 대하여 잠정적으로 그 권리행사만을 제한하는 것이나 종국적으로는 이를 환가하여 그 대금으로 피보전채권의 만족을 얻을 수 있는 권리를 취득하는 것이므로, 그 권리를 보전하기 위하여서는 제548조 1항 단서에서 말하는 제3자에는 위 가압류채권자도 포함된다"

2) 아직 이행이 이루어지기 전에 '계약으로부터 생긴 채권'에 관하여 이해관계를 맺은 자(원칙적 소극)

① **[계약상 채권의 양수인(소극)]** 判例는 채권의 양수인이 취득한 권리는 채권에 불과하고 대세적 효력을 갖는 권리가 아니어서 (대항요건을 갖추었더라도) 채권의 양수인은 제3자에 해당하지 않는다고 한다(대판 2003.1.24. 2000다22850: 표준판례625 : 3회 선택형 ; 핵심사례 C-3.참고). **[16법행]**

[판례검토] 계약이 해제되어 채권이 소급적으로 무효가 될 수 있다는 것은 채권 그 자체가 갖는 고유한 특성이므로 채권양수인은 원칙적으로 이로 인한 위험을 스스로 부담함이 상당하다는 점 등에 비추어 대법원의 입장은 타당하다.

② **[계약상의 채권을 (가)압류한 채권자(소극)]** 이는 대금채권 뿐만 아니라 소유권이전등기청구권의 경우에도 마찬가지이다. 즉 매수인의 매도인에 대한 소유권이전등기청구권(채권)을 양수받은 자나 소유권이전등기청구권을 압류하거나 가압류한 자도 마찬가지로 매매계약이 해제되면 보호받지 못한다(대판 2000.4.11. 99다51685 : 1회,8회,14회 선택형).[14] **[16법행]**

③ **[미등기 매수인으로부터 대항력 있는 임차권을 취득한 자(적극)]** 그러나 判例는 '주택을 인도받은 미등기 매수인'과 임대차계약을 체결하고 그 주택을 인도받아 전입신고를 마친자는 제3자에 해당한다고 한다(대판 2008.4.10. 2007다38908,38915: 표준판례626 : 10회 선택형).[15] **[6회 기록형, 09법무]**

[판례검토] 부동산을 인도받은 미등기매수인도 적법하게 타인에게 임대할 수 있으므로 이를 기초로 대항력을 갖춘 임차인은 제3자에 해당한다.

[비교판례] * 미등기매수인의 임대권한이 처음부터 제한되어 있는 경우(소극) **[6회 기록형]**

미등기매수인의 임대권한이 처음부터 제한되어 있는 경우에는 제3자는 보호되지 않는다. 즉 "주택 매매계약에 부수하여 매매대금 수령 이전에 매수인에게 임대 권한을 부여한 경우, 이는 매매계약의 해제를 해제조건으로 한 것이고, 매도인으로부터 매매계약의 해제를 해제조건부로 전세 권한을 부여받은 매수인이 주택을 임대한 후 매도인과 매수인 사이의 매매계약이 해제됨으로써 해제조건이 성취되어 그때부터 매수인이 주택을 전세 놓을 권한을 상실하게 되었다면, 임차인은 전세계약을 체결할 권한이 없는 자와 사이에 전세계약을 체결한 임차인과 마찬가지로 매도인에 대한 관계에서 그 주택에 대한 사용수익권을 주장할 수 없게 되어 매도인의 명도청구에 대항할 수 없게 되는바, 이러한 법리는 임차인이 그 주택에 입주하고 주민등록까지 마쳐 주택 임대차보호법상의 대항요건을 구비하였거나 전세계약서에 확정일자를 부여받았다고 하더라도 마찬가지이다"(대판 1995.12.12. 95다32037). 이때 임차인은 매수인(임대인)의 보증금반환과 동시이행으로 매도인에게 목적물인도를 하겠다는 동시이행의 항변을 행사할 수 없다(대판 1990.12.7. 90다카24939).[16]

---

14) "제3채무자가 소유권이전등기청구권에 대한 압류명령에 위반하여 채무자에게 소유권이전등기를 경료한 후 채무자의 대금지급의무의 불이행을 이유로 매매계약을 해제한 경우, 해제의 소급효로 인하여 채무자의 제3채무자에 대한 소유권이전등기청구권이 소급적으로 소멸함에 따라 이에 터잡은 압류명령의 효력도 실효되는 이상 압류채권자는 처음부터 아무런 권리를 갖지 아니한 것과 마찬가지 상태가 되므로 제548조 1항 단서의 제3자에 해당하지 않는다"

[비교] 그러나 앞서 검토한 바와 같이 매수인이 소유권이전등기를 받은 후 매수인의 채권자가 그 부동산을 가압류하거나 압류한 경우에는 계약이 해제되더라도 채권자는 보호받는 제3자에 해당한다(대판 2000.1.14. 99다40937: 표준판례627).

15) "매매계약의 '이행'으로 매매목적물을 인도받은 매수인은 그 물건을 사용, 수익할 수 있는 지위에서 그 물건을 타인에게 적법하게 임대할 수 있으며 이러한 지위에 있는 매수인으로부터 매매계약이 해제되기 전에 매매목적물인 주택을 임차하여 주택의 인도와 주민등록을 마침으로써 주택 임대차보호법 제3조 제1항에 의한 대항요건을 갖춘 임차인은 민법 제548조 제1항 단서에 따라 계약해제로 인하여 권리를 침해받지 않는 제3자에 해당하므로 임대인의 임대권원의 바탕이 되는 계약의 해제에도 불구하고 자신의 임차권을 새로운 소유자에게 대항할 수 있다" [사실관계] 아파트 수분양자가 분양자로부터 열쇠를 교부받아 임차인을 입주케 하고 임차인이 주택임대차보호법상 대항력을 갖춘 후 다른 사정으로 분양계약이 해제되어 임대인 수분양자가 주택의 소유권을 취득하지 못한 사안에서, 임차인은 아파트 소유자인 분양자에 대하여 임차권으로 대항할 수 있다고 본 사례이다.

16) [판례평석] 위 2007다38908,38915판시내용에 따르면 목적물을 인도받은 미등기매수인에게 '대항력 있는 임차권'을 설정할 수 있는 권한까지 있다는 취지라고 보이나, 이는 미등기매수인이 목적물을 인도받았다고 하여 곧바로 그 목적물에 관한 '처분권'까지 갖는 것은 아니므로, 채권적인 임대차계약을 체결할 수 있는 것은 별론으로 하고, 나아가 처분행위의 성격을 갖는 대항력 있는 임차권 설정행위까지 할 수 있다는 점에 대하여는 의문이 있다[노재호, 민법교안(8판), p.798]. 따라서 원칙적

3) 토지매매가 해제된 경우 건물에 대한 이해관계인(아래 판례연구 C-3.참고)

판례연구 C-03

■ ★토지매매가 해제된 경우 건물에 대한 이해관계인이 제548조 1항 단서의 제3자에 해당하는지 여부

건축업자 A가 X토지를 매수하고 소유권이전등기를 받기 전에 토지소유자인 매도인 B의 승낙을 받아 그 X토지에 대규모로 견고하게 Y건물을 신축하고 이를 제3자 C에게 분양(양도)하여 소유권이 전등기를 해 준 상태에서 매도인 B가 건축업자 A의 채무불이행을 이유로 토지매매계약을 적법하게 해제한 경우, B가 C에게 건물철거 및 토지인도를 청구할 수 있는가? (20점)

Ⅰ. C가 제548조 1항 단서의 제3자에 해당하는지 여부(소극)

1. 판 례

"계약당사자의 일방이 계약을 해제하여도 제3자의 권리를 침해할 수 없지만, 이때 제3자는 계약의 목적물에 관하여 권리를 취득하고 또 이를 가지고 계약당사자에게 대항할 수 있는 자를 말하므로, 토지를 매도하였다가 대금지급을 받지 못하여 그 매매계약을 해제한 경우에 있어 그 토지 위에 신축된 건물의 매수인은 위 계약해제로 권리를 침해당하지 않을 제3자에 해당하지 아니한다"(대판 1991.5.28. 90다카16761 : 2회 선택형).

2. 검 토

우리 법제상 토지와 건물은 별개의 물건이기 때문에 토지매매가 해제된 경우 건물에 관한 이해관계인은 원칙적으로 매매목적물인 토지 자체에 이해관계를 가진 것이 없으므로 判例의 태도가 타당하다(통설). 다만 C에게 X토지에 대한 이해관계, 즉 토지이용권인 관습법상의 법정지상권 등이 인정된다면 제3자에 해당될 여지가 있는바, 이하에서 검토하기로 한다.

Ⅱ. C가 관습법상 법정지상권을 취득하는지 여부(소극)

1. 판 례

"토지의 매매에 수반하여 토지소유자가 매수인으로부터 토지대금을 다 받기 전에 그 토지위에 건물을 신축할 수 있도록 토지사용을 승낙하였다 하더라도 특별한 사정이 없는 한 매매당사자 사이에 그 토지에 관한 지상권 설정의 합의까지도 있었던 것이라고 할 수 없으므로 그 매매계약이 적법하게 해제된 경우에는 그 토지를 신축건물의 부지로 점유할 권원을 상실하게 되는 것이고 또 당초에 건물과 그 대지가 동일인의 소유였다가 경매 등의 사유로 소유자를 달리하게 되는 경우가 아닌 이상 관습에 의한 법정지상권도 성립되지 아니한다"(대판 1988.6.28. 87다카2895).

2. 검 토

만약 A가 관습법상 법정지상권을 취득한다면 C는 이를 승계취득할 수 있는 지위에 있게 된다. 그런데 A는 Y건물의 소유권만 취득하였을 뿐 X토지의 소유권을 취득한 바 없으므로, 토지와 건물이 동일인의 소유에 속하는 것을 요건으로 하는 관습법상 법정지상권은 인정될 수 없다.

Ⅲ. B의 C에 대한 건물철거 및 토지인도 청구 가부(소극)

B가 C에게 건물철거 및 토지인도를 청구하는 경우 원칙적으로 C는 B에게 대항할 권원은 없다(제213조 단서 참조). 다만 사안에서 B가 A의 건축에 대한 동의를 함으로써 C가 이를 신뢰하고 Y건물을 매수하였다는

으로 95다32037판결의 태도가 타당하다. 그런데 2007다38908,38915입장을 따르더라도 이러한 경우에 제3자의 임차권의 연원인 임대인의 임대권한은 매도인에 대해서만 주장할 수 있는 채권적인 것이고, 따라서 제3자의 보호범위도 매도인에 대한 관계에 한정되어야 할 것이다. 가령 대위소송을 제기한 매도인의 채권자나 제3취득자에 대한 관계에서는 보호되지 않는다[지원림, 민법강의(13판), 5-98].

점(금반언 관련), Y건물은 대규모의 견고한 건물로 철거하기에는 사회경제적 손실이 크다는 점(권리남용 관련)에서 B가 건물철거 등을 구하는 것은 신의성실의 원칙에 반하여 허용될 수 없을 가능성이 있다(대판 1993.7.27. 93다20986,20993 : 민법총칙 금반언 참고).[17]

Ⅳ. 보 론

만약 위 사안에서 X토지의 매수인 A가 B의 선이행으로 'X토지에 대한 소유권이전등기를 경료받은 후' Y건물을 신축하여 건물의 소유권만을 C에게 이전한 경우라면, C는 X토지에 관하여 관습법상 법정지상권을 취득하기 때문에 나중에 토지 매매가 해제되는 경우에도 C는 제548조 1항 단서에 의해 보호된다.

제4관 합의해제(해제계약)

Ⅰ. 서 설
[C-24]

1. 의 의

해제권유무와 무관하게 당사자의 합의로 이미 체결한 계약을 해소하여 원상으로 회복시키는 새로운 '계약'을 말한다. 이는 사적자치의 원칙상 당연히 인정된다.

2. 해제권과의 비교

종전의 계약을 소급하여 소멸시킨다는 점에서는 같으나, 민법상의 해제권은 채무불이행시에 해제권을 가지는 자의 일방적 의사표시로서 '단독행위'라는 점이 '계약'인 합의해제와 다르다.

Ⅱ. 합의해제(해제계약)의 성립
[C-25]

1. 일반론(청약과 승낙에 의한 성립)

일반적인 계약의 성립요건과 마찬가지로 ㉠ 종전 계약의 소멸을 내용으로 하는 청약과 승낙, ㉡ 표시행위에 나타난 청약과 승낙의 내용이 서로 객관적으로 일치할 것이 필요하다(대판 1998.8.21. 98다17602 : 4회 선택형). 따라서 계약당사자의 일방이 계약해제에 따른 원상회복 및 손해배상의 범위에 관한 조건을 제시한 경우 그 조건에 관한 합의까지 이루어져야 합의해제가 성립된다(대판 1996.2.27. 95다43044 : 4회 선택형). 그리고 계약자유의 원칙상 성립요건으로 쌍방의 자기 채무의 이행제공을 필요로 하지 않으며(대판 1991.7.12. 90다8343), 묵시적 합의해제도 가능하다(대판 1998.8.21. 98다17602).

2. 묵시적 합의해제

(1) 인정기준

원칙적으로 당사자의 법률행위 해석의 문제인바, 判例는 당사자 쌍방이 계약을 이행하지 않고 '장기간 방치한 것'만으로는 묵시적 합의해제를 인정하지 않고 당사자 쌍방의 계약을 실현하지 아니할 의사가 일치되는지 여부를 기준으로 한다(대판 1998.8.21. 98다17602).

---

[17] "B가 그 소유의 토지에 관하여 A로 하여금 건물을 신축하는데 사용하도록 승낙하였고, A가 이에 따라 건물을 신축하여 C 등에게 분양하였다면 B는 위 건물을 신축하게 한 원인을 제공하였다 할 것이므로 이를 신뢰하고 136세대에 이르는 규모로 견고하게 신축한 건물 중 각 부분을 분양받은 C 등에게 위 토지에 대한 A와의 매매계약이 해제되었음을 이유로 그 철거를 요구하는 것은 비록 그것이 위 토지에 대한 소유권에 기한 것이라 하더라도 신의성실의 원칙에 비추어 용인될 수 없다"

이와 같은 묵시적 합의가 성립하기 위해서는 쌍방 당사자의 표시행위에 나타난 의사의 내용이 객관적으로 일치하여야 하므로 계약당사자 일방이 계약해지에 관한 조건을 제시한 경우 조건에 관한 합의까지 이루어져야한다(대판 2018.12.27. 2016다274270,274287 ; 대판 2021.5.7. 2020다300176).

(2) 묵시적 합의해제를 긍정한 경우

判例는 ㉠ 매도인이 이미 지급받은 계약금과 중도금을 공탁하였는데 매수인이 아무런 이의 없이 이를 수령한 경우(대판 1979.10.10. 79다1457 : 4회 선택형), [14회 사례형] ㉡ 계약 후 당사자 쌍방의 계약실현 의사의 결여 또는 포기로 인하여 쌍방 모두 이행의 제공이나 최고에 이름이 없이 장기간 이를 방치한 경우(대판 1987.1.20. 85다카2197)에는 묵시적 합의해제를 긍정한다.

(3) 묵시적 합의해제를 부정한 경우

判例는 임대차계약을 합의해제하는 경우에 이미 지급된 임차보증금의 반환에 관하여는 아무런 약정도 하지 아니한 채 임대차계약을 해제하기만 하는 것은 우리의 경험칙에 비추어 이례에 속하는 일이라고 한다(대판 1992.6.23. 92다4130).

Ⅲ. 합의해제(해제계약)의 효력 [C-26]

1. 당사자 간 효력

(1) 원 칙

당초 계약의 효과가 소급적으로 소멸하며, 계약이므로 단독행위로서의 해제를 전제로 하는 민법 제543조 이하의 규정은 원칙적으로 적용되지 않는다(대판 1979.10.30. 79다1455). 따라서 1차적으로는 해제계약의 내용에 의해 효력이 정해지고, 그 합의에 특별한 약정이 없는 경우에는 부당이득반환규정(제741조 이하)에 의해 반환범위가 정해진다.

(2) 구체적인 경우

1) 이자지급의무 유무

제548조 2항이 적용되지 않으므로, 특약이 없는 이상 합의해제로 인하여 반환할 금전에 그 받은 날로부터의 이자를 가하여야 할 의무가 없다(대판 1996.7.30. 95다16011 : 4회,8회,9회,13회 선택형).

2) 손해배상의무 유무

㉠ 判例에 따르면 계약이 합의에 따라 해제되거나 해지된 경우에는 특별한 사정이 없는 한 채무불이행으로 인한 손해배상을 청구할 수 없으나, 상대방에게 손해배상을 하기로 특약하거나 손해배상 청구를 유보하는 의사표시가 있으면 그러한 특약이나 의사에 따라 손해배상을 하여야 한다. 그와 같은 손해배상의 특약이 있었다거나 손해배상 청구를 유보하였다는 점은 이를 주장하는 당사자가 증명할 책임이 있다(대판 2013.11.28. 2013다8755: 표준판례610 : 12회,14회 선택형). ㉡ 그리고 이와 같은 특약이나 의사표시가 있었는지는 '합의해제·해지 당시를 기준'으로 판단하여야 하는데, 다만 원래의 계약에 있는 위약금이나 손해배상에 관한 약정[18]은 특별한 사정이 없는 한 합의해제·해지의 경우에까지 적용되지는 않는다"(대판 2021.5.7. 2017다220416 : 12회 선택형).

[18) **[손해배상특약이 합의해지에 적용된다고 본 예]** 원고(乙)가 아파트 내 휘트니스 센터를 위탁받아 운영하다가 계약을 합의해지하고 입주자대표회의인 피고(甲)를 상대로 위탁계약에 따라 투자금의 반환과 손해배상을 청구한 사안에서, 대법원은 '甲은 乙이 계약사항을 위반하지 않았으나 乙의 계약이 해지될 경우 甲은 乙이 센터에 투자한 투자금 및 손해배상금을 변상하여야 한다.'고 정한 조항이 합의해지의 경우에도 적용된다고 하였다(대판 2021.3.25. 2020다285048).

3) 물권변동 유무

判例는 매매계약이 합의해제된 경우에도 매수인에게 이전되었던 소유권은 당연히 매도인에게 복귀하는 것이므로, 합의해제에 따른 매도인의 원상회복청구권은 소유권에 기한 물권적 청구권이며, 이는 소멸시효의 대상이 되지 않는다고 한다(대판 1982.7.27. 80다2968: 표준판례173).

2. 제3자에 대한 효력

계약의 효력은 원칙적으로 당사자 간에만 미치므로 완전한 권리를 취득한 제3자의 권리관계에는 영향을 미치지 못한다. 즉 제548조 1항 단서 규정은 합의해제의 경우에도 유추적용된다(14회 선택형). 判例 역시 "계약의 합의해제에 있어서도 제548조의 계약해제의 경우와 같이 이로써 제3자의 권리를 해할 수 없으나, 그 대상부동산을 전득한 매수자라도 완전한 권리를 취득하지 못한 자는 위 제3자에 해당하지 아니한다"(대판 1991.4.12. 91다2601 : 4회 선택형)고 판시하고 있다.

> ※ **상속재산분할협의 후 재분할협의 = 기존의 상속재산분할협의 합의해제** ★ [9회 사례형, 16법행]
> 피상속인 사망 후 공동상속인 중 1인(甲)이 무단으로 상속재산에 속하는 부동산에 관하여 피고에게 근저당권을 설정해 주었는데 그 후 甲에게 단독상속시키기로 하는 상속재산분할협의가 행하여졌다가 다시 甲이 상속세 및 상속 관련채무를 모두 변제함을 정지조건으로 하여 동일한 취지로 재차 분할협의를 한 사안에서, 대법원은 "상속재산 분할협의는 공동상속인들 사이에 이루어지는 일종의 계약으로서, 공동상속인들은 이미 이루어진 상속재산 분할협의의 전부 또는 일부를 전원의 합의에 의하여 해제한 다음 다시 새로운 분할협의를 할 수 있다"고 하였고, "상속재산 분할협의가 합의해제되면 그 협의에 따른 이행으로 변동이 생겼던 물권은 당연히 그 분할협의가 없었던 원상태로 복귀하지만, 민법 제548조 제1항 단서의 규정상 이러한 합의해제를 가지고서는, 그 해제 전의 분할협의로부터 생긴 법률효과를 기초로 하여 새로운 이해관계를 가지게 되고 등기·인도 등으로 완전한 권리를 취득한 제3자의 권리를 해하지 못한다"(대판 2004.7.8. 2002다73203 : 9회 선택형)고 하면서, 위 새로운 분할협의는 그 정지조건이 성취되지 아니하여 결국 실효되었지만, 당초의 분할협의에 의하여 이 사건 토지에 관하여 완전한 근저당권을 취득한 피고는 그 분할협의로부터 생긴 법률효과를 기초로 하여 합의해제되기 전에 새로운 이해관계를 가진 자에 해당한다고 하여 甲을 제외한 다른 공동상속인들이 피고를 상대로 제기한 위 근저당권설정등기의 말소청구를 배척하였다.

Ⅳ. 합의해제(해제계약)의 실효 [C-27]

1. 합의해제의 해제 인정 여부

判例는 "해제합의는 원계약을 소멸시키는 것으로서 원계약의 소멸로써 그 효과는 완결되고 합의해제자체의 이행의 문제는 발생할 여지가 없으므로, 채무불이행을 이유로 원계약에 대한 해제합의를 해제할 수 없다"고 한다(대판 1992.8.18. 92다6266).

2. 합의해제의 취소가부

계약이므로 취소원인이 있는 한 취소할 수 있다. 判例는 서로 취소권을 주장하였으나 취소사유가 인정되지 않는 경우, 쌍방이 취소의 의사표시를 하였다는 이유만으로 합의가 취소되어 합의가 상실되는 것은 아니라고 한다(대판 1994.7.29. 93다58431).

제5관 해제조건 및 실권특약

요건사실론

■ **정지조건부 해제**(해제권자가 해제의 의사표시에 붙인 조건)[19]

채권자가 정지조건부 해제를 주장하기 위해서는 ⅰ) 채무자의 채무이행을 최고한 사실, ⅱ) 최고 당시 최고기간 내에 채무자의 채무가 이행되지 않을 것을 정지조건으로 하는 해제의 의사표시를 한 사실, ⅲ) 채무자가 최고기간 내에 자신의 채무를 이행하지 아니한 사실, ⅳ) 채권자에게 채무자의 채무와 동시이행관계에 있는 자신의 채무가 있으면 이를 이행하였거나 그 이행의 제공을 한 사실을 주장·증명하면 된다.

■ **실권조항에 의한 해제**(당사자합의에 의한 계약의 일종)

判例는 원칙적으로 실권조항을 해제조건이 아닌 '해제권 유보', 즉 '약정해제권'을 정한 것으로 본다. 따라서 예를 들어 '잔대금미지급' 자동해제특약에 의한 해제의 요건사실은 ⅰ) 매수인이 이행기가 도과하도록 잔대금지급의무를 이행하지 않은 사실, ⅱ) 자동해제특약을 한 사실, ⅲ) 동시이행관계에 있는 매도인의 반대의무 이행 또는 이행의 제공을 한 사실이다. 반면 判例는 '중도금미지급' 자동해제특약에 의한 해제의 경우는 매도인이 ⅰ) 매수인의 중도금지급 사실과 ⅱ) 자동해제특약 사실만 주장·증명하면 된다고 한다.

Ⅰ. 의 의 [C-28]

계약에 관하여 해제의 의사표시 없이 계약으로 정해진 조건의 만족(채무불이행 등)이 있으면 자동적으로 해제되는 것으로 정한 것을 해제조건이라 하며, 이러한 조건이 붙은 계약을 해제조건부 계약이라 한다(채무자의 채무불이행을 조건으로 하여 해제권을 유보하는 특약과는 구별된다). 이러한 계약조항을 '실권특약(실권조항)'이라고 하는데, 실권특약이 언제나 무효인 것은 아니지만, 경제적 지위가 약한 채무자에게 부당한 불이익을 강요하는 것이라면 선량한 풍속 기타 사회질서에 위반하여 무효로 된다(제103조 및 약관규제법 제9조 참조).

Ⅱ. 판례의 태도 [C-29]

1. 계약금 포기·배액상환 약정과 결합된 자동해제 조항(자동해제 조항이 아닌 해제권 유보약정)

判例는 "매도인이 위약시에는 계약금의 배액을 배상하고 매수인이 위약시에는 지급한 계약금을 매도인이 취득하고 계약은 자동적으로 해제된다는 조항은 위약 당사자가 상대방에 대하여 계약금을 포기하거나 그 배액을 배상하여 계약을 해제할 수 있다는 해제권 유보조항이라 할 것이지 상대방의 위약을 들어 최고나 통지없이 해제할 수 있다거나, 그 위약사유의 존재만으로 당연히 계약이 해제된다는 특약이라고 볼 수 없다"(대판 1982.4.27. 80다851)고 한다. 즉, 위와 같은 자동해제 조항은 제565조의 해제권을 확인하여 규정한 것에 불과하기 때문에, 당사자 일방이 이행에 착수한 뒤에는 해제권 유보조항에 의한 해제권은 행사할 수 없다.

---

19) 예컨대 최고를 하면서 최고기간 내에 이행하지 않으면 당연히 해제된 것으로 본다고 한 것은, 최고기간 내의 불이행을 정지조건으로 하여 해제의 의사표시를 한 것으로 볼 수 있지만, 이 경우는 상대방을 특별히 불리하게 하는 것이 아니므로 유효하다는 것이 통설 및 判例이다(대판 1981.4.14. 80다2381 : 이는 실권특약과 비슷하나, 특약은 합의에 의하여 약정한 것인 데 비하여 정지조건부 해제는 일방적으로 최고를 하면서 덧붙인 것인 점에서 차이가 있다).

2. 중도금지급채무의 불이행을 조건으로 한 실권조항(선이행의무이므로 자동해제)

判例는 "매매계약에 있어서 매수인이 '중도금'을 약정한 일자에 지급하지 아니하면 그 계약을 무효로 한다고 하는 특약이 있는 경우 매수인이 약정한대로 중도금을 지급하지 아니하면(해제의 의사표시를 요하지 않고) 그 불이행 자체로써 계약은 그 일자에 자동적으로 해제된 것이라고 보아야 한다"(대판 1991.8.13. 91다13717 : 7회,12회 선택형)고 한다. 즉 중도금의 지급은 선이행의무이므로 그 불이행시 즉시 조건이 성취되어 해제의 효력이 발생한다. 따라서 "매도인이 그 후에 중도금의 지급을 최고하였다 하더라도, 이는 은혜적으로 한 번 지급의무를 이행할 기회를 준 것에 지나지 아니한다"(대판 1980.2.12. 79다2035 : 13회 선택형)고 한다.

[판례정리] 당사자가 계약을 맺으면서 일정한 경우에는 해제(해지)의 의사표시 없이도 계약이 자동적으로 해제(해지)되는 것으로 약정하는 경우 判例는 동시이행의 관계를 깨뜨리는 것이 아닌 경우에는 그러한 약정을 '해제조건부 계약'으로 보아, 조건이 성취되면 해제의 의사표시 없이도 당연히 계약은 해제(해지)되는 것으로 본다. 예컨대 매수인이 중도금을 기일에 지급하지 않으면 계약은 자동적으로 해제되는 것으로 약정한 경우(위 91다13717판결), 임대차계약을 체결하면서 한 달 이내에 임차인이 입점하지 않으면 자동적으로 해지되는 것으로 약정한 경우(대판 2003.1.24. 2000다5336,5343), 각각 그 조건이 성취되면 계약은 자동적으로 해제 또는 해지되고 그에 따른 효과가 생긴다.

3. 잔대금지급채무의 불이행을 조건으로 한 실권조항(동시이행관계이므로 이행제공해야 자동해제 : 제한해석) [2회 사례형, 13법행]

判例는 쌍방의 채무가 동시이행관계인 경우 이행의 제공을 하여 상대방을 이행지체에 빠뜨려야 자동해제가 된다고 한다(대판 2007.11.29. 2007다576: 표준판례614 : 2회,5회,7회 선택형). 다만 동시이행의 경우에도 (매수인이 수회에 걸친 채무불이행에 대하여 책임을 느끼고 잔금 지급기일의 연기를 요청하면서 새로운 약정기일까지는 반드시 계약을 이행할 것을 확약하고) '불이행시 계약이 자동적으로 해제되는 것을 감수하겠다'는 등의 별도의 특약이 있는 때에는 특약에 따라 이행의 제공 없이도 자동해제될 수 있다고 한다(대판 1996.3.8. 95다55467).

4. 자동해제된 계약의 부활

"쌍무계약을 체결하면서 어느 기한까지 일방이 채무를 이행하지 아니하면 자동적으로 계약이 해제된다고 약정한 경우 어느 일방이 채무를 이행하지 아니하였다면 별도의 이행최고나 해제의 의사표시를 요하지 않고 그 불이행 자체로써 계약이 자동으로 해제된 것으로 보아야 한다. 그러나 당사자들이 계약이 여전히 유효함을 전제로 논의를 계속하면서 해제에 따른 법률효과를 주장하지 아니한 채 계약 내용에 따른 이행을 촉구하거나 온전한 채무의 이행을 받지 못한 상대방이 별다른 이의 없이 급부 중 일부를 수령하였다면, 특별한 사정이 없는 한 계약당사자들 사이에서는 자동해제 약정의 효력을 상실시키고 자동해제된 계약을 부활시키기로 하는 합의가 있었다고 봄이 상당하다. 이러한 경우 채무이행을 받지 못한 상대방은 새로운 이행의 최고 없이 바로 해제권을 행사할 수 없다"(대판 2019.6.27. 2019다216817 : 13회 선택형).

핵심사례 C-03

★ 계약해제 종합쟁점   대판 2003.1.24. 2000다22850 ; 대판 1996.2.13. 95다47619 등

乙은 甲으로부터 1997.1.10. 甲소유 X토지를 시가 3억 원에 매수하기로 하는 계약을 체결하고 당일에 계약금 3,000만 원을 지급하였다. 아울러 1차 중도금 7,000만 원은 1997.2.10.에, 2차 중도금 1억 원은 1997.3.10.에 X토지를 인도받음과 동시에 지급하고, 잔금 1억 원은 1997.4.10.에 소유권이전등기서류와 상환으로 지급하기로 약정하였다. 그 후 乙은 甲에게 1997.2.10.에 제1차 중도금 7,000만 원, 1997.3.10.에 제2차 중도금 1억 원을 지급하였고 동시에 甲은 乙에게 X토지를 인도하여 주었다.

그리고 乙은 X토지상에 건물을 신축하기 위하여 丁과 설계 및 공사도급계약을 체결하고 설계비 및 공사계약금으로 5,000만 원을 지급하였다.

그러나 甲의 자금사정이 몹시 악화되어 동 토지에 채권최고액 10억 원의 근저당권설정등기와 수 개의 가압류 또는 압류등기가 설정되어, 잔대금지급기일이 되었음에도 사실상 甲이 이를 모두 말소하여 소유권이전등기절차를 이행할 수 없는 무자력 상태에 빠지자 이에 乙은 잔대금지급기일인 1997.4.10.에 잔대금의 이행 또는 이행제공을 하지 않은 채 甲의 채무불이행을 이유로 매매계약을 해제한다는 뜻을 통지하였고 그 통지는 같은 달 12. 甲에게 송달되었다.

乙은 1997. 10.10. 甲을 상대로 甲의 귀책사유로 위 계약이 적법하게 해제되었음을 이유로 "피고는 원고에게 250,000,000원 및 그중 50,000,000에 대하여는 이 사건 소장부본 송달일부터, 30,000,000에 대하여는 1997.1.10.부터, 70,000,000에 대하여는 1997.2.10.부터, 100,000,000에 대하여는 1997.3.10.부터, 이 사건 소장부본 송달일까지는 연 5%의, 그 다음날부터 각 다 갚는 날까지는 연 20%의 비율에 의한 금원을 지급하라."는 소를 제기하였다.

소송 중에서 甲은 乙과 丁의 계약체결 사실을 알고 있었으며 1997.4.12. 당시 X토지의 시가는 3억 3,000만 원이라는 것이 밝혀졌다. 그리고 甲은 乙의 청구에 대해 소송 중 乙의 원상회복의무와의 동시이행항변권을 행사한 바가 없다.

1. 乙의 청구에 대한 결론[청구인용, 청구일부인용(구체적인 인용범위 포함), 청구기각]을 그 논거와 함께 서술하시오. (30점)

위 사실관계와 달리 甲은 위 중도금 및 잔대금 채권을 丙에게 양도하고 乙에게 통지하여 乙이 丙에게 1997.2.10.에 1차 중도금 7,000만 원, 1997.3.10.에 2차 중도금 1억 원을 지급하였고, 동시에 甲은 乙에게 X토지를 인도하여 주었다고 가정한다.

2. 乙은 丙을 상대로 甲과의 계약이 해제되었음을 이유로 丙에게 지급한 중도금 1억 7000만 원 및 그에 대한 법정이자의 반환청구를 구하는 소를 제기하려고 한다. 이 경우 丙의 실체법상 타당한 항변수단들을 검토하라. (20점)

I. 문제 1.의 경우

1. 결 론

피고 甲은 원고 乙에게 손해배상금 3천만 원을 지급해야 하고, 계약금 3천만 원 및 이에 대하여는 1997. 1. 10.부터, 1차 중도금 7천만 원 및 이에 대하여는 1997. 2. 10.부터, 2차 중도금 1억 원 및 이에 대하여 1997.3.10.부터 각 다 갚는 날까지 연 5%의 비율에 의한 금원을 지급해야 한다(청구 일부인용, 단순이행판결).

2. 논 거

(1) 乙의 해제통고가 적법·유효한지 여부

1) 이행불능인지 여부(사회통념에 따라 판단)

甲은 과도한 피담보채무를 부담하여 매매목적물의 담보설정등기를 말소할 수 없는 무자력 상태에 있으므로, 이는 거래관념상 비추어 볼 때 甲의 소유권이전등기의무는 이행불능의 상태에 있다(대판 2003.1.24. 2000다22850).

2) 이행불능을 이유로 한 계약해제시 최고 및 반대급부의 이행제공이 필요한지 여부(소극)

乙의 해제의 의사표시가 甲의 소유권이전등기의무의 이행불능임을 이유로 한 것이라면 최고 및 잔대금의 이행제공을 하지 않았더라도 적법·유효하다(제546조)(대판 2003.1.24. 2000다22850).

(2) 甲의 원상회복의무 및 손해배상의무

1) 甲의 원상회복의무

매도인 甲은 乙로부터 수령한 계약금(3,000만 원)과 중도금(1억 7,000만 원)을 각 받은 날로부터 민법상 법정이율인 연 5%의 비율에 의한 법정이자를 부가하여 지급해야 한다(제548조 2항).

2) 甲의 손해배상의무(제551조)

가) 문제점(원칙적 이행이익 배상, 예외적 신뢰이익 배상)

나) 계약의 이행을 믿고 지출한 비용의 배상(신뢰이익)

다) 사안의 경우

乙이 丁에게 설계비 및 공사계약금으로 5,000만 원을 지급한 것은 甲의 이행을 믿고 지출한 비용 상당액으로 소위 '신뢰이익'에 해당한다. 그러나 '매매대금을 완불하지 않은 토지의 매수인'이 그 토지상에 건물을 신축하기 위하여 설계비 또는 공사계약금을 지출하였다가 계약이 해제됨으로 말미암아 이를 회수하지 못하는 손해를 입게 되었다 하더라도 이는 이례적인 사정에 속하는 것이므로, 토지의 매도인으로서는 소유권이전의무의 이행기까지 최소한 매수인이 설계계약 또는 공사도급계약을 체결하였다는 점을 알았거나 알 수 있었을 때에 한하여 그 배상책임을 부담한다(대판 1996.2.13. 95다47619).

사안의 경우 토지의 매도인 甲은 소유권이전의무의 이행기까지 매수인 乙이 설계계약 또는 공사도급계약을 체결하였다는 점을 알았으므로[20] 그 배상책임을 부담한다(제393조 2항). 다만 判例에 따르면 乙의 신뢰이익배상액은 (乙이 원상회복을 받고도 전보받지 못한 추가적인) 이행이익의 손해는 넘지 못하므로 5,000만 원 전액이 아니라 3,000만 원 상당액까지 배상받을 수 있다. 왜냐하면 이행불능에서 손해배상액의 산정기준시기는 '이행불능이 될 당시의 목적물의 시가 상당액'이라고 보기 때문이다(3억 3,000만 원 − 3억 원=3,000만 원).

3) 乙의 원상회복의무와의 관계

가) 乙의 원상회복의무 존부

乙은 甲에게 X토지를 인도받은 날인 1997.3.10.부터 반환하는 시기까지의 임료상당의 금액을 甲에게 반환해야 한다(제548조 2항의 유추해석).

나) 甲의 의무와의 관계

① [동시이행] 계약해제에 있어 원상회복의무 상호간(제549조, 제536조)뿐만 아니라 원상회복의무와 손해배상의무(3,000만 원) 사이에도 '공평의 원칙상' 동시이행관계가 있다(대판 1996.7.26. 95다25138). 따라서 乙의 X토지 및 사용이익 반환과 甲의 계약금·중도금반환 및 손해배상의무 상호 간에는 동시이행관계가 있다.

② [당연효(존재효)] 사안에서 손해배상금 3천만 원에 대해서는 소송촉진법에 따른 지연이자가 발생하지 않고, 부당이득반환의 성질을 가지는 계약금(3천만 원) 및 중도금(1억 7천만 원)에 대해서도 소송촉진법에 따른 지연이자는 발생하지 않고, 연 5% 법정이자는 지연손해금이 아니므로 받은 날로부터 각각 발생한다(대판 2000.6.9. 2000다9123).

③ [행사효] 사안에서 甲은 동시이행의 항변권을 소송상 행사한 바가 없으므로 법원이 이를 고려하여 상환이행판결을 명할 수는 없고, 乙의 청구에 대해 '단순이행판결'을 하여야 한다(대판 1990.11.27. 90다카25222).

Ⅱ. 문제 2.의 경우

1. 결 론

① 丙은 계약해제로 인하여 소멸될 채권의 양수인으로서, 민법 제548조 1항 단서에서 보호되는 제3자에 해

당하지 않으며, ② 丙은 乙의 해제가 채권양도 통지 뒤에 생긴 것이어서 민법 제451조 2항의 양도통지를 받기 전까지 생긴 사유에 해당되지 않는다는 이유로 대항할 수 없어, 丙은 해제로 인한 원상회복으로서 이미 지급받은 중도금 1억 7,000만 원 및 받은 날로부터 그에 대한 법정이자 연 5%를 지급할 의무가 있다. ③ 아울러 이러한 자신의 의무에 대해 乙의 X토지반환과 동시이행을 주장할 수도 없다.

2. 乙의 원상회복청구에 대한 丙의 항변수단

(1) 제548조 1항 단서의 제3자에 해당한다는 항변(소극)
 1) 제548조 1항 단서의 제3자의 범위(등기, 인도 등으로 완전한 권리를 새롭게 취득한 자)
 2) 채권양수인(丙)이 제548조 1항 단서의 '제3자'에 해당하는지 여부(양수인이 취득한 권리는 '채권'에 불과)

(2) 乙의 해제는 제451조 2항의 양도통지를 받은 후에 생긴 사유에 해당한다는 항변(소극)
 대항사유 자체는 통지 뒤에 생겼더라도 그 '사유 발생의 기초가 되는 법률관계'가 통지 전에 이미 존재

(3) 동시이행의 항변(소극)
 判例는 "丙은 매매계약상의 매도인의 지위를 양도받은 것이 아니라 매매대금 채권을 양도받았을 뿐"이라는 점을 들어 乙이 매매계약 해제로 인하여 지게 되는 토지명도의무와 사이에 동시이행관계가 없다고 하여 丙의 동시이행항변권을 부인하고 있다(대판 2003.1.24. 2000다22850).[21]

---

20) 특별한 사정에 대한 채무자의 예견가능성의 유무를 가리는 시기는 '이행기'를 기준으로 한다(대판 1985.9.10. 84다카1532).
21) [판례평석] 그러나 이러한 判例의 태도에 대해 반대하는 견해도 있다(양창수, '분양대금채권의 일부 양도와 계약해제후의 동시이행관계', 법률신문 2003.5.12.자 p.13~14). 즉, 동시이행관계에 있는 채권 중 한 쪽의 채권이 양도된 경우에도 동시이행관계는 그대로 유지된다고 본다. 대표적으로 임대차보증금반환채권이 양도된 경우, 임차인의 임대인에 대한 임차목적물반환의무와 임대인의 양수인에 대한 양수금지급의무(임차보증금반환의무)는 동시이행관계에 있고, 이렇게 해석하지 아니하면 일방의 채권양도에 의하여 채무자는 동시이행의 항변권을 잃는 불이익을 받고, 채권양수인은 동시이행의 항변권의 제한을 받지 않는 이익을 얻게 되어 부당하기 때문이라고 한다. 判例 또한 <u>임대차보증금반환채권이 전부된 경우, 임차인은 임대인이 전부채권자에게 전부금(임차보증금)을 지급할 때까지 임대인에 대하여 임차목적물의 인도를 거절할 수 있는 동시이행의 항변권이 있다고 판시한 바 있다고 한다</u>(대판 2002.7.26. 2001다68839). 그리고 이러한 법리는 채권의 일부양도가 있었다고 하여 달라지는 것은 아니라고 한다[노재호. 민법교안(8판). p.1050~1052].

제3장 각종의 계약

제1절 증여

Ⅰ. 증여의 의의 [C-30]

① 증여는 당사자 일방(증여자)이 무상으로 재산을 상대방(수증자)에게 수여하는 의사를 표시하고 상대방이 이를 승낙함으로써 성립하는 계약을 말한다(제554조).
② 증여는 낙성·편무·무상·불요식의 '계약'이다. 따라서 수증자의 승낙을 요건으로 하므로, 아직 형성되지도 않은 종중 또는 친족공동체에 대한 증여의 의사표시는 아무런 효력이 없다(대판 1992.2.25. 91다28344). 다만 제3자를 위한 계약을 이용하여 동일한 효과를 얻을 수는 있다(민총 태아의 권리능력 참고).

Ⅱ. 증여의 효력 [C-31]

1. 증여자의 급부의무

증여자는 계약에 의하여 부담하는 의무를 그 내용에 좇아 이행하여야 한다(현실증여의 경우는 제외).

2. 증여자의 담보책임

(1) 원 칙

증여의 목적물인 물건 또는 권리에 하자가 있더라도 증여자는 그에 대한 담보책임을 지지 않는 것이 원칙이다(제559조 1항 본문). 이는 증여의 무상성을 고려한 것이다.

(2) 예 외

① 증여자가 그 '하자나 흠결을 알고도' 이를 수증자에게 고지하지 않은 경우에 담보책임을 지며(제559조 1항 단서), ② 부담부 증여에서는 그 '부담의 한도'에서 매도인과 동일한 담보책임을 진다(제559조 2항).

3. 증여의 특수한 해제

(1) 서면에 의하지 않은 증여의 해제

1) 의 의

민법은 증여의 의사가 서면으로 표시되지 아니한 경우에는 각 당사자는 이를 해제할 수 있다고 규정하고 있다(제555조). 이는 증여자가 경솔하게 증여하는 것을 방지하고 증여의사를 명확하게 하여 분쟁이 생기는 것을 방지하기 위한 것이다(대판 1988.9.27. 86다카2634).

2) 해제요건 [13법행, 13회 사례형]

'증여의사'가 '서면'으로 표시되지 않을 것을 요한다. 이때 증여서면이란 ① 비록 서면의 문언 자체는 '증여계약서'로 되어 있지 않더라도 그 서면의 작성에 이르게 된 경위를 아울러 고려할 때 그 서면이 바로 증여의사를 표시한 서면이라고 인정되면 이는 제555조에서 말하는 서면에 해당하고(대판 1996.3.8.

95다54006). ② 나아가 증여 당시가 아닌 그 이후에 작성된 서면에 대해서도 마찬가지로 볼 수 있다(대판 1989.5.9. 88다카2271 : 이 경우 서면을 작성한 때부터 서면에 의한 증여로서 당사자가 임의로 이를 해제할 수 없게 된다). ③ 그러나 이러한 서면에 의한 증여란 증여계약 당사자 사이에 있어서 증여자가 자기의 재산을 상대방에게 준다는 취지의 증여의사가 문서를 통하여 확실히 알 수 있는 정도로 서면에 나타난 것을 말하는 것으로, 이는 수증자에 대하여 서면으로 표시되어야 한다(대판 2009.9.24. 2009다37831).

3) 해제권의 행사

증여계약의 특수한 해제는 민법 제543조 이하에서 규정한 본래 의미의 해제와는 달리 형성권의 제척기간(10년)의 적용을 받지 않는 '특수한 형태의 철회'로서, 10년이 경과한 후에 이루어졌다 하더라도 이행하기 전이라면 적법하다(대판 2009.9.24. 2009다37831). 해제의 의사표시는 각 당사자가 상대방에 대하여 하여야 한다. 증여자뿐만 아니라 수증자도 해제권을 행사할 수 있다.

(2) 망은행위로 인한 해제

수증자의 증여자에 대한 일정한 망은행위(1호, 2호)가 있는 경우에, 증여자는 증여계약을 해제할 수 있다. 다만 이러한 해제권은 해제원인 있음을 안 날로부터 6월을 경과하거나 증여자가 수증자에 대하여 용서의 의사를 표시한 때에는 소멸한다(제556조 1항, 2항).

1) 1호 '증여자 또는 그 배우자나 직계혈족에 대한 범죄행위가 있는 때'

여기에서 '범죄행위'는 수증자가 증여자에게 감사의 마음을 가져야 함에도 불구하고 증여자가 배은망덕하다고 느낄 정도로 둘 사이의 신뢰관계를 중대하게 침해하여 수증자에게 증여의 효과를 그대로 유지시키는 것이 사회통념상 허용되지 아니할 정도의 범죄를 저지르는 것을 말하며, 반드시 수증자가 그 범죄행위로 형사처벌을 받을 필요는 없다(대판 2022.3.11. 2017다207475,207482 : 표준판례632).

2) 2호 '증여자에 대하여 부양의무있는 경우에 이를 이행하지 아니하는 때'

판례연구 C-04

■ 부담부 증여   대판 1996.1.26. 95다43358

76세인 甲은 자신에게 아들이 없어 자신을 부양해 줄 것을 조건으로 조카의 아들 乙에게 그 소유 X토지를 증여하고 소유권이전등기를 해 주었는데, 그 후 수증자 乙은 甲을 부양하지 않고 있다. 이에 甲은 증여계약을 해제하고 이미 乙에게 이행한 X토지의 소유권을 회복할 수 있는가? (10점)

I. 甲의 해제권이 소멸되었거나(제556조 2항) 또는 甲이 해제권을 행사할 수 없는지(제558조) 여부(소극)

"민법 제556조 1항 2호에 규정되어 있는 '부양의무'라 함은 민법 제974조에 규정되어 있는 직계혈족 및 그 배우자 또는 생계를 같이 하는 친족 간의 부양의무를 가리키는 것으로서, 이 사건과 같이 친족 간이 아닌 당사자 사이의 약정에 의한 부양의무는 이에 해당하지 아니하여, 이 사건 부담부 증여에는 민법 제556조 2항이나 민법 제558조가 적용되지 않는다"(대판 1996.1.26. 95다43358).

II. 수증자 乙의 부양의무의 불이행을 이유로 증여계약을 해제할 수 있는지 여부(적극)

"위 증여행위는 상대부담 있는 증여로서 부담부 증여에 해당한다 할 것이고, 부담부 증여에는 민법 제561조에 의하여 쌍무계약에 관한 규정이 준용되므로, 상대방이 부담의 내용인 의무를 이행하지 아니한 경우에는 부담부 증여를 해제할 수 있다"(대판 1996.1.26. 95다43358).
따라서 甲은 乙에게 부양의무에 대한 이행을 최고한 후 상당기간 내에 乙이 이를 이행하지 않으면 증여를 해제하고 이미 이행한 부동산의 반환 및 소유권이전등기의 말소를 청구할 수 있다.

(3) 사정변경으로 인한 해제

증여계약 후에 증여자의 재산상태가 현저히 변경(악화)되고, 증여의 이행으로 인하여 생계에 중대한 영향을 미칠 경우에는 증여자는 증여를 해제할 수 있다(제557조).

(4) 해제의 효과

1) '영향을 미치지 아니한다'의 의미

증여의 특수한 해제의 경우 이미 이행한 부분에 대해서는 영향을 미치지 않는다(제558조). 이때 영향을 미치지 아니한다는 의미는 이미 이행한 부분에 대하여는 해제권을 행사할 수 없다는 의미이다(대판 2003.4.11. 2003다1755).

2) '이미 이행한 부분'의 의미

가) 일반론

① 물권변동에 관하여 형식주의를 채택하고 있는 현행 민법의 해석으로서는 '부동산 증여'에 있어서 이행이 되었다고 함은 그 부동산의 인도만으로써는 부족하고 이에 대한 소유권이전등기절차까지 마친 것을 의미한다(대판 1977.12.27. 77다834). '동산 증여'의 경우에는 인도가 이행이 된다.

② '현실증여'의 경우에는 언제나 이행을 끝낸 것으로 된다. '부담부 증여'에서는 이미 이행한 부담 역시 제558조에서의 '이미 이행한 부분'에 포함된다. 즉, 부담부 증여계약에서 증여자의 증여 이행이 완료되지 않았더라도 수증자가 부담의 이행을 완료한 경우에는, 그러한 부담이 의례적·명목적인 것에 그치거나 그 이행에 특별한 노력과 비용이 필요하지 않는 등 실질적으로는 부담 없는 증여가 이루어지는 것과 마찬가지라고 볼 만한 특별한 사정이 없는 한, 각 당사자가 서면에 의하지 않은 증여임을 이유로 증여계약의 전부 또는 일부를 해제할 수는 없다(대판 2022.9.29. 2021다299976,299983).**[23법행]**

나) 판례가 인정한 '이미 이행한' 경우

① **[부동산 증여]** 判例는 증여의 의사가 서면으로 표시되지 아니한 경우라도 증여자가 생전에 부동산을 증여하고 그 뜻에 따라 그 소유권이전등기에 필요한 서류를 제공하였다면 증여자가 사망한 후에 그 등기가 경료되었다고 하더라도 증여자의 의사에 따른 증여의 이행으로서의 소유권이전등기가 경료되었다 할 것이므로 증여는 이미 이행되었다 할 것이어서 증여자의 상속인이 서면에 의하지 아니한 증여라는 이유로 증여계약을 해제하였다 하더라도 이에 아무런 영향이 없다(대판 2001.9.18. 2001다29643)고 하는바, [판례검토] 그 등기과정에서 이미 사망한 사람의 명의로 등기신청서를 작성한 절차상의 하자는 있더라도 그것이 증여자의 의사에 기한 것이라면 실체관계에 부합하는 유효한 등기이므로 증여는 이행된 것이므로 判例의 태도는 타당하다.

② **[채권 증여]** 증여자(甲)가 서면에 의하지 않고 소유권이전등기가 마쳐지지 않은 매수 토지를 증여하면서 위 토지에 관한 소유권이전등기청구권을 수증자(丁)에게 양도하고 매도인(피고)에게 '양도통지'까지 마친 사안에서, 그 이후 증여자의 상속인들(원고)이 서면에 의하지 아니한 증여라는 이유로 해제를 하더라도, 제558조에 의해 이미 이행이 마쳐진 위 증여에는 아무런 영향을 미치지 않는다고 한다(대판 1998.9.25. 98다22543).

> **[비교판례]** 判例는 매매로 인한 소유권이전등기청구권은 그 '이행과정에 신뢰관계'가 따른다는 것을 이유로 (특별한 사정이 없는 이상 권리의 성질상 양도가 제한되어) 통상의 채권양도와 달리 채무자에 대한 '통지'만으로는 채무자에 대한 대항력이 생기지 않으며 반드시 채무자의 동의나 승낙을 받아야 대항력이 생긴다(대판 2001.10.9. 2000다51216: 표준판례503 : 5회,8회,9회 선택형)고 판시하고 있다.

Ⅲ. 특수한 증여

1. 정기증여

정기의 급여를 목적으로 한 증여는 증여자 또는 수증자의 사망으로 인하여 그 효력을 잃는다(제560조).

2. 부담부 증여

상대부담 있는 증여에 대하여는 증여의 규정 외에 쌍무계약에 관한 규정을 적용한다(제561조). 따라서 "부담의무 있는 상대방이 자신의 의무를 이행하지 아니할 때에는 비록 증여계약이 이미 이행되어 있다 하더라도 증여자는 계약을 해제할 수 있고, 그 경우 민법 제555조와 제558조는 적용되지 아니한다"(대판 1997.7.8. 97다2177).

3. 사인증여(제562조)

(1) 의 의

사인증여란 증여자의 사망으로 그 효력이 발생하는 증여이다. 민법은 사인증여에 유증에 관한 규정을 준용하고 있다(제562조). 다만 사인증여는 불요식 계약이나 유증은 단독행위로 엄격한 요식성을 요하는바 준용의 범위가 문제된다.

(2) 구체적 검토

1) **유증방식에 관한 규정이 준용되는지 여부**(소극)

"유증의 방식에 관한 민법 제1065조 내지 제1072조는 그것이 단독행위임을 전제로 하는 것이어서 계약인 사인증여에는 적용되지 않는다"(대판 1996.4.12. 94다37714,37721: 표준판례895).

2) **포괄적 사인증여에 포괄적 유증의 효과(제1078조)에 관한 규정이 준용되는지 여부**(소극)

"포괄적 사인증여에 제1078조가 준용된다면 양자의 효과는 동일하게 되므로, 결과적으로 포괄적 유증에 엄격한 방식을 요하는 요식행위로 규정한 조항들은 무의미하게 된다. 따라서 제1078조는 사인증여의 성질에 반하므로 준용되지 아니한다"(대판 1996.4.12. 94다37714,3772: 표준판례891).

3) **유류분반환의 경우**(적극)

判例는 유류분반환에 있어 사인증여에 유증과 같은 효과를 인정한다(대판 2001.11.30. 2001다6947: 표준판례924 ; 1회 선택형). 즉 유류분반환의 순서에 있어 사인증여를 생전증여가 아닌 유증과 동일한 취급을 하게 되며, 따라서 사인증여는 생전증여보다 먼저 반환청구의 대상이 된다(제1116조 참조).

4) **유증의 철회**(적극)

민법 제1108조 1항은 유증자는 유증의 효력이 발생하기 전에 언제든지 유언 또는 생전행위로써 유증 전부나 일부를 철회할 수 있다고 정하고 있는바, 증여자의 사망 후 재산 처분에 관하여 유증과 같이 증여자의 최종적인 의사를 존중할 필요가 있다. 이러한 사정을 고려하면 특별한 사정이 없는 한 유증의 철회에 관한 민법 제1108조 제1항은 사인증여에 준용된다"(대판 2022.7.28. 2017다245330: 표준판례896).

제2절 매 매

당사자 일방(매도인)이 상대방(매수인)에게 재산권의 이전을 약정하고, 이에 대해 상대방이 그 대금을 지급할 것을 약정함으로써 성립하는 계약을 말한다(제563조). 매매는 유상·쌍무·낙성·불요식계약이다.

제1관 매매의 성립

I. 매매의 예약

[C-33]

> 제564조 (매매의 일방예약) ① 매매의 일방예약은 상대방이 매매를 완결할 의사를 표시하는 때에 매매의 효력이 생긴다. ② 전항의 의사표시의 기간을 정하지 아니한 때에는 예약자는 상당한 기간을 정하여 매매완결여부의 확답을 상대방에게 최고할 수 있다. ③ 예약자가 전항의 기간 내에 확답을 받지 못한 때에는 예약은 그 효력을 잃는다.

1. 서 설

'예약'은 장래 본계약을 반드시 체결하거나 성립시키는 것을 내용으로 하는 '계약'이다.
매매의 예약은 당장 본계약을 체결하는 것이 곤란한 경우에 본계약의 장래의 체결을 확실하게 하는 데 이용되는 제도이지만, 오늘날에는 주로 매매의 형식에 의한 채권담보로서 기능하고 있다.

2. 매매의 일방예약

(1) 일방예약의 추정

편무예약이나 쌍무예약[1]의 경우에는 예약 당사자에게 승낙의 의무를 부과하는 것에 불과하므로 '예약완결권'이라는 개념이 성립할 여지가 없다. 제564조 1항은 형식적으로는 일방예약의 정의를 규정하고 있지만 동시에 **매매예약은 일방예약으로 추정됨**을 전제로 하고 있다(통설).

(2) 성립요건

매매의 일방예약도 보통의 낙성계약처럼 당사자의 합의만 있으면 성립한다. 그리고 예약완결권을 행사하면 본계약인 매매가 성립하므로, 본계약의 본질적 내용이 확정되어 있거나 확정될 수 있어야 한다(대판 1993.5.27. 93다4908,4915,4922 : 10회 선택형).

3. 예약완결권

(1) 의 의

매매의 일방예약 또는 쌍방예약에 의하여 예약권리자가 상대방에 대하여 예약완결의 의사표시를 할 수 있는 권리를 '예약완결권'이라 한다. 예약완결권의 행사에 의하여 곧바로 본계약인 매매계약이 성립(제564조 1항)하므로 예약완결권은 '형성권'이다.

---

1) ① **편무예약·쌍무예약**은 예약권리자가 본계약의 체결을 청약하고 이에 대하여 상대방이 승낙하여야 본계약이 성립하는 것을 말한다. 이때 당사자일방만이 타방의 본계약의 청약에 대해 승낙할 의무를 지는 경우를 '편무예약'이라 하고, 당사자 쌍방이 모두 타방에 대해 본계약의 청약을 할 권리를 갖고, 또한 그 청약을 승낙할 의무를 지는 경우를 '쌍무예약'이라고 한다. ② 일방예약·쌍방예약은 예약권리자가 예약완결의 의사를 표시하면 곧바로 본계약이 성립하는 것을 말한다. 이때 예약완결권을 당사자 일방만이 갖는 경우를 '일방예약'이라고 하고, 예약완결권을 당사자 쌍방이 모두 갖는 경우를 '쌍방예약'이라 한다.

(2) 예약완결권의 양도

1) 예약완결권이 가등기되어 있지 않은 경우

① 계약에 있어 상대방이 누구인가는 계약의 원만한 이행에 직결되는 중요한 요소이므로 예약완결권의 양도는 '계약인수'에 준해 의무자의 '승낙'이 있어야 효력을 발생한다고 보는 견해도 있으나, ② 예약완결권도 재산권이므로 채권양도의 일반규정에 따라 양도당사자간의 합의만으로 양도할 수 있고, 예약의무자의 승낙은 요하지 아니한다고 보는 것이 타당하다(제450조)(통설).

2) 예약완결권이 가등기되어 있는 경우

가) 문제점

매매예약완결권에 기한 소유권이전등기청구권은 이른바 '기타 장래에 있어서 확정될 청구권'에 해당하여 가등기 할 수 있다(부동산 등기법 제88조). 다만 이 경우 가등기의 이전등기(부기등기의 형식)를 통해 예약완결권의 양도가 가능한지 문제된다.

나) 판 례

判例는 "가등기는 원래 순위를 확보하는 데에 그 목적이 있으나 순위보전의 대상이 되는 물권변동의 청구권은 i) 그 성질상 양도될 수 있는 재산권일 뿐만 아니라, ii) 가등기로 인하여 그 권리가 공시되어 결과적으로 공시방법까지 마련된 셈이므로" 이를 인정할 수 있다고 한다(대판 1998.11.19. 전합98다24105). 즉 가등기상의 권리를 양도한 경우에는 양도인과 양수인의 공동신청으로 그 가등기상의 권리의 이전등기를 가등기에 대한 부기등기의 형식으로 경료할 수 있다고 하였다.

다) 검 토

① 가등기상의 권리는 가등기에 의하여 공시된 물권변동의 청구권이며, 이러한 청구권은 채권적 청구권으로서 재산적 가치를 가지며 채권양도의 방식으로도 양도할 수 있다. 비록 가등기가 되어 있다고 하더라도 양도성에 제한이 가해질 이유가 없다. 오히려, 가등기로 인하여 그 권리가 공시되어 결과적으로 공시방법까지 마련된 것이므로 변경된 判例의 태도가 타당하다. ② 다만 입법론으로 등기 자체로 실체적 효력을 인정하는 규정을 둔다면 가등기된 권리를 양도할 수 있느냐의 문제도 논리적으로 쉽게 해결될 수 있을 것으로 보인다(과거 민법개정안의 입장).

4. 예약완결권의 행사

(1) 일반론

예약완결권은 권리자가 '예약의무자'에 대하여 행사하여야 한다. 완결권이 양도된 경우에는 '양수인'이 행사한다.

(2) 예약완결권이 가등기된 경우에 목적부동산이 제3자에게 양도된 경우

① 제3자(양수인)가 예약의무자의 지위를 승계하는 것이므로, 제3자(양수인)에 대해 의사표시를 하면 된다는 견해가 있으나, ② 제3자를 예약의무자의 승계인으로 보는 것은 무리한 해석이라는 점에서 예약의무자 또는 그의 포괄승계인이 상대방이라고 하여야 한다(다수설).

(3) 예약완결권을 행사할 수 없는 경우(효력이 없는 경우)

"매매예약이 성립한 이후 상대방의 매매예약 완결의 의사표시 전에 목적물이 멸실 기타의 사유로 이전할 수 없게 되어 예약완결권의 행사가 이행불능이 된 경우에는 예약완결권을 행사할 수 없고, 이행불능 이후에 상대방이 매매예약 완결의 의사표시를 하여도 매매의 효력이 생기지 아니한다"(대판 2015.8.27. 2013다28247).

(4) 매매예약상 권리자가 수인인 경우 [13사법]

■ 수인이 공동매수인으로서 매매예약을 체결한 경우의 법률관계
대판 2012.2.16. 전합2010다82530(표준판례634)

사실관계 | 甲이 乙에게 돈을 대여하면서 담보 목적으로 乙 소유의 부동산 지분에 관하여 乙의 다른 채권자 A와 공동명의로 매매예약을 체결하고 각자의 채권액 비율에 따라 지분을 특정하여 가등기를 마쳤다. 이때 甲이 단독으로 담보목적물 중 자신의 지분에 관하여 매매예약완결권을 행사하여 자신의 지분에 관하여 가등기에 기한 본등기절차의 이행을 청구할 수 있는가?

판례의 태도 | 과거判例는 "복수의 채권자 甲과 A는 예약완결권을 준공유하는 관계에 있고 복수채권자가 매매예약 완결권을 행사하는 경우는 매매예약 완결권의 처분행위라 할 것이므로, 매매예약의 의사표시 자체는 복수채권자 전원이 행사하여야 하며(제278조, 제264조 참조), 채권자가 채무자에 대하여 예약이 완결된 매매목적물의 소유권이전의 본등기를 구하는 소는 필요적 공동소송으로서 복수채권자 전원이 제기하여야 할 것이다"라고 하였으나(대판 1984.6.12. 83다카2282), 변경된 判例에 따르면 "수인의 채권자가 각기 채권을 담보하기 위하여 채무자와 채무자 소유의 부동산에 관하여 수인의 채권자를 공동매수인으로 하는 1개의 매매예약을 체결하고 그에 따라 수인의 채권자 공동명의로 그 부동산에 가등기를 마친 경우, 수인의 채권자가 공동으로 매매예약완결권을 가지는 관계인지(제278조, 제264조 참조) 아니면 채권자 각자의 지분별로 별개의 독립적인 매매예약완결권을 가지는 관계인지(제278조, 제263조 참조)는 '매매예약의 내용'에 따라야 하고, 매매예약에서 그러한 내용을 명시적으로 정하지 않은 경우에는 i) 담보 관련 권리를 공동 행사하려는 의사의 유무, ii) 채권자별 구체적 지분권의 표시 여부, iii) 지분권 비율과 피담보채권 비율의 일치 여부 등을 종합적으로 고려하여 판단하여야 한다"(대판 2012.2.16. 전합2010다82530: 표준판례634 : 4회,6회 선택형)고 한다.

사안의 경우 | 甲이 乙에게 돈을 대여하면서 담보 목적으로 乙 소유의 부동산 지분에 관하여 乙의 다른 채권자 A와 공동명의로 매매예약을 체결하고 각자의 채권액 비율에 따라 지분을 특정하여 가등기를 마쳤다면 채권자가 각자의 지분별로 별개의 독립적인 매매예약완결권을 갖는 것으로 볼 수 있으므로, 甲이 단독으로 담보목적물 중 자신의 지분에 관하여 매매예약완결권을 행사할 수 있고, 이에 따라 단독으로 자신의 지분에 관하여 가등기에 기한 본등기절차의 이행을 구할 수 있다(同 判例).[2]

관련판례 종전의 판례 중에도 사안은 같지 않지만 대상판결과 같은 취지의 것이 있었다. 즉 명의신탁해지에 따라 발생한 소유권이전청구권을 보존하기 위하여 수인이 매매예약을 원인으로 하여 가등기를 한 사안에서, "공유자는 그 지분을 단독으로 처분할 수 있으므로 그 권리자 중 한 사람은 자신의 지분에 관하여 단독으로 가등기에 기해 본등기를 청구할 수 있고, 가등기 원인을 매매예약으로 하였다는 이유만으로 가등기 권리자 전원이 동시에 본등기절차의 이행을 청구하여야만 하는 것은 아니다"고 판시한 바 있다 (대판 2002.7.9. 2001다43922,43939).

---

2) [판례해설] 매매예약은 그 목적에 따라 그 유형이 나뉜다. 대체로 보면, ① 순수한 매매의 예약으로서, 어느 부동산을 수인이 장차 공동으로 사용·수익할 것을 목적으로 그 매수를 예약하는 유형이다. ② 채권담보의 목적으로 매매의 예약을 하고 그 청구권을 보전하기 위해 가등기를 하는 유형으로서, 매매예약은 주로 이러한 방식으로 이용된다. 그리고 채권자가 수인인 경우에는 채권액에 비례하여 가등기에 관한 지분등기를 하는 것이 보통이다. 여기서 종전 판례가 전개한 법리는 위 ①의 유형에 맞는 것이고 ②의 유형에는 맞지 않는 것이다. 즉 ①의 유형에서는 수인의 예약권리자가 서로 긴밀한 유대관계를 가지고 있고 또한 목적물의 사용수익을 목적으로 하는 만큼 목적부동산 전체에 관하여 매매가 성립되지 않으면 그 목적을 달성하기가 어려울 것이나, ②의 유형에서는 채권자간에 연대나 불가분의 관계가 없는 이상 각 채권자는 자기 채권의 만족을 받는 데 그 목적이 있을 뿐이어서 각자의 지분별로 예약완결의 의사표시와 그에 따라 가등기에 기한 본등기청구를 하면 족한 것이다. 즉 여기서는 담보의 법리가 적용될 것이지, 매매예약의 준공유 및 공유물의 처분행위의 법리가 적용되어야 할 이유가 없다. 본 사안은 매매예약의 유형 중 위 ②에 관한 것이므로 이것은 전술한 대로 타당하다[양승태, " 공동명의로 가등기한 수인의 매매예약자의 법률관계", 민사판례연구 제7집, p.18 ; 김준호, 21판(민법강의), p.1546].

5. 예약완결권의 행사기간 및 제척기간의 기산점

(1) 예약완결권 행사기간(~언제까지)

"제564조가 정하고 있는 예약완결권은 일종의 형성권으로서 당사자 사이에 그 행사기간을 약정한 때에는 그 기간내에(제564조 2항의 반대 해석), 그러한 약정이 없는 때에는 예약이 성립한 때부터 10년 내에 이를 행사하여야 하고 위 기간을 도과한 때에는 상대방이 예약목적물인 부동산을 인도받은 경우라도 예약완결권은 제척기간의 경과로 인하여 소멸된다"(대판 1992.7.28. 91다44766 : 4회,10회,14회 선택형).

즉, 당사자 사이에 약정하는 예약 완결권의 행사기간에 특별한 제한은 없다. 따라서 예컨대 甲이 乙에게 2002. 4. 26.자 매매의 일방예약을 원인으로 한 가등기를 2002. 4. 30. 마쳐주었고, '예약완결권은 2032. 4. 25. 까지 행사할 수 있도록 약정'한 경우, 예약완결권은 2012. 4. 25. 10년의 제척기간 도과로 소멸하는 것이 아니라 약정한 2032. 4. 25.이 지나야 그 예약완결권이 제척기간의 경과로 인하여 소멸한다(대판 2017.1.25. 2016다42077 사실관계).

[관련판례] * **제척기간 임박한 상태에서의 새로운 매매예약이 사해행위인지 여부**(적극)
"채무자가 유일한 재산인 그 소유의 부동산에 관한 매매예약에 따른 예약완결권이 제척기간 경과가 임박하여 소멸할 예정인 상태에서 제척기간을 연장하기 위하여 새로 매매예약을 하는 행위는 채무자가 부담하지 않아도 될 채무를 새롭게 부담하게 되는 결과가 되므로 채권자취소권의 대상인 사해행위가 될 수 있다"(대판 2018.11.29. 2017다247190 : 9회,13회 선택형).

(2) 예약완결권의 제척기간의 기산점(~언제부터)

"제척기간의 기산점은 특별한 사정이 없는 한 원칙적으로 '권리가 발생한 때'(소멸시효의 기산점인 '권리를 행사할 수 있는 때'로부터와 구별)이고, 당사자 사이에 매매예약완결권을 행사할 수 있는 시기를 특별히 약정한 경우에도 그 제척기간은 당초 권리의 발생일로부터 10년간의 기간이 경과되면 만료되는 것이지, 그 기간을 넘어서 그 약정에 따라 권리를 행사할 수 있는 때로부터 10년이 되는 날까지로 연장된다고 볼 수 없다"(대판 1995.11.10. 94다22682,22699: 표준판례633 : 4회 선택형).[3]

6. 예약완결권 행사의 효과

(1) 예약완결의 의사표시를 함과 동시에 본계약인 매매가 성립한다(제564조 1항).

(2) 예약완결권의 행사로 발생한 권리의 행사기간

예약완결권을 행사하면 매수인은 소유권이전등기청구권을 갖게 되는바, 이처럼 형성권의 행사로 인하여 발생한 권리도 형성권 자체의 제척기간 내에 행사하여야 하는지 문제된다. 이에 관해 判例는 환매권이 문제된 사안에서 "환매권의 행사로 인하여 발생한 소유권이전등기청구권은 위 기간제한과는 별도로 환매권을 행사한 때로부터 일반채권과 같이 민법 제162조 제1항 소정의 10년의 소멸시효기간이 진행되는 것이고 위 제척기간 내에 이를 행사하여야 하는 것은 아니다"(대판 1991.2.22. 90다13420)고 판시하여 **부정설의 입장**이다.[4]

II. 계약금

[C-34]

1. 위약금(채권총론 손해배상액의 예정 참고)

---

3) [판례평석] 권리가 발생하였더라도 이를 행사할 수 없다면 소멸시효뿐만 아니라 제척기간도 진행하지 않는다고 해석해야 하므로 判例의 태도는 타당하지 않다[양창수, '형성권의 제척기간에 있어서의 당사자의 의사', 민법연구 제4권, p.265]

4) [판례평석] 형성권에 제척기간을 두어 조속히 확정하고자 하는 법률관계는 '형성권의 행사 여부'이므로 제척기간 내에 형성권을 행사한 이상 법률관계의 불안정 상태는 해소되었다고 보아야 한다는 점에서 判例의 태도는 타당하다.

2. 해약금(채권각론 약정해제권 참고)

핵심사례 C-04

★ 예약완결권의 행사기간 및 가등기의 부기등기

대판 1998.11.19. 전합98다24105 ; 대판 1995.11.10. 94다22682,22699

甲은 1980년 5월 1일 乙소유 토지에 대해 매매예약을 체결하고 그 달 13일 甲 앞으로 위 매매예약을 원인으로 소유권이전청구권 보전의 가등기를 하였다.

1. 甲은 예약완결권을 丙에게 양도하려고 한다. 양도방법과 가능성에 대하여 논하라. (10점)
2. 만약 1980년 8월 19일에 甲과 乙 사이에 위 예약완결권을 1985년 3월 26일부터 행사하기로 합의를 하였고, 그 후 1992년 8월 6일 甲이 위 예약완결권을 행사하고 이를 원인으로 하여 乙을 상대로 위 가등기에 기한 본등기절차의 이행을 청구하였다면 甲의 청구는 인용될 수 있는가? (10점)

I. 설문 1.의 경우

1. 예약완결권이 가등기되어 있는 경우 가등기의 부기등기의 허용성

(1) 예약완결권의 법적 성질(형성권)

(2) 예약완결권의 양도성(제450조)

(3) 가등기의 부기등기의 허용성(긍정)

2. 사안의 해결

甲이 가진 예약완결권은 당사자인 甲과 丙의 양도합의와 가등기의 이전등기(부기등기)를 통해 양도 가능하고, 예약상 권리자인 甲의 통지나 예약상 의무자인 乙의 승낙에 의해 양수인 丙은 의무자 乙에게 대항할 수 있다(제450조 1항).

II. 설문 2.의 경우

1. 예약완결권의 행사기간 및 기산점

(1) 문제점

매매예약완결권의 행사기간을 당사자가 약정한 경우에는 그에 따른다(민법 제564조 2항의 반대 해석). 그러나 당사자가 약정하지 않은 경우에는 행사(존속)기간이 얼마인지 문제된다. 아울러 행사기간의 기산점과 관련하여 권리가 발생한 1980년 5월 1일부터 기산되는지, 권리를 행사할 수 있는 때인 1985년 3월 26일부터 기산되는지 문제된다.

(2) 예약완결권 행사기간(당사자 합의 가능)

(3) 예약완결권의 제척기간의 기산점(당사자 합의와 상관없이 권리가 발생한 때로부터)

2. 사안의 해결

判例에 따르면 甲의 예약완결권은 권리가 발생한 1980년 5월 1일부터 1990년 5월 1일까지 행사할 수 있으므로 1992년 8월 6일에는 이미 제척기간이 도과되어 甲의 청구는 인용될 수 없다. 그러나 甲의 예약완결권은 권리행사가 가능한 시점인 1985년 3월 26일부터 1995년 3월 26일까지 행사할 수 있다고 보면 1992년 8월 6일에 甲이 완결권을 행사한 것은 유효하므로 甲의 청구는 인용될 수 있다.

제2관 매매의 효력

요건사실론

■ 매매계약에 기한 청구

Ⅰ. 대금지급청구

1. 매매대금만을 청구하는 경우

매매를 원인으로 한 대금지급청구의 요건사실은 '매매계약을 체결한 사실'이다(제568조). 대금지급청구의 경우 매매계약 체결만으로 매도인의 대금지급청구권이 발생하므로, 매매계약의 체결사실만 주장·증명하면 된다. 매매계약의 특정을 위해서는 ① 쌍방 당사자, ② 계약일시, ③ 목적물, ④ 매매대금의 4가지 사항을 적시하여야 한다.

2. 매매대금에 대한 지연손해금을 함께 청구하는 경우(추가적인 내용은 대여금청구 소송 참고)

매매대금에 대한 지연손해금을 함께 청구하는 경우 요건사실은 ⅰ) 매매계약의 체결(+소유권이전의무의 이행·이행의 제공), ⅱ) 대금지급기한의 도래, ⅲ) 목적물의 인도(+손해의 발생 및 범위)이다.

Ⅱ. 소유권이전등기청구(상세한 내용은 D-76.참고)

대금지급청구와 동일하게 매매를 원인으로 한 소유권이전등기청구의 요건사실은 '매매계약을 체결한 사실'이다(제568조). 소유권이전등기청구의 경우 매매계약 체결만으로 매수인의 소유권이전등기청구권이 발생하므로, 매매계약의 체결사실만 주장·증명하면 되며, 매수인이 대금을 지급(동시이행 항변)하였다거나 목적물이 매도인 소유라는 사실을 주장·증명할 필요는 없다.

Ⅲ. 예상되는 항변

① 동시이행의 항변, ② 취소의 항변, ③ 소멸시효의 항변, ④ 하자담보책임의 항변, ⑤ 계약해제의 항변, ⑥ 변제의 항변

Ⅰ. 매도인의 권리이전의무 및 인도의무와 매수인의 대금지급의무 [C-35]

1. 매도인의 의무

(1) 매도인의 권리이전의무 및 인도의무

매도인은 매수인에 대하여 매매의 목적이 된 권리를 이전하는데 필요한 모든 행위를 하여야 할 의무를 진다(제568조 1항). 권리 그 자체를 이전해 주어야 하므로 부동산소유권은 등기, 동산소유권은 인도, 지적재산권은 등록, 채권은 대항요건을 갖추어 주어야 할 의무를 진다. 부동산소유권·지상권·전세권과 같이 부동산의 점유를 내용으로 하는 물권의 매매에서는 등기 외에 목적부동산의 점유도 이전하여야 한다.

(2) 과실의 귀속

> **제587조 (과실의 귀속, 대금의 이자)** 매매계약 있은 후에도 '인도'하지 아니한 목적물로부터 생긴 과실은 매도인에게 속한다. 매수인은 목적물의 '인도'를 받은 날로부터 대금의 이자를 지급하여야 한다. 그러나 대금의 지급에 대하여 기한이 있는 때에는 그러하지 아니하다.

1) 의 의

제587조는 특히 부동산의 경우 의미가 있는바(동산매매의 경우에는 목적물의 인도가 곧 소유권이전의무의 이행을 의미), 당해 규정에 따르면 ① 매매계약이 있은 후 매수인이 매도인에게 목적물을 '인도'받았는데 매수인 자신의 의무인 매매대금을 지급하고 있지 않은 경우라면 매수인은 매매대금 및 매매대금의 '이자'(과실)까지 매도인에게 지급해야 하고, ② 반대로 매도인이 매수인에게 대금을 지급받았는데 자신의 의무인 소유권이전등기를 경료하였더라도 목적물을 '인도'하고 있지 않다면 매도인은 목적물 및 목적물에 대한 '사용이익'(과실)까지 매수인에게 인도해야 한다.

즉 제587조는 목적물의 사용이익과 대금의 이자 사이의 등가성을 선언한 것으로 이해되고 있다. 대법원도 민법 제587조는 매매당사자 사이의 형평을 꾀하기 위하여 매매목적물의 인도시를 기준으로 과실수취권[5]의 귀속을 정하는 것이라고 한다(대판 2004.4.23. 2004다8210).

2) 대금지급과의 관계

가) 대금완납 전

매매목적물로부터 생긴 과실과 매매대금에 대한 이자는 대응관계에 있으므로, 매수인이 대금지급을 지체하고 있는 동안에도 목적물의 인도 전에는 매도인이 과실수취권을 갖는다. 따라서 매수인이 소유권이전'등기'를 받은 후에도 매수인에게 '인도'하기 전에는 대금이 '완납'되지 않는 한 매도인이 여전히 과실수취권을 갖는다(대판 1992.4.28. 91다32527: **표준판례386 : 4회 선택형**).

나) 대금완납 후 [3회 기록형]

매수인이 대금을 이미 완납한 경우에는 매도인이 인도를 지체하고 있어도 매수인이 과실을 수취한다(대판 1993.11.9. 93다28928 : 1회,10회 선택형). 그러므로 제587조는 대금을 지급받지 않고 부동산의 이전등기를 해 준 경우에 인도 전이라면 여전히 매도인이 과실을 수취한다는 점에서 의미가 있다.

3) 이행지체로 인한 손해배상책임과의 관계

매도인의 소유권이전의무 및 인도의무는 특별한 약정이나 관습이 없으면 매수인의 대금지급의무와 동시이행의 관계에 있는바(제568조 2항), 제587조는 '이행지체로 인한 손해배상책임'과도 관련이 있다.

가) 매도인의 인도지체 책임

매수인이 매매대금을 완납하지 않은 상태에서 매도인의 매매목적물의 '인도지체'를 이유로 손해배상을 청구할 수 없다(대판 2004.4.23. 2004다8210 : 1회 선택형),

나) 매수인의 대금지급지체 책임

매도인이 매매목적물을 매수인에게 인도하지 않은 채 매수인을 상대로 '매매대금의 이자상당액'(지연이자)의 손해배상청구를 할 수 없고(대판 1995.6.30. 95다14190). 마찬가지로 매수인의 대금지급채무가 이행지체에 빠진 경우에도 매도인은 인도하기 전까지는 그 목적물에서 생기는 과실을 수취할 수 있고 목적물의 관리·보존의 비용도 자기가 부담하여야 하며, 그에 대응하여 매수인도 매매대금의 이자 상당액의 손해배상을 지급할 필요가 없다(대판 1981.5.26. 80다211: **표준판례387 : 1회 선택형**).**[20법무]**

다만 매수인의 대금지급의무와 매도인의 소유권이전등기의무(대판 2013.6.27. 2011다98129), 매도인의 근저당권설정등기 말소의무(대판 2018.9.28. 2016다246800)와 같이 **동시이행관계에 있는 등으로** 매수

---

[5] **[문제점]** 과실은 이를 수취할 권리자에게 속한다(제102조). 그리고 과실수취권은 원물의 소유자에게 있는 것이 원칙이다(제211조 참조). 따라서 매매계약만으로 목적물의 소유권이 매수인에게 이전하는 것은 아니므로, 매수인에게 소유권이 이전(동산은 인도, 부동산은 등기)되기까지는 목적물의 소유권은 매도인에게 있으므로 매도인이 과실수취권을 가진다고 볼 것이다. 따라서 제587조는 부동산 물권변동에 관하여 형식주의를 취하고 있는 우리 민법의 체계 및 부동산거래의 현실과는 거리가 있다.

인이 대금 지급을 거절할 정당한 사유가 있는 경우에는 매매목적물을 미리 인도받았다 하더라도 제587조에 의한 이자를 지급할 의무는 없다.

2. 매수인의 대금지급의무

매수인은 매도인에게 대금을 지급할 의무를 부담한다(제563조).

(1) 대금지급기일

매매의 당사자 일방에 대한 의무이행의 기한이 있는 때에는 상대방의 의무이행에 대하여도 동일한 기한이 있는 것으로 추정한다(제585조).

(2) 대금지급장소

매매의 목적물의 인도와 동시에 대금을 지급할 경우에는 그 인도장소에서 이를 지급하여야 한다(제586조). 대금지급채무는 일종의 종류채무이므로 채권자의 현주소에서 이를 지급하여야 할 것이지만(제467조 2항), 목적물의 인도와 동시에 대금을 지급할 경우에는 그 인도장소에서 지급하는 것이 오히려 간편하다는 점에서 둔 규정이다.

(3) 대금지급거절권

1) 의 의

'대금지급거절권'은 (유상계약인 매매에서) 담보책임이 사후적인 구제수단인 것에 대응하여 (특히 제576조의) 사전적인 구제수단으로 기능하는 것에 그 의의가 있다. 그리고 그 성질은 '항변권'이다.

2) 요 건

ⅰ) 매매의 목적물에 대하여 권리를 주장하는 자가 있어야 한다. 제3자가 주장하는 권리에는 소유권뿐만 아니라, 용익물권 및 대항력 있는 임차권 또는 저당권 그 밖의 담보물권을 포함한다(대판 1996.5.10. 96다6554). ⅱ) 매수인이 매수한 권리의 전부나 일부를 잃을 염려가 있어야 한다(제588조).

3) 효 과

ⅰ) 매수인은 그 '위험의 한도'에서 대금의 전부나 일부의 지급을 거절할 수 있다(제588조 본문). 判例에 따르면 "매도인이 말소할 의무를 부담하고 있는 매매목적물상의 저당권을 말소하지 못하고 있다면 매수인은 그 위험의 한도에서 매매대금의 지급을 거절할 수 있고, 그 결과 제587조 단서에 의하여 매수인이 매매목적물을 인도받았다고 하더라도 미지급 대금에 대한 인도일 이후의 이자를 지급할 의무가 없다고 할 것이나, 이 경우 지급을 거절할 수 있는 매매대금이 어느 경우에나 근저당권의 채권최고액에 상당하는 금액인 것은 아니고, 매수인이 근저당권의 피담보채무액을 확인하여 이를 알고 있는 경우와 같은 특별한 사정이 있는 경우에는 지급을 거절할 수 있는 매매대금은 위 확인된 피담보채무액에 한정된다"(대판 1996.5.10. 96다6554)고 한다. 매수인이 대금의 지급을 거절하는 범위에서는 이행지체가 성립하지 않는다. ⅱ) 매수인이 갖게 되는 위험이 제거될 수 있는 경우, 즉 매도인이 상당한 담보를 '제공한 때'[담보물권설정계약 또는 보증계약 청약의 의사표시만으로는 부족하다(대판 1963.2.7. 62다826)]에는 매수인은 이 거절권을 행사하지 못한다(제588조 단서). ⅲ) 매수인이 거절권을 행사한 경우, 매도인은 매수인에 대하여 대금의 공탁을 청구할 수 있다(제589조).

> [심화] 이러한 대금지급거절권은 동시이행의 항변권과 경합할 수 있으나 요건과 효과에서 차이가 나므로 매수인이 대금지급을 거절하는 경우, 법원으로서는 그것이 동시이행의 항변권을 행사한 것인지 아니면 대금지급거절권을 행사한 것인지를 명확히 밝힐 필요가 있고, 그에 맞는 내용을 부여하여야 할 것이다.[6] 매수인의 '동

---

6) 김득환, '매수인의 대금지급거절에 관한 법률관계', 사법연수원논문집(제2집), p.88

'시이행의 항변권'이나 '대금지급거절권'이나 항변권인 점에서는 공통되지만, 전자는 동시(상환)이행의 판결을 하게 되지만, 후자는 그 위험의 한도에서 매도인의 대금청구를 배척하는 판결을 하게 된다.[7]

3. 동시이행관계

매도인의 소유권이전의무 및 인도의무는 특별한 약정이나 관습이 없으면 매수인의 대금지급의무와 동시이행의 관계에 있다(대판 1991.9.10. 91다6368 ; 1980.7.8. 80다725등)(제568조 2항 참조). 따라서 매매목적부동산에 지상권설정등기, 가압류등기, 근저당권설정등기가 설정되어있는 경우에는 매도인의 소유권이전등기의무는 물론 그 지상권설정등기, 가압류등기, 근저당권설정등의 말소의무도 모두 매수인의 매매대금지급의무와 동시이행관계에 있다(대판 2000.11.28. 2000다8533: 표준판례586).

Ⅱ. 매도인의 담보책임

[C-36]

담보책임원인		매수인의 선의·악의	책임의 내용(매수인의 권리)		
			대금감액청구권	해 제 권	손해배상청구권
권리의 하자에 대한 담보책임	전부 타인의 권리(제570조)	선의		있음	있음
		악의		있음	없음
	일부 타인의 권리(제572조)	선의	있음	일정한 경우에만 있음	있음
		악의	있음	없음	없음
	수량부족·일부 멸실(제574조)	선의	있음	일정한 경우에만 있음	있음
		악의	없음	없음	없음
	용익권에 의한 제한(제575조)	선의		목적을 달성할 수 없는 경우에 있음	있음
		악의		없음	없음
	저당권·전세권에 의한 제한(제576조)	선의		일정한 경우에 있음	일정한 경우에 있음
		악의		일정한 경우에 있음	일정한 경우에 있음
물건의 하자에 대한 담보책임	특정물의 하자(제580조)	선의		목적을 달성할 수 없는 경우에 있음	있음
		악의		없음	없음
	종류물의 하자(제581조)	선의		목적을 달성할 수 없는 경우에 있음	손해배상청구권 또는 완전물급부청구권
		악의	없음	없음	없음

---

7) 김준호, 민법강의(20판), p.1520~1521

1. 권리의 전부가 타인에게 속하는 경우 [C-36a]

[쟁점 12] (전부) 타인 권리의 매매 [01·07·13사법, 17입법]

Ⅰ. 서 설 [C15-1]

> **제569조 (타인의 권리의 매매)** 매매의 목적이 된 권리가 타인에게 속한 경우에는 매도인은 그 권리를 취득하여 매수인에게 이전하여야 한다.
>
> **제570조 (매도인의 담보책임)** 전조의 경우에 매도인이 그 권리를 취득하여 매수인에게 이전할 수 없는 때에는 매수인은 계약을 해제할 수 있다. 그러나 매수인이 계약당시 그 권리가 매도인에게 속하지 아니함을 안 때에는 손해배상을 청구하지 못한다.

1. 개 념

'타인권리 매매'란 타인의 '특정물'에 대한 권리를 '자신의 이름'으로 '매매'하는 것을 말한다. 자신이 계약의 당사자가 된다는 점에서 '대리'와도 구별되며, 무권리자의 의무부담행위라는 점에서 무권리자의 '처분행위'와도 구별된다.

2. 타인권리매매의 유효성

제569조는 원시적·주관적 불능에 해당하는 타인 권리의 매매도 **'유효'**함을 전제로 매도인에게 권리 취득 및 이전 의무를 부과하고 있다(대판 1993.9.10. 93다20283 : 12회 선택형).[8]

Ⅱ. 타인권리매매의 성립요건과 효과 [C15-2]

1. 요건(권리의 타인귀속)

(1) 판단기준

매매의 목적인 권리가 타인에게 속하는지 여부는 **'법률적 관점'**에서 **'실질적'**으로 판단되어야 한다.

① 따라서 부동산의 미등기전매의 경우에, 주류적인 判例(대판 1982.1.26. 81다528 등)[9]는 물권변동에 관하여 성립요건주의를 취하고 있는 현행 법제에서는 타인권리의 매매에 해당한다고 한다(법률적 판단).

② 그리고 매매 당시 형식적으로는 매도인이 권리자였으나 매도인이 전권리자로부터 권리를 취득하였던 원인이 무효이어서 매수인이 권리를 추탈당하는 경우에, 권리는 처음부터 매도인이 아니라 타인에게 귀속하였던 것이 되어 타인권리매매에 해당한다(대판 1982.12.28. 80다2750 ; 실질적 판단).

③ 그리고 判例는 유효한 명의신탁 사안에서 (대내적 소유자인) **명의신탁자는 그 부동산을 사실상 처분할 수 있을 뿐 아니라 법률상으로도 처분할 수 있는 권원에 의하여 매도한 것이므로 타인의 권리의 매매라고 할 수 없다**고 한다(대판 1996.8.20. 96다18656 : 6회 선택형). [판례해설] 실질적으로 보면 유효한 명의신탁에서 명의신탁자는 명의신탁을 해지하여 언제든지 대외적으로 소유권을 회복할 수 있기 때문에 타인권리매매라고 할 수 없다는 입장이다.

---

[8] "특정한 매매의 목적물이 타인의 소유에 속하는 경우라 하더라도, 그 매매계약이 원시적 이행불능에 속하는 내용을 목적으로 하는 당연무효의 계약이라고 볼 수 없다"

[9] [비교판례] 일부 판결례는 중간 매도인에게 사실상 처분권이 있다는 이유로 타인 권리의 매매가 아니라고 한 바 있다(대판 1996.4.12. 95다55245).

(2) 판단시점

권리의 타인귀속 여부는 매매계약이 성립한 때를 기준으로 판단해야 한다. 따라서 매매계약이 '성립' 후에 권리가 타인에게 귀속하게 된 경우에는 타인권리매매에 해당하지 않는다. 이러한 경우에는 채무불이행책임 또는 위험부담의 법리에 따라 처리된다.

2. 효 과

(1) 매도인의 권리취득이전의무(제569조)

이 경우 그 타인은 매매계약의 당사자가 아니므로 아무런 법적 구속도 받지 아니하며, 따라서 계약 당사자에 대하여 자기의 권리를 주장할 수 있음은 당연하다.

(2) 타인(권리자)과 매도인(무권리자)의 지위가 혼동된 경우(민법총칙 무권대리 A-144.참고)

III. 담보책임의 요건과 효과 [C15-3]

1. 요 건

ⅰ) 타인권리매매일 것, ⅱ) 권리의 취득·이전이 불가능할 것, ⅲ) 단, 매도인의 귀책사유는 요건이 아니다.

① ⅱ) 요건과 관련하여 제570조는 타인의 권리매매에 있어서 매수인보호를 위한 규정으로, 여기의 이른바 소유권의 이전불능은 채무불이행에 있어서와 같은 정도로 엄격하게 해석할 필요는 없고, **사회통념상 매수인에게 해제권을 행사시키거나 손해배상을 구하게 하는 것이 형평에 타당하다고 인정되는** 정도의 이행장애가 있으면 족하고 반드시 객관적 불능에 한하는 엄격한 개념은 아니다(대판 1982.12.28. 80다2750). 따라서 매수인이 매도인의 의무이행과 무관한 별도의 원인으로 그 목적물의 소유권을 취득하였더라도 매도인에게 담보책임을 물을 수 있다.

② ⅲ) 요건과 관련하여 타인의 권리매매에 있어 매도인의 목적물을 매수인에게 이전할 수 없게 된 것이 오직 매수인의 귀책사유에 기인한 경우에는 매도인은 민법 제569조 하자담보책임을 지지 않는다(대판 1979.6.26. 79다564 : 14회 선택형).

2. 효 과(제570조, 제571조)

(1) 계약해제권

1) 해제권 발생

① 매수인은 그의 선·악을 불문하고 계약을 해제할 수 있다(제570조 본문). ② 선의의 매도인은 매수인이 선의인 경우에는 그 손해를 배상하고(이행이익의 배상), 매수인이 악의인 경우에는 손해배상 없이 계약을 해제할 수 있다(제571조).

2) 담보책임 해제에 따른 효과

"이러한 해제의 효과에 관하여 특별한 규정은 없지만 일반적인 해제와 달리 해석할 이유가 없다. 따라서 위 규정에 따라 매매계약이 해제되는 경우에, 매도인은 매수인에게 매매대금과 그 받은 날부터의 이자를 반환할 의무를 부담하고(제548조 2항), 매수인 역시 원칙적으로 매도인에게 목적물을 반환할 의무와 함께 목적물을 사용하였으면 그 사용이익을 반환할 의무도 부담한다(제548조 2항 유추). 그리고 이러한 결론은 매도인이 목적물의 사용권한을 취득하지 못하여 매수인으로부터 반환받은 사용이익을 궁극적으로 정당한 권리자에게 반환하여야 할 입장이라 하더라도 마찬가지이다(대판 1993.4.9. 92다25946).

다만, 매수인이 진정한 권리자인 타인에게 직접 목적물 또는 사용이익을 반환하는 등의 특별한 사정이 있는 경우에는(이 경우에는 제201조 적용 : 필자주) 매수인은 적어도 그 반환 등의 한도에서는 매도인에게 목적물 및 사용이익을 반환할 의무를 부담하지 않는다고 할 것이다"(대판 2017.5.31. 2016다240)

> ✱ **선의 매도인의 해제권**(제571조 1항)**이 인정되기 위한 요건**(권리 전부 이전 불가)
> 매도인이 그의 명의로 등기된 토지 15필지에 대해 일괄하여 매매대금을 정하고 이를 매수인에게 매도하였는데, 후에 이 중 3필지가 판결을 통해 타인의 소유로 밝혀진 경우, 매도인이 그 3필지 토지만에 대해 위 조항을 근거로 매매계약의 일부해제를 할 수 있는지가 문제된 사안에서, 判例는 "민법 제571조 1항은 선의 매도인이 매매의 목적인 권리의 전부를 이전할 수 없는 경우에 적용될 뿐 매매의 목적인 권리의 일부를 이전할 수 없는 경우에는 적용될 수 없고, 마찬가지로 수 개의 권리를 일괄하여 매매의 목적으로 정하였으나 그중 일부의 권리를 이전할 수 없는 경우에도 위 조항은 적용될 수 없다"(대판 2004.12.9. 2002다33557 : 6회 선택형)고 하여 부정하였다.
>
> ✱ **선의 매도인의 해제권**(제571조 1항)**이 적용되는 경우 매도인의 손해배상의무와 매수인의 목적물 및 그 사용이익 반환의무**(=동시이행관계)
> 제571조에 의한 계약해제의 경우에는 제536조를 준용한다는 명문규정이 없으나(제583조 참조), 判例는 이 경우 매도인의 손해배상의무와 매수인의 대지인도의무는 발생원인이 다르다 하더라도 이행의 견련관계는 양 의무에도 그대로 존재하므로 동시이행관계라고 본다(대판 1993.4.9. 92다25946)(7회 선택형).

(2) 손해배상청구권

1) 매수인의 선의 및 채무불이행책임과의 경합 여부

선의의 매수인은 매도인의 귀책사유를 불문하고 손해배상을 청구할 수 있으나, 악의의 매수인은 원칙적으로 손해배상청구권이 없다(제570조 단서). 다만 매도인의 귀책사유가 있는 경우 채무불이행(이행불능)을 이유로 손해배상청구는 할 수 있다(대판 1993.11.23. 93다37328 : 9회,14회 선택형).

다만 이 경우 그 이행불능에 대해 매도인이 자신에게 귀책사유가 없다는 점을 입증하여야 한다는 判例(대판 1972.11.28. 72다982)가 있으나, 매도인의 귀책사유로 인한 것인가는 매수인이 입증해야 한다는 判例(대판 1970.12.29. 70다2449)도 있다. 검토하건대 제390조의 규정체계상 전자의 태도가 타당하다.

> **[제570조와 이행불능의 경합실익]** 악의의 매수인(채권자)은 비록 타인권리의 매매에 관한 담보책임의 내용으로 매도인에게 손해배상을 청구할 수는 없지만(제570조 단서), 매도인(채무자)의 귀책사유가 있는 경우 채무불이행(이행불능)을 이유로 손해배상은 청구할 수 있는 실익이 있다.

2) 손해배상의 범위 및 판단시기

통설 및 判例는 타인권리의 매매의 경우 이른바 원시적 하자가 있었던 것이 아니라 제569조에 의한 권리취득이전의무의 위반, 즉 채무불이행이 있었다고 할 수 있으므로 이행이익을 배상하여야 한다고 한다(대판 1967.5.18. 전합66다2618: 표준판례637).

대법원은 "매도인이 매수인에 대하여 배상하여야 할 손해액은 원칙적으로 매도인이 매매의 목적이 된 권리(의 일부)를 취득하여 매수인에게 이전할 수 없게 된 때의 **이행불능이 된 권리의 시가**, 즉 이행이익 상당액"(대판 1993.1.19. 92다37727 : 14회 선택형)이라고 하며, "부동산을 매수하고 소유권이전등기까지 넘겨받았지만 진정한 소유자가 제기한 등기말소청구소송에서 매도인과 매수인 앞으로 된 소유권이전등기의 말소를 명한 판결이 확정됨으로써 매도인의 소유권이전의무가 이행불능된 경우, 그 손해배상액 산정의 기준시점은 위 판결이 확정된 때이다"(대판 1993.4.9. 92다25946)라고 한다.

3) 과실상계

비록 타인의 권리의 매매로 인한 담보책임이 무과실책임이라 하더라도 손해의 공평·타당한 분담이라는 손해배상법의 기본원리를 고려할 때 손해의 발생 또는 확대에 관하여 매수인의 과실이 있는 경우에 이를 참작하는 것이 타당하다. 다만 判例는 제396조를 직접 적용하지 않고 형평의 원칙을 근거로 이를 인정하고 있다(대판 1971.12.21. 71다218 : 14회 선택형).

(3) 계약해제 및 손해배상청구권의 행사기간

권리의 일부가 타인에게 속한 경우(제573조)와 달리 권리의 전부가 타인에게 속하는 경우는 권리행사기간에 대한 특별한 규정이 없다.

Ⅳ. 관련문제 [C15-4]

1. 타인권리의 매매와 착오에 의한 취소(경합부정, 담보책임만 인정)

예를 들어 甲이 자신의 소유라고 생각하고 선의의 乙에게 토지를 매도하였는데, 만일 토지가 자신의 소유가 아니라는 사실을 알았더라면 토지를 매도하지 않았을 것이라고 주장하며 위 매매를 착오를 이유로 취소할 수 있는지 문제된다. 만일 甲의 취소가 허용된다면 계약은 소급적 무효가 되어 甲은 손해배상의무(제570조 단서)를 면하고 지급받은 매매대금만 반환하면 되므로 甲에게 유리하다. 그러나 취소가 허용되면 매도인은 담보책임을 지지 않아 매수인이 보호되지 않는다. 또한 위와 같은 사례에 대비하여 민법은 제571조의 규정을 두고 있는바, **제570조와 제571조는 제109조의 특별규정**이라 할 것이다. 하급심 판결도 그러하다.[10] 따라서 甲은 乙과의 매매를 착오를 이유로 취소할 수 없다.

2. 타인권리의 매매와 사기에 의한 취소(경합인정)

사기·강박에 의해 하자 있는 물건을 매수한 경우에는 의사형성과정에 위법한 요소가 개입한 특수한 경우이므로 매수인은 타인권리매매에 의한 담보책임과 사기·강박에 의한 취소권을 선택적으로 주장할 수 있다고 보아야 한다. 判例도 "민법 제569조가 타인의 권리의 매매를 유효로 규정한 것은 선의의 매수인의 신뢰이익을 보호하기 위하여 규정한 것이므로 매수인이 매도인의 기망에 의하여 타인의 물건을 매도인의 것으로 잘못 알고 매수한다는 의사표시를 한 것이고 만일 **타인의 물건인줄 알았더라면 매수하지 아니하였을 사정이 있는 경우**에는 매수인은 민법 제110조에 의하여 매수의 의사표시를 취소할 수 있다"(대판 1973.10.23. 73다268)고 한다. 이에 따르면 매수인은 담보책임에 의한 권리를 행사할 수 있는 제척기간이 지난 후에도 사기에 의한 의사표시를 이유로 매매계약을 취소하고 그로 인한 손해배상을 청구할 수 있다고 보아야 할 것이다. 다만, 사기에 의한 의사표시를 취소하였다면 매매계약의 유효를 전제로 하는 담보책임은 더 이상 물을 수 없다고 보아야 할 것이다.

---

10) "민법상 타인의 권리의 매매로 인한 매도인의 담보책임에 관한 규정이 민법 총칙의 착오에 관한 규정보다 우선 적용되어야 할 성질의 것이므로 이 사건에서 매도인인 피고는 착오에 기한 취소를 주장할 수 없다"(서울고법 1980.10.31. 80나2589).

쟁점구조

■ 타인권리매매

> A소유 X토지 등기를 B가 자신명의로 위조 ⇒ B가 선의의 C에게 5천에 매매/등기 ⇒ 선의의 C가 선의의 D에게 7천에 매매/등기한 경우, A가 D에게 소유권에 기한 물권적 청구권을 행사하여 승소확정 되었다면 **C·D 및 B·C간의 법률관계는?**(승소확정판결 당시 X토지의 시가는 3억)

Ⅰ. C와 D사이의 법률관계

1. D의 C에 대한 타인 권리의 매매로 인한 담보책임 추궁(이행이익 배상)

D는 C에게 이행불능당시(A의 승소확정판결 당시)의 위 토지의 시가 상당액, 3억 원을 손해배상으로서 청구할 수 있다(제570조 단서). 참고로 C는 선의(무과실 추정)이므로 채무불이행책임이나 불법행위책임은 성립하지 않는다.

2. C가 D와의 위 매매를 착오를 이유로 취소할 수 있는지 여부(불가)

만일 C의 착오취소가 허용된다면, 위 매매는 소급적으로 무효가 되어 C의 담보책임이 성립할 여지가 없게 되고 C는 D에게 부당이득으로서 7천만 원만, 그것이 현존하는 한도 내에서 반환하면 되기 때문에, C에게는 유리하다. 그러나 이로 인하여 매수인 D가 보호되지 않으므로 결국 C는 D와의 매매를 착오를 이유로 취소할 수 없고, 위와 같은 사례에 대비하여 민법은 제571조의 규정을 두고 있는바, 선의의 매도인 C는 당해 규정에 따라 손해를 배상하고 계약을 해제할 수 있을 뿐이다. 결국 제570조와 제571조는 제109조의 특별규정이다. 하급심 판결도 그러하다(A-106. 참고).

Ⅱ. B와 C 사이의 법률관계

1. C의 B에 대한 타인 권리의 매매로 인한 담보책임 추궁(이행이익 배상)

2. C의 B에 대한 채무불이행책임 추궁(이행이익 배상)

C는 B의 채무불이행으로 인하여 D에게 위 Ⅰ-1에서 살핀 바와 같은 손해배상의무를 부담하게 되었다. 따라서 C는 B에게 D에게 부담하는 손해배상금 3억 원 상당의 손해배상을 청구할 수 있다(제390조).

3. C의 B에 대한 불법행위를 원인으로 한 손해배상청구권[11]

"불법행위로 인하여 중간 매도인이 입은 통상의 손해는, 부동산의 시가가 하락하는 등의 특별한 사정이 없는 이상, 담보책임의 이행으로 지급한 손해배상금(3억 원)에서 자신이 전매를 통하여 취한 이득(2천만 원)을 공제한 금액 상당(2억 8천만 원 상당액)이라고 봄이 상당하고, 그 금액은 중간 매도인이 부동산을 유효하게 취득하기 위하여 출연한 매매대금(5천만 원)과 매도인의 담보책임의 이행으로 지급한 손해배상금(3억 원)에서 매수인으로부터 지급받은 매매대금(7천만 원)을 공제한 나머지 금액을 합한 것과 같다"(대판 2007.11.16. 2005다55312).

> [참고] 참고로 D는 B에게 직접 불법행위를 원인으로 한 손해배상을 청구할 수 있는바, 그 손해배상의 범위는 위 토지의 시가 상당액(금 3억 원)이 아니라 D가 지급한 매매대금 상당액(금 7천만 원)이다. 즉, 判例에 따르면 "위 불법행위로 인하여 최종 매수인이 입은 손해는 무효의 소유권이전등기를 유효한 등기로 믿고 위 토지를 매수하기 위하여 출연한 금액, 즉 '매매대금'으로서 이는 기존이익의 상실인 적극적 손해에 해당하고, 최종 매수인은 처음부터 위 토지의 소유권을 취득하지 못한 것이어서 위 말소등기를 명하는 판결의 확정으로 비로소 위 토지의 소유권을 상실한 것이 아니므로 위 토지의 소유권상실이 그 손해가 될 수는 없다"(대판 1992.6.23. 전합91다33070 : 11회 선택형).

---

11) 타인의 부동산을 등기관계서류를 위조하여 불법매도하는 불법행위자로부터 그 부동산을 매수하여 다른 사람에게 매도한 중간 매도인이, 진정한 소유자가 제기한 말소등기청구소송에서 패소함으로써 **최종 매수인에게 손해배상금을 지급한 경우,**

▶ [쟁점 12]

2. 권리의 일부가 타인에게 속하는 경우 [C-36b]

(1) 요 건

매매의 목적이 된 권리의 일부가 타인에게 속하고, 매도인이 그 권리를 취득하여 이전할 수 없어야 한다(제572조 1항 전문).

(2) 효 과

① 매수인은 선의·악의를 불문하고 권리의 일부가 타인에게 속한 부분의 비율로 대금의 감액을 청구할 수 있다(제572조 1항). ② 선의의 매수인에 한해, 잔존한 부분만이면 이를 매수하지 아니하였을 때에는 계약 전부를 해제할 수 있고(제572조 2항), 또 손해배상을 청구할 수 있다(제572조 3항).

(3) 권리행사기간

① 매수인이 선의인 경우에는 그 사실을 안 날부터 1년 내에 행사하여야 한다(제573조). '그 사실을 안 날'이란, 단순히 권리의 일부가 타인에게 속한 사실을 안 날이 아니라, 그 때문에 매도인이 이를 취득하여 매수인에게 이전할 수 없게 되었음이 확실하게 된 사실을 안 날을 의미한다(대판 1991.12.10. 91다27396). ② 매수인이 악의인 경우에는 계약한 날부터 1년 내에 행사하여야 한다(제573조).

> ✱ **제572조의 유추적용** 例(건물과 그 대지의 매매에서 대지의 일부가 타인의 소유에 속하고 건물의 일부도 그 타인의 토지 위에 건립되어 있는 경우, 건물 매매에 관한 담보책임의 근거규정)
> "매매계약에서 건물과 그 대지가 계약의 목적물인데 건물의 일부가 경계를 침범하여 이웃 토지 위에 건립되어 있는 경우에, (이웃 토지의 소유자가 건물일부의 철거를 구함으로써) 매도인이 그 경계 침범의 건물부분에 관한 대지부분을 취득하여 매수인에게 이전하지 못하는 때에는, 그 건물의 일부가 철거될 위험이 있어 종국적으로는 매매목적물을 취득하지 못하게 되는 흠이 있다고 볼 수 있고, 이 경우 민법 제572조를 유추적용하여, 대지의 일부만이 타인에게 속하거나 또는 건물의 일부만이 타인에게 속하는 것에 준하여 처리할 것이다. 한편 민법 제575조 2항은 매매의 목적인 부동산을 위하여 존재할 지역권이 없는 경우 매도인의 담보책임에 대하여 규정하나, 이는 목적물 용익의 편의에 관한 권리가 없는 경우에 관한 것으로서 위와 같이 건물의 존립을 위한 권리가 없는 경우에 유추적용할 것이 못된다. 또한 원심이 이 사건에 적용한 민법 제580조는 매매목적물의 물질적 성상에 흠이 있는 경우에 관한 것으로서 이 사건에서와 같이 매매목적물의 권리상태에 흠이 있는 경우에 쉽사리 적용될 수 없다"(대판 2009.7.23. 2009다33570).

3. 수량이 부족하거나 일부 멸실이 있는 경우 [07사법] [C-36c]

> **제574조 (수량부족, 일부멸실의 경우와 매도인의 담보책임)** 전2조(제572조 권리의 일부가 타인에게 속한 경우와 매도인의 담보책임, 제573조)의 규정은 수량을 지정한 매매의 목적물이 부족되는 경우와 매매목적물의 일부가 계약당시에 이미 멸실된 경우에 매수인이 그 부족 또는 멸실을 알지 못한 때에 준용한다.

(1) 요 건

1) 수량부족

수량을 지정한 매매의 목적물이 부족하여야 한다(제574조 전문). '수량을 지정한 매매'란, 당사자가 매매의 목적인 특정물이 일정한 수량을 가지고 있다는 데 주안을 두고 대금도 그 수량을 기준으로 정한 경우

불법행위로 인하여 중간 매도인이 입은 통상의 손해의 산정 방법

를 말한다. 그러나 부동산의 매매에서는 부동산등기부의 기재를 기준으로 부동산의 면적을 표시하지만, 이것은 통상 매매목적물의 특정을 위해 표시하는 데 지나지 않는 점에서 수량지정 매매로 보기는 어렵다(등기부상의 면적과 실제의 면적은 약간의 과부족이 있는 것이 보통이다). 그래서 밭이나 논처럼 평당 가격이 다름에도 이를 전체로 묶어 일률적으로 평당 가격을 정하고 이를 기준으로 매매대금을 정하는 것은, 매매대상 토지를 특정하고 그 대금을 결정하기 위한 방편에 지나지 않는 것으로서 수량지정 매매에 해당하지 않는 것으로 본다(대판 1993.6.25. 92다56674). 그러나 일정한 면적을 중요한 요소로 파악하고 이를 기준으로 가격을 정한 경우에는, 비록 매매계약서에 평당가격을 기재하지 않았다고 하더라도 수량지정 매매로 본다(대판 1996.4.9. 95다48780).[12]

> ❋ **수량을 지정한 매매임을 긍정한 판례**
> ① "목적물이 일정한 면적(수량)을 가지고 있다는 데 주안을 두고 대금도 면적을 기준으로 하여 정하여지는 아파트분양계약은 이른바 수량을 지정한 매매라 할 것이다"(대판 2002.11.8. 99다58136 : 6회 선택형)라고 판시하여, 아파트 분양시 공유대지면적을 지정한 아파트 분양계약을 수량지정매매로 보아 공유대지면적을 부족하게 이전해 준 경우 제574조에 의한 대금감액청구권을 인정하였다. ② "건물 일부의 임대차계약을 체결함에 있어 임차인이 건물면적의 일정한 수량이 있는 것으로 믿고 계약을 체결하였고, 임대인도 그 일정수량이 있는 것으로 명시적 또는 묵시적으로 표시하였으며, 또한 임대차보증금과 월 임료 등도 그 수량을 기초로 하여 정하여진 경우에는, 그 임대차는 수량을 지정한 임대차라고 봄이 타당하다"(대판 1995.7.14. 94다38342).
>
> ❋ **수량을 지정한 매매임을 부정한 판례**
> ① "일반적으로 담보권실행을 위한 임의경매에 있어 경매법원이 경매목적인 토지의 등기부상 면적을 표시하는 것은 단지 토지를 특정하여 표시하기 위한 방법에 지나지 아니한 것이고, 그 최저경매가격을 결정함에 있어 감정인이 단위면적당 가액에 공부상의 면적을 곱하여 산정한 가격을 기준으로 삼았다 하여도 이는 당해 토지 전체의 가격을 결정하기 위한 방편에 불과하다 할 것이어서, 특별한 사정이 없는 한 이를 민법 제574조 소정의 '수량을 지정한 매매'라고 할 수 없다"(대판 2003.1.24. 2002다65189 : 9회 선택형). ② "토지의 공부상 면적에 평당 가격을 곱하는 방법으로 매매대금을 결정하였으나 그 토지가 인근 토지와 경계가 구분되어 있으며 매수인이 **매매계약 체결 전 그 토지를 답사하여 현황을 확인한 경우**, 이를 '수량을 지정한 매매'라고 볼 수 없다(대판 1998.6.26. 98다13914).

2) 일부멸실

매매목적물의 일부가 계약 당시에 이미 멸실되었어야 한다(제574조 전문). 즉 본조의 적용을 받는 것은 계약의 '원시적 일부불능'이다(아래 99다47396판결 : C-7b.참고).

> ❋ **수량지정매매에서 제741조나 제535조 적용여부**(부정 : 법조경합)
> "부동산매매계약에 있어서 실제면적이 계약면적에 미달하는 경우에는 i) 그 매매가 수량지정매매에 해당할 때에 한하여 제574조, 제572조에 의한 대금감액청구권을 행사할 수 있고, ii) 그 매매계약이 그 미달 부분만큼 일부무효임을 들어 이와 별도로 일반 부당이득반환청구를 하거나 그 부분의 원시적 불능을 이유로 제535조가 규정하는 계약체결상의 과실에 따른 책임의 이행을 구할 수 없다"(대판 2002.4.9. 99다47396).

---

12) [심화] 목적물의 실제 수량이 당사자들이 계약 당시에 예상하였던 수량보다 부족한 경우에 매수인이 매도인에게 그 부족된 수량에 상당하는 금원의 반환을 청구할 수 있는가? 그 매매가 제574조에 정한 수량지정매매에 해당하는 경우에는 매수인은 대금감액청구를 할 수 있지만, 그렇지 않은 경우에는 특별한 사정이 없는 한 그와 같은 청구를 할 수 없다. 왜냐하면 후자의 경우에 매수인의 의사는 목적물 자체의 소유권을 취득하는 것이고 목적물의 수량은 대금을 결정하는 방편에 불과하므로 매수인은 목적물 자체의 소유권을 취득함으로써 계약의 목적을 완전히 달성했다고 보아야 하기 때문이다[노재호, 민법교안(8판), p.825]. 따라서 '수량을 지정한 매매'라고 볼 것인지 여부는 매수인의 구제 및 당사자 분쟁해결 등의 측면을 고려해서 판단한다.

3) **매매목적물의 일부가 처음부터 매수인 소유였던 경우**(자기 소유의 물건을 취득하기로 하는 계약)

判例는 자기 소유물건을 취득하기로 하는 계약을 원시적 불능으로 보지 않아 제535조(전부불능)나 제574조(일부불능)에 의하지 않고, 제109조에 의한 착오취소의 가능성만 인정하고 있다(대판 1993.9.28. 93다31634,31641 : A-103, C-7b.참고).

(2) 효 과

수량을 지정한 매매의 목적물이 부족되는 경우와 매매목적물의 일부가 계약당시에 이미 멸실된 경우에 매수인이 그 부족 또는 멸실을 알지 못한 때[13]에는 권리의 일부가 타인에게 속한 경우 매도인의 담보책임에 관한 규정을 준용한다(제574조). 다만 본조는 특정물의 매매에 적용이 있고, 종류물의 매매에는 그 적용이 없다는 것이 통설이다.

(3) 권리행사기간

수량지정매매에 있어서 매수인이 '사실을 안 날'이라 함은 단순히 목적물이 부족되는 사실을 안 날이 아니라 매도인이 그 부족분을 취득하여 매수인에게 이전할 수 없는 것이 확실하게 된 사실을 안 날을 말한다(대판 1990.3.27. 89다카17676).

4. 제한물권 등에 의한 제한이 있는 경우 [C-36d]

매매의 목적물이 지상권, 지역권, 전세권, 질권 또는 유치권의 목적이 된 경우에 **매수인이 이를 알지 못한 때**에는 이로 인하여 계약의 목적을 달성할 수 없는 경우에 한하여 매수인은 계약을 해제할 수 있다. 계약의 목적을 달성하는 데 지장이 없는 경우에는 손해배상만을 청구할 수 있다(제575조 1항). 위 규정은 매매의 목적이 된 부동산을 위하여 존재할 지역권이 없거나 그 부동산에 '등기된 임대차계약'(대항력을 갖춘 임대차 포함)이 있는 경우에 준용한다(제575조 2항). 이 권리는 매수인이 그 사실을 안 날로부터 1년 내에 행사하여야 한다(제575조 3항).

5. 저당권 또는 전세권 등의 '행사'로 소유권을 취득할 수 없거나 상실하는 경우 [C-36e]

> **제576조 (저당권, 전세권의 행사와 매도인의 담보책임)** ① 매매의 목적이 된 부동산에 설정된 저당권 또는 전세권의 행사로 인하여 매수인이 그 소유권을 취득할 수 없거나 취득한 소유권을 잃은 때에는 매수인은 계약을 해제할 수 있다. ② 전항의 경우에 매수인의 출재로 그 소유권을 보존한 때에는 매도인에 대하여 그 상환을 청구할 수 있다. ③ 전2항의 경우에 매수인이 손해를 받은 때에는 그 배상을 청구할 수 있다.

(1) 요 건

저당권이 '설정'되어 있다는 것만으로는 어떠한 담보책임도 추궁할 수 없고(전세권이 '설정'되어 있는 경우에는 제575조의 적용이 가능), 제576조의 담보책임은 저당권·전세권이 설정되어 있는 목적물을 취득했는데 그것이 '실행'된 경우에 적용된다(한편 매매의 목적이 된 지상권 또는 전세권 위에 저당권이 설정되어 있는 경우에는 제577조에 의해 제576조가 준용된다). 그리고 제척기간의 제한에 대한 규정도 없다.

그러나 담보책임 규정은 임의규정이므로 면제나 포기의 약정이 가능한바, 매도인과 매수인 사이에 '채무인수' 또는 '이행인수'에 관한 약정이 있으면 담보책임의 면제나 포기의 약정으로 해석되므로 담보책임을 추궁할 수 없다(대판 2002.9.4. 2002다11151 : B-95a참고).

---

[13] [관련판례] "수량지정매매에 있어서의 매도인의 담보책임에 기한 매수인의 대금감액청구권은 매수인이 선의인 경우에는 사실을 안 날로부터, 악의인 경우에는 계약한 날로부터 1년 이내에 행사하여야 하며, 여기서 매수인이 사실을 안 날이라 함은 단순히 권리의 일부가 타인에게 속한 사실을 안 날이 아니라 그 때문에 매도인이 이를 취득하여 매수인에게 이전할 수 없게 되었음이 확실하게 된 사실을 안 날을 말한다"(대판 2002.11.8. 99다58136).

(2) 효 과

1) 계약해제권과 손해배상청구권

매수인의 선·악을 불문하고 계약해제권(제576조 1항)과 손해배상청구권(제576조 3항)이 인정된다. 여기서의 손해배상을 判例는 신뢰이익의 배상이라는 입장인 것으로 보이나,[14] 완전한 권리를 취득시킬 의무를 매도인이 위반하였다는 점에서 이행이익의 배상이라고 봄이 타당하다.

2) 상환청구권(구상권)

부동산의 매수인이 소유권을 보존하기 위하여 자신의 출재로 피담보채권을 변제함으로써 그 부동산에 설정된 저당권을 소멸시킨 경우에는, 매수인이 그 부동산 매수시 저당권이 설정되었는지 여부를 '알았든 몰랐든 간에 이와 관계없이' 제576조 2항에 의하여 매도인에게 그 출재의 상환을 청구할 수 있다(대판 1996.4.12. 95다55245).

> ※ **변제자대위권과의 관계**
> ⅰ) 매수인이 제364조에 의해 매도인의 채무를 변제하는 경우 매도인(채무자)에 대하여 구상권을 취득하며(대판 1997.7.25. 97다8403), ⅱ) 또한 매수인은 제481조의 변제자대위에 의해 저당권 등을 취득할 뿐 아니라 채권자의 매도인(채무자)에 대한 채권을 취득하게 된다. 그러나 저당권 등이 등기를 마친 매수인 자신의 소유물에 존재하였고, 후순위저당권도 없다면 매수인이 대위할 수 있는 저당권은 혼동으로 소멸하게 된다. ⅲ) 아울러 매수인이 제576조 2항에 의해 상환을 청구하는 경우, 매도인(채무자)에게는 상환청구와 함께 손해배상책임도 함께 추궁할 수 있다(제576조 3항). 이 점에서 변제로 인한 대위(제481조)와 다르다.

(3) 적용범위

1) 임차권(임차보증금반환청구권을 포함)을 매도하거나 교환한 후 선순위저당권이 실행된 경우(원칙적 소극)

"임대차계약에 기한 임차권(임차보증금반환청구권을 포함한다)을 그 목적물로 한 매매계약이 성립한 경우, 매도인이 임대인의 임대차계약상의 의무이행을 담보한다는 특별한 약정(제579조 참조)을 하지 아니한 이상, 임차권 매매계약 당시 임대차 목적물에 이미 설정되어 있던 근저당권이 임차권 매매계약 이후에 실행되어 낙찰인이 임대차 목적물의 소유권을 취득함으로써 임대인의 목적물을 사용·수익하게 할 의무가 이행불능으로 되었다거나, 임대인의 무자력으로 인하여 임대차보증금반환의무가 사실상 이행되지 않고 있다고 하더라도, 임차권 매도인에게 제576조에 따른 담보책임이 있다고 할 수 없고, 이는 임차권을 교환계약의 목적물로 한 경우에도 마찬가지이다"(대판 2007.4.26. 2005다34018,34025).

2) 가압류에 기한 강제집행에 의하여 매수인이 소유권을 상실한 경우(적극)

"가압류 목적이 된 부동산을 매수한 사람이 그 후 가압류에 기한 강제집행으로 부동산 소유권을 상실하게 되었다면 이는 매매의 목적 부동산에 설정된 저당권 또는 전세권의 행사로 인하여 매수인이 취득한 소유권을 상실한 경우와 유사하므로, 이와 같은 경우 매도인의 담보책임에 관한 제576조의 규정이 준용된다고 보아 매수인은 같은 조 제1항에 따라 매매계약을 해제할 수 있고, 같은 조 제3항에 따라 손해배상을 청구할 수 있다고 보아야 한다"(대판 2011.5.13. 2011다1941).

3) 가등기에 기한 본등기가 마쳐짐으로써 소유권을 상실하는 경우(적극)

判例는 "가등기의 목적이 된 부동산을 매수한 사람이 그 뒤 가등기에 기한 본등기가 경료됨으로써

---

14) 대판 1992.10.27. 92다21784판결은 가등기에 기한 본등기 경료로 인한 담보책임에 관한 것이고 손해배상의 범위에 관하여 직접 언급하지 않았지만, 매매대금 및 그에 대한 법정이자 상당액의 배상에 한정된다는 원심의 판단을 인정하였다.

그 부동산의 소유권을 상실하게 된 때에는 매매의 목적 부동산에 설정된 저당권 또는 전세권의 행사로 인하여 매수인이 취득한 소유권을 상실한 경우와 유사하므로, 제576조의 규정이 준용되며 제570조에 의한 담보책임을 진다고 할 수 없다"(대판 1992.10.27. 92다21784)고 판시하여 **제570조가 아닌 제576조로 해결하고 있다.** [판례검토] 가등기에 기한 본등기가 마쳐지더라도 물권변동의 효과가 가등기가 마쳐진 때로 소급하는 것은 아니기 때문에 위의 경우를 타인권리의 매매로 볼 수는 없다. 따라서 제576조의 적용을 인정하는 判例의 태도는 타당하다.

> [비교] * 제570조와 제576조의 차이점(실익)
> ① 제570조의 경우 악의의 매수인에게는 손해배상청구권이 없으나, 제576조는 선·악을 불문하고 손해배상청구권이 인정된다. ② 判例에 따르면 제570조의 경우 손해배상의 범위가 이행이익 상당액이나, 제576조의 경우 신뢰이익 상당액이다. ③ 제570조의 경우 제576조와 달리 '매도인'(선의인 경우만)에게도 계약해제권이 인정된다.

> * **가등기가 되어있는 부동산 소유자가 필요비나 유익비를 지출한 것이 가등기에 의한 본등기가 된 경우에는 타인의 물건에 대하여 비용을 투입한 것이 되는지 여부**(적극)
> "가등기가 되어있는 부동산 소유권을 이전받은 甲이 그 부동산에 대하여 필요비나 유익비를 지출한 것은 가등기에 의한 본등기가 경유됨으로써 가등기 이후의 저촉되는 등기라 하여 직권으로 말소를 당한 소유권이전등기의 명의자 甲 과 본등기 명의자인 乙 내지 그 특별승계인인 丙 과의 법률관계는 결과적으로 타인의 물건에 대하여 甲이 그 점유기간 내에 비용을 투입한 것이 된다고 보는 것이 상당하다"(대판 1976.10.26. 76다2079). 따라서 甲은 비용상환청구권 및 이를 위한 유치권을 행사할 수 있다.

6. 저당권의 목적이 된 지상권·전세권의 매매의 경우 [C-36f]

저당권의 목적으로 된 지상권 또는 전세권을 매수한 경우, 저당권에 기해 경매가 실행되면 그 지상권·전세권의 매수인은 그 권리를 취득할 수 없거나 또는 잃게 된다. 이 경우는 매수인이 소유권을 취득할 수 없거나 잃게 되는 제576조와 그 취지를 같이하므로, 그 담보책임에 관해서는 제576조의 규정을 준용한다(제577조).

7. 물건의 하자담보책임

(1) 특정물매매에서 목적물에 하자가 있는 경우(아래 쟁점 13. 참고) [C-36g]

[쟁점 13] 특정물매매에서 목적물에 하자가 있는 경우 ▼

I. 하자담보책임의 본질 [C16-1]

> 제580조 (매도인의 하자담보책임) ① 매매의 목적물에 하자가 있는 때에는 제575조 제1항의 규정을 준용한다. 그러나 매수인이 하자있는 것을 알았거나 과실로 인하여 이를 알지 못한 때에는 그러하지 아니하다. ② 전항의 규정은 경매의 경우에 적용하지 아니한다.

1. 문제점

하자담보책임이 무과실책임이라는 점에 대해서는 의문이 없지만, 그 본질이 무엇이냐에 관해서는 특정물인도의 이행방법을 규정한 제462조를 어떻게 해석할 것인지를 중심으로 견해가 나뉘어진다(불특정물매매에서는 제581조의 하자담보책임이 불완전이행, 즉 채무불이행책임의 성격을 갖는다는 것이 통설이다).

2. 학설

① 법정책임설[15]과 ② 채무불이행책임설[16][17]의 대립이 있다.

3. 판례

종래 타인권리 매매에 관한 담보책임에 대해서는 채무불이행책임임을 명백히 밝히고 있었으나(대판 1981.7.7. 80다3122 등), 그 밖의 경우에는 判例의 입장은 명확하지 않다.

4. 검토

어느 학설도 하자담보책임에 관한 규정을 논리적으로 완벽하게 설명하기는 어려운 듯하다. 이런 점에서 본질론에 대한 논의는 그 실질적인 측면, 즉 어떤 요건 하에서 어느 범위만큼의 손해가 배상될 수 있는가, 또한 담보책임에 의해 배상받을 수 없는 손해는 어떤 방법에 의해 구제될 수 있는가 하는 점에 초점을 맞추어 구체적으로 타당한 결론을 내리는 것이 합당하다고 보여진다.

Ⅱ. 요건 [C16-2]

1. 매매계약의 유효한 성립

하자담보책임은 매매의 유효한 성립을 전제로 하여 계약의 해제 등을 인정하는 것이다. 계약이 유효하게 성립하지 않으면 당연무효 또는 계약체결상의 과실책임 등이 문제될 뿐이다.

2. 매매목적물의 하자

(1) 하자의 개념

判例는 "매매의 목적물이 거래통념상 기대되는 객관적 성질·성능을 결여하거나(객관적 하자), 당사자가 '예정' 또는 '보증'한 성질을 결여한 경우(주관적 하자)에 매도인은 매수인에 대하여 그 하자로 인한

---

15) [법정책임설] 하자담보책임은 유상계약에서 급부와 반대급부의 등가성을 유지하기 위한 법정책적 목적에서 규정된 것으로서, 급부의무의 존재를 전제로 하지 않고 유상계약에서 특별히 성립하는 법정의 책임이라고 본다. 그 이유로는 ① 제462조가 특정물을 인도해야 할 채무자는 이행기의 현상대로 그 물건을 인도하여야 한다고 규정하고 있으므로, 특정물을 하자가 존재하는 상태대로 매수인에게 인도한 경우에도 완전한 채무이행으로 보아야 하며(**특정물도그마론**), ② 하자는 계약체결시에 존재하는 하자(원시적 일부불능)로 한정하여, 후발적 이행장애를 문제삼는 채무불이행과는 구별된다고 한다. 이에 따를 경우 일반적으로 손해배상은 원시적 하자에 대한 신뢰이익의 범위로 한정된다고 본다.

16) [채무불이행책임설] 제462조의 의미는 이행기에 '있어야 할 상태대로' 이행할 의무가 있음을 규정한 것이므로, 목적물이 종류물이든 특정물이든 매수인은 완전물청구권을 갖는다고 본다. 따라서 특정물을 하자 있는 상태대로 매수인에게 인도한 경우에는 채무불이행이 된다고 한다(**특정물도그마론 부정**). 그 이유로는 ① 우리 민법은 일본 민법과 달리 종류물의 매매에 있어서도 하자담보책임이 성립함을 인정하고 있으므로, 우리 민법에서는 특정물매매와 종류매매를 통일적으로 설명할 수 있는 채무불이행책임설로 이론구성을 해야 하며, ② 그렇게 하여야 손해배상의 범위가 이행이익까지 미치게 되어 매수인을 보다 두텁게 보호할 수 있다고 한다.

17) 채무불이행책임설 중에서도 하자담보책임을 채무불이행책임과 별개로 이해하는 견해(양창수)가 있다. 즉 쌍무계약을 지배하는 원리인 공평의 원칙상 매도인에게 과실이 없는 경우에도 매수인을 보호할 필요가 있다. 그래서 만들어진 것이 하자담보책임이다. 하자담보책임은 채무불이행에 대하여 법이 특별히 인정한 무과실책임이고, 손해배상의 범위는 신뢰손해에 한정되며, 하자는 계약 성립 당시에 존재하여야 한다. 만일 매도인에게 귀책사유[여기서의 귀책사유는 선관주의의무 위반을 의미하는 것이 아니라(선관주의의무는 특정물인도채무가 성립한 때부터 발생한다), 원시적 하자(일부멸실·훼손) 발생에 대한 고의, 과실을 의미하거나 하자로 확대손해 발생시에는 하자를 제대로 알리지 않은 고지의무 위반 또는 상대방의 생명, 신체 기타 재산 등을 침해하지 않을 보호의무 위반을 의미한다]가 있다면, 매도인은 불완전급부를 이유로 한 채무불이행책임도 진다. 이 경우 손해배상의 범위에는 이행이익손해, 하자확대손해가 포함된다. <u>하자담보책임은 채무불이행책임과 취지, 요건, 효과를 달리하는 별개의 제도로서, 법이 매수인에게 부여한 또 하나의 구제수단이다. 判例도 전체적으로는 이러한 입장에 있는 것으로 보인다.</u>

담보책임을 부담한다"(대판 2000.1.18. 98다18506)고 하거나, **[5회 기록형]** "물건이 통상의 품질이나 성능을 갖추고 있는 경우에도 당사자의 특약에 의하여 보유하여야 하는 성질·성능을 결여하고 있으면 하자가 인정된다(대판 2002.4.12. 2000다17834 ; 1997.5.7. 96다39455: **표준판례638**)고 하였다. **[판례검토]** 생각건대, 당사자 사이에 특별한 약정이 없으면 객관적 하자개념(이른바 용도부적합)을 기본으로 판단하되, 특별한 약정이 있는 경우에는 주관적 하자개념(이른바 계약부적합)을 고려해서 판단하는 것이 타당하다.

(2) 법률상 장애

1) 문제점

매매목적물이 법률상의 제한으로 말미암아 사용가치가 떨어지게 된 경우(예컨대 벌채목적으로 매수한 토지가 보안림 구역이어서 벌채하지 못하게 된 경우)의 성격에 대해 학설이 대립하는데, 이는 **특히 경매에 있어서 제575조 1항을 적용하여 담보책임을 물을 것인가의 문제로 귀결된다**[그 외에도 담보책임을 묻기 위한 요건으로 매수인의 선의 이외에 무과실까지 요구되는지와(제575조는 선의, 제580조는 선의·무과실), 권리행사기간(제575조는 1년, 제580조는 6개월)이 달라진다].

2) 판례 및 검토

判例는 건축목적으로 매매된 토지에 대하여 건축허가를 받을 수 없어 건축이 불능한 경우, 이와 같은 법률적 제한 내지 장애 역시 목적물(물건)의 하자에 해당한다고 보아 제580조를 적용하였다(대판 2000.1.18. 98다18506 : **11회 선택형**).

[판례검토] 제575조는 매도인이 자신이 설정한 제한을 상정한 것으로 매매목적물이 가지는 법률상 장애와는 성질을 달리한다는 점, 물건이 가지는 법률상 장애를 경매과정에서 발견하기란 기대하기 어려운데도 불구하고 경매목적물에 법률상 장애를 이유로 매수인이 매매를 해제할 수 있다면 **경매절차의 안정성을 도모하기 어렵다는 점**에 비추어 법률상의 장애는 물건의 하자로 보는 것이 타당하다.

(3) 하자판단의 기준시

判例는 "하자의 존부는 매매계약 성립 당시를 기준으로 판단하여야 한다"(대판 2000.1.18. 98다18506 ; 특정물매매 사안)[18]고 판시한 바 있다. 따라서 계약 성립 이후에 하자가 발생한 경우에는 채무불이행책임 또는 위험부담의 법리가 적용된다고 한다(대결 1979.7.24. 78마248).

3. 매수인의 선의·무과실

담보책임을 주장하는 매수인은 하자의 존재만을 주장하면 되고, 매수인의 악의나 과실은 매도인이 주장·입증하여야 한다.

Ⅲ. 효 과

[C16-3]

1. 계약해제권

목적물의 하자로 계약의 목적을 달성할 수 없을 때에는 계약을 해제할 수 있다(제580조 1항, 575조 1항). 채무자의 귀책사유를 요건으로 하지 않으므로 채무불이행으로 인한 해제권이 아니고 별도의 법정해제권이다.

---

18) **[관련판례]** "신축건물이나 신축한 지 얼마 되지 않아 그와 다름없는 건물을 매도하는 매도인이 매수인에 대하여 매도건물에 하자가 있을 때에는 책임지고 그에 대한 보수를 해 주기로 약정한 경우 특별한 사정이 없는 한 매도인은 하자 없는 완전한 건물을 매매한 것을 보증하였다고 할 것이므로 매도인은 계약 당시 또는 매수인이 인도받은 후에 용이하게 발견할 수 있는 하자뿐만 아니라 건물의 본체부분의 구조상의 하자 특히 품질이 떨어지는 재료를 사용하는 등 날림공사로 인한 하자 등 바로 발견할 수 없는 하자는 물론 당초의 하자로부터 확산된 하자에 대하여도 책임을 져야 한다(대판 1993.11.23. 92다38980).

2. 손해배상청구권

(1) 판 례

判例는 ① 타인권리의 매매의 경우(제570조) 이행이익의 배상을 명하였으며(대판 1967.5.18. 전합66다2618: 표준판례637), ② 종류물 매매에 관한 하자담보책임(제581조)에서도 이행이익의 배상을 인정하였다. 즉, 잎말림병에 감염된 감자종자를 매수한 경우(종류물매매)에, 매수인의 손해는 정상적인 감자종자였더라면 얻을 수 있었던 평균수입금과 소득한 금액의 차액이라고 하여 **이행이익의 배상을** 인정하였다(대판 1989.11.14. 89다카15298 : 다만 이 판결에서는 엄밀한 의미에서 급부이익의 침해가 아니라 그로 인한 확대손해가 문제되었음에 주의해야 한다. 그리고 만약 신뢰이익 상당의 손해배상을 명했다면 (종자대금+식재비용+수확비용 – 소득한 금액)이 손해의 내용이 되었을 것이다)].

③ 그러나 **특정물매매에 관한 하자담보책임(제580조)**에 기한 손해배상의 범위에 대해서는 判例의 입장이 분명하지 않으나, 하자담보책임으로 인한 확대손해는 분명히 채무불이행책임으로 다루고 있다. 즉 "매매목적물의 하자로 인하여 확대손해 내지 2차 손해가 발생하였다는 이유로 매도인에게 그 확대손해에 대한 배상책임을 지우기 위하여는 채무의 내용으로 된 하자 없는 목적물을 인도하지 못한 의무위반사실 외에 그러한 의무위반에 대하여 **매도인에게 귀책사유가 인정될 수 있어야만 한다**"(대판 1997.5.7. 96다39455: 표준판례638 : 6회,9회 선택형)고 한다.

(2) 검 토

담보책임은 무과실책임이므로 그 책임의 내용을 통상의 채무불이행책임과 동일하게 인정할 수는 없다고 본다. 따라서 신뢰이익설이 타당하다. 이때 신뢰이익이란 '하자가 없다고 믿고서 매매계약을 체결함으로 인하여 입은 손해'를 말하는 것으로 '하자에 상응하는 대금감액'의 실질을 가진다.

3. 권리행사기간 [13회 사례형]

매수인이 하자를 안 날로부터 6월 내에 행사해야 한다(제582조). 이때 '하자를 안 날'이란 그 결과가 하자로 인한 것임을 알았을 때를 말한다(대판 2003.6.27. 2003다20190).

判例에 따르면 하자담보책임에 기한 매수인의 손해배상청구권은 매수인이 그 사실을 안 때부터 6월의 제척기간(제582조)에 걸리는 동시에 매수인이 매매의 '**목적물을 인도받은 때**'부터 10년의 소멸시효(제162조 1항)에도 걸린다고 한다(대판 2011.10.13. 2011다10266 ; A-169.참고)(11회 선택형).

[판례검토] 제척기간과 소멸시효는 제도의 취지가 서로 다르기 때문에 하나의 권리에 대하여 제척기간과 소멸시효가 중복적으로 적용될 수 있으므로 判例의 태도는 타당하다.

> [관련판례] "공익사업을 위한 토지 등의 취득 및 보상에 관한 법률에 따라 공공사업의 시행자가 토지를 협의취득하는 행위는 사법상의 법률행위로 일방 당사자의 채무불이행에 대하여 민법에 따른 손해배상 또는 하자담보책임을 물을 수 있다. 이 경우 매도인에 대한 하자담보에 기한 손해배상청구권에 대하여는 민법 제162조 제1항의 채권 소멸시효의 규정이 적용되고(상행위가 아니므로 상사시효가 적용되지 않음을 유의), 매수인이 매매의 목적물을 인도받은 때부터 소멸시효가 진행한다"(대판 2020.5.28. 2017다265389).

Ⅳ. 다른 제도와의 관계 [C16-4]

1. 착오취소와의 경합(적극)

① 통설은 '하자담보책임에 관한 규정'(제580조)은 착오에 관한 규정에 대한 특별규정으로서 매도인의 담보책임이 성립하는 범위 내에서 우선적으로 적용되어야 한다고 한다. 즉, 통설은 그 논거로서 착오를 이유로 한 취소권은 10년 또는 3년의 제척기간에 걸리는데 비해 담보책임에 따른 권리는 1년 또는

6월의 제척기간에 걸리는바, 일상 가장 빈번하게 행해지는 매매 기타 유상계약을 오랫동안 불확정한 상태에 두는 것은 옳지 않다는 점을 들고 있다. ② 그러나 이에 대해 判例는 "착오로 인한 취소 제도와 매도인의 하자담보책임 제도는 취지가 서로 다르고, 요건과 효과도 구별된다. 따라서 매매계약 내용의 중요 부분에 착오가 있는 경우 매수인은 매도인의 하자담보책임이 성립하는지와 상관없이 착오를 이유로 매매계약을 취소할 수 있다"(대판 2018.9.13. 2015다78703 : 9회,10회,11회 선택형)고 하여 제580조와 제109조의 경합을 처음으로 명시적으로 인정하였다. 따라서 判例에 따르면 설령 하자를 안 날로부터 6개월이 지났더라도(제582조), 제146조의 제척기간이 지나지 않았다면 착오를 이유로 취소할 수 있다.

2. 채무불이행책임과의 경합(적극)

담보책임은 채무불이행책임과는 그 요건과 효과가 다른 별개의 제도로서 매수인을 보호하기 위한 또 하나의 구제수단으로 보아야 할 것이다. 따라서 양 책임은 중첩적으로 병존한다고 할 것이다.

判例도 "매도인이 성토작업을 기화로 다량의 폐기물을 은밀히 매립하고 그 위에 토사를 덮은 다음 도시계획사업을 시행하는 공공사업시행자와 사이에서 정상적인 토지임을 전제로 협의취득절차를 진행하여 이를 매도함으로써 매수자로 하여금 그 토지의 폐기물처리비용 상당의 손해를 입게 하였다면 매도인은 이른바 불완전이행으로서 채무불이행으로 인한 손해배상책임을 부담하고, 이는 하자 있는 토지의 매매로 인한 민법 제580조 소정의 하자담보책임과 경합적으로 인정된다고 할 것이다"(대판 2004.7.22. 2002다51586 ; 아래 핵심사례 C-5.참고)(11회 선택형)고 판시하여 매매의 목적인 '특정물'에 원시적인 하자가 있는 경우에도 불완전급부로 인한 채무불이행책임이 성립할 수 있음을 명확히 하였다.[19]

[**제580조와 불완전이행의 경합실익**] 하자확대손해(사안의 경우 폐기물처리비용 상당의 손해)의 경우 제580조 하자담보책임을 통해서는 손해배상을 받을 수 없으나(대판 1997.5.7. 96다39455: 표준판례638), 채무불이행책임(불완전이행)을 통해서는 손해배상을 받을 수 있는 실익이 있다.

3. 토지 소유자가 폐기물을 불법으로 매립한 경우 토지를 전전 취득한 현재의 소유자에게 불법행위책임으로 '폐기물처리비용' 상당의 손해배상책임을 지는지 여부(적극)

(1) 문제점

A는 자기 소유의 토지에 중금속 등 오염을 유발할 수 있는 폐기물을 임의로 매립하여 X대지를 조성한 다음 이러한 사정을 모르는 B에게 그 대지를 시가 1억 원에 매도하고 소유권이전등기를 마쳐 주었다. 그 후 B가 X대지를 C에게 1억 원에 팔고 소유권이전등기를 마쳐준 후 C가 X대지에 거주하고 생활하던 중 X대지에 폐기물이 불법적으로 매립된 사실을 발견한 경우, C는 A에 대해 폐기물처리비용(2억 원)에 대해 불법행위를 이유로 손해배상을 청구할 수 있는지 문제된다.

(2) 판례의 태도

① 토양이 오염되고 폐기물이 매립된 토지의 매수인이 그 정화·처리비용을 실제 지출하거나 지출하게 된 것을 제750조가 규정하는 '손해'로 평가할 수 있는지 여부는 그 토지의 거래 상대방과 사이에서 논의될 수 있을 뿐이라는 判例의 반대견해도 있으나, ② 다수의견은 "특별한 사정이 없는 한 이는 거래의 상대방 및 토지를 전전 취득한 현재의 토지 소유자에 대한 위법행위로서 불법행위가

---

19) [**관련판례**] 다만 채무불이행책임이 경합하여 매수인이 채무불이행책임을 물을 경우 '하자 자체에 의한 손해 또는 그러한 불완전한 반대급부로서 현실적으로 지급된 대가'는 이중배상금지의 원칙에 따라 불완전이행에 따른 손해배상범위에 흡수시켜 처리해야 한다(양창수, 민법주해, 제9권, p.296 참고). 判例도 수출면제품에 이를 세탁하면 심하게 줄어드는 등의 하자가 있었던 사안에서 "원심이 원고의 주장과 같이 피고의 채무불이행을 원인으로한 손해배상책임을 인정하고 있는 이상 구태여 피고의 하자담보책임의 성립 여부를 따져볼 필요는 없다"(대판 1992.4.28. 91다29972)고 한다.

성립할 수 있고, 위법행위로 인하여 오염토양 정화비용 또는 폐기물 처리비용의 지출이라는 손해의 결과가 현실적으로 발생하였으므로, 토양오염을 유발하거나 폐기물을 매립한 종전 토지 소유자는 오염토양 정화비용 또는 폐기물 처리비용 상당의 손해에 대하여 불법행위자로서 손해배상책임을 진다"(대판 2016.5.19. 전합2009다66549)고 판시한 바 있다.

(3) 검 토

헌법 제35조 제1항, 구 환경정책기본법, 구 토양환경보전법 및 구 폐기물관리법의 취지와 아울러 토양오염원인자의 피해배상의무 및 오염토양 정화의무, 폐기물 처리의무 등에 관한 관련 규정들과 법리에 비추어 보면, 토지소유자에게는 토양오염물질을 토양에 누출·유출하거나 투기·방치함으로써 토양오염을 유발하였음에도 오염토양을 정화하지 않은 상태에서 **오염토양이 포함된 토지를 거래에 제공함으로써 유통되게 하지 않도록 할 '일반적인 의무'**가 있다고 보는 것이 타당하다(전합2009다66549판시 내용). 그러므로 A는 거래상대방이 아닌 전전 매수인 C에게도 폐기물매립에 따른 불법행위책임을 진다(제750조).

핵심사례 C-05

하자담보책임, 하자확대손해(불완전이행)[20] [13회 사례형]
대판 2004.7.22. 2002다51586(**표준판례**639) ; 대판 2011.10.13. 2011다10266

A는 1990. 8. 20. 자기 소유의 토지에 중금속 등 오염을 유발할 수 있는 폐기물을 임의로 매립하여 2필지의 동일한 면적으로 구성된 X대지를 조성한 다음 이러한 사정을 모르는 B에게 그 대지를 시가 1억 원(폐기물이 매립된 X토지의 실제가치는 5천만 원 상당)에 매도하고 매매대금을 지급받은 뒤 1990. 9. 20. X대지를 인도하고 소유권이전등기를 마쳐 주었다. 이에 B가 X대지에 거주하고 생활하던 중 2000. 8. 30. X대지에 폐기물이 불법적으로 매립된 사실을 발견하였다(이후 X대지의 시가변동은 없다고 전제한다).
2000. 10. 20. 현재 B가 A에 대해 손해배상을 청구하려고 한다. 그에 대한 법적근거 및 손해배상의 범위, 그리고 인용가부를 A가 항변가능한 사유들과 함께 순차적으로 판단하라. (단, 불법행위책임은 논외로 하고, 폐기물처리비용은 약 2억 원이 소요된다고 가정한다) (20점)

1. 논점의 정리

2. 하자담보책임으로 인한 손해배상청구권

(1) 손해배상청구권의 발생

제580조의 하자담보책임이 성립하기 위해서는 i) 매매계약의 유효한 성립, ii) 매매목적물의 하자, iii) 매수인의 선의·무과실을 요한다.
사안에서 토지에 중금속 등 오염을 유발할 수 있는 폐기물이 매립되어 있는 것은 토지로서 통상적으로 갖추어야 할 성질, 상태를 갖추고 있지 못한 것이므로, A와 B 사이의 매매 목적인 토지에는 '하자'가 있다. 그리고 매수인인 B가 이를 알았거나 알 수 있었다고 보이지도 아니한다. 따라서 매도인 A는 B에 대하여 하자담보책임으로 인한 손해배상의무를 부담한다(제580조 1항, 제575조 1항).

(2) 손해배상의 범위

견해의 대립이 있지만, 담보책임은 무과실책임이기 때문에 '신뢰이익' 상당의 손해(매매대금 1억 - 폐기물이 불법으로 매립된 토지의 가액 5천 = 5천만 원)에 국한된다고 해석하는 것이 타당하다.

3. 채무불이행책임으로 인한 손해배상청구권[21]

(1) 손해배상청구권의 발생(이, 불, 귀, 위)

불완전이행이 성립하기 위해서는 i) 이행행위의 존재, ii) 이행행위가 불완전할 것, iii) 채무자의 귀책사유가 있을 것, iv) 위법할 것을 요한다.

사안에서 하자 있는 토지를 인도한 것은 채무 내용에 좇은 이행을 한 것으로 볼 수 없고(제462조, 특정물도그마의 부정), 이에 관하여 A의 귀책사유(고의)가 있기 때문에, 매도인 A는 B에 대하여 불완전이행으로 인한 손해배상의무를 부담한다(제390조).

(2) 손해배상의 범위

폐기물이 매립된 토지를 인도한 것과 상당인과관계 있는 손해를 말한다. 구체적으로 폐기물을 제거하고 토지를 정상적인 토지로 복구하는 데 드는 비용(2억 원)이 될 것이다. 한편, 위 손해배상액이 매매대금을 초과한다는 사정은 채권자의 손해배상청구권 행사에 아무런 장애가 되지 않는다(대판 2004.7.22. 2002다51586).[22]

(3) 위 두 손해배상청구권의 관계

담보책임은 채무불이행책임과는 그 요건과 효과가 다른 별개의 제도로서 매수인을 보호하기 위한 또 하나의 구제수단으로 보아야 할 것이다. 따라서 양 책임은 중첩적으로 병존한다. 判例도 매매의 목적인 특정물에 원시적인 하자가 있는 경우에도 불완전급부로 인한 채무불이행책임이 성립할 수 있음을 명확히 하였다(대판 2004.7.22. 2002다51586).

4. 권리행사 기간

(1) 소멸시효와 제척기간의 중첩적용 가부

하자담보책임으로 인한 손해배상청구권은 매수인이 하자를 안 날로부터 6월 내에 행사해야 한다(제582조). 이때 '하자를 안 날'이란 그 결과가 하자로 인한 것임을 알았을 때를 말한다(대판 2003.6.27. 2003다20190). 한편 최근 判例에 따르면 하자담보책임에 기한 매수인의 손해배상청구권은 매수인이 그 사실을 안 때부터 6월의 제척기간(제582조)에 걸리는 동시에 매수인이 매매의 목적물을 인도받은 때부터 10년의 소멸시효(제162조 1항)에도 걸린다고 한다(대판 2011.10.13. 2011다10266 ; A-169참고).

생각건대 제척기간과 소멸시효는 제도의 취지가 서로 다르기 때문에 하나의 권리에 대하여 제척기간과 소멸시효가 중첩적으로 적용될 수 있으므로 判例의 태도는 타당하다.

(2) 사안의 경우

① 사안에서 B는 매매목적물인 X대지에 대한 하자를 2000. 8. 30.에 알았다고 볼 수 있다. 따라서 2000. 10. 20. 현재 제척기간(6개월)은 도과되지 않았지만 매수인 B가 X대지를 인도받은 날인 1990. 9. 20.부터는 10년의 소멸시효가 완성되었다. 따라서 B의 하자담보책임에 기한 손해배상청구권은 이미 소멸시효가 완성되었다. ② 아울러 채무불이행에 기한 손해배상청구권 역시 채무불이행시(1990. 9. 20.)로부터 10년의 소멸시효에 걸린다고 볼 수 있으므로 이 또한 소멸시효가 완성되었다고 보아야 한다(제162조 1항). 결국 2000. 10. 20. 현재 B가 A에 대해 손해배상을 청구하더라도 인용되지 않는다.

---

20) ★ 대판 2004.7.22. 2002다51586(하자담보책임, 불완전이행책임, 환경오염책임) ; 사안은 불완전이행과 하자담보책임(제580조) 이외에도 '환경오염'과도 관련이 있다. 환경오염의 경우 통설·判例는 장래 발생할 오염을 방지하고 이미 존재하는 오염을 제거하기 위한 留止請求는 물권법적(제205조, 제206조, 제214조, 제217조)으로 이론구성하고, 이미 발생한 손해를 금전으로 전보케 하는 損害賠償請求는 불법행위법적(제750조)으로 이론구성하고 있다.

21) 채권자 B는 채무자 A를 상대로 불완전급부의 追完, 즉 폐기물을 제거하여 정상적인 토지로 복구할 것을 청구할 수 있는가? 우리 민법은 명문의 규정을 두고 있지 않지만, 통설은 추완이 가능하고 또 추완으로써 완전급부를 하는 것이 제반 사정에 비추어 적법한 채무 이행이 되는 경우에는 채권자에게 추완청구권을 인정하고 있다. 그리고 이러한 경우에는 채무자에게도 추완권이 인정된다고 한다. 사안의 경우, 분명하지 않지만 만일 채무자 A가 스스로 법령에 의하여 요구되는 정도와 방법에 부합하도록 폐기물을 처리하여 매매 목적인 토지를 정상적으로 복구할 수 있다면, B는 A를 상대로 그것을 청구할 수 있고, B가 그것을 원한다면 A는 이에 응하여야 한다.

22) 2002다51586판결에서는 매매대금이 약 87억 원이었는데 폐기물처리비용은 약 163억 원에 이르렀다.

▸ [쟁점 13]

(2) 불특정물(종류물) 매매에서 목적물에 하자가 있는 경우 [C-36h]

> 제581조 (종류매매와 매도인의 담보책임) ① 매매의 목적물을 종류로 지정한 경우에도 그 후 특정된 목적물에 하자가 있는 때에는 전조(제580조 매도인의 하자담보책임)의 규정을 준용한다. ② 전항의 경우에 매수인은 계약의 해제 또는 손해배상의 청구를 하지 아니하고 하자 없는 물건을 청구할 수 있다.

1) 요 건

① 하자 있는 목적물의 제공은 채무의 내용에 좇은 이행의 제공이라고 할 수 없으므로, 이때에는 특정의 효과가 발생하지 않는다. 따라서 채권자가 본래부터 갖는 완전물급부청구권은 채무자의 특정을 위한 행위에도 불구하고 그대로 인정된다(즉 채권자는 하자 없는 다른 물건을 청구할 수 있다). ② 그러나 채권자가 수령하면 특정이 되며 이 경우 채무자에게 귀책사유가 있다면 채무불이행책임이 발생함과 동시에 (무과실책임인) 제581조의 종류물의 하자담보책임도 발생한다. 즉 제581조 1항의 '특정된 목적물'은 '제공된 목적물'로 이해되어야 한다.[23]

2) 효 과

가) 해제권, 손해배상청구권, 완전물급부청구권

불특정물매매에서 매수인은 계약의 해제나 손해배상을 청구할 수 있으나, 계약의 해제 또는 손해배상의 청구를 하지 아니하고 하자없는 물건을 청구할 수 있다(제581조 2항)(6회 선택형). 다만 判例는 "매매목적물의 하자가 경미하여 '수선' 등의 방법으로도 계약의 목적을 달성하는 데 별다른 지장이 없는 반면(일종의 하자보수청구권 : 저자주) 매도인에게 하자 없는 물건의 급부의무를 지우면 다른 구제방법에 비하여 지나치게 큰 불이익이 매도인에게 발생되는 경우와 같이 하자담보의무의 이행이 오히려 공평의 원칙에 반하는 경우에는, 완전물급부청구권의 행사를 제한함이 타당하다"(대판 2014.5.16. 2012다72582 : 6회, 9회 선택형)고 한다.

> [사실관계] 甲이 乙 주식회사로부터 자동차를 매수하여 인도받은 지 5일 만에 계기판의 속도계가 작동하지 않는 하자가 발생하였음을 이유로 乙 회사 등을 상대로 신차 교환을 구한 사안에서, 위 하자는 계기판 모듈의 교체로 큰 비용을 들이지 않고서도 손쉽게 치유될 수 있는 하자로서 하자수리에 의하더라도 신차구입이라는 매매계약의 목적을 달성하는 데에 별다른 지장이 없고, 하자보수로 자동차의 가치하락에 영향을 줄 가능성이 희박한 반면, 매도인인 乙 회사에 하자 없는 신차의 급부의무를 부담하게 하면 다른 구제방법에 비하여 乙 회사에 지나치게 큰 불이익이 발생되어서 오히려 공평의 원칙에 반하게 되어 매수인의 완전물급부청구권의 행사를 제한함이 타당하므로, 甲의 완전물급부청구권 행사가 허용되지 않는다고 한 사례이다(위 2012다72582판결).

나) 완전물급부청구권과 손해배상청구권의 관계

완전물급부청구는 손해배상청구에 갈음하는 것이므로 이들은 선택적 관계에 있다. 다만 매도인에게 귀책사유가 있어 채무불이행책임도 성립하는 때에는 담보책임으로서 완전물급부청구를 하고 채무불이행책임으로서 손해배상청구를 하는 것은 가능하다.

3) 권리행사기간

매수인이 하자를 안 때부터 6월 내에 행사해야 한다. 완전물급부청구권도 역시 6월 내에 행사되어야 한다(제582조).

---

23) 김형배, 민법학강의(13판), 4.29

8. 채권매도인의 담보책임 [C-36i]

채권의 매도인이 채무자의 자력을 담보하기로 특약한 때에만 채무자의 무자력에 대하여 담보책임을 진다. 이 경우 어느 시점의 자력을 담보한 것인지 문제되는바, 채권양도 당시의 자력을 담보한 것으로 '추정'하고(제579조 1항), 변제기에 도달하지 아니한 채권인 경우에는 변제기의 자력을 담보한 것으로 '추정'한다(제579조 2항).

9. 경매에 있어서의 담보책임 [C-36j]

> **제578조 (경매와 매도인의 담보책임)** ① 경매의 경우에는 경락인은 전8조의 규정에 의하여 채무자에게 계약의 해제 또는 대금감액의 청구를 할 수 있다. ② 전항의 경우에 채무자가 자력이 없는 때에는 경락인은 대금의 배당을 받은 채권자에 대하여 그 대금전부나 일부의 반환을 청구할 수 있다. ③ 전2항의 경우에 채무자가 물건 또는 권리의 흠결을 알고 고지하지 아니하거나 채권자가 이를 알고 경매를 청구한 때에는 경락인은 그 흠결을 안 채무자나 채권자에 대하여 손해배상을 청구할 수 있다.

(1) 의 의

경매에서의 담보책임은 경매목적물에 '권리의 흠결'이 있는 경우 경락인을 보호하기 위한 것이다(제578조).

(2) 요 건

1) 당사자

담보책임에 관한 한 일종의 매매로 보아 경락인은 매수인의 지위에 있고(책임을 추궁하는 자), 채무자는 매도인의 지위에 있다(담보책임자). 1차적 책임자는 채무자이고, 2차적 책임자는 배당받은 채권자이다. 문제는 물상보증인이 담보물을 제공한 경우 물상보증인이 제578조 1항의 1차적 책임을 지는 채무자에 해당하는지 여부인데, 判例는 "제578조 제1항의 채무자에는 임의경매에 있어서의 물상보증인도 포함되는 것이므로 경락인이 그에 대하여 적법하게 계약해제권을 행사했을 때에는 물상보증인은 경락인에 대하여 원상회복의 의무를 진다"(대판 1988.4.12. 87다카2641)고 본다.

> [비교판례] "경락인이 경매절차에서 유치권이 주장되지 아니한 경우에는, 담보목적물이 매각되어 그 소유권이 이전됨으로써 근저당권이 소멸하였더라도 채권자는 유치권의 존재를 알지 못한 매수인으로부터 민법 575조, 제578조 제1항, 제2항에 의한 담보책임을 추급당할 우려가 있고, 위와 같은 위험은 채권자의 법률상 지위를 불안정하게 하는 것이므로, 채권자인 근저당권자로서는 위 불안을 제거하기 위하여 유치권 부존재 확인을 구할 법률상 이익이 있다. 반면 채무자가 아닌 소유자(물상보증인)는 위 각 규정에 의한 담보책임을 부담하지 아니하므로, 유치권의 부존재 확인을 구할 법률상 이익이 없다"(대판 2020.1.16. 2019다247385 : 13회 선택형).

2) 권리의 하자

경매에서의 담보책임은 권리의 하자가 존재하는 경우에만 인정되며, 물건의 하자가 존재하는 경우에는 담보책임을 추궁할 수 없다(제580조 2항).

3) 공경매가 유효할 것

① [공경매일 것] 여기서의 경매는 국가기관이 법률에 의해 행하는 '공경매'만을 의미한다(사경매는 일반 매매이므로 매매의 담보책임의 문제이다). 최근의 判例도 "민법 제578조와 제580조 제2항이 말하는 '경매'는 민사집행법상의 강제집행이나 담보권 실행을 위한 경매 또는 국세징수법상의 공매 등과 같이 국가나 그를 대행하는 기관 등이 법률에 기하여 목적물 권리자의 의사와 무관하게 행하는 매도행위만을 의미하는 것으로 해석하여야 한다"(대판 2016.8.24. 2014다80839)고 한다.

② [경매가 유효할 것] 그리고 경매의 담보책임이 인정되기 위해서는 경매절차 자체는 유효해야 한다. 즉 경매절차 자체가 무효여서 소유권을 취득하지 못한다면, 경락받은 자는 제578조의 담보책임이 아니라 배당채권자에 대하여 부당이득반환청구권을 행사할 수 있을 뿐이다(11회 선택형).

判例는 다음의 경우에는 경매절차 자체가 무효라고 본다. ㉠ 하나는 **경매를 신청할 권원이 없는데도 경매가 진행된 경우**(불성립하거나 부존재하는 저당권에 기하여 경매절차가 개시된 경우)이다. 즉 위조된 약속어음 공정증서에 기해 강제경매가 진행되거나(대판 1991.10.11. 91다21640 : 12회 선택형), 구 건물 멸실 후에 신 건물이 신축되었고 양자가 동일성이 없는데 멸실된 구 건물에 대한 근저당권에 기해 임의경매가 실시된 경우가 그러하다(대판 1993.5.25. 92다15574). ㉡ 다른 하나는 **경매 부동산이 타인의 소유인 경우**이다. 즉, 강제경매의 대상이 된 채무자 명의의 부동산 소유권이전등기가 무효인 경우이다(아래 2003다59259참고).

[관련판례] "경락인이 강제경매절차를 통하여 부동산을 경락받아 대금을 완납하고 그 앞으로 소유권이전등기까지 마쳤으나, 그 후 강제경매절차의 기초가 된 채무자 명의의 소유권이전등기가 원인무효의 등기이어서 경매 부동산에 대한 소유권을 취득하지 못하게 된 경우, 이와 같은 강제경매는 무효라고 할 것이므로 경락인은 경매 채권자에게 경매대금 중 그가 배당받은 금액에 대하여 일반 부당이득의 법리에 따라 반환을 청구할 수 있고, 민법 제578조 제1항, 제2항에 따른 경매의 채무자나 채권자의 담보책임은 인정될 여지가 없다"(대판 2004.6.24. 2003다59259 : 9회 선택형)고 한다.

[판례평석] 그러나 채무자 소유 아닌 부동산에 대한 강제경매도 타인권리매매와 같이 유효하고, 따라서 제578조 1항은 제570조도 포함하는 것으로 규정하고 있으므로 채무자는 타인 권리의 매매(경매)로 인한 담보책임을 진다고 보아야 한다는 비판이 있다.

(3) 효 과

1) 해제권·대금감액청구권

① 채무자에게 자력이 있는 경우 경락인은 1차적으로 채무자에게 계약의 해제 또는 대금감액을 청구할 수 있다(제578조 1항). ② 채무자에게 자력이 없는 경우 2차적으로 경락대금의 배당을 받은 채권자에게 대금의 전부나 일부의 반환을 청구할 수 있다(제578조 2항). 이때 채권자의 책임은 배당받은 금액을 한도로 한다. ③ 채무자나 채권자가 선의라면 손해배상을 청구할 수 없다.

2) 흠결고지의무와 손해배상청구권

채무자가 물건 또는 권리의 흠결을 알고 고지하지 아니하거나 채권자가 이를 알고서도 경매를 청구한 때에는, 경락인은 그 흠결을 안 채무자나 채권자에 대하여 해제권·대금감액청구권 외에 손해배상도 청구할 수 있다(제578조 3항). 채무자나 채권자 모두 악의인 경우 양자는 손해배상채무에 대해 연대책임을 진다(통설).

(4) 문제되는 경우

1) 경매목적물에 대항력 있는 임차인이 있는 경우

경매의 매수인(경락인 또는 낙찰인)이 이를 알지 못한 경우(선의인 경우) 채무자는 담보책임을 진다(대판 2003.4.25. 2002다70075[24] ; 대판 1996.7.12. 96다7106).

---

[24] "선순위 근저당권의 존재로 후순위 임차권이 소멸하는 것으로 알고 부동산을 낙찰받았으나, 그 후 채무자가 후순위 임차권의 대항력을 존속시킬 목적으로 선순위 근저당권의 피담보채무를 모두 변제하고 그 근저당권을 소멸시키고도 이 점에 대하여 낙찰자에게 아무런 고지도 하지 않아 낙찰자가 대항력 있는 임차권이 존속하게 된다는 사정을 알지 못한 채 대금지급기일에 낙찰대금을 지급하였다면, 채무자는 민법 제578조 제3항의 규정에 의하여 낙찰자가 입게 된 손해를 배상할 책임이 있다"

2) 경매절차에서 매각된 주택에 관하여 경매신청 전에 마쳐진 가등기에 기하여 본등기가 마쳐진 경우

이때에는 제578조, 제576조를 유추적용하여 담보책임을 추급할 수 있다. 이 경우 담보책임은 경매의 매수인이 경매절차 밖에서 별소에 의하여 채무자 또는 채권자를 상대로 추급하는 것이 원칙이나, 경매대금에 대한 배당이 실시되기 전에는 집행법원에 대하여 경매에 의한 매매계약을 해제하고 납부한 경매대금의 반환을 청구하는 방법으로 담보책임을 추급할 수 있다고 본다(대결 1997.11.11. 96그64). 다만 가등기에 기한 본등기가 경료되지 않은 경우에는 아직 경락인이 그 부동산의 소유권을 상실한 것이 아니므로, 제578조에 의한 손해배상책임이 성립되었다고 볼 여지가 없다(대판 1999.9.17. 97다54024).

10. 관련문제 [C-36k]

(1) 담보책임과 동시이행관계

매수인이 매도인에 대하여 담보책임을 물어 계약을 해제하거나 대금감액청구 또는 손해배상청구 등을 하는 경우, 매수인도 해제에 따른 목적물반환 등의 원상회복의무를 부담하게 되는 때에는 쌍방의 채무는 서로 밀접한 관계에 있으므로 당사자 사이의 공평을 기하기 위하여 동시이행관계에 있는 것으로 규정하고 있다(제583조, 제536조).

(2) 담보책임의 면책특약

담보책임에 관한 규정은 강행규정이 아니므로, 매도인의 담보책임을 배제하거나 경감하는 특약은 원칙적으로 유효하다. 그러나 담보책임 발생의 요건이 되는 사실을 매도인이 알고 고지하지 아니한 사실 및 제3자에게 권리를 설정 또는 양도한 행위에 대하여는 책임을 면하지 못한다(제584조).

| 쟁점구조 |

▌하자담보책임, 불완전이행, 제조물책임[25]

> 甲은 중고전자제품판매상인데 하루는 단골고객인 乙이 甲의 상점을 방문하여 자기가 보아 두었다고 하는 전자레인지를 찾기에 甲은 그 요리용 전자레인지를 乙에게 판매하였다. 그러나 乙이 전자레인지를 사용하는 순간 전자레인지가 폭발하여 乙은 왼쪽 눈을 실명하였다. 이는 전자레인지를 甲이 잘못 수리한 채, 乙에게 판매하였기 때문에 발생한 것이었다. **이때 乙의 구제수단을 손해배상청구권을 중심으로 논하라.**

Ⅰ. 甲의 하자담보책임(적극)

① 계약유형 확정(특정물 매매)⇒ ② 하자담보책임(제580조) 성립여부⇒ ③ 하자담보책임 효과(계약해제권 및 손해배상)⇒ ④ 담보책임을 통해 전보받을 수 있는 손해배상의 범위(신뢰이익 배상 : 수리가 잘못된 하자부분만큼의 대가적 손해)

Ⅱ. 甲의 채무불이행책임(적극)

① 불완전이행(제390조) 성립 여부⇒ ② 채무불이행책임 효과(계약해제권 및 손해배상)⇒ ③ 채무불이행책임을 통해 전보받을 수 있는 손해배상의 범위(이행이익 배상 : 통상손해로서 수리가 잘못되어 전자레인지가 폭발하여 멸실된 손해 + 특별손해로서 왼쪽 눈 실명에 따른 손해)

Ⅲ. 하자담보책임과 채무불이행책임과의 경합인정 여부(적극)

判例는 매매의 목적인 특정물에 원시적인 하자가 있는 경우에도 불완전급부로 인한 채무불이행책임이 성립할 수 있음을 명확히 하였다(대판 2004.7.22. 2002다51586).

Ⅳ. 甲의 제조물책임(적극)

① 제조물책임법 제2조 1호의 가공된 동산, 2호의 안전성의 결여, 3호의 가공을 업으로 하는 자에 해당여부(적극)⇒ ② 제조물책임법을 통해 전보받을 수 있는 손해배상의 범위(확대손해인 왼쪽 눈이 실명된 손해 : 제조물책임법 제3조 1항)

Ⅴ. 계약책임과 불법행위책임의 경합인정 여부(적극)

제3절 교 환

Ⅰ. 의의 및 법적 성질   [C-37]

교환은 당사자 쌍방이 금전 이외의 재산권을 서로 이전할 것을 약정함으로써 성립하는 쌍무·유상·낙성·불요식의 계약이다(제596조 참조). 당사자 간에 서로 '금전 이외의 재산권'을 이전하는 점에서, 재산권 이전의 대가로 매수인이 금전을 지급하는 매매와 구별된다. 재산권이 아닌 노무의 제공이나 일의 완성 등은 교환의 목적이 될 수 없다.

Ⅱ. 효 력   [C-38]

1. 매매규정 준용

교환도 유상계약이기 때문에 매매에 관한 규정이 일반적으로 준용된다(제567조). 따라서 양 당사자는 담보책임 등을 부담한다. 나아가 교환은 쌍무계약이므로, 동시이행의 항변권 및 위험부담에 관한 규정(제536조 이하)이 적용된다. 교환에서 교환목적물의 차액을 보충금으로 지급하는 경우 이에 대해서는 매매대금에 관한 규정을 준용한다(제597조).

2. 관련 판례

(1) **교환계약에서의 시가에 대한 묵비** : 대판 2002.9.4. 2000다54406,54413(A-108.참고)

(2) **보충금의 지급에 갈음하여 이전받을 교환목적물에 설정된 저당권의 피담보채무를 인수한 경우의 법률관계** : 대판 1998.7.24. 98다13877(이행인수 참고)

(3) **교환계약에서의 대상청구권** : 대판 1996.6.25. 95다6601(쟁점 7.참고)

---

25) 당해 논의의 핵심은 각 책임체계의 형식논리가 아닌, 어떤 책임체계를 통해 어떠한 요건 하에서 어떠한 범위만큼의 손해가 배상될 수 있는가, 또한 당해 책임체계를 통해 배상받을 수 없는 손해는 어떠한 책임체계를 통해 구제받을 수 있는가 하는 점에 초점을 맞추어 구체적으로 타당한 결론을 내리면 된다.

제4절 소비대차

요건사실론

■ 대여금반환청구 소송

Ⅰ. 소송물

대여금의 반환을 구하는 청구의 소송물은 '소비대차계약에 기한 대여금반환청구권'이다. 대여금반환청구소송에서는 ① 대여원금과 함께 ② 이자 ③ 지연손해금이 함께 청구되는 경우가 많은데, 이들은 같은 금전지급청구라도 ①은 소비대차계약에 기한 대여금반환청구권, ②는 이자계약에 기한 이자지급청구권, ③은 이행지체로 인한 손해배상청구권이 각 소송물로서 법적 성질을 달리하는 별개의 청구이다.

Ⅱ. 청구취지

1. 대여원금의 청구

   피고는 원고에게 10,000,000원을 지급하라.

2. 대여원금청구 + 부대청구(이자)

   피고는 원고에게 10,000,000원 및 이에 대한 2020. 1. 30.부터 다 갚는 날까지 연 20%의 비율에 의한 금원을 지급하라.

3. 대여원금청구 + 부대청구(지연손해금)

   피고는 원고에게 10,000,000원 및 이에 대한 2020. 1. 30.부터 이 사건 소장부본 송달일까지는 (민법 제379조의 민사법정이율인)연 5%의, 그 다음날부터 완제일까지는 (소송촉진 등에 관한 특례법 제3조 1항에서 정한)연 12%의 각 비율에 의한 금원을 지급하라.

   여기서 변론종결일 이후부터 '다 갚는 날까지'에 해당하는 부분은 그 성질이 장래이행청구에 해당한다. 원본채권의 존재가 인정되고 변론종결 당시까지 이를 변제하지 않은 이상, 그에 대한 지연손해금에 대하여는 '미리 청구할 필요'(민소법 제251조)가 인정되어 적법한 것으로 보는데, 실무상 이 부분과 변론종결 전에 발생한 청구 부분을 구분하지 않고 적는다.

Ⅲ. 청구원인

1. 대여금반환청구

   대여금반환청구의 요건사실은 ⅰ) 금전소비대차계약(변제기 포함)[1]을 체결한 사실, ⅱ) 금전을 교부한 사실,[2] ⅲ) 변제기가 도래한 사실이다.

2. 이자청구(부대청구)

   이자청구의 요건사실은 ⅰ) 원본채권의 발생원인사실,[3] ⅱ) 이자약정을 한 사실,[4] ⅲ) 금전을 교부한 사실 및 시기이다.

3. 지연손해금청구(부대청구)

   지연손해금청구의 요건사실은 ⅰ) 원본채권의 발생원인사실, ⅱ) 반환시기 및 그 도과(변제기가 경과한 사실),[5] ⅲ) 손해의 발생과 그 범위(액수)[6]이다.

Ⅳ. 예상되는 항변(가능한 공격방어방법)

1. 권리장애항변(권리불발생항변)

   예를 들어 의사무능력, 반사회질서 위반행위, 통정허위표시, 원시적 이행불능 등을 들 수 있다.

2. 권리소멸항변(권리멸각항변)
예를 들어 변제, 변제공탁, 변제충당, 상계, 면제, 경개, 소멸시효의 완성, 해제조건의 성취 등을 들 수 있다.

3. 권리저지항변
예를 들어 최고·검색의 항변권, 동시이행의 항변권, 유치권 등을 들 수 있다.

I. 의 의 [C-39]

민법상 소비대차는 당사자 일방(貸主)이 금전 기타 대체물의 소유권을 상대방(借主)에게 이전할 것을 약정하고 상대방은 그와 같은 종류, 품질 및 수량으로 반환할 것을 약정함으로써 효력이 생기는 낙성계약이다(제598조). 따라서 차주가 현실로 금전 등을 수수하거나 현실의 수수가 있은 것과 같은 경제적 이익을 취득하여야만 소비대차가 성립하는 것은 아니다(대판 1991.4.9. 90다14652: 표준판례641). 반대로 당사자 일방이 상대방에게 현실로 금전 기타 대체물의 소유권을 이전하였다고 하더라도 상대방이 같은 종류, 품질 및 수량으로 반환할 것을 약정한 경우가 아니라면 이들 사이의 법률행위를 소비대차라 할 수 없다(대판 2018.12.27. 2015다73098).

II. 대물변제의 예약(채총 대물변제 참고) [C-40]

III. 준소비대차 [10사법] [C-41]

1. 의 의
당사자 쌍방이 소비대차에 의하지 아니하고 금전 기타의 대체물을 지급할 의무가 있는 경우에 당사자가 그 목적물을 소비대차의 목적으로 할 것을 약정한 때에는 소비대차의 효력이 생긴다(제605조).

2. 경개와의 구별
준소비대차는 기존채무를 소멸케 하고 신채무를 성립시키는 계약인 점에 있어서는 경개와 동일하지만, 준소비대차에 있어서는 원칙적으로 기존채무와 신채무 사이에 '동일성'이 인정된다는 점에서 차이가 있다. 당사자의 의사가 명확하지 않은 경우 경개로 보게 되면 채권자는 기존채권의 담보를 잃고 채무자는 항변권을 잃게 되어 모두에게 불리하게 되므로, **준소비대차로 보아야** 한다(대판 2003.9.26. 2002다31803,31810).

---

1) 소비대차계약은 대차형 계약이기 때문에 '반환시기의 약정'(변제기의 합의)은 필수불가결한 요소이다.
2) 소비대차계약은 낙성계약이지만, 실무상 이를 요건사실로 취급한다.
3) 이자는 원본을 전제로 하는 것이므로(원본채권에 대한 부종성) 청구원인으로 ⅰ)이 필요하다.
4) 소비대차계약은 무이자가 원칙이므로 ⅱ)가 청구원인으로 필요하다. 한편 이자지급의 합의가 있더라도 그 약정이율의 주장·증명이 없는 때에는 이율은 민법 제379조에 의하여 연 5%가 된다. 그리고 이자지급의 합의가 없더라도, 상인 사이의 금전소비대차는 물론 상인이 그 영업에 관하여 상인이 아닌 자에게 금전을 대여한 경우에도 당연히 법정이자를 청구할 수 있으므로(상법 제55조 1항) 소비대차계약 당시, 이를 주장·증명하여 상사법정이율인 연 6%의 이자를 청구할 수 있다(상법 제54조).
5) 지연손해금은 채무자의 이행지체에 기한 것이므로 ⅱ)가 청구원인으로 필요하다. 이와 관련하여 민법 제387조에 규정이 있으나, 기한의 정함이 없는 경우에는 민법 제387조 2항이 아니라 그 특칙인 민법 제603조 2항(최고+상당한 기간)에 의한다.
6) 손해의 발생 및 그 범위는 원고가 주장·증명하여야 할 사실이나, 금전채무의 불이행의 경우에는 그 손해배상액은 법정이율 또는 약정이율에 의하므로(제397조 1항), 대주로서의 특약이 없더라도 연 5%의 민사법정이율에 의한 지연손해금을 구할 수 있고, 이를 초과하는 약정이율의 약정이 있는 경우에는 이를 증명함으로써 약정이율에 의한 지연손해금을 구할 수 있다.

3. 요 건

(1) 유효한 기존채무의 존재

준소비대차계약이 '성립'하려면 당사자 사이에 금전 기타의 대체물의 급부를 목적으로 하는 기존 채무가 존재하여야 하고, 기존 채무가 존재하지 않거나 또는 존재하고 있더라도 그것이 무효·취소·해제가 된 때에는 준소비대차계약은 효력이 없다. 준소비대차계약의 채무자가 기존 채무의 부존재를 주장하는 이상 채권자로서는 기존 채무의 존재를 증명할 책임이 있다(대판 2024.4.25. 2022다254024). 그리고 判例는 법문(소비대차에 의하지 아니하고 금전 기타의 대체물을 지급할 의무가 있는 경우)과 달리 구채무가 소비대차일 경우에도 준소비대차계약이 가능하다고 한다(대판 1994.5.13. 94다8400).

(2) 기존채무의 당사자 사이에 기존채무의 목적물을 소비대차의 목적물로 한다는 합의가 있을 것

준소비대차는 구채무와 신채무 사이에 동일성이 있는 것이므로 기존채무의 당사자와 준소비대차계약의 당사자가 동일해야 한다(대판 2002.12.6. 2001다2846).

4. 효 과

(1) 소비대차로서의 효력

준소비대차는 소비대차로서의 효력이 생기므로(제605조) 소비대차에 따른 법률효과가 발생한다.

(2) 동일성 유지

준소비대차의 기초가 된 구채무와 신채무 사이에 동일성이 유지되므로 기존채무에 붙어 있던 항변권, 담보, 보증은 당사자의 의사나 그 계약의 성질에 반하지 않는 한 원칙적으로 존속한다(대판 2007.1.11. 2005다47175). 구채무의 소멸 여부는 당사자의 의사에 따를 것이지만, 원칙으로 구채무는 동일성을 유지하면서 소비대차의 형태로 존속한다(대판 1994.5.13. 94다8440).

(3) 신채무의 소멸시효

시효는 그 성질상 채무 자체의 성질에 의하여 결정될 것이지 당사자의 의사에 의하여 좌우될 것은 아니므로 언제나 신채무를 표준으로 정해야 한다(대판 1981.12.22. 80다1363).[7]

---

[7] "민법 제164조 제3호 소정의 단기소멸시효의 적용을 받는 노임채권이라도 채권자인 원고와 채무자인 피고 회사 사이에 위 노임채권에 관하여 준소비대차의 약정이 있었다면 동 준소비대차계약은 상인인 피고 회사가 영업을 위하여 한 상행위로 추정함이 상당하고, 이에 의하여 새로이 발생한 채권은 상사채권으로서 5년의 상사시효의 적용을 받게 된다"

제5절 사용대차

Ⅰ. 의 의
[C-42]

사용대차란 당사자일방이 상대방에게 무상으로 사용, 수익하게 하기 위하여 목적물을 인도할 것을 약정하고 상대방은 이를 사용, 수익한 후 그 물건을 반환할 것을 약정함으로써 성립하는 계약이다(제609조). 계약서의 명칭이 사용대차계약으로 되어 있더라도 물건의 사용·수익의 대가가 급부되는 경우에는 임대차계약에 해당한다(대판 1994.12.2. 93다31672).

[관련판례] "사용대차계약에 따라 사용차주는 목적물을 사용·수익할 권리를 취득하고 이를 위하여 사용대주에게 목적물의 인도를 구할 권리를 가진다고 할 것이지만, 나아가 사용차주에게 자신의 사용·수익을 위하여 소유자인 사용대주가 목적물을 처분하는 것까지 금지시킬 권능이 있다고 할 수는 없다"(대판 2007.1.26. 2006다60526).

Ⅱ. 사용대차의 종료
[C-43]

1. 사용대차의 기간

(1) 기간약정이 있는 경우
차용물의 반환시기를 약정한 때에는 그 만료시에 사용대차는 당연히 종료하고, 차주는 차용물을 반환하여야 한다(제613조 1항).

(2) 기간약정이 없는 경우
차용물의 반환시기를 정하지 않은 때에는 계약 또는 목적물의 성질에 의한 사용·수익이 종료한 때에 사용대차는 종료하고, 차주는 차용물을 반환하여야 한다(제613조 2항 본문). 그러나 현실로 사용·수익이 종료하지 아니한 경우라도 사용·수익에 충분한 기간이 경과한 때에는 대주는 언제든지 계약을 해지할 수 있다(제613조 2항 단서)(대판 1978.11.28. 78사13).

2. 해제·해지권

(1) 당사자의 해제권
당사자는 목적물의 인도전에는 언제든지 계약을 해제할 수 있다(제612조, 제601조). 사용대차가 무상계약임을 고려한 규정이다. 다만 당사자는 해제로 인한 상대방의 손해를 배상하여야 한다(제601조 단서).

(2) 차주의 해지권
다른 특약이 없는 한 차주는 언제든지 사용대차를 해지할 수 있다.

(3) 대주의 해지권
1) 차주가 계약 또는 목적물의 성질에 의하여 정하여진 용법에 위반하여 사용·수익하거나, 대주의 승낙 없이 제3자에게 차용물을 사용·수익하게 한 때(제610조 3항)

2) 반환시기의 약정이 없는 경우에 현실로 사용·수익이 종료하지 아니한 경우라도 사용·수익에 충분한 기간이 경과한 때(제613조 2항 단서)

"사용수익에 충분한 기간이 경과하였는지의 여부는 공평의 입장에서 대주에게 해지권을 인정하는 것이 타당한가의 여부에 의하여 판단하여야 할 것이므로, 무상으로 사용을 계속한 기간이 40년 이상의 장기간에 이르렀고 최초의 사용대차계약 당시의 대주가 이미 사망하여 대주와 차주 간의 친분 관계의 기초가 변하였을 뿐더러, 차주측에서 대주에게 무상사용 허락에 대한 감사의 뜻(호의)을 표시하기는커녕 자주점유에 의한 취득시효를 주장하는 민사소송을 제기하여 상고심에 이르기까지 다툼을 계속하는 등 쌍방의 신뢰관계 내지 우호관계가 허물어진 경우, 공평의 견지에서 대주의 상속인은 사용대차를 해지할 수 있다"(대판 2001.7.24. 2001다23669).

3) '차주'가 사망하거나 파산선고를 받은 때(제614조)

그러나 건물소유 목적의 토지사용대차의 경우에는 이러한 해지권이 제한될 수 있다. "일반으로 건물의 소유를 목적으로 하는 토지 사용대차에 있어서는, 당해 토지의 사용수익의 필요는 당해 지상건물의 사용수익의 필요가 있는 한 그대로 존속하는 것이고, 이는 특별한 사정이 없는 한 차주 본인이 사망하더라도 당연히 상실되는 것이 아니어서 그로 인하여 곧바로 계약의 목적을 달성하게 되는 것은 아니라고 봄이 통상의 의사해석에도 합치되므로, 이러한 경우에는 민법 제614조의 규정에 불구하고 대주가 차주의 사망사실을 사유로 들어 사용대차계약을 해지할 수는 없다"(대판 1993.11.26. 93다36806: 표준판례642).

3. 비용상환청구권

① 차주는 차용물의 '통상의 필요비'를 부담하나(제611조 1항), ② '유익비'는 대주에게 상환을 청구할 수 있다(제611조 2항, 제594조 2항, 제203조 2항). 다만 이는 임의규정인바, 최근 判例에 따르면 "종중이 종중원에게 종중 소유 토지를 무상으로 사용하도록 하는 사용대차계약이 묵시적으로 성립했다고 볼 수 있는 경우 사용·수익에 충분한 기간이 지나면 종중의 반환 요청을 받은 종중원이 유익비를 지출하였더라도 그 상환을 청구하지 않고 토지를 그대로 반환한다는 묵시적 약정이 포함되어 있다고 보는 것이 당사자의 진정한 의사에 부합한다"(대판 2018.3.27. 2015다3914,3921,3938)고 한다.

제6절 임대차

요건사실론

■ 임대차보증금 반환청구(임차인의 임대인에 대한 청구형 문제)

Ⅰ. 청구원인
임대차보증금반환청구의 요건사실은 ⅰ) 임대차계약의 체결, ⅱ) 임대차보증금의 지급, ⅲ) 임대차의 종료이다.

1. 임대차계약의 체결
임대차계약이 체결된 사실에는 임차목적물, 차임이 구체적으로 특정되어야 한다. 대차형 계약이므로 반환시기의 합의는 단순한 법률행위의 부관에 그치는 것이 아니라, 계약의 필수불가결한 요소로 임대기간에 관한 사실까지도 주장·증명하여야 한다.

2. 임대차보증금의 지급
임대차계약에서 보증금을 지급하였다는 증명책임은 보증금의 반환을 구하는 임차인이 부담한다(대판 2005.1.13. 2004다19647).

3. 임대차의 종료
임대차종료를 원인으로 한 임대차보증금반환을 구하는 경우에는 기간만료(해지원인) 등을 밝혀야 한다.

4. 기타 요건
임차인이 임대인으로부터 목적물을 양수한 제3자에 대한 임대차보증금의 반환을 청구하기 위해서는 그가 임대인의 지위를 승계하였거나 보증금반환채무를 인수하였을 것이 요구되므로, 이에 대한 요건사실, 즉 원고가 민법 또는 주택임대차보호법, 상가건물임대차보호법 소정의 대항력의 요건을 갖춘 사실까지 주장·증명하여야 한다. 한편, 임차인이 임대인에게 임대차목적물을 반환한 사실은 임대차보증금반환청구의 요건사실에 포함되지 않는다.

Ⅱ. 예상되는 항변

1. 묵시의 갱신의 항변
기간만료로 종료되었다는 원고의 주장에 대하여, 임대인인 피고는 ⅰ) 원고가 종료 후에도 목적물을 계속 사용·수익하였고, ⅱ) 종료 후 상당한 기간 내에 이의를 제기하지 않았다는 '묵시적 갱신의 항변(제639조)'을 할 수 있다. 이 갱신된 임대차는 기간의 정함이 없는 임대차가 되므로, 임차인인 원고는 '재항변'으로 제635조에 따른 계약해지의 통고에 의한 임대차종료의 주장을 할 수 있다

2. 공제의 항변
임대인은 공제 대상 채권(임대차보증금에 의하여 담보되는 차임채권, 부당이득반환채권 및 손해배상채권 등)의 발생사실을 주장·증명하여 그 공제를 '항변'할 수 있고, 임차인은 공제 대상 채권의 소멸사실(변제 등)을 주장·증명하여 '재항변'할 수 있다(대판 1995.7.25. 95다14664 등).

(1) 계약존속 중의 연체차임
연체차임의 공제의 항변에 대하여, 차임지급사실은 원고(임차인)의 '재항변'이 된다.

(2) 임대차계약 종료 후의 부당이득
이 경우 공제의 항변이 인정되기 위해서, 피고(임대인)로서는 判例의 '실질적 이득론'(98다15545, 98다6497 등)에 따라 원고(임차인)가 임차목적물을 점유하고 있다는 사실을 주장·증명하는 것만으로는 부족하고, 원고가 목적물을 본래의 용법대로 사용·수익하고 있는 사실까지 주장·증명하여야 한다.

(3) 목적물의 멸실 등에 따른 손해배상

이 경우 공제의 항변이 인정되기 위해서, 피고(임대인)로서는 ⅰ) 목적물의 멸실·훼손사실과 ⅱ) 그 손해액을 주장·증명하면 된다.

3. 동시이행의 항변

임대인의 보증금반환채무와 임차인의 목적물인도의무는 동시이행의 관계에 있는바, 피고(임대인)의 동시이행항변에 대하여 원고(임차인)는 피고에게 목적물을 인도하였거나 계속하여 그 이행의 제공을 한 사실을 '재항변'으로 주장할 수 있다.

요건사실론

임대차목적물 반환청구(임대인의 임차인에 대한 청구형 문제)

Ⅰ. 청구원인

임대차목적물반환청구의 요건사실은 ⅰ) 임대차계약의 체결, ⅱ) 목적물의 인도, ⅲ) 임대차의 종료이다.

타인 소유의 물건에 대한 임대차계약도 유효하게 성립하므로 임대인은 목적물이 자신의 소유인 점을 주장·증명할 필요는 없다. 임대인이 임차인과 사이의 임대차 종료를 이유로 전차인에 대하여 직접 목적물의 반환을 청구하는 경우에는 그 청구원인 사실로서 ⅰ) 임대인이 임차인과 임대차계약을 체결한 사실, ⅱ) 임대인이 임차인에게 목적물을 인도한 사실, ⅲ) 임차인이 임대인의 동의를 얻어 전차인과 임대차 또는 사용대차계약을 체결한 사실, ⅳ) 임차인이 전차인에게 목적물을 인도한 사실, ⅴ) 임대차가 종료한 사실을 주장·증명하여야 한다(제630조 참조). 다만, 전차인의 권리를 임대인과 임차인의 의사만으로 해하는 것은 허용되지 아니하므로(제631조), 위 요건사실 중 ⅴ)의 임대차 종료원인으로서 '합의해지'를 주장하는 것은 주장 자체로 이유가 없다.

Ⅱ. 예상되는 항변

1. 매수청구권의 행사(이하 별도 설명)

① 피고는 건물임대차의 경우 부속물매수청구권(제646조), 토지임대차의 경우 지상물매수청구권(제643조, 제283조)을 행사하면서 동시이행의 항변을 할 수 있다. ② 이에 대해 원고는 부속물매수청구권과 지상물매수청구권의 포기특약의 '재항변'을 할 수 있다(매수청구권과 관련된 규정은 강행규정이나 포기특약의 내용이 임차인에게 불리하지 않은 것이라면 예외적으로 유효하다).

2. 유치권

① 피고는 필요비상환청구권(제626조 1항)이나, 유익비상환청구권(제626조 2항)을 행사하면서 유치권의 항변을 할 수 있다. ② 이에 대해 원고는 필요비상환청구권과 유익비상환청구권의 포기특약의 '재항변'을 할 수 있다(비용상환청구권과 관련된 규정은 임의규정이므로 포기특약이 원칙적으로 유효하다).

3. 동시이행의 항변

임차인인 피고는 임대차보증금의 반환과 동시이행의 항변을 주장할 수 있는데, 이 경우 피고는 임대차보증금 지급사실만 주장·증명하면 되고, 이에 대하여 원고인 임대인은 공제 대상 채권(임대차보증금에 의하여 담보되는 차임채권, 부당이득반환채권 및 손해배상채권 등)의 발생사실을 주장·증명하여 그 공제를 '재항변'할 수 있고, 피고인 임차인은 공제 대상 채권의 소멸사실(변제 등)을 주장·증명하여 '재재항변'할 수 있다.

| 쟁점구조 |

■ **임대차 종료시 법률관계**(임대인과 임차인의 법률관계형 문제)

① 임대차 종료사유 발생(제623조, 제629조, 제640조, 목적물멸실 등)여부 확정 ⇒ ② 임대차 종료에 따른 임차인의 권리 여하(ⅰ) 임대차보증금 반환 청구, ⅱ) 투하자본회수와 관련한 부속물매수청구권, 비용상환청구권, 지상물매수청구권 ; 보, 부, 비, 지) ⇒ ③ 임대차 종료에 따른 임대인의 권리 여하[목적물반환청구, 부당이득(실질적 이익론), 불책] ⇒ ④ 권리행사시 상대방의 항변문제(유치권, 동시이행항변권)

I. 서 설   [C-44]

1. 의의 및 법적성질

임대차는 당사자일방이 상대방에게 목적물을 사용·수익하게 할 것을 약정하고, 상대방이 이에 대하여 '차임'을 지급할 것을 약정함으로써 성립하는 낙성·유상·쌍무·불요식의 계약이다(제618조). 설령 주택임차인이 주택임대차보호법 제3조 1항의 대항요건을 갖추거나 민법 제621조의 규정에 의한 주택임대차등기를 마치더라도 채권계약이라는 기본적인 성질에 변함이 없다(대판 2007.6.28. 2004다69741).[1] 임대차는 매매와 더불어 우리의 경제생활에서 매우 중요한 기능을 담당한다.

2. 전세권자로서의 지위와 임차인으로서의 지위를 함께 가지는 경우

(1) 임대차 계약과 함께 전세권설정등기를 경료한 경우

임차인이 그 지위를 강화하기 위하여 임대인과 임대차보증금을 전세금으로 하여 전세권설정계약을 체결하고 이에 따라 전세권설정등기를 하는 경우가 있는데, 이러한 경우 임차인은 **전세권자로서의 지위와 임차인으로서의 지위를 함께 가지게 된다**(본서 임대차 Ⅳ. 임차권의 대항력 참고).

1) **동시이행관계**

"임대인과 임차인이 임대차계약을 체결하면서 임대차보증금을 전세금으로 하는 전세권설정등기를 경료한 경우 임대차보증금은 전세금의 성질을 겸하게 되므로, 당사자 사이에 다른 약정이 없는 한 **임대차보증금 반환의무는 민법 제317조에 따라 전세권설정등기의 말소의무와도 동시이행관계에 있다**"(대판 2011.3.24. 2010다95062).

2) **배당요구, 대항력 및 우선변제권** [13법무]

"주택임대차보호법상 임차인으로서의 지위와 전세권자로서의 지위를 함께 가지고 있는 자가 그중 임차인으로서의 지위에 기하여 경매법원에 배당요구를 하였다면 배당요구를 하지 아니한 전세권에 관하여는 배당요구가 있는 것으로 볼 수 없다"(대판 2010.6.24. 2009다40790). 또한 "주택임차인이 그 지위를 강화하고자 별도로 전세권설정등기를 마쳤더라도 주택임차인이 주택임대차보호법 제3조 제1항의 대항요건을 상실하면 이미 취득한 주택임대차보호법상의 대항력 및 우선변제권을 상실한다"(대판 2007.6.28. 2004다69741).

---

1) 이 판결은 주택임차인이 그 지위를 강화하고자 별도로 전세권설정등기를 마쳤더라도 주택임차인이 주택임대차보호법 제3조 1항의 대항요건을 상실하면 이미 취득한 주택임대차보호법상의 대항력 및 우선변제권을 상실한다고 판시하였다. 즉, 소액임차인이 대항요건과 확정일자를 갖추고 전세권설정등기를 한 뒤 그 전세권등기를 믿고 주민등록을 이전하여 대항요건이 상실된 경우, 전세권자의 지위에서 그 순위에 따라 배당을 받을 수 있을 뿐 소액보증금 최우선변제권은 상실하게 된다.

(2) 임대차 계약과 함께 '통정허위표시'로 전세권설정등기를 경료한 경우

전세권설정계약이 없으면서도 임대차계약에 기한 임차보증금 반환채권을 담보할 목적으로 또는 금융기관으로부터 자금을 융통할 목적으로 임차인과 임대인이 합의하여 임차인 명의로 전세권설정등기를 마친 경우, 그 전세권설정은 통정허위표시에 해당하여 무효이나 i) 그 전세권에 근저당권을 설정한 채권자(대판 2008.3.13, 2006다58912), ii) 그 전세권부채권을 가압류한 채권자(대판 2010.3.25, 2009다35743 : 7회,8회 선택형)에 대하여는 제108조 2항에 따라 무효를 주장할 수 없다(민법총칙 통정허위표시 참고).

Ⅱ. 성 립
[C-45]

1. 임대차의 성립요건

임대차는 낙성계약이므로 원칙적으로 당사자의 합의만으로 성립한다.

2. 타인소유 물건에 대한 임대차 계약

(1) 유효성 여부

임대차는 당사자 일방이 상대방에게 목적물을 사용·수익하게 할 것을 약정하고 상대방이 이에 대하여 차임을 지급할 것을 약정함으로써 성립하는 것이고, 임대인이 그 목적물에 대한 소유권 기타 이를 임대할 권한이 없다고 하더라도 임대차계약은 유효하게 성립한다(대판 2009.9.24, 2008다38325 : 표준판례 643). 다만 임대차계약에서 그 목적물이 반드시 임대인의 소유일 것을 특히 계약의 내용으로 삼았다면 임차인은 이것을 이유로 법률행위의 내용의 중요부분의 착오가 있다 하여 취소할 수 있다(대판 1975.1.28, 74다2069).

(2) 임차인의 대항력 취득 여부

임차인이 대항력 있는 임차권을 취득하기 위해서는 임대인이 소유자이거나 또는 소유권을 갖고 있지는 않더라도 적어도 적법하게 임대차계약을 체결할 수 있는 권한을 갖고 있어야 한다.

① [대항력 긍정] 判例도 임차인이 주택 임대차보호법상의 대항력을 취득하기 위해서는 임차인과 주택의 소유자인 임대인 사이에 임대차계약이 체결된 경우에 한정된다고 할 수는 없고, 나아가 주택의 소유자는 아니지만 주택에 관하여 적법하게 임대차계약을 체결할 수 있는 권한(적법한 임대 권한)을 가진 임대인과 사이에 임대차계약이 체결된 경우도 포함된다(4회,6회 선택형)고 한다.

따라서 ㉠ 주택의 유효한 명의신탁자로서 사실상 이를 제3자에게 임대할 권한을 가지는 자로부터 임차를 하거나(대판 1995.10.12, 95다22283 ; 따라서 임차인은 등기부상 주택의 소유자인 명의수탁자에 대한 관계에서도 적법한 임차임을 주장할 수 있다), ㉡ 주택을 매수하고 소유권이전등기를 받기 전에 매매계약의 이행으로 매매목적물을 인도받아 그 물건을 사용·수익할 수 있는 지위에 있는 매수인으로부터 임차를 한 임차인(대판 2008.4.10, 2007다38908,38915 : 표준판례626)은 대항요건인 주택의 인도와 주민등록을 마치면 대항력이 인정된다고 한다[따라서 임대인의 임대권원의 바탕이 되는 계약의 해제에도 불구하고 자신의 임차권을 새로운 소유자에게 대항할 수 있다(제548조 1항 단서)].

② [대항력 부정] 그러나 경매절차에서 '매각대금을 납부하지 아니한 최고가매수신고인'은 적법한 임대권한이 없다고 한다(대판 2014.2.27, 2012다93794). 따라서 최고가매수신고인으로부터 임차하여 주택을 인도받고 전입신고 및 확정일자를 갖추었더라도, '다음날' 최고가 매수신고인이 매각대금을 완납하고 '같은 날' 근저당권설정등기를 해 준 경우, 임차인은 근저당권자에게 우선하지 못한다.

(3) 임대인과 임차인의 의무

임대인은 임차인으로 하여금 그 목적물을 완전하게 사용·수익케 할 의무가 있고 또한 임차인은 이러한 임대인의 의무가 이행불능으로 되지 아니하는 한 그 사용·수익의 대가로 차임을 지급할 의무가 있다(대판 1996.9.6. 94다54641).

(4) 임대차 종료시 법률관계

1) 임대인의 소유권상실과 임대차 계약의 종료 여부(원칙적 소극)

임대차계약상의 임대인의 의무는 목적물을 사용수익케 할 의무로서, 목적물에 대한 소유권 있음을 성립요건으로 하고 있지 아니하여 임대인이 소유권을 상실하였다는 이유만으로 그 의무가 이행불능이 되는 것은 아니다(대판 1994.5.10. 93다379770 : 12회 선택형). 그러나 임차인이 진실한 소유자로부터 '목적물의 반환청구'나 '임료 내지 그 해당액의 지급요구'를 받는 등의 이유로 임대인이 임차인으로 하여금 사용·수익케 할 수가 없게 되었다면 임대인의 채무는 이행불능으로 된다(대판 1996.9.6. 94다54641).[2] 이때 임대차는 임차인의 해지의 의사표시를 기다리지 않고 곧바로 종료된다.

2) 임대인의 이행불능을 이유로 당연종료된 경우

임대차가 위와 같은 '임대인의 이행불능'으로 당연종료한 때는 임대인은 임차인에게 목적물의 계속 사용으로 인한 부당이득의 반환을 청구할 수 없다(대판 1996.9.6. 94다54641).

3) 기타의 사유로 종료된 경우

임대차가 기간만료 등에 의해 종료한 경우 소유자가 임차인에게 목적물의 반환이나 그 사용에 따른 부당이득반환을 청구하는 등의 사정이 있는 경우가 아니면 임차인은 소유권이 없는 임대인에게 목적물 반환의무를 부담하며, 나아가 연체차임과 임대차 종료 이후의 명도시까지의 차임 상당의 부당이득반환의무도 부담한다(대판 2001.6.29. 2000다68290 : 2회 선택형). 이 경우 소유자가 아닌 임대인에게 손해가 있는지 문제될 수 있으나, 임대인과 임차인 사이에서는 종료 이후의 사용수익권이 임대인에게 있다고 보아야 하므로 임대인의 손해를 인정할 수 있다.

Ⅲ. 효력 [C-46]

1. 임대차의 존속기간 [C-46a]

(1) 존속기간을 정한 경우

1) 최장기간의 제한

① 종래 대법원은 "임차인에게 너무 오랜 기간에 걸쳐 이용을 맡기면 임차물 관리가 소홀해지고 개량이 잘 이루어지지 않으므로 사회경제적인 손실을 방지하는데 해당조항의 입법취지가 있다"고 하여 임대차의 최장기간의 제한은 강행규정이라고 하였다(대판 2003.8.22. 2003다19961). 그러나 최근 헌법재판소는 "임대차계약을 통해 합리적이고 효과적인 임차물 관리 및 개량방식의 설정이 가능하다"면서 임대차 존속기간을 20년으로 제한한 제651조 1항이 임대인의 재산권과 계약의 자유를 침해하여 위헌이라고 판시하였다(헌재 2013.12.26. 2011헌바234). 이러한 헌법재판소 결정을 반영하여 제651조 1항을 폐지하는 한편, 제651조 2항은 임대차 존속기간의 갱신 및 갱신기간의 상한을 규정한 것으로서 임대차 존속기간의 제한을 폐지하는 경우에는 별도로 존치할 필요가 없으므로, 2016.1.6.부로 제651조 전부를 삭제하였다.

---

2) [비교판례] 다만 判例 중에는 "임대인이 임대차 목적물의 소유권을 제3자에게 양도하고 그 소유권을 취득한 제3자가 임차인에게 그 임대차 목적물의 인도를 요구하여 이를 '인도'하였다면 임대인이 임차인에게 임대차 목적물을 사용·수익케 할 의무는 이행불능이 되었다"(대판 1996.3.8. 95다15087)고 하여 이행불능의 요건으로 인도까지 요구하는 듯한 판시내용이 있다.

② 따라서 최근 判例에 따르면 "당사자들이 자유로운 의사에 따라 임대차기간을 영구로 정한 약정은 이를 무효로 볼 만한 특별한 사정이 없는 한 계약자유의 원칙에 의하여 허용된다고 보아야 한다.[3] 다만, 영구임대의 경우 임대차기간의 보장은 임대인에게는 의무가 되나 임차인에게는 권리의 성격을 갖는 것이므로 **임차인으로서는 언제라도 그 권리를 포기할 수 있고, 그렇게 되면 임대차계약은 임차인에게 기간의 정함이 없는 임대차가 된다**"고 한다(대판 2023.6.1. 2023다209045).

2) 최단기간의 보장

① 일반 임대차에는 최단기간의 보장이 없다. ② 그러나 주택 임대차의 경우에는 '기간을 정하지 아니하거나 2년 미만으로 정한 임대차는 그 기간을 2년으로 본다. 다만, **임차인은 2년 미만으로 정한 기간이 유효함을 주장할 수 있다**. 따라서 임대차 기간을 2년 미만으로 정한 임대차의 임차인이 스스로 그 약정 임대차 기간이 만료되었음을 이유로 임차보증금의 반환을 구할 수 있다(대판 1995.10.12. 95다22283). 또한 임대차기간이 끝난 경우에도 임차인이 보증금을 반환받을 때까지는 임대차관계가 존속되는 것으로 본다(동법 제4조). ③ 상가건물 임대차의 경우에도 주택임대차 규정과 동일하나, 단 주택임대차와 달리 1년이다(동법 제9조).

(2) 기간의 갱신

1) 갱신계약(제651조 2항) ; 2016.1.6.부로 삭제

2) 묵시의 갱신(법정갱신 ; 제639조, 주택 임대차보호법 제6조, 상가건물 임대차보호법 제10조)

> 제639조 (묵시의 갱신) ① 임대차기간이 만료한 후 임차인이 임차물의 사용, 수익을 계속하는 경우에 임대인이 '상당한 기간 내'에 이의를 하지 아니한 때에는 전임대차와 동일한 조건으로 다시 임대차한 것으로 본다. 그러나 당사자는 '제635조의 규정에 의하여 해지의 통고'를 할 수 있다. ② 전항의 경우에 전임대차에 대하여 제3자가 제공한 담보는 기간의 만료로 인하여 소멸한다.

① **['일반임대차'의 경우]** 묵시의 갱신 조항은 강행규정으로 정하여져 있지 않으나(제652조 참조), 判例에 따르면 강행규정이다(대판 1964.12.8. 64누62). 그리고 묵시의 갱신의 경우에 전 임대차에 대하여 제3자가 제공한 담보(임대차보증금채권은 제외)는 기간의 만료로 소멸한다(제639조 2항). 이처럼 제3자가 제공한 담보가 소멸하는 것은 담보를 제공한 자의 예상하지 못한 불이익(담보기간의 연장)을 방지하기 위한 것이고, 이러한 취지에 따라 제639조 2항은 당사자들의 합의에 따른 임대차 기간연장의 경우에는 적용되지 않는다(대판 2005.4.14. 2004다63293).

또한 제628조의 차임증액청구권은 임대차계약이 존속하고 있음을 전제로 행사하는 권리이므로, 임대인이 전 임대차기간 만료 후 차임증액청구권을 행사하였다는 사정만으로는 임대인이 더 이상 임대차관계를 지속하지 않겠다는 의사에 기하여 제639조 1항의 이의를 하였다고 보기 어렵다(대판 2025.3.13. 2024다315046).

② **['주택임대차'의 경우]** 임대인이 임대차기간이 끝나기 6개월 전부터 2개월 전(개정 전에는 1개월 전)까지의 기간에 임차인에게 갱신거절의 통지를 하지 아니하거나 계약조건을 변경하지 아니하면 갱신하지 아니한다는 뜻의 통지를 하지 아니한 경우에는 그 기간이 끝난 때에 전 임대차와 동일한 조건으로 다시 임대차한 것으로 본다. 임차인이 임대차기간이 끝나기 2개월 전까지 통지하지 아니한 경우에도 또한

---

[3] [판시이유] "왜냐하면 제619조에서 처분능력, 권한 없는 자의 단기임대차의 경우에만 임대차기간의 최장기를 제한하고 있을 뿐, 민법상 임대차기간이 영구인 임대차계약의 체결을 불허하는 규정은 없고, 소유자가 소유권의 핵심적 권능에 속하는 사용·수익의 권능을 대세적으로 포기하는 것은 특별한 사정이 없는 한 허용되지 않으나, 특정인에 대한 관계에서 채권적으로 사용·수익권을 포기하는 것까지 금지되는 것은 아니기 때문이다"

같다. 주택임대차가 묵시적으로 갱신된 경우 그 임대차의 존속기간은 2년이고, 다만 임차인은 언제든지 임대인에게 계약해지를 통지할 수 있다(동법 제6조, 제6조의2 1항). 다만 이는 2020. 12. 10.이후 최초로 체결하거나 갱신된 계약부터 적용된다(2020년 6월 9일 개정법 부칙).

[관련판례] 判例는 민간임대주택에 관한 특별법 제3조에 따라 주택임대차보호법이 적용되는 민간임대주택의 경우 "임차인의 채권자로부터 임대보증금반환청구권에 대한 압류 및 추심명령이 발령되었다는 사정은 임대인이 임대차계약의 갱신을 거절할 수 있는 특별한 사정에 해당한다고 보기 어렵다"(대판 2020.5.28. 2020다202371)고 보았으며, 금융기관이 임차인에게 대출을 하면서 임대보증금반환채권에 관하여 권리질권을 설정받은 후 그 권리질권에 기하여 임대인을 대위하여 임차인을 상대로 임대주택의 인도를 구하는 경우, 임차인과의 질권설정계약에서 임대차계약의 갱신을 제한하도록 별도로 약정하였다는 사정을 들어 임대차계약이 묵시적으로 갱신되었다는 임차인의 주장을 배척할 수 없고, 이러한 묵시적 갱신이 질권설정자의 권리처분을 제한한 민법 제352조에 저촉되지도 않는다(대판 2020.7.9. 2020다223781)고 판시하였다.

③ ['상가임대차'의 경우] 상가의 임차인이 임대차기간 만료 1개월 전부터 만료일 사이에 갱신거절의 통지를 한 경우 해당 임대차계약은 묵시적 갱신이 인정되지 않고 임대차기간의 만료일에 종료한다고 보아야 한다"(대판 2024.6.27. 2023다307024).[4]

3) 갱신청구권

① ['주택임대차'의 경우] 개정(2020.7.31.개정) 주택임대차보호법은 임차인이 임대차기간이 끝나기 6개월 전부터 2개월 전까지 계약갱신을 요구할 경우 임대인은 정당한 사유 없이 거절하지 못하도록 하였고, 이러한 갱신요구권은 1회에 한하여 행사할 수 있으며 갱신되는 임대차의 존속기간은 2년으로 본다(동법 제6조의3 2항).

[관련판례] 주택임대차보호법 제6조의3 제1항 제8호는 "임대인(임대인의 직계존속·직계비속을 포함한다)이 목적 주택에 실제 거주하려는 경우"를 임차인의 계약갱신 요구를 거절할 수 있는 사유 중 하나로 들고 있다. "임대인이 목적 주택에 실제 거주하려는 경우에 해당한다는 점에 대한 증명책임은 임대인에게 있다. '실제 거주하려는 의사'의 존재는 임대인이 단순히 그러한 의사를 표명하였다는 사정이 있다고 하여 곧바로 인정될 수는 없지만, 임대인의 의사가 가공된 것이 아니라 진정하다는 것을 통상적으로 수긍할 수 있을 정도의 사정이 인정된다면 그러한 의사의 존재를 추인할 수 있을 것이다. 이는 임대인의 주거 상황, 임대인이나 그의 가족의 직장이나 학교 등 사회적 환경, 임대인이 실제 거주하려는 의사를 가지게 된 경위, 임대차계약 갱신요구 거절 전후 임대인의 사정 등 여러 사정을 종합하여 판단할 수 있다"(대판 2023.12.7. 2022다279795)

② ['상가건물 임대차'의 경우] ㉠ 임대인은 최초의 임대차기간을 포함한 전체 임대차기간이 '10년'(기존 5년에서 2018.10.16. 10년으로 개정)을 초과하지 않는 범위 내에서는 임차인이 임대차기간만료 전 6월부터 1월까지 사이에 행하는 계약갱신 요구에 대하여 정당한 사유없이 이를 거절할 수 없다(동법 제10조 1항, 2항). ㉡ 다만, "상가건물 임대차보호법 제2조 제1항 단서에 따라 대통령령으로 정한 보증금액을 초과하는 임대차에서 기간을 정하지 않은 경우에는, 임차인이 같은 법 제10조 제1항에서 정한 계약갱신요구권을 행사할 수 없다"(대판 2021.12.30. 2021다233730 : 12회 선택형).[5] ㉢ 또한 "동법 제10조의8, 제

---

[4] [사실관계] 상가의 임차인인 원고가 임대차기간 만료 1개월 전부터 만료일 사이에 갱신거절의 통지를 한 뒤 임대인인 피고를 상대로 그에 따른 임대차보증금반환을 청구하였다. ① 원심은, 이 사건 임대차계약의 임대차기간이 만료되기 6개월 전부터 1개월 전까지 사이에 임대인인 피고가 갱신거절의 통지 등을 하지 아니하였고, 임차인인 원고도 별다른 조치를 취하지 아니한 이상, 이 사건 임대차계약은 기간만료일 전 1개월이 경과하여 묵시적으로 갱신되었으나, 갱신거절의 취지가 기재된 2020. 12. 29. 자 이 사건 통지로 이 사건 임대차계약은 그로부터 3개월이 지난 2021. 3. 29. 해지되어 종료되었다고 보아, 피고가 원고에게 2021. 3. 29.까지의 차임과 부가세를 공제한 임대차보증금 및 지연손해금을 반환할 의무가 있다고 판단하였다. ② 그러나 대법원은 위와 같은 법리를 설시하면서, 임차인인 원고가 이 사건 임대차계약의 종료일 전에 갱신거절의 의사를 명확히 하였으므로, 이 사건 임대차계약은 그 임대차기간 만료일인 2020. 12. 30. 종료되었다고 보아, 이와 달리 이 사건 임대차계약은 기간만료일 전 1개월이 경과하여 묵시적으로 갱신되었음을 전제로 판단한 원심을 파기·환송하였다.

[5] "상가건물 임대차보호법(이하 '상가임대차법'이라고 한다)에서 기간을 정하지 않은 임대차는 그 기간을 1년으로 간주하지만(제9

10조 1항 1호 규정들의 문언과 취지에 비추어 보면 '임대차기간 중 어느 때라도 차임이 3기분에 달하도록 연체된 사실'이 있다면 임차인과의 계약관계 연장을 받아들여야 할 만큼의 신뢰가 깨어졌으므로 임대인은 계약갱신 요구를 거절할 수 있고, 반드시 임차인이 '계약갱신요구권을 행사할 당시에 3기분에 이르는 차임이 연체'되어 있어야 하는 것은 아니다"(대판 2021.5.13. 2020다255429: 표준판례661 : 12회 선택형).

③ **[갱신의 효력이 발생하는 시점 및 계약해지의 효력이 발생하는 시점]** ㉠ "주택임대차보호법 제6조의3 제1항, 같은 조 제4항, 제6조의2 제1항, 같은 조 제2항을 종합하여 보면, 임차인이 주택임대차보호법 제6조의3 제1항에 따라 임대차계약의 갱신을 요구하면 임대인에게 갱신거절 사유가 존재하지 않는 한 임대인에게 갱신요구가 도달한 때 갱신의 효력이 발생한다. ㉡ 갱신요구에 따라 임대차계약에 갱신의 효력이 발생한 경우 임차인은 제6조의2 제1항에 따라 언제든지 계약의 해지통지를 할 수 있고, 해지통지 후 3개월이 지나면 그 효력이 발생하며, 이는 계약해지의 통지가 갱신된 임대차계약 기간이 개시되기 전에 임대인에게 도달하였더라도 마찬가지이다"(대판 2024.1.11. 2023다258672).[6]

(3) 존속기간을 정하지 않은 경우

임대차의 존속기간을 정하지 않은 경우에 각 당사자는 언제든지 해지 통고를 할 수 있지만, 해지의 효력은 상대방이 해지통고를 받은 날부터 일정한 기간이 경과하여야 발생한다(제635조 참조). 이 규정에 위반하는 약정으로 임차인에게 불리한 것은 그 효력이 없다(제652조).

2. 임대인의 의무

[C-46b]

(1) 목적물을 사용 · 수익하게 할 의무

> 제623조 (임대인의 의무) 임대인은 목적물을 임차인에게 인도하고 계약 존속 중 그 사용, 수익에 필요한 상태를 유지하게 할 의무를 부담한다.

1) 목적물 인도의무

임차인이 목적물을 사용·수익할 수 있도록 하기 위해, 임대인은 목적물을 임차인에게 인도할 의무를 진다(제623조).

2) 수선의무

가) 의 의

임대인은 계약존속 중 임차인이 사용·수익을 하는 데 필요한 상태를 유지하게 할 의무를 부담하므로(제623조), 목적물의 상태가 사용·수익에 적합하지 아니하면 임대인은 이를 수선해야 할 적극적인 의무를 부담한다. 임대인이 보존에 필요한 행위를 하는 때에는 임차인은 이를 거절하지 못한다(제624조).

조 제1항), 대통령령으로 정한 보증금액을 초과하는 임대차는 위 규정이 적용되지 않으므로(제2조 제1항 단서), 원래의 상태 그대로 기간을 정하지 않은 것이 되어 민법의 적용을 받는다. 민법 제635조 제1항, 제2항 제1호에 따라 이러한 임대차는 임대인이 언제든지 해지를 통고할 수 있고 임차인이 통고를 받은 날로부터 6개월이 지남으로써 효력이 생기므로, 임대차기간이 정해져 있음을 전제로 기간 만료 6개월 전부터 1개월 전까지 사이에 행사하도록 규정된 임차인의 계약갱신요구권(상가임대차법 제10조 제1항)은 발생할 여지가 없다".

6) **[구체적 예]** 임대차기간을 2019.3.10.부터 2021.3.9.까지로 정한 주택임대차보호법 적용 사안에서 임차인의 갱신요구 통지가 2021.1.5. 임대인에게 도달하였고 그 후 임차인의 갱신된 임대차계약에 대한 해지 취지가 기재된 통지서가 2021.1.29. 임대인에게 도달하였다면 그로부터 3개월이 지난 2021.4.29. 갱신된 임대차계약의 해지 효력이 발생하였다고 보아야 한다.

나) 수선의무의 범위

수선의무는 임대차의 목적을 달성할 수 있도록 하기 위한 것이므로 '목적달성에 필요한 범위 내'에서는 임대인이 수선의무를 부담하나, 쉽게 수선이 가능한 사소한 부분은 임대인이 수선의무를 부담하지 않는다(대판 2000.3.23. 98두18053).

다) 훼손의 원인

① 수선을 필요로 하는 사정은 임대인의 귀책사유에 의한 경우로 한정되지 않는다. 예컨대 천재 기타 불가항력으로 인한 경우와 같이 임대인의 귀책사유로 인해 생기지 않은 경우도 포함한다(대판 2010.4.29. 2009다96984). 이는 임대인이 그와 같은 하자 발생 사실을 몰랐다거나 반대로 임차인이 이를 알거나 알 수 있었다고 하더라도 마찬가지이다(대판 2021.4.29. 2021다202309). ② 한편 임차인의 귀책사유로 인해 생긴 경우에도 수선의무를 진다고 보는 것이 타당하다(다수설). 다만 임차인이 보관의무위반에 따른 채무불이행 또는 불법행위를 이유로 배상책임을 지는 것은 별개이다.

라) 수선의무 면제에 대한 특약

임대인이 수선의무를 지는 경우에도 특약에 의해 이를 면제할 수는 있지만(제652조 참조), 특약에서 수선의무의 범위를 명시하고 있는 등의 특별한 사정이 없는 한 이것은 통상 생길 수 있는 '소규모의 수선'에 한하고, 대파손의 수리, 건물의 주요 구성부분에 대한 대수선, 기본적 설비부분의 교체 등과 같은 '대규모의 수선'은 이에 포함되지 아니하고, 임대인이 그 수선의무를 부담한다(대판 1994.12.9. 94다34692 : 8회 선택형).

[판례해설] 判例는 특약으로 수선의무를 임차인이 부담하기로 정하였지만 그의 수선의무의 범위가 구체적으로 명시되지는 아니한 경우에 그 약정이 어떻게 의사해석 되어야 하는가를 판단하면서, 이를 제한적으로 해석하려는 태도를 보이고 있다. 즉 당사자들의 약정이 임차인이 부담하는 수선의무의 범위를 구체적으로 명시하였으면 그것이 그대로 유효하다는 것을 전제로 하고 있다.

마) 수선의무 위반의 효과

① 임대차에서 목적물을 사용·수익하게 할 임대인의 의무(제623조)와 임차인의 차임 지급의무는 상호 대가관계에 있으므로, 임대인이 수선의무를 이행하지 않아 임차인이 목적물을 전혀 사용할 수 없을 경우에는 임차인은 차임 전부의 지급을 거절할 수 있으나, '목적물의 사용·수익이 부분적으로 지장이 있는 경우에는 그 한도 내에서 차임의 지급을 거절할 수 있을 뿐' 그 전부의 지급을 거절할 수는 없다(대판 1997.4.25. 96다44778 : 6회 선택형). 이는 임대인이 수선의무를 이행함으로써 목적물의 사용·수익에 지장이 초래된 경우에도 마찬가지이다(대판 2015.2.26. 2014다65724 : 6회 선택형). 민법 제627조 소정의 '일부멸실에 따른 차임의 감액청구'는 같은 취지에 속하는 것이다. ② 임차목적을 달성할 수 없는 때에는 임차인은 계약을 해제할 수 있다(제627조 유추적용).

바) 수선의무에 속하는 것을 임차인이 대신한 경우

① 임대인의 수선의무에 속하는 것을 임차인이 대신 한 경우에는 임차인은 즉시 임대인에게 '필요비의 상환을 청구'할 수 있다(제626조 1항). ② 임대인의 필요비상환의무는 특별한 사정이 없는 한 임차인의 차임지급의무와 서로 대응하는 관계에 있으므로, 임차인은 지출한 필요비 금액의 한도에서 차임의 지급을 거절할 수 있다(대판 2019.11.14. 2016다227694). ③ 임대차 종료 후에는 유치권으로 항변할 수 있다(제320조).

3) 방해제거의무

제3자가 임차인의 사용·수익을 방해하는 행위를 하는 경우, 임대인은 자신의 채무(목적물의 사용·수익

제공의무)의 이행의 일환으로써 제3자를 상대로 그 방해의 제거를 구할 의무를 진다(따라서 이를 이행하지 않으면 임차인에 대해 채무불이행이 된다). 임차인이 점유권 또는 대항력 있는 임차권에 기해 방해의 제거를 청구할 수 있다고 하여 임대인이 방해제거의무를 면하는 것은 아니다.

(2) **보호의무**(채권총론 보호의무 참고)

(3) **담보책임**

임대차는 유상계약이므로 매매에 관한 규정이 준용되어(제567조), 임대인은 매도인과 동일한 담보책임을 부담한다. 따라서 임차인은 임대차의 목적물에 하자가 있거나 또는 그 권리에 하자가 있는 경우, 그로 인해 계약의 목적을 달성할 수 없는 때에는 계약을 해제·해지할 수 있고, 목적물의 수량이 부족한 때에는 그 부족분에 해당하는 비율로 차임의 감액을 청구할 수 있으며(제574조), 그 밖에 초과지급으로 인한 손해배상을 청구할 수 있다(대판 1995.7.14. 94다38342). 이러한 담보책임은 임대인에게 수선의무가 있다고 해서 면제되는 것은 아니다.

3. 임차인의 의무
[C-46c]

(1) **차임지급의무**

1) **의 의**

임차인은 사용·수익의 대가로 차임을 임대인에게 지급할 의무가 있다(제618조). 차임은 반드시 금전이어야 하는 것은 아니며, 물건으로 지급하여도 무방하다.

2) **차임지급시기**

① 당사자 간에 차임의 지급시기에 관해 약정이 없는 때에는, 동산·건물 및 대지의 임대차는 매월 말에, 기타 토지의 임대차는 매년 말에 지급하여야 한다(제633조 본문). 즉 후급이 원칙이다. 그러나 수확기 있는 것에 대하여는 그 수확 후 지체없이 지급하여야 한다(제633조 단서).

② "임차인의 차임 지급의무는 그가 임대인으로부터 목적물을 인도받았는지와 무관하게 임대차계약의 효력으로서 발생한다. 다만 임대인의 사용·수익케할 의무(제623조)는 임차인의 차임 지급의무와 서로 대응하는 관계에 있으므로, 임대인이 이러한 의무를 불이행하여 목적물의 사용·수익에 지장이 있으면 임차인은 지장이 있는 한도에서 차임 지급을 거절할 수 있다"(대판 2024.9.13. 2024다256116).

3) **차임채권의 소멸시효 기산점** [9회 사례형, 17행정]

"소멸시효는 법률행위에 의하여 이를 배제, 연장 또는 가중할 수 없다(제184조 2항). 그러므로 **임대차 존속 중 차임을 연체하더라도 이는 임대차 종료 후 목적물 인도 시에 임대차보증금에서 일괄 공제하는 방식에 의하여 정산하기로 약정한 경우와 같은 특별한 사정이 없는 한 차임채권의 소멸시효는 임대차계약에서 정한 지급기일부터 진행한다**"(제166조 1항, 대판 2016.11.25. 2016다211309). 참고로 소멸시효 기간은 3년이다(제163조 1호).

4) **차임의 증감**

가) **일부멸실과 감액청구**

임차물의 '일부'가 임차인의 과실 없이 멸실 기타 사유로 인하여 사용·수익할 수 없는 때에는 임차인은 그 부분의 비율에 의한 차임의 감액을 청구할 수 있다(제627조 1항). 다만 그 잔존부분으로 임차의 목적을 달성할 수 없는 때에는 임차인은 계약을 해지할 수 있다(제627조 2항).

나) **사정변경에 의한 증감청구**

① 임대물에 대한 공과부담의 증감 기타 경제사정의 변동으로 인하여 약정한 차임이 상당하지 아니하게 된 때에는 당사자는 장래에 대한 차임의 증감을 청구할 수 있다(제628조). 이는 제627조와 함께 형성권이기 때문에 증감의 의사표시가 상대방에게 도달한 때 바로 객관적으로 상당한 범위로 차임이 증감된다. 다만 "임대인이 제628조에 의하여 장래에 대한 차임의 증액을 청구하였을 때에 당사자 사이에 협의가 성립되지 아니하여 법원이 결정해 주는 차임은 증액청구의 의사표시를 한 때에 소급하여 그 효력이 생기는 것이므로, 특별한 사정이 없는 한 증액된 차임에 대하여는 법원 결정시가 아니라 증액청구의 의사표시가 상대방에게 도달한 때를 이행기로 보아야 한다"(대판 2018.3.15. 2015다239508,239515).

[관련판례] 제628조에 의하여 장래에 대한 차임의 증액을 청구하였을 때에 그 청구가 상당하다고 인정되면 그 효력은 재판시를 표준으로 할 것이 아니고 그 청구시에 곧 발생한다고 보는 것이 상당하고 그 청구는 재판외의 청구라도 무방하다"(대판 1974.8.30. 74다1124: 표준판례647).

② 한편 주택임대차에는 증액의 경우 1/20(상가건물임대차의 경우 9/100)을 초과하지 못하고, 증액청구는 임대차계약 또는 약정한 차임 등의 증액이 있은 후 1년 이내에는 이를 하지 못한다. 이를 초과하여 지급하기로 하는 차임 등에 관한 약정은 증액비율을 초과하는 범위 내에서 무효이고, 임차인은 초과지급된 차임 등에 대해 부당이득으로 반환을 청구할 수 있다(대판 2014.4.30. 2013다35115).
다만 위 규정은 '임대차계약의 존속 중' '당사자 일방'이 약정한 차임 등의 증감을 청구한 때에 한하여 적용되고, 임대차계약이 종료된 후 재계약을 하거나 또는 임대차계약 종료 전이라도 당사자의 합의로 차임 등이 증액된 경우에는 적용되지 않는다(대판 2014.2.13. 2013다80481 등).

5) 차임연체와 임대인의 해지

① 건물 기타 공작물의 임대차에는 임차인의 차임 연체액이 '2기'(제287조 지상권 2년과 비교할 것)의 차임액에 달하는 때에는 임대인은 계약을 해지할 수 있다(제640조). 본조는 강행규정이다(제652조). 차임지급의 연체는 연속될 것을 요하지 않으며, 임대인이 상당한 기간을 정하여 이를 최고할 필요도 없다(대판 1962.10.11. 62다496). 그리고 임대인 지위가 양수인에게 승계된 경우 이미 발생한 연체차임채권은 따로 채권양도의 요건을 갖추지 않는 한 승계되지 않고, 따라서 양수인이 연체차임채권을 양수받지 않은 이상 승계 이후의 연체차임액이 2기 이상의 차임액에 달하여야만 비로소 임대차계약을 해지할 수 있다(대판 2008.10.9. 2008다3022).

② 상가건물 임대차보호법에서는 '임차인의 차임연체액이 3기의 차임액에 달하는 때에는 임대인은 계약을 해지할 수 있다'(동법 제10조의8)는 규정이 신설되었다.

6) 공동임차인의 연대의무

수인이 공동으로 임차하는 경우, 임차인 각자는 차임의 지급을 비롯하여 임차인의 의무를 연대하여 부담한다(제654조, 제616조)(11회 선택형).

7) 부동산임대인의 법정담보물권(차임채권의 보호 ; 제648조, 제649조, 제650조)

(2) 임대인의 임차물 수선에 대한 인용의무(제624조, 제625조)

(3) 임차물보관의무 및 통지의무

① 임차인은 임차물을 임대인에게 반환할 때까지 선량한 관리자의 주의를 가지고 보관하여야 하며(제374조), 이를 위반하여 목적물이 훼손 또는 멸실되면 채무불이행책임을 진다(아래 관련판례 참고). 이러한 보관의무 위반 여부에 대해서는 임차인이 보관의무 위반이 없음을 증명해야 한다(대판 1991.10.25. 91다22605,22612). ② 임차물의 수리를 요하거나 임차물에 대하여 권리를 주장하는 자가 있는 때에는 임대인이 알고 있는 때를 제외하고는 임차인은 지체없이 임대인에게 이를 통지하여야 한다(제634조).

[관련판례] "임대차목적물인 건물이 훼손된 경우에 그 수리가 불가능하다면 훼손 당시의 건물의 교환가치가 통상의 손해일 것이고 수리가 가능한 경우에는 그 수리비가 통상의 손해일 것이나 그것이 건물의 교환가치를 넘는 경우에는 형평의 원칙상 그 손해액은 그 건물의 교환가치 범위 내로 제한되어야 한다"(대판 1994.10.14. 94다3964).

Ⅳ. 임차권의 대항력 [C-47]

쟁점구조

■ 임차권 대항력에 따른 논리(사례) 구조

Ⅰ. 임차목적물 양도시(토지임대차에서 임차인의 동의 없는 임대인의 토지양도)	Ⅱ. 임차권 양도시(토지임차권에서 임대인의 동의 없는 건물양도)
① 임차목적물 양수인은 임차인의 동의 없이 임대인의 계약상 지위승계(주임법 제3조 4항 유추), ② 보증금반환채무는 양수인이 면책적 채무인수(제100조 2항의 유추적용), ③ 그러나 임차인의 이의권 내지 해지권(신의칙)	① 건물양수인은 임대인의 동의 없이 대항력 있는 임차권 취득(제100조 2항 또는 제358조의 유추), ② 건물양수인은 임대인에게 임차권 대항력 주장 불가(제622조), ③ 그러나 임대인의 해지권 제한(제629조, 배신행위론)

1. 의 의

임차권은 채권이므로 원칙적으로 임차인은 임대인에 대해서만 임차권을 주장할 수 있을 뿐 제3자에게는 임차권을 주장할 수 없다. 그러나 일정한 경우 임차인은 제3자에 대하여도 임차권을 주장할 수 있는바, 이를 임차권의 대항력이라 한다.

2. 대항력의 취득 [C-47a]

(1) 민법상 대항력의 취득 [C-47a1]

1) 임차권 등기

부동산임차인은 당사자 간에 반대 약정이 없으면 임대인에 대하여 그 임대차등기절차에 협력할 것을 청구할 수 있고, 부동산임대차를 등기한 때에는 그때부터 제3자에 대하여 효력이 생긴다(제621조). 이것은 임차인이 임차권을 제3자에게 주장할 수 있다는 뜻이다.

2) 건물소유를 목적으로 한 토지 임대차에서 임차인이 그 건물에 관하여 등기를 마친 경우 [08사법, 15법무]

> 제622조(건물 등기있는 차지권의 대항력) ① 건물의 소유를 목적으로 한 토지임대차는 이를 등기하지 아니한 경우에도 임차인이 그 지상건물을 등기한 때에는 '제3자'(임차목적물의 양수인 : 저자주)에 대하여 임대차의 효력이 생긴다.

가) 대항력의 인정범위

위 규정은 임차인으로부터 건물의 소유권과 함께 건물의 소유를 목적으로 한 토지의 임차권을 취득한 사람이 토지의 '임대인'에 대한 관계에서 임차권의 양도에 관한 그의 동의가 없어도 임차권의 취득을 대항할 수 있다는 것까지 규정한 것은 아니다(대판 1996.2.27. 95다29345).

나) 대항력이 인정되지 않는 경우

① 임차인이 그 지상건물을 등기하기 '前'에 제3자가 그 토지에 관하여 물권취득의 등기를 한 때에는, 임차인이 그 지상건물을 등기하더라도 그 제3자에 대하여 임대차의 효력이 생기지 않는다(대판 2003.2.28. 2000다65802,65819). ② 또한 토지임차권이 애초에 건물소유목적이 아니었다면 비록 임차인이 이후 대지 위의 건물을 소유하게 되었더라도 제622조에 의한 대항력이 인정될 수는 없다. 즉, 判例는 "甲이 대지와 건물의 소유자였던 乙로부터 이를 임차하였는데 그 후 甲이 그 건물을 강제경매절차에서 경락받아 그 대지에 관한 위 임차권은 등기하지 아니한 채 그 건물에 관하여 甲 명의의 소유권이전등기를 경료하였다면, 甲과 乙 사이에 체결된 대지에 관한 임대차계약은 건물의 소유를 목적으로 한 토지임대차계약이 아님이 명백하므로, 그 대지에 관한 甲의 임차권은 민법 제622조에 따른 대항력을 갖추지 못하였다고 할 것이다"(대판 1994.11.22. 94다5458)라고 판시하고 있다.

(2) 주택 임대차보호법상 대항력의 취득   [C-47a2]

1) 주택 임대차보호법의 적용범위

① 주택 임대차보호법은 국민의 주거생활의 안정을 보장함을 목적으로 주거용 건물의 전부 또는 일부에 관한 임대차에 관하여 적용되며(동법 제2조 1문), 또한 그 임차주택의 일부가 주거 외의 목적으로 사용되는 경우에도 적용된다(동법 제2조 2문). 그러나 반대로 비주거용 건물의 일부를 주거의 목적으로 사용하는 경우에는 동법이 적용되지 않는다(대판 1996.3.12. 95다51953). ② 이때 주거용 건물에 해당하는지 여부는 임대차목적물의 공부상의 표시(등기부, 건축물관리대장)만을 기준으로 할 것이 아니라 사실상 주거로 사용하는지 여부(그 실제용도)를 기준으로 결정한다(대판 1995.3.10. 94다52522). 따라서 어느 건물이 국민의 주거생활의 용도로 사용되는 주택에 해당하는 이상 비록 미등기 또는 무허가 건물이라도 동법의 적용대상이 된다"(대판 2007.6.21. 전합2004다26133 : 9회 선택형). ③ 주택에 대한 임대차가 아닌 '등기하지 아니한 전세계약'에 관하여도 동법은 준용된다(동법 제12조). 또한 判例는 주택소유자는 아니더라도 주택에 관하여 적법하게 임대차 계약을 체결할 수 있는 권한을 가진 임대인과 임대차계약이 체결된 경우도 동법이 적용된다고 한다(대판 2012.7.26. 2012다45689 : 4회,10회 선택형).

2) 대항력의 발생요건

가) 의 의

적법한 임대차계약을 전제로 ⅰ) 주택의 인도와 ⅱ) 주민등록을 갖추어야 한다. 한편 임차인이 인도를 받은 이상, 그 후 적법·유효한 전대를 한 경우에도 임차인은 '간접점유'를 하는 것이므로 인도의 상태는 유지된다(대판 2007.11.29. 2005다64255). 그리고 전입신고를 하더라도 주민등록이 되기까지는 시간적 간격이 있으므로 주택 임대차보호법은 그 보호의 공백을 메우기 위해 전입신고를 한 때에 주민등록이 된 것으로 본다(동법 제3조 1항 2문).

아울러 "당해 임대차계약이 통정허위표시에 의한 계약이어서 무효라는 등의 특별한 사정이 있는 경우는 별론으로 하고 임대차계약 당사자가 기존 채권을 임대차보증금으로 전환하여 임대차계약을 체결하였다는 사정만으로 임차인이 같은 법 제3조 제1항 소정의 대항력을 갖지 못한다고 볼 수는 없다"(대판 2002.1.8. 2001다47535).

나) 주민등록

① [주민등록이 임대차를 공시하는 효력이 있는지 여부의 판단 기준] "주택임대차보호법 제3조 제1항에서 주택의 인도와 더불어 대항력의 요건으로 규정하고 있는 주민등록은 거래의 안전을 위하여 임차권의 존재를 제3자가 명백히 인식할 수 있게 하는 공시방법으로 마련된 것이라고 보아야 하므로, 주민등록이

어떤 임대차를 공시하는 효력이 있는지 여부는 일반사회 통념상 그 주민등록으로 당해 임대차 건물에 임차인이 주소 또는 거소를 가진 자로 등록되어 있다고 인식할 수 있는지 여부에 따라 결정하여야 한다"(대판 2009.1.30. 2006다17850).[7]

② [**대항력의 존속요건**] 주택에 대해 임차인이 대항력을 취득한 후 그 주택에 저당권등기가 이루어지고 그 후 임차인이 주민등록을 일시 퇴거하였다가 다시 전입한 사안에서, 判例는 "**인도 및 주민등록은 대항력 취득시에만 요구되는 것이 아니라 그것이 계속 존속하는 한도에서만 대항력이 유지된다**"고 하여, 임차인은 저당권자에게 대항할 수 없는 것으로 보았다(주민등록을 퇴거한 동안에 이미 저당권등기가 되어 있었으므로)(대판 1987.2.24. 86다카1695). 또한 주택 임차인이 주택 소재지로 전입신고를 마치고 주택을 인도받아 일단 임차권의 대항력을 취득하였으나 그 후 '주택의 점유를 상실'하였다면 그 대항력은 점유 상실 시에 소멸하고, 대항력이 상실된 이후에 주택임대차보호법 제3조의 3에 따른 임차권등기가 마쳐졌더라도 이로써 소멸하였던 대항력이 당초에 소급하여 회복되는 것이 아니라 그 등기가 마쳐진 때부터 그와는 동일성이 없는 새로운 대항력이 발생한다고 한다(대판 2025.4.15. 2024다326398).

③ [**가족의 주민등록**] 다만 "임차인이 가족과 함께 살면서 그 가족의 주민등록은 남겨둔 채 임차인만 일시적으로 주민등록을 다른 곳으로 옮긴 경우, 그것은 전체적으로나 종국적으로 주민등록의 이탈이라고 할 수 없어 대항력은 그대로 유지된다"(대판 1996.1.26. 95다30338 : **10회 선택형**). 같은 범주에 속하는 것으로, "주민등록은 임차인 자신의 주민등록에 한정하지 않고 그 처의 주민등록으로도 무방하다"(대판 1987.10.26. 87다카14). [**09사법**]

④ [**보증금반환채무**] 또한 "주택의 임차인이 제3자에 대하여 대항력을 구비한 후에 임대주택의 소유권이 양도된 경우에는 그 양수인이 임대인의 지위를 승계하게 되므로, 임대인의 임차보증금반환채무도 양수인에게 이전되는 것이고, 이와 같이 양수인이 임차보증금반환채무를 부담하게 된 이후에 임차인이 주민등록을 다른 곳으로 옮겼다 하여 이미 발생한 임차보증금반환채무가 소멸하는 것은 아니다"(대판 1993.12.7. 93다36615). [**10법무**] 아울러 "주택의 공동임차인 중 1인이라도 주택임대차보호법 제3조 제1항에서 정한 대항력 요건을 갖추게 되면 그 대항력은 임대차 전체에 미치므로, 임차 건물이 양도되는 경우 특별한 사정이 없는 한 공동임차인에 대한 보증금반환채무 전부가 임대인 지위를 승계한 양수인에게 이전되고 양도인의 채무는 소멸하는바, 이러한 법리는 계약당사자 사이에 공동임차인의 임대차보증금 지분을 별도로 정한 경우에도 마찬가지이다[8]"(대판 2021.10.28. 2021다238650).[9]

3) 대항력의 취득시기

임차인이 주택의 인도와 주민등록을 마친 때에는 그 '다음 날'부터 제3자에 대하여 효력이 생긴다(동법 3조 1항 1문). 즉 그 다음 날 오전 0시부터 대항력을 취득한다(대판 1999.5.25. 99다9981). 따라서 임차권의 대항력 요건으로서 주택의 인도 및 주민등록과 그 주택에 대한 제3자의 저당권등기가 같은 날 이루어진 경우에는 제3자의 저당권이 우선한다.

---

[7] [**사실관계**] 정확한 지번과 동, 호수로 주민등록 전입신고서를 작성·제출하였는데 담당공무원이 착오로 수정을 요구하여, 잘못된 지번으로 수정하고 동, 호수 기재를 삭제한 주민등록 전입신고서를 다시 작성·제출하여 그대로 주민등록이 된 사안에서, 그 주민등록이 임대차의 공시방법으로서 유효하지 않고 이것이 담당공무원의 요구에 기인한 것이라 하더라도 마찬가지라고 판단한 사례. [**비교판례**] "임차인이 전입신고를 올바르게(즉 임차건물 소재지 지번으로) 하였다면 이로써 그 임대차의 대항력이 생기는 것이므로 설사 담당공무원의 착오로 주민등록표상에 신거주지 지번이 다소 틀리게 기재되었다 하여 그 대항력에 소장을 끼칠 수는 없다"(대판 1991.8.13. 91다18118).

[8] "공동임차인으로서 임대차계약을 체결한 것은 기본적으로 임대차계약에 따른 권리·의무를 함께하겠다는 것이고, 임대차보증금에 관한 지분을 정하여 그 지분에 따라 임대차보증금을 지급하거나 반환받기로 약정하였다고 하더라도 임대차계약 자체를 지분에 따라 분리하겠다는 것이라고 볼 수는 없다"

[9] [**사실관계**] 공동임차인 중 1人은 법인, 1人은 그 직원이고 임대인과 사이에 보증금을 각 지분별로 지급·반환받기로 임대차계약을 한 사안에서, 직원만이 취득한 주택임대차보호법상 대항력이 임대차 전체에 효력이 미친다고 본 원심 판단을 수긍한 사례

이때 주민등록이 대항력의 요건을 충족할 수 있는 공시방법이 되려면, 단순히 형식적으로 주민등록이 되어 있는 것만으로 부족하고 주민등록에 따라 표상되는 점유관계가 임차권을 매개로 하는 점유임을 제3자가 인식할 수 있는 정도는 되어야 한다(대판 1999.4.23. 98다32939 등).

■ 주택임차권의 대항력의 요건으로서 주민등록

① [제3자에 의한 주민등록의 임의이전] "주민등록이 주택임차인의 의사에 의하지 않고 제3자에 의해 임의로 이전되었고 그와 같이 주민등록이 잘못 이전된 데 대하여 주택임차인에게 책임을 물을 만한 사유도 없는 경우, 주택임차인이 이미 취득한 대항력은 주민등록의 이전에도 불구하고 유지된다"(대판 2000.9.29. 2000다37012).

② [직권말소] "주민등록법에 의해 직권으로 주민등록이 말소된 경우 주택임차권의 대항력은 상실되지만, 그 후 주민등록법의 이의절차에 따라 그 말소된 주민등록이 회복되거나 재등록이 이루어짐으로써 주택임차인에게 주민등록을 유지할 의사가 있었다는 것이 명백히 드러난 경우에는 소급하여 대항력은 유지되고, 다만 주민등록이 회복되기 전에 주민등록이 없는 것으로 믿고 임차주택에 관해 새로운 이해관계를 맺은 선의의 제3자에 대하여는 임차인은 대항력을 주장할 수 없다"(대판 2003.7.25. 2003다25461).

③ [다세대주택(연립주택)] "연립주택 동 호수 등의 표시 없이 그 지번만을 신고하여 주민등록을 한 경우 유효한 공시방법으로 볼 수 없다"(대판 1996.2.23. 95다48421). 또, "신축 중인 연립주택의 임차인이 잘못된 현관문의 표시대로 '1층 201호'로 전입신고를 마쳤는데, 준공 후 그 주택이 공부상 '1층 101호'로 등재된 경우에는 대항력이 없다"(대판 1995.8.11. 95다177).

④ [다가구용 단독주택] "다가구용 단독주택의 경우 이를 공동주택으로 볼 근거가 없어 단독주택으로 보아야 하는 이상 주민등록법시행령 제5조 제5항에 따라 임차인이 위 건물의 일부나 전부를 임차하여 전입신고를 하는 경우 지번만 기재하는 것으로 충분하고, 나아가 위 건물 거주자의 편의상 구분하여 놓은 호수까지 기재할 의무나 필요가 있다고 할 수 없고, 호수를 기재하지 않거나 잘못 기재하였더라도 대항력에는 영향을 미치지 않는다"(대판 1997.11.14. 97다29530).

⑤ [제3자가 임차권의 존재를 인식할 수 있는 경우] 甲이 1988.8.30. 그의 명의로 주택에 대해 소유권이전등기를 하고 같은 해 10.1. 그 주민등록 전입신고까지 마친 후 이에 거주하다가, 1993.10.23. 그 주택을 乙에게 매도함과 동시에 잔금 지급기일인 1993.12.23.부터는 甲이 임차인의 자격으로 거주하기로 약정하고 계속하여 거주해 왔으나, 위 매매에 따른 乙 명의의 소유권이전등기는 1994.3.9.에 마쳐진 사안에서, "주택 임대차보호법 제3조 1항에서 정하는 주민등록이 대항력의 요건을 충족시킬 수 있는 공시방법이 되려면 단순히 형식적으로 주민등록이 되어 있다는 것만으로는 부족하고, 주민등록에 의하여 표상되는 점유관계가 임차권을 매개로 하는 점유임을 제3자가 인식할 수 있는 정도는 되어야 한다"고 판시하면서, 제3자로서는 그 주택에 관하여 甲으로부터 乙 앞으로 소유권이전등기가 되기 전에는 甲의 주민등록이 소유권 아닌 임차권을 매개로 하는 점유라는 것을 인식하기 어려웠다 할 것이므로, 乙 앞으로 소유권이전등기가 된 1994.3.9. 이전에는 甲의 주민등록은 주택임대차의 대항력 인정의 요건이 되는 적법한 공시방법으로서의 효력이 없다고 보았다(대판 1999.4.23. 98다32939). [10·16법무]

⑥ [전차인이 직접점유와 주민등록을 한 경우] 임차인(A)이 임대인(B)의 승낙을 얻어 C에게 전대를 한 경우, 判例는 A가 이미 대항력을 취득하였는지를 불문하고 C가 (직접)점유를 하고 또 그의 이름으로 주민등록을 하는 것을 통해 A가 대항력을 가지는 것으로 본다. C를 통해 당해 주택이 임대차의 목적이 되었다는 사실은 충분히 공시될 수 있고, 또 그렇게 보더라도 제3자에게 불측의 손해를 입힐 염려가 없으며, 임차인으로 하여금 전대에 의한 임차보증금의 회수를 용이하게 하여 주택 임대차보호법의 취지에도 부합한다는 점을 그 이유로 든다(대판 1994.6.24. 94다3155 : 4회 선택형).

유의할 것은, A가 임차권의 대항력을 가지게 되는 것은 현재 점유하고 있는 전차인 C의 이름으로 주민등록이 된 경우를 전제로 하는 것이다. 그래서 C에게 전대를 하고서도 C는 주민등록을 하지 않고 실제로 살지 않는 A의 이름으로 주민등록이 된 사안에서, 判例는 A는 주민등록의 대상이 되는 '당해 주택에 주소 또는 거소를 가진 자'(주민등록법 제6조 1항)가 아니어서 그의 주민등록은 주민등록법 소정의 적법한 주민등록이라 할 수 없고, 이를 통해 A는 임차권의 대항력을 취득할 수 없다고 보았다(대판 2001.1.19. 2000다55645).

⑦ [**임차인이 재외국민이나 외국국적동포 또는 외국인인 경우**] '재외국민'이나 '외국국적동포'가 재외동포의 출입국과 법적 지위에 관한 법률에 따라 국내거소신고나 거소이전신고를 한 경우에도 주택임대차보호법상 대항력의 요건인 주민등록과 같은 법률효과가 인정되고(대판 2019.4.11. 2015다254507 ; 2016.10.13. 2014다218030), '외국인'이 출입국관리법에 따라 외국인등록이나 체류지 변경신고를 한 경우에도 마찬가지이다(대판 2016.10.13. 2015다14136).

⑧ [**임차인이 법인인 경우**] 임차인이 '자연인'인 경우에는 주택임대차보호법이 적용되나, '법인'인 경우에는 원칙적으로 그 적용대상에서 제외한다. 아울러 '법인'의 경우 법인의 직원이 주민등록을 마쳤다 하여 이를 법인의 주민등록으로 볼 수는 없으므로, 법인이 임차 주택을 인도받고 임대차계약서상의 확정일자를 구비하였다 하더라도 우선변제권을 주장할 수는 없다(대판 1997.7.11. 96다7236). 다만 2013년 개정된 주택임대차보호법은 중소기업에 해당하는 법인이 소속 직원의 주거용으로 주택을 임차한 경우에는, 해당 법인이 선정한 직원이 대항요건과 확정일자를 갖춘 때에는 동법에 따른 우선변제권이 인정되는 것으로 규정하였고(제3조의2 2항), 해당 법인이 선정한 직원이 주택을 인도받고 주민등록까지 마쳤을 때에는 동법에 따른 대항력도 인정이 되도록 규정하였다(제3조 3항).

▌ 주택임차권의 대항력과 소유권이전등기

① [**소유권자가 타인에게 주택을 매도함과 동시에 이를 다시 임차하여 계속 거주하기로 약정한 경우 대항력 취득시점 : 매수인(임대인)의 소유권이전등기 '다음 날'**] 甲이 주택에 관하여 소유권이전등기를 경료하고 주민등록 전입신고까지 마친 다음 처와 함께 거주하다가 乙에게 매도함과 동시에 그로부터 이를 다시 임차하여 계속 거주하기로 약정하고 처 명의의 임대차계약을 체결한 후에야 乙 명의의 소유권이전등기가 경료된 경우, 甲의 처가 주택임대차보호법상 임차인으로서 대항력을 갖는 시기에 대하여 대법원은 "제3자로서는 주택에 관하여 甲으로부터 乙 앞으로 소유권이전등기가 경료되기 전에는 甲의 처의 주민등록이 소유권 아닌 임차권을 매개로 하는 점유라는 것을 인식하기 어려웠다 할 것이므로, 乙 명의의 소유권이전등기 익일부터"(대판 2000.2.11. 99다59306)라고 판시하였다.

② [**임차인이 임대인에게 주택을 매수한 경우 기존의 전차인이 임차인으로서 대항력 취득시점 : 매수인(임대인)의 소유권이전등기 '즉시'**] 甲이 丙 회사 소유 임대아파트의 임차인인 乙로부터 아파트를 임차하여 전입신고를 마치고 거주하던 중, 乙이 丙 회사로부터 위 아파트를 분양받아 자기 명의로 소유권이전등기를 경료한 후 근저당권을 설정한 사안에서, 대법원은 "주민등록상 전입신고를 한 날로부터 소유자 아닌 甲이 거주하는 것으로 나타나 있어서 제3자들이 보기에 甲의 주민등록이 소유권 아닌 임차권을 매개로 하는 점유라는 것을 인식할 수 있었으므로 甲은 乙 명의의 소유권이전등기가 경료되는 즉시 임차권의 대항력을 취득하였다"(대판 2001.1.30. 2000다58026,58033)고 판시하였다.

③ [**임대인이 주택을 신탁법상 신탁하였음에도 임차인과 임대차계약을 체결하였고 이후 신탁종료를 원인으로 주택의 소유권을 다시 취득한 경우 임차인의 대항력 취득시점 : 임대인의 소유권이전등기 '즉시'**] 判例는 "주택에 관한 부동산담보신탁계약을 체결한 경우 임대권한은 특별한 약정이 없는 한 수탁자에게 있는 것이 일반적이지만, 위탁자가 수탁자의 동의 없이 임대차계약을 체결한 후 수탁자로부터 소유권을 회복한 때에는 위 임대차계약에 대하여 주택임대차보호법 제3조 1항이 적용될 수 있다"고 하면서, 임대인이 주택을 신탁법상 신탁하였음에도 임차인과 임대차계약을 체결하였고 이후 신탁종료를 원인으로 주택의 소유권을 다시 취득한 경우에 임차인은 임대인이 주택에 관하여 소유권이전등기를 마친 '즉시' 임차권의 대항력을 취득한다고 한다(대판 2019.3.28. 2018다44879,2018다44886).[10]

(3) 상가건물 임대차보호법상 대항력의 취득 [C-47a3]

1) 상가건물 임대차보호법의 적용범위

동법은 제3조 1항의 규정에 의한 사업자등록의 대상이 되는 상가건물의 임대차(임대차 목적물의 주된 부분을 영업용으로 사용하는 경우를 포함한다)에 대하여 적용한다. 다만, 대통령령이 정하는 보증금액(보증금 외에 차임이 있는 경우 월차임의 100배를 합산한 금액)을 초과하는 임대차에 대하여는 원칙적으로 동법이 적용되지 않는다(동법 제2조 1항 단서). 그러나 대통령령으로 정하는 보증금액을 초과하는 임대차에 대하여도 대항력 규정·계약갱신요구권은 인정된다(동법 제2조 3항).

[관련판례] "상가건물 임대차보호법이 적용되는 상가건물에 해당하는지는 공부상 표시가 아닌 건물의 현황·용도 등에 비추어 영업용으로 사용하느냐에 따라 '실질적으로 판단'하여야 하고, 단순히 상품의 보관·제조·가공 등 사실행위만이 이루어지는 공장·창고 등은 영업용으로 사용하는 경우라고 할 수 없으나 그곳에서 그러한 '사실행위와 더불어 영리를 목적으로 하는 활동이 함께 이루어진다면' 상가건물 임대차보호법 적용대상인 상가건물에 해당한다"(대판 2011.7.28. 2009다40967: 표준판례659). [5회 기록형, 16법무]

2) 대항력의 발생요건 및 대항력의 취득시기

가) 의 의

임대차는 그 등기가 없는 경우에도 ⅰ) 임차인이 건물의 인도와 ⅱ) (부가가치세법 제5조, 소득세법 제168조 또는 법인세법 제111조에 따른) 사업자등록을 신청하면 그 다음날부터 제3자에 대하여 효력이 생긴다(동법 제3조 1항). 그리고 임차건물의 새로운 소유자는 종전 소유자의 임대인으로서의 지위를 승계한다(동법 제3조 2항).

나) 사업자등록

사업자등록은 '대항력의 존속요건'으로서 배당요구의 종기까지 존속하고 있어야 한다. 그런데 신규로 사업을 개시한 자가 휴업하거나 전대차 등으로 사실상 폐업하는 때에는 부가가치세법상 관할 세무서장이 그 등록을 말소하여야 한다고 규정하고 있는 점에 비추어, 그 사업자등록은 상가임대차의 공시방법이 될 수 없고, 이 경우 임차인이 대항력 및 우선변제권을 유지하기 위해서는 건물을 직접 점유하면서 사업을 운영하는 전차인이 그 명의로 사업자등록을 하여야 한다(대판 2006.1.13. 2005다64002).

> **■ 상가건물 임차권의 대항력의 요건으로서 사업자등록**
>
> ① **[사업자등록을 마친 사업자가 폐업한 경우]** 사업자등록을 마친 사업자가 폐업한 경우에는 그 사업자등록은 동법상 공시방법으로 요구하는 적법한 사업자등록이라고 볼 수 없으므로, 그 사업자가 그 후 다시 같은 상호 및 등록번호로 사업자등록을 하였다고 하더라도 동법상의 대항력 및 우선변제권은 존속하지 않는다(대판 2006.10.13. 2006다56299).
>
> ② **[사업자등록과 등기부상의 임차목적물 소재지가 불일치하는 경우]** 사업자등록이 어떤 임대차를 공시하는 효력이 있는지는 일반 사회통념상 그 사업자등록을 통해 해당 건물에 관한 임대차의 존재와 내용을 인식할 수 있는가에 따라 판단하여야 한다. 따라서 사업자등록신청서에 첨부한 임대차계약서상의 임차 목적물 소재지가 당해 상가건물에 대한 등기부상의 표시와 불일치하는 경우, 그 사업자등록은 제3자에 대한 관계에서 유효한 임대차의 공시방법이 될 수 없다(대판 2008.9.25. 2008다44238).

---

10) [사실관계] 甲소유 주택에 대해 경매개시결정이 있은 후 전입신고를 한 乙은 낙찰자 丙에게 대항할 수 없으나, 낙찰자 丙이 乙과 새로운 임대차계약을 체결하고 같은 날 丁에게 저당권을 설정한 경우, 丁이 저당권을 취득할 당시 주택의 등기명의자가 아닌 乙의 주민등록은 제3자들이 보기에 소유권이 아닌 임차권을 매개로 하는 점유라는 것을 인식할 수 있었으므로, 乙은 丙이 주택에 관하여 소유권이전등기를 마친 '즉시' 임차권의 대항력과 우선변제권을 취득하고, 따라서 丁의 저당권에 우선한다고 본 사례

③ **[일부임대차의 경우]** 상가건물 임대차보호법 제4조와 그 시행령 제3조 등에 의하면, 건물의 일부분을 임차한 경우 그 사업자등록이 유효한 임대차의 공시방법이 되기 위해서는 사업자등록신청시 그 임차부분을 표시한 도면을 첨부하여야 한다. 그러나 사회통념상 그 사업자등록이 도면 없이도 제3자가 해당 임차인이 임차한 부분을 구분하여 인식할 수 있을 정도로 특정이 되어 있다고 볼 수 있는 경우에는 그렇지 않다(대판 2011.11.24. 2010다56678).

④ **[새로운 소유자와 새로운 임대차계약을 체결한 경우]** 상가건물 임차인이 대항력과 우선변제권을 취득한 후 그 건물이 제3자에게 양도되었는데, 임차인이 새로운 소유자와 종전 임대차계약의 효력을 소멸시키고 새로운 임대차계약을 맺고자 하는 경우 이는 유효하고, 그러한 계약을 맺은 때에는 종전 임대차계약에 기초해서 발생하였던 대항력 또는 우선변제권도 함께 소멸하며 이를 새로운 소유자 등에게 주장할 수 없다(대판 2013.12.12. 2013다211919).

⑤ **[대항력과 보증금]** 사업자등록신청서에 첨부한 임대차계약서와 등록사항현황서에 기재되어 공시된 임대차보증금 및 차임에 따라 환산된 보증금액이 상가임대차법의 적용대상이 되기 위한 보증금액 한도를 초과하는 경우에는, 실제 임대차계약의 내용에 따라 환산된 보증금액이 위와 같은 기준을 충족하는 것이더라도, 임차인은 상가임대차법에 따른 대항력을 주장할 수 없다. 이러한 법리는 임대차계약이 변경되거나 갱신되었는데 임차인이 사업자등록정정신고를 하지 아니하여 등록사항현황서 등에 기재되어 공시된 내용과 실제 임대차계약의 내용이 불일치하게 된 경우에도 마찬가지로 적용된다(대판 2016.6.9. 2013다215676).

3. 대항력의 내용 [C-47b]

(1) 임차목적물이 양도된 경우

1) 양수인과 임차인 사이의 법률관계

가) 임대차관계의 승계

① **[임차건물의 양수인]** 주택 임대차보호법은 임차주택의 양수인 기타 임대할 권리를 승계한 자(상속·경매 등으로 임차물의 소유권을 취득한 자)는 '임대인의 지위'를 승계한 것으로 본다(동법 제3조 4항, 상가건물 임대차보호법 제3조 2항도 동일). 이 경우 임대차에 종된 계약인 보증금계약 등도 임대차관계에 수반하여 이전되어(제100조 2항 유추적용), 그 결과 判例에 따르면 양수인이 임대차보증금반환채무를 '면책적으로 인수'(병존적 인수 아님)하고, 양도인은 임대차관계에서 탈퇴하여 임차인에 대한 임대차보증금반환채무를 면하게 된다고 한다(대판 1987.3.10. 86다카1114 : 10회,11회 선택형). **[3회, 7회 사례형]** 따라서 주택 양수인이 임차인에게 임대차보증금을 반환하면 양수인은 양도인에게 부당이득반환을 청구할 수 없다(대판 1993.7.16. 93다17324).

② **[임차인 동의 유무]** 참고로 동법 제3조 4항은 대항력을 갖춘 일반적인 임차권을 취득한 양수인에게도 유추적용될 수 있다(통설). 그리고 동 규정은 임차인 보호를 위한 '법정승계'사유로 (임차목적물)양수인의 동의 등 당사자의 합의와 상관없이 인정된다. 따라서 "주택임대차보호법 제3조 1항 및 2항에 의하면, 임차인이 주택의 양수인에 대하여 대항력이 있는 임차인인 이상 양수인에게 임대인으로서의 지위가 당연히 승계된다 할 것이고, 그 주택에 대하여 임차인에 우선하는 다른 권리자가 있다고 하여 양수인의 임대인으로서의 지위의 승계에 임차인의 동의가 필요한 것은 아니다"(대판 1996.2.27. 95다35616). **[10법무]**

* **주택 임대차보호법 제3조 4항의 임차주택의 양수인에 해당하는지 여부**
  - ㉠ [**주택의 양도담보권자**(소극)] "임차주택의 양수인이 되려면 주택을 임대할 권리나 이를 수반하는 권리를 종국적·확정적으로 이전받게 되는 경우이어야 하므로, 주택의 양도담보의 경우에는 채권담보를 위하여 신탁적으로 양도담보권자에게 주택의 소유권이 이전될 뿐이어서, 양도담보권자는 위 규정에서 말하는 '양수인'에 해당하지 않는다"(대판 1993.11.23. 93다4083 ; 주택의 양도담보권자가 귀속청산의 방법으로 양도담보를 실행하여 대내외적으로 확정적인 소유권을 취득하게 되면, 그때 '양수인'으로서 임대인 지위를 승계한다).
  - ㉡ [**계약해제로 주택의 소유권을 회복한 자**(적극)] "소유권을 취득하였다가 계약해제로 인하여 소유권을 상실하게 된 임대인으로부터 그 계약이 해제되기 전에 주택을 임차받아 주택의 인도와 주민등록을 마침으로써 주택 임대차보호법 제3조 1항에 의한 대항요건을 갖춘 임차인은, 민법 제548조 1항 단서의 규정에 따라 계약해제로 인하여 권리를 침해받지 않는 제3자에 해당하므로, 임대인의 임대권원의 바탕이 되는 계약의 해제에도 불구하고 자신의 임차권을 새로운 소유자에게 대항할 수 있고, 이 경우 계약해제로 소유권을 회복한 제3자는 주택 임대차보호법 제3조 4항에 따라 임대인의 지위를 승계한다"(대판 2003.8.22. 2003다12717). **[14회 기록형]**

③ [**보증금반환채권이 가압류된 '후' 임차건물의 양수인**] 이러한 법리는 임차인의 임대차보증금반환채권이 가압류된 상태에서 임대주택이 양도된 경우에도 그대로 적용되므로 이 경우 양수인은 임대차보증금반환채무를 면책적으로 인수하게 되는데, 나아가 채권가압류의 제3채무자의 지위까지 승계하는지 문제된다. 이와 관련하여 判例는 "ⅰ) 임대주택의 양도로 임대인의 지위가 일체로 양수인에게 이전된다면 채권가압류의 제3채무자의 지위도 임대인의 지위와 함께 이전된다고 볼 수밖에 없다는 점과 ⅱ) 만약 이를 부정하면 가압류권자는 장차 본집행절차에서 주택의 매각대금으로부터 우선변제를 받을 수 있는 권리를 상실하는 중대한 불이익을 입게 된다는 점 등에서 양수인은 채권가압류의 제3채무자의 지위도 승계하고, 가압류권자 또한 임대주택의 양도인이 아니라 양수인에 대하여만 위 가압류의 효력을 주장할 수 있다고 보아야 한다"고 판시하였다(대판 2013.1.17. 전합2011다49523: 표준판례658 : 6회,8회,9회 선택형).
  [**판례검토**] 검토하건대, 승계를 인정하면 경매에 의하여 소유권을 취득한 양수인은 예상하지 못한 손해를 입을 수도 있으나(전합판결의 반대의견), 이는 민법상 다른 구제수단들(제470조)을 통해 해결가능하다. 그러나 승계를 부정하면 가압류가 효력을 상실하게 되어 가압류권자가 피해를 입게 되므로 이를 긍정하는 위 判例의 다수의견이 타당하다.

  [**구체적 예**] 전합2011다49523 판결에 따르면 예컨대 乙은 건물 소유를 목적으로 甲으로부터 X토지를 임차한 후 그 지상에 Y건물을 신축하고, 乙이 Y건물의 소유권보존등기를 마친 후(제622조 참조) 乙의 채권자 A은행이 적법하게 乙의 보증반환채권을 가압류하였다면, 그 후 X토지가 경매되어 C에게 경락되었다면 A은행은 임대차 종료 후 채권압류 및 추심명령을 통해 C에게 보증금반환을 청구할 수 있다.

④ [**보증금반환채권에 대한 압류 및 전부명령이 확정 된 '후' 임차건물의 양수인**] 보증금반환채권에 대한 압류 및 전부명령이 확정된 후 임차건물이 양도된 경우에도 마찬가지이다. 따라서 判例는 "주택임대차보호법 제3조 제1항의 대항요건을 갖춘 임차인의 임대차보증금반환채권에 대한 압류 및 전부명령이 확정되어 임차인의 임대차보증금반환채권이 집행채권자에게 이전된 경우 제3채무자인 임대인으로서는 임차인에 대하여 부담하고 있던 채무를 집행채권자에 대하여 부담하게 될 뿐 그가 임대차목적물인 주택의 소유자로서 이를 제3자에게 매도할 권능은 그대로 보유하는 것이며, 위와 같이 소유자인 임대인이 당해 주택을 매도한 경우 주택임대차보호법 제3조 제2항에 따라 전부채권자에 대한 보증금지급의무를 면하게 되므로, 결국 **임대인은 전부금지급의무를 부담하지 않는다**"(대판 2005.9.9. 2005다23773)고 판시하였다.

나) 임차인의 승계거부권(이의권)

判例는 임대인이 임차보증금 5억 원의 임대차를 양도한 사안에서, "임대차계약에 있어 임대인의 지위는 임대인과 신 소유자와의 계약만으로써 그 지위의 양도를 할 수 있다 할 것이나, 이 경우에 임차인이 원하지 아니하면 임대차의 승계를 임차인에게 강요할 수는 없는 것이어서 스스로 임대차를 종료시킬 수 있어야 한다는 '공평의 원칙 및 신의성실의 원칙'에 따라 임차인이 곧 이의를 제기함으로써 승계되는 임대차관계의 구속을 면할 수 있고, 임대인과의 임대차관계도 해지할 수 있다고 보아야 한다"(대결 1998.9.2. 98마100)고 판시하고 있다.

[관련판례] "임차인의 보호를 위한 임대차보호법의 입법 취지에 비추어 임차인이 임대인의 지위승계를 원하지 않는 경우에는 임차인이 '임차주택의 양도사실을 안 때로부터 상당한 기간 내'에 이의를 제기함으로써 승계되는 임대차관계의 구속으로부터 벗어날 수 있다고 봄이 상당하고, 그와 같은 경우에는 양도인의 임차인에 대한 보증금 반환채무는 소멸하지 않는다"(대판 2002.9.4. 2001다64615).

2) 양도인(종전 임대인)과 임차인 사이의 법률관계(C-49. 참고)

3) 양도인과 양수인 사이의 법률관계

제575조 2항은 매매의 목적물에 관하여 등기된 임대차계약이 있는 경우 매수인이 부동산을 사용·수익할 수 없으므로 매도인은 동조 소정의 담보책임을 지는데, 이러한 취지는 목적물에 대항력 있는 임차권이 있는 경우에도 마찬가지이므로 선의의 양수인은 양도인을 상대로 담보책임을 물을 수 있다(제575조 2항, 주택 임대차보호법 제3조 4항, 상가건물 임대차보호법 제3조 3항). 이 경우 손해배상의 범위에는 임차권의 존재로 인하여 목적물을 사용·수익하지 못하여 입은 손해, 보증금반환채무를 인수하여 입게 된 손해 등이 포함될 것이다(양수인이 목적물에 관하여 대항력 있는 임차권이 있는 사실을 알고 있었던 경우에는 이를 계산에 넣고 양도계약을 체결하였을 것이므로 문제가 없다).

(2) 임차목적물이 경매된 경우

(근)저당권자 등과의 관계에서는 임차권 대항력의 선후를 기준으로 우열이 정해진다. 특히 저당권은 경매를 통한 매각으로 모두 소멸하므로(민사집행법 제91조 2항) 최선순위 담보물권과 임차권 대항력의 선후를 기준으로 우열이 정해진다(대판 1999.4.23. 98다32939). [10·16법무]

1) 최선순위 담보물권자나 (가)압류권자보다 먼저 대항력을 취득한 경우

① [대항력 인정] 매각대금이 완납되어도 임차권은 소멸하지 않고(민사집행법 제91조), 임차인은 매각 받은 자에게 임차권을 주장할 수 있으며, ② [우선변제권 인정] 임대차계약을 해지하지 않고도 배당요구를 할 수 있다(즉, 임차인은 매각받은 자에게 대항력을 주장하는 대신 임대차보증금반환채권을 가지고 배당절차에 참가할 수 있다 ; 대판 2004.8.30. 2003다23885 참고). 구 임대차보호법 제3조의2 1항 단서 '임차인이 보증금의 우선변제를 청구하기 위해서는 임대차가 종료하여야 한다'는 규정이 삭제되었기 때문이다.

③ [임차권의 소멸시기] 이 경우 임차권의 소멸시기와 관련하여 判例는 "주택임대차보호법 제3조의5의 입법 취지와 규정 내용에 비추어 보면, 주택임대차보호법상의 대항력과 우선변제권의 두 권리를 겸유하고 있는 임차인이 우선변제권을 선택하여 임차주택에 대하여 진행되고 있는 경매절차에서 보증금에 대한 배당요구를 하여 보증금 전액을 배당받을 수 있는 경우에는, 임차인이 그 배당금을 지급받을 수 있는 때, 즉 '임차인에 대한 배당표가 확정될 때'까지는 임차권이 소멸하지 않으므로, 경락인이 낙찰대금을 납부하여 임차주택에 대한 소유권을 취득한 이후에 임차인이 임차주택을 계속 점유하여 사용·수익하였다고 하더라도 임차인에 대한 배당표가 확정될 때까지의 사용·수익은 소멸하지 아니한 임차권에 기한 것이어서 경락인에 대한 관계에서 '부당이득'이 성립되지 않고, 보증금을 일부 변제받는 것으로 배당표가 확정되면 그 범위에서만 임차권이 소멸하기 때문에 나머지 보증금에 관하

여는 여전히 임차권이 존속한다"(대판 2004.8.30. 2003다23885)고 한다.
2) **최선순위 담보물권자나 (가)압류권자보다 나중에 대항력을 취득한 경우**
매각대금이 완납되면 임차권은 소멸하고, 임차인은 경매절차에서 배당을 받는 수밖에 없다. 우선변제권 있는 임차인이라도 경매법원이 이를 알 수 없기 때문에 반드시 배당요구를 하여야만 배당을 받을 수 있다.
3) **주임법상 대항력을 갖춘 임차인으로서의 지위와 전세권자로서의 지위를 함께 가지는 경우**
① [**1순위 대항력 있는 임차권, 2순위 저당권, 3순위 전세권**] 주택임차인이 대항력을 갖추고 아울러 전세권등기도 경료한 경우에, 경매로 인하여 전세권이 소멸하더라도 최선순위의 저당권보다 먼저 주택임대차보호법에 의한 대항요건을 갖추었다면, 임차권은 그대로 존속한다(대판 1993.11.23. 93다10552,10569).
② [**1순위 전세권, 2순위 대항력 있는 임차권**] 주택에 관하여 최선순위로 전세권설정등기를 마치고 등기부상 새로운 이해관계인이 없는 상태에서 전세권설정계약과 동일성이 인정되는 임대차계약을 체결하여 주택임대차보호법상 대항요건을 갖추었다면, 전세권자로서의 지위와 주택임대차보호법상 대항력을 갖춘 임차인으로서의 지위를 함께 가지게 된다. 이러한 경우 최선순위 전세권자로서 배당요구를 하여 전세권이 매각으로 소멸되었다 하더라도 변제받지 못한 나머지 보증금에 기하여 대항력을 행사할 수 있고, 그 범위 내에서 임차주택의 매수인은 임대인의 지위를 승계한 것으로 보아야 한다(대결 2010.7.26. 2010마900).
[판례검토] 검토하건대, 전세권자가 주택임대차보호법상의 대항력을 갖추는 것은 자신의 지위를 강화하기 위한 것이지 원래 가졌던 권리를 포기하고 다른 권리로 대체하려는 것은 아니라는 점에서 判例의 태도는 타당하다(2010마900판시내용).
③ [**전세권등기에 임차권등기명령에 의한 등기와 같은 효력을 인정할 수 있는지 여부**(소극)] 임차인의 지위를 강화하기 위하여 전세권등기를 설정한 경우 임차권등기명령에 의한 등기(주택임대차보호법 제3조의3 5항)와 같은 효력을 전세권등기에 인정할 수 있는지 문제되는바, 이를 인정한다면 임차권이 전세권등기시에 대항력을 갖게 되어 다른 곳으로 주민등록을 이전해도 대항력이 계속 유지되어 우선변제권이 상실되지 않을 수 있다. 그러나 判例는 "임차권등기명령에 의한 임차권등기는 주택임대차보호법상의 대항요건인 '주민등록일자', '확정일자'를 공시하지만 전세권설정등기에는 이러한 대항요건을 공시하는 기능이 없는 점에 비추어, 주택임차인이 그 지위를 강화하고자 별도로 전세권설정등기를 마쳤더라도 주택임차인이 주택임대차보호법 제3조 제1항의 대항요건을 상실하면 이미 취득한 주택임대차보호법상의 대항력 및 우선변제권을 상실한다"(대판 2007.6.28. 2004다69741)고 본다. **[13법무]**

4. **대항력의 소멸**(제622조 2항, 점유상실, 주민등록·사업자등록의 이탈·직권말소)

V. 임차권의 양도와 임차물의 전대 [C-48]

1. 서 설

임차권의 양도란 임차권을 동일성을 유지하면서 이전하는 것을 말하며, 전대차란 임차인이 다시 임대인이 되어 임차목적물을 타인에게 임대하는 것을 말한다. 이에 대해 민법은 임차인은 임대인의 동의 없이 그 권리를 양도하거나 임차물을 전대하지 못한다고 하며, 임차인이 이에 위반한 때에는 임대인은 계약을 해지할 수 있다고 규정하고 있다(제629조).

2. 임차권의 양도 [C-48a]

(1) 법적 성질

判例는 임차권의 양도를 '계약인수'가 아닌 '지명채권의 양도'의 성질을 갖는 것으로 보는 것을 전제로, 임대인의 동의를 임대인에게 '대항'할 수 있기 위한 요건으로 본다(대판 1986.2.25. 85다카1812).

(2) 임대인의 동의 있는 양도

1) 임차권의 이전

임대인의 동의를 얻어 임차권을 양도한 경우에는 임차권은 동일성을 유지하면서 양수인에게 이전하고, 임차권양도인은 임차인의 지위에서 벗어난다.

2) 임차보증금반환채권의 이전 여부

判例는 임차권의 양도를 지명채권의 양도의 성질을 갖는 것으로 보는 것을 전제로, 임차보증금반환채권을 임차권과는 별개의 지명채권으로 보고, 따라서 임대인의 동의를 받아 적법하게 임차권 양도가 되더라도 특약이 없는 한 보증금반환채권도 당연히 임차권 양수인에게 이전되는 것은 아니라고 본다(대판 1998.7.14. 96다17202 : 아래 관련쟁점 참고).

> **✻ 임대차보증금반환채권이 (가)압류된 후 임대인의 승낙하에 임차권을 양도한 경우**
>
> ㉠ [구임차인의 임대차보증금반환채권의 이행기 도래 여부(적극)] "임대인 甲의 동의를 받아 임차인 乙이 적법하게 임차권을 양도하더라도 원칙적으로 보증금반환채권은 임차권 양수인 丙에게 이전되는 것은 아니다. 만약 乙의 임대차보증금반환채권이 (가)압류된 후 임차권이 양도된 경우에 임대인 甲이 위 임차권의 양도를 승낙하였다면 임대인 甲과 구 임차인 乙과의 임대차관계는 종료되어 구 임차인은 임대차관계로부터 이탈하게 되고, 구 임차인의 임대차보증금반환채권은 구 임차인과 임대인과의 임대차관계의 종료로 인하여 임대인의 임차권 양도 승낙시에 이행기에 도달하게 된다"(위 96다17202판결).
>
> ㉡ [신임차인이 부담할 연체차임 등의 새로운 채무를 구임차인에게 반환할 임대차보증금에서 공제할 수 있는지 여부(소극)] "임대차보증금에 관한 구 임차인 乙의 권리의무관계는 특별한 사정이 없는 한 신임차인 丙에게 승계되지 아니하며, 구 임차인이 임대인과 사이에 임대차보증금을 신 임차인의 채무의 담보로 하기로 약정하거나 신 임차인에 대하여 임대차보증금반환채권을 양도하기로 한 때에도 그 이전에 임대차보증금반환채권이 제3자에 의하여 (가)압류되어 있는 경우에는 위와 같은 합의나 양도의 효력은 압류권자 등에게 대항할 수 없으므로, 신 임차인이 차임지급을 연체하는 등 새로운 채무를 부담하게 되었다고 하여 그 연체차임 등을 구 임차인에게 반환할 임대차보증금에서 공제할 수는 없다"(위 96다17202판결).
>
> ㉢ [동시이행항변권이 배제되는 예외적인 경우] "임대인 甲이 임차권의 양도를 승낙하여 신 임차인 丙이 구임차인 乙로부터 임차목적물을 명도받았다면 구 임차인이 임대인에게 명도하여 임대인이 다시 신임차인에게 명도하는 대신 구 임차인이 임대인의 승낙하에 직접 신 임차인에게 명도하는 것으로서 명도의무의 이행을 다한 것으로 보아야 한다"(위 96다17202판결). 따라서 임대인 甲은 구임차인 乙에게 임대차보증금을 반환함에 있어서 동시이행항변권을 주장할 수 없다.

3) 담보의 존속 여부

임차권이 양도된 경우 임대인의 채무(보증금반환채무 등)를 위해 존재하던 담보나 보증 등은 여전히 존속한다(대판 2005.4.14. 2004다63293 참고). 그러나 반대로 임차인의 채무를 담보하기 위해 존재하던 담보나 보증은 임차권양도가 되면 담보설정자의 동의가 없는 한 그 이후부터는 소멸하며, 임차권양수인의 채무를 위한 담보로 존속하는 것은 아니다.

(3) 임대인의 동의 없는 양도

1) 임차권양도제한과 임차보증금반환채권의 양도금지 여부

임차인과 임대인 사이의 약정에 의해 임차권의 양도가 금지되어 있더라도 임차보증금반환채권의 양도까지 금지되는 것은 아니다. 따라서 임차권 양도인이 보증금반환채권을 양도하면서 그 사실을 임대인에게 '통지'한 이상 임대차계약의 종료 후에 임대인에 대해 임차보증금의 반환을 요구하는 양수인의 청구는 임대인이 그 양도가 금지되었던 임차권의 양도에 '동의'하였는지 여부에 상관없이 인용된다(대판 2001.6.12. 2001다2624). **[13회 사례형]**

2) 대항력 있는 임차권의 양도(핵심사례 C-6. 참고) **[17법행, 15법무]**

대항력 있는 임차권인 경우에도 임차권의 양도에는 임대인의 동의를 받아야 하며, 임대인의 동의가 없으면 무단양도가 되어 양수인이 임대인에게 대항하지 못한다(제629조). 임차권의 대항력이란 임차인이 임차목적물의 양수인 등에게 대항할 수 있다는 것을 의미할 뿐 임차인이 임대인의 동의 없이 임차권을 양도할 수 있는 것을 의미하는 것은 아니기 때문이다(대판 1993.4.13. 92다24950: **표준판례644**).

3) 임차권 무단양도의 법률관계

가) 임차인과 양수인의 관계

임차권 양도계약은 이들 간에는 유효하고, 임차인은 양수인에 대해 임대인의 동의를 받아줄 의무를 진다(대판 1986.2.25. 85다카1812). 임대인이 동의하지 않는 때에는, 양수인은 임차인에 대해 채무불이행책임 내지는 담보책임을 물을 수 있다.

나) 임대인과 양수인의 관계

① 양수인의 점유는 임대인이 임차인과의 임대차계약을 해지하지 않더라도 임대인에 대한 관계에서 불법점유가 된다. 임대인은 토지소유권에 기해 양수인에 대해 목적물의 반환 내지는 방해제거(퇴거)를 청구할 수 있다(제213조, 제214조). 다만 임대인이 임차인과의 임대차계약을 해지하지 않은 때에는, 목적물을 직접 자기에게 인도할 것을 청구할 수는 없고 임차인에게 인도할 것을 청구할 수 있을 뿐이다.

② 임대인이 임대차계약을 해지하지 않는 한 임차인에 대해 차임채권을 가지므로, 임대차계약이 존속하는 한도에서는 양수인의 불법점유를 이유로 한 차임상당 손해배상청구나 부당이득반환청구를 할 수 없다(대판 2008.2.28. 2006다10323 : 7회 선택형). **[14입법]** 그러나 임대차계약이 종료된 이후에는 임차물을 소유하고 있는 임대인은 제3자를 상대로 위와 같은 손해배상청구나 부당이득반환청구를 할 수 있다(대판 2023.3.30. 2022다296165).

[비교판례] 임차인의 채권자와 임차인 사이에 '임차권의 양도담보계약'이 체결되었는데 "담보권자가 담보제공자(임차인) 아닌 제3자(임대인) 소유의 토지를 담보물로 이용하였다고 하더라도(양도담보권자의 간접점유) 현실적인 점유를 수반하지 아니하는 가치권의 이용만으로써는 담보권자에게 어떠한 '현실적인 이익'이 있었다고 할 수도 없고 또 이로 인하여 제3자의 현실적인 점유가 방해되었다고도 할 수 없다"(대판 2018.7.12. 2018다223269: **표준판례382**)고 하여 임차목적물의 양도담보권자에 대한 임대인의 부당이득반환청구를 부정하였다.

③ 양수인이 목적물에 물건을 부속시킨 경우, 제256조 단서는 적용되지 않으므로 그 부속물의 소유권을 주장할 수 없다.

다) 임대인과 임차인과의 관계

① **[임대차계약의 존속]** 임대인이 임대차계약을 해지하지 않는 한 임차인에 대해 임대인으로서의 권리를 가지고 의무를 부담한다. 양수인의 과실로 목적물이 훼손된 경우에는, 양수인을 임차인의 이행보조자로 볼 수 있으므로(제391조), 임차인은 임대인에 대해 목적물반환채무의 이행불능에 따른 손해배상책임을 진다.

② **[임대인의 해지권 및 해지권의 제한]** 임대인은 임차인과의 임대차계약을 해지할 수 있다(제629조 2항). 그러나 判例는 임차인의 변경이 당사자의 개인적인 신뢰를 기초로 하는 계속적 법률관계인 임대차를 더 이상 지속시키기 어려울 정도로 당사자 간의 신뢰관계를 파괴하는 임대인에 대한 '배신적 행위'라고 인정할 수 없는 '특별한 사정'이 있는 때에는 임대인의 해지권을 제한하고 있다. **[15법무]**

判例가 인정하는 특별한 사정은 ㉠ 토지임대차에서 건물에서 동거하면서 가구점을 함께 경영하는 임차인의 처가 임차권을 양수한 경우(대판 1993.4.27. 92다45308)[11], ㉡ 건물소유권을 취득한 경락인이 건물소유를 위한 토지임차권을 취득하는 경우[(대판 1993.4.13. 92다24950: 표준판례644 ; 그러나 당해 判例 사안에서는 경락인(임차권의 양수인)의 입증이 없었으므로 임대인이 경락인에게 건물 철거를 주장할 수 있다고 보았다 ; 핵심사례 C-6.참고]가 있다. 다만 이러한 특별한 사정에 대한 **증명책임**은 (임차권의) **양수인에게 있다**(위 92다24950 판결)고 한다.

[관련판례] "건물 소유를 목적으로 한 대지 임차권을 가지고 있는 자가 위 대지상의 자기소유 건물에 대하여 제3자에 대한 채권담보의 목적으로 제3자 명의의 소유권이전등기를 경료하여 준 이른바 양도담보의 경우에는, 채권담보를 위하여 신탁적으로 양도담보권자에게 건물의 소유권이 이전될 뿐 확정적, 종국적으로 이전되는 것은 아니고 또한 특별한 사정이 없는 한 양도담보권자가 건물의 사용수익권을 갖게 되는 것도 아니므로, 이러한 경우 위 건물의 부지에 관하여 제629조 소정의 해지의 원인인 임차권의 양도 또는 전대가 이루어지지 않았다고 해석함이 상당하다"(대판 1995.7.25. 94다46428).

3. 임차물의 전대

[C-48b]

(1) 임대인의 동의 있는 전대

1) 전대인(임차인)과 전차인의 관계

전대차관계는 전대차계약의 내용에 따라 정하여진다.

2) 임대인과 전차인의 관계

가) 전차인의 임대인에 대한 직접 의무부담

임대인과 전차인 사이에 계약관계는 없으나, 민법은 임대인의 동의에 의한 전대차가 있는 경우 '임대인의 보호'를 위해 전차인은 임대인에 대해 직접 '의무'를 부담한다(제630조 1항)고 규정하고 있다. 그러나 전차인은 특별한 규정이 있는 경우를 제외하고는 직접 임대인에게 '권리'를 갖지 못한다.

나) 전차인의 차임채무의 이행

임대인은 임차인에게 차임채권을 갖고(제630조 2항), 임차인은 전차인에게 차임채권을 가지며(전대차계약), 임대인은 전차인에게 직접 청구를 할 수 있다(제630조 1항 1문). 임대인이 전차인에게 차임

---

11) **[사실관계]** "피고는 이귀안과 이 사건 건물에서 동거하면서 함께 가구점을 경영해 오다가 1988.11.11. 그와 협의이혼을 하면서 그 위자료 명목으로 이 사건 건물을 양도받기로 하고 그때부터는 혼자서 위 가구점을 경영해 왔으며, 1992.3.7. 위 이귀안과 다시 혼인하고 위 건물에서 동거하고 있는 사실이 엿보이는바, 사정이 이와 같다면 피고는 본래의 임차인인 위 이귀안과 동일한 사업을 수행하면서 그 형식적인 사업주체의 인격만 변경된 것 뿐이므로, 실질적으로 임대인인 원고의 인적 신뢰나 경제적 이익을 해치는 것도 아니고, 이와 같은 경우에는 임대차관계를 계속시키기 어려운 배신적 행위라고 인정할 수 없는 특별한 사정이 있는 경우에 해당하므로, 원고에게는 계약해지권이 발생하지 아니하고 피고는 위 임차권의 양수나 이에 터잡은 사용·수익을 임대인인 원고에게 주장할 수 있다"

의 지급을 청구하는 경우, 전차인은 임차인과의 전대차계약에 기한 항변으로 대항할 수 있다.
임대인의 전차인에 대한 차임청구시기는 '임대차 및 전대차의 변제기가 모두 도래한 때'이며, 청구금액은 전차인은 전대차계약으로 전대인에 대하여 부담하는 의무 이상으로 임대인에게 의무를 지지 않고 동시에 임대차계약으로 임차인이 임대인에 대하여 부담하는 의무 이상으로 임대인에게 의무를 지지 않으므로(대판 2018.7.11. 2018다200518), '원임대차의 차임이나 전대차의 차임 중 최소한의 것'에 한정된다.

① **[전대차 차임 변제기 전 차임지급]** ㉠ 전차인이 '임대인'에게 차임을 직접 지급하면 그 한도에서 임대인의 임차인에 대한 차임채권, 임차인의 전차인에 대한 차임채권이 각 소멸한다. ㉡ 전차인이 '임차인'에게 차임을 지급한 경우에는 제630조 1항 2문에서 '전차인은 전대인에 대한 차임의 지급으로써 임대인에게 대항하지 못한다'고 규정하고 있는바,[12] (예를 들어 전대차의 차임지급 시기가 1.20.이고 임대차의 차임지급시기가 1.10.인데 임차인이 임대인에게 차임을 지급하지 않고 있는 경우) 위 규정에 의하여 전차인이 임대인에게 대항할 수 없는 차임의 범위는 '전대차계약상의 차임지급시기(1.20.)를 기준'으로 하여 그 전에 전대인에게 지급한 차임에 한정되고, 그 이후에 지급한 차임으로는 임대인에게 대항할 수 있다. 따라서 전차인이 (전대차계약) 차임의 변제기가 도래한 후 임차인에게 차임을 지급한 경우에는 이로써 임대인에게 대항할 수 있다(대판 2008.3.27. 2006다45459).
다만, "전대차계약상의 차임지급시기(1.20.) 전에 전대인에게 지급한 차임이라도, 임대인의 차임청구 전에 차임지급시기(1.20.)가 도래한 경우에는 그 지급으로 임대인에게 대항할 수 있다"(대판 2018.7.11. 2018다200518).

② **[전대차 차임 감액]** 전차인이 임대인에 대해 직접 '의무'를 부담하더라도(제630조 1항), 이 경우 전차인은 전대차계약으로 전대인에 대하여 부담하는 의무 이상으로 임대인에게 의무를 지지 않고 동시에 임대차계약으로 임차인이 임대인에 대하여 부담하는 의무 이상으로 임대인에게 의무를 지지 않는다. 따라서 전대인과 전차인이 전대차계약상의 차임을 감액한 경우 전차인은 변경된 전대차계약의 내용을 임대인에게 주장할 수 있다(대판 2018.7.11. 2018다200518).[13]

다) 전차인보호를 위한 특별규정

임대인의 동의를 얻어 전대를 한 경우, 민법은 전차인을 보호하기 위해 다음과 같은 규정을 두었다. 이 규정들은 모두 강행규정으로서 이에 위반하는 약정으로 전차인에게 불리한 것은 그 효력이 없다(제652조). ① 권리의 확정(제631조), ② 해지통고의 통지(제638조), ③ 임대청구권·매수청구권(제644조, 제645조), ④ 부속물매수청구권(제647조)과 같은 규정들이 그것이다.

[관련판례] * **해지통고의 통지**(제638조) [17사법]
"제638조 1항, 2항 및 제635조 2항에 의하면 임대차계약이 해지 통고로 인하여 종료된 경우에 그 임대물이 적법하게 전대되었을 때에는 임대인은 전차인에 대하여 그 사유를 통지하지 아니하면 해지로써 전차인에게 대항하지 못하고, 전차인이 통지를 받은 때에는 토지, 건물 기타 공작물에 대하여는 임대인이 해지를 통고한 경우에는 6월, 임차인이 해지를 통고한 경우에는 1월, 동산에 대하여는 5일이 경과하면 해지의 효력이 생긴다고 할 것이지만 제640조에 터 잡아 임차인의 차임연체액이 2기의 차임액에 달함에 따라 임대인이 임대차계약을 해지하는 경우에는 전차인에 대하여 그 사유를 통지하지 않더라도 해지로써 전차인에게 대항할 수 있고, 해지의 의사표시가 임차인에게 도달하는 즉시 임대차관계는 해지로 종료된다"(대판 2012.10.11. 2012다55860).

---

12) **[입법취지]** 전차인의 전대인에 대한 차임 지급시기가(1.10.) 임차인의 임대인에 대한 차임 지급시기(1.20.) 보다 앞선 때에는, 전차인은 전대인에게 차임을 지급하면 된다. 그런데 양자의 차임 지급시기가 같거나 또는 후자가 전자보다 앞선 때에, 전차인이 '전대차계약상의 차임 지급시기 전'에 전대인에게 차임을 지급하게 되면, 임대인은 임차인이 차임을 지급하지 않는 경우에 전차인에 대해 차임을 청구할 수 없게 되는 불이익을 받게 되는 점에서, 이를 방지하기 위해 마련한 규정이다.

13) "또한 그 경우, 임대차종료 후 전차인이 임대인에게 반환하여야 할 차임 상당 부당이득액을 산정함에 있어서도, 부당이득 당시의 실제 차임액수를 심리하여 이를 기준으로 삼지 아니하고 약정 차임을 기준으로 삼는 경우라면, 전차인이 임대인에 대하여 직접 의무를 부담하는 차임인 변경된 차임을 기준으로 할 것이지, 변경 전 전대차계약상의 차임을 기준으로 할 것은 아니다"

3) 임대인과 전대인(임차인)의 관계

가) 임대차관계 존속
임대인과 전대인(임차인)과의 법률관계는 전대차의 성립에 의하여 원칙적으로 영향을 받지 않는다.

나) 전차인의 고의·과실로 임차목적물이 멸실된 경우
① 전차인은 임대인에 대하여 직접 목적물을 선관주의의무를 다하여 보관할 의무를 부담하기 때문에(제630조 1항 1문) 채무불이행책임을 진다.
② 전차인이 임차물을 보관하는 것은 동시에 임차인을 위해 그 보관의무를 이행하는 것이라 할 수 있어 전차인을 이행보조자로 보는 견해가 타당하므로, 임차인은 무조건 임대인에 대해 책임을 져야 한다(B-22.참고). [14입법]

(2) 임대인의 동의 없는 전대
임차권 무단양도의 법률관계와 동일하다. 따라서 임차인이 임차물을 전대한 후 임대차계약이 종료되고 전차인이 임대인으로부터 목적물의 반환청구나 차임 내지 그 해당액의 지급요구를 받는 등의 이유로 임차인이 전차인으로 하여금 목적물을 사용·수익하게 할 수 없게 된 경우, 전차인은 이행불능으로 인한 계약종료를 이유로 그 이후의 차임지급 및 부당이득반환 의무를 면한다(대판 2019.5.30. 2019다202573). 그러므로 무단전대차라고 해도 전차인은 임대인으로부터 목적물의 반환청구나 차임상당액의 지급요구를 받기 전까지는 전대인에게 차임을 지급할 의무가 있다.

핵심사례 C-06

★ 토지임차권의 대항력, 배신행위론 [08·17사법, 15법무]   대판 1993.4.13. 92다24950: 표준판례644

乙은 건물 소유를 목적으로 甲으로부터 X토지를 임차한 후 그 지상에 Y건물을 신축하였다. 乙이 Y건물의 소유권보존등기를 마친 후 B은행 앞으로 설정하여 준 근저당권이 실행되어 그 경매절차에서 戊가 위 건물의 소유권을 취득하였다.
이 경우 甲은 乙과의 임대차를 해지하고 戊를 상대로 Y건물의 철거 및 X토지의 반환을 구할 수 있는가? 그 결론과 그에 따른 논거를 설명하시오. (15점)

Ⅰ. 결론
甲은 乙과의 임대차계약을 해지하고 戊를 상대로 Y건물의 철거 및 X토지의 반환을 구할 수 없다.

Ⅱ. 논거

1. **乙이 대항력 있는 임차권을 취득하였는지 여부**(적극 : 제622조 1항)

2. **戊가 대항력 있는 임차권의 양수인으로서 임대인에게 대항할 수 있는지 여부**

(1) 戊가 乙의 X토지 임차권을 양수받았는지 여부(적극 : 제358조의 유추적용)
乙의 X토지 임차권에도 B은행의 근저당권의 효력이 미치는바(제358조 유추), 근저당권의 실행에 따른 경매의 경락인 戊는 Y건물의 소유권뿐만 아니라 X토지의 임차권도 아울러 취득한다(대판 1993.4.13. 92다24950).

(2) 戊가 대항력 있는 임차권의 양수인으로 임대인에게 대항할 수 있는지 여부(소극 : 제629조)
제622조의 대항력은 '임대토지에 관하여 권리를 취득한 제3자에 대한 대항력'이지 '임대인'에 대한 대항력을 의미하는 것은 아니므로(대판 1993.4.13. 92다24950), 임대인 甲의 동의가 없는 한 임차권의 양수인 戊는 甲에게 그 임차권의 취득을 가지고 대항할 수 없다(제629조).

3. 甲의 임대차 계약 해지, Y건물 철거청구 및 X토지 인도청구 가부

(1) 판 례
"임차인의 변경이 당사자의 개인적인 신뢰를 기초로 하는 계속적 법률관계인 임대차를 더 이상 지속시키기 어려울 정도로 당사자 간의 신뢰관계를 파괴하는 임대인에 대한 배신행위가 아니라고 인정되는 특별한 사정이 있는 때에는 임대인은 자신의 동의 없이 임차권이 이전되었다는 것만을 이유로 민법 제629조 제2항에 따라서 임대차계약을 해지할 수 없고, 그와 같은 특별한 사정이 있는 때에 한하여 경락인은 임대인의 동의가 없더라도 임차권의 이전을 임대인에게 대항할 수 있다고 봄이 상당한바, 위와 같은 특별한 사정이 있는 점은 경락인이 주장·입증하여야 한다"(대판 1993.4.13. 92다24950). 그러나 당해 判例 사안에서는 경락인 戊의 입증이 없었으므로 결국 임대인 甲이 경락인 戊에게 건물 철거 등을 주장할 수 있다고 보았다.

(2) 사안의 경우
그러나 대지임차권이 있는 건물을 목적으로 하는 저당권의 실행에 의해 임차권이 건물에 수반하여 경락인에게 이전되는 것은 임대인과 임차인의 신뢰관계를 파괴할 정도의 배신행위에 해당한다고 보기는 어렵다(본래 임대인은 임대차가 만료하면 임차인의 건물매수청구에 따라 건물을 매수하여야 할 지위에 있었는데, 경락이라는 우연한 사정에 의해 건물의 철거를 구할 수 있다고 하는 것은 타당하지 않은 점에서도 그러하다). 따라서 甲은 乙과의 임대차계약을 해지하고 戊를 상대로 Y건물의 철거 및 X토지의 반환을 구할 수 없다.

Ⅵ. 임대차보증금 [C-49]

1. 의의 및 기능
보증금이란 부동산임대차, 특히 건물임대차에 있어서 '임차인의 채무를 담보'하기 위하여 임차인 또는 제3자가 임대인에게 교부하는 금전 기타의 유가물을 말한다. 이는 ① 임차물 훼손시 손해배상채무의 담보기능, ② 차임연체시 충당금으로서의 기능, ③ 차임(월세)의 변칙적 지불방법의 기능을 한다.

2. 보증금의 법적 성질 [C-49a]

(1) 학설 및 판례
보증금의 법적 성질을 어떻게 파악하느냐에 따라 보증금반환채무의 발생시기, 증명책임 등이 달라질 수 있는바, 학설은 크게 정지조건설[14]과 해제조건설[15]로 나뉜다.

이에 대해 判例는 "보증금반환채권은 임대인의 채권이 발생하는 것을 해제조건으로 하는 것"이라는 표현을 쓴 경우도 있으나(대판 1988.1.19. 87다카1315), 실질은 "임대차 '종료 후'에 임대인에게 '인도할 때' 체불임료 등 모든 피담보채무를 공제한 잔액이 있을 것을 조건으로 하여 그 잔액에 관한 임차인의 보증금반환청구권이 발생한다"(대판 1988.1.19. 87다카1315)고 하며, 보증금에서 채무 등을 공제하려면 임대인이 공제 주장을 하고, 다만 그 발생한 채권이 소멸하였는지(반대채권의 부존재)는 임차인이 주장·입증할 것이라고 한다(대판 1995.7.25. 95다14664 등). 이는 정지조건설 중 절충설의 입장이라고 판단된다.

(2) 검 토
보증금의 유동적 성질 및 담보적인 기능을 고려해 볼 때 보증금의 '발생'은 임대차 종료시에, '확정'은 반환시로 보는 절충설이 타당하다.

---

14) [학설] 이는 다시 ① 보증금이란 임대차 종료시(종료시설) 또는 임차물 반환시에(명도시설) 임차인의 채무불이행이 없었을 것(또는 임차인의 채무를 공제한 잔액이 있을 것)을 정지조건으로 하는 정지조건부 반환채무를 수반하는 금전소유권의 이전이라는 견해와, ② 이에 대해 정지조건설을 기본으로 하면서도 임대차가 종료하는 때에 보증금의 반환의무가 발생하나, 다만 임차인의 채무불이행으로 인한 공제는 임차물의 반환시까지로 보는 견해도 있다(절충설).
15) 임대차보증금은 임대차 종료시에 임대인의 반대채권의 존재를 해제조건으로 하여 반환된다고 하는 견해이다.

3. 보증금 계약

① 임대차계약과 별도로 행해지는 '임대차계약에 종된 계약'으로 금전의 수수를 수반하는 요물계약이다(다수설). 그러나 낙성계약으로 체결하는 것을 부정하는 것은 아니고 반드시 임대차계약과 동시에 성립해야 하는 것도 아니다. ② 임대차계약의 당사자가 아닌 제3자도 당사자가 될 수 있다.

4. 보증금의 효력
[C-49b]

(1) 담보적 효력

차임·손해배상금·소송비용(대판 2012.9.27. 2012다49490) [14행정] 등 임차인이 '임차목적물을 인도할 때까지' 임대인에 대하여 부담하는 임대차에 관한 모든 채무를 담보한다. 임대차보증금액보다도 임차인의 채무액이 많은 경우에는 제477조에서 정하고 있는 법정충당순서에 따라야 한다(대판 2007.8.23. 2007다21856). [09법행, 08법무]

(2) 차임 등을 보증금에서 '공제'[16]할 수 있는지 여부(보증금의 담보적 효력의 범위)

1) 일반론

가) 임차목적물 반환 전

① 충당 여부는 임대인의 자유이므로 보증금으로 연체차임 등에 충당하지 않고 차임을 청구할 수도 있다(대판 2005.5.12. 2005다459,466). 즉, 임대차계약 종료 전에는 연체차임이 공제 등의 별도의 의사표시 없이 임대차보증금에서 당연히 공제되는 것은 아니다(대판 2013.2.28. 2011다49608,49615).

② 그리고 원칙적으로 임대차계약이 종료되었다 하더라도 목적물이 명도되지 않았다면 임차인은 임대차보증금이 있음을 이유로 연체차임의 지급을 거절할 수 없다(대판 2007.8.23. 2007다21856,21863). [09법행, 08법무]

③ 한편 임대인이 차임채권을 양도하는 등의 사정으로 차임채권을 가지고 있지 아니한 경우에는 특별한 사정이 없는 한 임대차계약의 종료 전에 임대차보증금에서 공제한다는 의사표시를 할 수 있는 권한이 없다(대판 2013.2.28. 2011다49608,49615).

나) 임대차계약의 종료에 따라 임차목적물 반환시 [09법행, 24법무]

임대차보증금은 임대차계약이 종료된 후 임차인이 목적물을 인도할 때까지 발생하는 차임 및 기타 임차인의 채무를 담보하는 것으로서 그 피담보채무액은 임대차관계의 종료 후 목적물이 반환될 때에 특별한 사정이 없는 한 별도의 의사표시 없이 임대차보증금에서 당연히 공제된다(대판 2007.8.23. 2007다21856,21863).

2) 구체적인 경우

가) 보증금반환채권이 양도된 경우

임차보증금이 '압류 및 전부명령'에 의해 타인에게 이전된 경우에도 임차인의 임대차상의 채무가 공제된다(대판 1988.1.19. 87다카1315).[17] 임차목적물이 반환되기 전 임차인의 모든 채무는 보증금에서 공제되는 것

---

[16] [★ 공제와 상계의 차이점] "공제는 복수 채권·채무의 상호 정산을 내용으로 하는 채권소멸 원인이라는 점에서 상계와 유사하다. 그러나 공제에는 원칙적으로 상계적상, 상계 금지나 제한, 상계의 기판력 등 상계에 관한 법률 규정이 적용되지 않는다는 점, 부동산임대차관계 등 특정 법률관계에서는 일정한 사유가 발생하면 원칙적으로 공제의 의사표시 없이도 당연히 공제가 이루어진다고 보는 점 등에서 공제는 상계와 구별된다. 또한 공제는 상계 금지나 제한과 무관하게 제3자에 우선하여 채권의 실질적 만족을 얻게 한다는 점에서 상계보다 강한 담보적 효력을 가진다"(대판 2024.8.1. 2024다227699).

[17] "임차보증금을 피전부채권으로 하여 전부명령이 있을 경우에도 제3채무자인 임대인은 임차인에게 대항할 수 있는 사유로서 전부채권자에게 대항할 수 있는 것이어서 건물임대차보증금의 반환채권에 대한 전부명령의 효력이 그 송달에 의하여

이 처음부터 예정되어 있었기 때문이다. [09법행, 14행정] 따라서 보증금반환채권이 '양도되고 임대인에게 통지'된 후에도 임차인의 연체차임을 임대차보증금반환채권에서 공제할 수 있다(12회 선택형).

나) 차임채권이 양도된 경우 [7회 사례형, 08법무]

보증금이 수수된 임대차계약에서 차임채권이 양도되었다고 하더라도, 임차인은 임대차계약이 종료되어 목적물을 반환할 때까지 연체한 차임 상당액을 보증금에서 공제할 것을 주장할 수 있다(대판 2015.3.26. 2013다77225 : 6회,8회 선택형). 마찬가지로 차임채권에 관하여 '압류 및 추심명령'이 있는 경우에도 임대차종료시까지 추심되지 않은 차임은 보증금에서 당연히 공제된다(대판 2004.12.23. 2004다56554 : 압류추심명령이 피고 임차인에게 송달된 이후에 발생한 차임도 보증금에서 공제된다는 사례 : 8회 선택형).

다) 대항력을 갖춘 임차목적물이 양도된 경우 [7회 사례형, 12회 기록형, 18법무]

① "대항력을 갖춘 임차인이 있는 상가건물의 양수인이 임대인의 지위를 승계하면(계약인수), 양수인은 임차인에게 임대보증금반환의무를 부담하고 임차인은 양수인에게 차임지급의무를 부담한다. 그러나 임차건물의 소유권이 이전되기 전에 '이미 발생한 연체 차임이나 관리비' 등은 별도의 채권양도절차가 없는 한 원칙적으로 양수인에게 이전되지 않고 구임대인만이 임차인에게 청구할 수 있다"(아래 2016다218874)[18]

② "그러나 임차건물의 양수인이 건물 소유권을 취득한 후 임대차관계가 종료되어 임차인에게 임대차보증금을 반환해야 하는 경우에 임대인의 지위를 승계하기 전까지 발생한 연체차임이나 관리비 등이 있으면 이는 특별한 사정이 없는 한 (그에 관해 채권양도의 요건을 갖추지 않았다 하더라도 : 저자 주) 임대차보증금에서 당연히 공제된다. 일반적으로 임차건물의 양도 시에 연체차임이나 관리비 등이 남아있더라도 나중에 임대차관계가 종료되는 경우 임대차보증금에서 이를 공제하겠다는 것이 당사자들의 의사나 거래관념에 부합하기 때문이다"(대판 2017.3.22. 2016다218874)

(3) 임대차계약이 갱신된 경우 보증금의 효력

1) 합의에 의하여 갱신된 경우

임차인이 제공한 보증금이든 제3자가 제공한 보증금이든 관계없이 그 보증금은 갱신된 임대차의 보증금으로 효력을 유지한다.

2) 묵시적으로 갱신된 경우

임차인이 제공한 보증금은 갱신된 임대차의 보증금으로 효력을 유지하나, 제3자가 제공한 보증금도 유효하게 존속하는지 문제되는바, 判例는 "제639조 2항에서 말하는 담보라 함은 질권, 저당권 그밖의 보증 등을 가리키는 것으로 보아야 할 것이고 건물의 임차보증금채권이 양도되었을 경우까지도 포함되는 개념이라고 해석할 수 없다"(대판 1977.6.7. 76다951) 고 판시하여 제3자가 제공한 보증금도 계속 유효하게 존속한다는 입장이다.

발생한다고 하여도 위 보증금반환채권은 임대인의 채권이 발생하는 것을 해제조건으로 하는 것이므로 임대인의 채권을 공제한 잔액에 관하여서만 전부명령이 유효하다"

18) [비교판례] '계약인수에서 이미 발생한 채무의 승계'와 관련하여 判例는 "계약당사자 중 일방이 상대방 및 제3자와 3면 계약을 체결하거나 상대방의 승낙을 얻어 계약상 당사자로서의 지위를 포괄적으로 제3자에게 이전하는 경우 이를 양수한 제3자는 양도인의 계약상 지위를 승계함으로써 종래 계약에서 이미 발생한 채권·채무도 모두 이전받게 된다"(대판 2011.6.23. 전합2007다63089)고 한다.

5. 보증금의 반환 [C-49c]

(1) 보증금반환청구권의 발생시기(보증금의 법적 성질 참고)

(2) 보증금반환과 임차물반환이 동시이행관계에 있는지 여부 [2회, 4회, 8회 기록형, 08법무]

양채무를 엄격히 분석하면 보증금계약상의 의무와 임대차계약상의 의무로서 하나의 쌍무계약의 상환채무는 아니다. 그러나 보증금계약은 임대차와 불가분의 관계로 부종하므로 양채무를 분리하여 취급함은 부당하다. 判例도 "임대차계약이 종료된 경우에 임차인이 임차물을 인도할 의무와 임대인이 보증금 중 연체차임 등 당해 임대차에 관하여 위 '인도시까지'(임대차종료시까지가 아님) 생긴 모든 채무를 청산한 나머지를 반환할 의무 사이에는 동시이행 관계에 있다"고 한다(대판 1977.9.28. 전합77다1241,1242).

(3) 보증금반환청구권의 소멸시효

임대차에서 임차인이 임대차 종료 후 '동시이행항변권'을 근거로 임차목적물을 '계속 점유'하고 있는 경우, 이는 보증금을 반환받으려는 '계속적인 권리행사'의 모습이 분명하게 표시되었다고 볼 수 있고, 임대인의 '목적물인도청구권'은 소유권 등 물권에 기초하는 경우가 많아 소멸시효가 진행하지 않으므로 공평의 원칙상 보증금반환채권에 대한 소멸시효도 진행하지 않는다고 보는 것이 타당하다(대판 2020.7.9. 2016다244224,244231).

[비교판례] 동시이행의 항변권이 붙어 있는 채권의 경우에 이행기 도래 후에 반대급부를 제공하면 언제라도 권리를 행사할 수 있으므로 이행기부터 소멸시효가 진행한다(대판 1991.3.22. 90다9797 등).

(4) 유치권 성립 여부

判例는 보증금반환청구권은 임차물에 관하여 생긴 채권이라고 할 수 없다는 이유로 유치권의 성립을 부정하고 있다(대판 1976.4.27. 75다1241). 이 경우 대세권인 유치권을 인정한다면 임대차가 종료한 후에 목적물을 양도받은 당해 임차권과는 아무런 관련이 없는 양수인에게도 대항할 수 있게 되므로 제3자에게 불측의 손해를 주는 결과가 발생하게 된다. 따라서 判例의 태도가 타당하다.

(5) 보증금반환청구권의 양도(핵심사례 B-7.참고)

1) 임대차 종료 前 임대차보증금반환채권을 양도할 수 있는지 여부(장래채권의 양도)

직접적인 判例는 없지만, "장래의 채권도 양도 당시 i) 기본적 채권관계가 어느 정도 확정되어 있어 그 권리의 특정이 가능하고, ii) 가까운 장래에 발생할 것임이 상당한 정도 기대되는 경우에는 이를 양도할 수 있다"(대판 1996.7.30. 95다7932)고 한바, 임대차보증금반환채권의 양도성을 긍정하는 것으로 보인다.

2) 보증금반환채권이 양도된 경우 '양도 통지 후에 생긴 임차인의 채무'도 공제 대상에 포함되는지(적극)

判例는 "임차보증금을 피전부채권으로 하여 전부명령이 있을 경우에도 제3채무자인 임대인은 임차인에게 대항할 수 있는 사유로서 전부채권자에게 대항할 수 있는 것이어서 건물임대차보증금의 반환채권에 대한 전부명령의 효력이 그 송달에 의하여 발생한다고 하여도 위 보증금반환채권은 임대인의 채권이 발생하는 것을 해제조건으로 하는 것이므로 임대인의 채권을 공제한 잔액에 관하여서만 전부명령이 유효하다"(대판 1988.1.19. 87다카1315)고 한다. [09법행, 14행정]

동일한 취지에서 "차임채권에 관하여 압류 및 추심명령이 있었다 하더라도, 당해 임대차계약이 종료되어 목적물이 반환될 때에는 그때까지 추심되지 아니한 채 잔존하는 차임채권 상당액도 임대보증금에서 당연히 공제된다"고 한다(대판 2004.12.23. 2004다56554 : 8회 선택형). [7회 사례형, 12회 기록형, 08법무]

[판례검토] 임대인(채무자)과 양수인의 이익형량을 고려할 때 임대차보증금반환채권의 양수인은 그 채권이 불확정한 채권이라는 사정을 감수하고 양수받은 것이라는 점(임차인의 채무는 보증금에서 공제되는 것이 처음부터 예정되어 있다)에서 비록 양도 통지 후에 생긴 임차인의 채무라 하더라도 임차보증금에서 공제할 수 있다고 해석하는 것이 타당하다(제451조 2항 참조).

3) 임대차보증금반환채권의 양도에 대해 이의보류 없는 승낙을 한 임대인이 그 전에 임차인과 한 특약에 의한 항변사유로 양수인에게 대항할 수 있는지 여부(소극)

判例는 임차보증금반환채권의 성질 자체에 존재하는 항변사유는 채무자가 이의보류를 하고 승낙하였는지와 무관하게 양수인에게 항변할 수 있으나, 특약에 의한 항변사유는 이의보류를 하지 않은 승낙을 하면 양수인에게 항변할 수 없다고 한다(대판 2002.12.10. 2002다52657).[19] **[14행정]**

[판례검토] 임대차보증금의 담보적 효력은 임대차관계에서 발생한 채무에 미치는 것이므로, 그것과 별도의 약정에 의해 발생한 채무에 대해서는 임대인과 임차인 사이에서만 상대적으로 효력이 미친다. 따라서 임대차보증금반환채권의 양도에 대해 이의보류 없는 승낙을 한 채무자(임대인)로서는 제451조 1항에 의해 채권양수인에게 대항할 수 없으므로, 임대인은 임차보증금반환채권의 양수인에 대해 임대차관계와 별도의 약정에 의해 발생한 임차인의 채무를 갖고 공제주장을 할 수는 없다.

(6) 임대차 존속 중 시효완성된 차임채권을 보증금반환채무와 상계 또는 공제할 수 있는지 여부

판례연구 C-05

■ ★ 시효완성된 연체차임과 보증금반환채무의 상계 또는 공제 [17행정, 8·12회 기록형, 24법무]
대판 2016.11.25. 2016다211309

甲과 乙은 2011. 3. 1. 甲소유의 X토지에 관하여 기간 20년, 보증금 1억 원, 차임 월 200만 원(매월 1일 지급)의 임대차계약을 체결하였고, 임차인 乙은 X토지 위에 Y건물을 신축하였다. 乙은 임대차계약을 체결한 후 상습적으로 차임을 연체함으로써 2017. 3. 현재 그 금액이 3,000만 원에 이르렀다. 이에 甲은 2017. 3. 27. 임대차계약을 해지한다는 의사표시가 담긴 내용증명우편을 발송하였고, 이 우편은 그 무렵 乙에게 도달하였다. 그러자 甲은 민법 제495조에 따라 보증금에서 연체차임을 상계한 후 7,000만 원을 공탁하고서 乙에게 X토지의 반환을 청구하였고, 乙은 2014. 3. 27. 이전에 연체한 2,000만 원은 상계적상의 상태에 있지 않았으므로 9,000만 원을 반환해야 한다고 주장하였다. **甲이 乙에게 반환해야 하는 보증금은 얼마인가? (30점)** (지연손해금은 고려하지 않음)

1. 2014. 3. 27. 이전까지 발생한 연체차임채권의 소멸시효 완성여부(적극)

(1) 차임채권의 소멸시효기간

월차임 지급채권은 제163조 1호가 정한 1년 이내의 기간으로 정한 금전의 지급을 목적으로 한 채권에 해당하여 3년의 단기소멸시효가 적용된다.

---

19) "ⅰ) 임대차보증금반환 채권을 양도함에 있어서 임대인이 아무런 이의를 보류하지 아니한 채 채권양도를 승낙하였어도 임차 목적물을 개축하는 등으로 인하여 임차인이 부담할 원상복구비용 상당의 손해배상액은 반환할 임대차보증금에서 당연히 공제할 수 있다 할 것이나(8회 선택형), ⅱ) 임대인과 임차인 사이에서 장래 임대목적물 반환시 위 원상복구비용의 보증금 명목으로 지급하기로 약정한 금액은, 임대차관계에서 당연히 발생하는 임차인의 채무가 아니라 임대인과 임차인 사이의 약정에 기하여 비로소 발생하는 채무에 불과하므로, 반환할 임대차보증금에서 당연히 공제할 수 있는 것은 아니라 할 것이어서, 임대차보증금 반환 채권을 양도하기 전에 임차인과 사이에 이와 같은 약정을 한 임대인이 이와 같은 약정에 기한 원상복구비용의 보증금 청구 채권이 존재한다는 이의를 보류하지 아니한 채 채권양도를 승낙하였다면 민법 제451조 1항이 적용되어 그 원상복구비용의 보증금 청구 채권으로 채권양수인에게 대항할 수 없다"

(2) 차임채권의 소멸시효 기산점

"소멸시효는 법률행위에 의하여 이를 배제, 연장 또는 가중할 수 없다(제184조 2항). 그러므로 임대차 존속 중 차임을 연체하더라도 이는 임대차 종료 후 목적물 인도시에 임대차보증금에서 일괄 공제하는 방식에 의하여 정산하기로 약정한 경우와 같은 특별한 사정이 없는 한 차임채권의 소멸시효는 임대차계약에서 정한 지급기일부터 진행한다"(대판 2016.11.25. 2016다211309).

(3) 사안의 경우

임대차의 경우 임차인의 차임연체액이 2기의 차임액에 달하는 때에 임대인은 계약을 해지할 수 있다(제640조, 제641조). 乙은 월차임 200만 원의 15배에 해당하는 3,000만 원의 차임을 연체하였으므로, 2017. 3. 27. 甲의 임대차계약 해지통고로 인해 임대차계약은 적법하게 종료되었다. 그런데 각 차임채권의 소멸시효 기산점은 2011. 4. 1.부터 매월 1일이다(제166조 1항). 따라서 2017. 3. 27. 현재로부터 3년 전인 2014. 3. 27. 이전에 발생한 연체차임은 소멸시효가 완성되었다.

2. 임대차 존속 중 시효완성된 차임채권을 보증금반환채무와 '상계'할 수 있는지 여부(소극)

(1) 상계의 요건(대, 동, 변, 허, 현 : 제492조)

(2) 제495조의 적용 여부(소극)

"민법 제495조는 "소멸시효가 완성된 채권이 그 완성 전에 상계할 수 있었던 것이면 그 채권자는 상계할 수 있다."라고 규정하고 있다. 이는 당사자 쌍방의 채권이 상계적상에 있었던 경우에 당사자들은 채권·채무관계가 이미 정산되어 소멸하였다고 생각하는 것이 일반적이라는 점을 고려하여 당사자들의 신뢰를 보호하기 위한 것이다. 다만 이는 '자동채권의 소멸시효 완성 전에 양 채권이 상계적상에 이르렀을 것'을 요건으로 하는데, 임대인의 임대차보증금 반환채무는 임대차계약이 종료된 때에 비로소 이행기에 도달하므로, 임대차 존속 중 차임채권의 소멸시효가 완성된 경우에는 '소멸시효 완성 전에 임대인이 임대차보증금 반환채무에 관한 기한의 이익을 실제로 포기하였다는 등의 특별한 사정이 없는 한(대판 2017.3.15. 2015다252501)' 양 채권이 상계할 수 있는 상태에 있었다고 할 수 없다. 그러므로 그 이후에 임대인이 이미 소멸시효가 완성된 차임채권을 자동채권으로 삼아 임대차보증금 반환채무와 상계하는 것은 민법 제495조에 의하더라도 인정될 수 없다" (대판 2016.11.25. 2016다211309: 표준판례655 : 13회,14회 선택형).

(3) 사안의 경우

甲의 차임채권은 乙의 보증금반환채권과 대립하는 금전채권으로 3,000만 원의 연체차임채권은 변제기에 도달하였고 상계가 금지되는 채권도 아니다. 그러나 乙의 보증금반환채권(수동채권)은 임대차계약 해지시인 2017.3.27.에 이행기가 도래하였고, 당시 2,000만 원의 연체차임채권(자동채권)은 이미 시효가 완성되었다. 즉, 자동채권의 소멸시효 완성 전에 양채권은 상계적상에 있지 않으므로 乙의 항변은 원칙적으로 타당하다.

3. 임대차 존속 중 시효완성된 차임채권을 임대차보증금에서 '공제'할 수 있는지 여부(적극)

(1) 차임채권의 소멸시효와 보증금의 담보적 효력

"임대차보증금은 차임의 미지급, 목적물의 멸실이나 훼손 등 임대차 관계에서 발생할 수 있는 임차인의 모든 채무를 담보하는 것이므로, 차임의 지급이 연체되면 장차 임대차 관계가 종료되었을 때 임대차보증금으로 충당될 것으로 생각하는 것이 당사자의 일반적인 의사이다. 이는 차임채권의 변제기가 따로 정해져 있어 임대차 존속 중 소멸시효가 진행되고 있는데도 임대인이 임대차보증금에서 연체차임을 충당하여 공제하겠다는 의사표시를 하지 않고 있었던 경우에도 마찬가지이다. 더욱이 임대차보증금의 액수가 차임에 비해 상당히 큰 금액인 경우가 많은 우리 사회의 실정에 비추어 보면, 차임 지급채무가 상당기간 연체되고 있음에도, 임대인이 임대차계약을 해지하지 아니하고 임차인도 연체차임에 대한 담보가 충분하다는 것에 의지하여 임대차관계를 지속하는 경우에는, 임대인과 임차인 모두 차임채권이 소멸시효와 상관없이 임대차보증금에 의하여 담보되는 것으로 신뢰하고, 나아가 장차 임대차보증금에서 충당 공제되는 것을 용인하겠다는 묵시적 의사를 가지고 있는 것이 일반적이다"(대판 2016.11.25. 2016다211309: 표준판례655 : 13회 선택형).

(2) 제495조의 유추적용 가부(적극)

"임대차 존속 중 차임이 연체되고 있음에도 임대차보증금에서 연체차임을 충당하지 않고 있었던 임대인의 신뢰와 차임연체 상태에서 임대차관계를 지속해 온 임차인의 묵시적 의사를 감안하면 연체차임은 민법 제495조의 유추적용에 의하여 임대차보증금에서 공제할 수는 있다"(대판 2016.11.25. 2016다211309).

> **비교판례** 임대인이 임대차 존속 중 이미 소멸시효가 완성된 구상금채권을 자동채권으로 삼아 임차인의 유익비상환채권과 상계하는 것은 민법 제495조에 의하더라도 인정될 수 없다. [11회 사례형]
> 즉, 判例는 "민법 제626조 제2항은 임차인이 유익비를 지출한 경우에는 임대인은 임대차 종료 시에 그 가액의 증가가 현존한 때에 한하여 임차인의 지출한 금액이나 그 증가액을 상환하여야 한다고 규정하고 있으므로, 임차인의 유익비상환채권은 임대차계약이 종료한 때에 비로소 발생한다고 보아야 한다. 따라서 임대차 존속 중 임대인의 구상금채권(임차인이 세금을 납부하기로 약정하였으나 이를 이행하지 않아 임대인이 직접 납부하여 발생한 채권 : 저자주)의 소멸시효가 완성된 경우에는 위 구상금채권과 임차인의 유익비상환채권이 상계할 수 있는 상태에 있었다고 할 수 없으므로, 그 이후에 임대인이 이미 소멸시효가 완성된 구상금채권을 자동채권으로 삼아 임차인의 유익비상환채권과 상계하는 것은 민법 제495조에 의하더라도 인정될 수 없다"(대판 2021.2.10. 2017다258787: **표준판례**566 : 13회 선택형)고 판시하였다.
> [판례해설] 임차보증금에는 연체차임에 대한 담보기능이 인정되므로 제495조의 유추적용이 인정되지만(대판 2016.11.25. 2016다211309), 유익비상환청구권에는 그러한 기능이 인정되지 않으므로 제495조를 유추적용하지 않은 것으로 보인다.

4. 사안의 해결

2014. 3. 27. 이전에 연체한 2,000만 원은 상계적상에 있지 않았다는 乙의 항변은 타당하나, 乙의 상습적인 차임연체에도 임대차 존속 중에 보증금에서 이를 충당하지 않은 甲의 신뢰와 임대차관계를 지속해 온 乙의 묵시적 의사를 고려할 때, 시효가 완성된 연체차임에 대한 보증금과의 '상계'는 인정되지 않더라도(제495조) 보증금에서의 '공제'는 인정된다(제495조 유추적용). 따라서 甲이 乙에게 반환해야 하는 보증금은 2014. 3. 27. 이후에 발생한 차임채권 1,000만 원을 '상계'하고, 2014. 3. 27. 이전에 시효완성된 2,000만 원의 연체차임을 '공제'한 7,000만 원이다.

6. 부동산소유권의 이전과 보증금의 승계 [C-49d]

(1) 임차권이 대항력을 가지는 경우

1) 임차목적물의 양수인

주택 임대차보호법 제3조 4항은 임차주택의 양수인이 임대인의 지위를 승계한 것으로 본다고 규정하고 있다. 이는 임차인의 보호를 위해 대항력 있는 임대차에도 유추적용 되는바, 임차목적물의 양수인은 주물·종물이론의 유추적용에 의해 보증금반환채무를 승계한다(제100조 2항의 유추적용).

2) 임차목적물의 양도인

가) 판 례

判例는 "주택의 임차인이 제3자에 대한 대항력을 갖춘 후 임차주택의 소유권이 양도되어 그 양수인이 임대인의 지위를 승계하는 경우에는, 임대차보증금의 반환 채무도 부동산의 소유권과 결합하여 일체로서 이전하는 것이므로 양도인의 임대인으로서의 지위나 보증금반환 채무는 소멸한다"(대판 1996.2.27. 95다35616 : 12회 선택형)고 하여 **면책적 채무인수**로 보고 있다. [14법무]
예컨대 대항력을 갖춘 임차인 乙이 임대차보증금반환채권에 '채권질권'을 丙에게 설정하고 임대인 甲이 그 질권 설정을 승낙한 후에 임대주택이 A에게 양도된 경우에도 마찬가지이다. 따라서 이 경우에도 임대인 甲은 임대차관계에서 탈퇴하고 임차인 乙에 대한 임대차보증금반환채무를 면하게 되며, 임대주택의 양수인 A는 '질권의 제3채무자'의 지위도 승계한다(대판 2018.6.19. 2018다201610: 표준판례657 : 8회 선택형).

[비교판례] 그러나 예컨대 대항력을 갖춘 임차인 乙이 임대인 甲으로부터 임차목적물을 매수하면서 그와 동시에 임대차계약을 해지하였다면 임차주택의 양수인 乙은 임대인 甲의 지위를 승계하지 않는다(대판 2018.12.27. 2016다265689: 표준판례342).[20] 아울러 乙과 甲이 매매대금채권과 보증금반환채권을 상계하기로 합의한 경우라도(상계합의), 제352조에 따라 임대차보증금반환채권의 질권자 丙은 여전히 임대인 甲을 상대로 임차보증금의 반환을 청구할 수 있다(대판 2018.12.27. 2016다265689: **표준판례**342 : **13회 선택형**).[21]

나) 검 토

학설 중에는 判例의 견해가 임차인에게 불리할 뿐만 아니라 채무인수에는 원칙적으로 채권자의 동의가 있어야 하는 점을 논거로 양도인도 채무를 부담한다고 해석하는 견해가 있다(병존적 채무인수설). 그러나 법문상 '승계'라고 규정되어 있는 점, 判例가 임차인의 승낙없는 임대인 지위의 승계를 인정하면서 임차인에게 **임대차승계에 대한 이의권**(대판 2002.9.4. 2001다64615) · **해지권**(대결 1998.9.2. 98마100)을 인정하고 있다는 점을 고려할 때 양도인의 채무는 소멸하는 것으로 보는 判例의 견해가 타당하다.

(2) 임차권이 대항력을 가지지 않는 경우

원칙적으로 양수인에게 임차권, 보증금반환청구권, 유치권 등을 주장할 수 없으므로 승계되지 않고 임차인은 임대인에 대해서만 보증금반환청구를 할 수 있다. 그러나 신소유자가 특약으로 임대인의 지위를 승계한 때에는 보증금반환의무도 인수하였다고 해석된다(대결 1998.9.2. 98마100 : **12회 선택형**).

7. 주택 임대차보호법상의 특칙 [C-49e]

(1) 보증금의 우선변제적 효력(동법 제3조의2 2항, 3항)

임차인이 민사집행법에 의한 경매 또는 국세징수법에 의한 공매시 임차주택(대지를 포함)의 환가대금에서 후순위권리자나 기타 채권자보다 우선하여 보증금에 대해 우선변제를 받기 위한 요건은 ㉠ 주택임대차의 '**대항력**'을 '**배당요구의 종기까지**' 갖출 것(대판 1997.10.10. 95다44579), ㉡ 임대차계약증서상의 '**확정일자**'를 갖출 것(주택의 임차인이 주택의 인도와 주민등록을 마친 '당일 또는 그 이전'에 임대차계약증서상의 확정일자를 갖춘 경우, 그 우선변제권은 동법 제3조 1항에 의한 주택의 인도와 주민등록을 마친 '다음 날'을 기준으로 발생한다 : 대판 1998.9.8. 98다26002), ㉢ 경락기일까지 임차인의 '**배당요구**'가 있을 것(대판 1998.9.8. 98다12379), ㉣ 임차주택을 '**인도**'할 것을 요한다. 주의할 것은 임차인은 임차주택을 인도하지 않고도 '강제경매'를 신청할 수 있으나(동법 제3조의2 1항, 상가임대차보호법 제5조 1항도 동일 : **12회 선택형**). 경매절차에서 임차인이 보증금을 수령하기 위하여는 임차주택을 인도한 증명을 해야 한다는 취지이고, 주택인도의무가 보증금반환의무보다 선이행되어야 하는 것은 아니다(대판 1994.2.22. 93다55241)(동법 제3조의2 2항, 3항).

---

20) "주택임대차보호법 제3조 제1항에 따라 대항력을 갖춘 임차인이 있는 경우 같은 조 제4항에 따라 임차주택의 양수인은 임대인의 지위를 승계한 것으로 본다. 그 결과 임차주택의 양수인은 임대차보증금반환채무를 면책적으로 인수하고, 양도인은 임대차관계에서 탈퇴하여 임차인에 대한 임대차보증금반환채무를 면하게 된다. 그러나 임차주택의 양수인에게 대항할 수 있는 임차권자라도 스스로 임대차관계의 승계를 원하지 아니할 때에는 승계되는 임대차관계의 구속을 면할 수 있다고 보아야 하므로, 임대차기간의 만료 전에 임대인과 합의에 의하여 임대차계약을 해지하고 임대인으로부터 임대차보증금을 반환받을 수 있으며, 이러한 경우 임차주택의 양수인은 임대인의 지위를 승계하지 아니한다"

21) "타인에 대한 채무의 담보로 제3채무자에 대한 채권에 대하여 권리질권을 설정한 경우 질권설정자는 질권자의 동의 없이 질권의 목적된 권리를 소멸하게 하거나 질권자의 이익을 해하는 변경을 할 수 없다(민법 제352조). 이는 질권자가 질권의 목적인 채권의 교환가치에 대하여 가지는 배타적 지배권능을 보호하기 위한 것이다. 따라서 질권설정자가 제3채무자에게 질권설정의 사실을 통지하거나 제3채무자가 이를 승낙한 때에는 제3채무자가 질권자의 동의 없이 질권의 목적인 채무를 변제하더라도 이로써 질권자에게 대항할 수 없고, 질권자는 민법 제353조 제2항에 따라 여전히 제3채무자에 대하여 직접 채무의 변제를 청구할 수 있다. 제3채무자가 질권자의 동의 없이 질권설정자와 상계합의를 함으로써 질권의 목적인 채무를 소멸하게 한 경우에도 마찬가지로 질권자에게 대항할 수 없고, 질권자는 여전히 제3채무자에 대하여 직접 채무의 변제를 청구할 수 있다"

① [**임차인의 임대차계약 해지 불필요**] 과거 1999년 법 개정 이전에는 (최선순위) 대항력을 갖춘 임차권자가 배당절차에 참여하기 위해서는 임대차가 종료될 것을 요구하였으나(동법 제3조의2 1항 단서), 현행법에서는 (최선순위) 대항력을 갖춘 임차권자는 임차권의 소멸 없이도 경매절차에 참가할 수 있다. 즉, 대항력을 갖춘 임차인은 임대차계약을 해지하지 않고도 배당요구를 할 수 있게 되었다(종전 제3조의2 1항은 2항으로 변경되고, 위 단서는 삭제되었고 제3조의5 신설) (다만 우선변제권이 등기부상 공시되는 것이 아니기 때문에 임차인이 우선변제를 받기 위해서는 배당요구 또는 우선권행사의 신고를 하여야 한다). 아울러 대항력과 우선변제권을 갖춘 임차인은 "임차주택의 양수인에게 대항하여 보증금의 반환을 받을 때까지 임대차관계의 존속을 주장할 수 있는 권리와 보증금에 관하여 임차주택의 가액으로부터 우선변제를 받을 수 있는 권리를 겸유하고 있다고 해석되고, 이 두 가지 권리 중 하나를 선택하여 행사할 수 있다"(대판 1993.12.24. 93다39676).

② [**계약당시 임차인의 보증금완납 불필요**] "주택임대차보호법상 계약 당시 임차보증금이 전액 지급되어 있을 것을 요구하지는 않는다. 따라서 임차인이 임대인에게 임차보증금의 일부만을 지급하고 주택임대차보호법 제3조 제1항에서 정한 대항요건과 임대차계약증서상의 확정일자를 갖춘 다음 나머지 보증금을 나중에 지급하였다고 하더라도 대항요건과 확정일자를 갖춘 때를 기준으로 임차보증금 전액에 대해서 후순위권리자나 기타 채권자보다 우선변제권을 갖는다"(대판 2017.8.29. 2017다212194).

1) **임대차의 묵시적 갱신과 대항력 및 우선변제권 유지 여부**(적극)

"대항력과 우선변제권을 갖춘 임대차계약이 갱신된 경우에도 종전 보증금의 범위 내에서는 최초 임대차계약에 의한 대항력과 우선변제권이 그대로 유지된다"(대판 2012.7.12. 2010다42990). **[7회 사례형]**

2) **적법한 주택임차권의 양수인이나 전차인이 우선변제권을 갖는지 여부**(적극)

"주택임대차보호법 제3조 1항에 의한 대항력을 갖춘 주택임차인이 임대인의 동의를 얻어 임차권을 양도하거나 전대한 경우, 양수인이나 전차인에게 점유가 승계되고 전입신고가 이루어졌다면 원래의 임차인이 갖는 임차권의 대항력은 소멸되지 아니하고 동일성을 유지한 채로 존속한다고 보아야 한다. 이 경우 임차권 양수인은 원래의 임차인이 가지는 우선변제권을 행사할 수 있고, 전차인은 원래의 임차인이 가지는 우선변제권을 대위 행사할 수 있다"(대판 2010.6.10. 2009다101275: 표준판례652 : 10회 선택형).

3) **임차권과 분리된 주택임차보증금반환채권 양수인이 우선변제권을 갖는지 여부**(소극)

"주택임대차보호법의 입법목적과 주택임차인의 임차보증금반환채권에 우선변제권을 인정한 제도의 취지에 비추어 볼 때, 임차권과 분리된 임차보증금반환채권만을 양수한 채권양수인은 동법 소정의 우선변제권을 행사할 수 있는 임차인에 해당한다고 볼 수 없다. 다만, 채권양수인이 일반 금전채권자로서의 요건을 갖추어 배당요구를 할 수는 있다"(대판 2010.5.27. 2010다10276 : 2회 선택형).

4) **우선변제권 있는 주택임차인이 집행권원을 얻어 스스로 경매신청을 한 경우**(적극 : 배당요구 불요)

"주택임대차보호법상의 대항력과 우선변제권을 모두 가지고 있는 임차인이 보증금을 반환받기 위하여 보증금반환청구 소송의 확정판결 등 집행권원을 얻어 임차주택에 대하여 **스스로 강제경매를 신청**하였다면 특별한 사정이 없는 한 대항력과 우선변제권 중 우선변제권을 선택하여 행사한 것으로 보아야 하고, 이 경우 우선변제권을 인정받기 위하여 배당요구의 종기까지 **별도로 배당요구를 하여야 하는 것은 아니다**"(대판 2013.11.14. 2013다27831).

"그러나 이 경우 임차인이 보증금 전액에 대하여 배당요구를 하였으나 보증금 전액을 배당받을 수 없었던 때에는 경락인에게 대항하여 이를 반환받을 때까지 임대차관계의 존속을 주장할 수 있을 뿐이고(동법 제3조의5 단서), 임차인의 우선변제권은 경락으로 인하여 소멸하는 것이므로 제2경매절차에서 우선변제권에 의한 배당을 받을 수 없다. 즉, 주택임대차보호법 제3조의5 단서에서 말하는 '경락에 의하여 소멸하지 아니하는 임차권'의 내용에 대항력뿐만 아니라, 우선변제권도 당연히 포함되는 것으로 볼 수 없다"(대판 2006.2.10. 2005다21166).

5) **주택임대차보호법상 대항요건과 확정일자를 갖춘 다수의 임차인들이 소액임차인의 지위를 겸하는 경우**
동일한 주택에 대항요건을 갖추고 서로 일자를 달리하여 확정일자를 받은 여러 명의 임차인들이 주택임대차보호법에 의하여 보증금 중 일정액의 보호를 받는 소액임차인의 지위를 겸하는 경우, "먼저 **소액임차인으로서 보호받는 일정액을 우선 배당하고 난 후의 나머지 임차보증금채권액에 대하여는** (채권액에 비례한 평등배당이 아닌) **대항요건과 확정일자를 갖춘 임차인으로서의 순위에 따라 배당을 하여야 하는 것이다**"(대판 2007.11.15. 2007다45562 : 6회 선택형)

(2) 임차권등기명령(동법 제3조의3)

임대차 종료 후 보증금을 반환받지 못한 임차인은 대항력 및 우선변제권을 유지하기 위해서는 전출을 할 수도 없고(주민등록 요건 때문) 이사를 갈 수도 없어(점유의 요건 때문) 이를 해결하기 위한 제도이다.

① **[주택인도 불필요]** 주택 임대차보호법은 임대차가 종료된 후 보증금을 반환받지 못한 임차인은 임차주택의 소재지를 관할하는 지방법원 등에 임차권등기명령을 신청할 수 있고(제3조의3 1항), 임차권등기명령의 집행으로 임차권등기가 경료되면, 이사를 가서 주택의 인도요건을 상실하더라도 예전의 대항력 및 우선변제권이 그대로 유지하는 것으로 규정하고 있다(동법 제3조의3 5항).

② **[보증금반환의무가 임차권등기말소의무보다 선이행의무]** "주택 임대차보호법 제3조의3 규정에 의한 임차권등기는 이미 임대차계약이 종료하였음에도 임대인이 그 보증금을 반환하지 않는 상태에서 경료되게 되므로, 이미 사실상 이행지체에 빠진 임대인의 임대차보증금의 반환의무와 그에 대응하는 임차인의 권리를 보전하기 위하여 새로이 경료하는 임차권등기에 대한 임차인의 말소의무를 동시이행관계에 있는 것으로 해석할 것은 아니고, 특히 위 임차권등기는 임차인으로 하여금 기왕의 대항력이나 우선변제권을 유지하도록 해 주는 담보적 기능만을 주목적으로 하는 점 등에 비추어 볼 때, 임대인의 **임대차보증금의 반환의무가 임차인의 임차권등기 말소의무보다 먼저 이행되어야 할 의무이다**"(대판 2005.6.9. 2005다4529 : 2회,4회,8회,13회 선택형).

[비교조문] 전세권설정자의 전세금반환의무와 전세권자의 전세권등기말소의무는 동시이행의 관계에 있다(제317조 : 2회 선택형). 이와 동일하게 일반적인 임차권등기가 마쳐진 경우에도 임대인의 보증금반환의무와 임차인의 임차권등기말소의무는 동시이행의 관계에 있다.

[비교판례] 임차인이 민법 제621조에 의하여 임차권등기를 마친 경우 당사자 사이에 다른 약정이 없는 한 임대차 종료 후 임대인의 임차보증금 반환의무와 임차인의 임차권등기 말소의무는 동시이행관계에 있으므로, 임차인은 임차권등기 말소의무를 이행하거나 이행제공을 하여 상대방을 이행지체에 빠뜨려야 비로소 임차보증금에 대한 지연손해금의 지급을 청구할 수 있다(대판 2024.12.12. 2024다261989).

③ **[배당요구 불필요]** 임차권등기명령에 의하여 임차권등기를 한 임차인은 등기에 의해 공시가 되므로, 더 이상 배당요구채권자에 해당하는 것이 아니며, 따라서 **별도로 배당요구를 하지 않아도 당연히 배당받을 채권자로 된다**(대판 2005.9.15. 2005다33039 : 13회 선택형).

④ **[시효중단의 효력 불인정]** "임차권등기명령에 따른 임차권등기가 본래의 담보적 기능을 넘어서 채무자의 일반재산에 대한 강제집행을 보전하기 위한 처분의 성질을 가진다고 볼 수는 없다. 그렇다면 임차권등기명령에 따른 임차권등기에는 민법 제168조 제2호에서 정하는 소멸시효 중단사유인 압류 또는 가압류, 가처분에 준하는 효력이 있다고 볼 수 없다"(대판 2019.5.16. 2017다226629 : 11회,13회 선택형).

(3) 임대차기간의 연장(동법 제4조 2항)

보증금을 반환받을 때까지 임대차기간이 연장된다.

(4) 경매에 의한 임차권의 소멸(동법 제3조의5)

임차권은 임차주택에 대하여 민사집행법에 따른 경매가 행하여진 경우에는 그 임차 주택의 경락에 따라 소멸한다(동법 제3조의5 본문). 그러나 **보증금이 모두 변제되지 아니한, 대항력이 있는 임차권은 소멸하지 않는다**(동법 제3조의5 단서). 보증금의 전액 회수를 보장하기 위한 것으로서, 그에 따라 임대차 관계는 존속하고(동법 제4조 2항), 경락인은 임대인의 지위를 승계하게 된다(동법 제3조 4항). 그러나 이 경우에는 대항력만 인정될 뿐 우선변제권은 소멸되어 인정되지 않는다(따라서 그 후 임차주택에 관해 경료된 근저당권설정등기에 기한 경매절차에서 우선변제를 받을 권리는 없다 : 대판 1998.6.26. 98다2754 참고).

(5) 보증금의 증감청구권(동법 제7조 : 2020.7.31.개정)

> 제7조(차임 등의 증감청구권) ① 당사자는 약정한 차임이나 보증금이 임차주택에 관한 조세, 공과금, 그 밖의 부담의 증감이나 경제사정의 변동으로 인하여 적절하지 아니하게 된 때에는 장래에 대하여 그 증감을 청구할 수 있다. 이 경우 증액청구는 임대차계약 또는 약정한 차임이나 보증금의 증액이 있은 후 **'1년 이내에는 하지 못한다'**. ② 제1항에 따른 증액청구는 약정한 차임이나 보증금의 **'20분의 1의 금액'**을 초과하지 못한다. 다만, 특별시·광역시·특별자치시·도 및 특별자치도는 관할 구역 내의 지역별 임대차 시장 여건 등을 고려하여 본문의 범위에서 증액청구의 상한을 조례로 달리 정할 수 있다.

(6) 소액보증금의 최우선변제적 효력

1) 최우선변제권의 요건

① **[대항요건 + 배당요구]** '주택에 대한 경매신청등기 전'에 주택임대차보호법 제3조의 1항의 '대항요건'(확정일자는 불요)을 갖춘 주택임차인은 소액의 보증금에 관하여 다른 (선순위)담보물권자보다 우선하여 자기 채권의 변제를 받을 수 있다(동법 제8조 1항). 이러한 소액보증금반환채권도 민사집행법 제88조 1항에서 규정하는 배당요구가 필요한 배당요구채권에 해당하고(대판 2002.1.22. 2001다70702), 이 경우에도 주택의 인도 및 주민등록이라는 대항요건은 그 우선변제권 취득시에만 구비하면 족한 것이 아니고, 민사집행법상 '배당요구의 종기'까지 유지되어야 우선변제를 받을 수 있다(대판 2007.6.14. 2007다17475). **[13법무]**

② **[실제 사용·수익 목적]** 그러나 ㉠ 실제 임대차계약의 주된 목적이 주택을 사용수익하려는 것에 있는 것이 아니고, 실제적으로는 소액임차인으로 보호받아 선순위 담보권자에 우선하여 채권을 회수하려는 것에 주된 목적이 있었던 경우에는 주택임대차보호법상 소액임차인으로 보호할 수 없다(대판 2001.5.8. 2001다14733 : 4회 선택형). **[16법무]** ㉡ 따라서 "실제 임대차계약의 주된 목적이 주택을 사용·수익하려는 것인 이상, 처음 임대차계약을 체결할 당시에는 보증금액이 많아 주택임대차보호법상 소액임차인에 해당하지 않았지만 그 후 새로운 임대차계약에 의하여 정당하게 보증금을 감액하여 소액임차인에 해당하게 되었다면, 그 임대차계약이 통정허위표시에 의한 계약이어서 무효라는 등의 특별한 사정이 없는 한 그러한 임차인은 같은 법상 소액임차인으로 보호받을 수 있다"(대판 2008.5.15. 2007다23203).

2) 공동저당권자와 유사한 지위(소액보증금에 대하여 대지와 건물 모두로부터 배당을 받는 경우)

判例에 따르면 "주택임대차보호법 제8조에 규정된 소액보증금반환청구권은 임차목적 주택에 대하여 저당권에 의하여 담보된 채권, 조세 등에 우선하여 변제받을 수 있는 이른바 법정담보물권으로서, 주택임차인이 대지와 건물 모두로부터 배당을 받는 경우에는 마치 그 대지와 건물 전부에 대한 공동저당권자와 유사한 지위에 서게 되므로 대지와 건물이 동시에 매각되어 주택임차인에게 그 경매대가를 동시에 배당하는 때에는 민법 제368조 제1항을 유추적용하여 대지와 건물의 경매대가에 비례하여 그 채권의 분담을 정하여야 한다"(대판 2003.9.5. 2001다66291)고 한다.

| 판례연구 C-06 |

★ 미등기주택 '대지'의 환가대금에 대한 소액임차인의 우선변제권 인정여부
대판 2007.6.21. 전합2004다26133 ; 대판 2010.6.10. 2009다101275

甲은 자기 토지에 주택을 신축하고, 아직 보존등기를 하기 전에 그 주택의 일부를 乙에게 임대해 주었다(乙은 미등기 다세대주택의 소액임차인). 이에 乙은 그 주택에 입주하여 전입신고를 하고 임대차계약서에 확정일자를 받았다. 그 후 이 미등기주택의 대지에 대해 甲의 채권자 A가 근저당권을 설정받았다.

(1) 그 후 이 근저당권에 기한 경매절차에서 대지의 환가대금에 대해 乙이 우선변제를 받을 수 있는가? (10점)
(2) 만약 토지에 대한 A의 저당권설정 후에 비로소 주택이 신축된 경우라면 어떠한가? (5점)

I. 대지에 대한 저당권설정 당시 이미 그 지상건물(미등기주택)이 존재한 경우 – 문제 ⑴.의 경우

1. 종전 판례의 태도
우선변제권의 요건으로서 주택임대차보호법 제8조 1항 2문에서 '주택'에 대한 경매신청의 등기 전에 (소액)임차인이 대항력을 갖추어야 한다고 규정하고 있는데, 미등기주택의 경우에는 이 요건을 충족할 수 없다는 이유로, 그 대지의 환가대금에 대하여는 저당권자에 우선하여 변제받을 수 없는 것으로 보았다.

2. 변경된 판례의 태도
우선 미등기주택에도 주택임대차보호법이 적용되고, 또 그 대지에도 주택임차권의 효력이 미치며, 한편 동법 제8조 1항 2문은 경매신청인을 보호하기 위한 것이 아니라 소액보증금을 배당받을 목적으로 배당절차에 임박하여 가장임차인을 급조하는 등의 폐단을 방지하자는 데에 그 취지가 있는 것이어서, 따라서 미등기주택의 경우에는 '대지에 대한 경매신청의 등기 전'에 임차인이 대항요건을 갖추면 그 입법취지는 달성된다고 보았다. 따라서 이러한 한도에서는 대지에 대한 저당권자가 그 지상의 미등기주택 (소액)임차인의 대지에 대한 우선변제권의 부담을 안을 수 밖에 없다고 보았다(대판 2007.6.21. 전합2004다26133 ; 9회 선택형).

3. 검토 및 사안의 경우
생각건대, 주택임대차보호법에서 동법의 적용대상을 등기한 주택으로 한정하고 있지 않고, 동법 제8조 1항의 취지가 대지에 대한 부담의 내용을 알 수 있기 위한 것, 즉 대지에 대한 경매신청인의 보호를 위한 것은 아니라는 점, 무엇보다 미등기주택 임차인의 경우 등기된 주택의 임차인보다 더 어려운 빈곤층이 많아 그 보호의 필요성이 크고, 그에 비해 근저당권을 설정할 당시부터 비록 미등기이지만 주택이 존재한다는 사실을 알고서도 금원을 대여하여 대지에만 근저당권을 설정받은 담보권자는 상대적으로 보호의 필요성이 작기 때문에 변경된 判例는 타당하다.[22)] 따라서 사안의 주택임차인 乙은 대지의 환가대금에 대해 우선변제를 받을 수 있다.

> [관련판례] "이러한 법리는 여러 필지의 임차주택 대지 중 일부가 타인에게 양도되어 일부 대지만이 경매되는 경우에도 같다. 그리고 임차인이 대항력과 확정일자를 갖춘 후에 임대차계약이 갱신되더라도 대항력과 확정일자를 갖춘 때를 기준으로 종전 임대차 내용에 따른 우선변제권을 행사할 수 있다"(대판 2012.7.26. 2012다45689).

II. 대지에 대한 저당권설정 후에 비로소 그 지상건물(미등기주택)이 신축된 경우 – 문제 ⑵.의 경우
"주택임대차보호법 제3조의2 제2항 및 제8조 제3항의 각 규정과 같은 법의 입법 취지 및 통상적으로 건물의 임대차에는 당연히 그 부지 부분의 이용을 수반하는 것인 점 등을 종합하여 보면, 대지에 관한 저당권의 실행으로 경매가 진행된 경우에도 그 지상 건물의 소액임차인은 대지의 환가대금 중에서 소액보증금을 우선변제받을 수 있다고 할 것이나, 이와 같은 법리는 대지에 관한 저당권 설정 당시에 이미 그 지상 건물이 존재하는 경우에만 적용될 수 있는 것이고, 저당권 설정 후에 비로소 건물이 신축된 경우에까지 공시방법이 불완전한 소액임차인에게 우선변제권을 인정한다면 저당권자가 예측할 수 없는 손해를 입게 되는 범위가 지나치게 확대되어 부당하므로, 이러한 경우에는 소액임차인은 '대지'의 환가대금에 대하여 우선변제를 받을 수 없다. 물론 '신축건물'의 환가대금에서는 확정일자를 갖춘 임차인이 신축건물에 대한 후순위권리자보다 우선하여 변제받을 권리가 있다"(대판 2010.6.10. 2009다101275: 표준판례652).

(7) 주택임차권의 승계(동법 제9조)

제9조 (주택 임차권의 승계) ① 임차인이 상속인 없이 사망한 경우에는 그 주택에서 가정공동생활을 하던 '사실상의 혼인 관계에 있는 자'가 임차인의 권리와 의무를 승계한다. ② 임차인이 사망한 때에 사망 당시 상속인이 그 주택에서 가정공동생활을 하고 있지 아니한 경우에는 그 주택에서 가정공동생활을 하던 사실상의 혼인 관계에 있는 자와 2촌 이내의 친족이 공동으로 임차인의 권리와 의무를 승계한다. ③ 제1항과 제2항의 경우에 임차인이 사망한 후 1개월 이내에 임대인에게 제1항과 제2항에 따른 승계 대상자가 반대의사를 표시한 경우에는 그러하지 아니하다. ④ 제1항과 제2항의 경우에 임대차 관계에서 생긴 채권·채무는 임차인의 권리의무를 승계한 자에게 귀속된다.

8. 권리금   [C-49f]

(1) 의 의

권리금은 '임대차 목적물인 상가건물에서 영업을 하는 자 또는 영업을 하려는 자가 영업시설·비품, 거래처, 신용, 영업상의 노하우, 상가건물의 위치에 따른 영업상의 이점 등 유형·무형의 재산적 가치의 양도 또는 이용대가로서 임대인, 임차인에게 보증금과 차임 이외에 지급하는 금전 등의 대가를 말한다'(상가건물 임대차보호법 제10조의3).

(2) 임대차계약이나 임차권양도계약과의 관계

① 원칙적으로 권리금계약은 임대차계약이나 임차권양도계약 등에 수반되어 체결되지만 임대차계약 등과는 별개의 계약이다(대판 2013.5.9. 2012다115120). ② 다만, 권리금계약이 임차권양도계약과 결합하여 전체가 경제적·사실적으로 일체로 행하여진 것으로서, 어느 하나의 존재 없이는 당사자가 다른 하나를 의욕하지 않았을 것으로 보이는 경우에는 그 계약 전부가 하나의 계약인 것과 같은 불가분의 관계에 있다고 보아야 한다(대판 2017.7.11. 2016다261175).

[관련판례] ✽ **권리금계약의 하자가 임대차계약이나 임차권양도계약에 미치는 영향**(전부취소 사안)
점포 임차권의 양수인 甲이 양도인 乙의 기망행위(매출액을 적극적으로 과장)를 이유로 乙과 체결한 권리금계약을 각 취소(해제)한다고 주장한 사안에서, "이 사건 임차권양도계약과 권리금계약의 체결 경위, 계약 내용 등을 참작할 때, 이 사건 권리금계약은 임차권양도계약과 결합하여 그 전체가 경제적, 사실적으로 일체로서 행하여진 것으로 보아야 하고, 어느 하나의 존재 없이는 당사자가 다른 하나를 의욕하지 않았을 것으로 보이므로, 권리금계약 부분만 따로 떼어 이를 취소할 수는 없다. 따라서 원심으로서는 권리금계약에 취소사유가 있다고 판단한 경우라면 마땅히 임차권양도계약까지도 취소하였어야 한다"[대판 2013.5.9. 2012다115120 ; 전부취소를 긍정한 사안(제137조 본문 유추적용)]고 판시하였다(9회 선택형).

(3) 임대인에 대한 반환청구 가부

1) 원 칙

통상 권리금은 임차보증금과는 달리 임대인이 취득하고 임차인에게 반환하지 않는 것이 거래의 관

---

22) 김상윤, '미등기주택 임차인의 대지환가대금에 대한 우선변제권 행사 가부', 재판과 판례 16집 (2007.12), p.269~270

행이고, 判例도 임대인의 권리금 반환의무를 인정하기 위해서는 반환의 약정이 있는 등 특별한 사정이 있을 것을 요구한다(대판 1989.2.28. 87다카823). 이와 관련하여 判例는 임대인이 임대차계약서의 단서조항에 '모든 권리금을 인정함'이라는 기재를 하였다고 하여 임대차 종료시 임차인에게 권리금을 반환하겠다고 약정하였다고 볼 수는 없다고 한다(대판 2000.4.11. 2000다4517,4524).

2) 예 외

가) 예외 사유

"임대인의 사정으로 중도 해지됨으로써 약정기간 동안의 그 재산적 가치를 이용케 해주지 못하였다는 등의 사정이 있을 때에는 임대인은 권리금 전부(일부)의 반환의무를 진다"(대판 2001.4.10. 2000다59050).

나) 임대인이 반환의무를 부담하는 권리금의 범위

"예외적으로 임대인이 임차인에 대하여 그 권리금의 반환의무를 지는 경우 임대인이 반환의무를 부담하는 권리금의 범위는, 지급된 권리금을 경과기간과 잔존기간에 대응하는 것으로 나누어, 임대인은 임차인으로부터 수령한 권리금 중 임대차계약이 종료될 때까지의 기간에 대응하는 부분을 공제한 잔존기간에 대응하는 부분만을 반환할 의무를 부담한다고 봄이 공평의 원칙에 합치된다"(대판 2001.11.13. 2001다20394).

(4) 상가건물 임대차보호법 규정에 따른 임차인의 권리금 회수 보호

① 2018년 개정 상가건물 임대차보호법에 따르면 임대인은 임대차기간이 끝나기 6개월 전부터 임대차 종료 시까지 일정행위(1호 내지 4호)를 함으로서 권리금 계약에 따라 임차인이 주선한 신규임차인이 되려는 자로부터 권리금을 지급받는 것을 방해하여서는 아니 된다고 규정하여 임차인의 권리금 회수 기회를 보호하고 있다(동법 제10조의4 1항, 3항). 判例는 임차인의 계약갱신요구 기간(종래 5년에서 2018.10.16. 10년으로 개정 : 동법 제10조 2항)을 초과하여 임차인이 계약갱신요구권을 행사할 수 없는 경우에도 임대인은 권리금 회수기회 보호의무를 부담한다고 판시하였다(대판 2019.5.16. 2017다225312 등).

② 권리금 회수기회 방해로 인한 손해배상책임의 법적 성질은 상가임대차법이 특별히 규정한 법정책임이고 그 손해배상채무의 지연손해금 기산일은 임대차 종료일의 다음날이다(대판 2023.2.2. 2022다260586).

1) 임차인이 임대인에게 권리금 회수 방해로 인한 손해배상을 구하기 위해서 임차인이 신규임차인이 되려는 자를 주선하여야 하는지 여부(원칙적 적극)

이러한 입법취지에 비추어 보면, "임차인이 임대인에게 권리금 회수 방해로 인한 손해배상을 구하기 위해서는 원칙적으로 임차인이 신규임차인이 되려는 자를 주선하였어야 한다. 그러나 임대인이 정당한 사유 없이 임차인이 신규임차인이 되려는 자를 주선하더라도 그와 임대차계약을 체결하지 않겠다는 의사를 확정적으로 표시하였다면 이러한 경우에까지 임차인에게 신규임차인을 주선하도록 요구하는 것은 불필요한 행위를 강요하는 결과가 되어 부당하다. 이와 같은 특별한 사정이 있다면 임차인이 실제로 신규임차인을 주선하지 않았더라도 임대인의 위와 같은 거절행위는 상가임대차법 제10조의4 제1항 제4호에서 정한 거절행위에 해당한다고 보아야 한다. 따라서 임차인은 같은 조 제3항에 따라 임대인에게 권리금 회수방해로 인한 손해배상을 청구할 수 있다"(대판 2019.7.4. 2018다284226).

2) 임대인이 다른 사유로 신규 임대차계약 체결을 거절한 후 사후적으로 1년 6개월 동안 상가건물을 영리 목적으로 사용하지 않았다는 사정을 정당한 사유로 인정할 수 있는지 여부(소극)

"구 상가건물 임대차보호법(2018. 10. 16. 법률 제15791호로 개정되기 전의 것, 이하 '구 상가임대차법'이라 한다) 제10조의4의 문언과 체계, 입법 목적과 연혁 등을 종합하면, 구 상가임대차법 제10조의4 제2항 제3

호에서 정하는 '임대차 목적물인 상가건물을 1년 6개월 이상 영리목적으로 사용하지 아니한 경우'는 임대인이 임대차 종료 후 임대차 목적물인 상가건물을 1년 6개월 이상 영리목적으로 사용하지 아니하는 경우를 의미하고, 위 조항에 따른 정당한 사유가 있다고 보기 위해서는 임대인이 임대차 종료시 그러한 사유를 들어 임차인이 주선한 자와 신규 임대차계약 체결을 거절하고, 실제로도 1년 6개월 동안 상가건물을 영리목적으로 사용하지 않아야 한다. 그렇지 않고 임대인이 다른 사유로 신규 임대차계약 체결을 거절한 후 사후적으로 1년 6개월 동안 상가건물을 영리목적으로 사용하지 않았다는 사정만으로는 위 조항에 따른 정당한 사유로 인정할 수 없다"(대판 2021.11.25. 2019다285257 : 12회 선택형).

3) **임차인이 임대인에게 권리금 회수 방해로 인한 손해배상을 구하기 위해서 임차인과 신규임차인이 되려는 자 사이에 권리금 계약이 미리 체결되어 있어야 하는지 여부(소극)**

상가임대차법 제10조의4 3항은 권리금 계약이 체결되지 않은 경우에도 임대인의 권리금 회수 방해로 인한 손해배상액을 '임대차 종료 당시의 권리금'으로 정할 수 있도록 하고 있는 점 등을 고려할 때 권리금 회수 방해를 인정하기 위하여 반드시 임차인과 신규임차인이 되려는 자 사이에 권리금 계약이 미리 체결되어 있어야 하는 것도 아니다(대판 2019.7.10. 2018다239608).

4) **임대차계약 종료에 따른 임차인의 임차목적물 반환의무와 임대인의 권리금 회수 방해로 인한 손해배상의무가 동시이행관계에 있는지 여부(소극)**

"동시이행의 항변권 제도의 취지에서 볼 때 당사자가 부담하는 각 채무가 쌍무계약에서 고유의 대가관계에 있는 채무가 아니더라도, 양 채무가 동일한 법률요건으로부터 생겨서 대가적 의미가 있거나 공평의 관점에서 보아 견련적으로 이행시킴이 마땅한 경우에는 동시이행의 항변권을 인정할 수 있다. 임차인의 임차목적물 반환의무는 임대차계약의 종료에 의하여 발생하나, 임대인의 권리금 회수 방해로 인한 손해배상의무는 상가건물 임대차보호법에서 정한 권리금 회수기회 보호의무 위반을 원인으로 하고 있으므로 양 채무는 동일한 법률요건이 아닌 별개의 원인에 기하여 발생한 것일 뿐 아니라 공평의 관점에서 보더라도 그 사이에 이행상 견련관계를 인정하기 어렵다"(대판 2019.7.10. 2018다242727 : 13회 선택형).

Ⅶ. 임대차의 종료 [C-50]

1. 종료 원인 [C-50a]

임대차관계는 ① 존속기간의 만료, ② 해지의 통고, ③ 즉시해지, ④ 임대인의 사용·수익케 할 의무의 이행불능으로 인한 당연종료에 의해 종료된다.

(1) **존속기간의 만료**

(2) **해지의 통고**(① 제635조, 제636조, 제637조, ② 주택임대차보호법 제6조의2, ③ 상가건물임대차보호법 제10조 5항)

(3) **즉시해지**

1) **임차인의 해지**

가) 임대인이 임차인의 의사에 반하여 보존행위를 하는 경우(제625조)

나) 목적물의 일부가 임차인의 과실 없이 멸실되어 그 나머지 부분만으로 임차의 목적을 달성할 수 없는 경우(제627조)

다) 대항력 있는 임대차에서 임차목적물의 소유자가 바뀐 경우(C-47b. 참고)

2) 임대인의 해지

가) 임차인이 임대인의 동의 없이 제3자에게 임차권을 양도하거나 전대한 경우(제629조)

나) 차임의 연체액이 2기의 차임액에 달하는 경우(제640조, 제641조)

(4) 임대인의 사용·수익케 할 의무의 이행불능으로 인한 당연종료(C-45.참고)

2. 종료의 효과 [C-50b]

(1) 임대인의 보증금반환의무와 임차인의 목적물반환의무

① [동시이행관계] "임대차계약이 만료된 경우에 임차인이 임차물을 인도할 의무와 임대인이 보증금 중 연체차임 등 당해 임대차에 관하여 위 '인도시까지' 생긴 모든 채무를 청산한 나머지를 반환할 의무 사이에는 동시이행 관계에 있다"고 한다(대판 1977.9.28. 전합77다1241). **[2회 기록형, 08법무]**

② [임대인의 귀책사유로 종료된 경우] "임대차계약이 중도에 해지되어 종료하면 임차인은 목적물을 원상으로 회복하여 반환하여야 하는 것이고, 임대인의 귀책사유로 임대차계약이 해지되었다고 하더라도 임차인은 그로 인한 손해배상을 청구할 수 있음은 별론으로 하고 원상회복의무를 부담하지 않는다고 할 수는 없다"(대판 2002.12.6. 2002다42278).

③ [원상회복의 내용] ㉠ "임대차종료로 인한 임차인의 원상회복의무에는 임차인이 사용하고 있던 부동산의 점유를 임대인에게 이전하는 것은 물론 임대인이 임대 당시의 부동산 용도에 맞게 다시 사용할 수 있도록 협력할 의무도 포함한다. 따라서 임대인 또는 그 승낙을 받은 제3자가 임차건물 부분에서 다시 영업허가를 받는 데 방해가 되지 않도록 임차인은 임차건물 부분에서의 영업허가에 대하여 폐업신고절차를 이행할 의무가 있다"(대판 2008.10.9. 2008다34903). ㉡ "임차인이 임대인에게 임차목적물을 반환하는 때에는 원상회복의무가 있다(민법 제654조, 제615조). 임차인이 임차목적물을 수리하거나 변경한 때에는 원칙적으로 수리·변경 부분을 철거하여 임대 당시의 상태로 사용할 수 있도록 해야 한다"(대판 2019.8.30. 2017다268142). 따라서 甲이 점포를 임차하여 커피전문점 영업에 필요한 시설 설치공사를 하고 프랜차이즈 커피전문점을 운영하였고, 乙이 이전 임차인 甲으로부터 위 커피전문점 영업을 양수하고 丙으로부터 점포를 임차하여 커피전문점을 운영하였는데, 임대차 종료 시 乙이 인테리어시설 등을 철거하지 않자 丙이 비용을 들여 철거하였다면, 丙 회사가 비용을 들여 철거한 시설물은 乙의 전 임차인이 설치한 것이라도, 丙이 乙에게 반환할 보증금에서 丙이 지출한 시설물 철거비용이 공제되어야 한다. ㉢ 그러나 "토지 임대 당시 이미 임차목적물인 토지에 종전 임차인 등이 설치한 가건물 기타 공작물이 있는 경우에는 특별한 사정이 없는 한 임차인은 그가 임차하였을 때의 상태로 임차목적물을 반환하면 되고 종전 임차인 등이 설치한 부분까지 원상회복할 의무는 없다"(대판 2023.11.2. 2023다249661).

(2) 임차물 멸실의 경우 손해배상

1) 증명책임

가) 임차인에게 증명책임이 있는 경우

임차인은 임차건물의 보존에 관하여 선량한 관리자의 주의의무를 다하여야 하고(제374조), 임차인의 임차물반환채무가 이행불능이 된 경우, 임차인이 그 이행불능으로 인한 손해배상책임을 면하려면 그 이행불능이 임차인의 귀책사유로 말미암은 것이 아님을 입증할 책임이 있다(대판 2006.1.13. 2005다51013,51020).[23] 따라서 임차건물이 화재로 소훼된 경우에 있어서 그 화재의 발생원인이 불명인 때에도 임

---

23) [사실관계] 임차건물이 건물구조의 일부인 전기배선의 이상으로 인한 화재로 소훼되어 임차인의 임차목적물반환채무가 이행불능이 되었다고 하더라도, 당해 임대차가 장기간 계속되었고 화재의 원인이 된 전기배선을 임차인이 직접 하였으며 임차인이 전

차인이 그 책임을 면하려면 그 임차건물의 보존에 관하여 선량한 관리자의 주의의무를 다하였음을 입증하여야 하며(대판 2001.1.19. 2000다57351 : 9회 선택형). [22법무]

이러한 법리는 임대차의 종료 당시 임차목적물 반환채무가 이행불능 상태는 아니지만 반환된 임차건물이 화재로 인하여 '훼손'되었음을 이유로 손해배상을 구하는 경우에도 동일하게 적용되고, 나아가 그 임대차계약이 임대인의 수선의무 지체로 해지된 경우라도 마찬가지다(대판 2010.4.29. 2009다96984).

[비교판례] "숙박업자는 고객에게 객실을 사용·수익하게 하는 것을 넘어서서 고객이 안전하고 편리하게 숙박할 수 있도록 시설 및 서비스를 제공하고 '고객의 안전을 배려할 보호의무'를 부담한다. 그러므로 객실을 비롯한 숙박시설은 특별한 사정이 없는 한 숙박기간 중에도 고객이 아닌 숙박업자의 지배 아래 놓여 있다고 보아야 한다. 그렇다면 임차인이 임대차기간 중 목적물을 직접 지배함을 전제로 한 임대차 목적물 반환의무 이행불능에 관한 법리는 이와 전제를 달리하는 숙박계약에 그대로 적용될 수 없다. 고객이 숙박계약에 따라 객실을 사용·수익하던 중 발생 원인이 밝혀지지 않은 화재로 인하여 객실에 발생한 손해는 특별한 사정이 없는 한 숙박업자의 부담으로 귀속된다고 보아야 한다"(대판 2023.11.2. 2023다244895).

나) 임대인에게 증명책임이 있는 경우

① [**임대인의 지배관리 영역 내의 화재**] "임차건물이 '임대인의 지배관리 영역 내'에 있는 부분(주로 대규모 수선을 요하는 부분)의 화재로 소훼된 경우 임차인의 선관주의의무의 위반을 임대인이 입증하여야 임차인에게 손해배상책임을 지울 수 있다"(대판 2006.2.10. 2005다65623).

[관련판례] "임대인은 목적물을 임차인에게 인도하고 임대차계약 존속 중에 그 사용, 수익에 필요한 상태를 유지하게 할 의무를 부담하므로(제623조), 임대차계약 존속 중에 발생한 화재가 임대인이 지배·관리하는 영역에 존재하는 하자로 인하여 발생한 것으로 추단된다면, 그 하자를 보수·제거하는 것은 임대차 목적물을 사용·수익하기에 필요한 상태로 유지하여야 하는 임대인의 의무에 속하며, 임차인이 하자를 미리 알았거나 알 수 있었다는 등의 특별한 사정이 없는 한, 임대인은 화재로 인한 목적물 반환의무의 이행불능 등에 관한 손해배상책임을 임차인에게 물을 수 없다(대판 2017.5.18. 전합2012다86895,86901: 표준판례653 : 9회 선택형) 이러한 법리는 임대인이 훼손된 임대차 목적물에 관하여 수선의무를 부담하더라도 동일하다(대판 2019.4.11. 2018다291347).

② [**임대인의 의무위반**] "'임대인이 임대차목적물을 임차인이 사용·수익하기에 필요한 상태로 유지하여야 할 의무를 위반'하여 임차인의 임대차목적물반환의무가 이행불능이 된 경우에는 임차인이 별도로 목적물 보존의무를 다하였음을 주장·입증하여야만 책임을 면할 수 있는 것은 아니다"(대판 2009.5.28. 2009다13170). [22법무]

③ [**임차 외 건물부분의 화재**] "임차 건물 부분에서 화재가 발생하여 임차 건물 부분이 아닌 건물 부분(이하 '임차 외 건물 부분'이라 한다)까지 불에 타 그로 인해 임대인에게 재산상 손해가 발생한 경우에는 '임차 외 건물 부분이 구조상 불가분의 일체를 이루는 관계에 있는 부분이라 하더라도', 그 부분에 발생한 손해에 대하여 임대인이 임차인을 상대로 채무불이행을 원인으로 하는 배상을 구하려면, ⅰ) 임차인이 보존·관리의무를 위반하여 화재가 발생한 원인을 제공하는 등 화재 발생과 관련된 '임차인의 계약상 의무 위반'이 있었고, ⅱ) 그러한 의무 위반과 임차 외 건물 부분의 손해 사이에 '상당인과관계'가 있으며, ⅲ) 임차 외 건물 부분의 손해가 의무 위반에 따라 민법 제393조에 의하여 배상하여야 할 '손해의 범위 내'에 있다는 점에 대하여 '임대인'이 주장·증명하여야 한다"(대판 2017.5.18. 전합2012다86895,86901: 표준판례653 : 8회,9회 선택형) [17사법. 10회 기록형, 22법무]

[판례검토] 종전 판례는 화재 원인이 불명인 경우 등에 있어서 '불법행위 책임'을 물을 수 없는 임대인이 임차부분과 임차 외 부분이 구조상 불가분의 일체에 있으면 채무불이행 책임을 통해서 손해의 전보를 꾀할 수 있다는 점에서 **합리적 사유 없이 임대인에게만 유리하였으므로 변경된 判例가 타당하다.**

기배선의 이상을 미리 알았거나 알 수 있었던 경우에는, 당해 전기배선에 대한 관리는 임차인의 지배관리 영역 내에 있었다 할 것이므로, 위와 같은 전기배선의 하자로 인한 화재는 특별한 사정이 없는 한 임차인이 임차목적물의 보존에 관한 선량한 관리자의 주의의무를 다하지 아니한 결과 발생한 것으로 보아야 한다는 이유로 임차인의 손해배상책임을 인정한 사례이다.

2) 손해액 산정의 기준

'임대인의 귀책사유로 인해 임대차가 도중에 종료한 경우' 임차인은 임대인에게 임차보증금의 반환을 구할 수 있는 외에 손해배상을 청구할 수 있는데, '휴업손해'를 배상청구하는 경우 임대차 목적물을 대신할 '다른 목적물을 마련하기 위하여 합리적으로 필요한 기간 동안까지를 기준'으로 손해액을 산정할 것이며, '본래 약정한 임대차기간 만료시까지를 기준'으로 배상액을 산정할 수는 없다(대판 2006.1.27. 2005다16591 : 판례연구 B-5.참고). **[22법무]**

(3) 임대차종료 후 임차인이 목적물을 계속 점유하는 경우의 법률관계

1) 불법행위책임(인도거절권능과 위법성)

임대차 종료 후 임차인의 임차목적물 명도의무와 임대인의 연체임료 기타 손해배상금을 공제하고 남은 임차보증금 반환의무와는 동시이행의 관계에 있으므로, 동시이행항변권이라는 인도거절권능이 있는 이상 임차인의 점유는 위법성이 없어 불법행위를 구성하지 않는다(대판 1998.7.10. 98다15545: 표준판례 595). 그러나 "임차인이 그러한 동시이행항변권을 상실하였는데도 목적물의 반환을 계속 거부하면서 점유하고 있다면, 달리 점유에 관한 적법한 권원이 인정될 수 있는 특별한 사정이 없는 한 이러한 점유는 적어도 과실에 의한 점유로서 불법행위를 구성한다"(대판 2020.5.14. 2019다252042: 표준판례594). 나아가 그 시기에 관하여 判例는 "특별한 사정이 없는 한 임차인이 동시이행항변권의 상실을 알 수 있는 때부터의 점유는 적어도 과실에 의한 점유로서 불법행위를 구성한다"(대판 2024.6.13. 2022다228667)고 하였다.

[관련판례] ✽ 임차인의 임차보증금반환청구채권이 전부된 경우 임대차계약 해지 후의 임차인의 목적물에 대한 점유가 불법점유인지 여부(한정 소극)
"임차인의 임차보증금반환청구채권이 전부된 경우에도 채권의 동일성은 그대로 유지되는 것이어서 동시이행관계도 당연히 그대로 존속한다고 해석할 것이므로 임대차계약이 해지된 후에 임대인이 잔존임차보증금반환청구채권을 전부받은 자에게 그 채무를 현실적으로 이행하였거나 그 채무이행을 제공하였음에도 불구하고 임차인이 목적물을 명도하지 않음으로써 임차목적물반환채무가 이행지체에 빠지는 등의 사유로 동시이행의 항변권을 상실하게 되었다는 점에 관하여 임대인이 주장·입증을 하지 않은 이상 임차인의 목적물에 대한 점유는 동시이행의 항변권에 기한 것이어서 불법점유라고 볼 수 없다"(대판 2002.7.26. 2001다68839 : 9회 선택형)

2) 부당이득반환책임(인도거절권능과 법률상 원인)

동시이행항변권이나 유치권과 같이 인도거절권능이 있는 때에는, 당해 목적물을 단순히 점유하는 한도에서는 그에 대하여 법률상 원인이 있는 것이 된다. 그러나 이러한 점유권능을 넘어선 부분의 이익은 '법률상 원인'이 없는 것으로서 반환되어야 한다. 즉 이러한 인도거절권능은 '점유'를 정당화시켜 줄 뿐 점유에 따른 '사용이익의 보유'를 정당화시켜주지는 않으므로 점유·사용에 따른 부당이득은 성립한다.

① [타인소유의 '건물'을 법률상 원인 없이 점유하고 있는 경우] 判例는 "법률상 원인 없이 이득하였음을 이유로 하는 부당이득반환에 있어서 이득이라 함은, '실질적인 이익'을 가리키는 것이므로 **법률상 원인 없이 건물을 점유하고 있더라도 이를 사용·수익하지 못하였다면 실질적인 이익을 얻었다고 볼 수 없다**"(대판 1992.4.14. 91다45202,45219)고 판시하고 있다(실질적 이득론). **[4·12회 기록형, 08·24법무]** 이러한 법리는 임차인의 사정으로 인하여 임차건물을 사용·수익하지 못한 경우에도 마찬가지이다(대판 2006.10.12. 2004재다818).

[관련판례] "물건의 점유와 사용은 구별되어야 하는 법개념으로서(목적물의 점유를 요건으로 하여 성립하는 유치권에서 유치권자가 원칙적으로 유치물을 사용할 수 없다고 정하는 제324조 2항이 이를 단적으로 보여준다). 비록 많은 경우에 물건의 점유와 사용이 동시에 일어나기는 하지만, 사용 없는 점유 또는 타인의 토지 위를 통행하는 경우와 같이 점유 없는 사용도 얼마든지 있을 수 있다"(대판 2009.11.26. 2009다35903).

② **[타인소유의 '토지'를 법률상 원인 없이 점유하고 있는 경우]** 判例는 "타인 소유의 토지 위에 권한 없이 건물을 소유하고 있는 자는 그 자체로써 특별한 사정이 없는 한 법률상 원인 없이 타인의 재산으로 인하여 토지의 차임에 상당하는 이익을 얻고 이로 인하여 타인에게 동액 상당의 손해를 주고 있다고 보아야 한다"(대판 1998.5.8. 98다2389 : 1회, 14회 선택형)고 판시하고 있다. **[5회 기록형, 17법행]** 따라서 건물을 사용·수익하지 않더라도 '부지'에 관한 부당이득은 성립한다. 그리고 判例에 따르면 이는 건물의 소유자가 미등기건물의 원시취득자로서 그 건물에 관하여 '사실상의 처분권을 보유하게 된 양수인'이 따로 존재하는 경우에도 다르지 아니하다고 한다(대판 2011.7.14. 2009다76522). 즉 미등기건물의 원시취득자가 토지의 차임에 상당하는 부당이득을 얻고 있는 것이 된다.

③ **[건물소유자가 부지 부분에 관한 소유권을 상실한 경우, 건물임대차계약 종료 이후 건물임차인이 계속 건물을 점유하고 있는 경우]** 判例는 "건물소유자가 부지 부분에 관한 소유권을 상실하였다 하여도 건물소유자는 의연 토지소유자와 관계에서는 토지 위에 있는 건물의 소유자인 관계로 건물 부지의 불법점유자라 할 것이고, 따라서 건물 부지 부분에 관한 차임 상당의 부당이득 전부에 관한 반환의무를 부담하게 되며, 건물을 점유하고 있는 건물임차인이 토지소유자에게 부지점유자로서 부당이득반환의무를 진다고 볼 수 없다. 그러므로 건물소유자는 이러한 채무의 부담한도 내에서 건물임차인의 건물불법점유에 상응하는 부지 부분의 사용·수익에 따른 임료 상당의 손실이 생긴 것이고, 건물에 관한 임대차계약 종료 이후 이를 계속 점유·사용하는 건물임차인은 건물소유자에 대한 관계에서 건물 부지의 사용·수익으로 인한 이득이 포함된 건물임료 상당의 부당이득을 하였다고 보아야 한다"(대판 2012.5.10. 2012다4633). 따라서 예컨대 건물소유자 甲, 건물임차인 乙, 토지소유자 丙과의 관계에서 건물의 부지부분의 부당이득반환의무는 乙이 아니라 甲이 丙에게 지지만, 乙이 甲에게 지는 건물임료상당의 부당이득반환의무에는 부지부분의 사용수익으로 인한 이득이 포함된다.

3. 임차인의 비용상환청구 및 부속물·지상물 매수청구(아래 쟁점 14. 참고)

[쟁점 14] 임차인의 비용상환청구 및 부속물·지상물 매수청구 ▼

Ⅰ. 비용상환청구권
[C17-1]

요건사실론

■ 임대인의 임대차목적물반환청구에 대한 임차인의 유치권 항변

Ⅰ. 필요비상환청구권의 경우

임차인이 임차물의 보존관리를 위하여 필요한 비용을 지출한 경우 그러한 필요비상환청구권에 기하여 유치권을 행사할 수 있다. 이 경우 피고(임차인)는 ⅰ) 목적물에 관하여 일정 비용을 지출한 사실 및 ⅱ) 그 비용이 목적물의 보존에 필요한 사실을 주장·증명하면 되고, 유익비상환청구권과 달리 가액의 현존 여부는 따질 필요가 없다.

Ⅱ. 유익비상환청구권의 경우

임차인이 목적물의 객관적 가치를 증가시키기 위하여 유익비를 지출한 경우 그러한 유익비상환청구권에 기하여 유치권을 행사할 수 있다. 유익비의 상환범위는 임차인이 유익비로 지출한 비용과 현존하는 증가액 중 임대인이 선택하는 바에 따라 정하여지므로 임차인인 피고로서는 임대인인 원고의 선택권을 위하여 실제로 지출한 비용과 현존하는 증가액 모두에 대한 주장·증명책임을 진다(대판 2002.11.22. 2001다40381).

Ⅲ. 비용상환청구권의 포기 등

필요비, 유익비 등 비용상환청구권에 관한 민법 제626조는 강행규정이 아니므로 당사자 사이의 특약으로 비용상환청구권을 포기하거나 제한하는 것이 가능하다. 이러한 특약의 존재는 유치권항변에 대한 '재항변'사유로 된다.

1. 필요비상환청구권

(1) 의 의

임대인은 계약존속 중 사용·수익에 필요한 상태를 유지케 할 의무를 지므로(제623조), 임차인이 목적물의 보존에 관하여 필요비를 지출한 때에는 임대인에게 그 상환을 청구할 수 있다(제626조 1항).

(2) 요 건

ⅰ) 임차목적물의 보존에 관하여 비용을 지출하였을 것, ⅱ) 임대인의 수선의무 범위 내 일 것(임대인의 의무 중 수선의무의 범위 참고), ⅲ) 필요비의 지출에 임대인의 동의가 있을 것을 요하지 않으며, 임대인이 그로 인하여 이득을 얻을 것을 요하지도 않는다.

(3) 효 과

① 임차인은 필요비를 지출한 '즉시' 임대인에게 그 상환을 청구할 수 있으며(제626조 1항), 필요비의 현존 여부와 상관없이 임대인에게 '지출한 비용 전액'을 청구할 수 있다. 그리고 만일 필요비를 상환받지 못한 채 임대인에게 임차목적물을 인도한 때에는 원칙적으로 그로부터 6월내에 임대인에게 그 상환을 청구해야 한다(제654조, 제617조).

② 임차인의 차임지급의무는 임대인의 수선의무 또는 그 변형인 필요비상환의무와 동시이행관계에 있으므로 임차인은 임대인으로부터 필요비를 상환 받을 때까지 임대인에게 차기의 차임의 지급을 거절할 수 있고(대판 2019.11.14. 2016다227694), 필요비상환청구권은 임차목적물에 관하여 생긴 채권이므로 유치권을 행사할 수도 있다(대판 1972.1.31. 71다2414).

(4) 포기특약의 유효성(임대인의 의무 중 수선의무 면제에 대한 특약 참고)

2. 유익비상환청구권

(1) 의 의

유익비는 임대인이 부담할 성질의 것은 아니지만, 민법은 그 가치증가에 따른 이익을 임대인이 얻는 점에서 그 상환을 구할 수 있도록 정하고 있다(제626조 2항).

(2) 요 건(객, 구, 현)

ⅰ) 유익비란 임차인의 편의를 위해 지출한 것으로는 부족하고 임차목적물의 객관적 가치를 증대시킬 수 있는 것이어야 한다. ⅱ) 임차인이 지출한 결과가 임차목적물의 구성부분으로 되어 임차물에 부합하여야 유익비상환의 대상이 되고, 비용지출의 결과물이 독립성이 있어서 그 소유권이 임차인에게 귀속되는 경우에는 부속물매수청구의 대상이 된다. ⅲ) 가액의 증가가 현존해야 하나, ⅳ) 유익비의 지출에 임대인의 동의가 있을 것을 요하지는 않는다.

[관련판례] 임차인이 임차건물 부분에서 간이음식점을 경영하기 위하여 간판을 설치한 경우의 그 비용(대판 1994.9.30. 94다20389), 2층 사무실용 건물부분에 임차인이 삼계탕 집을 경영하면서 들인 비용(대판 1993.10.8. 93다25738,25745), 일반점포를 임차한 자가 사진영업을 하기 위하여 설치한 특수장치에 들인 비용(대판 1948.4.12. 4280민상352) 등은 임차목적물의 객관적 가치를 증대시킨 것이 아니므로 유익비에 해당하지 않는다.

(3) 효 과

① 임차인은 '임대차계약이 종료한 때' 임대인에게 그 상환을 청구할 수 있다. 그리고 만일 유익비를 상환받지 못한 채 임대인에게 임차목적물을 인도한 때에는 원칙적으로 그로부터 6월 내에 임대인에게 그 상환을 청구해야 한다(제654조, 제617조). 임차인은 그가 지출한 금액과 현존하는 증가된 가액 중 임대인이 선택한 것을 임대인에게 청구할 수 있다(선택채권).

② [**유치권 및 동시이행항변권**] ㉠ 임차인은 유익비상환청구권에 관하여 유치권을 갖는다. 다만 유익비의 상환에 관하여 법원이 임대인에게 상당한 상환기간을 허여한 때에는(제626조 2항 2문), 그 기간에는 유치권이 인정되지 않는다. 또한 임대차관계가 기간의 만료 또는 채무불이행으로 인한 해지 등으로 종료한 후에 권원 없이 점유하면서 지출한 비용에 대해서도 유치권은 인정되지 않는다(제320조 2항). ㉡ 그리고 유익비상환청구권은 임대차 종료시에 발생하므로 차기의 차임지급과의 동시이행의 문제는 발생하지는 않지만, 임대인의 임차목적물 인도청구에 대해서는 유익비상환청구권으로 동시이행항변권을 행사할 수 있다.

③ [**소멸시효가 완성된 구상금채권과의 상계가부**] 제495조(소멸시효가 완성된 채권이 그 완성 전에 상계할 수 있었던 것이면 그 채권자는 상계할 수 있다)가 적용되기 위해서는 '자동채권의 소멸시효 완성 전에 양 채권이 상계적상에 이르렀을 것'을 요건으로 한다. 따라서 "임차인의 유익비상환채권은 임대차계약이 종료한 때에 비로소 발생한다고 보아야 하므로 임대차 존속 중 임대인의 구상금채권의 소멸시효가 완성된 경우에는 위 구상금채권과 임차인의 유익비상환채권이 상계할 수 있는 상태에 있었다고 할 수 없으므로, 그 이후에 임대인이 이미 소멸시효가 완성된 구상금채권을 자동채권으로 삼아 임차인의 유익비상환채권과 상계하는 것은 제495조에 의하더라도 인정될 수 없다"(대판 2021.2.10. 2017다258787: 표준판례566 : 13회 선택형). [**11회 사례형, 22법무**]

(4) 포기특약의 유효성

비용상환청구권에 관한 규정은 임의규정이므로 당사자 사이의 특약으로 임대인의 비용상환의무를 면제하거나 제한할 수 있다. 따라서 각종 유익비 또는 필요비의 상환청구권을 미리 포기하기로 한 특약은 유효하고 이 경우 임차인은 유치권을 주장을 할 수 없다(대판 1975.4.22. 73다2010: 표준판례646).

> ✱ **유익비상환청구권의 포기특약**
> ① "임차인은 설치한 모든 시설물에 대하여 임대인에게 시설비를 요구하지 않기로 한다는 약정은, 임차인이 지출한 비용의 상환청구권을 포기하는 대신 원상복구의무도 부담하지 않기로 하는 합의가 있었다고 보아야 한다"(대판 1998.5.29. 98다6497). ② "건물임차인이 자신의 비용을 들여 증축한 부분을 임대인의 소유로 귀속시키기로 하는 약정은 임차인이 원상회복의무를 면하는 대신 투입비용의 권리주장을 포기하는 내용이 포함된 것이다"(대판 1996.8.20. 94다44705). ③ "임대차계약에서 '임차인은 임대인의 승인하에 개축 또는 변조할 수 있으나 부동산의 반환기일 전에 임차인의 부담으로 원상복구키로 한다'고 약정한 경우, 이는 임차인이 임차목적물에 지출한 비용상환청구권을 미리 포기한 취지의 특약으로 보아야 한다"(대판 1995.6.30. 95다12927). [**6회 사례형**]

3. 비용상환의 상대방

(1) 전차인의 임대인에 대한 청구 가부

임대인의 동의를 받아 적법하게 전대차가 이루어진 경우 전차인이 임대인에 대하여도 비용상환청구권을 행사할 수 있는지 문제되는바, 전차인은 임대인에게 의무만을 부담할 뿐 권리를 갖지는 못하므로(제630조 1항 1문), 전차인은 임대인에게 비용상환청구를 할 수 없다. 그러나 전차인이 전대인(임차인)에게 비용상환청구를 할 수 있음은 당연하다.

(2) 새로운 소유자에 대한 청구 가부

1) 임차권이 대항력이 있는 경우

임차권이 대항력이 있는 경우에는 새로운 소유자가 임대인의 지위를 승계하기 때문에 임차인은 새로운 소유자에게 비용상환을 청구할 수 있다.

2) 임차권이 대항력이 없는 경우

임차권이 대항력이 없는 경우에는 종전의 소유자(임대인)에게 비용상환을 청구할 수 있을 뿐 새로운 소유자에게는 비용상환을 청구할 수 없다. 다만 임차인은 임대인에 대한 비용상환청구권에 기하여 목적물에 대한 유치권으로 양수인의 반환청구에 대항할 수 있다. 그러나 유치권을 이유로 양수인에게 직접 비용상환청구를 할 수는 없다. 만약 양수인이 목적물인도를 받기 위해 그 비용을 임차인에게 지급하였다면 양도인(임대인)에게 구상할 수 있다(대판 1990.2.23. 88다카32425,324320). **임차인은 제203조 2항에 의해서도 새로운 소유자에게 유익비의 상환을 청구하지 못한다**(아래 2001다64752판결) **[4회,7회 사례형]**

4. 비용상환관련 일반규정(제203조)과 개별규정(제626조 등)이 있는 경우(개별규정 적용)

"점유자가 유익비를 지출할 당시 계약관계 등 적법한 점유의 권원을 가진 경우에 그 지출비용의 상환에 관하여는 그 계약관계를 규율하는 법조항이나 법리 등이 적용되는 것이어서, 점유자는 그 계약관계 등의 상대방에 대하여 해당 법조항이나 법리에 따른 비용상환청구권을 행사할 수 있을 뿐 계약관계 등의 상대방이 아닌 점유회복 당시의 소유자에 대하여 제203조 2항에 따른 지출비용의 상환을 구할 수는 없다"(대판 2003.7.25. 2001다64752 : 7회 선택형).

[사실관계] 당해 判例는 대항력 없는 임차인이 유익비를 지출한 임차 건물에 관하여 경매절차가 진행된 끝에 제3자가 이를 낙찰 받아 소유권을 취득한 경우, 임차인은 낙찰인에게 그 건물을 인도하여야 하는바, 이때 제203조 2항에 의하여 유익비의 상환을 청구할 수 있는지 문제된 사안이었다. 당해 判例에 따르면 임차인은 낙찰인에게 제203조 2항에 의한 유익비의 상환을 청구할 수 없다. 다만 임대인에게 제626조 2항에 의하여 유익비의 상환을 청구할 수 있고, 이를 피보전권리로 하여 낙찰인에게 유치권을 주장할 수 있다.

Ⅱ. 건물 임차인의 부속물매수청구권

[C17-2]

요건사실론

■ 임대인의 임대차목적물반환청구에 대한 임차인의 부속물매수청구권 항변

부속물매수청구권의 행사를 주장하는 피고(임차인)로서는 ⅰ) 임대인의 동의를 얻어 부속물을 설치하였거나 그 부속물이 임대인으로부터 매수한 사실, ⅱ) 그 부속물이 현존하는 사실, ⅲ) 매수청구권을 행사한 사실은 물론,[24] 동시이행의 범위를 정하기 위하여 매수청구권 행사 당시 부속물의 시가까지 주장·증명하여야 한다. 이에 대해 원고는 매수청구권 포기의 특약사실과 임대차계약의 과정을 전체적으로 살펴볼 때 그 특약이 임차인 등에게 일방적으로 불리한 것이 아니라는 사정에 관한 사실을 주장하며 '재항변'할 수 있다(대판 1982.1.19. 81다1001: 표준판례648).

---

[24] 원칙적으로 임대차계약이 체결되었다가 종료한 사실도 요건사실에 포함된다 할 것이지만, 이는 청구원인사실의 인정단계에서 이미 판단되었을 것이므로 따로 주장·증명할 필요는 없다.

1. 의 의

건물 기타 공작물의 임차인이 임대인에 대하여 임대차 종료시에 그 사용의 편익을 위하여 임대인의 동의를 얻어 이에 부속한 물건과 임대인으로부터 매수한 부속물의 매수를 청구할 수 있는 권리를 말한다(제646조). 이러한 부속물매수청구권은 임차인에 대하여 투하비용 회수의 편익을 주는 동시에 그것을 철거함으로써 생기는 사회 경제적 손실을 방지하는 기능을 한다.

2. 요 건 (건, 편, 독, 동, 종)

건물 임차인이 부속물매수청구권(제646조)을 행사할 수 있기 위해서는 i) 건물 기타 공작물의 임대차일 것, ii) 임차인이 임차목적물의 사용의 편익을 위하여 부속시킨 것일 것, iii) 부속물이 독립성을 가질 것, iv) 임대인의 동의를 얻거나 임대인으로부터 매수하여 부속시킨 것일 것, v) 임대차가 종료하였을 것을 요한다.

(1) 건물 기타 공작물의 임대차일 것

(2) 임차인이 임차목적물의 사용의 편익을 위하여 부속시킨 것일 것

건물에 부속된 것으로 임차인의 소유에 속하고 건물의 구성부분을 이루지 않는 '독립'한 물건이며 '건물'의 편익을 가져오게 하는 물건이어야 한다(대판 1993.2.26. 92다41627). 따라서 **오로지 임차인의 특수 목적에 사용하기 위하여 부속된 때에는 매수청구의 대상이 될 수 없다**(대판 1993.2.26. 92다41627).

예컨대, 2층 사무실용 건물부분에 임차인이 삼계탕 집을 경영하면서 그 물건을 부속시킨 경우 이는 건물의 편익을 가져오게 하는 물건이 아니므로 부속물매수청구권을 행사할 수 없으며, 유익비의 경우도 임차물 자체의 보존 내지 객관적 가치를 증가시키기 위해 투입된 비용에 한정되므로 이 경우 들인 비용은 유익비에도 해당하지 않아 비용상환청구권도 행사할 수 없다(대판 1993.10.8. 93다25738).

(3) 부속물이 독립성을 가질 것

부속물이란 건물에 '부속'된 것으로 임차인의 소유에 속하고 건물의 '**구성부분**'을 이루지 않는 '**독립**'한 물건이어야 한다(대판 1993.2.26. 92다41627). 따라서 기존건물과 분리되어 독립한 소유권의 객체가 될 수 없는 증축부분이나 임대인의 소유에 속하기로 한 부속물은 매수청구의 대상이 될 수 없다(대판 1982.1.19. 81다1001: 표준판례648).

> ✽ **임차인이 임차건물을 임대인의 동의 등을 얻어 '증축'한 경우**
> ① "임차인이 임차한 건물에 그 권원에 의하여 증축을 한 경우에 증축된 부분이 부합으로 인하여 기존 건물의 구성 부분이 된 때에는 증축된 부분에 별개의 소유권이 성립할 수 없으나(비용상환청구권의 문제), 증축된 부분이 구조상으로나 이용상으로 기존 건물과 구분되는 독립성이 있는 때에는 구분소유권이 성립하여 증축된 부분은 독립한 소유권의 객체가 된다(부속물매수청구권의 문제)"(대판 1999.7.27. 99다14518) ② 건물이 증축된 경우에 증축부분의 기존건물에 부합 여부는 증축부분이 기존건물에 부착된 i) **물리적 구조뿐만 아니라**, ii) **그 용도와 기능의 면에서 기존건물과 독립한 경제적 효용을 가지고 거래상 별개의 소유권의 객체가 될 수 있는지의 여부 및** iii) **증축하여 이를 소유하는 자의 의사 등을 종합하여 판단하여야 한다**"(대판 1994.6.10. 94다11606).

(4) 임대인의 동의를 얻거나 임대인으로부터 매수하여 부속시킨 것일 것

(5) 임대차가 종료하였을 것 [10회 사례형]

채무불이행으로 인한 해지로 임대차가 종료된 경우에도 부속물매수청구권이 인정되는지 문제되나, 判例는 성실한 임차인만이 보호되어야 한다는 점에서 부정한다(대판 1990.1.23. 88다카7245,7252 : 3회 선택형).[25]

3. 효 과

(1) 매매계약의 성립

부속물매수청구권은 '형성권'으로서, 임차인의 의사표시만으로 매매계약이 성립한다. 매수청구권의 행사시가 매매의 효력발생시기가 되고, 부속된 그대로의 상태에서 매수청구시의 시가가 매매대금이 된다(대판 1972.7.25. 72다653).

(2) 동시이행항변권의 인정 여부

부속물매매대금의 지급과 '부속물의 인도'가 동시이행의 관계에 있음은 당연하고, 나아가 임차인은 임대인으로부터 부속물매매대금을 지급받을 때까지 임대인에게 '임차목적물의 인도'도 거절할 수 있다고 본다(다수설 ; 대판 1981.11.10. 81다378 참고). 부속물매매대금이 거액에 이르는 경우가 많고 현실적으로 부속물의 인도와 임차목적물의 인도를 분리하기 어려운 경우가 많기 때문이다.

따라서 임차인이 적법한 부속물매수청구권을 행사한 후에 동시이행 항변권을 근거로 건물을 계속 점유하는 것을 불법점유라고 할 수 없고, 임대인이 부속물 매매대금 채권을 수동채권으로 한 상계 의사표시를 하였다고 하더라도 임차인의 점유가 상계적상시로 소급하여 불법점유가 된다고 할 수 없다(대판 2025.5.15. 2024다317332, 2024다317349).

(3) 유치권의 인정 여부

부속물매수대금채권은 임차물 자체에 관하여 생긴 채권이 아니므로 부정하는 견해가 타당하다(다수설). 判例도 토지임차인이 지상시설물에 대한 매수청구권으로서 임차물인 토지에 대한 유치권을 주장할 수 없다고 본 것이 있다(대판 1977.12.13. 77다115).

4. 포기특약의 유효성

부속물매수청구권을 규정한 제646조는 강행규정으로서 이에 위반하는 약정으로 임차인에게 불리한 것은 무효가 된다(제652조). 따라서 임대차계약에서 "임차인은 임대인의 승인하에 개축 또는 변조할 수 있으나 부동산의 반환기일 전에 임차인의 부담으로 원상복구키로 한다"라고 약정한 경우, 이는 임차인이 임차 목적물에 지출한 각종 유익비의 상환청구권을 미리 포기하기로 한 취지의 특약이라고 볼 수는 있어도, 부속물매수청구권 배제특약은 무효이므로 당해 특약이 부속물매수청구권 행사를 배제할 수는 없다(대판 1995.6.30. 95다12927 참고).

다만 임대차계약의 전체과정을 살펴보아 '부속물매수청구권을 포기하는 대신 임대차계약의 보증금 및 차임을 파격적으로 저렴하게 하는 등' 특약의 내용이 임차인에게 불리하지 않은 것이라면 그 특약을 무효로 볼 것은 아니다(대판 1982.1.19. 81다1001: 표준판례648).

5. 부속물매수청구의 상대방

(1) 전차인의 임대인에 대한 청구 가부

---

[25] **[판례평석]** 제646조가 임대차의 종료원인을 제한하고 있지 않고(제643조와 비교), 또한 사회경제적 손실방지라는 제도의 취지상 이 경우에도 매수청구권을 인정함이 타당하다(통설).

건물 기타 공작물의 임차인이 적법하게 전대한 경우에 전차인이 그 사용의 편익을 위하여 '임대인의 동의'를 얻어 이에 부속한 물건이 있는 때에는 전대차의 종료시에 임대인에 대하여 그 부속물의 매수를 청구할 수 있고, 임대인으로부터 매수하였거나 그 동의를 얻어 임차인으로부터 매수한 부속물에 대하여도 같다(제647조).

(2) 새로운 소유자에 대한 청구 가부
앞서 살펴본 비용상환청구권에서와 동일하게 임차권에 대항력이 있는지 여부에 따라 달라진다.

Ⅲ. 토지 임차인의 지상물매수청구권 [13사법]   [C17-3]

요건사실론

■ 임대인의 임대차목적물반환청구에 대한 임차인의 지상물매수청구권 항변

지상물매수청구권의 행사를 주장하는 피고(임차인)로서는 ⅰ) 지상물 소유의 목적으로 토지임대차계약을 체결한 사실, ⅱ) 임차인이 지상물을 건축하여 현존하고 있는 사실, ⅲ) 계약갱신을 청구하였으나 임대인이 이를 거절한 사실, ⅳ) 매수청구권을 행사한 사실을 주장·증명하면 되고, 그 매매대금의 지급을 반소로 구하지 않는 한 매수청구권 행사 당시 지상물의 시가까지 주장·증명하여야 할 필요는 없다(원칙적으로 임대차계약이 체결되었다가 종료한 사실도 요건사실에 포함된다 할 것이지만, 이는 청구원인사실의 인정단계에서 이미 판단되었을 것이므로 따로 주장·증명할 필요는 없다). 다만, 원고가 피고의 지상물매수청구권 행사의 항변이 받아들여질 것에 대비하여 예비적으로 지상물의 인도 및 소유권이전등기청구를 하고 있는 경우라면 피고는 이와 동시이행관계에 있는 지상물매매대금의 범위를 정하기 위하여 지상물의 시가를 주장·증명하여야 한다.

1. 의 의
일정한 목적의 토지임대차에서 존속기간이 만료한 경우에 지상시설이 현존한 때에는 토지임차인은 1차로 임대인을 상대로 계약의 갱신을 청구할 수 있고, 임대인이 이를 거절한 때에는 2차로 상당한 가액으로 지상시설의 매수를 청구할 수 있다(제643조, 제283조).

2. 요 건(토, 끼거절, 현존)
토지 임차인이 지상물매수청구권(제643조, 제283조)을 행사할 수 있기 위해서는 ⅰ) 건물 기타 공작물의 소유 등을 목적으로 한 '토지임대차'일 것, ⅱ) 임대차기간의 만료로 임차권이 소멸하고 임대인의 갱신거절이 있을 것, ⅲ) 임대차기간의 만료시 임차인 소유의 지상건물 등이 현존할 것을 요한다.

(1) 건물 기타 공작물의 소유 등을 목적으로 한 '토지임대차'일 것
판례는 토지임차인의 건물 기타 공작물의 매수청구권을 정한 민법 제643조는 건물 등의 소유를 목적으로 하는 '토지의 전세권'에도 유추적용된다고 한다(대판 2007.9.21. 2005다41740).

(2) 임대차기간의 만료로 임차권이 소멸하고 임대인의 갱신거절이 있을 것
① "지상물매수청구권은 지상권이 존속기간의 만료로 인하여 소멸하는 때에 지상권자에게 갱신청구권이 있어 그 갱신청구를 하였으나 지상권설정자가 계약갱신을 원하지 아니할 때 비로소 행사할 수 있는 권리이다. 한편 지상권갱신청구권의 행사는 지상권의 존속기간 만료 후 지체 없이 하여야 한다. 따라서 **지상권의 존속기간 만료 후 지체 없이 행사하지 아니하여 지상권갱신청구권이 소멸한 경우에는, 지상권자의 적법한 갱신청구권의 행사와 지상권설정자의 갱신 거절을 요건으로 하는 지상물매수청구권은 발생하지 않는다**(대판 2023.4.27. 2022다306642).

② 토지임차인의 차임연체 등 채무불이행으로 인해 임대인이 임대차계약을 해지한 때에는 임차인이 계약의 갱신을 청구할 여지가 없으므로, 이를 전제로 하는 2차적인 지상물의 매수청구도 할 수 없다(대판 1997.4.8. 96다54249). **[10회 사례형]**

③ 기간의 약정 없는 토지임대차계약에 대해 임대인이 해지통고를 한 경우(제635조), 임대인이 미리 계약의 갱신을 거절한 것으로 볼 수 있으므로, 임차인은 계약의 갱신을 청구할 필요없이 곧바로 지상물의 매수를 청구할 수 있다(대판 1995.2.3. 94다51178,51185 : 7회 선택형). **[08 법행]**

(3) 임차인이 지상물을 건축하여 현존하고 있는 사실

1) 긍정한 경우

① 지상물이 객관적으로 경제적 가치가 있는지 여부나 임대인에게 소용이 있는지 여부는 그 행사요건이라고 볼 수 없고(대판 2002.5.31. 2001다42080 : 3회 선택형), ② 임대차계약 당시의 기존건물이거나 임대인의 동의를 얻어 신축한 것에 한정하지 않는다(대판 1993.11.12. 93다34589 : 3회 선택형). ③ 또한 행정관청의 허가를 받은 적법한 건물이 아니더라도 그 대상이 된다(대판 1997.12.23. 97다37753 : 3회 선택형).

2) 제한적으로 긍정한 경우

임차인 소유의 건물이 임차 토지 외에 임차인 또는 제3자 소유의 토지 위에 걸쳐 있는 경우, 종전의 判例는 건물 전체에 대한 임차인의 매수청구를 긍정하였는데(대판 1991.3.27. 90다카20357), 견해를 변경하여 "임차 토지를 경계로 그 위에 걸쳐 있는 건물의 부분이 구분소유권의 객체로 될 수 있는 경우에 한해 그 부분만에 대한 매수청구를 할 수 있다"(대판 1996.3.21. 전합93다42634 : 7회 선택형)고 한다. 이에 따르면 만일 임차 토지 위에 있는 건물 부분에 구분소유의 객체가 될 수 있는 부분이 없다면 임차인은 임대인에게 지상물의 매수를 청구할 수 없게 되고, 결국 임차 토지 위에 있는 건물 부분을 철거하여야 한다.[26]

3) 부정한 경우

① 건물이 토지의 임대목적에 반하여 축조되었다거나, 임대인이 예상할 수 없을 정도의 고가의 것이라는 등의 특별한 사정이 있다면 매수청구의 대상이 되지 않는다(대판 1993.11.12. 93다34589). ② 임차인이 화초의 판매용지로 임차한 토지에 설치한 '비닐하우스'가 화훼판매를 위하여 필요한 시설물이라 하더라도 그 자체의 소유가 임대차의 주된 목적은 아닐 뿐만 아니라, 비용이 다소 든다고 하더라도 **토지로부터 손쉽게 분리·철거할 수 있어 사회경제적으로 큰 손실을 초래하지 않는 점에서 매수청구의 대상이 되지 않는다**(대판 1997.2.14. 96다46668). ③ 또한 "제643조가 규정하는 매수청구의 대상이 되는 건물에는 임차인이 임차토지상에 그 건물을 소유하면서 그 필요에 따라 설치한 것으로서 건물로부터 용이하게 분리될 수 없고 그 건물을 사용하는 데 객관적인 편익을 주는 부속물이나 부속시설 등이 포함되는 것이지만, 이와 달리 임차인이 자신의 특수한 용도나 사업을 위하여 설치한 물건이나 시설은 이에 **해당하지 않는다**"(대판 2002.11.13. 2002다46003). **[08법행, 22법무]** ④ "임차인이 임대차계약 토지상에 건립한 건물을 불법으로 증축한 결과 매수청구권을 행사한 건물의 절반 이상이 임대차계약의 목적 토지가 아닌 토지를 무단으로 침범하여 건립된 것이라면, 임차인의 건물매수청구권 행사는 인용될 수 없다"(대판 2021.12.10. 2021다260671).

3. 지상물매수청구권의 행사

(1) 지상물매수청구권자

---

26) **[판례검토]** 이는 건물 철거로 인하여 발생하게 되는 사회경제적 손실을 방지하여야 한다는 공익보다 토지 소유자의 재산권 보호를 중시하는 입장으로 사적자치의 원칙에 부합한다.

① [지상물 소유자] 지상물매수청구권은 지상물소유자에 한하여 행사할 수 있다(대판 1993.7.27. 93다6386). 따라서 지상물소유자가 지상물을 양도한 경우 지상물매수청구권을 행사할 수 없다(11회 선택형). 다만 건물 소유를 목적으로 하는 '토지 임대인의 동의를 얻어' 토지임차인으로부터 임차권을 양수한 자가 토지 위에 종전 임차인이 신축한 미등기 무허가 건물을 매수한 때에도, 그 점유 중인 건물에 대해 '법률상 또는 사실상의 처분권'을 갖고 있으므로 이러한 토지임차권 양수인은 임대인에게 그 건물의 매수를 청구할 수 있다(대판 2013.11.28. 2013다48364: 표준판례649 : 7회,9회,14회 선택형).

② [임차권의 양도나 전대의 경우] 토지임차인이 토지 임차권을 양도 또는 전대하고 지상 건물을 양도한 경우(후자의 경우 제100조 2항의 유추적용에 의해 지상건물의 양수인은 토지임차권도 취득한다). ㉠ 임대인의 동의가 있는 경우 건물의 양수인은 직접 임대인에게 지상물매수청구권을 행사할 수 있으나, ㉡ 임대인의 동의가 없는 경우 지상건물을 양수한 자는 직접 임대인에게 지상물매수청구권을 행사할 수 없다(대판 1993.7.27. 93다6386 참고). 이때 토지임차인 역시 이미 건물의 소유자가 아니기 때문에 임대인에게 지상물매수청구권을 행사할 수 없다(대판 1993.7.27. 93다6386 참고).

(2) 지상물매수청구의 상대방

① [토지소유자인 임대인] 지상물매수청구권의 상대방은 원칙적으로 '임차권 소멸 당시의 토지소유자인 임대인'이다. 임대인이 임차권 소멸 당시에 이미 토지소유권을 상실한 경우에는 그에게 지상건물의 매수청구권을 행사할 수 없으며, 임대인이 임대차계약의 종료 전에 토지를 임의로 처분하였다 하여 달라지는 것은 아니다(대판 1994.7.29. 93다59717,93다59724).

② [토지 소유자가 아닌 제3자가 토지 임대행위를 한 경우] 이 경우에는 "㉠ 제3자가 토지 소유자를 적법하게 대리하거나 토지 소유자가 제3자의 무권대리행위를 추인하는 등으로 임대차계약의 효과가 토지 소유자에게 귀속되었다면 토지 소유자가 임대인으로서 지상물매수청구권의 상대방이 된다. ㉡ 그러나 '제3자가 임대차계약의 당사자로서 토지를 임대'하였다면, 토지 소유자가 임대인의 지위를 승계하였다는 등의 특별한 사정이 없는 한 임대인이 아닌 토지 소유자가 직접 지상물매수청구권의 상대방이 될 수는 없다"(대판 2017.4.26. 2014다72449,72456: 표준판례651[27]): 7회,14회 선택형).

③ [임대기간 중 임차목적물이 양도된 경우] 이 경우에는 임차권에 대항력이 있는지 여부(제622조 1항)에 따라 달라진다. ㉠ '토지임차권이 대항력이 있는 경우'에는 새로운 소유자가 임대인의 지위를 승계하기 때문에 임차인은 새로운 소유자에게 지상물매수를 청구할 수 있다(대판 1996.6.14. 96다14517). ㉡ 그러나 '토지임차권이 대항력이 없는 경우'에는 임대인의 지위를 승계하지 않기 때문에 양수인에게 청구할 수 없고, 전 임대인 또한 이제 토지의 소유자가 아니므로 전 임대인에게도 청구할 수 없다.

④ [임차권 소멸 후 임차목적물이 양도된 경우] 이 경우에는 제3자에 대하여 대항할 수 있는 임차권(제622조 1항)을 가지고 있던 토지 임차인은 그 새로운 소유자에 대하여도 위 매수청구권을 행사할 수 있다(대판 1996.6.14. 96다14517).[28] [2회 기록형]

⑤ [전대차] 전대차의 경우에 전차인도 '임대인'(전대인 아님)에게 청구할 수 있다(제644조).

---

27) [사실관계] 甲의 형인 乙 명의로 소유권이전등기를 마친 후 甲의 아버지인 丙 명의로 소유권이전청구권 가등기를 마친 토지에 관하여 丙이 丁에게 기간을 정하지 않고 건물의 소유를 목적으로 토지를 임대하였고, 그 후 토지에 관하여 甲 명의로 소유권이전등기를 마쳤는데, 甲이 丁을 상대로 토지에 건립된 丁 소유의 건물 등의 철거와 토지 인도를 구하자, 丁이 건물 등의 매수를 구한 사안에서, 丁은 甲을 상대로 지상물매수청구권을 행사할 수 없다고 한 사례. 즉 토지임대인은 丙이고 토지소유자는 甲인 경우 甲이 丙의 토지임대인으로서의 지위를 승계한 것은 아니라고 본 사례

28) "甲이 토지를 취득할 당시에는 乙과 丙 사이에 그 토지에 대한 임대차계약이 존재하지 않고 있었다고 하더라도, 그 이전에 乙이 丙과의 사이에 건물의 소유를 목적으로 하는 임대차계약을 체결하였다가 그 계약이 종료되어 乙이 丙에 대하여 그 건물에 관한 매수청구권을 행사할 수 있었을 때에는, 乙은 그 토지의 취득자인 甲에 대하여도 매수청구권을 행사할 수 있다"

(3) 임대인의 건물철거청구 소송 중(또는 확정 後)에 임차인의 매수청구권 행사시 [민소법 쟁점]

1) 상환이행판결 여부(부정, 적극적 석명 인정)

토지임대차 종료시 임대인의 건물철거와 그 부지인도 청구에는 건물매수대금 지급과 동시에 건물명도를 구하는 청구가 포함되어 있다고 볼 수 없다. 따라서 임차인의 지상물매수청구권 행사의 항변이 받아들여지면 (교환적·예비적) 청구취지의 변경이 없는 한 임대인의 지상물철거 및 토지인도청구는 기각하여야 할 것이나, 법원으로서는 '**석명권**'을 적절히 행사하여 임대인으로 하여금 건물철거청구를 건물소유권이전등기·건물인도청구(대지와 건물부지가 일치할 경우 건물인도청구 이외에 별도의 대지인도청구는 불필요하다)로 변경하게 한 후 매매대금과의 상환이행을 명하는 판결을 하여야 하며, 이와 같은 **석명권 행사 없이 그냥 기각하면 위법하다**(대판 1995.7.11. 전합94다34265 ; 적극적 석명의무 긍정 : 1회,3회,7회,8회 선택형).

2) 기판력과 실권효(부정)

건물의 소유를 목적으로 하는 토지 임대차에 있어서, 임대차가 종료함에 따라 토지의 임차인이 임대인에 대하여 건물매수청구권을 행사할 수 있음에도 불구하고 이를 행사하지 아니한 채, 토지의 임대인이 임차인에 대하여 제기한 토지인도 및 건물철거청구 소송에서 패소하여 그 패소판결이 확정되었다고 하더라도, 그 확정판결에 의하여 건물철거가 집행되지 아니한 이상 **토지의 임차인으로서는 건물매수청구권을 행사하여 별소로써 임대인에 대하여 건물매매대금의 지급을 구할 수 있다**(대판 1995.12.26. 95다42195 : 1회,3회 선택형). **[2회 기록형]** 기판력은 표준시에 있어서의 권리관계의 존부판단에 생기기 때문에, 당사자는 전소의 표준시 이전(변론종결시전)에 존재하였으나 그때까지 제출하지 않은 공격방어방법의 제출권을 잃는 것이지만(실권효), 표준시 전에 행사하지 아니한 임차인의 건물매수청구권은 상계권에 준하여 어느 때나 실권되지 아니한다. 또한 전소 확정판결의 기판력은 전소의 소송물인 토지인도청구권 등의 존부에 대한 판단에 대하여만 발생하는 것이고 토지의 임차권 존부 및 그에 기한 건물매수청구권의 존부에 대해서까지 미친다고 할 수 없다.

3) 제1심에서 행사한 건물매수청구권을 철회한 후 항소심에서 다시 행사하는 것의 허용여부(긍정)

"건물의 소유를 목적으로 한 토지 임대차가 종료한 경우에 임차인이 그 지상의 현존하는 건물에 대하여 가지는 매수청구권은 그 행사에 특정의 방식을 요하지 않는 것으로서 재판상으로 뿐만 아니라 재판 외에서도 행사할 수 있는 것이고 그 행사의 시기에 대하여도 제한이 없는 것이므로 임차인이 자신의 건물매수청구권을 제1심에서 행사하였다가 철회한 후 항소심에서 다시 행사하였다고 하여 그 매수청구권의 행사가 허용되지 아니할 이유는 없다"(대판 2002.5.31. 2001다42080 : 14회 선택형).

4. 효 과 [15사법]

(1) 매매계약의 성립 및 매매가격

지상물매수청구권은 '**형성권**'으로서, 임차인의 행사만으로 지상물에 관해 임대인과 임차인 사이에 시가에 의한 매매 유사의 법률관계가 성립한다(대판 1991.4.9. 91다3260 : 8회 선택형).

① 判例에 따르면 이때 건물의 매수가격은 건물 자체의 가격 외에 건물의 위치, 주변토지의 여러 사정 등을 종합적으로 고려하여 **매수청구권 행사 당시 건물이 현존하는 대로의 상태에서 평가된 시가**를 말하는 것으로(대판 2008.5.29. 2007다4356), **[2회 기록형, 08법행]** 당사자 사이에 의사합치가 이루어지지 않았다면 법원은 그와 같이 인정된 시가를 임의로 증감하여 직권으로 매매대금을 정할 수는 없다(대판 2024.4.12. 2023다309020,309037 : 14회 선택형). 다만, 시가 산정에 고려되는 요소와 관련하여 "임대인이 기존 건물의 철거비용을 포함하여 임차인이 임차지상의 건물을 신축하기 위하여 지출한 모든 비용을 보상할 의무를 부담하게 되는 것은 아니다"(대판 2002.11.13. 2002다46003)고 한다.

② 토지임차인 소유의 건물에 근저당권이 설정된 경우에도 매수청구권은 인정된다(대판 1972.5.23. 72다34). 이 경우 그 건물의 매수가격은 매수청구권행사 당시 건물이 현존하는 대로의 상태에서 평가된 시가 상당액을 의미하고, 여기에서 근저당권의 채권최고액이나 피담보채무액을 공제한 금액을 매수가격으로 정할 것은 아니다. 다만, 매수청구권을 행사한 지상건물 소유자가 위와 같은 근저당권을 말소하지 않는 경우 토지 소유자는 민법 제588조에 의하여 위 근저당권의 말소등기가 될 때까지 그 채권최고액에 상당한 대금의 지급을 거절할 수 있다(대판 2008.5.29. 2007다4356 : 11회 선택형). [08법행]

(2) 동시이행항변권의 인정 여부

임차인의 건물명도 및 그 소유권이전등기의무와 토지임대인의 건물대금 지급의무는 서로 대가관계에 있는 채무로서 당사자는 '동시이행'을 주장할 수 있으므로, 임차인이 임대인에게 자신의 의무를 이행하지 않았다면 임대인에게 그 매매대금에 대한 지연손해금을 구할 수 없다(대판 1998.5.8. 98다2389 : 1회 선택형). [17법행]

(3) 유치권의 인정 여부

지상물매수대금채권은 토지에 관하여 생긴 채권이 아니므로 토지에 대해서 유치권을 행사할 수 없다(다수설). 判例도 토지임차인이 지상시설물에 대한 매수청구권으로서 임차물인 토지에 대한 유치권을 주장할 수 없다고 본 것이 있다(대판 1977.12.13. 77다115).

(4) 지상물매수청구권을 행사하는 경우 부지의 점유

지상물매수청구권 행사의 결과 토지 소유자로부터 매매대금을 지급받을 때까지 임차인은 지상건물 등의 인도를 거부할 수 있다(동시이행의 항변권). 그러나 지상건물의 소유로 인한 부지의 점유는 불법점유는 아니지만, 그로 인한 부지의 임료상당액은 부당이득으로서 반환하여야 하며, 이 경우 실제 건물을 사용·수익하지 않고 있다 하더라도 부지의 차임에 상당하는 부당이득반환의무는 진다(대판 1995.9.15. 94다61144).[20법무]

5. 포기특약의 유효성

지상물매수청구권을 규정한 제643조는 강행규정으로서 이에 위반하는 약정으로 임차인에게 불리한 것은 무효가 된다(제652조). 다만 임대차계약의 전체과정을 살펴보아 '지상물매수청구권을 포기하는 대신 임대차계약의 보증금 및 차임을 파격적으로 저렴하게 하는 등' 특약의 내용이 임차인에게 불리하지 않은 것이라면 그 특약을 무효로 볼 것은 아니다(대판 1997.4.8. 96다45443). [17법행]

▶ [쟁점 14]

핵심사례 C-07

★ 임대차 종료에 따른 법률관계, 채권자대위권 대판 2007.5.10. 2006다82700,82717

甲은 乙에게 5억 원을 빌리면서 자신의 X토지에 저당권을 설정해 주었다. 그 후 甲은 Y상가건물을 신축하였다. 이에 丙은 Y건물을 2001년 6월 1일 甲으로부터 보증금 2,000만 원 월차임 100만 원에 2년간 임차하기로 약정하였다. 그 후 2002년 4월 丙은 영업적자로 300만 원의 차임지급을 연체한 상태였다. 그러나 이때 당시 甲은 丙의 차임지급 연체를 방치하고 있었고, 甲 자신도 乙에 대한 대금지급을 지체하고 있는 상태에서 乙이 X토지와 Y건물에 대해서 X토지에 대한 저당권에 기해 임의경매를 신청하여(일괄경매청구 아님), 丁이 2002년 7월 1일 X토지와 Y건물에 대해 낙찰을 받았다. 이에 丁은 甲을 상대로 자신에게 X토지의 반환과 Y건물의 철거를 청구하고, 丙을 상대로 Y건물을 명도할 것을 청구하고 있다. 丁의 청구가 인용가능한지 여부를 그 근거를 들어 서술하시오. (30점)

I. 丁의 甲에 대한 X토지반환 및 Y건물철거청구 가부

1. 丁이 X토지와 Y건물에 대한 소유권을 취득하는지 여부

(1) 판례
"경매법원이 기존건물의 종물이라거나 부합된 부속건물이라고 볼 수 없는 건물에 대하여, 경매 신청된 기존건물의 부합물이나 종물로 보고서 경매를 같이 진행하여 경락허가를 하였다 하더라도 그 독립된 건물에 대한 경락은 당연무효이므로 그 경락인은 위 건물에 대한 소유권을 취득할 수 없다"(대판 1988.2.23. 87다카600).

(2) 사안의 경우
乙의 저당권은 토지에 대한 저당권이므로 그 저당권의 효력은 결코 독립한 물건인 건물에 미치지 않는다(제358조 참조). 그러므로 건물에 대한 저당권의 실행은 비록 경매법원이 간과하였어도 무효이므로 丁은 건물의 소유권을 취득할 수 없다. 따라서 乙이 X토지에 대한 저당권에 기해 임의경매를 신청한 경우에 낙찰자 丁은 X토지에 대해서만 소유권을 취득하고 Y건물에 대한 소유권자는 여전히 甲이다(제187조).[1]

2. 甲이 X토지를 점유할 권리가 있는지 여부(법정지상권의 취득 여부)

사안에서는 저당권설정 당시 건물이 존재하지 않았기 때문에 甲에게 Y건물을 위한 법정지상권은 성립되지 않는다(제366조). 따라서 甲은 X토지를 점유할 권리가 없어(제213조 단서) 토지소유자 丁의 甲에 대한 X토지의 반환과 Y건물의 철거는 전부 인용된다.

II. 丁의 丙에 대한 Y건물명도청구 가부

1. 丁이 직접 丙에게 Y건물의 소유권에 기한 반환청구권을 행사할 수 있는지 여부

丁은 Y건물에 대한 소유권은 취득했다고 볼 수 없으므로 건물소유권에 기해서 임차인 丙에게 '건물명도'를 청구할 수는 없다(제213조 참조). 그러나 丁은 X토지의 소유권을 취득하므로 아래의 채권자대위권을 행사하지 않고도 토지소유권에 기해서 임차인 丙에 대해 건물에서의 '퇴거청구'가 가능하다(제214조). 이는 丙이 건물임대차에 대한 대항력을 갖추었더라도 마찬가지이며(대판 2010.8.19. 2010다43801), 아울러 丙은 보증금반환채권에 대한 유치권도 인정되지 않아 丁의 토지소유권에 기한 물권적 청구권행사에 대항할 수 없다. 다만 설문에서 Y건물에서의 '퇴거'청구가 아닌 Y건물을 '명도'할 것을 청구하고 있으므로 아래의 검토가 필요하다.

2. 丁의 丙에 대한 채권자대위권 행사 가부

(1) 채권자대위권 행사요건 (보, 필, 불, 대)

(2) 소유권에 기한 물권적 청구권이 피보전권리가 될 수 있는지 여부(피보전채권)
判例에 따르면 '물권적 청구권'도 '피보전권리'가 될 수 있으며, 이러한 '특정채권'의 경우에는 채무자의 무자력에 상관없이 채권자대위권을 행사할 수 있다고 한다(대판 2007.5.10. 2006다82700,82717).

(3) **다른 구제수단이 없을 것이 채권자대위권 행사의 요건인지의 여부**(채권보전의 필요성)

건물에서의 '퇴거청구'와 건물의 '인도청구'는 요건과 효과를 달리하는 것이므로, 퇴거청구를 할 수 있었다는 사정이 '채권보전의 필요성'을 부정할 사유가 될 수는 없다(대판 2007.5.10. 2006다82700,82717).

(4) **임대차계약 해지권이 채권자대위권의 목적이 될 수 있는지 여부**(피대위채권)

1) **채무자 甲이 丙과의 임대차계약을 해지할 수 있는지 여부**(적극 : 제640조에 따라 연체차임 2기 초과)

2) **임대차계약 해지권이 채권자대위권의 목적이 될 수 있는지 여부**(적극 : 행사상 일신전속권이 아님)

임대인의 임대차계약 해지권은 오로지 임대인의 의사에 행사의 자유가 맡겨져 있는 '행사상의 일신전속권'에 해당하는 것으로 볼 수 없다(대판 2007.5.10. 2006다82700,82717).

(5) **소 결**

甲은 丙에게 제640조에 기한 해지권이 발생하였고, 이러한 권리를 丁이 대위하여 행사할 수 있다. 이렇게 채권자대위권으로 임대차계약이 해지가 되면 甲은 건물소유권에 기해서, 혹은 임대차계약의 종료에 기해서 丙에게 Y건물의 인도를 청구할 수 있는바, 이러한 '건물인도청구권'을 丁이 다시 대위행사하여 '자신에게 직접' Y건물을 인도할 것을 청구할 수 있다(제404조). 다만, 임차인 丙은 '피대위채권'인 건물인도청구권과 관련하여 임대인 甲에게 항변할 수 있는 (연체차임을 공제한) 보증금반환과의 동시이행의 항변을 丁에게도 할 수 있는바(제3채무자의 항변권), 오히려 丁은 X토지 소유권에 기초한 '건물에서의 퇴거청구권'이라는 '물권적 청구권'을 행사하는 것이 보다 유리하다.

---

1) ★ 그러나 사안에서 만일 X토지 저당권자 乙이 Y건물에 대해서 저당권에 기한 임의경매가 아닌 제365조에 의한 일괄경매를 청구한다면 Y건물에 소유권을 취득할 수 있다. 왜냐하면 아래에서 검토하는바,와 같이 甲에게는 Y건물을 위한 법정지상권이 성립하지 않으므로 일괄경매를 청구할 수 있고, 일괄경매의 청구시에는 일괄낙찰(매도)이 원칙이기 때문이다.

제7절 고 용

Ⅰ. 의 의
[C-51]

고용은 당사자 일방(노무자)이 상대방에 대하여 노무를 제공할 것을 약정하고 상대방(사용자)이 이에 대하여 보수를 지급할 것을 약정함으로써 그 효력이 생기는 유상·쌍무·낙성·불요식계약이고, 인적 신뢰관계를 바탕으로 하는 계속적 채권관계이다(제655조).

Ⅱ. 사용자의 안전배려의무(채총 보호의무 참고)
[C-52]

1. 의 의

判例에 따르면 사용자는 근로계약에 수반되는 '신의칙상의 부수적 의무'로서 피용자가 노무를 제공하는 과정에서 생명, 신체, 건강을 해치는 일이 없도록 인적·물적 환경을 정비하는 등 필요한 조치를 강구하여야 할 '보호의무'를 부담하고, 이러한 보호의무를 위반함으로써 피용자가 손해를 입은 경우 이를 배상할 책임이 있다고 한다(아래 判例 : 판례연구 B-1. 참고).

2. 안전배려의무(보호의무)위반을 이유로 사용자에게 손해배상책임을 인정하기 위한 요건

判例에 따르면 보호의무위반을 이유로 사용자에게 손해배상책임을 인정하기 위하여는, ⅰ) 특별한 사정이 없는 한 그 사고가 피용자의 업무와 관련성을 가지고 있을 뿐 아니라 ⅱ) 또한 그 사고가 통상 발생할 수 있다고 하는 것이 예측되거나 예측할 수 있는 경우라야 할 것이고, 그 예측가능성은 사고가 발생한 때와 장소, 가해자의 분별능력, 가해자의 성행, 가해자와 피해자의 관계 기타 여러 사정을 고려하여 판단하여야 한다고 한다(아래 判例).

判例는 ① 야간에 회사 기숙사 내에서 발생한 입사자들 사이의 구타행위에 대하여 회사의 보호의무 위반이나 불법행위상의 과실책임을 인정하지 않았으나(대판 2001.7.27. 99다56734), ② 사용자가 피용자로 하여금 주·야간으로 일을 하게 하여 과로와 수면부족 상태를 초래하고 그러한 상태에서 장거리 운전까지 하게 함으로써 교통사고를 일으켜 상해를 입게 한 경우, 피용자에 대한 보호의무를 위반하였다고 인정하였다(대판 2000.5.16. 99다47129).

> ※ **근로자 파견계약에 따라 파견받은 피용자에 대한 '사용사업주'의 보호의무 또는 안전배려의무**(적극)
> 判例는 甲회사(사용사업주)는 A회사(파견사업주)와의 근로자파견계약에 따라 A회사가 고용한 乙을 자신의 작업장에 파견받아 사용사업주로서 지휘·감독하며 부품 제조 업무에 종사하게 하던 중 乙의 생명, 신체의 보호와 안전 등을 위하여 필요한 조치를 제대로 하지 아니하였고, 이로 말미암아 乙이 상해를 입는 사고가 발생한 경우, 이러한 손해에 대해 乙은 甲에게 '보호의무 또는 안전배려의무' 위반을 이유로 채무불이행책임을 원인으로 하는 손해배상을 청구할 수 있다고 한다. 단, 이러한 채무불이행책임을 원인으로 하는 손해배상청구권에 대하여는 불법행위책임에 관한 민법 제766조 제1항의 소멸시효 규정이 유추적용될 수는 없다고 한다(대판 2013.11.28. 2011다60247).

제8절 도 급

요건사실론

도급계약 관련 청구

I. 수급인의 공사대금청구

1. 청구원인

수급인의 보수지급청구권 행사의 요건사실은 ⅰ) 도급계약의 체결사실, ⅱ) 일의 완성이다. 제665조에 의하면 완성된 목적물의 인도가 필요한 경우에는 목적물의 인도와 보수의 지급은 동시이행의 관계에 있는데, 원고가 지연손해금은 빼고 보수 원금만의 지급을 구하는 경우에는 피고(도급인)가 항변으로 동시이행의 항변권을 행사한 때에 비로소 원고(수급인)는 '재항변'으로 완성된 목적물의 인도를 주장하면 충분하다.

나아가 지연손해금을 청구하는 경우에 위 요건사실에 더하여 ⅲ) 수급인이 완성된 목적물을 도급인에게 인도한 것과 ⅳ) 손해의 발생과 그 금액을 요건사실로 덧붙여 주장하여야 한다. 완성된 목적물의 인도가 필요한 경우에 보수의 지급은 인도일 다음날을 기산일로 하여 지연손해금이 발생하므로 위 ⅲ) 요건사실이 필요하다. ⅳ) 손해의 발생과 그 금액에 관하여는 금전채무의 이행지체의 경우로, 특약이 없더라도 당연히 법정이율의 비율에 의한 지연손해금을 청구할 수 있다.

2. 도급인의 항변

(1) 도급인의 목적물인도청구와 수급인의 보수청구의 동시이행(제665조 1항)

(2) 도급인의 하자보수청구와 수급인의 보수청구의 동시이행(제667조 3항)

(3) 도급계약의 해제(제673조, 제668조 등)

II. 도급인의 목적물 인도청구

1. 청구원인

(1) 소유권에 기한 목적물 인도청구(제213조 본문)

(2) 도급계약에 기한 목적물 인도청구

2. 수급인의 항변

(1) 수급인의 유치권(제320조)

(2) 도급인의 목적물인도청구와 수급인의 보수청구의 동시이행(제665조 1항)

쟁점구조

제작물 공급계약

수급인이 자신의 재료를 사용하여 도급인 소유 토지위에 건물을 신축한 후(또는 공사중) 도급인이 토지와 제작물을 제3자에게 양도한 경우

> I. 건물이 미완성된 경우
>   논리구조는 아래 '완성'된 경우와 동일하나, 제작물의 소유권 확정에서 차이!
> 1. 제작물 공급계약의 법적 성질
> 2. 제작물의 소유권 확정
>   ① 제256조 본문의 '부합'에 해당하는지, ② 제256조 단서의 '권원'에 의해 '부속'시킨 물건인지 여부[주로 독립성 요건에서 탈락[1]] : 결론은 도급인(토지 소유자)귀속]
> 3. 수급인의 구제수단 검토
> 4. 도급인의 구제수단 검토
>
> II. 건물이 완성된 경우
> 1. 제작물 공급계약의 법적 성질
>   건물과 같은 부대체물은 도급계약
> 2. 제작물의 소유권 확정
>   묵시적 특약으로 인한 도급인 소유
> 3. 수급인의 구제수단 검토
>   공사대금지급청구권의 확보를 위한 ① 도급인에 대한 구제수단(채불, 불책), ② 양수인에 대한 구제수단[유치권(O), 동시이행의 항변권(×), 저당권설정청구권(×)]
> 4. 도급인의 구제수단 검토
>   하자담보책임의 논리(사례)구조와 유사, 다만 계약해제와 관련한 제673조, 제668조, 제390조 주의

I. 의 의   [C-53]

도급은 당사자 일방(수급인)이 어느 일을 완성하고 상대방(도급인)은 그 일의 결과에 대해 보수를 지급할 것을 약정함으로써 성립하는 유상·쌍무·낙성·불요식의 계약이다(제664조). 도급은 고용·위임·임치 등과 같이 타인의 노무를 이용하는 계약에 속하는 것이지만, '일의 완성'이라는 결과에 목적을 두는 점에서 차이가 있다.

II. 효 력   [C-54]

1. 수급인의 의무

(1) 일을 완성할 의무

1) 일의 완성의 의미

수급인은 약정된 기한 내에 계약의 내용에 좇아 일을 완성할 의무를 진다(제664조). 그런데 제작물공급계약에서 일이 완성되었다고 하려면 당초 예정된 최후의 공정까지 일단 종료하였다는 점만으로는 부족하고 목적물의 주요구조 부분이 약정된 대로 시공되어 사회통념상 일반적으로 요구되는 성능을 갖추고 있어야 한다(대판 2006.10.13. 2004다21862). 이에 대한 주장·증명책임은 일의 결과에 대한 보수의 지급을 청구하는 수급인에게 있다(同 判例).

---

[1] 최소한의 기둥과 지붕 그리고 주벽이 이루어지면 독립된 부동산으로서의 건물의 요건을 갖춘 것이라고 보아야 한다(대판 2002.4.26. 2000다16350).

2) 제3자를 사용한 일의 완성

도급계약은 일의 완성이라는 결과를 목적으로 하는 것이므로, 당사자 사이에 특약이 있거나 일의 성질상 수급인 자신이 하지 않으면 채무의 본지에 따른 이행이 될 수 없다는 등의 특별한 사정이 없는 한 반드시 수급인 자신이 직접 일을 완성하여야 하는 것은 아니고, 이행보조자 또는 이행대행자를 사용하더라도 관계없다(대판 2002.4.12. 2001다82545,82552 : 5회 선택형).

(2) 완성물 인도의무 : 인도의 의미

이때 목적물의 인도는 완성된 목적물에 대한 단순한 점유의 이전만을 의미하는 것이 아니라 도급인이 목적물을 검사한 후 그 목적물이 계약내용대로 완성되었음을 명시적 또는 묵시적으로 시인하는 것까지 포함하는 의미이다(대판 2006.10.13. 2004다21862 ; 이른바 검수(檢受)를 의미한다). 한편 뒤에서 보는 바와 같이 완성된 물건이 부동산인 경우에, 수급인귀속설에 의하면 수급인이 그 소유권을 원시취득한 후 도급인에게 이전하여야 하지만, 도급인귀속설에 의하면 그러한 절차가 필요 없다

(3) 완성물의 소유권이전의무(V.제작물공급계약 3.제작물의 소유권 귀속 참고)

2. 도급인의 의무 : 보수지급의무

(1) 의 의

보수는 그 완성된 목적물의 인도와 동시에 지급하여야 한다. 그러나 목적물의 인도를 요하지 아니하는 경우에는 그 '일을 완성'한 후 지체없이 지급하여야 한다(제665조).

① **[공사도급계약에서 소멸시효의 기산점이 되는 보수청구권의 지급시기]**는 당사자 사이에 특약이 있으면 그에 따르고, 특약이 없으면 관습에 의하며(제665조 2항, 제656조 2항), 특약이나 관습이 없으면 공사를 마친 때로 보아야 한다(대판 2017.4.7. 2016다35451).

② **[공사도급계약에서 보수지급시기에 관한 약정]** "제작물공급계약의 당사자들이 보수의 지급시기에 관하여 '수급인이 공급한 목적물을 도급인이 검사하여 합격하면, 도급인은 수급인에게 그 보수를 지급한다'는 내용으로 한 약정은 도급인의 수급인에 대한 보수지급의무와 동시이행관계에 있는 수급인의 목적물 인도의무를 확인한 것에 불과하므로, 법률행위의 효력 발생을 장래의 불확실한 사실의 성부에 의존하게 하는 법률행위의 부관인 조건에 해당하지 아니할 뿐만 아니라, 조건에 해당한다 하더라도 검사에의 합격 여부는 도급인의 일방적인 의사에만 의존하지 않고 그 목적물이 계약내용대로 제작된 것인지 여부에 따라 객관적으로 결정되므로 순수수의조건에 해당하지 않는다"(대판 2006.10.13. 2004다21862).

③ **[일의 완성 이전에 계약이 해제된 경우]** "도급계약에서 정한 일의 완성 이전에 계약이 해제된 경우 수급인으로서는 도급인에게 보수를 청구할 수 없음이 원칙이나, 당해 도급계약에 따라 수급인이 일부 미완성한 부분이 있더라도 계약해제를 이유로 이를 전부 원상회복하는 것이 신의성실의 원칙 등에 비추어 공평·타당하지 않다고 평가되는 특별한 경우라면 예외적으로 이미 완성된 부분에 대한 수급인의 보수청구권이 인정될 수 있다"(대판 2023.3.30. 2022다289174).

(2) 보수지급청구권의 확보

1) 완성물인도의무(일을 완성할 의무가 아님)와 보수지급의무의 동시이행관계

보수지급시기에 관한 다른 특약이 없는 한, 수급인은 도급인으로부터 보수를 지급 받을 때까지 도급인에게 완성물의 인도를 거절할 수 있다(제665조 1항).

2) 저당권설정청구권

부동산공사의 '수급인'은 그 보수청구권을 담보하기 위하여 그 목적부동산 위에 저당권의 설정을 부동산소유자인 도급인에게 청구할 수 있다(제666조). 다만 저당권설정청구권은 형성권이 아니고 청구권에 불과하다. 또한 判例에 따르면 공사대금채권이 양도되는 경우 저당권설정청구권도 이에 수반하여 함께 이전되며(대판 2018.11.29. 2015다19827), 건물신축공사에 관한 도급계약에서 수급인이 자기의 노력과 출재로 건물을 완성하여 그 소유권이 수급인에게 귀속된 경우에는 수급인으로부터 건물신축공사 중 일부를 도급받은 '하수급인'도 수급인에 대하여 제666조에 따른 저당권설정청구권을 가진다고 하고, 이러한 청구권은 도급받은 공사에 부수되는 채권으로 제163조 3호에 따라 3년의 단기소멸시효가 적용된다고 한다(대판 2016.10.27. 2014다211978: **표준판례**352 : 13회 선택형).

3) 유치권

수급인의 보수채권은 도급목적물과 견련성이 있는 것이므로 보수채권을 위한 유치권이 인정된다. 다만 유치권은 타물권이므로 완성물의 소유권이 도급인에게 귀속하는 경우에 수급인은 보수채권을 피담보채권으로 하여 완성물에 관하여 유치권을 행사할 수 있다(대판 1995.9.15. 95다16202 : 3회,8회,12회 선택형). 또한 건물도급계약에서 유치권의 목적물인 건물은 독립한 물건의 요건을 갖추어야 하므로, 건축공사가 도중에 중단되고 건물로서의 요건을 갖추지 못하여 그것이 토지에 부합된 경우(제256조 본문), 이러한 부합물에 대해서는 유치권을 행사할 수 없고 건물공사비채권은 토지에 관한 것이 아니므로 토지를 유치할 수도 없다(대결 2008.5.30. 2007마98: **표준판례**323).

3. 수급인의 담보책임

(1) 요 건

> **[아래 ⅰ) 요건 관련판례]** 수급인이 설계도에 따라 시공하기로 하였는데 이에 위반하여 설계도대로 하지 않은 것도 '하자'로 된다(대판 1996.9.20. 96다4442).
>
> **[아래 ⅱ) 요건 관련판례]** ㉠ 민법 제669조 본문은 완성된 목적물의 하자가 도급인이 제공한 재료의 성질 또는 도급인의 지시에 기인한 때에는 수급인의 하자담보책임에 관한 규정이 적용되지 않는다고 정하고 있다. 그러나 이 규정은 수급인의 하자담보책임이 아니라 민법 제390조에 따른 채무불이행책임에는 적용되지 않는다(대판 2020.1.30. 2019다268252). **[13회 사례형]** ㉡ 건축도급계약의 수급인이 설계도면의 기재대로 시공한 경우에, 이는 도급인의 지시에 따른 것과 같아서 그로 인하여 목적물에 하자가 생겼다고 하더라도 원칙적으로 수급인에게 담보책임을 지울 수 없다고 하나(대판 1996.5.14. 95다24975), ㉢ 도급인의 지시에 따라 건축공사를 하는 수급인이 지시가 부적당함을 알면서도 이를 도급인에게 고지하지 아니한 경우에는, 완성된 건물의 하자가 도급인의 지시에 기인한 것이더라도 하자담보책임을 면할 수 없다(대판 2016.8.18. 2014다31691,31707: **표준판례**665).
>
> **[아래 ⅲ) 요건 관련판례]** 담보책임의 존속기간(제670조, 제671조)을 단축하는 약정을 한 때에도 제672조가 유추적용될 수 있다(대판 1999.9.21. 99다19032).

수급인의 하자담보책임이 성립하기 위해서는 ⅰ) 완성된 목적물 또는 완성 전의 성취된 부분['완성 전의 성취된 부분'이란 도급계약에 따른 일이 전부 완성되지는 않았지만 하자가 발생한 부분의 작업이 완료된 상태를 말한다(대판 2001.9.18. 2001다9304)]에 하자가 있을 것(제667조), ⅱ) 하자가 도급인의 재료·지시에 기인한 경우가 아닐 것(제669조), ⅲ) 면제특약이 없을 것(제672조 ; 다만 수급인이 알면서 고지하지 아니한 사실에 대해서는 그 특약이 무효이다)의 요건이 충족되어야 하고, ⅳ) 하자담보책임에 의한 도급인의 권리는 제척기간 내에 행사되어야 한다(제671조). 이러한 수급인의 하자담보책임은 귀책사유를 요건으로 하지 않는 무과실 책임이다(다수설·判例 대판 1990.3.9. 88다카31886 등). 따라서 수급인의 하자담보책임에는 과실상계에 관한 규정이 적용될 수는 없으나, 判例는 민법의 지도이념인 공평의 원칙에 입각하여 도급인의 잘못을 참작하여 손해배상의 범위를 정한다(대판 1990.3.9. 88다카31866).

(2) 효 과

1) 하자보수청구권(제667조 1항 본문)

가) 내 용

완성된 목적물 또는 완성전의 성취된 부분에 하자가 있는 때에는 도급인은 수급인에 대하여 상당한 기간을 정하여 그 하자의 보수를 청구할 수 있다. 그러나 하자가 중요하지 않고 그 보수에 과다한 비용을 요할 때에는 하자의 보수를 청구할 수 없고 하자로 인한 손해배상만을 청구할 수 있다(제667조 1항).

나) 동시이행

하자보수를 끝낼 때까지 도급인은 보수지급을 거절할 수 있다. 즉 하자보수와 보수지급은 동시이행관계이다. ① [원칙] 이에 判例는 "기성고에 따라 공사대금을 분할하여 지급하기로 약정한 경우라도 특별한 사정이 없는 한 하자보수의무와 동시이행관계에 있는 공사대금지급채무는 당해 하자가 발생한 부분의 기성공사대금에 한정되는 것은 아니라고 할 것이다. 왜냐하면, 이와 달리 본다면 도급인이 하자발생사실을 모른 채 하자가 발생한 부분에 해당하는 기성공사의 대금을 지급하고 난 후 뒤늦게 하자를 발견한 경우에는 동시이행의 항변권을 행사하지 못하게 되어 공평에 반하기 때문이다"(대판 2001.9.18. 2001다9304)고 하면서도, ② [예외] "미지급 공사대금에 비해 하자보수비 등이 매우 적은 편이고 하자보수공사가 완성되어도 공사대금이 지급될지 여부가 불확실한 경우, 도급인이 하자보수청구권을 행사하여 동시이행의 항변을 할 수 있는 기성공사대금의 범위는 하자 및 손해에 상응하는 금액으로 한정하는 것이 공평과 신의칙에 부합한다"(대판 2001.9.18. 2001다9304)고 판시하였다.

2) 손해배상청구권(제667조 1항 단서, 2항)

가) 내 용

① 도급인은 하자의 보수에 갈음하여 또는 보수와 함께 손해배상을 청구할 수 있다[제667조 2항 ; 매매의 경우 불특정물매매의 담보책임에서 완전물급부를 청구하는 경우에는 손해배상을 청구할 수 없다(제581조 2항)]. 수급인의 과실은 요구되지 않는다. ② 중요한 하자가 아님에도 그 보수에 과다한 비용을 요할 때에는 하자의 보수를 청구할 수 없고 하자로 인한 손해배상만을 청구할 수 있을 뿐이다(제667조 1항 단서).

나) 동시이행

도급인의 손해배상청구와 수급인의 보수청구 사이에는 **동시이행의 항변권이 준용되나**(제667조 3항)(14회 선택형), 도급인이 인도받은 목적물에 하자가 있는 것만을 이유로, 하자의 보수나 하자의 보수에 갈음하는 손해배상을 청구하지 아니하고 막바로 보수의 지급을 거절할 수는 없다(대판 1991.12.10. 91다33056). 그리고 이 경우 채무이행을 제공할 때까지 그 '손해배상의 액에 상응하는 보수의 액'에 관하여만 자기의 채무이행을 거절할 수 있을 뿐, 그 나머지 액의 보수에 관하여는 지급을 거절할 수 없다(대판 1996.6.11. 95다12798).

> [관련판례] "도급계약에 있어서 완성된 목적물 또는 완성전의 성취된 부분에 하자가 있는 경우에는 도급인은 수급인에게 하자의 보수를 청구할 수 있고 하자보수에 갈음하거나 하자보수와 함께 손해배상을 청구할 수 있으며 이들 청구권은 특별한 사정이 없는 한 수급인의 공사대금채권과 동시이행의 관계에 있는 것이므로 이와 같은 하자가 있어 도급인이 하자보수나 손해배상청구권을 보유하고 이를 행사하는 한에 있어서는 도급인의 공사비지급채무는 이행지체에 빠지지 아니하고, 도급인이 하자보수나 손해배상채권을 자동채권으로 하고 수급인의 공

사잔대금 채권을 수동채권으로 하여 상계의 의사표시를 한 다음날 비로소 지체에 빠진다"(대판 1989.12.12. 88다카18788 : 14회 선택형).

다) 손해배상의 범위

① **[보수에 필요한 비용 : 제667조 1항 본문, 제667조 2항]** 하자의 보수에 갈음하는 손해배상의 경우에 그 범위는 '실제로 보수에 필요한 비용'이다. 判例는 "완성된 건물 등에 중대한 하자가 있고 이로 인하여 무너질 위험성이 있어서 보수가 불가능하고 다시 건축할 수밖에 없는 경우에는, 건물 등을 철거하고 다시 건축하는 데 드는 비용 상당액을 하자로 인한 손해배상으로 청구할 수 있다"(대판 2016.8.18. 2014다31691,31707: 표준판례665 : 10회,14회 선택형)고 한다.

② **[가치감소액 : 제667조 1항 단서]** 그러나 하자보수를 청구할 수 없는 경우(중요한 하자가 아님에도 그 보수에 과다한 비용을 요할 때)에는 判例는 하자보수에 갈음하는 손해배상(보수에 필요한 비용)을 청구할 수는 없고, 하자로 인하여 입은 손해배상(교환가치의 차액, 즉 가치감소액)만을 청구할 수 있다고 한다. 다만 교환가치의 차액을 산출하기가 현실적으로 불가능한 사정이 있는 때에는 하자 없이 시공하였을 경우의 시공비용과 하자 있는 상태대로의 시공비용의 차액을 통상손해로 본다(대판 1998.3.13. 97다54376). **[14법무]**

③ **[하자확대손해(부정)]** 한편 '하자로 인한 확대손해'는 손해배상의 범위에 포함되지 않는다는 것이 判例의 태도이다(대판 2004.8.20. 2001다70337참고).[2)] 따라서 확대손해에 대한 배상을 청구하기 위해서는 수급인의 귀책사유를 전제로 한 채무불이행책임을 청구원인으로 하여야 한다.
그리고 하자확대손해로 인한 수급인의 손해배상채무도 도급인의 공사대금채무와 동시이행관계에 있다(대판 2005.11.10. 2004다37676 : 8회,13회 선택형). **[09입법]**

④ **[정신적 손해(한정적극)]** 判例는 하자 있는 목적물을 사용함으로 인하여 발생하는 정신적 고통으로 인하여 발생하는 손해는 수급인이 그러한 사정을 알았거나 알 수 있었을 경우에 한하여 특별손해로서 배상받을 수 있다고 한다(대판 1997.2.25. 96다45436).

라) 채무불이행으로 인한 손해배상과의 경합

判例는 "목적물의 하자를 보수하기 위한 비용은 수급인의 하자담보책임과 채무불이행에서 말하는 손해에 해당한다. 따라서 도급인은 하자보수비용을 제667조 2항에 따라 하자담보책임으로 인한 손해배상으로 청구할 수도 있고, 수급인에게 귀책성이 있다면 제390조에 따라 채무불이행으로 인한 손해배상으로 청구할 수도 있다"(대판 2020.6.11. 2020다201156)고 하여, 도급계약에서 완성된 목적물에 하자가 있는 경우 하자보수보증기간이 지난 경우에도 (소멸시효가 완성되지 않았음을 이유로) 채무불이행에 의한 손해배상책임을 인정하였다.

3) 계약해제권

가) 요 건

완성된 목적물의 하자로 인하여 계약의 목적을 달성할 수 없는 때에는 도급인은 계약을 해제할 수 있다(제668조). 하자보수청구권의 경우와 달리 완성 전의 성취된 부분에 하자가 있는 때에는 해제권은 인정되지 않는다.

---

2) **[사실관계]** 대판 2004.8.20. 2001다70337판결은 액젓 저장탱크 제작, 설치 공사 도급계약에 의하여 완성된 저장탱크에 균열이 생겨 물이 스며드는 바람에 저장되어 있던 액젓이 변질되어 버린 사안에서, "보수비용은 민법 제667조 제2항에 의한 수급인의 하자담보책임 중 하자보수에 갈음하는 손해배상이고, 액젓 변질로 인한 손해배상은 위 하자담보책임을 넘어서 수급인이 도급계약의 내용에 따른 의무를 제대로 이행하지 못함으로 인하여 도급인의 신체·재산에 발생한 손해에 대한 배상으로서 양자는 별개의 권원에 의하여 경합적으로 인정된다"고 판시한 바 있다. 따라서 액젓의 변질로 인한 확대손해에 대한 배상을 청구하기 위해서는 하자담보책임을 청구원인으로 해서는 안 되고, 채무불이행책임을 청구원인으로 하여야 한다.

나) 건물 기타 토지의 공작물의 경우 해제권의 제한

① [**수급인 담보책임에 따른 도급인의 해제권**] 완성된 목적물이 '건물 기타 토지의 공작물'인 경우에는 아무리 중대한 하자가 있더라도 담보책임을 이유로 해제할 수 없다(제668조 단서). 이는 강행규정이며(대판 2004.1.27. 2001다24891). 따라서 도급인은 하자의 보수나 손해배상을 청구하는 것으로 만족할 수밖에 없다. 해제를 인정하면 수급인은 타인의 토지에 건축한 공작물을 철거하여야 하고 또 보수를 전혀 받지 못하는 점에서 수급인이 지나친 손실을 입게 되고, 또 건물의 철거에 따른 사회경제적인 손실도 크기 때문이다.

② [**수급인의 채무불이행에 따른 도급인의 해제권**] 담보책임에서 해제가 인정되지 않는 이유와 동일한 이유로 '건물 등이 완성된 후' 에는 채무불이행을 원인으로 해서도 도급계약을 해제할 수 없으나, '건물 등이 완성되기 전' 에는 채무불이행을 이유로 도급계약을 해제할 수 있다(대판 1993.11.23. 93다25080 등).
즉 判例는 "공사도급계약에 있어서 수급인의 공사중단이나 공사지연으로 인하여 약정된 공사기한 내의 공사완공이 불가능하다는 것이 명백하여진 경우에는 도급인은 그 '공사기한이 도래하기 전이라도 계약을 해제'할 수 있지만, 그에 앞서 수급인에 대하여 위 공사기한으로부터 상당한 기간 내에 완공할 것을 최고하여야 하고, 다만 예외적으로 수급인이 미리 이행하지 아니할 의사를 표시한 때에는 위와 같은 최고 없이도 계약을 해제할 수 있다"(대판 1996.10.25. 96다21393,21409 : 14회 선택형)고 한다.

> ✱ **공사가 완성되었으나 하자가 있는 것 VS 미완성된 것**
> ① [**구별실익**] 실무상 '공사가 완성되었으나 하자가 있는 것'인지 아니면 '미완성된 것'인지 여부가 중요하다. 즉 해제권 발생여부 외에도 건물공사가 미완성인 때에는 채무불이행의 문제로 되며 수급인은 원칙적으로 공사금의 지급을 청구할 수 없는데 반해(보수 후불의 원칙), 완성된 목적물인 건물에 하자가 있는 경우에는 수급인은 도급인에게 공사금의 지급을 청구할 수 있으나, 도급인은 수급인의 하자담보책임을 물어 동시이행의 항변권을 행사함으로써 수급인의 하자부분의 보수 또는 그에 갈음하는 손해배상의 제공이 있을 때까지 공사금의 지급을 거절할 수 있을 뿐이다.
> ② [**구별기준**] 양자를 구별하는 기준은, "공사가 도중에 중단되어 예정된 최후의 공정을 종료하지 못한 경우는 공사의 미완성이고, 그것이 당초 예정된 최후의 공정까지 일단 종료하고 그 주요구조부분이 약정된 대로 시공되어 사회통념상 건물로서 완성되고, 다만 그것이 불완전하여 보수를 하여야 할 경우에는 공사가 완성되었으나 하자가 있는 것으로 볼 것이고, 개별적 사건에 있어서 최후의 공정이 일단 종료하였는지는 건물신축도급계약의 구체적 내용과 신의성실의 원칙에 비추어 객관적으로 판단하여야 한다"(대판 1994.9.30. 94다32986).
> "이러한 기준은 공사 도급계약의 수급인이 공사의 준공이라는 일의 완성을 지체한 데 대한 손해배상액의 예정으로서의 성질을 가지는 지체상금에 관한 약정에 있어서도 그대로 적용된다. 다만 당사자 사이에 건축공사의 완공 후 부실공사와 하자보수를 둘러싼 분쟁이 일어날 소지가 많음이 예상됨에 따라 그러한 분쟁을 사전에 방지할 의도로 통상의 건축공사 도급계약과는 달리 도급인의 준공검사 통과를 대금지급의 요건으로 삼음과 동시에 하자보수 공사 후 다시 합격을 받을 때까지 지체상금까지 부담하게 함으로써 공사의 완전한 이행을 담보하기 위해 지체상금의 종기를 도급인의 준공검사 통과일로 정하였다고 볼 만한 특별한 사정이 있다면 그에 따라야 한다"(대판 2010.1.14. 2009다7212,7229). [**14법무**]

(3) 담보책임의 존속기간

1) 제척기간(제670조, 제671조)

위 기간은 제척기간으로서 재판상 또는 재판 외의 권리행사기간이며 재판상 청구를 위한 출소기간은 아니다(대판 2000.6.9. 2000다15371). 참고로 "민법 제671조에 의하면 토지, 건물 기타 공작물 수급인의 담보책임에 대하여는 민법 제670조의 제척기간에 대한 특칙으로 그 제척기간을 공작물의 종류에 따라 5년 또는 10년을 규정하고 있어 건물수급인에 대하여 담보책임을 묻는 하자보수청구권에 대해서는 1년간의 제척기간을 규정한 민법 제670조가 적용되지 않는다"(대판 1997.2.14. 96다44242,44259).

2) 소멸시효

하자담보에 기한 손해배상청구권의 경우에는 위 제척기간과 별도로 그 권리의 내용·성질 및 취지에 비추어 채권의 소멸시효도 적용된다. 일반적으로 그 권리를 행사할 수 있는 때부터 10년의 소멸시효에 걸리지만(제162조 1항), 도급계약이 상행위에 해당하는 경우에는 상법 제64조 본문에 의하여 원칙적으로 5년의 소멸시효에 걸린다(대판 2012.11.15. 2011다56491).

4. 건축도급계약이 수급인의 채무불이행으로 인하여 중도에 해제된 경우의 효과

(1) 수급인의 채무불이행으로 인한 도급인의 해제권

건축도급계약의 경우에도 아직 공사가 '완성되기 전'이라면 일반원칙에 따라 도급인은 수급인의 채무불이행을 이유로 도급계약을 해제할 수 있다(대판 1993.11.23. 93다25080 등).

(2) 해제의 효과

1) 소급효의 제한

판례는 '건축공사도급계약'에 있어서 수급인의 '채무불이행'을 이유로 계약을 해제한 경우에 i) 공사가 상당한 정도로 진척되어 그 원상회복이 중대한 사회적·경제적 손실을 초래하게 되고, ii) 완성된 부분이 도급인에게 이익이 되는 때에는 도급계약은 미완성부분에 대해서만 실효된다고 하여 계약해제의 효과를 '장래에 향해서만 소멸'시키고 있다(대판 1993.11.23. 93다25080 : 14회 선택형).

[판례검토] 이는 건물 기타 토지의 공작물에 대한 해제권을 부인한 제668조 단서의 취지에 미루어 보거나 신의칙에 비추어 보더라도 타당하다(대판 1986.9.9. 85다카1751). 따라서 이러한 判例의 취지는 완성 전의 도급인의 임의해제권(제673조)의 경우에도 동일하게 적용될 수 있다고 본다(통설).

> [심화] 이러한 판례이론은 다음의 경우에도 통용되고 있다. 즉, 일정시기까지 공사를 끝내지 못하면 도급인이 계약을 해제하고 공사부분에 대해서는 공사대금을 청구하지 않기로 약정한 경우(약정해제 및 공사비 포기약정)(대판 1986.9.9. 85다카1751), 당사자간의 합의로 수급인이 공사를 중단한 경우(합의해제)(대판 1997.2.25. 96다43454), 수급인이 건물신축 공사 중 도급인의 채무불이행을 이유로 계약을 해제한 경우(수급인의 해제)(대판 1993.3.26. 91다14116)가 그러하다. 나아가, 주문자의 주문에 의해 제작되는 소프트웨어는 비대체물로서 환가가 어렵고 개발비가 적지 않은 점에서 건축도급의 경우와 유사한 면이 있고, 그래서 이미 설치된 소프트웨어 완성도가 87.87%에 달했는데 도급인이 계약을 해제한 사안에서, 건축도급의 경우와 같은 법리로서 수급인은 이미 완성된 부분에 대한 보수를 청구할 수 있다고 한다(대판 1996.7.30. 95다7932).

2) 미완성부분에 대하여만 실효되는 경우 도급인과 수급인의 의무

가) 도급인의 보수지급의무

① 수급인은 해제한 때의 상태 그대로 그 건물을 도급인에게 인도하고 도급인은 그 건물의 완성도 등을 참작하여 '인도받은 건물에 상당한 보수'를 지급하여야 할 의무가 있다. 이때 상당한 보수는 당사자 사이에 약정한 총 공사비를 기준으로 하여 그 금액에서 수급인이 공사를 중단할 당시의 '공사기성고 비율에 의한 금액'이 되는 것이지 수급인이 실제로 지출한 비용을 기준으로 할 것은 아니다(대판 1986.9.9. 85다카175 ; 1992.3.31. 91다42630 : 3회,10회 선택형).

② 만약 '도급인이 선급금을 지급'한 후(공사도급계약에 따라 주고받는 선급금은 일반적으로 구체적인 기성고와 관련하여 지급되는 것이 아니라 전체 공사와 관련하여 지급되는 공사대금의 일부이다) 도급계약이 해제되거나 해지된 경우에는 '별도의 상계 의사표시' 없이 그때까지 기성고에 해당하는 공사대금 중 미지급액은 당연히

선급금으로 충당되고 공사대금이 남아 있으면 도급인은 그 금액에 한하여 지급의무가 있다(11회 선택형). 거꾸로 선급금이 미지급 공사대금에 충당되고 남는다면 수급인이 남은 선급금을 반환할 의무가 있다(대판 2017.1.12. 2014다11574,11581: 표준판례663).

[심화] * 공사기성고 비율에 의한 금액 = 약정된 도급금액×(완성부분의 공사비 평가액 / 완성부분의 공사비 평가액 + 잔여공사부분의 공사비 평가액)
"도급인이 수급인(또는 하수급인)에게 약정된 공사도급금액 중 기성고의 비율에 따라 공사대금을 지급하기로 하였다면, 도급인이 지급하여야 할 공사대금은 약정된 도급금액을 기준으로 하여 여기에 기성고 비율을 곱하는 방식으로 산정하여야 하고, 그 기성고 비율은 우선 약정된 공사의 내역과 그중 이미 완성된 부분의 공사 내용과 아직 완성되지 아니한 공사 내용을 확정한 뒤, 공사대금 지급의무가 발생한 시점을 기준으로 이미 완성된 부분에 관한 공사비와 미완성된 부분을 완성하는 데 소요될 공사비를 평가하여 그 전체 공사비 가운데 이미 완성된 부분에 소요된 비용이 차지하는 비율을 산정하여 확정하여야 한다"(대판 1996.1.23. 94다31631).
예를 들어 甲은 乙에게서 건물신축공사를 도급받았는데, 도급대금은 6억 원으로 하였다. 이때 수급인 甲이 자금사정 악화로 공사를 중단한바, 이때 당시까지 투입한 공사비용은 2억 원이고 미시공 부분을 완성할 때까지 추가로 소요될 공사비용은 3억 원으로 추정되었다(미완성 건축물을 철거하는 경우 중대한 사회적, 경제적 손실을 초래하고 완성된 부분이 도급인 乙에게 이익이 된다고 판단되었다). 그렇다면 사안에서 기성고(공정율)은 40%(=2억 원/5억 원)인바, 乙이 미완성 건축물을 인도받으면서 甲에게 지급하여야 할 도급대금은 2억 4,000만 원[=6억 원×(2억 원/5억 원)]이다(3회 선택형).

나) 수급인의 손해배상의무

수급인이 완공기한 내에 공사를 완성하지 못한 채 공사를 중단하고 계약이 해제된 결과 완공이 지연된 경우에 있어서 지체상금은 약정 준공일 다음날부터 발생하되 그 종기는 수급인이 공사를 중단하거나 기타 해제사유가 있어 도급인이 공사도급계약을 해제할 수 있었을 때(실제로 해제한 때가 아님)부터 도급인이 다른 업자에게 맡겨서 공사를 완성할 수 있었던 시점까지이고, 수급인이 책임질 수 없는 사유로 인하여 공사가 지연된 경우에는 그 기간만큼 공제되어야 한다(대판 2010.1.28. 2009다41137,41144).

[관련판례] * 장기계속공사계약에서 총공사기간 연장에 따른 간접공사비 증액 여부(소극)
판례는 장기계속공사계약에서 총공사기간 연장에 따른 간접공사비 증액 여부에 관하여 총괄계약상 총공사기간은 잠정적 기준에 불과하고, 확정적인 구속력을 가지지 않는 것으로 확인하였다(대판 2018.10.30. 전합 2014다235189). [사실관계] 원고들은 지하철공사에 공동참여한 12개의 건설회사로서 도급인을 피고로 총공사기간이 21개월 연장되었음을 이유로, 추가 지출한 간접공사비 약 280억 원의 지급을 구하였으나 총공사기간에는 법적 구속력이 없어 증액 사유에 해당하지 않는다고 보아 원심판결을 일부 파기한 사례.

Ⅲ. 도급에서의 위험부담 [C-55]

1. 문제점

도급관계에 있어서 위험부담의 문제는 수급인의 '일을 완성할 채무'가 수급인의 책임 없는 사유로 불능이 되어 소멸한 경우에 도급인의 보수지급의무는 어떻게 되는가 하는 것이다.

2. 제작물의 완성 전에 목적물이 멸실된 경우

이미 설명한 바와 같이 부대체물의 경우 도급규정이 적용되어야 하지만, 민법에는 이에 관한 규정이 없다. 따라서 도급도 쌍무계약이므로, 계약에 관한 민법의 일반규정에 따라 채무자위험부담의 원칙이 적용되어야 한다(제537조, 제538조). 다만, 특정회사의 특정제품은 부대체물이나, 그 물건이 다시 제작이 가능한지 여부에 따라 권리상황이 달라진다.

(1) 재제작이 불가능한 경우(일의 완성이 불가능한 경우)

제작 중이던 물건이 수급인의 귀책사유 없이(즉, 양 당사자의 귀책사유 없이) 멸실되고 그 물건의 재제작이 사회통념상 불가능하게 된 경우, 수급인은 자신의 채무를 면하지만 지출한 비용은 물론이고 보수도 청구할 수 없다. 즉, 급부위험은 도급인이 부담하지만, 반대급부위험은 수급인이 부담하게 된다(제537조). 그러나 도급인에게 책임이 있는 사유로 급부불능이 된 때 혹은 도급인의 수령지체 중에 급부불능이 된 때에는 반대급부의 위험을 도급인이 부담하게 되므로 수급인은 보수청구권을 잃지 않는다(제538조 1항). 하지만 일을 완성하기 전에 목적물의 멸실로 수급인이 면하게 된 노력이나 비용은 도급인에게 상환하여야 한다(제538조 2항).

(2) 재제작이 가능한 경우(일의 완성이 가능한 경우)

제작 중이던 물건이 수급인의 귀책사유 없이(즉, 양 당사자의 귀책사유 없이) 멸실되고 그 물건의 재제작이 여전히 가능한 경우에는 수급인의 '일을 완성할 의무'는 원칙적으로 소멸되지 않는다. 또한 제537조의 취지에 비추어 수급인은 재제작에 들어가는 비용을 보수증액의 형태로 도급인에게 요구할 수도 없다. 즉, 급부위험과 대가위험(반대급부위험)을 모두 수급인이 부담하게 된다.

3. 제작물의 완성 후 인도 전에 목적물이 멸실된 경우

일이 완성된 후 목적물이 양 당사자의 귀책사유 없이 멸실된 경우 그 위험은 누가 부담하는지의 문제는 목적물이 완성된 후 어느 시점에서 위험이 도급인에게 이전하느냐에 따라 달라진다. 이에 대해 대법원은 도급계약에서 인도의 의미에 관하여 "이때(제665조) 목적물의 인도는 완성된 목적물에 대한 단순한 점유의 이전만을 의미하는 것이 아니라 도급인이 목적물을 검사한 후 그 목적물이 계약내용대로 완성되었음을 명시적 또는 묵시적으로 시인하는 것까지 포함하는 의미이다(이른바 檢受)"(대판 2006.10.13. 2004다21862)라고 한바, 이에 따르면 검수가 끝난 때 위험이 이전된다고 보아야 할 것이다.

따라서 '점유 이전 후 검수 전'에 완성물이 쌍방의 귀책사유 없이 멸실, 훼손되어 수급인의 의무가 이행불능으로 된 경우, 수급인은 도급인에게 보수를 청구하지 못한다(제537조).

[관련판례] ① "영상물제작·공급계약에서 도급인이 영상물을 제작하는데 필요한 협력을 거부함으로써 수급인이 독자적으로 제작하여 납품한 영상물이 도급인의 의도에 부합하지 않게 됨으로써 결과적으로 도급인의 의도에 부합하는 영상물을 기한 내에 제작하여 납품하여야 할 수급인의 채무가 이행불능으로 된 경우 이는 계약상의 협력의무의 이행을 거부한 채권자인 도급인의 귀책사유로 인한 것이므로 수급인은 약정대금 전부의 지급을 청구할 수 있다"(대판 1996.7.9. 96다14364 ; 제538조 1항 1문) ② "수급인이 도급인에게 공사금을 지급하고 기성부분을 인도받아 가라고 최고하였다면 수급인은 이로써 자기 의무의 이행 제공을 하였다고 볼 수 있는데 도급인이 아무런 이유 없이 수령을 거절하던 중 쌍방이 책임질 수 없는 제3자의 행위로 기성부분이 철거되었다면 도급인의 수급인에 대한 공사대금지급채무는 여전히 남아 있다"(대판 1993.3.26. 91다14116 ; 제538조 1항 2문). **[12사법]**

■ 영상물공급계약에서 시사회 개최 불이행
대판 1996.7.9. 96다14364,14371

사실관계 | A회사가 B에게 특정일(회사창립일)에 사용할 회사홍보영상물 제작을 의뢰하고 2회의 시사회를 미리 가질 것을 약정하였는데, A의 촬영연기요청으로 1차 시사회를 하지 못하고 그 후 B의 사정으로 제작이 늦어져 2차 시사회를 하지 못하자 A가 계약해제를 하였다.

판례의 태도 | "i) 이는 도급계약이며 정기행위이다. ii) 도급인의 협력 없이는 이행이 불가능하므로 A의 거부로 제작물을 완성하지 못한 경우 협력거부에 따른 이행불능이므로 도급인의 귀책사유가 있어 약정액 전액을 청구할 수 있다(제538조 1항 1문). iii) 시사회 개최는 부수적 의무이므로 그 위반을 이유로 해제할 수 없다"(대판 1996.7.9. 96다14364,14371)

> **사안의 해결** │ 영상물을 특정일에 사용하기로 하였으므로 이는 정기행위에 해당한다. 따라서 그 특정일까지 완성하지 못하면 계약은 이행불능이 된다. 그런데 그러한 이행불능이 채무자 B가 아닌 채권자 A의 귀책사유로 인한 것이므로 채권자위험부담이 적용되어 B는 자신의 채무를 면하고 대가를 받을 수 있다(제538조 1항 1문). 특히 B의 사정으로 시사회를 개최하지 못한 것은 부수적 의무의 불이행이어서 계약을 해제할 만한 사유가 아니며 따라서 A의 계약해제는 인정되지 않았으므로 A회사는 약정보수금을 지급해야 한다. 다만 B도 영상물제작을 하지 않음에 따른 비용지출을 면한 만큼은 A에게 반환해야 한다(제538조 2항).

Ⅳ. 도급의 종료 [C-56]

1. 일의 완성 전 도급인의 임의해제권

① **[손해배상]** 수급인이 일을 완성하기 전에는 도급인은 손해[손해배상에는 ⅰ) 수급인이 이미 지출한 비용과 ⅱ) 일을 완성하였더라면 얻었을 이익(총제작비─이미 지출한 비용─추후 소요될 비용)이 포함(대판 2002.5.10. 2000다37296,37302)]를 배상하고 계약을 해제할 수 있다(제673조).

이와 관련하여 判例는 "제673조의 취지는 도급인의 일방적인 의사에 기한 도급계약 해제를 인정하는 대신, 도급인의 일방적인 계약해제로 인하여 수급인이 입게 될 손해, 즉 수급인이 이미 지출한 비용과 일을 완성하였더라면 얻었을 이익을 합한 금액을 전부 배상하게 하는 것이라 할 것이므로, 위 규정에 의하여 도급계약을 해제한 이상 특별한 사정이 없는 한 도급인은 수급인에 대한 손해배상에 있어서 과실상계나 손해배상예정액 감액을 주장할 수는 없다"(대판 2002.5.10. 2000다37296,37302)고 한다. **[14법무]**

[판례검토] 제673조에 의한 도급인의 해제권은 수급인의 채무불이행을 원인으로 하는 것이 아니므로(도급은 일의 완성을 목적으로 하는 결과채무로서 수급인은 일의 완성을 준비하는 중에는 채무불이행책임을 지지 않는다), 채무불이행을 전제로 하는 손해배상의 범위에 관한 제393조, 과실상계에 관한 제396조는 적용될 성질의 것이 아니다.

② **[임의해제의 의사]** "도급인이 수급인의 채무불이행을 이유로 도급계약 해제의 의사표시를 하였으나 실제로는 채무불이행의 요건을 갖추지 못한 것으로 밝혀진 경우, 도급계약의 당사자 사이에 분쟁이 있었다고 하여 그러한 사정만으로 위 의사표시에 제673조에 따른 임의해제의 의사가 포함되어 있다고 볼 수는 없다"(대판 2022.10.14. 2022다246757).

2. 도급인의 파산(제674조)

Ⅴ. 제작물공급계약 [C-57]

1. 의 의

제작물공급계약이란 당사자의 일방이 상대방의 주문에 따라서 **전적으로 또는 주로 '자기**(제작자)**의 소유에 속하는 재료**'를 사용하여 만든 물건을 공급할 것을 약정하고, 이에 대하여 상대방이 보수를 지급할 것을 약정하는 계약을 말한다. 이에는 '물건의 제작'과 '제작된 물건공급'이라는 두 요소가 포함된다.

2. 법적 성질

判例는 "제작물 공급계약은 도급의 성질과 매매의 성질이 병존하고 있는바, **목적물이 대체물일 때에는 매매로 보고 부대체물일 때에는 도급의 성질이 강하므로 이에는 매매의 규정이 당연히 적용된다고 할 수 없다**"(대판 1996.6.28. 94다42976: 표준판례662)고 판시하고 있다(제작물 성질설).

3. 완성된 제작물의 소유권 귀속

(1) 문제점
제작물이 '부대체물'이라서 제작물 공급계약이 도급계약의 성질을 갖는 경우에 완성된 물건의 소유권 귀속이 문제된다.

(2) 특약이 있는 경우
약정에서 정한 바에 의하고 특약은 묵시적으로도 가능하다. 判例도 ① **도급인명의로 건축허가를 받고**[3] 또 그 명의로 건물에 대한 소유권보존등기를 하기로 한 경우(대판 1997.5.30. 97다8601 : 2회,5회 선택형) ② 공사 기성고 비율에 따라 상당액의 공사대금이 '지급된' 경우(대결 1994.12.9. 94마2089 : 실무적으로 공사대금이 약 70%이상 지급된 경우, 당해 판례사안은 95%가 지급된 사안). ③ 미지급한 공사대금이 있을 경우 완성된 건물로 수급인에게 대물변제하거나 그 건물 소유권에 대한 가등기를 하여 주기로 하는 약정이 있는 경우(대판 1992.3.27. 91다34790)에는 각각 완성된 건축물의 소유권을 원시적으로 도급인에게 귀속시키기로 하는 '묵시적 합의'가 있는 것으로 본다(10회 선택형) [11회 기록형] ④ 같은 법리로 집합건물의 공동건축의 경우에도 전유부분의 소유권 귀속은 공동건축주들의 약정에 따른다(대판 2005.11.25. 2004다36352).

(3) 특약이 없는 경우

1) 제작물이 동산인 경우
완성물의 소유권은 일단 수급인에게 귀속하고, 인도에 의해 도급인에게 소유권이 이전한다(제188조)는데 견해가 일치한다.

2) 제작물이 부동산인 경우 [12사법]

가) 학 설

① 부동산의 소유권은 수급인에게 원시적으로 귀속되고 인도만으로 도급인에게 이전한다고 보는 **수급인귀속설**과, ② 도급건축물(부동산)의 소유권은 재료제공자가 누구이든 도급인에게 원시적으로 귀속한다고 보는 **도급인귀속설**(다수설)로 나뉜다.

나) 판 례

'**특약이 없는 한**' 자기의 노력과 재료를 들여 건물을 건축한 사람은 그 건물의 소유권을 원시적으로 취득한다(대판 1990.2.13. 89다카11401 : 3회 선택형)고 보아 수급인이 재료의 전부 또는 주요부분을 제공하는 제작물 공급계약의 경우에는 '수급인'에게 소유권이 귀속한다고 본다. 다만 判例는 앞서 본 바와 같이 특약의 범위를 넓게 인정하여 구체적인 사안에서는 도급인이 신축 건물의 소유권을 원시취득한다고 판단한 경우가 적지 않다.

다) 검 토

부동산이 인도만으로 소유권이 이전한다고 보는 수급인귀속설은 물권변동에 관한 민법의 태도와 맞지 않다(제186조). 또한 수급인의 관심은 보수를 받는 데 있을 뿐 건물소유권 취득에는 관심이 없다는 점에서 수급인의 보수청구권 확보는 ① 유치권(제320조), ② 동시이행의 항변권(제665조 1항), ③ 저당권설정청구(제666조)로도 달성 가능하므로 수급인에게 소유권까지 취득시킬 필요가 없다. 따라서 도급인귀속설이 타당하다.

---

[3] 통상적으로 건축허가서의 건축주가 건축물대장에 등재되고, 그에 따라 그 명의로 건물에 관한 소유권보존등기가 마쳐지기 때문에(부동산등기법 제65조 1호 참조), 수급인이 도급인 명의로 건축허가를 받았다는 사실은 도급인과 수급인 사이에 신축 건물의 소유권을 도급인에게 귀속시키기로 하는 묵시적 합의가 있었다는 점에 대한 유력한 간접사실이 된다.

4. 미완성건물을 이어받아 완성한 경우

① "미완성의 건물이라도 사회통념상 독립한 건물이라고 볼 수 있는 형태와 구조를 갖추고 있는 건물의 경우에는 그 당시의 건축주가 건물을 타에 매도한 후 건축주 명의변경절차를 마쳤다 하더라도 원래의 건축주가 건물을 원시취득한다"(대판 2002.3.12. 2000다24184,24191). ② "건축주의 사정으로 건축공사가 중단된 미완성의 건물을 인도받아 나머지 공사를 하게 된 경우에는 그 공사의 중단 시점에 이미 **사회통념상 독립한 건물이라고 볼 수 있는 정도의 형태와 구조를 갖춘 경우**(최소한의 기둥과 지붕 그리고 주벽이 이루어진 경우)에는 원래의 건축주가 그 건물의 소유권을 원시취득하고, 그렇지 않은 경우에는 이를 인도받아 자기의 비용과 노력으로 완공한 자가 그 건물의 원시취득자가 될 것이다"(대판 2002.4.26. 2000다16350: **표준판례189**). 후자의 경우 "원래의 건축주는 민법 제261조, 제257조, 제259조를 준용하여 건물의 원시취득자에 대하여 부당이득 관련 규정에 기하여 그 소유권의 상실에 관한 보상을 청구할 수 있다"(대판 2010.2.25. 2009다83933). **[15사법]**

5. 도급계약 없이 채무자가 건물을 신축하면서 채권담보목적으로 채권자명의로 건축허가를 받은 경우(부동산 양도담보)

채무(대지매수대금)의 담보를 위하여 채무자(대지의 매수인)가 자기의 비용과 노력으로 신축하는 건물의 건축허가 명의를 채권자(대지의 매도인)로 하기로 합의한 경우, 判例는 ① 이를 '담보물권의 설정'과 동일하게 보아 완성된 건물의 소유권은 채무자(대지의 매수인)가 원시적으로 취득하고, ② 채권자(대지의 매도인) 명의로 소유권보존등기를 마침으로써 '담보목적의 범위 내'에서 채권자에게 소유권이 이전된다고 본다(대판 1990.4.24. 89다카18884 ; 대판 2002.4.26. 2000다16350: **표준판례189**[4]) **[4회 · 7회 기록형]** ; 대판 2002.7.12. 2002다19254 : 아래 판례연구 7.참고). **[19법무]**

판례연구 C-07

■ 도급계약 없이 채무자가 건물을 신축하면서 채권담보목적으로 채권자명의로 건축허가를 받은 경우

대판 2002.7.12. 2002다19254 **[18입법]**

> 甲은 자신이 소유한 대지를 건축업자 乙에게 매도하는 계약을 체결하였다. 乙은 甲의 명의로 건축허가를 받아 그 지상에 다세대주택을 건축하여 분양한 대금 중 일부를 매매대금으로 甲에게 지급하기로 약정하였다. 乙은 甲의 명의로 건축허가를 받은 다음 자신의 비용과 노력으로 다세대주택을 신축하였고, 甲의 명의로 소유권보존등기를 마쳤다. 丙은 다세대주택 중 한 세대를 乙로부터 분양받아 그 대금을 완납한 다음, 이를 인도받아 점유·사용하고 있다. 乙은 丙으로부터 받은 분양대금을 甲에게 지급하지 않았다. 대지에 대한 매매대금의 지급이 지체되자, **甲은 丙에 대해 주택의 인도를 청구하였다. 이에 대해 丙은 甲에 대해 주택의 소유권이전등기를 청구하였다. 양청구의 당부에 대해서 판단하시오.** (20점)

---

[4] "건축허가서는 허가된 건물에 관한 실체적 권리의 득실변경의 공시방법이 아니며 추정력도 없으므로 건축허가서에 건축주로 기재된 자가 건물의 소유권을 취득하는 것은 아니므로, 자기 비용과 노력으로 건물을 신축한 자는 그 건축허가가 타인의 명의로 된 여부에 관계없이 그 소유권을 원시취득한다. 건축업자가 타인의 대지를 매수하여 그 대금을 지급하지 아니한 채 그 위에 자기의 노력과 재료를 들여 건물을 건축하면서 건축허가 명의를 대지소유자로 한 경우에는, 부동산등기법 제131조의 규정에 의하여 특별한 사정이 없는 한 건축허가명의인 앞으로 소유권보존등기를 할 수밖에 없는 점에 비추어 볼 때, 그 목적이 대지대금 채무를 담보하기 위한 경우가 일반적이라 할 것이고, 이 경우 완성된 건물의 소유권은 일단 이를 건축한 채무자가 원시적으로 취득한 후 채권자 명의로 소유권보존등기를 마침으로써 담보 목적의 범위 내에서 위 채권자에게 그 소유권이 이전된다"

Ⅰ. 甲의 丙에 대한 주택 인도 청구 가부

1. 판 례

"㉠ [양도담보설정] 건축업자가 타인의 대지를 매수하여 그 대금을 지급하지 아니한 채 그 위에 자기의 노력과 재료를 들여 건물을 건축하면서 건축허가 명의를 대지소유자로 한 경우에는, 부동산등기법 제131조의 규정에 의하여 특별한 사정이 없는 한 건축허가명의인 앞으로 소유권보존등기를 할 수밖에 없는 점에 비추어 볼 때, 그 목적이 대지대금 채무를 담보하기 위한 경우가 일반적이라 할 것이고, ㉡ [소유권귀속] 이 경우 완성된 건물의 소유권은 일단 이를 건축한 채무자가 원시적으로 취득한 후 채권자 명의로 소유권보존등기를 마침으로써 '담보 목적의 범위 내'에서 위 채권자에게 그 소유권이 이전된다"(대판 1990.4.24. 89다카18884 ; 대판 2002.4.26. 2000다16350 ; 대판 2002.7.12. 2002다19254 ; 이때 채권자 명의의 소유권보존등기는 실체관계에 부합하여 유효하다). 따라서 예컨대, 채무자가 신축주택을 임대한 경우, (대항력을 갖춘) 임차인은 '그 후' 담보목적으로 신축건물에 보존등기를 한 채권자에 대해 임차권을 주장할 수 있다(주택임대차보호법 제3조 1항, 4항).

2. 사안의 경우

判例에 따르면 乙은 자신의 비용과 노력으로 다세대주택을 신축하였으므로 완성된 다세대주택의 소유권은 일단 채무자 乙에게 원시적으로 취득된다. 그 후, 주택의 소유권은 채권자 甲명의로 소유권보존등기를 마침으로써 담보목적의 범위 내에서 채권자 甲에게 이전되는바, 원칙적으로 甲은 소유권에 기해 주택을 점유하고 있는 丙에게 반환을 청구할 수 있다(제213조 본문). 다만 만약 丙이 甲에게 당해 주택의 소유권이전등기를 청구할 수 있다면 丙에게 '점유할 정당한 권리'(제213조 단서)가 있어 이에 대항할 수 있는바, 이에 대해 살펴보기로 한다.

Ⅱ. 丙의 甲에 대한 주택의 소유권이전등기 청구 가부

1. 판 례

"건축업자가 건물을 타에 분양하였다 할지라도 그 후 대지 소유자 명의로 건물에 대한 소유권보존등기가 경료된 경우에는, 건축업자가 담보물인 위 건물을 타에 분양하고 그 분양대금 중 일부로 매매대금을 대지 소유자에게 지급하기로 약정하는 등 건축업자가 건물을 타에 분양하는 것을 대지 소유자가 허용한 경우가 아닌 한, 건축업자의 분양 등 '처분행위는 대지 소유자의 담보권에 반하기 때문에', 따라서 건축업자로부터 건물을 분양받고 소유권이전등기를 경료받지 못한 자는 그보다 앞서 건물에 관하여 담보 목적으로 소유권보존등기를 경료한 대지 소유자에 대하여 분양을 이유로 한 소유권이전등기를 구할 수 없다"(대판 2002.7.12. 2002다19254)

2. 사안의 경우

乙은 다세대주택을 건축하여 분양한 대금 중 일부를 대지매매대금으로 지급하기로 甲과 약정하였다. 따라서 判例에 따르면 丙이 다세대주택 중 한 세대를 乙로부터 분양받은 '처분행위'는 대지 소유자 甲의 담보권에 반하지 않는 것이므로, 매매대금을 완납한 丙의 甲에 대한 주택의 소유권이전등기 청구는 인용되어야 한다. 그렇다면 丙의 점유는 정당하므로, 결국 甲의 丙에 대한 주택 인도 청구는 기각되어야 한다.

제9절 여행계약

Ⅰ. 서 설
[C-58]

1. 의 의
여행계약은 당사자 한쪽이 상대방에게 운송, 숙박, 관광 또는 그 밖의 여행 관련 용역을 결합하여 제공하기로 약정하고 상대방이 그 대금을 지급하기로 약정함으로써 효력이 생긴다(제674조의 2). 생활 속에 대중화·보편화되어 계속적으로 증가하는 추세인 여행과 관련하여 여러 가지 법적 문제가 발생하고 있으나, 과거 이를 직접 규율하는 법령이 없어 **여행자 보호에 취약한** 부분이 있어 이를 보완하기 위하여 여행계약의 의의, 해제·해지, 담보책임에 관한 사항을 정하는 등 여행계약에 관한 기본적인 사항을 민법에서 규정하고 있다(2016년 2월 4일 부터 시행).

2. (편면적) 강행규정성
그동안 여행계약은 여행업자가 마련한 여행약관에 의해 체결되어 왔는데, 개정민법은 여행계약의 효력으로서 여행 개시 전의 계약 해제에 관한 규정(제674조의3), 부득이한 사유로 인한 계약 해지에 관한 규정(제674조의4), 여행주최자의 담보책임에 관한 규정(제674조의6~8)을 위반하는 약정으로서 여행자에게 불리한 것은 효력이 없는 것으로 하였다(제674조의9).

Ⅱ. 여행계약의 효력
[C-59]

1. 여행주최자의 의무

(1) 여행업자의 여행객에 대한 보호의무(판례연구 B-1.참고)

(2) 담보책임

1) 하자의 시정청구권, 대금감액청구권

여행에 하자가 있는 경우에는 여행자는 여행주최자에게 하자의 시정 또는 대금의 감액을 청구할 수 있다. 다만 그 시정에 지나치게 많은 비용이 들거나 그 밖에 시정을 합리적으로 기대할 수 없는 경우에는 시정을 청구할 수 없다(제674조의6 1항). 이때 시정 청구는 상당한 기간을 정하여야 한다. 그러나 즉시 시정할 필요가 있는 경우에는 그렇지 않다(제674조의6 2항).

2) 손해배상청구권

여행자는 시정 청구, 감액 청구를 갈음하여 손해배상을 청구하거나 시정 청구, 감액 청구와 함께 손해배상을 청구할 수 있다(제674조의6 3항). 이는 실행된 여행의 질적 하자로 인한 담보책임으로 무과실책임이다.

3) 해지권

여행자는 여행에 중대한 하자가 있는 경우에 그 시정이 이루어지지 아니하거나 계약의 내용에 따른 이행을 기대할 수 없는 경우에는 계약을 해지할 수 있다(제674조의7 1항). 여행의 하자를 이유로 계약이 해지된 경우에는 여행주최자는 대금청구권을 상실하지만, 여행자가 이미 실행된 여행으로 이익을 얻은 경우에는 그 이익을 여행주최자에게 상환하여야 한다(제674조의7 1항).

여행주최자는 계약의 해지로 인하여 필요하게 된 조치를 할 의무를 지며, 계약상 귀환운송 의무가 있으면 여행자를 귀환운송하여야 한다. 이 경우 상당한 이유가 있는 때에는 여행주최자는 여행자에게 그 비용의 일부를 청구할 수 있다(제674조의7 3항).

> **[관련판례]** ※ **여행계약상 주의의무 내지 신의칙상 안전배려의무 위반에 따른 손해배상의 범위**
> "여행자가 해외 여행계약에 따라 여행하는 도중 여행업자의 고의 또는 과실로 상해를 입은 경우 사회통념상 여행자가 국내로 귀환할 필요성이 있었다고 인정된다면(계약상 여행업자의 여행자에 대한 국내로의 귀환운송의무) 이로 인하여 발생하는 귀환운송비 등 추가적인 비용은 여행업자의 고의 또는 과실로 인하여 발생한 '통상손해'의 범위에 포함되고, 이 손해가 특별한 사정으로 인한 손해라고 하더라도 예견가능성이 있었다고 보아야 한다"(대판 2019.4.3. 2018다286550).

4) 담보책임의 존속기간

여행주최자의 담보책임에 따른 여행자의 권리는 여행 기간 중에도 행사할 수 있으며, 계약에서 정한 여행 종료일부터 6개월 내에 행사하여야 한다(제674조의8). 즉, 기산점은 계약으로 정한 '여행 종료일'이다. 여행기간 중간에 계약이 해지된 경우에도 여행자가 언제나 즉시 출발지로 귀환하는 것이 아니고, 여행자가 일정한 목적지로 이동하는 경우 필요한 조치를 취하기까지는 시간이 필요하기 때문이다.

2. 여행자의 의무(대금의 지급시기)

여행자는 약정한 시기에 대금을 지급하여야 하며, 그 시기의 약정이 없으면 관습에 따르고, 관습이 없으면 '여행의 종료 후' 지체 없이 지급하여야 한다(제674조의 5). 여행계약이 도급과 유사한 점에서 도급에서의 보수 지급시기와 그 내용을 같이 한 것이다(제665조 2항 참조).

Ⅲ. 여행계약의 종료

[C-60]

1. 여행개시 전의 계약해제

'여행자'는 여행을 시작하기 전에는 언제든지 계약을 해제할 수 있다(제674조의3 본문). 여행계약은 체결된 이후 상당한 기간 또는 장기간이 경과한 후에 여행이 개시되는 경우가 많아 그 기간동안 여행계약을 이행할 수 없는 사정이 발생할 가능성이 많기 때문이다. 다만 여행자는 상대방에게 발생한 손해를 배상하여야 한다(제674조의3 단서). 사전해제권은 다른 약정이 없는 한 여행주최자에게는 인정되지 않는다.

2. 부득이한 사유로 인한 계약해지

부득이한 사유가 있는 경우에는 각 당사자는 계약을 해지할 수 있다(제674조의4 1항 본문). 여기서 부득이한 사유라 하면 당사자의 부모 사망과 같은 가정사정, 질병, 천재지변 등을 말하는데, 그 사유가 당사자의 귀책사유에 의한 것이라도 상관없다. 다만 그 사유가 당사자 한쪽의 과실로 인하여 생긴 경우에는 상대방에게 손해를 배상하여야 한다(제674조의4 1항 단서).

계약이 해지되면 여행주최자는 원칙적으로 귀환운송의무가 없으나, 원래의 계약이 귀환운송을 포함하는 경우에는 여행주최자는 여행자를 귀환운송할 의무가 있다(제674조의4 2항). 이때 귀환에 따르는 추가비용은 그 해지 사유가 어느 당사자의 사정에 속하는 경우에는 그 당사자가 부담하고, 누구의 사정에도 속하지 아니하는 경우에는 각 당사자가 절반씩 부담한다(제674조의4 3항).

제10절 현상광고

Ⅰ. 의 의 [C-61]

현상광고란 광고자가 어느 행위를 한 자에게 일정한 보수를 지급할 의사를 광고의 방법으로 불특정 다수인에게 표시하고, 이에 응한 자가 그 광고에 정한 행위를 완료함으로써 성립하는 계약을 말한다(제675조).

Ⅱ. 법적 성질 [C-62]

① 지정행위를 완료한 자에게 보수를 지급하기로 하는 광고자의 일방적 의사표시(단독행위)로 파악하는 '단독행위설'이 있으나, ② 광고자의 광고를 불특정 다수인에 대한 '청약'으로, 응모자의 그에 대한 응모 및 지정행위의 완료를 '승낙'으로 보아, 현상광고를 계약으로 파악하는 '계약설'이 타당하다. 이에 의하면 현상광고는 요물·유상·편무계약이다.

Ⅲ. 성 립 [C-63]

1. 광고자의 광고

광고에는 확정적인 계약구속 의사가 포함되어 있어야 하며, 행위를 완료한 자에게 보수지급을 한다는 내용이 들어있어야 한다. 그리고 그 광고는 불특정 다수인에 대한 것이어야 한다.

2. 응모자의 지정행위의 완료

현상광고는 광고에 응한 자가 지정행위를 완료함으로써 효력이 생기는 것이지만(제675조), 현상광고도 법률행위이므로 그 효력의 발생, 즉 그 광고에서 정한 행위의 완료에 조건이나 기한을 붙일 수 있다(대판 2000.8.22, 2000다3675). 한편 광고 있음을 알지 못하고 광고에 정한 행위를 완료한 때에도 현상광고에 관한 규정(보수청구권 ; 제676조)을 준용한다(제677조).

Ⅳ. 효 과 [C-64]

1. 보수수령권자(제676조)
2. 광고부지(廣告不知)의 경우(제677조)
3. 현상광고의 철회(제679조)

Ⅴ. 우수현상광고 [C-65]

1. 의의 및 특징

광고에서 지정된 행위를 완료한 자 중 우수한 자에 대하여 보수를 지급하는 현상광고를 말한다(제678조). 보통의 현상광고는 지정행위의 완료로써 보수청구권을 취득하는 데 비해, 우수현상광고는 응모의 절차와 우수의 판정을 거쳐야 하는 점에서 차이가 있다. 따라서 먼저 지정행위를 완료한 자가 보수청구권을 가진다는 제676조 1항, 광고 있음을 모르고 광고에 정한 행위를 완료한 자도 보수청구권이 있다는 제677조, 현상광고의 철회에 관한 제679조 2항 및 3항은 우수현상광고에는 적용이 없다.

2. 성립요건(광고⇒ 응모⇒ 판정)

3. 효 과

(1) 보수지급청구권(제678조)

(2) 우수현상광고의 보수로서 계약체결권이 부여된 경우 그 불이행의 효과

1) 손해배상청구권의 내용

광고자가 계약체결을 불이행하면 당선자는 채무불이행에 의한 손해배상을 청구할 수 있다. 그 손해배상은 이행이익의 배상을 내용으로 한다(대판 2002.1.25. 99다63169).

2) 계약체결의무 불이행에 따른 손해배상청구권의 소멸시효

① [소멸시효기간] 계약이 체결되었을 때 취득하게 될 이행청구권에 적용되는 소멸시효기간에 따른다(대판 2005.1.14. 2002다57119; 표준판례143).

② [소멸시효의 기산점] 判例는 채무불이행으로 인한 손해배상청구권의 소멸시효는 채무불이행시로부터 진행한다고 본다(광고자가 설계계약 체결을 거절하는 의사를 표시한 다음날부터 소멸시효가 진행된다고 보았다) (대판 2005.1.14. 2002다57119: 표준판례143).

제11절 위 임

I. 서 설

[C-66]

1. 의 의

위임은 당사자 일방(위임인)이 상대방(수임인)에 대하여 사무의 처리를 위탁하고, 상대방이 이를 승낙함으로써 성립하는 계약이다(제680조). 위임은 타인의 전문지식 등을 이용하는 제도로서 실제로 많이 활용된다. 대표적으로는 의뢰인이 변호사에게 소송을 의뢰하는 것, 환자가 의사에게 진료를 의뢰하는 것 등이 이에 속한다.

2. 대리권수여와의 구별

위임과 대리권수여는 별개의 독립된 행위로서, 위임은 위임자와 수임자 간의 내부적인 채권·채무 관계를 말하고, 대리권은 대리인의 행위의 효과가 본인에게 미치는 대외적 자격을 말하는 것이다(대판 1962.5.24. 4294민상251 ; 민총 대리권 A-118.참고).

II. 효 과

[C-67]

1. 수임인의 의무

(1) 위임사무의 처리의무

1) 선관주의의무(제681조)

'위임'은 타인의 사무를 처리하는 활동 자체를 목적으로 하므로 수단채무적 성격이 강하며, 따라서 수임인은 무상위임이든 유상위임이든 선관주의의무를 부담한다(제681조). 참고로 이와 달리 '수치인'은

'무상임치'의 경우에는 자기재산과 동일한 주의로 보관하여야 하고, '유상임치'의 경우에는 선관주의로 보관하여야 한다(제695조).

① **[변호사]** 소송대리를 위임받은 '변호사'는 전문적인 법률지식과 경험에 의한 설명 및 조언을 할 의무가 있다(대판 2004.5.14. 2004다7354).

② **[부동산중개업자]** 부동산중개업의 대상이 되는 중개행위는 당사자 사이에 매매 등 법률행위가 용이하게 성립할 수 있도록 조력하고 주선하는 사실행위에 불과하고, 변호사법 제3조에서 규정한 법률사무와는 구별된다(대판 2024.9.12. 2024다239364). 따라서 부동산중개업자는 양도인이 진정한 권리자인가 확인할 의무가 있고(대판 1992.2.11. 91다36239), 근저당권이 설정된 부동산거래에서 중개업자는 채권최고액을 의뢰인에게 설명하여야 하나, 실제의 피담보채무액까지 조사·확인할 의무는 없다(대판 1999.5.14. 98다30667). 또한 임대차보증금반환 채무인수의 법적 성격에 관하여 조사·확인하여 설명하지 않았다는 사정만으로 선량한 관리자의 주의로 신의를 지켜 성실하게 중개행위를 하여야 할 의무를 위반하였다고 볼 수 없다(대판 2024.9.12. 2024다239364).

2) 복임권의 제한

① 수임인은 위임인의 승낙이나 부득이한 사유없이 제3자로 하여금 자기에 갈음하여 위임사무를 처리하게 하지 못한다. ② 수임인이 위 규정에 의하여 제3자에게 위임사무를 처리하게 한 경우에는 제121조, 제123조의 규정을 준용한다(제682조).

(2) 보고의무(제683조)

(3) 취득물 인도·이전의무(제684조)

① **[제684조 1항]** "민법 제684조 제1항에 의하면 수임인은 위임사무의 처리로 인하여 받은 금전 기타의 물건 및 그 수취한 과실이 있을 경우에는 이를 위임인에게 인도하여야 한다고 규정하고 있는바, 이 때 인도 시기는 당사자간에 특약이 있거나 위임의 본뜻에 반하는 경우 등과 같은 특별한 사정이 있지 않는 한 '위임계약이 종료한 때'이므로, 수임인이 반환할 금전의 범위도 위임종료시를 기준으로 정해진다"(대판 2007.2.8. 2004다64432). 그리고 "위 조항에서 말하는 '위임사무의 처리로 인하여 받은 금전 기타 물건'에는 수임인이 위임사무의 처리와 관련하여 취득한 금전 기타 물건으로서 이를 수임인에게 그대로 보유하게 하는 것이 위임의 신임관계를 해한다고 사회통념상 생각할 수 있는 것도 포함된다"(대판 2010.5.27. 2010다4561).

② **[제684조 2항]** "민법 제684조 제2항에 의하면 수임인이 위임인을 위하여 자기의 명의로 취득한 권리는 위임인에게 이전하여야 한다고 규정하고 있는데, 이때 그 이전 시기는 당사자 간에 특약이 있거나 위임의 본뜻에 반하는 경우 등과 같은 특별한 사정이 없는 한 '위임계약이 종료된 때'이다. 따라서 위임사무로 수임인 명의로 취득한 권리에 관한 위임인의 이전청구권의 소멸시효는 위임계약이 종료된 때부터 진행하게 된다"(대판 2022.9.7. 2022다217117).

2. 수임인의 권리(위임인의 의무) [08사법]

(1) 보수청구권(제686조)

위임은 원칙적으로 무상계약이지만 특약이 있으면 위임인은 보수지급 의무를 지고(제686조 1항), 유상의 위임에 있어서 수임인의 보수청구권은 위임사무를 완료한 후에 발생하는 것이 원칙이나, 기간으로 보수를 정한 때에는 그 기간이 경과한 후에 이를 청구할 수 있다(제686조 2항). 그러나 수임인의 귀책사유 없이 위임이 이행 중 종료한 경우에도 위임인은 이미 행해진 이행의 비율에 따라서 보수를 지급하여야 한다(제686조 3항).

> **✱ 수임인의 보수청구권**
> ① "변호사에게 사건의 처리를 위임함에 있어서 그 보수 지급 및 수액에 관하여 명시적인 약정을 아니하였다 하여도, 무보수로 한다는 등 특별한 사정이 없는 한 응분의 보수를 지급할 묵시의 약정이 있는 것으로 봄이 상당하다"(대판 1995.12.5. 94다50229). 따라서 민사사건의 소송 대리업무를 위임받은 변호사가 그 소송 제기 전에 상대방에 채무 이행을 최고하고 형사고소를 제기하는 등의 사무를 처리함으로써 사건위임인과 상대방 사이에 재판 외 화해가 성립되어 결과적으로 소송제기를 할 필요가 없게 된 경우에도 특단의 사정이 없는 한 사건위임인은 변호사에게 보수를 지급할 의무가 있다(대판 1982.9.14. 82다125). 이 경우 변호사나 세무사 등에게 지급하기로 약정한 보수액이 과다하여 신의칙에 반한다고 볼 만한 특별한 사정이 있는 때에는 상당하다고 인정되는 범위 내의 보수액만을 청구할 수 있다(대판 2006.6.15. 2004다59393). 다만, "이러한 보수 청구의 제한은 어디까지나 계약자유의 원칙에 대한 예외를 인정하는 것이므로, 법원은 합리적인 근거를 명확히 밝혀야 한다"(대판 2018.5.17. 전합2016다35833).
>
> ② "의사가 선량한 관리자의 주의의무를 다하지 아니한 탓으로 오히려 환자의 신체기능이 회복 불가능하게 손상되었고, 또 위 손상 이후에는 그 후유 증세의 치유 또는 더 이상의 악화를 방지하는 정도의 치료만이 계속되어 온 것뿐이라면, 의사의 치료행위는 진료채무의 본지에 따른 것이 되지 못하거나 손해전보의 일환으로 행하여진 것에 불과하여 병원측으로서는 환자에 대하여 그 수술비 내지 치료비의 지급을 청구할 수 없다"(대판 1993.7.27. 92다15031).

(2) 비용에 관한 청구권

1) 비용선급청구권(제687조)

위임사무의 처리에 비용을 요하는 때에는 위임인은 수임인의 청구에 의하여 이를 선급하여야 한다.

2) 필요비상환청구권(제688조 1항)

수임인이 위임사무의 처리에 관하여 필요비를 지출한 때에는 위임인에 대하여 지출한 날 이후의 이자를 청구할 수 있다. 判例는 "위 필요비는 선량한 관리자의 주의를 가지고 수임인이 필요하다고 판단하여 지출한 비용으로서 위임인에게 실익이 생기는지 여부 또는 위임인이 소기의 목적을 달성하였는지 여부는 불문한다. 한편 수임인이 위임사무를 처리하는 과정에서 선관주의의무를 위반한 사실이 있다 하더라도, 그 이후 수임인이 위임사무 처리를 위해 비용을 지출하였고, 해당 비용의 지출 과정에서 수임인이 선량한 관리자로서의 주의를 다하였다면, 수임인은 선행 선관주의의무 위반과 상당인과관계 있는 비용 증가에 대하여 손해배상의무를 부담하는 것은 별론으로 하고 위임인에 대하여 필요비의 상환을 청구할 수 있다"(대판 2024.2.29. 2023다294470,294487)고 한다.

3) 대변제청구권(제688조 2항)

① **[입법취지]** 수임인의 대변제청구권은 수임인에게 대리권이 없는 경우에만 인정된다. 즉, 수임인이 대리권이 없으면 수임인 자신의 이름으로 법률행위를 할 수밖에 없고 그 경우 자기 이름으로 부담한 채무는 수임인 자신이 이를 이행한 후 위임인에게 비용상환청구를 하여야 하나, 아직 채무를 변제하기 전이면 위임인으로 하여금 변제하게 할 것을 청구할 수 있는 것이다(8회 선택형). 그리고 대변제청구권이 있더라도 비용선급청구권이 없어지는 것은 아니며, 수임인은 두 권리를 선택적으로 행사할 수 있다.

② **[인정요건]** 수임인이 선관주의의무를 다하여 자기의 이름으로 위임인을 위해 필요한 계약을 체결하였으나 이후 그에 따른 채무를 이행하지도 않고 위임인에 대하여 필요한 보고 등의 조치도 취하지 않으면서 방치하여 두거나 계약 상대방의 소제기에 제대로 대응하지 않아 수임인이 상대방에게 부담

하여야 할 채무액이 확대된 경우, 그 확대된 부분은 민법 제688조 제2항에 따라 '수임인이 위임인에게 대신변제하게 할 수 있는 채무'의 범위에 포함되지 않는다(대판 2018.11.29. 2016다48808).
③ [대변제청구권을 피보전채권으로 하는 채권자대위권(무자력 불요)] 수임인이 가지는 제688조 제2항 전단 소정의 대변제청구권은 통상의 금전채권과는 다른 목적을 갖는 것이므로, 수임인이 이 대변제청구권을 보전하기 위하여 채무자인 위임인의 채권을 대위행사하는 경우에는 채무자의 무자력을 요건으로 하지 아니한다(대판 2002.1.25. 2001다52506)(3회, 7회 선택형).

(3) 위임인의 무과실책임(제688조 3항)

수임인이 위임사무의 처리를 위하여 과실없이 손해를 받은 때에는 위임인에 대하여 그 배상을 청구할 수 있다.

Ⅲ. 종 료 [C-68]

1. 종료사유

(1) 당사자 일방의 사망, 파산 또는 수임인이 성년후견개시의 심판을 받은 경우 종료(제690조)

(2) 일방의 해지에 의한 종료

> 제689조 (위임의 상호해지의 자유) ① 위임계약은 각 당사자가 언제든지 해지할 수 있다. ② 당사자일방이 부득이한 사유없이 상대방의 불리한 시기에 계약을 해지한 때에는 그 손해를 배상하여야 한다.

1) 상호해지의 자유

위임은 당사자 쌍방의 특별한 대인적 신뢰관계를 기초로 하기 때문에, 위임인이나 수임인은 언제든지 또 특별한 이유 없이도 자유로이 해지할 수 있다(제689조 1항). 그리고 위임계약의 일방 당사자가 타방 당사자의 채무불이행을 이유로 위임계약 해지의 의사표시를 하였으나, 그 요건을 갖추지 못한 경우, 제689조 1항에 따른 임의해지로서의 효력이 인정된다(대판 2015.12.23. 2012다71411: 표준판례668).
만약 제689조에 따른 임의해지가 아니라 수임인의 채무불이행에 따른 해제를 하기위해서는 수임인에 대한 최고가 필요하다(대판 1996.11.26. 96다27148).

2) 해지의 효과

① 당사자가 위임을 해지한 경우에 그로 인해 상대방이 손해를 입는 일이 있어도 배상할 의무를 부담하지 않는 것이 원칙이다(대판 2005.11.24. 2005다39136). 그러나 상대방이 '불리한 시기'[수임인이 사무처리를 완료하기 전에 위임계약을 해지한 것만으로 위임인에게 불리한 시기에 해지한 것이라고 볼 수는 없다(대판 2015.12.23. 2012다71411)]에 해지한 때에는, 그 해지가 '부득이한 사유'에 의한 것이 아닌 한 그로 인한 손해를 배상하여야 한다(제689조 2항). 이 경우 그 배상의 범위는 위임이 해지되었다는 사실로부터 생기는 손해가 아니라 적당한 시기에 해지되었더라면 입지 아니하였을 손해에 한한다(대판 1991.4.9. 90다18968).
② 해지를 하더라도 수임인은 그때까지 지출한 비용의 상환을 청구할 수 있고(제688조), 유상위임의 경우에는 이미 처리한 사무의 비율에 따라 보수를 청구할 수 있다(제686조 3항).
③ 그러나, 민법 제689조 1항과 2항은 임의규정에 불과하므로 당사자의 약정에 의하여 위 규정의 적용을 배제하거나 그 내용을 달리 정할 수 있다(대판 2019.6.3. 2017다53265 : 12회 선택형).

3) 해지의 자유에 대한 제한

위임해지를 수임인이 거부해야 할 의무가 있는 경우 위임해지의 자유가 제한된다. 예를 들어 등기권리자 및 등기의무자 쌍방으로부터 등기절차의 위촉을 받은 사법서사와의 위임계약을 등기의무자의 일방적 의사표시로 해제할 수 없다(대판 1987.6.23. 85다카2239). 그리고 특별한 사정으로 위임인의 해지 자유가 제한되는 경우에, 위임인이 정당한 이유 없이 해지하는 경우, 수임인에 대하여 손해배상책임을 진다(대판 2000.4.25. 98다47108: 표준판례667).

제12절 임 치

I. 의 의

[C-69]

임치란 당사자 일방(임치인)이 상대방(수치인)에 대하여 금전이나 유가증권 기타 물건의 '보관'을 위탁하고 상대방이 이를 승낙함으로써 성립하는 계약이다(제693조). 여기서 '보관'이란 수치인이 목적물의 점유를 취득하여 자기의 지배하에 두면서 멸실·훼손을 방지하고 원상을 유지하는 것을 말한다(대판 2002.2.26. 2001다74728). 따라서 위임 등의 계약에 수반하여 그에 따른 사무처리 등에 '사용'할 목적으로 금전이나 물건이 교부된 경우에는 '보관'을 주된 목적으로 하는 것이 아니므로, 다른 특별한 사정이 없는 한 해당 금전 등에 관한 임치계약이 별도로 성립한다고 할 수 없다(대판 2025.5.15. 2023다258504).

II. 소비임치

[C-70]

1. 의 의

수치인이 대체물인 임치물을 소비하고 후에 동종·동질·동량의 물건을 반환하는 임치를 말한다(제702조).

2. 요 건

① 소비임치의 목적물은 '대체물'이어야 한다. ② 또한 소비임치가 되기 위해서는 수치인이 목적물에 대한 처분권을 취득하여야 한다. 따라서 대체물에 관한 보관이더라도 수치인이 임의로 처분할 수 있는 권한을 갖지 않는 때에는 소비임치가 아니다(대판 1994.9.9. 93다40256).

3. 효 과

소비임치에는 소비대차의 규정을 준용한다(제702조 본문). 그러나 반환시기의 약정이 없는 때에는, 소비대차에서는 대주는 상당한 기간을 정하여 반환을 최고하여야 하지만(제603조 2항 본문), 소비임치에서는 임치인은 언제든지 그 반환을 청구할 수 있는 것으로 따로 규정하고 있다(제702조 단서).

4. 예금계약의 법률관계

(1) 예금계약의 성질

예금계약은 은행 등 법률이 정하는 금융기관을 수치인으로 하는 금전의 '소비임치계약'으로, 수치인은 임치물인 금전 등을 보관하고 그 기간 중 이를 소비할 수 있고 임치인의 청구에 따라 동종 동액의 금전을 반환할 것을 약정함으로써 성립하는 '요물계약'이다.

(2) 예금계약의 성립

1) 일반적인 경우

① "예금계약은 예금자가 예금의 의사와 함께 금융기관에 돈을 제공하고 금융기관이 그 돈을 받아 확인을 하면 그로써 성립한다. 따라서 금융기관의 직원이 받은 돈을 확인한 후 입금하지 않고 횡령하여도 예금계약은 성립하며 통장은 예금계약사실을 증빙하는 증표일 뿐이므로 그 통장이 수기식이라도 이미 성립한 예금계약이 소급하여 무효가 되는 것은 아니다"(대판 1984.8.14. 84도1139 ; 대리권남용이 문제 : 2회 선택형). ② 다만 "금융기관의 임·직원이 예금 명목으로 돈을 교부받을 때의 진의가 예금주와 예금계약을 맺으려는 것이 아니라 그 돈을 사적인 용도로 사용하거나 비정상적인 방법으로 운용하는 데 있었던 경우에 예금주가 그 임·직원의 예금에 관한 비진의 내지 배임적 의사를 알았거나 알 수 있었다면 금융기관은 민법 제107조 1항 단서의 유추해석상 그러한 예금에 대하여 예금계약에 기한 반환책임을 지지 아니한다"(대판 2007.4.12. 2004다51542).

2) 계좌이체의 경우

判例는 "예금거래기본약관에서 예금원장에 입금의 기록이 된 때에 예금계약이 성립하는 것으로 정해져 있는 때에는 그러한 입금이 기록된 때 예금계약이 성립한다"고 한다(대판 2009.3.12. 2007다52942).

(3) 타인명의 예금계약과 예금주의 결정(쟁점 2.참고)

(4) 공동명의로 예금을 개설한 경우

1) 예금계약의 당사자

공동명의예금의 경우 계약상의 권리를 취득하는 당사자가 누구인가는 법률행위의 해석문제이나, 금융실명확인을 한 경우 원칙적으로 공동명의자를 당사자로 보아야 한다(대판 2001.6.12. 2000다70989).

2) 공동명의예금의 귀속 및 관리처분권

은행에 공동명의로 예금을 하고 은행에 대하여 그 권리를 함께 행사하기로 한 경우에 만일 ① 동업자금을 공동명의로 예금한 경우라면 채권의 '준합유'관계에 있다고 볼 것이나, ② 공동명의 예금채권자들 각자가 분담하여 출연한 돈을 동업 이외의 특정 목적을 위하여 공동명의로 예치해 둠으로써 그 목적이 달성되기 전에는 공동명의 예금채권자가 단독으로 예금을 인출할 수 없도록 방지·감시하고자 하는 목적으로 공동명의로 예금을 개설한 경우라면, 하나의 예금채권이 '분량적으로 분할'되어 각 공동명의 예금채권자들에게 공동으로 귀속되고, 각 공동명의 예금채권자들이 예금채권에 대하여 갖는 각자의 지분에 대한 관리처분권은 각자에게 귀속된다(대판 2004.10.14. 2002다55908: 표준판례671).

3) 공동명의의 예금채권자 중 1인의 예금채권이 압류 및 가압류된 경우의 법률관계

甲, 乙이 각자 분담하여 출연한 돈을 동업 이외의 특정 목적을 위하여 공동명의로 예치해 둠으로써 그 목적이 달성되기 전에는 甲이나 乙이 단독으로 예금을 인출할 수 없도록 방지·감시하고자 하는 목적으로 甲, 乙 공동명의로 예금을 개설한 경우, 甲에 대한 채권자 丙은 甲의 지분에 상응하는 예금채권에 대한 압류 및 추심명령 등을 얻어 이를 집행할 수 있고, 이러한 압류 등을 송달받은 은행은 丙의 압류명령 등에 기초한 단독 예금반환청구에 대하여, 甲, 乙과 약정한 공동반환특약을 들어 그 지급을 거절할 수는 없다(대판 2005.9.9. 2003다7319 : 2회 선택형).

(5) 착오송금·이체의 경우(계좌이체에서 원인관계의 흠결과 부당이득의 성립범위)

1) 수취인의 예금채권 취득 여부(적극)

수취인의 예금구좌에 계좌이체를 한 때에는, 송금의뢰인과 수취인 사이에 계좌이체의 원인인 법률관계가 존재하는지 여부에 관계없이 수취인과 수취은행 사이에는 계좌이체금액 상당의 예금계약이 성립하고, 수취인이 수취은행에 대하여 위 금액 상당의 예금채권을 취득한다(대판 2007.11.29. 2007다51239 : 2회,5회 선택형). 이와 같은 법리는 출금계좌의 예금주가 수취인 앞으로의 계좌이체에 대하여 지급지시를 하거나 수취인의 추심이체에 관하여 출금 동의 등을 한 바가 없는데도, 은행이 그와 같은 지급지시나 출금 동의가 있는 것으로 '착오'를 일으켜 출금계좌에서 예금을 인출한 다음 이를 수취인의 예금계좌에 입금하여 그 기록이 완료된 때에도 동일하게 적용된다(이 경우 은행은 그 입금기록이 완료됨과 동시에 '수취인'에 대하여 그 입금액 상당의 부당이득반환청구권을 취득한다 : 대판 2012.10.25. 2010다47117[1]).

2) **송금의뢰인의 수취은행에 대한 부당이득반환청구 가부**(소극)

이때 송금의뢰인은 수취인에 대하여 위 금액 상당의 부당이득반환청구권을 가지게 되지만, 수취은행은 이익을 얻은 것이 없으므로 수취은행에 대하여는 부당이득반환청구권을 취득하지 아니한다(대판 2007.11.29. 2007다51239 : 5회, 9회 선택형). 잔고가 마이너스 상태인 종합통장자동대출의 약정계좌로 착오송금된 금원에 대하여도 계좌소유자가 아닌 수취은행을 상대로 부당이득반환을 구할 수는 없다(대판 2022.6.30. 2016다237974).

3) **수취은행이 수취인에 대한 대출금반환채권으로 상계가 가능한지 여부**(원칙적 유효, 예외적 권리남용)

가) 원 칙

"수취은행은 원칙적으로 수취인의 계좌에 입금된 금원이 송금의뢰인의 착오로 자금이체의 원인관계 없이 입금된 것인지 여부에 관하여 조사할 의무가 없으며, 수취은행이 수취인에 대한 대출채권 등을 자동채권으로 하여 수취인의 계좌에 입금된 금원 상당의 예금채권과 상계하는 것은 신의칙 위반이나 권리남용에 해당한다는 등의 특별한 사정이 없는 한 유효하다"(대판 2010.5.27. 2007다66088).

나) 예 외

"다만 송금의뢰인이 착오송금임을 이유로 거래은행을 통하여 혹은 수취은행에 직접 송금액의 반환을 요청하고 수취인도 송금의뢰인의 착오송금에 의하여 수취인의 계좌에 금원이 입금된 사실을 인정하고 수취은행에 그 반환을 승낙하고 있는 경우, 수취은행이 수취인에 대한 대출채권 등을 자동채권으로 하여 수취인의 계좌에 착오로 입금된 금원 상당의 예금채권과 상계하는 것은, 수취은행이 선의인 상태에서 수취인의 예금채권을 담보로 대출을 하여 그 자동채권을 취득한 것이라거나 그 예금채권이 이미 제3자에 의하여 압류되었다는 등의 특별한 사정이 없는 한, 공공성을 지닌 자금이체시스템의 운영자가 그 이용자인 송금의뢰인의 실수를 기화로 그의 희생하에 당초 기대하지 않았던 채권회수의 이익을 취하는 행위로서 상계제도의 목적이나 기능을 일탈하고 법적으로 보호받을 만한 가치가 없으므로, 송금의뢰인에 대한 관계에서 신의칙에 반하거나 상계에 관한 권리를 남용하는 것이다"(대판 2010.5.27. 2007다66088).

(6) **예금주 명의의 신탁이 이루어진 경우 출연자에게 한 예금지급에 대한 명의자의 부당이득반환청구**

"금융실명거래 및 비밀보장에 관한 법률 시행 이후 예금주 명의의 신탁이 이루어진 다음 출연자가 사망함에 따라 금융기관이 출연자의 공동상속인들 중 전부 또는 일부에게 예금채권을 유효하게 변제하였다면, 변제된 예금은 출연자와 예금명의자의 명의신탁약정상 예금명의자에 대한 관계에서는 출연자의 공동상속인들에게 귀속되었다고 보아야 하므로, 이러한 경우 예금명의자는 예금을 수령한 공동상속인들의 전부 또는 일부를 상대로 예금 상당액의 부당이득반환을 구할 수 없다"(대판 2012.2.23. 2011다86720).

---

[1] "이 경우 은행은 그 입금기록이 완료됨과 동시에 수취인에 대하여 그 입금액 상당의 부당이득반환청구권을 취득하는데, 착오로 입금이 이루어진 수취인의 예금계좌가 그 은행에 개설되어 있는 경우 은행으로서는 수취인에 대한 부당이득반환청구권을 자동채권으로 하여 수취인의 예금채권과 상계할 수 있는 점 등에 비추어 보면, 은행은 위와 같은 상계로써 수취인의 예금채권에 관하여 이미 이해관계를 가지게 된 제3자 등에게 대항할 수 없다는 등 특별한 사정이 없는 한, 착오로 인한 자금이체에 의하여 발생한 채권채무관계를 정리하기 위하여 수취인의 예금계좌에 대한 입금기록을 정정하여 자금이체를 '취소'시키는 방법으로 은행의 수취인에 대한 부당이득반환청구권과 수취인의 은행에 대한 예금채권을 모두 소멸시킬 수 있다"

제13절 조 합

I. 의 의
[C-71]

1. 성립요건(2인 이상의 당사자 + 공동사업경영 + 상호출자)

민법상의 조합계약은 2인 이상이 상호 출자(금전 기타 재산 또는 노무)하여 공동으로 사업을 경영할 것을 약정하는 계약(제703조)으로서 ㉠ '특정한 사업'을 '공동 경영'하는 약정에 한하여 이를 조합계약이라고 할 수 있고, 공동의 목적달성이라는 정도만으로는 조합의 성립요건을 갖추었다고 할 수 없다(대판 2010.2.11. 2009다79729). ㉡ 또한 사업은 공동의 것이어야 하므로, 영리사업을 목적으로 하면서 당사자 중의 일부만이 이익을 분배받고 다른 자는 전혀 이익분배를 받지 않는 경우에는 조합관계(동업관계)라고 할 수 없다(대판 2000.7.7. 98다44666).

> [구체적 예] 判例는 i) 공유재산인 대지 및 점포를 임대·관리한다는 '공동의 목적달성'을 위한 모임에 불과하면 조합의 성립요건이 갖추어지지 않았다고 보았고(대판 2008.7.10. 2007다44965), ii) 부동산의 공동매수인들이 전매차익을 얻으려는 '공동의 목적 달성'을 위하여 상호 협력한 것에 불과하고 이를 넘어 '공동사업을 경영할 목적'이 있었다고 인정되지 않는 경우 이들 사이의 법률관계는 공유관계에 불과할 뿐 민법상 조합관계에 있다고 볼 수 없다고 하였다(대판 2012.8.30. 2010다39918: **표준판례**669 : 6회 선택형).[1] **[3회 기록형, 12법무]**

2. 구 별

① 조합이냐의 여부는 명칭에 의해 좌우되는 것은 아니다. 예컨대 농업협동조합은 법인이며, 주택건설촉진법상의 재건축조합은 비법인사단이다(대판 2001.5.29. 2000다10246 ; 당해 판결이후 재건축조합은 도시 및 주거환경정비법 제18조 1항에 의해 법인화되었다).

② 당사자들이 '자금을 출자하여 공동으로 주식회사를 설립'하여 운영하고 그에 따르는 비용의 부담과 이익의 분배를 지분 비율에 따라 할 것을 내용으로 하는 동업약정은 '조합'이라고 할 수 없어, 주식회사의 청산에 관한 상법의 규정에 따라 청산절차가 이루어지지 않는 한 일방 당사자가 잔여재산을 분배받을 수 없다(대판 2024.6.27. 2022다302022).

3. 조합의 소송수행방안 [민소법 쟁점]

(1) 조합원들의 소송수행형태

민법상 조합의 재산관계는 합유관계이다. 이러한 조합의 합유관계에 관한 소송은 합유물의 처분 변경에는 합유자 전원의 동의가 필요하고(제272조), 합유물의 지분처분에도 전원의 동의가 필요한 점에 비추어(제273조), 조합원 전원이 또는 전원을 상대로 하는 '고유필수적 공동소송'에 해당함이 원칙이다. 합유물에 관한 것이라도 예외적으로 ① 보존행위에 관한 소송, ② 각 조합원의 개인적 책임에 기하여 조합채무의 이행을 구하는 소송(수동소송)은 필수적 공동소송이 아니다.

---

[1] "수인이 부동산을 공동으로 매수한 경우, 매수인들 사이의 법률관계는 공유관계로서 단순한 공동매수인에 불과할 수도 있고, 수인을 조합원으로 하는 동업체에서 매수한 것일 수도 있는데, 부동산의 공동매수인들이 전매차익을 얻으려는 '공동의 목적 달성'을 위하여 상호 협력한 것에 불과하고 이를 넘어 '공동사업을 경영할 목적'이 있었다고 인정되지 않는 경우 이들 사이의 법률관계는 공유관계에 불과할 뿐 민법상 조합관계에 있다고 볼 수 없다. 공동매수의 목적이 전매차익의 획득에 있을 경우 그것이 공동사업을 위하여 동업체에서 매수한 것이 되려면, 적어도 공동매수인들 사이에서 매수한 토지를 공유가 아닌 동업체의 재산으로 귀속시키고 공동매수인 전원의 의사에 기하여 전원의 계산으로 처분한 후 이익을 분배하기로 하는 명시적 또는 묵시적 의사의 합치가 있어야만 하고, 이와 달리 공동매수 후 매수인별로 토지에 관하여 공유에 기한 지분권을 가지고 각자 자유롭게 지분권을 처분하여 대가를 취득할 수 있도록 한 것이라면 이를 동업체에서 매수한 것으로 볼 수는 없다"

(2) 조합자체에 당사자능력 인정여부

민법상 조합에 당사자능력이 있는가에 관하여 다툼이 있으나, 判例는 한국원호복지공단법에 의해 설립된 원호대상자 광주목공조합은 민법상의 조합의 실체를 가지고 있으므로 소송상 당사자능력이 없다고 판시하였다(대판 1991.6.25. 88다카6358).

Ⅱ. 조합의 업무집행 [C-72a]

1. 조합의 대내관계(업무집행)

① 조합계약으로 업무집행자를 정하지 아니한 경우에는 조합원의 3분의 2 이상의 찬성으로써 이를 선임할 수 있는데(제706조 1항), 조합의 '통상사무'는 각 조합원 또는 각 업무집행자가 단독으로(專行) 할 수 있지만(제706조 3항), 조합의 '특별사무'는 조합원의 과반수 또는 업무집행자의 과반수로써 결정하여야 한다(제706조 2항). 그러나 조합계약에서 이와 다르게 정할 수도 있으며(대판 2000.10.10. 2000다28506,28513 ; 대판 1998.3.13. 95다30345 : 즉, 제706조는 임의규정이다), 조합계약으로 조합원 중 일부 또는 제3자를 업무집행자로 정하지 않은 경우에는 모든 조합원이 원칙적으로 업무집행권을 가진다.

② 그리고 업무를 집행하는 조합원은 조합계약의 내용에 따라 선량한 관리자의 주의로써 조합사무를 처리하여야 한다(제707조, 제681조)(대판 2018.8.30. 2016다46338,46345). 한편 조합과 조합원이 명의신탁약정을 맺고 그에 따라 조합원이 조합의 공동사업에 필요한 부동산을 매수하는 계약명의신탁 사안에서, 상대방 당사자가 명의신탁약정 사실을 알지 못한 상태에서 조합원의 매매계약 및 조합원 명의의 등기가 이루어짐으로써 부동산 소유권이 조합원에게 귀속되었더라도(부동산실명법 제4조 제2항 단서 참조) 조합원은 특별한 사정이 없는 한 조합업무 집행에 관하여 부동산에 지출한 대출이자와 재산세 등의 필요비의 상환(이는 조합채무에 해당한다)을 조합에 청구할 수 있다(제707조, 제688조 1항)(대판 2025.6.26. 2025다205399,205405).

③ 한편, 각 조합원은 언제든지 조합의 업무 및 재산상태를 검사할 수 있는바(제710조), 각 조합원은 특별한 사정이 없는 한 조합의 장부 등에 대하여 열람·등사를 청구할 수 있다(대판 2021.1.14. 2020다222580).

2. 조합의 대외관계(조합대리)

① 조합에 있어 각 조합원은 다른 조합원을 대리할 권한이 있고, 조합의 업무를 집행하는 조합원은 그 업무집행의 대리권이 있는 것으로 추정한다(제709조).

② 조합대리의 경우에도 민법 제114조가 적용되므로 본인에 해당하는 모든 조합원을 위한 것임을 표시하여야 하나, 반드시 조합원 전원의 성명을 제시할 필요는 없고 상대방이 알 수 있을 정도로 조합을 표시하는 것으로 충분하다. 다만, 상행위의 경우에는 상법 제48조가 적용되어 현명이 요구되지 않으므로 조합대리에 있어서도 그 법률행위가 조합에게 상행위가 되는 경우에는 조합을 위한 것임을 표시하지 않았다고 하더라도 그 법률행위의 효력은 본인인 조합원 전원에게 미친다"(대판 2009.1.30. 2008다79340 : 11회 선택형).

Ⅲ. 조합의 재산관계 [C-72b]

조합원의 출자 기타 조합재산은 조합원의 '합유'로 한다(제704조). 즉, 조합재산은 조합 자체에 귀속될 수 없고, 조합원들의 공동소유이다.

1. 조합재산의 처분 또는 변경

(1) 문제점

조합재산을 처분하는 행위는 합유재산을 처분하는 행위인 한편, 이는 조합의 업무집행으로서 통상사무가 아닌 '특별한 사무'에 해당한다. 그런데 제272조 본문에 따르면 합유재산을 처분함에는 합유자 전원(전조합원)의 동의가 있어야 하는 반면, 제706조 2항에 따르면 조합의 특별사무 집행은 업무집행조합원이 없으면 전조합원의 과반수로써, 있으면 업무집행조합원의 과반수로써 결정할 수 있다. 이처럼 특별한 사무의 경우 내부적으로 어떠한 요건을 갖추어야 하는지에 대해서 제272조 본문과 제706조 2항이 서로 충돌하고 있는바, 이를 어떻게 해석할 것인지가 문제된다.

(2) 판 례

① 대법원은 명시적으로 "합유물 가운데서도 조합재산의 경우 그 처분·변경에 관한 행위는 조합의 특별사무에 해당하는 업무집행으로서, 이에 대하여는 특별한 사정이 없는 한 민법 제706조 제2항이 민법 제272조에 우선하여 적용되므로, 조합재산의 처분·변경은 업무집행자가 없는 경우에는 조합원의 과반수로 결정하고, 업무집행자가 수인 있는 경우에는 그 업무집행자의 과반수로써 결정하며, 업무집행자가 1인만 있는 경우에는 그 업무집행자가 단독으로 결정한다"(대판 2010.4.29. 2007다18911)고 판시한 바 있다.

② 다만 "조합의 업무집행 방법에 관한 업무집행에 관하여 조합원 전원의 동의를 요하도록 하는 등 그 내용을 달리 정할 수 있고, 그와 같은 약정이 있는 경우에는 조합의 업무집행은 조합원 전원의 동의가 있는 때에만 유효하다"고 판시하여 조합계약에 조합의 업무집행방법에 관하여 다른 약정이 있으면 그에 따르도록 하고 있다(대판 2000.10.10. 2000다28506,28513 ; 대판 1998.3.13. 95다30345).

(3) 검 토

조합은 공동사업의 수행을 위한 단체성을 보유하고 있는 한 업무집행의 통일성을 대내외적으로 용이하게 해 줄 필요가 있다. 따라서 합유물의 처분·변경에는 일반적으로 제272조 본문이 적용되나, 그 합유물이 조합재산인 경우에는 제706조 2항이 적용되어 업무집행조합원이 없으면 전 조합원의 과반수 결정으로, 업무집행조합원이 있으면 그들만의 과반수 결정으로 처분·변경할 수 있다고 함이 타당하다(제706조 2항 적용설).

2. 조합채권

(1) 조합원의 준합유

조합이 채권을 취득한 경우 이는 조합원 전원의 준합유에 속한다(대판 2001.3.23. 2000다68924). 따라서 조합원 중 1인은 직접 조합의 채무자에 대하여 이행청구를 할 수 없고(대판 1963.9.5. 63다330),[2] 조합원 1인은 자신의 지분비율 범위내에서도 청구를 할 수 없다(대판 1997.8.26. 97다4401). 결국 **조합재산에 속하는 채권은 조합원 전원이 공동으로 이행을 청구하여야 하며 그 채권에 관한 청구소송은 합유물에 관한 소송으로서 특별한 사정이 없는 한 조합원들이 공동으로 제기하여야 하는 고유필수적 공동소송에 해당한다**(대판 2012.11.29. 2012다44471).

---

[2] **[관련판례]** '업무집행 조합원의 배임행위'로 조합이 손해를 입은 경우 그로 인하여 손해를 입은 주체는 조합이라 할 것이므로 그로 인하여 조합의 목적을 달성할 수 없게 되었다고 하더라도 조합원으로서는 조합관계를 벗어난 개인의 지위에서 그 손해의 배상을 구할 수는 없는 것이 원칙이다(대판 1999.6.8. 98다60484).

(2) 분할귀속에 관한 특약을 채무자와 한 경우

그러나 그 채권의 발생 원인인 법률행위에서 이와 달리 약정한 경우에는 그 약정에 따른다. 判例도 '공동이행방식의 공동수급체가 발주자(도급인)에 대하여 가지는 공사대금채권'의 귀속과 관련하여 "공동이행방식의 공동수급체와 도급인이 공사도급계약에서 발생한 채권과 관련하여 공동수급체가 아닌 개별 구성원으로 하여금 그 지분비율에 따라 직접 도급인에 대하여 권리를 취득하게 하는 약정을 하는 경우와 같이 공사도급계약의 내용에 따라서는 공사도급계약과 관련하여 도급인에 대하여 가지는 채권이 공동수급체의 구성원 각자에게 그 지분비율에 따라 구분하여 귀속될 수도 있고(대판 2002.1.11. 2001다75332 : 6회 선택형), 위와 같은 약정은 명시적으로는 물론 묵시적으로도 이루어질 수 있다"(대판 2012.5.17. 전합2009다105406: 표준판례670)고 판시하였다. 그리고 이러한 분할귀속 약정이 있는 경우 지분비율은 채무자인 도급인과의 특약에 따라 정해지며, 원칙적으로 특약에 따른 비율이 공동수급체의 내부관계에 따라 달라지는 것은 아니라고 한다(대판 2013.2.28. 2012다107532).

(3) 상계금지(제715조)

"조합에 대한 채무자는 그 채무와 조합원에 대한 채권으로 상계할 수는 없는 것이므로(제715조), 조합으로부터 부동산을 매수하여 잔대금 채무를 지고 있는 자가 조합원 중의 1인에 대하여 개인 채권을 가지고 있다고 하더라도 그 채권과 조합과의 매매계약으로 인한 잔대금 채무를 서로 대등액에서 상계할 수는 없다"(대판 1998.3.13. 97다6919).

3. 조합채무

(1) 의 의

① 조합은 권리의무의 주체가 되지 못하므로 '조합의 채무'는 조합원의 채무와 구별되어 모든 조합원에게 합유적으로 귀속된다(준합유). 이러한 조합채무에 관해서는 조합재산을 가지고 조합원 전원이 공동으로 책임을 짐과 동시에, 각 조합원이 그의 개인재산을 가지고도 책임을 진다(조합채무의 이중성).

② 조합채무는 모든 조합원에게 합유적으로 귀속되므로, 조합원 중 1인이 조합채무를 면책시킨 경우 그 조합원은 다른 조합원에 대하여 민법 제425조 제1항에 따라 구상권을 행사할 수 있다. 이러한 구상권은 조합의 해산이나 청산 시에 손실을 부담하는 것과 별개의 문제이므로 반드시 잔여재산분배 절차에서 행사해야 하는 것은 아니다(대판 2022.5.26. 2022다211416).

(2) 조합재산에 의한 공동책임

① [조합재산에 대한 강제집행] 조합의 채무도 전 조합원에게 합유적으로 귀속되며(준합유), 조합재산으로 그에 대하여 책임을 진다. 따라서 조합의 채권자는 채권 전액에 관하여 조합재산으로부터 변제를 청구할 수 있고 조합재산에 대해 강제집행할 수 있다. 다만 "민법상 조합에서 조합의 채권자가 조합재산에 대하여 강제집행을 하려면 조합원 전원에 대한 집행권원을 필요로 하고, 조합재산에 대한 강제집행의 보전을 위한 가압류의 경우에도 마찬가지로 조합원 전원에 대한 가압류명령이 있어야 할 것이므로, 조합원 중 1인만을 가압류채무자로 한 가압류명령으로써 조합재산에 가압류집행을 할 수는 없다"(대판 2015.10.29. 2012다21560 : 6회 선택형).

② [조합원 개인 채권자의 조합채권에 대한 강제집행 가부(소극)] "민법상 조합의 채권은 조합원 전원에게 합유적으로 귀속하는 것이어서 특별한 사정이 없는 한 조합원 중 1인에 대한 채권으로써 그 조합원 개인을 집행채무자로 하여 조합의 채권에 대하여 강제집행을 할 수 없다"(대판 2001.2.23. 2000다68924). "그럼에 불구하고 조합원 중 1인의 채권자가 그 조합원 개인을 집행채무자로 하여 조합의 채권에 대하여 강제집행하는 경우, 다른 조합원으로서는 보존행위로서 제3자이의의 소를 제기하여 그 강제집행의 불허를 구할 수 있다"(대판 1997.8.26. 97다4401).

(3) 조합원 개인재산에 의한 책임

① [**조합원 개인에 대한 채권자의 권리행사**] 다른 한편 조합채무는 각 조합원의 채무이기도 하므로, 각 조합원은 손실분담의 비율로 각자의 개인재산으로 책임을 진다. 다만 조합채권자는 그 채권발생당시에 조합원의 손실부담의 비율을 알지 못하는 경우가 많으므로 이 경우 각 조합원에게 균분하여 그 권리를 행사할 수 있다(제712조).

따라서 "조합의 채무는 조합원의 채무로서 특별한 사정이 없는 한 조합채권자는 각 조합원에 대하여 지분의 비율에 따라 또는 균일적으로 변제의 청구를 할 수 있을 뿐이다"(대판 1992.11.27. 92다30405). 즉 判例는 이 경우 '분할채무'의 법리를 적용한다(대판 1985.11.12. 85다카1499).[3] 그러나 조합채무가 조합원 전원을 위하여 상행위가 되는 행위로 인하여 부담하게 된 것이라면 상법 제57조 제1항을 적용하여 조합원들의 '연대책임'을 인정한다(대판 2015.3.26. 2012다25432: 표준판례672 : 6회 선택형).

② [**조합원에 대한 채권자의 권리행사**] 한편, 조합원 중에 변제할 자력 없는 자가 있는 때에는 그 변제할 수 없는 부분은 다른 조합원이 균분하여 변제할 책임이 있다(제713조).

③ [**합유지분에 대한 압류의 효력**] 조합원 개인에 대한 채권자는 조합원 개인에 대한 집행권원을 얻어 조합원 개인재산에 대해 압류 및 집행할 수 있는데, 이 경우 조합재산에 대해서는 그 조합원의 합유지분에 대해서만 압류할 수 있다. 조합원의 합유지분에 대한 압류가 있는 경우에는 그 지분에 기한 장래의 이익배당 및 지분을 반환받을 권리에 대해서만 효력을 가질 뿐이다(제714조).

"여기에서의 조합원의 지분이란 전체로서의 조합재산에 대한 조합원 지분을 의미하는 것이고, 이와 달리 조합재산을 구성하는 개개의 재산에 대한 합유지분에 대하여는 압류 기타 강제집행의 대상으로 삼을 수 없다"(대결 2007.11.30. 2005마1130).

4. 손익분배(제711조)

(1) 분배비율

조합의 공동사업에 따른 이익과 손실은 조합원에게 합유적으로 귀속된다. 이때 분배비율은 조합원 사이에 특약이 있으면 그에 따르고, 특약이 없다면 각 조합원의 '출자가액'에 비례하여 정해진다(제711조 1항).[4] 만약 이익 또는 손실 중 하나에 대하여만 분배의 비율을 정한 때에는 그 비율은 이익과 손실에 공통된 것으로 추정한다(제711조 2항).

(2) 출자의무를 불이행한 조합원의 이익분배청구권

① [**원칙**] "건설공동수급체는 기본적으로 민법상 조합의 성질을 가지는 것인데, 건설공동수급체의 구성원인 조합원이 그 출자의무를 불이행하였더라도 그 조합원을 조합에서 제명하지 않는 한 건설공동수급체는 조합원에 대한 출자금채권과 그 연체이자채권, 그 밖의 손해배상채권으로 조합원의 이익분배청구권과 직접 상계할 수 있을 뿐이고, 조합계약에서 출자의무의 이행과 이익분배를 직접 연계시키는 특약을 두지 않는 한 출자의무의 불이행을 이유로 이익분배 자체를 거부할 수는 없다"(대판 2006.8.25. 2005다16959 : 6회 선택형). 따라서 "공동수급체의 구성원이 출자의무를 이행하지 않더라도, 공동수급체가 출자의무의 불이행을 이유로 이익분배 자체를 거부할 수도 없고, 그 구성원에게 지급할 이익분배금에서 출자금

---

[3] 조합채권자가 조합재산에 대하여 책임을 묻는 것이 아니라 조합원 개인재산에 대하여 책임을 묻는 경우에는 개별 조합원 각자를 상대로 이행의 소를 제기하여 집행권원을 얻어(분할채무) 집행을 할 수 있으며, 이 경우에는 필수적 공동소송이 아니다(대판 1991.11.22. 91다30705).

[4] [**관련판례**] "절반씩 투자하여 부동산을 취득·전매하여 이익금을 반분하기로 하는 동업계약을 체결한 후 당초 약정된 비율의 출자를 이행하지 아니하여 다른 출자자가 대신 출자한 경우 당초 약정된 이익분배비율이 실제 출자가액비율로 변경된다고 볼 수 없다"(대판 1993.5.25. 92다5744,92다5751).

이나 그 연체이자를 당연히 공제할 수도 없다. 다만 구성원에 대한 공동수급체의 출자금 채권과 공동수급체에 대한 구성원의 이익분배청구권이 상계적상에 있으면 상계에 관한 민법 규정에 따라 두 채권을 대등액에서 상계할 수 있을 따름이다"(대판 2018.1.24. 2015다69990 : 12회 선택형).

② **[예외]** 하지만 "공동수급체(민법상 조합 : 저자주)의 구성원들 사이에 '**출자의무와 이익분배를 직접 연계시키는 특약**'을 하는 것도 계약자유의 원칙상 허용된다. 따라서 구성원들이 출자의무를 먼저 이행한 경우에 한하여 이익분배를 받을 수 있다고 약정하거나 출자의무의 불이행 정도에 따라 이익분배금을 전부 또는 일부 삭감하기로 약정할 수도 있다. 나아가 금전을 출자하기로 한 구성원이 출자를 지연하는 경우 그 구성원이 지급받을 이익분배금에서 출자금과 그 연체이자를 '**공제**'하기로 하는 약정을 할 수도 있다. 이러한 약정이 있으면 공동수급체는 그 특약에 따라 출자의무를 불이행한 구성원에 대한 이익분배를 거부하거나 구성원에게 지급할 이익분배금에서 출자금과 그 연체이자를 공제할 수 있다. 이러한 '공제'는 특별한 약정이 없는 한 당사자 쌍방의 채권이 서로 상계적상에 있는지 여부와 관계없이 가능하고 별도의 의사표시도 필요하지 않다"(대판 2018.1.24. 2015다69990).

Ⅳ. 조합원의 변동   [C-72c]

1. 조합원의 탈퇴

(1) 임의탈퇴

> 제716조(임의탈퇴) ① 조합계약으로 조합의 존속기간을 정하지 아니하거나 조합원의 종신까지 존속할 것을 정한 때에는 각 조합원은 언제든지 탈퇴할 수 있다. 그러나 부득이한 사유없이 조합의 불리한 시기에 탈퇴하지 못한다. ② 조합의 존속기간을 정한 때에도 조합원은 부득이한 사유가 있으면 탈퇴할 수 있다(14회 선택형).

1) 탈퇴표시특약의 효력

"민법상 조합에 있어서 조합원은 임의로 탈퇴할 수 있고 그 **탈퇴는 다른 조합원 전원에 대한 의사표시로 하여야 하나**(조합의 탈퇴는 조합계약의 해지의 성격을 가지므로 종전 조합원의 지분확대와 탈퇴조합원의 지분 계산 등 조합원지위에 중대한 영향을 미치므로 업무집행자가 있음에도 조합원 전원에 대한 의사표시가 필요 : 7회,13회 선택형), 조합계약에서 **탈퇴의사의 표시 방식을 따로 정하는 특약은 유효하다**"(대판 1997.9.9. 96다16896).

2) 탈퇴자와 잔존자 사이의 탈퇴로 인한 계산 방법

"조합에서 조합원이 탈퇴하는 경우, 탈퇴자와 잔존자 사이의 탈퇴로 인한 계산은 특별한 사정이 없는 한 민법 제719조 제1항, 제2항에 따라 '탈퇴 당시의 조합재산상태'를 기준으로 평가한 조합재산 중 탈퇴자의 지분에 해당하는 금액을 금전으로 반환하여야 하고, 조합원의 지분비율은 '조합 내부의 손익분배 비율'을 기준으로 계산하여야 하나, 당사자가 손익분배의 비율을 정하지 아니한 때에는 민법 제711조에 따라 각 조합원의 출자가액에 비례하여 이를 정하여야 한다"(대판 2008.9.25. 2008다41529 : 13회,14회 선택형).

3) 2인 조합에서 1인이 탈퇴한 경우

① 2인 조합의 탈퇴란 특정 조합원이 장래에 향하여 조합원으로서의 지위를 벗어나는 것으로서, 이 경우 조합 자체는 나머지 조합원에 의해 '동일성을 유지'하며 존속하는 것이므로 결국 탈퇴는 잔존 조합원이 동업사업을 계속 유지·존속함을 전제로 한다. 2인 조합에서 조합원 1인이 탈퇴하면 조합관계는 종료되지만 특별한 사정이 없는 한 조합이 '해산'되지 아니하고, 조합원의 합유에 속하였던 재산은 남은 조합원의 단독소유에 해당하게 되어 기존의 공동사업은 '청산'절차를 거치지 않고 잔존자가 계속 유지할 수 있다(대판 2006.3.9. 2004다49693 : 13회 선택형). 이 경우 조합재산은 조합원의 단독 소유가 되나 그 조합

재산이 부동산이라면 잔존 조합원의 단독 소유로 하는 내용의 **등기를 하여야** 소유권 변동의 효력이 발생한다(대판 2011.1.27. 2008다2807).

② 이 경우 탈퇴 조합원과 남은 조합원 사이에는 '**탈퇴로 인한 계산**'을 해야 하는데, 이때 탈퇴 조합원이 탈퇴로 인한 계산 결과 남은 조합원에게 가지게 되는 **지분반환청구권(제719조)**은 조합의 '해산'에 따른 **잔여재산 분배청구권(제724조 2항)과 구별되는 별도의 권리이다**(대판 2024.9.13. 2024다234239).

③ '조합채권자'는 잔존 조합원에게 여전히 그 조합채무 전부에 대한 이행을 청구할 수 있다(대판 1999.5.11. 99다1284). 또한 '조합의 탈퇴자에 대한 채권'은 잔존자에게 귀속되므로 잔존자는 이를 자동채권으로 하여 탈퇴자에 대한 지분 상당의 조합재산 반환채무와 상계할 수 있다(대판 2006.3.9. 2004다49693).

(2) 비임의탈퇴

> **제717조 (비임의탈퇴)** 제716조의 경우 외에 조합원은 다음 각 호의 어느 하나에 해당하는 사유가 있으면 탈퇴된다. 1. 사망 2. 파산 3. 성년후견의 개시 4. 제명(除名)

1) 사 망

"조합에 있어서 조합원의 1인이 사망한 때에는 민법 제717조에 의하여 그 조합관계로부터 당연히 탈퇴하고 특히 조합계약에서 사망한 조합원의 지위를 그 상속인이 승계하기로 약정한 바 없다면 사망한 조합원의 지위는 상속인에게 승계되지 아니한다"(대판 1987.6.23. 86다카2951).

2) 파 산

"조합원들이 조합계약 당시 위 민법규정과 달리 차후 조합원 중에 파산하는 자가 발생하더라도 조합에서 탈퇴하지 않기로 약정한다면 이는 장래의 불특정 다수의 파산채권자의 이해에 관련된 것을 임의로 제716조 규정과 달리 정하는 것이어서 원칙적으로는 허용되지 않는다 할 것이지만, 파산한 조합원이 제3자와의 공동사업을 계속하기 위하여 그 조합에 잔류하는 것이 파산한 조합원의 채권자들에게 불리하지 아니하여 파산한 조합원의 채권자들의 동의를 얻어 파산관재인이 조합에 잔류할 것을 선택한 경우까지 조합원이 파산하여도 조합으로부터 탈퇴하지 않는다고 하는 조합원들 사이의 탈퇴금지의 약정이 무효라고 할 것은 아니다"(대판 2004.9.13. 2003다26020).

3) 제 명

"조합에서 조합원의 제명은 정당한 사유가 있는 때에 한하여 다른 조합원의 일치로써 결정한다(제718조 1항). 여기에서 '정당한 사유가 있는 때'란 특정 조합원이 동업계약에서 정한 의무를 이행하지 않거나 조합업무를 집행하면서 부정행위를 한 경우와 같이 특정 조합원에게 명백한 귀책사유가 있는 경우는 물론이고, 이에 이르지 않더라도 특정 조합원으로 말미암아 조합원들 사이에 반목·불화로 대립이 발생하고 신뢰관계가 근본적으로 훼손되어 특정 조합원이 계속 조합원의 지위를 유지하도록 한다면 조합의 원만한 공동운영을 기대할 수 없는 경우도 포함한다"(대판 2021.10.28. 2017다200702).

2. 조합원 지위의 양도

① 조합원은 다른 조합원 전원의 동의가 있으면 그 지분을 처분할 수 있으나 조합의 목적과 단체성에 비추어 조합으로서의 자격과 분리하여 그 지분권만을 처분할 수는 없으므로, **조합원이 지분을 양도하면 그로써 조합원의 지위를 상실하게 되며, 이와 같은 조합원 지위의 변동은 조합지분의 양도양수에 관한 약정으로써 바로 효력이 생긴다**(대판 2009.3.12. 2006다28454).

② "조합계약에 '동업지분은 제3자에게 양도할 수 있다'는 약정을 두고 있는 것과 같이 조합계약에서 개괄적으로 조합원 지분의 양도를 인정하고 있는 경우 조합원은 다른 조합원 전원의 동의가 없더라도 자신

의 지분 전부를 일체로써 제3자에게 양도할 수 있으나, 그 지분의 일부를 제3자에게 양도하는 경우까지 당연히 허용되는 것은 아니다. 따라서 그러한 조합의 조합원은 다른 조합원 전원의 동의가 있는 등 특별한 사정이 있어야만 그 '지분의 일부'를 제3자에게 유효하게 양도할 수 있다"(대판 2009.4.23. 2008다4247).[5]

③ "그러나 공동수급체는 기본적으로 민법상의 조합의 성질을 가지고, 공동수급체의 구성원 사이에서 구성원 지위를 제3자에게 양도할 수 있기로 약정하지 아니한 이상, 공동수급체의 구성원 지위는 상속이 되지 않고 다른 구성원들의 동의가 없으면 이전이 허용되지 않는 귀속상의 일신전속적인 권리의무에 해당하므로, 공동수급체의 구성원 지위는 원칙적으로 회사의 분할합병으로 인한 포괄승계의 대상이 되지 아니한다"(대판 2011.8.25. 2010다44002 : 14회 선택형).

V. 조합의 해산과 청산   [C-72d]

1. 해 산

(1) 해산사유

일반적인 해산사유는 존속기간의 만료·조합계약에서 정한 해산사유의 발생·조합의 공동사업의 목적이 달성되거나 달성이 불능으로 확정된 경우·조합원 전원의 합의 등이 있다. 한편 조합의 해산·청산에 관한 규정은 '임의규정'에 해당하므로 당사자가 조합의 해산사유와 청산에 관한 규정과 다른 내용의 특약을 한 경우, 그 특약은 유효하다(대판 1985.2.26. 84다카1921 : 법인의 청산절차에 관한 규정은 강행규정에 해당한다)(14회 선택형).

(2) 해산청구

① 동업계약과 같은 조합계약에서는 조합의 '해산청구'를 하거나 조합으로부터 '탈퇴'를 하거나 또는 다른 조합원을 '제명'할 수 있을 뿐이지 일반계약에서처럼 조합계약을 '해제 또는 해지'하고 상대방에게 그로 인한 원상회복의 의무를 부담지울 수는 없다. 따라서 조합 당사자 간의 불화·대립으로 인하여 신뢰관계가 깨어지고 특정 조합원의 탈퇴나 제명으로도 조합업무의 원활한 운영을 기대할 수 없게 된 상황에서 특정 조합원이 다른 조합원에게 해지통고를 한 것이라면 이는 조합의 소멸을 동반하는 조합의 해산청구로 볼 수 있다(대판 2024.9.27. 2024다224645,2024다224652). 나아가 위와 같은 해산청구가 계약해제 내지 해지의 요건을 별도로 충족할 필요는 없다(대판 2009.6.11. 2009다21096 : 표준판례673).

② 제720조에 규정된 조합의 해산사유인 '부득이한 사유'에는 경제계의 사정변경이나 조합의 재산상태의 악화 또는 영업부진 등으로 조합의 목적달성이 현저히 곤란하게 된 경우 외에 조합원 사이의 반목·불화로 인한 대립으로 신뢰관계가 파괴되어 조합의 원만한 공동운영을 기대할 수 없게 된 경우도 포함되며, 위와 같이 공동사업의 계속이 현저히 곤란하게 된 이상 신뢰관계의 파괴에 책임이 있는 유책당사자도 조합의 해산청구권이 인정된다(대판 1999.3.12. 98다54458 : 14회 선택형).

---

[5] "왜냐하면, 민법 제706조에 따라 조합원 수의 다수결로 업무집행자를 선임하고 업무집행방법을 결정하게 되어 있는 조합에 있어서는 조합원 지분의 일부가 제3자에게 양도되면 조합원 수가 증가하게 되어 당초의 조합원 수를 전제로 한 조합의 의사결정구조에 변경이 생기고, 나아가 소수의 조합원이 그 지분을 다수의 제3자들에게 분할·양도함으로써 의도적으로 그 의사결정구조에 왜곡을 가져올 가능성도 있으므로"

2. 청 산

(1) 청산인

조합이 해산한 때 청산은 총조합원 공동으로 또는 그들이 선임한 자가 그 사무를 집행하고 청산인의 선임은 조합원의 과반수로써 결정한다(제721조 1항, 2항). 민법은 조합원 중에서 청산인을 정한 때 다른 조합원의 일치가 아니면 청산인인 조합원을 해임하지 못한다고 정하고 있을 뿐이고(제723조, 제708조), 조합원이 법원에 청산인의 해임을 청구할 수 있는 규정을 두고 있지 않다. 민법상 조합의 청산인에 대하여 법원에 해임을 청구할 권리가 조합원에게 인정되지 않으므로, 특별한 사정이 없는 한 그와 같은 해임청구권을 피보전권리로 하여 청산인에 대한 직무집행정지와 직무대행자선임을 구하는 가처분은 허용되지 않는다(대결 2020.4.24. 2019마6918).

(2) 잔여재산의 분배

1) 원 칙

잔여재산은 각 조합원의 출자가액에 비례하여 분배한다(제724조 2항). 이러한 잔여재산의 분배는 원칙적으로 청산절차가 종료된 이후에나 분배를 청구할 수 있다. 따라서 "조합이 해산된 경우에도 청산절차를 거쳐 조합재산을 조합원에게 분배하지 아니하는 한 조합재산은 계속하여 조합원의 합유이고 청산이 종료할 때까지 조합은 존속하는바, 일부 조합원이 다른 조합원들의 동의를 얻지 아니한 채 조합재산인 채권을 타인에게 양도한 행위는 무효라고 할 것이다"(대판 1992.10.9. 92다28075).

2) 예 외

① [조합이 해산되었으나 조합의 잔무로서 처리할 일이 없고 다만 잔여재산의 분배만 남아 있는 경우] "조합의 목적 달성으로 인하여 조합이 해산되었으나 조합의 잔무로서 처리할 일이 없고 다만 잔여재산의 분배만이 남아 있을 때에는 따로 청산절차를 밟을 필요가 없이 각 조합원은 자신의 잔여재산의 분배비율의 범위 내에서 그 분배비율을 초과하여 잔여재산을 보유하고 있는 조합원에 대하여 바로 잔여재산의 분배를 청구할 수 있고, 이 경우의 잔여재산 분배청구권은 조합원 상호간의 내부관계에서 발생하는 것으로서 각 조합원이 분배비율을 초과하여 잔여재산을 보유하고 있는 조합원을 상대로 개별적으로 행사하면 족한 것이지 반드시 조합원들이 공동으로 행사하거나 조합원 전원을 상대로 행사하여야 하는 것은 아니다"(대판 2000.4.21. 99다35713 : 12회 선택형). 아울러 "일부 이행되지 아니한 출자금이 있더라도 이를 고려하지 않고 잔여재산의 범위를 확정한 다음 각 조합원이 실제로 출자한 가액에 비례하여 이를 분배함이 타당하다. 그리고 이러한 기준에 따라 잔여재산분배 절차를 진행하는 이상 다른 조합원들은 출자의무를 이행하지 아니한 조합원에게 더 이상 출자의무의 이행을 청구할 없다"(대판 2022.2.17. 2016다278579,278586 : 즉, 미이행 출자 부분 상당액을 손해배상채권으로 인정하여 잔여재산분배의 '잔여재산'으로 포함시킬 수 없다).

② [2인 조합에서 1인이 불법행위를 하여 조합이 청산절차에 들어간 경우] "2인으로 구성된 조합의 조합원 중 1인이 선량한 관리자의 주의의무 위반 또는 불법행위 등으로 인하여 조합에 대하여 손해배상책임을 지게 되고 또한 그로 인하여 조합관계마저 그 목적 달성이 불가능하게 되어 종료되고 달리 조합의 잔여업무가 남아 있지 않은 상황에서 조합재산의 분배라는 청산절차만이 남게 된 경우에, 다른 조합원은 조합에 손해를 가한 조합원을 상대로 선량한 관리자의 주의의무 위반 또는 불법행위에 따른 손해배상채권액 중 자신의 출자가액 비율에 의한 몫에 해당하는 돈을 청구하는 형식으로 조합관계의 종료로 인한 잔여재산의 분배를 청구할 수 있다"(대판 2019.7.25. 2019다205206,205213 : 11회 선택형).

판례연구 C-08

조합채무와 조합원 개인의 채무 [09사법]

> 甲·乙·丙 세 사람은 각자 재산을 출연하여 자동차정비업소를 공동으로 경영하기로 하는 조합을 결성하였다. 이를 토대로 아래 각 문항에 대하여 답하시오.
> 1. 업무집행자인 甲이 丁으로부터 조합운영자금 6,000만 원을 차용하였다. 이 경우 甲·乙·丙은 丁에게 어떠한 책임을 지는가? (20점)
> 2. 丁은 甲에 대하여 조합 채권과는 별도로 개인적으로 1억 원의 대여금채권을 가지고 있다. 그런데 甲은 조합에 대한 지분 이외에는 다른 재산이 없다. 이 경우 丁은 어떠한 방법으로 개인적인 채권을 회수할 수 있는가? (15점)

I. 논점의 정리

조합재산이 조합원 개인의 재산과 구별되는 것과 같이, '조합채무'도 '조합원 개인의 채무'와는 구별된다. 이를 기초로 설문1.은 조합채무에 대한 조합채권자의 조합재산에 대한 강제집행 및 조합원 개인재산에 대한 강제집행이 문제되는 사안이고, 설문2.는 조합원 개인의 채무에 대한 채권자의 조합원의 합유지분에 대한 압류가부 및 조합원의 조합탈퇴권의 대위행사 가부와 함께 조합재산에 대한 강제집행이 문제되는 사안이다.

II. 조합채무(조합운영자금 6,000만 원)에 대한 조합원의 책임 - 설문1.의 경우

1. 甲의 6,000만 원 차용행위의 법적 성격 및 유효성 여부

甲은 업무집행조합원으로서 통상사무는 업무집행조합원 각자가 단독으로 할 수 있다(제706조 3항). 따라서 조합운영자금 6,000만 원 차용행위는 일반적으로 당해 조합의 통상사무로 판단되므로, 甲이 6,000만 원을 차용하는 행위는 적법·유효한 행위로 당해 조합은 丁에게 6,000만 원의 조합채무를 진다.

2. 조합채무에 대한 책임 일반

조합의 채무도 전 조합원에게 합유적으로 귀속되며(준합유), 조합재산으로 그에 대하여 책임을 진다. 다른 한편 조합채무는 각 조합원의 채무이기도 하므로, 각 조합원은 손실분담의 비율로 각자의 개인재산으로 책임을 진다. 따라서 사안에서 조합운영자금 6,000만 원은 조합의 채무로서 조합의 채권자 丁은 채권 전액에 관하여 전 조합원을 상대로 하여 조합재산을 집행할 수 있고, 각 조합원이 분담하는 금액에 관하여 각 조합원의 개인재산을 집행할 수도 있다. 이하에서 검토하기로 한다.

3. 조합채권자 丁의 조합재산에 대한 강제집행(적극)

조합의 채권자 丁은 채권 전액에 관하여 조합재산으로부터 변제를 청구할 수 있고 조합재산에 대해 강제집행할 수 있다. 다만 조합채권자 丁이 조합재산에 대해 강제집행을 하기 위해서는 조합원 전원에 대한 집행권원이 필요하므로 조합원 전원을 상대로 채권 전액에 대한 이행의 소를 제기하여 판결을 받는 등의 집행권원을 얻어야 한다(대판 2015.10.29. 2012다21560 : 6회 선택형).

4. 조합채권자 丁의 조합원 개인재산에 강제집행(적극)

조합채권자 丁은 조합원 전원에 대한 집행권원을 가지고 조합원 개인의 재산에 대해서도 강제집행을 할 수 있다(통설). 다만 이 경우에는 그 조합원이 부담하는 책임액의 범위 내에서만 집행할 수 있다고 해석한다. 왜냐하면 조합의 채무에 대해서는 조합원은 원칙적으로 '분할채무'를 지는 것으로 보기 때문이다. 이때 조합채무의 부담비율에 대해서는 조합원은 손실부담의 비율(원칙적으로 지분의 비율)에 따라 책임을 지는 것이 원칙이며, 채권자가 부담비율을 알지 못하는 경우 균등하게 부담한다(제712조).

그러나 사안에서 명확하지는 않으나 조합채무(조합운영자금 6,000만 원의 차용)가 특히 조합원 전원을 위하여 상행위가 되는 행위로 인하여 부담하게 된 것이라면 그 채무에 관하여 상법 제57조 1항을 적용하여 조합원들의 '연대채무'를 인정할 것이다(대판 1992.11.27. 92다30405 : 6회 선택형).

Ⅲ. 丁의 甲에 대한 1억 원의 대여금채권 회수방법 – 설문 2.의 경우

1. 甲의 합유지분에 대한 권리행사(적극)

(1) 甲의 합유지분에 대한 압류 가부

조합원 개인에 대한 채권자는 조합원 개인에 대한 집행권원을 얻어 조합원 개인재산에 대해 압류 및 집행할 수 있는데, 이 경우 조합재산에 대해서는 그 조합원의 합유지분에 대해서만 압류할 수 있다. 조합원의 합유지분에 대한 압류가 있는 경우에는 그 지분에 기한 장래의 이익배당 및 지분을 반환받을 권리에 대해서만 효력을 가질 뿐이다(제714조).

(2) 甲의 조합탈퇴권의 대위행사 가부

민법상 조합원은 조합의 존속기간이 정해져 있는 경우 등을 제외하고는 원칙적으로 언제든지 조합에서 탈퇴할 수 있고(제716조), 조합원이 탈퇴하면 그 당시의 조합재산 상태에 따라 다른 조합원과 사이에 지분의 계산을 하여 지분환급청구권을 가지게 된다(제719조). 이와 관련하여 최근 判例에 따르면 조합원이 조합을 탈퇴할 권리는 그 성질상 조합계약의 해지권으로서 그의 일반재산을 구성하는 재산권의 일종이라 할 것이고 일신전속적 권리라고는 할 수 없다고 한다.

따라서 만약 丁이 甲의 합유지분을 압류하였다면 특별한 사유가 있지 않은 한(당해 채무자가 속한 조합에 존속기간이 정하여져 있다거나 기타 채무자 본인의 조합탈퇴가 허용되지 아니하는 것과 같은 사유), **채권자대위권에 의하여 채무자 甲의 조합 탈퇴의 의사표시를 대위행사함으로써 지분환급청구권을 대위행사할 수 있다**(제404조 ; 대결 2007.11.30. 2005마1130). 즉, 일반적으로 조합원이 조합을 탈퇴하면 조합목적의 수행에 지장을 초래할 것이라는 사정만으로는 이를 불허할 사유가 되지 아니한다고 한다.

> [관련판례] "영업권을 갖는 사업체를 동업으로 경영하다가 동업관계에서 탈퇴한 조합원의 사업체에 대한 지분을 평가할 때 원칙적으로 '영업권'을 지분평가에 포함하여야 하나(제719조 1항), 조합원들이 약정으로 지분의 평가방법을 정하면서 영업권을 평가에 포함하지 않기로 정할 수 있다(임의규정성). 다만 그 증명책임은 이를 주장하는 사람에게 있다"(대판 2017.7.18. 2016다254740).

2. 조합재산에 대한 강제집행 가부(소극)

조합원 개인에 대한 채권자가 조합재산에 대해 집행하는 것은 채무자의 재산이 아닌 재산을 집행하는 것이므로 허용되지 않는다고 보는 것이 타당하다. 判例도 "민법상 조합의 채권은 조합원 전원에게 합유적으로 귀속하는 것이어서 특별한 사정이 없는 한 조합원 중 1인에 대한 채권으로써 그 조합원 개인을 집행채무자로 하여 조합의 채권에 대하여 강제집행을 할 수 없다"(대판 2001.2.23. 2000다68924)고 판시하고 있다. 따라서 丁은 甲에 대한 1억 원의 대여금채권을 이유로 조합재산에 대해 강제집행할 수는 없다.

Ⅳ. 사안의 해결

1. 설문 1.의 甲, 乙, 丙의 조합채무 6,000만 원은 전조합원에게 합유적으로 귀속하는 한편 각 조합원도 그에 대하여 책임을 져야한다. 양 책임은 병존적이라고 보아야 할 것이다. 한편 채권자 丁이 조합원 甲·乙·丙에게 변제를 청구하는 경우에 우선 원칙적으로 각 조합원은 손실분담의 비율로 조합채무에 대하여 분할채무를 지지만(제408조), 조합채권자가 그 비율을 알지 못하는 경우에는 각 조합원에게 균등하게 분할액(2,000만 원)을 청구할 수 있다(제712조).

2. 설문 2.에서 丁은 조합원 개인인 甲의 채권자로서 甲의 조합지분에 대한 압류 및 甲의 조합 탈퇴의 의사표시를 대위행사함으로써 지분환급청구권을 대위행사할 수 있다(제404조). 그러나 별도로 조합재산 전체에 대한 강제집행은 할 수 없다.

제14절 종신정기금

종신정기금계약은 당사자의 일방이 자기나 상대방 또는 제3자의 종신(사망)까지, 정기로 금전 기타의 물건을 상대방 또는 제3자에게 지급할 것을 약정함으로써 성립하는 계약이다(제725조). 종신정기금계약은 '특정인이 사망할 때까지' 정기적으로 급부가 반복되는 '계속적 채권관계'라는 점에 특색이 있다.

제15절 화 해

I. 의 의   [C-73]

1. 화 해

화해는 당사자가 서로 양보하여 당사자 간의 분쟁을 끝낼 것을 약정함으로써 성립하는 낙성·불요식·유상·쌍무계약이다(제731조)(14회 선택형).

2. 소송상 화해 [민소법 쟁점]

소송상 화해라 함은 소송계속 중 양쪽 당사자가 소송물인 권리관계의 주장을 서로 양보하여 소송을 종료시키기로 하는 기일에 있어서의 합의이다. 소송상화해의 법적성질에 관하여 判例는 "소송상의 화해는 판결의 내용으로서 소송물인 법률관계를 확정하는 효력이 있으므로 소송행위로 볼 것이다"(대판 1962.5.31. 4293민재항6)라고 판시하여 순수한 소송행위의 성격으로 본다.

따라서 判例는 화해의 내용이 강행법규에 반하거나, 또는 화해에 이른 동기나 경위에 반윤리적·반사회적인 요소가 내재되어 있다 하여도 화해가 무효가 아닌 것으로 보고 있으며(대판 2002.12.6. 2002다44014 등), 화해조서에는 확정판결과 마찬가지로 어떠한 경우에나 기판력을 인정할 것이며, 화해의 성립과정의 하자는 그것이 재심사유에 해당되어 재심절차에 의한 구제를 받는 이외에는 그 무효를 주장할 수 없다는 입장이다(대판 1962.2.15. 전합4294민상914).

II. 성립요건   [C-74]

화해계약이 성립하기 위해서는 i) 당사자 사이의 분쟁이 존재할 것, ii) 당사자의 상호양보가 있을 것, iii) 분쟁을 종지시키려는 당사자 간의 합의가 있을 것을 요한다(제731조).

1. 당사자 사이의 분쟁이 존재할 것

화해는 당사자 사이에 어떤 다툼(분쟁)이 있는 것을 전제로 한다. 다툼이 없고 단지 법률관계가 불명확한 경우에 이를 확정하기 위한 계약은 화해가 아니다(이 경우는 무명계약일 뿐이며, 단지 화해의 규정이 유추적용될 수 있을 뿐이다). 判例는 채권자와 채무자 간의 잔존채무액의 계산행위는 다른 특별한 사정이 없는 한 채무자가 채권자에게 지급할 채무액을 새로이 확정하는 채권자와 채무자 간의 화해계약이라고는 볼 수 없다(대판 1984.3.1. 83다358)고 한다.

2. 당사자의 상호양보가 있을 것

상호양보란 쌍방이 서로 불이익을 부담한다는 것을 의미한다. 다만 양보는 진실한 권리관계를 기준으로 하는 것이 아니라 당사자의 주장을 기준으로 판단한다. 이러한 양보는 일종의 처분행위이다.

3. 분쟁을 종지시키려는 당사자 간의 합의가 있을 것

(1) 당사자의 처분능력

화해계약에 의해 당사자 간에 새로운 권리의무가 확정되는 것이므로, 화해의 목적이 될 수 있는 분쟁사항은 당사자가 자유로이 처분할 수 있는 성질의 것이어야 한다. 따라서 가족법상의 법률관계(친자 기타 친족관계의 존부, 부양관계 등)는 원칙적으로 화해의 목적이 될 수 없다.

(2) 합 의

① 화해계약도 법률행위로서의 계약이므로, 법률행위의 무효·취소에 관한 규정과 해제에 관한 규정이 적용된다. 判例도 "화해계약이 사기로 인하여 이루어진 경우에는, 화해의 목적인 분쟁에 관한 사항에 착오가 있더라도 제110조에 따라 이를 취소할 수 있다"(대판 2008.9.11, 2008다15278)고 한다. 그러나 후술하는 바와 같이 착오를 이유로 화해의 의사표시를 취소할 수 없다(제733조 본문).

② 判例는 ㉠ 교통사고 피해자 본인이 가해자와 손해배상에 관하여 합의한 경우, 그 화해의 효력은 특별한 사정이 없는 한 피해자의 부모들이 가지는 위자료청구권에 미치지 않는다고 보는 반면(대판 1999.6.22, 99다7046), ㉡ "친권자 본인이 부상을 입어 손해배상에 관하여 가해자측과 합의를 하는 경우 특별한 사정이 없는 한 미성년자인 자녀들의 고유의 위자료에 관하여도 그 친권자가 법정대리인으로서의 합의도 함께 하였다고 보는 것이 우리의 경험칙에 합당하다"(대판 1975.6.24, 74다1929)는 입장이다.

③ 判例는 "당사자들이 분쟁을 인식하지 못한 상태에서 일방 당사자가 이행해야 할 채무액에 관하여 협의하였다거나 일방 당사자의 채무이행에 대해 상대방 당사자가 이의를 제기하지 않았다는 사정만으로 묵시적 화해계약의 성립을 인정할 수 없다"(대판 2021.9.9, 2016다203933)고 하는 등 당사자 합의를 엄격하게 해석한다(화해가 성립한 후에는 목적이 된 사항에 관하여 나중에 다툴 수 없는 것이 원칙이므로).

Ⅲ. 효 력

[C-75]

1. 기본적 효력

(1) 법률관계를 확정하는 효력

화해의 효과는 다툼의 대상이었던 법률관계를 확정하는 것이다.

(2) 법률관계를 창설하는 효력

화해에 의하여 생기는 효과는 창설적이다. 따라서 당사자는 화해계약의 내용에 따라 의무를 부담하고 권리를 취득하며, 종전의 법률관계를 주장하지 못한다(제732조 참조)(14회 선택형). 다만 이는 임의규정이므로 당사자 간의 특약으로 달리 정할 수 있다.

2. 착오를 이유로 한 화해계약의 취소

화해는 당사자가 사실에 반한다는 것을 감수하면서 서로 양보하여 분쟁을 종료시키는 데에 목적을 두는 계약이므로, 화해의 목적인 '분쟁사항'이 사실과 다르더라도 착오를 이유로 취소하는 것은 허용되지 않는다(제733조 본문). 따라서 '분쟁 이외의 사항'에 착오가 있는 때에는, 착오를 이유로 화해계약을 취소할 수 있다(제733조 단서). 여기서 '분쟁 이외의 사항'이라 함은 분쟁의 대상이 아니라 그 분쟁의 전제 또는 기초가 된 사항으로서, 쌍방 당사자 사이에 다툼이 없어 양보의 대상이 되지 않았던 사실을 말한다(대판 1989.9.12, 88다카10050: 표준판례674).

그리고 화해계약의 의사표시에 있어 중요 부분에 관한 착오의 존재 및 이것이 당사자의 자격이나 목적인 분쟁 이외의 사항에 관한 것이라는 점은 착오를 이유로 화해계약의 취소를 주장하는 자가 입증하여야 한다(대판 2004.8.20. 2002다20353).

> ✽ **착오를 이유로 한 화해계약의 취소가부**(적극사안)
> ① "교통사고에 가해자의 과실이 경합되어 있는데도 오로지 피해자의 과실로 인하여 발생한 것으로 착각하고 치료비를 포함한 합의금으로 실제 입은 손해액보다 훨씬 적은 금원인 700만 원만을 받고 일체의 손해배상청구권을 포기하기로 한 경우, 그 사고가 피해자의 전적인 과실로 발생하였다는 사실은 쌍방 당사자 사이에 다툼이 없어 양보의 대상이 되지 않았던 사실로서 화해의 목적인 분쟁의 대상이 아니라 그 분쟁의 전제가 되는 사항에 해당하는 것이므로, 피해자측은 착오를 이유로 화해계약을 취소할 수 있다"(대판 1997.4.11. 95다48414).
> ② "환자가 의료과실로 사망한 것으로 잘못 알고 의사와 환자유족 사이에 의사가 일정의 손해배상금을 지급하고 유족은 민·형사상의 책임을 묻지 않기로 화해가 이루어졌으나, 그 후 부검결과 사인이 치료행위와는 무관한 것으로 판명된 경우, 위의 사인에 관한 착오는 화해의 목적인 손해배상의 액수, 민·형사사건의 처리문제 등에 관한 것이 아니고 다툼의 대상도 아니며, 상호 양보의 내용으로 된 바도 없는 그 전제 내지 기초에 관한 착오이므로, 이를 이유로 위 화해계약을 취소할 수 있다"(대판 1990.11.9. 90다카22674 ; 대판 2001.10.12. 2001다49326).

3. 배상액합의 후의 후발손해에 대한 추가배상청구 가부(아래 판례연구 C-09.참고)

판례연구 C-09

■ 배상액합의 후의 후발손해에 대한 추가배상청구 가부 대판 2001.9.4. 2001다9496 변형

> 짜장면 배달원인 甲은 오토바이를 타고 가다가 뒤에서 달려오던 乙의 트럭에 부딪혀 상해를 입었다. 그러던 중 甲은 치료 경과가 호전되고 또 담당 의사가 1주 정도만 더 치료하면 완치될 것이라고 하여, 乙로부터 100만 원을 손해배상금으로 받으면서 '향후 일체의 손해배상청구를 하지 않기로 합의'하였다. 그런데 그 후 계속된 치료에도 불구하고 오른쪽 다리가 불구가 되는 후유장애가 남게 되었다. 이 경우 甲은 이 후유장애에 관해 따로 손해배상을 청구할 수 있는가? (15점)

Ⅰ. 문제점

甲과 乙은 합의에 의하여 손해배상액을 정하였는바, 이러한 합의를 배상액합의라고 한다. 이러한 배상액합의의 성질에 관하여는 ① 화해계약설과 ② 화해유사의 무명계약설로 견해가 나뉜다. 그러나 어느 견해에 의하든 화해에 관한 민법규정이 적용된다.

Ⅱ. 후발적 손해에 대한 추가배상청구의 가능성

1. 문제점

배상액을 합의한 경우에는 그 이상의 손해가 그 후에 발생하더라도 합의금액을 넘는 손해배상을 다시 청구할 수 없는 것이 원칙이다(통설, 判例). 그러나 당해 사안과 같이 합의 후에 '예기치 않은' 후유증으로 손해가 증대하는 경우에는 그 청구를 인정할 필요가 있게 되는데, 이때 어떠한 근거로 인정할 것인지 문제된다.

2. 이론구성

(1) 예문해석이론

배상액 합의 계약서의 문구를 단순한 예문으로 보아 화해의 내용이 되지 않는다고 해석하는 견해이다. 判例는 교통사고 피해자가 합의금을 수령하면서 어떠한 이의도 제기하지 아니한다는 내용의 부동문자로 인쇄된 합의서에 날인한 경우, 여러 가지 제반사정에 비추어 위 합의서의 문구가 단순한 예문에 불과하다면 이를 손해 전부에 대한 배상청구권의 포기로는 볼 수 없다고 한다(대판 1999.3.23. 98다64301).

(2) 착오를 이유로 한 화해계약의 취소

判例 중에는 "피해자와 가해자 간에 앞으로 손해배상청구 등 행위를 하지 않겠다는 내용의 합의서를 작성한 것이 피해자가 가해자측의 주장에 넘어가 장래에 들 치료기간 치료비 등을 잘못알고 한 것은 착오에 의한 의사표시로서 취소할 수 있다"(대판 1971.4.30. 71다399)고 판시한 것이 있다.

(3) 화해계약의 효력범위에 관한 해석문제(확인, 예상, 중대)

判例의 주류적인 입장이다. 즉, "ⅰ) 그 합의가 손해발생의 원인인 사고 후 얼마 지나지 아니하여 손해의 범위를 정확히 '확인'하기 어려운 상황에서 이루어진 것이고, ⅱ) 후발손해가 합의 당시의 사정으로 보아 '예상'이 불가능한 것으로서 ⅲ) 당사자가 후발손해를 예상하였더라면 사회통념상 그 합의금액으로는 화해하지 않았을 것이라고 보는 것이 상당할 만큼 그 손해가 '중대'한 것일 때에는 당사자의 의사가 이러한 손해에 대해서까지 그 배상청구권을 포기한 것이라고 볼 수 없으므로 다시 그 배상을 청구할 수 있다고 보아야 한다"(대판 2001.9.4. 2001다9496).

3. 검토 및 사안의 경우

배상액 합의는 현재 발생한 손해를 기준으로 체결되는 것이 일반적이다. 그러므로 손해정도가 크게 달라진 경우까지 예정하고 합의한 것은 아니라고 보는 것이 당사자 의사의 합리적 해석이라 할 것이다. 따라서 화해의 효력범위 문제로 접근하는 최근 判例의 태도가 가장 타당하다. 결론적으로 甲은 후유장애에 관해 따로 손해배상을 청구할 수 있다.

※ 후발손해에 대한 배상청구권의 소멸시효의 기산점

"후유증 등으로 인하여 불법행위 당시에는 전혀 예견할 수 없었던 새로운 손해가 발생하였다거나 예상외로 손해가 확대된 경우에 있어서는 그러한 사유가 판명된 때에 새로이 발생 또는 확대된 손해를 알았다고 보아야 할 것이고, 이와 같이 새로이 발생 또는 확대된 손해 부분에 대하여는 그러한 사유가 판명된 때로부터 민법 제766조 제1항에 의한 소멸시효기간이 진행된다"(대판 2001.9.4. 2001다9496)(12회 선택형).

※ 변론 종결 후에 발생한 새로운 적극적 손해와 기판력 [민소법 쟁점]

전소에서 객관적으로 예측할 수 없었던 '후유증을 비롯한 후발손해의 배상을 구하는 경우' 判例는 별개소송물설[1]의 입장을 취하고 있다. 즉 "불법행위로 인한 적극적 손해의 배상을 명한 전소송의 변론종결 후에 새로운 적극적 손해가 발생한 경우에 그 소송의 변론종결 당시 그 손해의 발생을 예견할 수 없었고 또 그 부분 청구를 포기하였다고 볼 수 없는 등 특별한 사정이 있다면 전소송에서 그 부분에 관한 청구가 유보되어 있지 않다고 하더라도 이는 전소송의 소송물과는 별개의 소송물이므로 전소송의 기판력에 저촉되는 것이 아니다(대판 2007.4.13. 2006다78640[2]; 대판 1980.11.25. 80다1671)고 판시하고 있다.

---

[1] 전소 계속 중에 당사자에게 그 제출을 기대할 수 없었던 사실자료에 관하여는 전소판결의 기판력이 미치지 아니하므로 후유증에 의한 후발손해의 청구는 전소의 청구와는 별개의 청구라는 견해로 통설적인 입장이다.

[2] [사실관계] 식물인간 피해자의 여명이 종전의 예측에 비하여 수년 연장되어 그에 상응한 향후치료, 보조구 및 개호 등이 추가적으로 필요하게 된 것은 전소의 변론종결 당시에는 예견할 수 없었던 새로운 중한 손해로서 전소의 기판력에 저촉되지 않는다고 한 사례이다.

제4장 사무관리

Ⅰ. 서 설 [C-76]

1. 의 의

사무관리란 관리자가 법률상 또는 계약상 의무 없이 타인을 위하여 그의 사무를 처리해줌으로써 생기는 관리자와 타인 사이의 '법정채권관계'를 말한다(제734조 1항). 사무관리는 적법행위이지만 의사표시를 요소로 하지 않으므로 준법률행위이며, 그 중에서도 사실행위에 속한다.

2. 불법행위책임 및 부당이득반환책임과의 관계

사무관리가 성립하게 되면 본인과 관리자 사이에 '법정채권관계'가 발생하므로, 이때에는 부당이득이 문제되지 않는다. 이와 같이 사무관리는 적법행위 또는 법률상의 원인에 해당하므로, 사무관리가 성립하게 되면 부당이득이나 불법행위가 성립하지 않는다. 따라서 부당이득, 불법행위의 성립여부보다는 사무관리의 성립여부를 먼저 검토하여야 한다(6회 선택형).

> [관련판례] "의무 없이 타인을 위하여 사무를 관리한 자는 타인에 대하여 민법상 사무관리 규정에 따라 비용상환 등을 청구할 수 있는 외에 사무관리에 의하여 결과적으로 사실상 이익을 얻은 다른 제3자에 대하여 직접 부당이득반환을 청구할 수는 없다"(대판 2013.6.27. 2011다17106: 표준판례692 : C-85a.참고 : 9회,10회,11회 선택형)

Ⅱ. 성립요건(사, 법, 의, 불) [C-77]

사무관리가 성립하기 위해서는 ⅰ) 타인의 사무를 관리하여야 하고 ⅱ) 관리에 관한 법률상 또는 계약상의 의무가 없어야 하며 ⅲ) 타인을 위하여 처리한다는 사무관리 의사가 있어야 하고(대판 1995.9.15. 94다59943 : 8회 선택형), ⅳ) 본인에게 불리하거나 본인의 의사에 반하는 것이 명백하지 않을 것을 요건으로 한다(제734조, 제737조 단서).

1. 타인의 사무를 관리할 것

'사무'란 사람의 생활에서 재산적 이익을 주는 모든 행위를 말하며, 사실행위이든 법률행위이든 불문한다. '관리'란 타인의 사무를 처리하는 것을 말하며, 보존·이용·개량행위뿐만 아니라 처분행위도 포함한다.

> [관련판례] 인지되지 않은 혼인 외의 출생자를 양육 및 교육하면서 비용을 지출한 제3자가 그 실부(實父)에 대해 사무관리에 의한 비용의 상환을 청구할 수 있는지와 관련하여, **인지되지 않은 혼인 외 출생자에 대하여는 그 실부라 할지라도 법률상 부양의무가 없으므로, 혼인 외 출생자를 제3자가 양육하면서 비용을 지출하였다고 하여도 그것이 실부의 사무를 관리한 것으로 되지는 않는다. 따라서 사무관리는 성립하지 않으므로**(제734조 1항 참조), 그 성립을 전제로 한 제3자의 관리비용의 상환청구는 인용될 수 없다. 그 밖에 실부에게 부당이득이 성립하는 것도 아니다(대판 1981.5.26. 80다2515).[1]

---

[1] "제3자인 원고가 피고의 혼인외 출생자를 양육 및 교육하면서 그 비용을 지출하였다고 하여도 피고가 동 혼인외 출생자를 인지하거나 부모의 결혼으로 그 혼인 중의 출생자로 간주되지 않는 한 실부인 피고는 동 혼인외 출생자를 부양할 법률상 의무는 없으므로 피고가 원고의 위 행위로 인하여 부당이득을 하였다거나 원고가 피고의 사무를 관리하였다고 볼 수 없다"

2. 관리에 관한 법률상 또는 계약상의 의무가 없을 것

(1) 본인 및 제3자에 대한 관계에서도 의무가 없을 것

"의무 없이 타인의 사무를 처리한 자는 그 타인에 대하여 민법상 사무관리 규정에 따라 비용상환 등을 청구할 수 있으나, '제3자와의 약정'에 따라 타인의 사무를 처리한 경우에는 의무 없이 타인의 사무를 처리한 것이 아니므로 이는 원칙적으로 그 타인과의 관계에서는 사무관리가 된다고 볼 수 없다"(대판 2013.9.26. 2012다43539).

예컨대 B가 A와의 위임계약에 따라 C의 집을 수선한 경우, B는 C에 대해서는 직접 그러한 의무를 부담하지 않는다고 하더라도 A와의 위임계약에 의해 수선할 의무를 지는 것이므로, 이때는 B와 C 사이에 사무관리는 성립하지 않는다(6회 선택형). 그러나 A가 C의 집을 수선할 의무가 없는 경우에는, A와 C 사이에 사무관리가 성립한다.

(2) 관리자와 본인 간의 계약이 성립하지 않고 단지 계약의 성립을 기대하고 제3자와의 계약상의 의무의 범위를 초과하여 급부를 한 경우(적극)

대한주택공사는 A에게 도급공사를 주면서 공사로 인한 쓰레기 등의 처리업무도 맡기고, 또한 법령의 규정에 따라 폐기물 처리업체 B와 위 건설현장에서 발생한 건설폐기물 처리 용역계약을 체결하였는데, B가 계약물량을 초과하는 폐기물이 발생한 것에 대해 A의 요청을 받고 이를 처리한 경우(A와 B 사이의 계약은 성립하지 않는 것으로 봄) 判例는 "관리자 B가 처리한 사무의 내용이 B와 대한주택공사 사이에 체결된 계약상의 급부와 그 성질이 동일하다고 하더라도, 관리자가 위 계약상 약정된 급부를 모두 이행한 후 본인과의 사이에 별도의 계약이 체결될 것을 기대하고 사무를 처리하였다면 그 사무는 위 약정된 의무의 범위를 벗어나 이루어진 것으로서 법률상 의무 없이 사무를 처리한 것이며, 이 경우 타인을 위하여 사무를 처리하는 의사가 있다. 따라서 그 초과부분의 처리업무는 A의 사무에 속하고 B는 의무 없이 이를 처리한 것이므로 그 부분에 대해 A와의 관계에서 사무관리가 성립한다. 또한 이와 같이 상행위와 관련한 사무관리의 경우 통상의 보수를 기준으로 제739조 1항의 비용상환청구권이 인정된다"(대판 2010.1.14. 2007다55477: 표준판례675)(6회 선택형)고 한다.

3. 사무관리 의사가 있을 것(타인을 위하여)

사무관리가 성립하기 위해서는 관리자에게 '타인을 위하여'하는 관리의사가 있어야 한다(대판 1994.12.22. 94다1072 : 8회 선택형). 이것은 관리의 사실상의 이익을 타인에게 귀속시키려는 (자연적) 의사를 말한다. 여기에서 '타인을 위하여 사무를 처리하는 의사'는 관리자 자신의 이익을 위한 의사와 병존할 수 있고, 반드시 외부적으로 표시될 필요가 없으며, 사무를 관리할 당시에 확정되어 있을 필요가 없다(대판 2013.8.22. 2013다30882).

이와 관련하여 判例는 "채권자가 자신의 채권을 보전하기 위하여 채무자가 다른 상속인과 공동으로 상속받은 부동산에 관하여 **공동상속등기를 대위신청**하여 등기가 행하여진 경우, 채권자가 채무자가 아닌 제3자(다른 공동상속인)에 대하여 사무관리에 기하여 등기에 소요된 비용의 상환을 청구할 수 있다"고 보았다(대판 2013.8.22. 2013다30882 : 6회 선택형).

4. 본인의 의사에 반하거나 본인에게 불리함이 명백하지 않을 것

① [원칙] 사무관리가 처음부터 본인의 의사에 반하거나 본인에게 불리함이 명백한 때에는 사무관리는 성립하지 않으므로(제737조 단서 참조), 사무관리가 성립하기 위해서는 그러한 사실이 명백하지 않은 때에 한한다(대판 1994.12.22. 94다41072).

② [예외] 다만 본인의 의사에 반하는 것이 명백한 때에도, 그것이 강행법규나 사회질서에 위반하는 경우에는, 본인의 의사를 존중할 필요가 없이 공공의 이익을 위해 사무관리가 성립한다(예컨대 자살하려는 사람을 구조하거나, 소유자가 방화한 건물을 소화하는 것 또는 세금을 대신 납부하는 경우 등).

> ※ 사인(私人)이 의무 없이 국가의 사무를 처리한 경우
> "타인의 사무가 국가의 사무인 경우, 원칙적으로 사인이 법령상의 근거 없이 국가의 사무를 수행할 수 없다는 점을 고려하면, 사인이 처리한 국가의 사무가 사인이 국가를 대신하여 처리할 수 있는 성질의 것으로서, 사무 처리의 긴급성 등 국가의 사무에 대한 사인의 개입이 정당화 되는 경우에 한하여 사무관리가 성립하고, 사인은 그 범위 내에서 국가에 대하여 국가의 사무를 처리하면서 지출된 비용상환을 청구할 수 있다(제739조 1항)"(대판 2014.12.11. 2012다15602: 표준판례676 : 6회 선택형).

Ⅲ. 효 과
[C-78]

1. 관리자의 의무

(1) 관리의 방법

관리자가 본인의 의사를 알 수 없는 때에는 사무의 성질에 좇아 가장 본인에게 이익되는 방법으로 관리하여야 한다(제734조 1항). 그러나 관리자가 본인의 의사를 알거나 알 수 있는 때에는 그 의사에 적합하도록 관리하여야 한다(제734조 2항).

(2) 손해배상책임

① [원칙] 관리자가 관리의 방법에 위반하여 사무를 관리한 경우에는 관리자에게 과실이 없는 때에도 그로 인한 손해를 배상할 책임을 진다(제734조 3항 본문).
② [예외] 관리행위가 '공공의 이익'에 적합한 때 또는 관리자가 타인의 생명, 신체, 명예 또는 재산에 대한 급박한 위해를 면하게 하기 위하여 그 사무를 관리한 때에는, 고의나 중대한 과실이 없으면 이로 인한 손해를 배상할 책임이 없다(제734조 3항 단서, 제735조).

(3) 기타의 의무

관리개시통지의무(제736조), 관리계속의무(제737조), 보고의무(제738조, 제683조), 취득물의 인도·이전의무(제738조, 제684조), 금전소비에 대한 배상의무(제738조, 제685조) 등을 부담한다.

2. 본인의 의무

(1) 비용상환의무(제739조) [08사법]

관리자가 본인을 위하여 비용을 지출한 경우에 그것은 일반적으로 본인에 대한 관계에서 부당이득이 되기도 하지만, 민법은 상환범위에 관해 따로 규정하고 있다. 즉, 관리자가 필요비 또는 유익비를 지출한 때, 본인은 자신의 의사에 반하지 않는 경우에는 필요비 또는 유익비의 '전액'을 '본인의 이득 여하와는 관계없이' 상환해야 하고(제739조 1항), 자신의 의사에 반하는 경우에는 '현존이익'의 한도에서 비용상환의무를 진다(제739조 3항)(8회 선택형).

또한 관리자가 본인을 위하여 필요 또는 유익한 채무를 부담한 때에는, 본인에게 자기에 갈음하여 이를 변제하게 할 수 있고 그 채무가 변제기에 있지 아니한 때에는 상당한 담보를 제공하게 할 수 있다(제739조 2항, 제688조 2항)(8회 선택형).

(2) 손해보상의무

관리자가 사무관리를 함에 있어서 과실없이 손해를 받은 때에는 본인의 현존이익의 한도에서 그 손해의 보상을 청구할 수 있다(제740조).

(3) 보수지급의무

관리자에게 보수를 지급할 민법상 의무는 없다. 다만, 判例는 상행위와 관련한 사무관리의 경우 통상의 보수를 기준으로 비용상환청구를 인정한 사례가 있다. 즉, 직업에 의하여 유상으로 타인을 위하여 일하는 甲이 향후 계약이 체결될 것을 예정하여 그 직업의 범위 내에서 乙을 위한 행위를 하였으나 그 후 계약이 체결되지 아니함에 따라 타인을 위한 사무를 관리한 것으로 인정되는 경우, 甲이 다른 사람을 고용하지 않고 직접 사무를 처리하였다면 甲은 乙에게 **통상의 보수에 상응하는 금액을 필요비 내지 유익비로 청구할 수 있다**고 보았다(대판 2010.1.14. 2007다55477: 표준판례675 : 6회 선택형).

Ⅳ. 준사무관리(쟁점 4. 참고) [C-79]

1. 의 의

'준사무관리'란 타인의 사무를 자기를 위한 의사로 관리하는 것, 즉 주관적 요건이 결여된 경우인바, ① 타인의 사무를 자기의 사무로 오신하여 처리한 '오신사무관리'와 ② 관리자가 타인의 사무라는 사실을 알면서도 그것을 자기의 것으로 하겠다는 의사로 처리한 '무단(불법)사무관리'가 있다.

2. 문제점

부당이득이든 불법행위이든 반환범위는 본인의 '손해'를 한도로 하나(제741조, 제750조), 사무관리의 경우에는 사무관리자가 얻은 이득 '전부'를 권리자에게 반환하여야 한다(제738조, 제684조 1항). 따라서 만약 무권리자가 얻은 이득이 권리자의 손해보다 큰 경우, 이러한 특별수익을 반환케 하기 위한 이론으로 '준사무관리'의 인정 여부가 문제된다.

3. 학설 및 판례 검토

① 위법한 관리자의 책임경감은 부당하므로 긍정해야 한다는 **준사무관리 긍정설**도 있으나, ② 특수한 재능과 기회의 덕분으로 합리적으로 예기된 것 이상의 이득을 얻었다면, 그것은 반환시키지 않는 것이 오히려 공평에 합당하다는 점에서 **준사무관리 부정설**이 타당하다. ③ 이와 관련해 判例는 "사무를 처리한 자에게 타인을 위하여 처리한다는 관리의사가 없는 경우에는 사무관리가 성립될 수 없다"(대판 1995.9.15. 94다59943 : 8회 선택형)고 판시하고 있을 뿐 준사무관리의 인정 여부에 대해서는 구체적인 판단을 하고 있지 않다.

제5장 부당이득

I. 의 의

[C-80]

> 제741조 (부당이득의 내용) 법률상 원인없이 타인의 재산 또는 노무로 인하여 이익을 얻고 이로 인하여 타인에게 손해를 가한 자는 그 이익을 반환하여야 한다.

부당이득제도는 '이득자'의 재산상 이득이 법률상 원인을 결여하는 경우에 공평·정의의 이념에 근거하여 이득자에게 그 반환의무를 부담시키는 것으로 법정의 채권관계를 말한다(대판 2003.6.13. 2003다8862). 따라서 **반환의무자의 고의·과실은 부당이득반환의 성립요건이 아니다.**

매매계약이 무효·취소·해제된 경우에는 유효한 매매계약을 전제로 이전된 급부를 원래의 상태로 회복시키는 것이 요청되며(재화이전의 수정), 권원 없이 타인의 재화를 침해하여 이익을 얻은 때에는 본래 그 이익을 취득할 지위에 있는 자에게 이를 귀속시킬 필요가 있다(재화귀속의 수정). 즉 재화가 정당한 귀속자에게 귀속되지 않은 경우 이를 시정하기 위한 일반규정이 부당이득이다.

II. 요 건

[C-81]

부당이득이 성립하기 위해서는 i) 법률상 원인없이, ii) 타인의 재산 또는 노무로 인하여 이익을 얻고, iii) 그러한 이익으로 인하여 타인에게 손해를 가하고, iv) 이익과 손해 사이에 인과관계가 있을 것을 요한다(제741조).

이러한 부당이득이 성립하면, 수익자는 손실자에 대하여 부당하게 취득한 이익을 반환할 의무를 부담한다. 예를 들어 제741조가 **권리근거규정**임에 대하여, 제742조(비채변제), 제743조(기한 전의 변제), 제746조(불법원인급여) 등은 부당이득반환을 할 수 없는 경우를 규정하고 있는 권리장애 내지 소멸규정이다(항변). 한편, 제743조 단서, 제746조 단서는 위 예외규정으로 권리장애를 장애하는 규정(재항변)이 된다.

1. 법률상 원인이 없을 것

(1) 의 의

학설은 일반적으로 민법 제741조 소정의 표현이 너무 추상적이어서 부당이득의 성립요건과 반환청구의 대상을 확정하기 위해서는 어느 정도의 유형화 작업이 필요하다는 점을 인정하고, 그 유형화에 관해서는 대체로 '급부부당이득'과 '기타의 부당이득'으로 나누어 고찰한다.

(2) 유 형

1) 급부부당이득

급부부당이득이란 당사자 일방의 재산증대가 상대방의 '출연행위'로 인한 경우의 부당이득을 말한다. 대표적으로 ① 법률행위가 무효로 되거나 취소된 때, ② 계약을 해제한 때[단, **원상회복의 특칙**(제548조는 제748조의 특칙)이 적용](대판 1997.9.26. 96다54997), ③ 채무가 없음에도 이를 알지 못하고 변제한 때(742조 참조), ④ 쌍무계약의 당사자 일방의 채무가 당사자 쌍방의 책임 없는 사유로 이행할 수 없게 된 때(이 경우 상대방의 채무도 소멸하므로(제537조), 상대방이 이미 급부를 한 때에는 채무가 없음에도 급부를 한 것이 된다)등을 들 수 있다. 이는 **계약법의 보충규범**으로 기능한다.

[부정예] "토지의 매수인이 아직 소유권이전등기를 경료받지 아니하였다 하여도 매매계약의 이행으로 그 토지를 인도받은 때에는 매매계약의 효력으로서 이를 점유·사용할 권리가 생기게 된 것으로 보아야 하고, 또 매수인으로부터 위 토지를 다시 매수한 자는 위와 같은 토지의 점유사용권을 취득한 것으로 봄이 상당하므로 매도인은 매수인으로부터 다시 위 토지를 매수한 자에 대하여 토지 소유권에 기한 물권적 청구권을 행사하거나 그 점유·사용을 법률상 원인이 없는 이익이라고 하여 부당이득반환청구를 할 수는 없다"(대판 1988.4.25. 87다카1682: 표준판례237 : 12회 선택형).

※ 계약이 무효 또는 취소되는 경우

① 계약이 무효라면 이미 급부한 것이 부당이득이 되지만, 취소할 수 있는 행위라면 그 취소를 하기 전까지는 부당이득이 되지 않는다. 判例는 "원고가 비록 피고들의 강박에 의한 하자 있는 의사표시에 기하여 금원을 교부하였다 할지라도 그 의사표시가 소멸되지 않는 한 피고들의 위 금원보유가 법률상 원인이 없다고 볼 수 없으므로 피고들은 이를 반환할 의무가 없다"(대판 1990.11.13. 90다카17153 : 7회 선택형)고 한다.

② 또한 법령의 규정에 관한 법리가 아직 명백하게 밝혀지지 않아 해석에 다툼의 여지가 있었을 경우 과세관청이 그 규정을 잘못 해석하여 한 과세처분을 '당연무효'라고 할 수 없다고 한다(대판 2018.7.19. 전합2017다242409).

③ 그리고 계약의 해제로 인한 원상회복에 적용되는 제548조는 제748조의 특칙인바, "매매계약이 무효인 때의 매도인의 매매대금 반환 의무는 성질상 부당이득 반환 의무로서 그 반환 범위에 관하여는 민법 제748조가 적용된다 할 것이고, 명문의 규정이 없는 이상 그에 관한 특칙인 민법 제548조 제2항이 당연히 유추적용 또는 준용된다고 할 수 없다"(대판 1997.9.26. 96다54997 : 토지거래허가를 받지 못해 매매계약이 무효로 된 사안에서, 민법 제548조 제2항을 준용하여 매도인은 매매대금을 받은 날로부터의 이자를 가산하여 지급하여야 한다는 매수인의 주장을 배척한 사례)고 한다.

2) 침해부당이득

수익자가 권원 없이 타인의 물건이나 권리로부터 이익을 얻는 것이 이에 해당한다. 이는 **불법행위법의 보충규범**으로 기능한다. 침해부당이득에서는 많은 경우 불법행위가 성립하기도 하지만, 그 침해에 수익자의 귀책사유를 문제삼지 않는 점에서 불법행위와는 구별된다.

대표적으로 ① 채권의 귀속을 침해한 경우(대판 1999.4.27. 98다61593), ② 집행채무자 소유 아닌 동산을 경락인이 선의취득한 경우(대판 1997.6.27. 96다51332), ③ 우선권 있는 담보권임에도 불구하고 배당을 받지 못하거나(대판 1962.2.16. 64다1544), 저당권등기가 불법으로 말소되어 배당을 받지 못한 경우(대판 1998.10.2. 98다27197) 등 우선변제권이 있는 담보권이 침해된 경우, ④ 무권리자가 타인의 권리를 제3자에게 처분하였으나 선의의 제3자 보호규정에 의하여 원래의 권리자가 권리를 상실하는 경우(아래 2010다40239판결)를 들 수 있다.

[긍정예] "무권리자가 타인의 권리를 제3자에게 처분하였으나 선의의 제3자 보호규정에 의하여 원래 권리자가 권리를 상실하는 경우, 권리자는 무권리자를 상대로 제3자에게서 처분의 대가로 수령한 것을 이른바 침해부당이득으로 보아 반환청구할 수 있다. 한편 수익자가 법률상 원인 없이 이득한 재산을 처분함으로 인하여 원물반환이 불가능한 경우에 반환하여야 할 가액을 산정할 때에는 법률상 원인 없는 이득을 얻기 위하여 지출한 비용은 수익자가 반환하여야 할 이득의 범위에서 공제되어야 할 것이나, 타인 소유의 부동산을 처분하여 매각대금을 수령한 경우, 수익자는 그러한 처분행위가 없었다면 부동산 자체를 반환하였어야 할 지위에 있던 사람이므로 자신의 처분행위로 인하여 발생한 양도소득세 기타 비용은 수익자가 이익 취득과 관련하여 지출한 비용에 해당한다고 할 수 없어 이를 반환하여야 할 이득에서 공제할 것은 아니다"(대판 2011.6.10. 2010다40239: 표준판례684).

■ 침해부당이득을 원칙적으로 부정한 판례

① **[적법하게 배당요구를 하지 않은 채권자]** "배당을 받아야 할 자가 배당을 받지 못하고 배당을 받지 못할 자가 배당을 받은 경우에는 배당에 관하여 이의를 한 여부 또는 형식상 배당절차가 확정되었는가의 여부에 관계없이 배당을 받지 못한 우선채권자에게 부당이득반환청구권이 있다"(대판 2000.10.10. 99다53230). 다만, "배당요구채권자가 배당요구의 종기(경락기일)까지 적법한 배당요구를 하지 아니한 경우에는 그가 적법한 배당요구를 한 경우에 배당받을 수 있었던 금액 상당의 금원이 후순위채권자에게 배당되었다고 하여 이를 법률상 원인이 없는 것이라고 할 수 없다"(대판 2020.10.15. 2017다216523 등). 즉, 배당이의를 하지 않았어도 부당이득반환청구를 할 수는 있으나 배당요구조차 하지 않았다면 배당이의도 할 수 없고 부당이득반환청구도 할 수 없다.

② **[실체적 권리관계와 다른 확정판결에 기해 교부받은 금원(소극)]** "확정판결이 실체적 권리관계와 다르다 하더라도 그 판결이 재심의 소 등으로 취소되지 않는 한 그 판결의 기판력에 저촉되는 주장을 할 수 없어 그 판결의 집행으로 교부받은 금원을 법률상 원인 없는 이득이라 할 수 없는 것이므로, 불법행위로 인한 인신손해에 대한 손해배상청구소송에서 판결이 확정된 후 피해자가 그 판결에서 손해배상액 산정의 기초로 인정된 기대여명보다 일찍 사망한 경우라도 그 판결이 재심의 소 등으로 취소되지 않는 한 그 판결에 기하여 지급받은 손해배상금 중 일부를 법률상 원인 없는 이득이라 하여 반환을 구하는 것은 그 판결의 기판력에 저촉되어 허용될 수 없다"(대판 2009.11.12. 2009다56665 : 표준판례 687).

③ **[등기 전 점유이전 받은 부동산 매수인(소극)]** "토지의 매수인이 아직 소유권이전등기를 마치지 않았더라도 매매계약의 이행으로 토지를 인도받은 때에는 매매계약의 효력으로서 이를 점유·사용할 권리가 있으므로, 매도인이 매수인에 대하여 그 점유·사용을 법률상 원인이 없는 이익이라고 하여 부당이득반환청구를 할 수는 없다. 이러한 법리는 대물변제 약정 등에 의하여 매매와 같이 부동산의 소유권을 이전받게 되는 사람이 이미 부동산을 점유·사용하고 있는 경우에도 마찬가지로 적용된다"(대판 2016.7.7. 2014다2662 : 10회 선택형).

④ **[소멸시효완성으로 인한 권리소멸과 부당이득(소극)]** "계약상의 채무를 채무자가 이행하지 않았다고 하더라도 채권자는 여전히 해당 계약에서 정한 채권을 보유하고 있으므로, 특별한 사정이 없는 한 채무자가 채무를 이행하지 않고 있다고 하여 채무자가 법률상 원인 없이 이득을 얻었다고 할 수는 없고, 설령 채권이 시효로 소멸하게 되었다 하더라도 달리 볼 수 없다"(대판 2018.2.28. 2016다45779).

⑤ **[변제공탁금에 대한 채무자의 출급청구권에 압류 및 추심명령을 받은 채권자(소극)]** "변제공탁금에 대한 채무자의 출급청구권에 관하여 압류 및 추심명령을 받은 채권자에 불과한 원고는 변제공탁금에 대한 구체적인 권리를 가진 것이 아니므로, 변제공탁금으로부터 배당받는 것으로 배당표에 기재된 피고가 원고의 변제공탁금에 대한 구체적인 권리를 침해하였음을 이유로 부당이득반환을 청구할 수 없다"(대판 2020.10.15. 2019다235702). 또한 "압류금지채권이 금융기관에 개설된 채무자의 계좌에 이체되어 압류명령이 취소되었다 하더라도 압류명령은 장래에 대하여만 효력이 상실할 뿐 이미 완결된 집행행위에는 영향이 없고, 채권자가 집행행위로 취득한 금전을 채무자에게 부당이득으로 반환하여야 하는 것도 아니다(대판 2014.7.10. 2013다25552).

3) 비용부당이득

실질은 비용부당이득에 해당하지만, 민법에서 따로 정하는 것이 있는데, 이때에는 그 규정이 우선 적용된다. 즉 ① 타인의 물건에 비용을 지출한 경우로서, 점유자의 상환청구권(제203조), 유치권자의 상환청구권(제325조), 사용차주·임차인·수치인의 상환청구권(제617조·제626조·제701조)이 있다. ② 타인의 사무를 처리하기 위해 비용을 지출한 경우로서, 수임인의 비용상환청구권(제688조), 사무관리자의 비용상환청구권(제739조)이 있다. 이는 **사무관리법의 보충규범**으로 기능한다.

(3) 증명책임

법률상 원인의 흠결사실에 대하여는 누구에게 증명책임이 있는지 견해가 대립하고 있는데(청구원인설과 항변설), 判례는 **급부부당이득의 경우에는 부당이득반환을 주장하는 사람에게 '법률상 원인이 없다는 점'**에 대한 증명책임을 인정하고, **침해부당이득의 경우에는 부당이득반환 청구의 상대방에게 '이익을 보유할 정당한 권원이 있다는 점'**에 대한 증명책임을 인정한다(아래 2017다37324 참조).

> [관련판례] "당사자 일방이 자신의 의사에 따라 일정한 급부를 한 다음 급부가 법률상 원인 없음을 이유로 반환을 청구하는 이른바 급부부당이득의 경우에는 법률상 원인이 없다는 점에 대한 증명책임은 부당이득반환을 주장하는 사람에게 있다. 이 경우 부당이득의 반환을 구하는 자는 급부행위의 원인이 된 사실의 존재와 함께 그 사유가 무효, 취소, 해제 등으로 소멸되어 법률상 원인이 없게 되었음을 주장·증명하여야 하고, 급부행위의 원인이 될 만한 사유가 처음부터 없었음을 이유로 하는 이른바 착오 송금과 같은 경우에는 착오로 송금하였다는 점 등을 주장·증명하여야 한다. 이는 타인의 재산권 등을 침해하여 이익을 얻었음을 이유로 부당이득반환을 구하는 이른바 침해부당이득의 경우에는 부당이득반환 청구의 상대방이 이익을 보유할 정당한 권원이 있다는 점을 증명할 책임이 있는 것과 구별된다"(대판 2018.1.24. 2017다37324: 표준판례677).

2. 이익의 취득

(1) 의 의

이익은 '타인의 재산 또는 노무로 인하여' 얻은 재산적 이익을 말한다(제741조). 이익의 취득 여부의 판정에 관해 判례는 비교적 엄격하게 해석하는 경향이 있다. 즉 "**부당이득반환에 있어서 이득이라 함은 실질적 이익을 가리키는 것이므로, 법률상 원인 없이 건물을 점유하고 있다고 하여도 이를 사용·수익하지 못하였다면 실질적인 이익을 얻었다고 볼 수 없다**"고 한다(대판 1984.5.15. 84다카108 외 다수).

반면, "매수인이 부동산을 인도받아 그 용도대로 사용한 경우, 매수인은 임료 상당의 이익을 받았다고 할 것이고, 가사 그 부동산을 사용하여 영위한 영업이 전체적으로 적자였다고 하더라도 사용으로 인한 이익 자체를 부정할 수는 없다"고 한다(대판 1997.12.9. 96다47586).

(2) 증명책임

"수익자가 취득한 것이 금전상의 이득인 때에는 그 금전은 이를 취득한 자가 소비하였는지 여부를 불문하고 현존하는 것으로 추정되나, 수익자가 급부자의 지시나 급부자와의 합의에 따라 그 금전을 사용하거나 지출하는 등의 사정이 있다면 위 추정은 번복될 수 있다"(대판 2022.10.14. 2018다244488: 표준판례696).

(3) 구체적인 경우

1) 장래의 부당이득

부당이득은 현재의 부당이득뿐만 아니라, 장래의 부당이득도 그 이행기에 지급을 기대할 수 없어 미리 청구할 필요가 있으면 미리 청구할 수 있다(대판 1975.4.22. 74다1184).[1] 判례는 원고가 주장하는 장래의 시점까지 침해가 존속될 것이 변론종결 당시에 확정적으로 예정되어야 한다는 입장이다. 따라서 지방자치단체가 사유지를 도로로 무단 점유 사용하는 경우에 "시가 토지를 매수할 때까지로 정한 장래의 부당이득반환청구는 허용되지 않는다는 입장이다(대판 1991.10.8. 91다17139). 반면에, 도로폐쇄에 의한 점유종료일 또는 토지소유자의 소유권상실일까지의 장래의 부당이득반환청구를 할 수 있다는 입장이다(대판 1994.9.30. 94다32085). [민소법 쟁점]

---

[1] [구체적 예] 예를 들어 A 소유의 토지를 B가 불법 점거하여, A가 B를 상대로 임대료 상당의 부당이득의 반환을 청구하면서 B가 그 토지를 A에게 명도할 때까지의 장래의 이득을 청구하는 것을 들 수 있다.

2) 채권, 채무면제(적극)

부당이득이 성립하기 위한 요건인 '이익'을 얻은 방법에는 제한이 없다. ㉠ 가령 '채권'도 물권과 같이 재산의 하나이므로 그 취득도 당연히 이득이 되고 수익이 된다(대판 1996.11.22. 96다34009: 표준판례694).[2] ㉡ '채무를 면하는 경우'와 같이 어떠한 사실의 발생으로 당연히 발생하였을 손실을 보지 않는 것과 같은 '재산의 소극적 증가'도 이익에 해당한다(대판 2024.3.28. 2023다308911).

3) 입금직후 인출된 경우(소극)

"甲의 대리인 乙이, 토지의 소유자인 丙에게서 매도에 관한 대리권을 위임받지 않았음에도 대리인이라고 사칭한 丁으로부터 토지를 매수하기로 하는 매매계약을 체결하였고 이에 기하여 甲이 丙 명의의 계좌로 매매대금을 송금하였는데, 丙에게서 미리 통장과 도장을 교부받아 소지하고 있던 丁이 위 돈을 송금당일 전액 인출한 경우, 甲이 송금한 돈이 丙의 계좌로 입금되었다고 하더라도, 그로 인하여 丙이 위 돈 상당을 사실상 지배할 수 있는 상태에 이르렀다고 보기는 어려우므로 丙은 부당이득반환의무를 지지 않는다" (대판 2011.9.8. 2010다37325).

4) 상계계약

"상계계약은 당사자 사이에 서로 대립하는 채권이 유효하게 존재하는 것을 전제로 서로 채무를 대등액 또는 대등의 평가액에 관하여 면제시키는 것을 내용으로 하는 계약이다. 두 채권의 소멸은 서로 인과관계가 있으므로 한쪽 당사자의 채권이 불성립 또는 무효이어서 그 면제가 무효가 되면 상대방의 채무면제도 당연히 무효가 된다. 이때 상대방의 채권이 유효하게 존재하였던 경우라면, 그 채권은 여전히 존재하는 것이 되므로 채무자는 그 채무를 이행할 의무를 부담한다. 채무자가 이를 이행하지 않았다고 하더라도 그가 법률상 원인 없이 채무를 면하는 이익을 얻었다고 볼 수 없다(이는 그 채권이 시효로 소멸하게 되었다 하더라도 마찬가지이다 : 대판 2005.4.28. 2005다3113). 그리고 상대방의 채권도 불성립 또는 무효이어서 존재하지 않았던 경우라면, 채무자는 부존재하는 채무에 관하여 무효인 채무면제를 받은 것에 지나지 않으므로 채무를 이행할 의무도 없고 채무를 면하는 이익을 얻은 것도 아니다"(대판 2017.12.5. 2017다225978,225985: 표준판례678). 즉, 상계계약에서 한쪽당사자의 채권이 불성립 또는 무효인 경우와 양쪽 당사자의 채권이 모두 불성립 또는 무효인 경우 모두 부당이득이 성립하지 않는다.

5) 임차권의 양도담보권자를 상대로 임대인이 부당이득반환청구를 할 수 있는지 여부(소극)

임차인의 채권자와 임차인 사이에 '임차권의 양도담보계약'이 체결되었는데 "담보권자가 담보제공자(임차인) 아닌 제3자(임대인) 소유의 토지를 담보물로 이용하였다고 하더라도(양도담보권자의 간접점유) 현실적인 점유를 수반하지 아니하는 가치권의 이용만으로써는 담보권자에게 어떠한 '현실적인 이익'이 있었다고 할 수도 없고 또 이로 인하여 제3자의 현실적인 점유가 방해되었다고도 할 수 없다"(대판 2018.7.12. 2018다223269: 표준판례382).

3. 손해의 발생

수익이 있더라도 타인이 그로 인해 손해를 입지 않은 경우에는 부당이득은 성립하지 않는다. 즉 수익으로 인해 타인에게 손해가 발생하여야 한다. 손해도 실제의 손해에 한하는 것인지 문제될 수 있으나, 통설은 수익에 대응하여 통상 생길 수 있는 손해이면 족한 것으로 해석한다. 判例도 타인 소유의

---

[2] **[구체적 예]** 예를 들어 A가 B로부터 3,000만 원을 차용하면서 그 담보로 1억 원 상당의 토지를 양도하였다. A가 변제를 하지 않자 B는 담보권의 실행으로서 위 토지를 C에게 1억 원에 매도하였는데 3,000만 원은 한 달 후에 받기로 한 경우, B의 수익은 받은 돈 7,000만 원에서 피담보채권 3,000만 원을 공제한 금전 4,000만 원과 C로부터 받을 매매잔대금채권 3,000만 원이다. 따라서 B가 A에게 부당이득으로서 반환하여야 할 대상은 금전 4,000만 원과 3,000만 원 상당의 채권이지, 금전 7,000만 원이 아니다.

토지를 그의 승낙 없이 도로포장공사를 시행하여 주민과 차량의 통행에 제공한 경우에는 임대료 상당의 부당이득을 한 것으로 보아, 손해의 실제 여부를 엄격하게 요구하지 않는다(대판 1987.9.22. 86다카2151 등). 그리고 判例는 **토지소유자가 독점적이고 배타적인 사용수익권을 포기한 경우**(토지 내왕자를 위한 도로개설 등)에는 토지소유자에게 '손해'가 발생하였다고 할 수 없으므로, 토지소유자는 점유자를 상대로 부당이득반환청구를 할 수 없다고 한다(대판 1985.8.13. 85다카421 등 다수 ; 물권법정주의 D-3.참고).

4. 수익과 손해 사이의 인과관계

수익과 손해 사이의 인과관계는 사회관념상 그 연결이 인정되는 것으로 충분하며 직접적인 것일 필요는 없다는 것이 통설과 判例(대판 1966.10.4. 66다1441)의 입장이다.

Ⅱ-1. 부대청구 및 예상되는 항변 [C-82]

1. 부대청구

부대청구로(물론 아래의 악의의 수익자의 이자의 반환과 손해의 배상도 부대청구라 할 수 있다), 지연손해금의 청구에 있어서, 부당이득에 기한 이득반환채무는, 법률상 발생하는 채무로, 기한의 정함이 없는 채무이므로(제387조 2항) 이행청구(최고)에 의하여 이행지체에 빠지고(대판 2008.2.1. 2007다8914 등), 그 다음날부터 지연손해금을 청구할 수 있다. 이는 채무불이행에 기한 손해배상청구권의 성질을 가진다.[3]

2. 예상되는 항변

앞서 본 바와 같이 判例에 의하면 점유사용으로 인한 부당이득반환청구에 있어서는 수익자인 피고가 법률상 원인 있음을 항변으로 주장·증명하여야 한다. 그리고 선의의 점유자는 제201조 1항에 따라 과실수취권을 가지는바, 그런데 判例에 따르면 여기서 '선의'라 함은 과실수취권을 포함하는 권원이 있다고 오신하였을 뿐만 아니라, 오신할 만한 정당한 근거가 있는 경우를 말하므로(대판 1995.8.25. 94다27069), 피고가 선의의 점유자로서 제201조 1항에 의한 과실수취권이 있음을 항변하는 경우에 있어서는 권원에 대한 오신사실, 즉 선의는 제197조 1항에 의하여 추정되나, 그 오신에 대한 정당한 근거의 존재사실은 여전히 피고가 증명책임을 부담한다(대판 1979.11.27. 79다547).

피고가 선의의 점유자임을 주장하여 그 점유권원이 있다고 오신함에 대한 정당한 근거의 존재사실에 관한 증명까지 성공한 경우에는 그 사용이익을 반환할 의무가 부정되고, 이때 원고는 피고가 점유개시 이후 어느 시점에서 악의로 전환되었음을 재항변 사유로 주장할 수 있다. 다만 선의의 점유자라도 '본권에 관한 소'[4]에서 패소한 때에는 그 소가 제기된 때부터 악의의 점유자로 간주되므로(제197조 2항), 청구원인단계에서 원고의 부당이득주장이 일응 이유 있는 경우에는 소 제기 이후부터의 부당이득부분에 관하여는 항변을 배척하여야 한다.

---

[3] 부당이득에 기한 이득반환채무가 금전채무인 경우에는 그 손해의 발생의 증명은 필요하지 않고, 손해액에 대하여는 법정이율이 적용된다(제397조). 다만, 쌍무계약의 청산에서는 동시이행의 항변권이 유추되므로 그 존재효과에 의해 자기의 반환채무를 제공하지 않으면 이득반환채무는 이행지체에 빠지지 않게 된다.

[4] '본권에 관한 소'에는 소유권에 기하여 점유물의 인도나 명도를 구하는 소송은 물론, 부당점유자를 상대로 점유로 인한 부당이득의 반환을 구하는 소송도 포함된다(대판 2002.11.22. 2001다6213).

Ⅲ. 효과

[C-83]

1. 부당이득반환채권의 발생

① "여러 사람이 공동으로 법률상 원인 없이 타인의 재산을 사용한 경우의 부당이득의 반환채무는 특별한 사정이 없는 한 불가분적 이득의 반환으로서 불가분채무이다"(대판 2001.12.11. 2000다13948 : 5회, 8회, 9회 선택형). ② "어떤 물건에 대하여 직접점유자와 간접점유자가 있는 경우, 그에 대한 점유·사용으로 인한 부당이득의 반환의무는 동일한 경제적 목적을 가진 채무로서 서로 중첩되는 부분에 관하여는 일방의 채무가 변제 등으로 소멸하면 타방의 채무도 소멸하는 이른바 부진정연대채무의 관계에 있다"(대판 2012.9.27. 2011다76747: 표준판례688). [6회 기록형] ③ 부당이득금반환채권은 변제기의 정함이 없는 채권이므로, 성립함과 동시에 변제기에 도달하고(대판 2019.2.14. 2017다274703), **부당이득의 날**(채권이 발생한 때)로부터(무효인 경우 급부시부터 부당이득반환청구권의 소멸시효가 진행한다 ; 대판 2005.1.27. 2004다50143) 소멸시효가 진행한다(제166조 1항 참조). ④ 부당이득의 반환의무는 **이행기한의 정함이 없는 채무**이므로 그 채무자는 이행청구를 받은 때에 비로소 지체책임을 진다(제387조 2항)(대판 2008.2.1. 2007다8914: 표준판례711). [2회 기록형]

2. 제201조 내지 제203조와의 관계(민총 A-155.이하 참고)

(1) 선의점유자

일반적으로 원물반환(청구권자에게 물권적 청구권이 존재하는 경우)의 경우 '선의점유자의 과실수취권'과 관련하여 제201조 1항과 제748조 1항이 충돌하므로(제748조 1항은 현존이익의 범위 내에서 과실반환의무를 부담하나 제201조 1항은 과실반환의무를 부담하지 않는다), **제201조 1항이 제748조 1항의 특칙으로 적용된다고 본다**(대판 2003.11.14. 2001다61869: 표준판례197).

(2) 악의점유자 [17사법, 10행정]

원물반환의 경우에도 제748조의 적용을 전면적으로 배제하는 것은 아니다. 判例에 따르면 악의의 점유자가 타인 소유물을 권원 없이 점유함으로써 얻은 사용이익을 반환하는 경우 제201조 2항은 제748조 2항의 특칙이 아니므로 악의 수익자가 반환하여야 할 범위는 제748조 2항에 따라 정하여지는 결과 ⅰ) 임료 상당의 부당이익(사용이익) 및 ⅱ) 그에 따른 법정이자와 ⅲ) 위 부당이득 및 이자액에 대한 지연이자의 지급도 청구할 수 있다(제387조 2항 참조)고 한다(대판 2003.11.4. 2001다61869: 표준판례197 : 4회,11회 선택형).[5)]

3. 부당이득의 반환방법

(1) 원물반환의 원칙

수익자는 그가 받은 목적물 자체를 반환하는 것이 원칙이다(제747조 1항 전문). 判例는, '**채권을 부당이득한 경우의 반환방법**'에 관해 "만약 ⅰ) 채권의 이득자가 이미 그 채권을 변제받은 때에는 그 변제받은 금액이 이득이 되어 이를 반환하여야 할 것이나, ⅱ) 아직 그 채권을 현실적으로 추심하지 못한

---

5) "타인 소유물을 권원 없이 점유함으로써 얻은 사용이익을 반환하는 경우 민법은 선의 점유자를 보호하기 위하여 제201조 1항을 두어 선의 점유자에게 과실수취권을 인정함에 대하여, 이러한 보호의 필요성이 없는 악의 점유자에 관하여는 제201조 2항을 두어 과실수취권이 인정되지 않는다는 취지를 규정하는 것으로 해석되는바, 따라서 악의 수익자가 반환하여야 할 범위는 제748조 2항에 따라 정하여지는 결과 그는 받은 이익에 이자를 붙여 반환하여야 한다. 위 조문에서 규정하는 이자는 당해 침해행위가 없었더라면 원고가 위 임료로부터 통상 얻었을 법정이자 상당액을 말하는 것이므로, 악의 수익자는 위 이자의 이행지체로 인한 지연손해금도 지급하여야 할 것이다. 즉, 악의 점유자는 과실을 반환하여야 한다고만 규정한 민법 제201조 2항이, 민법 제748조 2항에 의한 악의 수익자의 이자지급의무까지 배제하는 취지는 아니기 때문에, 악의 수익자의 부당이득금 반환범위에 있어서 민법 제201조 2항이 민법 제748조 2항의 특칙이라거나 우선적으로 적용되는 관계를 이루는 것은 아니다"

경우에는 손실자는 채권의 이득자에 대하여 그 채권의 반환을 구하여야 하고, 그 채권 가액에 해당하는 금전의 반환을 구할 수는 없으며, 이는 결국 부당이득한 채권의 양도와 그 채권양도의 통지를 그 채권의 채무자에게 하여 줄 것을 청구하는 형태가 된다"(대판 1995.12.5. 95다22061)고 한다.

(2) 가액반환

수익자가 그 받은 목적물을 반환할 수 없는 때에는 그 가액을 반환하여야 한다(제747조 1항). 원물을 처분한 경우에는 그 처분 당시의 대가가 가액이 되고, 그 후 물건의 가격이 앙등하였다고 하여 앙등한 가격으로 계산한 금액이 이득이 되지 않는다(대판 1995.5.12. 94다25551). 수익자가 받은 물건이 '대체물'인데 이를 소비 또는 멸실한 경우, 다른 대체물로 반환하여야 하는 것이 아니라 그 가액으로 반환하여야 한다(대판 1965.4.27. 65다181).

4. 수익자의 반환범위

(1) 선의의 수익자

1) 선의수익자의 개념

'선의수익자'란 자기가 얻은 이익이 법률상 원인 없음을 알지 못하는 수익자를 말하는데, 그의 과실 유무는 문제되지 않는다. 수익자의 악의에 대해서는 손실자가 증명책임을 진다(제197조 1항 참조). 수익자의 선·악의는 수익시를 표준으로 판단되지만, 선의수익자가 제749조에 의하여 악의수익자로 간주될 수 있다.

2) 선의수익자의 반환범위

가) 현존이익의 개념

선의의 수익자는 '현존이익'의 범위에서 부당이득반환책임을 진다(제748조 1항). '현존이익'이란 수익으로서 받은 목적물 자체 또는 그 가액으로서 남아있는 것을 말한다. 급부받은 물건을 매각하여 그 대금을 가지고 있거나, 금전을 이득하여 타인에게 빌려주거나 은행에 예금하거나 생활비에 쓴 경우에 이득은 현존하는 것이 된다.

나) 운용이익의 경우

부당이득한 재산에 수익자의 행위가 개입되어 얻어진 이른바 '운용이익'의 경우, 그것이 사회통념상 수익자의 행위가 개입되지 아니하였더라도 부당이득된 재산으로부터 손실자가 통상 취득하였으리라고 생각되는 범위 내에서는 반환해야 할 이득의 범위에 포함된다. 다만 '물건'의 선의의 수익자는 과실을 취득할 권리가 있고(제201조 1항), '금전'의 선의의 수익자도 매매 등 쌍무계약의 경우에는 제587조의 유추적용에 의하여 마찬가지로 과실을 취득할 권리가 인정되기 때문에(대판 1993.5.14. 92다45025: 표준판례697), 이 경우에는 수익자가 운용이익을 얻었더라도 그것은 부당이득의 반환범위에 포함되지 않는다.

다) 손실액과 이득액이 차이가 나는 경우

손실액이 이득액보다 적을 경우에는 손실액의 한도에서만 이득액을 반환할 의무가 있다(대판 1968.7.24. 68다905). 즉 **이득의 범위 내에서 그리고 상대방의 손실의 범위 내에서**(양자 가운데 적은 쪽을 기준) **반환하면 된다**(부당이득이 손해배상과 다른 점이다). 그러나 이득과 손실의 범위가 동일하다고 보아, 이득한 것과 동액의 손해를 상대방에게 준 것으로 보는 判例도 있다.

예를 들어 ㉠ "타인 소유의 토지 위에 권한 없이 건물을 소유하고 있는 자(이는 건물 소유자가 미등기건물의 원시취득자로서 그 건물에 관하여 사실상의 처분권을 보유하게 된 양수인이 따로 존재하는 경우에도 다르지 않다)는 그 자체로써 특별한 사정이 없는 한 법률상 원인 없이 타인의 재산으로 인하여 토지의 차임에 상당하는 이익을 얻고 이로 인하여 타인에게 동액 상당의 손해를 주고 있다고 보아야 한다"(대판 1998.5.8. 98다2389 : 1회 선택형)고 판시한 내용이나, [17법행] ㉡ "타인의 토지 위에 정당한 권원 없이 시설물을 설치·소유함으로써 그 시설물에 관련된 법규에 의하여 이격거리를 두어야 하는바, 그로 인하여 나머지 토지 부분이 과소(過小)토지(면적이 너무 작은 토지)로 남게 되어 사실상 소유자가 그 과소토지 부분을 자신이 원하는 용도로 사용할 수 없게 된 경우에, 그 토지의 소유자는 당해 토지 전부에 대한 사용불능으로 인한 손해를 입게 되었다 할 것이고 그 사용불능은 당해 시설물의 설치로 인하여 발생한 것이므로 사회통념상 그 과소토지 부분도 당해 시설물을 설치·소유한 자가 사용·수익하고 있다고 봄이 부당이득제도의 이념인 공평의 원칙에도 부합한다"(대판 2001.3.9. 2000다70828)고 판시한 내용을 들 수 있다.

라) 증명책임

判例는 금전의 경우에는 이득의 현존을 추정하지만(대판 1987.8.18. 87다카768), 그 밖의 경우에는 이를 부정하면서 반환청구권자가 현존이익의 사실을 입증하여야 하는 것으로 본다(대판 1970.2.10. 69다2171). 그리고 최근에는, 그 취득한 것이 성질상 계속적으로 반복하여 거래되는 물품으로서 곧바로 판매되어 환가될 수 있는 금전과 유사한 대체물인 경우에도 이득이 현존하는 것으로 추정한다(대판 2009.5.28. 2007다20440,20457: 표준판례695 ; 이 판결은 비디오폰을 비롯한 각종 통신제품이 문제된 경우이다).

[판례검토] 검토하건대, 부당이득제도의 취지에 비추어 이득의 현존이 추정되고, 따라서 수익자가 현존이익이 없음을 입증하여야 하는 것으로 해석하는 것이 타당하다(다수설).

(2) 악의의 수익자

1) 악의수익자의 개념 [5회 사례형, 11법무, 10행정]

'악의수익자'란 법률상 무원인을 야기하는 사정뿐만 아니라 그 법적 효과도 의식하면서 이득한 자를 말한다(대판 2010.1.28. 2009다24187,24194: 표준판례698 : 11회 선택형).[6] 즉, 자신의 이익 보유가 법률상 원인 없는 것임을 인식하는 것을 말하고, 그 이익의 보유를 법률상 원인이 없는 것이 되도록 하는 사정, 즉 부당이득반환의무의 발생요건에 해당하는 사실이 있음을 인식하는 것만으로는 부족하다(대판 2018.4.12. 2017다229536). 가령 사기·강박 등에 기한 행위로 상대방으로부터 이득한 자는 악의수익자이나, 착오 때문에 취소된 경우 수익자는 그 취소 전에는 선의인 반면, 취소 후에는 악의라고 할 것이다(대판 1993.2.26. 92다48635).[7]

2) 수익자가 악의라는 점에 대한 증명책임

부당이득의 수익자가 악의라는 점에 대하여는 이를 주장하는 측에서 증명책임을 진다(대판 2018.4.12. 2017다229536).

3) 악의수익자의 반환범위

악의의 수익자는 그 받은 이익에 이자를 붙여 반환하고 손해가 있으면 이를 배상하여야 한다(제748조 2항)(이때의 '손해배상'은 부당이득이 아니라 불법행위책임으로서, 민법은 악의의 수익자에 대하여는 부당이득을 이유로 손해배상도 청구할 수 있는 특칙을 규정한 것이다). 수익자가 이익을 받은 후 법률상 원인 없음을

---

[6] "따라서 계약명의신탁에서 명의수탁자가 수령한 매수자금이 명의신탁약정에 기하여 지급되었다는 사실을 알았다고 하여도 그 명의신탁약정이 부동산 실권리자명의 등기에 관한 법률 제4조 제1항에 의하여 무효임을 알았다는 등의 사정이 부가되지 아니하는 한 명의수탁자가 그 금전의 보유에 관하여 법률상 원인 없음을 알았다고 쉽사리 말할 수 없다"

[7] "부당이득의 수익자가 선의이냐 악의이냐 하는 문제는 오로지 법률상 원인 없는 이득임을 알았는지의 여부에 따라 결정되는 것이므로, 매매계약이 매도인의 기망행위를 이유로 하여 취소된 것이라고 하더라도 그 사유를 들어 매수인의 수익자로서의 악의성을 부정할 수 없으며"

안 때에는 그때부터 악의의 수익자로서 이익반환의 책임이 있고, 선의의 수익자가 패소한 때에는 '그 소'를 제기한 때부터 악의의 수익자로 본다(제749조).

> **[청구취지 기재례]** 甲이 악의의 수익자 乙에게 '원금 1억 원, 지급일자 2024. 1. 20.'인 가액반환을 청구하는 경우 청구취지 기재례는 "피고는 원고에게 100,000,000 및 이에 대한 2024. 1. 20.부터 이 사건 소장부본 송달일까지는 연 5%의, 그 다음날부터 다 갚는 날까지는 연 12%의 각 비율로 계산한 돈을 지급하라"
> ☞ ① '받은 이익'인 원금 1억 원 + ② '이자'인 연 5%의 법정이자(받은 날 2024.1.20.부터 이행청구시인 소장부본송달일까지) + ③ '손해'인 원금 1억 원 및 이자에 대한 소송촉진 등에 관한 특례법 연 12%의 지연이자(부당이득반환채무는 기한의 정함이 없는 채무로 이행청구시인 소장부본송달일 다음날부터 지연손해금)

① 민법 제749조 제2항에서의 '패소한 때'라 함은 점유자 또는 수익자가 종국판결에 의하여 패소 확정되는 것을 뜻하지만, 이는 악의의 점유자 또는 수익자로 보는 효과가 그때 발생한다는 것뿐이고 점유자 등의 패소판결이 확정되기 전에는 이를 전제로 하는 청구를 하지 못한다는 의미가 아니다. 그러므로 소유자가 점유자 등을 상대로 물건의 반환과 아울러 권원 없는 사용으로 얻은 이익의 반환을 청구하면서 물건의 반환 청구가 인용될 것을 전제로 하여 그에 관한 소송이 계속된 때 이후의 기간에 대한 사용이익의 반환을 청구하는 것은 허용된다(대판 2016.7.29. 2016다220044 : 표준판례700).

② 민법 제749조 2항에서의 '그 소'라 함은 부당이득을 이유로 그 반환을 구하는 소를 가리킨다는 점에서 민법 제197조 2항의 '본권에 관한 소'와 다르다(대판 1987.1.20. 86다카1372 : 2회 선택형). 즉, 제197조 2항의 '본권에 관한 소'에는 소유권에 기하여 점유물의 인도나 명도를 구하는 소송은 물론, 부당점유자를 상대로 점유로 인한 부당이득의 반환을 구하는 소송도 포함됨을 주의하여야 한다(대판 2002.11.22. 2001다6213 : 표준판례699).

5. 악의무상전득자의 책임

부당이득을 반환해야 할 수익자가 무자력 등으로 인하여 그 이익을 반환할 수 없는 경우에는 수익자로부터 '무상'으로 부당이득의 대상 목적물을 양수한 '악의'의 제3자가 있는 때에는 그 제3자가 반환의무를 진다(제747조 2항). 악의전득자 자신에 대하여 부당이득요건이 충족되지 않은 경우에도 반환책임이 인정된다. 즉, 부당이득반환청구권이 확장된다.

Ⅳ. 특수부당이득
[C-84]

1. 비채변제

채무가 없음에도 불구하고 채무자로서 변제하였다면 당연히 부당이득반환채권을 갖는다(제741조). 그러나 ① 채무 없음을 알고 이를 변제하거나(제742조), ② 채무 없는 자가 착오로 인하여 변제한 경우에 그 변제가 도의관념에 적합한 때(제744조)에는 그 반환을 청구하지 못한다.[8] 한편, 강제집행에 의한 채권의 만족은 변제자의 의사에 기하지 아니하고 행하여지는 것으로서 비채변제가 성립되지 아니한다(대판 2018.11.29. 2017다286577).

(1) 악의의 비채변제(제742조)

주의할 점은 채무 없음을 알지 못한 경우에는 그 과실 유무를 불문하고 제742조는 적용되지 아니한

---

[8] **[구별]** 착오변제는 원칙적으로 수령자에게 부당이득반환청구가 가능하고, 다만 도의관념에 적합한 경우(제744조)와 선의로 증서를 훼멸하거나 담보를 포기하거나 시효로 인하여 그 채권을 잃은 때(제745조 1항)에는 반환청구가 제한된다. 다만 전자의 착오는 '자신에게 채무가 없음을 모른 것'이고 후자의 착오는 '타인의 채무임을 모른 것'이다. 따라서 후자의 착오는 변제자가 진정한 채무자에게 구상할 수 있는 명문의 규정을 두고 있으나(제745조 2항), 전자의 경우는 그러한 규정이 없다는 점에서 차이가 있다.

다(대판 1998.11.13. 97다58453)는 점과 변제를 강제당한 경우나 변제거절로 인한 사실상의 손해를 피하기 위하여 부득이 변제하게 된 경우 등 그 변제가 자기의 자유로운 의사에 반하여 이루어진 것으로 볼 수 있는 사정이 있는 때에는 지급자가 그 반환청구권을 상실하지 않는다(대판 1997.7.25. 97다5541: **표준판례**702 : 4회 선택형)는 점이다.

(2) 도의관념에 적합한 비채변제(제744조)

① "제744조가 정하는 도의관념에 적합한 비채변제에서 변제가 도의관념에 적합한 것인지는 '객관적인 관점'에서 급부를 수령자가 그대로 보유하는 것이 일반인의 법감정에 부합하는지에 따라 판단하고 이에 대한 증명책임은 '급부수령자'에게 있다"(대판 2024.10.8. 2024다257362).

② "공무원이 직무수행 중 불법행위로 타인에게 손해를 입힌 경우에 국가 등이 국가배상책임을 부담하는 외에 공무원 개인도 고의 또는 중과실이 있는 경우에는 불법행위로 인한 손해배상책임을 지고, 공무원에게 경과실이 있을 뿐인 경우에는 공무원 개인은 손해배상책임을 부담하지 아니한다(대판 1996.2.15. 95다38677). 이처럼 경과실이 있는 공무원이 피해자에게 손해를 배상하였다면 그것은 채무자 아닌 사람이 타인의 채무를 변제한 경우에 해당하고, 이는 민법 제469조의 '제3자의 변제' 또는 민법 제744조의 '도의관념에 적합한 비채변제'에 해당하여 피해자는 공무원에 대하여 이를 반환할 의무가 없다. 이 경우 공무원은 출연 없이 채무를 면하게 된 국가에 대해 국가의 피해자에 대한 손해배상책임의 범위 내에서 공무원이 변제한 금액에 대해 구상권을 취득한다"(대판 2014.8.20. 2012다54478).

2. 변제기 전의 변제

① 변제기에 있지 아니한 채무를 변제한 때에는 그 반환을 청구하지 못한다. 그러나 채무자가 착오로 인하여 변제한 때에는 채권자는 이로 인하여 얻은 이익(중간이자 등)을 반환하여야 한다(원본을 반환받는 것이 아님)(제743조).

주의할 점은 변제기 전임을 안 때에는 기한의 이익을 포기한 것이 되고 본조의 적용은 없다(대판 1991.8.13. 91다6856)는 점과 채권자가 변제기까지 급부받은 것을 이용함으로써 사실상 이익을 얻은 때에 한해 반환책임을 지며, 그 범위에 관하여는 민법 제748조가 적용된다는 점이다.

② 判例는 "사용자가 근로자에 대하여 중간퇴직처리를 하면서 퇴직금을 지급하였으나 그 퇴직처리가 무효로 된 경우, 이는 착오로 인하여 변제기에 있지 아니한 채무를 변제한 경우에 해당한다고 할 수 없으므로, 이미 지급한 퇴직금에 대한 지급일 다음날부터 최종퇴직시까지의 연 5푼의 비율에 의한 '법정이자' 상당액은 부당이득에 해당하지 않는다"(대판 2005.2.25. 2004다34790)고 한다(지급한 퇴직금에 대해서는 무효를 이유로 부당이득의 반환을 청구할 수는 있다).

3. 타인 채무의 변제

(1) 타인의 채무임을 알고 변제한 경우

이는 제3자의 변제로서 유효한 변제가 되므로(제469조), 변제자와 채권자 사이에는 부당이득의 문제가 생기지 않고 변제자는 채무자에 대해 사무관리 또는 부당이득에 기한 청구권을 행사할 수 있다.

(2) 자신의 채무로 착오하고 변제한 경우

원칙적으로 변제자는 그 급부를 부당이득으로서 반환청구할 수 있다. 그러나 채권자가 선의로 증서를 훼멸하거나 담보를 포기하거나 시효로 인하여 그 채권을 잃은 때에는 변제자는 그 반환을 청구하지 못한다(제745조 1항)(1회 선택형). 이러한 경우에 변제자는 채무자에 대하여 구상권을 행사할 수 있다(제745조 2항).

4. 불법원인급여(쟁점 15. 참고)

[쟁점 15] 불법원인급여

I. 서 설
[C18-1]

1. 의 의

> 제746조(불법원인급여) 불법의 원인으로 인하여 재산을 급여하거나 노무를 제공한 때에는 그 이익의 반환을 청구하지 못한다. 그러나 그 불법원인이 수익자에게만 있는 때에는 그러하지 아니하다.

2. 취 지

만약 불법원인에 의한 급부의 반환을 인정한다면, 이는 사회질서에 반하는 법률행위를 한 자를 보호하는 결과가 되어 제103조에서 사회적 타당성이 없는 행위의 효력을 부인하는 취지와 모순된다(스스로 불법을 저지른 자가 그 불법을 원용하여 법의 보호를 요구하는 것은 허용되지 않는다는 원리에 근거한 제도). 즉, 제746조는 제103조와 표리를 이루는 것으로서 '사법의 이상'을 표현하고 있는 것으로서 "사회적 타당성이 없는 행위의 결과를 복구하려는 자에 대하여 법적 보호를 거절함으로써 소극적으로 법적 정의를 유지하는 취지"(대판 1994.12.22. 93다55234)이다.

II. 요 건
[C18-2]

불법원인급여에 해당하기 위해서는 ⅰ) '불법'한 ⅱ) '원인'에 기하여 ⅲ) '급여(종국적인 급부)'가 있을 것을 요한다(제746조).

1. 불 법

① 통정허위표시, ② 강행법규(국토이용관리법, 사립학교법, 부동산실명법) 위반, ③ 제103조·제104조 위반으로 인한 부당이득반환시 제746조 적용여부를 검토할 필요가 있다.

(1) 판 례

"제746조의 불법원인은 설사 법률(강행규정)의 금지함에 위반한 경우라 할지라도 그것이 선량한 풍속 기타 사회질서에 위반하지 않는 경우에는 이에 해당하지 않는다"고 판시하여 동일개념설의 입장이다(대판 1983.11.22. 83다430 : 2회, 4회 선택형).[9] [11행정]

(2) 검 토

불법원인급여에 대하여 반환청구를 부인하는 이유가 스스로 사회적 타당성이 없는 행위(제103조 위반행위)를 하였다고 주장하여 그 결과를 회복하려고 하는 자에 대하여는 법의 보호를 거부한다는 점에 있다는 점을 고려할 때, 제746조의 불법을 제103조의 불법과 동일한 개념으로 이해하는 判例의 태도가 타당하다.

---

9) [학설] ① 선량한 풍속 기타 사회질서위반 뿐만 아니라 강행법규위반을 포함한다는 '광의설'(불법개념확대설), ② 불법은 선량한 풍속 기타 사회질서에 위반하는 것만을 의미하고 강행법규위반은 포함되지 않는 것으로 보는 '협의설'(동일개념설) ③ 불법의 범위를 한층 더 좁혀서 선량한 풍속위반의 경우에만 한정된다는 '최협의설'(불법개념축소설)의 대립이 있다.

2. 원 인

급부의 원인이 불법이어야 하는데 ① 급부가 선행하는 법률행위에 기하여 행하여지는 경우에는 그 법률행위가 급부의 원인이고, ② 선행하는 법률행위 없이 행하여지는 경우에는 그 급부에 의하여 달성하려고 하는 사회적 목적이 급부의 원인이다.

3. 급 여(급부)

여기서의 급부는 급부자의 자발적 의사에 의한 재산적 가치 있는 출연을 의미한다. 그리고 **급부는 '종국적'인 것이어야 한다**. 따라서 급부대상이 부동산인 경우에는 등기가 있어야 하고 동산인 경우에는 인도가 있어야 한다.

*判例*도 급부의 수령자가 이를 실현하려면 국가의 협력 내지 법의 보호를 기다려야 하는 경우는 제746조의 급부가 아니라고 보았다. ㉠ 즉, '도박채무의 담보로 부동산에 근저당권을 설정'한 경우, 수령자가 그 이익을 얻으려면 경매신청을 하여야 하는 별도의 조치를 요하는 점에서 그 급부는 종국적인 것이 아니어서 말소를 청구할 수 있다고 한다(대판 1995.8.11. 94다54108: 표준판례703 : 5회,11회 선택형). ㉡ 다만 '도박채무의 양도담보로 이전해 준 (가등기 후) 소유권이전등기'는 제746조의 불법원인급여에 해당하여 그 말소를 청구할 수 없다고 하였다(대판 1989.9.29. 89다카5994). [판례검토] 근저당권의 경우에는 그 실행을 위해 경매절차 등 국가의 협력이 필요하다는 점에서 종국적인 급여가 될 수 있는 사적실행이 가능한 양도담보와는 그 사정이 다르므로, *判例*의 결론은 구체적 타당성이 있다고 생각된다.[10]

Ⅲ. 효 과 [C18-3]

1. 원 칙

(1) 이익반환의 불허

급부자는 수익자가 얻은 이익의 반환을 청구하지 못한다(제746조 본문).

(2) 소유권에 기한 반환청구의 가부

1) 급부자의 상대방에 대한 물권적 청구권 행사가부(소극)

*判例*는 제746조는 사회적 타당성 없는 행위를 한 사람이 스스로 불법한 행위를 주장하여 복구하려는 것을 그 형식여하에 불구하고 인정하지 않겠다는 이상을 표현한 것이라고 하여 소유권에 기한 물권적 반환청구권을 부정하였고, 그 '반사적 효과'로서 급여한 물건의 소유권은 급여를 받은 상대방에게 귀속하게 된다고 한다(대판 1979.11.13. 전합79다483: 표준판례705 : 5회 선택형). [07 · 11행정]

2) 급여를 받은 자의 제3자에 대한 물권적 청구권 행사가부(소극)

그러나 불법원인급여를 받은 상대방도 제3자에게 소유권에 기한 물권적 청구권을 행사할 수 없다. 만약 甲이 乙회사 직원의 배임행위에 적극가담하여 그에게 별도의 대가제공을 약속하면서 원래 공매대상이었던 乙회사 소유 X건물을 저렴하게 매수하고 甲명의로 소유권이전등기를 마쳤다면(제103조 위반) 그 후 甲이 X건물을 매매계약 전부터 사용하고 있는 불법점유자 丙을 상대로 소유권에 기해 X건물의 인도를 구하는 소를 제기하더라도 이는 인용될 수 없다(대판 2016.3.24. 2015다11281 : A-89. 참고).[11]

---

10) 박기동, 주석민법, 채권각칙(5), p.517 참고
11) "선량한 풍속 기타 사회질서에 위반한 사항을 내용으로 하는 법률행위의 무효는 이를 주장할 이익이 있는 자는 누구든지 무효를 주장할 수 있다. 따라서 반사회질서 법률행위를 원인으로 하여 부동산에 관한 소유권이전등기를 마쳤다 하더라도 그 등기는 원인무효로서 말소될 운명에 있으므로 등기명의자가 소유권에 기한 물권적 청구권을 행사하는 경우에, 그 권리 행사

(3) 불법원인 급여자의 상대방에 대한 불법행위에 기한 손해배상청구 가부(소극)

판례는 "불법원인 급여자의 불법행위에 기한 손해배상청구를 인용한다면, 이는 결국 자신이 행한 급부 자체 또는 그 경제적 동일물을 환수하는 것과 다름없는 결과가 되어, 제746조에서 구체화된 법이념에 반하게 되는 것"이라고 하여 불법행위에 기한 손해배상청구권을 부정한다[대판 2013.8.22. 2013다35412: 표준판례706 ; 그러나 예외적으로 반환청구가 허용되는 바와 같이 불법성이 상대방에게만 있거나 그의 불법성이 급여자의 불법성보다 현저히 크다고 평가되는 경우에는 이를 긍정하고 있다](5회 선택형).

(4) 계약해제를 원인으로 하는 반환청구 가부(소극)

"불법원인급여에 관한 민법 제746조의 규정취지는 민법 제103조와 함께 사법의 기본이념으로 사회적 타당성이 없는 행위를 한 사람은 형식 여하를 불문하고 스스로 한 불법행위의 무효를 주장하여 복구를 소구할 수 없다는 법의 이상을 표현하는 것이고 부당이득반환청구권만을 제한하는 규정이 아니므로, 불법의 원인으로 인하여 금원을 급여한 사람이 금원의 교부가 송금위탁계약에 기한 것으로 이의 '해제'를 전제로 반환을 구하는 것도 허용되지 아니한다"(대판 1992.12.11. 92다33169: 표준판례704).

2. 예외적으로 반환청구가 허용되는 경우

(1) 일방만의 불법원인

불법원인이 수익자에게만 있는 경우에는 예외적으로 급부한 것의 반환을 청구할 수 있다(제746조 단서). 제104조의 불공정한 법률행위가 이에 해당한다.

> [관련판례] "보험계약자가 타인의 생활상의 부양이나 경제적 지원을 목적으로 보험자와 사이에 타인을 보험수익자로 하는 생명보험이나 상해보험 계약을 체결하여 보험수익자가 보험금 청구권을 취득한 경우, 보험자의 보험수익자에 대한 급부는 보험수익자에 대한 보험자 자신의 고유한 채무를 이행한 것이다. 따라서 보험자는 보험계약이 (제103조에 반하여) 무효이거나 해제되었다는 것을 이유로 보험수익자를 상대로 하여 그가 이미 보험수익자에게 급부한 것의 반환을 구할 수 있고, 이는 타인을 위한 생명보험이나 상해보험이 제3자를 위한 계약의 성질을 가지고 있다고 하더라도 달리 볼 수 없다"(대판 2018.9.13. 2016다255125).
>
> [판례검토] 불법의 원인은 보험계약자에게만 있고, 보험자와 보험수익자에게는 불법의 원인이 없으므로 제746조 단서가 아니라 제741조가 적용된 사례이다.

(2) 불법성 비교론

1) 판 례

판례는 불법성비교론에 따라 수익자의 불법성이 급여자의 불법성보다 현저히 크다면 신의칙에 따라 제746조 본문의 적용을 배제하고, 급여자의 반환청구를 허용하여야 한다는 입장이다(5회 선택형). 이러한 판례에 따르면 제746조의 엄격성은 다소 완화된다.

① [이중양도법리] 명의신탁과 관련하여 명의수탁자의 매도행위가 반사회질서 위반으로 무효로 된 경우, 판례는 매도인인 명의수탁자의 불법성이 매수인의 불법성보다 크다고 하여 매수인의 매매대금반환청구를 인용함으로써 최초로 '불법성 비교론'을 받아들였다(대판 1993.12.10. 93다12947: 표준판례707).[12]

의 상대방은 위와 같은 법률행위의 무효를 항변으로서 주장할 수 있다고 할 것이다"

12) "원고(제3자)와 제1심 피고들(명의수탁자) 사이의 이 사건 토지에 관한 매매계약은 원고와 제1심 피고들이 상호 공모하여 이루어진 것으로서 원고와 제1심 피고들에게 모두 불법성이 있었다고 할 것이나, 위 종중으로부터 명의신탁해지를 원인으로 이 사건 토지에 관하여 소유권이전등기청구의 소를 제기당하여 그 패소판결을 선고받은 바 있는 제1심 피고들(명의수탁자)로서는 원고(제3자)측의 권유가 있다고 하더라도 이에 절대로 응하지 말아야 할 것이므로, 제1심 피고들의 위와 같은 불법성은 명의신탁된 토지임을 알면서 명의수탁자인 제1심 피고들을 권유하여 매매계약을 체결한 원고측의 불법성보다 더욱 크다고 할 것이고, 따라서 급여자인 원고측보다 더 큰 불법을 저지른 수령자측인 피고들이 위 매매대금의 지급이 불법원인급여임을 이유로 그 반환을 거절하는 것은 신의칙에 위반되어 허용될 수 없고"

[판례검토] 그러나 명의수탁자의 배임행위를 적극권유한 제3자의 불법성보다 이에 응한 명의수탁자의 불법성이 현저히 크다고 할 수 있을지는 의문이다.

② **[사기바둑]** 判例는 수익자(사기도박의 가해자)의 불법성의 정도가 급여자(사기도박의 피해자)의 불법성보다 현저히 크다는 이유로 도박 채무의 이행으로 대물변제한 부동산의 반환 청구를 인용한 적이 있다(대판 1997.10.24. 95다49530).[13]

③ **[무효인 이자의 임의지급]** 그리고 判例는 선량한 풍속 기타 사회질서에 위반하여 무효인 부분의 이자약정을 원인으로 차주가 대주에게 임의로 지급한 이자의 반환을 청구할 수 있는지 여부와 관련하여 대주의 불법성이 차주의 불법성보다 크다고 하여 긍정한 적이 있다(대판 2007.2.15. 전합2004다50426).

2) 검 토

불법성비교론은 불법성의 비교와 관련하여 **명확한 기준이 없어 법관의 자의적인 판단**이 이루어질 수 있고, 이 이론에 의하면 대부분 당사자의 불법성을 비교하여 한 당사자의 우위를 인정하게 될 것이어서 **제746조 본문이 사문화될 우려가 크기 때문에,** 불법성 비교론은 우리 민법상 인정하기 어렵다(다수설).

Ⅳ. 관련문제
[C18-4]

1. 제746조와 불법행위로 인한 손해배상청구권

타인의 불법행위를 이유로 손해배상을 청구하는 경우에 자기의 불법한 급부를 하였음을 진술하여야 할 때에는 제746조의 취지를 적용하여 배상청구를 거절하여야 한다.

2. 제746조와 제742조의 관계

계약이 불법하기 때문에 채무가 무효인줄 알면서 그 채무를 이행한 경우에는 제746조의 불법원인급여가 되는 동시에 악의의 비채변제(제742조)가 된다. 그러나 이때에는 제746조가 우선하게 되므로, 만약 제746조 단서에 해당한다면 비록 채무가 무효임을 알면서 이행하였더라도 반환청구할 수 있다.

3. 불법원인급여의 반환약정

(1) 급여와 동시에 이루어지는 경우

수령자가 급부받을 때 만일 불법한 목적이 달성되지 않으면 반환한다고 약정하였다면 그 특약은 무효이다(대판 1991.3.22. 91다520).

(2) 급여 이후에 사후적으로 이루어지는 경우

① 判例는 종래에 급여물을 그대로 반환하기로 한 경우이든(아래 94다51994판결), 급여물이 아닌 다른 물품의 지급을 받기로 한 경우이든(대판 1964.7.21. 64다389) 반환약정은 불법원인급여의 반환을 구하는 범주에 속하는 것으로서 무효라고 하였다.

[관련판례] "당사자의 일방이 상대방에게 공무원의 직무에 관한 사항에 관하여 특별한 청탁을 하게 하고 그에 대한 보수로 돈을 지급할 것을 내용으로 한 약정은 사회질서에 반하는 무효의 계약이고, 따라서 민법 제746조에 의하여 그 대가의 반환을 청구할 수 없으며, 나아가 그 돈을 반환하여 주기로 한 약정도 결국 불법원

---

[13] "급여자가 수익자에 대한 도박 채무의 변제를 위하여 급여자의 주택을 수익자에게 양도하기로 한 것이지만 내기바둑에의 계획적인 유인, 내기바둑에서의 사기적 행태, 도박자금 대여 및 회수 과정에서의 폭리성과 갈취성 등에서 드러나는 수익자의 불법성의 정도가 내기바둑에의 수동적인 가담, 도박 채무의 누증으로 인한 도박의 지속, 도박 채무 변제를 위한 유일한 재산인 주택의 양도 등으로 인한 급여자의 불법성보다 훨씬 크다고 보아 급여자로서는 그 주택의 반환을 구할 수 있다"

인급여물의 반환을 구하는 범주에 속하는 것으로서 무효이고, 그 반환약정에 기하여 약속어음을 발행하였다 하더라도 채권자는 그 이행을 청구할 수 없다"(대판 1995.7.14. 94다51994).
② 그런데 최근에는 "반환약정 자체가 사회질서에 반하여 무효가 되지 않는 한 유효하고, 무효여부는 반환약정 그 자체의 목적뿐만 아니라 당초의 불법원인급여가 이루어진 경우, 쌍방당사자의 불법성의 정도, 반환약정의 체결과정 등 제103조 위반 여부를 판단하기 위한 요소를 종합적으로 고려하여 결정해야 한다"고 한다(대판 2010.5.27. 2009다12580 : 표준판례708 : 4회 선택형).
예컨대 범죄를 행하는 대가를 먼저 수수한 당사자가 그것을 하지 않고 반환하기로 약정하는 경우에는 그 계약이 유효하다고 하여야 하나, 이미 불법한 목적이 달성되었거나 목적달성이 불가능하기 때문에 어쩔 수 없이 반환하기로 한 경우에는 반환계약이 사회질서에 반하여 무효라고 하여야 한다.[14]

4. 임의반환

불법원인급여의 수령자가 임의로 급여된 물건이나 이에 갈음하여 다른 물건을 급여자에게 반환하는 것(임의반환)은 선량한 풍속 기타 사회질서에 위배되는 것은 아니다(대판 1964.10.27. 64다798,799). 제746조는 불법원인급여자의 반환청구를 법률상 보호하지 않겠다는 것일 뿐이지 수령자의 급부 보유가 정당하다는 것은 아니기 때문이다.

판례연구 C-10

★ 불법원인급여의 반환청구 [11 · 13사법]   대판 1983.4.26. 83다카57 ; 대판 1993.12.10. 93다12947

이중매매나 명의수탁자의 처분이 제103조 위반으로 무효로 되는 경우, 제1매수인이나 명의신탁자가 매도인이나 명의수탁자의 소유권이전등기의 말소청구를 대위행사할 수 있는지와 관련하여, 제746조(불법원인급여)가 적용된다면 대위할 청구권이 없다는 문제점이 발생한다.
제1의 매수인이나 명의신탁자의 보호를 위해 채권자대위권을 행사할 수 있다고 논리구성할 방법에 대하여 논하라.

Ⅰ. 문제제기

1. 이중매매 · 명의수탁자의 처분이 무효로 되는 경우

통설 · 判例는 자유경쟁의 원칙상 단지 이중매매라는 것만으로는 정의에 반한다고 보기 어려우나, 제2의 매수인이 매도인의 '배임행위에 적극가담'한 경우에는 정의관념에 반하므로 제103조 위반으로 무효라고 한다(대판 1994.3.11. 93다55289). 이러한 이중매매의 법리는 명의수탁자가 신탁자 몰래 부동산을 처분하는 경우에도 확장 적용되어, 매수인이 명의수탁자의 배임행위에 적극가담한 경우에는 반사회적 행위로서 무효라고 보고 있다(대판 1992.3.31. 92다1148).

2. 제1매수인 · 명의신탁자의 등기말소청구권의 대위행사 가부

제1매수인 · 명의신탁자는 현재 등기부상 소유명의자인 매수인에 대해 직접 말소등기를 청구할 수 없다. 따라서 매도인 · 명의수탁자의 등기말소청구권을 대위하여 등기를 말소한 후 이전등기를 경료해야 하는바, 관련하여 ① 채권자대위권의 행사요건을 충족하는지 여부와 ② 불법원인급여와의 관계가 문제된다.

Ⅱ. 채권자대위권의 행사요건 충족 여부

통설 · 判例는 채권자대위권의 행사요건 중의 하나인 '채권보전의 필요성'과 관련하여 채권자대위권제도의

---
14) 송덕수, 신민법강의(8판), D-580

취지상 원칙적으로 채무자의 무자력이 요청되나, 예외적으로 등기청구권과 같은 '특정채권'을 보전하기 위해서는 채무자의 자력과는 관계없이 채무자의 권리를 대위행사하는 것이 가능하다고 본다.

Ⅲ. 불법원인급여와의 관계

1. 문제점

반사회질서의 법률행위로 무효가 되는 경우에 있어서, 등기의 이전은 급여에 해당하고 매도인과 매수인 모두에게 불법의 원인이 있다고 보여지므로 제746조 본문이 적용된다고 할 수 있다. 따라서 매도인은 매수인의 등기의 말소를 청구할 수 없게 되고 결국 제1의 매수인·명의신탁자는 '대위할 권리'가 없게 되어 소유권을 취득할 수 없게 되는 것이 아닌가 하는 의문이 있다.

2. 불법원인급여와의 관계에 관한 견해의 대립

(1) 학 설

대체로 매도인의 반환청구를 인정하고 있으나, 그 근거에 대해서는 견해가 대립된다. 즉 ① 급부자의 불법성과 수령자의 불법성을 비교하여 수령자측의 불법성이 급부자측의 불법성보다 현저하게 클 때에는 반환청구를 인정하여야 한다는 '불법성비교론', ② 제746조의 불법은 선량한 풍속위반의 경우만을 가리킨다고 보는 견해로서, 이중매매는 사회질서에는 반할지라도 선량한 풍속위반은 아니므로 불법원인급여는 아니라고 보는 '선량한 풍속위반한정설', ③ 제746조는 스스로 불법을 저지른 자가 그 불법을 원용하여 법의 보호를 요구하는 것은 허용되지 않는다는 원리에 근거한 규정이므로, 이중매매와 같이 부동산 소유권이 궁극적으로 귀속되어야 할 제3자가 존재하는 경우에는 반환청구를 인정하여 제746조의 적용을 배제하여야 한다는 '법질서 자기모순금지의 원칙'에 의한 이론이 있다.

(2) 판 례

1) 이중매매의 경우

반사회적인 이중매매의 경우에 제1의 매수인은 매도인을 대위하여 제2의 매수인에 대해 등기의 말소를 청구할 수 있다고 하였으나(대판 1983.4.26. 83다카57 : 1회 선택형), 구체적인 논거는 제시하지 않았다.

2) 명의신탁의 경우

최근 명의신탁과 관련하여 명의수탁자의 매도행위가 반사회질서 위반으로 무효로 된 경우, 매도인인 명의수탁자의 불법성이 매수인의 불법성보다 크다고 하여 매수인의 매매대금반환청구를 인용함으로써 '불법성비교론'을 받아들인바 있다(대판 1993.12.10. 93다12947).

(3) 검토 및 사안의 경우

ⅰ) 불법성비교론은 불법성의 비교에 관한 명확한 기준이 없어 법관의 자의적인 판단이 이루어질 수 있고, ⅱ) 제746조는 사법의 기본이념을 표현함과 동시에 제103조와 표리관계에 있기 때문에 선량한 풍속위반한정설과 같이 '선량한 풍속 기타 사회질서'와 '불법'의 개념을 달리 보는 것은 부당하다. ⅲ) 따라서 제746조는 이중매매의 제1매수인 같이 부동산 소유권이 궁극적으로 귀속되어야 할 제3자가 존재하는 경우에는 적용되지 않는다는 견해가 타당하다. 결국 법질서 자기모순금지의 원칙에 따라 제1매수인이나 명의신탁자는 제404조에 의하여 매도인의 매수인에 대한 소유권이전등기말소청구권을 대위행사할 수 있다.

※ 참고로 이 경우 소유권을 잃게 되는 매수인은 쌍무계약을 지배하는 공평의 원칙에 비추어 대위청구에 의하여 소유권을 빼앗기는 범위에서는 매도인에게 이미 지급한 매매대금의 반환을 부당이득을 이유로 청구할 수 있다고 해석하여야 한다.

▶ [쟁점 15]

Ⅴ. 다수당사자 사이의 부당이득 [C-85]

1. 전용물소권(轉用物訴權) [4회 사례형, 11·14사법, 12행정] [C-85a]

┃ 쟁점구조 ┃

> 건물소유자 甲은 건물을 乙에게 임대하였고, 임차인 乙은 건물의 개수를 위하여 丙과 도급계약을 체결하였다. 수급인 丙은 공사를 완료한 후 임차인에게 건물을 인도하였고, 乙은 임대차계약이 종료하자 甲에게 위 건물을 반환하여 주었다. 그런데, 임차인 乙이 무자력이 된 경우 **수급인 丙의 구제수단은?**
>
> Ⅰ. 乙과 丙의 법률관계
> 　丙의 乙에 대한 수리대금청구권(제664조)
>
> Ⅱ. 甲과 乙의 법률관계
> 　乙의 甲에 대한 비용상환청구권(제626조)
>
> Ⅲ. 丙과 甲과의 법률관계
> 　① 丙이 乙의 비용상환청구권(제626조)을 대위행사 할 수 있는지 여부⇒ ② 丙이 甲에게 직접 부당이득반환청구를 행사할 수 있는지 여부(전용물소권)[15]

(1) 개 념

'전용물소권'이란 계약상의 급부가 계약의 상대방에 대해서뿐만 아니라 제3자의 이익이 된 경우에 급부를 행한 계약당사자가 그 제3자에 대해서 부당이득의 반환을 청구하는 권리이다. 예를 들어 수급인 丙이 임차인 甲과의 도급계약에 따라 임차물을 수선한 경우, 丙이 소유권자인 임대인 乙이 현재 그 이익을 누리고 있음을 이유로 乙에게 직접 수리대금 상당의 부당이득반환청구(전용물소권)를 할 수 있는지 문제된다. 특히 계약의 상대방이 무자력인 경우에 논의의 실익이 있다.

(2) 판 례(계, 일, 항)

判例는 "계약상의 급부가 계약의 상대방뿐만 아니라 제3자의 이익으로 된 경우에 급부를 한 계약당사자가 계약 상대방에 대하여 계약상의 반대급부를 청구할 수 있는 이외에 그 제3자에 대하여 직접 부당이득반환청구를 할 수 있다고 보면, ⅰ) 자기 책임 하에 체결된 계약에 따른 위험부담을 제3자에게 전가시키는 것이 되어 계약법의 기본원리에 반하는 결과를 초래할 뿐만 아니라, ⅱ) 채권자인 계약당사자가 채무자인 계약 상대방의 일반채권자에 비하여 우대 받는 결과가 되어 일반채권자의 이익을 해치게 되고, ⅲ) 수익자인 제3자가 계약 상대방에 대하여 가지는 항변권 등을 침해하게 되어 부당하므로, 위와 같은 경우 계약상의 급부를 한 계약당사자는 이익의 귀속 주체인 제3자에 대하여 직접 부당이득반환을 청구할 수는 없다"(대판 2002.8.23. 99다66564,66571: 표준판례691 : 7회,8회,9회 선택형)고 판시하여 **전용물소권을 부정하는 입장이다.**

[판례검토] 검토하건대, 계약상의 채권을 실현하기 위하여 부당이득반환청구권을 전용하는 것은 부당이득규정의 보충성에 비추어 부당하므로 判例의 태도가 타당하다.

---

[15] 만약 도급인과 소유자간의 관계가 점유자와 회복자(제201조 내지 제203조)와의 관계가 문제되는 경우라면 ① 전용물소권과 함께 ② 제203조 2항에 의한 유익비상환청구권이 문제된다. 다만 이 경우 도급인·수급인의 고의·과실 유무에 따라 유치권 행사가부가 달라질 것이다(제320조 2항 참고).

[관련판례] 甲 회사의 화물차량 운전자가 甲 회사 소유의 화물차량을 운전하면서 甲 회사의 지정주유소가 아닌 乙이 경영하는 주유소에서 대금을 지급할 의사나 능력이 없음에도 불구하고 상당량의 유류를 공급받아 편취한 다음 甲 회사의 화물운송사업에 사용하고 그 유류대금을 결제하지 않은 사안에서, 비록 위 유류가 甲 회사의 화물운송사업에 사용됨으로써 甲 회사에게 이익이 되었다 하더라도 乙은 계약당사자가 아닌 甲 회사에 대하여 직접 부당이득 반환을 청구할 수 없다(대판 2010.6.24. 2010다9269).

[관련판례] ✱ **사무관리와 전용물소권**
"전용물소권은 부정되는바, 이러한 법리는 그 급부가 사무관리에 의하여 이루어진 경우에도 마찬가지이다. 따라서 의무 없이 타인을 위하여 사무를 관리한 자는 타인에 대하여 민법상 사무관리 규정에 따라 비용상환 등을 청구할 수 있는 외에 사무관리에 의하여 결과적으로 사실상 이익을 얻은 다른 제3자에 대하여 직접 부당이득반환을 청구할 수는 없다"(대판 2013.6.27. 2011다17106: 표준판례692).[16] (6회,9회,10회,11회 선택형)

2. 횡령한 돈에 의한 변제 [7회·14회 사례형, 14사법]   [C-85b]

(1) 문제점
甲이 A소유의 돈을 횡령하여 자신의 채권자 B에게 변제한 경우 A가 직접 B를 상대로 甲으로부터 받은 (甲이 횡령한) 금액에 대해 부당이득의 반환을 청구할 수 있는지 문제된다.

(2) 판 례
"부당이득제도는 이득자의 재산상 이득이 법률상 원인을 결여하는 경우에 공평·정의의 이념에 근거하여 이득자에게 그 반환의무를 부담시키는 것인바, 채무자가 피해자로부터 횡령한 금전을 그대로 채권자에 대한 채무변제에 사용하는 경우 피해자의 손실과 채권자의 이득 사이에 인과관계가 있음이 명백하고, 한편 채무자가 횡령한 금전으로 자신의 채권자에 대한 채무를 변제하는 경우 **채권자가 그 변제를 수령함에 있어 악의 또는 중대한 과실이 있는 경우에는 채권자의 금전 취득은 피해자에 대한 관계에 있어서 법률상 원인을 결여한 것으로 봄이 상당**하나, 채권자가 그 변제를 수령함에 있어 단순히 과실이 있는 경우에는 그 변제는 유효하고 채권자의 금전 취득이 피해자에 대한 관계에 있어서 법률상 원인을 결여한 것이라고 할 수 없다"(대판 2012.1.12. 2011다74246: 표준판례680 : 1회,3회,7회,9회,11회 선택형)고 하여, 채무자(甲)가 피해자(A)로부터 횡령한 금전을 채권자(B)에 대한 채무변제에 사용한 경우, 채권자의 금전 취득이 피해자에 대한 관계에서 부당이득으로 되기 위하여 채권자의 악의·중과실이 필요하다고 보았다.

[판례검토] 검토하건대, 채권에 기해 금전을 수령하였다고 하더라도 그것이 횡령한 금전임을 알았거나 중대한 과실로 모른 경우에는 피해자의 부당이득반환청구권을 인정하는 것이 3자 이상의 이익조정과 관련한 다른 민법규정(제465조 1항, 제745조 1항, 제747조 2항)과 균형을 이룬다는 점에서 判例의 태도는 공평에 바탕을 둔 것으로서 적절하다고 생각된다.

3. 편취한 돈에 의한 변제   [C-85c]

判例는 횡령한 돈에 의한 변제와 마찬가지로 "채무자가 피해자로부터 편취한 금전을 자신의 채권자에 대한 채무변제에 사용하는 경우 채권자가 그 변제를 수령함에 있어 그 금전이 편취된 것이라는 사실에 대하여 악의 또는 중대한 과실이 없는 한 채권자의 금전취득은 피해자에 대한 관계에서 법률상 원인이 있는 것으로 봄이 상당하며, 이와 같은 법리는 채무자가 편취한 금원을 자신의 채권자에 대한 채무변제에 직접 사용하지 아니하고 자신의 채권자의 다른 채권자에 대한 채무를 대신 변제하는

---
16) [구체적 예] 甲회사가 계약상 의무 없이 乙회사를 위하여 경비사무를 처리한 경우, 甲회사는 乙회사에게 사무관리 규정에 따른 비용상환을 청구할 수 있으나(제739조), 乙회사와의 계약에 의해 경비사무를 담당할 의무가 있었던 丙회사에게 사무관리에 의하여 결과적으로 사실상 이익을 얻었다는 이유로 비용 상당의 부당이득반환을 청구할 수 없다(전용물소권의 부정).

데 사용한 경우에도 마찬가지"(대판 2008.3.13. 2006다53733,53740: **표준판례**681)[17]라고 하며, "채권자가 수령한 금전이 편취된 것이라는 사실을 알았거나 중대한 과실로 알지 못하였다는 점에 대한 증명책임은 피해자에게 있다"(대판 2024.6.27. 2024다216187).

4. 채권자의 지시 또는 부탁에 의하여 제3자에게 급부한 경우(이른바 지시삼각관계 또는 단축급부 ; 핵심사례 C-2.참고)[18]   [C-85d]

'단축급부'란 채무자가 채권자의 지시에 따라 제3자에게 직접 급부를 이행하는 것으로 이는 '계약상 채무의 적법한 이행'으로 평가된다. 따라서 계약이 무효·취소·해제가 되더라도 부당이득반환(원상회복)의 상대방은 '계약의 당사자'가 되어야 한다는 것이 대법원의 일관된 입장이다(대판 2025.5.15. 2024다288045).

(1) '물건의 소유권'의 단축급부

물건의 소유권이 이전된 뒤 원인행위가 무효이거나 취소·해제되면 **물권행위의 유인성**에 따라 소유권 변동의 효과 또한 소급적으로 무효가 되어 급여자가 소유권을 회복하므로 부당이득뿐만 아니라 소유권에 기한 물권적 청구권도 문제된다.

예들 들어 甲이 乙에게 부동산을 매도하고 이어 乙이 丙에게 그 부동산을 미등기전매하였는데, 乙의 지시에 의하여 甲이 丙에게 직접 그 부동산에 관한 소유권이전등기를 마쳐 주었다. 이는 다시 甲과 乙 사이에 제3자를 위한 계약이 있고 丙은 단지 제3자로서 수익의 의사표시를 한 경우(제3자를 위한 계약형)와, 甲·乙·丙 3자 사이에 중간생략등기의 합의가 있는 경우(3자 합의형)로 나누어 볼 필요가 있다(그런데 실무적으로 그 구분이 쉬운 것은 아니다).

1) 제3자를 위한 계약형

가) 甲과 乙 사이의 매매계약(기본관계)이 무효인 경우

기본관계가 무효이면 제3자를 위한 계약 또한 무효가 되므로 丙 명의의 소유권이전등기는 원인무효가 된다. 따라서 甲은 丙에게 소유권에 기하여 소유권이전등기의 말소를 청구할 수 있다.

나) 乙과 丙 사이의 매매계약(대가관계)이 무효인 경우

대가관계가 무효이더라도 제3자를 위한 계약의 효력에는 영향이 없다. 따라서 丙 명의의 소유권이전등기는 유효하다(대판 2003.12.11. 2003다49771 : 8회 선택형). 그렇다면 乙은 丙을 상대로 부당이득을 원인으로 소유권이전등기를 청구하여야 한다.

다) 甲과 乙사이의 매매계약과 乙과 丙 사이의 매매계약이 모두 무효인 경우

기본관계와 대가관계가 모두 무효이면 제3자를 위한 계약 또한 당연히 무효가 된다. 따라서 丙 명의의 소유권이전등기는 원인무효가 되므로 甲은 丙에게 소유권에 기하여 소유권이전등기의 말소를 청구할 수 있다.

2) 3자 합의형

甲에게서 丙으로 직접 소유권을 이전하기로 하는 3자 합의는 甲과 乙 사이의 매매계약 및 乙과 丙 사이의 매매계약이 각 유효할 것을 전제로 하고 있다. 따라서 둘 중 하나라도 무효가 되면 3자 합의 또한 무효라고 보아야 할 것이다(대판 1996.2.27. 95다38875).

---

[17] [사실관계] 위 2006다53733,53740판결의 사실관계는 甲회사의 경리업무 담당자 乙이 甲회사의 자금횡령을 해오다 그 사실을 은폐할 목적으로 권한 없이 甲회사 명의로 丙은행과 대출계약을 체결하여 그 대출금을 편취한 후 이를 일부는 甲회사의 계좌에 입금하고 일부는 甲회사의 채권자인 丁의 예금계좌에 송금함으로써 횡령금 상당액을 변제한 사안에 관한 것이다.

[18] 이하 노재호, 민법교안(8판), p.955이하 참고

가) 甲과 乙 사이의 매매계약이 무효인 경우

3자 합의는 무효이고, 또한 丙 명의의 등기가 실체적 권리관계에 부합한다고 할 수도 없으므로, 丙 명의의 등기는 원인무효의 등기이다. 따라서 甲은 丙에게 소유권에 기하여 소유권이전등기의 말소를 청구할 수 있다. 다만 제3자 보호 규정이 있는 경우(예컨대 제108조 2항)에는 丙 명의의 등기가 실체적 권리관계에 부합하여 유효할 수 있다.

나) 乙과 丙 사이의 매매계약이 무효인 경우

3자 합의는 무효이고, 또한 丙 명의의 등기가 실체적 권리관계에 부합한다고 할 수도 없으므로, 丙 명의의 등기는 원인무효의 등기이다. 그런데 乙은 소유권을 취득한 바 없기 때문에 丙에게 직접 소유권이전등기의 말소를 청구할 수는 없다. 따라서 乙은 甲을 대위하여 丙에게 소유권이전등기의 말소를 청구한 뒤 다시 甲으로부터 소유권을 이전받아야 한다(통설).

다) 甲과 乙 사이의 매매계약, 乙과 丙 사이의 매매계약이 모두 무효인 경우

3자 합의는 무효이고, 또한 丙 명의의 등기가 실체적 권리관계에 부합한다고 할 수도 없으므로, 丙 명의의 등기는 원인무효의 등기이다. 따라서 甲은 丙에게 소유권에 기하여 소유권이전등기의 말소를 청구할 수 있다.

(2) '금전'의 단축급부

금전의 경우에는 점유가 있는 곳에 소유가 있는 것이 원칙이기 때문에 금전이 지급된 뒤 원인행위가 무효이거나 취소·해제되더라도 급여자에게 소유권이 회복되지 않고, 따라서 부당이득만이 문제된다. 예를 들어 위 사례에서 乙의 지시에 의하여 丙이 甲에게 직접 매매대금을 지급한 경우로 이 경우에는 제3자를 위한 계약형인지 중간생략형인지 나누어 볼 필요가 없다. 기본관계(乙과 丙 사이의 매매계약) 또는 대가관계(甲과 乙 사이의 매매계약)에 흠결이 있는 경우 어떤 형태든지 금전의 소유권은 여전히 금전을 받은 甲에게 있어 오직 부당이득반환만이 문제되기 때문이다.

1) 乙과 丙 사이의 매매계약(기본관계)이 무효인 경우

가) 판 례 [17사법]

"계약의 일방 당사자가 계약 상대방의 지시 등으로 급부과정을 단축하여 계약 상대방과 또 다른 계약관계를 맺고 있는 제3자에게 직접 급부한 경우, 그 급부로써 급부를 한 계약 당사자의 상대방에 대한 급부가 이루어질 뿐 아니라 그 상대방의 제3자에 대한 급부로도 이루어지는 것이므로 계약의 일방 당사자는 제3자를 상대로 법률상 원인 없이 급부를 수령하였다는 이유로 부당이득반환청구를 할 수 없다"(대판 2008.9.11. 2006다46278)[19] ; 이는 전용물소권을 부정하는 것과 같은 이치이다 : 3회,4회,8회 선택형)고 하여, 丙은 甲에게 직접 부당이득을 원인으로 그 매매대금의 반환을 청구할 수 없다고 하였다[이는 乙과 丙 사이의 매매계약(기본관계)이 해제된 경우에도 마찬가지이다(대판 2003.12.26. 2001다46730 : 6회 선택형)]. 또한 이와 같이 삼각관계에서의 급부가 이루어진 경우에, 제3자(甲)가 급부를 수령함에 있어 계약의 일방당사자(丙)가 상대방(乙)에 대하여 급부를 한 원인관계인 법률관계에 무효 등의 흠이 있었다는 사실을 알고 있었다 할지라도 계약의 일방당사자는 제3자를 상대로 법률상 원인 없이 급부를 수령하였다는 이유로 부당이득반환청구를 할 수 없다고 판시하였다(대판 2008.9.11. 2006다46278).

---

19) [관련판례] 甲이 乙과 상가 분양계약을 체결할 당시 丙과 체결한 분양관리신탁계약 및 대리사무계약에 따라 분양대금채권을 丙 회사에 양도하였고 乙이 이를 승낙하여 분양대금을 丙의 계좌로 납입하였는데(判例는 이를 '단축급부'로 판단하였다), 그 후 乙과 甲의 분양계약이 해제된 경우, (判例는 위와 같은 법리로) 이로 인한 원상회복 또는 분양계약 취소로 인한 부당이득반환으로 乙이 납부한 분양대금 등의 지급을 丙을 상대로 할 수 없다고 하였다(대판 2017.7.11. 2013다55447).

나) 검 토

생각건대, 乙과 丙 사이의 매매계약의 청산은 그들 사이에서 이루어져야 하는데 만일 丙이 甲에게 직접 부당이득반환청구를 할 수 있다고 보면, 자기 책임하에 체결된 계약에 따른 위험부담(乙의 무자력의 위험)을 제3자인 甲에게 전가 시키는 것이 되어 계약법의 기본원리에 반하는 결과를 초래하게 되어 부당하기 때문에, 丙은 계약상대방인 乙에게 부당이득반환을 청구하여야지 甲에게 직접 부당이득을 원인으로 그 매매대금의 반환을 청구할 수는 없다고 할 것이다.

2) **甲과 乙 사이의 매매계약(대가관계)이 무효인 경우**

이 경우 직접 급부를 하지 않은 乙이 甲을 상대로 부당이득반환청구를 할 수 있는지 문제되는데, 丙에게서 甲으로 직접 급부가 이루어짐에 따라 丙의 乙에 대한 급부, 乙의 甲에 대한 급부가 각 이루어진 것으로 볼 수 있으므로, 乙은 甲을 상대로 부당이득반환청구를 할 수 있다고 할 것이다.

3) **甲과 乙 사이의 매매계약, 乙과 丙 사이의 매매계약이 모두 무효인 경우**

이 경우 丙은 직접 甲을 상대로 부당이득반환청구를 할 수 있는지 문제되는데, 만일 丙이 甲에게 직접 부당이득반환청구를 할 수 있다고 보면, 甲이 그 계약 상대방인 乙에 대하여 가지는 항변권 등을 침해하게 되어 부당하기 때문에 丙은 乙에게, 乙은 甲에게 각 부당이득반환을 청구하여야지 丙이 직접 甲에게 부당이득반환을 청구할 수는 없다고 할 것이다. 다만 乙이 무자력인 경우에는 丙이 乙을 대위하여 甲에게 부당이득반환을 청구할 수 있을 것이다.

제6장 불법행위책임

제1절 일반불법행위책임

일반불법행위로 인한 손해배상청구의 요건사실은 i) 가해행위, ii) 위법성, iii) 고의 또는 과실, iv) 손해발생과 손해액수, v) 가해행위와 손해발생 사이에 인과관계이다(제750조).

① **[위법성]** "불법행위의 성립요건으로서 위법성은 법률을 위반한 경우에 한정되지 않고 전체 법질서의 관점에서 사회통념상 위법하다고 판단되는 경우도 포함할 수 있는 '탄력적인 개념'이며, 관련 행위 전체를 일체로 보아 판단하여 결정해야만 하는 것은 아니고, 문제가 되는 행위마다 '개별적·상대적으로 판단'하여야 한다(대판 2021.6.30. 2019다268061: 표준판례719 : 12회 선택형).

② **[인과관계]** "불법행위로 인한 손해배상청구 소송에서 가해행위와 손해 발생 사이의 인과관계는 존재하거나 부존재하는지를 판단하는 것이고, 이를 비율적으로 인정할 수는 없으므로, 이른바 비율적 인과관계론은 받아들일 수 없다"(대판 2013.7.12. 2006다17539).

요건사실론

■ 손해배상청구 소송

Ⅰ. 소송물
일반불법행위로 인한 손해배상청구(제750조)의 소송물은 '불법행위에 기한 손해배상청구'이다.

Ⅱ. 청구취지
일반적으로 청구취지는 '피고는(또는 피고들은 공동하여) 원고에게 10,000,000원 및 이에 대하여 2020. 1. 20.부터 이 사건 소장부본 송달일까지는 연 5%의, 그 다음날부터 다 갚는 날까지는 연 12%의 각 비율에 의한 금원을 지급하라.'는 형태가 될 것이다. 예를 들어 가해자가 복수인 공동불법행위의 경우라면, 공동불법행위자의 손해배상채무는 부진정연대채무이므로(제760조), 이 경우에는 위와 같이 '공동하여'라는 문구를 부가하여야 한다. 그리고 부대청구로 지연손해금을 구할 경우에 불법행위에 기한 손해배상청구권은 발생과 동시에 이행기가 도래하므로 지연손해금은 원칙적으로 손해발생시, 즉 불법행위시부터 기산한다(별도의 최고가 필요하지 않다). 위 기재례에서 2010. 1. 20.이 그것이다.

Ⅲ. 청구원인(요건사실)
일반불법행위로 인한 손해배상청구의 요건사실은 i) 가해행위, ii) 위법성, iii) 고의 또는 과실, iv) 손해발생과 손해액수, v) 가해행위와 손해발생 사이에 인과관계이다(제750조).

Ⅳ. 예상되는 항변

1. 책임무능력 항변(제753조, 제754조).

2. 위법성조각 항변
피고는 정당방위, 긴급피난 등의 위법성조각의 항변을 할 수 있다(제761조).

3. 소멸시효 항변(제766조)

4. 과실상계

과실상계의 요건사실은 피해자의 과실이다(제396조, 제763조). 한편, 과실상계의 비율은 법원의 재량이다. 즉 이러한 과실상계는 '직권조사사항'이지만 자기에게 유리한 결과를 얻기 위하여 실질적으로 주장·증명이 필요하다. 判例에 따르면 "피해자에게 과실이 인정되면 법원은 손해배상의 책임 및 그 금액을 정함에 있어서 이를 참작하여야 하며, 배상의무자가 피해자의 과실에 관하여 주장하지 않는 경우에도 소송자료에 의하여 과실이 인정되는 경우에는 이를 법원이 직권으로 심리·판단하여야 한다"(대판 1996.10.25. 96다30113 : 2회 선택형)고 한다.

▌쟁점구조 ▐

■ 불법행위책임 관련 논리(사례)구조

Ⅰ. 불법행위에 따른 손해배상책임의 근거 : 피해자구제를 위한 무과실책임·중간책임·위험책임

1. 특별법상 특수불법행위책임 해당여부(주로 자배법, 실화책임법 등)
2. 민법상 특수불법행위책임 해당여부(주로 제755조, 제756조, 제757조, 제758조 등)
3. 민법상 일반불법행위책임 해당여부(제750조)

Ⅱ. 불법행위에 따른 손해배상책임의 범위 : 손해의 공평·타당한 분담

1. 공동불법행위책임 해당여부(주로 제760조 1항에 따른 부진정연대채무)
2. 감경사유(피해자측 과실이론, 호의동승, 과실상계)
3. 소멸사유(제766조 1항, 2항)

제2절 특수한 불법행위

제1관 미성년자의 감독의무자의 책임

Ⅰ. 책임능력

[C-86]

1. 의 의

민법은 책임능력을 '그 행위의 책임을 변식할 지능'이라고 표현하고 있는바(제753조), 책임능력이란 '행위의 결과가 위법하여 법률상 비난받는 것임을 인식할 수 있는 능력'을 말한다(제753조). 다만 구체적인 법 규정에 대한 인식까지 요하는 것은 아니다. 이러한 책임능력은 일반인에게는 갖추어져 있는 것이 보통이기 때문에, 가해자가 그 책임을 면하려면 자신이 책임무능력자라는 사실을 증명하여야 한다(통설). 민법은 '미성년자가 타인에게 손해를 가한 경우에 그 행위의 책임을 변식할 지능이 없는 때에는 배상의 책임이 없다'(제753조)고 규정하며, '심신상실 중에 타인에게 손해를 가한 자는 배상의 책임이 없으나, 고의 또는 과실로 인하여 심신상실을 초래한 때에는 그러하지 아니하다'(제754조)고 규정하고 있다.

2. 책임능력의 판단기준

책임능력의 유무는 연령이나 학력에 의하여 획일적으로 결정할 수는 없고 각자의 지능, 발육정도, 환경, 지위, 신분, 평소행동 등에 의하여 개별적으로 결정된다(대판 1997.5.24. 77다354). 判例의 경향은 대체로 만 12세까지는 책임능력을 부인하고, 만 15세 이상의 미성년자에게는 책임능력을 인정하나 만 13~14세인 자에 대하여는 경우에 따라 달리 판단하였다. 이와 같은 태도는 불법행위자의 주관적 능력을 고려한 것으로 생각된다.

Ⅱ. 책임능력 없는 미성년자의 감독의무자의 책임   [C-87]

> 제755조(감독자의 책임) ① 다른 자에게 손해를 가한 사람이 제753조 또는 제754조에 따라 책임이 없는 경우에는 그를 감독할 법정의무가 있는 자가 그 손해를 배상할 책임이 있다. 다만, 감독의무를 게을리하지 아니한 경우에는 그러하지 아니하다. ② 감독의무자를 갈음하여 제753조 또는 제754조에 따라 책임이 없는 사람을 감독하는 자도 제1항의 책임이 있다.

1. 감독자책임의 요건

(1) 미성년자의 불법행위

책임무능력자의 가해행위는 책임능력이 없는 것을 제외하고는 **불법행위의 다른 요건은 갖추어야** 한다.

(2) 감독의무의 해태

감독의무자 또는 대리감독자가 감독의무를 게을리 하였어야 한다. 이 의무는 **책임무능력자에 대한 일반적인 감독의무**이고, **구체적인 가해행위에 대한 것이 아니다**. 다만 그 내용은 감독의무자와 대리감독자 사이에 차이가 있을 수 있다. 책임을 면하려는 감독자가 의무위반이 없었음을 입증하여야 한다.

2. 감독자책임의 효과

(1) 배상책임자

1) 법정감독의무자

① **[법정감독의무자]** 책임무능력자를 감독할 법정의무 있는 자가 배상책임을 진다(제755조 1항). 친권자·후견인 등이 이에 해당한다. 참고로 '비양육친'은 이혼 후에도 자녀와 상호 면접교섭할 수 있는 권리와(제837조의2 제1항), 자녀의 양육비용을 분담할 의무가 인정되지만, 이것만으로 비양육친이 일반적, 일상적으로 자녀를 지도하고 조언하는 등 보호·감독할 의무를 진다고 할 수 없고, 비양육친이 미성년자의 부모라는 사정만으로 미성년 자녀에 대하여 감독의무를 부담한다고 볼 수 없다. 물론 비양육친의 감독의무를 인정할 수 있는 특별한 사정이 있는 경우에는, 비양육친도 감독의무 위반으로 인한 손해배상책임을 질 수 있다(대판 2022.4.14. 2020다240021: 표준판례748 : 12회 선택형).

② **[책임범위]** 다만 감독의무자는 감독을 게을리하지 않았음을 입증함으로써 면책될 수 있다(제755조 1항 단서). 그러나 그 감독의 범위는 통상 책임무능력자의 생활 전반에 미치는 점에서 실무상 면책이 허용되는 경우는 많지 않다.

2) 대리감독자

① **[대리감독자]** 법정감독의무자에 갈음하여 책임무능력자를 감독하는 자도 배상책임을 진다(제755조 2항). 탁아소의 보모, 유치원과 학교의 교사 및 교장, 정신병원의 의사 등이 이에 해당한다. 이들이 대리감독하게 된 이유는 계약에 의하든 법률에 의하든 묻지 않는다.

② **[책임범위]** 다만 대리감독자도 감독의무를 게을리하지 않았음을 입증하면 면책될 수 있다(제755조 2항). 그런데 이들 경우에는 그 감독의무의 범위가 통상 책임무능력자의 특정한 생활관계(예를 들어 학교생활)에 그치는 점에서, 면책이 인정되는 경우가 법정감독의무자에 비해 상대적으로 많은 편이다. 判例는 학교의 교장이나 교사의 책임과 관련하여, '그 감독의무는 학교 내에서의 모든 생활관계에 미치는 것은 아니고 학교에서의 교육활동 및 이에 밀접 불가분의 관계에 있는 생활관계에 한하며, 이 경우에도 돌발적이거나 우연한 사고에 대해서는 감독의무 위반의 책임을 물을 수 없다'고 한다(대판 1997.6.27. 97다15258 등: 표준판례745). **[07사법, 09행정]** ③ 대리감독자가 책임을 부담할 때에는, 그 사용자에 대해서는 제756조에 의거 배상책임을 물을 수 있다(대판 1981.8.11. 81다298).

(2) 양자의 책임의 관계

법정감독의무자와 대리감독자의 책임은 병존할 수 있으며, 양자에게 각각 감독의무 위반이 있는 경우 공동불법행위책임을 진다(대판 2007.4.26. 2005다24318 : 사안은 학교폭력 가해학생들의 부모의 과실과 담임교사, 교장의 과실이 경합하여 피해학생의 자살 사건이 발생하였다는 이유로, 부모들과 지방자치단체에게 공동불법행위자로서의 손해배상책임을 인정한 사례이다). 이때에 양자의 책임은 부진정연대채무로서, 피해자는 전부의 배상을 받을 때까지 어느 쪽에 대하여도 책임을 물을 수 있다.

Ⅲ. 책임능력 있는 미성년자의 감독의무자의 책임 [02사법, 14행정, 16입법]   [C-88]

1. 문제점

제755조의 문언상 제755조는 미성년자가 책임능력이 없는 경우에 한해 친권자에게 보충적으로 배상책임을 지우는 것이므로 미성년자가 책임능력을 갖춘 경우에는 원칙적으로 제755조를 근거로 해서는 친권자에게 배상책임을 지울 수 없다. 그러나 피해자의 입장에서는 미성년자는 배상능력이 없을 것이므로 손해의 현실적인 전보가 사실상 어려워질 수 있다. 여기서 미성년자가 책임능력이 있는 경우에도 별도로 친권자에게 그 책임을 물을 수는 없는지, 있다면 그 근거가 문제된다.

2. 감독의무자의 손해배상책임의 법적 근거

判例는 94년 전원합의체판결을 통하여 견해를 통일하여 "ⅰ) 제755조는 미성년자가 책임능력이 없는 때에 한해 감독의무자가 보충적으로 책임을 지는 것을 규율하는 규정이며 ⅱ) 따라서 책임능력 있는 미성년자의 감독의무자의 과실과 발생된 손해가 상당인과관계에 있으면 감독의무자는 제750조에 의한 일반불법행위책임을 지지만, 이때에는 **피해자가 친권자의 과실과 손해발생과의 상당인과관계를 모두 입증하여야만** 한다고 판시하고 있다(대판 1994.2.28. 전합93다13605 : 10회 선택형). 다만 제750조가 적용된다면 피해자가 친권자의 과실과 손해발생 사이의 상당인과관계를 모두 입증하여야 하는 점에서 현실적으로 피해배상을 받는 것이 어려울 것이라는 점이 있는바, 이에 대해서는 이하에서 살펴보기로 한다.

3. 제750조의 성립요건 및 증명책임 : 감독의무위반(과실) 및 인과관계

책임능력 있는 미성년자의 불법행위에 대하여 감독의무자에게 제750조에 따른 손해배상책임을 묻는 것은 제755조의 입법적 모순을 해결하기 위한 불가피한 측면이 있는 것이므로, 이 경우의 과실이나 인과관계를 제750조의 과실 및 인과관계와 똑같이 엄격하게 볼 필요는 없다고 본다. 그렇다면 먼저 감독의무자인 친권자의 과실과 관련하여 친권자의 감독의무(제913조)위반의 범위를 어디까지로 볼 것이냐가 문제된다. 이와 관련해서는 당해 불법행위 자체에 대한 행동을 감독할 의무위반까지는 아니더라도 어느 정도의 '**개별적·구체적인 감독의무**' 위반사실은 필요하다고 본다.[1]

判例의 경우 책임능력 있는 미성년자가 부모와 동거하는 중에 무면허로 화물차(오토바이)를 운전하다가 사고를 낸 사안의 경우는 부모의 감독의무 위반에 대한 과실을 인정하였으나(대판 1997.3.28. 96다15374 ; 대판 1999.7.13. 99다19957), 미성년자가 운전면허를 취득하고 있었고 무사고경력의 경우는 과실을 부정하였는바(대판 1994.2.28. 전합93다13605) 이러한 취지에서 판단한 것으로 해석된다. 또한 인과관계의 문제도 과실의 범위를 이와 같이 제한한다면 어느 정도 해결될 것으로 보인다. 다만 궁극적으로는 미성년자에게 책임능력이 있는 경우에도 감독자의 책임을 인정하는 방향으로 제755조를 개정하는 것이 보다 타당하다.

제2관 사용자책임 [02·07·14·15사법, 13회 사례형]

Ⅰ. 서 설
[C-89]

1. 의 의

> 제756조 (사용자의 배상책임) ① 타인을 사용하여 어느 사무에 종사하게 한 자는 피용자가 그 사무집행에 관하여 제3자에게 가한 손해를 배상할 책임이 있다. 그러나 사용자가 피용자의 선임 및 그 사무감독에 상당한 주의를 한 때 또는 상당한 주의를 하여도 손해가 있을 경우에는 그러하지 아니하다.

2. 책임의 근거

사용자 책임의 이론적 근거에 대해서는 判例는 "많은 사람을 고용하여 스스로의 활동영역을 확장하고 그에 상응하는 많은 이익을 추구함에 있어서는, 그 많은 피용자의 행위가 타인에게 손해를 가하게 하는 경우도 상대적으로 많아질 것이므로, 이러한 손해를 이익귀속자인 사용자로 하여금 부담케 하는 것이 공평의 이상에 합치된다는 보상책임의 원리에 입각한 것"(대판 1985.8.13. 84다카979)이라고 한다.

3. 책임의 본질

① 사용자책임은 피해자에 대한 관계에서 당연히 사용자 자신이 부담하여야 할 배상책임을 부담하는 것일 뿐이라는 **고유책임설**이 있으나, ② 사용자의 구상권을 규정한 제756조 3항의 취지 등에 비추어 볼 때 사용자책임의 목적이 피해자의 피용자에 대한 손해배상청구권을 보장해 주는데 있다고 보는 **대위책임설**(배상보장설 ; 다수설, 判例)이 타당하다. 判例도 "민법 제756조에 의한 사용자의 손해배상책임은 피용자의 배상책임에 대한 '대체적 책임'이다"이라고 판시하고 있다.

Ⅱ. 요 건
[C-90]

제756조의 사용자 책임이 성립하기 위해서는 ⅰ) 피용자의 가해행위가 불법행위의 일반적 성립요건을 갖출 것, ⅱ) 타인을 사용하여 어느 사무에 종사하게 할 것(사용관계의 존재), ⅲ) 피용자가 사무집행에 관하여 제3자에게 손해를 주었을 것(가해행위의 사무집행관련성), ⅳ) 사용자의 선임·감독상의 주의의무 결여가 있을 것이 필요하다(불, 사, 사).

---

1) 만일 '일반적 감독의무' 위반만으로 충분하다고 하면 책임능력 있는 미성년자가 불법행위를 저지르면 친권자가 거의 손해배상책임을 지는 결과가 되어, 실질적으로 친권자에게 민법 제755조 1항의 책임과 거의 동일한 책임을 인정하게 되는 결과가 되기 때문이다(김민중, 판례스터디(제2증보판), p.510).

1. 피용자의 가해행위가 불법행위의 일반적 성립요건을 갖출 것

사용자책임을 '고유책임'으로 보는 입장에서는 피용자의 과실 및 책임능력은 사용자책임의 요건이 아니라고 한다. 그러나 통설 및 쉐例는 사용자가 피용자의 과실 없는 행위에 대해서까지 책임을 지는 것은 가혹하며, 제756조 3항에서 사용자의 피용자에 대한 구상권을 규정하고 있는 점에서 피용자의 제3자에 대한 가해행위가 고의나 과실 및 책임능력 등 불법행위의 성립요건을 갖추어야 한다고 한다(대판 1981.8.11. 81다298).

[관련판례] "피용자가 권한 없이 사용자를 대리하여 한 법률행위가 상대방에 대한 관계에서 기망에 의한 불법행위에 해당하여 사용자가 손해배상책임을 지는 경우에, 사용자가 피용자의 무권대리행위를 추인하였다고 하더라도 이미 성립된 사용자책임이 소멸되는 것은 아니다"(대판 2009.6.11. 2008다79500: **표준판례**749).

2. 타인을 사용하여 어느 사무에 종사하게 할 것(사용관계의 존재)

(1) 사용관계의 존재

① '사무'는 법률적·계속적인 것에 한하지 않고 사실적·일시적인 것이라도 무방하다(대판 1989.10.10. 89다카2278).

② '사용관계'란 고용계약에 기초한 고용관계나 근로계약관계보다 넓은 개념으로서(대판 1979.7.10. 79다644), ㉠ 반드시 유효한 고용관계에 한하지 않고 사실상 어떤 사람이 다른 사람을 위하여 그 지휘·감독 아래 그 의사에 따라 사무를 집행하는 관계에 있으면 족하다(대판 2003.12.26. 2003다49542: **표준판례**750 : 10회 선택형). 따라서 자기가 '선임'하지 않은 자에 대해서도 경우에 따라서는 사용관계를 인정할 수 있고(대판 1996.10.11. 96다30182). 타인에게 위탁하여 계속적으로 사무를 처리하여 온 경우 객관적으로 보아 그 타인의 행위가 위탁자의 지휘·감독의 범위 내에 속한다고 보이는 경우 그 타인은 제756조에 규정한 피용자에 해당한다(대판 2022.2.11. 2021다283834). ㉡ 또한 사용관계가 있다고 하기 위해서는 실질적으로 지휘·감독하는 관계가 있어야 한다(대판 1999.10.12. 98다62671). 다만 실질적인 지휘·감독 관계는 실제로 지휘·감독하고 있느냐의 여부에 의하여 결정되는 것이 아니라 객관적으로 지휘·감독을 하여야 할 관계에 있느냐의 여부에 따라 결정된다"(대판 2022.2.11. 2021다283834). **[13행정]**

(2) 사용관계의 구체적 경우

1) 위임계약

독립된 지위에서 자기의 재량에 따라 사무를 집행하는 수임인의 행위에 대하여 위임인은 원칙적으로 사용자책임을 지지 않는다고 한다. 그러나 위임의 경우에도 위임인과 수임인 사이에 실질적인 지휘·감독관계가 있다면 위임인은 수임인의 불법행위에 대해 사용자책임을 질 수 있다(대판 1998.4.28. 96다25500: **표준판례**751 : 상속재산 분할 등의 사무를 수임한 변호사가 당해 부동산을 타에 처분하여 매각대금을 편취한 경우에, 위임인의 사용자책임을 인정한 사례).

2) 명의대여자의 책임

명의를 대여하여 타인으로 하여금 영업을 하게 한 경우에는, '실제적으로 지휘·감독하였느냐'의 여부에 관계없이 당위적 측면에서 '객관적·규범적으로 보아 지휘·감독해야 할 지위에 있었느냐'에 따라 '명의대여자'에 대해서도 사용자책임이 인정된다(대판 2001.8.21. 2001다3658 : 7회 선택형). 쉐例에 따르면 '자동차운송사업'과 같이 사업의 성질상 타인에게 위험을 미칠 우려가 있는 경우에 그 명의대여에 관해서는 객관적·규범적으로 보아 "지입회사는 명의대여자로서 객관적으로 지입차주를 지휘·감독하는 사용자의 지위에 있다"(대판 2000.10.13. 2000다20069 : 7회 선택형)고 한다. 또한 명의대여자의 피용자가 한 불법행위에 대하여도 같은 사용자책임을 진다(대판 1964.4.7. 63다638).

3) 동업관계 [15사법, 23법무]

업무집행을 위임받은 동업자 중 1인이 업무집행 과정에서 타인에게 손해를 가한 경우, 다른 동업자의 책임과 관련하여 대법원은 "동업관계에 있는 자들이 공동으로 처리하여야 할 업무를 동업자 중 1인에게 그 업무집행을 위임하여 그로 하여금 처리하도록 한 경우, 다른 동업자는 그 **업무집행자의 동업자인 동시에 사용자의 지위에 있다** 할 것이므로, 업무집행 과정에서 발생한 사고에 대하여 사용자로서의 손해배상책임이 있다"(대판 1998.4.28. 97다55164)고 하여 사용자책임 법리에 의하여 다른 조합원의 손해배상책임을 인정하고 있다. 이 경우 각 조합원의 손해배상채무는 부진정연대채무 관계에 있다.

4) 파견근로자에 대한 파견사업주의 사용자책임

판례는 "파견근로자보호 등에 관한 법률에 의한 근로자 파견에 있어서 '사용사업주'와 파견근로자 사이에는 고용관계가 존재하지 않고 '파견사업주'가 여전히 파견 근로자를 일반적으로 지휘·감독할 지위에 있으므로, 파견사업주가 파견근로자의 파견업무에 관련한 불법행위에 대하여 사용자책임을 부담한다. 다만, 파견근로자가 사용사업주의 구체적인 지시·감독을 받아 사용사업주의 업무를 행하던 중에 불법행위를 한 경우에 파견사업주가 파견근로자의 선발 및 일반적 지휘·감독권의 행사에 있어서 주의를 다하였다고 인정되는 때에는 면책된다"고 한다(대판 2003.10.9. 2001다24655).

5) 도급계약

가) 제756조 적용 여부

독립적인 지위에서 일의 완성의무를 지는 수급인은 원칙적으로 제756조의 피용자라고 할 수 없다. 다만 **도급인이 수급인의 일의 진행 및 방법에 관하여 구체적인 지휘감독권을 보유한 경우에는** 도급인과 수급인의 관계는 실질적으로 사용자 및 피용자의 관계와 다를 바 없으므로, 수급인이 고용한 제3자의 불법행위로 인한 손해에 대하여 도급인은 제756조에 의한 사용자책임을 면할 수 없다(대판 1987.10.28. 87다카1185). 따라서 도급인이 수급인에 대하여 특정한 행위를 지휘하거나 특정한 사업을 도급시키는 경우와 같은 이른바 **'노무도급'**의 경우에는, 비록 도급인이라 하더라도 사용자로서의 배상책임이 있다(대판 2005.11.10. 2004다37676 : **표준판례**752 : 7회,10회 선택형). **[09입법]**

> [관련판례] 건설공사의 경우 판례는 ① 현장에서 구체적인 공사의 운영 및 시행을 직접 지시·지도하고 감시·독려함으로써 시공 자체를 관리하는 '**감독(監督)**'의 경우에는 사용자책임을 인정할 수 있으나, 단순히 공사의 운영 및 시공의 정도가 설계도 또는 시방서대로 시행되고 있는가를 확인하여 공정을 감독하는 데에 불과한 이른바 '**감리(監理)**'의 경우에는 사용자책임이 인정되지 않는다고 한다(대판 1988.6.14. 88다카102 : 5회, 8회선택형). ② 공사의 하도급계약에서 하수급인이 모든 손해배상책임을 단독으로 지겠다고 약정한 경우라도 하수급인과 도급인 사이에 지시·감독관계가 존재하는 한 도급인의 사용자책임은 면제되지 않는다고 한다(대판 1983.5.24. 83다카208 참고).

나) 제757조 규정

앞서 본 바와 같이 원칙적으로 도급인은 수급인이 그 일에 관하여 제3자에게 가한 손해를 배상할 책임이 없다(제757조 본문). 이러한 제757조 본문 규정은 원칙적으로 도급인이 수급인의 행위에 대하여 사용자책임을 부담하지 않는다는 것을 주의적으로 규정한 것이다(대판 2006.4.27. 2006다4564). 그러나 **도급 또는 지시에 관하여 도급인에게 중대한 과실이 있는 때에는 그러하지 아니하다**(제757조 단서).[2]

---

[2] [학설] 일반적으로 수급인이 독립적으로 사무를 처리하는 때에는 도급인은 제757조 단서에 의해 책임을 질 수 있으나, 도급인과 수급인 사이에 사실상의 지휘감독관계가 있으면 제757조의 적용은 배제되고 제756조의 사용자책임이 적용된다고 한다 (곽윤직 등). 따라서 이때에는 도급인에게 중과실이 없더라도 제756조에 따라 책임을 지게 된다.

3. 피용자가 사무집행에 관하여 제3자에게 손해를 주었을 것(가해행위의 사무집행관련성)

(1) 제3자
제3자란 가해행위를 한 피용자와 사용자를 제외한 모든 권리주체를 말한다(대판 1966.10.21. 65다825).

(2) 사무집행 관련성

1) 의 의
'사무집행에 관하여'란 본래의 사무집행 그 자체 또는 사무집행을 '위하여' 보다는 넓은 개념으로서, 사무집행과 관련성이 있는 것을 말한다.

2) 판단기준

가) 판 례

判例는 '사무집행에 관하여'의 의미에 대해 사용자측의 이익과 피해자측의 보호를 비교·형량하여 판단하고 있다.

① **[외형이론]** '사무집행에 관하여'라는 뜻은, 피용자의 불법행위가 외형상 객관적으로 사용자의 사업활동 내지 사무집행 행위 또는 그와 관련된 것이라고 보여질 때에는 '주관적 사정을 고려함이 없이' 이를 사무집행에 관하여 한 행위로 보는 것을 말한다는 것이고, 여기에서 외형상 객관적으로 사용자의 사무집행에 관련된 것인지 여부는 i) 피용자의 본래 직무와 불법행위와의 관련 정도 및 ii) 사용자에게 손해발생에 대한 위험창출과 방지조치 결여의 책임이 어느 정도 있는지를 고려하여 판단하여야 한다(대판 1988.11.22. 86다카1923이 이 점에 대해 처음으로 판시한 이래 같은 취지의 판결이 반복되고 있다).

② **[외형이론의 제한]** 그러나 피용자의 불법행위가 외관상 사무집행의 범위 내에 속하는 것으로 보이는 경우에도 거래상대방이 피용자의 행위가 실질적으로 사무집행에 해당하지 않음을 '알았거나' '중과실'로 알지 못한 경우에는 사용자책임을 물을 수 없다(대판 2003.1.10. 2000다34426). **[10입법]** 이런 경우까지 제3자를 보호하는 것은 신뢰보호의 원칙에 반하기 때문이다. 이때 중대한 과실이라 함은 "거래의 상대방이 조금만 주의를 기울였더라면 피용자의 행위가 그 직무권한 내에서 적법하게 행하여진 것이 아니라는 사정을 알 수 있었음에도 만연히 이를 직무권한 내의 행위라고 믿음으로써 일반인에게 요구되는 주의의무에 현저히 위반하는 것으로 거의 고의에 가까운 정도의 주의를 결여하고, 공평의 관점에서 상대방을 구태여 보호할 필요가 없다고 봄이 상당하다고 인정되는 상태를 말한다"(대판 2003.1.10. 2000다34426 등).

> ※ **피해자가 법인인 경우 악의·중과실의 판단기준**(7회 선택형)
> ① 피용자의 행위가 사용자의 업무집행에 속하지 않음에 대한 악의 등은 피해자가 법인이라면 원칙적으로 피해법인의 '대표자'를 기준으로 하며(대판 2005.3.25. 2005다558 참고), ② 피해법인의 대표자가 아니더라도 "법인의 업무에 관하여 일체의 '재판상 또는 재판 외의 행위를 할 권한이 있는 법률상 대리인'이 가해자인 피용자의 행위가 사용자의 사무집행행위에 해당하지 않음을 안 때에는, 피해자인 법인이 이를 알았다고 보아야 하고, 이러한 법리는 그 법률상 대리인이 본인인 법인에 대한 관계에서 이른바 배임적 대리행위를 하는 경우에도 마찬가지이다"(대판 2005.12.23. 2003다30159: 표준판례754판결은 법률상 대리인이 '은행의 지점장'이었고, 대판 2007.9.20. 2004다43886 판결은 이러한 법률상 대리인이 '경리이사'이었던 사안).

나) 검 토

'거래적 불법행위'에서 사무집행관련성은 제3자의 신뢰를 보호하는 기능을 담당하므로 기본적으로 외형이론이 타당하다. 그러나 '사실적 불법행위'(예컨대 강간, 폭행 등)의 경우에는 이미 피해자의 사무집행관련성에 대한 정당한 신뢰라는 것은 존재하지 않으므로, 사고로 생긴 손해를 가해자측과 피해자측의 어느 편이 부담하는 것이 공평한가 하는 관점에서 직무관련성을 판단하는 것이 타당하다고 생각된다. 判例도 최근에는 사실적 불법행위에 관하여는 행위와 사업 사이의 시간적·장소적 근접성, 행위 또는 그 동기의 업무관련성 등의 기준을 실질적으로 적용하는 경향을 보이고 있다(대판 2000.2.11. 99다47297참고).

[관련판례] ❋ **성희롱, 강간 등과 사용자책임**
判例는 ① 국립대학교수의 '성희롱행위'는 외관상으로 보더라도 그의 직무권한 내의 행위로 보여지는 경우로 볼 수 없다고 하여 대한민국의 사용자책임을 부정한 바 있으나(대판 1998.2.10. 95다39533), ② 택시운전사가 운행 중 여자승객을 '강간한 경우'에는 설사 그것이 피용자의 이익을 도모하기 위한 경우라도 직무행위에 포함된다고 보아 사용자책임을 긍정한 바 있다(대판 1991.1.11. 90다8954). ③ 그리고 判例 중에는 '**피용자가 고의로 다른 사람에게 성희롱 등 가해행위**'를 한 경우 그 행위가 피용자의 사무집행 그 자체는 아니더라도 사용자의 사업과 시간적·장소적으로 근접하고 피용자의 사무의 전부 또는 일부를 수행하는 과정에서 이루어지거나 가해행위의 동기가 업무처리와 관련된 것이라면 외형적·객관적으로 사용자의 사무집행행위와 관련된 것이라고 보아 **사용자책임이 성립한다**고 하였다(대판 2017.12.22. 2016다202947).

4. 선임·감독상의 주의의무 결여

사용자는 피용자의 선임 및 사무감독에 상당한 주의를 한 때 또는 상당한 주의를 하였더라도 손해가 발생하였을 경우에는 면책된다(제756조 1항 단서). 즉, 당해 책임은 선임·감독상의 주의의무위반이라는 과실책임으로 규정되어 있지만, 사용자는 자신에게 그러한 과실이 없다는 사실을 입증하여야 면책될 수 있다는 점에서 그 증명책임이 가해자에게 전환된 소위 '**중간책임**'으로 구성되어 있다. 그러나 判例는 보상책임의 취지에 따라, 그러나 과실책임주의와의 모순을 피하기 위하여 사용자의 면책가능성을 사실상 봉쇄하고 있다. 결국 무과실책임에 가깝게 운영되므로, 사용자의 선임·감독상의 주의의무는 실제로는 사용자에 대한 비난 및 책임부과의 근거로 이용될 뿐이다.

Ⅲ. 책임내용 [6회 사례형] [C-91]

1. 배상책임자

사용자 또는 사무감독자(대리감독자)는 피용자의 가해행위로 인하여 발생한 손해에 대하여 직접 피해자에게 배상의무를 부담한다. 사무감독자란 '객관적으로 볼 때 사용자에 갈음하여 현실적으로 구체적인 사업을 감독하는 지위에 있는 자'(대판 1998.5.15. 97다58538)를 뜻하며, 사무감독자가 있는 경우에도 사용자는 피용자를 선임·감독하는 지위에 있는 이상 선임·감독에 대한 자신의 과실 없음을 입증하지 못하는 한 배상책임을 부담한다. 이렇게 사용자와 사무감독자가 함께 책임을 지는 경우 양자는 부진정연대채무 관계에 있다. 이 책임은 피용자 자신의 일반불법행위책임과 병존할 수 있다.

2. 피용자에 대한 구상권

사용자책임을 지는 사용자 또는 감독자는 피용자에 대하여 구상권을 행사할 수 있다(제756조 3항). 다만 判例는 전체적으로 손해의 공평·타당한 분담이라는 견지에서 구상권을 제한하거나 배제할 수 있다고 한다(아래 판례참고). [판례검토] 사용자책임이 '보상책임의 원리'에 근거하고 있다는 점과 피용자 보호 등을 고려할 때 判例의 태도는 타당하다고 생각된다.

[관련판례] ❋ **구상권의 제한 또는 배제**
判例는 ① "사용자는 그 사업의 성격과 규모, 사업시설의 상황, 피용자의 업무내용, 근로조건이나 근무태도, 가해행위의 상황, 가해행위의 예방이나 손실의 분산에 관한 사용자의 배려정도 등의 제반사항에 비추어 손해의 공평한 분담이라는 견지에서 '**신의칙**'상 상당하다고 인정되는 한도내에서만 피용자에 대하여 위와 같은 손해의 배상이나 **구상권을 행사할 수 있다**"(대판 1987.9.8. 86다카1045)고 하여 **피용자책임제한설**을 취하고 있다. ② 특

히 피용자의 가해행위가 지니는 책임성에 비해 사용자의 가해행위에 대한 기여도 내지 가공도가 지나치게 큰 경우에는 사용자의 피용자에 대한 구상권 행사가 신의칙상 부당하다고 본 判例도 있다(대판 1991.5.10. 91다7255). ③ 이러한 구상권 제한의 법리는 사용자의 보험자가 피용자에 대하여 구상권을 행사하는 경우에도 다를 바 없다. "그러나 사용자의 보험자가 피해자인 제3자에게 사용자와 피용자의 공동불법행위로 인한 손해배상금을 보험금으로 모두 지급하여 피용자의 보험자가 면책됨으로써 사용자의 보험자가 피용자의 보험자에게 부담하여야 할 부분에 대하여 직접 구상권을 행사하는 경우에는, 그와 같은 구상권의 행사는 상법 제724조 제2항에 의한 피해자의 직접청구권을 대위하는 성격을 갖는 것이어서 피용자의 보험자는 사용자의 보험자에 대하여 구상권 제한의 법리를 주장할 수 없다"(대판 2017.4.27. 2016다271226).

3. 피용자가 공동불법행위자인 경우 사용자의 다른 공동불법행위자에 대한 구상권

"피용자와 제3자가 공동불법행위로 피해자에게 손해를 가하여 그 손해배상채무를 부담하는 경우에 피용자와 제3자는 공동불법행위자로서 서로 부진정연대관계에 있고, 한편 사용자의 손해배상책임은 피용자의 배상책임에 대한 대체적 책임이어서 사용자도 제3자와 부진정연대관계에 있다고 보아야 하므로, 사용자가 피용자와 제3자의 책임비율에 의하여 정해진 피용자의 부담부분을 초과하여 피해자에게 손해를 배상한 경우에는 사용자는 제3자에 대하여도 구상권을 행사할 수 있으며, 그 구상의 범위는 제3자의 부담부분에 국한된다"(대판 1992.6.23. 전합91다33070: 표준판례716 : B-75c.참고 : 1회,4회 선택형). **[6회 사례형]**

4. 사무감독자(대리감독자)에 대한 구상권

사무감독자에게 선임·감독상의 과실이 있는 경우에도 사무감독자와 피용자가 공동불법행위자가 되는 경우를 제외하고는 사용자는 그 사무감독자에게 구상권을 행사할 수 없다고 할 것이다. 왜냐하면 중간의 대리감독자에게 무거운 책임을 인정하는 것은 타당하지 않기 때문이다. 물론 사용자와 대리감독자 사이의 내부관계에 기해 일정한 책임을 묻는 것은 별개의 문제이다.

Ⅳ. 다른 책임과의 관계

[C-92]

1. 법인의 책임과의 관계

법인의 대표기관의 불법행위에 대하여서는 제35조에 의하여 법인 자신이 책임을 지는데 동조에는 면책규정이 없다(이는 제35조의 책임이 타인의 행위에 대한 책임이 아니라 법인 자신의 책임이라는 데서 유래하는 것이다). 그러나 대표기관이 아닌 법인의 피용자의 불법행위에 관하여는 제756조가 적용된다.

2. 국가배상책임과의 관계

국가배상법 제2조가 적용될 때에는 사용자책임은 배제된다. 국가배상법 제2조는 민법의 사용자책임과 비교하여 면책사유가 없다. 공무원의 경과실의 경우에는 공무원은 민사상 아무런 책임을 지지 않고 국가만이 배상책임을 지며, 이때 국가 또는 지방자치단체는 구상권을 행사할 수 없다.

3. 이행보조자의 채무불이행책임(제391조)과의 관계

이행보조자의 고의·과실은 채무자의 고의·과실로 보게 된다(제391조). 따라서 이행보조자의 채무불이행이 동시에 불법행위가 되는 경우에는 청구권경합설에 의하면 채무자(사용자)는 채무불이행책임과 사용자책임을 모두 질 수 있다. 이 경우 이행보조자는 채권자에 대하여 채무불이행책임은 지지 않으나 불법행위책임은 질 수 있다.

4. 일반불법행위책임

제750조에 의해 자신이 불법행위책임을 지는 데에는, 자신의 고의 또는 과실과 위법행위 사이에 상당인과관계가 있으면 되고, 그 자신이 가해행위를 직접 하여야 할 것을 필요로 하지는 않는다. 제756조

에 의한 사용자책임은 사용자에게 선임 및 감독상의 과실이 있기만 하면 가해행위와의 인과관계를 묻지 않고 그 자체만으로 배상책임을 인정하는 점에서 제750조의 경우와는 다르다. 따라서 사용자의 선임 및 감독상의 과실과 피용자의 가해행위 사이에 인과관계가 있는 때에는, 사용자는 제750조에 의해 그 자신의 불법행위로서 배상책임을 진다. 判例도 같은 취지이다(대판 1966.10.4. 66다1535).[3]

제3관 공작물책임 [07사법]

I. 서 설
[C-93]

1. 의 의

인공적 작업에 의해 제작된 물건인 '공작물'의 설치 또는 보존의 하자로 인해, 또는 '수목'의 재식(栽植) 또는 보존의 하자로 인해 타인에게 손해를 가한 때에는, 1차적으로 그 공작물(또는 수목)의 점유자가 손해배상책임을 지되 그가 손해의 방지에 필요한 주의를 다한 경우에는 면책되고, 이때에는 2차적으로 소유자가 배상책임을 진다(제758조).

2. 적용범위

(1) 개정된 실화책임에 관한 법률(제4절 불법행위의 효과 참고)

개정 실화책임에 관한 법률에 의하면 실화로 인하여 화재가 발생한 경우 실화자는 과실의 경·중을 불문하고 연소(延燒)로 인한 부분에 대해서도 손해배상책임을 지지만, 연소로 인한 부분에 대한 손해배상청구에 관하여는 실화가 중대한 과실로 인한 것이 아닌 한 법원에 손해배상액의 '경감'을 청구할 수 있다(동법 제2조, 3조).

(2) 민법 제750조

"제758조는 공작물의 설치·보존의 하자로 인하여 타인에게 손해를 가한 경우 그 점유자 또는 소유자에게 일반 불법행위와 달리 이른바 위험책임의 법리에 따라 책임을 가중시킨 규정일 뿐이고, 그 공작물 시공자가 그 시공상의 고의·과실로 인하여 피해자에게 가한 손해를 민법 제750조에 의하여 직접 책임을 부담하게 되는 것을 배제하는 취지의 규정은 아니다"(대판 1996.11.22. 95다39219: **표준판례**756).

II. 요 건(공, 설, 인)
[C-94]

1. 공작물

공작물은 인공적 작업에 의하여 제작된 물건으로서, 자동차 등과 같은 동적인 것도 공작물로 볼 수 있다(대판 1998.3.13. 97다34112).

2. 설치 또는 보존의 하자

(1) 개 념

공작물이 그 용도에 따라 본래 갖추어야 할 안전성이 설치 당시부터 결여된 것이 '설치의 하자'이고, 설치 후 결여된 것이 '보존의 하자'이다(대판 1988.9.20. 86다카1662).

---

[3] "불법행위로 인한 손해배상에 있어서는 본인이 직접 위법행위를 한 경우뿐만 아니라 본인이 감독 사용하는 자가 위법행위를 저지른 경우라도 이 위법행위가 본인의 감독 태만행위로 인한 것이고 이 위법한 사실의 발생에 대하여 본인에게 고의 또는 과실이 있는 경우에는 본인 자신의 불법행위로서 그 책임을 면치 못한다"

(2) 하자의 기준

① 공작물의 설치·보존상의 하자라 함은, 공작물이 현실적으로 설치되어 사용되고 있는 상황에서 그 공작물에 통상 요구되는 '안전성을 결여한 것'을 말한다 [대판 1992.10.27. 92다21050 : 하자의 존재에 대한 증명책임은 피해자에게 있다(대판 1982.8.24. 82다카348)]. "여기에서 안전성을 갖추지 못한 상태, 즉 타인에게 위해를 끼칠 위험성이 있는 상태라 함은 해당 공작물을 구성하는 물적 시설 그 자체에 물리적·외형적 결함이 있거나 필요한 물적 시설이 갖추어져 있지 않아 이용자에게 위해를 끼칠 위험성이 있는 경우뿐만 아니라, 그 공작물을 본래의 목적 등으로 이용하는 과정에서 일정한 한도를 초과하여 제3자에게 사회통념상 참을 한도를 넘는 피해를 입히는 경우까지 포함된다"(대판 2019.11.28. 2016다233538,2016다233545).

② 判例는 이를 토대로 하자의 기준에 관해 ㉠ 안전성의 구비 여부는 그 공작물의 설치·보존자가 그 공작물의 위험성에 비례하여 사회통념상 요구되는 정도의 방호조치의무를 다하였는지를 기준으로 삼아야 한다고 하며(대판 1997.10.10. 97다27022), [16행정] ㉡ 다만 判例는 위와 같은 판단 기준 등에 비추어 "공작물의 하자로 인해 어떠한 손해가 발생하였다고 하더라도, 손해가 공작물의 하자와 관련한 위험이 현실화되어 발생한 것이 아니라면 이는 '공작물의 설치 또는 보존상의 하자로 인하여 발생한 손해'라고 볼 수 없다"(대판 2018.7.12. 2015다68348)고 하였다.

3. 하자와 손해 사이의 인과관계

(1) 하자로 인한 손해

손해가 공작물의 하자로 인해 생긴 것이어야 한다. 判例는 공작물에서 발생한 사고라도 그것이 공작물의 용법에 따르지 아니한 이례적인 행동의 결과 생긴 경우에는 공작물의 하자로 인해 발생한 손해가 아니라는 이유로 공작물책임을 부정하였다(대판 1998.1.23. 97다25118).[4] 그러나 "공작물의 설치·보존상의 하자로 인한 사고는 공작물의 설치·보존상의 하자만이 손해발생의 원인이 되는 경우만을 말하는 것이 아니고, 공작물의 설치·보존상의 하자가 사고의 공동원인의 하나가 되는 이상 사고로 인한 손해는 공작물의 설치·보존상의 하자에 의하여 발생한 것이라고 보아야 한다. 그리고 화재가 공작물의 설치·보존상의 하자가 아닌 다른 원인으로 발생하였거나 화재의 발생 원인이 밝혀지지 않은 경우에도 공작물의 설치·보존상의 하자로 인하여 화재가 확산되어 손해가 발생하였다면 공작물의 설치·보존상의 하자는 화재사고의 공동원인의 하나가 되었다고 볼 수 있다"(대판 2015.2.12. 2013다61602 : 10회 선택형).

(2) 증명책임

"하자의 존재에 관한 증명책임은 피해자에게 있으나, 일단 하자가 있음이 인정되고 그 하자가 사고의 공동원인이 되는 이상, 그 사고가 위와 같은 하자가 없었더라도 불가피한 것이었다는 점이 공작물의 소유자나 점유자에 의하여 증명되지 않는다면 그 손해는 공작물의 설치 또는 보존의 하자에 의하여 발생한 것으로 해석함이 타당하다"(대판 2019.11.28. 2017다14895 : 표준판례757).

한편, 공작물로부터 발생하는 공해로 인한 손해배상청구의 경우 "가해자 측에서 그것이 무해하다는 것을 증명하지 못하는 한 가해행위와 피해자의 손해발생 사이의 인과관계를 인정할 수 있다. 그러나 이 경우에 있어서도 적어도 i) 가해자가 어떤 유해한 원인물질을 배출한 사실, ii) 그 유해의 정도가 사회통념상 참을 한도를 넘는다는 사실, iii) 그것이 피해물건에 도달한 사실, iv) 그 후 피해자에게 손해가 발생한 사실에 관한 증명책임은 피해자가 여전히 부담한다"(대판 2019.11.28. 2016다233538,2016다233545).

---

[4] [사실관계] 행인이 배수관을 잡고 올라가 여관의 내부를 엿보는 것을 방지하기 위해 보호벽을 설치하면서 그 위에 여러 개의 못을 박아두었는데, 행인이 음주를 한 상태에서 위 보호벽을 타고 올라가다가 위 못에 다친 사안이었다.

Ⅲ. 효과

[C-95]

1. 점유자의 1차적 책임 : 과실책임

제758조 1항 소정의 공작물 점유자라 함은, 공작물을 사실상 지배하면서 그 설치 또는 보존상의 하자로 인하여 발생할 수 있는 각종 사고를 방지하기 위하여 공작물을 보수·관리할 권한 및 책임이 있는 자를 말한다(대판 2000.4.21. 2000다386 : 사안에서 判例는 공장근저당권자가 공장의 부도로 대표이사 등이 도피한 상태에서 담보물의 가치를 보전하기 위하여 경비용역 업체를 통하여 공장을 경비한 사실만으로는 위 공작물 점유자에 해당한다고 볼 수 없다고 하였다). 다만 공작물에 하자가 있다고 하더라도, 점유자가 손해의 방지에 필요한 주의를 다하였음을 입증하면 면책될 수 있다(제758조 1항 단서).

① **[간접점유의 경우]** 이 경우에는 직접점유자가 1차적인 배상책임을 지고, 그가 손해의 방지에 필요한 주의를 다한 때에 비로소 간접점유자가 그 배상책임을 진다(대판 1981.7.28. 81다209 : 4회 선택형). 참고로 도시가스 계량기의 부식으로 인한 가스누출 폭발사고의 사안에서, 判例는 가스시설이 가지는 고도의 위험성에 비추어 가스사용자가 아닌 가스공급업자를 직접점유자로 보았다(대판 1994.6.28. 94다2787).

② **[점유보조자의 경우]** 判例는 가사상·영업상 기타 유사한 관계에 의하여 타인의 지시를 받아서 공작물에 대한 사실상의 지배를 하는 자가 있는 경우에 그 타인의 지시를 받는 자는 제195조에 따른 '점유보조자'에 불과하므로 제758조 제1항에 의한 공작물 점유자의 책임을 부담하는 자에 해당하지 않는다(대판 2024.2.15. 2019다208724)고 한다.

2. 소유자의 2차적 책임 : 무과실책임

이때 소유자는 법률상 소유자이다. 유효한 명의신탁의 경우 대외적인 관계에서는 명의수탁자가 법률상 소유자이지만, 대법원은 명의신탁의 대외관계에 있어 수탁자를 소유자로 취급하는 것은 선의의 제3자를 보호하고자 하는 것이므로 모든 제3자에 대한 관계에서 수탁자만을 소유자로 확정하는 것은 아니라는 이유로, 이 경우 임차인은 명의신탁자를 상대로 제758조가 정한 손해배상을 청구할 수 있다고 한다(대판 1977.8.23. 77다246). 소유자의 책임에 있어서는 면책이 인정되지 않는다(제758조 1항 단서)(8회 선택형).

3. 점유자가 피해자인 경우

判例는 점유자인 임차인(또는 임차인의 직장동료)이 임차목적물의 하자로 인하여 연탄가스에 중독된 사안에서, 소유자가 배상책임을 지고, 공작물의 보존에 관해 피해자에게 과실이 있다고 하더라도 과실상계의 사유가 될 뿐이라고 한다(대판 1993.2.9. 92다31668: 표준판례759). 무과실책임을 지는 공작물 소유자의 책임에 관하여 과실상계를 인정한 예외적인 경우이다. 이 경우 공작물책임뿐만 아니라 채무불이행 책임도 문제될 수 있는바, 判例는 "건물을 임대한 소유자가 건물을 적합하게 유지·관리할 의무(제623조)를 위반하여 임대목적물에 설치·보존상의 하자가 생기고 그 하자로 임차인이 손해를 입은 경우 **건물의 소유자 겸 임대인이 임차인에게 공작물책임과 수선의무 위반에 따른 채무불이행 책임으로 손해배상책임을 진다**"(대판 2017.8.29. 2017다227103 : 사안은 임차인에게 신체상해가 있었던 사안은 아니다)고 한다.

4. 소송상 처리 [민소법 쟁점]

민사소송법 제70조는 공동소송인의 청구나 공동소송인에 대한 청구가 법률상 양립 할 수 없는 관계에 있고 어느 것이 인용될 것인가 쉽게 판정할 수 없을 때에 필수적 공동소송의 규정을 준용하여 서로 모순 없는 통일적인 재판을 구하는 공동소송의 형태를 신설하였다. 이를 예비적·선택적 공동소송이라 한다. 따라서 공작물책임이 문제된 경우 피해자는 공작물의 설치·보존에 흠이 있음을 이유

제6장 불법행위책임 **809**

로 점유자를 제1차적 피고(주위적 피고)로, 그것이 인용되지 아니할 경우를 대비하여 소유자를 예비적 피고로 하여 각 청구하는 것이 가능하게 되었다.

핵심사례 C-08

★ 공작물책임, 실화책임법, 보호의무위반[1] [17행정]　　　　대판 1999.2.23. 97다12082

A는 甲 소유 의류물류창고 증축공사의 건축토목공사 부분을, B는 이 증축공사의 전기공사 부분을 수급하여 공사를 시행하고 있었다. B의 피용자 C는 위 증축 공사현장에서 전선가설용 천장틀인 케이블 트레이의 연결공사를 하고 있었는데, A에게 소속한 인부들이 용접작업을 하면서 튄 불꽃이 내부에 단열재로 시공한 우레탄에 옮겨 붙었고, 작업 중이던 C가 전신화상을 입고 현장에서 사망하였다. 이 사건 건물 내부에는 A의 인부들이 실시하는 페인트 작업을 위한 신나나 배관작업을 위한 산소용접기, 가스절단기 사용에 필요한 산소통, 프로판가스통 등 인화성 강한 물질이 도처에 방치되어 불이 순식간에 건물 전체로 번진 것이었다.
A와 B가 C에게 부담하는 손해배상책임의 근거가 무엇인지 검토하시오. (25점)

1. A의 손해배상책임 근거

(1) A의 제756조 사용자책임 성립여부(적극)

1) 제756조 사용자책임의 요건

2) 가해행위의 사무집행관련성 판단 기준(외형이론)

　　A의 인부들이 용접작업 중에 우레탄에 불꽃을 붙인 것은 창고 증축공사의 건축토목공사와 외형상 객관적으로 관련된 것으로 보인다. 따라서 증축공사에서 케이블 트레이의 연결공사를 하고 있던 C에게 전신화상을 입히고 사망케 한 가해행위에는 사무집행관련성이 인정된다. 그러므로 A에게는 제756조 사용자책임에 기한 불법행위 책임이 인정된다.

(2) A의 제758조 공작물책임 성립여부(적극)

1) 제758조 공작물점유자책임의 요건(제758조 1항)

2) 설치 또는 보존의 하자(안전성의 결여, 방호조치의무 위반)

3) 하자와 손해 사이의 인과관계(공작물의 설치 또는 보존상의 하자가 사고의 공동원인)

4) 사안의 경우

　　A는 증축공사의 건축토목공사 부분을 수급한바, A 소속 인부들이 용접작업을 하고 있던 공간에 대해서는 A가 사실상 지배하고 있는 직접점유자이다. 건물 내부에 A의 인부들이 실시하는 페인트 작업을 위한 신나나 배관작업을 위한 산소용접기 등의 인화성 강한 물질이 도처에 방치되어 있었는바, 화재 발생을 우려하여 이를 관리할 주의의무가 인정된다. 그런데 주의의무에 따른 조치를 소홀히 하여 화재가 발생했으므로 공작물 보존의 하자가 있었다. 따라서 화재로 인한 C의 사망에 대하여 제758조 공작물 책임에 따른 불법행위책임이 인정된다(대판 1999.2.23. 97다12082).

(3) A에게 실화책임법에 의한 책임감경이 인정되는지 여부(소극)

1) 실화책임법에 의한 책임감경 요건

　　실화책임법은 실화(失火)의 경우 직접화재가 아닌 연소(延燒)로 인한 부분에 대한 배상청구에 한하여 적용되는바(동법 제2조), "공작물 자체의 설치·보존상의 하자에 의하여 직접 발생한 화재로 인한 손해배상책임에 관하여는 민법 제758조 제1항이 적용될 뿐 실화책임법은 적용되지 아니한다"(대판 1998.3.13. 97다34112).

2) 사안의 경우(직접 화재)

2. B의 손해배상책임 근거 - 보호의무위반에 따른 책임 성립여부(적극)

(1) 사용자의 피용자에 대한 보호의무(상세는 판례연구 B-1. 및 C-52. 참고)

"사용자는 근로계약에 수반되는 신의칙상의 부수적 의무로서 피용자가 노무를 제공하는 과정에서 생명, 신체, 건강을 해치는 일이 없도록 물적 환경을 정비하는 등 필요한 조치를 강구하여야 할 보호의무를 부담하고, 이러한 보호의무를 위반함으로써 피용자가 손해를 입은 경우 이를 배상할 책임이 있다"(대판 1999.2.23. 97다12082). 다만 사용자의 피용자에 대한 보호의무는 업무관련성 및 예견가능성이 인정되는 범위에 한정된다(대판 2006.9.28. 2004다44506). 그러나 사용자의 피용자에 대한 보호의무 위반에 대해서 불법행위로 다룬 것도 있다(대판 2000.3.10. 99다60115).

(2) 사안의 경우

B는 같은 증축 공사현장에서 작업하는 A로 하여금 인화성물질을 제거하도록 요청하는 등 피용자인 C의 생명 신체 등을 보호할 의무가 있었음에도 별다른 안전조치를 취하지 않은 과실이 있다. 아울러 "불법행위로 인한 손해배상에 있어 가해자의 불법행위만에 의하여 손해가 발생한 것이 아니라 제3자의 행위 기타 귀책사유 등이 경합하여 손해가 발생한 경우에도(사안에서는 A측의 위법행위) 가해자의 불법행위가 손해 발생의 한 원인이 되었다면 가해자는 그로 인하여 피해자가 입은 손해를 배상할 책임이 있다"(대판 1999.2.23. 97다12082).

따라서 B에게는 과실에 기한 주의의무 위반이 인정되어 채무불이행(제390조) 또는 불법행위(제750조)로 인한 손해배상책임이 인정된다(대판 1999.2.23. 97다12082 : 다만 당해 판례에서 제750조는 별도로 문제되지 않았다).

4. 사안의 해결

A에게는 공작물의 점유자로서(제758조) 또는 불법행위를 저지른 피용자의 사용자로서(제756조) 불법행위로 인한 손해배상책임이 인정되고, B에게는 피용자인 C에 대한 보호의무를 다하지 않은 채무불이행 책임(제390조) 혹은 불법행위책임(제750조)이 인정되며, 이들의 채무는 부진정연대채무의 관계에 있다(대판 1999.2.23. 97다12082).

제4관 공동불법행위책임

I. 서 설

[C-96]

1. 의 의

공동불법행위란 ① 수인이 공동의 불법행위로 타인에게 손해를 가한 경우(제760조 1항), ② 공동 아닌 수인의 행위 중 어느 자의 행위가 그 손해를 가한 것인지 알 수 없는 경우(제760조 2항), ③ 교사·방조의 경우(제760조 3항)를 의미하며 협의로는 ①의 경우만을 가리킨다.

2. 취 지

제760조의 1항과 3항은 위법행위의 공동성에 기인해서 책임을 가중시킨 것이고, 2항은 피해자에게 인과관계에 대한 증명책임을 면하게 함으로써 피해자를 두텁게 보호하려는 규정이다.

---

1) ★ 대판 1999.2.23. 97다12082 사실관계 : 당해 판례에서는 A의 책임에 관해서는 제758조만 언급했고, B의 책임에 관해서는 제390조만 언급하면서 A와 B의 책임은 부진정연대채무라고 판시하였다. 하지만 A에게는 제756조도 문제되고, B에게는 제750조도 문제될 수 있어 해당 해설에서는 모두 언급하였다.

Ⅱ. 요 건　　　　　　　　　　　　　　　　　　　　　　　　　　　　　　　　　[C-97]

1. 협의의 공동불법행위

수인이 공동의 불법행위로 타인에게 손해를 가한 때에는 연대하여 그 손해를 배상할 책임이 있다(제760조 1항).

[관련판례] "금전을 대여한 채권자가 고의 또는 과실로 이자제한법을 위반하여 최고이자율을 초과하는 이자를 받아 채무자에게 손해를 입힌 경우에는 특별한 사정이 없는 한 민법 제750조에 따라 불법행위가 성립한다고 보아야 한다. 나아가 채권자와 공동으로 위와 같은 이자제한법 위반 행위를 하였거나 이에 가담한 사람도 민법 제760조에 따라 연대하여 손해를 배상할 책임이 있다"(대판 2021.2.25. 2020다230239 : 11회,12회,13회 선택형).

(1) 각 가해행위의 독립성

각 가해자의 행위는 일반 불법행위의 성립요건을 충족시켜야 하는데, 이때 각 가해자의 행위는 독립적으로 평가하여야 한다. 다만 인과관계도 각자 인정되어야 하는지에 관하여는 ① 각자의 행위와 결과 사이에 인과관계가 있어야 한다는 견해(종래 다수설)도 있으나, ② 이러한 경우는 병존적 불법행위로서 각자는 제750조의 불법행위책임을 지게 되므로 굳이 제760조 1항에 문의할 필요가 없게 된다. 따라서 가해자들의 공동행위와 손해발생 사이의 인과관계로 파악하면 족하다고 보여진다. 判例도 수인이 폭행하기로 공모하고 현장에 갔으나 그중 한 사람만이 피해자를 폭행하여 사망에 이르게 한 사안에서 수인의 공동불법행위책임을 인정하였는데(대판 1958.3.28. 4289민상551), 이는 후자의 견해와 입장을 같이 한다.

[관련판례] "제760조 1항, 3항의 공동불법행위자에게 불법행위로 인한 손해배상책임을 지우려면, 위법한 행위와 피해자가 입은 손해 사이에 상당인과관계가 있어야 하고, 상당인과관계의 유무는 결과발생의 개연성, 위법행위의 태양 및 피침해 이익의 성질 등을 종합적으로 고려하여 판단하여야 한다"(대판 2018.7.11. 2017다263703). 예컨대 判例는 "금융기관 직원이 타인과 공동으로 고객의 예금을 무단인출하고 해당 예금에 대한 이자가 지급되지 않아 소멸시효가 중단되지 않는 사이에 예금자가 이러한 사정을 알지 못한 채 권리를 행사하지 않아서 예금채권의 소멸시효가 완성된 경우, 금융기관 직원의 위법행위와 예금채권의 시효소멸로 인한 손해 사이에는 상당인과관계가 인정된다"(대판 2022.2.28. 2020다268265)고 한다.

(2) 행위의 공동성(공동의 의미)

1) 학 설

① 민법이 공동불법행위에 관하여 공동책임을 인정함으로써 피해자를 보호하려는 취지를 고려할 때, 가해자들 사이에 공모나 공동의 의식은 필요 없고 가해행위가 '객관적으로 공동'하고 있으면 충분하다는 **객관적 공동설**(다수설)과 ② 협의의 공동불법행위에 있어서 행위자들의 책임이 가중되는 것은 수인이 의식적으로 합세하여 손해를 가한 행위의 비난가능성이 높기 때문이므로 가해자들 사이에 '공모 내지 공동의 인식'이 있어야 한다는 **주관적 공동설**의 대립이 있다.

2) 판 례 [다수기출]

"공동불법행위자 상호 간에 의사의 공동이나 공동의 인식이 필요하지 아니하고 '객관적으로 각 행위에 관련공동성'이 있으면 족하다"(대판 2006.1.26. 2005다47014 등)고 하거나, "공동불법행위가 성립하려면 행위자 사이에 의사의 공통이나 행위공동의 인식이 필요한 것은 아니지만 객관적으로 보아 피해자에 대한 권리침해가 공동으로 행하여지고 그 행위가 손해발생에 대하여 '공통의 원인'이 되었다고 인정되는 경우라야 한다"(대판 1989.5.23. 87다카2723)고 판시함으로써 **객관적 공동설**의 입장을 취하고 있다. 그리고 횡령행위로 인한 장물을 취득하는 등 '피해의 발생'에 공동으로 관련되는 것만으로도 공동불법행위가 성립될 수 있다고 한다(대판 2016.4.12. 2013다31137).

3) 검 토

제760조의 입법취지가 피해자의 보호와 입증 곤란의 해결에 있다는 점을 생각할 때 객관적 공동설을 취하는 것이 타당하다. 즉, 제760조 1항이 적용되는 경우는 주관적 공동설에 비하여 객관적 공동설을 취할 때 상대적으로 많아지게 된다. 왜냐하면 과실이 경합하여 손해가 발생한 경우에는 객관적 공동설을 취할 때 비로소 1항을 적용할 가능성이 주어지기 때문이다.

> ※ **객관적 공동이 있었는지 문제되는 경우 ★**
>
> 判例는 객관적 공동설에 따라 ① **[긍정]** "교통사고로 인하여 상해를 입은 피해자가 치료를 받던 중 치료를 하던 의사의 과실로 인한 의료사고로 증상이 악화되거나 새로운 증상이 생겨 손해가 확대된 경우, 의사에게 '중대한 과실'이 있다는 등의 특별한 사정이 없는 한 확대된 손해와 교통사고 사이에도 상당인과관계가 있고, 이 경우 교통사고와 의료사고가 각기 독립하여 불법행위의 요건을 갖추고 있으면서 객관적으로 관련되고 공동하여 위법하게 피해자에게 손해를 가한 것으로 인정되면 공동불법행위가 성립한다"(대판 1998.11.24. 98다32045: 표준판례761)고 하며, ② **[긍정]** "동시에 또는 거의 같은 시기에 건축된 가해건물들이 피해건물에 대하여 전체적으로 수인한도를 초과하는 일조 침해의 결과를 야기한 경우, 각 가해건물들이 함께 피해건물의 소유자 등이 향유하던 일조를 침해하게 된다는 점을 예견할 수 있었다면, 특별한 사정이 없는 한 각 가해건물의 건축자 등은 일조 침해로 피해건물의 소유자 등이 입은 손해 전부에 대하여 공동불법행위자로서의 책임을 진다"(대판 2006.1.26. 2005다47014,47021,47038)고 한다. ③ **[부정]** 반면 에이즈바이러스에 감염된 혈액을 공급한 대한적십자사의 행위와 수혈로 인한 에이즈바이러스의 감염 위험에 관하여 설명하지 않은 의사의 행위 사이에 객관적 관련공동성이 있는지 문제되었는데, 대법원은 ⅰ) 전자의 행위는 에이즈바이러스의 감염이라는 건강 침해에 대한 것이고 ⅱ) 후자의 행위는 환자의 자기결정권(인격권) 침해에 대한 것으로 양 행위가 경합하여 단일한 결과를 발생시킨 것이 아니고 각 행위의 결과를 구별할 수 있다고 하여 객관적 관련공동성을 부정하였다(대판 1998.2.13. 96다7854: 표준판례 762 : 8회 선택형).
>
> **[판례해설]** 判例의 태도를 정리하자면, 수 개의 행위가 경합하여 단일한 결과를 발생시킨 것이 아니고 각 행위의 결과발생을 구별할 수 있는 경우에는 객관적 관련공동도 없어서 가해자 각자는 자기 행위에 대한 책임만을 부담한다는 입장이라고 할 수 있을 것이다.[2]

2. 가해자 불명의 공동불법행위

공동 아닌 수인의 행위 중 어느 자의 행위가 그 손해를 야기한 것인지 알 수 없는 때에는 공동불법행위로 '추정'된다(제760조 2항). 예를 들어 "다수의 의사가 의료행위에 관여한 경우 그중 누구의 과실에 의하여 의료사고가 발생한 것인지 분명하게 특정할 수 없는 때에는 일련의 의료행위에 관여한 의사들 모두에 대하여 민법 제760조 제2항에 따라 공동불법행위책임을 물을 수 있다고 봄이 상당하다"(대판 2005.9.30. 2004다52576).

(1) 각 가해행위가 인과관계를 제외한 불법행위 요건을 충족해야 한다.

(2) 공동 아닌 수인의 행위

객관적 공동설의 입장에서는 주관적 공동도 객관적 공동도 없는 개별적 행위(결과에 대한 단독원인)로 입증되었으나 누구의 행위인지 분명치 않은 경우만이 해당된다고 보고, 주관적 공동설의 입장에서는 주관적 공동이 없는 경우로서 객관적 공동이 있는지 없는지 명확하지 않은 경우를 의미한다.

---

[2] 지원림, 민법강의(13판), 5-301

(3) 가해자가 불명해야 한다(제760조 제2항에서의 증명책임의 소재 = 개별 행위자)

"제760조 2항은 여러 사람의 행위가 경합하여 손해가 생긴 경우 중 동조 1항에서 말하는 공동의 불법행위로 보기에 부족할 때, 입증책임을 덜어줌으로써 피해자를 보호하려는 입법정책상의 고려에 따라 각각의 행위와 손해 발생 사이의 인과관계를 법률상 추정한 것이므로, 이러한 경우 개별 행위자가 자기의 행위와 손해 발생 사이에 인과관계가 존재하지 아니함을 증명하면 면책되고, 손해의 일부가 자신의 행위에서 비롯된 것이 아님을 증명하면 배상책임이 그 범위로 감축된다"(대판 2008.4.10. 2007다76306).

3. 교사 또는 방조

교사자·방조자는 공동불법행위자로 간주된다(제760조 3항).

(1) 부작위에 의한 방조

① "공동불법행위에 있어 방조란 불법행위를 용이하게 하는 직접·간접의 모든 행위를 가리키는 것으로서 작위에 의한 경우뿐만 아니라 작위의무 있는 자가 그것을 방지하여야 할 여러 조치를 취하지 아니하는 부작위로 인하여 불법행위자의 실행행위를 용이하게 하는 경우도 포함한다. 여기서 작위의무는 법적인 의무이어야 하므로 단순한 도덕상 또는 종교상 의무는 포함되지 않으나 작위의무가 법적인 의무인 한 그 근거가 성문법이건 불문법이건 상관이 없고 또 공법이건 사법이건 불문하므로, 법령, 법률행위, 선행행위로 인한 경우는 물론이고 기타 신의성실의 원칙이나 사회상규 혹은 조리상 작위의무가 기대되는 경우에도 법적인 작위의무는 있다. 다만 신의성실의 원칙이나 사회상규 혹은 조리상 작위의무는 상대방의 법익을 보호하거나 그의 법익에 대한 침해를 방지하여야 할 특별한 지위에 있음이 인정되는 자에 대하여만 인정할 수 있고, 그러한 지위에 있지 아니한 제3자에 대하여 함부로 작위의무를 확대하여 부과할 것은 아니다"(대판 2012.4.26. 2010다8709).

② "부작위로 인한 불법행위가 성립하려면 작위의무가 전제되어야 하지만, 작위의무가 객관적으로 인정되는 이상 의무자가 그 의무의 존재를 인식하지 못하였더라도 불법행위의 성립에는 영향이 없다. 이는 고지의무 위반에 의하여 불법행위가 성립하는 경우에도 마찬가지이므로 당사자의 부주의 또는 착오 등으로 고지의무가 있다는 것을 인식하지 못하였다고 하여 위법성이 부정될 수 있는 것은 아니다"(대판 2012.4.26. 2010다8709).

(2) 과실에 의한 방조

"공동불법행위에 있어 방조라 함은 불법행위를 용이하게 하는 직접, 간접의 모든 행위를 가리키는 것으로서 형법과 달리 손해의 전보를 목적으로 하여 과실을 원칙적으로 고의와 동일시하는 민법의 해석으로서는 과실에 의한 방조도 가능하며, 이 경우의 과실의 내용은 불법행위에 도움을 주지 않아야 할 주의의무가 있음을 전제로 하여 이 의무에 위반하는 것을 말한다"(대판 2016.5.12. 2015다234985).

Ⅲ. 효 과 [C-98]

1. 책임의 연대

제760조는 공동불법행위자는 연대하여 그 손해를 배상할 책임이 있다고 규정한다. 그런데 통설과 判例는 이 연대를 '부진정연대채무'로 본다(대판 1982.4.27. 80다2555). 왜냐하면 연대채무에서는 절대적 효력이 미치는 범위가 상당히 넓으므로 피해자를 두텁게 보호하기 위해서는 부진정연대채무로 함이 유리하기 때문이다.

2. 손해배상의 범위

(1) 손해배상의 평가방법

공동불법행위로 인한 손해배상책임의 범위는 피해자에 대한 관계에서 가해자들 전원의 행위를 '전체적'으로 함께 평가하여 정하여야 하고, 그 손해배상액에 대하여는 가해자 각자가 그 금액의 전부에 대한 책임을 부담한다. 따라서 가해자의 1인이 다른 가해자에 비하여 불법행위에 가공한 정도가 경미하다고 하더라도 피해자에 대한 관계에서 그 가해자의 책임 범위를 위와 같이 정하여진 손해배상액의 일부로 제한하여 인정할 수 없다(대판 1998.10.20. 98다31691: 표준판례665 : 5회 선택형).

(2) 과실상계

1) 원칙 : 전체적 평가설

① [공동불법행위자들 모두를 피고로 삼은 경우(전체적 평가)] 통상 공동불법행위의 경우 과실상계를 함에 있어서는 피해자에 대한 공동불법행위자 전원의 과실과 피해자의 공동불법행위자 전원에 대한 과실을 '전체적'으로 평가하여야 하고 공동불법행위자 간의 과실의 경중이나 구상권 행사의 가능 여부 등은 고려할 여지가 없다(대판 1991.5.10. 90다14423 : 5회,6회,8회 선택형). 왜냐하면, 공동불법행위책임은 가해자 각 개인의 행위에 대하여 개별적으로 그로 인한 손해를 구하는 것이 아니라 그 가해자들이 공동으로 가한 불법행위에 대하여 그 책임을 추궁하는 것이기 때문이다(대판 2000.9.8. 99다48245).

그런데, "이는 과실상계를 위한 피해자의 과실을 평가함에 있어서 공동불법행위자 전원에 대한 과실을 전체적으로 평가하여야 한다는 것이지, 공동불법행위자 중에 고의로 불법행위를 행한 자가 있는 경우에는 피해자에게 과실이 없는 것으로 보아야 한다거나 모든 불법행위자가 과실상계의 주장을 할 수 없게 된다는 의미는 아니다"(대판 2020.2.27. 2019다223747).

② [공동불법행위자 각자를 상대로 별도로 소를 제기한 경우(개별적 평가)] "각 소송에서 제출된 증거가 서로 다르고 이에 따라 교통사고의 경위와 피해자의 손해액산정의 기초가 되는 사실이 달리 인정됨으로 인하여 과실상계비율과 손해액도 서로 달리 인정될 수 있는 것이므로, 피해자가 공동불법행위자들 중 일부를 상대로 한 전소에서 승소한 금액을 전부 지급받았다고 하더라도 그 금액이 나머지 공동불법행위자에 대한 후소에서 산정된 손해액에 미치지 못한다면 후소의 피고는 그 차액을 피해자에게 지급할 의무가 있다"(대판 2001.2.9. 2000다60227 : 1회,3회,6회,8회 선택형).

> **■ 공동불법행위에 있어 호의동승으로 인한 책임제한이 미치는 범위** 　　대판 2014.3.27. 2012다87263
>
> **사실관계** | A가 운전하던 차량과 B가 운전하던 차량이 두 운전자의 공동과실로 사고가 발생하였고, 그로 인해 B가 운전하던 차량에 타고 있던 C가 사망하였다. 이때 B와 C는 연인 사이였고 두 사람은 벚꽃 구경을 가던 길이었다. 이에 동승차량의 운행목적, 피해자와의 인적 관계, 동승경위 등에 비추어 볼 때 C의 사망에 대해 동승차량 운전자 B에게 전적인 책임을 지우는 것은 신의칙이나 형평의 원칙상 불합리하므로 '호의동승으로 인한 책임제한'을 인정할 수 있는데, 이러한 책임제한이 다른 공동불법행위자인 A에게도 미치는지가 문제되었다. 이에 원심은 호의동승에 의한 책임제한은 인적, 내부적 관계에 기한 것인 만큼 상대적 효력만을 인정하여 부정하였으나 대법원은 아래와 같은 이유로 긍정하였다.
>
> **판례의 태도** | "2인 이상의 공동불법행위로 인하여 호의동승한 사람이 피해를 입은 경우, 공동불법행위자 상호간의 내부관계에서는 일정한 부담부분이 있으나 피해자에 대한 관계에서는 부진정연대책임을 지므로, 동승자가 입은 손해에 대한 배상액을 산정함에 있어서는 먼저 호의동승으로 인한 감액 비율을 참작하여 공동불법행위자들이 동승자에 대하여 배상하여야 할 수액을 정하여야 한다. 그리고 그 당연한 귀결로서 위와 같은 책임제한은 동승 차량 운전자인 B뿐만 아니라 상대방 차량 운전자인 A와 그 보험자에게도 적용된다"(대판 2014.3.27. 2012다87263 : 4회 선택형).

2) 예 외 : 개별적 평가설 [10입법]

이에 대한 예외로서 判例는 ㉠ "피해자의 부주의를 이용하여 고의로 불법행위를 저지른 자(피용자)가 바로 그 피해자의 부주의를 이유로 자신의 책임을 감하여 달라고 주장하는 것은 허용될 수 없으나, 이는 그러한 사유가 있는 자에게 과실상계의 주장을 허용하는 것이 신의칙에 반하기 때문이므로, 불법행위자 중의 일부에게 그러한 사유가 있다고 하여 그러한 사유가 없는 다른 불법행위자(사용자)까지도 과실상계의 주장을 할 수 없는 것은 아니다"(대판 2007.6.14. 2005다32999 : 1회,3회,6회,8회,9회 선택형)라고 하였고, ㉡ 최근 判例에 따르면 "공동불법행위를 원인으로 하지 않은 부진정연대채무가 성립하는 경우 공동불법행위책임의 경우와 다르게 채무자별로 과실상계 여부 및 그 범위를 달리 정할 수 있다"고 한다(대판 2022.7.28. 2017다16747,2017다16754: 표준판례487).[3]

3. 구상권(채총 부진정연대채무 B-75.참고)

Ⅳ. 다른 특수불법행위와의 관계   [C-99]

1. 사용자책임

判例는 "은행의 지점장은 은행에 대한 관계에 있어서는 고용계약상의 노무자로서 특별한 사정이 없는 한 지점의 행원을 지휘 감독할 직책이 있으며 그 부하직원의 불법행위로 인하여 은행에 손해가 발생한 경우 지점장이 그 감독에 있어 상당한 주의를 하였더라면 그 손해의 발생을 방지할 수 있었을 때에는 지점장은 민법 제760조에 의하여 공동불법행위자로서 그 부하직원과 연대하여 그 손해를 배상할 책임이 있다"(대판 1962.11.15. 62다596 : 원칙적으로 사용자는 제756조 사용자책임을 부담하고 공동불법행위책임을 부담하지 않지만, 사용자의 행위에 일반적인 과실이 있고, 그것이 피용자의 불법행위와 인과관계가 인정되는 등 사용자의 행위가 일반불법행위의 요건을 충족하는 경우에는 피용자와 공동불법행위가 성립한다)고 한다.

2. 책임능력 있는 미성년자의 감독자 책임

判例는 책임능력 있는 미성년자들의 부모인 감독의무자에게 친권자로서의 감독의무를 현저히 해태한 과실이 있다면, 미성년자들의 불법행위(폭력행위)에 대하여 일반불법행위자로서 미성년자들과의 공동불법행위책임이 있다고 한다(대판 1991.4.9. 90다18500).

---

3) [판례원문] "공동불법행위자의 관계는 아니지만 서로 별개의 원인으로 발생한 독립된 채무가 동일한 경제적 목적을 가지고 있고 서로 중첩되는 부분에 관하여 한쪽의 채무가 변제 등으로 소멸하면 다른 쪽의 채무도 소멸하는 관계에 있기 때문에 부진정연대채무 관계가 인정되는 경우가 있다. 이러한 경우까지 과실상계를 할 때 반드시 채권자의 과실을 채무자 전원에 대하여 전체적으로 평가하여야 하는 것은 아니다"
[사실관계] 부두용 크레인 붕괴 사고에 관하여 크레인 소유자 丙이 제작자 甲과 관리·운용자 乙을 상대로 손해배상을 청구한 경우, "피고 甲은 제작물공급계약상의 채무불이행책임 또는 민법 제580조에 따른 하자담보책임을, 피고 乙은 불법행위책임 또는 임대차계약상의 채무불이행책임을 부담하고 두 채무는 부진정연대의 관계에 있다"고 판단하면서, 피고 甲의 손해배상책임은 별도로 제한하지 않고 피고 乙의 손해배상책임만 과실상계를 통하여 70%로 제한한 법원의 판단은 정당하다고 하였다.

핵심사례 C-09

■ 호의동승
대판 1988.9.13. 88다카80 변형

甲은 직장동료 乙을 출근길에 우연히 만나자 자기차로 태워다 주겠다고 하였다. 甲이 乙을 조수석에 앉히고 올림픽대로를 과속으로 달리던 중 丙 운수주식회사 소속 화물차(운전사 丁)가 중앙선을 침범하여 甲의 차와 충돌하여 乙이 부상을 당했다(甲·丁 간 과실비율은 3:7).
乙은 누구에게 어떠한 책임을 물을 수 있는가? (20점)

Ⅰ. 丁·丙의 불법행위책임 성부

1. 丁의 불법행위책임 성부

(1) 자배법상의 책임 성부(소극)
타인을 위하여 자동차를 운전하는 피용자인 '운전자'는 운행지배도 없고 운행이익도 없기 때문에 자배법 제3조에서 말하는 운행자는 아니다(대판 1997.11.14. 95다37391).

(2) 일반불법행위 책임 성부(적극)
운전자 丁은 乙의 부상에 대하여 일반불법행위책임을 진다(제750조).

2. 丙의 불법행위책임 성부

(1) 자배법상의 책임 성부(적극)

(2) 사용자책임(제756조) 성부(소극)
자배법이 민법에 우선하여 적용되지만, 자배법상의 손해배상책임이 인정되지 않는 경우에는 민법상의 불법행위책임이 인정될 수 있다(대판 2001.6.29. 2001다23201).

3. 丁·丙의 불법행위책임 범위

(1) 乙의 안전촉구의무 위반을 이유로 한 과실상계 가부(소극)
"단순히 같은 자동차에 동승하여 가고 있는 승객들 사이에는 다른 승객이 그 자동차의 운행에 위험을 초래할 만한 행동을 하고 있거나, 앞으로 그와 같은 행동을 할 것이고, 그로 인하여 상당한 정도로 사고 발생의 위험성이 있다는 것을 인식할 수 있다는 등의 특별한 사정이 없는 한, 상호 간에 예상할 수 있는 모든 위험에 대하여 미리 경고하고 주의를 환기시킬 신의칙상 주의의무가 있다고 할 수는 없다"(대판 1999.9.21. 99다31667 등).

(2) 甲의 과실을 피해자 乙의 과실로 볼 수 있는지 여부(피해자측 과실이론)(소극)
乙과 甲은 단순한 직장동료에 불과하므로 신분상 내지 생활관계상 일체를 이루는 관계에 있는 자라고 보기는 어렵고, 불필요한 구상관계의 순환방지가 필요한 경우도 아니므로 甲의 과실을 乙의 과실로 보아 손해배상액의 감경을 주장할 수는 없다.

Ⅱ. 甲의 불법행위책임 성부 및 범위

1. 甲의 불법행위 책임 성부

(1) 자배법상의 책임 성부(적극)

(2) 일반불법행위 책임 성부(소극)

2. 甲의 불법행위 책임 범위(호의동승으로 인한 책임감경)

운행자 甲은 자신이 출근길에 있어서 운전한 것이고(운행목적), 甲과 乙은 단순한 직장동료에 불과하며(인적관계), 운행자 甲이 피해자 乙에게 동승을 권유한 것이기 때문에(동승을 요구한 목적과 적극성), 단순히 乙이 사고차량에 호의로 동승하였다는 사실만으로 이를 배상액 감경사유로 삼을 수는 없다.

제3절 그 밖의 특수한 불법행위(불법행위법의 현대적 문제)

제1관 자동차운행자의 책임

I. 서 설 [C-100]

1. 의 의
자동차손해배상보장법(이하 '자배법'이라 한다) 제3조는 '자기를 위하여 자동차를 운행하는 자는 그 운행으로 다른 사람을 사망하게 하거나 부상하게 한 경우에는 그 손해를 배상할 책임을 진다. 다만 일정한 경우에 해당하는 때에는 그러하지 아니하다'고 규정하고 있다.

2. 자배법의 적용범위
동법은 '자동차의 운행으로 사람이 사망하거나 부상'한 경우(인적손해)의 손해배상을 규율한다(동법 제1조). 따라서 자동차가 아닌 것, 자동차라도 운행 중의 사고가 아닌 것, 운행 중의 사고라도 물적 손해에 관해서는 동법은 적용되지 않는다. 또한 동법은 피해자가 손해배상을 받는 것을 보장하기 위해 자동차 운행자로 하여금 책임보험의 가입을 강제하고(동법 제5조), 피해자는 직접 보험사업자에게 손해의 범위에서 일정액의 보험금을 청구할 수 있으므로(동법 제10조), 실제의 손해액이 이를 초과하는 때에도 동법은 그 적용이 없다.

II. 자동차운행자 책임의 요건(운, 인, 다, 사, 면) [C-101]
자배법상의 배상책임이 성립되기 위해서는 i) 자기를 위하여 자동차를 운행하는자(운행자)가, ii) 그 운행으로 인하여, iii) 다른 사람을, iv) 사망하게 하거나 부상하게 하고, v) 면책사유가 없을 것을 요한다(자동차배상보장법 제3조).

1. 자기를 위하여 자동차를 운행하는 자일 것
제3조에서 자동차 사고에 대한 손해배상책임을 지는 자로 규정하고 있는 '자기를 위하여 자동차를 운행하는 자'란 사회통념상 당해 자동차에 대한 운행을 지배하여 그 이익을 향수하는 책임주체로서 지위에 있다고 할 수 있는 자(대판 2002.11.26. 2002다47181 ; 이 경우 운행의 지배는 현실적인 지배에 한하지 아니하고 간접지배 내지는 지배가능성이 있다고 볼 수 있는 경우도 포함한다)를 의미한다. 즉 '운행자' 개념의 판단에 있어서는 운행으로부터 나오는 이익인 '운행이익' 과 자동차의 사용에 관한 사실적인 처분권을 가지는 '운행지배' 의 두 요소 모두를 기준으로 판단한다. 자동차의 운행자는 동법 제2조 3호에서 말하는 자동차의 보유자(소유자 내지는 임차인 등)보다는 넓은 개념이다. 따라서 타인을 위하여 자동차를 운전하는 피용자인 '운전자'는 운행지배도 없고 운행이익도 없기 때문에 운행자는 아니다(대판 1997.11.14. 95다37391).

> **[관련판례]** ❋ **자배법상 운행자**
> 소유자이더라도 운행지배로부터 떠나 있는 때에는 운행자가 아니며, 소유자가 아니더라도 운행지배와 운행이익을 가지는 때에는 운행자가 된다. 대체적으로 자동차보유자가 운행자로 평가된다. 구체적으로 호의동승자(대판 1988.6.26. 88다카2516 참고)·대리운전자(대판 1994.4.15. 94다5502)·무단운전자(대판 1998.7.10. 98다1072[1]))에게는 운행자성이 인정되지 않으며, 자동차를 절취하여 운전하는 자(대판 1988.3.22. 86다카2747 참고),

---
1) [사실관계] 무면허인 미성년자가 부(父)가 출타한 사이에 바지 호주머니에 넣어 둔 열쇠를 꺼내어 그 무단운행 사실을 알고

자동차를 유상으로 빌려주는 렌트카업자(대판 1991.4.12. 91다3932), 무상으로 빌려주는 사용대주(대판 1991.5.10. 91다3918), 자동차운전학원(대판 2001.1.19. 2000다12532: **표준판례**715) 등에게는 운행자성이 인정된다.

2. 자동차의 운행으로 피해가 발생할 것

자동차의 '운행'이라 함은 사람 또는 물건의 운송 여부에 관계없이 자동차를 그 용법에 따라 사용 또는 관리하는 것을 말한다(동법 제2조 2호). 判例는 '운행으로 말미암아'라 함은 운행과 사고 사이에 상당인과관계를 인정할 수 있는지의 여부에 따라 결정되어야 한다(대판 1997.9.30. 97다24276)고 한다.

3. 다른 사람을 사망하게 하거나 부상케 하였을 것

① 다른 사람이란 사고를 야기한 자동차의 운행자 및 당해 사고의 과실 있는 운전자를 제외한 자를 말한다. 운행자, 운전자 및 운전보조자(조수)는 다른 사람에 해당하지 않는다(대판 2016.4.28. 2014다236830,236847). 그러나 **호의동승자는 다른 사람에 해당한다**(대판 1991.1.15. 90다13170 참고). **[14입법]**

② 자배법 제3조는 '자기를 위하여 자동차를 운행하는 자는 그 운행으로 다른 사람을 사망하게 하거나 부상하게 한 경우에는 그 손해를 배상할 책임을 진다. 다만 승객이 고의나 자살행위로 사망하거나 부상한 경우에는 그러하지 아니하다.'라고 규정하고 있다. 위 조항은 승객이 사망하거나 부상한 경우를 승객이 아닌 자와 구별하여 더욱 보호하고 있다. 자동차 사고로 승객이 부상한 경우 운행자는 승객의 부상이 고의 또는 자살행위로 인한 것임을 주장·증명하지 못하는 한 운전상의 과실 유무를 가릴 것 없이 승객의 부상에 따른 손해를 배상할 책임이 있다는 취지이다(대판 2021.11.11. 2021다257705).

4. 자동차운행자에게 면책사유가 없을 것

동법 제3조 1호 및 2호[2)]

Ⅲ. 자동차운행자 책임의 효과 [C-102]

1. 자배법 규정

자동차운행자에게 자배법상의 불법행위가 인정되면, 피해자는 직접 가해 '차량'의 책임보험자에 대하여 보험금의 지급을 청구할 수 있다(동법 제10조), 배상액은 책임보험액을 한도로 한다(동법 제5조).

2. 다른 법률과의 관계

자배법이 민법에 우선하여 적용되지만, 자배법상의 손해배상책임이 인정되지 않는 경우에는 민법상의 불법행위책임이 인정될 수 있다(대판 2001.6.29. 2001다23201). **[6회 사례형]**

Ⅳ. 호의동승으로 인해 손해가 발생한 경우 배상액 감경 인정 여부 [C-104]

1. 호의관계

호의에 의하여 일정한 이익을 주고 받는 생활관계로서 '당사자 사이에 법적 구속의사가 없는 경우'를 말하며, 법률관계와 구별된다. 급부자에게 법률적 의무가 없음에도 불구하고 무상으로 급부를 하는

있는 친구를 태우고 운전하다가 사고를 낸 경우, 부(父)의 자동차 운행자로서의 책임을 인정한 사례이다.
2) ① 승객이 아닌 자가 사망하거나 부상한 경우에 있어서는 i) 자기 및 운전자가 자동차의 운행에 관하여 주의를 게을리하지 아니하고, ii) 피해자 또는 자기 및 운전자 외의 제3자에게 고의 또는 과실이 있으며, iii) 자동차의 구조상의 결함 또는 기능에 장애가 없었다는 것 세 가지 모두를 증명한 때 운행자에게 면책사유가 발생한다(동법 제3조 1호). ② 승객이 사망하거나 부상한 경우에 있어서 그것이 그 승객의 고의 또는 자살행위로 말미암은 것인 경우에도 마찬가지이다(동법 제3조 2호).

데 특징이 있으며, 그 급부를 이행하지 않는다고 하여 상대방에게 급부청구권이 인정되지 않고, 따라서 그것을 강제적으로 실현시킬 수 없다는 점에서 법률관계와 다르다.

2. 호의동승으로 인해 손해가 발생한 경우 배상액 감경 인정 여부

1) 원칙적 부정
① 사고 차량에 단순히 호의로 동승하였다는 사실만 가지고 바로 이를 배상액 경감사유로 삼을 수 있는 것은 아니다(대판 1999.2.9. 98다53141: **표준판례12 : 3회 선택형**).
② 과실상계의 원칙적 부정 : 자동차교통사고에 있어서 피해자가 사고차량에 무상으로 동승하여 그 운행으로 인한 이익을 누리는 지위를 갖게 된다고 하여 특별한 사정이 없는 한 피해자에게 과실이 있다고 할 수 없다(대판 1987.1.20. 86다카251).

2) 예외적 인정(동승을 요구한 목적과 적극성 등 제반사정을 고려한 배상액 감경 인정 ; 목, 인, 경)
"운행의 목적, 호의동승자와 운행자와의 인적관계, 피해자가 차량에 동승한 경위 특히 동승요구의 목적과 적극성 등의 제반사정에 비추어 가해자에게 일반의 교통사고와 같은 책임을 지우는 것이 신의칙이나 형평의 원칙에 비추어 매우 불합리한 것으로 인정되는 경우에는 그 배상액을 감경할 사유로 삼을 수도 있다"(대판 1987.12.22. 86다카2994).

제2관 제조물책임

Ⅰ. 서 설
[C-105]

이른바 '제조물책임'이란 제조물에 통상적으로 기대되는 '안전성'을 결여한 결함으로 인하여 생명, 신체나 제조물 그 자체 외의 다른 재산에 손해가 발생한 경우에 제조업자 등에게 지우는 손해배상책임(대판 1999.2.5. 97다26593)을 말한다.

① 상품의 하자로 야기된 이용자의 생명·신체 등에 대한 '확대손해'가 문제되고(대판 1999.2.5. 97다26593), ② 그 손해가 다양하여 피해자가 불특정하며, ③ 책임의 주체 역시 반드시 계약당사자가 되는 것이 아니고, ④ 상품의 결함규명이 곤란하다는 특성을 가진다.

Ⅱ. 제조물책임법의 주요내용
[C-106]

1. 의 의
제조업자는 제조물의 결함으로 인하여 생명, 신체 또는 재산에 손해(당해 제조물에 대해서만 발생한 손해를 제외한다)를 입은 자에게 그 손해를 배상하여야 한다(제조물책임법 제3조 1항).

2. 적용범위
이 법은 이 법 시행(2002년 7월 1일) 후 제조업자가 최초로 공급한 제조물부터 적용한다. 이는 소비자가 인도받은 날을 기준으로 하는 것이 아니라 제조업자가 최초로 자기의 지배 밖에 있는 사람에게 당해 제조물을 인도하거나 이용에 제공한 날을 기준으로 한다.

3. 요건

요건 중 중요 내용만 살펴보면 아래와 같다.

(1) 제조물의 결함

'결함'이란 당해 제조물에 통상적으로 기대할 수 있는 '안전성'이 결여되어 있는 것을 말한다(동법 제2조 2호). 따라서 제조물에 '상품적합성'이 결여되어 제조물 그 자체에 발생한 손해는 제조물책임이론의 적용 대상이 아니라 하자담보책임의 대상이다(대판 1999.2.5. 97다26593 참고).

동법은 제조물의 결함의 유형으로 ① 제조상의 결함, ② 설계상의 결함, ③ 표시상의 결함 세 가지를 예시하고 있다(제2조 2호 각목). 이러한 제조물에 결함이 있는지 여부는 그 제품을 제조할 당시의 기술수준과 경제성을 감안하여 기대 가능한 범위 내의 안전성과 내구성을 갖춘 것인지가 그 기준이 되는 것이고, 제조업자의 과실 여부를 묻지 않는 점에서, '무과실 책임'의 구성을 취하고 있다.

(2) 생명, 신체 또는 당해 제조물 이외의 재산에 손해 발생 : 확대손해의 발생

당해 '제조물에 대해서만 발생한 손해'에 관하여는 그 배상을 청구할 수 없다(동법 제3조 1항). '제조물에 대하여만 발생한 재산상 손해'에는 제조물 자체에 발생한 재산상 손해뿐만 아니라 제조물의 결함 때문에 발생한 영업 손실로 인한 손해도 포함되므로 그로 인한 손해는 제조물 책임법의 적용 대상이 아니다(대판 2015.3.26. 2012다4824). 이에 관하여는 담보책임 또는 채무불이행책임 이론에 의하여 그 계약 상대방에게 책임을 물어야 한다.

(3) 결함과 손해 발생 사이의 인과관계 [민소법 쟁점]

① 제조물책임법은 인과관계의 증명책임에 관하여 규정하고 있지 않으나, 통설과 判例는 '간접반증이론'을 동원하여 '과실' 및 '인과관계'에 관한 피해자의 증명책임을 완화시키고 있다. 즉, "제품이 정상적으로 사용되는 상태에서 사고가 발생한 경우, 소비자 측에서 i) 그 사고가 '제조업자의 배타적 지배'하에 있는 영역에서 발생하였다는 점과 ii) 그 사고가 어떤 자의 과실 없이는 통상 발생하지 않는다고 하는 사정을 증명하면, 제조업자 측에서 그 사고가 제품의 결함이 아닌 다른 원인으로 말미암아 발생한 것임을 입증하지 못하는 이상 그 제품에 결함이 존재하며, 그 결함으로 말미암아 사고가 발생하였다고 추정된다"(대판 2000.2.25. 98다15934)고 한다. 당해 판결은 주택 내 2층 안방에서 갑자기 TV가 폭발하여 불이 솟아오르면서 커튼에 옮겨 붙어 주택의 2층과 가재도구가 불에 탄 사안이었는바, 判例는 이러한 취지를 '자동차 급발진사고'에도 적용하였다(대판 2004.3.12. 2003다16771).

② 최근 判例는 '급발진 사고' 유형에서 사고가 자동차를 정상적으로 사용하는 상태에서 '제조업자의 배타적인 지배하에 있는 영역'에서 발생하였음을 증명하려면 운전자가 급가속 당시 운전자의 페달 오조작이 없었음을 증명하여야 할 것이고, 이에 대하여는 자동차의 결함으로 급발진 사고가 발생하였다고 주장하는 피해자 측에서 증명책임을 부담한다고 한다(대판 2025.7.18. 2020다263758).[3]

③ 그러나 "특별한 사정이 없는 한 제조업자나 수입업자로부터 제품을 구매하여 이를 판매한 자가 그 매수인에 대하여 부담하는 민법 제580조 제1항의 하자담보책임에는 제조업자에 대한 제조물책임에서의 증명책임 완화의 법리가 유추적용된다고 할 수 없다"고 한다(대판 2011.10.27. 2010다72045).

---

3) [사실관계] 대법원은, i) 운전자의 조작과는 달리 자동차가 급가속 함으로써 사고가 발생하였다고 주장하는 이른바 '급발진 사고' 유형에서 결함 및 인과관계의 추정 요건인 '운전자가 자동차를 정상적으로 사용하는 상태에서 제조업자의 배타적 지배하에 있는 영역에서 사고가 발생하였음'을 증명하려면 운전자가 급가속 당시 가속 페달을 밟지 않았다는 사정을 증명하여야 하고, ii) 페달 조작에 관한 직접적인 증거가 없다면 페달 오조작이 없었음을 추인시키는 간접사실을 통하여 이를 증명하여야 하는데, iii) 이 사건 사고 당시 자동차의 제동등(브레이크등)이 점등되어 있지 않았다는 사정 등을 고려하면 원심이 들고 있는 사정만으로는 페달 오조작의 가능성을 배제하기 어렵다는 이유로, 이와 달리 판단한 원심을 파기·환송하였다.

[심화] ※ 간접반증이론
이미 증명된 간접사실을 인정하면서 그 추정의 전제사실과 양립되는 별개의 간접사실을 증명하여 일응의 추정을 복멸하는 증명활동이다. 예컨대 중앙선을 침범한 자동차에 치인 사실이 증명되면 운전자의 과실이 추정되는바, 다른 대형차가 들이받아서 중앙선을 침범하게 되었다는 사정을 증명하면 운전자의 과실에 대한 일응의 추정은 복멸된다. ① 주요사실에 대하여는 진위불명의 상태에 빠뜨리면 되므로 반증이지만, ② 양립하는 별개의 간접사실 자체의 존재에 대하여는 법관에게 확신을 줄 정도로 증명해야 하므로 본증이다.

제3관 의료과오에 의한 불법행위책임

쟁점구조

■ 설명의무 위반

'경미한 질병'이 있어 수술을 받았으나, 중한 부작용에 대한 설명을 듣지 못한 상태에서 수술이 이루어 졌고, 질병의 진행은 정지되었으나 '중한 부작용'이 현실화된 경우 환자의 구제수단은?

Ⅰ. 의사의 채불 성부
 불완전 이행(수단채무로서 선관주의의무 위반 입증곤란)

Ⅱ. 의사의 일반적 주의의무 위반으로 인한 불책 성부
 질병진행의 정지로 인해 성립 불가

Ⅲ. 의사의 설명의무 위반으로 인한 불책 성부
 ① 설명의무의 개념 및 기능 ⇒ ② 설명의무의 범위 및 정도 ⇒ ③ 증명책임 ⇒ ④ 손해배상의 범위

Ⅰ. 서 설 [C-107]

1. 의 의
의료과오책임이란 의료행위 중에 의사 기타 의료인의 과실에 기하여 발생한 사고에 대한 배상책임을 말한다.

2. 법적 구성
① 의료과오책임은 통상 의사와 환자 사이에 진료계약이 존재하므로 채무불이행책임이 발생하고, 또한 의사의 과실을 매개로 불법행위책임도 발생하므로 양자는 경합한다. 따라서 의료과실에 따른 불법행위책임의 소멸시효가 완성된 경우에도, 대법원은 채무불이행책임의 요건을 갖춘 경우 손해배상청구권을 인정한다(대판 2018.11.15. 2016다244491).

② 그러나 불법행위에 있어서는 위자료에 관한 명문의 규정이 있다(제751조, 제752조)는 점과 진료채무는 '수단채무'이므로(대판 1988.12.13. 85다카1491), 환자 측은 채무불이행 사실의 입증에 있어 그러한 수단채무를 제대로 이행하지 않았다는 사실을 입증하여야 하는데, 이것은 불법행위에 있어 의사측의 과실을 입증하는 것과 별반 차이가 없다는 점 때문에 실제에 있어서는 불법행위책임을 묻는 것이 일반적이다. 따라서 이하에서는 불법행위책임에 대해 살펴본다.

Ⅱ. 불법행위책임의 성립 여부

[C-108]

1. 일반적 주의의무 위반 : 업무상 과실

(1) 과실의 의의

진료상의 과실 여부는 "그 의사가 환자의 상태에 충분히 주의하고 진료 당시의 의학적 지식에 입각하여 환자에게 발생 가능한 위험을 방지하기 위하여 '최선의 주의'를 기울여 진료를 실시하였는가 여부에 따라 판단되어야 한다"(대판 2003.11.27. 2001다2013). 이러한 의사의 과실은 사람의 생명과 건강을 관리해야 하는 업무에 종사하는 자로서의 '업무상 과실'을 말한다.

> [관련판례] "무면허로 의료행위를 한 경우라도 그 자체가 의료상의 주의의무 위반행위는 아니라고 할 것이므로 당해 의료행위에 있어 구체적인 의료상의 주의의무 위반이 인정되지 아니한다면 그것만으로 불법행위책임을 부담하지는 아니한다"(대판 2002.1.11. 2001다27449).

(2) 업무상 과실이 있는 의료행위와 손해 사이의 인과관계

1) 과실과 인과관계의 입증 방법 [민소법 쟁점]

① 원칙적으로 피해자인 환자에게 증명책임이 있다. 그러나 의학지식이 결여된 환자로서는 의사의 과실을 입증한다는 것은 매우 어려운 일이다. 따라서 통설과 判例는 간접반증이론을 동원하여 '과실' 및 '인과관계'에 관한 환자의 증명책임을 완화시키고 있다. 그리하여 ⅰ) 피해자측에서 일련의 의료행위 과정에 있어서 저질러진 일반의 상식에 바탕을 둔 의료상의 과실있는 행위를 입증하고, ⅱ) 그 결과와의 사이에 일련의 의료행위 외에 다른 원인이 개재될 수 없다는 점을 증명한 경우에 있어서는, 의료행위를 한 측이 그 결과가 의료상의 과실로 말미암은 것이 아니라 전혀 다른 원인으로 말미암은 것이라는 입증을 하지 아니하는 이상 의료상 과실과 결과 사이의 '인과관계를 추정'한다(대판 1995.2.10. 93다52402 등; 표준판례772).

② 다만, 이와 같은 경우에도 의사에게 무과실의 증명책임을 지울 수는 없다(대판 2019.2.14. 2017다203763). 실무는 수술 전의 사전검사에서 특이증상이 발견되지 않았는데 환자가 치료 도중 사망하거나(가령 대판 1995.2.10. 93다52402: 표준판례772), 수술 후의 증상을 초래할 만한 특별한 원인이나 증상이 관찰되지 않았는데도 치료 후유증이 나타난 경우(가령 대판 1995.3.10. 94다39567: 표준판례773)에 과실을 추정한다.

2) 과실은 있으나 인과관계가 인정되지 않은 경우

① 원칙적으로 의사에게 손해배상책임이 없으나, 의료과오와 나쁜 결과 사이에 상당인과관계가 없더라도 그 주의의무 위반의 정도가 일반인의 처지에서 보아 수인한도를 넘어설 만큼 현저하게 불성실한 진료를 행한 것이라고 평가될 정도에 이른 경우라면 그 자체로서 불법행위가 되어(적절한 진료를 받을 기회의 상실) 환자 본인 및 가족은 정신적 고통에 대한 위자료의 배상을 청구할 수 있다(대판 2006.9.28. 2004다61402).

② 이때 수인한도를 넘어서는 정도로 현저하게 불성실한 진료를 하였다는 점은 불법행위의 성립을 주장하는 피해자가 증명하여야 한다(대판 2023.8.18. 2022다306185). 한편 수인한도를 넘는 현저히 불성실한 진료로 인한 위자료는, 환자에게 발생한 신체상 손해의 발생 또는 확대와 관련된 정신적 고통을 위자하는 것이 아니라 불성실한 진료 그 자체로 인하여 발생한 정신적 고통을 위자하기 위한 것이다. 따라서 불성실한 진료로 인하여 이미 발생한 정신적 고통이 중대하여 진료 후 신체상 손해가 발생하지 않더라도 별도의 위자료를 인정하는 것이 사회통념상 마땅한 정도에 이르러야 한다(대판 2023.8.18. 2022다306185).

(3) 위반의 효과

의사가 진료의무를 위반한 경우 원칙적으로 그로 인한 전손해를 배상할 책임을 진다. 다만, 손해의 발생 및 확대에 피해자측의 귀책사유와 무관한 피해자의 체질적 소인 또는 질병의 위험도 등이 기여한 경우 과실상계의 법리를 유추적용하여 감액사유로 참작할 수 있다(대판 2000.1.21. 98다50586).

[관련판례] ✱ 의료과오시 의사의 진료비청구권(소극)
"의사가 선량한 관리자의 주의의무를 다하지 아니하여 환자의 신체기능이 회복불가능하게 손상되고 그 후 후유증세의 치유 또는 악화를 방지하는 정도의 치료만이 계속되어 온 경우, 수술비와 치료비의 지급을 청구할 수 없으며, 이는 피해자의 체질적 소인이나 치료의 위험도 등을 고려하여 의사의 손해배상책임을 제한하는 경우에도 마찬가지이다"(대판 2015.11.27. 2011다28939 : 표준판례738). 그리고 "이러한 법리는 환자가 종전 소송에서 특정 시점 이후에 지출될 것으로 예상되는 향후치료비 청구를 누락한 결과, 환자가 이를 별도의 소송에서 청구하는 것이 종전 소송 확정판결의 기판력에 저촉되어 소송법상 허용되지 않는 경우에도 마찬가지로 적용된다"(대판 2018.4.26. 2017다288115).

2. 의사의 설명의무위반

(1) 의의 및 기능

의사는 환자에게 수술 등 인체에 위험을 가하는 의료행위를 함에 있어 그에 대한 '승낙을 얻기 위한 전제'로서, 환자나 그 보호자에게 ㉠ 질병의 종류(증상), ㉡ 내용 및 치료방법과 ㉢ 그에 수반되는 부작용·위험성 등 환자의 치료에 관계되는 중요한 사항을 설명해 줄 의무가 있는데, 이는 '환자의 자기결정권'의 보장을 위해 인정된다. 실질적으로 설명의무는 진료기술상의 과오나 인과관계의 입증곤란을 완화해 주는 기능을 담당한다.

(2) 설명의무의 주체와 상대방

① 설명의무의 주체는 원칙적으로 당해 처치의사라 할 것이나, 특별한 사정이 없는 한 처치의사가 아닌 주치의 또는 다른 의사를 통한 설명으로도 충분하다(대판 1999.9.3. 99다10479).

② 설명의무의 상대방은 원칙적으로 환자이다. 다만 의사가 미성년자인 환자의 친권자나 법정대리인에게 의료행위에 관하여 설명하였다면 설명의무를 이행하였다고 볼 수 있으나, 미성년자에게 전달되지 않아 의료행위 결정과 시행에 미성년자의 의사가 배제될 것이 명백한 경우 의사는 친권자나 법정대리인에 대한 설명만으로 설명의무를 다하였다고 볼 수는 없다(대판 2023.3.9. 2020다218925 : 13회 선택형).

(3) 설명의무의 범위 및 정도

① **[설명의무가 인정되는 경우]** ㉠ 의사의 설명의무는 모든 의료과정 전반을 대상으로 하는 것이 아니라, 수술 등 침습을 가하는 과정 및 그 후에 나쁜 결과 발생의 개연성이 있는 의료행위를 하는 경우 또는 사망 등의 중대한 결과 발생이 예측되는 의료행위를 하는 경우 등과 같이, 환자에게 자기결정에 의한 선택이 요구되는 때에 한해 인정된다(대판 1995.1.20. 94다3421 등). ㉡ 그러나 의사의 설명의무는 그 의료행위에 따르는 후유증이나 부작용 등의 위험발생 가능성이 희소하다는 사정만으로 면제될 수 없으며, 그 후유증이나 부작용이 당해 치료행위에 전형적으로 발생하는 위험이거나 회복할 수 없는 중대한 것인 경우에는 그 발생 가능성의 희소성에도 불구하고 설명의 대상이 된다(대판 1996.4.12. 95다56095 등: 표준판례774 : 13회 선택형). ㉢ 또한 判例는 "의사가 환자에게 의사를 결정함에 충분한 시간을 주지 않고 의료행위에 관한 설명을 한 다음 곧바로 의료행위로 나아간다면 이는 환자가 의료행위에 응할 것인지 선택할 기회를 침해한 것으로서 의사의 설명의무가 이행되었다고 볼 수 없다"(대판 2022.1.27. 2021다265010 : 표준판례775 : 13회 선택형)고 한다.

② **[설명의무가 면제되는 경우]** 다만 응급환자의 경우처럼 특별한 사정이 있거나, 당해 의료행위로 인하여 예상되는 위험이 아니거나, 당시의 의료수준에 비추어 예견할 수 없는 위험에 대해서는 설명의무가 면제된다(대판 1999.9.3. 99다10479 등).

(4) 설명의무의 증명책임

최근 判例는 설명의무위반과 관련하여 '특별한 사정이 없는 한 의사측에 설명의무를 이행한 데 대한 입증책임이 있다'고 판시한 바 있다(대판 2007.5.31. 2005다5867 : 13회 선택형).

(5) 손해배상의 발생 및 범위

1) 문제점

의사의 설명의무가 없다고 하여 그 이행을 강제할 수는 없고, 다만 그로 인하여 손해가 발생하면 손해배상청구권을 행사할 수 있을 뿐이다. 즉, 의사의 설명의무가 요구되는 경우에 이를 위반한 때에는, 그것은 환자의 자기결정권, 즉 '환자의 승낙권'을 침해한 위법한 행위가 된다(대판 1994.4.15. 92다25885). 따라서, 수술과 같이 신체를 침해하는 의료행위를 하는 경우 "의료행위 주체가 위와 같은 설명의무를 소홀히 하여 환자로 하여금 '자기결정권'을 실질적으로 행사할 수 없게 하였다면 그 자체만으로도 불법행위가 성립할 수 있다"(대판 2017.2.15. 2014다230535).[4]

이 경우 손해배상의 범위가 문제되는바, 특히 치료기술상의 과오는 없지만 설명의무를 이행하지 않은 독단적인 치료행위로 인해 중대한 결과가 발생한 경우에 특히 논의의 실익이 있다.

2) 설명의무 위반을 이유로 위자료만 청구하는 경우

환자측에서 '선택의 기회'를 잃고 '자기결정권'을 행사할 수 없게 된 데 대한 위자료만 청구하는 경우에는 의사의 설명 결여 내지 부족으로 선택의 기회를 상실하였다는 사실만을 증명함으로써 족하고, 설명을 받았더라면 사망 등의 결과는 생기지 않았을 것이라는 관계까지 증명할 필요는 없다(대판 2009.1.15. 2008다60162 등). 그 위자료에는 설명의무 위반이 인정되지 않은 부분과 관련된 자기결정권 상실에 따른 정신적 고통을 위자하는 금액 또는 중대한 결과의 발생 자체에 따른 정신적 고통을 위자하는 금액 등은 포함되지 아니한다(대판 2013.4.26. 2011다29666).

3) 설명의무 위반을 이유로 중대한 결과로 인한 모든 손해를 청구하는 경우

이때의 의사의 설명의무 위반은 환자의 생명·신체에 대한 구체적 치료과정에서 요구되는 의사의 주의의무 위반(업무상 과실)과 동일시할 정도의 것이어야 한다(대판 2004.10.28. 2002다45185). 즉, 설명의무위반과 중대한 결과 사이에 '조건적 인과관계'가 있는 것으로 충분하지 않고 '상당인과관계'까지 존재해야 한다. 구체적으로 判例는 설명의무를 다하였다 하더라도 환자가 그 수술을 거부하였을 것으로 단정 지을 수 없는 경우에는 그러한 인과관계는 성립하지 않는다고 한다(대판 1995.2.10. 94다52402: **표준판례**772).

Ⅲ. 보론 : 연명치료 중단

[C-109]

1. 법적 의미 및 근거

인공호흡기 등과 같은 의료기술에 의하여 인위적으로 생명을 연장하는 치료를 연명치료라고 할 수 있다(대판 2009.5.21. 전합2009다17417).[5] 법적으로는 무엇보다도 환자가 인간의 존엄과 가치에 근거하여

---

[4] "만일 국가가 위와 같은 요건을 갖추지 아니한 채 한센인들을 상대로 정관절제수술이나 임신중절수술을 시행하였다면 설명 이러한 조치가 정부의 보건정책이나 산아제한정책을 수행하기 위한 것이었다고 하더라도 이는 위법한 공권력의 행사로서 민사상 불법행위가 성립한다"

[5] 연명치료의 중단은 사망시기를 앞당기게 되기 때문에 쉽게 허용되어서는 안 된다. 판례(대판 2009.5.21. 전합2009다17417)는 자기결정권 및 신뢰관계를 기초로 하는 의료계약의 본질에 비추어 강제진료를 받아야 하는 등의 특별한 사정이 없는 한 환자는 자유로이 의료계약을 해지할 수 있으나(제689조 1항), 인간의 생명은 고귀하고 생명권은 헌법에 규정된 모든 기본권의 전제로서 기능하는 기본권 중의 기본권이라 할 것이므로, 환자의 생명과 직결되는 진료행위를 중단할 것인지 여부는 극히 제한적으로

의료행위에 있어서 자기결정권을 가지는가(인간의 존엄과 가치), 아니면 의료인에게 생명유지의무가 부여되어 있어서 회생불능의 경우에도 강제적으로 연명치료를 하여야 하는가(생명권)가 문제된다. **연명치료의 중단 또는 무의미한 연명치료의 거부의 법적 성질은 진료계약의 해지**(일방적 행위)라고 할 수 있다. 연명치료 중단이 인정된다면 그 근거는 환자의 자기결정권에 있다. 그리고 그 자기결정권은 헌법 제10조의 행복추구권에 포함되어 있다(대판 2009.5.21. 전합2009다17417).

2. 연명치료 중단의 요건(이하 대판 2009.5.21. 전합2009다17417)

(1) 실체적 요건

判例는 ① 객관적 요건으로 환자가 회복 불가능한 사망의 단계에 이르렀을 것을 요구하고, ② 주관적 요건으로 환자가 미리 의료인에게 자신의 연명치료 거부 내지 중단에 관하여 의사를 밝혔거나(사전 의료지시) 연명치료 중단에 관한 환자의 의사를 추정할 수 있어야 한다고 한다.

(2) 절차적 요건

判例는 환자 측이 직접 법원에 소를 제기한 경우가 아니라면, 환자가 회복 불가능한 사망의 단계에 이르렀는지 여부에 관하여는 전문의사 등으로 구성된 위원회 등의 판단을 거치는 것이 바람직하다고 한다.

3. 연명치료 중단 후 생존

식물인간상태에 있던 환자에 대하여 연명치료중단 판결이 확정되어 인공호흡기가 제거되었으나 그 후에도 환자가 상당기간 생존한 경우, 기존 의료계약은 판결 주문에서 중단을 명한 연명치료를 제외한 나머지 범위 내에서는 유효하게 존속하므로 병원 측이 진료계약에 의하여 입원비 등을 청구할 수 있다(대판 2016.1.28. 2015다9769).

제4관 환경오염(공해)에 대한 사법상 구제책

| 쟁점구조 |

■ 건물의 신축으로 인해 조망권, 일조권의 침해가 발생한 경우

Ⅰ. 사전적 구제 수단으로서 유지청구권(건설중지가처분 등)의 인정 여부
① 환경권을 근거로 한 유지청구권 인정 여부(부정) ⇒ ② 제214조(제205조, 제206조)의 요건 검토 ⇒ ③ 제217조 요건 검토[(ⅰ) 제217조의 '기타 이와 유사한 것'에 해당되는지 여부(일조이익, 조망이익이 '법적 보호의 대상'이 되는지 여부) → ⅱ) 위법성 검토(건축법 등 관계법령의 규제와 수인한도론)] ⇒ ④ 제214조(제205조, 제206조)와 제217조와의 관계(경합)

Ⅱ. 사후적 구제 수단으로서 손해배상청구권의 인정 여부(제750조)
① 일조이익, 조망이익이 '법적 보호의 대상'이 되는지 여부 ⇒ ② 위법성 검토(건축법 등 관계법령의 규제와 수인한도론)

신중하게 판단되어야 한다고 한다.

I. 서 설
[C-110]

1. 개 념
흔히 '공해'라고 불리는 '환경오염'이라 함은 "사업활동 기타 사람의 활동에 따라 발생되는 대기오염, 수질오염, 토양오염, 해양오염, 방사능오염, 소음·진동, 악취, 일조방해 등으로서 사람의 건강이나 환경에 피해를 주는 상태"를 말한다(환경정책기본법 제3조 4호).

2. 특 징
환경오염은 적법한 활동의 결과로서 부수적으로 야기되는 경우가 많다는 점과 간접적·대량적·필연적으로 생기는 점에서, 위법성이나 인과관계입증 등에서 어려운 문제를 안고 있다.

3. 사법상 구제의 법적 구성
통설·판례는 장래 발생할 오염을 방지하고 이미 존재하는 오염을 제거하기 위한 '**유지청구**'(留止請求)는 물권법적(제205조, 제206조, 제214조, 제217조)으로 이론구성하고, 이미 발생한 손해를 금전으로 전보케 하는 '손해배상청구'는 불법행위법적(제750조)으로 이론구성하고 있다.

II. 사전적 구제수단
[C-111]

1. 의 의
공해사고의 계속성 등에 비추어 실효적인 수단으로서, 공해원인의 제공자에게 그 원인을 제거하게 하는 등의 적당한 조치를 취하거나 이에 더해 영업활동 자체의 중지를 청구할 수 있는 것을 말한다.

2. 환경권을 근거로 한 유지청구권 인정 여부
判例는 "사법상의 권리로서의 환경권이 인정되려면 그에 관한 명문의 법률규정이 있거나, 관계법령의 규정취지나 조리에 비추어 권리의 주체, 대상, 내용, 행사방법 등이 구체적으로 정립될 수 있어야 할 것이다"(대결 1995.5.23. 94마2218)라고 판시하여 헌법 제35조 1항에 근거한 직접적인 유지청구권은 인정될 수 없다고 보았다.

3. 제214조, 제205조, 제206조를 근거로 한 유지청구권

(1) 제214조

환경오염으로 인해 소유권의 방해를 받는 때에는 오염시설의 제거를, 장래 방해할 염려가 있는 때에는 그 예방으로서 피해방지의 시설이나 부작위를 청구하거나 손해배상의 담보를 청구할 수 있다(제214조). 본조의 '방해'에 관해, 判例는 사회통념상 일반적으로 수인할 정도를 넘어선 것을 기준으로 한다(대판 1995.9.15. 95다23378: 표준판례240). 그리고 '소유권'이 방해받는 경우를 그 적용 대상으로 하는 한계가 있다.

(2) 제205조, 제206조

判例는 "건물의 소유자 또는 점유자가 인근의 소음으로 인하여 정온하고 쾌적한 일상생활을 영유할 수 있는 생활이익이 침해되고 그 침해가 **사회통념상 수인한도를 넘어서는 경우**에 건물의 소유자 또는 점유자는 그 소유권 또는 점유권에 기하여 소음피해의 제거나 예방을 위한 유지청구를 할 수 있다"(대판 2007.6.15. 2004다37904,37911)고 하며, "(이러한 참을 한도, 즉 수인한도는) 도로변 지역의 소음에 관한 '**환경정책기본법**'(도로소음을 규제하는 행정법규)의 소음환경기준을 넘는 도로소음이 있다고 하여 바로 참을 한도를 넘는 위법한 침해행위가 있어 민사책임이 성립한다고 단정할 수 없고, 특별한 사정이 없는 한 일상생활이 실제 주로 이루어지는 장소인 '거실'에서 도로 등 해당 소음원에 면한 방향의 모든 창호를 개방한 상태로 측정한 소음도가 환경정책기본법상 소음환경기준 등을 초과하는지 여부에 따라 판단하는 것이 타당하다"(대판 2015.9.14. 2011다91784 ; 대판 2016.11.25. 2014다57846)고 한다.

4. 생활방해의 금지(제217조)를 근거로 한 유지청구권

(1) 기능(제214조, 제205조, 제206조와의 관계)

判例는 그 방해가 수인한도를 넘는 한 그것이 제217조에 해당하는지 여부를 떠나, 제214조(제205조, 제206조)를 근거로 그 방해의 제거나 예방을 청구할 수 있다고 한다(대판 1995.9.15. 95다23378: **표준판례 240**). 이러한 判例에 따르면 제214조와 구별되는 제217조의 독자적 존재의의는 사실상 없다고도 할 수 있다. 그러나 본조는 생활방해에 대한 물권적 방해배제(예방)청구권과 생활방해로 인한 손해배상청구권의 범위를 구체화하여 생활방해로 인해 생기는 피해에 대한 사법적 구제를 뒷받침하는 기능을 하고 있다.[6]

(2) 요 건

1) 매연·열기체·액체·진동 '기타 이에 유사한 것'에 의한 방해

'기타 이에 유사한 것'이 무엇을 의미하는가에 관하여 견해의 대립이 있으나, 가스·증기·악취·먼지 등이 포함된다는 점에는 다툼이 없다. 문제는 소극적 침해(예컨대 일조권, 조망권 등의 침해)나 정신적 침해(예컨대 주거지역에 사창가 설치)가 포함되는지 여부인데, 생활이익을 보호하려는 제217조의 취지에 비추어 소극적 침해는 포함된다고 해석하는 것이 타당하다. 그러나 정신적 침해는 인격권 침해로 다루는 것이 타당할 것이다.

2) 토지사용의 방해·생활고통의 발생(수인한도를 넘을 것)

매연 등으로 인해 이웃 토지의 사용을 방해하거나 또는 이웃 거주자의 생활에 고통을 주어야 하며(제217조 1항), 그러한 사태가 토지의 '통상의 용도'에 적당한 것이 아니어야 한다(제217조 2항). 즉, 피해의 정도가 '수인한도'를 넘어야 한다(수인한도론 : 구체적인 내용은 Ⅲ. 사후적 구제 3. 위법성 참고). 判例는 "어떠한 건물 신축이 그 건축 당시의 '건축법' 등 관계 법령의 일조방해에 관한 직접적인 단속법규에 적합하더라도, 현실적인 일조방해의 정도가 현저하게 커 '사회통념상 수인한도'를 넘은 경우에는 위법행위로 평가될 수 있다"(대판 2007.6.14. 2005다72058)고 판시하였다.

(3) 효과

1) '적당한 조치'의 청구

수인한도를 넘는 생활방해가 있는 경우에, 토지소유자는 이웃 토지의 소유자의 생활방해를 방지하기 위한 적당한 조치를 할 의무를 부담하므로, 이웃 토지의 소유자가 그 방해자에 대하여 방해제거청구권을 행사할 수 있고, 나아가 장래에도 그러한 생활방해의 방산이 예상된다면 '방해예방청구'도 할 수 있다(대판 1999.7.27. 98다47528). 즉, **제217조는 환경오염에 대한 사전적 구제수단으로 기능한다**.

---

[6] 다만 생활방해에 대한 인식부족으로 불법행위에 기한 손해배상청구에 있어서 위법성을 판단하는 척도로서의 기능만 하고 있는 것이 우리나라의 실정이다. 생활방해에 관한 대부분의 判例가 손해배상청구사건에 관하여 나온 것이고, 생활방해 방지청구소송(대판 1974.12.24. 68다1489 ; 대판 1999.7.27. 98다47528)을 좀처럼 찾아보기 어려운 이유가 여기에 있다(송영곤, 민법의 쟁점(Ⅱ), p.461).

2) 손해배상청구(사후적 구제수단)

가해자의 고의·과실을 묻지 않고 손해배상을 청구할 수 있다는 견해도 있으나, 결과책임을 지우는 것은 지나치다고 보여지므로 가해자의 고의·과실은 필요하다고 할 것이다(환경정책기본법 제31조가 적용되는 경우에는 과실을 요하지 않는다). 다만 증명책임이 경감되거나, 전환된다고 보는 것이 타당하다. 즉, 가해자가 그의 방해행위가 수인한도 내의 것이라는 사실과 적당한 조치를 할 의무를 다했다는 사실을 입증해야 하며, 이를 입증하지 못하면 손해배상책임을 면할 수 없다.

(4) 적용범위

본조는 지상권(제290조)과 전세권(제319조)에도 준용되며, 점유권도 물권으로서 방해배제청구권이 인정되므로 유추적용할 것이며, 임차권의 경우 등기된 임차권과 같이 대항력을 갖춘 경우에는 유추적용이 가능할 것이다(통설).

Ⅲ. 사후적 구제수단   [C-112]

1. 문제점

공해의 구제로서의 손해배상은 불법행위법의 법리에 의하는바, 당해 요건 중 과실, 위법성 및 인과관계가 중요한 문제점이다.

2. 과실

과실책임주의 원칙상 일반불법행위책임을 물을 경우, 피해자가 가해자의 고의·과실을 입증해야 한다(제750조). 그러나 환경오염과 같은 대량적·집단적 침해유형에서는 과실책임주의로 피해자 구제와 손해의 공평한 분담을 실현할 수 없으므로, 환경정책기본법은 환경오염피해에 대한 '무과실책임'을 규정하였다(동법 제44조). 그러나 이 경우에도 "적어도 가해자가 어떤 유해한 원인물질을 배출한 사실, 유해의 정도가 사회통념상 참을 한도를 넘는다는 사실, 그것이 피해물건에 도달한 사실, 그 후 피해자에게 손해가 발생한 사실에 관한 증명책임은 피해자가 여전히 부담한다"(대판 2020.6.25. 2019다292026,292033,292040).

3. 위법성

환경오염으로 인한 침해는 가해자의 적법활동의 결과 필연적·부수적으로 발생하는 침해인 경우가 많기 때문에, 환경오염피해가 위법한 법익침해로 되기 위하여 그 피해의 정도가 **사회통념상 수인한도**를 넘어 피해자에게 구체적인 피해를 줄 정도에 이를 것이 요구된다(수인한도론). 어느 정도의 피해가 수인한도 내의 것이냐는 가해자측 사정, 피해자측 사정, 지역성 기타의 사정을 종합적으로 비교형량하여 개별사건에서 법관에 의해 규범적으로 판단될 수밖에 없다.

4. 인과관계 [민소법 쟁점]

자연의 매개물을 통한 간접적인 것 또는 여러 원인이 경합해서 피해를 생기게 하는 환경오염에 있어서는, 손해결과와 원인행위 사이의 인과관계를 입증하기가 쉽지 않아 피해자의 보호가 어렵게 된다. 이에 대한 해결방안으로 判例는 개연성(蓋然性)[7]이라는 개념으로 접근하고 있는데, "원고는 인과관계의 개연성의 존재를 증명하면 족하고, 피고는 반증으로써 인과관계가 부존재함을 증명하지 않는 한 책임을 면할 수 없다는 것이다"라고 판시하고 있다(대판 1974.12.10. 72다1774).

---

7) 개연성이란 침해행위와 손해와의 사이에 인과관계가 존재하는 상당정도의 가능성을 의미한다(대판 1974.12.10. 72다1774).

더욱이 최근에는 기존의 개연성이론을 보다 구체화하여 判例는 간접반증이론을 동원하여 '과실' 및 '인과관계'에 관한 피해자의 증명책임을 완화시키고 있다. 즉, 원고(피해자)가 ⅰ) 피해발생의 원인(공해)물질의 배출, ⅱ) 원인(공해)물질의 도달경로, ⅲ) 그 후 피해가 있었다는 간접사실을 증명하면 일응의 인과관계가 추정되고, 피고(가해자)가 이에 대하여 원인물질의 무공해성과 안전성을 (간접)반증하지 못하는 한 인과관계가 성립한다고 하는 '간접반증'이론을 전개하고 있다(대판 1981.9.22. 81다588). 결국 구체적 인과관계의 증명책임은 가해자가 부담한다.

Ⅳ. 사법적 구제의 한계   [C-113]

환경오염의 성질과 사법적 절차의 측면에서 공해관계소송에서는 피해의 범위가 넓고 가해자가 불특정다수인 점과 공해원인의 조사·인과관계입증 등에 고도의 전문적·기술적 지식이 필요하다는 점 때문에 환경오염의 사법적 구제에는 스스로의 한계가 있다. 따라서 민법상 생활방해금지규정(제217조)을 보다 구체화하여 환경오염과 관련된 다양한 분쟁에 효과적으로 대처할 필요가 있겠다.

| 보론 |

Ⅰ. 일조권 침해

1. 일조이익이 '법적 보호의 대상'이 되는지 여부
주거의 일조(햇빛)는 쾌적하고 건강한 생활에 필요한 생활이익으로서 법적 보호의 대상이 된다(대판 2004.10.28. 2002다63565).

2. 일조권이 없는 자
대법원은 "일조권 침해에 있어 객관적인 생활이익으로서 일조이익을 향유하는 '토지의 소유자 등'은 토지소유자, 건물소유자, 지상권자, 전세권자 또는 임차인 등의 거주자를 말하는 것으로서, 당해 토지·건물을 일시적으로 이용하는 것에 불과한 사람은 이러한 일조이익을 향유하는 주체가 될 수 없다"(대판 2008.12.24. 2008다41499).[8]

3. 일조권에 대한 침해가 '위법'하기 위한 요건
"일조방해의 정도가 사회통념상 일반적으로 인용하는 수인한도를 넘어야 하고, 일조방해행위가 사회통념상 수인한도를 넘었는지 여부는 피해의 정도, 피해이익의 성질 및 그에 대한 사회적 평가, 가해 건물의 용도, 지역성, 토지 이용의 선후관계, 가해 방지 및 피해 회피의 가능성, 공법적 규제의 위반 여부, 교섭 경과 등 모든 사정을 종합적으로 고려하여 판단하여야 하고, 건축 후에 신설된 일조권에 관한 새로운 공법적 규제 역시 이러한 위법성의 평가에 있어서 중요한 자료가 될 수 있다"(대판 2004.9.13. 2003다64602 등).

4. 기존 건물과 신축건물의 일영이 결합하여 일조방해가 발생한 경우
"기존 건물의 건립으로 인하여 피해건물에 발생한 일조방해의 정도가 수인한도를 넘지 않고 있었는데 그로부터 상당한 기간이 경과한 후 타인 소유의 인접건물이 신축되고 그 기존 건물과 인접건물로 인하여 생긴 일영이 결합하여 피해건물에 수인한도를 넘는 일조방해가 발생한 때에는 피해건물의 소유자 등은 인접건물의 신축 전에 기존 건물로 인하여 발생한 일조방해의 정도가 수인한도를 넘지 아니하여 기존 건물로 인한 일조방해를 수인할 의무가 있었으므로, 특별한 사정이 없는 한 기존 건물 소유자와 무관하게 신축된 인접건물로 인하여 수인한도를 넘게 된 일조방해의 결과에 대하여는 인접건물의 소유자를 상대로 불법행위책임을 물을 수 있는지는 별론으로 하고 기존 건물의 소유자를 상대로 불법행위책임을 물을 수 없다. 그리고 이와 같은 상황에서 기존 건물의 소유자가 낙후된 기존 건물을 철거하고 그 지상에 가해건물을 신축함으로써 이미 기존 건물과 인접건물로 인하여 생긴 일조방해의 정도가 더욱 심화되는 결과가 발생하였다 하더라도, 위와 같이 당초 기존 건물로 인하여 생긴 일조방해에 대하여는 피해건물의 소유자 등이 수인할 의무가 있었던 이상, 신축 가해건물로 생긴 일조방해 중 기존 건물로 인하여 당초 발생하였던 일조방해의 범위 내에서는 불법행위책임을 물을 수 없다"(대판 2010.6.24. 2008다23729).

> [비교판례] "동시에 또는 거의 같은 시기에 건축된 가해건물들이 피해건물에 대하여 전체적으로 수인한도를 초과하는 일조 침해의 결과를 야기한 경우, 각 가해건물들이 함께 피해건물의 소유자 등이 향유하던 일조를 침해하게 된다는 점을 예견할 수 있었다면, 특별한 사정이 없는 한 각 가해건물의 건축자 등은 일조 침해로 피해건물의 소유자 등이 입은 손해 전부에 대하여 **공동불법행위자로서의 책임을 진다**"(대판 2006.1.26. 2005다47014,47021,47038 : 공동불법행위책임 참고).

5. 아파트의 수분양자가 분양회사를 상대로 일조방해를 원인으로 한 불법행위책임을 물을 수 있는지

"분양회사가 신축한 아파트를 분양받은 자는 분양된 아파트에서 일정한 일조시간을 확보할 수 없다고 하더라도, 이를 가지고 위 아파트가 매매목적물로서 거래상 통상 갖추어야 하거나 당사자의 특약에 의하여 보유하여야 할 품질이나 성질을 갖추지 못한 것이라거나, 또는 분양회사가 수분양자에게 분양하는 아파트의 일조 상황 등에 관하여 정확한 정보를 제공할 신의칙상 의무를 게을리하였다고 볼 여지가 있을지는 몰라도, 분양회사가 신축한 아파트로 인하여 수분양자가 직사광선이 차단되는 불이익을 입게 되었다고 볼 수는 없으므로 분양회사에게 일조방해를 원인으로 하는 불법행위책임을 물을 수는 없다"(대판 2001.6.26. 2000다44928,44935).

II. 조망권 침해

1. 조망이익이 '법적 보호의 대상'이 되는지 여부

"어느 토지나 건물의 소유자가 종전부터 향유하고 있던 경관이나 조망이 그에게 하나의 생활이익으로서의 가치를 가지고 있다고 객관적으로 인정된다면 법적인 보호의 대상이 될 수 있는 것인바, 이와 같은 조망이익은 원칙적으로 특정의 장소가 그 장소로부터 외부를 조망함에 있어 특별한 가치를 가지고 있고, 그와 같은 조망이익의 향유를 하나의 중요한 목적으로 하여 그 장소에 건물이 건축된 경우와 같이 당해 건물의 소유자나 점유자가 그 건물로부터 향유하는 조망이익이 사회통념상 독자의 이익으로 승인되어야 할 정도로 중요성을 갖는다고 인정되는 경우에 비로소 법적인 보호의 대상이 되는 것이라고 할 것이고, 그와 같은 정도에 이르지 못하는 조망이익의 경우에는 특별한 사정이 없는 한 법적인 보호의 대상이 될 수 없다"(대판 2004.9.13. 2003다64602 ; 대판 2007.6.28. 2004다54282).

2. 조망권에 대한 침해가 '위법'하기 위한 요건

"조망이익의 침해 정도가 사회통념상 일반적으로 인용하는 수인한도를 넘어야 하고, …등 모든 사정을 종합적으로 고려하여 판단하여야 한다"(대판 2007.6.28. 2004다54282).

---

8) 초등학교 학생들은 공공시설인 학교시설을 방학기간이나 휴일을 제외한 개학기간 중, 그것도 학교에 머무르는 시간 동안 일시적으로 이용하는 지위에 있을 뿐이고, 학교를 점유하면서 지속적으로 거주하고 있다고 할 수 없어서 생활이익으로서의 일조권을 법적으로 보호받을 수 있는 지위에 있지 않다고 판결하였다.

제5관 명예훼손

쟁점구조

명예훼손책임(제750조, 제751조 1항, 제764조, 헌법 제21조 2항 및 4항)

Ⅰ. 제750조의 성립요건
① 명예의 주체 및 특정 ⇒ ② 명예의 침해 ⇒ ③ 위법성 조각사유로서 진실성과 공공성 검토(가해자의 표현의 자유와 피해자의 인격권으로서의 개인의 명예의 보호의 이익형량)

Ⅱ. 불법행위책임 성립에 따른 효과
1. 사후적 구제수단
① 금전배상(위자료청구권 : 제751조 1항) ⇒ ② 명예회복에 적당한 처분(제764조)(반론보도청구권, 추후보도청구권, 정정보도청구권, 그러나 사죄광고 불포함)
2. 사전적 구제수단
① 금지청구권 인정 여부[침해행위의 제거(방해배제청구권) 또는 정지·방지(방해예방청구권)를 구할 수 있는 권리 ; 제214조의 유추적용] ⇒ ② 부작위청구의 실효성 확보방안(간접강제 ; 제389조)

Ⅰ. 서 설
[C-114]

1. 의 의
명예란 인격적 가치에 대한 객관적 평가로서 인간의 존엄성과 인격권에서 비롯된다. 헌법은 언론·출판의 사회적 책임과 함께 명예보호 규정을 두고 있으며(헌법 제21조 4항), 민법은 제751조 1항 및 제764조에서 명예훼손에 대한 효과로서 위자료 배상 및 명예회복에 적당한 처분을 명할 수 있다는 규정을 두고 있다.

2. 문제점
명예훼손으로 인한 불법행위의 성립 여부는 헌법상 보장된 '표현의 자유'와 '인격권으로서의 개인의 명예의 보호'가 서로 충돌하였을 때 이를 어떻게 조정하느냐에 달려 있다. 기본적으로는 구체적인 경우에 따라 사회적인 여러 가지 이익을 비교하고, 양 법익의 가치를 형량하여 그 규제의 폭과 방법을 정하여야 한다(대판 1998.7.14. 96다17257). 이는 명예훼손침해의 구제수단으로서 '금지청구권'의 인정 여부와도 관련된다.

Ⅱ. 구성요건으로서 명예침해
[C-115]

1. 명예의 주체 및 특정
① 가해자와 피해자라는 양 당사자가 존재하여야 하는바, **명예훼손의 피해자는 자연인뿐만 아니라, 법인**이나(대판 2008.10.9. 2006다53146), 단체 및 종중과 같이 소송상 당사자능력이 있는 비법인사단도 될 수 있다(대판 1973.10.24. 96다17851). 사망한 자의 경우 그 유족의 명예가 함께 훼손된 경우 불법행위의 성립이 인정된다(대판 1998.2.27. 97다19238 참고).

② 명예훼손이 성립하려면 피해자가 특정되어야 하는데, 이른바 **집단표시에 의한 명예훼손**은, 명예훼손의 내용이 그 집단에 속한 특정인에 대한 것이라고는 해석되기 힘들고 집단표시에 의한 비난이 개별 구성원에 이르러서는 비난의 정도가 희석되어 구성원 개개인의 사회적 평가에 영향을 미칠 정도에

이르지 않는 것으로 평가되는 경우에는 구성원 개개인에 대한 명예훼손이 성립되지 않는다고 할 것이지만, 구성원 개개인에 대한 것으로 여겨질 정도로 구성원 수가 적거나 당시의 주위 정황 등으로 보아 집단 내 개별구성원을 지칭하는 것으로 여겨질 수 있는 때에는 집단 내 개별구성원이 피해자로서 특정된다고 보아야 하고, 그 구체적 기준으로는 집단의 크기, 집단의 성격과 집단 내에서의 피해자의 지위 등을 들 수 있다(대판 2006.5.12. 2004다35199[9]; 대판 2003.9.2. 2002다63558[10]).

2. 명예의 침해(사실 적시와 의견표명의 구별)

① 민법상 불법행위가 되는 **명예훼손**이란 공연히 사실을 적시함으로써 사람의 품성, 덕행, 명성, 신용 등 인격적 가치에 대하여 사회적으로 받는 객관적인 평가를 침해하는 행위를 말한다(대판 1994.6.28. 93도696). 이러한 명예훼손은 '사실의 적시'가 있음을 전제로 한다.

> [관련판례] "법인의 목적사업 수행에 영향을 미칠 정도로 법인의 사회적 명성, 신용을 훼손하여 법인의 사회적 평가가 침해된 경우에는 그 법인에 대한 불법행위책임이 성립한다"(대판 2017.12.22. 2015다247912).

② 그러나 순수하게 의견만을 표명하는 것은 타인의 명예를 훼손하는 행위가 될 여지가 없고(대판 2001.1.19. 2000다10208), 표현행위에 적시된 사실 중 허위내용이 포함되어 있다 하더라도 그 허위사실이 타인의 사회적 평가를 침해할 수 있는 내용이 아니라면 명예훼손에 해당하지 않으며(대판 2007.6.15. 2004도4573), 단순히 타인의 주관적인 명예감정을 침해하는 표현행위를 하였다거나 그 사회적 평가에 영향을 미치는 비판적인 의견을 표명하였다는 사유만으로는 명예훼손이 성립하지 않는다(대판 1999.7.13. 98다43632).

③ 표현행위자가 타인에 대하여 비판적인 의견을 표명하였다는 사유만으로 이를 위법하다고 볼 수는 없지만, 만일 표현행위의 형식 및 내용 등이 모욕적이고 경멸적인 인신공격에 해당하거나(대판 2003.3.25. 2001다84480) 혹은 타인의 신상에 관하여 다소간의 과장을 넘어서서 사실을 왜곡하는 공표행위를 함으로써 그 인격권을 침해한다면, 이는 **명예훼손과는 별개 유형의 불법행위를 구성할 수 있다**(대판 2009.4.9. 2005다65494). 다만, "상업적 흥행이나 관객의 감동 고양을 위하여 역사적 사실을 다소 각색하는 것은 의도적인 악의의 표출에 이르지 않는 한 상업영화의 본질적 영역으로 용인될 수 있다"(대결 2019.3.6. 2018마6721).

또한 判例는 "명예훼손과 모욕적 표현은 구분해서 다루어야 하고 그 책임의 인정 여부도 달리함으로써 정치적 논쟁이나 의견 표명과 관련하여 표현의 자유를 넓게 보장할 필요가 있다. 표현행위가 명예훼손에 해당하는지를 판단할 때에는 사용된 표현뿐만 아니라 발언자와 그 상대방이 누구이고 어떤 지위에 있는지도 고려해야 한다"고 하면서, 명예훼손과 모욕에 대한 과도한 책임 추궁이 정치적 의견 표명이나 자유로운 토론을 막는 수단으로 작용해서는 안 되므로, 국회의원 등 공인에게 '종북·주사파' 또는 '종북의 상징'이라는 표현을 쓴 것은 명예훼손으로 인한 불법행위책임이 성립하지 않는다고 한 반면(대판 2018.10.30. 전합2014다61654 ; 대판 2019.6.13. 2014다220798), 인터넷 사이트 등에 일반인에게 '종북'이라는 취지의 글 등을 작성 게시한 행위는 상대방의 명예를 훼손하거나 인격권을 침해한 행위에 해당하므로 위자료의 지급을 명한 바 있다(대판 2018.11.29. 2016다23489).

---

9) [사실관계] 사안은 텔레비전 방송보도 중 사용된 'ㅇㅇ지방경찰청 기동수사대'라는 표시에 의하여, 방송보도의 대상인 수사 당시 위 기동수사대에 근무하였던 경찰관들이 명예훼손의 피해자로 특정되었다고 한 사례이다.

10) [사실관계] 사안은 '대전 지역 검사들'이라는 표시에 의한 명예훼손은 그 구성원 개개인에 대하여 방송하는 것으로 여겨질 정도로 구성원의 수가 적고, 한 달 여에 걸친 집중적인 관련 방송 보도 등 당시의 주위 정황 등으로 보아 집단 내 개별구성원을 지칭하는 것으로 여겨질 수 있다고 한 사례이다.

Ⅲ. 위법성조각사유로서 진실성과 공공성 [C-116]

(형사상이나) 민사상으로 타인의 명예를 훼손하는 행위를 한 경우에도 ⅰ) 그것이 공공의 이해에 관한 사항으로서 그 목적이 오로지 '공공의 이익'을 위한 것일 때에는 ⅱ) '진실한 사실'이라는 증명이 있으면 위 행위에 위법성이 없으며, ⅲ) 또한 그 증명이 없더라도 행위자가 그것을 '진실이라고 믿을 상당한 이유'가 있는 경우에는 위법성이 없다(대판 1988.10.11. 85다카29등).

다만 상당한 이유의 판단에 있어 언론매체의 보도를 통한 명예훼손에 있어서는 '보다 엄격한 사실확인의무'가 인정되며(대판 1998.10.27. 98다24624 참고), 위법성조각사유에 대한 입증책임은 어디까지나 명예훼손 행위를 한 방송 등 언론매체(가해자)에 있고 피해자가 공적인 인물이라 하여 방송 등 언론매체의 명예훼손 행위가 현실적인 악의에 기한 것임을 그 피해자측에서 입증하여야 하는 것은 아니다"(대판 1998.5.8. 97다34563).

> [비교판례] ※ 기사삭제청구권
> "허위 기사로 자신의 명예를 훼손당하였다고 주장하며 기사삭제를 청구하는 '피해자'는 그 기사가 진실하지 아니하다는 데에 대한 증명책임을 부담한다. 또한 가해자가 허위기사가 '진실이라고 믿은 데 상당한 이유'가 있었다는 등의 사정은 형사상 명예훼손죄나 민사상 손해배상책임을 부정하는 사유는 될지언정 기사삭제를 구하는 방해배제청구권을 저지하는 사유로는 될 수 없다"(대판 2013.3.28. 2010다60950).
> ☞ 당해 사안은 사전금지(침해행위의 정지·방지청구권 ; 방해예방청구권)가 아닌 사후제거(침해행위의 제거청구권 ; 방해배제청구권)를 청구한 사안이지만 사전금지의 경우에도 같은 법리가 적용된다.

> [비교판례] ※ 초상권침해
> "초상권, 사생활의 비밀과 자유에 대한 부당한 침해는 불법행위를 구성하고 위 침해는 그것이 공개된 장소에서 이루어졌다거나 민사소송의 증거를 수집할 목적으로 이루어졌다는 사유만으로는 정당화되지 않는다. 다만 개인의 사생활과 관련된 사항의 공개가 사생활의 비밀을 침해하는 것이더라도, 사생활과 관련된 사항이 공공의 이해와 관련되어 공중의 정당한 관심의 대상이 되는 사항에 해당하고, 공개가 공공의 이익을 위한 것이며, 표현내용·방법 등이 부당한 것이 아닌 경우에는 위법성이 조각될 수 있다"(대판 2021.4.29. 2020다227455).

Ⅳ. 효 과 [C-117]

1. 금전배상 [10행정]

명예도 일종의 재산적 가치로 보아 재산적 손해를 입을 수 있는 대상으로 평가될 수 있으나, 명예훼손으로 인한 손해배상은 주로 위자료의 지급에 의하여 행하여지는 경우가 많다(제751조 1항 참조). 判例는 '법인'의 경우에도 명예훼손에 따른 제751조 1항의 손해를 인정한다(대판 2008.10.9. 2006다53146).

2. 명예회복에 적당한 처분

(1) 의 의

우리 민법은 명예훼손에 의한 불법행위가 인정되는 때에는 법원은 피해자의 청구에 의하여 손해배상에 갈음하거나 손해배상과 함께 명예회복에 적당한 처분을 명할 수 있다고 하여 금전배상에 대한 예외로서 원상회복적 구제를 인정하는 특칙을 규정하고 있다(제764조).

(2) 사죄광고

헌법재판소는 민법 제764조상 명예회복의 적당한 처분에 사죄광고를 포함시키는 것은 양심의 자유 등을 침해하므로 헌법에 위반된다고 결정하였다(헌재결 1991.4.1. 89헌마160).

(3) 반론보도청구권, 추후보도청구권, 정정보도청구권

명예훼손과 관련하여 피해자는 관련 언론사 등에게 ① 정기간행물(방송)에 공표된 사실적 주장에 의한 반론보도청구권(정기간행물의 등록에 관한 법률 제16조, 방송법 제41조), ② 보도된 범죄사실이 무죄판결 등으로 종결된 때에 그 사실에 대한 추후보도청구권(정간법 제20조, 방송법)을 가진다. ③ 아울러 허위 사실의 적시로 인한 명예훼손의 경우에는 정정보도청구권도 인정된다.

3. 금지청구권

침해행위의 제거(방해배제청구권) 또는 정지·방지(방해예방청구권)를 구할 수 있는 권리를 총칭하여 "금지청구권"이라고 부른다.

(1) 문제점

명예(인격권)의 침해에 대한 구제수단으로 민법이 정하는 것은 금전배상과 명예회복처분이다. 그러나 이러한 사후구제수단만으로는 침해된 명예(인격권)가 완전히 회복된다고 보기는 어렵다. 즉 침해행위가 계속되는 경우에는 그 침해행위의 제거를 인정하여야 할 필요성이 있고, 또 경우에 따라서는 사전에 침해행위를 정지·방지하여야 할 필요도 있다. 그러나 특히 후자의 경우 헌법이 언론·출판에 대한 검열을 금지하고 있는바(헌법 제21조 2항), 표현의 자유와의 충돌이 문제된다.

(2) 인정 여부

헌법재판소는 방영금지가처분은 행정권에 의한 사전심사나 금지처분이 아니라 개별 당사자간의 분쟁에 관하여 사법부가 사법절차에 의하여 심리, 결정하는 것이어서 헌법에서 금지하는 사전검열에 해당하지 않는다고 판시하고 있으며(헌법재판소 2001.8.30. 2000헌바36), 대법원도 "명예(인격권)는 그 성질상 일단 침해된 후의 구제수단(손해배상이나 명예회복처분)만으로는 그 침해의 완전한 회복이 어렵고 손해전보의 실효성을 기대하기 어려우므로, 사전(예방적)구제수단으로 '침해행위의 정지·방지' 등의 청구권도 인정"된다고 한다(대판 1996.4.12. 93다40614: 표준판례410 : 4회 선택형).[11]

(3) 인정요건(진, 공, 중대·현저·명백)

명예(인격권)의 침해행위가 계속되는 경우에는 방해배제청구권이 인정되며, 방해예방청구권의 경우에도 표현의 자유와의 비교형량을 통해 이미 인격권의 침해가 있고 그리고 장래에도 그 침해가 계속될 가능성이 있는 경우에는 이를 인정함이 타당하다. 判例는 보다 구체적인 기준을 제시하고 있는바, "표현행위에 대한 사전억제(출판물에 대한 발행·판매 등의 금지)는 표현의 자유를 보장하고 검열을 금지하는 헌법 제21조 2항의 취지에 비추어 엄격하고 명확한 요건을 갖춘 경우에만 허용된다고 할 것인바, i) 그 표현내용이 진실이 아니거나 ii) 그것이 공공의 이해에 관한 사항으로서 그 목적이 오로지 공공의 이익을 위한 것이 아니며, iii) 또한 피해자에게 중대하고 현저하게 회복하기 어려운 손해를 입힐 우려가 있는 경우에는 그와 같은 표현행위는 그 가치가 피해자의 명예에 우월하지 아니하는 것이 명백하고, 또 그에 대한 유효적절한 구제수단으로서 금지의 필요성도 인정되므로 이러한 실체적인 요건을 갖춘 때에 한하여 예외적으로 사전금지가 허용된다"(대결 2005.1.17. 2003마1477: 표준판례727)고 판시하고 있다.

---

[11] "명예는 생명, 신체와 함께 매우 중대한 보호법익이고 인격권으로서의 명예권은 물권의 경우와 마찬가지로 배타성을 가지는 권리라고 할 것이므로 현재 이루어지고 있는 침해행위를 배제하거나 장래에 생길 침해를 예방하기 위하여 침해행위의 금지를 구할 수도 있다"(대결 2005.1.17. 2003마1477).

(4) 행사방법

1) 방해배제청구 및 부작위청구

금지청구권의 행사방법은 침해행위의 모습에 따라 다르겠지만, 일반적으로 침해행위의 정지·금지를 구하는 '부작위청구'와 그 침해상태의 제거를 구하는 '방해배제청구'의 방식을 이용하게 된다. 특히 명예훼손행위를 장래에 하지 말 것을 구하는 부작위청구의 실효성을 위해 다음과 같은 방법이 강구될 수 있다.

2) 장래의 부작위의무의 강제이행

가) 원 칙

① 부작위채무에 대한 위반이 있을 때에는 그 위반사항에 대해 강제이행을 구할 수 있는 것은 물론이지만(제389조 3항), ② 부작위채무 자체를 강제이행하는 것도 가능하다. 이 경우 부작위채무는 부대체적 채무로서 '간접강제[12]'의 방법을 이용할 수 있다(민사집행법 제261조 1항).[13]

나) 예 외

그러나 명예훼손이 있은 다음에 간접강제를 신청할 수 있다고 하는 것은 금지청구의 실효성을 크게 떨어뜨리는 것이므로 判例는 "부작위채무에 관하여 판결절차의 변론종결 당시에 보아 부작위채무를 명하는 집행권원이 성립하더라도 채무자가 이를 단기간 내에 위반할 개연성이 있고, 또한 판결절차에서 민사집행법 제261조에 의하여 명할 적정한 배상액을 산정할 수 있는 경우에는 판결절차에서도 채무불이행에 대한 간접강제를 할 수 있다"고 한다(대판 1996.4.12. 93다40614). 그리고 위와 같은 판례는 그대로 유지되어야 한다는 것이 최근 판례의 입장이다(대판 2021.7.22. 전합2020다248124).[14]

---

12) 채무자가 부작위채무를 이행하지 아니하는 때, 즉 위반하는 때에는 그 기간에 비례하여 일정한 배상을 할 것을 명함으로써 부작위채무 자체의 이행을 간접적으로 강제하는 것을 의미한다.

13) [관련판례] "부대체적 채무인 부작위채무에 대한 강제집행은 간접강제만 가능하고, 간접강제결정은 판결절차에서 먼저 집행권원이 성립한 후에 채권자의 별도의 신청에 따라 채무자에 대한 필요적 심문을 거쳐 채무를 불이행하는 때에 일정한 배상을 하도록 명하는 것이 원칙이다. 따라서 부작위채무에 관한 집행권원 성립을 위한 판결절차에서 장차 채무자가 채무를 불이행할 경우에 대비하여 간접강제를 하는 것은 부작위채무에 관한 소송절차의 변론종결 당시에서 보아 <u>부작위채무를 명하는 집행권원이 성립하더라도 채무자가 이를 단기간 내에 위반할 개연성이 있고, 또한 판결절차에서 민사집행법 제261조에 의하여 명할 적정한 배상액을 산정할 수 있는 경우라야 한다</u>"(대판 2014.5.29. 2011다31225).

14) [반대의견] 이러한 다수의견에 대하여 현행 법체계는 판결절차와 강제집행절차를 준별하고 있으므로 판결절차에서 강제집행방법의 하나인 간접강제를 명할 수는 없다고 보아야 하는 점, 강제집행은 국가가 채무자에 대하여 강제력을 행사하는 것이므로 반드시 법률에 근거가 있어야 하는데 판결절차에서 명하는 간접강제는 법률에 근거가 없는 절차인 점, 부작위채무 등의 이행을 명하는 판결의 실효성 문제는 가처분절차로 충분히 해소될 수 있는 점, 판결절차에서 간접강제를 명할 수 있다는 것은 합리적 이유 없이 부작위채무 등을 다른 종류의 채무와 달리 취급하는 것이어서 부당한 점 등을 이유로 기존 판례는 변경되어야 한다는 '반대견해'도 있었다.

제4절 불법행위의 효과

I. 서 설
[C-118]

1. 손해배상청구권의 발생

불법행위가 성립하면 가해자는 피해자에게 그 손해를 배상할 책임을 진다(제750조). 불법행위의 효과로서의 손해배상에 관하여 민법은 ① 채무불이행으로 인한 손해배상에 관한 규정 중 i) 손해배상의 범위(제393조), ii) 손해배상의 방법(제394조), iii) 과실상계(제396조), iv) 손해배상자의 대위(제399조)의 규정을 불법행위로 인한 손해배상에도 준용한다(제763조). ② 그러나 민법이 불법행위로 인한 손해배상에만 따로 정하는 내용이 있다. 즉 i) 위자료청구권(제751조, 제752조), ii) 태아의 손해배상청구권(제762조), iii) 명예훼손의 경우 금전배상의 원칙에 대한 예외로서 원상회복청구권(제764조), iv) 배상액의 감경청구(제765조), v) 손해배상청구권의 소멸시효에 관한 특칙(제766조)을 규정하고 있다.

[관련판례] ✽ **불법행위로 인하여 피해자가 제3자에 대하여 채무를 부담하게 된 경우, 그 채무액 상당의 손해배상을 구하기 위한 요건**
"불법행위를 이유로 배상하여야 할 손해는 현실로 입은 확실한 손해에 한하므로, 불법행위로 인하여 피해자가 제3자에 대하여 채무를 부담하게 된 경우 채권자가 채무자에게 그 채무액 상당의 손해배상을 구하기 위해서는 채무의 부담이 현실적·확정적이어서 실제로 변제하여야 할 성질의 것이어야 하고, 현실적으로 손해가 발생하였는지는 사회통념에 비추어 객관적이고 합리적으로 판단하여야 한다"(대판 2019.8.14. 2016다217833).
[사실관계] 甲 → 乙 → 丙으로 순차 매도된 구분건물의 대지지분이 등기공무원의 과실로 실제 지분보다 많은 지분으로 잘못 등기되어 그 부족지분만큼 매매대금이 초과 지급되는 손해가 발생한 경우에, 乙이 丙으로부터 담보책임을 추궁당하지 아니한 상황에서 부족한 지분에 대한 이전을 요구하는 내용증명을 받은 사실만으로는 국가에 손해배상을 청구할 수 없다고 한 사례

2. 금지청구권의 인정 여부

(1) 문제점

불법행위에 대한 구제수단으로 손해배상청구권 외에 금지청구권, 즉 불법행위에 기한 방해제거 또는 방해예방청구가 가능한지 문제된다. 손해배상은 사후적 손해전보수단에 불과하여 피해자의 이익을 충분히 보호할 수 없기 때문이다(제394조 참조).

(2) 판 례

① 판례는 불법행위가 인격권에 대한 침해를 구성하는 경우에 인격권에 기한 금지청구를 인정한 바 있고(대판 1996.4.12. 93다40614 ; 대결 2005.1.17. 2003마1477 등: 표준판례727), ② 특정행위가 **부정한 경쟁행위**로서 민법상 불법행위에 해당하는 경우, i) 금전배상을 명하는 것만으로는 피해자 구제의 실효성을 기대하기 어렵고, ii) 그 행위의 금지로 보호되는 피해자의 이익과 그로 인한 가해자의 불이익을 비교·교량할 때 피해자의 이익이 더 큰 경우에는 그 행위의 금지 또는 예방을 청구할 수 있다고 판시하였고(대결 2010.8.25. 2008마1541: 표준판례728), ③ 일반 공중의 통행에 제공된 도로에서 제3자가 통행의 자유를 침해하는 것은 민법상 불법행위에 해당하며, 침해를 받은 자로서는 그 방해의 배제나 장래에 생길 방해를 예방하기 위하여 통행방해 행위의 금지를 소구할 수 있다고 한다(대판 2021.10.14. 2021다242154: 표준판례 729 : 12회 선택형).

Ⅱ. 손해배상청구권의 내용

[C-119]

1. 손해배상의 방법

(1) 금전배상의 원칙(제763조, 제394조)

(2) 원상회복청구(제764조)

2. 손해배상액 산정의 기준시기

① 특별한 사정이 없는 한 불법행위 당시, 즉 손해배상 채권이 발생한 때를 기준으로 하여 손해배상액을 산정함이 원칙이다(대판 1994.2.25. 93다38444).[1] 따라서 불법행위로 인한 손해배상채무는 그 성립과 동시에(그 당일부터) 또 채권자의 청구 없이도 당연히 이행지체가 된다는 것이 判例이다(대판 1975.5.27. 74다1393 : 2회, 11회 선택형). [판례검토] 피해자가 입은 손해를 남김없이 배상케 하자는 원상회복의 이념에 비추어 볼 때 判例의 태도는 타당하다(통설).

② 다만 위자료청구권에 대해서는 불법행위시부터 사실심 변론종결시까지 장기간이 경과하고 통화가치 등에 상당한 변동이 생긴 경우에는 예외적으로 사실심 변론종결일부터 지연손해금이 발생한다고 한다(대판 2011.1.27. 2010다6680 ; 대판 2011.7.21. 전합2011재다199). "한편 제1심판결에서 위와 같이 배상이 지연된 사정을 참작하여 제1심 변론종결일을 기준으로 위자료를 산정하였는데 항소심이 항소심 변론종결일을 기준으로 새로이 위자료를 산정하지 않고 제1심판결의 위자료 액수를 그대로 유지한 경우 위자료 배상채무의 지연손해금은 위자료 산정의 기준일인 제1심 변론종결일부터 발생한다"(대판 2015.1.29. 2013다205174, 대판 2020.11.26. 2019다276307)

3. 손해배상액 산정방법

(1) 손해 3분설

불법행위로 인한 손해는 재산에 대해 피해를 준 '재산적 손해'와 정신상 고통을 준 '정신적 손해'의 둘로 나눌 수 있고, 다시 전자는 재산에 대해 기존의 이익의 멸실 또는 감소를 주는 '적극적 손해'와 장래의 이익의 획득이 방해됨으로써 받는 손실인 '소극적 손해(일실이익)'의 둘로 나누어진다(대판 1976.10.12. 76다1313). [14입법] 이것은 소송물을 달리하는 것으로서 채권자는 그 금액을 특정하여 별개로 청구하여야 하고, 특히 재산적 손해의 경우에는 그 손해액을 구체적으로 입증하여야 한다(대판 1989.10.24. 88다카29269).

(2) 재산적 손해의 산정

생명침해와 신체상해에 따라 일실이익 계산의 요소가 다르다. 즉, ① '생명침해'의 경우 일실이익 = [(사망 당시 수입액) × (수입가능기간)] − 생활비 − 중간이자이다. ② 그러나 '신체상해'의 일실이익 = [(부상 당시 수입액) × (노동능력상실률) × (수입가능기간)] − 중간이자이다.

[관련판례] ① [일실이익 산정방식] 노동능력 상실로 인하여 종전의 직장에 계속 종사할 수는 없으나 노동능력이 남아 있어 다른 직업에 종사할 수 있는 경우, 그 일실이익을 산정하는 방식으로는 ㉠ '평가설'(노동능력상실설)과 ㉡ '차액설'(수입상실설)이 있다. 전자는 정상수입에 상실률을 곱하는 것이고, 후자는 현재 수입액에서 남은 노동력으로 재취업이 가능한 직업상의 수입을 공제한 차액이 수입손실액이 되는 것이다. 대법원은 종전에는 차액설로 일관하였으나, 그 후의 判例에서는 **둘 중 어느 방식에 의하더라도 무방하다**고 한다(대판 1986.3.25. 85다카538).

---

[1] "불법행위로 인한 손해배상채권은 불법행위시에 발생하고 그 이행기가 도래하는 것이므로, 장래 발생할 소극적·적극적 손해의 경우에도 불법행위시가 배상액 산정의 기준시기가 되고, 이때부터 장래의 손해발생시점까지의 중간이자를 공제한 금액에 대하여 다시 불법행위시부터의 지연손해금을 부가하여 지급을 명하는 것이 원칙이다"

② [**육체노동 가동연한**] 判例는 일반육체노동을 하는 사람 또는 육체노동을 주로 생계활동으로 하는 사람의 가동연한을 종래 만 60세로 보았는데, 최근 **만 65세까지로 상향**하였다(대판 2019.2.21. 2018다248909 : **11회 선택형**). 이에 따라 최근 判例는 택시 운전기사인 甲이 동료 기사인 乙과 몸싸움을 하다 사망하여 택시회사의 사용자책임에 기한 손해배상책임을 산정할 때에는, 甲이 사망 당시 택시회사의 정년 60세를 넘겨 1년 단위로 근로계약을 체결하고 있었고, 사고 이후 다시 택시회사와 1년간 재계약을 체결하더라도 그 계약기간 만료 시점에 만 63세인 점 등을 고려하여 甲의 가동연한을 만 63세까지로 인정함이 타당하다고 판시하였다(대판 2021.3.11. 2018다285106: **표준판례**753).

③ [**교통사고 후유증이 피해자의 기왕증과 경합한 경우**] "교통사고 피해자의 기왕증이 사고와 경합하여 악화됨으로써 피해자에게 특정 상해의 발현 또는 치료기간의 장기화, 나아가 치료종결 후 후유장해 정도의 확대라는 결과 발생에 기여한 경우에는, 기왕증이 특정 상해를 포함한 상해 전체의 결과 발생에 기여하였다고 인정되는 정도에 따라 피해자의 전체 손해 중 그에 상응한 배상액을 부담하게 하는 것이 손해의 공평한 부담을 위하여 타당하다"(대판 2019.5.30. 2015다8902 : 원고의 기왕증을 피고의 책임제한 사유로 참작하였다는 이유로 기왕치료비와 향후치료비에 관하여 원고의 기왕증을 별도로 고려하지 않은 것은 법리를 오해한 잘못이 있다고 판단한 사례 : **9회 선택형**).

④ [**위법소득**] 사립고등학교 교사로 근무하고 있던 피해자가 사망 당시 유흥업소의 밴드원으로 전속출연하여 받은 급료는 위법소득에 해당하므로, 위법소득은 일실이익으로 산정할 수 없다고 판시하였다(대판 1992.10.27. 92다34582).

⑤ [**후발손해**] "사고일에 일정한 손해가 발생하고 그와 시간적 간격을 두고 예상하지 못한 후발손해가 추가로 발생한 경우, 후발손해에 관하여는 후발손해 발생이 확정된 시점에 불법행위가 완성되므로 후발손해 판명 시점일을 현가산정의 기준 시기나 지연손해금의 기산일이 되는 불법행위일이라고 보아야 한다"(대판 2022.6.16. 2017다289538).

(3) 정신적 손해의 산정

1) 제751조

判例는 ① 태아가 피해 당시 정신상 고통에 대한 감수성을 갖추고 있지 않다 하더라도 장래 감수할 것임이 현재 합리적으로 기대할 수 있는 경우에는 즉시 그 청구를 할 수 있다고 하며(대판 1962.3.15. 4294민상903), ② 법인의 명예·신용 등이 훼손된 경우에 이를 '무형의 손해'라고 칭하면서 그 배상을 위자료로 보는 점에서, 법인에게도 위자료청구권을 인정한다(대판 1996.4.12. 93다40614 등).

2) 제752조

① 생명침해의 경우에 제752조에 열거된 친족은 정신상 고통에 대한 입증이 없이도 본조에 의해 위자료청구권을 가진다(대판 1967.9.5. 67다1307: **표준판례**730). 특히 判例는 **제752조가 규정하는 친족관계에는 사실상의 친족관계가 있는 경우도 포함**하는 것으로 본다(대판 1962.4.26. 62다72 ; 대판 1966.6.28. 66다493 ; 대판 1975.12.23. 75다413 : 당해 판례들은 사실혼 배우자의 子와 관련한 제752조 사안이다). **[17행정]** ② 생명침해의 경우에 제752조에 열거된 자가 아닌 자도 정신상 고통에 관한 입증을 함으로써 일반규정인 제750조 및 제751조에 의해 위자료를 청구할 수 있는데, 判例는 그러한 경우로서 피해자의 며느리·시어머니·누나에게 위자료청구권을 인정한다(대판 1967.9.5. 67다1307: **표준판례**730).

3) 위자료청구권의 상속 여부

判例는 "정신적 손해에 대한 배상(위자료)청구권은 피해자가 이를 포기하거나 면제했다고 볼 수 있는 특별한 사정이 없는 한 생전에 청구의 의사를 표시할 필요없이 원칙적으로 상속되는 것이라고 해석함이 상당하다"(대판 1966.10.18. 66다1335)하여 상속을 긍정한다. 또한 즉사의 경우에도 일단 사망자 본인에게 발생 후 상속된다고 한다(대판 1969.4.15. 69다288). **[16입법]**

(4) 손해 3분설과 처분권주의 [민소법 쟁점]

判例처럼 적극적 손해, 소극적 손해, 위자료로 소송물이 3개라는 3분설에 의하면, 손해배상의무의 존부나 범위에 관하여 항쟁함이 상당한지의 여부는 각 손해마다 따로 판단하여야 하며(대판 2002.9.10. 2002다34581), 법원은 각 손해항목의 청구액에 구속되어 각 항목의 청구액을 초과하여 인용하는 것은 허용되지 아니하며, 비록 초과하여 인용하였지만 청구총액을 벗어나지 않는 경우까지도 처분권주의의 위배로 본다(대판 1976.10.12. 76다1313). **[14입법]**

[관련판례] ※ 위자료의 보완적 기능과 그 한계

① "재산적 손해의 발생이 인정되는데도 입증곤란 등의 이유로 그 손해액의 확정이 불가능하여 그 배상을 받을 수 없는 경우에 이러한 사정을 위자료의 증액사유로 참작할 수는 있다고 할 것이나, 이러한 위자료의 보완적 기능은 재산적 손해의 발생이 인정되는데도 손해액의 확정이 불가능하여 그 손해 전보를 받을 수 없게 됨으로써 피해회복이 충분히 이루어지지 않는 경우에 이를 참작하여 위자료액을 증액함으로써 손해 전보의 불균형을 어느 정도 보완하고자 하는 것이므로, 그 재산적 손해액의 주장·입증 및 분류·확정이 가능한 계약상 채무불이행으로 인한 손해를 심리·확정함에 있어서까지 함부로 그 보완적 기능을 확장하여 편의한 방법으로 위자료의 명목 아래 다수의 계약 당사자들에 대하여 획일적으로 일정 금액의 지급을 명함으로써 사실상 재산적 손해의 전보를 꾀하는 것과 같은 일은 허용될 수 없다"(대판 2004.11.12. 2002다53865). ② "한편 위자료는 불법행위에 따른 피해자의 정신적 고통을 위자하는 금액에 한정되어야 하므로 발생한 재산상 손해의 확정이 가능한 경우에 위자료의 명목 아래 재산상 손해의 전보를 꾀하는 일은 허용될 수 없고, 재산상 손해의 발생에 대한 증명이 부족한 경우에는 더욱 그러하다"(대판 2014.1.16. 2011다108057).

Ⅲ. 손해배상청구권의 소멸시효 [C-120]

불법행위로 인한 손해배상의 청구권은 피해자나 그 법정대리인이 그 손해 및 가해자를 안 날로부터 3년간 이를 행사하지 아니하면 시효로 인하여 소멸한다. 불법행위를 한 날로부터 10년을 경과한 때에도 같다(제766조).

1. 3년의 단기소멸시효

(1) 손해 및 가해자를 안 날의 의미

① 피해자나 그 법정대리인이 손해 및 가해자 모두를 안 때로부터 시효가 진행된다. '손해 및 가해자를 안 날'이란 손해의 발생사실과 그 손해가 가해자의 불법행위로 인해 발생한 것임을 피해자측이 현실적이고도 구체적으로 인식한 것을 뜻한다(대판 1995.2.10. 94다30263). 그리고 불법행위의 요건사실에 대한 인식으로서 위법한 가해행위의 존재, 손해의 발생 및 가해행위와 손해 사이의 인과관계 등이 있다는 사실까지 안 날을 뜻하며, 가해행위가 불법행위로서 이를 원인으로 하여 손해배상을 소로써 청구할 수 있다는 사실까지를 안 날을 의미한다(대판 2022.9.7. 2019다241455). 아울러 **현실로 손해가 발생한 것을 안 경우뿐만 아니라 손해발생을 예견할 수 있을 때를 포함한다**(대판 2021.7.29. 2016다11257).

② 3년의 단기소멸시효기간 기산에는 제766조 1항 외에 소멸시효의 기산점에 관한 일반규정인 제166조 1항이 적용된다. 따라서 3년의 단기소멸시효기간은 그 '손해 및 가해자를 안 날'에 더하여 그 '권리를 행사할 수 있는 때'가 도래하여야 비로소 시효가 진행한다(대판 2023.2.2. 2020다270633).

③ 피해자측이 손해 및 가해자를 안 날에 관한 증명책임은 시효의 이익을 주장하는 자, 즉 가해자측에 있다(대판 1995.6.30. 94다13435).

(2) 구체적인 경우

1) 후유증의 경우(판례연구 C-9.참고)

① "가해행위와 이로 인한 현실적인 손해의 발생 사이에 시간적 간격이 있는 불법행위에 기한 손해배상채권에 있어서 소멸시효의 기산점이 되는 불법행위를 안 날이라 함은 단지 관념적이고 부동적인 상태에서 잠재하고 있던 손해에 대한 인식이 있었다는 정도만으로는 부족하고 그러한 손해가 그 후 현실화된 것을 안 날을 의미한다"(대판 2001.1.19. 2000다11836).

② "일반적으로 상해의 피해자는 상해를 입었을 때 그 손해를 알았다고 보아야 할 것이지만, 그 후 후유증 등으로 불법행위 당시에는 전혀 예견할 수 없었던 새로운 손해가 발생하였다거나 예상외로 손해가 확대된 경우에는 그러한 사유가 판명된 때에 새로이 발생하거나 확대된 손해를 알았다고 보아야 한다. 이와 같이 새로이 발생하거나 확대된 손해 부분에 대해서는 그러한 사유가 판명된 때부터 민법 제766조 제1항에서 정한 소멸시효기간이 진행된다"(대판 2021.7.29. 2016다11257).

③ "신체에 대한 가해행위가 있은 후 상당한 기간 동안 치료가 계속되는 과정에서 어떠한 증상이 발현되어 그로 인한 손해가 현실화된 사안이라면, 법원은 피해자가 담당의사의 최종 진단이나 법원의 감정결과가 나오기 전에 손해가 현실화된 사실을 알았거나 알 수 있었다고 인정하는 데 매우 신중할 필요가 있다"(대판 2019.7.25. 2016다1687 : 유아가 교통사고로 뇌 손상을 입고 그로 인하여 장애가 발생한 경우 손해배상청구권의 소멸시효 기산점인 '손해를 안 날'을 교통사고가 발생한 날로 단정할 수 없다고 보았다).

2) 계속적 불법행위의 경우

가) 일반적인 경우

"불법점거에 의한 불법행위로 인하여 피해자의 토지에 관한 소유권이 상실되지 아니하였다면 가해자의 불법행위는 계속하여 이루어지고 그로 인하여 손해도 계속 발생하여 나날이 새로운 불법행위에 기인한 손해가 발생하는 것이고, 따라서 민법 766조의 적용에 관하여서는 나날이 발생한 새로운 각 손해를 안 날로부터 별개로 소멸시효가 진행한다"(대판 1966.6.9. 전합66다615).

나) 건축행위에 의한 일조방해의 경우

"위법한 건축행위에 의하여 건물 등이 준공되거나 외부골조공사가 완료되면, 그 건축행위에 따른 일영의 증가는 더 이상 발생하지 않게 되므로, 피해자는 그때 손해배상청구권을 예견할 수 있어서 그때부터 소멸시효가 진행하나, 일조방해의 위법성의 정도가 가해자에게 철거의무를 부과해야 할 정도에 이르는 경우에는 이러한 철거의무를 계속적으로 이행하지 않는 부작위는 새로운 불법행위가 되고, 그 손해는 날마다 새로운 불법행위에 기하여 발생하는 것이므로, 피해자가 그 각 손해를 안 때로부터 각별로 소멸시효가 진행한다"(대판 2008.4.17. 전합2006다35865).

3) 법인이 피해자인 경우 [11회 사례형]

원칙적으로 대표자가 안 날부터 기산될 것이나, 법인의 대표자가 법인에 대해 불법행위를 한 경우에는 "법인과 그 대표자는 이익이 상반하게 되므로 현실로 그로 인한 손해배상청구권을 행사하리라고 기대하기 어려울 뿐만 아니라 일반적으로 그 '대표권도 부인'된다고 할 것이므로 단지 그 대표자가 그 손해 및 가해자를 아는 것만으로는 부족하고, 적어도 '법인의 이익을 정당하게 보전할 권한'을 가진 다른 임원 또는 사원이나 직원 등이 손해배상청구권을 행사할 수 있을 정도로 이를 안 때에 비로소 위 단기소멸시효가 진행한다"(대판 1998.11.10. 98다34126: 표준판례123 : 3회 선택형). 만약 임원 등이 법인 대표자와 공동불법행위를 한 경우에는 그 임원 등을 배제하고 단기소멸시효의 기산점을 판단하여야 한다 (대판 2012.7.12. 2012다20475).

4) 제한능력자의 경우

불법행위의 피해자가 미성년자로 행위능력이 제한된 자인 경우에는 그 법정대리인이 손해 및 가해자를 알아야 소멸시효가 진행한다(대판 2010.2.11. 2009다79897 : 7회 선택형).

다만 미성년자가 성폭력, 성추행, 성희롱, 그 밖의 성적(性的) 침해를 당한 경우에 이로 인한 손해배상청구권의 소멸시효는 그가 성년이 될 때까지는 진행되지 아니한다(제766조 3항, 2020.10.20. 신설 : 14회 선택형). 이와 관련하여 예컨대 B는 미성년자인 A에게 성폭력을 행사하였고, A는 성년에 도달한 날로부터는 3년이 경과하였으나 B의 위 성폭력행위에 관한 형사사건의 제1심판결 선고일로부터는 3년이 경과하기 전의 시점에 손해배상을 청구하는 소를 제기하였다면 *判例*는 이 경우 불법행위로 인한 손해배상청구권의 단기소멸시효는 관련 형사재판의 제1심판결 선고일부터 진행된다고 한다(대판 2022.6.30. 2022다206384).

5) 채무불이행책임을 원인으로 하는 손해배상청구권의 유추적용 여부(소극)

*判例*는 근로자파견계약에 따른 피용자는 '사용사업주'의 보호의무 또는 안전배려의무 위반을 원인으로 하는 채무불이행책임을 원인으로 하는 손해배상청구권을 행사할 수 있다고 하면서, 이러한 채무불이행에 따른 손해배상청구권에 대해서는 불법행위책임에 관한 제766조 1항의 소멸시효 규정이 적용될 수는 없다고 한다(대판 2013.11.28. 2011다60247).

6) 관련사건 판결이 확정된 경우

"피해자가 언제 불법행위의 요건사실을 현실적·구체적으로 인식하였는지는 개별 사건에서 여러 객관적 사정을 참작하고 손해배상청구가 사실상 가능한 상황을 고려하여 합리적으로 인정하여야 한다"(대판 2019.12.13. 2019다259371). 따라서 *判例*는 甲의 소유인 건물에 화재가 발생하여 임차인 乙과 丙이 더 이상 임차건물을 사용수익할 수 없게 된 사례에서, '丙이 甲을 상대로' 소를 제기하여 甲의 손해배상책임을 인정하는 내용의 제1심판결이 2014. 12. 11. 선고되었더라도, 이에 대하여 甲이 항소 및 상고를 제기하여 2016. 4. 15.에야 丙의 승소 판결이 확정되었다면, '乙의 甲에 대한' 손해배상청구권의 소멸시효는 관련사건의 제1심 판결 선고일이 아니라, 상고심 판결 선고되어 확정된 때로 볼 여지가 있다고 판시하였다(同 *判例*).

7) 재심 판결이 확정된 경우

수사과정에서 이루어진 가혹행위 등 위법행위로 인하여 긴급조치 제9호 위반의 범죄사실로 유죄판결을 선고받고 복역하였으나 재심에서 무죄판결이 확정된 원고들이 그 복역 등으로 인한 손해에 대하여 국가배상을 청구한 사안에서, *判例*는 원고들이 재심에서 무죄판결이 확정된 이후에야 비로소 불법행위의 요건사실에 대하여 현실적이고도 구체적으로 인식할 수 있었고 그로부터 3년 이내에 소를 제기하였으므로 단기소멸시효는 완성되지 않았다고 판단하였다(대판 2020.11.26. 2019다276307).

재심무죄판결을 받은 당사자와 같은 사건으로 불법구금 등을 당하였으나 유죄판결을 받지 않은 자들의 경우에도 재심을 통해 관련당사자에 대한 유죄확정판결을 취소하는 법원의 공권적 판단이 내려지기 전까지는 수사 당시의 불법구금이나 가혹행위를 주장하면서 독자적으로 국가를 상대로 손해배상을 청구하기는 사실상 어려웠을 것으로 보이므로, 그에 대한 단기소멸시효도 재심무죄판결이 확정된 때부터 기산하는 것이 타당하다"(대판 2021.4.29. 2020다206564).

2. 10년의 장기소멸시효

불법행위를 한 날로부터 10년을 경과하면 시효로 소멸한다(제766조 2항). *判例*는 이를 (제척기간이 아닌) 소멸시효기간으로 본다(대판 1996.12.19. 전합94다22927).

특히 가해행위와 이로 인한 손해의 발생 사이에 시간적 간격이 있는 불법행위에 기한 손해배상청구권의 경우, '불법행위를 한 날'은 가해행위가 있었던 날이 아니라 객관적·구체적으로 손해가 발생한 때, 즉 **손해의 발생이 현실적인 것으로 되었다고 할 수 있을 때를 의미하고, 그 발생시기에 대한 증명책임은 소멸시효의 이익을 주장하는 자에게 있다**(대판 2021.8.19. 2019다297137). 한편 손해의 결과발생이 현실적인 것으로 되었다면, 피해자가 손해의 결과발생을 알았거나 예상할 수 있는가 여부에 관계없이, 가해행위로 인한 손해가 현실적인 것으로 되었다고 볼 수 있는 때로부터 소멸시효는 진행한다(대판 2005.5.13. 2004다71881). **[13회 사례형]**

3. 양자의 관계

위 두 시효기간 중 어느 하나가 완성하면 불법행위로 인한 손해배상청구권은 시효로 인하여 소멸한다.

Ⅳ. 손해배상액의 조정
[C-121]

1. 손익상계(채총 손해배상 B-44.참고)

2. 배상액의 경감청구

(1) 제765조

불법행위로 인한 손해배상의무자는 그 손해가 고의 또는 중대한 과실에 의한 것이 아니고, 그 배상으로 인하여 배상자의 생계에 중대한 영향을 미치게 될 경우에는 법원에 그 배상액의 경감을 청구할 수 있다(제765조 1항). 이 경우 법원은 채권자 및 채무자의 경제상태와 손해의 원인 등을 참작하여 배상액을 경감할 수 있다(동조 2항).

통설은 가해자의 보호가 피해자의 보호보다도 더 고려되어야 하는 것은 결코 아니기 때문에 이 규정을 적용함에 있어서는 매우 신중하여야 한다고 하고, 실무의 입장도 마찬가지인 것으로 보인다.

(2) 실화로 인한 화재의 경우의 특칙

1) 의 의

종래 실화로 인한 피해가 예상 외로 확대되어 실화자의 책임이 과다하게 되는 점을 고려하여 그 책임을 제한함으로써 지나치게 가혹한 부담으로부터 구제하기 위하여 실화책임에 관한 법률이 실화자의 경과실을 '**면책**'하였는데, 동법이 헌법불합치결정을 받아 적용이 중지되었다(헌재결 2007.8.30. 2004헌가25).[2] 그 후 2009. 5. 8. 동법이 전문개정되었는데, 실화의 특수성을 고려하여 실화자에게 중대한 과실이 없는 경우에 그 손해배상액의 경감에 관한 제765조의 특례(이는 생계곤란의 요건을 요구하지 않는 점에서 민법 제765조의 특칙이라 할 수 있다)를 정하는데(동법 제1조), **실화로 인하여 화재가 발생한 경우에 '연소(延燒)로 인한 부분에 대한 손해배상청구'에 한하여 적용**되며(동법 제2조), 실화가 중대한 과실에 의한 것이 아닌 경우에 그로 인한 손해의 배상의무자는 법원에 손해배상액의 '**경감**'을 청구할 수 있으며, 법원은 화재의 원인과 규모, 배상의무자 및 피해자의 경제상태 등을 고려하여 손해배상액을 경감할 수 있다(동법 제3조).

2) 적용범위

가) 직접화재의 경우

① **[직접화재와 연소의 구별]** 위 특칙은 발화점과 불가분의 일체를 이루는 물건의 소실, 즉 직접화재에는 적용되지 않는다(동법 제2조). 직접화재 부분인지 연소(延燒)로 인한 부분인지를 구별하는 기준은 구 실화책임법의 적용범위에 관한 대법원 判例들이 참조가 될 수 있을 것이다. 즉, 공작물 자체의 설치·보

---

[2] "실화책임법은 실화자를 의외의 가혹한 배상책임으로부터 구제한다는 입법목적을 달성하기 위하여 실화피해자의 손해배상청구권을 필요이상으로 제한하고 법익균형의 원칙에도 위배되므로, 기본권 제한입법의 한계를 일탈하여 헌법 제23조 1항, 제37조 2항에 위반된다"

존상의 하자에 의하여 직접 발생한 화재로 인한 손해배상책임에 관하여는 민법 제758조 1항을 적용하는바, 여기에서 말하는 화재는 반드시 공작물 자체에 일어난 화재만을 가리키는 것은 아니라고 하면서, 인화성 물질 등이 산재한 밀폐된 신축 중인 건물 내부에서 용접작업 등 화재발생 우려가 많은 작업을 하던 중 화재가 발생하여 피용자가 사망한 사안에서, 공사수급인에게 동조에 의한 책임을 긍정하였고(대판 1999.2.23. 97다12082). **[17행정]** 경사로에 주차 중인 석유배달차량에서 원인미상의 화재가 발생하여 보조잠금장치가 풀리면서 차량이 움직여 인근 건물을 들이받고 불이 옮겨 붙은 사안에서, 그 건물 화재는 차량의 설치·보존상의 하자에 의하여 직접 발생한 것이라고 보았다(대판 1998.3.13. 97다34112). **[17행정]**

② **[공작물책임과의 관계]** 과거 실화책임법이 면책규정을 두고 있었던바, 判例는 공작물 자체의 설치·보존상의 하자에 의하여 직접 발생한 화재로 인한 손해배상책임에 관하여는 민법 제758조 제1항을 적용하고, 그 화재로부터 연소(延燒)한 부분에 대한 손해배상책임에 대하여는 실화 책임에 관한 법률을 적용함이 상당하다고 하였으나(대판 1996.2.23. 95다22887), 현행 실화책임법은 경감규정만 두고 있는바, "공작물의 설치·보존상 하자에 의하여 직접 발생한 화재로 인한 손해배상책임뿐만 아니라 그 화재로부터 연소한 부분에 대한 손해배상책임에 관하여도 공작물의 설치·보존상 하자와 손해 사이에 상당인과관계가 있는 경우에는 민법 제758조 제1항이 적용되고, 실화가 중대한 과실로 인한 것이 아닌 한 화재로부터 연소한 부분에 대한 손해의 배상의무자는 개정 실화책임법 제3조에 의하여 손해배상액의 경감을 받을 수 있다"(대판 2012.6.28. 2010다58056 : 4회 선택형)고 한다.

나) 채무불이행으로 인한 손해배상책임의 경우

이 경우에는 위 특칙이 적용되지 않는다(동법 제1조 참조). 구 실화책임법에 관한 대법원의 태도도 동일하였다(대판 1999.4.13. 98다51077).

다) 실화자가 책임무능력자인 경우

실화자가 책임무능력자인 경우에 그 감독자는 감독을 게을리 하지 않았음을 주장·증명하지 못하는 한 배상책임을 면할 수 없는바(제755조), 이 경우 실화자가 중과실인 한 감독자가 경과실이라 하더라도 위 특칙이 적용되지 않는다. 개정 실화책임법 제3조 1항은 실화책임법의 적용기준이 되는 중대한 과실 유무를 배상의무자가 아닌 실화자를 기준으로 판단하도록 규정하고 있고, 또한 민법 제755조에 의해 감독자가 부담하는 책임의 성질은 대위책임이기 때문이다. 구 실화책임법에 관하여도 대법원은 책임무능력자의 중과실에 기한 실화로 인한 손해에 대하여 그 감독자는 감독을 해태하지 않았음을 주장·입증하지 못하는 한 그 배상책임을 면할 수 없으며, 감독상 중과실이 있는 때에 한하여 배상책임을 지는 것은 아니라고 판시한 바 있다(대판 1972.1.31. 71다2582).

3. **과실상계**(아래 쟁점 16. 참고)

[쟁점 16] 과실상계 ▼

I. 서 설 [C19-1]

> 제396조(과실상계) 채무불이행에 관하여 채권자에게 과실이 있는 때에는 법원은 손해배상의 책임 및 그 금액을 정함에 이를 참작하여야 한다.
> 제763조(준용규정) 제393조, 제394조, 제396조, 제399조의 규정은 불법행위로 인한 손해배상에 준용한다.

1. 의 의

제390조나 제750조의 손해배상책임을 산정함에 있어서 채권자 또는 피해자에게 손해의 발생 또는 확대에 기여한 과실이 있는 경우에 이를 참작하여 그 책임을 '감면'하는 제도이다(제396조, 제763조)[특별한 사정이 있으면 가해자의 책임이 면제될 수도 있다(대판 2014.11.27. 2011다68357)]. 이는 신의칙과 공평의 원칙상 인정된다. 과실상계는 가해자(채무자)에게 독립된 청구권의 기초를 부여하는 것이 아니라, 피해자의 손해배상청구권에 대한 이의를 인정하는 규정이다.

2. 기 능

민법상 과실상계의 규정은 현대의 불법행위법이 피해자보호를 위해 위험책임·무과실책임으로 그 영역을 넓혀 구제를 받을 수 있는 경우를 될 수 있는 한 확대하는 것에 대응하여 가해자에 대한 배려의 차원에서 불법행위로 인한 손해배상액의 감액을 실현할 수 있는 실정법상의 근거로서 기능하고 있다. 이러한 관점에서 判例가 손해분담의 공평을 실현하는 수단으로서 과실상계가 갖는 '조정적 기능'을 적극 활용하려는 경향은 시사하는 바가 크다.[3]

II. 요 건

[C19-2]

1. 손해배상청구권의 발생(제390조, 제750조)(IV. 적용범위 참고)

2. 채권자 또는 피해자의 과실

(1) 과실의 의미

1) 판 례

과실상계의 과실은 "신의칙상 공동생활상 요구되는 약한 부주의"(대판 2000.8.22. 2000다29028 등)[4]를 의미한다거나, 법적인 주의의무를 전제로 하지 않는 "신의칙상 요구되는 결과회피의무"(대판 1999.9.21. 99다31667 등)[5]를 의미한다고 한다.

2) 검 토

손해배상의 '발생'(책임귀속)요건으로서의 과실과 손해배상의 '범위'(손해액 조정)를 정하는 과실의 의미가 동일할 수는 없다 할 것이다. 즉 과실상계의 과실은 타인에 대한 의무의 존재를 전제로 하는 것이 아니라, 피해자가 자기 자신에게 손해가 발생하지 않도록 주의해야 할 의무에 지나지 않으므로, 통상의 과실보다 정도가 완화되는 약한 부주의로 보는 것이 타당하다.

(2) 과실의 범위

채무불이행에 관하여(제396조)라는 문언의 의미는 채무불이행에 기여한 손해의 발생뿐만 아니라 손해의 확대에 기여한 경우에도 과실상계가 가능한 것으로 해석된다(통설). 불법행위의 경우도 동일하다.

---

3) 김준호, 민법강의(18판), p.1097

4) "불법행위에 있어서 가해자의 과실은 의무위반이란 강력한 과실인데 반하여, 과실상계상의 피해자의 과실은 사회통념이나 신의성실의 원칙에 따라 공동생활에 있어 요구되는 약한 의미의 부주의를 가리키는 것이다"(과실상계에서의 과실을 고유한 의미의 과실에 비하여 주의의무 정도가 완화되는 측면을 강조한 判例).

5) "단순히 같은 자동차에 동승하여 가고 있는 승객들 사이에는 다른 승객이 그 자동차의 운행에 위험을 초래할 만한 행동을 하고 있거나, 앞으로 그와 같은 행동을 할 것이고, 그로 인하여 상당한 정도로 사고 발생의 위험성이 있다는 것을 인식할 수 있다는 등의 특별한 사정이 없는 한, 상호 간에 예상할 수 있는 모든 위험에 대하여 미리 경고하고 주의를 환기시킬 신의칙상 주의의무가 있다고 할 수는 없다"(과실상계의 과실은 법적인 주의의무를 전제로 하지 않는다는 점을 강조한 判例).

3. 책임능력 요부

과실상계를 위해서는 피해자에게 일정한 판단능력이 요구되는바 그 정도에 있어 견해가 대립한다(이는 주로 불법행위책임에서 문제된다). 동질설은 책임능력이 필요하다고 하는데 반해 이질설은 책임능력까지는 필요치 않고 '사리변식능력'만 있으면 족하다고 한다.

判例는 이질설의 입장에서 "미성년자의 과실능력은 그에게 사리를 변식함에 족한 지능을 갖추고 있으면 족하고, 책임을 변식함에 족한 지능을 갖출 것을 요하지 아니한다"(대판 1971.3.23. 70다2986)라고 하면서 책임능력을 12세 또는 15세 전후로 보는데 비해, 사리변식능력은 8세 전후로 보고 있다.

4. 제3자의 과실 [07사법]

(1) 채무불이행으로 인한 손해배상의 경우

통설·判例는 제391조와의 균형상 수령보조자의 과실을 채권자의 과실과 동일시하여 과실상계를 인정한다(대판 1996.10.25. 96다30113).

(2) 불법행위로 인한 손해배상의 경우(피해자측 과실이론)

1) 개념 및 인정이유

피해자와 '신분상 및 생활관계상 일체'를 이루는 관계에 있는 자의 과실을 피해자의 과실로 보아 손해배상액을 산정함에 있어서 참작하자는 이론으로, 손해의 공평한 부담을 실현하기 위해 인정된다(대판 1993.11.23. 93다25127 등). **[14입법]** 실무적으로는 공동불법행위에서 **불필요한 구상관계의 순환 방지**와 다른 공동불법행위자의 무자력 위험에 대한 위험을 분배하여 **구상관계를 합리적으로 처리**하자는 데에 그 실질적인 필요성이 있다.

2) 제3자의 범위

① 피해자가 사리변식능력이 없는 미성년자인 경우 그 감독의무자에게 과실이 있으면 이를 참작한다(대판 1967.5.23. 66다1617). 그리고 사리변식능력이 있는 미성년자인 경우(단, 책임능력은 없는 경우)에 피해자 자신의 과실이 인정되더라도 감독의무자의 과실이 중첩적으로 참작될 수 있다고 한다(대판 1967.4.18. 67다238). ② 피용자의 행위로 인해 사용자 본인이 피해를 입은 경우 피용자의 과실을 피해자측의 과실로 참작하여야 한다(대판 1981.6.23. 80다2005). 다만, 피해자(사용자)가 피용자의 선임·감독에 상당한 주의를 다하였거나 상당한 주의를 하여도 손해가 있을 경우에는 그러하지 아니하다. ③ 자동차에 동승한 자의 피해의 경우 운전자와 신분상 및 생활관계상 일체가 있는 때에 한하여 운전자의 과실이 과실상계 사유가 된다(대판 1998.8.21. 98다23232).[6] 따라서 우호관계 또는 동료관계 등에 있는 자의 과실의 경우, 양자의 신분관계나 친밀도 등의 인적관계와 운행목적·운행경위 등을 종합 판단하여 신중히 결정해야 한다.

---

[6] **[구체적 예]** 예를 들어 甲(과실 30%)이 자신의 처인 丙을 태우고 자동차를 운전하여 가다가 乙(과실 70%)이 운전하는 자동차와 충돌하여 丙이 100만큼의 상해를 입은 경우, 丙이 乙에게 불법행위를 원인으로 하여 100만큼의 손해배상청구를 하게 되면, 甲과 丙은 부부관계로서 신분상 및 생활관계상 일체를 이루는 관계에 있기 때문에, 법원은 甲의 과실을 丙의 과실로 보아 과실상계를 하여 丙의 청구 중 70만큼만 인용하여야 한다. 만일 丙에게 전체 사고에 대한 과실이 10% 있는 경우라면, 법원은 甲의 과실과 丙의 과실을 모두 참작(10%+(90×0.3)%)하여 丙의 청구 중 63만큼을 인용하여야 한다[노재호, 민법교안(8판), p.430].

Ⅲ. 효과
[C19-3]

1. 참작의 여부 및 참작의 정도

① 과실상계는 '직권조사사항'이지만 자기에게 유리한 결과를 얻기 위하여 실질적으로 주장·증명이 필요하다. 判例에 따르면 "피해자에게 과실이 인정되면 법원은 손해배상의 책임 및 그 금액을 정함에 있어서 이를 참작하여야 하며, 배상의무자가 피해자의 과실에 관하여 주장하지 않는 경우에도 소송자료에 의하여 과실이 인정되는 경우에는 이를 법원이 직권으로 심리·판단하여야 한다"(대판 1996.10.25. 96다30113)고 한다.

② 참작의 여부는 필요적이나, 참작의 정도는 법원의 재량이다. 즉 법원은 손해배상액의 산정에 있어서 배상권리자의 과실을 직권으로 조사하여 반드시 참작하여야 하나(제396조), 채권자측이나 피해자측의 과실을 어느 정도로 참작할 것인지는 여러 사정을 고려하여 결정하게 되는 자유재량사항인 것이다. 이러한 과실상계 사유에 대한 사실인정과 비율확정은 '사실심'의 전권사항이다(대판 2000.1.21. 98다50586).

③ 다만 가해자의 손해배상책임을 면제하는 것은 실질적으로 가해자의 손해배상책임을 부정하는 것과 다름이 없으므로, 불법행위로 인한 피해자의 손해가 실질적으로 전부 회복되었다거나 손해를 전적으로 피해자에게 부담시키는 것이 합리적이라고 볼 수 있는 등의 특별한 사정이 없는 한 가해자의 책임을 함부로 면제하여서는 아니 된다(대판 2014.11.27. 2011다68357).

2. 참작의 방법

(1) 손익상계와의 구별

채무불이행(불법행위책임)에서 채권자(피해자)가 채무자(가해자)의 채무불이행(불법행위)으로 인하여 이익을 얻은 경우에는 그 이익은 손해배상에서 공제되어야 한다(손익상계). 양자의 적용순서에 관해 判例는 산정된 손해액에서 먼저 과실상계를 한 후 손익상계를 하여야 한다고 하여 배상의무자인 채무자(가해자)에게 유리한 방법을 채택하고 있다(대판 1990.5.8. 89다카29129: **표준판례740 : 2회,5회 선택형**).

[판례검토] 손익상계는 손해와의 상쇄를 통해 행하여지므로 손해가 먼저 확정되어야 하는데, 이를 확정하려면 과실상계를 통해 피해자가 분담할 부분을 제외하여야 하고, 또 과실상계는 손해배상책임의 존부와도 관련되는 것이기 때문에 과실상계를 먼저 하는 판례의 태도는 타당하다.

예를 들어 피해자의 손해가 100만 원, 손해야기행위로 인한 이익이 30만 원, 피해자 과실이 30%인 경우, ⅰ) 손익상계 후 과실상계를 하는 경우에는 피해자가 배상받을 수 있는 손해액은 49만 원[70만 원(100만 원 – 30만 원 ; 손익상계) – 21만 원(70×0.3 ; 과실상계)]이나, ⅱ) **과실상계 후 손익상계를 하는 경우에는 피해자가 배상받을 수 있는 손해액은 40만 원**[70만 원(100만 원 – 100만 원×0.3 ; 과실상계) – 30만 원(손익상계)]이다.

(2) 일부청구와 과실상계

피해자가 일부청구를 하는 경우에 과실상계를 어떻게 할 것인가에 관하여, ① 청구 부분에 한하여 과실상계 비율을 정한다는 '안분설'이 있으나, ② 일부청구를 하는 당사자의 통상적 의사에 비추어 볼 때 判例가 판시하는 바와 같이, (청구부분에 비례하여 과실상계비율을 정하지 않고) 손해의 전액에서 과실비율에 의한 감액을 하고 그 잔액(금액)이 청구액을 초과하지 않을 경우에는 그 잔액을 인용하고, 잔액이 청구액을 초과할 경우에는 청구의 전액을 인용하는 '외측설'이 타당하다(대판 1976.6.22. 75다819 ; 대판 2008.12.24. 2008다51649 ; 대판 1991.1.25. 90다6491: **표준판례417 : 2회,6회 선택형**). **[11법무]**

[관련판례] * 금전채권 전액중의 일부청구에 대한 피고의 상계항변과 청구인용범위

判例는 과실상계(원고의 과실참작)의 경우뿐만 아니라 피고의 반대채권으로 상계를 하는 경우에도 외측설을 취한다 (대판 1984.3.27. 83다323). 예컨대, 甲은 乙에게 과실로 인한 손해배상으로 3천만 원을 청구하는 소를 제기하

였고, 이에 乙은 甲에 대하여 가지는 5천만 원의 대여금채권으로 상계한다고 항변을 하였다. 만약 법원이 심리결과 수동채권인 甲의 손해배상채권액은 5천만 원, 자동채권인 乙의 대여금채권액은 1천만 원이라는 심증을 형성하였다면 외측설에 따르면 수동채권(=소구채권)의 전액 5천만 원에서 자동채권 1천만 원을 상계하면 잔액이 4천만 원이 되므로, 이는 청구액 3천만 원을 초과하는 금액이므로 법원은 청구전액인 3천만 원을 인용하는 판결을 하면 된다.

Ⅳ. 적용범위   [C19-4]

1. 채무내용에 따른 본래의 급부의 이행을 구하는 경우

과실상계는 본래 채무불이행 내지 불법행위로 인한 손해배상책임에 대해 인정되는 것이고, 채무내용에 따른 본래의 급부의 이행을 구하는 경우에 적용될 것이 아니다. 따라서 표현대리가 성립한 경우의 본인에 대한 이행청구(대판 1996.5.10. 96다8468 : 2회,7회,9회,11회 선택형), 연대보증인에 대한 보증채무의 이행청구(대판 1987.3.24. 84다카1324), 손해담보계약에서의 담보의무자의 책임(대판 2002.5.24. 2000다72572) 등과 같이 손해배상책임이 아니라 이행의 책임에 속하는 경우에는 과실상계법리가 (유추)적용되지 않는다.

2. 손해배상의 예정이 있는 경우

判例는 "손해배상액을 예정한 경우에는 과실상계를 적용할 것이 아니다"(대판 1972.3.31. 72다108)라고 한다. 그러나 채권자가 자기의 책임을 타인에게 전가할 수는 없는 것이며, 또한 제398조 2항이 예정된 손해배상액의 감액을 인정하는 취지에 비추어 과실상계를 적용함이 타당할 것이다(통설).

3. 하자담보책임의 경우

判例는 과실상계의 법리를 적용하지 않고 경우에 따라 '신의칙'에 의해 해결하고 있다. 즉 "하자담보책임에 관한 제580조·제581조·제667조는 법이 특별히 인정한 무과실책임으로서 여기에 민법 제396조의 과실상계 규정이 준용될 수는 없다 하더라도, 담보책임이 민법의 지도이념인 공평의 원칙에 입각한 것인 이상 하자 발생 및 그 확대에 가공한 매수인 또는 도급인의 잘못(하자를 발견하지 못하여 손해를 확대시킨 과실)을 참작하여 손해배상의 범위를 정함이 상당하다"(대판 1995.6.30. 94다23920 ; 1999.7.13. 99다12888 : 3회,9회 선택형)고 한다. [5회 기록형]

4. 고의의 불법행위로 인한 손해배상의 경우

어느 일방의 고의가 인정되는 경우에도 과실상계가 가능하나, 이를 인정함이 '신의칙'에 반하는 예외적인 상황에서는 허용되지 않는다. 이에 대해 判例도 "피해자의 부주의를 이용하여 고의로 불법행위를 저지른 자가 바로 그 피해자의 부주의를 이유로 자신의 책임을 감하여 달라고 주장하는 것은 허용될 수 없다"(대판 2000.1.21. 99다50538 : C-98.참고)고 판시하고 있다.

따라서 예컨대 피용자가 피해자의 부주의를 이용하여 고의로 불법행위를 저지른 경우에, 피용자(제750조)는 과실상계를 주장하지 못하지만, 사용자(제756조)의 배상범위를 정함에는 피해자의 부주의가 고려되므로, 부진정연대채무자인 피용자와 사용자의 배상범위가 달라질 수 있다(개별적 평가설).

5. 가해행위가 사기, 횡령, 배임 등의 영득행위인 경우

"불법행위로 인한 손해의 발생 또는 확대에 관하여 피해자에게도 과실이 있는 때에는 가해자의 손해배상의 범위를 정함에 있어 당연히 이를 참작하여야 하고, 가해행위가 사기, 횡령, 배임 등의 영득행위인 경우 등 과실상계를 인정하게 되면 가해자로 하여금 불법행위로 인한 이익을 최종적으로 보유하게 하여 공평의 이념이나 '신의칙'에 반하는 결과를 가져오는 경우에만 '예외적'으로 과실상계가 허용되지 않는다"(대판 2013.9.26. 전합2012다1146 ; 대판 2013.9.26. 전합2012다13637).

6. 그 밖에 유추적용되는 경우

(1) 피해자의 체질적인 소인 또는 질병의 위험도

判例는 "가해행위(의료과오)와 피해자측의 요인이 경합하여 손해가 발생하거나 확대된 경우에는 그 피해자측의 요인이 체질적인 소인 또는 질병의 위험도와 같이 피해자측의 귀책사유와 무관한 것이라고 할지라도, 그 질환의 태양·정도 등에 비추어 가해자에게 손해의 전부를 배상하게 하는 것이 공평의 이념에 반하는 경우에는, 법원은 손해배상액을 정하면서 과실상계의 법리를 '유추적용'하여 그 손해의 발생 또는 확대에 기여한 피해자측의 요인을 참작할 수 있다"(대판 2000.1.21. 98다50586 : 9회 선택형)고 한다.

(2) 손해경감조치의무

㉠ 불법행위로 인한 피해자가 일반적으로 용인될 수 있는 수술을 받으면 노동능력 상실 정도를 감소시킬 수 있는데도 수술을 받지 않은 경우(대판 1992.9.25. 91다45929 등), 또는 법적 조치를 취했으면 손해의 확대를 막을 수 있었음에도 그러한 조치를 취하지 않은 경우(대판 2003.7.25. 2003다22912), 判例는 특히 이 경우 불법행위의 피해자에게는 그로 인한 손해의 '확대'를 방지하거나 감경하기 위하여 노력하여야 할 '손해경감조치의무'가 있다는 개념을 사용하여 과실상계 규정을 '유추적용'한다. 다만 判例는 이 경우 확대된 손해부분이 아닌 전체손해를 대상으로 하여 과실상계를 한다(대판 1978.10.10. 78다1224 참고).[7]

㉡ 그러나 최근에는 "수술과 같이 신체를 침해하는 의료행위가 위험 또는 중대하지 않아 결과가 불확실하지 아니하고 관례적이며 상당한 결과의 호전을 기대할 수 있음에도 피해자가 합리적인 이유 없이 의료행위를 거부함으로써 손해가 확대된 때에는 손해의 공평한 부담이라는 견지에서 그 확대된 손해 부분을 공제한 나머지 부분으로 가해자의 배상범위를 제한하거나 확대된 손해 부분은 피해자가 이를 부담하여야 한다"(대판 2010.3.25. 2009다95714 ; 대판 2010.11.25. 2010다51406)고 판시하고 있다.

▶ [쟁점 16]

[7) [판례평석] 그러나 判例처럼 과실상계를 '유추적용'할 사안이 아니라 '적용'할 사안이며, 그 범위도 확대된 손해를 대상으로 하는 것이 보다 타당하다는 비판이 있다[김준호, 민법판례강의(220선), p.908]

제4편

물권법

- 제1장 물권법 서론
- 제2장 물권의 변동
- 제3장 기본물권
- 제4장 용익물권
- 제5장 담보물권

제1장 물권법 서론

제1절 물권의 본질

Ⅰ. 물권의 의의와 특성 [D-1]

물권이란 물건 기타의 객체를 직접 지배하는 권리를 말한다. 이러한 물권은 특정의 물건에 대한 직접적·배타적 지배를 내용으로 하는, 전형적인 지배권이다.

Ⅱ. 일물일권주의(一物一權主義) [D-2]

1. 의의 및 인정근거

① 하나의 물건 위에는 앞의 물권과 동일한 내용을 갖는 물권은 다시 성립할 수 없다(따라서 소유권과 제한물권처럼 서로 내용이 다른 물권의 경우는 하나의 물건 위에 같이 성립할 수 있다). 설사 인정된다고 하더라도(예: 저당권에서 1순위 저당권과 2순위 저당권의 설정), 앞의 물권의 효력을 해치지 않는 범위 내에서만 뒤의 물권이 성립할 수 있을 뿐이다(즉 1순위 저당권자가 우선변제를 받고 나머지가 있는 때에 2순위 저당권자가 후순위로 변제를 받게 된다).

② 물권은 하나의 독립된 물건 위에만 성립할 수 있다. 따라서 물건의 일부나 구성부분 또는 집합물에 대해서는 물권이 성립할 수 없는 것이 원칙이다.

이러한 원칙은 물건의 일부나 집단 위에 하나의 물권을 인정하여야 할 사회적 필요나 실익이 없으며, 물건의 일부나 집단 위에 하나의 물권을 인정하면 그 공시가 곤란하기 때문이다.

2. 1物의 표준

일물의 기준은 물리적인 관점이 아니라 법적인 관점에서 파악하여야 한다. 따라서 토지는 토지대장, 임야대장 등 1필의 토지로 등록되었는지 여부로, 건물은 토지와는 별개의 물건으로 원칙적으로 1동의 건물이 하나의 물건이 된다.

3. 예 외

(1) 물건의 일부나 구성부분

1) 토 지

① 1필의 토지 일부 위에 용익물권의 설정은 가능하다. 즉 토지의 상하의 범위를 정하여 구분지상권을, 토지(승역지)의 일부에 대해 지역권을, 토지 또는 건물의 일부에 대해 전세권을 설정할 수 있는데, 이들 경우에는 그 범위가 등기 또는 도면을 통해 공시된다(부동산등기법 제69조, 제70조, 제72조). 그러나 1필의 토지의 '공유지분'에 관하여는 용익물권(주로 법정지상권이 문제)을 설정할 수 없다. 용익물권은 성질상 그 효과가 공유토지 전부에 미치는데, 지분에 관한 용익물권의 설정은 실질적으로 공유토지 전체를 처분하는 것과 마찬가지의 효과를 갖기 때문이다(대판 1987.6.23. 86다카2188 등 참고).[1]

---

[1] "토지공유자 중의 1인이 공유토지 위에 건물을 소유하고 있다가 토지지분만을 전매한 경우 법정지상권을 인정한다면 토지 공유자 1인이 다른 공유자의 지분에까지 지상권을 설정하는 처분행위를 할 수 있음을 인정하는 셈이므로 법정지상권은 성

② 분필되지 않은 1필의 '토지의 일부'에 대해서도 判例는 "ⅰ) 1필의 토지의 일부 부분이 다른 부분과 구분되어 ⅱ) 시효취득자의 점유에 속한다는 것을 인식하기에 족한 객관적인 징표(건물의 외벽, 담장 등)가 계속하여 존재하는 경우에는 그 일부 부분에 대한 시효취득을 인정할 수 있다"(대판 1993.12.14. 93다5581)고 한다(구, 징, 계). [12법행, 12입법]

> ※ '1필의 토지의 일부'에 대한 등기
> ㉠ [부정] "법률상의 토지분할절차를 거치지 않은 채 1필지의 토지 중 일부만에 대하여 따로 소유권'보존등기'를 경료하거나 하나의 부동산에 대하여 경료된 소유권보존등기 중 일부에 관한 등기만을 '말소'하는 것은 허용되지 않는다"(대판 2000.10.27. 2000다39582 참고).[2]
> ㉡ [긍정] "1필지의 토지의 특정된 일부에 대하여 소유권이전등기절차의 이행을 명하는 판결을 받은 등기권자는 그 판결에 따로 토지의 분할을 명하는 주문기재가 없더라도 그 판결에 기하여 등기의무자를 대위하여 그 특정된 일부에 대한 분필등기절차를 마친 후 '소유권이전등기'를 할 수 있으므로, 토지의 분할을 명함이 없이 1필지의 토지의 일부에 관하여 소유권이전등기절차의 이행을 명한 판결을 집행불능의 판결이라고 할 수 없다"(대판 1994.9.27. 94다25032).

2) **수목, 미분리 과실, 농작물**(D-71.참고)

각각은 모두 원칙적으로 토지에 부합하나, 일정한 경우 예외가 인정된다.

(2) **집합물**(D-5.참고)

4. 위반의 효과

(1) **채권계약**

'1필의 토지의 일부'를 매도하는 계약을 체결한 경우와 같이 나중에 분필하여 소유권을 이전해 주는 것이 가능한 경우 매매계약 자체는 유효하다. 즉, 일물일권주의 위반이 아니다. 그러나 나중에 분리하여 소유권을 이전하는 것이 불가능한 채권계약은 원시적 불능이 되기 때문에 무효가 된다.

(2) **물권적 합의**

일물일권주의에 위반한 물권적 합의는 언제나 무효이다. 예컨대 1필의 토지의 일부에 관한 물권적 합의 등은 무효이다.

Ⅲ. 물권법정주의 [D-3]

1. 의 의

물권의 종류와 내용은 법률이나 관습법에 의하는 외에는 임의로 창설하지 못한다(제185조).

2. 근거 및 한계

물권법정주의는 물권에 관한 거래의 원활과 안전을 위해서 물권의 종류와 내용을 미리 정형화시킬 필요가 있다는 점과 공시제도를 관철하기 위한 것이다. 그런데 물권법정주의에 따르면 사회변화에 따른 새로운 요청에 대응하지 못하는 문제가 발생하므로, 관습법이나 새로운 입법으로 해결하여야 하는 과제가 따른다.

립하지 않는다"
2) "따라서 구분소유의 목적이 되는 하나의 부동산에 대한 등기부상 표시 중 전유부분의 면적 표시가 잘못된 경우, 이는 경정등기의 방법으로 바로 잡아야 하는 것이고 그 잘못 표시된 면적 만큼의 소유권보존등기의 말소를 구하는 소는 법률상 허용되지 않는다"

3. 내용

(1) 법률과 관습법

물권의 종류와 내용은 제185조에 의해 '법률과 관습법'에 의해서만 인정된다. 즉 제1조와 달리 조리에 의해서는 인정될 수 없고, 또 그 법률에는 '명령이나 규칙'은 포함되지 않는다(4회 선택형). 물권과 같이 사유재산제도와 직결되는 재산권을 행정기관의 명령 등에 의해 정하는 것은 부당하기 때문이다(통설).

(2) 물권의 종류와 내용은 임의로 창설하지 못한다.

1) 종류강제

법률 또는 관습법이 인정하지 않는 새로운 종류의 물권을 당사자의 약정에 의해 만들지 못한다(종류강제). 예컨대 새로운 유형의 타인의 재산에 대한 사용수익권(용익물권)을 창설하는 것은 허용되지 않으므로 성문법과 관습법 어디에도 없는 용수권(지역권)(대판 1967.5.30. 66다1382), 배타적 공원이용권(대판 1995.5.23. 94마2218)[3], 관습법상 사도통행권(私道通行權)(대판 2002.2.26. 2001다64165)을 인정하는 것은 물권법정주의에 어긋난다.

2) 내용강제

법률 또는 관습법이 인정하는 물권에서도 그 물권에 관해 정해진 내용과는 다른 내용을 설정하지 못한다(내용강제). 예컨대 저당권자가 물건을 배타적으로 사용하기로 하는 것이나, 양도성이 없는 지상권을 설정하는 것은 허용되지 않는다(제282조, 제289조 참조).

가) 소유권의 사용·수익 권능을 '대세적, 영구적'으로 포기하는 것이 허용되는지 여부(소극)

① "민법 제211조는 '소유자는 법률의 범위 내에서 그 소유물을 사용, 수익, 처분할 권리가 있다.'고 규정하고 있으므로, 소유자가 '채권적'으로 상대방에 대하여 사용·수익의 권능을 포기하거나 사용·수익권 행사에 제한을 설정하는 것 외에 소유권의 핵심적 권능에 속하는 배타적인 사용·수익 권능이 소유자에게 존재하지 아니한다고 하는 것은 물권법정주의에 반하여 특별한 사정이 없는 한 허용될 수 없다"(대판 2012.6.28. 2010다81049: 표준판례171).

② [자기소유 토지를 일반공중의 통행로로 무상제공하는 등 '독점적·배타적 사용수익권'을 포기하는 경우] "㉠ 물건에 대한 배타적인 사용·수익권은 소유권의 핵심적 권능이므로, 소유자가 제3자와의 채권관계에서 소유물에 대한 사용·수익의 권능을 포기하거나 사용·수익권의 행사에 제한을 설정하는 것을 넘어 이를 대세적, 영구적으로 포기하는 것은 법률에 의하지 않고 새로운 물권을 창설하는 것과 다를 바 없어 허용되지 않는다. ㉡ 토지소유자가 그 소유 토지를 일반 공중의 통행로로 무상제공하거나 그에 대한 통행을 용인하는 등으로 자신의 의사에 부합하는 토지이용상태가 형성되어 그에 대한 독점적·배타적 사용·수익권이 인정되지 않는다고 보는 경우에도, 이는 금반언이나 신뢰보호 등 신의성실의 원칙상 기존의 이용상태가 유지되는 한 토지소유자는 이를 수인하여야 하므로 배타적 점유·사용을 하지 못하는 것으로 인한 손해를 주장할 수 없기 때문에 부당이득반환을 청구할 수 없는 것일 뿐이고, 그로써 소유권의 본질적 내용인 사용·수익권 자체를 대세적·확정적으로 상실하는 것을 의미한다고 할 것은 아니다. ㉢ 따라서 그 후 토지이용상태에 중대한 변화가 생기는 등으로 배타적 사용·수익권을 배제하

---

3) "도시공원법상 근린공원으로 지정된 공원은 일반 주민들이 다른 사람의 공동 사용을 방해하지 않는 한 자유로이 이용할 수 있지만 그러한 사정만으로 인근 주민들이 누구에게나 주장할 수 있는 공원이용권이라는 배타적인 권리를 취득하였다고는 할 수 없고, 골프연습장 설치인가처분에 하자가 있다는 이유만으로는 근린공원 내의 개인 소유 토지상에 골프연습장을 설치하는 것이 인근 주민들에 대한 불법행위가 된다고 할 수도 없다."

는 기초가 된 '객관적인 사정이 현저히 변경된 경우'에는(이 사건 제2토지가 천호대로 부지로 편입됨으로써 망인이 당초 이 사건 제2토지를 인접 토지 소유자 등의 통행에 제공한 때와는 그 이용상태가 근본적으로 달라졌다), **토지소유자는 그와 같은 사정변경이 있은 때부터는 다시 사용·수익권능을 포함한 완전한 소유권에 기한 권리주장을 할 수 있다**"(대판 2013.8.22. 2012다54133, 대판 2022.7.14. 2022다228544, 대판 2024.2.15. 2023다295442 등).

[판례해설] '배타적 사용수익권 포기'는 타인의 토지를 도로 등으로 무단점용하는 자에 대하여 토지소유자의 부당이득반환청구를 제약하기 위해 대법원이 창출한 독특한 개념인바, 이러한 법리의 유효범위는 부당이득의 반환에 한정되고, 소유권에 기한 방해배제청구, 즉 건물철거 및 토지인도청구에는 적용될 수 없다고 한다. 따라서 判例는 '배타적 사용수익권의 포기'를 소유권의 권능으로서의 사용수익권의 포기가 아닌 '채권적 포기'로 보고, 이것은 '사용대차'와 다름 아니라고 한다.

물론 判例는 소유권에 기한 물권적 청구권의 경우에도 '권리남용'으로 권리행사가 제한될 수 있다고 한다(민법총칙 공로와 관련한 '권리남용' 참고).

③ [**'독점적·배타적 사용수익권'의 제한이 상속인 또는 특정승계인에게 미치는지 여부**(적극)] 최근 전원합의체 판결은 "토지 소유자 스스로 그 소유의 토지를 일반 공중을 위한 용도로 제공한 경우에 그 토지에 대한 소유자의 독점적이고 배타적인 사용·수익권의 '행사가 제한'된다(사용·수익권의 '행사의 제한'이지 토지의 처분이나 사용·수익 권능을 상실하는 것이 아님)"는 기존의 법리를 유지하면서(위 '②' 참조), 이러한 법리는 위 토지를 상속받은 상속인에게도 적용되고, 위 토지의 소유권을 특정승계한 자에게도 원칙적으로 적용된다고 보았다(대판 2019.1.24. 전합2016다264556: 표준판례204).[4]

④ [**토지소유자의 '독점적·배타적 사용수익권'의 제한법리가 토지가 건물의 부지 등 지상 건물의 소유자들만을 위한 용도로 제공된 경우에도 적용되는지 여부**(소극)] "그러나 이러한 토지소유자의 독점적·배타적 사용·수익권 행사 제한의 법리는 토지가 도로, 수도시설의 매설 부지 등 일반 공중을 위한 용도로 제공된 경우에 적용되는 것이어서, 토지가 건물의 부지 등 지상 건물의 소유자들만을 위한 용도로 제공된 경우에는 적용되지 않는다. 따라서 토지소유자가 그 소유 토지를 건물의 부지로 제공하여 지상 건물소유자들이 이를 무상으로 사용하도록 허락하였다고 하더라도, 그러한 법률관계가 물권의 설정 등으로 특정승계인에게 대항할 수 있는 것이 아니라면 채권적인 것에 불과하여 특정승계인이 그러한 채권적 법률관계를 승계하였다는 등의 특별한 사정이 없는 한 특정승계인의 그 토지에 대한 소유권 행사가 제한된다고 볼 수 없다"(대판 2019.11.14. 2015다211685).

나) 소유자가 제3자에게 처분권한을 수여한 경우에도 소유자가 여전히 물권적 청구권을 행사할 수 있는지 여부

소유자가 제3자에게 소유물의 처분권한을 수여한 경우(처분수권), 제3자의 처분이 실제로 유효하게 행하여지지 아니하고 있는 동안(아직 처분의 상대방에게로 등기가 경료되지 않은 경우)에는 소유자가 소유물을 유효하게 처분하거나 소유권에 기한 물권적 청구권을 행사할 수 있다(대판 2014.3.13. 2009다105215).

4. 위반의 효과

(1) 채권계약

① 당사자 사이에서는 채권적 효력을 가져 계약 위반의 책임을 물을 수 있다는 견해가 있으나, ② 강행법규에 위반하는 법률행위는 절대적·확정적으로 무효이므로 계약 위반의 책임이 생길 수 없다

---

4) 다만 "ⅰ) 토지 소유자의 독점적이고 배타적인 사용·수익권 행사의 제한 여부를 판단하기 위해서는 토지 소유자의 소유권 보장과 공공의 이익 사이의 비교형량을 하여야 하고, ⅱ) 원소유자의 독점적·배타적인 사용·수익권 행사가 제한되는 경우에도 특별한 사정이 있다면 특정승계인의 독점적·배타적인 사용·수익권 행사가 허용될 수 있다. ⅲ) 또한, 토지 소유자의 독점적·배타적인 사용·수익권 행사가 제한되는 경우에도 일정한 요건을 갖춘 때에는 사정변경의 원칙이 적용되어 소유자가 다시 독점적·배타적인 사용·수익권을 행사할 수 있다"(저자 주: 토지 소유자의 독점적·배타적인 사용·수익권 행사가 제한되는 시한은 객관적인 토지이용현황이 유지되는 한도 내)"(同 判例)고 판시하였다.

는 견해가 타당하다. 다만 제185조 위반의 법률행위에 관해 민법 자체에서 특별히 정하고 있는 때에는 그에 의한다(제280조 2항, 제312조 2항 등).

(2) 물권적 합의

물권법정주의는 강행규정이며, 이에 위반하는 물권적 합의는 무효이다. 다만 종류강제에 위반하는 법률행위는 전부무효이지만, 내용강제에 위반하는 법률행위는 일부무효의 법리(제137조)에 따라 처리되어야 한다(다수설).

[관련판례] 물권법정주의는 강행규정이므로, 이에 반하는 교회헌법은 그 효력이 부인된다. 즉 "대한예수교장로회의 헌법에는 대한 예수교장로회경북노회 소속의 지교회에 속한 부동산은 노회의 소유로 하고 토지나 가옥에 관하여 분쟁이 생기면 노회가 이를 처단할 권한이 있음을 규정하고 있으나, 물권인 부동산소유권의 귀속 등 국가의 강행법규를 적용하여야 할 법률적 분쟁에 있어서는 이와 저촉되는 교회헌법의 규정이 적용될 여지가 없다"(대판 1991.12.13. 91다29446).

제2절 물권의 객체

제1관 물 건

I. 물권의 객체 [D-4]

물권의 객체는 물건이다. 물건이라 함은 '유체물 및 전기 기타 관리할 수 있는 자연력'을 의미하며(제98조), 동산과 부동산이 이에 속한다(제99조).

1. 유체물 및 관리할 수 있는 자연력일 것

2. 외계의 일부일 것(비인격성)

물건은 사람이 아닌 외계(外界)의 일부이어야 한다.

① 유체(遺體)·유골(遺骨)이 물건인지 문제되는바, 일반적으로 물건성은 인정하지만 ㉠ 그 내용은 보통의 소유권과 같이 사용·수익·처분(포기)할 수 없고 오로지 매장·제사 등의 권리와 의무를 내용으로 하는 '특수한 소유권'으로 보아야 하고, ㉡ 이러한 권리는 '제사를 주재하는 자'(상주)에게 귀속하며(제1008조의3)(4회 선택형), ㉢ 사자(死者)가 생전에 자신의 유체·유골을 '처분'하는 의사를 표시한 경우에도 그것은 법정유언사항은 아니므로 제사주재자가 이에 법률적으로 구속되는 것은 아니며, 종국적으로는 제사주재자의 의사에 따르게 된다(대판 2008.11.20. 2007다27670: **표준판례**55 : E-49참고 : 13회 선택형). 다만, 그 처분방법이 사회질서에 반하지 않는 한 사자의 유지에 따른 처분행위는 유효하다.

② 분묘를 발굴하거나 유체·유골을 훼손하는 행위가 있었고 그러한 행위가 어떤 사람의 추모감정 등 인격적 법익을 침해함으로써 정신적 고통을 초래하였다고 인정되는 경우, 그 사람은 분묘를 발굴하거나 유체·유골을 훼손한 사람을 상대로 그 정신적 고통에 대하여 위자료를 청구할 수 있다. 이와 같은 위자료를 청구할 수 있는 사람은 **분묘의 관리처분권자인 제사주재자(제1008조의3)에 한정되는 것은 아니다**(대판 2025.3.27. 2023다283401).

3. 특정의 독립한 물건일 것

물권의 직접적, 배타적 지배성 때문에 물권의 객체는 '특정'되어야 하고, '독립'한 물건이어야 한다. 물건의 독립성 여부는 사회통념과 거래현실을 고려하여 결정한다(예를 들어 건물의 구분소유·수목·미분리의 과실 등). 따라서 물건의 일부나 구성부분 또는 집합물은 '원칙적'으로 물권의 객체가 되지 못한다.

> ✱ **독립된 부동산으로서 건물의 요건**
> ① "최소한의 기둥과 지붕 그리고 주벽이 이루어지면 독립한 부동산으로서의 건물의 요건을 갖춘 것이라고 보아야 한다"(대판 2002.4.26. 2000다16350: **표준판례**189 : 10회 선택형). ② "신축 건물이 경락대금 납부 당시 이미 지하 1층부터 지하 3층까지 기둥, 주벽 및 천장 슬라브 공사가 완료된 상태이었을 뿐만 아니라 지하 1층의 일부 점포가 일반에 분양되기까지 하였다면, 비록 토지가 경락될 당시 신축 건물의 지상층 부분이 골조공사만 이루어진 채 벽이나 지붕 등이 설치된 바가 없다 하더라도, 지하층 부분만으로도 구분소유권의 대상이 될 수 있는 구조라는 점에서 신축 건물은 경락 당시 미완성 상태이기는 하지만 독립된 건물로서의 요건을 갖추었다"(대판 2003.5.30. 2002다21592,21608).

Ⅱ. 집합물
[D-5]

1. 의 의

집합물이란 다수의 물건들이 집합하여 경제적으로 단일한 가치를 가지고 거래에서도 일체로 취급되는 물건을 말한다.

2. 집합물을 하나의 물건으로 할 수 있는지 여부

(1) 특별법이 있는 경우

집합물에 대하여도 특별법에서 공시(등기)를 전제로 이를 하나의 물건으로 인정하는 것이 있다. '입목에 관한 법률'은 소유권 등기를 한 수목의 집단은 이를 하나의 부동산으로 보고(동법 제3조 1항) 그 위에 소유권 또는 저당권의 성립을 인정하고, '공장저당법'과 '광업재단저당법'은 공장재단이나 광업재단을 하나의 부동산으로 보고 그 위에 저당권의 성립을 인정한다.

(2) 특별법이 없는 경우

判例는 "일반적으로 일단의 증감 변동하는 동산을 하나의 물건으로 보아 이를 채권담보의 목적으로 삼으려는 이른바 집합물에 대한 양도담보설정계약체결도 가능하며 이 경우 그 목적 동산이 담보설정자의 다른 물건과 구별될 수 있도록 그 종류, 장소 또는 수량지정 등의 방법에 의하여 **특정**되어 있으면 그 전부를 하나의 재산권으로 보아 이에 유효한 담보권의 설정이 된 것으로 볼 수 있다"(대판 1990.12.26. 88다카20224 등)고 하여 집합물의 개념을 긍정하고 이를 하나의 물건으로 다룬다.

3. '유동'집합동산에 대한 양도담보의 유효성

(1) 개 념

'유동집합물의 양도담보' 또는 '내용이 증감변동하는 집합동산의 양도담보'란 양도담보설정자가 특정한 장소에 있는 동산 전부를 양도담보로 제공하되, ⅰ) 양도담보설정자는 통상의 영업 범위에서 그 안에 있는 개개의 동산을 처분할 수 있고, ⅱ) 양도담보설정자가 통상의 영업 범위에서 그 안으로 반입하는 개개의 동산에 관하여는 그때그때 별도의 약정이 없더라도 당연히 양도담보의 효력이 미치는 것을 내용으로 하는 양도담보를 말한다.

[구별개념] ※ '특정' 집합동산에 대한 양도담보
"양도담보설정계약이 기계기구 또는 영업설비 등 내구연수가 장기간이고 가공 과정이나 유통 과정 중에 있지 아니한 여러 개의 동산을 목적으로 하고 있으며, 담보목적물마다 명칭, 성능, 규격, 제작자, 제작번호 등으로 특정하고 있는 경우에는, 원칙적으로 특정된 동산들을 일괄하여 양도담보의 목적물로 한 계약이라고 보아야 하므로(유동집합동산에 대한 양도담보설정계약이 아님) 향후 편입되는 동산을 양도담보 목적으로 하기 위해서는 편입 시점에 제3자가 그 동산을 다른 동산과 구별할 수 있을 정도로 구체적으로 특정되어야 한다"(대판 2016.4.28. 2015다221286).

(2) 문제점

이러한 증감 변동하는 유동집합물에 대해서도 양도담보 등의 물권을 설정하면 그 후에 증가되어 추가된 물건에도 당연히 물권의 효력이 미치는지 문제된다(즉 구성요소가 변동하는 집합동산에 대해서도 양도담보의 효력이 미치는지 문제된다). 이는 소유권 기타의 물권은 하나의 '특정'한 물건에만 성립할 수 있다는 원칙, 즉 '일물일권주의'에 반하지 않는지와 관련된다.

(3) 판 례 (다, 종, 장, 수)

① 判例는 일반적으로 일단의 증감 변동하는 동산(양만장의 뱀장어, 농장의 돼지, 제강회사가 제품생산에 필요하여 반입하는 원자재 등)을 '하나의 물건으로 보아' 이를 채권담보의 목적으로 삼으려는 이른바 유동집합물에 대한 양도담보설정계약체결도 가능하며, 이 경우 그 목적동산이 담보설정자의 다른 물건과 구별될 수 있도록 그 종류·장소 또는 수량지정 등의 방법에 의하여 특정되어 있으면 그 전부를 하나의 재산권으로 보아 이에 대해 유효한 담보권의 설정이 된 것으로 볼 수 있다고 한다(대판 1990.12.26. 88다카20224).

② 그리고 그 동일성을 유지하는 범위에서 양도담보의 효력은 항상 현재의 집합물 모두에 미치는 것으로 본다. 따라서 집합물의 동일성이 유지되지 않는 경우, 이를테면 유동집합물의 통상적인 방식에 따라 반출되고 반입되는 것이 아니라, 집합물을 제3자가 양수하면서 그의 자금으로 물건을 새로 반입한 것에 대해서는 본래의 집합물에 대한 물권(양도담보)의 효력이 미치지 않는다고 한다(대판 2004.11.22. 2004다22858: 표준판례380).

③ 또한 양도담보권설정자가 양도담보권설정계약에서 정한 종류·수량에 포함되는 물건을 계약에서 정한 장소에 반입하였더라도 그 물건이 제3자의 소유라면 담보목적인 집합물의 구성부분이 될 수 없고 따라서 그 물건에는 양도담보권의 효력이 미치지 않는다고 한다(대판 2016.4.28. 2012다19659: 표준판례381).

(4) 검 토

특정성을 유지하는 한 집합물도 한 개의 물건으로 보는 것이 당사자의 의사에도 부합하고 법률관계를 간명하게 처리할 수 있다는 점에서 타당하다(동산·채권 등의 담보에 관한 법률 제3조 2항 참조: D-144).[5]

4. 유동집합물 양도담보의 효력이 담보권설정 후의 산출물에도 미치는지 (판례연구 D-1.)

(1) 판 례

① [특약이 없는 경우] "점유개정에 의한 동산양도담보에 있어 목적물의 사용수익권은 특별한 사정이 없는 한 담보설정자에게 있으며, 천연과실의 수취권은 사용수익권자에게 있으므로 천연과실인 새끼돼지는 원물인 돼지의 사용수익권을 갖는 양도담보설정자에게 귀속한다(제102조 1항 참조)"(대판 1996.9.10. 96다25463)[6]는 判例와

---

5) "여러 개의 동산(장래에 취득할 동산을 포함한다)이더라도 목적물의 종류, 보관장소, 수량을 정하거나 그 밖에 이와 유사한 방법으로 특정할 수 있는 경우에는 그 목적물이 될 수 있다"(동법 제3조 2항).
6) [판례평석] 제1심에서부터 대법원에 이르기까지 당해 양도담보계약이 특정한 동산의 양도담보인 것을 당연한 전제로 삼고 있는

② [**특약이 있는 경우**] 이와는 반대되는 취지로 새끼돼지가 양도담보의 목적물에 포함된다는 判例가 있다(대판 2004.11.22. 2004다22858).[7]

(2) 검 토

양도담보에 있어 담보물의 사실적 이용은 담보제공자에게 계속적으로 보장되어 있다는 점과, 제102조 1항에 비추어 보더라도 천연과실의 수취권은 담보설정자에게 있다고 할 것이다. 그러나 설정당시의 목적물이 그 성질상 출하 등 처분을 예정하고 있다면 그 산출물인 천연과실이 목적물을 단계적으로 대체한다고 할 것이다. 따라서 구성요소가 변동하는 집합동산의 산출물에 대해서도 당연히 '양도담보의 효력'이 미친다고 보는 것이 당사자의 의사에 부합한다(법률행위의 보충적 해석).[8]

최근에 거래계에서는 이러한 문제점을 인식하고 위와 같은 양도담보의 경우 계약서에 "양도담보설정자가 통상의 영업범위 내에서 새로이 취득한 돼지에 관하여는 당연히 양도담보의 효력이 미친다"는 명시적인 조항을 두는 경우가 대부분이다. 그렇다면 이 경우 담보설정 이후 모돈이 낳은 새끼돼지는 양도담보설정자가 통상의 영업범위 내에서 새로이 취득한 것에 해당하므로 당연히 양도담보의 목적물이 된다(대판 2004.11.12. 2004다22858 참고).

5. 장래 발생할 채권을 담보목적물로 하는 채권양도담보에 있어서 담보실행의 착수에 의해 담보목적물이 고정화되는지 여부(소극 ; 담보목적물 비고정)

"장래의 집합채권을 담보목적으로 양도한 경우, 채권양수인이 담보목적물 중 일부인 그 당시 현존 채권에 대하여 담보권을 실행하여 채무자로부터 일부 금액을 직접 회수하였다 하더라도, 그가 피담보채권 전액의 만족을 얻지 아니한 이상, 그 후 발생하는 채권에 대해서도 담보권을 실행할 수 있다고 할 것이고, 채권양수인의 위와 같은 담보권 실행으로 인하여 그 후 발생하는 채권양도인의 채권에 대하여 담보권의 효력이 미치지 아니하게 되는 것은 아니다"(대판 2013.3.28. 2010다63836)고 하여 장래 발생할 채권을 담보목적물로 하는 채권양도담보에 있어서 담보권이 실행된다고 해서 담보채권이 고정되는 것은 아니라는 입장을 취하고 있다.

> [비교판례] 判例는 "장래 발생하는 채권이 담보목적으로 양도된 후 채권양도인에 대하여 회생절차가 개시되었을 경우, 회생절차개시결정으로 채무자의 업무의 수행과 재산의 관리 및 처분 권한은 모두 관리인에게 전속하게 되는데(채무자 회생 및 파산에 관한 법률 제56조 제1항), 관리인은 채무자나 그의 기관 또는 대표자가 아니고 채무자와 그 채권자 등으로 구성되는 이른바 이해관계인 단체의 관리자로서 일종의 공적 수탁자에 해당한다 할 것이므로, 회생절차가 개시된 후 발생하는 채권은 채무자가 아닌 관리인의 지위에 기한 행위로 인하여 발생하는 것으로서 채권양도담보의 목적물에 포함되지 아니하고, 이에 따라 그러한 채권에 대해서는 담보권의 효력이 미치지 아니한다"(대판 2013.3.28. 2010다63836)고 판시하여 회생절차 개시에 의하여 담보목적물이 고정된다는 입장을 취하였다.

것처럼 보이나, 이 사건 양도담보의 경우에 당사자가 계약서에 명시적으로 위 양돈장에서 사육하고 있거나 사육하게 될 현재와 장래의 모든 돼지를 양도담보의 목적물로 한다는 취지를 명백하게 밝히지는 않았으나, 제반 사정을 고려하여 보면, 위 양도담보 계약설정시 그 담보목적물이 된 돼지는 당시 위 양돈장에 존재하는 종돈, 모돈, 자돈 등 돼지의 종류를 구별하지 않은 모든 종류의 돼지였다고 보여지며, 위 돼지 사육의 성격상 그 사육되는 돼지는 시간이 흐름에 따라 처분, 사망, 구입, 새끼의 출산 등 여러가지 사정으로 인하여 당연히 변하는 것을 당연한 전제로 하고 있었다(김재형, '집합동산양도담보와 과실수취권', 법조 제46권 3호. p.162~164 ; 同旨 양창수, '내용이 변동하는 집합적 동산의 양도담보와 그 산출물에 대한 효력', 저스티스 제30권 1호, p.107~122).

7) [**사실관계**] 돈사에서 대량으로 사육되는 돼지를 집합물에 대한 양도담보의 목적물로 삼은 경우, 위 양도담보권의 효력은 양도담보설정자로부터 이를 양수한 양수인이 당초 양수한 돈사 내에 있던 돼지들 및 통상적인 양돈방식에 따라 그 돼지들을 사육·관리하면서 돼지들을 출하하여 얻은 수익으로 새로 구입하거나 그 돼지와 교환된 돼지 또는 그 돼지로부터 출산시켜 얻은 새끼 돼지에 한하여 미치는 것이지 양수인이 별도의 자금을 투입하여 반입한 돼지에까지는 미치지 않는다고 한 사례이다.

8) [**판례평석**] 위 대판 1996.9.10. 96다25463은 개별적 담보가 특정되어 설정된 경우에 설득력이 있지만 유동집합물로 보는 경우에는 타당성이 결여된 判例이다(김형배, 민법학강의(13판), p.404).

핵심사례 D-01

★ 유동집합동산에 대한 양도담보
대판 1996.9.10. 96다25463

甲은 乙에게 6,000만 원을 대여하면서 위 대여금 채권을 담보하기 위하여 乙 소유의 돈사에 있던 '돼지 전부'의 소유권을 甲에게 양도하되 위 돼지는 점유개정의 방법으로 乙이 계속하여 무상으로 점유·관리·사육하기로 하는 내용의 계약을 체결하였다. 그리고 乙은 평소와 마찬가지로 위 돼지들을 사육·판매하였고 그 사이에 母豚이 새끼돼지들을 낳았다. 그런데 乙에게 채권을 가지고 있는 丙이 위 乙을 상대로 집행력 있는 판결 정본에 기하여 위 돈사에 있던 乙 관리의 새끼돼지에 대하여 압류집행을 하였다. 이때 甲은 새끼돼지에 대한 소유권을 주장하며 丙을 상대로 "丙이 소외 乙에 대한 집행력 있는 판결 정본에 기초하여 위 새끼돼지에 대하여 한 강제집행을 불허한다."라는 제3자 異議의 소를 제기하였다.
甲의 청구에 대한 결론[청구인용. 청구기각]**을 그 논거와 함께 서술하시오.**(20점)

I. 결 론

새끼돼지의 소유권은 甲에게 있고, 따라서 甲이 제기한 제3자異議의 소는 인용가능하다.

II. 논 거

1. 甲과 乙 사이의 계약의 성질 : 점유개정에 의한 동산양도담보

2. 유동집합동산에 대한 양도담보의 유효성(다. 종. 장. 수)

이러한 양도담보가 유효하기 위해서는 목적물이 특정되어야 하는바, 사안의 경우 乙 돈사에 있는 모든 돼지들을 양도담보의 객체로 하였으므로 종류·장소 또는 수량지정 등의 방법에 의하여 특정되었다고 할 것이다. 따라서 위 양도담보는 '일물일권주의'에 위반되지 않아 유효하다.

3. 동산양도담보의 법적성질 : 신탁적 소유권이전설

4. 유동집합동산의 산출물(새끼돼지)에 대해 양도담보의 효력이 미치는지 여부

(1) 문제점

앞에서 살핀대로 유동집합동산에 대해서도 양도담보의 효력이 미친다고 할 때 신탁적 소유권이전설에 따라 양도담보권 설정 당시의 돈사내의 돼지에 대한 소유권은 양도담보권자인 甲에게 있다. 그러나 이 경우 집합동산의 산출물인 새끼돼지에 대해서도 양도담보의 효력이 미치는지는 별도의 검토를 요한다.

(2) 판 례

(3) 검 토

제2관 주물과 종물

쟁점구조

■ 주물·종물이론의 유추적용(지상물 소유권 이전에 따른 토지사용·수익권의 이전)

甲은 자신 소유 X토지와 그 지상 Y건물 중에서 Y건물만을 乙에게 양도하고 건물소유권이전등기를 경료해 주었다. 그 후 乙은 다시 丙에게 Y건물을 양도하고 건물소유권이전등기를 경료해 주었다(현재는 丙이 X토지와 Y건물을 사용·수익하고 있다).
1. 만약 甲과 乙이 Y건물 소유를 위한 X토지에 대한 아무런 계약관계를 맺은바가 없다면, 甲은 丙을 상대로 건물을 철거하고 토지를 인도할 것을 요구할 수 있는가?
2. 만약 甲과 乙이 Y건물 소유를 위한 X토지에 관한 임대차계약을 맺은 경우라면, 甲은 乙과의 임대차계약을 해지하고 丙을 상대로 건물을 철거하고 토지를 인도할 것을 요구할 수 있는가?[9]

Ⅰ. 건물이 양도되면서 그 건물을 위한 관습법상 법정지상권이 양도되는 경우

① 乙의 관습법상 법정지상권 취득 여부(결론은 제187조에 의해 등기 없이 당연 인정) ⇒ ② 丙의 관습법상 법정지상권 취득 여부[ⅰ) 乙과 丙 사이 채권계약의 내용(제100조 2항의 유추적용) → ⅱ) 丙의 관습법상 법정지상권 취득 여부(결론은 제187조 단서에 의해 등기가 있어야 인정)] ⇒ ③ 甲의 丙에 대한 청구 인용 여부(결론은 신의칙 또는 제213조 단서에 의해 부정)

Ⅱ. 건물이 양도되면서 그 건물을 위한 대지의 임차권이 양도되는 경우

① 乙의 대항력 있는 임차권 취득 여부(결론은 제622조 1항에 의해 인정) ⇒ ② 丙의 대항력 있는 임차권 취득 여부[ⅰ) 乙과 丙 사이 채권계약의 내용(결론은 丙은 제100조 2항의 유추적용에 의해 임차권 취득) → ⅱ) 丙의 대항력 있는 임차권 취득 여부(결론은 丙은 제629조에 의해 임대인 甲에게는 임차권을 대항할 수 없다)] ⇒ ③ 甲의 丙에 대한 청구 인용 여부(결론은 소위 '배신행위론' 적용에 의해 부정)

Ⅰ. 의의 및 제도적 취지

[D-6]

물건의 소유자가 그 물건의 상용에 공하기 위하여 자기 소유인 다른 물건을 이에 부속하게 한 때에는 그 물건을 '주물'이라 하고, 주물에 부속된 다른 물건을 '종물'이라고 한다(제100조 1항).

이는 경제적 관계에 있어서의 물건의 주종적 결합체를 개인의 권리를 부당히 침해하지 않는 범위 내에서 동일한 법률적 운명에 따르도록 하여 그 경제적 효용을 파괴하지 않으려는 제도이다.

Ⅱ. 종물의 요건(상, 부, 동, 독)

[D-7]

1. 주물의 상용에 이바지할 것

종물은 사회관념상 계속해서 주물의 경제적 효용을 다하게 하는 작용을 해야 한다. ㉠ 따라서 **일시적 용도에 쓰이는 물건은 종물이 아니며**(대판 1988.2.23. 87다카600), ㉡ 주물의 소유자나 이용자의 상용에 공여되고 있더라도 **주물 그 자체의 효용과는 직접 관계가 없는 물건, 예컨대 TV · 책상 등은 가옥의 종물이 아니다**(대판 1985.3.26. 84다카269 : 호텔의 각 방실에 시설된 TV, 전화기 등의 집기는 호텔건물의 종물이 아니라는 사례)

---

9) ★ 지상권은 양도가 자유로운 반면 지상권 취득을 위해 등기를 요하고, 임차권은 임차권 취득을 위해 원칙적으로 등기(대항요건)가 필요없는 대신 임대인의 동의가 필요하다는 점을 주의해야 한다.

判例 중에는 피해자 소유의 축사 건물 및 그 부지를 임의경매절차에서 매수한 사람이 위 부지 밖에 설치된 피해자 소유 소독시설을 통로로 삼아 위 축사건물에 출입한 사안에서, 위 소독시설은 축사출입차량의 소독을 위하여 설치한 것이기는 하나 별개의 토지 위에 존재하는 독립한 건조물로서 축사 자체의 효용에 제공된 종물이 아니므로, 위 출입행위는 건조물침입죄를 구성한다고 보기도 하였다(대판 2007.12.13. 2007도7247).

2. 주물에 부속된 것일 것

부속된 것으로 보기 위해서는 주물과 종물 사이에 어느 정도 밀접한 장소적 관계가 있어야 한다.

3. 주물로부터 독립된 물건일 것

① 종물은 주물의 구성부분이 아니며, 주물의 경제적 효용을 돕기 위하여 경제적으로 부속되어 있는 물건에 지나지 않으므로 법률상 '독립한 물건'이어야 한다. 따라서 주물에 '부합'된 물건은 개념상 종물이 될 수 없다. 예를 들어 判例는 주유소의 주유기는 주유소의 종물에 해당하지만, 주유소의 지하에 매설된 유류 저장탱크는 토지에 '부합'하므로 종물이 아니라고 한다(대판 1995.6.29. 94다6345). 따라서 부합물인 유류 저장탱크와 종물인 주유기에는 토지 및 건물에 설정된 저당권의 효력이 미친다(제358조).[10]

㉠ [독립성이 없다고 본 경우] '정화조'는 건물의 종물이라기보다는 건물의 구성부분으로 본다(대판 1993.12.10. 93다42399).

㉡ [독립성이 있다고 본 경우] 농지에 부속한 '양수시설'(揚水施設 : 예컨대 스프링쿨러)은 농지의 종물이며(대판 1967.3.7. 66누176), 횟집으로 사용할 점포 건물에 붙여서 생선을 보관하기 위하여 신축한 '수족관 건물'은 점포 건물의 종물이고(대판 1993.2.12. 92도3234), 백화점 건물의 지하 2층 기계실에 설치되어 있는 '전화교환설비'는 독립한 물건이기는 하나 백화점 건물의 효용과 기능을 다하기에 필요불가결한 시설들로서 위 건물의 상용에 제공된 종물이라고 한다(대판 1993.8.13. 92다43142).

② 한편 독립한 물건이면 되고 동산이어야 하는 것은 아니다. 判例는 낡은 가재도구 등의 보관장소로 사용되고 있는 방과 연탄창고 및 공동변소 등은 본채에서 떨어져 축조되어 있더라도 본채의 종물로 인정한다(대판 1991.5.14. 91다2779).

■ 전화교환설비가 백화점건물의 종물인지 여부(제358조)　　　　대판 1993.8.13. 92다43142

사실관계 | 甲은 백화점건물을 소유하고 있는데, 이를 A에 대한 채무의 담보로 1986.1.28. A 앞으로 저당권을 설정하였다. 한편 甲의 채권자 乙은 1987.1.26. 위 백화점 건물의 지하 2층에 있는 전화교환설비에 대해 압류를 하였다(이 설비는 볼트와 전선등으로 위 건물에 고정되어 있기는 하나 용이하게 분리할 수 있는 상태에 있다). 그후 A의 저당권에 기한 경매신청으로 백화점건물을 B가 경락을 받아 소유권을 취득하였는데, 한편 乙은 전화교환설비에 대해 강제집행을 신청하였다. **乙의 신청은 인용될 수 있는가?**

판례의 태도 | "백화점 건물의 지하 2층 기계실에 설치되어 있는 전화교환설비가 건물의 원소유자가 설치한 부속시설이며, 위 건물은 당초부터 그러한 시설을 수용하는 구조로 건축되었고, 위 시설들은 볼트와 전선 등으로 위 건물에 고정되어 각 층, 각 방실까지 이어지는 전선 등에 연결되어 있을 뿐이어서 과다한

---

10) [비교판례] 甲이 토지소유자 乙에게서 토지를 임차한 후 주유소 영업을 위하여 지하에 유류저장조를 설치한 사안에서, 대법원은 "유류저장조의 매설 위치와 물리적 구조, 용도 등을 감안할 때 이를 토지로부터 분리하는 데에 과다한 비용을 요하거나 분리하게 되면 경제적 가치가 현저히 감소되므로 토지에 부합된 것으로 볼 수 있으나, 사실상 분리복구가 불가능하여 거래상 독립한 권리의 객체성을 상실하고 토지와 일체를 이루는 구성 부분이 되었다고는 보기 어렵고, 또한 甲이 임차권에 기초하여 유류저장조를 매설한 것이므로, 위 유류저장조는 민법 제256조 단서에 의하여 설치자인 甲의 소유에 속한다"라고 하였다(대판 2012.1.26. 2009다76546).

비용을 들이지 않고도 분리할 수 있고, 분리하더라도 독립한 동산으로서 가치를 지니며, 그 자리에 다른 것으로 대체할 수 있는 것이라면, 위 전화교환설비는 독립한 물건이기는 하나, 그 용도, 설치된 위치와 그 위치에 해당하는 건물의 용도, 건물의 형태, 목적, 용도에 대한 관계를 종합하여 볼 때, 위 건물에 연결되거나 부착하는 방법으로 설치되어 위 건물인 10층 백화점의 효용과 기능을 다하기에 필요불가결한 시설들로서, 위 건물의 상용에 제공된 종물이라 할 것이다"(대판 1993.8.13. 92다43142)

사안의 해결 | 저당권의 효력은 그 설정 당시는 물론이고 설정 후의 저당부동산의 종물에 미친다(제358조 본문). 사례에서 '전화교환설비'가 백화점건물의 종물로 인정된다면, 압류에 앞서 저당권이 설정되고 그 저당권에 기해 경락을 받은 것이므로 B는 저당권의 효력이 미치는 전화교환설비에 대해서도 소유권을 취득하고, 따라서 乙의 강제집행에 대해 제3자 이의의 소를 제기할 수 있다(민사집행법 제48조). 결국 위 설비가 종물로 인정될 것인지가 문제되는데, 그 시설상태로 보아 독립된 동산으로 인정되기는 하나 그 용도에 비추어 백화점건물의 효용상 필요한 시설로서, 즉 위 건물의 상용에 제공된 종물로 인정된다고 볼 것이다.

4. 주물·종물 모두 동일한 소유자에게 속할 것

주물과 종물은 동일한 법률적 운명에 따르므로 타인의 권리를 침해하는 일이 없도록 '원칙적'으로 모두 동일한 소유자에게 속해야 한다. 다만 '예외적'으로 제3자의 권리를 해하지 않는 범위에서는 다른 소유자에 속하는 물건도 종물이 될 수 있다(통설).

예컨대 제3자의 소유에 속하는 종물이라도 의무부담행위(매매)에 있어서는 제100조 2항을 적용할 수 있다. 만약 이 경우 제3자(종물의 소유자)가 처분행위를 동의 또는 추인하거나, 종물이 동산인 경우에 상대방이 선의취득의 요건을 갖추면 종물의 소유권을 취득할 수 있다(대판 2002.2.5. 2000다38527). 그러나 제3자(종물의 소유자)가 처분행위를 거절하는 경우에는 주물의 소유자인 매도인은 타인 권리의 매매로 인한 담보책임을 지게 된다(제570조).

Ⅲ. 종물의 효과   [D-8]

1. 처분에 있어서의 수반성

(1) 의 의

종물은 주물의 처분에 따른다(제100조 2항). 즉 종물은 주물과 법률적 운명을 같이 한다. 여기서 '처분'이라 함은 물권적 처분뿐만 아니라 채권적 처분도 포함하는 넓은 의미이다. 나아가 주물의 권리관계가 처분행위 이외에 공법상의 처분이나 법률규정에 의하여 생긴 경우에도 위 원칙이 적용된다. 그러나 '점유 기타 사실관계에 기한 권리의 득실·변경'에 대해서는 위 규정은 의미가 없다. 예컨대 주물을 점유에 의하여 시효취득하여도 종물도 점유하지 않는 한 그 효력은 종물에 미치지 않는다.

(2) 저당권의 경우

법률에 특별한 규정 또는 설정행위에 다른 약정이 없는 한, 주물 위에 설정된 저당권의 효력은 종물에도 미친다(제358조). 종물이 저당권 설정 후에 생긴 것이라도 저당권의 효력이 미친다(대결 1972.12.10. 71마757).

① 判例는 제358조 본문의 규정은 저당부동산에 관한 '종된 권리'에도 유추적용되어 건물에 대한 저당권의 효력은 그 대지이용권인 (법정)지상권이나(아래 95다52864판결 : **11회 선택형**) 임차권(대판 1993.4.13. 92다24950)에도 미친다고 한다. 다만 임차권의 경우 제629조(임대인의 동의)의 제한이 있다.[11]

---

11) **[관련판례]** 그러나 判例는 "임차인의 변경이 임대인에 대한 배신행위가 아니라는 특별한 사정이 있는 때에는, 임대인의 동의가 없더라도 임차권의 이전을 임대인에게 대항할 수 있다"고 판시하고 있다(대판 1993.4.13. 92다24950).

[관련판례] "제358조 본문을 유추하여 보면 건물에 대한 저당권의 효력은 그 건물에 종된 권리인 건물의 소유를 목적으로 하는 지상권에도 미치게 되므로, 건물에 대한 저당권이 실행되어 경락인이 그 건물의 소유권을 취득하였다면 경락 후 건물을 철거한다는 등의 매각조건에서 경매되었다는 등 특별한 사정이 없는 한, 경락인은 건물 소유를 위한 지상권도 제187조의 규정에 따라 등기 없이 당연히 취득하게 되고, 한편 이 경우에 경락인이 건물을 제3자에게 양도한 때에는, 특별한 사정이 없는 한 제100조 제2항의 유추적용에 의하여 건물과 함께 종된 권리인 지상권도 양도하기로 한 것으로 봄이 상당하다"(대판 1996.4.26. 95다52864: 표준판례59).

② 判例는 "저당권의 실행으로 부동산이 경매된 경우에 그 부동산에 부합된 물건은 그것이 부합될 당시에 누구의 소유이었는지를 가릴 것 없이 그 부동산을 낙찰받은 사람이 소유권을 취득하지만, 그 부동산의 상용에 공하여진 물건일지라도 그 물건이 부동산의 소유자가 아닌 다른 사람의 소유인 때에는 이를 종물이라고 할 수 없으므로 부동산에 대한 저당권의 효력에 미칠 수 없어 부동산의 낙찰자가 당연히 그 소유권을 취득하는 것은 아니며, 그 소유권을 취득하기 위해서는 그 물건이 '경매의 목적물'로 되었고 낙찰자가 '선의이며 과실 없이' 그 물건을 '점유'하는 등으로 선의취득의 요건을 갖추어야 한다"고 한다(대판 2008.5.8. 2007다36933,36940 : 5회 선택형).

2. 종물에 대한 물권변동의 공시 [15사법]

(1) 판 례

주물에 대해 공시방법을 갖춘 경우에 종물에 대한 별도의 공시방법이 필요 없는지와 관련하여, 判例는 (법정)지상권이 딸린 건물을 매도한 경우 제100조 2항을 유추하여 건물의 소유권뿐만 아니라 그 (법정)지상권도 양도한 것으로 보는데, 다만 지상권이전등기가 있어야만 지상권이 건물양수인에게 이전하는 것이고 건물소유권 이전등기로써 당연히 (법정)지상권까지 이전되는 것은 아니라고 한다(제187조 단서 참조)(대판 1985.4.9. 전합84다카1131,1132: 표준판례365 : 10회 선택형 ; 핵심사례 D-7.참고). 다만 주된 권리에 관하여 별도의 공시방법 없이 물권변동의 효과가 발생하는 경우(예컨대 경락으로 인한 소유권 취득)에는 종된 권리에 관하여도 별도의 공시방법 없이 물권변동의 효과가 발생한다(제187조 본문 참조)(아래 2012다73158 판결 참고 : 8회 선택형).

[관련판례] "저당권설정 당시 동일인의 소유에 속하고 있던 토지와 지상 건물이 경매로 인하여 소유자가 다르게 된 경우에 건물소유자는 건물의 소유를 위한 민법 제366조의 법정지상권을 취득한다. 그리고 건물소유를 위하여 법정지상권을 취득한 사람으로부터 강제경매에 의하여 건물의 소유권을 이전받은 매수인은 매수 후 건물을 철거한다는 등의 매각조건하에서 경매되는 경우 등 특별한 사정이 없는 한 건물의 매수취득과 함께 위 지상권도 당연히 취득하는데(제100조 2항의 유추적용, 제187조 본문), 이러한 법리는 사해행위의 수익자 또는 전득자가 건물의 소유자로서 법정지상권을 취득한 후 채무자와 수익자 사이에 행하여진 건물의 양도에 대한 채권자취소권의 행사에 따라 수익자와 전득자 명의의 소유권이전등기가 말소된 다음 경매절차에서 건물이 매각되는 경우에도 마찬가지로 적용된다"(대판 2014.12.24. 2012다73158: 표준판례295 : 9회,10회 선택형). [16법행, 20법무]

(2) 검 토

본조의 규정은 물건의 경제적 효용이라는 관점에서 종물과 주물을 하나의 집합물로 다루고자 하는 취지이고, 공시방법은 이와 별개인 것으로 해석하는 것이 타당하다(통설).

3. 임의규정성

본조는 강행규정이 아니다. 따라서 당사자는 특약으로 주물을 처분할 때에 종물을 제외할 수 있고, 종물만을 따로 처분할 수 있다(대판 1978.12.26. 78다2028). 다만 저당권의 경우에는 이러한 취지를 등기하여야 제3자에게 대항할 수 있다(제358조 단서).

4. 강제집행의 경우

특별한 사정없이 종물만에 대하여 강제집행을 할 수 없다. 일괄매수하게 하는 것이 물건의 효용상 바람직하며, 또 그렇게 하더라도 채권자에게 특별히 불이익을 주는 것은 아니기 때문이다.

Ⅳ. 주된 권리·종된 권리에의 유추적용 [D-9]

제100조가 규정하는 주물·종물은 물건 상호간의 관계에 관한 것이지만, 이러한 결합관계는 주된 권리·종된 권리간에도 유추적용된다(통설). 그런데 이 경우에도 어떤 권리를 다른 권리에 대하여 종된 권리라고 할 수 있으려면 종물과 마찬가지로 다른 권리의 경제적 효용에 이바지하는 관계에 있어야 한다(대판 2014.6.12. 2012다92159).

예컨대 ㉠ 원본채권이 양도되면 이자채권도 함께 양도되는 것이 원칙이다. 그러나 변제기가 이미 도래한 이자채권은 독립성이 강하므로, 원본채권이 양도되더라도 이미 변제기에 도달한 이자채권이 당연히 같이 양도되는 것은 아니다(대판 1989.3.28. 88다카12803). ㉡ 건물의 소유권이 이전되면 그 건물을 위한 대지의 임차권 내지 지상권도 함께 양도될 수 있다(대판 1996.4.26. 95다52864: 표준판례59 ; 핵심사례 D-7.참고, 8회 선택형).

제3관 원물과 과실

Ⅰ. 서 설

물건으로부터 생기는 수익을 '과실'이라 하고, 과실을 생기게 하는 물건을 '원물'이라고 한다. 민법은 과실의 '종류'(제101조)와 과실의 '귀속주체'(제102조)에 관해 규정하고 있다.

Ⅱ. 천연과실

천연과실이란 물건의 용법에 의하여 수취하는 산출물을 말한다(제101조 1항).

① 천연과실은 그 원물로부터 '분리하는 때'에 이를 수취할 권리자에게 속한다(제102조 1항). 이는 임의규정에 불과하므로 별도의 합의를 통해 달리 정할 수 있다.

② 과실의 수취권자는 원칙적으로 원물의 소유자(제211조)이지만, 예외적으로 선의의 점유자(제201조), 용익권자(지상권, 전세권, 지역권 : 하나의 원물에 관하여 소유자와 용익권자가 경합하는 경우 원칙적으로 용익권자의 과실수취권이 우선한다), 담보권자,[12] 매도인(제589조), 임차인(제618조), 친권자(제923조), 유증의 수증자(제1079조)에게도 수취권이 인정된다.

---

12) 다만 담보권자 즉 유치권자, 질권자, 저당권자 등은 과실을 가지고 변제에 충당할 수 있는 변제충당권을 가지며 압류가 있은 후 담보권의 효력이 과실에 미치는 것에 불과하므로 다른 수취권자들과는 그 성질을 달리한다.

Ⅲ. 법정과실

1. 의 의

① [긍정 예] 법정과실이란 물건의 사용의 대가로 받는 금전 기타의 물건으로서(제101조 2항), 건물사용의 대가인 차임, 토지사용의 대가인 지료, 금전사용의 대가인 이자 등이 이에 속한다.

② [부정 예] '물건'의 사용대가가 아닌 '노동'의 대가인 임금이나 '권리사용'의 대가인 주식의 배당금·특허권의 사용료 등은 법정과실이 아니며, 매매대금도 사용대가가 아니므로 법정과실에 해당하지 않는다. 지연이자도 금전채권의 이행지체로 생기는 지연배상으로 그 본질이 손해배상의 일종이므로 법정과실에 해당하지 않는다. 마찬가지로, '**국립공원의 입장료**'는 수익자 부담의 원칙에 따라 국립공원의 유지·관리비용의 일부를 입장객에게 부담시키는 것에 지나지 않고, 토지의 사용대가가 아닌 점에서 민법상의 과실은 아니다(대판 2001.12.28, 2000다27749).

2. 법정과실의 귀속

법정과실은 수취할 권리의 '존속기간일수'의 비율로 취득한다(제102조 2항). 법정과실의 계산이 주·월·년으로 정하여진 경우에도 일수비율로 분배된다.[13] 본조는 강행규정이 아니므로, 당사자가 이와 다른 특약을 맺은 때에는 그에 따른다.

3. 적용범위

(1) 사용이익

물건을 현실적으로 사용하여 얻는 이익을 '사용이익'이라고 한다. 예컨대 타인의 토지를 무단으로 점유하여 이를 사용하거나, 임차기간이 만료한 후에도 계속 건물을 사용하는 경우 등이 이에 속한다. 이러한 사용이익에 관해 통설과 判例는 과실에 준해 취급한다. 따라서 과실에 관한 민법의 규정(제102조·제201조)도 유추적용 될 수 있다.

> [관련판례] "건물을 사용함으로써 얻는 이득은 그 건물의 과실에 준하는 것이므로 선의의 점유자는 비록 법률상 원인없이 타인의 건물을 사용하여 그에게 손해를 입혔다고 하더라도 그 사용대가인 차임상당의 부당이득을 반환할 필요가 없다(제201조 1항, 대판 1996.1.26, 95다44290)

(2) 매매계약과 과실의 귀속

① 매매계약이 있은 후 매수인이 매도인에게 목적물을 '인도'받았는데 매수인 자신의 의무인 매매대금을 지급하고 있지 않은 경우라면 매수인은 매매대금 및 매매대금의 '**이자**'(과실)까지 매도인에게 지급해야 하고, ② 반대로 매도인이 매수인에게 대금을 지급받았는데 자신의 의무인 소유권이전등기를 경료하였더라도 목적물을 '인도'하고 있지 않다면 매도인은 목적물 및 목적물에 대한 '**사용이익**'(과실)까지 매수인에게 인도해야 한다(제587조).

---

13) 예를 들어 A가 자신의 X토지를 B에게 매달 30만 원씩을 받고 그 해 1월 1일부터 1년간 빌려준 경우에, A가 C에게 X토지의 소유권을 9월 20일이 만료되는 시점에 넘겨주었다면, 9월분의 차임 30만 원 중 20만 원은 A가 취득하고 나머지 10만 원은 C가 취득하게 된다(C가 임대차를 계속할 경우임). 그런데 이와 같은 법정과실의 취득규정도 역시 임의규정이므로 당사자가 다르게 약정할 수 있다. 그리하여 앞의 예에서 A·C사이의 계약으로 9월분 차임은 C가 모두 받을 수 있는 것으로 정할 수 있다.

제3절 물권적 청구권(물권의 효력)

I. 서 설
[D-10]

1. 의 의

물권적 청구권은 물권의 내용의 실현이 어떤 사정으로 말미암아 방해당하고 있거나 방해당할 염려가 있는 경우에, 물권자가 그 방해자에 대하여 그 방해의 제거 또는 예방에 필요한 일정한 행위를 청구할 수 있는 권리를 말한다. 물권은 물건을 직접 지배하는 권리이고, 원칙적으로 자력구제가 허용되지 않기 때문에 (그와 표리일체를 이루는) 배타성에 기한 절대적 보호를 통하여 물권에 권리로서의 실효성을 주기 위한 것이다.

2. 종 류

기초되는 물권의 종류에 따라 점유권에 기한 물권적 청구권(제204조, 제205조, 제206조)과 본권에 기한 물권적 청구권(대표적으로 제213조, 제214조)으로 나눌 수 있고, 침해의 모습에 따라 물권적 반환청구권, 물권적 방해제거청구권, 물권적 방해예방청구권으로 나누어진다.

II. 성 질
[D-11]

1. 법적 성질

물권적 청구권은 물건에 대한 직접적인 지배가 아닌 상대방에 대한 청구권이므로 물권과는 구별되고 또한 물권에 부종한다는 점에서 순수한 채권으로도 볼 수 없다. 따라서 통설은 물권적 청구권을 물권의 효력에 기초해서 생기는 특수한 독립된 청구권이라고 이해하면서, 물권에 부종하는 특수한 청구권이라고 보고 있다(독립한 청구권설).

2. 특이성

(1) 물권적 성질

물권적 성질로는 i) 채권과 달리 의무자가 특정되지 않고 방해하는 자나 방해할 염려가 있는 자이면 누구에게나 이를 행사할 수 있으며(대세효), ii) 양도성을 가지지만 물권에 부종하며(아래 대판 1969.5.27. 전합68다725), iii) 물권을 기초로 하는 권리이므로 채권적 청구권에 우선한다. iv) 判例에 따르면 **소유권에 기한 물권적 청구권은 물권인 소유권과 동일하게 소멸시효의 대상이 아니라고 하며**(제162조 참조) (대판 1982.7.27. 80다2968: 표준판례173), v) **물권적 청구권의 이행불능으로 인한 전보배상청구는 채권적 청구권과 달리 인정되지 않는다고 한다**(대판 2012.5.17. 전합2010다28604: 표준판례238 : B-30.참고 : 7회,9회 선택형).

[판례검토] v)의 경우 채무의 이행불능을 이유로 하는 손해배상채무(제390조) 등의 채무불이행책임은 물권적 청구권의 성질에 반하므로, 그 한도에서 민법 제390조는 물권적 청구권에 준용될 수 없다고 보는 것이 타당하다.

(2) 채권적 성질

채권적 성질로는 직접성, 배타성을 가지는 물권과 달리 물권을 침해하는 자에게 행사할 수 있는 '청구권'이며, 이러한 청구권은 判例에 따르면 채권자대위권의 '피보전채권'이 될 수 있다고 한다(대판 2007.5.10. 2006다82700,82717 : 판례연구 B-6.참고).

■ 물권과 물권적 청구권의 분리   대판 1969.5.27. 전합68다725

사실관계 | 甲소유의 토지에 乙이 불법으로 건물을 지어, 甲이 乙을 상대로 소유권에 기해 건물의 철거와 그 대지의 명도를 청구하는 소를 제기하였다. 소송의 진행 중 甲이 위 토지를 丙에게 매도하여 丙 명의로 소유권이전등기가 마쳐졌다. **甲이 乙을 상대로 제기한 위 청구는 인용될 수 있는가?**

판례의 태도 | "소유권을 양도함에 있어 소유권에 의하여 발생되는 물상청구권을 소유권과 분리, 소유권 없는 전소유자에게 유보하여 제3자에 대하여 이를 행사케 한다는 것은 소유권의 절대적 권리인 점에 비추어 허용될 수 없는 것이라 할 것으로서, 이는 양도인인 전소유자가 그 목적물을 양수인에게 인도할 의무있고 그 의무이행이 매매대금 잔액의 지급과 동시이행관계에 있다거나 그 소유권의 양도가 소송계속 중에 있었다 하여 다를 리 없고 일단 소유권을 상실한 전소유자는 제3자인 불법점유자에 대하여 물권적 청구권에 의한 방해배제를 청구할 수 없다"(대판 1969.5.27. 전합68다725).

사안의 해결 | 判例의 일관된 입장은 물권적 청구권은 물권에 수반하는 것으로서 물권과 물권적 청구권의 분리는 어느 경우에도 허용되지 않는다는 것이다. 이러한 判例에 따르면 甲의 청구는 인용될 수 없고, 丙이 원고(甲)의 소송을 인수하거나(민사소송법 제82조), 따로 소를 제기하는 수밖에 없다. 물론 이러한 매도인도 계약상의 권리를 행사할 수는 있다. 예를 들어 저당권을 설정한 부동산을 양도한 매도인은 소유권에 기한 물권적 방해배제청구권을 행사할 수는 없지만 피담보채무의 소멸을 근거로 근저당권설정계약의 당사자로서 계약상의 권리에 기하여 저당권의 말소등기를 청구할 수는 있다(대판 1994.1.25. 전합93다16338: **표준판례**(349)).

Ⅲ. 물권적 청구권과 소멸시효(의 대상적격)   [D-12]

1. 문제점

점유권에 기한 점유보호청구권에 대해서는 제척기간이 있으나(제205조 2항, 3항), 본권에 기한 물권적 청구권에 대하여는 아무런 규정이 없어 물권적 청구권이 소멸시효에 걸리는지 문제된다.

2. 판 례

① 소유권은 소멸시효의 대상에 해당하지 않는다(제162조 2항). 또한 소유권에 기한 물권적 청구권 역시 소멸시효의 대상이 아니다. 따라서 ㉠ 진정명의회복을 원인으로 한 소유권이전등기청구권(대판 1993.8.24. 92다43975)이나 ㉡ "채권담보의 목적으로 이루어지는 부동산 양도담보의 경우에 있어서 그 부동산의 등기명의가 양도담보권자 앞으로 되어 있다 할지라도 그 실질적 소유권은 양도담보권설정자에게 남아 있다고 할 것이므로 피담보채무가 변제된 이후에 설정자가 행사하는 등기청구권은 위 실질적 소유권에 기한 물권적 청구권으로서 따로이 시효소멸되는 것은 아니다"(대판 1979.2.13. 78다2412 ; 부동산 양도담보의 본질에 대한 담보물권설에 따른 것으로 평가받는 判例이다 : **4회 선택형**)

② 해제를 원인으로 한 원상회복청구권은 경우를 나누어 검토할 필요가 있다. ㉠ 해제의 효과와 관련한 判例의 입장에 따르면 "(합의)해제에 따른 매도인의 원상회복청구권은 소유권에 기한 물권적 청구권이라 할 것이고, 따라서 이는 소멸시효의 대상이 아니다"(대판 1982.7.27. 80다2968)라고 한다. ㉡ 다만 분양계약의 이행불능을 이유로 매수인이 적법하게 분양계약을 해제하고 매도인을 상대로 이미 지급한 매매대금의 일부에 원상회복청구권을 행사하는 경우와 같이 **금전에 대한 원상회복청구권은 그 본질이 채권적 청구권에 불과하므로 소멸시효의 대상에 해당하며**, 이때 소멸시효는 해제 가능시가 아닌 해제시, 즉 원상회복청구권이 발생한 때부터 진행한다고 한다(대판 2009.12.24. 2009다63267 : **14회 선택형**).

3. 검 토

통설적인 입장은 소유권에 기한 것이든 제한물권에 기한 것이든 모두 소멸시효에 걸리지 않는다고 한다. 왜냐하면 물권적 청구권만 시효소멸 한다면 물권이 그 실질을 상실하게 되는 문제점이 발생하므로, 물권의 침해상태가 계속되는 한 이 청구권이 부단히 발생하여 시효가 완성될 여지가 없다고 보아야 한다. 다만 제한물권처럼 물권이 시효로 소멸하는 경우(제162조 2항)에는 물권적 청구권도 소멸한다고 볼 수 있지만 이는 물권적 청구권의 부종성에 기인한 것이지(제183조) 물권적 청구권이 시효로 소멸한 것이라고는 할 수 없다(통설).

IV. 발생요건(각 물권적 청구권에서 추가 검토) [D-13]

1. 권리자 및 상대방

① 물권적 청구권의 주체는 침해의 대상이 되는 물권을 현재 정당하게 가지고 있는 자이며, ② 물권적 청구권의 상대방은 과거 그 방해 행위를 한 자가 아니라, 현재 물권의 실현에 대한 방해원인을 자기의 사회적 지배범위 안에 둔 자이다.

2. 물권내용의 실현이 침해되었거나 침해될 우려가 있을 것

물권적 청구권은 물권에 대한 방해로 발생한 손해의 배상책임을 묻는 권리가 아니고, 물권에 대한 위법한 현재의 방해상태나 장래의 방해상태의 제거만을 목적으로 하는 권리로서 상대방의 귀책사유 유무를 불문한다.

V. 물권적 청구권에 있어서의 비용부담 [D-14]

判例는 "소유자가 침해자에 대하여 방해제거 행위 또는 방해예방 행위를 하는 데 드는 비용을 청구할 수 있는 권리는 민법 제214조 규정에 포함되어 있지 않으므로, 소유자가 제214조에 기하여 **방해배제 비용 또는 방해예방 비용을 청구할 수는 없다**"(대판 2014.11.27. 2014다52612)고 판시한 바 있다.[1]

VI. 다른 청구권과의 관계 [D-15]

1. 계약에 기한 청구권과의 관계

① 물권침해상태가 계약상의 정당한 권원에 기한 때에는 물권적 청구권은 성립하지 않는다. 그러나 그 계약관계가 종료하면 계약에 기한 반환청구권과 물권적 반환청구권이 경합적으로 인정된다(통설, 判例[2]). **[5회 기록형]** ② 개별적 청산의 문제(비용상환) 등은 일반조항인 제201조 이하가 적용되지 않고 계약법의 개별조항이 우선 적용된다. 예를 들어 임대차의 경우 임차인의 비용상환청구에 대해서는 제201조가 아닌 제626조가 적용된다(대판 2003.7.25. 2001다64752 : 7회 선택형).

---

1) **[학설]** 종래 학설상 물권적 반환청구권(제213조)과 방해배제청구권(제214조)이 대립·충돌하는 경우 물건의 반환 내지 방해배제에 필요한 비용을 누가 부담해야 하는지 문제되었다. 이는 물권적 청구권의 내용이 적극적 행위청구권인가 아니면 소극적 인용청구권인가 여부와 직결되는바, 학설은 ① 물권적 청구권을 상대방에게 적극적으로 물권의 실현을 위한 행위를 청구할 수 있는 행위청구권으로 보고 비용도 항상 상대방이 부담해야 된다고 보는 '행위청구권설'(순수행위청구권설 ; 다수설). ② 물권적 청구권은 원칙적으로 물권의 침해라는 객관적 상태를 물권자가 스스로 제거하는 것에 대하여 인용을 청구할 수 있는 권리이지만, 비용부담의 문제는 불법행위·계약법 기타의 책임원리에 의하여 결정되어야 한다고 보는 '인용청구권설'의 대립이 있다.

2) "명의신탁자는 명의수탁자에 대하여 신탁해지를 하고 신탁관계의 종료 그것만을 이유로 하여 소유 명의의 이전등기절차의 이행을 청구할 수 있음은 물론, 신탁해지를 원인으로 하고 소유권에 기해서도 그와 같은 청구를 할 수 있고"(이 경우 양청구는 청구원인을 달리하는 별개의 소송이다)(대판 1980.12.9. 79다634). **[5회 기록형]**

2. 불법행위로 인한 손해배상청구권과의 관계

① 물권적 청구권은 물권침해의 가능성만으로 성립하고 귀책사유를 요건으로 하지 않으나 불법행위는 고의·과실을 요건으로 한다는 점에 차이가 있다. 그리고 물권적 청구권은 방해의 제거와 예방이라는 효과를 갖고 있는 반면에 불법행위는 손해의 배상이라는 효과만을 갖는다. ② 따라서 물권의 침해가 고의·과실에 의한 경우에는 양 청구권이 동시에 발생하여 경합할 수 있는데, 권리자는 양자를 함께 행사하거나 또는 선택적으로 행사할 수 있다.

3. 계약의 무효·취소에 따른 반환의 경우 부당이득반환청구권과의 관계(A-155.이하 참고)

주의할 것은 계약해제의 경우에는 언제나 원상회복청구로 다루어 반환범위가 결정된다(제548조).

4. 불법원인급여와 물권적 청구권

불법원인급여의 경우에는 부당이득반환청구권 뿐만 아니라 물권적 청구권의 행사도 제한된다.

5. 점유권에 기한 물권적 청구권과 본권에 기한 물권적 청구권과의 관계

동일인이 본권과 점유권을 가진 경우에는 본권 및 점유권에 기한 물권적 청구권이 경합적으로 인정된다(제208조).

Ⅶ. 물권적 청구권의 인정범위 [D-16]

1. 민법규정

현행민법은 물권적 청구권에 관하여 일반규정을 두고 있지 않고 점유권(제204조 내지 제206조) 및 소유권(제213조, 제214조)에서 개별적으로 물권적 청구권에 관한 규정을 두고 있다. 그리고 소유권에 기한 물권적 청구권에 관한 규정은 지상권(제290조), 지역권(제301조), 전세권(제319조), 저당권(제370조)에 각각 준용된다. 다만 점유할 권리가 없는 지역권, 저당권에는 제214조만 준용된다.

2. 해석상 인정여부가 문제되는 경우

(1) 유치권

유치권에 대해서는 민법이 명문으로 '유치권은 점유의 상실로 인하여 소멸한다'는 규정을 두어(제328조) 유치권 자체에 기한 물권적 반환청구권이 발생하지 아니함을 명백히 하고 있다. 그런데 유치권은 점유를 본체로 하는 점에서 점유권에 관한 규정에 맡기면 되므로 문제될 것이 없다(제320조 참조).

(2) 질권(물권 제5장 제2절 동산질권 사례연구 참고)

3. 물권적 청구권의 확장

(1) 인격권(채각 제6장 제3절 제5관 명예훼손 참고)

(2) 부동산 임차권(채총 제4장 제2절 제3자의 채권침해 참고)

제2장 물권의 변동

제1절 물권변동 총설

Ⅰ. 물권변동과 공시
[D-17]

1. 물권변동
물권의 발생, 변경, 소멸의 효과를 발생시키는 것을 통틀어 물권변동이라 한다.

2. 공시(公示)의 원칙

(1) 의 의

공시의 원칙이란 물권의 존재 또는 변동은 언제나 외부에서 인식할 수 있는 어떤 표상, 즉 공시방법을 수반하여야 한다는 원칙이다. 물권의 배타성을 실현함과 동시에 거래안전을 위해 인정된다.

(2) 공시의 원칙을 실현하는 방법

① 공시방법을 갖추지 않으면 제3자 뿐 아니라 당사자 사이에서도 물권변동의 효력이 발생하지 않는 것으로 보는 '성립요건주의'(형식주의)와 ② 당사자 사이에서는 물권변동이 일어나지만 공시방법을 갖추지 않는 한 그 물권변동을 제3자에게 대항하지 못하게 하는 '대항요건주의'(의사주의)가 있다. 우리 민법은 성립요건주의를 취하고 있다(제186조, 제188조).

3. 공신(公信)의 원칙

(1) 의 의

물권의 존재를 추측케 하는 표상, 즉 공시방법을 신뢰해서 거래한 자가 있는 경우 비록 그 공시방법이 진실한 권리관계에 일치하지 않더라도 마치 그 공시된 대로의 권리가 존재하는 것처럼 다루어서, 그 자의 신뢰를 보호하여야 한다는 원칙이다. 거래의 안전과 거래의 신속을 위해서 인정된다.

(2) 내 용

1) 동산의 경우

동산은 빈번하게 또 대량으로 거래된다는 점에서 선의취득을 인정하여 진정한 권리자보다는 거래안전을 보호하고 있다(제249조).

2) 부동산의 경우 [1회, 6회 기록형]

현재 등기부의 등기표시가 불완전하여 진실한 권리관계가 일치하지 않는 경우가 많기 때문에 거래의 안전보다는 진정한 권리자의 보호에 중점을 두어 공신의 원칙을 인정하지 않고 있다. 즉 등기의 공신력을 인정하지 않는다.

부동산등기에 공신력이 인정되지 않으므로, 민법은 의사표시에 있어서 선의의 제3자 보호규정(제107조 내지 제110조), 계약해제시 원상회복에 관한 규정(제548조 1항 단서), 부동산실명법 제4조 3항, 가등기담보법 제11조 단서 등의 개별규정을 통해 예외적으로 보호하고 있다.

Ⅱ. 물권변동의 구성요소 [D-18]

> 제186조 (부동산물권변동의 효력) 부동산에 관한 법률행위로 인한 물권의 득실변경은 등기하여야 그 효력이 생긴다.

1. 물권적 합의(물권행위)

(1) 의 의
물권행위란 직접 물권의 변동을 발생시키는 것을 목적으로 하는 의사표시를 요소로 하는 법률행위를 말한다. 직접 물권의 변동을 가져오는 법률행위로서 이행의 문제를 남기지 않는 점에 그 특색이 있다(부동산매매에서 매도인이 대금을 받고 등기서류를 교부한 때에는 당사자간에는 소유권이 이전되는 것으로 합의한 것이 된다). 다만 민법은 이것 외에 일정한 공시(부동산은 등기, 동산은 인도)를 갖추어야 물권변동이 발생하는 것으로 하는 성립요건주의를 취한다(제186조, 제188조). 물권행위·준물권행위(대표적으로 채권양도)를 '처분행위'라고도 하는바, 처분행위가 유효하기 위해서는 처분자에게 처분의 권한이 있어야 하고, 그렇지 않은 경우에는 그 처분행위는 '무효'이다.

그러나 채권행위의 경우에는 이행기까지 권리를 취득하여 이행을 하면 되므로, 우리 민법은 타인권리의 매매도 '유효'하다는 입장이다(제569조 참조).

(2) 물권행위의 독자성
① 물권행위의 독자성을 부정하는 견해가 있으나, ② 물권과 채권을 엄격히 구별하는 민법의 체계 하에서는 그 권리변동의 원인도 구별하는 것이 타당하므로 물권행위는 채권행위와 개념상 구별된다고 보는 것이 타당하다.

(3) 물권행위의 유인성
① 물권행위의 원인행위인 채권행위가 무효·취소·해제 등으로 실효되더라도 물권행위 자체가 유효한 때에는 그 물권행위는 영향을 받지 않고 유효하다는 '무인성설'도 있으나, ② 채권행위가 소멸되면 물권행위도 효력을 상실한다고 보는 것이 당사자의 의사에 부합하므로 '유인성설'이 타당하다.

> [구체적 예] 원칙적으로 '물권행위의 유인성' 논의는 채권행위에는 실효원인이 있는데, 물권행위에는 없는 경우에 문제된다. 예를 들어 당사자 간의 합의로 매도인이 중도금만 받은 상태에서 매수인 명의로 소유권이전등기를 해 주었는데 매수인이 잔금을 지급하지 않은 경우, 매도인이 채권행위인 매매계약을 해제하는 경우(제544조) 물권행위인 소유권이전등기행위도 실효되는지가 '물권행위의 유인성' 문제이다.

(4) 판례의 태도
判例는 물권행위의 독자성을 부정하나, 물권행위의 유인성을 긍정하는 입장이다. 즉 "물권에 관한 계약해제의 효과에 관하여는 채권적 효과설과 물권적 효과설이 대립되어 있으나, 우리의 법제가 물권행위의 **독자성과 무인성을 인정하고 있지 않는 점**과 민법 548조 1항 단서가 거래안전을 위한 특별규정이란 점을 생각할 때 계약이 해제되면 그 계약의 이행으로 변동이 생겼던 물권은 당연히 그 계약이 없었던 원상태로 복귀한다 할 것이다"(대판 1977.5.24. 75다1394)라고 판시하고 있다.

2. 공시방법 : 등기

제2절 부동산물권의 변동과 등기

제1관 부동산 등기

Ⅰ. 등기의 의의 [D-19]

등기란 국가기관인 등기관이 법정절차에 따라 등기부라는 공적 기록에 부동산에 관한 일정한 권리관계를 기록하는 것 또는 그러한 기록 자체를 말한다. 등기는 신청이 있었더라도 실제로 등기부에 기록되지 않으면 존재하지 않는 것으로 되며(대결 1971.3.24. 71마105), 등기관이 등기를 마친 경우, 등기는 '접수한 때'(등기가 완료된 날이 아님)부터 효력을 발생한다(부동산등기법 제6조 2항). [12회 사례형]

Ⅱ. 등기의 종류 [D-20]

1. 사실의 등기와 권리의 등기 … 등기의 기능

① '사실의 등기'는 권리의 객체인 부동산의 물리적 현황(부동산의 위치·사용목적·면적 등)을 표시하는 등기로서, 등기부의 표제부에 하기 때문에 '표제부의 등기'라고도 한다. ② '권리의 등기'는 등기부의 甲구란과 乙구란에 부동산의 권리관계를 기록하는 등기로서, 부동산에 관한 물권의 변동은 권리의 등기에 관해서만 인정된다. 민법 제186조 소정의 '등기'는 권리의 등기를 말하며, 권리의 등기는 다시 ㉠ 소유권보존등기와, ㉡ 권리변동의 등기(소유권의 이전·제한물권의 설정 등)로 나뉜다.

2. 종국등기와 예비등기 … 등기의 효력

(1) **종국등기**(본등기)

1) **기입등기**(소유권보존등기·소유권이전등기·저당권설정등기 등과 같은 새로운 사항을 기입하는 경우)

2) **변경등기**(주소가 변경되거나, 저당권의 피담보채권액을 증액하는 때와 같은 후발적 불일치가 생긴 경우)

"등기명의인의 표시변경 또는 경정의 부기등기가 등기명의인의 '동일성'을 해치는 방법으로 행하여져서 부동산등기사항증명서상의 표시가 실지 소유관계를 표상하고 있는 것이 아니라면 진실한 소유자는 그 소유권의 내용인 침해배제청구권의 정당한 행사로써 그 표시상의 소유명의자를 상대로 그 소유권에 장애가 되는 부기등기인 표시변경 또는 경정등기의 말소등기절차의 이행을 청구할 수 있으므로, 이와 같이 부동산의 등기명의인의 표시변경 또는 경정등기의 말소등기절차의 이행을 청구하려는 자는 자신이 부동산의 원래의 등기명의인에 해당하는 자로서 진실한 소유자라는 사실을 증명하여야 한다"(대판 2021.5.7. 2020다299214 : 14회 선택형).

3) **경정등기**(등기를 하는 과정에서 소유자의 주소를 잘못 기록한 경우와 같은 원시적 불일치가 생긴 경우)

가) 등기명의인의 동일성을 해하는 경정등기의 효력(소극)

判例는 "등기명의인의 경정등기는 그 명의인의 동일성이 인정되는 범위를 벗어나면 허용되지 않는다. 그렇지만 등기명의인의 동일성 유무가 명백하지 아니하여 경정등기 신청이 받아들여진 결과 명의인의 동일성이 인정되지 않는 위법한 경정등기가 마쳐졌다 하더라도, 그 등기가 경정 후의 명의인의 실체관계에 부합하는 것이라면 그 등기는 유효하다(대판 1996.4.12. 95다2135 참조 : 14회 선택형).

이 경우 경정등기의 효력은 소급하지 않고 경정 후 명의인의 권리취득을 공시한다. 한편 경정 전의 등기 역시 원인무효의 등기가 아닌 이상 경정 전 당시의 등기명의인의 권리관계를 표상하는 등기로서 유효하고, 이것이 소급적으로 소멸하거나 존재하지 않았던 것으로 되는 것은 아니다"(대판 2015.5.21. 전합2012다952 : 14회 선택형)라고 한다.

[관련판례] ＊ **권리자 경정등기의 허용여부(소극)**
"㉠ 경정등기가 허용되기 위해서는 경정 전후의 등기에 동일성 내지 유사성이 있어야 하는데, 경정 전의 명의인과 경정 후의 명의인이 달라지는 '권리자 경정등기'는 등기명의인의 동일성이 인정되지 않으므로 허용되지 않는다. 따라서 단독소유를 공유로 또는 공유를 단독소유로 하는 경정등기 역시 소유자가 변경되는 결과로 되어 등기명의인의 동일성을 잃게 되므로 허용될 수 없다. ㉡ 따라서 합유재산을 합유자 1인의 단독소유로 소유권보존등기를 한 경우에는 소유권보존등기가 실질관계에 부합하지 않는 원인무효의 등기이므로, 다른 합유자는 등기명의인인 합유자를 상대로 소유권보존등기 말소청구의 소를 제기하는 등의 방법으로 원인무효의 등기를 말소시킨 다음 새로이 합유의 소유권보존등기를 신청할 수 있다"(대판 2017.8.18. 2016다6309 : 9회 선택형).

나) 경정등기를 소로써 구할 수 있는지 여부(소극)

"실체관계상 공유인 부동산에 관하여 단독소유로 소유권보존등기가 마쳐졌거나 단독소유인 부동산에 관하여 공유로 소유권보존등기가 마쳐진 경우에 소유권보존등기 중 진정한 권리자의 소유부분에 해당하는 일부 지분에 관한 등기명의인의 소유권보존등기는 무효이므로 이를 말소하고 그 부분에 관한 진정한 권리자의 소유권보존등기를 하여야 한다. 이 경우 진정한 권리자는 소유권보존등기의 일부말소를 소로써 구하고 법원은 그 지분에 한하여만 말소를 '명'할 수 있으나, 등기기술상 소유권보존등기의 일부말소는 허용되지 않으므로, 그 판결의 '집행'은 단독소유를 공유로 또는 공유를 단독소유로 하는 경정등기의 방식으로 이루어진다. 이와 같이 일부말소 의미의 경정등기는 등기절차 내에서만 허용될 뿐 소송절차에서는 일부말소를 구하는 외에 경정등기를 소로써 구하는 것은 허용될 수 없다"(대판 2017.8.18. 2016다6309 : 14회 선택형). 즉, 判例는 일부지분의 말소등기를 명하고 그 집행은 '경정등기'를 통해 해결하고 있는바, [4회 기록형] 이를 실무상 '일부 말소등기로서의 경정등기'라고 한다.

다) 경정될 등기와 등기부상 양립할 수 없는 등기명의자가 등기상 이해관계 있는 제3자인지 여부(소극)

"부동산등기법 제32조 제2항은 '등기관이 등기의 착오나 빠진 부분이 등기관의 잘못으로 인한 것임을 발견한 경우에는 지체 없이 그 등기를 직권으로 경정하여야 하고, 다만 등기상 이해관계 있는 제3자가 있는 경우에는 제3자의 승낙이 있어야 한다'고 규정하고 있다. 여기서 '등기상 이해관계 있는 제3자'는 기존 등기에 존재하는 착오 또는 빠진 부분을 바로잡는 경정등기를 허용함으로써 손해를 입게 될 위험성이 있는 등기상의 권리자를 의미하는데, 경정될 등기와 등기부상 양립할 수 없는 등기가 된 경우에 등기내용은 단지 경정의 대상이 될 뿐이고, 등기명의자를 승낙청구의 상대방인 등기상 이해관계 있는 제3자로 보아 별도로 승낙까지 받아야 할 필요는 없다"(대결 2017.1.25. 2016마5579 : 14회 선택형).

4) 말소등기 [4・10・12회 기록형]

가) 피고적격

判例는 '말소등기청구'에서는 등기의무의 존부를 당사자적격의 문제로 파악하는바,[1] "등기의무자, 즉 등기부상의 형식상 그 등기에 의하여 권리를 상실하거나 기타 불이익을 받을 자(등기명의인이거나 그 포괄승계인)가 아닌 자를 상대로 한 등기의 말소절차이행을 구하는 소는 당사자적격이 없는 자를 상대로 한 부적법한 소"(대판 1994.2.25. 93다39225)라고 한다.

최근 判例에 따르면 허무인 또는 실체가 없는 단체 명의로 소유권이전등기가 마쳐진 경우 소유권이전등기의 말소를 청구할 수 있는 상대방은 '실제 등기행위를 한 자'라고 한다(대판 2019.6.3. 2015다47105).

---

1) [원칙] 통설 및 判例에 의하면 이행의 소에서는 자기에게 이행청구권이 있음을 주장하는 자가 원고적격을 가지며, 그로부터 이행의무자로 주장된 자가 피고적격을 갖는다. 그러나 判例는 '말소등기청구'사건에서는 등기의무의 존부를 당사자적격의 문제로 파악한다.

나) 등기상 이해관계 있는 제3자

등기의 말소를 신청하는 경우에 그 말소에 대하여 등기상 이해관계 있는 제3자가 있을 때에는 제3자의 승낙이 있어야 한다(부동산등기법 제57조). 判例에 따르면 동조에서 말하는 '등기상 이해관계 있는 제3자'란, "말소등기를 함으로써 손해를 입을 우려가 있는 등기상의 권리자로서 그 손해를 입을 우려가 있다는 것이 등기부 기재에 의해 형식적으로 인정되는 자이고, 제3자가 승낙의무를 부담하는지 여부는 말소등기권리자에 대해 승낙을 하여야 할 **실체법상 의무**(예를 들어 제108조 2항, 제548조 1항 단서 등에 따른 보호여부)가 있는지 여부에 의해 결정된다"(대판 2007.4.27. 2005다43753). **[4회 기록형]**

다만 '등기의 공신력'이 인정되지 않기 때문에 등기상 이해관계 있는 제3자는 원칙적으로 그의 선의, 악의를 묻지 아니하고 승낙을 해야할 의무가 있다.

5) 멸실등기

등기된 부동산이 '전부 멸실'된 경우에 행하여지는 등기로서, 표제부의 기재를 지우고 그 등기기록을 폐쇄하는 방법으로 한다(부동산등기법 제39조, 제43조 참고). 부동산의 '일부가 멸실'된 때에는 멸실등기를 하는 것이 아니라 부동산의 표시에 관한 변경등기를 하여야 한다.

6) 회복등기

가) 말소회복등기 [12회 사례형]

判例는 말소회복등기의 상대방은 현재의 등기명의인이 아니라 '말소 당시의 소유자'라고 한다(대판 1969.3.18. 68다1617 : **5회,7회,9회 선택형**). 만약 말소 당시의 소유자와 현재의 등기명의인이 다르면 현재의 등기명의인에게는 '승낙의 의사표시'를 구해야 한다(부동산등기법 제59조).

나) 멸실회복등기

(2) 예비등기

① 가등기(쟁점 17.참고), ② 예고등기 폐지(2011년 전면개정 부동산등기법)

3. 주등기와 부기등기 ··· 등기의 형식

(1) 주등기

주등기는 표시번호란 또는 순위번호란에 독립한 번호를 붙여 행해진 등기이다(독립등기).

(2) 부기등기

부기등기는 독립된 번호없이 주등기의 번호에 따라서 행해지는 등기로서 주등기의 번호 아래 부기호수를 기록하여 행하여진다. 부기등기는 기존의 등기순위를 그대로 보유할 필요가 있는 경우에 행하여진다(변경 또는 경정등기, 소유권 외의 권리의 이전등기).

1) 말소의 상대방(피고적격) : 등기명의자인 양수인 ··· 흠결시 각하사유 [8·12회 기록형]

判例에 따르면 '저당권의 설정원인'의 무효, 부존재나 피담보채무의 변제로 인한 소멸시에 저당권설정등기말소청구의 상대방은 양도인인 근저당권자가 아닌 현재의 등기명의자, 즉, '양수인'인 저당권이전의 부기등기명의자이다(대판 2000.4.11. 2000다5640 : **8회 선택형**).

같은 취지의 판시로 "근저당권 이전의 부기등기는 기존의 주등기인 근저당권설정등기에 종속되어 **주등기와 일체를 이루는 것으로서** 기존의 근저당권설정등기에 의한 권리의 승계를 등기부상 명시하는 것일 뿐 그 등기에 의하여 새로운 권리가 생기는 것이 아니므로, 근저당권설정자 또는 그로부터 소유권을 이전받은 제3취득자는 피담보채무가 소멸된 경우 또는 근저당권설정등기가 당초부터 원인무효인 경우 등에 근저당권의 현재의 명의인인 '양수인'을 상대로 '주등기'인 근저당권설정등기의 말소를 구할 수 있다"(대판 2003.4.11. 2003다5016)고 한다.

2) **말소의 대상(대상적격) : 양도인 명의의 주등기**··· 흠결시 각하사유 [8 · 12회 기록형]

① 判例는 "근저당권의 부기등기는 기존의 주등기인 근저당권설정등기에 종속되어 주등기와 일체를 이루는 것이고 주등기와 별개의 새로운 등기는 아니므로, 그 피담보채무가 변제로 인하여 소멸된 경우 위 주등기의 말소만을 구하면 되고, 그에 기한 부기등기는 별도로 말소를 구하지 않더라도 주등기가 말소되는 경우에는 직권으로 말소되어야 할 성질의 것이므로, 위 부기등기의 말소청구는 '권리보호의 이익'(소의 이익)이 없는 부적법한 청구"라고 한다(대판 2000.10.10. 2000다19526 : 8회 선택형). [16법무]
② 그러나 근저당권의 주등기 자체는 유효하고 단지 부기등기를 하게 된 원인만이 무효로 되거나 취소 또는 해제된 경우에는, 그 부기등기만의 말소를 따로 구할 수 있다(대판 2005.6.10. 2002다15412,15429). 즉, 채권양도의 무효ㆍ취소ㆍ해제로 인하여 '근저당권의 이전원인'이 무효로 된 경우에는 근저당권의 '양도인'(근저당권설정자 또는 그로부터 소유권을 이전받은 제3취득자가 아님)이 '양수인'을 상대로 '근저당권이전의 부기등기'의 말소를 구해야 한다.

[쟁점 17] 가등기

I. 서 설

[D20-1]

1. 가등기의 개념

'가등기'는 부동산등기법 제3조 각호에서 규정하고 있는 등기할 수 있는 권리('소유권ㆍ지상권ㆍ지역권ㆍ전세권ㆍ저당권ㆍ권리질권ㆍ채권담보권ㆍ임차권')에 대해 ① 이러한 권리의 설정ㆍ이전ㆍ변경ㆍ소멸의 청구권을 보전하려 할 때(예컨대 부동산 매수인의 소유권이전등기청구권), ② 그 청구권이 시기부ㆍ조건부이거나(예컨대 금전소비대차 불이행을 정지조건으로 하는 소유권이전등기청구권), ③ 그 청구권이 장래에 있어서 확정될 것인 때(예컨대 매매예약완결권에 기한 소유권이전등기청구권)에 그 '본등기의 순위보전을 위하여 하는 예비등기'를 말한다(부동산 등기법 제88조).
채권과 물권 간에는 물권이 우선하는데, 그 채권을 보전하기 위해 마련된 제도이다.

2. 가등기의 종류 및 구별기준

가등기에는 ① '청구권보전의 가등기'와 ② 채권담보의 목적으로 경료된 '담보가등기'가 있다. 전자는 부동산 등기법에 의해 규율되고 후자는 원칙적으로 가등기담보 등에 관한 법률에 의해 규율된다. '담보가등기'의 경우에도 가등기담보법이 적용되지 않는 경우에는 대체로 청구권 보전의 가등기와 마찬가지로 취급된다. '가등기가 담보가등기인지 여부'는 당해 가등기가 실제상 채권담보를 목적으로 한 것인지 여부에 의하여 결정되는 것이지 당해 가등기의 등기부상 원인이 매매예약(제564조)으로 기재되어 있는지 아니면 대물변제예약(제607조, 제608조)으로 기재되어 있는가 하는 형식적 기재에 의하여 결정되는 것이 아니다(대결 1998.10.7. 98마1333).

> [심화] ＊ **청구권보전의 가등기와 담보가등기의 효력 차이**
> ① 청구권보전의 가등기는 본등기가 이루어진 경우 본등기순위를 보전하는 효력을 가질 뿐, 가등기 그 자체로는 아무런 실체법상의 효력이 없으나, 담보가등기는 가등기 자체로 '저당권에 준하는 실체법상의 효력'을 갖는다(가등기담보법 제13조). ② 청구권보전의 가등기는 다른 선순위의 담보권이나 (가)압류가 없으면 경매가 되어도 존속함에 비하여 담보가등기는 경매에 의하여 원칙적으로 소멸하고(동법 제15조) 그 순위에 따라 우선변제를 받게 된다(동법 제13조).

Ⅱ. 가등기의 요건

1. 일반적 요건

가등기는 ⅰ) 장차 권리변동을 발생시킬 청구권을 보전하려 할 때, ⅱ) 그러한 청구권이 시기부 또는 정지조건부인 때, ⅲ) 기타 그러한 청구권이 장래에 확정될 것인 때 등에 할 수 있다(부동산 등기법 제88조). 그리고 담보가등기의 경우 가등기의 피담보채권이 존재하지 않으면 특단의 사정이 없는 한 그 가등기는 무효이다(대판 1988.3.22. 86다카622).

2. 가등기에 의해 보전할 수 있는 청구권

앞서 검토한 바와 같이 가등기는 물권 또는 부동산임차권의 변동을 목적으로 하는 청구권을 보전하기 위해서만 할 수 있는 것이므로, 청구권이라고 하더라도 '권리의 변동'을 목적으로 하는 것이 아닌 '물권적 청구권'에 대해서는 가등기를 할 수 없다(부동산 등기법 제88조).

즉, 判例도 '매매계약해제를 원인으로 한 원상회복청구권'은 ㉠ '물권적 청구권'이므로(물권적 효과설) 이를 보전하기 위한 가등기를 할 수 없지만, ㉡ 계약당사자 사이에 계약이 해제되면 매수인은 매도인에게 소유권이전등기를 하여 주기로 하는 '약정'이 있는 경우에는 매도인은 그 약정에 기하여 매수인에 대하여 소유권이전등기절차의 이행을 청구할 수 있고, 이는 '채권적 청구권'이므로 이러한 청구권은 가등기에 의하여 보전될 수 있다(대판 1982.11.23. 81다카1110 ; 핵심사례 D-3.참고)고 한다.

3. 가등기 신청절차

원칙적으로 가등기권리자와 가등기의무자가 공동으로 신청한다. 그러나 가등기의무자의 승낙서 또는 가처분명령의 정본을 첨부하여 가등기권리자가 단독으로 신청할 수 있다(부동산 등기법 제89조). 한편, 가등기의 말소는 가등기명의인이 단독으로 이를 신청할 수 있다(동법 제93조 1항)(8회 선택형).

Ⅲ. 가등기의 효력

1. 청구권 보전의 가등기

(1) 본등기 전의 효력(가등기 상태의 효과)

1) 공시의 효과

가등기의 기초가 된 채권을 채무자 이외의 제3자에게 알린다는 공시의 효과를 가진다. 제3자는 가등기를 통해 소유자를 채무자로 하는 가등기권리자의 채권이 존재한다는 것을 알 수 있다. 따라서 제3자는 가등기된 채권의 존재를 몰랐다는 항변을 할 수 없다.

2) 실체법상의 효력문제(청구권보전의 효력, 처분금지적 효력)

담보가등기의 경우에는 그 자체로 (담보권으로서) 실체법상 효력이 있다. 그러나 청구권보전의 가등기의 경우는 가등기에 기하여 본등기를 하기 전에 가등기 자체만으로 실체법적 효력을 인정할 것인지 문제되나,[2] 判例는 "가등기는 순위보전적 효력만이 있을 뿐이고, 가등기만으로는 아무런 실체법상 효력을 갖지 아니하고 그 본등기를 명하는 판결이 확정된 경우라도 본등기를 경료하기까지는 마찬가지이므로, 중

---

[2] [학설] ① 가등기 자체만으로는 아무런 실체법상의 효력이 없으며(본등기청구권은 가등기의 효력이 아니라 그 원인이 된 매매계약에서 생기는 것이라고 한다), 따라서 가등기가 있더라도 등기의무자인 본등기명의인은 부동산을 처분할 권리를 잃지 않는다고 보는 '실체적 효력 부정설'(다수설)과 ② 가등기 후에 그 부동산이나 권리에 관하여 한 처분은 가등기된 청구권을 침해하는 한도에서 상대적으로 무효로 된다는 '청구권보전 효력 인정설'(곽윤직, 김상용)이 대립된다.

복된 소유권보존등기가 무효이더라도 가등기권리자는 그 말소를 청구할 권리가 없다"(대판 2001.3.23. 2000다 51285 : 8회 선택형)고 판시하여 실체적 효력 부정설의 입장이다. [15법행]

3) 등기의 추정력

① [등기원인 사실의 존재 추정력 부정] 가등기가 되어 있다고 하여 그 '등기원인 사실의 존재'(예를 들어 매매예약 사실)가 추정되지는 않는다. 즉, 判例 중에는 (부동산을 他에 매각하지 못하도록 가등기를 하였다고 주장한 사안에서) 소유권이전청구권의 보전을 위한 가등기가 있다 하여 반드시 금전채무에 관한 담보계약이나 대물 변제의 예약이 있었던 것이라고 단정할 수 없어 소유권이전등기를 청구할 어떤 법률관계가 있다고 추정되는 것은 아니라고 판시한 것이 있다(대판 1979.5.22. 79다239 ; 대판 2018.11.29. 2018다200730 : 12회 선택형).[3]

② [권리추정력 인정] 그러나 가등기도 본등기와 마찬가지로 그것이 형식적으로 존재하는 이상 '적법한 등기원인에 의하여 마쳐진 것'으로 추정된다. 즉, 가등기에도 권리추정력이 인정된다(통설). 判例도 가등기가 불법말소되면, 가등기권리자는 위법하게 말소된 가등기의 회복등기를 청구할 수 있는데, 그 회복등기가 마쳐지기 전이라도 말소된 등기의 등기명의인은 적법한 권리자로 추정되므로 원인 없이 말소된 등기의 효력을 다투는 쪽에서 그 무효사유를 주장·증명하여야 한다고 한다(대판 2011.10.13. 2011다51281).

(2) 본등기 후의 효력(본등기순위보전의 효력)

1) 본등기순위보전의 효력

가등기에 기한 본등기가 행하여지면 본등기의 순위는 '가등기의 순위'에 의한다(부동산 등기법 제91조). 다만 이러한 효력은 '본등기의 순위'에 관한 것일 뿐이고, '물권변동의 효력은 그 본등기를 한 때'(본등기 신청이 접수된 때) 발생하는 것이지 遡及하여 가등기가 행하여진 때 발생하는 것은 아니다(대판 1981.5.26. 80다3117 : 8회 선택형).

[구체적 예] 가등기를 하였더라도 그것이 가등기의무자의 처분권을 제한하는 것은 아니다(처분금지적 효력 부정). 그러나 후에 가등기에 기해 본등기를 하면 '본등기의 순위'는 가등기의 순위에 따르게 되어(부동산등기법 제91조), 그 사이의 (중간)처분행위에 따른 권리 중 본등기된 권리와 저촉되는 것은 효력을 잃거나 후순위로 된다(대판 1982.6.22. 81다1298,1299). 예컨대 甲으로부터 乙에게 소유권이전청구권보전의 가등기가 행하여진 경우에도 甲은 당해 부동산을 丙에게 매도할 수도 있고, 또 저당권을 설정해 줄 수도 있다. 그러나 후에 乙이 가등기에 기해 본등기를 하게 되면, (丙의 그러한 등기는 乙의 가등기에 의해 보전되는 권리를 침해하는 것이 되므로) 丙의 소유권 또는 저당권은 실효되고 후술하는 바와 같이 '직권말소'된다(6회 선택형).

2) 중간처분의 실효(가등기에 기한 본등기의 절차)

가) 판 례

가등기 후에 제3자를 위한 중간처분의 등기가 있는 경우 가등기권리자는 가등기의무자(현재 등기명의 자가 아님)를 상대로 본등기를 하여야 하며(6회 선택형), 이 본등기가 있게 되면 제3자의 등기는 부동산 등기법 제55조 2호의 "사건이 등기할 것이 아닌 때"에 해당하므로 등기공무원이 동법 제175조 1항에 의해 이를 '직권'으로 '말소'해야 한다고 한다(대결 1962.12.24. 전합4294민재항675).[4][5]

---

[3] "의용 민법과 의용 부동산등기법 적용 당시 행하여진 가등기의 구체적인 등기원인이 존재하는 것으로 추정할 수 없다. 가등기의 구체적인 등기원인의 추정력이 부정되는 것은 현행 민법과 부동산등기법에 따라 이루어진 가등기에 관해서도 마찬가지이다"

[4] [판례평석] 判例의 태도는 실제적 측면에서는 타당한 결과를 얻게 되나, 가등기 후에 적법하게 경료된 중간처분의 등기가 가등기에 기해 본등기가 되었다고 하여 어째서 소급하여 처음부터 등기할 것이 아닌 것이 되느냐는 문제점이 있다(判例에 따르면 결과적으로 가등기에 대항력을 인정한 것과 다를 바가 없다. 즉 判例의 태도는 가등기가 가등기인 채로 어떠한 실체법적 효력이 있다고 뒷받침될 때 비로소 가능한 결과라고 할 것이다. 따라서 '청구권보전을 위한 가등기 이후에 이루어진 처분행위는 가등기권리자에 대해 효력이 없다'는 것을 실체법인 민법에 규정할 필요가 있다(입법론).

나) 개정된 부동산등기법

이에 관하여 개정(2011.10.13.부터 시행)된 부동산등기법 제92조는 '등기관은 가등기에 의한 본등기를 하였을 때에는 대법원규칙으로 정하는 바에 따라 가등기 이후에 된 등기로서 가등기에 의하여 보전되는 권리를 침해하는 등기를 직권으로 말소하여야 한다. 등기관이 이에 따라 가등기 이후의 등기를 말소하였을 때에는 지체 없이 그 사실을 말소된 권리의 등기명의인에게 통지하여야 한다'고 규정하여 이 문제를 입법적으로 해결하였다(이는 개정 전의 判例의 태도를 채용한 것으로 보인다).

■ **가등기권자가 본등기절차에 의하지 않고 가등기설정자로부터 별도의 소유권이전등기를 받은 경우**

① **[혼동으로 소멸하는지 여부(소극)]** 어느 특정의 물건에 관한 채권을 가지는 자가 그 물건의 소유자가 되었다는 사정만으로는 채권과 채무가 동일한 주체에 귀속한 경우에 해당한다고 할 수 없어, 그 물건에 관한 채권(가등기에 기한 본등기청구권)이 민법 제507조에 의한 혼동으로 소멸하는 것은 아니다(대판 2007.2.22. 2004다59546 ; 핵심사례 D-3.참고). **[15법행]**

② **[가등기에 기한 본등기 전에 중간처분의 등기가 있는 경우]** 가등기권자가 가등기된 목적물에 관하여 소유권이전등기를 받고 있다 하더라도 가등기 후 그 소유권이전등기 전에 중간처분의 등기가 있는 경우에는, 가등기권자는 그 순위보전을 위하여 가등기에 기한 본등기절차의 이행을 구할 수 있다(대판 1988.9.27. 87다카1637 ; 대판 1995.12.26. 95다29888 ; D-51. 비교판례 참고). **[15법행]**

③ **[가등기에 기한 본등기 전에 중간처분의 등기가 없는 경우]** 그러나 가등기 후 중간처분의 등기가 되어 있지 않고 가등기와 소유권이전등기의 등기원인도 동일하다면, 가등기에 의하여 보전될 소유권이전등기청구권은 소멸되었다고 보아야 하므로, 가등기권자는 가등기의무자에 대하여 더 이상 그 가등기에 기한 본등기절차의 이행을 구할 수 없다(대판 2007.2.22. 2004다59546 ; 핵심사례 D-3.참고). **[15법행]**

2. 담보가등기

① 가등기담보법이 적용되는 경우 저당권과 유사하게 취급된다. ② 그러나 '담보가등기'의 경우에도 가등기담보법이 적용되지 않는 경우에는 대체로 청구권 보전의 가등기와 마찬가지로 취급된다.

Ⅳ. 가등기의 가등기 [D20-4]

1. 문제점

가등기상의 권리가 양도되는 경우에 그 양도사실을 등기부에 나타낼 수 있는지 그리고 등기부에 공시할 수 있다면 어떤 방식으로 기재할 것인지와 관련한 문제가 바로 '가등기의 가등기' 문제이다. 이러한 가등기의 가등기는 '협의의 가등기의 가등기'와 '가등기의 부기등기'가 있는바, 학설은 대체로 협의의 가등기의 가등기는 등기부가 너무 복잡해져서 등기의 공시기능이 저해될 우려가 있다는 것을 이유로 부정하나 가등기의 부기등기는 허용하는 입장이다.

2. 가등기담보권의 양도와 담보가등기의 이전등기(가등기의 부기등기)

가등기담보 등에 관한 법률은 이른바 가등기담보권을 인정한다. 가등기담보권은 일종의 담보물권으로서 당연히 양도성을 가진다. 가등기담보권의 이전은 가등기의 가등기, 즉 권리이전의 부기등기에 의하여 할 수 있다.

---

5) **[참고판례]** "가등기에 기한 소유권이전의 본등기가 경료됨으로써 등기공무원이 직권으로 가등기 후에 경료된 제3자의 등기를 말소한 경우 그 후에 가등기에 기한 본등기가 원인무효 등의 사유로 말소된 때에는 결국 그 제3자의 등기는 말소하지 아니할 것을 말소한 결과가 되므로 등기공무원은 직권으로 그 말소등기의 회복등기를 하여야 하는 것이고, 따라서 그 회복등기를 소구할 이익이 없다"(대판 1995.5.26. 95다6878 : **6회 선택형**).

3. 가등기상의 권리의 이전과 가등기의 가등기(가등기의 부기등기)

(1) 문제점

甲으로부터 부동산을 매수한 乙이 소유권이전등기청구권을 보전하기 위한 가등기만을 경료한 상태에서 그 '청구권'을 丙에게 '양도'한 경우, 丙이 그 양수채권을 보전하기 위하여 등기를 할 수 있는지, 즉 가등기상의 권리의 이전등기를 '가등기에 대한 부기등기'의 형식으로 할 수 있는지 문제된다.

[심화] 이때 (협의의) 가등기의 가등기를 하지 않고 가등기의 부기등기를 하는 이유는, 이 경우 丙은 매도인 甲으로부터 직접 토지소유권을 이전 받는 것이며, 乙이 甲으로부터 일단 소유권을 취득한 뒤에 이를 다시 丙에게 이전하는 것이 아니기 때문이다. 따라서 후자의 경우, 즉 乙이 甲으로부터 부동산을 매수하여 그 소유권이전등기청구권을 보전하기 위하여 위 부동산에 관하여 가등기를 마쳤는데 다시 丙이 乙로부터 위 부동산을 매수한 경우에는 丙은 乙에 대한 소유권이전등기청구권을 보전하기 위하여 위 가등기에 대하여 다시 가등기를 해야 하는바, 이러한 '협의의 가등기의 가등기와는 구별'하여야 한다. 아래의 전합98다24105판결은 가등기의 부기등기와 관련한 것임을 유의해야 한다.

(2) 판 례

과거 判例는 부정설의 입장이었으나(대결 1972.6.2. 72마399), 이후 "가등기는 원래 순위를 확보하는 데에 그 목적이 있으나 순위보전의 대상이 되는 물권변동의 청구권은 ⅰ) 그 성질상 양도될 수 있는 재산권일 뿐만 아니라, ⅱ) 가등기로 인하여 그 권리가 공시되어 결과적으로 공시방법까지 마련된 셈이므로, 이를 양도한 경우에는 양도인과 양수인의 공동신청으로 그 가등기상의 권리의 이전등기를 가등기에 대한 부기등기의 형식으로 경료할 수 있다"고 입장을 변경하였다(대판 1998.11.19. 전합98다24105 ; 표준판례182).
참고로 당해 判例는 담보가등기가 아닌 '청구권보전의 가등기'에 관한 판례이며, 매매계약에 따른 소유권이전등기청구권의 '채권양도'에 관한 판례임을 주의해야 한다.

Ⅴ. 가등기의 말소 [D20-5]

1. 소멸원인

가등기는 '말소등기'나 '가등기에 기한 소유권이전의 본등기'에 의해서 소멸한다. 그러나 앞서 검토한 바와 같이 '다른 원인에 의하여 소유권이전등기'를 마쳤으나, '가등기 후 그 소유권이전등기 전에 중간처분의 등기'가 있는 경우에는, 혼동에 의하여 가등기에 기한 본등기청구권이 소멸하는 것은 아니므로 가등기에 기한 본등기를 청구할 수 있다(대판 1988.9.27. 87다카1637 ; 대판 1995.12.26. 95다29888).

2. 가등기가 설정된 토지가 경매절차에서 제3자에게 낙찰된 경우

"부동산의 강제경매절차에서 경매목적부동산이 낙찰된 때에도 소유권이전등기청구권의 순위보전을 위한 가등기는 그보다 선순위의 담보권이나 가압류가 없는 이상 담보목적의 가등기와는 달리 말소되지 아니한 채 낙찰인에게 인수되는 것인바, 권리신고가 되지 않아 담보가등기인지 순위보전의 가등기인지 알 수 없는 경우에도 그 가등기가 등기부상 최선순위이면 집행법원으로서는 일단 이를 순위보전을 위한 가등기로 보아 낙찰인에게 그 부담이 인수될 수 있다는 취지를 입찰물건명세서에 기재한 후 그에 기하여 경매절차를 진행하면 족한 것이지, 반드시 그 가등기가 담보가등기인지 순위보전의 가등기인지 밝혀질 때까지 경매절차를 중지하여야 하는 것은 아니다"(대판 2003.10.6. 2003마1438).

3. 가등기가 불법으로 말소된 경우 회복등기의무자

"말소된 등기의 회복등기절차의 이행을 구하는 소에서는 회복등기의무자에게만 피고적격이 있는바, 가등기가 이루어진 부동산에 관하여 제3취득자 앞으로 소유권이전등기가 마쳐진 후 그 가등기가 말소된 경우 그와 같이 말소된 가등기의 회복등기절차에서 회복등기의무자는 가등기가 말소될 당시의 소유자인 제3취득자이다"(대판 2009.10.15. 2006다43903).

▶ [쟁점 17]

제2관 등기청구권

요건사실론

소유권이전등기청구

Ⅰ. 매매를 원인으로 한 소유권이전등기청구 : 제568조

1. 소송물
소송물은 매매계약에 기한 채권적 청구권이다. 한편, 매매와 시효취득 등과 같이 등기원인을 달리하는 경우에 그것은 단순히 공격방어방법의 차이에 불과한 것이 아니고, 등기원인별로 별개의 소송물로 인정된다.

2. 청구취지
일반적으로 청구취지는 '피고는 원고에게 별지 목록 기재 건물에 관하여[6] 2010.11.1. 매매를[7] 원인으로 한 소유권이전등기절차를 이행하라.'는 형태가 될 것이다.

3. 청구원인
매매를 원인으로 한 소유권이전등기청구의 요건사실은 '매매계약을 체결한 사실'이다. 소유권이전등기청구의 경우 매매계약 체결만으로 매수인의 소유권이전등기청구권이 발생하므로, 매매계약의 체결사실만 주장·증명하면 되며, 매수인이 대금을 지급(동시이행 항변)하였다거나 목적물이 매도인 소유라는 사실을 주장·증명할 필요는 없다. 마찬가지로, 반대 당사자인 매도인이 매수인에게 대금지급을 청구하는 경우에도 청구원인으로 매매계약의 체결사실만을 주장·증명하면 된다.

4. 예상되는 항변

(1) 소유권이전등기청구권에 대한 (가)압류 항변
피고(매도인)는 원고(매수인)의 소유권이전등기청구권을 제3자가 (가)압류·가처분하였다는 항변을 할 수 있는바, 소유권이전등기청구권에 대한 압류, 가압류 또는 처분금지가처분이 되어 있는 경우, 채무자(매수인)는 제3채무자(매도인)를 상대로 그 이행을 구하는 소송을 제기할 수 있고, 법원은 '가압류의 해제조건부'로 판결을 선고하여야 한다(대판 1999.2.9. 98다42615). [1회 사례형]

(2) 동시이행항변
피고(매도인)은 매매대금 잔액을 지급받을 때까지 원고(매수인)에게 소유권이전등기를 해 줄 수 없다는 동시이행항변을 할 수 있다. 이와 같은 동시이행의 항변은 항변권자의 행사를 요건으로 하는 권리항변[8]에 해당한다. 일반적으로 동시이행의 항변을 하기 위해서는 반대의무의 발생사실을 주장·증명하여야 하나, 이미 청구원인단계에서 매매계약의 체결사실이 인정되어 있는 상황이라면 그 사실을 항변권자가 별도로 주장할 필요는 없고, 동시이행항변권을 행사한다는 의사만 표시하면 족하다.
이때 원고(매수인)는 반대채무의 이행기가 도래하지 않았다거나, 잔금의 지급 또는 이행제공의 '계속'을 주장·증명하여 동시이행항변권이 소멸되었다는 '재항변'을 할 수 있다(대판 1995.3.14. 94다26646: 표준판례593).

(3) 그 밖에 항변
그 밖에도 매매계약의 무효·취소라든지, 약정·법정해제, 소멸시효 완성 등을 주장·증명할 수 있다.

Ⅱ. 취득시효완성으로 인한 소유권이전등기청구(D-66.참고) : 제245조 1항

I. 서 설
[D-21]

1. 의 의
등기청구권이란 등기권리자가 등기의무자에 대하여 등기에 협력할 것을 청구할 수 있는 '실체법상의 권리'이다. 따라서 단독으로 등기신청을 할 수 있는 경우라면 등기청구권을 인정할 실익이 없다.

2. 구별개념

(1) 등기신청권
등기청구권은 사인간의 실체법상의 권리인 점에서, 국가기관인 등기관에 대한 공법상의 권리인 '등기신청권'과는 구별된다.

(2) 등기인수(수취)청구권(채총 제3장 제3절 채권자지체 참고)

1) 판 례
본래의 등기청구권과 반대로 등기의무자가 등기권리자에게 등기이전을 해 갈 것을 청구할 수 있는지 문제된다. 判例는 "등기의무자가 자기 명의로 있어서는 안 될 등기가 자기 명의로 있음으로 인하여 사회생활상 또는 법상 불이익(민사책임과 각종 세금 등의 부담)을 입을 우려가 있는 경우에는 소의 방법으로 등기권리자를 상대로 등기를 인수받아 갈 것을 구하고 그 판결을 받아 등기를 강제로 실현할 수 있다"(대판 2001.2.9. 2000다60708)고 하여 등기인수청구권을 인정하고 있다.

2) 검 토
등기인수청구권을 인정할 법적근거가 부동산 등기법에 있을 뿐만 아니라(동법 제23조 ④항 판결에 의한 등기는 승소한 등기권리자 또는 등기의무자가 단독으로 신청한다), 통상의 채권채무 관계에서는 채권자가 수령을 지체하는 경우 채무자는 변제공탁(제487조) 등에 의한 방법으로 채무부담에서 벗어날 수 있으나, 등기에 관한 채권채무 관계에 있어서는 이러한 방법을 사용할 수 없으므로 판결을 통해 등기를 강제로 실현할 수 있다는 점에서 등기인수청구권을 인정할 실익도 있으므로 判例가 타당하다(위 2000다60708판시내용).

II. 등기청구권의 법적 성질
[D-22]

1. 법률행위에 의한 등기청구권
① 물권적 합의를 하면 '물권적 기대권'이 발생하고 그 물권적 기대권의 효력으로서 등기청구권이 발생하므로 그 성질을 '물권적 청구권'으로 보는 견해가 있으나, ② 민법이 형식주의를 취하고 있다는 점(제186조)에서 등기 이전에 물권적인 권리를 예정할 수는 없다. 따라서 법률행위에 의한 등기청구권은 채권행위로부터 발생하는 '채권적 청구권'으로 보아야 한다(대판 1962.5.10. 4294민상1232).

2. 원인행위의 실효에 의한 등기청구권
원인행위가 실효되어 기존의 등기를 말소청구하는 경우(대표적으로 계약해제에 따르는 원상회복청구권), '물권행위의 유인성'에 따라 물권적 청구권으로 보는 견해가 타당하다(대판 1964.11.24. 64다851,852)

---

6) 부동산 관련 등기절차의 이행의 경우에 부동산을 지칭할 때는 '에 관하여'라는 표현을 사용한다.
7) 등기원인인데, '매매계약'이라고 적지 않는다.
8) 권리항변의 경우에는 권리발생의 기초가 되는 객관적 사실만이 아니라 권리를 행사한다는 취지의 당사자의 의사표시가 요구되므로 법원은 그 의사표시가 없는 한 권리항변사실에 관한 상대방의 불리한 주장이 있어도 이를 판결의 기초로 할 수 없으며, 이러한 점에서 주장공통의 원칙에 대한 예외로서의 의미를 갖는다. 유치권이나 동시이행의 항변권 등이 이에 속한다(사법연수원, 요건사실론(2016년판). p.44].

3. 점유취득시효완성에 의한 등기청구권

제245조 1항에 의해 취득시효가 완성되면 점유자는 소유자를 상대로 취득시효를 원인으로 소유권이전등기를 청구할 수 있는 등기청구권을 가지므로 그 성질은 채권적 청구권이다(대판 1970.9.29. 70다1875).

4. 명의신탁 해지의 경우(명의신탁이 유효한 경우) [21법행]

ⅰ) 신탁관계의 종료 자체를 원인으로 하는 소유권이전등기를 청구하는 경우는 '채권적 청구권'의 성질을 가지나, ⅱ) 명의신탁 해지로 인하여 복귀한 소유권에 기하여 소유권이전등기 또는 소유권이전등기말소를 청구하는 경우에는 '물권적 청구권'의 성질을 가진다(대판 2002.5.10. 2000다55171).

Ⅲ. 등기청구권의 소멸시효

[D-23]

判例는 전체적으로 '등기청구권자를 보호할 필요성'이 있느냐라는 실질적인 기준에서 등기청구권의 소멸시효 진행여부를 판단하고 있다.

│ 쟁점구조 │

■ 등기청구권의 소멸시효

A ⇒ B(A와의 매매계약을 통해 21년째 점유한 후 C에게 매매계약을 통해 점유이전) ⇒ C(B와의 매매계약을 통해 11년째 점유) 현재 등기는 A명의로 되어 있다.
C가 소유권이전등기청구권을 경료받을 수 있는 경우의 수는 어떠한가?

Ⅰ. C가 A에게 직접 소유권이전등기청구권을 행사할 수 있는 방법

① C가 A에게 중간생략등기청구권을 행사할 수 있는지 여부(判例는 3자간 합의 필요), ② C가 B의 점유취득시효완성의 효과를 A에게 주장할 수 있는지 여부(소극 : 判例는 직접청구부정설, 대위행사설), ③ 기산점의 임의선택(역산)으로써 C 자신이 현재 점유취득시효를 완성하였다고 주장할 수 있는지 여부(判例는 취득시효기간 중 계속해서 등기명의자가 동일한 경우 적극), ④ B의 A에 대한 매매계약 또는 점유취득시효 완성에 따른 소유권이전등기청구권의 채권양도를 원인으로 한 소유권이전등기청구 가부(判例는 매매계약에 따른 소유권이전등기청구권의 경우 채무자 A의 '승낙'시 가능, 점유취득완성에 따른 소유권이전등기청구권의 경우는 '통지'만으로 대항력 생기나 이는 소멸시효가 완성됨)

Ⅱ. C가 A에게 간접적으로 소유권이전등기청구권을 행사할 수 있는 방법(채권자대위권)

① C가 B에게 가진 매매계약에 따른 소유권이전등기청구권의 소멸시효 완성여부(소극), ② B의 C에게로의 처분과 B의 A에 대한 매매계약에 기한 소유권이전등기청구권의 소멸시효 완성 여부(소극), ③ B의 C에게로의 처분과 B의 A에 대한 점유취득시효 완성에 기한 소유권이전등기청구권의 소멸시효 완성 여부(적극)

1. 매매에 기한 등기청구권의 소멸시효

[D-23a]

(1) 원 칙

매매에 기한 등기청구권의 성질을 채권적 청구권으로 보는 견해에 의하면 제162조 1항에 의해 10년의 소멸시효에 걸린다(다수설, 判例).

(2) 매수인이 목적물을 인도받아 사용·수익하고 있는 경우 [07사법]

判例는 "'시효제도의 존재이유'에 비추어 보아 부동산 매수인이 그 목적물을 인도받아서 이를 사용수익하고 있는 경우에는 그 매수인을 '권리 위에 잠자는 것'으로 볼 수도 없고 또 매도인 명의로 등기가 남아 있는 상태와 매수인이 인도받아 이를 사용수익하고 있는 상태를 비교하면 매도인 명의로 잔존하고 있는 등기를 보호하기 보다는 매수인의 사용수익상태를 더욱 보호하여야 할 것이므로 그 매수인의 등기청구권은 다른 채권과는 달리 소멸시효에 걸리지 않는다"(대판 1976.11.6. 전합76다148: 표준판례135 : 12회 선택형)고 한다.
[판례검토] 검토하건대, 소멸시효제도의 입법취지나 매도인과 매수인의 이익형량을 고려할 때 매수인의 등기청구권은 다른 채권과는 달리 소멸시효에 걸리지 않는다고 보는 判例의 태도는 타당하다.

(3) 매수인이 목적물을 인도받아 점유하다가, 다른 사람에게 처분하여 점유를 승계해 준 경우

判例는 "부동산 매수인이 부동산을 인도받아 사용·수익하다가 '보다 적극적인 권리행사'의 일환으로 다른 사람에게 그 부동산을 처분하고 점유를 승계해 준 경우에도, 부동산을 스스로 계속 사용수익하고 있는 경우와 마찬가지이므로 소멸시효는 진행되지 않는다"(대판 1999.3.18. 전합98다32175: 표준판례136 : 4회,5회,12회 선택형)고 판시하고 있다.
[판례검토] 검토하건대, 궁극적으로 매도인 명의의 등기를 보호하기보다는 제3자(현재 점유중인 매수인)의 사용·수익 상태를 더욱 보호하여야 할 것이므로 判例의 태도는 타당하다.

[비교판례] ※ 건물소유권을 상실한 자의 토지에 대한 소유권이전등기청구권의 소멸시효 진행
"건물은 일반적으로 그 대지를 떠나서는 존재할 수 없으므로, 건물의 소유자는 건물의 소유를 위하여 그 대지인 토지를 점유하고 있다고 볼 수 있고, 이는 건물의 소유자가 현실적으로 건물이나 그 대지를 점유하지 않더라도 마찬가지이지만, 그가 건물의 소유권을 상실한 경우에는 특별한 사정이 없는 한 그 대지에 대한 점유도 함께 상실한다. 따라서 원고가 피고로부터 토지를 매수하여 매매대금을 모두 지급하였으나 소유권이전 등기를 마치지는 않았고, 그 지상에 공장을 건축하여 소유권보존등기를 마쳤는데 국세체납을 이유로 공매되어 제3자에게 소유권이 이전된 경우, '공장에 대한 공매가 토지에 대한 원고의 권리행사라고 보기 어렵고', 원고가 공매로 공장의 소유권을 상실함으로써 토지의 점유를 상실하였으므로 그때부터 소유권이전등기청구권에 관한 상사시효가 진행된다"(대판 2023.9.21. 2023다249876).

2. 점유취득시효 완성에 의한 소유권이전등기청구권의 소멸시효 [D-23b]

점유취득시효완성에 의한 등기청구권(제245조 1항) 역시 채권적 청구권으로 보는 것이 통설적인 입장이나 앞서 검토한 전합98다32175判例의 취지와는 달리 "토지에 대한 취득시효 완성으로 인한 소유권이전등기청구권은 그 토지에 대한 점유가 계속되는 한 시효로 소멸하지 아니하고, 그 후 점유를 상실하였다고 하더라도 이를 시효이익의 포기로 볼 수 있는 경우가 아닌 한 이미 취득한 소유권이전등기청구권은 바로 소멸되는 것은 아니나, 그 점유자가 점유를 상실한 때로부터 10년간 등기청구권을 행사하지 아니하면 소멸시효가 완성한다"(대판 1996.3.8. 95다34866: 표준판례223 : 1회,10회,12회 선택형)고 보아 점유취득시효 완성자가 부동산의 점유를 이전한 경우 그 자의 등기청구권은 점유상실시로부터 소멸시효가 진행된다고 보고 있다. [13회 기록형, 23법행] 즉 전합98다32175判例에서 위 판결을 폐기하지 않아 점유취득시효에 관한 위 判例는 여전히 유지되고 있다.

3. 명의신탁에 따른 소유권이전등기청구권의 소멸시효 [D-23c]

(1) 부동산실명법 시행 전에 체결된 매도인이 선의인 계약명의신탁에서 유예기간 경과 후 신탁자가 수탁자에 대하여 갖는 소유권이전등기청구권 [5회 사례형, 19법행]

"부동산실명법 시행일로부터 1년의 기간(유예기간)이 경과하기 전까지는 명의신탁자는 언제라도 명의신탁을 해지하여 해당 부동산의 소유권을 취득할 수 있었다는 점에서, 그 유예기간이 경과한 후에는 동법 제12조

1항에 의해 제4조가 적용되어 계약명의신탁법리가 적용된다고 하더라도, 동법 제3조 및 제4조가 명의신탁자에게 소유권이 귀속되는 것을 막는 취지의 규정은 아니므로 이 경우에는 **명의수탁자는 명의신탁자에게 자신이 취득한 해당 '부동산 자체'를 부당이득으로 반환할 의무가 있다**"(대판 2002.12.26. 2000다21123; 표준판례267). 그리고 명의신탁자가 해당부동산의 회복을 위해 명의수탁자에 대해 가지는 이러한 소유권이전등기청구권은 그 성질상 법률의 규정에 의한 부당이득반환청구권으로서, 제162조 1항에 따라 10년의 기간이 경과함으로써 시효로 소멸한다. 유의할 점은 위 등기청구권은 명의신탁자가 목적물을 점유하고 있더라도 소멸시효에 걸린다는 것이다(대판 2009.7.9. 2009다23313; 표준판례270 : 9회 선택형). [판례검토] 만약 이 경우 소멸시효가 진행되지 않는다고 한다면 실명전환을 하지 않아 위 법률을 위반한 경우임에도 그 권리를 보호하여 주는 결과가 되므로 判例는 타당하다(위 2009다23313판시내용).

> **[관련판례]** ※ 부당이득반환청구권의 시효중단 사유
> 최근에는 判例상 어떠한 경우에 위 부당이득반환청구권의 소멸시효가 중단된 것으로 볼 것인가 하는 점이 문제되고 있는바, 대부분 '승인'(제168조 3호)과 관련한 쟁점이다. 예컨대 "명의수탁자가 당해 부동산 관련 세금의 부담과 같은 재산적 지출을 명의신탁자에게 적극적으로 요청하는 등 명의신탁자의 대내적 소유권을 인정한 데에는 명의신탁자에 대하여 소유권등기를 이전·회복하여 줄 의무를 부담함을 알고 있다는 뜻(시효중단 사유인 승인)이 묵시적으로 포함되어 있다"고 보았다(대판 2012.10.25. 2012다45566).

(2) 3자간 등기명의신탁에 의한 등기가 유효기간 경과로 무효로 된 경우, 명의신탁자의 매도인에 대한 소유권이전등기청구권

"부동산의 매수인이 목적물을 인도받아 계속 점유하는 경우에는 매도인에 대한 소유권이전등기청구권은 소멸시효가 진행되지 않고, 이러한 법리는 3자간 등기명의신탁에 의한 등기가 유효기간의 경과로 무효로 된 경우에도 마찬가지로 적용된다. 따라서 그 경우 목적 부동산을 인도받아 점유하고 있는 명의신탁자의 매도인에 대한 소유권이전등기청구권 역시 소멸시효가 진행되지 않는다"(대판 2013.12.12. 2013다26647; 표준판례263 : 9회, 10회 선택형).[9]

(3) 명의신탁해지로 인한 소유권이전등기청구권

ⅰ) 신탁관계의 종료 자체를 원인으로 하는 소유권이전등기를 청구하는 경우('채권적 청구권')는 해지시부터 소유권이전등기청구권의 소멸시효기간이 진행되고 그 소멸시효기간은 신탁계약해지시부터 10년이다(대판 1975.8.19. 75다273). ⅱ) 그러나 명의신탁 해지로 인하여 복귀한 소유권에 기하여 소유권이전등기 또는 소유권이전등기말소를 청구하는 경우('물권적 청구권'), 이와 같은 등기청구권은 소멸시효의 대상이 되지 않는다(대판 1991.11.26. 91다34387).

---

9) 3자간 명의신탁약정과 그에 의한 등기가 무효로 되는 결과(부동산실명법 제4조 1항, 2항 본문), 명의신탁된 부동산은 매도인 소유로 복귀하고, 매도인은 원인무효를 이유로 수탁자 명의의 등기의 말소를 구할 수 있다. 한편 부동산실명법은 매도인과 명의신탁자 사이의 매매계약의 효력을 부정하는 규정을 두고 있지 아니하므로 그들 사이의 매매계약은 유효한 것으로 되어(명의수탁자가 당사자로 등장하는 계약명의신탁에서와는 다름에 주의할 것), 명의신탁자는 매도인에 대하여 매매계약에 기한 소유권이전등기를 청구할 수 있고, 그 소유권이전등기청구권을 보전하기 위해 매도인을 대위하여 수탁자 명의의 등기의 말소를 구할 수 있다(대판 2002.3.15. 2001다61654). 이는 동법에서 정한 유예기간이 경과하여 명의신탁약정과 그에 따른 등기가 무효인 경우에도 마찬가지이다(대판 2011.9.18. 2009다49193,49209).

Ⅳ. 진정명의회복을 원인으로 하는 소유권이전등기청구권 [06·08·11 사법]   [D-24]

1. 서 설

(1) 의 의

실체관계에 부합하지 않는 무효의 등기가 경료된 경우에 이를 진실한 권리관계에 합치시키는 한 방법으로서 말소등기 대신에 진정한 권리자 명의로의 이전등기를 청구할 수 있는 권리를 말한다. 주의할 점은 등기예규에서 '진정명의회복'으로 용어를 통일시켰다. 따라서 '진정등기명의회복'이라는 표현은 바람직한 표현이 아니다.

(2) 법적성질

제214조의 소유권에 기한 방해배제청구권으로서 물권적 청구권이다.

2. 인정여부

(1) 판 례

과거의 判例는 이를 부정하였으나(대판 1981.1.13. 78다1916등), 그 후 견해를 변경하여 "이미 자기 앞으로 소유권을 표상하는 등기가 되어 있었거나 법률에 의하여 소유권을 취득한 자가 진정한 등기명의를 회복하기 위한 방법으로는 현재의 등기명의인을 상대로 그 등기의 말소를 구하는 외에 진정한 등기명의의 회복을 원인으로 한 소유권이전등기 절차의 이행을 직접 구하는 것도 허용되어야 할 것이다"(대판 1980.11.27. 전합89다카12398)라고 하여 이를 허용하고 있다.

(2) 검 토

부동산 등기가 물권변동의 과정 및 태양까지 반영하는 것이 바람직한 것은 당연하다. 따라서 원인무효의 등기는 말소하는 것이 원칙적으로 타당하나, 제214조의 소유물방해배제청구권이 물권적 청구권이고 소유권의 방해배제에 중점을 두는 것이므로 그 형식이 말소에 의하든 이전등기에 의하든 중요한 것은 아니다. 또한 말소등기가 곤란한 예외적인 사정이 있을 수 있고(아래 4. 인정범위 중 (1) 무효등기를 제3자에게 대항할 수 없는 경우 참고), **소송절차 및 소송경제상 말소등기가 아닌 이전등기가 유리한 점**도 있다. 따라서 진정명의회복을 원인으로 하는 이전등기청구권을 인정하는 긍정설이 타당하다.

3. 요건사실

진정명의회복을 원인으로 하는 이전등기청구권을 행사하기 위해서는 제214조의 요건을 구비해야 한다. 즉 진정명의회복을 원인으로 한 소유권이전등기청구를 하기 위한 요건사실은 ⅰ) 원고의 소유, ⅱ) 피고의 소유권이전등기경료, ⅲ) 등기의 원인무효이다.

(1) 청구권자

청구권자는 채권자가 아닌 물권자 즉 현재의 소유권자이어야 한다. 이와 관련하여 判例도 역시 ㉠ **이미 자기 앞으로 소유권을 표상하는 등기가 되어 있었거나**[(예를 들어 자신의 명의로 소유권등기를 한 후 타인에게 명의신탁을 하였으나 그 명의신탁이 부동산실명법 위반으로 무효인 경우(대판 2002.9.6. 2002다35157[10])], ㉡ **법률에 의하여 소유권을 취득한 자**[(예를 들어 분배농지의 상환완료에 의한 소유권 취득의 경우(대판 2009.7.9. 2008다56019,56026)]에 한하여 이전등기청구를 인정할 수 있다고 한다(대판 1980.11.27. 전합89다카12398).

---

10) "부동산 실권리자 명의등기에 관한 법률 소정의 유예기간 내에 실명등기를 하지 아니하여 명의신탁약정이 무효로 된 경우, 종전에 명의신탁 대상 부동산에 관하여 소유권이전등기를 경료한 적이 있던 명의신탁자는 명의수탁자를 상대로 진정명의회복을 원인으로 한 이전등기를 구할 수 있다"

그러므로 소유권의 등기가 되어 있지 않았고 법률에 의하여 소유권을 취득하지도 않은 사람은 소유권자를 대위하여 현재의 등기명의인을 상대로 그 등기의 말소를 청구할 수 있을 뿐이고 진정한 등기명의 회복을 위한 소유권이전등기청구를 할 수 없다(대판 2003.5.13. 2002다64148).

[청구권자가 아닌 자(소유권이 없는 자)] 따라서 ① '특정유증을 받은 자'는 유증의무자에게 유증을 이행할 것을 청구할 수 있는 채권을 취득할 뿐이고 유증 받은 부동산의 소유자가 아니어서, 직접 진정한 등기명의인 회복을 원인으로 한 소유권이전등기를 구할 수 없다(대판 2003.5.27. 2000다73445; 표준판례897). ② 그리고 유효하게 명의신탁한 부동산에 제3자 명의의 원인무효의 등기가 마쳐진 경우, '(유효한) **명의신탁자**'는 대외적으로 소유권을 주장할 수 없기 때문에 제3자에 대하여 직접 진정명의회복을 한 소유권이전등기절차의 이행을 청구할 수 없다(대판 2001.8.21. 2000다36484). **[21법행]** 이 경우 명의신탁자가 위 부동산에 관하여 자기 명의로 소유권등기를 마치기 위해서는, 명의수탁자를 '대위'하여 위 제3자에게 위 부동산에 관한 소유권이전등기의 말소를 청구하고, 명의수탁자에게 위 부동산에 관한 명의신탁해지를 원인으로 한 소유권이전등기 또는 소유권이전등기의 말소를 청구해야 한다.

(2) 상대방

상대방은 무효의 등기 등을 함으로써 소유권의 행사를 방해하는 **현재의 등기명의인이다**(대판 2017.12.5. 2015다240645).

4. 인정범위

(1) 무효등기를 제3자에게 대항할 수 없는 경우

甲과 乙사이의 소유권이전이 허위표시에 의해 이루어진 뒤 丙이 선의로 乙명의의 부동산에 '저당권설정등기'를 한 경우, 甲은 乙명의 등기의 무효를 제108조 2항에 따라 丙에게 대항하지 못한다. 그러므로 甲이 乙을 상대로 소유권이전등기의 말소를 청구하여 승소하여도 등기상 이해관계를 갖는 丙의 승낙을 얻어야 말소가 이루어질 수 있는 것이어서(부동산등기법 제57조 1항),[11] 丙이 그 승낙을 하지 않는 경우에는 乙명의의 소유권이전등기는 말소할 수 없게 된다. 이 경우 甲이 乙과의 법률행위가 허위표시로서 무효임을 이유로 乙을 상대로 진정명의회복을 원인으로 하여 소유권이전등기를 청구함으로써 丙의 저당권의 부담을 안은 채로 그 목적물을 회복할 수 있는 이점이 있다(그러나 丙이 소유권이전등기를 마친 경우라면, 甲은 소유자가 아니므로 이러한 청구는 할 수 없다). 이것은 계약이 해제되었지만 그 사이에 새로운 이해관계인이 생겨 그 자를 상대로 계약의 해제를 주장할 수 없는 경우에도 마찬가지로 적용된다(제548조 1항 단서 참고).

(2) 공유부동산에 대하여 단독명의의 소유권이전등기가 되어 있는 경우

현행 부동산 등기법상 일부지분의 말소등기가 허용되지 않기 때문에 다른 공유자 중 한 사람은 일부지분의 이전등기를 청구하여 간편하게 문제를 해결할 수 있다. 다만 判例는 일부지분의 말소등기를 명하고 그 집행은 '경정등기'를 통해 해결하고 있는바(대판 1995.5.9. 94다38403), **[4회 기록형]** 이를 실무상 '일부 말소등기로서의 경정등기'라고 한다(아래 2016다6309판결). 그러나 이는 경정 전후의 등기의 동일성이 유지되지 않는 점에서 문제가 있다. 왜냐하면 원칙적으로 경정등기는 경전 전후의 등기의 동일성을 요하는 한계 내에서 행해져야 하기 때문이다.

[관련판례] "실체관계상 공유인 부동산에 관하여 단독소유로 소유권보존등기가 마쳐졌거나 단독소유인 부동산에 관하여 공유로 소유권보존등기가 마쳐진 경우에 소유권보존등기 중 진정한 권리자의 소유부분에 해당하는 일부 지분에 관한 등기명의인의 소유권보존등기는 무효이므로 이를 말소하고 그 부분에 관한 진정

---

11) **부동산등기법 제57조(이해관계 있는 제3자가 있는 등기의 말소)** ①항 등기의 말소를 신청하는 경우에 그 말소에 대하여 등기상 이해관계 있는 제3자가 있을 때에는 제3자의 승낙이 있어야 한다.

한 권리자의 소유권보존등기를 하여야 한다(9회 선택형). 이 경우 진정한 권리자는 '소유권보존등기의 일부말소'를 소로써 구하고 법원은 그 지분에 한하여만 말소를 명할 수 있으나, 등기기술상 소유권보존등기의 일부말소는 허용되지 않으므로, 그 판결의 집행은 '단독소유를 공유로 또는 공유를 단독소유로 하는 경정등기의 방식'으로 이루어진다. 이와 같이 '일부말소 의미의 경정등기'는 등기절차 내에서만 허용될 뿐 소송절차에서는 일부말소를 구하는 외에 경정등기를 소로써 구하는 것은 허용될 수 없다"(대판 2017.8.18. 2016다6309).

(3) 무효등기에 기하여 등기가 순차로 경료된 경우

등기가 물권변동 과정을 반영해야 한다는 점에서는 중간등기명의자들 모두를 상대로 하여 말소등기를 청구해야 한다고 할 수도 있으나, 이렇게 되면 소송경제의 관점에서 진정한 소유자에게 지나치게 부담을 주므로 소유자는 최종 등기명의인을 상대로 직접 이전등기를 청구할 수 있다고 보아야 한다.

(4) 사해행위 취소에 따른 원상회복방법(원물반환)으로서 진정명의회복을 원인으로 한 소유권이전등기청구권

判例는 "채권자는 사해행위의 취소로 인한 원상회복 방법으로 수익자 명의의 등기의 말소를 구하는 대신 수익자를 상대로 채무자 앞으로 직접 소유권이전등기절차를 이행할 것을 구할 수도 있다"(대판 2000.2.25. 99다53704 : 8회 선택형)라고 하여 인정하고 있다.

5. 말소등기청구권과 동일한 소송물인지 여부 [민소법 쟁점]

말소등기청구가 패소확정되어 말소등기청구를 할 수 없는 경우 이전등기청구를 할 수 있는지 문제된다. 이는 소송물이론과 기판력의 객관적 범위(민사소송법 제216조 1항)가 문제되는바, 判例는 전원합의체 판결을 통해 양자 모두 청구권의 '실체법상 근거가 민법 제214조'임을 근거로 소송물이 동일하므로 말소등기 소송의 기판력이 진정명의회복을 원인으로 하는 이전등기청구 소송에도 미친다(대판 2001.9.20. 전합99다37894 : 표준판례186)고 하였다.

Ⅴ. 등기청구권에 대한 (가)압류의 효력

1. 등기청구권이 (가)압류된 후 채무자의 처분행위가 있는 경우

甲의 乙에 대한 소유권이전등기청구권에 대해 甲의 채권자 丙이 (가)압류를 한 경우, 이 (가)압류는 채권(등기청구권)에 대한 것이지 등기청구권의 목적물인 '부동산'에 대한 것이 아니다. 즉, 부동산 자체에 대한 (가)압류와 다르다(민사집행법 제83조, 94조, 제293조, 제301조). 따라서 압류가 있으면 '변제금지효'에 따라 제3채무자 乙은 甲에게 임의로 이전등기를 하여서는 안된다. 그러나 등기청구권에 대한 (가)압류는 채무자와 제3채무자에게 결정을 송달하는 외에 등기부에 이를 공시하는 방법이 없어 당해 채권자와 채무자 및 제3채무자 사이에서만 효력을 가지며, 압류와 관계없는 제3자에 대하여는 (가)압류의 '처분금지효'를 주장할 수 없으므로 소유권이전등기청구권의 (가)압류는 청구권의 목적물인 부동산 자체의 처분을 금지하는 대물적 효력은 없다.

따라서 乙이 甲에게 임의로 이전등기를 한 후 甲이 제3자 丁에게 이전등기를 한 경우, 丙은 丁에 대해 그 등기가 원인무효라고 주장하여 말소를 청구할 수 없다(대판 1992.11.10. 전합92다4680 : 11회 선택형). 다만 이 경우 乙의 행위는 丙에 대해 불법행위가 되고 그에 따른 배상책임을 진다(대판 2007.9.21. 2005다44886).

2. 가압류·가처분된 '소유권이전등기청구권'에 대한 이행청구(B-98.참고) [1회 사례형]

가압류·가처분된 소유권이전등기청구권에 대한 이행청구(대판 1992.11.10. 전합92다4680)도 소의 이익이 있다. 다만, 대법원은 "소유권이전등기청구권에 대한 압류나 가압류가 있더라도 채무자는 제3채무자를 상대로 그 이행을 구하는 소송을 제기할 수 있고 법원은 가압류가 되어 있음을 이유로 이를 배척할 수는 없는 것이지만, 소유권이전등기를 명하는 판결(민법 제389조 2항)은 의사의 진술을 명하는 판결로서 이것이 확정되면 채무자는 일방적으로 이전등기를 신청할 수 있고 제3채무자는 이를 저지할 방법이 없게 되므로(소유권이전등기를 명하는 판결의 경우 별도의 집행단계가 존재하지 않고, 집행공탁의 공탁물은 금전에 한정되기 때문에 제3채무자는 채무를 면할 방법이 없다) 위와 같이 볼 수는 없고 이와 같은 경우에는 '가압류의 해제'를 조건으로 하지 않는 한 법원은 이를 인용하여서는 안된다"(대판 1999.2.9. 98다42615 ; 대판 1992.11.10. 전합 92다4680 등)(8회,12회 선택형)고 판시하고 있다(원고일부승소). 다만, 변론주의원칙상 제3채무자가 소유권이전등기청구권이 가압류된 사실을 주장하는 등의 사정이 있어야 위와 같은 해제조건부 인용 판결이 가능하다.

Ⅵ. 등기청구권의 양도

1. 매매로 인한 소유권이전등기청구권의 양도(중간생략등기청구권 D-36e.참고)
2. 취득시효완성으로 인한 소유권이전등기청구권의 양도(점유취득시효완성의 효과 D-66e.참고)

제3관 등기신청

Ⅰ. 원칙 : 공동신청주의 [D-25]

등기는 등기권리자와 등기의무자가 공동으로 신청하여야 하는 것이 원칙이다(부동산 등기법 제23조 1항). 공동신청을 통해 등기의 진정을 담보할 수 있다고 본 것이다. 동조 소정의 '등기권리자'와 '등기의무자'는 부동산 등기법상의 개념이다(실체법상의 경우는 등기청구권을 가지는 자와 그 상대방을 의미한다). 즉, 부동산 등기법상 등기권리자는 신청된 등기가 행하여짐으로써 권리의 취득 기타 이익을 받는 자라는 것이 등기부상 형식적으로 표시되는 자이고, 등기의무자는 등기가 행하여짐으로써 권리의 상실, 기타 불이익을 받는 자라는 것이 등기부상 형식적으로 표시되는 자를 말한다.

예컨대 A가 그 소유 토지를 B에게 매도하고, B는 등기를 하지 않은 상태에서 C에게 매도한 경우, B는 C에 대해 민법상(실체법상)으로는 등기의무자이지만, 부동산 등기법상(절차법상)으로는 A에서 B 앞으로 이전등기가 되기까지는 등기의무자가 아니다. 따라서 C는 채권자대위권(제404조)의 행사로써 B가 A에 대해 가지는 등기청구권을 대위행사하여 A에게 B 앞으로 이전등기를 해 줄 것을 청구하고, 그에 따라 B명의로 이전등기가 되면, C를 등기권리자, B를 등기의무자로 하여 C 앞으로의 이전등기에 관한 공동신청의 절차를 밟아야 한다.

Ⅱ. 예외 : 단독신청 [D-26]

공동신청에 의하지 않더라도 ⅰ) 등기의 진정을 보장할 수 있거나 또는 ⅱ) 등기의 성질상 등기의무자가 없어 공동신청을 할 수 없는 경우에는 단독신청이 인정된다.

즉, ① 소유권보존등기 또는 소유권보존등기의 말소등기는 등기명의인으로 될 자 또는 등기명의인, ② 상속, 법인의 합병, 그 밖에 대법원규칙으로 정하는 포괄승계에 따른 등기는 등기권리자, ③ 판결에 의한 등기는 승소한 등기권리자 또는 등기의무자, ④ 부동산표시의 변경이나 경정(경정)의 등기는 소유권의 등기명의인, ⑤ 등기명의인표시의 변경이나 경정의 등기는 해당 권리의 등기명의인이 단독으로 신청한다(부동산 등기법 제23조 2항 내지 6항).

[심화] 그 외에도 ① **상속인에 의한 신청** : 피상속인의 사망 전에 등기원인행위가 있었으나 등기신청을 하지 않고 있는 사이에 등기권리자 또는 등기의무자에 관하여 상속이 개시된 경우, 상속인은 그 신분을 증명하는 서면을 첨부하여, 즉 등기권리자 또는 등기의무자의 상속인 자격에서 직접 등기를 신청할 수 있다(부동산 등기법 제27조). ② **채권자에 의한 대위신청** : 채권자는 민법 제404조의 규정에 의해 채무자를 대위하여 등기를 신청할 수 있고, 이때에는 대위원인을 증명하는 서면을 첨부하여야 한다(부동산 등기법 제52조). ③ **대리인에 의한 신청** : 등기의 신청은 대리인에 의해서도 할 수 있다(부동산 등기법 제24조 1항). 한편 민법 제124조 단서에 의해 자기계약·쌍방대리의 금지는 등기신청에는 그 적용이 없으므로, 대리인이 쌍방을 대리하여 단독으로 등기신청을 하여도 무방하다.

제4관 등기의 추정적 효력

Ⅰ. 서 설
[D-27]

1. 개 념
어떤 등기가 있으면 그에 대응하는 '실체적 권리관계'가 존재하는 것으로 추정되는 효력을 의미한다.

2. 인정근거
등기의 추정력에 관하여는 명문의 규정은 없으나, ⅰ) 등기제도가 국가기관에 의하여 관리되고 절차상 그것이 진실한 권리관계에 합치될 개연성이 크다는 점과 ⅱ) 민법 제200조가 점유에 대하여 권리의 추정적 효력을 인정하고 있으므로, 그보다 한층 더 우수한 공시방법인 등기에 관하여도 그 유추해석 내지 물론해석상 추정력을 인정할 수 있다는 점을 근거로 한다.

Ⅱ. 추정력의 성질
[D-28]

1. 논의실익
당해 추정을 법률상의 추정으로 보는 경우에는 '증명책임이 전환'되어 상대방이 반대사실에 대한 증명책임, 즉 '**본증**'(법관에게 확신을 줄 정도의 증명)을 부담하게 되고, **사실상의 추정**으로 보는 경우에는 이를 다투는 자의 '**반증**'(법관에게 의심을 줄 정도의 증명)만으로 쉽게 깨지므로 증명책임은 여전히 등기명의자에게 남게 된다는 점에서 차이가 있다.

2. 등기의 추정력의 성질 [1회 기록형, 13법행]
*判*例는 이전등기가 경료된 사건에서 "이전등기는 권리의 추정력이 있으므로 이를 다투는 측에서 무효사유를 주장·증명하지 않는 한 그 등기를 무효라고 판정할 수 없다"(대판 1979.6.26. 79다741, 대판 1992.10.27. 92다30047: 표준판례181)고 하여 법률상 추정으로 본다.
[판례검토] 검토하건대, 등기의 공신력이 인정되지 않는 우리 법제하에서, 실체법상의 권리자일 개연성이 높은 등기명의자에게 소송상 유리한 지위를 부여하는 것이 거래의 안전에 도움이 되는 점을 고려하여 '**법률상의 추정**'으로 보는 것이 타당하다(통설). 따라서 등기의 진정성을 부인하려는 자는 현 등기명의인의 등기가 무효라는 사실주장과 증명책임을 부담한다.

Ⅲ. 추정력의 범위
[D-29]

1. 물적 범위(객관적 범위)

1) 절차의 적법추정

절차상으로 유효요건을 갖추어서 적법하게 이루어진 것으로 추정된다.

따라서 判例에 따르면 "전 등기명의인이 미성년자이고 당해 부동산을 친권자에게 증여하는 행위가 이해상반행위라면, 일단 친권자에게 이전등기가 마쳐졌더라도 그 이전등기에 관하여 필요한 절차(제921조의 특별대리인 선임절차)를 적법하게 거친 것으로 추정된다"(대판 2002.2.5. 2001다72029 : 1회, 7회 선택형)고 하며, "전 등기의 접수일자, 접수번호 및 원인일자 등이 '불명'으로 기재된 멸실회복등기라도 적법한 절차에 따라 처리된 것으로 추정된다"(대판 1996.10.17. 전합96다12511: **표준판례229**)고 한다.

2) 기재사항의 적법추정

가) 등기된 권리의 존재 및 귀속

등기된 내용에 따라 권리를 취득한 것으로 추정된다(대판 1967.10.23. 67다1778). 예를 들어 임차권이 등기되면 임차인이 적법한 임차권을 취득한 것으로 추정된다.

[관련판례] "토지에 관하여 점유취득시효 완성에 따라 소유권이전등기가 마쳐진 경우에도 적법한 등기원인에 따라 소유권을 취득한 것으로 추정되는 것은 마찬가지이므로, 제3자가 등기명의자의 취득시효 기간 중 일부 기간 동안 해당 토지 일부에 관하여 직접적·현실적인 점유를 한 사실이 있다는 사정만으로 등기의 추정력이 깨어진다거나 위 소유권이전등기가 원인무효의 등기가 된다고 볼 수는 없다"(대판 2023.7.13. 2023다223591,223607).

나) 등기원인의 존재 및 유효성

등기된 권리는 적법한 것으로 추정되며 그 권리는 등기원인으로부터 연유하는 것이므로 判例는 등기의 추정력은 등기원인에도 미친다고 보며, 권리취득 원인을 등기부에 기록된 취득원인과 달리 주장한 경우에도 추정이 깨어지지 않는다는 입장이다(대판 1994.9.13. 94다10160 : 4회, 12회 선택형).

[관련판례] "환매기간을 제한하는 환매특약이 등기부에 기재되어 있는 때에는 반증이 없는 한 등기부 기재와 같은 환매특약이 진정하게 성립된 것으로 추정된다"(대판 1991.10.11. 91다13700 : 1회 선택형).

[비교판례] "토지수용절차를 거친 사실이 없음에도 토지수용을 원인으로 소유권이전등기를 경료한 토지개량조합이 토지수용 아닌 다른 원인으로 소유권을 양도받았다거나 다른 원인으로 소유권을 취득한 자로부터 다시 특정승계 또는 포괄승계 하였을 수도 있다고만 주장하는 것은 등기원인행위의 태양이나 과정을 무한정하게 확대하여 추상적으로 주장하는 것이어서 등기의 추정력이 유지될 수 없다"(대판 2001.8.21. 2001다23195).

다) 대리권 존재의 추정 [민소법 쟁점] [13법행]

부동산을 매수하여 등기한 자는 전 소유자의 대리인으로부터 매수하였다고 주장하는 경우 그 대리권의 존재도 추정된다(대판 1999.2.26. 98다56072 : 1회 선택형). 따라서 등기부상 소유자명의가 甲으로 되어 있을 때 乙이 자기의 무권대리인이거나 등기서류를 위조한 丙이라는 제3자가 개입하여 甲 명의의 등기가 마쳐진 것이라고 주장하고 甲은 그렇지 않다고 다투면, 丙이 乙을 적법하게 대리한 것으로 추정되기 때문에 乙은 丙이 무권대리인이거나 그가 등기서류를 위조하였다는 등 무효사유에 대한 증명책임을 지게 된다(대판 2009.9.24. 2009다37831 : 9회, 12회 선택형). 결국 법률상 추정법리에 따라 甲은 증명의 필요가 없다.

라) 기타 등기사항 존재의 추정

담보물권 등기의 경우 담보물권 자체뿐만 아니라 그에 상응하는 '피담보채권'도 존재하는 것으로 추정된다(대판 1969.2.4. 68다2329). 그러나 근저당권의 성립 당시 근저당권의 '피담보채권을 성립시키는 법률행위'가 있었는지 여부에 대한 입증책임은 그 존재를 주장하는 측에 있다(대판 2009.12.24. 2009다72070).

2. 인적 범위(주관적 범위)

1) 일반론

추정의 효과를 원용할 수 있는 자는 등기명의인에 한하지 않고 제3자도 원용할 수 있으며 추정은 등기명의인의 이익을 위하여서만 인정되는 것이 아니라 불이익을 위해서도 인정된다.

2) 권리변동의 당사자

권리변동의 당사자간에도 추정력이 미치는가에 관하여 ① 判例(대판 2004.9.24. 2004다27273: 표준판례194)는 '소유권이전등기'에 관하여는 긍정하는 입장이다(1회, 12회 선택형). 따라서 예를 들어 甲으로부터 乙에게로 소유권이전등기가 마쳐진 경우, 乙은 제3자 뿐만 아니라 甲에 대하여도 적법한 등기원인에 의하여 소유권을 취득한 것으로 추정된다. 그러나 ② 判例는 '소유권보존등기'의 경우 건물매매 등에 의한 소유권이전이 있었음에도 불구하고 편의상 보존등기를 하는 등 진실성 보장이 약하다는 이유로 부정하는 입장을 취하고 있다(대판 1982.9.14. 82다카707 : 5회, 7회 선택형). 따라서 소유권보존등기의 경우에는 그 명의자가 보존등기 전의 소유자로부터 소유권을 양도받은 것이라는 주장을 하였지만 전소유자가 명의자에게 양도한 사실을 부인하는 경우 그 명의자는 소유자로 추정되지 않는다.

[비교] 주의할 점은 동산의 경우에 점유의 추정력은 점유승계의 직접당사자간(전점유자에 대하여)에는 인정되지 않는다는 것이다(대판 1964.12.8. 64다714). 왜냐하면 점유는 권리취득원인을 공시하지 못하기 때문이다. 예컨대 甲으로부터 乙이 점유를 승계한 경우 乙이 임차권의 취득을 주장하여 임차권 취득 여부에 다툼이 생긴 경우 乙은 현재의 점유를 근거로 임차권의 취득을 추정받을 수 없고, 따라서 乙이 스스로 임차권 취득 사실을 증명하여야 한다.

3. 추정력이 인정되지 않는 등기

표제부의 등기(토지대장 등이 우선)에는 추정력이 미치지 않는다.

Ⅳ. 추정의 효과　　　　　　　　　　　　　　　　　　　　　　　　　　　　　　　　　　[D-30]

1. 기본적 효과

다투는 상대방이 본증으로 그 권리의 부존재를 입증해야 한다.

2. 부수적(파생적) 효과

① 등기의 추정력이 인정되는 결과 등기를 신뢰하고 거래한 경우에는 과실이 없는 것으로 추정되고, 선의라도 등기를 조사하지 아니한 경우에는 과실이 있는 것으로 추정된다(대판 1964.10.20. 64다445). 예를 들어 등기부상 명의인과 매도인이 동일인인 경우에는 (매도인 명의의 등기가 원인무효라고 하더라도) 이를 소유자로 믿고 그 부동산을 매수한 자는 특별한 사정이 없는 한 (선의) 무과실의 점유자라고 할 것이나(대판 1983.3.8. 80다3198), [5회 기록형] 등기부상 명의인이 매도인 아닌 제3자인 경우에는 매수인이 부동산을 인도받아 선의로 점유하였다고 하여도 과실 없이 점유를 개시하였다고 볼 수 없다(대판 1986.2.25. 85다카771). ② 또한 부동산물권을 취득하려는 자는 등기부를 조사하는 것이 일반적이므로 등기내용을 알고 있었던 것(악의)으로 추정된다.

V. 추정력의 복멸(번복) [D-31]

1. 소유권이전등기의 경우

判例는 전소유자의 사망 후에 전소유자의 신청에 의해 등기가 이루어진 경우(대판 2017.12.22. 2017다360,377 : 12회 선택형),[12)] 전소유명의자가 허무인인 경우(대판 1985.11.12. 84다카2494), 등기의 기재 자체에 의하여 부실등기임이 명백한 경우(예컨대 등기부상의 공유지분의 합계 결과 분자가 분모를 초과하는 경우)(대판 1982.9.14. 82다카707), 등기명의자 또는 제3자가 그에 앞선 등기명의인의 등기 관련 서류를 위조하여 소유권이전등기를 경료하였다는 점이 증명된 경우(대판 2014.3.13. 2009다105215 : 12회 선택형) 등에는 추정력이 복멸된다고 한다.

[관련판례] ① "사망자 명의의 등기신청에 의하여 경료된 등기는 원인무효의 등기로서 등기의 추정력을 인정할 여지가 없다고 하겠으나, 등기원인이 이미 존재하고 있으나 아직 등기신청을 하지 않고 있는 동안에 등기권리자 또는 등기의무자에 관하여 상속이 개시된 경우 피상속인이 살아 있다면 그가 신청하였을 등기를 상속인이 부동산등기법 제47조의 규정에 따라 신청하는 때에는 그 등기를 무효라고 할 수 없으므로, 사망한 등기의무자로부터 경료된 등기라고 하더라도 등기의무자의 사망 전에 그 등기원인이 이미 존재하는 등의 사정이 있는 경우에는, 그 등기는 위와 같은 절차에 따라 적법하게 경료된 것으로 추정되어 그 등기의 추정력을 부정할 수 없다"(대판 1997.11.28. 95다51991). ② "수인이 공동으로 소유하는 부동산에 관한 멸실회복등기는 공유자 중 1인이 공유자 전원의 이름으로 그 회복등기신청을 할 수 있고, 등기권리자가 사망한 경우에는 상속인의 명의가 아니라 피상속인의 이름으로 회복등기를 하여야 하는 것이므로, 회복등기신청 당시 등기명의인이 이미 사망하였다고 하더라도 그 멸실회복등기의 추정력이 깨어지지 아니한다"(대판 2003.12.12. 2003다44615,44622). ③ "부동산에 관한 등기부상 소유권이전등기가 경료되어 있는 이상 일응 그 절차 및 원인이 정당한 것이라는 추정을 받게 되고 그 절차 및 원인의 부당을 주장하는 당사자에게 이를 입증할 책임이 있는 것이나, 등기절차가 적법하게 진행되지 아니한 것으로 볼만한 의심스러운 사정이 있음이 입증되는 경우에는 그 추정력은 깨어진다"(대판 2003.2.28. 2002다46256).

2. 소유권보존등기의 경우

소유권보존등기는 소유권이 진실하게 보존되었다는 사실 이외에 권리변동이 진실하다는 점에 관하여는 추정력이 없으므로, 判例는 보존등기명의인이 원시취득자가 아니라는 점이 증명되면[보존등기명의인이 전소유자로부터 매수하였다고 주장하는 경우, 보존등기 명의인 이외의 자가 사정받은 사실이 인정되는 경우, 건물 보존등기 명의인 이외의 자가 그 건물을 신축한 사실이 드러난 경우(대판 1996.7.30. 95다30734 : 1회,7회 선택형)] 추정력이 깨진다고 보아 소유권이전등기에 비하여 용이하게 추정력의 복멸을 인정한다(대판 1982.9.14. 82다카707).

3. 말소등기의 경우

"소유권이전등기가 형식적으로 확정된 판결에 의하여 말소되었으나 그 후 그 판결이 취소되었다면 결국 위 소유권이전등기는 부적법하게 말소된 것이므로 말소된 등기의 등기명의자는 여전히 적법한 소유자로 추정되고, 따라서 그 등기의 효력을 다투는 쪽에서 그 무효사유를 주장·입증하여야 한다"(대판 1999.9.17. 98다63018). 마찬가지로, "등기는 물권의 효력발생 요건이고 그 존속요건은 아니므로 물권에 관한 등기가 원인없이 말소된 경우에는 그 물권의 효력에는 아무런 변동이 없는 것이므로, 등기공무원이 관할지방법원의 명령에 의하여 소유권이전등기를 직권으로 말소하였으나 그 후 동 명령이 취소확정된 경우에는 위 말소등기는 결국 원인없이 경료된 등기와 같이 되어 말소된 소유권이전등기는 회복되어야 하고, 회복등기를 마치기 전이라도 등기명의인으로서의 권리를 그대로 보유하고 있

---

12) "사망자 명의의 신청으로 이루어진 이전등기는 원인무효의 등기로서 등기의 추정력을 인정할 여지가 없으므로 등기의 유효를 주장하는 자가 현재의 실체관계와 부합함을 증명할 책임이 있다"

다고 할 것이므로 그는 말소된 소유권이전등기의 최종명의인으로서 적법한 권리자로 추정된다"(대판 1982.12.28. 81다카870).

4. 특별조치법에 의한 등기의 경우

'농지의 소유권이전등기 등에 관한 특별조치법'(실효), '임야소유권이전등기 등에 관한 특별조치법'(실효)에 의한 이전등기·보존등기에도 추정력이 인정된다. 그러나 이러한 등기는 특별한 절차에 따라 엄격하게 이루어진 것이므로 判例는 일반등기의 추정력보다 강한 추정력을 인정하고 있다. 따라서 그 추정을 깨뜨리기 위하여는 등기절차상 소요되는 보증서 및 확인서가 허위 또는 위조되었다거나 기타 사유로 등기가 적법하게 이루어진 것이 아니라는 주장·입증이 있어야 한다는 것을 기본입장으로 하면서, ⅰ) '소유권보존등기' 이전에 다른 소유자가 있었던 것이 밝혀진 경우에도(대판 1987.10.13. 전합86다카2928), ⅱ) '소유권이전등기'를 마친 자가 보증서나 확인서에 기재된 취득원인(등기원인)이 사실과 다름을 인정한 경우라도[대판 2001.11.22. 전합2000다71388,71395[13]: 즉, 상대방이 등기의 기초가 된 보증서나 확인서의 실체적 기재내용이 허위임을 자백한 경우 자백에 구속되어 등기의 추정력은 깨지나(대판 1996.10.11. 95다47992),[14] 취득원인(등기원인)이 허위임을 자백한 것만으로는 등기의 추정력은 깨지지 않는다:1회 선택형], 각각 그 등기의 추정력은 깨지지 않는다고 한다.

[관련판례] ㉠ "구 부동산소유권 이전등기 등에 관한 특별조치법에 위반된 소유권보존등기와 이에 기초한 소유권이전등기의 권리추정력은 번복되지만, 이 경우에도 실체관계에 부합하는 경우 유효한 등기로 인정받는다"(대판 2018.6.15. 2016다246145). ㉡ "부동산소유권 이전등기 등에 관한 특별조치법에 의한 소유권이전등기의 전 등기명의인이 무권리자이기 때문에 그로부터의 소유권이전등기가 원인무효로서 말소되어야 할 경우에는, 등기의 추정력이 번복되고 원인무효인 소유권보존등기를 기초로 마친 소유권이전등기는 위 특별조치법에 의하여 이루어진 등기라고 하더라도 원인무효이다"(대판 2018.1.25. 2017다260117).

Ⅵ. 점유의 추정력과의 관계
[D-32]

민법 제200조의 점유의 권리추정 규정을 근거로 '미등기부동산의 점유'에도 추정력을 인정할 수 있는지 문제되나, 判例는 제200조는 동산에 관한 규정이므로 부동산에는 적용이 없다는 이유로 미등기 토지의 점유자가 있는 경우에도 토지대장에 토지소유자로 등재된 자가 소유권자로 추정(다만 이는 등기의 추정력과는 달리 사실상 추정에 불과하다)을 받는다고 판시하였다(대판 1966.5.31. 66다677 ; 대판 1982.4.13. 81다780[15]).[16]

---

13) "구 임야소유권 이전등기 등에 관한 특별조치법(실효)에 따라 등기를 마친 자가 보증서나 확인서에 기재된 취득원인이 사실과 다름을 인정하더라도 그가 다른 취득원인에 따라 권리를 취득하였음을 주장하는 때에는, 특별조치법의 적용을 받을 수 없는 시점의 취득원인 일자를 내세우는 경우와 같이 그 주장 자체에서 특별조치법에 따른 등기를 마칠 수 없음이 명백하거나 그 주장하는 내용이 구체성이 전혀 없다든지 그 자체로서 허구임이 명백한 경우 등의 특별한 사정이 없는 한 위의 사유만으로 특별조치법에 따라 마쳐진 등기의 추정력이 깨어진다고 볼 수는 없으며, 그 밖의 자료에 의하여 새로이 주장된 취득원인 사실에 관하여도 진실이 아님을 의심할 만큼 증명되어야 그 등기의 추정력이 깨어진다고 할 것이다"
14) "임야소유권 이전등기 등에 관한 특별조치법(실효)에 의한 등기는 같은 법 소정의 적법한 절차에 따라 마쳐진 것으로서 실체관계에 부합하는 등기로 추정되므로 그 등기의 말소를 소구하는 자에게 추정 번복의 주장·입증책임이 있지만, 상대방이 등기의 기초가 된 보증서나 확인서의 실체적 기재 내용이 허위임을 자인하거나 실체적 기재 내용이 진실이 아님을 의심할 만큼 증명이 된 때에는 등기의 추정력은 번복된 것으로 보아야 한다"
15) "점유자의 권리추정의 규정(제200조)은 특별한 사정이 없는 한 부동산 물권에 대하여는 적용되지 아니하고 다만 그 등기에 대하여서만 추정력이 부여된다"
16) [학설] 이에 대해 통설은 비록 判例처럼 등기된 부동산에 대하여 등기명의인과 점유자가 일치하지 않는 경우에 점유가 아닌 등기에 추정력이 인정된다 하더라도 이는 등기의 추정력이 점유의 추정력보다 강하다는 측면에서 파악하는 것이 타당하다고 한다. 그러므로 미등기부동산의 경우에는 점유의 추정력에 관한 제200조가 적용된다고 본다.

판례연구 D-01

■ 등기의 추정적 효력(관련 쟁점정리)

甲소유의 X토지에 관하여 2010. 4. 9. 같은 날짜 매매를 원인으로 하여 乙 명의로 소유권이전등기가 경료되었고, 甲은 2010. 4. 30. 사망하였다. 甲의 배우자이자 단독상속인 丙은 간병인에 불과한 乙이 토지를 매수할 능력이 없었으므로 乙 명의의 위 등기는 무효라고 생각하고, 乙 명의의 인감도장 등을 위조한 후 2011. 5. 6. 위 토지에 관하여 같은 날짜 매매를 원인으로 하여 친구인 丁 명의로 소유권이전등기를 경료하였다. 이 사실을 알게 된 乙은 자신이 甲을 간병하면서 불륜관계를 맺게 되었고 불륜관계 유지의 대가로 X토지를 증여받은 것이라고 주장하면서, 丁을 상대로 丁 명의의 소유권이전등기의 말소를 구하는 소를 제기하였다.

Ⅰ. 추정력의 인정범위

乙의 丁에 대한 물권적 청구권의 행사와 관련하여 乙은 자신에게 소유권이 있음을 증명해야 하는데, 현재 등기가 丁에게 이전되어 있고, 丁 명의 이전등기의 추정력은 전 소유자인 乙에게도 추정되므로 결국 乙은 丁에게 자신에게 소유권이 있음을 스스로 입증해야 한다(대판 2004.9.24. 2004다27273 등; 표준판례194).

Ⅱ. 등기원인의 추정

등기부상 乙의 소유권취득 원인이 실질적 원인인 증여가 아닌 매매라고 기재되어 있어도, 등기의 추정력은 등기원인에도 미치는바 乙 명의의 소유권이전등기는 그 추정력이 복멸되지 아니한다(대판 2000.3.10. 99다65462).

Ⅲ. 추정력의 복멸

만약 甲이 사망한 후에 그 명의로 신청되어 乙 명의의 소유권이전등기가 경료되었다면, 사망자 명의의 등기는 특별한 사정이 없는 한 추정력이 없으므로, 乙 명의의 등기는 원인무효의 등기라고 볼 수 있다(대판 2004.9.3. 2003다3157).

Ⅳ. 불법원인급여

乙의 등기원인이 불륜관계의 유지대가로써의 증여이므로 이는 사회질서에 반하여 무효이지만(제103조), 이는 한편으로 제746조의 불법원인급여에 해당하여 그 말소가 불허되므로 반사적으로 乙이 X토지의 소유권을 취득한다(대판 1979.11.13. 전합79다483). 그러나 최근 判例에 따르면 乙은 丁 명의의 소유권이전등기의 말소를 구할 수 없다(대판 2016.3.24. 2015다11281).[17]

---

17) "반사회질서 법률행위를 원인으로 하여 부동산에 관한 소유권이전등기를 마쳤더라도 그 등기는 원인무효로서 말소될 운명에 있으므로 등기명의자가 소유권에 기한 물권적 청구권을 행사하는 경우에, 권리 행사의 상대방은 법률행위의 무효를 항변으로서 주장할 수 있다"

제3절 법률행위에 의한 부동산물권의 변동

I. 법률행위와 등기 [D-33]

부동산에 관한 법률행위로 인한 물권의 득실변경은 등기하여야 그 효력이 생긴다(제186조).

II. 등기의 유효요건 [D-34]

① 물권변동이 유효하기 위해서는 등기가 부동산 등기법이 정하는 절차에 따라 적법하게 등기부에 기재되는 등의 '형식적 유효요건'을 갖추는 외에, ② 등기와 물권행위의 내용(실체관계)이 일치하는 등의 '실질적 유효요건'을 갖추어야 한다.

1. 등기의 형식적 유효요건

등기의 형식적 유효요건으로는 i) 등기가 존재하고, ii) 관할등기소에서 등기하여야 하며, iii) 1부동산 1등기기록주의 원칙에 따른 등기이어야 하며, iv) 부동산 등기법이 정한 절차를 거쳐 이루어져야 한다. 이하에서는 문제되는 것만 검토한다.

(1) 등기부의 멸실

1) 구 부동산등기법 아래 판례의 태도

종래 부동산등기법 제24조 1항의 반대해석에 의하면 멸실회복등기 기간 내에 회복등기를 신청하지 않으면 종전의 순위를 잃는다. 이에 대해 대법원은 회복등기기간 내에 멸실회복등기를 하지 않더라도 '소유권'은 존속한다고 하였다(대판 1968.2.20. 67다1797).

2) 개정된 부동산등기법

개정(2011.10.13.부터 시행)된 부동산등기법 제17조 1항은 '등기부의 전부 또는 일부가 손상되거나 손상될 염려가 있을 때에는 대법원장은 대법원규칙으로 정하는 바에 따라 등기부의 복구 손상방지 등 필요한 처분을 명령할 수 있다'고 규정하였다. 따라서 만일 등기부가 손상되면 즉시 등기부부본에 의하여 복구하고 그 부분마저 손상된 경우에는 다른 백업된 데이터에 의해 등기부 복구가 가능하므로, 등기부의 회복절차를 구법과 같이 복잡하게 할 필요성이 없어졌다.

(2) 등기의 불법말소

통설 및 判例에 따르면 등기는 권리의 효력발생요건이지 존속요건이 아니기 때문에 물권에 영향이 없다. 따라서 불법말소된 경우에도 말소 당시의 명의인(현재의 명의인이 아님)을 상대로 회복등기를 마치면, 말소된 종전의 등기와 동일한 효력을 갖는다(대판 1968.8.30. 68다1187).[1] 다만 예를 들어 저당권의 경우 저당권은 경락으로 인하여 소멸하기 때문에, 선순위저당권이 불법말소된 후 다른 저당권자의 경매신청에 의해 경락이 된 경우에는 말소회복등기를 할 수 없다는 점을 유의하여야 한다(대판 1998.10.2. 98다27197 ; 물권 제5장 제3절 제3관 저당권침해 참고).

(3) 중복등기(아래 쟁점 18.참고)

---

1) [관련판례] "등기는 물권의 효력발생요건이고 효력존속요건이 아니므로 물권에 관한 등기가 원인 없이 말소된 경우에 그 물권의 효력에는 아무런 영향을 미치지 않는 것이므로, 등기부취득시효가 완성된 후에 그 부동산에 관한 점유자 명의의 등기가 말소되거나 적법한 원인 없이 다른 사람 앞으로 소유권이전등기가 경료되었다 하더라도, 그 점유자는 등기부취득시효의 완성에 의하여 취득한 소유권을 상실하는 것은 아니다"(대판 2001.1.16. 98다20110: **표준판례177**).

[쟁점 18] 중복등기

I. 서 설
[D21-1]

하나의 부동산에 관하여 복수의 등기기록이 존재하는 경우에, 1부동산 1등기기록주의(부동산등기법 제15조)와 관련하여 그 처리가 문제된다(먼저 개설된 등기기록을 '선등기기록', 나중에 개설된 등기기록을 '후등기기록'이라고 한다).

II. 중복등기의 정리
[D21-2]

개정된 부동산등기규칙은 중복등기기록의 최종 소유권의 등기명의인이 동일인인지 여부에 따라 정리방법을 달리하고, 당사자의 신청에 의한 정리와 직권분필 및 폐쇄된 등기기록의 부활도 규정하는데, 중복등기의 정리는 실체의 권리관계에 영향을 미치지 않는다(부동산등기규칙 제33조 2항). 그러나 개정된 부동산등기법 및 규칙의 기본적인 내용은 신설된 것이 아니라 종래에도 규정되어 있었던 내용이다. 다만 등기용지가 등기기록으로 바뀐 것에 따라 중복등기의 처리를 이에 맞게 바꾼 것에 불과하다. 그리고 부동산등기법(구 부동산등기법도 동일)상 등기관이 중복하여 마쳐진 등기기록을 발견한 경우에는 중복등기기록 중 어느 하나의 등기기록을 폐쇄하여야 하나(부동산등기법 제21조), 여전히 전산으로 복수의 등기기록이 존재하는 것이 현실이고, 중복등기의 정리절차(절차법)와 중복등기의 효력 여하(실체법)는 별개의 문제이므로 이에 따른 등기의 효력은 여전히 문제된다. 다만 개정 부동산등기법 시행 이후에는 등기공무원의 실수로 복수의 등기기록이 존재할 가능성은 거의 없다.

◉ 개정 전 부동산등기법 하에서의 중복등기의 효력

등기부는 '1부동산 1등기용지주의'에 따라 편성되어 있다(부동산 등기법 제15조). 따라서 동일부동산에 관하여 이미 보존등기가 되어 있는 경우, 그 유효·무효를 가릴 것 없이 그와 저촉되는 등기는 신청되어질 수 없다. 따라서 이미 보존등기가 된 부동산에 대해 중복하여 보존등기의 신청이 있으면, 그것은 '사건이 등기할 것이 아닌 때'에 해당하여 등기관은 그 신청을 각하하여야 한다(동법 제55조 2호). 그러나 절차상의 잘못으로 다시 제2의 보존등기가 경료된 경우 그 효력이 문제된다.

이는 등기의 '절차적 유효요건'과 관련된 것으로 '두 개'의 보존등기가 '동일 부동산'을 공시하는 것으로 인정되는 경우를 전제로 한다.

> [심화] 중복등기의 개념은 ① 동일한 부동산에 대해 등기용지가 따로 개설되면서 각각 보존등기가 된 것을 말하는 것이고, 하나의 등기용지에 보존등기가 중복해서 있는 경우에는 이에 해당하지 않는다. 判例는 이 경우 앞서 행해진 등기를 선순위등기, 뒤에 행해진 등기를 후순위등기라 부르면서 후자의 등기는 실체적 권리관계에 부합하는지에 관계없이 무효가 된다고 한다(대판 1998.9.22. 98다23393). ② 그 밖에 중복등기는 두 개의 보존등기가 각각 동일한 부동산을 공시하는 것으로 인정되는 경우를 전제로 한다. 어느 부동산에 관해 중복등기가 되었더라도 그중 하나가 부동산의 표시에서 실제와 현격한 차이가 있는 경우(표제부의 하자)에는 이를 동일한 부동산의 등기로 볼 수 없기 때문에, 이때에는 중복등기의 문제는 생기지 않고 부동산의 실제와 합치하는 보존등기만이 효력을 가진다. 따라서 실제와 부합하지 않는 등기의 표시를 경정하는 등기도 그 효력이 없다(대판 1968.11.19. 66다1473).

Ⅲ. 중복보존등기의 효력 [D21-3]

1. 학 설

① 먼저 하나의 보존등기가 되어 있는 뒤에 이루어진 보존등기는 1부동산 1등기용지주의 원칙에 위반한 것이어서 무효라는 '**절차법설**', ② 1부동산 1등기용지주의 원칙은 등기의 신청 단계에만 적용하는 것이므로, 일단 등기신청이 받아 들여져 등기부상 중복등기가 되고 나면 이제는 양등기의 실체관계를 따져서 유효·무효를 결정하여야 한다는 '**실체법설**' 등의 대립이 있다.

2. 판 례

(1) 등기명의인이 동일인인 경우(절차법설)

이 경우 判例는 일관하여 절차법설에 따르고 있다(대판 1981.11.18. 81다1340등). 즉, "동일 부동산에 관하여 등기명의인을 달리하여 중복하여 보존등기가 이루어진 경우와는 달리 동일인 명의로 소유권보존등기가 중복되어 있는 경우에는 먼저 경료된 등기가 유효하고 뒤에 경료된 중복등기는 그것이 실체관계에 부합하는 여부를 가릴 것 없이 무효이다(대판 1981.11.18. 81다1340등)라고 한다. 이는 동일인명의의 보존등기 사이에는 실체적 권리관계에 부합하는지 여부를 가릴 필요가 없기 때문으로 보인다.

(2) 등기명의인이 동일인이 아닌 경우(절차법설에 가까운 절충설)

判例는 입장의 변천이 있었으나 전원합의체 판결을 통해서 "먼저 이루어진 소유권보존등기가 '원인무효가 되지 아니하는 한' 뒤에 된 보존등기는 비록 그 부동산의 매수인에 의하여 이루어진 경우에도 1부동산 1등기용지주의를 취하고 있는 부동산 등기법 아래에서는 무효"라고 판시하여(대판 1990.11.27. 전합87다카2961: **표준판례183** : 5회,7회,9회 선택형). 절차법설에 가까운 절충설의 입장이 계속 유지되고 있다. 한편 이러한 법리에 따라 선행 보존등기에 터 잡은 소유자가 후행 보존등기에 터 잡은 등기명의인을 상대로 그 등기의 말소를 청구하는 것은 후행 보존등기 자체의 무효를 원인으로 하는 것이다. 따라서 원고가 선행 보존등기에 터 잡은 소유권이전등기(甲 명의)로부터 상속을 원인으로 소유권이전등기를 한 진정상속인이고, 피고가 후행 보존등기(甲 명의)로부터 상속을 원인으로 소유권이전등기를 한 참칭상속인이라 하더라도, 원고가 피고를 상대로 '피고 명의의 소유권이전등기가 참칭상속인에 의한 것이어서 무효임'을 이유로 하지 않고 '후행 보존등기 자체가 무효임'을 이유로 하여 피고 명의의 소유권이전등기의 말소를 청구하는 경우에는 이는 상속회복청구의 소에 해당하지 않는다. 따라서 상속회복청구권의 제척기간이 적용되지 않는다(대판 2011.7.14. 2010다107064: **표준판례184**[2]) : 5회 선택형).

3. 검 토

절차법설에 의하는 경우에는 후등기가 실체적 유효요건을 갖추었다 하더라도 일단 말소되어야 하므로 진정한 권리자의 권리보호 및 '**등기경제**'에 반하는 문제가 있으며, 실체법설에 의하는 경우에는 양쪽의 추정력이 모두 소멸되는 결과 등기의 추정력에 기초한 증명책임분배가 사실상 불가능하다. 그렇다면 '1부동산 1등기용지주의'에 터잡아 선등기가 원인무효의 것이 아닌 한 후등기를 무효로 할 수 밖에 없다고 하는 대법원의 견해가 타당하다.

---

[2] **[기판력 쟁점]** "원고의 피상속인이 후행 보존등기가 중복등기에 해당하여 무효임을 주장하지 않고, 자신이 진정한 상속인이고 후행 보존등기로부터 상속을 원인으로 이루어진 소유권이전등기의 명의인은 진정한 상속인이 아니므로 그 소유권이전등기는 무효이고 그에 이어 이루어진 소유권이전등기도 무효라고 주장하여 소유권말소등기의 소를 제기하였다가 그 소가 상속회복청구의 소에 해당하고 제척기간이 경과하였다는 이유로 패소 판결이 확정되었다고 하더라도, 후행 보존등기가 중복등기에 해당하여 무효라는 이유로 말소등기를 구하는 원고의 후소는 패소 판결이 확정된 전소와 청구원인을 달리하는 것이어서 전소의 기판력에 저촉되지 않는다"

[참고] 참고로 判例의 경우 선행등기의 추정력은 그대로 인정되기 때문에(그 결과 선행등기에 우선적 지위가 부여된다), 선행등기의 원인무효는 후행등기명의인이 주장·증명해야 한다. 이때 선행등기가 원인무효임을 주장하기 위해서는 소유자 아닌 자가 보존등기를 경료하였음을 증명하여야 하고, 필요하다면 그 등기가 실체관계와 부합하지 않음도 증명하여야 한다.

IV. 중복보존등기의 구체적 법률관계   [D21-4]

| 쟁점구조 |

■ 무효인 중복등기에 기한 취득시효를 이유로 한 소유권 인정여부

甲은 X토지를 농지개혁법에 의하여 적법하게 분배받아 상환을 완료한 뒤 1962년 소유권보존 등기를 경료하였다. 1985년 甲은 X토지를 乙에게 매도하였는데 등기공무원의 잘못으로 소유권보존등기가 경료되었다. 이에 2012년 현재 복수의 등기기록이 존재하고 있다.
X토지의 소유권자는 누구인가? (단, X토지는 현재 乙이 사용, 수익하고 있다)

Ⅰ. 이중보존등기의 효력(판례는 무효)
  결론은 判例의 태도인 절차법설에 가까운 절충설
Ⅱ. 무효인 중복등기에 기한 등기부취득시효(제245조 2항)를 이유로 한 소유권 인정여부(판례는 소극)
Ⅲ. 무효인 중복등기에 기한 점유취득시효(제245조 1항)를 이유로 한 소유권 인정여부(판례는 소극)
Ⅳ. 보론(취득시효에 따른 현재 乙의 소유권을 부정한다면 乙이 소유권을 취득할 수 있는 방법)
  ① 매수인으로서 소유권을 취득하는 방법(등기청구권의 소멸시효완성 여부 : 소극), ② 점유취득시효(제245조 1항)에 의하여 소유권을 취득하는 방법(등기청구권의 소멸시효완성 여부 : 소극)

1. 무효인 중복보존등기에 기초한 이전등기효력

무효인 중복보존등기에 기초한 이전등기는 무효이고, 이에 기초한 근저당권설정등기와 이에 기하여 진행된 경매절차의 경락인명의의 소유권이전등기도 무효이다(대판 1990.12.26. 89다카26113).

2. 선행등기자의 말소청구권

判例의 절차법설에 가까운 절충설의 입장을 따르더라도 선행등기명의인(원고)으로 등기되어 있다는 점만을 근거로 후행등기의 말소등기청구를 할 수는 없고, 등기의 말소를 청구하려면 먼저 원고에게 그 말소를 청구할 수 있는 '실체적 권리'가 있어야 한다. 따라서 선행등기자에게 그러한 권리가 인정되지 않는다면 설사 후행등기자(피고명의)의 등기가 무효인 중복보존등기 및 이에 기초한 이전등기라 할지라도 그 말소를 청구할 수 없다(대판 1992.10.27. 92다16522).
즉 무효인 후행등기를 말소하려면, 그 말소를 청구할 수 있는 실체적 권리가 있어야 하며, 그 등기가 말소되어야 하는 것이라는 이유만으로 누구라도 이를 청구할 수 있는 것은 아니다(이는 중복등기에서만이 아니라, 등기정정청구권[3] 일반에서 당연히 요구되는 것이다).

---

[3] 등기정정청구권이란 정정적 등기청구권이라고도 부르는바, 정정적 등기란 현재의 물권관계에 제대로 부합하지 아니하는 등기(이를 不實登記라고 한다)를 그에 부합하도록 정정하거나 원상회복으로 행하여지는 등기를 말한다.

3. 무효인 중복등기에 기한 등기부취득시효를 이유로 한 소유권 인정여부(소극)

(1) 문제점

부동산의 소유자로 등기한 자가 10년간 소유의 의사로 평온·공연하게 선의이며 과실 없이 그 부동산을 점유한 때에는 소유권을 취득한다(제245조 2항).[4] 여기서 소유자로 '등기'한 자라 함은 적법·유효한 등기를 마친 자일 필요는 없고 무효의 등기를 마친 자라도 상관없다는 것이 통설과 判例(대판 1994.2.8. 93다23367)인바, 무효인 중복보존등기에 터잡은 부동산취득시효의 경우에도 그러한지 문제된다.

(2) 판 례

"제245조 2항의 '등기'는 부동산등기법 제15조가 규정한 1부동산 1용지주의에 위배되지 아니한 등기를 말하므로, 어느 부동산에 관하여 등기명의인을 달리하여 소유권보존등기가 2중으로 경료된 경우 먼저 이루어진 소유권보존등기가 원인무효가 아니어서 뒤에 된 소유권보존등기가 무효로 되는 때에는, 뒤에 된 소유권보존등기나 이에 터잡은 소유권이전등기를 근거로 하여서는 등기부취득시효의 완성을 주장할 수 없다"(대판 1996.10.17. 전합96다12511: 표준판례229 : 6회,9회 선택형)고 한다.[5)6)]

4. 무효인 중복등기에 기한 점유취득시효를 이유로 한 소유권 인정여부(소극)

(1) 문제점

20년간 소유의 의사로 평온, 공연하게 부동산을 점유한 자는 등기를 함으로써 소유권을 취득하는바(제245조 1항), 무효인 중복보존등기가 점유취득시효 완성의 효과로써 소유권을 취득하기 위한 등기로 인정될 수 있는지, 즉 실체관계에 부합하여 유효한지 문제된다.

(2) 판 례

① **[중복등기에 기해 소유권이전등기한 자가 점유취득시효를 완성한 경우]** 判例는 "동일한 부동산에 관하여 등기명의인을 달리하여 중복된 소유권보존등기가 마쳐진 경우 선행 보존등기가 원인무효가 되지 않는 한 후행 보존등기는 실체관계에 부합하는지에 관계없이 무효라는 법리는 후행 보존등기 또는 그에 기하여 이루어진 소유권이전등기의 명의인이 당해 부동산의 소유권을 원시취득한 경우에도 그대로 적용된다. 따라서 선행 보존등기가 원인무효가 아니어서 후행 보존등기가 무효인 경우 후행 보존등기에 기하여 소유권이전등기를 마친 사람이 그 부동산을 20년간 소유의 의사로 평온·공연하게 점유하여 점유취득시효가 완성되었더라도, **후행 보존등기나 그에 기하여 이루어진 소유권이전등기가 실체관계에 부합한다는 이유로 유효로 될 수 없고, 선행 보존등기에 기한 소유권을 주장하여 후행 보존등기에 터잡아 이루어진 등기의 말소를 구하는 것이 실체적 권리 없는 말소청구에 해당한다고 볼 수 없다**"(대판 2011.7.14. 2010다107064: 표준판례184 : 7회 선택형)라고 판시하여 **부정하는 입장**이다.

---

4) [관련판례] 여기서 선의·무과실은 등기에 관한 것이 아니라 점유의 취득에 관한 것이며, 그 무과실에 관한 증명책임은 시효취득을 주장하는 자에게 있다는 것이 判例이다(대판 1995.2.10. 94다22651). 또한 선의·무과실은 시효기간 내내 계속되어야 하는 것은 아니고, 점유를 개시한 때에 있으면 그것으로 충분하다는 것이 통설·判例이다(대판 1993.11.23. 83다카531).
5) 判例는 외관상 부적법한 등기(예를 들어 관할위반의 등기, 지적법상의 분필절차를 거치지 않은 채 경료된 분할등기와 같이 점유부분을 표상하지 못하는 등기)의 경우에도 등기부취득시효를 부정한다(대판 1995.6.16. 94다4615). 判例는 등기의 형식적 유효요건을 중요시하는 입장으로 등기의 공시기능을 중요하게 판단하는 듯하다.
6) [학설] ① 중복등기로서 무효인 경우에는 별도의 합법적인 선행등기가 있기 때문에 권리추정력이 없거나 매우 적다고 보아야 하므로 다른 원인무효의 등기와는 달리 취급해야 한다는 이유와 함께 '중복등기 양산방지'를 위해서라도 부정해야 한다는 견해와 ② 통상의 무효인 등기와 중복보존등기를 구별할 합리적 이유가 없으며, '등기부취득시효제도의 취지'에 비추어 긍정해야 한다는 견해로 나뉜다.

② **[중복등기한 자가 점유취득시효를 완성한 경우]** 判例는 "동일 부동산에 관하여 이미 소유권이전등기가 경료되어 있음에도 그 후 중복하여 소유권보존등기를 경료한 자가 그 부동산을 20년간 소유의 의사로 평온·공연하게 점유하여 점유취득시효가 완성되었더라도, 선등기인 소유권이전등기의 토대가 된 소유권보존등기가 원인무효라고 볼 아무런 주장·입증이 없는 이상, 뒤에 경료된 소유권보존등기는 실체적 권리관계에 부합하는지의 여부에 관계없이 무효이므로, 뒤에 된 소유권보존등기의 말소를 구하는 것이 신의칙위반이나 권리남용에 해당한다고 할 수 없다"(대판 2008.2.14. 2007다63690 : 9회 선택형)고 한다.

(3) 검 토

무효인 중복보존등기를 가진 점유취득시효 완성자는 나중에 별도로 점유취득시효 완성을 이유로 이전등기를 구할 수 있음(대판 2009.6.25. 2009다16186,16193)은 별론으로 하고, 점유취득시효 완성의 효과로써 등기는 유효한 등기이어야 하는바, 중복보존등기의 효력에 관하여 대법원의 태도인 절차법설에 가까운 절충설에 따르면 후행보존등기는 1부동산 1등기용지(기록)주의에 위반하여 무효인 등기이므로 무효인 중복보존등기에 기초한 점유취득시효는 인정될 수 없다.

5. 멸실회복등기의 중복(아래 판례연구 D-2.참고)

판례연구 D-02

★ 멸실회복등기의 중복
대판 2001.2.15. 전합99다66915

> X건물에 대하여 A명의·B명의의 소유권보존등기가 경료되어 있었는데, A명의의 소유권보존등기를 기초로 하여 C명의의 소유권이전등기가 경료되고, B명의의 소유권보존등기를 기초로 하여 D명의의 소유권이전등기가 경료되었다. 그 후 C·D의 등기가 기재된 등기부가 멸실되자, D가 먼저 멸실회복등기를 하고, 후에 C가 멸실회복등기를 하였다. 다음 각각의 경우 현재의 X부동산에 대한 소유자는 누구인가? (30점)
> 1. A명의의 소유권보존등기가 B명의의 소유권보존등기보다 먼저 경료된 경우
> 2. A명의의 보존등기와 B명의의 소유권보존등기 중 누구의 보존등기가 먼저 경료된 것인지 알 수 없는 경우
> 3. 만약 A명의의 보존등기를 기초로 B, C로 순차로 적법하게 이전등기된 후 등기부가 멸실되어 B, C가 각각 순차로 소유권이전의 회복등기를 한 경우는 어떠한가?

I. 중복보존등기가 모두 멸실된 후 양자의 회복등기가 된 경우(설문 1.)

1. 판 례

"동일 부동산에 관하여 등기명의인을 달리하여 중복된 소유권보존등기가 경료된 경우에는 먼저 된 소유권보존등기가 원인무효가 되지 아니하는 한 나중 된 소유권보존등기는 1부동산1용지주의를 채택하고 있는 현행 부동산 등기법 아래에서는 무효라고 해석함이 상당하고, 동일 부동산에 관하여 중복된 소유권보존등기에 터잡아 등기명의인을 달리하는 각 소유권이전등기가 경료된 경우에 등기의 효력은 소유권이전등기의 선후에 의하여 판단할 것이 아니고 각 소유권이전등기의 바탕이 된 소유권보존등기의 선후를 기준으로 판단하여야 하며, 그 이전등기가 멸실회복으로 인한 이전등기라 하여 달리 볼 것은 아니다"(대판 2001.2.15. 전합99다66915)라고 판시하고 있다. 즉 判例는 소유권보존등기가 이중으로 경료되어 있고 소유권보존등기의 선후를 알 수 있는 경우에는, 멸실회복등기의 선후에 따라서 판단하는 것이 아니라 소유권보존등기의 선후에 따라서 판단해야 한다는 입장이다.

2. 사안의 경우

이러한 判例의 태도에 의하면 사안에서 멸실회복등기는 D가 먼저 경료하였지만 각 멸실회복등기가 터잡고 있는 소유권보존등기는 A가 먼저 경료하였으므로, A의 소유권보존등기에 터잡아 멸실회복등기를 경료한 C가 X토지에 대한 소유자가 된다.

Ⅱ. 멸실 후 회복된 각 소유권이전등기의 바탕이 된 각 소유권보존등기가 동일한 등기인지 중복등기인지, 중복등기라면 그 각 소유권보존등기가 언제 이루어졌는지가 밝혀지지 아니한 경우(설문 2.)

1. 판 례

"동일 부동산에 관하여 등기명의인을 달리하여 멸실회복에 의한 각 소유권이전등기가 중복등재되고 각 그 바탕이 된 소유권보존등기가 동일등기인지 중복등기인지, 중복등기라면 각 소유권보존등기가 언제 이루어졌는지가 불명인 경우에는 위 법리로는 중복등기의 해소가 불가능하므로 이러한 경우에는 적법하게 경료된 것으로 추정되는 각 회복등기 상호간에는 각 회복등기일자의 선후를 기준으로 우열을 가려야 한다"(同 判例)라고 판시하고 있다.

2. 사안의 경우

이러한 判例의 태도에 의하면 사안에서 D명의의 멸실회복등기가 먼저 경료되었으므로 D가 X토지에 대한 소유자가 된다.

Ⅲ. 하나의 보존등기에 대해 멸실회복등기가 중복으로 된 경우(설문 3.의 경우)

1. 판 례

"동일 부동산에 관하여 하나의 소유권보존등기가 경료된 후 이를 바탕으로 순차로 소유권이전등기가 경료되었다가 그 등기부가 멸실된 후 등기명의인을 달리하는 소유권이전등기의 각 회복등기가 중복하여 이루어진 경우에는 중복등기의 문제는 생겨나지 않는다"(同 判例)라고 판시하고 있다.

2. 사안의 경우

判例의 태도에 의하면 사안에서는 중복등기의 문제는 생겨나지 않고 멸실 전 먼저 된 B명의의 소유권이전등기가 잘못 회복등재된 것이므로 그 회복등기 때문에 나중 된 소유권이전등기의 회복등기가 무효로 되지 아니한다. 따라서 C의 회복등기가 늦게 되어도 무효가 아니므로 C가 X토지에 대한 소유자가 된다.

▶ [쟁점 18]

2. 등기의 실질적 유효요건

등기가 유효하기 위해서는 등기와 물권행위의 내용이 일치하는 등 등기와 실체관계의 일치가 있어야 한다. 민법은 물권변동에 관하여 성립요건주의를 취하고, 또 등기신청시 등기원인을 증명하는 서면을 제출하여 이것이 등기원인으로 기재되므로, 등기부에는 '**물권변동의 과정**'과 원인이 사실대로 기재되어야 하는 것이 원칙이다. 그런데 실제로는 그렇지 못한 경우가 있는데, '**중간생략등기, 실제와 다른 등기원인에 의한 등기, 무효등기의 유용**' 등이 그러하다(뒤에서 별도로 검토한다).

Ⅲ. 실체관계에 부합하는 등기 [D-35]

1. 의 의

형식적 유효요건을 결여한 등기나 권리변동의 과정에 합치되지 않는 등기일지라도 일단 등기가 된 이상 현재의 권리상태에 부합하는 것이면 유효한 등기로 인정하는 것을 말한다. 이는 등기경제와, 등기는 현재의 권리관계를 공시하면 충분하다는 점을 이유로 인정되고 있다.

2. 요 건

실체관계에 부합한다는 것은 '등기절차에 하자'가 있다고 하더라도, ㉠ 등기명의인 앞으로 현재와 같은 등기가 행하여져야 할 '실체적 권리'가 있고, ㉡ 동시이행의 항변권 등을 포함하여 등기의무자에게 등기의무의 이행을 거절할 정당한 사유가 없는 것, 즉 '등기청구권의 실현에 장애'가 없어야 한다.

[심화] 예를 들어, 부동산매수인이 대금을 모두 지급한 후에, 또는 그 완납 전이라도 미리 소유권이전등기를 한다는 유효한 약정이 있은 후에, 등기 관련 서류를 위조하여 소유권이전등기를 자기 앞으로 마친 경우에 그 등기는 유효하다. 그러나 대금의 완납이나 선등기약정이 없는 상태에서 그와 같이 등기가 행하여지면 실체관계에 부합하는 등기의 법리가 적용되지 않는다(대판 1985.4.9. 84다카130 등). 이 경우에 등기가 유효하다고 하면, 매도인은 동시이행의 항변권 등에 기하여 자신의 대금지급청구권을 관철할 기회를 상실하게 되기 때문이다.

나아가 실체관계에 부합하는 등기의 법리는 등기가 애초에는 실체적 유효요건을 갖추지 못하여 무효이지만 사후적으로 그 등기에 상응하는 실체법상의 사유가 발생한 경우에(이른바 등기원인의 추완이 있는 경우) 이를 '그때로부터 유효'로 하는 근거로서도 원용된다(대판 1963.10.10. 63다583). 예를 들어, 가장매매에 기한 소유권이전등기가 있은 후에 당사자 사이에 진의에 기한 매매계약이 체결되거나, 점유자 앞으로 원인 없는 등기가 행하여진 후 취득시효가 완성된 경우 등이 그것이다. 이 경우에 굳이 등기전용의 합의가 요구된다고 할 필요는 없을 것이다. 다만 그와 같이 **등기가 유효가 됨으로써 이해관계 있는 제3자가 등기상 불이익을 입지 않아야 한다.** 예를 들어, 저당권등기가 채권자가 아닌 제3자 앞으로 행하여져서 무효라고 해도 그 후에 채권자 앞으로 부기등기의 방법으로 저당권이전등기가 행하여지면, 이는 실체관계에 부합하는 등기로서 유효하게 되는 것이 원칙이다. 그러나 그 사이에 다른 사람의 (가)등기가 행하여졌으면, 그 저당권이전등기의 효력을 인정할 수 없다(대판 2007.1.11. 2006다50055 ; 핵심사례 D-14.참고). 부기등기의 순위는 주등기의 순위에 의하므로(부동산 등기법 제5조), 그 효력을 인정하면 (가)등기보다 앞서게 되어, (가)등기권리자를 해하게 된다.

3. 인정범위

① 判例는 위조서류에 의한 등기(대판 1982.12.14. 80다459), 대리권이 없는 상태에서의 등기(대판 1971.8.31. 71다1163), 등기의무자인 死者명의의 신청으로 행해진 등기(대판 1965.8.24. 65다1177), 이미 경료된 중간생략등기, 실제의 등기원인과 다른 원인에 의한 등기(대판 1980.7.22. 80다791 : 6회 선택형), 무효등기의 유용의 경우 등의 경우에도 실체관계와 부합하면 그 등기가 유효하다고 보고 있다.

② 그 외에도 判例는 중간생략등기형 명의신탁(3자간 등기명의신탁)에서 부동산실명법은 매도인과 명의신탁자 사이의 매매계약의 효력을 부정하는 규정을 두고 있지 아니하므로 그들 사이의 매매계약은 유효한 것으로 되어, 명의신탁자는 매도인에 대하여 매매계약에 기한 소유권이전등기를 청구할 수 있고, 그 소유권이전등기청구권을 보전하기 위해 매도인을 대위하여 수탁자 명의의 등기의 말소를 구할 수 있다고 하여(대판 2002.3.15. 2001다61654), **명의수탁자가 명의신탁자 앞으로 바로 마쳐준 소유권이전등기도 실체관계에 부합하는 등기로서 유효하다고 한다**(대판 2004.6.25. 2004다6764: 표준판례262 ; D-86. 제3자간 등기명의신탁 참고 : 13회 선택형).

③ 그러나 소멸시효 완성으로 소유권이전등기청구권이 소멸한 상태에서 소유권이전등기가 이루어졌고 그 시효의 이익을 받는 자가 소송에서 이러한 소멸시효의 주장까지 하였다면, 그 소유권이전등기는 '실체관계에 부합하지 않고' 원인무효의 등기에 해당하므로 말소되어야 한다(대판 2024.10.31. 2024다232523).

4. 한 계

등기경제의 관점보다 더 중대한 공익적 요청이 있는 경우에는 등기가 실체관계에 부합하더라도 무효이다. 예컨대 중복등기에서 비록 후행보존등기가 실체관계에 부합하더라도(예를 들어 점유취득시효가 완성되더라도) 무효라고 보는 것이 그러하다(절차법설, 判例).

Ⅳ. 중간생략등기 [D-36]

1. 서 설 [D-36a]

(1) 개 념

중간생략등기는 권리변동의 원인, 나아가 등기되어야 할 권리변동사항이 여러 개가 있어 그 원인 내지 사항마다 별개의 등기가 행하여져야 하는데도 그 중간의 등기를 생략하여 하는 등기를 말한다. 전형적으로는 부동산이 최초매도인으로부터 중간취득자를 거쳐 최종매수인에게 이전되어야 하는 경우에, 최초매도인으로부터 직접 최종매수인에게 행하여진 경우를 들 수 있다.

> [구체적 예] ① 미등기부동산의 양수인이 양도인(예컨대 건물을 신축한 자)과의 합의에 의해 양수인 명의로 소유권보존등기를 한 경우(대판 1995.12.26. 94다44675 : 9회 선택형), 상속인이 상속등기를 하지 않은 상태에서 상속부동산을 타인에게 매도한 후 피상속인에서 직접 매수인 앞으로 소유권이전등기를 한 경우에(대판 1967.5.2. 66다2642), 이러한 등기는 '실체관계에 부합'하여 적법한 등기로서 '유효'하다고 한다. 이는 일종의 '중간생략등기'에 해당한다. ③ 시효취득자가 등기를 생략하고 전매하는 경우(판례는 '취득시효의 중간생략 등기청구권'을 부인한다 : 대판 1995.3.28. 93다47745), ④ 중간생략형 명의신탁(부동산실명법 제4조에 의해 원칙적으로 무효로 된다)경우도 넓은 의미에서 중간생략등기에 속한다.

| 쟁점구조 |

■ 중간생략등기의 전형적인 논리구조

중간생략등기의 합의가 없음에도 조세부과를 면하려 하거나 시세차익을 얻으려 하는 등의 목적으로 중간생략등기가 경료된 경우(또는 중간생략등기청구권을 행사하려는 경우)

Ⅰ. 중간생략등기의 유효성

1. 부동산등기특별조치법을 위반한 중간생략등기의 효력(유효 : 단속규정)
  동법 규정을 단속규정으로 파악할 경우 중간생략등기의 유효성 논의가 의미를 가진다. 만약 효력규정으로 본다면 중간생략등기는 언제나 무효이어서 유효성 여부에 관한 논의가 별다른 의미를 가지지 못할 것이기 때문이다.

2. 이미 경료된 중간생략등기의 유효성
  3자간 합의가 없어도 '실체관계에 부합'한다면 유효

Ⅱ. 중간생략등기청구권

1. 최종매수인이 중간생략등기청구권을 행사하려면 3자 합의가 필요(판례)

2. 3자 합의가 없는 경우 최종매수인의 최초매도인에 대한 등기청구권 인정여부
  ① 채권자대위권에 의한 등기청구권 행사 가부(적극), ② 채권양도를 원인으로 한 등기청구권 행사 가부(매매 계약에 따른 소유권이전등기청구권의 경우, 가능은 하지만 최초매도인의 승낙이 필요)

---

(2) 문제점

중간생략등기는 투기·탈세 등의 목적으로 악용되어 왔는바 이를 막기 위하여 부동산등기 특별조치법이 제정되었다. 특히 동법 제2조는 매수인이 잔금지급 후 이전등기강제의무를 규정하고 있는데, 이를 위반한 경우 등기의 사법상 효력은 어떠한지 또 그러한 등기청구를 인정할 수 있는지 문제된다.[7]

2. 부동산등기 특별조치법과 중간생략등기 [D-36b]

(1) 문제점

부동산등기 특별조치법 제8조 1호에서는 조세부과를 면하려 하거나 시세차익을 얻으려 하는 등의 목적으로 위 규정에 위반한 경우 벌칙규정을 두고 있는바, 이러한 벌칙규정의 성격이 문제된다.

(2) 판 례

당사자의 합의를 기초로 중간생략등기를 청구한 사안에서, 위 벌칙규정을 효력규정이 아닌 '단속규정'으로 보고, 따라서 당사자 사이의 중간생략등기의 합의에 관한 '사법상의 효력'까지 무효로 한다는 취지는 아니라고 판단하였다(대판 1993.1.26. 92다39112). [판례검토] 중간생략등기의 효력문제는 현행 민법의 해석으로 충분히 합리적인 해결을 꾀할 수 있으며, 만약 동법의 벌칙규정을 '효력규정'으로 본다면 거래의 안전이 침해될 소지가 있다는 점에서 '단속규정'으로 파악함이 타당하다.

3. 이미 경료된 중간생략등기의 효력 [07사법] [D-36c]

(1) 문제점

중간생략등기는 물권적 합의와 등기가 부합하지 않는 것이어서 원칙적으로 무효라고 할 것이나, 한편 실체관계에 부합하는 현재의 권리상태를 공시하는 점에서는 부분적으로 타당한 면이 있으므로 그 유효 여부가 문제된다.

(2) 판 례[8]

1) 기본적인 태도

① 判例는 중간생략등기가 경료되어 버린 경우에는 합의가 없어도 유효하다고 보는데 반해(실체관계에 부합하는 등기 : 8회, 9회 선택형), 중간생략등기청구권에 대해서는 중간생략등기의 '합의'가 없는 한 이를 인정하지 아니하는 입장을 유지하고 있다(대판 2005.9.29. 2003다40651[9] 등 : 5회, 9회 선택형). 한편, 그러한 합의는 명시적으로는 물론 묵시적으로도 할 수 있으며, 순차적으로도 가능하다고 한다(대판 1995.8.22. 95다15575: 표준판례185).[10] 특히 매도증서·위임장 등의 등기서류의 '매수인란을 백지'로 하여 교부한 경우에는 그러한 합의가 묵시적으로 행해진 것이라고 한다(대판 1982.7.13. 81다254 : 9회 선택형).

다만 관계당사자 전원의 의사합치, 즉 중간생략등기에 대한 최초 양도인과 중간자의 동의가 있는 외에 최초의 양도인과 최종의 양수인 사이에도 그 중간등기생략의 합의가 있었음이 요구된다(대판1994.5.24. 93다47738).

[7회 기록형] 따라서 최초매도인이 처음에 백지위임장의 교부 등으로 중간생략등기에 묵시적으로 동의를 했더라도 후에 최종매수인이 등기서류의 보완을 요구할 때 최초양도인이 이를 거부하면 3자

---

7) 부동산등기 특별조치법의 주요내용은 다음과 같다. ① 소유권이전등기를 신속히(60일 이내)하도록 강제한다(제2조 1항). ② 중간생략등기를 금지한다. 중간자도 반드시 등기하도록 함으로써 등기부에 채권관계의 연속적 과정이 드러나도록 한다(제2조 2항). ③ 검인계약서를 등기신청서류로 정하여 계약에 관한 사항을 진실되게 알리도록 한다(제3조).

8) [학설] ① '형식주의' 하에서 중간생략등기는 무효라는 무효설, ② 3자간의 합의가 있는 것을 조건으로 (3자 합의설) 또는 제450조에서 정한 채권양도의 대항요건이 있으면 유효하다고 보는 (채권양도설) 조건부 유효설, ③ 중간자가 취득하여 다시 양도하는 권리는 물권적 기대권이라는 이유로(물권적 기대권설) 또는 독일민법의 법리를 원용하는 (처분권부여설) 등 최초 매도인의 동의유무에 관계없이 유효하다고 보는 무조건 유효설이 있다.

9) "최종 양수인이 중간생략등기의 합의를 이유로 최초 양도인에게 직접 중간생략등기를 청구하기 위하여는 관계 당사자 전원의 의사합치가 필요하지만, 당사자 사이에 적법한 원인행위가 성립되어 일단 중간생략등기가 이루어진 이상 중간생략등기에 관한 합의가 없었다는 이유만으로는 중간생략등기가 무효라고 할 수는 없다"

10) 다만, 대부분의 判例들은 3자 합의가 없음을 이유로 하여 중간생략의 등기청구권을 부정하고 있고(대판 1997.5.16. 97다485 등). 정면으로 중간생략의 3자 합의가 있었음을 이유로 중간생략등기청구권을 인정한 경우는 거의 찾아볼 수 없다.

합의가 결여된 것으로 보아 중간생략등기청구권을 행사할 수 없으며(대판 1991.4.23. 91다5761), 3자 합의가 있은 후 '최초매도인과 중간취득자 사이에 매매계약에 관한 합의해제'가 있는 경우에도 최후 매수인은 최초매도인을 상대로 중간생략등기청구권을 행사할 수 없다고 한다(대판 1980.5.13. 79다932).

[관련판례] "중간생략등기가 위조서류에 의하여 행하여졌더라도 그 관계당사자 사이에 매매계약이 적법하게 성립한 이상 그 중간생략등기의 합의가 없었다는 사유만으로 등기의 말소를 청구할 수 없다(대판 1967.5.30. 67다588).

② 다만 判例에 따르더라도 이미 경료된 중간생략등기가 유효하기 위해서는 ⅰ) 동시이행의 항변권 등을 포함하여 등기의무자에게 등기의무의 이행을 거절할 정당한 사유가 없어야 하고, ⅱ) 최초의 매도인과 중간자의 법률행위, 그리고 중간자와 최종매수인의 각각의 법률행위가 모두 유효함을 전제로 한다. 즉, 복수의 권리변동원인(각각의 법률행위) 전부에 대하여 실체관계에 부합해야 하는바 아래에서 살펴보도록 한다.

2) 각각의 법률행위가 유효할 것(각각의 법률행위가 실체관계에 부합할 것)과 관련한 판례

① [토지거래허가구역내 중간생략등기] 判例에 따르면 토지거래허가구역 내의 토지가 토지거래허가 없이 최초 매도인으로부터 중간자, 최종매수인에게 순차로 매도되었다면 ⅰ) 각 매매계약의 당사자는 각각의 매매계약에 관하여 토지거래허가를 받아야 하며, ⅱ) '중간생략등기의 합의'가 있었다고 하여 최초의 매도인과 최종 매수인 사이에 매매계약이 체결되었다고 볼 수 없고, 최종 매수인이 자신과 최초 매도인을 당사자로 하는 토지거래허가를 받았더라도 이는 적법한 허가없이 경료된 등기로서 '(유동적) 무효'라고 본다(대판 1997.3.14. 96다22464 ; 중간생략등기가 있다고 무조건 처음부터 확정적 무효는 아니고, 허가를 배제하거나 잠탈할 목적이 있어야 한다).

[비교판례] 규제지역에서 토지거래허가를 받기 전의 거래계약이 처음부터 허가를 '배제'하거나 '잠탈'하는 내용의 계약일 경우 처음부터 확정적 무효로서 유효로 될 여지가 없다(대판 1991.12.24. 전합90다12243). 따라서 허가받을 의사 없이 처음부터 허가를 배제하거나 잠탈할 목적으로 '중간생략등기'의 합의 아래 전매차익을 얻을 목적으로 전전매매한 경우 그 각각의 매매계약은 모두 '처음부터 확정적으로 무효'이고, 전득자는 중간자의 토지거래허가신청절차 협력청구권을 대위행사할 수도 없다(대판 1996.6.28. 96다3982).

② [어느 한 계약이 무효·취소·해제된 경우] 또한 양도인과 중간자 3자 사이의 중간생략등기 합의는 각 계약에 부수하는 채무 이행의 방법에 관한 합의이므로(대판 1996.6.28. 96다3982 참고), 어느 한 계약이 무효이거나 취소·해제되면, 종된 합의인 중간생략등기의 합의도 그 효력을 상실한다(대판 1996.2.27. 95다38875 참고)[11] : 당해 판례는 일부무효법리에 따라 이론구성하였다). 따라서 이 경우 최종양수인에게 경료된 중간생략등기는 무효이나, 제3자 보호규정이 있는 경우에는 실체관계에 부합하여 유효할 수 있다(제108조 2항, 제548조 1항 단서 등).

(3) 검 토

중간생략등기는 물권변동과정과 현재의 등기상태를 정확하게 공시하려는 등기제도의 목적에 반하고 부동산투기·조세면탈 등의 많은 문제점을 가지고 있으나, 적어도 현재의 권리상태는 공시하고 있으므로 거래안전상 유효하다고 보아야 한다. 다만, 중간생략등기를 무조건 유효하다고 보면 중간자의 권리를 해할 가능성이 있으므로 원칙적으로 제3자간의 합의가 필요하다(3자 합의설).

---

[11] "복수의 당사자 사이에 중간생략등기의 합의를 한 경우 그 합의는 전체로서 일체성을 가지는 것이므로, 그중 한 당사자의 의사표시가 무효인 것으로 판명된 경우 나머지 당사자 사이의 합의가 유효한지의 여부는 민법 제137조에 정한 바에 따라 당사자가 그 무효 부분이 없더라도 법률행위를 하였을 것이라고 인정되는지의 여부에 의하여 판정되어야 할 것이고, 그 당사자의 의사는 실재하는 의사가 아니라 법률행위의 일부분이 무효임을 법률행위 당시에 알았다면 당사자 쌍방이 이에 대비하여 의욕하였을 가정적 의사를 말한다"

4. 최종매수인의 최초매도인에 대한 중간생략등기청구권 인정여부 [D-36d]

(1) 판례 [12회 사례형]

앞서 검토한 바와 같이 判例는 중간생략등기가 경료되어 버린 경우에는 합의가 없어도 유효하다고 보는데 반해(실체관계에 부합하는 등기 : 8회 선택형), 중간생략등기청구권에 대해서는 중간생략등기의 '합의'가 없는 한 이를 인정하지 아니하는 입장을 유지하고 있다(대판 1991.4.23. 91다5761 등 : 5회 선택형).

(2) 검 토

거래안전 및 중간자의 권리보호를 함께 고려할 때 중간생략등기청구권을 인정하기 위해서는 3자 사이의 합의나 중간자의 동의가 필요하다. 다만 判例의 태도에 대해서는 ① 등기의 유효성 문제와 등기청구권의 문제를 분리하여, 등기청구권이 없더라도 등기가 유효하다는 전제를 바탕으로 함으로써 논리적인 일관성이 다소 결여되어 있다는 비판적인 견해도 있으나, ② 이미 중간생략등기가 마쳐진 경우에는 등기경제의 관점에서 실체적 권리관계에 부합한다는 점에서 타당하다.

5. 중간생략등기의 합의가 없는 경우 최종매수인의 등기청구권 인정 여부 [D-36e]

(1) 채권자대위권에 의한 등기청구권 행사 가부

判例와 조건부 유효설에 의할 때 중간생략등기의 합의나 동의가 없는 경우 최종매수인은 최초매도인에게 중간생략등기를 청구할 수 없다. 이 경우 최종매수인이 중간자에게 가지고 있는 매매계약에 기한 등기청구권을 피보전채권으로 해서 중간자가 최초매도인에게 가지고 있는 등기청구권을 대위행사할 수 있는지 문제된다. 채권자대위권은 채무자의 일반재산의 보전이라는 본래의 기능과는 별도로 특정채권의 보전을 위해서도 활용되고 있는바, 통설·判例는 이러한 특정채권의 보전을 위해서는 채무자의 무자력을 요하지 않는다고 보면서 채권자대위권의 행사를 인정하고 있다(대판 1969.10.28. 69다1351 : 8회 선택형).

[비교판례] 허가받을 의사 없이 '중간생략등기'의 합의 아래 전매차익을 얻을 목적으로 전전매매한 경우 그 각각의 매매계약은 모두 확정적으로 무효이고(대판 1996.6.28. 96다3982), 전득자는 중간자의 토지거래허가 신청절차 협력청구권을 대위행사할 수도 없다(대판 1996.6.28. 96다3982).

(2) 채권양도를 원인으로 한 등기청구권 행사 가부

1) 문제점

중간자가 최초매도인에 대한 소유권이전등기청구권을 최종매수인에게 양도하고, 채무자인 최초매도인에게 그 사실을 '통지'한 경우 최종매수인이 최초매도인에게 직접 매매를 원인으로 한 소유권이전등기절차의 이행을 청구할 수 있는지 문제된다.

2) 판례

① [**매매로 인한 소유권이전등기청구권**(채무자의 동의·승낙 필요)] 종전의 判例는 매매로 인한 소유권이전등기청구권을 채권적 청구권으로 보면서도 '3자 합의설'의 이론구성에 의거하여 그 양도성을 제한하여 왔는데(대판 1995.8.22. 95다15575: 표준판례185), 判例는 또 다른 논거로서 매매로 인한 소유권이전등기청구권은 그 '이행과정에 신뢰관계'가 따른다는 것을 이유로 (특별한 사정이 없는 이상 권리의 성질상 양도가 제한되어) 통상의 채권양도와 달리 채무자에 대한 통지만으로는 채무자에 대한 대항력이 생기지 않으며 반드시 채무자의 동의나 승낙을 받아야 대항력이 생긴다(대판 2001.10.9. 2000다51216: 표준판례503 : 5회,8회,9회,13회 선택형)고 한다.[12]

따라서 매도인이 그 양도에 대하여 동의하거나 승낙하지 않고 있다면 채권양도에 따른 이전등기는 이에 부합하는 양수인과 매도인 간의 적법·유효한 실체관계가 존재하지 아니하여 원인무효의 등기가 된다(대판 2025.4.24. 2024다248290).

② [**명의신탁의 해지로 인한 소유권이전등기청구권**(채무자의 동의·승낙 필요)] "이와 같은 법리는 명의신탁자가 부동산에 관한 유효한 명의신탁약정을 해지한 후 이를 원인으로 한 소유권이전등기청구권을 양도한 경우에도 적용된다. 따라서 비록 부동산 명의신탁자가 명의신탁약정을 해지한 다음 제3자에게 '명의신탁해지를 원인으로 한 소유권이전등기청구권'을 양도하였다고 하더라도 명의수탁자가 그 양도에 대하여 동의하거나 승낙하지 않고 있다면 그 양수인은 위와 같은 소유권이전등기청구권을 양수하였다는 이유로 명의수탁자에 대하여 직접 소유권이전등기청구를 할 수 없다"(대판 2021.6.3. 2018다280316: 표준판례504). [**21법행**]

③ [**취득시효완성으로 인한 소유권이전등기청구권**(채무자의 동의·승낙 불요)] 그러나 취득시효완성으로 인한 소유권이전등기청구권은 채권자와 채무자 사이에 아무런 계약관계나 신뢰관계가 없고, 그에 따라 채권자가 채무자에게 반대급부로 부담하여야 하는 의무도 없다. 따라서 判例는 이를 이유로 취득시효완성으로 인한 소유권이전등기청구권의 양도의 경우에는 매매로 인한 소유권이전등기청구권에 관한 양도제한의 법리가 적용되지 않는다(대판 2018.7.12. 2015다36167 : 11회,12회,13회 선택형)고 한다. [**23법행**]

6. 중간생략등기청구권이 인정되는 경우 최초매도인과 중간자와의 관계 [D-36f]

(1) 중간자의 최초매도인에 대한 소유권이전등기청구권

중간생략등기의 합의가 있었다 하여 중간매수인의 소유권이전등기청구권이 소멸된다거나 최초 매도인의 그 매수인에 대한 소유권이전등기의무가 소멸하는 것은 아니다(대판 1991.12.13. 91다18316).
[**2회·8회 사례형**] 이 경우 중간취득자가 최초매도인에 대해 갖고 있는 소유권이전등기청구권은 소멸시효가 진행하지 않는다(대판 1999.3.18. 전합98다32175: 표준판례136).

[**심화**] 예를 들어 A, B, C에게 순차로 매매가 이루어졌는데, A로부터 C에게 중간생략등기가 행하여지면, A의 B에 대한, 그리고 B의 C에 대한 소유권이전등기의무는 소멸한다.[13] 반면 중간생략등기합의가 있어도 실제로 이에 기한 등기가 이루어지기 전에는 위 각 의무가 이행된 것이 아니므로 소멸하지 않는 채 존재한다(위 91다18316판결). 그 결과 A는 B에게 매매계약에 따라, C에게는 중간생략등기합의에 따라 각각 소유권이전등기의무를 부담한다. 이 의무들은 서로 부진정연대채무관계에 있다. 따라서 A는 둘 중 하나를 이행함으로써 자신의 채무를 면할 수 있다. 반면 어느 것도 이행하지 않으면 B와 C에 대해서 각각 채무불이행책임을 부담하고, 이 역시 부진정연대채무관계에 있다. 한편 A로부터 C에게 등기가 이루어지지 않은 경우 B역시 C에게 채무불이행책임을 지게 된다(대판 1971.6.8. 70다2432).

(2) 최초매도인의 중간자에 대한 매매대금청구권

중간생략등기의 합의가 있었다 하여 최초의 매도인이 자신이 당사자가 된 매매계약상의 매수인인 중간자에 대하여 갖고 있는 매매대금청구권의 행사가 제한되는 것은 아니므로 중간생략등기의 합의가 있은 후에 최초 매도인과 중간 매수인 간에 매매대금을 인상하는 약정이 체결된 경우, 최초 매도인은 인

---

12) [**판례평석**] 그러나 당사자의 상호신뢰가 강하게 요청되는 것은 통상 계속적 계약에 특유한 것인데 일시적 계약에 속하는 매매에 그러한 법리를 적용하는 것은 의문이라 하겠으며[김준호, 민법강의(18판), p.546], 가등기에 의한 소유권이전등기청구권의 양도가 가능하다는 최근 判例의 태도(전합98다24105)와도 모순된다[지원림, 민법강의(13판), 3-42a ; 김형배, 민법학강의(13판), p.602].

13) 이 문제는 채무이행의 실행이 중간 당사자를 뛰어넘어 행하여지는 이른바 '단축급부'의 법리와 직접 관련된다[양창수·권영준 공저, 권리의 변동과 구제(민법 II), p.124]. A, B, C 사이에 순차적으로 동일한 물품에 대한 매매가 이루어진 뒤 전원의 합의 아래 A가 C에게 직접 물품을 인도하는 것이 단축급부의 대표적 예이다. 이때 A의 C에 대한 물품인도는 규범적 관점에서 볼 때 A의 B에 대한 물품인도와 B의 C에 대한 물품인도가 합쳐져서 이루어지는 것이다. 이를 통해 A의 B, B의 C에 대한 물품인도채무는 모두 이행되어 소멸한다. 이러한 법리가 중간생략등기에도 적용되는 것이다.

상된 매매대금이 지급되지 않았음을 이유로 최종 매수인 명의로의 소유권이전등기의무의 이행을 거절할 수 있다(대판 2005.4.29. 2003다66431 : 8회,9회 선택형). **[2회, 12회 사례형]** 최초매도인은 중간자에게 소유권이전등기를 경료해 줄 의무에 대해 인상된 매매대금의 지급을 구하는 내용의 동시이행의 항변권을 보유하고 있다고 보아야 할 것이기 때문이다.

V. 무효등기의 유용
[D-37]

1. 의 의
등기가 행해졌으나 그것이 실체관계에 부합하지 않아 무효로 된 경우에도 그 후에 등기에 부합하는 실체관계가 만들어진 때에는 그 등기를 새로운 권리관계를 공시하는 것으로 활용하는 것을 말한다.

2. 요 건(합, 실, 이)

(1) 등기유용의 합의가 있을 것
"무효등기의 유용에 관한 합의 내지 추인은 묵시적으로도 이루어질 수 있다. 다만 묵시적 합의 내지 추인을 인정하려면 무효등기 사실을 알면서 장기간 이의를 제기하지 아니하고 방치한 것만으로는 부족하고 그 등기가 무효임을 알면서도 유효함을 전제로 기대되는 행위를 하거나 용태를 보이는 등 무효등기를 유용할 의사에서 비롯되어 장기간 방치된 것이라고 볼 수 있는 특별한 사정이 있어야 한다"(대판 2007.1.11. 2006다50055).

(2) 무효등기에 부합하는 실체관계가 존재할 것
무효등기에 부합하는 실체관계가 만들어져야 한다. 따라서 무효인 저당권등기를 유용하는 경우 새로운 채권자가 실제 채권을 가지고 있어야 한다(대판 2008.4.11. 2007다20891). 다만 그 원인은 동일할 필요가 없다.

(3) 등기유용의 합의 이전에 '등기부상' 이해관계 있는 제3자가 존재하지 아니할 것
유용의 합의 전에 등기상 이해관계인(예를 들어 다른 저당권자, 가등기담보권자, 처분금지가처분권자 등)이 있는 때에는 유용의 합의가 무효이므로 그 무효등기의 유용의 합의로 이해관계인에게 대항하지 못한다(대판 1974.9.10. 74다482).

3. 효 과
무효등기를 유용하더라도 그때부터 유효한 등기가 되고 소급효는 인정되지 않는다(대판 1992.5.12. 91다26546).

4. 처음부터 원인무효인 등기의 유용
등기원인의 하자로 인하여 등기가 원시적으로 무효인 경우(가령 가장매매를 원인으로 한 등기)에도 그 후 등기와 부합하는 실체관계가 있으면 그때부터 등기가 유효로 된다(대판 1964.12.29. 64다1176 등).

5. 처음에는 유효한 등기였으나 나중에 실체관계가 없어져 무효로 된 등기의 유용

(1) 표제부등기의 유용
무효등기의 유용은 '권리등기'의 유용만 가능할 뿐 '사실등기'인 표제부등기의 유용은 허용되지 않는다. 따라서 멸실된 건물의 보존등기를 멸실 후에 신축한 건물의 보존등기로 유용할 수 없다(대판 1980.11.11. 80다441). 만일 이를 허용한다면 건물에 관한 중복등기가 발생할 가능성이 있기 때문이다.

(2) **저당권등기의 유용**(아래 판례연구 D-3.참고)

(3) **청구권 보전을 위한 가등기의 유용**(아래 판례연구 D-4.참고) [15법행, 16법무, 10회 사례형]

判例는 丙(피고)이 소유자 甲과 무효인 가등기를 유용하기로 합의한 후 그 가등기에 기하여 丙(피고) 명의의 본등기를 마치자 등기공무원이 그 가등기 이후에 마쳐진 乙(원고) 명의의 강제경매개시결정 기입등기를 직권으로 말소한 사실관계에서, "乙(원고)은 무효인 등기 유용합의가 있기 전에 이 사건 부동산에 대한 강제경매개시결정을 통해 부동산을 압류하여 등기부상 이해관계를 가지게 되었으므로, 丙(피고)은 乙(원고)에게 이 사건 등기 유용합의로써 대항할 수 없고, 그에 따라 이 사건 경매개시결정 기입등기는 이 사건 가등기의 순위보전의 효력에 반하지 아니하여 직권으로 말소될 것이 아님에도 불구하고 원인 없이 말소되었으므로 경매개시결정 기입등기의 말소등기는 무효이며, 말소회복 될 이 사건 경매개시결정 기입등기와 이 사건 본등기는 양립 가능하여 丙(피고)은 이 사건 경매개시결정 기입등기의 말소회복등기에 관하여 등기상 이해관계 있는 제3자로서 승낙의 의사표시를 할 의무가 있다"(대판 2019.5.16. 2015다253573 : 14회 선택형)고 한다.

[심화] 이 경우, 乙은 말소된 강제경매개시결정 기입등기의 회복등기절차의 이행을 소구할 수는 없으나(강제경매개시결정 기입등기가 법원의 촉탁에 의하여 말소된 경우에는 그 회복등기도 법원의 촉탁에 의하여 행하여져야 하므로), 丙을 상대로 하여 법원의 촉탁에 의한 그 강제경매개시결정 기입등기의 회복절차에 대한 승낙청구의 소를 제기할 수는 있다(대판 2019.5.16. 2015다253573).

판례연구 D-03

무효등기의 유용
대판 1998.3.24. 97다56242(표준판례351)

B는 A에게 1억 원을 대여하면서 A소유의 X토지에 근저당권을 설정하였는데, A가 변제한 후에도 근저당권을 말소하지 않았다. 그 후 C가 A에게 1억 원을 대여하면서 A가 B에게 설정해 준 근저당권을 유용하기로 합의하였다.

1. 등기유용의 합의에 따라 근저당권 이전의 부기등기가 C 앞으로 경료된 경우, A가 C에 대하여 근저당권의 말소등기청구를 하였다. 인용될 수 있는가? (10점)
2. A, B, C가 근저당권등기를 유용하기로 합의하였지만 아직 부기등기를 경료하지 않은 경우, A가 B에 대하여 근저당권의 말소등기청구를 하였다. 인용될 수 있는가? (10점)
3. A, B, C가 근저당권등기를 유용하기로 합의하였지만 아직 부기등기를 경료하지 않은 상태에서 A가 D에게 X토지를 매도하고 소유권이전등기를 경료해 준 경우 D가 B에 대하여 근저당권등기의 말소등기청구를 하였다. 인용될 수 있는가? (10점)

Ⅰ. 논점의 정리

각 근저당권등기 말소등기절차이행청구는 소유권에 기한 방해제거청구권으로서 ① 청구권자에게 소유권이 있을 것, ② 청구권자의 소유권에 대한 방해가 있을 것, 즉 ⅰ) 방해자의 등기가 있고, ⅱ) 그 등기가 원인무효일 것을 요한다(제214조). 따라서 사안의 각 근저당권등기가 원인무효인지 여부가 문제된다.

Ⅱ. 무효인 저당권 등기의 유용(합. 실. 이)

무효등기의 유용이 되기 위해서는 ⅰ) 등기유용의 합의가 있을 것, ⅱ) 무효등기에 부합하는 실체관계가 존재할 것, ⅲ) 등기유용의 합의 이전에 등기부상 이해관계 있는 제3자가 존재하지 아니할 것을 요한다(대판 2002.12.6. 2001다2846 등).

Ⅲ. 저당권등기 유용의 합의에 따른 저당권 이전의 부기등기가 경료된 경우(설문 1.의 경우)

1. 판 례

"부동산의 소유자 겸 채무자가 채권자에게 피담보채무를 모두 변제함으로써 저당권이 소멸된 경우 그 저당권설정등기 또한 효력을 상실하나, 채무자가 새로운 제3의 채권자로부터 금원을 차용함에 있어 그 제3자와 사이에 차용금 채무를 담보하기 위하여 잔존하는 종전 채권자 명의의 저당권설정등기를 이용하여 이에 터잡아 새로운 제3의 채권자에게 저당권 이전의 부기등기를 경료하기로 하는 내용의 저당권등기 유용의 합의를 하고 그 부기등기를 경료하였다면, 제3의 채권자로서는 ⅰ) 부동산의 소유자(채무자)에 대하여 그 등기 유용의 합의를 주장하여 저당권설정등기의 말소청구에 대항할 수 있고, ⅱ) 다만 그 저당권 이전의 부기등기 이전에 등기부상 이해관계를 가지게 된 자에 대하여는 위 등기 유용의 합의 사실을 들어 위 저당권설정등기 및 그 저당권 이전의 부기등기의 유효를 주장할 수는 없다"(대판 1998.3.24. 97다56242: 표준판례351 : 14회 선택형).

2. 사안의 경우

등기유용의 합의를 하고 그에 따라 근저당권 이전의 부기등기를 하였다면, 사안과 같이 등기유용의 합의 이전에 제3자가 당해 부동산에 관하여 새로운 이해관계를 맺지 않은 이상 그 등기는 적법하게 이전되었다고 할 것이다. 따라서 B가 X토지에 대하여 취득한 근저당권은 그 효력을 유지한 채 C에게 이전되었으므로 A의 C에 대한 근저당권 말소등기청구는 인용될 수 없다.

Ⅳ. 저당권등기 유용의 합의는 있었으나 저당권 이전의 부기등기를 경료하지 못한 경우(설문 2.의 경우)

1. 판 례

"ⅰ) 부동산의 소유자 겸 채무자와 새로운 제3의 채권자와 사이에 저당권등기의 유용의 합의를 하였으나 아직 종전의 채권자 겸 근저당권자의 협력을 받지 못하여 저당권 이전의 부기등기를 경료하지 못한 경우에는 채무자와 종전의 채권자 사이에서는 저당권설정등기는 여전히 등기원인이 소멸한 무효의 등기라고 할 것이므로 채무자는 종전의 채권자에 대하여 그 저당권설정등기의 말소를 구할 수 있다고 할 것이지만, ⅱ) 채무자와 종전의 채권자 그리고 새로운 제3의 채권자 등 3자가 합의하여 저당권설정등기를 유용하기로 합의한 경우라면 종전의 채권자는 부동산 소유자의 저당권설정등기말소청구에 대하여 그 3자 사이의 등기 유용의 합의 사실을 들어 대항할 수 있다"(대판 1998.3.24. 97다56242: 표준판례351).

2. 사안의 경우

A, B, C가 등기를 유용하기로 합의하였지만 아직 부기등기가 경료되지 않았다면 C는 B의 근저당권설정등기를 A에게 주장할 수 없는 것이 원칙이지만, 등기유용에 관하여 3자가 합의하였으므로 그 합의에 구속되어 A의 B에 대한 근저당권 말소등기청구는 인용될 수 없다(금반언의 원칙 내지 계약상의 의무).

Ⅴ. 저당권등기 유용의 합의는 있었으나 저당권 이전의 부기등기를 경료하지 못한 경우(설문 3.의 경우)

1. 판 례

"채무자와 종전의 채권자 그리고 새로운 제3의 채권자 등 3자가 합의하여 저당권설정등기를 유용하기로 합의한 경우라면 종전의 채권자는 부동산 소유자의 저당권설정등기말소청구에 대하여 그 3자 사이의 등기 유용의 합의 사실을 들어 대항할 수 있고 또한 부동산 소유자로부터 그 부동산을 양도받기로 하였으나 아직 소유권이전등기를 경료받지 아니하여 그 소유자를 대위하여 저당권설정등기의 말소를 구할 수밖에 없는 자에 대하여도 마찬가지로 대항할 수 있다"(대판 1998.3.24. 97다56242: 표준판례351).

2. 사안의 경우

A, B, C가 근저당권등기의 유용에 합의하였다고 하더라도 부기등기가 경료되지 않은 동안은 제3자인 D에게 근저당권의 유효를 주장할 수 없는 것이 원칙이다. 다만 위 判例에서 판시하고 있는 바와 같이, 제3자인 D가 아직 소유권을 취득하지 않은 경우에는 대항할 수 있다. 그렇다면 설문내용과 같이 제3자인 D가 소유권을 취득한 경우에는 원칙으로 돌아가서 D가 근저당권의 유용을 허락한 경우가 아니라면 D는 자신의 소유물에 대한 방해제거청구권을 행사하여 근저당권설정등기의 말소를 청구할 수 있다고 보아야 할 것이다.

판례연구 D-04

★ 청구권 보전을 위한 가등기의 유용, 채권자대위권 [15·23법행, 16법무, 10회 사례형]
대판 2009.5.28. 2009다4787

甲은 그 소유의 X토지에 관하여 2014. 7. 1. 乙과 매매예약을 체결하고, 같은 날 乙 앞으로 위 매매예약을 원인으로 하여 소유권이전청구권가등기를 마쳐주었다.
甲은 2015. 6.경 乙과의 합의하에 위 매매예약을 해제하였다. 그 후 乙 명의의 가등기가 아직 말소되지 않고 남아있던 2015. 7. 1. 甲은 새로이 丁과 X토지에 대한 매매예약을 체결하였는데, 甲과 丁은 새로운 매매예약에 기한 소유권이전청구권의 보전을 위하여 乙 명의의 가등기를 유용하기로 합의하고, 새로운 매매예약 당일 乙의 협조하에 丁 앞으로 그 가등기 이전의 부기등기까지 마쳤다. 한편 X토지에는 이미 그 변제기가 도래한 甲에 대한 대여금채권에 기하여 2015. 4. 1. 가압류등기를 마친 가압류채권자 戊도 존재하고 있었는데, 위와 같은 경위로 X토지에 가등기 이전의 부기등기가 마쳐진 사실을 알게 된 戊는 곧바로 甲을 대위하여 丁을 상대로 그 가등기 말소청구의 소를 제기하였다. 위 대위소송에서 丁이 가등기 유용의 합의를 주장하며 그 말소청구에 대항하자, 戊는 위 가등기 유용 전에 X토지를 가압류한 제3자인 자신을 상대로 丁은 그 가등기 유용합의로써 대항할 수 없다고 주장하였다.
甲이 심각한 무자력 상태에 빠져있고 戊의 대여금채권 보전의 필요성도 인정된다고 할 때, 戊의 청구는 인용될 수 있는가? (20점)

I. 결 론

제3채무자 丁의 가등기 유용의 합의에 대한 채권자 戊의 가등기 유용 전 가압류 사실은 사안의 채권자대위소송에서는 주장할 수 없는 '채권자 자신의 제3채무자에 대한 대항사유'이므로 戊의 채권자 대위청구는 기각된다.

II. 논 거

1. 채권자대위권의 요건 (보, 필, 불, 대)

사안의 경우 i) 피보전채권으로서 戊의 甲에 대한 대여금 채권이 인정되고, ii) 채권보전의 필요성 및 iii) 채무자의 권리불행사도 인정된다(제404조). 따라서 본안판단과 관련하여 피대위권리의 존재 및 이에 대한 제3채무자의 항변이 문제된다.

2. 피대위권리의 인정여부

(1) 丁의 무효등기 유용의 항변

1) 청구권 보전을 위한 가등기의 유용

"i) 부동산의 매매예약에 기하여 소유권이전등기청구권의 보전을 위한 가등기가 마쳐진 경우에 그 매매예약완결권이 소멸하였다면 그 가등기 또한 효력을 상실하여 말소되어야 할 것이나, ii) 그 부동산의 소유자가 제3자와 사이에 새로운 매매예약을 체결하고 그에 기한 소유권이전등기청구권의 보전을 위하여 이미 효력이 상실된 가등기를 유용하기로 합의하고 실제로 그 가등기 이전의 부기등기를 마쳤다면, 그 가등기 이전의 부기등기를 마친 제3자로서는 언제든지 부동산의 소유자에 대하여 위 가등기 유용의 합의를 주장하여 가등기의 말소청구에 대항할 수 있고, iii) 다만 그 가등기 이전의 부기등기 전에 등기부상 이해관계를 가지게 된 자에 대하여는 위 가등기 유용의 합의 사실을 들어 그 가등기의 유효를 주장할 수는 없다"(대판 2009.5.28. 2009다4787 : 4회,7회,8회 선택형).

2) 검토 및 사안의 경우

戊의 채권자대위를 통한 가등기말소청구가 인용되기 위해서는 제3자인 丁의 가등기 유용이 요건을 갖추지 못하여 가등기가 원인무효이어야 하는데(제214조), 실질관계의 소멸로 무효로 된 등기의 유용은 그 등기를 유용하기로 하는 합의가 이루어지기 전에 '등기상 이해관계가 있는 제3자'(예를 들어 다른 저당권자, 가등기담보권자, 처분금지가처분권자 등)가 생기지 않은 경우에 한하여 허용된다.

따라서 사안의 경우 戊는 丁의 무효등기의 유용인 가등기이전의 부기등기(2015. 7. 1.)보다 선행하는 부동산 가압류권자(2015. 4. 1.)로서 丁에게 대항할 수 있다. 다만, 이러한 채권자 戊의 제3채무자 丁에 대한 독자적인 대항사유를 '채권자대위소송'에서 戊가 丁에게 주장할 수 있는지 문제된다.

(2) 戊의 丁에 대한 독자적인 사정에 기한 사유의 주장

1) 채권자와 제3채무자 사이의 독자적인 사정에 기한 사유

判例는 "채권자는 제3채무자에 대하여 채무자가 주장할 수 있는 범위 내에서 주장할 수 있을 뿐, 자기와 제3채무자 사이의 독자적인 사정에 기한 사유를 주장할 수는 없다"(대판 2009.5.28. 2009다4787 ; B-55.참고)고 판시하여 채권자가 그 부기등기 전에 부동산을 가압류한 사실을 주장하는 것은 채무자가 아닌 채권자 자신이 제3채무자에 대하여 가지는 사유에 관한 것이어서 허용되지 않는다고 하였다.

2) 사안의 경우

채권자대위권은 채무자의 제3채무자에 대한 권리를 행사하는 것이므로(법정소송담당설), 제3채무자는 채무자에 대해 가지는 (피대위권리에 대한) 모든 항변사유로 채권자에게 대항할 수 있으나, 채권자는 채무자가 제3채무자에게 주장할 수 있는 사유의 범위 내에서 주장할 수 있을 뿐 자기와 제3채무자 사이의 독자적인 사정에 기한 사유를 주장할 수는 없다.

따라서 戊의 채권자대위소송에서 丁은 무효인 가등기유용의 합의로 대위채권자인 戊에게 대항할 수 있으므로 戊의 채권자대위소송은 '청구기각'될 것이다. 다만, 부동산 가압류권자인 戊는 본안 승소 후 집행권원에 기해서 직접 丁을 상대로 권리행사하거나, 또는 대상 부동산이 경매가 진행된다면 이후 배당절차에서 그 순위에 따라 권리구제를 받을 수는 있을 것이다.

제4절 법률행위에 의하지 않은 부동산물권변동

I. 서 설   [D-38]

상속, 공용징수, 판결, 경매 기타 법률의 규정에 의한 부동산에 관한 물권의 취득은 등기를 요하지 아니한다. 그러나 등기를 하지 아니하면 이를 처분하지 못한다(제187조).

II. 제187조 본문의 적용범위   [D-39a]

1. 포괄승계

상속은 피상속인의 사망으로 인하여 개시된다(제997조). 따라서 피상속인의 사망과 동시에 부동산은 그 등기 없이도 상속인의 소유로 된다. 상속과 같이 포괄승계의 효과를 가져오는 포괄적 유증(제1078조)과 회사의 합병의 경우에도 같다.

2. 국가의 권력행위에 의한 직접적인 물권변동

(1) 공용징수

(2) 판결

판결은 그 내용에 따라 이행판결·확인판결·형성판결로 나뉘는데, 본조 소정의 '판결'은 판결 그 자체만으로 형성적 효력을 가져오는 **형성판결에 국한된다**(대판 1970.6.30. 70다568). 따라서 매매를 원인으로 소유권이전등기절차를 이행하라는 '이행판결'이 확정된 경우에도, 이때에는 승소한 당사자가 단독으로 등기를 신청할 수 있을 뿐이고(부동산 등기법 제23조 4항), 그 등기가 된 때에 비로소 소유권 이전의 효력이 생긴다(제186조). 형성판결에 속하는 것으로는 공유물 또는 합유물의 분할청구에 기한 분할판결(제269조 1항, 제274조)[최근 전원합의체 판결에 따르면 공유부동산을 '현물분할'하는 내용의 '조정조서'는 제187조의 '판결'과 같은 효력이 없다고 한다(대판 2013.11.21. 전합2011두1917 : 9회,12회,14회 선택형)[1]] 사해행위 취소판결(제406조), 상속재산 분할판결(제1013조) 등이 있다. 이러한 판결에 의해 물권변동이 일어나는 시기는 그 판결이 확정된 때이다(민사소송법 제498조).

(3) 경매

집행권원에 기한 강제경매나 담보권에 기한 임의경매는 '민사집행법'에서 양자 모두 매수인이 **매각대금을 다 낸 때**에 소유권을 취득하는 것으로 정한다(동법 제135조, 제268조).

3. 기타의 경우들

① 가령 점유권이나 유치권과 같이 권리의 성질상 등기를 할 수 없는 경우, ② 물권의 생성과 소멸 또는 증감(예컨대 신축건물의 소유권 취득), ③ 소유자가 존재하지 않거나 불명한 경우(예컨대 매장물 발견), ④ 첨부(특히 부동산과 부동산의 부합), ⑤ 혼동(제191조), ⑥ 피담보채무의 소멸로 인한 담보물권의 소멸, ⑦ 존속기간이 있는 제한물권에서 존속기간의 만료, ⑧ 법정책적 이유에 기한 물권변동으로 각종의 법정지상권(제305조, 제366조, 입목에 관한 법률 제6조), 관습법상의 법정지상권, 법정저당권(제649조), 대위로 인한 저당권 등의 이전(제368조, 제399조, 제482조, 제484조) 등을 들 수 있다.

Ⅲ. 제187조 단서   [D-39b]

① [**원칙**] 제187조에 의해 등기 없이 부동산물권을 취득하였더라도, 등기를 하지 아니하면 이를 처분하지 못한다(제187조 단서). 따라서 부동산물권을 등기 없이 취득한 자(예컨대 건물을 신축한 자)가 자기명의 등기 없이 이를 처분한 경우, 그 처분의 상대방은 부동산물권을 취득하지 못한다. 그러나 判例는 이 경우에도 그 처분행위의 채권적 효력은 인정된다고 한다(대판 1997.11.28. 95다43594 등).

② [**예외**] 그러나 判例는 많은 예외를 인정하고 있다. 예컨대 미등기부동산의 양수인이 양도인(예컨대 건물을 신축한 자)과의 합의에 의해 양수인 명의로 소유권보존등기를 한 경우(대판 1995.12.26. 94다44675 : 9회 선택형), 상속인이 상속등기를 하지 않은 상태에서 상속부동산을 타인에게 매도한 후 피상속인에서 직접 매수인 앞으로 소유권이전등기를 한 경우에(대판 1967.5.2. 66다2642), 이러한 등기는 '실체관계에 부합'하여 적법한 등기로서 '유효'하다고 한다. 이는 일종의 '중간생략등기'에 해당한다.

---

[1] "공유물분할의 소송절차 또는 조정절차에서 공유자 사이에 공유토지에 관한 현물분할의 협의가 성립하여 그 합의사항을 조서에 기재함으로써 조정이 성립하였다고 하더라도, 그와 같은 사정만으로 재판에 의한 공유물분할의 경우와 마찬가지로 그 즉시 공유관계가 소멸하고 각 공유자에게 그 협의에 따른 새로운 법률관계가 창설되는 것은 아니라고 할 것이고, 공유자들이 협의한 바에 따라 토지의 분필절차를 마친 후 각 단독소유로 하기로 한 부분에 관하여 다른 공유자의 공유지분을 이전받아 등기를 마침으로써 비로소 그 부분에 대한 대세적 권리로서의 소유권을 취득하게 된다"

제5절 동산물권의 변동

제1관 권리자로부터의 취득

I. 의 의
[D-40]

민법은 동산물권의 양도에 관하여 그 동산을 '인도'하여야 효력이 생긴다고 규정하여(제188조 1항), 동산물권의 변동에 있어서도 부동산에서처럼 물권행위와 그 공시방법으로서 인도를 요하는 성립요건주의를 채택하고 있다.

II. 동산물권변동의 요건
[D-41]

1. 법률행위(물권행위)

2. 인 도

(1) 동산물권의 공시방법으로서 인도

여기서의 '인도'란 점유의 이전, 즉 물건에 대한 사실적 지배의 이전을 의미하며(제192조 1항), 이는 동산물권변동의 요건으로서 사실행위이다.

(2) 인도의 유형

1) **현실의 인도**

현실인도가 인도의 원칙적인 형태이며, 물건이 사회관념상 동일성을 유지하면서 양도인의 지배로부터 양수인의 지배로 이전되는 것을 말한다(제188조 1항).

2) **간이인도**(예컨대, 임차인이 매수인이 되는 경우)

양수인이 이미 동산을 점유하는 경우 의사표시만으로 소유권이 이전된다(제188조 2항). 예컨대 동산임차인이 소유자인 임대인으로부터 임차물을 매수하는 경우 임차인이 임대인에게 반환한 후 다시 인도받는 절차를 거치지 않고 의사표시만으로 소유권이 이전되는 것이다. 간이인도가 있는 경우에 양수인의 점유는 타주점유에서 자주점유로 전환된다.

3) **점유개정**(예컨대, 매도인이 임차인이 되는 경우)

점유개정은 양도인이 양수인과 점유매개관계를 설정함으로써 양수인에게 (자주점유로서) 간접점유를 취득시키고 스스로는 양수인과의 점유매개관계를 통해 (타주점유로서) 직접점유를 계속하는 것이다(제189조).

4) **목적물반환청구권의 양도**

양도인이 제3자를 점유매개자로 하여 간접점유하는 경우 양도인이 그 점유매개자에 대한 반환청구권을 양수인에게 양도하는 방식이다(제190조). 예컨대 A가 B에 대해 가지고 있는 임치계약상의 반환청구권을 C에게 양도하는 방식으로 C에게 동산을 인도하는 것이다. 여기서 '목적물반환청구권'은 **채권적 청구권**을 말하고, 제213조 소정의 물권적 청구권은 이에 포함되지 않는다.

왜냐하면 소유권이전의 합의와 목적물반환청구권의 양도에 의하여 소유권은 이전하며, 물권적 청구권은 물권의 효력으로 물권에 기하여 발생하는 것이고, 물권이 이전되기 전에 물권과 분리하여 양도할 수 없기 때문이다(물론 사안에서 A는 B에 대하여 소유권에 기한 물권적 청구권도 가지고 있다. 다만 이러한 소유권에 기한 물권적 청구권을 소유권이 이전되기 전에 소유권과 분리해서 C에게 양도할 수는 없다는 의미이다). 결국 채권적 청구권(목적물반환청구권)의 양도의 효과로 양수인이 물권을 취득하며 그 취득된 물권에 기하여 제213조 소정의 물권적 청구권이 발생하게 된다(대판 2000.9.8. 99다58471 참고: **표준판례**195). 그리고 목적물반환청구권은 채권적 청구권이므로 그 양도에 관하여는 지명채권양도의 대항요건을 갖추어야 한다(제450조).

제2관 무권리자로부터의 취득 : 선의취득

요건사실론

■ 동산인도청구

Ⅰ. **원고의 동산인도청구**(청구원인)
소유권에 기해 동산인도청구를 하기 위한 요건사실은 ⅰ) 원고가 그 동산을 소유하고 있는 것, ⅱ) 피고가 그 동산을 점유하고 있는 것이다(제213조).

Ⅱ. **피고의 항변**
① 점유할 권리의 항변(제213조 단서), ② 선의취득의 항변(제249조) 이때 피고가 주장·증명하여야 하는 선의취득의 요건사실은 ⅰ) 동산거래행위, ⅱ) 위 거래행위에 의한 인도, ⅲ) 무과실이다(제249조). 선의취득에 있어 선의, 평온, 공연은 제197조 1항에 의해 추정을 받으나, 判例에 의하면 무과실은 추정되지 않기 때문이다.

Ⅲ. **원고의 재항변**
도품 또는 유실물에 대한 특례의 항변(제250조)

Ⅳ. **피고의 재재항변**
도품 또는 유실물을 경매나 공개시장에서 또는 동 종류의 물건을 판매하는 상인에게서 매수한 사실의 항변(제251조). 이 경우 피해자 또는 유실자(원고)는 양수인(피고)이 지급한 대가를 변상하고 그 물건의 반환을 청구할 수 있다.

쟁점구조

■ 동산의 이중양도담보와 점유개정에 의한 선의취득

甲은 乙과 乙소유 X동산에 대한 소유권유보부매매계약을 체결하였다(또는 채권자 乙은 채무자 甲과 甲소유 X동산에 대해 '점유개정에 의한 동산양도담보계약'을 체결하였다). 그 후 甲은 다시 丙과 점유개정에 의한 동산양도담보 계약을 체결하였다. 그 후 乙이 적법하게 점유하고 있다.
丙은 乙에게 X동산의 반환을 청구할 수 있는가?

Ⅰ. **X동산의 소유권자 확정**
① 소유권유보부매매계약의 법적 성질(결론은 정지조건부 소유권이전설에 따라 乙이 소유권자), ② 동산양도담보의 법적 성질(결론은 신탁적 소유권이전설에 따라 乙이 소유권자)

Ⅱ. **소유권자(乙)와 제3자(丙)의 법률관계**
① 무권리자 甲과 제3자(丙)의 동산양도담보계약의 유효성 검토(무권리자의 처분행위) ⇒ ② 제3자(丙)의 선의취득 인정 여부(결론은 점유개정에 의한 선의취득 부정)…→ 丙이 현실적인 점유를 취득한 경우의 우열관계[1)]

Ⅰ. 의 의

[D-42]

> 제249조 (선의취득) 평온, 공연하게 동산을 양수한 자가 선의이며 과실없이 그 동산을 점유한 경우에는 양도인이 정당한 소유자가 아닌 때에도 즉시 그 동산의 소유권을 취득한다.

선의취득이란 동산점유자를 권리자로 믿고 평온·공연하게 선의·무과실로 그 동산을 취득한 경우에 비록 양도인이 정당한 권리자가 아니라 할지라도 양수인에게 그 동산에 관한 소유권 또는 질권의 취득을 인정하는 제도이다(제249조). 선의취득제도는 동산의 점유에 공신력을 인정하는 것으로 거래안전을 보호하기 위한 취지이다.

Ⅱ. 선의취득의 요건(동, 무, 유, 승, 선)

[D-43]

선의취득이 성립하기 위해서는 ⅰ) 목적물이 동산이어야 하고, ⅱ) 처분자는 점유자이지만 무권리자이어야 하고, ⅲ) 유효한 거래행위에 의해 점유를 승계취득한 것이어야 하며, ⅳ) 선의취득자의 점유는 평온·공연·선의·무과실이어야 한다(제249조).

1. 객체에 관한 요건 : 선의취득 대상 여부가 문제되는 것

선의취득의 객체는 원칙적으로 '동산'이다. 다만 선의취득의 대상 여부가 문제되는 것을 살펴보면 아래와 같다.

(1) 금 전

금전은 동산이기는 하지만 물건이 가지는 개성을 갖고 있지 않으며 가치 그 자체이므로, '점유가 있는 곳에 소유가 있다'고 보아야 한다. 따라서 사후의 문제는 부당이득반환청구로 해결하면 족하고 선의취득이 적용될 여지는 없다. 금전인 때에는 선의취득을 하는 것으로 정한 민법 제250조 단서의 '금전'은 물건으로서의 금전(예컨대 강제통용력을 잃은 화폐를 수집의 목적으로 거래하는 경우)을 의미한다(다수설).

(2) 등기·등록으로 공시되는 동산(자동차·선박·건설기계·항공기 등)

선의취득의 대상이 되지 않는다(대판 1966.1.25. 65다2137). 그러나 자동차가 자동차관리법이 정한 공시방법인 '등록'에 의하여만 소유권 변동을 공시할 것을 기대하기는 어려운 경우, 소유권을 취득함에는 민법상 공시방법인 '인도'에 의할 수도 있고 이때는 민법 제249조의 선의취득 규정이 적용될 수 있다(대판 2016.12.15. 2016다205373).

(3) 부동산등기에 의하여 간접적으로 공시되는 동산

선의취득의 대상이 된다. 즉 입목을 목적으로 하는 저당권의 효력은 입목을 벌채한 경우에 그 토지로부터 분리된 수목에 대하여도 미치지만(입목에 관한 법률 제4조 1항) 그 분리된 수목은 선의취득의 대상이 되며, 공장저당권의 효력은 그 공장의 기계가 제3자에게 인도된 경우에도 미치지만, 그 분리된 기계는 선의취득의 대상이 된다(공장 및 광업재단 저당법 제7조 단서).

2. 양도인에 관한 요건

(1) 양도인이 목적물을 점유하고 있을 것

점유는 직접점유이든 간접점유이든, 자주점유이든 타주점유이든 불문한다. 양도인의 점유는 객관적

---

1) 乙이 X동산을 회수하기 前 丙이 현실적인 점유를 취득하고 이 당시 선의·무과실의 요건을 갖춘 경우라면 丙은 선의취득을 통해 소유권을 취득하므로 乙은 丙에게 소유권에 기한 X동산의 반환을 청구할 수 없다.

으로 권리자로 오신할 만한 사실상의 지배가 있는 것으로 족하므로, 점유에 권리자의 의사가 관여한 이상 (점유자가 아닌) 점유보조자가 점유주의 물건을 처분한 경우에도 선의취득이 인정될 수 있다(대판 1991.3.22. 91다70: 표준판례232).

(2) 양도인이 무권리자일 것

소유권이 없는 것뿐만 아니라(예컨대 임차인·수치인, 양도인의 소유권 취득이 무효·취소·해제되어 소급하여 무권리자로 되는 경우), 처분권이 없는 경우도 포함되므로 가압류된 동산을 소유자가 타인에게 매도한 경우에도 선의취득이 인정된다(대판 1966.11.22. 66다1545).

3. 거래행위에 관한 요건

(1) 거래행위가 있을 것

거래행위는 특정승계이어야 하며 상속이나 회사합병과 같은 포괄승계인은 선의취득할 수 없다. 선의취득은 개별적인 거래의 안전을 보호하기 위한 제도이기 때문이다. 매매·증여·질권설정·대물변제·양도담보계약·경매(判例는 채무자 이외의 자의 소유에 속하는 동산을 경매절차에서 경락받은 경락인은 동산의 소유권을 선의취득할 수 있다고 한다 : 대판 1998.6.12. 98다6800)등이 이에 해당하며, 유상·무상을 묻지 않는다.

(2) 거래행위가 유효할 것

양도인이 무권리자라는 점을 제외하고는 **거래행위는 유효하게 성립한 것이어야** 한다(대판 1995.6.29. 94다22071 : 2회 선택형). 거래행위가 제한능력, 대리권의 결여, 의사의 흠결, 그 밖의 무효나 취소의 원인이 있어 실효된 때에는 선의취득은 성립하지 않는다. 그러나 이러한 효력이 없는 법률행위를 한 자로부터 다시 양도받은 자에게는 선의취득이 성립할 수 있음은 물론이다.

4. 양수인에 관한 요건

(1) 평온·공연·선의·무과실

점유자는 평온·공연·선의로 추정되나(제197조 1항), 判例에 의하면 무과실은 추정되지 않고 양수인이 이를 입증하여야 한다고 한다(대판 1968.9.3. 68다169). [08행정] 그러나 제200조(권리적법 추정)에 의해 양수인의 무과실도 추정된다고 보는 것이 타당하다(다수설). 양수인의 선의·무과실의 기준시점은 **물권적 합의와 인도가 완성되는 때를 기준**으로 한다(대판 1991.3.22. 91다70: 표준판례232). 즉 물권적 합의가 동산의 인도보다 먼저 행하여지면 인도된 때를, 인도가 먼저 행하여지면 물권적 합의가 있은 때를 기준으로 한다. 따라서 그 후에 악의·과실이 있다고 하더라도 선의취득의 성립에 영향을 주지 않는다.

(2) 점유취득

1) 점유개정의 경우 선의취득(소극)

判例는 "동산의 선의취득에 필요한 점유의 취득은 현실적 인도가 있어야 하고 점유개정에 의한 점유취득만으로서는 그 요건을 충족할 수 없다"(대판 1964.5.5. 63다775)고 하여 **부정설**을 취한다. [11·15행정] [판례검토] 검토하건대, 점유개정은 관념적 점유이전 중에서도 가장 불명확한 것으로, 외부에서는 거래행위의 존재를 인식할 수 없으므로 이를 인정하면 원권리자에게 너무 가혹하다는 점에서 부정설이 타당하다(다수설). 그러나 부정설에 따르더라도 나중에 현실인도를 받을 때까지 선의·무과실이면 그때 '현실인도에 의한 선의취득'이 인정될 수 있다.

2) 목적물반환청구권의 양도의 경우 선의취득(적극)

判例는 "양도인이 소유자로부터 보관을 위탁받은 동산을 제3자에게 보관시킨 경우에 양도인이 그 제3

자에 대한 반환청구권(채권적 청구권)을 양수인에게 양도하고 **지명채권 양도의 대항요건을 갖추었을 때에는 동산의 선의취득에 필요한 점유의 취득 요건을 충족한다**"(대판 1999.1.26. 97다48906 : 표준판례234 : 11회 선택형)고 하여 긍정설이다.

[판례검토] 검토하건대, 반환청구권의 양도에 관하여 대항요건(직접점유자에 대한 통지 또는 그의 승낙)이 갖추어지면 직접 점유자는 이제 양수인을 위하여 목적물을 점유하므로, 목적물이 양도인의 지배영역을 떠나 양수인의 지배영역으로 완전히 이전되었다고 평가할 수 있다는 점에서 긍정설이 타당하다(통설).

3) 간이인도에 의한 점유취득의 경우 선의취득(적극)

"동산의 선의취득에 필요한 점유의 취득은 이미 현실적인 점유를 하고 있는 양수인에게는 간이인도에 의한 점유취득으로 그 요건은 충족된다"(대판 1981.8.20. 80다2530 : 2회 선택형).

Ⅲ. 선의취득의 효과
[D-44]

1. 진정한 권리자와 선의취득자의 관계

(1) 선의취득되는 권리

선의취득의 요건을 갖추면 양수인은 즉시 동산에 관한 물권을 취득하는데, 동산 소유권(제249조) 또는 질권(제343조, 제249조)이 선의취득의 대상이 된다.

(2) 확정적 권리취득

선의취득에 의한 권리취득은 확정적이다. 따라서 취득자가 임의로 선의취득의 효과를 거부하고 종전 소유자에게 동산을 반환받아 갈 것을 요구할 수 없다(대판 1998.6.12. 98다6800 : 2회 선택형). 즉, 양수인이 진정한 권리자에게 동산을 반환하고 양도인에 대하여 담보책임(타인권리매매에 따른 제570조)을 추궁하는 것은 허용되지 않는다.

(3) 선의취득의 성질

① 승계취득으로 보는 견해도 있으나, ② 선의취득에 의해 양도인이 무권리자임에도 불구하고 양수인이 권리를 취득한다는 점에서 원시취득으로 보는 견해가 타당하다(다수설).

[학설에 따른 실익] 원시취득설에 따르면 선의취득의 목적물에 존재하는 제한이나 부담은 소멸하게 되어 선의취득자는 완전한 소유권을 취득하게 되나, 승계취득설에 따르면 선의취득이 되어도 그러한 부담이 존속하게 된다. 그러나 원시취득설에 따르더라도 선의취득자가 그 제한물권의 존재를 알았거나 알 수 있었다면 선의취득자는 제한물권의 부담이 있는 소유권을 취득한다고 보며, 승계취득설에 따르더라도 양수인이 그 제한물권의 존재에 관하여도 선의·무과실이면 선의취득법리의 유추적용을 통해 제한없는 소유권을 취득한다고 한다고 보기 때문에 **결과적으로 학설의 차이가 없다**.[2]

(4) 부당이득반환 여부

1) 원 칙

선의취득은 법률의 규정에 의하여 권리를 취득하는 것이므로 법률상 원인이 존재하는 것이어서 선의취득자는 진정한 권리자에 대해 부당이득 반환의무를 지지 않는다(대판 2009.9.24. 2009다15602 : 표준판례235). 즉, 이때에는 무권리자가 진정한 권리자에게 부당이득반환이나 불법행위에 기한 손해배상책

---

[2] [구체적 예] 예컨대, A로부터 동산을 임차한 B가 그 동산을 C에게 질권을 설정하여 C가 그 동산을 점유하고 있는 상태에서 B가 목적물반환청구권의 양도에 의해 D에게 위 동산을 양도한 경우, D는 위 동산에 제한물권이 존재하고 있다는 사정을 인식할 수 있었으므로, 어느 견해에 따르든 D는 질권의 부담을 안고 위 동산의 소유권을 취득한다.

임을 질뿐이다. 다만 '무상취득'의 경우 ① 이익형량의 원칙상 선의취득자의 부당이득반환의무를 긍정하는 견해도 있으나, ② 명문의 규정이 없는 이상 이 경우에도 부정하는 것이 타당하다(다수설). 이러한 선의취득자의 부당이득반환 책임이 부정되는 효과는 判例에 따르면 부합에 의한 보상청구의 경우(제261조)에도 유추적용된다고 한다(대판 2009.9.24. 2009다15602: 표준판례235 : 1회,4회,6회 선택형)(D-71c.참고).

2) 경매의 경우

"ⅰ) 채무자 이외의 자의 소유에 속하는 동산을 경매한 경매절차에서 경락인이 동산의 소유권을 선의취득한 경우, 그 동산의 매각대금은 채무자의 것이 아니어서 채권자가 이를 배당받았다고 하더라도 채권은 소멸하지 않고 계속 존속하므로, 배당을 받은 채권자는 이로 인하여 법률상 원인 없는 이득을 얻고 소유자는 경매에 의하여 소유권을 상실하는 손해를 입게 되었다고 할 것이니 그 동산의 소유자는 배당을 받은 채권자에 대하여 부당이득으로서 배당받은 금원의 반환을 청구할 수 있다. ⅱ) 채무자 이외의 자의 소유에 속하는 동산을 경매하여 그 매득금을 배당받은 채권자가 그 동산을 경락받아 선의취득자의 지위를 겸하고 있는 경우, 배당받은 채권자가 법률상 원인 없이 이득을 한 것은 배당액이지 선의취득한 동산이 아니므로, 동산의 전 소유자가 임의로 그 동산을 반환받아 가지 아니하는 이상 동산 자체를 반환받아 갈 것을 요구할 수는 없고 단지 배당금을 부당이득으로 반환할 수밖에 없다"(대판 1998.6.12. 98다6800 : 2회 선택형).

[구체적 예] 예를 들어 乙은 甲의 부탁으로 甲 소유인 고장난 기계를 보관하고 있었다. 乙의 채권자 戊는 그 기계가 乙의 소유가 아님을 알지 못했고 알 수도 없었기 때문에 그 기계에 대하여 경매신청을 하여 스스로 경락받고 집행비용을 제외한 매각대금 전액을 乙의 채권자로서 배당받았다. 이러한 사정을 알게 된 甲이 戊를 상대로 부당이득반환을 청구하면, 戊는 甲에게 배당금을 부당이득으로 반환할 의무가 있다. 이때 甲으로부터 부당이득의 반환을 청구받은 戊는 그 기계의 소유권 취득을 거부하고 甲에게 기계를 반환받아 갈 것을 요구할 수 없다(2회 선택형).

2. 진정한 권리자와 양도인의 관계

무권리자의 처분행위를 추인한 경우와 마찬가지로 채무불이행, 불법행위, 부당이득, (준)사무관리 등이 문제될 수 있다.

3. 선의취득자와 양도인의 관계

양도인과 선의취득자 사이의 채권행위는 타인 권리에 관한 의무부담행위로서 유효하며(제569조 참조), 처분행위는 무권리자의 처분행위로서 무효이나 선의취득으로 인해 하자가 치유되어 처분행위 역시 유효하다.

Ⅳ. 도품 및 유실물에 관한 특칙 … 권리자의 재항변 사유   [D-45]

1. 의 의

도품이나 유실물처럼 권리자의 의사에 의하지 않고 점유가 이탈된 동산(점유이탈물)의 경우에는 제3자가 선의취득의 요건을 갖추고 있더라도, 피해자 또는 유실자는 도난 또는 유실한 날로부터 2년내에 점유자에 대하여 그 물건의 반환을 청구할 수 있다. 그러나 도품이나 유실물이 금전인 때에는 반환을 청구하지 못한다(제250조). 이는 선의취득자의 이익과 진정한 권리자의 이익을 조화하고자 하는 취지이다.

2. 요 건

도품·유실물에 관한 특칙이 적용되기 위해서는 ⅰ) 제249조에 의한 선의취득의 요건이 구비되어야 하며, ⅱ) 도품 또는 유실물이어야 한다.

(1) 사기·강박에 의한 점유이탈

도품 또는 유실물이기 위해서는 점유자의 의사에 의하지 않고 점유가 이탈된 경우이어야 하므로 점유자의 의사가 관여된 '사기·강박'의 경우는 이에 포함되지 않는다.

(2) 점유를 수탁한 자(임치인 등), 점유보조자, 소지기관의 횡령 [9회 사례형, 23법행]

점유이탈의 의사는 '직접점유자'를 기준으로 결정하여야 한다. 따라서 점유매개자(직접점유자)가 점유물을 횡령하거나 제3자에게 임의로 처분한 경우와 같은 '위탁물 횡령'의 경우에는 소유자인 '간접점유자'의 의사에 반한다고 하더라도 점유이탈물이 아니다.

判例도 "도품, 유실물이란 원권리자로부터 점유를 수탁한 사람이 적극적으로 제3자에게 부정처분한 경우와 같은 위탁물 횡령의 경우는 포함되지 아니하고 또한 점유보조자 내지 소지기관의 횡령처럼 형사법상 절도죄가 되는 경우도 형사법과 민사법의 경우를 동일시 해야 하는 것은 아닐 뿐만 아니라 **진정한 권리자와 선의의 거래 상대방간의 이익형량의 필요성에 있어서 위탁물 횡령의 경우와 다를 바 없으므로 이 역시 제250조의 도품·유실물에 해당되지 않는다**(대판 1991.3.22. 91다70: **표준판례232**)고 한다.

> [**구체적 예**] 수치인 乙은 2018.5.1. 보관 중이던 고려청자를 임치인 甲의 허락 없이 丙에게 평온·공연하게 매각하여 인도하였는데, 丙은 당시 아무런 과실 없이 乙이 정당한 소유자라고 믿었다. 甲은 2019.5.3. 丙을 상대로 위 고려청자가 도품 또는 유실물에 해당한다는 이유로 소유권에 기하여 고려청자에 관한 인도 청구의 소를 제기하였다(9회 사례형 사실관계).
> ☞ 乙은 甲과 임치계약을 맺은 보관자로서 직접점유자 乙이 소유자 甲의 동산을 무단으로 처분한 행위는 '점유이탈물인 도품'이라고 할 수 없다. 따라서 甲은 丙에게 도품 및 유실물에 관한 특칙을 주장할 수 없다. 결국 甲의 청구는 기각될 것이다.

3. 효 과

(1) 당사자

1) 반환청구권자

피해자 또는 유실자이다(제250조 본문). 직접점유자가 반환청구권을 가지는 경우에 간접점유자인 소유자도 반환청구를 할 수 있다. 그러나 간접점유자는 직접점유자가 반환받기를 거절하거나 계약을 해지한 경우가 아니면 직접점유자에게 반환할 것을 청구할 수 있을 뿐이다.

2) 반환청구의 상대방

도품 또는 유실물을 현재 점유하고 있는 자이다. 직접취득자는 물론, 그 특정승계인도 포함된다.

(2) 반환청구기간

도난 또는 유실한 날로부터 2년 내에 청구하여야 하며, 기산점은 도난·유실한 때부터 진행한다.

(3) 대가의 변상 ··· 의무자의 재재항변 사유

1) 요 건

양수인이 도품이나 유실물을 경매나 공개시장에서 또는 동종류의 물건을 판매하는 상인에게서 '선의·무과실'로 '매수'(따라서 취득자가 도품·유실물을 증여받은 때에는 무상으로 반환을 청구할 수 있다)한 때에는 피해자 또는 유실자는 양수인이 지급한 대가를 변상하고 그 물건의 반환을 청구할 수 있다(제251조). 제251조는 양수인의 '선의'만을 정하고 '무과실'을 규정하고 있지 않지만, **제251조는 제249조와 제250조를 전제로 하는 규정이므로 양수인이 그 대가의 변상을 청구할 수 있기 위해서는 무과실도 당연히 필요하다**(대판 1991.3.22. 91다70: **표준판례232**).

2) 효 과

피해자 또는 유실자는 선의취득자가 '실제로' 지급한 대가를 변상하고 그 물건의 반환을 청구할 수 있다(제251조). 대가변상청구권의 성질에 관해 제251조는 취득자에게 대가의 변상이 있기까지 반환청구를 거절할 수 있는 항변권을 준 것이 아니라, 대가변상의 청구권을 준 것이다(통설). 따라서 선의취득자가 일단 목적물을 반환청구권자에게 반환한 후에도 대가변상을 요구할 수 있고, 대가를 변상하지 않으면 다시 목적물의 반환을 청구할 수 있는 권리를 잃지 않는다(대판 1972.5.23. 72다115).

핵심사례 D-02

★ 선의취득 등
대판 1999.1.26. 97다48906

甲회사는 乙과의 사이에 甲이 생산하는 철강의 판매대리점계약을 체결하면서, 乙이 甲으로부터 공급받은 철강의 대금을 완납할 때까지 그 소유권은 甲에게 속한다고 약정하였다. 그리고 이때 乙이 공급받은 철강을 가공한 경우에도 대금을 완납할 때까지는 그것은 甲의 소유에 속하는 것으로 특약을 하였다. 乙은 공급받은 철강의 일부는 자신의 점포에 보관하고, 나머지는 丙과의 사이에 乙이 제3자로부터 주문 받은대로 철강을 가공할 것을 내용으로 하는 임가공계약을 체결하였다. 이에 따라 丙은 그 철강들을 가공하였다. 그 후 乙은 자신의 丁에 대한 차용금채무의 담보를 위하여 자신의 점포에 있거나 丙이 보관중인 철강 전부를 丁에게 양도하는 동산양도담보계약(특정집합동산에 관한 양도담보계약임)을 체결하였다.
그리고 丙은 乙의 요청에 좇아 丁을 위하여 철강을 보관한다는 보관증을 작성하여 丁에게 교부하였다. 그런데 乙은 甲에 대한 철강대금채무를 모두 각 이행기일이 지나도록 이행하지 못하고 있다.
1. 철강의 소유권은 누구에게 속하는가? (25점)
2. 설문 1.의 결론에 따라 위 당사자들 사이에 문제될 수 있는 민사적 법률관계를 논하시오. (25점)

Ⅰ. 철강의 소유권자 – 설문 1.의 경우

1. 철강에 관한 매수인 乙의 법적 지위

(1) 소유권유보부매매의 법적 성질(정지조건부소유권이전설)

(2) 가공된 철강에 관한 소유권유보 특약의 효력

가공으로 인한 가액의 증가가 원재료의 가액보다 현저히 다액인 때에는 가공자의 소유로 한다(제259조 1항 단서). 그러나 가공에 관한 민법의 규정은 임의규정으로서 당사자들이 특약에 의하여 다르게 정할 수 있다.

(3) 사안의 경우

① 乙의 점포 안에 있는 철강에 관하여는 甲이 소유자이고, 乙은 장차 대금을 완납할 것을 조건으로 하여 소유권을 취득할 수 있는 기대권자에 불과하다. ② 丙이 가공하여 보관하고 있는 철강에 관하여는 甲과 乙 사이에 乙이 공급받은 철강을 가공한 경우에도 대금을 완납할 때까지는 그것은 여전히 甲의 소유에 속하는 것으로 하는 특약이 있었고(이른바. 연장된 소유권유보) 그 철강은 乙이 丙을 통하여 가공한 것이기 때문에 마찬가지로 甲이 소유자이고 乙은 기대권자에 불과하다.

2. 乙의 丁에 대한 양도담보권 설정의 효력

(1) 乙의 丁에 대한 양도담보설정행위의 효력

乙이 丁에게 이 사건 철강들에 관하여 양도담보를 설정하여 준 것은 무권리자의 처분행위로서 무효임이 원칙이다.[1] 따라서 丁에게 선의취득이 인정되는지 문제된다.

(2) 丁의 선의취득 가부[2)]

1) 선의취득이 성립하기 위한 요건(동, 무, 유, 승, 선)

점유자는 평온·공연·선의로 추정되나(제197조 1항), 判例에 의하면 무과실은 추정되지 않고 양수인이 이를 입증하여야 한다고 한다(대판 1968.9.3. 68다169). 그러나 제200조(권리적법 추정)에 의해 양수인의 무과실도 추정된다고 보는 것이 타당하다(다수설).

2) 점유개정에 의한 선의취득의 인정 여부(乙이 점유하고 있는 철강)

가) 판 례(부정설)

나) 검토 및 사안의 경우

乙이 점유하고 있는 철강에 관하여는 점유개정에 의한 선의취득이 인정되지 않기 때문에 이에 대한 소유권자는 여전히 甲이다.

3) 반환청구권의 양도에 의한 선의취득의 인정 여부(丙이 점유하고 있는 철강)

가) 판 례(긍정설)

나) 검토 및 사안의 경우

거래행위가 양도담보설정인 경우에는 그 자체로써 채무자의 재산상태가 안 좋음을 암시하기 때문에 그와 거래하는 제3자는 목적물이 이미 다른 사람에게 (양도)담보로 제공된 것인지 더욱 주의할 필요가 있는 점 등을 고려할 때, 양수인의 무과실도 추정된다고 보는 견해에 따르더라도 丁이 乙과 이 사건 철강들에 관하여 양도담보설정계약을 할 당시 그것들이 사실은 乙의 소유에 속하지 않는다는 사정을 모른 데 과실이 없다고 보기 어렵다. 따라서 丙이 점유하고 있는 철강에 관하여는 丁의 무과실을 인정할 수 없기에, 丁은 철강 전부에 관하여 양도담보권을 선의취득하지 못한다. 따라서 철강 전부에 관하여 소유자는 여전히 甲이다.

Ⅱ. 소유권 확정에 따른 甲, 乙, 丙, 丁 사이의 법률관계 – 설문 2.의 경우

1. 甲의 소유권유보 실행에 따른 법률관계

(1) 소유권 유보의 실행

소유권유보부 매도인은 매수인이 이행기일에 매매대금채무를 이행하지 않으면 곧바로 매매계약을 해제하고(이는 실질적으로 담보권의 실행과 마찬가지이다), 매수인 또는 그로부터 목적물의 점유를 이전받은 사람을 상대로 소유권에 기하여 목적물의 인도를 청구할 수 있다. 다만 이미 받은 매매대금이 있으면 원칙적으로 매수인에게 이를 반환하여야 한다.

(2) 사안의 경우

甲은 乙이 철강대금채무의 이행을 지체하였으므로 곧바로 매매계약을 해제하고 乙 및 丙에 대하여 그들이 각 점유하고 있는 철강의 인도를 청구할 수 있다. 다만 丙은 乙에 대한 임가공료채권에 기하여 유치권을 주장하며 甲의 인도 청구에 대항할 수 있다(제320조, 제213조 단서).

2. 乙, 丙의 甲에 대한 권리

(1) 乙의 甲에 대한 유익비상환청구권(적극)

乙은 丙을 이용하여 甲소유의 철강을 가공하여 그 경제적 가치를 증가시켰으므로 甲에 대하여 유익비상환청구권을 갖는다. 甲은 그의 선택에 따라 乙의 지출금액 또는 증가액을 상환하면 된다(제203조 2항).

(2) 丙의 甲에 대한 직접청구

1) 제203조 2항에 기한 유익비상환청구권(소극)

비용상환청구는 비용지출자만이 가지는 권리이므로 判例에 따르면 乙(도급인)이 궁극적으로 자신의 계산으로 비용지출과정을 관리한 것이고, 丙(수급인)은 乙에게 임가공료채권을 가지는 이상 비용지출자는 丙이 아닌 乙이다(대판 2002.8.23. 99다66564,66571: 표준판례691 : 7회,8회,9회 선택형).

2) 부당이득반환의 일환으로 객관적 가치의 증가액 상당을 청구할 수 있는지 여부(소극)

丙의 甲에 대한 부당이득반환청구를 인정한다면, 判例가 판시하는 바와 같이 i) 자기책임하에 체결된 계약에 따른 위험부담을 제3자에게 전가시키는 것이 되어 계약법의 기본원리에 반하는 결과를 초래할 뿐만 아니라, ii) 甲이 乙에게 가지는 항변권 행사의 기회를 박탈하고, iii) 乙이 무자력일 경우 계약 당사자인 丙이 아니라, 제3자인 甲이 乙의 무자력 위험을 부담하게 된다는 점에서 부당하다(대판 2002.8.23. 99다66564,66571). 따라서 丙은 甲에게 철강의 가치 증가를 이유로 부당이득반환을 구할 수 없다.

(3) 丙의 甲에 대한 대위청구 가부(적극)

乙이 무자력이면 丙은 乙에 대한 임가공료채권을 피보전채권으로 하여 乙의 甲에 대한 유익비상환청구권을 대위행사할 수 있다(제404조).

3. 甲과 丁 사이의 법률관계

丁은 이 사건 철강들에 관하여 양도담보권을 선의취득하지 못하였기 때문에 乙에 대한 대여금채권을 보전하기 위하여 乙 및 丙이 점유하고 있는 철강들에 대하여 가압류 내지 강제집행을 할지 모른다. 이 경우 甲은 소유자로서 제3자 이의의 소를 제기하여 그 집행을 막을 수 있다.

제6절 입목등기와 명인방법에 의한 물권변동

Ⅰ. 서 설 [D-46]

수목이나 미분리(未分離)의 천연과실(과수의 열매 등)은 원칙적으로 토지의 구성부분이지만, 일정한 공시방법을 갖추면 토지와 별개의 독립한 물건(부동산)으로 취급된다.

Ⅱ. 입목등기 [D-47]

1. 의 의

토지에 부착된 수목의 집단으로서 그 소유자가 '입목에 관한 법률'에 의해 소유권보존등기(입목등기부)를 한 것을 '입목'이라고 한다(동법 제2조 1항).

2. 입목에 관한 물권변동

토지 위에 식재된 입목은 토지의 구성부분으로 토지의 일부일 뿐 독립한 물건으로 볼 수 없으므로 특별한 사정이 없는 한 토지에 '부합'하고, 토지의 소유자는 식재된 입목의 소유권을 취득한다(제256조 본문). 토지 위에 식재된 입목을 그 토지와 독립하여 거래의 객체로 하기 위해서는 '입목에 관한 법률'에 따라 입목을 등기하거나 명인방법을 갖추어야 한다(대판 2021.8.19. 2020다266375).

---

1) 다만 학설은 매수인의 목적물의 처분행위를 조건부 권리 자체의 양도로 보아 선의의[통상 소유권유보의 특약에 의하여 매수인의 처분이 금지되지만, 이러한 특약을 선의의 제3자에게 대항할 수 없다고 할 것이다(제449조 2항 참조). 매수인의 처분을 금지하는 특약이 없다면 양수인의 선·악을 가리지 않는다] 양수인은 조건부 권리를 취득하고(제149조), 대금의 완납에 의하여 양수인은 소유권을 취득한다고 한다[지원림, 민법강의(13판). 5-148].

2) 동산 양도담보권도 선의취득의 대상이 될 수 있다. 양도담보권을 신탁적 소유권으로 보면 소유권의 선의취득에 관한 제249조가, 담보물권으로 보면 질권의 선의취득에 관한 제343조가 적용된다. 이에 대해 통설과 判例는 동산양도담보의 법적성질에 대해서 신탁적 소유권이전설을 취하는바, 동산 양도담보의 경우 양수인은 담보물권을 취득하는 것이 아니라 소유권을 취득한다고 보므로 제249조의 성립여부를 살펴본다.

① 입목등기부에 소유권보존등기를 한 입목은 토지와 독립한 부동산으로 되며, 입목의 소유자는 토지와 분리하여 입목을 양도하거나 저당권의 목적으로 할 수 있으며, 토지소유권 또는 지상권의 처분의 효력은 입목에 미치지 않는다(동법 제3조). ② 입목을 목적으로 하는 저당권의 효력은 입목을 벌채한 경우에 그 토지로부터 분리된 수목에 대하여도 미친다(동법 제4조 1항). ③ 입목의 경매 기타 사유로 인하여 토지와 그 입목이 각각 다른 소유자에게 속하게 되는 경우에는 토지소유자는 입목소유자에 대하여 지상권을 설정한 것으로 보며, 지료는 당사자의 약정에 따른다(동법 제6조).

Ⅲ. 명인방법

[D-48]

1. 의 의

명인방법은 수목의 집단이나 미분리(未分離)의 천연과실(과수의 열매 등)의 소유권이 누구에게 속하고 있는지를 제3자가 명백하게 인식할 수 있도록 알리는 '관습법상의 공시방법'이다.

2. 요 건

① **목적물은 특정되어야 하는바**, 예를 들어 "입목 일정 수량"이라고만 하여 소유자 표시의 게시판을 세웠어도 명인방법으로서는 효력이 없다(대판 1973.9.25. 73다1229). 그러나 물권취득의 원인이나 과거의 권리까지 표시될 필요는 없다.

② **명인방법은 계속되어야 한다**(명인방법이 바래거나 훼손된 경우에는 다시 명인방법을 하여야 한다). 명인방법을 갖추어 수목의 소유권을 이전하였으나, 그 후 명인방법이 멸실된 상태에서 제3자가 수목과 그 지반인 토지를 함께 매수하여 토지에 관한 소유권이전등기를 마친 경우, 수목의 소유권은 누구에게 속하는지 문제되는데, 判例는 토지에 관하여 소유권을 취득한 자가 수목의 소유권까지 취득한다고 하는데(대판 1976.12.28. 76다2557), 이는 명인방법이 공시방법으로서 불충분하다는 점을 고려한 것으로 보인다.

③ **현재의 소유자가 누구인지를 명시하여야 한다.** 따라서 判例는 입목에 새끼줄을 치고 또는 철인으로 ○표를 하였고, 요소에 소유자를 게시하거나(대판 1976.4.27. 76다72), 임야의 여러 곳에 "입산금지 소유자 아무개"라는 푯말을 써서 붙인 경우(대판 1967.12.18. 66다2382), 입목 소유권취득의 명인방법으로 부족하지 않다고 한다. 그러나 포플러의 표피에 흰 페인트칠을 하고 그 위에 일련번호를 붙인 것만으로는 명인방법을 갖춘 것으로 볼 수 없다고 한다(대판 1990.2.13. 89다카23022).

3. 명인방법에 의한 물권변동

① 수목의 집단이나 미분리의 과실 등에 관하여 소유자가 명인방법을 갖추면 토지와 별개의 독립한 물건(부동산)으로 취득된다. 명인방법은 공시방법으로서 불충분하기 때문에 명인방법에 의해 공시되는 물권은 소유권에 한한다. 다만 양도담보는 소유권이전의 형식을 취하므로 명인방법을 이용할 수 있다.

② "물권변동에 관한 성립요건주의를 채택하고 있는 민법에서 명인방법은 부동산의 등기 또는 동산의 인도와 같이 입목에 대하여 물권변동의 성립요건 또는 효력발생요건에 해당하므로 식재된 입목에 대하여 명인방법을 실시해야 그 토지와 독립하여 소유권을 취득한다. 이는 토지와 분리하여 입목을 처분하는 경우뿐만 아니라, 입목의 소유권을 유보한 채 입목이 식재된 토지의 소유권을 이전하는 경우에도 마찬가지이다"(대판 2021.8.19. 2020다266375).

4. 다른 공시방법과의 우열

명인방법과 다른 공시방법이 충돌하는 경우 물권일반의 순위법리에 따라 명인방법과 그 밖의 공시방법 중 먼저 갖춘 양수인이 우선하게 된다(대판 1974.6.11. 74다542).[1]

제7절 물권의 소멸 : 혼동

I. 의 의 [D-49]

서로 대립하는 두 개의 법률상의 지위 또는 자격이 동일인에게 귀속하는 것을 '혼동'이라고 한다. 이 경우 그 두 개의 지위를 존속시키는 것은 무의미하므로, 그 한쪽은 다른 쪽에 흡수되어서 소멸하는 것이 원칙이나 예외가 있다. 이러한 혼동으로 인한 권리의 소멸은 물권(제191조)과 채권(제507조)에 공통되는 것인데, 이하에서는 물권의 혼동에 대해서만 검토하기로 한다.

II. 소유권과 제한물권의 혼동 [D-50]

1. 원 칙

동일한 물건에 대한 소유권과 제한물권이 동일인에게 귀속한 때에는 제한물권은 소멸한다(제191조 1항).

2. 예 외

그러나 그 제한물권이 제3자의 권리의 목적인 때에는 제한물권은 소멸하지 않는다(제191조 1항 단서). 그리고 判例는 이를 넓게 해석하여 본인 또는 제3자의 이익을 위하여 그 제한물권을 존속시킬 합리적 필요가 있다고 인정되는 경우에는 혼동으로 소멸하지 않는다고 한다(대판 1998.7.10. 98다18643 등).

(1) 소멸할 제한물권이 제3자의 권리의 목적인 경우

예컨대, A가 B소유의 토지 위에 지상권을 가지고 있고 그 지상권이 C의 저당권의 목적인 때에는, A가 토지소유권을 취득하더라도 A의 지상권은 소멸하지 않는다.

(2) 본인 또는 제3자의 이익을 위하여 제한물권을 존속시킬 합리적 필요가 있다고 인정되는 경우

◯ 저당권 등 담보물권과 소유권의 혼동[2] [D-50a]

B소유의 토지에 관하여 A의 1번 저당권과 C의 2번 저당권이 설정되어 있는 경우를 가정하여 보자.

1) A가 B로부터 그 부동산을 매수하여 소유권을 취득한 경우

A가 위 토지소유권을 취득하더라도 A의 저당권은 소멸하지 않는다. 그렇지 않으면 후순위저당권자 C가 선순위로 되면서 부당하게 유리한 지위를 가지게 되어 본인(A)의 이익을 해치기 때문이다.

2) A가 채무자 겸 저당권 설정자인 B를 상속한 경우

A는 B의 채무를 상속하므로 A의 B에 대한 피담보채권은 혼동으로 소멸한다(제507조). 따라서 저당권의 '부종성'의 원리에 따라 A의 1번 저당권은 소멸한다. 사안의 경우는 채권이 혼동으로 소멸하는 경우이므로 후순위 C에게 유리하게 되더라도 어쩔 수 없다. 즉, 애초에 A가 C보다 우선변제 받을 지위는 상속이라는 우연한 사정(혼동을 통한 일종의 채무변제)에 의해 영향을 받을 수 있는 지위이다. 결국 채권이 소멸하지 않은 1)과는 구별해야 한다.

---

[1] "입목을 매수한 자가 명인방법을 실시하고 다시 타인에게 입목을 매도한 후에 임야를 매수하여 소유권이전등기를 경료한 제3자는 명인방법을 실시한 입목소유권자의 입목매매계약해제로 인한 원상회복을 차단할 권리를 가진 제3자에 해당하지 않는다"
[2] 이하 양창수, '저당권의 상속과 혼동으로 인한 소멸', 민법산책(2005), p.198~215 참고

3) **A가 물상보증인 B를 상속한 경우**

A는 여전히 주채무자에 대하여 피담보채권을 가지고 있는데, 만일 A의 1번 저당권이 혼동으로 소멸한다고 하면 본래 후순위였던 C가 우선변제를 받게 되고 본래 선순위였던 A는 잔액이 있는 경우에만 소유자로서 배당을 받게 되는 불합리한 결과가 생기므로, A의 1번 저당권은 혼동으로 소멸하지 않는다. 만일 위 2), 3)에서 A가 E와 함께 B를 공동상속(1:1)한 경우에는 저당권에는 불가분성이 있으므로(제370조, 제321조), 2), 3)의 경우 모두 A의 1번 저당권 전체가 혼동으로 소멸하지 않는다.

🔵 용익물권과 소유권의 혼동 [D-50b]

B소유의 건물에 관하여 A의 선순위 대항력을 갖춘 임차권과 C의 후순위 저당권(또는 가압류 등)이 설정되어 있는 경우를 가정하여 보자. 다만 만약 A가 대항력이 없는 임차권자라면 설령 A가 건물의 소유권을 취득하더라도 채권과 물권 상호간에는 혼동의 법리가 적용되지 않기 때문에, 당해 임대차계약은 종료되고 임차인 A는 임대인 B에게 보증금반환을 청구할 수 있다(임대인의 지위가 승계되지 않기 때문이다).

1) **선순위 '대항력'을 갖춘 A가 B로부터 그 부동산을 '매수'하여 소유권을 취득한 경우**

가) **임차인의 사용수익권(임차권)**

부동산에 대한 소유권과 대항력을 갖춘 임차권이 동일인에게 귀속하게 되는 경우 임차권은 혼동에 의하여 소멸하는 것이 원칙이지만(이는 후순위저당권 등이 없는 경우), 그 임차권이 대항요건을 갖추고 있고 또한 그 대항요건을 갖춘 후에 저당권 등이 설정된 때에는 혼동으로 인한 물권소멸 원칙의 예외 규정인 제191조 1항 단서를 준용(유추적용)하여 A의 임차권은 소멸하지 않는다. 따라서 후순위 저당권자 등의 경매시 A는 경락인에게 '임차권'으로 대항가능하다(대판 2001.5.15. 2000다12693).

나) **임차인의 보증금반환채권**

부동산에 대한 소유권과 대항력을 갖춘 임차권이 동일인에게 귀속하게 되는 경우 임차인은 임차주택의 양수인으로서 보증금반환채무를 승계함으로써 제507조에 따라 임차인으로서의 **보증금반환채권은 혼동으로 소멸하는 것이 원칙이지만**(대판 1996.11.22. 96다38216 : 이는 후순위저당권 등이 없는 경우), 그 임차권이 대항요건을 갖추고 있고 또한 그 대항요건을 갖춘 후에 저당권 등이 설정된 때에는 앞서 검토한 바와 같이 임차권은 혼동으로 소멸하지 않고, 보증금반환채권도 존속을 인정할 합리적 필요가 있으므로 혼동으로 소멸하지 않는다(대판 2001.5.15. 2000다12693). 따라서 C의 후순위저당권 등에 의한 경매시 A가 대항력이 있고 확정일자 있는 임차인이라면 배당을 요구할 수 있다.

2) **선순위 '대항력'을 갖춘 A가 그 부동산을 '경매'를 통해 소유권을 취득한 경우**

가) **임차인의 사용수익권(임차권)**

임차주택의 양수인에게 대항할 수 있는 주택임차인이 당해 임차주택을 경락받아 그 대금을 납부함으로써 임차주택의 소유권을 취득한 때에는, 그 주택임차인은 임대인의 지위를 승계하는 결과, 그 임대차계약에 기한 채권(임대인의 차임채권과 임차인의 사용 · 수익권)이 혼동으로 인하여 소멸하게 되므로 그 임대차는 종료된 상태가 된다(대판 1998.9.25. 97다28650). 왜냐하면 경매에 의해 C의 후순위저당권 등도 소멸하였으므로 임차권을 존속시킬 합리적인 필요가 없기 때문이다.

나) **임차인의 보증금반환채권**

대항력이 있고 확정일자 있는 임차인이 배당요구 뒤 스스로 경락을 받은 경우라면, 이미 임차인이 배당요구를 했기 때문에 (우선변제 받을 이익이 있어) 임차인의 보증금반환채권은 존속시킬 합리적 필요가 있다. 따라서 임차인 A의 보증금반환채권은 혼동으로 소멸하지 않는다(대판 1998.9.25. 97다28650).[3]

Ⅲ. 혼동이 되지 않는 경우 [D-51]

1. 각각 독립한 권리인 경우

(1) 제한물권자가 양도담보권을 취득한 경우

이 경우에는 제한물권이 혼동으로 소멸하지 않는다. 예컨대 甲소유 부동산에 채권자 乙과 丙 등이 담보 목적으로 공동명의로 지상권을 취득한 후 다시 乙과 丙 등이 甲에게 금원을 차용해 주면서 채권담보 목적의 소유권이전등기(양도담보)를 乙과 丙 등의 공동명의로 받은 경우, 乙과 丙 등의 각각의 지상권 지분은 혼동으로 소멸하지 않는다(대판 1980.12.23. 80다2176). 이 경우 乙과 丙 명의의 소유권이전등기가 되더라도 이는 양도담보권을 취득한 것이지 종국적인 소유권을 취득한 것이 아니므로 내부적으로는 소유권이 여전히 甲에게 남아있기 때문이다.

(2) 점유권

점유권은 본권과 동일인에게 귀속하더라도 혼동으로 소멸하지 않는다(제191조 3항). 점유권은 본권과 별개로 존재하기 때문이다.

2. 채권과 물권 사이의 혼동 여부

채권과 채무가 동일주체에 귀속하면 채권은 혼동으로 소멸한다(제507조). 그러나 채권자가 목적물의 소유권을 취득한 사정만으로는 채권이 언제나 혼동으로 소멸하는 것은 아니고, 채무까지 승계해야 채권이 혼동으로 소멸한다. 특히 이는 가등기와 관련하여 특정물에 관한 채권을 가지는 자가 그 특정물의 소유권을 취득하는 경우에도 혼동의 법리가 적용되는지 여부가 문제된다(핵심사례 D-3.참고).

(1) 가등기와 본등기 사이에 중간처분의 등기가 있는 경우 [15법행]

判例는 "동일한 물건에 관한 소유권과 다른 물권(제한물권)이 동일한 자에게 귀속되는 경우, 다른 물권은 혼동에 의하여 소멸하고(제191조 1항), 채권과 채무가 동일한 주체에 귀속되는 경우, 그 채권은 혼동에 의하여 소멸한다(제507조). 일반적으로 특정물에 관한 채권을 가지는 자가 그 특정물의 소유권을 취득하는 경우에 있어서 그 채권이 혼동으로 소멸하는 것과 같은 외관을 보이는 때가 많으나, 물권과 채권은 각기 그 소멸원인을 달리하는 것으로 채권은 채권과 채무가 동일한 주체에 귀속한 때에 한하여 혼동으로 소멸하는 것이 원칙이므로, 특정물에 관한 채권자가 특정물의 소유권을 취득하였다고 하더라도 그 특정물에 관한 채권이 혼동으로 소멸한다고 단정할 수는 없다"(대판 1995.12.26. 95다29888)고 한다.

---

3) "ⅰ) 임차주택의 양수인에게 대항할 수 있는 주택임차인이 당해 임차주택을 경락받아 그 대금을 납부함으로써 임차주택의 소유권을 취득한 때에는, 그 주택임차인은 임대인의 지위를 승계하는 결과, 그 임대차계약에 기한 채권이 혼동으로 인하여 소멸하게 되므로 그 임대차는 종료된 상태가 된다 할 것이다. ⅱ) 원심은 피고가 1994. 10. 10. 이 사건 부동산의 전 소유자인 소외 주식회사 세진건설과의 사이에 보증금은 금 20,000,000원, 기간은 같은 달 20.부터 1996. 10. 25.로 하는 내용의 임대차계약을 체결하고 그 무렵 이 사건 부동산에 입주한 다음 1994. 11. 16. 전입신고를 마치고 같은 달 28. 임대차계약서상에 확정일자를 받은 사실, 원고가 소외 성연옥 소유의 이 사건 부동산에 관하여 1995. 1. 9. 설정된 채권최고액 금 45,000,000원의 근저당권에 기하여 임의경매를 신청함에 따라 창원지방법원이 1996. 4. 3. 임의경매절차를 개시한 사실, 피고는 위 경매절차에서 1996. 5. 23. 배당요구를 하고, 1996. 8. 27. 이 사건 부동산을 낙찰받아 1996. 10. 1. 그 낙찰대금을 납부한 사실(이때 임대차는 혼동으로 종료된다 ; 필자주), 위 법원은 같은 달 25.자 배당기일에서 배당할 금액 29,873,450원 중 피고에게 금 20,000,000원을 우선 배당(주택임대차보호법 제3조의2 2항 ; 필자주)하고 그 나머지 금 9,873,450원을 원고에게 배당하는 내용의 이 사건 배당표를 작성한 사실 등을 인정한 다음, 대항력을 갖춘 임차인인 피고가 이 사건 부동산을 낙찰받아 그 낙찰대금을 납부하여 위 부동산의 소유권을 취득함으로써 위 임대차는 종료되었다고 할 것이므로 위 법원이 피고의 배당요구를 받아들여 작성한 이 사건 배당표는 정당하다고 판단하였는바, 위 법리에 비추어 보면 이러한 원심 판단은 옳다고 할 것이고, 거기에 주택임대차의 종료 또는 배당요구에 관한 법리 등을 오해한 위법이 있다고 할 수 없다"

(2) 가등기와 본등기 사이에 중간처분의 등기가 없는 경우 [15법행]

判例는 "가등기권자가 별도의 소유권이전등기를 경료받았다 하더라도, 가등기 경료 이후에 가등기된 목적물에 관하여 제3자 앞으로 처분제한의 등기가 되어 있거나 중간처분의 등기가 되어 있지 않고 가등기와 소유권이전등기의 등기원인도 실질상 동일하다면, 가등기의 원인이 된 가등기의무자의 소유권이전등기의무는 그 내용에 좇은 의무이행이 완료되었다 할 것이어서 가등기에 의하여 보전될 소유권이전등기청구권은 소멸되었다고 보아야 하므로, 가등기권자는 가등기의무자에 대하여 더 이상 그 가등기에 기한 본등기절차의 이행을 구할 수 없는 것이다"(대판 2007.2.22. 2004다59546)라고 판시하고 있다. 이 경우 가등기에 기한 본등기청구권이 소멸한 것은 혼동에 의한 소멸이 아니라 등기의무자의 의무내용에 좇은 등기의무의 이행이 완료되었기 때문(채권목적 달성의 법리)임을 주의해야 한다.

Ⅳ. 혼동의 효과

[D-52]

① 물권이 혼동으로 소멸하면 그 효과는 절대적이므로 그 후 어떤 사유로 인해 혼동 이전의 상태로 법률상태가 복귀한다 해도 일단 소멸한 권리는 부활하지 않는다. 예컨대 지상권자가 목적토지의 소유권을 취득하여 지상권이 혼동으로 소멸한 후 토지소유권을 타인에게 양도하더라도 지상권이 부활하는 것은 아니다. ② 그러나 혼동을 생기게 한 원인이 부존재이거나 원인행위가 무효·취소·해제 등으로 효력을 가지지 않는 때에는, 혼동은 생기지 않았던 것으로 되고 소멸한 물권은 부활한다(아래 71다1386판결).

> **■ 혼동의 실효** 　　　　　　　　　　　　　　　　　　　　　　　대판 1971.8.31. 71다1386
>
> **사실관계** | 甲이 乙의 X토지에 저당권을 취득한 후 甲이 乙로부터 X토지를 매수하여 등기를 하였는데 甲과 乙간의 매매계약이 무효인 경우 甲의 저당권은 어떻게 되는가?
>
> **판례의 태도** | "ⅰ) 근저당권자가 소유권을 취득하면 그 근저당권은 혼동에 의하여 소멸하지만 그뒤 그 소유권취득이 무효인 것이 밝혀지면 소멸하였던 근저당권은 당연히 부활한다. ⅱ) 혼동에 의하여 소멸한 근저당권이 소유권취득이 무효로 밝혀져 부활하는 경우에 등기부상 이해관계가 있는 자는 위 근저당권 말소등기의 회복등기 절차를 이행함에 있어서 이것을 승낙할 의무가 있다"(대판 1971.8.31. 71다1386).
>
> **사안의 해결** | 사안에서 甲의 저당권은 부활한다. 즉 저당권등기의 말소를 한 경우 회복등기가 없더라도 저당권은 당연히 부활하며, 甲의 저당권의 순위가 보전된다. 만약 X토지가 제3자 丙에게 이전되어 丙의 소유로 된 경우 丙은 이해관계 있는 제3자로서 甲의 저당권 말소등기의 회복등기를 하는 데 승낙할 의무가 있다(부동산등기법 제59조 참조).

핵심사례 D-03

★ 명의신탁해지, 가등기와 혼동 [15법행]   대판 1995.12.26. 95다29888

> 종중 甲은 그 소유 X토지에 대하여 등기명의를 종중원 乙 앞으로 명의신탁하여 두었다. 甲 종중은 편의상 그렇게 하려고 했을 뿐 탈법의 목적은 없었다. 다만, 乙에 대한 다른 채권자들이 X토지에 대하여 (가)압류·가처분을 하거나 甲의 승낙없이 乙이 X토지를 임의로 처분할 위험에 대비하여 甲명의로 소유권이전등기청구권 보전을 위한 가등기를 경료하였다. 그 후 X토지에 관하여 乙의 채권자 A의 신청에 의하여 가압류등기가 경료되자, 甲은 乙과의 명의신탁을 해지하고 이를 이유로 乙을 상대로 소송을 제기하여, X토지는 甲의 승소판결에 기초해 乙에게서 甲으로 소유권이전등기가 경료되었다. 그 후 甲은 다시 乙을 상대로 가등기에 기한 본등기의 이행을 구하는 소를 제기하였다. 이 경우 A와 乙의 예상되는 항변을 고려하여 甲의 청구에 대한 결론[청구인용, 청구기각]을 그 근거를 들어 서술하시오. (30점)

Ⅰ. 결 론(청구인용)
법원은 甲의 乙에 대한 청구를 인용하여야 한다.

Ⅱ. 논거(甲의 乙에 대한 가등기에 기한 본등기이행청구 가부)

1. 甲명의 가등기의 유효성 여부

(1) 甲과 乙사이 가등기 경료 약정이 통정허위표시로서 무효인지 여부(소극)

(2) 소유권이전등기청구권이 가등기의 대상이 될 수 있는지 여부(적극)

1) 가등기의 대상이 될 수 있는 청구권

判例는 물권적 청구권은 이에 해당하지 않아 가등기를 할 수 없다고 한다(대판 1982.11.23. 81다카1110). 즉, 가등기는 채권적 청구권을 보전하기 위하여 하는 것이다(부동산 등기법 제88조 참조).

2) 사안의 경우

甲, 乙 사이의 명의신탁약정은 '부동산실명법 제8조 제1호'에 의해 동법의 적용이 없고, 判例가 판시하는 바와 같이 이는 '유효한 명의신탁'으로 내부적 소유권은 신탁자 甲에게 있으나 외부적 소유권은 수탁자 乙에게 있으며, 이는 '명의신탁해지 후 신탁자에게로 등기회복 前'에도 마찬가지이다(대내외관계 구별설).

따라서 i) 명의신탁자 甲은 대내관계에서는 소유권자이므로 甲이 乙에 대하여 가지는 권리는 소유권에 기초한 방해배제청구권으로서의 말소등기청구권(물권적 청구권)이다. 이러한 물권적 청구권의 보전을 위하여는 가등기를 할 수 없으나, ii) 명의신탁자는 언제든 명의신탁을 해지하고 이를 원인으로 수탁자에게 소유명의 이전등기절차 이행을 청구할 수도 있는바, 이는 '채권적 청구권'으로서 가등기에 의하여 보전될 수 있다. 따라서 甲은 이러한 채권적 청구권 보전을 위하여는 정당한 가등기권리자가 된다.

2. 甲이 乙에 대해 가등기에 기한 본등기의 이행을 청구할 수 있는지 여부

(1) 가등기의 본등기 전의 효력 및 가등기에 기한 본등기청구권의 법적성질

判例가 판시하는 바와 같이 가등기는 순위보전의 효력만을 가질 뿐 실체법상의 효력을 가지는 것이 아니므로, 그 가등기에 기한 본등기청구권은 가등기의 원인인 '계약상의 채권'에 불과하다(대판 2001.3.23. 2000다51285).

(2) 甲의 乙에 대한 가등기에 기한 본등기청구권이 혼동으로 소멸하였는지 여부(소극)

1) 특정물에 관한 '채권'을 가지는 자가 그 특정물의 '소유권'을 취득하는 경우 혼동의 법리 적용여부

"물권과 채권은 각기 그 소멸원인을 달리하는 것으로 채권은 채권과 채무가 동일한 주체에 귀속할 때에 한하여 혼동으로 소멸하는 것이 원칙이므로, 특정물에 관한 채권자가 특정물의 소유권을 취득하였다고 하더라도 그 특정물에 관한 채권이 혼동으로 소멸한다고 단정할 수는 없다"(대판 1995.12.26. 95다29888).

2) 사안의 경우

甲이 가등기에 의해 보전하고자 하는 본등기청구권은 채권이므로 가등기권리자인 甲이 그 채무 자체를 승계하지 않는 한(제507조), 소유권을 취득했다고 해서 그 채권이 당연히 소멸하는 것은 아니므로 甲의 가등기상의 권리가 혼동에 의해 소멸하는 것은 아니다.

(3) 가등기와 가등기에 기한 본등기 절차에 의하지 아니한 별도의 소유권이전등기 사이에 이해관계 있는 제3자의 등기가 경료된 경우 가등기에 기한 본등기청구권이 소멸하는지 여부(소극)

1) 판 례

判例는 가등기에 기하여 본등기가 된 때에는 본등기의 순위가 가등기한 때로 소급함으로써 가등기 후 본등기 전에 이루어진 중간처분이 본등기보다 후순위로 되어 실효되는 것이므로, 가등기에 기한 본등기청구와 단순한 소유권이전등기청구는 비록 그 등기원인이 동일하다고 하더라도 이는 서로 다른 청구로 보아야 하고, 따라서 가등기권자가 소유권이전등기를 받고 있다고 하더라도 가등기에 기한 본등기청구를 할 수 있다(대판 1994.4.26. 92다34100 등 참고)고 판시하고 있다.

2) 검토 및 사안의 경우

甲이 가등기에 기한 본등기 절차에 의하지 아니하고 별도로 가등기권자 甲 명의의 소유권이전등기가 경료되었다고 하여 가등기 권리자 甲과 의무자 乙 사이의 가등기 약정상의 채무의 이행이 종료되었다고 할 수는 없다. 따라서 특별한 사정이 없는 한, 가등기권자 甲은 가등기의무자 乙에 대하여 그 가등기에 기한 본등기 절차의 이행을 구할 수도 있다.

> **비교판례** 만약 甲의 가등기 후 A의 가압류등기 등 제3자의 등기가 존재하지 않는다면 甲의 가등기에 기한 본등기청구권이 소멸하는지 여부(적극 : 대판 2007.2.22. 2004다59546)
> ☞ 이 경우 가등기에 기한 본등기청구권이 소멸한 것은 혼동에 의한 소멸이 아니라 등기의무자의 의무내용에 좇은 등기의무의 이행이 완료되었기 때문임을 주의해야 한다.

제3장 기본물권

제1절 점유권

제1관 점유권 일반

Ⅰ. 의 의 [D-53]

물건을 사실상 지배하고 있는 때에는 그 지배를 정당화하는 법률상의 권리(본권)가 있는지를 묻지 않고 그 사실적 지배상태를 보호하는 것이 점유제도이다.

Ⅱ. 점유의 요건 [D-54]

물건을 사실상 지배하는 자는 점유권이 있다(제192조 1항).

1. 사실적 지배

사실적 지배의 의미에 대해 判例는 "물건에 대한 점유란 사회관념상 어떤 사람의 사실적 지배에 있다고 보여지는 객관적 관계를 말하는 것으로서, 사실상의 지배가 있다고 하기 위해서는 반드시 물건을 물리적·현실적으로 지배하는 것만을 의미하는 것이 아니고, 물건과 사람과의 시간적 관계[1]·공간적 관계[2]와 본권관계,[3] 타인지배의 배제가능성[4] 등을 고려하여 사회통념에 따라 합목적적으로 판단하여야 한다"(대판 1992.6.23. 91다38266 외 다수)고 한다.

판례연구 D-05

■ ★ 토지의 점유자가 누구인지 여부(제213조 피고적격 관련) [12법행, 17입법]

Ⅰ. 건물소유자

1. 사실상의 처분권이 없는 건물의 미등기 매수인(건물부지점유 부정)

判例에 따르면 "미등기건물을 양수하여 건물에 관한 사실상의 처분권을 보유하게 됨으로써 그 양수인이 건물부지 역시 아울러 점유하고 있다고 볼 수 있는 등의 다른 특별한 사정이 없는 한 건물의 소유명의자가 아닌 자로서는 실제로 그 건물을 점유하고 있다고 하더라도 그 건물의 부지를 점유하는 자로는 볼 수 없다"고 할 것이고

---

1) 사실적 지배는 어느 정도 시간적 계속성을 요한다. 따라서 점유보조자는 시간적 지배관계가 없기 때문에 점유자가 아니다.
2) 물건에 대해 직접적인 지배를 하고 있거나 지배할 가능성이 있는 때에는 점유가 인정된다. 특히 건물과 대지는 공간적 관계가 밀접하므로 건물을 점유하는 자는 그 대지도 점유하는 것이 된다.
3) 사실상 지배는 본권의 유무를 불문하는 것이지만, 사실상 지배를 판단하는 데에는 본권관계가 고려될 수 있다. 예를 들어 判例는 건물의 소유자는 그가 건물을 현실적으로 점유하고 있지 않더라도 건물과 그 대지를 점유하는 것으로 본다.
4) 누군가의 사실상 지배에 속하고 있음을 타인이 인식할 수 있는 정도는 되어야 하고(예컨대 타인의 토지상에 분묘를 암장·평장하여 분묘인지 여부를 인식할 수 없는 경우에는 그 분묘 주위의 토지를 점유한다고 볼 수 없다), 또 제3자의 간섭을 배척할 수 있는 정도는 되어야 한다(예컨대 공로를 통행하는 경우에 도로에 대해 점유를 인정할 수 없다).

(대판 1994.12.9. 94다27809 등). 같은 취지에서 "건물의 소유권이 양도된 경우에는 건물의 종전 소유자(건물의 소유명의자가 아닌 자)는 건물의 소유권이 상실하였음에도 불구하고 그 부지를 계속 점유할 별도의 독립된 권원이 있는 등의 **특별한 사정**(예컨대 건물의 소유자가 그 부지도 함께 소유하고 있다가 건물의 소유권만을 양도함으로 인하여 그 부지에 대한 직접점유를 상실하였다고 하더라도 그 부지에 관하여 관습상의 법정지상권을 취득하게 되는 건물의 새로운 소유자를 통하여 그 부지를 간접점유하는 것으로 되는 등)이 없는 한 그 부지에 대한 점유도 함께 상실하는 것으로 보아야 한다"고 한다(대판 1993.10.26. 93다2483).

2. 사실상의 처분권이 있는 건물의 미등기 매수인(건물부지점유 긍정) [14회 기록형]

그러나 判例에 따르면 "사회통념상 건물은 그 부지를 떠나서는 존재할 수 없는 것이므로 건물의 부지가 된 토지는 그 건물의 소유자가 점유하는 것으로 볼 것이고, 이 경우 건물의 소유자가 현실적으로 건물이나 그 부지를 점거하고 있지 아니하고 있더라도 그 건물의 소유를 위하여 그 부지를 점유한다고 보아야 하며, 미등기건물을 양수하여 건물에 관한 사실상의 처분권을 보유하게 된 양수인은 건물부지 역시 아울러 점유하고 있다고 볼 수 있다"(대판 2009.9.10. 2009다28462 : 표준판례191 : 5회 선택형)고 한다.

Ⅱ. 토지소유자

1. 소유권이전등기의 경우

判例에 따르면 "임야에 대한 점유의 이전이나 점유의 계속은 반드시 물리적이고 현실적인 지배를 요한다고 볼 것은 아니고, 관리나 이용의 이전이 있으면 인도가 있었다고 보아야 하고, 임야에 대한 소유권을 양도하는 경우라면 그에 대한 지배권도 넘겨지는 것이 거래에 있어서 통상적인 형태라고 할 것이다(대판 1992.6.23. 91다38266). 또한 대지의 소유자로 등기한 자는 보통의 경우 등기할 때에 그 대지를 인도받아 점유를 얻은 것으로 보아야 할 것이므로 등기사실을 인정하면서 특별한 사정의 설시 없이 점유사실을 인정할 수 없다고 판단해서는 아니된다"(대판 2001.1.16. 98다20110 : 표준판례177)고 한다.

2. 소유권보존등기의 경우

그러나 判例에 따르면 "이는 그 임야나 대지 등이 매매 등을 원인으로 양도되고 이에 따라 소유권이전등기가 마쳐진 경우에 그렇다는 것이지, '소유권보존등기'의 경우에도 마찬가지라고 볼 수는 없다. 소유권보존등기는 이전등기와 달리 해당 토지의 양도를 전제로 하는 것이 아니어서, 보존등기를 마쳤다고 하여 일반적으로 그 등기명의자가 그 무렵 다른 사람으로부터 점유를 이전받는다고 볼 수는 없기 때문이다"(대판 2013.7.11. 2012다201410)라고 한다.

2. 점유설정의사

민법은 점유의 요건에 관하여 사실적 지배만 있으면 점유를 인정하며 특별히 법률행위에서와 같은 점유의사를 요하지 않으나, 적어도 물건을 사실상 지배하고자 하는 자연적 의사, 즉 '점유설정의사'는 있어야 한다(통설). 예를 들어 잠자고 있는 사람의 호주머니에 물건을 집어넣는다거나, 모르는 사이에 이웃의 물건이 넘어 들어온 경우 등에는 점유설정의사가 결여되어 있기 때문에 점유가 성립될 수 없다(통설). 이 점유설정의사는 자연적 의사이므로 대리가 인정될 수 없고, 제한능력자일지라도 사실상의 지배를 하려는 의사가 있는 한 점유를 취득할 수 있다.

Ⅲ. 점유보조자

[D-55]

1. 의 의

점유보조자란 가사상·영업상 기타 유사한 관계에 의하여 타인의 지시를 받아 물건에 대한 사실상의 지배를 하는 자를 말한다(제195조). 점유보조자는 점유권을 취득하지 못하며 점유주만이 점유권자이다.

2. 점유보조자의 요건

(1) 점유보조자가 물건을 사실상 지배할 것

(2) 점유보조관계(종속관계)가 있을 것

점유보조자가 점유주의 지시를 받는 관계, 즉 사회적 종속관계가 있어야 한다. 그러나 이들 법률관계가 반드시 유효하고 계속적인 법률관계이어야 할 필요는 없다. 또한 제3자가 외부에서 쉽게 인식할 수 있는 것이어야 하는 것도 아니다(다수설).

① [처의 지위] 혼인생활에 있어 남녀평등을 표방하고 있는 현행 민법하에서는 본질적으로 부부간의 지시·복종관계는 인정될 수 없다. 이에 대해 判例는 처를 夫의 점유보조자로 본 경우(대판 1980.7.8. 79다1928)도 있으나 부정하는 것이 주류이다(대판 1998.6.26. 98다16456 ; 따라서 처도 물권적 청구권의 상대방이 될 수 있다).

② [법인의 기관] 대표기관의 점유만을 법인의 점유로 보고 대표기관 이외의 기관은 점유보조자가 된다(다수설). 判例는 대표기관의 점유만을 법인의 점유로 보고(대판 1996.1.26. 94다45562), 대표기관 이외의 기관, 즉 감사의 점유는 법인의 점유가 아니라고 한다(대판 1965.2.16. 64다1513).

> [관련판례] ※ 종중이 임대차를 점유매개관계로 하여 간접점유를 취득하기 위한 요건
> "종중은 공동선조의 봉제사, 분묘의 수호 및 종원 상호간의 친목도모를 목적으로 하는 종족의 자연적 집단으로서 민법상 인격 없는 사단이므로, 종중이 어떤 부동산에 관하여 임대차를 점유매개관계로 하여 간접점유를 취득하였다고 하기 위하여는 그 임대차관계를 성립시킨 자가 사실상으로나마 종중의 대표기관 내지는 집행기관이거나 그 대리인이어야 하고, 종원이 단지 종중과 무관하게 사인의 자격에서 임대한 것에 불과하다면 그 간접점유의 귀속주체는 어디까지나 그 개인일 뿐 종중이 그를 통하여 당해 부동산을 간접점유하였다고 볼 수 없다"(대판 1999.2.23. 98다50593)

3. 점유보조자의 지위

(1) 점유권의 부정

점유주만이 점유자이고 점유보조자는 점유자가 아니다(제195조). 따라서 점유권에 관한 효력은 점유주에 대한 관계에서는 물론, 제3자에 대한 관계에서도 인정되지 않는다(대판 1976.9.28. 76다1588). 즉 점유보조자를 상대로는 소유물 반환을 청구할 수 없다.

(2) 자력구제권

점유보조자도 점유주를 위하여 자력구제(제209조)만은 행사할 수 있다.

(3) 점유의 취득과 상실

점유보조자가 물건에 대한 사실적 지배를 취득 또는 상실함으로써 점유주는 점유를 취득 또는 상실하게 된다.

(4) 점유의 선·악 판단기준

점유주가 악의이면 점유보조자의 선의, 악의에 관계없이 점유주는 악의로 취급되고, 점유주가 선의라 하더라도 점유보조자가 악의이면 역시 점유주는 악의로 취급된다.

4. 점유보조관계의 종료

점유보조관계가 종료하면 점유보조자의 지위도 종료한다. 그러나 점유보조자가 점유보조관계를 끝낸다는 자신의 의사만에 의하여 소멸되는 것은 아니며, 외부에서 명백히 인식할 수 있을 정도로 표시되어야 한다(통설).

Ⅳ. 간접점유 [D-56]

1. 의 의

지상권·전세권·질권·사용대차·임대차·임치 기타의 관계로 타인으로 하여금 물건을 점유하게 한 자는 간접으로 점유권이 있다(제194조). 간접점유는 상속과 더불어 '점유의 관념화' 현상의 한 태양이라 할 수 있으며, 점유매개관계의 설정을 통하여 점유의 개념이 확대되는 경우이다.

2. 간접점유의 성립요건

(1) 점유매개자가 물건을 점유할 것

점유매개자의 점유는 직접점유이거나 간접점유일 수 있으나(중첩적 점유매개관계), 타주점유이어야 한다.

(2) 점유매개관계가 있을 것

1) 점유매개관계

간접점유자와 점유매개자 사이에 점유매개관계(제194조에 열거된 지상권·전세권·임대차 등 외에도 도급, 양도담보 등도 포함된다)가 존재하여야 한다. 간접점유의 요건이 되는 점유매개관계는 법률행위뿐만 아니라 법률의 규정, 국가행위 등에도 설정될 수 있으므로, 위임조례도 점유매개관계로 볼 수 있다(대판 2018.3.29. 2013다2559,2566: 표준판례192).[5] 또한 점유매개관계는 반드시 유효한 법률관계이어야만 하는 것은 아니고, 무효에 따른 부당이득반환관계도 포함한다. 이러한 점유매개관계는 직접점유자가 자신의 점유를 간접점유자의 반환청구권을 승인하면서 행사하는 경우에 인정된다(대판 2012.2.23. 2011다61424,61431).[6]

2) 간접점유자의 반환청구권이 존재할 것

간접점유자는 점유매개자에 대하여 점유매개관계에 기한 반환청구권이 존재해야 한다.

3. 간접점유자의 지위

(1) 직접점유자와 간접점유자의 대내적 관계

직접점유자에 대한 관계에서 간접점유자는 점유보호청구권이나 자력구제권은 행사할 수 없고, 점유매개관계 또는 본권에 기초한 청구권을 행사할 수 있을 뿐이다. 그러나 반대로, 직접점유자는 간접점유자에 대해 점유매개관계에서 발생하는 청구권 외에 점유보호청구권과 자력구제권도 행사할 수 있다.

---

[5] [사실관계] 국가 또는 상위 지방자치단체 등이 위임조례 등에 의하여 권한의 일부를 하위 지방자치단체의 장 등 수임관청에게 기관위임을 하여 수임관청이 사무처리를 위하여 공원 등의 부지가 된 토지를 점유하는 경우, 위임관청이 위와 같은 토지를 간접점유하는 것으로 본 사례.

[6] [사실관계] 甲이 乙 주식회사가 소유하는 건물 정문과 후문 입구 등에 '甲 등이 점유, 유치 중인 건물임. 관계자 외 출입을 금함'이라는 내용의 경고문을 부착하였는데, 그중 건물 2층 일부는 직접점유하고 나머지 부분은 乙 회사와 임대차계약을 체결한 임차인 丙 등이 직접점유(이 부분에 관해 甲은 乙과 협의하여 임차인 丙 등으로부터 공과금, 관리비 등을 받고 건물을 함께 관리하고 있었음)하고 있다. 그러나 후에 乙이 점유를 침탈해 간 경우 당해 判例에 따르면 甲은 자신이 직접점유 해 온 부분에 대해서만 점유회수 청구를 할 수 있을 뿐(제204조), 임차인 丙 등이 점유하고 있었던 부분까지 점유회수 청구를 할 수 없다고 하였다. 왜냐하면 간접점유자에게도 점유회수청구권이 인정되지만(제207조), 당해 사안의 경우 제반 사정에 비추어 甲 등이 乙 회사와 함께 건물 관리에 관여하였다는 사정 등을 들어 점유매개관계를 인정할 수는 없고, 임차 부분의 직접점유자인 丙 등에게 반환청구권을 갖는 자는 丙 등과 임대차계약을 체결하였던 乙 회사뿐이기 때문이다.

(2) 직접점유자와 간접점유자의 대외적 관계

1) 간접점유자의 점유보호청구권

제3자에 의해 직접점유자의 점유가 침해받고 있는 경우에 간접점유자는 그 물건을 '직접점유자'에게 반환할 것을 청구할 수 있다(제207조 1항). 만약 직접점유자가 그 물건의 반환을 받을 수 없거나 원하지 않을 때에는 자신에게 반환할 것을 청구할 수 있다(제207조 2항)(11회 선택형). 그러나, 직접점유자가 점유물을 무단으로 제3자에게 처분한 경우처럼 직접점유자에 의하여 간접점유가 침해된 경우에는 간접점유자의 제3자에 대한 점유보호청구권은 인정되지 않는다(대판 1993.3.9. 92다5300).

2) 간접점유자의 자력구제권

직접점유자에 대한 침해가 있는 경우에 간접점유자의 자력구제권이 인정될 수 있는지 문제된다. ① 이를 인정하여야 점유자 보호에 공평하다는 이유로 긍정하는 견해도 있으나, ② 간접점유자는 점유자인지 여부가 식별되기 곤란하므로 법원에 의하여 실현되는 점유보호청구권만을 인정함이 타당하고, 간접점유자는 직접 물건을 지배하고 있지 않으므로 특별히 자력구제권을 인정할 필요가 없다는 견해가 타당하다고 본다(다수설).

제2관 점유권의 취득과 소멸

I. 점유권의 취득 [D-57]

1. 원시취득

2. 승계취득(점유권의 이전)

(1) 특정승계

점유권이 특정승계되는 경우 점유자의 승계인은 자기의 점유만을 주장하거나 자기의 점유와 전점유자의 점유를 아울러 주장할 수 있다(제199조 1항). 이 경우 判例는 "전 점유자의 점유가 타주점유라 하여도 점유자의 승계인이 자기의 점유만을 주장하는 경우에는 현 점유자의 점유는 자주점유로 추정된다"(대판 2002.2.26. 99다72743)고 한다. 다만 전점유자의 점유를 아울러 주장하는 경우에는 그 하자도 계승한다(제199조 2항). 다만 判例에 따르면 전 점유로 인한 법률효과(예컨대 시효취득완성)까지 당연히 승계되는 것은 아니다(대판 1995.3.28. 전합93다47745).

(2) 포괄승계

1) 의 의

상속이 개시되면 피상속인의 점유권은 상속인에게 당연히 이전한다(제193조). 점유의 승계를 받는 상속인은 진정상속인에 한한다. 그러나 상속인이 물건을 사실상 지배할 필요가 없음은 물론이며, 상속개시의 사실을 모르거나 자기가 상속인임을 몰랐다 하더라도 상관없다.

2) 피상속인의 점유의 성질과 하자의 승계

상속인의 점유는 피상속인의 점유와 내용상 동일하므로 상속인은 피상속인의 점유의 성질과 하자를 그대로 승계한다(제193조)(대판 1996.9.20. 96다25319).

3) 상속인이 피상속인의 점유와 분리주장 가능한지 여부

가) 문제점

① 상속이 개시된 시점에서의 점유 이전은 관념적인 점유의 이전에 불과하기 때문에 '상속이 개시된 때'부터 점유의 분리를 주장할 수 없다는 점에는 이견이 없다. ② 다만 '상속인이 현실로 점유한 때'부터 점유의 분리를 주장할 수 있는지 문제되는바(제199조), 이는 피상속인의 점유가 타주점유 등 하자가 있거나 중간에 소유자가 바뀐 경우에 특히 문제된다.

나) 판 례

"상속에 의하여 점유권을 취득한 경우에는 상속인이 '새로운 권원'에 의하여 자기 고유의 점유를 시작하지 않는 한 피상속인의 점유를 떠나 자기만의 점유를 주장할 수 없고, 또 선대의 점유가 타주점유인 경우 선대로부터 상속에 의하여 점유를 승계한 자의 점유도 그 성질 내지 태양을 달리하는 것이 아니어서 특별한 사정이 없는 한 그 점유가 자주점유로 될 수 없고, 그 점유가 자주점유가 되기 위하여는 점유자가 소유자에 대하여 소유의 의사가 있는 것을 표시하거나 새로운 권원에 의하여 다시 소유의 의사로써 점유를 시작하여야 한다"(대판 1997.12.12. 97다40100 : 11회 선택형). **[17사법, 12법행, 23법무]**

다) 검 토[7]

상속인이 사실상의 지배를 취득하는 것은 상속인의 관념화된 점유가 구체화된 것에 불과하므로 예외적으로 새로운 권원에 의한 점유의 요건 등을 갖춘 경우(소유자에 대하여 소유의 의사가 있는 것을 표시한 경우도 마찬가지이다 ; 위 97다40100판결 참고)를 제외하고는 제199조의 적용을 부정하는 것이 타당하다.

> **[구체적 예]** 예를 들어 A는 1937. 3. 7.부터 X토지를 소유하고 경작하여 오다가 1961. 5. 2. 이 토지를 甲에게 매도하고 그 무렵 甲 명의로 소유권이전등기를 마쳐 주었다. 그런데 A는 그 이후에도 계속 X토지를 경작하였고, A가 1970. 5. 29. 사망한 이후에는 A의 단독상속인인 B가 이를 계속 경작하였다. (2014년 2차 법전협 모의고사 사례형)
>
> ☞ 사안에서 A는 1961.5.2.부터 매도인의 점유로 권원의 객관적 성질상 타주점유로 전환되는데(대판 2004.9.24. 2004다27273 등 : **표준판례194**). 만약 상속인 B가 피상속인 A의 점유와 분리를 주장할 수 있다면 매도인의 지위를 상속한 B가 이를(타주점유) 부정하고 현실점유만으로 자주점유를 인정하는 결과가 되어 타당하다고 할 수 없다. 따라서 判例가 타당하다.

4) 상속인이 수인인 경우

① 상속인이 수인인 경우에는 이들은 단순히 공동으로 목적물을 점유할 뿐(공동점유), 상속인에게 이전되는 점유권에 관하여 민법 제1009조 이하의 상속분에 관한 규정은 적용되지 않는다(대판 1962.10.12. 62다460). ② 소유자가 사망하고 그의 공동상속인의 1인이 공동상속한 재산의 전부를 점유하더라도 자신의 상속분 범위 내에서만 자주점유이고, 특별한 사정이 없는 한 다른 공유자의 지분비율 범위에서는 타주점유로 보아야 한다(대판 1997.6.24. 97다2993).

II. 점유권의 소멸

[D-58]

점유자가 물건에 대한 사실상의 지배를 상실한 때에는 점유권이 소멸한다. 그러나 제204조의 규정에 의하여 점유를 회수한 때에는 그러하지 아니하다(제192조 2항)(11회 선택형).

---

7) **[학계 다수설]** 상속에 의한 점유의 분리를 긍정하는 학계의 다수설적인 견해에 따르면 제199조를 둔 취지는 점유권이 승계되는 경우 승계인의 지위는 한편으로는 전주의 점유와 동일성을 가진 점유를 계속하는 것이고, 다른 한편으로는 자기 스스로 새로운 점유를 시작한 것이라고 볼 수 있기 때문이라고 한다. 이러한 견해에 의하면 상속인이 '현실로 사실상의 지배'를 취득하면 그때부터 하자 없는 점유를 취득한다고 한다.

제3관 점유권의 효력

Ⅰ. 점유의 추정적 효력 [D-59]

1. 점유의 권리추정력

점유자가 점유물에 대하여 행사하는 권리는 적법하게 보유한 것으로 추정한다(제200조). 이러한 민법 제200조의 점유의 권리추정력 규정은 특별한 사정이 없는 한 부동산 물권에 대하여는 적용되지 아니하고 다만 그 등기에 대하여서만 추정력이 부여된다(대판 1982.4.13. 81다780).

2. 점유계속의 추정

전후양시에 점유한 사실이 있는 때에는 그 점유는 계속한 것으로 추정한다(제198조). 이러한 "민법 제198조 소정의 점유계속추정은 동일인이 전후 양 시점에 점유한 것이 증명된 때에만 적용되는 것이 아니고 (예를 들어 부동산점유취득시효의 경우에 점유개시시점의 점유자가 甲이고 20년 경과시점의 점유자가 乙인 경우와 같이) 전후 양 시점의 점유자가 다른 경우에도 점유의 승계가 입증되는 한 점유계속은 추정된다"(대판 1996.9.20. 96다24279,24286).

Ⅱ. 점유자와 회복자의 관계(제201조 내지 제203조 : 소유권 참고) [D-60]

Ⅲ. 점유보호청구권(제204조 내지 제206조) [D-61]

1. 점유물반환청구권

① 점유자가 점유의 '침탈'을 당한 때에는 그 물건의 반환 및 손해의 배상을 청구할 수 있다(제204조 1항). 이는 본권의 유무와는 관계없이 점유 그 자체를 보호하기 위해 인정되는 물권적 청구권으로서 그 점유가 '선의 또는 악의의 것'인지 여부는 물론 '점유할 정당한 권리'가 있는지, '본권에 기한 것인지' 여부도 묻지 않는다(대판 1962.1.25. 4294민상793 ; 대판 2012.3.29. 2010다2459).
여기서 '침탈'이란 점유자가 그의 의사에 의하지 아니하고 사실적 지배를 빼앗긴 경우를 말하므로, ㉠ '사기'의 의사표시에 의해 점유를 이전해 준 경우는 여기에 해당하지 않으나(대판 1992.2.28. 91다17443), ㉠ 점유자에 대한 집행권원 없이 이루어진 '위법한 강제집행'에 의하여 점유자의 점유를 빼앗은 경우는 점유의 침탈에 해당한다(대판 2012.3.29. 2010다2459).
② 이러한 점유물반환청구권은 침탈자의 '선의'의 특별승계인에 대하여는 행사하지 못한다(제204조 2항). 그리고 점유물반환청구권은 침탈을 당한 날로부터 1년내에 행사하여야 한다(제204조 3항)(11회 선택형). 이러한 제척기간은 判例에 따르면 출소기간이다(A-169. 참고). 그런데, 제204조 3항은 본권 침해로 발생한 손해배상청구권의 행사에는 적용되지 않으므로 점유를 침탈당한 자가 본권인 유치권 소멸에 따른 손해배상청구권을 행사하는 때에는 제204조 3항이 적용되지 아니하고, 점유를 침탈당한 날부터 1년 내에 행사할 것을 요하지 않는다(대판 2021.8.19. 2021다213866: 표준판례202 : 12회,13회 선택형).

2. 점유방해제거청구권

① 점유자가 점유의 '방해'를 받은 때에는 그 방해의 제거 및 손해의 배상을 청구할 수 있다(제205조 1항). 이러한 점유방해제거청구권은 방해가 종료한 날로부터 1년내에 행사하여야 한다(제205조 2항). 이때 '방해'란 점유가 점유침탈 이외의 방법으로 침해되고 있는 것을 말하는 것으로, '방해상태'가 아니라 '방해행위가 종료한 때'로부터 기산해야 한다(대판 2016.7.29. 2016다214483,214490: 표준판례174).

② 그러나 공사로 인하여 점유의 방해를 받은 경우에는 공사 착수 후 1년을 경과하거나 그 공사가 완성한 때에는 방해의 제거를 청구하지 못한다(제205조 3항).

3. 점유물방해예방청구권

점유자가 점유의 '방해를 받을 염려'가 있는 때에는 그 방해의 예방 또는 손해배상의 담보를 청구할 수 있다(제206조 1항). 공사로 인하여 점유의 방해를 받을 염려가 있는 경우에는 제205조 3항의 규정을 준용한다(제206조 2항).

4. 점유보호청구권과 상호침탈 [민소쟁점]

(1) 문제점

예컨대 甲이 그 소유 자전거를 도난당한 지 몇 개월 후에 도둑으로부터 그 사정을 알고서 양수한 乙에게 그 물건이 있음을 알고서 甲이 乙로부터 자력으로 탈환한 경우, 乙이 점유의 침탈을 이유로 甲에게 점유보호청구권을 행사하는 것을 허용할 것인지 문제된다.

즉, 사례에서 甲은 자전거의 소유권 및 점유권을 침해받았으므로 소유권에 기한 물권적 청구권은 별론으로 하더라도 '악의의 승계인' 乙에게 점유보호청구권을 행사할 수 있다(제204조 2항). 그러나 甲은 乙에게 자력구제권을 행사하였고, 이는 자력구제권(제209조)의 요건인 '현장성과 추적가능성'의 요건을 갖추지 못하여 이 또한 乙의 점유권을 침탈한 경우이다(이른바 점유권의 상호침탈).

(2) 판 례

원고 甲이 피고 乙소유 부동산을 무단으로 점유하고 있던 중 피고 乙이 원고 甲의 점유를 방해한 사안에서 원고는 피고에게 점유권에 기하여 방해제거를 청구할 수 있다고 하였다. 피고 乙은 그 부동산의 소유자라 하더라도 일단 원고 甲의 점유가 성립한 이상 실력으로 그 점유를 탈환하거나 방해할 수는 없다는 것을 근거로 하였다. 다만 피고는 원고에게 소유권에 기하여 그 부동산의 인도를 구하는 반소를 제기할 수 있고, 법원은 본소와 반소를 모두 인용하여야 한다고 하였다(대판 1957.11.14. 4290민상454).

결국 사안에서 判例는 甲이 乙의 점유를 침탈한 후 乙이 甲의 점유를 탈환하거나 방해하면 甲은 乙을 상대로 점유물반환이나 방해제거를 청구할 수 있고(제204조, 제205조), 이때 乙은 소유권에 기한 항변을 할 수 없으나(제208조 2항), 반소로 소유권에 기한 반환청구를 할 수 있으며(제213조), 이 경우 법원은 甲의 점유권에 기한 '본소청구'와 乙의 소유권에 기한 '반소청구'를 모두 인용하는 판결을 하고, 집행단계에서 乙의 '본권에 기한 청구'(반소청구)를 우선하여 해결한다. 이점에 비추어 보면 제208조의 의의도 상당히 상실될 것이다.

[관련판례] "상대방으로부터 점유를 위법하게 침탈당한 점유자가 상대방으로부터 점유를 탈환하였을 경우(이른바 '점유의 상호침탈'), 상대방의 점유회수청구가 받아들여지더라도 점유자가 상대방의 점유침탈을 문제삼아 점유회수청구권을 행사함으로써 다시 자신의 점유를 회복할 수 있다면 상대방의 점유회수청구를 인정하는 것이 무용할 수 있다. 따라서 이러한 경우 점유자의 점유탈환행위가 민법 제209조 제2항의 자력구제에 해당하지 않는다고 하더라도 특별한 사정이 없는 한 상대방은 자신의 점유가 침탈당하였음을 이유로 점유자를 상대로 민법 제204조 제1항에 따른 점유의 회수를 청구할 수 없다고 보는 것이 타당하다"(대판 2023.8.18. 2022다269675).

5. 점유의 소와 본권의 소의 관계 [민소쟁점]

(1) 독립성

점유권에 기인한 소와 본권에 기인한 소는 서로 영향을 미치지 아니한다(제208조 1항). 즉 양 소는 그 기초를 달리하므로 서로 관계없는 것으로 다루어지며, 일방이 타방에 영향을 주는 일이 없다.

따라서 양 소를 동시에 제기할 수도 있고 따로 제기할 수도 있으며, 한쪽의 소에서 패소하더라도 다른 쪽의 소에 영향을 주지 않는다.

(2) 본권에 의한 항변금지

점유권에 기인한 소는 본권에 관한 이유로 재판하지 못한다(제208조 2항). 이는 점유의 소는 본권에 관한 '항변'으로 이를 기각할 수 없다는 취지를 밝힌 것이다.

(3) 점유권에 기인한 소에서 본권에 기인한 반소의 가능 여부

반소를 인정하지 않으면 절차가 불필요하게 복잡[8]하게 되고 분쟁의 조속한 종국적 해결에 도움이 되지 않는다. 따라서 判例와 같이 점유권에 기인한 소에서 소유권에 기인한 반소를 인정하는 것이 타당하다(대판 1957.11.14. 4290민상454). 이때 법원은 '본소청구'와 '반소청구'를 모두 인용하는 판결을 하고, 집행단계에서 '본권에 기한 청구'를 우선하여 해결한다(제208조는 실제적 의의도 상당히 상실될 것이다).

> [관련판례] "점유회수의 본소에 대하여 본권자가 소유권에 기한 인도를 구하는 반소를 제기하여 본소청구와 예비적 반소청구가 모두 인용되어 확정되면, 점유자가 본소 확정판결에 의하여 집행문을 부여받아 강제집행으로 물건의 점유를 회복할 수 있다. 본권자의 소유권에 기한 반소청구는 본소의 의무 실현을 정지조건으로 하므로, 본권자는 위 본소 집행 후 집행문을 부여받아 비로소 반소 확정판결에 따른 강제집행으로 물건의 점유를 회복할 수 있다. 이러한 과정은 애당초 본권자가 허용되지 않는 자력구제로 점유를 회복한 데 따른 것으로 그 과정에서 본권자가 점유 침탈 중 설치한 장애물 등이 제거될 수 있다. 다만 점유자의 점유회수의 집행이 무의미한 점유상태의 변경을 반복하는 것에 불과할 뿐 아무런 실익이 없거나 본권자로 하여금 점유회수의 집행을 수인하도록 하는 것이 명백히 정의에 반하여 사회생활상 용인할 수 없다고 인정되는 경우, 또는 점유자가 점유권에 기한 본소 승소 확정판결을 장기간 강제집행하지 않음으로써 본권자의 예비적 반소 승소 확정판결까지 조건불성취로 강제집행에 나아갈 수 없게 되는 등 특별한 사정이 있다면 본권자는 점유자가 제기하여 승소한 본소 확정판결에 대한 청구이의의 소를 통해서 점유권에 기한 강제집행을 저지할 수 있다"(대판 2021.2.4. 2019다202795,202801: 표준판례203 : 11회 선택형).

> [관련판례] "점유권을 기초로 한 본소에 대하여 본권자가 본소청구의 인용에 대비하여 본권에 기초한 장래이행의 소로서 예비적 반소를 제기하고 양 청구가 모두 이유 있는 경우, 법원은 점유권에 기초한 본소와 본권에 기초한 예비적 반소를 모두 인용해야 하고 점유권에 기초한 본소를 본권에 관한 이유로 배척할 수 없다. 이러한 법리는 점유를 침탈당한 자가 점유권에 기한 점유회수의 소를 제기하고, 본권자가 그 점유회수의 소가 인용될 것에 대비하여 본권에 기초한 장래이행의 소로서 별소를 제기한 경우에도 마찬가지로 적용된다"(대판 2021.3.25. 2019다208441). [13회 사례형]

Ⅳ. 자력구제권 [D-62]

점유자는 그 점유를 부정히 침탈 또는 방해하는 행위에 대하여 자력으로써 이를 방위할 수 있다. 다만 점유물이 침탈되었을 경우에 부동산일 때에는 점유자는 '침탈후 직시(直時)' 가해자를 배제하여 이를 탈환할 수 있고 동산일 때에는 점유자는 '현장에서 또는 추적하여' 가해자로부터 이를 탈환할 수 있다(제209조).

---

8) 예컨대 B가 소유자인데 그가 자력구제의 범위를 넘어 실력으로 탈환하여 A가 점유권의 침탈을 이유로 점유물반환청구의 소를 제기한 경우, 제208조 2항에 의해 B가 소유자라는 이유로 A의 점유의 소를 기각해서는 안 된다. 왜냐하면 B는 일단 A에게 물건을 반환한 후에 소유권에 기해 반환청구의 소를 제기하여 종국적으로는 물건을 반환받을 수 있게 되기 때문이다.

제2절 소유권

제1관 부동산 소유권의 범위

I. 토지소유권의 범위
[D-63]

토지의 소유권은 정당한 이익 있는 범위 내에서 토지의 상하에 미친다(제212조).

> **❋ 토지의 포락(浦落)**
>
> 바다 또는 하천에 인접한 토지가 태풍·해일·홍수 등에 의한 제방의 유실, 하천의 범람, 지표의 유실 또는 지반의 침하 등으로 침수되어 바다의 일부가 되거나 또는 하천의 바닥이 되는 일이 있는데, 이를 '토지의 포락'이라고 한다. 포락된 토지가 원상으로 되돌아오지 않으면 그 토지에 대한 소유권은 영구적으로 소멸한다. 그러나 때로는 그것이 다시 성토화 내지 토지화되는 경우도 있는데, 이때 그 토지가 원소유자에게 귀속하는지가 문제된다.
>
> 判例는 포락을 두 경우로 나누어, ① 과다한 비용을 들이지 않고서 원상복구가 가능하고 또 그러한 원상복구를 할 경제적 가치가 있는 때에는 원소유자에게 귀속하지만, ② 그렇지 않은 경우 즉 토지로서의 효용을 상실한 때에는 종전 소유권은 소멸한다고 한다(대판 1972.9.26. 71다2488). 判例는 해변에 있는 토지가 1972년 이전부터 바닷물에 잠겨 있었고, 그러한 상태로 계속 방치되어 오다가 1988년경 하구둑 건설을 위해 방파제를 축조하면서 성토된 것이라면, 그 토지는 1972년 이전에 포락으로 그 토지에 관한 소유권은 소멸한 것으로 보았다(대판 1995.8.25. 95다18659). 유의할 것은, 토지소유권의 상실원인이 되는 포락은 토지가 '바닷물이나 하천법상 적용하천'의 물에 무너져 바다나 적용하천에 떨어져 그 원상복구가 불가능한 경우를 말하는 것이고, 바다나 적용하천이 아닌 보통 하천이나 준용하천의 물에 무너져 내려 사실상 하상이 된 경우까지 포함하는 것은 아니다(대판 1989.2.28. 88다1295).
>
> **❋ 토지의 경계**
>
> 토지가 '지적공부'에 1필지의 토지로 등록되면 특별한 사정이 없는 한 이 등록으로써 특정되고 그 소유권의 범위는 현실의 경계와 관계없이 공부상의 경계에 의하여 확정된다(대판 1993.11.9. 93다22845: **표준판례56**). 매매당사자가 토지의 실제 경계가 지적공부상의 경계와 상이한 것을 모르는 상태에서 실제의 경계를 대지의 경계로 알고 매매하였다고 하여 매매당사자들이 지적공부상의 경계를 떠나 현실의 경계에 따라 매매목적물을 특정하여 매매한 것이라고 볼 수 없다(대판 1993.5.11. 92다48918,48925). 다만 기술적인 착오로 말미암아 지적도상의 경계선이 진실한 경계선과 다르게 작성된 경우에는 그 토지의 경계는 실제의 경계에 의하여야 할 것이다(대판 1993.11.9. 93다22845). 하지만, 그 후 그 토지에 인접한 토지의 소유자 등 이해관계인들이 그 토지의 실제의 경계선을 지적공부상의 경계선에 일치시키기로 합의하였다면 적어도 그때부터는 지적공부상의 경계에 의하여 그 토지의 공간적 범위가 특정된다(대판 2006.9.22. 2006다24971). 한편 토지의 합병·분할에 의하여 지적공부상의 표시가 달라지게 되었다 하더라도 합병·분할 전의 토지 자체가 없어지거나 그 토지에 대한 권리관계에 변동이 생기는 것이 아니므로, 토지소유자는 자기 소유 토지를 특정할 수 있는 한 지적공부상 구 지번의 경계를 복원하거나 경계확정의 소에 의한 경계확정절차를 거치지 않고서도 그 소유권을 주장하는 데에는 아무런 지장이 없다(대판 2002.9.24. 2001다20103).

Ⅱ. 건물의 구분소유 (區分所有)   [D-64]

1. 서 설

(1) 민 법

수인이 한 채의 건물을 구분하여 각각 그 일부분을 소유한 때에는 건물과 그 부속물 중 공용하는 부분은 그의 공유로 추정한다. 공용부분의 보존에 관한 비용 기타의 부담은 각자의 소유부분의 가액에 비례하여 분담한다(제215조). 그 밖에 제215조의 공유물에는 분할청구를 할 수 없다(제268조 3항).

(2) 특별법

1970년대부터 아파트 등과 같은 공동주택이 일반화되면서 구분소유에 관련되는 여러 새로운 문제점들을 규율할 필요가 생겨, 본문 66개 조문으로 된 "집합건물의 소유 및 관리에 관한 법률"(이하 '집합건물법')이 제정되었다. 동법의 제정으로 민법 제215조는 그 존재의의가 사실상 사라지게 되었다. 집합건물법은 실무상 매우 중요한바, 아래에서는 이와 관련한 중요판례를 중심으로 살펴보도록 한다.

2. 구분소유권[1]의 성립요건 및 성립시기   [D-64a]

(1) 문제점

집합건물법은 구분건물과 그 대지사용권을 일체화시켜 구분소유권과 대지사용권의 분리처분을 금지하고 대지사용권은 전유부분의 처분에 따르도록 하고 있기 때문에(동법 제20조), 구분소유권이 언제 성립하는지에 따라 그 토지에 관하여 권리관계를 맺은 자와 구분건물의 권리자 사이의 이해의 충돌이 발생한다(대판 2013.1.17. 전합2010다71578참고). 따라서 구분소유가 언제 성립하는지는 실제로 매우 중요한 문제이다.

(2) 성립요건

1동의 건물에 대하여 구분소유가 성립하기 위해서는 ⅰ) 객관적·물리적인 측면에서 1동의 건물이 존재하고 ⅱ) 구분된 건물부분이 **구조상·이용상 독립성**을 갖추어야 할 뿐 아니라, ⅲ) 1동의 건물 중 물리적으로 구획된 건물부분을 각각 구분소유권의 객체로 하려는 '**구분행위**'가 있어야 한다(대판 1999.7.27. 98다35020 등).

> [관련판례] ※ **구분소유권의 성립요건을 갖추지 못하였으나 구분등기가 된 후 경매가 된 경우**
> "1동의 건물의 일부분이 구분소유권의 객체가 될 수 있으려면 그 부분이 이용상은 물론 구조상으로도 다른 부분과 구분되는 독립성이 있어야 한다. 이러한 구분소유권의 객체로서 적합한 물리적 요건을 갖추지 못한 건물의 일부는 그에 관한 구분소유권이 성립할 수 없다. 그와 같은 건물 부분이 건축물관리대장상 독립한 별개의 구분건물로 등재되고 등기부상에도 구분소유권의 목적으로 등기되어 있어 이러한 등기에 기초하여 경매절차가 진행되어 매각허가를 받고 매수대금을 납부하였다 하더라도, 그 상태만으로는 그 등기는 효력이 없으므로 매수인은 소유권을 취득할 수 없다. 1동의 건물을 신축한 후 그 건물 중 구조상·이용상 독립성을 갖추지 못한 부분을 스스로 구분건물로 건축물관리대장에 등재하고 소유권보존등기를 마친 자가 구조상·이용상 독립성을 갖출 수 있음에도 불구하고 건물 부분에 관하여 자신과 매매계약을 체결하여 그에 따라 소유권이전등기를 마친 자 또는 자신과 근저당권설정계약을 체결하여 그에 따라 근저당권설정등기를 마친 자 등을 상대로 그러한 등기가 무효임을 주장하며 이에 대한 멸실등기절차의 이행이나 위와 같은 건물 부분의 인도를 청구하는 것은 신의성실의 원칙에 위반된다고 볼 여지가 있다"(대판 2018.3.27. 2015다3471).

---

[1] [**건물의 구분소유의 요건**] 1동의 건물 중 구조상 구분된 수 개의 부분이 독립한 건물로서 사용될 수 있을 때(구조상 및 이용상의 독립성), 그 각 부분은 동법이 정하는 바에 따라 각각 소유권의 목적으로 할 수 있다(동법 제1조). 이러한 건물부분을 목적으로 하는 소유권을 구분소유권이라 한다(동법 제2조 1호).

[관련판례] * **리모델링으로 인하여 기존 구분건물의 독립성이 상실된 경우 기존 구분건물에 대한 등기의 효력(무효)**
"1동의 건물 중 구조상 구분된 수 개의 부분이 독립한 건물로서 구분소유권의 목적이 되었으나 그 구분건물들 사이의 격벽이 제거되는 등의 방법으로 각 구분건물이 건물로서의 독립성을 상실하여 일체화되고 이러한 일체화 후의 구획을 전유부분으로 하는 1개의 건물이 되었다면 기존 구분건물에 대한 등기는 합동으로 인하여 생겨난 새로운 건물 중에서 위 구분건물이 차지하는 비율에 상응하는 공유지분 등기로서의 효력만 인정된다. 건물의 구조상의 구분에 의하여 구분소유권의 객체 범위를 확정할 수 없는 경우에는 구조상의 독립성이 있다고 할 수 없고, 구분소유권의 객체로서 적합한 요건을 갖추지 못한 건물의 일부는 그에 관한 구분소유권이 성립할 수 없으므로, 건축물관리대장상 독립한 별개의 구분건물로 등재되고 등기부상에도 구분소유권의 목적으로 등기되어 있더라도, 그 등기는 그 자체로 무효이다"(대판 2020.2.27. 2018다232898).

[관련판례] * **구분건물로 등기된 1동의 건물 중 일부에 해당하는 구분건물들 사이에서 구조상의 구분이 소멸되는 경우**
"구분건물로 등기된 1동의 건물 중 일부에 해당하는 구분건물들 사이에서 구조상의 구분이 소멸되는 경우에 그 구분건물에 해당하는 일부 건물 부분은 종전 구분건물 등기명의자의 공유로 된다. 공유물의 소수지분권자가 다른 공유자와 협의 없이 공유물의 전부 또는 일부를 독점적으로 점유·사용하고 있는 경우 다른 소수지분권자는 공유물의 보존행위로서 그 인도를 청구할 수는 없고, 다만 자신의 지분권에 기초하여 공유물에 대한 방해 상태를 제거하거나 공동 점유를 방해하는 행위의 금지 등을 청구할 수 있다"(대판 2020.9.7. 2017다204810).

(3) 성립시기

① "여기서 **구분행위**는 건물의 물리적 형질에 변경을 가함이 없이 법률관념상 건물의 특정 부분을 구분하여 별개의 소유권의 객체로 하려는 일종의 법률행위로서, 그 시기나 방식에 특별한 제한이 있는 것은 아니고 처분권자의 구분의사가 객관적으로 외부에 표시되면 인정된다. 따라서 구분건물이 물리적으로 완성되기 전에도 건축허가신청이나 분양계약 등을 통하여 장래 신축되는 건물을 구분건물로 하겠다는 구분의사가 객관적으로 표시되면 구분행위의 존재를 인정할 수 있고, 이후 1동의 건물 및 그 구분행위에 상응하는 구분건물이 객관적·물리적으로 완성되면 아직 그 건물이 집합건축물대장에 등록되거나 구분건물로서 등기부에 등기되지 않았더라도 그 시점에서 구분소유가 성립한다"(대판 2013.1.17. 전합2010다71578: 표준판례205). [판례해설] 위 전원합의체 판결은 "구분소유는 건물 전체가 완성되고 원칙적으로 집합건축물대장에 구분건물로 등록된 시점, 예외적으로 등기부에 구분건물의 표시에 관한 등기가 마쳐진 시점에 비로소 성립한다"는 취지의 과거 판결(대판 2006.11.9. 2004다67691 등)의 견해를 이 판결의 견해와 저촉되는 한도에서 변경하였다.

② 이와 같이 구분소유가 성립하는 이상 구분행위에 상응하여 객관적·물리적으로 완성된 구분건물이 구분소유권의 객체가 되고, 구분건물에 관하여 집합건축물대장에 등록하거나 등기부에 등재하는 것은 구분소유권의 내용을 공시하는 사후적 절차일 뿐이다(대판 2019.10.17. 2017다286485).

③ 그리고 "일반건물로 등기되었던 기존의 건물에 관하여 실제로 건축물대장의 전환등록절차를 거쳐 구분건물로 변경등기까지 마쳐진 경우, 전환등록 시점에는 구분행위가 있었던 것으로 볼 수 있다"(대판 2016.6.28. 2013다70569).

[관련판례] ㉠ "구분소유가 성립한 이후 소유권자가 분양계약을 전부 해지하고 1동 건물의 전체를 1개의 건물로 소유권보존등기를 마쳤다면 이는 구분폐지행위를 한 것으로서 이로 인하여 구분소유권은 소멸한다. 그리고 이러한 법리는 구분폐지가 있기 전에 개개의 구분건물에 대하여 유치권이 성립한 경우라 하여 달리 볼 것은 아니다"(대판 2016.1.14. 2013다219142) ㉡ "구분건물의 물리적 구분이 완성되기 전에 구분건물소유권보존등기가 마쳐지고 그에 터 잡아 근저당권설정등기 및 소유권이전등기가 순차로 마쳐진 후 물리적 구분이 완성된 경우 위 등기들도 유효하다"(대판 2016.1.28. 2013다59876).

[비교판례 : 증·개축의 경우(D-71e 참고)] 증·개축된 건물이 기존의 건물과 구조상·이용상 독립성이 있는 경우에 ㉠ 기존 건물의 소유자가 증·개축한 경우[실무상 저당권의 효력(제358조)과 관련하여 가장 빈번히 문제된다]에는, 이로써 곧바로 그 증축부분이 법률상 기존 건물과 별개인 구분 건물로 되는 것은 아니고, 구분건물(구분소유권)이 되기 위해서는 증축부분의 소유자의 구분소유의사가 객관적으로 표시된 구분행위(예컨대 구분등기)가 있어야 한다(대판 1999.7.27. 98다35020). ㉡ 임차인 등 타인이 정당한 권원에 의하여 증개축한 경우에는 구분등기 없이도 제256조 단서에 의하여 증개축한 자의 소유가 된다(대판 1999.7.27. 99다14518).

3. 전유(專有)부분[2]과 공용부분[3]

공용부분은 구분소유자 전원의 공유에 속하는데(동법 제10조), 다음의 점에서 민법상의 공유와는 내용을 달리한다. 즉 ① 각 공유자는 공용부분을 지분비율이 아닌 그 용도에 따라 사용할 수 있고(제263조/동법 제11조), ② 각 공유자의 지분은 균등한 것으로 추정되는 것이 아니라 그가 가지는 전유부분의 면적의 비율에 의하며(이에 따라 관리비용 등을 부담)(제262조 2항/동법 제12조, 17조), ③ 공용부분에 대한 지분은 자유로이 처분할 수 있는 것이 아니라 전유부분의 처분에 따르며 독립하여 처분할 수 없고(제263조/동법 제13조), ④ 공용부분의 변경·관리에 관한 사항은 다른 공유자의 동의나 그 지분의 과반수가 아닌 집회결의[4]로써 결정한다는 점이다(제264조·제265조/동법 제15조·제16조).

[관련판례] 아파트의 지하실은 구분소유자 전원의 공용에 제공되는 건물부분(공용부분)으로서 구분소유권의 목적이 될 수 없다(대판 1995.3.3. 94다4691). 구분소유가 성립될 당시 공용부분이었던 부분을 '전유부분'으로 개조하여 공부에 등록한 경우라도 해당 부분이 전유부분으로 되는 것은 아니다(대판 2016.5.27. 2015다77212). 그러나 "다세대주택의 지하층은 구분소유자들이 공동으로 사용하는 경우가 적지 않은데, 다세대주택인 1동의 건물을 신축하면서 건축허가를 받지 않고 위법하게 지하층을 건축하였다면 처분권자의 구분의사가 명확하게 표시되지 않은 이상 공용부분으로 추정하는 것이 사회관념이나 거래관행에 부합한다"(대판 2018.2.13. 2016다245289).

[관련판례] 상가건물 구분소유자가 그 건물 1층의 복도와 로비를 무단으로 점유하여 자신의 영업장 내부공간인 것처럼 사용하고 있는 경우, 즉 **구분소유자가 집합건물의 공용부분을 정당한 권원 없이 배타적으로 점유·사용하는 경우, 그 구분소유자에게는 부당이득반환의무가 인정된다**(대판 2020.5.21. 전합2017다220744 : 표준판례 208 : 14회 선택형).[5]

4. 건물의 대지[6]와 대지사용권   [D-64b]

(1) 대지사용권

---

2) '전유부분'은 구분소유권의 목적인 건물부분을 말한다(동법 제2조 3호).
3) '공용부분'은 전유부분 외의 건물부분, 전유부분에 속하지 아니하는 건물의 부속물(예: 전기·가스·수도·엘리베이터 등의 설비로, 구조상 공용부분), 전유부분이 규약에 의해 공용부분으로 된 부속의 건물(예: 관리사무실 등 규약상 공용부분)을 말한다(동법 제2조 4호). 특히 규약상 공용부분의 경우에는 그 취지를 등기하여야 한다(동법 제3조 4항).
4) 공용부분의 '변경'에 관한 사항은 원칙적으로 '관리단집회의 특별결의', 즉 구분소유자의 4분의 3 이상 및 의결권의 4분의 3 이상의 결의로써 결정하고(동법 제15조), 공용부분의 '관리'에 관한 사항은 그것이 공용부분의 변경에 이르는 경우를 제외하고는 '관리단집회의 보통결의', 즉 구분소유자의 과반수 및 의결권의 과반수로써 결정한다(동법 제16조). 다만, 보존행위는 각 공유자가 할 수 있다(동법 제16조 1항 단서).
5) "이와 달리 집합건물의 복도, 계단 등과 같은 공용부분은 구조상 이를 점포로 사용하는 등 별개의 용도로 사용하거나 그와 같은 목적으로 임대할 수 있는 대상이 아니므로 특별한 사정이 없는 한 구분소유자 중 일부나 제3자가 정당한 권원 없이 이를 점유·사용하였더라도 이로 인하여 다른 구분소유자에게 차임 상당의 이익을 상실하는 손해가 발생하였다고 볼 수 없다고 하여 부당이득이 성립하지 않는다고 판시한 대판 1998.2.10. 96다42277,96다42284, 대판 2005.6.24. 2004다30279, 대판 2014.7.24. 2014다202608 등 같은 취지의 대법원판결들은 이 판결의 견해에 배치되는 범위에서 이를 모두 변경하기로 한다"
6) '건물의 대지'는 전유부분이 속하는 1동의 건물이 소재하는 토지(법정대지) 및 규약에 의해 건물의 대지로 된 토지(예: 주차장·정원·어린이놀이터 등과 같은 규약상 대지)를 말한다(동법 제2조 5호).

① '대지사용권'은 구분소유자가 전유부분을 소유하기 위해 건물의 대지에 대하여 가지는 권리를 말한다(예: 소유권·지상권·전세권·임차권 등)(동법 제2조 6호). "1동 건물의 구분소유자들이 건물의 대지를 공유하고 있는 경우, 각 구분소유자는 별도의 규약이 존재하는 등 특별한 사정이 없는 한 대지에 대하여 가지는 **공유지분의 비율에 관계없이 건물의 대지 전부를 용도에 따라 사용할 수 있는 적법한 권원을 가진다**"(대판 2012.12.13. 2011다89910). "그러므로 구분소유자들 사이에서는 대지 공유지분 비율의 차이를 이유로 부당이득반환을 구할 수 없다. 그렇지만 그 대지에 관하여 구분소유자 외의 다른 공유자가 있는 경우에는 공유물에 관한 일반 법리에 따라 대지를 사용·수익·관리할 수 있는 것이므로, 다른 공유자는 구분소유자들에 대해 그 대지 공유지분권에 기초하여 부당이득의 반환을 청구할 수 있다"(대판 2012.5.24. 2010다108210 ; 대판 2013.3.14. 2011다58701: 표준판례207).

② 그리고 "집합건물 대지의 소유자는 대지사용권을 갖지 아니한 구분소유자에 대하여 전유부분의 철거를 구할 수 있고, 일부 전유부분만의 철거가 사실상 불가능하다고 하더라도 이는 집행개시의 장애요건에 불과할 뿐이어서 대지 소유자의 건물 철거청구가 권리남용에 해당한다고 볼 수 없다"(대판 2021.7.8. 2017다204247). 또한 "대지사용권이 없는 전유부분의 공유자는 대지 지분 소유자에게 부당이득을 반환할 의무가 있는데, 이 의무는 특별한 사정이 없는 한 불가분채무이므로, 일부 지분만을 공유하고 있더라도 그 전유부분 전체 면적에 관한 부당이득을 반환할 의무가 있다"(대판 2018.6.28. 2016다219419,219426).

③ 한편 "적정 대지지분보다 부족한 대지 공유지분(이하 '과소 대지지분'이라 한다)을 가진 구분소유자는, 과소 대지지분이 적정 대지지분에 매우 근소하게 부족하여 그에 대한 부당이득반환청구가 신의성실의 원칙에 반한다고 볼 수 있는 경우, 구분건물의 분양 당시 분양자로부터 과소 대지지분만을 이전받으면서 건물 대지를 무상으로 사용할 수 있는 권한을 부여받았고 이러한 약정이 분양자의 대지지분을 특정승계한 사람에게 승계된 것으로 볼 수 있는 경우, 또는 과소 대지지분에 기하여 전유부분을 계속 소유·사용하는 현재의 사실상태가 장기간 묵인되어온 경우 등과 같은 **특별한 사정이 없는 한**, 구분소유자 아닌 대지공유자에 대하여 적정 대지지분에서 부족한 지분의 비율에 해당하는 차임 상당의 부당이득반환의무를 부담한다고 봄이 타당하다"(대판 2023.9.14. 2016다12823). 이때 "구분소유자가 적정 대지지분을 소유하였는지 여부나 과소 대지지분권자로서 구분소유자 아닌 대지공유자에 대하여 부당이득반환의무를 부담하는지 여부 및 그 범위는 구분소유권별로 판단하여야 하고, 이는 특정 구분소유자가 복수의 구분소유권을 보유한 경우에도 마찬가지이므로 특별한 사정이 없는 한 복수의 구분소유권에 관한 전체 대지지분을 기준으로 이를 판단하여서는 아니 된다"(대판 2023.10.18. 2019다266386)

[관련판례] "공유자는 공유물 전부를 지분의 비율로 사용·수익할 수 있으므로 공유토지의 일부를 배타적으로 점유하면서 사용·수익하는 공유자는 그가 보유한 공유지분의 비율에 관계없이 다른 공유자에 대하여 부당이득반환의무를 부담한다. 그런데 일반 건물에서 대지를 사용·수익할 권원이 건물의 소유권과 별개로 존재하는 것과는 달리, 집합건물의 경우에는 대지사용권인 대지지분이 구분소유권의 목적인 전유부분에 종속되어 일체화되는 관계에 있으므로, 집합건물 대지의 공유관계에서는 이와 같은 민법상 공유물에 관한 일반 법리가 그대로 적용될 수 없고, 이는 대지 공유자들 중 구분소유자 아닌 사람이 있더라도 마찬가지이다. 집합건물에서 전유부분 면적 비율에 상응하는 적정 대지지분을 가진 구분소유자는 그 대지 전부를 용도에 따라 사용·수익할 수 있는 적법한 권원을 가지므로, 구분소유자 아닌 대지 공유자는 그 대지 공유지분권에 기초하여 적정 대지지분을 가진 구분소유자를 상대로는 대지의 사용·수익에 따른 부당이득반환을 청구할 수 없다"(대판 2022.8.25. 2017다257067: 표준판례209). **[22법무]**

(2) 전유부분에 대한 소유권이전등기만 경료받고 대지지분에 대하여는 소유권이전등기를 받지 못한 경우의 대지사용권

아파트와 같은 대규모 집합건물의 경우, 대지의 분·합필 및 환지(토지구획정리 전 여러사항을 고려하여 소유주에게 재배분하는 택지)절차의 지연, 각 세대 당 지분비율 결정의 지연 등으로 인하여 전유부분에 대한 소유권이전등기만 수분양자 앞으로 마쳐지고, 대지지분에 대한 소유권이전등기는 상당기간 지체되는 경우가 있다. 이 경우 수분양자가 동법에서 정한 '대지사용권'을 취득하는지가 문제된다. 종전의 判例는 매수인이 매도인에게 매매를 원인으로 하여 그 대지지분에 관하여 가지는 소유권이전등기청구권과 같은 것은 대지사용권에 해당하지 않는다고 보았다(대판 1996.12.20. 96다14661). 그런데 그 후 判例는 전원합의체 판결로 "위와 같은 사정으로 대지지분에 대해 소유권이전등기를 하지 못한 자(매수인)는 매매계약의 효력으로써 전유부분의 소유를 위해 건물의 대지를 점유·사용할 권리가 있고, 이러한 점유·사용권은 단순한 점유권과는 차원을 달리 하는 본권으로서 동법 소정의 대지사용권에 해당하고, 수분양자로부터 전유부분과 대지지분을 다시 매수한 자 역시 당초 수분양자가 가졌던 이러한 대지사용권을 취득한다"고 하였다(대판 2000.11.16. 전합98다45652,45669: 표준판례206). 같은 취지로서, 대지에 대한 소유권이전등기가 되지 아니한 상태에서 전유부분에 대한 경매절차가 진행되어 '제3자가 전유부분을 경락'받은 경우, 그 경락인은 본권으로서 동법 소정의 대지사용권을 취득한다고 한다(대판 2004.7.8. 2002다40210).

(3) 사후에 효력을 상실하여 소멸한 토지사용권이 전유부분을 위한 대지사용권이 될 수 있는지 여부

"대지사용권은 구분소유자가 전유부분을 소유하기 위하여 건물의 대지에 대하여 갖는 권리로서 반드시 대지에 대한 소유권과 같은 물권에 한정되는 것은 아니고 등기가 되지 않는 채권적 토지사용권도 대지사용권이 될 수 있다. 그러나 대지사용권은 권리로서 유효하게 존속하고 있어야 하므로 사후에 효력을 상실하여 소멸한 토지사용권은 더 이상 전유부분을 위한 대지사용권이 될 수 없다"(대판 2017.12.5. 2014다227492).

5. 전유부분과 대지사용권의 일체성 [D-64b]

(1) 의의 및 취지

구분소유자는 그가 가지는 전유부분과 분리하여 대지사용권을 처분할 수 없다(제20조 1항 본문). 다만, 규약이나 공정증서로 달리 정한 경우에는 그러하지 아니하다(제10조 2항 단서, 4항, 제3조 3항). 이러한 예외에 해당하지 않아 분리처분이 금지되는 대지사용권을 특히 '대지권'이라 한다(부동산등기법 제40조 3항). 이는 집합건물의 전유부분과 대지사용권이 분리되는 것을 최대한 억제하여 대지사용권 없는 구분소유권의 발생을 방지함으로써 집합건물에 관한 법률관계의 안정과 합리적 규율을 도모하기 위한 것이다(대판 2000.11.16. 전합98다45652,45669: 표준판례206).

[일체성의 적용이 있는 경우] "일부 수분양자들이 이미 분양대금을 완납하고 해당 전유부분을 인도받아 사용하기 시작하였지만 분양자의 사정으로 그 소유권이전등기를 미처 마치지 못한 경우 이러한 수분양자는 구분소유자에 준하는 것으로 보아야 하고, 이 경우 분양자는 구 집합건물법 제20조 제2항 단서에 따라 구분소유자에 준하는 수분양자들과 함께 설정한 규약에 의해서만 일부 대지 지분을 전유부분과 분리하여 처분하는 것을 정할 수 있고, 분양자 단독으로 작성한 공정증서로는 그 분리처분을 정할 수 없으므로, 분양자 단독으로 작성한 공정증서만으로 일부 대지 지분을 전유부분과 분리처분한 것은 구 집합건물법 제20조 제2항에 반하여 무효"이다(대판 2020.6.4. 2016다245142).

[일체성의 적용이 없는 경우] ㉠ "집합건물법 제20조에 의하여 분리처분이 금지되는 대지사용권이란 구분소유자가 전유부분을 소유하기 위하여 건물의 대지에 대하여 가지는 권리이므로, 구분소유자 아닌 자가 집합건물의 건축 전부터 전유부분의 소유와 무관하게 집합건물의 대지로 된 토지에 대하여 가지고 있던 권리는 같은 법 제20조에 규정된 분리처분금지의 제한을 받지 않는다. 집합건물의 구분소유자가 애초부터 대지사용권을 보유하고 있지 않거나 대지사용권 보유의 원인이 된 계약의 종료 등에 따라 대지사용권이 소멸한 경우에는 특별한 사정이 없는 한 동법 제20조가 정하는 전유부분과 대지사용권의 일체적 취급이 적용될

여지가 없다"(대판 2017.9.12. 2015다242849). ⓒ "집합건물법 제20조에 따라 분리처분이 금지되는 대지사용권이란 구분소유자가 전유부분을 소유하기 위하여 건물의 대지에 대하여 가지는 권리로서, 구분소유의 성립을 전제로 한다. 따라서 구분소유가 성립하기 전에는 집합건물의 대지에 관하여 분리처분금지 규정이 적용되지 않는다"(대판 2018.6.28. 2016다219419,219426).

(2) 대지사용권의 수반성

① **[전유부분에 대한 매매]** 집합건물에서 구분소유자의 대지사용권은 규약이나 공정증서로써 달리 정하는 등의 특별한 사정이 없는 한 전유부분과 종속적 일체불가분성이 인정되므로(제20조 1항, 2항), 대지소유권을 가진 집합건물의 건축자로부터 전유부분을 매수하여 그에 관한 소유권이전등기를 마친 매수인은 전유부분의 대지사용권에 해당하는 토지공유지분(이하 '대지지분')에 관한 이전등기를 마치지 아니한 때에도 대지지분에 대한 소유권을 취득한다(대판 2011.2.10. 2010다11668, 대판 2012.3.29. 2011다79210).

② **[전유부분에 설정된 저당권]** 그리고 동일인의 소유에 속하는 전유부분과 대지지분 중 '전유부분만에 관하여 설정된 저당권의 효력'은 규약이나 공정증서로써 달리 정하는 등의 특별한 사정이 없는 한 종물 내지 종된 권리인 대지지분에까지 미치므로, 전유부분에 관하여 설정된 저당권에 기한 경매절차에서 전유부분을 매수한 매수인은 대지지분에 대한 소유권을 함께 취득한다(대판 2001.9.4. 2001다22604 ; 대판 2008.3.13. 2005다15048 ; 대판 2013.11.28. 2012다103325[7]).

(3) 대지사용권의 분리처분금지

앞서 검토한 바와 같이 지적정리 등의 지연으로 전유부분에 관하여만 소유권이전등기를 한 집합건물의 수분양자가 매매계약의 효력으로써 전유부분의 소유를 위하여 건물의 대지를 점유·사용하는 권리도 대지사용권에 해당하므로(대판 2000.11.16. 전합98다45652,45669: 표준판례206), 이 경우 "수분양자는 대지지분에 대한 소유권이전등기를 받기 전에 대지에 대하여 가지는 점유·사용권인 대지사용권을 전유부분과 분리 처분하지 못할 뿐만 아니라, 전유부분 및 장래 취득할 대지지분을 다른 사람에게 양도한 후 그중 전유부분에 대한 소유권이전등기를 경료해 준 다음 사후에 취득한 대지지분도 전유부분의 소유권을 취득한 양수인이 아닌 제3자에게 분리 처분하지 못한다 할 것이고, 이를 위반한 대지지분의 처분행위는 그 효력이 없다"(대판 2000.11.16. 전합98다45652,45669: 표준판례206). 또한 "구분소유권이 이미 성립한 집합건물이 증축되어 새로운 전유부분이 생긴 경우에는, 건축자의 대지소유권은 기존 전유부분을 소유하기 위한 대지사용권으로 이미 성립하여 기존 전유부분과 일체불가분성을 가지게 되었으므로 규약 또는 공정증서로써 달리 정하는 등의 특별한 사정이 없는 한 새로운 전유부분을 위한 대지사용권이 될 수 없다"(대판 2017.5.31. 2014다236809[8]).

> **[분리처분금지의 대항력]** 동법 제20조 3항은 대지사용권의 '분리처분금지는 그 취지를 등기하지 아니하면 선의로 물권을 취득한 제3자에 대하여 대항하지 못한다'고 규정하는데, 실무상 '대지권'인 취지의 등기 (가령 부동산의 대지사용권인 공유지분에 관하여 건물부분, 즉 전유부분과 분리하여 처분할 수 없다는 취지의 등기)가 행하여진다. 그리고 여기서 '선의'의 제3자라 함은 원칙적으로 분리처분 금지 제약의 존재를 알지 못하는 제3자를 의미하는 것이 아니라, 집합건물의 대지로 되어 있는 사정을 모른 채 대지사용권의 목적이 되는 토지를 취득한 제3자를 의미한다고 할 것이다(대판 2009.6.23. 2009다26145).

---

7) "그리고 그 경매절차에서 대지에 관한 저당권을 존속시켜 매수인이 인수하게 한다는 특별매각조건이 정하여져 있지 않았던 이상 설사 대지사용권의 성립 이전에 대지에 관하여 설정된 저당권이라고 하더라도 대지지분의 범위에서는 민사집행법 제91조 제2항이 정한 '매각부동산 위의 저당권'에 해당하여 매각으로 소멸하는 것이며, 이러한 대지지분에 대한 소유권의 취득이나 대지에 설정된 저당권의 소멸은 전유부분에 관한 경매절차에서 대지지분에 대한 평가액이 반영되지 않았다거나 대지의 저당권자가 배당받지 못하였다고 하더라도 달리 볼 것은 아니다"

8) **[사실관계]** 구분소유권이 이미 성립한 지상 4층 집합건물이 10층으로 증축되었는데, 1층 103호를 소유한 원고들이 새로운 전유부분을 소유한 피고들을 상대로, 피고들 소유의 전유부분을 위한 대지사용권이 인정되지 아니한다는 이유로 차임 상당의 부당이득반환청구를 기각한 원심을 파기환송한 사안.

따라서 "단지 집합건물 대지에 관하여 대지권등기가 되어 있지 않다거나 일부 지분에 관해서만 대지권등기가 되었다는 사정만으로는 그 대지나 대지권등기가 되지 않은 나머지 대지 지분을 취득한 자를 선의의 제3자로 볼 수는 없다"(대판 2018.12.28. 2018다219727)는 것이 判例의 입장이다.

6. 관리단[9]과 규약[10]

(1) 관리단

관리단은 어떤 조직행위를 거쳐야 비로소 성립하는 단체가 아니라, 구분소유가 성립하는 건물이 있는 경우에는 당연히 그 구분소유자 전원을 구성원으로 하여 성립하는 단체이다(대판 1995.3.10. 94다49687,49694). 그 법적 성격은 권리능력 없는 사단이다(대판 1991.4.23. 91다4478).

(2) 규약

아파트 전 소유자가 체납한 관리비와 연체료를 그 아파트를 경락받은 매수인이 승계하는지가 문제된 사안에서, 判例는 전원합의체 판결을 통해 "아파트 관리규약에 그러한 승계를 인정하는 규정이 있다고 하더라도 그것은 새로 입주하는 자에게도 기존의 규약이 적용된다는 취지에 지나지 않고, 그가 규약을 승인하지 않는 이상 입주 전에 생긴 사실에 대한 위의 승계규정은 그 효력이 없다(집합건물법 제28조 3항, 제42조 1항 참조). 다만 집합건물의 공용부분은 전체 공유자의 이익에 공여하는 것이어서 그 관리를 위해 소요되는 경비는 이를 특히 보장할 필요가 있기 때문에, 집합건물법 제18조에 의해, 체납한 관리비 중 '공용부분에 해당하는 부분'에 한해 특별승계인의 승계의사 유무에 관계없이 이를 승계한다고 봄이 타당하다"(대판 2001.9.20. 전합2001다8677)고 한다. 즉 체납관리비의 승계에 관한 관리규약은 특별승계인의 승인이 없는 한 무효이지만 '공용부분관리비'에 관한 부분은 유효하다는 입장이다. 나아가 判例는 "집합건물구분소유권의 특별승계인이 구분소유권을 다시 제3자에게 이전한 경우에도 자신의 前구분소유자의 공용부분에 대한 체납관리비를 지급할 책임이 있다"(대판 2008.12.11. 2006다50420)고 한다. 한편, 공용부분 관리비를 승계한다고 하여 전 구분소유자가 체납한 그 '연체료'까지 승계하는 것은 아니다(대판 2006.6.29. 2004다3598,3604).

[관련판례] "집합건물의 소유 및 관리에 관한 법률 제18조의 입법 취지와 공용부분 관리비의 승계 및 신탁의 법리 등에 비추어 보면, 위탁자의 구분소유권에 관하여 신탁을 원인으로 수탁자 앞으로 소유권이전등기가 마쳐졌다가 신탁계약에 따른 신탁재산의 처분으로 제3취득자 앞으로 소유권이전등기가 마쳐지고 신탁등기는 말소됨으로써, 위탁자의 구분소유권이 수탁자, 제3취득자 앞으로 순차로 이전된 경우, 각 구분소유권의 특별승계인들인 수탁자와 제3취득자는 특별한 사정이 없는 한 각 종전 구분소유권자들의 공용부분 체납관리비채무를 중첩적으로 인수한다고 봄이 타당하다. 또한 등기의 일부로 인정되는 신탁부동산에 신탁부동산에 대한 관리비 납부의무를 위탁자가 부담한다는 내용이 기재되어 있더라도, 제3취득자는 이와 상관없이 종전 구분소유권자들의 소유기간 동안 발생한 공용부분 체납관리비채무를 인수한다고 보아야 한다"(대판 2018.9.28. 2017다273984).

7. 집합건물의 하자와 담보책임(분양자 등의 담보책임)

(1) 법적 성질

2012년 개정된(2013.6.19.시행) 집합건물법 제9조 1항은 위 법 소정의 건물을 건축하여 '분양한 자'(예외적으로 시공자)의 담보책임에 관하여 '민법 제667조 및 제668조'의 규정을 준용하도록 규정하고 있고(과거에

---

[9] 건물에 대하여 구분소유가 성립하면, 구분소유자는 전원으로써 건물 및 그 대지와 부속시설의 관리에 관한 사업의 시행을 목적으로 하는 관리단을 구성한다(동법 제23조 1항). 관리단에는 대표기구로서 '관리인'이 있고(특히 구분소유자가 10인 이상일 때에는 반드시 관리인을 선임하여야 함)(동법 제24조, 제25조), 사단법인의 '정관'과 사원총회에 해당하는 '규약'과 '집회'가 있다(동법 제28조 이하).

[10] 건물과 대지 또는 부속시설의 관리 또는 사용에 관한 구분소유자 상호간의 사항 중 집합건물법이 규정하지 않은 사항을 규약(가령 건물의 영업제한에 관한 규약)으로 정할 수 있다(동법 제28조 1항).

는 '민법 제667조부터 제671조'까지의 규정을 준용하고 있어 제669이하와 관련한 과거 判例는 이제 사실상 의미가 없다). 4항은 분양자와 시공자의 담보책임에 관하여 이 법과 '민법'에 규정된 것보다 매수인에게 불리한 특약은 효력이 없다고 규정하고 있다. 따라서 判例는 이 법률에 의한 집합건물 분양자·시공자의 담보책임을 '**강행규정**'으로 본다(대판 2003.2.11. 2001다47733). 다만 **분양자가 부담하는 책임의 내용이 민법상 수급인의 담보책임이라는 것이지 그 책임이 분양계약에 기한 것이라거나 아니면 분양계약의 법률적 성격이 도급이라는 취지는 아니고**(대판 2003.11.14. 2002다2485), '**법정책임**'으로 보아야 한다(대판 2008.12.11. 2008다12439 ; 대판 2009.5.28. 2009다9539)고 한다.

(2) 적용대상 및 권리행사기간

① **[적용대상]** 判例는 "이는 '건축상 하자에 관한 부분'에만 적용되며, 동법 제20조에서 구분소유자의 대지사용권은 그가 가지는 전유부분의 처분에 따른다고 하는 규정이 있다고 하여 대지부분의 권리상의 하자에까지 적용되는 것이라 하기 어렵다"(대판 2002.11.8. 99다58136)고 한다.

② **[행사기간]** 2012년 개정을 통해 제9조의2가 신설된바, 행사기간과 관련한 과거 判例는 의미가 없어졌다.

(3) 권리자 및 의무자

① **[권리자]** ㉠ 동법에 의한 하자담보추급권은 현재의 집합건물 구분소유자에게 귀속한다(대판 2003.2.11. 2001다47733). ㉡ '입주자대표회의'로서는 사업주체에 대하여 하자보수를 청구할 수 있을 뿐, 그에 갈음한 손해배상청구권을 가지지 못한다"(대판 2006.8.24. 2004다20807).

② **[의무자]** 원칙적으로 '분양자'가 부담하나, 예외적으로 '시공자'가 부담하는 경우도 있다(동법 제9조 1항)

(4) 내 용

"집합건물이 완공된 후 개별 분양계약이 해제되더라도 분양자가 집합건물의 부지사용권을 보유하고 있으므로 계약해제에 의하여 건물을 철거하여야 하는 문제가 발생하지 않는 점 등에 비추어 볼 때, 집합건물법 제9조 제1항이 적용되는 집합건물의 분양계약에 있어서는 **민법 제668조 단서가 준용되지 않고 따라서 수분양자는 집합건물의 완공 후에도 분양 목적물의 하자로 인하여 계약의 목적을 달성할 수 없는 때에는 분양계약을 해제할 수 있다**"(대판 2003.11.14. 2002다2485).

Ⅲ. 상린관계(제216조 내지 제244조) [D-65]

1. 의 의

서로 인접하고 있는 부동산소유자 상호간의 이용관계를 조절하기 위해 그들 사이의 권리관계를 규정하고 있는 것을 '상린관계'라고 하고, 이러한 상린관계로부터 발생하는 권리를 '상린권'(相隣權)이라고 한다. 상린권은 독립한 물권은 아니고, 소유권의 내용을 이루는 것에 지나지 않는다. 이것은 한편에서는 소유권의 '제한'이라고 할 수 있지만, 다른 한편에서는 각 소유자가 각자의 소유권의 행사를 그 범위 밖에까지 미칠 수 있는 점(이웃 토지소유자에게 일정한 협력을 요구하는 것)에서 소유권의 '확장'을 이루는 양면성이 있어 결국 **부동산소유권의 범위를 간접적으로 정하는 의미**가 있다.

2. 생활방해금지(제217조, C-110.이하 참고)

3. 수도 등의 시설권(제218조)

제218조 1항의 수도 등 시설권은 통과하는 토지 소유자의 동의(승낙)를 받을 필요가 없으므로, 위 동의(승낙)는 당해 권리의 성립·효력에 영향을 미치는 (준)법률행위로 볼 수 없다(대판 2016.12.15. 2015다247325).

4. 주위토지통행권(제219조)

	상린관계	지역권
인접성	인접하는 부동산소유권 상호간의 이용관계를 조절(단 생활방해금지는 인접할 필요없다)	승역지와 용역지는 인접하고 있을 필요없다.
발생	상린관계는 법률의 규정에 의해 당연히 인정, 따라서 등기 불요	지역권은 계약에 의해서 인정되고 등기해야 취득
소멸시효	소멸시효와 무관	20년의 소멸시효에 걸린다
적용범위	부동산(토지, 건물)과 물의 이용관계 조절	토지만의 이용관계 조절

(1) 의의 및 법적 성질

1) 의 의

어느 토지와 공로 사이에 그 토지의 용도에 필요한 통로가 없는 경우에, 그 토지소유자는 주위의 토지를 통행 또는 통로로 하지 않으면 공로에 출입할 수 없거나 과다한 비용을 요하는 때에는 그 주위의 토지를 통행할 수 있고 필요한 경우에는 통로를 개설할 수 있다(제219조 1항).

2) 법적 성질

① 민법은 주위토지통행권을 상린관계의 측면에서 파악하고 있다. 따라서 당사자의 의사와 상관없이 당연히 발생하는 '**법정통행권**'으로서 주위토지 소유자의 승낙을 얻을 필요가 없다. ② 주위토지통행권은 법정의 '**물권적 청구권**'이다. 다만 주위토지통행권은 포위된 토지의 소유권으로부터 독립한 별도의 물권이 아니다. 따라서 주위토지통행권은 포위된 토지의 소유권으로부터 독립해서 취득시효가 인정되지 않으며, 포위된 토지의 소유권이 이전하면 이에 수반하여 당연히 이전한다.

(2) 요 건

주위의 토지를 통행 또는 통로로 하지 아니하면 '공로'(公路)에 전혀 출입할 수 없거나 이에 과다한 비용을 요하는 때에 인정된다. 따라서 ㉠ 이미 그 소유 토지의 용도에 필요한 통로가 있는 경우에는 그 통로를 사용하는 것보다 더 편리하다는 이유만으로 다른 장소로 통행할 권리를 인정할 수 없고(대판 1995.6.13. 95다1088). ㉡ 공로에 통할 수 있는 자기의 공유토지를 두고 공로에의 통로라 하여 남의 토지를 통행한다는 것은 제219조, 제220조에 비추어 허용될 수 없다. 설령 위 공유토지가 구분소유적 공유관계에 있고 공로에 접하는 공유 부분을 다른 공유자가 배타적으로 사용, 수익하고 있다고 하더라도 마찬가지이다(대판 2021.9.30. 2021다245443,245450: 표준판례249 : 12회,14회 선택형). ㉢ 어떤 도로가 일반 공중의 자유로운 통행이 보장된 공로에 해당하면 공로에 이미 연결되어 있는 토지의 소유자에게 그 공로의 통행을 위하여 굳이 민법 제219조의 주위토지통행권을 인정할 필요는 없다(대판 2021.3.11. 2020다 280326). 다시 말해 원칙적으로 **기존 통행로에 대한 주위토지통행권은 인정될 수 없다**(대판 2009.6.11. 2008다 75300,75317,75324).

그러나 이미 기존의 통로가 있더라도 그것이 당해 토지의 이용에 부적합하여 실제로 통로로서의 충분한 기능을 하지 못하고 있는 경우에는 인정된다(대판 1994.6.24. 94다14193).

> [관련판례] 공로인 토지의 소유자가 공로의 철거 · 점유 이전 · 통행금지를 청구하는 것은 권리남용에 해당하며, 일반 공중의 통행에 공용된 도로의 통행을 방해함으로써 특정인의 통행의 자유를 침해한 경우, 민법상 불법행위에 해당한다(대판 2021.3.11. 2020다229239 : 12회 선택형).

(3) 효 과

1) 권리자

토지소유자(제219조), 지상권자(제290조), 전세권자(제319조)에게 인정된다. 그러나 불법점유자의 통행권은 부정되고(대판 1976.10.29. 76다1694), 명의신탁자의 통행권도 부정된다(대판 2008.5.8. 2007다22767).

2) 내 용

가) 통행권과 통로개설권

주위토지통행권은 원칙적으로 통행의 수인을 청구하는 데 불과한 '소극적 권리'이다. 따라서 통행지에 대한 배타적 점유는 인정되지 않으며, 토지소유자에게 토지의 인도를 청구할 수도 없다(대판 1980.4.8. 79다1460). 그러나 필요한 경우에는 통로를 개설하거나, 통로를 포장하는 것도 허용된다 할 것이고, 주위토지통행권자가 통로를 개설하였다고 하더라도 그 통로에 대하여 통행지 소유자의 점유를 배제할 정도의 배타적인 점유를 하고 있지 않다면 통행지 소유자가 주위토지통행권자에 대하여 주위토지통행권이 미치는 범위 내의 통로 부분의 인도를 구하거나 그 통로에 설치된 시설물의 철거를 구할 수 없다(대판 2003.8.19. 2002다53469).

나) 방해배제청구권

당초에 적법하게 담장이 설치된 경우에도 그것이 통행에 방해가 되는 때에는 이를 철거할 수 있다(대판 1990.11.13. 90다5238).

3) 인정범위

통행권의 범위는 통행권자에게 필요할 뿐만 아니라 이로 인하여 주위지 소유자의 손해가 가장 적은 장소와 방법의 범위 내에서 인정되어야 한다(제219조 1항 단서). 따라서 통상적으로는 사람이 주택에 출입하여 다소의 물건을 공로로 운반하는 등의 일상생활을 영위하는 데 '필요한 범위의 노폭'까지 인정되고(대판 1992.12.24. 92다22114), 통행 시기나 횟수, 통행방법 등을 제한하여 인정할 수도 있다(대판 2017.1.12. 2016다39422). 그러나 현재의 토지의 용법에 따른 이용의 범위에서 인정되는 것이지 더 나아가 장래의 이용상황까지 미리 대비하여 통행로를 정할 것은 아니다(대판 1996.11.29. 96다33433 : 12회 선택형).

[관련판례] ❋ 주위토지통행권 확인청구

㉠ [판단기준시] "주위토지통행권은 통행을 위한 지역권과는 달리 그 통행로가 항상 특정한 장소로 고정되어 있는 것은 아니고, 주위토지통행권확인청구는 변론종결시에 있어서의 민법 제219조에 정해진 요건에 해당하는 토지가 어느 토지인가를 확정하는 것이므로, 주위토지 소유자가 그 용법에 따라 기존 통행로로 이용되던 토지의 사용방법을 바꾸었을 때에는 대지 소유자는 그 주위토지 소유자를 위하여 보다 손해가 적은 다른 장소로 옮겨 통행할 수밖에 없는 경우도 있다"(대판 2009.6.11. 2008다75300,75317,75324).

㉡ [기판력] "일단 확정판결이나 화해조서 등에 의하여 특정의 구체적 구역이 위 요건에 맞는 통로로 인정되었더라도 그 이후 그 전제가 되는 포위된 토지나 주위토지 등의 현황이나 구체적 이용상황에 변동이 생긴 경우에는 일방이 상대방에 대하여 기존의 확정판결이나 화해조서 등이 인정한 통행장소와 다른 곳을 통행로로 삼아 주위토지통행권의 확인이나 통행방해의 배제·예방 또는 통행 금지 등을 소로써 구하더라도 그 청구가 위 확정판결이나 화해조서 등의 기판력에 저촉된다고 볼 수 없다"(대판 2004.5.13. 2004다10268).

4) 손해의 보상

통행권자는 통행지소유자의 손해를 보상하여야 한다(제219조 2항). 여기서의 '손해액'은 주위토지통행권이 인정되는 당시의 현실적 이용 상태에 따른 통행지의 임료 상당액을 기준으로 하는바, 단지 주위토지통행권이 인정되어 통행하고 있다는 사정만으로 통행지를 '도로'로 평가하여 산정한 임료 상당액이 통행지 소유자의 손해액이 된다고 볼 수 없다(대판 2014.12.24. 2013다11669). 통행권자의 허락을 얻어 사실상 통행하고 있는 자에게는 그 손해의 보상을 청구할 수 없다(대판 1991.9.10. 91다19623).

(4) 분할, 일부양도와 무상의 주위토지통행권

1) 의 의

본래는 포위되지 아니하였던 토지가 분할 또는 일부양도로 공로에의 출입이 막힌 경우에는, 다른 분할자 또는 양수인의 토지만을 통행할 수 있고 제3자의 토지를 통행할 수는 없다. 그리고 이때에는 보상의무를 지지 않는다(제220조)(12회 선택형). 한편 무상의 주위토지통행권이 발생하는 토지의 일부 양도라 함은 1필의 토지의 일부가 양도된 경우뿐만 아니라 일단으로 되어 있던 동일인 소유의 수필의 토지 중 일부가 양도된 경우도 포함된다(대판 1993.12.14. 93다22906 : 14회 선택형).

2) 별개 필지의 토지이지만 토지의 일부(필지)의 양도로 통로가 없게 된 경우

별개 필지의 토지이지만 토지의 일부(필지)의 양도로 통로가 없게 된 경우에도 분할 전 토지에 대한 것과 마찬가지로 무상 주위토지통행권이 인정되며(제220조 1항 2문, 2항), 양도인이 포위된 토지의 소유자에 대하여 무상의 주위토지통행을 허용하지 아니함으로써 포위된 토지의 소유자가 할 수 없이 주위의 다른 토지의 소유자와 일정 기간 동안 사용료를 지급하기로 하고 그 다른 토지의 일부를 공로로 통하는 통로로 사용하였다고 하더라도 포위된 토지의 소유자가 민법 제220조 소정의 무상의 주위토지통행권을 취득할 수 없게 된다고 할 수 없다(대판 1995.2.10. 94다45869,45876 : 14회 선택형).

3) 토지가 분필되어 동시에 모두 양도된 경우 그 양수인 사이에 무상통행권이 인정되는지 여부

判例는 "제220조 2항에 의하면 무상통행권은 공유토지의 직접분할자 상호간 또는 일부양도의 당사자 사이에서만 인정되는 것으로 해석되므로 양수인 사이에서는 인정되지 않는다"(대판 1991.7.23. 90다12670 ; 2009.8.20. 2009다38247)고 보아 '부정적'인 입장이다.

4) 무상통행권의 부담이 해당토지의 특정승계인에게도 승계되는지 여부

① [원칙] "무상주위통행권에 관한 제220조의 규정은 토지의 직접 분할자 또는 일부 양도의 당사자 사이에만 적용되고 포위된 토지 또는 피통행지의 특정승계인에게는 적용되지 않는바, 이러한 법리는 분할자 또는 일부 양도의 당사자가 무상주위통행권에 기하여 이미 통로를 개설해 놓은 다음 특정승계가 이루어진 경우라 하더라도 마찬가지라 할 것"이다(다수설, 대판 2002.5.31. 2002다9202 : 14회 선택형).

② [예외] 단, 예외적으로 통행로 부분의 사용 수익이 제한된 사정을 알면서 그 토지의 소유권을 승계취득한 자는 특별한 사정이 없는 한, 그 토지에 대한 독점적 배타적 사용 수익을 주장할 정당한 이익을 갖지 않으므로 종전 소유자와 마찬가지로 무상통행을 수인할 의무를 진다(대판 1992.2.11. 91다40399(신의칙 위반설) ; 대판 1998.3.10. 97다47118)

(5) 주위토지통행권의 변경과 소멸

1) 주위지의 사정이 변한 경우 주위토지통행권의 변경 여부

"주위토지통행권은 소극적 권리이므로 통행을 위한 지역권과는 달리 그 통행로가 항상 특정한 장소로 고정되어 있는 것은 아니다. 따라서 주위토지소유자가 용법에 따라 토지의 사용방법을 바꾸었을 때에는, 통행권자는 주위토지소유자를 위하여 보다 손해가 적은 다른 장소로 옮겨 통행할 수밖에 없는 경우도 있다"(대판 1992.12.22. 92다30528 : 12회 선택형).

2) 주위토지통행권의 소멸

"주위토지통행권은 법정의 요건을 충족하면 당연히 성립하고 요건이 없어지게 되면 당연히 소멸한다. 따라서 포위된 토지가 사정변경에 의하여 공로에 접하게 되거나 포위된 토지의 소유자가 주위의 토지를 취득함으로써 주위토지통행권을 인정할 필요성이 없어지게 된 경우에는 통행권은 소멸한다"(대판 2014.12.24. 2013다11669 : 12회 선택형).

제2관 소유권의 취득

I. 부동산 소유권의 점유취득시효 [D-66]

요건사실론

취득시효완성을 원인으로 한 소유권이전등기청구

I. 소송물
소송물은 '점유취득시효 완성을 원인으로 한 소유권이전등기청구권'(채권적 청구권)의 존부이다. 소유권이전등기청구에서 예를 들어 매매와 시효취득 등과 같이 등기원인을 달리하는 경우에 그것은 단순한 공격방어방법의 차이에 불과한 것이 아니고, 등기원인별로 별개의 소송물로 인정된다(대판 1996.8.23. 94다49922).

II. 청구취지
일반적으로 청구취지는 '피고는 원고에게 별지 목록 기재 부동산에 대하여 2012. 3. 18. 취득시효완성을 원인으로 한 소유권이전등기절차를 이행하라.'는 형태가 될 것이다.

III. 원고의 청구(청구원인)
점유취득시효완성을 원인으로 한 소유권이전등기청구권을 행사하기 위한 요건사실은 '20년간 소유의 의사로 평온, 공연하게 점유한 사실'이다(제245조 1항). 그러나 제197조 1항에 의해 당해 부동산을 '20년간 점유한 사실'만 주장·증명하면 된다. 원고는 점유기간의 기산점을 임의로 선택할 수 없고, 현실적으로 점유를 개시한 시점을 확정하여 그 때로부터 20년의 기간을 기산하여야 한다. 취득시효의 기산점은 당사자의 주장에 법원도 구속되지 않고 소송자료에 의해 진정한 점유시기를 인정하는 '간접사실'이다(대판 1994.4.15. 93다60120 : 1회 선택형).

IV. 피고의 항변
① 타주점유(악의의 무단점유), ② 취득시효 완성 후의 소유명의 변경(이중양도 법리), ③ 점유중단(민법 제198조에 의한 점유의 계속 추정은 법률상 추정이므로 그 사이 점유가 중단 또는 상실되었다는 사실은 상대방이 주장·증명책임을 지는 항변사유로 된다), ④ 시효중단(소멸시효의 중단에 관한 규정은 취득시효에 대하여도 적용된다. 제247조 2항), ⑤ 시효소멸(피고가 시효소멸을 주장하기 위해서는 점유자가 점유를 상실한 때부터 10년의 소멸시효기간이 도과한 사실까지 주장·증명하여야 한다. 95다34866: **표준판례223**)의 항변을 할 수 있다.

V. 원고의 재항변
① 피고가 타주점유의 증명에 성공하면, 원고로서는 그에 대한 '재항변'으로 자주점유로의 전환을 주장할 수 있다. ② 취득시효 완성 후 소유명의 변경에 대하여 원고로서는 제3자 명의의 소유권이전등기가 무효라는 등의 사유로 '재항변'할 수 있다.

1. 의 의

> **제245조 (점유로 인한 부동산소유권의 취득기간)** ① 20년간 소유의 의사로 평온, 공연하게 부동산을 점유하는 자는 등기함으로써 그 소유권을 취득한다.

취득시효제도는 **법률관계의 안정**을 기하기 위하여 일정한 사실상태가 상당기간 계속된 경우에 그 사실상태가 진실한 권리관계와 일치하느냐의 여부를 따지지 아니하고 그 사실상태를 존중하여 이를 진실한 권리관계로 인정하려는 제도이다(대판 1986.2.25. 85다카1891).

2. 요 건

(1) 취득시효의 주체 [D-66a]

법인격 없는 사단을 포함한 법인의 경우 대표기관이 '대표기관의 자격'에서 점유하는 경우 법인의 점유로 될 것이어서 법인이 시효취득을 하게 된다.

(2) 취득시효의 객체 [D-66b]

1) 자기소유 부동산

"소유권에 기초하여 부동산을 점유하는 사람이더라도 그 등기를 하고 있지 않아 자신의 소유권을 증명하기 어렵거나 소유권을 제3자에게 대항할 수 없는 등으로 점유의 사실 상태를 권리관계로 높여 보호하고 증명곤란을 구제할 필요가 있는 '예외적인 경우'에는, 자기 소유 부동산에 대한 점유도 취득시효를 인정하기 위해 기초가 되는 점유로 볼 수 있다"(대판 2022.7.28. 2017다204629: 표준판례212).

[구체적 예] 甲은 2000.1.20.에 X토지를 매수하여 소유권이전등기를 마치고, 20년 이상 소유의 의사로 평온, 공연하게 점유해 왔다. 2022.1.20. 甲은 乙에게 X토지를 매도하고 매매대금을 모두 수령하였으나, 개인적인 사정으로 乙에게 소유권이전등기를 해 주지 않았다. 이에 乙은 甲으로부터 X토지를 인도받아 현재까지 점유하고 있다. 2023.3.20. 乙은 甲에게 소유권이전등기를 요청하였으나 甲이 이를 거절하자, 乙은 '甲으로부터 X토지를 매수하여 인도받은 후 1년 이상 소유의 의사로 평온, 공연하게 점유하였고, 甲의 점유기간을 합산하면 제245조 1항의 취득시효 요건을 충족하였으므로 甲에게 소유권이전등기를 청구할 권리가 있다'고 소를 제기하였다. 이에 대해 甲은 '乙이 X토지를 점유한 것은 사실이나, X토지는 甲자신이 적법·유효한 등기를 통해 소유권을 취득한 부동산이므로 취득시효의 대상이 될 수 없다'고 항변하였다.

☞ 乙이 승계한 X토지에 대한 甲의 점유는 적법·유효한 소유권이전등기까지 마치고 소유하고 있으므로, 사실상태를 권리관계로 높여 보호할 필요가 없어 그 점유는 취득시효의 기초가 되는 점유가 될 수 없다. 다만, 乙은 매매를 원인으로 한 소유권이전등기를 청구할 수는 있다.

가) 대내외적으로 자기소유인 경우(소극) [5회 기록형]

判例는 "자기 소유의 부동산을 점유하고 있는 상태에서 다른 사람 명의로 소유권이전등기가 된 경우 자기 소유 부동산을 점유하는 것은 취득시효의 기초로서의 점유라고 할 수 없고, 그 소유권의 변동이 있는 경우에 비로소 취득시효의 기초로서의 점유가 개시되는 것이므로, 취득시효의 기산점은 소유권의 변동일 즉 소유권이전등기가 경료된 날이다"(대판 1997.3.14. 96다55860)라고 하여, 대내외적으로 모두 자기 소유이었던 기간 동안의 점유는 취득시효의 기초로서 점유에 해당하지 않는다는 입장이다.

(13회 선택형)

[구체적 예] ㉠ 상호명의신탁의 경우(구분소유적 공유) 자신 명의로 공유지분등기가 되어 있는 한 자신 소유의 특정부분에 대한 점유를 시효취득을 위한 점유기간으로 인정할 수 없고, 자신의 지분등기가 타인 명의로 등기된 때(그리하여 자신 명의의 등기가 없게 된 때)부터 취득시효를 위한 점유기간으로 인정할 수 있다(대판 2001.4.13. 99다62036,62043).[11]

㉡ 甲이 X토지에 관하여 적법·유효한 이전등기를 마치고 그 소유권을 취득하였음에도, 그때로부터 20년간 X토지를 점유하였으므로 점유취득시효가 완성되어 이를 원시취득하였다고 주장하면서, 甲의 소유권 취득 이전부터 존재하던 가압류에 기하여 이루어진 강제집행의 불허를 구하는 경우 甲의 위와 같은 점유는 취득시효의 기초로서의 점유에 해당하지 않는다(대판 2016.10.27. 2016다224596 : 13회 선택형).

㉢ A가 가등기 설정된 토지에 대하여 가압류등기를 마쳤는데, 매매예약 완결권이 제척기간 경과로 소멸하여 가등기가 실효되었으나 이후 가등기 유용 합의에 따라 마쳐진 본등기로 인해 가압류가 직권말소 되자,

---

[11] "토지 소유자가 토지의 특정한 일부분을 타인에게 매도하면서 등기부상으로는 전체 토지의 일부 지분에 관한 소유권이전등기를 경료해 준 경우에 매도 대상에서 제외된 나머지 특정 부분을 계속 점유한다고 하더라도 이는 자기 소유의 토지를 점유하는 것이어서 취득시효의 기초가 되는 점유라고 할 수 없다"

현재의 소유명의자인 B를 상대로 예비적으로 가압류등기의 회복에 대한 승낙의 의사표시를 구하는 청구를 하였고, B가 등기부취득시효에 따른 원시취득으로 A의 가압류가 소멸되었다고 항변하였다면, 법원은 설혹 B의 등기부취득시효가 완성되었더라도, A의 가압류가 점유개시 전에 설정된 것이어서 취득시효완성의 소급효가 없으므로 A의 가압류는 소멸하지 않는다고 판단하여야 하며, 나아가 B가 적법·유효한 소유권이전등기를 마친 자기 소유 부동산을 점유한 것은 취득시효의 기초가 되는 점유라고 할 수 없으므로 원고의 예비적 청구를 인용해야 한다(대판 2022.7.28. 2017다204629: 표준판례212).

나) 대내적으로만 자기소유인 경우(적극)

判例는 '유효한 명의신탁'에서 명의신탁자의 점유(대판 2001.7.13. 2001다17572)나 '가등기담보등에 관한 법률이 적용되지 않는 부동산 양도담보'에서 양도담보설정자의 점유(신탁적 소유권 이전설)(대판 2015.2.26. 2014다21649: 표준판례217)와 같이 소유권의 관계적 귀속이 인정되어 대내적으로는 자기소유이지만, 대외적으로는 타인 소유이었던 기간 동안의 점유는 점유취득시효의 기초로서의 점유에 해당한다고 본다.

2) 1필의 토지 일부(적극)

분필되지 않은 1필의 '토지의 일부'에 대해서도 判例는 " ⅰ) 1필의 토지의 일부 부분이 다른 부분과 구분되어 ⅱ) 시효취득자의 점유에 속한다는 것을 인식하기에 족한 객관적인 징표(건물의 외벽, 담장 등)가 계속하여 존재하는 경우에는 그 일부 부분에 대한 시효취득을 인정할 수 있다"(대판 1993.12.14. 93다5581)고 한다(구, 징, 계). [12법행, 12입법]

[판례검토] 이를 인정하더라도 (소유자를 대위하여) 분필등기 후 소유권이전등기를 마쳐야 소유권 취득의 효력이 생기므로(이러한 절차를 밟지 않은 채 단순히 그 부분의 비율에 상응하는 지분의 이전을 청구하지는 못한다) 일물일권주의 원칙에 반하지 않는다. 다만, 점유취득시효의 완성은 소유자에게 매우 큰 이해관계가 걸려 있는 문제이므로 점유취득시효의 대상은 특정될 수 있어야 한다. 따라서 判例의 태도는 타당하다.

3) 공유지분[12]

① [공유물의 전부점유] 공유지분의 일부에 대한 시효취득도 가능하다. 그러나 공유자는 '공유물 전부'를 점유하더라도 공유지분만을 시효취득한다(공유자가 공유물의 일부만 점유한 경우는 등기부취득시효 참고). 지분의 범위 내에서만 자주점유이기 때문이다(대판 1975.6.24. 74다1877). 그리고 이때에는 일부만 점유하였다는 객관적 징표가 존재할 필요가 없다(대판 1975.6.24. 74다1877). [6회 사례형]

② [공유건물을 일부점유한 경우 건물부지] "건물 공유자 중 일부만이 당해 건물을 점유하고 있는 경우라도 그 '건물의 부지'는 건물 소유를 위하여 공유명의자 전원이 공동으로 이를 점유하고 있는 것으로 볼 것이며, 건물 공유자들이 건물부지의 공동점유로 인하여 건물부지에 대한 소유권을 시효취득하는 경우라면 그 취득시효 완성을 원인으로 한 소유권이전등기청구권은 '당해 건물의 공유지분비율과 같은 비율'(제263조 참조)로 건물 공유자들에게 귀속된다"(대판 2003.11.13. 2002다57935 : D-54.참고)고 한다.

---

12) 등기부취득시효에서는 등기에 부합하는 점유가 있어야 하므로 부동산의 일부에 대한 등기부취득시효는 부정하여야 한다는 견해가 있으나, 점유의 양적 범위가 전적으로 등기에 부합하여야 할 이유는 없으므로, 그 일부의 등기부취득시효를 긍정할 것이다(대판 1975.6.24. 74다1877 ; 대판 1979.6.26. 79다639 당해 사안은 공유지분에 대한 등기부취득시효). 그런데 점유취득시효에 있어서 물건이 아닌 지분의 점유는 상정하기 어렵다. 그러므로 지분 자체의 점유에 기한 시효취득은 이를 부인할 것이다. 그러나 물건의 공동점유자에 의한 시효취득(대판 2003.11.13. 2002다57953은 건물의 공동소유자에 의한 대지의 시효취득을 인정하면서 건물에 대한 지분에 좇아 대지의 소유권을 취득하게 된다고 한다)이나 공유물의 시효취득에 있어서는 물건을 점유하여 시효취득하였으나 그 소유권 이전을 위해 지분의 이전이 필요하다. 따라서 이때에는 각 공동점유자가 또는 각 공유자에 대하여 지분의 이전을 청구할 수 있다. 그러므로 그러한 의미에서는 지분의 시효취득을 인정하여도 좋을 것이다. 한편 등기부취득시효에서는 지분에 관한 소유권등기가 되어 있고 이에 기초해서 등기부취득시효가 완성되었다면 지분만의 취득시효를 인정할 수 있다(대판 1975.6.24. 74다1877)(양창수·권영준, '권리의 변동과 구제', p.226~227).

4) 집합건물

① **[대지지분]** "집합건물의 구분소유자는 그 대지 중 일부 지분에 대하여만 점유를 할 수 없고 대지 전체를 공동으로 점유한다고 할 것이고, 이는 집합건물의 대지에 관한 점유취득시효에서 말하는 '점유'에도 적용되므로 집합건물의 구분소유자들이 대지 전체를 공동점유하여 그에 대한 점유취득시효가 완성된 경우에도 구분소유자들은 대지사용권으로 그 '전유부분의 면적 비율'(동법 제12조, 제21조 참조)에 따른 대지지분을 보유한다고 보아야 한다"(대판 2017.1.25. 2012다72469).

② **[공용부분]** "집합건물법 제13조는 공용부분에 대한 공유자의 지분은 그가 가지는 전유부분의 처분에 따르고 분리하여 처분할 수 없도록 규정하고 있는데, 공용부분에 대해 취득시효를 인정하여 그 부분에 대한 소유권취득을 인정한다면 전유부분과 분리하여 공용부분이 처분되는 결과가 되어 집합건물법의 취지에 어긋나게 된다. 따라서 **집합건물의 '공용부분'은 취득시효에 의한 소유권 취득의 대상이 될 수 없다**"(대판 2013.12.12. 2011다78200,78217).

5) 국유재산

국유재산은 '취득시효기간 동안 계속하여' 일반재산(구 잡종재산)인 경우를 제외하고는 시효취득의 대상이 되지 않는다(국유재산법 제7조 2항)(대판 2010.11.25. 2010다58957).

(3) 점 유(아래 쟁점 19. 참고) [D-66c]

[쟁점 19] 자주점유(소유의 의사) ▼

Ⅰ. 서 설 [D22-1]

1. 의 의

자주점유란 '소유의 의사'를 가지고서 하는 점유를 말한다. 이것은 '소유자가 할 수 있는 것과 같은 배타적 지배를 사실상 행사하려고 하는 의사'를 말하는 것으로, 법률상 그러한 지배를 할 수 있는 권한, 즉 소유권을 가지고 있거나 또는 소유권이 있다고 믿고서 하는 점유를 의미하는 것은 아니다(대판 1996.10.11. 96다23719).

2. 타주점유와의 구별실익

점유보호의 면에서는 자주점유나 타주점유나 차이가 없다. 그러나 취득시효(제245조 이하)나 무주물선점(제252조)이 성립하기 위해서는 자주점유이어야 한다. 그 밖에 점유자의 회복자에 대한 책임의 범위에서 양자는 차이가 있다(제202조). 그러나 선의취득(제249조), 과실취득권(제201조), 비용상환청구권(제203조) 등에서는 차이점이 없다.

Ⅱ. 자주점유의 판단 [D22-2]

1. 판단기준 [5회 기록형]

점유자의 점유가 소유의 의사 있는 자주점유인지 아니면 소유의 의사 없는 타주점유인지의 여부는 **점유자의 내심의 의사에 의하여 결정되는 것이 아니라** ㉠ '점유 취득의 원인이 된 권원의 (객관적) 성질'이나 ㉡ '점유와 관계가 있는 모든 사정'에 의하여 외형적·객관적으로 결정되어야 하는 것이다. 아울러 제197조 1항의 추정규정에 의해 점유자가 취득시효를 주장하는 경우에 스스로 이러한 소유의 의사를 증명할 필요는 없다(대판 1997.8.21. 전합95다28625: **표준판례**213). 즉, 점유권원의 성질이 분명하지 아니한 때에는 2차적으로 제197조 1항에 의하여 소유의 의사로 점유한 것으로 추정한다(제197조 규정의 보충성).

2. 판단시점

소유의 의사는 점유개시 당시 존재하여야 하고 그것으로 족하기 때문에, 나중에 매도인에게 처분권이 없음을 알았더라도 자주점유의 성질이 변하지 않는다(대판 1996.5.28. 95다40328).

3. 권원의 성질상 자주점유인 경우

(1) 매 매

특별한 사정이 없는 한 매수인은 자주점유로 본다.

1) 매매계약이 무효인 경우

실제로 매매계약이 있었던 이상 그 계약이 무효라 하더라도 매수인은 원칙적으로 자주점유자이다(대판 1994.12.27. 94다25513). **[7회 사례형, 13회 기록형, 12법무]** 그러나 매수인이 처음부터 '무효임을 알고서' 점유한 경우에는 소유의 의사로 점유한 것으로 볼 수 없다(대판 2000.6.9. 99다36778).

2) 타인의 권리를 매매한 경우

判例는 "매도인에게 처분권한이 없다는 것을 잘 알면서 이를 매수하였다는 등의 다른 특별한 사정이 입증되지 않는 한, 그 사실만으로 바로 그 매수인의 점유가 소유의 의사가 있는 점유라는 추정이 깨어지는 것이라고 할 수 없다"(대판 2000.3.16. 전합97다37661: **표준판례**193)고 한다. **[12·23법무, 17행정]**

[판례검토] 생각건대, 민법 제197조 1항이 규정하고 있는 점유자에게 추정되는 소유의 의사는 사실상 소유할 의사가 있는 것으로 충분한 것이지 반드시 등기를 수반하여야 하는 것은 아니므로 判例의 견해가 타당하다(위 전합97다37661판시내용).

3) 이른바 오상권원[13]의 경우

判例는 "매매대상 대지의 면적이 등기부상의 면적을 '상당히 초과'하는 경우에는 특별한 사정[그러한 특별한 사정이 있는 경우라면, 그 초과 부분에 관하여는 타인 권리의 매매가 성립한다(제569조)]이 없는 한, **그 초과 부분은 단순한 점용권의 매매**[14]**로 보아야 하고 따라서 그 점유는 권원의 성질상 타주점유에 해당한다**"(대판 1998.11.10. 98다32878 ; 2014.3.13. 2011다111459)고 한다. 그리고 "이러한 법리는 1필의 토지의 일부를 특정하여 매수하면서 편의상 그 전체에 관하여 공유지분등기를 마쳐두었는데, 그 실제 점유 면적이 등기부상 지분비율에 따라 환산한 면적을 상당히 초과하는 경우에도 마찬가지로 적용된다"(대판 2011.9.8. 2010다35367)고 한다.

[판례검토] 생각건대, 만약 매수인이 점유하는 매수부동산이 매매 목적물에 포함되지 않음을 알면서도 이를 점유하여 왔다면 타주점유에 해당될 소지가 있다(악의의 무단점유). 그러나 실제로 인도받은 부동산의 면적이 등기부상 면적을 상당히 초과한다고 볼 수 없는 경우에는 '착오'로 인접 부동산의

---

13) 점유자가 어떠한 토지를 그가 매수한 토지에 속하는 것으로 믿고서 점유하여 왔는데 실제로는 그렇지 않은 경우에, 이러한 점유(이를 '오상권원'이라고 부르기도 한다)는 점유 권원의 성질상 자주점유인지 타주점유인지 문제된다.

14) 점용권의 매매란 점유하며 사용·수익하는 사실상의 권리(=점용권)를 매매의 목적으로 삼은 것을 말한다. 이러한 점용권은 불확실한 권리이지만 재산적 가치가 있는 것으로서 그것이 비록 불법점유에 기한 것이라도 매매의 목적이 될 수 있다. 점용권의 매도인은 매수인에게 점유를 이전해 주어 사용·수익할 수 있도록 해 주면 그것으로 의무를 다한 것이 된다. 매수인이 얼마 동안 점용의 이익을 누릴 수 있는지에 관한 위험은 특약이 없는 한 매수인이 이를 부담한다[노재호, 민법교안(6판), p.1256].

일부를 매수인이 매수·취득한 부동산에 속하는 것으로 믿고 점유를 하여 왔다고 보아야 하므로 일부 초과된 부동산에 대한 점유 역시 소유의 의사에 기한 것이라고 보는 것이 타당하다.

[상당히 초과 판단기준] 判例에 의하면 인도받은 대지의 면적이 등기부상의 면적의 2배에 달한 것에 관하여는 타주점유를 인정하였는데(대판 1997.1.24. 96다41335), 초과부분이 등기부상의 면적의 20% 또는 30%에 달한 사안에서는 매수인이 그 사정을 알았다고 보기 어렵다고 하여 자주점유를 인정한 것이 있다(대판 1998.11.10. 98다32878 ; 대판 1999.6.25. 99다5866,5873).

4) 이른바 경계침범의 경우 [12법행]

경계침범 건축과 관련하여 判例는 "침범 면적이 통상 있을 수 있는 시공상의 '착오' 정도를 넘어 상당한 정도에까지 이르는 경우에는 당해 건물의 건축주는 자신의 건물이 인접 토지를 침범하여 건축된다는 사실을 건축 당시에 알고 있었다고 보는 것이 상당하고, 따라서 그 침범으로 인한 인접 토지의 점유는 권원의 성질상 소유의 의사가 있는 점유라고 할 수 없다"(대판 2000.12.8. 2000다429771)고 한다.

5) 구분소유적 공유

"ⅰ) 공유부동산의 경우에 공유자 중의 1인이 공유지분권에 기초하여 부동산 전부를 점유하고 있다고 하여도 다른 특별한 사정이 없는 한 권원의 성질상 다른 공유자의 지분비율의 범위 내에서는 타주점유이다(대판 2008.9.25. 2008다27752). ⅱ) 그렇지만 이와 달리 '구분소유적 공유관계에서 어느 특정된 부분만을 소유·점유하고 있는 공유자가 매매 등과 같이 종전의 공유지분권과는 별도의 자주점유가 가능한 권원에 의하여 다른 공유자가 소유·점유하는 특정된 부분을 취득하여 점유를 개시하였다고 주장하는 경우'에는 타인 소유의 부동산을 매수·점유하였다고 주장하는 경우와 달리 볼 필요가 없으므로, 취득권원이 인정되지 않는다고 하더라도 그 사유만으로 자주점유의 추정이 번복된다거나 점유권원의 성질상 타주점유라고 할 수 없고, 상대방에게 타주점유에 대하여 증명할 책임이 있다"(대판 2013.3.28. 2012다68750).

(2) 취득시효완성 후의 점유자

취득시효완성 후의 점유자는 특단의 사정이 없는 한 자주점유라고 할 것이다. 한편 判例는 취득시효 완성 후 점유자가 권리자에 대해 매수를 시도한 사실이 있다 하더라도 그러한 사실만으로는 그 후부터는 물론 그 전의 점유가 타주점유였다고 단정할 수 없다고 한다(대판 1983.7.12. 전합82다708). 시효취득자는 분쟁을 용이하게 해결하기 위하여 그 부동산을 매수하려고 시도하는 경우가 많기 때문이다.

(3) 기 타

증여·교환 등과 같이 소유권취득의 원인이 되는 계약에 기한 점유는 원칙적으로 자주점유이다.

4. 권원의 성질상 타주점유인 경우

매도인·지상권자·전세권자·질권자·임차인·명의수탁자의 점유는 원칙적으로 타주점유이다. 특히 공유자 1인이 공유토지 전부를 점유하는 경우 다른 공유자의 지분비율의 범위 내에서는 타주점유이다.

Ⅲ. 점유의 태양의 전환   [D22-3]

1. 타주점유에서 자주점유로의 전환

타주점유가 자주점유로 전환되려면 타주점유자가 ① '새로운 권원에 의하여 소유의 의사를 가지고 점유를 시작'하거나, ② '자기에게 점유시킨 자(타주점유를 하게 한 자)에게 소유의 의사가 있음을 표시'하여야 한다(통설·判例).

(1) 새로운 권원에 의하여 소유의 의사를 가지고 점유를 시작한 경우

예컨대 임차인이 임차물을 매수하여 점유를 계속하는 경우이다. 이와 관련하여 상속이 새로운 권원에 해당하는지가 문제되는바, 判例는 "상속에 의하여 점유권을 취득한 경우에는 상속인이 새로운 권원에 의하여 자기 고유의 점유를 시작하지 않는 한 피상속인의 점유를 떠나 자기만의 점유를 주장할 수 없다"(대판 1997.12.12. 97다40100)고 보아 이를 부정하고 있다(점유권 D-57. 참고). **[17사법, 12법행]**

(2) 자기에게 점유시킨 자에게 소유의 의사가 있음을 표시한 경우

예컨대 임차인이 임대인에 대하여 소유의 의사로 점유한다는 사실을 표시한 경우이다. 다만 간접점유자가 없는 경우(예컨대 유실물을 습득한 때)에는 소유의 의사를 객관적으로 인식할 수 있으면 그것으로 충분하다. 그러나 타주점유자가 그 명의로 소유권이전등기를 경료한 것만으로는 점유시킨 자에 대하여 소유의 의사를 표시함으로써 자주점유로 전환되었다고 볼 수 없다(대판 1993.7.16. 92다37871).

2. 자주점유에서 타주점유로의 전환

타주점유로부터 자주점유로의 전환에 준한다. 예컨대 피상속인의 부동산에 대해 경락허가결정이 있거나, 부동산을 타인에게 매도하여 인도의무를 지는 매도인의 점유가 그러하다(대판 1997.4.11. 97다5824).

① 다만, 점유자가 매매나 시효취득을 원인으로 소유권이전등기를 청구하였다가 패소 확정된 경우에도,[15] 점유자가 소유자에 대하여 어떤 의무가 있음이 확정되는 것은 아니므로 소제기시부터 악의의 점유자(제197조 2항)가 되는데 불과하고 타주점유로 전환되는 것은 아니다(대판 1981.3.24. 80다2226 : 제3회 선택형). **[13회 기록형, 12법행, 12법무]**

② 그러나 반대로 소유자가 점유자를 상대로 적극적으로 소유권을 주장하여 승소한 경우에는, 점유자가 소유자에 대해 등기말소 또는 인도 등의 의무를 부담하는 것으로 확정된 것이므로, 단순한 악의점유의 상태와는 달리 객관적으로 그와 같은 의무를 부담하는 점유자로 변한 것이어서, 점유자의 토지에 대한 점유는 '소제기시부터' 악의의 점유자가 됨(제197조 2항)과 동시에 '패소판결 확정 후'부터는 타주점유로 전환된다(대판 2000.12.8. 2000다14934,14941).

Ⅳ. 자주점유의 추정과 번복

[D22-4]

1. 자주점유의 추정

① 소유의 의사는 1차적으로 점유취득의 원인이 된 사실, 즉 '권원의 객관적 성질'에 의하여 정하고, 점유권원의 성질이 분명하지 아니한 때에는 2차적으로 제197조 1항에 의하여 소유의 의사로 점유한 것으로 추정한다(제197조 규정의 보충성). 이러한 자주점유의 추정은 국가나 지방자치단체가 부동산을 점유하는 경우에도 마찬가지로 적용된다(대판 2008.3.27. 2007다78258).

② 매수인이 오랫동안 소유권이전등기를 마치지 않은 사정만으로 경험칙상 소유의 의사가 없었던 것으로 볼 사정이 있는 것(소유자라면 당연히 취했을 것으로 보이는 행동을 하지 않은 것)으로 볼 수는 없으므로 자주점유의 추정이 깨어지지 않는다고 한다(대판 2000.3.16. 전합97다37661: 표준판례193 : 8회 선택형). **[12법무, 17행정]**

---

15) **[민소법 쟁점]** 또한 소유권이전등기청구사건에 있어서 등기원인을 달리하는 경우에는 그것이 단순히 공격방어방법의 차이에 불과한 것이 아니므로 매매를 등기원인으로 소유권이전등기를 구하는 전소 확정판결의 기판력이 취득시효완성을 청구원인으로 소유권이전등기를 구하는 후소에 미치지는 아니한다(대판 1991.1.15. 88다카19002 참고).

③ 타인의 토지 위에 분묘를 설치 또는 소유하는 자는 다른 특별한 사정이 없는 한 그 분묘의 보존·관리에 필요한 범위 내에서만 타인의 토지를 점유하는 것이라고 할 것이고, 따라서 이 경우에는 점유의 성질상 소유의 의사가 추정되지 않는다(대판 2023.11.16. 2023다214566 ; 민법 제248조에 의해 분묘기지권의 취득시효는 인정될 수 있다).

2. 추정의 효과

제197조 1항에 의하여, 점유자의 점유가 타주점유임에 대한 주장·증명책임이 점유자의 상대방(즉, 타주점유임을 주장하는 자)에게 있다(대판 1997.8.21. 전합95다28625: 표준판례213).

3. 추정의 번복

점유자가 스스로 매매 등과 같은 자주점유의 권원을 주장하였으나 이것이 인정되지 않은 경우에도 자주점유의 추정이 가능한지 문제된다. 이에 대해 判例는 '본래 자주점유의 입증책임이 점유자에게 있지 않다'는 것을 이유로 긍정하는 것이 일반적이나(대판 1983.7.12. 전합82다708 ; 대판 1999.9.17. 98다63018 등), '악의의 무단점유'의 경우 이를 부정하였다(대판 1997.8.21. 전합95다28625: 표준판례213).

(1) 악의의 무단점유의 경우(대판 1997.8.21. 전합95다28625: 표준판례213) [11회 사례형, 1회 기록형, 12법행]

1) 판례의 다수의견

"권원의 성질이 분명하지 아니한 경우에도, 점유자가 타인의 소유권을 배척하고 점유할 의사를 갖고 있지 않다고 볼 '객관적인 사정'이 있는 때에는 자주점유의 추정이 깨지는 것으로 보아야 하는바, 타인소유의 부동산을 무단점유한 경우, 특별한 사정이 없는 한 점유자는 타인의 소유권을 배척하고 점유할 의사를 갖고 있지 않다고 보아야 할 것이므로 이로써 소유의 의사가 있는 점유라는 추정은 깨어졌다"

[관련판례(계약명의신탁자가 직접점유한 경우)] [14회 사례형] "계약명의신탁에서 명의신탁자는 부동산의 소유자가 명의신탁약정을 알았는지 여부와 관계없이 부동산의 소유권을 갖지 못할 뿐만 아니라 매매계약의 당사자도 아니어서 소유자를 상대로 소유권이전등기청구를 할 수 없고, 이는 명의신탁자도 잘 알고 있다고 보아야 한다. 명의신탁자가 명의신탁약정에 따라 부동산을 점유한다면 명의신탁자에게 점유할 다른 권원이 인정되는 등의 특별한 사정이 없는 한 명의신탁자는 소유권 취득의 원인이 되는 **법률요건이 없이** 그와 같은 사실을 잘 알면서 타인의 부동산을 점유한 것이다. 이러한 명의신탁자는 타인의 소유권을 배척하고 점유할 의사를 가지지 않았다고 할 것이므로 소유의 의사로 점유한다는 추정은 깨어진다"(대판 2022.5.12. 2019다249428: 표준판례272).

[관련판례(계약명의신탁자가 간접점유한 경우)] [14회 사례형] 점유취득시효에서의 점유는 간접점유도 포함되나, 간접점유를 인정하기 위해서는 간접점유자와 직접점유를 하는 자 사이에 '유효한 점유매개관계'가 필요하다. 따라서, 判例는 '**무효인 계약명의신탁약정**'의 경우 명의수탁자의 직접점유를 매개로 한 명의신탁자의 간접점유를 인정할 수 없다고 한다(대판 2022.6.9. 2021다244617).

2) 판례의 반대의견

"점유취득시효에 있어서는 점유자가 선의임을 그 요건으로 삼지 않고 있어 악의의 점유자도 자주점유라면 시효취득을 할 수 있는 것이므로, 위와 같은 법률요건이 없다는 사실을 잘 알면서 점유한다는 것은 그 점유가 악의의 점유라는 것을 의미하는 것일 수는 있어도 그 점유가 자주 또는 타주점유인지 여부와는 직접적인 관련이 없는 것이므로 이러한 사정만으로 자주점유의 추정을 깨뜨리는 사정이 입증되었다고 볼 수는 없다"[16]

---

16) [학설] ① 구체적 타당성이나 법정책적 측면에서 判例의 다수의견을 지지하는 견해와 ② 判例의 다수의견과 같이 악의의 무단점유의 경우 특별한 사정이 없는 한 자주점유의 추정이 깨어진다고 하면, 특별한 사정의 증명책임을 점유자에게 전환시키는 것이 되어 제197조 1항의 법률상 추정규정을 무의미하게 만들 우려가 있다는 점과 '현행법의 해석'상 소유의 의사는

(2) 취득시효에 따른 등기의 기회가 있음에도 이를 하지 않은 경우

점유기간 동안 여러 차례 특별조치법이 시행됨에 따라 등기의 기회가 있었음에도 불구하고 소유권이전등기를 하지 않았고 오히려 소유자가 같은 법에 의하여 소유권보존등기를 마친 후에도 별다른 이의를 하지 않은 경우, 자주점유의 추정이 번복될 수 있다고 한다(대판 2000.3.24. 99다56765).

(3) 일정한 권원없이 사유토지를 도로부지에 편입시킨 경우

지방자치단체나 국가가 토지를 점유할 수 있는 일정한 권원 없이 사유토지를 도로부지에 편입시킨 경우에도 자주점유의 추정은 깨어진다고 한다(대판 2001.3.27. 2000다64472). 그러나 지방자치단체나 국가가 토지의 취득절차에 관한 서류를 제출하지 못하고 있다는 사정만으로 자주점유의 추정이 번복되는 것은 아니다(대판 2014.3.27. 2010다94731 ; 대판 2017.9.7. 2017다228342).

▶ [쟁점 19]

(4) 시효기간 및 기산점 [D-66d]

1) 20년 [민소법 쟁점]

증명책임의 분배기준(법률요건 분류설)에 따라 점유자는 20년간 점유한 사실을 증명해야 하지만(간접점유도 포함 : 대판 1995.2.10. 94다28468), ① 민법 제198조의 점유계속의 추정규정이 있기 때문에 **점유자로서는 전후 양시점에 각 점유하고 있던 사실만 증명하면 된다.** 따라서 추정규정은 **증명책임을 완화**시키는 것이며 추정되는 것은 증명하지 아니하여도 되는 불요증사실이 된다. ② 이에 대하여 상대방(소유자)으로서는 그 중간에 점유가 계속되지 않은 반대 사실을 적극적으로 증명함으로써 추정을 번복할 수 있는데, 추정규정으로 인하여 **증명책임이 전환**되는 것이며, 추정을 번복하기 위해 세우는 증거는 **본증**(반대사실의 증거)이고 반증이 아니다.

2) 기산점

가) 원 칙

① 判例는 취득시효기간 만료 전과 만료 후를 나누어 그 법률관계를 다르게 판단한다. 이러한 원칙을 견지하고자 "시효기간 전·후에 등기명의자의 변동이 있는 경우에 당사자가 임의로 기산점을 정하지 못하고, '취득시효의 기초가 되는 점유가 개시된 시점(최초의 자주점유 시기)'으로 하여야 한다"(대판 1989.4.25. 88다카3618 등)고 한다. **[12법행, 14행정]** 즉, 判例는 "취득시효의 기산점은 법률효과의 판단에 관하여 직접 필요한 주요사실이 아니고 '간접사실'에 불과하여 법원으로서는 이에 관한 당사자의 주장에 구속되지 아니하고 소송자료에 의하여 진정한 점유의 시기를 인정하여야 한다"(대판 1994.4.15. 93다60120 : 1회 선택형)고 하여, 원칙적으로 점유기간의 역산을 허용하지 않는다(고정시설).[17] **[민소법 쟁점]**

[비교판례] "특정시점에서 당해 권리를 행사할 수 있었던 사실은 소멸시효의 기산점에 관한 사실로서 '주요사실'이므로 당사자가 주장하지 않은 때를 기산점으로 하여 소멸시효의 완성을 인정하게 되면 변론주의 원칙에 위배된다(대판 1995.8.25. 94다35886 : 1회·2회 선택형)."

사실상 지배자의 자연적 의사를 의미할 뿐이고, 법률상 지배할 수 있는 권한이나 그에 대한 믿음을 의미하지 않는다는 점에서 判例의 반대의견을 지지하는 견해가 있다. 다만 어느 견해에 따르든 부동산 취득시효는 토지의 관리가 소유자에 의해 방치되는 등의 사정이 있는 경우에 '토지의 활용'이라는 관점에서 파악될 필요가 있다는 점에서 악의의 무단점유자의 취득시효는 이를 제한할 필요가 있다고 한다.

17) 만약 취득시효의 기산점을 당사자가 임의로 선택할 수 있도록 하고, 법원이 당사자의 주장에 구속되어야 한다면 제3자가 취득한 이후에 점유기간이 완성된 것으로 기산점을 주장함이 가능하게 되어 등기 없이도 제3자에 대항할 수 있다는 결과가 되므로, 당사자가 주장한 기산점에 법원이 구속되지 않고 객관적인 점유 개시시를 잡을 수 있도록 간접사실로 보는 것이 타당하다.

② 점유가 순차 승계된 경우에 있어서는 ㉠ 취득시효의 완성을 주장하는 자는 자기의 점유만을 주장하거나(점유의 분리) 또는 ㉡ 자기의 점유와 전 점유자의 점유를 아울러 주장(점유의 병합)할 수 있는 선택권이 있으며(제199조), 전 점유자의 점유를 아울러 주장하는 경우에도 어느 단계의 점유자의 점유까지를 아울러 주장할 것인가도 이를 주장하는 사람에게 선택권이 있고, 다만 전 점유자의 점유를 아울러 주장하는 경우에는 그 점유의 개시 시기를 어느 점유자의 점유기간 중의 임의의 시점으로 선택할 수 없다(대판 1998.4.10. 97다56822).

나) 예 외

① **점유기간 중 소유자의 변동이 없는 경우**[상속이나 (구)회사정리법에 따른 정리절차가 개시되어 관리인이 선임된 사실이 있으나 점유자가 취득시효 완성을 주장하는 시점에는 정리절차가 종결된 경우 소유자의 변동이 없었던 것으로 취급(대판 2015.9.10. 2014다6884)] : 判例는 "취득시효기간 중 계속해서 등기명의자가 동일한 경우에는 그 기산점을 어디에 두든지 간에 취득시효의 완성을 주장할 수 있는 시점에서 보아 그 기간이 경과한 사실만 확정되면 충분하므로, 전 점유자의 점유를 승계하여 자신의 점유기간을 통산하여 20년이 경과한 경우에 있어서도 전 점유자가 점유를 개시한 이후의 임의의 시점을 그 기산점으로 삼을 수 있다"(대판 1998.5.12. 97다8496,8502)고 한다. **[17사법, 23법행]**

[판례검토] 기산점의 임의선택을 막는 이유는 제3취득자가 있는 경우에 기산점을 임의선택하는 방법으로 취득시효 완성 이후의 제3취득자를 취득시효 완성 당시의 소유자로 바꾸어 버리는 것을 막기 위한 것이다. 따라서 취득시효의 완성을 주장하는 시점에서 역산하여 20년 동안 소유자에 변동이 없는 경우에는 그러한 문제가 없기 때문에 判例의 태도는 타당하다.

② **취득시효 완성 후 소유자에 변동이 있어도 당초의 점유자가 계속 점유하고 있고 소유자가 변동된 시점을 새로운 기산점으로 삼아도 다시 취득시효의 점유기간이 완성되는 경우** : 判例는 "이 경우 시효취득을 주장하는 점유자는 '소유권 변동시'를 새로운 취득시효의 기산점으로 삼아 취득시효의 완성을 주장할 수 있다"(대판 1994.3.22. 전합93다46360)고 한다. **[12법행, 14행정]**

[판례검토] 만약 이 경우 시효취득할 수 없다고 한다면 일단 취득시효기간이 경과한 후 제3자명의로 이전등기된 부동산은 새로운 권원에 의한 점유가 없는 한 영구히 시효취득의 대상이 아니게 되어 취득시효제도가 사실상 부인되는 결과가 초래되므로 判例의 태도는 타당하다.

판례연구 D-06

■ ★ 오상권원. 2차 취득시효기간 중 등기부상 소유명의자가 변경된 경우 2차 취득시효 완성자가 2차 시효완성 당시의 등기부상 소유명의자에게 시효취득을 주장할 수 있는지 여부 [12법행,17행정]

대판 1998.11.10. 98다32878 ; 대판 2009.7.16. 전합2007다15172,15189(**표준판례216**)

甲은 Y토지(1000㎡)와 그 지상의 상가건물을 매수하고 소유권이전등기를 마친 후 1965.4.1부터 점유하여 왔다. 그런데 그 건물은 실제로는 그 일부가 인접한 X토지(100㎡) 중 20㎡를 침범하여 건축되어 있었다. 한편, X토지의 소유권자인 A는 1989.4.1. X토지를 B에게 양도하고 소유권이전등기를 마쳐주었다. 그 후에 X토지는 다시 2009.2.1 C명의로 소유권이전등기가 경료되었다. 2009.4.5. 甲은 C에게 X토지 중 20㎡에 대해 점유취득시효 완성을 이유로 한 소유권이전등기청구권을 행사하고 있다. **인용가부를 검토하라. (20점)**

Ⅰ. 논점의 정리

Ⅱ. 甲의 점유취득시효 완성 여부

1. 1필의 토지의 일부가 점유취득시효의 대상이 될 수 있는지 여부

(1) 판 례(구, 징, 계)

(2) 사안의 경우

X토지의 20㎡는 상가건물의 부지이므로, 건물을 통해 다른 부분과는 명확히 구분되어 있고 이는 점유취득시효 기간 동안 계속되어 왔다. 따라서 X토지의 20㎡는 점유취득시효의 대상이 될 수 있다.

2. '오상권원'과 자주점유

(1) 판 례

(2) 사안의 경우

만약 甲이 이 사건 토지가 Y토지에 포함되지 않음을 알면서도 이를 점유하여 왔다면 타주점유에 해당될 소지가 있다. 그러나 사안과 같이 甲이 매수한 Y토지의 등기부상 면적은 1000㎡인데 甲이 실제로 인도받은 토지의 면적은 1020㎡로서, 실제로 인도받은 토지의 면적이 등기부상 면적을 상당히 초과한다고 볼 수 없는 경우에는 '착오'로 인접 토지의 일부를 그가 매수·취득한 대지에 속하는 것으로 믿고 점유를 하여 왔다고 보아야 하므로 X토지 20㎡에 대한 점유 역시 소유의 의사에 기한 것이라고 보는 것이 타당하다.

(3) 소 결

특별한 사정이 없는 한, 1985.4.1. X토지의 20㎡에 대해 甲의 점유취득시효가 완성되어 A에게 소유권이전등기청구권을 행사할 수 있었다(제245조 1항). 이러한 청구권은 채권적 청구권으로 보아야 한다(통설·判例).

Ⅲ. 甲의 C에 대한 점유취득시효 주장 가부

1. 문제점

검토한 바와 같이 甲은 1985.4.1. X토지의 20㎡에 대해 A에게 채권적 청구권인 등기청구권을 취득한다. 그러나 점유취득시효 완성 후인 1989.4.1. A가 X토지의 소유권을 B에게 양도하였으므로 B가 A의 배임행위에 적극 가담하였다는 사정이 보이지 않는 이상 '이중양도법리'에 의해 甲은 취득시효 완성 후 소유권을 취득한 B에 대하여 점유취득시효의 완성을 주장할 수 없다. 다만 甲이 이후 20년 동안 다시 점유취득시효가 완성한 기간 중 즉, 2차 취득시효기간 중 등기부상 소유명의자가 변경된 경우, 2차 취득시효 완성자가 2차 시효완성 당시의 등기부상 소유명의자에게 시효취득을 주장할 수 있는지가 문제된다.

2. 판 례(대판 2009.7.16. 전합2007다15172,15189: 표준판례216 : 1회,10회,12회 선택형) [12법행]

종전 判例는 1차 점유취득시효 기간과 달리 2차 점유취득시효 기간 중에는 소유자의 변동이 없어야 한다고 하였다(대판 1999.2.12. 98다40688). 그러나 바뀐 전원합의체 판결에 따르면 "ⅰ) 취득시효기간이 경과하기 전에 등기부상의 소유명의자가 변경된다고 하더라도 그 사유만으로는 점유자의 종래의 사실상태의 계속을 파괴한 것이라고 볼 수 없어 취득시효를 중단할 사유(제247조 2항)가 되지 못하므로, 새로운 소유명의자는 취득시효 완성 당시 권리의무 변동의 당사자로서 취득시효 완성으로 인한 불이익을 받게 된다 할 것이어서 시효완성자는 그 소유명의자에게 시효취득을 주장할 수 있는바, ⅱ) 이러한 법리는 새로이 2차의 취득시효가 개시되어 그 취득시효 기간이 경과하기 전에 등기부상의 소유명의자가 다시 변경된 경우에도 마찬가지로 적용된다"고 한다.

3. 검 토

반대의견은 취득시효를 억제한다는 기본입장에 치중한 나머지, 1차 취득시효 진행과 2차 취득시효 진행 사이에 합리적 이유 없는 차이를 두면서까지 취득시효를 제한하고, 취득시효 제도의 취지에 비추어 더 오래 점유한 자가 더욱 보호되어야 함에도 오히려 점유기간의 장단에 따라 보호의 정도가 역전되는 결과를 초래한다는 점에서 다수의견이 타당하다.

4. 사안의 경우

2009.4.5. 甲은 C에게 X토지 중 20㎡에 대해 점유취득시효 완성을 이유로 한 소유권이전등기청구권을 행사할 수 있다.

3. 효 과
[D-66e]
(1) 등기청구권의 발생

1) 법적 성질

취득시효기간이 완성되었다고 하더라도 그것만으로 바로 소유권취득의 효력이 생기는 것이 아니라, 이를 원인으로 하여 소유권취득을 위한 등기청구권이 발생하는 것에 불과하고, 미등기 부동산의 경우라 하여 취득시효기간의 완성만으로 등기 없이도 점유자가 소유권을 취득한다고 볼 수 없다(대판 2013.9.13. 2012다5834 : 2회,12회 선택형)(제245조 1항). 다만, 등기가 없어도 점유자의 지위는 인정되므로 시효취득자도 점유권에 기하여 점유방해의 배제청구는 할 수 있다(제204조).

이러한 등기청구권의 법적 성질에 관하여는 우리 민법은 형식주의를 취하고 있으므로 등기하기 이전에는 소유권을 취득할 수 없어 채권적 청구권의 성질을 갖는다고 보아야 한다(다수설, 判例).

> [관련판례] ※ 점유취득시효가 완성된 자에 대한 부동산 소유명의자의 의무 범위
> "부동산의 소유명의자는 그 부동산에 대해 점유취득시효가 완성된 자에게 소유권이전등기를 하여 줄 의무를 부담하지만 그 시효가 완성된 자가 시효완성 후에 어떤 사정에 의하여 그 점유를 잃었다고 해서 그 점유자로부터 점유를 회수하여 다시 이를 시효가 완성된 자에게 돌려 줄 의무까지 부담한다고 할 수 없다"(대판 1997.3.28. 96다10638).

2) 소멸시효에 걸리는지 여부 [13회 기록형]

判例는 점유취득시효 완성을 원인으로 하는 소유권이전등기청구권을 채권적 청구권으로 보면서도, "ⅰ) 시효완성자의 목적물에 대한 점유가 계속되는 한 시효로 소멸하지 아니한다고 하며, ⅱ) 점유를 상실한 경우에는 그것을 시효이익의 포기로 볼 수 있는 것이 아닌 한, 이미 취득한 소유권이전등기청구권은 소멸되지 아니하나 그 점유를 상실한 때로부터 10년간 등기청구권을 행사하지 아니하면 소멸시효가 완성한다"(대판 1996.3.8. 95다34866: 표준판례223, 대판 1995.3.28. 전합93다47745: 표준판례215 : 1회 선택형)고 한다.

3) 등기청구의 상대방

가) 원 칙

취득시효 완성 당시의 진정한 소유자가 원칙적으로 등기청구의 상대방이다. 예를 들어 "취득시효가 완성된 후 점유자가 그 등기를 하기 전에 경료된 제3자 명의의 등기가 원인무효인 경우에는 점유자는 취득시효 완성 당시의 소유자를 대위하여 위 제3자 앞으로 경료된 원인무효인 등기의 말소를 구함과 아울러 위 소유자에게 취득시효 완성을 원인으로 한 소유권이전등기를 구할 수 있다"(대판 1993.9.14. 93다12268 : 3회,10회,11회 선택형)

나) 예 외

대법원은 점유취득시효 완성 당시의 소유권등기가 원인무효인 경우에 점유취득시효 완성자의 대위청구가 불가능한 특별한 사정이 있는 경우(예컨대, 현재 등기명의인의 등기가 확정판결에 기한 경우, 피대위자인 법률상 소유자를 확인할 수 없는 경우 등)에는 예외적으로 원인무효의 등기명의자를 상대로 직접 소유권이전등기를 청구하는 것도 가능하다고 한다(대판 1999.7.9. 98다29575).

4) 등기청구권의 양도

"부동산매매계약에서 매도인과 매수인은 서로 동시이행관계에 있는 일정한 의무를 부담하므로 이행과정에 신뢰관계가 따르기 때문에 매매로 인한 소유권이전등기청구권의 양도는 통상의 채권양도와 달리 양도인의 채무자에 대한 통지만으로는 채무자에 대한 대항력이 생기지 않으며 반드시 채무자의 동의나 승낙을 받아야 대항력이 생긴다(대판 2001.10.9. 2000다51216: 표준판례503 : 5회,8회,9회 선택형).

그러나 취득시효완성으로 인한 소유권이전등기청구권은 채권자와 채무자 사이에 아무런 계약관계나 신뢰관계가 없고, 그에 따라 채권자가 채무자에게 반대급부로 부담하여야 하는 의무도 없다. 따라서 취득시효완성으로 인한 소유권이전등기청구권의 양도의 경우에는 매매로 인한 소유권이전등기청구권에 관한 양도제한의 법리가 적용되지 않는다"(대판 2018.7.12. 2015다36167 : 11회,12회,13회 선택형). [23법행]

(2) 소유권 취득의 효과

1) 원시취득

① 부동산점유취득시효는 '원시취득'에 해당하므로 특별한 사정이 없는 한 원소유자의 소유권에 가하여진 각종 제한에 의하여 영향을 받지 아니하는 완전한 내용의 소유권을 취득한다.[18] 다만 이러한 효과는 시효완성자 앞으로 소유권이전등기가 경료된 때 생기는 것이고, 취득시효기간이 완성되었다고 하더라도 시효완성자 앞으로 등기를 마치지 아니한 이상 전 소유권에 붙어 있는 부담은 소멸되지 아니한다(대판 2004.9.24. 2004다31463 : 9회 선택형). [12법행, 23법무]

② 또한 "진정한 권리자가 아니었던 채무자 또는 물상보증인이 채무담보의 목적으로 채권자에게 부동산에 관하여 저당권설정등기를 경료해 준 후 그 부동산을 시효취득하는 경우에는, 채무자 또는 물상보증인은 피담보채권의 변제의무 내지 책임이 있는 사람으로서 이미 저당권의 존재를 용인하고 점유하여 온 것이므로, 저당목적물의 시효취득으로 저당권자의 권리는 소멸하지 않는다. 이러한 법리는 부동산 양도담보의 경우에도 마찬가지이므로, 양도담보권설정자가 양도담보부동산을 20년간 소유의 의사로 평온, 공연하게 점유하였다고 하더라도, 양도담보권자를 상대로 피담보채권의 시효소멸을 주장하면서 담보 목적으로 경료된 소유권이전등기의 말소를 구하는 것은 별론으로 하고[위예는 담보권이 설정되어 있더라도 피담보채권의 소멸시효가 중단되는 것은 아니다(대판 2007.3.15. 2006다12701)라고 한다], 점유취득시효를 원인으로 하여 담보 목적으로 경료된 소유권이전등기의 말소를 구할 수 없고, 이와 같은 효과가 있는 양도담보권설정자 명의로의 소유권이전등기를 구할 수도 없다"(대판 2015.2.26. 2014다21649: 표준판례217 : 9회,12회,13회 선택형).

■ 양도담보로 제공한 부동산을 시효취득한 경우의 효과 ★ 대판 2015.2.26. 2014다21649: 표준판례217

사실관계 | 甲은 X토지를 적법하게 매수하여 1993.1.20. 소유권이전등기를 경료하고 점유를 시작하였다. 이후 甲은 乙에게 1994.1.20. 6억 원을 빌리면서 당시 시가가 3억 원이었던 X토지에 대해 양도담보 약정을 맺고 등기명의를 乙에게 이전해주었다. 다만 甲은 2016년 현재까지 X토지를 계속 점유하였다.

판례에 따른 해결 | ㉠ 判例에 따르면 대내외적으로 甲소유인 동안의 점유는 취득시효의 기초되는 점유라고 할 수 없다. 양도담보권자는 담보목적의 범위 내에서 X토지의 소유권을 신탁적으로 취득할 뿐이고(신탁적 소유권이전설),[19] 양도담보권설정자인 甲이 실질적 소유자로서 소유의 의사로 위 토지들을 점유·사용해 왔다고 할 것이므로 대외적으로 乙소유인 동안의 점유(1994.1.20.부터)는 甲의 취득시효의 기초가 되는 점유가 될 수 있다. 따라서 일단 2014.1.20.되면 제245조 1항의 점유취득시효는 완성된다. ㉡ 判例에 따르면 甲은 스스로 설정해준 乙의 양도담보권을 인정하면서 X토지를 점유한 것이므로 양도담보권자 명의의 소유권이전등기의 말소를 구하거나, 이와 동일한 효과가 있는 자신 명의의 소유권이전등기 청구를 할 수 없다(대판 2015.2.26. 2014다21649: 표준판례217). 다만, 乙의 차용금 채권은 10년의 소멸시효가 도과(제162조 1항, 제166조 1항, 제167조)하였으므로 甲은 乙의 대여금 채권이 소멸하였음을 이유로 乙 명의 등기의 말소를 구할 수는 있다.

---

18) **[실무]** 점유취득시효의 완성에 의한 권리의 취득은 원시취득이므로 보존등기의 형식에 의하여야 할 것이지만, 실무상 이전등기의 형식에 의한다. 이는 보존등기를 할 수 있는 경우가 법정되어 있고(부동산 등기법 제64조, 제65조 참조), 보존등기에 의하면 종전의 권리변동관계가 단절된다는 문제점 때문이다[지원림. 민법강의(13판). 3-164].

[비교판례] ※ **점유취득시효 완성 전(前) 원소유자가 제3자에게 저당권 등을 설정해 준 경우**
"부동산점유취득시효는 20년의 시효기간이 완성한 것만으로 점유자가 곧바로 소유권을 취득하는 것은 아니고 민법 제245조에 따라 점유자 명의로 등기를 함으로써 소유권을 취득하게 되며, 이는 원시취득에 해당하므로 특별한 사정이 없는 한 원소유자의 소유권에 가하여진 각종 제한에 의하여 영향을 받지 아니하는 완전한 내용의 소유권을 취득하게 되고, 이와 같은 소유권취득의 반사적 효과로서 그 부동산에 관하여 취득시효의 기간이 진행 중에 체결되어 소유권이전등기청구권가등기에 의하여 보전된 '매매예약상의 매수인의 지위는 소멸된다'고 할 것이지만(11회 선택형), 시효기간이 완성되었다고 하더라도 점유자 앞으로 등기를 마치지 아니한 이상 전 소유자에 붙어 있는 위와 같은 부담은 소멸되지 아니한다"(대판 2004.9.24. 2004다31463).

☞ 이러한 判例에 따르면 만약 점유취득시효 완성 전(前) 원소유자가 제3자에게 저당권설정등기를 경료해 준 경우라도 점유취득시효완성자가 이에 기해 소유권 등기를 경료받으면, 소유권의 소급적 원시취득에 의해(제247조 1항) 기존에 부동산에 설정되어 있던 '저당권등기 등의 제한'은 소멸하며, 시효취득자는 피담보채무를 변제하지 않고, 소유권에 기한 방해배제청구로서 저당권설정등기의 말소등기청구를 할 수 있다(제214조). 다만, 취득시효의 기초가 된 점유가 '타인의 권리를 용인'하고 있던 경우, 예컨대 지역권을 용인하고 있는 경우에는 지역권의 제한이 있는 소유권을 취득한다고 본다(통설 및 대판 2015.2.26. 2014다21649 참고).

2) 소급효 및 소급효의 제한 [5회 사례형, 23법행]

시효취득에 의한 권리취득의 효력은 '점유를 개시한 때'에 소급한다(제247조 1항). 시효제도가 계속된 사실상태를 보호하기 위한 제도이기 때문이다. 그러나 통설 및 判例는 본조의 소급효의 범위를 제한적으로 해석하여, 취득시효의 소급효가 모든 관계에 있어서 절대적으로 소급하거나 등기의 효력까지 소급하는 것은 아니라고 한다. 그리하여 '원소유자가 취득시효 완성 이후 그 등기가 있기 전'에 그 토지를 ⅰ) 제3자에게 처분하거나 ⅱ) 제한물권의 설정, ⅲ) 토지의 현상 변경 등 소유자로서의 권리를 행사한 경우 시효취득자로서는 원소유자의 적법한 권리행사로 인한 현상의 변경이나 제한권의 설정 등이 이루어진 그 토지의 사실상 혹은 법률상 현상 그대로의 상태에서 등기에 의하여 그 소유권을 취득하게 된다(대판 2006.5.12. 2005다75910: 표준판례220 : 8회 선택형)고 한다.

(3) 점유취득시효 완성 후 등기 전의 법률관계(아래 쟁점 20.참고)

[쟁점 20] 점유취득시효 완성 후 등기 전의 법률관계 ▼

🔨 취득시효기간 만료 후에 소유자가 제3자에게 목적물을 처분한 경우의 논리(사례)구조는 이중매매 사안과 동일하다(제1매수인 : 점유취득시효 완성자, 제2매수인 : 등기된 제3자). 다만 구체적 내용에 차이가 나기 때문에 관련 판례들을 잘 비교해 두어야 한다.

Ⅰ. 점유취득시효 완성 전 소유자가 제3자에게 소유권을 이전한 경우 [D23-1]

제3자 앞으로의 소유권등기 자체가 곧 취득시효의 중단을 가져오는 사유인 '청구' 등으로 평가되지는 않으므로(제247조 2항 참고), 이 경우에는 취득시효기간 완성 후에 점유자는 소유권을 취득한 제3자를 상대로 취득시효를 원인으로 하여 소유권이전등기를 청구할 수 있다(대판 1977.8.23. 77다785: 10회 선택형).

---

19) 가등기담보법 1조는 "이 법은 차용물의 반환에 관하여 차주가 차용물에 갈음하여 다른 재산권을 이전할 것을 예약함에 있어서 그 재산의 예약당시의 가액이 차용액 및 이에 붙인 이자의 합산액을 초과하는 경우와 이에 따른 담보계약과 그 담보의 목적으로 경료된 가등기 또는 소유권이전등기의 효력을 정함을 목적으로 한다"고 규정하고 있다.
☞ 사안의 경우 예약당시의 X토지의 가액이 3억이고, 차용액이 6억 원이므로 가등기담보법은 적용되지 않는다. 가등기담보법이 적용되지 않는 부동산 양도담보권이 설정된 경우에 대법원은 일관하여 대외적으로는 양도담보권자에게 그 소유권이 이전되지만, 대내적으로는 양도담보권자가 담보계약에 따른 권리만을 갖는다고 한다(대판 1996.6.28. 96다9218 : 신탁적 소유권이전설).

Ⅱ. 점유취득시효 완성 후 등기 전에 점유자가 제3자에게 점유를 이전한 경우 [D23-2]

1. 문제점

점유취득시효 완성 후 등기 전에 목적부동산을 양수받은 제3자는 전 점유자의 소유자에 대한 점유취득시효 완성을 이유로 한 소유권이전등기청구권을 대위행사해야 하는지, 아니면 '점유승계의 효과'로서 전 점유자의 점유취득시효 완성으로 인한 소유권이전등기청구권까지 승계받았다는 것을 이유로 직접 자기에게 소유권이전등기를 청구할 수 있는지 문제된다.

2. 판 례 [17사법, 23법행]

(1) 다수의견(대위행사설, 직접청구부정설)

"전 점유자의 점유를 승계한 자는 그 점유 자체와 하자만을 승계하는 것이지 그 점유로 인한 법률효과까지 승계하는 것은 아니므로……전 점유자의 취득시효 완성의 효과를 주장하여 직접 자기에게 소유권이전등기를 청구할 권원은 없다"라고 하여 전 점유자의 소유자에 대한 소유권이전등기청구권을 대위행사할 수 있을 뿐이라고 보고 있다(대판 1995.3.28. 전합93다47745: 표준판례215 : 1회,8회,10회 선택형).

(2) 반대의견(직접청구긍정설)

"점유를 승계한 현 점유자는 민법 제199조 1항에 의하여 자기의 점유와 전 점유자의 점유를 아울러 주장할 수 있으므로 승계한 점유의 시초부터 현재까지 자기가 점유를 계속한 경우와 동일하게 등기부상 소유자에 대하여 직접 취득시효 완성을 원인으로 한 소유권이전등기를 청구할 수 있다"

Ⅲ. 점유취득시효 완성 후 등기 전에 소유자가 권리를 행사한 경우 [D23-3]

타인의 토지를 20년간 소유의 의사로 평온·공연하게 점유한 자는 등기를 함으로써 비로소 그 소유권을 취득하게 되므로 점유자가 원소유자에 대하여 점유로 인한 '취득시효기간이 만료되었음을 원인으로 소유권이전등기청구를 하는 등 그 권리행사를 하거나 원소유자가 취득시효완성 사실을 알고 점유자의 권리취득을 방해하려고 하는 등'의 특별한 사정이 없는 한 원소유자는 점유자 명의로 소유권이전등기가 마쳐지기까지는 소유자로서 그 토지에 관한 적법한 권리를 행사할 수 있다(대판 2006.5.12. 2005다75910: 표준판례 220 : 8회 선택형). **[23법행]**

1. 소유자가 점유의 현상을 변경한 경우

① 소유자가 취득시효 완성을 알고서도 점유의 현상을 변경한 경우 이는 **위법한 행위**이기 때문에 취득시효 완성자는 등기 전에도 점유권에 기하여 방해의 제거를 청구할 수 있다(대판 2005.3.25. 2004다23899,23905). ② 그러나 소유자가 취득시효 완성을 모르고 점유의 현상을 변경한 경우 이는 **적법한 행위**이기 때문에 취득시효를 완성한 점유자는 점유의 현상이 변경된 것을 용인하여야 한다(대판 1999.7.9. 97다53632).

2. 소유자가 제3자에게 소유권을 이전한 경우

(1) 취득시효 완성자가 새로운 소유자에게 취득시효로써 대항할 수 있는지 여부 [4회 사례형, 13회 기록형, 12입법]

① 시효완성 후 제3자가 등기를 갖춘 경우는 '이중양도의 법리'에 따라 제3자가 설령 악의라 하더라도 그 소유권이전등기가 **당연무효가 아닌 한**[제3자 명의의 등기가 통정허위표시, 반사회적 행위 등 무효인 법률행위에 터 잡은 경우에는 그 등기 또한 원인무효이기 때문에, 점유취득시효 완성자는 그 당시 소유자를 대위하여 위

제3자에게 그 등기의 말소를 구할 수 있다(대판 2002.3.15. 2001다77352,77369 등)]. 종전소유자의 소유권이전등기의무가 이행불능으로 되어 점유취득시효 완성자는 그 제3자에 대하여 시효취득을 주장할 수 없다.

[관련판례] "점유취득시효완성을 원인으로 한 소유권이전등기의무를 부담하는 자는 취득시효기간완성 당시의 소유자이고, 취득시효완성 사실을 알면서 소유자로부터 그 부동산을 매수하여 소유권이전등기를 마친 자라고 하더라도, 소유자와의 사이에서 소유자의 소유권이전등기의무를 인수하여 이행하기로 묵시적 또는 명시적으로 약정하였다는 등의 특별한 사정이 인정되지 않는 한, 위의 의무를 승계한다고 볼 수는 없다"(대판 1994.4.12. 93다50666,50673).

② 다만, i) 그 후 어떠한 사유로 취득시효완성 당시의 소유자에게로 소유권이 회복되면 그 소유자에게 시효취득의 효과를 주장할 수 있다(대판 1991.6.25. 90다14225 : 3회 선택형). ii) 또한 앞서 검토한 바와 같이 취득시효 완성 후 소유명의자에 변동이 있더라도 당초의 점유자가 계속 점유하고 있고, 소유자가 변동된 시점을 새로운 기산점으로 삼아도 다시 취득시효의 점유기간이 완성된 경우에는 변경된 소유명의자에게 취득시효의 완성을 주장할 수 있다(대판 1994.3.22. 전합93다46360). **[12법행, 17행정]**

1) 제3자에 해당하는 자

점유자가 취득시효 완성을 주장할 수 없는 제3자는 취득시효기간 만료 후에 새로운 이해관계를 가지게 된 제3자로서, 부동산에 관한 거래의 안전과 등기제도의 기능을 해하지 아니하기 위하여 보호할 가치가 있는 자에 국한되어야 한다. 判例가 제3자에 해당한다고 본 자는 다음과 같다.

㉠ 취득시효 완성 전에 매수하여 취득시효 완성 후에 등기를 마친 경우(대판 1997.4.11. 96다45917).

㉡ 취득시효 완성 전에 가등기를 하였다가 취득시효 완성 후 가등기에 기한 본등기를 마친 경우(대판 1992.9.25. 92다21258 : 물권변동의 시기는 가등기한 때가 아니라 본등기를 한 때이기 때문이다 : 3회,9회 선택형).

㉢ 취득시효 완성 후 명의신탁 해지를 원인으로 명의수탁자에게서 명의신탁자에게 소유권이전등기가 마쳐진 경우(대판 2001.10.26. 2000다8861).[20]

㉣ 점유취득시효 완성 당시 부동산이 (구) 신탁법상 신탁계약에 따라 수탁자 명의로 소유권이전등기와 신탁등기가 되어 있었는데 등기하지 아니하고 있는 사이에 제3자에게 처분되어 제3자 명의로 소유권이전등기가 마쳐졌다가 다시 별개의 신탁계약에 의해 동일한 수탁자 명의로 소유권이전등기와 신탁등기가 마쳐진 경우(대판 2016.2.18. 2014다61814).

㉤ 취득시효 완성 후 공유물분할의 경우(대판 2009.12.10. 2006다55789,55791 : 공유물 분할은 공유자 상호간의 지분의 교환 또는 매매라고 볼 수 있기 때문이다).

㉥ 취득시효 완성 후 소유자의 공동상속인 중의 한 사람이 다른 상속인의 상속분을 양수한 경우(대판 1993.9.28. 93다22883).

㉦ 취득시효완성 당시 소유권이전등기가 실체관계에 부합하지 않는 무효의 등기였으나 그 후 실체관계에 부합하게 된 경우(대판 1992.3.10. 91다43329).

㉧ 소유자로부터 부동산을 증여받았으나 소유권이전등기를 하지 않고 있던 중에 소유자가 사망하여 상속이 개시되고 그 후 취득시효가 완성된 경우, 증여를 원인으로 한 소유권이전등기를 마친 수증자는 제3자에 해당하나(취득시효 완성 후의 새로운 이해관계인에 해당), 이때 수증자가 상속인 중 한 사람인 경우 그 상속

---

20) "명의신탁된 부동산에 대하여 점유취득시효가 완성된 후 시효취득자가 그 소유권이전등기를 경료하기 전에 명의신탁이 해지되어 그 등기명의가 명의수탁자로부터 명의신탁자에게로 이전된 경우에는 명의신탁의 취지에 따라 대외적 관계에서는 등기명의자만이 소유권자로 취급되고 시효완성 당시 시효취득자에게 져야 할 등기의무도 명의수탁자에게만 있을 뿐이므로, 명의신탁자의 등기 취득이 등기의무자의 배임행위에 적극 가담한 반사회적 행위에 근거한 등기라든가 또는 기타 다른 이유로 원인무효의 등기인 경우는 별론으로 하고, 그 명의신탁자는 취득시효 완성 후에 소유권을 취득한 자에 해당하여 그에 대하여 취득시효를 주장할 수 없다"

인이 가지고 있던 피상속인에 대한 증여를 원인으로 한 소유권이전등기청구권은 자기의 상속지분 범위 내에서는 상속에 의하여 혼동으로 소멸하므로(제507조 참조) 점유자에 대하여는 취득시효 기간이 경과된 때에 새로 취득시효 완성을 원인으로 한 소유권이전등기의무를 부담하게 된다고 한다(대판 2012.3.15. 2011다59445). 그렇다면 이 경우에는 결국 자기의 상속지분 범위 외에 대하여서만 제3자에 해당한다.

2) 제3자에 해당하지 않는 자

判例가 제3자에 해당하지 않는다고 본 경우는 취득시효 완성 후 소유자의 변경이 없다고 본 경우인바, 다음과 같다.

㉠ 취득시효 완성 후 상속한 경우(대판 1998.4.14. 97다44089 : 10회 선택형)[21] [12법무]
㉡ 취득시효 완성 당시 미등기 소유자가 취득시효 완성 후 보존등기를 마친 경우(대판 2007.6.14. 2006다84423: 표준판례226).
㉢ 취득시효 완성 후 등기 경료 전에 그 부동산이 제3자에게 명의신탁된 경우(대판 1995.9.5. 95다24586).
㉣ 명의수탁자가 취득시효 완성 후 명의신탁자에게서 목적물을 매수한 경우(대판 1989.10.27. 88다카23506).
㉤ 취득시효의 목적물에 가처분을 한 가처분채권자가 취득시효 완성 당시 그 부동산의 진정한 소유자인 경우(대판 2012.11.15. 2010다73475).[22]

■ 점유취득시효 완성 후 원소유자(상속인)가 소유권을 취득한 경우 vs 상속등기자

공통된 사실관계 | 甲은 乙 소유 X토지에 대해 점유취득시효를 완성하였으나, 그 후 乙은 적법하게 丙에게 X토지를 매도하고 소유권이전등기를 경료하여 주었다.

상황 1. | 대판 1991.6.25. 90다14225[23]에 따르면 그 후 甲이 乙을 상대로 그 의무 이행을 구하는 소가 계속되고 있는 중에 丙 명의의 소유권이전등기가 적법하게 말소되면 甲은 乙에게 시효취득의 효과를 주장할 수 '있다'(3회 선택형).

상황 2. | 대판 1999.2.12. 98다40688[24]에 따르면 그 후 乙이 사망한 후 乙의 유일한 상속인 丁이 丙으로부터 X 토지를 다시 매수하고 소유권이전등기를 경료한 경우, 甲은 丁에게 시효취득의 효과를 주장할 수 '없다'(1회 선택형).

---

21) "토지에 대한 점유로 인한 취득시효 완성 당시 미등기로 남아 있던 토지에 관하여 소유권을 가지고 있던 자가 취득시효 완성 후에 그 명의로 소유권보존등기를 마쳤다 하더라도 소유자에 변경이 있다고 볼 수 없으며, 그러한 등기 명의자로부터 상속을 원인으로 소유권이전등기를 마친 자가 있다 하여도 취득시효 완성을 주장할 수 있는 시점에서 역산하여 취득시효 기간이 경과되면 그에게 취득시효 완성을 주장할 수 있다"

22) " i) 민법 제245조 제1항에 의하면 부동산에 관한 점유취득시효가 완성되었더라도 소유권취득을 위한 등기청구권이 발생할 뿐 곧바로 소유권취득의 효력이 생기는 것이 아니고 등기를 함으로써 비로소 소유권을 취득한다. 따라서 취득시효의 완성 후 그 등기를 하기 전에 제3자의 처분금지가처분이 이루어진 부동산에 관하여 점유자가 취득시효 완성을 원인으로 소유권이전등기를 하였는데, 그 후 가처분권리자가 처분금지가처분의 본안소송에서 승소판결을 받고 그 확정판결에 따라 소유권이전등기를 하였다면, 점유자가 취득시효 완성 후 등기를 함으로써 소유권을 취득하였다는 이유로 그 등기 전에 처분금지가처분을 한 가처분권리자에게 대항할 수 없다. ii) 그런데 한편 취득시효 완성 당시의 소유명의자의 소유권등기가 무효이고 취득시효 완성 후 그 등기 전에 이루어진 처분금지가처분의 가처분권리자가 취득시효 완성 당시 그 부동산의 진정한 소유자이며 그 가처분의 피보전권리가 소유권에 기한 말소등기청구권 또는 진정명의회복을 위한 이전등기청구권이라면, 그 가처분에 기하여 부동산의 소유 명의를 회복한 가처분권리자는 원래 취득시효 완성을 원인으로 한 소유권이전등기청구의 상대방이 되어야 하는 사람이므로, 그 가처분권리자로서는 취득시효 완성을 원인으로 하여 이루어진 소유권이전등기가 자신의 처분금지가처분에 저촉되는 것이라고 주장하여 시효취득자의 소유권취득의 효력을 부정할 수 없으며, 취득시효 완성을 원인으로 하여 그 완성 당시의 등기명의인으로부터 시효취득자 앞으로 이루어진 소유권이전등기는 실체관계에 부합하는 유효한 등기라고 보아야 한다"

23) "부동산에 대한 점유취득시효가 완성된 후 이를 등기하지 않고 있는 사이에 그 부동산에 관하여 제3자 명의의 소유권이

유효한 명의신탁과 점유취득시효 완성 후 제3자

공통된 사실관계 | X토지의 소유자 甲은 아내 乙에게 탈법 목적 등이 없이 X토지의 명의를 신탁하였다. 그런데 A는 X토지가 자신의 토지라고 거짓말한 B에게 속아서 B로부터 X토지를 매수하여 1993년에 인도받고 X토지 위에 Y건물을 신축하였다. 현재는 2016년이고, A는 B에게서 아직 X토지의 등기를 경료받지 않은 상태이다(A는 2013년 취득시효 완성).

상황 1. | 시효취득 완성 후 등기 전에 유효한 명의신탁에 기하여 수탁자 명의로 등기된 경우와 관련한 대판 1995.9.5. 95다24586[25]에 따르면 甲이 乙에게 X토지를 명의신탁한 것이 2015년이라면 취득시효 완성 후 등기 전에 등기명의는 甲에서 乙로 변경되었으나, A는 甲에게 점유취득시효 완성에 따른 소유권이전등기청구권을 가지고 이를 피보전권리로 하여 甲의 乙에 대한 명의신탁 해지권을 대위하여 등기명의를 甲에게 회복한 후 甲에게 소유권이전등기청구를 할 수 있다.

상황 2. | 명의신탁된 부동산의 점유취득시효 완성 후 등기 전에 명의신탁이 해지된 경우와 관련한 대판 2000.8.22. 2000다21987[26]에 따르면 甲이 X토지를 乙에게 2003년에 명의신탁하였고, 2013년에 甲은 乙과 이혼하고 2014년에 乙과의 명의신탁을 해지하고 등기명의를 甲으로 회복하였다. 그 후 2015년에 甲은 丙과 재혼하고 X토지의 명의를 탈법목적 없이 丙에게 신탁하였다면 ㉠ A의 점유취득시효 완성 전 2003년에 甲이 乙에게 명의신탁한 것은 취득시효 중단사유가 될 수 없으며(대판 1977.8.23. 77다785참고), ㉡ 2013년 명의신탁자 甲과 수탁자 乙이 이혼하더라도 명의신탁약정 및 이에 따른 부동산물권변동은 유효하고(대판 2002.9.27. 2001다42592), ㉢ 점유취득시효 완성(2013년) 후 등기 전인 2014년 명의신탁이 해지되고 등기명의가 신탁자 甲에게 회복된 시점에서 대외관계에서는 수탁자 乙에서 신탁자 甲으로 등기명의가 변경된 것이기 때문에 시효취득자 A는 신탁자 甲에게 대항하지 못한다. 따라서 이후 신탁자 甲으로부터 수탁자 丙에게 새로운 명의신탁이 이루어졌다고 하더라도 여전히 새로운 수탁자 丙에게도 대항하지 못한다. 이때는 이미 甲이 점유취득시효 완성 후 새로운 이해관계를 가진 제3자로 보호되기 때문에 상황 1.에서 검토한 判例와 같이 신탁자 甲의 수탁자 丙에 대한 명의신탁 해지권을 A가 대위할 수도 없다.

상황 3. | 명의신탁된 부동산의 점유취득시효완성 후 등기 전에 명의수탁자가 신탁부동산의 소유권을 취득한 경우와 관련한 대판 1989.10.27. 88다카23506[27]에 따르면 甲이 X토지를 乙에게 2011년에 명의신탁하였는데, 2014년에 甲과 乙이 이혼하면서 재산분할 과정에서 X토지를 乙 단독소유로 하였다면, A는 乙에게 취득시효완성을 원인으로 하여 소유권이전등기를 청구할 수 있다. 즉, ㉠ A의 점유취득시효 완성 전 2011년에 甲이 乙에게 명의신탁한 것은 취득시효 중단사유가 될 수 없으며(대판 1977.8.23. 77다785참고), ㉡ 甲과 乙의 명의신탁이 유효하므로 대외적으로 乙소유였다가, 재산분할로 인해 대내외적으로 乙소유가 된 것인데 대외관계에서는 소유자의 변동이 없으므로 소유권이전등기청구가 가능하다.

전등기가 경료되어 점유자가 그 제3자에게 시효취득으로 대항할 수 없게 된 경우에도 점유자가 취득시효 당시의 소유자에 대한 시효취득으로 인한 소유권이전등기청구권을 상실하게 되는 것이 아니라 단지 그 소유자의 점유자에 대한 소유권이전등기의무가 이행불능으로 된 것에 불과하므로, 그 후 어떠한 사유로 취득시효 완성 당시의 소유자에게로 소유권이 회복되면 그 소유자에게 시효취득의 효과를 주장할 수 있다"

24) "취득시효 완성 후에 원 소유자가 일시 상실하였던 소유권을 회복한 것이 아니라 그 상속인이 소유권이전등기를 마쳤을 뿐인 경우에는 그 상속인의 등기가 실질적으로 상속재산의 협의분할과 동일시할 수 있는 등의 특별한 사정이 없는 한 그 상속인은 점유자에 대한 관계에서 종전 소유자와 같은 지위에 있는 자로 볼 수 없고, 취득시효 완성 후의 새로운 이해관계인으로 보아야 하므로 그에 대하여는 취득시효 완성으로 대항할 수 없다"

25) "부동산에 관한 점유취득시효기간이 경과하였다고 하더라도 그 점유자가 자신의 명의로 등기하지 아니하고 있는 사이에 먼저 제3자 명의로 소유권이전등기가 경료되어 버리면, 특별한 사정이 없는 한, 그 제3자에 대하여는 시효취득을 주장할 수 없으나, 그 제3자가 취득시효기간만료 당시의 등기명의인으로부터 신탁 또는 명의신탁받은 경우라면 종전 등기명의인으로서는 언제든지 이를 해지하고 소유권이전등기를 청구할 수 있고, 점유시효취득자로서는 종전 등기명의인을 대위하여 이러한 권리를 행사할 수 있으므로, 그러한 제3자가 소유자로서의 권리를 행사하는 경우 점유자로서는 취득시효완성을 이유로 이를 저지할 수 있다"

26) "취득시효 완성 후 명의신탁 해지를 원인으로 명의수탁자에게서 명의신탁자에게 소유권이전등기가 마쳐진 경우 명의신탁자는

(2) 취득시효 완성자와 취득시효 완성당시의 소유자(전 소유자) 사이의 법률관계

1) 채무불이행책임 [6회 사례형]

判例는 부동산 소유자와 시효완성자 사이에는 '계약상의 채권·채무관계'가 성립하는 것은 아니므로, 그 부동산을 처분한 소유자에 대해서 채무불이행 책임을 물을 수 없다고 한다(대판 1995.7.11. 94다4509 : 3회 선택형).[28]

2) 불법행위책임 [4회·6회 사례형, 16행정]

① 취득시효가 완성된 후 점유자가 그 취득시효를 주장하거나 이로 인한 소유권이전등기를 청구하기 이전에는, 특별한 사정이 없는 한 등기명의인은 그 시효취득사실을 알 수 없으므로 이를 제3자에게 처분하였다고 하더라도 불법행위가 성립하지는 않는다(대판 1995.7.11. 94다4509). ② 그러나 등기명의인이 자신의 부동산에 대하여 **취득시효가 완성된 사실을 '알고도'** 제3자에게 처분하여 등기명의를 넘겨줌으로써 시효취득자에게 손해를 입혔다면 불법행위를 구성하며, 만약 부동산을 취득한 제3자가 부동산 소유자의 이러한 불법행위에 적극 가담하였다면 이는 사회질서에 반하는 행위로서 무효가 된다(대판 1994.4.12. 93다60779 : 1회,11회,12회 선택형).

[관련판례] "취득시효가 완성된 부동산에 대하여 제3자 명의로 가등기만 경료한 경우 시효취득자명의의 소유권이전등기 자체는 불가능하지 않다고 하더라도 시효취득자는 특별한 사정이 없는 한 그가 이전받을 부동산에 대하여 가등기를 부담하게 됨으로 인한 손해를 입은 것이라고 보아야 한다"(대판 1989.4.11. 88다카8217)

3) 대상청구권

判例는 '취득시효'가 완성된 토지가 '협의수용'됨으로써 취득시효 완성을 원인으로 하는 소유권이전등기의무가 이행불능이 된 경우에, 대상청구권을 행사하기 위한 요건으로 "수용으로 인한 불능 전에 시효완성으로 인한 **권리주장 또는 등기청구권의 행사가 있었어야 한다**"(대판 1996.12.10. 94다43825 : 표준판례 219)고 하여 제한적인 해석을 하고 있다(쟁점 7.참고). **[23법행]**

4) 기 타

점유취득시효가 완성하면 점유자는 소유자에 대해 소유권이전등기를 청구할 수 있고 소유자는 이에 응할 의무가 있으므로, 소유자는 점유자에 대해 소유권을 행사할 지위에 있지 않다고 보는 것이 判例의 태도이다. 그래서 소유자는 점유취득시효 완성자에 대해 그 대지에 대한 불법점유임을 이유로 그 지상건물의 철거와 대지의 인도를 청구할 수 없고(대판 1988.5.10. 87다카1979), **점유로 인한 부당이득반환청구를 할 수 없으며**(대판 1993.5.25. 92다51280 : 1회,8회,9회 선택형), 소유권의 확인을 받을 이익이 없다고 한다(대판 1995.6.9. 94다13480). **[23법무]**

점유취득시효 완성자가 취득시효 완성을 주장할 수 없는 제3자에 해당한다(대판 1995.12.8. 95다38493). 또한 "명의신탁된 부동산에 관하여 그 점유자의 점유취득시효 완성 후 그 소유권이전등기를 경료하기 전에 위 명의신탁이 해지되고 새로운 명의신탁이 이루어져 그 소유 명의가 점유취득시효 완성 당시의 명의수탁자로부터 새로운 명의수탁자에게로 이전된 경우, 위 소유 명의의 이전이 무효가 아닌 이상 새로운 명의수탁자는 위 점유취득시효 완성 후에 소유권을 취득한 자에 해당하므로, 위 점유자는 그에 대하여 시효취득을 주장할 수 없다"

27) "명의신탁된 부동산의 소유권은 대외적으로 수탁자에게 귀속되는 것이므로 수탁자명의의 등기는 유효하고, 수탁자가 그 부동산 점유자의 취득시효완성후 명의신탁자로부터 그 부동산을 매수하였더라도 이는 내부적으로도 그 소유권을 취득하였다는 것을 의미할 뿐 대외적으로는 그 소유권이나 등기명의에 아무런 변동이 없는 만큼 시효취득자로서는 소유자를 상대로 취득시효완성을 원인으로 한 소유권이전등기절차의 이행을 청구할 수 있다"

28) **[판례평석]** 그러나 학계의 다수의견은 취득시효 완성자는 당시의 소유자에 대하여 채권적인 등기청구권을 가지고 있으며, 이는 '법정의 채권·채무관계'라 할 것이므로 전 소유자에게 귀책사유가 있으면 채무불이행책임을 물을 수 있다고 봄이 타당하다고 한다.

[비교판례] 국가가 甲소유 X토지를 20년간 점유하여 취득시효가 완성되었으나, 이에 따른 등기를 행사하고 있지 않는 동안 X토지가 하천구역에 편입됨에 따라 국유로 된 경우, 甲은 점유취득시효 완성자인 국가에게 관련 특별조치법에 따른 손실보상을 청구할 수 있다(대판 2016.6.9. 2014두1369).[29]

5) 판례정리

判例는 요컨대 전소유자가 취득시효 완성자에 대하여 법적 책임을 지는지 여부는 전소유자가 제3자에게 소유권을 이전할 당시에 취득시효 완성을 알고 있었는지에 따라 달라진다는 입장이다.

3. 소유자가 제3자에게 저당권을 설정해 준 경우

(1) 취득시효 완성자가 저당권자에게 취득시효로써 대항할 수 있는지 여부

소유자가 제3자에게 소유권을 이전해 준 경우와 마찬가지 이유에서 취득시효완성자는 저당권자에게 취득시효 완성으로 대항할 수 없다(대판 2006.5.12. 2005다75910: 표준판례220). 따라서 취득시효완성자가 소유권이전등기를 마치더라도 위 저당권은 유효하게 존속한다.

(2) 취득시효 완성자가 소유자에게 법적 책임을 물을 수 있는지 여부

① 소유자가 취득시효 완성을 알고서 제3자에게 소유권을 이전해 준 경우와 마찬가지로, 알고서 제3자에게 저당권을 설정해 준 경우에는 취득시효 완성자는 소유자에게 불법행위책임을 물을 수 있다. ② 그러나 특별한 사정이 없는 한 부동산에 관한 시효취득이 완성된 후에 그 시효취득을 주장하거나 이로 인한 소유권이전등기청구를 하기 이전에는 부동산 소유자로서는 그 시효취득 사실을 알 수 없는 것이 일반적이다(대판 1994.4.12. 93다60779).

(3) 취득시효 완성자가 대위변제한 경우 소유자에게 구상권을 행사할 수 있는지 여부 [4회 사례형]

1) 제3자의 채무변제

시효완성자가 그 피담보채무를 변제하는 경우 이는 '제3자의 채무변제'에 해당된다. (법률상) 이해관계 있는 제3자는 채무자의 의사에 반하여서도 변제할 수 있는바(제469조 2항), 이해관계 있는 제3자가 채무를 변제하는 경우, 제3자에게 구상권이 발생하는지 여부는 채무자와의 관계에 의하여 결정된다. 따라서 점유취득시효 완성자와 소유자와 같이 변제에 관한 위임 등이 없는 경우에는 사무관리(제739조)나 부당이득(제748조)에 따른 구상권이 발생할 수 있다.

2) 사무관리에 따른 구상권 등의 인정 여부

가) 판 례

"시효취득자가 원소유자에 의하여 그 토지에 설정된 근저당권의 피담보채무를 변제하는 것은 시효취득자가 용인하여야 할 그 토지상의 부담을 제거하여 완전한 소유권을 확보하기 위한 것으로서 그 자신의 이익을 위한 행위라 할 것이니, 위 변제액 상당에 대하여 원소유자에게 대위변제를 이유로 구상권을 행사하거나 부당이득을 이유로 그 반환청구권을 행사할 수는 없다"(대판 2006.5.12. 2005다75910: 표준판례220 : 3회, 9회 선택형).

---

29) "국가가 토지를 20년간 점유하여 취득시효가 완성된 경우, 토지의 소유자는 국가에 이를 원인으로 하여 소유권이전등기절차를 이행하여 줄 의무를 부담하므로 국가에 대하여 소유권을 행사할 지위에 있다고 보기 어려우나, 점유취득시효기간이 경과하였다는 사정은 토지 소유자가 국가를 상대로 소유권에 기초한 물권적 청구권을 행사하는 데에 지장이 될 수는 있으나, 토지 소유자가 소유권의 상실을 전제로 하여 특별조치법에 터 잡은 금전적인 손실의 보상을 청구하는 데에 장애로 작용하지는 않는다"(대판 2016.6.9. 2014두1369) 한편 이러한 법리는 국가가 토지에 대한 취득시효의 완성에도 그에 따른 등기를 하지 아니하여 소유권을 취득하지 못한 상태에서 토지가 하천구역에 편입됨에 따라 국유로 되었고, 그 결과 소유명의자가 소유권을 상실한 경우에 적용되는 것으로서, 하천구역 편입 당시 이미 국가가 토지의 소유권을 취득한 경우에는 적용될 수 없다.

나) 검 토

시효취득의 경우에는 원래의 소유자의 의사와는 관계없이 소유권이 **시효취득자에게 무상으로 귀속되는 것**이므로 이러한 경우에까지 원래의 소유자에게 피담보채무 상당의 상환의무를 인정하는 것은 형평이라는 관점에서 비추어 보아 부당하므로 判例의 태도가 결과에 있어서는 타당하다.[30]

▶ [쟁점 20]

(4) 취득시효의 중단

소멸시효의 중단에 관한 규정은 취득시효의 중단에도 준용된다(제247조 2항).

1) 청구(제168조 1호)

① **[시효중단 긍정]** 예컨대 청구(제168조 1호)와 관련하여 소유물반환청구(제213조)뿐만 아니라 소유권침해로 인한 부당이득반환청구(제741조)도 포함될 수 있고, 소유물의 반환을 최고한 뒤 점유자가 변경된 경우 최고로 인한 잠정적인 시효중단의 효과는 새로운 점유자에게 미친다(제169조).

② **[시효중단 부정]** 그러나 ㉠ 앞서 검토한 바와 같이 '점유취득시효 완성 전 소유자가 제3자에게 소유권을 이전한 경우'는 제3자 앞으로의 소유권등기 자체가 곧 취득시효의 중단을 가져오는 사유인 '청구' 등으로 평가되지는 않으므로, 이 경우에는 취득시효기간 완성 후에 점유자는 소유권을 취득한 제3자를 상대로 취득시효를 원인으로 하여 소유권이전등기를 청구할 수 있다(대판 1977.8.23. 77다785). ㉡ "응소도 재판상 청구에 해당하지만, 점유자가 소유자를 상대로 소유권이전등기청구소송을 제기하면서 그 청구원인으로 '취득시효 완성'이 아닌 '매매'를 주장한 것에 대해, 소유자가 이에 응소하여 원고 청구기각의 판결을 구하면서 원고의 주장사실을 부인하는 경우에는, 이는 원고 주장의 매매 사실을 부인하여 원고에게 그 매매로 인한 소유권이전등기청구권이 없음을 주장한 것에 불과하고 소유자가 자신의 소유권을 적극적으로 주장한 것으로 볼 수 없으므로, 위 응소는 취득시효의 중단사유로서의 재판상 청구에 해당하지 않는다"(대판 1997.12.12. 97다30288).

2) 압류 또는 가압류(제168조 2호)

그리고 判例는 "민법 제168조 제2호에서 정하는 '압류 또는 가압류'는 금전채권의 강제집행을 위한 수단이거나 그 보전수단에 불과하여 취득시효기간의 완성 전에 부동산에 압류 또는 가압류 조치가 이루어졌다고 하더라도 이로써 **종래의 점유상태의 계속이 파괴되었다고는 할 수 없으므로 이는 취득시효의 중단사유가 될 수 없다**"(대판 2019.4.3. 2018다296878: 표준판례228 : 10회,11회,12회 선택형)고 한다.

(5) 취득시효이익의 포기

취득시효이익의 포기는 특별한 사정이 없는 한 시효취득자가 **취득시효 완성 당시의 진정한 소유자에 대하여 하여야** 그 효력이 발생하는 것이고 원인무효인 등기의 등기부상 소유명의자에게 그와 같은 의사를 표시하였다고 하여 그 효력이 발생하는 것은 아니다(대판 1994.12.23. 94다40734). 아울러 소멸시효이익의 포기에 관한 규정(제184조 1항)이 유추적용된다(대판 1995.2.24. 94다18195).

(6) 취득시효 주장의 남용

判例는 취득시효완성 후에 점유자가 그 사실을 모르고 당해 토지에 관하여 어떠한 권리도 주장하지 않기로 하고서, 그 후 그에 상반되는 취득시효의 주장을 하는 것은 신의칙상 허용되지 않는다고 한다(대판 1998.5.22. 96다24101).

---

30) 윤진수, '2006년도 주요 민법 관련 판례 회고', 법학 142호, p.408

| 핵심사례 D-04 |

★ 점유취득시효 완성자의 법적지위[31]
대판 2000.3.16. 전합97다37661 ; 대판 1995.3.28. 전합93다47745 등(**표준판례215**)

외국에 거주하는 A의 토지를 B가 자신소유의 토지라고 속이고서 C에게 매도하여 C는 등기 없이 12년간 점유를 하였다. 그 후 C는 문제의 토지를 D에게 매도하여 D는 이를 10년간 점유하였다. 이 후 D는 이 토지를 E에 증여를 하여 E가 점유 중이다. 그 후 일시 귀국한 A는 이러한 사실을 우연히 알게 되었고 자신의 토지가 빼앗길 것을 우려하여 F에게 문제의 토지를 매도하였고 등기까지 경료해 주었다(단, 현재 E는 9년째 점유 중이다)
(1) 현재 토지의 소유권자가 누구인지 확인하고, E가 토지에 대한 소유권을 취득할 수 있는 법적 가능성들을 검토하시오. (30점)
(2) 만약 E가 토지에 대한 소유권을 취득할 수 없어 당신을 변호사로 선임하였다면, 당신은 E를 위해 실체법상 어떤 구제수단들을 강구할 것인지 검토하라. (20점)

I. 토지에 대한 현재의 소유권자 확정 및 E의 소유권취득 가능성 – 설문 ⑴.의 경우

1. 토지에 대한 현재의 소유권자 확정
A는 법률상 적법한 소유자이므로, D나 E에게 점유취득시효가 완성되었다 하더라도 유효하게 처분행위를 할 수 있다. 따라서 F가 A와의 통정이나(제108조) 사회질서에 반하여(제103조) 토지를 취득한 것이 아닌 한, '이중양도'법리에 의해 최종적으로 등기를 갖춘 F는 현재 적법하게 토지의 소유권을 보유한다(제186조).

2. E의 소유권취득 가능성

(1) 승계취득을 이유로 한 소유권이전등기청구 가부(B의 채권행위 및 처분행위의 유효성)
B와 C의 매매계약은 타인권리의 매매로써 유효하나(제569조), B의 A소유 토지의 처분행위는 무권리자의 처분으로 무효이다. 따라서 E는 계약에 의한 승계취득에 의해서는 소유권을 취득할 가능성이 없다.

(2) 점유취득시효완성을 이유로 한 소유권이전등기청구 가부

1) 문제점
E는 9년간 점유하였기 때문에 점유의 승계(제199조)를 통한 점유취득시효완성을 검토할 수 있는바, ① D의 점유취득시효 완성의 법률효과를 E가 직접 주장할 수 있는지 아니면 대위 행사할 수 있는지 여부와 ② 기산점의 임의선택(역산)으로써 E자신이 현재 점유취득시효를 완성하였다고 주장할 수 있는지 여부가 문제된다.

2) D의 점유취득시효 완성 여부(적극)

가) 문제점
20년간 소유의 의사로 평온·공연하게 부동산을 점유한 자는 등기함으로써 그 소유권을 취득한다(제245조 1항). 사안에서 D는 스스로의 점유로는 20년의 기간을 채울 수 없어 제199조 1항에 의해 C의 점유에 대한 승계를 주장해야 한다(대판 1998.4.10. 97다56822). 다만 이때는 C점유의 하자도 승계되는바(제199조 2항), B로부터 목적물을 인도받았을 때부터 자주점유로 추정을 받을 수 있는가 하는 점이 문제된다.

나) 타인권리매매의 매수인 C의 자주점유 추정 여부(적극)
判例는 매도인이 권리를 취득하여 이전할 수 없다는 사정을 매수인이 '알고서' 점유하였다는 등의 다른 특별한 사정이 입증되지 않는 한, 매수인의 점유가 소유의 의사가 있는 점유라는 추정이 깨어지는 것이라고 할 수 없다(대판 2000.3.16. 전합97다37661)고 한다. 따라서 D는 점유취득시효완성에 의한 소유권이전청구권을 취득하게 된다. 다만 이는 '채권적 청구권'이다.

3) D의 점유취득시효 완성의 법률효과를 E가 직접 주장할 수 있는지 여부(소극)
判例는 "전 점유자의 점유를 승계한 자는 그 점유 자체와 하자만을 승계하는 것이지 그 점유로 인한 법률효과까지 승계하는 것은 아니므로……전 점유자의 취득시효 완성의 효과를 주장하여 직접 자기에게 소유권이전등기를 청구할 권원은 없다"(대판 1995.3.28. 전합93다47745)라고 하여 전 점유자의 소유자에 대한 소유권이전등기청구권을 대위행사할 수 있을 뿐이라고 보고 있다(대위행사설, 직접청구부정설).

4) **D의 F에 대한 시효완성에 의한 소유권이전등기청구권을 E가 대위행사할 수 있는지 여부**(소극)

판례의 다수견해(대위행사설)에 따르더라도 사안에서 E는 D를 대위하여 F에게 토지에 관한 점유취득시효 완성을 원인으로 한 소유권이전등기청구권을 행사할 수 없다. 왜냐하면 D도 '이중양도' 법리에 의해 F에게 대항할 수 없기 때문이다(대판 1986.8.19. 85다카2306 참고).

5) **기산점의 임의선택(역산)으로써 E자신이 현재 점유취득시효를 완성하였다고 주장할 수 있는지 여부**(소극)

판례는 점유기간 중에 당해 부동산의 '소유권자의 변동'이 있는 경우에는 취득시효를 주장하는 자가 임의로 기산점을 선택하거나 소급하여 20년 이상 점유한 사실만 내세워 시효완성을 주장할 수 없다고 한다(대판 1995.5.23. 94다39987). 사안에서 토지의 소유자가 A에서 F로 변동되었으므로 E는 기산점을 임의로 선택할 수 없어 취득시효완성 후 소유권을 취득한 F에게 대항할 수 없다.

Ⅱ. E의 구제수단 - 설문 (2).의 경우

1. F로 등기가 이전되기 前 기산점의 임의선택(역산)으로써 E자신이 점유취득시효를 완성하였다고 A에게 주장할 수 있었는지 여부

앞서 본 바와 같이 점유승계의 효과로써 E자신이 D의 점유취득시효 완성시점에 점유취득시효를 완성하였다고 F뿐만 아니라 A에게도 주장할 수 없다. 그러나 F로 등기가 이전되기 前의 상태에서는 기산점의 임의선택(역산)이 가능하므로(대판 1992.11.10. 92다20774), E자신이 점유취득시효를 완성하였다고 A에게 주장할 수 있었다. 따라서 E가 점유를 승계받은 시점에서 A에 대한 점유취득시효 완성을 이유로 하는 소유권이전등기청구권이 발생하나, 이는 F가 소유권을 최종적으로 취득함으로써 이행불능이 되었다고 할 수 있다.

2. A에 대한 손해배상청구 여하[32]

(1) **채무불이행책임 성부**(판례는 계약상의 채권·채무관계가 아님을 이유로 부정)

(2) **불법행위책임 성부**(원칙적 부정, 사안은 긍정)

특별한 사정이 없는 한 등기명의인은 그 시효취득사실을 알 수 없으므로 이를 제3자에게 처분하였다고 하더라도 불법행위가 성립하지는 않는다(대판 1995.7.11. 94다4509). 그러나 A는 이러한 사실을 우연히 알게 되었고 자신의 토지가 빼앗길 것을 우려하여 F에게 매도한 것으로 보아, 취득시효완성사실을 알았다고 보여진다. 따라서 E가 A의 시효취득완성에 대한 인식을 증명한다면 손해배상청구가 가능하다(제750조).

3. A에 대한 대상청구권 행사 가능성(소극)

판례는 취득시효가 완성된 토지가 협의수용됨으로써 취득시효 완성을 원인으로 하는 소유권이전등기의무가 이행불능이 된 경우에, 대상청구권을 행사하기 위한 요건으로 "수용으로 인한 불능 전에 시효완성으로 인한 권리주장 또는 등기청구권의 행사가 있었어야 한다"(대판 1996.12.10. 94다43825)고 제한하고 있다.

4. D의 담보책임 및 채무불이행책임

E는 F에 대하여 소유권의 이전을 주장하지 못하므로 물건을 증여한 D에게 담보책임을 묻는 것을 생각할 수 있다. 그러나 증여의 경우에는 무상계약의 특성상 원칙적으로 담보책임을 지지 않는다(제559조 1항). 다만 D는 C와의 매매계약시 등기부를 조사하여 보는 것이 일반적이므로 등기의 추정력에 의해 A가 소유권자라는 것을 알고 있었던 것으로 추정된다. 따라서 예외적으로 담보책임을 질 수도 있고(제559조 1항 단서), 채무불이행책임을 질 수도 있다(제390조).

---

31) 사안은 취득시효기간 만료 후에 소유자가 제3자에게 목적물을 처분한 경우로 당해 사례의 논리구조는 이중매매 사안과 동일하다(제1매수인 : 점유취득시효 완성자, 제2매수인 : 등기된 제3자). 다만 구체적 내용에 차이가 나기 때문에 관련판례들을 잘 비교해 두어야 한다.

32) 이하 논의는 E가 D를 대위하여 A에게 불법행위나 채무불이행에 따른 손해배상책임을 주장하는 경우에도 마찬가지이다.

Ⅱ. 부동산 소유권의 등기부취득시효 [D-67]

1. 의 의

> 제245조(점유로 인한 부동산소유권의 취득기간) ② 부동산의 소유자로 등기한 자가 10년간 소유의 의사로 평온, 공연하게 선의이며 과실 없이 그 부동산을 점유한 때에는 소유권을 취득한다.

2. 요 건

(1) 소유의 의사로 평온, 공연한 점유

(2) 선의·무과실의 점유

1) 선의·무과실의 내용 및 존재시기

등기부취득시효에서의 선의·무과실은 등기에 관한 것이 아니고 점유취득에 관한 것이다(대판 1998.1.20. 96다48527). 따라서 선의·무과실은 **점유개시시를 기준으로 판단하며, 전 점유기간동안 선의·무과실일 필요는 없다**(대판 1987.8.18. 87다카191 : 7회 선택형). 전점유자의 점유를 승계한 때에도 전점유자의 점유개시 당시에 선의·무과실이어야 한다. 이는 상속의 경우에도 마찬가지이므로 피상속인의 점유개시 당시를 기준으로 무과실 여부를 판단하여야 한다(대판 1995.2.10. 94다22651).

> [관련판례] "부동산을 매수하는 사람은 매도인에게 그 부동산을 처분할 권한이 있는지 여부를 알아보아야 하는 것이 원칙이고, 이를 알아보았더라면 무권리자임을 알 수 있었을 때에는 과실이 있다고 보아야 할 것이나, 매도인이 등기부상의 소유명의자와 동일인인 경우에는 그 등기부나 다른 사정에 의하여 매도인의 소유권을 의심할 수 있는 여지가 엿보인다면 몰라도 그렇지 않은 경우에는 등기부의 기재가 유효한 것으로 믿고 매수한 사람에게 과실이 있다고 말할 수는 없는 것이다. 이러한 법리는 매수인이 지적공부 등의 관리주체인 국가나 지방자치단체라고 하여 달리 볼 것은 아니다"(대판 2019.12.13. 2019다267464).

2) 증명책임

① [원칙] 判例는 점유자의 무과실은 추정되지 않기 때문에 등기부취득시효의 완성을 주장하는 점유자는 스스로 무과실을 주장·증명해야 한다고 한다(대판 1985.7.9. 84다카1866). 다만 점유자가 그 부동산의 등기명의자로부터 부동산을 매수하여 소유권이전등기를 마치고 인도를 받은 경우에는 **등기추정력의 부수적**(파생적) **효과로서 점유자의 무과실을 사실상 추정할 수 있다고 한다.**

② [예외] 그러나 "만일 등기부의 기재 또는 다른 사정에 의하여 매도인의 처분권한에 대하여 의심할 만한 사정이 있거나, 매도인과 매수인의 관계 등에 비추어 매수인이 매도인에게 처분권한이 있는지 여부를 조사하였더라면 별다른 사정이 없는 한 그 처분권한이 없음을 쉽게 알 수 있었을 것으로 보이는 경우에는, 매수인이 매도인 명의로 된 등기를 믿고 매수하였다 하여 그것만으로 과실이 없다고 할 수 없다"(대판 2017.12.13. 2016다248424).

(3) 10년간 등기 및 점유

1) 등기

여기서 소유자로 '등기'한 자라 함은 적법 유효한 등기를 마친 자일 필요는 없고, 원칙적으로 무효의 등기를 마친 자라도 상관없다는 것이 통설과 判例(대판 1994.2.8. 93다23367)이다. 다만 判例는 부동산 등기법 제15조가 규정한 1부동산 1등기용지주의에 위배된 등기는 해당되지 않는다고 한다(대판 1996.10.17. 전합96다12511: 표준판례229 : 6회,9회 선택형).

2) 등기와 점유의 일치

여기서 등기는 점유상태에 부합하는 등기이다. 다만 등기의 내용과 점유상태가 완전히 일치하여야 비로소 등기부취득시효가 인정되는 것은 아니다. 양자가 완전히 일치하지 않더라도 일치하는 범위가 있다면 그 한도 내에서 등기부취득시효가 인정될 수 있다.

가) 공유지분등기를 한 경우

① 공유자가 공유물의 전부를 점유한 경우에도 자신의 공유지분만 시효취득한다고 한다(대판 1976.5.25. 76다392 ; 공유로 등기된 부동산에 대해 공유지분에 대해 시효취득하기 위해서는 목적물 전부를 점유해야 한다). 다른 공유자의 지분비율 범위에서는 타주점유로 보아야 하기 때문이다.

② 공유자가 공유물의 특정일부만 점유한 경우에는 그 점유한 일부를 기준으로 하여 다시 공유지분비율의 범위 내에서만 시효취득할 수 있을 것이다(대판 1986.5.27. 86다카280 ; 대판 1993.8.27. 93다4250[33]). 예컨대 X토지의 3분의 1의 지분을 갖고 있는 공유자가 공유물인 X토지 전부가 아니라 X토지의 일부인 3분의 1만 점유한 경우 그 점유한 3분의 1 부분 중의 3분의 1의 지분에 대해서만 등기부취득시효가 인정된다.

> [비교판례] 다만 이른바 '구분소유적 공유'에서 지분이전등기를 받은 자가 그에 상응하는 특정 일부를 점유하여 왔다면 그 지분 자체에 대한 등기부취득시효를 긍정할 것이다(대판 1975.6.24. 74다1877이나 대판 1996.1.26. 95다24654 등 참조).[34] **[6회 사례형]** 점유취득시효와 관련해서도 判例는 구분소유적 공유를 할 의사로 공유지분의 면적에 해당하는 만큼 그 특정부분을 점유한 경우 그 특정부분의 점유 전부가 자주점유라고 본다(대판 2007.3.29. 2006다79995). 이는 일반 공유물의 경우 점유한 부분 중 공유지분의 비율범위 내에서만 자주점유인 것과 구별된다.

나) 공유물분할의 경우

判例는 공유부동산이 분할되어 공유등기가 분할등기로 되는 경우에는 공유등기와 분할등기기간을 합쳐 10년이면 족하다고 한다(대판 1976.5.25. 75다1105). 하나의 토지를 2인이 공유등기를 하고 이를 인도받아 같이 점유를 한 후에 분할등기를 한 경우, 이는 그 소유권을 명확히 한 데 불과하므로, 이 공유등기 내지 분할등기는 부동산의 소유자로 계속하여 등기한 것에 해당하기 때문이다.

다) 명의신탁등기를 한 경우

부동산 명의신탁에서 수탁자 명의로 등기된 기간이 10년이 경과하였다고 하더라도 그 등기를 신탁자의 등기로 볼 수 없어 신탁자에게 등기부취득시효가 인정될 수 없고(대판 1987.11.10. 85다카1644), 수탁자는 타주점유이므로 역시 등기부취득시효는 인정되지 않는다(대판 1992.4.14. 91다46533). 다만 신탁자의 점유취득시효는 가능하다(간접점유).

라) 부동산에 관한 소유권이전의 원인행위가 사해행위로 취소된 경우 '수익자'의 등기부취득시효(소극)

채권자는 사해행위취소의 판결이 확정됨으로써 그 등기명의를 채무자 앞으로 회복하여 강제집행을 할 수 있게 되었는데, '수익자'가 그러한 부담을 안고 있다는 사정을 잘 알고 있는 상태에서 위 판결 전후 기간 동안 부동산을 점유한 경우 判例는 "부동산에 관한 소유권이전의 원인행위가 사해행위로 인정되어 취소되더라도, 그 사해행위취소의 효과는 채권자와 수익자 사이에서 '상대적'으로 생길 뿐이다. 따라서 사해행위가 취소되더라도 그 부동산은 여전히 수익자의 소유이고, 다만 채권자에 대한 관계에서 채무자의 책임재산으로 환원되어 강제집행을 당할 수 있는 부담을 지고 있는데 지나지 않는다.

---

33) "공유자의 1인이 공유부동산 중 특정부분만을 점유하여 왔다면 그 특정부분에 대한 공유지분의 범위 내에서만 민법 제245조 제2항에서 말하는 '부동산의 소유자로 등기한 자'와 '부동산을 점유한 때'라는 등기부취득시효의 요건을 구비한 경우에 해당될 뿐이고 그 나머지 부분은 이에 해당하지 않는다"

34) 양창수·권영준, '권리의 변동과 구제', p.248

따라서 자기소유 부동산에 대한 취득시효는 인정될 수 없으므로 그러한 수익자의 점유는 취득시효의 기초가 되는 점유라고 할 수 없다"(대판 2016.11.25. 2013다206313)고 한다.

3) 등기의 승계

점유기간은 10년이어야 하는데, 소유권등기가 등기부에 등재된 기간도 10년이어야 한다는 것이 통설 및 判例이다.

여기서 '점유의 승계'(제199조)가 인정되듯이 등기의 승계도 인정되는지 문제되는바, 등기와 점유는 권리의 외관을 표상하는 방법에서 동등한 가치가 있으므로 등기에 관해서도 점유의 승계에 관한 제199조를 유추적용함이 타당하고, 그렇게 보는 것이 등기에 공신력을 주고 있지 아니한 현행법체계하에서 등기를 믿고 부동산을 취득한 자를 보호하려는 등기부취득시효의 제도에도 합치되므로 判例와 같이 긍정하는 것이 타당하다(대판 1989.12.26. 전합87다카2176 : 7회 선택형). [5회 기록형]

3. 효 과

(1) 일반적 효과

등기부취득시효의 요건이 충족되면 그때부터 등기는 실체적 권리관계에 부합하여 시효완성자는 바로 소유권을 취득하게 된다(제245조 2항). 취득시효로 인한 소유권 취득의 효력은 점유를 개시한 때에 소급하며(제247조 1항), 취득시효로 인한 소유권의 취득은 원시취득으로 본다.

> [관련판례] * 원소유자의 등기부취득시효 완성자에 대한 등기말소청구권(소극)
> "소유권이전등기의 말소를 구하는 자에게 말소를 청구할 수 있는 권원이 인정되지 않는 경우, 해당 소유권이전등기가 무효의 등기라도 그 청구를 인용할 수 없다. 따라서 종전 등기명의인으로부터 매매 등의 방법으로 부동산에 대한 권리가 순차적으로 이전되어 최종적으로 소유권이전등기를 마친 제3자가 시효취득을 원인으로 부동산에 대한 소유권을 취득함에 따라 당초 부동산의 소유자였던 사람이 소유권을 상실한 경우, 당초 소유자였던 사람이 종전 등기명의인에 대하여 소유권에 기한 등기말소청구를 할 수는 없다"(대판 2019.7.10. 2015다249352).

(2) 등기부취득시효완성 후 원인 없이 등기가 말소된 경우

등기부취득시효의 완성 후에 그 부동산에 관한 점유자 명의의 등기가 말소되거나 적법한 원인 없이 다른 사람 앞으로 소유권이전등기가 경료되었다 하더라도, 등기부취득시효완성자는 소유권을 상실하지 않는다. 따라서 등기부취득시효완성자는 등기부취득시효의 완성에 의하여 취득한 소유권에 기하여 현재의 등기명의자를 상대로 방해배제를 청구할 수 있을 뿐이고(예컨대 등기말소청구나 진정명의의 회복을 위한 소유권이전등기청구), 등기부취득시효의 완성을 원인으로 현재의 등기명의자를 상대로 소유권이전등기를 구할 수는 없다(대판 1999.12.10. 99다25785).

핵심사례 D-05

★ 등기부취득시효로 인해 소유권을 상실하게 된 원소유자의 구제수단 대판 2008.6.12. 2007다36445등

> 甲소유의 X토지에 관하여 乙이 등기에 필요한 서류를 위조하여 무효의 소유권이전등기를 한 다음 이를 모르는 丙에게 X토지를 매도하고 소유권이전등기를 해 준 상태에서 丙이 등기부취득시효를 완성한 경우, 甲이 소유권에 기하여 乙과 丙을 상대로 각 소유권이전등기의 말소를 청구하면, 등기부취득시효를 완성한 丙뿐만 아니라 乙도 甲의 소유권 상실을 주장하여 甲의 청구에 대항할 수 있다(대판 1995.3.3. 94다7348 : 5회,7회 선택형).[35]
> 만약 사안에서 甲이 丙을 상대로 제기한 소유권이전등기 말소등기 청구의 소가 패소 확정되면 원래 소유자였던 甲은 위법행위를 한 乙에 대한 구제수단은?

Ⅰ. 쟁점의 정리

Ⅱ. 대상청구권의 인정여부

判例는 물권적 청구권이 이행불능된 경우에도 대상청구권이 인정될 수 있음을 전제로, 甲의 乙에 대한 소유권이전등기말소청구권이 불능이 된 것은 丙의 등기부취득시효가 완성되었기 때문인 반면 乙이 받은 매매대금은 乙과 丙사이의 매매계약에 의한 것이어서 '급부를 불가능하게 하는 사정'과 乙이 취득한 '대신하는 이익' 사이에 상당인과관계가 존재한다고 할 수 없다는 이유로 甲의 청구를 기각하였다(대판 2003.11.14. 2003다35482).

Ⅲ. 부당이득반환청구권의 인정여부

최근 判例에 따르면 "무권리자가 소유자 있는 부동산에 관하여 원인 없이 등기를 마치고 제3자에게 매도하여 등기를 마쳐준 후 제3자의 등기부취득시효가 완성된 경우, 원소유자가 무권리자를 상대로 하여 제3자로부터 받은 매매대금에 관한 부당이득반환을 구할 수는 없다"(대판 2022.12.29. 2019다272275: 표준판례231). 왜냐하면 원소유자의 소유권 상실의 손해는 제245조 2항에 따른 물권변동의 효과일 뿐 무권리자와 제3자가 체결한 매매계약의 효력과는 직접 관계가 없기 때문이다. 즉, 사안에서 乙이 얻은 매매대금 상당의 이익과 甲의 소유권 상실이라는 손해 사이에는 인과관계가 없다. [13회 사례형]

Ⅳ. 채무불이행을 원인으로 한 손해배상청구권

최근 전원합의체 판결에 따르면 물권적 청구권은 그 권리자인 소유자가 소유권을 상실하면 이제 그 발생의 기반이 아예 없게 되어 더 이상 그 존재 자체가 인정되지 아니하는 것이므로 이행불능은 문제되지 않는다는 취지로 판시한 바 있다(대판 2012.5.17. 전합2010다28604: 표준판례238 : 7회,9회 선택형).

Ⅴ. 불법행위를 원인으로 한 손해배상청구권 [11회 기록형]

1. 소유권 상실로 인한 손해배상청구권의 인정 여부

甲이 X토지의 소유권을 상실하게 된 직접적인 원인은 乙이 丙에게 그 소유권이전등기를 해주었기 때문이 아니라, 甲이 10년간 소유권을 행사하지 않아 丙의 등기부취득시효가 완성되었기 때문이므로 乙의 위법행위와 甲의 소유권 상실 사이에 인과관계를 인정할 수 있는지 문제된다. 그러나 判例는 "무권리자가 위법한 방법으로 그의 명의로 소유권보존등기나 소유권이전등기를 경료한 후 그 부동산을 전전매수한 제3자의 등기부 시효취득이 인정됨으로써 소유자가 소유권을 상실하게 된 경우, 무권리자의 위법한 등기 경료행위가 없었더라면 소유자의 소유권 상실이라는 결과가 당연히 발생하지 아니하였을 것이고 또한, 이러한 소유권 상실은 위법한 등기 경료행위 당시에 통상 예측할 수 있는 것이라 할 것이므로, 무권리자의 위법한 등기 경료행위와 소유자의 소유권 상실 사이에는 상당인과관계가 있다고 할 것이다"(대판 2008.6.12. 2007다36445)고 하여 이를 인정하고 있다.

따라서 判例에 따르면 甲은 乙을 상대로 불법행위를 원인으로 한 손해배상을 청구할 수 있다. 다만 손해배상액(부동산의 시가 상당액)의 기준시점은 소유권 상실의 결과가 '현실화된' 등기부취득시효 완성자를 상대로 한 말소등기청구소송에서 패소 확정된 때[36]라고 한다(대판 2005.9.15. 2005다29474참고 : 7회 선택형).[37]

2. 소멸시효의 기산점

甲이 乙에 대하여 갖는 소유권 상실로 인한 손해배상청구권의 소멸시효(제766조 2항의 불법행위를 한 날부터 10년)가 언제부터 진행하는지 문제되는바, 判例는 "가해행위와 이로 인한 현실적인 손해의 발생 사이에 시간적 간격이 있는 불법행위에 기한 손해배상채권의 경우, 소멸시효의 기산점이 되는 '불법행위를 한 날'의 의미는 단지 관념적이고 부동적인 상태에서 잠재적으로만 존재하고 있는 손해가 그 후 현실화되었다고 볼 수 있는 때, 즉 손해의 결과발생이 현실적인 것으로 되었다고 할 수 있을 때로 보아야 할 것인바(대판 1990.1.12. 88다카25168 등), 무권리자가 위법한 방법으로 그의 명의로 부동산에 관한 소유권보존등기나 소유권이전등기를 마친 다음 제3자에게 이를 매도하여 제3자 명의로 소유권이전등기를 마쳐준 경우 제3자가 소유자의 등기말소 청구에 대하여 시효취득을 주장하는 때에는 제3자 명의의 등기의 말소 여부는 소송 등의 결과에 따라 결정되는 특별한 사정이 있으므로, 소유자의 소유권 상실이라는 손해는 소송 등의 결과가 나오기까지는 관념적이고 부동적인 상태에서 잠재적으로만 존재하고 있을 뿐 아직 현실화되었다고 볼 수 없고, 소유자가 제3자를 상대로 제기한 등기말소 청구 소송이 패소 확정될 때에 그 손해의 결과발생이 현실화된다고 볼 것이며, 그 등기말소 청구 소송에서 제3자의 등기부 시효취득이 인정된 결과 소유자가 패소하였다고 하더라도 그 등기부 취득시효 완성 당시에 이미 손해가 현실화되었다고 볼 것은 아니다"(대판 2008.6.12. 2007다36445 : 7회 선택형)고 판시하여 원소유자 甲이 등기부취득시효 완성자 丙을 상대로 제기한 소유권이전등기 말소등기 청구의 소에서 패소 확정된 때부터 10년의 소멸시효가 진행한다는 입장을 취하고 있다.[38]

3. 과실상계 가부

앞서 검토한 바와 같이 甲이 X토지의 소유권을 상실하게 된 직접적인 원인은 乙이 丙에게 그 소유권이전등기를 해주었기 때문이 아니라, 甲이 10년간 소유권을 행사하지 않아 丙의 등기부취득시효가 완성되었기 때문인바, 乙의 손해배상액을 정함에 있어 甲의 위와 같은 과실을 참작하여야 하는지 문제된다(제763조, 제396조). 이에 대해 判例는 "손해배상청구 소송에서 피해자에게 과실이 인정되면 법원은 손해배상의 책임 및 그 금액을 정함에 있어서 이를 참작하여야 하며, 배상의무자가 피해자의 과실에 관하여 주장하지 않는 경우에도 소송자료에 의하여 과실이 인정되는 경우에는 이를 법원이 직권으로 심리·판단하여야 할 것이지만, 피해자의 부주의를 이용하여 고의로 불법행위를 저지른 자가 바로 그 피해자의 부주의를 이유로 자신의 책임을 감하여 달라고 주장하는 것은 다른 특별한 사정이 없는 한 허용될 수 없다"(대판 2008.6.12. 2007다36445)[23법무]고 판시하면서 설령 甲에게 X토지에 관한 권리행사를 장기간 해태함으로써 丙의 등기부취득시효가 완성되도록 한 과실이 있다고 하더라도 이를 들어 과실상계를 하는 것은 허용되지 않는다고 하였다.[39]

---

35) [민소법쟁점] 다만, 소송에서 丙만 등기부취득시효를 주장하고 乙은 丙의 등기부취득시효를 주장하지 않으면 변론주의 원칙에 따라 甲의 丙에 대한 청구는 기각되지만 乙에 대한 청구는 인용될 수 있다(대판 1991.4.12. 90다9872).

36) [판례평석] 이에 대해 객관적으로 '소유권 상실의 결과가 발생한 등기부취득시효 완성시점'이 손해배상액 산정의 기준시점이라는 비판적인 견해도 있다(지원림, '물권적 방해배제청구의 이행불능과 전보배상', 법률신문 제4038호).

37) 지원림, '물권적 방해배제청구의 이행불능과 전보배상', 법률신문 제4038호

38) [판례평석] 이에 대해 소멸시효 기산점은 제3자가 소유권을 취득한 시점(등기부취득시효 완성시점)이지 제3자에 대한 패소판결 확정시로 볼 수 없다는 비판적인 견해도 있다(윤진수, '소유물 반환의무 위반으로 인한 손해배상책임의 성질', 법률신문 제4055호 ; 지원림, '물권적 방해배제청구의 이행불능과 전보배상', 법률신문 제4038호).

39) [판례평석] 이에 대해 甲이 장기간 권리를 행사하지 않아 丙의 등기부취득시효가 완성되도록 한 부주의는 乙의 위법행위가 종료한 뒤의 사정이므로, 乙이 위와 같은 甲의 부주의를 이용하여 고의로 불법행위를 저질렀다고 볼 수 없으므로 과실상계를 주장하는 것을 허용해야 한다는 비판적인 견해도 있다[노재호, 민법교안(10판), p.1389].

Ⅲ. 동산 소유권의 취득시효(제246조) [D-68]

Ⅳ. 소유권 이외의 재산권의 취득시효(제248조) [D-69]

Ⅴ. 무주물의 선점(제252조), 유실물의 습득(제253조), 매장물의 발견(제254조, 제255조) [D-70]

> ※ **2013.4.5. 민법일부개정**(2013.7.1.부터 시행)
> 제253조(유실물의 소유권취득) : 유실물은 법률에 정한 바에 의하여 공고한 후 1년내에 그 소유자가 권리를 주장하지 아니하면 습득자가 그 소유권을 취득한다.
> 제253조 중 "1년내에"를 "6개월 내에"로 한다.

Ⅵ. 첨 부(添附) [D-71]

1. 서 설

(1) 의 의

부합, 혼화, 가공을 총칭하여 첨부(添附)라고 한다. 이들은 어떤 물건에 다른 물건(부합, 혼화)이나 또는 노력(가공)이 결합하여 사회관념상 그 분리가 불가능하거나 분리에 과다한 비용이 드는 경우에 그 물건을 어느 한 사람의 소유에 속하게 한다는 점에서 그 취지를 같이 한다.

(2) 규정의 성질

① 첨부의 결과에 의한 새로운 물건을 누구의 소유로 할 것인지(제256조 내지 제259조), ② 소유권을 잃게 되는 구 물건의 소유자는 어떤 지위를 가지는지(제261조), ③ 소멸하게 되는 구 물건 위에 존재하였던 제3자의 권리는 어떻게 되는지(제260조) 문제된다. 여기서 ①과 ②는 임의규정이나, ③은 강행규정으로 이해된다.

2. 부 합 : 부동산에의 부합

(1) 의 의

> **제256조 (부동산에의 부합)** 부동산의 소유자는 그 부동산에 부합한 물건의 소유권을 취득한다. 그러나 타인의 권원에 의하여 부속된 것은 그러하지 아니하다.

'부합'이란 소유자를 달리하는 수 개의 물건이 결합하여 1개의 물건으로 되는 것을 말한다. 민법은 부합으로 부동산에의 부합(제256조)과 동산간의 부합(제257조)을 규정하고 있다. 이하에서는 부동산에의 부합에 대해서만 검토하기로 한다.

(2) 요 건 [D-71a]

1) **피부합물**

피부합물은 부동산이어야 한다. 즉 부동산에 어느 물건이 부합하여야 한다.

2) **부합물**

부동산에 부합하는 물건은 ① 동산에 한정된다는 견해도 있으나, ② 제256조는 물건이라고만 규정하므로 부동산도 다른 부동산에 부합할 수 있다고 본다(대판 1962.1.13. 4294민상445).

3) 부합의 정도

부합으로 인하여 소유권의 변동이 있기 위하여는 ⅰ) 훼손하지 아니하면 분리할 수 없거나, ⅱ) 분리에 과다한 비용을 요하는 경우는 물론 ⅲ) 분리하게 되면 경제적 가치를 심히 감소시키는 경우도 포함된다(대판 1962.1.13. 4294민상445 ; 제257조 참조).

[어느 물건이 부동산에 결합된 정도] 어느 물건이 부동산에 결합된 정도를 크게 세 가지로 나누어 본다면, ① 훼손하지 아니하면 분리할 수 없을 정도로 부동산의 '구성부분'이 되어 완전히 독립성을 잃은 경우(강한 부합 : 예컨대 건물의 벽을 이루는 벽돌, 벽면에 부착된 창틀, 화장실, 목욕탕 등처럼 건물의 구성부분이 되는 경우) ② 분리에 과다한 비용을 요하거나 분리하게 되면 경제적 가치를 심히 감소시키는 경우이나 결합한 물건이 분리되더라도 '독립된 경제적 가치'를 가지는 상태(약한 부합 또는 부속 : 예컨대 건물의 유리출입문, 샤시, 난방시설, 전기·가스시설 등처럼 어느 정도의 독립성을 가지고 있는 경우. 이를 '부속'이라고 한다) ③ 건물에 비치된 가구와 같이 언제든지 떼어 가 쓸 수 있어 건물과 완전히 독립된 물건인 경우로 분류할 수 있는데, 이 중 ①의 경우에는 언제나 부동산과 하나의 물건이 되고 ③의 경우에는 언제나 부동산과 별개의 독립한 물건이 되며 ②의 경우에는 아래에서 보는 바와 같이 그것이 타인의 권원에 의하여 부속된 것인지 여부에 따라 달라진다. 즉 타인의 권원에 의하여 부속된 때에는 부동산과 별개의 물건으로 남지만 그 외의 경우에는 부동산과 하나의 물건으로 되어 부동산의 소유자가 그 소유권을 취득한다.[40]

(3) 효 과

1) 소유권의 취득 [D-71b]

가) 원 칙

부동산의 소유자는 원칙적으로 그의 부동산에 부합한 물건의 소유권을 취득한다(제256조 본문). 부합하는 물건의 가격이 부동산의 가격을 초과하더라도 부동산의 소유자가 부합한 물건의 소유권을 취득한다(대판 1981.12.8. 80다2821).

나) 예 외(권원 및 독립성)

부합한 물건이 타인의 '권원'에 의하여 '부속'된 것인 때에는, 그 부합물은 부동산의 소유자의 소유가 되지 않고 그것을 부속시킨 자의 소유로 된다(제256조 단서). 따라서 이 경우 부착시킨 자는 소유권을 갖고, 후에 그 권원이 되었던 원인관계가 종료할 때 부속물(지상물 포함)수거권이나 부속물매수청구권을 행사할 수 있는 경우가 있다(제283조, 제285조, 제316조, 제615조, 제643조, 제644조, 제646조, 제647조, 제654조 등). 이러한 권리의 행사요건은 개별 규정에 정한 바에 따른다.

① [권원] 여기서 '권원'이라 함은 타인의 부동산에 물건을 부속시켜 그 부동산을 이용할 수 있는 권리로서, 지상권·전세권·임차권·도급계약 등을 의미한다.

[관련판례] * 담보지상권을 설정한 토지소유자로부터 토지이용권을 취득한 경우(적극)
"지상권을 설정한 토지소유자로부터 토지를 이용할 수 있는 권리를 취득하였다고 하더라도 지상권이 존속하는 한 이와 같은 권리는 원칙적으로 민법 제256조 단서가 정한 '권원'에 해당하지 않지만, 금융기관이 대출금 채권의 담보를 위하여 토지에 저당권과 함께 지료 없는 지상권을 설정하면서 채무자 등의 사용·수익권을 배제하지 않은 경우(이른바, 담보지상권) 그러한 토지소유자로부터 토지를 사용·수익할 수 있는 권리를 취득하였다면 이러한 권리는 민법 제256조 단서가 정한 '권원'에 해당한다고 볼 수 있다"(대판 2018.3.15. 2015다69907; **표준판례282 : 14회 선택형**). **[20법행]**

② [부속] 여기서 '부속'이라 함은 부합과 구별되는 개념으로 부동산의 본질적 구성부분으로 되지는 않을 정도로 결합된 것을 의미한다(다수설)(제256조 본문의 '부합'은 강한부합, 약한부합을 모두 포함하는 반면, 제256조 단서의 '부속'은 약한부합을 의미한다). 이와 같이 부합된 물건에 대하여 독립된 소유권이 인정되기 위해

---

40) 지원림, 민법강의(13판), 3-177a 참고

서는 그 전제로 먼저 그 물건의 '**독립성**'이 인정되어야 한다. 따라서 判例가 판시하는 바와 같이 "부동산에 부합된 물건이 사실상 분리복구가 불가능하여 거래상 독립한 권리의 객체성을 상실하고 그 부동산과 일체를 이루는 부동산의 구성부분이 된 경우에는, 타인이 권원에 의하여 이를 부합시킨 경우에도 그 물건의 소유권은 부동산의 소유자에게 귀속된다"(대판 2008.5.8. 2007다36933,36940). 결국 부합된 물건에 독립성이 인정되지 않는 경우에는 권원이 있다고 하여도 제256조 단서는 적용되지 않는다. 그렇다면 이 경우 부착시킨 자는 소유권을 갖지 못하고 권원의 내용에 따라 개별 규정에 의하여 비용상환청구권을 행사할 수 있을 뿐이다(제310조, 제626조).

[관련판례] * 주유소에 매설된 유류저장조 또는 유류저장탱크

㉠ [**부속**(약한 부합)**으로 본 경우**] 甲이 토지소유자 乙에게서 토지를 임차한 후 주유소 영업을 위하여 지하에 유류저장조를 설치한 사안에서, 判例는 "유류저장조의 매설 위치와 물리적 구조, 용도 등을 감안할 때 이를 토지로부터 분리하는 데에 과다한 비용을 요하거나 분리하게 되면 경제적 가치가 현저히 감소되므로 **토지에 부합된 것으로 볼 수 있으나**, 사실상 분리복구가 불가능하여 거래상 독립한 권리의 객체성을 상실하고 토지와 일체를 이루는 구성 부분이 되었다고는 보기 어렵고, 또한 甲이 임차권에 기초하여 유류저장조를 매설한 것이므로, 위 유류저장조는 **제256조 단서에 의하여 설치자인 甲의 소유에 속한다**"라고 하였다(대판 2012.1.26. 2009다76546 : 결국 유류저장조를 종물로 본 사안이다).

㉡ [(강한) **부합으로 본 경우**] 그러나 判例 중에는 "주유소의 지하에 매설된 유류저장탱크를 토지로부터 분리하는 데 과다한 비용이 들고 이를 분리하여 발굴할 경우 그 경제적 가치가 현저히 감소할 것이 분명하므로 그 **유류저장탱크는 토지에 부합되었다**"는 판시도 있다(대판 1995.6.29. 94다6345).

2) 보상관계 [D-71c]

가) 요 건

민법 제261조는 첨부에 관한 민법 규정에 의하여 어떤 물건의 소유권 또는 그 물건 위의 다른 권리가 소멸한 경우 이로 인하여 손해를 받은 자는 '부당이득에 관한 규정에 의하여 보상을 청구할 수 있다'고 규정하고 있는데, 여기서 '**부당이득에 관한 규정에 의하여 보상을 청구할 수 있다**'는 것은 **법률효과만이 아니라 법률요건도 부당이득에 관한 규정이 정하는 바에 따른다는 의미이다**(대판 2016.4.28. 2012다19659 ; 대판 2009.9.24. 2009다15602: **표준판례235**). 참고로 건물의 임차인이 건물을 개축하여 그 개축부분이 임차목적물의 구성부분으로 된 경우에 임차인은 비용상환청구권(제626조)을 가지는데, 이 경우 제261조 소정의 보상청구권은 인정되지 않는다(이른바 계약법의 우위).

■ ★ **소유권이 유보된 건축자재의 건물에의 부합과 부당이득** 　　대판 2009.9.24. 2009다15602

사실관계 | 甲은 대금을 다 받을 때까지 철강제품의 소유권은 甲에게 있는 것으로 하여 (소유권유보부로) 乙과 철강제품 공급계약을 체결하고, 합계 1억 3천만 원 상당의 철강제품을 乙에게 공급하였으나 대금은 받지 못하였다. 한편 乙은 丙으로부터 건물의 증축 및 신축에 관해 도급을 받으면서, 丙 명의로 건축허가를 받아 甲으로부터 공급받은 위 철강제품 모두를 건물의 골조공사에 투입하고 공사를 진행하던 중, 기성고 80% 상태에서 공사를 중단하였다. 이에 丙이 잔여 공사를 진행하여 공사를 완료한 후 신축 건물에 대해 丙 명의로 소유권보존등기를 마쳤다. 이에 甲은 丙을 상대로, 위 철강제품이 건물에 부합(제256조 본문)됨으로써 丙은 위 철강제품의 매매대금인 1억 3천만 원 상당의 이익을 얻고 甲은 그 대금 상당의 손해를 입었다고 하여, 부당이득의 반환을 청구하였다(제261조).

판례의 태도 | 민법 제261조의 보상청구가 인정되기 위해서는 민법 제261조 자체의 요건만이 아니라, 부당이득 법리에 따른 판단에 의하여 부당이득의 요건이 모두 충족되었음이 인정되어야 한다. 매도인에게 소유권이 유보된 자재가 제3자와 매수인 사이에 이루어진 도급계약의 이행으로 제3자 소유 건물의 건축에 사용되어 (강한)부합된 경우(제256조 본문) 보상청구를 거부할 법률상 원인이 있다고 할 수 없지만, 제3자가 도급계약

> 에 의하여 제공된 자재의 소유권이 유보된 사실에 관하여 과실 없이 알지 못한 경우라면 선의취득의 경우와 마찬가지로 제3자가 그 자재의 귀속으로 인한 이익을 보유할 수 있는 '법률상 원인'이 있다고 봄이 상당하므로, 매도인으로서는 그에 관한 보상청구를 할 수 없다"(대판 2009.9.24. 2009다15602 : 1회,4회,6회,14회 선택형).
> "이러한 법리는 매도인에게 소유권이 유보된 자재가 본인에게 효력이 없는 계약에 기초하여 매도인으로부터 무권대리인에게 이전되고, 무권대리인과 본인 사이에 이루어진 도급계약의 이행으로 본인 소유 건물의 건축에 사용되어 부합된 경우에도 마찬가지로 적용된다"(대판 2018.3.15. 2017다282391).
>
> **판례의 검토** | 만일 부당이득이 성립한다고 하면, 甲은 乙에게 계약상의 지위를 가질 뿐인데 제3자인 丙에게도 그 청구를 할 수 있게 된다는 점에서 계약법의 기본원리에 반한다는 지적도 있으나, 첨부제도(제256조 내지 제260조)는 물권, 특히 소유권의 귀속만을 인정하는 규정이지 재산법적 이익의 귀속을 인정하는 규정은 아님에 반하여 선의취득규정의 경우에는 물권관계뿐만 아니라, 재산법적 이익의 귀속도 인정해 주는 규정이다. 따라서 선의취득은 첨부에 의한 소유권 귀속으로 이익의 반환 여부를 따지는 제261조에서도 유효한 기준으로 작용한다고 보아야 한다.[41]

나) 상대방 : 동산양도담보의 경우

判例는 동산의 부합과 관련하여 "부당이득반환청구에서 '이득'이란 실질적인 이익을 의미하며, 동산양도담보권은 담보물의 교환가치 취득을 목적으로 하는 것이므로 이러한 양도담보권의 성격에 비추어 보면, 양도담보권의 목적인 주된 동산에 다른 동산이 부합(제257조)되어 부합된 동산에 관한 권리자가 권리를 상실하는 손해를 입은 경우 주된 동산이 담보물로서 가치가 증가된 데 따른 실질적 이익은 주된 동산에 관한 '양도담보권설정자'에게 귀속되는 것이다(즉, 신탁적 소유권이전설에 따라 대외적으로 소유권자인 '양도담보권자'에게 이득이 귀속되는 것이 아니다). 따라서 이 경우 부합으로 인하여 권리를 상실하는 자는 양도담보권설정자를 상대로 제261조에 따라 보상을 청구할 수 있을 뿐 양도담보권자를 상대로 보상을 청구할 수는 없다"(대판 2016.4.28. 2012다19659: 표준판례381 : 11회 선택형)고 한다.

3) 부합물에 관한 제3자의 권리

부합물을 목적으로 한 다른 권리는 소멸한다(제260조 1항).

(4) 구체적 검토

1) 토지에의 부합   [D-71d]

① '(완성된) 건물'은 토지와 별개의 부동산이므로 건물이 토지에 부합하는 일은 없다.
② '수목'은 권원이 있는 사람이 식재한 경우에는 토지와 별개의 물건으로서 식재한 사람의 소유로 남지만, 그 이외의 경우에는 토지와 하나의 물건이 되어 토지 소유자가 소유권을 취득한다(대판 1970.11.30. 68다1995). 다만 명인방법을 갖춘 수목이나 입목은 토지와 독립된 별개의 물건으로 취급된다.

> [관련판례] 권원 없이 토지임차인의 승낙만 받고 그 지상에 수목을 식재한 경우에는 토지소유자에 대하여 그 나무의 소유권을 주장할 수 없다(대판 1989.7.11. 88다카9067: 표준판례236).
>
> [비교판례] "타인 소유의 토지에 수목을 식재할 당시 토지의 소유권자로부터 그에 관한 명시적 또는 묵시적 승낙·동의·허락 등을 받았다면, 이는 민법 제256조에서 부동산에의 부합의 예외사유로 정한 '권원'에 해당한다고 볼 수 있으므로, 해당 수목은 토지에 부합하지 않고 식재한 자에게 그 소유권이 귀속된다"(대판 2023.11.16. 2023도11885).

---

41) [판례평석] 결국, 직접적인 급부관계에 있지 않은 자 사이에서 부당이득반환청구권을 직접 청구하는 사안에서, 부당이득반환의 청구를 받은 자가 계약관계(내지 급부)를 통하여 해당 물건의 소유권을 직접 취득하는 과정을 거치지 않았다면 선의취득 법리를 통한 종국적 이익의 귀속 여부를 판단할 필요가 있다(이병준, '소유권이 유보된 재료의 부합과 부당이득 삼각관계', 대법원판례해설 81호, p.123).

③ 判例에 따르면 적법한 경작권 없이 타인의 토지를 경작하였더라도, 그 '농작물'이 성숙하여 독립한 물건으로서의 존재를 갖추었으면 농작물의 소유권은 경작자에게 귀속한다고 한다. 심지어 명인방법을 갖출 필요도 없다고 한다(대판 1979.8.28. 79다784).

2) 건물에의 부합 [D-71e]

"건물이 증축된 경우에 증축부분의 기존건물에 부합 여부는 증축부분이 기존건물에 부착된 i) 물리적 구조뿐만 아니라, ii) 그 용도와 기능의 면에서 기존건물과 독립한 경제적 효용을 가지고 거래상 별개의 소유권의 객체가 될 수 있는지의 여부 및 iii) 증축하여 이를 소유하는 자의 의사(구분행위) 등을 종합하여 판단하여야 한다"(대판 1994.6.10. 94다11606).

① 증·개축된 건물이 기존의 건물과 구조상·이용상 독립성이 없는 경우(제256조의 강한부합)에는 증·개축자의 권원유무에 관계없이 부합의 법리에 따라 기존의 건물에 부합한다.

② 증·개축된 건물이 기존의 건물과 구조상·이용상 독립성이 있는 경우(제256조의 약한부합, 즉 '부속')에 i) 기존 건물의 소유자가 증·개축한 경우[실무상 저당권의 효력(제358조)과 관련하여 가장 빈번히 문제된다]에는, 이로써 곧바로 그 증축부분이 법률상 기존 건물과 별개인 구분 건물로 되는 것은 아니고, 구분건물(구분소유권)이 되기 위해서는 증축부분의 소유자의 구분소유의사가 객관적으로 표시된 구분행위(예컨대 구분등기)[42]가 있어야 한다. 만약 '건물표시변경등기'를 경료한 때에는 이를 구분건물로 하지 않고 그 전체를 1동의 건물로 하려는 의사였다고 봄이 상당하다(대판 1999.7.27. 98다35020). ii) 임차인 등 타인이 정당한 권원에 의하여 증개축한 경우에는 구분등기 없이도 제256조 단서에 의하여 증개축한 자의 소유가 된다(대판 1999.7.27. 99다14518).[43]

핵심사례 D-06

★ 부합, 종물, 소유권유보부 매매와 동산양도담보 등 대판 2008.5.8. 2007다36933,36940

甲은 자신 소유 Y토지 위에 연구시설인 X건물을 신축하면서 연구시설에 들어갈 특수 설비인 발전기설비, 냉난방설비 등을 렌탈 전문업체인 戊로부터 소유권유보부로 60개월 할부로 매수하여 이를 설치하여 건물을 완성했다. 위 물건들은 연구시설인 X건물에 있어 꼭 필요한 시설들이었다(단, 위 렌탈한 것 중 발전기설비는 분리하여 떼어 갈 수 있는 상태였으나, 냉난방설비는 훼손하지 않으면 분리할 수가 없는 X건물의 구성부분이 된 상태였다).

1. 이 경우 발전기설비와 냉난방설비에 대한 소유권자는 누구인가? (15점)

그 후 甲은 X건물을 채권자 A에게, Y토지는 채권자 B에게 저당권을 설정해 주었으며, 연구시설 중 발전기설비는 다른 채권자 丙에게 점유개정에 의한 양도담보로 제공하였다.

---

42) [비교판례: 건물신축의 경우] 判例는 건물을 구분소유권의 객체로 하려는 구분행위 여부는 처분권자의 구분의사가 객관적으로 외부에 표시되면 인정된다고 하면서 구분건물이 물리적으로 완성되기 전에도 건축허가신청이나 분양계약 등을 통하여 장래 신축되는 건물을 구분건물로 하겠다는 구분의사가 객관적으로 표시되면 구분행위의 존재를 인정할 수 있고, 이후 1동의 건물 및 그 구분행위에 상응하는 구분건물이 객관적·물리적으로 완성되면 아직 그 건물이 집합건축물대장에 등록되거나 구분건물로서 등기부에 등기되지 않았더라도 그 시점에서 구분소유가 성립한다고 한다(대판 2013.1.17. 전합2010다71578 ; 상세한 내용은 D-64.참고).

43) "임차인이 임차한 건물에 그 권원에 의하여 증축을 한 경우에 증축된 부분이 부합으로 인하여 기존 건물의 구성 부분이 된 때에는 증축된 부분에 별개의 소유권이 성립할 수 없으나, 증축된 부분이 구조상으로나 이용상으로 기존 건물과 구분되는 독립성이 있는 때에는 구분소유권이 성립하여 증축된 부분은 독립한 소유권의 객체가 된다"

그러나 그 후 甲은 戊에게 렌탈료를 20개월 이후로 전혀 납부하지 못하고 있었고, A와 B에 대한 채무도 이행하지 못하고 있었다. 이에 A가 X건물 및 특수 설비 모두에 대해 저당권에 의한 (공)경매를 신청하여 C가 경락대금을 모두 완납한 상태였다. 그리고 C가 아직 X건물에 입주하지 않은 상태에서 甲이 丙에 대한 채무를 변제기에 이행하지 않자 丙은 여타의 사정을 알면서도 甲의 승낙을 받아 발전기설비를 분리, 반출한 후 선의·무과실의 丁에게 이를 매각하고 인도하였다.

2. 이 경우 발전기설비와 냉난방설비에 대한 소유권자는 누구인가? (35점)

Ⅰ. 설문 1.의 경우

1. 결 론
발전기설비는 戊 소유이고, 냉난방설비는 甲 소유이다.

2. 논 거

(1) 甲과 戊의 소유권유보부매매의 법적 성질(정지조건부소유권이전설)
정지조건부소유권이전설(대판 1996.6.28. 96다14807)에 따르면 아직 매매대금 완납 전이므로 1차적으로 위 설비에 대한 소유권은 戊에게 속한다.

(2) 발전기설비와 냉난방설비의 X건물에의 부합 여부

1) 부동산에의 부합이 되기 위한 요건

2) 효 과

가) 원 칙(제256조 본문) / 나) 예 외(제256조 단서 : 정당한 권원 + 독립성)

3) 사안의 경우
戊가 甲에게 렌탈한 것 중 ① 발전기설비는 분리하여 떼어 갈 수 있는 상태이므로 독립한 소유권의 객체가 될 수 있으나(제256조 단서), ② 냉난방설비는 훼손하지 않으면 분리할 수가 없는, 즉 건물의 구성부분으로 된 상태이므로 그 소유권은 소유권유보부 매매임에도 불구하고 부합의 법리에 의하여 X건물의 소유자 甲에게 일단 귀속하게 된다(제256조 본문).

Ⅱ. 설문 2.의 경우

1. 결 론
냉난방설비는 저당권의 효력이 미치므로 경락인 C의 소유이고(제358조), 발전기설비는 저당권의 효력이 미치지 아니하여 결국 丁이 선의취득하게 된다(제249조).

2. 논 거

(1) A의 저당권의 효력이 미치는 범위

1) 문제점
부합물인 냉난방설비에 대해서는 제358조에 의해서 당연히 미치지만, 독립된 소유권의 객체인 발전기설비에도 미치는지 문제된다. 이는 발전기설비가 '종물'에 해당하는지 여부가 관건이다.

2) 종물이 되기 위한 요건(상, 부, 동, 독)

3) 주물과 종물의 소유자가 다른 경우
제100조는 종물에 관하여 "자기 소유인 다른 물건"이라고 규정하고 있지만, 종물이 타인의 소유라고 하더라도 그 타인의 권리를 해하지 아니하는 범위에서 제100조가 적용될 수 있다(대판 2002.2.5. 2000다38527). 그러나 발전기설비가 종물이 된다면 A의 저당권의 효력이 미쳐 戊의 권리를 해할 수 있으므로 종물이 될 수 없다(대판 2008.5.8. 2007다36933,36940). 결국 이는 X건물 저당권의 효력이 미칠 수 없다(제358조).

(2) 경락인 C의 소유권 취득 범위

1) 경매의 경우에도 선의취득이 인정되는지 여부

공경매든 사경매든 각각의 경매는 거래행위, 매매계약이라고 할 것이므로 경매의 경우에도 선의취득이 인정된다(대판 2008.5.8. 2007다36933,36940).

2) 사안의 경우

경락인 C가 X건물에 입주하기 전에 발전기설비가 분리·반출되어 丁이 이를 점유하고 있으므로 설령 경매의 경우에도 선의취득이 인정된다고 하여도(즉 경매의 경우 경락인이 선의, 무과실이라 하더라도) 경락인 C는 발전기설비를 '점유'하고 있다고 볼 수 없어, 선의취득이 인정되지 않는다(제249조)(대판 2008.5.8. 2007다36933,36940).

(3) 丁이 발전기설비에 대한 소유권을 취득하는지 여부

1) 동산양도담보의 법적성질(신탁적 소유권이전설)

2) 丁이 발전기설비를 선의취득하는지 여부(적극)

가) 문제점

발전기설비의 소유권은 戊에게 이미 유보된 상태이므로 甲의 丙에 대한 동산양도담보 설정행위는 무권리자의 처분이 된다. 따라서, 丁의 소유권 취득 여부를 확정하기 위해서는 선결적으로 동산양도담보권자 丙이 선의취득의 요건을 충족하여 소유권을 취득하는지를 검토해 보아야 한다. 이는 소유권유보부 매매와 동산양도담보는 그 실질에 있어 같으므로 사안은 이중의 동산양도담보가 있는 것과 같다(대판 2004.12.24. 2004다45943).

나) '점유개정'에 의한 丙의 선의취득 여부

判例가 판시하는 바와 같이 관념적인 점유의 이전에 불과한 점유개정의 경우에는 선의취득을 인정하여서는 안 된다(대판 1964.5.5. 63다775). 그러나 점유개정에 의한 선의취득을 부정하더라도 나중에 현실인도를 받을 때까지 선의·무과실이면 그때 '현실인도에 의한 선의취득'이 인정될 수 있다. 그러나 사안에서는 분리·반출시 현실인도가 있었지만 丙은 악의이었으므로 선의취득이 인정될 수 없다(제249조). 따라서 丙의 丁에 대한 매각행위는 무권리자의 처분행위이다.

다) '현실인도'에 의한 丁의 선의취득 여부

丁은 제249조의 요건을 모두 갖춘 것으로 판단되므로 발전기설비를 선의취득한다.

쟁점구조

■ 저당목적 건물이 증·개축된 경우 사례구조(제358조의 저당권의 효력 관련)

Ⅰ. 증·개축된 부분의 기존 건물에의 '부합' 또는 '부속'여부 검토

㉠ 기존 건물의 소유자가 증·개축한 경우와 ㉡ 타인의 권원(임대차, 도급)에 의한 증·개축의 경우

Ⅱ. 증·개축된 부분의 '독립성'이 부정되는 경우(부합)

① 제256조 본문에 의해 기존 건물에 '부합'되어 제358조에 의한 저당권의 효력이 미치기 때문에 경락인이 증·개축된 부분의 소유권 취득 ⇒ ② 특히 증·개축한 '대항력 있는 후순위 임차인'의 구제수단이 문제(임대인에 대한 제626조 비용상환청구권 인정, 경락인에 대한 제203조 비용상환청구권 아닌 제320조 유치권 인정 : '대항력 있는 선순위 임차인'의 경우 경락인이 주택임대차 보호법 제3조 4항(유추적용)에 따라 임대인의 지위를 승계)

Ⅲ. 증·개축된 부분의 '독립성'이 긍정되는 경우(부속)

① 제256조 단서에 의해 기존 건물과 독립된 '부속물'이 되어 '종물'이 아닌 한 제358조에 의한 저당권의 효력이 미치지 않기 때문에 경락인이 증·개축된 부분의 소유권을 취득할 수 없고 ㉠ 기존 건물의 소유자 또는 ㉡ 정당한 권원에 의한 타인(임차인, 수급인)이 소유권 취득⇒ ② 특히 증·개축한 '대항력 있는 후순위 임차인'의 구제수단이 문제(임대인에 대한 제646조 부속물매수청구권 인정 : '대항력 있는 선순위 임차인'의 경우 경락인이 주택임대차 보호법 제3조 4항(유추적용)에 따라 임대인의 지위를 승계)

제3관 소유권에 기한 물권적 청구권

I. 소유권에 기한 반환청구권 [D-72]

1. 의 의

> 제213조(소유물반환청구권) 소유자는 그 소유에 속한 물건을 점유한 자에 대하여 반환을 청구할 수 있다. 그러나 점유자가 그 물건을 점유할 권리가 있는 때에는 반환을 거부할 수 있다.

2. 요 건

(1) 소유자(청구권자)

소유물반환청구권을 행사할 수 있는 자는 법적인 의미에서의 '소유자'이다.

> **※ 법적인 의미에서의 소유자**
> ① 미등기 매수인은 직접 소유권에 기해 반환청구를 할 수 없고(대판 2007.6.15. 2007다11347 : 9회 선택형), 소유자인 매도인을 대위하여 불법점유자에 대하여 명도청구를 할 수 있고, 이때 채권자대위권의 행사방법으로서 매수인은 불법점유자에 대하여 직접 자기에게 명도할 것을 청구할 수 있다(대판 1980.7.8. 79다1928). ② 유효한 명의신탁의 경우 수탁자가 물권적 청구권자이며 신탁자는 수탁자의 물권적 청구권을 대위할 수 있을 뿐이다(대판 1979.9.25. 77다1508). ③ 양도담보의 경우, 동산에 관하여는 통설과 判例가 신탁적 소유권이전설을 취하므로 수탁자가 소유자가 되지만, 부동산에 관하여는 가등기담보법 제4조 2항과 관련하여 학설이 나뉜다. 다만 判例는 "부동산의 양도담보권설정자는 그 부동산의 등기명의가 양도담보권자 앞으로 되어있다 할지라도 그 부동산의 불법점유자인 제3자에 대하여는 그 실질적 소유자임을 주장하여 불법점유의 상태의 배제권을 행사할 수 있다"(대판 1988.4.25. 87다카2696,2697)고 판시한바, 이는 담보물권설에 따른 것으로 평가받는 判例이다. ④ 공유자는 공유물을 점유하고 있는 제3자에 대하여 자기에게 그 전부의 반환을 청구할 수 있다고 보는 것이 통설 및 判例이다.

(2) 점유자(상대방)

청구권의 상대방은 사실심변론종결 당시 그 물건을 '점유'하고 있는 사람이다.[44] 자주점유자이든 타주점유자이든 상관없다. 그러나 '점유보조자'는 상대방이 되지 못한다. 이하에서는 문제되는 경우를 검토한다.

1) 간접점유자

가) 판 례

判例는 불법점유를 이유로 한 인도청구와 그 밖의 인도청구 예컨대, 인도약정에 따라 그 이행을 구하는 경우를 나누어, ㉠ 불법점유자에 대한 인도청구는 현실로 불법점유를 하고 있는 자만을 상대로 해야 한다고 하는 반면(대판 1970.9.29. 70다1508), **[14회 기록형]** ㉡ 인도약정에 따른 이행청구의 경우에는 간접점유자에 대해서도 인도를 청구할 수 있다고 한다(대판 1983.5.10. 81다187).[45]

이러한 判例(위 81다187판결)에 따르면 예컨대 甲소유의 건물을 乙이 무단으로 점유하다가 乙이 丙에게

---

[44] 따라서 상대방이 물건을 점유하고 있는 것으로 평가받지 못하는 경우, 예컨대 빨래가 바람에 날려 옆집으로 들어간 때에는 이 청구권은 인정되지 않는다. 이때에는 그 물건의 점유자 내지 소유자가 이를 수거하는 것을 옆집의 점유자가 인용하는 것으로 해결할 것이다.

[45] "불법점유를 이유로 한 건물명도청구를 하려면 현실적으로 불법점유하고 있는 사람을 상대로 하여야 할 것이나, 그렇지 않는 경우에는 간접점유자를 상대로 명도를 청구할 수 있다"

임차를 한 경우에는 甲은 직접점유자 丙을 상대로 반환청구를 하여야 하나, 甲이 乙에게 임대차를 하고 乙이 다시 丙에게 임대차(전대차)를 한 때에는 甲과 乙의 임대차가 종료하면 甲은 직접점유자 丙뿐만 아니라 간접점유자인 乙을 상대로도 반환청구를 할 수 있는 것으로 된다.

나) 검 토

① 간접점유자에 대하여는 그가 점유매개자에 대해 가지는 반환청구권을 양도할 것을 청구하는 방식으로 소유물반환청구권을 행사할 수 있다고 보는 견해도 있으나, ② 반환청구권의 양도만을 구할 수 있다고 하면 간접점유자가 나중에 직접점유를 취득하여 간접점유관계가 해소되면 재차 별도의 소송을 제기해야 하는 등의 불편함이 따르므로 현실의 인도나 반환청구권의 양도를 선택적으로 행사할 수 있다는 견해가 타당하다.[46]

2) 토지 위에 지상물이 있는 경우(판례연구 D-5.참고)

가) 토지의 점유자는 건물소유자

① 토지를 점유하는 자는 지상물의 점유자가 아니라 지상물의 소유자이다(D-54.참고). 따라서 토지소유자는 '지상물을 점유'하고 있는 건물임차인 등이 아닌, '토지를 (불법)점유'하고 있는 건물소유자에게 토지의 인도를 청구할 수 있다(제213조). 다만 토지소유자는 토지의 소유권에 기한 방해배제청구권(제214조)으로서 건물임차인 등에게 위 건물에서 '퇴거'할 것을 청구할 수 있다.

② 그러나 "건물의 소유자가 그 건물의 소유를 통하여 타인 소유의 토지를 점유하고 있다고 하더라도 그 토지 소유자로서는 그 건물의 철거와 그 대지 부분의 인도를 청구할 수 있을 뿐, 자기 소유의 건물을 점유하고 있는 자에 대하여 그 건물에서 퇴거할 것을 청구할 수는 없다(대판 1999.7.9. 98다57457,57464). **[13회 기록형, 12법행, 22법무]**. 즉, '건물철거의무'에는 '퇴거의무'도 포함된 것으로 보므로 그 의무자에게 철거를 구하면서 별도로 퇴거를 구할 필요는 없다. 이러한 법리는 건물이 공유관계에 있는 경우에 건물의 공유자에 대해서도 마찬가지로 적용된다(대판 2022.6.30. 2021다276256 : 13회 선택형).

나) 건물에서의 퇴거청구는 건물의 직접점유자

① 퇴거는 임차인에게 건물에서 나가 달라고 요구하는 것이다. 判例도 "건물이 그 존립을 위한 토지사용권을 갖추지 못하여 토지의 소유자가 건물의 소유자에 대하여 당해 건물의 철거 및 그 대지의 인도를 청구할 수 있는 경우에라도 건물소유자가 아닌 사람이 건물을 점유하고 있다면 토지소유자는 그 건물 점유를 제거하지 아니하는 한 위의 건물 철거 등을 실행할 수 없다(건물철거의 대체집행시 건물퇴거도 건물소유자의 수인의무에 포함되나 건물소유자 아닌 제3자는 수인의무를 부담하지 않기 때문이다 : 저자주). 따라서 그때 토지소유권은 위와 같은 점유에 의하여 그 원만한 실현을 방해당하고 있다고 할 것이므로, 토지소유자는 자신의 소유권에 기한 방해배제로서 건물점유자에 대하여 건물로부터의 퇴출을 청구할 수 있다.

② 그리고 이는 건물점유자가 건물소유자로부터의 임차인으로서 그 건물임차권이 이른바 대항력을 가진다고 해서 달라지지 아니한다. 건물임차권의 대항력은 기본적으로 건물에 관한 것이고 토지를 목적으로 하는 것이 아니므로 이로써 토지소유권을 제약할 수 없고, 토지에 있는 건물에 대하여 대항력 있는 임차권이 존재한다고 하여도 이를 토지소유자에 대하여 대항할 수 있는 토지사용권이라고 할 수는 없다"(대판 2010.8.19. 2010다43801: **표준판례309** : 3회 선택형)고 판시하고 있다. **[10회 사례형, 12법행, 14법무, 17입법]**

  ※ 부당이득반환 의무자

  "건물소유자와 건물부지 토지소유자들과의 토지에 관한 임대차계약이 토지임대인측의 해지통고에 의하여 이미 종료됨으로써 건물소유자가 토지에 관한 사용·수익의 권한을 잃게 되었다 하여도 건물소유자는 의연

---

46) 양창수, 민법주해(5), p.221 ; 지원림, 민법강의(13판), 3-183 ; 송덕수, 신민법강의(8판), B-328

토지소유자들과의 관계에 있어서는 토지 위에 있는 건물의 소유자인 관계로 전체 부지의 불법점유자라 할 것이고, 따라서 건물부지부분에 관한 차임상당액의 부당이득 전부에 관한 반환의무를 부담하게 되는 것이며, 건물 일부를 점유하고 있는 건물임차인이 그 한도 내에서 토지소유자들에 대하여 부지점유자로서 부당이득반환의무를 진다고 볼 수 없다"(대판 2012.5.10. 2012다4263 ; 대판 1994.12.9. 94다27809).

3) 건물철거청구에서 건물의 미등기 매수인(핵심사례 D-8. 참고) [7회 사례형, 14회 기록형, 15사법, 12법행, 12입법, 22법무]

가) 판 례

判例는 "건물철거는 소유권의 종국적 처분에 해당하는 사실행위이므로 원칙으로는 소유자(등기명의자)에게만 그 철거처분권이 있다고 할 것이나, 건물을 매수하여 점유하고 있는 자는 등기부상 아직 소유자로서의 등기명의가 없다 하더라도 그 권리의 범위내에서 그 **점유 중인 건물에 대하여 법률상 또는 사실상 처분을 할 수 있는 지위**"에 있으므로 그 자를 상대로 건물철거를 구할 수 있다고 한다(대판 1986.12.23. 86다카1751 : 4회,9회 선택형). 이 경우 건물을 매도하고 퇴거한 매도인(미등기건물 사례임)은 철거청구의 상대방이 될 수 없다고 하며(대판 1987.11.24. 87다카257,258), 아울러 미등기건물을 '관리'하고 있는 자도 철거청구의 상대방이 될 수 없다고 한다(대판 2003.1.24. 2002다61521: 표준판례188 : 8회 선택형).

나) 검 토

判例의 태도는 타당한바, 만약 이를 인정하지 않는다면 ⅰ) 대지소유자로서는 등기명의자의 현재의 주소를 탐색하여야 하는 등 경우에 따라서는 소유권의 실현에 과도한 부담을 질 수 있으며, ⅱ) 그 건물의 존속 여부에 대하여 현실적인 이해관계를 가지고 있는 자는 등기명의자가 아니라 매수하여 점유하고 있는 자라고 할 것이기 때문이다.

> [주의] **✱ 미등기건물의 매수인에게 소유권 내지 소유권에 준하는 관습상 물권이 존재하는지 여부**(소극)
> "미등기 무허가건물의 양수인이라 할지라도 그 소유권이전등기를 경료받지 않는 한 그 건물에 대한 소유권을 취득할 수 없고, 그러한 상태의 건물 양수인에게 소유권에 준하는 관습상의 물권이 있다고 볼 수도 없으므로, 건물을 신축하여 그 소유권을 원시취득한 자로부터 그 건물을 매수하였으나 아직 소유권이전등기를 갖추지 못한 자는 그 건물의 불법점거자에 대하여 '직접' 자신의 소유권 등에 기하여 명도를 청구할 수는 없다"(대판 2007.6.15. 2007다11347 : 9회 선택형)(건물 소유자를 '대위'하여 인도청구는 가능하다). [19법무]
>
> **✱ 부당이득반환 의무자** [14회 기록형]
> "미등기건물을 양수하여 점유하는 등 건물에 관한 사실상의 처분권을 보유하는 자가 있는 경우, 건물에 관한 사실상 처분권을 보유하는 자도 토지소유자에 대하여 부당이득반환의무를 부담하고, 사실상 건물의 처분권을 보유하는 자와 법률상 건물소유자(원시취득자)의 부당이득반환의무는 '부진정연대채무관계'에 있다"(대판 2022.9.29. 2018다243133,243140: 표준판례689 : 14회 선택형)

(3) 점유할 권리가 없을 것

그러나 '점유할 권리'가 있는 자는 소유권자의 소유물반환청구에 대하여 반환을 거부할 권리가 있는바(제213조 단서), 이는 피고의 항변사유이다. 여기서 '점유할 권리'란 민법상 완전한 권리뿐만 아니라 **점유를 정당화할 수 있는 모든 법적 지위를 포함한다.** 여기에는 ① 물권적 권리로서 ⅰ) 법정지상권(제366조의 법정지상권, 관습법상 법정지상권), ⅱ) 유치권, ② **채권적 권리로서** ⅰ) 미등기 매수인 및 미등기 매수인으로부터의 매수인(대판 1988.4.25. 87다카1682 : 표준판례237[47] : 12회,14회 선택형), ⅱ) 점유취득시효완성자,

---

[47] "토지의 매수인이 아직 소유권이전등기를 경료받지 아니하였다 하여도 매매계약의 이행으로 그 토지를 인도받은 때에는 매매계약의 효력으로서 이를 점유·사용할 권리가 생기게 된 것으로 보아야 하고, 또 매수인으로부터 위 토지를 다시 매수한 자는 위와 같은 토지의 점유사용권을 취득한 것으로 봄이 상당하므로 매도인은 매수인으로부터 다시 위 토지를 매수한 자에 대하여 토지 소유권에 기한 물권적 청구권을 행사하거나 그 점유·사용을 법률상 원인이 없는 이익이라고 하여 부당이득반환청구를 할 수는 없다"

iii) 임차인, ③ 동시이행항변권, ④ 위 권리가 없을 경우 최후의 보충적 항변수단으로 신의칙(주로 권리남용, 실효의 원칙 등이 문제)을 들 수 있다. 반면 물권적 청구권을 행사하는 소유자에게 대항할 수 없는 채권적 권리는 이에 포함되지 않는다.

3. 효 과

(1) 소유물반환 청구

소유자는 점유자에 대하여 그 물건의 반환, 즉 점유의 인도를 청구할 수 있다.

(2) 비용부담(D-14.참고)

(3) 부수적 이해관계의 조정(점유자와 회복자의 관계) - 아래에서 별도의 목차로 검토한다.

Ⅱ. 점유자와 회복자의 관계 [D-73]

1. 선의점유자의 과실취득권 [D-73a]

(1) 의 의

선의의 점유자는 본권이 없더라도 점유물의 과실을 취득한다(제201조 1항).

(2) 요 건

1) 선 의

선의의 점유자란 과실수취권을 포함하는 본권(소유권·지상권·전세권·임차권 ; 소, 지, 전, 임)을 가지고 있다고 오신하는 점유자를 가리키며(대판 1992.12.24. 92다22114), 여기에서의 선의는 일반적인 의미인 '소극적인 부지'를 의미하는 것이 아니라 '적극적인 오신', 즉 실제로는 없는 권리를 존재하는 것으로 적극적으로 믿고 있을 것을 요구한다(대판 1969.6.30. 69다1234).

2) 무과실 요부

判例는 "오신을 함에는 오신할 만한 정당한 근거가 있어야 한다"(대판 1996.1.26. 95다44290)고 판시하고 있다.
[판례검토] 생각건대, 점유자가 소유자의 이익을 희생시키고 특혜를 받으려면 그만한 보호가치가 있어야 한다고 본다. 따라서 선의의 점유자로서 과실을 취득할 수 있기 위해서는 단순한 오신만으로는 부족하고 오신할 만한 근거(무과실)가 함께 존재하여야 한다.

3) 예 외

① 권원 없는 점유였음이 밝혀졌다고 하여 바로 그동안의 점유에 대한 선의의 추정이 깨어졌다고 볼 것은 아니지만, 선의의 점유자라도 본권에 관한 소에서 패소한 때에는 그 '소가 제기된 때'부터 악의의 점유자로 본다(제197조 2항)(대판 2019.1.31. 2017다216028,216035). 여기서의 '소가 제기된 때'란 소송이 계속된 때, 즉 소장 부본이 피고에게 송달된 때를 말하며(대판 2016.12.29. 2016다242273 : 11회,12회 선택형), '본권에 관한 소'에는 소유권에 기하여 점유물의 인도를 구하는 소송은 물론 부당점유자를 상대로 점유로 인한 부당이득의 반환을 구하는 소송도 포함된다(아래 2001다6213 판결). ② 그리고 선의이더라도 폭력 또는 은비에 의한 점유자는 악의의 점유자로 다루어진다(제201조 3항).

> [비교] 민법 제749조 2항에서의 '그 소'라 함은 부당이득을 이유로 그 반환을 구하는 소를 가리킨다는 점에서 민법 제197조 2항의 '본권에 관한 소'와 다르다(대판 1987.1.20. 86다카1372 : 2회 선택형).

■ 민법 제197조 2항 소정의 '본권에 관한 소'의 의미 대판 2002.11.22. 2001다6213

사실관계 | A는 이 사건 부동산을 취득하여 냉장 창고업을 시작하면서 그 아들 B에게 실무를 담당하게 하였는데, B는 A의 동의 없이 단독으로 위 부동산의 일부를 C에게 임대하여, C가 1997. 10. 9.부터 이를 점유·사용하고 있다. 1998. 12. 3. A(원고)는 C(피고)를 상대로, C의 점유는 B의 무권대리에 의한 임대차계약에 기인한 것이라는 이유로, 그 해당 점유부분의 명도와 그 점유에 상응하는 부당이득의 반환을 청구하는 소를 제기하였다. 이 소송 진행 중, 2000. 3. 16. 위 부동산은 임의경매절차에서 D에게 낙찰되어 D명의로 소유권이전등기가 마쳐졌다.

판례의 태도 | "ⅰ) 민법 제197조 제2항의 취지와 부당이득반환에 관한 민법 제749조 제2항의 취지 등에 비추어 볼 때, 민법 제197조 2항 소정의 '본권에 관한 소'에는 소유권에 기하여 점유물의 인도나 명도를 구하는 소송은 물론 부당점유자를 상대로 점유로 인한 부당이득의 반환을 구하는 소송도 포함된다. ⅱ) 이 사건 부당이득반환청구에 민법 제201조 제1항, 제197조 제1항을 적용함에 있어서는, 비록 소유권에 기한 명도 및 인도 청구가 변론종결 전에 소유권 상실되었음을 이유로 배척된다고 하더라도, 법원으로서는 소유권 상실 이전 기간의 부당이득반환청구와 관련하여 원고의 소유권의 존부와 피고들의 점유 권원의 유무 등을 가려서 그 청구의 당부를 판단하고, 원고의 부당이득 주장이 이유 있는 것으로 판단된다면 민법 제201조 제1항, 제197조 제1항에도 불구하고 적어도 그 소제기일부터는 피고들의 점유를 악의로 의제하여 피고들에 대하여 부당이득의 반환을 명하여야 할 것이다"(대판 2002.11.22. 2001다6213).[48]

(3) 효 과

1) 과실의 의미
과실은 천연과실과 법정과실을 모두 포함한다. 또 물건을 사용하는 이익, 즉 '사용이익'도 과실에 준한다는 것이 통설·判例이다.

2) 부당이득반환책임과의 관계
과실을 수취할 수 있는 범위 내에서는 부당이득은 성립하지 않는다(대판 1987.9.23. 86다카1996,1997 등).

3) 불법행위책임과의 관계
判例는 선의의 점유자에게 과실취득권을 인정하면서도 그에게 '과실'이 있는 경우에는 불법행위로 인한 손해배상책임을 인정하고 있다(대판 1966.7.19. 66다994).

[판례검토] 判例의 입장과 같이 오신할 만한 정당한 근거가 있어야 한다면, 불법행위에서의 과실이 인정될 여지는 없다고 보는 것이 논리적이며, 또한 判例에 따르면 한편으로는 선의점유자에게 과실취득이라는 이익을 주면서 다른 한편으로는 손해배상을 이유로 과실 자체는 아니더라도 이에 상응하는 대가를 도로 빼앗는 것이 된다. 따라서 **제201조 1항의 입법취지**(제201조 1항이 갖는 실제적인 의미는 '선의의 자주점유자'에 한해서는 불법행위책임을 완화한 것, 즉 현존이익의 한도에서 배상케 하는 데에 있다)상 선의 점유자의 과실취득권이 인정될 경우 불법행위책임은 성립하지 않는다고 보는 것이 타당하다(다수설).

---

48) [판례평석] 判例는 타당하다고 할 수 없다. 즉 소유권에 기해 점유물의 명도를 구하면서 아울러 부당점유로 인한 부당이득반환청구를 하는 경우, 후자의 청구는 부당이득을 원인으로 하는 (채권적) 반환청구로서, 이 경우 선의의 수익자라도 그 (부당이득반환청구)소송에서 패소한 때에는 제749조 2항에 의해 그 소를 제기한 때부터 악의의 점유자로 의제되므로(대판 1974.7.16. 74다525), 부당이득의 반환에 관한 한 제197조 2항에 근거할 필요없이 문제를 해결할 수 있고, 또 이것이 양자의 체계에도 부합한다. 결론적으로 민법 제197조 2항 소정의 "본권에 관한 소"에 부당이득반환청구의 소를 포함시켜야 할 이유나 필요는 없다고 본다[김준호, 민법강의(19판), p.627 ; 최병조, 민법주해(Ⅳ), p.355 ; 이병준, '선의점유자의 과실취득권과 선의점유자의 판단', Jurist 제410호, p.249].

(4) 악의점유자의 과실반환의무

1) 요건

악의의 점유자라고 함은 선의점유자가 아닌 점유자를 말한다. 따라서 폭력 또는 은비에 의한 점유자(제201조 3항), 과실취득권이 없는 본권(유치권, 질권, 저당권 등)에 관하여 오신한자, 또는 선의의 점유자라도 본권에 관한 소에 패소한 때에는 그 소가 제기된 때로부터 악의점유자로 본다(제197조 2항).

2) 효과

악의의 점유자는 수취한 과실을 반환하여야 하며, 소비하였거나 과실로 훼손 또는 수취하지 못한 경우에는 그 과실의 대가를 보상하여야 한다(제201조 2항 : 12회 선택형).

3) 불법행위책임과의 관계

악의점유자의 과실반환의무 외에 불법행위가 성립하는 경우 불법행위책임이 경합하는지에 대해 判例는 긍정한다(대판 1961.6.29. 4293민상704).

4) 제748조 2항(부당이득)과의 관계 [10행정]

가) 판례

判例에 따르면 악의의 점유자의 반환에 관한 제201조 2항은 제748조 2항의 특칙이 아니어서 악의의 점유자는 제201조 2항에 따라 과실을 반환하는 외에 다시 제748조 2항을 적용하여 i) 임료 상당의 부당이익(사용이익) 및 ii) 그에 따른 법정이자와 iii) 위 부당이득 및 이자액에 대한 지연이자도 지급해야 한다(제387조 2항 참조)고 한다(대판 2003.11.4. 2001다61869: 표준판례197 : 4회 선택형).

나) 검토

제201조는 선의의 점유자를 보호하기 위한 규정이며, 제201조 2항은 악의의 점유자가 수취한 과실을 반환하는 경우 이자를 반환할 필요가 없다고 규정하고 있지 않으므로 이자를 반환해야 한다는 判例의 견해가 타당하다.

(5) 적용범위

1) 무효 · 취소의 경우

예를 들어 매매계약의 무효 · 취소를 이유로 건물명도청구와 함께 그 사용이익의 반환을 청구하는 경우, 判例는 본조의 적용을 긍정한다(대판 1966.9.20. 66다939).

2) 계약의 해제의 경우

判例는 계약해제에 있어서는 제548조가 원상회복에 관해 따로 규정을 두고 있는 이상 본조의 적용은 배제된다고 한다(대판 1962.3.29. 4294민상1338).

2. 목적물의 멸실 · 훼손에 대한 책임 [D-73b]

(1) 요건 및 효과

① 점유자의 책임 있는 사유로 목적물이 멸실 · 훼손된 경우에도 점유자가 '선의이면서 자주점유인 경우' 그 이익이 현존하는 한도에서 배상책임을 진다. ② 그러나 '악의점유이거나 선의라도 타주점유인 경우'에는 손해의 전부를 배상해야 한다(제202조)(12회 선택형).

(2) 불법행위책임과의 관계

判例 중에는 제202조가 불법행위로 인한 손해배상책임과 경합한다는 것이 있으나(대판 1961.6.29. 4293민

상704). 본조가 갖는 실제적인 의미는 '선의의 자주점유자'에 한해서는 불법행위책임을 완화한 것, 즉 현존이익의 한도에서 배상케 하는 데에 있으므로 불법행위책임과 경합할 수 없다(다수설).

3. 점유자의 비용상환청구권 [15사법]   [D-73c]

(1) 의 의

점유자가 점유물을 반환하는 경우에는 회복자에 대하여 지출된 비용의 상환을 청구할 수 있다(제203조).

1) 제203조와 제741조의 관계

① 判例는 "제203조는 정당한 법률관계가 없는 물건 점유자와 회복자 사이에서 점유물을 반환하는 경우 점유자가 지출한 필요비 또는 유익비의 상환청구 범위와 상환시기에 관하여 규정한 **특별규정**이므로, 물건의 소유자가 적법한 점유 권원 없는 점유자를 상대로 제213조에 따른 물권적 청구권을 행사하여 물건의 반환을 구할 수 있는 경우 점유자는 물건의 소유자를 상대로 제741조에 따라 해당 비용의 반환을 구할 수는 없고 제203조에 따라 '점유물을 반환할 때' 비로소 비용상환청구권을 행사할 수 있을 뿐이다"(대판 2024.12.24. 2020다275744, 2020다275751)고 한다.

② 아울러 判例는 사안에서 원고가 피고를 상대로 진정명의회복을 원인으로 하는 소유권이전등기절차의 이행을 구하고 있을 뿐(제214조)이라면 원고의 인도청구를 전제로 한 피고의 유익비상환청구권은 '아직' 발생하지 않는다고 한다(대판 2024.12.24. 2020다275744, 2020다275751).

2) 제203조와 제626조 등의 관계 [4회 사례형]

① 判例는 "점유자가 유익비를 지출할 당시 계약관계 등 적법한 점유의 권원을 가진 경우에 그 지출비용의 상환에 관하여는 그 계약관계를 규율하는 법조항(전세권에 관한 제310조, 유치권에 기한 제325조, 임대차에 관한 제626조)이나 법리 등이 적용되는 것이어서, 점유자는 그 계약관계 등의 상대방에 대하여 해당 법조항이나 법리에 따른 비용상환청구권을 행사할 수 있을 뿐 계약관계 등의 상대방이 아닌 점유회복 당시의 소유자에 대하여 제203조 2항에 따른 지출비용의 상환을 구할 수는 없다"(대판 2003.7.25. 2001다64752 : 7회 선택형)고 한다.

② 따라서 判例는 대항력 없는 임차인(대항력 있는 후순위 임차인도 동일)이 유익비를 지출한 임차건물에 관하여 경매절차가 진행되어 제3자가 이를 낙찰 받아 소유권을 취득한 경우, 임차인은 낙찰인에게 그 건물을 인도하여야 하는바, 이때 임차인은 낙찰인에게 제203조 2항에 의한 유익비의 상환을 청구할 수 없고, 다만 임대인에게 제626조 2항에 의하여 유익비의 상환을 청구할 수 있으므로 이를 피보전권리로 하여 낙찰인에게 유치권을 주장할 수 있다고 한다.

[비교] 만약 대항력 있는 선순위 임차권의 경우라면 낙찰인에게 임차권으로 대항할 수 있으며, 다만 이후 임대차가 종료되면 임차인은 임대인의 지위를 승계한 낙찰인(주택임대차 보호법 제3조 4항)에게 제626조 2항에 따른 유익비상환을 청구할 수 있다.

(2) 요 건

1) 비용을 지출할 것

가) 필요비

① 점유자는 선의·악의 또는 소유의 의사 유무를 묻지 않고서 필요비의 상환을 청구할 수 있다(제203조 1항). 필요비는 통상필요비(보존·수선·사육·공과공조 등)와 특별필요비(태풍으로 인한 가옥의 대수선)로 구분되는데, 점유자가 과실을 취득한 경우에는 '통상의 필요비'는 청구하지 못한다(제203조 1항 단서 : 12회 선택형). 예컨대 기계의 점유자가 그 기계장치를 계속 사용함에 따라 마모되거나 손상된 부품을

교체하거나 수리하는 데에 소요된 비용은 통상의 필요비에 해당한다. 따라서 기계의 점유자는 과실을 취득한 경우(목적물을 이용한 경우)이므로 통상의 필요비를 청구할 수 없다(대판 1996.7.12. 95다41161).

② 다만, "민법 제203조 제1항 단서에서 말하는 '점유자가 과실을 취득한 경우'란 점유자가 선의의 점유자로서 민법 제201조 제1항에 따라 과실수취권을 보유하고 있는 경우를 뜻한다고 보아야 한다. 선의의 점유자는 과실을 수취하므로 물건의 용익과 밀접한 관련을 가지는 비용인 통상의 필요비를 스스로 부담하는 것이 타당하기 때문이다. 따라서 과실수취권이 없는 악의의 점유자에 대해서는 위 단서 규정이 적용되지 않는다"(대판 2021.4.29. 2018다261889: 표준판례198).

나) 유익비

점유자는 그의 선의·악의를 묻지 않고서 점유물을 개량하기 위하여 지출한 금액 기타 유익비에 관하여 그 가액의 증가가 현존한 경우에 한하여, 회복자의 선택에 좇아 그 지출금액이나 증가액의 상환을 청구할 수 있다(제203조 2항 : 12회 선택형). 즉 유익비의 상환범위는 '점유자가 유익비로 실제 지출한 금액'과 '현존하는 증가액' 중에서 회복자가 선택하는 것으로 정해진다. 위와 같은 실제 지출금액 및 현존 증가액에 관한 증명책임은 모두 유익비의 상환을 구하는 '점유자'에게 있다(대판 1962.10.18. 62다437).

[관련판례] "점유자의 증명을 통해 실제 지출금액 및 현존 증가액이 모두 산정되지 아니한 상태에서 회복자가 '점유자가 주장하는 지출금액과 감정결과에 나타난 현존 증가액 중 적은 금액인 현존 증가액을 선택한다'는 취지의 의사표시를 하였다고 하더라도, 특별한 사정이 없는 한 이를 곧바로 '실제 증명된 지출금액이 현존 증가액보다 적은 금액인 경우에도 현존 증가액을 선택한다'는 뜻까지 담긴 것으로 해석하여서는 아니된다. 일반적으로 회복자의 의사는 실제 지출금액과 현존 증가액 중 적은 금액을 선택하겠다는 것으로 보아야 하기 때문이다"(대판 2018.6.15. 2018다206707: 표준판례200). [22법무]

2) 상환청구권의 당사자

가) 청구권자

제203조에 의해 비용상환을 청구할 수 있는 자는 ⅰ) 타인의 소유물을 권원없이 점유하는 자여야 하며, ⅱ) 그 비용지출과정을 주도하고 관리한 자일 것을 요한다.

① [임대차] 타인 소유물을 점유할 권원을 가지고 점유하는 자가 타인 소유물에 비용을 지출하는 경우, 일반조항인 제203조가 아니라 당사자간의 계약관계 또는 당사자간의 계약관계를 규율하는 법률규정에 기하여 반환받을 수 있다. 그러므로 임차인의 경우 제626조 등에 의해서 비용을 받을 수 있고 제203조에 의해서는 받을 수 없다(아래 제203조의 적용범위)(4회, 7회 선택형).

② [도급계약] "유효한 도급계약에 기하여 수급인이 도급인으로부터 제3자 소유 물건의 점유를 이전받아 이를 수리한 결과 그 물건의 가치가 증가한 경우, 도급인이 그 물건을 간접점유하면서 궁극적으로 자신의 계산으로 비용지출과정을 관리한 것이므로, 도급인만이 소유자에 대한 관계에 있어서 제203조에 의한 비용상환청구권을 행사할 수 있는 비용지출자라고 할 것이고, 수급인은 그러한 비용지출자에 해당하지 않는다"(대판 2002.8.23. 99다66564,66571 : 7회,8회,9회 선택형).

나) 상환의무자

반환 당시의 회복자가 상환청구의 상대방이 된다. 한편 점유자가 계약에 기하여 점유하다 반환하는 경우에는 계약의 당사자가 비용상환청구의 상대방이 된다(아래 제203조의 적용범위).

3) 이행기

제203조 1항, 2항은 '점유자가 점유물을 반환할 때'에 상환을 청구할 수 있도록 규정하고 있으므로, 그 상환청구권은 점유자가 회복자로부터 점유물 반환을 청구받거나 회복자에게 점유물을 반환한 때에 비로소 발생하여 점유자가 이를 행사할 수 있는 상태가 되고 이행기가 도래한다(대판 2011.12.13. 2009다5162 등 : 12회 선택형).

(3) 유치권과의 관계

점유자의 비용상환청구권은 필요비·유익비 어느 것이나 물건에 관하여 생긴 채권으로서 유치권이 성립할 수 있다(제320조 1항). 다만, 유익비의 상환청구를 하는 경우에 회복자는 법원으로부터 상당한 상환기간을 허여 받아서 유치권의 성립을 저지할 수 있다(제203조 3항).

Ⅲ. 소유권에 기한 방해제거청구권·방해예방청구권 [D-74]

1. 소유물방해제거청구권 [D-74a]

(1) 의 의

소유자가 소유권을 방해하는 자에 대하여 방해의 제거를 청구할 수 있는 권리이다(제214조 전단).

(2) 요 건

'방해'란 점유 이외의 방법으로 소유권의 내용이 실현되지 못하고 있는 상태를 말한다. 그리고 그 방해는 이미 과거에 종결된 것이어서는 안 되며, 현재도 계속되고 있어야 한다.

(3) 효 과

소유자는 방해자에 대하여 방해의 제거를 청구할 수 있다. 여기서 '방해의 제거'란 방해 결과의 제거가 아니라 현재 계속되고 있는 방해의 원인을 제거하는 것을 의미한다(아래 2003다5917 판결). 토지를 무단점유하는 건물의 철거청구나, 무효인 소유권등기나 저당권등기 등의 말소를 청구하는 것이 이에 해당한다.

> ✶ **소유물방해배제청구권에서 방해의 개념** [11사법, 13회 사례형]
> "소유권에 기한 방해배제청구권에 있어서 '방해'라 함은 현재에도 지속되고 있는 침해를 의미하고, 법익침해가 과거에 일어나서 이미 종결된 경우에 해당하는 '손해'의 개념과는 다르다 할 것이어서, 소유권에 기한 방해배제청구권은 방해결과의 제거를 내용으로 하는 것이 되어서는 아니 되며(이는 손해배상의 영역에 해당한다 할 것이다) 현재 계속되고 있는 방해의 원인을 제거하는 것을 내용으로 한다"(대판 2003.3.28. 2003다5917: 표준판례239).[49]
>
> [판례해설] 사안에서 대법원은 쓰레기 매립으로 조성한 토지에 소유권자가 매립에 동의하지 않은 쓰레기가 매립되어 있다 하더라도 이는 과거의 위법한 매립공사로 인하여 생긴 결과로서 소유권자가 입은 손해에 해당한다 할 것일 뿐, 그 쓰레기가 현재 소유권에 대하여 별도의 침해를 지속하고 있다고 볼 수 없다는 이유로 소유권에 기한 방해배제청구권을 행사할 수 없다고 하였다.

2. 소유물방해예방청구권 [D-74b]

(1) 의 의

소유자가 소유권을 방해할 염려가 있는 행위를 하는 자에 대하여 그 예방 또는 손해배상의 담보를 청구할 수 있는 권리이다(제214조 후단).

(2) 요 건

'방해의 염려'가 있다고 하기 위하여는 방해예방의 소에 의하여 미리 보호받을 만한 가치가 있는 것으로서 객관적으로 근거 있는 상당한 개연성을 가져야 할 것이고 관념적인 가능성만으로 이를 인정할 수 없다

---

[49] [판례평석] 소유권은 지표나 지상뿐만 아니라 정당한 이익 있는 범위 내에서는 지하에도 미치는데, 그렇다면 타인의 토지 위에 건물을 지은 경우에 그 건축이 완료되었다고 할지라도 그 건물에 대해 토지소유권에 기해 방해제거청구를 인정하는 判例의 일관된 태도와는 모순된다는 비판이 있다[김규완, '소유권방해배제청구권에 있어서 방해의 개념', Jurist 제410호, p.271].

(대판 1995.7.14. 94다50533). 방해의 염려가 있으면 족하고 귀책사유를 필요로 하지 않는다. 그러나 그 담보로부터 손해의 전보를 받기 위해서는 소유자에게 손해가 발생하고 그에 관해 상대방에게 귀책사유가 있어야 하는 것, 즉 불법행위의 성립을 전제로 한다(제750조).

(3) 효 과

소유자는 방해의 예방과 손해배상의 담보 모두를 청구할 수는 없고, 그중 어느 하나를 선택하여 행사하여야 한다. '방해의 예방'이란 장차 방해를 일으킬 우려가 있는 원인을 제거하여 방해의 발생을 미리 막는 데 적절한 조치를 하는 것을 말하고(예컨대 건축공사를 하면서 이웃 건물의 붕괴를 막기 위해 축대를 쌓는 것), '손해배상의 담보'는 장차 방해가 현실적으로 발생할 경우에 상대방이 부담할 손해배상의무를 미리 담보하는 것을 말한다.

> **■ 대학교 또는 사찰 인근의 토지상에 고층건물을 짓는 것이 '소유권의 방해'에 해당하는지 여부**
>
> **사실관계** | 국립 甲대학교는 5층 높이의 첨단과학관을 완공하였다. 乙은 甲부지에 인접한 토지를 소유하고 있는데, 관할 구청으로부터 24층 아파트 건축 사업승인을 받아 19층까지 골조공사를 마쳤다. 甲은 乙을 상대로 위 아파트가 완공되면 첨단과학관의 교육 및 연구에 지장을 초래하고 또 대학교로서의 교육환경이 저해된다는 이유로 16층 이상의 높이로 건축하는 것을 금지하는 공사금지 가처분을 신청하였다. 인용가능한가?
>
> **판례에 따른 검토** | 대법원은 ① "乙이 건축하는 이 사건 아파트가 24층까지 완공되는 경우 甲대학교 구내의 첨단과학관에서의 교육 및 연구활동에 커다란 지장이 초래되고, 위 첨단과학관 옥상에 설치된 자동기상관측장비 등의 본래의 기능 및 활용성이 극도로 저하되며, 甲대학교의 대학교로서의 경관, 조망이 훼손되고, 조용하고 쾌적한 교육환경이 저해되며, 소음의 증가 등으로 교육 및 연구활동이 방해받게 된다면, 그러한 방해가 사회통념상 일반적으로 수인할 정도를 넘어선다고 인정되는 한, 그것이 민법 제217조 소정의 매연, 열기체, 액체, 음향, 진동, 기타 이에 유사한 것에 해당하는지 여부를 떠나, 그 소유권에 기하여 그 방해의 제거나 예방을 청구할 수 있다"(대판 1995.9.15. 95다23378: 표준판례240 ; 채각 환경오염에 대한 사법상 구제책 참고)고 판시하고 있다. ② 위 판결과 같은 취지의 판결로 대한불교 조계종 봉은사에서 6미터 떨어진 곳에 19층 높이의 고층건물을 관련법에 따라 건축을 한 사안에서, 그것은 사찰이 가지는 종교적 환경을 침해하는 것, 즉 소유권의 방해에 해당한다고 하여, 16층 이상의 공사의 금지를 인정하였다(대판 1997.7.22. 96다56153: 표준판례210).

Ⅳ. 소유권에 기한 부동산인도 · 철거 · 퇴거청구(소송유형 Ⅰ) [D-75]

1. 소송물

소유권과 같은 물권에 기한 청구라도 이행소송에서는 이행청구권이 소송물이 되고, 물권 그 자체가 소송물이 되지는 않는다. 따라서 소유권에 기한 청구라도 '소유권' 그 자체가 소송물이 되는 것이 아니라, **'소유권에 기한 물권적 청구권'**이 소송물이 된다. 따라서 소유권에 기한 토지인도청구를 인용한 확정판결은 그 이유에서 소유권의 존재를 확인하고 있는 경우라도 소유권의 존부에 대하여 기판력이 생기지 않는다(민사소송법 제216조 1항).

구체적으로 소유권에 기한 부동산인도 · 철거 · 퇴거청구에 있어서 소송물은 **소유권에 기한 방해배제청구권**이 된다. 判例도 토지소유권에 기한 지상건물철거소송에 있어서의 소송물은 철거청구권 즉, 소유권에 기한 방해배제청구권이며 상대방이 철거를 구하는 지상건물의 소유자라던가 점유자라는 주장은 소송물과 관계없이 철거청구권의 행사를 이유 있게 하기 위한 공격방어방법에 불과하다고 한다(대판 1985.3.26. 84다카2001).

2. 부동산(토지)인도청구

(1) 청구취지

일반적으로 청구취지는 '피고는 원고에게 서울 관악구 신림동 231-24 대 500㎡를[50] 인도하라'는 판결을 구한다의 형태가 될 것이다. 목적물의 필지수가 많은 경우에는 별지 목록을 이용한다(예를 들면 '피고는 원고에게 별지 목록 기재 각 토지를 인도하라'). 관련 청구로 흔히 건물철거라든지 퇴거청구가 수반되고,[51] 부대청구로 임대료 상당 손해금을 청구하는 경우도 있다.

(2) 청구원인

소유권에 기한 부동산(토지)인도청구의 요건사실은 ⅰ) 원고의 목적물 소유, ⅱ) 피고의 목적물 점유이다(제213조 본문).

1) 원고의 목적물 소유

원고가 목적물을 소유한 사실은 원시취득·승계취득, 법률규정에 의한 취득, 법률행위에 의한 취득 등의 소유권을 취득한 구체적 사실을 증명하거나, 부동산의 경우에는 소유권이전등기를 마친 사실을 증명함으로써 등기의 추정력을 이용하여 원고가 부동산의 소유권을 취득한 사실을 추정받을 수 있다. 이는 법률상 추정이므로 등기원인의 무효를 주장하며 원고의 소유사실을 다투는 것은 피고가 주장·증명하여야 할 항변사유에 해당한다.

2) 피고의 목적물 점유

청구의 상대방은 '현재'의 점유자이며, 사실심 변론종결시를 기준으로 판단한다.

3. 건물철거 및 퇴거청구

(1) 청구취지

일반적으로 청구취지는 '원고에게 피고 甲은 별지 제1목록 기재 건물에서 퇴거하고, 피고 乙은 위 건물을 철거하고, 별지 제2목록 기재 토지를 인도하라'는 판결을 구한다의 형태가 될 것이다.

(2) 청구원인

1) 건물철거 [7회 사례형, 12법행, 12입법]

소유권에 기한 건물철거청구의 요건사실은 ⅰ) 원고의 토지 소유, ⅱ) 피고의 지상건물 소유이다(제214조). ① 지상건물 소유자는 지상건물의 소유를 통하여 당연히 그 부지인 대지를 점유하는 것으로 간주되므로, 원고는 피고가 지상건물을 소유한 사실만 증명하면 피고의 대지 점유사실까지 증명하는 것이 된다(대판 1993.10.26. 93다2483 등). ② 주의할 것은, 지상건물의 소유자가 아닌 미등기 건물의 매수인도 건물철거에 따른 피고적격이 있다는 점이다(대판 1986.12.23. 86다카1751 : 4회 선택형).

2) 건물퇴거

소유권에 기한 건물퇴거청구의 요건사실은 ⅰ) 원고의 토지 소유, ⅱ) 피고의 건물 점유이다(제214조). 지상건물 소유자 이외의 자가 지상건물을 점유하고 있을 때에는 지상건물에 대한 점유·사용으로 인하여 대지인 토지의 소유권이 '방해'되고 있는 것이므로 토지소유자는 '방해배제청구'로서 건물점유자에 대하여 그 건물로부터의 퇴거를 청구할 수 있다(소송물은 토지소유권에 기한 방해배제청구권).

---

50) '대'(垈·집터)라고 표시해야 하고, '대지'라고 표시해서는 안된다(측량·수로조사 및 지적에 관한 법률 제67조 1항 참조).
51) 자기 소유 토지상에 타인이 건물을 소유하고 있는 경우 그 토지를 인도받기 위해서는 그 전제로 지상건물철거를 구해야 한다. 토지인도만의 청구도 인용되나, 건물철거 집행권원을 얻기 전에는 토지인도 집행이 불가능하기 때문이다.

즉 이 경우 지상건물의 소유자만이 대지를 '점유'하는 것이므로 지상건물의 소유자 이외의 지상건물의 점유자에 대해서는 대지의 인도를 청구할 수 없고(제213조) 건물로부터의 퇴거만 청구할 수 있으며(제214조), 반대로 지상건물의 소유자에 대하여는 그가 그 건물을 직접 점유하고 있다 하더라도 토지 소유자로서는 그 건물의 철거와 그 대지부분의 인도를 청구할 수 있을 뿐, 그 건물에서 퇴거할 것을 청구할 수 없다(대판 1999.7.9. 98다57457,57464). **[12법행]**

4. 예상되는 항변

그러나 '점유할 권리'가 있는 자는 소유권자의 소유물반환청구에 대하여 반환을 거부할 권리가 있는바(제213조 단서), 이는 피고의 항변사유이다. 여기서 '점유할 권리'란 민법상 완전한 권리뿐만 아니라 **점유를 정당화할 수 있는 모든 법적 지위를 포함한다.** 여기에는 ① 물권적 권리로서 ⅰ) 법정지상권(제366조의 법정지상권, 관습법상 법정지상권), ⅱ) 유치권, ② **채권적 권리로서** ⅰ) 미등기 매수인 및 미등기 매수인으로부터의 매수인(대판 1988.4.25. 87다카1682: 표준판례237 : 12회 선택형), ⅱ) 점유취득시효완성자, ⅲ) 임차인, ③ 동시이행항변권, ④ 위 권리가 없을 경우 최후의 보충적 항변수단으로 신의칙(주로 권리남용, 실효의 원칙 등이 문제)을 들 수 있다. 반면 물권적 청구권을 행사하는 소유자에게 대항할 수 없는 채권적 권리는 이에 포함되지 않는다.

5. 부대청구

(1) 부당이득반환청구 또는 불법행위에 기한 손해배상청구

부대청구의 소송물을 소유권 침해의 불법행위에 기한 손해배상청구권으로 구성할 수도 있으나, 불법행위는 점유침해의 위법성이 필요하다는 점에서, 가령 상대방으로부터 유치권이나 동시이행의 항변권이 주장되는 경우에는 점유의 위법성이 조각되므로 이러한 때에는 부동산 점유에 의한 부당이득에 대하여 그 이득반환청구권으로 소송물을 구성하는 것이 유용하게 된다. 그 외에도 과실상계규정 적용여부(부당이득의 경우에는 과실상계 규정의 적용이 없다. 11회 선택형) 및 소멸시효(제162조 1항, 제766조) 등에서 일반적으로 부당이득반환청구권이 소유권자에게 유리하다.

한편, 대지의 불법점유로 인한 임료 상당의 손해배상청구소송은 대지의 임료에 상당하는 부당이득의 반환을 청구한 전소와는 청구원인이나 소송물이 다른 별개의 소로서 전소의 기판력에 저촉된다고 볼 수 없다(대판 1991.3.27. 91다650,667).

(2) 반환범위 및 종기

'통상' 점유사용으로 인한 부당이득액은 차임 상당액이므로 감정에 의하여 인정되는 차임 상당액의 반환을 구할 수 있다. 그리고 '통상' 부당이득반환은 불법점유개시시로부터 그 부동산의 인도 완료일까지의 손해금을 청구한다. 이 경우에 변론종결시로부터 인도 완료일까지의 부분은 장래의 이행을 청구하는 소송이 되므로 '미리 청구할 필요가 있어야'하는 것이 요건이 되지만(민사소송법 제251조) 이미 발생한 부분에 대해서 이행이 없는 경우에는 통상 장래 발생할 부분에 대하여도 미리 청구할 필요가 있다고 본다.[52]

---

52) 다만, 피고가 원고에게 목적물을 인도하지 아니하더라도, 인도하는 날 이전에 그 사용·수익을 종료할 수도 있는 예외적인 경우에는 피고의 의무불이행사유가 인도하는 날까지 존속한다는 것을 변론종결 당시에 확정적으로 예정할 수 없으므로 이러한 경우에는 목적물의 사용·수익 종료일을 종기로 삼아야 한다(대판 2002.6.14. 2000다37517). 예를 들어 피고의 토지에 대한 점유가 동시이행항변권 또는 유치권의 행사에 따른 것이어서 적법한 것이기는 하나 피고가 토지를 그 본래의 목적에 따라 사용·수익함으로써 실질적인 이득을 얻고 있다는 이유로 임료 상당의 금원의 부당이득을 명하고 있는 경우, 피고가 원고에게 토지를 인도하지 아니하더라도 원심이 이행을 명한 '인도하는 날' 이전에 토지의 사용·수익을 종료할 수도 있기 때문에 의무불이행사유가 '인도하는 날까지' 존속한다는 것을 변론종결 당시에 확정적으로 예정할 수 없는 경우에 해당한

V. 각종 등기청구(소송유형 II)   [D-76]

1. 소유권에 기한 소유권이전등기 말소청구

(1) 소송물

부동산소유자가 타인 명의로 마쳐진 소유권이전등기가 원인무효임을 주장하며 그 말소를 구할 경우 그 소송물은 '소유권이전등기의 말소등기청구권'으로, 이는 소유권에 기한 방해배제청구권으로서의 성격을 갖는다.

이 경우 소송물의 동일성 식별표준이 되는 청구원인, 즉 말소등기청구권의 발생원인은 당해 '등기원인의 무효'에 국한되는 것이고, 등기원인의 무효를 뒷받침하는 개개의 사유(예를 들어 무권대리, 불공정한 법률행위 등)는 독립된 공격방어방법에 불과하여 별개의 청구원인을 구성하는 것이 아니다(대판 1993.6.29. 93다11050).

(2) 청구취지

일반적으로 청구취지는 '피고는 원고에게 별지목록 기재 부동산에 관하여 OO등기소 2008.1.20. 접수 제2251호로 마친 소유권이전등기의 말소절차를 이행하라.'는 형태가 될 것이다. 주의할 것은 등기원인까지는 기재하지 않는다는 점이다(예를 들어 피고는 원고에게 별지목록 기재 부동산에 관하여 2008.1.3. 매매를 원인으로 한 OO등기소 2008.1.20.접수 제2251호로 마친 소유권이전등기의 말소절차를 이행하라고 적지 않는다). 이 점에서 소유권이전등기청구와 다르다.

(3) 청구원인

소유권에 기한 소유권이전등기 말소청구의 요건사실은 ⅰ) 원고의 소유, ⅱ) 피고의 소유권이전등기 경료, ⅲ) 등기의 원인무효이다(제214조).

ⅰ)과 관련하여 원고는 자신의 소유사실로서 이미 자기 앞으로 소유권을 표상하는 등기가 되어 있었거나 법률의 규정에 의하여 소유권을 취득한 사실을 증명해야 한다(대판 2003.5.13. 2002다48).[53]

ⅲ)과 관련하여 일단 피고 명의의 등기가 경료된 이상, 등기는 적법하게 이루어진 것으로 법률상 추정되므로 원인무효임을 이유로 등기의 말소를 구하는 원고는 그 반대사실, 즉 등기원인의 무효사실 또는 등기절차의 위법사실까지 주장·증명하여야 한다.[54] 이때 등기가 원인무효임은 ① 상대방과의 사이에 채권행위의 하자 또는, ② 물권행위의 하자 또는, ③ 등기의 하자를 증명하면 된다.

(4) 예상되는 항변

1) 등기부상 등기원인의 유효

피고는 원고가 주장하는 등기원인의 무효사실과 양립하는 별개의 사유를 들어 등기원인의 유효를

다 할 것이어서 그때까지 이행할 것을 명하는 판결을 할 수 없다.

[53] 한편, 원고의 소유권취득시점과 피고의 등기 시점 사이에 제3자에 의한 소유권이전등기가 경료되어 있는 경우에는 피고가 등기를 경료하기 전에 이미 원고가 소유권을 상실한 것으로 법률상 추정되므로 원고로서는 제3자 명의의 소유권이전등기의 무효까지 주장·증명하여야만 원고의 소유사실을 완전하게 주장·증명하는 것이 된다.

[54] 부동산에 관하여 소유권이전등기가 경료되어 있는 경우에는 그 등기명의자는 제3자에 대하여서 뿐만 아니라 그 전소유자에 대하여도 적법한 등기원인에 의하여 소유권을 취득한 것으로 추정된다(대판 1992.4.24. 91다26379,26386 : **7회,12회 선택형**). 소유권이전등기가 전 등기명의인의 직접적인 처분행위에 의한 것이 아니라 제3자가 그 처분행위에 개입된 경우 현 등기명의인이 그 제3자가 전 등기명의인의 대리인이라고 주장하더라도 현 소유명의인의 등기가 적법히 이루어진 것으로 추정되므로, 그 등기가 원인무효임을 이유로 그 말소를 청구하는 전소유명의인으로서는 그 반대사실 즉, 제3자에게 전 소유명의인을 대리할 권한이 없었다던가, 또는 제3자가 전 소유명의인의 등기서류를 위조하였다는 등의 무효사실에 대한 증명책임을 진다(대판 1997.4.8. 97다416 : **7회,12회 선택형**).

주장할 수 있다. 피고가 선의의 제3자로 보호되는 경우이거나(제108조 2항 등), 피고가 무권대리인 또는 무권리자로부터 매수한 것이라며 원고가 그 등기원인의 무효를 주장할 경우에 피고로서는 원고가 그 매매계약을 추인하였다고 항변할 수도 있다.[55]

2) 실체적 권리관계 부합

실체관계와 부합한다는[56] 항변은 당사자 사이에 사실상 물권변동이 생긴 것과 같은 상태에 있는 것을 말하는 바, 判例는 ① 중간생략등기이며, 3자간의 합의가 있었다는 항변 또는 전소유명의자와 피고 사이에 중간생략등기의 합의가 없었더라도 관계 당사자들 사이에 매매계약이 체결되어 이행되는 등 적법한 원인행위가 성립하였다는 항변(대판 1980.2.12. 79다2104), ② 피고가 미등기부동산을 전전 매수하여 최종 매수인으로서 소유권보존등기를 경료하였다는 항변(대판 1984.1.24. 83다카1152), ③ 등기부상 등기원인(예컨대, 매매)과 다른 실제 등기원인(예컨대 증여)이 있었다는 항변(대판 1980.7.22. 80다791 : 6회 선택형), ④ 점유취득시효가 완성되었다는 항변(대판 1983.8.23. 83다카848), ⑤ 원고로부터 매수했다는 항변(피고는 매매계약 체결사실, 매매대금완납 또는 등기선이행약정사실을 주장 입증해야 한다),[57] ⑥ 실질적 소유자인 명의신탁자로부터 매수했다는 항변, ⑦ 무효의 등기이지만 유용의 합의가 있어 유효하다는 항변, ⑧ 중간생략형 명의신탁에서 명의수탁자가 명의신탁자에게 소유권이전등기를 경료해 주었다는 항변 등을 들고 있다.

3) 원고 명의 등기의 원인무효

원고가 부동산의 소유권에 기한 물권적 방해배제청구권 행사의 일환으로서 목적 부동산에 관하여 피고들 명의로 마쳐진 소유권이전등기의 말소를 구하려면 먼저 원고에게 그 말소를 청구할 수 있는 권원이 있음을 적극적으로 주장·입증하여야 하며, 만일 원고에게 그러한 권원이 있음이 인정되지 않는다면 설사 피고들 명의의 소유권이전등기가 말소되어야 할 무효의 등기라고 하더라도 원고의 청구를 인용할 수는 없다(대판 1990.5.8. 90다카1097 : 7회 선택형). 이러한 법리는 피고들 명의의 소유권이전등기가 원고 명의의 소유권이전등기로부터 전전하여 경료된 것으로서 선행하는 원고 명의의 소유권이전등기의 유효함을 전제로 하여야만 그 효력을 주장할 수 있는 경우라 하여 달리 볼 것은 아니다(대판 2005.9.28. 2004다50044).[58]

4) 원고의 후발적 소유권 상실

원고가 피고의 등기 이후에 후발적으로 당해 부동산에 대한 소유권을 상실한 경우 유효한 항변사유가 될 때가 있다. 예를 들어 피고로서는 자신의 등기가 원인무효라고 하더라도 그 이후의 최종 등기명의자가 '등기부취득시효의 항변'을 제출하여 법원에서 그것이 받아들여진 사실을 주장·증명하여 원고의 청구를 배척할 수 있다(대판 1995.3.3. 94다7348 : 5회 선택형).

---

55) 이와 관련하여 가령 A의 채권자인 甲(원고)이 A를 대위하여 乙(피고)에게 말소등기청구를 하고 있는 경우에 A가 그 매매계약을 추인하였다고 하더라도 A가 甲의 대위권 행사사실을 안 때로부터는 그 권리처분으로 甲에게 대항할 수 없으므로(제405조 2항), 원고(甲)로서는 추인 전에 A가 대위권 행사사실을 안 사실을 재항변으로 주장·증명하여 추인의 효과를 다툴 수 있다.

56) i) 부동산의 소유권을 이전할 것을 목적으로 하는 계약이 있고, ii) 계약당사자간에 등기청구권을 실현하는데 있어서 법률상 하등의 지장이 없고 따라서 등기의무자가 그 의무의 이행을 거절할 정당한 하등의 사유가 없는 경우에 iii) 양수인이 그 목적부동산에 대한 전면적인 지배를 취득케 하여 소유권의 실질적인 내용을 이루는 사용, 수익, 처분 등의 모든 권능을 취득하였다고 할 수 있는 상태에 이른 경우를 말한다(대판 1978.8.22. 76다343).

57) 즉 매매의 경우 당해 부동산에 관하여 매매계약이 체결되었다는 사실만으로는 부족하고, 매매대금 전액이 지급되었거나 그렇지 않은 경우에는 대금지급 전에 소유권이전등기를 하기로 하는 약정이 있었다는 등의 사정을 함께 주장하여야 한다 (대판 1994.6.28. 93다55777).

58) "소유권이전등기의 말소등기절차의 이행을 구하는 소송 도중에 그 소유권이전등기가 다른 사유에 기하여 이미 말소된 경우에는 더 이상 말소를 구할 법률상 이익이 없다"

(5) 등기상 이해관계 있는 제3자의 승낙의 의사표시

1) 소송물

등기의 말소를 신청하는 경우에 그 말소에 대하여 등기상 이해관계 있는 제3자가 있을 때에는 제3자의 승낙이 있어야 한다(부동산 등기법 제57조 1항). 동조에서 말하는 '등기상 이해관계 있는 제3자'란, 말소등기를 함으로써 손해를 입을 우려가 있는 등기상의 권리자로서 그 손해를 입을 우려가 있다는 것이 등기부 기재에 의해 형식적으로 인정되는 자이고, 제3자가 승낙의무를 부담하는지 여부는 말소등기권리자에 대해 승낙을 하여야 할 **실체법상 의무가 있는지 여부**에 의해 결정된다(대판 2007.4.27. 2005다43753).

예를 들어 원인무효인 소유권이전등기 명의인을 채무자로 한 가압류등기와 그에 터잡은 경매신청기입등기가 경료된 경우, 그 부동산의 소유자는 원인무효인 소유권이전등기의 말소를 위하여 이해관계 있는 제3자인 가압류채권자를 상대로 하여 원인무효 등기의 말소에 대한 승낙을 청구할 수 있고, 그 승낙이나 이에 갈음하는 재판이 있으면 등기공무원은 신청에 따른 원인무효 등기를 말소하면서 직권으로 가압류등기와 경매신청기입등기를 말소한다. 이렇게 등기상 이해관계 있는 제3자에 대하여 소유권이전등기가 말소된다는 점에 대하여 승낙의 의사표시를 구하는 소에 있어서 그 소송물은 '소유권에 기한 방해배제청구권으로서의 승낙청구권'이다. 제3자가 승낙하지 않으면 말소등기를 할 수 없어 그 태도가 소유권을 침해하게 되기 때문이다.

2) 청구취지

일반적으로 청구취지는 '원고에게, 피고 甲은 별지목록 기재 부동산에 관하여 ○○등기소 2007.3.20. 접수 제1234호로 마친 소유권이전등기의 말소등기절차를 이행하고, 피고 乙은 위 소유권이전등기의 말소등기에 대하여 승낙의 의사표시를 하라.'는 형태가 될 것이다. [4·10·12회 기록형]

VI. 동산인도청구(소송유형 Ⅲ ; D-42.참고) [D-77]

제4관 공동소유

공동소유 비교

	공유	합유	총유
인적결합	인적결합관계가 없는 형태(제262조)	조합체(제271조)	권리능력없는 사단 (제275조)
지분의 처분	자유(제263조)	합유자전원의 동의 (제273조)	지분이 없음
분할청구	자유(제268조, 금지특약가능)	불가(제273조 2항), 조합체가 해산한 후에는 가능(제274조)	불가
보존행위	각자가 단독 (제265조 단서)	각자가 단독 (제272조 단서)	사원총회 결의(判例)
처분변경	공유자 전원의 동의(제264조)	합유자 전원의 동의(제272조)	사원총회의 결의 (제276조 1항)
사용·수익	지분의 비율로 사용(제263조)	조합계약 기타 규약으로 정함(제271조 2항)	정관 기타 규약의 정함 (제276조 2항)
등기	공유자전원 명의로 (지분)등기	합유자전원 명의로 (합유취지기재)등기	비법인사단의 단독명의로 등기

I. 공 유   [D-78]

1. 개념 및 법적 성질   [D-78a]

공유란 수인이 (합유나 총유와 같은) 인적 결합관계 없이 하나의 물건을 지분에 의해서 공동소유하는 것을 말한다(제262조). 이러한 공유의 법적 성질은 1개의 소유권이 분량적으로 분할되어 수인에게 속하는 상태를 말한다(양적 분할설).

2. 공유의 성립   [D-78b]

(1) 법률행위에 의한 성립

수인이 하나의 물건을 공유하기로 하는 합의와, 공시방법으로서 동산인 경우에는 공동점유(제188조)가, 부동산인 경우에는 공유등기(제186조)가 필요하다.[59]

(2) 법률의 규정에 의한 성립

특히 문제되는 경우는 공동상속재산(제1006조)인바, 이에 대해 통설과 判例는 공유설의 입장이다.

---

59) 부동산의 경우 '공유등기' 외에 '지분등기'도 하여야 하는지에 관해, '민법'에 의하면 강제되는 것이 아니고, 지분등기를 하지 않은 때에는 그 지분은 균등한 것으로 추정된다(제262조 2항). 그러나 '부동산 등기법'에 의하면 지분등기가 사실상 강제된다. 즉 등기권리자가 2인 이상인 때에는 신청서에 그 지분을 기재하여야 하고(동법 제44조 1항), 지분등기를 하지 않고서 공유등기만을 신청하는 것은 신청서가 방식에 적합하지 아니한 것에 해당하여 신청 자체가 각하되기 때문이다(동법 제55조 4호).

3. 공유 지분 [D-78c]

(1) 지분의 개념

지분은 각 공유자가 목적물에 대하여 가지는 소유의 비율로서, 지분은 1개의 소유권의 분량적 일부분이 된다. 유의할 것은 지분은 목적물에 대해 공유자가 가지는 추상적인 소유의 비율이며(부동산의 공유등기에서는 '몇 분의 몇'이라는 식으로 기재된다), 공유물의 특정부분을 지칭하는 개념이 아니다. 예컨대 A·B·C 3인이 1필의 토지를 공유하는 경우, 각자가 단독으로 한 개의 소유권을 가져 세 개의 소유권이 인정되는 것이 아니라, 소유권은 한 개이고 각자가 이 중 3분의 1의 비율씩 자기 몫을 가지는 것이 지분이고, 이것이 모아져 공유의 내용을 이룬다. 각자가 한 개씩의 단독소유권을 가지려면 공유관계를 해소하는 것, 즉 공유물을 분할하여야 한다.

(2) 지분의 비율

지분의 비율은 법률의 규정(제254조 단서, 제257조) 또는 공유자의 의사표시에 의하여 정하여지나, 그것이 불분명하면 지분은 균등한 것으로 추정된다(제262조 2항). 공유자가 그의 지분을 포기하거나 상속인 없이 사망한 때에는 그 지분은 다른 공유자에게 각 지분의 비율로 귀속한다(제267조, 지분의 탄력성).

> ※ **공유지분포기시 등기의 필요성**(적극)
> ① "제267조의 공유지분의 포기는 법률행위로서 상대방 있는 단독행위에 해당하므로, 부동산 공유자의 공유지분 포기의 의사표시가 다른 공유자에게 도달하더라도 이로써 곧바로 공유지분 포기에 따른 물권변동의 효력이 발생하는 것은 아니고, 다른 공유자는 자신에게 귀속될 공유지분에 관하여 소유권이전등기청구권을 취득하며, 이후 제186조에 의하여 등기를 하여야 공유지분 포기에 따른 물권변동의 효력이 발생한다(대판 1965.6.15. 65다301등 : 10회 선택형). 그리고 부동산 공유자의 공유지분 포기에 따른 등기는 해당 지분에 관하여 다른 공유자 앞으로 소유권이전등기를 하는 형태가 되어야 한다"(대판 2016.10.27. 2015다52978 : 표준판례244 : 10회 선택형). ② 참고로, 합유지분(관련조문 없음)의 포기의 경우에도 동일하게 지분이전등기가 필요하다(대판 1997.9.9. 96다16896).

(3) 지분의 처분

① 지분은 보통의 소유권과 실질적으로 같은 것이어서 공유자는 그의 지분을 자유로이 처분(양도·담보제공·포기 등)할 수 있고 '합유지분'과 달리 그 처분에 관하여 다른 공유자의 허락을 얻을 필요는 없다(제263조).

② 그러나 1필의 토지의 '공유지분'에 관하여는 용익물권(주로 법정지상권이 문제)을 설정할 수 없다. 용익물권은 성질상 그 효과가 공유토지 전부에 미치는데, 지분에 관한 용익물권의 설정은 실질적으로 공유토지 전체를 처분(이는 제264조에 의해 전원의 동의가 필요)하는 것과 마찬가지의 효과를 갖기 때문이다(대판 1987.6.23. 86다카2188 등 참고 : 일물일권주의 D-2.참고).

[구별개념] 공유자의 1인이 공유물 중 일부를 특정하여 타인에게 증여하였다면 이는 특단의 사정이 없는 한 권한 없는 자의 처분행위에 지나지 않는다(대판 1985.9.24. 85다카451,452). 즉 공유지분의 처분은 자유로우나(제263조), 공유물의 처분은 전원의 동의가 필요하다(제264조).

(4) 공유관계의 대외적 주장

1) 등기에 관하여 [1회 기록형, 9회 사례형]

① 제3자 앞으로 원인 무효의 등기가 마쳐져 있는 경우, 지분권자는 공유물에 관한 보존행위(제265조 단서)로서 '자기의 지분에 관하여서는 물론 그 등기 전부'의 말소를 청구할 수 있다(대판 1993.5.11. 92다

52870 : 8회 선택형). 이 경우 공유자 중 한 사람이 '공유물에 관하여 마쳐진 원인무효의 등기'에 각 공유자에게 해당 지분별로 진정명의회복을 원인으로 한 소유권이전등기를 이행할 것을 단독으로 청구하는 것도 가능하다(대판 2005.9.29. 2003다40651 : 1회 선택형).

② 그러나 判例는 부동산 공유자의 1인이 자신의 공유지분이 아닌 '다른 공유자'의 공유지분을 침해하는 원인 무효의 등기가 이루어졌다는 이유로 공유물에 관한 보존행위로서 그 부분 등기의 말소를 구할 수는 없다고 한다(대판 2009.2.26. 2006다71802 ; 대판 2023.12.7. 2023다273206).

[판례정리] 判例의 태도를 정리하자면 예를 들어 甲, 乙, 丙이 X토지를 각 1/3 지분으로 공유하고 있는 경우, 공유자 중 1인인 甲이 단독으로 공유물에 관한 보존행위를 이유로 제3자 명의의 원인무효 등기를 자신의 1/3지분에 관하여서는 물론 제3자 명의 등기 전부의 말소를 청구할 수 있고, 甲, 乙, 丙에게 각 1/3씩 진정명의회복을 원인으로 한 소유권이전등기를 이행할 것을 청구하는 것도 가능하다. 그러나 甲은 공유물에 관한 보존행위를 이유로는 예를 들어 乙 명의의 1/3 지분에 관하여 원인 없이 丁 앞으로 마쳐진 소유권이전등기의 말소를 구할 수는 없다는 입장이다.

③ 判例에 따르면 어느 부동산을 수인이 매수한 경우에 공유자 각자는 자신의 지분에 대해 그 등기를 청구할 수 있지만, '공유자 1인이 공유자 전원의 이름으로 그 이전등기'를 청구하는 것은 보존행위의 범주를 넘는 것으로서 허용되지 않는다. 어느 공유자 한 사람만이 이를 할 수 있다고 한다면 만일 패소하는 경우에는 다른 공유자에게 부당하게 불이익을 줄 우려가 있기 때문이다(대판 1961.5.4. 4292민상853).

④ 반면, 수인이 공동으로 소유하는 부동산에 관한 '멸실회복 등기'는 공유자 중 1인이 공유자 전원의 이름으로 그 회복등기신청을 할 수 있다고 한다(대판 2003.12.12. 2003다44615,44622).

2) 목적물 자체에 관하여

가) 제3자가 공유물을 불법으로 점유하고 있는 경우 [1회·2회 사례형, 1회·13회 기록형, 13행정]

지분권자는 '보존행위'를 이유로 공유물 전체의 인도를 청구할 수 있다(대판 1993.5.11. 92다52870). 그러나 취득시효 중단의 효과는 지분권자에 대해서만 생기고(제247조 2항, 제169조), 부당이득반환청구 또한 지분에 상응해서만 할 수 있다(대판 1979.1.30. 78다2088 : 표준판례682 : 13회 선택형).

나) 제3자의 점유가 공유자 중 1인의 의사에 의한 경우 [12법행, 18법무]

① '과반수 지분'의 공유자로부터 특정부분의 사용·수익을 허락받은 제3자의 점유는 다수지분권자의 '공유물관리권'에 터잡은 적법한 점유이다(제265조 본문). 따라서 소수지분권자는 그 제3자에 대하여 공유물 전체의 인도를 청구할 수 없다. 이 경우 소수지분권자는 그 적법점유자에게 부당이득으로 반환청구할 수 없으며, 다만 소수지분권자는 과반수 공유지분권자에게 그 지분에 상응하는 임료 상당의 부당이득을 반환청구할 수 있다(대판 2002.5.14. 2002다9738 : 표준판례242 : 2회,4회,10회,11회 선택형).

② '소수지분권자의 임대행위'가 공유자들에게 공유물의 관리행위로서 효력을 갖는 것은 아니지만, 그렇다고 해서 다른 공유자들이 '소수지분권자로부터 공유물을 임차한 제3자'에 대해 공유물 인도를 청구할 수 있다는 결론이 당연히 도출되는 것은 아니다(대판 2001.12.11. 2001다45355). 그리고 소수지분권자는 공유물을 공동으로 점유할 권리가 있고, 임차인은 임대차계약을 통해 그 소수지분권자로부터 점유할 권리를 이전받았으므로, 다른 공유자(소수지분권자)가 공유자인 임대인(다른 소수지분권자)에게 공유물 인도를 청구할 수 없다면(대판 2020.5.21. 전합2018다287522:표준판례241 : 12회 선택형) 그 '임차인'을 상대로도 인도를 청구할 수 없다(대판 2020.5.21. 전합2018다287522 대법관 김재형, 안철상의 다수의견 보충의견 및 대판 2020.9.7. 2017다204810 참고). [13회 기록형, 22법무]

(5) 제3자의 공유자에 대한 권리행사

1) 소유권확인청구 및 소유권이전등기청구

判例는 제3자의 공유자에 대한 소유권확인청구나 소유권이전등기청구에서 반드시 공유자 전원이 피고가 될 필요는 없다고 한다(대판 1972.6.27. 72다555등). 공유자 각자도 그 지분 범위에서는 처분권이 있으므로, 그 한도에서는 공유자 각자를 피고로 할 수 있다.

2) 공유물의 인도청구와 철거청구

제3자가 공유물에 대한 인도청구 또는 철거청구를 할 경우, 判例는 공유자 전원이 피고가 될 필요는 없고 공유자 각자에 대해 그 지분의 한도 내에서 인도 또는 철거를 구할 수 있다고 한다(대판 1969.7.22. 69다609등)(5회 선택형). 다만, 공유자 1인을 상대로 그 청구를 하더라도 공유물 전부가 인도되거나 철거되지는 않으며, 또 공유자의 지분이 공유물의 어느 부분으로 특정된 것이 아니기 때문에 지분 범위에서의 집행도 실제로는 어렵다. 결국 공유자 전원을 공동피고로 삼을 필요까지는 없다고 하더라도, 공유자 모두를 각각 상대로 위 청구를 하여야만 그 목적을 달성할 수 있다.

4. 공유자간의 법률관계 [D-78d]

(1) 공유물의 관리 [D-78d1]

> 제265조 (공유물의 관리, 보존) 공유물의 관리에 관한 사항은 공유자의 지분의 과반수로써 결정한다. 그러나 보존행위는 각자가 할 수 있다.

1) 개 념

공유물의 '관리'는 공유물을 이용·개량하는 행위로서, 공유물의 처분이나 변경에 이르지 않는 것을 말한다. 공유물의 '이용'은 공유물을 그 경제적 용법에 따라 활용하는 것이고(각 공유자의 개인적 수요를 충족시키는 관점에서 정한 제263조의 '사용·수익'과는 다르다), '개량'은 공유물의 사용가치 내지 교환가치를 증대시키는 것을 말한다. 예컨대 공유물의 임대(임대차계약의 해지도 포함), 수선(도급계약), 공유토지의 정지(整地)공사 등이 이에 해당한다.

2) 관리방법

가) 의 의

그 관리에 관한 사항은 공유자의 '지분의 과반수'로써 결정하는데(제265조 본문), 공유자의 과반수가 아니라 지분의 과반수이다. 따라서 1/2의 지분은 반수이지 과반수는 아니다. 공유자 사이에 공유물의 관리방법에 관한 협의가 없더라도, 과반수 공유지분을 가진 자는 그 관리에 관한 사항을 단독으로 결정할 수 있으므로, 그 공유토지의 특정부분을 배타적으로 사용·수익할 것을 정하는 것은 공유물의 관리방법으로 적법하며, 다른 공유자에 대하여도 그 효력이 있다(대판 1991.9.24. 88다카33855 ; 1회·2회 선택형).

> ✱ **공유 토지를 임대하는 경우 등**
> ① [처분행위] 과반수 지분권자가 공유지인 나대지 위에 건물을 신축하여 소유하거나 제3자에게 건물소유를 위하여 공유지를 임대하는 행위는 공유물의 현상을 변경하는 것으로 관리행위의 한계를 벗어난 '처분행위'이므로, 제264조에 의해 토지공유자 전원의 동의를 요한다(대판 2001.11.27. 2000다33638,33645). **[18법무]** 참고로 대지 공유자 중 일부가 대지에 적법하게 건축된 건물을 소유하고 있는데 그 건물을 철거하게 하는 행위는 공유물인 대지의 '변경'에 해당하므로 공유자 전원의 동의를 요한다(대판 2024.10.31. 2024다202317).
> ② [관리행위] 다만 이미 공유토지 위에 건물이 존재하는 경우 과반수지분권자가 건물소유자에게 공유토지를 임대한 경우는 '관리행위'로서 적법하다(대판 2002.5.14. 2002다9738: 표준판례242). **[12법행, 18법무]**

> ※ 공유목적물과 관련한 계약을 해제·해지하는 경우
> ① [관리행위] 임대차와 같은 관리행위의 성질을 지니는 계약이라면 그 계약의 해제·해지도 '관리행위'라고 볼 수 있다. 최근 判例도 "상가건물 임대차보호법이 적용되는 상가건물의 공유인 임대인이 같은 법 제10조 제4항에 의하여 임차인에게 갱신 거절의 통지를 하는 행위는 실질적으로 임대차계약의 해지와 같이 공유물의 임대차를 종료시키는 것이므로 공유물의 관리행위에 해당하여 공유자의 지분의 과반수로써 결정하여야 한다"(대판 2010.9.9. 2010다37905)고 판시하고 있다. [12법행, 13행정]
> ② [처분행위] 그러나 목적물의 처분을 위한 계약(매매 등)을 해제하는 것은 '처분행위'라고 볼 수 있으므로 계약전부의 해제에는 공유자 전원의 동의가 있어야 한다고 볼 수도 있고, 특히 계약의 해제·해지에는 불가분성이 있어서 전원이 해제·해지를 하여야 하는 것으로 되어 있으나(제547조 1항), 判例는 공유물에 관한 매매계약을 해제하는 경우에는 해제·해지의 불가분성이 적용되지 않고 각 공유자는 자신의 공유지분에 대한 매매계약을 해제하는 것은 가능하다고 본다(대판 1995.3.28. 94다59745 : 표준판례619).

나) 공유자간의 공유물의 관리에 관한 특약의 유효성

본조는 임의규정이며, 공유자 사이에 다른 약정이 있는 때에는 그에 따른다.

다) 공유자간의 공유물의 '관리'에 관한 특약이 공유자의 특정승계인에게 미치는지 여부와 특약의 변경요건

토지의 공유자인 A·B·C 간에 C가 그 토지 위에 건물을 건축하고 그 소유 및 사용을 위해 그 건물의 부지 부분을 점유·사용키로 하는 내용의 특약을 맺었는데, 그 후 경매를 통해 C의 토지에 대한 지분과 건물소유권을 甲이 취득하였고, A는 B의 지분을 취득하여 과반수지분권자가 된 후, 甲을 상대로 건물의 철거를 구할 수 있는가?

判例는 "공유자간의 공유물에 대한 사용·수익, 관리에 관한 특약은 공유자의 특정승계인에 대하여도 당연히 승계된다고 할 것이나, 민법 제265조는 '공유물의 관리에 관한 사항은 공유자의 지분의 과반수로써 결정한다'라고 규정하고 있으므로, 위와 같은 **특약 후에 공유자에 변경이 있고 특약을 변경할 만한 사정이 있는 경우에는 공유자의 지분의 과반수의 결정으로 기존 특약을 변경할 수 있다**"고 판시하면서, 사안에서 A는 특약의 당사자로서 그 내용을 잘 알고 있음에도 B의 지분을 증여받아 과반수지분권자가 된 것을 이유로 공유물의 분할을 청구하는 甲을 상대로 건물의 철거를 구하는 것은, 특약을 변경할 만한 사유가 되지 못하는 것으로 보았다(대판 2005.5.12. 2005다1827: 표준판례243 : 10회,11회,13회 선택형).

> [비교판례] ※ 공유자 간의 특약이 특정승계인에게 미치지 않는 경우 [13회 기록형]
> ① "공유물에 관한 특약이 지분권자로서의 사용·수익권을 사실상 포기하는 등으로 '공유지분권의 본질적 부분을 침해'한다고 볼 수 있는 경우에는 특정승계인이 그러한 사실을 알고도 공유지분권을 취득하였다는 등의 특별한 사정이 없는 한 특정승계인에게 당연히 승계되는 것으로 볼 수는 없다"(대판 2009.12.10. 2009다54294 : 종전 공유자들이 기간을 정하지 않은 채 무상으로 공유자 중 일부에게 공유토지 전체를 사용하도록 한 특약은 공유자 중 1인의 특정승계인에게 당연히 승계된다고 볼 수 없다고 판시한 사례)(11회,13회 선택형). ② 아울러 "공유자 중 1인이 자신의 지분 중 일부를 다른 공유자에게 양도하기로 하는 '공유자간의 지분의 처분에 관한 약정'까지 특정승계인에게 당연히 승계된다고 볼 수 없다"(대판 2007.11.29. 2007다64167).

(2) 공유물의 사용 및 수익

[D-78d2]

1) 문제점

공유자는 공유물 전부를 지분의 비율로 사용, 수익할 수 있다(제263조). 만일 공유자 중 1인이 공유물의 전부 또는 일부를 배타적으로 사용, 수익하고 있는 경우 그에 따른 법률관계는 어떠한지 문제된다.

2) 과반수지분권자의 배타적 사용, 수익

그 사용, 수익의 방법이 관리행위의 한계를 벗어나지 않는다면, 이는 관리행위(제265조 본문)로서 적법하다(대판 2001.11.27. 2000다33638,33645). 이 경우 공유 지분 과반수 소유자의 공유물인도청구에 대해 상대방인 타공유자는 민법 제263조의 공유물의 사용수익권으로 이를 거부할 수 없으나(대판 2022.11.17. 2022다253243), 과반수지분권자(과반수지분권자로부터의 적법점유자 아님)는 사용, 수익을 전혀 하지 못하고 있는 '소수지분권자'에 대하여 그 지분에 상응하는 임료 상당의 부당이득을 반환할 의무가 있다(대판 2002.5.14. 2002다9738: 표준판례242 ; 1회,2회 선택형). **[18법무]**

가) 다른 공유자의 동의 없는 공유목적물의 임대(전세)에 따른 보증금(전세금)

예컨대, 부동산의 공유자 중의 1인이 다른 공유자의 동의 없이 그 부동산을 다른 사람에게 임대하였다면 이로 인한 수익 중 자신의 지분을 초과하는 부분에 대하여는 법률상 원인 없이 취득한 부당이득이 되어 이를 반환할 의무가 있다. 이 경우 반환하여야 할 범위는 위 부동산의 임대차로 인한 차임 상당액이며, 임대차의 내용이 미등기전세이거나 보증금이 있는 경우라 하더라도 전세금이나 보증금은 임대차가 종료되면 원칙적으로 임차인에게 반환되어야 할 성질의 것이기 때문에 전세금이나 보증금의 이자 상당액이 차임에 해당되거나 차임에 보태어지는 것이지(대판 2008.11.13. 2008다49431), 전세금이나 보증금 자체에 대한 지분비율 상당액이 곧바로 부당이득이 되는 것은 아니다(대판 1991.9.24. 91다23639 ; 대판 2021.4.29. 2018다26188). 이는 소수지분권자의 임대행위의 경우에도 마찬가지이다(대판 1995.7.14. 94다15318참고).

나) 다른 공유자의 동의 없는 공유목적물의 임대(전세)에 따른 부당이득반환청구의 상대방

① **[과반수 지분권자가 임대한 경우]** 과반수 지분권자의 임대행위가 관리행위로서 적법한 경우라면 임차인의 점유는 적법하므로 소수지분권자는 과반수지분권자만을 상대방(과반수지분권자로부터의 임차인이 아님)으로 하여 그 지분에 상응하는 임료 상당의 부당이득의 반환을 청구할 수 있다(대판 2002.5.14. 2002다9738: 표준판례242 ; 1회,2회 선택형). **[18법무]**

② **[소수 지분권자가 임대한 경우]** 과반수에 미달하는 공유자로부터 임차한 임차인의 점유는 적법점유가 아니므로 원칙적으로 임차인을 상대로 하여 공유지분비율에 상응하는 임료 상당의 부당이득반환청구를 할 수 있다. 다만 임차인은 선의점유자로 추정되며 이에 따라 과실취득권이 인정될 경우에는(제197조 1항, 제201조) 과실취득에 따른 부당이득반환의무도 없으므로(대판 1996.1.26. 95다44290), 이 경우 임차인이 이미 임대인에게 차임을 지급했다면 다른 공유자는 '임차인'에게 차임상당의 부당이득반환청구를 할 수 없고 '공유자(임대인)'에게 부당이득반환을 청구해야 한다(대판 1995.7.14. 94다15318 참고).[60] **[1회 사례형]**

다) 공유물인 토지 무단 점유자가 그 토지 과반수 지분권을 취득한 경우

예컨대, A는 그 소유 주택이 침범한 인접 토지 소수지분권자인 B에게 점유로 얻은 부당이득을 반환하라는 판결을 받았는데, 그 후 A가 과반수 지분권을 취득함으로써 관리행위로 위 토지를 점유할 수 있게 되더라도 B가 그 부분을 사용·수익하지 못하는 한 부당이득반환의무는 계속되므로 종전 판결의 집행력 소멸 사유가 되지는 않는다(대판 2021.12.30. 2021다252458).

3) **소수지분권자의 배타적 사용, 수익**

가) 과반수지분권자의 권리

과반수 지분에 미달하는 공유물의 지분권자는 타지분권자와의 협의가 없는 한 그 공유물의 일부라 하더라도 이를 자의적, 배타적으로 독점사용할 수 없고, 나머지 지분권자(과반수지분권자)는 공유물 보존행위로서 그 배타적 사용의 배제를 구할 수 있다(대결 1992.6.13. 92마290).

---

60) **[관련쟁점]** 그러나 다른 공유자가 임차인을 상대로 임차목적물의 인도를 구하는 소를 제기하고 임차인이 본권의 소에서 패소한 경우에는 그 소가 제기된 때부터 악의의 점유자로 추정된다(제197조 2항). 그리고 악의의 점유자의 반환에 관한 제201조 2항은 제748조 2항의 특칙이 아니어서 악의의 점유자는 제201조 2항에 따라 과실을 반환하는 외에 다시 제748조 2항을 적용하여 임료 상당의 부당이익(사용이익) 및 그에 따른 법정이자와 위 부당이득 및 이자액에 대한 지연이자도 지급해야 한다(대판 2003.11.4. 2001다61869).

나) 다른 소수지분권자의 권리 [6회 사례형, 12법행]

① [**부당이득반환, 손해배상청구**] 소수지분권자의 배타적 점유의 경우 다른 소수지분권자는 자신의 지분 침해를 이유로 손해배상청구 또는 부당이득반환청구를 할 수 있다. 즉 모든 공유자는 공유물 전부를 지분의 비율로 사용·수익할 권리가 있으므로 공유자 중의 일부가 특정 부분을 배타적으로 점유·사용하고 있다면, 그들은 비록 그 특정 부분의 면적이 자신들의 지분 비율에 상당하는 면적 범위 내라고 할지라도, 다른 공유자들 중 지분은 있으나 사용·수익은 전혀 하지 않고 있는 자에 대하여는 그 자의 지분에 상응하는 부당이득을 하고 있다고 보아야 한다(대판 2001.12.11. 2000다13948).

② [**공유물인도청구**] 다만 '다른 소수지분권자에게 공유물인도청구'를 인정할 것인지 문제되는바, 기존 判例는 '공유물의 보존행위'로서 공유물의 인도나 명도를 청구할 수 있다"고 하였다(대판 1994.3.22. 전합93다9392,9408 : 1회·2회 선택형). 그러나 바뀐 전원합의체 판결에 따르면 "제265조 단서가 공유자 각자가 다른 공유자와 협의 없이 보존행위를 할 수 있게 한 것은 그것이 다른 공유자에게도 이익이 되기 때문인바, 소수지분권자가 다른 소수지분권에게 공유물 인도를 청구하는 것은 다른 소수지분권자가 가지고 있는 '지분의 비율에 따른 사용·수익권'까지 근거 없이 박탈하는 것으로 다른 공유자에게도 이익이 되는 보존행위라고 볼 수 없다"는 것을 이유로 부정하였다. 다만 '자신의 지분권에 기초한' 공유토지 위의 지상물 철거청구나 공동점유에 대한 방해금지 등의 '방해배제청구'(제214조)는 가능하다고 보았다(대판 2020.5.21. 전합2018다287522[61] : 10회,12회,13회 선택형 : 이러한 법리는 집합건물의 소유 및 관리에 관한 법률에 따라 구분소유자 전원 또는 일부의 공유에 속하고 공유자가 그 용도에 따라 사용할 수 있는 집합건물의 공용부분에도 마찬가지로 적용된다.[62]) [13회 기록형]

[**판례검토**] 과거 判例에 따르면 '반복적인 배타적 점유와 인도요구의 악순환'을 인정하게 되는 결과가 되므로 타당하다고 할 수 없다. 그러므로 당해 문제는 인도청구가 아닌 '방해배제청구' '부당이득반환'이나 '공유물 분할'을 통해 궁극적으로 해결하는 것이 타당하다.

(3) 공유물의 보존 [D-78d3]

각 공유자가 단독으로 할 수 있다(제265조 단서). 만약 "공유자 중 1인이 부정한 방법으로 공유물 전부에 관한 소유권이전등기를 단독으로 경료한 경우, 다른 공유자 중 1인은 '공유물의 보존행위'로서 단독명의로 등기를 경료한 공유자의 공유지분을 제외한 나머지 공유지분 전부에 대하여 말소등

---

[61] "공유자는 자신의 지분권 행사를 방해하는 행위에 대해서 민법 제214조에 따른 방해배제청구권을 행사할 수 있고, 공유물에 대한 지분권은 공유자 개개인에게 귀속되는 것이므로 공유자 각자가 행사할 수 있다. 원고는 공유물의 종류(토지, 건물, 동산 등), 용도, 상태(피고의 독점적 점유를 전·후로 한 공유물의 현황)나 당사자의 관계 등을 고려해서 원고의 공동 점유를 방해하거나 방해할 염려 있는 피고의 행위와 방해물을 구체적으로 특정하여 그 방해의 금지, 제거, 예방(작위·부작위의무의 이행)을 구하는 형태로 청구취지를 구성할 수 있다. 법원은 이것이 피고의 방해 상태를 제거하기 위하여 필요하고 원고가 달성하려는 상태가 공유자들의 공동 점유 상태에 부합한다면 이를 인용할 수 있다. 위와 같은 출입방해금지 등의 부대체적 작위의무와 부작위의무는 간접강제의 방법으로 민사집행법에 따라 충분히 실효성 있는 강제집행을 할 수 있다"

[**사실관계**] 원고는 이 사건 토지의 1/2 지분을 소유하고 있는 소수지분권자로서, 그 지상에 소나무를 식재하여 토지를 독점적으로 점유하고 있는 피고를 상대로 소나무 등 지상물의 수거와 점유 토지의 인도 등을 청구한 사안에서, 원심은 원고가 공유물의 보존행위로서 공유 토지에 대한 방해배제와 인도를 청구할 수 있다고 보아 원고의 청구를 모두 받아들였으나, 대법원은 원고가 공유자인 피고를 상대로 토지 인도를 청구할 수는 없고 방해배제로 지상물 수거를 청구할 수 있다고 보아, 원심 판결 중 토지 인도 청구 부분을 법리 오해로 파기하고, 토지 인도 청구가 인용될 것을 전제로 한 일부 금원 지급 청구 부분도 함께 파기하였다.

[62] "집합건물의 구분소유자가 집합건물법의 관련 규정에 따라 관리단집회 결의나 다른 구분소유자의 동의 없이 공용부분의 전부 또는 일부를 독점적으로 점유·사용하고 있는 경우 다른 구분소유자는 공용부분의 보존행위로서 그 인도를 청구할 수는 없고, 특별한 사정이 없는 한 자신의 지분권에 기초하여 공용부분에 대한 방해 상태를 제거하거나 공동 점유를 방해하는 행위의 금지 등을 청구할 수 있다"(대판 2020.10.15. 2019다245822).

기를 청구할 수 있다"(대판 1965.4.22. 전합65다268). 참고로 어느 공유자가 보존권을 행사하는 때에 그 행사의 결과가 '다른 공유자의 이해와 충돌'될 때에는 그 행사는 보존행위로 될 수 없다(대판 2024.3.12. 2023다240879).

(4) 공유물의 처분, 변경 [D-78d4]

공유물의 처분, 변경을 위해서는 공유자 전원의 동의가 있어야 한다(제264조). 따라서 공유자 1인이 공유물 전부를 처분하거나 변경하는 행위는 무효이다. 다만 이 경우에도 자기의 지분 범위에서는 처분권이 있으므로 그 한도에서는 유효하다. 따라서 다른 공유자의 동의 없이 그 공유물의 특정부분을 처분하여 소유권이전등기를 마친 경우, 처분공유자의 공유지분 범위 내에서는 실체관계에 부합하는 유효한 등기라고 보아야 한다(대판 1994.12.2. 93다1596).

(5) 공유물의 부담 [D-78d5]

공유자는 그 지분의 비율로 공유물의 관리비용 기타 의무를 부담한다(제266조 1항). 그러나 제266조 1항은 공유자들 사이의 내부적인 부담관계를 정한 것에 지나지 않고, 제3자에 대한 대외적인 관계에까지 적용되는 것은 아니다. 예컨대 과반수지분권자가 자신이 공사비를 주기로 하고 제3자와 공사계약을 맺은 때(관리행위로 적법)에는 그만이 공사비를 부담하고, 그가 공사비를 지출한 때에 다른 공유자에게 그 지분비율에 따라 그 상환을 청구할 수 있을 뿐이다(대판 1991.4.12. 90다20220 : 1회,13회 선택형).

5. 공유물의 분할 [D-78e]

(1) 분할의 자유

① [원칙] 공유자는 언제든지 공유물을 자유롭게 분할할 수 있음이 원칙이다(제268조 1항). 공유물분할의 자유는 지분처분의 자유와 함께 공유의 본질을 이룬다. 분할청구권은 형성권으로서 공유관계가 존속하는 한 분할청구권만 독립하여 소멸시효에 걸리지 않으며, 일방적 의사표시에 의하여 각 공유자 사이에는 구체적으로 분할을 실현할 법률관계가 발생한다.

② [예외] 공유자는 5년 내의 기간으로 분할하지 아니할 것을 약정할 수 있다(제268조 1항). 이 특약은 등기되어 있는 때에만 지분의 양수인에게 그 효력이 미친다(부동산 등기법 제67조 1항). 건물을 구분소유하는 경우의 공용부분(제215조), 경계선상의 경계표(제239조) 등에 관하여는 분할이 인정되지 않으며(제268조 3항), 구분소유적 공유자, 공동명의수탁자도 분할청구를 하지 못한다.

> ※ **집합건물 대지에 관한 공유물분할 청구가 허용되는지 여부**(원칙적 금지, 예외적 허용)
> "㉠ 집합건물법 제8조는 '대지 위에 구분소유권의 목적인 건물이 속하는 1동의 건물이 있을 때에는 그 대지의 공유자는 그 건물 사용에 필요한 범위의 대지에 대하여는 분할을 청구하지 못한다.'라고 규정하고 있다. 위 법률 규정의 입법 취지는 1동의 건물로서 개개의 구성부분이 독립한 구분소유권의 대상이 되는 집합건물의 존립 기초를 확보하려는 데 있는바, 집합건물의 대지는 그 지상의 구분소유권과 일체성 내지 불가분성을 가지는데 일반의 공유와 같이 공유지분권에 기한 공유물 분할을 인정한다면 그 집합건물의 대지사용관계는 파탄에 이르게 되므로 집합건물의 공동생활관계의 보호를 위하여 분할청구가 금지된다. ㉡ 그러나 집합건물 대지의 공유자가 청구한 대지의 분할청구가 허용되는지 여부를 판단함에 있어서는 집합건물법 제8조의 입법 취지가 우선 고려되어야 하는바, 집합건물의 대지를 집합건물의 구분소유자인 공유자와 구분소유자가 아닌 공유자가 공유하고 있고, 당해 대지를 집합건물의 구분소유자인 공유자에게 취득시키고 구분소유자가 아닌 다른 공유자에게는 그 지분의 가격을 취득시키는 것이 공유자 간의 실질적인 공평을 해치지 않는다고 인정되는 특별한 사정이 있어 그와 같이 공유물을 분할하는 것이 허용되는 경우에는, 그러한 공유물에 대한 분할청구는 집합건물법 제8조의 입법 취지에 비추어 허용된다고 보는 것이 타당하다"(대판 2023.9.14. 2022다271753).

(2) 분할의 방법

1) 공유물분할청구

공유자는 다른 공유자 모두를 상대로 공유물의 분할을 청구할 수 있다. 분할청구권은 형성권이므로 분할청구라는 일방적 의사표시에 의하여 다른 공유자는 분할의 협의를 해야 할 의무를 진다. 공유물의 분할은 언제나 공유자 전원이 분할절차에 참여하여야 하며, 일부 공유자를 제외하고 이루어진 분할절차는 무효이다(이에 대한 예외가 제1014조의 상속재산분할협의와 관련한 '가액반환청구').

[비교판례] "공유물분할청구는 공유자의 일방이 그 공유지분권에 터잡아서 하여야 하는 것이므로 공유지분권을 주장하지 아니하고 목적물의 특정부분을 소유한다고 주장하는 자는 그 부분에 대하여 신탁적으로 지분등기를 가지고 있는 자들을 상대로 하여 그 특정부분에 대한 명의신탁해지를 원인으로 한 지분이전등기절차의 이행만을 구하면 될 것이고 공유물분할 청구를 할 수 없다"(대판 2010.5.27. 2006다84171: 표준판례250 : 14회 선택형).

2) 협의에 의한 분할

협의에 의하는 것이므로 방법에 제한이 없다. 그 방법으로 ① 공유물을 그대로 양적으로 분할하는 '현물분할', ② 공유물을 매각하여 그 대금을 분할하는 '대금분할', ③ 공유자의 1인이 단독소유권을 취득하고 다른 공유자는 지분의 가격을 지급받는 '가격배상'이 있다.

3) 재판에 의한 분할(제187조에 의해 등기는 불요)

> 제269조 (분할의 방법) ① 분할의 방법에 관하여 협의가 성립되지 아니한 때에는 공유자는 법원에 그 분할을 청구할 수 있다. ② 현물로 분할할 수 없거나 분할로 인하여 현저히 그 가액이 감손될 염려가 있는 때에는 법원은 물건의 경매를 명할 수 있다.

분할의 방법에 관하여 협의가 성립되지 아니한 때에는 공유자는 법원에 그 분할을 청구할 수 있다(제269조 1항). 따라서 이미 분할에 관한 협의가 성립된 경우, 공유물분할의 소를 제기하거나 유지함은 허용되지 않는다(대판 1995.1.12. 94다30348,94다30355).

가) '현물분할'의 원칙 및 예외로서 '경매에 의한 대금분할'

현물분할을 원칙으로 하나, 현물로 분할할 수 없거나 분할로 인하여 그 가액이 현저히 감손(減損)될 염려가 있는 때에는 공유물을 경매하여 대금분할을 할 수 있다(제269조 2항).

① 현물분할의 방식

"공유물분할청구의 소는 (형식적) 형성의 소로서 법원은 공유물분할을 청구하는 원고가 구하는 방법에 구애받지 않고 재량에 따라 합리적 방법으로 분할을 명할 수 있으므로(처분권주의가 배제),[63] 여러 사람이 공유하는 물건을 현물분할하는 경우에는 분할청구자의 지분 한도 안에서 현물분할을 하고 분할을 원하지 않는 나머지 공유자는 공유로 남게 하는 방법도 허용되나, 그렇다고 하더라도 공유물분할을 청구한 공유자의 지분 한도 안에서는 공유물을 현물 또는 경매·분할함으로써 공유관계를 해소하고 단독소유권을 인정하여야지, ㉠ 분할청구자들이 그들 사이의 공유관계의 유지를 원하고 있지 아니한데도 분할청구자들과 상대방 사이의 공유관계만 해소한 채 분할청구자들을 여전히 공유로 남기는 방식으로 현물분할을 하는 것은 허용될 수 없고(대판 2015.7.23. 2014다88888), ㉡ 분할청구자가 상대방들을 공유로 남기는 방식의 현물분할을 청구하고 있다고 하여, 상대방들이 그들 사이만의 공유관계의 유지를 원하고 있지

---

63) [민소법 쟁점] '처분권주의'란 절차의 개시, 심판의 대상과 범위, 절차의 종결에 대하여 당사자에게 주도권을 주어 그의 처분에 맡기는 원칙을 말한다(민사소송법 제203조). 그러나 공유물분할청구의 소는 실질이 비송사건이므로 '처분권주의'가 배제된다. 따라서 원고는 청구취지에 공유물분할 등을 해줄 것을 신청하면 족하고, 특정한 분할방법 등을 지정하여 달라는 신청을 하지 않아도 소송물의 불특정 문제는 발생하지 않는다. 법원은 원고가 분할방법 등을 지정하여 구체적으로 신청을 하더라도 이에 구속되지 않고 재량으로 진실하다고 인정하는 바에 따라 판결하면 된다.

아니한데도 상대방들을 여전히 공유로 남기는 방식으로 현물분할을 하여서도 아니되며(대판 2015.3.26. 2014다233428 : 표준판례245). ⓒ 분할청구자 지분의 일부에 대하여만 공유물 분할을 명하고 일부 지분에 대하여는 이를 분할하지 아니하거나, 공유물의 지분비율만을 조정하는 등의 방법으로 공유관계를 유지하도록 하는 것도 허용될 수 없다"(대판 2011.3.10. 2010다92506 ; 대판 2010.2.25. 2009다79811).

② 대금분할을 명할 수 있는 경우

判例는 여기서 "현물분할로 인하여 현저히 가격이 감손된다"고 함은 공유물 전체의 교환가치가 현물분할로 인하여 현저하게 감손될 경우뿐만 아니라 공유자들에게 공정한 분할이 이루어지지 아니하여 그중의 한 사람이라도 현물분할에 의하여 단독으로 소유하게 될 부분의 가액이 공유물분할 전의 소유지분가액보다 현저하게 감손될 경우도 이에 포함된다고 할 것이므로, 공유토지를 공유지분비율에 따라 현물분할할 경우 공유자 1인이 소유할 부분이 너무 작아서 지상에 건축이 불가능하게 된다면 그 대지부분의 가액은 분할 전 건축이 가능한 대지의 지분가액보다 현저하게 감손될 것이 명백하여 공정한 분할이라고 보기 어렵다고 한다(대판 1993.1.19. 92다30603).

> ✽ 대금분할을 인정한 경우
> 대판 1993.1.19. 92다30603은 甲의 공유지분에 대하여 근저당권이 설정되어 있고 이 근저당권은 분할 후 乙의 단독소유가 될 토지에도 지분비율대로 존속하게 될 것이어서 甲은 乙에게 이로 인한 가액감손을 보상하여야 할 것이므로(제270조, 제576조), 상호보상관계가 매우 복잡해진다는 점에서 가액보상의 방법에 의한 공유물분할도 부적당하여 대금분할함이 상당하다고 하였다.

나) '전면적 가격배상'의 인정여부(적극)

제269조 2항은 재판상 분할에 관하여 현물분할과 경매에 의한 대금분할만을 규정하고 있을 뿐 가격배상은 규정하고 있지 않으나, 判例는 "당해 공유물을 특정한 자에게 취득시키는 것이 '상당'하다고 인정되고, 다른 공유자에게는 그 지분의 가격을 취득시키는 것이 공유자간의 '실질적인 공평'을 해치지 않는다고 인정되는 특별한 사정이 있는 때에는 공유물을 공유자 중의 1인의 단독소유 또는 수인의 공유로 하되 현물을 소유하게 되는 공유자로 하여금 다른 공유자에 대하여 그 지분의 적정하고도 합리적인 가격을 배상시키는 방법에 의한 분할도 현물분할의 하나로 허용된다"(대판 2004.10.14. 2004다30583)고 한다.

(3) 분할의 효과

1) 지분의 이전

분할에 의하여 공유관계는 종료하고 지분의 교환 또는 매매가 있게 된다.

2) 분할의 불소급효

분할은 지분의 교환 또는 매매의 실질을 가지는 것이어서 소급하지 않지만, 상속재산의 분할의 경우에는 상속개시된 때로 소급하여 그 효력이 있다(제1015조). 상속인은 상속개시된 때로부터 피상속인의 재산에 관한 권리와 의무를 포괄적으로 승계하기 때문이다(제1005조).

3) 분할로 인한 담보책임

공유자는 다른 공유자가 분할로 인하여 취득한 물건에 대하여 그 지분의 비율로 매도인과 동일한 담보책임이 있다(제270조).

4) 지분상의 담보물권

가) 문제점

예컨대 A와 B가 2 : 3의 비율로 토지를 공유하고 있는데 A의 지분에 관하여 C 앞으로 근저당권이 설정되었고, 그 후 토지가 분할된 경우, C의 위 근저당권은 어떻게 되는지 문제된다.

나) 현물분할의 경우 : 존속

공유부동산 중 공유자 1인의 지분위에 설정된 근저당권 등 담보물권은 특단의 합의가 없는 한 공유물분할이 된 뒤에도 '담보물권의 불가분성'에 따라 종전의 지분비율 대로 공유물 전부의 위에 그대로 존속하고 근저당권설정자 앞으로 분할된 부분에 당연히 집중되는 것은 아니며(대판 1989.8.9. 88다카24868), 분할된 각 부동산은 그 저당권의 '공동담보'(공동저당)가 된다(아래 2011다74932판결).

따라서 위 사안에서 A가 취득한 부분에 대해서만 존속하지 않고, A와 B가 각 취득한 부분의 각 2/5 지분에 관하여 존속한다. 그리하여 만약 B의 단독소유가 된 토지부분에 대한 경매신청이 있었고, 그 매각대금으로부터 배당을 받는 경우, C는 저당권자로서 매각대금 중 지분에 해당하는 경매대가에 대하여 우선변제를 받을 권리가 있고, 그 경우 공동저당 중 이른바 이시배당에 관하여 규정하고 있는 제368조 2항의 법리에 따라 저당권의 피담보채권액 전부를 변제받을 수 있다(대판 2012.3.29. 2011다74932: 표준판례246). 이 경우 A는 B에게 이로 인한 가액감손을 보상하여야 할 것이다(제270조, 제576조).

> ※ **구분소유적 공유관계가 해소된 경우 담보물권의 운명**
> "1필지의 토지의 위치와 면적을 특정하여 2인 이상이 구분소유하기로 하는 약정을 하고 구분소유자의 공유로 등기하는 이른바 구분소유적 공유관계에 있어서, 1필지의 토지 중 특정 부분에 대한 구분소유적 공유관계를 표상하는 공유지분을 목적으로 하는 근저당권이 설정된 후 구분소유하고 있는 특정 부분별로 독립한 필지로 분할되고 나아가 구분소유자 상호 간에 지분이전등기를 하는 등으로 구분소유적 공유관계가 해소되더라도 그 근저당권은 종전의 구분소유적 공유지분의 비율대로 분할된 토지들 전부의 위에 그대로 존속하는 것이고, 근저당권설정자의 단독소유로 분할된 토지에 당연히 집중되는 것은 아니다"
> (대판 2014.6.26. 2012다25944: 표준판례251 : 6회,9회 선택형).

다) 경매에 의한 대금분할 : 원칙적으로 소멸

현행 민사집행법은 소제주의(消除主義)를 원칙[64]으로 하므로, 저당권은 그 설정시기가 압류등기(경매개시결정등기) 전이든 후이든 막론하고 전부 매각에 의하여 소멸한다(동법 제91조 2항, 가등기담보 등에 관한 법률 제15조). 그러므로 判例는 "공유물분할을 위한 경매도 강제경매나 담보권 실행을 위한 경매와 마찬가지로 목적부동산 위의 부담을 소멸시키는 것을 법정매각조건으로 하여 실시된다고 봄이 상당하다"(대판 2009.10.29. 2006다37908)고 한다. 따라서 C는 A가 교부받을 금전에서 순위에 따라 배당을 받게 될 것이다.

라) 매매 등에 의한 대금분할 또는 가격배상 : 존속

① A가 가격배상에 의하여 공유토지를 전부 취득한 경우, C의 담보물권은 2/5 지분 위에 존속한다.
② 그러나 B가 가격배상에 의하여 공유토지를 전부 취득한 경우이거나 제3자가 매매 등을 통해 공유토지를 전부 취득한 경우 'A가 취득하는 대금채권'에 대하여 물상대위의 성립을 인정하는 견해도 있으나, 물상대위권은 목적물이 멸실 등으로 인해 담보권자가 목적물에 추급할 수 없는 경우에만 인정되는 것이므로 '근저당권의 추급력'이 미치는 이상 이는 부정하는 것이 타당하다.

---

64) 강제집행에 의하여 부동산이 매각되면 그 위에 존재하던 (후순위) 용익권이나 (선순위 및 후순위) 담보권의 부담이 어떻게 되느냐에 관하여, 부담을 소멸시켜 매수인이 아무런 부담 없는 부동산을 취득하게 하는 소제주의(소멸주의)와 그러한 부담을 그대로 매수인에게 인수시키는 인수주의의 두 입장이 있다. 현행 민사집행법은 소제주의를 원칙으로 한다. 다만 유치권은 무조건 불소멸의 인수주의가 적용된다(민사집행법 제91조 5항).

Ⅱ. 합유
[D-79]

1. 의의
합유는 수인이 조합체를 이루어 물건을 소유하는 공동소유의 한 형태이다(제271조 1항).

2. 합유의 성립
합유는 조합체가 물건의 소유권을 취득함으로써 성립하며, 조합체는 법률규정 또는 계약에 의해 성립한다. 특히 부동산의 합유는 등기하여야 한다(부동산등기규칙 제105조). 법률규정에 의한 합유에는 조합재산(제704조), 수탁자가 수인인 경우의 신탁재산(신탁법 제45조) 등이 있다. 실제로는 조합체의 성립과는 무관하게 합유 등기를 하는 경우도 있는데, 예를 들어 종중이 그 소유의 부동산을 여러 명의 종중원에게 명의신탁하면서 그중 1인이 임의로 지분을 처분하는 것을 막기 위하여 그들의 합유로 등기하는 경우로, 判例는 그 유효성을 인정하고 있다.

[관련판례] "부동산의 소유자가 동업계약(조합계약)에 의하여 부동산의 소유권을 투자하기로 하였으나 아직 그의 소유로 등기가 되어 있고 조합원의 합유로 등기되어 있지 않다면, 그와 조합 사이에 채권적인 권리의무가 발생하여 그로 하여금 조합에 대하여 그 소유권을 이전할 의무 내지 그 사용을 인용할 의무가 있다고 할 수는 있지만, 그 동업계약을 이유로 조합계약 당사자 아닌 사람에 대한 관계에서 그 부동산이 조합원의 합유에 속한다고 할 근거는 없으므로, 조합원이 아닌 제3자에 대하여는 여전히 소유자로서 그 소유권을 행사할 수 있다"(대판 2002.6.14. 2000다30622 : 14회 선택형).

> ※ **수인이 부동산을 공동으로 매수한 경우, 매수인들 사이의 법률관계**
>
> ㉠ "ⅰ) 수인이 부동산을 공동으로 매수한 경우, 매수인들 사이의 법률관계는 공유관계로서 단순한 공동매수인에 불과하여 매도인은 매수인 수인에게 그 지분에 대한 소유권이전등기의무를 부담하는 경우도 있을 수 있고(예를 들어 단순히 전매차익을 얻으려는 목적으로 부동산을 수인이 매수한 경우),[65] 그 수인을 조합원으로 하는 조합체에서 매수한 것으로서 매도인이 소유권 전부의 이전의무를 그 조합체에 대하여 부담하는 경우도 있을 수 있다. ⅱ) 매수인들이 상호 출자하여 공동사업을 경영할 것을 목적으로 하는 조합이 조합재산으로서 부동산의 소유권을 취득하였다면 제271조 1항(이는 물권법상의 규정으로서 강행규정이고, 따라서 조합체의 구성원인 조합원들이 '공유'하는 경우에 조합체로서 물건을 소유하는 것으로 볼 수 없다)[66]의 규정에 의하여 당연히 그 조합체의 합유물이 되고(이는 제187조에 규정된 '법률의 규정에 의한 물권의 취득'과는 아무 관계가 없다. 따라서 조합체가 부동산을 법률행위에 의하여 취득한 경우에는 물론 소유권이전등기를 요한다), 다만 그 조합체가 합유등기를 하지 아니하고 그 대신 조합원 1인의 명의로 소유권이전등기를 하였다면 이는 조합체가 그 조합원에게 명의신탁한 것(조합들 명의로 각 지분에 관하여 공유등기를 하였다면 이는 그 조합체가 조합원들에게 각 지분에 관하여 명의신탁한 것 : 7회,8회,11회 선택형)으로 보아야 한다(이는 부동산 실권리자명의 등기에 관한 법률에 위반되어 무효이다)[67]"(대판 2006.4.13. 2003다25256).
>
> ㉡ "이때 조합체가 조합원에게 명의신탁한 부동산의 소유권은 물권변동이 무효인 경우 매도인에게, 유효인 경우 명의수탁자에게 귀속된다. 이 경우 조합재산은 소유권이전등기청구권(3자간 명의신탁인 경우 ∵ 신탁자가 매매계약의 당사자 이므로 신탁자는 매도인에게 등기청구권보유 : 저자주) 또는 **부당이득반환채권**(계약 명의신탁인 경우 ∵ 신탁자가 매매계약의 당사자가 아니므로 매도인에게 등기청구권을 행사할 수 없고 수탁자에게 매매대금상당의 부당이득반환청구만 가능 : 저자주)이고, **신탁부동산 자체는 조합재산이 될 수 없다**"(대판 2019.6.13. 2017다246180). 따라서 조합체가 해산되는 경우에는 그 부동산이 조합재산임을 전제로 청산이 이루어질 수는 없다(14회 선택형).

---

65) [관련판례] 判例는 부동산의 공동매수인들이 전매차익을 얻으려는 '공동의 목적 달성'을 위하여 상호 협력한 것에 불과하고 이를 넘어 '공동사업을 경영할 목적'이 있었다고 인정되지 않는 경우 이들 사이의 법률관계는 공유관계에 불과할 뿐 민법상 조합관계에 있다고 볼 수 없다고 하였다(대판 2012.8.30. 2010다39918).

66) [관련판례] "공유자들 사이에 조합관계가 성립하여 각자가 부동산을 조합재산으로 출연하였음에도 그 조합체 재산에 관한 소유

3. 합유의 법률관계(상세한 내용은 채권각론 '조합' 참고)

합유자의 권리는 합유물 전부에 미치고(제271조 1항), 그 밖의 합유관계의 내용은 합유관계를 발생시키는 법률규정 또는 합유자 사이의 계약에 의하여 정해지며, 그 법률규정이나 계약이 없으면 제272조부터 제274조(임의규정)의 원칙에 의하여 규율된다(제271조 2항). 따라서 ① 합유물을 처분 또는 변경하려면 전원의 동의가 있어야 하고(제272조 본문), ② 보존행위는 각자가 할 수 있다(제272조 단서). 그리고 ③ 합유지분의 처분도 전원의 동의가 있어야 하므로(제273조 1항) 동의 없는 지분의 처분은 무효이며(判例), ④ 합유물의 분할청구는 조합이 존속하고 있는 동안은 불가능하다(제273조 2항).

[보존행위 관련판례] "공동수급체의 구성원 중 1인이 그 낙찰자 선정이 무효임을 주장하며 무효확인의 소를 제기하는 것은 그 공동수급체가 경쟁입찰과 관련하여 갖는 법적 지위 내지 법률상 보호받는 이익이 침해될 우려가 있어 그 현상을 유지하기 위하여 하는 소송행위이므로 이는 합유재산의 보존행위에 해당한다"(대판 2013.11.28. 2011다80449: 표준판례253 : 12회 선택형).

4. 합유관계의 종료

합유물의 분할은 원칙적으로 금지되므로, 합유관계가 종료하는 것은 조합체의 해산 또는 합유물의 양도로 인하여 조합재산이 없게 된 때이다(제274조 1항). 조합체의 해산으로 합유관계를 종료하게 되면 합유물을 분할하게 되는데 합유물의 분할에 관하여는 공유물의 분할에 관한 규정을 준용한다(제274조 2항).

5. 합유자 중 1인이 사망한 경우 합유지분이 상속되는지 여부

① 조합체인 경우 특별한 약정이 없으면 사망한 조합원은 조합에서 당연탈퇴되고(제717조 1호), 조합원의 지위는 일신전속적인 권리의무관계로서 상속인에게 상속되지 않는다(대판 1981.7.28. 81다145 : 7회 선택형). 즉 그 상속인의 몫에 대해서는 지분계산의 방법으로 청산되어야 하고(제719조), 상속등기를 할 수 있는 것이 아니다. ② 종중이 그 소유의 부동산을 여러 명의 종중원에게 명의신탁하면서 그중 1인이 임의로 지분을 처분하는 것을 막기 위하여 그들의 합유로 등기하는 경우 判例는 "부동산의 합유자 중 일부가 사망한 경우 합유자 사이에 특별한 약정이 없는 한 사망한 합유자의 상속인은 합유자로서의 지위를 승계하는 것이 아니므로 해당 부동산은 잔존 합유자가 2인 이상일 경우에는 잔존 합유자의 합유로 귀속되고 잔존 합유자가 1인인 경우에는 잔존 합유자의 단독소유로 귀속된다"(대판 1994.2.25. 93다39225)[68]는 입장이다.

권등기를 함에 있어서 이를 합유로 하지 아니하고 공유로 한 경우에는 제3자에 대한 관계에서는 공유관계임을 전제로 한 법률관계만이 적용될 뿐이므로 조합원들이 공유자로서 소유권행사를 할 수 있을 것임은 별론으로 하고, 조합들 상호간 및 조합원과 조합체 상호간의 내부관계에서는 조합계약에 따른 효력으로 인하여 그 재산은 조합계약상의 공동사업을 위해 출자된 합유물인 특별재산으로 취급될 것이므로 조합원들로서는 그 지분의 회수방법으로서 조합을 탈퇴하여 조합지분 정산금을 청구하거나 일정한 경우 조합체의 해산청구를 할 수 있는 등의 특별한 사정이 없는 한 그 합유물에 대하여 곧바로 분할청구를 할 수는 없다(제273조 2항 참조)(대판 2009.12.24. 2009다57064).

67) **[관련판례]** "동업 목적의 조합체가 부동산을 조합재산으로 취득하였으나 합유등기가 아닌 조합원들 명의로 공유등기를 하였다면 그 공유등기는 조합체가 조합원들에게 각 지분에 관하여 명의신탁한 것에 불과하므로 부동산 실권리자명의 등기에 관한 법률 제4조 제2항 본문이 적용되어 명의수탁자인 조합원들 명의의 소유권이전등기는 무효이어서 그 부동산 지분은 조합원들의 소유가 아니기 때문에 이를 일반채권자들의 공동담보에 공하여지는 책임재산이라고 볼 수 없고, 따라서 조합원들 중 1인이 조합에서 탈퇴하면서 나머지 조합원들에게 그 지분에 관한 소유권이전등기를 경료하여 주었다 하더라도 그로써 채무자인 그 해당 조합원의 책임재산에 감소를 초래한 것이라고 할 수 없으므로, 이를 들어 일반채권자를 해하는 사해행위라고 볼 수는 없으며, 그에게 사해의 의사가 있다고 볼 수도 없다"(대판 2002.6.14. 2000다30622).

68) **[판례평석]** 그러나 합유자 사이에 조합관계가 있지 않은 경우까지 민법상 조합의 법리를 적용하는 것이 이론적으로나 현실적으로 타당한지 의문이라는 견해도 있다[노재호, 민법교안(10판), p.1426].

Ⅲ. 총 유 (민총 권리능력 없는 사단 참고) [D-80]

Ⅳ. 준공동소유 [D-81]

소유권 이외의 재산권을 수인이 가지는 경우를 '준공동소유'라 하고, 이에 관해서는 공동소유에 관한 규정을 준용한다(제278조 본문). 따라서 인적 결합의 정도에 따라 준공유·준합유·준총유가 있다.

> ※ 준공유
> "채권의 일부에 대하여 대위변제가 있는 때에는 대위자는 민법 제483조 1항에 의하여 그 변제한 가액에 비례하여 채권자의 권리를 행사할 수 있으므로, 수인이 시기를 달리하여 채권의 일부씩을 대위변제하고 근저당권 일부이전의 부기등기를 각 경료한 경우 그들은 각 일부대위자로서 그 변제한 가액에 비례하여 근저당권을 준공유하고 있다고 보아야 하고, 그 근저당권을 실행하여 배당함에 있어서는 다른 특별한 사정이 없는 한 각 변제채권액에 비례하여 안분배당을 하여야 한다"(대판 2001.1.19. 2000다37319).

> ※ 준합유
> "동업약정에 따라 동업자 공동으로 토지를 매수하였다면 그 토지는 동업자들을 조합원으로 하는 동업체에서 토지를 매수한 것이므로, 그 동업자들은 토지에 대한 소유권이전등기청구권을 준합유하는 관계에 있고, 합유재산에 관한 소는 이른바 고유필수적 공동소송이라 할 것이므로 그 매매계약에 기하여 소유권이전등기의 이행을 구하는 소를 제기하려면 동업자들이 공동으로 하지 않으면 안 된다"(대판 1994.10.25. 93다54064).

제5관 명의신탁

Ⅰ. 서 설 [D-82]

1. 의 의

'대내적'으로는 신탁자가 권리를 보유하여 목적물을 관리·수익하면서, '대외적'으로 그에 관한 등기는 수탁자의 명의로 경료해 두는 것을 명의신탁이라고 하며(대판 1965.5.18. 65다312), 判例에 의해 발전된 개념이다.

2. 문제점

명의신탁은 주로 탈세·투기의 목적으로 이용되어 와서 1995년 제정된 부동산 실권리자 명의 등기에 관한 법률(이하 부동산 실명법)에 의해 규제되게 되었다. 다만, 상호명의신탁의 경우와 종중 및 배우자간에는 동법 제4조의 규정이 적용되지 않으므로 이 경우에는 여전히 判例에 의해 형성된 종전의 명의신탁 이론이 적용되게 된다. 따라서 명의신탁 행위 자체의 유효성 및 대내외적 법률관계를 검토하고 명의신탁 해지와 관련하여 권리 및 등기회복의 이론적 설명이 필요하다.

Ⅱ. 명의신탁에 관한 종래 판례이론(명의신탁약정이 유효한 경우) [D-83]

1. 부동산 실명법 적용제외 [D-83a]

(1) 부동산 실명법에서 규율하는 명의신탁약정에 해당하지 않는 경우

부동산 실명법에 따르면 ① 채무의 변제를 담보하기 위해 채권자가 부동산에 관한 물권을 이전받거나 가등기하는 경우(부동산 양도담보 및 가등기담보), ② 부동산의 위치와 면적을 특정하여 2인 이상이 구분소유하기로 하는 약정을 하고 그 구분소유자의 공유로 등기하는 때(상호명의신탁), ③ 신탁법 또는 신탁업법에 의한 신탁재산인 사실을 등기한 경우는 '명의신탁약정'에 해당하지 않는 것으로 한다(동법 제2조 1호 단서). 다만 위 ①은 명의신탁약정에는 포함되지 않지만, 동법(제3조 2항)은 그 등기시에 부동산양도담보 등임을 증명하는 서류를 제출하도록 정하고 있는 점에서 동법의 규율을 받는다. 그러나 ②와 ③의 경우에는 동법에서 이를 정하는 내용은 없으며, 그러므로 특히 ②의 경우에는 종래 형성되어 온 판례이론이 그대로 적용될 수 있다.

(2) 종중, 배우자 및 종교단체에 대한 특례

> **❋ 부부간 명의신탁**
>
> ① **[배우자 일방이 사망한 경우]** "부부간 명의신탁이 유효한 것으로 인정된 후 배우자 일방의 사망으로 부부관계가 해소된 경우, 부부관계의 존속을 그 효력요건으로 삼고 있지 않고, 부부관계가 해소된 경우 이를 무효화하는 규정이 없으며, 상속인에 대해 존속하는 것으로 하여도 부동산실명법의 취지에 반하지 않는 점 등에 비추어 그 명의신탁약정은 사망한 배우자의 다른 상속인과의 관계에서도 유효하게 존속한다"(대판 2013.1.24. 2011다99498).
>
> ② **[이혼한 경우]** "신탁자와 수탁자가 배우자 관계에 있었고, 신탁자가 조세포탈 등을 목적으로 명의신탁하였다고 볼 수 없는 이상, 비록 신탁자가 동법 제11조에 정한 유예기간 중에 제기된 부동산물권에 관한 쟁송의 본안판결 확정일로부터 1년 이내에 '재판상 이혼'을 하고 그의 명의로 실명등기를 하지 않았더라도, 명의신탁약정 및 이에 따른 부동산물권변동은 유효하다"(대판 2002.9.27. 2001다42592).
>
> ③ **[명의자의 특유재산으로 추정]** "부부의 일방이 혼인 중 그의 단독 명의로 취득한 재산은 그 명의자의 특유재산으로 추정되는 것이고, 그 재산의 취득에 있어 다른 일방의 협력이 있었다거나 내조의 공이 있었다는 것만으로는 그 추정이 번복되지 아니하는 것이지만, 다른 일방이 실제로 당해 재산의 대가를 부담하여 취득하였음을 증명한 경우에는 그 추정이 번복되고, 그 대가를 부담한 다른 일방이 실질적인 소유자로서 편의상 명의자에게 이를 명의신탁한 것으로 인정할 수 있다. 이 경우 부동산의 명의수탁자가 신탁행위에 기한 반환의무의 이행으로서 신탁부동산의 소유권이전등기를 경료하는 행위는 기존채무의 이행으로서 사해행위를 구성하지 아니한다"(대판 2007.4.26. 2006다79704: 표준판례795).
>
> ④ **[부동산실명법 위반여부]** "부동산실명법 제8조의 내용과 문장 구조에 비추어 보면, 부동산에 관하여 부부간의 명의신탁 약정에 따른 등기가 있는 경우 그것이 조세 포탈 등을 목적으로 한 것이라는 점은 예외에 속한다. 따라서 이러한 목적이 있다는 이유로 등기가 무효라는 점은 이를 주장하는 자가 증명하여야 한다. 부부간의 명의신탁 당시에 막연한 장래에 채권자가 집행할 가능성을 염두에 두었다는 것만으로 강제집행 면탈의 목적을 섣불리 인정해서는 안 된다"(대판 2017.12.5. 2015다240645).

① 종중재산의 명의신탁, ② 부부간의 명의신탁, ③ 그리고 종교단체의 명의로 그 산하 조직이 보유한 부동산에 관한 물권을 등기한 경우, 그것이 조세포탈·강제집행의 면탈 또는 법령상 제한의 회피를 목적으로 하지 않는 경우에 한해, 명의신탁약정의 무효·과징금·이행강제금·벌칙·기존 명의신탁약정에 의한 등기의 실명등기에 관한 규정 등의 적용을 받지 않는다(동법 제8조)(3회 선택형). 따라서 이 한도에서는 종래의 판례이론이 그대로 적용될 수 있다. [5회 기록형]

이때 '종중'은 고유의 의미의 종중만을 가리키고 종중 유사의 비법인사단은 포함되지 않고(대판 2007.10.25. 2006다14165), 이때 '배우자'는 법률상의 배우자에 한정되므로 사실혼 관계에 있는 배우자는 포함되지 아니한다(대판 1999.5.14. 99두35). [14사법] 그러나 신탁자와 수탁자가 나중에 혼인하면 그 명의신탁등기는 당사자가 '혼인한 때'로부터 유효하게 된다(대판 2002.10.25. 2002다23840).

2. 유효성 [D-83b]

① 통정허위표시로서 무효라는 견해도 있으나, ② 명의신탁에도 신탁행위에 준하는 경제적 목적이 있고 이를 달성하기 위한 법적 효과를 의욕하는 것이기 때문에, 대내적 신탁관계상의 채권적 의무를 부담하는 것과는 별개로 명의신탁 자체는 유효하다고 보는 유효설이 타당하다(다수설). ③ 判例도 명의신탁이 통정허위표시가 아님을 전제로 그 유효성을 인정하고 있고, 내부적 소유권은 신탁자에게 있으나 외부적 소유권은 수탁자에게 이전된다고 보고 있다(대판 1994.2.8. 92다31675).

3. 유효한 명의신탁의 법률관계 [D-83c]

判例의 상대적 권리이전설에 의하면 대외적 제3자에 대한 관계에서는 수탁자에게 권리가 이전되지만, 대내적으로 수탁자와 신탁자의 관계에서는 신탁자에게 권리가 유보된다.

(1) 대외적 법률관계(제3자와의 관계)

1) 수탁자의 처분행위

제3자는 선의·악의를 불문하고 수탁자로부터 유효하게 권리를 취득한다(대판 1963.9.19. 63다388). 단지 제3자가 배임행위에 적극 가담한 경우에는 반사회질서 행위가 되어 무효가 되고 권리를 취득하지 못한다(대판 1992.3.31. 92다1148).

2) 제3자의 불법점유나 침해 [21법행]

불법점유자에 대해서는 수탁자인 등기명의인만이 자신의 권리로서 물권적 청구권이나 손해배상 청구권을 행사할 수 있고, 신탁자는 수탁자를 대위해서만 이를 행사할 수 있다(대판 1979.9.25. 77다1079).

3) 제366조의 법정지상권

"토지와 그 지상건물이 각기 소유자를 달리하고 있던 중 토지 또는 그 지상건물만이 경매에 의하여 다른 사람에게 소유권이 이전된 경우에는 제366조의 법정지상권이 발생할 여지가 없으며, 또 건물의 등기부상 소유명의를 타인에게 신탁한 경우에 신탁자는 제3자에게 그 건물이 자기의 소유임을 주장할 수 없고, 따라서 그 건물과 부지인 토지가 동일인의 소유임을 전제로 한 법정지상권을 취득할 수 없다"(대판 2004.2.13. 2003다29043 : 8회 선택형).

4) 상대적 권리이전설의 예외

대외적 관계에서 수탁자를 소유자로 취급하는 것은 선의의 제3자를 보호하기 위한 것이므로 제3자 보호를 위해 判例는 대외관계에서 신탁자를 소유자로 취급하기도 한다. ① '명의신탁자로부터 주택을 임차한 자'는 수탁자에 대해서도 적법한 임대차관계를 주장할 수 있으며(대판 1995.10.12. 95다22283), 대항요건인 주택의 인도와 주민등록을 마치면 대항력이 인정된다고 한다. ② 부동산 소유자가 '공작물의 하자'로 인하여 손해배상의무를 지는 경우(제758조)에 수탁자뿐 아니라 명의신탁자도 소유자로 취급되어 직접 피해자에게 배상의무를 부담한다(대판 1977.8.23. 77다246).

(2) 대내적 법률관계(신탁자와 수탁자의 관계)

1) 대내적 권리의 귀속

신탁자는 신탁재산의 권리를 보유하며 이를 관리·수익하며 수탁자는 일정한 목적 이외에는 그 권리를 행사할 수 없는 채무를 부담한다. 신탁자는 수탁자에 대해서 등기 없이도 신탁계약에 의해 소유권을 주장할 수 있고 수탁자 동의 없이 처분할 수도 있다(대판 1994.2.8. 92다31675). **[5회 기록형]**

2) 명의수탁자의 점유

명의수탁자의 점유는 타주점유이므로 수탁자 또는 그 상속인은 등기부시효취득할 수 없고(대판 1992.4.14. 91다46533), 그렇다고 수탁자 명의의 등기를 신탁자의 등기로 볼 수도 없으므로 신탁자에게 등기부취득시효가 인정되는 것도 아니다(대판 1987.11.10. 85다카1644). 다만 신탁자의 점유취득시효는 가능하다(간접점유). **[23법행]**

3) 관습법상 법정지상권

명의수탁자가 명의신탁관계 존속 중 신탁토지 위에 건물을 신축하였다가 명의신탁이 해지되어 등기명의가 환원된 경우, 신탁자와의 대내적 관계에서 자신의 소유권을 주장할 수 없기 때문에 관습법상 법정지상권을 취득할 수 없다(대판 1986.5.27. 86다카62).

(3) 명의신탁 해지의 법률관계

1) 해지권의 행사

명의신탁의 해지란 장래를 향하여 명의신탁의 효력을 소멸시키는 것으로서 신탁자는 언제든 해지권을 행사하여 수탁자에게 신탁재산의 반환을 청구할 수 있다. 또한 신탁자로부터 목적물을 양수받은 제3자도 채권자대위권을 통해 이를 행사할 수 있다. 명의신탁에 대한 해지권 행사는 일부의 수탁자에 대해서만 행사한 경우 해지의 불가분성(제547조 1항)이 적용되지 않고 일부에 대해서만 효과가 발생한다(대판 1979.5.22. 73다467).

2) 해지의 효과[69]

가) 대내관계

ⅰ) 신탁관계의 종료 자체를 원인으로 하는 소유권이전등기를 청구하는 경우('채권적 청구권')는 해지시부터 소유권이전등기청구권의 소멸시효기간이 진행되고 그 소멸시효기간은 신탁계약해지시부터 10년이다(대판 1975.8.19. 75다273). ⅱ) 그러나 명의신탁 해지로 인하여 복귀한 소유권에 기하여 소유권이전등기 또는 소유권이전등기말소를 청구하는 경우('물권적 청구권'), 이와 같은 등기청구권은 소멸시효의 대상이 되지 않는다(대판 1991.11.26. 91다34387).

나) 대외관계

외부관계의 경우 신탁해지만으로 권리가 당연히 복귀하지는 않고 수탁자 명의의 등기가 남아있는 한 수탁자의 처분행위는 완전히 유효하고 신탁자는 제3자에게 대항하지 못한다고 한다(대판 1982.12.28. 82다카984). 따라서 명의신탁 해지 후 등기 이전에 양수하여 등기한 제3자는 선의·악의를 불문하고 권리를 취득한다. 다만, 제3자가 수탁자의 배임행위에 적극 가담한 경우라면 제103조 위반으로 무효가 되어 권리를 취득할 수 없게 된다(A-88.참고). **[21법행]**

---

[69] **[법적성질]** 계약의 '해지'의 경우에는 소급효가 있는 '해제'와는 달리 해지가 있을 때까지는 유효하게 소유권을 보유하므로 소유권을 되돌리려면 새로운 물권행위가 요구된다. 따라서 명의신탁이 해지되더라도 '대외관계'에서는 소유권이 당연히 신탁자에게 복귀하지 않는다. 그러나 '대내관계'에서는 명의신탁의 경우 소유권이 처음부터 신탁자에게 보류되어 있다(**대내외관계 구별설** : 判(예)의 입장).

Ⅲ. 상호명의신탁과 구분소유적 공유

[D-84]

1. 의 의

2인 이상이 내부적으로는 각 하나의 부동산을 위치, 면적 등을 특정하여 구분하여 소유하기로 약정하면서 그 부동산에 관한 등기는 그들의 공유로 마친 경우를 이른바 '**구분소유적 공유**'라고 한다(대판 2009.3.26. 2008다44313).[70] [3회 사례형, 18법무]

예를 들어 甲이 50㎡의 X토지 1필지의 일부 중 약 20㎡를 특정하여 乙에게 매도하면서 토지를 분필하는 등의 절차를 피하기 위하여 편의상 乙에게 면적 비율에 상응하는 공유지분등기를 하여 준 결과, 甲이 50분의 30의 공유지분등기를, 乙이 50분의 20의 공유지분등기를 한 상태를 말한다.

[관련판례] ※ 1동의 건물의 공유자들 사이에 공유지분등기의 상호명의신탁관계 또는 건물에 대한 구분소유적 공유관계가 성립하기 위한 요건

"1동의 건물 중 위치 및 면적이 특정되고 구조상·이용상 독립성이 있는 일부분씩을 2인 이상이 구분소유하기로 하는 약정을 하고 등기만은 편의상 각 구분소유의 면적에 해당하는 비율로 공유지분등기를 하여 놓은 경우, 구분소유자들 사이에 공유지분등기의 상호명의신탁관계 내지 건물에 대한 구분소유적 공유관계가 성립하지만, '**1동 건물**' 중 각 일부분의 위치 및 면적이 특정되지 않거나 구조상·이용상 독립성이 인정되지 아니한 경우에는 공유자들 사이에 이를 구분소유하기로 하는 취지의 약정이 있다 하더라도 일반적인 공유관계가 성립할 뿐, 공유지분등기의 상호명의신탁관계 내지 건물에 대한 구분소유적 공유관계가 성립한다고 할 수 없다"(대판 2014.2.27. 2011다42430 : 6회 선택형).

2. 법적 성질

구분소유적 공유 관계에 있는 당사자들은 서로 자신이 위치, 면적 등을 특정하여 소유하고 있는 부동산 중 상대방의 공유지분에 관하여 상대방에게 명의신탁을 하고 있는 것으로 보아야 한다. 당사자들의 이러한 관계를 '**상호명의신탁**'이라고 하는데(대판 2008.2.14. 2007다63690 참조), 이는 부동산실명법 제2조 제1호 단서 나목에 해당하여 동법이 적용되지 않으므로, 동법의 시행과 상관없이 유효하다. 위 예에서 甲은 X토지 중 자신이 특정하여 소유하고 있던 30㎡ 부분의 20/50지분에 관하여 乙에게 명의를 신탁하였고, 乙은 X토지 중 자신이 특정하여 소유하고 있던 20㎡ 부분의 30/50지분에 관하여 甲에게 명의를 신탁하고 있다고 할 것이다.

3. 법률관계

이하의 判例는 명의신탁의 상대적 권리이전설에 입각한 판례이론을 적용한 것이라 할 수 있다.

---

70) "ⅰ) 구분소유적 공유관계는 어떤 토지에 관하여 그 위치와 면적을 특정하여 여러 사람이 구분소유하기로 하는 약정이 있어야만 적법하게 성립할 수 있고, 공유자들 사이에 그 공유물을 분할하기로 약정하고 그때부터 각자의 소유로 분할된 부분을 특정하여 각자 점유·사용하여 온 경우에도 구분소유적 공유관계가 성립할 수 있지만, 공유자들 사이에서 특정부분을 각각의 공유자들에게 배타적으로 귀속시키려는 의사의 합치가 이루어지지 아니한 경우에는 이러한 관계가 성립할 여지가 없다. [判例는 분할 전 임야가 3필지로 분할되어 그중 1필지의 임야에 대하여만 분할 전 공유자들 중 한 사람의 채권자에 대한 채권을 담보하기 위하여 지상권설정등기가 경료되고, 위 지상권설정등기를 보완하기 위하여 공유지분 확인서가 작성된 경우, 공유자들 사이에서 구분소유적 공유관계를 설정하기로 하는 의사의 합치가 있었다고 볼 수 없다고 하였다(대판 2005.4.29. 2004다71409 : **표준판례**247)] ⅱ) 구분소유적 공유관계의 성립에 있어 1필지의 토지의 일부에 관한 특정 매매와 그에 대한 등기로서 공유지분이전등기를 마친 사실이 있으면 통상 각 구분소유 부분에 대한 상호명의신탁의 합의가 존재하는 것으로 볼 수 있을 것이지만, 그 경우에도 그 토지의 위치와 면적을 특정하여 매수함으로써 이를 구분소유한다고 하는 기본적 사실관계에 관해서는 서로 의사의 합치가 있어야만 한다(1필지의 임야 대부분을 매도하면서 분할매매의 형식으로 매매계약을 체결하였으나 매수인의 대금 지급의무 불이행으로 그중 일부분에 대한 계약이 해제된 사안에서, 그 계약 체결 당시 매도인과 매수인 사이에 구분소유적 공유관계의 설정에 관한 확정적인 의사의 합치와 설정행위가 있었다고 볼 수 없다고 한 사례).

(1) 대내적 관계

대내적으로는 특정 부분을 각자가 단독으로 소유한다. 따라서 사용·수익에 관해서는 자기의 특정매수부분만을 독점적·배타적으로 사용하고 나머지 부분에 대한 사용·수익권은 없다(대판 1968.7.30. 65다1221). 일반공유의 지분비율은 목적물 전체의 가액에 대한 공유자의 지분의 가액의 비율에 의하여 결정되나, 구분소유적 공유의 지분비율은 1필의 전체지적 중 **특정취득한 부분의 지적비율**로 계산된다.

(2) 대외적 관계

대외적으로는 공유자가 토지 전부를 공유한다. 따라서 ① 제3자가 불법점유하는 경우 각자는 자기 소유 부분 뿐만 아니라 **전체 토지에 대하여 보존행위로서** 그 배제를 구할 수 있다(대판 1994.2.8. 93다42986 : 표준판례248 : 5회, 7회, 9회, 11회 선택형). **[3회 사례형]** ② 특정매수부분을 제3자가 불법점유하는 경우 불법점유당한 특정부분 소유자의 부당이득반환청구는 불법점유부분 전부가 아니라 **지분의 비율의 범위 내에서만** 인정된다. 나머지는 다른 구분소유적 공유자를 대위하여 청구할 수도 없다고 본다(대판 1993.11.23. 93다22326). ③ 구분소유적 공유관계로 소유하고 있는 토지 중 일부 구분소유자의 특정부분을 제3자가 점유하여 점유취득시효가 완성된 경우 그 특정부분의 소유자만이 아니라 구분소유적 공유자 각자가 **지분의 비율에 따라** 이전등기의무를 부담한다(대판 1997.6.13. 97다1730 : 13회 선택형).

(3) 구분소유적 공유자의 점유

구분소유적 공유를 할 의사로 공유지분의 면적에 해당하는 만큼 그 특정부분을 점유한 경우 그 특정부분의 점유 전부가 자주점유라고 본다(대판 2007.3.29. 2006다79995). 이는 일반공유물의 경우 점유한 부분 중 공유지분의 비율범위 내에서만 자주점유인 것과 구별된다.

(4) 관습법상의 법정지상권 성립 여부(이하 대내관계와 관련한 판례)

① 구분소유적 공유관계에 있는 자가 **자신의 특정 소유가 아닌 부분에 건물을 신축한 경우** 그 건물부분은 처음부터 건물과 토지의 소유자가 서로 다른 경우에 해당되어 그 후 구분소유적 공유관계가 해소되어 다른 구분소유자의 단독소유로 된 경우 당해 건물소유자에게는 **관습법상의 법정지상권이 성립될 여지가 없다**(대판 1994.1.28. 93다49871: 표준판례291 : 8회 선택형). ② 그러나 구분소유적 공유를 하는 토지 위의 **자신의 특정 소유부분에 건물을 신축한 자**가 그의 대지지분만을 다른 구분소유적 공유자에게 양도하거나 다른 구분소유자가 경락받은 경우 **관습법상의 법정지상권이 성립한다**(대판 1990.6.26. 89다카24094[71] : 8회 선택형).

(5) 처 분

구분소유적 공유관계에 있어서, 각 구분소유적 공유자가 자신의 권리를 타인에게 처분하는 경우 중에는 ① 구분소유의 목적인 특정 부분을 처분하면서 등기부상의 공유지분을 그 특정 부분에 대한 표상으로서 이전하는 경우와 ② 등기부의 기재대로 1필지 전체에 대한 진정한 공유지분으로서 처분하는 경우가 있을 수 있고, 이 중 전자의 경우에는 그 제3자에 대하여 구분소유적 공유관계가 승계되나, 후자의 경우에는 제3자가 그 부동산 전체에 대한 공유지분을 취득하고 구분소유적 공유관계는 소멸한다(대판 2008.2.15. 2006다68810,68827).

---

[71] **[사실관계]** "이 사건 대지에 관하여 이미 위 경락 전에 소외 甲 앞으로 소유권이전등기가 되어 있었다 하더라도 위 경락은 가압류에 의한 강제경매에 의하여 이루어 졌고 위 甲 명의의 등기는 위 가압류 후에 이루어진 것이 분명하므로 위 경락에 의하여 말소될 운명에 있는 甲의 등기를 들어 경락인의 소유권을 부정할 수 없으므로 경락 당시에 대지와 그 지상건물의 소유자가 동일인이 아니라고 할 수 없다"(D-88. 소유자 동일성의 판단기준 시점 참고).

1) 특정 부분의 처분

㉠ 구분소유적 공유자 중 1인이 자신의 **특정 부분**을 제3자에게 양도하고 **지분에 관하여 이전등기를 마쳐준 경우, 제3자는 특정 부분의 소유권을 취득하고 구분소유적 공유관계를 그대로 승계한다**(대판 1991.5.10. 90다20039). 이 경우 다른 구분소유자의 동의를 얻어야 하는 것은 아니다(대판 2003.10.24. 2003다21087).
㉡ 나아가 '**점유취득시효**'와 관련하여서는 "구분소유적 공유관계에 있는 토지 중 공유자 1인의 특정 구분소유 부분에 관한 점유취득시효가 완성된 경우 다른 공유자의 특정 구분소유 부분이 다른 사람에게 양도되고 그에 따라 토지 전체의 공유지분에 관한 지분이전등기가 경료되었다면 대외적인 관계에서는 점유취득시효가 완성된 특정 구분소유 부분 중 다른 공유자 명의의 지분에 관하여는 소유 명의자가 변동된 경우에 해당하므로"(대판 2006.10.12. 2006다44753=점유자는 취득시효의 기산점을 임의로 선택하여 주장할 수 없다), 이중양도법리에 따라 점유취득시효완성에 따른 등기청구를 할 수 없다(D23-3.참고).

[**구체적 예**] 甲과 乙이 X토지의 특정 부분을 소유하나 등기부상으로는 1/2지분씩 공유하는 것으로 등기를 마쳤는데(구분소유적 공유) 甲의 특정 구분소유 부분에 관하여 2012.1.5. 丙의 점유취득시효가 완성되었다. 그 후 乙이 2012. 2. 14. 자신의 특정 구분소유 부분을 丁에게 양도하고 그에 따라 丁 명의로 토지 전체의 공유지분에 관한 지분이전등기가 경료되었다 하더라도, 위 判例에 따르면 丙은 甲을 상대로 甲의 특정 구분소유 부분 중 1/2 공유지분에 관하여 2012.1.5.자 취득시효 완성을 원인으로 한 소유권이전등기절차의 이행을 구할 수 있으나, 丁의 1/2 공유지분에 관하여는 점유취득시효 완성 후 새로운 이해관계를 가진 제3자에 해당하므로 취득시효 완성을 원인으로 한 소유권이전등기절차의 이행을 구할 수 없다.

2) 지분의 처분

구분소유적 공유자 중 1인이 자기의 지분을 제3자에게 양도하는 경우에 구분소유적 공유자는 대외적으로 공유자로 취급되기 때문에 제3자는 지분의 소유권을 취득한다. 이 경우에는 제3자는 다른 구분소유적 공유자가 특정부분을 배타적으로 점유하는 것을 배제할 수 있기 때문에 상호명의신탁관계가 소멸되는 문제가 발생할 수 있다.

(6) 구분소유적 공유관계의 해소[72]

내부관계에서는 각자가 특정 부분을 소유하며 상호명의신탁관계에 있기 때문에 **공유물분할을 청구할 수는 없고**, 상대방에 대하여 **명의신탁을 해지하고 특정매수부분에 대한 소유권확인 또는 지분이전을 청구**하면 된다(대판 1985.9.24. 85다카451,452 : 2회,5회,7회,11회 선택형). 이때 각자의 등기의무는 동시이행관계이다(대판 2008.6.26. 2004다32992).

Ⅳ. 공동명의신탁 [D-85]

1. 의 의

수인에 대한 부동산의 명의신탁에서 수탁자 상호간의 소유형태는 단순한 공유관계에 있다(대판 1982.11.23. 81다39). 예컨대 종중재산이 여러 사람에게 명의신탁된 경우, 그 수탁인들 상호간에는 형식상 공유관계가 성립한다(대판 1992.9.8. 92다18184).

---

72) [**민소법 쟁점**] "구분소유적 공유관계에 있는 토지에 관하여 공유자인 甲이 다른 공유자인 국가를 상대로 명의신탁을 해지한다며 지분이전등기절차의 이행을 구하는 소를 제기하자, 제1심판결이 주문에 '국가는 甲에게 甲이 구분·특정하여 소유하는 부분에 관하여 국가 지분 전부를 이전할 것'을 명시함과 아울러 그와 같이 이전을 명하는 국가 지분 기재 옆의 괄호 안에 다시 크기가 동일하지 않은 지분을 병기하고, 판결이유에서 지분을 병기한 이유를 구체적으로 밝히지 않은 경우 판결의 주문이 명확히 특정되었다고 볼 수 없다"(대판 2025.6.5. 2024다296763).

2. 공동수탁자의 공유물분할

① 공동수탁자들이 수탁받은 부동산에 대하여 '공유물분할'을 하는 것은 명의신탁의 목적에 반하고 신탁자가 명의신탁을 한 취지에도 어긋나는 것이고, 특히 종중의 재산을 보존하고 함부로 처분하지 못하게 하기 위하여 다수의 종중원에게 공동으로 명의신탁을 한 경우에는 더욱 그 취지에 반하는 것으로서 **허용되지 않는다**(대판 1993.2.9. 92다37482). ② 그러나 공동수탁자들이 공유물분할을 하고 각 그 지분을 서로 이전하여 '단독소유'로 하는 것은 명의수탁자들이 대외적인 소유형태를 변경하는 것에 불과하므로, 그 공유물분할이 신탁자의 의사에 반한 것이더라도 그것이 신탁자에 대한 반사회적인 배임행위가 된다거나 그 지분이전등기가 원인 없는 무효의 등기라고는 할 수 없다(대판 1987.2.24. 86다215,86다카1071). 즉, 명의신탁관계를 소멸시키는 수탁부동산의 처분행위가 아니다.

> ■ **공동명의수탁자의 공유물분할과 명의신탁관계의 소멸** 대판 1999.6.17. 전합98다58443 : 표준판례256
>
> **사실관계** | A종중이 종중원인 B와 C에게 종중 소유의 X,Y 부동산을 각 명의신탁 하였는데, C가 명의신탁의 취지에 반하여 D에게 위 각 부동산에 관한 자신의 지분(1/2)을 매도하고 D명의로 각 지분이전등기를 마쳐주었다. 위 각 부동산의 공유자가 된 B와 D는 그 후 협의에 의하여 위 각 부동산(공유물)을 분할하면서 X부동산은 B가, Y 부동산은 D가 각 소유하기로 하고 그에 따라 D는 B에게 X부동산의 1/2 지분에 관한 소유권이전등기를 마쳐주고, B는 D에게 Y부동산의 1/2 지분에 관한 소유권이전등기를 마쳐주었다. 이 경우 A종중은 B에게 명의신탁해지를 원인으로 하여 X부동산 전체에 관하여 소유권이전등기를 청구할 수 있는가? 아니면 X부동산의 1/2 지분에 한하여 소유권이전등기를 청구할 수 있는가?
>
> **판례의 태도** | "여러 필지의 토지의 각 일부 지분을 명의신탁받은 명의수탁자(B)가 임의로 명의신탁관계가 없는 다른 공유자들(D)과의 공유물분할의 협의에 따라 특정 토지를 단독으로 소유하고 나머지 토지에 대한 지분을 다른 공유자에게 이전한 경우, 명의수탁자가 특정 토지를 단독으로 소유하게 된 것은 형식적으로는 다른 공유자들의 지분의 등기명의를 승계취득한 것과 같은 형태를 취하고 있으나 실질적으로는 명의신탁받은 여러 필지의 토지에 분산되어 있는 지분을 분할로 인하여 취득하는 특정 토지에 집중시켜 그에 대한 소유 형태를 변경한 것에 불과하다고 할 것이므로, 그 공유물분할이 명의신탁자의 의사와 관계없이 이루어진 것이라고 하더라도 명의신탁자와 명의수탁자 사이의 명의신탁관계는 위 특정 토지 전부에 그대로 존속한다고 보아야 한다"(대판 1999.6.17. 전합98다58443).[73] 위 판결의 다수의견은 위와 같은 이유로 A종중은 B에게 X부동산 전체에 관하여 명의신탁해지를 원인으로 한 소유권이전등기를 청구할 수 있다고 하였다.
>
> **판례의 정리** | 判例에 따르면 ① 명의수탁자가 제3자에게 처분을 하면 그 처분행위가 무효 또는 취소되는 등의 사유가 없는 한 제3취득자는 신탁재산에 대한 소유권을 적법하게 취득하고 명의신탁관계는 소멸하는 것이 원칙이다(대판 2000.10.6. 2000다32147). ② 그러나 **공동명의신탁**에서 공동명의수탁자가 임의로 **공유물분할**을 한 것이 실질적으로 그 부동산의 처분이 아닌 것으로 평가되는 경우 명의신탁관계가 소멸된 것으로 볼 수 없다고 한다(대판 1999.6.17. 전합98다58443).

---

73) [반대의견] "명의신탁자(A종중)로부터 여러 필지의 토지의 각 일부 지분의 소유 명의를 신탁받은 명의수탁자(B)가 임의로 위 부동산에 관하여 명의신탁관계가 없는 다른 공유자들(D)과 공유물분할 협의의 형식으로 특정 토지(X부동산)를 제외한 나머지 토지(Y부동산)에 관한 명의수탁자의 각 지분을 다른 공유자들에게 이전하고 위 특정 토지에 관한 다른 공유자들의 각 지분을 이전받았다면, 그 법률관계는 위 특정 토지를 제외한 나머지 토지에 관한 명의수탁자의 명의수탁지분에 관한 한, 명의수탁자가 그 지분을 처분한 것이라 할 것이니, 이로써 위 특정토지를 제외한 나머지 토지에 관한 명의신탁자와 명의수탁자의 사이의 명의신탁관계는 소멸되었다 할 것이고, 위 특정 토지를 제외한 나머지 토지에 관한 명의수탁자의 수탁지분이 위 특정 토지에 옮겨져 명의신탁관계가 그대로 존속하는 것이라고 할 수 없다"고 하여 A종중은 B에게 X 부동산의 1/2 지분에 관하여만 명의신탁해지를 원인으로 한 소유권이전등기를 청구할 수 있다고 하였다.

V. 부동산실명법상의 명의신탁(명의신탁약정이 무효인 경우) [D-86]

1. 명의신탁약정의 일반적인 효력 [D-86a]

(1) 의 의

명의신탁약정은 무효이고(동법 제4조 1항), 그에 기초한 부동산물권변동도 원칙적으로 무효이다(동법 제4조 2항 본문). 그러나 명의신탁약정 내지 물권변동의 무효는 제3자에게 대항하지 못한다(동법 제4조 3항). 따라서 이러한 제3자 명의로 등기가 경료되면 명의신탁관계는 당사자의 의사표시 등을 기다릴 필요 없이 당연히 종료된다(대판 2021.7.8. 2021다209225,209232).

(2) 부동산실명법 제4조 3항의 제3자

1) 제3자에 해당하는 경우

① 여기서 '제3자'라고 함은 선·악을 불문하고 명의신탁 약정의 당사자 및 포괄승계인 이외의 자로서 '명의수탁자가 물권자임'을 기초로 그와의 사이에 '직접' 실질적으로 새로운 이해관계를 맺은 자를 말하고, 여기에는 소유권이나 저당권 등 물권을 취득한 자뿐만 아니라, 가압류채권자도 포함된다(대판 2000.3.28. 99다56529 ; 대판 2001.6.26. 2001다5371 : 6회,9회,10회,13회 선택형).

② 이러한 법리는 특별한 사정이 없는 한 명의신탁약정에 따라 형성된 외관을 토대로 다시 명의신탁이 이루어지는 등 연속된 명의신탁관계에서 '최후의 명의수탁자'가 물권자임을 기초로 그와 사이에 직접 새로운 이해관계를 맺은 사람에게도 적용된다(대판 2021.11.11. 2019다272725: 표준판례274).

2) 제3자에 해당하지 않는 경우

① 判例는 양자간 명의신탁에서, 위 '제3자'는 "명의수탁자가 물권자임을 기초로 그와의 사이에 새로운 이해관계를 맺은 사람을 말하는 것이므로, 이와 달리 오로지 '명의신탁자'와 부동산에 관한 물권을 취득하기 위한 계약을 맺고 단지 등기명의만을 명의수탁자로부터 받은 것과 같은 외관을 갖춘 자는 동 조항의 제3자에 해당하지 않는다"고 한다. 그러므로 자신의 등기가 실체관계에 부합하여 유효라고 주장하는 것은 별론으로 하더라도, 위 규정을 들어 자신의 등기가 유효하다는 주장은 할 수 없다고 한다(대판 2008.12.11. 2008다45187 : 4회 선택형). [12회 사례형]

② 그리고 "명의수탁자로부터 명의신탁된 부동산의 소유명의를 이어받은 사람이 위 규정에 정한 제3자에 해당하지 않는 경우, 제3자 명의의 등기는 무효이고, 부동산등기에 관하여 공신력이 인정되지 않는 우리 법제에서는 그 무효인 등기에 기초하여 새로운 법률원인으로 이해관계를 맺은 자가 다시 등기를 이어받았다고 하더라도 그 등기 역시 무효이므로, 그는 위 규정에 정한 제3자에 해당하지 않는다"(대판 2005.11.10. 2005다34667,34674: 표준판례276 : 8회 선택형)고 한다. [1회·6회 기록형]

2. 양자간 등기명의신탁 [11·12·13법무, 16입법] [D-86b]

(1) 의 의

부동산의 소유자로 등기된 자가 수탁자 앞으로 등기를 이전하는 형식이다.

(2) 신탁자와 수탁자 사이의 법률관계(신탁자의 소유권 취득방안)

이때 명의신탁약정과 그 등기는 무효이므로, 신탁자가 당연히 소유권을 가지는 것으로 된다(동법 제4조 1항, 2항 본문). 그러므로 명의신탁자는 명의수탁자를 상대로 원인무효를 이유로 위 등기의 말소를 구하거나 또는 진정명의 회복을 원인으로 이전등기를 구하여야 한다(대판 2002.9.6. 2002다35157). 즉 명의신탁자는 명의신탁약정의 유효를 전제로 그 해지를 원인으로 하는 소유권이전등기를 청구할 수 없고(대판 1999.1.26. 98다1027), 그러한 등기신청은 부동산 등기법 제55조 2호(사건이 등기할 것이 아닌 때)에 해당하여 등기관은 이를 각하하여야 한다(대결 1997.5.1. 97마384: 표준판례257).

(3) 명의수탁자가 처분한 경우의 법률관계

1) 제3자의 소유권 취득
제3자는 그의 선·악을 불문하고 소유권을 취득한다(동법 제4조 3항).

2) 명의신탁자의 구제수단 [21법행]
최근 전원합의체 판결에 따르면 명의수탁자는 '타인의 재물을 보관하는 자'의 지위에 있다고 볼 수 없어 수탁자의 처분행위는 신탁자에 대한 관계에서 횡령죄가 성립하지 않는다고 한다(대판 2021.2.18. 전합2016도18761). 다만 이는 '명의신탁자의 소유권을 침해하는 행위'로서 형사상 횡령죄의 성립 여부와 관계없이 민법상 불법행위에 해당하여 명의수탁자는 명의신탁자에게 손해배상책임을 부담한다(대판 2021.6.3. 2016다34007: 표준판례260). 이때 손해배상의 범위는 처분 당시의 부동산의 시가 상당액이다.

3) 명의수탁자가 소유권을 다시 취득한 경우
"양자간 등기명의신탁에서 명의수탁자가 신탁부동산을 처분하여 제3취득자가 유효하게 소유권을 취득하고(부동산실명법 제4조 3항) 이로써 명의신탁자가 신탁부동산에 대한 소유권을 상실하였다면, 명의신탁자의 소유권에 기한 물권적 청구권, 즉 말소등기청구권이나 진정명의회복을 원인으로 한 이전등기청구권도 더 이상 그 존재 자체가 인정되지 않는다. 그 후 명의수탁자가 우연히 신탁부동산의 소유권을 다시 취득하였다고 하더라도 명의신탁자가 신탁부동산의 소유권을 상실한 사실에는 변함이 없으므로, 여전히 물권적 청구권은 그 존재 자체가 인정되지 않는다"(대판 2013.2.28. 2010다89814: 표준판례258).

3. 3자간 등기명의신탁(중간생략형 명의신탁) [06·08사법, 16입법]   [D-86c]

(1) 의 의
신탁자가 계약의 당사자가 되어 매도인과 매매계약을 체결하되, 매도인과의 합의 아래 등기를 매도인으로부터 (신탁자와 명의신탁약정을 맺은) 수탁자 앞으로 직접 이전하는 경우이다.

(2) 신탁자와 수탁자 사이의 법률관계(신탁자의 소유권 취득방안)

① 이때 명의신탁약정과 그에 의한 등기가 무효로 되는 결과(동법 제4조 1항, 2항 본문), 명의신탁된 부동산은 매도인 소유로 복귀하고, 매도인은 원인무효를 이유로 수탁자 명의의 등기의 말소를 구할 수 있다(10회 선택형). 한편 부동산실명법은 매도인과 명의신탁자 사이의 매매계약의 효력을 부정하는 규정을 두고 있지 아니하므로 그들 사이의 매매계약은 유효한 것으로 되어(명의수탁자가 당사자로 등장하는 계약명의신탁에서와는 다름에 주의할 것), 명의신탁자는 매도인에 대하여 매매계약에 기한 소유권이전등기를 청구할 수 있고, 그 소유권이전등기청구권을 보전하기 위해 매도인을 대위하여 수탁자 명의의 등기의 말소를 구할 수 있다[대판 2002.3.15. 2001다61654 ; 이는 동법에서 정한 유예기간이 경과하여 명의신탁약정과 그에 따른 등기가 무효인 경우에도 마찬가지이다(대판 2011.9.18. 2009다49193,49209) : 2회,14회 선택형].

② 따라서 동법에서 정한 유예기간 경과에 의하여 그 명의신탁 약정과 그에 의한 등기가 무효로 되더라도 명의신탁자는 매도인에 대하여 매매계약에 기한 소유권이전등기청구권을 보유하고 있어 그 유예기간의 경과로 그 등기 명의를 보유하지 못하는 '손해'를 입었다고 볼 수 없어 명의수탁자를 상대로 부당이득반환을 원인으로 한 소유권이전등기를 구할 수 없다(대판 2008.11.27. 2008다55290,55306 : 7회,10회,13회 선택형). 다만 매매계약이 유효하므로 명의수탁자가 명의신탁자 앞으로 바로 마쳐준 소유권이전등기는 실체관계에 부합하는 등기로서 유효하다(대판 2004.6.25. 2004다6764: 표준판례262 : 13회,14회 선택형).

③ 그러나 "3자간 등기명의신탁에서 명의신탁자와 명의수탁자간의 명의신탁약정은 무효이므로, 명의수탁자 앞으로 이전된 부동산 소유명의를 명의신탁자나 제3자 앞으로 이전하거나 가등기를 통해 보전하기로 약정하는 것은, 명의신탁약정의 유효를 전제로 해서 그 반환을 구하는 범주에 속하는 것인데, 명의신탁약정은 무효이므로 그러한 약정도 무효이다"(대판 2015.2.26. 2014다63315: 표준판례266).

(3) 명의수탁자가 처분한 경우의 법률관계

1) 제3자의 소유권 취득
제3자는 그의 선·악을 불문하고 소유권을 취득한다(동법 제4조 3항).

2) 명의신탁자의 구제수단
① 명의신탁약정이 무효이므로 수탁자는 신탁자에게 채무불이행책임은 지지 아니하나, 불법행위로 인한 손해배상책임(불법행위당시 목적물의 시가)은 지게 된다. 즉, 이러한 명의수탁자의 처분행위는 형사상 횡령죄로 처벌되지 않더라도 이는 명의신탁자의 채권인 소유권이전등기청구권을 침해하는 행위로써 민법 제750조에 따라 불법행위에 해당하여 명의수탁자는 명의신탁자에게 손해배상책임을 질 수 있다(대판 2022.6.9. 2020다208997: 표준판례264 : 13회 선택형).

② 한편, 수탁자는 신탁된 부동산을 제3자에게 처분함으로써 얻은 이익(처분대금이나 보상금 ; 처분당시 목적물의 시가가 아님)을 명의신탁자에게 부당이득으로 반환할 의무가 인정된다(대판 2011.9.18. 2009다49193,49209 : 6회,10회 선택형). 이러한 법리는 강제수용이나 공공용지 협의취득 또는 경매를 원인으로 제3취득자 명의로 이전등기가 마쳐진 경우에도 마찬가지이다(대판 2019.7.25. 2019다203811,203828). 최근에는 이를 전원합의체 판결로 확인한바, "3자간 등기명의신탁에서 명의수탁자가 부동산에 관하여 제3자에게 근저당권을 설정한 경우 명의수탁자는 근저당권의 피담보채무액 상당의 이익을 얻었고 그로 인하여 명의신탁자에게 그에 상응하는 손해를 입혔으므로, 명의수탁자는 명의신탁자에게 이를 부당이득으로 반환할 의무를 부담한다"고 한다(대판 2021.9.9. 전합2018다284233: 표준판례261 : 13회 선택형) **[21법행]**

> [관련판례] "3자간 등기명의신탁에서 명의신탁자와 매도인 사이의 매매계약에 기한 소유권이전등기의무가 이행불능이 됨으로써 발생하는 계약해제나 손해배상의 법률관계, 매도인과 명의수탁자 사이에서 명의수탁자가 매도인의 소유권을 침해함으로써 발생하는 부당이득반환 또는 불법행위로 인한 손해배상의 **법률관계를 각각 구분하여 개별적으로 이해관계를 조정하게 될 경우**, 구체적 사정에 따라서는 부당이득반환청구권이나 손해배상청구권 등이 인정되지 않는 경우도 있고 과실상계 등의 사유로 인하여 제한적으로 인정되는 경우도 있을 수 있어서, 손해의 보전이 충분하지 못함과 동시에 예상치 못한 이익을 얻게 되는 결과가 발생하게 된다. 이러한 결과를 용인하는 것은 공평의 이념에 기초한 부당이득반환 제도의 취지에 배치된다"(대판 2021.9.9. 전합2018다284233: 표준판례261 : 14회 선택형).

3) 매도인의 수탁자에 대한 손해배상청구권
"매도인으로서는 명의수탁자가 신탁부동산을 타에 처분하였다고 하더라도, 명의수탁자로부터 그 소유명의를 회복하기 전까지는 명의신탁자에 대하여 신의칙 내지 민법 제536조 제1항 본문의 규정에 의하여 이와 동시이행의 관계에 있는 매매대금 반환채무의 이행을 거절할 수 있고, 한편 명의신탁자의 소유권이전등기청구도 허용되지 아니하므로, 결국 매도인으로서는 명의수탁자의 처분행위로 인하여 손해를 입은 바가 없다"(대판 2002.3.15. 2001다61654). 따라서 매도인은 수탁자를 상대로 손해배상청구를 할 수 없다.

4. 계약명의신탁(아래 쟁점 21.참고)　　　　　　　　　　　　　　　　　　　　　　　[D-86d]

[쟁점 21] 계약명의신탁

I. 서설

1. 의의

계약명의신탁이란 신탁자의 위임에 따라 수탁자가 자기 이름으로 매도인으로부터 부동산을 매수하여 그 등기도 수탁자(매수인) 앞으로 마치는 경우를 말한다. 이러한 계약명의신탁은 매도인의 선의·악의에 따라 그 효력을 달리한다.

2. 3자간 등기명의신탁과의 구별 [5·12회 사례형, 09사법, 11·15법무, 12행정]

부동산 명의신탁에 있어서도 계약 당사자의 확정 문제는 결국 법률행위의 해석문제이다. 따라서 법률행위해석(자연적, 규범적 해석)을 통해 '명의수탁자'가 계약의 당사자로 결정되는 경우에는 '계약명의신탁'에 해당할 것이지만, '명의신탁자'가 계약의 당사자로 결정되는 경우에는 '3자간 등기명의신탁'에 해당할 것이다. 따라서 비록 계약명의자가 명의수탁자로 되어 있다 하더라도 명의수탁자가 아니라 명의신탁자에게 계약에 따른 법률효과를 직접 귀속시킬 의도로 계약을 체결한 사정이 인정된다면 '명의신탁자'가 계약당사자로 결정될 것이므로 결국 '3자간 등기명의신탁'이 된다(대판 2010.10.28. 2010다52799 ; 자연적 해석). 다만 상대방이 계약명의신탁에 대해 '악의'라는 사실만으로 명의신탁자를 계약의 당사자로 할 것에 관하여 일치하는 의사가 있다고 볼 수는 없다(아래 2016다207928판결 참고).

> ※ **타인 명의로 부동산을 매수하기로 하는 약정을 한 경우의 매매 당사자**(=타인)
> "어떤 사람이 타인을 통하여 부동산을 매수하면서 매수인 명의 및 소유권이전등기 명의를 타인 명의로 하기로 한 경우에, 매수인 및 등기 명의의 신탁관계는 그들 사이의 내부적인 관계에 불과하므로, 상대방이 '명의신탁자'를 매매당사자로 이해하였다는 등의 특별한 사정이 없는 한 대외적으로는 계약명의자인 타인을 매매당사자로 보아야 하며, 설령 상대방이 명의신탁관계를 알고 있었더라도 상대방이 계약명의자인 타인이 아니라 명의신탁자에게 계약에 따른 법률효과를 직접 귀속시킬 의도로 계약을 체결하였다는 등의 특별한 사정이 인정되지 아니하는 한 마찬가지이다"(대판 2016.7.22. 2016다207928 : 8회, 10회 선택형).
>
> [사실관계] 乙은 甲으로부터 부동산을 매수하면서 丙과 명의신탁약정을 하고 부동산매매계약서를 작성하면서 丙을 계약서상의 매수인으로, 乙을 丙의 대리인으로 각 기재하여 매매계약을 체결하였다. 이때 甲이 악의여서 丙 명의의 등기가 부동산실명법(제4조 2항 본문)에 의하여 무효로 되는 경우 **乙은 甲에게 소유권이전등기청구권을 행사할 수 있는가?** [3회 기록형]
> ☞ 먼저 법률행위해석에 의해 甲과 명의자인 丙이 매매계약의 당사자가 된다. 아울러 甲과 丙 사이의 매매계약이 부동산실명법에 의해 무효가 되더라도 당연히 甲과 乙 사이의 계약이 성립하는 것은 아니고, 甲과 乙 사이에 별도의 합의가 있어야 甲과 乙 간의 매매계약이 성립한다. 만약 이러한 별도의 약정이 있다면 乙은 甲에게 **'별도의 양도약정'**을 원인으로 하는 소유권이전등기청구를 할 수 있다(대판 2003.9.5. 2001다32120 : 4회 선택형).[74]

---

74) "어떤 사람이 타인을 통하여 부동산을 매수함에 있어 매수인 명의 및 소유권이전등기 명의를 타인 명의로 하기로 약정하였고 매도인도 그 사실을 알고 있어서 그 약정이 부동산실명법 제4조의 규정에 의하여 무효로 되고 이에 따라 매매계약도 무효로 되는 경우에, 매매계약상의 매수인의 지위가 당연히 명의신탁자에게 귀속되는 것은 아니지만, 그 무효사실이 밝혀진 후에 계약상대방인 매도인이 계약명의자인 명의수탁자 대신 명의신탁자가 그 계약의 매수인으로 되는 것에 대하여 동의 내지 승낙을 함으로써 부동산을 명의신탁자에게 양도할 의사를 표시하였다면, 명의신탁약정이 무효로 됨으로써 매수인의 지위를 상실한 명의수탁자의 의사에 관계없이 매도인과 명의신탁자 사이에는 종전의 매매계약과 같은 내용의 양도약정이 따로 체결된 것으로 봄이 상당하고, 따라서 이 경우 명의신탁자는 당초의 매수인이 아니라고 하더라도 매도인에 대하여 별도의 양도약정을 원인으로 하는 소유권이전등기청구를 할 수 있다"

※ **부동산 경매절차에서 계약명의신탁**

"부동산경매절차에서 부동산을 매수하려는 사람이 매수대금을 자신이 부담하면서 다른 사람의 명의로 매각허가결정을 받기로 그 다른 사람과 약정함에 따라 매각허가가 이루어진 경우, 그 경매절차에서 매수인의 지위에 서게 되는 사람은 어디까지나 그 명의인이므로 경매 목적 부동산의 소유권은 매수대금을 실질적으로 부담한 사람이 누구인가와 상관없이 그 명의인이 취득한다고 할 것이고, 이 경우 매수대금을 부담한 사람과 이름을 빌려 준 사람 사이에는 (계약)명의신탁관계가 성립한다"(대판 2005.4.29. 2005다664).

※ **부동산 경매절차에서 부동산 소유자와 명의신탁자가 동일한 경우** [15법무]

[사실관계] 甲 소유의 X토지에 대하여 강제경매절차가 개시되자, 乙은 그 경매절차에 참가하여 2014. 5.경 X토지에 대한 매각허가를 받고 그 대금납입기일에 매각대금을 완납하였다. 그런데 위 매각대금의 출처는, X토지 대한 경매절차가 개시되자 甲이 그 아들인 乙에게 위 경매절차에 참가하여 X토지를 낙찰받으라고 그 매수자금 전액을 마련하여 준 것이었다. 위 X토지의 소유자는 누구인가?

☞ 먼저 법률행위해석에 의해 乙이 경매절차에 참여하여 매각대금을 완납한 이상 그 매각대금의 출처를 불문하고 경매절차의 매수인은 乙이다. 따라서 이 경우 甲과 乙 사이에는 계약명의신탁관계가 성립한다. 물론 이러한 명의신탁약정은 부동산실명법에 의해 무효이나, 이러한 사정은 X토지 경매의 효력에 영향을 미치지 아니한다. 사안의 경우 X토지 강제경매절차에서 경매부동산 소유자와 명의신탁자 모두 甲으로 동일하지만, 甲을 경매절차에서 수탁자 乙의 계약 상대방 당사자라고 볼 수 없기 때문에 이러한 사정만으로는 부동산실명법 제4조 2항 본문이 적용되어 수탁자 乙의 X토지 소유권취득이 무효가 되는 것은 아니다. 따라서 乙이 경매에 참여하여 경매대금을 완납한 이상 X토지의 소유자는 乙이 된다(대판 2012.11.15. 2012다69197).[75]

Ⅱ. 매도인이 선의인 경우

[D24-2]

1. 매도인과 수탁자 사이의 법률관계

매도인이 명의신탁약정이 있다는 사실을 알지 못한 경우에는 매도인과 명의수탁자 사이의 매매계약은 완전히 유효하고, 이를 원인으로 명의수탁자 앞으로 소유권이전등기가 되면 명의수탁자는 완전한 소유권을 취득한다(부동산실명법 제4조 2항 단서)(3회,4회,8회 선택형).

이때 매도인의 '선의'는 매매계약을 체결할 당시 매도인의 인식을 기준으로 판단해야 하는바, 만일 매도인이 계약 체결 이후 명의신탁약정 사실을 알게 되었다는 사정을 들어 매매계약의 효력을 다툴 수 있도록 한다면 매도인의 선택에 따라서 매매계약의 효력이 좌우되는 부당한 결과를 가져올 것이다(대판 2018.4.10. 2017다257715 : 14회 선택형).[19법행]

2. 매도인과 신탁자 사이의 법률관계

매매계약의 당사자는 매도인과 수탁자이므로 매도인과 신탁자 사이에는 아무런 법률관계가 존재하지 않는다(14회 선택형).

3. 신탁자와 수탁자 사이의 법률관계

(1) 위임계약 및 명의신탁약정의 무효

1) 명의신탁자와 명의수탁자 사이의 약정의 법적 의미

---

75) "경매절차에서의 소유자가 (계약)명의신탁약정 사실을 알고 있었거나 소유자와 명의신탁자가 동일인이라고 하더라도 그러한 사정만으로 그 명의인의 소유권취득이 부동산실명법 제4조 제2항에 따라 무효로 된다고 할 것은 아니다. 비록 경매가 사법상 매매의 성질을 보유하고 있기는 하나 다른 한편으로는 법원이 소유자의 의사와 관계없이 그 소유물을 처분하는 공법상 처분으로서의 성질을 아울러 가지고 있고, 소유자는 경매절차에서 매수인의 결정 과정에 아무런 관여를 할 수 없는 점, 경매절차의 안정성 등을 고려할 때 경매부동산의 소유자를 위 제4조 제2항 단서의 '상대방 당사자'라고 볼 수는 없기 때문이다"

일반적으로 계약명의신탁의 경우 신탁자와 수탁자 사이에는 ⅰ) 수탁자가 취득한 부동산에 관한 소유권을 내부적으로는 신탁자가 보유하기로 하는 '명의신탁약정'과 ⅱ) 수탁자가 매도인으로부터 부동산을 매수하여 부동산에 관하여 수탁자 명의로 소유권이전등기를 마치기로 하는 '위임계약'이 존재한다고 볼 수 있다.

2) 명의신탁약정 및 위임계약의 효력

명의신탁약정은 특별한 사정이 없는 한 무효이고(부동산실명법 제4조 1항), 또한 '일부무효 법리'에 따라 위임계약도 무효가 된다(제137조 본문)(대판 2015.9.10. 2013다55300참고). 왜냐하면 명의신탁약정과 위임계약은 동시에 체결되고(일체성), 양자는 별개의 계약이며(분할가능성), 신탁자와 수탁자는 그중 명의신탁약정이 무효임을 알았더라면 위임계약을 체결하지 않았을 것이기 때문이다(가정적 의사).

(2) 명의신탁자가 명의수탁자로부터 부동산에 관한 소유권을 회복할 수 있는지 여부

1) 명의신탁 해지 또는 위임계약을 원인으로 한 청구 가부(소극)

앞서 본 바와 같이 명의신탁약정 및 위임계약은 무효이므로, 신탁자는 수탁자에게 위임계약(제684조 2항)에 기하여 또는 명의신탁 해지를 원인으로 목적부동산의 소유권이전을 청구할 수는 없다.

2) 부당이득을 원인으로 한 청구 가부

가) 문제점

명의수탁자는 명의신탁자와의 무효인 위임계약에 따라 매매대금을 받은 뒤 이 돈으로 목적부동산의 소유권을 유효하게 취득하였는바, 명의신탁자가 부당이득을 이유로 목적부동산의 소유권 반환을 청구할 수 있는지 문제된다.

나) 판 례

① 계약명의신탁약정과 그에 따른 등기가 부동산실명법 시행 전에 행하여진 경우(적극) [5회 사례형, 11법무, 12행정, 19법행]

㉠ "부동산실명법 시행일(1995.7.1.)로부터 1년의 기간(유예기간)이 경과하기 전까지는 명의신탁자는 언제라도 명의신탁을 해지하여 해당 부동산의 소유권을 취득할 수 있었다는 점에서, 그 유예기간이 경과한 후에는 동법 제12조 1항에 의해 제4조가 적용되어 계약명의신탁법리가 적용된다고 하더라도, 동법 제3조 및 제4조가 명의신탁자에게 소유권이 귀속되는 것을 막는 취지의 규정은 아니므로 이 경우에는 **명의수탁자는 명의신탁자에게 자신이 취득한 해당 '부동산 자체'를 부당이득으로 반환할 의무가 있다**"(대판 2008.11.27. 2008다62687).

그리고 명의신탁자가 해당부동산의 회복을 위해 명의수탁자에 대해 가지는 이러한 소유권이전등기청구권은 그 성질상 법률의 규정에 의한 부당이득반환청구권으로서, 제162조 1항에 따라 10년의 기간이 경과함으로써 시효로 소멸한다. 유의할 점은 위 등기청구권은 명의신탁자가 목적물을 점유하고 있더라도 **소멸시효에 걸린다는 것이다**(대판 2009.7.9. 2009다23313 : 표준판례270 : D-23c.참고 : 9회,10회 선택형). [판례검토] 만약 이 경우 소멸시효가 진행되지 않는다고 한다면 실명전환을 하지 않아 위 법률을 위반한 경우임에도 그 권리를 보호하여 주는 결과가 되므로 判例의 태도는 타당하다(위 2009다23313판시내용).

[비교판례] ✻ 유예기간 경과 후 명의신탁 해지로 인한 소유권이전등기청구권(소극)

"신탁자와의 명의신탁약정에 의하여 경료된 수탁자 명의의 소유권이전등기는 부동산실명법의 유예기간이 경과한 후에는 원인무효로서 말소되어야 하므로, 수탁자는 수탁된 토지에 대한 소유권자임을 주장할 수 없고, 소유권에 기한 물권적 청구권으로서 신탁자 명의의 가등기에 대한 말소등기청구권을 행사할 수도 없다. 아울러 신탁자 또한 유예기간이 경과한 후에는 명의신탁약정의 무효로 말미암아 명의수탁자에 대하여 '명의신탁약정의 해지'로 인한 소유권이전등기청구권을 갖지 않는다"(대판 1998.12.11. 98다43250)

ⓒ 위와 같은 법리에 따르면 "부동산 실권리자명의 등기에 관한 법률이 시행되기 전에 계약명의신탁 약정을 한 명의수탁자가 이러한 사실을 알지 못하는 소유자와 부동산에 관한 매매계약을 체결한 후 자신의 명의로 소유권이전등기를 마치면서 장차 위 부동산의 처분대가를 명의신탁자에게 지급하기로 하는 '정산약정'을 한 경우, 정산약정 이후에 같은 법이 시행되었다거나 부동산의 처분이 같은 법 시행 이후에 이루어졌다는 사정만으로 정산약정이 당연 무효가 되는 것은 아니다"(대판 2021.7.21. 2019다266751).

② 계약명의신탁약정과 그에 따른 등기가 부동산실명법 시행 후에 행하여진 경우(소극)

判例는 "계약명의신탁약정이 부동산실명법 시행 후인 경우에는 명의신탁자는 애초부터 당해 부동산의 소유권을 취득할 수 없었으므로 위 명의신탁약정의 무효로 인하여 명의신탁자가 입은 손해는 당해 부동산 자체가 아니라 명의수탁자에게 제공한 매수자금이라 할 것이고, 따라서 명의수탁자는 당해 부동산 자체가 아니라 명의신탁자로부터 제공받은 매수자금을 부당이득하였다고 할 것이다"라고 한다(대판 2005.1.28. 2002다66922 : 3회·4회·7회 선택형). **[1·2회 사례형, 3회 기록형, 09·11법무]**

[판례검토] 부당이득으로 인한 반환의무는 당초 취득한 이득에 갈음하여 수익자가 취득한 대위물에도 미치기는 하나 이는 애초의 이득이 특정성을 가지고 있었던 경우에 한정되기 때문에 애초의 이득이 특정성이 없는 금원인 경우에는 위와 같은 법리가 적용될 수 없고, 부동산실명법 제6조 1항 단서는 매도인이 선의인 계약명의신탁에서는 신탁자가 등기명의를 회복할 수 없다는 전제에서 다른 경우와는 달리 이행강제금을 부과하지 않고 있는 점 등에 비추어, 명의신탁자는 명의수탁자에게 부당이득을 이유로 목적부동산의 소유권 반환을 청구할 수 없다.

3) 명의신탁자와 명의수탁자의 반환약정을 원인으로 한 청구 가부(원칙적 소극)

"㉠ [원칙] 계약명의신탁의 당사자들이 명의신탁약정이 유효한 것, 즉 명의신탁자가 이른바 내부적 소유권을 가지는 것을 전제로 하여 장차 명의신탁자 앞으로 목적 부동산에 관한 소유권등기를 이전하거나 부동산의 처분대가를 명의신탁자에게 지급하는 것 등을 내용으로 하는 약정을 하였다면 이는 명의신탁약정을 무효라고 정하는 부동산실명법 제4조 제1항에 좇아 무효이다. ㉡ [예외] 그러나 명의수탁자가 명의수탁자의 완전한 소유권 취득을 전제로 하여 사후적으로 명의신탁자와의 사이에 **매수자금반환의무**(부당이득반환의무)의 이행에 갈음하여 명의신탁된 부동산 자체를 양도하기로 합의하고 그에 기하여 명의신탁자 앞으로 소유권이전등기를 마쳐준 경우(제466조 참조)에는 그 소유권이전등기는 새로운 소유권 이전의 원인인 대물급부의 약정에 기한 것이므로 약정이 무효인 명의신탁약정을 명의신탁자를 위하여 사후에 보완하는 방책에 불과한 등의 다른 특별한 사정이 없는 한 유효하고, 대물급부의 목적물이 원래의 명의신탁부동산이라는 것만으로 유효성을 부인할 것은 아니다"(대판 2014.8.20. 2014다30483 : 표준판례273 : 14회 선택형).

[원칙과 관련한 판례] "부동산경매절차에서 매수대금의 실질적 부담자와 명의인 간에 명의신탁관계가 성립한 경우, 그들 사이에 매수대금의 실질적 부담자의 지시에 따라 부동산의 소유 명의를 이전하거나 그 처분대금을 반환하기로 약정하였다 하더라도, 이는 부동산 실권리자명의 등기에 관한 법률에 의하여 무효인 명의신탁약정을 전제로 명의신탁 부동산 자체 또는 그 처분대금의 반환을 구하는 범주에 속하는 것이어서 역시 무효라고 보아야 한다"(대판 2006.11.9. 2006다35117 ; 대판 2015.9.10. 2013다55300). **[5회 사례형]**

(3) 명의신탁자가 명의수탁자에게 교부한 돈의 반환을 청구할 수 있는지 여부(적극)

1) 부당이득반환 범위

앞서 검토한 바와 같이 수탁자가 신탁자로부터 받은 부동산 매수자금은 무효인 명의신탁약정에 기한 것으로서 법률상 원인이 없는 것이므로 명의신탁자에 대해 '**매수자금 상당액**'의 부당이득반환의무를 부담한다(대판 2005.1.28. 2002다66922 등). 그리고 명의수탁자가 소유권이전등기에 소요되는 '**취득세·등록세**' 등을 명의신탁자로부터 제공받은 경우, 이 역시 계약명의신탁약정의 무효로 인하여 명의신탁자가 입은 손해에 포함되므로 명의수탁자는 명의신탁자에게 부당이득으로 반환하여야 한다(대판 2010.10.14. 2007다90432: 표준판례269 : 6회·8회 선택형). **[09법무]**

그러나 소유권을 취득하게 된 '수탁자가 그 부동산을 제3자에게 처분하여 받은 대금'은 신탁자에 대해 부당이득이 되는 것은 아니다. 수탁자가 그 대금을 다른 사람에게 지급한 경우에도 다를 바 없다(대판 2008.9.11. 2007다24817 : 1회 선택형).

> ✱ **악의의 수익자 해당여부 [3회 기록형, 5회 사례형, 11법무, 10행정]**
> "부당이득반환의무자가 악의의 수익자라는 점에 대하여는 이를 주장하는 측에서 입증책임을 진다. 여기서 '악의'라고 함은, 민법 제749조 제2항에서 악의로 의제되는 경우 등은 별론으로 하고, 자신의 이익 보유가 법률상 원인 없는 것임을 인식하는 것을 말하고, 그 이익의 보유를 법률상 원인이 없는 것이 되도록 하는 사정, 즉 부당이득반환의무의 발생요건에 해당하는 사실이 있음을 인식하는 것만으로는 부족하다. 따라서 단지 계약명의신탁에서 명의수탁자가 수령한 매수자금이 명의신탁약정에 기하여 지급되었다는 사실을 알았다고 하여도 그 명의신탁약정이 부동산 실권리자명의 등기에 관한 법률 제4조 제1항에 의하여 무효임을 알았다는 등의 사정이 부가되지 아니하는 한 명의수탁자가 그 금전의 보유에 관하여 법률상 원인 없음을 알았다고 쉽사리 말할 수 없다"(대판 2010.1.28. 2009다24187,24194: 표준판례698 : 11회 선택형).

2) 불법원인급여 해당여부(소극) [1회,5회 사례형]

"부동산실명법이 규정하는 명의신탁약정은 그 자체로 선량한 풍속 기타 사회질서에 위반하는 경우에 해당한다고 단정할 수 없을 뿐만 아니라, 위 법률이 비록 부동산등기제도를 악용한 투기·탈세·탈법행위 등 반사회적 행위를 방지하는 것 등을 목적으로 제정되었다고 하더라도, 무효인 명의신탁약정에 기하여 타인 명의의 등기가 마쳐졌다는 이유만으로 그것이 당연히 불법원인급여에 해당한다고 볼 수 없다"(대판 2003.11.27. 2003다41722). 이러한 법리는 농지법에 따른 제한을 회피하고자 명의신탁을 한 경우에도 마찬가지이다(대판 2019.6.20. 2013다218156: 표준판례259 : 10회 선택형).

4. 명의수탁자가 제3자에게 목적부동산을 처분한 경우

(1) 처분행위의 효력

앞서 검토한 바와 같이 명의수탁자가 매도인과의 매매계약을 원인으로 목적부동산에 관하여 소유권이전등기를 하면 대내외적으로 완전한 소유권을 취득하게 되므로, 제3자에게 목적부동산을 처분하더라도 그 처분행위는 완전히 유효하다(이는 부동산실명법 제4조 3항의 제3자 보호규정이 아닌 승계취득법리에 따른 것임)(4회 선택형). 한편, 명의수탁자가 취득한 부동산은 그의 일반채권자들의 공동담보에 공하여지는 책임재산이 되므로 명의수탁자의 처분행위로 인하여 그 공동담보에 부족이 생기는 경우에는 사해행위 취소의 대상이 될 수 있다(대판 2008.9.25. 2007다74874 : 1회,9회 선택형). **[15법무]**

(2) 소유권을 취득한 제3자가 명의신탁자에게 목적부동산의 인도를 청구하는 경우 [2회 사례형]

1) 명의신탁자가 명의수탁자에 대한 '부당이득반환채권'에 기하여 유치권을 행사할 수 있는지 여부(소극)

앞서 검토한 바와 같이 명의신탁자는 명의수탁자에게 제공한 매매대금을 부당이득으로 반환청구할 수 있는바(대판 2005.1.28. 2002다66922), "명의신탁자의 이와 같은 부당이득반환청구권은 i) 부동산 자체로부터 발생한 채권이 아닐 뿐만 아니라 ii) 소유권 등에 기한 부동산의 반환청구권과 동일한 법률관계나 사실관계로부터 발생한 채권이라고 보기도 어려우므로, 결국 민법 제320조 제1항에서 정한 유치권 성립요건으로서의 목적물과 채권 사이의 견련관계를 인정할 수 없다"(대판 2009.3.26. 2008다34828: 표준판례325 : 1회,3회,6회,9회 선택형).

2) 명의신탁자가 목적부동산을 점유·사용하면서 유익비를 지출한 경우, 그 '유익비상환청구권'에 기하여 유치권을 행사할 수 있는지 여부(적극)

"명의신탁자가 명의수탁자와의 묵시적인 사용대차약정에 따라 목적부동산을 점유·사용하여 왔다면(명의신탁자가 부동산의 실질적인 소유자라는 인식하에 '무상'으로 이 사건 부동산을 점유·사용해 왔고, 명의수탁자 또한 동일한 인식하에 명의신탁자의 점유·사용에 대하여 어떠한 이의도 제기하지 아니한 사안), 명의신탁자는 목적부동산을 점유·사용하는 중에 지출한 유익비에 관하여 그 사용대차의 당사자인 명의수탁자에게 상환청구권을 행사할 수 있다(제611조 2항, 제594조 2항). 그리고 그러한 유익비상환청구권의 변제기는 그에 관한 당사자의 약정 또는 위 사용대차계약 관계를 규율하는 법조항이나 법리에 의하여 정해진다. 따라서 명의신탁자와 명의수탁자 사이의 합의에 의하여 사용대차관계가 이미 종료되었다면, 명의신탁자의 명의수탁자에 대한 유익비상환청구권의 변제기도 이미 도래하였다고 할 것이고 그 유익비상환청구권은 목적부동산과 견련관계가 인정되므로, 명의신탁자는 이에 기해 유치권을 주장할 수 있다"(대판 2009.3.26. 2008다34828: 표준판례325).

(3) 명의신탁자의 지시에 따라 제3자에게 소유권이전등기를 해 준 경우

명의수탁자가 유효하게 소유권을 취득한 뒤에 "명의신탁자와 명의수탁자 및 제3자 사이의 새로운 명의신탁약정에 의하여 명의수탁자가 다시 명의신탁자가 지정하는 제3자 앞으로 소유권이전등기를 마쳐 주었다면, 제3자 명의의 소유권이전등기는 부동산실명법 제4조 제2항에 의하여 무효이므로, 제3자는 소유권이전등기에도 불구하고 그 부동산의 소유권을 취득할 수 없다"(대판 2009.9.10. 2006다73102 : 14회 선택형).[76]

Ⅲ. 매도인이 악의인 경우 [D24-3]

1. 매도인과 수탁자 사이의 법률관계

매도인이 악의인 경우 매도인과 명의수탁자 사이의 매매계약은 무효이다(대판 2003.9.5. 2001다32120). 왜냐하면 매도인으로부터 명의수탁자에게로의 소유권 이전이 무효가 되므로(부동산실명법 제4조 2항 본문), 매도인과 명의수탁자 사이의 매매계약은 '원시적 불능'인 급부를 목적으로 하는 계약이 되기 때문이다(제535조 참조). 따라서 매도인은 명의수탁자에게 소유권이전등기의 말소를 청구할 수 있고, 명의수탁자는 매도인에게 매매대금의 반환을 청구할 수 있다.

한편 매매계약의 당사자는 매도인과 수탁자이므로 매도인과 신탁자 사이에는 아무런 법률관계가 존재하지 않으므로, '매도인과 신탁자 사이에 별도의 양도약정'(대판 2003.9.5. 2001다32120 참고 : 4회 선택형)이 없는 한 명의신탁자는 매도인에게 소유권이전등기를 청구할 수 없다(14회 선택형).

2. 신탁자와 수탁자 사이의 법률관계

명의신탁약정은 무효이므로(부동산실명법 제4조 1항), 명의신탁자는 명의신탁약정 및 위임계약의 무효(제137조 본문)를 원인으로 하여 명의수탁자에게 매매대금으로 사용하라고 지급한 돈을 부당이득으로 반환청구할 수 있다.

---

[76] "제3자 명의로 소유권이전등기를 마치게 된 것이 제3자가 명의수탁자를 상대로 제기한 소유권이전등기 청구소송의 확정판결에 의한 것이더라도, 소유권이전등기절차의 이행을 명한 확정판결의 기판력은 소송물인 이전등기청구권의 존부에만 미치고 소송물로 되어 있지 아니한 소유권의 귀속 자체에까지 미치지는 않으므로, 명의수탁자가 여전히 그 부동산의 소유자임은 마찬가지이다"

3. 명의수탁자가 제3자에게 목적부동산을 처분한 경우

(1) 매도인의 수탁자에 대한 손해배상청구권

제3자는 선·악을 불문하고 소유권을 취득한다(부동산실명법 제4조 3항). 따라서 이는 매도인의 소유권 침해행위로서 불법행위가 된다. 그러나 명의수탁자로부터 매매대금을 수령한 상태의 매도인으로서는 그 부동산에 관한 소유명의를 회복하기 전까지는 신의칙 내지 민법 제536조 제1항 본문의 규정에 의하여 명의수탁자에 대하여 매매대금 반환채무의 이행을 거절할 수 있는데, 소유명의 회복이 불가능한 이상, 매도인으로서는 그와 동시이행관계에 있는 매매대금 반환채무를 이행할 여지가 없다. 결국 매도인에게 손해가 발생하였다고 볼 수 없어 수탁자에 대한 불법행위로 인한 손해배상청구도 인정되지 않는다고 본다(대판 2013.9.12. 2010다95185: 표준판례271 : 8회,9회 선택형).

(2) 명의수탁자가 주택을 임차한 후 명의수탁자의 소유권이전등기가 말소된 경우

매도인이 악의인 계약명의신탁에서 명의수탁자로부터 명의신탁의 목적물인 주택을 임차하여 주택인도와 주민등록을 마침으로써 주택임대차보호법 제3조 제1항에 의한 대항요건을 갖춘 임차인은 '부동산실명법 제4조 제3항'의 규정에 따라 명의신탁약정 및 그에 따른 물권변동의 무효를 대항할 수 없는 제3자에 해당하므로, 명의수탁자의 소유권이전등기가 말소됨으로써 등기명의를 회복하게 된 매도인 및 매도인으로부터 다시 소유권이전등기를 마친 명의신탁자에 대해 자신의 임차권을 대항할 수 있고, 위의 방법으로 소유권이전등기를 마친 명의신탁자는 '주택임대차보호법 제3조 제4항'에 따라 임대인의 지위를 승계한다(대판 2022.3.17. 2021다210720).

▶ [쟁점 21]

제4장 용익물권

제1절 지상권

I. 서 설
[D-87]

1. 의 의
지상권은 타인의 토지에서 건물 기타 공작물이나 수목을 소유하기 위하여 그 토지를 사용하는 물권이다(제279조).

2. 담보지상권

(1) 의의와 유효성

금융기관이 대출금 반환채권의 담보를 위하여 채무자 또는 물상보증인 소유의 토지에 저당권을 취득함과 아울러 그 토지에 지료를 지급하지 아니하는 지상권을 취득하면서 채무자 등으로 하여금 그 토지를 계속하여 점유·사용토록 하는 경우가 많은데, 이러한 지상권은 통상적으로 저당권이 실행될 때까지 제3자가 용익권을 취득하거나 목적토지의 담보가치를 하락시키는 침해행위를 하는 것을 배제함으로써 저당부동산의 담보가치를 확보하는데에 그 목적이 있는 것으로서 일반적으로 유효한 것으로 인정되고 있다(대결 2004.3.29. 2003마1753 등).

이를 '담보지상권'이라 하는데, 지상권을 담보목적으로 전용한 예이다. 하지만 저당권에 기한 방해배제청구가 허용되기 때문에(제370조, 제214조) 과연 이러한 전용이 필요한지에 대해서는 의문이다.[1]

(2) 지상권에 기한 방해배제청구권

지상권이 설정되면 토지소유자도 지상권자의 권리를 해하는 행위를 하지 못하며, 그러한 행위에 대해 방해배제청구를 할 수 있으며(제290조, 제214조), 이는 이른바 담보목적의 지상권인 경우에도 마찬가지이다(대결 2004.3.29. 2003마1753: **표준판례281**).[2] 그런데 이 경우 제3자가 그 토지에 대한 물권적인 사용권을 이미 가지고 있었다면 그는 담보지상권자에게 대항할 수 있으나, 채권적인 사용, 수익권만 가지고 있는 때에는 담보지상권자에게 대항하지 못한다(대판 2008.2.15. 2005다47205).

(3) 지상권 침해를 이유로 한 손해배상청구권의 인정 여부

담보지상권을 설정받으면서 채무자 등의 사용, 수익을 배제하지 않은 경우에는 무단점유자에게 지상권 자체의 침해를 원인으로 한 손해배상청구는 할 수 없다. 이때에는 담보지상권자가 사용, 수익하지 않기로 하였으므로 담보지상권자에게 임료 상당 이익이나 기타 소득이 발생할 여지가 없는 특별한 사정이 있기 때문이다. 다만 이 경우에도 그 사용으로 인하여 저당목적물의 가치가 감소되어 경매가격이 하락하는 등의 경우에는 '저당권 침해'를 이유로 손해배상청구를 할 수는 있다(대판 2008.1.17. 2006다586: 표준

---

[1] 윤진수, '저당목적물의 담보가치를 확보하기 위한 지상권의 효력', 법률신문 2010.5.17.자 참고 ; 지원림, 민법강의(13판), 3-220

[2] 토지 위에 건물을 신축중인 토지소유자가 토지에 관한 근저당권 및 지상권설정등기를 경료한 후 제3자에게 위 건물에 대한 건축주 명의를 변경하여 준 경우, <u>제3자가 지상권자에게 대항할 수 있는 권원이 없는 한 지상권자는 제3자에 대하여 목적 토지 위에 건물을 축조하는 것을 중지하도록 요구할 수 있다</u>고 한 사례

판례283 : 담보지상권설정자(채무자)가 그 나대지에 옹벽 등을 설치하고 도로를 개설한 경우, 담보지상권자는 어떠한 '손해'를 입은 것이 아니므로 임료 상당 부당이득반환을 청구할 수는 없다 : 14회 선택형).[3] [20법행]

(4) 담보지상권의 소멸

① "근저당권 등 담보권 설정의 당사자들이 그 목적이 된 토지 위에 차후 용익권이 설정되거나 건물 또는 공작물이 축조·설치되는 등으로써 그 목적물의 담보가치가 저감하는 것을 막는 것을 주요한 목적으로 하여 채권자 앞으로 아울러 지상권을 설정하였다면, 그 피담보채권이 변제 등으로 만족을 얻어 소멸한 경우는 물론이고 시효소멸한 경우에도 그 지상권은 피담보채권에 부종하여 소멸한다"(대판 2011.4.14. 2011다6342: 표준판례284 : 11회,14회 선택형).

② "지상권은 용익물권으로서 담보물권이 아니므로 피담보채무라는 것이 존재할 수 없다. 담보지상권의 경우에도, 이는 당사자의 약정에 따라 담보권의 존속과 지상권의 존속이 서로 연계되어 있을 뿐이고, 이러한 경우에도 지상권의 피담보채무가 존재하는 것은 아니다. 따라서 지상권설정등기에 관한 피담보채무의 범위 확인을 구하는 청구는 원고의 권리 또는 법률상의 지위에 관한 청구라고 보기 어려우므로, 확인의 이익이 없어 부적법하다"(대판 2017.10.31. 2015다65042 : 14회 선택형).

> ※ 임의경매에서 담보지상권과 법정지상권의 관계
>
> "담보지상권은 토지에 대한 근저당권이 소멸하면 등기된 담보지상권의 목적이나 존속기간과 관계없이 그 목적을 잃어 함께 소멸한다는 것이 판례의 입장이다(위 2011다6342 판결). 그런데 위와 같이 토지에 대한 근저당권설정과 동시에 설정된 담보지상권이 근저당권 실행으로 소멸하였으나 토지에 대한 담보지상권 설정등기가 말소되지 않고 있던 경우, 토지에 대한 담보지상권과 별개로 건물을 위한 법정지상권 성립을 인정할 수 있는지에 대한 논란이 있다.
> 判例는 이 경우 "토지에 관하여 담보권이 설정될 당시 담보권자를 위하여 동시에 지상권이 설정되었다고 하더라도, 담보권 설정 당시 이미 토지소유자가 그 토지 상에 건물을 소유하고 있고 그 건물을 철거하기로 하는 등 특별한 사유가 없으며 담보권의 실행으로 그 지상권도 소멸하였다면 건물을 위한 법정지상권이 발생하지 않는다고 할 수 없다"(대판 2014.7.24. 2012다97871)고 하여 법정지상권의 성립을 긍정한다(14회 선택형).

Ⅱ. 관습법상 법정지상권   [D-88]

1. 의 의

동일 소유자의 소유에 속하는 토지와 건물 중의 어느 하나가 매매 또는 기타 원인으로 인하여 양자의 소유자가 다르게 되더라도 그 건물을 철거한다는 약정이 없는 경우, 당연히 건물소유자에게 인정되는 지상권을 말한다.

다만, 종전 입장을 변경하자는 주장이 강하게 제기되었으나 判例는 여전히 동일한 소유자의 소유에 속하는 토지와 건물 중의 어느 하나가 매매 또는 기타의 적법한 원인으로 인하여 양자의 소유자가 다르게 되더라도, 그 건물을 철거한다는 약정이 없는 한, '당연히', '건물소유자'에게 관습상의 법정지상권을 인정한다(대판 2022.7.21. 전합2017다236749: 표준판례285).

---

3) [사실관계] 당해 판결은 저당권설정자인 토지 소유자가 지목이 '전'인 저당토지에 '도로'를 개설하여 일반 공중에게 제공함으로써 그 시가가 절반 이상 하락한 사안에서, ㉠ 이는 사회통념에 비추어 토지의 본래의 용법에 따른 정상적인 사용·수익행위라고 볼 수는 없으므로 저당권을 침해하는 불법행위를 구성한다고 판시하였다. ㉡ 그러나 금융기관이 대출금 채권의 담보를 위하여 토지에 저당권과 함께 지료 없는 지상권을 설정하면서 채무자 등의 사용·수익권을 배제하지 않은 경우, 위 지상권은 근저당목적물의 담보가치를 확보하는 데 목적이 있으므로, 그 위에 도로개설 등의 행위를 한 무단점유자에 대하여 지상권 자체의 침해를 이유로 한 임료 상당 손해배상을 구할 수 없다고 판시하였다.

2. 인정이유

判例는 "관습상의 지상권은, 그 경우 당사자 사이에 건물을 철거하기로 하는 등의 특별조건이 없다면 토지소유자는 지상건물 소유자에게 그 건물소유를 위한 지상권을 설정하여 주기로 한 의사가 있었던 것이라고 해석하여 인정되는 권리"(대판 1986.5.27. 86다카62)라고 보아 그 인정근거를 당사자의 추단된 의사에서 찾는다. 따라서 이는 임의규정이다.

다만, 이러한 설명은 주로 매매, 증여 등과 같이 소유권 취득을 목적으로 하는 법률행위에 의하여 토지와 지상 건물의 소유자가 달라진 경우를 염두에 둔 것으로서, 교환가치 또는 담보가치 파악을 목적으로 하는 강제경매, 체납처분에 의한 공매, 담보가등기에 기한 본등기 등의 경우에까지 그와 같이 설명하는 것이 적절한지는 의문이다. 후자의 경우 법정지상권을 인정하는 취지는 임의경매의 경우에 제366조의 법정지상권을 인정하는 것과 마찬가지의 이유라고 보는 것이 타당하다.[4]

3. 성립요건

① 매매와 같이 당사자의 의사에 의한 소유권변동의 경우 관습법상 법정지상권이 성립되기 위해서는 ⅰ) 처분 당시 토지와 건물이 동일인의 소유에 속하였을 것, ⅱ) 매매 기타의 적법한 원인으로 소유자가 달라질 것, ⅲ) 당사자 사이에 건물을 철거한다는 특약 또는 토지의 점유·사용에 관하여 다른 약정이 없을 것을 요한다(처동, 매, 특).

② 강제경매와 같이 당사자의 의사에 의하지 않은 소유권변동의 경우 관습법상 법정지상권이 성립되기 위해서는 ⅰ) (가)압류의 효력이 발생할 당시 토지와 건물이 동일인의 소유에 속하였을 것, ⅱ) 적법한 강제경매를 원인으로 소유자가 달라질 것을 요한다(압동, 강).

(1) 처분 당시 토지와 건물이 동일인의 소유에 속하였을 것   [D-88a]

1) 건물의 존재

관습법상 법정지상권이 발생하는 시점인 '소유권 분리 당시'(처분 당시)에 지상에 건물이 존재하고 있어야 하는 것은 당연하고, 나아가 토지에 관한 '원인행위 당시'(예컨대 토지매매계약 당시)에도 지상에 건물이 존재하고 있었어야 한다(아래 94다41072, 94다41089 등 참고). 이러한 건물은 건물로서의 요건을 갖추고 있는 이상 무허가건물이거나 미등기건물이거나를 가리지 않는다(대판 1988.4.12. 87다카2404).

가) 나대지에 관하여 매매계약이 체결된 경우(건물이 장차 철거될 것임을 예상하면서 건축한 경우)

"토지의 소유자가 건물을 건축할 당시 이미 토지를 타에 매도하여 소유권을 이전하여 줄 의무를 부담하고 있었다면 토지의 매수인이 그 건축행위를 승낙하지 않는 이상 그 건물은 장차 철거되어야 하는 운명에 처하게 될 것이고 토지소유자가 이를 예상하면서도 건물을 건축하였다면 그 건물을 위한 관습상의 법정지상권은 생기지 않는다고 보아야 할 것이다"(대판 1994.12.22. 94다41072,94다41089 : 당해 판례 사안은 건물 철거의 특약이 있었던 것으로 해석되기도 한다). [3회 기록형]

나) 나대지에 관하여 가압류, 압류가 되거나 담보가등기가 된 경우(부정)

"원래 채권을 담보하기 위하여 나대지상에 가등기가 경료되었고, 그 뒤 대지소유자가 그 지상에 건물을 신축하였는데, 그 후 그 가등기에 기한 본등기가 경료되어 대지와 건물의 소유자가 달라진 경우에 관습상 법정지상권을 인정하면 애초에 대지에 채권담보를 위하여 가등기를 경료한 사람의 이익을 크게 해하게 되기 때문에 특별한 사정이 없는 한 건물을 위한 **관습상 법정지상권이 성립한다고 할 수 없다**"(대판 1994.11.22. 94다5458: 표준판례289 : **11회,13회 선택형**).

---

4) 노재호, 민법교안(10판), p.1447

[판례검토] 검토하건대, 토지에 관하여 가압류 또는 압류 등기, 담보가등기가 마쳐질 당시에 그 지상에 건물이 존재하고 있지 않다면, 관습법상 법정지상권은 성립하지 않는다고 해석하는 것이 타당하다. 이 경우 법정지상권이 성립한다고 하게 되면 사실상 가압류, 압류의 처분금지효에 저촉되는 결과가 발생하고 담보가등기 권리자의 기대이익이 현저히 침해되기 때문이다.

[비교판례] 이와 구별하여 청구권 보전의 가등기의 경우 "대지에 관한 乙명의의 가등기가 경료된 후 건물이 신축되었고 그에 기한 본등기가 이루어지기 전까지 대지와 건물은 모두 丙의 소유에 속해 있다가 乙이 대지에 관하여 소유권이전등기를 경료함으로써 대지와 건물이 각기 소유자를 달리하게 된 것이니, 다른 사정이 없는 한 丙은 대지상의 건물의 소유를 목적으로 하는 **관습상의 법정지상권을 취득하였다**"(대판 1982.6.22. 81다1298)고 한다.

2) 소유자 동일성의 판단방법

토지와 건물의 소유자가 동일한지 여부는 민법상 소유권 귀속관계에 따라 객관적으로 엄격히 판단하는 것이 원칙이다.

가) 원인무효(부정)

"관습상의 법정지상권의 성립 요건인 해당 토지와 건물의 소유권의 동일인에의 귀속과 그 후의 각기 다른 사람에의 귀속은 **법의 보호를 받을 수 있는 권리변동**으로 인한 것이어야 하므로, 동일인에게 원인무효로 소유권이 귀속되었다가 뒤에 그 원인무효임이 밝혀져 그 등기가 말소됨으로써 그 건물과 토지의 소유자가 달라진 경우 관습상의 법정지상권은 인정되지 않는다"(대판 1999.3.26. 98다64189: **표준판례 294**; 가령, 토지에 대한 이전등기가 위조서류에 의한 경우, 그 이전등기가 말소되어 건물과 토지의 소유자가 달라지는 경우: 핵심사례 A-15.참고).

나) 미등기 건물양수인의 경우(부정)

"미등기 건물을 그 대지와 함께 양수한 사람이 그 대지에 관하여서만 소유권이전등기를 넘겨받고 건물에 대하여는 그 등기를 이전받지 못하고 있는 상태에서 그 대지가 경매되어 소유자가 달라지게 된 경우에는, 미등기 건물의 양수인은 미등기 건물을 처분할 수 있는 권리는 있을지언정 소유권은 가지고 있지 아니하므로 대지와 건물이 동일인의 소유에 속한 것이라고 볼 수 없어 법정지상권이 발생할 수 없다"(대판 1998.4.24. 98다4798 : 11회 선택형).

[관련판례] "토지를 매수하여 사실상 처분권한을 가지는 자가 그 지상에 건물을 신축하여 건물의 소유권을 취득하였다고 하더라도 토지에 관한 소유권을 취득하지 아니한 이상 토지와 건물이 동일한 소유자에게 속하였다고 할 수는 없는 것이므로 이러한 상태의 건물에 관하여 강제경매절차에 의하여 그 소유권자가 다르게 되었다고 하여 건물을 위한 관습상의 법정지상권이 성립하는 것은 아니다"(대판 1994.4.12. 93다56053: **표준판례286**).

다) 건물공유의 경우(긍정)

대지소유자가 그 지상건물을 타인과 함께 공유하면서 그 단독소유의 대지만을 건물철거의 조건 없이 타에 매도한 경우 '건물공유자들 전부'는 각기 건물을 위하여 대지 전부에 대하여 관습에 의한 법정지상권을 취득한다(대판 1977.7.26. 76다388). 이는 제366조의 법정지상권의 경우에도 동일하다(대판 2011.1.13. 2010다67159 : 8회,11회 선택형).

라) 토지공유의 경우

예를 들어 甲과 乙이 공유하는 토지 위에 甲이 乙의 동의를 얻어 건물을 신축하여 소유하고 있는 경우

① 공유토지가 분할된 경우

㉠ 협의에 의한 현물분할의 경우(위 예에서 甲과 乙의 협의에 의해 乙이 토지를 단독소유하게 된 경우) 判例는 "토지공유자간에 그중 1인 또는 수인 소유의 건물이 있는 공유 대지를 분할하여 각기 단독소유로 귀속케 한 결과 그 대지와 건물의 소유자가 다르게 된 경우에도 **법정지상권을 취득한다**"(대판 1974.2.12. 73다353)고 한다. [판례검토] 검토하건대, 협의에 의한 현물분할의 경우 甲과 乙 사이에 건물의 소유를 위하여 토지를 계속 사용한다는 합의가 있는 것으로 봄이 상당하기 때문에 관습상 법정지상권이 성립하는 것으로 보는 것이 타당하다.

㉡ 재판에 의한 대금분할의 경우(위 예에서 乙이 공유토지의 분할을 청구하여 丙이 경락을 받은 경우) 判例는 "토지공유자의 한 사람이 다른 공유자의 지분 과반수의 동의를 얻어 건물을 건축한 후 토지와 건물의 소유자가 달라진 경우 토지에 관하여 관습법상의 법정지상권이 성립되는 것으로 보게 되면 이는 토지공유자의 1인으로 하여금 자신의 지분을 제외한 다른 공유자의 지분에 대하여서까지 지상권설정의 처분행위를 허용하는 셈이 되어 부당하다"(대판 1993.4.13. 92다55756: **표준판례290** : 13회 선택형)고 한다. [판례검토] 검토하건대, 관습상 법정지상권은 당사자의 가정적 의사에 근거하여 인정되는 것인데, 甲과 乙 사이에 협의분할이 성립하지 않아 결국 재판에 의한 대금분할에 이르게 된 점을 고려하면 특별한 사정이 없는 한 **관습상 법정지상권은 성립하지 않는다**고 보아야 할 것이다.

② 지분양도의 경우

㉠ 건물소유자가 자신의 공유토지지분을 제3자에게 양도한 경우(위 예에서 甲이 丙에게 공유토지 지분을 양도한 경우) 判例는 "토지공유자 중의 1인이 공유토지 위에 건물을 소유하고 있다가 토지지분만을 전매한 경우 법정지상권을 인정한다면 토지공유자 1인이 다른 공유자의 지분에까지 지상권을 설정하는 처분행위를 할 수 있음을 인정하는 셈이므로 **법정지상권은 성립하지 않는다**"(대판 1987.6.23. 86다카2188: **표준판례292**)[5]고 한다[13회 기록형] "이러한 법리는 제366조의 법정지상권의 경우에도 마찬가지로 적용되고, 나아가 토지와 건물 모두가 각각 공유에 속한 경우에 토지에 관한 공유자 일부의 지분만을 목적으로 하는 근저당권이 설정되었다가 경매로 인하여 그 지분을 제3자가 취득하게 된 경우에도 마찬가지로 적용된다"(대판 2014.9.4. 2011다73038,73045).

㉡ 건물소유자 아닌 자가 자신의 공유토지지분을 제3자에게 양도한 경우(위 예에서 乙이 丙에게 공유토지 지분을 양도한 경우)이 경우는 관습법상 법정지상권의 문제가 아니다. 乙이 양도한 지분에 관하여는 처음부터 대지와 건물의 소유자가 달랐기 때문이다.[6]

---

5) 丙은 甲의 특정승계인으로서 甲과 乙 사이의 공유토지 관리방법에 관한 특약(甲이 건물의 소유를 위하여 공유토지를 사용하는 것)을 승계하는 것이 원칙이지만, 특약을 변경할 만한 사정변경이 있는 경우에는 '과반수'의 결정으로 특약을 변경할 수 있고, 이렇게 특약이 변경된 경우에는 丙은 甲에 대하여 건물의 철거를 청구할 수 있다[노재호, 민법교안(10판), p.1424].

6) ① 만약 丙이 과반수지분권자인 경우(甲 1/3, 丙 2/3) 丙은 乙의 특정승계인으로서 甲과 乙 사이의 공유토지 관리방법에 관한 특약(甲이 건물의 소유를 위하여 공유토지를 사용하는 것)을 승계하는 것이 원칙이지만, 특약을 변경할 만한 사정변경이 있는 경우에는 단독으로 특약을 변경할 수 있고, 이렇게 특약이 변경된 경우에는 丙은 甲에 대하여 건물의 철거를 청구할 수 있다. ② 만약 丙이 소수지분권자인 경우(甲 2/3, 丙 1/3) 丙은 乙의 특정승계인으로서 甲과 乙 사이의 공유토지 관리방법에 관한 특약(甲이 건물의 소유를 위하여 공유토지를 사용하는 것)을 승계한다. 특약을 변경할 만한 사정변경이 있더라도 丙은 소수지분권자에 불과하기 때문에 특약을 변경할 수 없다. 따라서 丙은 甲에 대하여 건물의 철거를 청구할 수 없다[노재호, 민법교안(10판), p.1425].

마) (토지의) 구분소유적 공유의 경우(D-84 3. (4) 참고)

바) (부실법이 적용되지 않는) 명의신탁의 경우(핵심사례 D-7.참고)

① 대내관계를 보면, 명의신탁된 토지상에 '수탁자가 건물을 신축'한 후 명의신탁이 해지되어 토지소유권이 신탁자에게 환원된 경우, 명의수탁자는 신탁자와의 대내적 관계에 있어서 그 토지가 자기의 소유에 속한다고 주장할 수 없으므로, 수탁자는 그 지상건물의 소유를 위한 관습법상의 법정지상권을 취득할 수 없다(대판 1986.5.27. 86다카62). ② 대외관계를 보면, 명의신탁된 토지상에 i) '신탁자가 건물을 신축'한 후 토지가 매도된 경우 명의신탁자는 수탁자 이외의 제3자에게 그 대지가 자기의 소유임을 주장하여 법정지상권을 취득할 수 없으나, ii) '수탁자가 건물을 신축'한 후 매매 등에 의하여 소유자가 바뀌는 경우에는, 토지가 대외적으로는 수탁자 소유이므로 건물의 소유자는 법정지상권을 취득한다.

3) 소유자 동일성의 판단 기준시점

가) 원 칙

판례는 甲이 乙 소유의 토지 위에 乙의 승낙을 받고 건물을 신축한 뒤 乙로부터 토지의 소유권까지 취득하였으나 이후 토지의 소유권만 乙에게 다시 이전해 준 사안에서 관습법상 법정지상권을 인정한바, "관습법상의 법정지상권이 성립되기 위하여는 토지와 건물 중 어느 하나가 '처분될 당시'(소유권이 유효하게 변동될 당시)에 토지와 그 지상건물이 동일인의 소유에 속하였으면 족하고 원시적으로 동일인의 소유였을 필요는 없다"(대판 1995.7.28. 95다9075,9082 : **13회 선택형**)고 한다.

나) 예 외…부동산 '강제경매'로 인해 토지와 건물의 소유자가 달라진 경우 [14·16법행]

㉠ 대법원은 최근 전원합의체 판결을 통해 "부동산강제경매절차에서 목적물을 매수한 사람의 법적 지위는 다른 특별한 사정이 없는 한 그 절차상 '압류의 효력이 발생하는 때'를 기준으로 하여 정하여지므로, 강제경매의 목적이 된 토지 또는 그 지상 건물의 소유권이 강제경매로 인하여 그 절차상의 매수인에게 이전된 경우에 건물의 소유를 위한 관습상 법정지상권이 성립하는가 하는 문제에 있어서는 그 매수인이 소유권을 취득하는 매각대금의 완납시(과거 판례의 태도)가 아니라 그 압류의 효력이 발생하는 때를 기준으로 하여 토지와 그 지상 건물이 동일인에 속하였는지 여부가 판단되어야 한다. 한편 경매의 목적이 된 부동산에 대하여 가압류가 있고 그것이 본압류로 이행되어 경매절차가 진행된 경우에는 **애초 가압류가 효력을 발생하는 때를 기준으로 토지와 그 지상 건물이 동일인에 속하였는지 여부를 판단할 것이다**"(대판 2012.10.18. 전합2010다52140: 표준판례287 : **5회,11회,13회 선택형**)[7]고 판시하고 있다. [20법무]

㉡ 판례는 토지(또는 그 지상 건물)에 관하여 강제경매를 위한 (가)압류가 있기 이전에 저당권이 설정되어 있다가 그 후 '강제경매'로 인해 그 저당권이 소멸하는 경우(소멸주의)에는 제366조의 법정지상권이 아니라 관습상의 법정지상권이 문제되며, 이때 토지와 그 지상 건물이 동일인 소유에 속하였는지는 그 **'저당권 설정 당시'**를 기준으로 판단한다(대판 2013.4.11. 2009다62059: 표준판례288 : **3회 선택형**).[8] [5회 기록형]

---

[7] " i) 부동산강제경매절차에서 목적물을 매수한 사람의 법적 지위는 다른 특별한 사정이 없는 한 그 절차상 압류의 효력이 발생하는 때를 기준으로 하여 정하여지고, 매수신청인·담보권자·채권자·채무자 기타 그 절차에 이해관계를 가지는 여러 당사자는 그와 같이 하여 정하여지는 법적 지위를 전제로 하여 자신의 이해관계를 계산하고, 나아가 경매절차에의 참여, 채무이행, 대위변제 기타의 재산적 결정에 이르게 된다. 이는 토지와 지상 건물 중 하나 또는 그 전부가 경매의 목적물이 된 경우에 그 경매로 인하여 종국적으로 소유자가 달라지면 이제 토지가 건물의 소유를 위한 사용권의 부담을 안게 되고 건물은 계속 유지되어 존립할 수 있는지와 같이 이해관계인에게 중요한 의미가 있는 사항에 관련하여서도 다를 바 없다고 할 것이다. ii) 그렇다면 강제경매의 목적이 된 토지 또는 그 지상 건물의 소유권이 강제경매로 인하여 그 절차상의 매수인에게 이전된 경우에 건물의 소유를 위한 관습상 법정지상권이 성립하는가 하는 문제에 있어서는 그 매수인이 소유권을 취득하는 매각대금의 완납시가 아니라 그 압류의 효력이 발생하는 때를 기준으로 하여 토지와 그 지상 건물이 동일인에 속하였는지 여부가 판단되어야 한다"

[8] "강제경매의 목적이 된 토지 또는 그 지상 건물에 관하여 강제경매를 위한 압류나 그 압류에 선행한 가압류가 있기 이전에 저당권이 설정되어 있다가 그 후 강제경매로 인해 그 저당권이 소멸하는 경우에는, 그 저당권 설정 이후의 특정 시점을 기준

■ **'강제경매'로 인해 토지와 건물의 소유자가 달라진 경우 관습법상 법정지상권 성립 여부**[9]

사실관계 | '건물'에 대한 가압류 당시 토지의 소유자는 B, 건물의 소유자는 A이었으나, 이후 '토지와 건물'의 소유권이 모두 C에게 이전된 상태에서 강제경매에 의하여 건물의 소유권이 D에게 이전된 경우, D에게 관습법상 법정지상권이 성립하는가? [14·16법행]

판례의 태도 | 대판 2012.10.18. 전합2010다52140에 따르면 D에게 관습법상 법정지상권은 성립되지 않는다. 이 경우 건물에 관한 C명의의 소유권이전등기는 가압류의 처분금지효에 저촉되어 말소될 운명의 것이므로 가압류등기 시점이 아닌 매각시점을 기준으로 하더라도 소유자 동일성 요건은 충족되지 않는다. 즉, C명의의 소유권이전등기는 위 가압류의 처분금지효에 저촉되어 말소될 운명의 것이므로 아래 비교사례 1.의 경우와 같이 예외적인 해석을 할 여지도 없다.

비교사례 1. | '건물'에 대한 가압류 당시 토지의 소유자는 B, 건물의 소유자는 A이었으나, 이후 '토지'의 소유권이 A에게 이전된 상태에서 강제경매에 의하여 건물의 소유권이 C에게 이전된 경우, C에게 관습법상 법정지상권이 성립하는가?
☞ 위 전원합의체 판결의 법리에 의하면 일단 관습법상 법정지상권이 성립하지 않는다고 보아야 한다(매각시점을 기준으로 판단하면 성립하는 경우이다). 그러나 건물에 대한 가압류 이후 토지와 건물의 소유자가 완전히 동일하게 되었으므로, 토지와 건물의 소유자가 동일한 상태에서 건물에 대하여 가압류를 한 경우와 마찬가지로 관습법상 법정지상권이 성립한다고 해석할 여지도 없지 않다.

비교사례 2. | '토지'에 대한 가압류 당시 토지와 건물의 소유자가 모두 A이었으나, 이후 '토지'의 소유권이 B에게 이전된 상태에서 강제경매에 의하여 토지의 소유권이 C에게 이전된 경우, A에게 관습법상 법정지상권이 성립하는가?
☞ 위 전원합의체 판결이 나오기 전 대판 1990.6.26. 89다카24094판결은 위 전원합의체 판결과 동일한 취지로 A에게 관습법상 법정지상권의 성립을 인정하였다. 한편, 이 경우 토지에 관한 B명의의 소유권이전등기는 가압류의 처분금지효에 저촉되어 말소될 운명의 것이므로 가압류등기 시점이 아닌 매각시점을 기준으로 하더라도 소유자 동일성 요건은 충족된 것으로 볼 수 있다(89다카24094판시내용).

(2) 매매 기타의 적법한 원인으로 소유자가 달라질 것 [D-88b]

1) 소유자가 다르게 되는 원인

判例는 크게 두 가지로 나누고 있다. 즉, ① 당사자의 의사에 의하지 않고 소유자가 달라지는 경우로서, 강제경매[저당권에 기한 경매는 법정지상권(제366조)의 문제이다]·국세징수법에 의한 공매를 통한 경락의 경우와(대판 1970.9.29. 70다1454 등) ② 당사자의 의사에 의해 소유자가 달라지는 경우로서, 토지와 건물 중 어느 하나만을 매매·증여함으로써 소유자가 다르게 되는 경우(이때에는 토지 또는 건물에 대해 소유권이전등기를 하는 것을 전제로 한다)이다(대판 1962.4.18. 4294민상1103 등).

2) 형식적으로만 소유명의자를 달리하게 된 경우(아래 핵심사례 D-8.참고)

① 判例는 동일인 소유의 대지와 그 지상의 (대지소유자가 신축하였으나 그 보존등기를 마치지 않은) 미등기건물 중 대지만 다른 사람에게 이전된 경우, 미등기건물의 소유자는 관습상의 법정지상권을 취득한다고 한다.

으로 토지와 그 지상 건물이 동일인의 소유에 속하였는지에 따라 관습상 법정지상권의 성립 여부를 판단하게 되면, 저당권자로서는 저당권 설정 당시를 기준으로 그 토지나 지상 건물의 담보가치를 평가하였음에도 저당권 설정 이후에 토지나 그 지상 건물의 소유자가 변경되었다는 외부의 우연한 사정으로 인하여 자신이 당초에 파악하고 있던 것보다 부당하게 높아지거나 떨어진 가치를 가진 담보를 취득하게 되는 예상하지 못한 이익을 얻거나 손해를 입게 되므로, 그 '저당권 설정 당시'를 기준으로 토지와 그 지상 건물이 동일인에게 속하였는지에 따라 관습상 법정지상권의 성립 여부를 판단하여야 한다"

9) 노재호, 민법교안(10판), p.1453~1455참고

② 그러나 判例는 대지와 그 지상의 미등기건물을 일괄하여 매수하고 대지에 대하여만 소유권이전등기를 마친 경우, 형식상으로는 미등기건물의 소유자와 대지의 소유자가 다르지만, "토지의 점유·사용에 관하여 당사자 사이에 약정이 있는 것으로 볼 수 있거나 토지 소유자가 건물의 처분권까지 함께 취득한 경우에는 관습상의 법정지상권을 인정할 까닭이 없다"할 것이어서 미등기건물의 소유자(건물 신축자)에게 관습상의 법정지상권은 성립하지 않는다고 한다(대판 2002.6.20. 전합2002다9660: 표준판례293 : 2회,9회 선택형). **[6회 사례형]**

[판례검토] 관습상의 법정지상권은 건물의 소유자로 하여금 대지의 사용을 계속할 수 있게 하는 것을 그 취지로 하는 것인데, 후자의 경우(위 전합2002다9660판결)에는 미등기건물의 소유자에게 대지의 사용권을 인정하거나 용인하려는 것을 인정할 수 없기 때문에 관습법상 법정지상권을 부정하는 判例의 태도는 타당하다.

[비교] 위와 달리 토지매수인이 그 지상에 건물을 신축한 후 건물과 토지를 양도하였는데, 건물에 관하여 양수인 명의로 소유권보존등기가 경료되었으나 대지에 관해서는 소유권이전등기가 경료되지 않은 상태에서 선행하는 토지매매계약이 해제된 경우에는, 건물소유자의 이익을 보호할 필요가 있으므로(제548조 1항 단서), 이익형량의 관점에서 관습상의 법정지상권을 인정해야 한다(판례연구 C-3.참고).[10]

③ "제406조의 채권자취소권의 행사로 인한 사해행위의 취소와 일탈재산의 원상회복은 채권자와 수익자 또는 전득자에 대한 관계에 있어서만 효력이 발생할 뿐이고 채무자가 직접 권리를 취득하는 것이 아니므로, 토지와 지상 건물이 함께 양도되었다가 채권자취소권의 행사에 따라 그중 건물에 관하여만 양도가 취소되고 수익자와 전득자 명의의 소유권이전등기가 말소되었다고 하더라도, 이는 관습상 법정지상권의 성립요건인 '동일인의 소유에 속하고 있던 토지와 지상 건물이 매매 등으로 인하여 소유자가 다르게 된 경우'에 해당한다고 할 수 없다"(아래 2012다73158판결 : 5회,9회 선택형) **[16법행, 13회 기록형, 20법무]**

■ **채권자취소권의 행사로 토지와 건물의 소유자가 달라진 경우** [16법행, 13회 기록형]

대판 2014.12.24. 2012다73158(표준판례295)

사실관계 | ① 甲은 1995.7.10. X토지, Y토지 및 X토지 일부(이하 A부분) 및 Y토지 일부(이하 B부분) 위에 Z건물의 소유권을 취득한 사실, ② 甲은 2000.2.23. 乙에게 Z건물 및 Y토지를 매도하고 2000.2.25. 乙 앞으로 소유권이전등기를 마쳐주었는데, 그중 Z건물에 관하여는 2005.2.25. 사해행위취소사건에 의한 확정판결을 원인으로 하여 위 소유권이전등기가 말소된 사실, ③ X토지에 대하여 1995.7.19. 설정된 근저당권에 기하여 진행된 경매절차에서 丙이 2004.10.1. 매수대금을 납부함으로써 그 소유권을 취득하였고, 丁이 이를 매수하여 2005.11.30. 소유권이전등기를 마친 사실, ④ Z건물에 대한 강제경매개시결정에 따라 2006.11.16. 그 기입등기가 마쳐진 다음 진행된 경매절차에서 戊가 2007.8.17. 매수대금을 납부함으로써 그 소유권을 취득한 사실, ⑤ 戊가 Z건물의 부지로 A부분 및 B부분을 점유·사용하고 있는 사실을 알 수 있다.

Y토지 중 B부분 | "동일인의 소유에 속하고 있던 Y토지와 그 지상 Z건물이 매매 등으로 인하여 소유자가 다르게 된 경우에 그 Z건물을 철거한다는 특약이 없는 한 Z건물소유자는 그 Z건물의 소유를 위한 관습상 법정지상권을 취득한다. 그런데 민법 제406조의 채권자취소권의 행사로 인한 사해행위의 취소와 일탈재산의 원상회복은 채권자와 수익자 또는 전득자에 대한 관계에 있어서만 그 효력이 발생할 뿐이고 채무자가 직접 권리를 취득하는 것이 아니므로, Y토지와 그 지상 Z건물이 함께 양도되었다가 채권자취소권의 행사에 따라 그중 Z건물에 관하여만 양도가 취소되고 수익자와 전득자 명의의 소유권이전등기가 말소되었다고 하더라도, 이는 관습상 법정지상권의 성립요건인 '동일인의 소유에 속하고 있던 토지와 그 지상 Z건물이 매매 등으로 인하여 소유자가 다르게 된 경우'에 해당한다고 할 수 없다.

---

10) 지원림, 민법강의(13판), 3-243a

위와 같은 사실관계를 이러한 법리에 비추어 보면, 甲이 乙에게 Z건물 및 Y토지를 함께 매도하였다가 채권자취소권의 행사에 따라 그중 Z건물에 관하여만 매매계약이 취소되고 乙 명의의 소유권이전등기가 말소되었다고 하더라도, 乙은 Z건물에 대한 압류의 효력이 발생할 당시까지도 Y토지 및 Z건물을 모두 소유하고 있었다고 할 것이다. 따라서 戊가 위 강제경매절차에서 Z건물을 매수하고 2007. 8. 17. 그 매수대금을 납부함으로써 양자의 소유자가 다르게 되었으므로, 戊는 이 사건 Y토지 중 B부분에 대하여 관습상 법정지상권을 취득하였다고 봄이 타당하다"(同 判例).

X토지 중 A부분 | "저당권설정 당시 동일인의 소유에 속하고 있던 X토지와 그 지상 Z건물이 경매로 인하여 소유자가 다르게 된 경우에 Z건물소유자는 그 Z건물의 소유를 위한 제366조의 법정지상권을 취득한다. 그리고 Z건물 소유를 위하여 법정지상권을 취득한 사람으로부터 경매에 의하여 그 Z건물의 소유권을 이전받은 매수인은 매수 후 Z건물을 철거한다는 등의 매각조건하에서 경매되는 경우 등 특별한 사정이 없는 한 Z건물의 매수취득과 함께 위 지상권도 당연히 취득하는데, 이러한 법리는 사해행위의 수익자 또는 전득자가 Z건물의 소유자로서 법정지상권을 취득한 후 채무자와 수익자 사이에 행하여진 Z건물의 양도에 대한 채권자취소권의 행사에 따라 수익자와 전득자 명의의 소유권이전등기가 말소된 다음 경매절차에서 그 Z건물이 매각되는 경우에도 마찬가지로 적용된다.

위와 같은 사실관계를 이러한 법리에 비추어 보면, 위 근저당권의 설정 당시 X토지 및 Z건물이 모두 甲의 소유에 속하였고, 위 근저당권에 기하여 진행된 경매절차에서 丙이 X토지를 매수하고 2004.10.1. 그 매수대금을 납부함으로써 양자의 소유자가 다르게 되었으므로, 위 매수대금 납부 당시 Z건물의 소유자인 乙이 X토지 중 A부분에 대하여 제366조의 법정지상권을 취득하였다고 할 것이다.[11] 그리고 채권자취소권의 행사에 따라 Z건물에 관하여 乙 명의의 소유권이전등기가 말소된 다음 경매절차에서 戊가 Z건물의 소유권을 취득함으로써 그 소유를 위한 위 법정지상권도 함께 취득하였다고 보아야 한다"(同 判例).

판례정리 | 토지와 그 지상 건물(Z)이 함께 양도되었다가 채권자취소권의 행사에 따라 그중 건물(Z)에 관하여만 양도가 취소되고 수익자(乙) 명의의 소유권이전등기가 말소된 다음 그 건물(Z)이 경매절차에서 매각된 사건에서, 대법원은 위 건물의 부지 중 일부(B)에 대해서는 채무자(甲)가 관습상 법정지상권을 취득하지 못하고 위 경매절차의 매수인(戊)이 매각시에 관습상 법정지상권을 취득하며, 나머지 일부(A)에 대하여는 수익자(乙)가 제366조의 법정지상권을 취득한 다음 위 경매절차의 매수인(戊)이 건물의 매수취득과 함께 위 지상권도 당연히 취득한다고 한 사안이다.

(3) 당사자 사이에 건물을 철거한다는 특약 또는 토지의 점유·사용에 관하여 다른 약정이 없을 것

1) 건물 철거 합의의 인정요건

① 이때에는 당사자 사이에 건물의 소유를 위하여 계속 토지를 사용케 하려는 '묵시적 합의'가 있는 것으로 볼 수 있기 때문이다. 다만 여기서의 '묵시적 합의'는 '토지를 계속 사용한다'는데 중점이 있는 의사여서, 설령 (구)건물에 대한 철거의 합의가 있더라도 그 내용이 새 건물을 신축하여 토지를 계속 사용한다는 의사라면 관습법상의 법정지상권의 발생을 배제하는 효력이 없다(대판 1999.12.10. 98다58467). 또한 判例는 그 특약에 관해서는 이를 주장하는 자가 입증하여야 한다고 한다(대판 1988.9.27. 87다카279: 표준판례296).

② [토지의 점유·사용에 관한 다른 약정] 예를 들어 "甲이 건물을 제외한 채 그 대지와 부근의 토지들을 함께 乙에게 매도하여 건물과 대지가 소유자를 달리하게 되었더라도 甲이 위 대지 부분을 다시 매수하고 그 대신 乙에게 위 토지와 인접한 다른 토지를 넘겨주기로 하는 특약을 맺었다면, 당사자 사이에 매수인으로 하여금 아무런 제한 없는 토지를 사용하게 하려는 의사가 있었다고 보아야 하므로, 위 특약이 매도

---

[11] X토지에 저당권을 설정할 당시 X토지에 지상의 Z건물이 존재하고 있었고 그 양자가 동일 소유자 甲에게 속하였다가 그 후 저당권의 실행 전에 Z건물이 乙에게 양도된 경우 Z건물을 양수한 乙은 관습상의 법정지상권을 취득하지만, 이러한 용익권은 선순위저당권의 실행에 의한 매각으로 인하여 소멸되기 때문에 判例에 따르면 乙은 제366조의 법정지상권을 취득한다고 한다(대판 1999.11.23. 99다52602).

인측의 귀책사유로 이행불능된 이상 매도인은 위 건물을 위한 관습상의 법정지상권을 주장하지 못하고 건물을 철거하여 매수인에게 아무런 제한 없는 토지를 인도할 의무가 있다"(대판 2008.2.15. 2005다41771,41788)고 할 것이다.

2) 법정지상권의 포기

判例는 토지와 건물 중 건물만을 양도하면서 따로 건물을 위해 대지에 대해 '**임대차계약**'을 체결한 경우에는, 그 대지에 성립하는 관습법상의 법정지상권을 포기한 것으로 본다(대판 1968.1.31. 67다2007).

(4) 등기요부

관습법상의 법정지상권은 '관습법'에 의하여 성립하는 것이므로 제187조에 의하여 등기를 요하지 않는다. 그러나 제3자에게 이 법정지상권을 전득시키려면 제187조 단서에 의하여 등기를 하여야 한다(대판 1995.4.11. 94다39925: 표준판례297). 반면, 관습에 의한 법정지상권이 있는 건물의 경락인은 토지의 전득자에게 지상권으로 대항할 수 있다(대판 1991.6.28. 90다16214). 경매의 경우에도 제187조가 적용되기 때문이다.

> [참고판례] * 법정지상권 이전시 등기가 불필요한 사안
> B는 A로부터 X토지와 지상의 Y건물의 소유권을 이전받았다가, 이후 선행 처분금지가처분에 기한 본등기가 경료되어 'X토지'에 관한 B의 소유권이전등기가 말소되었다면 B는 Y건물에 관하여 관습상의 법정지상권을 취득하였다고 할 것이고, 그 후 Y건물의 공매절차에서 C가 Y건물에 관한 소유권을 취득하였다면 C는 Y건물의 소유권과 함께 위 지상권도 취득하였다고 할 것이다(대판 2014.9.4. 2011다13463).[12]

4. 내 용

관습법상 법정지상권이 성립하면 그 내용은 지상권과 동일하다. 따라서 지상권에 관한 규정이 유추적용된다(대판 1968.8.30. 68다1029).

(1) 토지사용권의 범위

관습법상의 법정지상권이 성립된 토지에 대하여는 법정지상권자가 '**건물의 유지 및 사용에 필요한 범위를 벗어나지 않은 한**' 그 토지를 자유로이 사용할 수 있다.

따라서 예컨대, 지상건물이 법정지상권이 성립한 이후에 증축되었다 하더라도 그 건물이 관습법상의 법정지상권이 성립하여 법정지상권자에게 점유·사용할 권한이 있는 토지 위에 있는 이상 이를 철거할 의무는 없다(대판 1995.7.28. 95다9075,9082).

(2) 존속기간

당사자간에 약정이 없는 경우로 보므로, 제281조의 규정에 의하여 그 존속기간이 정하여 진다. 존속기간이 만료된 경우에 갱신청구권과 매수청구권(제283조)이 인정되는 것도 보통의 지상권에서와 같다(대판 1968.8.30. 68다1029).

(3) 지 료

判例(대판 1996.2.13. 95누11023)에 따르면 제366조를 유추적용하여 당사자의 협의에 의하여 결정되지 않으면 당사자의 신청에 의해 법원이 정한다고 한다. 아울러 判例는 "관습상의 법정지상권에 대하여는

---

12) "건물 소유를 위하여 법정지상권을 취득한 자로부터 경매에 의하여 그 건물의 소유권을 이전받은 경락인은 경락 후 건물을 철거한다는 등의 매각조건하에서 경매되는 경우 등 특별한 사정이 없는 한 건물의 경락취득과 함께 위 지상권도 당연히 취득한다(대판 1985.2.26. 84다카1578,1579). 이러한 법리는 압류, 가압류나 체납처분압류 등 처분제한의 등기가 된 건물에 관하여 그에 저촉되는 소유권이전등기를 마친 사람이 건물의 소유자로서 관습상의 법정지상권을 취득한 후 경매 또는 공매절차에서 건물이 매각되는 경우에도 마찬가지로 적용된다"

다른 특별한 사정이 없는 한 민법의 지상권에 관한 규정을 준용해야 할 것이므로 지상권자가 2년분 이상의 지료를 지급하지 아니하였다면 관습상의 법정지상권도 제287조에 따른 지상권 소멸청구의 의사표시에 의하여 소멸한다"(대판 1993.6.29. 93다10781; 표준판례278)고 한다(즉, 말소등기를 요하지 않는다).

[관련판례] "법정지상권자라 할지라도 대지 소유자에게 지료를 지급할 의무는 있는 것이고, 법정지상권이 있는 건물의 양수인으로서 장차 법정지상권을 취득할 지위에 있어 대지 소유자의 건물 철거나 대지 인도 청구를 거부할 수 있다 하더라도 그 대지를 점유·사용함으로 인하여 얻은 이득은 부당이득으로서 대지 소유자에게 반환할 의무가 있다"(대판 1997.12.26. 96다34665).

5. 관습법상 법정지상권 제도의 문제점 및 대안

(1) 문제점

① 매매·증여의 경우처럼 당사자간에 대지사용계약을 맺을 기회가 얼마든지 있는 경우에도 법정지상권 제도를 인정하는 것은 **토지소유자에게 지나친 희생을 강요하는 것**이고, ② 토지소유자와 건물소유자가 분리되는 원인의 범위를 확정하는 객관적인 기준이 없고, ③ 공시가 불완전하여 선의의 제3자를 해할 우려가 있을 뿐 아니라, ④ 이를 인정하는 일반적 법의식이 존재하는지도 의심스럽다.

(2) 대 안

① 일단 이 제도가 유지되고 있는 현실하에서는 부득이한 경우에만 이를 인정하여야 할 것이며, 그 인정범위가 확대되는 것은 되도록 피해야 할 것이다. 判例도 최근에는 관습법상의 법정지상권을 극히 제한적으로 인정하려는 추세이다(대판 2002.6.20. 전합2002다9660 등 아래 핵심사례 D-8.참고). ② 그리고 관습법상의 법정지상권제도 대신에 법률행위의 해석에 의해 묵시적 지상권 설정계약의 성립을 인정하는 방법을 취하거나, 법정지상권 규정을 확장해석하여 이에 흡수함으로써 실정법의 범위 내에서 토지사용권을 보장하는 방법을 취하는 것이 타당하다고 보여진다.

핵심사례 D-07

■ ★ **관습법상 법정지상권의 제한** [6회·7회 사례형]   대판 2002.6.20. 전합2002다9660(표준판례293)

甲은 X대지와 그 지상의 미등기 Y건물의 소유자로서, 당해 대지와 건물을 乙에게 매도하였다. 이에 乙은 이를 인도받아 사용·수익하면서 대지에 관하여만 소유권이전등기를 마쳤다. 그 후 乙은 X대지에 대하여 A에게 근저당권을 설정하여 주었다. 그 후 X대지에 관한 저당권이 실행되어 丙에게 경락되었다. 이에 丙은 乙에게 Y건물의 철거 및 X대지의 인도를 청구하였다. 丙의 주장은 타당한가? (30점)

Ⅰ. 건물철거 및 대지인도 청구의 주체와 상대방의 적법성

1. 丙의 법적 지위

丙은 소유권에 기한 반환청구(대지의 인도 ; 제213조) 및 방해배제청구권(건물의 철거 ; 제214조)을 행사하고 있는바, 경락인 丙은 경락대금을 완납할 때 대지에 관한 소유권을 취득한다(민사집행법 제135조). 따라서 丙이 경락대금을 완납했다면 이는 법률규정에 의한 물권변동으로서 등기 없이도 소유권을 취득하므로(제187조), 소유권에 기한 반환청구 및 방해배제청구권을 행사할 수 있는 주체성이 있다.

2. 건물소유자가 아닌 건물점유자 乙에 대한 건물철거의 적법 여부

(1) 판 례

判例는 "건물철거는 소유권의 종국적 처분에 해당하는 사실행위이므로 원칙으로는 소유자(등기명의자)에게만 그 철거처분권이 있다고 할 것이나, 건물을 매수하여 점유하고 있는 자는 등기부상 아직 소유자로서의 등기명의가 없다 하더라도 그 권리의 범위내에서 그 점유 중인 건물에 대하여 법률상 또는 사실상 처분을 할 수 있는 지위"에 있으므로 그 자를 상대로 건물철거를 구할 수 있다고 한다(대판 1986.12.23. 86다카1751).

(2) 검토 및 사안의 경우

따라서 丙은 비록 법률상의 소유자는 아니지만 건물을 현실적으로 점유하고 있는 乙을 상대로 소유권에 기한 건물철거를 청구할 수 있다.

Ⅱ. 乙의 제366조 법정지상권 취득 여부

1. 문제점(설건, 설동, 저, 경)

2. 사안의 경우

乙이 A에게 근저당권을 설정할 당시에 대지의 소유권은 乙에게 있었으나 건물의 소유권은 여전히 甲에게 있었으므로, 저당권 설정 당시 이미 대지와 건물이 각각 다른 사람의 소유에 속한 것이 되어 乙에게 제366조의 법정지상권은 성립될 여지가 없다(대판 2002.6.20. 전합2002다9660).

Ⅲ. 甲이 관습법상 법정지상권을 취득하는지 여부

1. 문제점

만일 甲이 관습법상 법정지상권을 취득한다면 乙은 甲을 상대로 Y건물의 소유권이전등기 및 건물의 존립을 위한 관습법상 법정지상권의 이전등기를 청구할 지위에 있기 때문에,[13] 경우에 따라서는 대지소유자 丙은 '신의칙'상 건물철거를 주장할 수 없거나, 또는 甲의 법정지상권 양도(제282조)를 통해 乙이 丙에 대하여 제213조 단서의 점유할 권리를 취득한다고도 볼 수 있어 甲의 관습법상 법정지상권 취득 여부가 문제된다.

2. 관습법상 법정지상권의 성립요건(처동, 매, 특)

3. 판 례

"관습상의 법정지상권은 동일인의 소유이던 토지와 그 지상건물이 매매 기타 원인으로 인하여 각각 소유자를 달리하게 되었으나 그 건물을 철거한다는 등의 특약이 없으면 건물 소유자로 하여금 토지를 계속 사용하게 하려는 것이 당사자의 의사라고 보아 인정되는 것이므로 토지의 점유·사용에 관하여 당사자 사이에 약정이 있는 것으로 볼 수 있거나 토지 소유자가 건물의 처분권까지 함께 취득한 경우에는 관습상의 법정지상권을 인정할 까닭이 없다"(대판 2002.6.20. 전합2002다9660)라고 하여 부정하고 있다.

4. 사안의 검토

사안과 같이 乙이 甲으로부터 대지와 건물 모두를 매수하였으나 대지에 관하여만 소유권이전등기를 마쳐 결국 대지와 건물의 소유자가 형식적으로 달라진 경우에는 실질적으로 대지와 건물이 동일인의 소유에 속하는 것과 마찬가지이므로 건물의 존속을 위하여 그 대지에 별도의 용익권능을 인정할 필요는 없다고 본다. 따라서 甲은 관습법상 법정지상권을 취득하지 못한다.

Ⅴ. 사안의 해결(입법론)

乙은 제366조의 법정지상권을 취득하지 못할 뿐만 아니라, 관습법상 법정지상권도 취득한다고 할 수 없다. 따라서 丙의 乙에 대한 Y건물의 철거 및 X대지의 인도청구는 타당하다. 判例는 최근에 관습법상의 법정지상권을 상당히 제한적으로 인정하려는 추세에 있는바, 이는 타당하다고 보여지며 보다 근본적으로는 지상권설정계약의 추정규정 등의 명문의 규정을 두어 '토지소유자의 토지이용권과 건물소유자의 토지이용권을 조화'하는 노력이 필요하다.

---

13) 甲이 관습법상 법정지상권을 취득한다면, 甲과 乙 사이에는 건물 매매계약을 통해 주된 권리인 소유권이전을 합의하였으므로 종된 권리인 관습법상 법정지상권도 이전하기로 하는 합의가 있다고 할 수 있기 때문이다(제100조 2항의 유추적용).

Ⅲ. 제366조 법정지상권 [D-89]

1. 의의

> 제366조 (법정지상권) 저당물의 경매로 인하여 토지와 그 지상건물이 다른 소유자에 속한 경우에는 토지소유자는 건물소유자에 대하여 지상권을 설정한 것으로 본다. 그러나 지료는 당사자의 청구에 의하여 법원이 이를 정한다.

제366조 법정지상권은 저당물의 경매로 인하여 토지와 그 지상건물이 다른 소유자에 속한 경우, 토지소유자가 건물소유자에 대하여 설정한 것으로 의제되는 지상권을 말한다(제366조).

2. 인정이유

ⅰ) 건물철거로 인한 사회경제적 손실의 방지와 ⅱ) 저당권자의 담보가치에 대한 기대를 고려한 공익을 위한 규정이므로 강행규정이다. 따라서 저당권설정 당사자간의 특약으로 저당목적물인 토지에 대하여 법정지상권을 배제하는 약정을 하더라도 그 특약은 효력이 없다(대판 1988.10.25. 87다카1564: 표준판례 364 : 10회 선택형). 반면에 '관습법상 법정지상권'은 특약(토지임대차계약 체결 등)으로 배제가 가능하다(대판 1992.10.27. 92다3984). **[22법행]**

3. 성립요건(설건, 설동, 저, 경)

법정지상권이 성립하기 위해서는 ⅰ) 저당권설정 당시부터 건물이 존재할 것, ⅱ) 저당권이 설정될 당시 토지와 건물의 소유자가 동일할 것, ⅲ) 토지나 건물 중 적어도 어느 하나에 저당권이 설정될 것, ⅳ) 경매로 인해 건물과 토지에 대한 소유자가 분리될 것을 요한다(제366조).

(1) 저당권설정 당시부터 건물이 존재할 것

1) 저당권 설정 당시

① 토지에 관하여 저당권이 설정될 당시에 토지 위에 건물이 존재하여야 한다. 따라서 건물 없는 토지에 대하여 저당권이 설정된 후 건물을 건축하였는데 그 후 저당권실행으로 토지와 지상건물의 소유자를 달리한 경우 법정지상권의 성립은 부정된다(대결 1995.12.11. 95마1262: 표준판례358). 이를 인정한다면 토지의 담보가치를 나대지의 교환가치로 평가하여 취득한 저당권자에게 불측의 손해를 줄 수 있기 때문이다.
② 또한 이 경우 근저당권자가 건물의 건축에 동의한 경우라도 그러한 사정은 공시할 수 없어 법률관계를 불명확하게 하므로 법정지상권이 성립되지 않는다고 한다(대판 2003.9.5. 2003다26051 : 13회 선택형).

2) 건물이 존재할 것 [1회 사례형, 15사법, 18법무]

① 이때 토지에 저당권이 설정될 당시 그 지상에 건물이 위 토지소유자에 의하여 건축 중이었고, 그것이 사회관념상 독립된 건물로 볼 수 있는 정도에 이르지 않았다 하더라도 건물의 규모, 종류가 외형상 예상할 수 있는 정도까지 건축이 진전되어 있는 경우에는, 저당권자는 완성될 건물을 예상할 수 있으므로 법정지상권을 인정하여도 불측의 손해를 입는 것이 아니며 사회경제적으로도 건물을 유지할 필요가 인정되기 때문에 법정지상권의 성립을 인정함이 상당하다고 해석된다(대판 1992.6.12. 92다7221 : 3회,12회 선택형).
② 또한 이 경우 그 후 경매절차에서 매수인이 매각대금을 다 낼 때까지 최소한의 기둥과 지붕 그리고 주벽이 이루어지는 등 독립된 부동산으로서 건물의 요건을 갖추면 법정지상권이 성립한다(대판 2004.6.11. 2004다13533: 표준판례360 : 3회 선택형). 따라서 가설건축물은 특별한 사정이 없는 한 독립된 부동산으로서 건물의 요건을 갖추지 못하여 법정지상권이 성립하지 않는다(대판 2021.10.28. 2020다224821: 표준판례361). 그러나 미등기, 무허가 건물이라도 독립된 부동산으로서 건물의 요건을 갖추면 법정지상권이 성립한다.

3) 저당권 '설정 후' 경매로 인한 매각대금 납부 전에 '건물 재신축 등'을 한 경우 법정지상권 성립여부

가) 토지에 관하여만 '저당권'이 설정되어 있는 경우(적극) [11행정, 22법행]
"민법 제366조 소정의 법정지상권이 성립하려면 저당권 설정 당시 저당권의 목적이 되는 토지 위에 건물이 존재하여야 하는데, 저당권 설정 당시의 건물을 그 후 개축·증축한 경우는 물론이고 그 건물이 멸실되거나 철거된 후 재건축·신축한 경우에도 법정지상권이 성립하며, 이 경우 신건물과 구건물 사이에 동일성이 있거나 소유자가 동일할 것을 요하는 것은 아니라 할 것이지만, 그 법정지상권의 내용인 존속기간·범위 등은 구건물을 기준으로 하여야 할 것이다"(대판 2001.3.13. 2000다48517,48524,4853).

나) 토지와 건물에 '공동저당권'이 설정되어 있는 경우

① 지상건물이 철거되고 새로 건물이 신축된 경우(소극 ; 핵심사례 D-9.참고)
토지와 그 지상 건물에 공동저당권이 설정된 후 지상건물이 '증·개축된 경우'에는 당연히 법정지상권이 성립된다. 그러나 判例는 동일인의 소유에 속하는 토지 및 그 지상 건물에 관하여 공동저당권이 설정된 후 그 지상 건물이 철거되고 새로 건물이 '신축된 경우'에는 '그 신축건물에 토지와 동순위의 공동저당권이 설정되지 아니한 경우'에는 저당물의 경매로 인하여 토지와 신축건물이 서로 다른 소유자에게 속하게 되더라도 제366조의 법정지상권은 성립하지 않는다고 한다(대판 2003.12.18. 전합98다43601: 표준판례370[14]: 전체가치고려설 : 9회 선택형). [20법무, 22법행]

[집합건물의 공동저당] 이러한 법리는 집합건물의 전부 또는 일부 전유부분과 대지 지분에 관하여 공동저당권이 설정된 후 그 지상 집합건물이 철거되고 새로운 집합건물이 신축된 경우에도 적용되어, 신축건물을 위한 법정지상권은 성립하지 않는다(대판 2014.9.4. 2011다73038,73045).

[판례검토] 검토하건대, "공동저당권자는 '토지 및 건물 각각의 교환가치 전부'를 담보로 취득한 것으로서, 건물이 철거된 후 신축된 건물에 토지와 동순위의 공동저당권이 설정되지 아니하였는데도 그 신축건물을 위한 법정지상권이 성립한다면, 공동저당권자가 법정지상권이 성립하는 신축건물의 교환가치를 취득할 수 없게 되는 결과 법정지상권의 가액 상당 가치를 되찾을 길이 막혀 '당초 토지에 관하여 아무런 제한이 없는 나대지로서의 교환가치 전체를 실현시킬 수 있다고 기대'하고 담보를 취득한 공동저당권자에게 불측의 손해를 입게 하기 때문에"(전합98다43601판시내용) 법정지상권의 성립을 부정하는 判例의 태도는 타당하다.

② 지상건물이 인접한 다른 건물과 합동(合棟)되어 독립성을 상실한 경우(적극)
"ⅰ) 경매대상 건물이 인접한 다른 건물과 합동됨으로 인하여 건물로서의 독립성을 상실하게 되었다면 경매대상 건물만을 독립하여 양도하거나 경매의 대상으로 삼을 수는 없고, 이러한 경우 경매대상 건물에 대한 채권자의 저당권은 위 합동으로 인하여 생겨난 새로운 건물 중에서 위 경매대상 건물이 차지하는 비율에 상응하는 공유지분 위에 존속하게 된다. ⅱ) 동일인 소유 토지와 그 지상 건물에 공동근저당권이 설정된 후 그 건물이 다른 건물과 합동되어 신건물이 생겼고 그 후 경매로 토지와 신건물이 다른 소유자에게 속하게 된 경우 신건물을 위한 법정지상권이 성립하고 그 존속기간과 범위 등은 종전 등기건물을 기준으로 하여 그 이용에 일반적으로 필요한 범위 내로 제한된다"(대판 2010.1.14. 2009다66150).

---

14) [반대의견(개별가치고려설)] 위 전원합의체 판결의 반대의견은 신축 건물을 위한 법정지상권은 성립한다고 한다. 그 논거로는 ⅰ) 대지와 건물 모두에 공동저당권을 취득한 경우에도 대지의 담보가치는 나대지로서의 담보가치에서 법정지상권으로 인한 부담을 공제한 만큼으로 보고 대신에 건물의 담보가치는 건물 자체의 담보가치에 건물을 위한 법정지상권의 가치를 더한 만큼이기 때문에, 공동저당권자는 결과적으로 대지와 건물 전체의 교환가치를 담보가치로 파악할 수 있다고 한다. 따라서 신축 건물을 위한 법정지상권의 성립을 인정하더라도 저당권자에게 불측의 손해를 주는 것은 아니며, 문제는 건물의 소유자가 저당권의 목적인 건물을 함부로 철거하여 담보가치를 감소시킨 데 있다는 점과 ⅱ) 신축 건물이 연립주택이나 다세대건물인 경우 그 건물이 철거되면 많은 서민들이 피해를 입을 우려가 있다는 점을 들고 있다.

핵심사례 D-08

★ 공동저당의 목적인 기존 건물을 철거하고 신축한 경우 법정지상권의 성립 여부 [09사법, 11행정]
대판 2003.12.18. 전합98다43601(표준판례370)

> 甲은 대지와 그 지상에 건물을 소유하고 있던 중 대지와 건물에 관하여 乙에게 공동저당권을 설정하여 주었다. 그 후 甲은 乙의 동의 없이 위 건물을 헐고 위 대지 위에 새로 건물을 신축하였는데, 신축 건물에 관하여 乙에게 다시 저당권을 설정하여 주지는 않았다.
> (1) 만약 甲이 乙에 대한 채무를 이행하지 못하여 대지에 대하여만 저당권을 실행한 결과 丙이 이를 낙찰 받고 매각대금을 완납하였다면 丙은 甲에게 위 신축 건물의 철거 및 대지의 인도를 청구할 수 있는가? (15점)
> (2) 乙은 대지와 건물에 대하여 일괄경매를 청구할 수 있는가? (10점)

I. 공동저당의 목적인 건물의 재건축과 법정지상권의 성부

1. 법정지상권의 성립요건

2. 판 례(소극 : 전체가치고려설)

3. 검토 및 사안의 경우
따라서 사안의 경우 丙은 甲에게 위 신축 건물의 철거 및 대지의 인도를 청구할 수 있다.

II. 대지에 관한 저당권자가 대지와 건물에 대하여 제365조의 일괄경매를 청구할 수 있는지 여부

1. 일괄경매청구의 요건
일괄경매청구권이 인정되기 위해서는 ⅰ) 토지에 대하여 저당권설정 당시에 그 지상에 건물이 없을 것, ⅱ) 저당권설정 후에 설정자가 당해 토지에 건물을 건축하였을 것, ⅲ) 경매신청시에 토지와 지상건물의 소유자가 동일할 것이 필요하다(제365조).

2. 일괄경매청구 가부

(1) 판 례
"토지와 그 지상 건물의 소유자가 이에 대하여 공동저당권을 설정한 후 건물을 철거하고 그 토지상에 새로이 건물을 축조하여 소유하고 있는 경우에는 건물이 없는 나대지 상에 저당권을 설정한 후 그 설정자가 건물을 축조한 경우와 마찬가지로 저당권자는 민법 제365조에 의하여 그 토지와 신축 건물의 일괄경매를 청구할 수 있다고 할 것이다"(대결 1998.4.28. 97마2935).

(2) 검토 및 사안의 경우
이는 일괄경매의 요건 중 ⅰ)의 요건 즉 나대지 요건을 어떻게 해석할 것인가 하는 문제이다. 생각건대, 토지에 저당권을 설정할 당시에 그 지상에 건물이 존재하고 있었다고 하더라도 그 후 건물이 멸실되거나 철거됨으로써 나대지를 목적으로 하여 저당권을 설정한 경우와 동일한 상태가 발생하였고 그 후 신건물이 재건축되어 그 신 건물을 위한 법정지상권이 성립하지 않는 경우에도 일괄경매를 신청할 수 있다고 해석함이 타당하다. 따라서 乙은 일괄경매를 청구할 수 있다. 만약 일괄매각이 이루어졌다면 일괄매각대금 중 토지에 안분할 매각대금은 법정지상권 등 이용제한이 없는 상태의 토지로 평가하여 산정하여야 하고, 집행법원이 위와 같은 일괄매각절차에서 각 부동산별 매각대금의 안분을 잘못하여 적법한 배당요구를 한 권리자가 정당한 배당액을 수령하지 못하게 되었다면 그러한 사유도 배당이의 청구사유가 될 수 있다(대판 2012.3.15. 2011다54587).

(2) 저당권이 설정될 당시 토지와 건물의 소유자가 동일할 것

저당권을 설정할 당시에 토지와 건물이 동일한 소유자에게 속하고 있어야 한다. 저당권 설정 당시 토지와 건물의 소유자가 다른 경우에는 건물 소유를 위하여 용익권이 설정되어 있을 것이므로 법정지상권의 성립을 인정할 필요가 없다.

① [**토지저당권 실행 전 건물이 양도된 경우**(적극)] 토지에 저당권을 설정할 당시 토지에 지상의 건물이 존재하고 있었고 그 양자가 동일 소유자에게 속하였다가 그 후 저당권의 실행 전에 건물이 제3자에게 양도된 경우 判例는 "ⅰ) 토지저당권자로서는 저당권설정 당시에 법정지상권의 부담을 예상하였을 것이고 또 저당권설정자는 저당권설정 당시의 담보가치가 저당권이 실행될 때에도 최소한 그대로 유지되어 있으면 될 것이므로 위와 같은 경우 법정지상권을 인정하더라도 저당권자 또는 저당권설정자에게는 불측의 손해가 생기지 않는 반면, ⅱ) 법정지상권을 인정하지 않는다면 건물을 양수한 제3자는 건물을 철거하여야 하는 손해를 입게 되는 점 등에 비추어 위와 같은 경우 **건물을 양수한 제3자는 제366조 소정의 법정지상권을 취득한다**"(대판 1999.11.23. 99다52602: 표준판례363 : 11회 선택형)고 한다. 결국 법정지상권이 성립하기 위해서는 토지와 건물이 저당권설정 당시에 동일인의 소유에 속하였으면 충분하며, 경매가 행하여질 때까지 그래야 할 필요는 없다.[**20법무**]

[판례검토] 물론 이 경우 건물과 토지의 소유권이 분리되는 때 건물소유자와 토지소유자의 합의에 의하여 토지이용권이 성립할 수 있고, 그렇지 않더라도 건물철거의 특약이 없었다면 건물소유를 위한 관습상의 법정지상권이 성립되겠지만, 그러한 용익권은 선순위저당권의 실행에 의한 매각으로 인하여 소멸되기 때문에 이러한 경우에도 제366조가 적용되어야 한다.

② [**토지의 구분소유적 공유자 중 1인의 지분경매**(적극)] 判例는 "공유로 등기된 토지의 소유관계가 구분소유적 공유관계에 있는 경우에는 공유자 중 1인이 소유하고 있는 건물과 그 대지는 다른 공유자와의 내부관계에 있어서는 그 공유자의 단독소유로 되었다 할 것이므로 건물을 소유하고 있는 공유자가 그 건물 또는 토지지분에 대하여 저당권을 설정하였다가 그 후 저당권의 실행으로 소유자가 달라지게 되면 건물 소유자는 그 건물의 소유를 위한 법정지상권을 취득하게 되며, 이는 구분소유적 공유관계에 있는 토지의 공유자들이 그 토지 위에 각자 독자적으로 별개의 건물을 소유하면서 그 토지 전체에 대하여 저당권을 설정하였다가 그 저당권의 실행으로 토지와 건물의 소유자가 달라지게 된 경우에도 마찬가지"(대판 2004.6.11. 2004다13533: 표준판례360 : 7회 선택형)라고 한다. [**3회 사례형, 18법무**]

> [비교] * **토지의 단순공유자 중 1인의 지분경매**(소극)
> "구분소유적 공유관계가 없는 단순한 공유토지 위에 공유자 각자가 자기의 돈으로 건물을 신축하여 점유하던 중 위 토지의 경매로 인하여 토지와 건물의 소유자가 다르게 된 때에도 위 토지에 관하여 건물의 소유를 위한 법정지상권이 성립된 것으로 보게 된다면 이는 마치 토지공유자의 1인으로 하여금 다른 공유자의 지분에 대하여서까지 지상권 설정의 처분행위를 허용하는 셈이 되어 부당하다 할 것이므로 위와 같은 경우에 있어서는 당해 토지에 관하여 건물의 소유를 위한 법정지상권이 성립될 수 없다"(대판 2004.6.11. 2004다13533: 표준판례360)

③ [**미등기건물을 대지와 함께 매수한 경우**(소극)] "민법 제366조의 법정지상권은 저당권 설정 당시에 동일인의 소유에 속하는 토지와 건물이 저당권의 실행에 의한 경매로 인하여 각기 다른 사람의 소유에 속하게 된 경우에 건물의 소유를 위하여 인정되는 것이므로, 미등기건물을 그 대지와 함께 매수한 사람이 그 대지에 관하여만 소유권이전등기를 넘겨받고 건물에 대하여는 그 등기를 이전 받지 못하고 있다가, 대지에 대하여 저당권을 설정하고 그 저당권의 실행으로 대지가 경매되어 다른 사람의 소유로 된 경우에는, 그 저당권의 설정 당시에 이미 대지와 건물이 각각 다른 사람의 소유에 속하고 있었으므로 **법정지상권이 성립될 여지가 없다**"(대판 2002.6.20. 전합2002다9660 : 12회 선택형).

(3) 저당권 실행경매로 인해 건물과 토지에 대한 소유자가 분리될 것

경매는 저당권 실행경매를 말한다. 강제경매의 경우에는 관습법상 법정지상권이 인정된다.

4. 내 용

내용은 앞서 검토한 관습법상 법정지상권과 동일하다.

5. 법정지상권의 양도(주물·종물 이론 참고)

"민법 제366조 소정의 법정지상권은 토지와 그 토지상의 건물이 같은 사람의 소유에 속하였다가 그 중의 하나가 경매 등으로 인하여 다른 사람의 소유에 속하게 된 경우에 그 건물의 유지, 존립을 위하여 특별히 인정된 권리이기는 하지만 그렇다고 하여 위 법정지상권이 건물의 소유에 부속되는 종속적인 권리가 되는 것이 아니며 하나의 독립된 법률상의 물권으로서의 성격을 지니고 있는 것이기 때문에 건물의 소유자가 건물과 법정지상권 중 어느 하나만을 처분하는 것도 가능하다"(대판 2001.12.27. 2000다1976).

[관련판례] ※ 법정지상권을 가진 건물소유자로부터 건물을 양수하면서 지상권까지 양도받기로 한 자에 대한 대지소유자의 건물철거청구의 당부(소극) [20법무]

"법정지상권을 가진 건물소유자로부터 건물을 양수하면서 법정지상권까지 양도받기로 한 자는 채권자대위의 법리에 따라 전건물소유자 및 대지소유자에 대하여 차례로 지상권의 설정등기 및 이전등기절차이행을 구할 수 있다 할 것이므로 이러한 법정지상권을 취득할 지위에 있는 자에 대하여 대지소유자가 소유권에 기하여 건물철거를 구함은 지상권의 부담을 용인하고 그 설정등기절차를 이행할 의무있는 자가 그 권리자를 상대로 한 청구라 할 것이어서 신의성실의 원칙상 허용될 수 없다"(대판 1985.4.9. 전합84다카1131,1132: 표준판례365 : 12회 선택형).

[관련판례] ※ 관습상 법정지상권이 붙은 건물을 양수한 자가 건물의 전소유자를 대위하여 지상권갱신청구권을 행사할 수 있는지 여부(적극)

"법정지상권자가 건물을 제3자에게 양도하는 경우에는 특별한 사정이 없는 한 건물과 함께 법정지상권도 양도하기로 하는 채권적 계약이 있었다고 할 것이며, 양수인은 양도인을 순차 대위하여 토지소유자 및 건물의 전소유자에 대하여 법정지상권의 설정등기 및 이전등기절차이행을 구할 수 있고, 토지소유자는 건물소유자에 대하여 법정지상권의 부담을 용인하고 그 설정등기절차를 이행할 의무가 있다 할 것이므로, 법정지상권이 붙은 건물의 양수인은 법정지상권에 대한 등기를 하지 않았다 하더라도 토지소유자에 대한 관계에서 적법하게 토지를 점유사용하고 있는 자라 할 것이고, 따라서 건물을 양도한 자라고 하더라도 지상권갱신청구권이 있고 건물의 양수인은 법정지상권자인 양도인의 갱신청구권을 대위행사할 수 있다고 보아야 할 것이다"(대판 1995.4.11. 94다39925: 표준판례297).

6. 법정지상권의 소멸

법정지상권도 물권이므로 물권 소멸에 관한 일반원칙이 그대로 적용된다. 즉 토지소유자의 소멸청구(제287조), 지상권자의 포기, 당사자 사이의 계약, 목적물의 멸실, 존속기간의 만료 등으로 법정지상권은 소멸한다.

Ⅳ. 지상권의 존속기간 [D-90]

1. 설정행위로 존속기간을 정한 경우

(1) 최단존속기간의 보장(30년, 15년, 5년)

(2) 최장기간

 1) 문제점

민법은 지상권의 최단존속기간의 보장에 관해서만 규정하고, 그 최장기간에 대해서는 아무런 제한을 두고 있지 않으므로, 설정계약에서 최단존속기간보다 긴 기간을 정하는 것은 무방하다. 문제는 **영구무한의 지상권을 설정할 수 있는가**이다.

2) 판 례

판례는 "민법상 지상권의 존속기간은 최단기만이 규정되어 있을 뿐 최장기에 관하여는 아무런 제한이 없으며, 존속기간이 영구(永久)인 지상권을 인정할 실제의 필요성도 있고, 이러한 지상권을 인정한다고 하더라도 지상권의 제한이 없는 토지의 소유권을 회복할 방법이 있을 뿐만 아니라, 특히 구분지상권의 경우에는 존속기간이 영구라고 할지라도 대지의 소유권을 전면적으로 제한하지 아니한다는 점 등에 비추어 보면, **지상권의 존속기간을 영구로 약정하는 것도 허용된다**"(대판 2001.5.29. 99다66410)는 입장이다.

[판례검토] 생각건대 무기한의 약정을 무효로 하더라도 그때에는 존속기간의 약정이 없는 것으로 되어 최단존속기간이 보장될뿐더러 또 갱신청구권 등을 통해 지상권자의 지위에 불리한 결과를 가져오지는 않으므로 위 무기한의 약정은 존속기간을 정하지 않은 것으로 해석함이 타당하다(대판 2006.6.15. 2006다6126,6133).

2. 설정행위로 존속기간을 정하지 않은 경우

민법상 최단존속기간이 보장된다(제281조). 관습법상 법정지상권의 경우에도 마찬가지이다(대판 1986.9.9. 85다카2275).

3. 당사자가 계약을 갱신하는 경우

> **제283조 (지상권자의 갱신청구권, 매수청구권)** ① 지상권이 소멸한 경우에 건물 기타 공작물이나 수목이 현존한 때에는 지상권자는 계약의 갱신을 청구할 수 있다. ② 지상권설정자가 계약의 갱신을 원하지 아니하는 때에는 지상권자는 상당한 가액으로 전항의 공작물이나 수목의 매수를 청구할 수 있다.
> **제284조 (갱신과 존속기간)** 당사자가 계약을 갱신하는 경우에는 지상권의 존속기간은 갱신한 날로부터 제280조의 최단존속기간보다 단축하지 못한다. 그러나 당사자는 이보다 장기의 기간을 정할 수 있다.

"민법 제283조 제2항 소정의 지상물매수청구권은 지상권이 존속기간의 만료로 인하여 소멸하는 때에 지상권자에게 갱신청구권이 있어 그 갱신청구를 하였으나 지상권설정자가 계약갱신을 원하지 아니할 경우 행사할 수 있는 권리이므로, **지상권자의 지료연체를 이유로 토지소유자가 그 지상권소멸청구를 하여 이에 터잡아 지상권이 소멸된 경우에는 매수청구권이 인정되지 않는다**"(대판 1993.6.29. 93다10781: 표준판례278).

V. 지상권의 효력   [D-91]

1. 지상권자의 토지사용권

지상권은 타인의 토지에서 건물 기타 공작물이나 수목을 소유하기 위하여 그 토지를 사용하는 물권이다(제279조). 따라서 "지상권을 설정한 토지소유권자는 지상권이 존속하는 한 토지를 사용 수익할 수 없으므로 특별한 사정이 없는 한 **불법점유자에게 손해배상을 청구할 수 없다**"(대판 1974.11.12. 74다1150 : 11회 선택형). 다만, "토지소유권은 그 토지에 대한 지상권설정이 있어도 이로 인하여 그 권리의 전부 또는 일부가 소멸하는 것도 아니고 단지 지상권의 범위에서 그 권리행사가 제한되는 것에 불과하며, 일단 지상권이 소멸되면 토지소유권은 다시 자동적으로 완전한 제한없는 권리로 회복되는 법리라 할 것이므로 소유자가 그 소유토지에 대하여 지상권을 설정하여도 그 소유자는 그 토지를 불법으로 점유하는 자에게 대하여 방해배제를 구할 수 있는 물권적 청구권이 있다"(대판 1974.11.12. 74다1150).

2. 지상권의 처분

지상권자는 토지소유자의 동의가 없어도 지상권을 양도하거나 지상권의 존속기간 내에서 그 토지를 임대할 수 있다(제282조). 지상권자는 지상권을 유보한 채 지상물 소유권만을 양도할 수도 있고 지상물 소유권을 유보한 채 지상권만을 양도할 수도 있는 것이어서 지상권자와 그 지상물의 소유권자가 반드시 일치하여야 하는 것은 아니며, 또한 지상권설정시에 그 지상권이 미치는 토지의 범위와 그 설정 당시 매매되는 지상물의 범위를 다르게 하는 것도 가능하다(대판 2006.6.15. 2006다6126,6133: 표준판례277).

3. 지료지급의무

(1) 의 의

지료의 지급은 지상권의 요소가 아니지만, 당사자가 지료의 지급을 약정한 때에는 지료지급의무가 발생한다. 지료액이나 지료의 지급시기에 관한 약정은 등기할 수 있고(부동산등기법 제69조 4호) 등기를 하여야 제3자에게 대항할 수 있다.

(2) 지상권 또는 토지소유권자의 이전과 지료

1) 지상권이 이전된 경우

지료에 관한 약정이 등기된 경우에는 지료지급채무와 전 지상권자의 지료 체납의 효과가 새로운 지상권자에게 승계된다.

① 判例도 "지료액 또는 그 지급시기 등 지료에 관한 약정은 이를 등기하여야만 제3자에게 대항할 수 있으므로, 지료의 등기를 하지 않은 이상 토지소유자는 구 지상권자의 지료연체 사실을 들어 지상권을 이전받은 자에게 대항하지 못한다"(대판 1996.4.26. 95다52864)고 하며, 이 경우 "무상의 지상권으로서 지료증액청구권도 발생할 수 없다"(대판 1999.9.3. 99다24874)고 한다.

② 또한 "지상권자가 2년 이상의 지료를 지급하지 아니한 때에는 지상권설정자는 지상권의 소멸을 청구할 수 있으나(제287조), 지상권설정자가 지상권의 소멸을 청구하지 않고 있는 동안 지상권자로부터 연체된 지료의 일부를 지급받고 이를 이의 없이 수령하여 연체된 지료가 2년 미만으로 된 경우에는 지상권설정자는 종전에 지상권자가 2년분의 지료를 연체하였다는 사유를 들어 지상권자에게 지상권의 소멸을 청구할 수 없으며, 이러한 법리는 토지소유자와 법정지상권자 사이에서도 마찬가지이다"(대판 2014.8.28. 2012다102384)라고 판시하고 있다.

2) 토지소유권이 이전된 경우

토지소유권이 이전되면 지료지급채권도 이에 수반하여 이전되므로 **지료의 등기 유무를 불문하고 신 토지소유자**는 지상권자에 대해 지료를 청구할 수 있다. 이와 관련하여 判例는 "**토지소유권이 양도된 경우, 지료체납에 의한 소멸청구권은 지상권자가 토지소유자에게 지료를 지급하지 않아서 인정되는 권리이기 때문에 '토지양수인'에 대한 연체기간이 통산하여 2년이어야 한다. 즉, 지상권자의 지료지급 연체가 토지소유권의 양도 전후에 걸쳐 이루어진 경우 토지양수인에 대한 연체기간이 2년이 되지 않는다면 양수인은 지상권소멸청구를 할 수 없다**"(대판 2001.3.13. 99다17142: 표준판례279)고 한다.

(3) 지료증감청구권(제286조)

제286조는 '지료가 토지에 관한 조세 기타 부담의 증감이나 지가의 변동으로 인하여 상당하지 아니하게 된 때에는 당사자는 그 증감을 청구할 수 있다.'라고 규정한다. 한편 지료에 관하여 지료액 또는 그 지급시기 등의 약정은 이를 등기하여야만 그 뒤에 토지소유권 또는 지상권을 양수한 사람 등 제3자에게 '대항'할 수 있고(대판 1999.9.3. 99다24874 참조), 지상권자가 종전 소유자와 지료를 늘리지 않는다는 특약을 맺은 경우 이를 가지고 새로운 소유자에게 '대항'하기 위해서는 그 등기를 하고 있어야 한다(대판 2024.11.14. 2024다268997).

(4) 지료체납의 효과

1) 지상권소멸청구권

지상권자가 2년 이상의 지료연체시, 지상권설정자는 지상권자에게 지상권의 소멸을 청구할 수 있다(제287조). 이때 소멸청구권은 '통산'하여 2년분의 지료를 체납하면 인정되며 반드시 연속된 2년간 지료를 체납하였어야 하는 것은 아니라고 본다(통설).

① [부정] 그런데 "법정지상권에 관한 지료가 결정된 바 없다면 법정지상권자가 지료를 지급하지 아니하였다고 하더라도 지료지급을 지체한 것으로는 볼 수 없으므로 법정지상권자가 2년 이상의 지료를 지급하지 아니하였음을 이유로 하는 토지소유자의 지상권소멸청구는 그 이유가 없다"(대판 1994.12.2. 93다52297 : 10회 선택형).

② [긍정] 그러나 "법정지상권이 성립되고 지료액수가 판결에 의하여 정해진 경우 지상권자가 판결확정 후 지료의 청구를 받고도 책임 있는 사유로 상당한 기간 동안 지료의 지급을 지체한 때에는 지체된 지료가 '판결확정의 전후에 걸쳐 2년분 이상일 경우에도' 토지소유자는 제287조에 의하여 지상권의 소멸을 청구할 수 있고, 판결확정일로부터 2년 이상 지료의 지급을 지체하여야만 지상권의 소멸을 청구할 수 있는 것은 아니다"(대판 2005.10.13. 2005다37208).

2) 청구권의 법적 성질과 효과

지상권설정자가 지상권의 소멸을 청구하면 그 등기 없이도 지상권이 소멸하는가에 관하여, ① 채권적 청구권으로서 등기하여야 소멸한다는 견해가 있지만, ② 지상권소멸청구권의 성질을 형성권으로 보아 判例가 판시하는 바와 같이 "지상권소멸청구의 의사표시에 의하여 소멸한다"(대판 1993.6.29. 93다10781: 표준판례278)고 보는 것이 타당하다. 한편, 지상권소멸청구권행사에 의한 지상권소멸의 효력은 소급효가 없고 장래를 향해서만 발생한다.

Ⅵ. 특수한 지상권

[D-92]

1. 구분지상권

(1) 의 의

건물 기타 공작물을 소유할 목적으로 타인 토지의 지하 또는 지상의 공간을 그 상하의 범위를 정하여 사용하는 지상권을 말한다(제289조의 2). 그 객체가 토지의 일정 범위에 한정된다는 점, 건물 기타 공작물을 소유하기 위해서만 설정될 수 있고, 수목의 소유를 위해서는 설정될 수 없다는 점에서 일반지상권과 양적인 차이가 있으나, 타인의 부동산을 이용하기 위한 용익물권인 점에서 질적 차이는 없다.

(2) 설 정

ⅰ) 구분지상권설정계약과 등기, ⅱ) 배타성 있는 용익권자 전원의 승낙을 요한다. 즉 구분지상권을 설정하려는 토지에 이미 배타성 있는 용익권이 존재하는 경우, 즉 제3자가 그 토지를 사용·수익할 권리(지상권·지역권·등기된 임차권 등)를 가지고 있는 경우에 그 권리자 및 그 권리를 목적으로 하는 권리(지상권·전세권을 목적으로 하는 저당권)를 가진 자 전원의 승낙이 있어야만 구분지상권을 설정할 수 있다(제289조의2 2항).

(3) 효 력

구분지상권자는 공간에 관한 사용권을 갖는다. 구분지상권 행사를 위해 설정행위로써 토지소유자의 사용권을 제한할 수 있으며, 그 제한을 등기하면 소유자 이외의 제3자에게도 대항할 수 있다(제289조의2, 부동산 등기법 제69조 2호). 구분지상권이 당해 토지에 대한 사용·수익권을 가지는 제3자의 승낙을 얻어 설정된 경우에, 제3자는 구분지상권의 정당한 행사를 방해해서는 안 된다(제289조의2 2항 후단).

2. 분묘기지권

(1) 의 의

분묘기지권이란 분묘를 수호하고 봉제사하는 목적을 달성하는 데 필요한 범위 내에서 타인 소유의 토지를 사용할 수 있고, 토지 소유자나 제3자의 방해를 배제할 수 있는 '**관습상의 물권**'이다 (14회 선택형).

(2) 취 득

① 判例는 '장사 등에 관한 법률'이 시행된 이후에도 타인의 토지에 설치된 분묘를 소유하기 위하여 그 분묘기지에 해당하는 타인 소유 토지를 사용하는 권리로서 관습법상 물권인 분묘기지권을 인정하고 있다. 이러한 분묘기지권은 당사자의 합의에 의해서만 성립하는 것은 아니다. 즉, 判例에 의하면 ㉠ 타인의 소유지 내에 토지소유자의 승낙을 얻어 분묘를 설치한 경우(법률행위에 의한 취득), ㉡ 타인 소유의 토지에 토지소유자의 승낙 없이 분묘를 설치한 후 20년간 평온·공연하게 그 분묘의 기지를 점유하여 분묘기지권을 시효취득한 경우(취득시효), ㉢ 자기 소유의 토지에 분묘를 설치한 자가 후에 이 토지를 타인에게 양도한 경우(관습법상 법정지상권)에 성립한다(대판 2017.1.19. 전합2013다17292).

② 그리고 ⅰ) 분묘로서의 요건을 갖출 것, 즉 내부에 시신이 안장되어 있어야 하고, 그렇지 않은 예장의 경우에는 분묘라 할 수 없다. ⅱ) 분묘의 모양(봉분)으로써 공시방법을 갖출 것(등기는 불요), 즉 외부에서 분묘임을 인식할 수 없는 평장·암장의 형태는 분묘라 할 수 없어 분묘기지권을 취득할 수 없고, 봉분 등 외부에서 분묘의 존재를 인식할 수 있는 형태를 갖추고 있는 경우에는 분묘의 외형 자체가 공시방법으로서의 구실을 하며, 등기는 필요하지 않다(대판 1996.6.14. 96다14036).

3. 효 과

(1) 내 용

분묘의 소유를 위한 기지사용권으로 분묘의 소유를 위해서만 타인의 토지를 사용할 수 있는 것이고 이때 분묘는 이미 설치되어 있는 것만을 의미하고, 새로운 분묘를 설치할 권능은 포함되지 않는다.

(2) 범 위

① 분묘기지권은 분묘를 수호하고 봉제사하는 목적을 달성하는데 필요한 범위 내에서 타인의 토지를 사용할 수 있는 권리를 의미하는 것으로서, 이 분묘기지권에는 그 효력이 미치는 지역의 범위 내라

고 할지라도 기존의 분묘 외에 새로운 분묘를 신설한 권능은 포함되지 아니하는 것이므로, 부부 중 일방이 먼저 사망하여 이미 그 분묘가 설치되고 그 분묘기지권이 미치는 범위 내에서 그 후에 사망한 다른 일방을 단분형태로 합장하여 분묘를 설치하는 것도 허용되지 않는다(대판 2001.8.21. 2001다28367).

② 분묘의 기지인 토지가 분묘의 수호·관리권자가 아닌 다른 사람의 소유인 경우, 토지 소유자가 분묘의 설치를 승낙한 때 분묘기지권을 설정한 것으로 보아야 하고, 위 분묘기지권 성립 당시 토지 소유자와 분묘의 수호·관리자가 지료 지급의무의 존부나 범위 등에 관하여 약정한 경우, 그 약정의 효력은 분묘 기지의 승계인에 미친다(대판 2021.9.16. 2017다271834,271841: 표준판례302 : 14회 선택형).

(3) 존속기간

분묘기지권의 존속기간에 관하여는 민법의 지상권에 관한 규정에 따를 것이 아니라 당사자 사이에 약정이 있는 등 특별한 사정이 있으면 그에 따를 것이며, 그러한 사정이 없는 경우에는 권리자가 분묘의 수호와 봉사를 계속하며 그 분묘가 존속하고 있는 동안은 분묘기지권은 존속한다고 해석함이 타당하므로 제281조에 따라 5년간이라고 보아야 할 것은 아니다(대판 1994.8.26. 94다28970). 또한 분묘가 멸실된 경우라고 하더라도 유골이 존재하여 분묘의 원상회복이 가능하여 일시적인 멸실에 불과하다면 분묘기지권은 소멸하지 않고 존속하고 있다고 해석함이 상당하다(대판 2007.6.28. 2005다44114).

(4) 지 료

① 타인의 소유지 내에 토지소유자의 승낙을 얻어 분묘를 설치한 경우, 약정이 있으면 유상, 없으면 무상으로 보며, ② 타인 소유의 토지에 토지소유자의 승낙 없이 분묘를 설치한 후 20년간 평온·공연하게 그 분묘의 기지를 점유하여 분묘기지권을 시효취득한 경우, 분묘기지권자는 토지소유자가 분묘 기지에 관한 지료를 청구하면 그 '청구한 날부터'의 지료를 지급할 의무가 있다(대판 2021.4.29. 전합2017다228007: 표준판례300). ③ 자기 소유 토지에 분묘를 설치한 사람이 토지를 양도하면서 분묘를 이장하겠다는 특약을 하지 않음으로써 분묘기지권(관습법상 법정지상권)을 취득한 경우, 관습법상 법정지상권의 법리를 유추적용한 것이므로 제366조를 유추적용하여 지료를 지급해야 한다(대판 2015.7.23. 2015다206850 : 대판 2021.5.27. 2020다295892: 표준판례301). 이때 분묘기지권자는 '분묘기지권이 성립한 때'부터 토지 소유자에게 지료를 지급할 의무가 있다(대판 2021.9.16. 2017다271834,271841: 표준판례302).

> [관련판례] * **지체된 지료가 판결확정 전후에 걸쳐 2년분 이상이 되는 경우**(분묘기지권 소멸청구 가능)
> "자기 소유의 토지 위에 분묘를 설치한 후 그 토지의 소유권이 경매 등에 의하여 타인에게 이전되면서 분묘기지권을 취득한 자가, 판결에 의하여 그 분묘기지권에 관한 지료의 액수가 정해졌음에도 그 '판결확정 후 책임 있는 사유로 상당한 기간 동안 지료의 지급을 지체'하여 지체된 지료가 '판결확정 전후에 걸쳐 2년분 이상이 되는 경우에는 민법 제287조를 유추적용'하여 새로운 토지소유자는 그 분묘기지권자에 대하여 분묘기지권의 소멸을 청구할 수 있다고 보아야 한다. 분묘기지권자가 판결확정 후 지료지급 청구를 받았음에도 책임 있는 사유로 상당한 기간 동안 지료의 지급을 지체한 경우에만 분묘기지권의 소멸을 청구할 수 있는 것은 아니다"(대판 2015.7.23. 2015다206850).

제2절 지역권

Ⅰ. 지역권의 시효취득

1. 요건

민법 제294조는 "지역권은 계속되고 표현된 것에 한하여 제245조의 규정을 준용한다"고 규정하고 있으므로 20년간 평온·공연하게 통행권을 행사해 왔고, 그것이 계속되고 표현된 경우 통행지역권을 시효취득할 수 있다.

쒸例는 점유로 인한 지역권취득기간의 만료로 통행지역권을 취득하기 위해서는 요역지소유자가 승역지상에 통로를 개설하여 승역지를 항시 사용하고 있다는 객관적인 상태가 민법 제245조에 규정된 기간 동안 계속된 사실이 있어야 하고(대판 1991.10.22. 90다16283: **표준판례303**), 또한 요역지의 소유자가 타인의 소유인 승역지 위에 통로를 개설하였을 것을 요건으로 한다(대판 1993.5.11. 91다46861).

2. 관련판례

① 위요지 통행권이나 통행지역권은 모두 인접한 토지의 상호이용의 조절에 기한 권리로서 토지의 소유자 또는 지상권자 전세권자 등 토지사용권을 가진 자에게 인정되는 권리라 할 것이므로 위와 같은 권리자가 아닌 토지의 불법점유자는 토지소유권의 상린관계로서 위요지 통행권의 주장이나 통행지역권의 시효취득 주장을 할 수 없다(대판 1976.10.29. 76다1694: **표준판례305**).

② 종전의 승역지 사용이 무상으로 이루어졌다는 등의 다른 특별한 사정이 없다면 통행지역권을 취득시효한 경우에도 주위토지통행권의 경우와 마찬가지로 요역지 소유자는 승역지에 대한 도로 설치 및 사용에 의하여 승역지 소유자가 입은 손해를 보상하여야 한다고 해석함이 타당하다(대판 2015.3.20. 2012다17479: **표준판례304**).

제3절 전세권

I. 서 설

[D-93]

1. 의 의

전세권자가 전세금을 지급하고 타인의 부동산을 점유하여 그 부동산의 용도에 좇아 사용·수익하고, 전세권이 소멸하면 목적부동산으로부터 전세권자는 전세금의 우선변제를 받을 수 있는 효력이 인정되는 물권을 말한다(제303조 1항). 이러한 전세권은 등기부상 기록된 전세권설정등기의 존속기간과 상관없이 등기된 순서에 따라 순위가 정해진다(대결 2018.1.25. 2017마1093).
이러한 전세권은 외국의 입법례에서는 찾아볼 수 없는 우리나라에 특유한 제도이다.

2. 법적 성질

判例는 "전세권은 그 존속기간 내에는 주로 용익물권으로서의 성격을 갖고 담보물권으로서의 성격은 잠재되어 있다가, 존속기간 만료, 전세권 소멸통고 또는 소멸청구, 전세권의 합의해지 등의 사유가 있는 경우에는 용익물권으로서의 성격은 사라지고 전세금반환채권을 담보하는 담보물권으로서의 성질만 갖는다"(대판 2005.3.25. 2003다35659: **표준판례310**)고 판시하고 있다.
[판례검토] 생각건대, 전세권은 부동산 이용권이라는 점과 전세권에 경매청구권(제318조)과 우선변제권(제303조 1항)이 인정된다는 점에서 용익물권인 동시에 담보물권으로 보는 判例가 타당하다.

3. 채권담보의 목적을 갖는 전세권

(1) 전세권자가 사용·수익하지 않고, 통정허위표시에도 해당하지 않는 경우

① "전세권이 용익물권적 성격과 담보물권적 성격을 겸비하고 있다는 점 및 목적물의 인도는 전세권의 성립요건이 아닌 점 등에 비추어 볼 때 당사자가 주로 채권담보의 목적으로 전세권을 설정하였고, 그 설정과 동시에 목적물은 인도하지 아니한 경우라고 하더라도, 장차 전세권자가 목적물을 사용·수익하는 것을 완전히 배제하는 것이 아니라면, 그 전세권의 효력을 부인할 수는 없다"(대판 1995.2.10. 94다18508: **표준판례307 : 4회 선택형**).

② 따라서 "전세권설정계약의 당사자가 전세권의 핵심인 사용·수익 권능을 배제하고 채권담보만을 위해 전세권을 설정하였다면, 법률이 정하지 않은 새로운 내용의 전세권을 창설하는 것으로서 '물권법정주의'에 반하여 허용되지 않고 이러한 전세권설정등기는 무효이다"(대판 2021.12.30. 2018다40235,40242: **표준판례306**).

(2) 전세권자가 사용·수익하나, 통정허위표시에 해당하는 경우

① 判例는 임대차보증금반환채권 담보 목적의 전세권에 근저당권이 설정된 사안에서, "'전세권설정계약'은 임대차계약과 양립할 수 없는 범위(대표적으로 차임지급 : 저자주)에서 통정허위표시에 해당하여 '무효'이나, '전세권설정등기'는 임대차계약에 따른 임대차보증금반환채권을 담보할 목적으로 마쳐진 것으로서 '유효'하고, 전세권근저당권자(제371조)가 이 사건 전세권설정등기가 임대차보증금반환채권 담보 목적임을 알고 있었으므로(제108조 2항) 전세권설정자는 전세권근저당권자에 대하여 이 사건 임대차계약에 따른 연체차임 등의 공제 주장으로 대항할 수 있을 뿐이며, 따라서 전세권설정등기는 임대차보증금 중 연체차임 등을 공제한 나머지를 담보하는 범위에서 여전히 유효하므로, 전세권근저당권자는 전세권설정자로부터 그 나머지 임대차보증금 상당액을 지급받을 때까지 전세권설정등기의 말소를 저지할 이익이 있다"(대판 2021.12.30. 2018다268538: **표준판례308 : 13회 선택형**)고 한다.

[사실관계] 甲의 乙에 대한 임대차보증금반환채권 담보 목적의 유효한 전세권에 丙의 근저당권이 설정된 후 전세권의 존속기간이 만료되었다면, 丙은 전세금반환채권에 대하여 압류 및 추심명령 또는 전부명령을 받는 방법으로 물상대위권을 행사하여 전세금의 지급을 구할 수 있고, 丙이 저당권 설정 당시 그 전세권설정등기가 임대차보증금반환채권을 담보할 목적으로 마쳐진 것임을 알고 있었다면, 乙은 丙에게 임대차계약에 따른 연체차임 등의 공제 주장으로 대항할 수 있을 뿐이므로, 甲의 전세권설정등기는 임대차보증금 중 연체차임 등을 공제한 나머지를 담보하는 범위에서 여전히 유효하다. 따라서 乙이 丙에 대해 전세권설정등기 말소에 대한 승낙의 의사표시를 구하는 소를 제기한 경우 법원은 乙의 청구를 기각해야 한다.

② "임대인과 임차인이 그와 같은 전세권설정등기를 마치기 위하여 전세권설정계약을 체결하여도, 임대차보증금은 임대차계약이 종료된 후 임차인이 목적물을 인도할 때까지 발생하는 차임 및 기타 임차인의 채무를 담보하는 것이므로, 임대인과 임차인이 위와 같이 임대차보증금반환채권을 담보할 목적으로 전세권을 설정하기 위하여 전세권설정계약을 체결하였다면, 임대차보증금에서 연체차임 등을 공제하고 남은 돈을 전세금으로 하는 것이 임대인과 임차인의 합치된 의사라고 볼 수 있다. 그러나 그 전세권설정계약은 외관상으로는 그 내용에 차임지급 약정이 존재하지 않고 이에 따라 전세금이 연체차임으로 공제되지 않는 등 임대인과 임차인의 진의와 일치하지 않는 부분이 존재한다. 따라서 그러한 전세권설정계약은 위와 같이 임대차계약과 양립할 수 없는 범위에서 통정허위표시에 해당하여 무효라고 봄이 타당하다. 다만 그러한 전세권설정계약에 의하여 형성된 법률관계에 기초하여 새로이 법률상 이해관계를 가지게 된 제3자에 대하여는 그 제3자가 그와 같은 사정을 알고 있었던 경우에만 그 무효를 주장할 수 있다"(대판 2021.12.30. 2018다268538: 표준판례308).

Ⅱ. 전세권의 취득, 존속기간 및 전세금 [D-94]

1. 전세권의 취득 : 전세금의 지급이 전세권의 성립요건이 되는지 여부 [D-94a]

(1) 문제점

전세권이 성립되기 위해서는 전세권설정계약과 전세권설정등기를 해야 한다. 이때 전세금의 지급이 전세권의 성립요건인지 전세권의 담보물권성 중 '성립상 부종성'과 관련하여 문제된다.

(2) 판 례

判例는 "전세금의 지급은 전세권 성립의 요소가 되는 것이지만 그렇다고 하여 전세금의 지급이 반드시 현실적으로 수수되어야만 하는 것은 아니고 기존의 채권으로 전세금의 지급에 갈음할 수도 있다"(대판 1995.2.10. 94다18508: 표준판례307 : 11회 선택형)고 판시하고 있다.

[판례검토] 전세금은 전세권의 등기사항이고, 전세권의 피담보채권이 된다는 점에서 긍정설이 타당하다. 다만, '성립상 부종성'에 비추어 判例와 같이 기존의 채권으로 전세금의 지급에 갈음할 수는 있다.

2. 전세권의 존속기간 : 건물전세권의 법정갱신 [D-94b]

(1) 문제점

건물의 전세권설정자가 전세권의 존속기간 만료 전 6월부터 1월까지 사이에 전세권자에 대하여 갱신거절의 통지 또는 조건을 변경하지 아니하면 갱신하지 아니한다는 뜻의 통지를 하지 아니한 경우에는 그 기간이 만료되는 때에 전 전세권과 동일한 조건으로 다시 전세권을 설정한 것으로 보는바(제312조 4항, 다만 전세권의 존속기간은 그 정함이 없는 것으로 봄), 이 경우 그 변경등기를 필요로 하는지 문제된다.

(2) 판례

판례는 "이는 법률의 규정에 의한 부동산에 관한 물권의 변동이므로 전세권갱신에 관한 등기를 필요로 하지 아니하고 전세권자는 그 등기없이도 전세권설정자나 그 목적물을 취득한 제3자에 대하여 그 권리를 주장할 수 있다"(대판 1989.7.11. 88다카21029)고 하여 **등기불요설**의 입장이다.

[판례검토] 생각건대 제312조 4항의 취지가 전세권자의 법적 지위를 두텁게 보호하고자 하는데 있음에 비추어 이를 법률규정에 의한 물권변동으로 보아 전세권의 변경등기 없이도 전세권의 갱신이 일어나는 것으로 해석하는 것이 타당하다.

■ 제108조 2항, 제312조 4항
대판 2010.3.25. 2009다35743

사실관계 | 甲은 2001.11.26. 乙에게 이 사건 부동산 중 일부에 관하여 보증금 1억 원, 월차임 800만 원, 임대차기간 24개월로 정하여 임대하고, 乙이 보증금반환채권 담보를 위하여(또는 전세금 대출을 받기 위해) 甲에게 요청하여 전세금 3억 원, 존속기간을 2001.11.26.부터 2003.12.31.까지로 하는 전세권설정등기를 마쳐 주었다. 그 후 甲은 乙과 2003.12.30. 임대차계약을 다시 체결하면서 보증금을 7천만 원으로, 월차임을 350만 원으로 각 감액하였다가, 2004.3.3. 乙의 요청에 따라 위 보증금을 전액 반환하는 대신 월차임을 420만 원으로 증액하기로 임대차계약을 변경하고 계속 사용하였다. 그리고 이때까지 전세권등기는 그대로 놓아두었다. 그런데 乙의 대여금채권자 丙은 2004.11.25. 위 1억 원의 전세권부가압류 결정을 받아 같은 해 12.1. 이 사건 부동산에 관하여 전세권부채권가압류 등기를 마쳤는데, 당시에도 乙은 임차인으로서 여전히 위 부동산 중 일부를 점유·사용하고 있었다.
이때 甲은 丙에게 그 전세권등기가 표상하는 乙과의 임대차계약은 2003.12.31.경 기간 만료로 종료되었고, 이후 甲은 乙에게 임대차보증금 1억 원을 전부 반환하였으므로 乙은 전세권등기를 말소할 의무가 있고, 丙은 전세권등기의 말소등기에 대하여 등기상 이해관계 있는 제3자에 해당하여 전세권설정등기의 말소에 대하여 승낙의 의사표시를 할 의무가 있다고 주장하고 있다. 타당한가?

판례의 태도 | "ⅰ) 실제로는 전세권설정계약을 체결하지 아니하였으면서도 임대차계약에 기한 임차보증금반환채권을 담보할 목적 또는 금융기관으로부터 자금을 융통할 목적으로 임차인과 임대인 사이의 합의에 따라 임차인 명의로 전세권설정등기를 경료한 경우, 위 전세권설정계약이 통정허위표시에 해당하여 무효라 하더라도 위 전세권설정계약에 의하여 형성된 법률관계에 기초하여 새로이 법률상 이해관계를 갖게 된 제3자에 대하여는 그 제3자가 그와 같은 사정을 알고 있었던 경우에만 그 무효를 주장할 수 있다(7회 선택형), 그리고 통정한 허위표시에 의하여 외형상 형성된 법률관계로 생긴 채권을 가압류한 경우 그 가압류권자는 허위표시에 기초하여 새로이 법률상 이해관계를 가지게 된 제3자에 해당하므로, 그가 선의인 이상 위 통정허위표시의 무효를 그에 대하여 주장할 수 없다(제108조 2항). ⅱ) 전세권이 법정갱신된 경우 이는 법률의 규정에 의한 물권의 변동이므로 전세권갱신에 관한 등기를 필요로 하지 아니하고, 전세권자는 등기 없이도 전세권설정자나 그 목적물을 취득한 제3자에 대하여 갱신된 권리를 주장할 수 있다(제312조 4항)"

사안의 해결 | ① 丙은 통정허위표시를 기초로 하여 새로이 법률상 이해관계를 가진 선의의 제3자에 해당하므로(제108조 2항), 甲은 乙과의 전세권설정계약이 통정허위표시임을 이유로 丙에게 대항할 수 없다. ② 丙이 위 전세권부채권가압류 등기를 마칠 당시 甲과 乙간의 전세권설정등기가 말소되지 아니한 상태였고, 전세권 갱신에 관한 등기가 불필요한 전세권명의자인 乙이 위 부동산 중 일부를 여전히 점유·사용하고 있었던 이상, 丙과의 관계에서 전세권이 법정갱신된다(제312조 4항). 전세권이 법정갱신된 경우 이는 법률의 규정에 의한 물권의 변동이므로 전세권갱신에 관한 등기를 필요로 하지 아니하고(제187조), 전세권자는 등기 없이도 전세권설정자에게 갱신된 권리를 주장할 수 있는바, 丙은 전세금반환채권에 관한 가압류결정의 유효를 주장할 수 있다.

3. 전세금 : 제315조 [D-94c]

(1) 일반론

민법 제315조는 전세권자의 귀책사유로 목적물의 전부 또는 일부가 '멸실'된 경우에 전세금으로써 그 손해의 배상에 충당할 수 있다고 규정하고 있다. 그런데 전세금에는 설정자에 대한 전세권자의 손해배상채무를 담보하는 보증금의 성질이 있으므로, 목적물의 '멸실' 이외에 전세권자가 지게 되는 손해배상의무에 대하여도 전세금으로써 충당할 수 있다(통설). 다만 임대차보증금의 경우에는 임대차 존속 중에도 보증금으로써 이행되지 않은 채무에 충당할 수 있지만, 전세권에서는 '전세권이 소멸된 후'에만 전세금으로써 충당할 수 있는 점에서 차이가 있다(제315조 2항). 전세금은 차임의 지급방법으로서도 기능하기 때문이다.

(2) 전세금반환채권에 대해 전세권저당권자가 물상대위권을 행사한 경우, 전세권설정자가 제315조 외의 채권으로써 전세금반환채무와 상계할 수 있는지 여부

실제로 전세권설정계약을 맺고 전세권등기를 하는 것이 아니라, 실제는 임대차계약을 체결하고 임차인이 임대인에게 임대차보증금을 교부하였는데, 이 보증금반환채권을 담보하기 위해 전세권등기를 하는 경우가 있고, 제3자가 임차인에게 돈을 빌려주면서 이 금전채권을 담보하기 위해 위 전세권에 저당권을 설정하는 경우가 있다(제371조). 그런데 이러한 전세권등기는 허위표시로서 무효이고, 다만 제3자가 취득한 전세권저당권은 제3자의 선의·악의에 따라 그 유효 여부를 달리하게 되는바(제108조 2항), 상계의 문제도 이와 연관된다.

1) 부정한 사안 : 전세권저당권자가 제108조 2항의 선의의 제3자인 경우 [17사법]

① "전세금은 그 성격에 비추어 제315조에 정한 전세권설정자의 전세권자에 대한 손해배상채권 외 다른 채권까지 담보한다고 볼 수 없으므로, 전세권설정자가 전세권자에 대하여 위 손해배상채권 외 다른 채권을 가지고 있더라도 다른 특별한 사정이 없는 한 이를 가지고 전세금반환채권에 대하여 물상대위권을 행사한 전세권저당권자에게 상계 등으로 대항할 수 없다"(대판 2008.3.13. 2006다29372,29389 : 5회,7회,9회 선택형).

[판례검토] 전세금의 담보적 기능을 함부로 늘린다면 전세권의 담보권자에게 불측의 손해를 줄 수 있다는 점에서 判例의 태도는 타당하다. 그런데 위 判例는 전세금이 제315조에 정한 것만 담보하는 것처럼 표현하고 있으나, 그 사안은 전세권자와 설정자 사이에 문제가 된 것이 아니라, 전세권이 저당권의 목적이고 저당권자가 전세금반환채권에 대해 물상대위권을 행사한 경우에 **전세권설정자가 저당권자에게 대항할 수 있는 채권의 범위에 관한 것이고, 전세권저당권자가 임대차보증금반환채권의 담보를 목적으로 전세권이 설정된 것임을 몰랐던 사안**(제108조 2항)임을 유의해야 한다. 즉, 이때는 전세권설정계약이 유효한 것으로 인정되는 결과 임대차계약은 양립할 수 없게 된다. 따라서 임대차계약의 유효를 전제로 하는 임대차보증금반환채권도 인정될 수 없기에 전세권설정자가 전세권자에 대해 반대채권(임대차계약에 의하여 발생한 연체차임, 관리비, 손해배상 등의 채권)을 갖는다고 하더라도 상계할 여지는 없게 된다. 즉, 상계로써 전세권저당권자에게 대항할 여지가 없다.[1] 그러나 만약 전세권근저당권자가 악의라면 임대인은 전세권의 무효를 주장할 수 있으므로, 임차권의 효력을 주장할 수 있어 임차인의 연체차임 채권 등을 가지고 상계할 수 있다.

---

1) 김준호, 민법강의(21판), p.800참고

[관련판례] * 전세권저당권 설정자의 전세권 소멸행위

判例는 "임대차보증금 반환채권을 담보하기 위하여 전세권설정등기를 경료한 후 그 전세권에 대하여 저당권이 설정된 경우, 임대인과 임차인 사이에 있어서 임대차계약만이 유효하고 외형만 작출된 위 전세권설정계약이 무효라고 하더라도 그와 같은 사정을 알지 못한 제3자인 저당권자에 대하여는 그 무효를 주장할 수 없다"고 하면서, "소외인과 피고는 전세권의 존속기간 중 이 사건 부동산 중 일부만 임대차계약의 목적물로 존속하고 나머지 부분은 합의해지하기로 하면서 이 사건 부동산 중 일부를 임대차보증금 8,000만 원, 월 차임 100만 원, 임차기간 2년으로 정하여 임차하기로 하는 내용으로 종전의 임대차계약을 변경하였음을 알 수 있는바, 민법 제371조 2항이 '전세권을 목적으로 저당권을 설정한 자는 저당권자의 동의 없이 전세권을 소멸하게 하는 행위를 하지 못한다'고 규정하고 있는 점에 비추어 볼 때, 위와 같은 경우 소외인과 피고 사이에서는 위 전세권이 위 계약 내용대로 변경되어 전세금이 1억 원에서 8,000만 원으로 일부 소멸한다고 할 것이지만, 위 전세권저당권자인 원고에 대한 관계에서는 소외인은 물론 위 전세권설정자인 피고도 원고의 동의가 있지 않는 한 위와 같은 전세권의 일부 소멸을 주장할 수 없다"(대판 2006.2.9. 2005다59864 : 9회 선택형)고 하였다.

② "임대차계약에 따른 임차보증금반환채권을 담보할 목적으로 전세권설정등기를 마친 경우 임대차계약에 따른 연체차임 공제는 전세권설정계약과 양립할 수 없으므로, 전세권설정자는 선의의 제3자에 대해서는 연체차임 공제 주장으로 대항할 수 없다. 여기에서 선의의 제3자가 보호될 수 있는 법률상 이해관계는 전세권설정계약의 당사자를 상대로 하여 직접 법률상 이해관계를 가지는 경우 외에도 법률상 이해관계를 바탕으로 하여 다시 위 전세권설정계약에 의하여 형성된 법률관계와 새로이 법률상 이해관계를 가지게 되는 경우도 포함된다"(대판 2021.12.30. 2020다257999).

2) **긍정한 사안** : 전세권저당권자가 제108조 2항의 악의의 제3자인 경우

"전세권근저당권자가 그 전세권이 임대차보증금을 담보하기 위한 것임을 알고 있어(제108조 2항의 악의) 전세권설정자가 전세권근저당권자에 대하여 그 전세권설정계약의 무효 및 그 임대차계약에 따른 효력을 주장할 수 있으므로, 전세권설정자는 전세권자에 대한 위 채권(연체차임채권)으로서 전세권저당권자가 물상대위권의 행사로서 압류·추심한 전세금반환채권과 상계할 수도 있다"(대판 2004.6.25. 2003다46260,53879).

[판례검토] 전세권근저당권자가 그 전세권이 임대차보증금을 담보하기 위한 것임을 알고 있는 경우(제108조 2항의 악의) 전세권저당권은 무효이므로, 상계로써 전세권저당권자에게 대항할 수 없다는 문제는 생기지 않는다. 이 경우에는 전세권저당권과는 관계없이 임대차계약의 유효를 바탕으로 해서 상계의 요건을 충족하면 상계할 수 있다. 따라서 判例의 태도는 타당하다.

3) **한정적극 사안**(아래 판례연구 D-7.참고) : 전세권설정에 통정허위표시가 없었던 경우 [8회 사례형]

판례연구 D-07

★ 전세권저당권(제371조), 상계 [8회 사례형]   대판 2014.10.27. 2013다91672(표준판례315)

> 甲은 乙으로부터 X건물을 임차하면서 임대차보증금반환채권 1억 원의 담보를 위하여 2010. 9. 13. 전세금 1억 원, 존속기간을 2014. 4. 29.까지로 전세권설정등기를 마쳤다(단, 통정은 아님). A는 2010. 9. 14. 甲에게 1억 5,000만 원을 대출하면서 2010. 9. 20. 위 전세권에 관하여 채권최고액 1억 원의 전세권근저당권설정등기를 마쳤다. 甲은 2011. 6. 15. 乙과 전세권설정계약을 해지하기로 합의하고 乙에게 X건물을 인도하였다. 그 후 A는 전세금반환을 청구하였고, 이에 乙은 甲에게 2010. 8. 31. 7,000만 원(변제기 2011. 5. 31.)을 대여하였다고 주장하면서 2012. 7. 6. 위 대여금채권을 자동채권으로 하여 상계한다고 항변하였다(단, A는 2012. 7. 5. 甲의 乙에 대한 전세금반환채권 중 8천만 원에 대하여 물상대위에 의한 채권압류 및 추심명령을 받았고, 위 결정이 2012. 7. 9. 乙에게 송달되었다).
> 이 경우 2010. 9. 13. 甲의 전세권설정등기가 유효한지 검토하고, 만약 유효하다면 2012. 7. 6. 乙의 상계항변은 타당한가? (30점)

Ⅰ. 전세금의 지급이 전세권의 성립요건이 되는지 여부

1. 문제점

전세권이 성립되기 위해서는 전세권설정계약과 전세권설정등기를 해야 한다. 이때 전세금의 지급이 전세권의 성립요건인지 전세권의 담보물권성 중 '성립상 부종성'과 관련하여 문제된다.

2. 판례

判例는 "전세금의 지급은 전세권 성립의 요소가 되는 것이지만 그렇다고 하여 전세금의 지급이 반드시 현실적으로 수수되어야만 하는 것은 아니고 기존의 채권으로 전세금의 지급에 갈음할 수도 있다"(대판 1995.2.10. 94다18508)고 판시하고 있다.

3. 검토 및 사안의 경우

전세금은 전세권의 등기사항이고, 전세권의 피담보채권이 된다는 점에서 전세금의 지급은 전세권 성립의 요소가 되는 것이지만, '성립상 부종성'에 비추어 判例와 같이 기존의 채권으로 전세금의 지급에 갈음할 수는 있다. 따라서 사안의 경우 2010.9.13. 甲의 전세권설정등기는 유효하다.[2]

Ⅱ. 전세권저당권자가 전세금반환채권에 대하여 물상대위권을 행사한 경우, 전세권설정자가 전세권자에 대한 반대채권으로 상계를 주장할 수 있는지 여부

1. 원 칙

"전세권저당권자가 전세금반환채권에 대하여 물상대위권을 행사한 경우, 종전 저당권의 효력은 물상대위의 목적이 된 전세금반환채권에 존속하여 저당권자가 그 전세금반환채권으로부터 다른 일반채권자보다 우선변제를 받을 권리가 있으므로, 설령 전세금반환채권이 압류된 때(사안에서는 채권압류 및 추심명령이 제3채무자 乙에게 송달된 2012. 7. 9.)에 전세권설정자가 전세권자에 대하여 반대채권을 가지고 있고 그 '반대채권'과 전세금반환채권이 상계적상(사안에서는 수동채권인 전세금반환채권의 변제기 2011.6.15.보다 자동채권인 대여금채권의 변제기 2011.5.31.가 먼저 도래하므로 상계적상시점은 양 채권의 변제기가 모두 도래한 2011.6.15.)에 있다고 하더라도 그러한 사정만으로 전세권설정자가 전세권저당권자에게 상계로써 대항할 수는 없다"(대판 2014.10.27. 2013다91672: 표준판례315 : 13회 선택형).

2. 예 외

"그러나 전세금반환채권은 전세권이 성립하였을 때부터 이미 그 발생이 예정되어 있다고 볼 수 있으므로, 전세권저당권이 설정된 때(사안에서는 전세권저당권설정등기가 경료된 2010. 9. 20.)에 이미 전세권설정자가 전세권자에 대하여 반대채권(사안에서는 전세권설정자 乙의 전세권자 甲에 대한 2010. 8. 31.자 대여금채권)을 가지고 있고 그 반대채권의 변제기(사안에서는 2011.5.31.)가 장래 발생할 전세금반환채권의 변제기(사안에서는 2014.4.29. 또는 2011.6.15.)와 동시에 또는 그보다 먼저 도래하는 경우와 같이 전세권설정자에게 합리적 기대 이익을 인정할 수 있는 경우에는 특별한 사정이 없는 한 전세권설정자는 그 반대채권을 자동채권으로 하여 전세금반환채권과 상계함으로써 전세권저당권자에게 대항할 수 있다.

대판 2008.3.13. 2006다29372,29389 판결은 임대차보증금반환채권의 담보를 목적으로 전세권이 설정된 것임을 전세권저당권자가 몰랐던 사안에서 임대차계약에 의하여 발생한 연체차임, 관리비, 손해배상 등의 채권을 자동채권으로 하여 전세금반환채권과 상계할 수 없다고 한 것으로, 이 사건과는 그 사안을 달리하여 원용하기에 적절하지 않다"(대판 2014.10.27. 2013다91672: 표준판례315 : 5회,7회,9회 선택형)

3. 검 토

저당권에는 우선변제권이 있고 물상대위권은 이에 기초한 것이므로 이를 해치는 결과를 가져오는 상계는 원칙적으로 허용되지 않지만, 상계에 관한 기대이익을 인정할 수 있는 경우, 즉 저당권을 설정하기 전(물상대위권에 기해 압류를 한 시점이 아님)에 이미 상계에 관한 요건을 구비한 경우(변제기 선도래설 또는 제한설)에는 상계가 허용된다고 봄이 타당하다. 즉, 전세권설정자가 상계를 통해 달성하고자 하는 우선변제적 효과에 대한 합리적 기대와 전세권저당권자에게 예기치 못한 상계항변으로 인한 채권상실의 위험을 적절히 조화한다는 측면에서 전세권설정자가 전세권자에 대한 반대채권(자동채권)의 변제기가 전세금반환채권(수동채권)의 변제기보다 나중에 도래하는 경우에는 전세권설정자의 상계항변이 허용되지 않는다고 할 것이다(제한설 또는 변제기선도래설).[3] 따라서 判例의 태도는 타당하다.

> [유사판례] 위 대판 2014.10.27. 2013다91672판결은 동산양도담보권자가 양도담보 설정자의 화재보험금청구권에 대해 물상대위권을 행사한 경우, 제3채무자인 보험회사가 **양도담보 설정 후**(물상대위권에 기해 압류를 한 시점이 아님) 취득한 설정자에 대한 채권에 의한 상계로 대항할 수 없다고 본 판결(대판 2014.9.25. 2012다58609)과 취지를 같이 하고 있다.
> [사실관계] 2009. 9. 30. 동산 양도담보가 설정되고, 2010. 7. 16. 설정자가 보험회사에 대해 가지는 보험금청구권을 양도담보권자가 물상대위권을 행사하여 압류 및 추심명령을 받았는데, 보험회사가 2010. 4. 13. 설정자에 대해 갖게 된 채권으로 위 보험금청구권과 상계를 한 사안이다. 그런데 민법 제498조에 의하면, 압류의 효력을 유지하기 위해, 지급을 금지하는 명령을 받은 제3채무자는 그 후에 취득한 채권에 의한 상계로 그 명령을 신청한 채권자에게 대항하지 못하는 것으로 규정한다. 위 사안에서 압류는 2010. 7. 16. 있었고 (제3채무자인) 보험회사의 채권은 그 전인 2010. 4. 13. 취득한 것이므로, 물상대위권의 행사로서의 압류를 기준으로 하면 상계가 허용될 것인데, 대법원은 그 물상대위권의 기초가 된 양도담보의 설정일을 기준으로 삼아 상계를 허용하지 않았다.

4. 사안의 경우

따라서 判例에 따르면 사안과 같이 전세권저당권자 A가 전세금반환채권 8천만 원에 대하여 물상대위권을 행사한 경우, 전세권설정자 乙은 전세권자 甲에 대한 반대채권 7천만 원으로 상계의 항변을 할 수 있다.

---

2) 사안에서는 전세권자 甲이 사용·수익하고 있는 것으로 보이나, 만약 전세권자가 사용·수익하지 않고 주로 채권 담보의 목적을 갖는 전세권이 허용되는지 물권법정주의와 관련하여 문제된다. 이와 관련하여 判例는 "전세권이 용익물권적 성격과 담보물권적 성격을 겸비하고 있다는 점 및 목적물의 인도는 전세권의 성립요건이 아닌 점 등에 비추어 볼 때 당사자가 주로 채권담보의 목적으로 전세권을 설정하였고, 그 설정과 동시에 목적물은 인도하지 아니한 경우라고 하더라도, 장차 전세권자가 목적물을 사용·수익하는 것을 완전히 배제하는 것이 아니라면, 그 전세권의 효력을 부인할 수는 없다"(대판 1995.2.10. 94다18508)고 판시하고 있다.

3) [관련판례] 제498조와 관련하여 判例는 "압류 또는 가압류의 효력발생 당시에 제3채무자가 채무자에 대해 갖는 자동채권의 변제기가 아직 도래하지 않았더라도 압류채권자가 그 이행을 청구할 수 있는 때, 즉 피압류채권인 수동채권의 변제기가 도래한 때에 자동채권의 변제기가 동시에 도래하거나 또는 그 전에 도래한 때에는 제3채무자의 상계에 관한 기대는 보호되어야 한다는 점에서 상계할 수 있다"(대판 1987.7.7. 86다카2762 등)고 한다. 최근에는 전원합의체 판결로 이를 확인하였다(대판 2012.2.16. 전합2011다45521).

Ⅲ. 전세권의 효력 [D-95]

1. 전세권자의 사용·수익 [D-95a]

(1) 전세권자의 부동산용익권능

 1) 부동산의 용도에 따른 사용·수익(제303조 1항)

 2) 전세권의 효력이 미치는 범위(건물전세권의 실현을 위한 토지이용관계의 규율)

가) 법정지상권

　대지와 건물이 동일 소유자에 속한 경우에 그 건물에 전세권을 설정한 때에는 그 대지소유권의 특별승계인은 '전세권설정자'(전세권자가 아님에 유의)에 대하여 법정지상권을 설정한 것으로 본다(제305조)(8회 선택형)고 규정하여 건물 전세에 있어서의 대지사용문제를 규율하고 있다.

나) 건물전세권의 지상권, 임차권에 대한 효력

　원칙적으로 설정계약에 의해 정해진다. 그러나 건물만이 전세권의 목적으로 된 때에는 그 건물의 소유를 목적으로 한 지상권 또는 (토지)임차권에도 전세권의 효력이 미치며(제304조 1항), 전세권설정자는 전세권자의 동의 없이 지상권 또는 (토지)임차권을 소멸하게 하는 행위를 하지 못한다(제304조 2항). 제304조 2항에 위배된 처분행위는 전세권자를 해하는 범위에서는 무효이다.

① [**전세권자의 동의 없는 토지임대차계약**(제304조 2항 위반 긍정)] "토지와 건물을 함께 소유하던 토지·건물의 소유자가 건물에 대하여 전세권을 설정하여 주었는데 그 후 토지가 타인에게 경락되어 민법 제305조 제1항에 의한 법정지상권을 취득한 상태에서 다시 건물을 타인에게 양도한 경우, 그 건물을 양수하여 소유권을 취득한 자는 특별한 사정이 없는 한 법정지상권을 취득할 지위를 가지게 되고, 다른 한편으로는 전세권 관계도 이전받게 되는바, 민법 제304조 등에 비추어 건물 양수인이 토지 소유자와의 관계에서 전세권자의 동의 없이 법정지상권을 취득할 지위를 소멸시켰다고 하더라도(사안에서 건물 양수인이 대지 소유자와 사이에 건물의 소유를 목적으로 하는 토지 임대차계약을 체결한 경우에는 법정지상권을 취득할 지위를 포기한 것으로 보나, 건물 양수인이 법정지상권을 취득할 지위를 소멸하게 하는 행위를 한 것은 전세권자의 동의 여부와 상관없이 대지 소유자와 사이에서는 그대로 유효하다), 그 건물 양수인은 물론 토지 소유자도 그 사유를 들어 전세권자에게 대항할 수 없다"(대판 2007.8.24. 2006다14684 : 1회, 10회 선택형), [22법행]

② [**지료연체에 따른 지상권소멸**(제304조 2항 위반 부정)] "지상권을 가지는 건물소유자가 그 건물에 전세권을 설정하였으나 그가 2년 이상의 지료를 지급하지 아니하였음을 이유로 지상권설정자, 즉 토지소유자의 청구로 지상권이 소멸하는 것(제287조 참조)은 전세권설정자가 전세권자의 동의 없이는 할 수 없는 위 민법 제304조 2항상의 '지상권 또는 임차권을 소멸하게 하는 행위'에 해당하지 아니한다. 따라서 전세권설정자가 건물의 존립을 위한 토지사용권을 가지지 못하여 그가 토지소유자의 건물철거 등 청구에 대항할 수 없는 경우에 제304조 등을 들어 전세권자 또는 대항력 있는 임차권자가 토지소유자의 권리행사에 대항할 수 없음은 물론이다"(대판 2010.8.19. 2010다43801 : 표준판례309 : 10회 선택형).

 3) 전세권자의 물권적 청구권(제319조)

(2) 전세권자의 권리, 의무

 1) 전세권자의 유지·수선의무

　전세권자는 목적물의 현상을 유지하고 그 통상의 관리에 속한 수선을 하여야 한다(제309조). 따라서 전세권자에게는 필요비상환청구권이 인정되지 않는다.

2) 전세권자의 상환청구권

전세권자가 목적물을 개량하기 위하여 지출한 금액 기타 유익비에 관하여는 그 가액의 증가가 현존한 경우에 한하여 소유자의 선택에 좇아 그 지출액이나 증가액의 상환을 청구할 수 있다(제310조 1항). 이 경우 법원은 소유자의 청구에 의하여 상당한 상환기간을 허여할 수 있다(제310조 2항).

2. 전세권의 처분 [D-95b]

(1) 전세권의 처분성(제306조)

전세권은 설정행위에 의해 처분권을 제한할 수 있다(제306조). 그러나 처분제한의 특약은 등기하여야 제3자에게 대항할 수 있다(부동산등기법 제72조 1항 5호).[4]

(2) 전세권의 양도

1) 전세기간 중 전세권 양도가부 및 내용

전세권자는 전세권설정계약에서 달리 정하지 않은 한 소유자의 의사와 무관하게 전세권을 타인에게 양도 또는 담보로 제공할 수 있다(제306조). 전세권은 전세금을 활용할 권리를 전세권설정자에게 주고, 그 대가로 설정자 소유의 부동산을 일정기간 사용·수익할 수 있는 권리를 가진다는 점에서 전세금은 전세권의 요소라고 볼 수 있다. 따라서 전세권을 양도하면 법적으로 그 양수인이 현재의 소유자에게 전세금을 활용할 권리를 준 것이므로 전세금반환청구권은 전세권양수인에게 귀속된다.

2) 전세기간 만료 후 전세권을 수반한 전세금반환청구권의 양도방법 : 원칙

"전세권의 존속기간이 만료되면 전세권의 용익물권적 권능은 전세권설정등기의 말소 없이도 당연히 소멸하고 단지 전세금반환채권을 담보하는 담보물권적 권능의 범위 내에서 전세금의 반환시까지 그 전세권설정등기의 효력이 존속하고 있다 할 것인데, 이와 같이 존속기간의 경과로서 본래의 용익물권적 권능이 소멸하고 담보물권적 권능만 남은 전세권에 대해서도 그 피담보채권인 전세금반환채권과 함께 제3자에게 이를 양도할 수 있다 할 것이지만 이 경우에는 민법 제450조 2항 소정의 확정일자 있는 증서에 의한 채권양도절차를 거쳐야 제3자에게 대항할 수 있다. 따라서 전세기간 만료 이후 전세권양도계약 및 전세권이전의 부기등기가 이루어진 것만으로는 전세금반환채권의 양도에 관하여 확정일자 있는 통지나 승낙이 있었다고 볼 수 없어 이로써 제3자인 전세금반환채권의 압류·전부 채권자에게 대항할 수 없다"(대판 2005.3.25. 2003다35659; **표준판례**310 : D-117.참고)(4회,8회,9회,10회,13회 선택형).

(3) 전세금반환청구권의 분리양도 : 예외

1) 문제점

전세권과 분리해서 전세금반환채권을 독립적으로 양도할 수 있는지 전세권의 담보물권적 성격과 관련하여 문제된다(제361조 참조).

2) 판 례

가) 전세권 존속 중 분리양도 가능성

전세권은 전세금을 지급하고 타인의 부동산을 그 용도에 따라 사용·수익하는 권리로서 전세금의 지급이 없으면 전세권은 성립하지 아니하는 등으로 전세금은 전세권과 분리될 수 없는 요소일 뿐 아니라, 전세권에 있어서는 그 설정행위에서 금지하지 아니하는 한 전세권자는 전세권 자체를 처분하여 전세

---

[4] **[비교판례]** 임차권의 경우 임차권의 양도를 금지하는 특약이 있는 경우라도 임차인과 양수인 사이의 임차권 양도합의는 유효이고, 다만 임차권의 양도인은 임대인으로부터 양도의 동의를 받아줄 의무를 이행하지 못한 경우에는 민법의 담보책임의 규정(제567조)에 따라 양수인이 계약을 해제하거나 손해배상의 청구를 할 수 있다(대판 2001.7.24. 2001다16418).

금으로 지출한 자본을 회수할 수 있도록 되어 있으므로 전세권이 존속하는 동안은 전세권을 존속시키기로 하면서 전세금반환채권만을 전세권과 분리하여 확정적으로 양도하는 것은 허용되지 않는 것이며, 다만 전세권 존속 중에는 장래에 그 전세권이 소멸하는 경우에 전세금 반환채권이 발생하는 것을 조건으로 그 장래의 조건부 채권을 양도할 수 있을 뿐이라 할 것이다(대판 2002.8.23. 2001다69122: 표준판례312 : 5회, 11회 선택형).[5]

나) 전세권 소멸 후 분리양도 가능성

전세권이 담보물권적 성격도 가지는 이상 부종성과 수반성이 있는 것이므로 전세권을 그 담보하는 전세금반환채권과 분리하여 양도하는 것은 허용되지 않는다고 할 것이나, 한편 담보물권의 수반성이란 피담보채권의 처분이 있으면 언제나 담보물권도 함께 처분된다는 것이 아니라, 채권 담보라고 하는 담보물권 제도의 존재 목적에 비추어 볼 때 특별한 사정이 없는 한 피담보채권의 처분에는 담보물권의 처분도 포함된다고 보는 것이 합리적이라는 것일 뿐이므로, ⅰ) 전세권이 존속기간의 만료로 소멸한 경우이거나, ⅱ) 전세계약의 합의해지 또는 ⅲ) 당사자 간의 특약에 의하여 전세권반환채권의 처분에도 불구하고, 전세권의 처분이 따르지 않는 경우 등의 특별한 사정이 있는 때에는 채권양수인은 담보물권이 없는 무담보의 채권을 양수한 것이 된다(대판 1997.11.25. 97다29790: 표준판례311 : 1회 선택형).

(4) 전세권을 목적으로 하는 저당권(아래 판례연구 D-8. 참고)

판례연구 D-08

■ ★ **전세권을 목적으로 한 저당권** 대판 1999.9.17. 98다31301 ; 대판 1995.2.10. 94다18508

A는 B에 대해 가진 금전채권을 담보할 목적으로 B소유의 주택에 전세권설정계약을 맺고 그 설정등기를 마쳤는데 목적 건물은 계속 B가 점유하고 있다. 이에 A(전세권자)의 채권자인 C가 이 전세권 위에 저당권을 설정하였는데, 그 후 A의 전세권의 기간이 만료하였다. 이에 B(전세권설정자)는 A에게 채무를 변제하고 C(전세권저당권자)를 상대로 전세권을 목적으로 한 저당권등기의 말소를 청구하자, C는 전세금의 반환을 받을 때까지 그 청구에 응할 수 없다고 항변하였다.
이 경우 C의 항변이 정당한지 검토하시오. (30점)

Ⅰ. A가 B로부터 취득한 전세권의 유효성

1. 전세금의 지급이 전세권의 성립요건인지 여부(적극)

2. 기존채권으로 전세금의 지급에 갈음할 수 있는지 여부(적극)

---

5) [판례평석] ⅰ) 전세금은 전세권과 분리될 수 없는 요소이고, ⅱ) 전세권의 처분이 따르지 않는 전세금반환채권만의 양도를 합의하였다 하더라도 이를 인정하게 되면 전세권은 오로지 용익물권만이 되어 물권법정주의에 위배되는 결과가 되므로, 전세권이 존속하는 동안은 전세권을 존속시키기로 하면서 전세금반환채권만을 전세권과 분리하여 '확정적으로' 양도하는 것은 허용되지 않는다고 본다. 개정 부동산등기법 제73조 2항도 이러한 전제에서 "전세금반환채권의 일부 양도를 원인으로 한 전세권 일부이전등기의 신청은 전세권의 존속기간의 만료 전에는 할 수 없다. 다만, 존속기간의 만료 전이라도 해당 전세권이 소멸하였음을 증명하여 신청하는 경우에는 그러하지 아니하다"고 규정하였다. 다만 조건부 권리의 이전이 가능한 점을 볼 때 전세권의 소멸을 전제로 전세금반환청구권만을 양도하는 것은 가능하다고 본다. 참고로 <u>조건부 채권양도</u>의 경우에는 합의 직후 채무자에게 통지하더라도 대항요건을 갖춘 것으로 되지 않는다. 이는 채권양도의 효력이 생기기 전에 한 통지(사전통지)로서 원칙적으로 무효이기 때문이다. 그래서 조건이 성취된 뒤에 통지하여야 하고, 그때 대항요건을 갖춘 것이 된다. 반면에 <u>확정적 채권양도</u>의 경우에는 곧바로 채권양도의 효력이 생기기 때문에(즉 곧바로 채권의 귀속주체가 변경된다) 그 직후 채무자에게 통지하여 대항요건을 갖출 수 있다. 통지 시점에 채권이 아직 발생하지 않은 경우에도 마찬가지이다.

3. 담보목적의 전세권이 허용되는지 여부(적극)

4. 소 결
설문에서 A는 기존의 채권으로 전세금의 지급에 갈음하였기 때문에 전세권의 성립요건이 충족되었고, 비록 B가 전세권의 목적물을 계속 점유하고 있지만 그것이 장차 A가 목적물을 사용·수익하는 것을 전적으로 배제하는 것이 아니라면 A는 B로부터 유효하게 전세권을 취득한다.

Ⅱ. 전세권을 목적으로 하는 저당권의 효력과 C의 전세금반환청구의 가부

1. 문제점
민법상 전세권을 목적으로 하는 저당권은 인정되고 있다(제371조). 다만 전세권의 존속기간이 만료한 후 저당권의 효력이 문제되는데, 전세권이 용익물권적 성격과 담보물권적 성격을 겸유하는 점을 고려하여야 한다. 또한 C의 저당권의 소멸 여부에 따른 B의 A에 대한 채무변제의 효력과 C의 전세금반환청구 가부가 궁극적으로 검토되어야 한다.

2. 전세권의 존속기간이 만료한 후의 효력

(1) 전세권의 존속기간이 만료된 경우 전세권의 효력
전세권은 존속기간이 만료된 것만으로 곧바로 소멸하지는 않는다. 만일 전세권의 존속기간이 만료한 것만으로 전세권이 소멸되어 버리면 전세권자는 민법 제303조 1항 2문의 우선변제권이나 제318조의 경매청구권을 행사할 여지가 없어지기 때문이다. 따라서 전세권의 존속기간이 만료되면 그로써 소멸하는 것은 전세권의 용익권적 권능뿐이고 담보물권으로서의 성격은 그대로 유지된다고 할 것이다.

(2) 전세권의 존속기간이 만료된 후의 전세권을 목적으로 하는 저당권의 효력 [4회·8회 사례형]

1) 판 례[6]

판례는 "ⅰ) 전세권에 대하여 저당권이 설정된 경우 그 저당권의 목적물은 전세권 자체이지 전세금반환채권이 아니고, 전세권의 존속기간이 만료되면 전세권은 소멸하므로 더 이상 전세권 자체에 대하여 저당권을 실행할 수 없다. ⅱ) 이 경우 전세금반환채권은 전세권에 갈음하여 존속하는 것으로서 저당권자는 전세금반환채권에 대하여 물상대위권을 행사할 수 있다(즉 민사집행법 제273조에 의하여 전세금반환채권에 대하여 압류 및 추심명령 또는 전부명령을 받거나, 제3자가 전세금반환채권에 대하여 실시한 강제집행절차에서 배당요구를 하는 방법으로). ⅲ) 제317조가 정하는 동시이행항변권 제도의 취지와 전세권을 목적물로 하는 저당권의 설정은 그 소유자의 의사와는 상관없이 전세권자의 동의만 있으면 가능한 것이고, 원래 전세권에서 전세금반환의무는 전세권설정자가 전세권자에게 지급함으로써 그 의무이행을 다할 뿐인 점에서, 전세금반환채권에 대해 제3자의 압류 등이 없는 한 전세권설정자는 전세권자에 대하여만 전세금반환의무를 부담한다"(대판 1999.9.17. 98다31301: **표준판례 314 : 3회,5회,7회 선택형**)고 판시하여 물상대위설의 입장을 취하고 있다.

2) 검 토

전세권을 목적으로 저당권을 설정하려는 자는 전세권 자체보다는 전세금반환청구권을 담보의 목적으로 생각하는 것이 대부분이다. 따라서 전세권의 존속기간이 만료하면 전세권을 목적으로 하는 저당권은 전세권(담보물권)부 전세금반환청구권에 대한 권리질권으로 파악하는 것이 저당권자의 의사에 부합한다. 그러나 이러한 견해에 따르면 전세권설정자는 원칙적으로 전세권자에게 전세금을 반환하면 안되는바, 전세권에 대한 저당권의 설정은 전세권설정자의 관여없이 전세권자와 저당권자의 합의만으로 이루어지기 때문에 위와 같이 해석하면 전세권설정자가 전세금을 이중지급하게 되는 위험에 빠질 수 있다.

따라서 전세권이 존속기간의 만료로 담보물권의 성격을 갖게 된 이상 저당권의 목적이 소멸한 것으로 보아 물상대위로 해결하는 견해가 타당하다.

3. C의 전세금반환청구의 가부
그렇다면 전세권의 존속기간이 만료된 후에는 C(전세권저당권자)가 전세금반환청구권을 '압류'하지 않는 이상 B(전세권설정자)가 A(전세권자)에게 전세금을 반환한 때에는 그것은 유효하고, 그 결과 전세권을 목적으로 하는 저당권등기는 말소되어야 한다. 따라서 C의 전세금반환청구는 이유없다(대판 1999.9.17. 98다91901).

[관련판례] * 전세권의 존속기간 만료 후 전세권부 저당권자의 권리행사 방법 [4회·8회 사례형]
전세권저당권자는 저당권의 존재를 증명하는 서류를 제출하여 전세권저당권설정자(전세권자)의 전세권설정자에 대한 전세금반환채권에 대하여 추심명령 또는 전부명령을 받은 후 전세권설정자에 대하여 추심금 청구나 전부금청구를 통하여 전세금의 지급을 구할 수 있고(민사집행법 제273조), 전세금반환채권에 대하여 일반 채권자가 압류나 가압류의 집행을 이미 한 상태에 있다면 물상대위권을 행사하여 전세금반환청구권에 대한 배당절차에서 전세권저당권설정자(전세권자)의 일반채권자보다 우선하여 변제를 받을 수 있다(제370조, 제342조)(대판 2008.12.24. 2008다65396 : 11회,13회 선택형).[7]

3. 전세권의 존속기간 중 전세목적물의 소유권이 제3자에게 이전된 경우 [D-95c]

(1) 문제점
전세권의 존속기간 중 전세목적물의 소유권이 이전된 경우에 신소유자가 전세권설정자의 지위를 승계하는지, 따라서 신 소유자만이 전세금반환의무를 부담하고, 구 소유자는 그 의무를 면하는지에 관해 민법의 명문의 규정이 없어 문제된다.

(2) 판 례
判例는 승계긍정설의 입장이다. 즉 "전세권이 성립한 후 목적물의 소유권이 이전되는 경우에 전세권은 전세권자와 목적물의 소유권을 취득한 신 소유자 사이에서 계속 동일한 내용으로 존속하게 된다고 보아야 할 것이고, 따라서 목적물의 신 소유자는 구 소유자와 전세권자 사이에 성립한 전세권의 내용에 따른 권리의무의 직접적인 당사자가 되어 전세권이 소멸하는 때에 전세권자에 대하여 전세권설정자의 지위에서 전세금반환의무를 부담하게 되고, 구 소유자는 전세권설정자의 지위를 상실하여 전세금반환의무를 면하게 된다"(대판 2000.6.9. 99다15122: 표준판례313 : 1회,8회,11회 선택형)고 한다. 한편 전세권이 성립한 후 전세목적물의 소유권 중 일부 지분을 이전받은 새로운 공유자도 전세권자에 대하여 공동 전세권설정자의 지위에서 전세금 반환의무를 부담한다(대판 2025.4.15. 2024다312566).

[판례검토] 전세금은 전세권과 분리할 수 없는 요소이므로 전세권관계로 생기는 위와 같은 법률관계가 신 소유자에게 이전되었다고 보는 이상, 전세금채권 관계만이 따로 분리되어 전 소유자와 사이에 남아 있다고 할 수는 없을 것이고, 당연히 신 소유자에게 이전되었다고 보는 것이 옳다. 따라서 신 소유자만이 전세금반환의무를 부담하고, 구 소유자는 그 의무를 면한다.

---

[6] [학설] ① 담보물권은 피담보채권으로부터 독립한 권리가 아니어서 담보물권만을 담보의 목적으로 할 수 없으므로 '전세권자의 전세금반환청구권'에 대한 권리질권이 설정된 것으로 보아야 한다는 견해(권리질권설 ; 제353조 1항 참조)와 ② 전세금반환청구권에 대한 권리질권은 전세금 반환의무자인 전세권설정자에게 통지하거나 그로부터의 승낙이 있어야만 그에게 대항할 수 있는데(제349조 참조) 전세권에 대한 저당권의 설정만으로는 그러한 것을 인정할 수는 없고, 담보물권만을 담보목적으로 하는 저당권은 인정되지 않기 때문에 결국 저당권의 목적이 소멸된 것으로 보아야 한다는 견해(물상대위설)가 있다(제342조 참조).

[7] "저당권이 설정된 전세권의 존속기간이 만료된 경우에 저당권자는 민법 제370조, 제342조 및 민사집행법 제273조에 의하여 저당권의 목적인 전세권에 갈음하여 존속하는 것으로 볼 수 있는 전세금반환채권에 대하여 압류 및 추심명령 또는 전부명령을 받는 등의 방법으로 권리를 행사하여 전세권설정자에 대해 전세금의 지급을 구할 수 있고, 저당목적물의 변형물인 금전 기타 물건에 대하여 일반 채권자가 물상대위권을 행사하려는 저당채권자보다 단순히 먼저 압류나 가압류의 집행을 함에 지나지 않은 경우에는 저당권자는 그 전은 물론 그 후에도 목적채권에 대하여 물상대위권을 행사하여 일반 채권자보다 우선변제를 받을 수가 있으며, 위와 같이 전세권부 근저당권자가 우선권 있는 채권에 기하여 전부명령을 받은 경우에는 형식상 압류가 경합되었다 하더라도 그 전부명령은 유효하다"

Ⅳ. 전세권의 소멸

1. 전세권 특유의 소멸사유

(1) 전세권설정자의 소멸청구(제311조)

(2) 전세권의 소멸통고(제313조)

2. 전세권 소멸시의 법률관계

(1) **전세권설정자의 전세금반환의무와 전세권자의 등기말소 및 목적물반환의무의 동시이행관계**

전세권이 소멸한 때에는 전세권설정자는 전세권자로부터 그 목적물의 인도 및 전세권설정등기의 말소등기에 필요한 서류의 교부를 받는 동시에 전세금을 반환하여야 한다(제317조)(1회 선택형). 이와 관련하여 判例는 "전세권자가 그 목적물을 인도하였다고 하더라도 전세권설정등기의 말소등기에 필요한 서류를 교부하거나 그 이행의 제공을 하지 아니하는 이상, 전세권설정자는 전세금의 반환을 거부할 수 있고, 이 경우 다른 특별한 사정이 없는 한 그가 전세금에 대한 이자 상당액의 이득을 법률상 원인 없이 얻는다고 볼 수 없다"(대판 2002.2.5. 2001다62091: 표준판례316 : 8회 선택형)고 한다.

> [관련판례] "채권적 전세에 있어서는 그 건물의 시가의 절반상당정도의 금액이 전세금으로써 일시에 교부되고 그 전세금의 이자는 그 임대료와 상계되고 있음이 특단의 사정이 없는 한 인정 시행되어 오고 있고 당사자 일방의 목적물 명도채무와 다른 일방의 전세금반환채무는 특단의 사정이 없는 한 동시이행관계에 있으므로 전세계약기간 종료후 전세금을 반환치 않고 있는 동안의 본건 건물부분의 점유를 불법점유라 할 수 없고 점유사용에 따른 임료상당액과 전세금에 대한 이자상당액은 서로 대가관계에 있다"(대판 1976.10.26. 76다1184).

(2) **전세권자의 경매청구권 : 일부전세의 경우 경매신청권**

전세권설정자가 전세금의 반환을 지체한 때에는 전세권자는 민사집행법의 정한 바에 의하여 전세권의 목적물의 경매를 청구할 수 있다(제318조). 그러나 判例는 "전세권의 목적물이 아닌 나머지 건물 부분에 대하여는 우선변제권은 별론으로 하고 경매신청권은 없다"(대판 1992.3.10. 91마256 : 4회 선택형)고 하며, "건물의 일부에 대하여 전세권이 설정되어 있는 경우 전세권자는 전세권의 목적이 된 부분을 초과하여 건물 전부의 경매를 청구할 수 없다고 할 것이고, 그 전세권의 목적이 된 부분이 구조상 또는 이용상 독립성이 없어 독립한 소유권의 객체로 분할할 수 없고 따라서 그 부분만의 경매신청이 불가능하다고 하여 달리 볼 것은 아니다"(대결 2001.7.2. 2001마212: 표준판례317 : 11회 선택형)라고 한다. 즉, 분할이 불가능한 경우에도 전부경매청구가 불가하다고 본다.

[판례검토] 判例의 태도는 타당하다고 할 수 없다. 왜냐하면 경매청구권은 우선변제권의 전제이고, 우선변제권은 전세권의 목적인 건물 전부에 미친다는 점을 고려한다면(불가분성), 분할이 불가능한 경우 전세권자는 원칙적으로 목적부동산 전부의 경매를 청구할 수 있다고 보아야하기 때문이다(통설).

(3) **원상회복의무와 부속물매수청구권**

전세권이 그 존속기간의 만료로 인하여 소멸한 때에는 전세권자는 그 목적물을 원상에 회복하여야 하며 그 목적물에 부속시킨 물건은 수거할 수 있다. 그러나 전세권설정자가 그 부속물건의 매수를 청구한 때에는 전세권자는 정당한 이유없이 거절하지 못한다(제316조 1항). 이 경우 그 부속물건이 전세권설정자의 동의를 얻어 부속시킨 것인 때에는 전세권자는 전세권설정자에 대하여 그 부속물건의 매수를 청구할 수 있고, 그 부속물건이 전세권설정자로부터 매수한 것인 때에도 마찬가지이다(제316조 2항).

제5장 담보물권

담보물권에 공통된 성질

담보물권, 즉 유치권, 질권, 저당권에 공통되는 것으로 다음의 성질이 있다.

1. 부종성(附從性)

담보물권은 채권의 만족을 위한 수단으로 존재하는 것이어서 채권에 의존한다. 따라서 채권이 없으면 담보물권도 성립할 수 없고, 채권이 소멸하면 담보물권도 소멸하게 되는데(가령, 채무자가 저당권에 의해 담보된 채무를 변제하면 저당권은 말소등기를 하지 않더라도 당연히 소멸한다(제187조). 이를 '부종성'이라고 한다(제369조 참조).

2. 수반성(隨伴性)

담보물권은 채권의 담보를 위해 존재하는 것이어서, 채권을 떠나 담보물권만을 처분할 수는 없다(제361조 참조). 오히려 채권을 처분하면, 가령 채권을 매매 등을 통해 양도하면 담보물권도 더불어 같이 양도되는데, 이를 '수반성'이라고 한다.

3. 물상대위(物上代位)

담보물권은 그 목적인 물건이 가지는 교환가치를 지배하는 것을 내용으로 한다. 그러므로 그 물건이 멸실·훼손되거나 국가가 강제 징수하더라도 그 교환가치를 대신하는 것이 발생하는 경우에는(가령 담보목적인 토지를 국가가 수용하고 보상금이 지급되는 경우), 그것에도 담보물권의 효력이 미치는데, 이를 '물상대위'라고 한다(제342조 참조). 다만, 법정담보물권인 유치권에서는 목적물의 인도거절을 통해 채권의 담보를 실현하는 방법을 취한 것이어서, 그 목적물이 없게 되면 유치권도 소멸하게 되고 따라서 물상대위는 인정되지 않는다.

4. 불가분성(不可分性)

담보물권은 채권 전부의 변제를 받을 때까지 목적물 전부에 그 권리를 행사할 수 있는데, 이를 '불가분성'이라고 한다(제321조 참조). 목적물이 수 개의 물건인 경우에는 그 전부가 채권 전부를 담보할 뿐 아니라 그 각각의 물건도 채권 전부를 담보하게 된다.

5. 담보물권의 순위

① 물권은 물건을 배타적으로 지배하는 것을 내용으로 하기 때문에, 원칙적으로 동일물에 같은 종류의 물권이 같이 성립할 수는 없으며, 소유권과 용익물권이 그러하다. 이에 대해 담보물권은 그 채권의 범위에서 목적물의 교환가치를 지배하는 것이므로, 목적물의 잔여가치가 있는 때에는 다른 채권자가 같은 종류의 담보물권을 설정할 수 있다. 다만 이들 간에는 '순위'가 있어서(333조참조), 먼저 성립한 담보물권이 후에 성립한 것에 우선하는 것, 즉 목적물의 경매대금에서 우선하여 변제를 받는 점에서, 이 경우에도 물권의 배타성은 그대로 유지된다. ② 그런데 담보물권은 채권의 담보로서 존재하는 것이기 때문에, 선순위 담보물권이라도 변제에 의해 채권의 만족을 얻으면 부종성에 의해 소멸하고, 그에 따라 차순위 담보물권이 선순위로 올라가는 '순위의 승진'이 이루어진다.

제1절 유치권

I. 서 설

1. 의 의

유치권은 타인의 물건 또는 유가증권을 점유하는 자가 그 물건 또는 유가증권에 관하여 생긴 채권의 변제를 받을 때까지 그 목적물을 유치하여 채무자의 변제를 간접강제하는 '법정담보물권'이다(제320조). 따라서 물권법정주의 취지상 유치권 목적물과의 견련관계가 인정되지 않는 채권을 당사자 사이의 약정을 근거로 유치권의 피담보채권으로 인정할 수 없다(대판 2023.4.27. 2022다273018).

2. 인정취지

이러한 유치권을 인정하는 이유는 '공평의 원칙'을 실현하려는 데에 있다. 즉 타인의 물건을 점유하는 자가 그 물건에 관한 채권을 가지는 경우에, 그 채권의 변제를 받을 때까지 그 물건의 반환을 거절할 수 있게 함으로써 다른 채권자보다 사실상 우선변제를 받게 하는 것이 공평하다고 본 것이다.

3. 사실상 최우선순위담보권인 유치권의 한계(유치권 주장의 권리남용 : 판례연구 A-2) [17법행]

"ⅰ) 채무자가 채무초과의 상태에 이미 빠져있는 상태에서(또는 그러한 상태가 임박함으로써 채권자가 원래라면 자기 채권의 충분한 만족을 얻을 가능성이 현저히 낮아진 상태에서), ⅱ) '이미 채무자 소유의 목적물에 저당권 등이 설정'되어 있음에도, ⅲ) 채권자가 (유치권의 성립에 의하여 저당권자 등이 그 채권 만족상의 불이익을 입을 것을 잘 알면서) 자기 채권의 우선적 만족을 위하여 채무자와의 사이에 의도적으로 유치권의 성립요건을 충족하는 내용의 거래를 일으키고 그에 기하여 목적물을 점유하게 됨으로써 유치권이 성립하였다면, 유치권자가 그 유치권을 저당권자 등에 대하여 주장하는 것은 권리남용으로서 허용되지 아니한다"(대판 2011.12.22. 2011다84298[1]) ; 그리고 저당권자 등은 경매절차 기타 채권실행절차에서 위와 같은 유치권을 배제하기 위하여 그 부존재의 확인 등을 소로써 청구할 '확인의 이익'이 있다).

II. 유치권의 성립요건···권리행사저지의 항변

> 제320조 (유치권의 내용) ① 타인의 물건 또는 유가증권을 점유한 자는 그 물건이나 유가증권에 관하여 생긴 채권이 변제기에 있는 경우에는 변제를 받을 때까지 그 물건 또는 유가증권을 유치할 권리가 있다. ② 전항의 규정은 그 점유가 불법행위로 인한 경우에 적용하지 아니한다.

유치권은 ⅰ) 타인의 물건 또는 유가증권(목적물)을 ⅱ) 적법하게 점유하고 있으며(재항변 사유), ⅲ) 그 목적물에 관하여 생긴 채권(채권과 목적물과의 견련관계)이 ⅳ) 변제기에 있을 때 ⅴ) 유치권 배제특약이 없는 경우(재항변 사유)에 성립한다(제320조)(변, 특, 타, 목, 적).

---

[1] [사실관계] 채무자 甲 주식회사 소유의 건물 등에 관하여 乙 은행 명의의 1순위 근저당권이 설정되어 있었는데, 2순위 근저당권자인 丙 주식회사가 甲 회사와 건물 일부에 관하여 임대차계약을 체결하고 건물 일부를 점유하고 있던 중 乙 은행의 신청에 의하여 개시된 경매절차에서 비용상환청구권(제626조)에 기한 유치권신고를 한 사안에서, 저당권자가 목적물을 점유하는 일은 매우 드문데도 저당권자인 丙이 甲과 임대차계약을 체결한 경위 등을 종합해 볼 때, 乙의 신청에 의하여 건물 등에 관한 경매절차가 곧 개시되리라는 사정을 충분히 인식하면서 임대차계약을 체결하고 그에 따라 그 점유를 이전받았다고 보이므로, 丙은 유치권제도를 남용한 것으로 보았다.

1. 유치권의 목적물 [D-98a]

유치권의 목적이 될 수 있는 것은 '타인 소유'의 물건(동산·부동산) 또는 유가증권이다. 부동산이 유치권의 목적물이라 하더라도 등기를 요하지 않으며, 유가증권이 유치권의 목적물인 경우에도 배서를 요하지 않는다. 또한 그 물건이 채무자 이외의 제3자의 소유에 속하는 경우에도 유치권이 성립할 수 있다.

> **※ 유치권의 타물권성**
> ① "유치권은 타물권인 점에 비추어 볼 때 수급인의 재료와 노력으로 건축되었고 독립한 건물에 해당되는 기성부분은 수급인의 소유라 할 것이므로 수급인은 공사대금을 지급받을 때까지 이에 대하여 유치권을 가질 수 없다"(대판 1993.3.26. 91다14116: 표준판례319). ② "가등기가 되어있는 부동산 소유권을 이전받은 甲이 그 부동산에 대하여 필요비나 유익비를 지출한 것은 가등기에 의한 본등기가 경유됨으로써 가등기 이후의 저촉되는 등기라 하여 직권으로 말소를 당한 소유권이전등기의 명의자 甲 과 본등기 명의자인 乙 내지 그 특별승계인인 丙 과의 법률관계는 결과적으로 타인의 물건에 대하여 甲이 그 점유기간 내에 비용을 투입한 것이 된다고 보는 것이 상당하다"(대판 1976.10.26. 76다2079 : 1회 선택형).

2. 목적물을 적법하게 점유하고 있을 것…재항변 사유 [D-98b]

(1) '점유의 계속'

① **[간접점유의 경우]** 유치권자의 점유는 직접점유이든 간접점유이든 이를 묻지 않는다. 다만 유치권은 목적물을 유치함으로써 채무자의 변제를 간접적으로 강제하는 것을 본체적 효력으로 하는 권리인 점 등에 비추어, 그 직접점유자가 채무자인 경우에는 유치권의 요건으로서의 점유에 해당하지 않는다(대판 2008.4.11. 2007다27236: 표준판례326 : 4회 선택형). 즉, **채무자를 직접점유자로 하여 채권자가 간접점유하는 경우에는 유치권이 성립하지 않는다.** 따라서 수급인이 건물에 관한 공사대금채권자로서 채무자인 도급인의 직접점유를 통하여 건물을 간접점유하는 경우는 유치권을 취득하지 못하므로, 그 유치권에 기하여 경매절차의 매수인의 건물인도청구에 대항할 수 없다(위 2007다27236판결의 사실관계).
아울러 간접점유에서 점유매개관계를 이루는 임대차계약 등이 해지 등의 사유로 종료되더라도 직접점유자가 목적물을 반환하기 전까지는 간접점유자의 직접점유자에 대한 반환청구권이 소멸하지 않으므로 점유매개관계는 유지된다(대판 2019.8.14. 2019다205329 : 10회 선택형).[2]

② **[점유의 상실]** 점유는 계속되어야 한다. 유치권자가 목적물의 점유를 잃으면 유치권은 당연히 소멸한다(제328조). 判例도 甲회사가 건물신축 공사대금 일부를 지급받지 못하자 건물을 점유하면서 유치권을 행사해 왔는데, 그 후 乙이 경매절차에서 건물 중 일부를 매수하여 소유권이전등기를 마친 다음 甲 회사의 점유를 침탈하여 丙에게 임대한 사안에서, "乙의 점유침탈로 甲회사가 점유를 상실한 이상 유치권은 소멸하고, 甲 회사가 점유회수의 소(제204조)를 제기하여 승소판결을 받아 점유를 회복하면 점유를 상실하지 않았던 것으로 되어 유치권이 되살아나지만(제192조 2항 참조), 점유회수의 소를 제기하여 점유를 회복할 수 있다는 사정만으로 甲회사의 유치권이 소멸하지 않았다고 볼 것은 아니다"(대판 2012.2.9. 2011다72189: 표준판례327 : 10회 선택형)라고 한다.

---

[2] **[사실관계]** 채권자가 채무자의 '승낙'을 받아 유치물을 제3자에게 임대하는 방법(제324조 2항)으로 '간접점유'하던 중 임대차가 종료된 경우

(2) 적법한 점유

① **[불법점유, 처음부터 점유의 권원이 없는 경우]** 점유는 불법행위에 의하여 개시된 것이 아니어야 한다(제320조 2항)(불법점유자는 유치권을 주장할 수 없을 뿐 비용상환청구권 자체는 인정될 수 있다). 이는 점유의 취득이 점유의 침탈이나 사기·강박 등에 의한 경우뿐만 아니라 '채무자에게 대항할 수 있는 점유의 권원 없이 한 경우'도 포함된다. 그러므로 "토지의 불법점유자로부터 건물공사를 도급받은 자가 건물을 신축하여 공사대금을 받기 위하여 점유하는 경우 수급인은 도급인에 대한 관계에서만 건물에 대해 적법점유일 뿐, 건물의 존재와 토지점유가 토지소유자에게 불법행위가 되므로 토지소유자에 대한 관계에서는 불법점유에 해당하여 토지소유자에게는 유치권으로 대항할 수 없다(대판 1989.2.14. 87다카3073).

② **[점유의 권원을 상실한 경우]** 또한 권원에 의하여 점유를 개시하였다 하더라도 후에 권원이 소멸한 경우에는 유치권의 성립이 인정되지 않는다. 그러므로 "건물임차인이 임대차계약이 적법하게 해지된 후에도 계속 건물을 점유하고 그 건물에 필요비를 지출하더라도 그 필요비상환청구권에 관하여는 유치권이 성립하지 않는다"(대판 1967.1.24. 66다2144). 물론 이미 발생한 비용상환을 받기 위해 임대차 종료 후 유치권을 행사하는 것은 가능하다(대판 1972.1.31. 71다2414).

③ **[권원 없음에 대한 악의·중과실]** 권원이 없음을 과실로 알지 못하고 비용을 지출한 점유자가 유치권을 가지느냐와 관련하여 判例는 "물건의 점유자는 소유의 의사로 선의, 평온 및 공연하게 점유한 것으로 추정되고 점유자가 점유물에 대하여 행사하는 권리는 적법하게 보유하는 것으로 추정된다(제197조 1항, 제200조). 따라서 점유물에 대한 필요비 및 유익비 상환청구권을 기초로 하는 유치권의 주장을 배척하려면 적어도 그 **점유가 불법행위로 인하여 개시되었거나 점유자가 필요비 및 유익비를 지출할 당시 이를 점유할 권원이 없음을 알았거나 중대한 과실로 알지 못하였다고 인정할만한 사유에 대한 상대방 당사자**(물건의 반환을 청구하는 자)의 주장·입증이 있어야 한다"(대판 2011.12.13. 2009다5162 ; 대판 1966.6.7. 66다600,601참고 : 8회 선택형)고 보아 악의, 중과실이 있는 경우에는 유치권의 성립을 부정한다.

3. 채권과 목적물과의 견련관계   [D-98c]

(1) 문제점

민법은 '그 물건이나 유가증권에 관하여 생긴 채권'이라고 규정하고 있는바(제320조), 이 의미를 어떻게 이해하느냐에 따라 유치권의 성립범위가 달라지게 된다.

(2) 학 설

학설은 ① 채권이 목적물 자체로부터 발생한 경우[예컨대 목적물에 지출한 비용의 상환청구권(제203조, 제626조), 목적물로부터 받은 손해에 대한 손해배상청구권(제758조)]뿐 아니라 채권이 목적물의 반환청구권과 '**동일한 법률관계**'[예컨대 계약이 해제·무효·취소된 경우 대금반환청구권과 목적물반환의무간] 또는 '**동일한 사실관계**'[예컨대 우연히 서로 물건을 바꾸어간 경우]로부터 발생한 경우에도 견련성을 인정하는 **광의설**(종래 다수설)과 ② 원칙적으로 채권이 목적물 자체로부터 발생한 경우에 한하여 견련성을 인정하되 '공평의 원칙'상 이에 준하는 경우를 포함하는 **협의설**의 대립이 있다.

(3) 판 례

최근에 判例는 "유치권 제도 본래의 취지인 공평의 원칙에 특별히 반하지 않는 한 채권이 목적물 자체로부터 발생한 경우는 물론이고 채권이 목적물의 반환청구권과 동일한 법률관계나 사실관계로부터 발생한 경우도 포함한다"(대판 2007.9.7. 2005다16942: 표준판례318)고 하여 광의설적인 입장을 밝혔다. 그러나 실제 결과에 있어서 判例는 동시이행의 항변권에 대해서는 공평의 원칙을 근거로 '견련성'의 의미를 완화하여 해석하는 반면, 유치권에 대해서는 이를 엄격하게 해석하고 있는 것으로 보인다. [22법무]

(4) 검 토

우리법상 유치권은 단순한 인도거절권이 아니고 법정물권으로 되어 있어서 그것은 채무자 이외의 자에게 미치는 영향이 크다. 따라서 유치권의 성립은 엄격한 요건하에 제한적으로 인정될 필요가 있으므로 협의설이 보다 타당하다. 즉 유치권의 취지와 효력을 고려하여 볼 때 유치권이 인정되어야 할 필요성이 있을 정도로 채권과 목적물 사이에 밀접성이 있을 경우에 견련관계가 있다.

(5) 구체적 검토

1) 견련관계가 긍정되는 경우

가) 물건으로 인한 손해배상청구권

判例는 A의 말이 B의 농작물을 먹어 손해를 입힌 사안에서, 말과 손해배상채권과의 견련성을 인정하여 말에 대한 B의 유치권을 긍정하였다(대판 1969.11.25. 69다1592).

나) 물건에 관한 비용상환청구권, 수급인의 공사대금채권 등

이 경우는 현점유자의 재산적 기여가 그 물건 자체 내에 침전하고 있기 때문에 그 물건을 그 기여에 관한 채권의 담보로 하는 것이 공평하기 때문이다.

[수급인의 건물공사대금채권]과 관련하여 判例는 ① "주택건물의 신축공사를 한 수급인이 그 건물을 점유하고 있고 또 그 건물에 관하여 생긴 공사금채권이 있다면, 수급인은 그 채권을 변제받을 때까지 '건물'을 유치할 권리가 있다"(대판 1995.9.15. 95다16202,16219: 표준판례321 : 8회,10회 선택형)고 하였다. [13법무] ② 반면 "건물의 신축공사를 도급받은 수급인이 사회통념상 독립한 건물이라고 볼 수 없는 정착물을 토지에 설치한 상태에서 공사가 중단된 경우에 위 정착물은 토지의 부합물에 불과하여 이러한 정착물에 대하여 유치권을 행사할 수 없고, 공사중단시까지 발생한 공사금채권은 토지에 관하여 생긴 것이 아니므로 위 공사금 채권에 기하여 '토지'에 대하여 유치권을 행사할 수도 없다"(대결 2008.5.30. 2007마98: 표준판례323)고 하였다.

> **[비교판례]** ✽ 건축자재대금채권으로 건물에 대한 유치권(소극)
> "건축자재업자가 수급인과 체결한 약정에 따라 건축자재를 공급한 경우 그 건축자재대금채권은 매매계약에 따른 매매대금채권에 불과할 뿐이므로, 위 건축자재가 건물 신축공사에 사용됨으로써 결과적으로 위 건물에 부합되었다고 하여도 위 채권을 건물 자체에 생긴 채권이라고 볼 수 없다"(대판 2012.1.26. 2011다96208: 표준판례322 : 8회,9회 선택형).

> **[비교판례]** ✽ 간판 설치공사 대금채권으로 건물에 대한 유치권(소극)
> "건물의 옥탑, 외벽 등에 설치된 간판의 경우 일반적으로 건물의 일부가 아니라 독립된 물건으로 남아 있으면서 과다한 비용을 들이지 않고 건물로부터 분리할 수 있는 것이 충분히 있을 수 있고, 그러한 경우에는 특별한 사정이 없는 한 간판 설치공사 대금채권을 그 건물 자체에 관하여 생긴 채권이라고 할 수 없다"(대판 2013.10.24. 2011다44788 : 9회 선택형).

다) 민사집행법 제258조의 보관비용

"민사집행법 제258조는 부동산 등 인도청구의 집행에 관하여 다음과 같이 정하고 있다. 부동산 인도청구의 집행을 할 때 강제집행의 목적물이 아닌 동산이 있는 경우 그 동산을 제거하여 채무자나 채무자의 친족 등(이하 '채무자 등'이라 한다)에게 인도하여야 한다(제3항, 제4항). 채무자 등이 없는 때에는 집행관은 그 동산을 채무자의 비용으로 보관하여야 한다(제5항). 채무자 등이 없는 때 집행관은 동산을 스스로 보관할 수도 있고 채권자나 제3자를 보관인으로 선임하여 보관하게 할 수도 있다. 이때 집행관이나 채권자 등은 보관비용이 생긴 경우 동산의 수취를 청구하는 채무자 등에게 보관비용을 변제받을 때까지 유치권을 행사할 수 있다(대판 2020.9.3. 2018다288044).

2) 견련관계가 부정되는 경우

가) 임차인의 보증금반환청구권 또는 권리금반환청구권과 임차목적물

判例는 이러한 청구권은 '소위 그 임대차 목적물에 관하여 생긴 채권'이라 할 수 없다고 하여 부정하였다(대판 1976.5.11. 75다1305: 표준판례320). **[9회 기록형]**

나) 이중매매 또는 타인 물건의 매매로 인한 손해배상청구권과 매매목적물(소유권을 취득한 제2매수인의 제1매수인에 대한 인도 청구, 소유자의 매수인에 대한 인도 청구에 대하여)

형식주의를 취한 이상 등기 등을 얻은 자에 대항하여 등기 등을 얻지 못한 자의 인도거절권능을 일반적으로 인정하는 것은 타당하지 않기 때문이다.

다) 매도인의 매매대금채권과 매매목적물(전득자의 매도인에 대한 인도 청구에 대하여)

잔대금을 수령하지도 않은 채 매수인에게 소유권이전등기를 한 매도인은 동시이행항변권을 행사하지 않은 소위 선이행의 위험을 부담하여야 하기 때문이다. 최근 判例도 "매도인이 부동산을 점유하고 있고 소유권을 이전받은 매수인에게서 매매대금 일부를 지급받지 못하고 있다고 하여 매매대금채권을 피담보채권으로 매수인이나 그에게서 부동산 소유권을 취득한 제3자를 상대로 유치권을 주장할 수 없다"(대결 2012.1.12. 2011마2380: 표준판례324 : 3회 선택형)고 한다.

라) 부속물매수청구권의 행사에 따른 매매대금청구권과 임차목적물

부속물은 임차목적물과 별개의 독립한 물건이기 때문에 부속물에 대한 매매대금채권은 '부속물'에 관한 채권이지 '임차물'에 관한 채권은 아니라고 보아야 하기 때문이다(대판 1977.12.13. 77다115).

마) 이른바 계약명의신탁에 있어 명의신탁자가 명의수탁자에 대하여 가지는 매매대금 상당의 부당이득반환청구권과 당해 부동산(쟁점 21.참고) **[2회 사례형]**

判例는 "명의신탁자의 이와 같은 부당이득반환청구권은 부동산 자체로부터 발생한 채권이 아닐 뿐만 아니라 소유권 등에 기한 부동산의 반환청구권과 동일한 법률관계나 사실관계로부터 발생한 채권이라고 보기도 어려우므로, 유치권 성립요건으로서의 목적물과 채권 사이의 견련관계를 인정할 수 없다"고 한다(대판 2009.3.26. 2008다34828: 표준판례325 : 1회,3회,6회 선택형).

바) 제367조의 비용상환청구권과 저당목적물

제367조의 입법취지는 경락대금 중 담보물의 제3취득자에 의한 저당물의 가치가 유지 또는 증가된 부분은 '일종의 공익비용'과 같이 보아 제3취득자가 경매대가에서 우선상환을 받을 수 있도록 한 것이다. 그러므로 判例에 따르면 "제367조에 의한 우선상환은 제3취득자가 경매절차에서 배당받는 방법으로 제203조 1항, 2항에서 규정한 비용에 관하여 경매절차의 매각대금에서 우선변제받을 수 있다는 것이지 이를 근거로 제3취득자가 직접 저당권설정자, 저당권자 또는 경매절차 매수인 등에 대하여 비용상환을 청구할 수 있는 권리가 인정될 수 없다. 따라서 제3취득자는 민법 제367조에 의한 비용상환청구권을 피담보채권으로 주장하면서 유치권을 행사할 수 없다"(대판 2023.7.13. 2022다265093)고 한다.

(6) 채권과 목적물의 점유와의 견련성 요부

채권이 목적물의 '점유 중 또는 점유와 동시에' 생겨야 하는가에 대해 제320조는 채권의 발생시기에 관하여 제한을 두고 있지 않을 뿐만 아니라, 그 목적물에 관한 채권이 발생한 후 우연히 그 목적물의 점유를 취득한 경우에도 유치권의 성립을 인정하는 것이 '공평의 원칙'에 합당하다고 보여진다. 따라서 채권과 목적물의 점유간에는 견련성이 필요하지 않다(통설, 判例[3]).

---

3) "유치권자가 유치물을 점유하기 전에 발생된 채권(건축비채권)이라도 그 후 그 물건(건물)의 점유를 취득했다면 유치권은 성

4. 채권이 변제기에 있을 것

피담보채권의 변제기도래는 다른 담보물권에 있어서는 담보권실행의 요건에 불과하나 유치권에 있어서는 성립요건이다. 이와 같이 하지 않으면 변제기 전에 상대방의 채무이행을 간접적으로 강제하는 결과가 되기 때문이다. 따라서 채무자가 법원으로부터 기한을 허여 받은 경우에는 채권자가 유치권을 잃게 된다(제203조 3항, 제626조 2항 단서 등).

뒤에서 보듯이 "채무자 소유의 부동산에 경매개시결정의 기입등기가 마쳐져 압류의 효력이 발생한 후에 유치권을 취득한 경우에는 그로써 그 부동산에 관한 경매절차의 매수인에게 대항할 수 없는바, 채무자 소유의 건물에 관하여 증·개축 등 공사를 도급받은 수급인이 경매개시결정의 기입등기가 마쳐지기 전에 채무자로부터 그 건물의 점유를 이전받았다 하더라도, 경매개시결정의 기입등기가 마쳐져 압류의 효력이 발생한 후에 공사를 완공하여 공사대금채권을 취득한 경우에는 그때 비로소 유치권이 성립한다고 할 것이므로 수급인은 그 유치권을 내세워 경매절차의 매수인에게 대항할 수 없다"(대판 2011.10.13. 2011다55214 : 3회,4회,6회,8회,11회,12회 선택형). **[13법무]**

[관련판례] "신축 건물의 하자에 상응하는 금액이 공사잔대금액 이상이어서 도급인이 하자보수청구권 등에 기하여 수급인의 공사잔대금 채권 전부에 대하여 '동시이행의 항변'을 한 때에는, 공사잔대금 채권의 변제기가 도래하지 아니한 경우와 마찬가지로 수급인은 도급인에 대하여 하자보수의무나 하자보수에 갈음한 손해배상의무 등에 관한 이행의 제공을 하지 아니한 이상 공사잔대금 채권에 기한 유치권을 행사할 수 없다"(대판 2014.1.16. 2013다30653: 표준판례664 : 6회,9회 선택형). **[14법무]**

5. 유치권배제의 특약이 없을 것···재항변 사유

유치권 규정은 임의규정이므로 당사자 사이에서 유치권 배제의 특약은 유효하다. 이러한 특약은 가령 '원상회복의 특약'이 있는 경우처럼 묵시적으로도 가능하다(대결 2011.5.13. 2010마1544 ; 대판 2012.9.27. 2012다37176). 또한 判例는 유치권 배제 특약이 있는 경우 특약에 따른 효력은 특약의 상대방뿐 아니라 그 밖의 사람도 주장할 수 있다고 하며, 유치권 배제 특약에도 조건을 붙일 수 있다고 한다(대판 2018.1.24. 2016다234043 : 10회,13회 선택형).

Ⅲ. 유치권의 효력 [D-99]

1. 유치권자의 권리

(1) 목적물을 유치할 권리···유치권의 중심적 효력

1) 유치의 의미

유치권자는 채권 전액을 변제받을 때까지 목적물을 유치할 수 있다. 여기서 '유치'한다는 것은 목적물의 점유를 계속하면서 인도를 거절하는 것을 뜻한다. 이때 유치권자 아닌 유치권자로부터 유치물을 유치하기 위한 방법으로 유치물의 점유나 보관을 위탁받은 자도 소유자의 소유물반환청구를 거부할 수 있다(대판 2014.12.24. 2011다62618).

한편 민법 제321조는 '유치권자는 채권 전부의 변제를 받을 때까지 유치물 전부에 대하여 그 권리를 행사할 수 있다'고 규정하고 있으므로, 유치물은 그 각 부분으로써 피담보채권의 전부를 담보하며, 이와 같은 유치권의 불가분성은 그 목적물이 분할 가능하거나 수 개의 물건인 경우에도 적용된다(아래 2005다16942판결: 표준판례318)(8회,13회 선택형).

립한다"(대판 1965.3.30. 64다1977).

[관련판례] 위 대판 2007.9.7. 2005다16942는 다세대주택의 대표 甲이 B와 재건축관련 도급계약을 체결하고, B가 다시 A와 수 개의 다세대주택의 창호 등의 공사에 대해 하도급계약을 체결한 사안으로, 공사를 마친 하수급인 A가 하도급인 B에 대한 공사대금채권 잔액을 변제받기 위하여 위 다세대주택 중 구분소유권의 목적인 어느 한 세대를 점유하여 유치권을 행사하는 경우, 그 유치권의 피담보채권은 다세대주택공사의 도급계약이라는 동일한 법률관계에서 발생한 채권이므로, 유치권을 행사한 그 다세대주택의 공사대금만이 아니라 다세대주택 전체에 대하여 시행한 공사대금채권의 잔액 전부라고 본 사례이다.[4]

2) 유치권행사의 상대방 : 민사집행법 제91조 5항의 의미(인수주의)

① 유치권은 물권이기 때문에 채무자뿐만 아니라 모든 자에게 주장할 수 있다. 즉, 유치권의 목적물이 경매가 된 경우에도 유치권자는 경매절차의 매수인에게도 유치권행사가 가능하다[5][인수주의 : 이는 유치권자의 경매신청에 터 잡은 '유치권에 기한 경매'의 경우(원칙적 소멸주의)와 구별하여야 한다. 아래 (2) 경매권 참조].

② 특히 경매의 경우 민사집행법상 경락인은 유치권자에게 유치권으로 담보하는 채권을 '변제할 책임이 있다'고 규정되어 있으나(동법 제91조 5항) ㉠ 이는 부동산상의 부담을 승계한다는 취지로서 인적 채무까지 인수한다는 취지는 아니므로, 유치권자는 경락인에 대하여 그 피담보채권의 변제가 있을 때까지 유치목적물인 부동산의 인도를 거절할 수 있을 뿐이고 그 **피담보채권의 변제를 청구할 수는 없다**(대판 1996.8.23. 95다8713)(4회 선택형). 한편 경매를 위해 목적물을 집행관에게 인도한 경우에도 간접점유가 계속되므로 유치권의 효력이 유지된다. ㉡ 나아가 이러한 유치권자의 권한(변제청구권)은 예컨대 유치권 내지는 그 피담보채권인 공사대금채권과 분리하여 독립적으로 처분하거나 환가할 수 없는 것으로서, 압류할 수 없는 성질의 것이다. 따라서 유치권자의 채권자가 '유치권자가 유치목적물을 경락인에게 인도해 줌과 동시에 경락인으로부터 지급받을 채권(변제청구권)'에 대하여 압류 및 추심명령을 신청하는 것은 허용되지 않는다(대결 2014.12.30. 2014마1407)(14회 선택형).

3) 유치권행사의 소송법적 효과

상대방의 목적물 인도청구의 소(제213조 본문)에 대하여 유치권자가 유치권을 행사한 경우(제213조 단서), 유치권은 그 채권의 변제를 받을 때까지 목적물을 유치하는 것을 내용으로 하므로 원고 패소판결을 하여야 함이 원칙이나, 判例는 채무의 변제와 상환으로 물건을 인도하라는 뜻의 상환급부판결(원고의 일부승소판결)을 하고 있다(대판 1974.6.25. 73다1642 : 12회 선택형). 즉, 단순이행청구에 대하여 일부 인용판결로서 상환이행판결을 하는 것은 처분권주의(민사소송법 제203조)에 반하지 않을 뿐 아니라, 소송경제상 유리하고 유치권의 목적은 이것으로 충분히 달성할 수 있기 때문이다(통설).

4) 사실상 최우선변제권능

앞서 검토한 바와 같이 유치권자가 주장할 수 있는 것은 원칙적으로 인도거절권능에 그치고, 양수인, 낙찰자 등에 대하여 우선변제를 구할 수 있는 것은 아니다(11회 선택형). 그러나 유치권의 대항을 받는 제3자, 특히 경매절차를 통한 매수인의 입장에서는 목적물의 사용가치와 교환가치를 제대로 누리기 위해서는 사실상 유치권의 피담보채무를 변제하는 등 유치권의 부담을 소멸시키지 아니할 수 없는 처지에 놓이는 경우가 많다. 이러한 방법으로 유치권자는 사실상 우선변제를 받을 수 있게 된다.

[관련판례] "저당권 등의 설정 후에 (민사)유치권을 취득한 자라 할지라도 그 저당권의 실행절차에서 목적물을 매수한 사람을 포함하여 목적물의 소유자 기타 권리자에 대하여 '대세적인 인도거절권능'을 행사할 수 있다

---

4) [판례평석] 유치물의 소유자가 제3자(사안에서는 다세대주택의 소유자들)인 경우에는 제3자의 희생이 어느 정도 불가피한 점에 비추어, 그 행사범위는 공평의 원칙상 당해 채권과 유치권자가 점유하고 있는 특정 물건과의 견련성이 인정되는 범위로 제한될 필요가 있다. 따라서 사안에서 유치권에 의해 담보되는 피담보채권의 범위는 'A가 점유하고 있는' 특정 구분건물에 대한 해당 공사대금만이라고 보는 것이 타당하다(원심판결)[김준호, 민법판례강의(220선), p.414]

5) 이 경우 매수인은 소유자에 대해 담보책임(제575조, 제578조)을 물을 수 있을 뿐이다.

(인수주의). 따라서 부동산유치권은 대부분의 경우에 '사실상 최우선순위의 담보권'으로서 작용하여, (민사)유치권자는 자신의 채권을 목적물의 교환가치로부터 일반채권자는 물론 저당권자 등에 대하여도 그 성립의 선후를 불문하여 우선적으로 자기 채권의 만족을 얻을 수 있다"(대판 2011.12.22. 2011다84298). **[17법행]**
다만 상사유치권자는 선행저당권자 또는 선행저당권에 기한 임의경매절차에서 부동산을 매수한 매수인에게 대항할 수 없다(대판 2013.2.28. 2010다57350)(7회, 8회,11회 선택형). **[7회 사례형]**

(2) 경매권

유치권자는 채권의 변제를 받기 위하여 유치물을 경매할 수 있다(제322조 1항). 유치권에 기한 경매는 담보권 실행을 위한 경매의 예에 따라 실시한다(민사집행법 제274조 1항).
한편 "유치권에 의한 경매도 강제경매나 담보권 실행을 위한 경매와 마찬가지로 목적부동산 위의 부담을 소멸시키는 것을 법정매각조건으로 하여 실시되고(이른바 소멸주의), 우선채권자뿐만 아니라 일반채권자의 배당요구도 허용되며, 유치권자는 일반채권자와 동일한 순위로 배당을 받을 수 있다(유치권자라는 이유만으로는 배당에 참가할 수 없으나, 채권에 관하여 별도로 집행권원 등을 얻어 일반채권자의 지위에서 배당에 참가하는 것은 가능하다)(2회,4회,14회 선택형). 다만 집행법원은 부동산 위의 이해관계를 살펴 위와 같은 법정매각조건과는 달리 매각조건 변경결정을 통하여 목적부동산 위의 부담을 소멸시키지 않고 매수인으로 하여금 인수하도록 정할 수 있다"(대결 2011.6.15. 2010마1059: 표준판례333).

[관련판례] "다만 유치권에 의한 경매절차는 목적물에 대하여 강제경매 또는 담보권 실행을 위한 경매절차가 개시된 경우에는 정지되도록 되어 있으므로(민사집행법 제274조 제2항), 유치권에 의한 경매절차가 정지된 상태에서 그 목적물에 대한 강제경매 또는 담보권 실행을 위한 경매절차가 진행되어 매각이 이루어졌다면, 유치권에 의한 경매절차가 소멸주의를 원칙으로 하여 진행된 경우와는 달리 그 유치권은 소멸하지 않는다"(대판 2011.8.18. 2011다35593: 표준판례334).

즉, 이 경우의 경매는 환가에 목적이 있는 것일 뿐, 경매에 의한 배당절차에서 우선변제권은 없다. 그러나 간이변제충당 또는 과실수취권을 통해 또는 대세적인 인도거절권능의 행사를 통해 사실상 우선변제권이 인정된다.

(3) 간이변제충당권

유치권자는 정당한 이유가 있는 때에는, 채무자에게 미리 통지하고, 감정인의 평가에 의하여 유치물로 직접변제에 충당할 것을 법원에 청구할 수 있다(제322조 2항).

(4) 과실수취권

유치권자는 유치물의 과실을 수취하여 다른 채권보다 먼저 그 채권의 변제에 충당할 수 있다(제323조).

(5) 유치물 사용권

1) 승낙에 의한 사용

유치권자는 소유자의 승낙 없이 유치물을 사용, 대여 또는 담보제공하지 못하는 것이 원칙이다(제324조 2항 본문). 유치권자가 이를 위반한 경우에는 소유자는 유치권의 소멸을 청구할 수 있다(제324조 3항).

① **[전세계약]** 공사대금채권에 기하여 유치권을 행사하는 자가 제3자와의 사이에 유치물인 건물에 관하여 채권적 전세계약을 체결하여 전세금을 수령하는 것은 유치물의 보존에 필요한 범위를 넘는 것이라 할 것이다. 이 경우 소유자의 승낙이 없었다면 소유자는 유치권자에 대하여 유치권의 소멸을 청구할 수 있을 뿐만 아니라(제324조 3항), 유치권자는 그로 인한 이익을 부당이득으로 소유자에게 반환하여야 한다(대판 2009.12.24. 2009다32324).

② **[임대차계약]** 유치권의 성립요건인 유치권자의 점유는 직접점유이든 간접점유이든 관계없지만, 유치권자는 채무자의 승낙이 없는 이상 그 목적물을 타에 '임대'할 수 있는 처분권한이 없으므로, 유치권자의 그러한 임대행위는 소유자의 처분권한을 침해하는 것으로서 소유자에게 그 임대의 효력을 주장할 수 없고, 따라서 소유자의 동의 없이 유치권자로부터 유치권의 목적물을 임차한 자의 점유는 i) 소유자에게 대항할 수 있는 적법한 권원에 기한 것이라고 볼 수 없고(대판 2011.2.10. 2010다94700), ii) 현행 민사집행법 제136조 1항 단서에서 규정하는 '경락인에게 대항할 수 있는 권원'에 기한 것이라고 볼 수 없다(대결 2002.11.27. 2002마3516). **[7회·14회 기록형]**

③ **[사용대차계약]** 나아가 判例는 민법 제324조 제2항의 채무자의 승낙을 받아야 하는 행위 중 임대차외에 무상계약인 사용대차도 포함된다고 판시하였다(대판 2009.5.28. 2009다2095; 2023.7.13. 2021다274243).

2) 보존에 필요한 사용

유치권자는 소유자의 승낙이 없더라도 '유치물의 보존에 필요한 사용'은 할 수 있다(제324조 2항 단서).

① 부동산의 임대차가 소멸하기 전에 **임차인이 지출한 비용**을 상환받기 위해 임차권 소멸 후에 유치권을 행사하면서 기존의 방법으로 계속 사용하는 것은 보존에 필요한 사용으로서 임대인의 승낙이 필요없으며 그 사용은 적법하므로 불법점유로 인한 손해배상책임도 없다(대판 1972.1.31. 71다2414).

② 공사대금채권에 기하여 주택에 대해 유치권을 행사하는 자가 **스스로 유치물인 주택에 거주하며 사용하는 것은** 특별한 사정이 없는 한 유치물의 보존에 필요한 사용에 해당한다(대판 2009.9.24. 2009다40684: **표준판례**332 : 3회,8회,10회,12회 선택형). 이 경우 유치권자의 점유보조자로 하여금 사용하게 하는 경우에도 보존에 필요한 사용에 해당한다(대판 2013.4.11. 2011다107009).

③ 교회와 같이 법인이 아닌 사단이 유치권의 주체인 경우 그 구성원들은 내부의 규약 등에 정하여진 바에 따라 그들의 준총유에 속하는 유치권의 유치물을 위와 같이 사용할 수 있다(제278조, 제275조 1항, 제276조 2항)(대판 2011.12.13. 2009다5162).

3) 사용이익에 대한 부당이득 [11회·14회 기록형]

민법은 유치권자에게 보존에 필요한 사용을 허용하고 있을 뿐 그에 따른 이익까지 보장하고 있지는 않기 때문에, 이 경우 유치권자가 보존에 필요한 범위 내의 사용이 적법하더라도 사용이익에 대해서는 부당이득이 성립한다(대판 1963.7.11. 63다235 : 10회 선택형). 다만 이는 유치물에서 생긴 과실과 동일시하여 민법 제323조에 따라 '피담보채권'에서 공제되어야 한다(대판 2009.9.24. 2009다40684참고: **표준판례**332). 이러한 과실취득권(제323조)을 통해 유치권자는 사실상 우선변제권이 인정된다고 볼 수 있다[그 외 간이변제충당권도 이러한 우선변제적 기능을 한다(제322조 2항)](통설).

4) 부당이득의 내용

부당이득반환의무의 구체적인 내용은 다른 부당이득반환청구에서와 마찬가지로 의무자가 실제로 어떠한 구체적 이익을 얻었는지에 좇아 정하여진다. 그러므로 ① 공사대금채권에 기하여 유치권자 스스로 유치물인 주택에 거주하며 사용하는 경우 부당이득 내용은 **차임에 상당한 이득**이 기준이 되며(대판 2009.9.24. 2009다40684: **표준판례**332 : 8회 선택형), ② 유치권자가 목적물을 타인에게 전세를 주고 전세금을 받은 때에는 **전세금에 대한 법정이자 상당액**이 된다(대판 2009.12.24. 2009다32324).[6] **[7회 기록형]**

---

6) "유치권자가 유치물에 관하여 제3자와의 사이에 전세계약을 체결하여 전세금을 수령하였다면 전세금이 종국에는 전세입자에게 반환되어야 할 것임에 비추어 다른 특별한 사정이 없는 한 그가 얻은 구체적 이익은 그가 전세금으로 수령한 금전의 이용가능성이고, 그가 이와 같이 구체적으로 얻은 이익과 관계없이 추상적으로 산정된 차임 상당액을 부당이득으로 반환하여야 한다고 할 수 없다. 그리고 이러한 이용가능성은 그 자체 현물로 반환될 수 없는 성질의 것이므로 그 '가액'을 산정하여 반환을 명하여야 하는바, 그 가액은 결국 전세금에 대한 법정이자 상당액이다"

(6) 비용상환청구권

유치권자는 유치권 행사 중에도 필요비상환청구권과 유익비상환청구권을 갖는다(제325조). 유익비상환청구권의 경우, 그 '가액의 증가가 현존'한 경우에 한하여 '소유자의 선택'에 좇아 그 '지출한 금액이나 증가액'의 상환을 청구할 수 있고, 법원은 소유자의 청구에 의하여 상당한 상환기간을 허여할 수 있다(제325조 2항)(14회 선택형).

2. 유치권자의 의무

(1) 의무의 내용

1) 선관주의의무

유치권자는 선량한 관리자의 주의로 유치물을 점유하여야 한다(제324조 1항).

2) 승낙 없는 사용금지

유치권자는 채무자의 승낙없이 유치물의 사용, 대여, 담보제공을 하지 못한다(제324조 2항).

(2) 의무위반의 효과

유치권자가 이를 위반한 경우에는 소유자는 유치권의 소멸을 청구할 수 있다(제324조 3항).

判例는 "하나의 채권을 피담보채권으로 하여 여러 필지의 토지에 대하여 유치권을 취득한 유치권자가 그중 일부 필지의 토지에 대하여 선량한 관리자의 주의의무를 위반하였다면 특별한 사정이 없는 한 유치권 대상 필지 전체에 대하여 유치권 소멸청구를 할 수 있는 것이 아니라 위반행위가 있었던 해당 필지의 토지에 대해서만 유치권 소멸청구가 가능하다"고 한다(대판 2022.6.16. 2018다301350: 표준판례 336 : 13회 선택형). 왜냐하면 '유치권의 불가분성'(제321조)을 정한 취지는 담보물권인 유치권의 효력을 강화하여 유치권자의 이익을 위한 것으로서 이를 근거로 오히려 유치권자에게 불이익하게 선량한 관리자의 주의의무 위반이 문제 되지 않는 유치물에 대한 유치권까지 소멸한다고 해석하는 것은 상당하지 않기 때문이다.

Ⅳ. 유치권의 소멸

[D-100]

1. 압류의 (상대적) 처분금지효[7]와 유치권의 관계 : 압류와의 경합

(1) 문제점

앞서 검토한 바와 같이 유치권의 부담은 강제경매절차에서 매각으로 소멸되지 아니하고 매수인에게 인수되어 유치권자는 목적물의 인도를 거절할 수 있고(민사집행법 제91조 5항), '사실상 우선변제'를 받을 수 있다. 따라서 경매목적물에 대한 유치권은 목적물의 교환가치를 감소시키고 경매절차의 이해관계인(예컨대 매수인)에게 큰 영향을 미치므로, 압류의 효력이 발생한 이후에는 유치권의 성립을 제한할 필요가 있다. 이와 관련하여 '압류의 (처분금지적)효력이 발생한 이후 취득한 유치권으로 경매절차의 매수인에게 대항할 수 있는지'가 문제된다.

---

[7] 압류의 효력이 발생하면 그 처분금지효에 의해 채무자는 압류 목적물을 제3자에게 양도하거나 목적물에 대한 담보권 또는 용익권을 설정하는 등의 처분행위를 하여도, 이는 압류채권자에 대한 관계에서는 효력이 없다(민사집행법 제92조 1항)(상대적 무효).

(2) 경매개시에 따른 압류의 효력이 발생하기 '전'에 그 목적물을 인도받아 유치권을 취득한 경우

압류의 효력이 발생하기 전에 유치권 성립에 필요한 요건을 모두 갖춘 경우에는 '유치권'은 소멸하지 않고 인수되는 것이 원칙이나(민사집행법 제91조 5항 ; 인수주의), '저당권'은 소멸한다(민사집행법 제91조 2항 ; 소제주의). 따라서 判例에 따르면 이미 저당권이 설정된 물건이라도 저당권실행의 경매가 개시되기 전에 목적물을 인도받아 취득한 경우, 유치권자는 경매의 매수인에게 대항할 수 있다고 한다(대판 2009.1.15. 2008다70763: 표준판례329 : 아래 핵심사례 D-9.참고)(5회 선택형).

[관련판례] ✱ 선순위저당권자의 후순위유치권 부존재확인의 소의 이익 [민소법 쟁점] [6회 사례형]
判例는 "저가낙찰로 인해 경매를 신청한 근저당권자의 배당액이 줄어들거나 경매목적물 가액과 비교하여 거액의 유치권 신고로 매각 자체가 불가능하게 될 위험은 경매절차에서 근저당권자의 법률상 지위를 불안정하게 하는 것이므로 위 불안을 제거하는 근저당권자의 이익을 단순한 사실상·경제상의 이익이라고 볼 수는 없다. 따라서 근저당권자는 유치권 신고를 한 사람을 상대로 유치권 전부의 부존재뿐만 아니라 경매절차에서 유치권을 내세워 대항할 수 있는 범위를 초과하는 유치권의 부존재 확인을 구할 법률상 이익이 있고, 심리 결과 유치권 신고를 한 사람이 유치권의 피담보채권으로 주장하는 금액의 일부만이 경매절차에서 유치권으로 대항할 수 있는 것으로 인정되는 경우에는 법원은 특별한 사정이 없는 한 그 유치권 부분에 대하여 일부패소의 판결을 하여야 한다"(대판 2016.3.10. 2013다99409: 표준판례338)[8](8회 선택형)고 판시하였다. 같은 이유로 만약 피담보채권자체가 인정되지 않는다면, 근저당권자는 유치권 신고를 한 사람을 상대로 유치권 전부의 부존재 확인을 구할 법률상 이익이 인정된다(대판 2004.9.23. 2004다32848).

(3) 경매개시로 인한 압류의 효력 발생 '후'에 그 목적물을 인도받아 유치권을 취득한 경우

1) 판 례

"채무자 소유의 건물 등 부동산에 강제경매개시결정의 기입등기가 경료되어 압류의 효력이 발생한 이후에 채무자가 위 부동산에 관한 공사대금 채권자에게 그 점유를 이전함으로써 그로 하여금 유치권을 취득하게 한 경우, 그와 같은 점유의 이전은 목적물의 교환가치를 감소시킬 우려가 있는 처분행위에 해당하여 민사집행법 제92조 1항, 제83조 4항에 따른 압류의 처분금지효에 저촉되므로 점유자로서는 위 유치권을 내세워 그 부동산에 관한 경매절차의 매수인에게 대항할 수 없다"(대판 2005.8.19. 2005다22688 : 아래 핵심사례 D-9.참고)(3회,5회,6회,11회 선택형). [24법행] 이 경우 위 부동산에 경매개시결정의 기입등기가 경료되어 있음을 채권자가 알았는지 여부 또는 이를 알지 못한 것에 관하여 과실이 있는지 여부 등은 채권자가 그 유치권을 매수인에게 대항할 수 없다는 결론에 아무런 영향을 미치지 못한다(대판 2006.8.25. 2006다22050: 표준판례328)(5회 선택형).

2) 검 토

민사집행법 제92조 1항에 따른 '처분금지효'를 고려하건데 압류의 효력이 발생한 이후에 채무자가 공사대금 채권자에게 점유를 이전하여 채권자로 하여금 유치권을 취득하게 한 경우, 이러한 점유의 이전은 목적물의 교환가치를 감소시킬 우려가 있는 처분행위에 해당하므로 압류채권자에 대해서는 유치권을 주장할 수 없고, 그 압류채권자에 의한 경매절차에서의 매수인에 대해서도 유치권을 주장할 수 없다고 보아야 한다. 민사집행법 제91조 5항은 유치권의 경우에 매수인이 그 부담을 인수하는 인수주의를 채택하고 있으나, 이것은 유치권자가 압류채권자에 대항할 수 있는 것, 즉 압류 이전에 목적물에 대해 유치권이 성립한 것을 전제로 한다고 보아야 할 것이다.

---

8) [소극적 확인소송에서의 입증책임] "소극적 확인소송에서는 원고가 먼저 청구를 특정하여 채무발생원인 사실을 부정하는 주장을 하면 채권자인 피고는 권리관계의 요건사실에 관하여 주장·증명책임을 부담하므로, 유치권 부존재 확인소송에서 유치권의 요건사실인 유치권의 목적물과 견련관계 있는 채권의 존재에 대해서는 피고가 주장·증명하여야 한다"(대판 2016.3.10. 2013다99409: 표준판례338)(8회 선택형). [6회 사례형]

[비교판례] ＊ '가압류'의 효력 발생 후에 그 목적물을 인도받아 유치권을 취득한 경우(유치권 인정)
최근에 대법원은 "부동산에 가압류등기가 경료되어 있을 뿐 현실적인 매각절차가 이루어지지 않고 있는 상황 하에서는 채무자의 점유이전으로 인하여 제3자가 유치권을 취득하게 된다고 하더라도 이를 처분행위로 볼 수는 없다"(대판 2011.11.24. 2009다19246: 표준판례330)(5회,8회,9회,11회 선택형)라고 판시하여 이러한 유치권은 경매절차에서 매각으로 소멸하지 않고 매수인에게 인수된다고 판단하였다.
[판례검토] 압류의 효력이 발생한 후 점유이전으로 인해 제3자가 유효하게 유치권을 취득하면, 경매절차에서 매수인은 현황조사 보고서나 매각물건명세서에 드러나 있지 않은, 예상치 못한 유치권의 부담을 떠안게 되는 불공정한 결과가 발생할 수 있으나, 가압류만으로는 위와 같은 현실적인 매각절차가 진행되지 않기 때문에 위와 같은 불공정한 결과가 발생하지 않는다. 기본적으로 가압류는 목적물의 처분만을 제한하여 책임재산을 보전시키기 위한 제도이지 가압류권자에게 우선변제권을 부여하는 제도가 아니며, 선순위 담보권자조차도 사후에 성립한 유치권자에게 대항할 수 없다는 점에 비추어 보면, 일반 채권자에 불과한 가압류권자에게 유치권자에게 우선하는 권리를 주는 것은 형평에 맞지 않는다는 점에서 대법원의 판단은 타당하다.

[비교판례] ＊ '체납처분압류 후' 경매절차가 개시되기 전에 민사유치권을 취득한 경우(유치권 인정)
"부동산에 관한 민사집행절차에서는 경매개시결정과 함께 압류를 명하므로 압류가 행하여짐과 동시에 매각절차인 경매절차가 개시되는 반면, 국세징수법에 의한 체납처분절차에서는 그와 달리 체납처분에 의한 압류(이하 '체납처분압류'라고 한다)와 동시에 매각절차인 공매절차가 개시되는 것이 아닐 뿐만 아니라, 체납처분압류가 반드시 공매절차로 이어지는 것도 아니다. 또한 체납처분절차와 민사집행절차는 서로 별개의 절차로서 공매절차와 경매절차가 별도로 진행되는 것이므로, 부동산에 관하여 체납처분압류가 되어 있다고 하여 경매절차에서 이를 그 부동산에 관하여 경매개시결정에 따른 압류가 행하여진 경우와 마찬가지로 볼 수는 없다. 따라서 체납처분압류가 되어 있는 부동산이라고 하더라도 그러한 사정만으로 경매절차가 개시되어 경매개시결정등기가 되기 전에 부동산에 관하여 민사유치권을 취득한 유치권자가 경매절차의 매수인에게 유치권을 행사할 수 없다고 볼 것은 아니다"(대판 2014.3.20. 전합2009다60336: 표준판례331)(6회,11회 선택형) [7회 사례형]
[판례검토] 앞서 검토한 '가압류'의 경우와 마찬가지로 '체납처분압류'의 경우에도 현황조사 보고서나 매각물건명세서[9] 작성 등의 현실적인 매각절차가 진행되지 않는다는 점에서 '압류'의 경우와 달리 유치권이 인정된다.

2. '선행하는 저당권'과의 경합

(1) 민사유치권의 경우(유치권 인정) [24법행]

앞서 검토한 바와 같이 判例에 따르면 이미 저당권이 설정된 물건이라도 저당권실행의 경매개시되기 전에 목적물을 인도받아 취득한 경우, 유치권자는 경매의 매수인에게 대항할 수 있다고 한다.
즉, "경매로 인한 압류의 효력이 발생하기 전에 유치권을 취득한 경우에는 민사집행법 제91조 5항이 적용되고, 유치권 취득시기가 근저당권 설정 이후라거나 유치권 취득 전에 설정된 근저당권에 기하여 경매절차가 개시되었다고 하여 달리 볼 것은 아니다"(대판 2009.1.15. 2008다70763: 표준판례329)(5회 선택형).

(2) 상사유치권의 경우(유치권 소멸) [7회 사례형, 24법행]

判例는 선행하는 저당권이 있는 상황에서 나중에 '상사유치권'이 성립한 경우 민사집행법 제91조 5항(인수주의)의 적용을 부정한다. 즉, 상사유치권자는 선행저당권자 또는 선행저당권에 기한 임의경매절차에서 부동산을 매수한 매수인에게 대항할 수 없다(대판 2013.2.28. 2010다57350)[10](8회,11회 선택형).

---

9) 매각물건명세서에 어떤 하자가 있을 경우에는 매각불허가나 각하 사유가 된다. 예를 들어 매각물건명세서에 임차인이 없는 것으로 나와서 낙찰 받았는데 알고 보니 대항력 있는 임차인이 있는 경우, 낙찰자는 불허가신청을 하면 입찰보증금을 돌려받고 그 물건은 매각물건명세서가 수정된 후 다시 경매에 나오게 된다.
10) "상사유치권은 민사유치권과 달리 피담보채권이 '목적물에 관하여' 생긴 것일 필요는 없지만 유치권의 대상이 되는 물건은 '채무자 소유'일 것으로 제한되어 있다(상법 제58조, 민법 제320조 제1항 참조). 즉 상사유치권이 채무자 소유의 물건에 대해서만 성립한다는 것은, 상사유치권은 성립 당시 채무자가 목적물에 대하여 보유하고 있는 담보가치만을 대상으로 하는 제

3. 유치권의 소멸시효 여부

유치권은 독자적으로 소멸시효에 걸려서 소멸하는 일은 없다. 유치물의 점유가 유치권의 행사이기 때문이다. 그러나 유치권을 행사하고 있더라도 피담보채권의 소멸시효는 진행한다(제326조)(11회 선택형). 따라서 유치권이 존속하는 동안에도 피담보채권의 소멸시효는 진행하며, 피담보채권이 소멸하면 유치권은 부종성에 의하여 소멸한다.

4. 채무자의 소멸청구

(1) 의무위반과 소멸청구 [14회 기록형]

유치권자의 의무위반에 대한 채무자의 소멸청구로 소멸한다(제324조 3항). 이는 일종의 형성권이므로 소멸청구의 의사표시만으로 유치권은 소멸한다. 이러한 유치권소멸청구는 "유치권자의 선량한 관리자의 주의의무 위반에 대한 제재로서 채무자 또는 유치물의 소유자를 보호하기 위한 규정이므로, 특별한 사정이 없는 한 민법 제324조 제2항을 위반한 임대행위가 있은 뒤에 유치물의 소유권을 취득한 제3자도 유치권소멸청구를 할 수 있다"(대판 2023.8.31. 2019다295278).

(2) 다른 담보제공에 의한 소멸청구

채무자는 상당한 다른 담보를 제공하고 유치권의 소멸을 청구할 수 있다(제327조). 민법에는 채무자라고 규정되어 있으나, **유치물의 소유자도 포함된다**(대판 2001.12.11. 2001다59866). 물적 담보이든 인적 담보이든 묻지 아니하나, 이는 형성권이 아니어서 소멸청구의 의사표시 외에 담보의 제공에 대해 유치권자의 승낙이나 이에 갈음하는 판결이 있어야 유치권이 소멸한다.

또한 判例는 "유치물 가액이 피담보채권액보다 많을 경우에는 피담보채권액에 해당하는 담보를 제공하면 되고, 유치물 가액이 피담보채권액보다 적을 경우에는 유치물 가액에 해당하는 담보를 제공하면 된다"(대판 2021.7.29. 2019다216077; 표준판례337)고 한다.

5. 점유의 상실

유치권은 점유의 상실로 인하여 소멸하나(제328조), 점유를 회수한 때에는 유치권도 소멸하지 않았던 것이 된다(제192조 2항 단서). 특히 주의할 점은 유치권자가 소유자의 승낙 없이 목적물을 임대 또는 담보로 제공한 경우에도 점유는 계속되고 있으므로(간접점유), 그러한 사실이 있는 것만으로 곧 유치권이 소멸하는 것은 아니고, 채무자가 소멸청구를 한 때(제324조 3항) 비로소 소멸된다는 점이다.

한물권이라는 의미를 담고 있다 할 것이고, 따라서 유치권 성립 당시에 이미 목적물에 대하여 제3자가 권리자인 제한물권이 설정되어 있다면, 상사유치권은 그와 같이 제한된 채무자의 소유권에 기초하여 성립할 뿐이고, 기존의 제한물권이 확보하고 있는 담보가치를 사후적으로 침탈하지는 못한다"

| 핵심사례 D-09 |

■ ★ **유치목적물이 경매된 경우 유치권의 효력** [7회 사례형, 12사법, 17법행, 13법무]
   대판 2005.8.19. 2005다22688 ; 대판 2009.1.15. 2008다70763 ; 대판 2011.11.24. 2009다19246(표준판례330)

A가 B회사 소유의 이 사건 공장건물들의 신축공사로 인한 공사대금채권을 가지고 있던 중, B에 대한 채권자의 신청에 의해 2002. 5. 13. 위 공장건물에 대해 강제경매개시결정의 기입등기가 마쳐진 후, A는 위 공장건물 중 그 일부에 대해서는 그 임차인에 대한 B의 목적물반환청구권을 양도받음으로써 2003. 4. 30.경부터 임차인을 통한 간접점유를 시작하고, 나머지 공장건물에 대하여는 경비원을 고용하여 출입자들을 통제하기 시작한 2003. 5. 23. 경부터 B로부터 그 점유를 이전받아 직접점유를 시작하였다.

(1) 그런데 위 경매절차를 통해 2003. 9. 25. 위 공장건물에 대해 소유권을 취득한 C는 A를 상대로 이 사건 건물의 인도를 청구하고 있다. 이에 대해 A가 B에 대한 채권을 피담보채권으로 하는 유치권으로서 항변하는 경우, C의 청구는 인용될 수 있는가? (10점)
(2) 만약 이미 저당권이 설정된 공장건물에 대해 경매개시에 따른 압류의 효력이 발생하기 전에 A가 공장건물을 인도받은 경우라면 어떠한가? (10점)

Ⅰ. 경매개시로 인한 압류의 효력 발생 후에 그 목적물을 인도받아 유치권을 취득한 경우 우열관계 – 설문(1)의 경우

1. 판 례(대판 2005.8.19. 2005다22688 : 유치권 소멸)

2. 검토 및 사안의 경우
따라서 설문 (1)의 경우 유치권자 A는 압류의 효력이 발생한 후 취득한 유치권을 내세워 경매절차의 매수인 C에게 대항할 수 없다. 즉, C의 A를 상대로 한 이 사건 건물의 인도청구는 인용된다.

Ⅱ. 이미 저당권이 설정된 물건에 대해 경매개시에 따른 압류의 효력이 발생하기 전에 그 목적물을 인도받아 유치권을 취득한 경우 – 설문 (2)의 경우

1. 판 례(대판 2009.1.15. 2008다70763 : 유치권 인정)

2. 검토 및 사안의 경우
따라서 설문 (2)의 경우 A의 유치권 항변은 이유 있다. 그러므로 C의 단순 인도청구에 대하여 법원은 채무의 변제와 상환으로 이 사건 건물을 인도하도록, 상환급부판결을 내려야 한다.

제2절 질권

Ⅰ. 서 설
[D-101]

질권은 채권의 담보를 위해 채무자 또는 제3자(물상보증인)가 인도한 동산 또는 재산권을 유치하고, 채무의 변제가 없는 때에는 그 목적물로부터 우선변제를 받는 물권이다(제329조, 제345조).

Ⅱ. 동산질권
[D-102]

1. 의 의

동산질권은 양도할 수 있는 '동산'을 목적으로 하는 것으로서(제331조), 그 인도 즉 점유를 공시방법으로 삼는다. 다만 질권의 유치적 효력을 실현하기 위해 점유개정의 방식은 허용되지 않는다(제332조). 질권자는 채권의 변제를 받을 때까지 질물을 유치할 수 있고(제335조), 또 채권의 변제를 받기 위해 경매 등의 절차를 통해 우선변제를 받을 수 있다(제329조, 제338조).

2. 질물에 대한 점유상실

(1) 질권자가 질권설정자에게 질물을 임의반환한 경우

질권자는 설정자로 하여금 질물의 점유를 하게 하지 못한다(제332조). 따라서 **질권이 설정된 후 질권자가 임의로 질물을 질권설정자에게 반환한 경우 질권의 효력**이 문제된다.

① 질권의 경우 제328조를 준용하지 않는 취지와 질권의 핵심은 우선변제적 효력에 있다는 점을 근거로 하는 대항력을 상실한다는 견해도 있으나, ② 제332조에 의한 유치적 효력의 확보의 요청과 대항력 상실을 규정한 구민법 제352조를 삭제한 취지 등을 고려한다면, 원칙적으로 **질권 자체가 소멸**한다고 보는 것이 타당하다(다수설). 이러한 견해에 따르면 질권설정자의 사용·수익을 박탈하여 질권의 유치권 효력을 확보하고자 하는 질권의 특질이 질물의 반환에 의하여 깨졌는지 여부에 따라 판단하여야 한다고 한다. 그래서 예컨대 수리를 위하여 질권설정자에게 일시적으로 점유를 이전한 경우에는 질권이 존속하나, 질물을 반환하고 그 뒤로도 계속하여 질권설정자로 하여금 질물을 점유하게 하는 경우에는 질권이 소멸한다고 한다.

(2) 기타의 점유상실의 경우

1) **점유보호청구권**

동산 질권자는 동산을 점유하는 자이므로 '점유 침탈'에 대하여는 점유보호청구권을 행사할 수 있다(제204조). 다만 점유침탈에 해당하지 않는 점유 상실의 경우(질물의 유실, 사기에 의한 질물의 인도 등)에는 점유보호청구권을 행사할 수 없다는 한계가 있다.

2) **질권에 기초한 물권적 청구권**(아래 핵심사례 D-10.참고)

3) **손해배상청구권**

질물의 점유상실이 타인의 위법한 행위로 인한 것이고 이로 인하여 질권자에게 손해가 발생한 경우 질권자는 침해자에 대하여 손해배상을 청구할 수 있다(제750조).

4) **즉시변제청구권**

질물의 점유상실이 피담보채권의 채무자의 책임 있는 사유로 인한 것인 때에는 기한이익의 상실(제388조 1호)에 해당하고 질권자는 즉시변제청구권을 갖는다.

핵심사례 D-10

■ 동산질권

乙은 丙에게 100만 원을 빌리고 싶었는데 담보물로 제공할 물건이 없어 고민하고 있던 중, 甲이 乙에게 노트북을 빌려 주자 乙은 이것을 丙에게 질권설정을 해주고 100만 원을 차용하였다. 그러나 **A가 丙으로부터 이를 훔쳐 B에게 매각하고 인도한 경우라면 법률관계는? (30점)**

Ⅰ. 노트북에 관한 권리귀속 여하

1. 丙이 질권을 선의취득하는지 여부

乙은 처분권한이 없으므로 丙에게 질권설정을 할 수 없으나 丙이 선의취득의 요건을 갖춘 경우 丙은 질권을 선의취득한다(제343조, 제249조). 다른 요건은 문제되지 않으나, 判例에 의하면 무과실은 추정되지 않고 양수인이 이를 입증하여야 한다고 한다(대판 1968.9.3. 68다169). 그러나 제200조(권리적법 추정)에 의해 양수인의 무과실도 추정된다고 보는 것이 타당하므로(다수설), 甲이 丙의 악의나 과실을 증명하지 못하는 한 丙은 질권을 선의취득하게 된다.

2. B가 소유권을 선의취득하는지 여부

절도자인 A는 소유권이 없으나, B가 선의취득의 요건을 갖춘 경우 B는 소유권을 선의취득한다(제249조). 사안에서는 앞서 검토한 바와 같이 甲이 B의 악의나 과실을 증명하지 못하는 한 B는 소유권을 선의취득하게 된다.

Ⅱ. 甲의 B에 대한 반환청구권

1. 소유권에 기한 반환청구권

B가 선의취득의 요건을 갖춘 경우 甲의 소유권에 기한 반환청구는 원칙적으로 허용되지 않으나, 사안에서 노트북은 도품이므로 도품[1]의 특칙에 의하여 2년 내에 반환을 청구할 수 있다(제250조). 이때 B가 공개시장이나 상인인 A에게 노트북을 취득했다면 대가변상청구가 가능하다(제251조). 이 경우 B는 A로부터 취득할 당시 지급한 가액의 반환을 甲에게 청구할 수 있다.

2. 점유권에 기한 반환청구권

사안에서 甲은 乙과의 점유매개관계를 통해 간접점유하고 있는바, 원칙적으로 간접점유자는 간접점유권의 침해[2]를 이유로 점유물반환청구가 가능하다(제207조, 제204조). 그러나 사안에서 B는 침탈자의 특별승계인이므로 B가 악의가 아니라면 甲은 B에 대해 간접점유권에 기한 노트북반환청구권을 행사할 수는 없다(제204조 2항).

Ⅲ. 丙의 B에 대한 반환청구권

1. B의 선의취득에 의해 丙의 질권이 소멸하는지 여부

선의취득을 원시취득으로 보는 견해에 따르면 원칙적으로 丙의 질권은 소멸하고, 승계취득으로 보는 견해에 따르면 원칙적으로 丙의 질권은 존속하나,[3] 사안에서 A의 점유 자체에 제한이 없는 상태였으므로 사안에서 B는 선의취득에 의하여 질권의 제한이 없는 완전한 소유권을 취득한다고 보는 것이 타당하다.

2. 丙의 반환청구권 인정 여부

(1) 점유권에 기한 반환청구권

원칙적으로 점유자는 점유권의 침해를 이유로 점유물반환청구가 가능하나(제204조), 사안에서 B는 침탈자의 특별승계인으로 B가 악의가 아니라면 丙은 B에 대해 점유권에 기한 노트북반환청구권을 행사할 수는 없다(제204조 2항).

(2) 질권에 기한 반환청구권

1) 문제점

민법은 질권에 관해서는 물권적 청구권에 관한 준용규정을 두고 있지 않다. 또한 유치권과 같이 그 권리의 일부라도 이를 부인하는 취지의 규정(제328조 ; 유치권은 점유의 상실로 인하여 소멸한다)도 없어 질권 자체에 대한 물권적 청구권을 인정할 것인가가 문제된다.

2) 학설 검토

① 이를 두고 질권의 경우 점유보호청구권(제204조 1항)으로 충분하다는 '입법적 결단'으로 보고 이를 부정하는 견해가 있으나, ② 제204조 1항은 '침탈'의 경우만 적용되므로 유실, 사기로 인한 경우 물권적 청구권을 인정할 실익이 있으므로 이는 '입법기술상의 착오'로 질권의 경우에도 물권적 청구권을 인정하는 것이 타당하다(다수설).

3) 사안의 경우

긍정설에 따르더라도 B가 선의취득을 하면 원칙적으로 질권에 기한 반환청구를 할 수 없을 것이나, 사안은 도품이므로 丙은 도품의 특칙에 따라 2년 내에 반환청구가 가능하다(제343조, 제250조).

Ⅳ. 기타의 법률관계

甲은 乙에게 채무불이행(제390조) 또는 불법행위로 인한 손해배상을 청구할 수 있고(제750조), A에게도 불법행위로 인한 손해배상을 청구할 수 있다(제750조). 또한 丙도 A에게 불법행위로 인한 손해배상을 청구할 수 있다(제750조).

3. 동산질권자의 전질권(轉質權)

질권자는 그 권리의 범위내에서 '자기의 책임'으로 질물을 전질(=질권자가 자신의 채권자에 대한 담보로 질물 위에 다시 질권을 설정하는 것)할 수 있다(책임전질).[4] 이 경우에는 전질을 하지 아니하였으면 면할 수 있는 불가항력으로 인한 손해에 대하여도 책임을 부담한다(제336조)(6회 선택형). 이러한 책임전질의 경우에 질권자가 채무자에게 전질의 사실을 통지하거나 채무자가 이를 승낙함이 아니면 전질로써 채무자, 보증인, 질권설정자 및 그 승계인에게 대항하지 못하고, 채무자가 이러한 통지를 받거나 승낙을 한 때에는 전질권자의 동의없이 질권자에게 채무를 변제하여도 이로써 전질권자에게 대항하지 못한다(제337조).

[비교] 질권자는 질권설정자의 승낙을 받아 질물을 전질할 수 있는데(제343조, 제324조 2항), 이를 '승낙전질'이라고 한다. 그 성질은 질물의 재입질로 본다(통설).

---

1) 점유이탈 의사의 유무는 직접점유자나 점유보조자를 기준으로 결정되는데, 사안과 같이 직접점유자 乙의 의사에 의해 점유가 이탈된 경우에는 진정한 권리자와 선의의 거래상대방간의 이익형량의 차원에서 도품에 해당하지 않는 것으로 볼 여지도 있다(대판 1991.3.22. 91다70 참고). 그러나 사안의 경우 궁극적인 점유이탈은 도둑인 A에 의하여 이루어졌으므로 진정한 권리자 甲과 B의 이익형량의 차원에서 도품이라고 판단하는 것이 타당하다.

2) 직접점유자가 점유물을 무단으로 제3자에게 처분한 경우처럼 직접점유자에 의하여 간접점유가 침해된 경우에는 간접점유자의 제3자에 대한 점유보호청구권은 인정되지 않는다(대판 1993.3.9. 92다5300). 그러나 앞서 검토한 바와 같이 B의 점유취득은 궁극적으로 도둑인 A에 의하여 이루어졌으므로 이에 해당하지 않는다고 보는 것이 보다 타당하다.

3) 그러나 원시취득설에 따르더라도 선의취득자가 그 제한물권의 존재를 알았거나 알 수 있었다면 선의취득자는 제한물권의 부담이 있는 소유권을 취득한다고 보며, 승계취득설에 따르더라도 양수인이 그 제한물권의 존재에 관하여도 선의·무과실이면 선의취득법의 유추적용을 통해 제한없는 소유권을 취득한다고 한다고 보기 때문에 결과적으로 학설의 차이가 없다.

4) [학설] 책임전질의 법적성질과 관련하여 ① 질물의 전질이라고 규정한 제336조의 규정상 질권자가 자기 채무의 담보를 위해 질물 위에 다시 질권을 설정하는 것이라는 '질물재입질설'과 ② 질권의 부종성을 고려하여 채권과 질권을 함께 입질한다고 보는 '채권·질권 공동입질설'(다수설)의 대립이 있다.

Ⅲ. 권리질권(특히 채권질권)   [D-103]

1. 의 의

권리질권은 권리를 질권의 목적으로 하여 성립하는 질권이다(제345조 본문). 오늘날에는 동산질권보다 권리질권이 보다 더 중요한 기능을 갖는다. 권리질권에 관하여는 특칙이 없는 한 동산질권에 관한 규정을 준용한다(제355조).

2. 권리질권의 목적

(1) 양도성이 있는 재산권일 것

권리질권의 목적으로 되는 것은 양도성이 있는 재산권이다(제355조, 제331조). 따라서 채권·주식·지적 재산권 등은 권리질권의 목적이 될 수 있지만, 인격권·친족권·상속권·부양청구권 등은 권리질권의 목적이 될 수 없다. 질권자 자신에 대한 채권도 가능하다. 실무상 은행이 고객의 정기예금채권에 대하여 질권을 설정하고 고객에게 대출을 해 주는 경우가 흔히 있다.

(2) 성질상 또는 법률상 제한이 없을 것

부동산의 사용·수익을 목적으로 하는 권리는 권리질권의 객체가 될 수 없다(제345조 단서). 그러므로 지상권·전세권·부동산임차권 등은 질권의 목적이 될 수 없다. 다만 부동산임대차보증금채권은 금전채권이므로 채권질권의 목적이 될 수 있다.

3. 권리질권의 설정방법

권리질권의 설정은 법률에 다른 규정이 없으면 그 권리의 양도에 관한 방법에 의하여야 한다(제346조). 예컨대 저당권으로 담보한 채권을 질권의 목적으로 한 때에는 그 저당권등기에 질권의 부기등기를 하여야 그 효력이 저당권에 미치고(제348조)(6회 선택형), 지명채권을 목적으로 한 질권의 설정은 설정자가 제450조의 규정에 의하여 제3채무자에게 질권설정의 사실을 통지하거나 제3채무자가 이를 승낙함이 아니면 이로써 제3채무자 기타 제3자에게 대항하지 못한다(제349조).

그리고 채권을 질권의 목적으로 하는 경우에 '채권증서'가 있는 때에는 질권의 설정은 그 증서를 교부함으로써 그 효력이 생기지만(제347조), 判例에 따르면 **임대차계약서는 여기에서의 '채권증서'에 해당하지 않는다**고 한다(대판 2013.8.22. 2013다32574: 표준판례339 : 핵심사례 D-11.참고).[5]

> **[구체적 예]** 보험계약자인 甲은 乙로부터 금전을 차용하면서 그 담보로 보험회사인 丙에 대하여 가지는 보험금청구권에 질권을 설정하여 주었다. 한편 甲의 다른 채권자인 丁은 甲에 대한 채권을 청구채권으로 하여 위 보험금청구권을 가압류하였으나, 丁의 채권가압류결정이 丙에게 송달되기 전에 丙이 확정일자 있는 서면에 의하여 질권설정에 승낙하였다면, 丁은 乙에 대하여 가압류로 대항할 수 없다.
>
> 왜냐하면 채권질권자 乙이 다른 '제3자'인 채권의 가압류권자 丁에게 대항하기 위해서는 제3채무자 丙에게 확정일자 있는 증서로 통지나 승낙이 이루어져야 하고(제349조 1항, 제450조 2항), 이들의 우열은 채무자의 인식을 기준으로 하는바(대판 1994.4.26. 전합93다24223),[6] 사안에서는 丁의 채권가압류결정이 丙에게 송달되기 전에 丙이 확정일자 있는 서면에 의하여 질권 설정에 승낙하였기 때문이다(4회 선택형).

---

5) 判例는 임대차보증금반환채권에 대해 질권을 설정받으면서 채권자가 임대차계약서를 교부받지 않은 사안에서 "민법 제347조 소정의 '채권증서'는 채권의 존재를 증명하는 문서로서 장차 변제 등으로 채권이 소멸하면 민법 제475조에 따라 채무자가 채권자에게 그 반환을 청구할 수 있는 것을 말하는데, 임대차계약서는 임대인과 임차인의 권리의무 관계를 정한 약정서일 뿐 임대차보증금 반환채권의 존재를 증명하기 위해 임대인이 임차인에게 제공한 문서는 아니어서 위 채권증서에는 해당하지 않는다"고 보았다. 즉, 설사 임대차계약서를 교부받지 않았다고 하더라도 그것은 채권증서가 아니므로 또 달리 채권증서가 없는 이상, 위 질권은 유효하게 성립하는 것으로 보았다.

6) **[사실관계]** 채권양수인과 동일채권에 대하여 가압류명령을 집행한 자 사이의 우열은 확정일자 있는 채권양도통지와 가압류결정정본의 제3채무자에 대한 도달의 선후에 의하여 결정하여야 한다고 보아 '도달시'를 기준으로 우열을 결정한 사안이다.

4. 채권질권의 효력

(1) 목적의 범위

1) 피담보채권의 범위(제355조, 제334조)

2) 질권의 효력이 미치는 범위

① 입질채권 전부에 질권의 효력이 미친다. 특히 피담보채권액이 입질채권액보다 적은 경우에도 입질채권 전부에 효력이 미친다(대판 1972.12.26. 72다1941). 이는 담보물권의 불가분성 때문이다. 예컨대 500만 원의 채무를 담보하기 위해 채무자가 제3자에 대해 갖고 있는 600만 원의 채권에 대해 질권을 설정한 경우 질권자가 제3채무자에게 채권 500만 원 전액을 직접 추심하여 변제받기 전까지는 채무자가 제3채무자에 대해 피담보채권 500만 원을 제외한 차액 100만 원을 추심할 수 없다. ② 입질채권이 이자 있는 것일 때에는 그 이자채권에도 효력이 미친다(제100조 2항 참조). ③ 채권질권에도 물상대위가 인정된다(제355조, 제342조). 예컨대 甲이 乙에 대한 특정물인도청구권을 丙에게 입질하였는데 丁이 그 물건을 멸실시킴으로써 乙이 丁에 대하여 손해배상청구권을 가지거나(따라서 丙의 채권질권은 이 손해배상청구권에 그 효력이 미친다), 유가증권인 채권의 멸실로 인한 보험금청구권을 들 수 있다.

(2) 유치적 효력

질권자는 피담보채권 전부의 변제를 받을 때까지 채권증서 또는 증권을 유치할 수 있다(제355조, 제335조).

(3) 질권설정자의 권리처분제한

① 질권설정자는 질권자의 동의 없이 질권의 목적인 권리를 소멸하게 하거나 질권자를 해하는 변경을 하지 못한다(제352조). 예컨대 입질의 대항요건이 갖추어진 때에는 질권설정자는 채권을 추심하거나 변제의 수령·면제·상계 등을 할 수 없다. 이에 위반된 행위는 질권자에 대한 관계에서 상대적 무효이다(대판 1997.11.11. 97다35375: 표준판례341).

② 그러나 질권의 목적인 채권의 양도행위는 질권의 효력이 미치기 때문에(담보물권의 추급력) 제352조의 질권자를 해하는 변경이 아니다. 따라서 질권자의 동의 없이 할 수 있다(대판 2005.12.22. 2003다55059: 표준판례343 : 6회, 8회 선택형).

③ "질권설정자가 제349조 1항에 따라 제3채무자에게 질권이 설정된 사실을 통지하거나 제3채무자가 이를 승낙한 때에는 제3채무자가 질권자의 동의 없이 질권의 목적인 채무를 '변제'하더라도 질권자에게 대항할 수 없고, 질권자는 여전히 제3채무자에게 직접 채무의 변제를 청구할 수 있다. 따라서 질권의 목적인 채권에 대하여 질권설정자의 일반채권자의 신청으로 압류·전부명령이 내려진 경우에도 그 명령이 송달된 날보다 먼저 질권자가 확정일자 있는 문서에 의해 제349조 1항에서 정한 대항요건을 갖추었다면, 전부채권자는 질권이 설정된 채권을 이전받을 뿐이고 제3채무자는 전부채권자에게 변제했음을 들어 질권자에게 대항할 수 없다"(대판 2022.3.31. 2018다21326: 표준판례346 : 13회 선택형). 따라서 질권자는 여전히 제3채무자에게 직접 채무의 변제를 청구할 수 있으므로 전부채권자에게 질권침해를 이유로 부당이득반환청구권을 행사할 수 있는 것은 아니다. [12회 사례형]

(4) 우선변제적 효력

1) 의 의

채권질권자는 입질채권 자체를 추심하여 우선변제를 받는다. 민법은 채권질권의 실행방법으로 '채권의 직접청구'(제353조)와 '민사집행법에 의한 집행방법'(제354조)의 두 가지를 인정한다. 유의할 것은, 전자에 의할 수 있는 경우에도 후자의 방법을 취하는 것은 허용되며, 또 권리의 종류에 따라서는 후자의 방법에 의해서만 실행할 수 있는 것이 있다. 그런데 후자는 강제집행의 절차를 거치는 점에서 전자와 다르다.

2) 채권의 직접청구

질권자는 질권의 목적이 된 채권을 직접 청구할 수 있다(제353조 1항). '직접'이란 제3채무자에 대한 집행권원이나 설정자로부터의 추심위임이나 동의 등을 요하지 않고(7회 선택형) 질권자가 질권에 기해 자신의 이름으로 청구하는 것을 말한다.

가) 채권의 목적물이 금전인 경우

① 채권의 목적물이 '금전'인 때에는, 질권자는 '자기 채권의 한도'에서 직접 청구할 수 있고(제353조 2항), 인도받은 금액으로써 피담보채권의 변제에 충당할 수 있다. 입질채권의 변제기가 질권자의 채권의 변제기보다 먼저 도래한 때에는 질권자는 직접 청구를 하지는 못한다. 이 경우 질권자는 제3채무자에 대하여 그 변제할 금액의 공탁을 청구할 수 있고, 질권은 이 공탁금 위에 존재한다(제353조 3항).

② 채권질권의 효력은 '질권의 목적이 된 채권'의 지연손해금 등과 같은 부대채권에도 미치므로 채권질권자는 질권의 목적이 된 채권과 그에 대한 지연손해금채권을 피담보채권의 범위에 속하는 자기채권액에 대한 부분에 한하여 직접 추심하여 자기채권의 변제에 충당할 수 있다(대판 2005.2.25. 2003다40668: 표준판례345 : 8회,13회 선택형).

나) 질권의 목적물이 물건인 경우

채권의 목적물이 '물건'인 때에는, 질권자는 그 변제를 받은 물건에 대하여 질권을 행사할 수 있다(제353조 4항). 즉 채권이 물건의 급부를 목적으로 하는 경우, 질권자는 제3채무자에 대해 직접 자기에게 인도할 것을 청구할 수 있다.

다) 질권자의 직접청구권 행사에 대한 제3채무자의 항변

질권자의 직접청구권 행사에 대해 제3채무자가 질권설정자에 대한 대항사유로 질권자에게 대항할 수 있는지 문제되는데, 제451조의 규정에 의해 판단하면 된다(대판 2002.3.29. 2000다13887: 표준판례340 : 7회 선택형).

3) 민사집행법에 의한 집행

채권의 추심, 전부, 현금화 세 가지가 있다. 이 경우 집행권원을 요하지 않고 질권의 존재를 증명하는 서류만 제출되면 개시된다(민사집행법 제273조 1항)(7회 선택형).

(5) 채권질권에 있어 제3채무자의 급부의 효력

1) 입질채권의 발생원인인 계약관계에 무효 등의 흠이 있어 입질채권이 부존재하는 경우

"금전채권의 질권자가 민법 제353조 제1항, 제2항에 의하여 자기채권의 범위 내에서 직접청구권을 행사하는 경우 질권자는 질권설정자의 대리인과 같은 지위에서 입질채권을 추심하여 자기채권의 변제에 충당하고 그 한도에서 질권설정자에 의한 변제가 있었던 것으로 보므로, 위 범위 내에서는 제3채무자의 질권자에 대한 금전지급으로써 제3채무자의 질권설정자에 대한 급부가 이루어질 뿐만 아니라 질권설정자의 질권자에 대한 급부도 이루어진다(이른바 단축급부 : 저자주). 이러한 경우 입질채권의 발생원인인 계약관계에 무효 등의 흠이 있어 입질채권이 부존재한다고 하더라도 제3채무자는 특별한 사정이 없는 한 상대방 계약당사자인 질권설정자에 대하여 부당이득반환을 구할 수 있을 뿐이고 질권자를 상대로 직접 부당이득반환을 구할 수 없다. 이와 달리 제3채무자가 질권자를 상대로 직접 부당이득반환청구를 할 수 있다고 보면 자기 책임하에 체결된 계약에 따른 위험을 제3자인 질권자에게 전가하는 것이 되어 계약법의 원리에 반하는 결과를 초래할 뿐만 아니라 질권자가 질권설정자에 대하여 가지는 항변권 등을 침해하게 되어 부당하기 때문이다"(대판 2015.5.29. 2012다92258: 표준판례344 : 7회, 9회 선택형).

2) **피담보채권의 초과지급** : 금전채권의 질권자가 제3채무자로부터 자기채권을 초과하여 금전을 지급받은 경우

"질권자가 제3채무자로부터 자기채권을 초과하여 금전을 지급받은 경우 초과 지급 부분에 관하여는 제3채무자의 질권설정자에 대한 급부와 질권설정자의 질권자에 대한 급부가 있다고 볼 수 없으므로, 제3채무자는 특별한 사정이 없는 한 '질권자'를 상대로 초과 지급 부분에 관하여 부당이득반환을 구할 수 있지만, 부당이득반환청구의 상대방이 되는 수익자는 실질적으로 그 이익이 귀속된 주체이어야 하는데, 질권자가 초과 지급 부분을 질권설정자에게 그대로 반환한 경우에는 초과 지급 부분에 관하여 질권설정자가 실질적 이익을 받은 것이지 질권자로서는 실질적 이익이 없다고 할 것이므로, 제3채무자는 질권자를 상대로 초과 지급 부분에 관하여 부당이득반환을 구할 수 없다"(대판 2015.5.29. 2012다92258: 표준판례344 : 8회 선택형).

3) **입질채권의 초과지급** : 근저당권부채권의 질권자가 집행법원으로부터 근저당권부채권 범위를 초과하여 배당금을 수령한 경우

"질권설정자의 채무자에 대한 근저당권부채권 범위를 초과하여 질권자의 질권설정자에 대한 피담보채권 범위 내에서 질권자에게 배당금이 직접 지급됨으로써 질권자가 피담보채권의 만족을 얻은 경우, 실체법적으로 볼 때 배당을 통하여 법률상 원인 없이 이득을 얻은 사람은 피담보채권이라는 법률상 원인에 기하여 배당금을 수령한 질권자가 아니라 근저당권부채권이라는 법률상 원인의 범위를 초과하여 질권자에게 배당금이 지급되게 함으로써 자신의 질권자에 대한 피담보채무가 소멸하는 이익을 얻은 '질권설정자'이다"(대판 2024.4.12. 2023다315155).

핵심사례 D-11

■ 채권질권 [08사법]

甲과 乙은 부부이다. 乙은 건물의 소유를 목적으로 丙 소유의 토지를 보증금 1억 원에 임차하여, 그 지상에 조립식 2층 건물을 신축하고 소유권보존등기를 경료하였다. 甲, 乙은 함께 위 건물 1층에서 전자제품대리점을 운영하고 2층에 거주하였다. 그 후 丙은 A에게서 1억 원을 차용하면서 위 토지에 관하여 A 명의의 저당권을 설정하였다. 한편 乙은 건물 신축 때문에 진 빚도 갚고 위 대리점 운영자금으로 사용하기 위하여 丁에게서 2억 원을 차용하면서, 丙에 대한 위 보증금반환채권에 질권을 설정하고 그 사실을 丙에게 통지하였다. **위 토지 임대차기간 만료시 토지소유자 丙에 대하여 주장할 수 있는 丁의 권리에 관하여 논하시오 (20점)**

Ⅰ. 보증금반환채권에 대한 질권설정 가부

1. 문제점

채권질권의 목적이 될 수 있는 것은 양도성 있는 채권이다(제355조, 제331조). 그런데 임대차보증금반환채권은 임대차기간이 '종료'해야 비로소 발생하며, 그 액수도 임차목적물을 '반환'할 때까지의 임대차와 관계된 모든 손해를 공제한 것이 되므로 불확정한 장래의 채권으로 그 성질상 양도가 제한되는 것은 아닌지 문제된다.

2. 장래채권 양도의 허용 여부

判例에 따르면 장래 발생할 채권이라도 ⅰ) '현재 그 권리의 특정이 가능'하고 ⅱ) '가까운 장래에 발생할

것임이 상당한 정도로 기대'되는 경우에는 채권양도의 대상이 될 수 있다(대판 1997.7.25. 95다21624)고 하는 바, 임차보증금의 수액이 불확정하다는 사정은 그 양수인이 이를 감수했다고 보아야 할 것이므로 임대차보증금반환채권은 자유롭게 양도할 수 있다고 할 것이다. 따라서 乙은 丙에 대한 임대차보증금반환채권을 임대차 종료 전에 질권설정할 수 있다.

Ⅱ. 丁의 丙에 대한 권리행사 방법

채권질권의 성립은 채권의 양도에 관한 방법에 의한다(제346조). 따라서 지명채권의 입질로 제3채무자 丙에게 대항하기 위하여 丙에게 질권의 설정을 통지하거나 丙이 이를 승낙하여야 한다(제349조 1항, 제450조). 그리고 채권을 질권의 목적으로 하는 경우에 채권증서가 있는 때에는 질권의 설정은 그 증서를 교부함으로써 그 효력이 생기지만(제347조), 判例에 따르면 임대차계약서는 여기에서의 '채권증서'에 해당하지 않는다고 한다(대판 2013.8.22. 2013다32574).

결국 사안에서는 채권질권의 설정요건을 모두 갖추었으므로 질권자인 丁은 질권의 목적이 된 채권을 丙에게 직접 청구할 수 있다(제353조 1항). 특히 사안과 같이 입질채권의 목적이 금전인 경우에, 丁은 자기 채권(2억)의 한도에서 보증금(1억 원)의 지급을 직접 청구하고 이를 변제에 충당할 수 있다(제353조 2항 ; 대판 2005.2.25. 2003다40668).

Ⅲ. 丙의 丁에 대한 항변수단

한편 丁은 乙이 丙에 대해 가지는 보증금반환채권에 대해 질권설정을 받은 것이므로, 丙의 乙에 대한 지위는 달라질 것이 없다. 즉 丙은 乙에 대해 가지는 항변사유로써 丁에게 대항할 수 있다(제349조 2항, 제451조 2항). 그런데 임차보증금은 임차목적물의 인도와 상환으로 반환하는 동시이행의 관계에 있으므로, 乙이 토지를 인도할 때까지는 丙은 丁이 질권자로서 보증금의 지급을 청구하는 것에 대해 이를 거절할 수 있다.

제3절 저당권

저당권은 채무자 또는 제3자(물상보증인)가 채무의 담보로 제공한 부동산 기타의 목적물을 인도받지 않고 채무의 변제가 없는 경우에 그 목적물로부터 우선변제를 받을 수 있는 담보물권이다(제356조).

제1관 저당권의 성립 (저당권의 부종성)

저당권은 저당권자(채권자)와 저당권설정자(채무자 또는 물상보증인) 사이의 저당권설정계약에 의하여 설정되는 것이 원칙이지만, 예외적으로 토지임차인의 법정저당권처럼 '법률의 규정'에 의해 저당권이 성립하는 경우도 있고(제649조), 또 부동산 공사수급인의 저당권설정청구권처럼 당사자 일방에게 인정되는 것도 있다(제666조).

I. 성립상 부종성의 인정 여부　　　　　　　　　　　　　　　　　　　　　　　　　　　　　[D-104]

① 저당권은 그 성립, 존속, 소멸에 있어서 피담보채권에 부종한다. 민법은 제369조에서 저당권의 '소멸'상의 부종성에 관하여만 규정하고 있을 뿐, '성립'상의 부종성에 관하여는 명문의 규정을 두고 있지 않지만, **통설 및 判例**는 '성립'상의 부종성 또한 당연히 인정되는 것으로 보고 있다. 왜냐하면 우리 민법은 저당권의 '존속' 및 '소멸'에 있어서 저당권의 피담보채권에 대한 독립성을 인정하지 않고 종속적 관계를 인정하고 있는바(제361조, 제369조), 그렇다면 피담보채권을 전제로 하지 않고는 저당권이 성립할 수 없다는 '성립'상의 부종성 또한 당연히 인정되는 것으로 보는 것이 합리적이기 때문이다.

② 따라서 민법의 해석으로는 피담보채권을 전제로 하지 않는 저당권 즉 '순수한 가치권'으로서의 저당권은 인정될 수 없다. 그리고 이는 통상의 저당권의 경우뿐만 아니라 근저당권의 경우에도 마찬가지이다. 따라서 기본계약이 무효이면 근저당권도 무효이고, 확정된 피담보채권이 이전되면 근저당권도 함께 이전되며, 확정된 피담보채권이 소멸하면 근저당권도 소멸한다. 다만 근저당권의 확정 전에 피담보채무의 이전 또는 소멸은 근저당권에 영향을 미치지 아니한다(제357조 1항 2문).

Ⅱ. 성립상 부종성의 완화　　　　　　　　　　　　　　　　　　　　　　　　　　　　　　　[D-105]

1. 의 의

저당권의 성립에 있어서 부종성을 관철하면 원칙적으로 '등기부에 저당권자로 기재된 자'가 '등기부에 채무자로 기재된 자'에 대하여 채권을 가지고 있어야 할 것이다. 그러나 학설과 判例는 이를 완화하여 실제 채권자 아닌 제3자를 저당권자로 등기한 경우나 실제 채무자 아닌 제3자를 채무자로 등기한 경우에도 예외적으로 저당권의 효력을 인정하고 있다.

2. 제3자를 저당권자로 등기한 경우

최근 判例는 이러한 의미의 부종성을 제한적으로 완화하고 있는바 "근저당권은 채권담보를 위한 것이므로 원칙적으로 채권자와 근저당권자는 동일인이 되어야 하지만, 제3자를 근저당권 명의인으로 하는 근저당권을 설정하는 경우 i) 그 점에 대하여 **채권자와 채무자 및 제3자 사이에 합의**가 있고, ii) **채권양도, 제3자를 위한 계약, 불가분적 채권관계의 형성** 등 방법으로 채권이 그 제3자에게 '실질적으로 귀속'되었다고 볼 수 있는 특별한 사정이 있는 경우에는 제3자 명의의 근저당권설정등기도 유효하다"고 판시하고 있다(대판 2001.3.15. 전합99다48948: **표준판례350 : 1회 선택형**).

3. 제3자를 채무자로 등기한 경우

채무자 아닌 자를 등기부상 채무자로 등기한 근저당 등기는 '저당권의 부종성'에 비추어 원칙적으로 무효이다(대판 1981.9.8. 80다1468). 그러나 ① 명의신탁자의 채무를 담보하기 위하여 명의수탁 부동산에 관하여 저당권설정등기를 하면서 편의상 채무자를 명의수탁자로 기재한 경우(대판 1980.4.22. 79다1822), ② 미등기매수인의 채무를 담보하기 위하여 매도인 소유로 남아 있는 매매목적부동산에 관하여 저당권설정등기를 하면서 편의상 채무자를 매도인으로 기재한 경우에는, 이러한 저당권설정등기도 저당권자의 실제 채무자(명의신탁자, 미등기매수인)에 대한 채권을 담보하는 것으로서 유효하다(대판 1999.6.25. 98다47085)는 것이 判例이다.

> **✻ 저당권자와 채무자가 모두 제3자 명의로 마쳐진 근저당권설정등기의 효력**
>
> **사실관계 |** 甲은 그 소유 대지를 乙에게 4억 5천만 원에 매도하기로 매매계약을 체결하고, 乙로부터 받을 매매잔대금 2억 원이 남아 있다. 乙은 甲과 사이에 소유권이전등기를 경료하지 아니한 상태에서 甲의 승낙 아래 위 대지를 담보로 하여 대출받는 돈으로 매매잔대금을 지급하기로 약정하는 한편, 이를 담보하기 위하여 위 대지에 제1순위 근저당권을 설정하되, 그 구체적 방안으로서 甲과 乙 및 제3자 丙(甲의 처) 사이의 합의 아래 근저당권자를 丙으로, 채무자를 甲으로 하기로 하고, 甲은 丙으로부터 매매잔대금과 같은 2억 원을 차용하는 내용의 차용금증서를 작성, 교부하였다. 그 후 위 대지가 경매되면서 제1순위 근저당권자인 丙에게 우선 배당되자, **후순위 근저당권자(원고)가 丙(피고)을 상대로 丙의 근저당권등기는 무효라는 배당이의를 주장하고 있다. 인용가능한가?** 대판 2001.3.15. 전합99다48948사안
>
> **판시내용 |** "i) 근저당권은 채권담보를 위한 것이므로 원칙적으로 채권자와 근저당권자는 동일인이 되어야 하지만, 제3자를 근저당권 명의인으로 하는 근저당권을 설정하는 경우 그 점에 대하여 채권자와 채무자 및 제3자 사이에 합의가 있고, 채권양도, 제3자를 위한 계약, 불가분적 채권관계의 형성 등 방법으로 채권이 그 제3자에게 실질적으로 귀속되었다고 볼 수 있는 특별한 사정이 있는 경우에는 제3자 명의의 근저당권설정등기도 유효하다고 보아야 한다. ii) 한편 부동산을 매수한 자가 소유권이전등기를 마치지 아니한 상태에서 매도인인 소유자의 승낙 아래 매수 부동산을 타에 담보로 제공하면서 당사자 사이의 합의로 편의상 매수인 대신 등기부상 소유자인 매도인을 채무자로 하여 마친 근저당권설정등기는 실제 채무자인 매수인의 근저당권자에 대한 채무를 담보하는 것으로서 유효하다. iii) 그리고 이러한 견해를 취하는 이상, 그 양자의 형태가 결합된 근저당권이라 하여도 그 자체만으로는 부종성의 관점에서 근저당권이 무효라고 볼 수 없다"(대판 2001.3.15. 전합99다48948: 표준판례350 : 1회 선택형).[1]
>
> **사안의 해결 |** 사안에서 甲은 잔대금을 받기 전에 乙에게 소유권이전등기를 마쳐주면 잔대금을 받는 것이 불안할 수 있다. 따라서 甲의 처인 丙으로부터 잔대금에 해당하는 금액을 차용한 것으로 하여 丙을 저당권자로 하는 것은 결국 甲을 저당권자로 한 것과 다를 것이 없고, 한편 등기부상 채무자를 甲으로 등재하였더라도 그것은 소유권을 甲에게 남겨둔 점에서 편의상 그렇게 한 것이고 실질상의 채무자는 乙이라고 할 것이다(등기형식상으로는 乙은 저당권이 설정된 부동산을 매수하는 것이 된다). 결국 위에서 검토한 判例에 따르면 丙의 저당권등기는 乙이 부담하는 2억 원의 매매잔대금채무를 담보하는 것으로서 그 원인이 없거나 부종성에 반하는 무효의 등기라고 할 수 없다. 따라서, 후순위 근저당권자(원고)가 丙(피고)을 상대로 丙의 근저당권등기는 무효라는 배당이의는 인용가능하지 않다.

---

[1] **[반대의견]** "매도인이 부동산을 매도하면서 잔대금 채권의 지급확보를 위하여 매도인과 제3자 사이에 아무런 금전 대차관계가 없음에도 불구하고 형식상 제3자로부터 금전을 차용한다는 내용의 차용금증서를 작성하고 그 제3자 명의의 근저당권을 설정하였다면, 아무리 당사자들의 일련의 행위를 종합적으로 파악하더라도 이를 가리켜 '매도인이 차용금증서를 작성·교부하는 방법으로 매매잔대금 채권을 제3자에게 양도하고 채무자는 그 양도를 승낙함으로써 그 매매잔대금 채권이 제3자에게 이전'되었다고 해석할 수는 없다. 한편, 근저당권설정등기에 '본래 채권자라고 되어야 할 소유자인 자가 채무자로 되는 것'을 허용하게 되면 이는 마치 우리 민법이 채택하지 않은 독일 민법의 유통저당권이나 토지채무제도를 승인하는 것과 같은 결과로 되므로, 이때에는 부종성의 관점에서 그 근저당권을 무효라고 보아야 하고 이를 유효로 하는 것은 비록 당사자 간의 의사의 합치가 있다 하더라도 그에 의한 새로운 제도의 창설을 금지하는 물권법의 대원칙인 물권법정주의에 반하게 되어 허용될

제2관 저당권의 효력이 미치는 범위

I. 피담보채권의 범위(제360조) [D-106]

1. 의 의

저당권은 원본, 이자, 위약금, 채무불이행으로 인한 손해배상 및 저당권의 실행비용을 담보한다(제360조). 이 규정은 한정적 열거라고 해석된다(저당권은 질권과 같이 점유를 수반하는 것이 아니므로 저당물의 보존비용이나 저당물의 하자로 인한 손해배상은 담보하지 않는다).

다만, "저당권의 피담보채무의 범위에 관하여 민법 제360조가 지연배상에 대하여는 원본의 이행기일을 경과한 후의 1년분에 한하여 저당권을 행사할 수 있다고 규정하고 있는 것은 저당권자의 제3자에 대한 관계에서의 제한이며 채무자나 저당권설정자가 저당권자에 대하여 대항할 수 있는 것이 아니다"(대판 1992.5.12. 90다8855).

2. 등기된 피담보채권액과 실제의 채권액이 불일치하는 경우

제3자와의 관계에서는 등기된 가액의 한도에서 저당권의 효력을 주장할 수 있으나[즉 후순위저당권자에 대한 관계에 있어서는 등기된 금액만 우선변제를 주장할 수 있고, 담보물의 제3취득자는 등기된 금액만 변제하고 저당권등기말소를 청구할 수 있다(대판 1971.3.23. 70다2982)]. 채무자와의 관계에서는 담보물권의 불가분성으로 인하여(제370조, 제321조) 원본 또는 이자의 일부만이 잔존하는 경우에도 목적물의 전부에 대해 저당권의 효력이 미친다.

3. 근저당권의 피담보채권의 범위

근저당권에 의해 담보되는 채권의 범위는 그 설정계약에서 정한 최고액을 한도로 하여 결산기에 가서 확정되는 현실의 채권 잔액인데, 제360조는 근저당권에도 적용된다고 보아야 할 것이다. 다만 최고액을 초과하지 않는 한 다른 이해관계자를 해하지 않으므로 '지연배상'도 최고액 한도 내에서 모두 담보한다는 점에서 보통의 저당권과 구분된다.

II. 목적물의 범위(제358조) [D-107]

1. 부합물(부동산의 부합 참고)

① 저당권의 효력은 저당부동산에 부합된 물건에 미친다(제358조). 여기서 '부합된 물건'의 의미는 제256조의 '부동산에 부합한 물건'과 동일하다고 해석된다. 따라서 목적부동산과 결합하여 거래관념상 부동산의 일부분이 되었다고 인정되는 것에 저당권의 효력이 미친다(대판 1983.11.24. 83다469).

② 구체적으로 건물의 증축 부분이 기존건물에 부합하여 기존건물과 분리하여서는 별개의 독립물로서의 효용을 갖지 못하는 이상 기존건물에 대한 근저당권은 제358조에 의하여 부합된 증축 부분에도 효력이 미치는 것이므로 **기존건물에 대한 경매절차에서 경매목적물로 평가되지 아니하였다고 할지라도 경락인은 부합된 증축 부분의 소유권을 취득한다**(대판 2002.10.25. 2000다63110 : 4회 선택형). **[20법행]**

그리고 저당건물과는 별개의 건물을 저당건물의 부합물이나 종물로 보아 경매를 하더라도 경락인은

수 없다. 그리고 다수의견이 채권자 아닌 제3자를 근저당권 명의로 하여 근저당권을 설정하는 경우 그 점에 대하여 채권자와 채무자 및 제3자 사이에 합의가 있고, 채권이 제3자에게 이전 또는 실질적으로 귀속되었다고 볼 수 있는 특별한 사정이 있으면 제3자 명의의 설정등기도 유효하다고 보는 것은 부동산실권리자명의등기에관한법률이 규정한 부동산 물권에 관한 명의신탁금지를 잠탈하는 것으로 보아야 할 것이다"

그 건물의 소유권을 취득하지 못한다(대판 1991.4.12. 90다11967 등). 거기에는 저당권의 효력이 미치지 않기 때문이다. 특히 **토지를 목적으로 하는 저당권의 효력이 그 토지 위의 건물에 미치지 않음은 당연하다**(대판 1997.9.26. 97다10314 : 다만 제365조의 일괄경매청구권을 통해 저당토지 위의 건물도 경매할 수 있으나, 이때에도 우선변제는 토지매각대금에 대해서만 허용된다 : 12회 선택형).

③ 경매절차의 안정을 위해 부합 시기는 저당권 설정 전후를 불문한다(대판 1974.2.12. 73다298). 왜냐하면 경매법원이 부합이 저당권 설정 이전에 있었는지 이후에 있었는지를 심리하는 것이 어려울 뿐만 아니라, 만일 이를 부정하게 되면 낙찰대금 완납 후 기존의 건물과 부합된 물건의 소유자가 다르게 되어 부합의 취지에 어긋나며, 이를 긍정하더라도 저당권설정자의 이익을 전혀 해하지 않기 때문이다(통설).

2. 종물 또는 종된 권리(주물과 종물 참고)

3. 과 실

(1) 의 의

저당권은 목적물의 이용을 설정자에게 맡겨 두기 때문에 저당권의 효력은 원칙적으로 목적물의 과실에는 미치지 않는다. 그러나 민법은 예외를 규정하고 있다. 즉 저당부동산에 대한 '**압류**'가 있은 후에 저당권설정자가 그 부동산으로부터 수취한 과실 또는 수취할 수 있는 과실에 대해서는 저당권의 효력이 미친다(제359조).

(2) 법정과실

과실에는 천연과실뿐만 아니라 법정과실도 포함된다. 따라서 저당권설정자가 저당목적물을 임대하여 차임을 받고 있는 경우, 저당권에 기한 경매개시결정기입등기(압류등기)가 마쳐진 뒤에는 저당권설정자의 차임채권에 대하여도 저당권의 효력이 미친다(대판 2016.7.27. 2015다230020: 표준판례353).[2]

4. 저당부동산으로부터 분리된 부합물 또는 종물

(1) 학 설

① 분리된 부합물과 종물은 목적물의 가치의 일부를 대표하므로 물상대위 규정을 준용하여 이를 '압류'하면 저당권의 효력이 미친다는 **물상대위설**, ② 분리된 물건이 저당목적물과 사회관념상 하나의 물건으로 인정될 수 있는 경우에만 저당권의 효력이 미친다는 **사회관념상 일체설**, ③ 저당권은 등기에 의해 공시되는 목적물 위에 성립하는 것이므로, 분리된 부합물이나 종물은 저당부동산과 결합하여 공시의 작용이 미치는 한도 내에서 저당권의 효력이 미친다는 **공시원칙설**(다수설) 등이 있다.

(2) 검 토

① 물상대위설에 의하면 목적물이 반출된 경우 저당권은 매각대금 위에 존속된다고 하나, 민법이 매각대금을 객체로 하여서는 물상대위를 인정하지 않고 있는 것에 반한다. ② 그리고 이미 저당목적

---

[2] "ⅰ) 다만 저당부동산에 대한 경매절차에서 저당부동산에 관한 차임채권 등을 관리하면서 이를 추심하거나 저당부동산과 함께 매각할 수 있는 제도가 마련되어 있지 아니하므로, 저당권의 효력이 미치는 차임채권 등에 대한 저당권의 실행이 저당부동산에 대한 경매절차에 의하여 이루어질 수는 없고, 그 저당권의 실행은 저당권의 효력이 존속하는 동안에 채권에 대한 담보권의 실행에 관하여 규정하고 있는 민사집행법 제273조에 따른 채권집행의 방법으로 저당부동산에 대한 경매절차와 별개로 이루어질 수 있을 뿐이다. ⅱ) 보증금이 수수된 저당부동산에 관한 임대차계약이 저당부동산에 대한 경매로 종료되었는데, 저당권자가 차임채권 등에 대하여는 민사집행법 제273조에 따른 채권집행의 방법으로 별개로 저당권을 실행하지 아니한 경우에 저당부동산에 대한 압류의 전후와 관계없이 임차인이 연체한 차임 등의 상당액이 임차인이 배당받을 보증금에서 당연히 공제됨은 물론, 저당권자가 차임채권 등에 대하여 위와 같은 방법으로 별개로 저당권을 실행한 경우에도 채권집행 절차에서 임차인이 실제로 차임 등을 지급하거나 공탁하지 아니하였다면 잔존하는 차임채권 등의 상당액은 임차인이 배당받을 보증금에서 당연히 공제된다."

물과 동일성을 상실한 후에도 일체성을 인정하는 것은 바람직하다 할 수 없어 사회관념상 일체설도 타당하지 않다. 따라서 ③ 공시원칙설이 타당하다.

(3) 구체적인 경우

그러나 어느 견해에 따르더라도 목적물을 반출하려고 하는 경우 저당권자는 저당권에 기한 물권적 청구권에 의하여 그 반출을 금지할 수 있으나, 목적물이 분리되어 반출까지 되어 버린 이상 저당권의 효력은 미치지 않는다. 다만 공장 및 광업재단저당법 제7조[3]를 유추적용하여 제3취득자의 선의취득(저당권의 부담이 없는 소유권의 취득)이 성립하지 않은 이상 저당권의 효력이 미치는 것으로 해석할 수 없는지 문제될 수 있으나 입법론으로는 별론으로 하더라도 해석론으로는 취하기 어렵다(D-110.참고).

Ⅲ. 물상대위

[D-108]

1. 의 의

> 제342조 (물상대위) 질권은 질물의 멸실, 훼손 또는 공용징수로 인하여 질권설정자가 받을 금전 기타 물건에 대하여도 이를 행사할 수 있다. 이 경우에는 그 지급 또는 인도전에 압류하여야 한다.

저당권은 저당물의 멸실, 훼손 또는 공용징수로 인하여 저당권설정자(보다 정확하게는 저당물의 소유자)가 받을 금전 기타 물건에 대하여도 이를 행사할 수 있다(제370조, 제342조).

저당권은 목적물 자체가 아니라 목적물의 '교환가치'를 취득하는 것을 목적으로 하기 때문에 비록 목적물 자체는 멸실, 훼손, 공용징수 되더라도 그 가치를 대표하는 것이 존재한다면 그 위에 저당권의 효력이 미치는 것은 당연하다.

[구별개념] 대상청구권과 물상대위는 민법의 일반법리인 '대상법리'에 근거하여 인정된다는 점에서 공통점을 갖고 있다. 그러나 물상대위가 약정담보물권의 경우에 한정되어 인정되는 반면 대상청구권은 채권관계 일반에 인정된다는 차이가 있다.

2. 물상대위가 인정되는 권리 또는 물건

(1) 전세금반환채권(긍정) [8회 사례형]

전세권이 저당권의 목적인 경우 전세기간의 만료로 전세권이 소멸한 경우 전세금반환채권에 대해 물상대위를 할 수 있다(대판 1999.9.17. 98다31301 : 판례연구 D-8.참고).

(2) 공동저당권의 경우 변제자대위권(긍정)

채무자소유 부동산과 물상보증인 소유의 부동산에 공동저당권이 설정된 후, 물상보증인 소유의 부동산에 설정된 저당권이 먼저 실행(이시배당)되어 공동저당권자의 피담보채권이 만족을 얻은 경우, 물상보증인은 제482조의 '변제자대위'에 의하여 채무자 소유의 부동산에 대한 1번 저당권을 취득하고, 물상보증인 소유의 부동산에 대한 후순위저당권자는 물상보증인에게 '**물상대위**'를 할 수 있다(대판 2001.6.1. 2001다21854).

---

[3] "저당권자는 제3조(공장 토지의 저당권)와 제4조(공장 건물의 저당권)에 따라 저당권의 목적이 된 물건이 (저당권자의 동의 없이) 제3취득자에게 인도된 후일지라도 그 물건에 대하여 저당권을 행사할 수 있다. 다만 민법 제249조 내지 제251조까지의 규정을 적용할 때는 그러하지 아니하다"

(3) 동산양도담보권자의 물상대위권(긍정)

判例는 "동산 양도담보권자는 양도담보 목적물이 소실되어 양도담보 설정자가 보험회사에 대하여 화재보험계약에 따른 보험금청구권을 취득한 경우 담보물 가치의 변형물인 화재보험금청구권에 대하여 양도담보권에 기한 물상대위권을 행사할 수 있다"(대판 2014.9.25. 2012다58609 ; 判例는 법적근거로 제372조 및 제342조를 들고 있다)(판례연구 D-7.참고)(11회 선택형)고 한다.

(4) 매매대금이나 차임 등은 제외

① '매각이나 임대'의 경우처럼 목적물이 현존하는 때에는 저당권이 그대로 존속하므로(저당권의 추급력) 그 매각대금이나 차임에 대해서는 물상대위가 인정되지 않는다. 이와 반대로 담보물에 추급할 수 없는 때에는 반드시 물리적인 멸실·훼손이 아닌 경우에도, 예컨대 담보물이 부합·혼화·가공으로 (법률상 멸실하여) 보상금청구권으로 변한 경우(제261조)에도 물상대위가 인정된다.

② 공용징수의 경우에 물상대위가 인정되는 것도 담보물에 추급할 수 없기 때문이다. 그러나 사법상의 매매에 따른 매매대금으로 볼 수 있는 것, 즉 '(구)공공용지의 취득 및 손실보상에 관한 특례법'에 의한 협의매수에 따른 보상금에 대해서는 물상대위를 행사할 수 없다(대판 1981.5.26. 80다2109).

[심화] '보험금청구권'에도 물상대위가 인정되는지와 관련하여 보험금청구권은 보험계약을 체결한 것을 전제로 당해 계약의 효과로 발생하는 것이므로 목적물의 멸실, 훼손은 보험계약에서 정한 보험사고의 발생을 의미하는 것에 불과해 물상대위를 부정하여야 한다고 볼 여지도 있지만, 보험금청구권 역시 실질적으로 목적물의 가치대표물이라고 할 수 있는바, 통설 및 判例(대판 2004.12.24. 2004다52798)와 같이 긍정하는 것이 타당하다. 거래의 실제에서도 건물저당권의 경우 보험에 의하여 멸실에 대비한다. [08행정]

3. 물상대위의 객체

현실의 금전 기타의 물건이 아니라 저당권 설정자가 '받을' 금전 기타 물건이다. 따라서 그 대상은 설정자가 가지는 금전 또는 물건의 '지급청구권 또는 인도청구권'이 된다.

4. 대위물의 지급 또는 인도 전에 미리 압류

(1) 타인의 압류 [8회 사례형]

① 저당권자가 물상대위권을 행사하기 위해서는, 대위물의 지급 또는 인도 전에 이를 '압류'하여야 한다 (제370조, 제342조 단서). 이것은 담보권행사가 아니므로, 변제기의 도래는 그 요건이 아니다.

② [압류의 주체] '누가' 압류를 하여야 하는지와 관련하여 '압류'의 취지가 문제되는바, 判例에 따르면 위 '압류'의 취지에 대해 "물상대위의 목적인 채권의 특정성을 유지하여 그 효력을 보전하고, 평등배당을 기대한 다른 일반채권자의 신뢰를 보호하는 등 제3자에게 불측의 손해를 입히지 않으려는 데 있는 것"이라고 하면서, 위 압류는 담보권자가 아닌 제3자에 의해 이루어진 때에도(대판 2002.10.11. 2002다33137 : 2회·7회 선택형), 또 압류가 아닌 다른 방법, 예를 들어 공탁을 한 경우에도 위 요건은 충족된다고 한다(대판 1987.5.26. 86다카1058).

(2) 압류 또는 배당요구가 있기 전에 '저당물의 소유자'가 물상대위물(금전 또는 물건)을 수령한 경우

① [물상대위 부정] 判例에 따르면 저당권자가 물상대위권을 행사하기 전에 저당물의 소유자[4](저당권설정

---

4) 여기서의 '저당물의 소유자'는 '담보물의 제3취득자'나 '물상보증인'을 의미하지 채무자'를 의미하는 것은 아니라는 견해가 있다. 즉, 계약상의 의무를 부담하는 자가 그 의무를 이행하지 않고 있는 경우에 형식적으로는 채무자가 변제하지 않음으로써 부당하게 이득을 얻고 있는 것처럼 보이지만 그는 타인, 즉 계약상대방의 손실에 의하여 이득하고 있는 것이라고 할 수 없으므로, 부당이득이 성립하지 않고 채무불이행이 문제될 뿐이라는 것이다[지원림, 민법강의(12판), 5-245]. 실제로 아래 2008다 17656 判例도 제3취득자가 수용보상금을 받은 경우이다.

자)가 물상대위물(금전 또는 물건)을 수령한 경우, 그 지급의무를 부담하는 제3자가 물상대위자 있음을 알고 있었더라도 그 변제는 원칙적으로 유효한 것이 되어 저당권자는 더 이상 물상대위를 행사할 수 없다(일반채권자의 지위를 가짐에는 변동이 없다).

② [부당이득반환청구 긍정] 그러나 "ⅰ) 이 경우 저당권자는 저당권의 채권최고액 범위 내에서 저당목적물의 교환가치를 지배하고 있다가 저당권을 상실하는 손해를 입게 되는 반면에(저당권자의 손해), ⅱ) 저당목적물의 소유자는 저당권의 채권최고액 범위 내에서 저당권자에게 저당목적물의 교환가치를 양보하여야 할 지위에 있다가 마치 그러한 저당권의 부담이 없었던 것과 같은 상태에서의 대가를 취득하게 되는 것이므로, 그 수령한 금액 가운데 저당권의 채권최고액을 한도로 하는 피담보채권액의 범위 내에서는 이득을 얻게 된다(저당권설정자의 이득), ⅲ) 저당목적물 소유자가 얻은 위와 같은 이익은 저당권자의 손실로 인한 것으로서 인과관계가 있을 뿐 아니라(인과관계), ⅳ) 위와 같은 이익을 소유권자에게 종국적으로 귀속시키는 것은 저당권자에 대한 관계에서 공평의 관념에 위배되어 법률상 원인이 없다고 봄이 상당하므로(법률상 원인 없음), 저당목적물 소유자는 저당권자에게 이를 부당이득으로 반환할 의무가 있다"(대판 2009.5.14. 2008다17656 : 표준판례685 : 1회·7회 선택형). [08행정·11입법]

[사실관계] 甲이 乙에 대한 대여금채권을 담보하기 위해 乙 소유 부동산에 채권최고액 4,600만 원의 근저당권설정등기를 마쳤다. 한편 丙은 乙로부터 위 부동산을 증여받아 소유권이전등기를 마쳤는데, 한국도로공사가 이를 '강제수용'하면서 丙 앞으로 수용보상금을 공탁하였다. 그런데 甲이 이 공탁금출급청구권을 압류하기 전에 丙이 공탁금을 전액 수령한 경우, 判例는 저당물의 제3취득자(丙)가 저당물수용으로 인한 수용보상금을 모두 지급받은 경우 이는 저당권자(甲)에 대하여 피담보채권액 범위에서 부당이득이 된다고 판단하였다.

(3) 압류 또는 배당요구가 있기 전에 '다른 채권자'가 물상대위물(금전 또는 물건)을 수령한 경우

반면 判例는 "이러한 물상대위권의 행사에 나아가지 아니한 채 단지 수용대상토지에 대하여 담보물권의 등기가 된 것만으로는 그 보상금으로부터 우선변제를 받을 수 없고, 저당권자가 물상대위권의 행사에 나아가지 아니하여 우선변제권을 상실한 이상 다른 채권자가 그 보상금 또는 이에 관한 변제공탁금으로부터 이득을 얻었다고 하더라도 저당권자는 이를 부당이득으로서 반환청구할 수 없다"(대판 2001.10.11. 2002다33137 : 7회·8회 선택형)고 한다.

(4) 압류 또는 배당요구가 있기 전에 물상대위의 목적이 되는 청구권이 양도·전부된 경우(물상대위권의 追及力, 물상대위권자 우선설)

물상대위권은 본래의 저당권의 객체의 변형에 불과하여 저당권과 동일성을 가지며, 저당권의 공시는 대위물에 대한 공시로서 작용하므로, 물상대위권 역시 추급력을 가지고, 대위물청구권이 특정성을 보유하는 한 가치대표물의 소재에 추급하여 권리를 실행할 수 있다. 따라서 채권양도나 전부명령 등에 의하여 물상대위권의 행사가 방해받는 것은 아니다(대판 1998.9.22. 98다12812 : 즉, 목적채권이 양도되어 그 대항요건을 갖추거나 압류 및 전부되었다고 하더라도 이는 '지급 또는 인도'에 해당하지 않는다).

예를 들어 判例는 "물상대위권자의 압류 전에 채권양도 또는 압류 및 전부명령 등에 의하여 보상금채권이 타인에게 이전된 경우라도, 보상금이 직접 지급되거나 보상금지급청구권에 관한 강제집행절차에서 배당요구의 종기에 이르기 전에는 여전히 그 청구권에 대한 추급이 가능하다"(대판 2000.6.23. 98다31899 : 물상대위권자 우선설)고 한다.

5. 행사방법과 시한

저당권자가 물상대위에 기하여 목적채권에 대하여 저당권을 실행하는 방법으로는 다음의 두 가지에 한정된다(민사집행법 제273조 2항, 3항)(대판 1999.5.14. 98다62688: 표준판례354).

① 우선 담보권의 존재를 증명하는 서류를 집행법원에 제출하여 채권의 '**압류 및 추심·전부의 명령**'을 신청하는 것이다(동법 제273조, 제223조 이하). 이 압류 등은 물상대위권을 실행하는 방법으로서 행하는 것으로서 그 한도에서 강제집행으로 인한 채권압류와는 성질을 달리하므로, 다른 일반채권자가 이미 압류를 했어도 이 압류명령은 유효하다.

② 나아가 대위목적채권이 다른 채권자에 의해 이미 압류된 경우에는 민사집행법의 규정에 의하여 당해 절차에서 '**배당요구**'를 할 수도 있다(동법 제243조, 제247조), 이들은 모두 민사집행법 제247조 1항에서 정한 배당요구의 종기까지 하여야 한다(대판 2000.5.12. 2000다4272).

이상과 같이 물상대위권을 적시에 적극적으로 행사함이 없이 단지 저당권이 설정되어 있다는 것만으로 우선변제권능을 실현할 수 없다(대판 1990.12.26. 90다24816). 이와 같이 물상대위권자로서의 권리행사의 방법과 시한을 제한하는 취지는 물상대위의 목적인 채권의 특정성을 유지하여 그 효력을 보전하고, 평등배당을 기대한 다른 일반채권자의 신뢰를 보호하는 등 제3자에게 불측의 손해를 입히지 아니함과 동시에 집행절차의 안정과 신속을 꾀하고자 함에 있다(대판 2000.5.12. 2000다4272).

③ 그리고 **저당권자가 물상대위권을 행사할 수 있는 시기를 도과한 경우**, 앞서 살핀 바와 같이 判例는 저당권자는 대위목적채권의 변제를 받은 저당권설정자에 대해서는 부당이득반환청구권을 행사할 수 있지만(대판 2009.5.14. 2008다17656: 표준판례685), 배당채권자들에 대하여는 부당이득반환청구를 할 수 없다고 한다(대판 2002.10.11. 2002다33137 : 7회, 8회 선택형).

6. 가압류권리 : 물상대위 부정

判例는 " ⅰ) '공익사업을 위한 토지 등의 취득 및 보상에 관한 법률'에 의해 수용되는 토지에 대하여 가압류가 집행되어 있더라도 토지 수용으로 사업시행자가 그 소유권을 원시취득하게 됨에 따라 그 토지 '**가압류의 효력은 절대적으로 소멸**'하는 것이고, ⅱ) 또 가압류는 담보물권과는 달리 목적물의 교환가치를 지배하는 권리가 아니고, 담보물권의 경우에 인정되는 '**물상대위의 법리**'가 여기에 적용된다고 볼 수도 없다. 그러므로 토지에 대하여 가압류가 집행된 후에 제3자가 그 토지의 소유권을 취득함으로써 가압류의 처분금지 효력을 받고 있던 중 그 토지가 공익사업법에 따라 수용됨으로 인하여 기존 가압류의 효력이 소멸되는 한편 제3취득자인 토지소유자는 위 가압류의 부담에서 벗어나 토지수용보상금을 온전히 지급받게 되었다고 하더라도, 이는 위 법에 따른 토지 수용의 효과일 뿐이지 이를 두고 법률상 원인 없는 부당이득이라고 할 것은 아니다"(대판 2009.9.10. 2006다61536: 표준판례686 : 3회 선택형)고 한다.

7. 압류가 경합된 상태에서 발부된 전부명령의 효력 : 원칙적 무효

① [**일반금전채권에 기한 전부명령**] "저당권에 기한 물상대위권을 갖는 채권자가 동시에 채무명의를 가지고 있으면서 채무명의에 의한 강제집행의 방법을 선택하여 채권의 압류 및 전부명령을 얻은 경우에는 비록 그가 물상대위권을 갖는 실체법상의 우선권자라 하더라도 원래 일반 채무명의에 의한 강제집행절차와 담보권의 실행절차와는 그 개시요건이 다를 뿐만 아니라 다수의 이해관계인이 관여하는 집행절차의 안정과 평등배당을 기대한 다른 일반 채권자의 신뢰를 보호할 필요가 있는 점에 비추어 '**압류가 경합된 상태에서 발부된 전부명령**'은 무효로 볼 수 밖에 없다"(대판 1990.12.26. 90다카24816) **[13회 기록형]**

② **[물상대위에 기한 전부명령]** 그러나 "저당권이 설정된 전세권의 존속기간이 만료된 경우에 저당권자는 민법 제370조, 제342조 및 민사집행법 제273조에 의하여 저당권의 목적물인 전세권에 갈음하여 존속하는 것으로 볼 수 있는 전세금반환채권에 대하여 압류 및 추심명령 또는 전부명령을 받는 등의 방법으로 권리를 행사하여 전세권설정자에 대해 전세금의 지급을 구할 수 있고, 저당목적물의 변형물인 금전 기타 물건에 대하여 일반 채권자가 물상대위권을 행사하려는 저당채권자보다 단순히 먼저 압류나 가압류의 집행을 함에 지나지 않은 경우에는 저당권자는 그 전은 물론 그 후에도 목적채권에 대하여 물상대위권을 행사하여 일반 채권자보다 우선변제를 받을 수가 있으며, 위와 같이 전세권부 근저당권자가 우선권 있는 채권에 기하여 전부명령을 받은 경우에는 형식상 압류가 경합되었다 하더라도 그 전부명령은 유효하다"(대판 2008.12.24. 2008다65396 : 11회,13회 선택형).

제3관 저당권의 침해에 대한 구제

Ⅰ. 저당권의 침해 [11사법]   [D-109]

1. 의 의

저당권은 목적물에 대한 점유의 이전 없이 그 교환가치를 파악하여 채권의 우선변제를 받는 것을 내용으로 하므로(제356조), 이러한 내용에 장애를 가져오는 것은 저당권의 침해가 된다. 예컨대 저당산림의 부당한 벌채, 부당관리에 의한 저당건물의 붕괴, 종물의 부당한 분리 등에 의해 '**교환가치의 감소를 초래**'하는 경우가 그러하다.

2. 저당권 침해 여부가 문제되는 경우

(1) 저당목적물의 사용·수익

저당목적물은 설정자가 점유하여 사용·수익하는 것을 예정하고 있으므로, 설정자가 목적물에 대해 정상적인 사용·수익을 하는 것은 저당권의 침해에 해당하지 않는다(예컨대 저당부동산에 전세권이나 임차권을 설정하는 것). 다만 **저당부동산에 대한 점유가 저당부동산의 본래의 용법에 따른 사용·수익의 범위를 초과하여 그 교환가치를 감소시키거나, 점유자에게 저당권의 실현을 방해하기 위하여 점유를 개시하였다는 점이 인정되는 등, 그 점유로 인하여 정상적인 점유가 있는 경우의 경락가격과 비교하여 그 가격이 하락하거나 경매절차가 진행되지 않는 등 저당권의 실현이 곤란하게 될 사정이 있는 경우에는 저당권의 침해가 인정될 수 있다**(대판 2005.4.29. 2005다3243).

(2) 저당토지에 건물을 신축하는 경우

판례는 "저당권이 실행에 이르렀거나 실행이 예상되는 상황인 경우인데도 저당목적 대지상에 건물신축공사가 진행되고 있다면, 이는 경매절차에서 매수희망자를 감소시키거나 매각가격을 저감시켜(왜냐하면 신축건물을 위한 법정지상권이 성립하지 않는다고 할지라도 경매절차에 의한 매수인으로서는 신축건물의 소유자로 하여금 이를 철거하게 하고 대지를 인도받기까지 별도의 비용과 시간을 들여야 하기 때문이다) **결국 저당권자가 지배하는 교환가치의 실현을 방해하거나 방해할 염려가 있는 사정에 해당한다**"(대판 2006.1.27. 2003다58454 : 1회 선택형)고 판시함으로써 **제한적으로 긍정하는 입장**이다. 따라서 당해 판결이 저당권이 실행에 이르렀거나 실행이 예상되는 상황이 아닌 경우에까지 소유자 또는 제3자의 건물신축행위를 저당권을 침해하는 위법한 행위라고 본 것은 아니다.[5]

Ⅱ. 각종의 구제방법(물, 물, 손, 담, 기) [11사법]   [D-110]

1. 물권적 청구권

(1) 요 건

ⅰ) 객관적으로 침해가 있으면 족하고 침해자의 고의·과실을 요하지 않으며, ⅱ) 저당권의 불가분성에 의하여 남은 목적물의 교환가치가 피담보채권을 만족시킬 수 있는 경우에도 인정되며, ⅲ) 저당권실행의 착수 여부를 묻지 않고 침해가 있으면 언제나 행사할 수 있다(4회 선택형).

(2) 침해행위의 제거·예방의 청구

① 저당권에 기해 방해의 배제 또는 예방을 청구할 수 있다(제370조, 제214조). 그러나 저당권은 목적물을 점유하는 것을 내용으로 하지 않기 때문에 반환청구권은 인정되지 않는다. 그러나 저당부동산 소유자의 소유권에 기한 반환청구권의 대위행사는 가능하다.

② 벌채한 재목이나 분리한 종물을 완전히 반출해 버린 후에는 이제 그에 대하여 저당권의 효력이 미치지 않기 때문에 물권적 청구권을 행사할 수 없는 것이 원칙이다. 하지만 공장저당의 경우에는 저당권의 목적이 된 물건이 (저당권자의 동의 없이) 제3취득자에게 인도된 후일지라도 그 물건에 대하여 저당권을 행사할 수 있다는 특별규정(공장 및 광업재단 저당법 제7조)이 있으므로 달리 판단해야 한다. 대법원도 공장저당권의 목적동산이 저당권자의 동의를 얻지 아니하고 공장으로부터 반출된 사안에서 "저당권자는 점유권이 없기 때문에 설정자로부터 일탈한 저당목적물을 저당권자 자신에게 반환할 것을 청구할 수는 없지만, 저당목적물이 제3자에게 선의취득되지 아니하는 한 원래의 설치장소에 '원상회복'할 것을 청구할 수 있다"(대판 1996.3.22. 95다55184 : 제214조의 내용적 확대)라고 판시하고 있다.

2. 손해배상청구권

(1) 요 건

ⅰ) 침해자의 고의·과실이 있어야 하며, ⅱ) 목적물의 침해로 저당권자가 채권의 완전한 만족을 얻을 수 없게 되었을 것, 즉 손해가 있어야 한다. ⅲ) 저당권실행 전이라도 손해액을 산정하는 것이 반드시 불가능하지는 않으므로 불법행위 후 곧 손해배상을 청구할 수 있다(대판 1998.11.10. 98다34126).

(2) 물상대위와의 관계

제3자의 불법행위로 인하여 저당물이 멸실된 경우, 저당권자는 저당권의 침해를 이유로 한 손해배상청구권을 가지면서 동시에 설정자인 소유자도 소유권 침해를 이유로 한 손해배상청구권을 갖게 된다(그러나 가해자가 어느 일방에게 변제하면, 그 한도에서는 다른 채권자에 대한 채무액도 감축된다). 이 경우 **저당권자는 물상대위에 의하여 소유자의 손해배상청구권에 대해 저당권의 효력을 주장함으로써** (저당권설정자의 다른 채권자보다) **우선변제받을 수 있는 효과가 있다**(제370조, 제342조). 반면 저당권자가 직접 가해자에게 손해배상청구권을 행사할 경우에, 저당권자는 (가해자의) **일반채권자로서의 지위만 가진다.**[6]

---

5) [학설] ① ⅰ) 저당권자는 목적물에 대한 교환가치만을 가질 뿐이고 사용·수익·처분의 권능은 설정자에게 있는 것이며(따라서 토지 소유자가 토지에 대해 저당권을 설정한 후에 토지상에 건물을 건축하는 것은 토지소유권의 정당한 이용의 범위에 속하므로 저당권의 침해에 해당하지 않는다), ⅱ) 아울러 저당권자는 일괄경매를 신청(제365조)함으로써 건물의 존재로 인한 저당권 실행상의 불이익을 회피할 수 있다는 점에서도 그러하다고 보아 저당권의 침해가 아니라는 견해와 ② ⅰ) 일반적으로 대지 위에 철거하여야 할 건물이 있는 경우에는 대지의 가액이 낮아지는 것이 보통이고, 이것은 건물 없는 토지의 담보가치를 파악한 저당권자의 이익을 해치는 것이 되며, ⅱ) 아울러 저당권자의 일괄경매청구권의 경우 저당권자의 권리이지 의무는 아니므로, 이를 이유로 저당권의 침해 자체가 배제되는 것은 아니며, 또한 일괄경매를 통해 저당권자의 이익이 충분히 확보되는 것도 아니라고 보아(왜냐하면 완성된 건물이 아닌 신축공사 중인 건물에 대한 매수희망자가 얼마나 있을지 의문이기 때문이다) 저당권의 침해라는 견해가 대립한다.

3. 담보물 보충청구권

저당권설정자(채무자 또는 물상보증인)의 책임있는 사유로 인해 저당물의 가액이 '현저히 감소'된 때에는 저당권자는 저당권설정자에 대하여 그 원상회복 또는 상당한 담보제공을 청구할 수 있다(제362조). 원상회복의 청구는 물권적 청구권에 의하여도 할 수 있기 때문에 담보물보충청구권의 의의는 대담보(代擔保)를 청구할 수 있다는 데 있다. 또한 이 청구권을 행사하는 경우에는 전술한 손해배상청구권이나 후술할 기한의 이익의 상실에 의한 즉시변제청구권은 행사하지 못한다(통설).

4. 기한의 이익상실(즉시변제청구권)

채무자가 담보를 손상·감소 또는 멸실하게 한 때에는 기한의 이익을 상실하게 되므로(제388조 1호), 채권자는 즉시변제청구권을 행사할 수 있으며 또한 곧 저당권을 실행할 수도 있다. 채무자의 행위에 기한 것이면 족하고 채무자의 고의·과실이 있어야 하는 것은 아니다. 그리고 이것은 채무자에 대해서만 주장할 수 있다.

5. 구제수단 상호간의 관계

채무자인 동시에 저당권설정자인 자가 고의·과실로 담보력 부족을 야기시킨 때에는 위의 4가지 구제수단이 모두 가능하다. 이 경우 손해배상청구와 즉시변제청구권은 병합적으로 행사될 수 있으나, 담보물보충청구권은 손해배상청구권이나 즉시변제청구권과 함께 행사될 수 없고 선택적 관계에 있다. 왜냐하면 담보물보충청구권은 저당권의 존속을 목적으로 하는 구제수단인 반면 다른 구제수단은 저당권의 소멸 또는 해소를 전제로 하는 것이기 때문이다.

II-1. 저당권등기가 불법말소된 경우 구제수단 [D-110a]

1. 말소회복등기

(1) 불법말소된 저당권설정등기의 효력(유효)

"등기는 물권의 효력발생요건이고 존속요건은 아니어서 등기가 원인 없이 말소된 경우에는 그 물권의 효력에 아무런 영향이 없고, 그 회복등기가 마쳐지기 전이라도 말소된 등기의 등기명의인은 적법한 권리자로 추정되며, 그 회복등기 신청절차에 의하여 말소된 등기를 회복할 수 있다. 따라서 부동산에 관한 저당권설정등기가 위조된 등기서류에 의하여 아무런 원인 없이 말소되었다고 하더라도 그 **저당권은 여전히 유효하게 존속하므로 저당권자는 회복등기 신청절차에 의하여 말소된 등기를 회복할 수 있고, 회복등기 전이라도 말소된 등기의 명의인은 적법한 저당권자로 추정된다**"(대판 1997.9.30. 95다39526 : 2회,5회 선택형).

(2) 말소회복등기의 상대방(말소당시의 소유자) [12회 사례형]

判例는 말소회복등기의 상대방은 현재의 등기명의인이 아니라 '말소 당시의 소유자'라고 한다(대판 1969.3.18. 68다1617 : 5회,7회,9회 선택형).

(3) 이해관계있는 제3자의 승낙

말소된 등기의 회복을 신청하는 경우에 등기상 이해관계 있는 제3자가 있을 때에는 그 제3자의 승낙이 있어야 하고(부동산등기법 제59조), 등기상 이해관계있는 제3자의 승낙을 받지 못한 말소회복등기는 그 제3자에 대한 관계에서는 무효이다(대판 2001.1.16. 2000다49473).

---

6) 지원림, 민법강의(14판), [3-384a]

여기서 '등기상 이해관계 있는 제3자'라 함은 등기 기재의 형식상 말소된 등기가 회복됨으로 인하여 손해를 입을 우려가 있는 제3자를 의미하고(대결 2002.2.27. 2000마7937),[7] 물론 말소회복등기절차에 있어서 등기상 이해관계 있는 제3자가 있어 그의 승낙이 필요한 경우라고 하더라도, 그 제3자가 등기권리자에 대한 관계에 있어 그 승낙을 하여야 할 '실체법상의 의무'가 있는 경우가 아니면, 그 승낙요구에 응하여야 할 이유가 없다(대판 2004.2.27. 2003다35567).

다만 말소등기가 원인 무효인 경우에는 원칙적으로 '등기의 공신력'이 인정되지 않기 때문에 등기상 이해관계 있는 제3자는 그의 선의, 악의를 묻지 아니하고 등기권리자의 회복등기절차에 필요한 승낙을 할 의무가 있다(대판 1997.9.30. 95다39526 : 2회, 5회 선택형).

2. 손해배상청구 또는 부당이득반환청구

(1) 문제점

저당권이 설정된 목적물에 대한 경매가 진행되어 경락인(매수인)이 경락대금(매각대금)을 납부한 경우에는 저당권은 소멸하고, 위법하게 말소된 저당권 역시 달리 볼 것은 아니므로, 이 경우에는 이미 소멸한 저당권에 관한 말소등기의 회복등기를 위하여 현소유자(경락인)을 상대로 그 승낙의 의사표시를 구할 수는 없다(소제주의 : 민사집행법 제91조 2항 참조, 부동산 등기법 제59조)(대판 1998.10.2. 98다27197 : 2회 선택형). 그렇다면 이러한 경우 저당권자는 어떠한 방법으로 권리를 구제받을 수 있는지 문제된다.

[말소회복등기가 불가능한 경우] "원인 없이 말소된 근저당권설정등기의 회복등기절차 이행과 회복등기에 대한 승낙의 의사표시를 구하는 소송 도중에 근저당목적물인 부동산에 관하여 '경매절차가 진행되어 매각허가결정이 확정되고 매수인이 매각대금을 완납'하였다면 매각부동산에 설정된 근저당권은 당연히 소멸하므로, 더 이상 원인 없이 말소된 근저당권설정등기의 회복등기절차 이행이나 회복등기에 대한 승낙의 의사표시를 구할 법률상 이익이 없게 된다"(대판 2014.12.11. 2013다28025 : 5회, 6회 선택형) 이러한 법리는 가압류등기가 불법으로 말소된 경우에도 적용된다(대판 2017.1.25. 2016다28897)[8]

(2) 부당이득반환청구

① 저당권설정등기가 위법하게 말소되어 아직 회복등기를 경료하지 못한 연유로 그 부동산에 대한 경매절차의 배당기일에서 피담보채권액에 해당하는 금액을 배당받지 못한 저당권자는 배당기일에 출석하여 이의를 하고 배당이의의 소를 제기하여 구제를 받을 수 있고(대판 2002.10.22. 2000다59678 : 7회 선택형).

② 설령 배당기일에 출석하지 않음으로써 배당표가 확정되었다고 하더라도, 확정된 배당표에 의하여 배당을 실시하는 것은 실체법상의 권리를 확정하는 것이 아니기 때문에 위 경매절차에서 실제로 배당

---

[7] "여기서 등기상 이해관계 있는 제3자라 함은 등기 기재의 형식상 말소된 등기가 회복됨으로 인하여 손해를 입을 우려가 있는 제3자를 의미하나 회복될 등기와 등기면상 양립할 수 없는 등기가 된 경우에는 이를 먼저 말소하지 않는 한 회복등기를 할 수 없으므로 이러한 등기는 회복등기에 앞서 말소의 대상이 될 뿐이고 그 등기명의인을 이해관계 있는 제3자로 보아 별도로 그 승낙을 받아야 하는 것은 아니다"
[사실관계] 아파트의 등기부상 토지에 관한 대지권등기가 말소된 이후에 토지 공유지분에 관하여 제3자 명의의 이전등기가 경료되었다면, 회복될 등기인 위 대지권등기는 그 등기의 말소를 전제로 하여 경료된 제3자 명의의 지분소유권이전등기와는 서로 양립할 수 없다고 한 사례.
[8] "부동산에 관하여 가압류등기가 마쳐졌다가 등기가 아무런 원인 없이 말소되었다는 사정만으로는 곧바로 가압류의 효력이 소멸하는 것은 아니지만, 가압류등기가 원인 없이 말소된 이후에 부동산의 소유권이 제3자에게 이전되고 그 후 제3취득자의 채권자 등 다른 권리자의 신청에 따라 경매절차가 진행되어 매각허가결정이 확정되고 매수인이 매각대금을 다 낸 때에는, 경매절차에서 집행법원이 가압류의 부담을 매수인이 인수할 것을 특별매각조건으로 삼지 않은 이상 원인 없이 말소된 가압류의 효력은 소멸한다. 그리고 말소회복등기절차에서 등기상 이해관계 있는 제3자가 있어 그의 승낙이 필요한 경우라 하더라도 제3자가 등기권리자에 대한 관계에서 승낙을 하여야 할 실체법상의 의무가 있는 경우가 아니면 승낙요구에 응하여야 할 이유가 없다"

받은 자에 대하여 부당이득반환 청구로서 그 배당금의 한도 내에서 그 저당권설정등기가 말소되지 아니하였더라면 배당받았을 금액의 지급을 구할 수 있다(대판 1998.10.2. 98다27197 : 7회 선택형). 즉, "**배당을 받아야 할 자가 배당을 받지 못하고 배당을 받지 못할 자가 배당을 받은 경우에는 배당에 관하여 이의를 한 여부 또는 형식상 배당절차가 확정되었는가의 여부에 관계없이 배당을 받지 못한 우선채권자에게 부당이득반환청구권이 있다**"(대판 2000.10.10. 99다53230).

③ 다만, "배당요구채권자가 배당요구의 종기(경락기일)까지 적법한 배당요구를 하지 아니한 경우에는 그가 적법한 배당요구를 한 경우에 배당받을 수 있었던 금액 상당의 금원이 후순위채권자에게 배당되었다고 하여 이를 법률상 원인이 없는 것이라고 할 수 없다"(대판 2020.10.15. 2017다216523 등). 즉, 배당이의를 하지 않았어도 부당이득반환청구를 할 수는 있으나, 배당요구조차 하지 않았다면 배당이의도 할 수 없고 부당이득반환청구도 할 수 없다.[9]

> [관련판례] 최근 대법원은 "배당받을 권리 있는 채권자가 자신이 배당받을 몫을 받지 못하고 그로 인해 권리 없는 다른 채권자가 그 몫을 배당받은 경우, 배당이의 여부 또는 배당표의 확정 여부와 관계없이 배당받을 수 있었던 채권자가 배당금을 수령한 다른 채권자를 상대로 부당이득반환 청구를 할 수 있다"(대판 2019.7.18. 전합 2014다206983 : 표준판례710 : 11회 선택형)고 하여 배당이의를 하지 않은 채권자의 다른 채권자에 대한 부당이득반환 청구를 허용하는 기존 대법원 판례의 입장을 유지하는 전원합의체 판결을 선고하였다.
> 예를 들어 선순위 저당권자 甲의 피담보채권액이 1억 원, 후순위 가압류권자 乙과 저당권자 丙의 피담보채권액이 각 1억 원이고, 경매 납입금이 9천만 원인 경우, 만약 甲의 저당권이 무효라면 乙과 丙이 각 4,500만 원씩 평등배당을 받아야 하나, 乙만 배당이의를 했다면 乙에게 9천만 원이 배당되는 것으로 배당표가 확정된다. 이 경우 이의를 제기하지 않은 丙은 9천만 원을 배당받은 乙을 상대로 4,500만 원의 부당이득반환청구를 할 수 있다.

(3) 손해배상청구

① 불법말소된 근저당권자는 그 회복등기 신청절차에 의하여 말소된 등기를 회복할 수 있으므로, 말소된 근저당권설정등기의 등기명의인이 곧바로 근저당권 상실의 손해를 입게 된다고 할 수 없다(대판 2010.2.11. 2009다68408 : 표준판례763).

② 그러나 (말소회복등기가 불가능한) 저당권자는 불법말소에 관여한 자에 대하여 손해배상을 청구할 수 있다. 이 경우 저당권자가 입게 되는 손해는 저당목적물의 가액범위 내에서 채권최고액을 한도로 하는 피담보채권이며(대판 1997.11.25. 97다35771 참조 : 표준판례734). 여기서 말하는 저당목적물의 가액은 근저당권이 유효하였더라면 그 실행이 예상되는 시기 또는 손해배상 청구소송의 사실심 변론종결시를 기준으로 하여야 한다(대판 1999.4.9. 98다27623,27630).

이러한 경우에 앞서 검토한 바와 같이 저당권자는 실제로 배당받은 자에 대하여 부당이득반환청구권을 행사할 수 있으나, 이러한 점이 저당권자의 손해배상청구권 자체에 영향을 미치지는 않는다(위 97다35771 판결). 다만 부당이득을 받은 경우에 그 가액만큼 손해배상이 감축됨은 별개의 문제이다.

---

9) [사실관계] 예를 들어 2014다206983 관련판례 사안에서 乙은 배당이의를 하지 않았어도 丙을 상대로 부당이득반환청구를 할 수 있으나, 배당요구조차 하지 않았다면 배당이의의 소도 제기하지 못하고(원고적격이 부정됨) 丙을 상대로 부당이득반환청구도 할 수 없다.

핵심사례 D-12

★ 저당권의 효력이 미치는 목적물의 범위 및 저당권침해에 대한 구제수단 대판 1993.8.13. 92다43142

> A는 그 소유에 속한 백화점건물에 채권자 甲은행을 위하여 저당권을 설정하고 그 등기를 마쳤다. 그런데 A는 저당권 설정 당시부터 그 건물의 지하 2층 기계실에 설치되어 있던 전화교환설비를 신형으로 교체한 후 그 신형 전화교환설비를 다른 채권자 乙은행에 양도담보로 제공하였다. 그리고 A가 乙은행에 대한 채무를 변제기에 이행하지 않자 乙은행은 A의 승낙을 받아 그 전화교환설비를 분리·반출한 후 丙에게 이를 매각하였다.
> (1) 신형 전화교환설비의 분리·반출에 따른 소유권 귀속 및 甲의 저당권 침해 여부를 검토하라. (30점)
> (2) 만약 甲의 저당권이 침해된 경우라면 그에 따른 甲의 구제수단을 논하라. (20점)

Ⅰ. 논점의 정리

Ⅱ. 신형 전화교환설비에 甲의 저당권의 효력이 미치는지 여부 - 설문 (1)의 경우

1. 전화교환설비의 법적 성격(종물)

'독립성'이 있으므로 백화점 건물의 '부합물'이라고는 할 수 없고(제256조 본문), 건물의 효용과 기능을 다하기에 필요불가결한 시설물로서 건물에 대한 '종물'에 해당한다(제100조 1항 ; 대판 1993.8.13. 92다43142).

2. 저당권설정 후 부속된 종물의 경우에도 저당권의 효력이 미치는지 여부(적극)

저당권의 효력은 저당권설정 후에 비로소 생긴 종물에 대해서도 그 효력이 미친다(대결 1971.12.10. 71마757). 따라서 교체된 신형 전화교환설비에 甲의 저당권의 효력이 미친다(제358조).

Ⅲ. 신형 전화교환설비에 관한 양도담보의 효력 - 설문 (1)의 경우

1. A와 乙간의 양도담보설정계약의 유효성

소유권자는 '선순위의 저당권을 침해하지 않는 한' 저당목적물에 대한 모든 '처분행위'를 할 수 있다. 사안에서 A와 乙간의 양도담보설정계약은 처분행위이고, 비록 甲의 저당권의 효력이 미치는 목적물을 대상으로 하고 있기는 하지만, 선순위인 甲의 저당권에 대항할 수 없으며 영향을 미치는 것은 아니기 때문에, 甲의 저당권을 침해하는 것도 아니다. 결국 A와 乙간의 양도담보설정계약은 유효하다.[10]

2. 전화교환설비에 대한 乙의 권리

동산양도담보의 법적성질에 관한 '신탁적 소유권이전설'에 따르면(대판 1994.8.26. 93다44739), 乙은 전화교환설비에 대한 양도담보권자로서 甲의 선순위 저당권의 효력이 미치는 범위 내라는 제한을 받는 '대외적인 소유권'을 취득한다.

Ⅳ. 신형 전화교환설비의 분리·반출에 따른 소유권 귀속 - 설문 (1)의 경우

1. 문제점

채권자 乙이 채무자 A의 승낙을 받아 그 전화교환설비를 분리·반출한 후 丙에게 매각한 행위는 법적으로 양도담보권의 실행으로 평가할 수 있다.[11] 다만 목적부동산으로부터 분리·반출된 물건에 대해서도 저당권의 효력이 미치는지, 즉 저당권의 추급효 인정 여부가 문제된다.

2. 분리·반출된 신형 전화교환설비에 저당권의 효력이 미치는지 여부 등(소극)

어느 견해(① 물상대위설, ② 사회관념상 일체설, ③ 공시원칙설)에 따르더라도 목적물을 반출하려고 하는 경우 저당권자는 저당권에 기한 물권적 청구권에 의하여 그 반출을 금지할 수 있으나, 목적물이 분리되어 반출까지 되어 버린 이상 저당권의 효력은 미치지 않는다.

3. 신형 전화교환설비의 분리·반출행위가 저당권의 침해인지 여부(적극)

甲의 저당권의 효력은 분리·반출된 전화교환설비에는 미치지 않게 되므로 乙이 丙에게 양도담보의 실행절차에 의하여 전화교환시설을 인도한 것은 저당권의 존속과 그 실현을 방해하거나 그 우려가 있는 행위라고 할 것이므로 이는 甲의 저당권을 침해하는 행위가 된다.

4. 분리·반출된 신형 전화교환설비에 대한 소유권 귀속 등

분리·반출된 신형 전화교환설비는 甲의 저당권의 효력이 미치지 않으므로 丙은 이에 대하여 저당권의 부담이 없는 완전한 소유권을 취득하게 된다. 乙은 매매대금으로 A에 대한 자기의 채권변제에 충당한 다음, 남은 것이 있으면 반대의 명시적인 특약이 없는 한 이를 양도담보설정자인 A에게 반환하여야 한다(처분청산).

V. 저당권의 침해에 대한 甲의 구제수단 – 설문 (2).의 경우

1. 채무자 A에 대한 구제수단[10]

(1) 즉시변제청구권(기한의 이익 상실)

채무자 A는 담보를 감소하게 하였으므로 더 이상 기한의 이익을 주장하지 못한다(제388조 1호). 따라서 甲은 A에게 채무의 이행을 청구할 수 있고, A가 이를 이행하지 않으면 백화점건물에 관한 저당권을 실행할 수도 있다. 이는 채무자의 행위에 기한 것이면 족하고 채무자의 고의·과실이 있어야 하는 것은 아니다.

(2) 불법행위에 기한 손해배상청구권

만일 신형 전화교환설비를 제외한 나머지 백화점건물만으로는 甲의 피담보채권이 충분히 담보되지 못하는 경우에는, 甲에게 '손해'가 발생하였기 때문에 甲은 변제기 도래 이후이면 '저당권의 실행 이전'에도 손해액의 산정이 불가능하지 아니하여 언제든지 불법행위로 인한 손해배상을 청구할 수 있다(제750조).

(3) 저당물보충청구권

저당권설정자의 고의 또는 과실로 인하여 저당물의 가액이 '현저히 감소'될 경우 저당권자는 저당물보충청구권을 행사할 수 있다(제362조). 사안에서 저당권설정자인 A의 고의는 인정될 수 있으므로, 전화교환설비의 분리·반출로 인해 저당물의 가액이 현저히 감소되었다면 甲은 A에게 담보물의 보충을 청구할 수 있다.

(4) 각 구제수단 간의 관계

채무자인 동시에 저당권설정자인 A가 고의·과실로 담보력 부족을 야기시킨 때에는 위의 구제수단이 모두 가능하다. 이 경우 손해배상청구와 즉시변제청구권은 '병합적'으로 행사될 수 있으나, 담보물보충청구권은 손해배상청구권이나 즉시변제청구권과 함께 행사될 수 없고 '선택적' 관계에 있다.

2. 양도담보권자 乙에 대한 구제수단

(1) 저당권에 기한 물권적청구권

甲은 乙이 전화교환설비를 분리·반출하기 전까지는 저당권에 기한 물권적 청구권을 행사할 수 있으나(제370조, 제214조), 乙이 양도담보권을 실행하여 백화점건물로부터 일단 전화교환설비를 분리·반출하여 丙에게 매각하고 인도한 때에는 더 이상 반환청구권을 행사할 수 없다.

(2) 불법행위에 기한 손해배상청구권

乙은 자신이 취득한 양도담보 목적물에 甲의 저당권의 효력이 미치는 것을 알 수 있었음에도 양도담보권의 실행으로써 甲의 저당권을 침해하였으므로 甲에 대하여 불법행위책임을 진다(제750조).

3. 丙에 대한 구제수단

丙은 그의 선악을 불문하고 신형 전화교환설비에 관하여 저당권의 부담이 없는 완전한 소유권을 취득하였기 때문에 甲은 丙에 대하여 저당권에 기한 물권적 청구권을 행사할 수 없다.

---

10) 이는 동산양도담보의 법적성질 논의와 상관이 없다. 왜냐하면 동산양도담보를 신탁적 소유권이전설에 따라 파악하든 담보물권설에 따라 파악하든 저당권의 성질상 양립할 수 있는 권리이기 때문이다. 또한 乙에게 양도담보권을 설정해 준 사람은 '처분권한이 있는 소유자'이므로 선의취득은 문제되지 않는다.

제4관 저당권과 용익권의 관계

Ⅰ. 의 의 [D-111]

저당권은 목적물의 교환가치만을 파악하고 그 사용·수익권은 저당권설정자에게 남겨두는 제도이므로 저당권실행 전에는 용익관계에 영향을 주지 않는다. 그러나 저당권이 실행되면 목적부동산의 소유권이 경락인에게 이전되므로 기존의 용익관계는 영향을 받게 된다.

Ⅱ. 저당권과 용익권의 우열관계 [D-112]

경매를 통해 매각부동산 위의 모든 저당권은 매각으로 소멸하기 때문에(민사집행법 91조), 저당권 이전에 성립된 용익권인지 여부는 경매를 신청하는 저당권자를 기준으로 하는 것이 아니라, **최선순위저당권을 기준으로** 하여 결정된다. 예컨대 1번 저당권등기·임차권등기·2번 저당권등기의 순서로 등기가 되어 있는 부동산에 대해, 2번 저당권자의 신청으로 경매가 행하여진 때에도 결국 1번 저당권의 실행이 있었던 것으로 되기 때문에, 그 후에 대항력을 갖춘 임차권은 매수인에게 인수되지 않고 매각으로 소멸한다.

Ⅲ. 법정지상권(지상권 참고) [D-113]

Ⅳ. 저당토지상의 건물에 대한 일괄경매청구권 [D-114]

1. 의 의

토지에 저당권을 설정한 '후' 저당권설정자가 건물을 축조한 경우 토지저당권자는 토지와 함께 건물에 대하여도 경매를 청구할 수 있다(제365조).

2. 인정취지

일괄경매청구권은 ⅰ) 법정지상권이 성립되지 않는 경우 건물의 철거로 인한 사회경제적 손실방지 및 ⅱ) 저당권자에게도 저당토지상의 건물의 존재로 인하여 생기게 되는 경매의 어려움을 해소하여 저당권의 실행을 쉽게 할 수 있도록 하기 위한 취지이다(대판 2003.4.11. 2003다3850: 표준판례355).

3. 요 건

일괄경매청구권이 인정되기 위해서는 ⅰ) 토지에 대하여 저당권설정 당시에 그 지상에 건물이 없을 것, ⅱ) 저당권설정 후에 설정자가 당해 토지에 건물을 건축하였을 것, ⅲ) 경매신청시에 토지와 지상건물의 소유자가 동일할 것이 필요하다(제365조). 그러나 학설과 判例는 이러한 제한적인 요건을 제365조의 취지를 고려하여 완화함으로써 일괄경매청구권을 확대하고 있다.

(1) 토지에 대하여 저당권설정 당시에 그 지상에 건물이 없을 것 [09·15사법, 11행정]

토지에 대해 저당권을 설정할 당시에 건물이 이미 존재하고 있는 경우에는, 건물소유자에게 토지용익권이 있거나 제366조의 법정지상권이 인정될 것이므로, 일괄경매청구권은 인정되지 않는다. 그러

---

11) 즉 동산 양도담보권의 실행 방법에는 제한이 없다. 따라서 귀속청산 및 처분청산 모두 허용된다. 그리고 양도담보권자는 목적물을 환가하기 위한 절차의 일환으로 양도담보설정자에게 목적물의 인도를 청구할 수 있다.
12) A는 현재 전화교환설비를 점유하고 있지 아니하므로 물권적 청구권은 문제되지 않는다.

나 이 경우에도 토지용익권이 없거나 제366조의 법정지상권이 인정되지 않는 경우에는 제365조의 취지상 일괄경매청구권이 인정될 수 있다(대표적으로 공동저당권을 설정한 후 건물을 철거하고 그 토지 위에 새로이 건물을 축조하여 소유하고 있는 경우와 관련한 대판 2003.12.18. 전합98다43601 ; 상세한 내용은 핵심사례 D-8. 참고). 반대로 건물을 위해 법정지상권이 인정될 수 있는 경우, 즉 저당권설정 당시에 건물의 존재가 예측되고 또한 당시 사회경제적 관점에서 그 가치를 유지하여야 할 정도로 건물의 축조가 진행되어 있는 경우에는 본조는 적용되지 않는다(대판 1987.4.28. 86다카2856).

(2) 저당권설정 후에 설정자가 당해 토지에 건물을 건축하였을 것 [7회 사례형]

判例는 저당권설정자로부터 저당토지의 용익권을 취득한 자가 건물을 신축하고 저당권설정자가 신축자로부터 그 건물의 소유권을 취득한 경우에 일괄경매청구권을 인정하였다(대판 2003.4.11. 2003다3850; 표준판례355 : 12회 선택형). [판례검토] 이는 '저당권설정자가 건물을 신축하였을 것'이라는 요건을 완화한 것으로 제365조의 취지를 고려할 때 타당하다.

(3) 경매신청시에 토지와 지상건물의 소유자가 동일할 것

判例는 나대지에 관하여 저당권을 설정하여 준 뒤 그 지상에 건물을 신축하여 그 소유권을 제3자에게 양도해 준 사안에서 "제365조에 기한 일괄경매청구권은 저당권설정자가 건물을 축조하여 소유하고 있는 경우에 한한다"(대결 1999.4.20. 99마146 : 12회 선택형)고 하여 일괄경매청구권을 부정하였다. [판례검토] 이는 제3자 소유의 재산에 대해서까지 경매할 수는 없다는 취지로 보이나, 그렇다면 결국 건물은 철거되어야 하고 이로 인해 저당토지의 환가에도 지장이 생기는바, 제365조의 취지를 고려하여 이러한 경우에도 일괄경매청구권을 인정하는 것이 타당하다.

4. 효 과

(1) 일괄경매청구의 권리성, 일괄경매의 추가신청

토지의 저당권자는 토지와 함께 그 건물에 대하여도 경매를 청구할 수 있다(제365조 본문). 다만 일괄경매청구권은 토지저당권자가 선택할 수 있는 권리일 뿐 의무는 아니다(대판 1977.4.26. 77다77). 그리고 토지의 저당권자가 토지에 대해 경매를 신청한 후에도 그 토지상의 건물에 대하여 **토지에 관한 경매기일 공고시까지는 일괄경매의 추가신청**을 할 수 있고, 이 경우 집행법원은 두 개의 경매사건을 병합하여 일괄경매절차를 진행하여야 한다(대결 2001.6.13. 2001마1632 : 12회 선택형).

(2) 건물 경매대가에 대한 토지 저당권자의 지위

저당권자는 그 건물의 대가로부터는 우선변제를 받을 수 없다(제365조 단서). 이것은 부합물이나 종물의 경우와 다른 점이다. 따라서 토지와 건물을 일괄하여 매각하더라도 토지와 건물의 매각대금은 따로 결정할 필요가 있다. 이 경우 **토지에 안분할 매각대금은 법정지상권 등 이용제한이 없는 상태의 토지로 평가하여 산정하여야** 하고, 토지의 저당권자가 건물의 매각대금에서 배당을 받으려면 민사집행법 제268조, 제88조의 규정에 의한 **적법한 배당요구를 하였거나** 그 밖에 배당을 받을 수 있는 채권으로서 필요한 요건을 갖추고 있어야 한다(대판 2012.3.15. 2011다54587 : 12회 선택형).**[20법무]**

(3) 토지와 건물의 동일인에의 매각

일괄경매를 청구하는 경우 토지와 건물은 동일인에게 매각되어야 한다. 일괄경매청구제도는 건물철거를 면하게 하기 위한 것을 그 취지로 하기 때문이다. 따라서 이 한도에서는 과잉 경매금지의 적용을 받지 않는다(민사집행법 제124조 1항 단서)(대결 1967.12.22. 67마1162).

V. 저당부동산의 제3취득자의 보호
[D-115]

1. 의 의

제3취득자라 함은 저당부동산을 저당권 설정 후에 양도받은 양수인 또는 저당부동산 위에 지상권이나 전세권을 취득한 채무자, 채권자 이외의 제3자를 말한다(제364조). 이러한 제3취득자는 저당권의 실행 전에는 저당권에 의해 아무런 영향을 받지 않고 자신의 권리를 행사할 수 있으나 저당권이 실행되면 그 권리를 상실하게 된다. 따라서 이를 보호할 필요가 있는바, 민법상 어떠한 지위가 인정되는지 살펴보기로 한다.

2. 저당권실행 전(저당물의 매각허가 결정 전)의 지위

(1) 권리행사의 자유

저당권의 침해가 되지 않는 한 제3취득자는 자유로이 목적부동산에 대하여 소유권을 행사하거나 용익권의 내용에 따른 사용·수익을 할 수 있다.

(2) 이해관계 있는 제3자로서의 변제권

저당부동산의 제3취득자는 '이해관계 있는 제3자'로서 채무자의 의사에 반하여도 변제할 수 있는 권리를 갖는다(제469조 2항).

(3) 제3취득자의 변제권

> 제364조(제3취득자의 변제) 저당부동산에 대하여 소유권, 지상권 또는 전세권을 취득한 제3자는 저당권자에게 그 부동산으로 담보된 채권을 변제하고 저당권의 소멸을 청구할 수 있다.

1) 의 의

채무자의 채무불이행으로 인해 저당권이 실행되면 저당권이 설정된 부동산의 제3취득자는 부동산에 대한 권리를 잃게 되므로, 그 불안을 제거하기 위해 민법 제364조는 제3취득자에게 부동산으로 담보된 채권을 변제하고 저당권의 소멸을 청구할 수 있는 권리를 규정하고 있다(12회 선택형). 判例는 당해 권리가 제3취득자의 고유한 권리라고 한다(대판 1971.4.6. 71다26).

2) 제364조의 취지

원래 채무는 제3자라도 변제할 수 있는 것이며(제469조 1항), 더구나 저당부동산의 제3취득자는 이해관계 있는 제3자이므로 채무자의 의사에 반해서도 변제할 수 있다(제469조 2항). 그럼에도 법이 특별히 제364조를 규정하여 보호하고 있다.

3) 요 건

가) 저당부동산에 대한 제3자가 권리를 취득할 것

① [후순위저당권자] 제3취득자의 범위와 관련하여 법문에는 '소유권, 지상권 또는 전세권을 취득한 제3자'라고 규정되어 있는바[경매개시 후 경락대금 완납 전에 소유권 등을 취득한 자도 포함된다(대결 1974.10.26. 74마440 : 3회 선택형)], 학설은 대체로 제364조를 열거조항으로 이해하여 '대항력을 갖춘 임차인'은 여기에 해당하지 않는다고 본다. 判例도 '후순위 근저당권자'는 제364조의 제3취득자에 포함되지 않는다고 한다(대판 2006.1.26. 2005다17341: 표준판례356 : 1회 선택형).

따라서 후순위 근저당권을 취득한 자는 '제364조의 제3취득자'에 해당하지 아니하므로 이러한 후순위근저당권자가 선순위근저당권의 피담보채무를 변제한 것은 '제469조에 따른 이해관계 있는 제3자'

의 변제로서 피담보채무 '전액'을 변제해야만 그 말소를 구할 수 있다.

② **[채무인수인]** 부동산의 양수인이 매매계약을 할 때 피담보채무를 인수한 경우에는, 그때부터 그는 채권자에 대한 관계에서는 채무자의 지위로 변경되므로 제364조는 적용되지 않는다. 물론 이 경우에는 채무인수의 요건을 갖추어야 하므로 채권자의 승낙이 있어야 한다(제454조). 따라서 그러한 승낙이 없이 단지 매도인이 매매대금에서 피담보채무를 공제한 잔액만을 수수한 사실만으로는 채무인수가 있었다고 할 수 없으므로(判例는 그러한 경우는 특별한 사정이 없는 한 이행인수로 본다) 이때의 매수인은 제364조의 제3취득자로서 저당권을 소멸시킬 수 있다(대판 2002.5.24. 2002다7176 : 3회 선택형). **[9회 사례형, 07행정]**

나) 제3취득자의 피담보채권의 변제

① **[보통저당권(제360조)]** 단순히 제3자의 변제라면 지연이자의 금액을 전액 변제하여야 하나, 제3취득자는 그 부동산으로 담보된 채권, 즉 제360조에 규정된 범위의 금액만을 변제하면 되므로 지연이자의 범위가 이행기일 경과후 1년분에 한정된다.

② **[근저당권(제357조)]** 또한 근저당권의 경우에는 채무액이 최고액을 초과하는 경우 근저당권의 제3취득자는 '최고액'과 '경매비용'만을 변제하고 근저당권설정등기의 말소를 청구할 수 있다(대판 1971.5.15. 71마251). 다만 그 피담보채무가 확정될 때까지의 채무의 소멸 또는 이전은 근저당권에 영향을 미치지 않으므로 근저당부동산에 대하여 소유권을 취득한 제3자는 '피담보채무가 확정된 이후'에 그 확정된 피담보채무를 채권최고액의 범위 내에서 변제하고 근저당권의 소멸을 청구할 수 있다(대판 2002.5.24. 2002다7176). **[9회 사례형, 07행정]**

다) 변제기에 채무를 변제할 것

피담보채권의 변제기 이전에 제3취득자가 변제하고 저당권을 소멸시킬 수 있는가에 대해 判例는 "근저당부동산의 제3취득자는 근저당권설정계약 종료 전에 이를 해지하고 그 당시까지의 채무액만을 변제하는 조건으로 그 말소를 구할 수는 없다"(대판 1979.8.21. 79다783)고 하여 부정설이다. **[07행정]**
[판례검토] 제3취득자의 변제기 도래 전의 변제는 저당권이 물권으로서 갖는 추급력을 근본적으로 부정하는 것으로 타당하지 않다. 그리고 저당권의 투자수단으로서의 작용을 고려한다면, 제3취득자도 채권자에게 손해가 있으면 이를 배상하고 변제기전에 배상할 수 있는 것이므로(제468조, 제469조), 굳이 제364조로부터 변제기 전의 변제권을 인정할 필요가 없다(다수설).

4) **효 과**

가) 제3취득자와 저당권자간의 법률관계

제3취득자의 변제로 인해 저당권은 부종성으로 인해 소멸한다. 이때는 등기를 요하지 않는다(제187조). 따라서 제364조가 '저당권의 소멸을 청구할 수 있다'고 한 것은 무의미한 규정이다. 다만, 判例는 "저당권소멸청구권"이라는 표현을 사용함으로써 제3취득자가 저당권의 소멸을 청구하여야 하는 입장을 전제한 것으로 보인다(대판 2002.5.24. 2002다7176). **[9회 사례형]**

나) 제3취득자와 저당채무자 사이의 법률관계

① 저당부동산의 제3취득자는 변제할 정당한 이익이 있는 자이므로 변제를 하면 당연히 **채권자를 대위한다**(제481조). 따라서 소유자인 제3취득자가 변제한 경우에는 저당권은 소멸하지만(다만 혼동의 예외가 인정될 수 있다), 지상권자 또는 전세권자인 제3취득자가 변제한 경우에는 대위에 의해 저당권은 제3취득자가 가지게 된다.

② 변제한 제3취득자는 채무자에 대해 구상권을 가진다(12회 선택형). 민법 제576조 2항은 소유권을 취득한 제3취득자가 자신의 출재로 그 소유권을 보존한 때에는 특별히 매도인에게 담보책임의 성립을 인정하고 있다. 따라서 매수인이 제576조에 의해 비용상환을 청구하는 경우 매도인이 저당채무자인 때에는 구상권과 함께 손해배상책임도 추궁할 수 있다(제576조 3항).

(4) 매수인의 대금지급거절권(추탈위험의 항변권)

매매 목적물에 대하여 저당권을 주장하는 자가 있는 경우에 매수인이 매수한 권리의 전부나 일부를 잃을 염려가 있는 때에는 매수인은 그 위험의 한도에서 대금의 전부나 일부의 지급을 거절할 수 있다(제588조 본문). 그러나 매도인이 상당한 담보를 제공한 때에는 대금지급을 거절할 수 없다(제588조 단서)(상세는 C-35.참고).

(5) 저당권설정자의 항변권 원용

제3취득자는 저당권설정자의 저당권자에 대한 항변권을 원용하여 자신의 권리를 보전할 수 있는바, 피담보채권의 무효·소멸시효의 완성·변제 등으로 저당권이 무효 또는 소멸되었음을 저당권자에게 대항할 수 있다.

(6) 경매인이 될 수 있는 권리

저당물의 소유권을 취득한 제3자도 경매인이 될 수 있다(제363조 2항 : 12회 선택형). 저당권설정자인 동시에 채무자인 자를 제외하고는 누구든지 경매인이 될 수 있으므로(민사집행규칙 제202조, 제59조), 이는 주의적 규정이다. 그리고 본조는 소유권만을 규정하고 있으나 기타 지상권, 전세권 등의 권리를 취득한 자도 당연히 경매인이 될 수 있다(대판 1978.2.28. 77다2314). **[9회 사례형, 07행정]**

3. 저당권실행 후(저당물의 매각허가 결정 후)의 지위

(1) 제3취득자의 우선상환권

제3취득자가 저당부동산의 보존·개량을 위하여 필요비 또는 유익비를 지출한 경우는 제203조 1항·2항에 의해(제203조 3항은 준용하지 않는데 이는 저당물이 이미 현금화된 상황을 전제로 하기 때문이다)그 저당부동산의 매각대금에서 우선상환을 받을 수 있다(제367조). 당해 규정의 취지는 ⅰ) 원칙적으로 지상권이나 전세권에서는 필요비상환청구권이 인정되지 않으나, 이들에게도 필요비상환청구권을 부여하려는 것이고, ⅱ) 매각대금 중 저당물의 가치가 유지 또는 증가된 부분은 '일종의 공익비용'과 같이 보아 제3취득자가 경매대가에서 우선상환을 받을 수 있도록 한 것이다(따라서 저당물에 관한 지상권, 전세권을 취득한 자만이 아니고 소유권을 취득한 자도 제367조 소정의 제3취득자에 해당한다. 대판 2004.10.15. 2004다36604 : 12회 선택형).

여기서 '제3취득자'의 권리는 물권에 한하지 않지만 지상권, 전세권 등 제364조와의 균형상 등기된 임차권과 같이 적어도 대항력을 갖춘 권리이어야 한다.[13]

> [주의] 물권에 비하여 사회적으로 열악한 지위에 있는 임차인의 보호 필요성 및 위에서 검토한 제367조의 취지에 비추어 볼 때, 대항력을 갖춘 임차인은 제364조와 달리 제367조의 제3취득자의 범위에는 포함된다고 보는 것이 타당하다(다수설).

---

13) 민법주해(Ⅶ), p.157 ; 주석민법 물권법(4) p.235 등

(2) 권리상실과 담보책임

매매의 목적이 된 부동산에 설정된 저당권이나 전세권의 행사로 인하여 소유권을 취득할 수 없거나 취득한 소유권을 상실한 경우에는 매도인이 담보책임을 지게 된다(제576조). 여기서의 손해배상을 判例는 신뢰이익의 배상이라는 입장인 것으로 보이나(대판 1992.10.27. 92다21784),[14] 완전한 권리를 취득시킬 의무를 매도인이 위반하였다는 점에서 이행이익의 배상이라고 봄이 타당하다(다수설). 이러한 권리는 제척기간에 걸리지 않는다(제576조).

(3) 채무불이행책임

채무자가 제3취득자에 대한 채무를 이행하지 못한 상태에서 저당권이 실행된 경우 제3취득자는 이행불능을 이유로 하여 계약을 해제할 수 있고(제546조), 아울러 손해배상도 청구할 수 있다(제551조). 이때 손해배상은 이행이익의 배상을 그 내용으로 할 것이다.

이 경우 담보책임과의 경합을 긍정하는 것이 타당하다. 즉 담보책임에 관한 규정은 법이 매수인의 보호를 위하여 특별히 규정한 또 하나의 구제수단으로, 그것이 있다고 하여 일반채무불이행책임을 물을 수 없게 되는 것은 아니다. 특히 判例가 제576조에 기한 손해배상의 범위를 신뢰이익이라고 하는 한 손해의 완전한 전보를 위해 채무불이행책임을 인정할 필요가 있다.

(4) 불법행위책임

채무자의 행위가 제750조의 요건을 갖춘 경우에는 불법행위로 인한 손해배상책임을 부담한다. 이 경우 제3취득자는 계약책임과 불법행위책임을 선택적으로 행사할 수 있다.

제5관 저당권의 처분

I. 서 설
[D-116]

저당권자는 피담보채권의 변제 또는 저당권의 실행에 의하여 채권의 만족, 즉 빌려준 금전을 회수할 수 있지만, 변제기 이전에 그러한 결과를 얻으려면 저당권을 처분하는 길밖에 없다. 그런데 저당권자가 저당권을 처분하는 방법으로는 저당권을 양도하거나 입질하는 것이 있다. 이와 관련하여 민법은 '저당권은 그 담보한 채권과 분리하여 타인에게 양도하거나 다른 채권의 담보로 하지 못한다'(제361조)고 정한다. 즉 저당권의 양도와 입질에는 수반성이 요구된다.

II. 저당권부 채권의 양도
[D-117]

1. 양도의 요건

저당권부 채권의 양도는 저당권의 양도와 채권양도가 결합되어 행해지므로, 저당권의 양도와 관련하여 제186조에 따른 등기(저당권이전의 부기등기에 의한다)가 경료되어야 하고, 채권의 양도와 관련하여 제449조 이하의 요건이 구비되어야 한다(대판 2005.6.10. 2002다15412,15429).

---

14) 대판 1992.10.27. 92다21784판결은 가등기에 기한 본등기 경료로 인한 담보책임에 관한 것이고 손해배상의 범위에 관하여 직접 언급하지 않았지만, 매매대금 및 그에 대한 법정이자 상당액의 배상에 한정된다는 원심의 판단을 인정하였다[지원림, 민법강의(13판), 5-135]. 이러한 判例에 따르면 매수인은 소유권을 상실한 후 계약을 해제하면 원상회복으로서 매매대금 및 그 법정이자의 반환을 구할 수 있고, 제576조 3항의 손해배상으로서 그 밖에 계약의 유효를 신뢰함으로써 입은 손해(계약체결비용, 등기비용)를 배상받을 수 있다.

(1) 저당권의 양도

저당권의 양도와 관련하여 물권변동의 일반원칙에 따라 저당권을 이전할 것을 목적으로 하는 물권적 합의와 등기(부기등기)가 있어야 저당권이 이전되지만, 이때의 물권적 합의는 저당권의 양도·양수받는 당사자 사이에 있으면 족하고 그 외에 그 채무자나 물상보증인 사이에까지 있어야 하는 것은 아니며, 채무자에 대한 채권양도의 통지나 이에 대한 채무자의 승낙이 있으면 채권양도를 가지고 채무자에게 대항할 수 있다(대판 2005.6.10. 2002다15412,15429 : 10회 선택형).

(2) 채권의 양도

채권의 양도에 관해서는 그 대항요건을 갖추어야 한다(제450조). 특히 채무자의 승낙과 관련하여, 채무자가 이의를 보류하지 않고 승낙을 한 때에는 양도인에게 대항할 수 있는 사유로써 양수인에게 대항하지 못한다(제451조 1항). 여기서 피담보채권의 부존재 또는 변제에 의하여 저당권이 부존재하였거나 소멸하였던 경우에, 채권양도에 대하여 채무자가 이의를 유보하지 않은 채 승낙하면 채권양도에 관하여는 공신력이 인정되는 반면(제451조 1항), 부동산등기에 관하여는 공신력이 인정되지 않는다. 이런 경우 무효인 저당권이 당연히 부활하여 양수인에게 이전되는가 하는 것이 문제되는바, 만약 저당권의 부활을 인정한다면 무효인 저당권이전등기에 공신력을 인정하는 결과로 되어 부당하므로, 채무자의 이의 없는 승낙에 의하여 저당권이 부활하지 않으며, 양수인은 저당권 없는 채권을 취득한다(통설). 다만, 채무자의 승낙이 등기유용의 합의에 기한 것인 때에는, 이해관계 있는 제3자가 없는 한 저당권은 부활한다.

2. 저당권과 피담보채권의 분리 문제

(1) 수반성

민법은 '저당권은 그 담보한 채권과 분리하여 타인에게 양도하거나 다른 채권의 담보로 하지 못한다'고 정한다(제361조). 즉 저당권은 물권으로서 이를 처분할 수 있지만, 그것은 채권의 담보를 위해 존재한다는 종속성 때문에 저당권만을 양도하거나 담보로 제공할 수는 없고, 피담보채권과 같이 하여야 한다는 데 그 취지가 있다(다만 물상보증인이 설정한 저당권은 그의 동의가 없으면 수반하지 않는다).

(2) 통상의 저당권 또는 피담보채권이 확정된 근저당권의 경우

1) 피담보채권만 양도한 경우

저당권부 채권이 양도되면 다른 특약이 없는 (근)저당권도 양도된다. 그러나 만일 저당권부 채권만을 양도하기로 하는 합의가 있는 경우에는 (근)저당권은 소멸한다. 判例 역시 "담보권의 수반성이란 피담보채권의 처분이 있으면 '언제나' 담보권도 함께 처분된다는 것이 아니라 채권담보라고 하는 담보권 제도의 존재 목적에 비추어 볼 때 특별한 사정이 없는 한 피담보채권의 처분에는 담보권의 처분도 당연히 포함된다고 보는 것이 '합리적'이라는 것일 뿐이므로, 피담보채권의 처분이 있음에도 불구하고, 담보권의 처분이 따르지 않는 특별한 사정이 있는 경우에는 채권양수인은 담보권이 없는 무담보의 채권을 양수한 것이 되고 채권의 처분에 따르지 않은 담보권은 소멸한다"(대판 2004.4.28. 2003다61542)는 입장이다.

2) 저당권과 피담보채권을 함께 양도한 경우 1 : 채권양도의 대항요건은 갖추었으나 저당권의 이전등기를 나중에 마친 경우(일시적 분리)[15]

判例는 "피담보채권과 근저당권을 함께 양도하는 경우에 채권양도는 당사자 사이의 의사표시만으로 양도의 효력이 발생하지만 근저당권이전은 이전등기를 하여야 하므로 채권양도와 근저당권이전등

---

15) 등록세 등을 회피하기 위해 저당권이전등기를 하지 않는 경우가 많다.

기 사이에 어느 정도 시차가 불가피한 이상 피담보채권이 먼저 양도되어 일시적으로 피담보채권과 근저당권의 귀속이 달라진다고 하여 근저당권이 무효로 된다고 볼 수는 없다"(대판 2003.10.10. 2001다77888)라는 입장으로 **채권양도의 효력은 먼저 발생하는 것으로 본다**.

한편 위 판결은 "위 근저당권은 그 피담보채권의 양수인에게 이전되어야 할 것에 불과하고, 근저당권의 명의인은 피담보채권을 양도하여 결국 피담보채권을 상실한 셈이므로 집행채무자로부터 변제를 받기 위하여 배당표에 자신에게 배당하는 것으로 배당표의 경정을 구할 수 있는 지위에 있다고 볼 수 없다"고 하여, 근저당권 명의인의 배당이의를 배척하였다(9회 선택형).

[판례검토] 이에 대해 제361조의 취지상 채권양도의 효력도 인정할 수 없다는 견해가 있으나, 저당권부 채권의 양도는 채권의 양도와 저당권의 양도 두 가지를 포함하는 것으로 그 요건도 각각 별개로 파악하는 것이 타당하다(다수설).

[사실관계] 2001다77888 判例 사안은 다음과 같다. 甲(채권자)은행은 乙(채무자)에 대한 채권의 담보로 A 소유 부동산에 근저당권을 설정한 후, 乙에 대한 채권을 丙(자산관리공사)에게 양도하고 이를 乙에게 확정일자 있는 증서로 통지하였으나 丙앞으로 저당권이전의 (부기)등기는 하지 않았다. 그 후 A에 대한 다른 채권자의 경매신청으로 위 부동산이 B에게 경락되었고(그에 따라 甲명의의 근저당권등기가 말소되기까지 10개월 동안 丙앞으로 근저당권이전등기는 이루어지지 않았다), 법원이 그 당시 저당권명의를 가졌던 甲을 배당에서 제외하자, 甲이 B를 상대로 배당이의를 주장한 것이다. 이에 대해 대법원은 甲은 더 이상 채권자가 아니므로 배당을 받을 지위에 있지 않다고 보았다.(9회 선택형)

위와 같은 경우 대법원의 견해에 의하면, 甲은 경락 당시 저당권자였다고 하더라도 이미 그 피담보채권을 양도하여 더 이상 채권자가 아니므로 배당을 받을 수 없고, 한편 피담보채권의 양수인은 저당권이전의 등기를 마치지 않은 이상 저당권자가 되지 못하므로 배당에서 저당권자로서 당연히 우선변제를 받지는 못하게 된다. 이러한 결과를 피하기 위해서는 양수인(丙)이 빠른 시일 내에 저당권이전의 등기를 갖추는 수밖에 없다.[16]

3) 저당권과 피담보채권을 함께 양도한 경우 2 : 채권양도의 제3자에 대한 대항요건은 갖추지 않았으나 저당권의 이전등기를 마친 경우

가) 제1양수인이 제450조 2항의 대항요건을 갖추기 전에 제2양수인이 이를 갖춘 경우

判例는 전세권에 관하여 "존속기간의 경과로서 본래의 용익물권적 권능이 소멸하고 담보물권적 권능만 남은 전세권에 대해서도 그 피담보채권인 전세금반환채권과 함께 제3자에게 이를 양도할 수 있다 할 것이지만 이 경우에는 제450조 2항 소정의 확정일자 있는 증서에 의한 채권양도절차를 거치지 않는 한 위 전세금반환채권의 압류·전부 채권자 등 제3자에게 위 전세보증금반환채권의 양도사실로써 대항할 수 없다"(대판 2005.3.25. 2003다35659: 표준판례310 : 4회,8회,9회 선택형)고 한다.

[판례검토] 제1양수인이 확정일자 있는 증서에 의한 대항요건을 갖추기 전에 제2양수인이 확정일자 있는 증서에 의한 대항요건을 갖추게 되면, 제1양수인과 제2양수인 사이에서는 제1양도가 무효가 되므로 결국 제1양도에 기한 저당권의 이전 또한 부종성에 기해 무효가 된다. 따라서 위 判例는 타당하다.

[사실관계] 2003다35659 判例의 취지는 다음과 같다. 전세권자인 A의 전세기간이 만료한 이후인 2005. 2. 1.에 A가 B와 사이에 전세권양도계약을 체결하고 같은 날 전세권이전의 부기등기를 하여 주었으나 그 이외에 별다른 조치는 취하지 않았다. 한편 C는 2005. 2. 9.에 이 사건 전세금반환채권을 압류하고 이를 C에게 전부하는 내용의 채권압류 및 전부명령을 받았는데, 위 명령은 그 무렵 전세권설정자인 甲에게 송달되어, 2005. 2. 28. 확정되었다. 이에 判例는 "전세기간 만료 이후 전세권양도계약 및 전세권이전의 부기등기가 이루어진 것만으로는 전세금반환채권의 양도에 관하여 확정일자 있는 통지나 승낙이 있었다고 볼 수 없어 이로써 제3자인 전세금반환채권의 압류·전부 채권자에게 대항할 수 없다"고 한 사례이다.

---

16) 노만경, '근저당권부 채권이 양도되었으나 근저당권의 이전등기가 경료되지 않은 상태에서 실시된 배당절차에서 근저당권의 명의인이 배당이의를 할 수 있는지 여부', 대법원판례해설 46호, p.460이하 ; 최수정, '피담보채권양도와 저당권이전', 민사법학 제48호, p.131

나) 저당권 명의인의 저당권 실행가부

① 채권양도의 대항요건을 갖추지 않았으나 저당권의 이전등기는 마친 양수인이 저당권에 기하여 임의경매를 신청할 수 있는지 나아가 배당을 받을 수 있는지 문제되는바, 判例는 "㉠ 피담보채권을 저당권과 함께 양수한 자는 저당권이전의 부기등기를 마치고 저당권실행의 요건을 갖추고 있는 한 채권양도의 대항요건을 갖추고 있지 아니하더라도 경매신청을 할 수 있으며, ㉡ '채무자'는 경매절차의 이해관계인으로서 채권양도의 대항요건을 갖추지 못하였다는 사유를 들어 경매개시결정에 대한 이의나 즉시항고절차에서 다툴 수 있고, 이 경우는 '신청채권자'가 대항요건을 갖추었다는 사실을 증명하여야 할 것이나, ㉢ 이러한 절차를 통하여 채권 및 근저당권의 양수인의 신청에 의하여 개시된 경매절차가 실효되지 아니한 이상 그 경매절차는 적법한 것이고, 또한 그 경매신청인(양수인)은 양수채권의 변제(배당절차에서 배당)를 받을 수도 있다"(대판 2005.6.23. 2004다29279 : 11회 선택형)[17]고 한다.

② 한편 判例는 근저당권부 채권양도에서 이전등기만 마치고 대항요건을 갖추지 못한 양수인이 배당받은 경우 '채무자'는 배당으로 인해 손해가 발생하였다고 보기 어려우므로 부당이득반환청구를 할 수는 없다(대판 2021.12.16. 2021다215701)[18]고 한다.

(3) 근저당권의 피담보채권이 확정되기 전(핵심사례 D-13. 참고)

근저당권이라고 함은 계속적인 거래관계로부터 발생하고 소멸하는 불특정다수의 장래채권을 결산기에 계산하여 잔존하는 채무를 일정한 한도액의 범위 내에서 담보하는 저당권이어서, 거래가 종료하기까지 채권은 계속적으로 증감변동하는 것이므로, 근저당 거래관계가 계속 중인 경우 즉, 근저당권의 피담보채권이 확정되기 전에 그 채권의 일부를 양도하거나 대위변제한 경우 근저당권이 양수인이나 대위변제자에게 이전할 여지는 없다(8회, 9회 선택형).

그러나 그 근저당권에 의하여 담보되는 피담보채권이 확정되게 되면, 그 피담보채권액이 그 근저당권의 채권최고액을 초과하지 않는 한 그 근저당권 내지 그 실행으로 인한 경락대금에 대한 권리 중 그 '피담보채권액을 담보하고 남는 부분'은 저당권의 일부이전의 부기등기의 경료 여부와 관계없이 대위변제자에게 법률상 당연히 이전된다(대판 2002.7.26. 2001다53929: 표준판례555 : 9회 선택형)(제483조 1항 참조).

Ⅲ. 저당권부 채권의 입질   [D-118]

1. 의 의

저당권에 의해 담보된 채권을 다른 채권의 담보로 제공하는 것은 저당권부 채권의 입질에 해당한다. 이것은 채권의 입질과 저당권의 입질 두 가지를 포함하므로, 그 입질에 따른 각각의 요건을 갖추어야 한다. 즉 채권의 입질에 관하여는 지명채권에 대한 질권의 대항요건을 정한 규정(제349조)이 적용되고, 저당권의 입질에 관하여는 그 저당권등기에 질권의 부기등기를 하여야 그 효력이 저당권에 미친다(제348조).

---

17) [판례검토] 채권양도에서 통지·승낙은 채권양도의 효력요건이 아니라 채무자 (및 제3자)에 대한 대항요건에 지나지 않으므로 양도인과 양수인 사이에서는 채권양도의 효력이 발생하므로 이에 기하여 이루어진 저당권이전등기는 일단 유효하다. 그리고 사안에서 채무자가 이미 변제를 한 것도 아니어서 채무자에게 특별히 불리할 것도 없다는 점에서 판례의 태도는 타당하다 [이우재, '근저당권의 피담보채권과 함께 근저당권을 양수하였으나 채권양도의 대항요건을 갖추지 못한 양수인의 저당권실행의 가부(적극) 및 배당 여부(적극)', 대법원판례해설 54호, p.158이하 참고]

18) [판시원문] "후순위 근저당권과 함께 그 피담보채권을 양수하였지만 채권양도의 대항요건을 갖추지 못한 양수인이 선순위 근저당권자가 신청한 경매절차에서 배당을 받은 경우에, 채무자가 양수인을 상대로 채권양도의 대항요건 미비를 이유로 배당이의절차에서 다툼으로써 양수인이 배당을 받지 못하게 되더라도, 그 후순위 근저당권이 경매개시결정등기 전에 등기되어 매각으로 소멸하는 이상 채무자에 대한 관계에서 양도인이 민사집행법 제148조 4호에 따라 배당요구 없이 당연히 배당을 받는 근저당권자에 해당한다고 볼 수 있으므로, 채무자에게는 위 배당으로 인하여 손해가 발생하였다고 할 수 없다"

2. 효 과

질권자는 입질된 채권의 추심권을 갖는다(제353조). 그리고 질권자의 피담보채권과 입질채권이 모두 변제기에 도달하면 질권자는 저당권을 실행할 수 있다. 한편 입질된 채권의 (저당권부) 채권자는 그 채권액이 질권부 채권액을 초과하는 경우에도 그 차액을 추심할 수 없다. 질권자는 질권의 불가분성에 기해 채권 전부의 변제를 받을 때까지 입질된 채권 전부에 대해 그 권리를 행사할 수 있기 때문이다(제355조 · 제343조 · 제321조).

[심화] ※ **무담보채권에 질권을 설정한 후 그 채권을 담보하기 위해 저당권이 설정된 경우**
"민법 제348조의 입법취지에 비추어 보면, '담보가 없는 채권에 질권을 설정한 다음 그 채권을 담보하기 위해서 저당권을 설정한 경우'에도 '저당권으로 담보한 채권에 질권을 설정한 경우'와 달리 볼 이유가 없다. … 중략 … 따라서 담보가 없는 채권에 질권을 설정한 다음 그 채권을 담보하기 위해 저당권이 설정되었더라도, 민법 제348조가 유추적용되어 저당권설정등기에 질권의 부기등기를 하지 않으면 질권의 효력이 저당권에 미친다고 볼 수 없다"(대판 2020.4.29. 2016다235411 : 13회 선택형).
[사실관계] 임대차보증금 반환채권에 관해 원고(질권자) 앞으로 질권이 설정된 후 임차인(질권설정자)과 임대인이 위 임대차보증금 반환채권을 담보하기 위해 임대차목적물에 근저당권을 설정한 사안에서, 피고가 임대인으로부터 재산분할을 원인으로 임대차목적물의 소유권을 이전받은 후 임차인과 합의하여 위 근저당권을 말소하였다. 원고는 피고가 질권자인 원고의 동의 없이 근저당권을 말소하였음을 이유로 질권에 기한 방해배제청구로서 근저당권등기의 말소 회복을 청구하였는데, 대법원은 질권자(원고)와 질권설정자(임차인)가 임대차보증금 반환채권만을 질권의 목적으로 하고 질권설정자가 질권자에게 제공하려는 의사 없이 근저당권을 설정받는 등 저당권이 질권의 목적이 되지 않는 특별한 사정이 있는 경우에 해당한다고 볼 여지가 있고, 원고가 근저당권설정등기에 관하여 질권의 부기등기를 마치지 않았으므로 이점에서도 원고의 질권의 효력이 이 사건 근저당권에 미친다고 할 수 없다고 판단하였다.

3. 피담보채권만을 질권의 목적으로 하고 저당권은 질권의 목적으로 하지 않는 것도 가능한지 여부(적극)

"민법 제361조는 "저당권은 그 담보한 채권과 분리하여 타인에게 양도하거나 다른 채권의 담보로 하지 못한다."라고 정하고 있을 뿐 피담보채권을 저당권과 분리해서 양도하거나 다른 채권의 담보로 하지 못한다고 정하고 있지 않다. 채권담보라고 하는 저당권 제도의 목적에 비추어 특별한 사정이 없는 한 피담보채권의 처분에는 저당권의 처분도 당연히 포함된다고 볼 것이지만, 피담보채권의 처분이 있으면 언제나 저당권도 함께 처분된다고는 할 수 없다.
따라서 저당권으로 담보된 채권에 질권을 설정한 경우 원칙적으로는 저당권이 피담보채권과 함께 질권의 목적이 된다고 보는 것이 합리적이지만, 질권자와 질권설정자가 피담보채권만을 질권의 목적으로 하고 저당권은 질권의 목적으로 하지 않는 것도 가능하고 이는 '저당권의 부종성'에 반하지 않는다. 이는 저당권과 분리해서 피담보채권만을 양도한 경우 양도인이 채권을 상실하여 양도인 앞으로 된 저당권이 소멸하게 되는 것과 구별된다"(대판 2020.4.29. 2016다235411 : 10회 선택형).

[심화] "이와 마찬가지로 담보가 없는 채권에 질권을 설정한 다음 그 채권을 담보하기 위하여 저당권이 설정된 경우 원칙적으로는 저당권도 질권의 목적이 되지만, 질권자와 질권설정자가 피담보채권만을 질권의 목적으로 하였고 그 후 질권설정자가 질권자에게 제공하려는 의사 없이 저당권을 설정받는 등 특별한 사정이 있는 경우에는 저당권은 질권의 목적이 되지 않는다. 이때 저당권은 저당권자인 질권설정자를 위해 존재하며, 질권자의 채권이 변제되거나 질권설정계약이 해지되는 등의 사유로 질권이 소멸한 경우 저당권자는 자신의 채권을 변제받기 위해서 저당권을 실행할 수 있다"(同 判例).

제6관 특수저당권 : 근저당

I. 서 설 [D-119]

1. 의 의

계속적인 거래관계로부터 발생, 소멸하는 다수의 불특정채권을 장래의 결산기에서 일정한 한도까지 담보하려는 저당권을 말한다(제357조).

  [관련판례] "장래에 발생할 '특정의 조건부 채권'을 담보하기 위하여도 저당권을 설정할 수 있으므로 그러한 채권도 근저당권의 피담보채권으로 확정될 수 있고, 그 조건이 성취될 가능성이 없게 되었다는 등의 특별한 사정이 없는 이상 확정 당시 조건이 성취되지 아니하였다는 사정만으로 근저당권이 소멸하는 것은 아니다"(대판 2015.12.24. 2015다200531).

2. 특 성

근저당권은 ① 장래 증감변동하는 **불특정의 채권**을 담보하며, ② 저당권의 성립과 소멸에 관한 부종성이 요구되지 않는다. 따라서 피담보채권액이 일시 감소하거나 소멸하게 되더라도 저당권의 존속 자체에 아무런 영향이 없다(제357조 1항 2문).

II. 근저당권의 설정 [D-120]

1. 근저당권 설정계약 및 기본계약(피담보채권을 발생시키는 법률행위)

당사자는 원칙적으로 근저당권자(채권자)와 근저당권설정자(채무자 또는 물상보증인)이며, 근저당권 설정계약에서 담보할 채권의 최고액과 함께 피담보채권의 범위를 결정하는 기준을 정하여야 한다. 그리고 피담보채권액이 장래 확정되므로, 피담보채권으로 될 채권의 발생의 기초가 되는 계속적 법률관계, 즉 '기본계약관계'도 명백히 정하여져야 한다(기본계약관계를 특정하지 않은 포괄근저당의 유효성은 뒤에서 검토한다). 判例(대판 2004.5.28. 2003다70041 ; 핵심사례 A-8.참고)는 근저당권이 유효하기 위하여 근저당권설정행위와 별도로 근저당권의 피담보채권을 성립시키는 법률행위(기본계약)가 필요하다고 한다[19](증명책임은 그 존재를 주장하는 측에 있다 : 대판 2009.12.24. 2009다72070).

2. 근저당권 등기

① 등기원인으로 근저당권의 설정계약임을 기재하여야 한다(근저당권설정등기 신청에 기본계약서의 제출은 필요하지 않다). 또한 채권의 최고액은 반드시 등기하여야 한다(부동산 등기법 제140조 2항). 채권의 이자는 최고액 중에 산입된 것으로 간주되므로(제357조 2항), 이자의 등기를 별도로 할 수 없다. ② 근저당권의 존속기간이나 기본거래관계의 결산기에 관한 약정이 있는 경우에는 이를 등기할 수 있다.

---

19) [판례평석] 이에 대해 근저당권은 성립의 부종성이 완화된다는 점을 고려한다면 근저당권설정계약을 체결하고 근저당권설정등기를 하면 성립하고, 이와 별도로 피담보채권을 성립시키는 법률행위가 있어야 하는 것은 아니라는 견해도 있다[김재형, '2004년 물권법 판례의 동향', 사법행정(제46권 3호), p.12 ; 지원림, 민법강의(13판), 3-395]

Ⅲ. 근저당권의 효력

[D-121]

근저당권은 최고액의 범위에서 설정계약에서 정해진 피담보채권의 범위에 포함되는 채권을 담보한다.

1. 피담보채권의 범위

위약금, 손해배상은 채권최고액에 포함된다. 지연이자도 1년분에 한정되지 않고 채권최고액에 포함되는 이상 모두 담보된다.

2. 피담보채권액의 확정

(1) 의 의

근저당권은 그 담보할 채무의 최고액만을 정하고 채무의 확정을 장래에 보류하여 설정되는 것이기 때문에(제357조 제1항)(근저당에 있어 담보되는 채권최고액은 부동산등기법 제75조 2항 1호에 의해 등기사항이나, 근저당권의 존속기간은 등기사항이 아니다) 그 피담보채권은 유동, 교체될 수 있는데, 그러한 상태가 종료되는 것을 근저당권의 피담보채권 확정이라고 한다. 이러한 확정의 시기가 언제이냐에 따라 당해 목적물의 후순위담보권자, 제3취득자 등 이해관계 있는 제3자는 그 권리에 큰 영향을 받게 된다.

(2) 원본(元本 : 원금)의 확정사유

1) 약정된 확정시기의 도래

근저당권설정의 기초가 되는 기본계약에서 결산기를 정하였거나 근저당권설정계약에서 근저당권의 존속기간을 정한 경우에는 원칙적으로 그 결산기나 존속기간이 도래한 때에 근저당권의 피담보채권이 확정된다.

2) 근저당권설정자의 근저당권 확정청구

가) 의 의

근저당권의 확정청구는 근저당권설정자가 근저당권의 피담보채권이 확정되기 전에 그의 의사에 따라 거래를 종료시키고 피담보채권을 확정시키는 것을 말한다. 근저당권설정자가 근저당권설정의 기초가 되는 기본계약 또는 근저당권설정계약을 해지하는 것이 이에 해당한다. 그리고 **근저당목적물의 소유권을 취득한 제3자도 근저당권설정자의 위와 같은 해지권한을 원용할 수 있다**[대판 2002.5.24. 2002다7176][20] ; 제3취득자가 피담보채무를 변제하면서 근저당권의 말소를 요구한 때에는 계약을 해지하고 피담보채무를 확정시키고자 하는 의사표시가 포함된 것이다(대판 2001.11.9. 2001다47528)].

나) 결산기 또는 존속기간의 정함이 없는 경우

근저당권설정자는 언제든지 근저당권자에게 해지의 의사표시를 함으로써 피담보채권을 확정시킬 수 있다(대판 2002.5.24. 2002다7176).

---

20) "피담보채무를 확정시키는 근저당권설정자의 근저당권설정계약의 해제 또는 해지에 관한 권한은 근저당부동산의 소유권을 취득한 제3취득자도 원용할 수 있다고 할 것인데, 제3취득자가 명시적인 해지의 의사표시를 하지는 아니하였지만 근저당권자에게 저당목적 부동산을 취득하였음을 내세우면서 앞으로 대위변제를 통하여 채권최고액 범위 내에서 피담보채무를 소멸시키고 근저당권의 소멸을 요구할 것이라는 전제에서 채무자의 피담보채무에 대하여 채무를 일부 변제하기 시작하는 등 제3취득자가 기존 근저당권설정계약의 존속을 통한 피담보채무의 증감변동을 더 이상 용인하지 아니하겠다는 의사를 파악할 수 있는 어떤 외부적, 객관적 행위를 하고, 채권자도 그러한 사정 때문에 그 계약이 종료됨으로써 피담보채무가 확정된다고 하는 점을 객관적으로 인식할 수 있었던 경우라면, 제3취득자는 근저당권설정계약을 해지하는 묵시적인 의사표시를 한 것으로 볼 수 있으므로, 근저당권의 피담보채무는 그 설정계약에서 정한 바에 따라 확정된다"

다) 결산기 또는 존속기간의 정함이 있는 경우 [06사법]

"근저당권설정계약이나 기본계약에서 결산기를 정하거나 근저당권의 존속기간이 있는 경우라면 원칙적으로 결산기가 도래하거나 존속기간이 만료한 때에 피담보채무가 확정된다. 여기에서 결산기의 지정은 일반적으로 근저당권 피담보채무의 확정시기와 방법을 정한 것으로서 **피담보채무의 이행기에 관한 약정과는 구별된다**"(대판 2017.10.31. 2015다65042).

그러나 근저당권설정자는 결산기 또는 존속기간이 도래하기 전에도 ⅰ) 피담보채권의 현존여부와 상관없이 상당한 기간 동안 거래가 없어 새로운 채무의 발생이 없고 앞으로도 거래를 계속할 수 없는 객관적인 사정이 있으며, ⅱ) 채무자도 더 이상 거래를 계속할 의사가 없는 경우에는 근저당권자에게 해지의 의사표시를 함으로써 피담보채권을 확정시킬 수 있다(대판 2002.5.24. 2002다7176).

3) 근저당권자의 경매신청

근저당권자가 근저당목적물에 대하여 경매신청을 함으로써 거래를 종료시키려는 의사를 표시한 경우에는 '**경매신청시**'(경매개시결정시가 아님)에 피담보채권의 원본이 확정된다(대판 1988.10.11. 87다카545 : **2회,12회,13회 선택형**). **[6회,9회 사례형]** 그러나 채무자가 채무불이행에 빠져 있거나 기한의 이익을 상실하지 않았는데도 불구하고 근저당권자가 경매신청을 한 경우에는 담보권실행의 실체법적 요건이 결여되어 있기 때문에 경매신청으로 피담보채권이 확정된다고 볼 수 없으며, 근저당권자가 경매신청을 실제로 한 것이 아니고 단지 경매신청을 하려는 태도를 보인 데 그친 경우에도 피담보채권이 확정된다고 볼 수 없다(대판 1993.3.12. 92다48567). 그리고 일단 근저당권자의 경매신청에 의하여 피담보채권이 확정된 이상 그 후 경매신청이 '**취하**'되더라도 확정의 효력에는 영향이 없다(대판 2002.11.26. 2001다73022 : **8회,9회,11회,12회 선택형**). **[10법행]** 그러나 경매신청이 '**각하**'된 경우에는 피담보채권이 확정되지 않는다.

4) 제3자(후순위담보권자)의 경매신청

가) 문제점

근저당목적물의 다른 담보권자가 임의경매를 신청하거나 근저당권자 이외의 제3자가 근저당목적물의 소유자에 대한 집행권원에 기하여 근저당목적물에 대하여 강제경매를 신청한 경우, 경매절차에서 당해 부동산을 매각받은 자가 매각대금을 완납하면 당해 부동산에 관한 모든 근저당권은 소멸하게 된다(민사집행법 제91조 2항). 따라서 위의 경우 근저당권의 피담보채권은 제3자의 경매신청 이후 매각대금이 완납될 때까지 어느 시점에서든지 확정되지 않으면 안된다.

나) 판 례

후순위 근저당권자가 경매를 신청한 경우 선순위 근저당권의 피담보채권은 그 근저당권이 소멸하는 시기, 즉 '**경락인이 경락대금을 완납한 때**'에 확정된다(대판 1999.9.21. 99다26085: **표준판례367**[21] : **2회,8회,11회,12회 선택형**)고 한다.

다) 검 토

이는 선순위 저당권자에게 담보가치를 최대한 활용할 수 있는 기회를 줘야 한다는 요구와 후순위 권리자의 권리가 보호되어야 한다는 요구가 충돌되는 부분이다. 검토하건대, 근저당권의 당사자들은 매각대금이 완납될 때까지 거래를 계속할 수 있지만, 그때까지 피담보채권이 확정되지 않는다고 하면 후순위담보권자가 지나치게 불리해질 가능성이 있다. 그러나 **채권최고액 만큼의 담보가치는 이미 선순위 근저당**

---

[21] **[비교판례]** 이에 반해 근질권(최고액이 공시되지 않는 점에서 근저당권과 다름)이 설정된 금전채권에 대하여 제3자의 압류로 강제집행절차가 개시된 경우, 근질권의 피담보채권의 확정시기에 관해 대법원은 근질권자가 위와 같은 강제집행이 개시된 사실을 알게 된 때에 확정된다고 한다(대판 2009.10.15. 2009다43621: **표준판례(348)**).

권자에 의하여 파악되어 있는 것이므로 이는 후순위담보권자가 감수해야 할 위험이라고 보아야 한다. 따라서 '경락인이 경락대금을 완납한 때'에 확정된다고 보는 것이 보다 타당하다(다수설).

> ※ **공동근저당권의 피담보채권액 확정** ★
> ① 공동근저당권자가 목적물 중 일부에 대하여 '스스로 경매를 신청'한 경우에는 목적물 전체에 관하여 공동근저당권이 확정된다(대판 1996.3.8. 95다36596).[22] **[9회 사례형]** ② 그러나 공동근저당권자가 목적 부동산 중 일부 부동산에 대하여 '제3자가 신청한 경매절차에 소극적으로 참가하여 우선배당을 받은 경우', 해당 부동산에 관한 근저당권의 피담보채권은 그 근저당권이 소멸하는 시기, 즉 매수인이 매각대금을 지급한 때에 확정되지만, '나머지 목적 부동산에 관한 근저당권의 피담보채권'은 기본거래가 종료하거나 채무자나 물상보증인에 대하여 파산이 선고되는 등의 다른 확정사유가 발생하지 아니하는 한 확정되지 아니한다(대판 2017.9.21. 2015다50637 : 12회 선택형).[23]

5) 기 타

① 근저당권의 채무자인 회사가 합병으로 소멸하는 경우, 물상보증인이 합병 후 상당한 기간이 지나도록 존속회사 또는 신설회사를 위하여 근저당권설정계약을 존속시키는 데 동의하지 않았다면 '합병당시를 기준'으로 근저당권의 피담보채무가 확정된다(대판 2010.1.28. 2008다12057).

② 물상보증인이 근저당권자의 채권에 대하여 다투고 있을 경우 근저당권자가 근저당권의 피담보채무의 확정을 위하여 스스로 물상보증인을 상대로 '확인의 소를 제기할 수 있다'(대판 2004.3.25. 2002다20742).

③ "계속적 거래계약에 기한 채무를 담보하기 위하여 존속기간의 약정이 없는 근저당권을 설정한 경우에 그 거래관계가 종료됨으로써 피담보채무로 '예정된 원본채무가 더 이상 발생할 가능성이 없게 된 때'에는 그때까지 잔존하는 채무가 근저당권에 의하여 담보되는 채무로 확정되며, 이때 근저당권을 설정한 '채무자나 물상보증인은 근저당권자에 대한 의사표시'로써 피담보채무의 확정을 구할 수 있고 그 확정 당시에 피담보채무가 존재하지 아니하게 되었다면 근저당권의 말소를 구할 수 있다"(대판 1996.10.29. 95다2494).

④ 근저당권이 설정된 뒤 채무자 또는 근저당권설정자에 대하여 회생절차개시결정이 내려진 경우 근저당권의 피담보채무는 특별한 사정이 없는 한 '회생절차개시결정을 기준으로 확정'되므로, 확정 이후에 발생한 새로운 거래관계에서 발생한 원본채권이 근저당권에 의하여 담보될 여지는 없다(대판 2021.1.28. 2018다286994: **표준판례368** : 12회 선택형).

---

22) " i) 채권자가 물상보증인 소유 토지와 공동담보로 주채무자 소유 토지에 1번 근저당권을 취득한 후 이와 별도로 주채무자 소유 토지에 2번 근저당권을 취득한 사안에서, 물상보증인에 대한 근저당권의 피담보채권의 발생 원인인 어음거래 약정이 그 결산기가 정하여져 있지 않고 물상보증인의 토지에 대하여 아직 경매신청이 되지 않았더라도, 먼저 주채무자의 토지에 대하여 피담보채무의 불이행을 이유로 근저당권이 실행된 이상, 채권자와 물상보증인 사이의 근저당권 설정계약의 원인관계인 어음거래 약정에 기한 거래는 그로써 종료되고 그 경매신청시에 그 피담보채권이 확정된다. ii) <u>채권자가 물상보증인 소유 토지와 공동담보로 주채무자 소유 토지에 1번 근저당권을 취득한 후 이와 별도로 주채무자 소유 토지에 2번 근저당권을 취득한 사안에서, 먼저 주채무자의 토지에 대하여 피담보채무의 불이행을 이유로 근저당권이 실행되어 경매대금에서 1번 근저당권의 피담보채권액을 넘는 금액이 배당된 경우에는, 변제자 대위의 법리에 비추어 볼 때 민법 제368조 제2항은 적용되지 않으므로 후순위(2번) 저당권자인 채권자는 물상보증인 소유 토지에 대하여 자신의 1번 근저당권을 대위행사할 수 없고, 따라서 물상보증인의 근저당권설정등기는 그 피담보채무의 소멸로 인하여 말소되어야 한다</u>"

23) "공동근저당권자가 제3자가 신청한 경매절차에 소극적으로 참가하여 우선배당을 받았다는 사정만으로는 당연히 채권자와 채무자 사이의 기본거래가 종료된다고 볼 수 없고, <u>기본거래가 계속되는 동안에는 공동근저당권자가 나머지 목적 부동산에 관한 근저당권의 담보가치를 최대한 활용할 수 있도록 피담보채권의 증감·교체를 허용할 필요가 있으며</u>, 위와 같이 우선배당을 받은 금액은 나머지 목적 부동산에 대한 경매절차에서 다시 공동근저당권자로서 우선변제권을 행사할 수 없어 이후에 피담보채권액이 증가하더라도 나머지 목적 부동산에 관한 공동근저당권자의 우선변제권 범위는 우선배당액을 공제한 채권최고액으로 제한되므로 후순위 근저당권자나 기타 채권자들이 예측하지 못한 손해를 입게 된다고 볼 수 없기 때문이다"

(3) 확정의 효과

1) 부종성, 수반성의 취득

근저당권의 피담보채권이 확정되면 이제 근저당권은 부종성, 수반성을 취득하게 되어, 확정된 피담보채권이 전부 소멸하면 근저당권도 소멸하며, 확정된 피담보채권이 양도되면 근저당권도 이전된다. 이 점에서 근저당권은 보통의 저당권과 같은 취급을 받게 된다(대판 1998.10.27. 97다26104,26111).

2) 피담보채권의 범위 [6회 사례형]

근저당권의 피담보채권이 확정되더라도 최고액을 한도로 담보한다는 근저당권의 본질은 변하지 않는다. 따라서 제360조가 적용되지 않고, 근저당권은 최고액의 범위 내에서 확정된 피담보채권 원본에 대한 '배당기일까지'의 지연손해금을 모두 담보하게 된다(대판 2007.4.26. 2005다38300 : 2회 선택형). 이 점에 있어서 근저당권은 여전히 보통의 저당권과 다르다고 할 것이다.

3) 근저당권자와 후순위저당권자 등 제3자와의 관계

① 근저당권이 확정되면, 근저당권자와 후순위저당권자 등 제3자와의 관계는 채권최고액에 의해 조정된다. 즉, 매각대금의 교부에서 '후순위저당권자나 일반채권자'의 교부청구가 있으면, 근저당권자는 자기채권이 설사 최고액을 초과하더라도 최고액까지만 우선변제를 받을 수 있다.

② 그러나 근저당권을 실행하였는데 후순위근저당권자가 없거나 다른 채권자의 교부청구가 없으면, 근저당권자는 최고액을 초과한 채무 총액에 대해 우선변제를 받는다(대판 2009.2.26. 2008다4001).[24] 설정자가 채무자인 경우에까지 최고액으로 제한할 것은 아니기 때문이다.

4) 채권최고액의 의미(특히 피담보채권액이 채권최고액을 초과한 경우)

가) 채무자 겸 근저당권설정자의 입장 [6회 사례형]

최고액은 근저당권이 채무자에 의하여 설정된 때에는 제한적인 의미밖에 없다. 즉 피담보채권의 확정 후 그 채권액이 최고액을 넘는 경우에는 채무자가 최고액을 변제하는 것만으로는 근저당권의 말소를 청구할 수 없고, 그 채권액 전부를 변제하여야 한다(대결 1971.1.26. 71마1151).[25]

나) 물상보증인 또는 제3취득자의 입장

① '제3취득자'는 최고액까지만 변제하고 근저당권의 소멸을 청구할 수 있다(제364조)(대판 1971.4.6. 71다26 ; D-115.참고). 최고액은 후순위권리자, 물상보증인이나 제3취득자와 같은 제3자에 대한 관계에서 저당부동산에 의하여 우선변제되는 물적 책임의 범위를 정하는 의미를 가지는 것이기 때문이다(제360조 단서와 비교해 보라).[26]

---

24) "민사집행법상 경매절차에 있어 근저당권설정자와 채무자가 동일한 경우에 근저당권의 채권최고액은 민사집행법 제148조에 따라 배당받을 채권자나 저당목적 부동산의 제3취득자에 대한 우선변제권의 한도로서의 의미를 갖는 것에 불과하고, 그 부동산으로서는 그 최고액 범위 내의 채권에 한하여서만 변제를 받을 수 있다는 이른바 책임의 한도라고까지는 볼 수 없으므로, 민사 집행법 제148조에 따라 배당받을 채권자나 제3취득자가 없는 한, 근저당권자의 채권액이 근저당권의 채권최고액을 초과하는 경우에 매각대금 중 그 최고액을 초과하는 금액이 있더라도 이는 근저당권설정자에게 반환할 것은 아니고 근저당권자의 채권최고액을 초과하는 채무의 변제에 충당하여야 한다"

25) [관련판례] "원래 저당권은 원본, 이자, 위약금, 채무불이행으로 인한 손해배상 및 저당권의 실행비용을 담보하는 것이며, 채권최고액의 정함이 있는 근저당권에 있어서 이러한 채권의 총액이 그 채권최고액을 초과하는 경우, 적어도 근저당권자와 채무자 겸 근저당권설정자와의 관계에 있어서는 위 채권 전액의 변제가 있을 때까지 근저당권의 효력은 채권최고액과는 관계 없이 잔존채무에 여전히 미친다"(대판 2001.10.12. 2000다59081 : 10회 선택형).

26) [관련판례] "근저당권의 목적이 된 부동산의 제3취득자는 근저당권의 피담보채무에 대하여 채권최고액을 한도로 당해 부동산에 의한 담보적 책임을 부담하는 것이므로, 제3취득자로서는 채무자 또는 제3자의 변제 등으로 피담보채권이 일부 소멸하였다고 하더라도 잔존 피담보채권이 채권최고액을 초과하는 한 담보 부동산에 의한 자신의 책임이 그 변제 등으로

② 한편, '물상보증인'이 연대보증도 한 경우에는 채무 총액을 변제하여야 하지만(대판 1972.5.23. 72다485,486), **[6회 사례형]** 물상보증만을 한 때에는 제3취득자와 같은 지위를 부여한다(대판 1974.12.10. 74다998).

③ '후순위 근저당권자 또는 제3자'가 임의로 변제하는 경우에는, 제3자의 변제로서 그것은 채무자가 변제하는 것과 같아야 하므로, 채무 총액을 변제하여야 선순위근저당권의 말소를 청구할 수 있다. 判例도 '후순위 근저당권자'는 제364조의 제3취득자에 포함되지 않는다고 하며, 따라서 제469조에 따른 (이해관계 있는) 제3자의 변제로서 피담보채무 전액을 변제해야만 그 말소를 구할 수 있다고 한다(대판 2006.1.26. 2005다17341: 표준판례356 : 3회 선택형).

■ 근저당권의 피담보채무 확정   대판 2007.4.26. 2005다38300 ; 대판 1999.9.21. 99다26085: 표준판례367

사실관계 | 甲이 2012. 1. 3. 乙, 丙 회사와 각 공급기간을 2년으로 하여 우유를 공급받는 계약을 체결하고, 외상대금을 담보하기 위하여 甲 소유인 X 부동산에 관하여 乙 회사에게 1순위로 채권최고액 3,000만 원의, 丙 회사에게 2순위로 채권최고액 4,000만 원의 각 근저당권을 설정하여 주었다. 2012. 8. 5. 乙 회사에 대한 외상대금 원금이 2,400만 원, 丙 회사에 대한 외상대금 원금이 3,600만 원에 이르게 되자 丙 회사가 경매를 신청하여 X 부동산이 1억 원에 매각되어 대금이 완납되고 매수인 명의로 소유권이 전등기가 경료되었다. 외상대금 원금과 지연손해금의 날짜별 금액은 다음과 같고, 甲의 일반채권자 丁이 1억 원의 채권으로 적법하게 배당요구를 한 상태이다. 乙 회사와 丙 회사가 위 근저당권에 기하여 우선적으로 배당받을 금액은?

	乙 회사			丙 회사		
	외상대금 원금	지연손해금	합계	외상대금 원금	지연손해금	합계
2012. 8. 5. (경매신청)	2,400만 원	300만 원	2,700만 원	3,600만 원	300만 원	3,900만 원
2012. 12. 5. (매각대금완납)	2,600만 원	360만 원	2,960만 원	3,600만 원	500만 원	4,100만 원
2013. 1. 5. (배당일)	2,600만 원	390만 원	2,990만 원	3,600만 원	600만 원	4,200만 원

판례의 태도 | 근저당권자가 근저당목적물에 대하여 경매신청을 함으로써 거래를 종료시키려는 의사를 표시한 경우에는 '경매신청시'에 피담보채권의 원본이 확정된다(대판 1988.10.11. 87다카545). 그리고 후순위 근저당권자가 경매를 신청한 경우 선순위 근저당권의 피담보채권은 그 근저당권이 소멸하는 시기, 즉 '경락인이 경락대금을 완납한 때'에 확정된다(대판 1999.9.21. 99다26085).

그리고 근저당권의 피담보채권이 확정되더라도 최고액을 한도로 담보한다는 근저당권의 본질은 변하지 않는다. 따라서 제360조가 적용되지 않고, 근저당권은 최고액의 범위 내에서 확정된 피담보채권 원본에 대한 지연손해금을 모두 담보하게 된다(대판 2007.4.26. 2005다38300).

사안의 경우 | 따라서 사안에서 후순위저당권자 丙이 경매를 신청한 경우 ① 丙 자신의 피담보채권액 원본(元本)은 경매신청시인 2012. 8. 5. 3,600만 원으로 확정되고 근저당권은 채권최고액 4,000만 원의 범위 내에서 확정된 피담보채권 원본에 대한 배당일까지의 지연손해금(400만 원)을 모두 담보하게 된다. 따라서 丙은 4,000만 원에 대해 X부동산을 통해 우선변제받을 수 있다. ② 그리고 선순위저당권자 乙의 피담보채권액 원본(元本)은 매각대금완납시인 2012. 12. 5. 2,600만 원으로 확정되고 근저당권은 채권최고액 3,000만 원의 범위 내에서 확정된 피담보채권 원본에 대한 배당일까지의 지연손해금(390만 원)을 모두 담보하게 된다. 따라서 乙은 2,990만 원에 대해 X부동산을 통해 우선변제받을 수 있다.

인하여 감축되었다고 주장할 수 없다"(대판 2007.4.26. 2005다38300)

Ⅳ. 근저당권의 변경

[D-122]

1. 피담보채무 확정 전에 채무자의 지위나 개별채무가 이전되는 경우

(1) 기본계약상의 채무자의 지위를 이전한 경우(계약인수)

근저당의 피담보채무가 확정되기 전에는 근저당의 피담보채권을 발생시키는 기본계약상의 채무자의 지위를 변경(이전)하는 것도 가능하며, 이는 '계약인수'의 성질을 지니는 것이므로 기본계약의 당사자 및 인수인의 3면계약으로 가능하다. 이 경우 **변경된 내용상의 채무**(인수인이 부담하는 채무)**만이** 근저당으로 담보되고, 변경 전의 범위에 속하는 채권이나 채무자에 대한 채권은 그 근저당권에 의하여 담보되는 채무의 범위에서 제외된다(아래 97다15777,15784판결).

이때 후순위저당권자 등 이해관계인은 근저당권의 채권최고액에 해당하는 담보가치가 근저당권에 의하여 이미 파악되어 있는 것을 알고 이해관계를 맺었기 때문에 이러한 변경으로 예측하지 못한 손해를 입었다고 볼 수 없으므로, 피담보채무의 범위 또는 채무자를 변경할 때 이해관계인의 승낙을 받을 필요가 없다(대판 2021.12.16. 2021다255648: 표준판례366).

> **■ 근저당권의 피담보채무 확정 전 피담보채무의 범위나 채무자의 변경의 경우**
>
> **사실관계** | 甲이 乙과 금전거래를 하면서 이 채권담보를 위해 丙의 부동산에 근저당권을 설정받은 후 그 부동산에 A가 후순위저당권을 취득하였다. 乙이 채무를 변제하면서 甲·乙·丙의 합의로 채무자를 丙으로 교체하기로 하고 甲과 丙 사이의 대여를 계속하기로 하였다. 그 후 경매에서 A는 甲의 저당권의 소멸을 주장하여 甲에게 배당하는 데 이의를 제기하였다. **A주장의 타당성은?**
>
> **판례의 태도** | "피담보채무가 확정되기 이전이라면 채무의 범위나 또는 채무자를 변경할 수 있는 것이고, 채무의 범위나 채무자가 변경된 경우에는 당연히 **변경 후의 범위에 속하는 채권이나 채무자에 대한 채권만이** 당해 근저당권에 의하여 담보되고, 변경 전의 범위에 속하는 채권이나 채무자에 대한 채권은 그 근저당권에 의하여 담보되는 채무의 범위에서 제외된다"(대판 1999.5.14. 97다15777,15784).
>
> **검토 및 사안의 경우** | 만약 위 채무자변경을 경개계약으로 보면 신·구채무가 동일성을 상실하여 구채무는 소멸하므로 근저당권도 소멸하게 된다. 따라서 새로운 채무자와 근저당권을 유지시키는 것은 무효등기의 유용이고, 이해관계 있는 후순위자 A가 있으므로 무효등기의 유용은 불가능하다. 그러나 근저당권은 부종성이 완화되므로 기존의 채무의 범위나 채무자를 변경할 수 있고 최고액의 범위 내에서 근저당권은 존속한다. 따라서 당해 사례를 단순히 채무자변경계약으로 본다면 근저당권은 존속한다.
>
> 결국 채무자 변경이 경개계약인가 단순한 채무자변경계약인가는 법률행위 해석의 문제이다. 그러나 채권자가 담보상실을 감수할 의사가 있다고 보기 어려운 점을 감안하면 채권발생의 기초가 된 거래관계의 승계, 즉 일종의 '계약인수'로 해석할 수 있다(이는 3자간의 합의를 요하는 점에서 채권자와 신채무자간의 계약으로도 가능한 채무인수와 다르다). 따라서 이 경우 위 判例에 따르면 甲의 저당권은 丙에 대한 채권을 담보하는 범위 내에서 존속하므로 甲이 우선변제를 받을 수 있다. 따라서 A의 주장은 타당하지 않다.

(2) 피담보채무를 개별적으로 인수한 경우(면책적 채무인수)

'기본계약상의 채무자의 지위'의 이전이 아니라 '개별 채무'만을 인수한 경우에는 인수한 기존의 채무만이 근저당에 의해 담보된다. 判例도 "물상보증인이 근저당권의 채무자의 계약상의 지위를 인수한 것이 아니라, 다만 그 채무만을 면책적으로 인수하고 이를 원인으로 하여 근저당권 변경의 부기등기가 경료된 경우, 특별한 사정이 없는 한 그 변경등기는 당초 채무자가 근저당권자에 대하여 부담하고 있던 것으로서 물상보증인이 인수한 채무만을 그 대상으로 하는 것이지, 그 후 채무를 인수한 물상보증인이 다른 원인으로 근저당권자에 대하여 부담하게 된 새로운 채무까지 담보하는 것으로 볼 수는 없다"(대판 2002.11.26. 2001다73022 : 10회 선택형)고 하여 결과적으로 **면책적 채무인수시 종전의 근저당권은**

확정된다는 입장을 취하고 있다.

[판례검토] '물상보증인의 의사'는 '구 채무자가 부담하고 있다가 신 채무자가 인수하게 된 채무만을 담보한다'는 의사이지 그 후 신채무자(채무인수인)가 다른 원인으로 부담하게 된 새로운 채무까지 담보하겠다는 의사로 볼 수는 없다. 따라서 면책적 채무인수는 근저당권의 확정사유이다.

2. 피담보채무 확정 전에 채권자의 지위나 개별채권이 이전되는 경우

(1) 근저당권의 양도(기본계약의 승계)

1) 근저당권의 전부양도

일반저당권은 그 담보한 채권과 분리하여 양도할 수 없는데(제361조), 이는 근저당권의 경우에도 같다. 즉 그 담보할 채권과 함께 근저당권을 양도할 수 있다. 그런데 이는 실제로 기본계약의 양도를 가져오는 것이므로, 구채권자(근저당권자)·신채권자(양수인)·채무자 사이의 3면계약이 필요하다.

2) 근저당권의 일부양도

'계약의 일부양도'나 '계약가입'을 원인으로 근저당권 일부이전등기가 경료되면 양수인과 양도인 또는 기존 근저당권자와 계약가입자는 근저당권을 준공유하게 된다(이 경우 근저당권의 준공유지분은 등기하지 않는다. 피담보채권이 확정되기 전까지는 각 근저당권자별로 채권액이 유동적이어서 저당권과 같은 지분개념을 상정할 수 없기 때문이다). 이와 같이 근저당권이 수인에 속하는 경우에 각 근저당권자는 확정된 채권액의 비율에 따라서 변제를 받는다. 그러나 원본의 확정 전에 다른 비율을 약정하거나 근저당권자 중 일부가 먼저 변제받기로 약정한 때에는 그 약정에 따른다(대판 2008.3.13. 2006다31887).

(2) 개별 채권의 양도 또는 대위변제(핵심사례 D-13.참고)

근저당권에 의해 담보되는 어떤 개별채권이 양도되거나 대위변제된 경우에 그것이 근저당권에 의해 담보되는지 문제되는바, 判例는 아래와 같이 근저당권이 확정되기 전과 후로 나누어 이전 여부를 달리 한다.

1) 피담보채권 확정 前

"근저당권은 계속적인 거래관계로부터 발생하고 소멸하는 불특정다수의 장래 채권을 결산기에 계산하여 잔존하는 채무를 일정한 한도액의 범위 내에서 담보하는 저당권이어서, 근저당 거래관계가 계속 중인 경우, 즉 근저당권의 피담보채권이 확정되기 전에 그 채권의 일부를 양도하거나 대위변제한 경우 근저당권이 양수인이나 대위변제자에게 이전할 여지가 없다"(대판 1996.6.14. 95다53812 : 8회,9회 선택형).

[판례검토] 생각건대 제357조 1항이 "저당권은 그 담보할 채무의 최고액만을 정하고 채무의 확정을 장래에 보류하여 이를 설정할 수 있다. 이 경우에는 그 확정될 때까지의 채무의 소멸 또는 이전은 저당권에 영향을 미치지 아니한다"고 규정하고 있음에 비추어 볼 때 부정설이 타당하다(다수설).

2) 피담보채권 확정 後

"근저당권에 의하여 담보되는 피담보채권이 확정되게 되면, 그 피담보채권액이 그 근저당권의 채권최고액을 초과하지 않는 한 그 근저당권 내지 그 실행으로 인한 경락대금에 대한 권리 중 그 피담보채권액을 담보하고 남는 부분은 저당권의 일부이전의 부기등기의 경료 여부와 관계없이 대위변제자에게 법률상 당연히 이전된다"(대판 2002.7.26. 2001다53929: 표준판례555 : 9회 선택형).

[판례해설] 일부대위의 경우 채권자는 일부 변제자에 대해 우선변제권을 가지므로(제483조 1항 참조), 채권자가 채권최고액의 범위 내에서 먼저 배당을 받고, 그 범위 내에서 잔액이 있으면 대위 변제자에게 (그 저당권이전등기와는 상관없이) 배당된다는 것이 그 취지이다.

V. 근저당권의 소멸 [D-123]

1. 피담보채권의 확정 또는 확정 전
피담보채권이 확정된 때에 피담보채권이 존재하지 않거나, 모두 변제되거나 근저당권의 실행이 종료된 때에 근저당권은 소멸한다. 그러나 피담보채권이 확정되기 전이라도 기본계약과 설정계약을 해지하여 근저당권을 소멸시킬 수 있다(대판 1966.3.22. 66다68).

2. 제3취득자의 소멸청구권
경매 부동산의 제3취득자는 피담보채권의 최고액과 경매비용을 변제공탁하고 근저당권의 소멸을 청구할 수 있다(제364조). 저당목적물의 소유권을 취득한 제3자도 마찬가지이다(대판 1993.12.14. 93다17959).

3. 근저당부동산의 소유권이 제3자에게 이전된 후 근저당권설정자가 근저당권자에게 근저당권설정등기의 말소를 청구할 수 있는지 여부
판례는 "근저당권이 설정된 후에 그 부동산의 소유권이 제3자에게 이전된 경우에는 현재의 소유자가 자신의 소유권에 기하여 피담보채무의 소멸을 원인으로 그 근저당권설정등기의 말소를 청구할 수 있음은 물론이지만, 근저당권설정자인 종전의 소유자도 근저당권설정계약의 당사자로서 근저당권소멸에 따른 원상회복으로 근저당권자에게 근저당권설정등기의 말소를 구할 수 있는 계약상 권리가 있으므로 이러한 계약상 권리에 터잡아 근저당권자에게 피담보채무의 소멸을 이유로 하여 그 근저당권설정등기의 말소를 청구할 수 있다"(대판 1994.1.25. 전합93다16338: **표준판례349** : 11회 선택형)고 한다.

[판례검토] 생각건대, 근저당권설정계약의 내용에는 (명시적이든 묵시적이든) 근저당권이 변제 등으로 소멸하면 그 등기도 말소하는 것이 포함되어 있다고 볼 것이므로, 이 계약에 기초하여 근저당권설정자가 근저당권자에게 근저당권설정등기의 말소를 청구할 수 있다고 보아야 한다.

V-1. 근저당권설정등기 말소청구(요건사실론) [D-124]

1. 소송물
① 원래 근저당권설정계약에는 피담보채무가 확정되어 소멸하면 근저당권설정등기를 말소하여 주기로 하는 내용의 합의가 포함되어 있다고 볼 수 있으므로, '소유권에 기한 근저당권설정등기말소청구'와는 별개로 근저당권설정자는 위 계약에 기하여 근저당권설정등기의 말소를 구할 수 있다. 이 경우 소송물이 되는 말소등기청구권은 근저당권설정계약에 근거를 두는 '채권적 청구권'이므로, 종전소유자도 계약 당사자의 지위에서 근저당권설정등기의 말소를 구할 수 있다(대판 1994.1.25. 전합93다16338: **표준판례349**).

② 근저당권설정자가 근저당권설정계약에 기하여 근저당권설정등기의 말소를 구하는 소의 소송물은 '채권적 말소등기청구권'임에 비하여 소유자가 소유권에 기한 방해배제청구로서 근저당권설정등기의 말소를 구하는 소의 소송물은 '물권적 말소등기청구권'이다. 따라서 소유권에 기한 방해배제청구권의 행사로서 말소등기청구를 한 전소의 확정판결의 기판력은 근저당권설정계약에 기한 원상회복으로 말소등기청구를 하는 후소에는 미치지 않는다(대판 1993.9.14. 92다1353 : 8회 선택형).

2. 청구취지

(1) 원인무효에 의한 말소청구
일반적으로 청구취지는 '피고는 원고에게 별지목록 기재 부동산에 관하여 ○○등기소 2008.1.20. 접수

제2251호로 마친 저당권설정등기의 말소등기절차를 이행하라.'는 형태가 될 것이다. 주의할 것은 말소등기의 원인까지는 기재하지 않는다는 점이다

(2) 후발적 실효사유에 의한 말소청구(저당권의 피담보채무의 변제, 근저당권의 해지)

일반적으로 청구취지는 '피고는 원고에게 별지목록 기재 부동산에 관하여 ○○등기소 2008.1.20. 접수 제2251호로 마친 저당권설정등기에 대하여 2010.11.8. 변제를 원인으로 한(해지를 원인으로 한) 말소등기절차를 이행하라.'는 형태가 될 것이다. 즉 청구취지에 말소등기의 원인('2010.11.8. 변제', '2010.11.8. 해지')을 기재하여야 한다.

3. 청구원인

(1) 소유권에 기한 근저당권설정등기 말소청구

소유권에 기한 근저당권설정등기 말소청구의 요건사실은 ⅰ) 원고의 소유, ⅱ) 피고의 근저당권설정등기 경료, ⅲ) 근저당권의 소멸이다(제214조).

(2) 근저당권설정계약에 따른 근저당권설정등기 말소청구

근저당권설정계약에 따른 근저당권설정등기 말소청구의 요건사실은 ⅰ) 원고와 피고간의 근저당권설정계약 체결, ⅱ) 피고의 근저당권설정등기 경료, ⅲ) 근저당권의 소멸이다.

소유권에 기한 말소청구이든, 근저당권설정계약에 따른 말소청구이든 ⅲ)의 근저당권의 소멸원인으로는 변제, 상계, 공탁 등과 같이 피담보채무가 후발적으로 소멸한 경우뿐만 아니라, 피담보채무를 발생시키는 법률행위가 성립하지 않았거나 무효, 취소된 경우와 같이 원시적으로 발생하지 않는 경우도 포함한다(다만, 근저당권설정계약에 따른 근저당권설정등기 말소청구의 경우에는 전자의 사유가 일반적이다).

4. 예상되는 항변

(1) 피담보채무의 소멸

피담보채무 소멸의 효력을 다투는 피고의 주장이 원고의 주장과 양립가능할 경우에는 항변으로 된다. 예컨대, ① 원고가 변제를 주장함에 대하여 피고는 그 변제금이 원고의 **다른 채무에 충당**되었다고 항변할 수 있고(변제충당의 항변), ② 원고가 피고에 대한 채권으로 피담보채권과 대등액에서 상계하였다고 주장함에 대하여 피고는 원고의 채권에 동시이행항변권이 붙어 있는 사실을 주장하며 **성질상 상계**가 허용되지 아니한다고 항변할 수 있다(대판 1993.9.28. 92다55794 등). ③ 원고가 피담보채무의 시효소멸을 주장함에 대하여 피고는 **소멸시효의 중단사유**를 들어 항변할 수 있다.

(2) 등기유용의 합의

확정된 피담보채무가 이미 소멸하였더라도 피고는 원고와 피고간에 다시 무효인 등기를 유용하기로 합의한 사실을 항변으로 주장할 수 있다. 등기유용의 합의는 합의시까지 등기부상 이해관계 있는 제3자가 생기지 않는 경우에 한하여 유효한 것이나(대판 2002.12.6. 2001다2846), 이해관계 있는 제3자가 있더라도 제3자에 대한 관계에서만 유용합의를 이유로 근저당권설정등기의 유효를 주장할 수 없을 뿐이므로(대판 1998.3.24. 97다56242) 합의 당사자인 원고에 대하여는 등기유용의 합의사실만 주장·입증하면 원고의 말소청구에 대항할 수 있다.

Ⅵ. 포괄근저당

[D-125]

1. 의 의

채권발생의 기초가 되는 거래관계도 특정하지 않고서 당사자 사이에 발생하는 현재 및 장래의 일체의 채권을 일정한 최고액까지 담보하는 것을 내용으로 하는 근저당을 말한다.

2. 유 형

① 기초적인 거래관계의 열거 없이 단순히 당사자 사이에 현재 및 장래에 발생할 일체의 채권·채무를 담보하기로 하는 **무제한(순수) 포괄근저당**과 ② 기초적인 거래관계(당좌대월계약, 계속적 어음할인계약 등)를 특정하면서도 이에 부가하여 '기타 일체의 채무를 담보'하는 형식으로 설정된 **제한적(부가적) 포괄근저당**이 있다.

3. 유효성[27]

포괄근저당권은 피담보채권의 범위가 무한히 확대될 수 있다는 점, 채권발생의 기초가 되는 거래관계도 특정하지 않기 때문에 **저당권의 부종성**과 관련하여 그 유효성이 문제된다. 이에 대해 대법원은 "근저당권설정계약서에 그 피담보채권으로서 근저당권설정 당시의 차용금채무 뿐만 아니라, '기타 각종 원인으로 장래 부담하게 될 모든 채무까지 담보한다'라고 기재되어 있으면" 그 계약서의 내용은 포괄적인 근저당으로서 '유효'하다고 판시하여(대판 1982.12.14. 82다카413),[28] 제한적 포괄근저당에 대해서는 유효한 것으로 보고 있는 것으로 평가된다.

그러나 순수한 포괄근저당도 유효로 보고 있다고 단정할 수는 없다. 다만 判例는 포괄근저당권이 유효한가에 대한 판단은 유보한 채 **법률행위 해석**(주로 예문해석)을 통해 피담보채무의 범위를 제한하는 경우가 많다(아래 89다카12152판결 등).

[관련판례] 즉, 判例는 포괄근저당권설정자의 책임범위를 당사자 의사의 해석을 통해 합리적으로 '제한'하려는 태도를 취하고 있는바, "근저당권설정계약서는 처분문서이므로 특별한 사정이 없는 한 그 계약문언대로 해석하여야 함이 원칙이긴 하나, 그 근저당권설정계약서가 금융기관 등에서 일률적으로 일반거래약관의 형태로 부동문자로 인쇄해 두고 사용하는 계약서인 경우에 그 계약조항에서 피담보채무의 범위를 그 근저당권설정으로 대출받은 당해 대출금채무 외에 기존의 채무나 장래에 부담하게 될 다른 원인에 의한 모든 채무도 포괄적으로 포함하는 것으로 기재하였다고 하여도 당해 대출금채무와 기존채무의 각 성립 경위 및 각 채무액과 그 근저당권의 채권최고액과의 관계 등 기타 여러 사정에 비추어 인쇄된 계약문언대로 피담보채무의 범위를 해석하면 오히려 금융기관 등의 일반대출관례에 어긋난다고 보여지고 당사자의 의사는 당해 대출금채무만을 그 근저당권의 피담보채무로 약정한 취지라고 해석하는 것이 합리적인 때에는 위 계약서의 피담보채무에 관한 포괄적 기재는 부동문자로 인쇄된 일반거래약관의 예문에 불과한 것으로 보아 그 구속력을 배제하는 것이 타당하다"(대판 1990.7.10. 89다카12152 ; 대판 2003.3.14. 2003다2109 ; 예문해석 A-75.참고)고 판시하고 있다.

---

[27] [학설] 학설은 ① 피담보채권의 발생원인을 묻지 않고 장래의 일정한 시기에 최고액의 범위 내에서 특정될 수 있는 것이면 포괄근저당의 피담보채권으로 될 수 있다는 <u>단순유효설이 있으나</u>, ② 단순유효설의 입장은 피담보채권의 범위에 관한 예측을 불가능하게 만들기 때문에 일반채권자나 후순위 담보권자를 해칠 우려가 있고, 근저당채권자의 채무자에 대한 지배를 지나치게 강한 정도까지 허용한다는 문제점이 있다. 따라서 기본계약조차도 특정되지 않는 무제한(순수)포괄근저당은 무효이고 제한적(부가적)포괄근저당은 유효하다는 <u>한정적 유효설(다수설)</u>이 타당하다.

[28] 이 경우에 포괄적 근저당에 포함되는 각종 원인에 의한 채무 중에는 보증채무와 같은 계약에 의한 채무뿐만 아니라(대판 1982.12.14. 82다카413), 주채무를 발생케 한 차입행위의 무효로 인하여 생긴 부당이득반환채무도 포함된다고 한다(대판 1968.1.11. 67마576).

핵심사례 D-13

★ 제3자 명의의 포괄근저당권, 근저당권의 피담보채권의 확정시기, 일부 변제자대위

대판 2007.1.11. 2006다50055 ; 대판 2002.7.26. 2001다53929

甲은 乙로부터 1991.11.27.부터 2001.11.25.까지 부담하게 될 채무를 위해 乙의 요구에 따라 제3자 丙에게 甲자신의 X토지에 채권최고액 10억 원의 근저당권설정등기를 하여 주었다. 그러나 丙은 乙의 친구로 乙의 부탁으로 자신의 이름으로 근저당권의 등기를 하여 준 것뿐이었다. 당시 근저당권설정계약서에는 피담보채무의 범위에 관하여 "채무자가 채권자에 대하여 현재 및 장래에 부담하는 대출, 지급보증 기타 여신거래로 말미암은 채무, 보증채무, 어음 또는 수표채무 기타 여신거래에 관한 모든 채무"라고 기재되어 있었다. 또한 丁은 위 甲의 채무를 위해 乙과 보증계약을 체결하였다. 그 후 1995.1.20. 乙은 丙으로부터 근저당권이전의 부기등기를 경료받았다. 그러나 그 후 甲은 위 대출금에 대한 할부금의 지급을 연체하여 1998.8.10. 기한의 이익을 상실함에 따라 丁은 1999.5.19. 乙에게 대출 원리금의 일부인 5억 원을 대위변제하였다. 한편 乙의 부기등기 후에 경료된 후순위저당권자 A의 신청으로 1998.8.21. 개시된 X토지에 대한 임의경매사건에서 B가 낙찰허가결정을 받고 1999.12.10. 그 대금을 완납하였다.

1. 丙명의 근저당권 및 이에 기초한 乙명의 근저당권 부기등기의 유효성 여부를 판단하라.(15점)
2. 이 경우 丁은 乙에 대해서 일부대위변제에 따라 일부분의 근저당권도 자신에게 이전되었다고 주장한다. 이 주장의 타당성은? (25점)
3. 만약 경락대금이 완납된 당시 乙의 채권액은 총 5억 원이었고, 위 경락대금 가운데 경매비용 등을 제하고 채권자에게 배당될 수 있는 금액은 총 8억 원이라고 할 때 丁이 배당받을 수 있는 금액은 얼마나 되는가? (단, A는 고려하지 말고, 채권에 대한 (지연)이자도 고려하지 말 것) (10점)

I. 丙 및 乙명의 근저당권의 유효성 – 문제 1.의 경우

1. 포괄근저당의 효력

판례에 따르면 사안의 근저당권설정계약은 "....기타 여신 거래에 관한 모든 채무"라고 하여 발생원인 등을 특정하였으므로 부가적(제한적) 포괄근저당권을 설정하는 계약으로 유효하다(대판 1982.12.14. 82다카413).

2. 채권자 아닌 제3자를 근저당권 명의인으로 하는 근저당권의 유효 여부(제한적 긍정설)

판례에 따르면 제3자 丙 앞으로의 근저당권 설정에 대해서는 i) 甲, 乙 및 丙 사이에 합의가 있었지만, ii) 제3자 丙에게 실제로 피담보채권이 귀속된 사정이 보이지 않으므로 丙의 근저당권설정등기는 피담보채무가 존재하지 아니하여 그 원인이 없거나 부종성에 반하는 무효의 등기이다(대판 2007.1.11. 2006다50055).

3. 乙명의 부기등기가 실체적 권리관계에 부합하는 등기인지 여부[29]

채권자가 채무자와의 사이에 근저당권설정계약을 체결하였으나 그 계약에 기한 근저당권설정등기가 채권자가 아닌 제3자의 명의로 경료되고 그 후 다시 채권자가 위 근저당권설정등기에 대한 부기등기의 방법으로 위 근저당권을 이전받았다면 특별한 사정이 없는 한 그때부터 위 근저당권설정등기는 실체관계에 부합하는 유효한 등기로 볼 수 있다(대판 2007.1.11. 2006다50055).

4. 소 결

채권자 乙은 위 부기등기가 경료된 1995.1.20. 시점에 비로소 유효한 근저당권을 취득한다.[30]

II. 근저당권 피담보채권의 확정 및 근저당권 피담보채무의 일부 대위변제와 근저당권의 일부 이전 – 문제 2.의 경우

1. 丁과 乙 사이의 보증계약의 유효성(유효)

判例는 장래의 채무에 대한 보증에 있어서 그 한도액의 정함이 없다 하여 그 계약이 당연히 무효로 되거나 공서양속에 위반된다고 할 수는 없다고 하여 '포괄근보증'이라도 원칙적으로 유효하다고 한다(대판 1987.4.28. 86다2033 등). 다만 개정민법(2016.2.4.시행)에 따르면 보증은 불확정한 다수의 채무에 대해서도 할 수 있으나, 이 경우 보증하는 채무의 최고액을 서면으로 특정하여야 한다고 한다. 만약 채무의 최고액을 제428조의2 제1항에 따른 서면으로 특정하지 아니한 보증계약은 효력이 없다고 규정하고 있다(제428조의 3).

2. 근저당권의 피담보채권의 확정시기(제357조 1항)

(1) 판 례
후순위 근저당권자가 경매를 신청한 경우 선순위 근저당권의 피담보채권은 그 근저당권이 소멸하는 시기, 즉 '경락인이 경락대금을 완납한 때'에 확정된다(대판 1999.9.21. 99다26085)고 한다.

(2) 검토 및 사안의 경우
후순위저당권자(A)의 신청에 의한 경매절차는 1998.8.21. 개시되어 1999.12.10. 그 경락대금이 완납되었다. 따라서 判例에 의할 때 근저당권의 확정시기는 1999.12.10.이 되며, 보증인 丁에 의한 대위변제는 1999.5.19. 이루어졌으므로 근저당 거래 계속 중 피담보채권의 일부가 대위변제된 경우이다.

3. 근저당 거래 계속 중 근저당권 피담보채무의 일부 대위변제와 근저당권의 일부 이전

(1) 판 례(대판 2002.7.26. 2001다53929)

(2) 검토 및 사안의 경우
判例가 판시하는 바와 같이 丁이 대위변제한 시점(1999.5.19)은 근저당권이 확정되기 전이었으므로 변제로 인한 변제자대위가 인정되지 않으나, 그 후 근저당권이 확정된 시점(1999.12.10)에는 저당권의 일부이전의 부기등기의 경료여부에 관계없이 대위변제자에게 법률상 당연히 일부 이전된다고 보는 것이 타당하다.

4. 소 결
乙명의 근저당권의 피담보채권의 확정시기는 경락대금완납시인 1999.12.10.이고, 이때 저당권의 일부이전의 부기등기의 경료여부에 관계없이 대위변제자 丁에게 법률상 당연히 일부 이전된다.

Ⅲ. 일부변제의 경우 변제자 대위 - 문제 3.의 경우

1. 제483조 1항 '채권자와 함께 행사'의 의미(공동행사설)

2. 제483조 1항 '변제한 가액에 비례하여 행사'의 의미(채권자우선설)

(1) 판례(채권자가 대위자에 우선 : 대판 2002.7.26. 2001다53929 등)

(2) 검토 및 사안의 경우
경매대가 8억 원으로부터 채권자 乙이 먼저 5억 원을 변제받고, 보증인 丁은 자신의 변제액 5억 원 중 3억 원만 변제받게 된다.

---

29) 2006다50055 判例사안에서는 무효등기의 유용에 관한 합의 내지 추인도 문제가 된바, 判例에 따르면 "무효등기의 유용에 관한 합의 내지 추인은 묵시적으로도 이루어질 수 있으나, 위와 같은 묵시적 합의 내지 추인을 인정하려면 무효등기 사실을 알면서 장기간 이의를 제기하지 아니하고 방치한 것만으로는 부족하고 그 등기가 무효임을 알면서도 유효함을 전제로 기대되는 행위를 하거나 용태를 보이는 등 무효등기를 유용할 의사에서 비롯되어 장기간 방치된 것이라고 볼 수 있는 특별한 사정이 있어야 한다"(대판 2007.1.11. 2006다50055)고 한다. 그런데 사안에서는 이러한 특별한 사정은 보이지 않고, 그냥 편의상 丙 앞으로 등기를 한 것뿐이어서 무효행위에 대한 묵시적 추인으로 볼 수 없다.

30) 다만 부기등기의 순위가 주등기의 순위에 의하도록 되어 있는 부동산등기법 제5조에 따라 등기부상으로는 채권자 乙은 제3자 丙명의의 근저당권설정등기가 경료된 시점에 근저당권을 취득한 것이 된다.

제7관 특수저당권 : 공동저당

I. 서 설 [D-126]

공동저당이란 채권자가 동일한 채권의 담보로서 수 개의 부동산 위에 저당권을 설정하는 것을 말한다(제368조 1항). 공유지분도 공동저당에 있어서의 수 개의 부동산으로 본다(대판 2006.6.15. 2005다44091). 공동저당제도는 수 개의 부동산을 일괄하여 담보가치를 파악함으로써 담보범위를 확대하고 위험을 분산시켜 저당권자의 지위를 강화하려는 제도이다.

이러한 공동저당권은 ⊙ 목적물의 수만큼 저당권이 성립하고, ⓒ 저당권의 일반적 성질(물상대위성, 부종성, 수반성)을 가진다. 그러나 불가분성에 있어서는 예외가 인정된다(제368조).

II. 공동저당의 성립 [D-127]

공동저당권 설정계약 및 다른 부동산과 함께 1개의 채권의 공동담보로 되어 있다는 것을 아울러 부동산 등기부에 기재해야 한다.

III. 공동저당권의 효과 [D-128]

1. 원 칙

공동저당권자는 담보물권의 불가분성에 의하여 일괄경매를 신청할 수도 있고, 공동저당물 중 일부만에 대하여 저당권을 실행할 수도 있으며, 이것은 저당권자의 권리에 속한다.

2. 후순위저당권자에 대한 관계

(1) **일괄경매**(동시배당의 경우)

1) 각 부동산의 경매대가에 비례하여 채권 분담

공동저당권자의 자의를 허용하지 않고 각 부동산의 경매대가에 비례해서 피담보채권의 부담 부분을 안분하고(제368조 1항), 그 비례안분액을 넘는 부분은 후순위저당권자의 변제에 충당한다.

> ■ ★ **공동저당권과 동순위로 배당받는 채권이 있는 경우 '각 부동산 경매대가'의 의미**
> 대판 2024.6.13. 2020다258893
>
> 사실관계 | 乙은 2014. 4. 10. 丙에게 금전을 차용하면서 이를 담보하기 위해 자신 소유의 X토지에 丙에게 채권최고액 4억 원의 1번 근저당권을 설정해 주었다. 2019. 2. 6. 乙의 채권자 丁은 청구금액을 2억 원으로 하여 X 토지에 대한 가압류 결정을 받아 가압류등기를 마쳤다. 2019. 3. 5. 乙은 사업자금을 마련하기 위해 B은행으로부터 4억 원을 차용하면서 자신 소유의 X 토지와 Y 토지에 대하여 채권최고액을 6억 원으로 하는 공동근저당권을 설정해 주었다. 2020. 10. 10. B 은행의 신청에 의해 X 토지와 Y 토지에 대한 임의경매절차가 개시되어 C가 매각대금 5억 원을 지급하고 X 토지를 매수하였고, D가 매각대금 3억 원을 지급하고 Y 토지를 매수하였다. 丙의 乙에 대한 채권은 2억 원이고, B은행의 乙에 대한 채권은 4억 원으로 변동이 없다. **B은행은 X토지의 매각대금과 Y토지의 매각대금에서 얼마씩을 배당받는가?**(이자, 지연손해금 그리고 경매비용 등은 고려하지 않음) (2025년 2차 모의 사례형 변형)
>
> 판례의 태도 | "제368조 1항의 '각 부동산의 경매대가'란 일반적으로 매각대금에서 당해 부동산이 부담할 경매비용과 선순위채권을 공제한 잔액을 말하지만(대판 2003.9.5. 2001다66291), 공동저당권 설정등기 전에 가압류등기가 마쳐진 경우처럼 공동저당권과 동순위로 배당받는 채권이 있는 경우에는 매각대금에서 당해 부

동산이 부담할 경매비용과 선순위채권뿐만 아니라 동순위채권에 안분되어야 할 금액까지 공제한 잔액을 말한다고 봄이 타당하다. 당해 부동산에서 동순위채권에 안분되는 금액은 공동저당권의 우선변제권이 미치지 아니하여 담보가치에서 제외되고 이는 선순위채권의 경우와 다를 바 없기 때문이다. 따라서 공동저당권과 동순위로 배당받는 채권이 있는 경우 동시배당을 하는 때 민법 제368조 제1항에 따른 채권의 분담은, 먼저 공동저당권과 동순위로 배당받을 채권자가 존재하는 부동산의 매각대금에서 경매비용과 선순위채권을 공제한 잔여금액을 공동저당권의 피담보채권액과 동순위채권액에 비례하여 안분한 다음, 공동저당권의 피담보채권에 안분된 금액을 경매대가로 삼아 다른 부동산들과 사이에서 각 경매대가에 안분하여 채권의 분담을 정하는 방법으로 이루어진다. 이는 공동근저당의 경우에도 마찬가지이다"(대판 2024.6.13. 2020다258893).

<u>사안의 해결</u> | B은행은 X토지의 매각대금에서 1억 6천만 원, Y토지의 매각대금에서 2억 4천만 원을 배당받는다. 왜냐하면 위 2020다258893 판례에 따르면 X토지의 매각대금은 5억 원인데, X토지의 매각대금 5억 원에서 선순위채권인 丙은행의 2억 원의 채권을 공제한 후 남은 3억 원은 B은행과 丁채권액에 비례하여 4:2(2:1)로 안분하면 B은행에 안분되는 2억 원의 금액이 X토지의 경매대가가 된다. 그리고 Y토지의 매각대금은 3억 원이며 선순위채권 등이 존재하지 않으므로 3억 원이 Y토지의 경매대가가 된다. 따라서 B은행은 X토지는 2억 원을 경매대가로 삼아 Y토지의 경매대가인 3억 원에 안분하여 채권의 분담을 정하는 방법으로 배당받는다. 즉 B은행의 피담보채권인 4억 원은 2 : 3으로 채권이 분담되어 B은행은 X토지의 경매대금에서 1억 6천만 원을, Y토지의 매각대금에서 2억 4천만 원을 배당받게 된다.

2) 제368조 1항의 적용범위

判例는 제368조 1항은 채무자 소유의 수 개의 부동산 또는 동일한 물상보증인 소유의 수 개의 부동산에 관하여 공동저당권이 설정된 경우에만 적용되고, 채무자 소유의 부동산과 물상보증인 소유의 부동산에 관하여 공동저당권이 설정된 경우에는 적용되지 않는다고 한다. 즉, 이 경우에는 **채무자 소유 부동산의 경매대가에서 공동저당권자에게 우선적으로 배당**을 하고, 부족분이 있는 경우에 한하여 물상보증인 소유 부동산의 경매대가에서 추가로 배당을 하여야 한다(대판 2010.4.15. 2008다41475 ; 1회,2회,3회,6회 선택형)[31]고 한다. 이는 물상보증인이 채무자를 위한 연대보증인의 지위를 겸하고 있는 경우에도 마찬가지이다(대판 2016.3.10. 2014다231965 : 10회 선택형).

[판례검토] 물상보증인 소유 부동산의 경매대가로 피담보채무가 변제되면 물상보증인은 채무자에 대한 구상권으로 공동저당권자를 변제자대위하여 다시 채무자 소유 부동산의 경매대가에서 그 만족을 얻게 될 것이고, 채무자 소유 부동산의 후순위저당권자는 물상보증인의 이러한 변제자대위를 각오하고 후순위저당권을 취득한 것으로 보는 것이 합리적이기 때문에 判例는 타당하다(통설).

[관련판례] 한편 "당사자는 최초 근저당권 설정시는 물론 그 후에도 '**공동근저당권**'임을 등기하여 공동근저당권의 저당물을 추가할 수 있는데, 이와 같이 특정 공동근저당권에 있어 공동저당물이 추가되기 전에 기존의 저당물에 관하여 후순위 근저당권이 설정된 경우에도 민법 제368조 제1항이 마찬가지로 적용된다"(대판 2014.4.10. 2013다36040). [9회 사례형] 나아가 주택임차인이 '소액보증금'에 대하여 대지와 건물 모두로부터 배당을 받는 경우에도 제368조 1항이 유추적용된다(대판 2003.9.5. 2001다66291 : 임대차 C-49e. 참고).

---

31) [**구체적 예**] 예컨대 채무자 소유 A부동산과 물상보증인 소유 B부동산에 채권자 甲의 1번 공동저당권(피담보채권 2억 원)이 설정된 뒤, A부동산에 乙의 2번 저당권(피담보채권 1억 원), B부동산에 丙의 2번 저당권(피담보채권 1억 원)이 각 설정되었다가, A부동산과 B부동산이 함께 경매된 경우(경매대가는 A부동산 1억 5천만 원, B부동산 1억 5천만 원), 甲은 A부동산에서 1억 5천만 원, B부동산에서 나머지 5천만 원을 배당받고, 丙은 1억 원, 乙은 0원을 각 배당받는다.

(2) 개별경매(이시배당의 경우)

1) 전부변제

공동저당권자는 어느 일부 부동산만을 경매하여 먼저 배당받는 경우에는 그 경매대금에서 전부변제를 받을 수 있다(제368조 2항 1문).

2) 후순위저당권자의 대위

후순위저당권자는 동시에 배당했더라면 공동저당권자가 다른 부동산에서 변제받을 수 있었던 금액의 한도 내에서 공동저당권자를 대위한다(제368조 2항 2문).[32] 위 대위권의 발생시기는 배당기일의 종료시이며(대판 2006.5.26. 2003다18401 : 배당이의 소송의 확정 등 그 배당표가 확정되는 것을 기다려 그때에 비로소 발생하는 것은 아니다), 위 대위는 법률의 규정에 의한 저당권의 이전이므로 공동저당권자가 가지고 있던 저당권은 후순위저당권자에게 등기없이 당연히 이전된다(제187조). 다만 최근 判例가 판시한 바와 같이 **후순위저당권자가 대위할 저당권이 말소된 상태에서 그 부동산의 소유권 등 새로이 이해관계를 취득한 제3자에 대해서는, 후순위저당권자는 공동저당의 대위등기가 없는 한 제368조 2항에 의한 대위를 주장할 수 없다**(아래 2013다99541: 표준판례357 : 10회 선택형 : 개정 부동산등기법 제80조 신설 참조).

■ 제368조 2항에 의한 후순위저당권자의 대위가 제한되는 경우
대판 2015.3.20. 2012다99341(표준판례357)

사실관계 | 물상보증인 甲소유의 X, Y부동산과 채무자 乙소유의 Z부동산 중 X, Z부동산에 대한 경매가 이루어져 공동근저당권자인 채권자 A가 채권액 중 상당액을 배당받고 4천여만 원이 남게 되었는데, 甲이 이를 (대위)변제하자 Y부동산에 대한 A명의의 근저당권설정등기를 말소해 주었다. 그런데 X부동산에 대해서는 후순위근저당권자 B가 있었고, 그 후 Y부동산은 丙 앞으로 소유권이전등기가 마쳐졌다면 B는 공동저당의 대위등기가 없더라도 제368조 2항에 의해 Y부동산에 대해 A를 대위할 수 있는가?

판례의 태도 | "i) 후순위저당권자는 제368조 2항에 의해 선순위저당권자가 가지고 있던 다른 부동산에 대한 저당권을 대위하게 되는데, 그 저당권이 말소되지 않고 등기부에 존속하는 동안에는 공동저당의 대위등기를 하지 않더라도 제3취득자는 저당권이 있는 상태에서 취득한 것이므로, 이 경우에는 제3취득자를 보호할 필요성은 적고, 따라서 후순위저당권자는 대위할 수 있다. ii) 그러나, 후순위저당권자가 대위할 저당권이 말소된 상태에서 그 부동산의 소유권 등 새로이 이해관계를 취득한 제3자에 대해서는, 제3취득자를 보호하여야 하고, 후순위저당권자는 제368조 2항에 의한 대위를 주장할 수 없다"(대판 2015.3.20. 2012다99341: 표준판례357).

검토 및 사안의 경우 | 보증인(물상보증인 포함)이 대위변제를 한 경우에는 저당권의 등기에 미리 대위의 부기등기를 하여야만 그 저당물의 제3취득자에 대해 채권자를 대위하게 되는데(제482조 2항 1호 및 5호), 이처럼 제3취득자를 보호할 필요성은 후순위저당권자가 대위하는 경우에도 마찬가지로 존재하고, 더욱이 변제자대위의 경우에는 저당권뿐 아니라 채권까지 이전되는데 후순위저당권자의 대위의 경우에는 채권은 이전되지 않는 점을 고려하면, 후순위저당권자를 변제자보다 더 보호하여야 할 필요성이 있지도 않다(이하 위 判例의 판시내용). 따라서 판례의 태도는 타당하므로, 이에 따르면 후순위 저당권자 B는 공동저당의 대위등기가 없었으므로 제368조 2항에 의해 Y부동산에 대해 A를 대위할 수 없다. 다만, 甲과 A가 권한 없이 Y부동산에 대한 A 명의의 근저당권등기를 말소함으로써 B가 대위하지 못하는 손해를 입게 한 것은 불법행위가 성립된다(同 判例).

---

32) **[심화]** 여기서 후순위저당권자란 동순위자, 후순위자 모두를 의미하고, 공동저당권자가 채권의 전부를 변제받을 것을 요하지 않아 공동저당권자가 일부변제를 받은 경우에도 인정된다(통설). 다만 공동저당권자가 어느 부동산의 경매대가로부터 피담보채권의 일부만을 배당받은 때에는 잔액까지도 변제받을 때까지 나머지 부동산에 대한 저당권을 행사할 수 있으므로(제370조, 제321조), 경매된 부동산의 후순위저당권자는 공동저당권자의 채권이 완제되어 소멸하는 때 비로소 후순위저당권자의 대위권이 생긴다.

3) 선순위 공동저당권자가 후순위저당권자의 대위에 관한 정당한 기대를 침해한 경우(저당권의 포기)

① 判例는 "선순위 공동저당권자가 피담보채권을 변제받기 전에 공동저당 목적 부동산 중 일부에 관한 저당권을 포기한 경우에는, 후순위저당권자가 있는 부동산에 관한 경매절차에서, 저당권을 포기하지 아니하였더라면 후순위저당권자가 대위할 수 있었던 한도에서는 후순위저당권자에 우선하여 배당을 받을 수 없다고 보아야 한다"(대판 2009.12.10. 2009다41250 : 6회 선택형)고 한다.[33] 즉, 당해 판결은 저당권의 포기로 인한 효력을 그대로 인정하되, 다만 그로 인하여 후순위저당권자가 입게 되는 불이익을 구제하기 위하여, 제485조를 유추하여 저당권포기로 인하여 후순위저당권자가 대위할 수 없게 된 부분에 한하여, 선순위공동저당권자의 우선변제권을 제한하는 입장이다.
[판례검토] 채무자 소유의 수개 부동산에 관하여 공동저당권이 설정된 경우 제368조 2항 후문에 의한 후순위저당권자의 대위권은 선순위 공동저당권자가 공동저당의 목적물인 부동산 중 일부의 경매대가로부터 배당받은 금액이 그 부동산의 책임분담액을 초과하는 경우에 비로소 인정되는 것이지만, 후순위저당권자로서는 선순위 공동저당권자가 피담보채권을 변제받지 않은 상태에서도 추후 공동저당 목적 부동산 중 일부에 관한 경매절차에서 선순위 공동저당권자가 그 부동산의 책임분담액을 초과하는 경매대가를 배당받는 경우 다른 공동저당 목적 부동산에 관하여 **선순위 공동저당권자를 대위하여 저당권을 행사할 수 있다는 대위의 기대를 가진다고 보아야 하고, 후순위저당권자의 이와 같은 대위에 관한 정당한 기대는 보호되어야 하므로** 判例는 타당하다(이하 위 判例의 판시내용).

② 아울러 "공동저당 부동산의 일부를 취득하는 제3자로서는 공동저당 부동산에 관하여 후순위저당권자 등 이해관계인들이 갖고 있는 기존의 지위를 전제로 하여 공동저당권의 부담을 인수한 것으로 보아야 하기 때문에 공동저당 부동산의 후순위저당권자의 대위에 관한 법적 지위 및 기대는 공동저당 부동산의 일부가 제3자에게 양도되었다는 사정에 의해 영향을 받지 않는다"(대판 2011.10.13. 2010다99132).

4) 제368조 2항 2문의 적용범위

이상의 법리는 채무자 소유의 수 개의 부동산 또는 동일한 물상보증인 소유의 수 개의 부동산에 관하여 공동저당권이 설정된 경우에만 적용되고, 채무자 소유의 부동산과 물상보증인 소유의 부동산에 관하여 공동저당권이 설정된 경우에는 적용되지 않는다.

가) 채무자 소유 부동산이 먼저 경매된 경우

구체적으로 채무자 소유 부동산이 먼저 경매되면 그 부동산의 후순위저당권자는 물상보증인 소유 부동산에 후순위저당권자대위를 하지 못하고(대결 1995.6.13. 95마500 : 1회,3회,6회,10회,13회 선택형), 그리고 이러한 법리는 채무자 소유의 부동산에 후순위 저당권이 설정된 후에 물상보증인 소유의 부동산이 추가로 공동저당의 목적으로 된 경우에도 마찬가지로 적용된다(대판 2014.1.23. 2013다207996).

나) 물상보증인 소유 부동산이 먼저 경매된 경우

① 반대로 물상보증인 소유 부동산이 먼저 경매되면 물상보증인이 채무자 소유 부동산에 '변제자대위'를 하고 물상보증인 소유 부동산의 후순위저당권자는 이에 대하여 다시 '물상대위'를 하게 된다(대판 1994.5.10. 93다25417 : 표준판례371 : 1회,3회,6회 선택형). [11입법] 그 이유는 채무자 소유 부동산과 물상보증인 소유 부동산에 공동저당권이 설정된 경우, 물상보증인은 변제자대위를 통해 최종적인 책임을 채무자

---

[33] [구체적 예] 甲이 공동채무자 乙과 丙이 1/2 지분씩 공유하고 있던 토지와 지상 건물에 관하여 근저당권설정등기를 마친 후 丁이 위 부동산 중 乙 지분에 관하여 후순위 근저당권설정등기를 마쳤고, 乙과 丙이 위 부동산을 戊에게 매도하면서 乙 지분은 戊가 경매절차를 통하여 취득하였는데, 甲이 경매절차 진행 중 丙 지분에 관한 근저당권을 포기한 경우 배당절차에서 甲은 丙 지분에 관한 근저당권을 포기하지 않았더라면 丁이 대위할 수 있었던 한도에서 丁에 우선하여 배당받을 수 없다.

에게 전가할 수 있는 기대를 갖게 되는데, 이러한 기대가 그 뒤 채무자 소유 부동산에 후순위 저당권이 설정되었다고 하여 침해되어서는 안 되기 때문이다.

[심화] 그러므로 채무자 소유 부동산과 물상보증인 소유 부동산에 관한 선순위 공동저당권자가 피담보채권을 변제받기 전에 공동저당 목적 부동산 중 '채무자' 소유 부동산에 관한 저당권을 포기한 경우, 이는 물상보증인의 변제자대위에 대한 정당한 기대를 위법하게 침해하는 것이 되어 물상보증인은 선순위 공동저당권자의 위 저당권 포기로 인해 상환을 받을 수 없는 한도에서 제485조에 의하여 그 책임을 면하게 된다.[34] 여기서 물상보증인이 면책 주장을 할 수 있다는 것은 채무자가 부담하는 근저당권의 피담보채무 자체가 소멸한다는 뜻은 아니고 피담보채무에 관한 물상보증인의 책임이 소멸한다는 의미이다(대판 2017.10.31. 2015다65042). 그러나 반대로 '물상보증인' 소유 부동산에 관한 저당권을 포기한 경우에는 이는 처음부터 채무자 소유 부동산의 후순위저당권자의 대위의 목적이 아니었으므로 대위권 침해의 문제는 발생하지 않는다.

② 물상보증인 소유 부동산의 후순위저당권자가 물상대위를 하는 경우, "채무자는 물상보증인에 대한 반대채권이 있더라도 특별한 사정이 없는 한 물상보증인의 구상금 채권과 상계함으로써 물상보증인 소유의 부동산에 대한 후순위저당권자에게 대항할 수 없다. 채무자는 선순위공동저당권자가 물상보증인 소유의 부동산에 대해 먼저 경매를 신청한 경우에 비로소 상계할 것을 기대할 수 있는데, 이처럼 우연한 사정에 의하여 좌우되는 상계에 대한 기대가 물상보증인 소유의 부동산에 대한 후순위저당권자가 가지는 법적 지위에 우선할 수 없다"(대판 2017.4.26. 2014다221777,221784: 표준판례373 : 13회 선택형).[35]

다) 동일물상보증인 소유의 복수의 부동산에 공동저당이 설정, 그중 한 부동산에 후순위저당권이 설정된 경우

"같은 물상보증인이 소유하는 복수의 부동산에 공동저당이 설정되고 그중 한 부동산에 후순위저당권이 설정된 다음에 그 부동산이 채무자에게 양도됨으로써 채무자 소유의 부동산과 물상보증인 소유의 부동산에 대해 공동저당이 설정된 상태에 있게 된 경우에는 물상보증인의 변제자대위는 후순위저당권자의 지위에 영향을 주지 않는 범위에서 성립한다고 보아야 하고, 이는 물상보증인으로부터 부동산을 양수한 제3취득자가 변제자대위를 하는 경우에도 마찬가지이다. 이 경우 물상보증인이 자신이 변제한 '채권 전부'에 대해 변제자대위를 할 수 있다고 본다면, 후순위저당권자는 저당부동산이 채무자에게 이전되었다는 우연한 사정으로 대위를 할 수 있는 지위(제368조 2항 2문 참조)를 박탈

---

34) [구체적 예] 예를 들어 채무자 소유 A부동산과 물상보증인 소유 B부동산에 채권자 甲의 1번 공동저당권(피담보채권 2억 원)이 설정된 뒤, A부동산에 乙의 2번 저당권(피담보채권 1억 원), B부동산에 丙의 2번 저당권(피담보채권 1억 원)이 각 설정되었는데, 그 뒤 선순위 공동저당권자 甲이 채무자 소유 A부동산에 관한 저당권을 포기하고, 물상보증인 소유 B부동산에 대하여 경매를 신청한 경우(A부동산의 가액 1억 5천만 원, B부동산의 가액 1억 5천만 원이라고 가정), 그 경매절차에서 甲은 5천만 원만 배당받을 수 있고(甲은 2억 원의 채권 중 경매대가의 범위 내인 1억 5천만 원 전부에 대하여 1순위 배당을 요구할 것이나, 물상보증인의 변제자대위에 대한 정당한 기대를 1억 원만큼 침해하였으므로 이를 공제한 5천만 원만 배당받게 된다), 나머지 1억 원은 丙에게 배당된다. 여기서 물상보증인의 변제자대위권 침해가 1억 원 상당인 이유는 채무자 소유 A부동산에 관한 甲의 저당권이 남아 있었다고 가정하면 물상보증인은 자신의 출재액인 1억 5천만 원의 범위 내에서 甲의 그 저당권을 일부대위하게 되고, 일부대위의 경우 피대위자가 대위자에 우선하므로 결국 A부동산의 가액 1억 5천만 원 중 甲은 잔여채권액 5천만 원을, 물상보증인은 나머지 1억 원을 배당받았을 것이기 때문이다. 한편 이상의 결론은 A부동산과 B부동산이 동시에 경매되는 경우와 비교해보면 더욱 쉽게 이해할 수 있다.

35) [사실관계] 甲 소유의 부동산과 채무자인 乙 소유의 부동산을 공동저당의 목적으로 하여 丙 은행 앞으로 선순위근저당권이 설정된 후 甲 소유의 부동산에 관하여 丁 앞으로 후순위근저당권이 설정되었는데, 甲 소유의 부동산에 관하여 먼저 경매절차가 진행되어 丙 은행이 채권 전액을 회수하였고, 이에 丁이 甲 소유의 부동산에 대한 후순위저당권자로서 물상보증인에게 이전된 근저당권으로부터 우선하여 변제를 받을 수 있다고 주장하며 丙 은행 등을 상대로 근저당권설정등기의 이전을 구하자, 甲이 乙에 대해 취득한 구상금 채권이 상계로 소멸하였다고 주장하며 乙이 丙 은행을 상대로 근저당권설정등기의 말소를 구하는 독립당사자 참가신청을 한 사안에서, 乙의 말소등기청구는 등기의 이전을 구하는 丁의 청구와 동일한 권리관계에 관하여 주장 자체로 양립되지 않는 관계에 있지 않으므로 민사소송법 제79조 제1항 전단에 따른 권리주장참가의 요건을 갖추지 못하였고, 丁과 丙 은행이 소송을 통하여 乙의 권리를 침해할 의사가 있다고 객관적으로 인정하기도 어려우므로 민사소송법 제79조 제1항 후단에 따른 사해방지참가의 요건을 갖추었다고 볼 수도 없다는 이유로 乙의 독립당사자 참가신청을 각하한 사례.

당하는 반면, 물상보증인 또는 그로부터 부동산을 양수한 제3취득자는 뜻하지 않은 이득을 얻게 되어 부당하다. 따라서 같은 물상보증인이 소유하는 복수의 부동산에 공동저당이 설정된 경우 그 부동산 중 일부에 대한 후순위저당권자는 선순위 공동저당권자가 공동저당이 설정된 '부동산의 가액에 비례'하여 배당받는 것(제368조 2항 2문, 제482조 2항 3호·4호 참조)을 전제로 부동산의 담보가치가 남아있다고 기대하여 저당권을 설정받는 것이 일반적이고, 이러한 기대를 보호하는 것이 제368조의 취지에 부합한다"(대판 2021.12.16. 2021다247258: 표준판례372)고 하여, 후순위저당권자의 대위권은 부동산 소유자의 변동에 영향을 받지 않는다는 점을 확인하였다.

[사실관계] 그러므로 위 判例(2021다247258)에 따르면 물상보증인 A가 소유하는 X부동산과 Y부동산에 공동근저당이 설정되고 X부동산에 후순위 전세권이 D에게 설정된 다음에 그 부동산은 채무자 B에게 양도되고, Y부동산은 제3취득자 C에게 이전되었는데, 제3취득자 C가 공동근저당 채무를 전부 변제하고 변제자대위로써 X부동산에 대한 선순위 근저당권을 취득하였다며 후순위 전세권자 D에 대한 우선배당을 주장한 경우, 제3취득자 C의 변제자대위는 후순위 전세권자 D의 지위에 영향을 주지 않는 범위에서 성립한다.

3. 선순위 저당권자와의 관계

공동저당의 목적인 부동산의 일부에 선순위저당권이 존재하는 경우에는 선순위저당권자의 보호를 위해 모든 부동산을 일괄경매할 수 없고, 그 부동산만을 별도로 경매하여야 한다.

4. 물상보증인 또는 제3취득자와의 관계 [09사법]

(1) 문제점

공동저당의 목적물이 일부는 채무자의 소유이고 일부는 물상보증인이나 저당부동산의 제3취득자 소유일 때에도 공동저당권을 실행할 수 있고, 이때 물상보증인이나 제3취득자도 변제자대위의 규정(제481조, 제482조)에 의해 대위권을 취득할 수 있다. 이 경우 후순위저당권자의 대위권과(제368조 2항 후문)의 충돌이 생기는바, 이의 우열관계가 문제된다.

(2) 물상보증인의 대위권(제481조, 제482조)과 후순위저당권자 대위권(제368조 2항 후문)의 관계

1) 채무자 소유 부동산의 후순위저당권자와 물상보증인의 관계

가) 판 례

"공동저당의 목적인 채무자 소유의 부동산과 물상보증인 소유의 부동산 중 '**채무자 소유의 부동산에 대하여 먼저 경매**'가 이루어져 그 경매대금의 교부에 의하여 1번 공동저당권자가 변제를 받더라도, 채무자 소유의 부동산에 대한 후순위저당권자는 민법 제368조 제2항 후단에 의하여 1번 공동저당권자를 대위하여 물상보증인 소유의 부동산에 대하여 저당권을 행사할 수 없다"(대결 1995.6.13. 95마500 : 1회,3회,6회,13회 선택형)고 판시하여 **물상보증인을 우선**(변제자대위 우선설)시키고 있다.

즉, 判例는 후순위저당권자의 대위규정(제368조 2항 후문)은 채무자 소유의 수 개의 부동산 또는 동일한 물상보증인 소유의 수 개의 부동산에 관하여 공동저당권이 설정된 경우에만 적용되고, 채무자 소유의 부동산과 물상보증인 소유의 부동산에 관하여 공동저당권이 설정된 경우에는 적용되지 않는다는 입장이다.

나) 검 토

후순위저당권자는 공동저당의 등기에 의하여 물상보증인의 선순위저당권자에 대한 대위를 미리 예견할 수 있다는 점에서 물상보증인을 우선하는 것이 타당하다. 다만 이 경우 제3취득자에게 대항하기 위하여는 대위의 부기등기를 요한다고 할 것이다(제482조 2항 5호 후문).

2) 물상보증인 소유 부동산의 후순위저당권자와 물상보증인과의 관계

가) 판 례 [11입법]

"공동저당의 목적인 채무자소유의 부동산과 물상보증인소유의 부동산에 각각 채권자를 달리하는 후순위저당권이 설정되어 있는 경우, '물상보증인의 부동산이 먼저 경매'되어 1번저당권자에게 대위변제를 한 물상보증인은 1번저당권을 대위취득하고 그 물상보증인 소유부동산의 후순위저당권자는 1번저당권에 대하여 물상대위를 할 수 있다"(대판 1994.5.10. 93다25417: 표준판례371 : 1회,3회,6회 선택형).

[비교판례] "물상보증인이 채무를 변제하거나 저당권의 실행으로 인하여 저당물의 소유권을 잃었더라도 다른 사정에 의하여 채무자에 대하여 구상권이 없는 경우에는 채권자를 대위하여 채권자의 채권 및 그 담보에 관한 권리를 행사할 수 없다(대판 2014.4.30. 2013다80429,80436). 따라서 실질적인 채무자와 실질적인 물상보증인이 공동으로 담보를 제공하여 대출을 받으면서 실질적인 물상보증인이 저당권설정등기에 자신을 채무자로 등기하도록 한 경우, 실질적 물상보증인인 채무자는 채권자에 대하여 채무자로서의 책임을 지는지와 관계없이 내부관계에서는 실질적 채무자인 물상보증인이 변제를 하였더라도 그에 대하여 구상의무가 없으므로, 실질적 채무자인 물상보증인이 채권자를 대위하여 실질적 물상보증인인 채무자에 대한 담보권을 취득한다고 할 수 없다. 그리고 이러한 법리는 실질적 물상보증인인 채무자와 실질적 채무자인 물상보증인 소유의 각 부동산에 공동저당이 설정된 후에 실질적 채무자인 물상보증인 소유의 부동산에 후순위저당권이 설정되었다고 하더라도 다르지 아니하다. 이와 같이 물상보증인이 채무자에 대한 구상권이 없어 변제자대위에 의하여 채무자 소유의 부동산에 대한 선순위공동저당권자의 저당권을 대위취득할 수 없는 경우에는 물상보증인 소유의 부동산에 대한 후순위저당권자는 물상대위할 대상이 없으므로 채무자 소유의 부동산에 대한 선순위공동저당권자의 저당권에 대하여 물상대위를 할 수 없다"(대판 2015.11.27. 2013다41097,41103 : 10회 선택형).

나) 검 토

이는 엄격히 말해서 변제자대위와 후순위저당권자대위의 충돌문제가 아니라 물상대위를 인정할 것인가의 문제이다. 물상보증인은 어차피 후순위저당권자에 대하여 집행의 부담을 지고 있었으므로 변제자대위에 의해 유리하게 될 이유가 없다. 따라서 물상대위를 인정하는 判例가 타당하다.

■ **물상보증인 소유 부동산의 후순위저당권자의 불법행위를 이유로 한 손해배상청구**

사실관계 | 공동저당의 목적인 채무자 甲소유 X부동산과 물상보증인 乙소유 Y부동산 중 Y부동산에 먼저 경매가 이루어져 1순위 공동저당권자 丙이 변제를 받았는데, 乙소유 Y부동산에 대한 후순위저당권자 丁이 乙명의로 대위의 부기등기를 하지 않고 있는 동안, 丙이 甲과의 공동신청에 의해 임의로 甲 소유 부동산에 설정되어 있던 1순위 공동저당권을 말소하였고, 그 후 甲소유 부동산에 戊 명의의 저당권이 설정되었다가 경매로 그 부동산이 제3자에게 매각되어 대금이 완납되었다. **이에 丁이 甲과 丙을 상대로 공동불법행위를 이유로 하여 손해배상을 청구할 수 있는가?**

판례의 태도 | 判例는 "乙은 甲 소유 X부동산에 대한 丙의 1순위 저당권을 대위하지만, 제482조 2항 1호에 따라 그 대위의 등기를 하지 않으면 그 부동산에 권리를 취득한 제3자(判例는 선순위저당권등기가 말소된 후 그 부동산에 새로 저당권등기를 한 戊도 제482조 2항 1호의 제3자에 포함된다고 본다)에 대해서는 그 대위를 주장할 수 없다. 丁은 乙의 권리에 대해 물상대위를 하지만, 매각대금 완납으로 丙의 1순위 저당권이 소멸하여 乙이 대위할 수도 없게 된 이상, 丁이 물상대위를 할 여지도 없다. 그리고 (乙이 대위를 주장할 수 없는) 戊의 저당권에 기해 실행된 경매는 유효하므로, 丁이 그 배당을 받은 채권자에 대해 부당이득반환을 청구할 여지도 없다. 결국 丁은 손해를 입은 것이 되고, 이것은 甲과 丙의 공동불법행위에 기인한 것이 된다(제760조 1항). 丁은 甲과 丙을 상대로 乙이 대위취득할 금액 중 물상대위를 한도로 하여 손해배상을 구할 수 있다"고 판시하고 있다(대판 2011.8.18. 2011다30666,30673).

(3) 제3취득자의 대위권과 후순위저당권자 대위권의 관계

처음에는 채무자 소유에 속했던 공동저당물 일부가 제3자에게 양도되었다는 우연한 이유로 후순위저당권자의 지위를 불안하게 함은 부당하므로 이때는 후순위저당권자를 우선시킴이 타당하다. 물상보증인과 후순위저당권자의 대위권에 대해 물상보증인 우선설을 주장하시는 분들도 제3취득자의 경우에는 후순위저당권자를 우선시켜야 한다고 본다.

Ⅳ. 공동근저당 [D-129]

1. 제368조가 공동근저당권의 경우에도 적용되는지 여부

'동일한 채권'의 담보로 수 개의 부동산에 저당권을 설정하는 것이 공동저당인데(제368조), 근저당에서는 채권은 불확정한 것이지만 장래 근저당이 확정되는 것을 전제로 하여 채권최고액의 범위 내에서 우선변제를 받는 것이 예정되어 있으므로, **공동근저당에 관하여도 공동저당에 관한 제368조가 적용되고, 공동근저당권자가 스스로 근저당권을 실행한 경우는 물론이며 타인에 의하여 개시된 경매·공매 절차, 수용 절차 또는 회생 절차 등**(이하 '경매 등의 환가절차'라 한다)**에서 환가대금 등으로부터 다른 권리자에 우선하여 피담보채권의 일부에 대하여 배당받은 경우에도 적용된다**"(대판 2017.12.21. 전합 2013다16992 ; 대판 2006.10.27. 2005다14502 등).

2. 이시배당의 경우

(1) 문제점

공동근저당권자가 공동담보의 목적 부동산 중 일부에 대한 환가대금 등으로부터 다른 권리자에 우선하여 피담보채권의 일부에 대하여 배당받은 경우, 공동담보의 나머지 목적 부동산에 대한 경매 등의 환가절차에서 나머지 피담보채권에 대하여 다시 최초의 채권최고액 범위 내에서 공동근저당권자로서 우선변제권을 행사할 수 있는지 여부가 문제된다.

> [구체적 예] 甲이 乙과의 계속적 거래에 따라 생기는 채권을 담보하기 위하여 乙 소유의 X부동산과 Y부동산에 채권최고액 5억 원의 1순위 근저당권을 취득하였고, 이후 Y부동산은 후순위근저당권의 경매신청에 따라 경매되었고, 甲은 그 배당시까지 생긴 채권액 3억 원을 배당받았다. 그 뒤에도 甲은 계속하여 乙과 거래를 하였고, 새로이 6억 원의 채권이 발생하였다. 그러나 乙이 채무를 불이행하자 甲은 적법·유효하게 X부동산에 대하여 경매를 신청하였다면 甲은 선행 경매절차에서 3억 원을 배당받았으므로 채권최고액 5억 원에서 이를 공제한 2억 원의 범위에서 경매절차에서 우선변제권이 있다.

(2) 판례

① " ⅰ) 공동근저당권이 설정된 목적 부동산에 대하여 동시배당이 이루어지는 경우에 공동근저당권자는 채권최고액 범위 내에서 피담보채권을 제368조 제1항에 따라 부동산별로 나누어 각 환가대금에 비례한 액수로 배당받으며, 공동근저당권의 각 목적 부동산에 대하여 채권최고액만큼 반복하여, 이른바 누적적으로 배당받지 아니한다. 그렇다면 공동근저당권이 설정된 목적 부동산에 대하여 이시배당이 이루어지는 경우에도 동시배당의 경우와 마찬가지로 공동근저당권자가 **공동근저당권 목적 부동산의 각 환가대금으로부터 채권최고액만큼 반복하여 배당받을 수는 없다고** 해석하는 것이 제368조 제1항 및 제2항의 취지에 부합한다. ⅱ) 그러므로 공동근저당권자가 스스로 근저당권을 실행하거나 타인에 의하여 개시된 경매 등의 환가절차를 통하여 공동담보의 목적 부동산 중 일부에 대한 환가대금 등으로부터 다른 권리자에 우선하여 피담보채권의 일부에 대하여 배당받은 경우에, 그와 같이 우선변제받은 금액에 관하여는 공동담보의 나머지 목적 부동산에 대한 경매 등의 환가절차에서 다시 공동근저당권자로서 우선

변제권을 행사할 수 없다고 보아야 하며, 공동담보의 나머지 목적 부동산에 대하여 공동근저당권자로서 행사할 수 있는 우선변제권의 범위는 피담보채권의 확정 여부와 상관없이 최초의 채권최고액에서 위와 같이 우선변제받은 금액을 공제한 나머지 채권최고액으로 제한된다고 해석함이 타당하다"(대판 2017.12.21. 전합2013다16992: 표준판례374 : 10회,13회 선택형).

[관련판례] 이러한 법리는 채무자 소유의 부동산과 물상보증인 소유의 부동산에 공동근저당권이 설정된 후 공동담보의 목적 부동산 중 채무자 소유 부동산을 임의환가하여 청산하는 경우에도 적용된다.
즉 "공동담보 목적 부동산 중 채무자 소유 부동산을 제3자에게 매각하여 그 대가로 피담보채권의 일부를 변제하는 경우, 공동근저당권자는 그와 같이 변제받은 금액에 관하여는 더 이상 물상보증인 소유 부동산에 대한 경매 등의 환가절차에서 우선변제권을 행사할 수 없다. 만일 위와 달리 공동근저당권자가 임의환가 방식을 통해 채무자 소유 부동산의 대가로부터 피담보채권의 일부를 변제받았음에도, 이후 공동근저당권의 다른 목적 부동산인 물상보증인 소유 부동산에 대한 경매 등의 환가절차에서 우선변제권을 행사할 수 있다고 보게 되면, 채무자 소유 부동산의 담보력을 기대하고 자기의 부동산을 담보로 제공한 물상보증인의 기대이익을 박탈하게 되는 것일 뿐만 아니라, 공동근저당권자가 담보 목적물로부터 변제받는 방법으로 임의환가 방식을 선택하였다는 이유만으로 물상보증인의 책임 범위가 달라지게 되어 형평에 어긋나기 때문이다"(대판 2018.7.11. 2017다292756: 표준판례375 : 10회 선택형).

② "그리고 위와 같은 법리는 채권최고액을 넘는 피담보채권이 원금이 아니라 이자·지연손해금인 경우에도 마찬가지로 적용된다"(대판 2017.12.21. 전합2013다16992: 표준판례374 : 13회 선택형). 따라서 예컨대, 공동근저당의 목적 부동산 일부에 대한 경매가 실행되어 그 경매대가로 피담보채권 일부가 변제된 후 잔존 원본에 대한 '지연이자'가 다시 발생하였더라도, 공동근저당권자가 공동근저당권 목적 부동산의 각 환가대금으로부터 배당받는 원본 및 지연이자의 합산액이 결과적으로 최초의 채권최고액을 초과한다면, 그 지연이자에 대하여도 나머지 목적 부동산에 관한 경매절차에서 다시 우선변제권을 행사할 수 없다(10회 선택형).

(3) 판례정리

判例는 이시배당과 관련하여 종전에는 ㉠ 후행 환가절차에서도 다시 '최초 채권최고액 범위 내'에서 우선변제권을 행사할 수 있다고 한 判例(대판 2009.12.10. 2008다72318)[36]도 있고, ㉡ 후행 환가절차에서의 우선변제권의 범위는 '최초의 채권최고액에서 이미 우선변제받은 금액을 공제한 나머지 채권최고액'으로 제한된다는 判例도 있었던바, 위 전원합의체 판결을 통해 후자로 통일되었다.
선순위공동근저당권의 담보가치에 대한 기대권과 기타 다른 이해관계인들의 이해관계를 고려하건대 判例의 입장이 타당하다.

V. 누적적 근저당권

1. 의 의

누적적 근저당권은 공동근저당권과 구별되는 '독자적인 담보제도'로서, 하나의 피담보채권에 대해 여러 부동산의 담보가치를 누적적으로 활용할 수 있다. 아울러 누적적 근저당권은 공동근저당권과 달리 담보의 범위가 '중첩'되지 않으며, 각 근저당권의 채권최고액을 합한 금액을 우선변제받을 수 있는 특징이 있다.

---

36) "공동근저당 목적 부동산이 일부씩 나누어 순차로 경매 실행됨으로써 근저당권자가 배당받은 원본 및 지연이자의 합산액이 결과적으로 채권최고액으로 되어 있는 금액을 초과하였더라도 그것만으로 책임한도 범위 내의 피담보채권이 모두 소멸하였다고 볼 수는 없다"

2. 판 례

" ㉠ 당사자 사이에 하나의 기본계약에서 발생하는 동일한 채권을 담보하기 위하여 여러 개의 부동산에 근저당권을 설정하면서 각각의 근저당권 채권최고액을 합한 금액을 우선변제받기 위하여 공동근저당권의 형식이 아닌 개별 근저당권의 형식을 취한 경우, 이러한 근저당권은 민법 제368조가 적용되는 공동근저당권이 아니라 피담보채권을 누적적(累積的)으로 담보하는 근저당권에 해당한다. 이와 같은 누적적 근저당권은 공동근저당권과 달리 담보의 범위가 중첩되지 않으므로, 누적적 근저당권을 설정받은 채권자는 여러 개의 근저당권을 동시에 실행할 수도 있고, 여러 개의 근저당권 중 어느 것이라도 먼저 실행하여 그 채권최고액의 범위에서 피담보채권의 전부나 일부를 우선변제받은 다음 피담보채권이 소멸할 때까지 나머지 근저당권을 실행하여 그 근저당권의 채권최고액 범위에서 반복하여 우선변제를 받을 수 있다(13회 선택형). ㉡ 채권자가 하나의 기본계약에서 발생하는 동일한 채권을 담보하기 위하여 채무자 소유의 부동산과 물상보증인 소유의 부동산에 누적적 근저당권을 설정받았는데 물상보증인 소유의 부동산이 먼저 경매되어 매각대금에서 채권자가 변제를 받은 경우, 물상보증인은 채무자에 대하여 구상권을 취득함과 동시에 민법 제481조, 제482조에 따라 종래 채권자가 가지고 있던 채권 및 담보에 관한 권리를 행사할 수 있다. 이때 물상보증인은 변제자대위에 의하여 종래 채권자가 보유하던 채무자 소유 부동산에 관한 근저당권을 대위취득하여 행사할 수 있다"(대판 2020.4.9. 2014다51756,51763: 표준판례369 : 13회 선택형).[37]

[구체적 예] A는 2023.1.20. B에게 3억 원을 대여하였다. A는 이 대여금 채권을 담보하기 위하여 B소유의 X토지에 채권최고액 2억 원의 근저당권을 설정하였고, B의 처인 D소유의 Y토지에 채권최고액 3억 원의 근저당권을 설정하였다. 두 근저당권은 모두 '개별 근저당권의 형식'으로 설정되었다. 2024.3.20. D소유의 Y토지에 대한 경매절차가 개시되어 2024.6.20. 매각허가결정이 확정되었다. 이때 A는 Y토지의 매각대금에서 2억 원을 우선배당받았다. 이후 A는 남은 채권 1억 원을 회수하기 위해 B소유의 X토지에 대한 근저당권을 실행하려고 한다(한편, C는 2023.5.20. B에게 1억 원을 대여하면서 X토지에 채권최고액 1억 5천만 원의 후순위 근저당권을 설정받았다).
☞ 사안의 경우, A는 3억 원의 범위에서 물상보증인 D소유 Y토지 근저당권을 실행하여 2억 원을 우선변제받은 다음 남은 1억원의 피담보채권이 소멸할 때까지는 채무자 B소유의 X토지 근저당권을 실행하여 채권최고액 2억원 범위에서 반복하여 우선변제를 받을 수 있다.

---

37) 그 상세한 이유는 다음과 같다. "누적적 근저당권의 피담보채권액이 각각의 채권최고액을 합한 금액에 미달하는 경우 물상보증인은 변제자대위 등을 통해 채무자 소유의 부동산이 가장 우선적으로 책임을 부담할 것을 기대하고 담보를 제공한다(누적적 근저당권의 피담보채권액이 각각의 채권최고액을 합한 금액보다 큰 경우에는 채권자만이 모든 근저당권으로부터 만족을 받게 되므로 물상보증인의 변제자대위가 인정될 여지가 없다). 그 후에 채무자 소유 부동산에 후순위저당권이 설정되었다는 사정 때문에 물상보증인의 기대이익을 박탈할 수 없다. 반면 누적적 근저당권은 공동근저당권이 아니라 개별 근저당권의 형식으로 등기되므로 채무자 소유 부동산의 후순위저당권자는 해당 부동산의 교환가치에서 선순위근저당권의 채권최고액을 뺀 나머지 부분을 담보가치로 파악하고 저당권을 취득한다. 따라서 선순위근저당권의 채권최고액 범위에서 물상보증인에게 변제자대위를 허용하더라도 후순위저당권자의 보호가치 있는 신뢰를 침해한다고 볼 수 없기 때문이다"(同 判例).

핵심사례 D-14

★ 공동저당에서 이시배당과 동시배당

甲 소유의 X 부동산과 乙 소유의 Y 부동산에 甲의 채권자 丙을 위한 공동저당권이 설정되어 있다. X에는 丁을 위한 후순위 저당권이, Y에는 乙의 채권자인 戊를 위한 후순위 저당권이 각 설정되어 있다. X의 경매대가는 1억 원, Y의 경매대가는 2억 원, 丙의 공동저당권의 피담보채권액은 1억 5,000만 원이다. (1회,2회,3회,4회,5회,6회 선택형)

Ⅰ. 물상보증인 소유 부동산 Y의 경매대가가 먼저 배당되는 경우

물상보증인 乙 소유 부동산 Y가 먼저 경매된 '이시배당'에서, 공동저당권자 丙은 제368조 2항 1문에 의해 자신의 채권 전액인 1억 5,000만 원을 우선 배당받을 수 있다. 이러한 이시배당에서 공동저당의 목적물(X, Y) 중 일부가 물상보증인 소유(Y)인 경우에 그 부동산이 경매되면 물상보증인(乙)은 채무자(甲)에 대하여 구상권을 취득하고 구상권을 확보하기 위하여 채권자(丙)를 대위하여 다른 공동저당 부동산(X) 위의 공동저당권을 취득하게 된다(제481조, 제482조). 이때 물상보증인의 대위권(제481조, 제482조)과 후순위저당권자의 대위권(제368조 제2항 2문)이 충돌하는바(왜냐하면 선순위 丙이 X를 통해 우선변제 받을 수 있는 1억 원을 물상보증인 乙이 변제자대위권으로 모두 취득한다면 丁의 제368조 2항 2문에 따른 후순위대위권을 침해할 수 있기 때문), 判例는 앞서 검토한 바와 같이 물상보증인을 우선시키고 있다(대결 1995.6.13. 95마500). 따라서 물상보증인 乙은 제482조의 변제자대위에 의하여 채무자 소유 부동산 X의 경매대가 1억 원을 배당받을 수 있다.
아울러 물상보증인 소유 부동산(Y)의 후순위저당권자(戊)와 물상보증인(乙)과의 관계에서 앞서 검토한 判例에 따르면 물상보증인 소유부동산의 후순위저당권자 戊는 乙이 배당받을 금액에 대하여 물상대위할 수 있다(대판 1994.5.10. 93다25417).

Ⅱ. 채무자 소유 부동산 X의 경매대가가 먼저 배당되는 경우

判例는 앞서 검토한 바와 같이 물상보증인을 우선시키고 있는바(대결 1995.6.13. 95마500), X의 경매대가가 먼저 배당되는 경우 채무자 소유의 부동산 X에 대한 후순위저당권자 丁은 물상보증인 소유의 부동산 Y의 경매대가에 대하여 제368조 2항 2문에 의하여 선순위자 丙을 대위할 수 없다(결국 제368조 2항 2문은 채무자 소유의 부동산과 물상보증인 소유의 부동산에 관하여 공동저당권이 설정된 경우에는 적용되지 않는다).

Ⅲ. X와 Y의 경매대가가 동시에 배당되는 경우

앞서 검토한 바와 같이 채무자 소유의 부동산과 물상보증인 소유의 부동산에 관하여 공동저당권이 설정된 경우에는 제368조 1항이 적용되지 않고, 이 경우에는 채무자 소유 부동산의 경매대가에서 공동저당권자에게 우선적으로 배당을 한다는 判例(대판 2010.4.15. 2008다41475)에 따르면, 사안에서 주채무자의 부동산 X의 경매대가 1억 원에서 일단 공동저당권자의 1억 5천만 원의 채권 중 1억 원을 배당하고 나머지 5천만 원의 채권으로 물상보증인의 Y부동산에 배당을 받아야 한다. 결국 丙은 X부동산에서는 1억 원을, Y부동산에서는 5천만 원을 각 배당받게 된다.

제4절 비전형담보물권

제1관 총 설

I. 서 설 [D-130]

1. 의 의

비전형담보란 민법이 정하는 담보물권이 아니면서 거래계에서 담보적 기능을 수행하는 제도를 말한다. 즉 원래 담보수단으로 구성되어 있지 않은 민법상의 제도(환매나 재매매의 예약, 대물변제의 예약, 가등기 등)를 담보수단으로 전용하는 것이다.

2. 유 형

① 담보제공자가 필요한 자금을 획득하는 방법에 따라 매매의 형식을 이용하는 매도담보(환매나 재매매의 예약)와 소비대차의 형식을 이용하는 양도담보 내지 가등기담보로 나뉜다. ② 나아가 담보목적물의 가액과 채무원리금의 차액에 대한 정산을 요하는지 여부에 따라 '유담보형담보'(이를 강한 의미의 양도담보라고도 한다)와 '정산형담보'(이를 약한 의미의 양도담보라고도 한다)로 나눌 수 있다. 그런데 判例는 유담보의 약정(대물변제예약)이 있더라도 제607조 및 제608조와 관련하여 이른바 약한 의미의 양도담보로서의 효력만 인정하므로 정산을 요하지 않는 '유담보형담보', 즉 강한 의미의 양도담보는 허용되지 않게 된다.

3. 제607조, 제608조와 가등기담보 등에 관한 법률(이하 가등기담보법)

비전형담보는 담보목적물의 가치가 채권액을 초과하는 경우에도 채권자가 그 소유권을 취득하여 폭리를 취하는 수단으로 악용되어 왔다. 이에 대한 규제로써 현행법은 제607조와 제608조를 신설하였다. 이에 대해 判例는 ① 그 재산의 예약 당시의 가액이 차용액 및 이에 붙인 이자의 합산액을 초과하는 경우에는 제607조 및 제608조의 적용을 받게 되어 무효로 되지만, 담보의 목적으로 부동산에 대하여 신탁적으로 소유권을 이전한 부분까지 당연무효로 되는 것은 아니라고 하여 이른바 '정산형 양도담보'로 전환·존속하는 것으로 이론구성하고 있다(즉 목적물의 가액에서 차용액 및 이자를 공제한 나머지는 채무자에게 반환되어야 한다). ② 그리고 이에 터 잡아 채권자 앞으로 가등기 또는 소유권이전등기가 마쳐진 경우, 가등기담보권 또는 양도담보권의 효력 및 실행 방법 등에 관하여는 가등기담보법이 적용된다(가등기담보법 제1조).

II. 가등기담보법의 적용범위 [D-131]

1. 문제점

가등기담보법의 적용 여부에 따라 ① 양도담보권의 법적 성질, ② 담보 목적의 실행 방법, ③ 양도담보에서 악의의 제3자 보호 여부, ④ 환수권의 권리행사기간 등이 달라지므로 논의의 실익이 있다.

[구체적 차이점] ① 양도담보권의 법적 성질과 관련하여 가담법이 적용되지 않는 양도담보권은 신탁적 소유권이지만, 적용되는 양도담보권은 담보물권에 불과하다는 것이 통설이다. ② 담보 목적의 실행 방법과 관련하여 i) 양도담보의 경우 가담법이 적용되면 귀속청산(선 청산)만이 허용되지만, 적용되지 않으면 처분청산 및 귀속청산(후 청산)이 가능하다. 따라서 가담법이 적용되지 않는 양도담보권자는 설정자에 대하여 담보권의 실행을 청구원인으로 하여 먼저 목적물을 인도할 것을 청구할 수 있다. ii) 가등기담보의 경우 가담법이

적용되면 사적실행(선 청산) 또는 경매 청구를 할 수 있으나, 적용되지 않으면 사적실행(후 청산)은 가능하나 경매 청구는 허용되지 않는다. 따라서 가담법이 적용되지 않는 가등기담보권자는 설정자에 대하여 담보권의 실행을 위하여 먼저 가등기에 기한 본등기 및 목적물의 인도를 할 것을 청구할 수 있다. ③ 양도담보에서 악의의 제3자 보호 여부와 관련하여 가담법이 적용되지 않으면 악의의 제3자도 원칙적으로 보호를 받으나, 적용되면 악의의 제3자는 보호를 받지 못한다. ④ 환수권의 권리행사기간과 관련하여 가담법이 적용되지 않으면 환수권에 권리행사기간의 제한이 없으나, 적용되면 10년의 권리행사기간 제한이 있다.

2. 가등기담보법 규정

가등기담보법 제1조는 "이 법은 차용물의 반환에 관하여 차주가 차용물에 갈음하여 다른 재산권을 이전할 것을 예약함에 있어서 그 재산의 예약당시의 가액이 차용액 및 이에 붙인 이자의 합산액을 초과하는 경우와 이에 따른 담보계약과 그 담보의 목적으로 경료된 가등기 또는 소유권이전등기의 효력을 정함을 목적으로 한다"고 규정하고 있으며, 제2조 1호는 "담보계약이라 함은 민법 제608조의 규정에 의하여 그 효력이 상실되는 대물반환의 예약에 포함되거나 병존하는 채권담보의 계약을 말한다"고 규정하고 있다. 즉 가등기담보법은 제607조를 위반한 것을 전제로 한 대물변제예약을 규율하는 것이다.

3. 적용의 요건

(1) 피담보채권의 발생원인

1) 문제점

가등기담보법은 그 문언상 금전소비대차 또는 준소비대차로 인한 차용금채무를 담보하기 위하여 소유권이전등기 또는 가등기가 마쳐진 경우에만 적용되는 것으로 되어 있지만(대판 1997.3.11. 96다50797 ; 동법 제1조 참조) 피담보채권이 매매대금채권, 공사대금채권 등인 경우 동법이 유추적용될 수 없는지 문제된다.

2) 판 례

가등기담보법 제1조를 근거로 피담보채무가 매매대금채권인 경우에는 가담법이 적용되지 않으며, 주된 목적이 매매대금채권의 확보에 있고 대여금채권의 확보는 부수적 목적인 경우라도 가담법이 적용되지 않는다고 한다(대판 2002.12.24. 2002다50484 : 4회 선택형). 그 외에도 "금전소비대차나 준소비대차에 기한 차용금반환채무와 그 외의 원인으로 발생한 채무를 동시에 담보할 목적으로 경료된 가등기나 소유권이전등기라도 그 후 후자의 채무가 변제 기타의 사유로 소멸하고 금전소비대차나 준소비대차에 기한 차용금반환채무의 전부 또는 일부만이 남게 된 경우에는 그 가등기담보나 양도담보에 가등기담보 등에 관한 법률이 적용된다"(대판 2004.4.27. 2003다29968: 표준판례376 : 13회 선택형)고 한다. [7·9회 기록형]

3) 검 토

매매대금채권 담보를 위한 양도담보는 서민금융적 성격을 가지고 있지 않으며, 설사 가등기담보법이 적용된다고 하더라도 가등기담보법의 양도담보에 관한 규율이 불충분하고(예컨대 담보물권의 핵심인 경매청구권 및 우선변제권에 관한 언급조차 없다) 기존의 민법이론과도 어긋나는 면(예컨대 소유권이전등기에 의하여 담보물권이 공시된다는 점 등을 들 수 있다)이 많아 그 적용범위를 확대할 경우 분쟁의 소지가 더욱 확대될 수 있으므로 가등기담보법의 적용범위는 가급적 축소하는 것이 바람직하다(적용부정설).

(2) 재산권이전의 약정

가담법은 담보의 목적으로 '대물변제예약'(제466조의 대물변제는 적용대상이 아님)이 체결되었을 것을 요구한다(동법 제1조·제2조 1호). 그러나 담보의 목적으로 체결되었으면 충분하고, 반드시 대물변제예약에 한정할 필요는 없다. 따라서 '매매예약'도 담보의 목적으로 체결된 경우에는 가등기담보를 성립시킬 수 있다(대판 1992.2.11. 91다36932). [19법무]

(3) 부동산 가액이 차용액 및 이자의 합산액을 초과할 것

① 가담법은 채무불이행이 생긴 때에 이전하기로 한 부동산의 **예약당시의 가액**이 차용액과 그에 붙인 이자의 합산액을 넘는 경우에 관하여 그 법을 적용하고 있다(동법 제1조)(1회 선택형). 따라서 그 후 목적물의 시가가 상승하여 차용원리금을 초과하게 된 경우에도 가등기담보법이 적용되지 않기 때문에 청산의무가 없다(대판 1993.10.26. 93다27611).

> ※ 예약당시의 재산의 가액
> ⅰ) "여기에서 말하는 재산의 가액은 원칙적으로 '통상적인 시장에서 충분한 기간 거래된 후 그 대상 재산의 내용에 정통한 거래당사자 간에 성립한다고 인정되는 적정가격'이고, 그와 같은 적정가격을 확인하기 어려울 때에는 객관적이고 합리적인 방법으로 평가한 가액이라고 할 것이므로, 대상재산이 토지로서 법정지상권의 성립가능성이 있는 등 토지이용상 제한을 받는지 여부가 불분명한 경우에는 법정지상권의 성립에 관한 사정을 객관적이고 합리적으로 평가하여 그 성립 여부를 판단한 다음 그에 따라 평가한 토지의 가격을 가액으로 봄이 상당하다"(대판 2007.6.15. 2006다5611). ⅱ) "차주의 재산에 선순위 근저당권이 설정되어 있는 경우에는 그 현존 피담보채무액 상당부분은 대주의 이득으로 귀속될 것이 명백하다고 할 수 없어 차주가 그 피담보채무를 인수한 여부에 관계없이 위 피담보채무액을 공제한 가액을 위 법조 소정의 재산가액으로 보는 것이 타당하다"(대판 1991.2.26. 90다카24526).

② 부동산의 예약당시의 가액이 차용액 및 이자의 합산액에 미치지 못하는 때에는 그 약정은 제607조, 제608조에 위반되지 않아 유효하고, 가담법이 적용되지 않는다. 따라서 이 경우에는 가담법 제3조, 제4조가 정하는 청산금평가액의 통지 및 청산금지급 등의 절차를 이행할 필요가 없다(대판 1993.10.26. 93다27611).

③ 그러나 처음부터 청산을 예정하고 양도담보를 한 경우에는, 당사자 사이에 특약이 없는 한 정산을 하기로 하는 담보계약 즉 약한 의미의 양도담보계약을 체결한 것으로 보아 정산을 반드시 하여야 한다(대판 1998.4.10. 97다4005). 다만, 담보목적물의 매매예약당시의 시가가 채권원리금에 미달하는 때에는 제607조 및 제608조 위반은 아니므로 그 정산절차에 관하여는 가담법상의 정산절차가 아닌 당사자의 특약에 의한 절차에 따라 정산하게 된다.

(4) 목적물

가등기담보법이 적용되기 위해서는 목적물을 등기 또는 등록할 수 있어야 한다(가등기담보법 제1조, 제18조 참조). 부동산 소유권이 대표적이다. 따라서 동산양도담보, 채권양도담보에는 이 법이 적용되지 않는다.

(5) 양도담보계약만 있고 아직 소유권이전등기가 마쳐지지 않은 경우

채권자가 양도담보권을 '취득'하기 위해 설정자에 대하여 양도담보설정계약에 따른 소유권이전등기를 청구하는 것은 당연히 가능하고, 이 단계에서는 가등기담보법이 적용될 여지가 없다.
判例는 "민법 제607조, 제608조에 위반된 대물변제의 약정은 대물변제의 예약으로서는 무효가 되지만 약한 의미의 양도담보를 설정하기로 하는 약정으로서는 유효하되, 다만 그에 기한 소유권이전등기를 미처 경료하지 아니한 경우에는 아직 양도담보가 설정되기 이전의 단계이므로 가등기담보법 제3조 소정의 담보권 실행에 관한 규정이 적용될 여지가 없는 한편, 채권자는 '양도담보의 약정을 원인으로 하여' 담보목적물에 관하여 소유권이전등기절차의 이행을 청구할 수 있다"(대판 1999.2.9. 98다51220)고 판시하여 적용부정설의 입장이다.

제2관 가등기담보

Ⅰ. 서 설

[D-132]

1. 의 의

가등기담보란 채권을 담보할 목적으로 채권자와 채무자 또는 제3자(물상보증인) 사이에 부동산을 목적물로 하는 대물변제예약 또는 매매예약을 하고, 채무자의 채무불이행이 있는 경우에 채권자가 예약상의 권리를 행사함으로써 취득하게 될 장래의 소유권이전등기청구권을 보전하기 위해 가등기를 하는 방법으로 담보를 설정하는 것을 말한다.

2. 가등기담보권의 법적 성질

가등기담보법에 담보가등기권리의 법적성질에 관한 명시적인 규정은 없지만, 학설은 대체로 동법이 담보물권에 특유한 권리인 경매청구권(동법 제12조 1항), 우선변제권(동법 제13조) 등에 관하여 규정함으로써 가등기담보권자에게 저당권자와 유사한 지위를 부여한 점을 근거로 일종의 담보물권으로 이해한다.

判例는 "가등기담보 등에 관한 법률의 적용을 받는 담보가등기권리자는 가등기담보법 제3조, 제4조에서 정한 귀속정산절차에 따라 가등기설정자에 대하여 담보가등기에 기한 본등기를 청구할 수 있다. 이러한 경우 담보가등기권리자의 본등기청구는 가등기담보법 제2조 제1호가 정하고 있는 담보계약에 따른 담보권을 실행하는 것에 해당한다"(대판 2024.1.11. 2021다210799)고 하여 담보물권으로 파악하였다.

Ⅱ. 가등기담보권의 설정

[D-133]

1. 가등기담보권설정계약

(1) 계약의 당사자

계약의 당사자는 피담보채권의 채권자와 채무자인 것이 보통이다. 그러나 담보제공자는 채무자에 한하지 않고 제3자(물상보증인)라도 무방하며, 일정한 요건하에 제3자 명의의 가등기담보도 가능하다(대판 2002.12.24. 2002다50484).

(2) 계약의 요건(가등기담보법의 적용범위 참고)

피담보채권이 존재하고 그것이 계약의 내용으로 포함되어야 한다. (준)소비대차로 인한 채권을 담보할 목적으로 체결되어야 함은 이미 살펴보았다. 가등기담보계약에는 피담보채무의 불이행시 그 채무의 변제에 갈음하여 일정한 재산권을 채권자에게 이전하기로 하는 대물변제의 예약(또는 매매의 예약)을 하는 것, 즉 유담보약정이 포함되어야 하고 대물변제의 예약 또는 매매예약 당시에 그 목적물의 가액이 차용액 및 이자의 합산액을 초과하여야 한다(가등기담보법 제1조 ; 이하 동법).

2. 가등기

가등기 또는 가등록을 갖추어야 한다(제186조). 가등기담보법은 이러한 가등기를 "담보가등기"라고 하여(동법 제2조 3호), 이른바 청구권보전의 가등기와 구별한다. '담보'가등기임을 공시할 수 있으나, 실제로 이용되는 예는 드물다.[1]

---

1) ① 소유권보존등기가 경료되지 않은 미등기의 부동산에 대해서는 그 상태로 가등기를 경료할 방법이 없어서 가등기담보권을 설정할 수 없지만, 미등기부동산이라도 채권자 명의로 소유권보존등기를 경료한 때에는 이는 양도담보가 되어 소비대차 또

Ⅲ. 가등기담보권의 효력   [D-134]

1. 효력이 미치는 범위

(1) 피담보채권의 범위

저당권에 관한 제360조가 준용되어야 한다(동법 제3조 2항 참조). 그러나 이는 공시되지 않는다.

① 근저당과 같은 근가등기담보의 설정이 허용되는지 문제되는데, 判例는 최고액을 정하지 않은 경우에도 근가등기담보가 유효하다고 한다(대판 1993.4.13. 92다12070). 그 이유는 최고액을 등기할 수 없을 뿐만 아니라, 후순위권리자 등의 제3자는 그 가등기의 존재에 의하여 자기의 권리가 보전될 수 없다는 위험을 예측할 수 있었다고 볼 수 있기 때문에, 본문과 같이 해석하더라도 후순위권리자 등에게 예측할 수 없는 손해를 줄 염려는 없기 때문이다.

② 또한 가등기담보권자가 가등기담보권을 실행하기 전에 그의 계약상의 권리를 보전하기 위하여 가등기담보채무자의 제3자에 대한 선순위의 가등기담보채무를 대위변제하여 구상권이 발생하였다면, 특별한 사정이 없는 한 이 구상권도 가등기담보계약에 의하여 담보된다고 한다(대판 2002.6.11. 99다41657).

③ 그리고 채권자와 채무자가 가등기담보권설정계약을 체결하면서 가등기 이후에 발생할 채권도 후순위권리자에 대하여 우선변제권을 가지는 가등기담보권의 피담보채권에 포함시키기로 약정할 수 있고, 가등기담보권을 설정한 후에 채권자와 채무자의 약정으로 새로 발생한 채권을 기존 가등기담보권의 피담보채권에 추가할 수도 있으나, **가등기담보권 설정 후에 후순위권리자나 제3취득자 등 이해관계 있는 제3자가 생긴 상태에서 새로운 약정으로 기존 가등기담보권에 피담보채권을 추가하거나 피담보채권의 내용을 변경, 확장하는 경우에는 이해관계 있는 제3자의 이익을 침해하게 되므로, 이러한 경우에는 피담보채권으로 추가, 확장한 부분은 이해관계 있는 제3자에 대한 관계에서는 우선변제권 있는 피담보채권에 포함되지 않는다고** 한다(대판 2011.7.14. 2011다28090: 표준판례377).

(2) 목적물의 범위

가등기담보권의 효력이 미치는 목적물의 범위는 보통 설정계약에서 정하여진다. 그리고 저당권에서와 마찬가지로 불가분성과 물상대위성이 인정되며(제370조, 제321조, 제342조 참조), 설정계약이나 법률에 달리 정함이 없는 한 부합물 또는 종물에 대해서도 가등기담보권의 효력이 미친다고 할 것이다(제358조, 제359조 참조).

2. 대내적 효력

가등기담보권설정자는 원칙적으로 가등기담보권의 실행이 있기까지 소유자로서 아무런 제한 없이 담보목적물을 사용·수익할 수 있고, 제3자에게 용익권을 설정하여 그 제3자로 하여금 사용·수익하게 할 수 있는 반면, 조세나 공과금을 부담한다.

따라서 判例에 따르면 대내적으로 부동산의 소유권 내지 사용수익권은 채무자(가등기담보권설정자)에게 있으므로, **채권자가 본등기를 마친 이후에 채무자 측 내지 다른 임차인들로부터 지급받은 '차임'은** 특별한 사정이 없는 한 그 명목과 상관없이 원칙적으로 **'피담보채무의 변제에 충당'되었다고** 판단하였다(아래 관련판례 참고).

는 준소비대차상의 채권을 담보하기 위한 것이라면 가등기담보법이 적용된다. ② 본래의 의미의 가등기는 본등기가 경료되기 전에 실체법적 효력을 가지지 않지만, 담보가등기에는 가등기담보법이 정한 바에 따라 일정한 실체적 효력, 즉 담보물권으로서의 지위가 주어진다. 즉 가등기담보권의 목적물에 대하여 다른 채권자의 경매신청에 기한 경매개시결정이 있으면, 가등기담보권자는 그 가등기의 순위를 가지고 우선변제권을 행사할 수 있다(동법 제13조).

[관련판례] "담보가등기에 기하여 마쳐진 본등기가 무효인 경우(가담법 제3조, 제4조), 담보목적 부동산에 대한 소유권은 담보가등기 설정자인 채무자 등에게 있고 소유권의 권능 중 하나인 사용수익권도 담보가등기 설정자가 보유한다. 따라서 채무자가 자신이 소유하는 담보목적 부동산에 관하여 채권자와 임대차계약을 체결하고 채권자에게 차임을 지급하거나 채무자가 자신과 임대차계약을 체결하고 있는 임차인으로 하여금 채권자에게 차임을 지급하도록 하여 채권자가 차임을 수령하였다면, 채권자와 채무자 사이에 위 차임을 피담보채무의 변제와는 무관한 별개의 것으로 취급하기로 약정하였거나 달리 차임이 피담보채무의 변제에 충당되었다고 보기 어려운 특별한 사정이 없는 한 위 차임은 피담보채무의 변제에 충당된 것으로 보아야 한다"(대판 2019.6.13. 2018다300661 : 13회 선택형). 따라서 채무자가 지급한 차임에 의해 채무액이 감소되거나 전부 소멸하게 되면 무효인 본등기가 청산절차를 거친 후 실체관계에 부합한 등기가 되는 것을 저지할 수 있게 된다. [19법무]

3. 대외적 효력

대외적 관계에서 가등기담보권자는 저당권자와 마찬가지로 취급된다(동법 제17조 3항).

Ⅳ. 가등기담보권의 실행 [D-135]

1. 사적실행(권리 취득에 의한 실행)

가등기담보 등에 관한 법률은 강행규정으로서 가등기담보 등에 관한 법률이 규정하지 않은 방식의 청산은 인정될 수 없다. 가등기담보권을 실행하는 방법으로는 특단의 사정이 없는 한 '처분정산'이나 '귀속정산' 중 채권자가 선택하는 방법에 의할 수 있으나(대판 1988.12.20. 87다카2685), 여기서 처분정산은 경매를 통한 공적 실행으로서의 처분정산을 의미하며, 사적 실행으로서는 귀속정산만 인정되고 처분정산은 허용되지 않는다. 그리고 동법은 그 귀속실행절차에 관해 엄격한 제한을 가하고 있다.

(1) **실행 통지**

변제기 후 채무자 등에게 '통지 당시'의 청산금의 '평가액'을 통지[2]하여야 한다(동법 제3조 1항 1문). 이때의 '채무자 등'에는 채무자와 물상보증인 뿐만 아니라 담보가등기 후 소유권을 취득한 제3취득자가 포함되는 것이므로(제2조 제2호), 위 통지는 이들 모두에게 하여야 하는 것으로서 채무자 등의 전부 또는 일부에 대하여 위 통지를 하지 않으면 청산기간이 진행할 수 없게 되고, 따라서 가등기담보권자는 그 후 적절한 청산금을 지급하였다 하더라도 가등기에 기한 본등기를 청구할 수 없으며, 양도담보의 경우에는 그 소유권을 취득할 수 없다(대판 1995.4.28. 94다36162 : 4회 선택형).

청산금이 없다고 인정되는 때에는 그 뜻을 통지하여야 한다(동법 제3조 제1항 2문). 평가액은 채권자의 주관적인 평가액이다. 통지의 방법에는 제한이 없으나 청산기간의 명확화를 위해 서면으로 하는 것이 바람직하다. 채권자가 이와 같이 나름대로 평가한 청산금의 액수가 객관적인 청산금의 평가액에 미치지 못한다고 하더라도 담보권 실행의 통지로서의 효력이나 청산기간의 진행에는 아무런 영향이 없다(대판 1996.7.30. 96다6974 : 1회,4회 선택형).

(2) **청산기간**(위 통지가 채무자 등에게 도달한 날로부터 2월)**의 경과**

(3) **청산금의 지급**

① 청산기간이 경과한 후, 채권자는 위 '통지 당시'를 기준으로 한 청산금의 '객관적 가액'을 채무자 등에게 지급하여야 한다(동법 제4조 제1항 1문). 다만 채권자는 그가 통지한 청산금의 '평가액'이 '객관적인 가액'보다 크다는 이유로 청산금의 수액을 다툴 수 없다(동법 제9조 참조)(4회 선택형).

---

[2] 이 통지에는 통지 당시의 목적물의 평가액과 민법 제360조에 규정된 채권액을 명시하여야 한다. 이 경우 부동산이 2 이상인 때에는 각 부동산의 소유권 이전에 의하여 소멸시키려고 하는 채권과 그 비용을 명시하여야 한다(동법 제3조 2항).

② 채무자 등은 정당하게 평가된 청산금을 지급받을 때까지 목적 부동산의 소유권이전등기 및 인도채무의 이행을 거절하면서, 피담보채무 전액을 채권자에게 지급하고 채권 담보의 목적으로 마쳐진 가등기의 말소를 구할 수 있다(대판 1996.7.30. 96다6974)(5회 선택형).

③ 청산금의 지급채무와 가등기에 기한 본등기 및 인도의무의 이행은 동시이행의 관계에 있다(동법 제4조 3항). 이에 반하는 특약으로서 채무자 등에게 불리한 것은 그 효력이 없다(동법 제4조 4항 본문)(13회 선택형)[다만 청산기간 경과 후에 행하여진 특약으로서 제3자의 권리를 해하지 아니하는 것은 그러하지 아니하다(동법 제4조 4항 단서)]. 따라서 청산금의 지급 없이 담보가등기에 기한 본등기가 이루어진 경우 그 본등기는 무효이고, 이른바 **약한 의미의 양도담보로서 존속하는 것이 아니다**(대판 1994.1.25. 92다20132 : 4회·7회 선택형). 다만, 그 후 동법 소정의 절차에 따라 청산절차를 마치면 그 소유권이전등기는 실체관계에 부합하는 유효한 등기가 된다(대판 2002.12.10. 2002다42001: 표준판례378 : 1회 선택형).**[19법무]**

④ 같은 취지로 判例는 "가등기담보법 제3조, 제4조를 위반하여 담보가등기에 기한 본등기가 이루어진 경우 이는 무효이고, 위 규정을 위반하여 무효인 본등기가 마쳐진 후 가등기에 기한 본등기를 이행한다는 내용의 화해권고결정이 확정된 경우 확정된 화해권고결정이 있다는 사정만으로 무효인 본등기가 실체관계에 부합하는 유효한 등기라고 주장할 수 없다. 그리고 그러한 화해권고결정에 기하여 다시 본등기를 마친 경우 그 본등기 역시 무효임을 면치 못한다"(대판 2017.8.18. 2016다30296)고 한다.

(4) 소유권의 취득과 법정지상권(동법 제10조)[3]

(5) 채무자 등의 말소청구권

1) 발 생

채무자 등은 '청산금채권을 변제받을 때'(청산기간 중이 아님)까지 그 채무액(반환할 때까지의 이자와 손해금을 포함한다)을 채권자에게 '미리' 지급하고 그 채권담보의 목적으로 마친 소유권이전등기의 말소(담보가등기도 포함 : 통설)를 청구할 수 있다(가담법 제11조 본문). 이처럼 그 등기의 말소를 구하려면 '먼저' 채무를 변제하여야 하고 피담보채무의 변제와 교환적으로 말소를 구할 수는 없다(대판 1984.9.11. 84다카781 : 13회 선택형).

2) 소 멸

채무자 등의 말소청구권은 다음의 사유로 인하여 소멸한다.

가) 채권자로부터 정당한 청산금의 지급이 이루어진 경우(가담법 제11조 본문의 반대해석)

나) 채무의 변제기로부터 10년이 경과한 경우(가담법 제11조 단서 전단)

여기서 "채무자 등이 위 10년의 제척기간이 경과하기 전에 피담보채무를 변제하지 아니한 채 또는 변제를 조건으로 담보목적으로 마친 소유권이전등기의 말소를 청구한 경우, 이를 제척기간 준수에 필요한 권리의 행사에 해당한다고 볼 수 없으므로, 채무자 등의 위 말소청구권은 위 제척기간의 경과로 확정적으로 소멸한다"(대판 2014.8.20. 2012다47074).

---

[3] 동일소유자에게 속하던 토지와 그 지상건물이 가등기담보권의 사적 실행에 의하여 그 토지 또는 건물 중 어느 하나에 대하여 담보가등기에 기한 본등기가 행하여짐으로써 토지와 건물의 소유자가 다르게 된 경우에, 건물의 소유자로 된 자에게 그 건물의 소유를 목적으로 그 토지 위에 지상권이 설정된 것으로 본다. 그 존속기간 및 지료는 당사자의 청구에 의하여 법원이 정한다(동법 제10조).

다) 선의의 제3자가 소유권을 취득한 경우(가담법 제11조 단서 후단 : 5회, 13회 선택형)

① "가등기담보법 제3조, 제4조의 청산절차를 위반하여 이루어진 담보가등기에 기한 본등기가 무효라고 하더라도 선의의 제3자가 그 본등기에 터 잡아 소유권이전등기를 마치는 등으로 담보목적부동산의 소유권을 취득하면, 채무자 등은 더 이상 가등기담보법 제11조 단서 후문에 따라 채권자를 상대로 그 본등기의 말소를 청구할 수 없게 된다. 이 경우 그 반사적 효과로서 무효인 채권자 명의의 본등기는 그 등기를 마친 시점으로 소급하여 확정적으로 유효하게 되고, 이에 따라 담보목적부동산에 관한 채권자의 가등기담보권은 소멸하며, 청산절차를 거치지 않아 무효였던 채권자의 위 본등기에 터 잡아 이루어진 등기 역시 소급하여 유효하게 된다고 보아야 한다. 다만 이 경우에도 채무자 등과 채권자 사이의 청산금 지급을 둘러싼 채권·채무 관계까지 모두 소멸하는 것은 아니고, 채무자 등은 채권자에게 청산금의 지급을 청구할 수 있다"(대판 2021.10.28. 2016다248325).

② 이때 채권자가 가등기담보법에 정해진 청산절차 없이 그 담보목적부동산을 처분하여 선의의 제3자가 소유권을 취득한 경우, 채무자에 대한 관계에서 불법행위가 성립하며, 이때 채무자가 입은 손해는 "다른 특별한 사정이 없는 한 채무자가 더는 그 소유권이전등기의 말소를 청구할 수 없게 된 때의 담보목적부동산의 가액에서 그때까지의 채무액을 공제한 금액이라고 봄이 상당하다"(대판 2010.8.26. 2010다27458).[4]

[심화] 가담법은 제11조 단서에서 '양도담보권자'로부터 소유권을 취득한 선의의 제3자를 보호하는 취지의 규정을 두고 있는바(동법이 적용되는 양도담보권자는 담보물권자에 불과하여 처분권이 없는 점을 고려하면 이는 예외적으로 등기의 공신력을 인정한 조항이라고 할 수 있다). 당해 규정은 그 문언에 비추어 양도담보의 경우에 적용되는 것이 분명한데, 나아가 사안과 같이 가등기담보권자가 청산절차를 거치지 아니하고 가등기에 기한 본등기를 마친 경우에도 위 규정을 유추적용할 수 있는지 문제된다.

이에 대해 ① 양도담보의 경우에는 소유권이전등기가 양도담보권을 공시하는 범위에서 효력이 있는 반면에 청산절차를 거치지 아니한 본등기의 경우에는 원인무효의 등기라는 점에서 양 등기를 믿은 제3자를 동일하게 취급하는 것은 부당하다는 견해가 있으나(지원림, 송덕수), ② 제3자의 입장에서 볼 때는 소유권이전등기의 외관이 동일하기 때문에 양자를 다르게 취급할 수는 없다는 점에서 유추적용을 긍정하는 것이 타당하다(다수설. 위 2010다27458 판결에서는 가등기담보법에 정해진 청산절차를 거치지 않고 가등기에 기한 본등기가 된 경우에도 가등기담보법 제11조 단서가 적용 또는 유추적용되는 것을 전제로 판단하고 있다).

(6) 후순위권리자의 보호

후순위권리자는 그 순위에 따라 채무자 등이 지급받을 청산금에 대하여 통지된 평가액의 범위 안에서 청산금 지급시까지 권리를 행사할 수 있고, 채권자는 후순위권리자의 요구가 있는 경우에는 이를 지급하여야 한다(동법 제5조). 한편 후순위권리자는 통지된 '평가액'에 이의가 있을 수도 있으므로, 청산기간 내에 한하여 그 피담보채권의 '변제기 도래 전이라도' 목적 부동산의 경매를 청구할 수 있다(동법 제12조 2항). 후순위권리자의 이러한 권리를 보전하기 위하여, 채권자는 실행 통지가 채무자 등에게 도달한 때에는 지체 없이 후순위권리자에게 그 통지의 사실, 내용 및 그 도달일을 통지하여야 한다(동법 제6조). 채무자가 청산기간의 경과 전에 한 청산금에 관한 권리의 양도 기타의 처분은 이로써 후순위권리자에게 대항하지 못하고, 채권자가 청산기간의 경과 전 또는 제6조 제1항의 규정에 의한 통지를 하지 아니하고 청산금을 지급한 경우에도 같다(동법 제7조). 그러나 이 경우에도 가등기에 기한 본등기의 효력에는 영향이 없고, 채권자는 이중변제의 위험을 부담할 뿐이다(대판 1996.7.12. 96다17776).

---

4) "그리고 채무자가 약정이자 지급을 연체하였다든지, 채무자가 그 채무액을 채권자에게 지급하고 그 채권담보의 목적으로 마친 소유권이전등기의 말소를 청구할 수 있었다는 사정이나, 채권자가 담보목적부동산을 처분하여 얻은 이익의 크고 작음 등과 같은 사정은 위법한 담보목적부동산 처분으로 인한 손해배상책임을 제한할 수 있는 사유가 될 수 없다"

2. 경매에 의한 실행

가등기담보권자는 그 선택에 따라 제3조의 규정에 의한 담보권을 실행하거나 목적 부동산의 경매를 청구할 수 있다(7회 선택형). 이 경우 경매에 관하여는 가등기담보권을 저당권으로 본다(동법 제12조 1항).

3. 다른 권리자에 의하여 목적 부동산에 대한 경매가 신청된 경우

담보가등기가 경료된 부동산에 대하여 경매등 개시의 결정이 있는 경우에는 그 경매의 신청이 청산금을 지급하기 전에 행하여진 때(청산금이 없는 경우에는 청산기간의 경과 전)에는 가등기담보권자는 그 가등기에 기한 본등기를 청구할 수 없다(동법 제14조)(1회,13회 선택형). 즉 후순위권리자등이 경매를 신청하면 가등기담보권자는 권리 취득에 의한 실행을 할 수 없고, 가등기담보권자가 권리 취득에 의한 실행을 선택하여 그 절차가 진행 중인 경우에도 청산절차가 끝날 때까지 후순위권리자등이 경매를 신청하면 더 이상 권리 취득에 의한 실행을 진행할 수 없다. 따라서 이 경우에는 가등기담보권자는 저당권자와 유사한 지위에서 배당에 참가하여야 할 것이다(동법 제13조 참조).[5]

V. 가등기담보권의 소멸 [D-136]

1. 일반적 소멸사유

물권 일반에 공통된 소멸원인 및 담보물권에 공통된 소멸원인(예컨대 피담보채권의 소멸)에 의하여 소멸함은 물론 경매, 제3취득자의 변제(제364조)등에 의해서도 소멸한다.

2. 담보가등기권리에 특유한 소멸사유

담보권의 실행, 즉 청산금을 지급하고 채권자가 소유권을 취득하거나 경매신청을 하여 경매가 된 경우에도 가등기담보는 소멸한다(가담법 제4조 또는 제15조). 그 외에 가등기담보법 제11조에 의해 채무변제에 의한 말소청구에 의하여 소멸한다.

VI. 가등기담보법이 적용되지 않는 경우 [D-137]

1. 채권자의 담보 목적 실행 방법

채무자가 이행기에 채무를 이행하지 못하면 채권자는 일단 가등기에 기한 본등기를 마치고 목적물을 인도 받은 후, 그 가액을 스스로 평가하거나(귀속청산) 목적물을 처분한 대가로(처분청산) 우선 자기의 변제에 충당하고, 나머지가 있으면 이를 설정자에게 반환한다.

채권자가 위와 같은 담보 목적 실행을 위하여 설정자에게 가등기에 기한 본등기 및 목적물의 인도를 청구하는 경우, 설정자는 청산금채권으로 동시이행의 항변을 하지 못하고 무조건 이에 응하여야 한다. 실제로는 채권자가 미리 본등기에 필요한 서류를 받아 두거나 제소전화해조서를 작성해 두어 채무자의 채무불이행이 있으면 곧바로 가등기에 기한 본등기를 마치는 경우가 많다.

---

[5] 담보가등기가 경료된 부동산에 대하여 경매 등이 행하여진 때에는 가등기담보권은 그 부동산의 매각에 의하여 소멸한다(동법 제15조). 경매법원은 가등기가 담보가등기인지 청구권 보전의 가등기인지 알 수 없으므로, 가등기권리자에 대하여 그 가등기가 담보가등기인 때에는 그 내용 및 채권의 존부, 원인 및 수액을, 담보가등기가 아닌 때에는 그 내용을 법원에 신고할 것을 최고하는바(동법 제16조 1항), 가등기담보권자는 이에 따라 채권신고를 한 경우에 한하여 매각대금의 배당 또는 변제금의 교부를 받을 수 있다(동법 제16조 2항).

2. 채권자가 가등기에 기한 본등기를 마친 경우

이와 같은 본등기를 마쳤다고 해서 채권자가 확정적으로 목적물의 소유권을 취득하는 것은 아니다. 즉 채권자는 대외적으로는 소유권을 취득하지만, 대내적으로는 청산절차를 마쳐야만 확정적으로 목적물의 소유권을 취득한다. 따라서 설정자는 청산금을 지급받을 때까지는 언제든지 피담보채권을 변제하고 가등기 및 본등기의 말소를 청구할 수 있다(이른바 환수권). 그러나 제3자에게 처분이 이루어진 경우에는 그렇지 않다. 본등기를 마친 채권자는 대외적으로 소유자이기 때문에 제3자는 그의 선·악을 불문하고 목적물의 소유권을 유효하게 취득한다.

[관련판례] 대법원도 "가등기담보 등에 관한 법률이 적용되지 않는 경우에도 채권자가 채권담보의 목적으로 부동산에 가등기를 경료하였다가 그 후 변제기까지 변제를 받지 못하여 위 가등기에 기한 소유권이전의 본등기를 경료한 경우에는, 당사자들 사이에 채무자가 변제기에 피담보채무를 변제하지 아니하면 채권채무관계는 소멸하고 부동산의 소유권이 확정적으로 채권자에게 귀속된다는 명시의 특약이 없는 한, 그 본등기도 채권담보의 목적으로 경료된 것으로서 정산절차를 예정하고 있는 이른바 '약한 의미의 양도담보'가 된다. 그리고 이와 같이 약한 의미의 양도담보가 된 경우에는 채무의 변제기가 도과한 후에도 채권자가 담보권을 실행하여 정산절차를 마치기 전에는 채무자는 언제든지 채무를 변제하고 채권자에게 위 가등기 및 그 가등기에 기한 본등기의 말소를 청구할 수 있다"(대판 2006.8.24. 2005다61140 : 1회 선택형)고 한다. **[19법무]**

제3관 양도담보

I. 서 설   [D-138]

1. 의 의

양도담보란 물건의 소유권을 채권자에게 이전하는 방법에 의하여 채권을 담보하는 경우를 널리 가리킨다.

[관련판례] "양도담보를 설정하려면 양도담보설정자에게 목적물에 대한 소유권이나 처분권 등 양도담보를 설정할 권한이 있어야 한다. 양도담보설정자에게 이러한 권한이 없는데도 양도담보설정계약을 체결한 경우에는 특별한 사정이 없는 한 양도담보가 유효하게 성립할 수 없다"(대판 2022.1.27. 2019다295568).

2. 유 형

넓은 의미의 양도담보는 담보제공자가 필요한 자금을 획득하는 방법에 따라 매매의 형식을 이용하는 매도담보와 소비대차의 형식을 이용하는 좁은 의미의 양도담보로 나뉜다. 좁은 의미의 양도담보는 다시 채권자의 청산의무의 유무에 따라 유담보형의 양도담보와 청산의무를 남기는 약한 의미의 양도담보로 구별된다지만, 判例는 제607조, 제608조와 관련하여 약한 의미의 양도담보만을 인정한다(대판 1982.7.13. 81다254).

II. 동산 양도담보   [D-139]

1. 동산 양도담보의 법적 성질(동산양도담보권자의 지위)

(1) 문제점

양도담보는 채권담보의 목적으로 소유권이전의 형식을 취하는 것이므로 그 법적 성질을 '형식'을 중시하여 소유권이 이전된다고 할 것인지, 아니면 '내용'을 중시하여 담보물권이 설정된다고 할 것인지가 문제된다.

(2) 판 례

判例는 동산양도담보의 경우 가등기담보 등에 관한 법률의 시행 전후를 불문하고 신탁적 소유권이전설의 입장이다. 즉 "동산에 관하여 양도담보계약이 이루어지고 양도담보권자가 점유개정의 방법으로 인도를 받았다면 그 청산절차를 마치기 전이라 하더라도 담보목적물에 대한 사용수익권은 없지만 제3자에 대한 관계에 있어서는 그 물건의 소유자임을 주장하고 그 권리를 행사할 수 있다"(대판 1994.8.26. 93다44739)고 판시하거나, "금전채무를 담보하기 위하여 채무자가 그 소유의 동산을 채권자에게 양도하되 점유개정에 의하여 채무자가 이를 계속 점유하기로 한 경우 특별한 사정이 없는 한 동산의 소유권은 신탁적으로 이전됨에 불과하여 채권자와 채무자 사이의 대내적 관계에서 채무자는 의연히 소유권을 보유하나 대외적인 관계에 있어서 채무자는 동산의 소유권을 이미 채권자에게 양도한 무권리자가 된다"(대판 2004.10.28. 2003다30463: 표준판례233 : 3회,11회 선택형)고 판시하고 있다. [11행정]

[판례검토] 생각건대, 양도담보권자는 담보권 실행의 시기 및 방법의 자유로운 선택 등 합리적인 이유에서 '소유권이전'이라는 형식을 택한 것인바 명문의 규정 없이 함부로 이를 부정할 것은 아니다. 그렇다면 동산양도담보권자는 대외적관계에서 목적물의 소유권을 주장할 수 있다. 다만 대내외관계를 구별하는 判例에 의하면, 동산양도담보권자는 대내적 관계에서는 담보계약에 따른 권리만을 갖는다.

2. 성 립

채권담보의 목적으로 재산권을 채권자에게 양도(이전)하고 채무자의 채무불이행이 있을 경우에는 그 채무변제에 갈음하여 재산권으로부터 채권을 변제받기로 하는 양도담보계약과 공시방법인 인도가 있어야 한다. 여기의 인도는 통상 점유개정이다. 그리고 동산에 대하여 점유개정의 방법으로 양도담보를 설정한 후에 양도담보권자나 설정자가 그 동산에 대한 점유를 상실하였다고 하더라도 그 양도담보의 효력에는 아무런 영향이 없다는 것이 判例이다(대판 2000.6.23. 99다65066 : 3회 선택형). 계약의 당사자 등 나머지 내용은 가등기담보와 같다.

3. 효 력

(1) 일반적 효력

피담보채권의 범위에 대하여 저당권에 관한 제360조가 유추적용된다(가등기담보법 제3조 2항 참조). 判例도 같은 입장이다(대판 1992.5.12. 90다8855). 목적물의 범위는 설정계약에 의하지만, 부합물 또는 종물에 대해서는 원칙적으로 저당권에 관한 제358조와 제359조가 유추적용된다. 다만 원칙적으로 담보제공자가 목적물의 사용·수익권을 가지므로 과실은 그 범위에서 제외된다고 할 것이다. 判例는 동산양도담보권자의 물상대위권도 인정하고 있다(대판 2009.11.26. 2006다37106 ; 참고로 判例는 법적근거로 제372조 및 제342조를 들고 있다). [14사법]

[관련판례] "동산 양도담보권자는 양도담보 목적물이 소실되어 양도담보 설정자가 보험회사에 대하여 화재보험계약에 따른 보험금청구권을 취득한 경우 담보물 가치의 변형물인 화재보험금청구권에 대하여 양도담보권에 기한 물상대위권을 행사할 수 있는데, 동산 양도담보권자가 물상대위권 행사로 양도담보 설정자의 화재보험금청구권에 대하여 압류 및 추심명령을 얻어 추심권을 행사하는 경우 특별한 사정이 없는 한 제3채무자인 보험회사는 '양도담보 설정 후'(압류 및 추심명령 효력발생 후가 아님) 취득한 양도담보 설정자에 대한 별개의 채권을 가지고 상계로써 양도담보권자에게 대항할 수 없다. 그리고 이는 보험금청구권과 본질이 동일한 공제금청구권에 대하여 물상대위권을 행사하는 경우에도 마찬가지이다"(대판 2014.9.25. 2012다58609 : 판례연구 D-7.참고)(11회 선택형).

(2) 대내적 관계

① 신탁적 소유권이전설을 취하는 학설은 대내적관계에서도 양도담보권자가 소유자이되 다만 담보목적의 범위에서 소유권을 행사할 제약을 부담한다고 해석한다. 그러나 判例는 대내외관계를 구별하여 대내적 관계에서는 설정자가 소유자이고 양도담보권자는 담보계약에 따른 권리만을 갖는다고 한다. ② 특약이 없는 한 양도담보권설정자가 사용, 수익한다(대판 2009.11.26. 2006다37106). 따라서 "그 동산이 일정한 토지 위에 설치되어 있어 그 토지의 점유·사용이 문제된 경우에는 특별한 사정이 없는 한 양도담보 설정자가 그 토지를 점유·사용하고 있는 것으로 보아야 한다"(대판 2018.5.30. 2018다201429).

(3) 대외적 관계

① 양도담보권자가 소유자이다. 양도담보권설정자의 일반채권자가 목적물에 대하여 (가)압류를 하면, 양도담보권자는 소유자로서 제3자 이의의 소를 제기할 수 있고 양도담보권설정자가 파산한 경우, 양도담보권자는 소유자로서 환취권을 행사할 수 있다. ② 양도담보권설정자가 제3자에게 목적물을 처분하는 경우, 이는 무권리자의 처분행위로서 무효임이 원칙이나, 제3자는 선의취득할 수 있다.

4. 양도담보권의 실행

(1) 원 칙

① 判例에 의하면 대내적 관계에서는 양도담보권자는 소유자가 아니고 담보계약에 따른 권리만을 가지기 때문에, 채무자가 이행기에 채무를 이행하지 않으면 양도담보권자는 설정자를 상대로 소유권에 기하여 목적물의 인도를 청구할 수는 없고, 다만 **담보계약에 따라 취득한 환가권**(귀속청산 또는 처분청산)을 실행하기 위한 일환으로 목적물의 인도를 청구할 수 있다.

그러나 대내외관계에서 모두 소유권이 이전된다는 학설에 의하면 양도담보권자는 설정자에게 소유권에 기하여 인도를 청구할 수 있다. 이 경우 설정자는 목적물을 점유할 권리가 있다는 항변을 하지 못한다. 설정자의 사용, 수익권은 채무자가 이행지체에 빠지면 소멸하는 것으로 보아야 하기 때문이다.

② 양도담보권자는 위와 같이 인도받은 목적물의 가액을 스스로 평가하거나(귀속청산) 그 처분대가로(처분청산) 자기 채권의 변제에 우선 충당하고, 나머지가 있으면 이를 설정자에게 반환한다. 이 경우 설정자의 일반채권자들은 안분배당을 요구하지 못한다(대판 2000.6.23. 99다65066).

(2) 양도담보권자가 집행증서를 가지고 있는 경우

"동산을 목적으로 하는 유동 집합물 양도담보설정계약을 체결함과 동시에 채무불이행시 강제집행을 수락하는 공정증서를 작성한 경우, 양도담보권자로서는 그 집행증서에 기하지 아니하고 양도담보계약 내용에 따라 이를 사적으로 타에 처분하거나 스스로 취득한 후 정산하는 방법으로 현금화할 수도 있지만, 집행증서에 기하여 담보목적물을 압류하고 강제경매를 실시하는 방법으로 현금화할 수도 있는데, 만약 후자의 방식에 의하여 강제경매를 실시하는 경우, 이러한 방법에 의한 경매절차는 형식상은 강제집행이지만, 그 실질은 일반 강제집행절차가 아니라 동산양도담보권의 실행을 위한 환가절차로서 그 압류절차에 압류를 경합한 양도담보설정자의 다른 채권자는 양도담보권자에 대한 관계에서 압류경합권자나 배당요구권자로 인정될 수 없고, 따라서 환가로 인한 매득금에서 환가비용을 공제한 잔액은 양도담보권자의 채권변제에 우선적으로 충당하여야 한다"(대판 2005.2.18. 2004다37430 : **4회 선택형**).

5. 관련문제

(1) 동산 이중양도담보

1) 문제점

예를 들어 甲은 돼지를 사육하는 농장주인데, 乙이 사료대금채권의 담보로서 그 돼지를 점유개정의 방식으로 양도받았고, 그 후 丙이 甲에 대한 대여금채권의 담보로서 위 돼지를 역시 점유개정의 방식으로 양도받았다. 이 경우 제2양도담보권자인 丙이 양도담보권을 취득하는지, 만약 丙이 현실인도받아 丁에게 처분(인도)한 경우에 丁이 돼지의 소유권을 취득할 수 있는지 등이 문제된다.

2) 원칙 : 제1양도담보권자(乙)가 우선

"금전채무를 담보하기 위하여 채무자가 그 소유의 동산을 채권자에게 양도하되 점유개정에 의하여 채무자가 이를 계속 점유하기로 한 경우 특별한 사정이 없는 한 동산의 소유권은 신탁적으로 이전됨에 불과하여 채권자와 채무자 사이의 대내적 관계에서 채무자는 의연히 소유권을 보유하나 대외적인 관계에 있어서 채무자는 동산의 소유권을 이미 채권자에게 양도한 무권리자가 되는 것이어서 다시 다른 채권자와의 사이에 양도담보 설정계약을 체결하고 점유개정의 방법으로 인도를 하더라도 **선의취득이 인정되지 않는 한 나중에 설정계약을 체결한 채권자는 양도담보권을 취득할 수 없는데, 현실의 인도가 아닌 점유개정으로는 선의취득이 인정되지 아니하므로, 결국 뒤의 채권자는 양도담보권을 취득할 수 없다**"(대판 2004.10.28. 2003다30463: 표준판례233 : 3회,11회 선택형).

> [관련판례] "동산의 소유자가 이를 이중으로 양도하고 각 점유개정의 방법으로 양도인이 점유를 계속하는 경우 양수인들 사이에 있어서는 먼저 현실의 인도를 받아 점유를 해온 자가 소유권을 취득한다고 볼 것이나, 양수인 중 한 사람이 처분금지가처분집행을 하고 그 동산의 인도를 명하는 판결을 받은 경우에는 다른 양수인이 위 가처분집행 후에 양도인으로부터 그 동산을 현실로 인도받아 점유를 승계하였더라도 그 동산을 선의취득한 것이 아닌 한 이와 같은 양수인은 가처분채권자가 본안소송에서의 승소판결에 따른 채무명의에 터잡아 강제집행을 하는 경우 이를 수인하여야 하는 지위에 있으므로 가처분채권자와의 사이에서는 그 동산의 소유권을 취득하였다고 주장할 수 없다"(대판 1989.10.24. 88다카26802: 표준판례190).

3) 예외 : 제2양도담보권자(丙)의 선의취득

점유개정에 의한 선의취득이 부정된다고 하여, 그것을 종국적인 것으로 볼 것은 아니다. 즉, 그 후에 다른 인도방법(현실인도 또는 반환청구권의 양도)을 갖추면, 선의취득을 부정할 것은 아니다. 다만 이러한 경우에 다른 인도방법을 갖출 때(점유개정시가 아님) 특히 선의·무과실의 요건이 구비되어야 한다. 그러나 동산이 현실인도가 아닌 점유개정에 의한 양도담보로 제공되는 사정이 있다면, 매도인이 소유권자가 아니라는 반증이 될 수 있어, 제2양도담보권자(매수인)의 무과실은 인정하기 어려운 경우가 많다.

4) 제2양도담보권자(丙)가 현실인도받아 제3자(丁)에게 처분한 경우

악의 또는 과실이 있어 양도담보권을 취득하지 못한 제2양도담보권자가 양도담보권을 실행하여 목적물을 인도 받은 후 제3자에게 처분한 경우에는 그 제3자가 목적물을 선의취득할 수 있다. 이 경우에는 반사적으로 제1양도담보권자의 적법, 유효한 양도담보권이 소멸하게 되므로, **제2양도담보권자는 이중양도담보 설정행위가 횡령죄나 배임죄를 구성하는지 여부나 뒤의 양도담보권자가 이중양도담보 설정행위에 적극적으로 가담하였는지 여부와 관계없이, 제1양도담보권자에게 불법행위로 인한 손해배상책임을 진다**(대판 2000.6.23. 99다65066 : 3회,4회 선택형).

(2) 내용이 변동하는 집합동산의 양도담보(D-5.참고)

Ⅲ. 부동산 양도담보

[D-140]

1. 가등기담보법의 적용을 받지 않는 경우

(1) 부동산 양도담보권의 법적 성질(양도담보권자의 지위)

① 양도담보는 채권담보의 목적으로 소유권이전의 형식을 취하는 것이므로 그 법적 성질을 '형식'을 중시하여 소유권이 이전된다고 할 것인지, 아니면 '내용'을 중시하여 담보물권이 설정된다고 할 것인지가 문제된다. 判例는 가담법이 적용되지 않는 부동산 양도담보권이 설정된 경우에 일관하여 "담보목적의 범위 내에서 채권자에게 그 소유권이 이전된다"(대판 1996.6.28. 96다9218)고 판시하고 있다. 이는 대외적으로는 양도담보권자에게 그 소유권이 이전되지만, 대내적으로는 양도담보권자가 담보계약에 따른 권리만을 갖는다는 의미이다(신탁적 소유권이전설).

② 判例의 입장이 당사자의 의사를 법적으로 가장 잘 설명해 준다고 본다. 이에 따르면 설정자가 내부적으로 소유자이며, 양도담보권자는 담보계약에 따른 권리만을 취득하므로 특약이 없는 한 목적물에 대한 사용·수익권이나 과실취득권은 설정자에게 귀속된다. 설정자는 양도담보권자가 소유권을 취득하기 전까지는 언제든지 피담보채권을 변제하고 소유권이전등기의 말소를 청구할 수 있다. 이는 소유권에 기한 물권적 청구권이므로 소멸시효의 대상이 되지 않는다.

(2) 성 립

채권담보의 목적으로 재산권을 채권자에게 이전하고 채무자의 채무불이행시 그 채무변제에 갈음하여 재산권으로부터 채권을 변제받기로 하는 '양도담보계약'과 공시방법인 '등기'가 필요하다.

(3) 효 력

1) 대내적 효력

대내적 효력은 동산양도담보에서 살펴본 바와 같다. 즉, "일반적으로 부동산을 채권담보의 목적으로 양도한 경우 특별한 사정이 없는 한 목적부동산에 대한 사용수익권은 채무자인 양도담보설정자에게 있으므로, 양도담보권자는 사용수익할 수 있는 정당한 권한이 있는 채무자나 채무자로부터 그 사용수익할 수 있는 권한을 승계한 자에 대하여는 사용수익을 하지 못한 것을 이유로 임료 상당의 손해배상이나 부당이득반환청구를 할 수 없다"(대판 2008.2.28. 2007다37394,37400 : 11회 선택형).

2) 대외적 효력

양도담보권자가 소유자이다.

가) 변제기 도래 전에 양도담보권자가 목적 부동산을 자기의 소유 재산으로서 제3자에게 처분한 경우

이는 제3자의 선·악의를 묻지 아니하고 유효하다. 다만 제3자가 양도담보권자의 배임행위에 적극 가담한 경우에는 그렇지 않다.

나) 양도담보권자의 일반채권자가 압류 등을 한 경우

설정자는 대외적 관계에서 소유권을 주장할 수 없어 제3자 이의의 소를 제기할 수 없다.

다) 설정자가 직접 물권적청구권을 행사할 수 있는지 여부

설정자는 대외적인 관계에서는 소유권을 주장할 수 없기 때문에 직접 물권적 청구권을 행사할 수는 없다.

(4) 실 행

① 채무자가 이행기에 이행을 하지 아니 하면, 양도담보권자는 '목적물의 환가를 위하여' 설정자 또는 그로부터 적법하게 건물의 점유를 이전받은 제3자(아래 2000다47682 참조)에게 목적물의 인도를 청구할 수 있다. 왜냐하면 목적물의 가치를 스스로 평가하거나(귀속정산) 시가로 처분하기(처분정산) 위해서는 그 전제로서 양도담보권자가 목적물을 인도받아야 할 필요가 있기 때문이다. 이때 설정자는 청산금을 지급받을 때까지 목적물을 인도하지 않겠다는 동시이행의 항변을 할 수 없다. 양도담보권자는 목적물의 가치를 스스로 평가하여(귀속정산) 또는 시가로 처분하여(처분정산), 자기의 채권의 변제에 충당하고 나머지가 있으면 설정자에게 반환하여야 한다.

> [관련판례] * 양도담보권의 실행과 대항력 있는 주택임차권의 우열
> "채무의 담보를 위하여 채무자가 자기의 비용과 노력으로 신축하는 건물의 건축허가 명의를 채권자 명의로 하였다면 이는 완성될 건물을 양도담보로 제공하기로 하는 담보권 설정의 합의로서, 완성된 건물에 관하여 자신 명의로 소유권보존등기를 마친 채권자는 채무자가 변제기를 도과하여 피담보채무의 이행지체에 빠졌을 때에는 담보계약에 의하여 취득한 목적 부동산의 처분권을 행사하기 위한 환가절차의 일환으로서 즉, 담보권의 실행으로서 채무자에 대하여 그 건물의 명도를 구할 수 있고, 제3자가 채무자로부터 적법하게 건물의 점유를 이전받아 있는 경우에는 그 제3자를 상대로 명도청구를 할 수도 있으며, 여기의 제3자에는 담보권설정 후에 대항요건을 갖춘 주택임차인도 당연히 포함된다"(대판 2001.1.5. 2000다47682).

② 설정자는 이행기가 지난 뒤에도, 청산금을 지급받을 때까지(귀속정산) 또는 양도담보권자가 목적물을 처분할 때까지(처분정산)는 그때까지의 채무원리금을 모두 변제하고 소유권이전등기의 말소를 청구할 수 있다. 判例에 의하면, 내부적인 관계에서는 설정자가 소유권을 보유하고 있었기 때문에, 이 권리는 소유권에 기한 물권적청구권의 성질을 갖는다. 따라서 소멸시효에 걸리지 않는다.

2. 가등기담보법의 적용을 받는 경우

(1) 부동산 양도담보권의 법적 성질

① 判例는 가담법 시행 이전에는 신탁적 소유권이전설의 입장이었으나, 가담법 시행 이후에 부동산양도담보의 경우는 신탁적 소유권이전설을 취한 것도 있으나(대판 1995.7.25. 94다46428), **대체로 담보물권설을 취하고 있는 것으로 보인다**(대판 2001.1.5. 2000다47682 ; 대판 2022.4.14. 2021다263519 : 양도담보에 관한 판례 중 가담법의 적용대상이 되는 것 자체가 많지 않다). [판례검토] 가등기담보법은 담보물권에 특유한 권리인 경매청구권, 우선변제권 등에 관하여 규정함으로써 가등기담보권자에게 저당권자와 유사한 지위를 부여한 점 등에 비추어 가담법의 규율을 받는 양도담보는 **일종의 담보물권**이라고 하여야 한다(통설).

② 최근 대법원은 가등기담보법이 적용되는 건물에 대한 양도담보는 담보물권이고, 담보물권자의 토지 사용·수익을 인정할 수 없으므로 대지 소유자는 건물의 양도담보권자를 상대로 차임 상당의 부당이득을 청구할 수 없다고 한다.

구체적으로 "가담법이 적용되는 경우에는 채권자가 담보목적 부동산에 관하여 소유자로 등기되어 있다고 하더라도 청산절차 등 법에 정한 요건을 충족해야만 비로소 담보목적 부동산의 소유권을 취득할 수 있다. 채무를 담보하기 위하여 채무자가 자기의 비용과 노력으로 신축하는 건물의 신축허가 명의를 채권자 명의로 한 경우 이는 완성될 건물을 양도담보로 제공하기로 하는 담보권 설정의 합의가 있다고 볼 수 있다(대판 2002.1.11. 2001다48347). 이때 완성된 건물의 소유권은 이를 건축한 채무자가 원시적으로 취득하고, 채권자가 그 명의로 소유권보존등기를 함으로써 건물에 대한 양도담보가 설정된 것으로 보아야 한다. 이러한 양도담보가 가등기담보법의 적용대상이 되는 경우에는 양도담보권자가 청산절차 등을 거쳐 담보목적 부동산의 소유권을 취득하기 전까지 특별한 사정이 없는 한 양도담보 설정자가 건물의 소유자로서 이를 현실적으로 점유하면서 사용·수익하고 있다고 볼 수 있으므로 채권자가 건물에 대

한 양도담보권을 취득했다고 해서 그 대지 소유자에게 부당이득반환의무를 부담하는 것은 아니다"(대판 2022.4.14. 2021다263519).

(2) 성 립

채권담보의 목적으로 재산권을 채권자에게 양도(이전)하고 채무자의 채무불이행이 있을 경우에는 그 채무변제에 갈음하여 재산권으로부터 채권을 변제받기로 하는 양도담보계약과 공시방법인 등기가 있어야 한다.

(3) 효 력

1) 대내적 효력

부동산양도담보권 설정자가 소유자이며, 다른 특약이 없는 한 설정자가 사용, 수익권을 갖는다고 보는 것이 상당하다.

2) 대외적 효력

가) 변제기 도래 전의 처분의 효력(담보물권설에 따를 때)

① 가담법의 규율을 받는 부동산 양도담보에 있어서 채권자는 양도담보권이라는 일종의 담보권만을 가지므로, 그는 그의 피담보채권과 함께 양도담보권을 처분할 수 있다. 그리고 그때에는 양도담보권 양도를 위한 물권적 합의와 이전등기를 하여야 하고, 채권양도에 관한 요건을 갖추어야 한다. ② 그러나 양도담보권자가 목적물을 자기의 소유 재산으로서 제3자에게 처분한 경우, 이는 원칙적으로 무권리자의 처분행위로서 무효이나, 제3자가 선의인 경우에는 유효하다(동법 제11조 단서 참조. 이는 양도담보권자가 소유권을 처분한 경우만을 규정하고 있으나, 그 취지상 양도담보권자의 다른 처분행위에도 그대로 적용된다고 할 것이다).

나) 일반채권자와의 관계

① 양도담보설정자의 일반채권자가 양도담보권자 앞으로 소유권이전등기가 되어 있는 부동산에 강제집행을 할 수 있는지 문제되는바, 담보물권설에 의하면 설정자가 여전히 소유자이기 때문에 가능하다고 하여야 할 것이나, 실제로는 집행절차 및 등기절차상의 문제 때문에 불가능하다고 보는 견해가 일반적이다. ② 양도담보권자의 일반채권자가 압류 등을 한 경우 설정자는 소유자로서 제3자 이의의 소를 제기할 수 있는지 문제되는바, 담보물권설에 의하면 설정자가 여전히 소유자이기 때문에 가능하다고 하여야 할 것이나, 법 제11조 단서의 취지를 고려할 때 압류권자가 선의인 경우에도 그렇게 해석하여야 하는지는 논의의 여지가 있다.

(4) 실 행

가담법은 양도담보권의 실행에 관하여는 명확한 규정을 두지 않고 있다. 가담법 제4조 제2항 전단은 "채권자는 담보부동산에 관하여 이미 소유권이전등기가 경료된 경우에는 청산기간 경과 후 청산금을 채무자 등에게 지급한 때에 목적부동산의 소유권을 취득하며"라고 규정하고 있기 때문에, 처분청산은 허용되지 아니하고 귀속청산만이 허용된다. 나머지는 가등기담보의 경우와 같다.

(5) 환수권

채무자등은 청산금채권을 변제받을 때까지 그 채무액(반환시까지의 이자와 손해금을 포함)을 채권자에게 지급하고 그 채권 담보의 목적으로 경료된 소유권이전등기의 말소를 청구할 수 있다. 다만 그 채무의 변제기가 경과한 때로부터 10년이 경과하거나 또는 선의의 제3자가 소유권을 취득한 때에는 그러하지 아니하다(동법 제11조).

제4관 소유권유보부 매매

Ⅰ. 서 설
[D-141]

1. 의 의
매매에서 매도인이 목적물을 매수인에게 인도하되 대금이 완납되기 전까지는 매수인에게 소유권이 이전되지 않는 것으로 하고, 대금이 완납되면 별도의 의사표시 없이 당연히 매수인에게 소유권이 이전되는 매매형식을 말한다. 주로 매매대금을 담보하기 위한 기능을 한다.

2. 법적 성질
判例는 "목적물의 소유권을 이전한다는 당사자 사이의 물권적 합의는 매매계약을 체결하고 목적물을 인도한 때 이미 성립하지만 대금이 모두 지급되는 것을 정지조건으로 하므로"라고 판시함으로써 '**정지조건부소유권이전설**'을 따르고 있다(대판 1996.6.28. 96다14807).[6]

[판례검토] 소유권 유보의 특약을 하는 당사자의 의사는 매매대금이 전부 지급될 때까지 '소유권'을 매도인에게 유보한다는 데 있으므로, 이러한 당사자의 의사를 반영하는 정지조건부소유권이전설이 타당하다. 다만 담보권으로서의 실질을 고려하여 형식적 소유권은 매도인에게 귀속시키되, 소유권의 내용과 효력은 가능한 한 담보목적에 제한하여 해석함이 타당하다(대판 2014.4.10. 2013다61190 참고).

[관련판례] ※ **소유권유보부 동산 매매계약의 법적 성질과 그 목적물의 소유권의 귀속관계**
① "동산의 매매계약을 체결하면서 소유권유보의 특약을 한 경우, 목적물의 소유권을 이전한다는 당사자 사이의 물권적 합의는 매매계약을 체결하고 목적물을 인도한 때 이미 성립하지만 대금이 모두 지급되는 것을 정지조건으로 하므로, 목적물이 매수인에게 인도되었다고 하더라도 특별한 사정이 없는 한 매도인은 대금이 모두 지급될 때까지 매수인뿐만 아니라 제3자에 대하여도 유보된 목적물의 소유권을 주장할 수 있고, 다만 대금이 모두 지급되었을 때에는 그 정지조건이 완성되어 별도의 의사표시 없이 목적물의 소유권이 매수인에게 이전된다"(대판 1996.6.28. 96다14807 : 14회 선택형). ② "이와 같은 법리는 소유권유보의 특약을 한 매매계약이 매수인의 목적물 판매를 예정하고 있고, 그 매매계약에서 소유권유보의 특약을 제3자에 대하여 공시한 바 없고, 또한 그 매매계약이 종류물을 목적물로 하고 있다 하더라도 다를 바 없다"(대판 1999.9.7. 99다30534).

Ⅱ. 소유권유보의 성립
[D-142]

소유권유보의 특약이 필요하며, 判例는 부동산과 등록에 의하여 소유권이 이전되는 동산은 등기·등록을 대금완납시까지 미룸으로써 담보의 기능을 할 수 있기 때문에 소유권유보부매매의 개념을 원용할 필요가 없다는 입장이다(대판 2010.2.25. 2009도5064 : 일단 매도인이 매수인에게 소유권이전등기를 경료하여 준 이상은 특별한 사정이 없는 한 매수인에게 소유권이 귀속된다). 즉 대법원은 소유권유보부 매매의 대상을 일반적인 '동산'으로 한정하고 있다.

Ⅲ. 소유권유보의 효력

1. 대내적 효력
일차적으로 계약에 의하고 계약에서 정하지 않은 경우에는 매수인은 목적물을 점유하여 이를 사용,

---
[6] [학설] ① 소유권유보부매매는 매수인에 의한 매매대금의 완급을 정지조건으로 하는 소유권 이전이라고 보는 견해(정지조건부소유권이전설)와 ② 매매계약에 의해 소유권은 매수인에게 이전하고, 매도인은 잔존대금을 피담보채권으로 하는 '양도담보권'을 갖는다고 파악하는 견해(담보물권설)로 나뉜다.

수익하고 매수인은 매매대금채무 특히 약정된 할부금을 지체없이 지급하여야 할 것으로 해석된다. 매매목적물이 매수인의 점유하에서 쌍방의 책임없이 멸실된 경우 대금지급의무의 존속 여부가 문제된다. 이 경우 매도인의 소유권이전의무가 쌍방의 귀책사유 없이 이행불능으로 되었기 때문에 제537조를 근거로 매도인은 매수인에게 매매대금의 지급을 청구하지 못한다고 생각할 수도 있으나, 타당하지 않다. 왜냐하면 소유권 유보의 실제기능은 매매대금채권의 담보에 있는바, 담보 목적물이 쌍방의 귀책사유없이 멸실되었다고 해서 그 피담보채권이 소멸하는 법은 없기 때문이다. 따라서 이 경우 위험이 매수인에게 이전되었다고 보아 매도인은 여전히 매수인에게 매매대금의 지급을 청구할 수 있다고 해석하는 것이 타당하다.

2. 대외적 효력

(1) 목적물의 처분

매수인이 대금을 완납할 때까지 소유권이 매도인에게 유보되어 있으므로, 매수인은 소유자로서 목적물을 원칙적으로 처분할 수 없다.[7] 따라서 매수인의 목적물 처분행위는 무권리자의 처분행위로서 무효이지만(14회 선택형), 매수인의 목적물의 처분행위를 **조건부 권리 자체의 양도**로 보아 선의의[통상 소유권유보의 특약에 의하여 매수인의 처분이 금지되지만, 이러한 특약을 선의의 제3자에게 대항할 수 없다고 할 것이다(제449조 2항 참조). 매수인의 처분을 금지하는 특약이 없다면 양수인의 선·악을 가리지 않는다] 양수인은 조건부 권리를 취득하고(제149조), 대금의 완납에 의하여 양수인은 소유권을 취득할 수 있다.

그 밖에 선의취득(제249조) 또는 가공(제259조 1항 단서)의 요건을 갖추면 그는 완전한 소유권을 취득한다. 특히 선의취득에서 양수인의 무과실을 판단할 때 그 목적물이 통상적으로 소유권유보부매매의 대상이 되는지 여부가 중요하게 고려된다.

(2) 일반채권자에 의한 압류, 매수인 파산의 경우

① 매수인의 일반채권자가 목적물에 대하여 강제집행을 하는 경우 매도인은 소유권자로서 일반채권자를 상대로 제3자 이의의 소를 제기할 수 있다. ② 다만, 判例는 매수인이 파산한 경우 매도인이 유보한 소유권은 담보권의 실질을 가지고 있으므로 담보 목적의 양도와 마찬가지로 매수인에 대한 회생절차에서 '회생담보권'으로 취급함이 타당하고, 매도인은 매매목적물인 동산에 대하여 '환취권'을 행사할 수 없다고 한다(대판 2014.4.10. 2013다61190 참고).

Ⅳ. 소유권유보의 실행 [D-143]

매수인이 매매대금채무를 지체하면 매도인은 최고하지 않고 곧바로 매매계약을 해제한 후(통상 약관에 의하여 기한이익의 상실과 해제권의 보류를 정하지만, 해제권을 유보하지 않았더라도 기한이익의 상실에 의하여 즉시 대금을 완납하지 않으면 매수인이 이행지체에 빠지고, 그 결과 매도인이 법정해제권을 취득한다) 매수인에게 목적물의 반환을 청구할 수 있다(다만 매수인이 점유할 채권적 권리를 가지기 때문에, 해제가 없으면 반환청구가 원칙적으로 허용되지 않는다). 소유권 유보의 실제 기능은 매매대금채권의 담보에 있는바, 매수인이 피담보채무인 매매대금채무를 지체하면 매도인은 즉시 담보권의 실행, 즉 매매계약의 해제 및 목적물의 인도청구를 할 수 있다고 보아야 하기 때문이다.

---

[7] 대리점의 경우와 같이 매도인이 매수인을 통하여 확대 판매할 의도를 가지고 있는 경우에는 매도인이 매수인에게 '처분권을 수여'하는 경우가 있는바, 이 경우에는 매수인의 처분행위는 유효하다. 다만 이런 경우에 대비하여 매도인은 매수인과 사이에 매수인의 고객에 대한 판매대금채권(장래의 채권)에 관하여 사전에 양도담보계약을 체결하는 경우가 대부분이다. 이를 '연장된 소유권 유보'라고 부르기도 한다.

V. 소유권유보의 소멸 [D-144]

매매대금을 완납한 때, 제3자가 목적물의 소유권을 취득한 때, 매수인이 목적물에 가공하여 목적물의 소유권을 취득한 때[8] 소유권유보는 소멸한다.

제5관 동산담보권과 채권담보권[9]

I. 서 설 [D-144]

1. 기존 담보제도의 문제점

동산을 담보로 하는 제도로는 질권과 양도담보가 있는바, 동산질권을 설정하려면 설정자가 질권자에게 점유를 이전하여야 하므로(제330조), 설정자가 점유하고 수시로 판매하여야 하는 상품에는 질권을 설정할 수 없는 문제가 있다. 그리고 동산양도담보에서는 공시방법으로 이용되는 점유개정으로는 공시의 효과를 기할 수 없는 문제가 있다. 한편 채권을 담보로 하는 제도로는 채권질권이 있는데, 질권의 설정을 제3자에게 대항하기 위해서는 확정일자 있는 증서에 의한 통지 또는 승낙이 필요하므로(제346조), 대량의 채권을 한꺼번에 담보로 제공하는 데에는 많은 비용이 따르는 문제가 있다. 이에 '동산·채권 등의 담보에 관한 법률'이 제정되었다(2012년 6월 10일부터 시행).

2. 기존제도와의 관계 및 인적 적용범위

동법에 의한 담보권과는 별개로 기존의 담보제도는 존속한다. 그러므로 당사자들은 그 선택에 따라 기존의 질권이나 양도담보를 이용하거나, 아니면 동법에 따라 동산담보권이나 채권담보권을 설정할 수 있다. 주의할 것은, 동법은 **인적 적용범위를 제한**하고 있다. 즉 동산이나 채권을 담보로 제공할 수 있는 담보권설정자는 법인(상사법인, 민법법인, 특별법에 따른 법인, 외국법인을 말한다) 또는 상업등기법에 따라 상호등기를 한 사람으로 한정한다(동법 제2조 5호).

II. 동산담보권 [D-145]

1. 목적물

동산담보권의 목적물은 (양도할 수 있는) 동산이다(동법 제33조, 민법 331조). 여러 개의 동산(장래에 취득할 동산을 포함한다)이더라도 목적물의 종류, 보관장소, 수량을 정하거나 그 밖에 이와 유사한 방법으로 특정할 수 있는 경우에는 그 목적물이 될 수 있다(동법 제3조 2항).

2. 동산담보권의 성립

담보권설정자가 채권자와의 담보약정에 따라 동산을 담보로 제공하고 동법에 따라 '동산담보등기부'에 등기함으로써 동산담보권이 성립한다(동법 제2조 2호·8호). 주의할 것은, 동산담보등기부는 담보권설정자별로 편제하는 '**인적 편성주의**'를 취한다(동법 제47조).

---

8) 실제로는 이러한 경우에 대비하여 '매수인이 목적물을 가공하더라도 소유권은 여전히 매도인에게 있다'는 취지의 특약을 하는 경우가 많다. 제259조는 임의규정이기 때문에 이러한 특약도 유효하다고 보아야 할 것이다.
9) 이하 김준호, 민법강의(23판), P.937이하 ; 양형우, 민법의 세계(8판), P.824이하

3. 동산담보권의 효력

(1) 피담보채권의 범위

동산담보권은 원본, 이자, 위약금, 담보권실행의 비용, 담보목적물의 보존비용 및 채무불이행 또는 담보목적물의 흠으로 인한 손해배상의 채권을 담보한다(동법 제12조). 민법의 저당권에서와 같은 지연배상의 제한(제360조 단서)은 없다. 한편 근저당권에서와 같이 동산담보권에서도 동산근담보권을 설정할 수 있다(동법 제5조).

(2) 물적 범위

동산담보권의 효력은 법률에 다른 규정이 있거나 설정행위에서 다른 약정이 있지 않는 한 담보목적물에 부합된 물건과 종물에 미친다(동법 제10조). 또한 동산담보권은 물상대위에 기해 담보목적물의 매각, 임대, 멸실, 훼손 또는 공용징수 등으로 인하여 담보권설정자가 받을 금전이나 그 밖의 물건에 대하여도 행사할 수 있다. 이 경우 그 지급 또는 인도 전에 압류하여야 한다(동법 제14조). 주의할 것은, 민법과는 달리 담보목적물의 멸실·훼손·공용징수 외에 '매각 또는 임대'의 경우에까지 물상대위를 인정하고 있다. 설정자가 담보권이 설정된 동산을 제3자에게 매각하여 그가 선의취득하는 경우가 있을 수 있고, 이러한 경우를 대비한 것이다.

(3) 우선변제적 효력

담보권자는 설정자가 제공한 담보목적물에 대하여 다른 채권자보다 자기채권을 우선변제받을 권리가 있다(동법 제8조). 동일한 동산에 설정된 동산담보권의 순위는 등기의 순서에 따르며(동법 제7조 2항), 동일한 동산에 관하여 담보등기부의 등기와 인도가 행하여진 경우에 그에 따른 권리 사이의 순위는 (법률에 다른 규정이 없으면) 그 선후에 따른다(동법 제7조 3항).

[관련판례] "동산·채권담보법에 따라 동산을 담보로 제공하기로 하는 담보약정을 하고 담보등기를 마치면 동산담보권이 성립한다(제7조). 동산담보권자는 담보목적물에 대하여 다른 채권자보다 자기채권을 우선변제받을 권리가 있다(제8조). 등기를 통해 공시되는 동산담보권을 창설한 동산채권담보법의 입법 취지, 부동산 집행절차에서 등기된 담보권자를 당연히 배당받을 채권자로 정하는 민사집행법 제148조 제4호의 취지, 동산담보권자와 경매채권자 사이의 이익형량 등을 고려하면, 동산담보권이 설정된 유체동산에 대하여 다른 채권자의 신청에 의한 강제집행절차가 진행되는 경우 민사집행법 제148조 제4호를 유추적용하여 집행관의 압류 전에 등기된 동산담보권을 가진 채권자는 배당요구를 하지 않아도 당연히 배당에 참가할 수 있다고 보아야 한다"(대판 2022.3.31. 2017다263901: 표준판례 383).

4. 동산담보권의 실행

동산담보권의 실행은 경매가 원칙이다(동법 제21조 1항). 다만 정당한 이유가 있는 경우에는 사적 실행이 허용된다. 그 방법으로는 담보권자가 담보목적물로써 직접 변제에 충당하는 귀속청산과, 담보목적물을 매각하여 그 대금을 변제에 충당하는 처분청산의 두 가지를 모두 인정한다(동법 제21조 2항). 다만 선순위권리자가 있는 경우에는 그의 동의를 얻어야 한다(동 조항 단서).

5. 동산담보권의 존속기간

피담보채권의 대부분이 상사채권인 점에서 담보권의 존속기간은 5년을 초과할 수 없다. 다만 5년을 초과하지 않는 기간으로 이를 갱신할 수 있다(동법 제49조).

Ⅲ. 채권담보권　　　　　　　　　　　　　　　　　　　　　　　　　　　[D-146]

채권담보권에 대해서는 그 성질에 반하지 않는 이상 동산담보권에 관한 규정이 준용된다(동법 제37조).

1. 채권담보권의 목적

채권담보권의 목적은 '금전의 지급'을 내용으로 하는 지명채권이다(동법 제34조 1항). 즉 금전채권에 대해서만 채권담보권이 성립할 수 있다.

2. 담보등기의 효력

채권담보권의 경우 채권담보등기부에 '등기'를 한 때에 담보로 제공된 채권의 채무자(이하 '제3채무자')를 제외한 제3자에게 대항할 수 있다(동법 제35조 1항). 담보권자 또는 담보권설정자(채권담보권 양도의 경우에는 그 양도인 또는 양수인을 말한다)는 제3채무자에게 등기사항증명서를 건네주는 방법으로 그 사실을 '통지'하거나 제3채무자가 이를 '승낙'하지 아니하면 제3채무자에게 대항하지 못한다(동법 제35조 2항). 동일한 채권에 관하여 채권담보등기부의 등기와 민법 제349조 또는 제450조 2항에 따른 통지 또는 승낙이 있는 경우에는 그 등기와 그 통지의 도달 또는 승낙의 선후에 따라 우열이 정해진다(동법 제35조 3항).

> ※ 동산·채권 등의 담보에 관한 법률 제35조에 따른 채권담보권자(甲), 제3채무자(乙), 채권양수인(丙) 간의 관계
> "㉠ 甲이 담보가등기를 마쳤으나 乙에게 아직 담보권설정의 통지를 하지 않은 상태에서 丙이 대항요건을 갖춘 경우, 乙은 丙에게 유효하게 채무를 변제할 수 있고 이로써 甲에 대해서도 면책된다. 다만 丙은 甲에 대해서는 후순위로서, 甲의 우선변제적 지위를 침해하여 이익을 얻은 것이 되므로, 甲은 丙에게 부당이득으로서 그 변제받은 것의 반환을 청구할 수 있다. ㉡ 甲이 담보등기를 마치고, 丙이 대항요건을 갖춘 후, 乙이 丙에게 채무를 변제하기 전에 甲이 乙에게 담보설정의 통지를 한 경우에는 乙은 甲에게 변제하여야 하고, 丙에게 변제하였다면 이로써 甲에게 대항할 수 없다. ㉢ 다만, 이 경우 乙이 丙에게 채무를 변제한 것에 대해 甲이 무권한자인 丙의 변제수령을 추인하였다면, 민법 제472조의 법리에 따라 乙의 丙에 대한 변제는 유효하게 되지만,[10] 甲은 丙에게 부당이득으로서 그 변제받은 것의 반환을 청구할 수 있다(대판 2016.7.14. 2015다71856,71863).

3. 채권담보권의 실행

담보권자는 피담보채권의 한도에서 채권담보권의 목적이 된 채권을 직접 청구할 수 있다(동법 제36조 1항).

---

10) "민법 제472조는 불필요한 연쇄적 부당이득반환의 법률관계가 형성되는 것을 피하기 위하여 변제받을 권한 없는 자에 대한 변제의 경우에도 채권자가 이익을 받은 한도에서 효력이 있다고 규정하고 있는데, 여기에서 말하는 '채권자가 이익을 받은' 경우에는 변제의 수령자가 진정한 채권자에게 채무자의 변제로 받은 급부를 전달한 경우는 물론이고, 그렇지 않더라도 무권한자의 변제수령을 채권자가 사후에 추인한 때와 같이 무권한자의 변제수령을 채권자의 이익으로 돌릴 만한 실질적 관련성이 인정되는 경우도 포함된다(대판 2012.10.25. 2010다32214 참조).

제 5 편

친족상속법

- 제1장 친족법
- 제2장 상속법

제1장 친족법

제1절 총설

I. 친족의 종류 [E-1]

친족관계는 혈연과 혼인에 의해 성립한다. 민법은 혈족, 인척, 배우자를 친족으로 규정하고 있다(제767조)(10회 선택형). 따라서 배우자나 인척은 친족이지만, 혈족은 아니다.

II. 친족의 범위 [E-2]

1. 일반적 범위

8촌 이내의 혈족, 4촌 이내의 인척, 배우자가 친족의 범위에 포함된다(제777조). 그런데 개별적 법률관계에 관하여 친족의 범위가 달리 정하여지기도 한다(제809조, 제974조, 제1000조 참조).

2. 혈족

혈족에는 자연혈족과 법정혈족이 있다.

(1) 자연혈족

1) 발생 및 범위

㉠ 자연혈족은 자연의 혈연관계가 있는 혈족을 말하며, 예를 들어 혼인 외의 출생자는 법정혈족이 아닌 자연혈족임을 주의해야 한다(母의 경우는 출산에 의해, 父의 경우는 인지한 경우).

㉡ 자연혈족에는 직계혈족과 방계혈족이 있다. 방계혈족의 경우 이복형제자매(父계의 방계혈족)와 이성동복형제자매(母계의 방계혈족)도 형제자매에 포함된다(아래 96다5421판결 참고).

> [관련판례] ※ 제1000조 1항 3호의 '피상속인의 형제자매'의 의미(방계혈족의 범위)
> "민법 제1000조 제1항 제3호 소정의 '피상속인의 형제자매'라 함은, 민법 개정시 친족의 범위에서 부계와 모계의 차별을 없애고, 상속의 순위나 상속분에 관하여도 남녀 간 또는 부계와 모계 간의 차별을 없앤 점 등에 비추어 볼 때, **부계 및 모계의 형제자매를 모두 포함하는 것으로 해석하는 것이 상당하다**"(대판 1997.11.28. 96다5421)고 판시하여 모친만을 같이하는 이성동복의 관계에 있는 형제자매들을 피상속인의 형제자매에 해당하는 것으로 보아 그들 사이의 상속권을 인정하였다.

2) 소멸

자연혈족관계는 사망으로 인하여 소멸한다. 혼인 외의 출생자의 경우에는 사망 이외에도 인지 무효·취소에 의해 부계혈족관계가 소멸할 수 있다(제861조, 제862조)

(2) 법정혈족

1) 발생 및 범위

㉠ 법정혈족은 법률에 의한 혈족을 의미하며, 혈연관계는 없지만 자연혈족과 동일한 관계로 인정된다. 입양에 따른 '양친자관계'가 유일한 법정혈족에 해당한다. 즉, 양자는 '**입양한 때**'(출생한 때가 아님)부터 혼인중의 출생자와 동일한 것으로 본다(제772조 1항).

ⓛ '양부모 및 그 혈족'과 '양자 및 그 직계비속' 사이에는 친족관계가 발생한다. 그러나 양자의 방계혈족(가령 친형제) 혹은 양자의 직계존속(가령 친생부모)과 양부모 등의 사이에는 친족관계가 발생하지 않는다. 그리고 (보통)양자는 입양이 되어도 친생부모와의 자연혈족관계는 존속한다(제882조의2 2항). 다만, 친양자입양의 경우에는 입양 전의 친족관계는 원칙적으로 소멸한다(제908조의3 2항 본문).

> ※ **제1000조 1항 2호의 '피상속인의 직계존속'의 의미**(친생부모도 포함. 친양자의 경우는 친생부모 불포함)
> 양자는 입양이 되어도 친생부모와의 자연혈족관계는 존속하므로(제882조의2 2항), 만약 양자가 직계비속 없이 사망한다면, 양부모뿐만 아니라 친생부모도 상속권을 갖는다. 이 경우 양부모와 친생부모는 공동상속인이 된다(7회 선택형). 判例도 "양자가 직계비속 없이 사망한 경우 그가 미혼인 경우 제2순위 상속권자인 직계존속이, 그에게 유처가 있는 경우 직계존속과 처가 동순위로 각 상속인이 되는바, 이 경우 양자를 상속할 직계존속에 대하여 아무런 제한을 두고 있지 않으므로 양자의 상속인에는 양부모뿐만 아니라 친부모도 포함된다"(대결 1995.1.20. 94마535)고 판시하였다.
> 이와 달리 친양자의 경우 입양 전의 친족관계는 소멸하므로(제908조의3 2항 본문), 친양자가 직계비속 없이 사망한 경우 친생부모나 생가의 친족은 상속인이 될 수 없다. 다만, 부부의 일방이 그 배우자의 친생자를 단독으로 입양한 경우라면 배우자 및 그 친족과 친생자 간의 친족관계는 존속하므로(제908조의3 2항 단서), 이 경우에는 친생부 또는 친생모 및 그 친족도 상속인이 될 수 있다.

2) 소 멸

㉠ **[사망, 파양, 입양의 취소]** 양친자관계는 일방 당사자의 사망에 의해 종료하나, 이는 사망한 당사자에 국한하며, 그 입양을 통한 양친족관계(법정혈족 및 인척관계)까지 종료하는 것은 아니다. 예를 들어 양자가 사망하더라도 '양부모 및 그 혈족'과 '양자의 직계비속'의 법정혈족관계는 유지된다. 단, 파양을 하면 양자 및 그의 직계비속과 양부모 및 그 혈족의 법정혈족관계는 소멸한다. 입양이 취소된 경우에도 동일하다.

ⓛ **[양부모의 이혼]** 공동입양을 한 양부모가 이혼을 한 경우, "부부공동입양제(제874조)가 되어 처도 부와 마찬가지로 입양당사자가 되기 때문에 양부모가 이혼하였다고 하여 양모를 양부와 다르게 취급하여 양모자관계만 소멸한다고 볼 수는 없는 것이다"(대판 2001.5.24. 전합2000므1493: **표준판례842**)고 하여 양부자뿐만 아니라 양모자관계도 유지된다는 것이 判例의 입장이다.

3. 인 척

> ▶ 혈족의 배우자, 배우자의 혈족, **혈족의 배우자의 혈족**을 인척으로 한다(X)
> **제769조 (인척의 계원)** 혈족의 배우자, 배우자의 혈족, **배우자의 혈족의 배우자**를 인척으로 한다(10회 선택형).
> **제775조 (인척관계 등의 소멸)** ① 인척관계는 **혼인의 취소** 또는 **이혼**으로 인하여 종료한다.
> ▶ 부부 또는 처가 **사망하면** 상대배우자의 혈족과의 친족관계는 **소멸한다**(X)
> ② 부부의 일방이 사망한 경우 **생존 배우자가 재혼한 때**에도 제1항과 같다.

1) 발생 및 범위

㉠ 민법은 혈족의 배우자(형부, 매형 등), 배우자의 혈족(시부모, 장모, 처제 등), 배우자의 혈족의 배우자(처제의 남편, 즉 동서지간 등)를 인척으로 한다(제769조). 따라서 **혈족의 배우자의 혈족**(사돈지간)은 인척이 아니다. 사돈지간은 친족이 아니므로 이들 간의 혼인은 가능하다. ⓛ 적모서자(홍길동의 父의 처와 홍길동과의 관계), 계모자관계(콩쥐와 계모)는 종래 법정혈족이었지만 1990년 민법 개정으로 '직계혈족의 배우자'로서 인척관계가 되었다.

2) 소 멸

부부의 일방이 사망한 경우 부부간의 친족관계(혼인관계)는 즉시 소멸하나, 혼인에 의해 발생한 인척관계는 생존배우자가 재혼을 해야 소멸한다(제775조 2항). 특히 이는 대습상속권의 소멸과 관련하여 논의의 실익이 있다. 즉 배우자가 사망한 후 재혼하지 않고 있는 동안에 한하여 배우자의 직계존속이 사망한 경우 대습상속을 할 수 있다.

> ※ **부부 일방의 부모 등 그 직계혈족과 상대방 사이에 직계혈족이 사망하고 생존한 상대방이 재혼하지 않은 경우에 부양의무가 인정되는 경우**
>
> "제775조 제2항에 의하면 부부의 일방이 사망한 경우에 혼인으로 인하여 발생한 그 직계혈족과 생존한 상대방 사이의 인척관계는 일단 그대로 유지되다가 상대방이 재혼한 때에 비로소 종료하게 되어 있으므로 부부의 일방이 사망하여도 그 부모 등 직계혈족과 생존한 상대방 사이의 친족관계는 그대로 유지되나, 그들 사이의 관계는 제974조 제1호의 '직계혈족 및 그 배우자 간'에 해당한다고 볼 수 없다. 배우자관계는 혼인의 성립에 의하여 발생하여 당사자 일방의 사망, 혼인의 무효·취소, 이혼으로 인하여 소멸하는 것이므로, 그 부모의 직계혈족인 부부 일방이 사망함으로써 그와 생존한 상대방 사이의 배우자관계가 소멸하였기 때문이다. 따라서 부부 일방의 부모 등 그 직계혈족과 상대방 사이에서는, 직계혈족(남편)이 생존해 있다면 민법 제974조 제1호에 의하여 생계를 같이 하는지와 관계없이 부양의무가 인정되지만, 직계혈족(남편)이 사망하면 생존한 상대방이 재혼하지 않았더라도 (사망한 부부 일방의 부모와 생존한 상대방 사이는 기타 친족간에 해당하므로) 민법 제974조 제3호에 의하여 생계를 같이 하는 경우에 한하여 부양의무가 인정된다"(대결 2013.8.30. 2013스96 : 표준판례850 : 11회 선택형).
>
> **[구체적 예]** 배우자 甲이 사망하였지만 재혼하지 않은 乙은 甲의 직계존속이 자기의 자력 또는 근로에 의하여 생활을 유지할 수 없는 경우, 생계를 같이 하는 경우에 한하여 부양의무가 인정된다.

Ⅲ. 가사소송과 가사비송사건, 조정전치주의 등   [E-3]

	종 류		성질 등	조정전치주의
가사 소송	가류	각종 무효확인소송, 친생자관계존부확인의 소	확인의 소	×
	나류	각종 취소소송, 재판상 이혼·파양, 친양자파양, 친생부인의 소, 父를 정하는 소, 인지청구(인지이의의 소), 사실혼 관계존부확인의 소	형성의 소	○
	다류	신분관계 해소를 원인으로 한 손해배상의 청구 및 원상회복의 청구(4회 선택형)	이행의 소	○
가사 비송	라류	제한능력에 관한 사항, 부재자재산관리·실종선고에 관한 사항, 후견 및 친권에 관한 사항	상대방 없음	×
	마류	이혼에 따른 재산분할청구, 상속재산분할청구, 기여분의 결정, 친권자의 지정과 변경, 子의 양육에 관한 처분[과거의 양육비청구도 이에 해당(대결 1994.5.13. 전합92스21)], 부양에 관한 처분(6회 선택형)[부부간의 부양의무를 이행하지 않은 부부의 일방에 대하여 상대방의 친족이 구하는 부양료 상환청구는 민사소송(대판 2012.12.27. 2011다96932: 표준판례851 : 6회,8회 선택형)]	상대방 있음	○
주의		조정전치주의가 적용되는 나류 사건과 마류 사건 중에도, 당사자가 임의로 결정할 수 없는 사항에 관한 것으로서 조정의 성립만으로 효력이 생기지 않고 가정법원의 판결이 있어야 효력이 생기는 것은 다음과 같다. ① 친생부인의 소에서의 조정, ② 父를 정하는 소에서의 조정, ③ 친권상실의 재판에서의 조정, ④ 대리권과 재산관리권의 상실의 재판에서의 조정		

Ⅳ. 가족관계등록부

① **[혼인관계 정정]** 判例는 "중국 국적의 조선족 여성과 혼인한 것으로 신고한 자가, 혼인할 의사가 전혀 없음에도 그 여성을 한국에 입국시킬 목적으로 혼인신고를 하여 공전자기록에 불실의 사실을 기재하게 하였다는 등의 범죄사실로 유죄판결을 받아 확정된 경우, 위 혼인은 혼인의사의 합치가 결여되어 **무효임이 명백하므로 혼인무효판결을 받지 않았더라도** 가족관계의 등록 등에 관한 법률 제105조에 따라 가정법원의 허가를 받아 가족관계등록부를 정정할 수 있다"(대판 2009.10.8, 2009스64)고 판시하고 있다. 즉, 신분관계에 중대한 영향을 미치지 않거나 등록부의 기록이 무효임이 명백한 경우에는 가정법원의 확정판결이 없이도 당사자의 신청에 의하여 가정법원의 허가를 얻어 경정할 수 있다.

② **[성별정정]** 종래 判例(대결 2011.9.2. 전합2009스117)는 성전환자가 혼인 중에 있거나 미성년자인 자녀가 있는 경우 성별정정을 허가하지 않는다는 입장이었으나, 최근 判例는 입장을 변경하여 **현재 혼인 중에 있지 아니한 성전환자는 미성년 자녀가 있는 경우에도, 성별정정을 허가할 수 있다고** 판시하였다. 즉, 미성년 자녀를 둔 성전환자도 부모로서 자녀를 보호하고 교양하며(민법 제913조), 친권을 행사할 때에도 자녀의 복리를 우선해야 할 의무가 있으므로(민법 제912조), 미성년 자녀가 있는 성전환자의 성별정정 허가 여부를 판단할 때에는 성전환자의 기본권의 보호와 미성년 자녀의 보호 및 복리와의 조화를 이룰 수 있도록 법익의 균형을 위한 여러 사정들을 종합적으로 고려하여 실질적으로 판단하여야 한다고 한다(대결 2022.11.24. 전합2020스616 : 13회 선택형).

③ **[성(姓)의 정정]** "신청인의 가족관계등록부 외에 신분증명을 위하여 사용되는 다른 주민등록표, 여권 등에는 '금'이라는 한글 성이 기재되어 있어 성명에 관하여 공적 장부들의 기재가 불일치하고 이로 인하여 상속등기 등 권리실현에 장애가 발생한 이 사건에서 신청인이 출생 시 또는 유년시절부터 한자 성 '金'을 한글 성 '금'으로 사용하여 오랜 기간 자신의 공·사적 생활영역을 형성하여 왔다면, 신청인의 가족관계등록부의 성을 '금'으로 정정하는 것이 상당하다"(대결 2020.1.9. 2018스40)

④ **[친생자관계존재확인의 확정판결]** "출생기록이 있는 자녀와 부 또는 모 사이에 친생자관계부존재 확인판결이 확정된 경우 가족관계등록관서는 친생자관계부존재가 확인된 자녀의 가족관계등록부에 친생자관계가 부존재하는 부 또는 모의 특정등록사항을 말소한 후 그 가족관계등록부를 폐쇄한다. 나아가 위와 같이 가족관계등록부가 폐쇄된 자녀에게 진정한 출생신고의무자가 있는 경우 출생신고를 다시 하여 가족관계등록부를 새롭게 작성하여야 하고, 출생신고의무자와 자녀 사이에 친생자관계존재확인의 확정판결이 존재한다고 하여 그것만으로 가족관계의 등록 등에 관한 법률 제107조에 따른 등록부 정정의 대상이 되는 것은 아니다"(대결 2018.11.6. 2018스32).

제2절 가족

I. 의 의 [E-4]

2005년 3월 31일 개정 가족법에서는 호주와 가족의 기존 개념을 폐지하고 가족의 개념을 새로이 정의하고 있다. 즉, 민법은 배우자, 직계혈족 및 형제자매, 그리고 '생계를 같이 하는' 직계혈족의 배우자, 배우자의 직계혈족 및 배우자의 형제자매를 가족으로 하고 있다(제779조)(10회 선택형).

II. 子의 성과 본 [E-5]

자의 복리를 위하여 자의 성과 본을 변경할 필요가 있을 때에는 부, 모 또는 자의 청구에 의하여 법원의 허가를 받아 이를 변경할 수 있다(제781조 6항).

제781조 6항에 따른 자의 성·본 변경허가 심판을 할 때 가정법원은 청구인의 주장에 구애되지 않고 '**직권**'으로 탐지한 자료에 따라 '**성·본 변경이 청구된 자녀의 복리에 적합한지**'를 최우선적으로 고려하여 후견적 입장에서 허가 여부를 판단하여야 한다(대결 2022.3.31. 2021스3).[1] 그러므로 이를 변경하지 않는 때의 불이익과 변경하는 때의 불이익을 비교형량하여 자의 복리를 위하여 성·본의 변경이 필요하다고 판단되면, 성·본 변경권의 남용으로 볼 수 있는 경우가 아닌 한 원칙적으로 성·본 변경을 허가하여야 한다(대결 2009.12.11. 2009스23: 표준판례778).[2]

> ★ **제781조 (자의 성과 본)** ① 자는 **부의 성과 본**을 따른다. 다만, 부모가 **혼인신고시 모의 성과 본**을 따르기로 **협의**한 경우에는 **모의 성과 본**을 따른다.
> ▸ 부가 외국인인 경우 혼인신고시 **부모가 협의하면** 자는 모의 성과 본을 따를 수 있다(X)[3]
> ② **부가 외국인인 경우에는** 자는 **모의 성과 본을 따를 수 있다**.
> ③ **부를 알 수 없는 자**는 모의 성과 본을 따른다.
> ④ **부모를 알 수 없는 자**는 법원의 허가를 받아 성과 본을 창설한다. 다만, 성과 본을 창설한 후 부 또는 모를 알게 된 때에는 부 또는 모의 성과 본을 **따를 수 있다**(▸ 따라야 한다 X)
> ▸ 혼인외의 출생자가 **인지된 경우 부의 성을 따른다**(X)
> ⑤ 혼인외의 출생자가 **인지된 경우** 자는 부모의 **협의**에 따라 **종전의 성과 본을 계속 사용**할 수 있다. 다만, 부모가 협의할 수 없거나 협의가 이루어지지 아니한 경우에는 자는 **법원의 허가**를 받아 종전의 성과 본을 계속 사용할 수 있다.
> ⑥ 자의 복리를 위하여 자의 성과 본을 변경할 필요가 있을 때에는 부, 모 또는 자의 **청구**에 의하여 (▸ 직권 X) **법원의 허가**를 받아 이를 변경할 수 있다. 다만, 자가 **미성년자**이고 **법정대리인이 청구할 수 없는 경우**에는 제777조의 규정에 따른 친족 또는 검사가 청구할 수 있다.

---

1) [사실관계] 당해 판례(2021스3)사안은 성·본 변경을 청구하는 부, 모 중 일방이 단지 이를 희망한다는 사정은 주관적·개인적인 선호의 정도에 불과하며 이에 대하여 타방이 동의를 하였더라도 그 사정만으로는 성·본 변경허가의 요건을 충족하였다고 보기 어렵다고 판단하였다.
2) [사실관계] 당해 판례(2009스23)사안은 親父가 성·본 변경에 반대한 경우였으나, 대법원은 이러한 사정을 여러 비교형량의 요소 중 하나로 판단하여 養父로의 성·본 변경청구를 허가하였다.
3) [해설] 부가 외국인인 경우 부모의 협의 없이도 모의 성을 따를 수 있다.

제3절 혼 인

제1관 약 혼

I. 의 의
[E-6]

약혼은 1남 1녀가 장차 혼인하기로 하는 혼인예약이다. 약혼은 실질적으로 부부공동생활을 하고 있으나 혼인신고를 하지 않아서 법률상 혼인으로 인정받지 못하고 있는 **사실혼과 구별된다**(대판 1998.12.8. 98므961).

II. 성립요건(제800조, 제801조, 제802조, 제808조)
[E-7]

약혼은 장차 혼인을 하려는 당사자 사이의 합의가 있으면 성립하며(불요식행위), 혼인에 있어서의 신고와 같은 특별한 방식이 요구되지 않는다(대판 1998.12.8. 98므961). 배우자 있는 자가 한 약혼, 배우자의 사망 또는 이혼을 전제로 한 약혼은 무효이다(대판 1965.7.6. 65므12, 대판 1955.7.14. 4288민상156). 약혼에는 선량한 풍속이나 기타 사회질서에 위반되는 것이 아닌 한 조건이나 기한을 붙일 수 있다(혼인에는 조건이나 기한을 붙일 수 없다).

III. 효 과
[E-8]

1. 당사자 간의 의무

약혼의 양 당사자는 혼인관계를 성립시킬 의무를 지며, 이 의무를 위반하면 손해배상의무가 발생한다. 그러나 당사자의 의사에 반하는 혼인은 무효이므로(제815조 1항), 강제로 이행을 청구할 수 없다(제803조).

2. 제3자에 대한 효력

제3자가 약혼관계를 침해했을 경우 불법행위가 성립한다(대판 1961.10.19. 4293민상531 ; 제3자가 약혼 중의 여자를 간음한 사건이다).

IV. 약혼의 해제
[E-9]

1. 약혼의 해제사유

> 제804조(약혼해제의 사유) 당사자 한쪽에 다음 각 호의 어느 하나에 해당하는 사유가 있는 경우에는 상대방은 약혼을 해제할 수 있다.
> 1. 약혼 후▸ 약혼 전(X) 자격정지 이상의 형을 선고받은 경우
> 2. 약혼 후▸ 약혼 전(X) 성년후견개시나 한정후견개시의 심판을 받은 경우
> 3. 성병, 불치의 정신병, 그 밖의 불치의 병질(病疾)이 있는 경우
> 4. 약혼 후▸ 약혼 전(X) 다른 사람과 약혼이나 혼인을 한 경우
> 5. 약혼 후▸ 약혼 전(X) 다른 사람과 간음(姦淫)한 경우
> 6. 약혼 후▸ 약혼 전(X) 1년 이상 생사(生死)가 불명한 경우
> 7. 정당한 이유 없이 혼인을 거절하거나 그 시기를 늦추는 경우
> 8. 그 밖에 **중대한 사유**가 있는 경우 ▸ **임신불능**은 그 밖에 중대한 사유가 된다(X)

약혼 후 당사자의 일방에 제804조 각 호의 사유가 있는 때에는 상대방은 약혼을 해제할 수 있다. 특히 제804조 8호에서 말하는 '중대한 사유'란 학력·직업·연령·처녀성 등에 대한 기망[약혼시 학력이나 직업 등을 속인 것은 제804조 8호 소정의 '기타 중대한 사유가 있는 때'에 해당하여 약혼의 해제는 적법하다(대판 1995.12.8. 94므1676,1683)], 애정의 상실, 중대한 모욕, 간음 외의 부정행위, 재산 상태에 관한 착오, 약혼 전에 자격정지 이상의 형을 선고받은 사실이 있는 경우 등을 의미한다. 그러나 임신불능 또는 빈곤한 환경은 이에 속하지 않는다(대판 1960.8.18. 4299민상995).

2. 약혼해제의 방법

약혼의 해제는 상대방에 대한 의사표시로 한다. 그러나 상대방에 대하여 의사표시를 할 수 없는 때에는 그 해제의 원인 있음을 안 때에 해제된 것으로 본다(제805조).

3. 약혼해제의 효과

(1) 약혼의 소급적 소멸

약혼이 해제되면 당사자 사이에 처음부터 약혼이 없었던 것과 같이 된다.

(2) 손해배상의 청구

약혼의 해제가 당사자 일방의 귀책사유로 인한 경우에, 타방당사자는 과실있는 상대방에 대하여 재산상·정신상 손해의 배상을 청구할 수 있다(제806조 1항, 2항). 그런데, 정신상 고통에 대한 배상청구권은 양도 또는 승계하지 못하나, 당사자간에 이미 그 배상에 관한 계약이 성립되거나 소를 제기한 후에는 그러하지 아니하다(행사상 일신전속권, 제806조 3항). 약혼의 부당파기로 인하여 정신적 고통을 당한 부모도 위자료를 청구할 수 있고, 반대로 약혼의 부당파기에 가담한 부모는 약혼을 부당하게 파기한 자와 함께 공동불법행위책임을 부담한다(대판 1975.1.14. 74므11: 표준판례779).

V. 약혼해제(파기)에 따른 예물의 반환청구권 [E-10]

1. 문제점

약혼의 해제나 파기가 있는 경우에, 약혼 당사자는 수수된 약혼예물의 반환청구권을 가지는지가 약혼예물의 법적 성격과 관련하여 문제된다.

2. 약혼예물의 법적 성격

약혼예물의 수수는 약혼의 성립을 증명하는 증거이자 동시에 '혼인의 불성립을 해제조건'으로 하는 증여라고 할 수 있다(통설·判例: 12회 선택형).

3. 약혼이 해제(파기)되어 혼인이 불성립한 경우의 약혼예물반환청구

(1) 원 칙

혼인 불성립이라는 해제조건이 성취되어 약혼예물에 대한 반환청구(원상회복)를 할 수 있다.

(2) 예 외

判例는 "약혼예물의 수수는 혼인불성립을 해제조건으로 하는 증여와 유사한 성질의 것이기는 하나, 약혼의 해제에 관하여 과실이 있는 유책자로서는 그가 제공한 약혼예물은 이를 적극적으로 반환을 청구할 권리가 없다"(대판 1976.12.28. 76므41: 표준판례781)고 보아 부정설의 입장이다.

[판례검토] 조건의 성취로 인하여 이익을 받을 당사자가 신의성실에 반하여 조건을 성취시킨 때에는 상대방은 그 조건이 성취하지 아니한 것으로 주장할 수 있다(제150조 2항). 따라서 부정설이 타당하다.

4. 혼인이 일단 성립한 이후의 약혼예물반환청구

(1) 원 칙

"약혼예물의 성격을 '혼인의 불성립'을 해제조건으로 하는 증여로 보는 이상 일단 부부관계가 성립하고 그 혼인이 상당 기간 지속된 이상 후일 혼인이 해소되어도 그 반환을 구할 수는 없는 것이며, 이는 혼인의 파탄의 원인이 그 예물의 수령자에게 있는 경우에도 마찬가지이다"[대판 1996.5.14. 96다5506: 표준판례780 ; 이는 이혼(혼인의 파탄)에 대한 유책에 관하여 위자료지급의무를 부담하는 것과는 별개의 문제이다]

(2) 예 외

다만 예외적으로 예물의 수령자측이 혼인 당초부터 성실히 혼인을 계속할 의사가 없고 그로 인하여 혼인의 파국을 초래하였다고 인정되는 등 특별한 사정이 있는 경우에는 신의칙 내지 형평의 원칙에 비추어 혼인 불성립의 경우에 준하여 예물반환의무를 인정함이 상당하다(대판 1996.5.14. 96다5506 등: 표준판례780).

제2관 혼인의 성립

Ⅰ. 혼인의 의의 [E-11]

혼인은 1남 1녀가 평생 부부로서의 생활공동체를 형성하기로 하는 친족법상의 '합의'이다. 혼인은 넓은 의미의 계약에 해당한다. 그런데 친족법상의 계약이어서 채권계약과는 다른 특수성이 인정된다. 그리고 혼인은 가족관계의 등록 등에 관한 법률에 의하여 일정한 방식으로 신고하여야 성립하는 요식행위이다.

Ⅱ. 혼인의 성립요건 [E-12]

1. 실질적 요건

(1) 혼인의사의 합치

1) 문제점

제815조 1호는 '당사자간에 혼인의 합의가 없는 때에는 혼인은 무효로 한다'고 규정하고 있다. 따라서 혼인이 유효하게 성립하기 위해서는 무엇보다도 '혼인의 합의'가 있어야 한다. 이러한 '혼인의 합의' 특히 혼인 '의사'의 구체적 내용 및 본질이 무엇이냐 하는 문제가 제812조 1항['혼인은 가족관계의 등록 등에 관한 법률에 정한 바에 의하여 신고함으로써 그 효력이 생긴다'] 소정의 신고와 관련하여 제기된다. 이는 **가장혼인의 효력** 및 당사자 일방 또는 제3자에 의한 혼인신고의 효력과 관련하여 실천적 의미를 가진다.

2) 판 례

"제815조 제1호가 혼인무효의 사유로 규정하는 '당사자 간에 혼인의 합의가 없는 때'란 당사자 사이에 사회관념상 부부라고 인정되는 정신적·육체적 결합을 생기게 할 의사의 합치가 없는 경우를 의미하므로, 당사자 일방에게만 그와 같은 참다운 부부관계의 설정을 바라는 효과의사가 있고 상대방에게는 그러한 의사가 결여되었다면 비록 당사자 사이에 혼인신고 자체에 관하여 의사의 합치가 있어 일응 **법률상의 부부라는 신분관계를 설정할 의사는 있었다고 하더라도 그 혼인은 당사자 간에 혼인의 합의가 없는 것이어서 무효라고 보아야 한다**"[대판 2010.6.10. 2010므574: **표준판례**785 ; 사안은 외국인 乙이 甲과의 사이에 참다운 부부관계를 설정하려는 의사 없이 단지 한국에 입국하여 취업하기 위한 방편으로 혼인신고에 이르렀다고 봄이 상당한 사안에서, 설령 乙이 한국에 입국한 후 한 달 동안 甲과 계속 혼인생활을 해왔다고 하더라도 이는 乙이 진정한 혼인의사 없이 위와 같은 다른 목적의 달성을 위해 일시적으로 혼인생활의 외관을 만들어 낸 것이라고 보일 뿐이므로, 甲과 乙사이에는 혼인의사의 합치가 없어 그 혼인은 민법 제815조 제1호에 따라 무효라고 판단한 사례이다]라고 판시하여 **실질적 의사설**의 입장에 있다.[4] 判例의 실질적 의사설에 따르면 혼인의사는 사회통념상의 부부관계를 형성하려는 의사(실질적 의사)뿐만 아니라, 신고에 의하여 법률상 부부관계를 형성하려는 의사(형식적 의사)를 포함한다(대판 1975.5.27. 74므23 : 즉 가장혼인은 무효이다).

[**비교판례**] "협의이혼에 있어서 이혼의사는 법률상 부부관계를 해소하려는 의사를 말하므로 일시적으로나마 법률상 부부관계를 해소하려는 당사자간의 합의하에 협의이혼신고가 된 이상 협의이혼에 다른 목적이 있더라도 양자간에 이혼의사가 없다고는 말할 수 없고 따라서 이와 같은 협의이혼은 무효로 되지 아니한다"(대판 1993.6.11. 93므171: **표준판례**799 : 즉, 가장이혼은 유효하다. E-18.참고).

3) 검 토

혼인의 경우에는 담당공무원에게 실질적 심사권이 부여되어 있지 않다는 점, 혼인의 경우에는 친족·상속관계에 있어 법의 보호가 뒤따르기 때문에 혼인이 이러한 법의 보호를 받기 위해서는 실질적인 혼인의사의 합치가 있어야 한다는 실질적 의사설이 원칙적으로 타당하다. 그러나 이러한 견해에 의하더라도 혼인신고를 하지 않고 사실상의 부부공동체만을 이루겠다는 합의는 혼인합의로 인정되지 않는다(제812조 1항).

(2) 혼인의사에 관한 그 밖의 점들

1) 혼인의사 존부의 존재시기

혼인의 합의는 혼인신고를 할 당시, 구체적으로 신고서 작성시 '및' 수리시에 존재하여야 한다(대판 1996.6.28. 94므1089). 따라서 **혼인신고서의 작성 후 혼인신고서의 제출 전에 혼인의사가 철회되었다면 그 이후의 혼인신고는 무효이다**(대판 1983.12.27. 83므28: **표준판례**788).

2) 혼인의사능력

혼인의사의 성립에는 의사능력을 필요로 한다. 따라서 혼례식을 거행하고 사실혼관계에 있었으나 일방이 뇌졸증으로 혼수상태에 빠져 있는 사이에 혼인신고가 이루어졌다면 특별한 사정이 없는 한 위 신고에 의한 혼인은 무효이다(대판 1996.6.28. 94므1089).

---

4) [**비교판례**] 그러나 형식적 의사설의 논리를 따르는 듯한 判例도 일부 보인다. "혼인의 합의란 법률혼주의를 택하고 있는 우리나라 법제하에서는 법률상 유효한 혼인을 성립케 하는 합의를 말하는 것이므로 비록 양성간의 정신적·육체적 관계를 맺는 의사가 있다는 것만으로는 혼인의 합의가 있다고 할 수 없다"(대판 1983.9.27. 83므22).

3) 사실혼 관계와 혼인의사

㉠ 사실혼관계에 있는 당사자 사이의 혼인의사가 불분명한 경우, 혼인의사의 존재를 추정할 수 있는지 여부(적극) : "상대방의 혼인의사가 불분명한 경우에는 혼인의 관행과 신의성실의 원칙에 따라 사실혼관계를 형성시킨 상대방의 행위에 기초하여 그 혼인의사의 존재를 추정할 수 있으므로 이와 반대되는 사정, 즉 혼인의사를 명백히 철회하였다거나 당사자 사이에 사실혼관계를 해소하기로 합의하였다는 등의 사정이 인정되지 아니하는 경우에는 그 혼인을 무효라고 할 수 없다"(대판 2000.4.11. 99므1329).

㉡ 혼인신고시 사실혼 관계가 유지되고 있는 경우(유효) : "결혼식을 하고 부부로서 상당기간 동거하며 그 사이에 자녀까지 출산하여 혼인의 실제는 갖추었으나 혼인신고만이 되어있지 않은 관계에서 당사자 일방의 부재중 혼인신고가 이루어졌다고 하더라도 특별한 사정이 있는 경우를 제외하고는 그 신고에 의하여 이루어진 혼인을 당연히 **무효라고 할 수는 없다**"(대판 1980.4.22. 79므77).

㉢ 사실혼 해소 후 혼인신고 한 경우(무효) : "사실혼관계가 해소된 상태에서 혼인신고가 일방적으로 이루어졌다면 이는 당사자간에 혼인의 합의가 없는 경우에 해당하여 **무효라고 보아야 한다**"(대판 1989.1.24. 88므795).

4) 기 타

조건부 또는 기한부의 혼인의사는 허용되지 않는다.

(3) 혼인의 장애사유(취소사유 또는 무효사유)가 없어야 한다(제813조).

2. 형식적 요건 : 신고

(1) 신고혼주의

제812조 1항은 "혼인은 …신고함으로써 그 효력이 생긴다"고 규정하여 신고혼주의를 채택하였다. 혼인신고가 수리되면 혼인이 성립한다. 즉, 혼인신고는 '창설적 신고'(보고적 신고가 아님)로서 혼인의 효력발생요건이 아닌 '성립요건'이다.

(2) 내 용

㉠ 혼인신고는 원칙적으로 당사자 쌍방과 성년자인 증인 2인이 連署한 서면에 의하지만(제812조 2항), 구술로도 가능하다(가족관계등록법 제23조 1항, 제31조). 그리고 혼인신고는 본인의 의사가 절대적으로 중시되므로 '대리인'에 의한 신고는 허용되지 않으며, 반드시 혼인당사자 쌍방이 하여야 한다(가족관계등록법 제31조 3항). 다만 혼인당사자 쌍방이 혼인신고서를 작성하여 우편으로 발송하거나, '사자(使者)'를 시켜 등록공무원에게 제출하는 것은 무방하다.

㉡ 혼인신고는 가족관계등록공무원의 '수리'로 완료되며, 가족관계등록부에의 기재 여부는 문제되지 않는다(대판 1991.12.10. 91므344).[5] 그리고 가족관계등록공무원은 제807조 내지 제810조, 제812조 2항 및 기타 법령의 준수여부에 관한 '형식적 심사권'을 가지는데(제813조), 앞의 혼인장애사유가 없으면 신고를 수리하여야 한다(대판 1987.9.22. 87다카1164). 다만 이러한 형식적 심사권에는 그 혼인의 당사자가 생존하는지 여부를 조사하는 것은 포함된다(대결 1991.8.13. 91스6).

㉢ 신고가 수리되면 그것이 법령에 위반된다 하여도 일단 효력이 발생하고, 혼인은 성립한다. 다만 무효나 취소를 주장할 수 있을 뿐이다.

---

[5] "혼인은 호적법(현행은 가족관계등록법)에 따라 호적공무원(현행은 가족관계등록공무원)이 그 신고를 수리함으로써 유효하게 성립되는 것이며 호적부(현행은 가족관계등록부)에의 기재는 그 유효요건이 아니어서 호적에 적법하게 기재되는 여부는 혼인성립의 효과에 영향을 미치는 것은 아니므로 부부가 일단 혼인신고를 하였다면 그 혼인관계는 성립된 것이고 그 호적의 기재가 무효한 이중호적에 의하였다 하여 그 효력이 좌우되는 것은 아니다"

(3) 조정 또는 재판에 의한 혼인신고

사실상 혼인관계에 있는 자는 사실혼관계존부확인의 소를 제기하여 혼인신고를 할 수 있는바, 조정 또는 재판에 의하여 혼인이 성립하면 청구자는 1월 내에 혼인신고를 하여야 한다(가족관계등록법 제72조).

(4) 재외한국인의 혼인

재외한국인은 국내에서의 신고절차에 의할 수도 있고, 외국에 주재하는 대사, 공사 또는 영사에게 신고하거나(제814조 1항 ; 領事婚), 거주하는 외국의 법률이 정하는 방식으로 혼인을 성립시킬 수도 있다(국제사법 제36조 2항).

예를 들어 재일교포 A남과 일본인 B녀가 일본법에 따라 일본에서 혼인신고를 한 후 다시 한국에서 혼인신고를 한 경우라면, A와 B는 일본법에 따라 혼인신고가 되었을 때 법률혼 관계가 인정되므로 (대판 1991.12.10. 91므535), 한국에서의 2차 혼인신고는 창설적 신고가 아니라 '보고적 신고'에 불과하다[대판 1994.6.28. 94므413 ; 당해 사안은 재일교포가 일본법에 따른 혼인신고를 하였는데, 일방 사망 후 타방에 의하여 이루어진 영사혼(제814조 1항)의 효력을 다투는 혼인무효확인의 소를 기각한 사안이다].

(5) 당사자 사망 후의 혼인신고

1) 허용여부

사망한 자와의 혼인신고는 원칙적으로 수리되지 않지만(대판 1995.11.14. 95므694), 예외적으로 ① '혼인신고특례법'(이는 전쟁이나 사변에서 공무에 종사함으로 인하여 신고를 하지 못하고 일방이 사망한 경우에 사실혼배우자가 신고할 수 있도록 제정한 특별법이다)에 의하여 당사자 일방이 사망한 후에 가정법원의 확인을 받아 신고한 경우 신고의무자의 일방이 사망한 때에 신고가 있는 것으로 본다(동법 제1조, 제2조). 그리고 ② '가족관계등록법'에 따르면 신고인이 생전에 신고서를 우송하였다면 그가 사망한 후에라도 이를 수리하여야 하며, 신고가 수리되면 신고인의 사망시에 신고한 것으로 본다(동법 제41조).

2) 당사자 일방의 사망 후 사실혼관계존부확인의 소제기

㉠ **가능한 경우**(확인의 이익 긍정) : "사실혼관계에 있던 당사자 일방이 사망하였더라도, 현재적 또는 잠재적 법적 분쟁을 일거에 해결하는 유효적절한 수단이 될 수 있는 한(예를 들어 사실혼배우자로서의 각종 연금법상의 연금을 받기 위한 선결문제로서 사실혼의 존재를 주장하는 경우 등), 그 사실혼관계존부확인청구에는 확인의 이익이 인정되는 것이고, 이러한 경우 친생자관계존부확인청구에 관한 민법 제865조와 인지청구에 관한 민법 제863조의 규정을 유추적용하여, 생존 당사자는 그 사망을 안 날로부터 1년 내(현재는 2년으로 개정)에 '검사를 상대로' 과거의 사실혼관계에 대한 존부확인청구를 할 수 있다"(대판 1995.3.28. 94므1447; 표준판례787).

㉡ **불가능한 경우**(확인의 이익 부정) : 그러나 "사실혼 배우자의 일방이 사망한 경우 생존하는 당사자가 혼인신고를 하기 위한 목적으로서는 사망자와의 과거의 사실혼관계 존재확인을 구할 소의 이익이 있다고는 할 수 없다"(대판 1995.11.14. 95므694).

제3관 혼인의 무효, 취소

Ⅰ. 혼인의 무효

[E-13]

1. 혼인무효 사유

> 제815조(혼인의 무효) 혼인은 다음 각 호의 어느 하나의 경우에는 **무효**로 한다.
> 1. **당사자간에 혼인의 합의가 없는 때**
> 2. 혼인이 제809조 제1항의 규정을 위반한 때(친양자의 입양 전의 혈족을 포함)
> 3. 당사자간에 직계인척관계가 있거나 있었던 때(가령 계모와 계자, 적모와 서자 사이)
> 4. 당사자간에 양부모계의 직계혈족관계가 있었던 때(가령 양부모 또는 양조부모와 양자사이)

2. 혼인무효확인의 소

(1) 혼인무효의 성질

判例의 입장인 '당연무효설'에 따르면 혼인무효확인판결을 받지 않더라도 이해관계인은 다른 소송에서 선결문제로 혼인무효를 주장하는 것이 가능하다. 따라서 이혼과 달리 혼인무효의 소가 제기되지 않은 상태에서도 유족급여나 상속과 관련된 소송에서 선결문제로 주장할 수 있어 유리한 효과가 부여된다. 혼인무효 사건은 '가사소송사건'으로서 자백에 관한 민사소송법의 규정이 적용되지 않고 '**법원이 직권**'으로 사실조사 및 필요한 증거조사를 하여야 한다(가사소송법 제12조, 제17조)(대판 2021.12.10. 2019므11584, 므11591).

(2) 이혼이나 사망으로 인하여 혼인관계가 해소된 후 혼인무효확인청구

① 종래 判例는 "청구인과 피청구인 사이의 혼인관계가 이미 협의이혼신고에 의하여 해소되었다면 청구인이 주장하는 위 혼인관계의 무효확인은 과거의 법률관계의 확인으로서 그것이 청구인의 현재의 법률관계에 영향을 미친다고 볼 자료가 없는 이 사건에 있어서 단순히 여자인 청구인이 혼인하였다가 이혼한 것처럼 호적상 기재되어 있어 **불명예스럽다는 사유만으로는 확인의 이익이 없다**"(대판 1984.2.28. 82므67)고 하였다.

② 그러나 최근 判例는 "신분관계인 혼인관계는 그것을 전제로 하여 수많은 법률관계가 형성되고 그에 관하여 일일이 효력의 확인을 구하는 절차를 반복하는 것보다 과거의 법률관계인 혼인관계 자체의 무효 확인을 구하는 편이 관련된 분쟁을 한꺼번에 해결하는 유효·적절한 수단일 수 있으므로, 특별한 사정이 없는 한 이혼한 이후 제기되는 혼인무효 확인의 소가 과거의 법률관계를 대상으로 한다는 이유로 확인의 이익이 없다고 볼 것은 아니다"(대판 2024.5.23. 전합2020므15896)고 하여 단순히 여자인 청구인이 혼인하였다가 이혼한 것처럼 호적상 기재되어 있어 불명예스럽다는 사유로 혼인관계의 무효를 확인하는 것은 과거의 법률관계에 대한 확인이어서 확인의 이익이 없다고 본 위 대판 1984.2.28. 82므67 등을 변경하였다.

[판례해설] 종전 判例는 이혼으로 혼인 관계가 해소되었기 때문에 혼인을 무효로 해도 실익이 없어 이혼을 했다면 혼인 자체를 무효로 할 수 없다고 보았다(소 각하). 그러나 바뀐 전원합의체 판결에 따르면 이혼했어도 혼인무효가 가능하다고 하는바, ㉠ 이혼 후에도 민법상 '근친혼 금지'나 형법상 '친족상도례'(가족 간 재산범죄는 처벌하지 않거나 고소해야 처벌 가능)등은 계속 적용되므로 이런 규정을 적용받지 않으려면 '혼인 무효'가 되어야 한다. 따라서 이혼 후 혼인 무효도 실익이 있다고 한다. ㉡ 또한 이혼 후 '미혼모'나 '미혼부'로 인정받으려면 혼인 무효가 필요하므로, 이들에 대한 혼인 무효를

허용할 필요도 있다고 한다. ⓒ 따라서 이혼 부부가 혼인 무효를 다퉈 볼 수 있는 사례로는 ⅰ) 본인이 원하지 않았는데 부모 강요로 결혼했다가 이혼한 부부, ⅱ) 외국인 배우자가 취업 등 다른 목적으로 혼인신고한 후 가출해 이혼한 부부, ⅲ) 아파트 청약 등 이익을 노리고 결혼할 의사 없이 혼인신고만 했다가 이혼한 부부 등이 있다.

3. 혼인무효의 효과

(1) 당사자 사이의 효과
무효혼의 당사자는 처음부터 부부가 아니었던 것이 되므로, 부부임을 기초로 한 법률관계는 모두 무효로 된다. 상속은 무효로 되며, 당사자는 재산분할청구도 할 수 없고, 제3자는 일상가사대리책임을 무효혼의 당사자에게 물을 수 없다. 한편 혼인무효에 관하여 당사자 일방에게 과실이 있으면, 상대방은 그 당사자에 대하여 재산상 또는 정신적 손해의 배상을 청구할 수 있다(제825조, 제806조).

(2) 子에 대한 효과
혼인이 무효가 되면 양자 사이의 출생자는 혼인 외의 자가 되며(제855조 1항 단서)[혼인취소는 소급효가 없기 때문에 혼인을 취소하더라도 이들 사이의 子는 여전히 혼인 중의 자이다]. 子의 양육문제는 당사자의 청구 또는 직권에 의하여 법원이 정한다(제837조). 다만 무효인 혼인 중 출생한 子를 생부가 '출생신고'를 하여 자기 가족관계등록부에 등재하였다면, 그 자에 대한 '인지'의 효력이 발생할 수 있다(대판 1971.11.15. 71다1983).

(3) 무효인 혼인의 추인(제139조)
무효인 혼인이더라도 혼인의 실체를 갖춘 경우에는 추인을 인정할 수 있다. 따라서 협의이혼한 후 일방적으로 혼인신고를 하였지만, 그 사실을 알고 혼인생활을 계속하였다면 상대방이 무효인 혼인을 묵시적으로 추인하였다고 볼 수 있다(대판 1995.11.21. 95므731). 다만 추인을 인정하더라도 判例는 일반규정인 제139조에서와 달리 소급효를 인정한다(대판 1991.12.27. 91므30 ; 다만 당해 判例는 입양무효의 추인에 관한 것이다). 그러나 일방적인 혼인신고 후 혼인의 실체없이 몇 차례의 육체관계로 자를 출산하였다 하더라도 무효인 혼인을 묵시적으로 추인하였다고 보기 어렵다(대판 1993.4.19. 93므430).

4. 혼인 무효 주장과 권리남용(주로 중혼상태에 있는 배우자의 상속과 관련)
"청구인이 소외 망(甲)과 혼인신고를 마치고 혼인생활을 하던 중 소외 (乙)과 내연관계를 맺고 집을 나가 (乙)과 2중으로 혼인신고까지 하고 있다가 소외 망 (甲)과 내연관계를 맺고 살던 피청구인이 (甲) 사망후 청구인의 사망신고를 하고 망 (甲)과의 혼인신고를 하자 청구인이 상속재산을 탐하여 자기와 망 (甲)간의 혼인관계가 유효한 것이었다고 하면서 피청구인과 망 (甲)간의 혼인이 무효의 것이라고 주장함은 결과적으로 자기와 (甲), (乙) 간의 두개의 혼인관계가 모두 유효하다고 주장하는 것이 되어 신의에 좇은 권리행사라고 볼 수 없어 이는 권리남용에 해당한다"(대판 1983.4.12. 82므64).

Ⅱ. 혼인의 취소 [E-14]

1. 혼인취소 사유(제840조 재판상 이혼사유와 구별할 것)
① 혼인연령의 미달(제817조, 제807조), ② 동의를 요하는 혼인에서 동의가 없는 경우(제817조, 제808조), ③ 근친혼(제817조, 제809조의 사유 중에서 무효사유를 제외한 것), ④ 중혼(제818조, 제810조), ⑤ 부부생활을 계속할 수 없는 惡疾, 기타 중대한 사유가 있는 혼인(제816조 2호, 제822조), ⑥ 사기 또는 강박으로 인한 혼인(제816조 3호, 제823조)

> • 甲은 乙과 재판상 이혼한 후 丙女와 재혼하였으나 재심청구에 의하여 이혼판결이 취소되고 이혼청구가 기각된 경우, 乙의 **4촌 이내의 방계혈족**은 법원에 甲·丙사이의 혼인취소를 청구할 수 있다(O)[6]
>
> **제818조**(중혼의 취소청구권자) 당사자 및 그 배우자, 직계혈족, **4촌 이내의 방계혈족** 또는 검사는 제810조를 위반한 혼인의 취소를 청구할 수 있다.
>
> **제823조**(사기, 강박으로 인한 혼인취소청구권의 소멸) 사기 또는 강박으로 인한 혼인은 사기를 안 날 또는 강박을 면한 날로부터 3월을 경과한 때에는 그 취소를 청구하지 못한다.
>
> ★ **제824조**(혼인취소의 효력) 혼인의 취소의 효력은 기왕에 소급하지 아니한다.
>
> **제824조의2**(혼인의 취소와 자의 양육 등) 제837조 및 제837조의2의 규정은 혼인의 취소의 경우에 자의 **양육책임과 면접교섭권에 관하여** 이를 준용한다.

★ **[관련판례]** ㉠ 甲이 배우자인 乙을 상대로 乙의 성기능 장애 등을 이유로 제816조 2호에 따른 혼인취소를 구한 사안에서, 判例는 乙의 성염색체 이상과 불임 등의 문제가 제2호에서 정한 '부부생활을 계속할 수 없는 악질 기타 중대한 사유'에 해당한다고 보기 어렵다고 한다(대판 2015.2.26. 2014므4734,4741). ㉡ 아동성폭력범죄 등의 피해를 당해 임신을 하고 출산을 하였으나 자녀와의 관계가 단절되고 상당한 기간 양육이나 교류 등이 이루어지지 않은 경우, 判例는 출산 경력을 고지하지 않은 것은 제816조 제3호에서 정한 '사기로 인한 혼인취소사유'에 해당하지 않는다고 한다(대판 2016.2.18. 2015므654,661: 표준판례791). **[13회 사례형]**

(1) 혼인연령의 미달, 동의를 요하는 혼인에서 동의가 없는 경우

1) 만 18세에 달하지 않은 미성년자

부모의 동의가 있어도 혼인할 수 없다(제807조 ; '만 18세가 된 사람은 혼인할 수 있다').

2) 만 18세가 된 미성년자와 피성년후견인

㉠ 만 18세에 달한 미성년자가 혼인을 할 때에는 '부모'(친권자인지 여부는 따지지 않는다)의 동의를 받아야 하는바, 친생부모와 양부모가 있는 경우에 양부모가 동의권을 가진다(가족관계등록예규 제143호 참조). 부모 중 한쪽이 동의권을 행사할 수 없을 때에는 다른 한쪽의 동의를 받아야 하고, 부모가 모두 동의권을 행사할 수 없을 때에는 미성년후견인의 동의를 받아야 한다(제808조 1항).

㉡ 피성년후견인이 혼인을 할 때에는 부모나 성년후견인의 동의를 받아야 한다. 그러나 피한정후견인은 그러한 제한을 받지 않는다.

3) 위반의 효과

㉠ 위의 요건을 위반한 혼인에 대하여 당사자 또는 그 법정대리인이 그 취소를 청구할 수 있다(제817조). 동의권자의 동의가 결여되었다면 수리가 거부되지만(가족관계등록법 제32조 참조), 일단 가족관계등록부에 등재되면 '취소'의 대상일 뿐이다.

㉡ 다만 동의를 요하는 혼인의 경우에 당사자가 만 19세['성년'이 아닌 '19'세인 이유는 미성년자도 혼인하면 성년의제되기 때문이다(제826조의2)]에 달한 후 또는 성년후견종료의 심판이 있은 후 3월을 경과하거나 혼인 중 임신(출생이 아님)하였다면, 취소를 청구하지 못한다(제819조).

(2) 근친혼

1) 6촌 이내의 혈족의 배우자(형제의 처, 자매의 남편, 고모의 남편, 조카의 처 등), **배우자의 6촌 이내의 혈족**(배우자의 형제자매, 배우자의 형제자매의 子, 배우자의 조부모 등), **배우자의 4촌 이내의 혈족의 배우자인 인척이거나 이러한 인척이었던 자**(배우자의 고모 또는 이모부 등)

---

6) **[해설]** 이혼의 취소는 소급효가 있으므로 중혼이 된다(대판 1960.8.18. 4299민상995).

이들 사이의 혼인은 취소할 수 있다(제816조 1호, 제809조 2항). 다만 직계인척관계가 있거나 있었던 자 사이의 혼인은 무효이다(제815조 3호). 그런데 배우자의 사별 또는 이혼 등으로 인척관계가 소멸하였더라도 근친혼의 금지범위에 인척이었던 자가 포함된다.

[동성동본금혼 규정의 폐지] 동성동본금혼 규정은 헌법불합치결정으로 효력이 상실되어, 동성동본의 경우라도 무효혼에 해당하지 않는 한 혼인할 수 있다(헌재결 1997.7.16. 95헌가6내지13). 따라서 동성동본 간의 혼인은 취소사유가 아니다.

2) 6촌 이내의 양부모계의 혈족이었던 자와 4촌 이내의 양부모계의 인척이었던 자

이들 사이의 혼인은 취소할 수 있다(제816조 1호, 제809조 3항). 다만 양부모계의 직계혈족관계가 있었던 자 사이의 혼인은 무효이다(제815조 4호).

3) 위반의 효과

위의 요건을 위반한 혼인에 대하여 당사자, 그 직계존속 또는 4촌 이내의 방계혈족이 그 취소를 청구할 수 있다(제817조). 다만 당사자 사이에 혼인 중의 자를 '포태'(출생이 아님)한 경우에 취소권은 소멸한다(제820조).

(3) 중 혼(중혼적 사실혼과 구별할 것)

1) 의 의

배우자 있는 자는 다시 혼인하지 못한다(제810조). 즉 중혼은 금지된다(후혼이 취소대상이다).
중혼의 예로는 각기 다른 사람과 국내·국외에서의 이중혼인(대판 1996.12.23. 95다48308: **표준판례792**), 전혼에 관한 협의이혼취소심판이 계속 중인 상태에서 피청구인이 타인과 혼인하였는데 취소심판이 청구인 승소로 확정된 경우[대판 1984.3.27. 84므9 ; 혼인의 취소(제824조)와 달리 이혼의 취소는 소급효가 인정된다], 이혼심판청구 승소확정 후 타인과 혼인하였는데 재심에 의하여 이혼심판청구가 기각된 경우(대판 1985.9.10. 85므35), 성명을 변조하고 가족관계등록부를 이중으로 만들어 혼인한 경우(대판 1986.6.24. 86므9) 등을 들 수 있다.

2) 위반의 효과 [11입법]

① 당사자 및 그 배우자, 직계혈족, 4촌 이내의 방계혈족 또는 검사는 제810조(중혼금지)를 위반한 혼인의 취소를 청구할 수 있다(제818조). 즉, 중혼은 후혼의 취소사유에 불과하므로 취소가 없으면 전혼과 후혼이 모두 유효하다(제816조 1호, 제810조). 따라서 중혼자가 사망한 경우에 전혼의 배우자와 후혼의 배우자가 모두 상속권을 가지며, **중혼자는 양 배우자에 대하여 상속권을 가진다**(대판 1996.12.23. 95다48308: **표준판례792**[7]) ; 당해 사안은 재일교포 甲이 일본에서 혼인을 하고 일본법에 따라 그 신고를 한 후 子 A가 출생하였고, 그 후 甲은 다시 국내에서 다른 사람과 결혼을 하고 혼인신고를 한 후 子 B가 출생하였는데, 이러한 상태에서 甲이 사망하여 B가 甲을 상속하자 A가 중혼을 이유로 국내혼인의 취소를 구한 사안에 관한 것이다 : 1회,3회 선택형).

② 그리고 **재판상 이혼의 청구도 가능하다**(대판 1991.12.10. 91므344).[8]

---

[7] "민법 제824조는 '혼인의 취소의 효력은 기왕에 소급하지 아니한다.'고 규정하고 있을 뿐 재산상속 등에 관해 소급효를 인정할 별도의 규정이 없는바, 혼인 중에 부부 일방이 사망하여 상대방이 배우자로서 망인의 재산을 상속받은 후에 그 혼인이 취소되었다는 사정만으로 그 전에 이루어진 상속관계가 소급하여 무효라거나 또는 그 상속재산이 법률상 원인 없이 취득한 것이라고는 볼 수 없다"

[8] "혼인이 일단 성립되면 그것이 위법한 중혼이라 하더라도 당연히 무효가 되는 것은 아니고 법원의 판결에 의하여 취소될 때에 비로소 그 효력이 소멸될 뿐이므로 아직 그 혼인취소의 확정판결이 없는 한 법률상의 부부라 할 것이어서 재판상 이혼의 청구도 가능하다" 만일 중혼이 악의이면 배우자의 부정행위로서(제840조 1호), 선의라면 혼인을 계속하기 어려운 중대한 사유(동조 6호)로서 이혼원인이 된다고 본다. 한편 위자료청구도 가능하다.

3) 혼인취소 청구(제810조, 제816조 1호)와 권리남용

중혼의 취소기간에는 특별한 제한이 없다. 따라서 중혼을 하고 장기간 경과한 후에 중혼취소를 구하는 것이 실효의 원칙에는 해당되지 않으나, '예외적'으로 권리남용이 될 수는 있다.

① 判例도 전혼이 사실상 파탄된 후 이혼하지 않고 이중호적을 이용하여 타인과 재혼을 함으로써 중혼이 된 사례에서, 원고가 중혼 성립 후 10여 년 동안 혼인취소청구권을 행사하지 아니하였는데, "중혼에 대하여 권리소멸에 관한 사유를 규정하지 아니하고 있는바, 이는 중혼의 반사회성, 반윤리성이 다른 혼인취소사유에 비하여 무겁다고 본 입법자의 의사를 반영한 것으로 보이고, 그렇다면 중혼의 취소청구권에 관하여 장기간의 권리불행사 등 사정만으로 가볍게 그 권리소멸을 인정하여서는 아니 될 것이다"고 하여 **실효의 법리는 부정**하였다(대판 1993.8.24. 92므907).

② 그러나 혼인파탄 후의 중혼이어서 반사회적인 성질이 약한 점과 이미 배우자는 사망한 점, 중혼취소에 따른 중혼자의 피해가 매우 큰 점 등을 이유[9]로 그 행사가 **권리남용에 해당**한다는 이유로 취소청구를 부정한 바 있다(대판 1993.8.24. 92므907).

> **[비교판례]** "중혼관계에 있어, 전혼의 배우자가 사망한 상대방과 이미 사실상 이혼상태에 있었다든가, 그 혼인사실을 뒤늦게 공관장에게 신고하였다는 사정만 가지고 전혼의 배우자가 생존한 중혼의 일방 당사자를 상대로 제기한 혼인취소청구가 오로지 중혼배우자를 괴롭히기 위한 소송으로 권리남용에 해당한다고 볼 수 없다"(대판 1991.12.10. 91므535).

(4) 혼인당시 당사자 일방에 부부생활을 계속할 수 없는 악질 기타 중대한 사유 있음을 알지 못한 때

혼인 당시 그러한 사유가 있음을 알지 못하고 혼인한 경우에 상대방이 사유 있음을 안 날로부터 6월 이내에 취소를 청구할 수 있다(제816조 2호, 제822조).

(5) 사기 또는 강박으로 인하여 혼인의 의사표시를 한 때

사기·강박으로 인한 혼인은 사기를 안 날 또는 강박을 면한 날로부터 3월을 경과한 때에는 그 취소를 청구하지 못한다(제816조 3호, 제823조). 그런데 가족법상의 법률행위는 당사자의 의사결정의 자유가 절대적으로 존중되어야 하는바, 제3자 사기·강박의 경우에 상대방이 그에 대하여 선의·무과실이더라도 혼인을 취소할 수 있다. 즉, 제110조 2항은 적용되지 않는다(동조 3항도 혼인취소의 불소급효 때문에 적용하기 어려울 것이다). 단, 착오에 따른 혼인은 '무효'라는 점을 주의해야 한다.

2. 혼인취소의 절차(조정전치주의와 재판상 취소)

㉠ 혼인을 취소하려는 자는 먼저 가정법원에 조정을 신청하여야 한다(가사소송법 제2조 1항 나류 2호, 제50조). 조정을 하지 않기로 하는 결정이 있거나 조정이 성립되지 않고 조정에 갈음하는 결정이 없는 때에는 신청인은 제소신청을 할 수 있다(가사소송법 제49조). ㉡ 혼인무효의 성질에 관하여 다툼이 있는 것과 달리 제816조는 혼인취소가 소에 의하여야 함을 명시하고 있으므로, 혼인취소의 소는 '형성의 소'이다. 따라서 다른 소의 전제로서 주장할 수 없고, 취소판결의 효력은 제3자효를 가진다(가사소송법 제21조 1항).

---

9) [사실관계] "피고와 그 소생의 2남 2녀는 김재우의 사망 후 정리된 호적을 바탕으로 일가를 이루어 원만하게 사회생활을 하고 있는데 만일 이 사건 혼인이 취소된다면 피고는 김재우와의 혼인관계가 해소됨과 동시에 김재우의 호적에서 이탈하여야 하고 위 2남 2녀는 혼인외 출생자로 되고 마는 등 신분상 및 사회생활상 큰 불편과 불이익을 입어야 하는 점, 이에 비하여 원고(김재우의 이복동생)는 이 사건 혼인이 존속하든지 취소되든지 간에 경제적으로나 사회생활상으로 아무런 이해관계를 가지지 아니하며 신분상으로도 별다른 불이익을 입을 것으로 보이지는 아니하는 점"

3. 혼인취소의 효과

(1) 불소급 [10사법, 14입법]

취소판결이 확정되면 혼인은 장래에 향하여 해소되며, 소급효가 인정되지 않는다(제824조). 따라서 혼인에 의하여 출생한 子는 혼인 중의 출생자로서의 지위를 잃지 않고, 혼인 중에 포태한 자도 친생추정을 받는다. 그리고 앞서 중혼에서 살핀 바와 같이 배우자 사이에 재산상속이 있은 후에 그 혼인이 취소되더라도 상속이 무효로 되거나 그 상속재산이 법률상 원인 없이 취득한 것이라고는 볼 수 없다 (대판 1996.12.23. 95다48308: 표준판례792 : 3회 선택형).

(2) 당사자 사이의 효과

혼인이 취소되면 혼인관계 및 인척관계는 종료한다(제775조 1항). 그리고 당사자 일방은 과실있는 상대방에 대하여 이로 인한 재산상·정신상의 손해배상을 청구할 수 있다(제825조, 제806조). 判例에 따르면 사기 또는 강박으로 인하여 혼인하게 된 자가 혼인취소 또는 이혼판결에 의하지 않고 협의이혼을 한 경우에도 손해배상청구를 할 수 있다고 하였다(대판 1977.1.25. 76다2223). **혼인이 '취소'된 경우 일방은 상대방에 대하여 재산분할을 청구할 수 있다**(가사소송법 제2조 1항 마류사건 4호).

(3) 子에 대한 효과

혼인취소의 경우 가정법원이 직권으로 친권자를 정한다(제909조 5항). 그리고 子의 양육책임과 면접교섭권에 관하여 이혼시의 양육 및 면접교섭에 관한 제837조와 제837조의2가 준용된다(제824조의2).

제4관 혼인의 효과

I. 혼인의 일반적 효력 [E-15]

1. 친족관계의 발생

부부는 배우자로서 서로 친족이 되고(제777조 3호), 상대방의 4촌 이내의 혈족 및 그 배우자와의 사이에 인척관계가 생긴다(동조 2호).

2. 부부 상호간의 공동생활상의 의무

(1) 동거의무

1) 의의

부부는 '동거'하며 서로 '부양'하고 '협조'하여야 한다. 그러나 정당한 이유로 일시적으로 동거하지 아니하는 경우에는 서로 인용하여야 한다(제826조 1항). 동거장소에 대하여 협의가 이루어지지 않으면, 당사자의 청구에 의하여 가정법원이 정한다(동조 2항).

2) 동거의무 위반의 효과

가) 이혼사유

동거의무 위반은 제840조 2호(악의의 유기)의 이혼사유가 될 수 있다.

나) 부양청구권 제한

동거의무 위반자는 배우자에게 부양료 청구를 하지 못하는 사유가 된다. 부부간의 동거·부양·협조의무는 서로 독립된 별개의 의무가 아니라 '결합'되어 있는 것이기 때문이다(대판 1991.12.10. 91므245 : 10회,13회 선택형).

다) **강제집행 가능 여부 및 위자료청구 인정 여부**

부부의 동거의무는 '인격존중'의 귀중한 이념이나 '부부관계의 본질' 등에 비추어 일반적으로 그 실현에 관하여 간접강제를 포함하여 강제집행이 허용되지 않는다. 그러나 동거의무도 엄연한 '법적인 의무'이므로 이를 유책하게 위반한 것에 대해 비재산적 손해, 즉 위자료의 배상을 청구할 수는 있으며, 이러한 위자료청구가 허용되기 위해서 먼저 **이혼청구가 전제되어야 하는 것은 아니다**(대판 2009.7.23. 2009다32454 : 6회 선택형).

3) **별거 중 자녀의 양육**

부부의 부양, 협조에 관한 처분의 일종으로(마류 비송사건) 양육자지정 청구와 면접교섭의 청구를 인정할 수 있다(서울가정법원 1994.7.20. 94브45).

(2) **부양의무**

1) **의의 및 법적근거**

부부 사이의 부양의무는 1차적 부양의무이어서(일방에게 경제적 여유가 있는 경우에만 인정되는 친족간의 부양과 달리) 무조건적인 것이다(제826조 1항)(6회 선택형). 그리고 부양은 부부의 사회적 지위나 재산상태를 고려하여 자기 생활과 같은 수준의 생활을 보장하는 것이어야 한다(제833조에 따른 생활비용의 공동부담을 생각하여 보라).

아울러 判例는 "제826조 제1항(부부간의 부양의무)은 부부간의 부양·협조의무의 '근거'를, 제833조(부부간의 생활비용)는 위 부양·협조의무 '이행의 구체적인 기준'을 제시한 조항"이라고 한다. 따라서 제833조에 의한 생활비용청구가 제826조와는 무관한 별개의 청구원인에 기한 청구라고 볼 수는 없다고 한다(대결 2017.8.25. 2014스26).

2) **기한**

"혼인이 사실상 파탄되어 부부가 별거하면서 서로 이혼소송을 제기하는 경우라고 하더라도, 특별한 사정이 없는 한 이혼을 명한 판결의 확정 등으로 법률상 혼인관계가 완전히 해소될 때까지는 부부간 부양의무가 소멸하지 않는다"(대결 2023.3.24. 2022스771 : 13회 선택형).

3) **과거의 부양료 청구** [16사법]

判例에 따르면 ① "부부간의 상호부양의무는 부부의 일방에게 부양을 받을 필요가 생겼을 때 당연히 '발생'하는 것이기는 하지만, 과거의 부양료에 관하여는 부양을 받을 자가 부양의무자에게 부양의무의 이행을 청구하였음에도 불구하고 부양의무자가 부양의무를 이행하지 아니함으로써 '이행지체에 빠진 이후의 것'에 대하여만 부양료의 지급을 청구할 수 있을 뿐, 부양의무자가 부양의무의 이행을 청구받기 이전의 부양료의 지급은 청구할 수 없다고 보는 것이 부양의무의 성질이나 형평의 관념에 합치된다"(대결 2008.6.12. 2005스50 : 2회,8회,13회 선택형)[10] ② 다만 "부양의무의 성질이나 형평의 관념상 이를 허용해야 할 특별한 사정이 있는 경우에 한하여 이행청구 이전의 과거 부양료를 지급하여야 한다"(대판 2012.12.27. 2011다96932)고 한다.

---

10) [판례평석] 부부간의 상호부양의무는 부부의 일방에게 부양을 받을 필요가 생겼을 때 당연히 발생하는 것이므로 判例와 같은 해석은 합리적인 근거를 찾기 어려울 뿐만 아니라, 부양료를 지급하지 않고 오래 버틸수록 부양의무자에게 유리하게 되어 도덕적 해이를 부추기는 결과가 되므로 부당하다(다수설).

[비교판례] "부모의 자녀양육의무는 특별한 사정이 없는 한 자녀의 출생과 동시에 발생하는 것이므로 과거의 양육비에 대하여도 상대방이 분담함이 상당하다고 인정되는 경우에는 그 비용의 상환을 청구할 수 있다"(대결 1993.5.13. 전합92스21: **표준판례852**)

4) 부양의무 불이행의 효과

부양의무의 불이행은 제840조 2호(악의의 유기)의 이혼사유가 될 수 있다. 부양의무는 강제집행(직접강제, 간접강제)이 가능하다.

5) 피부양자 부모의 피부양자 배우자에 대한 부양료 구상 청구

가) 배우자의 부양의무와 부모의 부양의무의 우선순위

"부부간의 상호부양의무(제826조 1항)는 혼인관계의 본질적 의무로서 부양을 받을 자의 생활을 부양의무자의 생활과 같은 정도로 보장하여 부부공동생활의 유지를 가능하게 하는 것을 내용으로 하는 제1차 부양의무이고, 반면 부모가 성년의 자녀에 대하여 직계혈족으로서 부담하는 부양의무(제974조 제1호, 제975조)는 부양의무자가 자기의 사회적 지위에 상응하는 생활을 하면서 생활에 여유가 있음을 전제로 하여 부양을 받을 자가 자력 또는 근로에 의하여 생활을 유지할 수 없는 경우에 한하여 그의 생활을 지원하는 것을 내용으로 하는 제2차 부양의무이다. 이러한 제1차 부양의무와 제2차 부양의무는 의무이행의 '정도'뿐만 아니라 의무이행의 '순위'도 의미하는 것이므로, 제2차 부양의무자는 제1차 부양의무자보다 후순위로 부양의무를 부담한다. 따라서 제1차 부양의무자와 제2차 부양의무자가 동시에 존재하는 경우에 제1차 부양의무자는 특별한 사정이 없는 한 제2차 부양의무자에 우선하여 부양의무를 부담하므로, 제2차 부양의무자가 부양받을 자를 부양한 경우에는 소요된 비용을 제1차 부양의무자에 대하여 상환청구할 수 있다"(대판 2012.12.27. 2011다96932: **표준판례851** : 6회,8회,10회,11회 선택형).

나) 구상의 범위

"다만 부부의 일방이 제1차 부양의무자로서 제2차 부양의무자인 상대방의 친족에게 상환하여야 할 과거 부양료의 액수는 **부부 일방이 타방 배우자에게 부담하여야 할 부양의무에 한정된다**고 할 것인바, ⅰ) 부양의무자인 부부의 일방에 대한 부양의무 이행청구에도 불구하고 배우자가 부양의무를 이행하지 아니함으로써 이행지체에 빠진 후의 것[11]이거나, ⅱ) 그렇지 않은 경우에는 부양의무의 성질이나 형평의 관념상 이를 허용해야 할 특별한 사정[12]이 있는 경우에 한하여 이행청구 이전의 과거 부양료를 지급하여야 한다"(대판 2012.12.27. 2011다96932: **표준판례851**).

(3) 협조의무

부부공동생활을 원만하게 영위하기 위하여 부부의 협조가 필요한바, 이를 법으로 규정한 것이 협조의무이다(제826조 1항). 그런데 부부 일방이 협조의무를 이행하지 않는 경우에 이행을 구하는 심판을 청구할 수 있지만(마류 가사비송사건 1호), 강제이행의 방법이 없고, 다만 이혼사유가 될 뿐이다(제840조 6호).

---

[11] "부부간의 부양의무 중 과거의 부양료에 관하여는 특별한 사정이 없는 한 부양을 받을 사람이 부양의무자에게 부양의무의 이행을 청구하였음에도 불구하고 부양의무자가 부양의무를 이행하지 아니함으로써 이행지체에 빠진 후의 것에 관하여만 부양료의 지급을 청구할 수 있을 뿐이므로"

[12] "기록에 의하여 알 수 있는 다음과 같은 사정, 즉 소외인은 의사소통이 불가능하다는 등의 이유로 피고에게 부양을 청구하기가 곤란하였던 점, 피고는 소외인이 부양이 필요하다는 사실을 잘 알고 실제 부양을 하기도 하였던 점, 피고는 자신이 부양을 중단한 후에도 소외인이 여전히 부양이 필요한 상태였고 원고가 부양을 계속한 사실을 알았던 점 등에 비추어 보면, 피고에게는 소외인으로부터 부양의무의 이행청구를 받기 이전의 과거 부양료도 지급할 의무가 있다고 볼만한 사정이 있다고 볼 여지가 많다"

(4) 정조의무

① **[위법성 긍정]** 형법상 간통죄 폐지와 상관없이 동거의무 내지 부부공동생활 유지의무의 내용으로서 부부는 부정행위를 하지 아니하여야 하는 '성적 성실의무'를 부담한다(대판 2014.11.2. 전합2011므2997: **표준판례794**). 부부 일방이 정조의무를 위반한 경우에, 이는 부정행위로서 이혼사유에 해당하고(제840조 1호), 그 일방은 상대방에 대하여 손해배상책임을 진다(제843조, 제806조). 그리고 부정행위의 상대방도 배우자 있음을 알면서 통정하였다면, 공동불법행위자로서 부진정연대책임을 진다(제760조)(대판 2005.5.13. 2004다1899: **표준판례793** ; 대판 2015.5.29. 2013므2441참고 : 2024.6.27. 2023므13723).

② **[위법성 부정]** 하지만 ㉠ 특별한 사정이 없는 한 정조의무를 위반한 부정행위자가 '자녀'들에 대해서도 불법행위책임을 지는 것은 아니며(대판 2005.5.13. 2004다1899: **표준판례793**),[13)] ㉡ 비록 부부가 아직 이혼하지 아니하였지만 '**부부공동생활이 파탄**'되어 실체가 더 이상 존재하지 아니하게 되고 객관적으로 회복할 수 없는 정도에 이른 경우에는 제3자가 부부의 일방과 성적인 행위를 하더라도 배우자에 대하여 손해배상책임을 부담하는 것은 아니다(대판 2014.11.2. 전합2011므2997: **표준판례794** : 6회,10회 **선택형**). 여기서 부부 일방과 부정행위를 할 당시 그 부부의 공동생활이 실질적으로 파탄되어 회복할 수 없는 정도의 상태에 있었다는 사정은 이를 주장하는 제3자가 증명하여야 한다(대판 2024.6.27. 2022므13504, 2022므13511). ㉢ 아울러 법원이 혼인관계 파탄에 관한 '**부부 쌍방의 책임정도가 대등**'하다고 판단하여 위자료 청구를 기각하는 경우 상대방 배우자에게 혼인관계 파탄에 대한 손해배상의무가 처음부터 성립하지 않는다고 보아야 한다. 나아가 부정행위를 한 배우자의 손해배상의무가 성립하지 않는 이상 배우자의 부정행위에 가공한 제3자에게도 이혼을 원인으로 하는 손해배상책임이 인정되지 않는다(대판 2024.6.27. 2023므16678).

3. 성년의제

미성년자가 혼인을 한 때에는 성년자로 본다(제826조의2). 사실혼, 무효인 혼인에는 성년의제의 효과가 인정되지 않는다(다수설). 혼인하여 성년으로 의제된 자가 성년에 달하지 않은 채 혼인이 해소된 경우(이혼 또는 배우자의 사망, 혼인취소 등)에도 성년의제의 효과가 소멸하지 않는다(통설). 왜냐하면 일단 취득한 행위능력을 잃게 함에 따라 거래의 안전, 혼인 중에 출생한 子의 친권문제 등 복잡한 문제가 생기기 때문이다.

4. 부부간의 계약취소권 [2012년 2월 10일 개정민법으로 삭제]

'부부간의 계약은 혼인 중' 언제든지 부부의 일방이 이를 취소할 수 있다. 그러나 제3의 권리를 해하지 못한다(제828조)는 민법규정은 삭제되었으므로 민법상 일반원칙(제109조, 제110조) 등에 의하지 않는 이상 부부간의 계약이라고 해서 혼인 중 자유롭게 취소할 수 있는 것은 아니다.

---

13) "배우자 있는 부녀와 간통행위를 하고, 이로 인하여 그 부녀가 배우자와 별거하거나 이혼하는 등으로 혼인관계를 파탄에 이르게 한 경우 그 부녀와 간통행위를 한 제3자(상간자)는 그 부녀의 배우자에 대하여 불법행위를 구성하고, 따라서 그로 인하여 그 부녀의 배우자가 입은 정신상의 고통을 위자할 의무가 있으나, 이러한 경우라도 간통행위를 한 부녀 자체가 그 자녀에 대하여 불법행위책임을 부담한다고 할 수는 없고, 또한 간통행위를 한 제3자(상간자) 역시 해의(害意)를 가지고 부녀의 그 자녀에 대한 양육이나 보호 내지 교양을 적극적으로 저지하는 등의 특별한 사정이 없는 한 그 자녀에 대한 관계에서 불법행위책임을 부담한다고 할 수는 없다"

Ⅱ. 혼인의 재산적 효력

[E-16]

1. 의 의
혼인의 재산적 효과로서 부부 사이의 재산관계를 규율하는 제도를 부부재산제라고 한다. 이에 관하여 민법은 우선 그들의 합의에 의하여 재산관계를 정하도록 하고(부부재산계약, 제829조), 그러한 합의가 없는 경우에는 민법이 규정하는 법정재산제(별산제, 제830조 내지 제833조)를 일률적으로 적용하도록 하고 있다.

2. 문제점
부부의 재산귀속문제는 여성의 사회적·경제적 지위의 향상으로 과거와 다른 새로운 법리를 필요로 하게 되었다. 특히 최근에는 가사노동에 대한 경제적 평가라는 새로운 문제도 제기되고 있다.

3. 부부재산계약 [09사법]

> 제829조(부부재산의 약정과 그 변경) ① 부부가 **'혼인성립 전'**에 그 재산에 관하여 **따로 약정을 하지 아니한 때**에는 그 재산관계는 본관중 다음 각조에 정하는 바에 의한다.
>
> ② 부부가 **혼인성립전에 그 재산에 관하여 약정한 때**에는 혼인중 이를 변경하지 못한다. 그러나 정당한 사유가 있는 때에는 법원의 허가를 얻어 변경할 수 있다.
>
> ③ 전항의 약정에 의하여 부부의 일방이 다른 일방의 재산을 관리하는 경우에 부적당한 관리로 인하여 그 재산을 위태하게 한 때에는 다른 일방은 자기가 관리할 것을 법원에 청구할 수 있고 그 재산이 부부의 공유인 때에는 그 분할을 청구할 수 있다.
>
> ④ 부부가 그 재산에 관하여 따로 약정을 한 때에는 **혼인성립까지에** 그 등기를 하지 **아니하면** 이로써 부부의 **승계인 또는 제3자에게 대항하지 못한다.**
>
> ⑤ 제2항, 제3항의 규정이나 약정에 의하여 관리자를 변경하거나 공유재산을 분할하였을 때에는 그 등기를 하지 아니하면 이로써 부부의 승계인 또는 제3자에게 대항하지 못한다.

(1) 의 의
부부가 '혼인성립 전'에 '혼인 후의 재산적 법률관계'에 관하여 따로 약정을 할 수 있는바 이를 부부재산계약이라고 한다. 이러한 부부재산계약은 법정부부재산제를 배제하는 효과를 발생시킨다(제829조). 이러한 부부재산계약은 혼인하기 전의 혼인당사자들의 재산관계에 대한 자유로운 의사를 존중하고 이를 혼인 후에도 보호하기 위한 제도이다.

이는 ① 계약내용이 부부간 재산관계라는 점, ② 계약체결시기에 제한이 있다는 점, ③ 변경에 법원의 허가를 요한다는 점, ④ 부부재산약정등기부에 의한 공시를 요하는 등의 특수성이 있다.

(2) 요 건
ⅰ) 혼인하려는 당사자 간의 계약이어야 하며, ⅱ) **혼인성립 전에 체결해야 하고**, ⅲ) 혼인 후의 재산적 법률관계를 대상으로 하여야 한다. ⅳ) 특별한 방식은 요하지 않으나 혼인신고시까지 등기해야 한다.

(3) 내용 및 효력

1) 내용자유의 원칙
부부재산계약의 내용은 자유이지만, 혼인의 본질적 요소나 남녀평등, 부부간의 부양의무 면제 등 사회질서에 반하는 내용은 무효이다.

2) 계약의 내부적 효력

① 재산의 귀속에 관한 약정이 있으면 특유재산과 귀속불명재산에 관한 제830조의 적용이 없으며, ② 재산의 관리·사용·처분에 관한 약정이 있으면 제831조의 적용이 없다. ③ 생활비용에 관한 약정이 있으면 제833조의 적용이 배제되지만, ④ 일상가사채무에 대한 제832조의 연대책임은 부부와 거래하는 제3자를 보호하기 위한 규정이므로 부부재산계약으로 배제할 수 없다.

3) 계약의 외부적 효력

대외적으로 부부의 승계인(상속인 또는 포괄적 수유자) 또는 제3자에게 '대항'하기 위해서는 부동산등기부가 아닌 부부재산약정등기부에 등기하여야 한다(제829조 4항). 계약의 변경이 있는 경우에도 등기하여야 부부의 승계인 또는 제3자에게 대항할 수 있다(제829조 5항). 즉, 이러한 **등기는 부부재산계약의 성립요건이 아닌 대항요건에 불과하다.** 예를 들어 甲남이 乙녀와 재혼하기로 하면서 혼인 후 X부동산을 乙에게 증여하기로 약정하였는데, 이 약정을 '부부재산계약등기부'에 등기하지 않은 채 혼인신고를 하였다. 그 후 甲이 위 약정을 이행하지 않고 사망하였다면 乙은 甲의 상속인에게 위 증여약정으로 대항할 수 없다. 한편 등기나 등록 등 공시방법이 별도로 요구되는 재산에 관해서는 그 공시절차를 밟지 않으면 부부재산약정등기만으로는 제3자에게 대항할 수 없다.

(4) 부부재산계약의 변경

1) 변경금지의 원칙

혼인성립 전에 이루어진 재산계약은 혼인 중에는 임의로 변경하지 못한다. 그러나 정당한 사유가 있는 경우에는 법원의 허가를 얻어 변경할 수 있다(제829조 2항).

2) 관리인의 변경 등

부부의 일방이 다른 일방의 재산을 관리하는 경우에 부적당한 관리로 인하여 그 재산을 위태하게 한 때에는 다른 일방은 자기가 관리할 것을 법원에 청구할 수 있고 그 재산이 부부의 공유인 때에는 그 분할을 청구할 수 있다(제829조 3항). 관리자를 변경하거나 공유재산을 분할하였을 때에는 그 등기를 하지 아니하면 이로써 부부의 승계인 또는 제3자에게 대항하지 못한다(제829조 5항).

(5) 부부재산계약의 종료

혼인 중 재산계약이 종료된 경우[사기 또는 강박에 의하여 계약이 체결되어 이를 취소한 경우(제816조 3호의 유추적용), 사해행위를 이유로 취소된 경우(제406조) 등]와 혼인관계 해소로 인해 재산계약이 종료된 경우(이혼 또는 배우자의 사망, 혼인취소 등)가 있다.

4. 법정재산제(아래 쟁점 22. 참고)

[쟁점 22] 법정재산제

I. 의의
[E25-1]

법정재산제는 부부재산계약이 체결되지 않은 경우나 불완전한 경우에 적용되는데, 우리 민법은 부부별산제(제830조, 제831조), 일상가사에 관한 규정(제832조), 생활비용의 부담(833조) 등을 두고 있다. 특히 현행 민법은 구민법의 이른바 관리공통제(혼인 후에도 부부 각자의 재산은 독립하여 존재하지만, 夫가 妻의 재산에 대한 관리·수익권뿐만 아니라 처분권까지 취득하도록 하는 제도)를 버리고 부부별산제를 채택하였다. 부부별산제는 개인주의를 바탕으로 妻의 재산에 대한 독립성을 인정하고 부부평등을 실현하기 위한 제도이다.

> 제827조(부부간의 가사대리권) ① 부부는 **일상의 가사**에 관하여 서로 대리권이 있다. ② 전항의 대리권에 가한 **제한**은 **선의의 제3자**에게 대항하지 못한다(11회 선택형).
> ▸ 부부의 일방이 혼인전부터 가진 고유재산은 **특유재산으로 추정**한다(O)
> 제830조(특유재산과 귀속불명재산) ① 부부의 일방이 **혼인전부터** 가진 고유재산과 **혼인중 자기의 명의**로 취득한 재산은 그 특유재산으로 한다. ② 부부의 누구에게 속한 것인지 분명하지 아니한 재산은 부부의 공유로 추정한다.
> 제832조(가사로 인한 채무의 연대책임) 부부의 일방이 일상의 가사에 관하여 제3자와 법률행위를 한 때에는 다른 일방은 이로 인한 채무에 대하여 연대책임이 있다. 그러나 **이미 제3자에 대하여 다른 일방의 책임 없음을 명시한 때**에는 그러하지 아니하다.

Ⅱ. 부부별산제(부부재산의 귀속과 관리)   [E25-2]

1. 부부재산의 귀속

(1) 의 의

민법은 '부부의 일방이 혼인 전부터 가진 고유재산과 혼인 중 자기명의로 취득한 재산은 그 자의 특유재산으로 한다'(제830조 1항)라고 규정함으로써 별산제를 선언하고 있다. 이는 혼인에 의하여 각자의 소유관계에 변동이 생기지 않는다는 취지이다.

(2) 혼인 중 부부일방의 명의로 취득한 재산

1) 의 의

判例는 "민법이 혼인 중 부부일방의 명의로 취득한 재산에 대해서 그 일방의 특유재산으로 하는 것은 부부 내부관계에서는 '추정적 효과' 밖에 생기지 않으므로, 실질적으로 다른 일방 또는 쌍방이 그 재산의 대가를 부담하여 취득한 것이 증명된 때에는 그 추정은 깨어지고 다른 일방의 소유이거나 쌍방의 공유"라고 본다(대판 1992.8.14. 92다16171).

2) 추정번복 사유

判例는 일반적으로 금전적 대가 지급, 공동채무 부담 등 '**유형적 기여**'가 있어야 특유재산의 추정을 번복할 사유가 된다고 하며, "단순히 협력이 있었다거나 결혼생활에 내조의 공이 있었다는 것만으로는 이에 해당하지 않는다"고 한다(대판 1986.9.9. 85다카1337,1338). [판례검토] 判例는 처의 가사노동을 정당하게 평가하지 않은 것으로 타당하지 않다(다수설).

> [비교판례] 이와 구별해야 할 判例로 "민법 제839조의2에 규정된 재산분할 제도는 부부가 혼인 중에 취득한 실질적인 공동재산을 청산 분배하는 것을 주된 목적으로 하는 것이므로 부부가 협의에 의하여 이혼할 때 쌍방의 협력으로 이룩한 재산이 있는 한, 처가 가사노동을 분담하는 등으로 내조를 함으로써 부의 재산의 유지 또는 증가에 기여하였다면 쌍방의 협력으로 이룩된 재산은 재산분할의 대상이 된다"(대결 1993.5.11. 93스6 : 2회 선택형)고 보아 혼인관계를 유지하면서 특유재산의 추정을 번복하기 위한 요건과 이혼을 하면서 재산분할을 청구하기 위한 요건에 차이를 두고 있다(즉, 특유재산추정법리와 관련해서는 공유의 인정범위를 매우 좁게 보는 반면 재산분할청구에서는 보다 넓게 파악하고 있다).

■ 특유재산 추정의 번복 ■

㉠ "부부의 일방이 혼인중 단독 명의로 취득한 부동산은 그 명의자의 '특유재산으로 추정'되므로, 다른 일방이 그 실질적인 소유자로서 편의상 명의신탁한 것이라고 인정받기 위하여는 자신이 실질적으로 당해 재산의 대가를 부담하여 취득하였음을 증명하여야 하고, 단지 그 부동산을 취득함에 있어서 자신의 협력이 있었다거나 혼인생활에 있어서 내조의 공이 있었다는 것만으로는 위 추정이 번복되지 아니한다"(대판 1986.9.9. 85다카1337,1338 : 2회 선택형)

㉡ "민법 제830조 제1항에 정한 '특유재산의 추정'을 번복하기 위하여는 다른 일방 배우자가 실제로 당해 부동산의 대가를 부담하여 그 부동산을 자신이 실질적으로 소유하기 위해 취득하였음을 증명하여야 하므로, 단순히 다른 일방 배우자가 그 매수자금의 출처라는 사정만으로는 무조건 특유재산의 추정이 번복되어 당해 부동산에 관하여 명의신탁이 있었다고 볼 것은 아니고(자금을 증여받은 것일 수도 있기 때문), 관련 증거들을 통하여 나타난 모든 사정을 종합하여 다른 일방 배우자가 당해 부동산을 실질적으로 소유하기 위하여 그 대가를 부담하였는지 여부를 개별적·구체적으로 가려 명의신탁 여부를 판단하여야 한다"(대판 2008.9.25. 2006두8068)

㉢ "부동산매입자금의 원천이 남편의 수입에 있다고 하더라도 처가 남편과 18년간의 결혼생활을 하면서 여러 차례 부동산을 매입하였다가 이익을 남기고 처분하는 등의 방법으로 증식한 재산으로써 그 부동산을 매입하게 된 것이라면 위 부동산의 취득은 부부쌍방의 자금과 증식노력으로 이루어진 것으로서 부부의 공유재산이라고 볼 여지가 있다"(대판 1990.10.23. 90다카5624).

(3) 부부일방의 명의로 되어 있지만 실질적으로 부부의 공동재산에 속하는 재산의 법률관계

1) 제3자와의 외부관계

부부가 협력하여 부동산을 구입하는 경우 등기명의자가 아닌 타방은 자기의 공유지분을 명의자에게 '명의신탁'한 것이라고 해석함이 타당하다(채권적 효과설,[14] 判例[15]). 이에 따르면 내부적으로 공동소유이더라도 제3자와의 관계에서는 명의자의 단독소유로 다루어진다. 따라서 **명의자는 단독으로 유효한 처분행위를 할 수 있으나 타방 배우자는 명의자로부터 처분권 및 대리권을 수여받아야 유효한 법률행위를 할 수 있다**(그 재산이 내부적으로 공유재산이라고 하기 위하여는 그 재산의 명의자가 아닌 부부 일방이 그러한 단독소유의 추정을 뒤집을 증명책임을 부담한다. 반증이 있는 경우에도 반증을 한 부부 일방에게 곧 당해 부동산의 소유권이 인정되는 것은 아니며, 상대방에 대하여 공동소유의 등기나 분할등기 등을 청구할 권리를 갖는데 불과하다).

2) 부부간의 내부관계

부부일방의 명의로 된 재산의 취득에 있어 배우자의 기여분이 포함된 경우에 그 기여분에 해당하는 공유지분에 관하여 배우자의 재산이 '명의신탁'된 것으로 보아야 한다. 이는 원칙적으로 부동산실명법에 위반되지 않는다[부동산실명법 제8조 2호 ; 제8조 2호의 '배우자'는 법률상의 배우자에 한정된다(대판 1999.5.14. 99두35 등)]. 이러한 재산은 내부적으로 공동귀속하므로 부부는 관리·사용·처분에 있어 그의 '지분'에 상응하는 권한을 갖는다. 그러므로 이와 상충되는 범위에서 제831조는 적용이 제한된다. 명의인이 배우자와 협의없이 무단으로 그 부동산을 제3자에게 처분한 경우에, 제3자에 대한 관계에서 그 처분은 유효하지만 내부적으로는 책임을 면하기 어렵다(명의신탁의 법률관계 참고).

명의신탁된 재산은 이혼 후 명의신탁을 해지하고 분할을 청구할 수 있다(제839조의2, 제843조).

---

[14] 이 경우 법률의 규정에 의한 물권변동이 있는 것으로 보고 제3자에게도 공동소유를 주장할 수 있다는 물권적 효과설도 있다(조미경, '현행부부재산제의 문제점', 고시계 1990년 7월호)

[15] "부부의 일방이 혼인 중 단독 명의로 취득한 부동산은 그 명의자의 특유재산으로 추정되므로, 다른 일방이 그 실질적인 소유자로서 편의상 명의신탁한 것이라고 인정받기 위하여는 자신이 실질적으로 당해 재산의 대가를 부담하여 취득하였음을 증명하여야 하고"(대판 1998.12.22. 98두15177).

✱ 부부간 명의신탁

① **[배우자 일방이 사망한 경우]** "부부간 명의신탁이 유효한 것으로 인정된 후 배우자 일방의 사망으로 부부관계가 해소된 경우, 부부관계의 존속을 그 효력요건으로 삼고 있지 않고, 부부관계가 해소된 경우 이를 무효화하는 규정이 없으며, 상속인에 대해 존속하는 것으로 하여도 부동산실명법의 취지에 반하지 않는 점 등에 비추어 그 명의신탁약정은 사망한 배우자의 다른 상속인과의 관계에서도 유효하게 존속한다"(대판 2013.1.24. 2011다99498).

② **[이혼한 경우]** "신탁자와 수탁자가 배우자 관계에 있었고, 신탁자가 조세포탈 등을 목적으로 명의신탁하였다고 볼 수 없는 이상, 비록 신탁자가 동법 제11조에 정한 유예기간 중에 제기된 부동산물권에 관한 쟁송의 본안판결 확정일로부터 1년 이내에 '재판상 이혼'을 하고 그의 명의로 실명등기를 하지 않았더라도, 명의신탁약정 및 이에 따른 부동산물권변동은 유효하다"(대판 2002.9.27. 2001다42592).

③ **[명의자의 특유재산으로 추정]** "부부의 일방이 혼인 중 그의 단독 명의로 취득한 재산은 그 명의자의 특유재산으로 추정되는 것이고, 그 재산의 취득에 있어 다른 일방의 협력이 있었다거나 내조의 공이 있었다는 것만으로는 그 추정이 번복되지 아니하는 것이지만, 다른 일방이 실제로 당해 재산의 대가를 부담하여 취득하였음을 증명한 경우에는 그 추정이 번복되고, 그 대가를 부담한 다른 일방이 실질적인 소유자로서 편의상 명의자에게 이를 명의신탁한 것으로 인정할 수 있다. 이 경우 부동산의 명의수탁자가 신탁행위에 기한 반환의무의 이행으로서 신탁부동산의 소유권이전등기를 경료하는 행위는 기존채무의 이행으로서 사해행위를 구성하지 아니한다"(대판 2007.4.26. 2006다79704: 표준판례795).

④ **[부동산실명법 위반여부]** "부동산실명법 제8조의 내용과 문장 구조에 비추어 보면, 부동산에 관하여 부부간의 명의신탁 약정에 따른 등기가 있는 경우 그것이 조세 포탈 등을 목적으로 한 것이라는 점은 예외에 속한다. 따라서 이러한 목적이 있다는 이유로 등기가 무효라는 점은 이를 주장하는 자가 증명하여야 한다. 한편 부동산실명법 제8조의 '강제집행의 면탈'을 목적으로 한 명의신탁에 해당하려면 민사집행법에 따른 강제집행 또는 가압류·가처분의 집행을 받을 우려가 있는 객관적인 상태, 즉 채권자가 본안 또는 보전소송을 제기하거나 제기할 태세를 보이고 있는 상태에서 한쪽 배우자가 상대방 배우자에게 부동산을 명의신탁함으로써 채권자가 집행할 재산을 발견하기 곤란하게 할 목적이 있다고 인정되어야 한다. 부부간의 명의신탁 당시에 막연한 장래에 채권자가 집행할 가능성을 염두에 두었다는 것만으로 강제집행 면탈의 목적을 섣불리 인정해서는 안 된다"(대판 2017.12.5. 2015다240645).

(4) 부부 중 누구에게 속하는지 분명하지 않은 재산

대외적 및 대내적으로 부부의 공동재산으로 추정된다(제830조 2항).

2. 부부재산의 관리

부부는 그 특유재산을 각자 관리·사용·수익한다(제831조). 공동재산은 공유물에 관한 규정에 따른다.

Ⅲ. 생활비용의 부담 [E25-3]

부부의 공동생활에 필요한 비용은 특약이 없는 한 부부가 공동으로 부담한다(제833조). 공동생활에 필요한 비용이란 의식주의 비용·의료비·미성숙 자녀의 양육비 등 일상가사의 범위에 속하는 비용을 말한다. 구체적으로 어떻게 부담할 것인가는 부부가 협의해서 정하게 되지만, 협의가 되지 않으면 가정법원의 조정·심판에 의하여 결정된다(가사소송법 제2조 1항 마류사건, 제50조).

Ⅳ. 일상가사대리권과 일상가사채무의 연대책임 [09·15사법, 9회 기록형]   [E25-4]

1. 일상가사대리권

(1) 의 의

부부는 일상의 가사에 관하여 서로 대리권이 있으며(제827조 1항), 부부의 일방이 일상가사에 관하여 제3자와 법률행위를 한 때에는 다른 일방은 이에 대하여 연대책임을 진다(제832조). 여기서 일상가사라 함은 부부가 가정공동생활을 영위함에 있어서 필요로 하는 통상의 사무를 말한다(대판 1997.11.28. 97다31229).

(2) 일상가사의 범위

1) 학 설

① 법률행위의 종류, 성질 등에 따라 일률적으로 정해야 한다는 **일반적·추상적 판단설**[16]과 ② 일상가사의 범위는 부부의 직업, 경제적 능력, 부부관계의 모습 등의 현실적 생활상태와 그 부부의 생활장소인 지역사회의 관습에 따라 개별적·구체적으로 정해야 한다는 **개별적·구체적 판단설**로 나뉜다.[17]

2) 판 례

判例는 일반적·추상적 판단설에 따른 판시내용도 있고, 개별적·구체적 판단설에 따른 판시내용도 있으나 일반적으로 일상가사의 범위를 어느 정도 고정적인 것으로 보아, 부동산의 매각이나 담보설정은 일상가사의 범위를 벗어난 행위로 보며(대판 1968.11.26. 68다1727,1728 등), **기본적으로 비상가사대리권을 인정하지 않으려는 태도를 보이고 있다.**[18]

3) 검 토

일반적·추상적 판단설은 구체적 타당성을 잃게 될 수 있으므로, 행위의 목적이나 부부관계의 태양을 고려하여 탄력적으로 해석하는 개별적·구체적 판단설이 타당하다. 그리고 민법 제827조 1항이 '일상의 가사'라고 규정하고 있기 때문에, 이른바 비상가사대리권을 인정하는 것은 이미 일상가사의 한계를 넘은 것이 되어 우리 민법의 해석으로는 허용되기 어렵다고 생각한다.

---

16) [구체적 예] 이에 따르면 의식주에 관련된 비용, 교육비나 의료비, 전기·전화·수도요금, 주거용 가옥의 임차 등은 여기에 속한다. 그러나 타방명의 부동산의 매도나 담보제공, 타인의 채무에 대한 연대보증 등은 일상가사의 범위를 넘는 것이라고 한다.

17) [구체적 예] 예컨대 남편이 여행, 입원, 복역, 장기 출타 등의 사유로 장기간 가정을 비웠는데 가정에 비상적인 상황이 발생한 경우에는 처의 가사대리권의 범위가 확대(이른바 비상가사대리권)되는 반면, 부부가 사실상 이혼 상태에 있는 경우에는 가사대리권의 범위가 축소되게 된다.

18) 判例는 "당해 구체적인 법률행위가 일상의 가사에 관한 법률행위인지 여부를 판단함에 있어서는 그 법률행위를 한 부부공동체의 내부 사정이나 그 행위의 개별적인 목적만을 중시할 것이 아니라, 그 법률행위의 객관적인 종류나 성질 등도 충분히 고려하여 판단하여야 한다"(대판 1997.11.28. 97다31229)는 일반적·추상적 판단설에 따른 판시내용이 있는가 하면, "구체적인 법률행위가 당해 부부의 일상의 가사에 관한 것인지를 판단함에 있어서는 그 법률행위의 종류·성질 등 객관적 사정과 함께 가사처리자의 주관적 의사와 목적, 부부의 사회적 지위·직업·재산·수입능력 등 현실적 생활상태를 종합적으로 고려하여 사회통념에 따라 판단하여야 할 것이다"(대판 1999.3.9. 98다46877)라고 판시함으로써 개별적·구체적 판단설에 따른 판시내용도 보인다. 그러나 소위 '비상가사대리권'과 관련해서는 "부부의 일방이 의식불명의 상태에 있어 사회통념상 대리관계를 인정할 필요가 있다는 사정만으로 그 배우자가 당연히 채무의 부담행위를 포함한 모든 법률행위에 관하여 대리권을 갖는다고 볼 것은 아니다"(대판 2000.12.8. 99다37856; **표준판례**798)라고 판시하거나 "처가 별거하여 외국에 체류중인 부의 재산을 처분한 행위를 부부간의 일상가사에 속하는 것이라 할 수는 없다"(대판 1993.9.28. 93다16369)라고 판시하여 부정하고 있는 것으로 보인다.

> ✽ **일상가사의 구체적 범위**
> ① "처가 자가용차를 구입하기 위하여 타인으로부터 금전을 차용하는 행위는 일상가사에 속한다고 할 수 없다"(대판 1985.3.26. 84다카1621). ② "금전차용행위도 금액, 차용 목적, 실제의 지출용도, 기타의 사정 등을 고려하여 그것이 부부의 공동생활에 필요한 자금조달을 목적으로 하는 것이라면 일상가사에 속한다고 보아야 할 것이므로, 아파트 구입비용 명목으로 차용한 경우 그와 같은 비용의 지출이 부부공동체 유지에 필수적인 주거 공간을 마련하기 위한 것이라면 일상가사에 속한다고 볼 수 있다"(대판 1999.3.9. 98다46877: **표준판례796**). ③ "부인이 교회에의 건축 헌금, 가게의 인수대금, 장남의 교회 및 주택임대차보증금의 보조금, 거액의 대출금에 대한 이자 지급 등의 명목으로 금원을 차용한 행위는 일상 가사에 속한다고 볼 수는 없으며, 주택 및 아파트 구입비용 명목으로 차용한 경우 그와 같은 비용의 지출이 부부공동체를 유지하기 위하여 필수적인 주거 공간을 마련하기 위한 것이라면 일상의 가사에 속한다고 볼 여지가 있을 수 있으나 그 주택 및 아파트의 매매대금이 거액에 이르는 대규모의 주택이나 아파트라면 그 구입 또한 일상의 가사에 속하는 것이라고 보기는 어렵다"(대판 1997.11.28. 97다31229). ④ "부부간의 일상가사대리권은 그 동거생활을 유지하기 위하여 각각 필요한 범위 내의 법률행위에 국한되어야 할 것이고 아내가 남편 소유의 부동산을 매각하는 것과 같은 처분행위는 일상가사의 대리권에는 속하지 아니한다"(대판 1966.7.19. 66다863: **표준판례797**).

2. 일상가사대리권을 기본대리권으로 한 제126조 표현대리의 인정 여부(쟁점 3. 참고) [12회 사례형]

3. 일상가사채무의 연대책임

(1) 민법규정

부부의 일방이 일상의 가사에 관하여 제3자와 법률행위를 한 경우에 이로 인한 채무에 대해서 상대방 보호를 위하여 다른 일방에게 연대책임을 지우고 있다(제832조 본문). 다만 이미 제3자에 대해서 다른 일방의 책임 없음을 명시한 때에는 연대책임을 지지 않는다(제832조 단서).

(2) 통상의 연대채무와의 차이

일상가사로 인한 연대책임은 통상의 연대채무보다 더욱 밀접한 부담관계가 있다. 따라서 부부는 완전히 동일한 내용의 채무를 병존적으로 부담하고, 부담부분에 관한 연대채무의 규정(제418조 2항, 제419조, 제420조, 제421조)은 적용이 없다. 즉 부부의 일방은 타방의 채권으로써 무제한으로 상계할 수 있고, 면제의 효과는 전면적으로 발생하며 일방의 채무의 시효소멸은 타방의 채무도 소멸시킨다.

(3) 혼인소멸의 경우

이 연대책임은 혼인소멸 후에도 소멸하지 않으나 보통의 연대채무로 변경되어 존속한다.

(4) 일상가사처리의 권리적 효과

가령 임차권과 같이 일상가사 처리의 결과로 발생하는 권리는 부부 쌍방에 귀속된다.

▶ [쟁점 22]

제5관 이혼

I. 혼인의 해소 일반론 [E-17]

혼인의 해소란 완전히 유효하게 성립한 혼인이 그 후의 사유로 말미암아 소멸하는 것을 말한다. 이는 혼인에 처음부터 하자가 있어서 그것이 취소되는 경우와는 본질적으로 다르다. 혼인해소의 원인에는 배우자의 사망(실종선고)과 이혼이 있다.

II. 협의상 이혼 [E-18]

> 제836조(이혼의 성립과 신고방식) ① 협의상 이혼은 **가정법원의 확인**을 받아 「가족관계의 등록 등에 관한 법률」의 정한 바에 의하여 **신고함으로써** 그 **효력**이 생긴다.
> ② 전항의 신고는 당사자 쌍방과 성년자인 증인 2인의 연서한 서면으로 하여야 한다.
> ★ 제836조의2(이혼의 절차) ① 협의상 이혼을 하려는 자는 가정법원이 제공하는 **이혼에 관한 안내를 받아야 하고**(▶ 받을 수 있다 X), 가정법원은 필요한 경우 당사자에게 상담에 관하여 전문적인 지식과 경험을 갖춘 **전문상담인의 상담**을 받을 것을 **권고할 수 있다**(▶ 권고하여야 한다 X)
> ② 가정법원에 이혼의사의 확인을 신청한 당사자는 제1항의 안내를 받은 날부터 다음 각 호의 **기간**이 지난 후에 이혼의사의 확인을 받을 수 있다.
> ▶ 성년의 자녀를 둔 부부가 협의이혼을 하려면 3개월의 기간이 지나야 한다(X)
>   1. **양육하여야 할 자**(포태 중인 자를 포함한다. 이하 이 조에서 같다)가 있는 경우에는 **3개월**
>   2. 제1호에 해당하지 아니하는 경우(▶ 성년의 자녀이거나 자녀가 없는 경우)에는 **1개월**
> ▶ 이혼을 하여야 할 급박한 사정이 있는 경우에도 2항의 기간은 반드시 거쳐야 한다(X)
> ③ 가정법원은 폭력으로 인하여 당사자 일방에게 참을 수 없는 고통이 예상되는 등 이혼을 하여야 할 **급박한 사정이 있는 경우**에는 제2항의 기간을 **단축 또는 면제**할 수 있다.
> ④ 양육하여야 할 자가 있는 경우 당사자는 제837조에 따른 자(子)의 양육과 제909조 제4항에 따른 자(子)의 친권자결정에 관한 협의서 또는 제837조 및 제909조 제4항에 따른 가정법원의 심판정본을 **제출하여야 한다**(▶ 재산분할에 관한 협의서는 제출하지 않아도 된다)
> ⑤ 가정법원은 당사자가 협의한 양육비부담에 관한 내용을 확인하는 **양육비부담조서를 작성**하여야 한다. 이 경우 양육비부담조서의 효력에 대하여는 「가사소송법」 제41조를 준용한다.
> 제838조(사기, 강박으로 인한 이혼의 취소청구권) **사기** 또는 **강박**으로 인하여 이혼의 의사표시를 한 자는 그 취소를 가정법원에 청구할 수 있다.

1. 의 의

부부는 협의에 의하여 이혼할 수 있다(제834조). 협의이혼은 넓은 의미에서 하나의 계약이며, 일정한 방식으로 신고하여야 하는 요식행위이다(제836조 참조).

2. 협의이혼의 성립요건

(1) 실질적 요건(이혼의사의 합치)

1) 문제점

제834조는 '부부는 협의에 의하여 이혼할 수 있다'고 규정하고 있다. 따라서 이혼이 유효하게 성립하기 위해서는 무엇보다도 '이혼의 합의'가 있어야 한다. 이러한 '이혼의 합의' 특히 이혼 '의사'의 구체적 내용 및 본질이 무엇이냐 하는 문제가 제836조['협의상 이혼은 가정법원의 확인을 받아 가족관계의 등록

등에 관한 법률에 정한 바에 의하여 신고함으로써 그 효력이 생긴다']소정의 신고와 관련하여 제기된다. 이는 가장이혼의 효력과 관련하여 실천적 의미를 가진다.

2) 판 례

判例는 초기에 실질적 의사설의 입장에 있었으나(대판 1967.2.7. 66다2542 등) 최근에는 "협의이혼에 있어서의 이혼의 의사는 법률상의 부부관계를 해소하려는 의사를 말하므로, **일시적으로나마 그 법률상의 부부관계를 해소하려는 당사자간의 합의하에 협의이혼신고가 된 이상, 그 협의이혼에 '다른 목적'이 있다 하더라도 양자간에 이혼의 의사가 없다고는 말할 수 없고 따라서 그 협의이혼은 무효로 되지 아니한다**"(대판 1993.6.11. 93므11 등)라고 하여 사실상 **형식적 의사설**(신고의사설)의 입장이다.[19]

3) 검 토

담당공무원에게 이혼의사에 대한 실질적 심사권이 있고, 가정법원이 이혼의사를 확인하게 됨으로써 국가기관의 적극적 관여에 의한 이혼신고가 이루어지게 되었다. 따라서 이러한 입법적 보완에 상응할 필요가 있다는 점(판사 면전에서의 확인을 거쳐 협의상 이혼이 성립된 경우에 그 무효를 쉽게 인정하는 것은 타당하지 않기 때문이다)과 이혼의 경우에는 혼인에 대하여 주어지는 법의 보호가 소멸하기 때문에 굳이 실질적인 이혼의사를 요구할 필요는 없다고 하겠다. 따라서 **형식적 의사설**(신고의사설)이 타당하다.

4) 이혼의사에 관한 그 밖의 점들

이혼의 합의는 이혼신고를 할 당시, 보다 구체적으로 신고서 작성시 및 수리시에 존재하여야 한다. 아울러 이혼의사의 성립에는 의사능력을 필요로 한다.

(2) 절차적 요건

1) 이혼신고

이혼신고의 경우에는 혼인신고의 경우와 달리 축출이혼의 방지를 위하여 당사자 쌍방의 이혼의사에 대한 가정법원의 확인(아래 86므86판결 참고)을 받아 가족관계의 등록 등에 관한 법률에 정한 바에 의하여 신고함으로써 그 효력이 생긴다(제836조 1항). 이혼의사의 확인이 있었더라도 그에 따른 이혼신고가 없으면 이혼의 효력이 발생하지 않는다(대판 1983.7.12. 83므11). 따라서 협의이혼에서 이혼신고는 **창설적 신고**에 해당한다(반면, 이혼판결은 가사소송법 제12조에 의해 선고로써 효력이 발생하므로, 재판상 이혼의 신고는 보고적 신고에 불과하다). 이러한 이혼신고는 당사자 쌍방과 성년자인 증인 2인이 연서한 서면으로 하여야 한다(제836조 2항).

> [관련판례] * 협의이혼의사 철회신고서 접수 후 제출된 협의이혼신고서를 수리한 경우 협의상 이혼의 효력 발생 여부(소극)
> "부부가 이혼하기로 협의하고 가정법원의 협의이혼의사 확인을 받았다고 하더라도 호적법에 정한 바에 의하여 신고함으로써 협의이혼의 효력이 생기기 전에는 부부의 일방이 언제든지 협의이혼의사를 철회할 수 있는 것이어서, 협의이혼신고서가 수리되기 전에 협의이혼의사의 철회신고서가 제출되면 협의이혼신고서는 수리할 수 없는 것이므로, 설사 호적공무원이 착오로 협의이혼의사 철회신고서가 제출된 사실을 간과한 나머지 그 후에 제출된 협의이혼신고서를 수리하였다고 하더라도 협의상 이혼의 효력이 생길 수 없다"(대판 1994.2.8. 93도2869: 표준판례800).

---

19) [관련판례] "협의이혼의사확인절차는 확인당시에 당사자들이 이혼을 할 의사를 가지고 있는가를 밝히는데 그치는 것이고 그들이 의사결정의 정확한 능력을 가졌는지 또는 어떠한 과정을 거쳐 협의이혼 의사를 결정하였는지 하는 점에 관하여서는 심리하지 않는다. 이 확인은 어디까지나 당사자들의 합의를 근간으로 법원이 그들의 의사를 확인하여 증명하여 주는데 그치는 것이며 법원의 확인에 소송법상의 특별한 효력이 주어지는 것도 아니므로 이혼협의의 효력은 민법상의 원칙에 의하여 결정되어야 할 것이고 이혼의사 표시가 사기, 강박에 의하여 이루어졌다면 제838조에 의하여 취소할 수 있다"(대판 1987.1.20. 86므86).

2) 이혼에 관한 안내 및 상담 권고(제836조의2 1항)

3) 이혼숙려기간 도입

과거 협의이혼제도는 당사자의 이혼의사 합치, 가정법원의 확인, 가족관계 등록 등에 관한 법률에 의한 신고 등 간편한 절차만으로도 이혼의 효력이 발생함으로써 혼인의 보호보다는 자유로운 해소에 중점을 두고 있다는 문제점이 있었다. 이에 민법은 신중하지 못한 이혼을 방지하기 위하여 협의이혼 당사자는 일정 기간(양육하여야 할 자녀가 있는 경우는 3개월, 양육하여야 할 자녀가 없는 경우는 1개월)이 경과한 후 가정법원으로부터 이혼의사 확인을 받아야만 이혼이 가능하도록 하는 이혼숙려기간 제도를 도입하였다(제836조의2 2항 및 3항).

4) 협의이혼시 자녀 양육사항 및 친권자 지정에 관한 합의서 등의 제출의무화

과거 협의이혼제도는 당사자 사이에 자녀 양육사항 및 친권자 지정에 관한 합의 없이도 이혼이 가능함에 따라 이혼 가정 자녀의 양육환경이 침해되는 문제점이 있었다. 이에 민법은 협의이혼하고자 하는 부부에게 양육자의 결정, 양육비용의 부담, 면접교섭권의 행사여부 및 그 방법 등이 기재된 양육사항과 친권자결정에 관한 협의서 또는 가정법원의 심판정본을 이혼 확인시 의무적으로 제출하도록 함으로써 협의이혼시 자녀 양육사항 합의를 의무화하였다(제836조의2 4항 및 제837조, 제909조 4항).

> [관련판례] "청구인과 상대방이 이혼하면서 사건본인의 친권자 및 양육자를 상대방으로 지정하는 내용의 조정이 성립된 경우, 그 조정조항상의 양육방법이 그 후 다른 협정이나 재판에 의하여 변경되지 않는 한 청구인에게 자녀를 양육할 권리가 없고, 그럼에도 불구하고 청구인이 법원으로부터 위 조정조항을 임시로 변경하는 가사소송법 제62조 소정의 사전처분 등을 받지 아니한 채 임의로 자녀를 양육하였다면 이는 상대방에 대한 관계에서는 상대적으로 위법한 양육이라고 할 것이니, 이러한 청구인의 임의적 양육에 관하여 상대방이 청구인에게 양육비를 지급할 의무가 있다고 할 수는 없다"(대결 2006.4.17. 2005스18,19).

5) 가정법원의 양육비부담조서 작성(제836조의2 5항)

Ⅲ. 재판상 이혼 [E-19]

1. 의 의

재판상 이혼이란 일정한 사유가 있을 때 당사자 일방의 청구로 가정법원의 판결에 의하여 혼인을 해소시키는 것을 말한다. 협의이혼의사의 확인이 있었다는 것만으로 재판상 이혼사유가 될 수 없으며(대판 1988.4.25. 87므28), 제840조에서 6가지의 이혼사유가 있는 경우에만 재판상 이혼이 허용된다.

2. 제840조 제1호 내지 제6호의 성격

(1) 문제점

제840조 제1호 내지 제5호는 '구체적·절대적 이혼사유'이며, 제6호는 '추상적·상대적 이혼사유'에 해당한다. 그런데 이들 상호간의 관계를 어떻게 이해할 것인지에 대해서는 다툼이 있다.

(2) 판 례

① 判例는 "재판상 이혼사유에 관한 제840조는 동조가 규정하고 있는 각 호 사유마다 각 별개의 독립된 이혼사유를 구성하는 것"(소송물 ; 대판 2000.9.5. 99므1886 ; 표준판례812)이므로 "이혼청구를 구하면서 위 각 호 소정의 수 개의 사유를 주장하는 경우 법원은 그중 어느 하나를 받아들여 청구를 인용할 수 있으며"(선택적 병합 : 대판 2000.9.5. 99므1886 ; 표준판례812 : 6회 선택형), "법원은 원고가 주장하는 이혼사유에 관해서만 심판하여야 하고 원고가 주장하지 아니한 이혼사유에 대해서는 심판을 할 필요도 없고 그 사유

에 의하여 이혼을 명하여서는 안 된다"(처분권주의 : 대판 1963.1.31. 62다812 : 11회,14회 선택형)고 함으로써 (절대적) 독립설을 취하는 것으로 평가된다.

② 判例는 "민법 제840조 제3호에서 정한 이혼사유인 '배우자로부터 심히 부당한 대우를 받았을 때'라 함은 혼인관계의 지속을 강요하는 것이 가혹하다고 여겨질 정도의 폭행이나 학대 또는 모욕을 받았을 경우를 말한다. 민법 제840조 제6호에서 정한 이혼사유인 '혼인을 계속하기 어려운 중대한 사유가 있을 때'란 부부간의 애정과 신뢰가 바탕이 되어야 할 혼인의 본질에 상응하는 부부공동생활관계가 회복할 수 없을 정도로 파탄되고 혼인생활의 계속을 강제하는 것이 일방 배우자에게 참을 수 없는 고통이 되는 경우를 말한다"(대판 2021.3.25. 2020므14763)고 한다.

> ※ **재판상 이혼사유 : 부정한 행위**
> ① "제840조 제1호 소정의 재판상 이혼사유인 부정한 행위라 함은 간통에 이르지는 아니하였다고 하더라도 부부의 정조의무에 충실하지 아니한 것으로 인정되는 일체의 부정행위를 포함하는 보다 넓은 개념으로 파악하여야 한다"(대판 1993.4.9. 92므938: 표준판례803). ② "부정한 행위라고 함은 객관적으로 그 것이 부정한 행위에 해당한다고 볼만한 사실이 있어야 하고 또 이것이 내심의 자유로운 의사에 의하여 행하여 졌다는 두 가지의 요소를 필요로 하는 것으로서 비록 객관적으로는 부정한 행위라고 볼 수 있는 사실이 있다고 하더라도 그것이 자유로운 의사에 의하여 이루어지지 않은 경우는 여기에서 말하는 부정한 행위라고 할 수는 없다."(대판 1991.9.13. 91므85, 92: 표준판례804). ③ "배우자에 부정한 행위가 있었을 때라 함은 혼인한 부부간의 일방이 부정한 행위를 한 때를 말하는 것이므로 혼인 전 약혼단계에서 부정한 행위를 한 때에는 위 제1호의 이혼사유에 해당한다고 할 수는 없다"(대판 1991.9.13. 91므85, 92: 표준판례805).

3. 유책배우자의 이혼청구

(1) 현행 민법의 태도

민법 규정의 형식적인 면만을 놓고 본다면 제840조 제1호 내지 제4호는 구체적·유책적 이혼원인, 제5호는 구체적·파탄적 이혼원인으로 이해될 수 있다. 그러나 제6호는 '기타 혼인을 계속하기 어려운 중대한 사유'를 이혼사유로 규정하고 있는바, 이 사유가 상대방의 유책성을 의미하는 것인가(유책주의) 또는 파탄의 사유가 존재함을 의미하는 것인가(파탄주의)에 관해 의문의 여지를 남기고 있다.[20]

[관련판례] "유책성은 혼인파탄의 원인된 사실을 기초로 판단하며 혼인관계가 완전히 파탄된 뒤에 있은 일을 가지고 따질 것은 아니다"(대판 2004.2.27. 2003므1890).

(2) 판례

① [전합 이전] 判例는 '유책주의'입장에서 유책배우자의 이혼청구를 배척하는 것이 기본입장이나, ⅰ) 상대방도 이혼의 반소를 제기하여 **이혼의사가 있는 경우나**(대판 1987.12.8. 87므44),[21] ⅱ) 상대방도 혼인을 계속할 의사가 없음이 객관적으로 명백한데도 오기나 보복적 감정에서 이혼에 응하지 아니하고 있을 뿐이라는 등 특별한 사정이 있는 경우는 예외적으로 유책배우자의 이혼청구권이 인정된다(대판 1969.12.9. 69므31)고 한다.

---

20) [이혼에 관한 입법주의] ① 재판상 이혼원인을 어떻게 정할 것인가에 관하여 부부의 일방에게 책임이 있는 경우에 한하여 다른 일방이 이혼을 청구할 수 있는 유책주의와 ② 책임과 관계없이 혼인이 파탄에 이르게 되면 이혼을 청구할 수 있는 파탄주의가 있다. 이러한 이혼에 관한 입법주의는 이혼금지주의로부터 유책주의를 거쳐 파탄주의로 변천하고 있다.

21) [관련판례] 다만 "유책배우자의 이혼청구에 대하여 상대방이 그 주장사실을 다투면서 오히려 다른 사실을 내세워 반소로 이혼청구를 한다 하더라도 그러한 사정만으로 곧바로 상대방은 혼인을 계속할 의사가 없으면서도 오기나 보복적 감정에서 유책배우자의 이혼청구에 응하지 아니하는 것이라고 단정할 수 없다"고 한다(대판 1998.6.23. 98므15,22).

② **[전원합의체]** 최근에는 전합판결을 통해 그 사유를 확대하였는바, " ㉠ 이혼을 청구하는 배우자의 유책성을 상쇄할 정도로 상대방 배우자 및 자녀에 대한 보호와 배려가 이루어진 경우, ㉡ 세월의 경과에 따라 혼인파탄 당시 현저하였던 유책배우자의 유책성과 상대방 배우자가 받은 정신적 고통이 점차 약화되어 쌍방의 책임의 경중을 엄밀히 따지는 것이 더 이상 무의미할 정도가 된 경우 등과 같이 혼인생활의 파탄에 대한 유책성이 그 이혼청구를 배척해야 할 정도로 남아 있지 아니한 특별한 사정이 있는 경우에는 예외적으로 유책배우자의 이혼청구를 허용할 수 있다"(대판 2015.9.15. 전합2013므568: 표준판례801 : 11회 선택형)고 한다.[22]

③ **[전합 이후]** 같은 취지에서 대법원은 혼인기간 중 총 10여 차례에 이를 정도로 협의이혼 절차 또는 이혼소송 절차를 신청 내지 청구하였다가 취하하는 행위를 반복하는 등 더 이상 혼인관계를 유지하는 것이 무의미하고, 오히려 미성년 자녀의 복지를 해한다고 판단되는 경우 유책배우자의 이혼 청구를 예외적으로 허용할 수 있다고 판시하였고(대판 2020.11.12. 2020므11818), **쌍방에게 전형적인 유책사유는 없으나 쌍방 간의 오랜 다툼과 갈등, 별거 등으로 인하여 현재 혼인관계는 파탄된 것으로 보이는 경우 법원은 그중 일방이 제기한 이혼청구를 인용할 수 있다고 한다**(대판 2022.6.16. 2019므14477).

[판례검토] 이러한 대법원의 입장은 전체적으로 '개인의 행복추구'보다 '가족 및 혼인제도의 가치'를 더욱 중시한 입장이라 할 수 있는바, 아직까지는 사회적 약자인 여성 배우자를 보호해야(축출이혼방지 등)한다는 측면에서도 타당하다고 보여진다.

[관련판례] 위 전원합의체 판결이 있기 전부터 判例는 유책배우자의 이혼청구를 지속적으로 확대해 왔는바 위 전원합의체 판결은 이를 정리하고 확인하였다고 볼 수 있다. 즉, 혼인파탄에 대한 부부의 유책성을 비교하여 상대적으로 책임이 무겁지 않은 쪽의 이혼청구는 인정하며(대판 2007.12.14. 2007므1690), 쌍방의 책임이 동일한 경우도 인정한다(대판 1986.3.25. 85므85).[23] 같은 취지로 부부공동생활 관계가 회복할 수 없을 정도로 파탄되고 그 혼인생활의 계속을 강제하는 것이 일방 배우자에게 참을 수 없는 고통이 되는 경우, 유책배우자의 유책성이 혼인제도가 추구하는 목적과 민법의 지도이념인 신의성실의 원칙에 비추어 이혼청구를 배척할 정도로 중하지 아니한 경우에도 그의 이혼청구를 인용할 수 있다고 한다(대판 2009.12.24. 2009므2130).

4. 제한능력자의 이혼소송

특히 피성년후견인(종래 금치산자)이 이혼소송을 제기할 수 있는지 문제된다. 피성년후견인은 법정대리인의 대리에 의하여 소송행위를 하여야 하므로(민사소송법 제55조), 이와 같이 법정대리인이 대리하지 않는 한 소송을 할 수 없는 경우에는 법정대리인의 대리를 인정하여야 할 것이다.

判例도 개정 전 민법에서 후견인이 의사무능력 상태에 있는 금치산자를 대리하여 그 배우자를 상대로 재판상 이혼을 청구할 수 있다고 본다(그 금치산자의 배우자가 후견인이 되는 때에는 제940조에 의해 후견인을 배우자에서 다른 사람으로 변경하는 것을 전제로 한다). 다만 이는 **이혼사유가 존재하고 나아가 피성년후견인**(종래 금치산자)**의 이혼의사를 '객관적'(주관적이 아님)으로 추정할 수 있는 경우이어야** 한다(대판 2010.4.29. 2009므639 : 6회 선택형).[24]

---

22) **[사실관계]** 혼인 외의 딸이 출생하자 집을 나가는 등 혼인생활의 파탄에 대하여 주된 책임이 있는 원고가 제6호 이혼사유에 의한 재판상 이혼청구를 한 사건에서, 원고는 그 파탄을 사유로 하여 이혼을 청구할 수 없다고 판단한 원심을 정당하다고 하였다.

23) "청구인과 피청구인이 각각 타인과 사실혼관계를 맺고 그 사이에 자녀를 출산하고 있다면 위 양인이 다시 부부로 돌아가는 것은 불가능하고, 또 위 부부관계의 파탄은 청구인과 피청구인 모두에게 책임이 있는 것이어서 이는 민법 제840조 제6호 소정의 기타 혼인을 계속하기 어려운 중대한 사유있는 때에 해당한다"

24) "위와 같은 금치산자의 이혼의사를 (객관적으로) 추정할 수 있는 것은, 당해 이혼사유의 성질과 정도를 중심으로 금치산자 본인의 결혼관 내지 평소 일상생활을 통하여 가족, 친구 등에게 한 이혼에 관련된 의사표현, 금치산자가 의사능력을 상실하기 전까지 혼인생활의 순탄 정도와 부부간의 갈등해소방식, 혼인생활의 기간, 금치산자의 나이·신체·건강상태와 간병의 필요성 및 그 정도, 이혼사유 발생 이후 배우자가 취한 반성적 태도나 가족관계의 유지를 위한 구체적 노력의 유무,

5. 재판상 이혼의 절차

(1) **조정에 의한 이혼**(가사소송법 제2조 1항 나류사건 4호, 제50조)

(2) **재판에 의한 이혼**(가사소송법 제49조, 민사조정법 제36조 1항)

6. 이혼청구권의 소멸 및 준용규정

> 제841조(부정으로 인한 이혼청구권의 소멸) 전조 제1호의 사유는 다른 일방이 **사전동의**나 **사후 용서**를 한 때 또는 이를 안 날로부터 6월, 그 사유있은 날로부터 2년을 경과한 때에는 이혼을 청구하지 못한다.
> ▸ 배우자 또는 그 직계존속으로부터 심히 부당한 대우를 받았을 때는 제842조 기간 내에 이혼을 청구하여야 한다(X)[25]
> 제842조(기타 원인으로 인한 이혼청구권의 소멸) 제840조 제6호의 사유는 다른 일방이 이를 안 날로부터 6월, 그 사유있은 날로부터 2년을 경과하면 이혼을 청구하지 못한다.
> 제843조(준용규정) 재판상 이혼에 따른 **손해배상책임**에 관하여는 제806조를 준용하고, 재판상 이혼에 따른 **자녀의 양육책임** 등에 관하여는 제837조를 준용하며, 재판상 이혼에 따른 **면접교섭권**에 관하여는 제837조의2를 준용하고, 재판상 이혼에 따른 **재산분할청구권**에 관하여는 제839조의2를 준용하며, 재판상 이혼에 따른 **재산분할청구권 보전을 위한 사해행위취소권**에 관하여는 제839조의3을 준용한다.

Ⅳ. 이혼의 효과   [E-20]

1. 일반적 효과

이혼이 성립하면 혼인이 해소되어 혼인의 존속을 전제로 하였던 일체의 권리의무(동거·부양, 협조의무, 부부재산계약 등)가 소멸하고, 인척관계도 소멸하며(제775조 1항)(부부의 일방이 사망한 경우는 생존배우자가 재혼한 경우에 인척관계가 소멸된다는 제775조 2항과 구별), 재혼할 수 있다(다만, 제809조 2항의 제한이 있음). 그러나 부모자녀관계는 원칙적으로 영향이 없다. 즉, 친자 사이의 부양·상속 등은 모두 인정된다.

2. 재산적 효과

(1) 손해배상청구권

1) 재판상 이혼의 경우

재판상 이혼의 경우 당사자 일방은 과실있는 상대방에 대하여 재산상의 손해뿐만 아니라 정신상의 고통에 대하여도 손해배상을 청구할 수 있다(제843조, 제806조 1항 및 2항). 혼인파탄에 있어 유책성은 혼인파탄의 원인된 사실을 기초로 판단하며 혼인관계가 완전히 파탄된 뒤에 있은 일을 가지고 따질 것은 아니다(대판 2004.2.27. 2003므1890).

2) 협의상 이혼의 경우

민법은 재판상 이혼의 경우에 관하여만 손해배상청구권을 규정하고 있으나, 협의이혼의 경우에도 손해가 있는 때에는 손해배상청구권이 발생한다고 할 것이다. 判例도 사기 또는 강박으로 혼인을 한 경우 협의이혼을 한 때에도 손해배상청구를 인정한다(대판 1977.1.25. 76다2223).

금치산자의 보유 재산에 관한 배우자의 부당한 관리·처분 여하, 자녀들의 이혼에 관한 의견 등의 제반 사정을 종합하여 ⅰ) 혼인관계를 해소하는 것이 객관적으로 금치산자의 최선의 이익에 부합한다고 인정되고 ⅱ) 금치산자에게 이혼청구권을 행사할 수 있는 기회가 주어지더라도 혼인관계의 해소를 선택하였을 것이라고 볼 수 있는 경우이어야 한다"

[25] [해설] 제840조 3호의 사유

3) 위자료청구권의 발생·양도·승계 및 상속

① 이혼을 원인으로 하는 위자료청구권은 상대방 배우자의 유책불법한 행위에 의하여 혼인관계가 파탄상태에 이르러 이혼하게 된 경우 그로 인하여 입게 된 정신적 고통을 위자하기 위한 손해배상청구권으로서, 이혼의 원인이 되는 개별적 유책행위의 발생으로부터 '최종적 이혼에 이르기까지 일련의 경과가 전체로서 불법행위로 파악'되어 최종적 이혼시점에서 확정, 평가되고 이혼에 의하여 비로소 창설되는 것이 아니다(대판 1993.5.27. 92므143 등 : 반면 재산분할청구권은 이혼의 성립에 의해 비로소 창설된다).

② 유책배우자에 대한 위자료 액수를 산정함에 있어서는, 유책행위에 이르게 된 경위와 정도, 혼인관계 파탄의 원인과 책임, 배우자의 연령과 재산상태 등 변론에 나타나는 모든 사정을 참작하여 법원이 직권으로 정하여야 하고, 이러한 사정에는 '혼인관계의 파탄 이후 최종적 이혼에 이르기까지 발생한 모든 사정이 포함'되며, 개별적 유책행위에 대하여 별개의 손해배상청구를 할 수 있다고 하여 달라지지 않는다(대판 2024.10.25. 2024므11526, 2024므11533).

③ 위자료청구권은 양도 또는 승계되지 않으나, 당사자간에 이미 그 배상에 관한 계약이 성립되거나 소를 제기한 후에는 승계된다(제843조, 제806조 3항). 이와 관련하여 判例는 이혼위자료청구권은 행사상 일신전속권이고 귀속상 일신전속권은 아니라 할 것인바, 그 청구권자가 위자료의 지급을 구하는 소송을 제기함으로써 청구권을 행사할 의사가 외부적 객관적으로 명백하게 된 이상 양도나 상속 등 승계가 가능하다고 한다(대판 1993.5.27. 92므143: 표준판례826 : 1회,4회 선택형). 즉 이혼·위자료 청구 소송 중 원고가 사망한 경우, 이혼소송은 종료되지만(소송종료선언) 위자료청구소송은 상속인들이 수계할 수 있다.

(2) **이혼시 재산분할청구**(쟁점 23.참고)

[쟁점 23] 이혼시 재산분할청구

I. 서 설

[E26-1]

1. 입법취지

이혼을 한 부부 중의 일방이 타방배우자에 대해 혼인 중 취득한 재산의 일부를 분할하여 줄 것을 청구하는 권리로서, 법률의 규정에 의해 발생하는 법정채권이다(제839조의2, 제843조). 이러한 청구권의 입법취지는 ① 이혼시 재산관계에서의 남녀평등의 실현(부부별산제의 문제점을 극복하여 처의 가사노동에 대한 정당한 평가를 할 수 있도록 보장하려는 것) 및 ② 타방명의로 되어 있는 자신의 재산에 대해 청산받을 기회를 보장하고 이혼 후 생활능력이 없는 자에 대한 부양의 기능도 하게 됨으로써 이혼의 실질적 자유를 보장하려는 것이다.

2. 발생시기 및 확정시기 등

이러한 재산분할청구권은 '이혼의 성립'에 따라 비로소 '발생'한다. 따라서 ① 이혼소송과 재산분할청구를 병합하여 제기하였는데 소송계속 중 당사자 일방이 사망한 경우에는 이혼소송뿐만 아니라 재산분할청구까지 종료되며(14회 선택형), ② 그러나 이러한 청구권은 '협의 또는 심판'에 의하여 비로소 그 구체적 내용이 정해지게 되므로, 당사자가 이혼이 성립하기 전에 이혼소송과 병합하여 재산분할의 청구를 하고 법원이 이혼과 동시에 재산분할로서 금전의 지급을 명하는 판결을 하는 경우, 그 금전채무에 관하여는 그 판결이 확정된 다음날(이혼성립 다음날이 아님)부터 이행지체책임(연 5%의 법정이율)을 지게 되고 (9회 선택형), 이러한 소는 장래의 이행을 청구하는 소에 해당하여 소송촉진 등에 관한 특례법 제3조 1항 단서에 의해 동법 소정의 법정이율은 적용되지 않는다. ③ 이혼소송이 확정되기 전까지는 이행기가 도래하지 아니할 뿐만 아니라 금전채권의 발생조차 확정되지 아니한 상태에 있다고 할 것이어서 금전분할을 명하는 재산분할 판결에 대하여 **가집행선고**[26]**를 할 수 없다**(대판 2014.9.4. 2012므1656 : 9회 선택형).

Ⅱ. 법적 성질 [E26-2]

1. 문제점

재산분할청구권을 재산상의 권리로 볼 것인가, 신분상의 권리로 볼 것인가의 문제로서 이에 따라 인용범위가 달라지게 된다.

2. 판 례

"이혼에 따른 재산분할은 혼인 중 쌍방의 협력으로 형성된 공동재산의 청산이라는 성격에 상대방에 대한 부양적 성격이 가미된 제도"(대판 2001.2.9. 2000다63516 등)라고 하고, 다른 한편 "분할자의 유책행위에 의하여 이혼함으로 인하여 입게 되는 정신적 손해를 배상하기 위한 급부로서의 성질까지 포함하여 분할할 수도 있다"(대판 2005.1.28. 2004다58963)라고 하여 그 태도가 분명치 않다고 볼 수도 있다. 그러나 후자의 경우는 위자료와의 일반적 관계를 판단한 것이라기보다는 구체적인 경우의 타당성을 위한 것으로 생각되며,[27] 따라서 **청산 및 부양설**과 같은 입장이다.

Ⅲ. 재산분할청구권의 행사 [E26-3]

> 제839조의2(재산분할청구권) ① **협의상 이혼**한 자의 일방은 다른 일방에 대하여 재산분할을 청구할 수 있다.
> ② 제1항의 재산분할에 관하여 **협의가 되지 아니하거나 협의할 수 없는 때**에는 **가정법원**은 당사자의 **청구에 의하여**(▶ 직권으로 X) 당사자 쌍방의 협력으로 이룩한 재산의 액수 기타 사정을 참작하여 분할의 액수와 방법을 정한다.
> ③ 제1항의 재산분할청구권은 **이혼한 날부터 2년**을 경과한 때에는 소멸한다.
>
> ★ 제839조의3(재산분할청구권 보전을 위한 사해행위취소권) ① 부부의 일방이 다른 일방의 재산분할청구권 행사를 해함을 알면서도 재산권을 목적으로 하는 법률행위를 한 때에는 다른 일방은 **제406조 제1항을 준용**하여 그 취소 및 원상회복을 **가정법원에 청구**할 수 있다.
> ② 제1항의 소는 **제406조 제2항의 기간 내**에 제기하여야 한다.

1. 분할청구권자

이혼의 일방배우자가 청구할 수 있으며 **유책배우자라 할지라도 부부가 혼인 중에 취득한 실질적인 공동재산에 대해 재산분할을 청구할 수 있다**(대결 1993.5.11. 93스6 : 2회,4회 선택형). **사실상의 배우자도 재산분할을 청구할 수 있으며**(대판 1995.3.10. 94므1379: 표준판례823 ; E-24.참고), **혼인취소의 일방배우자도 청구할 수 있다**(가사소송법 제2조 1항 마류 4호).

---

26) 가집행선고는 '재산권의 이행청구에 관한 미확정의 종국판결'에 집행력을 부여하는 형성적 재판이므로(민사소송법 제213조), ㉠ 확인판결, ㉡ 형성판결(공유물분할판결, 사해행위취소청구), ㉢ 별도의 집행절차가 없는 의사의 진술을 명하는 판결(이전등기·말소등기 청구, 부동산등기법 제57조 또는 제59조의 승낙의 의사표시를 구하는 청구, 채권양도 통지청구, 토지거래허가신청 등), ㉣ 이행기가 판결확정 이후에 도래함이 명백한 판결(사해행위취소소송에서의 가액배상청구) 등의 경우에는 가집행선고가 허용되지 않는다. 그러나 동시이행관계나 선이행관계는 가집행 선고가 가능하다.
27) 즉, 당해 판결들은 위자료 명목의 증여가 이혼에 따르는 재산분할의 성격을 포함하는 이혼급부로 볼 수 있다고 한 것으로, **부양 및 손해배상설**의 취지를 따른 것으로 보는 것은 무리라고 보인다[지원림, 민법강의(13판), 6-66].

2. 분할의 방법

(1) 당사자의 협의에 의한 분할

① 재산분할 여부, 그 액수와 방법은 원칙적으로 당사자의 협의에 의해 결정하고(제839조의2 1항, 제843조), 그 분할방법은 당사자의 협의에 의한 어떤 방법도 가능하다.

② 이혼하기 전에 한 재산분할협의는 장차 협의상 이혼이 이루어질 것을 조건으로 한 것이므로, 재판상 이혼(화해·조정 포함)의 경우에 그 협의는 조건불성취로 효력이 발생하지 않는다(대판 2000.10.24. 99다33458 : 5회 선택형). 다만 가정법원이 재산분할의 액수와 방법을 정함에 있어서 그 협의의 내용과 협의가 이루어진 경우 등을 제839조의2 3항 소정 '기타 사정'의 하나로 참작하게 될 것이다(대판 1995.10.12. 95다23156).

(2) 법원에 의한 분할

① 협의가 성립하지 않거나 불가능한 때에는 당사자의 청구에 의해 가정법원이 결정한다(제839조의2 2항). 이는 '가사비송사건'으로 이미 이루어진 재산분할에 관한 약정의 이행을 구하는 민사청구와는 구별된다(대판 2021.6.24. 2018다243089).

② 구체적인 재산분할방법으로는 현물분할, 경매에 의한 대금분할, 가격배상이 있다. 判例는 당사자 일방의 단독소유재산을 쌍방의 공유로 하는 방법에 의한 분할도 가능하다고 한다(대판 1997.7.22. 96므318). 그리고 법원으로서는 당사자의 주장에 구애되지 아니하고 재산분할의 대상이 무엇인지 직권으로 사실조사를 하여 포함시키거나 제외시킬 수 있다(직권탐지주의).[28] 따라서 당사자가 소송 중에 일부 재산에 관한 분할방법에 관한 합의를 하였다고 하더라도, 법원으로서는 당사자가 합의한 대로 분할을 하여야 하는 것은 아니다(대판 2013.7.12. 2011므1116 : 14회 선택형).

다만 이혼에 따른 재산분할심판에서 쌍방 당사자가 일부 재산에 관하여 분할방법에 관한 합의를 한 경우 법원이 아무런 '합리적인 이유'를 제시하지 아니한 채 그 합의에 반하는 방법으로 재산분할을 명할 수는 없고(대판 2021.6.10. 2021므10898), 원고의 청구취지를 초과하여 재산분할을 명할 수는 없다(가사소송규칙 제93조 제2항 본문)(대판 2024.5.30. 2024므10370).

3. 분할의 대상이 되는 재산

(1) 부부의 협력으로 이룩한 재산

재산분할 청구권의 대상이 되는 재산은 원칙적으로 '당사자 쌍방의 협력으로 이룩한 공유재산'이다(제839조의2 2항). 재산분할청구의 대상으로서 특히 문제가 되는 것은 다음과 같다.

(2) 혼인 중 부부의 협력으로 이룩한 재산이 일방(특히 夫)의 명의로 되어 있을 경우

判例는 부부의 일방이 혼인 중에 자기명의로 취득한 재산은 그 명의자의 특유재산으로 추정되나 실질적으로 다른 일방 또는 쌍방이 그 재산의 대가를 부담하여 취득한 것이 증명된 때에는 특유재산의 추정은 번복되어 다른 일방의 소유이거나 쌍방의 공유(대판 1990.10.23. 90다카5624)라고 보아 재산분할의 대상이 된다고 본다. 아울러 判例는 妻의 가사노동도 재산조성에 대한 협력으로 취급함으로써 구체적인 증명이 없더라도 일방의 특유재산에 대한 재산분할청구의 길을 열어놓고 있다(대결 1993.5.11. 93스6등).

---

[28] "재산분할사건은 가사비송사건에 해당하고, 가사비송절차에 관하여는 가사소송법에 특별한 규정이 없는 한 비송사건절차법 제1편의 규정을 준용하고 있으며[구 가사소송법(2010. 3. 31. 법률 제10212호로 개정되기 전의 것) 제34조], 비송사건절차는 민사소송절차와 달리 당사자의 변론에만 의존하는 것이 아니고, 법원이 자기의 권능과 책임으로 재판의 기초가 되는 자료를 수집하는, 이른바 '직권탐지주의'에 의하고 있으므로(비송사건절차법 제11조)"

(3) 퇴직연금

이미 수령한 퇴직금은 재산분할의 대상이 되나(대판 1995.3.28. 94므1584 ; 대판 2011.7.14. 2009므2628,2635), 종래 判例는 "향후 수령할 퇴직연금은 여명을 확정할 수 없으므로 이를 바로 분할대상 재산에 포함시킬 수는 없고, 제839조의2 ②항의 '기타 사정'으로 참작하여 분할액수와 방법을 정함이 상당하다"(대판 1997.3.14. 96므1533,1540)고 판시하였으나, 최근 전원합의체 판결에 의해 견해를 변경한바, "부부 일방이 아직 재직 중이어서 실제 퇴직급여를 수령하지 않았더라도 이혼소송의 사실심 변론종결시에 이미 잠재적으로 존재하여 그 경제적 가치의 현실적 평가가 가능한 재산인 퇴직급여채권은 재산분할의 대상에 포함시킬 수 있으며, 구체적으로는 이혼소송의 사실심 변론종결시를 기준으로 그 시점에서 퇴직할 경우 수령할 수 있을 것으로 예상되는 퇴직급여 상당액의 채권이 그 대상이 된다고 할 것이다"(대판 2014.7.16. 전합 2013므2250: 표준판례815 : 4회·7회 선택형)라고 판시하고 있다.

나아가 判例는 연금수급권자인 배우자가 매월 수령할 퇴직연금액 중 일정 비율에 해당하는 금액을 상대방 배우자에게 정기적으로 지급하는 방식의 재산분할도 가능하고, 이 경우 공무원 퇴직연금수급권과 다른 일반재산을 구분하여 개별적으로 분할비율을 정하는 것이 타당하다고 판시하였다. 다만 공무원 퇴직연금 수급권은 일신전속적인 것이므로 분할권리자의 위와 같은 정기금채권 역시 제3자에게 양도되거나 분할권리자의 상속인에게 상속될 수는 없다(대판 2014.7.16. 전합2012므2888).

[관련판례] 이 후 대법원은 분할청구권 규정이 따로 없는 '퇴직수당'에 대해서도 이혼소송 과정에서 재산분할 대상에 포함시켜 분할해야 한다고 판단했다(대판 2019.9.25. 2017므11917). 공무원은 퇴직 때 '퇴직급여'(퇴직연금)와 '퇴직수당'(공무원이 1년 이상 재직하고 퇴직하거나 사망한 경우에는 퇴직수당을 지급한다. 공무원연금법 제62조 1항)'을 받는다. 공무원인 배우자와 헤어지는 이혼 배우자는 이 가운데 '퇴직급여'에 대해서는 공무원연금법에 따라 분할청구를 할 수 있다(공무원연금법 제45조). 퇴직수당에 대해서는 공무원연금법에 분할청구권 규정이 없으나 최근 대법원이 이를 인정한 것이다.

[비교판례] "국민연금법 제64조에 규정된 이혼배우자의 분할연금 수급권은 민법상 재산분할청구권과는 구별되는 것으로 국민연금법에 따라 이혼배우자가 국민연금공단으로부터 직접 수령할 수 있는 이혼배우자의 고유한 권리이다"(대판 2019.6.13. 2018두65088).

(4) 부부일방이 혼인 중 제3자에게 부담한 채무(소극재산)

1) 청산의 대상이 되는 채무

채무가 일상가사에 관한 것이 아닌 경우에는 원칙적으로 개인채무로서 청산대상이 되지 않으나, 공동재산의 형성에 수반하여 부담한 채무인 경우에는 청산대상이 된다(대판 1998.2.13. 97므1486 : 7회 선택형). 예를 들어, 判例는 혼인생활 중 쌍방의 협력으로 취득한 부동산에 관하여 부부의 일방이 부담하는 임대차보증금반환채무는 특별한 사정이 없는 한, 혼인 중 재산의 형성에 수반한 채무로서 청산의 대상이 된다고 하였다(대판 2011.3.10. 2010므4699,4705,4712).

[관련판례] "임대차의 목적물인 부동산의 소유권이 이전되는 경우 그 부동산이 주거용 건물로서 주택임대차보호법에 따라 임대인의 지위가 당연히 승계되는 등의 특별한 사정이 없는 한, 재산분할의 방법으로 부동산의 소유권이 이전된다고 하여 그에 수반하여 당해 부동산에 대한 임대차보증금반환채무가 새로운 소유자에게 면책적으로 인수되는 것은 아니다"(대판 1997.8.22. 96므912: 표준판례819).

2) 소극재산의 총액이 적극재산의 총액을 초과하는 경우

① 과거 判例는 "이혼하는 부부의 일방이 재산분할의 대상이 되는 채무를 부담하고 있어 총재산가액에서 위 채무액을 공제하면 남는 금액이 없는 경우에는 상대방의 재산분할 청구는 받아들여질 수 없다"(대판 2002.9.4. 2001므718 등)는 입장이었으나 최근 전원합의체 판결로 견해를 변경하여 "소극재산의 총액

이 적극재산의 총액을 초과하여 재산분할을 한 결과가 결국 채무의 분담을 정하는 것이 되는 경우에도 법원은 채무의 성질, 채권자와의 관계, 물적 담보의 존부 등 일체의 사정을 참작하여 이를 분담하게 하는 것이 적합하다고 인정되면 구체적인 분담의 방법 등을 정하여 **재산분할 청구를 받아들일 수 있다**"(대판 2013.6.20. 전합2010므4071: 표준판례821 : 5회,7회,14회 선택형)고 하였다. 다만 재산분할 청구 사건에 있어서는 혼인 중에 이룩한 재산관계의 청산뿐 아니라 이혼 이후 당사자들의 생활보장에 대한 배려 등 부양적 요소 등도 함께 고려할 대상이 되므로, 적극재산을 분할할 때처럼 재산형성에 대한 기여도 등을 중심으로 일률적인 비율을 정하여 당연히 분할 귀속되게 하여야 한다는 취지는 아니라고 한다(同 判例).

② 이는 사실혼의 경우에도 마찬가지므로 "사실혼 관계에 있는 부부 일방이 혼인 중 공동재산의 형성에 수반하여 채무를 부담하였다가 사실혼이 종료된 후 그 채무를 변제한 경우 변제된 채무는 특별한 사정이 없는 한 청산 대상이 된다"(대판 2021.5.27. 2020므15841).

(5) 제3자 명의의 재산

제3자 명의의 재산이더라도 그것이 부부 중 일방에 의하여 명의신탁된 재산 또는 부부의 일방이 실질적으로 지배하고 있는 재산으로서 부부 쌍방의 협력에 의하여 형성된 것이거나 부부 쌍방의 협력에 의하여 형성된 유형, 무형의 자원에 기한 것이라면 그와 같은 사정도 참작하여야 한다는 의미에서 재산분할의 대상이 된다(대판 1998.4.10. 96므1434). 반면, 부부 공동명의의 부동산이 분할대상임을 전제로 일방에게는 지분의 이전등기를, 타방에게는 금전의 지급을 각 명한 재산분할재판이 확정된 후에, 그 부동산이 제3자가 명의신탁한 것임이 밝혀진 경우에는 일방이 타방에 대하여 금전지급의무의 이행을 강제할 수 없다(대판 2003.2.28. 2000므582).

(6) 부부의 일방이 제3자와 합유하고 있는 재산

합유재산이라는 이유만으로 이를 재산분할의 대상에서 제외할 수는 없고, 다만 부부의 일방이 제3자와 합유하고 있는 재산 또는 그 지분은 이를 임의로 처분하지 못하므로(제272조 본문, 제273조 1항), 직접 당해 재산의 분할을 명할 수는 없으나 그 지분의 가액을 산정하여 이를 분할의 대상으로 삼거나 다른 재산의 분할에 참작하는 방법으로 재산분할의 대상에 포함하여야 한다(대판 2009.11.12. 2009므2840,2857 : 14회 선택형). 다만 이 경우 재산분할의 대상에 포함되기 위해서는 당연히 합유자 아닌 부부의 다른 일방이 합유재산의 형성 및 유지에 기여한 바가 있어야 한다.

4. 분할의 기준시기

(1) 재판상 이혼(이혼소송의 사실심 변론종결일)

재판상 이혼에 따른 재산분할에 있어 분할의 대상이 되는 재산과 그 액수는 이혼소송의 사실심 변론종결일을 기준으로 하여 정하는 것이 원칙이지만(5회,9회 선택형), 혼인관계가 파탄된 이후 변론종결일 사이에 생긴 재산관계의 변동이 부부 중 일방에 의한 후발적 사정에 의한 것으로서 혼인 중 공동으로 형성한 재산관계와 무관하다는 등 특별한 사정이 있는 경우에는 그 변동된 재산은 재산분할 대상에서 제외하여야 할 것이다(대판 2013.11.28. 2013므1455).

따라서 "재산분할 대상 채무가 혼인관계 파탄 이후 변론종결일에 이르기까지 감소하였고, 그 감소가 혼인 중 공동으로 형성한 재산관계와 무관하게 부부 중 일방의 노력이나 비용으로 이루어졌다면, 그 감소 부분은 재산분할의 대상으로 삼을 수 없으므로 결국 혼인관계 파탄 시점의 채무가 재산분할의 대상이 된다"(대판 2024.5.17. 2024므10721,10738). 다만, "부부의 일방이 혼인관계 파탄 이후에 취득한 재산이라도 그것이 혼인관계 파탄 이전에 쌍방의 협력에 의하여 형성된 유형·무형의 자원에 기한 것이라면 재산분할의 대상이 된다"(대판 2019.10.31. 2019므12549,12556: 표준판례816).

(2) 협의 이혼(이혼신고일)
"협의이혼을 예정하고 '미리' 재산분할 협의를 한 경우 협의이혼에 따른 재산분할에 있어 분할의 대상이 되는 재산과 액수는 협의이혼이 성립한 날(이혼신고일)을 기준으로 정하여야 한다. 따라서 재산분할 협의를 한 후 협의이혼 성립일까지의 기간 동안 재산분할 대상인 채무의 일부가 변제된 경우 그 변제된 금액은 원칙적으로 채무액에서 공제되어야 한다. 그런데 채무자가 자금을 제3자로부터 증여받아 위 채무를 변제한 경우에는 전체적으로 감소된 채무액만큼 분할대상 재산액이 외형상 증가하지만 그 수증의 경위를 기여도를 산정함에 있어 참작하여야 하고, 채무자가 기존의 적극재산으로 위 채무를 변제하거나 채무자가 위 채무를 변제하기 위하여 새로운 채무를 부담하게 된 경우에는 어느 경우에도 전체 분할대상 재산액은 변동이 없다"(대판 2006.9.14. 2005다74900 : 9회 선택형).

5. 재산분할청구권의 소멸

(1) 제척기간

① [출소기간] 재산분할청구권은 이혼한 날로부터 2년을 경과하면 소멸하는데(제839조의2 3항) 判例는 이 기간의 성질을 '제척기간'으로 보고 있어, 그 기간이 도과하였는지 여부는 당사자의 주장에 관계없이 법원이 당연히 조사하여 고려할 사항이라고 한다(대판 1994.9.9. 94다17536 : 2회 선택형). 나아가 재판 외에서 권리를 행사하는 것으로 족한 기간이 아니라 그 기간 내에 재산분할심판 청구를 하여야 하는 출소기간이다(대결 2022.11.10. 2021스766 : 14회 선택형).

② [재판확정 후 추가 재산분할청구] ㉠ "이혼에 따른 재산분할청구 후 제척기간이 지나면 그때까지 청구 목적물로 하지 않은 재산에 대해서는 청구권이 소멸한다. 재산분할재판에서 분할대상인지 여부가 전혀 심리된 바 없는 재산이 재판확정 후 추가로 발견된 경우에는 이에 대하여 추가로 재산분할청구를 할 수 있다. 다만 추가 재산분할청구 역시 이혼한 날부터 2년 이내라는 제척기간을 준수하여야 한다"(대결 2018.6.22. 2018스18 : 11회 선택형).
㉡ 그러나 이혼한 날부터 2년 내에 재산분할심판 청구를 하였음에도 그 재판에서 특정한 증거신청을 하였는지에 따라 제척기간 준수 여부를 판단할 것은 아니다. 따라서 判例는 협의이혼 한 날로부터 2년 이내에 피고를 상대로 위자료와 함께 재산분할을 청구하는 소를 제기하였으나 소 제기 당시 분할대상 재산을 특정하지 않았고 2년이 경과하고 나서야 분할대상 재산을 특정한 사안에서, "이혼 후 2년 이내에 최초로 법원에 민법 제839조의2에 따라 재산분할청구를 함에 있어 제척기간 내 이루어진 청구"라고 보았다(대판 2023.12.21. 2023므11819 : 14회 선택형).

③ [상대방 지위에서 분할대상 재산 주장] "이혼에 따른 재산분할청구 후 제척기간이 지나면 그때까지 청구 목적물로 하지 않은 재산에 대해서는 특별한 사정이 없는 한 제척기간을 준수한 것으로 볼 수 없다. 그러나 청구인 지위에서 대상 재산에 대해 적극적으로 재산분할을 청구하는 것이 아니라, 이미 제기된 재산분할청구 사건의 상대방 지위에서 분할대상 재산을 주장하는 경우에는 제척기간이 적용되지 않는다"(대결 2022.11.10. 2021스766).

(2) 포 기

이혼 및 재산분할청구의 소가 제기된 직후로서 아직 혼인이 해소되기 전에 당사자 일방이 재산분할청구권을 미리 포기하는 것은 허용되지 않지만(대판 2003.3.25. 2002므1787 : 7회, 9회 선택형), 사후에 포기하는 것은 가능하다. 그리고 혼인이 파탄에 이른 당사자가 협의이혼을 할 것을 약정하면서 이를 전제로 재산분할청구권을 포기하기로 합의하였다면, 이는 협의이혼절차가 유효하게 이루어질 것을 전제조건으로 하는 조건부 의사표시로서 유효하다(서울가정법원 1996.3.22. 96느2350).

[관련판례] 甲이 乙과 협의이혼을 합의하는 '과정'에서 쌍방의 협력으로 형성된 재산액이나 쌍방의 기여도, 분할방법 등에 관하여 진지한 논의 없이 甲이 일방적으로 재산분할청구권을 포기하기로 한 약정은 判例에 따르면 성질상 허용되지 아니하는 재산분할청구권의 '사전포기'에 불과할 뿐이므로 쉽사리 '재산분할에 관한 협의'로서의 '포기약정'이라고 보아서는 아니된다고 한다(대결 2016.1.25. 2015스451).

Ⅳ. 관련문제
[E26-4]

1. 위자료청구권과의 관계

(1) 학 설

① 재산분할청구권과 위자료청구권은 서로 요건과 성격이 다른 청구권이므로 양립가능하다고 보는 **별개청구권설**(다수설)과 ② 재산분할액에 손해배상이 포함된 것으로 이해하여 별도의 위자료 청구를 허용하지 않는 **포괄청구권설**의 대립이 있다.

(2) 판 례

判例는 기본적으로 별개청구권설의 입장을 따르면서도, 재산분할에 분할자의 유책행위에 의하여 이혼함으로 인하여 입게 되는 정신적 손해를 배상하기 위한 급부로서의 성질까지 포함하여 분할할 수도 있다고 하여, 포괄청구권설의 입장을 따른 듯한 것도 있다(대판 2001.5.8. 2000다58804: 표준판례814).

(3) 검 토

위자료청구권은 유책성을 전제로 하는 손해배상적 성격을 갖는 것이고, 재산분할청구권은 당사자의 유책성과 무관하게 자신의 기여분의 상환이나 이혼 후 생활배려를 위한 성질을 갖는 것으로 양자는 법적 성질과 제도목적을 달리한다. 따라서 위자료청구권과 재산분할청구권은 별개의 것으로 양자를 개별적으로 청구하는 것도 가능하다(별개청구권설). 다만 협의 이혼시에 위자료 명목으로 증여가 이루어진 경우에, 그 증여를 이혼에 따르는 재산분할의 성격을 포함하는 이혼급부로 볼 수도 있을 것이다(위 대판 2001.5.8. 2000다58804 판결이 바로 이러한 예일 뿐이다). 따라서 협의이혼을 전제로 위자료를 지급받은 후에 다시 재판상이혼을 청구한 경우에는 위자료청구권은 소멸한 것으로 보아야 한다(대판 1983.9.27. 83므20,21).

	재산분할청구	위자료청구권
분류	가사비송사건(마류)	가사소송사건(다류)
당사자	부부(유책자도 청구가능)	부부와 친족 등 제3자(유책자는 청구불가)
기간	이혼 후 2년(제척기간)	손해 및 가해자를 안날로부터 3년 불법행위를 한 날로부터 10년(소멸시효)

2. 재산분할청구권의 양도

"이혼으로 인한 재산분할청구권은 이혼이 성립한 때에 법적 효과로서 비로소 발생하므로, 당사자가 '이혼이 성립하기 전'에 이혼소송과 병합하여 재산분할의 청구를 한 경우 재산분할청구권을 미리 양도할 수 없다"(대판 2017.9.21. 2015다61286).

3. 재산분할청구권과 채권자대위권·채권자취소권

(1) 채권자대위권

재산분할청구권은 협의 또는 심판에 의하여 그 구체적 내용이 형성되기까지는 그 범위 및 내용이 불명확·불확정하기 때문에 이를 보전하기 위하여 채권자대위권을 행사할 수 없다(대판 1999.4.9. 98다58016 : 5회,7회 선택형).

(2) 채권자취소권

1) 피보전채권

종래 재산분할청구권이 구체적으로 확정되기 전에 재산분할청구권을 피보전권리로 하는 사해행위취소권이 인정되는지 여부에 대하여 다툼이 있었으나, 현행 개정법에서 부부의 일방이 상대방 배우자의 재산분할청구권 행사를 해함을 알고 사해행위를 한 때에는 상대방 배우자가 그 취소 및 원상회복을 법원에 청구할 수 있도록 재산분할청구권을 보전하기 위한 사해행위취소권을 인정하고 있다(제839조의3, 제843조). 재산 명의자가 아닌 배우자의 부부재산에 대한 잠재적 권리보호가 강화될 것으로 기대되고 있다.

2) 재산분할의 사해행위성

"이혼에 따른 재산분할은 혼인 중 쌍방의 협력으로 형성된 공동재산의 청산이라는 성격에 상대방에 대한 부양적 성격이 가미된 제도임에 비추어 재산분할이 제839조의2 제2항의 규정 취지에 따른 상당한 정도를 벗어나는 과대한 것이라고 인정할 만한 특별한 사정이 없는 한, 사해행위로서 취소되어야 할 것은 아니고, 다만 상당한 정도를 벗어나는 초과부분에 대하여는 적법한 재산분할이라고 할 수 없기 때문에 이는 사해행위에 해당하여 취소의 대상으로 될 수 있을 것이나, 이 경우에도 취소되는 범위는 그 상당한 정도를 초과하는 부분에 한정하여야 한다"(대판 2000.9.29. 2000다25569 : 4회 선택형).

4. 재산분할청구권의 상속

(1) 일반론

재산분할청구권을 청산적 요소와 부양적 요소로 나누어 청산적 요소는 상속이 되지만, 부양적 요소는 상속이 되지 않는다는 견해가 일반적이나, 부양적 요소는 어디까지나 청산적 요소에 부수하는 것에 불과하므로 이러한 개념상의 구분에 의하여 재산분할청구권을 분리하여 생각할 수는 없다(서울가법 2010.7.13. 2009느합289).

(2) 청구권자가 사망한 경우

상속여부를 정면으로 다룬 判例는 없으나 이혼소송과 재산분할청구가 병합된 경우, "배우자 일방이 사망하면 이혼의 성립을 전제로 하여 이혼소송에 부대한 재산분할청구 역시 이혼소송의 종료와 동시에 종료한다"(대판 1994.10.28. 94므246,253 : 표준판례822 ; 1회,5회 선택형)고 하는 판결이 있다. 이는 재산분할청구권은 이혼이 성립한 때에 비로소 발생하므로(대판 2001.9.25. 2001므725,732), **이혼이 되기 전에**(이혼소송 및 재산분할청구소송 도중에) **청구권자가 사망한 경우에는 재산분할청구권은 상속이 되지 않는다는 취지의 판결**[29]이다(소송종료선언). 주의할 것은, 이혼한 배우자가 2년간 재산분할청구권을 행사하지 않은 경우에 상속의 여지가 없다.

(3) 의무자가 사망한 경우

① 재산분할청구권이 일신전속권이라고 하더라도 이는 권리를 행사하는 면에 국한된 것이므로 재산분할

---

[29] [판례평석] 판례의 취지가 타당한바, 청구권자가 사망한 경우 재산분할청구권은 '행사상 일신전속권'에 해당하므로 원칙적으로 상속되지 않고, 예외적으로 재산분할청구권을 가진 배우자가 사망 이전에 이를 행사하여 확정된 경우에만 상속된다고 보아야 한다.

의무자가 사망한 경우에는 다른 일방이 그 사망 이전에 의무자를 상대로 재산분할청구권을 '행사'하지 않았다고 하더라도 그 의무는 상속인들에게 승계된다고 보는 것이 타당하다(피상속인의 사망이라는 우연한 결과 때문에 재산분할청구권자의 청구권 행사가 방해되어서는 안 되기 때문이다 ; 서울가법 2009느합289).

② 아울러 재산분할청구권은 재산형성에 기여한 것에 대한 실질적인 청산청구권으로 보아야 하므로 **재산분할청구권이 행사된 뒤에 의무자가 사망한 경우에는 그 의무가 당연히 상속인들에게 승계된다고 보아야 한다**(통설). 判例도 사실혼 해소의 경우에는 그 해소시에 재산분할청구권이 발생하므로, 그 후 의무자 일방이 사망하면 재산분할의무는 상속인들에게 상속된다고 한다(대결 2009.2.9. 2008스105: 표준판례827).[30]

[판례검토] 특히 사실혼 해소의 경우에는 그 해소시에 재산분할청구권이 발생하고, 일방의 사망시에 상속이 일어난다고 보는 判例의 태도는 타당하다. 왜냐하면 현재 判例는 당사자의 사망으로 인한 사실혼관계 해소의 경우에 재산분할청구권을 부인하는 태도를 취하고 있는데(대판 2006.3.24. 2005두15595: 표준판례825), 이러한 법상태를 전제로 하더라도 재산분할청구제도의 제반 취지를 살릴 방도가 무엇인지를 강구할 필요가 있다는 점도 고려되어야 할 것이기 때문이다.

★ [이혼소송과 소송상 지위의 승계 관련 판례정리] ① 재판상 이혼청구권은 부부의 일신전속의 권리이므로 이혼소송 계속 중 배우자의 일방이 사망한 때에는 상속인이 그 절차를 수계할 수 없다(대판 1994.10.28. 94므246,253: 표준판례822 : 1회 선택형). 그러나 **재판상 이혼의 재심사건의 경우에는** 재심피청구인(본래 소송의 청구인)이 이미 사망한 때에는 검사를 상대로 재심청구를 하고, 재심청구 소송 중 재심피청구인이 사망한 경우에는 검사가 소송을 수계한다(대판 1992.5.26. 90므1135). ② 재산분할청구권은 이혼이 성립한 때에 비로소 발생하므로, 이혼이 되기 전에(이혼소송 및 재산분할청구소송 도중에) 배우자 일방이 사망하면 이혼의 성립을 전제로 하여 이혼소송에 부대한 재산분할청구 역시 이를 유지할 이익이 상실되어 이혼소송의 종료와 동시에 종료된다(대판 1994.10.28. 94므246,94므253). ③ 이혼에 따른 위자료청구권은 불법행위책임의 성질을 가지므로 귀속상 일신전속적 권리라 할 수 없다. 따라서 청구권자가 위자료의 지급을 구하는 소송을 제기함으로써 청구권을 행사할 의사가 외부적 객관적으로 명백하게 된 이상 이혼소송이 종료하더라도 소송은 승계될 수 있다(대판 1993.5.27. 92므143: 표준판례826 : 1회 선택형). ④ 사실혼관계는 당사자 일방의 의사에 의해 해소될 수 있고 재산분할심판청구시 사실혼관계가 이미 해소되었으므로 사망한 상대방의 상속인이 승계하게 된다(대판 2009.2.9. 2008스105: 표준판례827).

5. 재산분할심판의 취하와 상대방의 동의(불요)

"재산분할심판 사건은 마류 가사비송사건에 해당하고[가사소송법 제2조 제1항 제2호 (나)목 4)], 당사자의 심판청구에 의하여 절차가 개시되며 당사자가 청구를 취하하여 절차를 종료시킬 수 있다. 가사비송절차에 관하여 가사소송법에 특별한 규정이 없는 한 비송사건절차법 제1편의 규정을 준용하는데(가사소송법 제34조 본문), 가사소송법에 가사비송사건의 심판청구 취하에 있어서 상대방의 동의 필요 여부에 관하여 특별한 규정을 두고 있지 아니하고, 비송사건절차법은 '소취하에 대한 동의'에 관한 민사소송법 제266조 제2항을 준용하지 않는다. 따라서 상대방이 있는 마류 가사비송사건인 **재산분할심판 사건의 경우 심판청구 취하에 상대방의 동의를 필요로 하지 않고, 상대방이 취하에 부동의하였더라도 취하의 효력이 발생한다**"(대판 2023.11.2. 2023므12218 : 14회 선택형).

▶ [쟁점 23]

---

30) [사실관계] 사안은 사실혼관계의 당사자 중 일방인 乙이 의식불명이 되자 상대방인 甲이 일방적으로 사실혼관계의 해소를 주장하면서 재산분할심판청구를 하였는데, 그 재판 과정에서 乙이 사망한 사안에서 甲과 乙의 사실혼관계는 甲의 일방적 파기로 인해 해소되었고 이에 따라 甲은 乙에게 재산분할청구권을 가진다고 한 다음, 그 뒤 乙이 사망함으로 인하여 乙의 재산분할의무가 乙의 상속인들에게 승계되었음을 전제로 위 재산분할청구심판절차를 乙의 상속인들이 수계하여야한다고 판시한 사례이다.

3. 子에 대한 효과

(1) 친권자 지정(제909조 4항, 6항)

재판상 이혼의 경우에 당사자의 청구가 없다 하더라도 법원은 직권으로 미성년자인 자녀에 대한 친권자 및 양육자를 정하여야 하며, 따라서 법원이 이혼 판결을 선고하면서 미성년자인 자녀에 대한 친권자 및 양육자를 정하지 아니하였다면 '재판의 누락'(판결이유가 누락된 판단누락이 아님)이 있다(대판 2015.6.23. 2013므2397 : 14회 선택형).

(2) 면접교섭권

① 과거 부모에게만 면접교섭권을 인정하고 있어 자녀는 면접교섭권의 객체로 인식되는 문제가 있었다. 이에 개정 민법은 자녀에게도 면접교섭권을 인정하고 있다(제837조의2 1항). 또한 최근 2016년 개정 민법은 부모의 직계존속에게도 면접교섭권을 인정하고 있다(제837조의2 2항). 이러한 면접교섭권은 부모(의 직계존속)와 자녀에게 주어진 고유한 권리로서 절대권이며, 일신전속권이므로 양도할 수 없고, 영속적 성질을 가지므로 포기할 수도 없다.

② 가정법원은 원칙적으로 부모와 자녀의 면접교섭을 허용하되, 면접교섭이 자녀의 복리를 침해하는 특별한 사정이 있는 경우에 한하여 당사자의 청구 또는 직권에 의하여 면접교섭을 제한하거나 배제할 수 있다(제837조의2 3항)(대결 2021.12.16. 2017스628). 면접교섭권은 협의이혼뿐만 아니라 재판상 이혼의 경우에도 인정되며(제843조), 혼인의 취소 또는 인지에 의하여 부모 중 일방이 친권자가 되는 경우에도 준용된다(마류 가사비송사건 제3호).

> 제837조(이혼과 자의 양육책임) ① 당사자는 그 자의 양육에 관한 사항을 **협의**에 의하여 정한다.
> ② 제1항의 협의는 다음의 사항을 포함하여야 한다.
>   1. **양육자**의 결정
>   2. **양육비용**의 부담
>   3. **면접교섭권**의 행사 여부 및 그 방법
>
> ③ 제1항에 따른 협의가 자(子)의 복리에 반하는 경우에는 가정법원은 **보정을 명**하거나 **직권으로**(▶ 당사자의 **청구**가 있으면 X) 그 자(子)의 의사(意思)·연령과 부모의 재산상황, 그 밖의 사정을 참작하여 양육에 필요한 사항을 정한다. ④ 양육에 관한 사항의 **협의**가 이루어지지 **아니하거나 협의할 수 없는 때**에는 가정법원은 **직권**으로 또는 당사자의 **청구**에 따라 이에 관하여 결정한다. 이 경우 가정법원은 제3항의 사정을 참작하여야 한다. ⑤ 가정법원은 **자(子)의 복리를 위하여 필요**하다고 인정하는 경우에는 부·모·자(子) 및 검사의 **청구** 또는 **직권**으로 자(子)의 **양육에 관한 사항을 변경**하거나 **다른 적당한 처분**을 할 수 있다. ⑥ 제3항부터 제5항까지의 규정은 양육에 관한 사항 외에는 부모의 권리의무에 변경을 가져오지 아니한다.
>
> ▶ 자는 면접교섭권을 가지지 않는다(X)
>
> 제837조의2(면접교섭권) ① 자(子)를 직접 양육하지 아니하는 **부모의 일방과 자(子)**는 상호 면접교섭 할 수 있는 권리를 가진다. ② 자(子)를 직접 양육하지 아니하는 **부모 일방의 직계존속**은 그 부모 일방이 사망하였거나 질병, 외국거주, 그 밖에 불가피한 사정으로 子를 면접교섭할 수 없는 경우 가정법원에 子와의 면접교섭을 청구할 수 있다. 이 경우 가정법원은 子의 의사, 면접교섭을 청구한 사람과 子의 관계, 청구의 동기, 그 밖의 사정을 참작하여야 한다. ③ 가정법원은 **자의 복리를 위하여 필요한 때**에는 당사자의 **청구** 또는 **직권**에 의하여 면접교섭을 제한·배제·변경할 수 있다.

(3) 양육에 관한 사항(제837조)

① "자의 양육은 부모의 권리이자 의무로서 미성년인 자의 복지에 직접적인 영향을 미친다. 따라서 부모가 이혼하는 경우에 미성년인 자의 양육자를 정할 때에는 모든 요소를 종합적으로 고려하여 미성년인 자의 성장과 복지에 가장 도움이 되고 적합한 방향으로 판단하여야 한다"(대판 2012.4.13. 2011므4665). 이와 관련하여 判例 중에는 ㉠ 甲과 乙의 이혼소송에서 甲과 乙을 미성년인 자 丙 등의 공동양육자로 지정하여 甲이 주중에 乙이 주말에 丙 등을 직접 양육하게 하도록 한 원심법원의 조치가 자의 성장과 복지에 가장 도움이 되고 적합한 것이라고 보기에 충분하지 않다고 하거나(대판 2013.12.26. 2013므3383), ㉡ 미성년 자녀의 양육에 있어 한국어 소통능력이 부족한 외국인보다는 대한민국 국민인 상대방에게 양육되는 것이 더 적합할 것이라는 추상적이고 막연한 판단으로 해당 외국인 배우자가 미성년 자녀의 양육자로 지정되기에 부적합하다고 평가하는 것은 옳지 않다고 한 사례도 있다(대판 2021.9.30. 2021므12320,12337).

② "민법 제837조, 제909조 4항 등이 부부의 이혼 후 그 자의 친권자와 그 양육에 관한 사항을 각기 다른 조항에서 규정하고 있는 점 등에 비추어 보면, **이혼 후 부모와 자녀의 관계에 있어서 친권과 양육권이 항상 같은 사람에게 돌아가야 하는 것은 아니며, 이혼 후 자에 대한 양육권이 부모 중 어느 일방에, 친권이 다른 일방에 또는 부모에 공동으로 귀속되는 것으로 정하는 것은, 비록 신중한 판단이 필요하다고 하더라도, 일정한 기준을 충족하는 한 허용된다**"(대판 2012.4.13. 2011므4719: 표준판례813 : **11회 선택형**). 다만 "재판상 이혼의 경우 부모 모두를 자녀의 공동양육자로 지정하는 것은 … (중략) … 등을 종합적으로 고려하여 공동양육을 위한 여건이 갖추어졌다고 볼 수 있는 경우에만 가능하다"(대판 2020.5.14. 2018므15534).

③ "부모는 자녀를 공동으로 양육할 책임이 있고, 양육에 드는 비용도 원칙적으로 부모가 공동으로 부담하여야 한다. 그런데 어떠한 사정으로 인하여 부모 중 어느 한쪽만이 자녀를 양육하게 된 경우에는 양육하는 사람이 상대방에게 현재와 장래의 양육비 중 적정 금액의 분담을 청구할 수 있다. 재판상 이혼에 따른 자녀의 양육책임에 대하여 이혼 당사자 간에 양육자의 결정과 양육비용의 부담에 관한 사항에 대하여 협의가 이루어지지 않거나 협의할 수 없을 때에는 가정법원은 직권으로 또는 당사자의 청구에 따라 해당 사항을 정한다(제837조, 제843조). 자녀의 양육에 관한 처분에 관한 심판은 부모 중 일방이 다른 일방을 상대방으로 하여 청구하여야 한다(가사소송규칙 제99조 제1항). 이러한 사항들을 종합하면, 재판상 이혼 시 친권자와 양육자로 지정된 부모의 일방은 상대방에게 양육비를 청구할 수 있고, 이 경우 가정법원으로서는 자녀의 양육비 중 양육자가 부담해야 할 양육비를 제외하고 상대방이 분담해야 할 적정 금액의 양육비만을 결정하는 것이 타당하다"(대판 2020.5.14. 2019므15302 : **10회 선택형**).

④ "이혼한 부부 사이에서 子에 대한 양육비의 지급을 구할 권리(이하 '양육비채권')는 당사자의 협의 또는 가정법원의 심판에 의하여 구체적인 청구권의 내용과 범위가 확정되기 전에는 '상대방에 대하여 양육비의 분담액을 구할 권리를 가진다'라는 추상적인 청구권에 불과하고 당사자의 협의나 가정법원이 당해 양육비의 범위 등을 재량적·형성적으로 정하는 심판에 의하여 비로소 구체적인 액수만큼의 지급청구권이 발생하게 된다고 보아야 하므로, 당사자의 협의 또는 가정법원의 심판에 의하여 구체적인 청구권의 내용과 범위가 확정되기 전에는 그 내용이 극히 불확정하여 상계할 수 없지만, 가정법원의 심판에 의하여 구체적인 청구권의 내용과 범위가 확정된 후의 양육비채권 중 이미 이행기에 도달한 후의 양육비채권은 완전한 재산권(손해배상청구권)으로서 **친족법상의 신분으로부터 독립하여 처분이 가능하고, 권리자의 의사에 따라 포기, 양도 또는 상계의 자동채권으로 하는 것도 가능하다**"(대판 2006.7.4. 2006므751: 표준판례853 : 실제 판례사안에서 수동채권은 이혼에 따른 재산분할채권이었다. **5회,10회,13회 선택형**) **[16사법]**

제6관 사실혼

Ⅰ. 서 설 [E-21]

1. 의 의

사회생활상 부부공동생활을 영위하고 있지만 혼인신고를 하지 않은 남녀관계를 사실혼이라고 한다(대표적으로 결혼식 이후 혼인신고 이전기간). 이러한 사실혼은 우리 법의 법률혼주의의 취지에 반하기 때문에 법률혼과 동일하게 다루어질 수는 없다. 그러나 당사자를 보호하여야 한다는 점에서는 법률혼과 동일하다.

2. 법적 성질

判例는 초기에는 사실혼을 장래 혼인할 것을 목적으로 하는 '혼인예약'이라고 보아 이를 부당하게 파기한 자에 대하여 혼인예약의무의 불이행을 이유로 한 손해배상책임을 인정하였으나(대판 1960.8.18. 4292민상995), 최근에는 사실혼을 '준혼관계'로 보아 법률혼에 대한 민법 규정 중 혼인신고와 관련된 것을 제외한 나머지 규정들을 준용하며(대판 1997.11.11. 97다34273), 사실혼의 부당한 파기에 대해서는 불법행위로 처리한다.

Ⅱ. 성립요건 [E-22]

1. 주관적 요건과 객관적 요건

사실혼이 성립하기 위해서는 ⅰ) 당사자 사이에 **주관적으로 혼인의사의 합치**가 있고, ⅱ) **객관적으로 부부공동생활이라고 인정할 만한 혼인생활의 실체**가 존재하여야 한다(대판 2001.4.13. 2000다52943등). 즉 단기간의 동거 또는 간헐적인 정교관계가 있는 것만으로는 혼인의 실체를 인정할 수 없다(대판 2001.1.30. 2000도4942).

2. 법률상 혼인 장애사유와 사실혼의 성부

(1) 일반론

위의 요건 외에 혼인의 장애사유(제807조 내지 810조)도 없어야 하는가에 관하여, 사실혼의 경우에는 혼인성립에 관한 실질적 요건(제807조 내지 810조)의 구비를 엄격히 요구할 수 없는 경우가 많으므로, 혼인의 실질적 요건을 구비하지 않은 것만으로 사실혼이 성립할 수 없는 것은 아니다. 따라서 혼인적령 미달자의 사실혼, 부모 등의 동의를 얻지 못한 사실혼 등은 '**보호받을 수 있는 사실혼**'이나 중혼적 사실혼(대판 1996.9.20. 96므530 ; 대판 2001.4.13. 2000다52943), 무효사유에 해당하는 근친 사이의 사실혼은 '**보호받을 수 없는 사실혼**'이다. 중혼적 사실혼에 대해서는 별도로 검토한다.

(2) 중혼적 사실혼

1) 의 의

중혼적 사실혼이란 법률상의 혼인관계에 있는 배우자의 일방이 제3자와 사실상의 혼인관계에 들어간 경우의 당해 사실혼관계를 지칭한다. 이러한 중혼적 사실혼은 일부일처제의 취지에 반한다고 할 수 있으나, 윤리도덕은 별문제로 하고, 법률혼주의를 채용하는 민법 아래서는 이러한 관계를 적극적으로 저지할 수 없다. 따라서 법적 보호를 받는 관계와 그렇지 않은 관계의 한계를 설정하는 것이 중요한바, 특히 중혼적 사실혼관계가 해소되는 경우에 경제적 약자인 사실혼의 처의 보호가 문제된다.

2) 중혼적 사실혼의 보호기준과 한계(특히 재산분할청구권)

判例[31]는 "법률상 배우자 있는 자는 그 '법률혼 관계가 사실상 이혼상태라는 등의 특별한 사정이 없는 한' 사실혼 관계에 있는 상대방에게 그와의 사실혼 해소를 이유로 재산분할을 청구함은 허용되지 않는다"(대결 1995.7.3. 94스30: 표준판례824)고 하고, "법률상의 혼인을 한 부부의 어느 한쪽이 집을 나가 장기간(20년) 돌아오지 아니하고 있는 상태에서, 부부의 다른 한쪽이 제3자와 혼인의 의사로 실질적인 혼인생활을 하고 있다고 하더라도, 특별한 사정이 없는 한, 이를 사실혼으로 인정하여 법률혼에 준하는 보호를 허여할 수는 없다"(대판 1995.9.26. 94므1638)고 하여 중혼적 사실혼에 관한 법적 보호에 소극적이다. 더구나 '사실상의 이혼상태'의 인정기준에 관하여서도 대체로 엄격하게 이해하고 있다.

[관련판례] 중혼적 사실혼이라도 도중에 법률혼이 이혼된 경우 그때부터 보호받을 수 있다고 보아, 법률혼 해소 이후에 취득한 재산에 대하여는 그 사실혼 해소시에 재산분할을 인정한 判例가 있다(대판 1995.9.26. 94므1638). 또한 "사실상 이혼한 법률상의 처와 부양받던 여자가 있는 경우 부의 사망으로 인하여 지급되는 산업재해보상보험법상의 유족보상일시금의 수급권자는 사망당시 부양되고 있던 사실상 혼인관계에 있던 여자다"(대판 1977.12.27. 75다1098)라고 판시하여 사실혼 배우자에게 유족으로서의 권리를 인정한 것도 있다.

Ⅲ. 사실혼의 효과 [16입법]   [E-23]

1. 혼인신고를 전제로 하는 효과(소극)

사실혼이 성립하여도 가족관계등록부의 변동이 일어나지 않으며, 사실혼의 배우자 및 그 혈족과의 사이에 친족관계도 생기지 않는다. 그리고 子는 혼인중의 출생자가 되지 못한다. 또한 사실혼관계에 있는 자가 다시 혼인하더라도 중혼이 되지 않는다. 그 밖에 배우자로서의 상속권도 인정되지 않는다(대판 1999.5.11. 99두1540 등). 다만 특별연고자의 재산분여청구는 가능하다(제1057조의2). 그러나 사망한 사실혼 배우자에게 상속인이 1인이라도 있는 경우에는 특별연고자에 대한 상속재산분여는 인정되지 않으므로 실제 사실혼 배우자가 위 민법 규정에 따라 피상속인의 재산을 분여받을 수 있는 경우는 적다.

2. 부부공동생활을 전제로 하는 효과(적극)

(1) 사실혼 부부 사이의 관계

동거·부양·협조의무(제826조), 정조의무, 혼인생활비용(제833조), 일상가사대리(제827조), 일상가사채무의 연대책임(제832조), 법정재산제(제830조, 제831조), **재산분할청구권**(제839조의2)(대판 2021.5.27. 2020므15841) 등은 사실혼에도 유추적용된다. 따라서 사실혼의 파탄에 있어 유책배우자는 상대방에 대하여 손해배상책임을 진다(대판 1998.12.8. 98므961 등). 부부재산계약의 경우(제829조)는 긍정하나 등기할 수 없으므로 제3자에게 대항할 수 없다는 견해가 유력하다.

(2) 제3자에 대한 관계

제3자가 사실혼의 배우자와 정교관계를 맺은 경우, 사실혼관계를 부당하게 간섭하여 파탄시킨 경우 등은 불법행위로 인한 손해배상책임을 진다(대판 1983.9.27. 83므26등). 또한 사실혼 배우자[인지되지 아니한 자녀도 포함된다(대판 1975.12.23. 75다413)]는 남편이나 생부가 타인의 불법행위로 사망한 경우 제752조의 규정에 따라 위자료를 청구할 수 있다(대판 1962.4.26. 62다72).

---

31) [학설] 학설은 중혼이 되는 사실혼은 원칙적으로 보호받을 수 없으나, 법률혼이 '사실상 이혼상태'에 있는 경우에는 그 사실혼은 보호를 받아야 한다는 입장이다(다수설). 그리고 중혼이 되는 사실혼의 경우에도 선의의 당사자 또는 제3자는 보호되어야 한다고 한다. 여기서 '사실상 이혼상태'란 혼인신고를 한 부부가 이혼의 합의를 하고 별거하여 양자 사이에 부부공동생활의 실체가 전연 존재하지 않으면서 이혼신고를 하지 않고 있는 상태를 말한다.

Ⅳ. 사실혼의 해소

[E-24]

1. 해소사유

사실혼은 당사자의 사망, 합의 또는 일방적 파기에 의하여 해소된다. 즉, 사실상의 혼인관계는 사실상의 관계를 기초로 하여 존재하는 것이므로 당사자 일방의 의사에 의하여 해소될 수 있다.

2. 해소의 효과

(1) 손해배상청구권

정당한 사유없이 일방이 사실혼을 파기한 때에는 유책자가 상대방에 대하여 손해배상책임을 진다(대판 1977.3.22. 75므28 ; 종래 判例는 이러한 책임을 혼인예약불이행책임이라 하였으나, 최근에는 채무불이행책임과 함께 불법행위책임도 인정하고 있다). 判例에 의하면 부정행위·악의의 유기·성기능 불완전 등은 정당한 사유에 해당하나, 임신불능은 정당한 사유가 아니다.

(2) 재산분할청구권

① 判例에 의하면 부부재산의 청산의 의미를 갖는 재산분할에 관한 규정은 사실혼관계에도 준용 또는 유추적용할 수 있다고 한다(대판 1995.3.28. 94므1584). 그러나 앞서 검토한 바와 같이 判例는 중혼적 사실혼의 경우에는 '특별한 사정이 없는 한' 이를 사실혼으로 인정하여 법률혼에 준하는 보호를 할 수 없으므로 재산분할청구권은 인정되지 않는다고 한다(대판 1996.9.20. 96므530).

> [관련판례] "원·피고 사이의 사실혼관계가 불과 1개월만에 파탄된 경우, 혼인생활에 사용하기 위하여 결혼 전후에 원고 자신의 비용으로 구입한 가재도구 등을 피고가 점유하고 있다고 하더라도 이는 여전히 원고의 소유에 속한다고 할 것이어서, 원고가 소유권에 기하여 그 반환을 구하거나 원상회복으로 반환을 구하는 것은 별론으로 하고, 이로 인하여 원고에게 어떠한 손해가 발생하였다고 할 수 없다. 한편 원고가 결혼 후 동거할 주택구입 명목으로 피고에게 금원을 교부함으로써 피고가 자신의 명의로 주택을 소유하게 되었을 뿐 아니라 향후 그 주택의 시가상승으로 인한 이익까지 독점적으로 보유하게 된다는 점 등을 고려할 때, 결혼생활이 단기간에 파탄되었다면 형평의 원칙상 위 금원은 원상회복으로서 특별한 사정이 없는 한 전액 반환되어야 한다"(대판 2003.11.14. 2000므1257, 1264: 표준판례782).

② 사실혼 해소를 원인으로 한 재산분할에서 분할의 대상이 되는 재산과 액수는 **원칙적으로 '사실혼이 해소된 날'**을 기준으로 하여 정하여야 하고, 사실혼 해소 이후 재산분할 청구사건의 사실심 변론종결 시까지 사이에 혼인 중 공동의 노력으로 형성·유지한 부동산 등에 발생한 외부적, 후발적 사정으로서 특별한 사정이 있는 경우에는 이를 분할대상 재산의 가액 산정에 참작할 수 있다(대판 2023.7.13. 2017므11856, 11863).

③ 한편 **사실혼관계가 일방 당사자의 사망에 의하여 종료된 경우**에는 생존한 배우자에게 상속권이 인정되지 않기 때문에 재산분할청구권이 인정될 필요성이 크지만, 대법원은 법률상 혼인관계가 일방 당사자의 사망으로 인하여 종료된 경우에도 생존 배우자에게 재산분할청구권이 인정되지 않으므로 이를 부정하였다(대판 2006.3.24. 2005두15595: 표준판례825 : 4회,13회 선택형).
즉 判例에 의하면 사실혼 배우자의 생명이 위독한 경우 다른 일방배우자는 사실혼을 일방적으로 파기하고 재산분할청구를 할 수 밖에 없는데 이는 사실혼 보호라는 관점에서 볼 때 문제가 많다. 다만 이러한 결과는 사실혼 배우자를 상속인에 포함시키지 않는 우리 법제에 기인한 것이므로 입법론은 별론으로 하고 해석론으로서는 어쩔 수 없는 것으로 판단된다.

(3) 구의 양육문제

사실혼이 해소된 후 자의 양육에 관하여 判例는 제837조의 유추적용을 부정하였다(대판 1975.5.8. 79므3). 즉 判例는 이혼·혼인무효·혼인취소의 경우에 한하여 양육자지정청구가 가능하다고 한다.

[판례검토] 그러나 이 判例는 혼인외의 출생자에 대해서는 부가 우선하여 친권자가 되도록 한 1990년 개정 전의 법률 하에서의 判例이며, 현재는 혼인외의 출생자에 대해서도 인지를 할 때 자의 양육에 관한 사항과 면접교섭권을 적용하는 규정(제864조의2)이 있으므로 현재는 제837조의 적용이 가능하다고 보아야 할 것이다.

V. 사실상혼인관계에 관한 존부 확인의 소 [E-25]

1. 의 의

객관적·외부적으로 혼인의 실체를 인정할 수 있는 상황이 존재함에도 불구하고 당사자 일방이 혼인신고에 협력하지 않는 경우에, 상대방 당사자는 조정을 거쳐 사실상혼인관계존재확인청구의 소를 제기할 수 있다(가사소송법 제2조 1항 나류 1호, 제50조).

2. 법적 성질(사실혼 계속 중 제3자와 한 혼인신고의 효력)

判例는 사실혼관계확인청구소송이 승소로 확정되었다고 하여도 그에 기인하여 혼인신고를 하지 아니한 이상 이로써 혼인관계가 형성되는 것은 아니라고 하여 '확인의 소'의 성질을 갖는다고 하고, 이에 기한 신고를 '창설적 신고'로 보고 있다(대판 1973.1.16. 72므25 ; 학설은 혼인신고를 일반적으로 보고적 신고로 본다).

따라서 判例는 청구인이 피청구인을 상대로 한 사실혼관계확인청구소송이 승소로 확정되었다고 하더라도, 그에 기하여 혼인신고를 하지 아니한 이상 제810조 소정의 중혼이 될 수 없고, 따라서 제816가 규정한 혼인취소사유도 되지 않는다고 한다(대판 1973.1.16. 72므25).

3. 혼인의사존부의 확인기준시

判例는 과거에 사실혼이 존재했더라도 현재 사실혼이 해소되어 사실혼이 존재하지 않는 경우에는 사실상혼인관계존재확인청구를 인용하지 않는다(대판 1977.3.22. 72므28). 이러한 견해에 따르면 혼인신고를 위한 사실상혼인관계존재확인의 소는 현재에도 혼인의사는 있으나 신고할 수 없는 사정이 있는 경우에만 인정되는 것으로 된다.[32]

5. 당사자가 사망한 후의 사실혼존재확인청구

判例는 '확인의 이익'이 있다면 가능하다는 입장인바(대판 1995.3.28. 94므1447: 표준판례787), 예를 들어 '유족급여수급권'을 주장하는 사람이 검사를 상대방으로 하여 과거의 사실상혼인관계에 관한 존부 확인의 소를 제기하는 경우, 확인의 이익이 인정된다(대결 2022.3.31. 2019므10581). 그러나 단순히 사망한 사실혼 배우자와의 혼인신고를 목적으로 사실혼관계 존재 확인을 청구할 소의 이익은 없다고 한다(대결 1991.8.13. 91스6).

---

32) [판례평석] 그러나 당사자 일방이 종래에는 혼인의사를 가지고 있었으나 사실심 변론종결시에 혼인의사 없음을 이유로 이 소를 제기할 수 없다면, 재판에 의한 혼인신고제도의 실효성이 거의 없어지기 때문에 사실혼의 성립 당시를 기준으로 해야 한다.

제4절 부모와 자

제1관 친생자

I. 의 의 [E-26]

친생자는 혼인 중의 출생자(생래적 혼인중의 출생자와 준정에 의한 혼인중의 출생자가 있다)와 혼인외의 출생자로 나뉜다. 혼인외의 자로 출생하였으나 후에 부모가 혼인하면 부모가 혼인한 때부터 혼인 중의 출생자로 본다(제855조 2항).

II. 혼인 중의 출생자 [E-27]

1. 의 의

혼인 중의 출생자(婚生子)는 혼인관계에 있는 부모 사이에서 태어난 자를 말한다. 혼생자로는 친생추정을 받는 子, 친생추정을 받지 않는 子 및 準正에 의한 혼생자가 있다.

2. 친생자 추정

① 포태와 분만이라는 자연적 사실에 의해 확정되는 모자관계와 달리 부자관계는 정확히 확정하기 곤란하다. 따라서 민법은 법률상 부자관계를 조기에 확정하여 부자관계를 둘러싼 분쟁을 안정적·객관적으로 처리하기 위해 친생자 추정규정을 두고 있다(제844조).

② 제844조의 친생추정 규정에 따라 아내가 임신한 자녀를 남편의 자녀로 추정하는 것은 혼인 중 출생한 자녀가 남편의 자녀일 개연성이 높다는 점뿐만 아니라 실제로 그러한 관계를 기초로 실질적인 가족관계가 형성될 개연성이 높다는 점을 전제로 한다(대판 2019.10.23. 전합2016므2510; 표준판례829 : 12회 선택형). 그러나 헌법이 보장하고 있는 혼인과 가족제도, 사생활의 비밀과 자유, 부부와 자녀의 법적 지위와 관련된 이익의 구체적인 비교 형량 등을 종합하면, 혼인 중 아내가 임신하여 출산한 자녀가 남편과 혈연관계가 없다는 점이 밝혀졌더라도 친생추정이 미치지 않는다고 볼 수 없다(대판 2019.10.23. 전합2016므2510; 표준판례829 : 12회 선택형).

3. 친생자 추정의 요건

① 구민법은 "혼인성립의 날로부터 200일 후 또는 혼인관계 종료의 날로부터 300일 내에 출생한 자는 혼인 중에 포태한 것으로 추정한다"(제844조 2항)고 규정하였으나 헌법재판소는 "혼인 종료 후 300일 이내에 출생한 자를 전남편의 친생자로 추정하는 민법(1958. 2. 22. 법률 제471호로 제정된 것) 제844조 제2항 중 "혼인관계종료의 날로부터 300일 내에 출생한 자"에 관한 부분(이하 '심판대상조항'이라 한다)이 母가 가정생활과 신분관계에서 누려야 할 인격권, 혼인과 가족생활에 관한 기본권을 침해"(헌재 2015.4.30. 2013헌마623)한다고 하여 잠정적용을 명하는 헌법불합치결정을 하였다.

② 이에 개정민법은 2항과 3항을 구분하여 규정하였다. 한편, 구법상 친생추정이 경합하는 경우(출산이 전혼 종료 후 300일 내이지만 후혼 성립 후 200일 이후인 경우)에는 父를 정하는 소에 의해 해결된다(제845조). 그러나 신법에서는 친생부인의 허가를 받거나(제854조의2), 生父가 인지의 허가를 받아(제855조의2) '제844조 3항'(제844조의 2항이 아님)의 추정이 미치지 못하도록 하였다. 즉, 이 경우 전혼 배우자의 자녀로 추정되는 것(제844조 3항)을 상대적으로 구민법보다 쉽게 번복할 수 있도록 하였다.

> 제844조 (남편의 친생자의 추정) ① 아내가 혼인 중에 임신한 자녀는 남편의 자녀로 추정한다.
> ② 혼인이 성립한 날부터 200일 후에 출생한 자녀는 혼인 중에 임신한 것으로 추정한다.
> ③ 혼인관계가 종료된 날부터 300일 이내에 출생한 자녀는 혼인 중에 임신한 것으로 추정한다.
> [전문개정 2017.10.31. ; 시행일 2018.2.1]
>
> 제854조의2 (친생부인의 허가 청구) ① 어머니 또는 어머니의 **전(前) 남편**은 제844조 제3항의 경우에 가정법원에 친생부인의 허가를 청구할 수 있다. 다만, 혼인 중의 자녀로 출생신고가 된 경우에는 그러하지 아니하다. ② 제1항의 청구가 있는 경우에 가정법원은 혈액채취에 의한 혈액형 검사, 유전인자의 검사 등 과학적 방법에 따른 검사결과 또는 장기간의 별거 등 그 밖의 사정을 고려하여 허가 여부를 정한다. ③ 제1항 및 제2항에 따른 허가를 받은 경우에는 제844조제1항 및 제3항의 추정이 미치지 아니한다. [전문개정 2017.10.31. ; 시행일 2018.2.1]
>
> 제855조의2 (인지의 허가 청구) ① **생부(生父)**는 제844조 제3항의 경우에 가정법원에 인지의 허가를 청구할 수 있다. 다만, 혼인 중의 자녀로 출생신고가 된 경우에는 그러하지 아니하다. ② 제1항의 청구가 있는 경우에 가정법원은 혈액채취에 의한 혈액형 검사, 유전인자의 검사 등 과학적 방법에 따른 검사결과 또는 장기간의 별거 등 그 밖의 사정을 고려하여 허가 여부를 정한다. ③ 제1항 및 제2항에 따라 허가를 받은 생부가 '가족관계의 등록 등에 관한 법률' 제57조 제1항에 따른 신고를 하는 경우에는 제844조제1항 및 제3항의 추정이 미치지 아니한다. [전문개정 2017.10.31. ; 시행일 2018.2.1]

(1) 母가 父의 妻일 것

父와 母가 혼인관계에 있어야 하고, 母는 父의 妻이어야 한다.

(2) 혼인 중에 포태할 것

1) 친생자 추정을 받는 혼인 중의 출생자

친생자 추정에 관한 입법주의로는 출생주의와 포태주의가 있는데, 우리 민법은 포태주의를 취하고 있다. 친생자 추정을 받기 위해서는 혼인 중에 포태할 것을 요한다. 그리고 혼인성립의 날로부터 200일(최단 임신기간) 후에 출생한 자녀는 혼인 중에 임신한 것으로 추정하고(제844조 2항), 혼인관계 종료의 날로부터 300일(최장 임신기간) 이내에 출생한 자녀도 혼인 중에 임신한 것으로 추정한다(제844조 3항).

2) 사실혼의 경우

제844조 2항의 '혼인성립의 날'이란 본래 혼인신고를 한 날(사실혼관계존재확인청구에 의하는 경우에 그 신고를 보고적 신고로 보는 다수설의 입장에 따르면 조정 성립일 또는 판결 확정일)을 의미하나, 다수설 및 判例는 사실혼을 거쳐 법률혼으로 가는 실제의 관행을 고려하여 **사실혼 성립의 날도 포함**하는 것으로 해석한다(대판 1963.6.13. 63다228). 따라서 이에 의하면, 혼인신고일로부터 200일이 되기 전에 출생한 자라도 사실혼 성립일로부터 200일 후에 출생하였으면 친생자의 추정을 받게 된다. 아울러 200일 또는 300일의 기간은 날로 계산하며, 초일을 산입한다(제157조).

4. 친생자 추정의 제한(친생자 추정이 미치지 않는 자)

(1) 문제점

혼인 중의 출생자라 할지라도 妻가 夫의 子를 포태할 수 없는 것이 객관적으로 명백한 사정이 있는 경우에는 夫의 친생자로서의 추정이 미치지 않는다고 보아야 한다. 예를 들어 夫가 행방불명 또는 생사불명인 경우, 夫가 장기간 수감·입원·외국체류 등으로 부재중인 경우, 혼인관계가 파탄되어 사실상 이혼상태로 별거 중인 경우, 夫와 子간에 명백한 인종의 차이가 있는 경우이다. 즉, 이러한 경우에는 친생자 추정이 미치지 않는다는 점에 대해서는 다툼이 없다. 다만 구체적인 범위에서 학설의 대립이 있는바, 특히 夫와 子의 혈액형이 배치되거나 夫가 생식불능인 경우가 문제된다.

(2) 판 례

① 처음에는 친생자 추정이 미치는 포태기간을 호적에 의하여 획일적·형식적으로 정하여야 한다는 입장이었으나(대판 1968.2.27. 67므34), ㉠ 현재의 判例는 妻가 夫의 子를 포태할 수 없는 것이 객관적으로 명백한 사정이 있는 경우에는 夫의 친생자로서의 추정이 미치지 않는다는 외관설의 입장이다(대판 1983.7.12. 전합82므59: 표준판례828). 따라서 예컨대 처가 가출하여 부와 별거한지 약 2년 2개월 후에 자를 출산하였다면 제844조의 추정이 미치지 아니하여 부는 친생부인의 소에 의하지 않고 친자관계부존재확인소송을 제기할 수 있다(전합82므59 사실관계). [25법무]
㉡ 즉, 제844조 1항의 친생추정은 반증을 허용하지 않는 강한 추정이므로, 이러한 예외적인 사유가 없는 한 누구라도 그 자가 부의 친생자가 아님을 주장할 수 없다(대판 2021.9.9. 2021므13293).
[판례검토] '가정의 평화'를 유지한다는 친생자추정 및 부인제도의 취지에 비추어 비록 혈연진실주의에 반하더라도 포태기간 중의 동서(同棲)의 결여라는 외관상 객관적으로 명백한 사실이 존재하는 경우가 아니라면, 夫에 의한 포태가능성이 없음(가령 夫의 생식불능 또는 夫와 子의 혈액형의 상위와 같은 부부의 개인적인 내부사정)을 이유로 가령 친생자관계존부확인의 소에 의하여 친생을 부인할 수는 없다. 따라서 외관설이 타당하다.
② 아울러 전원합의체 판결은 ㉠ 아내가 혼인 중 남편이 아닌 제3자의 정자를 제공받아 인공수정으로 자녀를 출산한 경우에도 친생추정 규정을 적용하여 인공수정으로 출생한 자녀가 남편의 자녀로 추정되며, ㉡ 인공수정에 동의한 남편이 나중에 이를 번복하고 친생부인의 소를 제기하는 것은 원칙적으로 허용되지 않는다고 보았다.[1] ㉢ 또한 같은 취지에서 혼인 중 아내가 임신하여 출산한 자녀가 남편과 혈연관계가 없다는 점이 밝혀졌더라도 친생추정이 미친다고 보아 부자관계를 단절시킬 수 있는 기간을 제한시켰다(대판 2019.10.23. 전합2016므2510: 표준판례829 : 11회,12회,13회 선택형).
③ 이처럼 '혈연관계 유무'나 그에 대한 인식은 친생부인의 소를 이유 있게 하는 근거 또는 제소기간의 기산점 기준으로서 친생부인의 소를 통해 친생추정을 번복할 수 있도록 하는 사유이다. 이를 넘어서 '처음부터 친생추정이 미치지 않도록 하는 사유로서 친생부인의 소를 제기할 필요조차 없도록 하는 요소가 될 수는 없다.' 즉, 혈연관계가 없다는 점을 친생추정이 미치지 않는 전제사실로 보는 것은 원고적격과 제소기간의 제한을 두고 있는 친생부인의 소의 존재를 무의미하게 만드는 것으로 현행 민법의 해석상 받아들이기 어렵다(대판 2021.9.9. 2021므13293).

5. 효 과

(1) 친생자 추정을 받지 않는 혼인 중의 출생자의 경우

> 제865조(다른 사유를 원인으로 하는 친생관계존부확인의 소) ① 제845조, 제846조, 제848조, 제850조, 제851조, 제862조와 제863조의 규정에 의하여 소를 제기할 수 있는 자는 다른 사유를 원인으로 하여 친생자관계존부의 확인의 소를 제기할 수 있다. ② 제1항의 경우에 당사자 일방이 사망한 때에는 그 사망을 안 날로부터 2년 내에 검사를 상대로 하여 소를 제기할 수 있다.

---

[1] "나아가 인공수정 동의와 관련된 현행법상 제도의 미비, 인공수정이 이루어지는 의료 현실, 민법 제852조에서 친생자임을 승인한 자의 친생부인을 제한하고 있는 취지 등에 비추어 이러한 동의가 명백히 밝혀지지 않았던 사정이 있다고 해서 곧바로 친자관계가 부정된다거나 친생부인의 소를 제기할 수 있다고 볼 것은 아니다"(12회 선택형)

1) 친생관계존부확인의 소의 제기

① 혼인이 성립한 날로부터 200일이 되기 전에 출생한 자, 혼인관계 종료의 날로부터 300일 이후에 출생한 자, 친생자 추정의 제한을 받는 경우 등이다. 이를 다툴 때에는 출소기간의 제한이 없는 '**친생자관계 부존재확인의 소**'에 의하여 부자관계를 부정할 수 있다(대판 1983.7.12. 전합82므59: **표준판례828**). 다만 당사자 일방이 사망한 때에는 그 사망을 안 날부터 2년 내에 검사를 상대로 하여 소를 제기하여야 하고(제865조 2항), 제3자가 친생자관계존부확인의 소를 제기함에 있어 당사자 쌍방이 모두 사망한 경우 제소기간은 당사자 쌍방이 모두 사망한 사실을 안 날로부터 기산한다(대판 2004.2.12. 2003므2503 : 9회 선택형).

② 이러한 친생자관계 부존재확인의 소는 父를 정하는 소, 친생부인의 소, 인지에 대한 이의의 소, 인지청구의 소의 목적에 해당하지 않는 다른 사유를 원인으로 하여 가족관계등록부의 기록을 정정함으로써 신분관계를 명확히 할 필요가 있는 경우에 제기할 수 있다(제865조). 그리하여 이 소를 제기할 수 있는 경우는 대단히 많으며, 친생자 추정이 미치지 않는 자에 대하여도 그 소를 제기할 수 있는 것이다(5회 선택형).

判例에 따르면 "父가 혼인외의 자에 대하여 친생자 출생신고를 한 때에는 그 신고가 인지신고가 아니라 출생신고인 이상 그와 같은 신고로 인한 친자관계의 외관을 배제하고자 하는 때에도 인지에 관련된 소송이 아니라 친생자관계부존재확인의 소를 제기하여야 한다"(대판 1993.7.27. 91므306: **표준판례 839**)[2]고 한다.

2) 친생관계존부확인의 소의 원고적격

① "이해관계인은 이 사건 조항에 열거된 민법 제862조에 따라 다른 사유를 원인으로 하여 친생자관계 존부확인의 소를 제기할 수 있다. 여기서 이해관계인은 다른 사람들 사이의 친생자관계가 존재하거나 존재하지 않는다는 내용의 판결이 확정됨으로써 일정한 권리를 얻거나 의무를 면하는 등 법률상 이해관계가 있는 제3자를 뜻한다. 따라서 다른 사람들 사이의 친생자관계존부가 판결로 확정됨에 따라 상속이나 부양 등에 관한 자신의 권리나 의무, 법적 지위에 구체적인 영향을 받게 되는 경우이어야 이해관계인으로서 친생자관계존부확인의 소를 제기할 수 있다"(대판 2020.6.18. 전합2015므8351: **표준판례840** : 12회,13회 선택형).

② 判例는 "친생자관계존부확인의 소를 제기할 수 있는 자를 구체적으로 특정하여 직접 규정하는 대신 소송목적이 유사한 다른 소송절차에 관한 규정들을 인용하면서 각 소의 제기권자에게 원고적격을 부여하고 그 사유만을 달리하게 한 점에 비추어 보면, 이 사건 조항이 정한 친생자관계존부확인의 소는 법적 친생자관계의 성립과 해소에 관한 다른 소송절차에 대하여 보충성을 가진다. 따라서 **친생자관계존부확인의 소를 제기할 수 있는 자는 제865조에서 정한 제소권자로 한정된다**"고 하여 원고적격의 구체적 범위에 대하여 ㉠ 친생자관계의 당사자로서 부, 모, 자녀, ㉡ 자녀의 직계비속과 그 법정대리인, ㉢ 성년후견인, 유언집행자, 부(夫) 또는 처(妻)의 직계존속이나 직계비속, ㉣ 이해관계인(제862조 : 인지에 대한 이의의 소)은 친생자관계존부확인의 소를 제기할 수 있다고 판시하였다(대판 2020.6.18. 전합2015므8351: **표준판례840** : 13회 선택형).

③ 과거 判例는 제777조에서 정한 친족이라는 사실만으로 당연히 친생자관계존부확인의 소를 제기할 수 있다고 하였으나, 그 입장을 변경하여 친생자관계존부의 판결이 확정됨에 따라 상속이나 부양

---

[2] **[판례해설]** 父가 혼인외의 자녀에 대해 출생신고를 한 경우 그 신고는 인지의 효력이 있다(무효행위의 전환, 가족관계의 등록 등에 관한 법률 제57조). 그런데 이 경우 그 자녀가 실제 그 父의 친생자가 아닌 경우 학설은 무효행위 전환법리에 따라 인지의 효력이 발생한 이상 인지이의의 소로써 다투어야 하므로 인지이의의 소에 관한 제척기간이 적용된다는 견해가 있으나, 判例는 친생자관계부존재확인의 소로써 다투어야 한다고 판시하였다.

등에 관한 자신의 권리나 의무 등에 구체적인 영향을 받는 경우에 한하여 이해관계인에 해당하여 친생자관계존부확인의 소를 제기할 수 있을 뿐 제777조의 친족이라는 사실만 가지고는 원고적격이 인정될 수 없다고 보았다(대판 2020.6.18. 전합2015므8351: 표준판례840 : 13회 선택형).

3) 친생관계존부확인의 소의 피고적격

① "친생자관계존부 확인소송은 소송물이 일신전속적인 것이므로, 제3자가 친자 쌍방을 상대로 제기한 친생자관계 부존재확인소송이 계속되던 중 친자 중 어느 한편이 사망하였을 때에는 생존한 사람만 피고가 되고, 사망한 사람의 상속인이나 검사가 절차를 수계할 수 없다. 이 경우 사망한 사람에 대한 소송은 종료된다"(대판 2018.5.15. 2014므4963).

② "친생자관계존부 확인소송은 소송물이 일신전속적인 것이지만, 당사자 일방이 사망한 때에는 일정한 기간 내에 검사를 상대로 하여 그 소를 제기할 수 있으므로(제865조 2항), 당초에는 원래의 피고적격자를 상대로 친생자관계존부 확인소송을 제기하였으나 소송 계속 중 피고가 사망한 경우 원고의 수계신청이 있으면 '검사로 하여금 사망한 피고의 지위를 수계'하게 하여야 한다"(대판 2014.9.4. 2013므4201).

(2) 친생자 추정을 받는 혼인 중의 출생자의 경우

① 친생자 추정은 반증이 허용되지 않는 강한 추정이어서 그 추정을 번복하려는 父가 제846조 이하의 엄격한 요건의 '친생부인의 소'를 제기하여야 하고(제846조) 제865조에 의한 '친생자관계 부존재확인의 소'에 의할 수는 없다(대판 2000.8.22. 2000므292: 표준판례830 : 9회 선택형).

② '친생부인의 소'는 무엇보다 '친생자관계 부존재확인의 소'와 달리 사유 있음을 알 날부터 2년내에 소를 제기해야 하는 '출소기간'의 제한이 있고, 제847조 제1항에서 정한 친생부인의 소의 원고적격이 있는 '父, 妻'는 子의 생모에 한정되고, 여기에 친생부인이 주장되는 대상자의 법률상 父와 '재혼한 처'는 포함되지 않는다(대판 2014.12.11. 2013므4591: 표준판례831 : 9회 선택형).

③ 친생자 추정을 받는 자에 대해서는 친생자관계부존재확인의 소, 인지청구, 임의인지 등을 할 수 없고 또한 별소에서 선결문제로 친생부인을 주장하는 것도 허용되지 않는다. 다만, 判例는 "부적법한 '친생자관계 부존재확인의 소'의 청구일지라도 법원이 그 잘못을 간과하고 청구를 받아들여 친생자관계가 존재하지 않는다는 확인의 심판을 선고하고 그 심판이 확정된 이상 이 심판이 당연무효라고 할 수는 없는 것이며, 위 확정심판의 기판력과 충돌되는 친생자로서의 추정의 효력은 소멸된다"고 한다(대판 1992.7.24. 91므566).

[관련판례] ✽ 친생자추정과 인지청구

친생자 추정을 받는 혼인 중의 출생자에 대하여는 제3자에 의한 인지가 허용되지 않는다(대판 2000.8.22. 2000므292). 그러나 "민법 제844조의 친생추정을 받는 자는 친생부인의 소에 의하여 그 친생추정을 깨뜨리지 않고서는 다른 사람을 상대로 인지청구를 할 수 없으나, 호적(가족관계등록부)상의 부모의 혼인 중의 자로 등재되어 있는 자라 하더라도 그의 생부모가 호적(가족관계등록부)상의 부모와 다른 사실이 객관적으로 명백한 경우에는 그 친생추정이 미치지 아니하므로, 그와 같은 경우에는 곧바로 생부모를 상대로 인지청구를 할 수 있다"(대결 2000.1.28. 99스1817).

핵심사례 E-01

■ 친생자 추정과 제한 대판 1983.7.12. 전합82므59

> 대학시절부터 사랑하는 사이였던 甲·乙은 2002년 1월 곧 결혼하기로 하고 사실혼관계를 맺어 사실혼부부로서 생활하였는데 갑작스런 甲의 독일 1년 근무발령에 따라 혼인을 미루어 오다 2003년 2월 혼인신고와 동시에 결혼식을 올리고 생활하였다. 그런데 2003년 6월 乙은 A를 출산하였고 이를 의아하게 여긴 甲이 혈액형조사를 하였는바, 혈액형이 배치되는 것으로 나타났다(甲: O형, 乙: A형, A: AB형). 사실을 조사해 본 甲은, A는 乙이 자신의 독일체류 중 정을 통했던 丙의 아이임을 알게 되었다. A가 甲의 子로 친생자 신고된 경우 甲의 친생부인방법은? (15점)

Ⅰ. A가 甲의 친생자로서 추정을 받는지 여부 : 원칙

> A의 경우 ① 母가 甲의 처인 乙이고, ② 제844조 2항의 '혼인성립의 날'을 사실혼이 선행되는 경우 사실혼 성립의 날도 포함한다는 견해에 따를 때 A는 처인 乙이 혼인 중에 포태한 자로 원칙적으로 夫의 자로 추정된다(설문상 A는 혼인신고 후 200일 전이나 사실혼성립 200일 이후에 출생하였다).

Ⅱ. A가 甲의 친생자로서 추정이 제한되는지 여부 : 예외

> 判例의 입장인 외관설에 따르면 甲의 장기독일체류로 인해 동침의 결여가 외관상 명백한 경우이고, 甲이 혈액형조사 등을 통해 자기의 자식이 아닌 A를 자기의 자식으로 인정하고자 하는 의사 없음을 명백히 한 경우로서 사안의 경우 이미 지켜야 할 가정이 붕괴되고 있고, 子인 A에게도 친생자 추정을 인정한다 하여도 이익이 될 것이 없어 친생자추정이 제한될 필요가 있다. 따라서 甲은 친생부인의 소(제846조)가 아닌 친자관계부존재확인의 소(제865조)에 의해 A와의 친자관계를 부인할 수 있다.

Ⅲ. 혼인 외의 출생자 [E-28]

1. 서 설

(1) 의 의

① 혼인 외의 출생자는 부모가 혼인하지 않은 상태에서 출생한 子이다. 예컨대, 사실혼 관계·무효혼관계(제855조 1항 후문)등으로부터 출생한 자, 혼인 중의 출생자 중 친생부인의 판결 또는 친생자관계부존재확인의 판결에 의하여 그 친생자가 아님이 확정된 자는 혼인 외의 출생자이다. 그러나 혼인이 취소된 경우에는 소급효가 없기 때문에(제824조), 그 子는 혼인 중의 출생자가 된다. 그리고 북한에서 혼인관계가 유효하게 성립하였으나 가족관계등록부에 그 혼인관계가 기록되지 않았다는 사정만으로 그 혼인관계 중에 출생한 자녀가 혼인 외의 출생자가 되는 것은 아니다(대결 2024.6.13. 2024스536).

② 혼인 외의 출생자와 生父 사이의 부자관계는 부의 인지에 의해서만 생길 수 있는 반면(대판 1997.2.14. 96므738: 표준판례838 ; 그 결과 인지가 있기 전에는 친권, 상속 등의 친자관계에 따른 법률효과가 발생하지 않는다). 生母와의 모자관계는 인지나 출생신고 등과 무관하게 자의 출생으로 당연히 발생한다(대판 1986.11.11. 86도1982).

(2) 대리모에 의한 출산

① 보조생식 시술을 통하여 임신·출산한 자녀를 타인에게 인도할 것을 내용으로 하는 '대리모계약'은 민법 제103조에서 정한 선량한 풍속 기타 사회질서에 위반한 법률행위로서 무효이다. 따라서 친생모로서 가지는 권리 일체를 포기하기로 하는 합의도 대리모계약의 일부 혹은 그 연장선상에서 체결된 것이므로 역시 무효이고, 진실한 친자관계를 부정하고 모로서의 정당한 권리행사를 박탈하는 것이라는

점에서도 그 효력을 인정하기 어렵다. 그러나 출산한 모와 자녀 사이에 혈연관계도 존재한다면, 무효인 대리모계약에 의하여 출산이 이루어졌다고 하더라도 자녀를 출산한 대리모를 자녀의 모로 보는 것이 타당하다(대판 2025.4.24. 2022므15371).

② 다만 대리모가 친생자관계존재확인의 소를 통해 진실한 신분관계를 귀속시키는 것이 오히려 자녀의 복리에 현저히 반하게 되는 특별한 사정[1]이 있다면 친생자관계존재확인의 소도 예외적으로 소권남용에 해당하여 허용되지 않을 수 있다(대판 2025.4.24. 2022므15371).

2. 인 지

(1) 의 의

혼인 외의 출생자에 대하여 생부 또는 생모가 자기의 子라고 인정하거나(임의인지), 재판에 의하여 父 또는 母를 확인함으로써(강제인지), 그들 사이에 법률상의 친자관계를 형성하는 것을 認知라고 한다. 母의 인지는 출생확인이라는 사실적 요소가 강한 반면(기아, 영아절도 등의 경우) 父의 인지는 사실확인의 측면 이외에 법적 의사를 표시함으로써 부자관계를 형성하는 측면도 있다.

(2) 임의인지

1) 인지권자

임의인지는 생부 또는 생모만이 할 수 있다(제855조 1항). 그러나 사실 母子관계는 분만·해산이라고 하는 외형적인 사실에 의하여 객관적으로 확정될 수 있으므로 특별한 경우(기아, 영아절도 등의 경우)를 제외하고는 母子관계의 인지는 불필요하다.

2) 피인지자

인지될 수 있는 자는 혼인 외의 출생자이다. 그러나 타인의 친생자로 추정되고 있는 자에 대하여는 친생부인의 소의 확정판결에 의하여 친자관계가 부인되기 전에는 아무도 인지할 수 없다(대판 1987.10.13. 86므129). 물론 호적상의 부모의 혼인중의 자로 등재되어 있는 자라 하더라도 그의 생부모가 호적상의 부모와 다른 사실이 객관적으로 명백한 경우에는 그 친생추정이 미치지 아니하므로, 그와 같은 경우에는 곧바로 생부모를 상대로 인지청구를 할 수 있다(대판 2000.1.28. 99므1817: **표준판례**833 : **5회 선택형**).

子가 사망한 후에는 원칙적으로 인지할 수 없으나, 子의 직계비속이 있는 때에는 인지할 수 있다(제857조). 그리고 父는 포태 중에 있는 子에 대하여도 인지할 수 있다(제858조).

[관련판례] "생부의 인지 없이 생모에 의해 임의로 생부의 친생자로 출생신고 되었다는 것을 이유로 한 인지무효확인의 확정심판은 생부 스스로 子를 그의 친생자로 인정하여 출생신고를 한 바 없는데도 생모에 의해 그러한 행위를 한 것처럼 호적상 기재가 되어 있으니 그 출생신고에 의한 임의인지가 무효임을 확인한다는 것이 심판대상임이 명백하고, 따라서 그 기판력 역시 생부의 출생신고에 의한 임의인지가 무효라는 점에 한하여 발생할 뿐이며, 나아가 생부와 子사이에 친생자관계가 존재하는지의 여부에 대해서까지 그 확정심판의 효력이 미치는 것은 아니므로, 그 확정심판의 효력은 子와 생부 사이에 친생자관계가 존재함을 전제로 하여 재판상 인지를 구하는 청구에는 미치지 아니한다"(대판 1999.10.8. 98므1698).

[판례해설] 인지는 인지권자 자신이 하여야 하며 母가 父의 인지신고(친생자 출생신고에 의한 인지를 포함)를 하면 이는 무효이다. 따라서 만약 甲의 사실혼 배우자 생모 丙이 丁을 甲의 출생자로 신고한 것은 甲이 丁의 生父라 하여도 인지로서 무효이다. 그리고 인지무효의 소의 당사자는 당사자(인지자, 피인지자), 그 법

---

1) [사실관계] "원고는 피고를 대리출산한 사실을 악용하여 장기간에 걸쳐 OOO 부부로부터 거액의 돈을 받았고 OOO 부부가 더 이상 돈을 지급하지 않자 인터넷 등을 통해 피고의 출생의 비밀을 일부 폭로하였다. 대리출산을 통해 출생한 피고는 아무런 잘못이 없음에도 원고의 위 행위와 이 사건 소로 인해 극심한 충격과 고통을 겪고 우리나라에서 정상적인 생활을 유지할 수 없게 된 것으로 보인다"

정대리인, 4촌 이내의 친족이 원고가 될 수 있는바(가사소송법 제28조 전단, 동법 제23조), 甲은 인지무효의 소를 제기할 수 있으나, 그 판결의 기판력은 임의인지의 무효사유가 있음을 확인하는 것에만 미칠 뿐 丁이 甲에 대해 재판상 인지를 청구하는 것에는 미치지 않는다.

(3) 강제인지(재판상 인지)

1) 의의

① 부 또는 모가 임의인지를 하지 않고 있는 경우, 재판으로 인지를 강제할 수 있다(제863조). 그리고 부 또는 모, 양자 사망시에는 '검사를 상대로 그 사망을 안 날로부터 2년 내'에 인지에 대한 이의의 소 또는 인지청구의 소를 제기할 수 있다(제864조). 이를 '강제인지'라고 한다.

② 혼인 외 출생자의 경우 母子관계는 인지를 요하지 아니하고 법률상의 친자관계가 인정될 수 있지만, 父子관계는 父의 인지에 의하여서만 발생하는 것이므로, 父가 사망한 경우에는 그 사망을 안 날로부터 2년 이내에 검사를 상대로 인지청구의 소를 제기하여야 하고, ㉠ '혼인 외 출생자'는 검사를 상대로 사망한 부와 사이에 '친생자관계존재확인'을 구할 수 없고(대판 2021.12.30, 2017므14817), ㉡ '생모나 친족 등 이해관계인'은 혼인 외 출생자를 상대로 혼인 외 출생자와 사망한 부 사이의 '친생자관계존재확인'을 구할 수 없다(대판 1997.2.14, 96므738: 표준판례838 : 12회 선택형).

2) 법적성질

① 인지의 소는 가사소송법상 나류 가사소송사건으로서(가사소송법 제9조) 소에 의하여 선고된 판결은 제3자에 대하여 효력이 있다(가사소송법 제21조). 인지는 사실상 친자관계의 존재를 확인하여 판결로써 비로소 법률상의 친자관계를 창설하기 때문에 '형성의 소'로 보아야 하지만, 母에 대한 인지는 '확인의 소'이다(대판 1967.10.4, 67다1791). [12입법] 이러한 인지청구의 소는 당사자의 증명이 충분하지 못할 때에는 법원이 '직권'으로 사실조사와 증거조사를 하여야 한다(대판 2015.6.11, 2014므8217).

② 인지청구권은 '포기할 수 없는 권리'이다. 따라서 인지청구권을 포기하기로 하는 재판상 화해가 이루어졌더라도 그 화해는 효력이 없으며, 친생자관계가 없음을 확인한다는 조정이 성립된 이후에 인지청구를 한다고 하여 금반언 원칙에 반한다거나 권리남용에 해당한다고 할 수 없다(대판 1999.10.8, 98므1698).

3) 제소기간

㉠ 父의 생존 중에는 언제든지 인지청구의 소를 제기할 수 있으나, ㉡ 부 또는 모, 양자 사망시에는 검사를 상대로 그 사망을 안 날로부터 2년 내에 소를 제기하여야 하는바, 이때 '사망을 안 날'은 사망이라는 객관적 사실을 아는 것을 의미하고, 사망자와 친생자관계에 있다는 사실까지 알아야 하는 것은 아니다(대판 2015.2.12, 2014므4871: 표준판례834 : 14회 선택형).

㉢ 이때 미성년자인 자녀의 법정대리인이 인지청구의 소를 제기한 경우에는 그 법정대리인이 부 또는 모의 사망사실을 안 날이 민법 제864조에서 정한 제척기간의 기산일이 된다. 그러나 자녀가 미성년자인 동안 법정대리인이 인지청구의 소를 제기하지 않은 때에는 자녀가 성년이 된 뒤로 부 또는 모의 사망을 안 날로부터 2년 내에 인지청구의 소를 제기할 수 있다고 보아야 한다(대판 2024.2.8, 2021므13279). [판례검토] 인지청구권은 자녀 본인의 일신전속적인 신분관계상의 권리로서 그 의사가 최대한 존중되어야 하고, 법정대리인에게 인지청구의 소를 제기할 수 있도록 한 것은 소송능력이 제한되는 미성년자인 자녀의 이익을 두텁게 보호하기 위한 것일 뿐 그 권리행사를 제한하기 위한 것이 아니기 때문이다.

---

2) [민사소송법 쟁점] "혼인 외 출생자 등이 법률상 부자관계의 성립을 목적으로 친생자관계존재확인의 소를 제기한 경우에 법원은 친생자관계존재확인의 소의 보충성을 이유로 그대로 소를 각하할 것이 아니라 원고의 진정한 의사를 확인하여 그에 알맞은 청구취지와 청구원인으로 정리하도록 '석명'하여야 한다"(대판 2021.12.30, 2017므14817).

(4) 인지의 효과

1) 법률상 친자관계 발생

① 임의인지이든 강제인지이든 인지는 혼외자와 생부 또는 생모 사이에 친자관계를 발생시켜 친권, 부양, 상속 등의 법률관계가 생긴다.

② 인지의 소의 확정판결에 의하여 일단 부와 자 사이에 친자관계가 창설된 이상, '재심의 소'로 다투는 것은 별론으로 하고, 확정판결에 반하여 '친생자관계부존재확인의 소'로써 당사자 사이에 친자관계가 존재하지 않는다고 다툴 수는 없고(대판 2015.6.11. 2014므8217: 표준판례836 : 9회 선택형), '인지에 대한 이의의 소'(제862조는 인지신고에 대한 이의의 소이다)로써도 다툴 수 없다(대판 1981.6.23. 80므109).

2) 소급효

임의인지의 경우에는 인지신고를 한 때, 강제인지의 경우에는 인지판결이 확정된 때 효력이 생기며, 그 효력은 출생시에 소급한다(제860조 본문). 그러나 인지의 소급효는 제3자가 이미 취득한 권리를 해하지 못한다(제860조 단서).

(5) 인지에 대한 이의

자 기타 이해관계인은 인지의 신고있음을 안 날로부터 1년 내에 인지에 대한 이의의 소를 제기할 수 있다(제862조), 만약 부 또는 모가 사망하였다면, 그 사망을 안 날로부터 2년 내에 검사를 상대로 하여 인지에 대한 이의 또는 인지청구의 소를 제기할 수 있다(제864조).

[쟁점 24] 인지의 소급효에 따른 문제점

Ⅰ. 과거의 양육비 청구(구상)에 관한 문제 [16사법]   [E27-1]

1. 문제점

과거의 양육비를 청구하는 청구인은 대부분 혼외자의 생모 혹은 이혼한 母이고 상대방은 혼외자의 생부 혹은 이혼한 父일 것이다. 따라서 과거의 양육비를 청구할 수 있느냐의 여부는 실천적으로는 일반적으로 경제적 약자인 母에게서 양육된 자의 보호여부가 문제되는 것이며, 논리적으로는 부모의 미성년 자녀에 대한 부양의무의 근거와 양육비채권의 발생시기가 문제되는 사안이다.

2. 부모의 미성년 자녀에 대한 부양의무의 근거

(1) 문제점

현행민법은 부부상호간의 부양(제826조)과 직계혈족 및 그 배우자 또는 생계를 같이 하는 친족간의 부양(제974조)에 관해서는 명확한 규정을 두고 있지만, 부양의무 중에서도 본질적인 것이라고도 할 수 있는 부모의 미성년 자녀에 대한 부양에 관해서는 명확한 규정을 두지 않아 그 근거를 둘러싸고 여러 의견들이 주장된다.

(2) 학설 및 판례의 검토

① 친권에 근거한다는 견해(제913조), ② 친자간의 공동생활에서 근거한다는 견해가 있으나, ③ 친권의 유무, 子와의 공동생활 (동거)유무에 관계없이 혈연을 기초로 하는 친자관계의 본질에서 근거한다는 견해가 타당하다. 判例도 기준을 친권 유무에 두고 있지 않은 점이 주류적 태도이므로 역시 친자관계의 본질이라는 점에서 부양의무의 근거를 찾고 있는 듯하다(대결 1993.5.13. 전합92스21: 표준판례852).

3. 양육비 채권의 발생시기

과거의 양육비 청구를 인정할 것인가와 관련하여 양육비채권이 언제 발생하는지 문제되나, 요부양자의 청구에 관계없이 부양의무자가 부양의무를 필요시에 이행하지 않으면 채무불이행에 빠지게 된다는 부양요건성립시설(다수설)이 타당하다. 判例도 "부모의 자녀양육의무는 특별한 사정이 없는 한 자녀의 출생과 동시에 발생하는 것"이라고 하여 부양요건성립시설의 입장을 취하고 있다.

4. 과거의 양육비 청구(구상)의 인정 여부

종래의 判例는 부정했으나, 태도를 변경하여 "어떠한 사정으로 인하여 부모 중 어느 한 쪽만이 자녀를 양육하게 된 경우에, 그와 같은 일방에 의한 양육이 그 양육자의 일방적이고 이기적인 목적이나 동기에서 비롯한 것이라거나 자녀의 이익을 위하여 도움이 되지 아니하거나 그 양육비를 상대방에게 부담시키는 것이 오히려 형평에 어긋나게 되는 등 특별한 사정이 있는 경우를 제외하고는, 양육하는 일방은 상대방에 대하여 현재 및 (성년이 될 때까지의) 장래에 있어서의 양육비 중 적정 금액의 분담을 청구할 수 있음은 물론이고, 부모의 자녀양육의무는 특별한 사정이 없는 한 자녀의 출생과 동시에 발생하는 것이므로 과거의 양육비에 대하여도 상대방이 분담함이 상당하다고 인정되는 경우에는 그 비용의 상환을 청구할 수 있다"(대결 1993.5.13. 전합92스21: 표준판례852 : 11회 선택형)라고 판시하여 긍정하고 있다.

[판례검토] 부양의무자의 과거의 생활은 지나갔어도 그 생활을 위해 부담한 채무나 경제적 궁핍은 현재에도 계속될 수 있으며, 과거의 양육비에 관한 결정도 제837조 2항의 양육에 관한 처분에 해당한다는 점으로 보아 과거의 양육비를 자녀를 양육하지 아니한 일방에게 청구할 수 있다고 본다.

[관련판례] "민법 제860조는 '인지는 그 자의 출생 시에 소급하여 효력이 생긴다.'라고 규정하고 있다. 따라서 인지판결 확정으로 법률상 부양의무가 현실화되는 것이기는 하지만 부모의 법률상 부양의무는 인지판결이 확정되면 그 자의 출생 시로 소급하여 효력이 생기는 것이므로, 양육자는 인지판결의 확정 전에 발생한 과거의 양육비에 대하여도 상대방이 부담함이 상당한 범위 내에서 그 비용의 상환을 청구할 수 있다고 보아야 한다"(대결 2023.10.31. 2023스643)

5. 과거의 양육비의 분담범위(구상범위)

① "한 쪽의 양육자가 양육비를 청구하기 이전의 과거의 양육비 모두를 상대방에게 부담시키게 되면 상대방은 예상하지 못하였던 양육비를 일시에 부담하게 되어 지나치고 가혹하며 신의성실의 원칙이나 형평의 원칙에 어긋날 수도 있으므로, 이와 같은 경우에는 반드시 이행청구 이후의 양육비와 동일한 기준에서 정할 필요는 없고, 여러 사정을 고려하여 적절하다고 인정되는 분담의 범위를 정할 수 있다"(대결 1993.5.13. 전합92스21: 표준판례852).

② "자녀가 성년에 이르게 되면 '이혼한 부부'가 공동으로 부담하는 자녀양육의무는 종료하고, 그 부부 사이에는 어느 일방이 과거에 자녀의 양육을 위해 지출한 비용을 서로 정산하여야 하는 관계만이 남게 된다. 자녀가 성년이 된 후에는 과거 양육비 분담액을 정할 때에 변동 가능성이 내재된 장래 양육비 분담액과 조화롭게 조정하는 과정을 거칠 필요가 없고, 과거 양육비에 관한 권리가 현재 또는 장래 양육의 필요에 제공될 여지가 없으므로 자녀의 복리에 미칠 영향을 고려할 필요도 없게 된다"(대결 2024.10.8. 2023스637)

6. 소멸시효 [16사법]

과거 判例는 "당사자의 협의 또는 가정법원의 심판에 의하여 구체적인 지급청구권으로서 성립하기 전에는 과거의 양육비에 관한 권리는 양육자가 그 권리를 행사할 수 있는 재산권에 해당한다고 할 수 없고, 따라서 이에 대하여는 소멸시효가 진행할 여지가 없다"(대결 2011.7.29. 2008스67)고 하였으나, 바뀐 전원합의체 판결에 따르면 "이혼한 부부 사이에서 어느 일방이 과거에 미성년 자녀를 양육하면서 생긴 비용의 상환을 상대방에게 청구하는 경우, 자녀의 복리를 위해 실현되어야 하는 과거 양육비에 관한 권리의 성질상 그 권리의 소멸시효는 자녀가 미성년이어서 양육의무가 계속되는 동안에는 진행하지 않고 **자녀가 성년이 되어 양육의무가 종료된 때부터 진행한다**"고 한다(대결 2024.7.18. 전합2024스724).

[판례검토] 과거 양육비에 관한 권리는 자녀가 성년이 되어 양육의무가 종료된 때부터는 아직 당사자의 협의나 가정법원의 심판으로 구체적인 금액이 확정되지 않더라도 **친족법상의 신분으로부터 독립하여 처분이 가능한 완전한 재산권**이 된다고 할 수 있고, 더 이상 친족법상 신분에 기한 양육의무의 이행을 구할 권리의 성질이 드러난다고 볼 수 없으므로, 그 권리의 소멸시효가 진행한다고 보아야 한다(전합2024스724판시내용).

Ⅱ. 상속의 문제 [E27-2]

1. 상속재산 분할 후에 피인지자가 분할을 청구하는 경우

인지의 소급효 제한을 상속에 대하여 그대로 적용하면 인지청구를 인정한 실익이 거의 없어져 버린다. 그렇다고 하여 다른 상속인이 이미 분할 기타의 처분을 한 후에 그것을 무효로 하여 재분할을 한다는 것도 제3자에게 해를 줄 염려가 있고 또 번잡하므로, 민법은 피인지자에게 가액만의 지급청구를 인정하여 문제를 간단히 해결하고 있다(제1014조).

즉 제1014조에 의하면 피인지자도 상속재산의 분할을 청구할 수 있으나, **다른 공동상속인이 이미 분할 기타의 처분을 한 때에는 그 상속분에 상당한 가액의 지급만을 청구할 수 있다.** 이 경우 다른 공동상속인들은 자신들이 제860조 단서의 제3자에 해당한다는 점을 들어 피인지자의 청구를 거절할 수 없다. 그러나 다른 공동상속인들로부터 재산을 양수한 제3자는 동조 단서의 제3자에 해당한다.

2. 피인지자보다 후순위 상속인이 제860조 단서의 제3자에 해당하는지 여부 [12사법]

(1) 문제점

제1014조가 적용되는 것은 피인지자와 종전의 상속인이 공동상속인이 되는 경우인바, 피인지자가 단독상속인이 되는 경우에도 제1014조가 적용될 것인지 문제된다.

(2) 판 례

判例는 동순위 상속인조차 인지되어 새로 상속인이 된 자가 있는 경우 가액반환의무(제1014조 참조)를 부담하는 점을 근거로 이와 균형상 **후순위 상속권자의 상속권**은 제860조 단서에 의해 보호받는 제3자의 권리에 해당하지 않는다고 한다.

즉, 判例는 "민법 제860조는 인지의 소급효는 제3자가 이미 취득한 권리에 의하여 제한받는다는 취지를 규정하면서 제1014조는 상속개시 후의 인지 또는 재판의 확정에 의하여 공동상속인이 된 자는 그 상속분에 상응한 가액의 지급을 청구할 권리가 있다고 규정하여 제860조 소정의 제3자의 범위를 제한하고 있는 취지에 비추어 볼 때 혼인 외의 출생자가 父의 사망 후에 인지의 소에 의하여 출생자로 인지받은 후 피인지자보다 후순위상속인인 피상속인의 직계존속 또는 형제자매 등은 피인지자의 출현과 함께 자신이 취득한 상속권을 소급적으로 잃게 되는 것으로 보아야 하고, 그것에 제860조 단서의 규정에 따라 인지의 소급효 제한에 의하여 보호받게 되는 제3자의 기득권에 포함된다고 볼 수 없다"(대판 1993.3.12. 92다48512: 표준판례835 : 핵심사례 B-14 참고)고 한다.

[판례검토] 피인지자가 동순위의 상속인에 대하여는 가액지급에 의한 상환청구를 할 수 있으나(제1014조), 후순위의 상속인에 대하여는 전혀 아무런 청구를 할 수 없다는 것은 형평의 원칙에 어긋난

다. 따라서 후순위 상속인은 인지에 의하여 소급하여 상속권을 상실하며, 피인지자가 단독상속인이 된다고 보는 것이 타당하다. 이에 의하면 후순위 상속인이 참가한 상속재산 분할은 무효로 되고, 선순위 상속권자는 후순위 상속인에 대하여 가액지급청구권이 아니고 상속회복청구권을 행사할 수 있게 된다.

> ■ ★ **제860조 단서와 구체적 상속분** [12사법]
>
> **사실관계** | 2010. 5. 사망한 A에게 유족으로는 처 甲과 직계혈족 乙이 있고, 상속재산으로는 A의 단독소유인 X주택(시가 3억 원 상당), 저축은행 Y에 예금 1억 원이 남았다. 사안에서 甲과 乙(A의 모라고 가정함)이 A의 재산을 공동상속하고 이미 재산분할까지 마친 상황에서 A의 내연녀인 B가 丁을 출산하여 A의 친자로 밝혀졌고, 2010. 10. 인지신고가 되었다. 이 경우 A의 최종 상속인은 누구이며, 그들의 구체적인 상속분(적극재산에서 소극재산을 제외한 상속재산은 2억 1천만 원으로 가정함)은 각각 얼마인가?
>
> **사안의 해결** | 위 判例(대판 1993.3.12. 92다48512)에 따르면 후순위상속인 乙은 丁의 인지와 동시에 상속권을 상실한다(제860조 본문). 결국 최종상속인은 배우자 甲과 직계비속 丁이다. 구체적 상속분은 ① 적극재산에서 소극재산을 제외한 상속재산이 2억 1천만 원이라는 점에서 소극재산은 1억 9천만 원임을 알 수 있다. 따라서 만약 소극재산 1억 9천만 원이 금전채무라면 이 중 3/5(1억 1,400만 원)는 甲에게 귀속되고 2/5(7,600만 원)은 丁에게 귀속되어 각 분할채무를 부담하게 된다(대판 1997.6.24. 97다8809참고). ② 적극재산 중 X주택은 甲이 3/5, 丁이 2/5지분으로 공유하고(제1006조), 예금 1억 원은 甲에게 3/5인 6,000만 원이 귀속되고, 丁에게 2/5인 4,00만 원이 귀속되어 각 분할채권을 취득한다(대결 2006.7.24. 2005스83 참고).

3. 모자관계에 제860조 단서가 (유추)적용되는지 여부 [10회 기록형]

"혼인 외의 출생자와 생모 사이에는 생모의 인지나 출생신고를 기다리지 아니하고 자의 출생으로 당연히 법률상의 친자관계가 생기고, 가족관계등록부의 기재나 법원의 친생자관계존재확인판결이 있어야만 이를 인정할 수 있는 것이 아니다. 따라서 인지를 요하지 아니하는 모자관계에는 인지의 소급효 제한에 관한 민법 제860조 단서가 적용 또는 유추적용되지 아니하며, 상속개시 후의 인지 또는 재판의 확정에 의하여 공동상속인이 된 자의 가액지급청구권을 규정한 민법 제1014조를 근거로 자가 모의 다른 공동상속인이 한 상속재산에 대한 분할 또는 처분의 효력을 부인하지 못한다고 볼 수도 없다. 이는 비록 다른 공동상속인이 이미 상속재산을 분할 또는 처분한 이후에 그 모자관계가 친생자관계존재확인판결의 확정 등으로 비로소 명백히 밝혀졌다 하더라도 마찬가지이다"(대판 2018.6.19. 2018다1049: 표준판례837 : 13회 선택형). 즉, 이 경우 혼외자는 기존의 상속재산분할협의가 무효라고 주장할 수 있다.

4. 상속채권의 채무자의 변제

제470조에 의하여 보호된다. 이와 관련해 判例는 "혼인외의 자의 생부가 사망한 경우, 혼인외의 출생자는 그가 인지청구의 소를 제기하였다고 하더라도 그 인지판결이 확정되기 전에는 상속인으로서의 권리를 행사할 수 없고, 그러한 인지판결이 확정되기 전의 정당한 상속인이 채무자에 대하여 소를 제기하고, 나아가 승소판결까지 받았다면, 채무자로서는 그 상속인이 장래 혼인외의 자에 대한 인지판결이 확정됨으로 인하여 소급하여 상속인으로서의 지위를 상실하게 될 수 있음을 들어 그 권리행사를 거부할 수 없으므로, 그러한 표현상속인에 대한 채무자의 변제는, 특별한 사정이 없는 한, 채무자가 표현상속인이 정당한 권리자라고 믿은 데에 과실이 있다 할 수 없으므로, 채권의 준점유자에 대한 변제로서 적법하다"(대판 1995.1.24. 93다32200 : 핵심사례 B-14.참고)라고 판시하고 있다.

▶ [쟁점 24]

제2관 양 자

I. 서 설
[E-29]

1. 양 자
입양행위에 의하여 성립한 법률상의 자를 양자라고 한다. 양자도 파양을 할 수 있는 점을 제외하고는 친생자와 동일한 법률상의 지위를 갖는다.

2. 입 양
입양이란 양친이 될 자와 양자가 될 자와의 양친자관계를 발생시키는 형성적 신분행위이다. 민법은 입양요건으로 당사자 사이의 합의 외에 입양신고를 요하는 형식주의를 채택하고 있다(제878조).

> ✱ **2012년 2월 10일 개정민법**(2013년 7월 1일 시행)
>
> ① 미성년자 입양에 대한 가정법원의 허가제 도입 등(제867조 신설 및 제898조)
>
> 미성년자를 입양할 때에는 가정법원의 허가를 받도록 하고, 가정법원이 입양을 허가할 때에는 양부모가 될 사람의 양육능력, 입양의 동기 등을 심사하여 허가 여부를 결정하도록 하는 한편, 미성년자는 재판으로만 파양할 수 있도록 입양절차를 개선함.
> 양부모가 보험금을 수령할 목적으로 입양한 영아를 살해하거나 입양한 아동을 성폭행하는 등의 범죄가 연이어 발생하는 등 부적격자에 의한 입양이 심각한 사회문제가 되고 있다. 위 규정에 따라 입양과 파양에 국가기관이 후견적으로 개입할 수 있게 됨으로써 양자가 될 미성년자와 양자인 미성년자의 복리가 위태롭게 되는 것을 방지하는 데 도움이 될 것으로 기대된다.
>
> ② 부모의 동의 없이 양자가 될 수 있는 방안 마련(제870조, 제871조 및 제908조의2 제2항)
>
> 부모의 소재를 알 수 없는 등의 사유로 부모의 동의를 받을 수 없는 경우에는 그 동의가 없어도 가정법원이 입양을 허가할 수 있도록 하고, 부모가 3년 이상 자녀에 대한 부양의무를 이행하지 아니한 경우 등에는 부모가 동의를 거부하더라도 가정법원이 입양을 허가할 수 있도록 제도를 개선함. 종래에는 부모의 동의를 받아야만 양자가 될 수 있었는데, 부모의 소재를 알 수 없는 경우에는 동의를 받을 수 없는 문제가 있고 최근에는 부모가 입양 동의를 조건으로 금전적 대가를 요구하는 사례도 있었다.
>
> ③ 친양자 입양 가능 연령 완화(제908조의2 제1항 제2호)
>
> 친양자 입양의 연령 제한을 완화하여 친양자가 될 사람이 미성년자이면 친양자 입양을 할 수 있도록 함. 종래에는 친양자가 될 사람은 만 15세 미만이어야 했으나, 오랜 공동생활을 통해 계부모와 계자녀 사이에 사실상의 친자관계가 형성된 재혼 가정의 경우 연령 제한으로 인하여 친양자 입양을 하지 못하는 사례가 있었다. 위 규정에 따라 재혼 가정의 현실에 맞도록 친양자 입양 요건을 개선함으로써 재혼 가정의 화합을 촉진하고 자녀들의 복리를 증진시키는 데 도움이 될 것으로 기대된다.

Ⅱ. 입양의 성립요건   [E-30]

> 제866조(입양을 할 능력) **성년이 된 사람**은 입양(入養)을 할 수 있다.
> ▸ 성년자를 입양하려는 사람은 가정법원의 허가를 받아야 한다(X)
> 제867조(미성년자의 입양에 대한 가정법원의 허가) ① **미성년자를 입양하려는 사람은 가정법원의 허가**를 받아야 한다. ②가정법원은 양자가 될 미성년자의 복리를 위하여 그 양육 상황, 입양의 동기, 양부모(養父母)의 양육능력, 그 밖의 사정을 고려하여 제1항에 따른 **입양의 허가를 하지 아니할 수 있다.**
> ★ 제869조(입양의 의사표시) ① 양자가 될 사람이 **13세 이상**의 미성년자인 경우에는 **법정대리인의 동의**를 받아 입양을 승낙한다.
> ② 양자가 될 사람이 **13세 미만**인 경우에는 **법정대리인이 그를 갈음하여 입양을 승낙**한다.
> ③ 가정법원은 다음 각 호의 어느 하나에 해당하는 경우에는 제1항에 따른 동의 또는 제2항에 따른 **승낙이 없더라도** 제867조 제1항에 따른 **입양의 허가**를 할 수 있다.
> 1. 법정대리인이 **정당한 이유 없이** 동의 또는 승낙을 거부하는 경우. 다만, 법정대리인이 친권자인 경우에는 제870조 제2항의 사유가 있어야 한다.
> 2. 법정대리인의 소재를 알 수 없는 등의 사유로 **동의 또는 승낙을 받을 수 없는 경우**
> ④ 제3항 제1호의 경우 가정법원은 법정대리인을 **심문하여야 한다.** (▸ 심문할 수 있다 X)
> ▸ 법정대리인의 입양에 대한 동의 또는 대락은 가정법원의 입양 허가 있은 후에도 철회할 수 있다(X)
> ⑤ 제1항에 따른 동의 또는 제2항에 따른 승낙은 제867조 제1항에 따른 **입양의 허가가 있기 전까지 철회할 수 있다.**

1. 실질적 요건

(1) 무효사유

① ⅰ) 당사자 사이에 입양의 합의가 있어야 한다(제883조 1호). 그런데 양자가 될 사람이 만 13세 이상의 미성년자인 경우에 법정대리인의 동의를 받아 입양을 승낙하여야 하고, 양자가 될 사람이 만 13세 미만(종래에는 만 15세 미만)인 경우에는 법정대리인이 그를 갈음하여 입양을 승낙한다(제869조 1항, 2항). 다만 법정대리인이 정당한 이유 없이 동의 또는 승낙을 거부하는 경우 또는 법정대리인의 소재를 알 수 없는 등의 사유로 동의 또는 승낙을 받을 수 없는 경우에는 가정법원이 입양을 허가할 수 있다(제860조 3항). ⅱ) 양자는 양친의 존속 또는 연장자가 아니어야 한다(제877조 1항). ⅰ),ⅱ)요건이 흠결되면 입양은 무효이다(제869조 1항은 취소사유이고 2항은 무효사유이다).

② [관련판례] ㉠ 만 13세 미만의 자가 법정대리인의 승낙 없이 입양된 경우 그 입양은 무효이나, 양자가 만 13세 이상이 되어 입양이 무효인 점을 알고 추인하면 입양의 유효가 인정될 수 있다(대판 1997.7.11. 96므1151 : A-150.참고). ㉡ 조부모와 손자녀 사이에는 이미 혈족관계가 존재하지만 부모·자녀 관계에 있는 것은 아니다. 민법은 입양의 요건으로 동의와 허가 등에 관하여 규정하고 있을 뿐이고 **존속을 제외하고는 혈족의 입양을 금지하고 있지 않다**(민법 제877조 참조). 따라서 **'조부모가 손자녀를 입양'할 수 있다**(대결 2021.12.23. 전합2018스5: 표준판례843 : 이러한 다수의견에 대하여는 친생부모가 생존하는 경우 조부모의 손자녀 입양은 엄격한 기준에 따라 허가 여부를 판단하여야 하고, 그러한 기준에 따르면 입양을 불허해야 한다는 반대의견이 있었다. : **12회 선택형**).

(2) 취소사유

① ⅲ) 양친이 되는 자는 성년이어야 한다(제866조). ⅳ) 양자가 될 자는 '원칙적'으로 부모 등의 동의를 얻어야 한다. 양자가 될 자가 성년인 경우에도 마찬가지이다. 다만 부모의 소재를 알 수 없는 등의

사유로 동의를 받을 수 없는 경우 그러하지 아니하다(제870조, 제871조). ⅴ) 배우자 있는 자가 양자를 할 때에는 배우자와 공동으로 하여야 하고, 배우자 있는 자가 양자가 될 때에는 다른 일방의 동의를 얻어야 한다(민법 제874조). ⅲ), ⅳ), ⅴ) 요건이 흠결되면 입양은 취소될 수 있다.

② [관련판례] 만약 처가 있는 자가 입양을 함에 있어 혼자만의 의사로 부부 쌍방 명의의 입양신고를 하여 수리된 경우 입양의 효력이 있는지와 관련하여 判例는 "부부의 공동입양의 경우에도 부부 각자에 대하여 별개의 입양행위가 존재하여 부부 각자와 양자 사이에 각각 양친자관계가 성립하는바, 먼저 '처와 양자 사이'에는 입양의 합의가 없어 '무효'이고, 다음으로 '처가 있는 자와 양자 사이'에는 입양의 일반 요건을 모두 갖추었다 하더라도 부부 공동입양의 요건을 갖추지 못하였으므로 처가 그 입양의 '취소를 청구'할 수 있으나, 그 취소가 이루어지지 않는 한 그들 사이의 입양은 유효하게 존속한다"(대판 1998.5.26. 97므25)고 판시하고 있다.

2. 형식적 요건

입양은 가족관계의 등록 등에 관한 법률이 정한 바에 의하여 신고함으로써 그 효력이 생긴다(제878조 1항 ; 창설적 신고). 이 신고는 당사자 쌍방과 성년자인 증인 2인의 연서한 서면으로 하여야 한다(제878조 2항).

★ **제870조(미성년자 입양에 대한 부모의 동의)** ① 양자가 될 미성년자는 **부모의 동의를 받아야** 한다. 다만, 다음 각 호의 어느 하나에 해당하는 경우에는 **그러하지 아니하다**.

1. 부모가 **제869조 제1항에 따른 동의**를 하거나 같은 조 **제2항에 따른 승낙**을 한 경우
2. 부모가 **친권상실의 선고**를 받은 경우
3. 부모의 소재를 알 수 없는 등의 사유로 **동의를 받을 수 없는 경우**

② 가정법원은 다음 각 호의 어느 하나에 해당하는 사유가 있는 경우에는 **부모가 동의를 거부하더라도 제867조 제1항에 따른 입양의 허가를 할 수 있다**. 이 경우 가정법원은 **부모를 심문하여야 한다**.
(▶ 심문할 수 있다 X)

1. 부모가 **3년 이상** 자녀에 대한 부양의무를 이행하지 아니한 경우
2. 부모가 자녀를 **학대** 또는 **유기**(遺棄)하거나 그 밖에 자녀의 복리를 현저히 해친 경우

③ 제1항에 따른 동의는 **제867조 제1항에 따른 입양의 허가가 있기 전까지 철회할 수 있다.**

★ **제871조(성년자 입양에 대한 부모의 동의)** ① 양자가 될 사람이 **성년**인 경우에는 **부모의 동의를 받아야** 한다. 다만, 부모의 소재를 알 수 없는 등의 사유로 동의를 받을 수 없는 경우에는 그러하지 아니하다.

② 가정법원은 부모가 **정당한 이유 없이 동의를 거부**하는 경우에 **양부모가 될 사람이나 양자가 될 사람의 청구**에 따라 부모의 동의를 갈음하는 심판을 할 수 있다. 이 경우 가정법원은 **부모를 심문하여야 한다**(12회 선택형).

제873조(피성년후견인의 입양) ① 피성년후견인은 **성년후견인의 동의를 받아 입양을 할 수 있고 양자가 될 수 있다.**

② 피성년후견인이 입양을 하거나 양자가 되는 경우에는 제867조를 준용한다.

③ 가정법원은 성년후견인이 **정당한 이유 없이** 제1항에 따른 동의를 거부하거나 피성년후견인의 부모가 정당한 이유 없이 제871조 제1항에 따른 동의를 거부하는 경우에 **그 동의가 없어도 입양을 허가할 수 있다**. 이 경우 가정법원은 성년후견인 또는 부모를 **심문하여야** 한다.

> ▸ **연장자를 입양**하기 위해서는 가정법원의 허가를 얻어야 한다(X)
> **제877조(입양의 금지)** 존속이나 **연장자**를 입양할 수 없다.
> ▸ 민법규정 그 밖의 법령을 위반하지 않은 입양 신고는 **수리할 수 있다**(X)
> **제881조(입양 신고의 심사)** 제866조, 제867조, 제869조부터 제871조까지, 제873조, 제874조, 제877조, 그 밖의 법령을 위반하지 아니한 입양 신고는 수리**하여야 한다**.
> ▸ 양자의 입양 전의 친족관계는 **입양으로 소멸한다**(X)
> **제882조의2(입양의 효력)** ① 양자는 **입양된 때부터 양부모의 친생자와 같은 지위**를 가진다. ② 양자의 입양 전의 친족관계는 **존속한다**.
> ▸ 법정대리인의 대락이 없이 13세 미만자를 입양한 경우 입양을 **취소할 수 있다**(X)
> **제883조(입양 무효의 원인)** 다음 각 호의 어느 하나에 해당하는 입양은 **무효**이다.
>   1. 당사자 사이에 **입양의 합의**가 없는 경우
>   2. 제867조 제1항(제873조 제2항에 따라 준용되는 경우를 포함한다), **제869조 제2항**, 제877조를 위반한 경우
> **제896조(입양 취소 청구권의 소멸)** 제884조 제1항 제2호에 해당하는 사유가 있는 입양은 양부모와 양자 중 어느 한 쪽이 그 사유가 있음을 안 날부터 **6개월**이 지나면 그 취소를 청구하지 못한다.
> **제902조(피성년후견인의 협의상 파양)** 피성년후견인인 양부모는 **성년후견인의 동의**를 받아 **파양**을 협의할 수 있다.
> ▸ **양부모가 모두 사망한 경우**에는 양조부가 재판상 파양을 청구할 수 있다(X)
> **제905조(재판상 파양의 원인) 양부모, 양자** 또는 **제906조에 따른 청구권자**는 다음 각 호의 어느 하나에 해당하는 경우에는 가정법원에 파양을 청구할 수 있다.
>   1. 양부모가 양자를 **학대** 또는 **유기**하거나 그 밖에 양자의 **복리를 현저히 해친 경우**
>   2. 양부모가 **양자로부터 심히 부당한 대우**를 받은 경우
>   3. **양부모나 양자**의 생사가 **3년 이상** 분명하지 아니한 경우
>   4. 그 밖에 양친자관계를 계속하기 어려운 **중대한 사유**가 있는 경우
> ▸ 양자가 13세 미만인 경우에는 입양을 대락한 법정대리인이 **가정법원의 허가를 받아** 파양 청구를 할 수 있다(X)
> **제906조(파양 청구권자)** ① 양자가 **13세 미만**인 경우에는 제869조 제2항에 따른 **승낙을 한 사람**이 양자를 갈음하여 파양을 청구할 수 있다. 다만, 파양을 청구할 수 있는 사람이 없는 경우에는 제777조에 따른 양자의 **친족이나 이해관계인이 가정법원의 허가**를 받아 파양을 청구할 수 있다.
>   ② 양자가 **13세 이상의 미성년자**인 경우에는 제870조 제1항에 따른 **동의를 한 부모의 동의**를 받아 파양을 청구할 수 있다. 다만, 부모가 사망하거나 그 밖의 사유로 동의할 수 없는 경우에는 **동의 없이** 파양을 청구할 수 있다(12회 선택형).
>   ③ **양부모나 양자가 피성년후견인**인 경우에는 **성년후견인의 동의**를 받아 파양을 청구할 수 있다.
>   ④ **검사**는 미성년자나 피성년후견인인 양자를 위하여 파양을 청구할 수 있다.

Ⅲ. 허위의 친생자출생신고와 입양

[E-31]

1. 허위의 친생자출생신고의 입양신고로서 효력 인정여부(입양의 형식적 요건)

(1) 문제점

혈연을 중시하는 우리나라에서는 입양을 하면서 입양 신고 대신에 친생자출생신고를 하는 경우가 많다. 즉 입양의 의사를 가지고, 입양신고 대신에 마치 친생자인 것처럼 출생신고를 한 경우 이를 입양신고로 볼 수 있는지 문제된다.

(2) 판 례

① 判例의 다수의견은 당사자 사이에 양친자관계를 창설하려는 명백한 의사가 있고 나아가 기타 입양의 성립요건이 모두 구비된 경우에 입양신고 대신 친생자 출생신고가 있다면 형식에 다소 잘못이 있더라도 입양의 효력이 있다고 해석함이 타당하다고 한다. ② 이에 대해 判例의 소수의견은 사전 분쟁예방을 위하여 요식행위로 한 이유에 어긋나며, 인지와는 달리 입양은 합의에 의해 이루어지며, 어린 나이에 입양이 이루어지는 경우 사실상 파양권을 박탈당하고 친부모를 찾기 곤란한 비인도적 사태가 생길 수 있음을 이유로 이에 반대하였다(대판 1977.7.26. 전합77다492).[3]

[판례검토] 생각건대 소수의견 논지 또한 경청할 만하나, 현대에 있어서의 양자제도가 子의 복리를 위한 양자제도로 변해가고 있음을 고려할 때 친생부모와의 관계도 중요하지만 양자가 큰 충격 없이 성장해 나가는 것이 더욱 중요하므로 허위출생자신고에 입양의 효력을 인정하는 견해가 타당하다. 다만, 2012년에 개정된 민법에 의하면, 미성년자를 입양하려는 사람은 가정법원의 허가를 받아야 하는데(867조 1항), 미성년자를 입양할 의사로 출생신고를 하는 것은 이 규정을 회피하는 것이 된다. 따라서 이와 같은 규정이 있는 **현행법 아래에서는 적어도 미성년자에 관한 한 본 판결이 그대로 유지되기는 어려울 것이다**. 대법원도 2012. 2. 10.에 개정되기 전의 민법상 본 판결의 취지를 인정할 수 있다고 판시하였다(대판 2018.5.15. 2014므4963).[4]

2. 무효인 입양의 추인인정 여부(입양의 실질적 요건)

判例는 만 15세가 된 후 망인(亡人)과 자신 사이에 입양이 무효임을 알면서도 망인이 사망할 때까지 아무런 이의를 하지 않고 망인을 친부모처럼 극진히 섬겼다면 묵시적으로 '입양'을 추인한 것으로 보았다(제869조 참조)(대판 1977.7.26. 전합77다492 : 2013년 7월 1일부터는 양자가 될 사람이 만 '13세 미만'인 경우에는 법정대리인이 그를 갈음하여 입양을 승낙한다).

즉, "친생자 출생신고 당시 입양의 실질적 요건을 갖추지 못하여 입양신고로서의 효력이 생기지 아니하였더라도 그 후에 '입양의 실질적 요건을 갖추게 된 경우'에는 무효인 친생자 출생신고는 '소급적으로' 입양신고로서의 효력을 갖게 된다. 다만 당사자 간에 무효인 신고행위에 상응하는 신분관계가 실질적으로 형성되어 있지 아니한 경우에는 무효인 신분행위에 대한 추인의 의사표시만으로 그 무효행위의 효력을 인정할 수 없다"(대판 2000.6.9. 99므1633 ; 대판 2004.11.11. 2004므1484).

[관련판례] 추인에는 원칙적으로 '소급효가 없다'. 즉 추인한 때부터 새로운 법률행위를 한 것으로 간주될 뿐이다(제139조). 다만 判例는 입양 등의 '신분행위의 경우'에 대체행위로서의 유효요건을 갖추지 못하여 무효행위의 전환이 인정되지 않더라도(제138조 참조), 그 내용에 맞는 신분관계가 실질적으로 형성되어 당사자 쌍방이 이의 없이 그 신분관계를 계속하여 왔다면 '소급적' 추인을 인정한다(대판 2000.6.9. 99므1633,1640 : 2회 선택형).

3. 친생자관계부존재확인의 소제기의 적법 여부

(1) 문제점

허위 친생자신고가 입양신고로 인정되어 양친자관계가 형성된 경우, 친생자관계부존재확인청구가 가능한지 문제된다.

---

3) [학설] 무효행위의 전환의 법리(제138조)를 통해 허위친생자신고에 대하여 입양신고로서의 효력을 인정함이 대체적인 견해이다.
4) 송덕수·김병선, 민법 핵심판례 210선

(2) 판례

판례는 "당사자가 입양의 의사로 친생자출생신고를 하고 거기에 입양의 실질적 요건이 구비되어 법률상의 친자관계인 양친자관계가 형성되어 있다면 파양에 의하여 그 양친자관계를 해소할 필요가 있는 등 특별한 사정이 없는 한 친생자관계부존재확인청구는 허용될 수 없다 할 것"(대판 1988.2.23. 85므86)이라고 판시하여 확인의 이익이 없는 것으로 부적법하다는 입장이다.[5]

한편 위 85므86의 반대해석에 따라 判例는 재판상 파양 사유가 있어 양친자관계를 해소할 필요성이 있는 이른바 재판상 파양에 갈음하는 친생자관계부존재확인청구를 긍정한다(대판 2001.8.21. 99므2230).[6] 이와 같은 양친자관계를 해소하기 위한 친생자관계부존재확인청구의 인용판결이 확정되면 확정일 이후부터는 더 이상 양친자관계의 존재를 주장할 수 없다(대판 2023.9.21. 2021므13354).

[관련판례] 입양의 의사로 친생자출생신고를 하고 입양의 실질적 요건이 구비된 경우, 입양의 효력이 인정되며, 이 경우 양부(乙)가 양모(甲)와 양자(丙)를 상대로 친생자관계 부존재확인을 구한 사안에서 대법원은 "甲과 丙 사이에는 개별적인 입양의 실질적 요건이 모두 갖추어져 있고, 甲에게 乙과 공동으로 양부모가 되는 것이 아니라면 단독으로는 양모도 되지 않았을 것이란 의사, 즉 乙과 丙 사이의 입양이 불성립, 무효, 취소, 혹은 파양되는 경우에는 甲도 丙을 입양할 의사가 없었을 것이라고 볼 특별한 사정도 찾아볼 수 없으며, 입양 신고 대신 丙에 대한 친생자출생신고가 이루어진 후 호적제도가 폐지되고 가족관계등록제도가 시행됨으로써 甲의 가족관계등록부에는 丙이 甲의 자녀로 기록되었고, 丙의 가족관계증명서에도 甲이 丙의 모로 기록되어 있는 점 등에 비추어, 甲과 丙 사이에는 양친자관계가 성립할 수 없다고 본 원심판결에 법리오해의 잘못이 있다"(대판 2018.5.15. 2014므4963)고 보았다.[7]

4. 양친자관계존부확인의 소

判例는 소송유형이 따로 규정되어 있지 아니하더라도 법률관계인 신분관계의 존부를 즉시 확정할 이익이 있는 경우라면 일반 소송법의 법리에 따라 그 신분관계존부확인의 소송을 제기할 수 있다는 입장에서 "양친자 중 일방이 원고로 되어 양친자관계존재확인의 소를 제기하는 경우에는 친생자관계존부확인소송의 경우에 준하여 양친자 중 다른 일방을 피고로 하여야 할 것이고, 피고가 되어야 할 다른 일방이 이미 사망한 경우에는 역시 친생자관계존부확인소송의 경우를 유추하여 검사를 상대로 소를 제기할 수 있다"(대판 1993.7.16. 92므372)고 판시하였다.[8]

---

5) [판례검토] 청구를 기각해야 한다는 견해도 있으나, 양친자관계나 친생자관계는 법적효과가 동일하다는 점과 소송요건의 선순위성에 비추어 判例와 같이 확인의 이익이 없는 것으로 각하해야 한다는 견해가 타당하다.
6) "민법 제874조 제1항은 '배우자 있는 자가 양자를 할 때에는 배우자와 공동으로 하여야 한다.'고 규정함으로써 부부의 공동입양원칙을 선언하고 있는바, 파양에 관하여는 별도의 규정을 두고 있지는 않으나 부부의 공동입양원칙의 규정 취지에 비추어 보면 양친이 부부인 경우 파양을 할 때에도 부부가 공동으로 하여야 한다고 해석할 여지가 없지 아니하나(양자가 미성년자인 경우에는 양자제도를 둔 취지에 비추어 그와 같이 해석하여야 할 필요성이 크다), 그렇게 해석한다고 하더라도 양친 부부 중 일방이 사망하거나 또는 양친이 이혼한 때에는 부부의 공동파양의 원칙이 적용될 여지가 없다고 할 것이고, 따라서 양부가 사망한 때에는 양모는 단독으로 양자와 협의상 또는 재판상 파양을 할 수 있으되 이는 양부와 양자 사이의 양친자관계에 영향을 미칠 수 없는 것이고, 또 양모가 사망한 양부에 갈음하거나 또는 양부를 위하여 파양을 할 수는 없다고 할 것이며, 이는 친생자부존재확인을 구하는 청구에 있어서 입양의 효력은 있으나 재판상 파양 사유가 있어 양친자관계를 해소할 필요성이 있는 이른바 재판상 파양에 갈음하는 친생자관계부존재확인청구에 관하여도 마찬가지라고 할 것이다. 왜냐하면 양친자관계는 파양에 의하여 해소될 수 있는 점을 제외하고는 친생자관계와 똑같은 내용을 갖게 되는데, 진실에 부합하지 않는 친생자로서의 호적기재가 법률상의 친자관계인 양친자관계를 공시하는 효력을 갖게 되었고 사망한 양부와 양자 사이의 이러한 양친자관계는 해소할 방법이 없으므로 그 호적기재 자체를 말소하여 법률상 친자관계를 부인하게 하는 친생자관계존부확인청구는 허용될 수 없는 것이기 때문이다."(12회 선택형)
7) [사실관계] 甲과 乙이 부모를 알 수 없는 丙을 데려와 함께 키우며 丙을 乙의 호적에 입적시키고 출생신고를 하였는데(乙은 丁과 법률혼관계였으며 1990. 12. 29.경 丙이 乙과 甲 사이에서 출생한 혼인 외의 자인 것처럼 출생신고를 하였다), 乙 등(乙과 丙의 동생 戊)이 丙을 상대로 甲과 丙 사이에 친생자관계 부존재확인을 구한 사안
8) [비교] 위 92므372 사안은 합법적으로 양자가 된 자에 대해 제3자가 이를 부인하는 등으로 인하여 그 지위에 법적불안이 발

Ⅳ. 친양자 [3회 선택형]   [E-32]

> ▸ 친양자 입양시에는 **반드시 가정법원의 허가를 받아야 한다(O)**
>
> ★ 제908조의2(친양자 입양의 요건 등) ① 친양자(親養子)를 입양하려는 사람은 다음 각 호의 요건을 갖추어 가정법원에 친양자 입양을 **청구하여야** 한다.
>
> 1. 3년 이상 혼인 중인 부부로서 공동으로 입양할 것. 다만, 1년 이상 혼인 중인 **부부의 한쪽이 그 배우자의 친생자를 친양자로** 하는 경우에는 그러하지 아니하다.
>
> 2. 친양자가 될 사람이 **미성년자일 것**
>
> 3. 친양자가 될 사람의 **친생부모가 친양자 입양에 동의할 것**. 다만, 부모가 친권상실의 선고를 받거나 소재를 알 수 없거나 그 밖의 사유로 동의할 수 없는 경우에는 그러하지 아니하다.
>
> 4. 친양자가 될 사람이 13세 이상인 경우에는 **법정대리인의 동의를 받아 입양을 승낙할 것**
>
> 5. 친양자가 될 사람이 13세 미만인 경우에는 **법정대리인이 그를 갈음하여 입양을 승낙할 것**
>
> ② 가정법원은 다음 각 호의 어느 하나에 해당하는 경우에는 제1항제3호·제4호에 따른 동의 또는 같은 항 제5호에 따른 승낙이 **없어도 제1항의 청구를 인용**할 수 있다. 이 경우 가정법원은 동의권자 또는 승낙권자를 **심문하여야 한다**(▸ 할 수 있다 X)
>
> 1. 법정대리인이 **정당한 이유 없이** 동의 또는 승낙을 거부하는 경우. 다만, 법정대리인이 친권자인 경우에는 제2호 또는 제3호의 사유가 있어야 한다.
>
> 2. 친생부모가 자신에게 책임이 있는 사유로 3년 이상 자녀에 대한 **부양의무를 이행하지 아니하고 면접교섭을 하지 아니한 경우**
>
> 3. 친생부모가 자녀를 **학대** 또는 **유기**하거나 그 밖에 자녀의 복리를 **현저히 해친** 경우
>
> ③ 가정법원은 **친양자가 될 사람의 복리를 위하여** 그 양육상황, 친양자 입양의 동기, 양부모의 양육능력, 그 밖의 사정을 고려하여 친양자 입양이 적당하지 아니하다고 인정하는 경우에는 제1항의 **청구를 기각할 수 있다.**
>
> ★ 제908조의3(친양자 입양의 효력) ① 친양자는 부부의 **혼인중 출생자**로 본다.
>
> ② **친양자의 입양 전의 친족관계**는 제908조의2 제1항의 청구에 의한 **친양자 입양이 확정된 때에 종료**한다. 다만, 부부의 일방이 그 배우자의 친생자를 단독으로 입양한 경우에 있어서의 배우자 및 그 친족과 친생자간의 친족관계는 그러하지 아니하다.

1. 서 설

(1) 의 의

친양자제도는 입양의 형식(가족관계등록부에 기재하는 형식)의 면이나 효과의 면에서 양자를 양부모의 친생자와 동일하게 하고 생부모와의 관계가 단절되도록 하는 양자제도의 형태이다.

(2) 제도적 취지

양자임이 공개되지 않고 양자가 양부모의 성과 본을 따를 수 있는 입양제도를 마련할 필요성이 있어 친양자제도를 입법화하였다.

기존의 민법상 입양제도는 이성양자의 성과 본에 대해 민법상 명문규정이 없어 양부모의 성과 본을 따를 수 없었고(입양촉진 및 절차에 관한 특례법에서는 양자는 양부모가 원하는 때에는 양부모의 성과 본을 따를 수 있도록 하고 있다), 양자라는 사실이 호적에 기재됨으로서 입양의 사실이 외부에

생하고 있다면, 비록 양친자관계존부확인소송이 민법이나 가사소송법등에 규정된 바가 없다고 하더라도, 스스로 원고가 되어 양친자관계존재확인의 소를 제기할 수 있다는 취지이다. 따라서 재판상 파양의 사유가 있는 경우에만 입양에 대해 친생자관계부존재확인의 소제기가 가능하다는 99므2230 사안과는 구별하여야 한다.

알려지지 않기를 바라는 양부모의 바람에 부합하지 못했던 결과 대다수가 입양을 하면서 입양신고를 하지 않고 허위의 친생자출생신고를 하게 되는 등의 문제점이 있었다.

(3) 친양자제도의 특징(보통양자와의 차이점)

1) 절차면에서 선고형 양자제도

보통양자는 양자와 양부모의 사적인 계약에 의해 성립되므로 국가기관이 양자의 복리를 확보하기 위한 심사절차가 미흡하였다. 그러나 친양자제도는 가정법원이 입양허용 여부를 결정할 수 있도록 하여 이른바 선고형 양자제도에 해당한다.

2) 효과면에서 완전양자제도

보통양자는 종래의 친족관계가 그대로 유지되고 원칙적으로 성은 변경되지 않음에 반하여, 친양자는 종전의 친족관계는 근친혼 제한규정을 제외하고는 완전히 소멸하며 양친의 성과 본을 따르고 가족관계등록부에도 양부모의 친생자로 기재하고 파양을 엄격히 제한하는 이른바 완전양자제도를 도입한 것이라 할 수 있다.

3) 기능면에서 자를 위한 양자제도

보통양자는 양자의 연령에 대한 제한을 두지 않음으로써 子를 위한 양자제도라기 보다는 전통적인 家의 승계를 위한 제도의 흔적이 많았으나, 양부모는 양자를 제대로 키워낼 수 있는 기본적 자질로서 일정기간 혼인생활을 한 부부일 것을 요건으로 하여 명실공히 子를 위한 양자제도라고 할 수 있다.

2. 친양자입양의 성립요건

(1) 3년 이상 혼인중인 부부로서 공동으로 입양할 것

여기서 혼인중이란 법률혼만을 의미하고 사실혼은 해당하지 않는다. 3년 이상 혼인중인 부부란 3년 이상 실질적인 혼인생활의 지속을 의미한다. 다만 1년 이상 혼인중인 부부의 일방이 그 배우자의 친생자를 친양자로 하는 경우에는 그러하지 아니하다(제908조의2 1항 1호 단서).

(2) 친양자로 될 자가 미성년자일 것(제908조의2 1항 2호)

친양자 입양을 청구할 당시 미성년자이어야 한다(3회 선택형).

(3) 친생부모의 동의

친양자로 될 자의 친생부모가 친양자 입양에 동의해야 하지만, 부모의 친권이 상실되거나 사망 그 밖의 사유로 동의할 수 없는 경우에는 그러하지 아니하다(제908조의2 1항 3호)(3회 선택형).

(4) 법정대리인의 승낙

친생부모가 법정대리인인 경우 부모의 동의는 결국 법정대리인으로서 양자에 갈음하여 승낙하는 것과 같은 것으로 보아야 한다. 친양자가 될 사람이 만 13세 이상인 경우에는 법정대리인의 동의를 받아 입양을 승낙해야 하고, 만 13세 미만인 경우에는 법정대리인이 그를 갈음하여 입양을 승낙해야 한다(제908조의2 1항 4호, 5호 ; 이에 대한 예외는 제908조의2 2항)(3회 선택형).

(5) 가정법원의 허락결정

가정법원은 친양자로 될 자의 복리를 위하여 그 양육상황, 친양자 입양의 동기, 양친의 양육능력 그 밖의 사정을 고려하여 친양자 입양이 적당하지 아니하다고 인정되는 경우에는 친양자 입양의 청구를 기각할 수 있다(제908조의2 3항).

3. 친양자입양의 효력

(1) 혼인중의 출생자 신분 취득

친양자는 양친부모의 혼인중의 출생자신분을 갖게 되고(제908조의3 1항), 양부의 성과 본을 따르게 되며(제908조의8, 제781조 1항), 양친부모가 친양자의 친권자가 된다(제909조 1항).

(2) 입양전 친족관계의 종료

입양전 친족관계는 종료된다(제908조의3 2항). 다만, 부부일방이 그 배우자의 친생자를 단독으로 입양한 경우에 있어서의 배우자 및 그 친족과 친생자간의 친족관계는 그러하지 아니하다(제908조의3 2항 단서). 이러한 친족관계의 소멸은 장래에 향하여만 그 효력이 발생할 뿐, 출생시에 소급하여 종료하는 것이 아니다. 그러므로 입양 전의 상속이나 부양관계에는 영향이 없다. 그리고 생물학적인 혈족까지 소멸하는 것은 아니므로 종전의 혈족과의 근친혼금지는 여전히 유지된다.

4. 친양자입양의 취소 등

> 제908조의4(친양자 입양의 취소 등) ① 친양자로 될 사람의 **친생(親生)**의 **아버지** 또는 **어머니**는 자신에게 책임이 없는 사유로 인하여 제908조의2 제1항 제3호 단서에 따른 **동의를 할 수 없었던 경우**에 **친양자 입양의 사실을 안 날부터 6개월 안에** 가정법원에 친양자 입양의 취소를 청구할 수 있다.
> ▶ 입양 당시 양친자 일방에게 악질 기타 중대한 사유가 있음을 알지 못하고 친양자로 입양한 경우 그 취소를 청구할 수 있다 (X)
> ② 친양자 입양에 관하여는 제883조, 제884조를 적용하지 아니한다.
> ★ 제908조의7(친양자 입양의 취소·파양의 효력) ① 친양자 입양이 **취소되거나 파양**된 때에는 **친양자 관계는 소멸**하고 **입양 전의 친족관계는 부활**한다. ② 제1항의 경우에 친양자 입양의 취소의 효력은 소급하지 아니한다.

(1) 보통양자의 입양 무효·취소 규정의 배제

친양자는 가정법원의 심판에 의하기 때문에 보통양자의 입양 무효·취소에 관한 규정인 제883조 및 제884조의 규정은 친양자 입양에 대하여 적용되지 않는다(제908조의4 2항).

(2) 친생부모의 친양자 입양 취소 청구

친양자로 될 자의 친생의 부 또는 모는 자신에게 책임이 없는 사유로 인하여 친양자 입양의 동의를 할 수 없었던 경우에는 친양자 입양의 사실을 안 날부터 6개월 내에 가정법원에 친양자 입양의 취소를 청구할 수 있다(제908조의4 1항). 이는 子가 미아가 되거나 유괴된 경우 등의 경우 친생부모에게 취소권을 주기 위한 것이다. 그러나 가정법원은 입양취소사유가 존재하더라도 친양자로 될 자의 복리를 위하여 입양취소가 적당하지 아니하다고 인정되는 경우에는 입양취소청구를 기각할 수 있다(제908조의6, 제908조의2 2항).

(3) 취소의 효력

취소판결이 확정되면 친양자 관계는 소멸하고 입양 전의 친족관계는 부활한다(제908조의7 1항). 친양자 입양의 취소의 효력은 소급하지 아니한다(제908조의7 2항)(3회 선택형).

5. 친양자의 파양

> ▶ 일반 양자 입양은 파양이 가능하지만, **친양자 입양**의 경우에는 **파양**을 할 수 없다(X)
> 제908조의5(친양자의 파양) ① 양친, 친양자, 친생의 부 또는 모나 검사는 다음 각호의 어느 하나의 사유가 있는 경우에는 **가정법원**에 친양자의 **파양(罷養)**을 청구할 수 있다.
>   1. 양친이 친양자를 **학대** 또는 **유기(遺棄)**하거나 그 밖에 **친양자의 복리를 현저히 해**하는 때
>   2. 친양자의 양친에 대한 **패륜(悖倫)행위**로 인하여 친양자관계를 유지시킬 수 없게된 때
> ② 제898조 및 제905조의 규정은 친양자의 파양에 관하여 이를 적용하지 아니한다.
> ★ 제908조의7(친양자 입양의 취소·파양의 효력) ① 친양자 입양이 **취소되거나 파양**된 때에는 **친양자 관계는 소멸**하고 **입양 전의 친족관계는 부활**한다. ② 제1항의 경우에 친양자 입양의 취소의 효력은 소급하지 아니한다.

(1) 보통양자 파양규정의 원칙적 배제

친양자란 마치 양부모의 친생자와 동일한 관계로 되므로 이러한 완전양자 제도하에서는 파양은 인정되지 않음이 원칙이다. 따라서 협의상 파양(제898조)과 재판상 파양(제905조)의 규정은 배제된다. 다만 다음과 같은 필요최소한의 예외가 있다.

(2) 친양자 파양원인

친양자 파양원인은 친양자를 위한 경우와 양부모를 위한 경우 두 가지가 있다. ① 양친이 친양자를 학대 또는 유기하거나 그 밖에 친양자의 복리를 현저히 해하는 때(제908조의5 1항 1호), ② 친양자의 양친에 대한 패륜행위로 인하여 친양자 관계를 유지시킬 수 없게 된 때(제908조의5 1항 2호)가 그것이다.

(3) 가정법원에 파양청구

친양자 파양은 재판상 파양만 허용된다. 즉 양친, 친양자, 친생의 부 또는 모, 검사의 가정법원에 대한 친양자 파양의 청구가 있고, 가정법원이 친양자의 복리를 위하여 파양을 결정하면 친양자 관계는 소멸된다. 그러나 ②의 파양사유(제908조의5 1항 2호)가 있더라도 가정법원은 친양자로 될 자의 복리를 위하여 그 양육상황, 친양자 입양의 동기, 양친의 양육능력 그 밖의 사정을 고려하여 친양자 파양이 적당하지 아니하다고 인정되는 경우에는 파양청구를 기각할 수 있다(제908조의6, 제908조의2 3항).

(4) 파양의 효력

가정법원의 파양 결정이 확정되면 친양자 관계는 소멸하고 입양전 친족관계가 부활한다(제908조의7 1항). 친양자 파양의 효력은 친양자 취소와 같다(제908조의7).

제3관 부양

> ▸ 직계혈족간에는 동거하는 경우에는 서로 부양의 의무가 있다(X)
> 제974조(부양의무) 다음 각호의 친족은 서로 부양의 의무가 있다.
> 1. 직계혈족 및 그 배우자간 (▸ 동거 불문 부양의무 O)   2. 삭제
> 3. 기타 친족간(생계를 같이 하는 경우에 한한다)(10회 선택형)
>
> ▸ 배우자 甲이 사망하였지만 재혼하지 않은 乙은 甲의 직계존속이 자기의 자력 또는 근로에 의하여 생활을 유지할 수 없는 경우, 생계를 같이 하는 경우에 한하여 부양의무가 인정된다(O)
> 제975조(부양의무와 생활능력) 부양의 의무는 부양을 받을 자가 자기의 자력 또는 근로에 의하여 생활을 유지할 수 없는 경우에 한하여 이를 이행할 책임이 있다.
>
> ▸ 부양의무자가 수인인 경우에는 부양을 할 자의 순위는 최근친을 선순위로 하여 결정한다(X)
> ★ 제976조(부양의 순위) ① 부양의 의무있는 자가 수인인 경우에 부양을 할 자의 순위에 관하여 당사자간에 협정이 없는 때에는 법원은 당사자의 청구에 의하여 이를 정한다. 부양을 받을 권리자가 수인인 경우에 부양의무자의 자력이 그 전원을 부양할 수 없는 때에도 같다.
> ② 전항의 경우에 법원은 수인의 부양의무자 또는 권리자를 선정할 수 있다.
>
> ★ 제978조(부양관계의 변경 또는 취소) 부양을 할 자 또는 부양을 받을 자의 순위, 부양의 정도 또는 방법에 관한 당사자의 협정이나 법원의 판결이 있은 후 이에 관한 사정변경이 있는 때에는 법원은 당사자의 청구에 의하여(▸ 직권으로 X) 그 협정이나 판결을 취소 또는 변경할 수 있다.
> 제979조(부양청구권처분의 금지) 부양을 받을 권리는 이를 처분하지 못한다.

1. 성년의 자녀가 부모를 상대로 부양료를 청구할 수 있는 경우 및 범위(제2차 부양의무)

"성년의 자녀는 요부양상태, 즉 객관적으로 보아 생활비 수요가 자기의 자력 또는 근로에 의하여 충당할 수 없는 곤궁한 상태인 경우에 한하여, 부모를 상대로 그 부모가 부양할 수 있을 한도 내에서 생활부조로서 생활필요비에 해당하는 부양료를 청구할 수 있을 뿐이다(제974조 1호, 제975조). 나아가 이러한 부양료는 부양을 받을 자의 생활정도와 부양의무자의 자력 기타 제반 사정을 참작하여 부양을 받을 자의 통상적인 생활에 필요한 비용의 범위로 한정됨이 원칙이므로, 특별한 사정이 없는 한 통상적인 생활필요비라고 보기 어려운 '유학비용'의 충당을 위해 성년의 자녀가 부모를 상대로 부양료를 청구할 수는 없다"(대결 2017.8.25. 2017스5 : 8회 선택형).

2. 자녀 중 1인이 부모에 대한 부양의무를 이행한 후 동순위 부양의무자인 형제들을 상대로 과거에 지출한 부양료에 대한 구상청구

"민법 제974조, 제975조에 따라 부양의 의무 있는 사람이 여러 사람인 경우에 그중 부양의무를 이행한 1인은 다른 부양의무자를 상대로 하여 이미 지출한 과거의 부양료에 대해서도 상대방이 분담함이 상당하다고 인정되는 범위에서 그 비용의 상환을 청구할 수 있다. 다만 부양의무를 이행하지 않은 부양의무자가 부양의무를 이행한 사람에게 상환해야 할 과거 부양료의 액수는 그가 부양을 받을 사람에게 부담해야 할 부양의무 중 그의 분담부분에 한정되므로 그 부양의무의 범위에 관하여 살펴볼 필요가 있다. 부모와 성년의 자녀·그 배우자 사이에 민법 제974조 제1호, 제975조에 따라 부담하는 부양의무 중 과거의 부양료에 관해서는 부양의무 이행청구에도 불구하고 그 부양의무자가 부양의무를 이행하지 않음으로써 '이행지체에 빠진 후'의 것이거나, 그렇지 않은 경우에는 부양의무의 성질이나 형평의 관념상 이를 허용해야 할 특별한 사정이 있는 경우에 한하여 이행청구 이전의 과거 부양료를 청구할 수 있다"(대결 2022.8.25. 2018스542).

제4관 친 권

Ⅰ. 친권자

[E-33]

★ **제909조(친권자)** ① **부모**는 미성년자인 자의 친권자가 된다. 양자의 경우에는 **양부모(養父母)**가 친권자가 된다. ② 친권은 부모가 **혼인중**인 때에는 부모가 **공동**으로 이를 행사한다. 그러나 부모의 의견이 일치하지 아니하는 경우에는 **당사자의 청구에 의하여**(▸ 직권으로 X) **가정법원**이 이를 정한다. ③ 부모의 **일방이 친권을 행사할 수 없을 때에는 다른 일방**이 이를 행사한다.

▸ 자가 인지된 경우 가정법원이 직권으로 친권자를 정한다(X)

④ **혼인외의 자가 인지된 경우와 부모가 이혼하는 경우에는 부모의 협의로 친권자를 정하여야 하고, 협의할 수 없거나 협의가 이루어지지 아니하는 경우에는 가정법원은 직권으로 또는 당사자의 청구에 따라 친권자를 지정**하여야 한다. 다만, 부모의 협의가 자(子)의 복리에 반하는 경우에는 가정법원은 보정을 명하거나 직권으로 친권자를 정한다. ⑤ 가정법원은 **혼인의 취소, 재판상 이혼 또는 인지청구의 소의 경우에는 직권으로**(▸ 청구 없이도 O) 친권자를 정한다.

▸ 자의 복리를 위하여 필요하다고 인정되는 경우에는 부모는 협의로 친권자를 다른 일방으로 변경할 수 있다(X)

⑥ **가정법원**은 자의 복리를 위하여 필요하다고 인정되는 경우에는 **자의 4촌 이내의 친족의 청구에 의하여** 정하여진 **친권자를 다른 일방으로 변경**할 수 있다.

제909조의2(친권자의 지정 등) ① 제909조 제4항부터 제6항까지의 규정에 따라 **단독 친권자로 정하여진 부모의 일방이 사망한 경우 생존하는 부 또는 모, 미성년자, 미성년자의 친족**은 그 사실을 안 **날부터 1개월**, 사망한 날부터 **6개월** 내에 가정법원에 생존하는 부 또는 모를 친권자로 지정할 것을 **청구**할 수 있다.

▸ 친양자의 양부모가 모두 사망한 경우 친생부모 일방 또는 쌍방, 미성년자, 미성년자의 친족은 가정법원에 친생부모 일방 또는 쌍방을 친권자로 지정할 것을 청구할 수 없다(O)

② **입양이 취소되거나 파양된 경우** 또는 양부모가 모두 사망한 경우 친생부모 일방 또는 쌍방, 미성년자, 미성년자의 친족은 그 사실을 안 날부터 1개월, 입양이 취소되거나 파양된 날 또는 양부모가 모두 사망한 날부터 6개월 내에 가정법원에 친생부모 일방 또는 쌍방을 친권자로 지정할 것을 청구할 수 있다. 다만, **친양자의 양부모가 사망한 경우에는 그러하지 아니하다**.

③ 제1항 또는 제2항의 기간 내에 친권자 지정의 **청구가 없을 때에는 가정법원은 직권**으로 또는 미성년자, 미성년자의 친족, 이해관계인, 검사, 지방자치단체의 장의 **청구에 의하여 미성년후견인을 선임**할 수 있다. 이 경우 생존하는 부 또는 모, 친생부모 일방 또는 쌍방의 소재를 모르거나 그가 정당한 사유 없이 소환에 응하지 아니하는 경우를 제외하고 그에게 **의견을 진술할 기회**를 주어야 한다.

④ 가정법원은 제1항 또는 제2항에 따른 친권자 지정 청구나 제3항에 따른 후견인 선임 청구가 생존하는 부 또는 모, 친생부모 일방 또는 쌍방의 양육의사 및 양육능력, 청구 동기, 미성년자의 의사, 그 밖의 사정을 고려하여 **미성년자의 복리를 위하여 적절하지 아니하다고 인정하면 청구를 기각**할 수 있다. 이 경우 가정법원은 **직권으로** 미성년후견인을 선임하거나 생존하는 부 또는 모, 친생부모 일방 또는 쌍방을 친권자로 지정하여야 한다.

⑤ 가정법원은 다음 각 호의 어느 하나에 해당하는 경우에 직권으로 또는 미성년자, 미성년자의 친족, 이해관계인, 검사, 지방자치단체의 장의 청구에 의하여 제1항부터 제4항까지의 규정에 따라 **친권자가 지정되거나 미성년후견인이 선임될 때까지 그 임무를 대행할 사람을 선임**할 수 있다. 이 경우 그 임무를 대행할 사람에 대하여는 **제25조 및 제954조**를 준용한다.

1. 단독 친권자가 **사망**한 경우 2. 입양이 **취소**되거나 **파양**된 경우 3. **양부모가 모두 사망**한 경우

⑥ 가정법원은 제3항 또는 제4항에 따라 **미성년후견인이 선임된 경우**라도 미성년후견인 선임 후 양육상황이나 양육능력의 변동, 미성년자의 의사, 그 밖의 사정을 고려하여 **미성년자의 복리를 위하여 필요하면 생존하는 부 또는 모, 친생부모 일방 또는 쌍방, 미성년자의 청구에 의하여 후견을 종료**하고 생존하는 부 또는 모, 친생부모 일방 또는 쌍방을 친권자로 지정할 수 있다.

1. **부모가 혼인 중인 경우**
   부모가 공동으로 행사한다(제909조 2항).

2. **혼인 외의 출생자의 경우 또는 이혼 등으로 혼인이 해소된 경우**(제909조 4항, 5항)

3. **부모의 이혼 후 단독친권 행사자가 사망한 경우 다른 일방의 친권이 부활하는지 여부**
   부모가 이혼 후 단독친권 행사자가 사망한 경우 다른 일방의 친권이 당연히 부활하는지(친권당연부활설) 아니면, 원칙적으로 후견이 개시되고 다만 미성년자 보호를 위해 필요한 때에는 다른 일방을 친권자로 변경할 수 있는지(후견개시설) 문제된다.
   종래 判例는 다른 일방의 친권이 부활한다고 보았으나(대판 1994.4.29. 94다1302), 2013.7.1.부터 시행되는 민법은 이혼 등으로 단독 친권자로 정해진 부모의 일방이 사망하거나 친권을 상실하는 등 친권을 행사할 수 없는 경우에 '가정법원의 심리를 거쳐' 친권자로 정해지지 않았던 부모의 다른 일방을 친권자로 지정하거나 후견이 개시되도록 함으로써 부적격의 부 또는 모가 당연히 친권자가 됨으로써 미성년자의 복리에 악영향을 미치는 것을 방지하는 방안을 마련하였다(6회 선택형).

   [**단독친권 관련 민법개정**](2011.5.9. 개정, 2013.7.1.부터 시행)] 개정이유는 이혼 등으로 단독 친권자로 정해진 부모의 일방이 사망하거나 친권을 상실하는 등 친권을 행사할 수 없는 경우에 '가정법원의 심리'를 거쳐 친권자로 정해지지 않았던 부모의 다른 일방을 친권자로 지정하거나 후견이 개시되도록 하고, 입양이 취소되거나 파양된 경우 또는 양부모가 사망한 경우에도 '가정법원의 심리'를 거쳐 친생부모 또는 그 일방을 친권자로 지정하거나 후견이 개시되도록 하여 부적격의 부 또는 모가 당연히 친권자가 됨으로써 미성년자의 복리에 악영향을 미치는 것을 방지하고, 이혼 등으로 단독 친권자로 정해진 부모의 일방이 유언으로 미성년자의 후견인을 지정한 경우라도 미성년자의 복리를 위하여 필요하다고 인정되면 후견을 종료하고 친권자로 정해지지 않았던 부모의 다른 일방을 친권자로 지정할 수 있게 하여 미성년자의 복리를 증진시키려는 것이다(제909조의2, 제912조 2항, 제927조의2, 제931조 2항 신설).

4. **친권자의 변경**
   가정법원은 자의 복리를 위하여 필요하다고 인정되는 경우에는 자의 4촌 이내의 친족의 청구에 의하여 정하여진 친권자를 다른 일방으로 변경할 수 있다(제909조 6항).

Ⅱ. 친권의 내용
[E-34]

1. **자의 신분에 관한 권리 및 의무**
   ① 자의 보호·교양에 관한 권리 및 의무(제913조), ② 거소지정권(제914조), ③ 징계권(제915조) 제915조(징계권) '친권자는 그 자를 보호 또는 교양하기 위하여 필요한 징계를 할 수 있고 법원의 허가를 얻어 감화 또는 교정기관에 위탁할 수 있다.' 이 조항에서 말하는 '징계'의 범위에 물리적인 체벌이 포함되어 있는 것으로 오용될 수 있다는 우려 때문에 2021년 1월 26일부로 폐지되었다.

   > ※ **간통한 부녀 및 상간자가 부녀의 자녀에 대한 관계에서 불법행위책임을 부담하는지 여부**(소극)
   > "배우자 있는 부녀와 간통행위를 하고, 이로 인하여 그 부녀가 배우자와 별거하거나 이혼하는 등으로 혼인관계를 파탄에 이르게 한 경우 그 부녀와 간통행위를 한 제3자(상간자)는 그 부녀의 배우자에 대하여 불법행위를 구성하고, 따라서 그로 인하여 그 부녀의 배우자가 입은 정신상의 고통을 위자할 의무가 있다고 할 것이나, 이러한 경우라도 간통행위를 한 부녀 자체가 그 자녀에 대하여 불법행위책임을 부담한다고 할 수는 없고, 또한 간통행위를 한 제3자(상간자) 역시 해의(害意)를 가지고 부녀의 그 자녀에 대한 양육이나 보호 내지 교양을 적극적으로 저지하는 등의 특별한 사정이 없는 한 그 자녀에 대한 관계에서 불법행위책임을 부담한다고 할 수는 없다"(대판 2005.5.13. 2004다1899: 표준판례793)

2. 자의 재산에 관한 권리 및 의무

제912조(친권 행사와 친권자 지정의 기준) ① 친권을 행사함에 있어서는 자의 복리를 우선적으로 고려하여야 한다.
▶ 가정법원은 친권자 지정시 전문가나 사회복지기관의 자문을 **받아야 한다**(X)
② 가정법원이 친권자를 지정함에 있어서는 자(子)의 복리를 우선적으로 고려하여야 한다. 이를 위하여 가정법원은 관련 분야의 전문가나 사회복지기관으로부터 자문을 **받을 수 있다.**

제918조(제3자가 무상으로 자에게 수여한 재산의 관리) ① 무상으로 자에게 재산을 수여한 제3자가 친권자의 관리에 **반대하는 의사를 표시**한 때에는 친권자는 그 재산을 **관리하지 못한다.**
② 전항의 경우에 제3자가 그 재산관리인을 지정하지 아니한 때에는 법원은 재산의 수여를 받은 자 또는 제777조의 규정에 의한 친족의 청구에 의하여 관리인을 선임한다.
③ 제3자의 지정한 관리인의 권한이 소멸하거나 관리인을 개임할 필요있는 경우에 제3자가 다시 관리인을 지정하지 아니한 때에도 전항과 같다.
④ 제24조 제1항, 제2항, 제4항, 제25조 전단 및 제26조 제1항, 제2항의 규정은 전2항의 경우에 준용한다.

★ 제920조의2(공동친권자의 일방이 공동명의로 한 행위의 효력) 부모가 공동으로 친권을 행사하는 경우 **부모의 일방이 공동명의**로 자를 대리하거나 자의 법률행위에 동의한 때에는 **다른 일방의 의사에 반하는 때에도 그 효력이 있다.** 그러나 상대방이 **악의**인 때에는 그러하지 아니한다. (13회 선택형)
▶ 친권자와 그 자사이에 이해상반되는 행위를 함에는 **법원이 직권으로** 특별대리인을 선임한다(X)

★ 제921조(친권자와 그 자간 또는 수인의 자간의 이해상반행위) ① 법정대리인인 친권자와 그 자사이에 **이해상반되는 행위**를 함에는 친권자는 법원에 그 자의 **특별대리인의 선임을 청구**하여야 한다.
② 법정대리인인 친권자가 그 친권에 따르는 수인의 자 사이에 이해상반되는 행위를 함에는 법원에 그 자 일방의 **특별대리인의 선임을 청구**하여야 한다.
▶ 친권자가 자의 재산관리권을 행사할 때에는 **선량한 관리자의 주의**를 다하여야 한다(X)

제922조(친권자의 주의의무) 친권자가 그 자에 대한 법률행위의 대리권 또는 재산관리권을 행사함에는 **자기의 재산에 관한 행위와 동일한 주의**를 하여야 한다.
▶지방자치단체의 장은 가정법원에 친권자의 동의를 갈음하는 재판을 청구하여 丙의 치료가 가능하도록 할 수 있는 조치를 취할 수 있다. 이 경우 친권자인 乙이 갖는 丙에 대한 거소지정권 또는 인도청구권의 행사가 제한된다(X)[9]

제922조의2(친권자의 동의를 갈음하는 재판) 가정법원은 **친권자의 동의가 필요한 행위**에 대하여 친권자가 **정당한 이유 없이 동의하지 아니함**으로써 자녀의 생명, 신체 또는 재산에 **중대한 손해가 발생할 위험이 있는 경우**에는 자녀, 자녀의 친족, 검사 또는 지방자치단체의 장의 **청구에 의하여 친권자의 동의를 갈음하는 재판**을 할 수 있다.

제923조(재산관리의 계산) ① 법정대리인인 친권자의 권한이 소멸한 때에는 그 자의 재산에 대한 관리의 계산을 하여야 한다.
② 전항의 경우에 그 자의 재산으로부터 수취한 과실은 그 자의 양육, 재산관리의 비용과 상계한 것으로 본다. 그러나 무상으로 자에게 재산을 수여한 제3자가 반대의 의사를 표시한 때에는 그 재산에 관하여는 그러하지 아니하다.

---

9) [해설] 이는 일정한 행위의 동의를 갈음하는 재판일 뿐 친권자의 친권을 상실 또는 정지시키는 것이 아니다. 따라서 이 경우에도 제924조에 따른 친권의 상실 또는 일시정지의 선고가 없는 한, 친권자인 乙이 갖는 丙에 대한 거소지정권 또는 인도청구권의 행사가 제한되지 않는다.

(1) 재산관리권(제916조)

① "친권자는 자녀가 그 명의로 취득한 특유재산을 관리할 권한이 있는데(제916조), 그 재산 관리 권한이 소멸하면 자녀의 재산에 대한 관리의 계산을 하여야 한다(제923조 제1항). 여기서 '관리의 계산'이란 자녀의 재산을 관리하던 기간의 그 재산에 관한 수입과 지출을 명확히 결산하여 자녀에게 귀속되어야 할 재산과 그 액수를 확정하는 것을 말한다. 친권자의 위와 같은 재산 관리 권한이 소멸한 때에는 위임에 관한 민법 제683조, 제684조가 유추적용되므로, 친권자는 자녀 또는 그 법정대리인에게 위와 같은 계산 결과를 보고하고, 자녀에게 귀속되어야 할 재산을 인도하거나 이전할 의무가 있다"(대판 2022.11.17. 2018다294179).

② "친권자는 자녀에 대한 재산 관리 권한에 기하여 자녀에게 지급되어야 할 돈을 자녀 대신 수령한 경우 그 재산 관리 권한이 소멸하면 그 돈 중 재산 관리권한 소멸 시까지 정당하게 지출한 부분을 공제한 나머지를 자녀(법정대리인)에게 반환할 의무가 있다. 이 경우 친권자가 자녀를 대신하여 수령한 돈을 정당하게 지출하였다는 점에 대한 증명책임은 친권자에게 있다"(대판 2022.11.17. 2018다294179).

③ "친권자의 위와 같은 반환의무는 민법 제923조 제1항의 계산의무 이행 여부를 불문하고 그 재산 관리 권한이 소멸한 때 발생한다고 봄이 타당하다. 이에 대응하는 **자녀의 친권자에 대한 위와 같은 반환청구권은 재산적 권리로서 일신전속적인 권리라고 볼 수 없으므로, 자녀의 채권자가 그 반환청구권을 압류할 수 있다**"(대판 2022.11.17. 2018다294179).

(2) 대리권(제920조)(민법총칙 참고)

(3) 이해상반행위(제921조)(민법총칙 참고)

Ⅲ. 친권의 상실, 일시정지 및 일부제한(2015.10.16.시행)   [E-35]

1. 친권의 상실, 일시정지 및 일부제한 등

> 제924조(친권의 상실 또는 일시 정지의 선고) ① 가정법원은 부 또는 모가 친권을 남용하여 자녀의 복리를 현저히 해치거나 해칠 우려가 있는 경우에는 자녀, 자녀의 친족, 검사 또는 지방자치단체의 장의 청구에 의하여 그 **친권의 상실** 또는 **일시 정지**를 선고할 수 있다.
>
> ② 가정법원은 친권의 **일시 정지**를 선고할 때에는 자녀의 상태, 양육상황, 그 밖의 사정을 고려하여 그 기간을 정하여야 한다. 이 경우 그 기간은 **2년을 넘을 수 없다**.
>
> ③ 가정법원은 자녀의 복리를 위하여 친권의 일시 정지 기간의 연장이 필요하다고 인정하는 경우에는 자녀, 자녀의 친족, 검사, 지방자치단체의 장, 미성년후견인 또는 미성년후견감독인의 청구에 의하여 2년의 범위에서 그 기간을 한 차례만 연장**할 수 있다**.
>
> ★ 제924조의2(친권의 일부 제한의 선고) 가정법원은 거소의 지정이나 징계, 그 밖의 신상에 관한 결정 등 특정한 사항에 관하여 친권자가 친권을 행사하는 것이 곤란하거나 부적당한 사유가 있어 자녀의 복리를 해치거나 해칠 우려가 있는 경우에는 자녀, 자녀의 친족, 검사 또는 지방자치단체의 장의 청구에 의하여 구체적인 범위를 정하여 친권의 일부 제한을 선고**할 수 있다**(▶ 하여야 한다 X)
>
> ▶ 친권상실선고가 있은 후에는 그 회복이 불가능하다(X)
>
> 제926조(실권 회복의 선고) 가정법원은 **제924조**, **제924조의2** 또는 **제925조**에 따른 선고의 원인이 소멸된 경우에는 본인, 자녀, 자녀의 친족, 검사 또는 지방자치단체의 장의 청구에 의하여 **실권(失權)의 회복**을 선고할 수 있다.
>
> 제927조(대리권, 관리권의 사퇴와 회복) ① 법정대리인인 친권자는 정당한 사유가 있는 때에는 법원의 허가를 얻어 그 법률행위의 대리권과 재산관리권을 사퇴할 수 있다.

(1) 개정이유

현재는 부모의 학대나 개인적 신념 등으로 자녀의 생명·신체 등에 위해가 발생하는 경우에도 자녀의 보호를 위하여 친권의 상실 선고 외에는 활용할 수 있는 제도가 없으나, 친권을 일정한 기간 동안 제한하거나 친권의 일부만을 제한하는 제도 등을 마련함으로써 앞으로는 구체적인 사안별로 자녀의 생명 등을 보호하기 위하여 필요 최소한도의 친권 제한 조치가 가능하도록 하려는 것이다.

(2) 주요내용

1) 친권자의 동의를 갈음하는 법원의 재판 제도의 도입(제922조의2 신설)

가정법원은 친권자의 동의가 필요한 행위에 대하여 친권자가 정당한 이유 없이 동의하지 아니하여 자녀의 생명·신체 등에 중대한 손해가 발생할 위험이 있는 경우에는 자녀 또는 검사 등의 청구에 의하여 친권자의 동의를 갈음하는 재판을 할 수 있도록 하였다. 일정한 행위에 대한 친권자의 동의를 갈음하는 재판 제도를 도입함으로써 부모의 친권이 유지되도록 하면서도 자녀의 생명 등을 보호하기 위한 조치가 가능하여 질 것으로 기대된다.

2) 친권의 일시 정지 제도의 도입(제924조)

가정법원은 부모가 친권을 남용하여 자녀의 복리를 현저히 해치거나 해칠 우려가 있는 경우에는 자녀 또는 검사 등의 청구에 의하여 2년의 범위에서 친권의 일시 정지를 선고할 수 있도록 하였다. 친권을 일정한 기간 동안 일시적으로 제한하는 제도를 도입함으로써 친권 제한 사유가 단기간 내에 소멸할 개연성이 있는 경우에 자녀의 생명 등을 보호하기 위한 필요 최소한도의 친권 제한 조치로 친권을 일시 정지시키는 것이 가능하여 질 것으로 기대된다.

3) 친권의 일부 제한 제도의 도입(제924조의2 신설)

가정법원은 거소의 지정이나 징계, 그 밖의 신상에 관한 결정 등 특정한 사항에 관하여 친권자가 친권을 행사하는 것이 곤란하거나 부적당한 사유가 있어 자녀의 복리를 해치거나 해칠 우려가 있는 경우에는 자녀 또는 검사 등의 청구에 의하여 구체적인 범위를 정하여 친권의 제한을 선고할 수 있도록 하였다.

① 이와 관련하여 判例는 "민법 제924조 제1항에 따른 친권 상실 청구가 있으면 가정법원은 민법 제925조의2의 판단 기준을 참작하여 친권 상실사유에는 해당하지 않지만 자녀의 복리를 위하여 친권의 일부 제한이 필요하다고 볼 경우 **청구취지에 구속되지 않고 친권의 일부 제한을 선고할 수 있다**" (대결 2018.5.25. 2018스520: 표준판례848)고 하며, ② "민법 제924조의2에 따른 친권의 일부 제한으로 미성년 자녀에 대한 양육권한을 갖게 된 미성년후견인도 민법 제837조를 유추적용하여 비양육친을 상대로 가사소송법 제2조 제1항 제2호 나목 3)에 따른 양육비심판을 청구할 수 있다"(대결 2021.5.27. 2019스621 : 미성년후견인인 외조부가 비양육친인 미성녀자의 아버지에 대하여 미성년자의 양육비를 청구한 사안 : **12회 선택형**)고 한다. 즉, 미성년자녀를 양육하게 된 **미성년후견인은 비양육친을 상대로** (미성년 자녀를 대리할 필요 없이) **직접 양육비심판을 청구할 수 있다.**

2. 대리권, 관리권의 상실(제925조)

제5관 후 견

Ⅰ. 후견인

1. 후견 일반

> ★ **제930조(후견인의 수와 자격)** ① 미성년후견인의 수(數)는 **한 명**으로 한다(7회 선택형).
> ② **성년후견인**은 피성년후견인의 신상과 재산에 관한 모든 사정을 고려하여 **여러 명을 둘 수 있다.**
> ▸ 법인도 미성년후견인이 될 수 있다(X)
> ③ **법인도 성년후견인**이 될 수 있다.
> ▸ 미성년자도 법정대리인의 동의가 있으면 **후견인이 될 수 있다**(X)
> **제937조(후견인의 결격사유)** 다음 각 호의 어느 하나에 해당하는 자는 **후견인이 되지 못한다.**
>   1. **미성년자**
>   2. **피성년후견인, 피한정후견인, 피특정후견인, 피임의후견인**
>   3. 회생절차개시결정 또는 **파산선고를 받은 자**
>   4. 자격정지 이상의 **형**의 선고를 받고 그 형기(刑期) 중에 있는 사람
>   5. 법원에서 **해임된** 법정대리인
>   6. 법원에서 **해임된** 성년후견인, 한정후견인, 특정후견인, 임의후견인과 그 감독인
>   7. **행방이 불분명**한 사람
>   8. 피후견인을 상대로 **소송**을 하였거나 하고 있는 자 또는 그 배우자와 직계혈족
>
> **제938조(후견인의 대리권 등)** ① 후견인은 피후견인의 **법정대리인**이 된다.
> ② 가정법원은 성년후견인이 제1항에 따라 가지는 **법정대리권의 범위를 정할 수 있다.**
> ③ 가정법원은 성년후견인이 피성년후견인의 **신상에 관하여 결정할 수 있는 권한의 범위를 정할 수 있다.**
> ④ 제2항 및 제3항에 따른 **법정대리인의 권한의 범위가 적절하지 아니하게 된 경우**에 가정법원은 본인, 배우자, 4촌 이내의 친족, 성년후견인, 성년후견감독인, 검사 또는 지방자치단체의 장의 **청구에 의하여**(▸ 직권으로 X) 그 범위를 변경할 수 있다.
> ▸ 법원이 **직권으로 후견인을 변경할 수는 없다**(X)
> **제940조(후견인의 변경)** 가정법원은 피후견인의 복리를 위하여 후견인을 변경할 필요가 있다고 인정하면 **직권**으로 또는 피후견인, 친족, 후견감독인, 검사, 지방자치단체의 장의 **청구에 의하여** 후견인을 변경할 수 있다.

2. 성년후견

제929조(성년후견심판에 의한 후견의 개시) 가정법원의 **성년후견개시심판**이 있는 경우에는 그 심판을 받은 사람의 **성년후견인을 두어야** 한다.

제936조(성년후견인의 선임) ① 제929조에 따른 성년후견인은 가정법원이 **직권으로 선임**한다.
② 가정법원은 **성년후견인이 사망, 결격, 그 밖의 사유로 없게 된 경우**에도 **직권으로** 또는 피성년후견인, 친족, 이해관계인, 검사, 지방자치단체의 장의 **청구**에 의하여 성년후견인을 **선임**한다.
③ 가정법원은 성년후견인이 선임된 경우에도 필요하다고 인정하면 **직권**으로 또는 제2항의 청구권자나 성년후견인의 **청구**에 의하여 **추가로 성년후견인을 선임**할 수 있다.
▶가정법원은 성년후견개시의 심판을 할 때에는 본인의 의사를 고려하면 되지만, 한정후견 및 특정후견의 심판을 할 때에는 본인의 의사에 반하여 할 수 없다(X)[10]
④ 가정법원이 성년후견인을 선임할 때에는 **피성년후견인의 의사를 존중**하여야 하며, **그 밖에** 피성년후견인의 건강, 생활관계, 재산상황, 성년후견인이 될 사람의 직업과 경험, 피성년후견인과의 이해관계의 유무(법인이 성년후견인이 될 때에는 사업의 종류와 내용, 법인이나 그 대표자와 피성년후견인 사이의 이해관계의 유무를 말한다) 등의 **사정도 고려**하여야 한다.
▶ 부모는 유언으로 미성년후견인을 지정할 수 있다(X)

제949조의2(성년후견인이 여러 명인 경우 권한의 행사 등) ① 가정법원은 **직권**으로 여러 명의 성년후견인이 공동으로 또는 사무를 분장하여 그 권한을 행사하도록 정할 수 있다(7회 선택형).
② 가정법원은 **직권**으로 제1항에 따른 결정을 **변경**하거나 **취소**할 수 있다.
③ **여러 명의 성년후견인이 공동으로 권한을 행사**하여야 하는 경우에 어느 성년후견인이 피성년후견인의 이익이 침해될 우려가 있음에도 법률행위의 대리 등 필요한 권한행사에 협력하지 아니할 때에는 가정법원은 피성년후견인, 성년후견인, 후견감독인 또는 이해관계인의 **청구에 의하여**(▶ 직권으로 X) 그 **성년후견인의 의사표시를 갈음하는 재판**을 할 수 있다.
▶가정법원은 성년후견감독인을 반드시 선임하여야 한다(X)

제940조의4(성년후견감독인의 선임) ① 가정법원은 **필요하다고 인정하면 직권**으로 또는 피성년후견인, 친족, 성년후견인, 검사, 지방자치단체의 장의 **청구에 의하여 성년후견감독인**을 선임할 수 있다.
▶ 성년후견감독인이 없게 된 경우에는 가정법원은 성년후견감독인을 선임하지 않을 수 있다(X)
② 가정법원은 **성년후견감독인**이 사망, 결격, 그 밖의 사유로 **없게 된 경우**에는 **직권**으로 또는 피성년후견인, 친족, 성년후견인, 검사, 지방자치단체의 장의 **청구에 의하여** 성년후견감독인을 **선임한다**.

제947조의2(피성년후견인의 신상결정 등) ① 피성년후견인은 자신의 신상에 관하여 그의 **상태가 허락하는 범위에서 단독으로 결정**한다.
② 성년후견인이 피성년후견인을 치료 등의 목적으로 정신병원이나 그 밖의 다른 장소에 격리하려는 경우에는 **가정법원의 허가를 받아야** 한다.
▶ 피성년후견인의 신체를 침해하는 의료행위에 대하여 피성년후견인이 동의할 수 없는 경우에는 **성년후견인이 가정법원의 허가를 얻어 대신하여 동의할 수 있다**(X)
③ 피성년후견인의 **신체를 침해하는 의료행위**에 대하여 피성년후견인이 동의할 수 없는 경우에는 **성년후견인이 그를 대신하여 동의**할 수 있다.
④ 제3항의 경우 피성년후견인이 **의료행위의 직접적인 결과**로 사망하거나 상당한 장애를 입을 위험이 있을 때에는 **가정법원의 허가를 받아야** 한다. 다만, 허가절차로 의료행위가 지체되어 피성년후견인의 생명에 위험을 초래하거나 심신상의 중대한 장애를 초래할 때에는 사후에 허가를 청구할 수 있다.
⑤ 성년후견인이 피성년후견인을 대리하여 피성년후견인이 거주하고 있는 건물 또는 그 대지에 대하여 매도, 임대, 전세권 설정, 저당권 설정, 임대차의 해지, 전세권의 소멸, 그 밖에 이에 준하는 행위를 하는 경우에는 **가정법원의 허가를 받아야** 한다.

---

10) [해설] 성년후견심판 및 한정후견심판을 할 때에는 <u>본인의 의사를 고려하여야</u> 하고(제9조 2항, 제12조 2항), 특정후견심판

3. 미성년후견

> ▸ **부모는 유언으로 미성년후견인을 지정할 수 있다**(X)
> 제931조(유언에 의한 미성년후견인의 지정 등) ① 미성년자에게 **친권을 행사하는 부모는** 유언으로 미성년후견인을 지정할 수 있다. 다만, 법률행위의 대리권과 재산관리권이 없는 친권자는 그러하지 아니하다(7회 선택형).
> ② 가정법원은 제1항에 따라 미성년후견인이 지정된 경우라도 **미성년자의 복리**를 위하여 필요하면 생존하는 부 또는 모, 미성년자의 **청구**에 의하여 **후견을 종료**하고 생존하는 부 또는 모를 친권자로 지정할 수 있다(7회 선택형).
> 제932조(미성년후견인의 선임) ① 가정법원은 제931조에 따라 **지정된 미성년후견인이 없는 경우**에는 **직권**으로 또는 미성년자, 친족, 이해관계인, 검사, 지방자치단체의 장의 **청구**에 의하여 **미성년후견인을 선임**한다. 미성년후견인이 없게 된 경우에도 또한 같다(7회 선택형).
> ② 가정법원은 제924조, 제924조의2 및 제925조에 따른 **친권의 상실, 일시 정지, 일부 제한의 선고** 또는 **법률행위의 대리권이나 재산관리권 상실의 선고**에 따라 미성년후견인을 선임할 필요가 있는 경우에는 **직권으로**(▸ 4촌이내의 친족의 청구가 있는 때에는 X) 미성년후견인을 선임한다.
> ③ 친권자가 대리권 및 재산관리권을 사퇴한 경우에는 **지체 없이** 가정법원에 미성년후견인의 선임을 **청구하여야 한다**(▸ 청구할 수 있다 X)

4. 한정후견, 특정후견, 임의후견

(1) 한정후견

> 제959조의3(한정후견인의 선임 등) ① **제959조의2에 따른 한정후견인은** 가정법원이 **직권으로 선임**한다. ② 한정후견인에 대하여는 제930조 제2항·제3항, 제936조 제2항부터 제4항까지, 제937조, 제939조, 제940조 및(▸ 제941조 내지 944조 준용 X) 제949조의3를 준용한다.
> 제959조의5(한정후견감독인) ① 가정법원은 필요하다고 인정하면 **직권으로** 또는 피한정후견인, 친족, 한정후견인, 검사, 지방자치단체의 장의 **청구**에 의하여 **한정후견감독인을 선임**할 수 있다.
> 제959조의6(한정후견사무) 한정후견의 사무에 관하여는 제681조, 제920조 단서, 제947조, 제947조의2, 제949조, 제949조의2, 제949조의3, **제950조부터 제955까지** 및 제955조의2를 준용한다

(2) 특정후견

> 제959조의10(특정후견감독인) ① 가정법원은 필요하다고 인정하면 직권으로 또는 피특정후견인, 친족, 특정후견인, 검사, 지방자치단체의 장의 청구에 의하여 특정후견감독인을 선임할 수 있다.
> ② 특정후견감독인에 대하여는 제681조, 제691조, 제692조, 제930조 제2항·제3항, 제936조 제3항·제4항, 제937조, 제939조, 제940조, 제940조의5, 제940조의6, 제949조의2(▸ 제950조 내지 952조 준용 X), **제955조 및 제955조의2**를 준용한다.

의 경우 본인의 의사에 반하여 할 수 없다(제14조의2 2항)(12회 선택형). 따라서 한정후견심판의 경우 본인의 의사에 반하여 할 수 없다는 지문은 틀렸다.

(3) 임의후견

> 제959조의14(후견계약의 의의와 체결방법 등) ① **후견계약**은 질병, 장애, 노령, 그 밖의 사유로 인한 정신적 제약으로 사무를 처리할 능력이 부족한 상황에 있거나 부족하게 될 상황에 대비하여 자신의 재산관리 및 신상보호에 관한 사무의 전부 또는 일부를 다른 자에게 **위탁**하고 그 위탁사무에 관하여 **대리권을 수여**하는 것을 내용으로 한다.
> ▶ 후견계약은 요식행위이다(O)
> ② 후견계약은 **공정증서로 체결하여야 한다**(10회 선택형).
> ③ 후견계약은 가정법원이 임의후견감독인을 선임한 때부터 효력이 발생한다(10회 선택형).
> ④ 가정법원, 임의후견인, 임의후견감독인 등은 후견계약을 이행·운영할 때 본인의 의사를 최대한 존중하여야 한다.
> ▶ 임의후견감독인의 선임 전에는 본인 또는 임의후견인은 가정법원의 허가를 받아 후견계약의 의사표시를 철회할 수 있다(X)
> 제959조의18(후견계약의 종료) ① 임의후견감독인의 선임 전에는 본인 또는 임의후견인은 **언제든지 공중인의 인증을 받은 서면으로** 후견계약의 의사표시를 철회할 수 있다(10회 선택형).
> ② 임의후견감독인의 선임 이후에는 본인 또는 임의후견인은 **정당한 사유**가 있는 때에만 가정법원의 허가를 받아 후견계약을 종료할 수 있다(10회 선택형).
> ▶ 후견계약은 본인이 성년후견, 한정후견, 특정후견 개시의 심판을 받은 때에 종료된다(X)
> 제959조의20(후견계약과 성년후견·한정후견·특정후견의 관계) ① 후견계약이 등기되어 있는 경우에는 가정법원은 본인의 이익을 위하여 **특별히 필요할 때에만** 임의후견인 또는 임의후견감독인의 **청구**에 의하여 **성년후견, 한정후견 또는 특정후견**의 심판을 할 수 있다. 이 경우 **후견계약**은 본인이 **성년후견 또는 한정후견** 개시의 심판을 받은 때 종료된다.
> ② 본인이 피성년후견인, 피한정후견인 또는 피특정후견인인 경우에 가정법원은 **임의후견감독인을 선임함**에 있어서 종전의 성년후견, 한정후견 또는 특정후견의 **종료 심판을 하여야 한다**. 다만, 성년후견 또는 한정후견 조치의 계속이 본인의 이익을 위하여 특별히 필요하다고 인정하면 가정법원은 임의후견감독인을 선임하지 아니한다.

5. 후견감독인

> 제940조의6(후견감독인의 직무) ① **후견감독인**은 후견인의 사무를 감독하며, **후견인이 없는 경우** 지체 없이 **가정법원에 후견인의 선임을 청구**하여야 한다.
> ② 후견감독인은 피후견인의 신상이나 재산에 대하여 **급박한 사정**이 있는 경우 그의 보호를 위하여 필요한 행위 또는 처분을 할 수 있다.
> ▶ 후견인과 피후견인 사이에 이해가 상반되는 행위에 관하여는 후견감독인이 지체없이 가정법원에 특별대리인의 선임을 청구하여야 한다(X)
> ③ 후견인과 피후견인 사이에 이해가 상반되는 행위에 관하여는 **후견감독인**이 **피후견인을 대리**한다.

6. 후견인의 권한, 의무

제941조(재산조사와 목록작성) ① **후견인**(▶ 미성년후견인·성년후견인 O, 한정후견인 X)은 지체 없이 피후견인의 재산을 조사하여 2개월 내에 그 목록을 작성하여야 한다. 다만, 정당한 사유가 있는 경우에는 **법원의 허가를 받아 그 기간을 연장할 수 있다.**
② 후견감독인이 있는 경우 제1항에 따른 재산조사와 목록작성은 **후견감독인의 참여**가 없으면 효력이 없다.

제949조(재산관리권과 대리권) ① 후견인은 **피후견인의 재산을 관리**하고 그 재산에 관한 **법률행위에 대하여 피후견인을 대리**한다.
② 제920조 단서의 규정은 전항의 법률행위에 준용한다.

제949조의3(이해상반행위) 후견인에 대하여는 제921조를 준용한다. 다만, **후견감독인이 있는 경우**에는 그러하지 아니하다.

★ 제950조(후견감독인의 동의를 필요로 하는 행위) ① 후견인이 피후견인을 대리하여 다음 각 호의 어느 하나에 해당하는 행위를 하거나 미성년자의 다음 각 호의 어느 하나에 해당하는 행위에 동의를 할 때는 **후견감독인이 있으면 그의 동의를 받아야 한다.**

1. **영업**에 관한 행위
2. **금전**을 빌리는 행위
3. **의무만**을 부담하는 행위
4. **부동산** 또는 **중요한 재산**에 관한 권리의 득실변경을 목적으로 하는 행위
5. **소송**행위
6. **상속**의 승인, 한정승인 또는 포기 및 상속재산의 분할에 관한 협의

② 후견감독인의 동의가 필요한 행위에 대하여 후견감독인이 피후견인의 이익이 침해될 우려가 있음에도 동의를 하지 아니하는 경우에는 가정법원은 후견인의 청구에 의하여 후견감독인의 동의를 갈음하는 허가를 할 수 있다.

▶ 후견감독인의 동의가 필요한 법률행위에 **동의가 없는 경우** 그 행위는 **효력이 없다**(X)

③ 후견감독인의 동의가 필요한 법률행위를 후견인이 후견감독인의 동의 없이 하였을 때에는 피후견인 또는 후견감독인이 그 행위를 **취소할 수 있다.**

▶甲에 대해 성년후견개시의 심판이 있었다고 해도 甲의 법정대리인이 甲이 단독으로 행한 법률행위를 항상 취소할 수 있는 것은 아니다(O)[11]

---

11) [해설] 피성년후견인의 행위는 취소할 수 있고(제10조 1항), 피성년후견인의 법정대리인은 취소권자에 해당한다(제140조). 그러나 가정법원은 취소할 수 없는 피성년후견인의 법률행위의 범위를 정할 수 있고(제10조 2항), 일용품의 구입 등 일상생활에 필요하고 그 대가가 과도하지 아니한 법률행위는 성년후견인이 취소할 수 없다(제10조 4항). 따라서 항상 취소할 수 있는 것은 아니라는 지문은 맞다.

제2장 상속법

제1절 상속

제1관 총설

Ⅰ. 상속의 의의
[E-36]

'상속'이란 피상속인이 사망한 경우에 그의 재산상의 권리·의무가 법률규정에 의하여 상속인에게 포괄적으로 승계되는 것을 말한다.

Ⅱ. 상속의 개시
[E-37]

1. 상속의 개시원인

민법은 피상속인의 사망을 상속의 개시원인으로 한다(제997조). 여기의 사망에는 실종선고와 인정사망 및 부재선고가 포함된다. 다만 동시에 사망한 것으로 추정(제30조)되는 수인들 사이에서는 상속이 일어나지 않는다(동시존재의 원칙)(7회 선택형).[1] 그러나 대습상속은 일어난다는 점을 유의하여야 한다(대판 2001.3.9. 99다13157: 표준판례859 : 핵심사례 E-2.참고).

2. 상속개시의 시기

피상속인의 사망의 경우 실제로 사망한 때(제997조, 사망신고시가 아님), 실종선고의 경우 실종기간이 만료한 때(제28조), 인정사망의 경우 반증이 없는 한 등록부에 기재된 사망일시에 사망한 것으로 인정되어 그때를 기준으로 상속이 개시된다.

이러한 ① 상속개시의 시기는 상속인의 자격, 범위, 순위, 능력을 정하는 기준이 되고, ② 상속에 관한 권리의 제척기간 또는 소멸시효의 기산점이 되며(제1045조, 제1117조), ③ 상속의 효력발생, 상속재산 또는 유류분의 산정기준이 된다는 점에서 중요한 의미를 가진다.

[관련판례] 서자(庶子)였던 피상속인 甲이 실종선고로 실종기간 만료일인 1955. 9. 9.경 사망한 것으로 본다고 하더라도 개정 민법이 시행된 후인 2008. 7. 31. 甲에 대하여 실종선고가 되었으므로, 개정 민법 부칙 제12조 제2항에 따라 그 상속에 관해서는 실종선고 시에 시행되던 법률인 개정 민법이 적용되어 甲의 생모인 乙만이 단독상속인이 되고, 구 관습상 甲의 적모인 丙에게는 상속권이 없다(대판 2017.12.22. 2017다360,377).

Ⅲ. 상속비용

상속에 관한 비용은 상속재산 중에서 지급한다(제998조의2).

---

[1] 상속은 상속개시 당시의 권리·의무를 포괄적으로 승계하는 것이므로 피상속인과 상속인 사이의 권리·의무의 단절이 생겨서는 안된다. 따라서 상속인과 피상속인은 짧은 시간만이라도 동시에 권리능력자로서 생존하고 있어야 한다. 상속인이 피상속인보다 먼저 사망하거나 동시에 사망하면 그들 사이에는 상속이 인정되지 않는다. 이를 동시존재의 원칙이라 한다.

제2관 상속인

Ⅰ. 상속능력 [E-38]

① '권리능력'이 있으면 상속인이 될 수 있는 '상속능력'이 인정된다. 태아는 상속능력을 가지나(제1000조 3항), 법인은 상속능력을 가지지 못한다. 다만 법인은 포괄적 수증자가 될 수 있고, 포괄적 수증자는 상속인과 동일한 지위에 있으므로(제1078조) 실질적으로는 상속의 효과를 누릴 수 있다.
② 상속인으로서 상속을 받을 수 있기 위해서는 피상속인이 사망할 당시에 생존하고 있어야 한다.

Ⅱ. 상속인의 범위와 순위 [9회 사례형] [E-39]

> ★ 제1000조(상속의 순위) ① 상속에 있어서는 다음 순위로 상속인이 된다.
>   1. 피상속인의 **직계비속**
>   2. 피상속인의 **직계존속**
>   3. 피상속인의 **형제자매**
>   4. 피상속인의 **4촌 이내의 방계혈족**
>
>   ② 전항의 경우에 동순위의 상속인이 수인인 때에는 **최근친을 선순위**로 하고 **동친**등의 상속인이 수인인 때에는 **공동상속인**이 된다(7회 선택형).
>   ③ 태아는 상속순위에 관하여는 **이미 출생한 것으로 본다.**
>
> ★ 제1001조(대습상속) 전조 제1항 제1호와 제3호의 규정에 의하여 **상속인이 될** 직계비속 또는 형제자매가 **상속개시전에 사망**하거나 **결격자**가 된 경우에 그 직계비속이 있는 때에는 그 직계비속이 사망하거나 결격된 자의 **순위에 갈음하여 상속인**이 된다.
>
> ★ 제1003조(배우자의 상속순위) ① 피상속인의 배우자는 제1000조 제1항 제1호와 제2호의 규정에 의한 상속인이 있는 경우에는 그 상속인과 동순위로 공동상속인이 되고 그 상속인이 없는 때에는 단독상속인이 된다. ② 제1001조의 경우에 상속개시전에 사망 또는 결격된 자의 배우자는 동조의 규정에 의한 상속인과 동순위로 공동상속인이 되고 그 상속인이 없는 때에는 단독상속인이 된다.

1. **혈족상속**(제1000조 1항)
2. **배우자상속**(제1003조 1항)

Ⅲ. 대습상속 [07사법] [E-40]

1. 의 의

상속인이 될 직계비속 또는 형제자매가 '상속개시전'에 사망하거나 결격자가 된 경우에 그 직계비속이 있는 때에는 그 직계비속이 사망하거나 결격된 자의 순위에 갈음하여 상속인이 된다(제1001조). 그리고 이 경우 상속개시 전에 사망 또는 결격된 자의 배우자는 이에 의한 상속인과 동순위로 공동상속인이 되고 그 상속인이 없는 때에는 단독상속인이 된다(제1003조 2항).

2. 취 지

대습자의 상속에 대한 기대를 보호함으로써 공평을 기하기 위하여 인정되는 제도이다.

3. 법적 성질

대습자의 상속권은 피대습자를 대위하여 승계하는 것이 아니라 대습상속인 고유의 권리에서 나오는 것이라는 '고유권설'이 통설적 입장이다.

4. 요 건

대습상속의 요건으로는 ⅰ) 피대습자는 상속인이 될 직계비속 또는 형제자매로서, 상속개시 전에 피대습자가 사망하거나 결격되어야 하며(제1001조, 제1003조 2항), ⅱ) 대습상속인은 피대습자의 직계비속이나 배우자여야 한다(제1001조, 제1003조 2항). ⅲ) 아울러 대습상속자도 상속인인 이상 피상속인에 대하여 상속결격사유가 없어야 한다.

(1) 대습원인

1) 상속개시 전 피대습자의 사망

상속개시 전이란 피상속인이 사망하기 전을 의미한다. 한편 피상속인과 피대습자가 동시에 사망한 것으로 추정되는 경우(제30조 참조)에도 대습상속이 일어나는지 문제되는바, 判例는 동시사망의 경우에도 대습상속이 인정된다고 한다.

왜냐하면 "대습자는 피대습자가 상속개시 전에 사망한 경우에는 대습상속을 하고, 피대습자가 상속개시 후에 사망한 경우에는 피대습자를 거쳐 피상속인의 재산을 본위상속을 하므로 두 경우 모두 상속을 하는데, 만일 피대습자가 피상속인의 사망, 즉 상속개시와 동시에 사망한 것으로 추정되는 경우에만 그 직계비속 또는 배우자가 본위상속과 대습상속의 어느 쪽도 하지 못하게 된다면 동시사망 추정 이외의 경우에 비하여 현저히 불공평하고 불합리한 것이라 할 것"(대판 2001.3.9. 99다13157: 표준판례859 : 핵심사례 E-2.참고)이기 때문이다.

2) 피대습자의 결격

법문상 상속개시 전에 결격자가 되어야 한다고 해석할 여지가 있으나, 상속개시 후에 결격자가 되더라도 그 효과는 상속개시시로 소급하기 때문에 결격은 상속개시 후에 일어나더라도 무방하다. 따라서 법문상 '상속개시 전'이라는 문구는 '사망'만을 수식하고 '결격'은 수식하지 않는다고 보아야 한다(통설).

3) 상속포기

법문상 포함되지 않는다(제1001조). 그러므로 상속포기자의 직계비속이나 배우자가 대습상속을 할 수는 없다. 다만 자녀가 모두 상속포기를 하여 다음 순위자인 손자녀가 상속을 하는 것은 가능하나 (대판 1995.4.7. 94다11835). 이 경우에는 손자녀가 본위상속을 하는 것일 뿐 대습상속을 하는 것은 아니다 (11회 선택형)

(2) 피대습자에 관한 요건

피대습자는 상속인이 될 직계비속 또는 형제자매이다(제1001조). 따라서 "상속인이 될 자(사망자 또는 결격자)의 배우자는 제1003조에 기하여 대습자가 될 수는 있으나, 피대습자(사망자 또는 결격자)의 배우자가 대습상속의 상속개시 전에 사망하거나 결격자가 되었다면 그 배우자에게 다시 피대습자로서의 지위가 인정될 수는 없다"(대판 1999.7.9. 98다64318,64325 : 3회 선택형)

(3) 대습자에 관한 요건

대습상속인은 피대습자의 직계비속이나 배우자여야 한다(제1001조, 제1003조 2항).

(4) 재대습상속

재대습상속도 인정된다. 예컨대 조부, 부, 증조부 순으로 사망한 경우에, 조부의 사망에 따라 부가 증조부의 대습상속인이 되는데, 부 또한 증조부보다 먼저 사망하였기 때문에 결국 자가 증조부를 재대습상속하게 된다. 다만 判例는 대습자인 피대습자의 배우자가 대습상속 개시 전에 사망한 경우에 재대습상속을 부정하였다. 즉 "대습상속이 인정되는 경우는 상속인이 될 자(사망자 또는 결격자)가 피상속인의 직계비속 또는 형제자매인 경우에 한한다"(대판 1999.7.9. 98다64318,64325 : 3회 선택형)고 한다.

5. 효과

(1) 원칙

대습상속인은 피대습자가 받았을 상속분만큼 피상속인을 상속한다. 이때 대습자가 수인인 경우에는 피대습자가 받았을 상속분을 대습자의 상속분의 비율에 따라 나눈 만큼 피상속인을 상속한다(제1010조 참조).

(2) 직계비속인 피대습자가 전부 사망한 경우

1) 문제점

직계비속인 피대습자가 전부 사망한 경우에 피대습자의 배우자가 있다면 피대습자의 배우자와 피대습자의 직계비속이 하는 상속은 대습상속이라는 점에는 이견이 없다. 그러나 **피대습자의 배우자가 없는 경우에 직계비속인 피대습자의 직계비속이 하는 상속이 피상속인의 직계비속으로서 본위상속을 하는 것인지, 아니면 대습상속을 하는 것인지 문제된다.** 예를 들어 피상속인의 자녀 A, B가 피상속인보다 먼저 사망하였고 A에게는 배우자 없이 C와 D, B에게는 배우자 없이 E라는 자녀가 있다고 가정해 보자. 어느 견해를 취하느냐에 따라 C, D, E의 상속분의 산정에 있어서 차이를 가져온다.

2) 학설

① 손(孫)은 자(子)의 배우자가 있으면 대습상속을 하게 되나, 자의 배우자가 없는 때에는 본위상속을 하게 된다는 **본위상속설**(이에 따르면 C : D : E는 1 : 1 : 1의 비율로 상속한다)과, ② 손 이하의 직계비속은 언제나 대습하여서만 상속을 하게 된다는 **대습상속설**(이에 따르면 C : D : E는 1 : 1 : 2의 비율로 상속한다)의 대립이 있다.

3) 판례

"피상속인의 자녀가 상속개시 전에 전부 사망한 경우 피상속인의 손자녀는 본위상속이 아니라 대습상속을 한다"(대판 2001.3.9. 99다13157)고 판시하여 **대습상속설**을 명백히 하였다.

4) 검토

생각건대, 대습상속의 인정이유는 상속에 대한 기대를 보호하는 것인데 만일 본위상속설에 따르면 위의 경우에 C와 D는 A가 살아서 상속을 받았던 경우보다 오히려 더 많은 상속을 받게 되는 문제가 있다(사안에서 A가 살았더라면 A와 B가 1:1의 비율로 상속을 하게 되고, 그 후 A가 사망하면 C와 D는 A가 상속받은 것을 다시 1:1의 비율로 상속하게 된다). 따라서 대습상속의 취지를 고려할 때 대습상속설이 타당하다.

핵심사례 E-02

★ 상속회복청구권(제척기간) · 대습상속(동시사망)
대판 2001.3.9. 99다13157: 표준판례859

甲에게는 딸 乙과 동생 A가 있고, 또한 乙은 丙과 혼인하여 丁을 출산하였다. 그런데, 甲·乙·丁은 1985.9.20. 괌으로 향하는 비행기를 타고 가던 중 추락하여 사망하였는데 누가 먼저 사망하였는지에 관하여 확증은 없어서 모두 동시에 사망한 것으로 추정이 되었다. 당시 甲에게는 X부동산이 있었으나 X부동산에 대하여 상속등기가 이루어지지 않고 있던 중 A는 2000.1.10. 호적부에 자신이 단독상속인으로 기재되어 있음을 보고 자신이 甲의 단독상속인이라 믿고 자신의 명의로 상속을 원인으로 하는 이전등기를 경료하였다. 그리고 A는 2000.11.5. B와 X부동산에 대한 매매계약을 체결하여 2001.1.20. B앞으로 소유권이전등기를 경료하여 주었다. 이러한 사실을 뒤늦게 알게 된 丙은 2001.6.25. 자신이 甲을 대습상속하여 X부동산을 단독으로 상속하였음을 이유로, B를 상대로 X부동산에 대한 소유권이전등기의 말소를 청구하였다.
1. 丙의 청구는 적법한 것인가? (15점)
2. 그리고 만약 적법하다면 丙의 청구는 인용가능한가? (15점)

I. 丙의 B에 대한 소유권이전등기말소청구의 소가 적법한 것인지 여부

1. 丙의 청구가 제999조 2항의 제척기간의 적용을 받는지 여부(상속회복청구권의 법적 성질)

(1) 판례

(2) 사안의 경우

丙의 청구원인은 비록 소유권에 기한 물권적 청구권이나 상속을 원인으로 소유권을 주장하고 있으므로 '실질적으로 상속회복청구권'에 해당하여 제999조 2항의 단기의 제척기간에 걸린다고 보아야 한다. 사안에서 丙의 청구는 비록 상속이 개시된 날부터는 10년이 경과되었으나, 2002년 1월 14일 개정된 민법에 의하면 상속권의 침해행위가 있은 날인 2000.1.10.로 부터 아직 10년이 경과되지 않았으므로 丙의 청구에 제척기간 도과의 위법은 없다.

2. 참칭상속인으로부터 목적물을 취득한 제3자에 대한 청구도 상속회복청구에 해당하는지 여부

判例가 판시하는 바와 같이 "상속회복청구의 단기의 제척기간이 참칭상속인에만 적용되고 참칭상속인으로부터 양수한 제3자에게는 인정되지 않는다면 거래관계의 조기안정을 의도하는 단기의 제척기간이 무의미하게 될 수 있으므로, 참칭상속인으로부터 권리를 이전받은 제3자와 참칭상속인의 상속인도 상속회복청구의 상대방이 된다"(대판 1981.1.27. 전합79다854).

따라서 사안의 경우 丙의 B에 대한 청구 역시 상속회복청구에 해당한다.

3. 사안의 해결

丙의 B에 대한 소유권이전등기말소청구의 소는 적법하다.

II. 丙의 B에 대한 청구가 인용될 수 있는지 여부

1. 문제점

이는 배우자의 대습상속권(丙)과 방계혈족의 상속권(A) 간의 우열판단에 관한 문제라 할 것이다. 일단 A가 甲의 3순위 상속인이라는 것은 의심의 여지가 없으나(제1000조 1항 3호), 丙이 배우자의 대습상속권을 취득하는지 여부와 관련하여서 민법 제1003조 2항의 '상속개시 전'의 의미에 사안과 같이 피상속인과 피대습자가 동시에 사망한 것으로 추정되는 경우도 포함되는지 먼저 검토해 보아야 한다. 그리고 나서 제1순위 상속인인 직계자녀의 배우자의 대습상속권과 제3순위 상속인인 형제자매의 상속권이 충돌하는 경우 누가 우선하는지 검토해 보기로 한다.

2. 丙에게 대습상속권이 인정되는지 여부

(1) 대습상속의 요건

(2) 동시사망의 추정과 대습상속

상속개시 전이란 피상속인이 사망하기 전을 의미한다. 한편 피상속인과 피대습자가 동시에 사망한 경우(제30조 참조)에도 대습상속이 일어나는지 문제되는바, 判例는 이에 대해 "대습자는 피대습자가 상속개시 전에 사망한 경우에는 대습상속을 하고, 피대습자가 상속개시 후에 사망한 경우에는 피대습자를 거쳐 피상속인의 재산을 본위상속을 하므로 두 경우 모두 상속을 하는데, 만일 피대습자가 피상속인의 사망, 즉 상속개시와 동시에 사망한 것으로 추정되는 경우에만 그 직계비속 또는 배우자가 본위상속과 대습상속의 어느 쪽도 하지 못하게 된다면 동시사망 추정 이외의 경우에 비하여 현저히 불공평하고 불합리한 것이라 할 것"(대판 2001.3.9. 99다13157)이라고 판시함으로써 동시사망의 경우에도 대습상속이 인정된다고 한다. 따라서 丙은 乙을 피대습자로 하여 대습상속을 할 수 있다.

3. 배우자의 대습상속권(丙)과 방계혈족의 상속권(A) 간의 우열판단의 문제

혈연상속의 관습과 대립되는 배우자의 대습상속권이 인정되는바, 우리법상 이러한 배우자의 대습상속권이 형제자매의 상속권을 배제할 수 있는지 문제된다. 민법에서 형제자매는 제3순위 상속인으로 규정하고, 배우자는 1순위 또는 2순위 상속인 직계비속 또는 직계존속과 공동상속인이 되며 이들이 없을 때는 단독상속인이 됨을 규정하고 있다. 따라서 직계비속의 배우자가 있는 경우에는 형제자매는 공동상속조차 할 수 없다는 것이 법문에는 반하지 않는다고 본다. 또한 判例는 이러한 민법 규정이 위헌이라고 할 수 없다고 판시하고 있다(대판 2001.3.9. 99다13157).

4. 사안의 해결

민법 제1003조 2항의 '상속개시 전'의 의미와 관련하여 피상속인과 피대습자가 동시에 사망한 것으로 추정되는 경우(제30조 참조)도 포함되기 때문에 丙은 배우자의 대습상속권을 취득하고, 이러한 배우자의 대습상속권은 형제자매의 상속권보다 우선하므로 丙이 X부동산의 소유권을 취득하게 되고, A명의의 등기는 원인무효가 된다. 따라서 무권리자인 A로부터 경료받은 B의 등기 역시 원인무효가 되어 丙의 B에 대한 소유권이전등기의 말소청구는 인용가능하다.

Ⅳ. 상속결격
[E-41]

> **제1004조(상속인의 결격사유)** 다음 각 호의 어느 하나에 해당한 자는 상속인이 되지 못한다.
> 1. 고의로 직계존속, 피상속인, 그 배우자 또는 상속의 **선순위나 동순위에 있는 자**를 **살해**하거나 **살해하려**한 자
> 2. 고의로 직계존속, 피상속인과 그 배우자에게 **상해**를 가하여 **사망에 이르게** 한 자
> 3. **사기** 또는 **강박**으로 피상속인의 상속에 관한 **유언** 또는 **유언의 철회를 방해**한 자
> 4. **사기** 또는 **강박**으로 피상속인의 상속에 관한 **유언을 하게** 한 자
> 5. 피상속인의 상속에 관한 **유언서를 위조·변조·파기** 또는 **은닉**한 자

1. 의 의

상속결격이란 상속인에게 법이 정한 일정한 사유가 있는 때에는 당연히 상속자격이 박탈되는 것을 말한다(제1004조).

2. 상속결격사유

(1) 살인 또는 살인미수 [07·12사법, 3회 사례형]

고의로 직계존속, 피상속인, 그 배우자 또는 상속의 선순위나 동순위에 있는 자를 살해하거나 살해하려고 한 경우이다(제1004조 1호).

1) 낙태가 제1004조 1호의 살해에 해당하는지 여부

비록 형법상으로 태아는 살인죄의 객체가 되지 못하지만, 제1004조의 취지상 낙태와 살인을 달리 평가할 것은 아니므로 判例와 같이 낙태를 제1004조 1호의 상속의 동순위에 있는 자를 '살해'한 것으로 보아 상속결격이 된다고 보는 것이 타당하다(대판 1992.5.22. 92다2127: 표준판례861). [21법무]

2) 상속결격이 되기 위해서 상속에 유리하다는 인식을 요하는지 여부 [3회 사례형]

判例는 "ⅰ) 제1004조 1호는 '고의'만을 규정하고 있을 뿐 별도로 '상속에 유리하다는 인식'을 요구하고 있지 않으며 ⅱ) 제1004조 2호는 '상해의 고의'만 있었던 경우에도 상속결격을 인정하므로 이 경우 상속에 유리하다는 인식이 필요 없음은 당연하다"(대판 1992.5.22. 92다2127: 표준판례861)고 한다.

[판례검토] 제1004조 1호는 '직계존속'을 살해하거나 살해하려고 한 경우에도 상속결격을 인정하고 있는바, 가해자가 피상속인의 직계존속보다 선순위인 경우에도 상속결격을 인정하고 있는 것은 상속결격의 요건으로서 상속에 유리하다는 인식을 별도로 요구하지 않는 것으로 볼 수 있다는 점에서 '상속에 유리하다는 인식'은 필요 없다고 보는 것이 타당하다.

3) 행위의 시기

判例는 피상속인이 사망하여 '상속이 개시된 후' 피상속인의 처가 낙태한 사안에서 처의 상속결격을 인정한 바 있다(대판 1992.5.22. 92다2127: 표준판례861).

(2) 상해치사(제1004조 2호)

(3) 유언에 대한 부정행위(제1004조 3호 내지 5호)

상속인의 결격사유의 하나로 규정하고 있는 제1004조 제5호 소정의 '상속에 관한 유언서를 은닉한 자'라 함은 유언서의 소재를 불명하게 하여 그 발견을 방해하는 일체의 행위를 한 자를 의미하는 것이므로, 단지 공동상속인들 사이에 그 내용이 널리 알려진 유언서에 관하여 피상속인이 사망한지 6개월이 경과한 시점에서 비로소 그 존재를 주장하였다고 하여 이를 두고 유언서의 은닉에 해당한다고 볼 수 없다(대판 1998.6.12. 97다38510).

3. 효과

(1) 상속인의 자격 상실

상속결격자는 소급적으로 상속인의 자격을 상실하므로 이미 상속받은 재산이라도 반환해야 하며, 그의 처분행위는 무효이다.

(2) 수증결격

상속결격자는 유증의 수증결격자로도 된다(제1064조, 제1004조). 따라서 상속결격자에게 한 유증은 무효이다.

(3) 대습상속 사유

상속결격자는 상속을 받을 수 없으나 이는 대습상속 사유가 되므로(제1001조), 그의 직계비속이나 배우자가 대습상속을 할 수는 있다.

제3관 상속회복청구권

Ⅰ. 의 의

> ★ **제999조 (상속회복청구권)** ① 상속권이 참칭상속권자로 인하여 침해된 때에는 상속권자 또는 그 법정대리인은 상속회복의 소를 제기할 수 있다(피고적격). ② 제1항의 상속회복청구권은 그 침해를 안 날부터 3년, 상속권의 침해행위가 있은 날부터 10년을 경과하면 소멸된다(제소기간).

진정한 상속인이 참칭상속인이나 전득자에 대하여 자기의 상속권에 기한 재산의 회복을 소송으로써 구할 수 있는 실체법상의 권리이다(제999조 1항).

Ⅱ. 입법취지

1. 문제점

피상속인의 사망과 동시에 등기·인도 등을 불문하고 상속재산의 소유권은 진정한 상속인에게 이전된다(제1005조, 제187조). 따라서 진정한 상속인은 개개의 물건에 대하여 소유권에 기한 물권적 청구권 등을 행사할 수 있음에도(그 외에도 부당이득반환청구권, 불법행위로 인한 손해배상청구권 등의 구제수단이 있다), 민법이 이와 별도로 상속회복청구권을 규정한 취지가 무엇인지 문제된다.

2. 상속회복청구권의 취지

그 이유로는 ⅰ) 상속재산을 일괄적으로 회복할 수 있다는 점, ⅱ) 개별적인 권리로서 청구할 때에는 그 목적물에 대한 피상속인의 권원까지 입증해야 하지만, 상속회복청구권을 행사할 때에는 자신이 상속권자라는 사실과 목적물이 상속개시 당시에 피상속인의 점유에 속하고 있었다는 사실만 입증하면 족하다는 점(입증책임의 경감), ⅲ) 단기의 제척기간을 정함으로써 권리관계의 조속한 안정을 기한다는 점 등을 들 수 있다(대판 1994.10.21. 94다18249).

Ⅲ. 법적 성질

1. 문제점

이행의 소라는 것이 통설이며 이행의 소로 볼 경우 제999조 2항의 단기의 제척기간과 관련해 개별 물권적 청구권과의 관계가 문제된다.

2. 학 설

① 상속회복청구권은 상속재산 전체의 회복을 구하는 상속법상의 고유한 포괄적 청구권으로서 상속을 청구원인으로 하므로 소유권 등에 기한 물권적 청구권과 같은 개별적 청구권과는 다르다는 **독립청구권설**(포괄적 청구권설)과(따라서 본 청구권이 제척기간에 걸린 후에도 개별적 청구권은 행사할 수 있다) ② 상속회복청구권은 개별적 청구권의 집합에 불과하므로, 상속재산의 회복을 위한 소는 포괄적으로 행해지든 개별적 청구권에 기해 행해지든 상속회복청구권이라는 **집합권리설**(개별적 청구권설)로 나뉜다(따라서 제999조의 제척기간이 경과한 후에는 개별적 청구권에 기한 상속재산회복도 불허된다).

3. 판례

"참칭상속인 또는 자기들만이 재산상속을 하였다는 일부 공동상속인들을 상대로 그 소유권 또는 지분권이 귀속되었다는 주장이 상속을 원인으로 하는 것인 이상 그 청구원인(예를 들어 제213조, 제214조, 제741조, 제750조, 제1014조) 여하에 불구하고 민법 제999조의 단기 제척기간의 적용을 받는 상속회복의 소로 보아야 한다"(대판 1991.12.24. 전합90다5740)라고 판시하였는바, 일반적으로 **집합권리설**(개별적 청구권설)을 취하고 있는 것으로 해석되고 있다.

[관련판례] "자신이 진정한 상속인임을 전제로 그 상속으로 인한 소유권 또는 지분권 등 재산권의 귀속을 주장하면서 참칭상속인 또는 참칭상속인으로부터 상속재산에 관한 권리를 취득하거나 새로운 이해관계를 맺은 제3자를 상대로 상속재산인 부동산에 관한 등기의 말소 또는 진정명의 회복을 위한 등기의 이전 등을 청구하는 경우에는, 그 소유권 또는 지분권이 귀속되었다는 주장이 상속을 원인으로 하는 것인 이상 그 청구원인 여하에 불구하고 이는 상속회복청구의 소라고 해석함이 상당하다."(대판 2007.4.26. 2004다5570: 표준판례854).

4. 검토

독립청구권설은 i) 단기의 제척기간을 정함으로써 권리관계의 조속한 안정을 취하려는 제999조의 입법취지와 맞지 않으며, ii) 청구원인에 따라 제척기간의 적용 여부가 달라지게 되어 형평성을 잃게 된다는 문제점이 있다. 따라서 현행 민법규정의 해석으로는 집합권리설이 타당하다(다수설).

🔺 **자기의 상속권을 주장하지 않고 별도의 취득원인(가령 매매나 증여)에 기한, 상속재산에 대한 권리를 주장하는 경우 '상속회복청구'라고 볼 수 있는지 여부(소극)**

이러한 경우는 일반적 재산권 침해에 해당할 뿐이고 이러한 자에게까지 단기제척기간에 의한 보호를 할 이유가 없으므로 判例(대판 1982.1.26. 81다851등 이하 판례)와 같이 부정하는 것이 타당하다.

㉠ 피상속인 사망 후 공동상속인 중 1인이 다른 공동상속인에게 자신의 상속지분을 중간생략등기 방식으로 명의신탁하였다가 그 명의신탁이 '부동산실명법이 정한 유예기간(1996.6.30.)의 도과로 무효가 되었음을 이유'로 명의수탁자를 상대로 상속지분의 반환을 구하는 경우, 그러한 청구는 상속으로 인한 재산권의 귀속을 주장하는 것이라고 볼 수 없으므로 상속회복청구에 해당하지 않는다고 한다(대판 2010.2.11. 2008다16899).

㉡ 원고가 피고를 상대로 '피고 명의의 소유권이전등기가 참칭상속인에 의한 것이어서 무효임'을 이유로 하지 않고 '후행 보존등기 자체가 무효임'을 이유로 하여 피고 명의의 소유권이전등기의 말소를 청구하는 경우에는 이는 상속회복청구의 소에 해당하지 않는다고 한다(대판 2011.7.14. 2010다107064: 표준판례184).

㉢ 일단 적법하게 '공동상속등기'가 마쳐진 부동산에 관하여 상속인 중 1인이 자기 단독명의로 '소유권이전등기'를 한 경우, 다른 상속인들이 그 이전등기가 원인 없이 마쳐진 것이라 하여 말소를 구하는 소는 상속권이 침해되었음을 이유로 그 회복을 구하는 것이 아니라 상속으로 일단 취득한 소유권이 그 후 위법하게 침해되었다는 이유로 소유권의 회복을 구하는 것이기 때문에 상속회복청구의 소에 해당하지 않는다고 한다(대판 2011.9.29. 2009다78801 : 5회,14회 선택형).

[기타] ㉣ "상속인인 원고가 소외인이 피상속인의 생전에 그로부터 토지를 매수한 사실이 없는데도 그러한 사유가 있는 것처럼 등기서류를 위조하여 그 앞으로 소유권이전등기를 경료하였음을 이유로 그로부터 토지를 전전매수한 피고 명의의 소유권이전등기가 원인무효라고 주장하면서 피고를 상대로 진정 명의의 회복을 원인으로 한 소유권이전등기절차의 이행을 구하는 경우, **이는 상속회복청구의 소에 해당하지 않는다**"(대판 1998.10.27. 97다38176). ㉤ "등기부상 등기원인이 매매나 증여로 기재된 이상 재산상속인임을 신뢰케 하는 외관을 갖추었다고 볼 수 없다. 따라서 공동상속인 중 1인이 피상속인의 생전에 그로부터 토지를 매수하거나

증여받은 사실이 없음에도 불구하고 구 부동산 소유권이전등기 등에 관한 특별조치법(이하 '특별조치법'이라고 한다)에 의하여 매매 또는 증여를 원인으로 한 이전등기를 경료한 경우 그 이전등기가 무효라는 이유로 다른 공동상속인이 그 등기의 말소(또는 진정명의 회복을 위한 등기의 이전)를 청구하는 소는 **상속회복청구의 소에 해당한다고 볼 수 없다**"(대판 2008.6.26. 2007다7898).

Ⅳ. 당사자

1. 회복청구권자

(1) 상속권자 기타 포괄승계인

상속권자 또는 그 법정대리인(제999조 1항), 진정상속인으로부터 상속분을 양도받은 포괄승계인(제1011조), 포괄수유자(대판 2001.10.12. 2000다22942: **표준판례**898) 등이 청구권자가 될 수 있다. 상속개시된 후 인지된 자도 여기의 청구권자가 될 수 있다. 그러나 상속인의 특정승계인은 청구권자가 아니다. 또한 **상속재산분할이 이루어지기 전에** 민사소송에서 특별수익에 기한 구체적 상속분을 주장하면서 법정상속분에 따라 마쳐진 공동상속인 명의의 소유권이전등기에 관하여 상속회복청구의 소를 제기할 수 없다(대판 2023.4.27. 2020다292626).

(2) 상속회복청구권의 상속가능 여부

상속회복청구권은 각 상속인의 상속권에서 파생하는 각 상속인의 고유의 권리이므로 그의 상속인에게 상속되지 않고, 상속인의 상속인은 '자기의 상속권'이 침해되었음을 이유로 '자신의 상속이 개시된 때'를 기산점으로(상속긍정설에 따르면 '당초의 상속이 개시된 때'를 그 기산점으로 보게 된다) 제999조 2항의 기간 내에 회복을 청구할 수 있다고 보는 견해가 타당하다(다수설).

2. 상대방

(1) 참칭상속인

상속권이 없음에도 불구하고 상속인인 것 같은 외관을 갖추거나 상속인이라고 사칭하는 자이다(대판 1991.2.22. 90다카19470). 따라서 상속인으로서의 외관이 없는 자는 자신이 상속인이라고 주장하였더라도 참칭상속인이 아니며(대판 1992.5.22. 92다9755), 또한 상속권의 침해가 없다면 참칭상속인이라고 할 수 없다(대판 1994.11.18. 92다33701 : **5회 선택형**).

> [관련판례] "소유권이전등기에 의하여 재산상속인임을 신뢰케 하는 외관을 갖추었는지의 여부는 권리관계를 외부에 공시하는 등기부의 기재에 의하여 판단하여야 하므로, 비록 등기의 기초가 된 보증서 및 확인서에 취득원인이 상속으로 기재되어 있다 하더라도 등기부상 등기원인이 매매로 기재된 이상 재산상속인임을 신뢰케 하는 외관을 갖추었다고 볼 수 없다"(대판 1997.1.21. 96다4688).

(2) 다른 상속인의 상속분을 침해하는 공동상속인(원칙적 적극) [9회 사례형]

① [긍정] 단기의 제척기간을 정함으로써 권리관계의 조속한 안정을 취하려는 제999조의 입법취지상 상속인이 다른 공동상속인의 상속권을 무시하고 상속재산을 점유 또는 등기한 경우에도 상속회복청구권을 행사할 수 있다(대판 1991.12.24. 전합90다5740 : **14회 선택형**). 그리고 공동상속인 중 1인이 상속등기에 갈음하여 구 부동산소유권 이전등기 등에 관한 특별조치법에 따라 그 명의의 소유권이전등기를 경료한 경우, 다른 공동상속인이 그 등기의 말소를 청구하는 소는 상속회복청구의 소에 해당한다(대판 2010.1.14. 2009다41199).

② [긍정] 상속재산분할 후에 피인지된 자의 상속재산분할청구권(공동상속인에 대한 가액반환청구권인 제1014조 포함)도 상속회복청구권이라 할 수 있으므로 단기제척기간이 적용된다(대판 1993.8.24. 93다12). 특히 이 경

우 상속회복청구권의 제척기간과 관련하여 '침해를 안 날부터 3년'의 기산점은 그 인지판결이 확정된 날로부터 기산한다(대판 1978.2.14. 77므21).

③ **[부정]** "상속을 원인으로 하는 등기가 명의인의 의사에 기하지 않고 제3자에 의하여 상속 참칭의 의도와 무관하게 이루어진 것일 때에는 위 등기명의인을 상속회복청구의 소에서 말하는 참칭상속인이라고 할 수 없다. 그리고 수인의 상속인이 부동산을 공동으로 상속하는 경우 그와 같이 공동상속을 받은 사람 중 한 사람이 공유물의 보존행위로서 공동상속인 모두를 위하여 상속등기를 신청하는 것도 가능하므로, 부동산에 관한 상속등기의 명의인에 상속을 포기한 공동상속인이 포함되어 있다고 하더라도 상속을 포기한 공동상속인 명의의 지분등기가 그의 신청에 기한 것으로서 상속 참칭의 의도를 가지고 한 것이라고 쉽게 단정하여서는 아니 된다"(대판 2012.5.24. 2010다33392).

(4) 참칭상속인으로부터의 제3취득자(적극)

상속회복청구의 단기의 제척기간이 참칭상속인에만 적용되고 참칭상속인으로부터 양수한 제3자에게는 인정되지 않는다면 거래관계의 조기안정을 의도하는 단기의 제척기간이 무의미하게 될 수 있으므로, **참칭상속인으로부터 권리를 이전받은 제3자와 참칭상속인의 상속인도 상속회복청구의 상대방이 된다**(대판 1981.1.27. 전합79다854).

(5) 피상속인을 달리하는 경우

상속회복청구권은 진정상속인과 참칭상속인이 주장하는 피상속인이 동일인임을 전제로 하므로, 상속재산을 점유하고 있는 자가 상속을 원인으로 주장하지만 피상속인이 다른 사람이라면, 상속회복청구의 상대방이 아니다(대판 1994.4.15. 94다798).

V. 상속회복청구권의 행사 [E-46]

1. 행사방법

특별한 제한이 없으므로 반드시 재판상 행사할 필요는 없고 재판외 청구도 가능하다(통설).[1] 그러나 *判例*는 재판상으로 행사하여야 한다는 입장에 있는 것으로 보인다(대판 1993.2.26. 92다3083).

2. 행사의 효과

(1) 상속재산의 반환

진정상속인은 자기에게 속하는 재산을 반환 받을 수 있다. 청구의 상대방은 목적물을 진정상속인에게 인도하거나 자기명의의 부실등기를 말소해야 한다. 제3취득자의 경우에는 선의인 전득자는 동산의 경우에는 선의취득으로 보호받을 수 있지만, 부동산인 경우에는 보호받지 못하므로 진정상속인에게 반환하여야 한다. 다만, 제3자가 공동상속인으로부터 상속재산을 양수한 경우에, 공동상속인은 완전한 무권리자가 아니므로 그 공동상속인의 '상속지분의 범위 내'에서 유효하게 권리를 취득한다.

(2) 반환의 범위

점유자가 진정상속인에게 물건을 반환할 때에는 점유자와 회복자의 관계에 관한 제201조 이하를 유추하여 반환범위를 정하되, 다만 상속재산의 과실은 상속재산에 속한다고 하여야 하므로 **참칭상속인이 선의라도 과실은 반환해야** 한다(다수설).

---

1) 증명책임과 관련해서는 증명책임이 완화되어 청구권자는 자신이 상속권자라는 점과 목적물이 상속개시 당시 피상속인의 점유에 속한 사실만 입증하면 족하며, 피상속인에게 소유권 등의 본권이 있었음을 입증할 필요는 없다. 청구권자의 청구를 배척하려는 상대방이 상속재산에 대하여 특정의 권원을 가짐을 증명해야 한다.

Ⅵ. 상속회복청구권의 소멸 [E-47]

1. 상속회복청구권의 포기
상속회복청구권은 포기할 수 있으며, 이를 포기하면 더 이상 상속회복청구를 할 수 없다. 그러나 이 포기는 상속개시 후에만 허용되며, 상속개시 전에 미리 포기하는 것은 효력이 없다.

2. 제척기간의 경과 [6회 기록형]
상속회복청구권은 상속인 또는 그 법정대리인이 침해를 안 날부터 3년, 상속권의 침해행위가 있은 날부터 10년이 경과하면 소멸한다(제999조 2항). 이 기간은 제척기간이다(대판 1978.12.13. 78다1811).

[종전 민법] 종전에는 "상속이 개시된 날로부터 10년"으로 되어 있었으나, 헌법재판소는 지나치게 단기의 행사기간을 정함으로써 상속인의 재산권, 재판청구권 등을 침해한다고 하여 위헌결정을 내린 바 있다(헌재결 2001.7.19. 99헌바9 등). 이에 개정 민법은 진정한 상속인의 보호를 위하여 그 소멸시기를 '상속권 침해를 안 날로부터 3년, 상속권 침해가 있는 날로부터 10년 경과'로 규정하였다.

(1) 상속권의 침해를 안 날부터 3년
'상속권의 침해를 안 날'이라 함은 자기가 진정한 상속인임을 알고 또 자기가 상속에서 제외된 사실을 안 때를 가리키는 것으로서, 단순히 상속권 침해의 추정이나 의문만으로는 충분하지 않다(대판 2007.10.25. 2007다36223 : 3회 선택형).

(2) 상속권의 침해행위가 있은 날부터 10년
'상속권의 침해행위가 있은 날'이라 함은 참칭상속인이 상속재산의 전부 또는 일부를 점유하거나 상속재산인 부동산에 관하여 소유권이전등기를 마치는 등의 방법에 의하여 진정한 상속인의 상속권을 침해하는 행위를 한 날을 의미한다(대판 2009.10.15. 2009다42321).

① 제척기간의 준수 여부는 상속회복청구의 상대방별로 각각 판단하여야 할 것이어서, ㉠ '진정한 상속인이 참칭상속인으로부터 상속재산에 관한 권리를 취득한 제3자를 상대로 제척기간 내에 상속회복청구의 소를 제기한 이상' 그 제3자에 대하여는 제999조에서 정하는 상속회복청구권의 기간이 준수되었으므로, 참칭상속인에 대하여 그 기간 내에 상속회복청구권을 행사한 일이 없다고 하더라도 그것이 진정한 상속인의 제3자에 대한 권리행사에 장애가 될 수는 없다(대판 2009.10.15. 2009다42321). ㉡ 그러나 참칭상속인의 최초 침해행위가 있은 날로부터 10년이 경과한 이후에는 비록 제3자가 참칭상속인으로부터 상속재산에 관한 권리를 취득하는 등의 새로운 침해행위가 '**최초 침해행위시**'로부터 10년이 경과한 후에 이루어졌다 하더라도 상속회복청구권은 제척기간의 경과로 소멸되어 진정상속인은 더 이상 제3자를 상대로 그 등기의 말소 등을 구할 수 없다 할 것이며, 이는 '진정상속인이 참칭상속인을 상대로 제척기간 내에 상속회복청구의 소를 제기하여 승소의 확정판결을 받았다'고 하여 달리 볼 것은 아니라 할 것이다(대판 2006.9.8. 2006다26694 : 14회 선택형).

② 상속재산의 일부에 대한 상속회복청구의 제소기간을 준수하였다고 하여 그로써 다른 상속재산에 대한 소송에 그 기간준수의 효력이 생기지 아니한다(대판 1981.6.9. 80므84: 표준판례858 : 5회 선택형).

③ 전원합의체 판결에 따르면 "피상속인인 남한주민으로부터 상속을 받지 못한 북한주민의 경우에도, '남한에 입국한 때부터 3년 내'가 아니라 '상속권이 침해된 날부터 10년'이 경과하면 민법 제999조 제2항에 따라 상속회복청구권이 소멸한다"(대판 2016.10.19. 전합2014다46648)고 한다. 물론 상속권의 침해를 안 날로부터 3년 내의 요건도 충족해야 한다.

3. 소멸의 효과

기존 법률관계가 절대적으로 확정되어 진정상속인은 소유권 주장이 불가능하게 되고 점유자는 정당한 권원을 획득하게 된다. 判例는 상속회복청구권 소멸의 '반사적 효과'로서 참칭상속인의 지위는 확정되어 참칭상속인이 상속개시일로부터 소급하여 상속인으로서의 지위를 취득한 것으로 봄이 상당하므로, 상속재산은 '상속개시일로 소급하여 참칭상속인의 소유'로 된다고 한다(대판 1998.3.27. 96다37398: 표준판례855 : 3회, 5회 선택형).

핵심사례 E-03

★ 상속회복청구권 핵심판례

A남과 甲녀 부부 사이에는 친생자 乙이 있었다. 乙이 성년이 된 후, 취직한 회사사정으로 1997년부터 일본에서 근무를 하게 되었는데, 1992. 4. 1. A가 지병으로 사망할 당시 A의 재산으로는 X아파트 한 채가 전부였다. 그러나 甲녀는 乙과 아무런 상의 없이 1993. 5. 6.에 X아파트의 등기명의를 A로부터 자신에게 이전한 후, 다음 날 이러한 사정을 모르는 丙에게 X아파트를 매각, 인도하고 매매대금 수령과 함께 등기명의도 넘겨 주었다. 그 후 乙이 귀국하였고 2002. 6. 30.에 乙은 X아파트의 등기명의가 丙 앞으로 되어 있고 사용·수익도 丙이 하고 있는 것을 확인하였다.
2002. 6. 30. 현재 X아파트와 관련한 乙의 실체법상의 구제수단을 논하라. (35점)

I. 논점의 정리

乙은 A의 직계비속으로서 甲은 A의 배우자로서 A의 공동상속인이 된다(제1000조 1호, 제1003조 1항). 따라서 상속재산인 X아파트의 소유권을 甲과 乙이 공동상속인으로서 등기 없이 취득하게 되고(제187조) X아파트는 甲과 乙의 공유로 된다(제1006조). 이러한 상태에서 甲이 X아파트를 자신의 단독소유인 것처럼 등기명의를 자신 앞으로 이전하여 丙에게 매도·이전등기를 하였는바, X아파트에 대하여 지분권이 있는 乙은 공동상속인 甲과 전득자 丙에게 어떠한 권리를 행사할 수 있는지 문제된다.

II. 乙의 丙에 대한 구제수단

1. 문제점

甲은 X아파트를 乙과 공동으로 상속하였음에도 X아파트의 소유권을 단독으로 丙에게 이전하였는바, 甲의 지분의 범위 내에서는 丙은 유효하게 소유권을 취득하나(제263조), 乙의 지분의 범위 내에서 甲의 처분은 무권리자의 처분이 되어 乙이 추인하지 않는 한 무효가 된다(제264조). 따라서 X아파트의 소유권은 丙과 乙이 3:2 지분의 비율로 공유하는 것이 된다. 그런데 X아파트는 丙의 단독명의로 등기되어 있는바 乙은 자신의 지분권회복을 위해 상속회복청구권이나 물권적청구권을 행사할 수 있는지 문제되고, 만약 물권적 청구권을 행사할 수 있다면 그 본질을 상속회복청구권과 다르게 보아 양 권리를 경합적으로 청구할 수 있는지 문제된다.

2. 상속회복청구권의 법적 성질

(1) 판 례(개별적 청구권설 : 집합권리설)

(2) 검토 및 사안의 경우

2002.6.30.현재는 상속권의 침해가 있는 날(1993.5.6.)로부터 10년이 경과되지 않았고, 상속권의 침해를 안 날이 2002.6.30.이므로 乙은 자신의 지분권(2/5)회복을 위해 상속회복청구권이나 물권적청구권을 행사할 수 있다.

3. 참칭상속인으로부터 목적물을 취득한 제3자에 대한 청구도 상속회복청구에 해당하는지 여부

(1) 판 례(적극)

(2) 검토 및 사안의 경우
따라서 乙의 丙에 대한 청구 역시 상속을 원인으로 하는 것인 이상 그 청구원인 여하에 불구하고 민법 제999조의 단기 제척기간의 적용을 받는 상속회복의 소로 보아야 한다.

4. 乙의 丙에 대한 구체적 권리(상속회복청구권의 구체적 내용)

(1) X아파트의 등기명의 경정 청구
甲명의의 소유권이전등기는 甲의 상속지분인 3/5지분에 관하여는 실체적 권리관계에 부합하여 유효하나, 乙의 상속지분인 2/5지분에 관하여는 원인무효의 등기이다. 그러나 우리 민법은 등기의 공신력을 인정하고 있지 않기 때문에 丙명의의 소유권이전등기 또한 乙의 상속지분인 2/5지분에 관하여는 원인무효의 등기이다. 따라서 判例에 따르면 乙은 丙 단독명의로 되어 있는 X아파트의 소유권등기명의를 자신의 지분권(2/5)을 근거로 乙·丙의 공유의 등기명의로 경정할 것을 丙에게 청구할 수 있다. 다만, 경정등기는 전후등기의 동일성이 유지되어야 하므로 오히려 丙에게 2/5지분에 대한 진정명의회복을 원인으로 하는 소유권이전등기가 타당할 것으로 보인다(통설).

(2) 지분권에 기초한 X아파트의 반환청구 가부[2]
과반수지분권자가 공유물을 배타적으로 사용, 수익하는 경우 그 사용, 수익의 방법이 관리행위의 한계를 벗어나지 않는다면,[3] 이는 관리행위로서 적법하다(제265조 본문). 따라서 丙의 점유는 과반수지분권자인 甲의 의사에 의한 경우이므로 소수지분권자인 乙은 丙에게 공유물 전체의 인도를 청구할 수 없다.

(3) 乙의 丙에 대한 기타의 권리
乙은 丙에 대하여 乙이 X아파트를 사용·수익하도록 허용할 것을 청구하거나, 자신의 지분(2/5)의 비율에 따른 사용, 수익을 못한데 대하여 부당이득의 반환을 청구할 수 있다(제741조). 그러나 자신의 지분권침해로 인한 손해배상청구는 丙에게 고의나 과실이 있다고 할 수는 없으므로 부정되어야 할 것이다(제750조).

Ⅲ. 乙의 甲에 대한 구제수단

1. 공동상속인 甲에게 상속회복청구권을 행사할 수 있는지 여부

(1) 문제점
甲과 乙은 공동상속인임에도 甲이 X아파트의 등기명의를 자신 앞으로 이전한 다음 丙에게 매각하여 단독으로 매매대금을 취득하였는바, 이 매매대금은 상속재산 그 자체는 아니나 상속재산의 변형물이므로 상속재산에 준하는 것이다. 따라서, 공동상속인에 대한 상속회복청구권행사 가부의 논의는 이러한 경우에도 적용된다고 본다(대판 1993.8.24. 93다12 참고).

(2) 공동상속인도 참칭상속인이 될 수 있는지 여부(적극)

2. 乙의 甲에 대한 부당이득반환청구권
甲이 자신 앞으로 X아파트를 상속등기하고 이를 매각하여 아파트의 매각대금을 단독으로 취득한 것은 乙의 상속권을 침해하는 행위라 할 수 있으므로, 乙은 공동상속인 甲에 대하여 상속회복청구권을 행사함으로써 甲이 취득한 매매대금 중 자신의 지분(2/5)에 해당하는 금액을 반환청구할 수 있다고 할 것이다(제741조). 물론 이는 丙에 대한 경정등기청구 등과 중첩적으로 행사될 수는 없을 것이다.

3. 乙의 甲에 대한 손해배상청구권
甲은 X아파트에 대한 乙의 지분권을 침해한다는 것을 알면서 X아파트를 丙에게 처분하였고 이로 인해 乙에게 지분권이 침해되는 손해가 발생하였으므로 고의·위법성·손해발생과의 인과관계도 인정된다. 따라서 甲은 乙에게 불법행위책임을 부담한다(제750조). 물론 이는 丙에 대한 경정등기청구 등과 중첩적으로 행사될 수는 없을 것이다.

제4관 상속의 효과

I. 상속재산의 포괄적 승계 [E-48]

> 제1005조(상속과 포괄적 권리의무의 승계) 상속인은 **상속개시된 때**로부터 피상속인의 재산에 관한 **포괄적 권리의무를 승계**한다. 그러나 피상속인의 일신에 전속한 것은 그러하지 아니하다.

1. 의 의

상속인은 상속이 개시된 때부터 피상속인의 재산에 관한 포괄적 권리·의무를 승계한다(제1005조 본문). 이러한 효과는 상속개시사실에 대한 상속인의 지·부지 또는 이전절차의 구비여부와 무관하게 법률상 당연히 발생한다.

2. 내 용

상속의 대상이 되는 것은 피상속인의 재산상의 권리·의무이다. 나아가 구체적인 권리·의무뿐만 아니라 조건부 권리(제149조 참조)나 형성중인 법률관계, 즉 아직 권리 또는 의무로 구체화되지 않은 재산상의 법률관계 내지 법적 지위[예컨대 선의·악의와 같은 법적 지위도 승계한다(대판 1996.9.20. 96다25319)]도 포함된다. 결국 상속에 의하여 상속인은 **피상속인의 재산법상의 지위를 포괄적으로 승계**한다.

3. 예 외

인격권이나 친족법상의 권리 등 비재산권은 상속의 대상이 아니어서 권리자의 사망으로 소멸한다. 한편 재산상의 권리·의무라도 피상속인의 일신에 전속하는 것은 상속되지 않는다(제1005조 단서 : 귀속상의 일신전속권). 그 밖에 제사용 재산도 상속과 별도로 승계된다(제1008조의3). 이하에서는 문제되는 권리 및 지위를 개별적으로 검토하겠다.

II. 상속재산의 범위 [E-49]

민법은 상속재산에 관하여 아무런 구별을 하지 않고서 그 전부를 포괄적으로 상속인에게 이전하는 '일반상속' 제도를 취하고 있다. 다만 제사용 재산에 한하여 '특별상속'을 인정하고 있다(제1008조의3).

1. 일반상속재산의 범위 [E-49a]

(1) 물 권

1) 소유권 등 물권

물권은 원칙적으로 전부 상속된다.[4] 그러나 합유부동산의 경우 합유지분은 상속이 되지 않는다(대판 1996.12.10. 96다23238: **표준판례252**).[5]

---

2) 甲의 丙에 대한 X아파트 처분은 공유물의 처분행위이다(제264조). 다만 이러한 처분행위도 甲의 지분 범위(3/5)에서는 유효하다. 따라서 乙과 丙은 X아파트를 2:3으로 공유하는 관계인데, 丙이 단독으로 점유하고 있으므로 이것이 적법한 관리행위이냐가 문제되는 것이다.

3) 공유지인 나대지 위에 건물을 지어 공유지를 사용, 수익하는 것은 공유물의 현상을 변경하는 것에 해당하여 관리행위의 한계를 벗어난 것이 된다(대판 2001.11.27. 2000다33638,33645).

4) 그리고 상속으로 인한 부동산물권의 취득은 등기를 요하지 않는다. 동산물권도 인도를 요하지 않고 당연히 상속인에게 이전되는 것으로 보아야 하는데, 제193조에 의해서도 같은 결론에 이를 수 있다. 한편 피상속인이 제3자에게 부동산을 양도하고 등기하지 않고 있는 동안에 상속이 개시되면, 그 제3자에 대한 피상속인의 등기의무를 상속인이 승계한다(부동산 등기법 제47조).

2) 점유권의 상속

점유권은 상속인에게 이전된다(제193조). 그리고 상속인이 수인인 경우에는 이들은 단순히 공동으로 목적물을 점유할 뿐(공동점유), 상속인에게 이전되는 **점유권에 관하여 민법 제1009조 이하의 상속분에 관한 규정은 적용되지 않는다**(대판 1962.10.12. 62다460).

[관련판례] 부동산을 소유의 의사로 점유하고 있던 자가 사망하고 그 점유를 '상속인 중 일부만이 승계하여 점유를 계속한 때'에도 다른 특별한 사정이 없는 한 그 '점유를 승계한 상속인들 전부'가 그 부동산 전체를 소유의 의사로 점유한 것으로 보아야 할 것이고 그 점유가 계속되어 민법 제245조 제1항의 기간이 만료되면 그들은 등기를 함으로써 그 부동산의 소유권을 취득하게 된다(대판 1990.2.13. 89재다카89).

(2) 채권 및 채권법상의 지위

1) 일반론

① 채권 및 채무는 일반적으로 상속의 대상이 된다(제449조 1항 본문 참조).[6] ② 그러나 채무의 이행이 피상속인의 인격과 결합되거나 채권자가 변경됨으로써 급부의 내용이 달라지는 경우에는 채무 또는 채권은 상속의 대상이 아니다(일신전속권, 제1005조 단서).[7]

2) 보증채무

계속적 보증의 경우에는, 주채무자와 보증인 사이에 깊은 신뢰관계 내지 정의관계를 기초로 하고 있는데 반해 주채무자와 보증인의 상속인 사이에는 이러한 신뢰관계가 존재하지 않는 것이 보통이므로 반드시 그 상속성을 인정할 필요는 없을 것이다.

따라서 보증기간이나 보증한도액이 정해져 있지 않은 경우에는 그 상속성이 부정되어야 할 것이지만 보증기간이나 보증한도액이 정해져 있는 경우에는 그 상속성을 인정해도 좋을 것이다. 그래서 判例는 보증한도액을 정한 '한정근보증'의 경우에는, 특별한 사정이 없는 한 상속인이 보증인의 지위를 승계하는 것으로 해석한다(대판 1999.6.22. 99다19322). 다만 상속이 개시되기 전에 이미 그 보증채무가 구체화된 경우에는 상속인에게 상속되는 것은 당연하다.

3) 계약상의 지위

당사자의 신뢰에 기초한 계속적 법률관계에서 피상속인의 계약상 지위가 상속되지 않기도 하지만[위임계약에서의 당사자 지위(제690조), 정기증여에서 증여자 또는 수증자의 지위(제560조)], 그렇지 않은 경우에 계약상의 지위가 상속된다. 가령 임대차에서 임대인의 지위나 임차인의 지위는 당연히 상속된다(대판 1966.9.20. 66다1203). 주택 임차권에 관하여는 특별규정이 있다. 임차인이 사망한 경우에 사망 당시 상속권자가 그 주택에서 가정공동생활을 하고 있지 아니한 때에는 그 주택에서 가정공동생활을 하던 사실상의 혼인관계에 있는 자와 2촌 이내의 친족은 공동으로 임차인의 권리와 의무를 승계한다(주택임대차보호법 제9조 2항). 임대차관계에서 생긴 채권(임차보증금반환채권 등), 채무 또한 마찬가지이다(동법 제9조 4항).

---

5) "**부동산의 합유자 중 일부가 사망한 경우 합유자 사이에 특별한 약정이 없는 한 사망한 합유자의 상속인은 합유자로서의 지위를 승계하지 못하므로**, 해당 부동산은 잔존 합유자가 2인 이상일 경우에는 잔존 합유자의 합유로 귀속되고 잔존 합유자가 1인인 경우에는 잔존 합유자의 단독소유로 귀속된다"

6) 특히 상속재산을 구성하는 소극재산으로서의 채무는 '하는 채무'이든 '주는 채무'이든, 사법상의 채무이든 공법상의 채무이든 가리지 않고 상속의 대상이 된다. 그리고 상속인은 상속의 포기나 한정승인을 하지 않은 한 상속채무에 대하여 무한책임을 진다.

7) 나아가 개인적 신뢰를 기초로 하는 계속적 법률관계에서 발생하는 채권·채무, 가령 위임계약에서의 당사자 지위(제690조), 정기증여에서 증여자 또는 수증자의 지위(제560조)도 상속되지 않으며, 고용계약에서 사용자의 지위는 승계되지만, 근로자의 지위는 승계되지 않는다고 할 것이다.

4) 조합원의 지위

민법상 조합의 조합원의 지위는 상속되지 않는다(조합원의 사망은 당연탈퇴사유이다. 제717조 1호).

5) 손해배상청구권

통상의 손해배상청구권이 상속의 대상이 되는 것은 당연하다. ① 생명침해로 인한 위자료청구권에 관하여는 견해의 대립이 있지만 통설 및 判例(대판 1966.10.18. 66다1335)[8]는 생전에 청구의 의사표시가 있었는지 여부와 상관없이 상속성을 인정한다. ② 그 밖에 가족법상의 원인(이혼, 약혼해제, 파양 등)으로 인한 위자료청구권은 원칙적으로 일신전속권으로 보아야 하는바, 당사자간에 이미 그 배상에 관한 계약이 성립하거나 소를 제기한 경우가 아니면 상속되지 않는다(제806조 3항 단서). 判例의 입장도 같다(대판 1993.5.27. 92므143: 표준판례826 : 1회 선택형). ③ 나아가 신체·자유의 침해로 인한 위자료청구권도 이미 청구의 의사표시가 행하여져 재산권으로 된 것은 상속된다.

6) 이혼에 따른 재산분할청구권(쟁점 26. E26-4.참고)

7) 퇴직금·유족급여 등

퇴직금은 상속의 대상이지만, 수급권자의 범위 및 순위를 민법이 정하는 상속인의 그것과 별도로 독자적으로 규정하는 유족급여는 수급권자의 고유의 권리이고 상속재산으로 볼 것은 아니다(대판 2000.9.26. 98다50340). 이 점은 특별수익으로 고려될 수 있다.

8) 기 타

특정한 신분을 전제로 하는 권리는 일반적으로 일신전속권이다(재판상 이혼청구권에 관한 대판 1994.10.28. 94므246,253). 그러나 특정신분을 전제로 하는 경우에도 재산적 성질이 강한 것은 상속된다(예컨대 상속의 포기 또는 승인을 하는 권리). 부양청구권이나 부양의무는 일신전속적인 것이므로 상속되지 않는다. 유효한 부동산명의신탁에서 명의수탁자가 사망하면, 명의신탁관계는 수탁자의 상속인과의 사이에서 존속한다(대판 1996.5.31. 94다35985).

2. 제사용 재산의 특별승계 [E-49b]

(1) 의 의

분묘에 속한 1정보(3,000평) 이내의 금양임야와 600평 이내의 묘토인 농지, 족보와 제구의 소유권은 상속인 중 '제사를 주재하는 자'가 승계한다(제1008조의 3). 이처럼 "금양임야 등 제사용 재산을 일반 상속의 대상에서 제외하여 특별상속에 의하도록 하고 있는 이유는 제사용 재산을 공동상속하게 하거나 평등분할하도록 하는 것은 조상 숭배나 가통의 계승을 중시하는 우리의 습속이나 국민감정에 반하는 것이므로 일반상속재산과는 구별하여 달리 취급하기 위한 것"(대판 1997.11.28. 96누18069)이다. 제사용 재산은 특별재산이므로 상속분이나 유류분의 산정에서 상속재산에 포함되지 않으며[따라서 그 승계는 취득자의 상속분에 영향을 미치지 않는다. 다만 判例는 특별상속재산으로 본다(대판 2006.7.4. 2005다45452)]. 상속을 포기한 자도 승계할 수 있고, 한정승인이나 상속재산 분리청구가 있더라도 책임재산에서 제외된다.

[심화] 민법 제1008조의3의 규정에 의한 제사용 재산의 승계는 본질적으로 상속에 속하는 것으로서 일가의 제사를 계속할 수 있게 하기 위하여 **상속의 한 특례**를 규정한 것으로 보는 것이 타당하다. 따라서 상속회복청구권의 단기제척기간제도의 적용이 있고(대판 2006.7.4. 2005다45452) 제사주재자와 제3자 사이에 제사용 재산의 소유권 등에 관한 다툼이 있는 경우 이는 공동상속인들 사이의 제1008조의3에 의한 제사용 재산의 승계

---

8) "정신적 손해에 대한 배상(위자료)청구권은 피해자가 이를 포기하거나 면제했다고 볼 수 있는 특별한 사정이 없는 한 생전에 청구의 의사를 표시할 필요없이 원칙적으로 상속되는 것이라고 해석함이 상당하다"

내지 그 기초가 되는 제사주재자 지위에 관한 다툼이 아니라 일반적인 재산 관련 다툼에 지나지 않으므로, 제사주재자로서는 제3자를 상대로 제1008조의3에서 규정하는 제사주재자 지위 확인을 구할 것이 아니라 제3자를 상대로 직접 이행청구나 권리관계 확인청구를 하여야 한다(대판 2012.9.13. 2010다88699).

(2) 제사용 재산의 범위

1) 분묘에 속한 1정보 이내의 금양임야, 600평 이내의 묘토인 농지

금양임야(禁養林野)란 '선조의 분묘를 보호하기 위해 벌목을 금지하고 나무를 기르는 임야'를 말한다. 묘토인 농지는 '그 수익으로서 분묘관리와 제사의 비용에 충당되는 농지'를 말하는 것으로, 단지 그 토지상에 분묘가 설치되어 있다는 사정만으로 이를 묘토인 농지에 해당한다고 할 수는 없다(대판 2006.7.4. 2005다45452).

2) 족보・제구

3) 유해, 유골

"ⅰ) 사람의 유체・유골은 매장・관리・제사・공양의 대상이 될 수 있는 유체물로서, 분묘에 안치되어 있는 선조의 유체・유골은 민법 제1008조의3 소정의 제사용 재산인 분묘와 함께 그 제사주재자에게 승계되고, 피상속인 자신의 유체・유골 역시 위 제사용 재산에 준하여 그 제사주재자에게 승계된다(4회 선택형). ⅱ) 피상속인이 생전행위 또는 유언으로 자신의 유체・유골을 처분하거나 매장장소를 지정한 경우에, 선량한 풍속 기타 사회질서에 반하지 않는 이상 그 의사는 존중되어야 하고 이는 제사주재자로서도 마찬가지이지만, 피상속인의 의사를 존중해야 하는 의무는 도의적인 것에 그치고, 제사주재자가 무조건 이에 구속되어야 하는 법률적 의무까지 부담한다고 볼 수는 없다"(대판 2008.11.20. 전합2007다27670: 표준판례 55: 13회 선택형).

(3) 제사를 주재하는 자

判例에 따르면 "2008.11.20. 선고 2007다27670 전원합의체 판결은 피상속인의 유체・유해가 민법 제1008조의3 소정의 제사용 재산에 준해서 제사주재자에게 승계되고, 제사주재자는 우선적으로 공동상속인들 사이의 협의에 의해 정하되, 협의가 이루어지지 않는 경우에는 그 지위를 유지할 수 없는 특별한 사정이 있지 않는 한 장남 또는 장손자 등 남성 상속인이 제사주재자라고 판시하였다. 그러나 공동상속인들 사이에 협의가 이루어지지 않는 경우 제사주재자 결정방법에 관한 2008년 전원합의체 판결의 법리는 더 이상 조리에 부합한다고 보기 어려워 유지될 수 없다. 따라서 공동상속인들 사이에 협의가 이루어지지 않는 경우에는 제사주재자의 지위를 인정할 수 없는 특별한 사정이 있지 않는 한 피상속인의 직계비속 중 남녀, 적서를 불문하고 최근친의 연장자가 제사주재자로 우선한다고 보는 것이 가장 조리에 부합한다"(대판 2023.5.11. 전합2018다248626 : 13회,14회 선택형).고 한다.

이러한 새로운 법리는 그 '판결 선고 이후'에 제사용 재산의 승계가 이루어지는 경우에만 적용된다(대판 2023.6.29. 2022다302039).

Ⅲ. 공동상속 [E-50]

1. 의 의

공동상속의 경우에 상속인은 각자의 상속분에 따라 피상속인의 권리・의무를 승계한다(제1007조). 이러한 승계는 피상속인의 사망시에 발생하는데, 공동상속인들 사이에 상속분에 따라 상속재산이 분할할 때까지 잠정적으로 공동상속인들이 상속재산을 공유한다(제1006조).

2. 공유의 의미 [08·10사법]

상속인이 수인인 때에는 상속재산은 그 공유로 한다(제1006조). 여기서 말하는 '공유'의 성질을 ① 공동상속인들을 혈연에 의하여 결합된 조합체로 보는 합유설도 있으나, ② 민법이 명문으로 공유라고 규정한 것을 합유라고 해석하는 것은 명문의 규정에 반하는 해석이며, 합유설에 의하면 공동상속인 각자의 재산권 행사를 어렵게 하므로(제273조 1항) 상속지분의 신속한 거래와 거래안전의 측면에 비추어 공유설이 타당하다(다수설). 判例도 일관되게 공유설을 취하고 있다(대판 1996.2.9. 94다61649).[9] **[1회 기록형]** 따라서 공동상속인 각자는 개개의 상속재산에 대하여 상속분에 따른 물권적 지분을 가지고(제262조), 상속재산 분할 전이라도 그 지분을 단독으로 자유로이 처분할 수 있다(제263조).

3. 채권·채무의 공동상속

(1) 채 권

1) 불가분채권

상속채권이 불가분채권인 경우(예컨대 특정한 물건의 인도청구권) 그 채권은 공동상속인 전원에게 **불가분적으로 귀속**된다. 따라서 공동상속인의 1인이 전부에 관하여 청구할 수 있고, 채무자도 그 공동상속인의 1인에게 전부의 이행을 하면 채무가 소멸한다(제409조).

2) 가분채권

상속채권이 가분채권인 경우(예컨대 금전채권) ① 채무자가 공동상속인 중 1인에게 초과변제를 할 위험이 있으므로 **불가분채권**으로 취급하여야 한다는 견해가 있으나, ② 초과변제의 위험은 제470조를 통해 보호받을 수 있으며,[10] 제408조에 의해 분할채권이 원칙이므로 **분할채권설**이 타당하다. ③ 判例도 "손해배상청구권을 상속한 공동상속인들의 청구를 인정함에 있어서 각자의 상속분이 법정되어 있음에도 불구하고 배상의무자에 대하여 전액에 대한 연대지급을 명한 것은 위법이다"(대판 1962.5.3. 4294민상1105)라고 판시하여 분할채권으로 본다.

> **[비교판례]** 임차목적물을 사용, 수익할 수 있는 권리 등 임대차계약에 있어서 임차인의 지위는 성질상 불가분인 점, 공동임대인의 보증금 반환의무는 성질상 불가분채무이므로 **공동임차인의 임차보증금 반환채권도 불가분채권**으로 봄이 상당하다(대판 2023.3.30. 2021다264253).

(2) 채 무

1) 불가분채무

상속채무가 불가분채무인 경우 그 채무는 공동상속인 전원에게 **불가분적으로 귀속**된다. 따라서 공동상속인 각자가 그 채무 전부에 대한 이행책임을 진다(제411조). 다만 判例는 불가분채무인 건물철거의무(대판 1980.6.24. 80다756 : **14회 선택형**)나 소유권이전등기의무(대판 1979.2.27. 78다2281)[11]를 공동상속한 경우에, 상속인들은 각자 자기 지분의 범위 안에서 목적물 전체에 대한 의무를 부담한다고 하여 가분채무와 마찬가지로 처리한다(따라서 기록형 청구취지 기재례에서 이 경우에는 불가분채무임을 이유로 '공동하여'라고

---

9) "공동상속재산은 상속인들의 공유이고, 또 부동산의 공유자인 한 사람은 그 공유물에 대한 보존행위로서 그 공유물에 관한 원인 무효의 등기 전부의 말소를 구할 수 있다"
10) 불가분채권설에 따르면 1인의 상속인이 채권 전액을 청구할 수 있게 되어 다른 상속인에게 불리한 경우가 생길 수 있다.
11) 소유권이전등기의무가 불가분채무인지 가분채무인지에 대해서는 학설이 대립하나 일반적으로 판례의 결론에 맞추어 가분채무로 해석한다(김병선, 소유권이전등기의무의 공동상속에 관한 판례의 태도 -대판 1979.2.27. 78다2281 및 대판 1991.8.27. 90다8237을 중심으로- p.66 ; 김종화, 민사판례연구 5권, p.9).

표시하지 않고 '각'이라고 표시한다). 따라서 예컨대, 토지소유자인 원고가 공동 상속자인 소외 A를 제외하고 나머지 상속인들인 피고들만을 상대로 하여 건물 전체의 철거를 구하고 있다고 해서 이것이 잘못이라고 할 수는 없다(대판 1980.6.24. 80다756 : 14회 선택형).

2) 가분채무 [13사법, 3회 사례형, 21법무]

상속채무가 가분채무인 경우(예컨대 금전채권) ① 채권자를 보호하기 위하여 공동상속인이 불가분채무를 부담한다고 보는 견해도 있으나,[12] ② 상속이라는 것은 피상속인의 사망으로 인한 부득이한 채무자 변경이라는 점, 불가분채무로 본다면 공동상속인 1인의 무자력 위험을 그 채무를 이행한 다른 상속인이 부담하게 되어 부당하다는 등을 고려하면 가분채무로 보는 것이 타당하다.
③ 判例도 "금전채무와 같이 급부의 내용이 가분인 채무가 공동상속된 경우, 이는 상속 개시와 동시에 당연히 법정상속분에 따라 공동상속인에게 분할되어 귀속되는 것이므로, 상속재산 분할의 대상이 될 여지가 없다"(대판 1997.6.24. 97다8809 : 3회,5회,8회,9회 선택형)고 한다.

   [비교판례] 건물을 공유자가 공동으로 건물을 임대하고 보증금을 수령한 경우 특별한 사정이 없는 한 그 임대는 각자 공유지분을 임대한 것이 아니고 임대목적물을 다수의 당사자로서 공동으로 임대한 것이고 그 보증금반환채무는 성질상 불가분채무에 해당된다고 한다(대판 1998.12.8. 98다43137). [10회 기록형] 따라서 임대인 지위를 공동상속한 상속인들이 임차인에 대하여 부담하는 임차보증금 반환채무의 성질 역시 불가분채무에 해당한다(대판 2021.1.28. 2015다59801: 표준판례660).

(3) 연대채무 [13사법]

① 연대채무는 그 채무가 불가분임을 본질로 하기 때문에 불가분채무와 마찬가지로 각 공동상속인은 당연히 본래의 연대채무를 그대로 부담하는 것으로 보아야 한다는 견해[13]와, ② 연대채무도 통상의 금전채무와 마찬가지로 분할승계된다고 보아 상속인은 피상속인이 부담하던 채무액 중 상속분에 따른 채무액(부담부분)에 대하여만 책임을 지고 그 금액의 범위에서 본래의 연대채무자와는 연대관계에 서지만 상속인 상호간에는 연대관계를 부정하는 것이 타당하다는 견해[14] 등이 주장되고 있다. 이에 대해 명시적인 입장을 밝힌 대법원판결을 발견하기 어렵다. 다만 하급심 실무에서는 통상적으로 후자의 견해인 '가분채무설'에 따라 해결하고 있다.[15]

4. 공동상속재산의 관리 및 처분

공동상속재산이 분할되기 전에는 공동관리된다고 할 수밖에 없으며, 이러한 단계에서는 공유에 관한 규정을 적용할 것이다(공유설). 구체적으로 상속재산에 대한 소유권 등은 공동상속인들에게 공유의 형태로 귀속되고, 각 상속인은 상속개시와 동시에 공유지분을 취득한다.

---

12) 즉 분할채무설에 의하면 상속채권자는 상속개시에 의하여 자기의 의사와 무관하게 자기의 채권이 분할되는 불이익을 입게 되므로 이는 부당하다고 주장한다.
13) 김주수, 친족상속법, p.533 ; 이경희, 가족법, p.376 ; 이은영, 개정판 민법(Ⅱ), p.771
14) 김운호, 채무상속, 상속법의 제문제(재판자료 제78집), p.704 ; 차한성, 민법주해 제10권, p.94
15) [13년 사법2차 사례] 만약 피상속인 甲이 乙에 대한 1억 4천만 원의 금전채무를 丙과 함께 연대채무를 부담하고 있었는데, 甲이 사망하고 甲의 상속인이 자녀 B, C인 경우 ①설에 의하면 乙은 B와 C에게 각각 1억 4천만 원 전부를 청구할 수 있다. 반면 ②설에 의하면 乙은 B와 C에게 그 상속분에 상응하여 각 7천만 원 씩만 청구할 수 있으므로, 7천만 원 범위에서 일부인용된다. 생각건대, 공동상속재산이 가분채무인 경우 분할채무원칙상 각 상속인은 그 상속분에 따라 이를 승계한다고 봄이 상당하다. 본래의 채무가 연대채무라고 하더라도 이는 丙과의 관계가 연대채무라는 것에 불과하며, 甲이 단독채무를 지고 있었던 경우에도 상속에 의해 상속인들의 분할채무로 되는 것을 고려하면 채권자에게 불측의 손해를 끼치는 것도 아니다. 따라서 乙의 청구는 B와 C에 대해 각 7천만 원 범위에서 일부인용된다.

Ⅳ. 상속분

[E-51]

> ★ **제1009조(법정상속분)** ① 동순위의 상속인이 수인인 때에는 그 상속분은 **균분**으로 한다.
> ② 피상속인의 **배우자**의 상속분은 직계비속과 공동으로 상속하는 때에는 직계비속의 **상속분의 5할을 가산**하고, 직계존속과 공동으로 상속하는 때에는 직계존속의 **상속분의 5할을 가산**한다.
> ★ **제1010조(대습상속분)** ① 제1001조의 규정에 의하여 사망 또는 결격된 자에 갈음하여 상속인이 된 자의 상속분은 **사망 또는 결격된 자의 상속분에 의한다**.
> ② 전항의 경우에 사망 또는 결격된 자의 직계비속이 수인인 때에는 그 상속분은 **사망 또는 결격된 자의 상속분의 한도**에서 제1009조의 규정에 의하여 이를 정한다. 제1003조 제2항의 경우에도 또한 같다.
> ★ **제1008조(특별수익자의 상속분)** 공동상속인 중에 피상속인으로부터 재산의 증여 또는 유증을 받은 자가 있는 경우에 그 수증재산이 자기의 상속분에 달하지 못한 때에는 **그 부족한 부분의 한도**에서 상속분이 있다.

1. 의 의

상속분이란 각 공동상속인이 소극재산을 포함하는 포괄적인 상속재산에 대하여 가지는 권리·의무의 비율(제1007조 참조)을 말하는데, 각 상속인이 받을 구체적인 상속재산가액은 적극·소극의 전 상속재산에 각자의 상속분을 곱하여 산정된다.

2. 법정상속분(제1009조, 제1010조)

3. 특별수익자의 상속분(제1008조)

[E-51a]

(1) 의 의

공동상속인 중에 피상속인으로부터 재산의 증여 또는 유증을 받은 자가 있는 경우에 그 재산가액을 공제한 나머지 상속분에 달하지 못하는 부분에 대해서만 상속을 받게 하는 것이다. 이러한 증여나 유증을 특별수익이라 한다.

(2) 특별수익자

1) 공동상속인 중 증여 또는 유증을 받은 자

가) 원 칙

특별수익의 반환의무를 부담하는 수증자는 상속을 승인한 공동상속인이다.

㉠ 상속을 포기한 자는 다른 공동상속인의 유류분을 침해하지 않는 한 반환의무를 지지 않는다.

㉡ 또한 상속결격사유가 발생한 이후에 결격된 자가 피상속인에게서 직접 증여를 받은 경우, 그 수익은 상속인의 지위에서 받은 것이 아니어서 원칙적으로 상속분의 선급으로 볼 수 없다. 따라서 결격된 자의 수익은 특별한 사정이 없는 한 특별수익에 해당하지 않는다(대결 2015.7.17. 2014스206,207 : **13회 선택형**).

㉢ 그리고 대습상속인이 '대습원인의 발생 이전'에 피상속인으로부터 증여를 받은 경우, 대습상속인의 위와 같은 **수익이 특별수익에 해당하는 것은 아니다**(대판 2014.5.29. 2012다31802: **표준판례**867 ; 피상속인 甲이 사망하기 이전에 甲의 자녀들 중 乙 등이 먼저 사망하였는데, 甲이 乙 사망 전에 乙의 자녀인 丙에게 임야를 증여한 사안에서, 丙이 甲으로부터 임야를 증여받은 것은 상속인의 지위에서 받은 것이 아니므로 상속분의 선급으로 볼 수 없어 특별수익에 해당하지 아니하여 유류분 산정을 위한 기초재산에 포함되지 않는다).

[판례검토] 만약 이를 상속분의 선급으로 보게 되면, 피대습인이 사망하기 전에 피상속인이 먼저 사망하여 상속이 이루어진 경우에는 특별수익에 해당하지 아니하던 것이 피대습인이 피상속인보다 먼저

사망하였다는 우연한 사정으로 인하여 특별수익으로 되는 불합리한 결과가 발생하므로 判例의 태도는 타당하다(위 2012다31802판시내용)

㉣ 한편 "피상속인이 피대습인을 피보험자로 하되 대습상속인을 보험수익자로 지정한 생명보험계약을 체결하고 보험계약자로서 보험료를 납부하다가 피대습인이 사망하여 대습상속인이 생명보험금을 수령한 경우, 대습상속인을 보험수익자로 지정한 때 이미 실질적으로 피상속인의 재산을 감소시키는 증여가 있었다고 봄이 타당하다. 이와 같이 대습상속인이 '대습원인 발생 전'에 보험수익자로 지정된 이상 그 후에 피대습인의 사망이라는 조건 성취에 따라 생명보험금을 수령하였더라도, 그 보험금은 대습상속인이 상속인의 지위에서 받은 것이 아니므로 상속분의 선급인 특별수익으로 볼 수 없다"(대결 2024.6.13. 2024스525,526).

나) 예 외

다만 예외적으로 상속인의 직계비속, 배우자, 직계존속 등에게 이루어진 증여나 유증이 실질적으로 피상속인으로부터 상속인에게 직접 증여된 것과 다르지 않다고 인정되는 경우에는 특별수익으로서 이를 고려할 수 있다(대결 2007.8.28. 2006스3,4: **표준판례869**).

2) 포괄수유자

상속인이 포괄적 유증을 받으면 특별수익자로 될 것이나, 상속인 아닌 제3자가 포괄적 유증을 받으면 특별수익이 문제되지 않는다. 단 이 경우 유류분 반환청구의 대상이 될 수 있다.

(3) 특별수익

증여나 유증은 사전상속의 의미가 있는 것을 말한다. 혼수자금, 주택구입 자금, 생명보험금(보험금수령액이 아닌 해약반환금 기준) 등은 특별수익에 포함된다. 다만 기여의 대가로 지급한 것이나, 상속과 관계없는 애정에 의한 증여(처에게 선물로 준 것 등)는 특별수익에서 제외된다(아래 2010다66644).

[관련판례] "생전 증여를 받은 상속인이 배우자로서 일생 동안 피상속인의 반려가 되어 그와 함께 가정공동체를 형성하고 이를 토대로 서로 헌신하며 가족의 경제적 기반인 재산을 획득·유지하고 자녀들에게 양육과 지원을 계속해 온 경우, 생전 증여에는 위와 같은 배우자의 기여나 노력에 대한 보상 내지 평가, 실질적 공동재산의 청산, 배우자 여생에 대한 부양의무 이행 등의 의미도 함께 담겨 있다고 봄이 타당하므로 그러한 한도 내에서는 생전 증여를 특별수익에서 제외하더라도 자녀인 공동상속인들과의 관계에서 공평을 해친다고 말할 수 없다"(대판 2011.12.8. 2010다66644: **표준판례872**).

(4) 구체적 상속분의 산정

① 각 상속인의 상속재산 분배액=(현존상속재산가액 + 생전증여의 가액)× 법정상속분 – 특별수익(이미 받은 생전증여 및 받을 유증의 가액) ② 상속이익=각 상속인의 상속재산 분배액 + 이미 받은 생전증여 및 받을 유증

[관련판례] "공동상속인 중 피상속인으로부터 재산의 증여 또는 유증을 받은 자는 그 수증재산이 자기의 상속분에 부족한 한도 내에서만 상속분이 있으므로(민법 제1008조 : 특별수익자의 상속분), 공동상속인 중에 특별수익자가 있는 경우에는 이러한 특별수익을 고려하여 상속인별로 고유의 법정상속분을 수정하여 구체적인 상속분을 산정하게 되는데, 이러한 구체적 상속분을 산정함에 있어서는 피상속인이 상속개시 당시에 가지고 있던 재산의 가액에 생전 증여의 가액을 가산한 후 이 가액에 각 공동상속인별로 법정상속분율을 곱하여 산출된 상속분 가액으로부터 특별수익자의 수증재산인 증여 또는 유증의 가액을 공제하는 계산방법에 의하여야한다"(대판 1995.3.10. 94다16571. 대판 2014.7.10. 2012다26633). **[21법무]**

1) 소극재산을 상속재산에 포함시킬 것인지 여부

구체적 상속분의 산정을 위한 계산의 기초가 되는 '피상속인이 상속개시 당시에 가지고 있던 재산의 가액'은 상속재산 가운데 적극재산의 전액을 가리킨다(대판 1995.3.10. 94다16571). 즉 제1008조는 적극재

산에 대해서만 적용되며, 특별수익자가 있더라도 상속채무는 원칙적으로 공동상속인간에 법정상속분(제1009조)에 따라 승계된다(이는 유류분산정의 경우와 다르다). 만일 소극재산을 공제한다면, 자기의 법정상속분을 초과하여 특별이익을 받은 초과특별수익자는 상속채무를 전혀 부담하지 않는 불공평한 결과를 초래할 수 있기 때문이다.

2) 특별수익(증여 또는 유증가액)의 산정시기

상속재산과 특별수익재산 가액의 산정기준시기는 상속개시시이다. 그러나 대금으로 정산하는 경우 구체적 정산액 산정은 분할시를 기준으로 한다(대결 1997.3.21. 96스62: **표준판례**876 : 3회 선택형).

3) 산정의 기준

가) 특별수익이 본래의 법정상속분에 미달한 경우

부족 부분의 한도에서 상속을 할 수 있다. 부족분이 상속분이 된다(제1008조). 특별수익 자체는 상속분이 아니다[기여상속인의 기여분(제1008조의2)은 상속분이 된다].

나) 특별수익이 본래의 법정상속분을 초과하는 경우

초과부분을 반환해야 하는가에 대하여 ① 반환하여야 한다는 견해, ② 반환할 필요가 없다는 견해가 있으나 ③ 과거에 있던 초과부분 반환금지규정이 유류분제도가 신설되면서 삭제된 점을 고려할 때 **공동상속인의 유류분을 침해한 경우에만 반환하여야 한다는 견해가 타당하다**(대결 2016.5.4. 2014스122 : 13회 선택형).

4. 기여분   [E-51b]

> ▸ 피상속인이 유언으로 기여분을 지정한 경우, 그 상속인의 구체적인 상속분은 고유의 상속분에 기여분을 더한 금액으로 된다. (X)[16]
>
> ★ **제1008조의2(기여분)** ① 공동상속인 중에 상당한 기간 동거·간호 그 밖의 방법으로 피상속인을 **특별히 부양**하거나 피상속인의 재산의 유지 또는 증가에 **특별히 기여**한 자가 있을 때에는 상속개시 당시의 피상속인의 재산가액에서 공동상속인의 협의로 정한 그 자의 **기여분을 공제한 것을 상속재산으로 보고** 제1009조 및 제1010조에 의하여 산정한 상속분에 기여분을 가산한 액으로써 그 자의 상속분으로 한다.
>
> ② 제1항의 협의가 되지 아니하거나 협의할 수 없는 때에는 **가정법원**은 제1항에 규정된 **기여자의 청구에 의하여** 기여의 시기·방법 및 정도와 상속재산의 액 기타의 사정을 참작하여 **기여분을 정한다**.
>
> ③ 기여분은 상속이 개시된 때의 피상속인의 재산가액에서 유증의 가액을 공제한 액을 넘지 못한다.
>
> ▸ 상속재산분할 청구가 없는 때에도 유류분 청구가 있으면 기여분결정청구를 할 수 있다(X)
>
> ④ 제2항의 규정에 의한 청구는 제1013조 제2항의 규정에 의한 청구가 있을 경우 또는 제1014조에 규정하는 경우에 할 수 있다.

(1) 의 의

'공동상속인 중'에서 상당한 기간 동거·간호 그 밖의 방법으로 피상속인을 '**특별히 부양**'하거나 피상속인의 재산의 유지 또는 증가에 관하여 '**특별히 기여**'한 자가 있을 때에 이를 상속분의 산정에 그러한 특별한 기여나 부양을 고려하는 제도이다(제1008조의2).

(2) 입법취지

제1008조의 특별수익자의 상속분을 감하는 것과 같이 **공동상속인간의 실질적인 공평**을 도모하기 위해서 1990년 민법개정시에 신설되었고, 2005년에 개정된바 성립요건을 보다 명확히 하였다.

---

16) [해설] 기여분의 지정은 유언사항이 아니다.

(3) 요 건

1) 기여분권리자의 범위

① 공동상속인에 한하므로(제1008조의2 1항) 사실혼의 배우자, 포괄적 수증자(제1078조), 상속결격자(제1004조), 상속포기(제1041조 이하)를 한 자는 기여분의 권리를 주장할 수 없다. ② 대습상속인은 그 자신이 기여한 경우이든 피대습자가 기여한 경우이든 언제나 기여분을 주장할 수 있다.

2) 기여의 내용

가) 피상속인에 대한 특별한 부양

피상속인을 요양·간호하여 피상속인이 직업적 간호인에게 지급했어야 할 비용이 지출되지 않음으로써, 피상속인의 재산이 감소되지 않고 유지된 경우와 같이 '특별한 부양'을 한 경우이어야 한다. 당해 요건은 이른바 부양상속분의 기능을 수행한다.

判例는 ① 성년인 딸이 장기간(30년간) 부모와 동거하면서 생계유지의 수준을 넘는 부양자 자신과 같은 생활수준을 유지하는 부양을 한 경우, 제1008조의2 소정의 특별부양자에 해당한다고 하였으나(대판 1998.12.8. 97므513,520: 표준판례870), ② 피상속인의 배우자가 상당한 기간 투병 중인 피상속인과 동거하면서 간호하는 방법으로 피상속인을 부양한 경우 그러한 사정만으로 배우자에게 기여분을 인정할 수 없다고 판시하였다(대결 2014.1.8. 전합2014스44,2014스45: 표준판례871).

나) 피상속인 재산의 유지 또는 증가에 대한 특별한 기여

본래의 상속분에 따른 분할이 기여자에게 명백하게 불공평한 경우이어야 한다. 특별성을 결정하기 위한 비교대상은 통상의 관행이 아니라, 다른 공동상속인의 행태이다. 예를 들어 수인의 자녀중 일인이 부의 사업을 위하여 장기간 노무를 제공한 경우와 같이 '재산증가 등에 관한 특별한 기여'를 한 경우를 의미한다. 그러나 망인이 공무원으로 종사하면서 적으나마 월급을 받아 왔고, 교통사고를 당하여 치료를 받으면서 처로부터 간병을 받았다고 하더라도 이는 부부간의 부양의무 이행의 일환일 뿐, 망인의 상속재산 취득에 특별히 기여한 것으로 볼 수 없다고 하였다(대결 1996.7.10. 95스30,31).

(4) 기여분의 결정

1) 기여분의 결정절차

가) 협 의

기여분은 먼저 공동상속인의 협의로 정한다(제1008조의2 1항). 그런데 기여분의 산정이 과다하여 다른 공동상속인의 채권자를 해할 경우에, 사해행위로 평가될 수 있고 채권자는 제406조에 따라 그 협의를 취소할 수도 있다.

나) 심 판

협의가 되지 않거나 협의할 수 없는 때에는 가정법원이 기여자의 청구에 의하여 정한다(제1008조의2 2항). 기여분은 상속재산분할의 전제문제로서의 성격을 갖는 것이므로 상속재산분할의 청구나 조정신청이 있는 경우에 한하여 기여분결정청구를 할 수 있고(제1008조의2 4항), 다만 예외적으로 상속재산분할 후에라도 피인지자나 재판의 확정에 의하여 공동상속인이 된 자의 상속분에 상당한 가액의 지급청구가 있는 경우에는 기여분의 결정청구를 할 수 있다(대결 1999.8.24. 99스28).

따라서 상속재산분할의 심판청구가 없에도 단지 유류분반환청구가 있다는 사유만으로는 기여분결정청구가 허용된다고 볼 것은 아니다(대결 1999.8.24. 99스28 : 3회 선택형). 한편 이러한 방법으로 기여분이 결정되기 전에는 다른 소송에서 항변으로 기여분을 주장할 수 없다(대판 1994.10.14. 94다8334 참고: 표준판례903[17] : 3회 선택형). 기여분의 결정은 가정법원의 조정사항이며 원칙적으로 상속재산 분할 전에 이루어져야 한다.

따라서 상속재산분할 심판의 계속 중에 기여분결정의 심판청구를 별도로 할 수도 있고, 상속재산분할의 심판청구와 기여분결정의 심판청구를 동시에 할 수도 있다.

2) 산정방법

가) 고려사항

고려할 사항은 산정의 시기·방법 및 정도와 상속재산의 액 기타의 사정을 참작해야 한다(제1008조의2 2항).

나) 유증의 공제

기여분은 상속이 개시된 때의 피상속인의 재산 가액에서 유증의 가액을 공제한 액을 넘지 못한다(제1008조의2 2항). 기여분보다는 유증을 우선시키기 위한 것이다.

다) 기여분이 있는 경우 상속분의 산정

상속재산의 가액에서 기여분을 공제한 것을 상속재산으로 보고, 법정상속분 및 대습상속분의 규정에 의해 산정한 상속분에 기여분을 가산한 가액을 기여상속인의 상속분으로 한다(제1008조의2 1항). 상속채무는 기여분에 의해 영향을 받지 않고 법정상속분에 의해 분담된다.

(5) 기여분의 승계 및 포기

1) 양도·상속

공동상속인의 협의 또는 가정법원의 심판에 의해 결정된 후면 양도하는 것이 가능하다. 그러나 기여분이 구체적으로 결정되기 전에는 상속분과 분리하여 기여분만을 양도할 수 없다고 할 것이다. 다만 상속은 법원의 결정 전에도 가능하다.

2) 포기

명문의 규정이 없으나 상속개시 후에 상속포기가 가능한 것에 비추어 볼 때(제1019조 1항) 기여분의 포기도 가능하다고 본다.

(6) 기여분의 효력

기여분의 결정은 원래 의미의 상속분을 처음부터 수정하는 것이 아니라 구체적 상속분이 증가한다는 의미이다. 결국 상속재산 분할의 기준이 된다.

(7) 다른 제도와의 관계

1) 유류분과의 관계

유증은 기여분에 우선하고(제1008조의2 3항) 유류분은 유증에 우선한다(제1115조). 그러나 기여분과 유류분은 아무 관계가 없다. 즉 기여분은 공동상속인간의 실질적 공평을 실현하기 위한 제도이므로 기여분이 아무리 커도 유류분을 침해하는 것이 아니다. 따라서 "설령 공동상속인의 협의 또는 가정법원의 심판으로 기여분이 결정되었다고 하더라도 유류분을 산정함에 있어 기여분을 공제할 수 없고, 기여분으로 인하여 유류분에 부족이 생겼다고 하여 기여분에 대하여 반환을 청구할 수도 없다"(대판 2015.10.29. 2013다60753: 표준판례904 : 6회 선택형). 다만 실제 기여분 산정에 있어서는 다른 공동상속인의 유류분을 참작하여 결정한다.

---

17) [관련판례] 기여분이 결정되지 않은 이상 유류분반환청구소송에서 자신의 기여분을 주장할 수 없음은 물론이거니와(대판 1994.10.14. 94다8334 판결 참조). 설령 공동상속인의 협의 또는 가정법원의 심판으로 기여분이 결정되었다고 하더라도 유류분을 산정함에 있어 기여분을 공제할 수 없고, 기여분으로 인하여 유류분에 부족이 생겼다고 하여 기여분에 대하여 반환을 청구할 수도 없다"(대판 2015.10.29. 2013다60753)(E-51.참조).

2) 유언과의 관계

기여분의 결정방법은 공동상속인간의 협의·가정법원의 심판뿐이며, 기여분은 유언사항으로 규정되어 있지 않으므로 유언에 의한 기여분의 지정은 법률상 효력이 없다.

5. 상속분의 양도와 양수

> ▸ 포괄유증의 수유자는 상속분 양수권을 갖는다(X)
>
> 제1011조(공동상속분의 양수) ① 공동상속인 중에 그 상속분을 제3자에게 양도한 자가 있는 때에는 **다른 공동상속인은 그 가액과 양도비용을 상환하고 그 상속분을 양수할 수 있다.** ② 전항의 권리는 그 사유를 **안 날로부터 3월, 그 사유있은 날로부터 1년내**에 행사하여야 한다.

공동상속의 경우 상속재산분할 전이라도 상속인은 상속채권 및 상속채무를 포함하여 '**상속분을 포괄적**'으로 제3자에게 양도할 수 있고(상속인 지위의 양도), 이때 다른 공동상속인이 '그 가액과 양도비용'을 상환하고 그 상속분을 양수할 수 있다(제1011조 1항). 따라서 상속인이 '개별재산에 대한 지분'을 양도하는 것은 상속분 양도가 아니므로 상속분양수의 대상이 되지 않는다(대판 2006다3.24, 2006다2719 : 4회 선택형).

V. 상속재산의 분할 [E-52]

> 제1012조(유언에 의한 분할방법의 지정, 분할금지) 피상속인은 **유언으로** 상속재산의 분할방법을 정하거나 이를 정할 것을 제3자에게 위탁할 수 있고 상속개시의 날로부터 **5년을 초과하지 아니하는 기간내**의 그 분할을 금지할 수 있다.
>
> 제1013조(협의에 의한 분할) ① 전조의 경우외에는 공동상속인은 **언제든지 그 협의에 의하여** 상속재산을 분할할 수 있다. ② 제269조의 규정은 전항의 상속재산의 분할에 준용한다.
>
> ▸ 상속재산 분할협의가 있은 후, 사후인지가 있은 경우 피인지자가 참여하지 않은 상속재산 분할협의는 무효이다(X)
>
> ★ 제1014조(분할후의 피인지자 등의 청구권) 상속개시후의 인지 또는 재판의 확정에 의하여 공동상속인이 된 자가 상속재산의 분할을 청구할 경우에 다른 공동상속인이 **이미 분할 기타 처분을 한 때**에는 **그 상속분에 상당한 가액의 지급을 청구할 권리가 있다.**
>
> ▸ 상속재산 분할은 **상속개시된 때로 소급하나 선의의 제3자에게 대항하지 못한다**(X)
>
> ★ 제1015조(분할의 소급효) 상속재산의 분할은 **상속개시된 때**에 소급하여 그 효력이 있다. 그러나 제3자의 권리를 해하지 못한다.
>
> ▸ 상속재산 분할협의 이후에 **분할한 재산에 하자가 있더라도 다른 공동상속인에게 담보책임을 물을 수 없다**(X)
>
> ★ 제1016조(공동상속인의 담보책임) 공동상속인은 다른 공동상속인이 분할로 인하여 취득한 재산에 대하여 그 상속분에 응하여 매도인과 같은 담보책임이 있다.
>
> ▸ 공동상속인은 다른 상속인이 분할로 인하여 취득한 채권에 대하여 **변제기 당시의 채무자의 자력을 담보한다**(X)
>
> ★ 제1017조(상속채무자의 자력에 대한 담보책임) ① 공동상속인은 다른 상속인이 분할로 인하여 취득한 채권에 대하여 **분할당시의 채무자의 자력**을 담보한다.
>
> ② 변제기에 달하지 아니한 채권이나 정지조건있는 채권에 대하여는 **변제를 청구할 수 있는 때의 채무자의 자력**을 담보한다.

1. 의 의

상속재산분할은 상속개시로 인하여 생긴 공동상속인 사이에 있어서의 상속재산의 공유관계를 종료시키고 상속분에 따라 이를 배분하여 각자의 단독소유로 확정하기 위한 포괄적 분배절차를 가리킨다(상속재산분할자유의 원칙, 제1013조 1항).

2. 요 건

ⅰ) 상속재산에 대하여 공유관계가 존재하여야 하며, ⅱ) 공동상속인이 확정되어야 하며, ⅲ) 분할의 금지가 없어야 한다(제1012조).

3. 분할의 당사자

상속을 승인한 공동상속인, 그의 상속인, 포괄적 수증자, 상속분 양수인 등이 분할청구권자가 된다. 상속재산분할청구권은 채권자대위권의 객체가 되므로 상속인의 채권자는 그 상속인의 분할청구권을 대위행사할 수 있다(상속재산분할청구권은 일신전속권이 아니다).

[관련판례] "상속재산분할청구 절차를 통하여 분할의 대상이 되는 상속재산의 범위를 한꺼번에 확정하는 것이 상속채권자의 보호나 청산절차의 신속한 진행을 위하여 필요하다는 점 등을 고려하면, 한정승인에 따른 청산절차가 종료되지 않은 경우에도 상속재산분할청구가 가능하다"(대결 2014.7.25. 2011스226: 표준판례877 : 6회,9회 선택형).

4. 분할의 대상

(1) 분할의 대상이 되는 재산

피상속인이 남긴 재산 전부가 분할의 대상이 된다. "상속개시 당시에는 상속재산을 구성하던 재산이 그 후 처분되거나 멸실·훼손되는 등으로 상속재산분할 당시 상속재산을 구성하지 아니하게 되었다면 그 재산은 상속재산분할의 대상이 될 수 없다. 다만 상속인이 그 대가로 처분대금, 보험금, 보상금 등 대상재산(代償財産)을 취득하게 된 경우에는, 그 대상재산이 상속재산분할의 대상으로 될 수는 있을 것이다"(대결 2016.5.4. 2014스122: 표준판례873 : 9회 선택형). 이하에서는 문제되는 경우만 살펴본다.

(2) 가분채권

1) 원 칙

"금전채권과 같이 급부의 내용이 가분인 채권은 공동상속되는 경우 상속개시와 동시에 당연히 법정상속분에 따라 공동상속인들에게 분할되어 귀속되므로 상속재산분할의 대상이 될 수 없는 것이 원칙이다"(대결 2006.7.24. 2005스83).

2) 예 외

그러나 "가분채권을 일률적으로 상속재산분할의 대상에서 제외하면 부당한 결과가 발생할 수 있다. 예를 들어 ㉠ 공동상속인들 중에 초과특별수익자가 있는 경우 초과특별수익자는 초과분을 반환하지 아니하면서도 가분채권은 법정상속분대로 상속받게 되는 부당한 결과가 나타난다. ㉡ 그 외에도 특별수익이 존재하거나 기여분이 인정되어 구체적인 상속분이 법정상속분과 달라질 수 있는 상황에서 상속재산으로 가분채권만이 있는 경우에는 모든 상속재산이 법정상속분에 따라 승계되므로 수증재산과 기여분을 참작한 구체적 상속분에 따라 상속을 받도록 함으로써 공동상속인들 사이의 공평을 도모하려는 민법 제1008조, 제1008조의2의 취지에 어긋나게 된다. 따라서 이와 같은 특별한 사정이 있는 때는 상속재산분할을 통하여 공동상속인들 사이에 형평을 기할 필요가 있으므로 가분채권도 예외적으로 상속재산분할의 대상이 될 수 있다고 봄이 타당하다"(대결 2016.5.4. 2014스122: 표준판례873).

■ ★ **가분채권의 상속재산분할** [2019년 2차 법전협모의 제1문]

사실관계 | 丙은 2017. 4. 1. 사망하였고, 丙의 상속인으로 그의 자(子) 甲과 丁이 있다. 丙 사망 당시 상속재산으로 A은행에 대한 1억 원의 예금채권이 전부였고, 甲에게 생전증여 6,000만 원의 특별수익분이 있었다. 丁은 甲에 대하여 위 예금채권에 관한 상속재산 분할협의를 제안하였고, 甲은 가분채권은 분할협의의 대상이 되지 않는다고 하면서 이를 거절하였다. 누구의 주장이 타당한가? (10점)

사안의 해결 | 특별수익자의 상속재산 분배액은 (현존상속재산가액 + 생전증여의 가액) × 법정상속분 − 특별수익(이미 받은 생전증여 및 받을 유증의 가액)이므로 甲의 구체적 상속분은 2천만 원이고[(1억 + 6천만 원) × 1/2 − 6천만 원], 丁의 구체적 상속분은 8천만 원이다. 그럼에도 위 예금채권이 법정상속분에 따라 공동상속인에게 분할적으로 귀속된다고 하면 甲은 총 1억 1천만 원(=1억 원의 예금채권 중 법정상속분 5천 + 특별수익 6천), 丁은 5천만 원(=1억 원의 예금채권 중 법정상속분 5천)을 상속받게 되어 丁에게 매우 불리하게 된다. 따라서 丙의 A에 대한 예금채권은 상속재산분할의 대상이 될 수 있으므로, 丁의 주장이 타당하다.

(3) 채 무

1) 가분채무인 경우 [13사법, 3회·9회·11회 사례형]

금전채무와 같이 급부의 내용이 가분인 채무가 공동상속된 경우, 이는 상속 개시와 동시에 당연히 법정상속분에 따라 공동상속인에게 분할되어 귀속되는 것이므로, **상속재산 분할의 대상이 될 여지가 없다**(대판 1997.6.24. 97다8809 : 3회,5회,8회,9회,11회 선택형).

따라서 상속재산 분할의 대상이 될 수 없는 상속채무에 관하여 공동상속인들 사이에 분할의 협의가 있는 경우라면 이러한 협의는 민법 제1013조에서 말하는 상속재산의 협의분할에 해당하는 것은 아니지만, 위 분할의 협의에 따라 공동상속인 중의 1인이 법정상속분을 초과하여 채무를 부담하기로 하는 약정은 '**면책적 채무인수**'의 실질을 가진다고 할 것이어서, 채권자에 대한 관계에서 위 약정에 의하여 다른 공동상속인이 법정상속분에 따른 채무의 일부 또는 전부를 면하기 위하여는 민법 제454조의 규정에 따른 '**채권자의 승낙**'을 필요로 하고, 여기에 상속재산 분할의 소급효를 규정하고 있는 민법 제1015조가 적용될 여지는 전혀 없다(同 判例 : 3회 선택형).

■ ★ **상속재산의 협의분할과 면책적 채무인수** [3회 사례형]

사실관계 | 乙은 2009. 2. 1. F가 야기한 교통사고로 사망하였는데, 사망 당시 상속인으로는 배우자인 C와 망인의 父 D, 母 E가 있었고, 상속채무로 甲에 대한 1억 원의 의류대금채무가 있었으며 C, D, E는 이러한 상속재산의 현황을 잘 알고 있었다. D, E는 2009. 6. 1. C에게 'C가 망인의 채무를 포함한 재산 전부를 상속하는 것에 대해 이의를 제기하지 않겠다'는 취지의 각서를 작성해 주었다. 이러한 사실을 알게 된 甲은 2009. 7. 1. C를 상대로 의류대금 1억 원 전액의 지급을 구하는 소를 제기하였다.

사안의 해결 | 判例에 따르면 ① 乙의 금전채무를 C가 단독으로 부담하기로 한 합의는 '상속재산 분할협의'로서의 효력은 없다. ② 그러나 위 상속인 간의 합의는 '면책적 채무인수'에 해당할 수 있는바(대판 1997.6.24. 97다8809), ③ 사안에서 채권자 甲이 채무인수의 사실을 알고 인수인인 C에 대해 인수채무금 전액의 지급을 청구하였다면 이는 '묵시적으로 채무인수에 대한 승낙'이 있었다고 볼 수 있다(대판 1989.11.14. 88다카29962). 따라서 甲은 C에 대해 상속채무 전액을 청구할 수 있다.

2) 불가분채무

불가분채무는 분할의 대상이 되지만, 채무의 분할은 실질적으로 '면책적 채무인수'에 해당하므로 상속채권자가 이를 승낙하여야 한다(제454조). 따라서 상속채권자의 동의 없이 행하여진 상속채무의 면책적 인수는 상속채권자에게 대항할 수 없다. 공동상속인 중 1인이 단독으로 이행하기로 하는 분할협의가 이루어졌더라도 이는 그들 사이의 내부문제일 뿐이고, 따라서 채권자는 공동상속인에 대하여 법정상속분의 비율에 따라 이행을 구할 수 있다.

> ✻ **부동산의 소유권이전등기의무**
>
> 예컨대 甲이 乙에게 자기 소유 부동산을 매도하고 아직 소유권이전등기를 마쳐주기 전에 사망하여 A, B, C가 각 1/3의 비율로 甲을 공동상속한 경우, 判例의 취지에 따르면 A, B, C는 각 1/3 지분 범위에서 소유권이전의무를 부담하는 것이 원칙이지만, 그들이 상속재산 분할협의를 하여 그 부동산 소유권 및 소유권이전등기의무를 A가 단독으로 상속하기로 합의하였다면 '분할의 소급효'에 따라 이에 대한 乙의 승낙이 없더라도 A가 단독으로 그 부동산 전부에 관한 소유권이전의무를 부담한다고 한다(대판 1991.8.27. 90다8237 참고).
>
> [판례평석] 이에 대해 공동상속인들 사이에 그중 1인이 소유권이전의무를 단독으로 전부 이행하기로 하는 분할협의를 하였더라도 매수인이 이를 승낙한 때에만 매수인에게 대항할 수 있다고 해석하여야 한다는 비판이 유력하다.

5. 상속재산분할의 방법

(1) 지정분할

피상속인은 '유언'으로 상속재산의 분할방법을 정하거나 이를 정할 것을 제3자에게 위탁할 수 있고, 상속개시의 날부터 5년을 경과하지 아니하는 기간 내에 그 분할을 금지할 수 있다(제1012조). 다만 피상속인이 '생전행위'로 분할방법을 정한 것은 효력이 없어 상속인들은 피상속인의 의사에 구속되지 않는다(대판 2001.6.29. 2001다28299: **표준판례846**).

(2) 협의분할

1) 의 의

유언에 의한 분할지정이 없거나 무효인 경우에, 공동상속인은 언제든지 협의에 의하여 상속재산을 분할할 수 있다(제1013조 1항). 이에는 공유물분할에 관한 제269조가 준용된다(동법 2항).

2) 협의의 절차

공동상속인 전원이 참가하여야 한다. 따라서 일부상속인만으로 한 협의분할(대판 1995.4.7. 93다54736)[18] 또는 공동상속인 중 일부의 동의가 없거나 그 의사표시에 대리권의 흠결이 있다면 분할은 무효이다(대판 2001.6.9. 2001다28299: **표준판례846 : 5회 선택형**). **[6회 기록형]** 그런데 반드시 협의가 한 자리에서 이루어져야 하는 것은 아니고 순차적으로 이루어질 수도 있으며(대판 2001.11.27. 2000두9731), 따라서 상속포기 신고가 법원에 수리되지 않고 있는 동안 포기자를 제외한 나머지 공동상속인들 사이에 상속재산 분할협의를 한 경우, 그 후 상속포기 신고가 적법하게 '수리'되면 기존의 분할협의는 소급하여 유효하게 된다(대판 2011.6.9. 2011다29307). 상속인 중 한 사람이 만든 분할 원안을 다른 상속인이 후에 돌아가며 승인하여도 무방하다(대판 2004.10.28. 2003다65438,65445). 나아가 상속재산의 일부에 대한 선분할도 가능하다.

한편 공동상속인 중에 미성년자와 친권자가 있는 경우에, 분할협의시 그들 사이에 이해관계가 상반되므로 미성년자를 위한 특별대리인이 선임되어야 한다(제921조).

---

18) **[관련판례]** 그러므로 피상속인이 상속재산분할방법에 관하여 자필증서에 의한 유언을 하였으나 거기에 유언자의 날인 내지 무인이 없어 유언으로서의 효력이 없는 경우, 공동상속인의 1인을 제외한 나머지 공동상속인들이 유언장의 내용에 따르기로 합의하였더라도 그 합의는 상속재산분할협의로서의 효력이 없다(대판 2010.2.25. 2008다96963,96970).

상속재산분할협의와 이해상반행위, 상속회복청구권 대판 2011.3.10. 2007다17482

사실관계 | 甲이 사망하여 상속인으로 자녀인 乙, 丙, 丁, 戊가 있었다. 그 후 戊가 사망하고 戊에게는 배우자 A 및 미성년의 자녀 B, C, D가 있다. 그 후 甲소유 X부동산에 대해 乙, 丙, 丁 그리고 A가 B, C, D의 법정대리인으로서 이들을 대리하여 합의를 통해 丁과 B, C, D가 각 1/4씩 상속받기로 상속재산분할협의를 한 다음 그 협의에 따라 상속을 원인으로 丁과 B, C, D에게 각 1/4지분등기를 한 후 B, C, D의 지분에 대하여 丁 앞으로 매매를 원인으로 소유권이전등기가 경료되었다.

1. ① 만약 乙이 상속재산분할협의가 무효라는 이유로 丁을 상대로 자신의 상속분에 해당하는 1/4지분등기의 말소등기를 청구하는 것이 상속회복청구인가? ② 또한 상속재산분할협의에 참가한 乙이 그 분할의 무효를 주장하는 것이 신의칙(금반언)에 해당하는 것은 아닌가?
2. ① A가 B, C, D의 법정대리인으로서 한 상속재산분할협의가 유효한가? ② 또한 상속재산분할협의가 무효라면 A와 B, C, D사이에서만 무효인가 아니면 乙, 丙, 丁을 포함한 전원에 대한 관계에서 무효인가?

설문 1.의 판례의 태도 | "① 공동상속인 중 1인이 협의분할에 의한 상속을 원인으로 하여 상속부동산에 관한 소유권이전등기를 마친 경우에, 협의분할이 다른 공동상속인의 동의 없이 이루어진 것이어서 무효라는 이유로 다른 공동상속인이 위 등기의 말소를 청구하는 소는 상속회복청구의 소에 해당한다(9회 선택형). ② 강행법규를 위반한 자가 스스로 강행법규에 위배된 약정의 무효를 주장하는 것이 신의칙에 위반되는 권리의 행사라는 이유로 그 주장을 배척한다면, 이는 오히려 강행법규에 의하여 배제하려는 결과를 실현시키는 셈이 되어 입법 취지를 완전히 몰각하게 되므로 달리 특별한 사정이 없는 한 위와 같은 주장은 신의칙에 반하는 것이라고 할 수 없다"(대판 2011.3.10. 2007다17482 : 9회 선택형).

설문 2.의 판례의 태도 | "① 상속재산에 대하여 소유의 범위를 정하는 내용의 공동상속재산 분할협의는 그 행위의 객관적 성질상 상속인 상호간 이해의 대립이 생길 우려가 없다고 볼만한 특별한 사정이 없는 한 민법 제921조의 이해상반되는 행위에 해당한다. 그리고 피상속인의 사망으로 인하여 1차 상속이 개시되고 그 1차 상속인 중 1인이 다시 사망하여 2차 상속이 개시된 후 1차 상속의 상속인들과 2차 상속의 상속인들이 1차 상속의 상속재산에 관하여 분할협의를 하는 경우에 2차 상속인 중에 수인의 미성년자가 있다면 이들 미성년자 '각자마다' 특별대리인을 선임하여 각 특별대리인이 각 미성년자를 대리하여 상속재산 분할협의를 하여야 하고, 만약 2차 상속의 공동상속인인 친권자가 수인의 미성년자 법정대리인으로서 상속재산 분할협의를 한다면 이는 민법 제921조에 위배되는 것이며, ② 이러한 대리행위에 의하여 성립된 상속재산 분할협의는 피대리자 전원에 의한 추인이 없는 한 전체가 무효이다"(대판 2011.3.10. 2007다17482 : 5회 선택형). **[4회 기록형]**

3) 협의의 방식

협의의 방식에는 제한이 없다. 공동상속인 전원의 약정에 의하여 일부상속인에게 상속지분을 양도하는 것도 협의분할의 취지로 한 것으로 볼 수 있고(대판 1995.9.15. 94다23067), 상속재산 전부를 상속인 중 1인에게 상속시키기 위하여 나머지 상속인들이 법원에 상속포기신고를 하였으나 그 신고가 법정기간 도과 후의 것이어서 상속포기로서의 효력이 없더라도 무효행위의 전환법리가 적용되어 그러한 내용의 분할협의가 이루어진 것으로 해석할 것이다(대판 1996.3.26. 95다45545,45552,45569 : 1회 선택형). **[7회 사례형]**

4) 협의의 내용

협의분할은 공동상속인 전원의 합의에 기한 것이므로, 분할로 인하여 각자가 취득할 가액이 어떤 비율로 되든 상관없고, 어떤 상속인의 상속분을 '0'으로 하는 협의도 가능하다(대판 1996.3.26. 95다45545,45552,45569 참고). 분할의 방법에는 제한이 없고, 공동상속인들이 자유롭게 정할 수 있다. 즉 현물분할은 물론이고 그 밖에 대상분할이나 경매분할의 방법에 의하든 아니면 이를 병용하든 문제되지 않는다.

5) 분할협의의 무효·취소·해제

가) 무효
무자격자가 분할협의에 참여한 경우, 공동상속인 중 일부가 협의에서 제외된 경우, 무권대리인이 분할협의에 참가한 경우에는 분할협의가 무효이다.

나) 취소
착오, 사기, 강박 등이 있는 경우 일반 규정에 따라 취소할 수 있다. 협의분할은 그 성질상 재산권을 목적으로 하는 법률행위이므로, 채무초과상태에 있는 채무자가 상속재산의 분할협의를 하면서 상속재산에 관한 권리를 전부 또는 일부 포기하여 재산분할의 결과가 구체적 상속분에 상당하는 정도에 미달하는 과소한 것이라면 채권자취소권의 대상으로 될 수 있다(대판 2001.2.9. 2000다51797 : 5회,8회 선택형).

> [관련판례] "금전채무와 같이 급부의 내용이 가분인 채무가 공동상속된 경우 이는 상속개시와 동시에 당연히 법정상속분에 따라 공동상속인에게 분할되어 귀속되는 것이므로 상속재산 분할의 대상이 될 여지가 없다(대판 1997.6.24. 97다8809 판결 참조). 따라서 특별수익자인 채무자의 상속재산 분할협의가 사해행위에 해당하는지를 판단함에 있어서도 위와 같은 방법으로 계산한 구체적 상속분을 기준으로 그 재산분할결과가 일반 채권자의 공동담보를 감소하게 하였는지 평가하여야 하고, 채무자가 상속한 금전채무를 구체적 상속분 산정에 포함할 것은 아니다"(대판 2014.7.10. 2012다26633).

다) 해제 [9회 사례형]
합의해제가 가능하다. 아울러 判例는 "상속재산 분할협의는 공동상속인들 사이에 이루어지는 일종의 계약으로서, 공동상속인들은 이미 이루어진 상속재산 분할협의의 전부 또는 일부를 전원의 합의에 의하여 해제한 다음 다시 새로운 분할협의를 할 수 있다(9회 선택형). 상속재산 분할협의가 합의해제되면 그 협의에 따른 이행으로 변동이 생겼던 물권은 당연히 그 분할협의가 없었던 원상태로 복귀하지만, 민법 제548조 제1항 단서의 규정상 이러한 합의해제를 가지고서는, 그 해제 전의 분할협의로부터 생긴 법률효과를 기초로 하여 새로운 이해관계를 가지게 되고 등기·인도 등으로 완전한 권리를 취득한 제3자의 권리를 해하지 못한다"(대판 2004.7.8. 2002다73203)고 하여 거래의 안전을 도모하고 있다.

(3) 조정 또는 심판에 의한 분할 [22법무]

공동상속인 사이에 분할의 협의가 성립되지 아니한 때에는 각 공동상속인은 가정법원에 그 분할을 청구할 수 있다(가사소송법 제2조 1항 마류비송사건). 우선 조정을 신청하여야 하고, 조정이 성립되지 않으면 심판을 청구할 수 있다. 주의할 점은 공동상속인이 상속재산의 분할에 관하여 공동상속인 사이에 협의가 성립되지 아니하거나 협의할 수 없는 경우, 상속재산에 속하는 개별 재산에 관하여 제268조의 규정에 따라 공유물분할청구의 소를 제기할 수 없다는 점이다(대판 2015.8.13. 2015다18367 : 7회,8회 선택형).

6. 상속재산분할의 효과

(1) 소급효 [9회 사례형, 15사법]

1) 원칙
① 상속재산의 분할은 상속이 개시된 때에 소급하여 그 효력이 생긴다(제1015조). 즉 상속재산을 피상속인으로부터 상속인들 각자가 직접 상속하는 것이 되어 그 재산에 대해서 상속인들의 공유상태는 존재하지 않았던 것으로 된다[19](이는 물권법상의 공유물분할에 소급효가 없는 것과 구별된다).

---
[19] "공동상속인 상호간에 상속재산에 관하여 협의분할이 이루어짐으로써 공동상속인 중 일부가 고유의 상속분을 초과하는 재산을 취득하게 되었다고 하여도 이는 상속개시 당시에 소급하여 피상속인으로부터 승계받은 것으로 보아야 하고 다른 공동상속인으로부터 증여받은 것으로 볼 수 없다"(대판 2002.7.12. 2001두441).

判例는 공동상속인 중의 1인이 상속부동산을 타인에게 매도한 후 등기 전에 다른 상속인이 매도인의 배임행위에 적극가담하는 형태로 상속재산을 협의분할하여 받은 경우, 상속재산 협의분할 중 그 '**매도인의 법정상속분에 관한 부분**'은 반사회적 법률행위로서 무효라고 한다(제137조 단서의 일부무효 ; 대판 1996.4.26. 95다54426,54433).

② 그러나 "㉠ 상속재산분할에 소급효가 인정된다고 하더라도 상속개시 이후 공동상속인들이 상속재산의 공유관계에 있었던 사실 자체가 소급하여 소멸하는 것은 아니다. ㉡ 따라서 공동상속인들이 각자의 법정상속분에 따라 상속재산을 공유하는 동안 상속재산에 부과된 재산세는 공동상속인들이 연대하여 납부할 의무를 지고, 그중 1인이 위 재산세를 납부함으로써 공동면책을 얻었다면 그 공동상속인은 특별한 사정이 없는 한 다른 공동상속인들을 상대로 각자의 법정상속분에 따라 구상할 수 있다. ㉢ 그리고 구상을 하지 않은 상태에서 상속재산분할 절차가 진행되는 경우 그 절차에서 위와 같이 납부된 재산세가 고려될 수 있으나, 이에 대한 고려가 이루어지지 않았다면 그 상속재산을 재산세를 납부한 공동상속인의 단독소유로 하는 내용의 상속재산분할이 이루어졌다고 해도 여전히 다른 공동상속인들을 상대로 구상할 수 있다"(대결 2025.3.24. 2024스866,867,868).

③ 동일한 취지에서 "㉠ 상속재산분할심판에서 상속재산 중 특정 상속재산을 공동상속인 중 1인의 단독소유로 하고 그의 구체적 상속분과 그 특정 상속재산의 가액과의 차액을 현금으로 정산하는 방법으로 상속재산을 분할하였는데, 그 특정 상속재산이 상가건물 임대차보호법 제3조 제1항이 정한 대항요건을 갖춘 임대차의 목적물인 경우 그 공동상속인은 임대차보증금반환채무를 면책적으로 인수하고 다른 공동상속인들은 임대차관계에서 탈퇴하여 임차인에 대한 임대차보증금반환채무를 면하게 된다. ㉡ 이러한 채무인수를 고려하지 않은 방식에 따라 산정된 차액을 지급한 경우 특별한 사정이 없는 한 공동상속인들 사이에서는 임대차보증금반환채무에 관하여 법정상속분에 따른 내부적 부담부분이 그대로 유지되고, 그 임대차 목적물을 단독소유하게 된 공동상속인이 나중에 임대차보증금을 반환한 때에는 다른 공동상속인들을 상대로 구상할 수 있다"(대판 2024.8.1. 2023다318857).

[**구체적 예**] 甲은 2022.2.4. 상가건물을 소유하고 있었고, 이 건물을 임차인 A에게 보증금 1억 원에 임대하였다. A는 건물의 인도와 사업자등록을 마쳐 대항력을 갖추었다. 2023.3.1. 甲이 사망하자 甲의 자녀들인 乙, 丙, 丁이 각 1/3 지분씩 상속하였다. 2024.5.1. 乙, 丙, 丁은 상속재산분할심판을 통해 이 상가건물을 乙의 단독소유로 하되, 乙이 丙과 丁에게 각 5천만 원씩 지급하기로 하였다. 이 과정에서 임대차보증금반환채무는 분할대상에서 제외되었고, 이를 고려하지 않은 방식으로 정산금액이 산정되었다. 2025.2.4. 임대차계약이 종료되어 乙은 A에게 임대차보증금 1억 원을 전액 반환하였다. 이후 乙은 丙과 丁에게 각자의 법정상속분에 해당하는 금액을 구상하려고 한다(2023다318857 사실관계)
☞ ① 상속재산분할 대상이 되는 상속재산이 상가건물 임대차보호법상 대항요건을 갖춘 임대차 목적물인 경우, 단독으로 상속하기로 한 상속인은 임대차보증금반환채무(불가분채무)를 '면책적으로 인수'하고 다른 상속인들은 임대차보증금반환채무에서 벗어난다(동법 제3조 참조). ② 그러나 분할심판에서 이 채무가 고려되지 않은 채 정산액이 계산되어 단독상속인이 과도한 부담을 지는 등의 특별한 사정이 있는 경우, 임대차보증금반환채무는 각자의 법정상속분에 따라 내부적으로 부담하며(제1007조), 단독상속인은 보증금 반환시 다른 상속인들에게 구상할 수 있다.

2) 예 외

① 상속재산분할의 소급효는 제3자의 권리를 침해할 수 없다(제1015조 단서). 제3자는 상속재산분할 전에 이해관계를 맺은 '**특별승계인**'으로서 '**권리변동의 효력발생요건**'(제186조·제188조)을 갖추어야 한다. 즉, 민법 제1015조 단서에서 말하는 제3자는 일반적으로 상속재산분할의 대상이 된 상속재산에 관하여 **상속재산분할 전에 새로운 이해관계를 가졌을 뿐만 아니라 등기, 인도 등으로 권리를 취득한 사람을 말한다**(아래 2019다249312판결).

② 다만, "상속재산인 부동산의 분할 귀속을 내용으로 하는 상속재산분할심판이 확정되면 민법 제187조에 의하여 상속재산분할심판에 따른 등기 없이도 해당 부동산에 관한 물권변동의 효력이 발생한다. 다만 민법 제1015조 단서의 내용과 입법취지 등을 고려하면, '상속재산분할심판에 따른 등기'가 이루어지기 전에 상속재산분할의 효력과 양립하지 않는 법률상 이해관계를 갖고 등기를 마쳤으나 상속재산분할심판이 있었음을 알지 못한 제3자에 대하여는 상속재산분할의 효력을 주장할 수 없다. 이 경우 제3자가 상속재산분할심판이 있었음을 알았다는 점에 관한 주장·증명책임은 상속재산분할심판의 효력을 주장하는 자에게 있다"(대판 2020.8.13. 2019다249312 : 표준판례875).

(2) 분할 후의 피인지자 등의 청구 [10사법]

1) 의 의
상속개시후의 인지 또는 재판의 확정에 의하여 공동상속인이 된 자는 상속재산분할을 청구하여 분할에 참가할 수 있다. 그러나 다른 공동상속인들이 이미 상속재산의 분할 기타 처분을 한 때에는 상속인들의 분할이나 처분행위의 무효를 주장할 수 없으나, 다만 다른 공동상속인에게 그 상속분에 상당한 가액의 지급을 청구할 권리가 있다(제1014조). 이는 거래의 안전을 보호하면서도 판결에 의해 상속인이 된 상속인의 실질적인 상속권도 보호하기 위한 것이다.

2) 가액청구의 요건
ⅰ) 제1014조에 기한 청구권자는 상속개시 후 인지 또는 재판의 확정에 의하여 공동상속인이 된 자이어야 하며, ⅱ) 인지자 등이 재산분할을 청구할 당시 이미 다른 공동상속인이 분할 기타 처분을 하였어야 한다. ⅲ) 아울러 위 가액청구권은 상속회복청구권의 실질이 있으므로 상속회복청구권의 단기제척기간이 적용된다(대판 1993.8.24. 93다12 : 3회 선택형). 특히 이 경우 상속회복청구권의 제척기간과 관련하여 '침해를 안 날부터 3년'의 기산점은 그 인지판결이 확정된 날로부터 기산한다(대판 1978.2.14. 77므21 : 3회 선택형).

3) 청구의 성질
제1014조의 가액청구권이 부당이득반환청구권의 일종인지 문제되나, 통설은 제1014조의 가액청구권을 상속회복청구권으로 보아 상속회복청구권의 소멸에 관한 단기제척기간(제999조)이 적용된다고 한다. 判例도 상속회복청구권의 일종으로 보고, 그 가액의 범위에 관하여 부당이득반환의 범위에 관한 민법규정을 유추적용할 수 없고, 다른 공동상속인들이 분할 기타의 처분시에 피인지자의 존재를 알았는지 여부에 의하여 그 지급할 가액의 범위가 달라지는 것도 아니라고 하였다(대판 1993.8.24. 93다12).

[관련판례] 상속개시 후 인지 또는 재판확정에 의하여 공동상속인이 된 자가 다른 공동상속인에 대해 그 상속분에 상당한 가액의 지급에 관한 청구권(상속분가액지급청구권)을 행사하는 경우에도 상속회복청구권에 관한 10년의 제척기간을 적용하도록 한 민법 제999조 제2항의 '상속권의 침해행위가 있은 날부터 10년' 중 제1014조에 관한 부분이 청구인의 재산권과 재판청구권을 침해하는지에 관하여, 최근 헌법재판소는 "'침해행위가 있은 날부터 10년 후에 인지 또는 재판의 확정이 이루어진 경우에도 추가된 공동상속인이 상속분가액지급청구권을 원천적으로 행사할 수 없도록 하는 것은, '가액반환의 방식'이라는 우회적·절충적 형태를 통해서라도 인지된 자의 상속권을 뒤늦게나마 보상해 주겠다는 상속분가액지급청구권의 입법취지에 반하며, 추가된 공동상속인의 권리구제 실효성을 완전히 박탈하는 결과를 초래한다. 민법은 인지청구의 소를 '망인의 사망을 안 날로부터 2년'으로 제한하고 상속분가액지급청구권의 행사도 '상속권의 침해를 안 날부터 3년'으로 제한하므로 인지재판을 바탕으로 한 상속분가액지급청구권의 행사가 무한정 늦춰지지 않도록 이중으로 제한하고 있는 점 등도 함께 고려할 필요성이 있다. 심판대상조항은 입법형성의 한계를 일탈하여 청구인의 재산권과 재판청구권을 침해한다"(헌재 2024.6.27. 2021헌마1588)고 판시한 바 있다.

4) 청구의 내용

피인지자 등은 그의 상속분에 상당하는 가액을 청구할 수 있는데, 여기서의 상속분은 적극재산만에 대한 것을 의미한다. 가액은 피인지자 등에게 현실로 지급하는 때[소송에서라면 상속재산을 실제처분한 가액 또는 처분한 때의 시가가 아니라 사실심 변론종결시의 시가를 의미한다(대판 1993.8.24. 93다12)]의 시가로 평가하고, 이에 대한 자기 상속분을 산출한 후 이것을 각 공동상속인에게 안분한 것이다. 상속재산의 과실은 제1014조에 따른 상속분 상당 가액청구에서 가액산정의 대상에 포함되지 않으며, 따라서 이에 대한 부당이득반환청구는 허용되지 않는다(대판 2007.7.26. 2006므2757,2764: 표준판례878 : 5회,14회 선택형).

[관련판례] "상속개시 후 상속재산분할이 완료되기 전까지 상속재산으로부터 발생하는 과실(이하 '상속재산 과실'이라 한다)은 상속개시 당시에는 존재하지 않았던 것이다. 상속재산분할심판에서 이러한 상속재산 과실을 고려하지 않은 채, 분할의 대상이 된 상속재산 중 특정 상속재산을 상속인 중 1인의 단독소유로 하고 그의 구체적 상속분과 특정 상속재산의 가액과의 차액을 현금으로 정산하는 방법(이른바 대상분할의 방법)으로 상속재산을 분할한 경우, 그 특정 상속재산을 분할받은 상속인은 민법 제1015조 본문에 따라 상속개시된 때에 소급하여 이를 단독소유한 것으로 보게 되지만, 상속재산 과실까지도 소급하여 상속인이 단독으로 차지하게 된다고 볼 수는 없다. 이러한 경우 상속재산 과실은 특별한 사정이 없는 한, 공동상속인들이 수증재산과 기여분 등을 참작하여 상속개시 당시를 기준으로 산정되는 '구체적 상속분'의 비율에 따라, 이를 취득한다고 보는 것이 타당하다"(대판 2018.8.30. 2015다27132,27149: 표준판례874).

(3) 담보책임

1) 매도인과 동일한 담보책임(제1016조)
2) 상속채무자의 자력에 대한 담보책임(제1017조)
3) 무자력 공동상속인의 담보책임의 분담(제1018조)

Ⅵ. 상속의 승인과 포기 [E-53]

> • 상속인이 상속재산을 타인에게 매도한 때에도 상속포기를 할 수 있다(X)
> ★ 제1026조(법정단순승인) 다음 각호의 사유가 있는 경우에는 상속인이 **단순승인을 한 것으로 본다.**
> 1. 상속인이 상속재산에 대한 처분행위를 한 때
> 2. 상속인이 제1019조 제1항의 기간 내에 한정승인 또는 포기를 하지 아니한 때
> 3. 상속인이 한정승인 또는 포기를 한 후에 상속재산을 은닉하거나 부정소비하거나 고의로 재산목록에 기입하지 아니한 때
>
> ★ 제1019조(승인, 포기의 기간) ① 상속인은 **상속개시 있음을 안 날로부터 3월내**에 단순승인이나 한정승인 또는 포기를 할 수 있다. 그러나 그 기간은 이해관계인 또는 검사의 청구에 의하여 가정법원이 이를 연장할 수 있다. ② 상속인은 제1항의 승인 또는 포기를 하기 전에 **상속재산을 조사**할 수 있다.
> ③ 제1항에도 불구하고 상속인은 상속채무가 상속재산을 초과하는 사실(이하 이 조에서 '상속채무 초과사실'이라 한다)을 **중대한 과실 없이** 제1항의 기간 내에 알지 못하고 단순승인(제1026조제1호 및 제2호에 따라 단순승인한 것으로 보는 경우를 포함한다. 이하 이 조에서 같다)을 한 경우에는 그 사실을 안 날부터 3개월 내에 한정승인을 할 수 있다.
> ④ 제1항에도 불구하고 미성년자인 상속인이 상속채무가 상속재산을 초과하는 상속을 성년이 되기 전에 단순승인한 경우에는 성년이 된 후 그 상속의 상속채무 초과사실을 안 날부터 3개월 내에 한정승인을 할 수 있다. 미성년자인 상속인이 제3항에 따른 한정승인을 하지 아니하였거나 할 수 없었던 경우에도 또한 같다.

1. 서 설 [E-53a]

(1) 의 의

① '상속의 승인'이란 상속개시에 의하여 피상속인에 속하였던 재산상의 모든 권리·의무가 상속인에게 귀속되는 효과(제1005조)를 거부하지 않을 것을 상속인 스스로 선언하는 것을 말하는바, 이에는 단순승인과 한정승인이 있다. ② '상속의 포기'란 상속개시에 의하여 발생하는 권리·의무의 승계를 상속개시시에 소급하여 소멸시키는 상속인의 의사표시를 말한다.

(2) 승인·포기의 성질

상속의 승인 또는 포기는 상대방 없는 단독행위이고, 따라서 조건이나 기한을 붙이지 못한다. 그런데 한정승인 또는 포기를 하려면 가정법원에 신고하여야 하므로(제1030조 1항, 제1041조) 요식행위인 반면, 단순승인은 불요식행위이다.

(3) 승인·포기의 요건

① 상속인만이 상속의 승인 또는 포기를 할 수 있다. 그리고 상속의 승인이나 포기는 모두 재산법상의 행위이므로 **행위능력이 있어야** 하는바, 상속인이 제한능력자라면 법정대리인이 이에 갈음할 수 있다(제1020조 참조). 임의대리인도 위임에 의하여 상속인을 대리하여 승인 또는 포기할 수 있다(대결 1965.5.31. 64스10). ② 그러나 승인 또는 포기는 일신전속적인 것이므로 채권자대위권의 목적이 될 수 없으며, 채권자취소권(제406조)의 목적이 될 수 있는지에 관하여는 다툼이 있으나, 최근 判例는 상속포기에 대한 사해행위 취소를 부정하고 있다(대판 2011.6.9. 2011다29307: **표준판례888 : 9회,10회 선택형**).[20]
[11입법]
③ 상속의 한정승인 또는 포기는 상속개시 후 일정한 기간 내에 일정한 절차와 방식을 갖추어야 하므로, 상속개시 전의 승인이나 포기는 허용되지 않는다. ④ 상속에 의하여 피상속인의 권리·의무가 포괄적으로 승계되므로, 그 승인 또는 포기도 상속재산에 대하여 포괄적으로 이루어져야 하고, 상속재산의 일부에 대하여 또는 특정재산에 대하여 선택적으로 할 수는 없다.

(4) 승인·포기의 기간

1) 의 의

상속인은 '상속개시 있음을 안 날'로부터 3월내에 단순승인이나 한정승인 또는 포기를 할 수 있고(제1019조 1항 본문), 상속인이 이 기간 내에 승인이나 포기를 하지 않으면 단순승인을 한 것으로 **의제(간주)**된다(제1026조 2호).

2) 기산점

숙려기간의 기산점은 상속개시 있음을 안 날이다.[21] 여기서 '상속개시 있음을 안 날'의 의미에 대하여 判例는 상속인이 **상속개시의 사실과 상속인이 된 사실**을 인식한 날이란 뜻이며, '상속재산 또는 상속채무의 존재'를 알거나 '상속포기제도의 존재'까지 알 것은 요하지 않는다고 한다(대결 1986.4.22. 86스10 ; 대결 1988.8.25. 88스10,11,12,13).

---

20) 대법원은 "상속의 포기는 비록 포기자의 재산에 영향을 미치는 바가 없지 아니하나 상속인으로서의 지위 자체를 소멸하게 하는 행위로서 순전한 재산법적 행위와 같이 볼 것이 아니다. 오히려 상속의 포기는 1차적으로 피상속인 또는 후순위 상속인을 포함하여 다른 상속인 등과의 인격적 관계를 전체적으로 판단하여 행하여지는 '인적 결단'으로서의 성질을 가진다"고 보아 상속의 포기는 사해행위취소의 대상이 되지 못한다고 한다.

21) [관련조문] 상속인이 제한능력자라면 그 법정대리인이 상속개시 있음을 안 날부터 기산한다(제1020조). 그리고 상속이나 승인이나 포기를 하지 않고 위 3월의 기간 내에 사망한 경우에, 그의 상속인이 자기의 상속개시 있음을 안 날부터 3월을 기산한다(제1021조).

통상적인 상속의 경우에는 상속인이 상속개시의 원인사실을 앎으로써 그가 상속인이 된 사실까지도 알았다고 보는 것이 합리적이나, 피상속인의 처와 자녀가 상속을 포기한 경우 피상속인의 손자녀가 이로써 자신들이 상속인이 되었다는 사실까지 안다는 것은 오히려 이례에 속한다고 할 것이고, 따라서 이와 같은 과정에 의해 피상속인의 손자녀가 상속인이 된 경우에는 상속인이 상속개시의 원인사실을 아는 것만으로 자신이 상속인이 된 사실을 알기 어려운 특별한 사정이 있다고 볼 것이다(대판 2005.7.22. 2003다43681: **표준판례880** ; 즉, 2순위 상속인의 고려기간은 제1순위자 전원이 포기하여 자기가 상속인이 되었음을 안날부터 기산한다).

3) 승인·포기 기간의 예외 : 특별한정승인

① 상속인은 상속채무가 상속재산을 초과하는 사실을 '중대한 과실없이' 상속개시 있음을 안날부터 3월 내에 알지 못하고 단순승인(제1026조 제1호 및 제2호의 규정에 의하여 단순승인한 것으로 보는 경우를 포함한다)을 한 경우에는 그 사실을 안 날부터 3월내에 한정승인을 할 수 있다(제1019조 3항). 따라서 判例도 "상속인들이 상속재산 협의분할을 통해 이미 상속재산을 처분한 바 있다고 하더라도 상속인들은 여전히 민법 제1019조 제3항의 규정에 의하여 한정승인을 할 수 있다고 할 것이고, 따라서 위 협의분할 때문에 이 사건 심판이 한정승인으로서 효력이 없다고 할 수는 없다"(대판 2006.1.26. 2003다29562)고 판시하였다. 다만, 중대한 과실 없이 민법 제1019조 제1항의 기간 내에 상속채무가 상속재산을 초과하는 사실을 알지 못하였다는 점에 대한 입증책임은 상속인에게 인정된다(대판 2003.9.26. 2003다30517).

> [관련판례] "민법 제1019조 제3항이 신설된 후 상속인이 단순승인을 하거나 단순승인한 것으로 간주된 후에 한정승인 신고를 하고 가정법원이 특별한정승인의 요건을 갖추었다는 취지에서 수리심판을 하였다면 상속인이 특별한정승인을 한 것으로 보아야 한다"(대판 2021.2.25. 2017다289651).
>
> [사실관계] 피상속인이 범죄로 사망하였고 그로부터 약 7개월 후 상속인들이 가해자로부터 형사 합의금을 수령하였으며, 그 무렵 상속채권자가 상속채권에 관한 소를 제기하자 피상속인들이 한정승인 신고를 한 사안에서, 대법원은 상속인들에게는 신설된 민법 제1019조 제3항이 적용되고 상속인들이 한정승인 신고를 하였으므로, 원심은 위 한정승인이 민법 제1019조 제3항의 요건을 갖춘 특별한정승인으로서 유효한지 여부를 심리·판단하였어야 함에도, 위 한정승인신고가 단순승인 간주 후에 이루어졌다는 이유만으로 효력이 없다고 본 것은 잘못이라는 이유로 원심을 파기하였다.

② 한편 개정 민법(22.12.13.시행)에 따르면 ㉠ 미성년 상속인은 상속채무가 상속재산을 초과하는 상속을 성년이 되기 전에 법정대리인이 단순승인(의제)한 경우 **미성년 시기의 법정대리인의 인식 여부와 관계없이 성년이 된 후 본인이 상속의 상속채무 초과사실을 안 날부터 3개월 내에 한정승인을 할 수 있고** (제1019조 제4항 전단 신설), ㉡ 현행 제1019조 제3항의 특별한정승인의 요건을 충족하지 못하거나, 해당 요건에 해당하지만 그에 따라 한정승인을 하지 아니하는 경우에도 제1019조 제4항에 따라 신설되는 특별한정승인 규정이 적용된다는 것을 명확히 하였다(제1019조 제4항 후단 신설).

> [관련판례] 상속인이 미성년인 경우 제1019조 3항이나 그 소급 적용에 관한 민법 부칙에서 정한 '상속채무 초과사실을 안 날' 등을 판단할 때에는 법정대리인의 인식을 기준으로 해야 하므로, 법정대리인의 인식을 기준으로 하여 특별한정승인이 불가능하다면, 상속인이 성년에 이른 뒤에 본인 스스로의 인식을 기준으로 새롭게 특별한정승인을 할 수는 없다(대판 2020.11.19. 전합2019다232918)는 판례는 위 최근 민법 개정으로 의미를 상실하였다.

2. 단순승인 [E-53b]

(1) 의 의
권리·의무의 승계를 전면적으로 승인하는 것을 말한다.

(2) 요 건
원칙적으로 단순승인은 불요식의 의사표시로서 별도의 신고를 요하지 않고 무방식의 의사표시로 가능하며, 묵시적 승인도 가능하다.

(3) 법정단순승인
다음의 사유가 있는 경우에 상속인이 단순승인한 것으로 본다.

1) 상속인이 상속재산에 대한 처분행위를 한 경우(제1026조 1호)

가) 처분의 의의

① 여기서 처분행위는 상속재산의 일부에 대한 것이든 전부에 대한 것이든, 사실행위이든 법률행위이든 문제되지 않지만, 상속인의 의사에 기한 것이어야 한다. 그런데 상속인은 승인 또는 포기를 할 때까지 상속재산을 관리할 의무를 부담하므로, 여기서의 처분은 **관리행위의 범위를 넘는 것**을 말한다. 判例에 따르면 상속인이 피상속인의 채권을 추심하여 '변제'받는 것(대판 2010.4.29. 2009다84936 : 9회,10회, 13회 선택형), **[3회 사례형]** 공동상속인들이 상속재산분할을 하는 행위(대판 1983.6.28. 82도2421)도 법정단순승인사유로서의 처분에 해당한다고 한다.

② 判例에 따르면 생명보험의 보험계약자가 스스로를 피보험자로 하면서 자신이 생존할 때의 보험수익자로 자기 자신을, 자신이 사망할 때의 보험수익자로 상속인을 지정한 후 피보험자가 사망하여 보험사고가 발생한 경우, 사망보험금청구권은 상속재산이 아니라 상속인의 고유재산이라고 한다. 따라서 상속인의 사망보험금 수령행위는 상속재산에 대한 처분행위가 아니므로(제1026조 1호), 상속인이 한정승인을 한 경우에도 사망보험금을 수령할 수 있다(대판 2023.6.29. 2019다300934).

나) 처분의 시점

① 여기서의 처분은 **한정승인이나 상속포기 전의 처분행위**를 지칭한다. 한정승인이나 상속포기를 한 후의 처분은 당연히 법정단순승인사유는 아니고, 그것이 부정소비(제1026조 3호)에 해당하는 때에 한하여 법정단순승인사유로 된다(대판 2004.3.12. 2003다63586: 표준판례882 : 14회 선택형).

② 한편 "상속의 한정승인이나 포기는 상속인의 의사표시만으로 효력이 발생하는 것이 아니라 가정법원에 신고를 하여 가정법원의 심판을 받아야 하며, 그 심판은 당사자가 이를 고지받음으로써 효력이 발생한다(대판 2004.6.25. 2004다20401). 따라서 **상속인이 가정법원에 상속포기의 신고를 하였다고 하더라도 이를 수리하는 가정법원의 심판이 고지되기 이전에 상속재산을 처분하였다면, 이는 상속 포기의 효력 발생 전에 처분행위를 한 것에 해당하므로 제1026조 1호에 따라 상속의 단순승인을 한 것으로 보아야 한다**"(대판 2016.12.29. 2013다73520: 표준판례881 : 9회,10회,13회 선택형) **[17사법]**

> **■ 상속포기의 효력발생시기 [17사법]**
>
> **사실관계** | Y건물의 소유자 丁은 2017. 5. 2. 교통사고로 사망하였고, 그 단독상속인인 己는 가정법원에 상속포기신고를 한 다음 Y건물을 A에게 양도하였으며, 그 후에 상속포기신고를 수리하는 심판이 고지되었다. 그러자 丁의 사망 전에 丁에게 1억 원을 대여한 庚은 그 변제기가 도래하자 己에게 1억 원의 지급을 청구하였다. 己는 庚의 청구에 응하여야 하는가? (20점)

> **판례에 따른 해결** | 상속인이 가정법원에 상속포기의 신고를 하였더라도 이를 수리하는 가정법원의 심판이 고지되기 이전에 상속재산을 처분하였다면, 이는 상속포기의 효력 발생 전에 처분행위를 한 것이므로 제1026조 1호에 따라 상속의 단순승인을 한 것으로 보아야 한다(대판 2016.12.29. 2013다73520). 그리고 단순승인으로 간주된 이후에 한 상속포기는 효력이 없다(대판 2010.4.29. 2009다84936). 결국 己는 단순승인을 한 단독상속인이므로 庚의 1억 원 지급 청구에 응하여야 한다.

2) **상속인이 승인 또는 포기를 하여야 할 기간 내에 한정승인 또는 포기를 하지 않은 경우**(제1026조 2호)

3) **상속인이 한정승인 또는 포기를 한 후에 상속재산을 은닉하거나 부정소비하거나 고의로 재산목록에 기입하지 아니한 경우**(제1026조 3호)

① '**상속재산의 은닉**'이라 함은 상속재산의 존재를 쉽게 알 수 없게 만드는 것을 의미하는바, 判例는 "피상속인에 대해 매매대금채무를 부담하고 있던 채무자가 그 대금의 일부인 1천만 원을 이미 상속포기를 한 공동상속인의 1인의 예금계좌에 입금을 하자 그 상속인이 그 1천만 원을 한정승인을 한 다른 상속인의 예금계좌로 입금한 행위는 상속재산을 관리한 것일 뿐 이것이 상속재산의 가치를 상실시켰다거나 고의로 상속재산을 은닉한 경우에 해당한다고는 볼 수 없다"고 보아 그 상속포기는 여전히 유효하다고 보았다(대판 2010.4.29. 2009다84936).

② '**상속재산의 부정소비**'라 함은 정당한 사유 없이 상속재산을 써서 없앰으로써 그 재산적 가치를 상실시키는 것을 의미하는바, 判例는 ⅰ) 상속재산을 처분하여 그 대금을 전액 상속채무의 변제에 사용한 경우 (대판 2004.3.12. 2003다63586: 표준판례882 : 9회 선택형), ⅱ) 책임재산의 가치가 없는 재산을 상속재산협의분할 하는 경우(대판 2004.12.9. 2004다52095), ⅲ) 상속재산에 관하여 제3자에게 소유권을 이전해 주거나 저당권 등의 담보권을 설정해 주는 경우(대판 2010.3.18. 전합2007다77781 참고)는 '부정소비'라고 할 수 없다고 한다.

③ '**고의로 재산목록에 기입하지 아니한 때**'라 함은 한정승인을 함에 있어 상속재산을 은닉하여 '**상속채권자를 사해할 의사**'로써 상속재산을 재산목록에 기입하지 않는 것을 의미하는바, 이러한 사정은 이를 주장하는 측에서 증명하여야 하며(대판 2022.7.28. 2019다29853), 判例는 "합리적인 금액 범위 내에서 지출한 장례비용은 상속비용으로 보아야 하며, 이를 한정승인신고서 목록에 기재하지 않은 것은 법정단순승인사유에 해당하지 않는다"고 한다(대판 2003.11.14. 2003다30968: 표준판례883).

(4) 효 과

상속채무전액에 대해 상속인 고유재산으로도 책임을 지며, 공동상속의 경우에 상속인은 상속분에 따른 채무의 부담부분에 대해 상속인 고유재산으로도 책임을 진다(제1025조). 상속재산과 고유재산은 혼동이 된다(한정승인을 하거나 재산분리를 한 경우에는 혼동이 생기지 않는다).

3. 한정승인   [E-53c]

> ▶ 공동상속인은 **공동으로만 한정승인**을 할 수 있다(X)
> **제1029조(공동상속인의 한정승인)** 상속인이 수인인 때에는 **각 상속인은 그 상속분에 응하여** 취득할 재산의 한도에서 그 상속분에 의한 피상속인의 채무와 유증을 변제할 것을 조건으로 상속을 승인할 수 있다.
> ▶ 상속인이 한정승인을 한 때에는 상속인의 피상속인에 대한 채권은 **혼동에 의해 소멸한다**(X)
> **제1031조(한정승인과 재산상 권리의무의 불소멸)** 상속인이 한정승인을 한 때에는 **피상속인에 대한 상속인의 재산상 권리의무는 소멸하지 아니한다.**

(1) 의 의

한정승인이란 승인을 하지만 피상속인의 채무와 유증에 의한 채무는 상속재산의 한도에서 변제하고 상속인의 고유재산으로 책임을 지지 않는 것을 말한다. 상속인이 한정승인을 한 경우 상속채무는 전부 승계되지만, **책임은 상속채무의 범위 내에서만 진다**(유한책임). 따라서 상속채권자는 특별한 사정이 없는 한 '상속인의 고유재산'에 대하여 강제집행을 할 수 없으며 '상속재산'으로부터만 채권의 만족을 받을 수 있다(대판 2016.5.24. 2015다250574: 표준판례886).

(2) 효 과

1) 채무와 책임의 분리

상속채무는 전부 승계된다. 다만 책임은 상속재산의 범위 내에서만 진다. 따라서 피상속인의 채무에 대한 보증채무 등에는 영향이 없다. 그러나 상속채권자가 상속인의 고유재산에 대하여 강제집행을 하는 것은 위법하므로, 이 경우 상속인은 제3자 이의의 소 등을 제기할 수 있다.

> ✱ **A가 재산 600만 원과 甲에 대한 금전채무 3,000만 원**(연대보증인 乙이 있다고 가정한다)**을 남기고 사망한 경우 상속인 B, C, D 중에서 B가 혼자 한정승인을 한 경우의 법률관계**
>
> 일부상속인만이 한정승인하는 것도 가능하다. 일부상속인만이라도 한정승인을 하면 한정승인에 따른 청산절차를 거쳐야 한다. 청산절차를 거쳐 상속채권자 甲이 상속재산에서 600만 원을 변제받으면, 나머지 변제되지 않은 2,400만 원은 별도의 합의 없이도 당연히 B, C, D가 800만 원씩의 분할채무를 부담한다(대판 1997.6.24. 97다8809).[22]
>
> ☞ 채권자 甲은 C, D에게 각각 800만 원씩 청구 및 집행할 수도 있고 연대보증인 乙에게 2,400만 원을 전액 청구할 수 있으나, 한정승인을 한 B는 채무는 있으나 책임이 없으므로 B가 스스로 변제하지 않는 한 甲이 B의 고유재산에 대해 소구는 가능하지만, 강제집행을 할 수는 없다. 연대보증인 乙은 채무 2,400만 원에 대해 책임이 있으며, 乙이 변제하면 C, D에게는 각각 800만 원씩 구상하며 강제집행도 가능하나, B에게는 800만 원의 구상권에 대해 소구는 가능하지만 강제집행을 할 수는 없다.

2) 상속재산과 고유재산의 분리

① 상속재산과 상속인의 고유재산은 분리·유지된다. 그리하여 피상속인에 대한 상속인의 재산상의 권리나 의무는 소멸하지 아니한다(제1031조)(즉 혼동에 의해 소멸하게 되는 것이 아니다).

② 상속채권자가 상속이 개시된 후 한정승인 이전에 피상속인에 대한 채권을 자동채권으로 하여 상속인에 대한 채무에 대하여 상계하였더라도, 그 이후 상속인이 한정승인을 하는 경우에는 민법 제1031조의 취지에 따라 상계가 소급하여 효력을 상실하고, 상계의 자동채권인 상속채권자의 피상속인에 대한 채권과 수동채권인 상속인에 대한 채무는 모두 부활한다(대판 2022.10.27. 2022다254154,254161).[23]

3) 상속재산의 관리

상속인은 그 고유재산에 대하는 것과 동일한 주의로 상속재산을 관리하여야 한다(제1022조).

---

22) "금전채무와 같이 급부의 내용이 가분인 채무가 공동상속된 경우, 이는 상속 개시와 동시에 당연히 법정상속분에 따라 공동상속인에게 분할되어 귀속되는 것이므로, 상속재산 분할의 대상이 될 여지가 없다"

23) "상속채권자가 피상속인에 대하여는 채권을 보유하면서 상속인에 대하여는 채무를 부담하는 경우, 상속이 개시되면 위 채권 및 채무가 모두 상속인에게 귀속되어 상계적상이 생기지만, 상속인이 한정승인을 하면 상속이 개시된 때부터 민법 제1031조에 따라 피상속인의 상속재산과 상속인의 고유재산이 분리되는 결과가 발생하므로, 상속채권자의 피상속인에 대한 채권과 상속인에 대한 채무 사이의 상계는 제3자의 상계에 해당하여 허용될 수 없다"

4) 청산절차(제1032조 내지 제1039조)

① 한정승인자는 한정승인을 한 날로부터 5일 내에 일반상속채권자와 유증받은 자에 대하여 한정승인의 사실과 일정한 기간 내(2월 이상)에 그 채권 또는 수증을 신고할 것을 공고하여야 하고, 알고 있는 채권자에게는 각각 그 채권신고를 최고하여야 한다(민법 제1032조 제1항, 제2항, 제89조). 신고기간이 만료된 후 한정승인자는 상속재산으로서 그 기간 내에 신고한 채권자와 '한정승인자가 알고 있는 채권자'에 대하여 각 채권액의 비율로 변제하여야 한다(민법 제1034조 제1항 본문).

반면 신고기간 내에 신고하지 아니한 상속채권자 및 유증받은 자로서 '한정승인자가 알지 못한 자'는 상속재산의 잔여가 있는 경우에 한하여 변제를 받을 수 있다(민법 제1039조 본문).

② "여기서 민법 제1034조 제1항에 따라 배당변제를 받을 수 있는 '한정승인자가 알고 있는 채권자'에 해당하는지 여부는 한정승인자가 채권신고의 최고를 하는 시점이 아니라 배당변제를 하는 시점을 기준으로 판단하여야 한다. 따라서 한정승인자가 채권신고의 최고를 하는 시점에는 알지 못했더라도 그 이후 실제로 배당변제를 하기 전까지 알게 된 채권자가 있다면 그 채권자는 민법 제1034조 제1항에 따라 배당변제를 받을 수 있는 '한정승인자가 알고 있는 채권자'에 해당한다"(아래 대판 2018.11.9. 2015다75308).

> ※ 채무자가 사망하자 상속인 A가 법원에 한정승인신고를 하며 상속채권의 채권자들에게 채권신고를 최고하였는데, 한정승인신고서에 첨부된 재산목록에 기재되지 않은 상속채권을 가진 B가 A의 배당변제 이전에 A를 대위하여 다른 상속채권자 C에 대해 시효완성주장을 하며 상속재산에 대한 근저당권등기 말소청구를 하자, A가 C에 대해 채무승인을 한 경우의 법률관계
>
> 원고 B는 원심에서 채무승인의 의사표시에 대한 사해행위취소 및 원상회복청구를 추가적으로 병합하였다. 원심은 원고 B가 제1039조 본문에 따라 상속재산의 잔여가 있는 경우에 한하여 변제를 받을 수 있는 '한정승인자가 알지 못한 자'에 해당하고, 상속채무가 상속재산을 초과하여, 이 사건 근저당권등기가 말소되어도 상속재산으로 원고의 채권을 변제받을 수 없으므로, 이 사건 채무승인은 원고에 대한 관계에서 공동담보의 감소를 초래하는 사해행위에 해당된다고 할 수 없다는 이유로 원고의 사해행위취소 등 청구를 배척하였다.
>
> 그러나 대법원은 상속인 A가 배당변제를 실시하기 전에 원고 B가 A를 대위하여 피고 C를 상대로 이 사건 근저당권등기의 말소를 구하는 소송을 제기하고 소송 중 A가 피고 C에게 채무승인서를 작성, 교부하기까지 하였으므로 늦어도 그 시점에는 A가 원고 B의 상속채권의 존재를 알게 되었다고 봄이 타당하므로 원고 B는 제1034조 제1항에 따라 배당변제를 받을 수 있는 '한정승인자가 알고 있는 채권자'에 해당한다고 보아야 한다고 판시하였다(대판 2018.11.9. 2015다75308).
>
> ☞ A는 채권신고 최고시에는 B의 존재를 몰랐으나, 배당변제 전에는 알았으므로 B는 배당변제 후 상속재산에 잔여재산이 있는 경우에만 변제를 받을 수 있는 자(제1039조 본문)가 아니라 자신의 상속채권액의 비율로 변제를 받을 수 있는 자(제1034조 제1항)이다. 따라서 A의 C에 대한 채무승인은 사해행위에 해당할 수 있다.
>
> 한편, A의 C에 대한 채무승인은 제405조 2항에 따라 B에게는 대항할 수 없으나 변론주의 원칙상 원심이 원고 B에게 이에 대한 주장·증명을 촉구하지도 않았다고 하여 석명의무를 다하지 아니하는 등의 잘못이 있다고 할 수 없다.

5) 상속채권자와 상속인의 고유채권자의 우열관계

가) 일반적인 관계

한정승인을 하면 일단 상속재산과 상속인의 고유재산이 분리되는 효과가 발생하고, 상속채권자는 청산절차에서 변제를 받으며 남은 상속재산이 있으면 이는 한정승인한 상속인도 상속하여 그 상속인 고유의 채권자가 그 재산으로부터 변제를 받거나 집행할 수 있다. 그러한 범위 내에서는 상속채권자는 상속재산에 대해 한정승인한 상속인의 고유채권자보다 우선한다고 할 수 있다.

따라서 아래에서 검토하는 바와 같이 "상속재산에 관하여 담보권을 취득하였다는 등 사정이 없는 이상, 한정승인자의 고유채권자는 상속채권자가 상속재산으로부터 그 채권의 만족을 받지 못한 상태에서 상속재산을 고유채권에 대한 책임재산으로 삼아 이에 대하여 강제집행을 할 수 없다고 보는 것이 형평의 원칙이나 한정승인제도의 취지에 부합하며, 이는 한정승인자의 고유채무가 조세채무인 경우에도 그것이 상속재산 자체에 대하여 부과된 조세나 가산금, 즉 당해세에 관한 것이 아니라면 마찬가지이다"(대판 2016.5.24. 2015다250574판결은 상속재산의 매각대금을 한정승인자의 고유채권자로서 그 상속재산에 관하여 담보권을 취득한 바 없는 조세채권자에게 상속채권자보다 우선하여 배당한 경매법원의 조치는 위법하다고 보았다).

나) 한정승인자가 자신의 고유채권자를 위해 상속재산에 담보권을 설정한 경우

① [**담보권 설정의 유효성**] 민법은 한정승인자에 관하여 그가 상속재산을 은닉하거나 부정소비한 경우 단순승인을 한 것으로 간주하는 것(제1026조 3호) 외에는 상속재산의 처분행위 자체를 직접적으로 제한하는 규정을 두고 있지 않기 때문에, 한정승인으로 발생하는 위와 같은 책임제한 효과로 인하여 한정승인자의 상속재산 처분행위가 당연히 제한된다고 할 수는 없다. 따라서 한정승인자가 상속재산에 관하여 제3자에게 소유권을 이전해 주거나 저당권 등의 담보권을 설정해 주더라도 그 자체는 **법률상 유효하다**(대판 2010.3.18. 전합2007다77781 : 14회 선택형).

② [**우열관계**] 최근 전원합의체 판결을 통해 대법원은 "한정승인자로부터 상속재산에 관하여 저당권 등의 담보권을 취득한 사람과 상속채권자 사이의 우열관계는 '민법상의 일반원칙'에 따라야 하고, 상속채권자가 한정승인의 사유만으로 우선적 지위를 주장할 수는 없다. 그리고 이러한 이치는 한정승인자가 그 저당권 등의 피담보채무를 상속개시 전부터 부담하고 있었다고 하여 달리 볼 것이 아니다"(대판 2010.3.18. 전합2007다77781: 표준판례885 : 2회,6회,10회,14회 선택형)라고 판시하여 이때에는 **일반상속채권자가 담보권자에 우선할 수 없다고 보았다**.[24]

[**판례검토**] 한정승인만으로 상속채권자에게 상속재산에 관하여 한정승인자로부터 물권을 취득한 제3자에 대하여 우선적 지위를 부여하는 규정은 없으며, 현행법상 한정승인을 하더라도 그러한 사실이 등기 등에 의하여 공시되지 않는다(전합2007다77781판시내용). 따라서 상속인과 거래를 하는 자의 신뢰를 보호할 필요가 있다는 상황을 고려할 경우 담보물권을 설정한 상속인의 고유채권자에게 우선변제권을 인정하는 것이 타당하다.

■ **한정승인자가 자신의 고유채권자를 위해 상속재산에 담보권을 설정한 경우**
대판 2010.3.18. 전합2007다77781(**표준판례885**)

사실관계 | 甲의 단독상속인인 乙은 甲이 2010. 2. 1. 사망하자 적법하게 한정승인 신고를 하여 2010. 4. 30. 수리되었으며, 乙은 2010. 5. 31. 유일한 상속재산인 X부동산에 대해 상속을 원인으로 하는 소유권이전등기를 마쳤다. 乙은 丙에 대해 상속개시 전부터 3억 원의 금전채무를 부담하고 있었는데, 위와 같이 상속등기를 마친 후 丙에 대한 위 채무를 담보하기 위하여 X부동산에 대해 근저당권설정등기(채권최고액 3억 원)를 마쳐 주었다. 한편 丁은 甲의 생전에 甲에게 3억 원을 대여하였으나 전혀 받지 못하였고 乙은 이러한 사실을 알고 있었다. 丁이 2011. 9.경 X부동산에 대한 강제경매를 신청하여 3억 원에 매각되었는데, 丙은 위 근저당권에 기하여 청구채권 3억 원의 배당을 요구하였다.

판례에 따른 해결 | 위 전합2007다77781 판결에 따르면 한정승인자가 상속재산에 관하여 제3자에게 소유권을 이전해 주거나 저당권 등의 담보권을 설정해 주더라도 그 자체는 법률상 유효하며, 이때에는

---

[24] 다만 "상속부동산에 관하여 민사집행법 제274조 제1항에 따른 형식적 경매절차가 진행된 것이 아니라 담보권 실행을 위한 경매절차가 진행된 경우에는 비록 한정승인 절차에서 상속채권자로 신고한 자라고 하더라도 집행권원을 얻어 그 경매절차에서 배당요구를 함으로써 일반채권자로서 배당받을 수 있다"(대판 2010.6.24. 2010다14599).(6회 선택형).

일반상속채권자가 담보권자에 우선할 수 없다. 따라서 사안에서 상속인 乙이 한정승인을 한 경우이므로 상속채권자 丁은 상속인의 재산(고유재산)에는 강제집행을 할 수 없고, 상속재산인 X에만 강제집행을 할 수 있다. 그리고 위 경매절차에서 丙, 丁 이외에 다른 이해관계인이 없다면, X부동산의 매각대금 3억 원 중에서 근저당권자인 丙이 먼저 3억 원 전액을 배당받고 상속채권자 丁은 한 푼도 배당받지 못한다.

6) 한정승인과 관련한 절차법적 문제들 [민소법 쟁점]

가) 상속채무 이행의 소에서 채무자(상속인)가 '한정승인' 사실을 주장한 경우

채권자가 제기한 상속채무 이행의 소에서 채무자가 한정승인의 주장을 한 경우, 법원은 상속재산이 없거나 그 상속재산이 상속채무의 변제에 부족하더라도 **상속채무 전부에 대한 이행판결을 선고하여야 하고, 다만, 집행력을 제한하기 위하여 이행판결의 주문에 상속재산의 한도에서만 집행할 수 있다는 취지를 명시하여야 한다**[25](대판 2003.11.14. 2003다30968: 표준판례883 : 2회,6회 선택형).

위와 같이 집행권원인 확정판결에 한정승인의 취지가 반영되었음에도 불구하고, 그 집행권원에 기초하여 채무자의 '고유재산에 대하여 집행'이 행하여질 경우, 채무자는 그 집행에 대하여 제3자이의의 소(민사집행법 제48조)를 제기할 수 있을 뿐(채권압류 및 전부명령의 경우는 그 자체에 대한 즉시항고), 상속인의 고유재산에 관하여는 이러한 판결의 기판력·집행력이 미치지 않기 때문에 한정승인을 이유로 청구이의의 소(민사집행법 제44조)를 제기할 수는 없다(대판 2005.12.19. 2005그128).

나) 상속채무 이행의 소에서 채무자(상속인)가 '한정승인' 사실을 주장하지 않은 경우

채권자가 채무자를 상대로 그 상속채무의 이행을 구하여 제기한 소송에서 채무자가 한정승인 사실을 주장하지 않아 '책임재산의 유보 없는 판결'이 확정된 경우, 채무자가 자기 '고유재산에 대한 집행'에 대하여 위 한정승인의 사실을 내세워 청구이의의 소를 제기할 수 있는지가 문제된다.

이에 대해 判例는 "채무자가 한정승인 사실을 주장하지 않으면 책임의 범위는 현실적인 심판대상으로 등장하지 아니하여 주문에서는 물론 이유에서도 판단되지 않으므로 그에 관하여 기판력이 미치지 않는다. 그러므로 채무자가 한정승인을 하고도 채권자가 제기한 소송의 사실심 변론종결시까지 그 사실을 주장하지 아니하여 책임의 범위에 관한 유보가 없는 판결이 선고되어 확정되었다고 하더라도, 채무자는 그 후 위 한정승인 사실을 내세워 청구에 관한 이의의 소를 제기할 수 있다"(대판 2006.10.13. 2006다23138 : 2회,4회 선택형)고 판시하였다.

[비교판례] 그러나 상속포기의 경우에는 다르다. 즉 判例는 "한정승인 사안에서 판시한 기판력에 의한 실권효 제한의 법리는 채무의 상속에 따른 책임의 제한 여부만이 문제되는 한정승인과 달리 상속에 의한 채무의 존재 자체가 문제되어 그에 관한 확정판결의 주문에 당연히 기판력이 미치게 되는 상속포기의 경우에는 적용될 수 없다"(대판 2009.5.28. 2008다79876 : 2회,10회 선택형)고 판시하였는데, 이에 따르면 채무자는 위 상속포기의 사실을 내세워 청구이의의 소를 제기할 수 없다.

4. 상속포기 [3회·7회 사례형, 10·17사법]   [E-53d]

> ▸ 상속인은 상속개시있음을 안 날로부터 3월, **상속개시있은 날로부터 1년내에 상속포기**를 할 수 있다(X)
> 제1041조(포기의 방식) 상속인이 상속을 포기할 때에는 제1019조 제1항의 기간내에 가정법원에 포기의 신고를 하여야 한다.
>
> ▸ 상속포기의 효과는 **상속포기시부터** 발생한다(X)
> 제1042조(포기의 소급효) 상속의 포기는 **상속개시된 때**에 소급하여 그 효력이 있다.

---

25) 판결주문은 "원고에게, 피고는 금 얼마를 소외 상속인으로부터 상속받은 재산의 한도에서 지급하라"는 형태가 된다.

(1) 의 의

상속의 포기란 상속으로 인하여 생기는 모든 권리·의무의 승계를 부인하고 처음부터 상속인이 아니었던 것으로 하려는 상속인의 단독의 의사표시를 말한다.

(2) 방 식

1) 상속포기의 효력이 발생하는 경우

상속개시 있음을 안 날부터 3월내에 가정법원에 포기의 신고를 하여야 한다(제1041조). 상속의 포기는 상속인의 의사표시만으로 효력이 발생하는 것이 아니라 가정법원에 신고를 하여 가정법원의 심판을 받아야 하며, 그 심판은 당사자가 이를 고지받음으로써 효력이 발생한다(대판 2016.12.29. 2013다73520).

2) 상속포기의 효력이 발생하지 않는 경우

① [포기기간 내 단순승인 간주] 상속포기 기간 안에 단순승인으로 간주되는 행위를 하였다면 그 뒤에는 상속포기를 할 수 없다. 예컨대 상속재산 분할협의를 하였다면 이는 상속재산에 대한 처분행위에 해당하기 때문에(제1026조), 그 후에는 상속포기를 할 수 없다.

② [상속개시 전의 상속포기] 상속의 포기는 상속이 개시된 후 일정한 기간 내에만 가능하므로, 상속개시 전에 한 상속포기약정은 효력이 없다. 따라서 상속인 중의 1인이 피상속인의 생존시에 피상속인에 대하여 유류분을 포함한 상속을 포기하기로 약정하였다고 하더라도, 상속개시 후 민법이 정하는 절차와 방식에 따라 상속포기를 하지 아니한 이상, 상속개시 후에 자신의 상속권을 주장하는 것은 정당한 권리행사로서 권리남용에 해당하거나 또는 신의칙(금반언)에 반하는 권리의 행사라고 할 수 없다(대판 1998.7.24. 98다9021: 표준판례930 : 9회 선택형).

③ [포기기간 경과 후 포기신고] 반대로 포기기간 경과 후의 포기신고는 상속포기로서는 효력이 없으나, 그 취지에 따라서는 무효행위의 전환법리(제138조)가 적용되어 상속재산분할의 협의로 될 수는 있다(대판 1996.3.26. 95다45545,45552,45569 : 1회 선택형). [3회·7회 사례형, 17사법]

④ [상대적·조건부·일부 포기] 특정인을 위하여 포기한다는 상대적 포기[이는 상속분의 양도(제1011조)로 해결할 수 있다]나 조건부 포기 및 일부의 포기는 허용되지 않는다.

(3) 효 과

1) 소급효 및 소급효의 제한

① 상속포기는 '소급효'가 있다. 따라서 처음부터 상속인이 아닌 것으로 된다(제1042조). 다만 상속인이 상속포기를 한 후에 상속재산을 은닉하거나 부정소비하거나 고의로 재산목록에 기입하지 아니한 때에는 상속인이 단순승인을 한 것으로 본다(제1026조 3호).

② 그러나 이러한 소급효가 상속포기 전에 이미 발생한 모든 법률관계에 영향을 미치는 것은 아니다. 判例는 상속재산 가압류 후 상속인이 상속포기로 인하여 상속인의 지위를 소급하여 상실한다고 하더라도 이미 발생한 가압류의 효력에 영향을 미치지 않는다고 한다(대판 2021.9.15. 2021다224446: 표준판례889 : 13회 선택형). 상속인은 가정법원의 상속포기신고 수리심판을 고지받을 때까지 민법 제1022조에 따른 상속재산 관리의무를 부담하고, 상속채권자의 채권보전의 필요성과 상속인의 상속포기의 자유간의 이익형량이 필요하기 때문이다.

2) 포기한 상속분의 귀속

공동상속인의 일부가 상속을 포기한 경우 포기자의 상속분은 혈족이나 배우자 구별 없이 다른 공동상속인에게 귀속한다(제1043조).

① 공동상속인 전원이 상속을 포기하면 다음 순위자에게 상속이 되는데, 선순위 상속인인 처와 자가 모두 상속포기를 한 경우 후순위 상속인이 없다면 손자가 '본위상속'한다(대판 1995.9.26. 95다27769 : 11회 선택형).

② 만약 선순위 상속인인 처와 자가 모두 상속포기를 한 후 후순위 상속인인 피상속인의 직계존속이 사망하여 '대습상속'이 개시되었으나, 대습상속인이 한정승인이나 상속포기를 하지 않은 경우, 처와 자가 '종전에 한 상속포기의 효력이 대습상속의 포기에까지 미치는 것은 아니므로' 단순승인을 한 것으로 간주되어 결국 종전 피상속인의 채권자는 대습상속인을 상대로 채무의 이행을 청구할 수 있다(대판 2017.1.12. 2014다39824 : 9회 선택형).

[②의 구체적 예] 피상속인 A의 상속인 B(A의 처), C(A의 자녀)가 상속을 포기하여 A의 모(母) D가 차순위 상속인으로 재산을 상속하고, 이후 D가 사망하여 B, C가 대습상속을 받은 경우 B, C가 종전에 한 상속포기의 효력이 대습상속의 포기에까지 미치는 것은 아니다. 이는 D에게 위 상속재산 외에 고유재산이 없는 경우에도 그러하다. 따라서 상속인인 배우자 B와 자녀 C가 상속포기를 한 후 피상속인 A의 직계존속 D가 사망하여 대습상속이 개시되었으나 대습상속인인 B와 C가 한정승인이나 상속포기를 하지 않은 경우, 단순승인을 한 것으로 간주되므로 종전 피상속인 A의 채권자는 대습상속인 B와 C를 상대로 채무의 이행을 청구할 수 있다(대판 2017.1.12. 2014다39824사실관계).

③ 아울러 직계비속과 배우자가 공동상속인인데 직계비속이 모두 상속을 포기하면 배우자가 단독상속하는지, 후순위 혈족상속인과 배우자가 공동상속하는지 문제되는바, 바뀐 判例에 따르면 당사자들의 의사와 사회 일반의 법감정을 고려할 때 피상속인의 배우자와 손자녀 또는 직계존속이 공동상속인이 되지 않고 '배우자가 단독상속인'이 된다고 한다(대판 2023.3.23. 전합2020그42: 표준판례860 : 13회 선택형). **[23법무]**

[③의 구체적 예] 甲남은 2018. 8. 6. 사망하였고, 유족으로 배우자 乙녀와 자녀 丙, 丁이 있었으며, 父 戊가 생존해 있었고, 母는 이전에 사망하였다. 위 가족들은 모두 甲의 사망을 당일 알았다. 丙과 丁은 한 달이 지난 2018. 9. 27. 법원에 甲남에 대한 상속포기 신고를 하여 그 신고가 2018. 9. 30. 수리되었다. 丙은 미혼으로 자녀가 없었으나, 丁은 2016. 6. 12. 丁2와 혼인하여 2017. 6. 1. 출산하여 쌍둥이 자녀인 丁3과 丁4를 두었다. 이 경우 피상속인의 직계비속 丙, 丁은 전부 상속을 포기하였으므로, 피상속인의 배우자 乙녀가 甲남의 재산을 단독으로 상속하고, 戊와 丁의 직계비속인 丁3과 丁4는 甲남의 재산을 상속하지 않는다.

3) 포기한 상속재산의 관리계속의무(제1044조)

① 상속인은 상속포기를 할 때까지는 그 '고유재산에 대하는 것과 동일한 주의'로 상속재산을 관리하여야 한다(제1022조) (13회 선택형). 아울러 상속을 포기한 자는 그 포기로 인하여 상속인이 된 자가 상속재산을 관리할 수 있을 때까지 그 고유재산에 대하는 것과 동일한 주의로 그 재산의 관리를 '계속'하여야 한다(제1044조).

② "이와 같이 상속인은 아직 상속 승인, 포기 등으로 '상속관계가 확정되지 않은 동안'에도 잠정적으로나마 피상속인의 재산을 당연 취득하고 상속재산을 관리할 의무가 있으므로, 상속채권자는 그 기간 동안 상속인을 상대로 상속재산에 관한 가압류결정을 받아 이를 집행할 수 있다. 그 후 상속인이 상속포기로 인하여 상속인의 지위를 소급하여 상실한다고 하더라도 이미 발생한 가압류의 효력에 영향을 미치지 않는다"(대판 2021.9.15. 2021다224446: 표준판례889 : 13회 선택형).

Ⅶ. 재산의 분리(제1045조 내지 제1052조)   [E-54]

Ⅷ. 상속재산의 부존재(제1053조 내지 제1059조)   [E-55]

제2절 유언 및 유류분

제1관 유 언

> ▶만 17세의 미성년자는 **법정대리인의 동의를 얻어** 유증을 할 수 있다(X)[1]
> 제1061조(유언적령) 만 17세에 달하지 못한 자는 유언을 하지 못한다.
> ▶유언자가 자필유언서에 년월을 기재하고 **일을 기재하지 않았다면** 자필증서에 의한 **유언의 효력이 없다(O)**
> ★ 제1066조(자필증서에 의한 유언) ① 자필증서에 의한 유언은 유언자가 그 **전문과 연월일, 주소, 성명을 자서하고 날인**하여야 한다.
>
> ② 전항의 증서에 문자의 삽입, 삭제 또는 변경을 함에는 유언자가 **이를 자서하고 날인**하여야 한다.
> 제1068조(공정증서에 의한 유언) 공정증서에 의한 유언은 유언자가 **증인 2인이 참여한 공증인의 면전**에서 유언의 취지를 구수하고 공증인이 이를 **필기낭독**하여 유언자와 증인이 그 정확함을 승인한 후 각자 서명 또는 기명날인하여야 한다.
> ▶**자필증서나 공정증서에 의한 유언이 가능한 경우에도 구수증서에 의한 유언을 할 수 있다(X)**
> ★ 제1070조(구수증서에 의한 유언) ① 구수증서에 의한 유언은 질병 기타 급박한 사유로 인하여 **전4조의 방식에 의할 수 없는 경우**에 유언자가 **2인 이상의 증인의 참여**로 그 1인에게 유언의 취지를 구수하고 그 구수를 받은 자가 이를 필기낭독하여 **유언자의 증인이** 그 정확함을 승인한 후 각자 서명 또는 기명날인하여야 한다.
>
> ② 전항의 방식에 의한 유언은 그 증인 또는 이해관계인이 급박한 사유의 종료한 날로부터 7일내에 법원에 그 검인을 신청하여야 한다(7회 선택형).
> ▶**피성년후견인이 구수증서에 의한 유언을 하는 경우 의사가 심신회복 상태를 유언서에 부기하고 서명날인 하여야 한다(X)**
> ③ 제1063조 제2항의 규정은 **구수증서에 의한 유언에 적용하지 아니한다.**
> 제1071조(비밀증서에 의한 유언의 전환) 비밀증서에 의한 유언이 그 방식에 흠결이 있는 경우에 그 증서가 **자필증서의 방식에 적합한 때**에는 자필증서에 의한 유언으로 본다.
> ▶**피성년후견인**은 의사능력을 회복한 때에는 증인이 될 수 있다(X)
> ▶파산선고를 받은 자는 유언에 참여하는 증인이 될 수 있다(O)
> ★ 제1072조(증인의 결격사유) ① 다음 각 호의 어느 하나에 해당하는 사람은 유언에 참여하는 증인이 되지 못한다.
>
>   1. 미성년자
>
>   2. 피성년후견인과 피한정후견인
>
>   3. 유언으로 **이익을 받을 사람**, 그의 배우자와 직계혈족
>
> ② 공정증서에 의한 유언에는 「공증인법」에 따른 결격자는 증인이 되지 못한다.
> ▶공정증서에 의한 유언에 있어서는 2인 이상의 증인이 참여하여야 하는데, 유언에 참여할 수 없는 증인결격자의 하나로 민법 제1072조 제1항 제3호가 규정하고 있는 '유언에 의하여 이익을 받을 자'라 함은 유언자의 상속인으로 될 자 또는 유증을 받게 될 수증자 등을 말하는 것이므로, **유언집행자는 증인결격자에 해당한다고 볼 수 없다**(대판 1999.11.26. 97다57733)
> ★ 제1073조(유언의 효력발생시기) ① 유언은 유언자가 **사망한 때**로부터 그 효력이 생긴다.
>
> ② 유언에 **정지조건**이 있는 경우에 그 조건이 유언자의 **사망후에 성취**한 때에는 그 **조건성취한 때**로부터 유언의 효력이 생긴다.
> ★ 제1091조(유언증서, 녹음의 검인) ① 유언의 증서나 녹음을 보관한 자 또는 이를 발견한 자는 유언자의 **사망후 지체없이** 법원에 제출하여 그 **검인을 청구**하여야 한다.
> ▶**공정증서에 의한 유언증서를 보관한 자는 유언자의 사망 후 지체 없이 법원에 제출하여 그 검인을 청구하여야 한다(X)**
> ② 전항의 규정은 **공정증서나 구수증서**에 의한 유언에 **적용하지 아니한다.**

Ⅰ. 서 설   [E-56]

1. 유언의 의의

유언이란 유언자의 사망에 의하여 일정한 법률효과를 발생시킬 것을 목적으로 일정한 방식에 따라 행하는 법률행위로서 상대방 없는 단독행위이다.

2. 유언의 성질 [13회 사례형]

유언은 '사인행위'로서 유언자가 사망하여야 효력이 발생하며, '상대방 없는 단독행위'이다. 그리고 유언은 '요식행위'이며(제1060조), 유언은 유언자가 사망하기 전까지는 언제든지 '철회'할 수 있다(제1108조). 참고로 이러한 **철회규정은 사인증여에도 준용될 수 있다**(대판 2022.7.28. 2017다245330: 표준판례896).

3. 유언의 자유와 그 제한

사적자치의 한 내용인 소유권 존중의 원칙에 따라 각 개인은 자기 재산을 임의로 처분할 수 있는바, 이러한 처분의 자유는 그의 사후에 미친다. 즉 사적자치의 한 내용으로 유언의 자유가 인정된다. 따라서 법정상속분을 변경하는 내용의 유언도 허용된다(11회 선택형). 다만 유언은 '일정한 방식'으로 '법정사항'(재단법인의 설립, 친생부인, 인지, 후견인지정, 상속재산분할방법의 지정 또는 위탁, 상속재산분할금지, 유언집행자의 지정 또는 위탁, 유증 등)에 한하여 할 수 있다.

4. 유언능력

만 17세에 달한 자이어야 한다(제1061조). 만 17세 이상이면 제한능력자도 스스로 유언을 할 수 있다(제1062조).[1] 다만 피성년후견인은 그 의사능력이 회복된 때에 한하여 유언을 할 수 있고, 이 경우 구수증서에 의한 유언을 제외하고는(제1070조 3항) 의사가 심신회복의 상태를 유언서에 부기하고 서명날인 하여야 한다(제1063조).

Ⅱ. 유언의 방식   [E-57]

1. 유언의 요식성

유언은 민법에 정한 방식에 의하지 아니하면 효력이 생기지 아니한다(제1060조). 유언의 요식성은 유언의 존부 및 내용을 명확히 하여 유언자의 사후에 다툼을 방지하고, 유언자에게 신중하게 유언을 하도록 하기 위하여 요구된다. 그러나 유언의 자유는 헌법상 보장되는 기본권이라 할 것이므로 형식적 엄격주의의 취지에 비추어 그에 반하지 않는다면 엄격성을 완화하기 위하여 요식조항의 해석에 탄력성을 도입할 필요가 없지 않다.

2. 유언방식의 종류

(1) 의 의

민법은 유언방식으로 5가지를 한정하는 '**법정방식주의**'를 채택하고 있다(유언의 방식은 자필증서, 녹음, 공정증서, 비밀증서와 구수증서의 5종으로 한다. 제1065조). 법정된 요건과 방식에 어긋난 유언은 그것이 유언자의 진정한 의사에 합치하더라도 **무효이다**(대판 2006.3.9. 2005다57899).

---

1) [해설] 법정대리인의 동의 없이 가능

(2) 자필증서에 의한 유언

1) 의 의

자필증서에 의한 유언은 유언자가 그 전문과 년월일, 주소, 성명을 자서하고 날인하여야 한다. 그 증서에 문자의 삽입, 삭제 또는 변경을 함에는 유언자가 이를 자서하고 날인하여야 한다(제1066조)(11회 선택형).

2) 요 건

가) **전문의 자서(自書)**

전문의 자서를 요한다. 타인이 필기한 것, 전자복사기를 이용하여 작성한 복사본은 자필에 해당하지 않는다(대판 1998.6.12. 97다38510).

나) **연월일의 기재**

연월일은 유언능력, 유언의 선·후를 결정하는 기준이므로 그 작성일을 특정할 수 있게 기재하여야 한다. 따라서 연·월만 기재하고 일의 기재가 없는 자필유언증서는 그 작성일을 특정할 수 없으므로 효력이 없다(대판 2009.5.14. 2009다9768: 표준판례890).

다) **주소의 기재**

주소를 쓴 자리가 반드시 유언 전문 및 성명이 기재된 지편이어야 하는 것은 아니고 유언서의 일부로 볼 수 있는 이상 그 전문을 담은 봉투에 기재하더라도 무방하다(대판 1998.6.12. 97다38510). 다만, 유언자가 주소를 자서하지 않았다면 이는 법정된 요건과 방식에 어긋난 유언으로서 효력을 부정하지 않을 수 없으며, 유언자의 특정에 지장이 없다고 하여 달리 볼 수 없다. 여기서 자서가 필요한 주소는 반드시 주민등록법에 의하여 등록된 곳일 필요는 없으나, 적어도 제18조에서 정한 생활의 근거되는 곳으로서 다른 장소와 구별되는 정도의 표시를 갖추어야 한다(대판 2014.9.26. 2012다71688 : 11회 선택형).

라) **성명의 자서와 날인**

성명은 자서를 하여야 하나, 날인은 타인이 하여도 무방하며, 날인은 인장 대신에 무인에 의한 경우에도 유효하다(11회 선택형). 다만 **성명의 자서 외에 날인도 갖추어야 하는가**에 대해 ① 날인은 유언자의 동일성과 그의 진의를 확인하기 위한 것인데 이는 성명의 자서에 의해 확인될 수 있으므로 성명의 자서가 있다면 날인은 없더라도 유언은 유효하다는 견해가 있으나(다수설), ② 자필증서유언에 날인을 요구하고 있는 것은 그것이 단순히 유언의 초안에 불과한 것이 아니고 확정적인 유언임을 담보하는 의미가 있기 때문이므로, 날인이 누락된 자필증서유언의 효력을 부정하는 것이 타당하다. ③ 判例도 성명을 자서하였더라도 날인이 없으면 자필증서에 의한 유언은 **무효**라고 한다(대판 2006.9.8. 2006다25103,25110: 표준판례891). 헌법재판소는 자필유언증서의 요건으로 날인을 요구하는 것은 헌법에 위배되지 않는다고 한다(헌법재판소 2008.12.26. 2007헌바128).

마) **문자의 삽입, 삭제 또는 변경**

문자의 삽입, 삭제 또는 변경을 함에는 유언자가 이를 자서하고 날인하여야 한다(제1066조 2항). 그러나 자필증서 중 증서의 기재 자체에 의하더라도 명백한 오기를 정정한 것에 지나지 않는다면 설령 그 수정 방식이 위 법조항에 위배된다고 할지라도 유언자의 의사를 용이하게 확인할 수 있으므로 이러한 방식의 위배는 유언의 효력에 영향을 미치지 아니한다(대판 1998.6.12. 97다38510 : 11회 선택형).

(3) 녹음에 의한 유언

녹음에 의한 유언은 유언자가 유언의 취지, 그 성명과 년월일을 구술하고 이에 참여한 증인이 유언의 정확함과 그 성명을 구술하여야 한다(제1067조). 피성년후견인이 그 의사능력이 회복되어 녹음에 의한 유언을 할 때에는 의사는 심신회복의 상태를 녹음기에 구술하는 방법으로 확인하여야 한다(통설). 그리고 녹음에 의한 유언이 성립한 후에 녹음테이프나 녹음파일 등이 멸실 또는 분실된 경우 녹음의 내용을 증명하여 유언의 유효를 주장할 수 있다(대판 2010.2.25. 2009다96403).

(4) 공정증서에 의한 유언

1) 의 의

공정증서에 의한 유언은 유언자가 증인 2인이 참여한 공증인의 면전에서 유언의 취지를 구수하고 공증인이 이를 필기낭독하여 유언자와 증인이 그 정확함을 승인한 후 각자 서명 또는 기명날인 하여야 한다(제1068조).

2) 유언취지의 구수

'유언취지의 구수'라고 함은 말로써 유언의 내용을 상대방에게 전달하는 것을 뜻하는 것이므로 이를 엄격하게 제한하여 해석하여야 한다. 그러므로 어떠한 형태이든 유언자의 구수는 존재하여야 하나, ⅰ) 공증인이 유언자의 의사에 따라 유언의 취지를 작성하고 ⅱ) 그 서면에 따라 유언자에게 질문을 하여 유언자의 진의를 확인한 다음 ⅲ) 유언자에게 필기된 서면을 낭독하여 주었고, ⅳ) 유언자가 유언의 취지를 정확히 이해할 의사식별능력이 있고 ⅴ) 유언의 내용이나 유언경위로 보아 유언 자체가 유언자의 진정한 의사에 기한 것으로 인정할 수 있는 경우에는, 위와 같은 '유언취지의 구수' 요건을 갖추었다고 보아야 한다(대판 2007.10.25. 2007다51550,51567: 표준판례893).

[서명 또는 기명날인] "민법 제1068조 소정의 '공정증서에 의한 유언'은 유언자가 증인 2인이 참여한 공증인의 면전에서 유언의 취지를 구수하고 공증인이 이를 필기낭독하여 유언자와 증인이 그 정확함을 승인한 후 각자 서명 또는 기명날인하여야 하는데, 유언자의 기명날인은 유언자의 의사에 따라 기명날인한 것으로 볼 수 있는 경우 반드시 유언자 자신이 할 필요는 없다"(대판 2016.6.23. 2015다231511).

(5) 비밀증서에 의한 유언

비밀증서에 의한 유언은 유언자가 필자의 성명을 기입한 증서를 엄봉날인하고 이를 2인이상의 증인의 면전에 제출하여 자기의 유언서임을 표시한 후 그 봉서표면에 제출 년월일을 기재하고 유언자와 증인이 각자 서명 또는 기명날인 하여야 한다. 이 유언봉서는 그 표면에 기재된 날로부터 5일내에 공증인 또는 법원서기에게 제출하여 그 봉인상에 확정일자인을 받아야 한다(제1069조).

비밀증서에 의한 유언이 그 방식에 흠결이 있는 경우에 그 증서가 자필증서의 방식에 적합한 때에는 자필증서에 의한 유언으로 본다(제1071조)(1회 선택형).

(6) 구수증서에 의한 유언

1) 의 의

구수증서에 의한 유언은 질병 기타 급박한 사유로 인하여 위 네 가지 방식에 의할 수 없는 경우에 유언자가 2인이상의 증인의 참여로 그 1인에게 유언의 취지를 구수하고 그 구수를 받은 자가 이를 필기낭독하여 유언자의 증인이 그 정확함을 승인한 후 각자 서명 또는 기명날인하여야 한다. 이 유언은 그 증인 또는 이해관계인이 급박한 사유의 종료한 날로부터 7일내에 법원에 그 검인을 신청하여야 한다(제1070조).

2) 급박한 사유

유언자가 질병 기타 급박한 사유에 있는지 여부를 판단함에 있어서는 유언자의 진의를 존중하기 위하여 유언자의 주관적 입장을 고려할 필요가 있을지 모르지만, 자필증서, 녹음, 공정증서 및 비밀증서의 방식에 의한 유언이 객관적으로 가능한 경우까지 구수증서에 의한 유언을 허용하여야 하는 것은 아니다(대판 1999.9.3. 98다17800: 표준판례894).

3) 유언취지의 구수

'유언취지의 구수'라 함은 말로써 유언의 내용을 상대방에게 전달하는 것을 뜻하는 것이므로, 증인이 제3자에 의하여 미리 작성된, 유언의 취지가 적혀 있는 서면에 따라 유언자에게 질문을 하고 유언자가 동작이나 간략한 답변으로 긍정하는 방식은, 유언 당시 유언자의 의사능력이나 유언에 이르게 된 경위 등에 비추어 그 서면이 유언자의 진의에 따라 작성되었음이 분명하다고 인정되는 등의 특별한 사정이 없는 한 민법 제1070조 소정의 유언취지의 구수에 해당한다고 볼 수 없다(대판 2006.3.9. 2005다57899).[2]

Ⅲ. 유언의 일반적 효력
[E-58]

1. 유언의 효력발생시기

유언은 유언자가 사망한 때로부터 그 효력이 생긴다(제1073조)(7회 선택형). 따라서 적법한 유언은 검인(제1091조)이나 개봉절차(제1092조)를 거치지 않더라도 유언자의 사망에 의하여 곧바로 그 효력이 생기는 것이며, 검인이나 개봉절차의 유무에 의하여 유언의 효력이 영향을 받지 아니한다(대판 1998.6.12. 97다38510).

2. 유언인지(제859조 2항)

3. 유언의 철회(제1108조 내지 제1110조)

> 제1108조(유언의 철회) ① **유언자**는 언제든지 **유언** 또는 **생전행위**로써 유언의 전부나 일부를 철회할 수 있다. ② 유언자는 그 유언을 철회할 권리를 포기하지 못한다.
> ▶전후의 유언이 저촉되는 때에는 **나중에 한 유언이 유효**한 것으로 본다(O)
> 제1109조(유언의 저촉) 전후의 유언이 **저촉**되거나 **유언후의 생전행위가 유언과 저촉**되는 경우에는 그 저촉된 부분의 **전유언**은 이를 **철회**한 것으로 본다.
> ★ 제1110조(파훼로 인한 유언의 철회) 유언자가 **고의**로 유언증서 또는 유증의 목적물을 파훼한 때에는 그 **파훼한 부분에 관한 유언**은 이를 철회한 것으로 본다.
> 제1111조(부담있는 유언의 취소) 부담있는 유증을 받은 자가 그 부담의무를 이행하지 아니한 때에는 **상속인 또는 유언집행자**는 **상당한 기간을 정하여** 이행할 것을 최고하고 그 기간내에 이행하지 아니한 때에는 **법원에 유언의 취소를 청구**할 수 있다. 그러나 제3자의 이익을 해하지 못한다.

"유언자가 유언을 철회한 것으로 볼 수 없는 이상, 유언증서가 그 성립 후에 멸실되거나 분실되었다는 사유만으로 유언이 실효되는 것은 아니고 이해관계인은 유언증서의 내용을 입증하여 유언의 유효를 주장할 수 있다"(대판 1996.9.20. 96다21119). 또한 "망인이 유언증서를 작성한 후 재혼하였다거나, 유언증서에서 유증하기로 한 일부 재산을 처분한 사실이 있다고 하여 다른 재산에 관한 유언을 철회한 것으로 볼 수 없다"(대판 1998.5.29. 97다38503).

---

[2] [사실관계] 유언 당시에 자신의 의사를 제대로 말로 표현할 수 없는 유언자가 유언취지의 확인을 구하는 변호사의 질문에 대하여 고개를 끄덕이거나 "음", "어"라고 말한 것만으로는 민법 제1070조가 정한 유언의 취지를 구수한 것으로 볼 수 없다.

Ⅳ. 유언집행자

> ▶유언집행자가 없게 된 때에는 법원은 **직권으로** 유언집행자를 선임하여야 한다(X)
>
> 제1096조(법원에 의한 유언집행자의 선임) ① 유언집행자가 없거나 사망, 결격 기타 사유로 인하여 없게 된 때에는 법원은 이해관계인의 **청구**에 의하여 유언집행자를 선임하여야 한다.
> ② 법원이 유언집행자를 선임한 경우에는 그 **임무에 관하여 필요한 처분**을 명할 수 있다.
>
> 제1097조(유언집행자의 승낙, 사퇴) ① 지정에 의한 유언집행자는 유언자의 사망후 **지체없이** 이를 승낙하거나 사퇴할 것을 상속인에게 **통지**하여야 한다. ② 선임에 의한 유언집행자는 선임의 통지를 받은 후 **지체없이 이를 승낙하거나 사퇴할 것**을 법원에 **통지**하여야 한다.
> ★ ③ 상속인 기타 이해관계인은 **상당한 기간을 정하여** 그 기간내에 승낙여부를 확답할 것을 지정 또는 선임에 의한 유언집행자에게 **최고**할 수 있다. 그 기간내에 최고에 대한 확답을 받지 못한 때에는 유언집행자가 그 취임을 **승낙한 것으로 본다.**
>
> 제1098조 (유언집행자의 결격사유) 제한능력자와 파산선고를 받은 자는 유언집행자가 되지 못한다(7회 선택형).
>
> 제1103조(유언집행자의 지위) ① 지정 또는 선임에 의한 유언집행자는 **상속인의 대리인**으로 본다.
> ② 제681조 내지 제685조, 제687조, 제691조와 제692조의 규정은 유언집행자에 준용한다.

1. 유언집행자의 선임

"유언집행자가 2인인 경우 그중 1인이 나머지 유언집행자의 찬성 내지 의견을 청취하지 아니하고도 단독으로 법원에 공동유언집행자의 추가선임을 신청할 수 있다"(대결 1987.9.29. 86스11).

[관련판례] "민법 제1093조는 유언자가 유언으로 유언집행자를 지정할 수 있고 그 지정을 제3자에게 위탁할 수도 있다고 규정하고 있고, 제1094조는 위탁을 받은 제3자가 유언집행자를 지정하는 절차 등에 관하여 규정하고 있다. 제1095조는 제1093조와 제1094조에 의하여 지정된 유언집행자가 없는 때에는 상속인이 유언집행자가 된다고 규정하고 있다. 제1096조 제1항은 유언집행자가 없거나 사망, 결격 기타 사유로 인하여 없게 된 때에는 법원은 이해관계인의 청구에 의하여 유언집행자를 선임하여야 한다고 규정하고 있다.
이러한 민법 규정들의 내용 및 그 취지, 유언은 유언자가 사망한 때로부터 그 효력이 생긴다는 점(제1073조 제1항) 등을 종합적으로 고려해 보면, 유언집행자가 유언자의 사망 전에 먼저 사망한 경우와 같이 유언의 효력 발생 이전에 지정된 유언집행자가 그 자격을 상실한 경우에는 '지정된 유언집행자가 없는 때'에 해당하므로, 특별한 사정이 없는 한 제1095조가 적용되어 상속인이 유언집행자가 된다. 이러한 경우 상속인이 존재함에도 불구하고 법원이 제1096조 제1항에 따라 유언집행자를 선임할 수는 없다"(대판 2018.3.29. 2014스73).

2. 유언집행자와 상속인의 관계

"유언집행자는 유증의 목적인 재산의 관리 기타 유언의 집행에 필요한 모든 행위를 할 권리의무가 있으므로, 유증 목적물에 관하여 마쳐진, 유언의 집행에 방해가 되는 다른 등기의 말소를 구하는 소송에 있어서는 유언집행자가 이른바 법정소송담당으로서 원고적격을 가진다고 할 것이고, 유언집행자는 유언의 집행에 필요한 범위 내에서는 상속인과 이해상반되는 사항에 관하여도 중립적 입장에서 직무를 수행하여야 하므로, 유언집행자가 있는 경우 그의 유언집행에 필요한 한도에서 상속인의 상속재산에 대한 처분권은 제한되며 그 제한 범위 내에서 **상속인은 원고적격이 없다**"(대판 2010.10.28. 2009다20840: 표준판례901 : 7회 선택형).

V. 유증 [E-59]

> 제1078조(포괄적 수증자의 권리의무) 포괄적 유증을 받은 자는 상속인과 동일한 권리의무가 있다.
> 제1079조(수증자의 과실취득권) 수증자는 유증의 이행을 청구할 수 있는 때로부터 그 목적물의 과실을 취득한다. 그러나 유언자가 유언으로 다른 의사를 표시한 때에는 그 의사에 의한다.
> 제1080조(과실수취비용의 상환청구권) 유증의무자가 유언자의 사망후에 그 목적물의 과실을 수취하기 위하여 필요비를 지출한 때에는 그 과실의 가액의 한도에서 과실을 취득한 수증자에게 상환을 청구할 수 있다(12회 선택형).
> 제1084조(채권의 유증의 물상대위성) ① 채권을 유증의 목적으로 한 경우에 유언자가 그 변제를 받은 물건이 상속재산 중에 있는 때에는 그 물건을 유증의 목적으로 한 것으로 본다.
> ② 전항의 채권이 금전을 목적으로 한 경우에는 그 변제받은 채권액에 상당한 금전이 상속재산중에 없는 때에도 그 금액을 유증의 목적으로 한 것으로 본다.
> ▶ 유언자의 사망 당시에 유증의 목적인 부동산 위에 제3자의 저당권이 설정되어 있는 경우, 유언자가 유언으로 위 저당권을 소멸시키라는 의사를 표시하지 않았다 하더라도 수증자는 유증의무자에 대하여 저당권을 소멸시켜 위 부동산에 아무런 제한이나 부담이 없는 완전한 소유권을 이전해 줄 것을 청구할 수 있다(X)
> 제1085조(제3자의 권리의 목적인 물건 또는 권리의 유증) 유증의 목적인 물건이나 권리가 유언자의 사망 당시에 제3자의 권리의 목적인 경우에는 수증자는 유증의무자에 대하여 그 제3자의 권리를 소멸시킬 것을 청구하지 못한다.
> 제1086조(유언자가 다른 의사표시를 한 경우) 전3조의 경우에 유언자가 유언으로 다른 의사를 표시한 때에는 그 의사에 의한다.
> ▶ 포괄적 유증을 받은 자가 유증자보다 먼저 사망한 경우 대습상속에 관한 규정이 유추적용되어 포괄적 수증자의 직계비속 또는 배우자가 수증자가 된다(X)
> 제1089조(유증효력발생전의 수증자의 사망) ① 유증은 유언자의 사망전에 수증자가 사망한 때에는 그 효력이 생기지 아니한다.
> ② 정지조건있는 유증은 수증자가 그 조건성취전에 사망한 때에는 그 효력이 생기지 아니한다.

1. 유증의 의의 및 사인증여와의 구별

유증은 유언자가 유언으로 자기의 재산을 수증자에게 사후에 무상으로 증여하는 단독행위이다. 유증은 단독행위라는 점에서 계약인 사인증여와는 구별되지만, 사인행위라는 점에서 사인증여와 유사하므로 유증에 관한 규정이 사인증여에도 준용된다(제562조). 다만, 유증에 관한 규정 중 능력·방식, 승인과 포기 등에 관한 규정은 사인증여에 준용되지 않는다.

判例는 "유언자인 망인이 자신의 상속인인 여러 명의 자녀들에게 재산을 분배하는 내용의 유언을 하였으나 민법상 요건을 갖추지 못하여 유언의 효력이 부정되는 경우 유언을 하는 자리에 동석하였던 일부 자녀와 사이에서만 '청약'과 '승낙'이 있다고 보아 사인증여로서의 효력을 인정한다면, 자신의 재산을 배우자와 자녀들에게 모두 배분하고자 하는 망인의 의사에 부합하지 않고 그 자리에 참석하지 않았던 나머지 상속인들과의 형평에도 맞지 않는 결과가 초래된다. 따라서 이러한 경우 유언자인 망인과 일부 상속인 사이에서만 사인증여로서의 효력을 인정하여야 할 특별한 사정이 없는 이상 그와 같은 효력을 인정하는 판단에는 신중을 기해야 한다"(대판 2023.9.27. 2022다302237)고 한다.

2. 유증의 당사자(제1064조)

3. 포괄유증

(1) 의 의

포괄적 유증은 상속재산의 전부 또는 일정한 비율을 유증하는 것이다.

(2) 효 력

1) 포괄적 수증자의 지위

상속인과 동일한 권리의무가 있다(제1078조). 따라서 유언자의 일신전속적 권리를 제외하고는 유언자의 권리의무를 포괄적으로 승계한다(제1005조). 포괄적 유증에서는 유증이행의무자가 없다. 포괄수증자는 상속재산분할에 참가하여 분할을 받게 되므로 포괄유증의 이행은 상속재산분할의 문제가 된다. 포괄수증자는 상속채무도 지분비율에 응하여 승계한다.

> **[관련판례]** "포괄적 사인증여에 민법 제1078조가 준용된다면 양자의 효과는 동일하게 되므로, 결과적으로 포괄적 유증에 엄격한 방식을 요하는 요식행위로 규정한 조항들은 무의미하게 된다. 따라서 민법 제1078조가 포괄적 사인증여에 준용된다고 하는 것은 사인증여의 성질에 반하므로 준용되지 아니한다고 해석함이 상당하다"(대판 1996.4.12. 94다37714,37721: 표준판례895).

2) 포괄수유자와 상속인의 비교

포괄적 유증은 유증일 뿐 상속은 아니다. 즉 포괄적 수증자는 상속인과 동일한 권리의무가 있을 뿐 상속인이 되는 것은 아니다. ① 상속은 자연인만이 할 수 있다. 그러나 유증의 경우에 수증자는 권리능력자이면 족하므로 상속과 같이 자연인에 한정되지 않고 상속능력이 없는 법인도 수증능력은 갖는다. ② 상속인은 유류분권이 있다. 그러나 **포괄적 수증자에게는 유류분권이 없다**. 따라서 유류분반환청구권을 행사할 수 없으므로 특정유증은 포괄적 유증에 우선한다. ③ 포괄적 유증에는 대습상속규정이 적용되지 않는다. 따라서 포괄적 수증자가 유언자보다 먼저 사망하면 포괄적 유증은 무효가 된다(제1089조 1항).

4. 특정유증

(1) 의 의

특정적 유증이란 구체적인 재산을 목적으로 하는 유증이다. 특정적 수증자는 특정의 재산권에 관하여 증여계약에 있어서의 수증자와 동일한 지위에 있다. 따라서 부동산의 경우에 등기해야 소유권을 취득한다.

(2) 효력(제1079조 내지 제1087조)

① "민법 제1085조는 '유증의 목적인 물건이나 권리가 유언자의 사망 당시에 제3자의 권리의 목적인 경우에는 수증자는 유증의무자에 대하여 그 제3자의 권리를 소멸시킬 것을 청구하지 못한다.'라고 규정하고 있다. 이는 유언자가 다른 의사를 표시하지 않는 한 유증의 목적물을 유언의 효력발생 당시의 상태대로 수증자에게 주는 것이 유언자의 의사라는 점을 고려하여 수증자 역시 유증의 목적물을 유언의 효력발생 당시의 상태대로 취득하는 것이 원칙임을 확인한 것이다. 그러므로 유증의 목적물이 유언자의 사망 당시에 '제3자의 권리의 목적인 경우'에는 그와 같은 제3자의 권리는 특별한 사정이 없는 한 유증의 목적물이 수증자에게 귀속된 후에도 그대로 존속하는 것으로 보아야 한다"(대판 2018.7.26. 2017다289040 : 12회 선택형).

따라서 예컨대 甲이 자신 소유 X부동산을 乙에게 특정유증하기 前 A와 사용대차 계약을 체결하고 사망한 경우, 乙은 유언의 효력 발생 후 A에게 X부동산의 인도 청구 및 이에 대한 차임 상당 부당이득 반환을 청구할 수 없다.

② "포괄적 유증을 받은 자는 제187조에 의하여 법률상 당연히 유증받은 부동산의 소유권을 취득하게 되나, 특정유증을 받은 자는 유증의무자에게 유증을 이행할 것을 청구할 수 있는 채권을 취득할 뿐이므로, 특정유증을 받은 자는 유증받은 부동산의 소유권자가 아니어서 직접 진정한 등기명의의 회복을 원인으로 하는 소유권이전등기를 구할 수 없다"(대판 2003.5.27. 2000다43445 : 12회 선택형).

③ 유증은 피상속인이 사망한 때 효력을 발생하는 것이기는 하지만, 지정에 의한 유언집행자가 특정유증을 받은 자에게 유증을 이행할 의무는 유언자가 유언으로 달리 정하였다는 등의 특별한 사정이 없는 한 이행기한의 정함이 없는 채무이므로, 유언집행자가 그 의무에 대한 이행청구를 받은 때에 비로소 지체책임을 진다(제387조 2항)(대판 2025.7.16. 2024다293313).

(3) **특정적 유증의 승인·포기**(제1074조 내지 제1077조, 제1090조)

5. **부담부 유증**(제1088조, 제111조)

제2관 유류분 [15사법]

제1112조(유류분의 권리자와 유류분) 상속인의 유류분은 다음 각호에 의한다.
 1. 피상속인의 **직계비속**은 그 법정상속분의 2분의 1
 2. 피상속인의 **배우자**는 그 법정상속분의 2분의 1
 3. 피상속인의 **직계존속**은 그 법정상속분의 3분의 1
 4. 피상속인의 **형제자매**는 그 법정상속분의 3분의 1

★ 제1113조(유류분의 산정) ① 유류분은 피상속인의 **상속개시시**에 있어서 **가진 재산의 가액**에 **증여재산의 가액**을 가산하고 **채무의 전액**을 공제하여 이를 산정한다.
 ② 조건부의 권리 또는 존속기간이 불확정한 권리는 가정법원이 선임한 감정인의 평가에 의하여 그 가격을 정한다.

▸피상속인과 수증자가 유류분권리자에 손해를 가할 것을 알고 증여를 한 때에는 **상속개시전의 1년간에 행하여진 경우에 한하여** 유류분 산정에 가산한다(X)

★ 제1114조(산입될 증여) 증여는 **상속개시전의 1년간에 행한 것에 한하여** 제1113조의 규정에 의하여 그 가액을 산정한다. **당사자 쌍방이 유류분권리자에 손해를 가할 것을 알고 증여를 한 때에는 1년전에 한 것도 같다.**

제1115조(유류분의 보전) ① 유류분권리자가 피상속인의 제1114조에 규정된 증여 및 유증으로 인하여 그 유류분에 부족이 생긴 때에는 **부족한 한도**에서 그 재산의 반환을 청구할 수 있다.
 ② 제1항의 경우에 **증여 및 유증을 받은 자가 수인인 때에는 각자가 얻은 유증가액의 비례로 반환**하여야 한다.

제1116조(반환의 순서) 증여에 대하여는 유증을 반환받은 후가 아니면 이것을 **청구**할 수 없다.

제1117조(소멸시효) 반환의 청구권은 유류분권리자가 **상속의 개시와 반환하여야 할 증여 또는 유증을 한 사실을 안 때로부터 1년내**에 하지 아니하면 시효에 의하여 소멸한다. 상속이 개시한 때로부터 10년을 경과한 때도 같다.

▸대습상속인도 피대습자의 상속분의 범위 내에서 유류분권을 가진다(O)

★ 제1118조(준용규정) 제1001조, 제1008조, 제1010조의 규정은 유류분에 이를 준용한다.

Ⅰ. 서 설
[E-60]

1. 의 의
유류분제도란 피상속인의 상속인 중 일정한 근친자에게 법정상속분에 대한 일정비율의 상속재산을 확보하여 주는 제도를 말한다. 이는 유류분을 침해하는 정도의 피상속인의 생전증여나 유증을 제한하여 상속인에게 최소한의 권리를 확보하기 위한 것이다.

결국 상속인 또는 제3자에 의한 상속권 침해시 상속회복청구권을 행사할 수 있고, 피상속인에 의한 상속권의 침해시는 유류분반환청구권을 행사할 수 있다.

2. 성 질

(1) 반환청구권

유류분권이 존재하더라도 이에 의하여 유류분을 침해하는 증여나 유언 자체를 막을 수는 없고, 그러한 증여나 유증이 당연무효가 되는 것도 아니다. 즉 상속개시 후에 비로소 유류분반환청구가 가능할 뿐이다. 따라서 상속개시 전에는 일종의 기대권으로서 추상적이고 잠재적인 권리에 불과하다.

(2) 유류분권의 포기

유류분권은 사전포기는 불가하고 사후포기만 가능하다(통설). 유류분권을 포기하더라도 상속포기를 하지 않는 한 상속인의 지위는 잃지 않는다. 유류분권을 포기하면 처음부터 그 유류분권리자는 없었던 것으로 하여 유류분액을 다시 산정해야 한다.

Ⅱ. 유류분권
[E-61]

1. 유류분권자

유류분권리자는 법정상속인, 즉 직계비속·배우자·직계존속이다(제1112조). 태아도 살아서 출생하면 유류분권을 갖는다. 대습상속인도 피대습자의 상속분의 범위 내에서 유류분권을 갖는다(제1118조, 제1001조, 제1010조). 상속 결격·포기자는 유류분권도 없다.

[관련판례] "㉠ 패륜적인 상속인의 유류분을 인정하는 것은 일반 국민의 법감정과 상식에 반한다고 할 것이므로, 민법 제1112조 제1호부터 제3호가 유류분상실사유를 별도로 규정하지 아니한 것은 불합리하고 기본권제한입법의 한계를 벗어나 헌법에 위반된다(2025.12.31.까지 잠정적용 헌법불합치결정). ㉡ 또한 상속재산형성에 대한 기여나 상속재산에 대한 기대 등이 거의 인정되지 않는 피상속인의 형제자매에게까지 유류분을 인정하는 민법 제1112조 제4호 역시 불합리하고 기본권제한입법의 한계를 벗어나 헌법에 위반된다(단순위헌결정). ㉢ 기여분에 관한 민법 제1008조의2를 유류분에 준용하는 규정을 두고 있지 않은 민법 제1118조는, 피상속인을 오랜 기간 부양하거나 상속재산형성에 기여한 기여상속인이 기여의 대가로 받은 증여재산을 비기여상속인에게 반환하여야 하는 부당한 상황을 발생시키는 등 현저히 불합리하므로 기본권제한입법의 한계를 일탈하여 헌법에 위반된다(2025.12.31.까지 잠정적용 헌법불합치결정)"(헌재 2024.4.25. 2020헌가4 등).

2. 유류분의 비율

피상속인의 직계비속, 배우자는 그 법정상속분의 1/2이고(제1112조 1호, 2호), 피상속인의 직계존속은 그 법정상속분의 1/3이다(제1112조 3호, 4호).

3. 유류분액 산정의 기초가 되는 재산(제1113조 1항)

> 제1113조(유류분의 산정) ① 유류분은 피상속인의 상속개시시에 있어서 가진 재산의 가액에 증여재산의 가액을 가산하고 채무의 전액을 공제하여 이를 산정한다.
> 제1114조(산입될 증여) 증여는 상속개시전의 1년간에 행한 것에 한하여 제1113조의 규정에 의하여 그 가액을 산정한다. 당사자 쌍방이 유류분권리자에 손해를 가할 것을 알고 증여를 한 때에는 1년전에 한 것도 같다.

유류분 산정의 기초가 되는 재산 = 상속개시시 적극재산의 가액 + 생전증여재산의 가액(1년 내의 생전증여액 + 1년 전의 쌍방 악의의 생전증여액 + 공동상속인에게 한 생전증여) - 채무전액

(1) 피상속인이 상속개시시에 가진 재산의 가액

① 상속재산은 적극재산만을 의미한다. 상속재산에는 유증 재산이 포함되고 유증 규정이 준용되는 사인증여도 포함된다(대판 2001.11.30. 2001다6947).

② 제1113조 1항은 '상속개시시에 있어서 가진 재산의 가액'이라고 규정하고 있을 뿐이므로, 상속개시시에 원물로 보유하고 있지 않은 증여재산에 대해서까지 그 재산 자체의 상속개시 당시 교환가치로 평가하라는 취지로 해석하여야 하는 것은 아니다. 따라서 상속개시 전에 증여재산이 처분되거나 수용된 경우 그 상태대로 재산에 편입시켜 유류분을 반환하도록 하는 것이 타당하다. 따라서 피상속인이 상속개시 전에 재산을 증여하여 그 재산이 유류분반환청구의 대상이 된 경우, 수증자가 증여받은 재산을 상속개시 전에 처분하였거나 수용되었다면 민법 제1113조 제1항에 따라 유류분을 산정함에 있어서 그 증여재산의 가액은 증여재산의 현실 가치인 '**처분 당시의 가액**'(상속개시시가 아님)을 기준으로 상속개시까지 사이의 물가변동률을 반영하는 방법으로 산정하여야 한다(대판 2023.5.18. 2019다222867).

③ 유류분반환청구권자가 유류분 제도 시행(1979. 1. 1. 시행) 전에 피상속인으로부터 재산을 증여받아 이행이 완료된 경우, 그 재산은 유류분 산정을 위한 기초재산에는 포함되지 않으나 유류분반환청구권자의 유류분 부족액 산정시 특별수익으로 공제되어야 한다(대판 2018.7.12. 2017다278422: 표준판례906).

(2) 증여재산

증여재산은 '상속개시시'를 기준으로 산정하여야 하므로, 수증자가 증여재산을 상속개시시까지 그대로 보유하고 있는 경우에는 그 재산의 상속개시 당시 시가를 증여재산의 가액으로 평가할 수 있다(대판 2023.5.18. 2019다222867).

그리고 "유류분제도의 입법 목적과 민법 제1008조의 취지에 비추어 보면, 유류분 산정의 기초재산에 산입되는 증여에 해당하는지 여부를 판단할 때에는 피상속인의 재산처분행위의 법적 성질을 형식적·추상적으로 파악하는 데 그쳐서는 안 되고, **재산처분행위가 실질적인 관점에서 피상속인의 재산을 감소시키는 무상처분에 해당하는지 여부에 따라 판단하여야 한다.**" 예를 들어 양자간 명의신탁약정에 따라 명의수탁자 명의로 등기된 부동산의 경우, 실질적으로는 명의신탁자(피상속인)가 소유권을 보유하고 있으므로(부동산실명법 제4조 1항) 명의신탁자가 사망한 경우 그 재산은 상속재산에 포함되어 유류분 산정의 기초재산이 되고, 유류분반환청구의 대상이 될 수 있다(대판 2024.6.13. 2023다304568).

1) 상속개시전의 1년간 증여

① 증여계약이 체결된 때를 기준(증여계약의 이행시가 아님)으로 상속개시전의 1년간 증여는 모두 산입된다(제1114조 본문). 判例는 상속개시 전에 이미 증여계약이 이행되어 소유권이 수증자에게 이전된 재산을 의미한다고 한다. 증여계약이 이행되지 아니하여 소유권이 피상속인에게 남아 있는 상태에서 상속이

개시된 재산은 당연히 '피상속인의 상속개시시에 있어서 가진 재산'에 포함되기 때문이라고 한다(대판 1996.8.20. 96다13682 : 표준판례914).

② "피상속인으로부터 특별수익인 생전 증여를 받은 '공동상속인이 상속을 포기한 경우'에는 민법 제1114조가 적용되므로, 그 증여가 상속개시 전 1년간에 행한 것이거나 당사자 쌍방이 유류분권리자에 손해를 가할 것을 알고 한 경우에만 유류분 산정을 위한 기초재산에 산입된다고 보아야 한다. 상속포기자는 처음부터 상속인이 아니었던 것이 되므로, 상속포기자에게는 민법 제1008조(특별수익)가 적용될 여지가 없기 때문이다. 이러한 법리는 피대습인이 대습원인의 발생 이전에 피상속인으로부터 생전 증여로 특별수익을 받은 이후 '대습상속인이 피상속인에 대한 대습상속을 포기한 경우'에도 그대로 적용된다"(대판 2022.3.17. 2020다267620 : 표준판례868).

2) 상속개시 1년 이전의 증여

① 당사자 쌍방이 유류분권리자에 손해를 가할 것을 알고 증여를 한 때에는 상속개시 1년 이전의 증여라도 반환을 청구할 수 있다(제1114조 후단). 이때 쌍방의 가해의 인식은 '증여당시'를 기준으로 판단하여야 한다(대판 2012.5.24. 2010다50809 : 표준판례921).

② 공동상속인에 있어서는 상속 개시 1년 전에 증여받은 것이라도 모두 산입대상이 된다(대판 1996.2.9. 95다17885 : 표준판례917 : 8회,10회 선택형). 이러한 '특별수익'은 상속재산을 선급받은 것이므로 공동상속인간의 공평한 분배를 위하여 산입되어야 한다. 다만, 피상속인으로부터 생전 증여를 받은 상속인이 피상속인을 특별히 부양하였거나 피상속인의 재산의 유지 또는 증가에 특별히 기여하였고, 피상속인의 생전 증여에 상속인의 특별한 부양 내지 기여에 대한 대가의 의미가 포함되어 있는 경우와 같이 상속인이 증여받은 재산을 상속분의 선급으로 취급한다면 오히려 공동상속인들 사이의 실질적인 형평을 해치는 결과가 초래되는 경우에는 그러한 한도 내에서 생전 증여를 특별수익에서 제외할 수 있다(대판 2022.3.17. 2021다230083,2021다230090 : 여기서 피상속인이 한 생전 증여에 상속인의 특별한 부양 내지 기여에 대한 대가의 의미가 포함되어 있는지 여부는 당사자들의 의사에 따라 판단하되, 피상속인의 생전 증여를 만연히 특별수익에서 제외하여 유류분제도를 형해화시키지 않도록 신중하게 판단하여야 한다 ; 12회 선택형).

③ 判例는 피상속인이 공동상속인 중 1인에게 '무상으로 상속분을 양도'한 것도 유류분에 관한 민법 제1008조의 증여(특별수익)에 해당하므로, 그 상속분은 피상속인의 사망으로 인한 상속에서 유류분 산정을 위한 기초재산에 산입된다고 한다(대판 2017.1.15. 2016다210498 : 12회 선택형). 위와 같은 법리는 상속재산 분할협의의 실질적 내용이 어느 공동상속인이 다른 공동상속인에게 자신의 상속분을 무상으로 양도하는 것과 같은 때에도 마찬가지로 적용된다. 따라서 '상속재산 분할협의에 따라 무상으로 양도된 것으로 볼 수 있는 상속분'은 양도인의 사망으로 인한 상속에서 유류분 산정을 위한 기초재산에 포함된다(대판 2021.8.19. 2017다230338 : 표준판례910).

(3) 공제되어야 할 채무

① 여기서 채무란 상속채무를 말한다. 상속재산에 관한 비용, 유언집행에 관한 비용, 상속세 및 상속재산의 관리·보존을 위한 소송비용(대판 2015.5.14. 2012다21720 : 표준판례911) 등은 공제되어야 할 채무에 포함되지 않는다.

② "여기서 '공제할 채무'는 상속개시 당시 피상속인이 종국적으로 부담하여야 할 것이 확실한 채무라야 하므로, 피상속인이 제3자를 위하여 '연대보증채무'를 부담하고 있는 경우에는, 주채무자가 변제불능의 무자력 상태에 있기 때문에 피상속인이 그 채무를 이행한 후 주채무자에게 구상권을 행사하더라도 변제받을 가능성이 없다는 등의 특별한 사정이 없는 한 유류분 산정을 위한 기초재산에서 그 채무금액을 공제할 수 없다. 이러한 법리는 상속개시 당시 피상속인이 제3자를 위하여 '물상보증인으로서 책임'을 지고 있는 경우에도 적용된다"(대판 2025.7.16. 2024다308079).

③ "유언자가 자신의 재산 전부 또는 전 재산의 비율적 일부가 아니라 일부 재산을 특정하여 유증한 '**특정유증**'의 경우에는, 유증 목적인 재산은 일단 상속재산으로서 상속인에게 귀속되고 유증을 받은 자는 유증의무자에 대하여 유증을 이행할 것을 청구할 수 있는 '**채권**'을 취득하게 된다. 유언자가 임차권 또는 근저당권이 설정된 목적물을 특정유증하면서 유증을 받은 자가 그 임대차보증금반환채무 또는 피담보채무를 인수할 것을 부담으로 정한 경우에도 상속인이 상속개시 시에 유증 목적물과 그에 관한 임대차보증금반환채무 또는 피담보채무를 상속하므로 이를 전제로 유류분 산정의 기초가 되는 재산액을 확정하여 유류분액을 산정하여야 한다"(대판 2022.1.27. 2017다265884 : 표준판례912).

④ "포괄적 유증을 받은 사람(제1078조에 따라 상속인과 동일한 권리의무가 있다)이 승계하는 소극재산은 유류분 산정의 기초가 되는 재산액을 산정할 때 전액 공제되므로, 공제 후 남은 적극재산 중 유류분 부족액에 해당하는 범위 내에서 유증은 효력을 상실하게 된다. 따라서 포괄적 유증을 받은 사람이 승계하는 소극재산 중 일부가 유류분제도 존재나 유류분반환청구권 행사로 인해 유류분권리자에게 승계된다고 볼 수 없다"(대판 2025.5.29. 2022다220014).

(4) 평가액 산정 기준시

① 유류분액을 산정함에 있어 반환의무자가 증여받은 재산의 시가는 **상속개시 당시를 기준으로 산정해야** 하고(대판 1996.2.9. 95다17885 : 표준판례917), 당해 반환의무자에 대하여 반환해야 할 재산의 범위를 확정한 다음 그 원물반환이 불가능하여 가액반환을 명하는 경우에는 그 가액은 **사실심 변론종결시를 기준으로 산정해야 한다**(대판 2005.6.23. 2004다51887 : 표준판례905 : 6회, 10회 선택형).

② 判例에 따르면 "증여받은 재산이 금전일 경우에는 그 증여받은 금액을 상속개시 당시의 화폐가치로 환산하여 이를 증여재산의 가액으로 봄이 상당하고, 그러한 화폐가치의 환산은 증여 당시부터 상속개시 당시까지 사이의 물가변동률을 반영하는 방법으로 산정하는 것이 합리적"이라고 하며(대판 2009.7.23. 2006다28126 : 표준판례913 : 6회 선택형), "증여 이후 수증자나 수증자에게서 증여재산을 양수한 사람이 자기 비용으로 증여재산의 성상(性狀) 등을 변경하여 상속개시 당시 가액이 증가되어 있는 경우, 변경된 성상 등을 기준으로 상속개시 당시의 가액을 산정하면 유류분권리자에게 부당한 이익을 주게 되므로, 이러한 경우에는 그와 같은 변경을 고려하지 않고 증여 당시의 성상 등을 기준으로 상속개시 당시의 가액을 산정하여야 한다"고 한다(대판 2015.11.12. 2010다104768).

Ⅲ. 유류분반환청구권 [E-62]

1. 법적 성질

유류분권리자가 유류분 반환의 의사표시를 하는 경우 목적물의 소유권귀속 및 전득자에게도 반환청구가 가능한지와 관련하여 그 법적성질이 문제된다.

이와 관련하여 청구권설[3]과 형성권설(물권적 효과설)[4]의 대립이 있으나, 判例는 "유류분반환청구권의 행사에 의하여 반환되어야 할 유증 또는 증여의 목적이 된 재산이 타인에게 양도된 경우 그 양수

---
[3] [**청구권설**]은 유류분반환청구권을 행사하더라도 피상속인이 행한 유증 또는 증여는 유효하고, 유류분권리자에게 이미 이행된 경우 채권적인 반환청구권이 인정되고, 미이행된 부분에 대하여는 이행거절권이 발생한다고 보는 견해인바, 청구권설에 의하면 전득자는 소유권을 취득하고, 유류분권자는 제3자 이의의 소를 제기할 수 없으며, 거래안전이 보호된다.

[4] [**형성권설**]은 유류분반환청구권은 유증, 증여의 효력을 소급적으로 소멸시키는 형성권으로 유류분반환청구에 의하여 목적물에 대한 권리가 당연히 유류분권리자에게 복귀한다는 견해인바, 형성권설에 의하면 유류분권리자는 증여나 유증이 이미 이행되었을 때에는 물권적 청구권에 기한 목적물반환을 청구할 수 있고, 아직 이행되지 아니한 경우에는 상대방의 이행청구를 거절할 수 있다. 따라서 전득자는 소유권을 취득하지 못하고, 유류분권리자는 제3자이의의 소를 제기할 수 있으며, 유류분권리자가 두텁게 보호된다.

인이 양도 당시 유류분권리자를 해함을 안 때(악의)에는 양수인에 대하여도 그 재산의 반환을 청구할 수 있다"(대판 2002.4.26. 2000다8878: 표준판례920 : 10회 선택형)고 판시하여 제3자에 대한 반환청구권을 인정하고 있는 것으로 보아 형성권설을 따르고 있는 것으로 보인다.[5]

2. 유류분반환청구권의 범위

유류분권리자가 피상속인의 제1114조에 규정된 증여 및 유증으로 인하여 그 '유류분에 부족이 생긴 때'에는 부족한 한도에서 그 재산의 반환을 청구할 수 있다(제1115조 1항).

(1) 유류분액

유류분 산정의 기초가 되는 재산 × 유류분율

(2) 상속으로 인해 취득한 이익

① "유류분제도의 입법 취지와 민법 제1008조의 내용 등에 비추어 보면, 공동상속인 중 특별수익을 받은 유류분권리자의 유류분 부족액을 산정할 때에는 유류분액에서 특별수익액과 순상속분액을 공제하여야 하고, 이때 공제할 순상속분액은 당해 유류분권리자의 특별수익을 고려한 구체적인 상속분에 기초하여 산정하여야 한다"(대판 2021.8.19. 2017다235791 : 12회 선택형). 이때 "유류분권리자의 구체적인 상속분보다 유류분권리자가 부담하는 상속채무가 더 많은 경우, 그 초과분을 유류분액에 가산하여 유류분 부족액을 산정하여야 한다"(대판 2022.1.27. 2017다265884: 표준판례912 : 12회 선택형).

② 그리고 判例에 따르면 "금전채무와 같이 급부의 내용이 가분인 채무가 공동상속된 경우, 이는 상속개시와 동시에 당연히 공동상속인들에게 법정상속분에 따라 상속된 것으로 봄이 타당하므로, 법정상속분 상당의 금전채무는 유류분권리자의 유류분 부족액을 산정할 때 고려하여야 할 것이나, 공동상속인 중 1인이 자신의 법정상속분 상당의 상속채무 분담액을 초과하여 유류분권리자의 상속채무 분담액까지 변제한 경우에는 유류분권리자를 상대로 별도로 구상권을 행사하여 지급받거나 상계를 하는 등의 방법으로 만족을 얻는 것은 별론으로 하고, 그러한 사정을 유류분권리자의 유류분 부족액 산정시 고려할 것은 아니다"라고 한다(대판 2013.3.14. 2010다42624 : 6회,8회 선택형).

(3) 유류분 침해액

유류분 침해액 = 유류분액(유류분 산정의 기초가 되는 재산 × 유류분율) - 상속으로 인해 취득한 이익(유류분권리자가 받은 특별수익과 순상속분액)

"유류분권리자가 반환을 청구할 수 있는 '유류분 부족액'은 '유류분액'에서 유류분권리자가 받은 특별수익액과 순상속분액을 공제하는 방법으로 산정하는데, 유류분액에서 공제할 순상속분액은 특별수익을 고려한 구체적인 상속분에서 유류분권리자가 부담하는 상속채무를 공제하여 산정한다. 그리고 유류분권리자의 구체적인 상속분보다 그가 부담하는 상속채무가 더 많은 경우라도 유류분권리자가 한정승인을 한 때에는 순상속분액을 0으로 보아 유류분 부족액을 산정하여야 한다.[6] 또한 상속채권자로서는 피상속인의 유증 또는 증여로 피상속인이 채무초과상태가 되거나 그러한 상태가 더 나빠지게 되었다면 수증자를 상대로 채권자취소권을 행사할 수 있다"(대판 2022.8.11. 2020다247428: 표준판례 909).

---

5) [검토] 유류분권리자의 보호라는 유류분제도의 취지에 비추어 형성권설을 따르되, 구체적인 경우 거래안전을 위하여 선의의 전득자는 보호하는 내용으로 수정해석하는 것이 타당하다.
6) [판결이유] "유류분권리자인 상속인이 한정승인을 하였으면 상속채무에 대한 한정승인자의 책임은 상속재산으로 한정되는데, 상속채무 초과분이 있다고 해서 그 초과분을 유류분액에 가산하게 되면 법정상속을 통해 어떠한 손해도 입지 않은 유류분권리자가 유류분액을 넘는 재산을 반환받게 되는 결과가 되기 때문이다."

3. 유류분반환청구권의 행사

(1) 청구권자

유류분반환청구권은 귀속상 일신전속권으로 볼 수 없으므로, 유류분권자 뿐만 아니라 유류분권의 승계인도 행사할 수 있다. 다만 判例에 따르면 유류분반환청구권은 행사상 일신전속권으로서 채권자대위권의 목적이 될 수 없다고 한다(대판 2010.5.27. 2009다93992: 표준판례915).

(2) 상대방

수증자, 수유자 및 그 포괄승계인이다. 判例는 **악의의 특정승계인을 포함시킨다**(대판 2002.4.26. 2000다8878).

(3) 행사방법

재판상 또는 재판 외의 방법으로 행사할 수 있다. 判例는 "그 의사표시는 침해를 받은 유증 또는 증여행위를 지정하여 이에 대한 반환청구의 의사를 표시하면 그것으로 족하며, 그로 인하여 생긴 목적물의 이전등기청구권이나 인도청구권 등을 행사하는 것과는 달리 그 목적물을 구체적으로 특정하여야 하는 것은 아니고, 민법 제1117조에 정한 소멸시효의 진행도 그 의사표시로 중단된다"(대판 2002.4.26. 2000다8878 : 6회 선택형)고 한다.

(4) 행사순서

1) 유증 우선 반환청구

증여에 대하여는 유증을 반환받은 후가 아니면 청구할 수 없다(제1116조).

2) 수유자 또는 수증자가 수인인 경우

유증 및 증여를 받은 자가 수인인 때에는 각자가 얻은 가액에 비례하여 반환하여야 한다(제1115조 2항). 이는 수인의 '수유자'에 대해 각자의 수유가액에 비례하여 반환을 청구하고 그것으로써도 유류분에 부족한 때에 한하여 그 부족한 한도 내에서 수인의 '수증자'에 대해 각자의 수증가액에 비례하여 반환을 청구하여야 한다는 것을 의미한다.

3) 수유자 또는 수증자 중에 공동상속인이 있는 경우

① 判例는 "유류분권리자가 유류분반환청구를 하는 경우에 증여 또는 유증을 받은 다른 공동상속인이 수인일 때에는, 민법이 정한 유류분 제도의 목적과 같은법 제1115조 제2항의 규정취지에 비추어 다른 공동상속인들 중 증여 또는 유증을 받은 재산의 가액이 자기 고유의 유류분액을 초과하는 상속인을 상대로 하여 그 유류분액을 초과한 금액의 비율에 따라 반환청구를 할 수 있다고 보아야 할 것이고, 공동상속인과 공동상속인이 아닌 제3자가 있는 경우에는 그 제3자에게는 유류분이라는 것이 없으므로 공동상속인은 자기 고유의 유류분액을 초과한 금액을 기준으로 하여, 제3자는 그 수증가액을 기준으로 하여 각 그 금액의 비율에 따라 반환청구를 할 수 있다고 하여야 한다"(대판 2006.11.10. 2006다46346: 표준판례918)는 입장이다.

② 判例는 유류분반환청구에서 수인의 공동상속인이 유증받은 재산의 총 가액이 유류분권리자의 유류분 부족액을 초과하는 경우에는 유류분 부족액의 범위 내에서 각자의 '수유재산'을 반환하면 되는 것이지 이를 놓아두고 '수증재산'을 반환할 것은 아니라고 한다(아래 2010다42624판결 참고).

[관련판례] * **수유재산과 수증재산 사이의 반환순서**

"증여 또는 유증을 받은 재산 등의 가액이 자기 고유의 유류분액을 초과하는 수인의 공동상속인이 유류분권리자에게 반환하여야 할 재산과 범위를 정할 때에, 수인의 공동상속인이 유증받은 재산의 총 가액이 유류분권리자의 유류분 부족액을 초과하는 경우에는 유류분 부족액의 범위 내에서 각자의 '수유재산'을 반환하면 되는 것이지 이를 놓아두고 '수증재산'을 반환할 것은 아니다(제1116조 참조 ; 필자주). 이 경우 수인의 공동상속인이 유류분권리자의 유류분 부족액을 각자의 수유재산으로 반환할 때 분담하여야 할 액은 각자 증여 또는 유증을 받은 재산 등의 가액이 자기 고유의 유류분액을 초과하는 가액의 비율에 따라 안분하여 정하되, 그중 어느 공동상속인의 수유재산의 가액이 그의 분담액에 미치지 못하여 분담 부족분이 발생하더라도 이를 그의 수증재산으로 반환할 것이 아니라, 자신의 수유재산의 가액이 자신의 분담액을 초과하는 다른 공동상속인들이 위 분담액 부족분을 위 비율에 따라 다시 안분하여 그들의 수유재산으로 반환하여야 한다. 나아가 어느 공동상속인 1인이 수 개의 재산을 유증받아 각 수유재산으로 유류분권리자에게 반환하여야 할 분담액을 반환하는 경우, 반환하여야 할 각 수유재산의 범위는 특별한 사정이 없는 한 민법 제1115조 제2항을 유추적용하여 각 수유재산의 가액에 비례하여 안분하는 방법으로 정함이 타당하다"(대판 2013.3.14. 2010다42624).

3) 공동상속인 1인이 특별수익으로서 여러 부동산을 증여받은 경우

① "어느 공동상속인 1인이 특별수익으로서 여러 부동산을 증여받아 그 증여재산으로 유류분권리자에게 유류분 부족액을 반환하는 경우 반환해야 할 증여재산의 범위는 특별한 사정이 없는 한 민법 제1115조 제2항을 유추적용하여 증여재산의 가액에 비례하여 안분하는 방법으로 정함이 타당하다. 따라서 유류분반환 의무자는 증여받은 모든 부동산에 대하여 각각 일정 지분을 반환해야 하는데, 그 지분은 모두 증여재산의 상속개시 당시 총가액에 대한 유류분 부족액의 비율이 된다.

② 다만 증여 이후 수증자나 수증자로부터 증여재산을 양수받은 사람이 자기의 비용으로 증여재산의 성상(性狀) 등을 변경하여 상속개시 당시 그 가액이 증가되어 있는 경우, 유류분 부족액을 산정할 때 기준이 되는 증여재산의 가액에 관해서는 위와 같이 변경된 성상 등을 기준으로 증여재산의 상속개시 당시 가액을 산정하면 유류분권리자에게 부당한 이익을 주게 되므로, 그와 같은 변경이 있기 전 증여 당시의 성상 등을 기준으로 상속개시 당시 가액을 산정해야 한다.

③ 반면 유류분 부족액 확정 후 증여재산별로 반환 지분을 산정할 때 기준이 되는 증여재산의 총가액에 관해서는 상속개시 당시의 성상 등을 기준으로 상속개시 당시의 가액을 산정함이 타당하다. 이 단계에서는 현재 존재하는 증여재산에 관한 반환 지분의 범위를 정하는 것이므로 이와 같이 산정하지 않을 경우 유류분권리자에게 증여재산 중 성상 등이 변경된 부분까지도 반환되는 셈이 되어 유류분권리자에게 부당한 이익을 주게 되기 때문이다"(대판 2022.2.10. 2020다250783: 표준판례908).[7]

(5) 반환방법

1) 원칙적 원물반환

① "민법은 유류분의 반환방법에 관하여 별도의 규정을 두지 않는바, 반환의무자는 통상적으로 증여 또는 유증대상인 재산 그 자체를 반환하면 될 것이다(제1115조 1항 참조, 예컨대 수증자 또는 수유자가 아직 목적물을 소유하고 있거나, 목적물을 양수한 제3자가 악의인 경우). 만약 원물반환이 불가능한 경우(예컨대 수증자 또는 수유자가 선의의 제3자에게 양도한 경우)에는 그 가액 상당액을 반환할 수밖에 없다. 특히 원물반환의 경우 목적물이 부동산인 때에는 유류분이 비율로 정해져 있으므로 공유지분의 이전등기를 청구하는 형태가 될 것이다"(대판 2013.3.14. 2010다42624).

② 이와 관련하여 "증여나 유증 후 그 목적물에 관하여 제3자가 저당권이나 지상권 등의 권리를 취득한 경우에는 원물반환이 불가능하거나 현저히 곤란하므로, 반환의무자가 목적물을 저당권 등의 제한이 없는

---

[7] [사실관계] 유류분권리자로 자녀 A와 B가 있고, 피상속인이 자녀 A에게만 10억 원의 부동산을 증여하고, 자녀 A가 자신의 비용으로 성상을 변경하여 그 가액이 20억 원이 되었으며, 상속재산과 상속채무는 없고, 자녀 B가 자녀 A를 상대로 유류분반환을 청구하는 경우(모든 가액은 상속개시시로 산정된 것임), ① 자녀 B의 유류분 부족액은 '10억 원 × 1/4 = 2억 5,000만 원'이라고 산정해야 하고 ② 자녀 A가 반환해야 할 부동산 지분은 '2억 5,000만 원 / 20억 원 = 2.5/20 지분'이라고 산정해야 한다.

상태로 회복하여 이전해 줄 수 있다는 등의 예외적인 사정이 없는 한 유류분권리자는 반환의무자를 상대로 원물반환 대신 그 가액의 반환을 구할 수 있다. 그러나 그렇다고 해서 유류분권리자가 스스로 위험이나 불이익을 감수하면서 원물반환을 구하는 것까지 허용되지 않는다고 볼 것은 아니므로, 그 경우에도 법원은 유류분권리자가 청구하는 방법에 따라 원물반환을 명하여야 한다"(대판 2022.2.10. 2020다250783: 표준판례908).

③ 그리고 "원물반환이 가능하더라도 유류분권리자와 반환의무자 사이에 가액으로 이를 반환하기로 협의가 이루어지거나 유류분권리자의 가액반환청구에 대하여 반환의무자가 이를 다투지 않은 경우에는 법원은 가액반환을 명할 수 있지만, 유류분권리자의 가액반환청구에 대하여 반환의무자가 원물반환을 주장하며 가액반환에 반대하는 의사를 표시한 경우에는 반환의무자의 의사에 반하여 원물반환이 가능한 재산에 대하여 가액반환을 명할 수 없다"(대판 2013.3.14. 2010다42624 : 8회,10회 선택형).

2) 예외적 가액반환

유류분액을 산정함에 있어 반환의무자가 증여받은 재산의 시가는 '상속개시 당시를 기준'으로 산정해야 하고(대판 1996.2.9. 95다17885: 표준판례917), 당해 반환의무자에 대하여 반환해야 할 재산의 범위를 확정한 다음 그 원물반환이 불가능하여 가액반환을 명하는 경우에는 그 가액은 '사실심 변론종결시'를 기준으로 산정해야 한다(대판 2005.6.23. 2004다51887: 표준판례905).

(6) 반환청구권 행사의 효과

① 유류분반환청구권의 행사로 인하여 생기는 원물반환의무 또는 가액반환의무는 이행기한의 정함이 없는 채무이므로, 반환의무자는 '상속개시일부터가 아니라' 그 의무에 대한 '이행청구를 받은 때'에 비로소 지체책임을 진다(대판 2013.3.14. 2010다42624: 표준판례923).

② 반환의무자가 유증을 받은 부동산을 임대하여 차임 상당의 수익을 얻은 경우, 그 반환의무자의 선의 내지 악의에 따라 과실의 수취 여부가 달라진다(아래 2010다42624판결).

> [관련판례] * 유류분권리자의 유류분반환청구권 행사에 의하여 그의 유류분을 침해하는 증여 또는 유증이 소급적으로 실효된 경우, 반환의무자가 부당이득으로 반환하여야 하는 목적물 사용이익의 범위
>
> "유류분권리자가 반환의무자를 상대로 유류분반환청구권을 행사하는 경우 그의 유류분을 침해하는 증여 또는 유증은 소급적으로 효력을 상실하므로, 반환의무자는 유류분권리자의 유류분을 침해하는 범위 내에서 그와 같이 실효된 증여 또는 유증의 목적물을 사용·수익할 권리를 상실하게 되고, 유류분권리자의 목적물에 대한 사용·수익권은 상속개시의 시점에 소급하여 반환의무자에 의하여 침해당한 것이 된다. 그러나 민법 제201조 제1항은 '선의의 점유자는 점유물의 과실을 취득한다.'고 규정하고 있고, 점유자는 민법 제197조에 의하여 선의로 점유한 것으로 추정되므로, 반환의무자가 악의의 점유자라는 사정이 증명되지 않는 한 반환의무자는 목적물에 대하여 과실수취권이 있다고 할 것이어서 유류분권리자에게 목적물의 사용이익 중 유류분권리자에게 귀속되었어야 할 부분을 부당이득으로 반환할 의무가 없다. 다만 민법 제197조 제2항은 '선의의 점유자라도 본권에 관한 소에 패소한 때에는 그 소가 제기된 때로부터 악의의 점유자로 본다.'고 규정하고 있고, 민법 제201조 제2항은 '악의의 점유자는 수취한 과실을 반환하여야 하며 소비하였거나 과실로 인하여 훼손 또는 수취하지 못한 경우에는 그 과실의 대가를 보상하여야 한다.'고 규정하고 있으므로, 반환의무자가 악의의 점유자라는 점이 증명된 경우에는 악의의 점유자로 인정된 시점부터, 그렇지 않다고 하더라도 본권에 관한 소에서 종국판결에 의하여 패소로 확정된 경우에는 소가 제기된 때로부터 악의의 점유자로 의제되어 각 그때부터 유류분권리자에게 목적물의 사용이익 중 유류분권리자에게 귀속되었어야 할 부분을 부당이득으로 반환할 의무가 있다"(대판 2013.3.14. 2010다42624: 표준판례923).

Ⅳ. 유류분반환청구권의 소멸   [E-63]

① 유류분반환청구권은 유류분권리자가 상속의 개시와 반환하여야 할 증여 또는 유증을 한 사실을 안 때로부터 1년내에 하지 아니하면 **시효에 의하여 소멸**하고, 상속이 개시(증여한 때가 아님)한 때로부터 10년을 경과한 때도 같다(제1117조). 이러한 법리는 상속재산의 증여에 따른 소유권이전등기가 이루어지지 아니한 경우에도 마찬가지이다(대판 2008.7.10. 2007다9719: 표준판례926).

② 특히 判例는 상속의 개시와 반환해야 할 증여 또는 유증을 한 사실을 안 때란, 상속개시와 유증·증여의 사실을 알 뿐만 아니라 그 사실이 유류분을 침해하여 반환청구를 할 수 있게 됨을 안 때라고 본다(대판 2001.9.14. 2000다66430,66447: 표준판례925). 그리고 判例는 민법 제1117조의 규정내용 및 형식에 비추어 볼 때 같은 법조 전단의 1년의 기간은 물론 같은 법조 후단의 10년의 기간도 그 성질은 소멸시효기간이라고 한다(대판 1993.4.13. 92다3595: 표준판례928).

③ 또한 유류분반환청구권을 행사함으로써 발생하는 **목적물의 이전등기청구권** 등은 유류분반환청구권과는 다른 권리이므로, 그 이전등기청구권 등에 대하여는 민법 제1117조 소정의 유류분반환청구권에 대한 소멸시효가 적용될 여지가 없고, 그 권리의 성질과 내용 등에 따라 별도로 소멸시효의 적용 여부와 기간 등을 판단하여야 한다(대판 2015.11.12. 2011다55092,55108: 표준판례922 : 10회 선택형)고 한다.

핵심사례 E-04

■ 유류분반환청구권

[사례 1. 15년 사법2차] 甲이 사망한 후 甲의 상속인 妻 乙은 子 丙(21세)과, "상속재산인 X토지(시가 1억 원)와 Y건물(시가 1억 원)을 乙이 모두 상속하되, 乙이 사망한 후 X토지와 Y건물을 丙에게 증여한다."는 합의를 하고 등기를 마쳤으며, 공정증서도 작성하였다. 한편 乙은 사회복지법인 E에 1억 2,000만 원을 준다는 유언도 하였다. 그 후 乙이 2012. 2. 14. 교통사고로 갑자기 사망하자, 丙은 2012. 5. 12. X토지와 Y건물을 자신의 명의로 등기하였고, 유언집행자의 자격으로 현금 1억 2,000만 원을 E에 주었다. 한편 乙에게는 혼외자 丁이 있었는데, 2014. 7. 12. 乙이 사망했다는 사실을 알게 된 丁은 2015. 6. 27. 丙과 E에 대하여 각각 유류분 전액을 금전으로 반환할 것을 청구하는 소를 제기하였다. 丁의 丙과 E에 대한 청구는 인용될 수 있는가? (35점) (乙에게 다른 상속재산이나 채무는 없고, 상속재산 분할협의와 유언은 유효한 것으로 보며, X토지와 Y건물의 가격의 변동 및 이자는 고려하지 않음)

[사례 2. 06년 사법 1차] 甲은 적극재산 5,000만 원과 채무 3,000만 원을 남기고 2005. 6. 30. 사망하였고, 상속인으로 자녀 乙과 丙이 있다. 그런데 甲은 2003. 5. 30. 유류분 침해 사실을 모르는 乙과 丁에게 각각 7,000만 원씩을 증여하기로 하였고, 2004. 7. 30. 그 채무를 이행하였다. 또한 甲은 남은 재산 2,000만 원을 사회복지단체 戊에게 기증하도록 자필증서에 의한 유언을 했다.
(1) 丙의 유류분액, (2) 丙이 乙과 丁에게 반환을 청구할 수 있는 금액, (3) 戊가 유류분반환을 거친 후 최종적으로 취득할 금액을 모두 합치면 얼마인가? (15점)

Ⅰ. 사례 1.의 경우

1. 문제점(丁이 유류분권리자인지 여부)

혼인 외의 출생자와 生父 사이의 부자관계는 부의 인지에 의해서만 생길 수 있는 반면(대판 1997.2.14. 96므738 ; 그 결과 인지가 있기 전에는 친권, 상속 등의 친자관계에 따른 법률효과가 발생하지 않는다), 사안과 같이 혼외자 丁의 生母 乙과의 모자관계는 인지나 출생신고 등과 무관하게 자의 출생으로 당연히 발생한다(대판 1986.11.11. 86도1982). 따라서 丁은 乙의 1순위 법정상속인(제1000조 1항 1호)이나 상속을 받지 못하였으므로 유류분반환청구를 누구에게 얼마만큼 어떻게 가능한지가 문제된다.

2. 丁의 丙과 E에 대한 유류분반환청구의 인용여부

(1) 丁의 유류분의 비율

피상속인의 직계비속의 유류분은 그 법정상속분의 1/2이다(제1112조 1호). 따라서 피상속인 乙의 동순위 상속인인 丙과 丁의 법정상속분은 균분하므로(제1009조 1항), 丁의 유류분권은 법정상속분 1/2의 1/2, 즉 1/4이다.

(2) 丁의 유류분액의 산정

1) 유류분 산정의 기초가 되는 재산

유류분은 피상속인의 상속개시시에 있어서 가진 재산의 가액에 증여재산의 가액을 가산하고 채무의 전액을 공제하여 이를 산정한다(제1113조 1항). 이때 '상속개시시에 가진 상속재산'은 적극재산만을 의미하는바, 상속재산에는 유증 재산이 포함되고 유증 규정이 준용되는 사인증여도 포함된다(대판 2001.11.30. 2001다6947).

2) 사안의 경우

따라서 피상속인 乙이 사망한 후 X토지(시가 1억 원)와 Y건물(시가 1억 원)을 상속인 丙에게 증여한다는 사인증여도 '상속개시시에 가진 상속재산'에 포함되나, 사회복지법인 E에 1억 2,000만 원을 준다는 피상속인 乙의 유증은 설문 내용상 乙에게 다른 상속재산이 없다는 것으로 보아 이는 상속개시시에 가진 상속재산에는 포함되지 않는다. 그리고 설문에서 공제되어야 할 채무는 없고, X토지와 Y건물의 가격의 변동 및 이자는 고려하지 않는다고 하므로 결국 유류분 산정의 기초가 되는 재산은 총 2억 원이고, 丁의 유류분액은 5,000만 원(=2억 원×1/4)이다.

(3) 丁의 유류분반환청구권의 행사순서, 행사방법, 소멸시효

1) 丁의 유류분반환청구권의 행사순서

가) 수유자 또는 수증자 중에 공동상속인이 있는 경우

행사의 상대방은 수증자, 수유자 및 그 포괄승계인인바, 증여에 대하여는 유증을 반환받은 후가 아니면 청구할 수 없다(제1116조). 아울러 수유자 또는 수증자 중에 공동상속인이 있는 경우 判例는 "유류분권리자가 유류분반환청구를 하는 경우에 증여 또는 유증을 받은 다른 공동상속인이 수인일 때에는, 민법이 정한 유류분 제도의 목적과 같은법 제1115조 제2항의 규정취지에 비추어 다른 공동상속인들 중 증여 또는 유증을 받은 재산의 가액이 자기 고유의 유류분액을 초과하는 상속인을 상대로 하여 그 유류분액을 초과한 금액의 비율에 따라 반환청구를 할 수 있다고 보아야 할 것이고, 공동상속인과 공동상속인이 아닌 제3자가 있는 경우에는 그 제3자에게는 유류분이라는 것이 없으므로 공동상속인은 자기 고유의 유류분액을 초과한 금액을 기준으로 하여, 제3자는 그 수증가액을 기준으로 하여 각 그 금액의 비율에 따라 반환청구를 할 수 있다고 하여야 한다"(대판 2006.11.10. 2006다46346)는 입장이다.

나) 사안의 경우

사인증여를 받은 丙에게도 丁과 동일한 비율의 유류분권이 있으므로(제1112조 1호), 공동상속인 丙도 자기 고유의 유류분권액 5,000만 원을 초과한 3,000만 원(=사인증여 받은 X토지와 Y건물의 시가 2억 원 - 1억 2,000만 원 - 5,000만 원)을 기준으로 하여, 제3자 E는 그 수증가액 현금 1억 2,000만 원을 기준으로 하여 각 그 금액의 비율 1 : 4(=3,000만 원 : 1억 2,000만 원)에 따라 반환청구를 할 수 있다. 그렇다면 결국 丁은 丙에게 1,000만 원(=5,000만 원×1/5), E에게 4,000만 원(=5,000만 원×4/5)에 대한 유류분반환을 청구할 수 있다. 다만, 丙의 경우 원물반환으로 청구해야하는 것은 아닌지, 그리고 소멸시효는 완성되지 않았는지 검토할 필요가 있다.

2) 丁의 유류분반환청구권의 행사방법

"민법은 유류분의 반환방법에 관하여 별도의 규정을 두지 않는바, 반환의무자는 통상적으로 증여 또는 유증대상인 재산 그 자체를 반환하면 될 것이다(제115조 1항 참조. 예컨대 수증자 또는 수유자가 아직 목적물을 소유하고 있거나, 목적물을 양수한 제3자가 악의인 경우). 만약 원물반환이 불가능한 경우(예컨대 수증자 또는 수유자가 선의의 제3자에게 양도한 경우)에는 그 가액 상당액을 반환할 수밖에 없다"(대판 2013.3.14. 2010다42624).

3) 丁의 유류분반환청구권의 소멸시효

유류분반환청구권은 유류분권리자가 상속의 개시와 반환하여야 할 증여 또는 유증을 한 사실을 안 때로부터 1년내에 하지 아니하면 시효에 의하여 소멸하고, 상속이 개시한 때로부터 10년을 경과한 때도 같다(제1117조).

4) 소 결

2014. 7. 12. 피상속인 乙이 사망했다는 사실을 알게 된 유류분권리자 丁은 이로부터 1년이 지나기 前 2015. 6. 27. 丙과 E에 대하여 각각 유류분 전액을 금전으로 반환할 것을 청구하는 소를 제기한바, 이는 소멸시효가 완성되기 전이다. 또한 특히 丙에 대한 유류분반환의 경우 원칙적으로 원물반환으로 X토지와 Y건물에 대한 각 1/20 공유지분 [(500만 원=1,000만 원×1/2)/1억 원] 에 대한 이전등기를 청구하는 형태가 되어야 할 것이나, 유류분권리자 丁의 가액반환청구에 대하여 반환의무자 丙이 이를 다투지 않은 경우에는 법원은 앞서 검토한 바와 같이 丙에게 1,000만 원(=5,000만 원×1/5), E에게 4,000만 원(=5,000만 원×4/5)에 대한 가액반환을 명할 수 있다. 다만, 유류분권리자의 가액반환청구에 대하여 반환의무자가 원물반환을 주장하며 가액반환에 반대하는 의사를 표시한 경우에는 반환의무자의 의사에 반하여 원물반환이 가능한 재산에 대하여 가액반환을 명할 수 없다(대판 2013.3.14. 2010다42624).

3. 사안의 해결

丁의 2015. 6. 27.자 丙과 E에 대한 각각 유류분 전액을 금전으로 반환할 것을 청구하는 소는 丙이 가액반환에 대해 다투지 않은 경우에는 丙에게 1,000만 원, E에게 4,000만 원에 대해 일부인용될 것이다.

Ⅱ. 사례 2.의 경우

1. 유류분 산정의 기초재산

상속개시 당시 적극재산 5천만 원 + 乙에 대한 증여재산 7천만 원(공동상속인 아닌 丁에 대한 증여는 상속개시 1년 이전에 있었고, 丁은 유류분 침해사실을 몰랐으므로 丁에 대한 증여는 산입하지 않는다) - 상속채무 3천만 원 = 9천만 원

2. 공동상속인 丙, 丁의 유류분액

유류분 산정의 기초재산 9천만 원 × 丙의 유류분 비율 1/4(=법정상속분 1/2×1/2) = 2,250만 원

3. 丙이 乙과 丁에게 반환을 청구할 수 있는 금액, 戊가 유류분반환을 거친 후 최종적으로 취득할 금액

사안에서 甲의 사망시에 상속재산은 2천만 원(=적극재산 5천만 원-소극재산 3천만 원)인데, 戊에 대한 유증이 2천만 원이 있으므로 丙의 유류분은 전부침해되었다. 丙의 유류분은 증여를 받은 공동상속인 乙과 유증을 받은 戊에 의해 침해되었으며(공동상속인 아닌 丁에 대한 증여는 상속개시 1년 이전에 있었고, 丁은 유류분 침해사실을 몰랐으므로 이는 반환의 대상이 되지 않는다), 이들에게 유류분반환청구를 할 수 있다. 아울러 증여에 대하여는 유증을 반환받은 후가 아니면 청구할 수 없으므로(제1116조), 우선 유증을 받은 戊에게 2천만 원을 전부 청구할 수 있고, 부족한 부분 250만 원은 증여를 받은 乙에게 청구할 수 있다. 정리하면, (1) 丙의 유류분액은 2,250만 원 (2) 丙의 乙에 대한 반환청구액 250만 원, 丁에 대한 반환청구액 0원 (2) 戊가 최종적으로 취득할 금액 0원이며, 따라서 위 금원의 합은 2,500만 원이다.

부록

판례색인

판례색인

[대법원 결정]

대결 1953.5.21. 4286민재항7	55
대결 1962.12.24. 전합4294민재항675	877
대결 1964.4.3. 63마54	382
대결 1965.5.31. 64스10	1280
대결 1967.12.22. 67마1162	1108
대결 1971.1.26. 71마1151	1121
대결 1971.3.24. 71마105	872
대결 1971.12.10. 71마757	862, 1105
대결 1972.5.15. 72마401	544, 547
대결 1972.6.2. 72마399	879
대결 1974.10.26. 74마440	1109
대결 1976.12.21. 75마551	57, 58
대결 1979.7.24. 78마248	658
대결 1980.3.21. 80마77	128
대결 1986.3.11. 86마24	352
대결 1986.4.22. 86스10	1280
대결 1987.9.29. 86스11	1295
대결 1988.8.25. 88스10,11,12,13	1280
대결 1988.9.2. 98마100	510
대결 1991.8.13. 91스6	1174, 1212
대결 1992.6.13. 92마290	1007
대결 1993.5.11. 93스6	1187, 1199, 1200
대결 1994.5.13. 전합92스21	1167, 1183, 1221, 1222
대결 1994.11.29. 94마417	408
대결 1994.12.9. 94마2089	742
대결 1995.1.20. 94마535	1166
대결 1995.5.23. 94마2218	826
대결 1995.6.13. 95마500	1133, 1135, 1140
대결 1995.7.3. 94스30	1210
대결 1995.12.11. 95마1262	1045
대결 1996.7.10. 95스30,31	1269
대결 1996.8.21. 96그8	389
대결 1997.3.21. 96스62	1268
대결 1997.4.7. 97마575	285, 614
대결 1997.5.1. 97마384	1024
대결 1997.11.11. 96그64	666
대결 1997.11.27. 97스4	59
대결 1998.4.28. 97마2935	1047
대결 1998.9.2. 98마100	511, 692, 706
대결 1998.10.7. 98마1333	875
대결 1999.4.20. 99마146	1108
대결 1999.4.28. 99그21	568
대결 1999.8.24. 99스28	1269
대결 2000.1.28. 99스1817	1217
대결 2001.6.13. 2001마1632	1108
대결 2001.7.2. 2001마212	1068
대결 2002.2.27. 2000마7937	1103
대결 2002.11.27. 2002마3516	1078
대결 2004.2.13. 2003마44	174
대결 2004.3.29. 2003마1753	1033
대결 2004.12.24. 2003마1665	593
대결 2005.1.17. 2003마1477	834, 836
대결 2005.11.8. 2005마541	230
대결 2006.4.17. 2005스18,19	1194
대결 2006.7.4. 2006마164,165	433
대결 2006.7.24. 2005스83	1224, 1272
대결 2007.8.28. 2006스3,4	1267
대결 2007.11.30. 2005마1130	381, 759, 765
대결 2008.5.30. 2007마98	734, 1073
대결 2008.6.12. 2005스50	1182
대결 2009.2.9. 2008스105	1206
대결 2009.5.28. 2008마109	516, 529, 532
대결 2009.11.19. 전합2008마699	80
대결 2009.12.11. 2009스23	1169
대결 2010.7.26. 2010마900	693
대결 2010.8.25. 2008마1541	836
대결 2010.8.26. 2010마818	211
대결 2011.1.31. 2010스165	59
대결 2011.5.13. 2010마1544	1075

대결 2011.6.15. 2010마1059	1077
대결 2011.7.29. 2008스67	1222
대결 2011.9.2. 전합2009스117	1168
대결 2012.1.12. 2011마2380	1074
대결 2012.7.16. 2009마461	532
대결 2013.5.31. 2012마712	403
대결 2013.8.30. 2013스96	1167
대결 2014.1.8. 전합2014스44,45	1269
대결 2014.1.17. 2013마1801	75, 76
대결 2014.7.25. 2011스226	1272
대결 2015.7.17. 2014스206,207	1266
대결 2016.1.25. 2015스451	1204
대결 2016.5.4. 2014스122	1268, 1272
대결 2017.1.25. 2016마5579	873
대결 2017.6.1. 2017스515	50
대결 2017.8.21. 2017마499	427
대결 2017.8.25. 2014스26	1182
대결 2017.8.25. 2017스5	1235
대결 2017.12.1. 2017그661	78
대결 2018.1.25. 2017마1093	1056
대결 2018.5.25. 2018스520	1240
대결 2018.6.22. 2018스18	1203
대결 2018.7.20. 2017마1565	84
대결 2018.11.6. 2018스32	1168
대결 2019.2.28. 2018마800	84
대결 2019.3.6. 2018마6721	832
대결 2020.1.9. 2018스40	1168
대결 2020.4.24. 2019마6918	763
대결 2020.5.22. 2018마5697	549
대결 2021.5.27. 2019스621	1240
대결 2021.6.10. 2020스596	46
대결 2021.7.15. 2020으547	50
대결 2021.7.29. 2019마6152	260
대결 2021.12.16. 2017스628	1207
대결 2021.12.23. 전합2018스5	1226
대결 2022.3.31. 2021스3	1169
대결 2022.7.28. 2022스613	382
대결 2022.8.25. 2018스542	1235
대결 2022.11.10. 2021스766	1203
대결 2022.11.24. 전합2020스616	1168

대결 2023.8.18. 2023그608	78
대결 2023.10.31. 2023스643	1222
대결 2024.4.30. 2023그887	243
대결 2024.6.13. 2024스525,526	1267
대결 2024.6.13. 2024스536	1218
대결 2024.7.18. 전합2024스724	1223
대결 2024.10.8. 2023스637	1222
대결 2025.3.24. 2024스866(본심판),867 (병합심판, 868(반심판))	1277

[대법원 판결]

대판 1948.4.12. 4280민상352	718
대판 1955.3.31. 4287민상77	52
대판 1955.5.12. 4287민상208	188
대판 1955.7.7. 4287민상366	185
대판 1955.7.14. 4288민상156	1170
대판 1955.11.10. 4288민상321	153
대판 1956.2.23. 4288민상559	152
대판 1957.3.23. 4289민상677	57
대판 1957.7.22. 4290민재항50	80
대판 1957.11.14. 4290민상454	938, 939
대판 1958.3.28. 4289민상551	811
대판 1959.7.16. 4291민상260	125
대판 1959.9.24. 4290민상627	151
대판 1959.10.15. 4291민상262	125
대판 1960.4.21. 4292민상252	55
대판 1960.7.21. 4292민상773	600
대판 1960.7.21. 59다773	35
대판 1960.8.18. 4292민상995	1209
대판 1960.8.18. 4299민상995	1171, 1178
대판 1961.5.4. 4292민상853	1004
대판 1961.6.29. 4293민상704	992
대판 1961.10.19. 4293민상531	1170
대판 1961.11.9. 4293민상729	516
대판 1961.11.9. 4293민상748	255
대판 1961.12.28. 4294민상204	186
대판 1962.1.11. 4294민상195	383

대판 1962.1.13. 4294민상445	980, 981
대판 1962.1.25. 4294민상607	380
대판 1962.1.25. 4294민상793	937
대판 1962.2.8. 61다192	168, 189
대판 1962.2.15. 전합4294민상914	766
대판 1962.2.16. 64다1544	775
대판 1962.3.15. 4294민상903	838
대판 1962.3.15. 61다903	32
대판 1962.3.29. 4294민상1338	992
대판 1962.4.4. 4294민상1296	492, 501, 502
대판 1962.4.12. 61다1021	202
대판 1962.4.18. 4294민상1103	1039
대판 1962.4.26. 62다72	838, 1210
대판 1962.5.3. 4294민상1105	1264
대판 1962.5.10. 4294민상1232	881
대판 1962.5.17. 62다161	504
대판 1962.5.24. 4294민상251	170, 172, 195, 385, 748
대판 1962.5.24. 62다175	320
대판 1962.5.31. 4293민재항6	766
대판 1962.10.11. 62다496	683
대판 1962.10.12. 62다460	936, 1261
대판 1962.10.18. 62다437	994
대판 1962.11.15. 62다596	815
대판 1962.11.15. 62다634	398
대판 1962.12.16. 67다1525	293
대판 1963.1.31. 62다812	1195
대판 1963.2.7. 62다826	645
대판 1963.4.11. 63다64	198
대판 1963.4.18. 62다223	199
대판 1963.4.18. 63다92	249
대판 1963.5.9. 63다67	109, 179
대판 1963.6.13. 63다228	1214
대판 1963.7.11. 63다235	1078
대판 1963.7.25. 63다241	10
대판 1963.9.5. 63다330	757
대판 1963.9.12. 63다452	22
대판 1963.9.19. 63다388	1017
대판 1963.10.10. 63다384	517
대판 1963.10.10. 63다583	902
대판 1963.11.7. 63다479	130, 541
대판 1963.11.21. 63다418	191
대판 1963.11.21. 63다429	305
대판 1963.11.21. 63다634	381
대판 1963.11.28. 63다493	430
대판 1964.4.7. 63다638	801
대판 1964.5.5. 63다775	917, 986
대판 1964.5.26. 63다958	237
대판 1964.7.14. 64아4	15
대판 1964.7.21. 64다389	788
대판 1964.10.20. 64다445	891
대판 1964.10.27. 64다798,799	789
대판 1964.11.24. 64다851,852	881
대판 1964.12.8. 64누62	678
대판 1964.12.8. 64다714	891
대판 1964.12.8. 64다968	173
대판 1964.12.29. 64다1176	908
대판 1964.12.29. 64다1321	74
대판 1965.2.16. 64다1513	933
대판 1965.2.16. 64다1630	380
대판 1965.3.30. 64다1977	1075
대판 1965.3.30. 65다44	186
대판 1965.4.13. 64다1940	67
대판 1965.4.22. 전합65다268	1009
대판 1965.4.27. 65다181	781
대판 1965.5.18. 65다312	136, 1015
대판 1965.5.31. 65다623	137
대판 1965.6.15. 65다301	1003
대판 1965.7.6. 65다563	541
대판 1965.7.6. 65므12	1170
대판 1965.7.27. 65다947	333, 434
대판 1965.8.24. 64다1156	202, 203
대판 1965.8.24. 65다1177	902
대판 1965.9.23. 65다1222	2
대판 1965.11.9. 65다1620	600
대판 1965.12.21. 65다2027	2
대판 1965.12.28. 65다2133	277
대판 1966.1.25. 65다2137	916
대판 1966.2.15. 65다2431	322, 329
대판 1966.3.22. 66다68	1125

대판 1966.4.6. 66다267	201
대판 1966.5.31. 66다677	893
대판 1966.6.7. 66다600,601	1072
대판 1966.6.9. 전합66다615	840
대판 1966.6.21. 66다530	124
대판 1966.6.21. 66다674	599
대판 1966.6.28. 66다493	838
대판 1966.7.5. 66다736	607
대판 1966.7.19. 66다863	1191
대판 1966.7.19. 66다994	991
대판 1966.7.26. 66다8892	383
대판 1966.9.20. 66다1203	1261
대판 1966.9.20. 66다939	992
대판 1966.9.27. 66다1149	383
대판 1966.9.27. 66다1334	381
대판 1966.10.4. 66다1441	779
대판 1966.10.4. 66다1479	106
대판 1966.10.4. 66다1535	405, 806
대판 1966.10.18. 66다1335	36, 521, 838, 1262
대판 1966.10.21. 65다825	803
대판 1966.10.21. 66다1596	219
대판 1966.11.22. 66다1545	917
대판 1966.11.29. 66다1861	505
대판 1967.1.24. 66다2144	1072
대판 1967.1.24. 66다2279	271
대판 1967.2.7. 66다2173	277
대판 1967.2.7. 66다2542	1193
대판 1967.3.7. 66누176	861
대판 1967.4.18. 67다238	845
대판 1967.4.25. 67다75	255
대판 1967.5.2. 66다2642	903, 913
대판 1967.5.18. 전합66다2618	354, 649, 659
대판 1967.5.23. 66다1617	845
대판 1967.5.23. 67다529	256
대판 1967.5.30. 66다1382	853
대판 1967.5.30. 67다466	357
대판 1967.5.30. 67다588	905
대판 1967.6.13. 67다1842	358
대판 1967.7.4. 67다549	99
대판 1967.7.4. 67다836	434
대판 1967.9.5. 67다1307	838
대판 1967.9.16. 67다1482	457
대판 1967.10.4. 67다1791	1220
대판 1967.10.6. 67다1134	124
대판 1967.10.12. 67다1920	2
대판 1967.10.23. 67다1778	890
대판 1967.11.21. 67다2158	357
대판 1967.11.28. 67다2120	547
대판 1967.12.5. 67다2251	10
대판 1967.12.18. 66다2382	2, 924
대판 1967.12.18. 67다2202	95
대판 1967.12.19. 67다1337	84
대판 1968.1.11. 67마576	1127
대판 1968.1.31. 67다2007	1042
대판 1968.2.20. 67다1797	895
대판 1968.2.27. 67므34	1215
대판 1968.3.5. 67다2869	32
대판 1968.3.26. 67다2160	151
대판 1968.6.18. 68다694	92, 191
대판 1968.7.16. 68다736	99
대판 1968.7.24. 68다905	781
대판 1968.7.30. 65다1221	1020
대판 1968.8.30. 68다1029	1042
대판 1968.8.30. 68다1051	194
대판 1968.8.30. 68다1187	895
대판 1968.9.3. 68다169	917, 922, 1085
대판 1968.11.19. 66다1473	896
대판 1968.11.19. 68다1795,1796	198
대판 1968.11.26. 68다1727,1728	193, 1190
대판 1969.2.4. 68다2147	40
대판 1969.2.4. 68다2329	891
대판 1969.3.18. 68다1617	874, 1102
대판 1969.4.15. 69다268	36
대판 1969.4.15. 69다288	838
대판 1969.5.13. 68다1726	358
대판 1969.5.13. 69다196	152
대판 1969.5.27. 전합68다725	866, 867
대판 1969.6.24. 68다1749	159
대판 1969.6.24. 69다633	194
대판 1969.6.30. 69다1234	990

대판 1969.7.8. 69다563	105, 133
대판 1969.7.22. 69다504	36, 521
대판 1969.7.22. 69다609	1005
대판 1969.8.19. 69므18	124
대판 1969.10.28. 69다1351	380, 906
대판 1969.11.25. 69다1592	1073
대판 1969.12.9. 69므31	1195
대판 1969.12.30. 69다1873	130
대판 1970.1.27. 69다719	57, 58
대판 1970.2.10. 69다2013	92
대판 1970.2.10. 69다2171	782
대판 1970.2.24. 69다1410,1411	601
대판 1970.2.24. 69다1568	39
대판 1970.3.10. 69다2076	324
대판 1970.5.26. 69다1239	2
대판 1970.6.30. 70다568	913
대판 1970.6.30. 70다727	9
대판 1970.9.17. 70다1250	206
대판 1970.9.22. 70다1061	546
대판 1970.9.29. 70다1454	1039
대판 1970.9.29. 70다1508	230, 987
대판 1970.9.29. 70다1815	11
대판 1970.9.29. 70다1875	882
대판 1970.9.29. 70다466	142
대판 1970.10.30. 70다1812	194
대판 1970.11.24. 70다1501	10
대판 1970.11.24. 70다2065	129
대판 1970.11.30. 68다1995	983
대판 1970.12.29. 70다2449	106, 649
대판 1971.3.23. 70다2982	1094
대판 1971.3.23. 70다2986	845
대판 1971.3.31. 71다352,353,354	612
대판 1971.4.6. 71다26	1109, 1121
대판 1971.4.30. 71다399	769
대판 1971.5.15. 71마251	1110
대판 1971.5.24. 71다512	108
대판 1971.6.8. 70다2432	907
대판 1971.6.22. 71다940	52
대판 1971.7.27. 71다1113	44
대판 1971.7.27. 71다1158	359
대판 1971.7.27. 71다941	154
대판 1971.8.31. 71다1163	902
대판 1971.8.31. 71다1386	928
대판 1971.10.22. 71다1888	533
대판 1971.11.15. 71다1983	216, 1177
대판 1971.11.23. 71다1560	526
대판 1971.12.14. 71다2045	52, 53
대판 1971.12.21. 71다2024	195
대판 1971.12.21. 71다218	650
대판 1972.1.31. 71다2414	718, 1072, 1078
대판 1972.1.31. 71다2582	843
대판 1972.1.31. 71다2697	496
대판 1972.3.31. 72다108	847
대판 1972.4.25. 71다2255	129
대판 1972.5.9. 71다1474	457
대판 1972.5.23. 71다2365	190
대판 1972.5.23. 72다115	921
대판 1972.5.23. 72다34	727
대판 1972.5.23. 72다485,486	1122
대판 1972.6.27. 72다555	1005
대판 1972.7.11. 70다877	308
대판 1972.7.25. 72다653	722
대판 1972.8.22. 72다983	106
대판 1972.9.12. 72다1090	97
대판 1972.9.26. 71다2488	940
대판 1972.11.14. 72다1127	157
대판 1972.11.28. 72다982	649
대판 1972.12.12. 72다1820	361
대판 1972.12.26. 72다1941	1088
대판 1972.12.28. 71다2048	496
대판 1973.1.16. 72므25	1212
대판 1973.1.30. 72다2309,2310	198
대판 1973.2.28. 72다2344,2345	67
대판 1973.5.22. 72다2249	126
대판 1973.6.5. 72다2617	189
대판 1973.6.12. 71다2669	237
대판 1973.7.24. 72다2136	56, 57
대판 1973.9.25. 73다1100	36, 521
대판 1973.9.25. 73다1229	924
대판 1973.10.23. 73다268	160, 650

대판 1973.10.24. 96다17851	831
대판 1973.11.13. 전합72다518	556
대판 1974.2.12. 73다298	1095
대판 1974.2.12. 73다353	1037
대판 1974.4.23. 73다544	84
대판 1974.5.14. 73다631	233
대판 1974.5.28. 73다1133	333
대판 1974.5.28. 74다244	118
대판 1974.6.11. 73다1632	323
대판 1974.6.11. 73다1975	84
대판 1974.6.11. 74다165	110
대판 1974.6.11. 74다542	924
대판 1974.6.25. 73다1642	1076
대판 1974.7.9. 73다1804	188
대판 1974.7.16. 74다525	991
대판 1974.9.10. 74다482	908
대판 1974.9.24. 74다1057	103
대판 1974.11.12. 74다1150	1050, 1051
대판 1974.11.26. 74다310	71
대판 1974.12.10. 72다1774	828
대판 1974.12.10. 74다1419	536
대판 1974.12.10. 74다998	1122
대판 1974.12.24. 68다1489	827
대판 1975.1.14. 74므11	1171
대판 1975.1.28. 74다1199	196
대판 1975.1.28. 74다2069	151, 676
대판 1975.2.25. 74다2114	417
대판 1975.4.8. 74다1700	403
대판 1975.4.22. 73다2010	719
대판 1975.4.22. 74다1184	777
대판 1975.5.8. 79므3	1212
대판 1975.5.13. 73다1244	430
대판 1975.5.13. 74다1664	390
대판 1975.5.13. 75다92	131
대판 1975.5.27. 74다1393	317, 837
대판 1975.5.27. 74므23	1173
대판 1975.6.24. 74다1877	954, 976
대판 1975.6.24. 74다1929	767
대판 1975.8.19. 74다2229	436
대판 1975.8.19. 75다273	884, 1018
대판 1975.12.23. 73다1086	385
대판 1975.12.23. 75다1193	449
대판 1975.12.23. 75다413	838, 1210
대판 1975.12.23. 75다533	153, 158
대판 1976.3.9. 75다1200	547
대판 1976.4.13. 75다1100	454, 459
대판 1976.4.13. 75다2234	125
대판 1976.4.27. 75다1241	702
대판 1976.4.27. 76다72	924
대판 1976.5.11. 75다1305	1074
대판 1976.5.25. 75다1105	976
대판 1976.5.25. 76다392	976
대판 1976.6.22. 75다819	846
대판 1976.7.13. 75다1086	378
대판 1976.7.13. 76다983	4
대판 1976.8.24. 76다1178	474
대판 1976.9.14. 76다1365	33, 34
대판 1976.9.28. 75다1768	556
대판 1976.9.28. 76다1588	933
대판 1976.10.12. 73다584	285, 321
대판 1976.10.12. 76다1313	353, 837, 839
대판 1976.10.26. 76다1184	1068
대판 1976.10.26. 76다2079	656, 1071
대판 1976.10.29. 76다1694	950, 1055
대판 1976.11.6. 전합76다148	883
대판 1976.11.9. 76다1932	293
대판 1976.11.9. 76다2218	345, 514
대판 1976.12.28. 76다2557	924
대판 1976.12.28. 76므41	1171
대판 1977.1.25. 76다2223	1181, 1197
대판 1977.3.22. 72므28	1212
대판 1977.3.22. 75므28	1211
대판 1977.3.22. 77다81	61
대판 1977.4.12. 75다1780	434
대판 1977.4.26. 77다77	1108
대판 1977.5.24. 75다1394	616, 617, 871
대판 1977.6.7. 76다951	701
대판 1977.6.7. 77다369	541
대판 1977.7.12. 76다408	336
대판 1977.7.26. 76다388	1036

대판 1977.7.26. 전합77다492	216, 217, 1229
대판 1977.8.23. 77다246	808, 1017
대판 1977.8.23. 77다785	965, 969, 972
대판 1977.9.13. 76다1699	369
대판 1977.9.13. 77다832	238
대판 1977.9.28. 전합77다1241	328, 391, 702, 714
대판 1977.12.13. 77다115	722, 727, 1074
대판 1977.12.27. 75다1098	1210
대판 1977.12.27. 77다834	636
대판 1978.2.14. 77므21	1256, 1278
대판 1978.2.28. 77다2314	1111
대판 1978.3.14. 78다132	72
대판 1978.3.28. 78다282	191
대판 1978.4.11. 77다2509	254
대판 1978.4.25. 78다226	137
대판 1978.6.13. 78다468	490, 491
대판 1978.7.11. 78다719	148
대판 1978.8.22. 76다343	1000
대판 1978.10.10. 78다1224	848
대판 1978.10.10. 78다1685	11
대판 1978.10.10. 78다75	189
대판 1978.11.28. 78사13	671
대판 1978.12.13. 78다1811	1257
대판 1978.12.26. 78다2028	863
대판 1978.12.26. 전합78다1417	270
대판 1979.1.16. 78다1968	157
대판 1979.1.30. 78다2088	439, 1004
대판 1979.2.13. 78다2157	238, 273
대판 1979.2.13. 78다2412	867
대판 1979.2.27. 78다2281	1264
대판 1979.5.15. 78다1094	154
대판 1979.5.22. 73다467	616, 1018
대판 1979.5.22. 79다239	877
대판 1979.6.26. 79다407	276
대판 1979.6.26. 79다564	648
대판 1979.6.26. 79다639	954
대판 1979.6.26. 79다741	889
대판 1979.7.10. 79다569	254
대판 1979.7.10. 79다644	801
대판 1979.8.21. 79다783	1110
대판 1979.8.28. 79다1077	559
대판 1979.8.28. 79다784	984
대판 1979.9.25. 77다1079	1017
대판 1979.9.25. 77다1508	987
대판 1979.9.25. 79다1135	612
대판 1979.10.10. 79다1457	627
대판 1979.10.10. 79다1508	330
대판 1979.10.30. 79다1455	627
대판 1979.11.13. 79다1453	248
대판 1979.11.13. 79다1562	322
대판 1979.11.13. 전합79다483	126, 215, 786, 894
대판 1979.11.27. 79다1193	188
대판 1979.11.27. 79다547	779
대판 1979.12.11. 전합78다481	69
대판 1980.2.12. 79다2035	630
대판 1980.2.12. 79다2104	1000
대판 1980.2.26. 79다1746	160
대판 1980.4.4. 80모11	154
대판 1980.4.8. 79다1460	950
대판 1980.4.8. 79다2036	71, 82
대판 1980.4.22. 79다1822	1093
대판 1980.4.22. 79므77	1174
대판 1980.5.13. 78다1790	269
대판 1980.5.13. 79다932	905
대판 1980.6.24. 80다458	124
대판 1980.6.24. 80다756	1264, 1265
대판 1980.7.8. 79다1928	380, 384, 933, 987
대판 1980.7.8. 80다725	646
대판 1980.7.22. 80다791	902, 1000
대판 1980.7.22. 80다795	395
대판 1980.8.26. 80다1037	316, 317, 619
대판 1980.8.26. 80다629	548
대판 1980.9.30. 78다1292	518, 519
대판 1980.10.14. 79다2168	135
대판 1980.11.11. 80다441	908
대판 1980.11.25. 80다1671	769
대판 1980.11.27. 전합89다카12398	885
대판 1980.12.9. 79다634	868

대판 1980.12.23. 80다2077	193	대판 1981.11.10. 80다2475	150
대판 1980.12.23. 80다2176	927	대판 1981.11.10. 81다378	722
대판 1981.1.13. 78다1916	885	대판 1981.11.18. 81다1340	897
대판 1981.1.13. 79다2151	219	대판 1981.11.24. 81다633	345
대판 1981.1.27. 전합79다854	1250, 1256	대판 1981.12.8. 80다2821	981
대판 1981.2.10. 80다77	547, 549	대판 1981.12.22. 80다1363	670
대판 1981.3.24. 80다1888	242	대판 1982.1.19. 81다1001	720, 721, 722
대판 1981.3.24. 80다1888,1889	260	대판 1982.1.26. 81다528	647
대판 1981.3.24. 80다2226	958	대판 1982.1.26. 81다851	1254
대판 1981.4.14. 80다2314	199	대판 1982.1.26. 81다카549	198, 199
대판 1981.4.14. 80다2381	615, 629	대판 1982.2.9. 81다1134	123
대판 1981.4.15. 79다14	439	대판 1982.2.9. 81다534	33, 35
대판 1981.5.26. 80다2109	1097	대판 1982.2.23. 81누204	237
대판 1981.5.26. 80다211	644	대판 1982.3.9. 81다614	75
대판 1981.5.26. 80다2515	770	대판 1982.4.13. 81다780	893, 937
대판 1981.5.26. 80다3117	877	대판 1982.4.27. 80다2555	813
대판 1981.6.9. 80다417	245	대판 1982.4.27. 80다851	629
대판 1981.6.9. 80므84	1257	대판 1982.5.25. 80다1403	141
대판 1981.6.23. 80다1362	432, 433	대판 1982.5.25. 81다1349,81다카1209	179
대판 1981.6.23. 80다2005	845	대판 1982.6.22. 81다1298	1036
대판 1981.6.23. 80다3221	173	대판 1982.6.22. 81다1298,1299	877
대판 1981.6.23. 80다609	194	대판 1982.6.22. 81다카1283,1284	327, 612
대판 1981.6.23. 80므109	1221	대판 1982.6.22. 82다카90	124
대판 1981.7.7. 80다2613	406	대판 1982.7.13. 81다254	904, 1150
대판 1981.7.7. 80다2751	390	대판 1982.7.13. 81다648	199
대판 1981.7.7. 80다3122	657	대판 1982.7.27. 80다2968	21, 617, 628, 866, 867
대판 1981.7.14. 81다64	270		
대판 1981.7.28. 80다2668	61	대판 1982.7.27. 81다495	550
대판 1981.7.28. 81다145	1014	대판 1982.8.24. 82다카348	807
대판 1981.7.28. 81다209	808	대판 1982.9.14. 80다3063	58
대판 1981.8.11. 81다298	799, 801	대판 1982.9.14. 82다125	750
대판 1981.8.20. 80다2530	918	대판 1982.9.14. 82다144	62
대판 1981.8.25. 80다3204	194	대판 1982.9.14. 82다카707	891, 892
대판 1981.9.8. 80다1468	1093	대판 1982.9.28. 82다카177	194
대판 1981.9.8. 80다2649	299	대판 1982.9.28. 82다카499	84
대판 1981.9.22. 80다2270	329	대판 1982.10.12. 80누495	99
대판 1981.9.22. 81다588	829	대판 1982.11.23. 81다39	1021
대판 1981.10.6. 80다2699	246	대판 1982.11.23. 81다카1110	617, 623, 876, 929
대판 1981.10.13. 81다649	44, 45, 175	대판 1982.12.14. 80다459	902
대판 1981.10.27. 80다2784	607	대판 1982.12.14. 82다카413	1127, 1128

대판 1982.12.14. 82다카861	346
대판 1982.12.28. 80다2750	647, 648
대판 1982.12.28. 81다카870	893
대판 1982.12.28. 82다카984	1018
대판 1983.1.18. 82다594	140, 141
대판 1983.2.8. 80다1194	97
대판 1983.2.8. 81다카621	186
대판 1983.2.22. 82사18	60, 61
대판 1983.3.8. 80다3198	891
대판 1983.3.22. 전합82다카15	9
대판 1983.3.22. 전합82다카1533	10
대판 1983.4.12. 81다카692	230
대판 1983.4.12. 82므64	1177
대판 1983.4.26. 83다카57	380, 435, 789, 790
대판 1983.5.10. 81다187	987
대판 1983.5.24. 83다카208	802
대판 1983.6.14. 80다3231	2, 4
대판 1983.6.28. 82도2421	1282
대판 1983.6.28. 83다카88	546
대판 1983.7.12. 83므11	1193
대판 1983.7.12. 전합82누199	548
대판 1983.7.12. 전합82다708	957, 959
대판 1983.7.12. 전합82므59	1215, 1216, 1218
대판 1983.8.23. 83다카439	163
대판 1983.8.23. 83다카848	1000
대판 1983.9.27. 83므20,21	1204
대판 1983.9.27. 83므22	1173
대판 1983.9.27. 83므26	1210
대판 1983.11.22. 83다430	119, 127, 785
대판 1983.11.24. 83마469	1094
대판 1983.12.13. 83다119	97
대판 1983.12.13. 83다카1489	185
대판 1983.12.27. 83다548	86
대판 1983.12.27. 83므28	1173
대판 1984.1.24. 83다카1152	1000
대판 1984.2.28. 82므67	1176
대판 1984.3.1. 83다358	766
대판 1984.3.27. 83다323	846
대판 1984.3.27. 84므9	1179
대판 1984.4.10. 81다239	152
대판 1984.4.10. 83다카1222	333
대판 1984.4.10. 83다카1328,1329	152
대판 1984.5.15. 84다카108	777
대판 1984.6.12. 83다카2282	640
대판 1984.6.26. 81다524	194
대판 1984.7.24. 84다카68	138, 403
대판 1984.8.14. 84도1139	753
대판 1984.9.11. 83다카2288	489
대판 1984.9.11. 84다카781	1147
대판 1984.9.25. 84다카493	82
대판 1984.9.25. 84다카967	230
대판 1984.10.10. 84다카780	189
대판 1984.11.13. 84다카1204	188
대판 1984.11.24. 80다177	610, 613
대판 1984.12.11. 83다카1531	198
대판 1984.12.26. 전합84누572	242, 243
대판 1985.2.8. 84다카188	377
대판 1985.2.26. 84다카1578,1579	1042
대판 1985.2.26. 84다카1921	762
대판 1985.3.26. 84다카1621	1191
대판 1985.3.26. 84다카2001	996
대판 1985.3.26. 84다카269	860
대판 1985.4.9. 84다카130,131	622, 902
대판 1985.4.9. 전합84다카1131,1132	863, 1049
대판 1985.4.23. 84다카2159	439
대판 1985.4.23. 84다카890	146, 152
대판 1985.7.9. 84다카1866	975
대판 1985.8.13. 84다카979	800
대판 1985.8.13. 85다카421	779
대판 1985.9.10. 84다카1532	358, 633
대판 1985.9.10. 85므35	1179
대판 1985.9.24. 85다카451,452	1003, 1021
대판 1985.11.12. 84다카2494	892
대판 1985.11.12. 85다카1499	759
대판 1985.11.26. 84다카2543	582
대판 1985.11.26. 85다카1580	123
대판 1986.2.11. 84다카2454	577
대판 1986.2.25. 85다카1529	492
대판 1986.2.25. 85다카1812	511, 694, 695
대판 1986.2.25. 85다카1891	952

대판 1986.2.25. 85다카771	891
대판 1986.3.25. 85다카538	837
대판 1986.3.25. 85므85	1196
대판 1986.5.27. 86다154	457
대판 1986.5.27. 86다카280	976
대판 1986.5.27. 86다카62	1018, 1035, 1038
대판 1986.6.24. 86므9	1179
대판 1986.8.19. 85다카2306	974
대판 1986.8.19. 86다카448	150
대판 1986.9.9. 84다카2310	230
대판 1986.9.9. 85다카1337,1338	1187, 1188
대판 1986.9.9. 85다카1751	738
대판 1986.9.9. 85다카2275	1050
대판 1986.10.10. 86스20	59
대판 1986.11.11. 86도1982	1218, 1308
대판 1986.11.25. 86다카1569	260, 459
대판 1986.12.9. 86다카858	494
대판 1986.12.23. 86다카1751	989, 997, 1044
대판 1986.12.23. 86다카536	129
대판 1987.1.20. 85다카2197	326, 611, 627
대판 1987.1.20. 86다카1372	783, 990
대판 1987.1.20. 86다카1852	26
대판 1987.1.20. 86다카251	819
대판 1987.1.20. 86므86	1193
대판 1987.2.24. 86다215,86다카1071	1022
대판 1987.2.24. 86다카1695	686
대판 1987.3.10. 86다카1114	690
대판 1987.3.24. 84다카1324	847
대판 1987.3.24. 85다카1151	60, 61
대판 1987.3.24. 86다카1348	186
대판 1987.3.24. 86다카908	486
대판 1987.4.14. 86다카520	539
대판 1987.4.28. 86다2033	474, 1129
대판 1987.4.28. 86다카2534	86
대판 1987.4.28. 86다카2856	1108
대판 1987.5.12. 86다카2705	79
대판 1987.5.26. 86다카1058	1097
대판 1987.6.23. 85다카2239	752
대판 1987.6.23. 86다카1411	109, 179
대판 1987.6.23. 86다카2188	851, 1003, 1037
대판 1987.6.23. 86다카2951	761
대판 1987.7.7. 86다카1004	166, 176, 178
대판 1987.7.7. 86다카2762	571, 1062
대판 1987.8.18. 87다카191	975
대판 1987.8.18. 87다카768	782
대판 1987.9.8. 86다카1045	804
대판 1987.9.8. 86다카1349	71
대판 1987.9.8. 86다카754	196, 197
대판 1987.9.22. 86다카2151	779
대판 1987.9.22. 87다카1164	1174
대판 1987.9.23. 86다카1996,1997	991
대판 1987.10.13. 86다카1522	85, 176
대판 1987.10.13. 전합86다카2928	893
대판 1987.10.13. 86므129	1219
대판 1987.10.26. 86다카1755	540, 543
대판 1987.10.26. 87다카14	686
대판 1987.10.28. 87다카1185	802
대판 1987.10.28. 87다카946	111
대판 1987.11.10. 85다카1644	976, 1018
대판 1987.11.10. 86다카371	176
대판 1987.11.10. 87다카192	151
대판 1987.11.10. 87다카473	73
대판 1987.11.24. 87다카257,258	989
대판 1987.12.8. 87므44	1195
대판 1987.12.22. 86다카2994	819
대판 1988.1.19. 87다카1315	489, 699, 700, 702
대판 1988.2.9. 87다카273	109
대판 1988.2.23. 85므86	1230
대판 1988.2.23. 87다카600	728, 860
대판 1988.3.22. 86다카2747	817
대판 1988.3.22. 86다카622	876
대판 1988.3.22. 87다카1096	358
대판 1988.4.12. 87다카2404	1035
대판 1988.4.12. 87다카2429	494, 495
대판 1988.4.12. 87다카2641	664
대판 1988.4.25. 87다카1682	775, 989, 998
대판 1988.4.25. 87다카2696,2697	987
대판 1988.4.25. 87므28	1194
대판 1988.4.27. 87누915	18
대판 1988.5.10. 87다카1979	970

대판 1988.5.10. 87다카2578	135
대판 1988.5.24. 87다카3104	503
대판 1988.6.14. 88다카102	802
대판 1988.6.26. 88다카2516	817
대판 1988.6.28. 87다카12895	26, 625
대판 1988.8.9. 86다카1858	178
대판 1988.9.13. 88다카80	816
대판 1988.9.20. 86다카1662	806
대판 1988.9.27. 86다카2375,2376	365
대판 1988.9.27. 86다카2634	634
대판 1988.9.27. 87다카1637	878, 879
대판 1988.9.27. 87다카279	1041
대판 1988.9.27. 88다카1797	534
대판 1988.10.11. 85다카29	833
대판 1988.10.11. 87다카545	1119, 1122
대판 1988.10.24. 87다카1644	516
대판 1988.10.25. 86다카1729	473
대판 1988.10.25. 87다카1564	1045
대판 1988.11.8. 88다3253	316
대판 1988.11.22. 86다카1923	803
대판 1988.11.22. 87다카1836	506
대판 1988.12.13. 85다카1491	821
대판 1988.12.20. 87다카2685	1146
대판 1989.1.17. 87다카1271	151
대판 1989.1.24. 88므795	1174
대판 1989.1.31. 87다카2954	62
대판 1989.2.14. 87다카3073	1072
대판 1989.2.28. 87다카823	712
대판 1989.2.28. 88다1295	940
대판 1989.2.28. 88다카214	248
대판 1989.3.28. 88다카12803	305, 864
대판 1989.4.11. 87다카131	242
대판 1989.4.11. 87다카2901	237
대판 1989.4.11. 88다카13219	191
대판 1989.4.11. 88다카8217	970
대판 1989.4.25. 87다카2443	600
대판 1989.4.25. 88다카3618	960
대판 1989.4.25. 88다카4253,4260	379, 384, 391, 392, 487, 570
대판 1989.5.9. 88다카2271	635
대판 1989.5.23. 87다카2723	811
대판 1989.5.23. 88다카22626	192
대판 1989.6.13. 88다카13332	324
대판 1989.6.27. 88다카10579	233
대판 1989.7.11. 88다카21029	1058
대판 1989.7.11. 88다카9067	983
대판 1989.7.25. 88다카11053	548
대판 1989.7.25. 88다카6273	363, 364
대판 1989.7.25. 88다카9364	151
대판 1989.8.9. 88다카24868	1012
대판 1989.9.12. 87다카2691	82
대판 1989.9.12. 88누9305	216
대판 1989.9.12. 88다카10050	767
대판 1989.9.12. 88다카28044	45
대판 1989.9.12. 88다카34117	136
대판 1989.9.29. 89다카5994	786
대판 1989.10.10. 89다카2278	801
대판 1989.10.24. 88다카26802	1153
대판 1989.10.24. 88다카29269	837
대판 1989.10.27. 88다카23506	968, 969
대판 1989.10.27. 89다카4298	322
대판 1989.11.14. 88다카19033	108
대판 1989.11.14. 88다카29962	504, 512, 1273
대판 1989.11.14. 89다카15298	354, 659
대판 1989.11.24. 88다카25038	516, 528, 565
대판 1989.12.12. 88다카18788	736
대판 1989.12.26. 전합87다카2176	977
대판 1990.1.12. 88다카25168	979
대판 1990.1.12. 89다카4946	267
대판 1990.1.23. 88다카3250	192
대판 1990.1.23. 88다카7245,7252	722
대판 1990.1.25. 88다카29467	507
대판 1990.2.13. 88다카8132	485
대판 1990.2.13. 89다카11401	742
대판 1990.2.13. 89다카23022	924
대판 1990.2.13. 89재다카89	1261
대판 1990.2.23. 88다카32425,324320	720
대판 1990.2.27. 89다카12775	92
대판 1990.2.27. 89다카1381	23, 476
대판 1990.3.9. 88다카31866	618, 734, 735

대판 1990.3.9. 89다카29	345
대판 1990.3.27. 88다카181	199
대판 1990.3.27. 89다카14110	610, 612
대판 1990.3.27. 89다카17676	654
대판 1990.4.10. 89다카24834	532
대판 1990.4.24. 89다카18884	743, 744
대판 1990.4.27. 89다카2100	198
대판 1990.5.8. 89다카29129	360, 846
대판 1990.5.8. 90다카1097	1000
대판 1990.5.22. 90다카230	324
대판 1990.5.22. 90다카7026	151
대판 1990.6.26. 89다카24094	1020
대판 1990.6.26. 90다카8692	99
대판 1990.7.10. 89다카12152	106, 1127
대판 1990.7.10. 90다카7460	148, 207, 208
대판 1990.7.24. 89누8224	27
대판 1990.8.28. 90다카10343	313
대판 1990.8.28. 90다카9619	18
대판 1990.10.16. 90다카20210	361
대판 1990.10.23. 90다카5624	1188, 1200
대판 1990.10.30. 89다카35421	427
대판 1990.11.9. 90다카10305	535, 537
대판 1990.11.9. 90다카22513	245
대판 1990.11.9. 90다카22674	768
대판 1990.11.9. 90다카7262	525
대판 1990.11.13. 90다5238	950
대판 1990.11.13. 90다카17153	775
대판 1990.11.13. 90다카23882	345
대판 1990.11.13. 90다카26065	460
대판 1990.11.27. 90다카25222	146, 330, 632
대판 1990.11.27. 90다카27662	114, 480
대판 1990.11.27. 전합87다카2961	897
대판 1990.12.7. 90다카24939	624
대판 1990.12.11. 88다카4727	377
대판 1990.12.26. 88다카20224	856, 857
대판 1990.12.26. 89다카26113	898
대판 1990.12.26. 90다카24816	1099
대판 1990.12.26. 90다카25383	321
대판 1991.1.11. 90다8954	804
대판 1991.1.15. 88다카19002	958
대판 1991.1.15. 90다13170	818
대판 1991.1.25. 90다6491	846
대판 1991.1.25. 90다카26812	198
대판 1991.1.25. 90다카27587	356
대판 1991.1.29. 89다카1114	279
대판 1991.2.22. 90다13420	225, 641
대판 1991.2.22. 90다카19470	1255
대판 1991.2.26. 90다카24526	1143
대판 1991.3.12. 90다카27570	276
대판 1991.3.12. 전합90다2147	302
대판 1991.3.22. 90다9797	244, 330, 702
대판 1991.3.22. 91다520	788
대판 1991.3.22. 91다70	917, 920, 1086
대판 1991.3.26. 91다14116	360
대판 1991.3.27. 90다19930	323, 326
대판 1991.3.27. 90다8374	347
대판 1991.3.27. 90다카20357	724
대판 1991.3.27. 90다카27740	148
대판 1991.3.27. 91다650,667	998
대판 1991.4.9. 90다18500	815
대판 1991.4.9. 90다18968	751
대판 1991.4.9. 91다3260	726
대판 1991.4.12. 90다11967	1095
대판 1991.4.12. 90다20220	1009
대판 1991.4.12. 90다9407	385, 389
대판 1991.4.12. 90다9872	547, 979
대판 1991.4.12. 91다2601	628
대판 1991.4.12. 91다3932	818
대판 1991.4.23. 91다4478	99, 947
대판 1991.4.23. 91다5761	905, 906
대판 1991.4.23. 91다78	99
대판 1991.5.10. 90다14423	448, 814
대판 1991.5.10. 90다20039	1021
대판 1991.5.10. 91다3918	818
대판 1991.5.10. 91다7255	805
대판 1991.5.14. 91다2779	861
대판 1991.5.28. 90다8558	68, 84
대판 1991.5.28. 90다카16761	26, 625
대판 1991.5.28. 91다3055	545
대판 1991.6.11. 91다8593	16

대판 1991.6.25. 88다카6358	91, 756
대판 1991.6.25. 90다14225	967, 968
대판 1991.6.28. 90다16214	1042
대판 1991.7.12. 90다8343	626
대판 1991.7.23. 90다12670	951
대판 1991.7.23. 90다18678	524
대판 1991.7.26. 91다8104	334
대판 1991.8.13. 91다13717	630
대판 1991.8.13. 91다18118	686
대판 1991.8.13. 91다6856	784
대판 1991.8.27. 90다8237	1264, 1274
대판 1991.8.27. 91다17894	360
대판 1991.9.10. 91다19623	950
대판 1991.9.10. 91다6160	136
대판 1991.9.10. 91다6368	322, 332, 646
대판 1991.9.13. 91므85, 92	1195
대판 1991.9.13. 96다16334,16341	122
대판 1991.9.24. 88다카33855	1005
대판 1991.9.24. 91다23639	1007
대판 1991.10.8. 91다17139	777
대판 1991.10.11. 91다13700	890
대판 1991.10.11. 91다21640	665
대판 1991.10.11. 91다25369	299
대판 1991.10.22. 90다20244	460
대판 1991.10.25. 91다22605,22612	291, 683
대판 1991.11.8. 91다25383	200
대판 1991.11.12. 91다29736	511
대판 1991.11.12. 91다9503	541
대판 1991.11.22. 91다30705	759
대판 1991.11.22. 91다8821	71
대판 1991.11.26. 91다11810	57, 60
대판 1991.11.26. 91다23103	324, 345
대판 1991.11.26. 91다32466	44, 45, 177
대판 1991.11.26. 91다34387	884, 1018
대판 1991.12.10. 91다27396	652
대판 1991.12.10. 91다33056	735
대판 1991.12.10. 91므245	1182
대판 1991.12.10. 91므344	1174, 1179
대판 1991.12.10. 91므535	1175, 1180
대판 1991.12.13. 91다18316	907
대판 1991.12.13. 91다29446	855
대판 1991.12.24. 91다11223	542
대판 1991.12.24. 전합90다12243	118, 210, 211, 905
대판 1991.12.24. 전합90다5740	1254, 1255
대판 1991.12.24. 전합90다카23899	585
대판 1991.12.27. 91다3208	127, 143, 190, 219, 437
대판 1991.12.27. 91므30	1177
대판 1992.1.21. 91다30118	19
대판 1992.2.11. 91다36239	749
대판 1992.2.11. 91다36932	1142
대판 1992.2.11. 91다40399	951
대판 1992.2.14. 91다24564	87
대판 1992.2.22. 91다25574	541
대판 1992.2.25. 91다28344	634
대판 1992.2.25. 91다38419	148
대판 1992.2.25. 91다44544	118
대판 1992.2.25. 91다9312	380
대판 1992.2.28. 91다17443	937
대판 1992.3.10. 91다43329	967
대판 1992.3.10. 91마256	1068
대판 1992.3.27. 91다34790	742
대판 1992.3.31. 91다29804	15
대판 1992.3.31. 91다42630	738
대판 1992.3.31. 92다1148	123, 789, 1017
대판 1992.3.31. 전합91다32053	252
대판 1992.4.10. 91다43138	579
대판 1992.4.10. 91다43695	256
대판 1992.4.14. 91다43107	173
대판 1992.4.14. 91다43527	612
대판 1992.4.14. 91다45202,45219	716
대판 1992.4.14. 91다46533	976, 1018
대판 1992.4.14. 92다169	260
대판 1992.4.14. 92다1728	19
대판 1992.4.24. 91다26379,26386	999
대판 1992.4.28. 91다29972	328, 619, 660
대판 1992.4.28. 91다30941	26, 200
대판 1992.4.28. 91다32527	644
대판 1992.5.12. 90다8855	1094, 1151

대판 1992.5.12. 91다2151	368, 606
대판 1992.5.12. 91다26546	217, 218, 908
대판 1992.5.12. 91다3062	460, 538
대판 1992.5.12. 92다4581	338
대판 1992.5.22. 91다41187	390
대판 1992.5.22. 92다2127	1252
대판 1992.5.22. 92다2295	134
대판 1992.5.22. 92다5584	231, 232
대판 1992.5.22. 92다9755	1255
대판 1992.5.26. 90므1135	1206
대판 1992.5.26. 91다32190	189
대판 1992.5.26. 92다3670	135, 595, 596
대판 1992.6.12. 92다12384,912391	17
대판 1992.6.12. 92다7221	1045
대판 1992.6.23. 91다38266	931, 932
대판 1992.6.23. 92다4130	627
대판 1992.6.23. 전합91다33070	450, 651, 805
대판 1992.7.10. 92다2431	91
대판 1992.7.14. 92다2455	60, 61
대판 1992.7.14. 92다527	381
대판 1992.7.24. 91므566	1217
대판 1992.7.24. 92다749	75
대판 1992.7.28. 91다44766	641
대판 1992.7.28. 91다5624	582
대판 1992.7.28. 92다14786	123
대판 1992.7.28. 92다16911	16
대판 1992.8.14. 92다16171	1187
대판 1992.8.18. 92다6266	628
대판 1992.9.8. 92다18184	1021
대판 1992.9.14. 92다9463	613
대판 1992.9.22. 91다25703	326
대판 1992.9.25. 91다37553	443, 465, 470
대판 1992.9.25. 91다45929	848
대판 1992.9.25. 92다21258	967
대판 1992.10.9. 92다23087	81, 92
대판 1992.10.9. 92다28075	763
대판 1992.10.13. 91다37270	306
대판 1992.10.13. 92다16836	206, 213
대판 1992.10.23. 92다29337	152
대판 1992.10.27. 90다13628	439
대판 1992.10.27. 91다32022	342
대판 1992.10.27. 91다41064	267
대판 1992.10.27. 91다483	316, 380
대판 1992.10.27. 92다16522	898
대판 1992.10.27. 92다21050	807
대판 1992.10.27. 92다21784	623, 656, 1112
대판 1992.10.27. 92다30047	889
대판 1992.10.27. 92다34582	838
대판 1992.10.27. 92다3984	1045
대판 1992.10.27. 92프204,211	124
대판 1992.11.10. 92다20170	15
대판 1992.11.10. 92다20774	974
대판 1992.11.10. 전합92다4680	517, 887, 888
대판 1992.11.27. 92다30405	759, 764
대판 1992.11.27. 92다31842	192
대판 1992.12.11. 92다33169	787
대판 1992.12.22. 92다28518	333
대판 1992.12.22. 92다30528	951
대판 1992.12.24. 92다22114	226, 950, 990
대판 1992.12.24. 92다25120	157
대판 1993.1.15. 92다39365	173
대판 1993.1.19. 92다30603	1011
대판 1993.1.19. 92다31323	607, 609
대판 1993.1.19. 92다37727	649
대판 1993.1.19. 전합91다1226	96
대판 1993.1.26. 92다11008	416
대판 1993.1.26. 92다39112	118, 904
대판 1993.2.9. 92다31668	808
대판 1993.2.9. 92다37482	1022
대판 1993.2.9. 92다47892	123
대판 1993.2.12. 92다23193	508, 509, 513
대판 1993.2.12. 92다25151	399
대판 1993.2.12. 92도3234	861
대판 1993.2.23. 92다52436	109, 191
대판 1993.2.26. 92다3083	240, 1256
대판 1993.2.26. 92다41627	721
대판 1993.2.26. 92다48635	782
대판 1993.3.9. 92다5300	935, 1086
대판 1993.3.12. 92다48512	522, 1223, 1224
대판 1993.3.12. 92다48567	1119

대판 1993.3.18. 98다32175	239	대판 1993.7.13. 93다17980	478
대판 1993.3.26. 91다14116	738, 740, 1071	대판 1993.7.16. 92다37871	958
대판 1993.3.26. 92다32876	381	대판 1993.7.16. 92다41528	133
대판 1993.4.9. 92다25946	648, 649	대판 1993.7.16. 92다41528,41535	125
대판 1993.4.9. 92므938	1195	대판 1993.7.16. 92므372	1230
대판 1993.4.13. 92다12070	1145	대판 1993.7.16. 93다17324	690
대판 1993.4.13. 92다24950	695, 696, 698, 699, 862	대판 1993.7.27. 91다33766	212, 213
대판 1993.4.13. 92다3595	1307	대판 1993.7.27. 91므306	1216
대판 1993.4.13. 92다54524	44	대판 1993.7.27. 92다15031	750
대판 1993.4.13. 92다55756	1037	대판 1993.7.27. 92다52795	239
대판 1993.4.19. 93므430	217, 1177	대판 1993.7.27. 93다11968	608
대판 1993.4.23. 92다19163	541	대판 1993.7.27. 93다20986,20993	626
대판 1993.4.23. 92다41719	365	대판 1993.7.27. 93다6386	725
대판 1993.4.27. 92다45308	696	대판 1993.8.13. 92다43142	861, 862, 1105
대판 1993.4.27. 92다56087	11, 88, 160	대판 1993.8.13. 92다52665	156
대판 1993.4.27. 93다4663	32	대판 1993.8.14. 91다41316	439
대판 1993.5.11. 91다46861	1055	대판 1993.8.24. 92다43975	867
대판 1993.5.11. 92다48918,48925	940	대판 1993.8.24. 92다56490	325
대판 1993.5.11. 92다52870	1003, 1004	대판 1993.8.24. 92므907	20, 1180
대판 1993.5.14. 92다45025	227, 228, 781	대판 1993.8.24. 93다12	1255, 1259, 1278, 1279
대판 1993.5.14. 93다4366	14, 16	대판 1993.8.27. 92다23339	599
대판 1993.5.25. 92다15574	665	대판 1993.8.27. 93다17379	490
대판 1993.5.25. 92다31125	595	대판 1993.8.27. 93다21156	183
대판 1993.5.25. 92다51280	970	대판 1993.8.27. 93다4250	976
대판 1993.5.25. 92다5744,5751	759	대판 1993.9.10. 92다42897	590
대판 1993.5.25. 93다296	122	대판 1993.9.10. 93다20283	647
대판 1993.5.27. 92므143	1198, 1206, 1262	대판 1993.9.14. 92다1353	1125
대판 1993.5.27. 93다4656	470, 472	대판 1993.9.14. 93다12268	333, 963
대판 1993.5.27. 93다4908	115	대판 1993.9.14. 93다21569	248
대판 1993.5.27. 93다4908,4915,4922	589, 638	대판 1993.9.14. 93다28799	75
대판 1993.6.11. 93므11	1193	대판 1993.9.14. 93다8054	69
대판 1993.6.11. 93므171	1173	대판 1993.9.28. 92다55794	571, 1126
대판 1993.6.25. 92다56674	653	대판 1993.9.28. 93다16369	1190
대판 1993.6.25. 93다11821	345, 346, 370	대판 1993.9.28. 93다20832	230
대판 1993.6.29. 92다38881	152	대판 1993.9.28. 93다22883	967
대판 1993.6.29. 93다10781	1043, 1050, 1052	대판 1993.9.28. 93다31634,31641	152, 588, 654
대판 1993.6.29. 93다11050	999	대판 1993.10.8. 93다25738	721
대판 1993.6.29. 93다19108	508, 513	대판 1993.10.8. 93다25738,25745	718
대판 1993.7.13. 92다33251	533	대판 1993.10.12. 93다18914	169
		대판 1993.10.12. 93다19924	129

대판 1993.10.22. 93다14912	150	대판 1994.2.8. 93다42986	1020
대판 1993.10.26. 93다2483	932, 997	대판 1994.2.8. 93다53092	390
대판 1993.10.26. 93다2629	104	대판 1994.2.8. 93도2869	1193
대판 1993.10.26. 93다27611	1143	대판 1994.2.22. 93다42047	169, 186
대판 1993.11.9. 93다1203,1121	317	대판 1994.2.22. 93다49338	523
대판 1993.11.9. 93다19115	358	대판 1994.2.22. 93다55241	706
대판 1993.11.9. 93다22845	940	대판 1994.2.25. 93다38444	555, 837
대판 1993.11.9. 93다28928	644	대판 1994.2.25. 93다39225	873, 1014
대판 1993.11.9. 93다37915	595, 596	대판 1994.2.28. 전합93다13605	799, 800
대판 1993.11.12. 93다34589	724	대판 1994.3.11. 93다55289	123, 435, 789
대판 1993.11.23. 83다카531	899	대판 1994.3.22. 전합93다46360	961, 967
대판 1993.11.23. 92다38980	658	대판 1994.3.22. 전합93다9392,9408	1008
대판 1993.11.23. 93다10552,10569	693	대판 1994.3.25. 93다32668	105
대판 1993.11.23. 93다22326	1020	대판 1994.3.25. 93다32828,32835	74
대판 1993.11.23. 93다25080	737, 738	대판 1994.4.12. 93다50666,50673	967
대판 1993.11.23. 93다25127	845	대판 1994.4.12. 93다56053	1036
대판 1993.11.23. 93다37328	649	대판 1994.4.12. 93다60779	970, 971
대판 1993.11.23. 93다4083	691	대판 1994.4.15. 92다25885	824
대판 1993.11.26. 93다36806	672	대판 1994.4.15. 93다60120	952, 960
대판 1993.12.7. 93다36615	686	대판 1994.4.15. 94다5502	817
대판 1993.12.10. 93다12947	787, 789, 790	대판 1994.4.15. 94다798	1256
대판 1993.12.10. 93다42399	861	대판 1994.4.26. 92다34100	930
대판 1993.12.14. 93다17959	1125	대판 1994.4.26. 93다24223	569
대판 1993.12.14. 93다5581	852, 954	대판 1994.4.26. 전합93다24223	496, 498, 545, 569, 1087
대판 1993.12.21. 전합92다47861	253	대판 1994.4.29. 93다35551	493
대판 1993.12.24. 93다39676	707	대판 1994.4.29. 94다1302	1237
대판 1993.12.24. 93다42603	25	대판 1994.5.10. 93다25417	1133, 1136, 1140
대판 1993.12.24. 93다44319	27, 215	대판 1994.5.10. 93다37977	677
대판 1994.1.11. 93다21477	470	대판 1994.5.10. 93다47615	612
대판 1994.1.14. 92다28716	4, 98	대판 1994.5.13. 94다2190	509
대판 1994.1.25. 92다20132	1147	대판 1994.5.13. 94다8400	670
대판 1994.1.25. 93다51874	356	대판 1994.5.13. 94다8440	670
대판 1994.1.25. 전합93다16338	867, 1125	대판 1994.5.13. 94다9856	553
대판 1994.1.28. 93다43590	286	대판 1994.5.27. 93다21521	191, 448
대판 1994.1.28. 93다49871	1020	대판 1994.6.10. 93다24810	146, 149
대판 1994.1.28. 93다50215	67	대판 1994.6.10. 94다11606	721, 984
대판 1994.2.8. 92다31675	136	대판 1994.6.10. 94다2701	113
대판 1994.2.8. 92다31675	1017, 1018	대판 1994.6.14. 93다45015	97
대판 1994.2.8. 93다23367	899, 975	대판 1994.6.14. 94다2961,2978	405
대판 1994.2.8. 93다39379	173		

대판 1994.6.24. 94다10337	477	대판 1994.11.25. 94다12234	18, 19
대판 1994.6.24. 94다10900	130	대판 1994.12.2. 93다1596	1009
대판 1994.6.24. 94다14193	949	대판 1994.12.2. 93다31672	671
대판 1994.6.24. 94다3155	687	대판 1994.12.2. 93다52297	1052
대판 1994.6.24. 94다7737	258	대판 1994.12.2. 93다59922	255
대판 1994.6.28. 93다51539	357	대판 1994.12.9. 94다27809	932, 989
대판 1994.6.28. 93다55777	1000	대판 1994.12.9. 94다34692	681
대판 1994.6.28. 93도696	832	대판 1994.12.13. 93다59779	354
대판 1994.6.28. 94다2787	808	대판 1994.12.13. 93다951	497, 610, 613
대판 1994.6.28. 94므413	1175	대판 1994.12.13. 전합93다951	319, 516, 528, 545, 565
대판 1994.7.29. 93다58431	628		
대판 1994.7.29. 93다59717,59724	725	대판 1994.12.22. 93다55234	785
대판 1994.8.12. 92다41559	603	대판 1994.12.22. 94다41072,41089	771, 1035
대판 1994.8.12. 93다52808	554	대판 1994.12.23. 94다40734	972
대판 1994.8.26. 93다20191	293	대판 1994.12.27. 94다25513	956
대판 1994.8.26. 93다42276	544	대판 1994.12.27. 94다46008	476
대판 1994.8.26. 93다44739	1105, 1151	대판 1995.1.12. 94다30348,30355	1010
대판 1994.8.26. 94다20952	305	대판 1995.1.20. 94다3421	823
대판 1994.8.26. 94다28970	1054	대판 1995.1.24. 93다32200	518, 520, 522, 1224
대판 1994.9.9. 93다31191	207	대판 1995.1.24. 94다40987	596
대판 1994.9.9. 93다40256	752	대판 1995.2.3. 94다51178,51185	724
대판 1994.9.9. 94다17536	1203	대판 1995.2.10. 93다52402	822
대판 1994.9.13. 94다10160	890	대판 1995.2.10. 94다13473	82
대판 1994.9.27. 94다20617	26, 200	대판 1995.2.10. 94다18508	1056, 1057, 1061, 1062, 1065
대판 1994.9.27. 94다21542	60, 62		
대판 1994.9.27. 94다25032	852	대판 1995.2.10. 94다22651	899, 975
대판 1994.9.30. 93다27703	97	대판 1995.2.10. 94다28468	960
대판 1994.9.30. 94다20389	718	대판 1995.2.10. 94다30263	839
대판 1994.9.30. 94다32085	777	대판 1995.2.10. 94다39369	377
대판 1994.9.30. 94다32986	737	대판 1995.2.10. 94다44774,44781	319
대판 1994.10.14. 94다3964	360, 684	대판 1995.2.10. 94다45869,45876	951
대판 1994.10.14. 94다8334	1269, 1270	대판 1995.2.10. 94다52402	824
대판 1994.10.21. 94다18249	1253	대판 1995.2.17. 94다52751	60
대판 1994.10.25. 93다54064	1015	대판 1995.2.24. 94다18195	972
대판 1994.10.28. 94므246,253	1205, 1206, 1262	대판 1995.3.3. 94다33514	534
대판 1994.11.8. 94다29560	189	대판 1995.3.3. 94다4691	943
대판 1994.11.11. 94다22446	313, 358	대판 1995.3.3. 94다7348	978, 1000
대판 1994.11.11. 94다34012	573	대판 1995.3.10. 94다16571	1267
대판 1994.11.18. 92다33701	1255	대판 1995.3.10. 94다39567	822
대판 1994.11.22. 94다5458	685, 1035	대판 1995.3.10. 94다49687,49694	947

대판 1995.3.10. 94다52522	685
대판 1995.3.10. 94므1379	1199
대판 1995.3.14. 94다26646	326, 880
대판 1995.3.17. 93다32996	522
대판 1995.3.24. 94다44620	150
대판 1995.3.28. 93다47745	903
대판 1995.3.28. 94다59745	616, 1006
대판 1995.3.28. 94므1447	1175, 1212
대판 1995.3.28. 94므1584	1201, 1211
대판 1995.3.28. 전합93다47745	935, 963, 966, 973, 974
대판 1995.4.7. 93다54736	1274
대판 1995.4.7. 94다11835	1248
대판 1995.4.7. 94다59868	518
대판 1995.4.11. 94다39925	1042, 1049
대판 1995.4.25. 94다37073	476
대판 1995.4.28. 93다26397	212
대판 1995.4.28. 94다16083	293, 347, 514, 598
대판 1995.4.28. 94다36162	1146
대판 1995.5.9. 94다38403	886
대판 1995.5.12. 93다44531	66
대판 1995.5.12. 93다48373	563, 564
대판 1995.5.12. 94다24336	263
대판 1995.5.12. 94다25551	227, 781
대판 1995.5.23. 94다39987	974
대판 1995.5.23. 94마2218	853
대판 1995.5.23. 전합94다28444	61
대판 1995.5.26. 95다6878	878
대판 1995.6.9. 94다13480	970
대판 1995.6.9. 94다32580	405
대판 1995.6.13. 95다1088	949
대판 1995.6.16. 94다4615	899
대판 1995.6.16. 95다11146	559
대판 1995.6.29. 94다22071	917
대판 1995.6.29. 94다6345	861, 982
대판 1995.6.30. 94다13435	839
대판 1995.6.30. 94다23920	847
대판 1995.6.30. 94다32207	333
대판 1995.6.30. 94다40444	476
대판 1995.6.30. 95다12927	719, 722
대판 1995.6.30. 95다14190	644
대판 1995.7.11. 94다4509	970, 974
대판 1995.7.11. 95다12446	259, 275, 279, 282
대판 1995.7.11. 전합94다34265	726
대판 1995.7.14. 94다15318	1007
대판 1995.7.14. 94다19600	448
대판 1995.7.14. 94다38342	653, 682
대판 1995.7.14. 94다40147	125, 171, 303
대판 1995.7.14. 94다50533	996
대판 1995.7.14. 94다51994	789
대판 1995.7.25. 94다46428	696, 1155
대판 1995.7.25. 95다14664	673, 699
대판 1995.7.25. 95다5929	334
대판 1995.7.28. 95다2074	340
대판 1995.7.28. 95다9075,9082	1038, 1042
대판 1995.8.11. 94다54108	786
대판 1995.8.11. 94다58599	507
대판 1995.8.11. 95다177	687
대판 1995.8.22. 94다39365	173
대판 1995.8.22. 95다15575	904, 906
대판 1995.8.25. 94다27069	18, 19, 779
대판 1995.8.25. 94다35886	238, 960
대판 1995.8.25. 95다18659	940
대판 1995.9.5. 94다30867	433
대판 1995.9.5. 95다21303	91
대판 1995.9.5. 95다24586	968, 969
대판 1995.9.15. 94다23067	1275
대판 1995.9.15. 94다41485	456
대판 1995.9.15. 94다59943	220, 770, 773
대판 1995.9.15. 94다61144	727
대판 1995.9.15. 95다13371	500, 541
대판 1995.9.15. 95다16202	734
대판 1995.9.15. 95다16202,16219	1073
대판 1995.9.15. 95다23378	826, 827, 996
대판 1995.9.26. 94므1638	1210
대판 1995.9.26. 95다23743	192
대판 1995.9.26. 95다27769	1289
대판 1995.9.26. 95다4681	568, 570
대판 1995.9.29. 94다4912	108
대판 1995.9.29. 95다30178	270

대판 1995.10.12. 95다22283	676, 678, 1017
대판 1995.10.12. 95다23156	1200
대판 1995.11.7. 94다7669	97
대판 1995.11.10. 94다22682,22699	241, 641, 642
대판 1995.11.14. 95므694	1175
대판 1995.11.21. 94다45753,45760	596
대판 1995.11.21. 95므731	1177
대판 1995.11.28. 95다27905	399
대판 1995.12.5. 94다50229	750
대판 1995.12.5. 95다21808	17
대판 1995.12.5. 95다22061	781
대판 1995.12.8. 94므1676,1683	1171
대판 1995.12.8. 95다38493	970
대판 1995.12.12. 95다11344	583
대판 1995.12.12. 95다32037	624
대판 1995.12.12. 95다40076	363
대판 1995.12.21. 전합94다26721	556
대판 1995.12.22. 94다42129	12, 477
대판 1995.12.22. 95다37087	147, 150
대판 1995.12.26. 94다44675	118, 903, 913
대판 1995.12.26. 95다29888	878, 879, 927, 929
대판 1995.12.26. 95다42195	726
대판 1996.1.23. 94다31631	739
대판 1996.1.23. 95다39854	249, 269, 282
대판 1996.1.26. 94다30690	183
대판 1996.1.26. 94다45562	933
대판 1996.1.26. 94다5472	358
대판 1996.1.26. 95다24654	976
대판 1996.1.26. 95다30338	686
대판 1996.1.26. 95다43358	635
대판 1996.1.26. 95다44290	226, 865, 990, 1007
대판 1996.2.9. 94다38250	456
대판 1996.2.9. 94다57817	614
대판 1996.2.9. 94다61649	1264
대판 1996.2.9. 95다17885	1301, 1302, 1306
대판 1996.2.9. 95다27431	23
대판 1996.2.13. 95누11023	1042
대판 1996.2.13. 95다47619	621, 631, 632
대판 1996.2.15. 95다38677	784
대판 1996.2.23. 94다21160	532
대판 1996.2.23. 95다22887	843
대판 1996.2.23. 95다48421	687
대판 1996.2.23. 95다49141	456
대판 1996.2.27. 95다21662	510
대판 1996.2.27. 95다29345	684
대판 1996.2.27. 95다35616	690, 705
대판 1996.2.27. 95다38875	793, 905
대판 1996.2.27. 95다43044	626
대판 1996.3.8. 95다15087	677
대판 1996.3.8. 95다34866	883, 963
대판 1996.3.8. 95다36596	1120
대판 1996.3.8. 95다54006	635
대판 1996.3.8. 95다55467	630
대판 1996.3.12. 94다5640	99
대판 1996.3.12. 95다51953	685
대판 1996.3.21. 전합93다42634	724
대판 1996.3.22. 95다55184	1101
대판 1996.3.26. 95다45545,45552,45569	1275, 1288
대판 1996.3.26. 96다3791	246, 275
대판 1996.4.9. 95다48780	653
대판 1996.4.9. 96다1139	44
대판 1996.4.12. 93다40614	834, 835, 836, 838
대판 1996.4.12. 94다37714,37721	33, 35, 637, 1297
대판 1996.4.12. 95다2135	872
대판 1996.4.12. 95다49882	488
대판 1996.4.12. 95다54167	385, 388
대판 1996.4.12. 95다55245	647, 655
대판 1996.4.12. 95다56095	823
대판 1996.4.23. 95다55986	111
대판 1996.4.26. 94다12074	139, 142
대판 1996.4.26. 94다34432	115, 123
대판 1996.4.26. 95다52864	862, 863, 864, 1051
대판 1996.4.26. 95다54426,54433	123, 1277
대판 1996.5.10. 95다55504	524
대판 1996.5.10. 96다6554	324, 645
대판 1996.5.10. 96다8468	847
대판 1996.5.14. 94다54283	17, 18, 19, 20
대판 1996.5.14. 95다24975	734

대판 1996.5.14. 96다5506	1172		대판 1996.8.20. 96다17653	622	
대판 1996.5.16. 전합95누4810	83		대판 1996.8.20. 96다18656	98, 647	
대판 1996.5.28. 95다40328	956		대판 1996.8.23. 94다38199	118, 119, 185, 586	
대판 1996.5.31. 94다27205	144		대판 1996.8.23. 94다49922	952	
대판 1996.5.31. 94다35985	382, 1262		대판 1996.8.23. 95다8713	1076	
대판 1996.6.11. 95다12798	353, 735		대판 1996.8.23. 96다18076	113, 118	
대판 1996.6.14. 94다46374	129		대판 1996.9.6. 94다54641	677	
대판 1996.6.14. 94다53006	2		대판 1996.9.10. 96다19758	584	
대판 1996.6.14. 94다61359,61366	357, 358		대판 1996.9.10. 96다25463	857, 858, 859	
대판 1996.6.14. 95다11429	369, 370		대판 1996.9.20. 96다21119	1294	
대판 1996.6.14. 95다53812	1124		대판 1996.9.20. 96다24279,24286	937	
대판 1996.6.14. 95다54693	328		대판 1996.9.20. 96다25302	248, 300	
대판 1996.6.14. 96다14036	1053		대판 1996.9.20. 96다25319	935, 1260	
대판 1996.6.14. 96다14517	725		대판 1996.9.20. 96다25371	225, 241	
대판 1996.6.14. 96다2729	98		대판 1996.9.20. 96다4442	734	
대판 1996.6.21. 66다530	229		대판 1996.9.20. 96므530	1209, 1211	
대판 1996.6.25. 95다6601	340, 667		대판 1996.9.24. 96다11334	251	
대판 1996.6.28. 94므1089	1173		대판 1996.10.11. 95다47992	893	
대판 1996.6.28. 96다12696	71		대판 1996.10.11. 96다23719	955	
대판 1996.6.28. 96다14807	985, 1157		대판 1996.10.11. 96다27476	505	
대판 1996.6.28. 96다3982	211, 905, 906		대판 1996.10.11. 96다30182	801	
대판 1996.6.28. 96다9218	965, 1154		대판 1996.10.17. 전합96다12511	890, 899, 975	
대판 1996.7.9. 96다14364,14371	594, 740		대판 1996.10.25. 96다21393,21409	737	
대판 1996.7.9. 96다16612	562		대판 1996.10.25. 96다23825	212	
대판 1996.7.12. 95다41161	994		대판 1996.10.25. 96다29151	127, 143	
대판 1996.7.12. 95다49554	186		대판 1996.10.25. 96다30113	797, 845, 846	
대판 1996.7.12. 96다17776	1148		대판 1996.10.29. 95다17533	476, 477	
대판 1996.7.12. 96다7106	665		대판 1996.10.29. 95다2494	1120	
대판 1996.7.12. 96다7250,7267	330		대판 1996.11.8. 95다25060	541	
대판 1996.7.26. 94다25964	148		대판 1996.11.15. 94다35343	142	
대판 1996.7.26. 95다25138	632		대판 1996.11.16. 96다34061	24	
대판 1996.7.26. 96다7762	213		대판 1996.11.22. 95다39219	806	
대판 1996.7.30. 94다51840	18		대판 1996.11.22. 96다10270	45	
대판 1996.7.30. 95누7765	596		대판 1996.11.22. 96다34009	778	
대판 1996.7.30. 95다16011	627		대판 1996.11.22. 96다38216	926	
대판 1996.7.30. 95다30734	892		대판 1996.11.26. 96다27148	751	
대판 1996.7.30. 95다7932	484, 702, 738		대판 1996.11.26. 96다35590,35606	615	
대판 1996.7.30. 96다6974	1146, 1147		대판 1996.11.29. 96다33433	950	
대판 1996.8.20. 94다44705	719		대판 1996.12.6. 95다24982	154, 222	
대판 1996.8.20. 96다13682	1301		대판 1996.12.6. 96다35774	539	

대판 1996.12.10. 94다43825	338, 340, 970, 974	
대판 1996.12.10. 94다56098	614	
대판 1996.12.10. 96다23238	1260	
대판 1996.12.10. 96다36289	354	
대판 1996.12.19. 전합94다22927	841	
대판 1996.12.20. 96다14661	945	
대판 1996.12.23. 95다40038	159	
대판 1996.12.23. 95다48308	1179, 1181	
대판 1997.1.21. 96다4688	1255	
대판 1997.1.24. 96다26176	115	
대판 1997.1.24. 96다41335	957	
대판 1997.2.14. 95다31645	23	
대판 1997.2.14. 96다44242,44259	738	
대판 1997.2.14. 96다46668	724	
대판 1997.2.14. 96프738	1218, 1220, 1307	
대판 1997.2.25. 96다38322	163	
대판 1997.2.25. 96다43454	738	
대판 1997.2.25. 96다45436	736	
대판 1997.2.28. 96다26190	254	
대판 1997.2.28. 96다49933	212	
대판 1997.3.11. 96다37428	21	
대판 1997.3.11. 96다44747	491	
대판 1997.3.11. 96다50797	1142	
대판 1997.3.14. 96다22464	211, 905	
대판 1997.3.14. 96다55860	953	
대판 1997.3.14. 96프1533,1540	1201	
대판 1997.3.25. 96다47951	131	
대판 1997.3.25. 96다51271	187	
대판 1997.3.28. 96다10638	356, 963	
대판 1997.3.28. 96다15374	800	
대판 1997.4.8. 96다45443	727	
대판 1997.4.8. 96다54232	450	
대판 1997.4.8. 96다54249	724	
대판 1997.4.8. 96다54942	194	
대판 1997.4.8. 97다416	999	
대판 1997.4.11. 95다48414	768	
대판 1997.4.11. 96다31109	323	
대판 1997.4.11. 96다45917	967	
대판 1997.4.11. 97다5824	958	
대판 1997.4.22. 96다56443	506	
대판 1997.4.25. 96다44778	681	
대판 1997.4.25. 96다46484	251	
대판 1997.5.7. 96다39455	658, 659, 660	
대판 1997.5.9. 96다2606	416	
대판 1997.5.16. 97다485	904	
대판 1997.5.16. 97다7356	439	
대판 1997.5.23. 95다51908	416	
대판 1997.5.24. 77다354	798	
대판 1997.5.30. 97다1556	467, 530, 531	
대판 1997.5.30. 97다2986	224	
대판 1997.5.30. 97다8601	742	
대판 1997.6.13. 97다1730	1020	
대판 1997.6.24. 97다2993	936	
대판 1997.6.24. 97다8809	439, 1224, 1265, 1273, 1276, 1284	
대판 1997.6.27. 95다40977	167	
대판 1997.6.27. 96다51332	775	
대판 1997.6.27. 97다12211	25	
대판 1997.6.27. 97다12488	543	
대판 1997.6.27. 97다15258	799	
대판 1997.6.27. 97다3828	45, 192, 224	
대판 1997.6.27. 97다9369	212, 609	
대판 1997.7.8. 97다12273	174	
대판 1997.7.8. 97다2177	637	
대판 1997.7.8. 97다9895	192	
대판 1997.7.11. 96다7236	688	
대판 1997.7.11. 96프1151	1226	
대판 1997.7.25. 95다21624	391, 484, 1091	
대판 1997.7.25. 97다362	123	
대판 1997.7.25. 97다4357	211	
대판 1997.7.25. 97다4357,4364	213	
대판 1997.7.25. 97다5541	784	
대판 1997.7.25. 97다8403	112, 531, 655	
대판 1997.7.22. 96다56153	996	
대판 1997.7.22. 96프318	1200	
대판 1997.8.21. 전합95다28625	956, 959	
대판 1997.8.22. 96다26657	152	
대판 1997.8.22. 96프912	1201	
대판 1997.8.22. 97다13023	153, 588	
대판 1997.8.26. 97다4401	757, 758	

대판 1997.9.9. 96다16896	760, 1003
대판 1997.9.9. 97다10964	417
대판 1997.9.12. 97다6971	214
대판 1997.9.26. 95다6205	80
대판 1997.9.26. 96다54997	774, 775
대판 1997.9.26. 97다10314	1095
대판 1997.9.26. 97다24290	550
대판 1997.9.30. 95다39526	874, 1102, 1103
대판 1997.9.30. 97다24276	818
대판 1997.10.10. 95다44579	706
대판 1997.10.10. 95다46265	445, 462
대판 1997.10.10. 96다35484	159
대판 1997.10.10. 97다27022	807
대판 1997.10.10. 97다8687	420
대판 1997.10.16. 96다11747	545
대판 1997.10.24. 95다49530	127, 788
대판 1997.10.24. 96다17851	71
대판 1997.10.24. 97다28698	507, 600
대판 1997.10.28. 97다34334	399
대판 1997.11.11. 96다28196	254
대판 1997.11.11. 97다26982	621
대판 1997.11.11. 97다34273	1209
대판 1997.11.11. 97다35375	1088
대판 1997.11.11. 97다36965	213
대판 1997.11.14. 95다11009	533
대판 1997.11.14. 95다37391	816, 817
대판 1997.11.14. 96다25715	97
대판 1997.11.14. 97다29530	687
대판 1997.11.14. 97다34808	478
대판 1997.11.14. 97다36118	213
대판 1997.11.25. 97다29790	1065
대판 1997.11.25. 97다31281	163
대판 1997.11.25. 97다35771	1104
대판 1997.11.28. 95다43594	913
대판 1997.11.28. 95다51991	892
대판 1997.11.28. 96누18069	1262
대판 1997.11.28. 96다21751	191
대판 1997.11.28. 96다5421	1165
대판 1997.11.28. 97다31229	193, 1190, 1191
대판 1997.11.28. 97다32772,32789	151
대판 1997.12.9. 96다47586	777
대판 1997.12.12. 95다20775	170
대판 1997.12.12. 95다38240	217, 224
대판 1997.12.12. 96다50896	444, 449, 450
대판 1997.12.12. 97누13962	135
대판 1997.12.12. 97다30288	253, 972
대판 1997.12.12. 97다40100	936, 958
대판 1997.12.23. 97다37753	724
대판 1997.12.23. 97다42830	275
대판 1997.12.26. 96다34665	1043
대판 1997.12.26. 96다44860	158
대판 1997.12.26. 97다22676	276
대판 1998.1.20. 96다48527	975
대판 1998.1.23. 96다41496	158
대판 1998.1.23. 97다25118	807
대판 1998.2.10. 95다39533	804
대판 1998.2.10. 96다42277,42284	943
대판 1998.2.10. 97다31113	199
대판 1998.2.10. 97다44737	152, 208, 209
대판 1998.2.13. 95다15667	571
대판 1998.2.13. 96다7854	812
대판 1998.2.13. 97다47897	389
대판 1998.2.13. 97다6711	420
대판 1998.2.13. 97프1486	1201
대판 1998.2.27. 97다19238	831
대판 1998.2.27. 97다45532	180
대판 1998.2.27. 97도1993	95
대판 1998.3.10. 97다47118	951
대판 1998.3.10. 97다55829	160
대판 1998.3.13. 95다30345	756, 757
대판 1998.3.13. 97다34112	806, 809, 843
대판 1998.3.13. 97다54376	736
대판 1998.3.13. 97다54604,54601	329
대판 1998.3.13. 97다6919	758
대판 1998.3.24. 97다56242	909, 910, 1126
대판 1998.3.27. 96다37398	1258
대판 1998.3.27. 97다48982	190
대판 1998.4.10. 96므1434	124, 1202
대판 1998.4.10. 97다4005	45, 1143
대판 1998.4.10. 97다47255	583

대판 1998.4.10. 97다56822	961, 973
대판 1998.4.14. 97다44089	968
대판 1998.4.14. 97다54420	416
대판 1998.4.24. 98다4798	1036
대판 1998.4.28. 96다25500	801
대판 1998.4.28. 97다55164	802
대판 1998.5.8. 97다34563	833
대판 1998.5.8. 98다2389	717, 727, 782
대판 1998.5.12. 96다47913	618
대판 1998.5.12. 97다8496,8502	961
대판 1998.5.15. 97다58316	422
대판 1998.5.15. 97다58538	804
대판 1998.5.22. 96다24101	26, 278, 972
대판 1998.5.26. 97므25	1227
대판 1998.5.29. 96다51110	275
대판 1998.5.29. 97다38503	1294
대판 1998.5.29. 97다55317	185, 196
대판 1998.5.29. 98다6497	326, 719
대판 1998.6.12. 96다26961	271
대판 1998.6.12. 96다27469	361
대판 1998.6.12. 96다52670	16
대판 1998.6.12. 97다38510	1252, 1292, 1294
대판 1998.6.12. 97다53762	187
대판 1998.6.12. 98다6800	917, 918, 919
대판 1998.6.23. 98므15,22	1195
대판 1998.6.26. 98다11826	474
대판 1998.6.26. 98다13914	653
대판 1998.6.26. 98다16456	933
대판 1998.6.26. 98다2754	709
대판 1998.6.26. 98다5777	450
대판 1998.7.10. 96다38971	353
대판 1998.7.10. 98다1072	817
대판 1998.7.10. 98다15545	330, 716
대판 1998.7.10. 98다18643	925
대판 1998.7.10. 98다18988	192, 193, 194
대판 1998.7.14. 96다17202	694
대판 1998.7.14. 96다17257	831
대판 1998.7.24. 96다27988	84
대판 1998.7.24. 97다35276	150
대판 1998.7.24. 98다13877	667
대판 1998.7.24. 98다9021	27, 1288
대판 1998.8.21. 98다15439	569
대판 1998.8.21. 98다17602	626
대판 1998.8.21. 98다23232	845
대판 1998.8.21. 98다8974	31
대판 1998.9.4. 98다17909	112
대판 1998.9.8. 98다12379	706
대판 1998.9.8. 98다26002	706
대판 1998.9.22. 98다12812	1098
대판 1998.9.22. 98다23393	896
대판 1998.9.22. 98다23706	150
대판 1998.9.25. 97다28650	926
대판 1998.9.25. 98다22543	636
대판 1998.10.2. 98다27197	775, 895, 1103, 1104
대판 1998.10.13. 98다17046	305, 546
대판 1998.10.20. 98다31691	814
대판 1998.10.27. 97다26104,26111	1121
대판 1998.10.27. 97다38176	1254
대판 1998.10.27. 98다24624	833
대판 1998.10.27. 98다25184	508, 509, 512, 513
대판 1998.11.10. 98다32878	956, 957, 961
대판 1998.11.10. 98다34126	1101
대판 1998.11.13. 97다53359	111
대판 1998.11.13. 97다58453	784
대판 1998.11.19. 전합98다24105	639, 642, 879
대판 1998.11.24. 98다25061	289
대판 1998.11.24. 98다32045	812
대판 1998.11.24. 98다33765	504, 512
대판 1998.11.27. 98다7421	225
대판 1998.12.8. 97다31472	386
대판 1998.12.8. 97므513,520	1269
대판 1998.12.8. 98다43137	440, 1265
대판 1998.12.8. 98므961	1170, 1210
대판 1998.12.11. 97다9970	84
대판 1998.12.11. 98다43250	1028
대판 1998.12.13. 전합87다카2803	485
대판 1998.12.22. 98다42356	230, 231
대판 1998.12.22. 98두15177	1188
대판 1998.12.23. 98다43157	228
대판 1998.12.23. 98다43175	617

대판 1999.1.15. 98다48033	10, 366, 368
대판 1999.1.26. 97다48906	918, 921
대판 1999.1.26. 98다1027	1024
대판 1999.1.29. 98다48903	580
대판 1999.2.5. 97다26593	819, 820
대판 1999.2.9. 98다42615	517, 880, 888
대판 1999.2.9. 98다51220	1143
대판 1999.2.12. 98다40688	962, 968
대판 1999.2.23. 97다12082	447, 809, 810, 843
대판 1999.2.23. 98다47924	150
대판 1999.2.23. 98다50593	933
대판 1999.2.23. 98다60828	158
대판 1999.2.26. 98다56072	890
대판 1999.3.9. 98다46877	1190, 1191
대판 1999.3.12. 97다37825,37869	320
대판 1999.3.12. 98다18124	252, 269
대판 1999.3.12. 98다48989	113
대판 1999.3.12. 98다54458	762
대판 1999.3.18. 전합98다32175	883, 907
대판 1999.3.23. 98다64301	769
대판 1999.3.23. 98다64639	479
대판 1999.3.23. 99다4405	27
대판 1999.3.26. 97다30622	494
대판 1999.3.26. 98다22918,22925	456
대판 1999.3.26. 98다56607	207, 208
대판 1999.3.26. 98다64189	215, 1036
대판 1999.3.28. 98다59118	2
대판 1999.4.9. 98다27623,27630	1104
대판 1999.4.9. 98다58016	377, 1205
대판 1999.4.9. 99다2515	394
대판 1999.4.13. 98다51077,51084	311, 314, 843
대판 1999.4.15. 97도666	485
대판 1999.4.23. 98다32939	687, 692
대판 1999.4.23. 99다4504	91, 99
대판 1999.4.27. 98다56690	397, 398, 436
대판 1999.4.27. 98다61593	518, 775
대판 1999.5.11. 99다1284	761
대판 1999.5.11. 99두1540	1210
대판 1999.5.14. 97다15777,15784	1123
대판 1999.5.14. 98다30667	749
대판 1999.5.14. 98다62688	1099
대판 1999.5.14. 99두35	1017, 1188
대판 1999.5.25. 99다9981	686
대판 1999.6.8. 98다60484	757
대판 1999.6.11. 99다16378	255
대판 1999.6.17. 전합98다40459	212, 214
대판 1999.6.17. 전합98다58443	1022
대판 1999.6.22. 99다19322	1261
대판 1999.6.22. 99다7046	767
대판 1999.6.25. 98다47085	1093
대판 1999.6.25. 99다5866,5873	957
대판 1999.7.9. 97다53632	966
대판 1999.7.9. 98다13754,13761	373
대판 1999.7.9. 98다29575	963
대판 1999.7.9. 98다47542,47559	317
대판 1999.7.9. 98다55543	527
대판 1999.7.9. 98다57457,57464	988, 998
대판 1999.7.9. 98다64318,64325	1248, 1249
대판 1999.7.9. 98다9045	69, 153
대판 1999.7.9. 99다10004	288
대판 1999.7.9. 99다12376	505
대판 1999.7.9. 99다15184	236
대판 1999.7.13. 98다43632	832
대판 1999.7.13. 99다12888	847
대판 1999.7.13. 99다19957	800
대판 1999.7.13. 99다8711	10
대판 1999.7.27. 98다35020	941, 943, 984
대판 1999.7.27. 98다47528	827
대판 1999.7.27. 99다14518	721, 943, 984
대판 1999.7.27. 99다19384	73
대판 1999.8.20. 99다15146	271
대판 1999.8.20. 99다18039	488, 501, 502
대판 1999.8.24. 99다14228	98
대판 1999.8.24. 99다22281,22298	526, 527
대판 1999.8.24. 99다24508	316
대판 1999.8.24. 99다25481	475
대판 1999.8.24. 99다26481	527
대판 1999.9.3. 97다56099	183
대판 1999.9.3. 98다17800	1294
대판 1999.9.3. 99다10479	823

대판 1999.9.3. 99다24874 1051, 1052
대판 1999.9.7. 98다41490 419, 428
대판 1999.9.7. 98다47283 120
대판 1999.9.7. 99다27613 14
대판 1999.9.7. 99다30534 1157
대판 1999.9.17. 97다54024 666
대판 1999.9.17. 98다31301 1065, 1066, 1096
대판 1999.9.17. 98다63018 892, 959
대판 1999.9.17. 98다91901 1067
대판 1999.9.21. 99다19032 734
대판 1999.9.21. 99다26085 1119, 1122, 1129
대판 1999.9.21. 99다31667 816, 844
대판 1999.10.8. 98므1698 1219, 1220
대판 1999.10.12. 98다62671 311, 801
대판 1999.11.12. 99다29916 398
대판 1999.11.12. 99다34697 14, 331
대판 1999.11.23. 99다52602 1041, 1048
대판 1999.11.26. 97다57733 1290
대판 1999.11.26. 98다27517 524
대판 1999.11.26. 99다23093 482, 500, 501
대판 1999.12.10. 98다58467 1041
대판 1999.12.10. 99다25785 977
대판 2000.1.14. 99다40937 389, 623, 624
대판 2000.1.18. 98다18506 658
대판 2000.1.21. 98다50586 823, 846, 848
대판 2000.1.21. 99다50538 847
대판 2000.1.28. 99다50712 240
대판 2000.1.28. 99므1817 1219
대판 2000.2.11. 99다47297 804
대판 2000.2.11. 99다49644 298
대판 2000.2.11. 99다56833 128, 131
대판 2000.2.11. 99다59306 688
대판 2000.2.11. 99다62074 608
대판 2000.2.25. 97다30066 322
대판 2000.2.25. 98다15934 820
대판 2000.2.25. 99다20155 97, 98
대판 2000.2.25. 99다53704 417, 418, 887
대판 2000.3.10. 99다55069 414
대판 2000.3.10. 99다60115 289, 810
대판 2000.3.10. 99다65462 894

대판 2000.3.14. 99다67376 448
대판 2000.3.16. 전합97다37661 956, 958, 973
대판 2000.3.23. 98두18053 681
대판 2000.3.23. 99다50385 109
대판 2000.3.23. 99다64049 157
대판 2000.3.24. 99다56765 960
대판 2000.3.28. 99다56529 1023
대판 2000.4.7. 99다52817 218, 485
대판 2000.4.11. 2000다2627 487
대판 2000.4.11. 2000다3095 39
대판 2000.4.11. 2000다4517,4524 712
대판 2000.4.11. 2000다5640 874
대판 2000.4.11. 99다12123 477
대판 2000.4.11. 99다23888 500, 565
대판 2000.4.11. 99다51685 142, 624
대판 2000.4.11. 99므1329 1174
대판 2000.4.21. 2000다386 808
대판 2000.4.21. 99다35713 763
대판 2000.4.25. 2000다11102 264, 267, 268
대판 2000.4.25. 98다47108 752
대판 2000.4.25. 99다55656 406
대판 2000.4.25. 99다67482 484
대판 2000.5.12. 2000다12259 148, 151, 152
대판 2000.5.12. 2000다4272 1099
대판 2000.5.12. 98다23195 244
대판 2000.5.12. 99다64995 152
대판 2000.5.12. 99다71931 95
대판 2000.5.16. 99다47129 286, 289, 730
대판 2000.5.30. 2000다2566 454
대판 2000.6.9. 2000다15371 240, 737
대판 2000.6.9. 2000다9123 328, 632
대판 2000.6.9. 98다18155 377
대판 2000.6.9. 99다36778 956
대판 2000.6.9. 99다56512 302
대판 2000.6.9. 99다70860 28
대판 2000.6.9. 99므1633 1229
대판 2000.6.9. 99므1633,1640 218, 1229
대판 2000.6.23. 98다31899 1098
대판 2000.6.23. 99다65066 1151, 1152, 1153
대판 2000.7.6. 99다51258 139

대판 2000.7.7. 98다44666	755
대판 2000.7.28. 2000다16367	316
대판 2000.7.28. 99다38637	299, 363, 366
대판 2000.8.2. 2000다19922	247
대판 2000.8.22. 2000다21987	969
대판 2000.8.22. 2000다29028	844
대판 2000.8.22. 2000다3675	747
대판 2000.8.22. 2000므292	1217
대판 2000.8.22. 99다62609,62616	26
대판 2000.9.5. 99므1886	1194
대판 2000.9.8. 99다48245	814
대판 2000.9.8. 99다58471	915
대판 2000.9.8. 99다6524	559
대판 2000.9.22. 99다53759,53766	369, 370
대판 2000.9.26. 98다50340	1262
대판 2000.9.29. 2000다25569	400, 415, 1205
대판 2000.9.29. 2000다3262	394
대판 2000.9.29. 2000다37012	687
대판 2000.10.6. 2000다32147	1022
대판 2000.10.10. 2000다19526	875
대판 2000.10.10. 2000다28506,28513	756, 757
대판 2000.10.10. 99다53230	776, 1104
대판 2000.10.13. 2000다20069	801
대판 2000.10.24. 99다33458	1200
대판 2000.10.27. 2000다36118	327
대판 2000.10.27. 2000다39582	852
대판 2000.11.10. 2000다29769	527
대판 2000.11.14. 99두5481	134
대판 2000.11.16. 전합98다45652,45669	945, 946
대판 2000.11.24. 2000다38718	349, 353
대판 2000.11.24. 2000다38718,38725	288
대판 2000.11.24. 99다12437	67
대판 2000.11.28. 2000다8533	646
대판 2000.12.8. 2000다14934,14941	958
대판 2000.12.8. 2000다35771	366, 367
대판 2000.12.8. 2000다429771	957
대판 2000.12.8. 2000다50350	364
대판 2000.12.8. 2000다51339	539
대판 2000.12.8. 98두5279	174
대판 2000.12.8. 99다37856	1190
대판 2000.12.12. 99다13669	539
대판 2000.12.22. 2000다55904	545
대판 2000.12.26. 99다19278	57
대판 20009.9.10. 2009다34160	276
대판 2001.1.5. 2000다47682	1155
대판 2001.1.5. 2000다49091	111, 118
대판 2001.1.16. 2000다49473	1102
대판 2001.1.16. 98다20110	895, 932
대판 2001.1.19. 2000다10208	832
대판 2001.1.19. 2000다11836	840
대판 2001.1.19. 2000다12532	818
대판 2001.1.19. 2000다33607	449
대판 2001.1.19. 2000다37319	1015
대판 2001.1.19. 2000다51919,51926	594, 595
대판 2001.1.19. 2000다55645	688
대판 2001.1.19. 2000다57351	715
대판 2001.1.30. 2000다58026,58033	688
대판 2001.1.30. 2000도4942	1209
대판 2001.2.9. 2000다51797	402, 1276
대판 2001.2.9. 2000다57139	417, 421
대판 2001.2.9. 2000다60227	814
대판 2001.2.9. 2000다60708	372, 546, 881
대판 2001.2.9. 2000다63516	1199
대판 2001.2.9. 99다38613	121, 125, 127, 502
대판 2001.2.9. 99다48801	188
대판 2001.2.15. 전합99다66915	900
대판 2001.2.23. 2000다68924	758, 765
대판 2001.2.27. 2000다44348	394, 426
대판 2001.3.9. 2000다70828	782
대판 2001.3.9. 2000다73490	322, 572
대판 2001.3.9. 99다13157	31, 1246, 1248, 1249, 1250, 1251
대판 2001.3.13. 2000다48517,48524,4853	1046
대판 2001.3.13. 99다17142	1051
대판 2001.3.15. 전합99다48948	1092, 1093
대판 2001.3.23. 2000다40858	103, 106
대판 2001.3.23. 2000다51285	877, 929
대판 2001.3.23. 2000다51650	577
대판 2001.3.23. 2000다68924	757
대판 2001.3.23. 2001다6145	252, 255

대판 2001.3.23. 2001다628	454
대판 2001.3.27. 2000다43819	469, 557
대판 2001.3.27. 2000다64472	960
대판 2001.4.10. 2000다49343	121
대판 2001.4.10. 2000다59050	712
대판 2001.4.10. 2000다66034	405
대판 2001.4.13. 2000다52943	1209
대판 2001.4.13. 99다62036,62043	953
대판 2001.4.24. 2000다71999	122
대판 2001.4.24. 2001다6237	466
대판 2001.4.27. 2000다31168	243, 280
대판 2001.4.27. 2000다69026	404, 512
대판 2001.5.8. 2000다58804	1204
대판 2001.5.8. 2000다6053	325, 326
대판 2001.5.8. 2000다9611	137
대판 2001.5.8. 2001다14733	709
대판 2001.5.8. 99다38699	379, 431, 432
대판 2001.5.15. 2000다12693	926
대판 2001.5.24. 전합2000므1493	1166
대판 2001.5.29. 2000다10246	91, 94, 755
대판 2001.5.29. 99다55601,55618	578
대판 2001.5.29. 99다66410	1050
대판 2001.6.1. 2001다21854	1096
대판 2001.6.1. 98다17930	570
대판 2001.6.1. 99다63183	426
대판 2001.6.9. 2001다28299	1274
대판 2001.6.12. 2000다47187	478
대판 2001.6.12. 2000다70989	753
대판 2001.6.12. 2001다2624	695
대판 2001.6.12. 2001다3580	277, 278
대판 2001.6.12. 99다20612	425
대판 2001.6.15. 99다13515	515
대판 2001.6.15. 99다40418	589
대판 2001.6.26. 2000다44928,44935	830
대판 2001.6.26. 2001다5371	1023
대판 2001.6.29. 2000다68290	677
대판 2001.6.29. 2001다23201	816, 818
대판 2001.6.29. 2001다28299	1274
대판 2001.7.13. 2001다17572	954
대판 2001.7.13. 98다51091	431
대판 2001.7.24. 2001다16418	1064
대판 2001.7.24. 2001다23669	672
대판 2001.7.27. 2000다73377	404
대판 2001.7.27. 2001두3365	264
대판 2001.7.27. 99다55533	583
대판 2001.7.27. 99다56734	730
대판 2001.8.21. 2000다36484	886
대판 2001.8.21. 2001다22840	263, 444
대판 2001.8.21. 2001다23195	890
대판 2001.8.21. 2001다28367	1054
대판 2001.8.21. 2001다3658	801
대판 2001.8.21. 99므2230	1230
대판 2001.9.4. 2001다14108	395
대판 2001.9.4. 2001다22604	946
대판 2001.9.4. 2001다9496	246, 768, 769
대판 2001.9.14. 2000다66430,66447	1307
대판 2001.9.18. 2001다29643	636
대판 2001.9.18. 2001다9304	14, 15, 324, 331, 734, 735
대판 2001.9.20. 전합2001다8677	947
대판 2001.9.20. 전합99다37894	887
대판 2001.9.25. 2001므725,732	1205
대판 2001.9.25. 99다19698	201
대판 2001.10.9. 2000다42618	408, 411, 416
대판 2001.10.9. 2000다51216	636, 906, 963
대판 2001.10.9. 2001다36283	539
대판 2001.10.11. 2002다33137	1098
대판 2001.10.12. 2000다19373	570
대판 2001.10.12. 2000다22942	1255
대판 2001.10.12. 2000다59081	1121
대판 2001.10.12. 2001다49326	768
대판 2001.10.12. 99다56192	235
대판 2001.10.23. 2001다25184	556
대판 2001.10.26. 2000다8861	967
대판 2001.10.26. 2001다61435	459
대판 2001.11.9. 2001다44291	219, 220
대판 2001.11.9. 2001다44987	121
대판 2001.11.9. 2001다47528	1118
대판 2001.11.9. 2001다52568	249, 270
대판 2001.11.13. 2001다20394	712

대판 2001.11.13. 2001다55222,55239	464
대판 2001.11.13. 99다32905	17
대판 2001.11.22. 전합2000다71388,71395	893
대판 2001.11.27. 2000다33638,33645	1005, 1006, 1260
대판 2001.11.27. 2000두9731	1274
대판 2001.11.27. 2001므1353	20
대판 2001.11.27. 99다8353	475, 476
대판 2001.11.30. 2001다6947	637, 1300, 1308
대판 2001.12.11. 2000다13948	440, 780, 1008
대판 2001.12.11. 2001다59866	1082
대판 2001.12.27. 2000다1976	1049
대판 2001.12.27. 2000다73049	381
대판 2001.12.27. 2001다33734	422, 429
대판 2001.12.28. 2000다27749	865
대판 2001.12.28. 2001다17565	111, 118
대판 2002.1.8. 2001다47535	685
대판 2002.1.8. 2001다60019	20
대판 2002.1.11. 2001다27449	822
대판 2002.1.11. 2001다41971	58
대판 2002.1.11. 2001다48347	1155
대판 2002.1.11. 2001다75332	758
대판 2002.1.22. 2001다70702	709
대판 2002.1.25. 2001다52506	379, 554, 555, 751
대판 2002.1.25. 99다63169	589, 748
대판 2002.2.5. 2000다38527	862, 985
대판 2002.2.5. 2001다62091	1068
대판 2002.2.5. 2001다66369	88
대판 2002.2.5. 2001다72029	890
대판 2002.2.8. 2000다50596	559
대판 2002.2.8. 99다23901	246, 340
대판 2002.2.26. 2001다64165	2, 853
대판 2002.2.26. 2001다74728	752
대판 2002.2.26. 99다67079	432
대판 2002.2.26. 99다72743	935
대판 2002.3.12. 2000다24184,24191	137, 743
대판 2002.3.15. 2001다59071	471
대판 2002.3.15. 2001다61654	414, 884, 902, 1024, 1025
대판 2002.3.15. 2001다77352,77369	22, 217, 967
대판 2002.3.26. 2002다2478	192
대판 2002.3.29. 2000다13887	492, 502, 1089
대판 2002.3.29. 2000다25842	406
대판 2002.3.29. 2001다41766	317
대판 2002.3.29. 2001다49128	118
대판 2002.4.9. 2001다80815	495
대판 2002.4.9. 99다47396	9, 116, 588, 653
대판 2002.4.12. 2000다17834	580, 658
대판 2002.4.12. 2000다63912	397
대판 2002.4.12. 2001다82545,82552	312, 733
대판 2002.4.23. 2000다56973	368
대판 2002.4.26. 2000다16350	732, 743, 744, 856
대판 2002.4.26. 2000다50497	613
대판 2002.4.26. 2000다8878	1303, 1304
대판 2002.4.26. 2001다59033	499, 516, 565
대판 2002.4.26. 2001다8097,8103	240
대판 2002.5.10. 2000다18578	508, 513
대판 2002.5.10. 2000다37296,37302	359, 741
대판 2002.5.10. 2000다55171	378, 882
대판 2002.5.10. 2002다12871,12888	525
대판 2002.5.14. 2000다62476	261, 451, 459
대판 2002.5.14. 2002다12635	214
대판 2002.5.14. 2002다9738	1004, 1005, 1007
대판 2002.5.24. 2000다72572	847
대판 2002.5.24. 2002다7176	1110, 1118, 1119
대판 2002.5.31. 2001다42080	724, 726
대판 2002.5.31. 2002다9202	951
대판 2002.6.11. 2002다2539	355
대판 2002.6.11. 99다41657	1145
대판 2002.6.14. 2000다30622	1013, 1014
대판 2002.6.14. 2000다37517	998
대판 2002.6.14. 2000다38992	518
대판 2002.6.14. 2002다14853	456
대판 2002.6.20. 전합2002다9660	1040, 1043, 1044, 1048
대판 2002.6.28. 2001다49814	109, 110
대판 2002.6.28. 2001다5296	97
대판 2002.6.28. 2002다23482	103
대판 2002.7.9. 2001다43922,43939	640
대판 2002.7.9. 99다73159	474

대판 2002.7.12. 2000다17810	363, 365	대판 2002.10.25. 2002다43370	326
대판 2002.7.12. 2001다44338	311	대판 2002.11.8. 2002다41589	397
대판 2002.7.12. 2001두441	1276	대판 2002.11.8. 2002다42957	398, 399
대판 2002.7.12. 2002다19254	743, 744	대판 2002.11.8. 2002다7527	484
대판 2002.7.12. 99다68652	455, 527, 568	대판 2002.11.8. 99다58136	653, 654, 948
대판 2002.7.26. 2000다25002	163	대판 2002.11.13. 2002다46003	724, 726
대판 2002.7.26. 2001다53929	1115, 1124, 1128, 1129	대판 2002.11.22. 2001다40381	717
대판 2002.7.26. 2001다68839	571, 573, 574, 633, 716	대판 2002.11.22. 2001다6213	779, 783, 991
대판 2002.7.26. 2001다73138,73145	394	대판 2002.11.26. 2001다73022	1119, 1123
대판 2002.8.23. 2001다69122	483, 1065	대판 2002.11.26. 2001다833	322, 464
대판 2002.8.23. 2002다25242	329	대판 2002.11.26. 2002다47181	817
대판 2002.8.23. 99다66564,66571	791, 922, 923, 994	대판 2002.12.6. 2001다2846	547, 670, 909, 1126
대판 2002.8.27. 2001다71699	570	대판 2002.12.6. 2002다39715	420
대판 2002.9.4. 2000다54406,54413	156, 667	대판 2002.12.6. 2002다42278	714
대판 2002.9.4. 2001다1386	364	대판 2002.12.6. 2002다44014	766
대판 2002.9.4. 2001다64615	511, 692, 706	대판 2002.12.10. 2002다42001	1147
대판 2002.9.4. 2001므718	1201	대판 2002.12.10. 2002다52657	703
대판 2002.9.4. 2002다11151	510, 654	대판 2002.12.10. 2002다56031	157
대판 2002.9.4. 2002다18435	207	대판 2002.12.24. 2000다54536	365
대판 2002.9.4. 2002다28340	235, 236	대판 2002.12.24. 2002다50484	1142, 1144
대판 2002.9.6. 2002다35157	885, 1023	대판 2002.12.26. 2000다21123	884
대판 2002.9.10. 2002다21509	207, 454, 481, 486	대판 2002.12.26. 2000다56952	555
대판 2002.9.10. 2002다34581	839	대판 2002.12.27. 2000다47361	310, 333
대판 2002.9.24. 2001다20103	940	대판 2003.1.10. 2000다26425	241
대판 2002.9.24. 2002재다487	15	대판 2003.1.10. 2000다27343	384, 387, 388
대판 2002.9.27. 2001다42592	969, 1016, 1189	대판 2003.1.10. 2000다34426	803
대판 2002.9.27. 2002다15917	439, 449, 450	대판 2003.1.24. 2000다22850	142, 328, 333, 334, 336, 488, 613, 617, 624, 631, 632, 633
대판 2002.10.11. 2001다10113	38	대판 2003.1.24. 2000다5336,5343	630
대판 2002.10.11. 2001다7445	563	대판 2003.1.24. 2001다2129	118, 289
대판 2002.10.11. 2002다33137	1097, 1099	대판 2003.1.24. 2002다61521	989
대판 2002.10.11. 2002다33502	622	대판 2003.1.24. 2002다65189	653
대판 2002.10.11. 2002다39807	582	대판 2003.1.24. 2003다37937	539
대판 2002.10.22. 2000다59678	1103	대판 2003.2.11. 2001다47733	948
대판 2002.10.22. 2002다38927	129	대판 2003.2.11. 2002다37474	409
대판 2002.10.25. 2000다63110	1094	대판 2003.2.11. 2002다62333	563
대판 2002.10.25. 2002다23840	1017	대판 2003.2.26. 2000다40995	347
대판 2002.10.25. 2002다32332	279	대판 2003.2.27. 2001다13532	425
		대판 2003.2.28. 2000다65082	512

대판 2003.2.28. 2000다65802,65819 685	대판 2003.6.24. 2002다48214 140
대판 2003.2.28. 2000므582 1202	대판 2003.6.27. 2002다8538 11
대판 2003.2.28. 2002다46256 892	대판 2003.6.27. 2003다15907 426
대판 2003.3.14. 2000다32437 431	대판 2003.6.27. 2003다20190 659, 662
대판 2003.3.14. 2001다7599 75	대판 2003.7.8. 2003다13246 414
대판 2003.3.14. 2003다2109 106, 1127	대판 2003.7.11. 2003다19435 394, 408, 421
대판 2003.3.25. 2001다84480 832	대판 2003.7.11. 2003다19558 423, 424, 429
대판 2003.3.25. 2002므1787 1203	대판 2003.7.11. 2003다19572 417, 428
대판 2003.3.28. 2000다24856 295, 308	대판 2003.7.22. 2001다76298 620
대판 2003.3.28. 2002다72125 137, 138, 204	대판 2003.7.23. 2002다64780 92, 93
대판 2003.3.28. 2003다5917 995	대판 2003.7.24. 전합2001다48781 3
대판 2003.4.8. 2002다38675 137	대판 2003.7.25. 2001다64752 720, 868, 993
대판 2003.4.8. 2002다64957,64964 243, 280	대판 2003.7.25. 2002다27088 73, 93
대판 2003.4.11. 2001다53059 289, 355, 577, 578, 589, 590	대판 2003.7.25. 2003다22912 848
대판 2003.4.11. 2002다59481 14, 15, 552, 553, 561	대판 2003.7.25. 2003다25461 687
	대판 2003.8.19. 2002다53469 950
대판 2003.4.11. 2002다60528 596	대판 2003.8.19. 2003다2421 233
대판 2003.4.11. 2002다63275 289	대판 2003.8.22. 2003다12717 691
대판 2003.4.11. 2002다70884 150, 152	대판 2003.8.22. 2003다19961 677
대판 2003.4.11. 2003다1250 377	대판 2003.9.2. 2002다63558 832
대판 2003.4.11. 2003다1755 636	대판 2003.9.5. 2001다32120 1026, 1031
대판 2003.4.11. 2003다2154 26	대판 2003.9.5. 2001다66291 709, 1130, 1131
대판 2003.4.11. 2003다3850 1107, 1108	대판 2003.9.5. 2003다26051 1045
대판 2003.4.11. 2003다5016 875	대판 2003.9.23. 2003두1493 119
대판 2003.4.25. 2000다60197 77	대판 2003.9.26. 2002다31803,31810 562, 669
대판 2003.4.25. 2002다11458 135, 579, 595	대판 2003.9.26. 2003다30517 1281
대판 2003.4.25. 2002다70075 665	대판 2003.10.6. 2003마1438 879
대판 2003.5.13. 2002다48 999	대판 2003.10.9. 2001다24655 802
대판 2003.5.13. 2002다64148 378, 436, 886	대판 2003.10.10. 2001다77888 1114
대판 2003.5.13. 2002다73708 157	대판 2003.10.24. 2003다21087 1021
대판 2003.5.13. 2003다16238 263	대판 2003.10.24. 2003다37426 495, 569
대판 2003.5.27. 2000다43445 1298	대판 2003.11.4. 2001다61869 21, 226, 780, 992, 1007
대판 2003.5.27. 2000다73445 886	대판 2003.11.13. 2002다57935 954
대판 2003.5.27. 2001다13532 400	대판 2003.11.13. 2002다57953 954
대판 2003.5.30. 2001다10748 573	대판 2003.11.13. 2003다39989 411, 428
대판 2003.5.30. 2002다21592,21608 856	대판 2003.11.14. 2000므1257,1264 1211
대판 2003.5.30. 2003다13512 487	대판 2003.11.14. 2001다61869 226, 780
대판 2003.6.13. 2001다29803 453	대판 2003.11.14. 2001다32687 92
대판 2003.6.13. 2003다8862 774	대판 2003.11.14. 2002다2485 948

대판 2003.11.14. 2003다30968　　　1283, 1287
대판 2003.11.14. 2003다35482　　　339, 978
대판 2003.11.14. 2003다37730　　　461
대판 2003.11.27. 2001다2013　　　822
대판 2003.11.27. 2003다41722　　118, 120, 1030
대판 2003.12.11. 2001다3771　　　485, 570
대판 2003.12.11. 2003다49771　　602, 604, 793
대판 2003.12.12. 2003다40286　　　409
대판 2003.12.12. 2003다44370　　　484
대판 2003.12.12. 2003다44615,44622　　892, 1004
대판 2003.12.18. 전합98다43601
　　　　　　　　　　　　1046, 1047, 1108
대판 2003.12.26. 2001다46730　　　618, 794
대판 2003.12.26. 2003다49542　　　801
대판 2004.1.14. 2003다38573,38580　　　564
대판 2004.1.15. 2002다31537　113, 114, 140, 141
대판 2004.1.16. 2003다30890　　　275
대판 2004.1.27. 2001다24891　　　737
대판 2004.1.27. 2003다45410　　　23, 477
대판 2004.2.12. 2001다10151　　　386
대판 2004.2.12. 2003므2503　　　1216
대판 2004.2.13. 2002다7213　　　255
대판 2004.2.13. 2003다29043　　　1017
대판 2004.2.13. 2003다43490　　　180, 486
대판 2004.2.13. 2003다43858　　　461
대판 2004.2.27. 2002다39456　　　360
대판 2004.2.27. 2003다15280　　　73
대판 2004.2.27. 2003다35567　　　1103
대판 2004.2.27. 2003므1890　　　1195, 1197
대판 2004.3.12. 2001다79013
　　　　　293, 347, 373, 544, 593, 594, 597, 598
대판 2004.3.12. 2003다16771　　　820
대판 2004.3.12. 2003다63586　　　1282, 1283
대판 2004.3.18. 전합2001다82507　　　361
대판 2004.3.25. 2002다20742　　　1120
대판 2004.3.25. 2002다69358　　　414
대판 2004.3.25. 2003다20909,20916　　　361
대판 2004.3.26. 2003다34045　　　85
대판 2004.4.9. 2001다66314　　　361
대판 2004.4.23. 2004다5389　　　517
대판 2004.4.23. 2004다8210　　　644
대판 2004.4.25. 99다34475　　　133, 595
대판 2004.4.27. 2003다29968　　　1142
대판 2004.4.27. 2003다37891　　　552, 553
대판 2004.4.28. 2003다61542　　　1113
대판 2004.5.13. 2004다10268　　　950
대판 2004.5.14. 2004다7354　　　749
대판 2004.5.28. 2001다81245　　　464
대판 2004.5.28. 2002다32301　　　590
대판 2004.5.28. 2003다60822　　　406
대판 2004.5.28. 2003다70041
　　　　　122, 137, 140, 142, 143, 144, 145, 1117
대판 2004.5.28. 2004다70024　　　568
대판 2004.6.11. 2003다1601　　　205, 518
대판 2004.6.11. 2004다13533　　　1045, 1048
대판 2004.6.24. 2003다59259　　　665
대판 2004.6.25. 2003다46260,53879　　139, 1060
대판 2004.6.25. 2004다20401　　　1282
대판 2004.6.25. 2004다6764　　　902, 1024
대판 2004.6.25. 2004다9398　　　420
대판 2004.7.8. 2002다40210　　　945
대판 2004.7.8. 2002다73203　　622, 628, 1276
대판 2004.7.9. 2003다27160　　　478
대판 2004.7.9. 2003다46758　　　463
대판 2004.7.9. 2004다11582　　　300, 317
대판 2004.7.9. 2004다13083　　　509
대판 2004.7.22. 2002다51586
　　　　　　　　350, 357, 660, 661, 662, 667
대판 2004.8.20. 2001다70337　　　736
대판 2004.8.20. 2002다20353　　　768
대판 2004.8.30. 2003다23885　　　692, 693
대판 2004.8.30. 2004다21923　　393, 396, 400
대판 2004.9.3. 2002다37405　　　600
대판 2004.9.3. 2003다3157　　　894
대판 2004.9.3. 2004다27488,27495　　　124
대판 2004.9.13. 2003다26020　　　761
대판 2004.9.13. 2003다64602　　　829, 830
대판 2004.9.23. 2004다32848　　　1080
대판 2004.9.24. 2004다27273　　891, 894, 936
대판 2004.9.24. 2004다31463　　　964, 965

대판 2004.10.14. 2002다55908	753	대판 2005.4.29. 2003다66431	908
대판 2004.10.14. 2004다30583	1011	대판 2005.4.29. 2004다71409	1019
대판 2004.10.15. 2004다36604	1111	대판 2005.4.29. 2005다3137	477
대판 2004.10.28. 2002다45185	824	대판 2005.4.29. 2005다3243	1100
대판 2004.10.28. 2002다63565	829	대판 2005.4.29. 2005다664	1027
대판 2004.10.28. 2003다30463	1151, 1153	대판 2005.5.12. 2004다68366	140
대판 2004.10.28. 2003다65438,65445	1274	대판 2005.5.12. 2005다1827	1006
대판 2004.11.11. 2004므1484	217, 1229	대판 2005.5.12. 2005다459,466	700
대판 2004.11.12. 2002다53865	839	대판 2005.5.12. 2005다6228	147, 151
대판 2004.11.12. 2004다22858	857, 858	대판 2005.5.13. 2003다50771	407
대판 2004.11.12. 2004다40955	399	대판 2005.5.13. 2004다1899	1184, 1237
대판 2004.12.9. 2002다33557	649	대판 2005.5.13. 2004다71881	280, 842
대판 2004.12.9. 2004다52095	1283	대판 2005.5.26. 2003다12311	545
대판 2004.12.10. 2002다73852	367	대판 2005.5.27. 2004다43824	
대판 2004.12.23. 2004다56554	489, 701, 702		147, 155, 159, 161, 223
대판 2004.12.24. 2004다20265	453, 457	대판 2005.5.27. 2004다67806	411
대판 2004.12.24. 2004다45943	986	대판 2005.6.9. 2004다17535	395
대판 2004.12.24. 2004다52798	1097	대판 2005.6.9. 2005다11046	119
대판 2005.1.13. 2004다19647	673	대판 2005.6.9. 2005다4529	329, 708
대판 2005.1.13. 2004다54756	507	대판 2005.6.9. 2005다6341	622
대판 2005.1.14. 2002다57119	748	대판 2005.6.10. 2002다15412,15429	
대판 2005.1.14. 2003다33004	623		875, 1112, 1113
대판 2005.1.14. 2003다38573,38580	402	대판 2005.6.23. 2004다29279	494, 1115
대판 2005.1.27. 2004다50143	246, 780	대판 2005.6.23. 2004다51887	1302, 1306
대판 2005.1.28. 2002다66922	1029, 1030	대판 2005.6.24. 2004다30279	943
대판 2005.1.28. 2004다58963	405, 1199	대판 2005.7.8. 2005다8125	560
대판 2005.2.18. 2003두3734	591	대판 2005.7.14. 2004다67011	433
대판 2005.2.18. 2004다37430	1152	대판 2005.7.14. 2004다6948	464
대판 2005.2.25. 2003다40668	1089, 1091	대판 2005.7.15. 2003다46963	18
대판 2005.2.25. 2004다34790	784	대판 2005.7.21. 전합2002다1178	1, 3, 4, 1307
대판 2005.3.11. 2004다42104	471	대판 2005.7.22. 2003다43681	1281
대판 2005.3.24. 2004다65367	424, 425	대판 2005.7.22. 2005다7566	603
대판 2005.3.25. 2003다35659	1056, 1064, 1114	대판 2005.7.22. 2005다7566,7573	601, 604, 618
대판 2005.3.25. 2004다23899,23905	966	대판 2005.7.28. 2005다19958	534
대판 2005.3.25. 2005다558	803	대판 2005.8.19. 2002다59764	366
대판 2005.4.14. 2004다63293	678, 695	대판 2005.8.19. 2003다22042	329, 525
대판 2005.4.15. 2003다60297,60303,60310,60327		대판 2005.8.19. 2004다53173	346
	41, 53, 54, 228	대판 2005.8.19. 2005다22688	1080, 1083
대판 2005.4.15. 2004다70024	383	대판 2005.8.25. 2005다14595	426
대판 2005.4.28. 2005다3113	778	대판 2005.9.9. 2003다7319	753

대판 2005.9.9. 2005다23773	691
대판 2005.9.15. 2005다29474	245, 336, 979
대판 2005.9.15. 2005다33039	708
대판 2005.9.15. 전합2004다44971	94
대판 2005.9.28. 2004다50044	1000
대판 2005.9.29. 2003다40651	904, 1004
대판 2005.9.30. 2004다52576	812
대판 2005.10.13. 2003다24147	450, 530
대판 2005.10.13. 2005다37208	1052
대판 2005.10.14. 2003다60891	419
대판 2005.10.27. 2005다35554	267
대판 2005.10.27. 2005다35554,35561	459
대판 2005.10.28. 2003다69638	359
대판 2005.11.10. 2004다22742	247
대판 2005.11.10. 2004다37676	315, 328, 736, 802
대판 2005.11.10. 2004다40597	368
대판 2005.11.10. 2005다34667,34674	1023
대판 2005.11.10. 2005다41818	259
대판 2005.11.24. 2005다39136	751
대판 2005.11.25. 2004다36352	742
대판 2005.11.25. 2004다66834,66841	463, 539
대판 2005.11.25. 2005다51457	423, 424
대판 2005.12.19. 2005그128	1287
대판 2005.12.22. 2003다55059	1088
대판 2005.12.23. 2003다30159	72, 181, 581, 803
대판 2005.12.23. 2005다59383	253
대판 2006.1.13. 2005다51013,51020	714
대판 2006.1.13. 2005다64002	689
대판 2006.1.26. 2003다29456	569
대판 2006.1.26. 2003다29562	1281
대판 2006.1.26. 2005다17341	535, 1109, 1122
대판 2006.1.26. 2005다47014	811
대판 2006.1.26. 2005다47014,47021,47038	812, 830
대판 2006.1.27. 2003다58454	1100
대판 2006.1.27. 2005다16591	315, 716
대판 2006.1.27. 2005다16591,16607	361
대판 2006.1.27. 2005다19378	447, 449
대판 2006.1.27. 2005다39013	377, 379
대판 2006.2.9. 2005다59864	1060
대판 2006.2.10. 2004다11599	609
대판 2006.2.10. 2004다2564	404
대판 2006.2.10. 2004다2762	534
대판 2006.2.10. 2005다21166	708
대판 2006.2.10. 2005다65623	715
대판 2006.2.23. 2005다53187	322
대판 2006.2.24. 2005다58656	321
대판 2006.3.9. 2004다49693	760, 761
대판 2006.3.9. 2005다57899	1291, 1294
대판 2006.3.10. 2002다1321	142
대판 2006.3.24. 2005다66411	163
대판 2006.3.24. 2005두15595	1206, 1211
대판 2006.4.13. 2003다25256	1013
대판 2006.4.13. 2005다75897	357
대판 2006.4.14. 2006다5710	406
대판 2006.4.20. 전합2004다37775	96
대판 2006.4.27. 2006다1381	243, 247
대판 2006.4.27. 2006다4564	802
대판 2006.4.28. 2004다16976	456
대판 2006.5.12. 2004다35199	832
대판 2006.5.12. 2005다75910	965, 966, 971
대판 2006.5.25. 2003다452670	598
대판 2006.5.26. 2003다18401	1132
대판 2006.6.15. 2004다59393	750
대판 2006.6.15. 2005다44091	1130
대판 2006.6.15. 2006다6126,6133	1050, 1051
대판 2006.6.16. 2005다39211	334
대판 2006.6.27. 2005다50041	455
대판 2006.6.29. 2004다3598,3604	947
대판 2006.6.29. 2004다5822	398
대판 2006.6.29. 2005다49799	289
대판 2006.7.4. 2004다61280	394
대판 2006.7.4. 2005다45452	1262, 1263
대판 2006.7.4. 2006므751	1208
대판 2006.7.28. 2004다54633	330
대판 2006.8.24. 2004다20807	948
대판 2006.8.24. 2004다26287	265, 266
대판 2006.8.24. 2005다61140	1150
대판 2006.8.25. 2005다16959	759

대판 2006.8.25. 2006다22050	1080	대판 2007.1.11. 2006다50055		
대판 2006.9.8. 2004다55230	432, 446		902, 908, 1128, 1129	
대판 2006.9.8. 2006다25103,25110	1292	대판 2007.1.25. 2006다68940	245	
대판 2006.9.8. 2006다26328,26335	620	대판 2007.1.26. 2006다60526	671	
대판 2006.9.8. 2006다26694	1257	대판 2007.2.8. 2004다64432	749	
대판 2006.9.14. 2004다18804	599	대판 2007.2.15. 전합2004다50426	305, 788	
대판 2006.9.14. 2005다45537	495	대판 2007.2.22. 2004다59546	878, 928, 930	
대판 2006.9.14. 2005다74900	1203	대판 2007.2.22. 2005다65821	249	
대판 2006.9.22. 2004다51627	38	대판 2007.2.22. 2006다72093	583	
대판 2006.9.22. 2004다56677	28, 119	대판 2007.3.15. 2006다12701	255, 964	
대판 2006.9.22. 2006다22852,22869	269	대판 2007.3.29. 2004다31302	22, 23	
대판 2006.9.22. 2006다24049	321	대판 2007.3.29. 2006다74273	97	
대판 2006.9.22. 2006다24971	940	대판 2007.3.29. 2006다79995	976, 1020	
대판 2006.9.28. 2004다44506	289, 810	대판 2007.3.30. 2005다11312	276, 550	
대판 2006.9.28. 2004다61402	822	대판 2007.4.12. 2004다51542	753	
대판 2006.10.12. 2004다48515	156	대판 2007.4.12. 2006다72765	302	
대판 2006.10.12. 2004재다818	716	대판 2007.4.12. 2006다77593	79	
대판 2006.10.12. 2006다44753	1021	대판 2007.4.13. 2006다78640	769	
대판 2006.10.13. 2004다21862	732, 733, 740	대판 2007.4.19. 전합2004다60072	90	
대판 2006.10.13. 2006다23138	1287	대판 2007.4.19. 전합2004다60072,60089		
대판 2006.10.13. 2006다56299	689		92, 93, 99	
대판 2006.10.26. 2004다24106,24113	323	대판 2007.4.26. 2005다24318	799	
대판 2006.10.26. 2004다63019	554	대판 2007.4.26. 2005다34018,34025	655	
대판 2006.10.27. 2005다14502	1137	대판 2007.4.26. 2005다38300	1121, 1122	
대판 2006.11.9. 2004다22971	610	대판 2007.4.26. 2006다22715	456	
대판 2006.11.9. 2004다67691	942	대판 2007.4.26. 2006다79704	413, 1016, 1189	
대판 2006.11.9. 2006다35117	119, 1029	대판 2007.4.27. 2005다43753	144, 874, 1001	
대판 2006.11.10. 2004다10299	140	대판 2007.4.27. 2005다64033	533	
대판 2006.11.10. 2005다35516	238	대판 2007.5.10. 2006다82700,82717		
대판 2006.11.10. 2006다46346	1304, 1308		377, 381, 382, 728, 729, 866	
대판 2006.11.23. 2004다44285	13	대판 2007.5.11. 2004다11162	431	
대판 2006.11.23. 2005다13288	149	대판 2007.5.31. 2005다5867	824	
대판 2006.11.24. 2005다39594	608	대판 2007.6.1. 2005다5812,5829,5836		
대판 2006.12.7. 2004다54978	421, 425		156, 578, 588	
대판 2006.12.7. 2006다41457	150, 151	대판 2007.6.14. 2005다32999	448, 555, 815	
대판 2006.12.7. 2006다43620	418	대판 2007.6.14. 2005다72058	827	
대판 2006.12.21. 2004다24960	395	대판 2007.6.14. 2005다9326	456	
대판 2006다3.24. 2006다2719	1271	대판 2007.6.14. 2006다84423	968	
대판 2007.1.11. 2005다47175	670	대판 2007.6.14. 2007다17475	709	
대판 2007.1.11. 2006다33364	253, 282	대판 2007.6.14. 2007다3285	121, 328	

대판 2007.6.15. 2004다37904,37911	826
대판 2007.6.15. 2004도4573	832
대판 2007.6.15. 2006다5611	1143
대판 2007.6.15. 2007다11347	2, 987, 989
대판 2007.6.21. 전합2004다26133	685, 710
대판 2007.6.28. 2004다54282	830
대판 2007.6.28. 2004다69741	675, 693
대판 2007.6.28. 2005다44114	1054
대판 2007.6.29. 2005다69908	98
대판 2007.7.26. 2006므2757,2764	1279
대판 2007.7.26. 2007다23081	410
대판 2007.8.23. 2006다15755	146
대판 2007.8.23. 2006다62942	236
대판 2007.8.23. 2007다21856	700
대판 2007.8.23. 2007다21856,21863	489, 700
대판 2007.8.23. 2007다23425	187
대판 2007.8.23. 2007다28024,28031	243
대판 2007.8.24. 2006다14684	1063
대판 2007.9.6. 2005다25021	432
대판 2007.9.6. 2007다31990	511
대판 2007.9.6. 2007다34134	385
대판 2007.9.6. 2007다34982	4
대판 2007.9.7. 2005다16942	1072
대판 2007.9.20. 2004다43886	803
대판 2007.9.20. 2005다63337	346, 358, 370
대판 2007.9.20. 2006다68902	255
대판 2007.9.21. 2005다41740	723
대판 2007.9.21. 2005다44886	887
대판 2007.10.11. 2007다45364	406
대판 2007.10.25. 2006다14165	1017
대판 2007.10.25. 2006다44791	518
대판 2007.10.25. 2007다36223	1257
대판 2007.10.25. 2007다51550,51567	1293
대판 2007.11.15. 2005다31316	563
대판 2007.11.15. 2007다45562	708
대판 2007.11.16. 2005다55312	651
대판 2007.11.16. 2005다71659	39, 41
대판 2007.11.16. 2005다71659,71666,71673	27, 53
대판 2007.11.29. 2005다64255	685
대판 2007.11.29. 2007다51239	753, 754
대판 2007.11.29. 2007다54849	275, 386, 404
대판 2007.11.29. 2007다576	630
대판 2007.11.29. 2007다64167	1006
대판 2007.12.13. 2007도7247	861
대판 2007.12.14. 2007프1690	1196
대판 2007.12.20. 전합2005다32159	118
대판 2007.12.27. 2006다9408	364
대판 2008.1.8. 2005다34711	92
대판 2008.1.17. 2006다586	1033
대판 2008.1.17. 2007다74188	147
대판 2008.1.18. 2005다34711	227
대판 2008.1.18. 2005다65579	446, 447
대판 2008.1.31. 2005다60871	95, 99
대판 2008.1.31. 2007다64471	276, 386
대판 2008.1.31. 2007다74713	189
대판 2008.2.1. 2007다8914	317, 779, 780
대판 2008.2.14. 2006다33357	406, 408
대판 2008.2.14. 2007다63690	900, 1019
대판 2008.2.14. 2007다77569	180
대판 2008.2.15. 2005다41771,41788	1042
대판 2008.2.15. 2005다47205	1033
대판 2008.2.15. 2005다69458	311
대판 2008.2.15. 2006다68810,68827	1020
대판 2008.2.28. 2006다10323	695
대판 2008.2.28. 2007다37394,37400	67, 1154
대판 2008.2.28. 2007다77446	408
대판 2008.3.13. 2005다15048	946
대판 2008.3.13. 2006다29372,29389	139, 1059, 1062
대판 2008.3.13. 2006다31887	1124
대판 2008.3.13. 2006다53733,53740	793
대판 2008.3.13. 2006다58912	139, 676
대판 2008.3.13. 2007다54627	508
대판 2008.3.13. 2007다73611	606, 607
대판 2008.3.13. 2007다73765	401
대판 2008.3.14. 2006다2940	274, 304
대판 2008.3.27. 2006다45459	697
대판 2008.3.27. 2007다78258	958
대판 2008.3.27. 2007다82875	436

대판 2008.3.27. 2007다85157	403, 410
대판 2008.4.10. 2007다38908,38915	624, 676
대판 2008.4.10. 2007다76306	813
대판 2008.4.11. 2007다20891	908
대판 2008.4.11. 2007다27236	1071
대판 2008.4.17. 전합2006다35865	840
대판 2008.4.24. 2007다75648	112
대판 2008.4.24. 2007다84352	422, 429
대판 2008.5.8. 2007다22767	950
대판 2008.5.8. 2007다36933,36940	863, 982, 984, 985, 986
대판 2008.5.15. 2007다23203	709
대판 2008.5.29. 2007다4356	726, 727
대판 2008.6.12. 2005두5956	340
대판 2008.6.12. 2007다36445	335, 339, 978, 979
대판 2008.6.12. 2007다37837	423
대판 2008.6.12. 2008다11276	173
대판 2008.6.12. 2008다19973	163
대판 2008.6.12. 2008다8690	424
대판 2008.6.26. 2004다32992	328, 1021
대판 2008.6.26. 2006다84874	358
대판 2008.6.26. 2007다7898	1255
대판 2008.7.10. 2007다44965	755
대판 2008.7.10. 2007다9719	1307
대판 2008.7.24. 2007다37530	460
대판 2008.7.24. 2008다25299	277
대판 2008.8.21. 2006다24438	65
대판 2008.8.21. 2007다79480	199
대판 2008.9.11. 2006다46278	618, 794
대판 2008.9.11. 2007다24817	1030
대판 2008.9.11. 2007다90982	65
대판 2008.9.11. 2008다15278	159, 767
대판 2008.9.11. 2008다27301,27318	240
대판 2008.9.11. 2008다39663	508
대판 2008.9.25. 2006두8068	1188
대판 2008.9.25. 2007다17109	75
대판 2008.9.25. 2007다74874	413, 1030
대판 2008.9.25. 2008다27752	957
대판 2008.9.25. 2008다34668	550
대판 2008.9.25. 2008다41529	760
대판 2008.9.25. 2008다41635	414
대판 2008.9.25. 2008다42195	169
대판 2008.9.25. 2008다44238	689
대판 2008.10.9. 2006다53146	831, 833
대판 2008.10.9. 2008다3022	683
대판 2008.10.9. 2008다34903	714
대판 2008.10.23. 2007다35596	545
대판 2008.10.23. 2007다72274,72281	608, 609
대판 2008.10.23. 2008다54877	338
대판 2008.11.13. 2006다1442	418, 422, 428
대판 2008.11.13. 2008다46906	365
대판 2008.11.13. 2008다49431	1007
대판 2008.11.20. 전합2007다27670	855, 1263
대판 2008.11.27. 2008다55290,55306	1024
대판 2008.11.27. 2008다62687	1028
대판 2008.12.11. 2006다50420	947
대판 2008.12.11. 2007다69162	418
대판 2008.12.11. 2008다12439	948
대판 2008.12.11. 2008다45187	1023
대판 2008.12.24. 2008다41499	829
대판 2008.12.24. 2008다51649	846
대판 2008.12.24. 2008다65396	1067, 1100
대판 2009.1.15. 2007다61618	301, 423
대판 2009.1.15. 2008다58367	37, 38, 222, 272
대판 2009.1.15. 2008다60162	824
대판 2009.1.15. 2008다70763	1080, 1081, 1083
대판 2009.1.30. 2006다17850	686
대판 2009.1.30. 2006다37465	74, 295
대판 2009.1.30. 2006다60908	99
대판 2009.1.30. 2007다10337	364
대판 2009.1.30. 2008다73731	177
대판 2009.1.30. 2008다79340	180, 756
대판 2009.2.9. 2008스105	1206
대판 2009.2.12. 2006다23312	94
대판 2009.2.12. 2008두20109	259
대판 2009.2.26. 2005다32418	530
대판 2009.2.26. 2006다71802	1004
대판 2009.2.26. 2007다83908	245
대판 2009.2.26. 2008다4001	1121
대판 2009.2.26. 2008다76556	379

대판 2009.3.12. 2006다28454	761
대판 2009.3.12. 2007다52942	753
대판 2009.3.19. 전합2008다45828	111
대판 2009.3.26. 2007다63102	394, 414, 416
대판 2009.3.26. 2008다34828	1030, 1031, 1074
대판 2009.3.26. 2008다44313	1019
대판 2009.4.9. 2005다65494	832
대판 2009.4.9. 2008다1521	77, 79
대판 2009.4.23. 2008다4247	762
대판 2009.4.23. 2008다50615	213, 606
대판 2009.4.23. 2008다62427	212, 608
대판 2009.4.23. 2008다96291,96307	577
대판 2009.4.23. 2009다1313	156
대판 2009.5.14. 2008다17656	1098, 1099
대판 2009.5.14. 2009다5193	510, 594
대판 2009.5.14. 2009다9768	1292
대판 2009.5.21. 전합2009다17417	824, 825
대판 2009.5.28. 2007다20440,20457	782
대판 2009.5.28. 2007카기134	3
대판 2009.5.28. 2008다79876	17, 1287
대판 2009.5.28. 2008다98655,98662	592, 593
대판 2009.5.28. 2009다12115	121
대판 2009.5.28. 2009다13170	715
대판 2009.5.28. 2009다2095	1078
대판 2009.5.28. 2009다4787	386, 387, 911, 912
대판 2009.5.28. 2009다9539	948
대판 2009.6.11. 2008다75072	507, 513
대판 2009.6.11. 2008다75300,75317,75324	949, 950
대판 2009.6.11. 2008다79500	203, 801
대판 2009.6.11. 2009다12399	306
대판 2009.6.11. 2009다21096	762
대판 2009.6.23. 2009다26145	946
대판 2009.6.25. 2007다70155	469, 472, 473
대판 2009.6.25. 2009다16186,16193	900
대판 2009.7.9. 2008다56019,56026	885
대판 2009.7.9. 2009다14340	263, 278
대판 2009.7.9. 2009다18526	328
대판 2009.7.9. 2009다21249	122
대판 2009.7.9. 2009다23313	884, 1028
대판 2009.7.16. 전합2007다15172,15189	961, 962
대판 2009.7.23. 2006다28126	1302
대판 2009.7.23. 2006다81325	358
대판 2009.7.23. 2009다19802,19819	466, 467
대판 2009.7.23. 2009다32454	1182
대판 2009.7.23. 2009다33570	652
대판 2009.8.20. 2009다20475,20482	366, 584
대판 2009.8.20. 2009다32409	506
대판 2009.8.20. 2009다38247	951
대판 2009.9.10. 2006다61536	1099
대판 2009.9.10. 2006다73102	1031
대판 2009.9.10. 2009다28462	932
대판 2009.9.10. 2009다37251	124
대판 2009.9.24. 2009다15602	918, 919, 982, 983
대판 2009.9.24. 2009다37831	635, 890
대판 2009.9.24. 2009다39530	260, 261, 276
대판 2009.9.24. 2009다40684	1078
대판 2009.10.8. 2009스64	1168
대판 2009.10.15. 2006다43903	880
대판 2009.10.15. 2009다42321	1257
대판 2009.10.15. 2009다43621	1119
대판 2009.10.29. 2006다37908	1012
대판 2009.10.29. 2008다51359	546
대판 2009.10.29. 2009다47685	218
대판 2009.10.29. 2009다60527	539
대판 2009.11.12. 2009다48879	572
대판 2009.11.12. 2009다51028	255
대판 2009.11.12. 2009다56665	776
대판 2009.11.12. 2009므2840,2857	1202
대판 2009.11.19. 전합2008마699	92
대판 2009.11.26. 2006다37106	1151, 1152
대판 2009.11.26. 2009다35903	716
대판 2009.11.26. 2009다57033	72
대판 2009.11.26. 2009다59671	318
대판 2009.11.26. 2009다64383	93, 94
대판 2009.12.10. 2006다55789,55791	967
대판 2009.12.10. 2008다72318	1138
대판 2009.12.10. 2009다27513	108
대판 2009.12.10. 2009다41250	1133
대판 2009.12.10. 2009다54294	1006

대판 2009.12.24. 2009다32324	1077, 1078
대판 2009.12.24. 2009다57064	1014
대판 2009.12.24. 2009다60244	196
대판 2009.12.24. 2009다63267	867
대판 2009.12.24. 2009다72070	891, 1117
대판 2009.12.24. 2009다85342	298, 299
대판 2009.12.24. 2009므2130	1196
대판 2010.1.14. 2007다55477	771, 773
대판 2010.1.14. 2009다41199	1255
대판 2010.1.14. 2009다66150	1046
대판 2010.1.14. 2009다7212,7229	737
대판 2010.1.28. 2008다12057	1120
대판 2010.1.28. 2009다24187,24194	317, 782, 1030
대판 2010.1.28. 2009다41137,41144	365, 739
대판 2010.1.28. 2009다90047	408
대판 2010.2.11. 2008다16899	1254
대판 2010.2.11. 2008다88795,88801	214
대판 2010.2.11. 2009다68408	1104
대판 2010.2.11. 2009다71558	515
대판 2010.2.11. 2009다79729	755
대판 2010.2.11. 2009다79897	245, 840
대판 2010.2.11. 2009다90740	487
대판 2010.2.25. 2007다28819	394
대판 2010.2.25. 2008다96963,96970	1274
대판 2010.2.25. 2009다22778	319
대판 2010.2.25. 2009다79811	1011
대판 2010.2.25. 2009다83933	743
대판 2010.2.25. 2009다86000	155
대판 2010.2.25. 2009다87621	448
대판 2010.2.25. 2009다96403	1293
대판 2010.2.25. 2009도5064	1157
대판 2010.3.11. 2009다100098	279
대판 2010.3.18. 전합2007다77781	1283, 1286
대판 2010.3.25. 2007다35152	557, 559, 568
대판 2010.3.25. 2009다35743	139, 676, 1058
대판 2010.3.25. 2009다95714	848
대판 2010.4.2. 2009다104564	407
대판 2010.4.8. 2009다80460	533
대판 2010.4.15. 2008다41475	1131, 1140
대판 2010.4.15. 2010다57	487
대판 2010.4.29. 2007다18911	757
대판 2010.4.29. 2007다24930	368, 568
대판 2010.4.29. 2009다84936	1282, 1283
대판 2010.4.29. 2009다91828	160
대판 2010.4.29. 2009다96083	140, 158
대판 2010.4.29. 2009다96984	681, 715
대판 2010.4.29. 2009다99129	333
대판 2010.4.29. 2009므639	1196
대판 2010.5.13. 2009다105222	508
대판 2010.5.20. 전합2007다90760	556
대판 2010.5.20. 전합2009다48312	256
대판 2010.5.27. 2006다72109	92
대판 2010.5.27. 2007다66088	754
대판 2010.5.27. 2009다12580	789
대판 2010.5.27. 2009다44327	272
대판 2010.5.27. 2009다85861	449
대판 2010.5.27. 2009다93992	382, 1304
대판 2010.5.27. 2010다10276	707
대판 2010.5.27. 2010다4561	749
대판 2010.6.10. 2007다61113,61120	537, 538
대판 2010.6.10. 2009다101275	707, 710, 711
대판 2010.6.10. 2010므574	1173
대판 2010.6.24. 2008다23729	829
대판 2010.6.24. 2009다40790	675
대판 2010.6.24. 2010다14599	1286
대판 2010.6.24. 2010다17284	257
대판 2010.6.24. 2010다2107	75
대판 2010.6.24. 2010다9269	792
대판 2010.7.15. 2007다21245	407
대판 2010.7.15. 2009다50308	105, 130, 216
대판 2010.7.15. 2010다10382	366
대판 2010.7.22. 2009다40547	118
대판 2010.7.22. 2010다1456	211
대판 2010.7.29. 2009다56283	122
대판 2010.7.29. 2009다69692	316
대판 2010.8.19. 2010다31860,31877	213, 601
대판 2010.8.19. 2010다36209	416
대판 2010.8.19. 2010다43801	728, 988, 1063
대판 2010.8.26. 2008다42416,42423	254

대판 2010.8.26. 2010다27458	1148
대판 2010.9.9. 2007다42310,42327	5, 98
대판 2010.9.9. 2008다15865	17, 280
대판 2010.9.9. 2010다28031	244, 264, 267
대판 2010.9.9. 2010다37905	1006
대판 2010.9.16. 전합2008다97218	447
대판 2010.9.30. 2007다2718	406, 428
대판 2010.9.30. 2009다46873	470
대판 2010.9.30. 2009다65942	507
대판 2010.9.30. 2010다50922	301
대판 2010.10.14. 2007다90432	1030
대판 2010.10.14. 2010다53273	264, 266
대판 2010.10.23. 2010다52799	111, 1026
대판 2010.10.28. 2009다20840	1295
대판 2010.10.28. 2010다57213,57220	496
대판 2010.10.28. 2010다58377	385, 387
대판 2010.10.28. 2010후1435	426
대판 2010.11.11. 2010다43597	384
대판 2010.11.25. 2010다51406	848
대판 2010.11.25. 2010다56685	249
대판 2010.11.25. 2010다58957	955
대판 2010.11.25. 2010다64877	572
대판 2010.12.9. 2010다77583	98
대판 2010.12.23. 2008다25671	412
대판 2010.12.23. 2008다57746	622
대판 2010.12.23. 2008다75119	117, 118
대판 2010.12.23. 2010다52225	447
대판 2011.1.13. 2010다67159	1036
대판 2011.1.13. 2010다67890	119
대판 2011.1.13. 2010다69940	107
대판 2011.1.13. 2010다88019	266
대판 2011.1.27. 2008다2807	761
대판 2011.1.27. 2010다25698	594
대판 2011.1.27. 2010다6680	317, 837
대판 2011.2.10. 2006다65774	68
대판 2011.2.10. 2008다9952	265
대판 2011.2.10. 2009다68941	12
대판 2011.2.10. 2010다11668	946
대판 2011.2.10. 2010다77385	321, 345, 346
대판 2011.2.10. 2010다81285	252
대판 2011.2.10. 2010다83199,83205	78, 198
대판 2011.2.10. 2010다90708	420
대판 2011.2.10. 2010다94700	1078
대판 2011.2.24. 2009다17783	5
대판 2011.2.24. 2010다96911	487
대판 2011.3.10. 2007다17482	27, 1275
대판 2011.3.10. 2010다13282	596
대판 2011.3.10. 2010다52416	406
대판 2011.3.10. 2010다92506	1011
대판 2011.3.10. 2010므4699,4705,4712	1201
대판 2011.3.24. 2010다100711	482, 501
대판 2011.3.24. 2010다95062	675
대판 2011.3.27. 2000다43819	571
대판 2011.4.14. 2010다91866	447
대판 2011.4.14. 2010다103642	302
대판 2011.4.14. 2011다6342	1034
대판 2011.4.28. 2008다15438	72, 77, 92
대판 2011.4.28. 2010다10035	140
대판 2011.4.28. 2010다101394	515, 553
대판 2011.5.13. 2011다10044	264, 265
대판 2011.5.13. 2011다1941	655
대판 2011.5.26. 2011다1330	312
대판 2011.6.9. 2011다29307	402, 1274, 1280
대판 2011.6.10. 2010다40239	775
대판 2011.6.10. 2011다8980,8997	555
대판 2011.6.10. 2011다9013	533, 534
대판 2011.6.23. 전합2007다63089	511, 701
대판 2011.6.24. 2011다11009	213
대판 2011.6.30. 2010다16090	306
대판 2011.6.30. 2011다8614	492
대판 2011.7.14. 2009다49469	495
대판 2011.7.14. 2009다76522	717
대판 2011.7.14. 2009므2628,2635	1201
대판 2011.7.14. 2010다107064	897, 899, 1254
대판 2011.7.14. 2011다28090	1145
대판 2011.7.21. 전합2011재다199	317, 837
대판 2011.7.28. 2009다40967	689
대판 2011.7.28. 2010다70018	560
대판 2011.8.18. 2011다20871	182
대판 2011.8.18. 2011다30666,30673	535, 1136

대판 2011.8.18. 2011다30871	618	대판 2012.3.15. 2011다54587	1047, 1108
대판 2011.8.18. 2011다35593	1077	대판 2012.3.15. 2011다59445	968
대판 2011.8.25. 2010다44002	762	대판 2012.3.15. 2011다77849	546
대판 2011.8.25. 2011다43778	309	대판 2012.3.22. 전합2010다28840	240, 262
대판 2011.9.8. 2010다35367	956	대판 2012.3.29. 2010다2459	937
대판 2011.9.8. 2010다37325	778	대판 2012.3.29. 2011다74932	1012
대판 2011.9.8. 2011다34743	97	대판 2012.3.29. 2011다79210	946
대판 2011.9.18. 2009다49193,49209	884, 1024, 1025	대판 2012.3.29. 2011다93025	323
		대판 2012.4.12. 2010다75945	357
대판 2011.9.29. 2009다78801	1254	대판 2012.4.12. 2011다107900	94
대판 2011.10.13. 2010다80930	257	대판 2012.4.13. 2010다1180	524
대판 2011.10.13. 2010다99132	1133	대판 2012.4.13. 2011므4665	1208
대판 2011.10.13. 2011다10266	241, 659, 661, 662	대판 2012.4.13. 2011므4719	1208
대판 2011.10.13. 2011다51281	877	대판 2012.4.26. 2010다8709	813
대판 2011.10.13. 2011다55214	1075	대판 2012.5.10. 2011다109500	279
대판 2011.10.27. 2010다72045	820	대판 2012.5.10. 2012다4263	989
대판 2011.11.10. 2011다54686	251	대판 2012.5.10. 2012다4633	248, 717
대판 2011.11.24. 2009다19246	1081, 1083	대판 2012.5.17. 전합2009다105406	758
대판 2011.11.24. 2010다56678	690	대판 2012.5.17. 전합2010다28604	335, 866, 978
대판 2011.11.30. 2001다16432	621	대판 2012.5.17. 전합2011다87235	385, 388
대판 2011.12.8. 2010다66644	1267	대판 2012.5.24. 2010다108210	944
대판 2011.12.8. 2011다55542	398	대판 2012.5.24. 2010다33392	1256
대판 2011.12.8. 2011두14357	87	대판 2012.5.24. 2010다50809	1301
대판 2011.12.13. 2009다5162	994, 1072, 1078	대판 2012.6.14. 2010다11651	539
대판 2011.12.13. 2011다11580	547	대판 2012.6.14. 2010다86525	118
대판 2011.12.22. 2011다64669	176	대판 2012.6.28. 2010다58056	843
대판 2011.12.22. 2011다84298	14, 1070, 1077	대판 2012.6.28. 2010다71431	393, 421, 425
대판 2012.1.12. 2010다64792	408, 412	대판 2012.6.28. 2010다81049	853
대판 2012.1.12. 2011다74246: 표준판례680	792	대판 2012.7.5. 2010다80503	423
대판 2012.1.26. 2009다76546	861, 982	대판 2012.7.12. 2010다42990	707
대판 2012.1.26. 2011다96208	1073	대판 2012.7.12. 2010다51192	458
대판 2012.1.27. 2011다74949	357	대판 2012.7.12. 2012다20475	840
대판 2012.2.9. 2011다72189	1071	대판 2012.7.26. 2012다45689	685, 710
대판 2012.2.9. 2011다77146	416	대판 2012.8.17. 2010다87672	395
대판 2012.2.16. 전합2010다82530	640	대판 2012.8.23. 2012다45184	414
대판 2012.2.16. 전합2011다45521	489, 528, 556, 558, 571, 1062	대판 2012.8.30. 2010다39918	755, 1013
		대판 2012.8.30. 2011다32785,32792	403, 415
대판 2012.2.23. 2011다61424,61431	934	대판 2012.9.13. 2010다88699	1263
대판 2012.2.23. 2011다86720	754	대판 2012.9.27. 2010다99279	596
대판 2012.2.23. 2011다88832	407	대판 2012.9.27. 2011다76747	446, 780

대판 2012.9.27. 2012다37176	1075
대판 2012.9.27. 2012다49490	700
대판 2012.10.11. 2011다12842	108
대판 2012.10.11. 2012다55198	304
대판 2012.10.11. 2012다55860	697
대판 2012.10.18. 전합2010다52140	1038, 1039
대판 2012.10.25. 2010다32214	520, 1161
대판 2012.10.25. 2010다47117	318, 754
대판 2012.10.25. 2010다56586	93
대판 2012.10.25. 2010다89050	514
대판 2012.10.25. 2011다107375	414
대판 2012.10.25. 2011다107382	400
대판 2012.10.25. 2012다45566	270, 884
대판 2012.11.15. 2010다73475	968
대판 2012.11.15. 2011다56491	241, 738
대판 2012.11.15. 2012다69197	1027
대판 2012.11.29. 2011다17953	491
대판 2012.11.29. 2012다44471	757
대판 2012.11.29. 2012다65867	611
대판 2012.12.13. 2011다89910	944
대판 2012.12.27. 2011다96932	1167, 1182, 1183
대판 2012.12.27. 2012다75239	382
대판 2013.1.10. 2011다64607	97
대판 2013.1.17. 전합2010다71578	941, 942, 984
대판 2013.1.17. 전합2011다49523	691
대판 2013.1.24. 2011다99498	1016, 1189
대판 2013.2.14. 2012다89900	213
대판 2013.2.15. 2012다48855	535, 536
대판 2013.2.15. 2012다49292	138
대판 2013.2.15. 2012다68217	238
대판 2013.2.28. 2010다57350	1076, 1077, 1081
대판 2013.2.28. 2010다89814	1024
대판 2013.2.28. 2011다21556	274, 277
대판 2013.2.28. 2011다49608,49615	700
대판 2013.2.28. 2011다79838	249
대판 2013.2.28. 2012다107532	758
대판 2013.2.28. 2012다94155	560
대판 2013.3.14. 2010다42624	318, 1303, 1305, 1306, 1309
대판 2013.3.14. 2011다58701	944
대판 2013.3.14. 2012다85281	526
대판 2013.3.28. 2010다60950	833
대판 2013.3.28. 2010다63836	858
대판 2013.3.28. 2012다68750	957
대판 2013.4.11. 2009다62059	1038
대판 2013.4.11. 2011다107009	1078
대판 2013.4.11. 2012다107198	419
대판 2013.4.11. 2012다211	423
대판 2013.4.11. 2012다65294	323
대판 2013.4.11. 2013다1105	419
대판 2013.4.25. 2012다118594	30
대판 2013.4.26. 2011다29666	824
대판 2013.4.26. 2011다50509	299, 619
대판 2013.4.26. 2012다118334	405
대판 2013.5.9. 2011다75232	403, 410
대판 2013.5.9. 2012다115120	205, 207, 711
대판 2013.5.9. 2012다40998	501
대판 2013.5.16. 전합2012다202819	239, 280
대판 2013.5.23. 2010다50014	212
대판 2013.5.23. 2013다12464	278
대판 2013.6.13. 2012다40332	80
대판 2013.6.14. 2011다65174	124
대판 2013.6.20. 전합2010므4071	1202
대판 2013.6.27. 2011다17106	770, 792
대판 2013.6.27. 2011다5813	123
대판 2013.6.27. 2013다14880	613
대판 2013.6.28. 2011다83110	492
대판 2013.6.28. 2013다8564	404
대판 2013.7.11. 2012다201410	932
대판 2013.7.12. 2006다17539	796
대판 2013.7.12. 2011므1116	1200
대판 2013.7.18. 전합2012다5643	412
대판 2013.7.25. 2011다56187,56194	277
대판 2013.7.25. 2012다204815	544
대판 2013.8.22. 2012다54133	854
대판 2013.8.22. 2013다200568	280
대판 2013.8.22. 2013다30882	390, 771
대판 2013.8.22. 2013다31403	87
대판 2013.8.22. 2013다32574	1087, 1091
대판 2013.8.22. 2013다35412	787

대판 2013.9.12. 2010다95185	1032
대판 2013.9.12. 2011다89903	413
대판 2013.9.12. 2012다118044	524
대판 2013.9.13. 2011다56033	506
대판 2013.9.13. 2012다5834	963
대판 2013.9.13. 2013다45457	11, 88
대판 2013.9.26. 2012다43539	771
대판 2013.9.26. 전합2011다53683	129
대판 2013.9.26. 전합2012다1146	847
대판 2013.9.26. 전합2012다13637	129, 847
대판 2013.9.26. 전합2013다26746	129
대판 2013.10.11. 2013다7936	401
대판 2013.10.24. 2011다44788	1073
대판 2013.11.14. 2013다18622	267
대판 2013.11.14. 2013다27831	707
대판 2013.11.14. 2013다46023	445
대판 2013.11.14. 2013다65178	250
대판 2013.11.21. 전합2011두1917	913
대판 2013.11.28. 2010다91831	80
대판 2013.11.28. 2011다41741	76
대판 2013.11.28. 2011다60247	730, 841
대판 2013.11.28. 2011다67323	357
대판 2013.11.28. 2011다80449	1014
대판 2013.11.28. 2012다103325	946
대판 2013.11.28. 2013다22812	616
대판 2013.11.28. 2013다48364	725
대판 2013.11.28. 2013다8755	627
대판 2013.11.28. 2013므1455	1202
대판 2013.12.12. 2011다78200,78217	955
대판 2013.12.12. 2013다14675	618
대판 2013.12.12. 2013다201844	281
대판 2013.12.12. 2013다211919	690
대판 2013.12.12. 2013다26647	884
대판 2013.12.18. 전합2012다89399	28
대판 2013.12.26. 2011다85352	309
대판 2013.12.26. 2011다90194	281
대판 2013.12.26. 2012다1863	213
대판 2013.12.26. 2013므3383	1208
대판 2014.1.16. 2011다108057	839
대판 2014.1.16. 2013다30653	1075
대판 2014.1.23. 2011다108095	390
대판 2014.1.23. 2013다207996	1133
대판 2014.1.23. 2013다64793	277
대판 2014.2.13. 2011다64782	622
대판 2014.2.13. 2012다112299	94
대판 2014.2.13. 2012다204013	395
대판 2014.2.13. 2012다98843	97
대판 2014.2.13. 2013다80481	683
대판 2014.2.21. 2013다75717	17
대판 2014.2.27. 2011다42430	1019
대판 2014.2.27. 2012다93794	676
대판 2014.2.27. 2013다213038	202
대판 2014.2.27. 2013다94312	258
대판 2014.3.13. 2009다105215	854, 892
대판 2014.3.13. 2011다111459	956
대판 2014.3.13. 2013다34143	620
대판 2014.3.20. 전합2009다60336	1081
대판 2014.3.27. 2010다94731	960
대판 2014.3.27. 2012다106607	217
대판 2014.3.27. 2012다34740	404
대판 2014.3.27. 2012다6769	453
대판 2014.3.27. 2012다87263	814
대판 2014.3.27. 2013다1518	395
대판 2014.4.1. 2013다217481	405
대판 2014.4.10. 2012다29557	318
대판 2014.4.10. 2012다54997	156
대판 2014.4.10. 2013다36040	1131
대판 2014.4.10. 2013다59753	141
대판 2014.4.10. 2013다61190	1157, 1158
대판 2014.4.10. 2013다76192	490
대판 2014.4.24. 2012다40592	545
대판 2014.4.30. 2013다35115	683
대판 2014.4.30. 2013다80429	112
대판 2014.4.30. 2013다80429,80436	1136
대판 2014.4.30. 2013다8250	527
대판 2014.5.16. 2012다72582	663
대판 2014.5.29. 2011다31225	835
대판 2014.5.29. 2012다31802	1266
대판 2014.5.29. 2012다44518	27
대판 2014.5.29. 2013다212295	547

대판 2014.6.12. 2011다76105	260
대판 2014.6.12. 2012다92159	864
대판 2014.6.12. 2013다95964	559
대판 2014.6.26. 2012다25944	1012
대판 2014.6.26. 2012다77891	412
대판 2014.6.26. 2013다45716	251, 252
대판 2014.7.10. 2012다26633	1267, 1276
대판 2014.7.10. 2013다25552	776
대판 2014.7.16. 전합2011다76402	252
대판 2014.7.16. 전합2012므2888	1201
대판 2014.7.16. 전합2013므2250	1201
대판 2014.7.24. 2012다97871	1034
대판 2014.7.24. 2013다28728	119
대판 2014.7.24. 2013다97076	155
대판 2014.7.24. 2014다202608	943
대판 2014.7.24. 2014다209227	366
대판 2014.8.20. 2012다47074	240, 1147
대판 2014.8.20. 2012다54478	784
대판 2014.8.20. 2012다97420	444
대판 2014.8.20. 2014다30483	1029
대판 2014.8.21. 전합2010다92438	287
대판 2014.8.26. 2013다49404,49411	442
대판 2014.8.28. 2012다102384	1051
대판 2014.9.4. 2011다13463	1042
대판 2014.9.4. 2011다73038,73045	1037, 1046
대판 2014.9.4. 2012므1656	301, 1198, 1199
대판 2014.9.4. 2013다3576	252
대판 2014.9.4. 2013다60661	397
대판 2014.9.4. 2013므4201	1217
대판 2014.9.4. 2014다36771	393
대판 2014.9.25. 2012다58609	1062, 1097, 1151
대판 2014.9.25. 2014다211336	94
대판 2014.9.26. 2012다71688	1292
대판 2014.10.15. 2013다17117	520
대판 2014.10.15. 2013다91788	539
대판 2014.10.27. 2013다25217	384
대판 2014.10.27. 2013다91672	1061, 1062
대판 2014.11.2. 전합2011므2997	1184
대판 2014.11.13. 2010다63591	266
대판 2014.11.13. 2012다29601	578
대판 2014.11.13. 2012다52526	544
대판 2014.11.27. 2011다68357	844, 846
대판 2014.11.27. 2013다49794	153
대판 2014.11.27. 2014다52612	868
대판 2014.12.11. 2012다15602	772
대판 2014.12.11. 2013다14569	623
대판 2014.12.11. 2013다28025	1103
대판 2014.12.11. 2013다71784	379
대판 2014.12.11. 2013므4591	1217
대판 2014.12.18. 전합2011다50233	536
대판 2014.12.24. 2011다62618	1075
대판 2014.12.24. 2012다49285	467, 531
대판 2014.12.24. 2012다73158	863, 1040
대판 2014.12.24. 2013다11669	950, 951
대판 2014.12.24. 2014다207245,207252	544
대판 2015.1.15. 2013다50435	396
대판 2015.1.15. 2014다223506	305
대판 2015.1.22. 전합2014다46211	359
대판 2015.1.29. 2013다205174	837
대판 2015.1.29. 2013다79870	395
대판 2015.2.12. 2013다61602	807
대판 2015.2.12. 2014다227225	345, 346
대판 2015.2.12. 2014다228440	261
대판 2015.2.12. 2014므4871	1220
대판 2015.2.16. 2011다101155	79
대판 2015.2.26. 2012다89320	446
대판 2015.2.26. 2014다21649	954, 964, 965
대판 2015.2.26. 2014다228778	266
대판 2015.2.26. 2014다37040	293
대판 2015.2.26. 2014다63315	1025
대판 2015.2.26. 2014다65724	681
대판 2015.2.26. 2014므4734,4741	1178
대판 2015.3.20. 2012다107662	554
대판 2015.3.20. 2012다17479	1055
대판 2015.3.20. 2012다99341	1132
대판 2015.3.26. 2012다25432	243, 759
대판 2015.3.26. 2012다4824	820
대판 2015.3.26. 2013다77225	701
대판 2015.3.26. 2014다233428	1011
대판 2015.3.26. 2014다83142	479

대판 2015.4.9. 2012다118020	485
대판 2015.4.9. 2013다35788	119
대판 2015.4.9. 2014다80945	489
대판 2015.4.9. 2014다85216	270
대판 2015.4.23. 2014다231378	607
대판 2015.5.14. 2012다21720	1301
대판 2015.5.14. 2012다41359	511
대판 2015.5.14. 2014다12072	573
대판 2015.5.14. 2014다16494	263
대판 2015.5.21. 전합2012다952	421, 873
대판 2015.5.28. 2014다81474	271
대판 2015.5.29. 2012다84370	508
대판 2015.5.29. 2012다92258	1090
대판 2015.5.29. 2013프2441	1184
대판 2015.6.11. 2012다10386	560
대판 2015.6.11. 2014다237192	406
대판 2015.6.11. 2014프8217	1220, 1221
대판 2015.6.11. 2015다200227	279
대판 2015.6.23. 2013프2397	1207
대판 2015.7.23. 2012다15336	511
대판 2015.7.23. 2014다88888	1010
대판 2015.7.23. 2015다206850	1054
대판 2015.7.23. 전합2015다200111	122
대판 2015.8.13. 2015다18367	1276
대판 2015.8.13. 2015다209002	281
대판 2015.8.27. 2013다28247	639
대판 2015.8.27. 2013다81224,81231	321
대판 2015.9.10. 2013다55300	386, 1028, 1029
대판 2015.9.10. 2014다6884	961
대판 2015.9.14. 2011다91784	827
대판 2015.9.15. 전합2013프568	1196
대판 2015.9.24. 2014다74919	378
대판 2015.10.29. 2012다14975	405, 426
대판 2015.10.29. 2012다21560	758, 764
대판 2015.10.29. 2012다5537	615
대판 2015.10.29. 2013다60753	1270
대판 2015.10.29. 2013다83992	405
대판 2015.11.12. 2010다104768	1302
대판 2015.11.12. 2011다55092,55108	1307
대판 2015.11.17. 2012다2743	415
대판 2015.11.17. 2013다84995	418
대판 2015.11.19. 전합2012다114776	324
대판 2015.11.26. 2014다71712	526
대판 2015.11.27. 2011다28939	823
대판 2015.11.27. 2013다41097,41103	1136
대판 2015.12.10. 2013다56297	380
대판 2015.12.10. 2013다84	403
대판 2015.12.10. 2014다14511	123, 368
대판 2015.12.23. 2012다202932	413
대판 2015.12.23. 2012다71411	751
대판 2015.12.24. 2014다49241	492
대판 2015.12.24. 2015다200531	1117
대판 2016.1.14. 2013다219142	942
대판 2016.1.14. 2015다235353	410
대판 2016.1.28. 2013다59876	942
대판 2016.1.28. 2015다9769	825
대판 2016.2.18. 2014다61814	967
대판 2016.2.18. 2015다35560	122
대판 2016.2.18. 2015프654,661	1178
대판 2016.3.10. 2013다99409	1080
대판 2016.3.10. 2014다231965	1131
대판 2016.3.24. 2014다13280,13297	267
대판 2016.3.24. 2015다11281	126, 127, 786, 894
대판 2016.4.12. 2013다31137	812
대판 2016.4.15. 2013다97694	146
대판 2016.4.15. 2015다59115	610, 620, 621
대판 2016.4.28. 2012다19659	857, 982, 983
대판 2016.4.28. 2014다236830,236847	818
대판 2016.4.28. 2015다221286	857
대판 2016.5.12. 2013다49381	134
대판 2016.5.12. 2015다234985	813
대판 2016.5.12. 2016다200729	333
대판 2016.5.19. 전합2009다66549	661
대판 2016.5.24. 2015다250574	1284, 1286
대판 2016.5.26. 2016다203315	170
대판 2016.5.27. 2014다230894	419
대판 2016.5.27. 2015다77212	943
대판 2016.6.9. 2013다215676	690
대판 2016.6.9. 2014두1369	971
대판 2016.6.9. 2015다200258	280

대판 2016.6.10. 2014다200763	365
대판 2016.6.23. 2015다231511	1293
대판 2016.6.28. 2013다70569	942
대판 2016.7.7. 2014다2662	776
대판 2016.7.14. 2012다65973	363
대판 2016.7.14. 2013다82944,82951	367
대판 2016.7.14. 2014다233268	404
대판 2016.7.14. 2015다46119	481
대판 2016.7.14. 2015다71856,71863	1161
대판 2016.7.22. 2016다207928	1026
대판 2016.7.27. 2015다230020	1095
대판 2016.7.29. 2015다56086	413
대판 2016.7.29. 2016다214483,214490	937
대판 2016.7.29. 2016다220044	783
대판 2016.8.18. 2013다90402	412
대판 2016.8.18. 2014다31691,31707	734, 736
대판 2016.8.18. 2016다200088	74
대판 2016.8.24. 2014다80839	664
대판 2016.8.24. 2016다222453	85, 176
대판 2016.8.25. 2016다2840	471
대판 2016.8.29. 2015다236547	385
대판 2016.9.28. 2016다205915	390
대판 2016.10.13. 2014다218030	688
대판 2016.10.13. 2015다14136	688
대판 2016.10.19. 전합2014다46648	1257
대판 2016.10.27. 2013다7769	339, 341, 593
대판 2016.10.27. 2014다211978	249, 734
대판 2016.10.27. 2015다239744	269, 505
대판 2016.10.27. 2015다52978	1003
대판 2016.10.27. 2016다224596	953
대판 2016.10.27. 2016다25140	122
대판 2016.11.18. 전합2013다42236	216
대판 2016.11.25. 2013다206313	977
대판 2016.11.25. 2014다57846	827
대판 2016.11.25. 2016다211309	682, 703, 704, 705
대판 2016.12.1. 2016다228215	25
대판 2016.12.1. 2016다240543	15
대판 2016.12.15. 2014다14429,14436	318
대판 2016.12.15. 2015다247325	948
대판 2016.12.15. 2016다205373	916
대판 2016.12.29. 2013다73520	1282, 1283, 1288
대판 2016.12.29. 2016다242273	990
대판 2017.1.12. 2014다11574,11581	739
대판 2017.1.12. 2014다39824	1289
대판 2017.1.12. 2016다208792	410
대판 2017.1.12. 2016다39422	950
대판 2017.1.15. 2016다210498	1301
대판 2017.1.19. 전합2013다17292	1053
대판 2017.1.25. 2012다72469	955
대판 2017.1.25. 2014다52933	495
대판 2017.1.25. 2016다28897	1103
대판 2017.1.25. 2016다42077	641
대판 2017.2.3. 2016다259677	118
대판 2017.2.15. 2014다19776,19783	555
대판 2017.2.15. 2014다230535	824
대판 2017.2.15. 2015다235766	621
대판 2017.3.9. 2015다217980	418
대판 2017.3.9. 2016다47478	227, 330
대판 2017.3.15. 2015다252501	234, 554, 704
대판 2017.3.22. 2016다218874	511, 701
대판 2017.4.7. 2014다234827	126
대판 2017.4.7. 2016다204783	415
대판 2017.4.7. 2016다248431	25
대판 2017.4.7. 2016다35451	263, 264, 267, 733
대판 2017.4.13. 2016다274904	244
대판 2017.4.26. 2014다221777,221784	1134
대판 2017.4.26. 2014다72449,72456	725
대판 2017.4.27. 2016다271226	805
대판 2017.4.27. 2016다279206	403
대판 2017.4.28. 2016다239840	267
대판 2017.5.17. 2016다248806	360
대판 2017.5.17. 2016다270049	548
대판 2017.5.17. 2016다274188	60
대판 2017.5.18. 전합2012다86895,86901	715
대판 2017.5.30. 2015다223411	299
대판 2017.5.30. 2015다34437	577
대판 2017.5.30. 2016다275402	366
대판 2017.5.30. 2017다205073	409
대판 2017.5.31. 2014다236809	946

대판 2017.5.31. 2016다240	649
대판 2017.6.8. 2016다249557	22
대판 2017.6.8. 2017다3499	221
대판 2017.6.29. 2017다213838	201
대판 2017.7.11. 2013다55447	794
대판 2017.7.11. 2014다32458	276
대판 2017.7.11. 2016다261175	711
대판 2017.7.18. 2015다206973	533
대판 2017.7.18. 2016다254740	765
대판 2017.7.18. 2016다35789	259
대판 2017.7.18. 2017다206922	461
대판 2017.8.18. 2016다30296	1147
대판 2017.8.18. 2016다6309	873, 887
대판 2017.8.29. 2016다212524	116, 587
대판 2017.8.29. 2017다212194	707
대판 2017.8.29. 2017다227103	808
대판 2017.9.7. 2017다228342	960
대판 2017.9.12. 2015다242849	946
대판 2017.9.12. 2017다865	259
대판 2017.9.21. 2015다50637	1120
대판 2017.9.21. 2015다61286	1204
대판 2017.9.21. 2017다237186	407
대판 2017.9.26. 2015다38910	426
대판 2017.9.26. 2017다22407	299
대판 2017.10.12. 2016다9643	116
대판 2017.10.26. 2015다224469	400
대판 2017.10.26. 2017다231249	122
대판 2017.10.31. 2015다65042	1034, 1119, 1134
대판 2017.11.14. 2015다10929	587
대판 2017.11.29. 2016다259769	306
대판 2017.12.1. 2017그661	77
대판 2017.12.5. 2014다227492	945
대판 2017.12.5. 2015다240645	886, 1016, 1189
대판 2017.12.5. 2017다225978,225985	778
대판 2017.12.13. 2016다248424	975
대판 2017.12.13. 2016다6293	289
대판 2017.12.21. 전합2013다16992	1137, 1138
대판 2017.12.22. 2013다25194,25200	158
대판 2017.12.22. 2015다247912	832
대판 2017.12.22. 2016다202947	804
대판 2017.12.22. 2017다360,377	892, 1246
대판 2018.1.24. 2015다69990	760
대판 2018.1.24. 2016다234043	1075
대판 2018.1.24. 2017다37324	777
대판 2018.1.25. 2017다260117	893
대판 2018.2.13. 2016다245289	943
대판 2018.2.13. 2017다275447	311, 578
대판 2018.2.28. 2016다45779	244, 249, 275, 776
대판 2018.3.15. 2015다239508,239515	683
대판 2018.3.15. 2015다69907	981
대판 2018.3.15. 2017다282391	983
대판 2018.3.22. 전합2012다74236	448
대판 2018.3.27. 2015다12130	476
대판 2018.3.27. 2015다3471	941
대판 2018.3.27. 2015다3914,3921,3938	672
대판 2018.3.29. 2013다2559,2566	934
대판 2018.3.29. 2014스73	1295
대판 2018.4.10. 2016다272311	394, 421
대판 2018.4.10. 2017다257715	1027
대판 2018.4.10. 2017다283028	466
대판 2018.4.12. 2017다229536	151, 782
대판 2018.4.24. 2017다205127	233
대판 2018.4.24. 2017다287891	409
대판 2018.4.26. 2016다3201	177
대판 2018.4.26. 2017다288115	823
대판 2018.5.15. 2014므4963	1217, 1229, 1230
대판 2018.5.15. 2016다211620	458
대판 2018.5.17. 전합2016다35833	122, 750
대판 2018.5.30. 2015다51968	556
대판 2018.5.30. 2017다241901	505
대판 2018.5.30. 2018다201429	1152
대판 2018.6.15. 2016다212272	160
대판 2018.6.15. 2016다246145	893
대판 2018.6.15. 2018다206707	994
대판 2018.6.15. 2018다215947	240
대판 2018.6.19. 2018다1049	1224
대판 2018.6.19. 2018다201610	705
대판 2018.6.28. 2016다1045	396
대판 2018.6.28. 2016다219419,219426	944, 946
대판 2018.6.28. 2016다221368	229

대판 2018.6.28. 2018다201702	233
대판 2018.6.28. 2018다210775	202, 203
대판 2018.6.28. 2018다214319	410
대판 2018.7.11. 2016다9261	28
대판 2018.7.11. 2017다263703	811
대판 2018.7.11. 2017다292756	1138
대판 2018.7.11. 2018다200518	697
대판 2018.7.12. 2015다36167	907, 964
대판 2018.7.12. 2015다68348	807
대판 2018.7.12. 2017다278422	1300
대판 2018.7.12. 2018다21821	118
대판 2018.7.12. 2018다223269	695, 778
대판 2018.7.19. 전합2017다242409	775
대판 2018.7.19. 전합2018다22008	251
대판 2018.7.20. 2015다207044	318
대판 2018.7.20. 2016다220099	353
대판 2018.7.26. 2016다242334	104
대판 2018.7.26. 2017다289040	1297
대판 2018.8.30. 2015다27132,27149	1279
대판 2018.8.30. 2016다46338,46345	756
대판 2018.9.13. 2015다209347	458
대판 2018.9.13. 2015다78703	145, 154, 660
대판 2018.9.13. 2016다255125	121, 787
대판 2018.9.13. 2016다35802	357
대판 2018.9.13. 2018다215756	409
대판 2018.9.28. 2016다246800	644
대판 2018.9.28. 2017다273984	947
대판 2018.10.12. 2017다221501	545
대판 2018.10.18. 전합2015다232316	252
대판 2018.10.25. 2014다232784	584
대판 2018.10.25. 2018다210539	94
대판 2018.10.30. 전합2014다235189	739
대판 2018.10.30. 전합2014다61654	832
대판 2018.11.9. 2015다75308	387, 1285
대판 2018.11.9. 2018다38782	276, 279
대판 2018.11.15. 2016다244491	354, 821
대판 2018.11.15. 2018다248244	246
대판 2018.11.15. 2018다28273	543
대판 2018.11.29. 2015다19827	407, 734
대판 2018.11.29. 2016다23489	832
대판 2018.11.29. 2016다48808	751
대판 2018.11.29. 2017다247190	641
대판 2018.11.29. 2017다286577	783
대판 2018.11.29. 2018다200730	877
대판 2018.12.27. 2015다73098	669
대판 2018.12.27. 2016다265689	706
대판 2018.12.27. 2016다274270,274287	369, 627
대판 2018.12.28. 2016다33196	286
대판 2018.12.28. 2017다265815	425
대판 2018.12.28. 2018다219727	947
대판 2019.1.17. 2018다260855	401
대판 2019.1.24. 전합2016다264556	854
대판 2019.1.31. 2016다258148	281
대판 2019.1.31. 2017다203596	286
대판 2019.1.31. 2017다216028,216035	990
대판 2019.1.31. 2017다228618	214, 378
대판 2019.2.14. 2017다203763	822
대판 2019.2.14. 2017다274703 464, 465, 467, 468, 469, 556, 780
대판 2019.2.14. 2018다264628	5, 99
대판 2019.2.21. 2018다248909	838
대판 2019.3.14. 2018다255648	274
대판 2019.3.14. 2018다282473	454, 475
대판 2019.3.14. 2018두56435	262
대판 2019.3.28. 2016다211224	33
대판 2019.3.28. 2018다44879,44886	688
대판 2019.4.3. 2018다286550	357, 746
대판 2019.4.3. 2018다296878	972
대판 2019.4.11. 2015다254507	688
대판 2019.4.11. 2017다269862	377
대판 2019.4.11. 2018다291347	715
대판 2019.5.10. 2017다239311	432
대판 2019.5.16. 2015다253573	909
대판 2019.5.16. 2016다8589	267, 486
대판 2019.5.16. 2017다225312	712
대판 2019.5.16. 2017다226629	708
대판 2019.5.30. 2015다8902	838
대판 2019.5.30. 2017다53265	72
대판 2019.5.30. 2019다202573	698
대판 2019.6.3. 2015다47105	873

대판 2019.6.3. 2017다53265	76, 751
대판 2019.6.13. 2014다220798	832
대판 2019.6.13. 2016다20355	26
대판 2019.6.13. 2017다246180	1013
대판 2019.6.13. 2018다258562	118
대판 2019.6.13. 2018다300661	1146
대판 2019.6.13. 2018두65088	1201
대판 2019.6.20. 2013다218156	120, 1030
대판 2019.6.27. 2017다222962	561
대판 2019.6.27. 2019다216817	630
대판 2019.7.4. 2018다284226	712
대판 2019.7.10. 2015다249352	977
대판 2019.7.10. 2018다239608	713
대판 2019.7.10. 2018다242727	713
대판 2019.7.18. 전합2014다206983	1104
대판 2019.7.25. 2016다1687	840
대판 2019.7.25. 2019다203811,203828	1025
대판 2019.7.25. 2019다205206,205213	763
대판 2019.7.25. 2019다212945	258
대판 2019.8.14. 2016다217833	836
대판 2019.8.14. 2019다205329	1071
대판 2019.8.14. 2019다216435	443
대판 2019.8.30. 2017다268142	714
대판 2019.9.10. 2017다272486,272493	233
대판 2019.9.25. 2017므11917	1201
대판 2019.10.17. 2017다286485	942
대판 2019.10.23. 2012다46170	562
대판 2019.10.23. 전합2016므0000	1213, 1215
대판 2019.10.31. 2019므12549,12556	1202
대판 2019.11.14. 2015다211685	854
대판 2019.11.14. 2016다227694	681, 718
대판 2019.11.28. 2015다225776	124
대판 2019.11.28. 2016다233538,233545	807
대판 2019.11.28. 2017다14895	807
대판 2019.12.13. 2019다259371	841
대판 2019.12.13. 2019다267464	975
대판 2019.12.19. 전합2016다24284	484
대판 2020.1.16. 2019다247385	664
대판 2020.1.30. 2018다204787	525
대판 2020.1.30. 2019다268252	734
대판 2020.1.30. 2019다280375	141
대판 2020.2.6. 2019다223723	256
대판 2020.2.13. 2019다271012	249
대판 2020.2.27. 2018다232898	942
대판 2020.2.27. 2019다223747	814
대판 2020.3.26. 2018다221867	252
대판 2020.3.26. 2019다288232	151, 152
대판 2020.4.9. 2014다51756,51763	1139
대판 2020.4.29. 2016다235411	1116
대판 2020.5.14. 2018므15534	1208
대판 2020.5.14. 2019다252042	716
대판 2020.5.14. 2019므15302	1208
대판 2020.5.21. 전합2017다220744	943
대판 2020.5.21. 전합2018다287522	1004, 1008
대판 2020.5.21. 전합2018다879	380, 381
대판 2020.5.28. 2017다265389	659
대판 2020.5.28. 2020다202371	679
대판 2020.6.4. 2016다245142	945
대판 2020.6.11. 2020다201156	245, 736
대판 2020.6.18. 전합2015므8351	1216, 1217
대판 2020.6.25. 2019다292026,292033,292040	828
대판 2020.7.9. 2016다244224,244231	244, 702
대판 2020.7.9. 2020다202821	229
대판 2020.7.9. 2020다208195	440, 442
대판 2020.7.9. 2020다223781	386, 679
대판 2020.7.23. 2018다42231	479
대판 2020.8.13. 2019다249312	1278
대판 2020.8.20. 2019두34630	163
대판 2020.8.27. 2016다248998	124
대판 2020.9.3. 2018다288044	1073
대판 2020.9.7. 2017다204810	942
대판 2020.10.15. 2017다216523	776, 1104
대판 2020.10.15. 2019다222041	535
대판 2020.10.15. 2019다235702	415, 776
대판 2020.10.15. 2019다245822	1008
대판 2020.10.15. 2020다227523,227530	154
대판 2020.11.12. 2017다275270	368
대판 2020.11.12. 2020므11818	1196
대판 2020.11.19. 전합2019다232918	1281
대판 2020.11.26. 2019다276307	837, 841

대판 2020.11.26. 2020다255900	98		대판 2021.5.7. 2020다300176	627
대판 2020.12.10. 2019다267204	108		대판 2021.5.13. 2020다255429	680
대판 2020.12.10. 2020다245958	511		대판 2021.5.27. 2017다225268	407
대판 2020.12.10. 2020다254846	24		대판 2021.5.27. 2020다295892	1054
대판 2020.12.24. 2016다259851	518		대판 2021.5.27. 2020므15841	1202, 1210
대판 2020.12.30. 2017다17603	106		대판 2021.6.3. 2016다34007	1024
대판 2021.1.14. 2018다223054	231		대판 2021.6.3. 2018다280316	907
대판 2021.1.14. 2020다222580	756		대판 2021.6.10. 2017다52712	28
대판 2021.1.14. 2020다261776	523		대판 2021.6.10. 2018다44114	256
대판 2021.1.28. 2015다59801	440, 1265		대판 2021.6.10. 2021므10898	1200
대판 2021.1.28. 2018다286994	1120		대판 2021.6.24. 2016다210474	10
대판 2021.1.28. 2019다207141	527		대판 2021.6.24. 2018다243089	1200
대판 2021.2.4. 2018다271909	396		대판 2021.6.24. 2020다208621	248
대판 2021.2.4. 2019다202795,202801	939		대판 2021.6.30. 2019다268061	796
대판 2021.2.10. 2017다258787	705, 719		대판 2021.6.30. 2019다276338	23
대판 2021.2.18. 전합2015다45451	88		대판 2021.7.8. 2017다204247	944
대판 2021.2.18. 전합2016도18761	1024		대판 2021.7.8. 2020다290804	620
대판 2021.2.25. 2016다232597	276, 533		대판 2021.7.8. 2021다209225,209232	1023
대판 2021.2.25. 2017다289651	1281		대판 2021.7.15. 2018다214210	345
대판 2021.2.25. 2020다230239	304, 811		대판 2021.7.21. 2019다266751	1029
대판 2021.3.11. 2017다179,186	350		대판 2021.7.22. 전합2019다277812	248
대판 2021.3.11. 2017다259513	28		대판 2021.7.22. 전합2020다248124	835
대판 2021.3.11. 2018다285106	838		대판 2021.7.29. 2016다11257	839, 840
대판 2021.3.11. 2020다229239	949		대판 2021.7.29. 2019다216077	1082
대판 2021.3.11. 2020다280326	949		대판 2021.8.12. 2021다210195	249
대판 2021.3.25. 2019다208441	939		대판 2021.8.19. 2017다230338	1301
대판 2021.3.25. 2020다285048	627		대판 2021.8.19. 2017다235791	1303
대판 2021.3.25. 2020므14763	1195		대판 2021.8.19. 2018다244976	603
대판 2021.4.8. 2017다202050	350		대판 2021.8.19. 2018다270876	247
대판 2021.4.29. 2018다261889	994, 1007		대판 2021.8.19. 2019다269354	248
대판 2021.4.29. 2020다206564	841		대판 2021.8.19. 2019다297137	841
대판 2021.4.29. 2020다227455	71, 833		대판 2021.8.19. 2020다266375	923, 924
대판 2021.4.29. 2021다202309	681		대판 2021.8.19. 2021다213866	937
대판 2021.4.29. 전합2017다228007	1054		대판 2021.9.9. 2016다203933	767
대판 2021.5.7. 2017다220416	627		대판 2021.9.9. 2020다299122	248
대판 2021.5.7. 2018다259213	300		대판 2021.9.9. 2021므13293	1215
대판 2021.5.7. 2018다25946	553		대판 2021.9.9. 전합2018다284233	1025
대판 2021.5.7. 2018다275888	318		대판 2021.9.15. 2021다224446	1288, 1289
대판 2021.5.7. 2020다289828	84		대판 2021.9.16. 2017다271834,271841	1054
대판 2021.5.7. 2020다299214	872		대판 2021.9.30. 2019다266409	404

대판 2021.9.30.	2021다245443,245450	949	대판 2022.2.11. 2021다283834	801
대판 2021.9.30.	2021프12320,12337	1208	대판 2022.2.17. 2016다278579,278586	763
대판 2021.10.14.	2021다242154	16, 836	대판 2022.2.28. 2020다268265	811
대판 2021.10.28.	2016다248325	1148	대판 2022.3.11. 2017다207475,207482	635
대판 2021.10.28.	2017다200702	761	대판 2022.3.11. 2020다297430	616
대판 2021.10.28.	2017다224302	23	대판 2022.3.11. 2021다232331	301
대판 2021.10.28.	2018다223023	405	대판 2022.3.17. 2020다267620	1301
대판 2021.10.28.	2019다293036	371, 373	대판 2022.3.17. 2020다288375	205
대판 2021.10.28.	2020다224821	1045	대판 2022.3.17. 2021다210720	1032
대판 2021.10.28.	2021다238650	686	대판 2022.3.17. 2021다230083,230090	1301
대판 2021.10.28.	2021다247937,247951,247968	526	대판 2022.3.17. 2021다276539	531
대판 2021.11.11.	2019다272725	1023	대판 2022.3.31. 2017다263901	1160
대판 2021.11.11.	2021다257705	818	대판 2022.3.31. 2018다21326	1088
대판 2021.11.11.	2021다258777	412	대판 2022.3.31. 2019프10581	1212
대판 2021.11.25.	2016다263355	397	대판 2022.4.14. 2019다292736	362, 367
대판 2021.11.25.	2017다8876	366	대판 2022.4.14. 2020다240021	798
대판 2021.11.25.	2019다285257	713	대판 2022.4.14. 2021다263519	1155, 1156
대판 2021.11.25.	2020다294516	245, 509	대판 2022.4.28. 2019다200843	530
대판 2021.12.10.	2019프11584,11591	1176	대판 2022.4.28. 2019다272053	247
대판 2021.12.10.	2021다260671	724	대판 2022.4.28. 2020다251403	251
대판 2021.12.16.	2021다215701	1115	대판 2022.4.28. 2022다200768	302
대판 2021.12.16.	2021다247258	1135	대판 2022.5.12. 2019다249428	959
대판 2021.12.16.	2021다255648	1123	대판 2022.5.26. 2016다255361(본소), 255378(병합),255385(반소)	216
대판 2021.12.30.	2017다203299	95	대판 2022.5.26. 2017다229338	432
대판 2021.12.30.	2017프14817	1220	대판 2022.5.26. 2017다260940	97
대판 2021.12.30.	2018다268538	1056, 1057	대판 2022.5.26. 2019다213344	38
대판 2021.12.30.	2018다40235,40242	1056	대판 2022.5.26. 2020다206625	256
대판 2021.12.30.	2020다257999	138, 1060	대판 2022.5.26. 2021다271732	269
대판 2021.12.30.	2021다233730	679	대판 2022.5.26. 2021다288020	394
대판 2021.12.30.	2021다252458	1007	대판 2022.5.26. 2022다211416	758
대판 2022.1.13.	2019다272855	494	대판 2022.6.9. 2017다247848	241
대판 2022.1.14.	2018다295103	406	대판 2022.6.9. 2020다208997	1025
대판 2022.1.14.	2021다271183	602	대판 2022.6.9. 2021다244617	959
대판 2022.1.27.	2017다256378	499	대판 2022.6.16. 2017다289538	838
대판 2022.1.27.	2017다265884	1302, 1303	대판 2022.6.16. 2018다301350	1079
대판 2022.1.27.	2019다289815	86	대판 2022.6.16. 2019프14477	1196
대판 2022.1.27.	2019다295568	1150	대판 2022.6.16. 2022다203804	614
대판 2022.1.27.	2021다265010	823	대판 2022.6.30. 2016다237974	754
대판 2022.2.10.	2020다250783	1305, 1306	대판 2022.6.30. 2020다210686,210693	220

대판 2022.6.30. 2021다276256	988		대판 2023.2.2. 2022다276307	246
대판 2022.6.30. 2022다200089	561		대판 2023.2.2. 2022다276789	542
대판 2022.6.30. 2022다206384	841		대판 2023.3.9. 2020다218925	823
대판 2022.7.14. 2021다281999,282008	117		대판 2023.3.13. 2022다293999	14, 16
대판 2022.7.14. 2022다228544	854		대판 2023.3.23. 전합2020그42	1289
대판 2022.7.21. 전합2017다236749	1034		대판 2023.3.30. 2021다264253	441, 1264
대판 2022.7.28. 2017다16747,16754	815		대판 2023.3.30. 2022다289174	733
대판 2022.7.28. 2017다204629	953, 954		대판 2023.3.30. 2022다296165	695
대판 2022.7.28. 2017다245330	637, 1291		대판 2023.4.13. 2021다305338	234
대판 2022.7.28. 2019다29853	1283		대판 2023.4.27. 2020다292626	1255
대판 2022.7.28. 2020다46663	262		대판 2023.4.27. 2022다273018	1070
대판 2022.8.11. 2018다202774	424		대판 2023.4.27. 2022다306642	723
대판 2022.8.11. 2020다247428	1303		대판 2023.5.11. 전합2018다248626	1, 2, 1263
대판 2022.8.19. 2020다220140	247		대판 2023.5.18. 2019다222867	1300
대판 2022.8.25. 2017다257067	944		대판 2023.5.18. 2020다8432	274, 275, 573
대판 2022.8.25. 2021다311111	249		대판 2023.6.1. 2023다209045	678
대판 2022.8.25. 전합2019다229202	378		대판 2023.6.29. 2019다300934	1282
대판 2022.9.7. 2019다241455	839		대판 2023.6.29. 2022다244928	409, 420
대판 2022.9.7. 2022다217117	247, 749		대판 2023.6.29. 2022다302039	1263
대판 2022.9.29. 2018다243133,243140	989		대판 2023.6.29. 2022다309474	440
대판 2022.9.29. 2019다204593	274		대판 2023.7.13. 2017므11856,11863	1211
대판 2022.9.29. 2021다299976,299983	636		대판 2023.7.13. 2021다274243	1078
대판 2022.9.29. 2022다247187	606		대판 2023.7.13. 2022다265093	1074
대판 2022.10.14. 2018다244488	777		대판 2023.7.13. 2023다223591,223607	890
대판 2022.10.14. 2022다246757	741		대판 2023.8.18. 2019다200126	149
대판 2022.10.27. 2017다243143	494		대판 2023.8.18. 2022다227619	365
대판 2022.10.27. 2022다238053	612, 613		대판 2023.8.18. 2022다269675	938
대판 2022.10.27. 2022다254154,254161	552, 1284		대판 2023.8.18. 2022다301906	269
대판 2022.11.17. 2018다249995	71		대판 2023.8.18. 2022다306185	822
대판 2022.11.17. 2018다294179	1239		대판 2023.8.31. 2019다295278	1082
대판 2022.11.17. 2022다253243	1007		대판 2023.9.14. 2016다12823	944
대판 2022.12.1. 2022다247521	499		대판 2023.9.14. 2022다271753	1009
대판 2022.12.1. 2022다261237	101		대판 2023.9.14. 2023다214108	16
대판 2022.12.16. 2022다218271	552		대판 2023.9.21. 2021므13354	1230
대판 2022.12.16. 2022다245129	179		대판 2023.9.21. 2022다270613	275
대판 2022.12.29. 2017다261882	540		대판 2023.9.21. 2023다249739	409
대판 2022.12.29. 2019다272275	220, 978		대판 2023.9.21. 2023다249876	883
대판 2022.12.29. 2022다266645	231		대판 2023.9.27. 2022다302237	1296
대판 2023.2.2. 2020다270633	839		대판 2023.10.8. 2023다237804	404
대판 2023.2.2. 2022다260586	712		대판 2023.10.12. 2020다210860,210877	256

대판 2023.10.18. 2019다266386	944
대판 2023.11.2. 2023다244895	715
대판 2023.11.2. 2023다249661	714
대판 2023.11.2. 2023다259316	96
대판 2023.11.2. 2023므12218	1206
대판 2023.11.9. 2023마6582	254
대판 2023.11.16. 2023다214566	959
대판 2023.11.16. 2023도11885	983
대판 2023.12.7. 2022다279795	679
대판 2023.12.7. 2023다269139	611
대판 2023.12.7. 2023다273206	1004
대판 2023.12.14. 2022다210093	265
대판 2023.12.14. 2023다248903	272
대판 2023.12.21. 2018다303653	281
대판 2023.12.21. 2023므11819	1203
대판 2024.1.4. 2023다225580	174
대판 2024.1.4. 2023다263537	76
대판 2024.1.11. 2021다210799	1144
대판 2024.1.11. 2023다258672	680
대판 2024.2.8. 2021므13279	1220
대판 2024.2.15. 2019다208724	808
대판 2024.2.15. 2019다238640	422, 427
대판 2024.2.15. 2023다295442	854
대판 2024.2.29. 2023다294470,294487	750
대판 2024.3.12. 2019다29013;29020,29037,29044	448
대판 2024.3.12. 2021다309927	247
대판 2024.3.12. 2023다240879	1009
대판 2024.3.12. 2023다301682	383
대판 2024.3.12. 2023다301712	129
대판 2024.3.28. 2023다252209,252216	82
대판 2024.3.28. 2023다308911	778
대판 2024.4.4. 2023다298670	206
대판 2024.4.12. 2023다307741	17
대판 2024.4.12. 2023다309020,309037	726
대판 2024.4.12. 2023다315155	1090
대판 2024.4.25. 2022다254024	670
대판 2024.5.17. 2024므10721,10738	1202
대판 2024.5.23. 전합2020므15896	1176
대판 2024.5.30. 2021다258463	260
대판 2024.5.30. 2021다301688	266
대판 2024.5.30. 2024므10370	1200
대판 2024.6.13. 2020다258893	1130, 1131
대판 2024.6.13. 2022다228667	716
대판 2024.6.13. 2023다304568	1300
대판 2024.6.13. 2024다225723	302
대판 2024.6.27. 2022다302022	755
대판 2024.6.27. 2022므13504(본소), 2022므13511(반소)	1184
대판 2024.6.27. 2023다254984	79
대판 2024.6.27. 2023다307024	679
대판 2024.6.27. 2023므13723	1184
대판 2024.6.27. 2023므16678	1184
대판 2024.6.27. 2024다216187	793
대판 2024.6.27. 2024다219629	302
대판 2024.7.11. 2023다301941	44
대판 2024.7.11. 2024다211762	205
대판 2024.7.31. 2023다266420	537
대판 2024.8.1. 2023다318857	1277
대판 2024.8.1. 2024다204696	555
대판 2024.8.1. 2024다206760	147
대판 2024.8.1. 2024다226504	619
대판 2024.8.1. 2024다227699	700
대판 2024.9.12. 2024다239364	749
대판 2024.9.13. 2024다234239	761
대판 2024.9.13. 2024다256116	682
대판 2024.9.27. 2024다224645,224652	762
대판 2024.9.27. 2024다249729	248
대판 2024.10.8. 2024다257362	784
대판 2024.10.25. 2024다232066(본소), 2024다232073	473
대판 2024.10.25. 2024다233212	268
대판 2024.10.25. 2024다252305	461
대판 2024.10.25. 2024므11526,11533	1198
대판 2024.10.31. 2024다202317	1005
대판 2024.10.31. 2024다232523	902
대판 2024.10.31. 2024다241152	254
대판 2024.10.31. 2024다255328	211
대판 2024.11.14. 2023다272289	305
대판 2024.11.14. 2024다268997	1052

대판 2024.12.12. 2024다261989	708		헌재 2024.4.25. 2020헌가4	1299
대판 2024.12.24. 2020다275744(본소), 2020다275751(반소)	993		헌재 2024.6.27. 2021헌마1588	1278
			헌재결 1991.4.1. 89헌마160	833
대판 2024.12.24. 2024다274398	98		헌재결 1997.7.16. 95헌가6내지13	1179
대판 2025.3.13. 2024다315046	678		헌재결 2001.7.19. 99헌바9	1257
대판 2025.3.27. 2023다283401	855		헌재결 2007.8.30. 2004헌가25	842

대판 2024.12.12. 2024다261989 … 708
대판 2024.12.24. 2020다275744(본소), 2020다275751(반소) … 993
대판 2024.12.24. 2024다274398 … 98
대판 2025.3.13. 2024다315046 … 678
대판 2025.3.27. 2023다283401 … 855
대판 2025.4.15. 2024다312566 … 409, 1067
대판 2025.4.15. 2024다326398 … 686
대판 2025.4.24. 2022므15371 … 1219
대판 2025.4.24. 2024다248290 … 907
대판 2025.5.1. 2024다293580 … 592
대판 2025.5.15. 2023다258504 … 752
대판 2025.5.15. 2023다290416 … 264
대판 2025.5.15. 2024다288045 … 793
대판 2025.5.15. 2024다310980 … 265
대판 2025.5.15. 2024다317332(본소), 2024다317349(반소) … 722
대판 2025.5.29. 2022다220014 … 1302
대판 2025.6.5. 2024다296763 … 1021
대판 2025.6.26. 2024다316391 … 360
대판 2025.6.26. 2025다205399,205405 … 756
대판 2025.7.16. 2024다293313 … 1298
대판 2025.7.16. 2024다308079 … 1301
대판 2025.7.18. 2020다263758 … 820
대판 2025.7.24. 전합2023다240299 … 238, 278
대판 2025.10.23. 2021다252977 … 258, 500, 565
대판 2009.5.21. 전합2009다17417 … 824, 825

헌재 2024.4.25. 2020헌가4 … 1299
헌재 2024.6.27. 2021헌마1588 … 1278
헌재결 1991.4.1. 89헌마160 … 833
헌재결 1997.7.16. 95헌가6내지13 … 1179
헌재결 2001.7.19. 99헌바9 … 1257
헌재결 2007.8.30. 2004헌가25 … 842

[하급심 판결]

서울가법 2010.7.13. 2009느합289 … 1205
서울가정법원 1994.7.20. 94브45 … 1182
서울가정법원 1996.3.22. 96느2350 … 1203
서울고법 1980.10.31. 80나2589 … 650

[헌법재판소 결정]

헌법재판소 2001.8.30. 2000헌바36 … 834
헌법재판소 2008.12.26. 2007헌바128 … 1292
헌재 2010.4.29. 2009헌바120 … 239
헌재 2013.2.28. 2009헌바129 … 3
헌재 2013.12.26. 2011헌바234 … 677
헌재 2015.4.30. 2013헌마623 … 1213
헌재 2016.4.28. 2013헌바396 … 3

사항색인

(1)
1부동산 1등기기록주의 896
1부동산 1등기용지주의 896

(3)
3자간 등기명의신탁 1024

(ㄱ)
가 족 1169
가등기담보 1144
가등기의 가등기 878, 879
가장행위 135
간이인도 914
간접사실 7
간접적 이행보조자 312
간접점유 934
강박에 의한 의사표시 156
강제이행 351
경 개 562
계속적 보증 474
계약금 367, 606
계약당사자의 결정 107
계약명의신탁 1025
계약의 성립 577
계약인수 510
계약체결상의 과실책임 586
고 용 730
공 유 1002
공동근저당 1137, 1138
공동대리 43, 175
공동명의신탁 1021
공동불법행위책임 810
공동상속 1263
공동저당 1130
공시의 원칙 870
공신의 원칙 870
공유물의 분할 1009

공작물책임 806
공탁물출급청구권 548
공탁물회수청구권 549
과실상계 843
관습법 2
관습법상 법정지상권 1034
교 환 667
교차청약에 의한 계약성립 582
구분소유권 941
구분소유적 공유 1019
구분지상권 1052
구상권 531
권리금 711
권리남용금지의 원칙 13
권리능력 29
권리능력 없는 사단 90
권리의 경합 9
권리주체 29
권리질권 1087
규범적 해석 105
근저당 1117
근저당권의 변경 1123
금전배상주의 355
금전채권 298
금지청구권 834, 836
급부부당이득 774
급부의 위험 591
기본관계 601
기본적 이자채권 304
기여분 1268
기한부 법률행위 232
기한의 이익 234

(ㄴ)
노무도급 802

(ㄷ)

다수당사자 사이의 부당이득	791
단속규정	117
단축급부	793
담보지상권	1033
대가관계	602
대가위험	591
대금지급거절권	645
대리	165
대리권	169
대리권의 남용	175
대물변제	540
대물변제의 예약	542
대상청구권	337
대습상속	1247
도급	731
도품 및 유실물에 관한 특칙	919, 920
동거의무	1181
동기의 착오	148
동산질권	1084
동시배당	1130
동시사망의 추정	31
동시이행의 항변권	320
등기부취득시효	975
등기의 추정적 효력	889
등기인수(수취)청구권	372, 881
등기청구권	880
등기청구권의 소멸시효	882, 887, 888

(ㅁ)

매도인의 담보책임	646
매매의 예약	638
면책적 채무인수	504
멸실회복등기의 중복	900
명예회복에 적당한 처분	833
명예훼손	831
명의신탁	110, 1015
명인방법	924
목적물반환청구권의 양도	914
무권대리와 상속	200

무권리자의 처분행위	218
무권리자의 처분행위에 대한 추인	218
무효등기의 유용	908
무효행위의 전환	216
무효행위의 추인	217
물건	855
물권법정주의	852
물권적 청구권	866
물상대위	1096
미성년자	39
미성년자의 감독의무자의 책임	797

(ㅂ)

반사회적 법률행위	121
배서	68
배신행위론	698
법인	65
법률행위의 목적	115
법률행위의 취소	222
법률행위의 해석	103
법원	1
법인의 권리능력	71
법인의 능력	71
법인의 불법행위능력	72
법정대리권	170
법정대위	532
법정재산제	1186
법정추인	224, 225
법정충당	526
법정해제권	610
법조경합	9
변제	514
변제공탁	543
변제자대위	529
변제충당	523
병존적 채무인수	505
보증인 보호를 위한 특별법	479
보증인의 해지권	475
보증채무	451
보충적 해석	105

보호의무	285	사해행위	400
복대리	182	상계	551
부당이득	774	상계권의 남용	561
부동산 이중매매	123	상계적상	552
부부별산제	1187	상린관계	948
부부재산계약	1185	상속	1246
부속물매수청구권	720	상속결격	1251
부수적 의무	285	상속분	1266
부양의무	1182	상속의 승인	1279
부재자 재산관리	55	상속재산의 분할	1271
부진정연대채무	446	상속포기	1287
분묘기지권	1053	상속회복청구권	1253
분할채권(채무)관계	439	상호명의신탁	1019
불가분채권관계	440	상호침탈	938
불공정한 법률행위	128	생활방해의 금지	827
불능	115	선관주의의무	290
불법성 비교론	787	선량한 풍속 기타 사회질서	120
불법원인급여	785	선의취득	915
불법행위책임	796	선택채권	306
불안의 항변권	322	설립 중의 사단법인	67
불완전이행	348	성립상 부종성	1092
불확정기한	232	성립요건	102
비용부당이득	776	소멸시효	238
비용상환청구권	717	소멸시효완성의 효과	273
비전형담보물권	1141	소멸시효의 남용	279
비진의 표시	133	소멸시효의 정지	272
비채변제	783	소멸시효의 중단	250
		소비대차	668
(ㅅ)		소비임치	752
사 자	167	소송능력	50
사기에 의한 의사표시	155	소송상 화해	766
사무관리	770	소유권에 기한 반환청구권	987
사실상혼인관계존재확인의 소	1212	소유권유보부매매	1157
사실인 관습	4	소유물방해예방청구권	995
사실혼	1209	소유물방해제거청구권	995
사용대차	671	소유의 의사	955
사용자책임	800	손익상계	359
사인증여	637	손해배상	353
사전구상권	463	손해배상액의 예정	362
사정변경의 원칙	22	손해배상자의 대위	336

용어	페이지	용어	페이지
송부채무	294	원시적 불능	116
수권행위	170	위 임	748
수량을 지정한 매매	652	위약금	367
수령지체	325	위약벌	367
수선의무	680	위험부담	591
승 낙	580	유 언	1290
승 인	269	유동적 무효	210
신뢰이익	354	유동집합동산	856
신의성실의 원칙	12	유류분	1298
신탁행위	136	유익비상환청구권	718
실권특약	629	유지청구권	826
실종선고	59	유치권	1070
실종선고의 취소	62	은닉행위	135
실체관계에 부합하는 등기	901	의료과오	821
실효의 원칙	18	의사능력	37
쌍방대리	174	의사실현에 의한 계약성립	581
쌍방의 공통하는 동기의 착오	149	의사의 설명의무위반	823
		의사표시	132
(ㅇ)		의사표시의 효력발생	162
안전배려의무	286	이 사	75, 80
압류, 가압류 또는 가처분	264	이 혼	1192
압류금지채권	555	이시배당	1132
약 혼	1170	이용보조자	312
약관	582	이자채권	303
약정해제권	605	이중양도	496
양 자	1225	이해상반행위	43
양도금지특약	484	이행거절과 채권자지체	347
양도담보	1150	이행기 전의 이행거절	344
양자간 등기명의신탁	1023	이행대행자	312
연대보증	469	이행보조자	310
연대채무	442	이행불능	333
예금계약	752	이행불능을 이유로 한 해제	613
예약완결권	638	이행이익	354
오상권원	956	이행인수	507
완전이행청구권	349	이행지체	316
외화채권	302	이행지체를 이유로 한 해제	611
요건사실	6	이혼시 재산분할청구	1198
우수현상광고	747	인 지	1219
운용이익	781	인 척	1166
원상회복의무	617	인격권	834

인정사망	31	점유개정	914
일괄경매청구권	1107	점유권	931
일물일권주의(一物一權主義)	851	점유보조자	932
일방예약	638	점유보호청구권	937
일부무효	204	점유자와 회복자의 관계	990
일부변제	533	점유취득시효	952
일부보증	471	정관의 변경	83, 101
일부취소	206	정지조건부 기한이익 상실 약정	236
일상가사대리권	193, 1190	제125조의 표현대리	187
일조권 침해	829	제126조의 표현대리	189
임 치	752	제129조의 표현대리	195
임대차	673	제366조 법정지상권	1045
임대차보증금	699	제3자 보호효 있는 계약	287, 599
임의대리권	170	제3자를 위한 계약	598
임의대위	532	제3자에 의한 채권침해	430
임차권의 대항력	684	제3자의 변제	515
입목등기	923	제사용 재산	1262
입양	1226	제작물공급계약	741
		제조물책임	819
(ㅈ)		제척기간	239
자기계약	174	제한능력자 제도	38
자기모순금지의 원칙	25	제한능력자의 상대방 보호	50
자동차운행자의 책임	817	제한종류채권	295
자력구제권	939	조 합	90, 745, 755
자연인	29	조건부 법률행위	229
자연적 해석	104	조망권 침해	830
자주점유	955	종 중	97
장래채권	483	종류채권	292
재단법인설립시 출연재산의 귀속시기	400	종물	860
재판상 이혼	1194	주위토지통행권	949
저당권	1092	주장책임	7
저당권과 용익권의 관계	1107	준공동소유	1015
저당권부 채권의 양도	1112	준사무관리	220, 773
저당권의 침해	1100	준소비대차	562, 669
저당부동산의 제3취득자	1109	중간생략등기	903
전세권	1056	중간생략형 명의신탁	1024
전세권을 목적으로 한 저당권	1065	중복등기	896
전세금반환청구권의 분리양도	1064	중혼적 사실혼	1209
전용물소권	791	증 여	634
점용권의 매매	956	증명책임	7

지급금지채권	556	총 유	1015
지명채권양도의 대항요건	485	총유	93
지명채권의 양도성	483	추심채무	294
지분적 이자채권	304	추완청구권	349
지상권	1033	취소할 수 있는 법률행위의 추인	223
지상물매수청구권	723	친 권	1236
지시삼각관계	793	친생자	1213
지역권	1055	친양자	1231
지정충당	525	친족	1165
지참채무	294	침해부당이득	775
진의 아닌 의사표시	133		
진정명의회복을 원인으로 하는 소유권이전등기		(ㅌ)	
청구권	885	타인 권리의 매매	647
질 권	1084	타인명의 예금계약	111
집합물	856	타인의 명의를 사용한 법률행위	107
집행공탁	545	탈법행위	120
		태아의 권리능력	32
(ㅊ)		토지의 포락	940
차명대출	111	통상손해	357
착오에 의한 의사표시	145	통정허위표시	135
채 권	285	특별손해	357
채 무	285	특정물매매	656
채권양도	480	특정물채권	290
채권에 기한 방해배제청구권	432	특정유증	1297
채권의 양도담보	500		
채권의 준점유자	517	(ㅍ)	
채권자대위권	375	포괄근보증	474
채권자지체	371	포괄근저당	1127
채권자취소권	392	포괄유증	1297
채권질권	1087	표현대리	185
채무불이행	309	표현수령권자	517
채무인수	503	피성년후견인	45
채무자 위험부담주의	592, 593	피특정후견인	49
책임능력	797	피한정후견인	47
책임재산의 보전	374	피해자측 과실이론	845
첨 부	980	필요비상환청구권	718
청 약	578		
청구권 보전의 가등기	876	(ㅎ)	
청구권의 경합	9	하자담보책임	656
청약의 구속력	579	하자보수청구권	735

한정승인	1283
합유	1013
합의충당	524
합의해제	626
해제	605
해제조건	629
행위능력	37
허수아비행위	110
허위표시	135
현명주의	179
현상광고	747
현상인도의무	291
협의상 이혼	1192
협의의 무권대리	198
형성권적 기한이익 상실 약정	236
호의관계	818
호의동승	818
혼동	563
혼동	925
혼인	1172
혼인 외의 출생자	1218
혼인 중의 출생자	1213
화해	766
확정기한	232
환경오염	825
효력규정	117
효력요건	102
효력유지적 축소해석	585
후발손해	768
후발적 불능	117
휴업손해	360

2027 대비 전면개정판 민법의 脈

저자 윤동환

 주요 약력
- 서울대학교 졸업(법학사, 경제학사), 고려대학교 법학대학원 수료
- 민사법 전문강의 24년(민소법 강의 14년)
- 법학전문대학원 성균관대·경북대·전남대·제주대·인하대 로스쿨 특강
- 사법시험 2차 민법 90% 이상의 독보적 점유율
- 2016년 이후 매년 변호사시험 재학생 수강률 1위
- 성균관대·한양대·단국대·전남대·전북대 등 대학 특강 및 모의고사 문제 출제
- 현 | 해커스변호사 민사법 대표강사

 주요 저서
- 해커스변호사 민법·민사소송법의 맥(해커스변호사)
- 해커스변호사 친족상속법 슬림한 친상법의 맥(해커스변호사)
- 해커스변호사 민법·민사소송법 암기장(해커스변호사)
- 해커스변호사 민사기록형 암기장(해커스변호사)
- 해커스변호사 민사집행법 암기장(해커스변호사)
- 해커스변호사 민법·민사소송법 암기장(해커스변호사)
- 해커스변호사 민법 기본사례의 맥(해커스변호사)
- 해커스변호사 민법·민사소송법 기출중심 사례의 맥(해커스변호사)
- 해커스변호사 민법·민사소송법 변호사시험 기출의 맥 선택형(해커스변호사)
- 해커스변호사 변호사시험 핵심기출 400제 민사법 선택형(공태용 공저, 해커스변호사)
- 해커스변호사 민법·민사소송법 최근 3개년 판례의 맥(해커스변호사)
- 해커스변호사 민사법 최근 1개년 판례의 맥(공태용 공저, 해커스변호사)
- 해커스변호사 민사법 실전답안 핵심사례의 맥(공태용 공저, 해커스변호사)
- 해커스변호사 민사 기록의 맥(공태용 공저, 해커스변호사)
- 주관식용 핵심 민법의 맥(마체베트)

2027 대비 전면개정판
해커스변호사 민법의 맥

개정 5판 1쇄 발행 2025년 12월 12일

지은이	윤동환
펴낸곳	해커스패스
펴낸이	해커스변호사 출판팀
주소	서울특별시 강남구 강남대로 428 해커스변호사
고객센터	1588-4055
교재 관련 문의	해커스 법아카데미 사이트(law.Hackers.com) 1:1 고객센터
학원 강의 및 동영상강의	law.Hackers.com
ISBN	979-11-7404-696-3 (13360)
Serial Number	05-01-01

저작권자 ⓒ 2025, 윤동환

이 책의 모든 내용, 이미지, 디자인, 편집 형태는 저작권법에 의해 보호받고 있습니다.
서면에 의한 저자와 출판사의 허락 없이 내용의 일부 혹은 전부를 인용, 발췌하거나 복제, 배포할 수 없습니다.

합격을 꿈꾼다면,
해커스변호사 law.Hackers.com
- 본 교재 인강
- 해커스변호사 무료 특강

해커스변호사

주간동아 선정 2023 한국브랜드만족지수 교육(온·오프라인 변호사) 부문 1위